D1665969

Riedel/Sußbauer
Rechtsanwaltsvergütungsgesetz

Rechtsanwaltsvergütungsgesetz

Kommentar

Begründet von

Fritz Riedel †
Ministerialdirigent im
Bundesministerium der Justiz

Heinrich Sußbauer †
Oberregierungsrat im
Bundesministerium der Justiz

Bearbeitet von

Karljosef Fraunholz
Direktor des Amtsgerichts Mainz a. D.

Horst Schneider
Rechtsanwalt in Mainz

Dr. Hans-Ludwig Keller
Präsident des Landgerichts
Zweibrücken a. D.

Diethard Schmahl
Ministerialrat im Ministerium der
Justiz Rheinland-Pfalz

9., völlig neubearbeitete Auflage
des bis zur 8. Auflage als Kommentar zur Bundesrechtsanwaltsgebührenordnung
erschienenen Werkes

Verlag Franz Vahlen München 2005

Zitiervorschlag:
Riedel/Sußbauer/(Name des Bearbeiters) § ... Rn. ...
oder
Riedel/Sußbauer/(Name des Bearbeiters) VV T ... A ... Rn. ...

Verlag Franz Vahlen im Internet:
beck.de

ISBN 3 8006 3043 5

© 2005 Verlag Franz Vahlen GmbH
Wilhelmstraße 9, 80801 München
Druck: fgb · freiburger graphische Betriebe
Bebelstraße 11, 79108 Freiburg

Satz: Fotosatz Otto Gutfreund GmbH, Darmstadt

Gedruckt auf säurefreiem, alterungsbeständigem Papier
(hergestellt aus chlorfrei gebleichtem Zellstoff)

Vorwort zur 9. Auflage

An sich wäre die Neuauflage unseres Kommentars längst fällig gewesen. Aber die mehrfache Ankündigung einer Gesetzesnovelle, insbesondere auf dem Anwaltstag 1998 ließ uns zögern. Die Kommentierung eines Gesetzestextes, der nach wenigen Monaten außer Kraft treten würde, schien uns nicht sinnvoll. Nach dem Scheitern der damals eingeleiteten Gesetzesinitiative wollten wir uns wieder ans Werk machen. Für uns überraschend wurde doch ein recht umfängliches Gesetzgebungsvorhaben auf den Weg gebracht, so dass wir uns sofort mit dem neuen Gesetz befassen konnten.

Das Autorenteam hat sich vergrößert. Neu hinzugekommen ist Herr Ministerialrat Diethard Schmahl. Er war bis vor kurzem Leiter des Kostenrechtsreferats im Ministerium der Justiz Rheinland-Pfalz und ist in dieser Eigenschaft mit dem Werdegang des Gesetzes vertraut.

Die Mischung aus Gesetzgebung, richterlicher und anwaltlicher Praxis soll eine vielseitige Beleuchtung der ebenso vielseitigen Materie ermöglichen.

Die Grundsätze, die die Begründer dieses Kommentars ihrer Arbeit vorangestellt haben, gelten auch für uns weiter.

Mainz und Pirmasens,
im März 2005
Die Verfasser

Aus dem Vorwort zur ersten Auflage

Bei näherer Beschäftigung mit dem Gebührenrecht für Rechtsanwälte enthüllte uns der zu Unrecht als spröde verrufene Stoff eine reizvolle Problematik vor allem durch seine Verflechtung mit dem bürgerlichen Recht, dem Prozeßrecht aller Spielarten, dem Standesrecht und anderen Rechtsgebieten.

Wir wagen nicht zu hoffen, daß die neue Gebührenordnung allen alten Streit beseitigt hat und keinen neuen Streit heraufbeschwören wird. Dazu sind die Gesetzgebungstechnik zu unvollkommen und die Lebensverhältnisse zu vielseitig. Auch begegnen sich bei der Auslegung einer Gebührenordnung die Auffassungen der Empfangenden und der Zahlenden. Aber wir hoffen, daß das neue Gebührenrecht durch eine Anwendung, welche die Interessen erkennt und jedem das Seine gibt, von einem guten Geist erfüllt wird. Wir wären glücklich, wenn wir hierzu beitragen könnten, indem wir unsere Meinung frei äußern, unsere eigene Meinung und nur diese.

Es haben bearbeitet:

Einführung . . . . Fraunholz

Rechtsanwaltsvergütungsgesetz:
§§ 1–23 . . . . Fraunholz
§§ 24–31 . . . . Keller
§§ 32, 33 . . . . Fraunholz
§§ 34–36 . . . . Schmahl
§§ 37–41 . . . . Schneider
§§ 42, 43 . . . . Schmahl
§§ 44–50 . . . . Schneider
§§ 51–59 . . . . Schmahl
§§ 60, 61 . . . . Fraunholz

Vergütungsverzeichnis:
Teil 1 . . . . Fraunholz
Teil 2 Abschnitte 1–3 . . . . Fraunholz
Teil 2 Abschnitte 4–6 . . . . Schneider
Teil 3 . . . . Keller
Teil 4 . . . . Schmahl
Teil 5 . . . . Schmahl
Teil 6 . . . . Schneider
Teil 7 . . . . Fraunholz

Sachregister . . . . Keller

Inhaltsverzeichnis

Literatur- und Abkürzungsverzeichnis   XI

Gesetzestext

Rechtsanwaltsvergütungsgesetz mit Vergütungsverzeichnis   1

Kommentar

Einführung   67

Abschnitt 1. Allgemeine Vorschriften

§ 1	Geltungsbereich	72
§ 2	Höhe der Vergütung	92
§ 3	Gebühren in sozialrechtlichen Angelegenheiten	96
§ 4	Vereinbarung der Vergütung	96
§ 5	Vergütung für Tätigkeiten von Vertretern des Rechtsanwalts	101
§ 6	Mehrere Rechtsanwälte	104
§ 7	Mehrere Auftraggeber	107
§ 8	Fälligkeit, Hemmung der Verjährung	120
§ 9	Vorschuss	126
§ 10	Berechnung	130
§ 11	Festsetzung der Vergütung	134
§ 12	Anwendung von Vorschriften für die Prozesskostenhilfe	150
§ 12a	Abhilfe bei Verletzung des Anspruchs auf rechtliches Gehör	151
§ 12b	Elektronische Akte, elektronisches Dokument	153

Abschnitt 2. Gebührenvorschriften

§ 13	Wertgebühren	154
§ 14	Rahmengebühren	156
§ 15	Abgeltungsbereich der Gebühren	161

Abschnitt 3. Angelegenheit

§ 16	Dieselbe Angelegenheit	175
§ 17	Verschiedene Angelegenheiten	176
§ 18	Besondere Angelegenheiten	178
§ 19	Rechtszug; Tätigkeiten, die mit dem Verfahren zusammenhängen	180
§ 20	Verweisung, Abgabe	182
§ 21	Zurückverweisung	186

Inhaltsverzeichnis

Abschnitt 4. Gegenstandswert

§ 22	Grundsatz	189
§ 23	Allgemeine Wertvorschrift	191
§ 24	Gegenstandswert für bestimmte einstweilige Anordnungen	208
§ 25	Gegenstandswert in der Zwangsvollstreckung	211
§ 26	Gegenstandswert in der Zwangsversteigerung	214
§ 27	Gegenstandswert in der Zwangsverwaltung	220
§ 28	Gegenstandswert im Insolvenzverfahren	222
§ 29	Gegenstandswert im Verteilungsverfahren nach der Schifffahrtsrechtlichen Verteilungsordnung	226
§ 30	Gegenstandswert in gerichtlichen Verfahren nach dem Asylverfahrensgesetz	227
§ 31	Gegenstandswert in gerichtlichen Verfahren nach dem Spruchverfahrensgesetz	230
§ 32	Wertfestsetzung für die Gerichtsgebühren	233
§ 33	Wertfestsetzung für die Rechtsanwaltsgebühren	242

Abschnitt 5. Mediation und außergerichtliche Tätigkeit

	Vorbemerkung zu § 34	251
§ 34	Mediation	252
§ 35	Hilfeleistung in Steuersachen	258
§ 36	Schiedsrichterliche Verfahren und Verfahren vor dem Schiedsgericht	281

Abschnitt 6. Gerichtliche Verfahren

§ 37	Verfahren vor den Verfassungsgerichten	285
§ 38	Verfahren vor dem Gerichtshof der Europäischen Gemeinschaften	290
§ 39	In Scheidungs- und Lebenspartnerschaftssachen beigeordneter Rechtsanwalt	295
§ 40	Als gemeinsamer Vertreter bestellter Rechtsanwalt	297
§ 41	Prozesspfleger	297

Abschnitt 7. Straf- und Bußgeldsachen

§ 42	Feststellung einer Pauschgebühr	300
§ 43	Abtretung des Kostenerstattungsanspruchs	305

Abschnitt 8. Beigeordneter oder bestellter Rechtsanwalt, Beratungshilfe

	Vorbemerkung zu § 44	310
§ 44	Vergütungsanspruch bei Beratungshilfe	317
	Vorbemerkung zu § 45	319
§ 45	Vergütungsanspruch des beigeordneten oder bestellten Rechtsanwalts	332
§ 46	Auslagen und Aufwendungen	360
§ 47	Vorschuss	370
§ 48	Umfang des Anspruchs und der Beiordnung	373
§ 49	Wertgebühren aus der Staatskasse	386
§ 50	Weitere Vergütung bei Prozesskostenhilfe	389

Inhaltsverzeichnis

§ 51	Festsetzung einer Pauschgebühr in Straf- und Bußgeldsachen........	394
§ 52	Anspruch gegen den Beschuldigten oder den Betroffenen..........	400
§ 53	Anspruch gegen den Auftraggeber, Anspruch des zum Beistand bestellten Rechtsanwalts gegen den Verurteilten.....................	407
§ 54	Verschulden eines beigeordneten oder bestellten Rechtsanwalts.......	409
§ 55	Festsetzung der aus der Staatskasse zu zahlenden Vergütungen und Vorschüsse..	412
§ 56	Erinnerung und Beschwerde............................	427
§ 57	Rechtsbehelf in Bußgeldsachen vor der Verwaltungsbehörde........	435
§ 58	Anrechnung von Vorschüssen und Zahlungen..................	439
§ 59	Übergang von Ansprüchen auf die Staatskasse.................	446

Abschnitt 9. Übergangs- und Schlussvorschriften

§ 60	Übergangsvorschrift..................................	462
§ 61	Übergangsvorschrift aus Anlass des Inkrafttretens dieses Gesetzes.....	462

Anlage 1: **Vergütungsverzeichnis**................. 465

Teil 1. Allgemeine Gebühren

Teil 2. Außergerichtliche Tätigkeiten einschließlich der Vertretung im Verwaltungsverfahren

Abschnitt 1. Beratung und Gutachten........................	470
Abschnitt 2. Prüfung der Erfolgsaussicht eines Rechtsmittels...........	470
Abschnitt 3. Herstellung des Einvernehmens....................	471
Abschnitt 4. Vertretung..................................	471
Abschnitt 5. Vertretung in bestimmten sozialrechtlichen Angelegenheiten....	472
Abschnitt 6. Beratungshilfe...............................	473

Teil 3. Bürgerliche Rechtsstreitigkeiten, Verfahren der freiwilligen Gerichtsbarkeit, der öffentlich-rechtlichen Gerichtsbarkeiten, Verfahren nach dem Strafvollzugsgesetz und ähnliche Verfahren

Vorbemerkung zu Teil 3.................................	501
Abschnitt 1. Erster Rechtszug.............................	532
Abschnitt 2. Berufung, Revision, bestimmte Beschwerden und Verfahren vor dem Finanzgericht.............................	557
Abschnitt 3. Gebühren für besondere Verfahren..................	574
Abschnitt 4. Einzeltätigkeiten.............................	639
Abschnitt 5. Beschwerde, Nichtzulassungsbeschwerde und Erinnerung......	658

Teil 4. Strafsachen

Vorbemerkung zu Teil 4.................................	672
Abschnitt 1. Gebühren des Verteidigers.......................	679
Abschnitt 2. Gebühren in der Strafvollstreckung..................	718
Abschnitt 3. Einzeltätigkeiten.............................	724

Inhaltsverzeichnis

Teil 5. Bußgeldsachen

Abschnitt 1. Gebühren des Verteidigers 734
Abschnitt 2. Einzeltätigkeiten 737

Teil 6. Sonstige Verfahren

Abschnitt 1. Verfahren nach dem Gesetz über die internationale Rechtshilfe in Strafsachen und Verfahren nach dem IStGH-Gesetz 753
Abschnitt 2. Disziplinarverfahren, berufsgerichtliche Verfahren wegen der Verletzung einer Berufspflicht 753
Abschnitt 3. Gerichtliche Verfahren bei Freiheitsentziehung und in Unterbringungssachen 756
Abschnitt 4. Besondere Verfahren und Einzeltätigkeiten 756

Teil 7. Auslagen

Anlage 2: Tabelle (zu § 13 Abs. 2) 770

Anhang: Gesetzestexte (Auszug)

1. Zivilprozeßordnung 777
2. Arbeitsgerichtsgesetz 779
3. Gesetz über die Angelegenheiten der freiwilligen Gerichtsbarkeit 779
4. Gerichtskostengesetz 780
5. Kostenordnung 788
6. Patentgesetz 793
7. Gebrauchsmustergesetz 794
8. Geschmacksmustergesetz 795
9. Markengesetz 796
10. Gesetz gegen den unlauteren Wettbewerb 797
11. Beratungshilfegesetz 798

Gebührentabellen

1. Tabelle zu den Rechtsanwaltsgebühren (§ 13) 802
2. Tabelle für zu den Gebühren des beigeordneten oder bestellten Rechtsanwalts (§ 49) 810

Sachregister 813

Literatur- und Abkürzungsverzeichnis

aA.	anderer Ansicht
aaO.	am angegebenen Ort
ABl.	Amtsblatt
abl.	ablehnend
Abs.	Absatz
aF.	alte Fassung
AG	Amtsgericht oder Ausführungsgesetz
AGS	Anwaltsgebühren Spezial
AktG.	Aktiengesetz vom 6. 9. 1965 (BGBl. I S. 1089)
allgM.	allgemeine Meinung
Altenhoff/Busch/ Kampmann	Kommentar zum Rechtsberatungsgesetz, 10. Aufl. 1993
aM	anderer Meinung
AnwBl.	Zeitschrift: Anwaltsblatt (Nachrichten für die Mitglieder des Deutschen Anwaltvereins e. V.)
AO	Abgabenordnung
AP	Hueck/Nipperdey/Dietz, Arbeitsrechtliche Praxis, Nachschlagewerk des Bundesarbeitsgerichts
ArbG.	Arbeitsgericht
ArbGG	Arbeitsgerichtsgesetz idF vom 2. 7. 1979 (BGBl. I S. 1036)
ArbRS	Arbeitsrechts-Sammlung
ArbRspr.	Die Rechtsprechung in Arbeitssachen
ArbuR	Arbeit und Recht, Zeitschrift für die Arbeitsrechtspraxis
Art.	Artikel
AS, OVGE	Amtliche Sammlung der Entscheidungen der Oberverwaltungsgerichte Münster und Lüneburg
Aufl.	Auflage
AVO	Ausführungsverordnung
AV	Allgemeine Verfügung
BAG	Bundesarbeitsgericht
BAGE	Entscheidungen des Bundesarbeitsgerichts
Bauer/v. Oefele	Kommentar zur GBO, 1999
Baumbach/Lauterbach/ Albers/Hartmann	Kurzkommentar zur Zivilprozessordnung, 63. Aufl. 2005
BayJMBl.	Bayerisches Justizministerialblatt
BayObLG	Bayerisches Oberstes Landesgericht
BayObLGZ (St)	Sammlung der Entscheidungen des Bayerischen Obersten Landesgerichts in Zivilsachen (Strafsachen)
BayVBl.	Zeitschrift: Bayerische Verwaltungsblätter
BayVerwGHE	Sammlung von Entscheidungen des Bayerischen Verwaltungsgerichtshofes usw.
BayVGH.	Bayerischer Verwaltungsgerichtshof
BayZ	Zeitschrift für Rechtspflege in Bayern
BB	Zeitschrift: Der Betriebs-Berater
Bd.	Band
BDH	Bundesdisziplinarhof
Begr.	Begründung

Literatur- und Abkürzungsverzeichnis

Bek.	Bekanntmachung
BFH	Bundesfinanzhof
BGH	Bundesgerichtshof
BGHZ (St)	Entscheidungen des Bundesgerichtshofes in Zivilsachen (Strafsachen)
BJM	Bundesjustizminister
BMJ	Bundesminister der Justiz
Boeker	Kostenrecht im steuerlichen Rechtsmittelverfahren, 2. Aufl. 1964
BPersVG	Bundespersonalvertretungsgesetz vom 15. 3. 1974 (BGBl. I S. 693)
Brangsch	Bundesrechtsanwaltsgebührenordnung, Textausgabe mit Erläuterungen 1957
BRAGO	Bundesrechtsanwaltsgebührenordnung, aufgehoben
BRAO	Bundesrechtsanwaltsordnung vom 1. 8. 1959 (BGBl. I S. 565)
BSG	Bundessozialgericht
BSGE	Entscheidungen des Bundessozialgerichts
BStBl.	Amtsblatt: Bundessteuerblatt
BT-Drucks.	Bundestags-Drucksache
BVerfG	Bundesverfassungsgericht
BVerfGE	amtliche Sammlung seiner Entscheidungen
BVerwG	Bundesverwaltungsgericht
BVerwGE	Entscheidungen des Bundesverwaltungsgerichts
DB	Zeitschrift: Der Betrieb
DGVZ	Deutsche Gerichtsvollzieherzeitung
DJ	Amtsblatt: Deutsche Justiz (1933–1944)
DJZ	Deutsche Juristenzeitung
DNotZ	Deutsche Notar-Zeitschrift
DÖV, ÖV	Zeitschrift: Die Öffentliche Verwaltung
DR, DRW	Zeitschrift: Deutsches Recht, Wochenausgabe
DRM	Zeitschrift: Deutsches Recht, Monatsausgabe
Drischler(/Bearbeiter)	Kommentar zum Gerichtskostengesetz, 1977 ff.
DRiZ	Deutsche Richter-Zeitung
DRspr.	Deutsche Rechtsprechung, herausgegeben von Feuerhake
DRZ	Deutsche Rechtszeitschrift (1946–1950)
DStR	Deutsches Steuerrecht
DStZ	Deutsche Steuerzeitung (Ausgabe A oder B)
DVBl.	Zeitschrift: Deutsches Verwaltungsblatt
DVO	Durchführungsverordnung
EFG	Entscheidungen der Finanzgerichte
EG	Einführungsgesetz
EGH	Ehrengerichtshof, Entscheidungen desselben
ESVGH	Entscheidungssammlung des hessischen und württemberg-badischen Verwaltungsgerichtshofes
EuRAG	Gesetz über die Tätigkeit europäischer Rechtsanwälte in Deutschland vom 9. 3. 2000 (BGBl. I S. 182)
Eyermann	Kommentar zur VwGO, 11. Aufl. 2000
FamRZ	Zeitschrift für das gesamte Familienrecht (Ehe und Familie im privaten und öffentlichen Recht)
ff.	folgende (Paragraphen, Seiten)
FG	Finanzgericht
FGG	Gesetz über Angelegenheiten der freiwilligen Gerichtsbarkeit vom 17. 5. 1898 (RGBl. S. 189)
FGO	Finanzgerichtsordnung vom 28. 3. 2001 (BGBl. I S. 442)

Literatur- und Abkürzungsverzeichnis

Fn.	Fußnote
Friedlaender	Kommentar zur Gebührenordnung für Rechtsanwälte, 9. Aufl. 1932
GBl.	Gesetzblatt
Gerold, StrW	Streitwert (Der Wert des Streitgegenstandes in bürgerlichen Rechtsstreitigkeiten), 1959
Gerold/Schmidt/ (Bearbeiter)	Gerold/Schmidt/v. Eicken/Madert/Müller-Rabe, Kommentar zum RVG, 16. Aufl. 2004 (Zitate nach der BRAGO beziehen sich noch auf die 15. Aufl.)
GG	Grundgesetz für die Bundesrepublik Deutschland
GKG	Gerichtskostengesetz idF vom 5. 5. 2004 (BGBl. I S. 718)
GoltdArch	Archiv für Strafrecht und Strafprozeß, begründet von Goltdammer
Göttlich/Mümmler/ Rehberg/Xanke	Bundesgebührenordnung für Rechtsanwälte, ABC-Ausgabe, 20. Aufl. 2004
Greißinger	Beratungshilfegesetz und Prozeßkostenhilfe, 1990
Gruch	Beiträge zur Erläuterung des deutschen Rechts, begründet von Gruchot
GRUR	Zeitschrift: Gewerblicher Rechtsschutz und Urheberrecht
GVBl.	Gesetz- und Verordnungsblatt
GVG	Gerichtsverfassungsgesetz idF vom 9. 5. 1975 (BGBl. I S. 1077)
GvKostG	Gesetz über Kosten der Gerichtsvollzieher vom 19. 4. 2001 (BGBl. I S. 623)
GS	Gesetzessammlung
HansRGZ (Rubert)	Hanseatische Rechts- und Gerichtszeitschrift
Hartmann	Kostengesetze, 34. Aufl. 2004
Hartung/Römermann	Kommentar zum RVG, 2004
HEZ	Höchstrichterliche Entscheidungen in Zivilsachen
Hillach/Rohs (Streitwert)	Handbuch des Streitwerts in bürgerlichen Rechtsstreitigkeiten, 9. Aufl. 1995
hM	herrschende Meinung
HRR	Höchstrichterliche Rechtsprechung
Hübschmann/Hepp/ Spitaler	Kommentar zur Abgabenordnung und Finanzgerichtsordnung, Loseblattausgabe Stand 2004
idF	in der Fassung
idR	in der Regel
InsO	Insolvenzordnung vom 5. 10. 1994 (BGBl. I S. 2866)
IRG	Gesetz über die internationale Rechtshilfe in Strafsachen vom 27. 6. 1994 (BGBl. I S. 1538)
IStGHG	Gesetz über die Zusammenarbeit mit dem Internationalen Strafgerichtshof vom 21. 6. 2002 (BGBl. I S. 2144)
i. V. m.	in Verbindung mit
Jaeger	Kommentar zur Konkursordnung, 9. Aufl. 1977 ff. bearbeitet von Lent, Weber u. a.
JBeitrO	Justizbeitreibungsordnung vom 11. 3. 1937 (RGBl. I S. 298)
JBl.	Justizblatt
JFG (Erg)	Jahrbuch für Entscheidungen in Angelegenheiten der freiwilligen Gerichtsbarkeit (Ergänzungsband)
JMBl.	Justizministerialblatt

Literatur- und Abkürzungsverzeichnis

JMBlNW	Zeitschrift: Justizministerialblatt für Nordrhein-Westfalen
JurBüro	Zeitschrift: Das juristische Büro
Justiz	Zeitschrift: „Die Justiz", Amtsblatt des Justizministeriums Baden-Württemberg
JR	Zeitschrift: Juristische Rundschau (1947 ff.)
JVBl.	Zeitschrift: Justizverwaltungsblatt (bis 1972)
JW	Zeitschrift: Juristische Wochenschrift
JZ	Juristenzeitung (1951 ff.)
Kalsbach	Kommentar zur BRAO, 1960
Keidel/Kuntze/Winkler	Freiwillige Gerichtsbarkeit, 15. Aufl. 2003
KG	Kammergericht
KGBl.	Blätter für Rechtspflege im Bezirk des Kammergerichts
Kilger	Insolvenzgesetze, KO, VerglO, GesO, 17. Aufl. 1997
KGJ	Jahrbuch für Entscheidungen des Kammergerichts
Klempt/Meyer	Das Kostenrecht des Steuerprozesses, 1969
KonkTreuh, KTS	Zeitschrift für Konkurs-, Treuhand- und Schiedsgerichtswesen
Korintenberg/Lappe/ Bengel/Reimann	Kommentar zur Kostenordnung, 15. Aufl. 2002
KostÄndG	siehe Rahmengesetz
KostO	Gesetz über die Kosten in Angelegenheiten in der freiwilligen Gerichtsbarkeit (Kostenordnung) idF vom 26. 7. 1957 (BGBl. I S. 861, 960)
KostRsp	Kostenrechtsprechung, Nachschlagewerk bearbeitet von Tschischgale, Luetgebrune, Lappe, 1961 ff.
KostVfg	(bundeseinheitliche) Durchführungsbestimmungen zu den Kostengesetzen (Kostenverfügung)
KV	Kostenverzeichnis (zum Gerichtskostengesetz)
LAG (mit Ort)	Landesarbeitsgericht
Lappe	Die Kostenrechtsprechung des Bundesgerichtshofes, 1955
LG	Landgericht
Lindemann/Trenk-Hinterberger	Beratungshilfegesetz, 1987
LM	Nachschlagewerk des Bundesgerichtshofes in Zivilsachen, herausgegeben von Lindenmaier und Möhring
LSG	Landessozialgericht
LS	Leitsatz
Luetgebrune	Kostenrecht im Verwaltungsprozeß, 1953
Luetgebrune/Lotze	Handkommentar zur Bundesgebührenordnung für Rechtsanwälte, 1958
LZ	Leipziger Zeitschrift
Markl	Kommentar zum GKG, 2. Aufl. 1983
MdI, MdJ	Minister des Innern, Minister der Justiz
MDR	Monatsschrift für Deutsches Recht
MedR	Zeitschrift: Medizinrecht
MinBlFin	Ministerialblatt des Bundesministers der Finanzen
Mitt.	Mitteilungsblatt
Mohrbutter/Drischler	Handbuch: Die Zwangsversteigerungs- und Zwangsverwaltungspraxis (früher: Ruhl/Schild), 1977/1978
MünchKommBGB (/Bearbeiter)	Münchener Kommentar zum BGB, 4. Aufl. 2000 ff.
mwN	mit weiteren Nachweisen

Literatur- und Abkürzungsverzeichnis

Nds.Rpfl.	Zeitschrift: Niedersächsische Rechtspflege
nF	neue Fassung; neue Folge
NJW	Neue Juristische Wochenschrift
NJW-RR	Neue Juristische Wochenschrift: Rechtsprechungs-Report
NRW, NW	Nordrhein-Westfalen
NStZ	Neue Zeitschrift für Strafrecht
NStZ-RR	Neue Zeitschrift für Strafrecht: Rechtsprechungs-Report
NZA	Neue Zeitschrift für Arbeitsrecht
OG	Obergericht
OGH	Oberster Gerichtshof für die britische Zone
OGHZ	Entscheidungen des Obersten Gerichtshofes für die britische Zone
OLG	Oberlandesgericht
OLGZ, (OLGSt)	a) Die Rechtsprechung der Oberlandesgerichte auf dem Gebiete des Zivilrechts, herausgegeben von Mugdan und Falkmann (1900–1923), zit. nach Band (1–46) b) Entscheidungen der Oberlandesgerichte in Zivilsachen (Strafsachen), 1965 ff., zit. nach Jahr
ÖV	siehe DÖV
OVG	Oberverwaltungsgericht
OVGE	siehe AS
OWiG	Gesetz über Ordnungswidrigkeiten idF vom 19. 2. 1987 (BGBl. I S. 602)
Palandt	Kurzkommentar zum Bürgerlichen Gesetzbuch, 63. Aufl. 2004
PKH	Prozeßkostenhilfe
PrOVGE	Entscheidungen des Preußischen Oberverwaltungsgerichts
RAGO, alte RAGebO	Gebührenordnung für Rechtsanwälte vom 7. 7. 1879 idF vom 5. 7. 1927
Rahmengesetz	Gesetz zur Änderung und Ergänzung kostenrechtlicher Vorschriften vom 26. 7. 1957 (BGBl. I S. 861)
RdA	Zeitschrift: Recht der Arbeit
RdL	Zeitschrift: Recht der Landwirtschaft (1949 ff.)
Rn.	Randnummer
Recht.	Zeitschrift: Das Recht (bis 1945)
Redeker/v. Oertzen	Kommentar zur VwGO, 14. Aufl. 2004
RefE	Referentenentwurf
Rennen/Caliebe	Kommentar zum Rechtsberatungsgesetz, 3. Aufl. 2001
RFH	Reichsfinanzhof
RG	Reichsgericht
RGRK	Kommentar zum Bürgerlichen Gesetzbuch, herausgegeben von Reichsgerichtsräten und Bundesrichtern, 12. Aufl. 1974 ff.
RGSt, RGZ	Entscheidungen des Reichsgerichts in Strafsachen, Zivilsachen
RhPf, RhlPf	Rheinland-Pfalz
RhSchOG	Rheinschiffahrtsobergericht
Rohs/Wedewer	Kommentar zur Kostenordnung, 2. Aufl. 1958 ff.
Rosenberg/Schwab/ Gottwald	Lehrbuch des Zivilprozessrechts, 16. Aufl. 2004
Rpfleger	Zeitschrift: Der Deutsche Rechtspfleger
RPflG	Rechtspflegergesetz vom 5. 11. 1969 (BGBl. I S. 2065)
Rspr.	Rechtsprechung
RVG	Rechtsanwaltsvergütungsgesetz vom 5. 5. 2004 (BGBl. I S. 718)
S.	Satz oder Seite
Saarl. JVBl.	Amtsblatt: Saarländisches Justizverwaltungsblatt

Literatur- und Abkürzungsverzeichnis

SaarlRuStZ	Amtsblatt: Saarländische Rechts- und Steuerzeitschrift
SächsA	Archiv für Rechtspflege in Sachsen, Thüringen und Anhalt
SchlHA	Schleswig-Holsteinische Anzeigen (Justizministerialblatt für Schleswig-Holstein)
Schmidt, Vergütung	Die Vergütung des Strafverteidigers und die Erstattung der Kosten im Strafverfahren von Herbert Schmidt, 2. Aufl. 1982
Schneider/Herget	Streitwert-Kommentar, 11. Aufl. 1997
Schoreit/Dehn	Beratungshilfegesetz, Prozesskostenhilfe, 8. Aufl. 2004
Schumann/Geißinger	Kommentar zur Bundesgebührenordnung für Rechtsanwälte, 2. Aufl. 1972 ff.
SeuffA	Seufferts Archiv für Entscheidungen der obersten Gerichte
SG	Sozialgericht
SGb	Zeitschrift: Die Sozialgerichtsbarkeit
SJZ	Zeitschrift: Süddeutsche Juristenzeitung (1946–1950)
Staudinger	Kommentar zum Bürgerlichen Gesetzbuch, 12. Aufl. 1978 ff., 13. Bearbeitung 1993 ff.
StBerG	Steuerberatungsgesetz idF vom 4. 11. 1975 (BGBl. I S. 2735)
Stein/Jonas	Kommentar zur ZPO, 21. Aufl. 1993 ff., 22. Aufl. 2002 ff.
StGH	Staatsgerichtshof
StW	Zeitschrift: Steuer und Wirtschaft
str.	streitig
StrVert	Zeitschrift: Der Strafverteidiger
Swolana/Hansens	Kommentar zur Bundesgebührenordnung für Rechtsanwälte, 8. Aufl. 1995
Thier	Die Anwaltsgebühren in Steuer- und Zollsachen, 3. Aufl. 1959
Thomas/Putzo	Zivilprozeßordnung, 26. Aufl. 2004
Tschischgale/Satzky	Das Kostenrecht in Arbeitssachen, 3. Aufl. 1982
Tschischgale, KostSoz	Das Kostenrecht in Sozialsachen, 1959
VerfGH	Verfassungsgerichtshof
VersR	Zeitschrift: Versicherungsrecht (Juristische Rundschau für die Individualversicherung) 1950 ff.
VerwA	Zeitschrift: Verwaltungsarchiv
VerwRspr	Verwaltungsrechtsprechung in Deutschland (Entscheidungssammlung)
VGH	Verwaltungsgerichtshof
vgl.	vergleiche
VO	Verordnung
Vorbem.	Vorbemerkung
VV	Vergütungsverzeichnis (Anlage 1 zum RVG)
VwGO	Verwaltungsgerichtsordnung vom 19. 3. 1991 (BGBl. I S. 686)
VZS	Vereinigte Zivilsenate
WarnJ	Warneyer, Jahrbuch der Entscheidungen auf dem Gebiete des Zivil-, Handels- und Prozeßrechts
Warn(Rspr.)	Warneyer, Die Rechtsprechung des Reichsgerichts auf dem Gebiete des Zivilrechts
WEG	Wohnungseigentumsgesetz vom 15. 3. 1951 (BGBl. I S. 175, 209)
Wieczorek	Kommentar zur Zivilprozeßordnung, 3. Aufl. 1994 ff.
Willenbücher	Das Kostenfestsetzungsverfahren und die Bundesgebührenordnung für Rechtsanwälte, 16. Aufl. 1959
WM	Zeitschrift: Wohnungswirtschaft und Mietrecht
WpMitt	Zeitschrift: Wertpapiermitteilungen
WPO	Wirtschaftsprüferordnung idF vom 5. 11. 1975 (BGBl. I S. 2803)
WRP	Zeitschrift: Wettbewerb in Recht und Praxis

Literatur- und Abkürzungsverzeichnis

ZfS	Zentralblatt für Sozialversicherung, Sozialhilfe und Versorgung oder Zeitschrift für Schadensrecht
ZMR	Zeitschrift für Miet- und Raumrecht (1952 ff.)
Zöller/(Bearbeiter)	Kommentar zur Zivilprozessordnung, 25. Aufl. 2005
ZPO	Zivilprozessordnung idF vom 12. 9. 1950 (BGBl. I S. 533)
zust.	zustimmend
ZZP	Zeitschrift für Zivilprozeß

Gesetzestext

Gesetz über die Vergütung der Rechtsanwälte und Rechtsanwältinnen

vom 5. Mai 2004 (BGBl. I S. 718, 788),
zuletzt geändert durch Gesetz vom 22. März 2005 (BGBl. I S. 837)

Abschnitt 1. Allgemeine Vorschriften

§ 1 Geltungsbereich. (1) [1]Die Vergütung (Gebühren und Auslagen) für anwaltliche Tätigkeiten der Rechtsanwältinnen und Rechtsanwälte bemisst sich nach diesem Gesetz. [2]Dies gilt auch für eine Tätigkeit als Prozesspfleger nach den §§ 57 und 58 der Zivilprozessordnung. [3]Andere Mitglieder einer Rechtsanwaltskammer, Partnerschaftsgesellschaften und sonstige Gesellschaften stehen einem Rechtsanwalt im Sinne dieses Gesetzes gleich.

(2) [1]Dieses Gesetz gilt nicht für eine Tätigkeit als Vormund, Betreuer, Pfleger, Verfahrenspfleger, Testamentsvollstrecker, Insolvenzverwalter, Sachwalter, Mitglied des Gläubigerausschusses, Nachlassverwalter, Zwangsverwalter, Treuhänder oder Schiedsrichter oder für eine ähnliche Tätigkeit. [2]§ 1835 Abs. 3 des Bürgerlichen Gesetzbuchs bleibt unberührt.

§ 2 Höhe der Vergütung. (1) Die Gebühren werden, soweit dieses Gesetz nichts anderes bestimmt, nach dem Wert berechnet, den der Gegenstand der anwaltlichen Tätigkeit hat (Gegenstandswert).

(2) [1]Die Höhe der Vergütung bestimmt sich nach dem Vergütungsverzeichnis der Anlage 1 zu diesem Gesetz. [2]Gebühren werden auf den nächstliegenden Cent auf- oder abgerundet; 0,5 Cent werden aufgerundet.

§ 3 Gebühren in sozialrechtlichen Angelegenheiten. (1) [1]In Verfahren vor den Gerichten der Sozialgerichtsbarkeit, in denen das Gerichtskostengesetz nicht anzuwenden ist, entstehen Betragsrahmengebühren. [2]In sonstigen Verfahren werden die Gebühren nach dem Gegenstandswert berechnet, wenn der Auftraggeber nicht zu den in § 183 des Sozialgerichtsgesetzes genannten Personen gehört.

(2) Absatz 1 gilt entsprechend für eine Tätigkeit außerhalb eines gerichtlichen Verfahrens.

§ 4 Vereinbarung der Vergütung. (1) [1]Aus einer Vereinbarung kann eine höhere als die gesetzliche Vergütung nur gefordert werden, wenn die Erklärung des Auftraggebers schriftlich abgegeben und nicht in der Vollmacht enthalten ist. [2]Ist das Schriftstück nicht von dem Auftraggeber verfasst, muss es als Vergütungsvereinbarung bezeichnet und die Vergütungsvereinbarung von anderen Vereinbarungen deutlich abgesetzt sein. [3]Hat der Auftraggeber freiwillig und ohne Vorbehalt geleistet, kann er das Geleistete nicht deshalb zurückfordern, weil seine Erklärung den Vorschriften der Sätze 1 oder 2 nicht entspricht.

(2) ¹In außergerichtlichen Angelegenheiten können Pauschalvergütungen und Zeitvergütungen vereinbart werden, die niedriger sind als die gesetzlichen Gebühren. ²Der Rechtsanwalt kann sich für gerichtliche Mahnverfahren und Zwangsvollstreckungsverfahren nach den §§ 803 bis 863 und 899 bis 915 b der Zivilprozessordnung verpflichten, dass er, wenn der Anspruch des Auftraggebers auf Erstattung der gesetzlichen Vergütung nicht beigetrieben werden kann, einen Teil des Erstattungsanspruchs an Erfüllungs Statt annehmen werde. ³Der nicht durch Abtretung zu erfüllende Teil der gesetzlichen Vergütung und die sonst nach diesem Absatz vereinbarten Vergütungen müssen in einem angemessenen Verhältnis zu Leistung, Verantwortung und Haftungsrisiko des Rechtsanwalts stehen. ⁴Vereinbarungen über die Vergütung sollen schriftlich getroffen werden; ist streitig, ob es zu einer solchen Vereinbarung gekommen ist, trifft die Beweislast den Auftraggeber.

(3) ¹In der Vereinbarung kann es dem Vorstand der Rechtsanwaltskammer überlassen werden, die Vergütung nach billigem Ermessen festzusetzen. ²Ist die Festsetzung der Vergütung dem Ermessen eines Vertragsteils überlassen, gilt die gesetzliche Vergütung als vereinbart.

(4) ¹Ist eine vereinbarte oder von dem Vorstand der Rechtsanwaltskammer festgesetzte Vergütung unter Berücksichtigung aller Umstände unangemessen hoch, kann sie im Rechtsstreit auf den angemessenen Betrag bis zur Höhe der gesetzlichen Vergütung herabgesetzt werden. ²Vor der Herabsetzung hat das Gericht ein Gutachten des Vorstands der Rechtsanwaltskammer einzuholen; dies gilt nicht, wenn der Vorstand der Rechtsanwaltskammer die Vergütung nach Absatz 3 Satz 1 festgesetzt hat. ³Das Gutachten ist kostenlos zu erstatten.

(5) ¹Durch eine Vereinbarung, nach der ein im Wege der Prozesskostenhilfe beigeordneter Rechtsanwalt eine Vergütung erhalten soll, wird eine Verbindlichkeit nicht begründet. ²Hat der Auftraggeber freiwillig und ohne Vorbehalt geleistet, kann er das Geleistete nicht deshalb zurückfordern, weil eine Verbindlichkeit nicht bestanden hat.

(6) § 8 des Beratungshilfegesetzes bleibt unberührt.

§ 5 Vergütung für Tätigkeiten von Vertretern des Rechtsanwalts. Die Vergütung für eine Tätigkeit, die der Rechtsanwalt nicht persönlich vornimmt, wird nach diesem Gesetz bemessen, wenn der Rechtsanwalt durch einen Rechtsanwalt, den allgemeinen Vertreter, einen Assessor bei einem Rechtsanwalt oder einen zur Ausbildung zugewiesenen Referendar vertreten wird.

§ 6 Mehrere Rechtsanwälte. Ist der Auftrag mehreren Rechtsanwälten zur gemeinschaftlichen Erledigung übertragen, erhält jeder Rechtsanwalt für seine Tätigkeit die volle Vergütung.

§ 7 Mehrere Auftraggeber. (1) Wird der Rechtsanwalt in derselben Angelegenheit für mehrere Auftraggeber tätig, erhält er die Gebühren nur einmal.

(2) ¹Jeder der Auftraggeber schuldet die Gebühren und Auslagen, die er schulden würde, wenn der Rechtsanwalt nur in seinem Auftrag tätig geworden wäre; die Dokumentenpauschale nach Nummer 7000 des Vergütungsverzeichnisses schuldet er auch insoweit, wie diese nur durch die Unterrichtung mehrerer Auftraggeber entstanden ist. ²Der Rechtsanwalt kann aber insgesamt nicht mehr als die nach Absatz 1 berechneten Gebühren und die insgesamt entstandenen Auslagen fordern.

§ 8 Fälligkeit, Hemmung der Verjährung. (1) ¹Die Vergütung wird fällig, wenn der Auftrag erledigt oder die Angelegenheit beendet ist. ²Ist der Rechtsanwalt in einem gerichtlichen Verfahren tätig, wird die Vergütung auch fällig, wenn eine Kostenentscheidung ergangen oder der Rechtszug beendet ist oder wenn das Verfahren länger als drei Monate ruht.

(2) ¹Die Verjährung der Vergütung für eine Tätigkeit in einem gerichtlichen Verfahren wird gehemmt, solange das Verfahren anhängig ist. ²Die Hemmung endet mit der rechtskräftigen Entscheidung oder anderweitigen Beendigung des Verfahrens. ³Ruht das Verfahren, endet die Hemmung drei Monate nach Eintritt der Fälligkeit. ⁴Die Hemmung beginnt erneut, wenn eine der Parteien das Verfahren weiter betreibt.

§ 9 Vorschuss. Der Rechtsanwalt kann von seinem Auftraggeber für die entstandenen und die voraussichtlich entstehenden Gebühren und Auslagen einen angemessenen Vorschuss fordern.

§ 10 Berechnung. (1) ¹Der Rechtsanwalt kann die Vergütung nur aufgrund einer von ihm unterzeichneten und dem Auftraggeber mitgeteilten Berechnung einfordern. ²Der Lauf der Verjährungsfrist ist von der Mitteilung der Berechnung nicht abhängig.

(2) ¹In der Berechnung sind die Beträge der einzelnen Gebühren und Auslagen, Vorschüsse, eine kurze Bezeichnung des jeweiligen Gebührentatbestands, die Bezeichnung der Auslagen sowie die angewandten Nummern des Vergütungsverzeichnisses und bei Gebühren, die nach dem Gegenstandswert berechnet sind, auch dieser anzugeben. ²Bei Entgelten für Post- und Telekommunikationsdienstleistungen genügt die Angabe des Gesamtbetrags.

(3) Hat der Auftraggeber die Vergütung gezahlt, ohne die Berechnung erhalten zu haben, kann er die Mitteilung der Berechnung noch fordern, solange der Rechtsanwalt zur Aufbewahrung der Handakten verpflichtet ist.

§ 11 Festsetzung der Vergütung. (1) ¹Soweit die gesetzliche Vergütung, eine nach § 42 festgestellte Pauschgebühr und die zu ersetzenden Aufwendungen (§ 670 des Bürgerlichen Gesetzbuchs) zu den Kosten des gerichtlichen Verfahrens gehören, werden sie auf Antrag des Rechtsanwalts oder des Auftraggebers durch das Gericht des ersten Rechtszugs festgesetzt. ²Getilgte Beträge sind abzusetzen.

(2) ¹Der Antrag ist erst zulässig, wenn die Vergütung fällig ist. ²Vor der Festsetzung sind die Beteiligten zu hören. ³Die Vorschriften der jeweiligen Verfahrensordnung über das Kostenfestsetzungsverfahren mit Ausnahme des § 104 Abs. 2 Satz 3 der Zivilprozessordnung und die Vorschriften der Zivilprozessordnung über die Zwangsvollstreckung aus Kostenfestsetzungsbeschlüssen gelten entsprechend. ⁴Das Verfahren vor dem Gericht des ersten Rechtszugs ist gebührenfrei. ⁵In den Vergütungsfestsetzungsbeschluss sind die von dem Rechtsanwalt gezahlten Auslagen für die Zustellung des Beschlusses aufzunehmen. ⁶Im Übrigen findet eine Kostenerstattung nicht statt; dies gilt auch im Verfahren über Beschwerden.

(3) ¹Im Verfahren vor den Gerichten der Verwaltungsgerichtsbarkeit, der Finanzgerichtsbarkeit und der Sozialgerichtsbarkeit wird die Vergütung vom Urkundsbeamten der Geschäftsstelle festgesetzt. ²Die für die jeweilige Gerichtsbarkeit geltenden Vorschriften über die Erinnerung im Kostenfestsetzungsverfahren gelten entsprechend.

(4) Wird der vom Rechtsanwalt angegebene Gegenstandswert von einem Beteiligten bestritten, ist das Verfahren auszusetzen, bis das Gericht hierüber entschieden hat (§§ 32, 33 und 38 Abs. 1).

(5) [1]Die Festsetzung ist abzulehnen, soweit der Antragsgegner Einwendungen oder Einreden erhebt, die nicht im Gebührenrecht ihren Grund haben. [2]Hat der Auftraggeber bereits dem Rechtsanwalt gegenüber derartige Einwendungen oder Einreden erhoben, ist die Erhebung der Klage nicht von der vorherigen Einleitung des Festsetzungsverfahrens abhängig.

(6) [1]Anträge und Erklärungen können zu Protokoll der Geschäftsstelle abgegeben oder schriftlich ohne Mitwirkung eines Rechtsanwalts eingereicht werden. [2]§ 129a der Zivilprozessordnung gilt entsprechend.

(7) Durch den Antrag auf Festsetzung der Vergütung wird die Verjährung wie durch Klageerhebung gehemmt.

(8) [1]Die Absätze 1 bis 7 gelten bei Rahmengebühren nur, wenn die Mindestgebühren geltend gemacht werden oder der Auftraggeber der Höhe der Gebühren ausdrücklich zugestimmt hat. [2]Die Festsetzung auf Antrag des Rechtsanwalts ist abzulehnen, wenn er die Zustimmungserklärung des Auftraggebers nicht mit dem Antrag vorlegt.

§ 12 Anwendung von Vorschriften für die Prozesskostenhilfe.

[1]Die Vorschriften dieses Gesetzes für im Wege der Prozesskostenhilfe beigeordnete Rechtsanwälte und für Verfahren über die Prozesskostenhilfe sind in den Fällen des § 11a des Arbeitsgerichtsgesetzes und des § 4a der Insolvenzordnung entsprechend anzuwenden. [2]Der Bewilligung von Prozesskostenhilfe steht die Stundung nach § 4a der Insolvenzordnung gleich.

§ 12a Abhilfe bei Verletzung des Anspruchs auf rechtliches Gehör.

(1) Auf die Rüge eines durch die Entscheidung nach diesem Gesetz beschwerten Beteiligten ist das Verfahren fortzuführen, wenn
1. ein Rechtsmittel oder ein anderer Rechtsbehelf gegen die Entscheidung nicht gegeben ist und
2. das Gericht den Anspruch dieses Beteiligten auf rechtliches Gehör in entscheidungserheblicher Weise verletzt hat.

(2) [1]Die Rüge ist innerhalb von zwei Wochen nach Kenntnis von der Verletzung des rechtlichen Gehörs zu erheben; der Zeitpunkt der Kenntniserlangung ist glaubhaft zu machen. [2]Nach Ablauf eines Jahres seit Bekanntmachung der angegriffenen Entscheidung kann die Rüge nicht mehr erhoben werden. [3]Formlos mitgeteilte Entscheidungen gelten mit dem dritten Tage nach Aufgabe zur Post als bekannt gemacht. [4]Die Rüge ist bei dem Gericht zu erheben, dessen Entscheidung angegriffen wird; § 33 Abs. 7 Satz 1 gilt entsprechend. [5]Die Rüge muss die angegriffene Entscheidung bezeichnen und das Vorliegen der in Absatz 1 Nr. 2 genannten Voraussetzungen darlegen.

(3) Den übrigen Beteiligten ist, soweit erforderlich, Gelegenheit zur Stellungnahme zu geben.

(4) [1]Das Gericht hat von Amts wegen zu prüfen, ob die Rüge an sich statthaft und ob sie in der gesetzlichen Form und Frist erhoben ist. [2]Mangelt es an einem dieser Erfordernisse, so ist die Rüge als unzulässig zu verwerfen. [3]Ist die Rüge unbegründet, weist das Gericht sie zurück. [4]Die Entscheidung ergeht durch unanfechtbaren Beschluss. [5]Der Beschluss soll kurz begründet werden.

(5) Ist die Rüge begründet, so hilft ihr das Gericht ab, indem es das Verfahren fortführt, soweit dies aufgrund der Rüge geboten ist.

(6) Kosten werden nicht erstattet.

§ 12 b Elektronische Akte, elektronisches Dokument. (1) [1]Die Vorschriften über die elektronische Akte und das gerichtliche elektronische Dokument für das Verfahren, in dem der Rechtsanwalt die Vergütung erhält, sind anzuwenden. [2]Im Fall der Beratungshilfe sind die entsprechenden Vorschriften der Zivilprozessordnung anzuwenden.

(2) [1]Soweit für Anträge und Erklärungen in dem Verfahren, in dem der Rechtsanwalt die Vergütung erhält, die Aufzeichnung als elektronisches Dokument genügt, genügt diese Form auch für Anträge und Erklärungen nach diesem Gesetz. [2]Dasselbe gilt im Fall der Beratungshilfe, soweit nach den Vorschriften der Zivilprozessordnung die Aufzeichnung als elektronisches Dokument genügt. [3]Die verantwortende Person soll das Dokument mit einer qualifizierten elektronischen Signatur nach dem Signaturgesetz versehen. [4]Ist ein übermitteltes elektronisches Dokument für das Gericht zur Bearbeitung nicht geeignet, ist dies dem Absender unter Angabe der geltenden technischen Rahmenbedingungen unverzüglich mitzuteilen.

(3) Ein elektronisches Dokument ist eingereicht, sobald die für den Empfang bestimmte Einrichtung des Gerichts es aufgezeichnet hat.

Abschnitt 2. Gebührenvorschriften

§ 13 Wertgebühren. (1) [1]Wenn sich die Gebühren nach dem Gegenstandswert richten, beträgt die Gebühr bei einem Gegenstandswert bis 300 Euro 25 Euro. [2]Die Gebühr erhöht sich bei einem

Gegenstandswert bis ... Euro	für jeden angefangenen Betrag von weiteren ... Euro	um ... Euro
1 500	300	20
5 000	500	28
10 000	1 000	37
25 000	3 000	40
50 000	5 000	72
200 000	15 000	77
500 000	30 000	118
über 500 000	50 000	150

[3]Eine Gebührentabelle für Gegenstandswerte bis 500 000 Euro ist diesem Gesetz als Anlage 2 beigefügt.

(2) Der Mindestbetrag einer Gebühr ist 10 Euro.

§ 14 Rahmengebühren. (1) [1]Bei Rahmengebühren bestimmt der Rechtsanwalt die Gebühr im Einzelfall unter Berücksichtigung aller Umstände, vor allem des Umfangs und der Schwierigkeit der anwaltlichen Tätigkeit, der Bedeutung der Angelegenheit sowie der Einkommens- und Vermögensverhältnisse des Auftraggebers, nach billigem Ermessen. [2]Ein besonderes Haftungsrisiko des Rechtsanwalts kann bei der Bemessung herangezogen werden. [3]Bei Rahmengebühren, die sich nicht nach dem Gegenstandswert richten, ist das Haftungsrisiko zu berücksichtigen. [4]Ist die

Gebühr von einem Dritten zu ersetzen, ist die von dem Rechtsanwalt getroffene Bestimmung nicht verbindlich, wenn sie unbillig ist.

(2) ¹Im Rechtsstreit hat das Gericht ein Gutachten des Vorstands der Rechtsanwaltskammer einzuholen, soweit die Höhe der Gebühr streitig ist; dies gilt auch im Verfahren nach § 495 a der Zivilprozessordnung. ²Das Gutachten ist kostenlos zu erstatten.

§ 15 Abgeltungsbereich der Gebühren. (1) Die Gebühren entgelten, soweit dieses Gesetz nichts anderes bestimmt, die gesamte Tätigkeit des Rechtsanwalts vom Auftrag bis zur Erledigung der Angelegenheit.

(2) ¹Der Rechtsanwalt kann die Gebühren in derselben Angelegenheit nur einmal fordern. ²In gerichtlichen Verfahren kann er die Gebühren in jedem Rechtszug fordern.

(3) Sind für Teile des Gegenstands verschiedene Gebührensätze anzuwenden, entstehen für die Teile gesondert berechnete Gebühren, jedoch nicht mehr als die aus dem Gesamtbetrag der Wertteile nach dem höchsten Gebührensatz berechnete Gebühr.

(4) Auf bereits entstandene Gebühren ist es, soweit dieses Gesetz nichts anderes bestimmt, ohne Einfluss, wenn sich die Angelegenheit vorzeitig erledigt oder der Auftrag endigt, bevor die Angelegenheit erledigt ist.

(5) ¹Wird der Rechtsanwalt, nachdem er in einer Angelegenheit tätig geworden ist, beauftragt, in derselben Angelegenheit weiter tätig zu werden, erhält er nicht mehr an Gebühren, als er erhalten würde, wenn er von vornherein hiermit beauftragt worden wäre. ²Ist der frühere Auftrag seit mehr als zwei Kalenderjahren erledigt, gilt die weitere Tätigkeit als neue Angelegenheit und in diesem Gesetz bestimmte Anrechnungen von Gebühren entfallen.

(6) Ist der Rechtsanwalt nur mit einzelnen Handlungen beauftragt, erhält er nicht mehr an Gebühren als der mit der gesamten Angelegenheit beauftragte Rechtsanwalt für die gleiche Tätigkeit erhalten würde.

Abschnitt 3. Angelegenheit

§ 16 Dieselbe Angelegenheit. Dieselbe Angelegenheit sind
1. das Verwaltungsverfahren auf Aussetzung oder Anordnung der sofortigen Vollziehung sowie über einstweilige Maßnahmen zur Sicherung der Rechte Dritter und jedes Verwaltungsverfahren auf Abänderung oder Aufhebung in den genannten Fällen,
2. das Verfahren über die Prozesskostenhilfe und das Verfahren, für das die Prozesskostenhilfe beantragt worden ist,
3. mehrere Verfahren über die Prozesskostenhilfe in demselben Rechtszug,
4. eine Scheidungssache und die Folgesachen (§ 621 Abs. 1 Nr. 1 bis 9, § 623 Abs. 1 bis 3, 5 der Zivilprozessordnung),
5. ein Verfahren über die Aufhebung der Lebenspartnerschaft und die Folgesachen (§ 661 Abs. 2, § 623 Abs. 1 und 5 der Zivilprozessordnung),
6. das Verfahren über einen Antrag auf Anordnung eines Arrests, einer einstweiligen Verfügung, auf Erlass einer einstweiligen oder vorläufigen Anordnung, auf Anordnung oder Wiederherstellung der aufschiebenden Wirkung, auf Aufhebung der Vollziehung oder Anordnung der sofortigen Vollziehung eines Verwaltungsakts und jedes Verfahren auf deren Abänderung oder Aufhebung,
7. das Verfahren nach § 3 Abs. 1 des Gesetzes zur Ausführung des Vertrages zwischen der Bundesrepublik Deutschland und der Republik Österreich vom 6. Juni 1959

über die gegenseitige Anerkennung und Vollstreckung von gerichtlichen Entscheidungen, Vergleichen und öffentlichen Urkunden in Zivil- und Handelssachen in der im Bundesgesetzblatt Teil III, Gliederungsnummer 319-12, veröffentlichten bereinigten Fassung, das zuletzt durch Artikel 23 des Gesetzes vom 27. Juli 2001 (BGBl. I S. 1887) geändert worden ist, und das Verfahren nach § 3 Abs. 2 des genannten Gesetzes,

8. das Aufgebotsverfahren und das Verfahren über den Antrag auf Anordnung der Zahlungssperre nach § 1020 der Zivilprozessordnung,
9. das Verfahren über die Zulassung der Vollziehung einer vorläufigen oder sichernden Maßnahme und das Verfahren über einen Antrag auf Aufhebung oder Änderung einer Entscheidung über die Zulassung der Vollziehung (§ 1041 der Zivilprozessordnung),
10. das schiedsrichterliche Verfahren und das gerichtliche Verfahren bei der Bestellung eines Schiedsrichters oder Ersatzschiedsrichters, über die Ablehnung eines Schiedsrichters oder über die Beendigung des Schiedsrichteramts, zur Unterstützung bei der Beweisaufnahme oder bei der Vornahme sonstiger richterlicher Handlungen,
11. das Verfahren vor dem Schiedsgericht und die gerichtlichen Verfahren über die Bestimmung einer Frist (§ 102 Abs. 3 des Arbeitsgerichtsgesetzes), die Ablehnung eines Schiedsrichters (§ 103 Abs. 3 des Arbeitsgerichtsgesetzes) oder die Vornahme einer Beweisaufnahme oder einer Vereidigung (§ 106 Abs. 2 des Arbeitsgerichtsgesetzes),
12. im Kostenfestsetzungsverfahren einerseits und im Kostenansatzverfahren andererseits jeweils mehrere Verfahren über
    a) die Erinnerung,
    b) die Beschwerde in demselben Beschwerderechtszug,
13. das Rechtsmittelverfahren und das Verfahren über die Zulassung des Rechtsmittels; dies gilt nicht für das Verfahren über die Beschwerde gegen die Nichtzulassung eines Rechtsmittels; und
14. das Verfahren über die Privatklage und die Widerklage und zwar auch im Fall des § 388 Abs. 2 der Strafprozessordnung.

§ 17 Verschiedene Angelegenheiten. Verschiedene Angelegenheiten sind
1. jeweils das Verwaltungsverfahren, das einem gerichtlichen Verfahren vorausgehende und der Nachprüfung des Verwaltungsakts dienende weitere Verwaltungsverfahren (Vorverfahren, Einspruchsverfahren, Beschwerdeverfahren, Abhilfeverfahren), das Verwaltungsverfahren auf Aussetzung oder Anordnung der sofortigen Vollziehung sowie über einstweilige Maßnahmen zur Sicherung der Rechte Dritter und ein gerichtliches Verfahren,
2. das Mahnverfahren und das streitige Verfahren,
3. das vereinfachte Verfahren über den Unterhalt Minderjähriger und das streitige Verfahren,
4. das Verfahren in der Hauptsache und ein Verfahren über einen Antrag auf
    a) Anordnung eines Arrests,
    b) Erlass einer einstweiligen Verfügung, einer einstweiligen Anordnung oder einer vorläufigen Anordnung in Verfahren der freiwilligen Gerichtsbarkeit,
    c) Anordnung oder Wiederherstellung der aufschiebenden Wirkung, auf Aufhebung der Vollziehung oder Anordnung der sofortigen Vollziehung eines Verwaltungsakts sowie

d) Abänderung oder Aufhebung einer in einem Verfahren nach den Buchstaben a bis c ergangenen Entscheidung,
5. der Urkunden- oder Wechselprozess und das ordentliche Verfahren, das nach Abstandnahme vom Urkunden- oder Wechselprozess oder nach einem Vorbehaltsurteil anhängig bleibt (§§ 596, 600 der Zivilprozessordnung),
6. das Schiedsverfahren und das Verfahren über die Zulassung der Vollziehung einer vorläufigen oder sichernden Maßnahme sowie das Verfahren über einen Antrag auf Aufhebung oder Änderung einer Entscheidung über die Zulassung der Vollziehung (§ 1041 der Zivilprozessordnung),
7. das gerichtliche Verfahren und ein vorausgegangenes
    a) Güteverfahren vor einer durch die Landesjustizverwaltung eingerichteten oder anerkannten Gütestelle (§ 794 Abs. 1 Nr. 1 der Zivilprozessordnung) oder, wenn die Parteien den Einigungsversuch einvernehmlich unternehmen, vor einer Gütestelle, die Streitbeilegung betreibt (§ 15 a Abs. 3 des Einführungsgesetzes zur Zivilprozessordnung),
    b) Verfahren vor einem Ausschuss der in § 111 Abs. 2 des Arbeitsgerichtsgesetzes bezeichneten Art,
    c) Verfahren vor dem Seemannsamt zur vorläufigen Entscheidung von Arbeitssachen und
    d) Verfahren vor sonstigen gesetzlich eingerichteten Einigungsstellen, Gütestellen oder Schiedsstellen,
8. das Vermittlungsverfahren nach § 52 a des Gesetzes über die Angelegenheiten der freiwilligen Gerichtsbarkeit und ein sich anschließendes gerichtliches Verfahren,
9. das Verfahren über ein Rechtsmittel und das Verfahren über die Beschwerde gegen die Nichtzulassung des Rechtsmittels,
10. das strafrechtliche Ermittlungsverfahren und ein nach dessen Einstellung sich anschließendes Bußgeldverfahren,
11. das Strafverfahren und das Verfahren über die im Urteil vorbehaltene Sicherungsverwahrung und
12. das Wiederaufnahmeverfahren und das wiederaufgenommene Verfahren, wenn sich die Gebühren nach Teil 4 oder 5 des Vergütungsverzeichnisses richten.

§ 18 Besondere Angelegenheiten. Besondere Angelegenheiten sind
1. jedes Verfahren über eine einstweilige Anordnung nach
    a) § 127 a der Zivilprozessordnung,
    b) den §§ 620, 620 b Abs. 1, 2 der Zivilprozessordnung, auch in Verbindung mit § 661 Abs. 2 der Zivilprozessordnung,
    c) § 621 f der Zivilprozessordnung, auch in Verbindung mit § 661 Abs. 2 der Zivilprozessordnung,
    d) § 621 g der Zivilprozessordnung, auch in Verbindung mit § 661 Abs. 2 der Zivilprozessordnung,
    e) § 641 d der Zivilprozessordnung,
    f) § 644 der Zivilprozessordnung, auch in Verbindung mit § 661 Abs. 2 der Zivilprozessordnung,
    g) § 64 b Abs. 3 des Gesetzes über die Angelegenheiten der freiwilligen Gerichtsbarkeit;
mehrere Verfahren, die unter demselben Buchstaben genannt sind, sind jedoch eine Angelegenheit; die Gegenstandswerte sind zusammenzurechnen; dies gilt auch dann, wenn die mehreren Verfahren denselben Gegenstand betreffen;

2. nicht in Nummer 1 genannte Verfahren über eine einstweilige oder vorläufige Anordnung in Verfahren der freiwilligen Gerichtsbarkeit; mehrere Anordnungen in derselben Hauptsache sind eine Angelegenheit; die Gegenstandswerte sind zusammenzurechnen; dies gilt auch dann, wenn die mehreren Verfahren denselben Gegenstand betreffen;
3. jede Vollstreckungsmaßnahme zusammen mit den durch diese vorbereiteten weiteren Vollstreckungshandlungen bis zur Befriedigung des Gläubigers; dies gilt entsprechend im Verwaltungszwangsverfahren (Verwaltungsvollstreckungsverfahren) und für jede Maßnahme nach § 33 des Gesetzes über die Angelegenheiten der freiwilligen Gerichtsbarkeit;
4. jede Vollziehungsmaßnahme bei der Vollziehung eines Arrests oder einer einstweiligen Verfügung (§§ 928 bis 934 und 936 der Zivilprozessordnung), die sich nicht auf die Zustellung beschränkt;
5. jedes Beschwerdeverfahren und jedes Verfahren über eine Erinnerung gegen eine Entscheidung des Rechtspflegers in Angelegenheiten, in denen sich die Gebühren nach Teil 3 des Vergütungsverzeichnisses richten, soweit sich aus § 16 Nr. 12 nichts anderes ergibt;
6. das Verfahren über Einwendungen gegen die Erteilung der Vollstreckungsklausel, auf das § 732 der Zivilprozessordnung anzuwenden ist;
7. das Verfahren auf Erteilung einer weiteren vollstreckbaren Ausfertigung;
8. jedes Verfahren über Anträge nach den §§ 765a, 813b, 851a oder § 851b der Zivilprozessordnung und jedes Verfahren über Anträge auf Änderung der getroffenen Anordnungen;
9. das Verfahren auf Zulassung der Austauschpfändung (§ 811a der Zivilprozessordnung);
10. das Verfahren über einen Antrag nach § 825 der Zivilprozessordnung;
11. die Ausführung der Zwangsvollstreckung in ein gepfändetes Vermögensrecht durch Verwaltung (§ 857 Abs. 4 der Zivilprozessordnung);
12. das Verteilungsverfahren (§ 858 Abs. 5, §§ 872 bis 877, 882 der Zivilprozessordnung);
13. das Verfahren auf Eintragung einer Zwangshypothek (§§ 867, 870a der Zivilprozessordnung);
14. die Vollstreckung der Entscheidung, durch die der Schuldner zur Vorauszahlung der Kosten, die durch die Vornahme einer Handlung entstehen, verurteilt wird (§ 887 Abs. 2 der Zivilprozessordnung);
15. das Verfahren zur Ausführung der Zwangsvollstreckung auf Vornahme einer Handlung durch Zwangsmittel (§ 888 der Zivilprozessordnung), das Verfahren zur Ausführung einer Verfügung des Gerichts auf Vornahme, Unterlassung oder Duldung einer Handlung durch Zwangsmittel und einer besonderen Verfügung des Gerichts zur Anwendung von Gewalt (§ 33 des Gesetzes über die Angelegenheiten der freiwilligen Gerichtsbarkeit);
16. jede Verurteilung zu einem Ordnungsgeld gemäß § 890 Abs. 1 der Zivilprozessordnung;
17. die Verurteilung zur Bestellung einer Sicherheit im Falle des § 890 Abs. 3 der Zivilprozessordnung;
18. das Verfahren zur Abnahme der eidesstattlichen Versicherung (§§ 900 und 901 der Zivilprozessordnung, § 33 Abs. 2 Satz 5 und 6 des Gesetzes über die Angelegenheiten der freiwilligen Gerichtsbarkeit);
19. das Verfahren auf Löschung der Eintragung im Schuldnerverzeichnis (§ 915a der Zivilprozessordnung);

RVG *Gesetzestext*

20. das Ausüben der Veröffentlichungsbefugnis;
21. das Verfahren über Anträge auf Zulassung der Zwangsvollsteckung nach § 17 Abs. 4 der Schifffahrtsrechtlichen Verteilungsordnung und
22. das Verfahren über Anträge auf Aufhebung von Vollstreckungsmaßregeln (§ 8 Abs. 5 und § 41 der Schifffahrtsrechtlichen Verteilungsordnung).

§ 19 Rechtszug; Tätigkeiten, die mit dem Verfahren zusammenhängen.
(1) ¹Zu dem Rechtszug oder dem Verfahren gehören auch alle Vorbereitungs-, Neben- und Abwicklungstätigkeiten und solche Verfahren, die mit dem Rechtszug oder Verfahren zusammenhängen, wenn die Tätigkeit nicht nach § 18 eine besondere Angelegenheit ist. ²Hierzu gehören insbesondere
1. die Vorbereitung der Klage, des Antrags oder der Rechtsverteidigung, soweit kein besonderes gerichtliches oder behördliches Verfahren stattfindet;
2. außergerichtliche Verhandlungen;
3. Zwischenstreite, die Bestimmung des zuständigen Gerichts, die Bestellung von Vertretern durch das in der Hauptsache zuständige Gericht, die Ablehnung von Richtern, Rechtspflegern, Urkundsbeamten der Geschäftsstelle oder Sachverständigen, die Festsetzung des Streit- oder Geschäftswerts;
4. das Verfahren vor dem beauftragten oder ersuchten Richter;
5. das Verfahren über die Erinnerung (§ 573 der Zivilprozessordnung) und die Rüge wegen Verletzung des Anspruchs auf rechtliches Gehör;
6. die Berichtigung und Ergänzung der Entscheidung oder ihres Tatbestands;
7. Verfahren wegen Rückgabe einer Sicherheit;
8. die für die Geltendmachung im Ausland vorgesehene Vervollständigung der Entscheidung;
9. die Zustellung oder Empfangnahme von Entscheidungen oder Rechtsmittelschriften und ihre Mitteilung an den Auftraggeber, die Einwilligung zur Einlegung der Sprungrevision, der Antrag auf Entscheidung über die Verpflichtung, die Kosten zu tragen, die nachträgliche Vollstreckbarerklärung eines Urteils auf besonderen Antrag, die Erteilung des Notfrist- und des Rechtskraftzeugnisses, die Ausstellung einer Bescheinigung nach § 48 des Internationalen Familienrechtsverfahrensgesetzes oder § 56 des Anerkennungs- und Vollstreckungsausführungsgesetzes;
10. die Einlegung von Rechtsmitteln bei dem Gericht desselben Rechtszugs in Verfahren, in denen sich die Gebühren nach Teil 4, 5 oder 6 des Vergütungsverzeichnisses richten; die Einlegung des Rechtsmittels durch einen neuen Verteidiger gehört zum Rechtszug des Rechtsmittels;
11. die vorläufige Einstellung, Beschränkung oder Aufhebung der Zwangsvollstreckung, wenn nicht eine abgesonderte mündliche Verhandlung hierüber stattfindet;
12. die erstmalige Erteilung der Vollstreckungsklausel, wenn deswegen keine Klage erhoben wird;
13. die Kostenfestsetzung und die Einforderung der Vergütung;
14. die Festsetzung des für die Begründung von Rentenanwartschaften in einer gesetzlichen Rentenversicherung zu leistenden Betrags nach § 53e Abs. 2 des Gesetzes über die Angelegenheiten der freiwilligen Gerichtsbarkeit;
15. die Zustellung eines Vollstreckungstitels, der Vollstreckungsklausel und der sonstigen in § 750 der Zivilprozessordnung genannten Urkunden;
16. die Aussetzung der Vollziehung (§ 24 Abs. 2 und 3 des Gesetzes über die Angelegenheiten der freiwilligen Gerichtsbarkeit) und die Anordnung der sofortigen Wirksamkeit einer Entscheidung und

Rechtsanwaltsvergütungsgesetz **RVG**

17. die Herausgabe der Handakten oder ihre Übersendung an einen anderen Rechtsanwalt.

(2) Zu den in § 18 Nr. 3 und 4 genannten Verfahren gehören ferner insbesondere
1. gerichtliche Anordnungen nach § 758 a der Zivilprozessordnung,
2. die Bestimmung eines Gerichtsvollziehers (§ 827 Abs. 1 und § 854 Abs. 1 der Zivilprozessordnung) oder eines Sequesters (§§ 848 und 855 der Zivilprozessordnung),
3. die Anzeige der Absicht, die Zwangsvollstreckung gegen eine juristische Person des öffentlichen Rechts zu betreiben,
4. die einer Verurteilung vorausgehende Androhung von Ordnungsgeld und
5. die Aufhebung einer Vollstreckungsmaßnahme.

§ 20 Verweisung, Abgabe. [1]Soweit eine Sache an ein anderes Gericht verwiesen oder abgegeben wird, sind die Verfahren vor dem verweisenden oder abgebenden und vor dem übernehmenden Gericht ein Rechtszug. [2]Wird eine Sache an ein Gericht eines niedrigeren Rechtszugs verwiesen oder abgegeben, ist das weitere Verfahren vor diesem Gericht ein neuer Rechtszug.

§ 21 Zurückverweisung. (1) Soweit eine Sache an ein untergeordnetes Gericht zurückverwiesen wird, ist das weitere Verfahren vor diesem Gericht ein neuer Rechtszug.

(2) In den Fällen des § 629 b der Zivilprozessordnung, auch in Verbindung mit § 661 Abs. 2 der Zivilprozessordnung, bildet das weitere Verfahren vor dem Familiengericht mit dem früheren einen Rechtszug.

Abschnitt 4. Gegenstandswert

§ 22 Grundsatz. (1) In derselben Angelegenheit werden die Werte mehrerer Gegenstände zusammengerechnet.

(2) [1]Der Wert beträgt in derselben Angelegenheit höchstens 30 Millionen Euro, soweit durch Gesetz nichts anderes bestimmt ist. [2]Sind in derselben Angelegenheit mehrere Personen Auftraggeber, beträgt der Wert für jede Person höchstens 30 Millionen Euro, insgesamt jedoch nicht mehr als 100 Millionen Euro.

§ 23 Allgemeine Wertvorschrift. (1) [1]Soweit sich die Gerichtsgebühren nach dem Wert richten, bestimmt sich der Gegenstandswert im gerichtlichen Verfahren nach den für die Gerichtsgebühren geltenden Wertvorschriften. [2]In Verfahren, in denen im Gerichtskostengesetz Festgebühren bestimmt sind, sind die Wertvorschriften des Gerichtskostengesetzes entsprechend anzuwenden. [3]Diese Wertvorschriften gelten auch entsprechend für die Tätigkeit außerhalb eines gerichtlichen Verfahrens, wenn der Gegenstand der Tätigkeit auch Gegenstand eines gerichtlichen Verfahrens sein könnte. [4]§ 22 Abs. 2 Satz 2 bleibt unberührt.

(2) [1]In Beschwerdeverfahren, in denen Gerichtsgebühren unabhängig vom Ausgang des Verfahrens nicht erhoben werden oder sich nicht nach dem Wert richten, ist der Wert unter Berücksichtigung des Interesses des Beschwerdeführers nach Absatz 3 Satz 2 zu bestimmen, soweit sich aus diesem Gesetz nichts anderes ergibt. [2]Der Gegenstandswert ist durch den Wert des zugrunde liegenden Verfahrens begrenzt. In Verfahren über eine Erinnerung oder eine Rüge wegen Verletzung des rechtlichen Gehörs richtet sich der Wert nach den für Beschwerdeverfahren geltenden Vorschriften.

(3) ¹Soweit sich aus diesem Gesetz nichts anderes ergibt, gelten in anderen Angelegenheiten für den Gegenstandswert § 18 Abs. 2, §§ 19 bis 23, 24 Abs. 1, 2, 4, 5 und 6, §§ 25, 39 Abs. 2 und 3 sowie § 46 Abs. 4 der Kostenordnung entsprechend. ²Soweit sich der Gegenstandswert aus diesen Vorschriften nicht ergibt und auch sonst nicht feststeht, ist er nach billigem Ermessen zu bestimmen; in Ermangelung genügender tatsächlicher Anhaltspunkte für eine Schätzung und bei nichtvermögensrechtlichen Gegenständen ist der Gegenstandswert mit 4000 Euro, nach Lage des Falles niedriger oder höher, jedoch nicht über 500 000 Euro anzunehmen.

§ 24 Gegenstandswert für bestimmte einstweilige Anordnungen. ¹Im Verfahren über eine einstweilige Anordnung der in § 620 Nr. 1, 2, 3 oder § 621 g der Zivilprozessordnung, jeweils auch in Verbindung mit § 661 Abs. 2 der Zivilprozessordnung, bezeichneten Art ist von einem Wert von 500 Euro auszugehen. ²Wenn die einstweilige Anordnung nach § 621 g der Zivilprozessordnung eine Familiensache nach § 621 Abs. 1 Nr. 7 der Zivilprozessordnung, auch in Verbindung mit § 661 Abs. 2 der Zivilprozessordnung, betrifft, ist jedoch § 53 Abs. 2 Satz 2 des Gerichtskostengesetzes entsprechend anzuwenden. ³Betrifft die Tätigkeit eine einstweilige Anordnung nach § 64 b des Gesetzes über die Angelegenheiten der freiwilligen Gerichtsbarkeit, gelten die Sätze 1 und 2 entsprechend.

§ 25 Gegenstandswert in der Zwangsvollstreckung. (1) In der Zwangsvollstreckung bestimmt sich der Gegenstandswert
1. nach dem Betrag der zu vollstreckenden Geldforderung einschließlich der Nebenforderungen; soll ein bestimmter Gegenstand gepfändet werden und hat dieser einen geringeren Wert, ist der geringere Wert maßgebend; wird künftig fällig werdendes Arbeitseinkommen nach § 850 d Abs. 3 der Zivilprozessordnung gepfändet, sind die noch nicht fälligen Ansprüche nach § 42 Abs. 1 und 2 des Gerichtskostengesetzes zu bewerten; im Verteilungsverfahren (§ 858 Abs. 5, §§ 872 bis 877 und 882 der Zivilprozessordnung) ist höchstens der zu verteilende Geldbetrag maßgebend;
2. nach dem Wert der herauszugebenden oder zu leistenden Sachen; der Gegenstandswert darf jedoch den Wert nicht übersteigen, mit dem der Herausgabe- oder Räumungsanspruch nach den für die Berechnung von Gerichtskosten maßgeblichen Vorschriften zu bewerten ist;
3. nach dem Wert, den die zu erwirkende Handlung, Duldung oder Unterlassung für den Gläubiger hat, und
4. in Verfahren über den Antrag auf Abnahme der eidesstattlichen Versicherung nach § 807 der Zivilprozessordnung nach dem Betrag, der einschließlich der Nebenforderungen aus dem Vollstreckungstitel noch geschuldet wird; der Wert beträgt jedoch höchstens 1500 Euro.

(2) In Verfahren über Anträge des Schuldners ist der Wert nach dem Interesse des Antragstellers nach billigem Ermessen zu bestimmen.

§ 26 Gegenstandswert in der Zwangsversteigerung. In der Zwangsversteigerung bestimmt sich der Gegenstandswert
1. bei der Vertretung des Gläubigers oder eines anderen nach § 9 Nr. 1 und 2 des Gesetzes über die Zwangsversteigerung und die Zwangsverwaltung Beteiligten nach dem Wert des dem Gläubiger oder dem Beteiligten zustehenden Rechts; wird das

Verfahren wegen einer Teilforderung betrieben, ist der Teilbetrag nur maßgebend, wenn es sich um einen nach § 10 Abs. 1 Nr. 5 des Gesetzes über die Zwangsversteigerung und die Zwangsverwaltung zu befriedigenden Anspruch handelt; Nebenforderungen sind mitzurechnen; der Wert des Gegenstands der Zwangsversteigerung (§ 66 Abs. 1, § 74a Abs. 5 des Gesetzes über die Zwangsversteigerung und die Zwangsverwaltung), im Verteilungsverfahren der zur Verteilung kommende Erlös, sind maßgebend, wenn sie geringer sind;
2. bei der Vertretung eines anderen Beteiligten, insbesondere des Schuldners, nach dem Wert des Gegenstands der Zwangsversteigerung, im Verteilungsverfahren nach dem zur Verteilung kommenden Erlös; bei Miteigentümern oder sonstigen Mitberechtigten ist der Anteil maßgebend;
3. bei der Vertretung eines Bieters, der nicht Beteiligter ist, nach dem Betrag des höchsten für den Auftraggeber abgegebenen Gebots, wenn ein solches Gebot nicht abgegeben ist, nach dem Wert des Gegenstands der Zwangsversteigerung.

§ 27 Gegenstandswert in der Zwangsverwaltung. ¹In der Zwangsverwaltung bestimmt sich der Gegenstandswert bei der Vertretung des Antragstellers nach dem Anspruch, wegen dessen das Verfahren beantragt ist; Nebenforderungen sind mitzurechnen; bei Ansprüchen auf wiederkehrende Leistungen ist der Wert der Leistungen eines Jahres maßgebend. ²Bei der Vertretung des Schuldners bestimmt sich der Gegenstandswert nach dem zusammengerechneten Wert aller Ansprüche, wegen derer das Verfahren beantragt ist, bei der Vertretung eines sonstigen Beteiligten nach § 23 Abs. 3 Satz 2.

§ 28 Gegenstandswert im Insolvenzverfahren. (1) ¹Die Gebühren der Nummern 3313, 3317 sowie im Fall der Beschwerde gegen den Beschluss über die Eröffnung des Insolvenzverfahrens der Nummern 3500 und 3513 des Vergütungsverzeichnisses werden, wenn der Auftrag vom Schuldner erteilt ist, nach dem Wert der Insolvenzmasse (§ 58 des Gerichtskostengesetzes) berechnet. ²Im Fall der Nummer 3313 des Vergütungsverzeichnisses beträgt der Gegenstandswert jedoch mindestens 4000 Euro.
(2) ¹Ist der Auftrag von einem Insolvenzgläubiger erteilt, werden die in Absatz 1 genannten Gebühren und die Gebühr nach Nummer 3314 nach dem Nennwert der Forderung berechnet. ²Nebenforderungen sind mitzurechnen.
(3) Im Übrigen ist der Gegenstandswert im Insolvenzverfahren unter Berücksichtigung des wirtschaftlichen Interesses, das der Auftraggeber im Verfahren verfolgt, nach § 23 Abs. 3 Satz 2 zu bestimmen.

§ 29 Gegenstandswert im Verteilungsverfahren nach der Schifffahrtsrechtlichen Verteilungsordnung. Im Verfahren nach der Schifffahrtsrechtlichen Verteilungsordnung gilt § 28 entsprechend mit der Maßgabe, dass an die Stelle des Werts der Insolvenzmasse die festgesetzte Haftungssumme tritt.

§ 30 Gegenstandswert in gerichtlichen Verfahren nach dem Asylverfahrensgesetz. ¹In Streitigkeiten nach dem Asylverfahrensgesetz beträgt der Gegenstandswert in Klageverfahren, die die Asylanerkennung einschließlich der Feststellung der Voraussetzungen nach § 51 Abs. 1 des Ausländergesetzes und die Feststellung von Abschiebungshindernissen betreffen, 3000 Euro, in sonstigen Klageverfahren 1500 Euro. ²In Verfahren des vorläufigen Rechtsschutzes wegen aufenthaltsbeendender Maßnahmen nach dem Asylverfahrensgesetz beträgt der Gegenstandswert 1500 Euro, im Übrigen die Hälfte des Werts der Hauptsache. ³Sind mehrere natürliche Personen an demselben Verfahren beteiligt, erhöht sich der Wert für jede weitere Person in Klageverfahren um 900 Euro und in Verfahren des vorläufigen Rechtsschutzes um 600 Euro.

§ 31 Gegenstandswert in gerichtlichen Verfahren nach dem Spruchverfahrensgesetz (1) ¹Vertritt der Rechtsanwalt im Verfahren nach dem Spruchverfahrensgesetz einen von mehreren Antragstellern, bestimmt sich der Gegenstandswert nach dem Bruchteil des für die Gerichtsgebühren geltenden Geschäftswerts, der sich aus dem Verhältnis der Anzahl der Anteile des Auftraggebers zu der Gesamtzahl der Anteile aller Antragsteller ergibt. ²Maßgeblicher Zeitpunkt für die Bestimmung der auf die einzelnen Antragsteller entfallenden Anzahl der Anteile ist der jeweilige Zeitpunkt der Antragstellung. ³Ist die Anzahl der auf einen Antragsteller entfallenden Anteile nicht gerichtsbekannt, wird vermutet, dass er lediglich einen Anteil hält. ⁴Der Wert beträgt mindestens 5000 Euro.

(2) Wird der Rechtsanwalt von mehreren Antragstellern beauftragt, sind die auf die einzelnen Antragsteller entfallenden Werte zusammenzurechnen; Nummer 1008 des Vergütungsverzeichnisses ist insoweit nicht anzuwenden.

§ 32 Wertfestsetzung für die Gerichtsgebühren. (1) Wird der für die Gerichtsgebühren maßgebende Wert gerichtlich festgesetzt, ist die Festsetzung auch für die Gebühren des Rechtsanwalts maßgebend.

(2) ¹Der Rechtsanwalt kann aus eigenem Recht die Festsetzung des Werts beantragen und Rechtsmittel gegen die Festsetzung einlegen. ²Rechtsbehelfe, die gegeben sind, wenn die Wertfestsetzung unterblieben ist, kann er aus eigenem Recht einlegen.

§ 33 Wertfestsetzung für die Rechtsanwaltsgebühren. (1) Berechnen sich die Gebühren in einem gerichtlichen Verfahren nicht nach dem für die Gerichtsgebühren maßgebenden Wert oder fehlt es an einem solchen Wert, setzt das Gericht des Rechtszugs den Wert des Gegenstands der anwaltlichen Tätigkeit auf Antrag durch Beschluss selbstständig fest.

(2) ¹Der Antrag ist erst zulässig, wenn die Vergütung fällig ist. ²Antragsberechtigt sind der Rechtsanwalt, der Auftraggeber, ein erstattungspflichtiger Gegner und in den Fällen des § 45 die Staatskasse.

(3) ¹Gegen den Beschluss nach Absatz 1 können die Antragsberechtigten Beschwerde einlegen, wenn der Wert des Beschwerdegegenstands 200 Euro übersteigt. ²Die Beschwerde ist auch zulässig, wenn sie das Gericht, das die angefochtene Entscheidung erlassen hat, wegen der grundsätzlichen Bedeutung der zur Entscheidung stehenden Frage in dem Beschluss zulässt. ³Die Beschwerde ist nur zulässig, wenn sie innerhalb von zwei Wochen nach Zustellung der Entscheidung eingelegt wird.

(4) ¹Soweit das Gericht die Beschwerde für zulässig und begründet hält, hat es ihr abzuhelfen; im Übrigen ist die Beschwerde unverzüglich dem Beschwerdegericht vorzulegen. ²Beschwerdegericht ist das nächsthöhere Gericht, in bürgerlichen Rechtsstreitigkeiten der in § 119 Abs. 1 Nr. 1, Abs. 2 und 3 des Gerichtsverfassungsgesetzes bezeichneten Art jedoch das Oberlandesgericht. ³Eine Beschwerde an einen obersten Gerichtshof des Bundes findet nicht statt. ⁴Das Beschwerdegericht ist an die Zulassung der Beschwerde gebunden; die Nichtzulassung ist unanfechtbar.

(5) ¹War der Beschwerdeführer ohne sein Verschulden verhindert, die Frist einzuhalten, ist ihm auf Antrag von dem Gericht, das über die Beschwerde zu entscheiden hat, Wiedereinsetzung in den vorigen Stand zu gewähren, wenn er die Beschwerde binnen zwei Wochen nach der Beseitigung des Hindernisses einlegt und die Tatsachen, welche die Wiedereinsetzung begründen, glaubhaft macht. ²Nach Ablauf eines Jahres, von dem Ende der versäumten Frist an gerechnet, kann die Wiedereinsetzung nicht mehr beantragt werden. ³Gegen die Ablehnung der Wiedereinsetzung findet die Beschwerde statt. ⁴Sie ist nur zulässig, wenn sie innerhalb von zwei Wochen eingelegt wird. ⁵Die Frist beginnt mit der Zustellung der Entscheidung. ⁶Absatz 4 Satz 1 bis 3 gilt entsprechend.

(6) ¹Die weitere Beschwerde ist nur zulässig, wenn das Landgericht als Beschwerdegericht entschieden und sie wegen der grundsätzlichen Bedeutung der zur Entscheidung stehenden Frage in dem Beschluss zugelassen hat. ²Sie kann nur darauf gestützt werden, dass die Entscheidung auf einer Verletzung des Rechts beruht; die §§ 546 und 547 der Zivilprozessordnung gelten entsprechend. ³Über die weitere Beschwerde entscheidet das Oberlandesgericht. ⁴Absatz 3 Satz 3, Absatz 4 Satz 1 und 4 und Absatz 5 gelten entsprechend.

(7) ¹Anträge und Erklärungen können zu Protokoll der Geschäftsstelle gegeben oder schriftlich eingereicht werden; § 129a der Zivilprozessordnung gilt entsprechend. ²Die Beschwerde ist bei dem Gericht einzulegen, dessen Entscheidung angefochten wird.

(8) ¹Das Gericht entscheidet über den Antrag durch eines seiner Mitglieder als Einzelrichter; dies gilt auch für die Beschwerde, wenn die angefochtene Entscheidung von einem Einzelrichter oder einem Rechtspfleger erlassen wurde. ²Der Einzelrichter überträgt das Verfahren der Kammer oder dem Senat, wenn die Sache besondere Schwierigkeiten tatsächlicher oder rechtlicher Art aufweist oder die Rechtssache grundsätzliche Bedeutung hat. ³Das Gericht entscheidet jedoch immer ohne Mitwirkung ehrenamtlicher Richter. ⁴Auf eine erfolgte oder unterlassene Übertragung kann ein Rechtsmittel nicht gestützt werden.

(9) ¹Das Verfahren über den Antrag ist gebührenfrei. ²Kosten werden nicht erstattet; dies gilt auch im Verfahren über die Beschwerde.

Abschnitt 5. Mediation und außergerichtliche Tätigkeit

§ 34 Mediation. ¹Für die Tätigkeit als Mediator soll der Rechtsanwalt auf eine Gebührenvereinbarung hinwirken. ²Wenn keine Vereinbarung getroffen worden ist, bestimmt sich die Gebühr nach den Vorschriften des bürgerlichen Rechts.

Fassung ab 1. 7. 2006:

Abschnitt 5. Außergerichtliche Beratung und Vertretung

§ 34 Beratung, Gutachten und Mediation. (1) ¹Für einen mündlichen oder schriftlichen Rat oder eine Auskunft (Beratung), die nicht mit einer anderen gebührenpflichtigen Tätigkeit zusammenhängen, für die Ausarbeitung eines schriftlichen Gutachtens und für die Tätigkeit als Mediator soll der Rechtsanwalt auf eine Gebührenvereinbarung hinwirken, soweit in Teil 2 Abschnitt 1 des Vergütungsverzeichnisses keine Gebühren bestimmt sind. ²Wenn keine Vereinbarung getroffen worden ist, erhält der Rechtsanwalt Gebühren nach den Vorschriften des bürgerlichen

RVG *Gesetzestext*

Rechts. ³*Ist im Fall des Satzes 2 der Auftraggeber Verbraucher, beträgt die Gebühr für die Beratung oder für die Ausarbeitung eines schriftlichen Gutachtens jeweils höchstens 250 Euro; § 14 Abs. 1 gilt entsprechend; für ein erstes Beratungsgespräch beträgt die Gebühr jedoch höchstens 190 Euro.*

(2) Wenn nichts anderes vereinbart ist, ist die Gebühr für die Beratung auf eine Gebühr für eine sonstige Tätigkeit, die mit der Beratung zusammenhängt, anzurechnen.

§ 35 Hilfeleistung in Steuersachen. Für die Hilfeleistung bei der Erfüllung allgemeiner Steuerpflichten und bei der Erfüllung steuerlicher Buchführungs- und Aufzeichnungspflichten gelten die §§ 23 bis 39 der Steuerberatergebührenverordnung in Verbindung mit den §§ 10 und 13 der Steuerberatergebührenverordnung entsprechend.

§ 36 Schiedsrichterliche Verfahren und Verfahren vor dem Schiedsgericht.
(1) Teil 3 Abschnitt 1 und 2 des Vergütungsverzeichnisses ist auf die folgenden außergerichtlichen Verfahren entsprechend anzuwenden:
1. schiedsrichterliche Verfahren nach dem Zehnten Buch der Zivilprozessordnung und
2. Verfahren vor dem Schiedsgericht (§ 104 des Arbeitsgerichtsgesetzes).

(2) Im Verfahren nach Absatz 1 Nr. 1 erhält der Rechtsanwalt die Terminsgebühr auch, wenn der Schiedsspruch ohne mündliche Verhandlung erlassen wird.

Abschnitt 6. Gerichtliche Verfahren

§ 37 Verfahren vor den Verfassungsgerichten. (1) Die Vorschriften für die Revision in Teil 4 Abschnitt 1 Unterabschnitt 3 des Vergütungsverzeichnisses gelten entsprechend in folgenden Verfahren vor dem Bundesverfassungsgericht oder dem Verfassungsgericht (Verfassungsgerichtshof, Staatsgerichtshof) eines Landes:
1. Verfahren über die Verwirkung von Grundrechten, den Verlust des Stimmrechts, den Ausschluss von Wahlen und Abstimmungen,
2. Verfahren über die Verfassungswidrigkeit von Parteien,
3. Verfahren über Anklagen gegen den Bundespräsidenten, gegen ein Regierungsmitglied eines Landes oder gegen einen Abgeordneten oder Richter und
4. Verfahren über sonstige Gegenstände, die in einem dem Strafprozess ähnlichen Verfahren behandelt werden.

(2) ¹In sonstigen Verfahren vor dem Bundesverfassungsgericht oder dem Verfassungsgericht eines Landes gelten die Vorschriften in Teil 3 Abschnitt 2 Unterabschnitt 2 des Vergütungsverzeichnisses entsprechend. ²Der Gegenstandswert ist unter Berücksichtigung der in § 14 Abs. 1 genannten Umstände nach billigem Ermessen zu bestimmen; er beträgt mindestens 4000 Euro.

§ 38 Verfahren vor dem Gerichtshof der Europäischen Gemeinschaften.
(1) ¹In Vorabentscheidungsverfahren vor dem Gerichtshof der Europäischen Gemeinschaften gelten die Vorschriften in Teil 3 Abschnitt 2 des Vergütungsverzeichnisses entsprechend. ²Der Gegenstandswert bestimmt sich nach den Wertvorschriften, die für die Gerichtsgebühren des Verfahrens gelten, in dem vorgelegt wird. ³Das vorlegende Gericht setzt den Gegenstandswert auf Antrag durch Beschluss fest. ⁴§ 33 Abs. 2 bis 9 gilt entsprechend.

(2) Ist in einem Verfahren, in dem sich die Gebühren nach Teil 4, 5 oder 6 des Vergütungsverzeichnisses richten, vorgelegt worden, sind in dem Vorabentscheidungs-

verfahren die Nummern 4130 und 4132 des Vergütungsverzeichnisses entsprechend anzuwenden.
(3) Die Verfahrensgebühr des Verfahrens, in dem vorgelegt worden ist, wird auf die Verfahrensgebühr des Verfahrens vor dem Gerichtshof der Europäischen Gemeinschaften angerechnet, wenn nicht eine im Verfahrensrecht vorgesehene schriftliche Stellungnahme gegenüber dem Gerichtshof der Europäischen Gemeinschaften abgegeben wird.

§ 39 In Scheidungs- und Lebenspartnerschaftssachen beigeordneter Rechtsanwalt. [1]Der Rechtsanwalt, der nach § 625 der Zivilprozessordnung dem Antragsgegner beigeordnet ist, kann von diesem die Vergütung eines zum Prozessbevollmächtigten bestellten Rechtsanwalts und einen Vorschuss verlangen. [2]Die für einen in einer Scheidungssache beigeordneten Rechtsanwalt geltenden Vorschriften sind für einen in einer Lebenspartnerschaftssache beigeordneten Rechtsanwalt entsprechend anzuwenden.

§ 40 Als gemeinsamer Vertreter bestellter Rechtsanwalt. Der Rechtsanwalt kann von den Personen, für die er nach § 67a Abs. 1 Satz 2 der Verwaltungsgerichtsordnung bestellt ist, die Vergütung eines von mehreren Auftraggebern zum Prozessbevollmächtigten bestellten Rechtsanwalts und einen Vorschuss verlangen.

§ 41 Prozesspfleger. [1]Der Rechtsanwalt, der nach § 57 oder § 58 der Zivilprozessordnung dem Beklagten als Vertreter bestellt ist, kann von diesem die Vergütung eines zum Prozessbevollmächtigten bestellten Rechtsanwalts verlangen. [2]Er kann von diesem keinen Vorschuss fordern. [3]§ 126 der Zivilprozessordnung ist entsprechend anzuwenden.

Abschnitt 7. Straf- und Bußgeldsachen

§ 42 Feststellung einer Pauschgebühr. (1) [1]In Strafsachen, gerichtlichen Bußgeldsachen, Verfahren nach dem Gesetz über die internationale Rechtshilfe in Strafsachen und in Verfahren nach dem IStGH-Gesetz stellt das Oberlandesgericht, zu dessen Bezirk das Gericht des ersten Rechtszugs gehört, auf Antrag des Rechtsanwalts eine Pauschgebühr für das ganze Verfahren oder für einzelne Verfahrensabschnitte durch unanfechtbaren Beschluss fest, wenn die in den Teilen 4 bis 6 des Vergütungsverzeichnisses bestimmten Gebühren eines Wahlanwalts wegen des besonderen Umfangs oder der besonderen Schwierigkeit nicht zumutbar sind. [2]Dies gilt nicht, soweit Wertgebühren entstehen. [3]Beschränkt sich die Feststellung auf einzelne Verfahrensabschnitte, sind die Gebühren nach dem Vergütungsverzeichnis, an deren Stelle die Pauschgebühr treten soll, zu bezeichnen. [4]Die Pauschgebühr darf das Doppelte der für die Gebühren eines Wahlanwalts geltenden Höchstbeträge nach den Teilen 4 bis 6 des Vergütungsverzeichnisses nicht übersteigen. [5]Für den Rechtszug, in dem der Bundesgerichtshof für das Verfahren zuständig ist, ist er auch für die Entscheidung über den Antrag zuständig.
(2) [1]Der Antrag ist zulässig, wenn die Entscheidung über die Kosten des Verfahrens rechtskräftig ist. [2]Der gerichtlich bestellte oder beigeordnete Rechtsanwalt kann den Antrag nur unter den Voraussetzungen des § 52 Abs. 1 Satz 1, Abs. 2, auch in Verbindung mit § 53 Abs. 1, stellen. [3]Der Auftraggeber, in den Fällen des § 52 Abs. 1 Satz 1

der Beschuldigte, ferner die Staatskasse und andere Beteiligte, wenn ihnen die Kosten des Verfahrens ganz oder zum Teil auferlegt worden sind, sind zu hören.

(3) ¹Der Strafsenat des Oberlandesgerichts ist mit einem Richter besetzt. ²Der Richter überträgt die Sache dem Senat in der Besetzung mit drei Richtern, wenn es zur Sicherung einer einheitlichen Rechtsprechung geboten ist.

(4) Die Feststellung ist für das Kostenfestsetzungsverfahren, das Vergütungsfestsetzungsverfahren (§ 11) und für einen Rechtsstreit des Rechtsanwalts auf Zahlung der Vergütung bindend.

(5) ¹Die Absätze 1 bis 4 gelten im Bußgeldverfahren vor der Verwaltungsbehörde entsprechend. ²Über den Antrag entscheidet die Verwaltungsbehörde. ³Gegen die Entscheidung kann gerichtliche Entscheidung beantragt werden. ⁴Für das Verfahren gilt § 62 des Gesetzes über Ordnungswidrigkeiten.

§ 43 Abtretung des Kostenerstattungsanspruchs. ¹Tritt der Beschuldigte oder der Betroffene den Anspruch gegen die Staatskasse auf Erstattung von Anwaltskosten als notwendige Auslagen an den Rechtsanwalt ab, ist eine von der Staatskasse gegenüber dem Beschuldigten oder dem Betroffenen erklärte Aufrechnung insoweit unwirksam, als sie den Anspruch des Rechtsanwalts vereiteln oder beeinträchtigen würde. ²Dies gilt jedoch nur, wenn zum Zeitpunkt der Aufrechnung eine Urkunde über die Abtretung oder eine Anzeige des Beschuldigten oder des Betroffenen über die Abtretung in den Akten vorliegt.

Abschnitt 8. Beigeordneter oder bestellter Rechtsanwalt, Beratungshilfe

§ 44 Vergütungsanspruch bei Beratungshilfe. ¹Für die Tätigkeit im Rahmen der Beratungshilfe erhält der Rechtsanwalt eine Vergütung nach diesem Gesetz aus der Landeskasse, soweit nicht für die Tätigkeit in Beratungsstellen nach § 3 Abs. 1 des Beratungshilfegesetzes besondere Vereinbarungen getroffen sind. ²Die Beratungshilfegebühr (Nummer 2600 des Vergütungsverzeichnisses) schuldet nur der Rechtsuchende.

§ 45 Vergütungsanspruch des beigeordneten oder bestellten Rechtsanwalts.
(1) Der im Wege der Prozesskostenhilfe beigeordnete oder nach § 57 oder § 58 der Zivilprozessordnung zum Prozesspfleger bestellte Rechtsanwalt erhält, soweit in diesem Abschnitt nichts anderes bestimmt ist, die gesetzliche Vergütung in Verfahren vor Gerichten des Bundes aus der Bundeskasse, in Verfahren vor Gerichten eines Landes aus der Landeskasse.

(2) Der Rechtsanwalt, der nach § 625 der Zivilprozessordnung beigeordnet oder nach § 67 a Abs. 1 Satz 2 der Verwaltungsgerichtsordnung bestellt ist, kann eine Vergütung aus der Landeskasse verlangen, wenn der zur Zahlung Verpflichtete (§§ 39 oder 40) mit der Zahlung der Vergütung im Verzug ist.

(3) ¹Ist der Rechtsanwalt sonst gerichtlich bestellt oder beigeordnet worden, erhält er die Vergütung aus der Landeskasse, wenn ein Gericht des Landes den Rechtsanwalt bestellt oder beigeordnet hat, im Übrigen aus der Bundeskasse. ²Hat zuerst ein Gericht des Bundes und sodann ein Gericht des Landes den Rechtsanwalt bestellt oder beigeordnet, zahlt die Bundeskasse die Vergütung, die der Rechtsanwalt während der Dauer der Bestellung oder Beiordnung durch das Gericht des Bundes verdient hat, die Landeskasse die dem Rechtsanwalt darüber hinaus zustehende Vergütung. ³Dies gilt

entsprechend, wenn zuerst ein Gericht des Landes und sodann ein Gericht des Bundes den Rechtsanwalt bestellt oder beigeordnet hat.

(4) ¹Wenn der Verteidiger von der Stellung eines Wiederaufnahmeantrags abrät, hat er einen Anspruch gegen die Staatskasse nur dann, wenn er nach § 364 b Abs. 1 Satz 1 der Strafprozessordnung bestellt worden ist oder das Gericht die Feststellung nach § 364 b Abs. 1 Satz 2 der Strafprozessordnung getroffen hat. ²Dies gilt auch im gerichtlichen Bußgeldverfahren (§ 85 Abs. 1 des Gesetzes über Ordnungswidrigkeiten).

(5) ¹Absatz 3 ist im Bußgeldverfahren vor der Verwaltungsbehörde entsprechend anzuwenden. ²An die Stelle des Gerichts tritt die Verwaltungsbehörde.

§ 46 Auslagen und Aufwendungen. (1) Auslagen, insbesondere Reisekosten, werden nicht vergütet, wenn sie zur sachgemäßen Durchführung der Angelegenheit nicht erforderlich waren.

(2) ¹Wenn das Gericht des Rechtszugs auf Antrag des Rechtsanwalts vor Antritt der Reise feststellt, dass eine Reise erforderlich ist, ist diese Feststellung für das Festsetzungsverfahren (§ 55) bindend. ²Im Bußgeldverfahren vor der Verwaltungsbehörde tritt an die Stelle des Gerichts die Verwaltungsbehörde. ³Für Aufwendungen (§ 670 des Bürgerlichen Gesetzbuchs) gelten Absatz 1 und die Sätze 1 und 2 entsprechend; die Höhe zu ersetzender Kosten für die Zuziehung eines Dolmetschers oder Übersetzers ist auf die nach dem Justizvergütungs- und Entschädigungsgesetz zu zahlenden Beträge beschränkt.

(3) ¹Auslagen, die durch Nachforschungen zur Vorbereitung eines Wiederaufnahmeverfahrens entstehen, für das die Vorschriften der Strafprozessordnung gelten, werden nur vergütet, wenn der Rechtsanwalt nach § 364 b Abs. 1 Satz 1 der Strafprozessordnung bestellt worden ist oder wenn das Gericht die Feststellung nach § 364 b Abs. 1 Satz 2 der Strafprozessordnung getroffen hat. ²Dies gilt auch im gerichtlichen Bußgeldverfahren (§ 85 Abs. 1 des Gesetzes über Ordnungswidrigkeiten).

§ 47 Vorschuss. (1) ¹Wenn dem Rechtsanwalt wegen seiner Vergütung ein Anspruch gegen die Staatskasse zusteht, kann er für die entstandenen Gebühren und die entstandenen und voraussichtlich entstehenden Auslagen aus der Staatskasse einen angemessenen Vorschuss fordern. ²Der Rechtsanwalt, der nach § 625 der Zivilprozessordnung beigeordnet oder nach § 67 a Abs. 1 Satz 2 der Verwaltungsgerichtsordnung bestellt ist, kann einen Vorschuss nur verlangen, wenn der zur Zahlung Verpflichtete (§ 39 oder § 40) mit der Zahlung des Vorschusses im Verzug ist.

(2) Bei Beratungshilfe kann der Rechtsanwalt keinen Vorschuss fordern.

§ 48 Umfang des Anspruchs und der Beiordnung. (1) Der Vergütungsanspruch bestimmt sich nach den Beschlüssen, durch die die Prozesskostenhilfe bewilligt und der Rechtsanwalt beigeordnet oder bestellt worden ist.

(2) ¹In Angelegenheiten, in denen sich die Gebühren nach Teil 3 des Vergütungsverzeichnisses bestimmen und die Beiordnung eine Berufung oder Revision betrifft, wird eine Vergütung aus der Staatskasse auch für die Rechtsverteidigung gegen eine Anschlussberufung oder eine Anschlussrevision und, wenn der Rechtsanwalt für die Erwirkung eines Arrests, einer einstweiligen Verfügung, einer einstweiligen oder vorläufigen Anordnung beigeordnet ist, auch für deren Vollziehung oder Vollstreckung gewährt. ²Dies gilt nicht, wenn der Beiordnungsbeschluss ausdrücklich etwas anderes bestimmt.

(3) ¹Die Beiordnung in einer Ehesache erstreckt sich auf den Abschluss eines Vertrags im Sinne der Nummer 1000 des Vergütungsverzeichnisses, der den gegensei-

RVG *Gesetzestext*

tigen Unterhalt der Ehegatten, den Unterhalt gegenüber den Kindern im Verhältnis der Ehegatten zueinander, die Sorge für die Person der gemeinschaftlichen minderjährigen Kinder, die Regelung des Umgangs mit einem Kind, die Rechtsverhältnisse an der Ehewohnung und dem Hausrat und die Ansprüche aus dem ehelichen Güterrecht betrifft. ²Satz 1 gilt im Fall der Beiordnung in Lebenspartnerschaftssachen nach § 661 Abs. 1 Nr. 1 bis 3 der Zivilprozessordnung entsprechend.

(4) ¹In anderen Angelegenheiten, die mit dem Hauptverfahren nur zusammenhängen, erhält der für das Hauptverfahren beigeordnete Rechtsanwalt eine Vergütung aus der Staatskasse nur dann, wenn er ausdrücklich auch hierfür beigeordnet ist. ²Dies gilt insbesondere für

1. die Zwangsvollstreckung und den Verwaltungszwang;
2. das Verfahren über den Arrest, die einstweilige Verfügung und die einstweilige sowie die vorläufige Anordnung;
3. das selbstständige Beweisverfahren;
4. das Verfahren über die Widerklage, ausgenommen die Rechtsverteidigung gegen die Widerklage in Ehesachen und in Verfahren über Lebenspartnerschaftssachen nach § 661 Abs. 1 Nr. 1 bis 3 der Zivilprozessordnung.

(5) ¹Wird der Rechtsanwalt in Angelegenheiten nach den Teilen 4 bis 6 des Vergütungsverzeichnisses im ersten Rechtszug bestellt oder beigeordnet, erhält er die Vergütung auch für seine Tätigkeit vor dem Zeitpunkt seiner Bestellung, in Strafsachen einschließlich seiner Tätigkeit vor Erhebung der öffentlichen Klage und in Bußgeldsachen einschließlich der Tätigkeit vor der Verwaltungsbehörde. ²Wird der Rechtsanwalt in einem späteren Rechtszug beigeordnet, erhält er seine Vergütung in diesem Rechtszug auch für seine Tätigkeit vor dem Zeitpunkt seiner Bestellung. ³Werden Verfahren verbunden, kann das Gericht die Wirkungen des Satzes 1 auch auf diejenigen Verfahren erstrecken, in denen vor der Verbindung keine Beiordnung oder Bestellung erfolgt war.

§ 49 Wertgebühren aus der Staatskasse. Bestimmen sich die Gebühren nach dem Gegenstandswert, werden bei einem Gegenstandswert von mehr als 3000 Euro anstelle der Gebühr nach § 13 Abs. 1 folgende Gebühren vergütet:

Gegenstandswert bis ... Euro	Gebühr ... Euro	Gegenstandswert bis ... Euro	Gebühr ... Euro
3 500	195	13 000	246
4 000	204	16 000	257
4 500	212	19 000	272
5 000	219	22 000	293
6 000	225	25 000	318
7 000	230	30 000	354
8 000	234	über	
9 000	238	30 000	391
10 000	242		

§ 50 Weitere Vergütung bei Prozesskostenhilfe. (1) ¹Nach Deckung der in § 122 Abs. 1 Nr. 1 der Zivilprozessordnung bezeichneten Kosten und Ansprüche hat die Staatskasse über die Gebühren des § 49 hinaus weitere Beträge bis zur Höhe der Gebühren nach § 13 einzuziehen, wenn dies nach den Vorschriften der Zivilprozessordnung und nach den Bestimmungen, die das Gericht getroffen hat, zulässig ist. ²Die weitere Vergütung ist festzusetzen, wenn das Verfahren durch rechtskräftige Entscheidung oder in sonstiger Weise beendet ist und die von der Partei zu zahlenden Beträge beglichen sind oder wegen dieser Beträge eine Zwangsvollstreckung in das bewegliche Vermögen der Partei erfolglos geblieben ist oder aussichtslos erscheint.

(2) Der beigeordnete Rechtsanwalt soll eine Berechnung seiner Regelvergütung unverzüglich zu den Prozessakten mitteilen.

(3) Waren mehrere Rechtsanwälte beigeordnet, bemessen sich die auf die einzelnen Rechtsanwälte entfallenden Beträge nach dem Verhältnis der jeweiligen Unterschiedsbeträge zwischen den Gebühren nach § 49 und den Regelgebühren; dabei sind Zahlungen, die nach § 58 auf den Unterschiedsbetrag anzurechnen sind, von diesem abzuziehen.

§ 51 Festsetzung einer Pauschgebühr in Straf- und Bußgeldsachen. (1) [1]In Straf- und Bußgeldsachen, Verfahren nach dem Gesetz über die internationale Rechtshilfe in Strafsachen und in Verfahren nach dem IStGH-Gesetz ist dem gerichtlich bestellten oder beigeordneten Rechtsanwalt für das ganze Verfahren oder für einzelne Verfahrensabschnitte auf Antrag eine Pauschgebühr zu bewilligen, die über die Gebühren nach dem Vergütungsverzeichnis hinausgeht, wenn die in den Teilen 4 bis 6 des Vergütungsverzeichnisses bestimmten Gebühren wegen des besonderen Umfangs oder der besonderen Schwierigkeit nicht zumutbar sind. [2]Dies gilt nicht, soweit Wertgebühren entstehen. [3]Beschränkt sich die Bewilligung auf einzelne Verfahrensabschnitte, sind die Gebühren nach dem Vergütungsverzeichnis, an deren Stelle die Pauschgebühr treten soll, zu bezeichnen. [4]Eine Pauschgebühr kann auch für solche Tätigkeiten gewährt werden, für die ein Anspruch nach § 48 Abs. 5 besteht. [5]Auf Antrag ist dem Rechtsanwalt ein angemessener Vorschuss zu bewilligen, wenn ihm insbesondere wegen der langen Dauer des Verfahrens und der Höhe der zu erwartenden Pauschgebühr nicht zugemutet werden kann, die Festsetzung der Pauschgebühr abzuwarten.

(2) [1]Über die Anträge entscheidet das Oberlandesgericht, zu dessen Bezirk das Gericht des ersten Rechtszugs gehört, und im Fall der Beiordnung einer Kontaktperson (§ 34a des Einführungsgesetzes zum Gerichtsverfassungsgesetz) das Oberlandesgericht, in dessen Bezirk die Justizvollzugsanstalt liegt, durch unanfechtbaren Beschluss. [2]Der Bundesgerichtshof ist für die Entscheidung zuständig, soweit er den Rechtsanwalt bestellt hat. [3]In dem Verfahren ist die Staatskasse zu hören. [4]§ 42 Abs. 3 ist entsprechend anzuwenden.

(3) [1]Absatz 1 gilt im Bußgeldverfahren vor der Verwaltungsbehörde entsprechend. [2]Über den Antrag nach Absatz 1 Satz 1 bis 3 entscheidet die Verwaltungsbehörde gleichzeitig mit der Festsetzung der Vergütung.

§ 52 Anspruch gegen den Beschuldigten oder den Betroffenen (1) [1]Der gerichtlich bestellte Rechtsanwalt kann von dem Beschuldigten die Zahlung der Gebühren eines gewählten Verteidigers verlangen; er kann jedoch keinen Vorschuss fordern. [2]Der Anspruch gegen den Beschuldigten entfällt insoweit, als die Staatskasse Gebühren gezahlt hat.

(2) [1]Der Anspruch kann nur insoweit geltend gemacht werden, als dem Beschuldigten ein Erstattungsanspruch gegen die Staatskasse zusteht oder das Gericht des ersten Rechtszugs auf Antrag des Verteidigers feststellt, dass der Beschuldigte ohne Beeinträchtigung des für ihn und seine Familie notwendigen Unterhalts zur Zahlung oder zur Leistung von Raten in der Lage ist. [2]Ist das Verfahren nicht gerichtlich anhängig geworden, entscheidet das Gericht, das den Verteidiger bestellt hat.

(3) ¹Wird ein Antrag nach Absatz 2 Satz 1 gestellt, setzt das Gericht dem Beschuldigten eine Frist zur Darlegung seiner persönlichen und wirtschaftlichen Verhältnisse; § 117 Abs. 2 bis 4 der Zivilprozessordnung gilt entsprechend. ²Gibt der Beschuldigte innerhalb der Frist keine Erklärung ab, wird vermutet, dass er leistungsfähig im Sinne des Absatzes 2 Satz 1 ist.

(4) Gegen den Beschluss nach Absatz 2 ist die sofortige Beschwerde nach den Vorschriften der §§ 304 bis 311a der Strafprozessordnung zulässig.

(5) ¹Der für den Beginn der Verjährung maßgebende Zeitpunkt tritt mit der Rechtskraft der das Verfahren abschließenden gerichtlichen Entscheidung, in Ermangelung einer solchen mit der Beendigung des Verfahrens ein. ²Ein Antrag des Verteidigers hemmt den Lauf der Verjährungsfrist. ³Die Hemmung endet sechs Monate nach der Rechtskraft der Entscheidung des Gerichts über den Antrag.

(6) ¹Die Absätze 1 bis 3 und 5 gelten im Bußgeldverfahren entsprechend. ²Im Bußgeldverfahren vor der Verwaltungsbehörde tritt an die Stelle des Gerichts die Verwaltungsbehörde.

§ 53 Anspruch gegen den Auftraggeber, Anspruch des zum Beistand bestellten Rechtsanwalts gegen den Verurteilten. (1) Für den Anspruch des dem Privatkläger, dem Nebenkläger, dem Antragsteller im Klageerzwingungsverfahren oder des sonst in Angelegenheiten, in denen sich die Gebühren nach Teil 4, 5 oder 6 des Vergütungsverzeichnisses bestimmen, beigeordneten Rechtsanwalts gegen seinen Auftraggeber gilt § 52 entsprechend.

(2) ¹Der dem Nebenkläger oder dem nebenklageberechtigten Verletzten als Beistand bestellte Rechtsanwalt kann die Gebühren eines gewählten Beistands nur von dem Verurteilten verlangen. ²Der Anspruch entfällt insoweit, als die Staatskasse die Gebühren bezahlt hat.

§ 54 Verschulden eines beigeordneten oder bestellten Rechtsanwalts. Hat der beigeordnete oder bestellte Rechtsanwalt durch schuldhaftes Verhalten die Beiordnung oder Bestellung eines anderen Rechtsanwalts veranlasst, kann er Gebühren, die auch für den anderen Rechtsanwalt entstehen, nicht fordern.

§ 55 Festsetzung der aus der Staatskasse zu zahlenden Vergütungen und Vorschüsse. (1) ¹Die aus der Staatskasse zu gewährende Vergütung und der Vorschuss hierauf werden auf Antrag des Rechtsanwalts von dem Urkundsbeamten der Geschäftsstelle des Gerichts des ersten Rechtszugs festgesetzt. ²Ist das Verfahren nicht gerichtlich anhängig geworden, erfolgt die Festsetzung durch den Urkundsbeamten der Geschäftsstelle des Gerichts, das den Verteidiger bestellt hat.

(2) In Angelegenheiten, in denen sich die Gebühren nach Teil 3 des Vergütungsverzeichnisses bestimmen, erfolgt die Festsetzung durch den Urkundsbeamten des Gerichts des Rechtszugs, solange das Verfahren nicht durch rechtskräftige Entscheidung oder in sonstiger Weise beendet ist.

(3) Im Fall der Beiordnung einer Kontaktperson (§ 34a des Einführungsgesetzes zum Gerichtsverfassungsgesetz) erfolgt die Festsetzung durch den Urkundsbeamten der Geschäftsstelle des Landgerichts, in dessen Bezirk die Justizvollzugsanstalt liegt.

(4) Im Fall der Beratungshilfe wird die Vergütung von dem Urkundsbeamten der Geschäftsstelle des in § 4 Abs. 1 des Beratungshilfegesetzes bestimmten Gerichts festgesetzt.

(5) ¹§ 104 Abs. 2 der Zivilprozessordnung gilt entsprechend. ²Der Antrag hat die Er-

klärung zu enthalten, ob und welche Zahlungen der Rechtsanwalt bis zum Tag der Antragstellung erhalten hat; Zahlungen, die er nach diesem Zeitpunkt erhalten hat, hat er unverzüglich anzuzeigen.

(6) ¹Der Urkundsbeamte kann vor einer Festsetzung der weiteren Vergütung (§ 50) den Rechtsanwalt auffordern, innerhalb einer Frist von einem Monat bei der Geschäftsstelle des Gerichts, dem der Urkundsbeamte angehört, Anträge auf Festsetzung der Vergütungen, für die ihm noch Ansprüche gegen die Staatskasse zustehen, einzureichen oder sich zu den empfangenen Zahlungen (Absatz 5 Satz 2) zu erklären. ²Kommt der Rechtsanwalt der Aufforderung nicht nach, erlöschen seine Ansprüche gegen die Staatskasse.

(7) ¹Absätze 1 und 5 gelten im Bußgeldverfahren vor der Verwaltungsbehörde entsprechend. ²An die Stelle des Urkundsbeamten der Geschäftsstelle tritt die Verwaltungsbehörde.

§ 56 Erinnerung und Beschwerde. (1) ¹Über Erinnerungen des Rechtsanwalts und der Staatskasse gegen die Festsetzung nach § 55 entscheidet das Gericht des Rechtszugs, bei dem die Festsetzung erfolgt ist, durch Beschluss. ²Im Fall des § 55 Abs. 3 entscheidet die Strafkammer des Landgerichts. ³Im Fall der Beratungshilfe entscheidet das nach § 4 Abs. 1 des Beratungshilfegesetzes zuständige Gericht.

(2) ¹Im Verfahren über die Erinnerung gilt § 33 Abs. 4 Satz 1, Abs. 7 und 8 und im Verfahren über die Beschwerde gegen die Entscheidung über die Erinnerung § 33 Abs. 3 bis 8 entsprechend. ²Das Verfahren über die Erinnerung und über die Beschwerde ist gebührenfrei. ³Kosten werden nicht erstattet.

§ 57 Rechtsbehelf in Bußgeldsachen vor der Verwaltungsbehörde. ¹Gegen Entscheidungen der Verwaltungsbehörde im Bußgeldverfahren nach den Vorschriften dieses Abschnitts kann gerichtliche Entscheidung beantragt werden. ²Für das Verfahren gilt § 62 des Gesetzes über Ordnungswidrigkeiten.

§ 58 Anrechnung von Vorschüssen und Zahlungen. (1) Zahlungen, die der Rechtsanwalt nach § 9 des Beratungshilfegesetzes erhalten hat, werden auf die aus der Landeskasse zu zahlende Vergütung angerechnet.

(2) In Angelegenheiten, in denen sich die Gebühren nach Teil 3 des Vergütungsverzeichnisses bestimmen, sind Vorschüsse und Zahlungen, die der Rechtsanwalt vor oder nach der Beiordnung erhalten hat, zunächst auf die Vergütungen anzurechnen, für die ein Anspruch gegen die Staatskasse nicht oder nur unter den Voraussetzungen des § 50 besteht.

(3) ¹In Angelegenheiten, in denen sich die Gebühren nach den Teilen 4 bis 6 des Vergütungsverzeichnisses bestimmen, sind Vorschüsse und Zahlungen, die der Rechtsanwalt vor oder nach der gerichtlichen Bestellung oder Beiordnung für seine Tätigkeit für bestimmte Verfahrensabschnitte erhalten hat, auf die von der Staatskasse für diese Verfahrensabschnitte zu zahlenden Gebühren anzurechnen. ²Hat der Rechtsanwalt Zahlungen empfangen, nachdem er Gebühren aus der Staatskasse erhalten hat, ist er zur Rückzahlung an die Staatskasse verpflichtet. ³Die Anrechnung oder Rückzahlung erfolgt nur, soweit der Rechtsanwalt durch die Zahlungen insgesamt mehr als den doppelten Betrag der ihm ohne Berücksichtigung des § 51 aus der Staatskasse zustehenden Gebühren erhalten würde.

§ 59 Übergang von Ansprüchen auf die Staatskasse. (1) ¹Soweit dem im Wege der Prozesskostenhilfe oder nach § 625 der Zivilprozessordnung beigeordneten

RVG *Gesetzestext*

oder nach § 67a Abs. 1 Satz 2 der Verwaltungsgerichtsordnung bestellten Rechtsanwalt wegen seiner Vergütung ein Anspruch gegen die Partei oder einen ersatzpflichtigen Gegner zusteht, geht der Anspruch mit der Befriedigung des Rechtsanwalts durch die Staatskasse auf diese über. ²Der Übergang kann nicht zum Nachteil des Rechtsanwalts geltend gemacht werden.

(2) ¹Für die Geltendmachung des Anspruchs gelten die Vorschriften über die Einziehung der Kosten des gerichtlichen Verfahrens entsprechend. ²Ansprüche der Staatskasse werden bei dem Gericht des ersten Rechtszugs angesetzt. ³Ist das Gericht des ersten Rechtszugs ein Gericht des Landes und ist der Anspruch auf die Bundeskasse übergegangen, wird er insoweit bei dem jeweiligen obersten Gerichtshof des Bundes angesetzt. ⁴Für die Entscheidung über eine gegen den Ansatz gerichtete Erinnerung und über die Beschwerde gilt § 66 des Gerichtskostengesetzes entsprechend.

(3) Absatz 1 gilt entsprechend bei Beratungshilfe.

Abschnitt 9. Übergangs- und Schlussvorschriften

§ 60 Übergangsvorschrift. (1) ¹Die Vergütung ist nach bisherigem Recht zu berechnen, wenn der unbedingte Auftrag zur Erledigung derselben Angelegenheit im Sinne des § 15 vor dem Inkrafttreten einer Gesetzesänderung erteilt oder der Rechtsanwalt vor diesem Zeitpunkt gerichtlich bestellt oder beigeordnet worden ist. ²Ist der Rechtsanwalt im Zeitpunkt des Inkrafttretens einer Gesetzesänderung in derselben Angelegenheit und, wenn ein gerichtliches Verfahren anhängig ist, in demselben Rechtszug bereits tätig, ist die Vergütung für das Verfahren über ein Rechtsmittel, das nach diesem Zeitpunkt eingelegt worden ist, nach neuem Recht zu berechnen. ³Die Sätze 1 und 2 gelten auch, wenn Vorschriften geändert werden, auf die dieses Gesetz verweist.

(2) Sind Gebühren nach dem zusammengerechneten Wert mehrerer Gegenstände zu bemessen, gilt für die gesamte Vergütung das bisherige Recht auch dann, wenn dies nach Absatz 1 nur für einen der Gegenstände gelten würde.

§ 61 Übergangsvorschrift aus Anlass des Inkrafttretens dieses Gesetzes. (1) ¹Die Bundesgebührenordnung für Rechtsanwälte in der im Bundesgesetzblatt Teil III, Gliederungsnummer 368-1, veröffentlichten bereinigten Fassung, zuletzt geändert durch Art. 2 Abs. 6 des Gesetzes vom 12. März 2004 (BGBl. I S. 390), und Verweisungen hierauf sind weiter anzuwenden, wenn der unbedingte Auftrag zur Erledigung derselben Angelegenheit im Sinne des § 15 vor dem 1. Juli 2004 erteilt oder der Rechtsanwalt vor diesem Zeitpunkt gerichtlich bestellt oder beigeordnet worden ist. ²Ist der Rechtsanwalt am 1. Juli 2004 in derselben Angelegenheit und, wenn ein gerichtliches Verfahren anhängig ist, in demselben Rechtszug bereits tätig, gilt für das Verfahren über ein Rechtsmittel, das nach diesem Zeitpunkt eingelegt worden ist, dieses Gesetz. ³§ 60 Abs. 2 ist entsprechend anzuwenden.

(2) Auf die Vereinbarung der Vergütung sind die Vorschriften dieses Gesetzes auch dann anzuwenden, wenn nach Absatz 1 die Vorschriften der Bundesgebührenordnung für Rechtsanwälte weiterhin anzuwenden sind und die Willenserklärungen beider Parteien nach dem 1. Juli 2004 abgegeben worden sind.

Vergütungsverzeichnis **VV**

Anlage 1 (zu § 2 Abs. 2)

Vergütungsverzeichnis

Teil 1. Allgemeine Gebühren

Nr.	Gebührentatbestand	Gebühr oder Satz der Gebühr nach § 13 RVG
	Vorbemerkung 1: Die Gebühren dieses Teils entstehen neben den in anderen Teilen bestimmten Gebühren.	
1000	Einigungsgebühr............................ (1) Die Gebühr entsteht für die Mitwirkung beim Abschluss eines Vertrags, durch den der Streit oder die Ungewissheit der Parteien über ein Rechtsverhältnis beseitigt wird, es sei denn, der Vertrag beschränkt sich ausschließlich auf ein Anerkenntnis oder einen Verzicht. Dies gilt auch für die Mitwirkung bei einer Einigung der Parteien in einem der in § 36 RVG bezeichneten Güteverfahren. Im Privatklageverfahren ist Nummer 4146 anzuwenden. (2) Die Gebühr entsteht auch für die Mitwirkung bei Vertragsverhandlungen, es sei denn, dass diese für den Abschluss des Vertrags im Sinne des Absatzes 1 nicht ursächlich war. (3) Für die Mitwirkung bei einem unter einer aufschiebenden Bedingung oder unter dem Vorbehalt des Widerrufs geschlossenen Vertrag entsteht die Gebühr, wenn die Bedingung eingetreten ist oder der Vertrag nicht mehr widerrufen werden kann. (4) Soweit über die Ansprüche vertraglich verfügt werden kann, gelten die Absätze 1 und 2 auch bei Rechtsverhältnissen des öffentlichen Rechts. (5) Die Gebühr entsteht nicht in Ehesachen (§ 606 Abs. 1 Satz 1 ZPO) und in Lebenspartnerschaftssachen (§ 661 Abs. 1 Nr. 1 bis 3 ZPO). Wird ein Vertrag, insbesondere über den Unterhalt, im Hinblick auf die in Satz 1 genannten Verfahren geschlossen, bleibt der Wert dieser Verfahren bei der Berechnung der Gebühr außer Betracht.	1,5
1001	Aussöhnungsgebühr .... Die Gebühr entsteht für die Mitwirkung bei der Aussöhnung, wenn der ernstliche Wille eines Ehegatten, eine Scheidungssache oder ein Verfahren auf Aufhebung der Ehe anhängig zu machen, hervorgetreten ist und die Ehegatten die eheliche Lebensgemeinschaft fortsetzen oder die eheliche Lebensgemeinschaft wieder aufnehmen. Dies gilt entsprechend bei Lebenspartnerschaften.	1,5
1002	Erledigungsgebühr, soweit nicht Nummer 1005 gilt .... Die Gebühr entsteht, wenn sich eine Rechtssache ganz oder teilweise nach Aufhebung oder Änderung des mit einem Rechtsbehelf angefochtenen Verwaltungsakts durch die anwaltliche Mitwirkung erledigt. Das Gleiche gilt, wenn sich eine Rechtssache ganz oder teilweise durch Erlass eines bisher abgelehnten Verwaltungsakts erledigt.	1,5

Nr.	Gebührentatbestand	Gebühr oder Satz der Gebühr nach § 13 RVG
1003	Über den Gegenstand ist ein anderes gerichtliches Verfahren als ein selbstständiges Beweisverfahren anhängig: Die Gebühren 1000 bis 1002 betragen .... Dies gilt auch, wenn ein Verfahren über die Prozesskostenhilfe anhängig ist, soweit nicht lediglich Prozesskostenhilfe für die gerichtliche Protokollierung des Vergleichs beantragt wird oder sich die Beiordnung auf den Abschluss eines Vertrags im Sinne der Nummer 1000 erstreckt (§ 48 Abs. 3 RVG).	1,0
1004	Über den Gegenstand ist ein Berufungs- oder Revisionsverfahren anhängig: Die Gebühren 1000 bis 1002 betragen	1,3
1005	Einigung oder Erledigung in sozialrechtlichen Angelegenheiten, in denen im gerichtlichen Verfahren Betragsrahmengebühren entstehen (§ 3 RVG): Die Gebühren 1000 und 1002 betragen	40,00 bis 520,00 EUR
1006	Über den Gegenstand ist ein gerichtliches Verfahren anhängig: Die Gebühr 1005 beträgt	30,00 bis 350,00 EUR
1007	Über den Gegenstand ist ein Berufungs- oder Revisionsverfahren anhängig: Die Gebühr 1005 beträgt	40,00 bis 460,00 EUR
1008	Auftraggeber sind in derselben Angelegenheit mehrere Personen: Die Verfahrens- oder Geschäftsgebühr erhöht sich für jede weitere Person um .... (1) Dies gilt bei Wertgebühren nur, soweit der Gegenstand der anwaltlichen Tätigkeit derselbe ist. (2) Die Erhöhung wird nach dem Betrag berechnet, an dem die Personen gemeinschaftlich beteiligt sind. (3) Mehrere Erhöhungen dürfen einen Gebührensatz von 2,0 nicht übersteigen; bei Festgebühren dürfen die Erhöhungen das Doppelte der Festgebühr und bei Betragsrahmengebühren das Doppelte des Mindest- und Höchstbetrags nicht übersteigen.	0,3 oder 30 % bei Festgebühren, bei Betragsrahmengebühren erhöhen sich der Mindest- und Höchstbetrag um 30 %
1009	Hebegebühr 1. bis einschließlich 2500,00 EUR .... 2. von dem Mehrbetrag bis einschließlich 10 000,00 EUR .... 3. von dem Mehrbetrag über 10 000,00 EUR .... (1) Die Gebühr wird für die Auszahlung oder Rückzahlung von entgegengenommenen Geldbeträgen erhoben. (2) Unbare Zahlungen stehen baren Zahlungen gleich. Die Gebühr kann bei der Ablieferung an den Auftraggeber entnommen werden. (3) Ist das Geld in mehreren Beträgen gesondert ausgezahlt oder zurückgezahlt, wird die Gebühr von jedem Betrag besonders erhoben.	1,0 % 0,5 % 0,25 % des aus- oder zurückgezahlten Betrages – mindestens 1,00 EUR

Nr.	Gebührentatbestand	Gebühr oder Satz der Gebühr nach § 13 RVG
	(4) Für die Ablieferung oder Rücklieferung von Wertpapieren und Kostbarkeiten entsteht die in den Absätzen 1 bis 3 bestimmte Gebühr nach dem Wert. (5) Die Hebegebühr entsteht nicht, soweit Kosten an ein Gericht oder eine Behörde weitergeleitet oder eingezogene Kosten an den Auftraggeber abgeführt oder eingezogene Beträge auf die Vergütung verrechnet werden.	

Teil 2. Außergerichtliche Tätigkeiten einschließlich der Vertretung im Verwaltungsverfahren

Nr.	Gebührentatbestand	Gebühr oder Satz der Gebühr nach § 13 RVG

Vorbemerkung 2:
(1) Die Vorschriften dieses Teils sind nur anzuwenden, soweit nicht die §§ 34 bis 36 RVG etwas anderes bestimmen.
(2) Für die Tätigkeit als Beistand für einen Zeugen oder Sachverständigen in einem Verwaltungsverfahren, für das sich die Gebühren nach diesem Teil bestimmen, entstehen die gleichen Gebühren wie für einen Bevollmächtigten in diesem Verfahren. Für die Tätigkeit als Beistand eines Zeugen oder Sachverständigen vor einem parlamentarischen Untersuchungsausschuss entstehen die gleichen Gebühren wie für die entsprechende Beistandsleistung in einem Strafverfahren des ersten Rechtszugs vor dem Oberlandesgericht.
(3) Die Vorschriften dieses Teils mit Ausnahme der Gebühren nach Abschnitt 1 und nach den Nummern 2202, 2203, 2600 und 2601 gelten nicht für die in den Teilen 4 bis 6 geregelten Angelegenheiten.

Abschnitt 1. Beratung und Gutachten

Nr.	Gebührentatbestand	Gebühr oder Satz der Gebühr nach § 13 RVG
2100	Beratungsgebühr, soweit in Nummer 2101 nichts anderes bestimmt ist .... (1) Die Gebühr entsteht für einen mündlichen oder schriftlichen Rat oder eine Auskunft (Beratung), wenn die Beratung nicht mit einer anderen gebührenpflichtigen Tätigkeit zusammenhängt. (2) Die Gebühr ist auf eine Gebühr für eine sonstige Tätigkeit anzurechnen, die mit der Beratung zusammenhängt.	0,1 bis 1,0
2101	Beratungsgebühr in Angelegenheiten, in denen im gerichtlichen Verfahren Betragsrahmengebühren entstehen.. Die Anmerkungen zu Nummer 2100 gelten entsprechend.	10,00 bis 260,00 EUR
2102	Der Auftraggeber ist Verbraucher und die Tätigkeit beschränkt sich auf ein erstes Beratungsgespräch: Die Gebühren 2100 und 2101 betragen höchstens	190,00 EUR
2103	Gutachtengebühr .... (1) Die Gebühr entsteht für die Ausarbeitung eines schriftlichen Gutachtens. (2) § 14 RVG ist entsprechend anzuwenden.	angemessene Gebühr

Nr.	Gebührentatbestand	Gebühr oder Satz der Gebühr nach § 13 RVG
	Abschnitt 2. Prüfung der Erfolgsaussicht eines Rechtsmittels	
2200	Gebühr für die Prüfung der Erfolgsaussicht eines Rechtsmittels, soweit in Nummer 2202 nichts anderes bestimmt ist .... Die Gebühr ist auf eine Gebühr für das Rechtsmittelverfahren anzurechnen.	0,5 bis 1,0
2201	Die Prüfung der Erfolgsaussicht eines Rechtsmittels ist mit der Ausarbeitung eines schriftlichen Gutachtens verbunden: Die Gebühr 2200 beträgt	1,3
2202	Gebühr für die Prüfung der Erfolgsaussicht eines Rechtsmittels in sozialrechtlichen Angelegenheiten, in denen im gerichtlichen Verfahren Betragsrahmengebühren entstehen (§ 3 RVG), und in Angelegenheiten, die in den Teilen 4 bis 6 geregelt sind .... Die Gebühr ist auf eine Gebühr für das Rechtsmittelverfahren anzurechnen.	10,00 bis 260,00 EUR
2203	Die Prüfung der Erfolgsaussicht eines Rechtsmittels ist mit der Ausarbeitung eines schriftlichen Gutachtens verbunden: Die Gebühr 2202 beträgt	40,00 bis 400,00 EUR
	Abschnitt 3. Herstellung des Einvernehmens	
2300	Geschäftsgebühr für die Herstellung des Einvernehmens nach § 28 EuRAG	in Höhe der einem Bevollmächtigten oder Verteidiger zustehenden Verfahrensgebühr
2301	Das Einvernehmen wird nicht hergestellt: Die Gebühr 2300 beträgt	0,1 bis 0,5 oder Mindestbetrag der einem Bevollmächtigten oder Verteidiger zustehenden Verfahrensgebühr
	Abschnitt 4. Vertretung	

Vorbemerkung 2.4:

(1) Im Verwaltungszwangsverfahren ist Teil 3 Abschnitt 3 Unterabschnitt 3 entsprechend anzuwenden.

(2) Dieser Abschnitt gilt nicht für die in Abschnitt 5 genannten Angelegenheiten.

(3) Die Geschäftsgebühr entsteht für das Betreiben des Geschäfts einschließlich der Information und für die Mitwirkung bei der Gestaltung eines Vertrags.

2400	Geschäftsgebühr .... Eine Gebühr von mehr als 1,3 kann nur gefordert werden, wenn die Tätigkeit umfangreich oder schwierig war.	0,5 bis 2,5
2401	Es ist eine Tätigkeit im Verwaltungsverfahren vorausgegangen:	

Vergütungsverzeichnis **VV**

Nr.	Gebührentatbestand	Gebühr oder Satz der Gebühr nach § 13 RVG
	Die Gebühr 2400 für das weitere, der Nachprüfung des Verwaltungsakts dienende Verwaltungsverfahren beträgt .	0,5 bis 1,3
	(1) Bei der Bemessung der Gebühr ist nicht zu berücksichtigen, dass der Umfang der Tätigkeit infolge der Tätigkeit im Verwaltungsverfahren geringer ist.	
	(2) Eine Gebühr von mehr als 0,7 kann nur gefordert werden, wenn die Tätigkeit umfangreich oder schwierig war.	
2402	Der Auftrag beschränkt sich auf ein Schreiben einfacher Art:	
	Die Gebühr 2400 beträgt...........................	0,3
	Es handelt sich um ein Schreiben einfacher Art, wenn dieses weder schwierige rechtliche Ausführungen noch größere sachliche Auseinandersetzungen enthält.	
2403	Geschäftsgebühr für	
	1. Güteverfahren vor einer durch die Landesjustizverwaltung eingerichteten oder anerkannten Gütestelle (§ 794 Abs. 1 Nr. 1 ZPO) oder, wenn die Parteien den Einigungsversuch einvernehmlich unternehmen, vor einer Gütestelle, die Streitbeilegung betreibt (§ 15a Abs. 3 EGZPO),	
	2. Verfahren vor einem Ausschuss der in § 111 Abs. 2 des Arbeitsgerichtsgesetzes bezeichneten Art,	
	3. Verfahren vor dem Seemannsamt zur vorläufigen Entscheidung von Arbeitssachen und	
	4. Verfahren vor sonstigen gesetzlich eingerichteten Einigungsstellen, Gütestellen oder Schiedsstellen	1,5
	Soweit wegen desselben Gegenstands eine Geschäftsgebühr nach Nummer 2400 entstanden ist, wird die Hälfte dieser Gebühr nach dem Wert des Gegenstands, der in das Verfahren übergegangen ist, jedoch höchstens mit einem Gebührensatz von 0,75, angerechnet.	

Abschnitt 5. Vertretung in bestimmten sozialrechtlichen Angelegenheiten

Vorbemerkung 2.5:
(1) Im Verwaltungszwangsverfahren ist Teil 3 Abschnitt 3 Unterabschnitt 3 entsprechend anzuwenden.
(2) Vorbemerkung 2.4 Abs. 3 gilt entsprechend.

2500	Geschäftsgebühr in sozialrechtlichen Angelegenheiten, in denen im gerichtlichen Verfahren Betragsrahmengebühren entstehen (§ 3 RVG)	40,00 bis 520,00 EUR
	Eine Gebühr von mehr als 240,00 EUR kann nur gefordert werden, wenn die Tätigkeit umfangreich oder schwierig war.	
2501	Es ist eine Tätigkeit im Verwaltungsverfahren vorausgegangen:	
	Die Gebühr 2500 für das weitere, der Nachprüfung des Verwaltungsakts dienende Verwaltungsverfahren beträgt	40,00 bis 260,00 EUR

Nr.	Gebührentatbestand	Gebühr oder Satz der Gebühr nach § 13 RVG
	(1) Bei der Bemessung der Gebühr ist nicht zu berücksichtigen, dass der Umfang der Tätigkeit infolge der Tätigkeit im Verwaltungsverfahren geringer ist. (2) Eine Gebühr von mehr als 120,00 EUR kann nur gefordert werden, wenn die Tätigkeit umfangreich oder schwierig war.	

Abschnitt 6. Beratungshilfe

Vorbemerkung 2.6:
Im Rahmen der Beratungshilfe entstehen Gebühren ausschließlich nach diesem Abschnitt.

Nr.	Gebührentatbestand	Gebühr
2600	Beratungshilfegebühr .... Neben der Gebühr werden keine Auslagen erhoben. Die Gebühr kann erlassen werden.	10,00 EUR
2601	Beratungsgebühr .... (1) Die Gebühr entsteht für eine Beratung, wenn die Beratung nicht mit einer anderen gebührenpflichtigen Tätigkeit zusammenhängt. (2) Die Gebühr ist auf eine Gebühr für eine sonstige Tätigkeit anzurechnen, die mit der Beratung zusammenhängt.	30,00 EUR
2602	Beratungstätigkeit mit dem Ziel einer außergerichtlichen Einigung mit den Gläubigern über die Schuldenbereinigung auf der Grundlage eines Plans (§ 305 Abs. 1 Nr. 1 InsO): Die Gebühr 2601 beträgt	60,00 EUR
2603	Geschäftsgebühr .... (1) Die Gebühr entsteht für das Betreiben des Geschäfts einschließlich der Information oder die Mitwirkung bei der Gestaltung eines Vertrags. (2) Auf die Gebühren für ein anschließendes gerichtliches oder behördliches Verfahren ist diese Gebühr zur Hälfte anzurechnen. Auf die Gebühren für ein Verfahren auf Vollstreckbarerklärung eines Vergleichs nach den §§ 796a, 796b und 796c Abs. 2 Satz 2 ZPO ist die Gebühr zu einem Viertel anzurechnen.	70,00 EUR
2604	Tätigkeit mit dem Ziel einer außergerichtlichen Einigung mit den Gläubigern über die Schuldenbereinigung auf der Grundlage eines Plans (§ 305 Abs. 1 Nr. 1 InsO): Die Gebühr 2603 beträgt bei bis zu 5 Gläubigern	224,00 EUR
2605	Es sind 6 bis 10 Gläubiger vorhanden: Die Gebühr 2603 beträgt........................	336,00 EUR
2606	Es sind 11 bis 15 Gläubiger vorhanden: Die Gebühr 2603 beträgt........................	448,00 EUR
2607	Es sind mehr als 15 Gläubiger vorhanden: Die Gebühr 2603 beträgt........................	560,00 EUR
2608	Einigungs- und Erledigungsgebühr .... (1) Die Anmerkungen zu Nummern 1000 und 1002 sind anzuwenden.	125,00 EUR

Vergütungsverzeichnis **VV**

Nr.	Gebührentatbestand	Gebühr oder Satz der Gebühr nach § 13 RVG
	(2) Die Gebühr entsteht auch für die Mitwirkung bei einer außergerichtlichen Einigung mit den Gläubigern über die Schuldenbereinigung auf der Grundlage eines Plans (§ 305 Abs. 1 Nr. 1 InsO).	

Fassung des Teils 2 ab 1. 7. 2006:

Nr.	Gebührentatbestand	Gebühr oder Satz der Gebühr nach § 13 RVG

Vorbemerkung 2:
(1) Die Vorschriften dieses Teils sind nur anzuwenden, soweit nicht die §§ 34 bis 36 RVG etwas anderes bestimmen.
(2) Für die Tätigkeit als Beistand für einen Zeugen oder Sachverständigen in einem Verwaltungsverfahren, für das sich die Gebühren nach diesem Teil bestimmen, entstehen die gleichen Gebühren wie für einen Bevollmächtigten in diesem Verfahren. Für die Tätigkeit als Beistand eines Zeugen oder Sachverständigen vor einem parlamentarischen Untersuchungsausschuss entstehen die gleichen Gebühren wie für die entsprechende Beistandsleistung in einem Strafverfahren des ersten Rechtszugs vor dem Oberlandesgericht.
(3) Die Vorschriften dieses Teils mit Ausnahme der Gebühren nach den Nummern 2102, 2103, 2500 und 2501 gelten nicht für die in den Teilen 4 bis 6 geregelten Angelegenheiten.

Nr.	Gebührentatbestand	Gebühr oder Satz der Gebühr nach § 13 RVG
	Abschnitt 1. Prüfung der Erfolgsaussicht eines Rechtsmittels	
2100	Gebühr für die Prüfung der Erfolgsaussicht eines Rechtsmittels, soweit in Nummer 2102 nichts anderes bestimmt ist .... *Die Gebühr ist auf eine Gebühr für das Rechtsmittelverfahren anzurechnen.*	0,5 bis 1,0
2101	Die Prüfung der Erfolgsaussicht eines Rechtsmittels ist mit der Ausarbeitung eines schriftlichen Gutachtens verbunden: Die Gebühr 2100 beträgt	1,3
2102	Gebühr für die Prüfung der Erfolgsaussicht eines Rechtsmittels in sozialrechtlichen Angelegenheiten, in denen im gerichtlichen Verfahren Betragsrahmengebühren entstehen (§ 3 RVG), und in Angelegenheiten, die in den Teilen 4 bis 6 geregelt sind .... *Die Gebühr ist auf eine Gebühr für das Rechtsmittelverfahren anzurechnen.*	10,00 bis 260,00 EUR
2103	Die Prüfung der Erfolgsaussicht eines Rechtsmittels ist mit der Ausarbeitung eines schriftlichen Gutachtens verbunden: Die Gebühr 2102 beträgt	40,00 bis 400,00 EUR
	Abschnitt 2. Herstellung des Einvernehmens	
2200	Geschäftsgebühr für die Herstellung des Einvernehmens nach § 28 EuRAG	in Höhe der einem Bevollmächtigten oder Verteidiger zustehenden Verfahrensgebühr

Nr.	Gebührentatbestand	Gebühr oder Satz der Gebühr nach § 13 RVG
2201	Das Einvernehmen wird nicht hergestellt: Die Gebühr 2200 beträgt	0,1 bis 0,5 oder Mindestbetrag der einem Bevollmächtigten oder Verteidiger zustehenden Verfahrensgebühr

Abschnitt 3. Vertretung

Vorbemerkung 2.3:
(1) Im Verwaltungszwangsverfahren ist Teil 3 Abschnitt 3 Unterabschnitt 3 entsprechend anzuwenden.
(2) Dieser Abschnitt gilt nicht für die in Abschnitt 5 genannten Angelegenheiten.
(3) Die Geschäftsgebühr entsteht für das Betreiben des Geschäfts einschließlich der Information und für die Mitwirkung bei der Gestaltung eines Vertrags.

Nr.	Gebührentatbestand	Gebühr
2300	Geschäftsgebühr .... Eine Gebühr von mehr als 1,3 kann nur gefordert werden, wenn die Tätigkeit umfangreich oder schwierig war.	0,5 bis 2,5
2301	Es ist eine Tätigkeit im Verwaltungsverfahren vorausgegangen: Die Gebühr 2300 für das weitere, der Nachprüfung des Verwaltungsakts dienende Verwaltungsverfahren beträgt .... *(1) Bei der Bemessung der Gebühr ist nicht zu berücksichtigen, dass der Umfang der Tätigkeit infolge der Tätigkeit im Verwaltungsverfahren geringer ist.* *(2) Eine Gebühr von mehr als 0,7 kann nur gefordert werden, wenn die Tätigkeit umfangreich oder schwierig war.*	0,5 bis 1,3
2302	Der Auftrag beschränkt sich auf ein Schreiben einfacher Art: Die Gebühr 2300 beträgt .... *Es handelt sich um ein Schreiben einfacher Art, wenn dieses weder schwierige rechtliche Ausführungen noch größere sachliche Auseinandersetzungen enthält.*	0,3
2303	Geschäftsgebühr für 1. Güteverfahren vor einer durch die Landesjustizverwaltung eingerichteten oder anerkannten Gütestelle (§ 794 Abs. 1 Nr. 1 ZPO) oder, wenn die Parteien den Einigungsversuch einvernehmlich unternehmen, vor einer Gütestelle, die Streitbeilegung betreibt (§ 15a Abs. 3 EGZPO), 2. fahren vor einem Ausschuss der in § 111 Abs. 2 des Arbeitsgerichtsgesetzes bezeichneten Art, 3. fahren vor dem Seemannsamt zur vorläufigen Entscheidung von Arbeitssachen und 4. Verfahren vor sonstigen gesetzlich eingerichteten Einigungsstellen, Gütestellen oder Schiedsstellen .... *Soweit wegen desselben Gegenstands eine Geschäftsgebühr nach Nummer 2300 entstanden ist, wird die Hälfte dieser Gebühr nach dem Wert des Gegenstands, der in das Verfahren übergegangen ist, jedoch höchstens mit einem Gebührensatz von 0,75, angerechnet.*	1,5

Vergütungsverzeichnis **VV**

Nr.	Gebührentatbestand	Gebühr oder Satz der Gebühr nach § 13 RVG
	Abschnitt 4. Vertretung in bestimmten sozialrechtlichen Angelegenheiten	
	Vorbemerkung 2.4: (1) Im Verwaltungszwangsverfahren ist Teil 3 Abschnitt 3 Unterabschnitt 3 entsprechend anzuwenden. (2) Vorbemerkung 2.3 Abs. 3 gilt entsprechend.	
2400	Geschäftsgebühr in sozialrechtlichen Angelegenheiten, in denen im gerichtlichen Verfahren Betragsrahmengebühren entstehen (§ 3 RVG) .... Eine Gebühr von mehr als 240,00 EUR kann nur gefordert werden, wenn die Tätigkeit umfangreich oder schwierig war.	40,00 bis 520,00 EUR
2401	Es ist eine Tätigkeit im Verwaltungsverfahren vorausgegangen: Die Gebühr 2400 für das weitere, der Nachprüfung des Verwaltungsakts dienende Verwaltungsverfahren beträgt .... (1) Bei der Bemessung der Gebühr ist nicht zu berücksichtigen, dass der Umfang der Tätigkeit infolge der Tätigkeit im Verwaltungsverfahren geringer ist. (2) Eine Gebühr von mehr als 120,00 EUR kann nur gefordert werden, wenn die Tätigkeit umfangreich oder schwierig war.	40,00 bis 260,00 EUR
	Abschnitt 5. Beratungshilfe	
	Vorbemerkung 2.5: Im Rahmen der Beratungshilfe entstehen Gebühren ausschließlich nach diesem Abschnitt.	
2500	Beratungshilfegebühr .... Neben der Gebühr werden keine Auslagen erhoben. Die Gebühr kann erlassen werden.	10,00 EUR
2501	Beratungsgebühr .... (1) Die Gebühr entsteht für eine Beratung, wenn die Beratung nicht mit einer anderen gebührenpflichtigen Tätigkeit zusammenhängt. (2) Die Gebühr ist auf eine Gebühr für eine sonstige Tätigkeit anzurechnen, die mit der Beratung zusammenhängt.	30,00 EUR
2502	Beratungstätigkeit mit dem Ziel einer außergerichtlichen Einigung mit den Gläubigern über die Schuldenbereinigung auf der Grundlage eines Plans (§ 305 Abs. 1 Nr. 1 InsO): Die Gebühr 2501 beträgt	60,00 EUR
2503	Geschäftsgebühr .... (1) Die Gebühr entsteht für das Betreiben des Geschäfts einschließlich der Information oder die Mitwirkung bei der Gestaltung eines Vertrags. (2) Auf die Gebühren für ein anschließendes gerichtliches oder behördliches Verfahren ist diese Gebühr zur Hälfte anzurechnen. Auf die Gebühren für ein Verfahren auf Vollstreckbarerklärung eines Vergleichs nach den §§ 796a, 796b und 796c Abs. 2 Satz 2 ZPO ist die Gebühr zu einem Viertel anzurechnen.	70,00 EUR
2504	Tätigkeit mit dem Ziel einer außergerichtlichen Einigung mit den Gläubigern über die Schuldenbereinigung auf der Grundlage eines Plans (§ 305 Abs. 1 Nr. 1 InsO): Die Gebühr 2503 beträgt bei bis zu 5 Gläubigern	224,00 EUR

Nr.	Gebührentatbestand	Gebühr oder Satz der Gebühr nach § 13 RVG
2505	Es sind 6 bis 10 Gläubiger vorhanden: Die Gebühr 2503 beträgt	336,00 EUR
2506	Es sind 11 bis 15 Gläubiger vorhanden: Die Gebühr 2503 beträgt	448,00 EUR
2507	Es sind mehr als 15 Gläubiger vorhanden: Die Gebühr 2503 beträgt	560,00 EUR
2508	Einigungs- und Erledigungsgebühr . . . . (1) Die Anmerkungen zu Nummern 1000 und 1002 sind anzuwenden. (2) Die Gebühr entsteht auch für die Mitwirkung bei einer außergerichtlichen Einigung mit den Gläubigern über die Schuldenbereinigung auf der Grundlage eines Plans (§ 305 Abs. 1 Nr. 1 InsO).	125,00 EUR

Teil 3. Bürgerliche Rechtsstreitigkeiten, Verfahren der freiwilligen Gerichtsbarkeit, der öffentlich-rechtlichen Gerichtsbarkeiten, Verfahren nach dem Strafvollzugsgesetz und ähnliche Verfahren

Nr.	Gebührentatbestand	Gebühr oder Satz der Gebühr nach § 13 RVG
	Vorbemerkung 3: (1) Für die Tätigkeit als Beistand für einen Zeugen oder Sachverständigen in einem Verfahren, für das sich Gebühren nach diesem Teil bestimmen, entstehen die gleichen Gebühren wie für einen Verfahrensbevollmächtigten in diesem Verfahren. (2) Die Verfahrensgebühr entsteht für das Betreiben des Geschäfts einschließlich der Information. (3) Die Terminsgebühr entsteht für die Vertretung in einem Verhandlungs-, Erörterungs- oder Beweisaufnahmetermin oder die Wahrnehmung eines von einem gerichtlich bestellten Sachverständigen anberaumten Termins oder die Mitwirkung an auf die Vermeidung oder Erledigung des Verfahrens gerichteten Besprechungen ohne Beteiligung des Gerichts; dies gilt nicht für Besprechungen mit dem Auftraggeber. (4) Soweit wegen desselben Gegenstands eine Geschäftsgebühr nach den Nummern 2400 bis 2403 entstanden ist, wird diese Gebühr zur Hälfte, jedoch höchstens mit einem Gebührensatz von 0,75, auf die Verfahrensgebühr des gerichtlichen Verfahrens angerechnet. Sind mehrere Gebühren entstanden, ist für die Anrechnung die zuletzt entstandene Gebühr maßgebend. Die Anrechnung erfolgt nach dem Wert des Gegenstands, der in das gerichtliche Verfahren übergegangen ist. (5) Soweit der Gegenstand eines selbständigen Beweisverfahrens auch Gegenstand eines Rechtsstreits ist oder wird, wird die Verfahrensgebühr des selbständigen Beweisverfahrens auf die Verfahrensgebühr des Rechtszugs angerechnet. (6) Soweit eine Sache an ein untergeordnetes Gericht zurückverwiesen wird, das mit der Sache bereits befasst war, ist die vor diesem Gericht bereits entstandene Verfahrensgebühr auf die Verfahrensgebühr für das erneute Verfahren anzurechnen. (7) Die Vorschriften dieses Teils sind nicht anzuwenden, soweit Teil 6 besondere Vorschriften enthält.	

Vergütungsverzeichnis **VV**

Nr.	Gebührentatbestand	Gebühr oder Satz der Gebühr nach § 13 RVG
	Abschnitt 1. Erster Rechtszug	
	Vorbemerkung 3.1: (1) Die Gebühren dieses Abschnitts entstehen in allen Verfahren, für die in den folgenden Abschnitten dieses Teils keine Gebühren bestimmt sind. (2) Dieser Abschnitt ist auch für das Rechtsbeschwerdeverfahren nach § 1065 ZPO anzuwenden.	
3100	Verfahrensgebühr, soweit in Nummer 3102 nichts anderes bestimmt ist .... (1) Die Verfahrensgebühr für ein vereinfachtes Verfahren über den Unterhalt Minderjähriger wird auf die Verfahrensgebühr angerechnet, die in dem nachfolgenden Rechtsstreit entsteht (§§ 651 und 656 ZPO). (2) Die Verfahrensgebühr für einen Urkunden- oder Wechselprozess wird auf die Verfahrensgebühr für das ordentliche Verfahren angerechnet, wenn dieses nach Abstandnahme vom Urkunden- oder Wechselprozess oder nach einem Vorbehaltsurteil anhängig bleibt (§§ 596, 600 ZPO). (3) Die Verfahrensgebühr für ein Vermittlungsverfahren nach § 52a FGG wird auf die Verfahrensgebühr für ein sich anschließendes Verfahren angerechnet.	1,3
3101	1. Endigt der Auftrag, bevor der Rechtsanwalt die Klage, den ein Verfahren einleitenden Antrag oder einen Schriftsatz, der Sachanträge, Sachvortrag, die Zurücknahme der Klage oder die Zurücknahme des Antrags enthält, eingereicht oder bevor er für seine Partei einen gerichtlichen Termin wahrgenommen hat, 2. soweit lediglich beantragt ist, eine Einigung der Parteien oder mit Dritten über in diesem Verfahren nicht rechtshängige Ansprüche zu Protokoll zu nehmen oder festzustellen (§ 278 Abs. 6 ZPO) oder soweit lediglich Verhandlungen vor Gericht zur Einigung über solche Ansprüche geführt werden oder 3. soweit in einem Verfahren der freiwilligen Gerichtsbarkeit lediglich ein Antrag gestellt und eine Entscheidung entgegengenommen wird, beträgt die Gebühr 3100 .... (1) Soweit in den Fällen der Nummer 2 der sich nach § 15 Abs. 3 RVG ergebende Gesamtbetrag der Verfahrensgebühren die Gebühr 3100 übersteigt, wird der übersteigende Betrag auf eine Verfahrensgebühr angerechnet, die wegen desselben Gegenstands in einer anderen Angelegenheit entsteht. (2) Nummer 3 ist in streitigen Verfahren der freiwilligen Gerichtsbarkeit, insbesondere in Familiensachen, in Verfahren nach § 43 des Wohnungseigentumsgesetzes und in Verfahren nach dem Gesetz über das gerichtliche Verfahren in Landwirtschaftssachen, nicht anzuwenden.	0,8

Nr.	Gebührentatbestand	Gebühr oder Satz der Gebühr nach § 13 RVG
3102	Verfahrensgebühr für Verfahren vor den Sozialgerichten, in denen Betragsrahmengebühren entstehen (§ 3 RVG) ..	40,00 bis 460,00 EUR
3103	Es ist eine Tätigkeit im Verwaltungsverfahren oder im weiteren, der Nachprüfung des Verwaltungsakts dienenden Verwaltungsverfahren vorausgegangen: Die Gebühr 3102 beträgt .... Bei der Bemessung der Gebühr ist nicht zu berücksichtigen, dass der Umfang der Tätigkeit infolge der Tätigkeit im Verwaltungsverfahren oder im weiteren, der Nachprüfung des Verwaltungsakts dienenden Verwaltungsverfahren geringer ist.	20,00 bis 320,00 EUR
3104	Terminsgebühr, soweit in Nummer 3106 nichts anderes bestimmt ist .... (1) Die Gebühr entsteht auch, wenn 1. in einem Verfahren, für das mündliche Verhandlung vorgeschrieben ist, im Einverständnis mit den Parteien oder gemäß § 307 Abs. 2 oder § 495a ZPO ohne mündliche Verhandlung entschieden oder in einem solchen Verfahren ein schriftlicher Vergleich geschlossen wird, 2. nach § 584 Abs. 1 Satz 1, § 130a VwGO oder § 105 Abs. 1 SGG ohne mündliche Verhandlung durch Gerichtsbescheid entschieden wird oder 3. das Verfahren vor dem Sozialgericht nach angenommenem Anerkenntnis ohne mündliche Verhandlung endet. (2) Sind in dem Termin auch Verhandlungen zur Einigung über in diesem Verfahren nicht rechtshängige Ansprüche geführt worden, wird die Terminsgebühr, soweit sie den sich ohne Berücksichtigung der nicht rechtshängigen Ansprüche ergebenden Gebührenbetrag übersteigt, auf eine Terminsgebühr angerechnet, die wegen desselben Gegenstands in einer anderen Angelegenheit entsteht. (3) Die Gebühr entsteht nicht, soweit lediglich beantragt ist, eine Einigung der Parteien oder mit Dritten über nicht rechtshängige Ansprüche zu Protokoll zu nehmen.	1,2
3105	Wahrnehmung nur eines Termins, in dem eine Partei nicht erschienen oder nicht ordnungsgemäß vertreten ist und lediglich ein Antrag auf Versäumnisurteil oder zur Prozess- oder Sachleitung gestellt wird: Die Gebühr 3104 beträgt .... (1) Die Gebühr entsteht auch, wenn 1. das Gericht bei Säumnis lediglich Entscheidungen zur Prozess- oder Sachleitung von Amts wegen trifft oder 2. eine Entscheidung gemäß § 331 Abs. 3 ZPO ergeht. (2) Absatz 1 der Anmerkung zu Nummer 3104 gilt entsprechend. (3) § 333 ZPO ist nicht entsprechend anzuwenden.	0,5

Vergütungsverzeichnis **VV**

Nr.	Gebührentatbestand	Gebühr oder Satz der Gebühr nach § 13 RVG
3106	Terminsgebühr in Verfahren vor den Sozialgerichten, in denen Betragsrahmengebühren entstehen (§ 3 RVG)	20,00 bis 380,00 EUR
	Die Gebühr entsteht auch, wenn 1. in einem Verfahren, für das mündliche Verhandlung vorgeschrieben ist, im Einverständnis mit den Parteien ohne mündliche Verhandlung entschieden wird, 2. nach § 105 Abs. 1 SGG ohne mündliche Verhandlung durch Gerichtsbescheid entschieden wird oder 3. das Verfahren nach angenommenem Anerkenntnis ohne mündliche Verhandlung endet.	

Abschnitt 2. Berufung, Revision, bestimmte Beschwerden und Verfahren vor dem Finanzgericht

Vorbemerkung 3.2:
(1) Dieser Abschnitt ist auch in Verfahren vor dem Rechtsmittelgericht über die Zulassung des Rechtsmittels anzuwenden.
(2) Wenn im Verfahren über einen Antrag auf Anordnung, Abänderung oder Aufhebung eines Arrests oder einer einstweiligen Verfügung das Berufungsgericht als Gericht der Hauptsache anzusehen ist (§ 943 ZPO), bestimmen sich die Gebühren nach Abschnitt 1. Dies gilt entsprechend im Verfahren vor den Gerichten der Verwaltungs- und Sozialgerichtsbarkeit auf Anordnung oder Wiederherstellung der aufschiebenden Wirkung, auf Aussetzung oder Aufhebung der Vollziehung oder Anordnung der sofortigen Vollziehung eines Verwaltungsakts und in Verfahren auf Erlass einer einstweiligen Anordnung.

Unterabschnitt 1.
Berufung, bestimmte Beschwerden und Verfahren vor dem Finanzgericht

Vorbemerkung 3.2.1:
(1) Dieser Unterabschnitt ist auch anzuwenden
1. in Verfahren vor dem Finanzgericht,
2. in Verfahren über Beschwerden oder Rechtsbeschwerden gegen die den Rechtszug beendenden Entscheidungen
   a) in Familiensachen,
   b) in Lebenspartnerschaftssachen,
   c) in Verfahren nach § 43 des Wohnungseigentumsgesetzes,
   d) in Verfahren nach dem Gesetz über das gerichtliche Verfahren in Landwirtschaftssachen und
   e) im Beschlussverfahren vor den Gerichten für Arbeitssachen,
3. in Beschwerde- und Rechtsbeschwerdeverfahren gegen den Rechtszug beendende Entscheidungen über Anträge auf Vollstreckbarerklärung ausländischer Titel oder auf Erteilung der Vollstreckungsklausel zu ausländischen Titeln sowie Anträge auf Aufhebung oder Abänderung der Vollstreckbarerklärung oder der Vollstreckungsklausel,
4. in Beschwerde- und Rechtsbeschwerdeverfahren nach dem GWB,
5. in Beschwerdeverfahren nach dem WpÜG,
6. in Beschwerdeverfahren nach dem WpHG,
7. in Verfahren vor dem Bundesgerichtshof über die Beschwerde oder Rechtsbeschwerde gegen Entscheidungen des Bundespatentgerichts,
8. in Verfahren über die Rechtsbeschwerde nach § 116 StVollzG.
(2) Für die in Absatz 1 genannten Verfahren ist Unterabschnitt 2 anzuwenden, wenn sich die Parteien nur durch einen beim Bundesgerichtshof zugelassenen Rechtsanwalt vertreten lassen können.

Nr.	Gebührentatbestand	Gebühr oder Satz der Gebühr nach § 13 RVG
3200	Verfahrensgebühr, soweit in Nummer 3204 nichts anderes bestimmt ist	1,6
3201	Vorzeitige Beendigung des Auftrags: Die Gebühr 3200 beträgt .... Eine vorzeitige Beendigung liegt vor, 1. wenn der Auftrag endet, bevor der Rechtsanwalt das Rechtsmittel eingelegt oder einen Schriftsatz, der Sachanträge, Sachvortrag, die Zurücknahme der Klage oder die Zurücknahme des Rechtsmittels enthält, eingereicht oder bevor er für seine Partei einen gerichtlichen Termin wahrgenommen hat, oder 2. soweit lediglich beantragt ist, eine Einigung der Parteien oder mit Dritten über in diesem Verfahren nicht rechtshängige Ansprüche zu Protokoll zu nehmen oder festzustellen (§ 278 Abs. 6 ZPO), oder soweit lediglich Verhandlungen zur Einigung über solche Ansprüche geführt werden. Soweit in den Fällen der Nummer 2 der sich nach § 15 Abs. 3 RVG ergebende Gesamtbetrag der Verfahrensgebühren die Gebühr 3200 übersteigt, wird der übersteigende Betrag auf eine Verfahrensgebühr angerechnet, die wegen desselben Gegenstands in einer anderen Angelegenheit entsteht.	1,1
3202	Terminsgebühr, soweit in Nummer 3205 nichts anderes bestimmt ist .... (1) Die Anmerkung zu Nummer 3104 gilt entsprechend. (2) Die Gebühr entsteht auch, wenn gemäß § 79a Abs. 2, § 90a oder § 94a FGO ohne mündliche Verhandlung entschieden wird.	1,2
3203	Wahrnehmung nur eines Termins, in dem eine Partei, im Berufungsverfahren der Berufungskläger, nicht erschienen oder nicht ordnungsgemäß vertreten ist und lediglich ein Antrag auf Versäumnisurteil oder zur Prozess- oder Sachleitung gestellt wird: Die Gebühr 3202 beträgt .... Die Anmerkung zu Nummer 3105 und Absatz 2 der Anmerkung zu Nummer 3202 gelten entsprechend.	0,5
3204	Verfahrensgebühr für Verfahren vor den Landessozialgerichten, in denen Betragsrahmengebühren entstehen (§ 3 RVG)	50,00 bis 570,00 EUR
3205	Terminsgebühr in Verfahren vor den Landessozialgerichten, in denen Betragsrahmengebühren entstehen (§ 3 RVG) .. Die Anmerkung zu Nummer 3106 gilt entsprechend.	20,00 bis 380,00 EUR

Unterabschnitt 2. Revision

Vorbemerkung 3.2.2:
  Dieser Unterabschnitt ist auch auf die in Vorbemerkung 3.2.1 Abs. 1 genannten Verfahren anzuwenden, wenn sich die Parteien nur durch einen beim Bundesgerichtshof zugelassenen Rechtsanwalt vertreten lassen können.

Vergütungsverzeichnis **VV**

Nr.	Gebührentatbestand	Gebühr oder Satz der Gebühr nach § 13 RVG
3206	Verfahrensgebühr, soweit in Nummer 3212 nichts anderes bestimmt ist	1,6
3207	Vorzeitige Beendigung des Auftrags: Die Gebühr 3206 beträgt .... Die Anmerkung zu Nummer 3201 gilt entsprechend.	1,1
3208	Im Verfahren können sich die Parteien nur durch einen beim Bundesgerichtshof zugelassenen Rechtsanwalt vertreten lassen: Die Gebühr 3206 beträgt	2,3
3209	Vorzeitige Beendigung des Auftrags, wenn sich die Parteien nur durch einen beim Bundesgerichtshof zugelassenen Rechtsanwalt vertreten lassen können: Die Gebühr 3206 beträgt .... Die Anmerkung zu Nummer 3201 gilt entsprechend.	1,8
3210	Terminsgebühr, soweit in Nummer 3213 nichts anderes bestimmt ist .... Die Anmerkung zu Nummer 3104 gilt entsprechend.	1,5
3211	Wahrnehmung nur eines Termins, in dem der Revisionskläger nicht ordnungsgemäß vertreten ist und lediglich ein Antrag auf Versäumnisurteil oder zur Prozess- oder Sachleitung gestellt wird: Die Gebühr 3210 beträgt .... Die Anmerkung zu Nummer 3105 und Absatz 2 der Anmerkung zu Nummer 3202 gelten entsprechend.	0,8
3212	Verfahrensgebühr für Verfahren vor dem Bundessozialgericht, in denen Betragsrahmengebühren entstehen (§ 3 RVG)	80,00 bis 800,00 EUR
3213	Terminsgebühr in Verfahren vor dem Bundessozialgericht, in denen Betragsrahmengebühren entstehen (§ 3 RVG) .. Die Anmerkung zu Nummer 3106 gilt entsprechend.	40,00 bis 700,00 EUR

Abschnitt 3. Gebühren für besondere Verfahren

Unterabschnitt 1.
Besondere erstinstanzliche Verfahren

Vorbemerkung 3.3.1:
Die Terminsgebühr bestimmt sich nach Abschnitt 1.

3300	Verfahrensgebühr für das Verfahren über einen Antrag nach § 115 Abs. 2 Satz 2 und 3, § 118 Abs. 1 Satz 3 oder nach § 121 GWB	2,3
3301	Vorzeitige Beendigung des Auftrags in den Fällen der Nummer 3300: Die Gebühr 3300 beträgt .... Die Anmerkung zu Nummer 3201 gilt entsprechend.	1,8
3302	Verfahrensgebühr 1. für das Verfahren vor dem Oberlandesgericht nach § 16 Abs. 4 des Urheberrechtswahrnehmungsgesetzes und	

Nr.	Gebührentatbestand	Gebühr oder Satz der Gebühr nach § 13 RVG
	2. für das erstinstanzliche Verfahren vor dem Bundesverwaltungsgericht und dem Oberverwaltungsgericht (Verwaltungsgerichtshof)	1,6
3303	Vorzeitige Beendigung des Auftrags in den Fällen der Nummer 3302: Die Gebühr 3302 beträgt .... Die Anmerkung zu Nummer 3201 gilt entsprechend.	1,0

Unterabschnitt 2.
Mahnverfahren

Vorbemerkung 3.3.2:
Die Terminsgebühr bestimmt sich nach Abschnitt 1

3305	Verfahrensgebühr für die Vertretung des Antragstellers . Die Gebühr wird auf die Verfahrensgebühr für einen nachfolgenden Rechtsstreit angerechnet.	1,0
3306	Beendigung des Auftrags, bevor der Rechtsanwalt den verfahrenseinleitenden Antrag eingereicht hat: Die Gebühr 3305 beträgt	0,5
3307	Verfahrensgebühr für die Vertretung des Antragsgegners .... Die Gebühr wird auf die Verfahrensgebühr für einen nachfolgenden Rechtsstreit angerechnet.	0,5
3308	Verfahrensgebühr für die Vertretung des Antragstellers im Verfahren über den Antrag auf Erlass eines Vollstreckungsbescheids .... Die Gebühr entsteht neben der Gebühr 3305 nur, wenn innerhalb der Widerspruchsfrist kein Widerspruch erhoben oder der Widerspruch gemäß § 703a Abs. 2 Nr. 4 ZPO beschränkt worden ist. Nummer 1008 ist nicht anzuwenden, wenn sich bereits die Gebühr 3305 erhöht.	0,5

Unterabschnitt 3.
Zwangsvollstreckung und Vollziehung einer im Wege des einstweiligen Rechtsschutzes ergangenen Entscheidung

Vorbemerkung 3.3.3:
Dieser Unterabschnitt gilt auch für Verfahren auf Eintragung einer Zwangshypothek (§§ 867 und 870a ZPO), Verfahren nach § 33 FGG und für gerichtliche Verfahren über einen Akt der Zwangsvollstreckung (des Verwaltungszwangs).

3309	Verfahrensgebühr .... Die Gebühr entsteht für die Tätigkeit in der Zwangsvollstreckung, soweit nachfolgend keine besonderen Gebühren bestimmt sind.	0,3
3310	Terminsgebühr .... Die Gebühr entsteht nur für die Teilnahme an einem gerichtlichen Termin oder einem Termin zur Abnahme der eidesstattlichen Versicherung.	0,3

Vergütungsverzeichnis **VV**

Nr.	Gebührentatbestand	Gebühr oder Satz der Gebühr nach § 13 RVG
	Unterabschnitt 4. *Zwangsversteigerung und Zwangsverwaltung*	
3311	Verfahrensgebühr .... Die Gebühr entsteht jeweils gesondert 1. für die Tätigkeit im Zwangsversteigerungsverfahren bis zur Einleitung des Verteilungsverfahrens; 2. im Zwangsversteigerungsverfahren für die Tätigkeit im Verteilungsverfahren, und zwar auch für eine Mitwirkung an einer außergerichtlichen Verteilung; 3. im Verfahren der Zwangsverwaltung für die Vertretung des Antragstellers im Verfahren über den Antrag auf Anordnung der Zwangsverwaltung oder auf Zulassung des Beitritts; 4. im Verfahren der Zwangsverwaltung für die Vertretung des Antragstellers im weiteren Verfahren einschließlich des Verteilungsverfahrens; 5. im Verfahren der Zwangsverwaltung für die Vertretung eines sonstigen Beteiligten im ganzen Verfahren einschließlich des Verteilungsverfahrens und 6. für die Tätigkeit im Verfahren über Anträge auf einstweilige Einstellung oder Beschränkung der Zwangsvollstreckung und einstweilige Einstellung des Verfahrens sowie für Verhandlungen zwischen Gläubiger und Schuldner mit dem Ziel der Aufhebung des Verfahrens.	0,4
3312	Terminsgebühr .... Die Gebühr entsteht nur für die Wahrnehmung eines Versteigerungstermins für einen Beteiligten. Im Übrigen entsteht im Verfahren der Zwangsversteigerung und der Zwangsverwaltung keine Terminsgebühr.	0,4
	Unterabschnitt 5. *Insolvenzverfahren, Verteilungsverfahren nach der Schifffahrtsrechtlichen Verteilungsordnung*	
	Vorbemerkung 3.3.5: (1) Die Gebührenvorschriften gelten für die Verteilungsverfahren nach der SVertO, soweit dies ausdrücklich angeordnet ist. (2) Bei der Vertretung mehrerer Gläubiger, die verschiedene Forderungen geltend machen, entstehen die Gebühren jeweils besonders. (3) Für die Vertretung des ausländischen Insolvenzverwalters im Sekundärinsolvenzverfahren entstehen die gleichen Gebühren wie für die Vertretung des Schuldners.	
3313	Verfahrensgebühr für die Vertretung des Schuldners im Eröffnungsverfahren .... Die Gebühr entsteht auch im Verteilungsverfahren nach der SVertO.	1,0
3314	Verfahrensgebühr für die Vertretung des Gläubigers im Eröffnungsverfahren .... Die Gebühr entsteht auch im Verteilungsverfahren nach der SVertO.	0,5

Nr.	Gebührentatbestand	Gebühr oder Satz der Gebühr nach § 13 RVG
3315	Tätigkeit auch im Verfahren über den Schuldenbereinigungsplan: Die Verfahrensgebühr 3313 beträgt	1,5
3316	Tätigkeit auch im Verfahren über den Schuldenbereinigungsplan: Die Verfahrensgebühr 3314 beträgt	1,0
3317	Verfahrensgebühr für das Insolvenzverfahren .... Die Gebühr entsteht auch im Verteilungsverfahren nach der SVertO.	1,0
3318	Verfahrensgebühr für das Verfahren über einen Insolvenzplan	1,0
3319	Vertretung des Schuldners, der den Plan vorgelegt hat: Die Verfahrensgebühr 3318 beträgt	3,0
3320	Die Tätigkeit beschränkt sich auf die Anmeldung einer Insolvenzforderung: Die Verfahrensgebühr 3317 beträgt .... Die Gebühr entsteht auch im Verteilungsverfahren nach der SVertO.	0,5
3321	Verfahrensgebühr für das Verfahren über einen Antrag auf Versagung oder Widerruf der Restschuldbefreiung ...... (1) Das Verfahren über mehrere gleichzeitig anhängige Anträge ist eine Angelegenheit. (2) Die Gebühr entsteht auch gesondert, wenn der Antrag bereits vor Aufhebung des Insolvenzverfahrens gestellt wird.	0,5
3322	Verfahrensgebühr für das Verfahren über Anträge auf Zulassung der Zwangsvollstreckung nach § 17 Abs. 4 SVertO	0,5
3323	Verfahrensgebühr für das Verfahren über Anträge auf Aufhebung von Vollstreckungsmaßregeln (§ 8 Abs. 5 und § 41 SVertO)	0,5

Unterabschnitt 6.
Sonstige besondere Verfahren

Vorbemerkung 3.3.6:
Die Terminsgebühr bestimmt sich nach Abschnitt 1, soweit in diesem Unterabschnitt nichts anderes bestimmt ist.

Nr.	Gebührentatbestand	Gebühr
3324	Verfahrensgebühr für das Aufgebotsverfahren	1,0
3325	Verfahrensgebühr für Verfahren nach § 319 Abs. 6 AktG, auch i.V.m. § 327e Abs. 2 AktG, oder nach § 16 Abs. 3 UmwG	0,75
3326	Verfahrensgebühr für Verfahren vor den Gerichten für Arbeitssachen, wenn sich die Tätigkeit auf eine gerichtliche Entscheidung über die Bestimmung einer Frist (§ 102 Abs. 3 des Arbeitsgerichtsgesetzes), die Ablehnung eines Schiedsrichters (§ 103 Abs. 3 des Arbeitsgerichtsgesetzes) oder die Vornahme einer Beweisaufnahme oder einer Vereidigung (§ 106 Abs. 2 des Arbeitsgerichtsgesetzes) beschränkt	0,75

Vergütungsverzeichnis VV

Nr.	Gebührentatbestand	Gebühr oder Satz der Gebühr nach § 13 RVG
3327	Verfahrensgebühr für gerichtliche Verfahren über die Bestellung eines Schiedsrichters oder Ersatzschiedsrichters, über die Ablehnung eines Schiedsrichters oder über die Beendigung des Schiedsrichteramts, zur Unterstützung bei der Beweisaufnahme oder bei der Vornahme sonstiger richterlicher Handlungen anlässlich eines schiedsrichterlichen Verfahrens	0,75
3328	Verfahrensgebühr für Verfahren über die vorläufige Einstellung, Beschränkung oder Aufhebung der Zwangsvollstreckung .... Die Gebühr entsteht nur, wenn eine abgesonderte mündliche Verhandlung hierüber stattfindet. Wird der Antrag beim Vollstreckungsgericht und beim Prozessgericht gestellt, entsteht die Gebühr nur einmal.	0,5
3329	Verfahrensgebühr für Verfahren auf Vollstreckbarerklärung der durch Rechtsmittelanträge nicht angefochtenen Teile eines Urteils (§§ 537, 558 ZPO)	0,5
3330	Verfahrensgebühr für Verfahren über eine Rüge wegen Verletzung des Anspruchs auf rechtliches Gehör	0,5
3331	Verfahrensgebühr für das Verfahren über einen Antrag auf Abänderung eines Vollstreckungstitels nach § 655 Abs. 1 ZPO Der Wert bestimmt sich nach § 42 GKG.	0,5
3332	Terminsgebühr in den in Nummern 3324 bis 3331 genannten Verfahren	0,5
3333	Verfahrensgebühr für ein Verteilungsverfahren außerhalb der Zwangsversteigerung und der Zwangsverwaltung ... Der Wert bestimmt sich nach § 26 Nr. 1 und 2 RVG. Eine Terminsgebühr entsteht nicht.	0,4
3334	Verfahrensgebühr für Verfahren vor dem Prozessgericht oder dem Amtsgericht auf Bewilligung, Verlängerung oder Verkürzung einer Räumungsfrist (§§ 721, 794a ZPO), wenn das Verfahren mit dem Verfahren über die Hauptsache nicht verbunden ist	1,0
3335	Verfahrensgebühr für das Verfahren über die Prozesskostenhilfe, soweit in Nummer 3336 nichts anderes bestimmt ist .. (1) Im Verfahren über die Bewilligung der Prozesskostenhilfe oder die Aufhebung der Bewilligung nach § 124 Nr. 1 ZPO bestimmt sich der Gegenstandswert nach dem für die Hauptsache maßgebenden Wert; im Übrigen ist er nach dem Kosteninteresse nach billigem Ermessen zu bestimmen. (2) Entsteht die Verfahrensgebühr auch für das Verfahren, für das die Prozesskostenhilfe beantragt worden ist, werden die Werte nicht zusammengerechnet.	1,0
3336	Verfahrensgebühr für das Verfahren über die Prozesskostenhilfe vor Gerichten der Sozialgerichtsbarkeit, wenn in dem Verfahren, für das Prozesskostenhilfe beantragt wird, Betragsrahmengebühren entstehen (§ 3 RVG)	30,00 bis 320,00 EUR

Nr.	Gebührentatbestand	Gebühr oder Satz der Gebühr nach § 13 RVG
3337	Vorzeitige Beendigung des Auftrags im Fall der Nummern 3324 bis 3327, 3334 und 3335: Die Gebühren 3324 bis 3327, 3334 und 3335 betragen ... Eine vorzeitige Beendigung liegt vor, 1. wenn der Auftrag endigt, bevor der Rechtsanwalt den das Verfahren einleitenden Antrag oder einen Schriftsatz, der Sachanträge, Sachvortrag oder die Zurücknahme des Antrags enthält, eingereicht oder bevor er für seine Partei einen gerichtlichen Termin wahrgenommen hat, oder 2. soweit lediglich beantragt ist, eine Einigung der Parteien zu Protokoll zu nehmen.	0,5

Abschnitt 4. Einzeltätigkeiten

Vorbemerkung 3.4:
(1) Für in diesem Abschnitt genannte Tätigkeiten entsteht eine Terminsgebühr nur, wenn dies ausdrücklich bestimmt ist.
(2) Im Verfahren vor den Sozialgerichten, in denen Betragsrahmengebühren entstehen (§ 3 RVG), vermindern sich die in den Nummern 3400, 3401, 3405 und 3406 bestimmten Höchstbeträge auf die Hälfte, wenn eine Tätigkeit im Verwaltungsverfahren oder im weiteren, der Nachprüfung des Verwaltungsakts dienenden Verwaltungsverfahren vorausgegangen ist. Bei der Bemessung der Gebühren ist nicht zu berücksichtigen, dass der Umfang der Tätigkeit infolge der Tätigkeit im Verwaltungsverfahren oder im weiteren, der Nachprüfung des Verwaltungsakts dienenden Verwaltungsverfahren geringer ist.

3400	Der Auftrag beschränkt sich auf die Führung des Verkehrs der Partei mit dem Verfahrensbevollmächtigten: Verfahrensgebühr .... Die gleiche Gebühr entsteht auch, wenn im Einverständnis mit dem Auftraggeber mit der Übersendung der Akten an den Rechtsanwalt des höheren Rechtszugs gutachterliche Äußerungen verbunden sind.	in Höhe der dem Verfahrensbevollmächtigten zustehenden Verfahrensgebühr, höchstens 1,0, bei Betragsrahmengebühren höchstens 260,00 EUR
3401	Der Auftrag beschränkt sich auf die Vertretung in einem Termin im Sinne der Vorbemerkung 3 Abs. 3: Verfahrensgebühr	in Höhe der Hälfte der dem Verfahrensbevollmächtigten zustehenden Verfahrensgebühr
3402	Terminsgebühr in dem in Nummer 3401 genannten Fall	in Höhe der einem Verfahrensbevollmächtigten zustehenden Terminsgebühr
3403	Verfahrensgebühr für sonstige Einzeltätigkeiten, soweit in Nummer 3406 nichts anderes bestimmt ist .... Die Gebühr entsteht für sonstige Tätigkeiten in einem gerichtlichen Verfahren, wenn der Rechtsanwalt nicht zum Prozess- oder Verfahrensbevollmächtigten bestellt ist, soweit in diesem Abschnitt nichts anderes bestimmt ist.	0,8

Vergütungsverzeichnis **VV**

Nr.	Gebührentatbestand	Gebühr oder Satz der Gebühr nach § 13 RVG
3404	Der Auftrag beschränkt sich auf ein Schreiben einfacher Art: Die Gebühr 3403 beträgt . . . . Die Gebühr entsteht insbesondere, wenn das Schreiben weder schwierige rechtliche Ausführungen noch größere sachliche Auseinandersetzungen enthält.	0,3
3405	Endet der Auftrag 1. im Fall der Nummer 3400, bevor der Verfahrensbevollmächtigte beauftragt oder der Rechtsanwalt gegenüber dem Verfahrensbevollmächtigten tätig geworden ist, 2. im Fall der Nummer 3401, bevor der Termin begonnen hat: Die Gebühren 3400 und 3401 betragen . . . . Im Fall der Nummer 3403 gilt die Vorschrift entsprechend.	höchstens 0,5, bei Betragsrahmengebühren höchstens 130,00 EUR
3406	Verfahrensgebühr für sonstige Einzeltätigkeiten in Verfahren vor Gerichten der Sozialgerichtsbarkeit, wenn Betragsrahmengebühren entstehen (§ 3 RVG) . . . . Die Anmerkung zu Nummer 3403 gilt entsprechend.	10,00 bis 200,00 EUR

Abschnitt 5. Beschwerde, Nichtzulassungsbeschwerde und Erinnerung

Vorbemerkung 3.5:
Die Gebühren nach diesem Abschnitt entstehen nicht in den in Vorbemerkung 3.1 Abs. 2 und Vorbemerkung 3.2.1 genannten Beschwerdeverfahren.

Nr.	Gebührentatbestand	Gebühr
3500	Verfahrensgebühr für Verfahren über die Beschwerde und die Erinnerung, soweit in diesem Abschnitt keine besonderen Gebühren bestimmt sind	0,5
3501	Verfahrensgebühr für Verfahren vor den Gerichten der Sozialgerichtsbarkeit über die Beschwerde und die Erinnerung, wenn in den Verfahren Betragsrahmengebühren entstehen (§ 3 RVG), soweit in diesem Abschnitt keine besonderen Gebühren bestimmt sind	15,00 bis 160,00 EUR
3502	Verfahrensgebühr für das Verfahren über die Rechtsbeschwerde (§ 574 ZPO)	1,0
3503	Vorzeitige Beendigung des Auftrags: Die Gebühr 3502 beträgt . . . . Die Anmerkung zu Nummer 3201 ist entsprechend anzuwenden.	0,5
3504	Verfahrensgebühr für das Verfahren über die Beschwerde gegen die Nichtzulassung der Berufung, soweit in Nummer 3511 nichts anderes bestimmt ist . . . . Die Gebühr wird auf die Verfahrensgebühr für ein nachfolgendes Berufungsverfahren angerechnet.	1,6
3505	Vorzeitige Beendigung des Auftrags: Die Gebühr 3504 beträgt . . . . Die Anmerkung zu Nummer 3201 ist entsprechend anzuwenden.	1,0

Nr.	Gebührentatbestand	Gebühr oder Satz der Gebühr nach § 13 RVG
3506	Verfahrensgebühr für das Verfahren über die Beschwerde gegen die Nichtzulassung der Revision, soweit in Nummer 3512 nichts anderes bestimmt ist .... Die Gebühr wird auf die Verfahrensgebühr für ein nachfolgendes Revisionsverfahren angerechnet.	1,6
3507	Vorzeitige Beendigung des Auftrags: Die Gebühr 3506 beträgt .... Die Anmerkung zu Nummer 3201 ist entsprechend anzuwenden.	1,1
3508	In dem Verfahren über die Beschwerde gegen die Nichtzulassung der Revision können sich die Parteien nur durch einen beim Bundesgerichtshof zugelassenen Rechtsanwalt vertreten lassen: Die Gebühr 3506 beträgt	2,3
3509	Vorzeitige Beendigung des Auftrags, wenn sich die Parteien nur durch einen beim Bundesgerichtshof zugelassenen Rechtsanwalt vertreten lassen können: Die Gebühr 3506 beträgt .... Die Anmerkung zu Nummer 3201 ist entsprechend anzuwenden.	1,8

3510	Verfahrensgebühr für Beschwerdeverfahren vor dem Bundespatentgericht
	1. nach dem Patentgesetz, wenn sich die Beschwerde gegen einen Beschluss richtet,
	   a) durch den die Vergütung bei Lizenzbereitschaftserklärung festgesetzt wird oder Zahlung der Vergütung an das Deutsche Patent- und Markenamt angeordnet wird,
	   b) durch den eine Anordnung nach § 50 Abs. 1 des PatG oder die Aufhebung dieser Anordnung erlassen wird,
	   c) durch den die Anmeldung zurückgewiesen oder über die Aufrechterhaltung, den Widerruf oder die Beschränkung des Patents entschieden wird,
	2. nach dem Gebrauchsmustergesetz, wenn sich die Beschwerde gegen einen Beschluss richtet,
	   a) durch den die Anmeldung zurückgewiesen wird,
	   b) durch den über den Löschungsantrag entschieden wird,
	3. nach dem Markengesetz, wenn sich die Beschwerde gegen einen Beschluss richtet,
	   a) durch den über die Anmeldung einer Marke, einen Widerspruch oder einen Antrag auf Löschung oder über die Erinnerung gegen einen solchen Beschluss entschieden worden ist oder
	   b) durch den ein Antrag auf Eintragung einer geographischen Angabe oder einer Ursprungsbezeichnung zurückgewiesen worden ist,
	4. nach dem Halbleiterschutzgesetz, wenn sich die Beschwerde gegen einen Beschluss richtet,	

Vergütungsverzeichnis **VV**

Nr.	Gebührentatbestand	Gebühr oder Satz der Gebühr nach § 13 RVG
	a) durch den die Anmeldung zurückgewiesen wird, b) durch den über den Löschungsantrag entschieden wird, 5. nach dem Geschmacksmustergesetz, wenn sich die Beschwerde gegen einen Beschluss richtet, durch den die Anmeldung eines Geschmacksmusters zurückgewiesen oder durch den über einen Löschungsantrag entschieden worden ist, 6. nach dem Sortenschutzgesetz, wenn sich die Beschwerde gegen einen Beschluss des Widerspruchsausschusses richtet	1,3
3511	Verfahrensgebühr für das Verfahren über die Beschwerde gegen die Nichtzulassung der Berufung vor dem Landessozialgericht, wenn Betragsrahmengebühren entstehen (§ 3 RVG) .... Die Gebühr wird auf die Verfahrensgebühr für ein nachfolgendes Berufungsverfahren angerechnet.	50,00 bis 570,00 EUR
3512	Verfahrensgebühr für das Verfahren über die Beschwerde gegen die Nichtzulassung der Revision vor dem Bundessozialgericht, wenn Betragsrahmengebühren entstehen (§ 3 RVG) .... Die Gebühr wird auf die Verfahrensgebühr für ein nachfolgendes Revisionsverfahren angerechnet.	80,00 bis 800,00 EUR
3513	Terminsgebühr in den in Nummer 3500 genannten Verfahren	0,5
3514	Das Beschwerdegericht entscheidet über eine Beschwerde gegen die Zurückweisung des Antrags auf Anordnung eines Arrests oder Erlass einer einstweiligen Verfügung durch Urteil: Die Gebühr 3513 beträgt	1,2
3515	Terminsgebühr in den in Nummer 3501 genannten Verfahren	15,00 bis 160,00 EUR
3516	Terminsgebühr in den in Nummer 3502, 3504, 3506 und 3510 genannten Verfahren	1,2
3517	Terminsgebühr in den in Nummer 3511 genannten Verfahren	12,50 bis 215,00 EUR
3518	Terminsgebühr in den in Nummer 3512 genannten Verfahren	20,00 bis 350,00 EUR

Teil 4. Strafsachen

Nr.	Gebührentatbestand	Gebühr oder Satz der Gebühr nach § 13 oder § 49 RVG	
		Wahlanwalt	gerichtlich bestellter oder beigeordneter Rechtsanwalt

Vorbemerkung 4:
(1) Für die Tätigkeit als Beistand oder Vertreter eines Privatklägers, eines Nebenklägers, eines Einziehungs- oder Nebenbeteiligten, eines Verletzten, eines Zeugen oder Sachverständigen und im Verfahren nach dem Strafrechtlichen Rehabilitierungsgesetz sind die Vorschriften entsprechend anzuwenden.
(2) Die Verfahrensgebühr entsteht für das Betreiben des Geschäfts einschließlich der Information.
(3) Die Terminsgebühr entsteht für die Teilnahme an gerichtlichen Terminen, soweit nichts anderes bestimmt ist. Der Rechtsanwalt erhält die Terminsgebühr auch, wenn er zu einem anberaumten Termin erscheint, dieser aber aus Gründen, die er nicht zu vertreten hat, nicht stattfindet. Dies gilt nicht, wenn er rechtzeitig von der Aufhebung oder Verlegung des Termins in Kenntnis gesetzt worden ist.
(4) Befindet sich der Beschuldigte nicht auf freiem Fuß, entsteht die Gebühr mit Zuschlag.
(5) Für folgende Tätigkeiten entstehen Gebühren nach den Vorschriften des Teils 3:
1. im Verfahren über die Erinnerung oder die Beschwerde gegen einen Kostenfestsetzungsbeschluss (§ 464b StPO) und im Verfahren über die Erinnerung gegen den Kostenansatz und im Verfahren über die Beschwerde gegen die Entscheidung über diese Erinnerung,
2. in der Zwangsvollstreckung aus Entscheidungen, die über einen aus der Straftat erwachsenen vermögensrechtlichen Anspruch oder die Erstattung von Kosten ergangen sind (§§ 406b, 464b StPO), für die Mitwirkung bei der Ausübung der Veröffentlichungsbefugnis und im Beschwerdeverfahren gegen eine dieser Entscheidungen.

Abschnitt 1. Gebühren des Verteidigers

Vorbemerkung 4.1:
(1) Dieser Abschnitt ist auch anzuwenden auf die Tätigkeit im Verfahren über die im Urteil vorbehaltene Sicherungsverwahrung und im Verfahren über die nachträgliche Anordnung der Sicherungsverwahrung.
(2) Durch die Gebühren wird die gesamte Tätigkeit als Verteidiger entgolten. Hierzu gehören auch Tätigkeiten im Rahmen des Täter-Opfer-Ausgleichs, soweit der Gegenstand nicht vermögensrechtlich ist.

Unterabschnitt 1.
Allgemeine Gebühren

4100	Grundgebühr .... (1) Die Gebühr entsteht für die erstmalige Einarbeitung in den Rechtsfall nur einmal, unabhängig davon, in welchem Verfahrensabschnitt sie erfolgt. (2) Eine wegen derselben Tat oder Handlung bereits entstandene Gebühr 5100 ist anzurechnen.	30,00 bis 300,00 EUR	132,00 EUR
4101	Gebühr 4100 mit Zuschlag	30,00 bis 375,00 EUR	162,00 EUR

Vergütungsverzeichnis **VV**

Nr.	Gebührentatbestand	Gebühr oder Satz der Gebühr nach § 13 oder § 49 RVG	
		Wahlanwalt	gerichtlich bestellter oder beigeordneter Rechtsanwalt
4102	Terminsgebühr für die Teilnahme an 1. richterlichen Vernehmungen und Augenscheinseinnahmen, 2. Vernehmungen durch die Staatsanwaltschaft oder eine andere Strafverfolgungsbehörde, 3. Terminen außerhalb der Hauptverhandlung, in denen über die Anordnung oder Fortdauer der Untersuchungshaft oder der einstweiligen Unterbringung verhandelt wird, 4. Verhandlungen im Rahmen des Täter-Opfer-Ausgleichs sowie 5. Sühneterminen nach § 380 StPO .... Mehrere Termine an einem Tag gelten als ein Termin. Die Gebühr entsteht im vorbereitenden Verfahren und in jedem Rechtszug für die Teilnahme an jeweils bis zu drei Terminen einmal.	30,00 bis 250,00 EUR	112,00 EUR
4103	Gebühr 4102 mit Zuschlag	30,00 bis 312,50 EUR	137,00 EUR

Unterabschnitt 2.
Vorbereitendes Verfahren

Vorbemerkung 4.1.2:
Die Vorbereitung der Privatklage steht der Tätigkeit im vorbereitenden Verfahren gleich.

4104	Verfahrensgebühr .... Die Gebühr entsteht für eine Tätigkeit in dem Verfahren bis zum Eingang der Anklageschrift, des Antrags auf Erlass eines Strafbefehls bei Gericht oder im beschleunigten Verfahren bis zum Vortrag der Anklage, wenn diese nur mündlich erhoben wird.	30,00 bis 250,00 EUR	112,00 EUR
4105	Gebühr 4104 mit Zuschlag	30,00 bis 312,50 EUR	137,00 EUR

Unterabschnitt 3.
Gerichtliches Verfahren
Erster Rechtszug

4106	Verfahrensgebühr für den ersten Rechtszug vor dem Amtsgericht	30,00 bis 250,00 EUR	112,00 EUR
4107	Gebühr 4106 mit Zuschlag	30,00 bis 312,50 EUR	137,00 EUR
4108	Terminsgebühr je Hauptverhandlungstag in den in Nummer 4106 genannten Verfahren	60,00 bis 400,00 EUR	184,00 EUR
4109	Gebühr 4108 mit Zuschlag	60,00 bis 500,00 EUR	224,00 EUR

Nr.	Gebührentatbestand	Gebühr oder Satz der Gebühr nach § 13 oder § 49 RVG	
		Wahlanwalt	gerichtlich bestellter oder beigeordneter Rechtsanwalt
4110	Der gerichtlich bestellte oder beigeordnete Rechtsanwalt nimmt mehr als 5 und bis 8 Stunden an der Hauptverhandlung teil: Zusätzliche Gebühr neben der Gebühr 4108 oder 4109		92,00 EUR
4111	Der gerichtlich bestellte oder beigeordnete Rechtsanwalt nimmt mehr als 8 Stunden an der Hauptverhandlung teil: Zusätzliche Gebühr neben der Gebühr 4108 oder 4109		184,00 EUR
4112	Verfahrensgebühr für den ersten Rechtszug vor der Strafkammer .... Die Gebühr entsteht auch für Verfahren 1. vor der Jugendkammer, soweit sich die Gebühr nicht nach Nummer 4118 bestimmt, 2. im Rehabilitierungsverfahren nach Abschnitt 2 StrRehaG.	40,00 bis 270,00 EUR	124,00 EUR
4113	Gebühr 4112 mit Zuschlag	40,00 bis 337,50 EUR	151,00 EUR
4114	Terminsgebühr je Hauptverhandlungstag in den in Nummer 4112 genannten Verfahren	70,00 bis 470,00 EUR	216,00 EUR
4115	Gebühr 4114 mit Zuschlag	70,00 bis 587,50 EUR	263,00 EUR
4116	Der gerichtlich bestellte oder beigeordnete Rechtsanwalt nimmt mehr als 5 und bis 8 Stunden an der Hauptverhandlung teil: Zusätzliche Gebühr neben der Gebühr 4114 oder 4115		108,00 EUR
4117	Der gerichtlich bestellte oder beigeordnete Rechtsanwalt nimmt mehr als 8 Stunden an der Hauptverhandlung teil: Zusätzliche Gebühr neben der Gebühr 4114 oder 4115		216,00 EUR
4118	Verfahrensgebühr für den ersten Rechtszug vor dem Oberlandesgericht, dem Schwurgericht oder der Strafkammer nach den §§ 74a und 74c GVG Die Gebühr entsteht auch für Verfahren vor der Jugendkammer, soweit diese in Sachen entscheidet, die nach den allgemeinen Vorschriften zur Zuständigkeit des Schwurgerichts gehören.	80,00 bis 580,00 EUR	264,00 EUR
4119	Gebühr 4118 mit Zuschlag	80,00 bis 725,00 EUR	322,00 EUR
4120	Terminsgebühr je Hauptverhandlungstag in den in Nummer 4118 genannten Verfahren	110,00 bis 780,00 EUR	356,00 EUR

Vergütungsverzeichnis **VV**

Nr.	Gebührentatbestand	Gebühr oder Satz der Gebühr nach § 13 oder § 49 RVG	
		Wahlanwalt	gerichtlich bestellter oder beigeordneter Rechtsanwalt
4121	Gebühr 4120 mit Zuschlag	110,00 bis 975,00 EUR	434,00 EUR
4122	Der gerichtlich bestellte oder beigeordnete Rechtsanwalt nimmt mehr als 5 und bis 8 Stunden an der Hauptverhandlung teil: Zusätzliche Gebühr neben der Gebühr 4120 oder 4121		178,00 EUR
4123	Der gerichtlich bestellte oder beigeordnete Rechtsanwalt nimmt mehr als 8 Stunden an der Hauptverhandlung teil: Zusätzliche Gebühr neben der Gebühr 4120 oder 4121		356,00 EUR
	Berufung		
4124	Verfahrensgebühr für das Berufungsverfahren ... Die Gebühr entsteht auch für Beschwerdeverfahren nach § 13 StrRehaG.	70,00 bis 470,00 EUR	216,00 EUR
4125	Gebühr 4124 mit Zuschlag	70,00 bis 587,50 EUR	263,00 EUR
4126	Terminsgebühr je Hauptverhandlungstag im Berufungsverfahren .... Die Gebühr entsteht auch für Beschwerdeverfahren nach § 13 StrRehaG.	70,00 bis 470,00 EUR	216,00 EUR
4127	Gebühr 4126 mit Zuschlag	70,00 bis 587,50 EUR	263,00 EUR
4128	Der gerichtlich bestellte oder beigeordnete Rechtsanwalt nimmt mehr als 5 und bis 8 Stunden an der Hauptverhandlung teil: Zusätzliche Gebühr neben der Gebühr 4126 oder 4127		108,00 EUR
4129	Der gerichtlich bestellte oder beigeordnete Rechtsanwalt nimmt mehr als 8 Stunden an der Hauptverhandlung teil: Zusätzliche Gebühr neben der Gebühr 4126 oder 4127		216,00 EUR
	Revision		
4130	Verfahrensgebühr für das Revisionsverfahren ...	100,00 bis 930,00 EUR	412,00 EUR
4131	Gebühr 4130 mit Zuschlag	100,00 bis 1162,50 EUR	505,00 EUR
4132	Terminsgebühr je Hauptverhandlungstag im Revisionsverfahren	100,00 bis 470,00 EUR	228,00 EUR

Nr.	Gebührentatbestand	Gebühr oder Satz der Gebühr nach § 13 oder § 49 RVG	
		Wahlanwalt	gerichtlich bestellter oder beigeordneter Rechtsanwalt
4133	Gebühr 4132 mit Zuschlag	100,00 bis 587,50 EUR	275,00 EUR
4134	Der gerichtlich bestellte oder beigeordnete Rechtsanwalt nimmt mehr als 5 und bis 8 Stunden an der Hauptverhandlung teil: Zusätzliche Gebühr neben der Gebühr 4132 oder 4133		114,00 EUR
4135	Der gerichtlich bestellte oder beigeordnete Rechtsanwalt nimmt mehr als 8 Stunden an der Hauptverhandlung teil: Zusätzliche Gebühr neben der Gebühr 4132 oder 4133		228,00 EUR

Unterabschnitt 4.
Wiederaufnahmeverfahren

Vorbemerkung 4.1.4:
Eine Grundgebühr entsteht nicht.

Nr.	Gebührentatbestand	Gebühr
4136	Geschäftsgebühr für die Vorbereitung eines Antrags .... Die Gebühr entsteht auch, wenn von der Stellung eines Antrags abgeraten wird.	in Höhe der Verfahrensgebühr für den ersten Rechtszug
4137	Verfahrensgebühr für das Verfahren über die Zulässigkeit des Antrags	in Höhe der Verfahrensgebühr für den ersten Rechtszug
4138	Verfahrensgebühr für das weitere Verfahren	in Höhe der Verfahrensgebühr für den ersten Rechtszug
4139	Verfahrensgebühr für das Beschwerdeverfahren (§ 372 StPO)	in Höhe der Verfahrensgebühr für den ersten Rechtszug
4140	Terminsgebühr für jeden Verhandlungstag	in Höhe der Terminsgebühr für den ersten Rechtszug

Unterabschnitt 5.
Zusätzliche Gebühren

Nr.	Gebührentatbestand	Gebühr
4141	Durch die anwaltliche Mitwirkung wird die Hauptverhandlung entbehrlich: Zusätzliche Gebühr .... (1) Die Gebühr entsteht, wenn 1. das Verfahren nicht nur vorläufig eingestellt wird oder 2. das Gericht beschließt, das Hauptverfahren nicht zu eröffnen oder 3. sich das gerichtliche Verfahren durch Rücknahme des Einspruchs gegen den Strafbefehl, der Berufung oder der Revision des Angeklagten	in Höhe der jeweiligen Verfahrensgebühr (ohne Zuschlag)

Vergütungsverzeichnis **VV**

Nr.	Gebührentatbestand	Gebühr oder Satz der Gebühr nach § 13 oder § 49 RVG	
		Wahlanwalt	gerichtlich bestellter oder beigeordneter Rechtsanwalt
	oder eines anderen Verfahrensbeteiligten erledigt; ist bereits ein Termin zur Hauptverhandlung bestimmt, entsteht die Gebühr nur, wenn der Einspruch, die Berufung oder die Revision früher als zwei Wochen vor Beginn des Tages, der für die Hauptverhandlung vorgesehen war, zurückgenommen wird. (2) Die Gebühr entsteht nicht, wenn eine auf die Förderung des Verfahrens gerichtete Tätigkeit nicht ersichtlich ist. (3) Die Höhe der Gebühr richtet sich nach dem Rechtszug, in dem die Hauptverhandlung vermieden wurde. Für den Wahlanwalt bemisst sich die Gebühr nach der Rahmenmitte.		
4142	Verfahrensgebühr bei Einziehung und verwandten Maßnahmen .... (1) Die Gebühr entsteht für eine Tätigkeit für den Beschuldigten, die sich auf die Einziehung, dieser gleichstehende Rechtsfolgen (§ 442 StPO), die Abführung des Mehrerlöses oder auf eine diesen Zwecken dienende Beschlagnahme bezieht. (2) Die Gebühr entsteht nicht, wenn der Gegenstandswert niedriger als 25,00 EUR ist. (3) Die Gebühr entsteht für das Verfahren des ersten Rechtszugs einschließlich des vorbereitenden Verfahrens und für jeden weiteren Rechtszug.	1,0	1,0
4143	Verfahrensgebühr für das erstinstanzliche Verfahren über vermögensrechtliche Ansprüche des Verletzten oder seines Erben .... (1) Die Gebühr entsteht auch, wenn der Anspruch erstmalig im Berufungsverfahren geltend gemacht wird. (2) Die Gebühr wird zu einem Drittel auf die Verfahrensgebühr, die für einen bürgerlichen Rechtsstreit wegen desselben Anspruchs entsteht, angerechnet.	2,0	2,0
4144	Verfahrensgebühr im Berufungs- und Revisionsverfahren über vermögensrechtliche Ansprüche des Verletzten oder seines Erben	2,5	2,5
4145	Verfahrensgebühr für das Verfahren über die Beschwerde gegen den Beschluss, mit dem nach § 406 Abs. 5 Satz 2 StPO von einer Entscheidung abgesehen wird	0,5	0,5
4146	Verfahrensgebühr für das Verfahren über einen Antrag auf gerichtliche Entscheidung oder über		

Nr.	Gebührentatbestand	Gebühr oder Satz der Gebühr nach § 13 oder § 49 RVG	
		Wahlanwalt	gerichtlich bestellter oder beigeordneter Rechtsanwalt
4147	die Beschwerde gegen eine den Rechtszug beendende Entscheidung nach § 25 Abs. 1 Satz 3 bis 5, § 13 StrRehaG	1,5	1,5
	Einigungsgebühr im Privatklageverfahren bezüglich des Strafanspruchs und des Kostenerstattungsanspruchs:		
	Die Gebühr Nummer 1000 beträgt	20,00 bis 150,00 EUR	68,00 EUR
	Für einen Vertrag über sonstige Ansprüche entsteht eine weitere Einigungsgebühr nach Teil 1.		

Abschnitt 2. Gebühren in der Strafvollstreckung

Vorbemerkung 4.2:
Im Verfahren über die Beschwerde gegen die Entscheidung in der Hauptsache entstehen die Gebühren besonders.

4200	Verfahrensgebühr als Verteidiger für ein Verfahren über		
	1. die Erledigung oder Aussetzung der Maßregel der Unterbringung		
	a) in der Sicherungsverwahrung,		
	b) in einem psychiatrischen Krankenhaus oder		
	c) in einer Entziehungsanstalt,		
	2. die Aussetzung des Restes einer zeitigen Freiheitsstrafe oder einer lebenslangen Freiheitsstrafe oder		
	3. den Widerruf einer Strafaussetzung zur Bewährung oder den Widerruf der Aussetzung einer Maßregel der Besserung und Sicherung zur Bewährung	50,00 bis 560,00 EUR	244,00 EUR
4201	Gebühr 4200 mit Zuschlag	50,00 bis 700,00 EUR	300,00 EUR
4202	Terminsgebühr in den in Nummer 4200 genannten Verfahren	50,00 bis 250,00 EUR	120,00 EUR
4203	Gebühr 4202 mit Zuschlag	50,00 bis 312,50 EUR	145,00 EUR
4204	Verfahrensgebühr für sonstige Verfahren in der Strafvollstreckung	20,00 bis 250,00 EUR	108,00 EUR
4205	Gebühr 4204 mit Zuschlag	20,00 bis 312,50 EUR	133,00 EUR
4206	Terminsgebühr für sonstige Verfahren	20,00 bis 250,00 EUR	108,00 EUR
4207	Gebühr 4206 mit Zuschlag	20,00 bis 312,50 EUR	133,00 EUR

Vergütungsverzeichnis **VV**

Nr.	Gebührentatbestand	Gebühr oder Satz der Gebühr nach § 13 oder § 49 RVG	
		Wahlanwalt	gerichtlich bestellter oder beigeordneter Rechtsanwalt

Abschnitt 3. Einzeltätigkeiten

Vorbemerkung 4.3:

(1) Die Gebühren entstehen für einzelne Tätigkeiten, ohne dass dem Rechtsanwalt sonst die Verteidigung oder Vertretung übertragen ist.

(2) Beschränkt sich die Tätigkeit des Rechtsanwalts auf die Geltendmachung oder Abwehr eines aus der Straftat erwachsenen vermögensrechtlichen Anspruchs im Strafverfahren, so erhält er die Gebühren nach den Nummern 4143 bis 4145.

(3) Die Gebühr entsteht für jede der genannten Tätigkeiten gesondert, soweit nichts anderes bestimmt ist. § 15 RVG bleibt unberührt. Das Beschwerdeverfahren gilt als besondere Angelegenheit.

(4) Wird dem Rechtsanwalt die Verteidigung oder die Vertretung für das Verfahren übertragen, werden die nach diesem Abschnitt entstandenen Gebühren auf die für die Verteidigung oder Vertretung entstehenden Gebühren angerechnet.

Nr.	Gebührentatbestand	Wahlanwalt	gerichtlich bestellter oder beigeordneter Rechtsanwalt
4300	Verfahrensgebühr für die Anfertigung oder Unterzeichnung einer Schrift 1. zur Begründung der Revision, 2. zur Erklärung auf die von dem Staatsanwalt, Privatkläger oder Nebenkläger eingelegte Revision oder 3. in Verfahren nach den §§ 57 a und 67 e StGB .... Neben der Gebühr für die Begründung der Revision entsteht für die Einlegung der Revision keine besondere Gebühr.	50,00 bis 560,00 EUR	244,00 EUR
4301	Verfahrensgebühr für 1. die Anfertigung oder Unterzeichnung einer Privatklage, 2. die Anfertigung oder Unterzeichnung einer Schrift zur Rechtfertigung der Berufung oder zur Beantwortung der von dem Staatsanwalt, Privatkläger oder Nebenkläger eingelegten Berufung, 3. die Führung des Verkehrs mit dem Verteidiger, 4. die Beistandsleistung für den Beschuldigten bei einer richterlichen Vernehmung, einer Vernehmung durch die Staatsanwaltschaft oder eine andere Strafverfolgungsbehörde oder in einer Hauptverhandlung, einer mündlichen Anhörung oder bei einer Augenscheinseinnahme, 5. die Beistandsleistung im Verfahren zur gerichtlichen Erzwingung der Anklage (§ 172 Abs. 2 bis 4, § 173 StPO) oder 6. sonstige Tätigkeiten in der Strafvollstreckung . Neben der Gebühr für die Rechtfertigung der Berufung entsteht für die Einlegung der Berufung keine besondere Gebühr.	35,00 bis 385,00 EUR	168,00 EUR

Nr.	Gebührentatbestand	Gebühr oder Satz der Gebühr nach § 13 oder § 49 RVG	
		Wahlanwalt	gerichtlich bestellter oder beigeordneter Rechtsanwalt
4302	Verfahrensgebühr für 1. die Einlegung eines Rechtsmittels, 2. die Anfertigung oder Unterzeichnung anderer Anträge, Gesuche oder Erklärungen oder 3. eine andere nicht in Nummer 4300 oder 4301 erwähnte Beistandsleistung	20,00 bis 250,00 EUR	108,00 EUR
4303	Verfahrensgebühr für die Vertretung in einer Gnadensache .... Der Rechtsanwalt erhält die Gebühr auch, wenn ihm die Verteidigung übertragen war.	25,00 bis 250,00 EUR	110,00 EUR
4304	Gebühr für den als Kontaktperson beigeordneten Rechtsanwalt (§ 34 a EGGVG)		3000,00 EUR

Teil 5. Bußgeldsachen

Nr.	Gebührentatbestand	Gebühr oder Satz der Gebühr nach § 13 oder § 49 RVG	
		Wahlanwalt	gerichtlich bestellter oder beigeordneter Rechtsanwalt

Vorbemerkung 5:

(1) Für die Tätigkeit als Beistand oder Vertreter eines Einziehungs- oder Nebenbeteiligten, eines Zeugen oder eines Sachverständigen in einem Verfahren, für das sich die Gebühren nach diesem Teil bestimmen, entstehen die gleichen Gebühren wie für einen Verteidiger in diesem Verfahren.

(2) Die Verfahrensgebühr entsteht für das Betreiben des Geschäfts einschließlich der Information.

(3) Die Terminsgebühr entsteht für die Teilnahme an gerichtlichen Terminen, soweit nichts anderes bestimmt ist. Der Rechtsanwalt erhält die Terminsgebühr auch, wenn er zu einem anberaumten Termin erscheint, dieser aber aus Gründen, die er nicht zu vertreten hat, nicht stattfindet. Dies gilt nicht, wenn er rechtzeitig von der Aufhebung oder Verlegung des Termins in Kenntnis gesetzt worden ist.

(4) Für folgende Tätigkeiten entstehen Gebühren nach den Vorschriften des Teils 3:
1. für das Verfahren über die Erinnerung oder die Beschwerde gegen einen Kostenfestsetzungsbeschluss, für das Verfahren über die Erinnerung gegen den Kostenansatz, für das Verfahren über die Beschwerde gegen die Entscheidung über diese Erinnerung und für Verfahren über den Antrag auf gerichtliche Entscheidung gegen einen Kostenfestsetzungsbescheid und den Ansatz der Gebühren und Auslagen (§ 108 OWiG),
2. in der Zwangsvollstreckung aus Entscheidungen, die über die Erstattung von Kosten ergangen sind, und für das Beschwerdeverfahren gegen die gerichtliche Entscheidung nach Nummer 1.

Vergütungsverzeichnis **VV**

Nr.	Gebührentatbestand	Gebühr oder Satz der Gebühr nach § 13 oder § 49 RVG	
		Wahlanwalt	gerichtlich bestellter oder beigeordneter Rechtsanwalt

**Abschnitt 1.
Gebühren des Verteidigers**

Vorbemerkung 5.1:

(1) Durch die Gebühren wird die gesamte Tätigkeit als Verteidiger entgolten.

(2) Hängt die Höhe der Gebühren von der Höhe der Geldbuße ab, ist die zum Zeitpunkt des Entstehens der Gebühr zuletzt festgesetzte Geldbuße maßgebend. Ist eine Geldbuße nicht festgesetzt, richtet sich die Höhe der Gebühren im Verfahren vor der Verwaltungsbehörde nach dem mittleren Betrag der in der Bußgeldvorschrift angedrohten Geldbuße. Sind in einer Rechtsvorschrift Regelsätze bestimmt, sind diese maßgebend.

*Unterabschnitt 1.
Allgemeine Gebühr*

Nr.	Gebührentatbestand	Wahlanwalt	gerichtlich bestellter
5100	Grundgebühr .... (1) Die Gebühr entsteht für die erstmalige Einarbeitung in den Rechtsfall nur einmal, unabhängig davon, in welchem Verfahrensabschnitt sie erfolgt. (2) Die Gebühr entsteht nicht, wenn in einem vorangegangenen Strafverfahren für dieselbe Handlung oder Tat die Gebühr 4100 entstanden ist.	20,00 bis 150,00 EUR	68,00 EUR

*Unterabschnitt 2.
Verfahren vor der Verwaltungsbehörde*

Vorbemerkung 5.1.2:

(1) Zu dem Verfahren vor der Verwaltungsbehörde gehört auch das Verwarnungsverfahren und das Zwischenverfahren (§ 69 OWiG) bis zum Eingang der Akten bei Gericht.

(2) Die Terminsgebühr entsteht auch für die Teilnahme an Vernehmungen vor der Polizei oder der Verwaltungsbehörde.

Nr.	Gebührentatbestand	Wahlanwalt	gerichtlich bestellter
5101	Verfahrensgebühr bei einer Geldbuße von weniger als 40,00 EUR	10,00 bis 100,00 EUR	44,00 EUR
5102	Terminsgebühr für jeden Tag, an dem ein Termin in den in Nummer 5101 genannten Verfahren stattfindet	10,00 bis 100,00 EUR	44,00 EUR
5103	Verfahrensgebühr bei einer Geldbuße von 40,00 EUR bis 5000,00 EUR	20,00 bis 250,00 EUR	108,00 EUR
5104	Terminsgebühr für jeden Tag, an dem ein Termin in den in Nummer 5103 genannten Verfahren stattfindet	20,00 bis 250,00 EUR	108,00 EUR
5105	Verfahrensgebühr bei einer Geldbuße von mehr als 5000,00 EUR	30,00 bis 250,00 EUR	112,00 EUR

Nr.	Gebührentatbestand	Gebühr oder Satz der Gebühr nach § 13 oder § 49 RVG	
		Wahlanwalt	gerichtlich bestellter oder beigeordneter Rechtsanwalt
5106	Terminsgebühr für jeden Tag, an dem ein Termin in den in Nummer 5105 genannten Verfahren stattfindet	30,00 bis 250,00 EUR	112,00 EUR

Unterabschnitt 3.
Verfahren vor dem Amtsgericht

Vorbemerkung 5.1.3:
(1) Die Terminsgebühr entsteht auch für die Teilnahme an gerichtlichen Terminen außerhalb der Hauptverhandlung.
(2) Die Gebühren dieses Abschnitts entstehen für das Wiederaufnahmeverfahren einschließlich seiner Vorbereitung gesondert; die Verfahrensgebühr entsteht auch, wenn von der Stellung eines Wiederaufnahmeantrags abgeraten wird.

Nr.	Gebührentatbestand	Wahlanwalt	gerichtlich bestellter oder beigeordneter Rechtsanwalt
5107	Verfahrensgebühr bei einer Geldbuße von weniger als 40,00 EUR	10,00 bis 100,00 EUR	44,00 EUR
5108	Terminsgebühr je Hauptverhandlungstag in den in Nummer 5107 genannten Verfahren	20,00 bis 200,00 EUR	88,00 EUR
5109	Verfahrensgebühr bei einer Geldbuße von 40,00 EUR bis 5000,00 EUR	20,00 bis 250,00 EUR	108,00 EUR
5110	Terminsgebühr je Hauptverhandlungstag in den in Nummer 5109 genannten Verfahren	30,00 bis 400,00 EUR	172,00 EUR
5111	Verfahrensgebühr bei einer Geldbuße von mehr als 5000,00 EUR	40,00 bis 300,00 EUR	136,00 EUR
5112	Terminsgebühr je Hauptverhandlungstag in den in Nummer 5111 genannten Verfahren	70,00 bis 470,00 EUR	216,00 EUR

Unterabschnitt 4.
Verfahren über die Rechtsbeschwerde

Nr.	Gebührentatbestand	Wahlanwalt	gerichtlich bestellter oder beigeordneter Rechtsanwalt
5113	Verfahrensgebühr	70,00 bis 470,00 EUR	216,00 EUR
5114	Terminsgebühr je Hauptverhandlungstag	70,00 bis 470,00 EUR	216,00 EUR

Unterabschnitt 5.
Zusätzliche Gebühren

Nr.	Gebührentatbestand		
5115	Durch die anwaltliche Mitwirkung wird das Verfahren vor der Verwaltungsbehörde erledigt oder die Hauptverhandlung entbehrlich: Zusätzliche Gebühr		in Höhe der jeweiligen Verfahrensgebühr

Vergütungsverzeichnis **VV**

Nr.	Gebührentatbestand	Gebühr oder Satz der Gebühr nach § 13 oder § 49 RVG	
		Wahlanwalt	gerichtlich bestellter oder beigeordneter Rechtsanwalt
	(1) Die Gebühr entsteht, wenn 1. das Verfahren nicht nur vorläufig eingestellt wird oder 2. der Einspruch gegen den Bußgeldbescheid zurückgenommen wird oder 3. der Bußgeldbescheid nach Einspruch von der Verwaltungsbehörde zurückgenommen und gegen einen neuen Bußgeldbescheid kein Einspruch eingelegt wird oder 4. sich das gerichtliche Verfahren durch Rücknahme des Einspruchs gegen den Bußgeldbescheid oder der Rechtsbeschwerde des Betroffenen oder eines anderen Verfahrensbeteiligten erledigt; ist bereits ein Termin zur Hauptverhandlung bestimmt, entsteht die Gebühr nur, wenn der Einspruch oder die Rechtsbeschwerde früher als zwei Wochen vor Beginn des Tages, der für die Hauptverhandlung vorgesehen war, zurückgenommen wird, oder 5. das Gericht nach § 72 Abs. 1 Satz 1 OWiG durch Beschluss entscheidet. (2) Die Gebühr entsteht nicht, wenn eine auf die Förderung des Verfahrens gerichtete Tätigkeit nicht ersichtlich ist. (3) Die Höhe der Gebühr richtet sich nach dem Rechtszug, in dem die Hauptverhandlung vermieden wurde. Für den Wahlanwalt bemisst sich die Gebühr nach der Rahmenmitte.		
5116	Verfahrensgebühr bei Einziehung und verwandten Maßnahmen .... (1) Die Gebühr entsteht für eine Tätigkeit für den Betroffenen, die sich auf die Einziehung oder dieser gleichstehende Rechtsfolgen (§ 46 Abs. 1 OWiG, § 442 StPO) oder auf eine diesen Zwecken dienende Beschlagnahme bezieht. (2) Die Gebühr entsteht nicht, wenn der Gegenstandswert niedriger als 25,00 EUR ist. (3) Die Gebühr entsteht nur einmal für das Verfahren vor der Verwaltungsbehörde und dem Amtsgericht. Im Rechtsbeschwerdeverfahren entsteht die Gebühr besonders.	1,0	1,0

Nr.	Gebührentatbestand	Gebühr oder Satz der Gebühr nach § 13 oder § 49 RVG	
		Wahlanwalt	gerichtlich bestellter oder beigeordneter Rechtsanwalt
	Abschnitt 2. Einzeltätigkeiten		
5200	Verfahrensgebühr	10,00 bis 100,00 EUR	44,00 EUR
	(1) Die Gebühr entsteht für einzelne Tätigkeiten, ohne dass dem Rechtsanwalt sonst die Verteidigung übertragen ist. (2) Die Gebühr entsteht für jede Tätigkeit gesondert, soweit nichts anderes bestimmt ist. § 15 RVG bleibt unberührt. (3) Wird dem Rechtsanwalt die Verteidigung für das Verfahren übertragen, werden die nach dieser Nummer entstandenen Gebühren auf die für die Verteidigung entstehenden Gebühren angerechnet. (4) Der Rechtsanwalt erhält die Gebühr für die Vertretung in der Vollstreckung und in einer Gnadensache auch, wenn ihm die Verteidigung übertragen war.		

Teil 6. Sonstige Verfahren

Nr.	Gebührentatbestand	Gebühr	
		Wahlverteidiger oder Verfahrensbevollmächtigter	gerichtlich bestellter oder beigeordneter Rechtsanwalt

Vorbemerkung 6:
(1) Für die Tätigkeit als Beistand für einen Zeugen oder Sachverständigen in einem Verfahren, für das sich die Gebühren nach diesem Teil bestimmen, entstehen die gleichen Gebühren wie für einen Verfahrensbevollmächtigten in diesem Verfahren.
(2) Die Verfahrensgebühr entsteht für das Betreiben des Geschäfts einschließlich der Information.
(3) Die Terminsgebühr entsteht für die Teilnahme an gerichtlichen Terminen, soweit nichts anderes bestimmt ist. Der Rechtsanwalt erhält die Terminsgebühr auch, wenn er zu einem anberaumten Termin erscheint, dieser aber aus Gründen, die er nicht zu vertreten hat, nicht stattfindet. Dies gilt nicht, wenn er rechtzeitig von der Aufhebung oder Verlegung des Termins in Kenntnis gesetzt worden ist.

Abschnitt 1. Verfahren nach dem Gesetz über die internationale Rechtshilfe in Strafsachen und Verfahren nach dem IStGH-Gesetz

6100	Verfahrensgebühr	80,00 bis 580,00 EUR	264,00 EUR

Vergütungsverzeichnis **VV**

Nr.	Gebührentatbestand	Gebühr Wahlverteidiger oder Verfahrensbevollmächtigter	Gebühr gerichtlich bestellter oder beigeordneter Rechtsanwalt
6101	Terminsgebühr je Verhandlungstag	110,00 bis 780,00 EUR	356,00 EUR

Abschnitt 2. Disziplinarverfahren, berufsgerichtliche Verfahren wegen der Verletzung einer Berufspflicht

Vorbemerkung 6.2:
(1) Durch die Gebühren wird die gesamte Tätigkeit im Verfahren abgegolten.
(2) Für die Vertretung gegenüber der Aufsichtsbehörde außerhalb eines Disziplinarverfahrens entstehen Gebühren nach Teil 2.
(3) Für folgende Tätigkeiten entstehen Gebühren nach Teil 3:
1. für das Verfahren über die Erinnerung oder die Beschwerde gegen einen Kostenfestsetzungsbeschluss, für das Verfahren über die Erinnerung gegen den Kostenansatz und für das Verfahren über die Beschwerde gegen die Entscheidung über diese Erinnerung,
2. in der Zwangsvollstreckung aus einer Entscheidung, die über die Erstattung von Kosten ergangen ist, und für das Beschwerdeverfahren gegen diese Entscheidung.

Unterabschnitt 1. Allgemeine Gebühren

Nr.	Gebührentatbestand	Wahlverteidiger	gerichtlich bestellter
6200	Grundgebühr .... Die Gebühr entsteht für die erstmalige Einarbeitung in den Rechtsfall nur einmal, unabhängig davon, in welchem Verfahrensabschnitt sie erfolgt.	30,00 bis 300,00 EUR	132,00 EUR
6201	Terminsgebühr für jeden Tag, an dem ein Termin stattfindet .... Die Gebühr entsteht für die Teilnahme an außergerichtlichen Anhörungsterminen und außergerichtlichen Terminen zur Beweiserhebung.	30,00 bis 312,50 EUR	137,00 EUR

Unterabschnitt 2. Außergerichtliches Verfahren

| 6202 | Verfahrensgebühr .... (1) Die Gebühr entsteht gesondert für eine Tätigkeit in einem dem gerichtlichen Verfahren vorausgehenden und der Überprüfung der Verwaltungsentscheidung dienenden weiteren außergerichtlichen Verfahren. (2) Die Gebühr entsteht für eine Tätigkeit in dem Verfahren bis zum Eingang des Antrags oder der Anschuldigungsschrift bei Gericht. | 30,00 bis 250,00 EUR | 112,00 EUR |

Unterabschnitt 3. Gerichtliches Verfahren
Erster Rechtszug

Vorbemerkung 6.2.3:
Die nachfolgenden Gebühren entstehen für das Wiederaufnahmeverfahren einschließlich seiner Vorbereitung gesondert.

| 6203 | Verfahrensgebühr .... | 40,00 bis 270,00 EUR | 124,00 EUR |

Nr.	Gebührentatbestand	Gebühr	
		Wahlverteidiger oder Verfahrensbevollmächtigter	gerichtlich bestellter oder beigeordneter Rechtsanwalt
6204	Terminsgebühr je Verhandlungstag	70,00 bis 470,00 EUR	216,00 EUR
6205	Der gerichtlich bestellte Rechtsanwalt nimmt mehr als 5 und bis 8 Stunden an der Hauptverhandlung teil: Zusätzliche Gebühr neben der Gebühr 6204		108,00 EUR
6206	Der gerichtlich bestellte Rechtsanwalt nimmt mehr als 8 Stunden an der Hauptverhandlung teil: Zusätzliche Gebühr neben der Gebühr 6204		216,00 EUR
	Zweiter Rechtszug		
6207	Verfahrensgebühr	70,00 bis 470,00 EUR	216,00 EUR
6208	Terminsgebühr je Verhandlungstag	70,00 bis 470,00 EUR	216,00 EUR
6209	Der gerichtlich bestellte Rechtsanwalt nimmt mehr als 5 und bis 8 Stunden an der Hauptverhandlung teil: Zusätzliche Gebühr neben der Gebühr 6208		108,00 EUR
6210	Der gerichtlich bestellte Rechtsanwalt nimmt mehr als 8 Stunden an der Hauptverhandlung teil: Zusätzliche Gebühr neben der Gebühr 6208		216,00 EUR
	Dritter Rechtszug		
6211	Verfahrensgebühr	100,00 bis 930,00 EUR	412,00 EUR
6212	Terminsgebühr je Verhandlungstag	100,00 bis 470,00 EUR	228,00 EUR
6213	Der gerichtlich bestellte Rechtsanwalt nimmt mehr als 5 und bis 8 Stunden an der Hauptverhandlung teil: Zusätzliche Gebühr neben der Gebühr 6212		114,00 EUR
6214	Der gerichtlich bestellte Rechtsanwalt nimmt mehr als 8 Stunden an der Hauptverhandlung teil: Zusätzliche Gebühr neben der Gebühr 6212		228,00 EUR
6215	Verfahrensgebühr für das Verfahren über die Beschwerde gegen die Nichtzulassung der Revision	60,00 bis 930,00 EUR	396,00 EUR
	Unterabschnitt 4. Zusatzgebühr		
6216	Durch die anwaltliche Mitwirkung wird die mündliche Verhandlung entbehrlich: Zusätzliche Gebühr	in Höhe der jeweiligen Verfahrensgebühr	

Vergütungsverzeichnis **VV**

Nr.	Gebührentatbestand	Gebühr Wahlverteidiger oder Verfahrensbevollmächtigter	gerichtlich bestellter oder beigeordneter Rechtsanwalt
	(1) Die Gebühr entsteht, wenn eine gerichtliche Entscheidung mit Zustimmung der Beteiligten ohne mündliche Verhandlung ergeht oder einer beabsichtigten Entscheidung ohne Hauptverhandlungstermin nicht widersprochen wird. (2) Die Gebühr entsteht nicht, wenn eine auf die Förderung des Verfahrens gerichtete Tätigkeit nicht ersichtlich ist. (3) Die Höhe der Gebühr richtet sich nach dem Rechtszug, in dem die Hauptverhandlung vermieden wurde. Für den Wahlanwalt bemisst sich die Gebühr nach der Rahmenmitte.		
	Abschnitt 3. Gerichtliche Verfahren bei Freiheitsentziehung und in Unterbringungssachen		
6300	Verfahrensgebühr bei erstmaliger Freiheitsentziehung nach dem Gesetz über das gerichtliche Verfahren bei Freiheitsentziehungen und bei Unterbringungsmaßnahmen nach § 70 Abs. 1 FGG . . . Die Gebühr entsteht für jeden Rechtszug.	30,00 bis 400,00 EUR	172,00 EUR
6301	Terminsgebühr in den Fällen der Nummer 6300 . Die Gebühr entsteht für die Teilnahme an gerichtlichen Terminen.	30,00 bis 400,00 EUR	172,00 EUR
6302	Verfahrensgebühr in sonstigen Fällen . . . . Die Gebühr entsteht für jeden Rechtszug des Verfahrens über die Fortdauer der Freiheitsentziehung und über Anträge auf Aufhebung der Freiheitsentziehung sowie des Verfahrens über die Aufhebung oder Verlängerung einer Unterbringungsmaßnahme nach § 70i FGG.	20,00 bis 250,00 EUR	108,00 EUR
6303	Terminsgebühr in den Fällen der Nummer 6302 . Die Gebühr entsteht für die Teilnahme an gerichtlichen Terminen.	20,00 bis 250,00 EUR	108,00 EUR

Abschnitt 4. Besondere Verfahren und Einzeltätigkeiten

Vorbemerkung 6.4:
Die Gebühren nach diesem Abschnitt entstehen in Verfahren
1. auf gerichtliche Entscheidung nach der WBO, auch i.V.m. § 42 WDO,
2. auf Abänderung oder Neubewilligung eines Unterhaltsbeitrags,
3. vor dem Dienstvorgesetzten über die nachträgliche Aufhebung einer Disziplinarmaßnahme und
4. auf gerichtliche Entscheidung über die nachträgliche Aufhebung einer Disziplinarmaßnahme.

Nr.	Gebührentatbestand	Gebühr	
		Wahlverteidiger oder Verfahrensbevollmächtigter	gerichtlich bestellter oder beigeordneter Rechtsanwalt
6400	Verfahrensgebühr für das Verfahren auf gerichtliche Entscheidung nach der WBO vor dem Truppendienstgericht	70,00 bis 570,00 EUR	
6401	Terminsgebühr je Verhandlungstag in den in Nummer 6400 genannten Verfahren	70,00 bis 570,00 EUR	
6402	Verfahrensgebühr für das Verfahren auf gerichtliche Entscheidung nach der WBO vor dem Bundesverwaltungsgericht	85,00 bis 665,00 EUR	
6403	Terminsgebühr je Verhandlungstag in den in Nummer 6402 genannten Verfahren	85,00 bis 665,00 EUR	
6404	Verfahrensgebühr für die übrigen Verfahren und für Einzeltätigkeiten .... (1) Für eine Einzeltätigkeit entsteht die Gebühr, wenn dem Rechtsanwalt nicht die Verteidigung oder Vertretung übertragen ist. (2) Die Gebühr entsteht für jede einzelne Tätigkeit gesondert, soweit nichts anderes bestimmt ist. § 15 RVG bleibt unberührt. (3) Wird dem Rechtsanwalt die Verteidigung oder Vertretung für das Verfahren übertragen, werden die nach dieser Nummer entstandenen Gebühren auf die für die Verteidigung oder Vertretung entstehenden Gebühren angerechnet.	20,00 bis 250,00 EUR	108,00 EUR

Teil 7. Auslagen

Nr.	Auslagentatbestand	Höhe

Vorbemerkung 7:
(1) Mit den Gebühren werden auch die allgemeinen Geschäftskosten entgolten. Soweit nachfolgend nichts anderes bestimmt ist, kann der Rechtsanwalt Ersatz der entstandenen Aufwendungen (§ 675 i.V.m. § 670 BGB) verlangen.
(2) Eine Geschäftsreise liegt vor, wenn das Reiseziel außerhalb der Gemeinde liegt, in der sich die Kanzlei oder die Wohnung des Rechtsanwalts befindet.
(3) Dient eine Reise mehreren Geschäften, sind die entstandenen Auslagen nach den Nummern 7003 bis 7006 nach dem Verhältnis der Kosten zu verteilen, die bei gesonderter Ausführung der einzelnen Geschäfte entstanden wären. Ein Rechtsanwalt, der seine Kanzlei an einen anderen Ort verlegt, kann bei Fortführung eines ihm vorher erteilten Auftrags Auslagen nach den Nummern 7003 bis 7006 nur insoweit verlangen, als sie auch von seiner bisherigen Kanzlei aus entstanden wären.

Vergütungsverzeichnis **VV**

Nr.	Auslagentatbestand	Höhe

7000	Pauschale für die Herstellung und Überlassung von Dokumenten:
	1. für Ablichtungen und Ausdrucke
	   a) aus Behörden- und Gerichtsakten, soweit deren Herstellung zur sachgemäßen Bearbeitung der Rechtssache geboten war,
	   b) zur Zustellung oder Mitteilung an Gegner oder Beteiligte und Verfahrensbevollmächtigte auf Grund einer Rechtsvorschrift oder nach Aufforderung durch das Gericht, die Behörde oder die sonst das Verfahren führende Stelle, soweit hierfür mehr als 100 Seiten zu fertigen waren,
	   c) zur notwendigen Unterrichtung des Auftraggebers, soweit hierfür mehr als 100 Seiten zu fertigen waren,
	   d) in sonstigen Fällen nur, wenn sie im Einverständnis mit dem Auftraggeber zusätzlich, auch zur Unterrichtung Dritter, angefertigt worden sind:
	für die ersten 50 abzurechnenden Seiten je Seite ....
	für jede weitere Seite ....
	2. für die Überlassung von elektronisch gespeicherten Dateien anstelle der in Nummer 1 Buchstabe d genannten Ablichtungen und Ausdrucke:
	je Datei ....
	Die Höhe der Dokumentenpauschale nach Nummer 1 ist in derselben Angelegenheit und in gerichtlichen Verfahren in demselben Rechtszug einheitlich zu berechnen.
		
		0,50 EUR
		0,15 EUR
		
		2,50 EUR

7001	Entgelte für Post- und Telekommunikationsdienstleistungen .... Für die durch die Geltendmachung der Vergütung entstehenden Entgelte kann kein Ersatz verlangt werden.	in voller Höhe
7002	Pauschale für Entgelte für Post- und Telekommunikationsdienstleistungen .... Die Pauschale kann in jeder Angelegenheit anstelle der tatsächlichen Auslagen nach 7001 gefordert werden.	20 % der Gebühren – höchstens 20,00 EUR
7003	Fahrtkosten für eine Geschäftsreise bei Benutzung eines eigenen Kraftfahrzeugs für jeden gefahrenen Kilometer .... Mit den Fahrtkosten sind die Anschaffungs-, Unterhaltungs- und Betriebskosten sowie die Abnutzung des Kraftfahrzeugs abgegolten.	0,30 EUR
7004	Fahrtkosten für eine Geschäftsreise bei Benutzung eines anderen Verkehrsmittels, soweit sie angemessen sind	in voller Höhe
7005	Tage- und Abwesenheitsgeld bei einer Geschäftsreise 1. von nicht mehr als vier Stunden .... 2. von mehr als vier bis acht Stunden .... 3. von mehr als acht Stunden .... Bei Auslandsreisen kann zu diesen Beträgen ein Zuschlag von 50 % berechnet werden.	 20,00 EUR 35,00 EUR 60,00 EUR
7006	Sonstige Auslagen anlässlich einer Geschäftsreise, soweit sie angemessen sind	in voller Höhe

Nr.	Auslagentatbestand	Höhe
7007	Im Einzelfall gezahlte Prämie für eine Haftpflichtversicherung für Vermögensschäden, soweit die Prämie auf Haftungsbeträge von mehr als 30 Millionen EUR entfällt .... Soweit sich aus der Rechnung des Versicherers nichts anderes ergibt, ist von der Gesamtprämie der Betrag zu erstatten, der sich aus dem Verhältnis der 30 Millionen EUR übersteigenden Versicherungssumme zu der Gesamtversicherungssumme ergibt.	in voller Höhe
7008	Umsatzsteuer auf die Vergütung .... Dies gilt nicht, wenn die Umsatzsteuer nach § 19 Abs. 1 UStG unerhoben bleibt.	in voller Höhe

Anlage 2 **(zu § 13 Abs. 1)**

Siehe hierzu die detaillierte Tabelle im Anhang.

Kommentar

Einführung

Übersicht

	Rn.		Rn.
I. Entstehungsgeschichte des Gebührenrechts	1	VII. Die Kostennovelle 1987	8
II. Rahmengesetz	2	VIII. Das Kostenrechtsänderungsgesetz 1994	9–11
III. Kodifikation	3, 4	IX. Die Währungsumstellung 2002	12, 13
IV. Weitere Entwicklung	5	X. Das Kostenrechtsmodernisierungsgesetz 2004	14–18
V. Die Kostennovelle 1975	6		
VI. Die Kostennovelle 1980	7	XI. Weitere Änderungen	19

I. Entstehungsgeschichte des Gebührenrechts

Die Gebühren der Rechtsanwälte regelte seit 1. 10. 1879 mit zahlreichen Änderungen die RAGebO vom 7. 7. 1879 (RGBl. S. 179), die jedoch in ihrem sachlichen Geltungsbereich begrenzt war, sowie zahlreiche reichs- und landesrechtliche Regelungen. Erst seit Entschließung des Deutschen Bundestages vom 18. 7. 1952 (BT-Drucks. 3581) setzte dieser eine Reformierung in Gang. Hierfür setzte die Justizministerkonferenz mehrere Kommissionen ein. Auf Grundlage dieser Arbeiten legte die Bundesregierung einen Gesetzentwurf vor, der am 24. 5. 1957 vom Deutschen Bundestag verabschiedet und nach Zustimmung des Bundesrates am 26. 7. 1957 ausgefertigt und am 4. 8. 1957 im Bundesgesetzblatt (Teil I S. 861) verkündet worden ist. Das Gesetz trat am 1. 10. 1957 in Kraft. 1

II. Rahmengesetz

Das Gesetz zur Änderung und Ergänzung kostenrechtlicher Vorschriften war ein Rahmengesetz, das nicht nur mehrere bestehende Justizkostengesetze änderte und sie zum Teil in neuer Fassung bekanntgab, sondern auch mehrere selbständige Gesetze enthielt. Eines der selbständigen Gesetze war die Bundesgebührenordnung für Rechtsanwälte, die in das Rahmengesetz als Art. VIII eingestellt war. Sie trat nach der Einleitungsformel des Art. VIII „an die Stelle der Gebührenordnung für Rechtsanwälte in der Fassung der Bekanntmachung vom 5. 7. 1927 (RGBl. I S. 162)". Damit war gekennzeichnet, dass die BRAGO mit dem Inkrafttreten des Rahmengesetzes aus diesem heraustrat und als selbständiges Gesetz anstelle der alten Gebührenordnung galt. 2

III. Kodifikation

Die BRAGO trat zwar an die Stelle der alten RAGebO, ihr Anwendungsbereich war aber erheblich weiter. Die BRAGO war eine bundesrechtliche Kodifikation des gesamten Gebührenrechts für Rechtsanwälte. Alle bundes- und landesrechtlichen 3

Einf. *Einführung*

Vorschriften, nach denen sich vorher die Gebühren und Auslagen der Rechtsanwälte bemessen haben, traten am 1. 10. 1957 außer Kraft (Art. XI § 4 Abs. 5 des Rahmengesetzes). Außerhalb der BRAGO wurde die Höhe der Vergütung für anwaltliche Berufstätigkeiten nur noch im Rahmen der Vorbehalte des Art. XI § 5 Abs. 2 des Rahmengesetzes geregelt. Landesrecht bestand noch im Rahmen des Vorbehalts des Art. XI § 5 Nr. 5 des Rahmengesetzes, soweit das dort bezeichnete Gebiet nicht bundesrechtlich geregelt ist, wie zB für Entschädigungssachen (§ 227 Abs. 3 BEG).

4   Verweisungen in anderen Vorschriften auf die frühere RAGebO wurden nach Art. XI § 6 des Rahmengesetzes durch Verweisungen auf die entsprechenden Bestimmungen der BRAGO ersetzt, was vor allem für Entschädigungsverfahren und Rückerstattungsverfahren bedeutsam war.

IV. Weitere Entwicklung

5   Die BRAGO wurde in der Folgezeit mehrfach geändert. Ein wesentlicher Teil dieser Änderungen beruhte auf Neuerungen oder Änderungen im gerichtlichen Verfahren. Andere Änderungen bestanden in einer Erhöhung der Gebührensätze entsprechend der wirtschaftlichen Entwicklung. Feste Gebühren in einer von inflationären Tendenzen geprägten Wirtschaft lassen rasch die Realwerte der Gebühr absinken. Eine inflationsbedingte Erhöhung der Streitwerte kann wegen der degressiven Gebührensätze nur einen unvollkommenen Ausgleich bieten. Von der Kostensteigerung werden Anwälte wie alle Dienstleistungsbetriebe besonders betroffen. Mit einer Auslegung der Gebührenordnung unter „wirtschaftlicher Betrachtungsweise" würde aber das System einer Gebührenordnung außer Kraft gesetzt. Der Gesetzgeber ist deshalb gezwungen, von Zeit zu Zeit angemessene Kompromisse zu dekretieren, die zwischen den Rentabilitätserwartungen der Anwälte und dem Interesse der Rechtsuchenden, die Kosten der Rechtsverfolgung in angemessenem Verhältnis zur Sache zu halten, vermitteln müssen. Unabhängig davon ist aber auch mehrfach, oft auf Anregungen der Anwaltschaft, eine systematische Verbesserung der Gebührenstruktur vorgenommen worden. Schließlich ist auch die Pauschalierungs- und Vereinfachungswut der letzten Jahre nicht an den Anwaltsgebühren vorbeigegangen, wobei sich gezeigt hat, dass nicht jede vermeintliche Vereinfachung auch tatsächlich eine ist.

V. Die Kostennovelle 1975

6   Sie sollte in erster Linie einer Zusammenfassung und Vereinfachung des gerichtlichen Kostenwesens dienen. In einem besonderen Artikel war beabsichtigt, bei dieser Gelegenheit auch die fällige Anpassung der Rechtsanwaltsgebühren an die wirtschaftliche Lage sowie die Korrektur einiger als unzulänglich empfundener Vorschriften der Rechtsanwaltsgebührenordnung vorzunehmen. Ein vom Deutschen Anwaltsverein aufgestellter umfangreicher Wunschkatalog, dessen Großteil im Laufe des Gesetzgebungsverfahrens in den Gesetzesentwurf einging, führte aber dazu, dass aus dem kleinen Artikel zur Anpassung der Rechtsanwaltsgebührenordnung eine weitgehende Novelle geworden war. Sie trat am 15. 9. 1975 in Kraft. Durch dieses Gesetz erhielt die Rechtsanwaltsgebührenordnung die Abkürzung BRAGO.

Einführung **Einf.**

VI. Die Kostennovelle 1980

Nach verschiedenen kleineren Änderungen, die im Wesentlichen dazu dienten, das **7** Gebührenrecht den inzwischen entstandenen neuen Verfahren anzupassen, so vor allem den Neuerungen im Ehe- und Familienrecht, im Strafvollzugswesen sowie im Zivilprozessrecht den Bestimmungen der so genannten Vereinfachungsnovelle, der Umstellung des bisherigen Armenrechts auf die Prozesskostenhilfe und der Einführung der außergerichtlichen Rechtsberatung im Beratungshilfegesetz, ist am 18. 8. 1980 das Fünfte Gesetz zur Änderung der Bundesgebührenordnung für Rechtsanwälte ergangen (BGBl. I S. 1503), das in dem gebührenrechtlichen Teil am 1. 1. 1981 in Kraft getreten ist. Dieses Gesetz hatte das umgekehrte Schicksal wie die Novelle von 1975. Geplant war ein Änderungsgesetz, das in zahlreichen Punkten die Gebührenordnung reformieren, Streitpunkte eindeutig entscheiden und insgesamt die Honorierung der Anwaltschaft verbessern sollte. Angesichts dadurch entstandener zahlreicher Differenzen konnte das Gesetzgebungswerk keinen zügigen Fortgang nehmen, so dass letztlich, um wenigstens die in manchen Punkten dringend erforderlich gewordene Anhebung von Gebührensätzen nicht noch länger aufschieben zu müssen, der Hauptteil des verabschiedeten Gesetzes die neuen Gebührentabellen betraf und nur einige wenige Bestimmungen daneben eine Änderung erfuhren.

VII. Die Kostennovelle 1987

Diese teilte weitgehend das Schicksal ihrer Vorgängerin. Geplante Strukturverände- **8** rungen, darunter auch die Absicht der Justizverwaltung, im Interesse einer Kostendämpfung die stark angestiegenen Aufwendungen im Rahmen einer Ehescheidung zu begrenzen, fielen letztlich dem Zeitdruck zum Opfer. Im Hinblick auf die wirtschaftliche Entwicklung war eine Anhebung der Sätze, nicht nur für die Rechtsanwaltsgebühren, sondern auch für die gerichtlichen Kosten sowie die Entschädigung der Verfahrensbeteiligten, unumgänglich geworden. Kurz vor Beendigung seiner Legislaturperiode verabschiedete der Bundestag ein Gesetz zur Änderung von Kostengesetzen, das zum 1. 1. 1987 in Kraft trat. Es beschränkte sich neben der Klarstellung weniger Punkte bei der Pflichtverteidigung und im Verfahren über Ordnungswidrigkeiten auf eine Neuordnung der Gebührensätze, im Wesentlichen in Form einer Erhöhung, bei den Schreibauslagen auch einer degressiven Verminderung.

VIII. Das Kostenrechtsänderungsgesetz 1994

Das Gesetz setzte sich mehrere Ziele. Es erfasste nicht nur die Rechtsanwaltsgebüh- **9** ren, sondern reformierte das gesamte Kostenrecht des Justizbereichs. In erster Linie brachte es die als dringlich empfundene Erhöhung der Vergütungs- und Entschädigungssätze, die im Laufe der Jahre immer mehr als unzureichend empfunden worden waren. Weiterhin war Ziel des Gesetzes eine Pauschalierung und Vereinfachung des Kostenansatzes, was in Einzelfällen die Erhöhungen wieder milderte. Schließlich sollte eine unstreitige Erledigung von Verfahren gefördert werden, was sich bei den Gerichtskosten in einer Ermäßigung, bei den Rechtsanwaltskosten in einer Erhöhung niederschlug.

Einf. *Einführung*

10   Das Kostenrechtsänderungsgesetz 1994 ist am 1.7.1994 in Kraft getreten, was bei der Kürze des Zeitraums zwischen Verkündung und Inkrafttreten zu Überleitungsschwierigkeiten führen musste, die zum Zweck einer Vereinfachung in Widerspruch standen.

11   Die späteren Änderungen befassten sich, abgesehen von einer weiteren Angleichung der Vergütung in Bußgeldsachen an die in Strafsachen, im Wesentlichen mit der Anpassung an geänderte oder neue Verfahrensarten, etwa im Zusammenhang mit dem Zeugenschutzgesetz, der Vollstreckungsrechtsnovelle oder mit dem Insolvenzrecht.

IX. Die Währungsumstellung 2002

12   Zum 1.1.2002 wurde die deutsche Währung von DM auf Euro umgestellt. Dadurch wurde es notwendig, die Gebühren in den verschiedenen Tabellen neu zu bestimmen. An sich hätte man die bisherigen Beträge unter Verwendung des gesetzlichen Umrechnungsfaktors 1,99583 einfach umrechnen können. Das hätte allerdings zu ungeraden Werten geführt, was man zugunsten **voller Eurobeträge** vermeiden wollte. Der Gesetzgeber hat dies zugleich zum Anlass genommen, durch großzügige Aufrundungen und einen anderweitigen Zuschnitt der Wertstufen eine Reihe von Verbesserungen vorzunehmen. Allerdings sind dabei lediglich die Beträge als solche angehoben, die Systematik aber unverändert gelassen worden. Anscheinend hat dies zur Folge gehabt, dass in der Anwaltschaft diese Verbesserungen kaum wahrgenommen worden sind, so dass dort immer noch die Vorstellung herrscht, es habe seit 1994 keine Berücksichtigung der wirtschaftlichen Verhältnisse mehr gegeben.

13   Die neuen Sätze sind ab 2002 anzuwenden, jedoch **nicht rückwirkend**. Soweit sich der Gebührenanspruch des Anwalts nach bisherigem Recht richtet, sind weiterhin die vorher geltenden Gebühren in DM anzusetzen und mit dem gesetzlichen Umrechnungsfaktor in Euro umzurechnen, auch wenn dies unrunde Ergebnisse zur Folge hat.

X. Das Kostenrechtsmodernisierungsgesetz 2004

14   Die Vergütungsverbesserungen von 2002 konnten auf Dauer nicht zufrieden stellen. Auf Drängen der Anwaltschaft legte die Bundesregierung 2003 eine Novelle zur Rechtsanwaltsgebührenordnung vor. Gleichzeitig brachte die FDP-Fraktion im Bundestag eine inhaltsgleiche Gesetzesinitiative ein. Beides verfiel jedoch mit dem Ende der Legislaturperiode unverabschiedet. Danach sah es zunächst so aus, als ob eine Neuregelung nicht beabsichtigt sei. Jedoch wurde schon bald nach dem Zusammentritt des neuen Bundestages ein interfraktioneller Gesetzesentwurf, nunmehr nicht beschränkt auf die Anwaltsvergütung, sondern unter Einbeziehung fast des gesamten justiziellen Kostenrechts eingebracht und alsbald an die Ausschüsse überwiesen. Gleichzeitig brachte die Bundesregierung einen gleich lautenden Entwurf über den Bundesrat in das Gesetzgebungsverfahren ein. Die Länderkammer beschloss eine Reihe von Änderungsvorschlägen, die allerdings im Wesentlichen nicht die Vergütung der Rechtsanwälte, sondern die Gerichtskosten betrafen. Sie befürchtete nämlich, dass die Erhöhung der Anwaltsvergütung, gegen die der Bundesrat keine grundsätzlichen Bedenken hatte, zu Mehraufwendungen bei der Prozesskostenhilfe und der Pflichtverteidigung führen würde, die sie durch Erhöhung der Gerichtsgebühren auszugleichen hoffte.

Einführung **Einf.**

Der Bundestag nahm die Vorschläge überwiegend nicht auf, sondern verabschiedete **15** das Gesetz am 12. 2. 2004 mit geringen Änderungen am Entwurf einstimmig, wobei gleichzeitig der Regierungsentwurf für erledigt erklärt wurde. Der Bundesrat stimmte entgegen der Empfehlung seines Finanzausschusses am 12. 3. 2004 zu. Das Gesetz vom 5. 5. 2004 ist am 12. 5. 2004 im Bundesgesetzblatt (Teil I S. 718) verkündet worden und am **1. 7. 2004 in Kraft getreten**. Damit ist als Art. 3 des Kostenrechtsmodernisierungsgesetzes das nunmehr selbständige **Rechtsanwaltsvergütungsgesetz (RVG)** verkündet worden. Gemäß Art. 6 Nr. 4 wurde zugleich die BRAGO aufgehoben.

Das RVG verfolgt mehrere **Ziele**. Als erstes soll die Grundlage für die Vergütung **16** der Rechtsanwälte angehoben werden. Hierzu dient aber nicht oder nicht in erster Linie eine Erhöhung einzelner Gebühren, sondern die Struktur der Vergütung wird grundlegend geändert, die Gewichtung in Zivilsachen wird geändert, die Vergütung in Strafsachen neu geordnet und die Beratungsgebühren verändert. Gleichzeitig wird auch die Anrechnung von Gebühren überarbeitet.

Die Vergütungsregelung will auch die vor- und außergerichtliche Tätigkeit besser **17** honorieren und damit zu einer Entlastung der Gerichte beitragen.

Schließlich werden die einzelnen Gebühren in einem Vergütungsverzeichnis erfasst, **18** ähnlich wie es bei den Gerichtsgebühren der Fall ist. Das führt allerdings zu einem Verlust an Übersichtlichkeit, so dass zuweilen nur aus einem Zusammenspiel von Gesetzestext und Verzeichnis, das ja ebenfalls Gesetzescharakter hat, die richtige Gebühr ermittelt werden kann.

XI. Weitere Änderungen

Das RVG war kaum in Kraft getreten, wurde es schon wieder geändert. Kostenbe- **19** stimmungen hängen eng mit dem Verfahrensrecht zusammen. Eine Änderung oder Neuerung des Verfahrens bedingt in aller Regel auch eine Änderung der zugehörigen Kostenvorschriften. So brachte das **Opferrechtsreformgesetz** und die Einführung der **nachträglichen Sicherungsverwahrung** eine Anpassung des Vergütungsverzeichnisses in der Vorbemerkung 4.1 sowie beim neu eingefügten Tatbestand der Nr. 4145. Wesentliche Neuerungen erfolgten durch das **Anhörungsrügengesetz**. Hierdurch wird ein schwer zu verstehender § 12a eingeführt; vgl. die dortige Kommentierung. Ohne Zusammenhang mit einer Verfahrensänderung wurden Regelungen für die Terminsgebühr neu geschaffen bzw. präzisiert, was zu einer Ausweitung der Anwendbarkeit führt. Offenbar ist jetzt aufgefallen, dass die Gebührenanhebung in Zivilsachen anders als in Strafsachen recht mäßig ausgefallen ist, so dass man sich, wie in der modernen Gesetzgebung nicht unüblich, zu einer Nachbesserung entschlossen hat. Zu berücksichtigen waren ferner Änderungen durch das **EG-Prozesskostenhilfegesetz** (bei § 46), das Gesetz zur Überarbeitung des **Lebenspartnerschaftsrechts** (bei § 24), das **Bilanzkontrollgesetz** (in der Vorbemerkung 3.2.1 zum Vergütungsverzeichnis) und das **Gesetz zum internationalen Familienrecht** (bei § 19). Am 1. April 2005 ist das **Justizkommunikationsgesetz** in Kraft getreten, das zu einer Gleichstellung der elektronischen Dokumente für die Kostenerstattung geführt hat.

Gesetz über die Vergütung der Rechtsanwältinnen und Rechtsanwälte (Rechtsanwaltsvergütungsgesetz – RVG)

vom 5. Mai 2004 (BGBl. I S. 718),
zuletzt geändert durch Gesetz vom 22. März 2005 (BGBl. I S. 837)

Abschnitt 1. Allgemeine Vorschriften

§ 1 Geltungsbereich

(1) ¹Die Vergütung (Gebühren und Auslagen) für anwaltliche Tätigkeiten der Rechtsanwältinnen und Rechtsanwälte bemisst sich nach diesem Gesetz. ²Dies gilt auch für eine Tätigkeit als Prozesspfleger nach den §§ 57 und 58 der Zivilprozessordnung. ³Andere Mitglieder einer Rechtsanwaltskammer, Partnerschaftsgesellschaften und sonstige Gesellschaften stehen einem Rechtsanwalt im Sinne dieses Gesetzes gleich.

(2) ¹Dieses Gesetz gilt nicht für eine Tätigkeit als Vormund, Betreuer, Pfleger, Verfahrenspfleger, Testamentsvollstrecker, Insolvenzverwalter, Sachwalter, Mitglied des Gläubigerausschusses, Nachlassverwalter, Zwangsverwalter, Treuhänder oder Schiedsrichter oder für eine ähnliche Tätigkeit. ²§ 1835 Abs. 3 des Bürgerlichen Gesetzbuchs bleibt unberührt.

Übersicht

	Rdn.		Rdn.
I. Grundsätze	1–3	3. Die Fälle des § 1835 BGB	42–48
II. Rechtsgrund des Vergütungsanspruchs	4–15	4. Tätigkeiten im eigenen Interesse	49–51
1. Vertrag	4a–13	VI. Gebühren und Auslagen	52–62
a) Dienstvertrag, Werkvertrag	5	1. Gebühren	53–61
b) Entgeltlicher Vertrag	6–9	a) Arten von Gebühren	54–59
c) Entstehen des Vergütungsanspruchs	10	aa) Wertgebühren	54
d) Ablehnung des Mandats	11	bb) Rahmengebühren	55
e) Kündigung	12	cc) Verfahrensgebühren und Einzelgebühren	56
f) Erfüllungsgehilfen	13	dd) Volle und Bruchteilsgebühren	57
2. Geschäftsführung ohne Auftrag	14	ee) Angemessene Gebühr	58
3. Ungerechtfertigte Bereicherung	15	ff) Postgebühren	59
III. Schuldner der Vergütung	16–18	b) Pauschcharakter	60, 61
IV. Persönliche Abgrenzung des Geltungsbereichs	19–23	2. Auslagen	62
V. Sachliche Abgrenzung des Geltungsbereichs	24–51	VII. Gebührentatbestand	63–65
1. Begriff der Berufstätigkeit des Rechtsanwalts	24–38	1. Verhältnis des Gebührentatbestands zum Rechtsgrund des Vergütungsanspruchs	63a
a) Subjektive Voraussetzung	25	2. Verhältnis des Gebührentatbestands zum Pauschquantum	64, 65
b) Objektive Voraussetzung	26–33	VIII. Internationales Privatrecht	66–79
aa) Allgemeine Umschreibung der anwaltlichen Berufstätigkeit	27	1. Niederlassungsstatut	68, 69
		2. Rückverweisung	70
		3. Honorarvereinbarungen	71, 72
		4. Erfolgshonorar	73–75
bb) Negative Abgrenzung (§ 1 Abs. 2)	28–33	5. Prozessuales	76–78
c) Begriffsbestimmung	34–38	6. Deutsche Rechtsanwälte mit Sitz im Ausland	79
2. Rechtliche Angelegenheiten	39–41		

Geltungsbereich § 1

I. Grundsätze

Die Vorschrift umschreibt den Geltungsbereich des RVG. Sie entspricht inhaltlich 1
§ 1 BRAGO. In **persönlicher** Hinsicht erhält der Rechtsanwalt eine Vergütung nach dem RVG; in **sachlicher** Hinsicht erhält er sie für seine Berufstätigkeit.

Das Gesetz regelt diese Vergütung aber nicht umfassend. Vor allem sagt es regelmä- 2
ßig nichts über den Grund des Vergütungsanspruchs aus. Es „bemisst" die Vergütung. Einen Vergütungsanspruch setzt es voraus. Wenn er gegeben ist, bemisst das Gesetz seine Höhe. In dieser Hinsicht ersetzen und ergänzen die Vorschriften des RVG die des BGB, wenn der Vergütungsanspruch, wie regelmäßig, im bürgerlichen Recht wurzelt. Die Vergütung des Rechtsanwalts richtet sich dann nicht etwa nach §§ 612 Abs. 2, 632 Abs. 2 BGB, zB nach der Übung, sondern ausschließlich nach dem RVG, das insoweit als Sondergesetz und als jüngeres Gesetz dem BGB vorgeht.[1] Nach dem RVG, nicht nach dem BGB bestimmt sich auch, ob die Gebührenregelung abdingbar ist (vgl. § 4 Rn. 1).

Insoweit das RVG den im bürgerlichen Recht wurzelnden Vergütungsanspruch be- 3
misst, enthält es privatrechtliche Normen. Im Zusammenhang mit der Höhe der Vergütung regelt es privatrechtlich auch die Fälligkeit (§ 8), die Vorschusspflicht (§ 9) und die Einforderung der Vergütung (§ 10): Das Gesetz enthält aber auch öffentliches Recht. Es gibt prozessuale Vorschriften über die Festsetzung der Vergütung (§ 11) und die richterliche Festsetzung der Berechnungsgrundlage, nämlich des Gegenstandswerts (§§ 32, 33). Für den Erstattungsanspruch des im Rahmen der Prozesskostenhilfe beigeordneten oder nach dem Beratungshilfegesetz tätigen Anwalts und des Pflichtverteidigers gegen den Staat sind in den §§ 45 ff. öffentlich-rechtliche Vorschriften über den Grund und die Höhe der Vergütung getroffen.

II. Rechtsgrund des Vergütungsanspruchs

Wenn man von dem Anspruch gegen die Staatskasse absieht, kann der Vergütungs- 4
anspruch des Rechtsanwalts auf Vertrag, Geschäftsführung ohne Auftrag oder ungerechtfertigter Bereicherung beruhen.

1. Vertrag. Regelmäßig beruht der Vergütungsanspruch auf Vertrag. Der Vertrag ist 4a
ein solcher des privaten Rechts. Zwar erfüllt der Rechtsanwalt wichtige Aufgaben im Rahmen der öffentlichen Rechtspflege. Er bedarf einer öffentlichen Zulassung und steht unter einer Standesaufsicht, die im öffentlichen Recht wurzelt. Das ändert aber nichts daran, dass er dem Auftraggeber als gleichgeordneter Vertragspartner gegenübertritt. Daher gehört das zwischen dem Auftraggeber und dem Rechtsanwalt bestehende Rechtsverhältnis dem Privatrecht an. Dieses Rechtsverhältnis kann allerdings dadurch beeinflusst werden, dass die Stellung des Rechtsanwalts eine öffentliche ist.[2] So unterliegt der Rechtsanwalt unter Umständen einem Kontrahierungszwang (§ 49a BRAO), oder er ist in der Übernahme der Vertretung nicht frei (zB wegen Prävarikation, § 356 StGB) oder er darf die gesetzliche Vergütung nicht unterschreiten (§ 49b BRAO), eine höhere Vergütung kann herabgesetzt werden (§ 4 Abs. 4).

---
[1] Vgl. bereits für die alte RAGebO RGZ 75, 107.
[2] RGZ 75, 105.

§ 1

5 a) Dienstvertrag, Werkvertrag. Der Vertrag ist regelmäßig **Dienstvertrag** (§§ 611 ff. BGB). Dieser ist auf eine Geschäftsbesorgung gerichtet (§ 675 BGB). Dies trifft nicht nur zu, wenn der Rechtsanwalt Prozessbevollmächtigter ist, sondern auch, wenn er als Berater oder Gutachter tätig wird. Nur ausnahmsweise kann ein **Werkvertrag**, der ebenfalls auf eine Geschäftsbesorgung gerichtet ist, angenommen werden, nämlich dann, wenn der Rechtsanwalt nach den mit dem Auftraggeber getroffenen Vereinbarungen für einen bestimmten Erfolg seiner Tätigkeit einzustehen hat (§ 631 BGB). Dabei ist nicht an die Fälle zu denken, in denen die Vergütung vom Erfolg der anwaltlichen Tätigkeit im Sinne der Erlangung einer dem Auftraggeber günstigen Rechtsstellung abhängt. Solche Erfolgshonorare können bei Dienstverträgen und bei Werkverträgen vorkommen. Über ihre Zulässigkeit vgl. § 49 b Abs. 2 BRAO. Entscheidend ist vielmehr, ob der Rechtsanwalt ein Wirken oder ein Arbeitsergebnis schuldet. Ob das eine oder andere geschuldet ist, hängt von der Willensrichtung der Vertragsteile ab. Im Zweifel ist Dienstvertrag gewollt, und zwar auch dann, wenn der von dem Auftraggeber angestrebte Endzweck ein bestimmtes Ergebnis der anwaltlichen Tätigkeit ist. Denn es kann nicht ohne weiteres angenommen werden, dass der Rechtsanwalt das mit der Erreichung des Endzwecks verbundene Risiko tragen soll und tragen will, was er tun würde, wenn er die Erreichung des Endzwecks garantierte. So liegt nicht schon deshalb ein Werkvertrag vor, weil der Rechtsanwalt die Abfassung eines Vertrags[3] oder die Beratung in einer Vermögensverwaltungssache übernommen hat[4] oder ihm vertraglich die Verwaltung eines Nachlasses im Interesse der Nachlassgläubiger übertragen ist.[5] Stellt der Rechtsanwalt bei der Prüfung der Sach- und Rechtslage fest, dass das von dem Auftraggeber angestrebte Ziel mit dem Vertrag nicht zu erreichen ist, und unterbleibt deshalb der Vertragsentwurf, so hat der Rechtsanwalt seine Verpflichtung erfüllt, was nicht der Fall wäre, wenn er dafür einstehen würde, dass sich der Vertrag entwerfen lässt. Doch kann je nach der Willensrichtung der Vertragsteile auch ein Werkvertrag vorliegen. Dies ist zB bei einem Rechtsanwalt angenommen worden, der sich verpflichtet hatte, einen bereits schriftlich abgeschlossenen Vertrag dem chinesischen Bergrecht anzupassen.[6] Darüber, dass ein Werkvertrag in der Regel auch anzunehmen ist, wenn der Rechtsanwalt sich verpflichtet, ein schriftliches Gutachten zu erstatten, vgl. Nr. 2103 VV Rn. 11. Keinesfalls dürfen aus der Formulierung Schlüsse gezogen werden, ob im Zweifel Dienst- oder Werkvertrag vorliegt. Zwar richten sich die Gebühren regelmäßig nach einer Tätigkeit, das ist aber nicht nur das Tätigwerden im Sinne eines Wirkens, sondern auch die Tätigkeit als Arbeitsergebnis. Andererseits setzt das RVG keinen Werkvertrag voraus, wenn es eine Gebühr von dem Erreichen eines rechtlichen Erfolges abhängig macht, zB dem Abschluss eines Vergleichs (Nr. 1000 VV), der Aussöhnung von Eheleuten (Nr. 1001 VV), der Erledigung eines Rechtsstreits (Nr. 1002 VV) oder der Herbeiführung einer Einigung (Nr. 1000 VV). Dies ist zwar eine Art von „Erfolgshonorar", nicht aber ein Erfolg im Sinne des § 631 BGB, sondern ein Tatbestandsmerkmal für das Entstehen einer Gebühr.

6 b) Entgeltlicher Vertrag. Das RVG nennt den anwaltlichen Geschäftsbesorgungsvertrag „Auftrag" (vgl. zB § 6), den Vertragsgegner des Rechtsanwalts „Auftraggeber" (vgl. § 7). Dass damit nicht der begriffsnotwendig unentgeltliche Auftrag im Sinne

---

[3] RGZ 88, 226.
[4] OLG Kiel SchlHA 1917, 86.
[5] OLG Hamburg HansRuGerZ 1918 BeiBl. S. 138.
[6] RG JW 1914, 642.

von § 662 BGB gemeint sein kann, ergibt die Tatsache der Existenz des RVG, das einen Vergütungsanspruch, dessen Höhe es regelt, gerade voraussetzt. Im Gegenteil, eine Vergütung ist regelmäßig stillschweigend vereinbart, weil die Leistung des Rechtsanwalts eine berufliche ist, die den Umständen nach in der Regel nur gegen Vergütung zu erwarten ist (§ 612 Abs. 1, § 632 Abs. 1 BGB).

Die stillschweigend vereinbarte Vergütung bemisst sich nach dem RVG (zu Honorarvereinbarungen vgl. § 4). Der Rechtsanwalt hat im Allgemeinen nicht die Rechtspflicht, auf die Höhe der gesetzlichen Vergütung hinzuweisen (vgl. jedoch die Hinweispflicht nach § 49b Abs. 5 BRAO bei Wertgebühren, was die Mehrheit aller Fälle betrifft). Auf Verlangen des Mandanten gehört es allerdings zu den Beratungspflichten des Anwalts, die Höhe der voraussichtlichen Kosten einschließlich seiner eigenen Gebühren mitzuteilen. In der Rechtsprechung zeigt sich eine Tendenz zur Ausweitung der Belehrungspflicht, insbesondere in Zusammenhang mit der Prozesskostenhilfe. Auch ohne Aufforderung kann sich aus besonderen Umständen ausnahmsweise eine Rechtspflicht dazu aus den §§ 157, 242 BGB ergeben, zB wenn die beabsichtigte Rechtsverfolgung wegen der Höhe der Vergütung unwirtschaftlich wäre.[7] Für die in einem solchen Hinweis liegende Beratung erhält der Rechtsanwalt eine Beratungsgebühr (Nr. 2100 VV), wenn ihm der Auftrag zur Weiterverfolgung der Sache nicht erteilt wird. 7

Da das Gesetz eine Vergütung nicht zwingend vorschreibt, ist eine unentgeltliche Tätigkeit nicht ausgeschlossen. Dies muss aber ausdrücklich vereinbart sein oder sich aus den besonderen Umständen des einzelnen Falles ergeben.[8] Obwohl dann kein entgeltlicher Geschäftsbesorgungsvertrag vorliegt, nimmt die Rechtsprechung an, dass der Rechtsanwalt auch in solchen Fällen nach § 276 BGB haftet, wenn er die Haftung nicht ausdrücklich abgelehnt hat.[9] Diese Rechtsprechung rechtfertigt sich dadurch, dass für den Beauftragten (§ 662 BGB) im Gegensatz zu anderen Gefälligkeitsgeschäften (vgl. §§ 599, 690 BGB) eine geminderte Haftung gesetzlich nicht vorgesehen sei. Bei aus Gefälligkeit erfolgender Raterteilung erscheint die Rechtsprechung im Hinblick auf § 676 BGB zuweilen zu streng. 8

Eine Gefälligkeit pflegt nur einer bestimmten nahe stehenden Person und nicht auch deren Gegner geleistet zu werden. Daher ist anzunehmen, dass die Leistung nur für den Fall als unentgeltliche gewollt ist, dass der Auftraggeber keinen Erstattungsanspruch gegen einen Gegner hat, so dass dieser sich auf die Unentgeltlichkeit nicht berufen kann.[10] Entsprechendes gilt für den Erstattungsanspruch des beigeordneten Anwalts gegen die Staatskasse. 9

c) Entstehen des Vergütungsanspruchs. Der Vergütungsanspruch entsteht nicht schon mit dem Abschluss des Vertrages, sondern erst mit der Leistung der vertraglichen Dienste.[11] Im Allgemeinen wird aber der Abschluss des Vertrags mit der ersten Dienstleistung, die einen Vergütungsanspruch begründet, zusammenfallen. Denn bereits die Entgegennahme der Information begründet eine Gebühr (Vorbem. 3 Abs. 2 VV). Allerdings ist dabei zu beachten, dass auch die Gebühr für die Information aufgrund eines Vertrages geschuldet sein muss; denn das RVG setzt in allen seinen Bestimmungen einen Vergütungsanspruch voraus (Rn. 1). Informiert sich der Rechtsan- 10

---

[7] RGZ 118, 367; RG Warn 1928, 269; BGH NJW 1969, 932; 1980, 2128.
[8] KG HRR 1933 Nr. 1840.
[9] RG Recht 1929 Nr. 992; LG Bielefeld MDR 1951, 304.
[10] OLG Königsberg JW 1934, 2499; KG JW 1938, 3056; OLG Hamburg MDR 1970, 340.
[11] RGZ 142, 295.

walt, um seinen Entschluss, ob er das Mandat annehmen will, vorzubereiten, so begründet dieses Informieren noch keine Gebühr. Übernimmt er aber das ihm angetragene Mandat nach entgegengenommener Information, so ist damit zugleich die Gebühr für die Information verdient. Trägt eine Partei dem Rechtsanwalt an, sie zu vertreten, so ist darin in aller Regel auch der stillschweigende Antrag zu erblicken, der Rechtsanwalt möge sie auch über die Aussichten der beabsichtigten Rechtsverfolgung oder Rechtsverteidigung beraten. Rät der Rechtsanwalt ab und erhält er daher nicht den Auftrag zur Vertretung, so hat er mit der Raterteilung den hilfsweise erteilten Auftrag auf Beratung angenommen; aufgrund dieses Auftrags hat er die Beratungsgebühr (Nr. 2100 VV) zu fordern.

11 d) **Ablehnung des Mandats.** Will der Rechtsanwalt einen ihm angetragenen Auftrag nicht annehmen, so hat er unverzüglich abzulehnen, sonst ist er schadensersatzpflichtig (§ 44 BRAO).

12 e) **Kündigung.** Der Geschäftsbesorgungsvertrag ist jederzeit kündbar, und zwar von jeder Seite (§ 627 Abs. 1 BGB). Zu den Rechtsfolgen der Kündigung vgl. § 15 Rn. 41–44, § 9 Rn. 16.

13 f) **Erfüllungsgehilfen.** Zum Vergütungsanspruch, wenn der Rechtsanwalt die Dienste nicht in Person leistet, vgl. § 5.

14 2. **Geschäftsführung ohne Auftrag.** Ein Vergütungsanspruch des Rechtsanwalts kann sich auch auf Geschäftsführung ohne Auftrag gründen (§§ 677 ff. BGB). Genehmigt der Geschäftsherr die Geschäftsführung, so hat der Rechtsanwalt Anspruch auf Ersatz der Aufwendungen, die er den Umständen nach für erforderlich halten durfte (§ 684 S. 2, §§ 683, 670 BGB). Handelt es sich um eine anwaltliche Leistung, so geht der Anspruch auf Bezahlung der üblichen, das heißt der nach dem RVG bemessenen Vergütung.[12] Dasselbe gilt, wenn der Geschäftsherr nicht genehmigt, die Übernahme der Geschäftsführung aber dem wirklichen oder mutmaßlichen Willen des Geschäftsherrn entsprochen hat oder wenn § 679 BGB (öffentliches Interesse, gesetzliche Unterhaltspflicht) zutrifft. Genehmigt der Geschäftsherr nicht und liegen auch nicht die Voraussetzungen des § 683 BGB vor, hat insbesondere die Übernahme der Geschäftsführung nicht dem wirklichen oder mutmaßlichen Willen des Geschäftsherrn entsprochen, so hat der Geschäftsherr das, was er durch die Geschäftsführung erlangt hat, als ungerechtfertigte Bereicherung herauszugeben (§ 684 S. 1, §§ 812 ff. BGB).

15 3. **Ungerechtfertigte Bereicherung.** Auf ungerechtfertigter Bereicherung kann der Vergütungsanspruch, außer in dem soeben behandelten Fall der nicht genehmigten Geschäftsführung ohne Auftrag, beruhen, wenn der anwaltliche Geschäftsbesorgungsvertrag nichtig ist. Dies kann zB praktisch werden, wenn der Rechtsanwalt von einem Geisteskranken beauftragt wird. Im Sinne der §§ 812 ff. BGB hat die Partei auf Kosten des Rechtsanwalts eine anwaltliche Leistung erlangt, deren Wert nach dem RVG zu bemessen ist.[13] Ist jedoch der Geschäftsbesorgungsvertrag wegen Verstoßes gegen das Gesetz oder die guten Sitten nichtig (§ 134, § 138 BGB), so ist § 817 BGB zu beachten. Danach kann der Rechtsanwalt, wenn ihm ein solcher Verstoß zur Last fällt, seine Leistung nicht zurückfordern, was bedeutet, dass er keine Vergütung fordern kann.[14]

---

[12] OLG Dresden JW 1925, 1799.
[13] LG Wiesbaden NJW 1967, 1570; so auch in dem gleich gelagerten Fall des Architektenhonorars RG HRR 1936 Nr. 461.
[14] Vgl. RGZ 151, 71; 161, 55; BGH JZ 1968, 431.

III. Schuldner der Vergütung

Schuldner der Vergütung ist der **Auftraggeber** (Rn. 6), der **Geschäftsherr** (Rn. 14) **16** oder der **Bereicherte** (Rn. 15). Der Auftraggeber kann sich durch einen gesetzlichen oder gewillkürten **Vertreter** verpflichtet haben. So handelt der Prozessbevollmächtigte, der einen Bevollmächtigten für die höhere Instanz bestellt (§ 81 ZPO), im Zweifel in Vollmacht für den Auftraggeber. Daher kommt in diesen Fällen ein Geschäftsbesorgungsvertrag zwischen dem Auftraggeber und dem Bevollmächtigten der höheren Instanz zustande. Bestritten ist, ob das Gleiche gilt, wenn der Prozessbevollmächtigte einen auswärtigen Beweisvertreter oder einen Vertreter bei einem Gericht bestellt, bei dem der Prozessbevollmächtigte nicht zugelassen ist. Die Beantwortung dieser Frage hängt nicht nur von dem Umfang der Vertretungsmacht des Prozessbevollmächtigten ab, sondern auch von dem rechtsgeschäftlichen Verpflichtungswillen des Prozessbevollmächtigten (vgl. § 164 Abs. 2 BGB). Dass es dem prozessbevollmächtigten Rechtsanwalt an dem Willen mangelt, sich selbst zu verpflichten, wird für den anderen Rechtsanwalt meist ohne weiteres erkennbar sein. Denn in der Regel kann nicht angenommen werden, dass der Prozessbevollmächtigte eine persönliche Haftung für die Vergütung des anderen Rechtsanwalts übernehmen will.[15] Anders nach den Vorstellungen mancher Auslandsrechte bei Substituierung eines ausländischen Anwalts.[16] Unterbevollmächtigte für Handlungen, die der Prozessbevollmächtigte persönlich vorzunehmen pflegt, werden jedoch im Zweifel nicht in ein Geschäftsbesorgungsverhältnis mit dem Auftraggeber treten.[17] Sie werden als Erfüllungsgehilfen des Prozessbevollmächtigten anzusehen sein. Handlungen des allgemeinen Vertreters (vgl. § 53 BRAO) berechtigen und verpflichten den vertretenen Rechtsanwalt.

Schuldner ist nur der Auftraggeber, auch wenn in Ausführung des Auftrags die Be- **17** lange dritter Personen gewahrt werden,[18] es sei denn, dass der Auftraggeber zugleich als Bevollmächtigter die Dritten verpflichtet hat, was Tatfrage ist. Der Auftraggeber muss mit der Prozesspartei nicht identisch sein. ZB pflegen Versicherungsgesellschaften zur Abwehr von Ansprüchen, die gegen den Versicherungsnehmer erhoben werden, in Erfüllung einer dem Versicherungsnehmer gegenüber bestehenden Rechtspflicht und im eigenen Interesse einen Rechtsanwalt ihres Vertrauens zu beauftragen. Dann ist die Versicherungsgesellschaft Schuldner der Vergütung und nicht auch der Versicherungsnehmer, selbst dann nicht, wenn er, um die Vertretung prozessual zu ermöglichen, Prozessvollmacht erteilt hat. Bei der Rechtsschutzversicherung jedoch wird der Rechtsanwalt namens und im Auftrag des Versicherungsnehmers beauftragt (so § 17 Abs. 2 der Allg. Bedingungen für die Rechtsschutzversicherung, ARB 2000). – Nach OLG-RhSchOG Köln VersR 1960, 916 besteht in der Rheinschifffahrt ein allgemeiner Brauch, dass der Schiffsführer durch die Mitunterzeichnung der von dem Reeder erteilten Prozessvollmacht dem Rechtsanwalt gegenüber nicht verpflichtet wird; daher erwachse ihm auch kein Erstattungsanspruch gegen den unterlegenen Gegner.

Schuldner der Vergütung kann auch ein **Dritter** sein, der, wie zB der Bürge nach **18** oder, wie zB der Mitschuldner, neben dem Auftraggeber haftet. Die Haftung eines

---
[15] Teils aA BGH NJW 1981, 1728; LG Stuttgart NJW 1954, 764.
[16] Vgl. den Hinweis in AnwBl. 1967, 82.
[17] LG Frankfurt NJW 1953, 1834.
[18] KG HRR 1942 Nr. 85.

§ 1 Abschnitt 1. Allgemeine Vorschriften

Dritten für die Vergütung kann sich unmittelbar aus dem Gesetz ergeben. Insbesondere kommt in Betracht: Bei Gütergemeinschaft haften die Ehegatten, wenn sie das Gesamtgut gemeinschaftlich verwalten, für die Gesamtgutsverbindlichkeiten auch persönlich als Gesamtschuldner (§ 1459 Abs. 2 BGB); die Kosten des Rechtsstreits eines Ehegatten gehören zu den Gesamtgutsverbindlichkeiten (§ 1460 Abs. 2 BGB).

IV. Persönliche Abgrenzung des Geltungsbereichs

19 Das RVG ist als Standesrecht der Anwaltschaft konzipiert. Grundsätzlich erhält daher nur ein **Rechtsanwalt** die Vergütung nach diesem Gesetz; im Bereich des Bundesentschädigungsgesetzes unter bestimmten Voraussetzungen jedoch auch frühere Rechtsanwälte (§ 183 Abs. 1, § 227 Abs. 4 BEG), die insoweit den zugelassenen Anwälten gleichgestellt sind. Wer Rechtsanwalt ist, bestimmt sich nach der Bundesrechtsanwaltsordnung. Der Grundsatz ist allerdings inzwischen durchbrochen. Seit dem 1.1.1981 galten die Vergütungsvorschriften der BRAGO nach Art. IX Abs. 1 des Kostenänderungsgesetzes in der Fassung des Art. 2 Nr. 1 des Gesetzes vom 18. 8. 1980 (BGBl. I S. 1503) sinngemäß auch für sonstige Personen, die nach Maßgabe des Rechtsberatungsgesetzes die Erlaubnis zur geschäftsmäßigen Rechtsbesorgung besaßen (ausgenommen Frachtprüfer und Inkassobüros), also für Rechtsbeistände, Rentenberater, Prozessagenten. Zu beachten ist, dass diese Erlaubnis nur noch in begrenztem Umfang neu erteilt wird, so dass sich die Erweiterung des Geltungsbereichs auf längere Sicht nicht erheblich auswirken wird. Seit 1. 4. 1982 wurde der Anwendungsbereich erneut ausgedehnt. Die Vorschriften der BRAGO galten sinngemäß auch für Steuerberater, soweit sie in gerichtlichen Verfahren für ihre Mandanten tätig sind (Steuerberater-Gebührenverordnung vom 17. 12. 1981, BGBl. I S. 1442). Dies galt nicht nur in finanzgerichtlichen Verfahren, sondern auch vor den Verwaltungsgerichten sowie im Straf- und Bußgeldverfahren sowie Disziplinarverfahren (hier sogar ohne Beschränkung auf das gerichtliche Verfahren). Dies gilt auch weiterhin. Im Zivilprozess gilt die Vorschrift nicht; wenn aber der Steuerberater, wie meist, aufgrund einer – begrenzten – Rechtsberatungserlaubnis tätig wird, ist die BRAGO und damit jetzt das RVG ohnehin bereits anwendbar (s. o.). Für die Geschäftsbesorgung anderer Personen, zB Wirtschaftsprüfern, Bücherrevisoren, Inkassobüros sowie sonstiger Personen oder Einrichtungen, die in bestimmten Angelegenheiten zulässigerweise – bei unzulässiger Rechtsberatung verstößt der darauf gerichtete Vertrag gegen ein gesetzliches Verbot und ist nichtig – Rechtsbesorgung betreiben, findet auch das RVG weiterhin keine Anwendung.

20 Für **Patentanwälte**, die im Wege der Prozesskostenhilfe beigeordnet worden sind, und wegen der Kostenerstattung für Patentanwälte, die im Rechtsstreit mitgewirkt haben, vgl. das Gesetz über die Beiordnung von Patentanwälten bei Prozesskostenhilfe in der Fassung vom 7. 9. 1966 (BGBl. I S. 557) sowie das Vertretergebühren-Erstattungsgesetz vom 18. 7. 1953 (BGBl. I S. 654). Zu dem Abkommen zwischen der Reichsrechtsanwaltskammer und der Patentanwaltskammer wegen Ermäßigung der Rechtsanwalts- und Patentanwaltsgebühren im Falle gemeinsamer Tätigkeit vgl. DJ 1936, 1592 und 1937, 142. Über die Anwendung der von der Deutschen Patentanwaltskammer herausgegebenen „Gebührenordnung für Patentanwälte" und über die Erstattungsfähigkeit der Kosten bei Doppelvertretung durch einen Rechtsanwalt und einen Patentanwalt vgl. BGH DB 1965, 851, 852.

21 Eine entsprechende Anwendung des RVG auf den **Notar** ist ausgeschlossen, da die Gebühren und Auslagen der Notare in der Kostenordnung abschließend geregelt sind.

Geltungsbereich **§ 1**

Auch dann, wenn der Notar die Interessen der Beteiligten gegenüber Behörden vertritt, zB eine behördliche Genehmigung einholt oder gemäß § 15 GBO den Eintragungsantrag stellt oder gemäß § 80 GBO, § 29 FGG weitere Beschwerde einlegt, erhält er Gebühren ausschließlich nach der Kostenordnung (vgl. §§ 141 ff. KostO), und zwar selbst dann, wenn diese Gebühren geringer sind als die Rechtsanwaltsgebühren.[19] Zur Abgrenzung der anwaltlichen von der notariellen Tätigkeit vgl. § 24 Abs. 2 BNotO.

Die vorstehenden Erwägungen schließen es nicht aus, dass **Nicht-Rechtsanwälte** für ihre Tätigkeit Vergütungen in der Höhe vereinbaren, wie sie einem Rechtsanwalt zustehen würden. Insbesondere bei schiedsrichterlicher Tätigkeit ist dies häufig. Eine solche Vereinbarung muss jedoch ausdrücklich getroffen werden. Eine Vermutung hierfür besteht nicht. Gegen eine solche Vermutung spricht nicht nur der Wortlaut des § 1, sondern auch der Gesichtspunkt, dass das RVG bei der Bemessung der Höhe der Vergütung die besondere, im öffentlichen Interesse gelegene Berufsstellung des Rechtsanwalts berücksichtigt hat. Dazu, dass eine nach § 612 BGB zu bemessende Vergütung für eine der anwaltlichen Tätigkeit vergleichbare Tätigkeit eines Nicht-Rechtsanwalts, zB eines „Wirtschaftsjuristen", um angemessen zu sein, im Allgemeinen geringer zu bemessen ist, vgl. *Dittmar* BB 1957, 530. 22

Vereinbart werden können nur die Gebühren. Die sonstigen Rechte des Rechtsanwalts, auch wenn sie sich aus dem RVG ergeben, zB §§ 9, 11, 33, 43, können für einen Nicht-Rechtsanwalt, auch Rechtsbeistand, nicht durch Vereinbarung begründet werden, wohl aber für einen Steuerberater im Rahmen von § 45 der Steuerberatergebührenverordnung. Für die Erstattbarkeit stehen die von Nicht-Rechtsanwälten vereinbarten Rechtsanwaltsgebühren diesen nicht gleich; für Rechtsbeistände gelten jedoch dieselben Regeln wie für Rechtsanwälte (Art. IX des Kostenänderungsgesetzes). 23

V. Sachliche Abgrenzung des Geltungsbereichs

1. Begriff der Berufstätigkeit des Rechtsanwalts. In § 1 Abs. 1, der besagt, dass das RVG die Vergütung des Rechtsanwalts für seine Berufstätigkeit bemisst, liegt zweierlei: 24

a) Subjektive Voraussetzung. Der Rechtsanwalt muss **als solcher** in Anspruch genommen und als solcher tätig geworden sein. Dies hängt eng mit der Frage zusammen, ob ein anwaltlicher Geschäftsbesorgungsvertrag zustande gekommen ist. Im Zweifel ist anzunehmen, dass derjenige, der die Dienste eines Rechtsanwalts in Anspruch nimmt, diesen auch in dieser Eigenschaft in Anspruch nimmt. Etwas anderes kann jedoch in Betracht kommen, wenn der Mandant nicht gewusst hat, dass er einen Rechtsanwalt beauftragt, zB angenommen hat, es handele sich noch um einen Referendar, wenn der Rechtsanwalt als Freund oder Verwandter (dies wird vor allem zwischen Ehegatten bedeutsam) – ohne ein rechtliches Verhältnis begründen zu wollen – beauftragt wird, oder wenn der Rechtsanwalt – standesrechtlich zulässig oder nicht – noch einen **anderen Beruf ausübt**. Im letzteren Fall ist eine gesetzliche Abgrenzungsregel einschlägig, wenn der Rechtsanwalt zugleich Notar ist. Ist eine Tätigkeit bestimmt, eine Urkundstätigkeit vorzubereiten, zu fördern oder auszuführen, 25

---
[19] OLG Oldenburg NdsRpfl. 1958, 122; LG Kiel SchlHA 1958, 339; *Hense* DNotZ 1953, 584; aA *Pikalo* RdL 1953, 362.

dann ist im Zweifel anzunehmen, dass der Rechtsanwalt nicht als solcher, sondern als Notar tätig geworden ist; im Übrigen ist anzunehmen, dass er als Rechtsanwalt tätig geworden ist (§ 24 Abs. 2 BNotO); je nachdem richtet sich die Vergütung nach der Kostenordnung oder nach dem RVG. In sonstigen Fällen des Doppelberufs wird im Zweifel die objektive Zugehörigkeit der Tätigkeit zu dem Beruf des Rechtsanwalts (Rn. 26) entscheidend sein.

26 **b) Objektive Voraussetzung.** Die Tätigkeit des Rechtsanwalts muss auch objektiv eine anwaltliche Berufstätigkeit sein. Sonst findet das RVG unmittelbar keine Anwendung; es kann aber für nichtanwaltliche Tätigkeiten durch Vereinbarung für anwendbar erklärt werden.[20] Das RVG gibt die Definition des Begriffs der anwaltlichen Berufstätigkeit nicht. Der Begriff ist daher aus der Stellung des Rechtsanwalts, wie sie in diesem Gesetz umschrieben ist, zu gewinnen. Hiernach übt der Rechtsanwalt einen freien Beruf aus (§ 2 BRAO); er ist der berufene unabhängige Berater und Vertreter in allen Rechtsangelegenheiten (§ 3 Abs. 1 BRAO).

27 **aa) Allgemeine Umschreibung der anwaltlichen Berufstätigkeit.** Nach der geschichtlichen Entwicklung liegt das Schwergewicht der anwaltlichen Tätigkeit in der Wahrnehmung der Rechte der Parteien vor Gericht. Das hat sich in der Zwischenzeit geändert. Der Rechtsanwalt leistet anwaltlichen Beistand mehr und mehr auch vor sonstigen Behörden oder Stellen. Er erteilt anwaltlichen Rat auf allen Rechtsgebieten. Er nimmt rechtliche Interessen in jeder Hinsicht wahr, insbesondere führt er Vertragsverhandlungen und entwickelt Rechtsformen (Kautelarjurisprudenz) vor allem für wirtschaftliche Zwecke. Das Gesetz selbst gibt zahlreiche Beispiele für anwaltliche Tätigkeiten. Wo es eine Tätigkeit mit einer Gebühr bedenkt, liegt in der Regel auch eine anwaltliche Tätigkeit vor. Manchmal setzt das RVG aber auch voraus, dass zunächst festgestellt wird, ob es sich um eine anwaltliche Berufstätigkeit handelt; zB entsteht eine Beratungsgebühr (Nr. 2001 VV) nur für einen anwaltlichen Rat. Die zunehmende Verrechtlichung unseres Lebens verengt die nicht anwaltliche Beratung aber.

28 **bb) Negative Abgrenzung (§ 1 Abs. 2).** § 1 Abs. 2 bestimmt ausdrücklich, dass das RVG auf bestimmte Tätigkeiten keine Anwendung findet, womit diese Tätigkeiten – und damit vergleichbare Tätigkeiten – zugleich aus dem Kreis der Berufstätigkeiten des Rechtsanwalts – jedenfalls im Sinne der Gebührenregelung – ausgeschieden werden. Dabei handelt es sich um folgende Tätigkeiten:

29 – **Staatsbürgerliche Ehrenämter und Ehrentätigkeiten,** von denen das Gesetz ausdrücklich den Vormund, den Betreuer und den Pfleger nennt, denen aber u. a. der Abgeordnete des Bundestags, eines Landtags, der Vertretung einer kommunalen Körperschaft und dergleichen, der Beisitzer eines Gerichts, der Zeuge und der Sachverständige gleichzustellen sind.

30 – **Gesetzliche Verwalter im weiten Sinne des Wortes:** Insolvenzverwalter und die im Insolvenzverfahren amtlich Tätigen, Nachlassverwalter (vgl. § 1987 BGB), Zwangsverwalter (dazu Zwangsverwalterverordnung vom 19. 12. 2003, BGBl. I S. 2804), ferner auch Testamentsvollstrecker (vgl. § 2221 BGB).[21]

31 – **Treuhänder und Schiedsrichter.** Die gesetzliche Aufzählung ist nicht abschließend (vgl.: „oder für eine ähnliche Tätigkeit"). Es handelt sich nicht um begrifflich fest umrissene Tätigkeitsgruppen, sondern um Typen, die rechtliche Schlüsse auf den Begriff der anwaltlichen Berufstätigkeit im Sinne des RVG zulassen.

---

[20] RGZ 121, 200.
[21] Dazu *Tschischgale* JurBüro 1965, 89.

Geltungsbereich **§ 1**

Den in dem Gesetz genannten Beispielen ist gemeinsam, dass der Rechtsanwalt 32
nicht im Auftrag einer Partei und in deren Interesse tätig wird. Vielmehr ist er selbständig tätig, an Weisungen eines Auftraggebers nicht gebunden, in der Verantwortung auf sich gestellt. In keinem dieser Fälle besteht ein rechtliches oder tatsächliches Monopol der Rechtsanwaltschaft. Im Gegenteil, gesetzliche Vertreter, gesetzliche Verwalter, Treuhänder und Schiedsrichter pflegen häufig Laien zu sein. Eine Vergütung für solche Tätigkeiten wird entweder überhaupt nicht gewährt – oder nur in Form von Auslagenersatz oder Aufwandsentschädigung –, oder sie ist gesetzlich anderweitig geregelt, so zB für die im Insolvenzverfahren tätigen Verwalter, Sachwalter, Treuhänder in der Verordnung vom 19. 8. 1998 (BGBl. I S. 2205). Oder sie wird analog § 1835 BGB geregelt, wie etwa beim Prozesspfleger;[22] zuweilen ist es verkehrsüblich, die Vergütung vertraglich zu bestimmen, so zB bei einem Treuhänder oder Schiedsrichter.[23]

Daher gehören hierher zB auch der Vorstand einer juristischen Person, das Mitglied 33
des Aufsichtsrats, der Liquidator und Sequester[24] und ähnliche Vermögensverwalter.[25]

c) Begriffsbestimmung. Das RVG gilt für die selbständige, freiberufliche Tätigkeit 34
des Rechtsanwalts für einen anderen in dessen rechtlichem Interesse. Darin liegt Folgendes:

Negativ. Auszuscheiden sind 35
– Tätigkeiten nicht als Anwalt (vgl. Rn. 25);
– eigenverantwortliche Tätigkeiten (Rn. 28–33);
– abhängige Tätigkeiten, zB des Angestellten, des Syndikus (vgl. § 46 BRAO). Denn Rechtsanwalt ist nur der freiberufliche und unabhängige Berater. Abhängige Tätigkeiten können juristische, niemals anwaltliche sein.
– Tätigkeiten in nichtrechtlichen Angelegenheiten. Der Beruf des Rechtsanwalts ist die Mitwirkung an allen Rechtsangelegenheiten, also an der Rechtspflege im Sinne von Pflege des Rechts. Alles, was damit nichts zu tun hat, scheidet aus dem Kreis der anwaltlichen Berufstätigkeiten aus.

Positiv. aa) Der Rechtsanwalt muss bei seiner Tätigkeit seine unabhängige freiberufliche Stellung wahren. Er darf sich nicht in die abhängige Stellung eines Angestellten begeben. 36

bb) Er muss für einen anderen und in dessen Interesse tätig sein, nicht im eigenen 37
Interesse (vgl. Rn. 49), nicht im öffentlichen Interesse und nicht im Interesse einer mehr oder minder großen Allgemeinheit (zB aller Insolvenzgläubiger). Die besonderen Interessen des anderen muss er wahrnehmen – natürlich im Rahmen seiner Berufspflichten –, sei es aufgrund eines Geschäftsbesorgungsvertrags, sei es als Geschäftsführer ohne Auftrag usw. (vgl. Rn. 2 ff.). Die Tätigkeit muss bei aller Wahrung der freiberuflichen Stellung den subjektiven Interessen des anderen dienen und in Ausführung von dessen Auftrag oder in Übereinstimmung mit dessen vermutlichem Willen erfolgen; sie darf also nicht eigenverantwortlich sein (Rn. 28–33).

---

[22] OLG Koblenz Rpfleger 1996, 508.
[23] Vgl. OLG Koblenz KonkTreuh. 1957, 94; LG Mainz AnwBl. 1952/53, 336; ausführlich *Gerold/Schmidt/Madert* Rn. 245–262.
[24] Dazu *Schmidt* JurBüro 1962, 74; vgl. wegen des Grundstückssequesters OLG Düsseldorf JMBl. NJW 1954, 137.
[25] Vgl. BGH JurBüro 1967, 481, 485.

§ 1

38　cc) Die Interessen, die für einen anderen wahrgenommen werden, müssen rechtliche sein. Dies entspricht der Geschichte der Rechtsanwaltschaft, ihrem Namen und dem ihr vom Gesetz zugewiesenen Aufgabenbereich.

39　**2. Rechtliche Angelegenheiten.** Die Abgrenzung der rechtlichen von den nichtrechtlichen Angelegenheiten ist sehr schwierig und nur im einzelnen Fall einigermaßen sicher zu treffen. Fast jede menschliche Lebensäußerung berührt sich mit dem Recht. Der Kreis der anwaltlichen Tätigkeiten ist daher sehr groß. Maßgebend für die Abgrenzung sind die Interessen, die wahrgenommen werden; sind die Interessen des Auftraggebers rechtliche, so wird der Rechtsanwalt beruflich tätig, sonst nicht.

40　Gegensätze zu rechtlichen sind persönliche, familiäre, freundschaftliche, wissenschaftliche, wirtschaftliche Interessen nur dann, wenn sie nicht **in Verbindung mit rechtlichen Interessen** stehen, insbesondere nur, wenn sie sich ohne Zuhilfenahme rechtlicher Mittel verwirklichen lassen und ohne diese verwirklicht werden. Der Rechtsanwalt, der ein Gutachten über römisches Recht erstattet, wird beruflich tätig, wenn das Gutachten dazu dienen soll, gegenwärtige Rechte des Auftraggebers historisch zu begründen; er handelt nicht anwaltlich, wenn das Gutachten die Grundlage für die Forschungen eines Historikers bilden soll. Prüft der Rechtsanwalt einen Betrieb, um organisatorische Mängel aufzudecken und den Betrieb zu rationalisieren, so handelt er nicht anwaltlich; dient seine Tätigkeit der Auffindung von Beweismaterial, zB um die Finanzbehörden von dem Umfang der Werbungskosten zu überzeugen, so handelt er beruflich. Der Rechtsanwalt, der einen Finanzierungsplan ausarbeitet, wird nichtanwaltlich tätig, wenn der Plan lediglich wirtschaftlichen Zwecken dient und seine Aufstellung keine wesentlichen rechtlichen Kenntnisse erfordert. Ist mit der Aufstellung des Planes aber eine rechtliche Beratung verbunden, soll der Plan zB als Grundlage für die Auseinandersetzung von Gesellschaftern oder für die Gründung einer Gesellschaft oder der Durchführung einer Ehescheidung dienen, so handelt der Rechtsanwalt anwaltlich.[26] Wenn dem Rechtsanwalt die Aufstellung des Finanzierungsplanes überwiegend mit Rücksicht auf seine besonderen volkswirtschaftlichen und betriebswirtschaftlichen Kenntnisse übertragen worden ist, so kann es allerdings an der subjektiven Voraussetzung (Rn. 25) fehlen und aus diesem Grunde das RVG unanwendbar sein.[27] Kaufmännische Buchführung ist keine anwaltliche Tätigkeit; wird im Zusammenhang damit der Jahresabschluss erstellt und bei der finanzamtlichen Prüfung mitgewirkt, so kommt es darauf an, ob Rechtsrat zu erteilen ist oder nicht.[28] Anlageberatung ist nach ihrem Wesen keine Rechtsberatung; hierfür gilt also im Regelfall das RVG nicht.[29]

41　Die Maklertätigkeit als solche ist keine Berufstätigkeit des Rechtsanwalts. Vermittelt der Rechtsanwalt einen Kredit, so kann jedoch in den Auftrag eingeschlossen sein, die Kreditbedingungen auszuhandeln, in welchem Falle der Rechtsanwalt nach dem RVG und nicht als Makler vergütet wird.[30] Die Vermittlung eines Kredits kann auch deshalb eine anwaltliche Berufstätigkeit sein, weil die Kreditbewilligung, insbesondere bei Staatskrediten, von der Darlegung rechtlich geregelter Voraussetzungen abhängt.[31] Es kann sich jedoch aus den Umständen ergeben, dass der Rechtsanwalt nicht

---

[26] Vgl. RGZ 158, 100; LG Kiel SchlHA 1958, 12.
[27] So auch LG Bochum JW 1926, 874, allerdings mit anderer Begr.
[28] BGH NJW 1970, 1189.
[29] BGH NJW 1980, 855.
[30] RGZ 121, 200.
[31] So im Falle BGHZ 18, 340.

als solcher (Rn. 19), sondern als Makler in Anspruch genommen worden ist; zB wenn das für den Maklervertrag typische Erfolgshonorar (§ 652 BGB) als vereinbart anzusehen ist;[32] dann bedarf die Honorarvereinbarung nicht der Form des § 4 und ist auch nicht unter den für anwaltliche Erfolgshonorare geltenden Gesichtspunkten zu prüfen.[33] Andererseits kann eine nicht anwaltliche Tätigkeit natürlich nicht allein deswegen angenommen werden, weil ein Erfolgshonorar vereinbart worden ist.[34] Im Übrigen ist nicht entscheidend, ob die Hauptaufgabe des Rechtsanwalts im Vermitteln oder im rechtlichen Beistand liegt; nur, wenn die rechtliche Betreuung ganz unwesentlich ist und überhaupt keine in Betracht kommende Rolle mehr spielt, ließe sich bei einem Rechtsanwalt beim Fehlen einer ausdrücklichen Abrede die Nichtanwendung des RVG rechtfertigen.[35]

3. Die Fälle des § 1835 BGB. Aus einer nicht anwaltlichen Tätigkeit kann sich eine anwaltliche Tätigkeit entwickeln. Der Vormund, Betreuer oder Pfleger, dazu zählt auch der Verfahrenspfleger im Betreuungsrecht, der als solcher keine anwaltliche Tätigkeit entfaltet, kann nach §§ 1835, 1915 BGB für Aufwendungen, die er zum Zwecke der Führung der Vormundschaft, Betreuung oder Pflegschaft macht, von dem Mündel Vorschuss oder Ersatz verlangen. Nach § 1835 Abs. 3, § 1915 BGB gelten als Aufwendungen auch solche Dienste, die zum Gewerbe oder Beruf des Vormunds oder Pflegers gehören. 42

Der Grundgedanke dieser Vorschrift rechtfertigt ihre entsprechende Anwendung auf den Insolvenzverwalter,[36] Nachlassverwalter, Zwangsverwalter, Testamentsvollstrecker[37] und besondere gesetzliche Vertreter (zB §§ 57, 58, 494, 779, 787 ZPO, § 72 SGG). 43

Hiernach kann ein Rechtsanwalt, der in einer dieser Eigenschaften tätig ist, für die Führung eines Prozesses Vergütung nach dem RVG verlangen,[38] und zwar auch dann, wenn kein Anwaltszwang besteht, sofern nur üblicherweise – und das ist heute meist – für die Prozessführung ein Anwalt zugezogen zu werden pflegt. Der Anspruch besteht auch, wenn der Rechtsanwalt den Prozess verliert, es sei denn, dass dieser von vornherein aussichtslos war.[39] Die Rechtsprechung wendet diese Grundsätze auch für Zwangsvollstreckungen an, die der Rechtsanwalt kraft seines Amtes betreibt, und zwar ohne Rücksicht auf die Schwierigkeit im Einzelfall.[40] Dies rechtfertigt sie damit, dass es die ureigenste Aufgabe des Rechtsanwalts ist, Ansprüche gerichtlich durchzusetzen und gerichtlich geltend gemachte Ansprüche abzuwehren, so dass nach dem Wortlaut und dem Sinn des § 1835 Abs. 3 BGB eine besondere Vergütung hierfür nicht versagt werden könne; das ist aber nicht auf einfache Beitreibungen, für die ein Laie keinen Anwalt zuziehen würde, auszudehnen. Dies gilt auch in Verfahren, in denen keine Kostenerstattung vorgesehen ist. Der Rechtsanwalt kann die nach dem RVG entstehenden Gebühren und die durch die Prozessführung usw. 44

---

[32] OLG Naumburg HRR 1940 Nr. 222; LG Stade NJW 1953, 1356 m. abl. Anm. *Gerold*.
[33] BGH AnwBl. 1956, 255.
[34] BGHZ 18, 340.
[35] BGH NJW 1962, 1621.
[36] *Jaeger/Weber* § 85 KO Rn. 3; *Gerold* JurBüro 1957, 206; LG Amberg NJW 1959, 203.
[37] RGZ 149, 124.
[38] LG Hamburg MDR 1954, 430; LG Flensburg SchlHA 1958, 288; LG Hannover NJW 1958, 2073; LG Hamburg AnwBl. 1966, 168; LG Nürnberg-Fürth JurBüro 1967, 986.
[39] LG Frankfurt MDR 1961, 692.
[40] LG Aschaffenburg KonkTreuh. 1960, 78.

entstandenen besonderen Auslagen fordern. Auch die Einigungsgebühr und die Erledigungsgebühr stehen ihm zu, jedoch nur, wenn er in dem Prozess selbst als Rechtsanwalt aufgetreten ist, nicht dagegen, wenn er einen anderen Rechtsanwalt mit der Prozessführung beauftragt hat, dann auch keine Korrespondenzgebühr.

45   Darüber hinaus kann der Rechtsanwalt Vergütung nach dem RVG auch für solche Tätigkeiten verlangen, bei denen ein Laie in gleicher Lage vernünftigerweise einen Rechtsanwalt zuziehen würde.[41] So für einen Schriftwechsel, in dem Rechtsfragen zu erörtern sind.[42] Bei einer Hausverwaltung kann Vergütung nach dem RVG nur für rechtlich schwierige Einzelangelegenheiten gefordert werden,[43] wozu nach Lage des Falles der Abschluss außergerichtlicher Vergleiche zur Beilegung von Mietstreitigkeiten gehören kann.[44] Eine Inkassotätigkeit gehört zu den allgemeinen Aufgaben eines Vormunds und dergleichen; sie erfordert keine besonderen rechtlichen Kenntnisse; Vergütung nach dem RVG kann daher hierfür nicht gefordert werden. Gemäß § 1836 a BGB i.V.m. dem Berufsvormündervergütungsgesetz vom 25. 6. 1998 (BGBl. I S. 1580) kann der Rechtsanwalt bestimmte Stundensätze aus der Staatskasse verlangen. Das bloße Überlegen von Rechtsfragen ist keine Dienstleistung; eine Beratungsgebühr kann daher nicht dafür gefordert werden, dass sich der Rechtsanwalt selbst von einem Prozess abrät.[45]

46   Die Vergütung darf der Rechtsanwalt dem verwalteten Vermögen vorschussweise entnehmen (vgl. §§ 181, 1795 Abs. 2 BGB).[46] Insbesondere der Vormund kann aber die Erfüllung seiner Vormundspflichten nicht vom Vorschuss abhängig machen.[47]

47   Ist der Vergütungsanspruch des Rechtsanwalts streitig, so hat darüber nicht der Vormundschaftsrichter, sondern der Prozessrichter zu entscheiden.[48]

48   Wenn das Mündel mittellos ist, kann der Rechtsanwaltsvormund auch im Wege der Prozesskostenhilfe beigeordnet werden und erhält dann Vergütung nach §§ 45 ff. aus der Staatskasse.[49] Im Anwaltsprozess kann die Beiordnung nicht mit der Begründung abgelehnt werden, dass der gesetzliche Vertreter postulationsfähig sei, vgl. BVerfGE 7, 53. Über die Erstattung von Auslagen durch die Sozialhilfebehörden vgl. Schreiben des BMI vom 23. 11. 1956 (AnwBl. 1957, 34), dessen Empfehlungen jedoch weitgehend nicht mehr gefolgt wird, und OVG Münster AnwBl. 1960, 142, das die Befriedigung der Gebührenforderung des zum Pfleger bestellten Rechtsanwalts aus einer Ehelichkeitsanfechtung mit Mitteln der öffentlichen Fürsorge ablehnt (hierzu aber §§ 60, 65 a SGB I, wonach die Sozialbehörde die Auslagen zu tragen hat).

49   **4. Tätigkeiten im eigenen Interesse.** Hierfür gilt das RVG nicht. Ein Rechtsanwalt kann aber auch in eigener Sache vor Gericht auftreten – wenn Anwaltszwang besteht, unter der Voraussetzung, dass er beim Prozessgericht zugelassen ist (§ 78 ZPO). Obwohl hier ein – interner – Gebührenanspruch überhaupt nicht entsteht, bestimmt § 91 Abs. 2 ZPO, dass der Rechtsanwalt von dem zur Erstattung verpflichteten Geg-

---

[41] OLG Frankfurt MDR 1961, 691; LG Berlin Rpfleger 1933, 169.
[42] AG Hamburg MDR 1955, 740; Rpfleger 1957, 120.
[43] KG MDR 1960, 673.
[44] LG München II Rpfleger 1968, 293.
[45] Vgl. KGJ 45, 55.
[46] LG Berlin Rpfleger 1969, 53 m. Anm. *Schmidt*.
[47] A A in einem unrichtigen obiter dictum BVerfGE 7, 53, 58.
[48] BayObLG JFG 6, 107; KGJ 4, 81; 6, 45; KG OLG 30, 152.
[49] OLG Frankfurt NJW 1951, 276; LG Hannover NJW 1958, 2073. Vgl. ferner *Niebler* SJZ 1950, 350 und *Chemnitz* AnwBl. 1954, 166 sowie OLG Hamburg ebenda.

Geltungsbereich § 1

ner Gebühren und Auslagen bis zu dem Betrag fordern kann, zu dem er Gebühren und Auslagen eines bevollmächtigten Rechtsanwalts erstatten verlangen könnte.

Vgl. wegen der Erstattung im Arbeitsgerichtsprozess *Gerold/Schmidt/Müller-Rabe* Anhang D Rn. 24–41, im Sozialgerichtsprozess (bejahend) SG Duisburg AnwBl. 1970, 300, im Finanzgerichtsprozess *Gerold/Schmidt/Madert* Anhang D Rn. 416 ff. Bei Selbstverteidigung und Selbstvertretung als Privat- oder Nebenkläger[50] gilt § 91 Abs. 2 S. 4 ZPO auch im Strafverfahren (§ 464 a Abs. 2 Nr. 2 StPO) und im Verfahren der Verwaltungsbehörde wegen Ordnungswidrigkeiten (§ 105 OWiG). Im FGG-Verfahren kann die Erstattung der Rechtsanwaltsvergütung in eigener Sache nicht angeordnet werden; § 91 Abs. 2 ZPO wird in § 13 a FGG nicht angeführt.[51] 50

Das RVG bestimmt auch nichts für den Fall, dass der Rechtsanwalt seine Vergütungsansprüche gegen den Auftraggeber geltend macht. Bei gerichtlicher Geltendmachung gilt § 91 Abs. 2 ZPO, wenn der Rechtsanwalt den Klageweg (einschließlich des Mahnverfahrens) beschreitet. Betreibt er das Festsetzungsverfahren, so erhält er dafür keine Gebühren (§ 11 Abs. 2). Gerät der Auftraggeber in Verzug, so bemisst sich der Anspruch des Rechtsanwalts auf Verzugszinsen (§ 104 Abs. 1 ZPO) und Verzugsschaden nach den §§ 286, 288 BGB. Ersetzt wird danach über die Verzugszinsen hinaus nur der konkrete Schaden und nicht etwa eine nach dem RVG bemessene Vergütung. Auch eigene Mahnschreiben des Rechtsanwalts werden nicht nach dem RVG vergütet.[52] 51

VI. Gebühren und Auslagen

Die Vergütung für die Berufstätigkeit des Rechtsanwalts setzt sich aus Gebühren und Auslagen zusammen. Der Zusammenfassung der Gebühren und der Auslagen unter dem Begriff der Vergütung[53] entspricht für das Gerichtskostenrecht die Zusammenfassung der Gebühren und der Auslagen unter dem Begriff der Kosten (§ 1 GKG, § 1 KostO, § 1 GVKostG). Auch das RVG kennt den Begriff der Kosten; es verwendet ihn aber im Sinne von besonderen Auslagen (vgl. Vorbem. 7 Abs. 1 VV „Geschäftsunkosten", „Reisekosten"). Rechtsgrundsätzliches zur Abgrenzung der Gebühren von den Auslagen vgl. bei OVG Münster OVGE 15, 1 und *Totzek* ÖV 1958, 764. 52

1. Gebühren. Gebühren sind die Gegenleistung, die der Rechtsanwalt als Entgelt für seine eigentliche Tätigkeit erhält. Sie gelten die anwaltliche Leistung als solche ab, daneben aber auch die allgemeinen Geschäftsunkosten. Die Gebühren sind privatrechtliches Entgelt. Mit den Gebühren im Sinne des öffentlichen Gebührenrechts haben sie nur den Namen gemein. 53

a) Arten von Gebühren. aa) Wertgebühren. Sie bemessen sich nach dem Gegenstandswert (§ 7). Steht dieser fest, so wird die Gebühr aus der Tabelle abgelesen, die nach Wertsätzen gestaffelt ist (§ 13). Wertgebühren haben feste Beträge, die nicht nach Ermessen erhöht oder gesenkt werden können. Für Billigkeitsgesichtspunkte lassen sie keinen Raum. In manchen Fällen können diese aber bei der Festsetzung des 54

---

[50] LG Bückeburg MDR 1968, 607; LG Frankfurt MDR 1970, 785.
[51] BayEGH JurBüro 1963, 632; *Schumann* MDR 1958, 11 und Erg. S. 52 und NJW 1959, 1761.
[52] AA *Schmidt* NJW 1970, 1406 – Vergütung sei zuzubilligen, wenn der Rechtsanwalt irgendwelche eigene Interessen wahrnehme, es sei denn, er handele als Privatperson; AG Bonn NJW 1971, 50 – bei der außergerichtlichen Regulierung eigenen Schadens.
[53] So bereits RGZ 21, 350.

§ 1 Abschnitt 1. Allgemeine Vorschriften

Gegenstandswertes zur Geltung kommen. Ausnahmsweise kommen Wertgebühren als Wertanteilsgebühren vor (Nr. 1009 VV bei der Hebegebühr).

55 **bb) Rahmengebühren.** Sie erscheinen in zwei Arten, nämlich als Betragsrahmengebühren und als Gebührensatzrahmen (vgl. dazu § 14). Aus dem Rahmen wird der im Einzelfall geschuldete Gebührenbetrag oder der Gebührensatz nach Angemessenheitsgesichtspunkten ermittelt (§ 14 Abs. 1). Gebührensatzrahmen ergeben Wertgebühren.

56 **cc) Verfahrensgebühren und Einzelgebühren.** Die Gebühren entgelten regelmäßig nicht eine einzelne Tätigkeit, sondern mehrere gleichartige oder zusammenhängende Tätigkeiten. Verfahrensgebühren gelten alle gleichartigen Tätigkeiten in derselben Angelegenheit oder in demselben Rechtszug ab (vgl. § 15). Im Grunde genommen entgelten auch die Einzelgebühren nicht nur eine einzelne Tätigkeit. Denn praktische Gesichtspunkte verbieten es, die anwaltliche Tätigkeit zu **atomisieren**. Auch wenn der Rechtsanwalt eine Gebühr nur für einen Schriftsatz erhält (vgl. Teil 4 Abschnitt 3 VV), entfaltet er eine ganze Reihe von Tätigkeiten, die alle zusammen mit der Schriftsatzgebühr entgolten werden (er informiert sich, diktiert, überprüft, unterschreibt, sendet ab). Das Vergütungsverzeichnis spricht daher zu Recht von einer Verfahrensgebühr. Der Gegensatz zwischen Verfahrensgebühren und Einzelgebühren ist ein gradueller. Verfahrensgebühren entgelten die gesamte Tätigkeit des Rechtsanwalts in einer Angelegenheit oder in einem Rechtszug, was nicht ausschließt, dass mehrere Verfahrensgebühren zusammen das Entgelt ausmachen können. Einzelgebühren entgelten nur bestimmte Tätigkeiten, die innerhalb einer Angelegenheit oder in einem Rechtszug vorkommen können. Ob eine Verfahrensgebühr oder eine Einzelgebühr geschuldet wird, hängt nicht von dem Umfang der anwaltlichen Tätigkeit, sondern von dem Auftrag ab. Die Verfahrensgebühr ist die Gebühr des Prozessbevollmächtigten (Verfahrensbevollmächtigten). Einzelgebühren erhält der Rechtsanwalt, der nur mit Teilstücken einer Angelegenheit beauftragt ist. Einzelgebühren und Verfahrensgebühren sind von dem Gesetz in eine ganz bestimmte Beziehung gesetzt: Einzelgebühren werden in der Regel auf eine später in derselben Angelegenheit entstehende Verfahrensgebühr angerechnet (Vorbem. 4.3 Abs. 4 VV). Eine Obergrenze bildet § 15.

57 **dd) Volle und Bruchteilsgebühren.** Sie kommen nur bei Wertgebühren, einschließlich der Gebührensatzrahmen, vor und entsprechen der Einschätzung, die der Gesetzgeber typischen anwaltlichen Tätigkeitsquanten zuteil werden lässt. Je nachdem erhält der Rechtsanwalt die vollen Beträge der Tabelle (§ 13) oder nur einen Bruchteil davon.

58 **ee) Angemessene Gebühr.** Sie kommt beim Gutachten vor (Nr. 2103 VV); hier verzichtet das Gesetz sowohl auf feste Gebührensätze als auch auf einen Rahmen, der die Billigkeit nach oben oder unten begrenzt. Die angemessene Gebühr spielt außerdem eine Rolle bei der Festsetzung der vereinbarten Vergütung durch den Vorstand der Rechtsanwaltskammer und bei der Herabsetzung einer vereinbarten Vergütung durch den Richter auf den „angemessenen" Betrag (§ 4 Abs. 4).

59 **ff) Postgebühren.** Dies sind keine Gebühren, sondern aus der Sicht des Anwalts Auslagen. Seit der Privatisierung der Postbetriebe spricht das Gesetz von „Entgelten für Post- und Telekommunikationsdienstleistungen". Die früher als **Schreibgebühren** bezeichneten und in der Umgangssprache auch heute noch oft so genannten Unkosten sind pauschalierte Auslagen. Die BRAGO kannte noch Abschriften, während das

Geltungsbereich § 1

RVG nur noch von Ablichtungen spricht. Daraus sollte man aber nicht folgern, dass andere als durch Ablichtung hergestellte Dokumente nicht vergütet werden.

b) Pauschcharakter. Keine besondere Gebührenart, sondern ein Wesenszug jeder 60 Gebühr ist ihr Pauschcharakter. Der Rechtsanwalt erhält anders als nach manchen ausländischen Rechten nicht für jede, eine natürliche Handlungseinheit bildende Tätigkeit, zB für jedes Schreiben, jede mündliche Verhandlung usw., eine Gebühr. Vielmehr werden gleichartige Tätigkeiten zu Gruppen zusammengefasst, und die ganze Gruppe wird mit einer einzigen Gebühr abgegolten. So erhält der Rechtsanwalt die Verfahrensgebühr der Nr. 3100 VV für den gesamten allgemeinen Betrieb des Verfahrens, die Terminsgebühr der Nr. 3104 VV für alle mündlichen Verhandlungen in jedem Rechtszug nur einmal, und zwar ohne Rücksicht darauf, wie groß der Arbeitsaufwand im einzelnen Fall ist. Die Gebühren gelten also ein Pauschquantum ab. Dies trifft nicht nur für Verfahrensgebühren, sondern auch für Einzelgebühren zu. Auch diese umfassen in aller Regel mehrere gleichartige Tätigkeiten in derselben Angelegenheit (zB mehrere Schreiben, Termine) in einem Verfahrensabschnitt. Dies ist aber für jeden Einzelfall zu prüfen. Auch hier ist die Gebühr unabhängig von dem Arbeitsaufwand des Einzelfalles. Der Unterschied zwischen Verfahrenspauschgebühren und Einzelaktgebühren hat für das Gebiet des Rechtsanwaltsgebührenrechts keine Berechtigung. Einerseits sind alle Rechtsanwaltsgebühren Pauschgebühren, denn sie entgelten ein Pauschquantum. Andererseits sind alle Rechtsanwaltsgebühren auch Einzelaktgebühren, denn sie entstehen mit dem ersten Akt (der ersten anwaltlichen Tätigkeit), die in das Pauschquantum fällt.

Auch Rahmengebühren entgelten ein ganzes Verfahren oder einen Verfahrensab- 61 schnitt oder doch mehrere Tätigkeiten. Auch sie werden ohne Rücksicht auf den Arbeitsaufwand nur einmal zugebilligt. Aber die Wirkungen des Pauschcharakters sind bei Rahmengebühren gemildert, weil der konkrete Arbeitsaufwand bei der Bemessung der Gebühr berücksichtigt wird (§ 14 Abs. 1). Ebenso sind die Wirkungen des Pauschcharakters bei Wertgebühren gemildert, wenn der Arbeitsaufwand bei der Feststellung des Gegenstandswertes Berücksichtigung findet (§§ 14, 37).

2. Auslagen. Der Anspruch des Rechtsanwalts auf Ersatz seiner Auslagen ergibt sich 62 aus §§ 675, 670 BGB. Teil 7 VV regelt aus praktischen Gründen das Maß des Auslagenersatzes für einige typische Auslagen und enthält insofern Spezialvorschriften, die denen des BGB vorgehen.

VII. Gebührentatbestand

Der Gebührentatbestand umschreibt die gesetzlichen Voraussetzungen, die erfüllt 63 sein müssen, um den Anspruch des Rechtsanwalts auf eine bestimmte Gebühr zu begründen.

1. Verhältnis des Gebührentatbestands zum Rechtsgrund des Vergütungsan- 63a **spruchs.** Nach dem Rechtsgrund des Vergütungsanspruchs (Rn. 2 ff.) bestimmt sich, ob und unter welchen Voraussetzungen der Rechtsanwalt eine Vergütung überhaupt erhält. Nach dem Gebührentatbestand richtet sich, welche Gebühr der Rechtsanwalt erhält, wenn ein rechtlicher Grund für eine Vergütung besteht. Der Gebührentatbestand ist also das Mittel, dessen sich der Gesetzgeber bedient, um die Höhe der Vergütung zu bestimmen. Die Erfüllung eines Gebührentatbestands ist aber kein selbständiger Rechtsgrund für einen Vergütungsanspruch.[54] Wenn kein Vergütungsanspruch besteht, dann auch kein Gebührenanspruch. War zB die Tätigkeit, die den Gebührentatbestand erfüllt, von dem Auftrag nicht erfasst, dann hat der Rechtsanwalt keinen Anspruch auf die Gebühr (von den Fällen der Geschäftsführung ohne Auftrag und der ungerechtfertigten Bereicherung abgesehen). Hat der Rechtsanwalt seinen Vergütungsanspruch – entsprechend § 654 BGB – verwirkt, weil er unter vorsätzlicher oder fahrlässiger Verletzung wesentlicher Vertragspflichten den ihm zur Wahrung anvertrauten Interessen in erheblicher Weise zuwidergehandelt hat,[55] so erhält er auch keine Gebühr. Einreden gegen den Vergütungsanspruch bestehen auch gegen den Gebührenanspruch. Der Gebührenanspruch besteht also nicht neben dem Vergütungsanspruch, sondern er ist eine Erscheinungsform des Vergütungsanspruchs. Im § 50 der alten RAGebO waren die „aus einem Verschulden sich ergebenden zivilrechtlichen Folgen" gegenüber dem Gebührenanspruch ausdrücklich vorbehalten. Schon die BRAGO hat dies nicht übernommen, weil es selbstverständlich ist, und das gilt auch heute für das RVG.

64 **2. Verhältnis des Gebührentatbestands zum Pauschquantum.** Der Gebührentatbestand ist von dem Tätigkeitsquantum (Pauschquantum) zu unterscheiden, das durch die Gebühr abgegolten wird. In dem Wortlaut des Gesetzes tritt diese Unterscheidung oft nicht hervor. Das Gesetz bezeichnet meistens nur das Tätigkeitsquantum. Bereits die erste Tätigkeit des Rechtsanwalts, die in das Tätigkeitsquantum einer bestimmten Gebühr fällt, begründet den Tatbestand dieser Gebühr. Die mit der ersten Tätigkeit verdiente Gebühr gilt aber auch zukünftige gleichartige Tätigkeiten ab. Denn mehr als einmal kann der Rechtsanwalt dieselbe Gebühr in derselben Angelegenheit oder in demselben Rechtszug nicht erhalten (§ 15 Abs. 2).

65 Hieraus hat sich die Vorstellung entwickelt, dass der Rechtsanwalt mit jeder Tätigkeit, die den Gebührentatbestand erfüllt, die Gebühr erneut verdient, dass er sie aber in demselben Rechtszug nur einmal erhalten kann. Diese Vorstellung ist als Faustregel hingenommen worden. Sie führt aber zu eigenartigen Folgerungen, wenn etwa nach Auffassung des OGH NJW 1947/1948, 586 der Rechtsanwalt durch eine nach dem Währungsstichtag entfaltete, sei es auch noch so geringfügige, aber noch in das Pauschquantum fallende Tätigkeit eine Gebühr in voller Höhe in Deutscher Mark neu verdient habe.

VIII. Internationales Privatrecht

66 Das für den schuldrechtlichen Vergütungsanspruch des Rechtsanwalts maßgebende nationale Recht bestimmt sich nach dem deutschen internationalen Recht zunächst nach dem Willen der Vertragsteile. Wenn ein solcher nicht zu ermitteln ist, bestimmt sich das anzuwendende Recht danach, welches Recht die Parteien bei vernünftiger und billiger Berücksichtigung der beiderseitigen Belange mutmaßlich vereinbart haben würden.[56] Der hilfsweise maßgebende hypothetische Parteiwille weist auf das für die Niederlassung des Rechtsanwalts geltende nationale Recht (Heimatrecht des Rechtsanwalts; Niederlassungsstatut).[57] In der Regel wird dies das deutsche Recht sein und da-

---

[54] AA anscheinend *v. d. Heyde* JW 1938, 2035.
[55] RGZ 113, 268; 154, 110, 117; RG HRR 1935 Nr. 725; *Geiershöfer* JW 1926, 2086.
[56] RGZ 126, 206; BGHZ 7, 231; 22, 162.
[57] RGZ 149, 127; 151, 194; OLG Köln RzW 1959, 46; NJW 1960, 1301.

Geltungsbereich **§ 1**

mit zur Anwendbarkeit des RVG führen. Bei Aufträgen mit Auslandsberührung kann jedoch auch ein anderes Recht in Betracht kommen.[58] Diese Fragen werden künftig mehr und mehr bedeutsam werden, wenn die Anwaltsniederlassung im EU-Bereich sich ausbreitet. Für Anwälte aus dem **EU-Bereich**, die sich in Deutschland niederlassen, gilt bereits jetzt das Gesetz über die Tätigkeit europäischer Rechtsanwälte in Deutschland (EuRAG) vom 9. 3. 2000 (BGBl. I S. 182), zuletzt geändert durch Gesetz vom 26. 10. 2003 (BGBl. I S. 2074). Dies führt weitgehend zu einer Gleichstellung auch im Gebührenrecht. Anwälte aus bestimmten Nicht-EU-Ländern können diese Gleichstellung durch Aufnahme in eine deutsche Rechtsanwaltskammer erreichen.

Natürlich kann das positive Recht etwas anderes bestimmen. Ob es das in den Kostenbestimmungen für das Berliner Rückerstattungsverfahren getan hat, insofern als diese Vorschriften einheitlich für alle Rechtsanwälte gelten sollen, die in dem Verfahren tätig werden, ohne Rücksicht darauf, wo sie wohnen,[59] ist sehr zweifelhaft. Auch für die anwaltliche Tätigkeit in Steuersachen gilt nichts Besonderes.[60] Jedenfalls kann eine solche Ausnahme nur mit größter Vorsicht als gegeben angenommen werden. **67**

1. Niederlassungsstatut. Es gilt, soweit keine länderübergreifenden Regelungen (s. Rn. 66) bestehen, nach deutschem Recht für deutsche und ausländische Rechtsanwälte. Ein in Stuttgart ansässiger deutscher Rechtsanwalt, der einen in Paris lebenden Schweizer wegen Ansprüchen gegen einen Holländer in London berät, erhält Vergütung nach deutschem Recht. Ein in New York ansässiger Rechtsanwalt, der vor einem deutschen Gericht einen Deutschen oder einen Ausländer vertritt, erhält eine Vergütung nach dem Recht des Staates New York.[61] **68**

Das Niederlassungsstatut für Rechtsanwälte entspricht den Ansichten und Vorschlägen der internationalen Wissenschaft. Es gilt auch für die Tätigkeit vor gemischten Schiedsgerichtshöfen[62] und vor dem Gerichtshof der Europäischen Gemeinschaften.[63] Vgl. für Letztere auch Kostenordnung vom 19. 5. 1954, ABl. EG S. 373, und wegen der Kostenerstattung Art. 73 ff. der Verfahrensordnung (Neubek. vom 14. 8. 2003, ABl. EU Nr. C 193 S. 1). **69**

2. Rückverweisung. Weist das nach deutschem internationalem Privatrecht maßgebende ausländische Recht auf das deutsche Recht zurück, so ist endgültig deutsches Recht maßgebend (Art. 27 EGBGB). Nach französischem Recht bestimmt sich zB die Form eines Rechtsgeschäftes nach den Gesetzen des Ortes, an dem das Rechtsgeschäft vorgenommen worden ist.[64] Ist daher eine Honorarvereinbarung, für die nach Art. 11 EGBGB französisches Recht gelten würde, in Deutschland abgeschlossen, so bestimmt sich die Form nur nach § 4 Abs. 1. **70**

3. Honorarvereinbarungen. Das Heimatrecht des Rechtsanwalts bestimmt auch, ob Honorarvereinbarungen zulässig sind und ob hierfür eine Form erforderlich ist (Art. 11 Abs. 1 EGBGB).[65] Schreibt das Heimatrecht eine Form vor, so genügt jedoch die Beobachtung der Gesetze des Ortes, an dem die Honorarvereinbarung vorgenom- **71**

---

[58] Vgl. die Übersicht bei *Bendref* AnwBl. 1999, 309.
[59] So BGH vom 14. 7. 1954 – II ZR 161/53.
[60] *Schumann* Erg. S. 53; aA *Thier* S. 20.
[61] OLG München DRZ 1927 Nr. 414.
[62] *Friedlaender JW 1923, 158.*
[63] AA *Roemer* NJW 1955, 617.
[64] *Thomsen* Saarl. RuStZ 1954, 4.
[65] *Friedlaender* AnwBl. 1954, 2.

men worden ist (Art. 11 Abs. 2 EGBGB). Würde also ein in der Bundesrepublik ansässiger Rechtsanwalt, dessen Vergütung sich nach deutschem Recht richtet, eine beiderseits mündliche Honorarvereinbarung in dem Gebiet eines Staates geschlossen haben, dessen Recht für eine solche Vereinbarung die mündliche Form der Erklärungen genügen lässt, so würde für die Form der Vereinbarung nicht § 4 Abs. 1 maßgebend sein, vielmehr wäre die Vereinbarung voll wirksam, auch wenn die Erklärung des Auftraggebers nicht schriftlich abgegeben worden wäre. Würde umgekehrt das nach dem Schuldstatut maßgebende Auslandsrecht eine strengere Form erfordern, so wäre eine Honorarvereinbarung, die der Form des § 4 Abs. 1 genügt, wirksam, wenn sie in Deutschland geschlossen worden wäre. Diese Grundsätze gelten auch, wenn die Honorarvereinbarung von einem in der Bundesrepublik ansässigen Rechtsanwalt mit einem Angehörigen der Bundesrepublik im Ausland geschlossen wird. Umgehungsgeschäfte, zB wenn sich die Vertragsteile, um die deutsche Form zu vermeiden, kurzfristig in das Ausland begeben, dürften nach allgemeinen Grundsätzen nichtig sein.[66] Ist der Auftraggeber in solchem Falle aber ein Ausländer, so liegt keinesfalls ein Umgehungsgeschäft vor, weil mit diesem die Anwendbarkeit ausländischen Rechts und damit auch der auslandsrechtlichen Form auch in Deutschland hätte vereinbart werden können.

72 Die Frage, an welchem Ort die Honorarvereinbarung geschlossen worden ist, beantwortet sich nach deutschem Recht. Bei einem Schriftwechsel genügt es, wenn der Absender der nach dem Schuldstatut formbedürftigen Erklärung die mildere Form des für den Absendestaat geltenden Rechts wahrt.[67]

73 **4. Erfolgshonorar.** Nach dem Schuldstatut, regelmäßig also nach dem Heimatrecht des Rechtsanwalts, richtet es sich auch, ob die Vereinbarung einer quota litis oder eines sonstigen Erfolgshonorars (§ 4 Rn. 5) wirksam ist. Außer in Deutschland werden Erfolgshonorare u. a. in England (JW 1929, 1545), Österreich (AnwBl. 1953, 201), Schweden (*Fischler* NJW 1956, 1144) grundsätzlich nicht zugelassen.[68] In Israel sind sie für Entschädigungssachen der Höhe nach beschränkt (in der Regel auf 10 % – israel. Gesetz vom 4. 4. 1957, vgl. KG RzW 1958, 374 ff.). Im größten Teil der USA sind sie erlaubt.

74 Es erhebt sich die Frage, ob die Vereinbarung eines Erfolgshonorars mit einem Rechtsanwalt, der seine Niederlassung im Ausland hat, gegen die guten Sitten oder den Zweck eines deutschen Gesetzes verstößt und daher nach Art. 30 EGBGB aF (ordre public, Art. 6 EGBGB nF) auch dann nicht anzuerkennen ist, wenn das nach dem Schuldstatut maßgebende Auslandsrecht eine solche Vereinbarung zulässt. Die Frage ist zu verneinen. Die grundsätzliche Unwirksamkeit der Vereinbarung eines Erfolgshonorars ist nach deutschem Recht in der Stellung des deutschen Rechtsanwalts innerhalb der Rechtspflege begründet. Der ausländische Rechtsanwalt ist aber kein Organ der deutschen Rechtspflege; vielmehr ist er, wenn er vor deutschen Gerichten auftritt, als Nichtrechtsanwalt zu behandeln.[69] Es muss dem Auslandsrecht überlassen werden, ob es den Organen seiner Rechtspflege solche Vereinbarungen gestatten will. Tut es das, dann ist dies auch in Deutschland anzuerkennen.[70]

---

[66] *Raape*, Internationales Privatrecht, 5. Aufl. 1961, S. 127 ff.

[67] RGZ 62, 381; aA *Raape*, Internationales Privatrecht, 5. Aufl. 1961, S. 222; dazu *Zweigert*, FS Rabel I, 1954, S. 638; *Staudinger/Winkler v. Mohrenfels* (2000) Art. 11 EGBGB Rn. 155 ff.

[68] Vgl. die Übersichten bei *Magnus,* Die Rechtsanwaltschaft, 1929, sowie bei *Gerold/Schmidt/Madert* § 4 Rn. 117–135; *Hartmann* § 4 Rn. 38 ff. mwN.

[69] BGHZ 22, 162.

[70] *Friedlaender* AnwBl. 1954, 7; KG RzW 1958, 374; LG Düsseldorf und LG Hildesheim RzW 1963, 95. Vgl. aus neuerer Zeit BGH NJW 1992, 3096.

Geltungsbereich § 1

Gleichwohl kann Art. 6 EGBGB im Einzelfall anwendbar sein; zB bei wucherischen Verträgen. Darüber hinaus ist ein Honorar, das 10 % des erstrittenen Betrags überstieg, in Entschädigungssachen nicht anerkannt worden, soweit die anwaltliche Tätigkeit nicht besonders schwierig und umfangreich war;[71] BGHZ 44, 183 hat von 35 % auf 20 % herabgesetzt, weil das deutsche Recht den Zweck verfolge, Entschädigungsansprüche nach § 844 Abs. 2, §§ 1360 ff., 1610 ff. BGB dem Geschädigten möglichst voll zukommen zu lassen, weshalb in § 13 Abs. 3 GKG (aF) die Forderung streitwertmäßig beschränkt sei. Für israelische Anwälte gilt nach dem Heimatstatut unmittelbar israelisches Recht, so dass es in Entschädigungssachen (vgl. oben) des ordre public nicht bedarf, um Honorare auf einen angemessenen Betrag herabzusetzen. 75

5. Prozessuales. Die prozessualen Vorschriften des RVG sind nicht anwendbar, wenn ein ausländischer Rechtsanwalt, mit dem die Anwendung deutschen Rechts vereinbart worden ist, seine Vergütungsansprüche vor einem deutschen Gericht verfolgt. Die prozessualen Rechtsbehelfe, welche die §§ 11, 32, 33 dem Rechtsanwalt eröffnen, stehen nur dem deutschen Rechtsanwalt zu, weil nur dieser ein Rechtsanwalt im Sinne des RVG ist. Die prozessualen Behelfe können nicht im Wege der Vereinbarung anderen Personen eröffnet werden. Als Prozessrecht sind die Vorschriften in diesem Sinne zwingend. 76

Die Klagbarkeit des Vergütungsanspruchs dürfte nicht zum Prozessrecht gehören, sondern eine Eigenschaft des materiellen Anspruchs darstellen. Daher hat es auch der deutsche Richter zu beachten, wenn ein ausländisches, nach deutschem internationalem Privatrecht anwendbares Recht dem Rechtsanwalt die Vergütungsklage gegen den Auftraggeber versagt. Umgekehrt wird die Klagbarkeit des Vergütungsanspruchs des deutschen Rechtsanwalts, wenn er sich nach deutschem Recht bestimmt, auch vor Gerichten solcher Staaten anzuerkennen sein, deren Recht die Vergütungsklage gegen den Auftraggeber versagt, wie dies zB in England der Fall ist und früher in Frankreich der Fall war. 77

Der Gerichtsstand des Hauptprozesses besteht für einen deutschen Rechtsanwalt auch in Auslandssachen. Welcher Ort Erfüllungsort ist, bemisst sich auch für den Gerichtsstand nach den das Schuldverhältnis beherrschenden Sachnormen.[72] Ist nach dem Schuldstatut deutsches Recht maßgebend, so ist Erfüllungsort regelmäßig der Sitz der Anwaltskanzlei. Dies gilt auch dann, wenn der Rechtsanwalt für einen Ausländer überwiegend im Ausland tätig geworden ist.[73] 78

6. Deutsche Rechtsanwälte mit Sitz im Ausland. Dies kommt vor allem bei Rechtsanwälten vor, die nach § 213 BRAO von der Residenzpflicht befreit sind, und bei früheren Rechtsanwälten aufgrund § 183 Abs. 1, § 227 Abs. 4 BEG; künftig vermehrt nach dem Niederlassungsrecht der EU. Vgl. hierzu die Niederlassungsrichtlinie der EU.[74] Hier wird es für das anzuwendende Recht darauf ankommen, ob der Beauftragte in Ausübung der anwaltlichen Befugnisse, die ihm das deutsche Recht verleiht, tätig wird; dann richtet sich auch der anwaltliche Geschäftsbesorgungsvertrag nach deutschem Recht. Wird er also vor deutschen Gerichten oder Behörden tätig, so gilt 79

---

71 OLG Köln RzW 1959, 46 und 334; LG Berlin RzW 1960, 237; vgl. auch KG RzW 1958, 374.
72 *Riezler*, Internationales Zivilprozessrecht, S. 123; *Müller-Freienfels* FamRZ 1957, 148.
73 OLG Köln NJW 1960, 1301.
74 Zum Inhalt AnwBl. 1997, 556.

deutsches Recht.[75] Wird aber ein solcher Rechtsanwalt, der auch in New York zugelassen ist, dort als Beweisanwalt tätig, so richtet sich die Vergütung für diese Tätigkeit nach dem Recht des Staates New York.[76]

§ 2 Höhe der Vergütung

(1) **Die Gebühren werden, soweit dieses Gesetz nichts anderes bestimmt, nach dem Wert berechnet, den der Gegenstand der anwaltlichen Tätigkeit hat (Gegenstandswert).**

(2) ¹**Die Höhe der Vergütung bestimmt sich nach dem Vergütungsverzeichnis der Anlage 1 zu diesem Gesetz.** ²**Gebühren werden auf den nächstliegenden Cent auf- oder abgerundet; 0,5 Cent werden aufgerundet.**

Übersicht

	Rn.		Rn.
I. Geltungsbereich	1	3. Bewertungszeitpunkt	10–19
II. Begriff des Gegenstandswertes (Abs. 1)	2–19	a) Änderung des Gegenstandes	11–14
1. Begriff des Gegenstandes	2–8	b) Änderung des Wertes ohne Änderung des Gegenstandes	15
2. Wert des Gegenstandes	9	c) Faustregel	16–19

I. Geltungsbereich

1 Die Vorschrift gilt für **Wertgebühren**. Das sind Gebühren, deren Höhe sich nach dem Gegenstandswert richtet. Mit Hilfe des Gegenstandswertes wird in der Tabelle (Anlage zu § 13) die volle Gebühr ermittelt. Die volle Gebühr wird in dem RVG mit 1,0 bezeichnet. Wertgebühren sind alle Gebühren, die im Gesetz mit „volle Gebühr" oder mit Bruchteilen der vollen Gebühr bezeichnet sind. Gegensätze zu Wertgebühren sind Betragsrahmengebühren, wie sie vor allem in Strafsachen vorkommen; bei diesen wird die Höhe der Gebühr nicht nach dem Gegenstandswert, sondern nach anderen, im § 14 genannten Maßstäben bestimmt. Dagegen sind die Gebührensatzrahmen, zB $^{1}/_{10}$ bis $^{10}/_{10}$ der vollen Gebühr (jetzt zB 0,1 bis 1,0), Wertgebühren. Keine Wertgebühren sind die „angemessene Gebühr" für ein Gutachten (Nr. 2103 VV) und Festbetragsgebühren, zB in der Beratungshilfe und für den Pflichtverteidiger.

II. Begriff des Gegenstandswertes (Abs. 1)

2 **1. Begriff des Gegenstandes.** Gegenstand der anwaltlichen Tätigkeit ist das Recht oder Rechtsverhältnis, auf das sich die Tätigkeit des Rechtsanwalts nach dem Auftrag bezieht.

3 Das Recht oder Rechtsverhältnis kann ein **gegenwärtiges**, nämlich ein bereits bestehendes sein; so wenn der Rechtsanwalt das Eigentum des Auftraggebers gegen unberechtigte Angriffe verteidigt. Es kann aber auch ein erst **zukünftiges** oder auch

---

[75] KG RzW 1961, 237, 423.
[76] OLG Düsseldorf MDR 1959, 671. Vgl. dazu auch *Friedlaender* AnwBl. 1954, 8.

nur **angestrebtes** Recht oder **Rechtsverhältnis** sein; so, wenn der Rechtsanwalt den Auftraggeber bei dem beabsichtigten Ankauf eines Grundstücks berät. Schließlich kann es ein **nur behauptetes** Recht oder **Rechtsverhältnis** sein; so, wenn der Rechtsanwalt das behauptete Eigentum des Auftraggebers geltend macht, der Auftraggeber im Prozess aber unterliegt oder von der Weiterverfolgung seines vermeintlichen Rechts wegen Aussichtslosigkeit absieht, oder wenn der Rechtsanwalt ein behauptetes Recht des Gegners abwehrt.

Der Gegenstand der anwaltlichen Tätigkeit wird durch den **Auftrag** bestimmt und abgegrenzt. Bei Tätigkeiten aufgrund von Geschäftsführung ohne Auftrag oder bei Tätigkeiten, durch die der andere Teil bereichert wird (vgl. § 1 Rn. 14, 15), entscheidet der Gegenstand, auf den sich die anwaltlichen Tätigkeiten tatsächlich bezogen haben. 4

Der **Gegenstandsbegriff** ist ein objektiver. Die subjektiven Interessen des Auftraggebers oder seines Gegners bleiben außer Betracht, soweit sie sich nicht durch die Erteilung des Auftrags, für einen bestimmten Gegenstand tätig zu werden, oder durch die Geltendmachung eines bestimmten Gegenstandes (zB bei Rechten, die der Gegner behauptet) objektiviert haben. Gegenstand ist nicht der wirtschaftliche Vorteil, den der Auftraggeber mit Hilfe des Rechtsanwalts erreichen will (subjektives Interesse), sondern das Recht oder Rechtsverhältnis, auf das sich die anwaltliche Tätigkeit nach dem erteilten Auftrag unmittelbar bezieht (objektives Interesse). 5

Der Begriff des Gegenstandes ist nicht gleich bedeutend mit Gegenstand im Sinne von § 90 BGB; zB ist bei Hypotheken Gegenstand die Hypothek (nicht das Grundstück), bei Eigentumsrechten im Allgemeinen das Eigentum, bei der Abwehr von Beeinträchtigungen das Recht auf Unversehrtheit des Eigentums; bei einer gestaltenden Tätigkeit, zB dem Entwerfen eines Vertrags, ist Gegenstand das Rechtsverhältnis, das gestaltet werden soll. 6

In gerichtlichen Verfahren ist der Gegenstand der anwaltlichen Tätigkeit mit dem Gegenstand des Verfahrens im Allgemeinen identisch oder doch quantitativ ausscheidbar. Damit wird der für die Gerichtsgebühren maßgebliche Gegenstandsbegriff auch für die Rechtsanwaltsgebühren nutzbar. – Im Zivilprozess ist nach ständiger Praxis **Streitgegenstand** das aufgrund eines bestimmten Sachverhalts erhobene Klagebegehren, ohne dass es auf die Mehrheit der sich aus dem Sachverhalt ergebenden bürgerlich-rechtlichen Ansprüche ankommt, wenn diese auf dasselbe Ziel gerichtet sind.[1] Daher ändert sich der Verfahrensgegenstand nicht, wenn im Wege der Klageänderung ein anderer Anspruch, der auf dasselbe Ziel gerichtet ist, eingeführt wird.[2] Im Schrifttum bestehen zahlreiche Streitfragen.[3] 7

Außerhalb gerichtlicher Verfahren kann die Abgrenzung vor allem dann Schwierigkeiten bereiten, wenn das Ziel, das der Auftraggeber mit Hilfe des Rechtsanwalts un- 8

---

[1] RGZ 99, 177; 104, 156; 118, 210; BGHZ 7, 271; 8, 47; 9, 28.
[2] Vgl. KG JurBüro 1968, 610.
[3] Aus der Literatur: *Baumann*, Änderung des Prozessgegenstands im Zivil- und Strafprozess, ZZP 69, 356 ff.; *Habscheid*, Der Streitgegenstand im Zivilprozess und im Streitverfahren der freiwilligen Gerichtsbarkeit, 1956; *Lent*, Zur Lehre vom Streitgegenstand, ZZP 65, 315 ff.; *Nikisch*, Der Streitgegenstand im Zivilprozess, 1935; *Schwab*, Der Streitgegenstand im Zivilprozess, 1954. – Über den Streitgegenstand im Verwaltungsprozess vgl. u. a. *Bettermann* DVBl. 1953, 163, 202; *Stiefel* NJW 1954, 1788; *Ule* VwGO § 121 A II 2; *Schmidt* ÖV 1962, 486; *Pfeifer* DVBl. 1963, 653; *Martens* ÖV 1964, 365; *Fromm* DVBl. 1964, 1014; *Noll*, Der Streitwert im Verwaltungsprozess, 1970. – Über den Streitgegenstand im Finanzgerichtsprozess vgl. u. a. BFH Gr. Sen. NJW 1968, 1948; *Reichel/Mittelstaedt/Redetzke* Beil. 8 zu BB 1969, Heft 31.

mittelbar erreichen will, nur allgemein umschrieben ist; zB wenn der Rechtsanwalt Beistand leisten soll bei der Errichtung eines Unternehmens, dessen Beschaffenheit, Größe usw. nicht von vornherein feststeht. In solchen Fällen wird der Gegenstand häufig erst rückschauend festgestellt werden können, nachdem der Rechtsanwalt eine Tätigkeit entfaltet hat.[4]

9 **2. Wert des Gegenstandes.** Maßgebend für den Wert des Gegenstandes ist der objektive Geldwert, ausgedrückt in Euro. Die subjektive Werteinschätzung des Auftraggebers oder des Rechtsanwalts ist unerheblich. Es kommt nicht darauf an, was sich der Auftraggeber von der Rechtsverfolgung durch den Rechtsanwalt verspricht, zB ob die Forderung einbringlich ist. Andererseits kommt es nicht darauf an, ob der rechtliche Beistand, den der Rechtsanwalt leistet, dem Auftraggeber auch für andere Gegenstände nützt; zB ob die Klärung der Sach- und Rechtslage für andere Gegenstände tatsächlich oder rechtlich präjudiziell ist. Maßgebend ist allein der Wert des Gegenstandes, für den der Rechtsanwalt auftragsgemäß tätig geworden ist. Wertgebühren sind nicht individuell. Sie lassen keine höhere Bewertung der sog. Testverfahren zu.[5] Anders als bei Rahmengebühren wird nicht die Bedeutung der Sache und nicht der konkrete Arbeitsaufwand bewertet, sondern allein der Gegenstand, mit dem sich der Rechtsanwalt auftragsgemäß befasst hat. Dass der Wert in Einzelfällen geschätzt werden muss, ist keine Ausnahme vom Grundsatz. Zu den einzelnen Bewertungsregeln vgl. § 23 und die Anmerkungen hierzu.

10 **3. Bewertungszeitpunkt.** Bewertungszeitpunkt ist das Entstehen einer Gebühr. Dies ist gegenständlich und wertmäßig zu verstehen. Bewertet wird der Gegenstand im Zeitpunkt der Tätigkeit, die die Gebühr begründet, und maßgebend ist der Wert des Gegenstandes in demselben Zeitpunkt. Entscheidend ist der Zeitpunkt, in dem der Gebührentatbestand erfüllt wird (vgl. § 1 Rn. 63), und nicht der spätere Zeitpunkt, in dem die Gebühr fällig wird.

11 **a) Änderung des Gegenstandes.** Änderungen des Gegenstandes oder seines Wertes während des Verlaufes der Angelegenheit wirken sich jedoch für Verfahrenspauschgebühren wie folgt aus:

12 Ändert sich der Gegenstand und erhöht sich dadurch der Wert, zB bei einer Klageerweiterung, so erhöht sich eine schon vorher entstandene Verfahrenspauschgebühr auf den Betrag, der sich nach der Tabelle für den erhöhten Wert ergibt. Die Erhöhung tritt mit der ersten Tätigkeit in Bezug auf den neuen Gegenstand ein, die den Tatbestand der Gebühr erfüllt.

Beispiel: Eine Klage auf 1000 Euro wird auf 2000 Euro erhöht. Verfahrensgebühr aus 1000 Euro = 110,50 Euro, aus 2000 Euro = 172,90 Euro. Die Verfahrensgebühr erhöht sich um 62,40 Euro, sobald der Rechtsanwalt aufgrund des Erhöhungsauftrags tätig wird.

Zu den Fragen, die sich ergeben, wenn nach einer werterhöhenden Änderung des Gegenstands ein anderer Gebührensatz anzuwenden ist, vgl. § 15 Rn. 34 ff.

13 Vermindert sich der Wert, zB bei einer teilweisen Zurücknahme der Klage, so bleiben dem Rechtsanwalt die bereits vorher verdienten Gebühren aus dem höheren Wert erhalten (§ 15 Abs. 4). Diese Gebühren entgelten aber auch gleichartige Tätigkeiten für den geringeren Gegenstand. Gebühren, die nach der Wertminderung erstmals entstehen, werden nach dem verminderten Wert berechnet.

---

[4] Vgl. OLG München NJW 1965, 258.
[5] Hiergegen rechtspolitisch *Holste* AnwBl. 1961, 54 und *Geissler* AnwBl. 1961, 101.

Scheidet während des Verlaufs der Angelegenheit ein Gegenstand aus und wird ein **14** anderer Gegenstand eingeführt, so werden Gebühren, deren Tatbestände der Rechtsanwalt durch Tätigkeiten für alle diese Gegenstände erfüllt hat, nach dem zusammengerechneten Wert dieser Gegenstände berechnet.[6]

Beispiel: Klage ist wegen eines Wagens (Wert: 500 Euro) und eines Pferdes (Wert: 1000 Euro) erhoben. In der gleichen Instanz wird die Klage wegen des Wagens zurückgenommen, jedoch wegen des Sattels (Wert: 100 Euro) erweitert. Die Verfahrensgebühr des Rechtsanwalts, der in Bezug auf alle drei Gegenstände tätig geworden ist, wird aus einem Wert von 1600 Euro entnommen.

b) Änderung des Wertes ohne Änderung des Gegenstandes. Wertschwankungen **15** bei gleich bleibendem Gegenstand, zB konjunkturelle oder krisenhafte Änderungen des Börsenkurses von Wertpapieren, des gemeinen Werts von Sachen, Steigen oder Sinken einer Valuta werden nach denselben Grundsätzen (oben a) behandelt. Bei steigendem Wert erhöht sich eine Gebühr, sofern die Tätigkeit, für die die Gebühr gedacht ist, noch andauert oder wiederholt wird. Dass eine Wertminderung eine vorher entstandene Gebühr nicht mindern kann, ergibt sich aus dem Sinn des § 15 Abs. 4. So wird beispielsweise die Verfahrensgebühr der Nr. 3100 VV bei schwankendem Geschäftswert nach dem höchsten Wert während des gesamten Verfahrens berechnet, die Terminsgebühr der Nr. 3104 VV jedoch nur nach dem Wert im Zeitpunkt der Verhandlung; findet eine mehrmalige Verhandlung statt, so ist der höchste Wert an den verschiedenen Verhandlungsterminen maßgebend.

c) Faustregel. Nach den Ausführungen zu a) und b) ergibt sich die Faustregel, dass **16** Verfahrenspauschgebühren nach dem größten Gegenstand und dem höchsten Wert dieses Gegenstandes berechnet werden, in Bezug auf den der Rechtsanwalt in einer den Gebührentatbestand erfüllenden Weise tätig geworden ist.

§ 40 GKG (§ 15 GKG aF) trifft für Wertschwankungen bei gleich bleibendem Ge- **17** genstand Vorschriften, die in Einzelheiten von den vorstehenden Grundsätzen abweichen. Diese Vorschriften passen nicht auf die ganz anders zugeschnittenen Gebühren des Rechtsanwalts. Die Vorschrift des § 23 erstreckt sie nicht auf die Berechnung der Rechtsanwaltsgebühren. Denn sie sind auf die anders gearteten Gebührenvorschriften für die Gerichtskosten, insbesondere auf eine Tätigkeit des Gerichts und nicht des Rechtsanwalts, zugeschnitten. Der für die Gebühren des Rechtsanwalts geltende § 14 Abs. 4 schließt insbesondere die Vorschrift des § 40 GKG (§ 15 GKG aF) insofern aus, als eine Werterhöhung nicht bis zu dem Ende der Instanz andauern muss, um die höhere Gebühr zu begründen.

Die Gebührenhöhe im Einzelnen ergibt sich nicht mehr aus dem Gesetzestext **18** allein, sondern aus einem Vergütungsverzeichnis, das dem Gesetz als Anlage beigefügt ist und ebenfalls Gesetzeskraft hat. Bestimmte Gebühren lassen sich aber nur in Verbindung von Text und Verzeichnis ermitteln und Mindest- und Höchstgebühren ergeben sich, zudem an verschiedenen Stellen des Gesetzes. Die Mindestgebühr richtet sich nach § 13 Abs. 2, die Höchstgebühr findet man bei der Beratungshilfe (§ 49) sowie in den Fällen, in denen der Gegenstandswert limitiert ist (§§ 22 Abs. 2, 23 Abs. 3 letzter Satz).

Gebühren wurden schon immer gerundet. Nach der jetzigen Rechtslage sind sie **19** auf den Cent genau zu berechnen, wobei dann Werte kleiner als ein Cent nach kaufmännischer Weise auf- bzw. abzurunden sind.

---

[6] OLG Köln JVBl. 1936, 194.

§ 4 *Abschnitt 1. Allgemeine Vorschriften*

§ 3 Gebühren in sozialrechtlichen Angelegenheiten

(1) ¹In Verfahren vor den Gerichten der Sozialgerichtsbarkeit, in denen das Gerichtskostengesetz nicht anzuwenden ist, entstehen Betragsrahmengebühren. ²In sonstigen Verfahren werden die Gebühren nach dem Gegenstandswert berechnet, wenn der Auftraggeber nicht zu den in § 183 des Sozialgerichtsgesetzes genannten Personen gehört.

(2) Absatz 1 gilt entsprechend für eine Tätigkeit außerhalb eines gerichtlichen Verfahrens.

1   Das Verfahren vor den Gerichten der Sozialgerichtsbarkeit weist wesentliche Abweichungen von dem System der Kostengesetze auf (vgl. früher § 116 BRAGO). So entstehen bei Beteiligung eines bestimmten Personenkreises, nämlich aller von der Sozialversicherung erfassten Personen sowie Behinderten einschließlich deren Angehörigen und Hinterbliebenen (Aufzählung in § 183 SGG) keine Kosten und damit auch kein Gegenstandswert. Für die Vergütung des Rechtsanwalts fehlt es daher an einer Anknüpfung. Das Gesetz teilt dem Anwalt in diesen Fällen **Betragsrahmengebühren** (Abs. 1 S. 1) zu, die in Teil 3 des Vergütungsverzeichnisses nach Instanzen geordnet jeweils nach den Zivilprozessgebühren geregelt sind.

2   Ist keine der in § 183 genannten Personen beteiligt, weist das Gesetz dem Anwalt **Wertgebühren** (Abs. 1 S. 2) zu, für die ebenfalls Teil 3 des Vergütungsverzeichnisses gilt. Zu beachten ist, dass hier eine **Obergrenze** für den Gegenstandswert besteht (§ 52 Abs. 4 GKG).

3   Für **außergerichtliche Tätigkeiten** des Anwalts in Sozialangelegenheiten gilt ebenfalls die in Rn. 1 und 2 geschilderte Einteilung (Abs. 2). Gehört der Auftraggeber zum Personenkreis des § 183 SGG, so entstehen Betragsrahmengebühren (Nr. 2500, 2501 VV), andernfalls Wertgebühren.

§ 4 Vereinbarung der Vergütung

(1) ¹Aus einer Vereinbarung kann eine höhere als die gesetzliche Vergütung nur gefordert werden, wenn die Erklärung des Auftraggebers schriftlich abgegeben und nicht in der Vollmacht enthalten ist. ²Ist das Schriftstück nicht von dem Auftraggeber verfasst, muss es als Vergütungsvereinbarung bezeichnet und die Vergütungsvereinbarung von anderen Vereinbarungen deutlich abgesetzt sein. ³Hat der Auftraggeber freiwillig und ohne Vorbehalt geleistet, kann er das Geleistete nicht deshalb zurückfordern, weil seine Erklärung den Vorschriften des Satzes 1 oder 2 nicht entspricht.

(2) ¹In außergerichtlichen Angelegenheiten können Pauschalvergütungen und Zeitvergütungen vereinbart werden, die niedriger sind als die gesetzlichen Gebühren. ²Der Rechtsanwalt kann sich für gerichtliche Mahnverfahren und Zwangsvollstreckungsverfahren nach den §§ 803 bis 863 und 899 bis 915 b der Zivilprozessordnung verpflichten, dass er, wenn der Anspruch des Auftraggebers auf Erstattung der gesetzlichen Vergütung nicht beigetrieben werden kann, einen Teil des Erstattungsanspruchs an Erfüllungs statt annehmen werde. ³Der nicht durch Abtretung zu erfüllende Teil der gesetzlichen Vergütung und die sonst nach diesem Absatz vereinbarten Vergütungen müssen in einem angemessenen Verhältnis zu Leistung, Verantwortung und Haftungsrisiko des Rechtsanwalts stehen.

Vereinbarung der Vergütung **§ 4**

⁴Vereinbarungen über die Vergütung sollen schriftlich getroffen werden; ist streitig, ob es zu einer solchen Vereinbarung gekommen ist, trifft die Beweislast den Auftraggeber.

(3) ¹In der Vereinbarung kann es dem Vorstand der Rechtsanwaltskammer überlassen werden, die Vergütung nach billigem Ermessen festzusetzen. ²Ist die Festsetzung der Vergütung dem Ermessen eines Vertragsteils überlassen, gilt die gesetzliche Vergütung als vereinbart.

(4) ¹Ist eine vereinbarte oder von dem Vorstand der Rechtsanwaltskammer festgesetzte Vergütung unter Berücksichtigung aller Umstände unangemessen hoch, kann sie im Rechtsstreit auf den angemessenen Betrag bis zur Höhe der gesetzlichen Vergütung herabgesetzt werden. ²Vor der Herabsetzung hat das Gericht ein Gutachten des Vorstands der Rechtsanwaltskammer einzuholen; dies gilt nicht, wenn der Vorstand der Rechtsanwaltskammer die Vergütung nach Absatz 3 Satz 1 festgesetzt hat. ³Das Gutachten ist kostenlos zu erstatten.

(5) ¹Durch eine Vereinbarung, nach der ein im Wege der Prozesskostenhilfe beigeordneter Rechtsanwalt eine Vergütung erhalten soll, wird eine Verbindlichkeit nicht begründet. ²Hat der Auftraggeber freiwillig und ohne Vorbehalt geleistet, kann er das Geleistete nicht deshalb zurückfordern, weil eine Verbindlichkeit nicht bestanden hat.

(6) § 8 des Beratungshilfegesetzes bleibt unberührt.

Übersicht

	Rn.		Rn.
I. Vereinbarte Änderung der Vergütung	1, 2	IV. Kein Erfolgshonorar	5
		V. Formvorschriften	6–9
II. Grenzen der Änderung nach unten	3	VI. Herabsetzung	10
III. Grenzen der Änderung nach oben	4	VII. Sonderfälle der Vereinbarung	11–13
		VIII. Kostenerstattung	14

I. Vereinbarte Änderung der Vergütung

Der Geschäftsbesorgungsvertrag des Rechtsanwalts gehört dem Schuldrecht an und ist daher nachgiebigen Rechts. Die Vergütung hierfür kann daher abweichend von den Bestimmungen des RVG vertraglich anderweitig geregelt werden. Dazu bieten sich eine Reihe von **Möglichkeiten** an, deren Zulässigkeit allerdings gesetzlich begrenzt ist. 1

Denkbar wäre die Festlegung eines Pauschalbetrags für den Gesamtauftrag oder Teile hiervon. Möglich wäre aber auch eine Anlehnung an das System des RVG und Abwandlung bestimmter Berechnungsfaktoren, etwa die Annahme eines bestimmten Geschäftswertes bei Wertgebühren oder eines bestimmten Ansatzes bei Rahmengebühren. Vereinbarungen über Änderungen sind auch für Auslagen denkbar, etwa bei voraussehbar hohen Porto- oder Telefonkosten. Für Reisekosten kann die Angemessenheit, etwa für die Benutzung bestimmter Verkehrsmittel oder bestimmter Hotelkategorien, im Voraus vereinbart werden. Schließlich ist denkbar der Ersatz von Geldhonoraren durch Sachleistungen. 2

II. Grenzen der Änderung nach unten

3   Hier gilt zunächst der Grundsatz, dass ein Unterschreiten der gesetzlichen Gebühren **generell unzulässig** ist, § 49 b BRAO. Dies gilt aber nur für das gerichtliche Verfahren. In außergerichtlichen Angelegenheiten können Pauschalen oder Zeithonorare vereinbart werden, die unter den gesetzlichen Gebühren liegen. Ob sie das tun, ergibt sich aus dem Vergleich der Summe aller in Betracht kommenden Gebühren und lässt sich in der Regel erst bei Abschluss der Angelegenheit feststellen. Zeitgebühren können je nach der Bearbeitungsdauer höher oder niedriger als die gesetzlichen Gebühren sein. In beiden Fällen sind sie zulässig. Eine Untergrenze ergibt sich aus den Wettbewerbsbestimmungen. Ein wettbewerbswidriges Unterbieten soll zwischen Anwälten nicht stattfinden. Das schließt nach § 49 b Abs. 1 Satz 2 BRAO nicht aus, dass besondere Umstände in der Person des Mandanten, in erster Linie Bedürftigkeit, aber auch enge persönliche Beziehungen zwischen Anwalt und Mandant eine Ermäßigung oder einen Erlass rechtfertigen, wobei der Wortlaut des Gesetzes dies eigentlich erst nach Beendigung des Verfahrens zulassen will. – § 49 b BRAO in der ab 1.7.2004 geltenden Fassung lautet:

§ 49 b BRAO Vergütung

(1) Es ist unzulässig, geringere Gebühren und Auslagen zu vereinbaren oder zu fordern, als das Rechtsanwaltsvergütungsgesetz vorsieht, soweit dieses nichts anderes bestimmt. Im Einzelfall darf der Rechtsanwalt besonderen Umständen in der Person des Auftraggebers, insbesondere dessen Bedürftigkeit, Rechnung tragen durch Ermäßigung oder Erlass von Gebühren oder Auslagen nach Erledigung des Auftrags.

(2) Vereinbarungen, durch die eine Vergütung oder ihre Höhe vom Ausgang der Sache oder vom Erfolg der anwaltlichen Tätigkeit abhängig gemacht wird (Erfolgshonorar) oder nach denen der Rechtsanwalt einen Teil des erstrittenen Betrags als Honorar erhält (quota litis), sind unzulässig. Ein Erfolgshonorar im Sinne des Satzes 1 liegt nicht vor, wenn nur die Erhöhung von gesetzlichen Gebühren vereinbart wird.

(3) Die Abgabe und Entgegennahme eines Teils der Gebühren oder sonstiger Vorteile für die Vermittlung von Aufträgen, gleichviel ob im Verhältnis zu einem Rechtsanwalt oder Dritten gleich welcher Art, ist unzulässig. Zulässig ist jedoch, eine über den Rahmen der Nummer 3400 der Anlage 1 zum Rechtsanwaltsvergütungsgesetz hinausgehende Tätigkeit eines anderen Rechtsanwalts angemessen zu honorieren. Die Honorierung der Leistungen hat der Verantwortlichkeit sowie dem Haftungsrisiko der beteiligten Rechtsanwälte und den sonstigen Umständen Rechnung zu tragen. Die Vereinbarung einer solchen Honorierung darf nicht zur Voraussetzung einer Mandatserteilung gemacht werden. Mehrere beauftragte Rechtsanwälte dürfen einen Auftrag gemeinsam bearbeiten und die Gebühren in einem den Leistungen, der Verantwortlichkeit und dem Haftungsrisiko entsprechenden angemessenen Verhältnis untereinander teilen. Die Sätze 2 und 3 gelten nicht für beim Bundesgerichtshof und beim Oberlandesgericht ausschließlich zugelassene Prozessbevollmächtigte.

(4) Der Rechtsanwalt, der eine Gebührenforderung erwirbt, ist in gleicher Weise zur Verschwiegenheit verpflichtet wie der beauftragte Rechtsanwalt. Die Abtretung von Gebührenforderungen oder die Übertragung ihrer Einziehung an einen nicht als Rechtsanwalt zugelassenen Dritten ist unzulässig, es sei denn, die Forderung ist rechtskräftig festgestellt, ein erster Vollstreckungsversuch fruchtlos ausgefallen und der Rechtsanwalt hat die ausdrückliche, schriftliche Einwilligung des Mandanten eingeholt.

(5) Richten sich die zu erhebenden Gebühren nach dem Gegenstandswert, hat der Rechtsanwalt vor Übernahme des Auftrags hierauf hinzuweisen.

Vereinbarung der Vergütung **§ 4**

III. Grenzen der Änderung nach oben

Grenzen der Änderung nach oben gibt es **keine**, wobei die Erhöhung nicht so weit 4
gehen darf, dass sie sittenwidrig oder wucherisch wird. Bloße Unangemessenheit der Höhe ist dagegen, wie sich aus den Vorschriften über eine Herabsetzung zeigt, noch nicht sittenwidrig.

IV. Kein Erfolgshonorar

Ein Erfolgshonorar ist nach § 49b Abs. 2 BRAO **schlechthin verboten**. Das Hono- 5
rar darf weder als solches noch der Höhe nach vom Ausgang des Verfahrens abhängig gemacht werden.[1] Erst recht darf das Anwaltshonorar nicht in einem Anteil des erstrittenen Betrags bestehen (quota litis). Entgegenstehende Abreden wären als Verstoß gegen ein gesetzliches Verbot unwirksam. Die Einigungsgebühr der Nr. 1000 VV ist natürlich kein Erfolgshonorar in diesem Sinne. In zahlreichen ausländischen Rechten ist allerdings ein Erfolgshonorar mit oder ohne Einschränkungen erlaubt (§ 1 Rn. 73ff.). Mit zunehmender internationaler Verflechtung wird daher ein Erfolgshonorar auch in Deutschland, ausgehend von den hier tätig werdenden ausländischen Rechtsanwälten, nicht mehr schlechthin unmöglich sein, soweit nicht das Recht der EU Schranken setzt.

V. Formvorschriften

Die Formvorschriften sind unterschiedlich je nach Art der vereinbarten Änderung. 6
Die Vereinbarung **niedrigerer** als der gesetzlichen Gebühren ist formlos gültig. Aus Gründen der Beweisführung empfiehlt sich dennoch eine schriftliche Festlegung. Ob eine vereinbarte Zeit- oder Pauschgebühr tatsächlich niedriger als die gesetzliche ist, stellt sich in der Regel erst nachträglich heraus, so dass der Anwalt ein Risiko eingeht, wenn er nicht gleich die Formvorschriften für eine Vergütungserhöhung einhält.

Für die Vereinbarung eines **erhöhten Honorars** ist die einseitige Schriftform erfor- 7
derlich (Abs. 1 S. 1). Sie darf nicht in der Vollmacht enthalten sein. Wenn sie nicht vom Auftraggeber selbst verfasst ist, muss sie als „Vergütungsvereinbarung" bezeichnet und ihr Inhalt von sonstigen Erklärungen deutlich abgesetzt sein. Ob die Bezeichnung als „Vergütungsvereinbarung" zwingend ist oder auch durch „Honorarvereinbarung" ersetzt werden darf, mag fraglich sein, aber die beiden Namen sind inhaltsgleich. Nicht genügend ist jedoch die gelegentlich verwendete Bezeichnung „Honorarschein", da hiermit der Charakter als Vereinbarung nicht zum Ausdruck kommt.

Die **Missachtung der Form** hat jedoch nicht die Unwirksamkeit der Vereinbarung 8
zur Folge, lediglich ist der Rechtsanwalt an ihrer Geltendmachung gehindert, er kann dann nur sein Honorar bis zur Höhe der gesetzlichen Gebühren verlangen. Der Mandant kann aber das vereinbarte Honorar bezahlen. Tut er dies freiwillig und ohne Vor-

---

[1] BGHZ 34, 64, 71 = NJW 1961, 313; BGHZ 39, 142, 145 = NJW 1963, 1147; BGHZ 51, 290, 293f. = NJW 1969, 523; BGH NJW 1987, 3203, 3204; NJW-RR 2003, 1067 = WM 2003, 1631, 1633f.; NJW 2004, 1169. Zweifel an der Verfassungsmäßigkeit von § 49b Abs. 2 BRAO äußert *Gerold/Schmidt/Madert* Rn. 126.

§ 4

behalt, so kann er den Betrag nicht deswegen zurückverlangen, weil die Form nicht eingehalten war. Freiwillig bedeutet ohne Druck von wem auch immer und ohne Vorbehalt setzt voraus, dass der Mandant sich der Formwidrigkeit bewusst war.

9 Vereinbart werden kann statt eines bestimmten Honorars auch, dass der Vorstand der zuständigen **Rechtsanwaltskammer** die Vergütung **nach billigem Ermessen** festsetzen soll. Diese Festsetzung gilt dann wie eine Vereinbarung. Dagegen kann die Festsetzung nicht einem sonstigen Dritten und schon gar nicht einer der Parteien überlassen werden. Enthält die Vereinbarung eine solche Klausel, wird sie kraft Gesetzes in die Vereinbarung der gesetzlichen Vergütung umgedeutet.

VI. Herabsetzung

10 Ist eine durch Vereinbarung oder Festsetzung der Anwaltskammer festgelegte Vergütung **unangemessen hoch**, so kann sie in einem Rechtsstreit, also einem förmlichen Prozessverfahren, auf eine angemessene Höhe herabgesetzt werden, allerdings nicht unter die Höhe der gesetzlichen Vergütung (Abs. 4). Bei der Prüfung der Angemessenheit sind alle Umstände, insbesondere auch die Kriterien des § 14, zu erwägen. Will das Gericht zu einer Herabsetzung kommen, hat es ein Gutachten der Rechtsanwaltskammer einzuholen, sofern nicht die Kammer selbst die Festsetzung vorgenommen hat. Das Gericht ist nicht gehindert, auch in diesem Fall die Kammer nochmals zu hören. Das Gutachten ist Beweismittel besonderer Art. Es ist kostenfrei zu erstatten.

VII. Sonderfälle der Vereinbarung

11 Ist dem Mandanten **Beratungshilfe** bewilligt worden, kann der Anwalt von ihm die Gebühr nach Nr. 2600 VV in Höhe von 10 Euro verlangen, er kann diese Gebühr auch erlassen. Weitere Gebühren kann er ausschließlich aus der Landeskasse verlangen, niemals von dem Mandanten. Eine Honorarvereinbarung mit dem Mandanten ist nichtig (§ 8 BerHG).

12 Ist der Anwalt im Wege der **Prozesskostenhilfe** beigeordnet, so ist eine Honorarvereinbarung zwar möglich, begründet jedoch keine Verbindlichkeit. Sie kann jedoch freiwillig erfüllt werden. Ob das Vorhandensein einer Honorarvereinbarung die Voraussetzungen für Prozesskostenhilfe beeinträchtigt, wäre im Einzelfall zu prüfen. Hat der Mandant bereits im Voraus bezahlt, kann er den Betrag, der von der Beiordnung erfasst wird, zurückfordern.

13 Eine besondere Art der Honorarzahlung stellt § 4 Abs. 2 Satz 2 dar. Danach kann sich der Rechtsanwalt im **Mahnverfahren** und in der **Vollstreckung** verpflichten, falls der Anspruch auf Kostenerstattung vom Gegner nicht beigetrieben werden kann, die **Abtretung** eines Teils dieses Erstattungsanspruchs an Erfüllungs statt anzunehmen. Darin liegt eine Ermäßigung der dem Anwalt zustehenden Gebühr, weil der nicht beitreibbare Anspruch einen geringeren Wert hat. Diese Ermäßigung musste also besonders zugelassen werden. Von der Abtretung erfasst wird nur ein Teil des Erstattungsanspruchs, dessen Höhe nach den im Gesetz normierten Gesichtspunkten zu bestimmen ist, wie dies auch generell für den Umfang von vereinbarten Gebühren gilt.

VIII. Kostenerstattung

Soweit Anspruch auf Kostenerstattung gegenüber anderen Beteiligten besteht, bezieht sich dieser immer nur auf die **Höhe der gesetzlichen Gebühren**. Ein vereinbartes Honorar kann hier nicht geltend gemacht werden. Dies gilt auch für die Festsetzung gegen die eigene Partei nach § 11. Das bedeutet, dass ein höheres vereinbartes Honorar nie im Klagewege geltend gemacht werden kann. 14

§ 5 Vergütung für Tätigkeiten von Vertretern des Rechtsanwalts

Die Vergütung für eine Tätigkeit, die der Rechtsanwalt nicht persönlich vornimmt, wird nach diesem Gesetz bemessen, wenn der Rechtsanwalt durch einen Rechtsanwalt, den allgemeinen Vertreter, einen Assessor bei einem Rechtsanwalt oder einen zur Ausbildung zugewiesenen Referendar vertreten wird.

Übersicht

	Rn.		Rn.
I. Grundsätze	1	4. Assessor	8
II. Persönliche Leistungspflicht des Rechtsanwalts	2	5. Vergütung anderer Personen	9
		IV. Anspruch des Vertreters	10
III. Leistung durch Vertreter	3–9	V. Honorarvereinbarung	11
1. Sonstiger Rechtsanwalt	4	VI. Beigeordneter Anwalt, Pflichtverteidiger	12
2. Allgemeiner Vertreter	5		
3. Referendar	6, 7	VII. Kostenerstattung	13

I. Grundsätze

§ 5 ist eine Ergänzung des § 1. Er bestimmt den Geltungsbereich des RVG, wenn der Rechtsanwalt nicht persönlich tätig wird. Auch § 5 sagt nichts über den Rechtsgrund des Vergütungsanspruchs. 1

II. Persönliche Leistungspflicht des Rechtsanwalts

Ob der Rechtsanwalt eine Vergütung für Leistungen fordern kann, die er nicht persönlich erbringt, bestimmt das bürgerliche Recht. Danach hat der Rechtsanwalt die Dienste im Zweifel in Person zu leisten (§ 613 S. 1 BGB). Es kann aber ausdrücklich vereinbart sein oder sich aus den Umständen ergeben, dass der Rechtsanwalt die Leistung durch andere Personen, zB den allgemeinen Vertreter, den Sozius (vgl. § 5 Rn. 2), einen Assessor, einen Referendar (vgl. § 139 StPO) oder sogar durch den Bürovorsteher erbringen lassen kann. Die Leistung durch den allgemeinen Vertreter wird angesichts dessen besonderer Stellung sogar ausdrücklich ausgeschlossen werden müssen, wenn sie nicht durch diesen erbracht werden darf. Dass manuelle Hilfstätigkeiten – unter der Verantwortung des Rechtsanwalts – durch andere Personen erbracht werden dürfen, zB Schreib- und Botenarbeiten, versteht sich von selbst. Ist der Rechtsanwalt nicht persönlich tätig geworden und auch nicht eine Person, durch die er die Leistung erbringen lassen darf, so ist die geschuldete Dienstleistung nicht 2 erbracht. Der Rechtsanwalt hat dann keinen Anspruch auf die vertragliche Vergütung. Er ist darauf angewiesen, einen Anspruch etwa aus ungerechtfertigter Bereicherung herzuleiten.[1]

III. Leistung durch Vertreter

3 § 5 bestimmt, dass sich die Vergütung nach dem RVG bemisst, wenn sich der Rechtsanwalt befugt (vgl. Rn. 2) vertreten lässt.

4 **1. Sonstiger Rechtsanwalt.** Irgendein Rechtsanwalt; ein Rechtsbeistand steht auch dann nicht gleich, wenn er Mitglied der Anwaltskammer geworden ist.[2]

5 **2. Allgemeiner Vertreter.** Der allgemeine Vertreter (§ 53 BRAO), mag er ein Rechtsanwalt sein oder nicht (vgl. wegen der bei dem BGH zugelassenen Rechtsanwälte § 173 BRAO).

6 **3. Referendar.** Ein zur Ausbildung zugewiesener Referendar. Aus der Entstehungsgeschichte des § 5 ergibt sich, dass der Referendar nicht gerade dem Rechtsanwalt, den er vertritt, überwiesen oder zugewiesen sein muss. Denn der Ausschuss für Rechtswesen und Verfassungsrecht des Deutschen Bundestages hat aus der Fassung der Regierungsvorlage („einen dem Rechtsanwalt zur ... Ausbildung zugewiesenen Referendar") die Worte „dem Rechtsanwalt" gestrichen, um zu erreichen, „dass die Gebührenordnung auch gilt, wenn der ... Referendar, der für den Rechtsanwalt tätig ist, einem anderen Rechtsanwalt ... zugewiesen ist".[3] Danach genügt es, dass es sich um einen Referendar handelt, der sich in der anwaltlichen Ausbildungsstation befindet.[4] Andere Referendare kommen jedoch für § 5 nicht in Betracht, und zwar auch dann nicht, wenn sie der Rechtsanwalt als so genannte juristische Hilfsarbeiter beschäftigt.

7 § 5 fordert nicht, dass der Vertreter für die Handlung **postulationsfähig** ist. Es ist allerdings schwer vorstellbar, dass ein solcher Vertreter eine wirksame Prozesshandlung vornimmt – eine unwirksame wäre vertragswidrig und würde ohnedies keine Gebühr entstehen lassen. Denkbar wäre, dass zB ein in der Anwaltstation befindlicher Referendar in der mündlichen Verhandlung vor dem Landgericht den Antrag verliest und – etwa in der irrigen Annahme, er sei amtlich zum Vertreter bestellt – nicht zurückgewiesen wird. Dann entsteht die Verhandlungsgebühr, allerdings unter der Voraussetzung, dass sich der Rechtsanwalt nach bürgerlichem Recht vertreten lassen darf (Rn. 2).

8 **4. Assessor.** Umstritten war – nachdem vielfach Assessoren im Angestelltenverhältnis in einem Anwaltsbüro mit dem Ziel einer demnächstigen Zulassung arbeiten – die Vergütung bei Vertretung durch einen solchen Assessor.[5] Die Streitfrage er-

---

[1] Zur Bezifferung dieses Anspruchs vgl. LG Frankfurt NJW 1967, 2067 (übliche Gebühr); LG Flensburg SchlHA 1970, 37 (volle Anwaltsgebühren); LG Heidelberg Justiz 1965, 173 (nichts).
[2] OLG Düsseldorf JurBüro 1985, 1496.
[3] Ausschussbericht S. 3.
[4] *Lotze* AnwBl. 1957, 239.
[5] OLG Frankfurt (NJW 1975, 2211) und LG Freiburg (AnwBl. 1998, 665) wollten hier § 4 BRAGO anwenden, sofern das Zulassungsverfahren bereits lief. Damit wurden aber die Grenzen des § 4 BRAGO unzulässig verschoben. Das Gesetz zog die Grenze beim zugelassenen Anwalt, vgl. OLG Zweibrücken JurBüro 1985, 543.

scheint geklärt, nachdem in § 5 nunmehr auch der „Assessor bei einem Rechtsanwalt" ausdrücklich genannt ist.

5. Vergütung anderer Personen. Negativ sagt § 5, dass die Vergütung für Leistungen anderer Vertreter nicht nach dem RVG bemessen wird. Damit ist nichts darüber gesagt, ob der Rechtsanwalt für Leistungen solcher Vertreter eine Vergütung erhält oder nicht. Grund und Höhe der Vergütung bestimmen sich vielmehr nach bürgerlichem Recht.[6] Über die Maßstäbe für eine solche Vergütung vgl. LG Essen Büro 1975, 466 m. Anm. *Mümmler*. Sie wird meist nach dem Befähigungsstand des Vertreters ausgerichtet. Bei Tätigwerden eines angestellten Volljuristen wird häufig anzunehmen sein, dass die Vergütung entsprechend dem RVG vereinbart ist.[7] Hierbei ist aber Vorsicht geboten. Insbesondere kann nicht stets angenommen werden, dass auch pauschalierte Reisekosten vereinbart seien. Für einen nicht anwaltlichen Vertreter fällt kein Abwesenheitsgeld an, da dies eine typisch anwaltliche Vergütung ist.[8] Bei zulässiger Vertretung durch einen Bürovorsteher billigt LG Wuppertal JurBüro 1986, 1515 ein Drittel der Gebühr eines Anwalts zu.

IV. Anspruch des Vertreters

Der Vertreter hat in keinem Fall einen eigenen Anspruch gegen den Mandanten. Er steht nur in einem Rechtsverhältnis zu dem beauftragenden Anwalt.

V. Honorarvereinbarung

Ist die Vergütung für Tätigkeiten des Vertreters durch Vereinbarung geregelt, so gilt § 4 Abs. 1, und zwar auch dann, wenn es sich nicht um die im § 5 genannten Personen handelt. Denn die Vergütung für die Leistungen des Vertreters ist eine Vergütung des Rechtsanwalts selbst. Er kann daher eine höhere als die nach dem RVG bemessene Vergütung auch in diesen Fällen nur fordern, wenn die Verpflichtungserklärung der Form des § 4 Abs. 1 entspricht. Die Vereinbarung, dass – abweichend von § 5 – das RVG auch für Tätigkeiten eines in § 5 nicht genannten Vertreters gelten soll, bedarf dagegen keiner Form.[9]

VI. Beigeordneter Anwalt, Pflichtverteidiger

§ 5 gilt auch für beigeordnete Anwälte und Pflichtverteidiger, soweit diese sich nach den verfahrensrechtlichen Bestimmungen vertreten lassen dürfen. Der Anspruch gegen die Staatskasse wurde zuerkannt für den Stationsreferendar, der die Hauptverhandlung für den zum Pflichtverteidiger bestellten Rechtsanwalt wahrgenommen hatte.[10]

---

[6] Rn. 2; OLG Frankfurt Büro 1959, 419.
[7] AG Hagen NJW 1975, 939.
[8] OLG Zweibrücken JurBüro 1985, 543 (noch zum angestellten Assessor unter Geltung des § 4 BRAGO; heute durch die Fassung des § 5 überholt).
[9] *Gerold/Schmidt/Madert* Rn. 18; *Hartmann* § 4 BRAGO Rn. 4.
[10] LG Stuttgart AnwBl. 1969, 372.

VII. Kostenerstattung

13 Die nach § 5 bemessenen Gebühren der dort genannten Vertreter sind „gesetzliche" Gebühren des Rechtsanwalts im Sinne des § 91 Abs. 2 S. 1 ZPO. Daher sind Gebühren, die dem Rechtsanwalt durch ein Handeln der in § 5 genannten Vertreter erwachsen, erstattbar. Lässt sich der Rechtsanwalt jedoch durch Personen vertreten, die in § 5 nicht genannt sind, zB durch den Bürovorsteher, so hat der Auftraggeber dem Rechtsanwalt keine „gesetzlichen" Gebühren zu bezahlen. § 91 Abs. 2 S. 1 ZPO trifft daher nicht zu. Es handelt sich vielmehr in diesem Sinne um Auslagen. Ob die aufgrund des § 612 Abs. 2 BGB oder aufgrund einer Vereinbarung geschuldete Vergütung erstattbar ist, hängt davon ab, ob es sich dabei um Kosten handelt, die zur zweckentsprechenden Rechtsverfolgung oder Rechtsverteidigung im Sinne des § 91 Abs. 1 S. 1 ZPO notwendig waren. Dies wird dann zu bejahen sein, wenn die Vertretung den Interessen des Mandanten entsprach und dieser ausdrücklich damit einverstanden war.[11] Oft wird dies aber auch zu verneinen sein, oder es ist zu prüfen, bis zu welcher Höhe die Vergütung erstattbar ist.[12]

§ 6 Mehrere Rechtsanwälte

Ist der Auftrag mehreren Rechtsanwälten zur gemeinschaftlichen Erledigung übertragen, erhält jeder Rechtsanwalt für seine Tätigkeit die volle Vergütung.

Übersicht

	Rn.		Rn.
I. Grundsätze	1	III. Sondervorschriften	4
II. Gemeinschaftliche Erledigung des Auftrags	2, 3	IV. Kostenerstattung	5–7
1. Anwaltsgemeinschaften.	2		
2. Die Gebühren	3		

I. Grundsätze

1 Werden mehrere Rechtsanwälte mit der gleichen Tätigkeit beauftragt, so liegen mehrere selbständige Geschäftsbesorgungsverträge vor, die auf Leistung gleicher Dienste gerichtet sind. Jeder Rechtsanwalt, der die aufgetragenen Dienste leistet, hat nach bürgerlichem Recht Anspruch auf Vergütung. Dies lässt § 6 unberührt. Diese Vorschrift regelt die davon verschiedene Frage, ob sich die gesetzliche Vergütung des einzelnen Rechtsanwalts etwa deshalb ermäßigt, weil das Maß der Arbeit des einzelnen Rechtsanwalts bei gemeinschaftlicher Erledigung des Auftrags geringer sein kann, und zwar in verneinendem Sinn. Die gesetzliche Vergütung des Rechtsanwalts, der zusammen mit anderen Rechtsanwälten den Auftrag gemeinsam erledigt, ist also ebenso hoch, wie wenn er allein tätig geworden wäre.

---

[11] LG Freiburg AnwBl. 1974, 283.
[12] OLG Düsseldorf JurBüro 1963, 341, 481; JMBl. NRW 1963, 64; LG Freiburg NJW 1964, 69 m. abl. Anm. *Tschischgale*; *Gerold/Schmidt/Madert* Rn. 20; *Hartmann* § 4 BRAGO Rn. 21; LG Göttingen NJW 1969, 946; LG Mosbach NJW 1965, 1034; LG Berlin AnwBl. 1968, 27 – wenn die Zahlung der üblichen Gebühren vereinbart war –; OLG Hamm NJW 1970, 1058 – geringer als die Vergütung nach BRAGO.

II. Gemeinschaftliche Erledigung des Auftrags

1. Anwaltsgemeinschaften. Ob der Mandant bei Beauftragung mehrerer Anwälte 2 auch mehrfache Gebühren zu bezahlen hat, hängt vom **Inhalt des Auftrags** ab. Bei Anwaltsgemeinschaften pflegen sich die Rechtsanwälte, die der Gemeinschaft angehören, die Ausführung der Aufträge zu teilen, zB nimmt der eine die Information entgegen, der andere reicht die Klage ein, der dritte nimmt die mündliche Verhandlung wahr. Man sagt oft, dass solche Rechtsanwälte nicht gemeinschaftlich, d. h. nebeneinander, sondern nacheinander tätig werden. Doch ist dies ein Bild, das den Gegensatz zu den im § 6 behandelten Fällen nur unvollkommen wiedergibt; denn auch Rechtsanwälte, die nacheinander mit einer Angelegenheit befasst werden, erhalten grundsätzlich die Gebühren unabhängig voneinander. Gerade dies ist aber bei Anwaltsgemeinschaften regelmäßig nicht der Fall. Nach der Verkehrssitte ist im Zweifel gewollt, dass alle Rechtsanwälte der Anwaltsgemeinschaft zusammen „der Prozessbevollmächtigte" sind; der eine Rechtsanwalt soll den anderen ersetzen können; sie sollen nach Bedarf abwechselnd tätig werden; zusammen sollen sie nur die Vergütung eines einzigen Rechtsanwalts erhalten. Sie sind nur ein **einziger Auftragnehmer** im Sinne des § 6, eine Partei im Sinne des Prozessrechts.[1] Bei Ausscheiden eines Rechtsanwalts aus der Gemeinschaft, zB durch Tod, besteht der Auftrag mit den übrigen Rechtsanwälten fort; neu eintretende Anwälte treten in der Regel auch in das Mandatsverhältnis ein;[2] es tritt kein Wechsel des Rechtsanwalts ein.[3] Der Vergütungsanspruch gehört zum Gesellschaftsvermögen der Anwaltsgemeinschaft und steht ihnen zur gesamten Hand zu.[4] Jeder der Rechtsanwälte ist aber ermächtigt, den Vergütungsanspruch im eigenen Namen geltend zu machen.[5] Andererseits übernimmt jeder der Rechtsanwälte stillschweigend die Haftung für ein Versehen des anderen innerhalb des gemeinschaftlichen Berufsgebiets.[6] Ein solcher **Gesamtauftrag** liegt aber im Zweifel **nicht** vor, wenn die Rechtsanwälte bei verschiedenen Gerichten zugelassen sind und dies für die Ausführung des Auftrags wesentlich ist[7] oder wenn bei mehreren Streitgenossen jeder einen anderen, bestimmt bezeichneten Rechtsanwalt der Anwaltsgemeinschaft beauftragt.[8]

2. Die Gebühren. Von den in Rn. 2 behandelten Fällen der Anwaltsgemeinschaft 3 abgesehen erhält jeder Rechtsanwalt für **seine** Tätigkeit die **volle** Vergütung. Sie wird nicht gekürzt, weil noch ein anderer Rechtsanwalt mit der Erledigung des Auftrags betraut ist. Jeder der Rechtsanwälte erhält die Gebühren, für die er durch seine Tätigkeit den Gebührentatbestand erfüllt (vgl. § 1 Rn. 63). Es kann also nicht einer der Rechtsanwälte durch seine Tätigkeit Gebühren für den anderen Rechtsanwalt begründen; zB erhält der nur beratend tätige Rechtsanwalt nicht deshalb die Terminsgebühr, weil der andere Rechtsanwalt die mündliche Verhandlung wahrgenommen hat. Doch ist dies nicht zu überspitzen. Naturgemäß muss eine Aufgabenteilung eintreten, wenn mehrere Rechtsanwälte bei einem einheitlichen prozessualen Vorgang mitwirken.

---

[1] Vgl. BGH NJW 2001, 1056.
[2] BGH NJW 1994, 257.
[3] OLG Hamm MDR 1969, 63.
[4] BGH AnwBl. 1996, 543.
[5] BGH NJW 1963, 1301.
[6] RGZ 85, 306; 88, 342, 344; OLG Nürnberg MDR 1960, 310.
[7] KG DR 1939, 1183.
[8] LG Braunschweig NJW 1958, 148.

III. Sondervorschriften

4   In vielen Fällen ist die Tätigkeit mehrerer Rechtsanwälte, die in derselben Angelegenheit tätig werden, in besondere Gebührenquanten zerlegt: So zB
- für den **Verkehrsanwalt** (Nr. 3400 VV),
- für den **Terminsvertreter** (Nr. 3401 VV).

IV. Kostenerstattung

5   Erstattbar sind die Kosten mehrerer Anwälte jedoch in der Regel nur bis zur Höhe der Kosten **eines** Anwalts (§ 91 Abs. 2 S. 2 ZPO). Eine Partei, die sich mehrerer Anwälte bedient, darf die Mehrkosten hierfür nicht auf den Gegner abwälzen. Dies gilt auch in Strafsachen, wo die Kosten mehrerer Verteidiger nur in Höhe der Kosten eines einzigen Verteidigers als notwendige Auslagen anzuerkennen sind.[9]

6   Eine **Ausnahme** gilt dann, wenn mehrere Rechtsanwälte hintereinander eingeschaltet wurden und der Wechsel als notwendig anzuerkennen ist. Hauptbeispiel ist der **Tod des Anwalts**. In diesem Falle ist die Partei auch nicht verpflichtet, die Dienste des Abwicklers in Anspruch zu nehmen.[10] Sie ist auch nicht verpflichtet, wenn in einer Sozietät der Anwalt ihres Vertrauens verstirbt, die Sache durch einen Sozius weiterführen zu lassen.[11] Auch das Erlöschen der Zulassung des Anwalts oder ein Zulassungswechsel, der – heute nur noch in seltenen Fällen – zum Verlust der Postulationsfähigkeit führt, ist an sich ein Fall des notwendigen Anwaltswechsels, weil ja der bisherige Anwalt die Sache nicht mehr fortführen kann. Hier wird allerdings vielfach der Anwalt das Erlöschen oder den Wechsel der Zulassung zu vertreten haben, so dass ihm ein Honoraranspruch nicht zusteht; dann stellt sich die Frage von Mehrkosten nicht. Nicht notwendig ist der Anwaltswechsel, wenn der Prozessbevollmächtigte von der Gegenpartei als Zeuge benannt ist.[12]

7   Bei **Streitgenossen** bedarf es jeweils besonderer Überlegungen. Grundsätzlich ist jeder Streitgenosse berechtigt, sich durch einen eigenen Anwalt vertreten zu lassen. Dann wird für jeden nur ein Anwalt tätig, und das Problem einer Kostenerstattung für mehrere Anwälte tritt gar nicht auf. Fraglich kann es werden, wenn mehrere Streitgenossen zunächst durch einen einzigen Anwalt vertreten werden und später einer der Streitgenossen einen eigenen zusätzlichen Anwalt bestellt. Hier sollte nicht schlechthin die Erstattung der Mehrkosten zugelassen werden,[13] vielmehr sollte jeweils geprüft werden, ob Sachverhalt und Prozesslage einen zweiten Anwalt zur zweckentsprechenden Prozessführung erfordern. Keine Notwendigkeit, und zwar schon von Anfang an nicht, besteht in dem praktisch wichtigen Fall, dass in einer **Verkehrshaftpflichtklage** gleichzeitig Halter, Fahrer und Versicherung in Anspruch genommen werden. Da der Haftpflichtversicherer zur Rechtsschutzgewährung ver-

---

[9] OLG Düsseldorf Büro 1975, 916 m. Anm. *Mümmler* und Rpfleger 1975, 256.
[10] OLG Hamm AnwBl. 1969, 349; OLG Düsseldorf NJW 1963, 660; LG Berlin AnwBl. 1965, 86.
[11] OLG Stuttgart Justiz 1969, 224; aA OLG Hamburg MDR 1968, 618.
[12] LG Bonn AnwBl. 1975, 161.
[13] So aber offenbar OLG Düsseldorf AnwBl. 1981, 70, das zubilligt, dass während des Prozesses gegen eine OHG und deren persönlich haftende Gesellschafterin, eine GmbH, die Letztere sich einen eigenen Anwalt bestellt.

Mehrere Auftraggeber § 7

pflichtet ist, besteht für den Versicherungsnehmer oder Mitversicherten normalerweise kein Interesse, sich besonders durch einen eigenen Anwalt vertreten zu lassen;[14] dies gilt aber nicht mehr, wenn besondere Umstände eine Mandatsaufspaltung erfordern, insbesondere wenn ein Verkehrsteilnehmer eine Haftpflichtklage erhoben hat, dann mit einer Widerklage überzogen wird und sein Haftpflichtversicherer einen eigenen Anwalt mit der Abwehr der Widerklage betrauen will.

§ 7 Mehrere Auftraggeber

(1) **Wird der Rechtsanwalt in derselben Angelegenheit für mehrere Auftraggeber tätig, erhält er die Gebühren nur einmal.**

(2) ¹**Jeder der Auftraggeber schuldet die Gebühren und Auslagen, die er schulden würde, wenn der Rechtsanwalt nur in seinem Auftrag tätig geworden wäre; die Dokumentenpauschale nach Nummer 7000 des Vergütungsverzeichnisses schuldet er auch insoweit, wie diese nur durch die Unterrichtung mehrerer Auftraggeber entstanden ist.** ²**Der Rechtsanwalt kann aber insgesamt nicht mehr als die nach Absatz 1 berechneten Gebühren und die insgesamt entstandenen Auslagen fordern.**

Nr.	Gebührentatbestand	Gebühr oder Satz der Gebühr nach § 13 RVG
1008	Auftraggeber sind in derselben Angelegenheit mehrere Personen: Die Verfahrens- oder Geschäftsgebühr erhöht sich für jede weitere Person um .... (1) Dies gilt bei Wertgebühren nur, soweit der Gegenstand der anwaltlichen Tätigkeit derselbe ist. (2) Die Erhöhung wird nach dem Betrag berechnet, an dem die Personen gemeinschaftlich beteiligt sind. (3) Mehrere Erhöhungen dürfen einen Gebührensatz von 2,0 nicht übersteigen; bei Festgebühren dürfen die Erhöhungen das Doppelte der Festgebühr und bei Betragsrahmengebühren das Doppelte des Mindest- und Höchstbetrags nicht übersteigen.	0,3 oder 30 % bei Festgebühren, bei Betragsrahmengebühren erhöhen sich der Mindest- und Höchstbetrag um 30 %

Übersicht

	Rn.		Rn.
I. Grundgedanken	1–3	c) Mehrere Funktionen	18
1. Grundlage der Vergütung	1	d) Tätigwerden in derselben Angelegenheit	19–30
2. Grundregeln	2	aa) Gemeinsame Angelegenheit mehrerer Auftraggeber	20
3. Ausnahme	3	bb) Gesonderte Angelegenheiten können gemeinsame Angelegenheiten werden und umgekehrt	21–30
II. Gesamtvergütung	4–40	3. Höhe der Gesamtvergütung	31–35
1. Begriff	4, 5	a) Grundsatz (Abs. 1 S. 1)	31
2. Voraussetzungen	6–30	b) Betragsrahmengebühren	32
a) Ein und derselbe Rechtsanwalt	7–9		
b) Mehrere Auftraggeber, Parteiwechsel	10–17		

---

[14] OLG Stuttgart Rpfleger 1972, 318; aA OLG München VersR 1974, 1013.

	Rn.		Rn.
c) Satzrahmengebühren	33	b) Sondertätigkeiten für nur einen Auftraggeber	46
d) Festgebühren	34		
e) Wertgebühren	35	2. Gesamtschuld (Satz 2)	47–49
4. Der Erhöhung unterliegende Gebühren	36–38	3. Der innere Ausgleich	50
		4. Auslagen	51
5. Gleicher Gegenstand	39, 40	**IV. Kostenerstattung (§§ 91 ff. ZPO)**	52–57
III. Haftung der einzelnen Auftraggeber (Abs. 2)	41–51	1. Alle Streitgenossen siegen	52, 53
		2. Einzelne Streitgenossen unterliegen	54–57
1. Grundsatz	41–46		
a) Tätigkeiten für mehrere Auftraggeber	42–45		

I. Grundgedanken

1 **1. Grundlage der Vergütung.** Die Regelung des § 7 stellt gewissermaßen das Gegenstück zu § 6 dar. Während dort die Vergütung geregelt wird, die mehreren Rechtsanwälten zusteht, wenn sie einen einzigen Auftraggeber vertreten, so wird hier angeordnet, wie zu verfahren ist, wenn mehrere Auftraggeber einen einzigen Rechtsanwalt beauftragen. Die Grundlage der Vergütung bleibt auch hier der Geschäftsbesorgungsauftrag. Es liegen aber mehrere Auftragsverhältnisse vor, die regelmäßig, da der Rechtsanwalt gegensätzliche Interessen nicht vertreten darf (vgl. § 356 StGB), auf Leistung gleicher oder wenigstens gleichgerichteter Dienste gehen. Nach bürgerlichem Recht ist jeder dieser Aufträge zu honorieren, da anwaltliche Dienste grundsätzlich nicht unentgeltlich geleistet werden. Für die Höhe und für die Aufteilung unter den mehreren Auftraggebern gibt die Gebührenordnung nähere Anweisungen. Ohne diese Bestimmung könnte der Rechtsanwalt von jedem seiner Auftraggeber das angemessene Honorar fordern. Das Gesetz geht aber davon aus, dass es für den Rechtsanwalt keine mehrfache Leistung bedeutet, wenn er in derselben Angelegenheit, und nur dann greift § 7 ein, für mehrere Auftraggeber tätig wird. In äußerster Konsequenz könnte man anordnen, dass für dieselbe Angelegenheit nur eine einfache Gebühr anfällt, gleichgültig, wie viele Auftraggeber hinter dieser Sache stehen. Dies ist in der Tat nach dem früheren Rechtszustand bis 1975 so gewesen, sofern die mehreren Auftraggeber ihre Aufträge gleichzeitig erteilt hatten. Eine Gebührenerhöhung fand nur statt, wenn ein weiterer Auftraggeber nachträglich dazutrat. Die Erhöhung galt damals die Mehrarbeit ab, die dem Rechtsanwalt entstand, um den neuen Auftraggeber in die Angelegenheit einzugliedern.

2 **2. Grundregeln.** Der heutige § 7 geht von dem Grundsatz aus, dass die laufende Vertretung mehrerer Auftraggeber eine höhere Belastung des Rechtsanwalts darstellt, so dass ihm die Erhöhung ohne Rücksicht auf den Zeitpunkt der mehreren Aufträge zustehen soll. Er enthält folgende Grundregeln:
– Die Gebühren vervielfachen sich nicht nach der Zahl der Auftraggeber, lediglich bestimmte Gebühren erhöhen sich um einen bestimmten Anteil.
– Kein Auftraggeber schuldet für seine Person deswegen weniger an Gebühren, weil noch andere Auftraggeber vorhanden sind.
– Ein Auftraggeber schuldet keine Vergütung für Leistungen, die der Rechtsanwalt ausschließlich für andere Auftraggeber erbracht hat, was sowohl zeitlich wie sachlich gilt.
Ob im Einzelfall eine besondere Mehrleistung oder ein zusätzlicher Aufwand entsteht, ist jedoch wegen des Pauschalcharakters der Vorschrift nicht zu prüfen.[1]

---
[1] BGH NJW 1984, 2296; AnwBl. 1984, 208; OLG Köln JurBüro 1983, 73.

3. Ausnahme. § 7 gilt nicht im Insolvenzverfahren und im schifffahrtsrechtlichen Verteilungsverfahren (Vorbem. 3.3.5 VV), es sei denn, dass mehrere Gläubiger dieselbe Forderung geltend machen. 3

II. Gesamtvergütung

1. Begriff. Die Vergütung, die ein Rechtsanwalt, der in derselben Angelegenheit für mehrere Auftraggeber tätig wird, insgesamt, nämlich von allen Auftraggebern zusammen, erhält, lässt sich nur aus dem – in der jetzigen Fassung des Gesetzes leider zerrissenen – Zusammenhang von § 7 mit Nr. 1008 VV ermitteln. Man kann sie Gesamtvergütung nennen, darf diesen Begriff aber nicht verwechseln mit der gesamtschuldnerisch geschuldeten Vergütung. Mit der Gesamtvergütung wird die gesamte Tätigkeit des Rechtsanwalts für alle Auftraggeber entlohnt; sie ist die **obere Forderungsgrenze**. Die Vorschrift, dass der Rechtsanwalt die Gebühren nur einmal erhält (Abs. 1 S. 1), schließt eine Vervielfachung der Gebühren nach der Zahl der Auftraggeber aus, besagt aber nichts über die Höhe der einmaligen Gebühr. Statt einer Vervielfachung sieht das Gesetz Zuschläge vor, die insgesamt geringer sind als das Mehrfache der Gebühr und eine Kappungsgrenze enthalten. 4

Mit der Feststellung, wie hoch die Gesamtvergütung ist, wird nicht auch die Frage entschieden, wie hoch die Vergütung ist, die der Rechtsanwalt von einem Einzelnen der Auftraggeber fordern kann, und ob und inwieweit alle oder mehrere Auftraggeber für die Gesamtvergütung als Gesamtschuldner haften. Diese Fragen werden erst im Abs. 2 geregelt (vgl. Rn. 44 ff.). 5

2. Voraussetzungen. Eine Gesamtvergütung ist zu berechnen, wenn ein und derselbe Rechtsanwalt in derselben Angelegenheit für mehrere Auftraggeber tätig wird. Im Einzelnen: 6

a) **Ein und derselbe Rechtsanwalt.** Auf die prozessuale Stellung des Rechtsanwalts kommt es nicht an. Nicht nur der Prozessbevollmächtigte (Verteidiger), sondern auch der Beistand, Verkehrsanwalt, Beweisvertreter, Verhandlungsvertreter und Unterbevollmächtigte, der für mehrere Auftraggeber tätig wird, hat eine Gesamtvergütung zu berechnen. Ebenso wenig kommt es auf die prozessuale Stellung der Partei an (Kläger, Beklagter, Beschuldigter, Nebenkläger, Antragsteller, Antragsgegner, Nebenintervenient, Beigeladener). § 7 gilt auch bei der Vertretung in außergerichtlichen Angelegenheiten. 7

§ 7 ist auch anwendbar, wenn der Rechtsanwalt für die verschiedenen Auftraggeber **in verschiedener Stellung** tätig wird, zB für A als Verkehrsanwalt und nach der Verweisung an ein anderes Gericht für A und B als Prozessbevollmächtigter (vgl. § 15 Abs. 5). 8

Wenn jedoch der Prozessbevollmächtigte des A auch in Untervollmacht des Prozessbevollmächtigten von B tätig wird, so sind die Gebühren für beide Prozessbevollmächtigte getrennt zu berechnen.[2] Denn es handelt sich nicht, was § 7 voraussetzt, um die Gebühren eines einzigen, sondern um die Gebühren mehrerer Rechtsanwälte (vgl. § 6); der Prozessbevollmächtigte von B verdient seine gesonderten Gebühren dadurch, dass er seine Leistung zulässigerweise durch den Prozessbevollmächtigten des A erbringen lässt. Der Prozessbevollmächtigte des A wird jedoch für mehrere Auftrag- 9

---

[2] OLG Hamburg OLGZ 17, 236 und DRW 1940, 659.

geber in einer Person tätig; daher kann er für sich selbst wegen der Mitvertretung des B (aufgrund der Untervollmacht) die Gebühr nur einmal, und zwar mit der Erhöhung nach Nr. 1008 VV, berechnen. Soweit die Gebühren in der Person des Unterbevollmächtigten entstehen, zB als Terminsvertreter, können sie auch nicht neben den Gebühren in Rechnung gestellt werden, die der Unterbevollmächtigte als Prozessbevollmächtigter des A zu beanspruchen hat.

10 **b) Mehrere Auftraggeber, Parteiwechsel.** Es müssen mehrere Auftraggeber vorhanden sein. Das sind mehrere natürliche oder juristische Personen, denen der Rechtsanwalt, sei es aus einem gemeinschaftlichen Geschäftsbesorgungsauftrag, sei es aus verschiedenen, gleichzeitigen oder zeitlich gestaffelten Aufträgen zur Dienstleistung in derselben Angelegenheit verpflichtet ist. Anwaltliche Leistungen aufgrund Geschäftsführung ohne Auftrag sind (vgl. § 1 Rn. 14, 15) gleich zu behandeln. Es kommt nur auf die Mehrheit der Dienstberechtigten selbst an, nicht auf eine etwaige Mehrheit von **gesetzlichen Vertretern**. Das minderjährige Kind ist nur ein einziger Auftraggeber, auch wenn es durch beide Eltern vertreten wird; ebenso die handelsrechtliche Gesellschaft, deren Vorstand oder Geschäftsführung aus mehreren Personen besteht. Als mehrere Auftraggeber sind angesehen worden mehrere Testamentsvollstrecker, die gemeinsam einen Nachlass vertreten.[3] Dagegen behandelt die verwaltungsgerichtliche Rechtsprechung[4] Eltern, die ein Elternrecht gemeinsam wahrnehmen, nur als eine Person.

11 Was mehrere Auftraggeber sind, sollte sich eigentlich rechnerisch einfach ermitteln lassen. Gleichwohl gibt es weiterhin in der **Rechtsprechung** dazu Divergenzen, die möglicherweise beeinflusst sind von dem früheren Rechtszustand, als die gleichzeitige Übernahme eines Mandats für mehrere Personen keine erhöhte Gebühr auslöste und damit typische Fälle, in denen in eine Angelegenheit gleichzeitig mehrere Personen verwickelt waren und bei denen mutmaßlich eine Mehrarbeit des Anwalts nicht vorhanden war, von einer Gebührenerhöhung ausgeschlossen waren. Alle diese Fälle gehören jetzt zum Anwendungsbereich von § 7, selbst wenn der Auftrag etwa in Haftpflichtsachen aufgrund der Versicherungsbedingungen allein vom Versicherer erteilt wird, hier ist allerdings zu prüfen, ob die formale Mitvertretung des Versicherten ein eigenes Auftragsverhältnis entstehen lässt, oder wenn bei der GmbH & Co KG der gesetzliche Vertreter von Gesellschaft und Gesellschafter dieselbe Person ist. Die Rechtsprechung sträubt sich vielfach, eine Personenmehrheit anzuerkennen, wenn zwangsläufig mehrere Personen ein Recht nur **gemeinsam geltend machen** können, zB Eheleute als Vermieter oder als Mieter. Das führt dann dazu, dass in Aktivprozessen die Anwendung des § 7 verneint, in Passivprozessen aber bejaht wird.[5] Es kann aber auf die oft zufällige Parteirolle nicht ankommen.

12 Mehrere Personen sind auch Personengesamtheiten, die keine juristische Person darstellen, so zB die **Wohnungseigentümergemeinschaft**.[6] Hier hat sich die Meinung herausgebildet, dass nur ein Auftraggeber vorhanden ist, wenn der hierzu ermächtigte Verwalter die Eigentümergemeinschaft in Prozessstandschaft vertritt,[7] was richtig ist, aber anders zu sehen ist, wenn die Eigentümergemeinschaft als solche im Prozess auf-

---

[3] OLG Düsseldorf JurBüro 1983, 1034.
[4] OVG Lüneburg JurBüro 1983, 696.
[5] AA OLG Köln JurBüro 1992, 318.
[6] OLG Düsseldorf RPfleger 1995, 477; aA noch OLG Köln JurBüro 1983, 73 und – insoweit richtig – OLG Stuttgart JurBüro 1983, 381.
[7] OLG Koblenz JurBüro 1985, 711.

Mehrere Auftraggeber **§ 7**

tritt.[8] Teilweise wird der Verwalter schon als nur ein Auftraggeber angesehen, wenn er von der Gemeinschaft bevollmächtigt ist, auch wenn er im Verfahren namens der Eigentümer auftritt.[9] Im Übrigen ist die Eigentümergemeinschaft aber eine Personenmehrheit.[10] Personenmehrheit ist auch der **nichtrechtsfähige Verein** in Passivprozessen, weil die Zulassung der Klagemöglichkeit nach § 50 Abs. 2 ZPO nur eine prozessuale Vereinfachung ist, den Verein jedoch nicht zur juristischen Person macht, so dass der Vereinsvorstand zwar formal einen Rechtsanwalt bevollmächtigen kann, den Geschäftsbesorgungsvertrag jedoch namens der Mitglieder abschließt.[11] Als mehrere Auftraggeber werden auch angesehen abwesende Personen, denen ein gemeinsamer Abwesenheitspfleger bestellt ist.[12] Mehrheit sind auch die gemeinschaftlichen **Testamentsvollstrecker**, sofern sie nicht für gesonderte Bereiche getrennt bestellt sind und auftreten.[13] Dagegen ist der **Nachlasspfleger** eine Einzelperson, auch wenn sich herausstellt, dass mehrere Erben vorhanden sind.[14]

Zu unterschiedlichen Auffassungen ist es gekommen über die **Gesellschaft bürgerlichen Rechts**. Inzwischen hat die Rechtsprechung des BGH dazu geführt, derartige Gesellschaften als rechts- und parteifähig und daher als Einzelperson anzusehen.[15] Damit werden zB Architektenbüros oder Baufirmen, die in Form der Gesellschaft bürgerlichen Rechts geführt werden, als Personeneinheit behandelt. In diesen Bereich gehört auch die **Anwaltssozietät**, gleich ob sie als Gesellschaft bürgerlichen Rechts oder in einer anderen Form anwaltlicher Partnerschaft organisiert ist. **13**

Organe des Betriebsverfassungsrechts gelten, wie sich aus einer Entscheidung des Bundesarbeitsgerichts[16] ableiten lässt, als eine Einheit, auch wenn der Betriebsrat aus mehreren Personen besteht. Das gilt analog auch für Personalräte im Behördenbereich. **14**

Ein weiteres Problem wird bei der **Erbengemeinschaft** gesehen. Rechnerisch besteht diese aus mehreren Personen, und es ist kein Grund einzusehen, warum die Regel des § 7 hier nicht anwendbar sein sollte. Anders ist es, wenn ein Miterbe nach § 2039 BGB auf Leistung an die Erbengemeinschaft klagt; hier gibt es nur einen Auftraggeber. Problematisiert wird in der Rechtsprechung, wie der Übergang von einem Erblasser als Einzelperson auf eine aus mehreren Personen bestehende Erbengemeinschaft zu behandeln ist. Hier scheint ein Teil der Rechtsprechung eine Erhöhung der Gebühr abzulehnen mit der Begründung, dass die Erben keinen neuen Auftrag erteilen müssen, sondern das von dem Erblasser begründete Mandatsverhältnis für die Erben weiterwirkt.[17] Das trifft zwar zu; die Erben rücken in die Stellung des Erblassers als Auftraggeber ein, gleichwohl sind sie eine Personenmehrheit. Mit dem Erbfall ist nicht mehr der Erblasser Auftraggeber, sondern die mehreren Erben, auch wenn sie **15**

---

[8] OLG Koblenz JurBüro 1997, 583.
[9] OLG München JurBüro 1985, 1497; LG Mainz 3 T 86/93 billigt nur die einfache Gebühr zu, weil die Gemeinschaft es in der Hand hätte, den Verwalter zum Prozessstandschafter zu bestellen, und dabei gegen die Pflicht zur sparsamen Prozessführung verstößt, wenn sie davon keinen Gebrauch macht; das wäre aber eine Frage der Erstattbarkeit.
[10] BGH JurBüro 1984, 377.
[11] AA mit beachtlichen Gründen *Lappe* NJW 1976, 165.
[12] OLG Frankfurt AnwBl. 1980, 260.
[13] BGH AnwBl. 1994, 196.
[14] OLG Hamburg JurBüro 1988, 505.
[15] BGH NJW 2001, 1056 = DNotZ 2001, 234; NJW 2002, 2958.
[16] BAG NZA 2000, 556 = MDR 2000, 588.
[17] OLG Frankfurt AnwBl. 1981, 403 mwN und OLG Koblenz MDR 1993, 289.

§ 7

den Auftrag formell nicht erneuern müssen.[18] Die Unsicherheit und divergierende Rechtsprechung sowie der Trend, die Anwendbarkeit des § 7 einzuschränken, zeigt, dass die Gesetzesänderung rechtspolitisch verfehlt war. Es ist schwer einzusehen, dass die Kostenhöhe von Zufälligkeiten abhängt bei sonst gleicher Rechtslage.

16 Die Tätigkeit des Rechtsanwalts muss für **mehrere Auftraggeber nebeneinander** erfolgen. Wird er nacheinander für mehrere Personen tätig, so liegen getrennte Aufträge vor, die je für sich abzurechnen sind. Scheidet etwa ein Streitgenosse, der allein von einem Anwalt vertreten war, aus dem Prozess aus (durch Teilurteil oder Vergleich), und übernimmt der Rechtsanwalt anschließend die Vertretung des zweiten Streitgenossen, so handelt es sich um getrennte Angelegenheiten, für die gesonderte Gebühren (je ohne Erhöhung) entstehen. Auch bei **Parteiwechsel** ist **keine** Mehrheit von Auftraggebern vorhanden. Der Rechtsanwalt, der die ausscheidende und dann die neu eintretende Partei vertritt, kann für jedes dieser Mandate gesondert abrechnen, auch wenn er zeitlich etwa die Kostenabwicklung für die ausscheidende Partei noch gleichzeitig mit der Vertretung der neuen Partei reguliert, denn hier liegt kein Nebeneinander in derselben Angelegenheit vor.[19]

17 Kein Nebeneinander liegt vor, wenn der Rechtsanwalt den **Gesamtrechtsnachfolger** vertritt, da dieser erst nach dem Rechtsvorgänger in das Verfahren eintritt. Eine nur scheinbare Ausnahme besteht dann, wenn in einem Erbfall der Prozess irrtümlich gegen einen Nichterben aufgenommen wird und später nach Aufklärung gegen den wahren Erben. Der Rechtsanwalt, der zunächst den falschen und später den richtigen Erben vertritt, erhält für die Vertretung des Dritten gesonderte Gebühren,[20] während die Vertretung des wahren Erben die Fortsetzung des Auftrags mit dem Erblasser ist.

18 c) **Mehrere Funktionen.** Auch wenn nur ein einziger Auftraggeber vorhanden ist, kann in entsprechender Anwendung des § 7 Abs. 1 S. 2 eine Erhöhung der Gebühren in Betracht kommen, wenn der Auftraggeber in dem Rechtsstreit eine mehrfache Funktion hat, zB zugleich Angeklagter und Nebenkläger ist, und die Anwendung des § 14 allein keine angemessene Gebühr ergeben würde.[21]

19 d) **Tätigwerden in derselben Angelegenheit.** Über den Begriff der Angelegenheit vgl. § 15 Rn. 1 ff. Der Rahmen, den die Angelegenheit (Gebührenangelegenheit) darstellt und der eine Vielzahl von anwaltlichen Tätigkeiten zu einer gebührenrechtlichen Einheit zusammenschließt, grenzt auch die Tätigkeiten, für die eine Gesamtvergütung zu berechnen ist, von den Tätigkeiten ab, für die der Rechtsanwalt getrennte Gebühren berechnen kann. Verfassungsbeschwerden sind wegen ihres Individualcharakters stets gesonderte Gegenstände, auch wenn sie sich gegen dieselbe Rechtsvorschrift wenden; der Anwalt, der mehrere Auftraggeber vertritt, erhält keine erhöhte Gebühr nach § 7, sondern nach § 22.[22]

---

[18] So jetzt BGH JurBüro 2004, 375; OLG Hamburg MDR 1989, 850; OLG Bamberg JurBüro 1991, 821; OLG Düsseldorf AnwBl. 1996, 588.

[19] OLG Stuttgart KostRsp. BRAGO § 6 Nr. 2; OLG Saarbrücken MDR 1966, 855; OLG Hamm JurBüro 1968, 609; OLG Düsseldorf AnwBl. 1980, 259.

[20] OLG Köln AnwBl. 1962, 222.

[21] LG Tübingen AnwBl. 1967, 166; LG Coburg JurBüro 1968, 800; LG Krefeld AnwBl. 1969, 374; aA LG Braunschweig NdsRpfl. 1966, 204; LG Kiel AnwBl. 1968, 32; LG Regensburg AnwBl. 1967, 100; aber auch LG Bochum AnwBl. 1968, 235; LG Hildesheim AnwBl. 1966, 168, die doppelte Gebühren zuerkennen; vgl. auch *Tschischgale* JurBüro 1968, 390.

[22] BVerfG MDR 1997, 1065.

aa) Gemeinsame Angelegenheit mehrerer Auftraggeber. Die Angelegenheit 20
muss eine gemeinsame Angelegenheit der mehreren Auftraggeber sein. Das trifft auch zu, wenn die Gegenstände verschieden sind. Wenn die anwaltliche Tätigkeit in den Rahmen derselben Angelegenheit fällt, ist eine Gesamtvergütung auch für Tätigkeiten zu berechnen, die nur einem der Auftraggeber nützen, zB für die Vertretung in einer Beweisaufnahme, die sich nur auf einen von mehreren Gegenständen bezieht. Wäre das anders, dann könnte der Rechtsanwalt getrennt berechnete Terminsgebühren fordern, wenn zunächst nur wegen des Gegenstandes des A und erst später wegen des Gegenstandes des B Beweis erhoben würde. Gebührenrechtlich ausscheidbare Sondertätigkeiten für einen der Auftraggeber werden erst berücksichtigt, wenn – nach Abs. 2 – die Höhe der von einem einzelnen Auftraggeber geschuldeten Vergütung festzustellen ist. Nicht in die Gesamtvergütung fallen dagegen Tätigkeiten, die außerhalb des Rahmens der Angelegenheit liegen. Der Rechtsanwalt, der den Ehemann verteidigt und zugleich die Ehefrau als Nebenklägerin gegen einen anderen Angeklagten vertritt, erhält getrennt berechnete Gebühren, da wegen der verschiedenen Richtungen der für verschiedene Personen vertretenen Interessen gesonderte Angelegenheiten vorliegen.[23] Bei gleichlaufenden Interessen gilt jedoch § 7, so, wenn Eheleute, die bei demselben Unfall verletzt worden sind, nebeneinander als Nebenkläger auftreten.[24] Die Gleichung ein Strafprozess ist gleich eine Angelegenheit lässt sich bei der Vielgestaltigkeit der im Strafverfahren möglichen Zusammenfassungen kaum durchstehen. Weitere Beispiele s. Rn. 16.

bb) Gesonderte Angelegenheiten können gemeinsame Angelegenheiten werden 21
und umgekehrt. Das ist namentlich bei der **Verbindung und der Trennung von Prozessen** der Fall. Bisher getrennt geführte Verfahren werden mit der Verbindung zu einer einzigen Angelegenheit. Ein verbundenes Verfahren wird mit der Trennung zu mehreren Angelegenheiten. Auf die prozessuale Zulässigkeit der Verbindung oder der Trennung kommt es dabei nicht an.[25] Die vor der Verbindung getrennt erwachsenen Gebühren bleiben dem Rechtsanwalt erhalten (§ 15).[26] Erst die Gebühren, die nach der Verbindung entstehen, sind in die Gesamtvergütung einzurechnen. Werden zB mehrere getrennte Prozesse durch einen gemeinsamen Vergleich beendigt, so gilt erst für die Einigungsgebühr die Vorschrift des § 7.[27]

Für die in den getrennten Prozessen erwachsenen Gebühren gilt § 7 selbst dann 22
nicht, wenn etwa Prozesskostenhilfe für A und B in einem einheitlichen Verfahren bewilligt worden ist, von dem Rechtsanwalt aber die Klagen in getrennten Prozessen erhoben werden,[28] wobei natürlich die gegen den Grund des Vergütungsanspruchs gerichtete Einwendung, der Rechtsanwalt habe schuldhafterweise höhere Kosten verursacht – wie immer (vgl. § 1 Rn. 63a) –, unberührt bleibt.

Der Rechtsanwalt, der für A und B eine gemeinsame Klage einreicht, für A allein 23
aber ein Prozesskostenhilfegesuch, erhält für dieses Gesuch keine besonderen Gebühren, denn das Verfahren zur Bewilligung von Prozesskostenhilfe für A ist mit dem

---

[23] LG Ulm AnwBl. 1960, 99; LG Göttingen NdsRpfl. 1966, 95.
[24] OLG Düsseldorf JMBl. NRW 1968, 216; LG Lüneburg AnwBl. 1969, 143; LG Osnabrück AnwBl. 1968, 331; LG Kleve AnwBl. 1969, 31; LG Köln AnwBl. 1970, 111.
[25] OLG Köln HRR 1935 Nr. 1559.
[26] RGZ 44, 419; OLG München AnwBl. 1957, 22; LG Kiel AnwBl. 1970, 272; LG Düsseldorf JurBüro 1967, 895.
[27] OLG Jena HRR 1940 Nr. 113.
[28] KG JW 1935, 1705.

§ 7
Abschnitt 1. Allgemeine Vorschriften

Prozess für A und B eine einzige Angelegenheit (§ 16 Nr. 2). Reicht der Rechtsanwalt jedoch für B die Klage ein und für A aufgrund des Auftrags, nur dieses einzureichen, lediglich das Gesuch um Prozesskostenhilfe, so handelt es sich zunächst um verschiedene Angelegenheiten je eines anderen Auftraggebers; die Gebühren werden daher getrennt berechnet. Erhebt der Rechtsanwalt nach der Bewilligung Klage auch für A, so liegen weiterhin getrennte Angelegenheiten vor; die Gebühren werden auch für die beiden Prozesse getrennt berechnet, solange die Verfahren nicht verbunden werden.[29] Für die Berufungsinstanz gelten keine Besonderheiten.[30]

24 Getrennte Angelegenheiten können ferner eine gemeinsame Angelegenheit werden und umgekehrt, wenn in einer Angelegenheit ein weiterer Auftraggeber eintritt oder ausscheidet; so, wenn ein Rechtsanwalt, der für A tätig ist, später auch von B beauftragt wird, oder wenn bei einem von A und B beauftragten Rechtsanwalt der Auftrag des B endigt oder sich die Angelegenheit nur für B, zB durch Vergleich, vorzeitig erledigt. In solchen Fällen ist eine Gesamtvergütung für die Tätigkeiten zu berechnen, die vorgenommen werden, solange mehrere Auftraggeber vorhanden sind.[31]

25 Bei den Verfahrenspauschgebühren ergeben sich **Überschneidungen**, wenn vorher entstandene Gebühren auch Tätigkeiten abgelten, die nach der Verbindung oder Trennung oder dem Hinzutreten oder Ausscheiden eines Auftraggebers vorgenommen werden. Solche Überschneidungen lösen sich wie folgt:

26 Da ein Rechtsanwalt in derselben Angelegenheit eine Verfahrenspauschgebühr nur einmal beanspruchen kann (§ 15 Abs. 2), auch wenn er für mehrere Auftraggeber tätig wird (§ 7 Abs. 1), entgilt eine vorher entstandene Gebühr auch gleichartige Tätigkeiten nach der Verbindung oder Trennung der Angelegenheiten oder dem Hinzutreten oder Ausscheiden weiterer Auftraggeber.[32]

27 Vorher getrennt erwachsene Gebühren bleiben dem Rechtsanwalt erhalten.[33] Sie gehören nicht zur Gesamtvergütung. Dies entspricht dem u. a. im § 15 Abs. 4 zum Ausdruck gekommenen Grundsatz, dass Gebühren, die einmal entstanden sind, wegen später eintretender Umstände nicht wegfallen oder sich vermindern. Die getrennt erwachsenen Gebühren entgelten aber auch gleichartige Tätigkeiten nach dem Hinzutreten weiterer Auftraggeber. Soweit sich allerdings, zB infolge einer Erhöhung des Gegenstandswertes, eine Gebühr bei der Tätigkeit für mehrere Auftraggeber erhöht, fällt die Erhöhung in die Gesamtvergütung; die Erhöhung wird also nur einmal berechnet.

28 In der Gesamtvergütung enthaltene Gebühren entgelten auch gleichartige Tätigkeiten nach dem Wegfall eines Auftraggebers. Daher erhält der Rechtsanwalt, der durch seine Tätigkeit für mehrere Auftraggeber eine in der Gesamtvergütung enthaltene Verfahrenspauschgebühr verdient hat, keine weitere Gebühr, wenn er in derselben Angelegenheit – bei nicht erhöhtem Gegenstandswert – gleichartige Tätigkeiten nur noch für einen einzigen Auftraggeber erbringt. Die nach der Trennung entstehenden Angelegenheiten, die sich als unter sich selbständige Angelegenheiten abgespalten haben, sind gegenüber der früher gemeinschaftlichen Angelegenheit keine neuen Angelegenheiten.[34] Daher entstehen auch bei einer Trennung die bereits in der Gesamtvergütung

---

[29] KG JW 1935, 793.
[30] AA OLG Düsseldorf MDR 1959, 851.
[31] Vgl. OLG München MDR 1966, 340.
[32] OLG Stuttgart JW 1934, 115.
[33] RGZ 44, 419; OLG München AnwBl. 1957, 22; LG Saarbrücken AnwBl. 1969, 30; LG Kiel AnwBl. 1970, 272.
[34] OLG Stuttgart JW 1934, 115.

Mehrere Auftraggeber **§ 7**

enthaltenen Verfahrenspauschgebühren nicht neu. Aber der Grund für die Beschränkung der Vergütungsansprüche, die in der Notwendigkeit liegt, eine Gesamtvergütung berechnen zu müssen, ist weggefallen. Daher sind die Gebühren für Tätigkeiten nach der Trennung neu, und zwar getrennt zu berechnen. Dies bedeutet nicht, dass die Gebühren in ihrer Gesamtheit neu entstehen. Sondern die Berechnung dient nur der Feststellung der Mehrbeträge an Gebühren, die die Auftraggeber dem durch § 7 nicht mehr beschränkten Rechtsanwalt für die Tätigkeit nach der Trennung zusätzlich schulden. Von den getrennt berechneten Gebühren sind die bereits in der Gesamtvergütung enthaltenen gleichartigen Gebühren abzuziehen. Nicht abzuziehen sind jedoch die Zuschläge zu den Gebühren gemäß Nr. 1008 VV, weil sie zum Ausgleich der durch die Tätigkeit für mehrere Auftraggeber entstandenen Mehrarbeit und Mehrverantwortung dienen. Der verbleibende Restbetrag wird nach dem Verhältnis der getrennt errechneten Gebühren von den einzelnen Auftraggebern geschuldet.[35] Über die Berechnung bei Rahmengebühren vgl. Rn. 32 ff.

Beispiel 1: Verbundene Klagen gegen A wegen eines Wagens (Wert: 500) und gegen B wegen **29** eines Pferdes (Wert: 1000) werden getrennt. Verfahrensgebühr vor der Trennung (Wert: 1500) = 136,50 Euro. Prozessgebühren nach der Trennung für A (Wert: 500) = 58,50 Euro und für B (Wert 1000) = 110,50 Euro, zusammen 169 Euro. Durch die Gesamtvergütung nicht gedeckt sind 32,50 Euro. Von diesen schulden der

$$A \frac{32{,}50 \times 58{,}50}{169} = 11{,}25 \text{ Euro und der B } \frac{32{,}50 \times 110{,}50}{169} = 21{,}25 \text{ Euro.}$$

Beispiel 2: Verbundene Klagen gegen A und B auf Zahlung von 1000 Euro als Gesamtschuldner **30** werden getrennt. Verfahrensgebühr vor der Trennung (Wert: 1000) $^{13}/_{10} + {}^{3}/_{10} = 136$ Euro). Verfahrensgebühren nach der Trennung (Werte: je 1000) = je 110,50 Euro. Durch die Gesamtvergütung nicht gedeckt sind 85 Euro. Von diesen schulden der A und der B je 42,50 Euro.

3. Höhe der Gesamtvergütung. a) Grundsatz (Abs. 1 S. 1). Die Vorschrift, dass **31** der Rechtsanwalt die Gebühren nur einmal erhält, besagt, dass sich die Gebühren nicht deshalb vervielfachen, weil der Rechtsanwalt für mehrere Auftraggeber tätig wird. Weiter reicht die Einschränkung der Vergütungsansprüche des Rechtsanwalts nicht. Insbesondere sagt die Vorschrift nicht, dass das Vorhandensein weiterer Auftraggeber außer Betracht bleiben müsse. Sie hindert nicht, dass bei Rahmengebühren das Mehr an Arbeit und Verantwortung berücksichtigt wird, das durch die Tätigkeit für mehrere Auftraggeber entsteht (§ 14). Die Betragsrahmen werden gerade deshalb erhöht, um dies angemessen berücksichtigen zu können. Ferner ändert die Vorschrift nichts an den gewöhnlichen Grundlagen der Wertberechnung. Wenn die Gegenstände verschieden sind, wird die Gesamtvergütung aus der Summe der einzelnen Werte berechnet (§ 22); es werden also alle Gegenstände berücksichtigt, auch wenn jeder Auftraggeber mit einem anderen Gegenstand an der Angelegenheit beteiligt ist. Eine Gebührenerhöhung nach Nr. 1008 VV tritt daneben nicht ein. Aber umgekehrt bedeutet die Unmöglichkeit einer Wertaddition noch nicht die Notwendigkeit einer solchen Erhöhung.[36] Sind ausnahmsweise aus den Werten verschiedener Gegenstände getrennte Gebühren zu berechnen, etwa weil die Klage vor dem Termin ermäßigt wurde, dann hat dies auch zu geschehen, wenn mehrere Auftraggeber vorhanden sind. Ist der Gegenstand derselbe – zB wenn der Rechtsanwalt mehrere Gesamthandeigentü-

---

[35] Vgl. OLG Dresden DRW 1939, 1659.
[36] OLG Köln AnwBl. 1987, 242.

Fraunholz

mer in demselben Prozess gegenüber einer Herausgabeklage oder mehrere Gesamtschuldner gegenüber derselben Forderung vertritt –, so wird die Gesamtvergütung aus dem einfachen Wert dieses Gegenstandes berechnet.

32 b) **Betragsrahmengebühren.** An der Erhöhung nehmen nur Betragsrahmengebühren teil. Über diesen Begriff vgl. § 14. Die Erhöhung ist von besonderer Bedeutung bei der Vertretung mehrerer Privatkläger oder Nebenkläger.[37] – Bei Vertretung teils in Haupt-, teils in Untervollmacht vgl. Rn. 9; wegen des Privatklageverfahrens vgl. Vorbem. 4 VV. Als Erhöhung werden die Mindest- und Höchstsätze des Rahmens um 30 % pro zusätzlichem Auftraggeber erhöht. Jedoch dürfen die Erhöhungsbeträge das Doppelte des Mindest- und Höchstbetrags nicht überschreiten.

33 c) **Satzrahmengebühren.** Bei Satzrahmengebühren findet keine Erhöhung statt. Die Mehrarbeit des Rechtsanwalts ist dann innerhalb des Gebührenrahmens zu berücksichtigen.

34 d) **Festgebühren.** Festgebühren werden um 30 % angehoben. Bei mehreren Erhöhungen darf aber das Dreifache des ursprünglichen Betrags nicht überschritten werden.

35 e) **Wertgebühren.** Bei Wertgebühren wird der Gebührensatz um 0,3 je Beitritt erhöht. Diese Umformulierung hat erhebliche Änderung gegenüber dem bisherigen Rechtszustand zur Folge. Nach bisherigem Recht betrug die Erhöhung $^{3}/_{10}$. Dieser Erhöhungsbetrag wurde aus der zugrunde liegenden konkreten Gebühr berechnet. Aus einer $^{10}/_{10}$-Gebühr wurde also $^{13}/_{10}$. Aus einer halben Gebühr ($^{5}/_{10}$) wurde eine $^{6,5}/_{10}$-Gebühr. Das jetzt geltende Recht sieht eine einheitliche Erhöhung um 0,3 vor. Das bedeutet: aus einer vollen Gebühr 1,0 wird 1,3, aus der halben Gebühr (0,5) wird 0,8. Aus der zB Verfahrensgebühr in Zivilsachen (1,3) wird 1,6. Die niedrig bewerteten Gebühren werden also prozentual stärker angehoben. Auch hier gilt bei mehreren Erhöhungen eine Kappungsgrenze, die Erhöhung darf nicht mehr als 2 betragen, das heißt, bei sieben Beitritten ist die Grenze schon überschritten.

36 **4. Der Erhöhung unterliegende Gebühren.** Der Erhöhung unterliegen alle Geschäfts- und Verfahrensgebühren, die entweder Festgebühren oder Betragsrahmengebühren oder Wertgebühren sind. Bei Satzrahmengebühren tritt eine Erhöhung nicht ein, der Ausgleich für Mehrarbeit und höhere Verantwortung muss innerhalb des unveränderten Rahmens gefunden werden.

37 Geschäfts- oder Verfahrensgebühren sind diejenigen, die im Vergütungsverzeichnis als solche bezeichnet werden. Die Beratungsgebühr der Nr. 2100 bis 2102 VV ist keine Geschäftsgebühr, sie erhöht sich daher auch im Falle der Nr. 2101 VV nicht.

38 In Mahnsachen können unter einer bestimmten Konstellation zwei Verfahrensgebühren entstehen. In diesem Falle darf die Erhöhung nur einmal vorgenommen werden.

39 **5. Gleicher Gegenstand.** Die Erhöhung tritt nur ein, wenn und soweit der Gegenstand der anwaltlichen Tätigkeit für die mehreren Personen derselbe ist. Handelt es sich um unterschiedliche Gegenstände, gibt es keine Erhöhung, jedoch werden dann die Werte der mehreren Gegenstände addiert, woraus sich für den Anwalt auch eine Erhöhung seiner Vergütung ergibt.

40 Die Erhöhung greift nur Platz, wenn die Tätigkeit des Anwalts für mehrere Personen ausgeübt wird. Vertritt der Anwalt eine Person gegen mehrere, so gibt es keine Er-

---

[37] LG Köln AnwBl. 1970, 111.

höhung, auch wenn die Verteidigung gegen mehrere Personen im Einzelfall mit Mehrarbeit verbunden ist. Umgekehrt spielt es für das Entstehen der Erhöhungsgebühr auch keine Rolle, ob tatsächlich für den Anwalt ein Mehr an Arbeit, Verantwortung oder Haftung entsteht.

III. Haftung der einzelnen Auftraggeber (Abs. 2)

1. Grundsatz. Die Gebühren sind für jeden Auftraggeber gesondert zu berechnen. Keiner der Auftraggeber schuldet deshalb weniger oder mehr an Gebühren, weil noch weitere Auftraggeber vorhanden sind. Darin liegt zweierlei: 41

a) Tätigkeiten für mehrere Auftraggeber. Jeder der Auftraggeber schuldet die Gebühren, die er schulden würde, wenn der Rechtsanwalt allein in seinem Auftrag tätig geworden wäre. 42

Ist der Gegenstand derselbe – zB bei mehreren Gesamtschuldnern –, so schuldet jeder der Auftraggeber die Gebühren aus dem gemeinschaftlichen Gegenstand. 43

Sind die Gegenstände verschieden, so schuldet jeder der Auftraggeber die Gebühren nur aus seinem Gegenstand und nicht aus der Summe der Gegenstandswerte, die die Zusammenrechnung (§ 22) ergibt; andererseits vermindert sich seine Schuld nicht entsprechend seinem Anteil an dem zusammengerechneten Wert; er profitiert also dem Rechtsanwalt gegenüber nichts durch die Zusammenrechnung.[38] 44

Bei Rahmengebühren schuldet jeder der Auftraggeber die Gebühren aus dem gewöhnlichen und nicht die Gebühren aus dem nach Nr. 1008 VV erhöhten Rahmen. Bei der Berechnung der auf den einzelnen Auftraggeber entfallenden Gebühr innerhalb des Rahmens (§ 14) darf bei dem einzelnen Auftraggeber nicht berücksichtigt werden, dass der Rechtsanwalt auch für andere Auftraggeber tätig geworden ist. 45

b) Sondertätigkeiten für nur einen Auftraggeber. Kein Auftraggeber schuldet eine Vergütung für Tätigkeiten, die der Rechtsanwalt nicht auch in seinem Auftrag erbracht hat. Dabei kommt es jedoch darauf an, ob solche Sondertätigkeiten gebührenrechtlich ausscheidbar sind. Dies ist zB der Fall, wenn die Gegenstände verschieden sind. Auch wenn der Gegenstand derselbe ist, können die Gebühren ausscheidbar sein, zB die Vergleichsgebühr, wenn sich nur einer der Gesamtschuldner vergleicht. 46

2. Gesamtschuld (Satz 2). Da jeder der Auftraggeber die Gebühren so schuldet, wie er sie schulden würde, wenn der Rechtsanwalt nur in seinem Auftrag tätig geworden wäre (§ 7 Abs. 2 S. 1), der Rechtsanwalt aber insgesamt nicht mehr als die Gesamtvergütung fordern darf (§ 7 Abs. 2 S. 2), liegt ein eigenartiges Gesamtschuldverhältnis vor. Eigenartig deshalb, weil die Gesamtvergütung regelmäßig höher ist als die Vergütung, die jeder der einzelnen Auftraggeber schuldet. 47

Beispiel: A und B sind als Gesamtschuldner auf Zahlung von 1000 Euro verklagt, B allein außerdem auf Zahlung zusätzlicher 500 Euro. Nach mündlicher Verhandlung ergeht Urteil. Es sind entstanden: Verfahrensgebühr 1,3 aus 1500 + 0,3 aus 1000 = 162 Euro, Terminsgebühr 1,2 aus 1500 = 126 Euro, zusammen 288 Euro. A haftet auf 212,50 Euro, B auf 262,50 Euro. Der Anwalt kann aber nur 288 Euro verlangen. 48

Ein Gesamtschuldverhältnis (§ 421 BGB) besteht danach nur in Höhe des Betrages, den der Rechtsanwalt gleichmäßig von jedem einzelnen Auftraggeber zu fordern 49

---

[38] AA anscheinend OLG Celle JVBl. 1961, 40.

hat,[39] in unserem Beispiel also in Höhe von 212,50 Euro. Wird auf die Gesamtschuld von einem der Auftraggeber geleistet, so wird auch der andere Auftraggeber befreit (§§ 422 ff. BGB). Eine Leistung auf die Gesamtschuld liegt aber erst dann vor, wenn der Betrag der Gesamtvergütung, der die Gesamtschuld übersteigt, bereits gedeckt ist oder wenn der Auftraggeber, der leistet, seine Verpflichtung bereits insoweit erfüllt hat, als sie die Gesamtschuld übersteigt. § 366 BGB trifft nicht zu, da ein Auftraggeber aus einem einzigen Schuldverhältnis sowohl für die gesamtschuldnerischen als auch für die überschießenden Leistungen verpflichtet ist. § 7 Abs. 2 geht als Sondervorschrift dem § 427 BGB vor.

50 **3. Der innere Ausgleich.** Soweit eine Gesamtschuld besteht, sind die Gesamtschuldner sich untereinander zum Ausgleich verpflichtet. Dieser richtet sich nach § 426 BGB. Danach sind die Gesamtschuldner untereinander zu gleichen Teilen verpflichtet, soweit sie nichts anderes vereinbart haben. Soweit ein Gesamtschuldner den Rechtsanwalt befriedigt hat und Ausgleich verlangen kann, geht die Forderung des Rechtsanwalts auf diesen Gesamtschuldner über; der Übergang kann jedoch nicht zum Nachteil des Rechtsanwalts geltend gemacht werden. Über die Ausgleichung entscheiden die ordentlichen Gerichte. Das Festsetzungsverfahren nach § 11 steht dafür nicht zur Verfügung.[40] Der Ausgleich ist kein Vorzugsrecht, das nach §§ 401, 413 BGB mit der Forderung übergeht; außerdem hat die Ausgleichung ihren Grund nicht im Gebührenrecht, sondern im materiellen Recht.

51 **4. Auslagen.** Für Auslagen gilt dasselbe wie für Gebühren. Sie werden in die Gesamtvergütung eingerechnet. Die Auftraggeber haften dafür als Gesamtschuldner; soweit sie nur im Auftrag eines Einzelnen der Auftraggeber verursacht worden sind, haftet nur dieser Auftraggeber. Eine Ausnahme bildet die Dokumentenpauschale (früher Schreibauslagen genannt) der Nr. 7000 VV. Hier haften alle. Sonst könnte jeder einwenden, diese Unkosten seien nur wegen der übrigen Mandanten erforderlich gewesen. Dass die Auslagen, auch wenn sie für mehrere Auftraggeber verursacht worden sind, nur einmal gefordert werden können, sagt § 7 Abs. 2 S. 2 ausdrücklich; im Grunde ergibt sich dies aber schon aus dem Begriff der Auslagen.

IV. Kostenerstattung (§§ 91 ff. ZPO)

52 **1. Alle Streitgenossen siegen.** Es ist wie folgt zu unterscheiden:
a) Vergütungen, die ein einzelner Auftraggeber an den Rechtsanwalt allein schuldet, sind im Sinne des § 91 Abs. 1 S. 1 ZPO Kosten, die nur diesem Auftraggeber erwachsen sind. Nur dieser Auftraggeber kann sie daher erstattet verlangen. Hierher gehören die Vergütungen für ausscheidbare Sondertätigkeiten (Rn. 46).

53 b) Vergütungen, die mehrere Auftraggeber dem Rechtsanwalt schulden, also die gesamtschuldnerisch geschuldete Vergütung (Rn. 47, 48), können auf Antrag für alle Streitgenossen zusammen festgesetzt werden. Dann werden nach der Regel des § 420 BGB alle Streitgenossen zu gleichen Anteilen berechtigt. Ein einzelner Streitgenosse kann im Allgemeinen nur den im Innenverhältnis auf ihn entfallenden Anteil im Kostenfestsetzungsverfahren beanspruchen;[41] will er den Gesamtbetrag festsetzen las-

---

[39] OLG Frankfurt NJW 1970, 2115.
[40] Ebenso *Gerold/Schmidt/v. Eicken* Rn. 18.
[41] OLG Celle NdsRpfl. 1973, 129; KG AnwBl. 1976, 27.

sen, so muss er glaubhaft machen, dass ihm die Kosten im Sinne des § 91 Abs. 1 S. 1 ZPO erwachsen sind. Erforderlich ist dafür, dass der Antragsteller die Kosten an den Rechtsanwalt bezahlt hat – wobei sich der Gegner nicht darauf berufen kann, dass der Antragsteller andere Streitgenossen zum Ausgleich heranziehen kann – oder dass er, zB wegen Vermögenslosigkeit der anderen Streitgenossen, die Kosten allein bezahlen muss.

2. Einzelne Streitgenossen unterliegen. Sind nur die Kosten einzelner Streitgenossen dem Gegner auferlegt, so können diese Streitgenossen von dem Gegner die Erstattung der Vergütung verlangen, die sie dem Rechtsanwalt allein schulden (Rn. 52); außerdem aber auch die Vergütung, die sie mit den anderen Streitgenossen zusammen dem Rechtsanwalt schulden (Rn. 53), soweit ihnen diese Kosten im Sinne des § 91 Abs. 1 S. 1 ZPO erwachsen sind. Dies ist jedenfalls bei dem Anteil der Fall, der ihnen nach § 426 BGB endgültig zur Last fällt. Darüber hinaus sind den siegreichen Streitgenossen aber auch die Kosten erwachsen, die sie aufgrund ihrer gesamtschuldnerischen Haftung an den Rechtsanwalt bezahlt haben oder an den Rechtsanwalt bezahlen müssen, zB, weil die anderen Streitgenossen vermögenslos sind.[42] Nach dem BGH[43] ist der Anspruch auf Erstattung der dem Rechtsanwalt gesamtschuldnerisch geschuldeten Vergütung für jeden Streitgenossen mit dem Entstehen dieser Gesamtschuld „erwachsen". Daher, so folgert der BGH, kann der obsiegende Streitgenosse – wenn der andere Streitgenosse unterlegen ist oder als unterlegen zu behandeln ist, weil er die Klage zurückgenommen hat[44] – von dem Gegner die gesamtschuldnerisch geschuldete Vergütung in voller Höhe erstattet verlangen, ohne Rücksicht darauf, ob er die Vergütung bezahlt hat oder bezahlen oder ausgleichen muss. Damit hat der BGH mit der früher in der Rechtsprechung allgemein vertretenen Auffassung gebrochen. Die Praxis und das Schrifttum sind dem BGH zunächst überwiegend gefolgt, später aber zunehmend wieder davon abgewichen.[45] 54

Inzwischen hat der **BGH** seine Auffassung wieder geändert und sich der zur Zeit wohl überwiegenden Meinung angeschlossen, dass im Rahmen der Kostenfestsetzung nicht die vollen Gebühren des gemeinsamen Rechtsanwalts zugunsten des obsiegenden Klägers festgesetzt werden dürfen, sondern **nur in Höhe des im Innenverhältnis auf ihn entfallenden Anteils**. Das mag in Ordnung sein, wenn das Innenverhältnis korrekt abgewickelt ist. Gelöst ist das Problem damit aber noch nicht. Falls aber der unterlegene Kläger etwa zahlungsunfähig ist, bleiben dem obsiegenden Kläger die vollen Kosten zur Last, obschon er aufgrund seines Obsiegens eigentlich von allen Kosten freigestellt werden müsste. Gesteht man ihm aber mit einem Teil der Rechtsprechung wenigstens für diesen Sonderfall die volle Kostenerstattung zu, so zahlt der Beklagte – fast – alle Kosten des Verfahrens, obwohl er doch zur Hälfte obsiegt hatte. 55

Die Ursache für solche allseits unbefriedigenden Ergebnisse liegt wohl darin, dass die prozessrechtliche Kostenentscheidung die Verteilung zwischen allen Prozessbeteiligten vornimmt, das Kostenfestsetzungsverfahren aber nur zwischen zwei der Beteiligten abrechnen kann. 56

Man muss daher versuchen, die mehreren Beteiligten in das Kostenfestsetzungsverfahren einzubeziehen. Ansätze hierzu gibt es, obwohl auch diese nicht voll befriedi- 57

---

[42] *Hartmann* § 6 BRAGO Rn. 68.
[43] NJW 1954, 1451; JurBüro 1969, 941.
[44] OLG Frankfurt MDR 1961, 516; OLG München AnwBl. 1964, 207.
[45] OLG Nürnberg NJW 1975, 2346 unter Darstellung des Meinungsstandes.

gen. So wird die Ansicht vertreten, man solle bei der Festsetzung der vollen Anwaltskosten zugleich die Abtretung des dem Kläger zustehenden Ausgleichsanspruchs gegen den unterlegenen Mitkläger an den Beklagten anordnen oder als Voraussetzung verlangen. Damit wird nicht nur das Beitreibungsrisiko auf den Beklagten überbürdet, sondern auch dem Kläger, der ja von der Kostenerstattung den Anwalt bezahlen muss, der ihm zustehende Ausgleich versagt. Man muss wohl die verschiedenen Möglichkeiten unter Berücksichtigung der bereits intern etwa vorgenommenen Zahlungen durchspielen und dann entscheiden, wem man ein verbliebenes Ausfallrisiko auferlegen möchte. Eine allseitig befriedigende Lösung scheint es nicht zu geben.

§ 8 Fälligkeit, Hemmung der Verjährung

(1) ¹Die Vergütung wird fällig, wenn der Auftrag erledigt oder die Angelegenheit beendet ist. ²Ist der Rechtsanwalt in einem gerichtlichen Verfahren tätig, wird die Vergütung auch fällig, wenn eine Kostenentscheidung ergangen oder der Rechtszug beendet ist oder wenn das Verfahren länger als drei Monate ruht.

(2) ¹Die Verjährung der Vergütung für eine Tätigkeit in einem gerichtlichen Verfahren wird gehemmt, solange das Verfahren anhängig ist. ²Die Hemmung endet mit der rechtskräftigen Entscheidung oder anderweitigen Beendigung des Verfahrens. ³Ruht das Verfahren, endet die Hemmung drei Monate nach Eintritt der Fälligkeit. ⁴Die Hemmung beginnt erneut, wenn eine der Parteien das Verfahren weiter betreibt.

Übersicht

	Rn.		Rn.
I. Grundgedanken	1	e) Erfüllung des Auftrags	7
II. Fälligkeitstatbestände	2–16	2. Beendigung der Angelegenheit	8
1. Erledigung des Auftrags	3–7	3. Das Ergehen einer Kostenentscheidung	9–11
a) Kündigung	3	4. Beendigung des Rechtszugs	12, 13
b) Tod des Rechtsanwalts; Kanzleiabwickler	4	5. Ruhen des Verfahrens	14–16
c) Insolvenz	5	III. Wirkungen der Fälligkeit	17–22
d) Erlöschen der Zulassung	6	IV. Nachgiebige Vorschrift	23, 24

I. Grundgedanken

1 Der Vergütungsanspruch entsteht, wenn der Rechtsanwalt aufgrund des Auftrags tätig wird (vgl. § 1 Rn. 10). In einer Angelegenheit, in der mehrere Gebühren entstehen oder einzelne Gebühren sich stufenweise erhöhen, entsteht der durch den Hinzutritt weiterer oder durch die Erhöhung bereits zu Bruchteilen entstandener Gebühren erhöhte Vergütungsanspruch mit der Erfüllung des für die **Entstehung** oder Erhöhung der Gebühren bestimmten Tatbestandes. Vom Entstehen ist die **Fälligkeit** des Vergütungsanspruchs zu unterscheiden. Sie ist in § 8 geregelt und bezieht sich sowohl auf Gebühren als auch auf Auslagen. Die Brücke zwischen dem Entstehen und der Fälligkeit des Vergütungsanspruchs ist der Vorschuss. Von diesem handelt § 9.

Fälligkeit, Hemmung der Verjährung § 8

II. Fälligkeitstatbestände

§ 8 nennt fünf Fälligkeitstatbestände. Diese gelten auch für den Anspruch des beigeordneten oder bestellten Anwalts und des Pflichtverteidigers gegen die Staatskasse. Die Fälligkeitstatbestände sind gleichwertig. Ist auch nur einer erfüllt, so ist die Vergütung fällig. Es entscheidet also der am frühesten erfüllte Tatbestand. 2

1. Erledigung des Auftrags. Sie tritt ein: **a) Kündigung.** Durch Kündigung seitens des Rechtsanwalts oder des Auftraggebers. Über die beiderseits jederzeit mögliche Kündigung und die Folgen vorzeitiger Kündigung vgl. § 1 Rn. 12, § 15 Rn. 42 ff. Über die Kündigung wegen Nichtzahlung des Vorschusses vgl. § 9 Rn. 15. 3

b) Tod des Rechtsanwalts; Kanzleiabwickler. Durch Tod des Rechtsanwalts (§§ 673, 675 BGB). Über den Fall, dass eine Anwaltsgemeinschaft beauftragt ist, vgl. § 6 Rn. 2. Wird ein Abwickler der Kanzlei bestellt (§ 55 BRAO), so setzt sich, sofern die Partei nicht für die Wahrnehmung ihrer Rechte in anderer Weise gesorgt hat – was sie ohne Beeinträchtigung ihrer Kostenerstattungsansprüche tun kann (vgl. § 6 Rn. 6) – das Auftragsverhältnis mit dem Abwickler fort, und zwar bis zur normalen Beendigung der Angelegenheit, sofern seine Bestellung nicht vorher endet (vgl. § 55 Abs. 1 S. 4, Abs. 4 BRAO); wird die Kanzlei von den Erben einem anderen Rechtsanwalt übertragen, so berührt dies das Abwicklungsverhältnis nicht,[1] solange die Bestellung zum Abwickler nicht widerrufen worden ist (§ 55 Abs. 4 BRAO). Die Vergütung wird, wenn ein Abwickler bestellt ist, nicht fällig. Der verstorbene Rechtsanwalt und der Abwickler sind als ein Dienstverpflichteter anzusehen. Die Gebühren sind so zu berechnen, wie wenn ein Anwaltswechsel nicht eingetreten wäre.[2] Dies gilt auch zu Lasten eines Anwalts, der sich als Abwickler betätigt, ohne als solcher bestellt zu sein.[3] Die Vergütungsansprüche des Verstorbenen kann der Abwickler in eigenem Namen geltend machen. An den Verstorbenen geleistete Vorschüsse hat er sich anrechnen zu lassen. Die Vorschrift des § 55 Abs. 3 S. 2 BRAO, wonach dem Abwickler die Gebühren und Auslagen zustehen, die nach seiner Bestellung erwachsen, d. h. in seiner Person erstmals entstehen,[4] hat, da er sowohl die alten wie die neuen Forderungen auf Gebühren und Auslagen im eigenen Namen geltend machen kann, nur Bedeutung für das Verhältnis des Abwicklers zu den Erben des verstorbenen Anwalts. 4

c) Insolvenz. Durch Eröffnung des Insolvenzverfahrens über das Vermögen des Auftraggebers, wenn sich der Auftrag auf das zur Insolvenzmasse gehörige Vermögen bezieht (vgl. § 115 Abs. 1 InsO), nicht aber bei sonstigen Aufträgen des Gemeinschuldners, zB zur Führung eines Ehescheidungsprozesses. 5

d) Erlöschen der Zulassung. Durch Aufgabe oder durch vollziehbare Zurücknahme oder durch Erlöschen der Zulassung als Anwalt und durch Zurücknahme der Zulassung beim Prozessgericht. Da der Auftrag dem Rechtsanwalt als Rechtsanwalt übertragen ist, wird in diesen Fällen die Leistung unmöglich. Über die Folgen für den Vergütungsanspruch vgl. § 15 Rn. 41. 6

---

[1] OLG Düsseldorf JVBl. 1959, 111.
[2] OLG Karlsruhe Justiz 1967, 314.
[3] OLG Koblenz AnwBl. 1964, 319.
[4] OLG Hamm JMBl. NRW 1954, 215; OLG Düsseldorf MDR 1954, 751; OLG Schleswig SchlHA 1956, 146.

§ 8   Abschnitt 1. Allgemeine Vorschriften

7   **e) Erfüllung des Auftrags.** Durch vollständige Erfüllung des Auftrags, wobei zu beachten ist, dass der Auftrag auch bei Nichterfüllung des erstrebten Erfolgs, zB beim Scheitern von Sanierungsverhandlungen, erfüllt sein kann. Als erfüllt anzusehen ist der Auftrag auch, wenn der Rechtsstreit an ein Gericht verwiesen wird, bei dem der Rechtsanwalt nicht zugelassen ist, es sei denn, dass er als Verkehrsanwalt weiterwirken soll.

8   **2. Beendigung der Angelegenheit.** Dies ist – im Gegensatz zu dem Begriff des Rechtszuges (Rn. 12) – ein gebührenrechtlicher Begriff. Dieser Fälligkeitstatbestand kann für gerichtliche und außergerichtliche Aufgaben des Rechtsanwalts von Bedeutung sein. Wann die Angelegenheit beendigt ist, hängt von der Abgrenzung des Begriffs der Angelegenheit ab (vgl. § 15 Rn. 5 ff.). Eine „teilweise" Beendigung der Angelegenheit gibt es nicht.[5] Wenn die BRAGO vorschreibt, dass bestimmte Tätigkeiten eine „neue" oder eine „besondere" Angelegenheit sind (vgl. §§ 17, 18), wird die Vergütung für diese Angelegenheit auch gesondert fällig. Wenn Gebühren auf Gebühren für andere Verfahrensabschnitte anzurechnen sind, bewirkt die Anrechnung nur, dass in der neuen Angelegenheit um so viel geringere Gebühren entstehen, als aus der alten Angelegenheit anzurechnen sind. Die Anrechnungsnotwendigkeit hindert daher nicht das Fälligwerden der Gebühren der ersten Angelegenheit mit deren Beendigung. Daher wird zB die Beratungsgebühr stets mit dem Abschluss der Beratung fällig, selbst wenn der Rechtsanwalt im Zusammenhang mit der Angelegenheit, in der er den Rat erteilt hat, tätig wird und sich daher diese Gebühr auf andere Gebühren anrechnen lassen muss. Mit der Erfüllung des Auftrags endet stets auch die Angelegenheit. Dass der Rechtsanwalt, der aufgrund eines neuen Auftrages weiterhin tätig wird, nicht mehr an Gebühren erhalten kann, als wenn er von vornherein den Auftrag für seine gesamte Tätigkeit erhalten hätte (vgl. § 15 Abs. 5), hindert nicht die Fälligkeit der für den ersten Auftrag verdienten Vergütung.

9   **3. Das Ergehen einer Kostenentscheidung.** Kostenentscheidung ist sowohl die Entscheidung über die Erstattung oder Nichterstattung der Rechtsanwaltskosten wie auch die Entscheidung über die Auferlegung oder Erstattung von Gerichtskosten. Der Begriff ist gleichbedeutend mit dem Begriff der Entscheidung „über den Kostenpunkt" (vgl. § 20 a FGG). Das ist bedeutsam für Verfahren, in denen es keine Kostenerstattung gibt und daher überhaupt keine Erstattungsentscheidung ergehen kann (zB in manchen Verfahren der freiwilligen Gerichtsbarkeit), oder in denen, da Rechtsanwaltskosten nicht erstattet werden, die Kostenentscheidung nicht über diese befinden kann (vgl. zB § 12 a ArbGG). Die Vergütung wird daher auch fällig, wenn dem Auftraggeber oder dem Gegner durch gerichtliche Entscheidung, zB nach § 3 Nr. 1, § 94 Abs. 3 S. 2, KostO, § 114 GBO, Gerichtsgebühren auferlegt werden; selbst dann, wenn die Verpflichtung, die Gerichtskosten zu tragen, kraft Gesetzes besteht, aber dies gleichwohl vom Gericht ausgesprochen wird;[6] auch ein Vollstreckungsbescheid enthält eine Kostenentscheidung (§ 699 Abs. 3 ZPO), nicht aber schon der Mahnbescheid. Eine Kostenentscheidung liegt nicht vor, wenn die Amtshandlung vom Vorschuss abhängig gemacht (zB nach § 8 KostO) oder die Kostenentscheidung – wie üblicherweise bei Teilurteilen – einer späteren Entscheidung vorbehalten wird.[7] Nur die Kostenentscheidung eines Gerichts bewirkt die Fälligkeit, nicht auch die Auferlegung von Kosten durch Verwaltungsakt.

---

5 AA anscheinend AG Simmern AnwBl. 1968, 361.
6 Vgl. BayObLGZ 1952, 78; hier aA *Hartmann* § 16 BRAGO Rn. 12.
7 KG JW 1937, 831.

Fälligkeit, Hemmung der Verjährung **§ 8**

Fällig können nur die Gebühren und Auslagen werden, die im Zeitpunkt der Entscheidung schon entstanden sind. Ein nicht existenter Anspruch kann nicht fällig werden. Die Kostenentscheidung eines in der ersten Instanz erlassenen Versäumnisurteils, dem keine streitige Verhandlung vorausgegangen ist, bewirkt daher nur die Fälligkeit der Verfahrensgebühr und der ermäßigten Terminsgebühr und der bis dahin entstandenen Auslagen, nicht aber für die nach etwaigem Einspruch später entstehenden Kosten. 10

Die Fälligkeit ist für jeden Auftraggeber besonders zu prüfen. Vertritt zB der Rechtsanwalt mehrere Gesamtschuldner und ergeht gegen einen derselben Anerkenntnisurteil mit dem Ausspruch, dass dieser die Kosten des Verfahrens zu tragen hat, so wird der Vergütungsanspruch nur gegen diesen Auftraggeber fällig,[8] der Vergütungsanspruch gegen die anderen Auftraggeber dagegen nicht. 11

4. Beendigung des Rechtszugs. Maßgebend ist die prozessuale Beendigung des gerichtlichen Rechtszugs. Dies ergibt sich daraus, dass in Satz 2 im Gegensatz zu Satz 1 auch sonst nur auf die Lage des Prozesses abgestellt wird; ferner, dass die Beendigung der „Angelegenheit", also die gebührenrechtliche Beendigung, in Satz 1 Fälligkeitstatbestand ist. Die Fälligkeit wird nicht dadurch hinausgeschoben, dass der Rechtsanwalt nach dem Ende des prozessualen Rechtszugs noch zur Gebühreninstanz gehörige Abwicklungsgeschäfte zu erledigen hat (vgl. zB § 19: Mitteilung der Entscheidung, Erwirkung der Vollstreckungsklausel, des Rechtskraftzeugnisses, Kostenfestsetzung usw.). Die Beendigung des prozessualen Rechtszugs hat als Fälligkeitstatbestand insbesondere Bedeutung, wenn die den Rechtszug beendigende Entscheidung keine Kostenentscheidung zu enthalten braucht (vgl. Rn. 9) oder enthält. 12

Die Vergütung wird fällig, sobald die den Rechtszug abschließende Entscheidung kein Internum des Gerichts mehr ist. Maßgebend hierfür sind die Prozessvorschriften (Verkündung, Zustellung, Bekanntmachung). Der Rechtszug endigt mit dem Vollzug der beantragten Eintragung im Grundbuch (vgl. § 44 S. 2 GBO), nicht erst mit ihrer Bekanntmachung (vgl. § 55 GBO) und nicht schon mit einer Zwischenverfügung (§ 18 GBO). Den Rechtszug beendigt ferner die abschließende Entscheidung des Rechtspflegers, wenn auch auf Erinnerung das Verfahren vor dem gleichen Gericht – auch gebührenmäßig (vgl. § 19 Nr. 5) – weiterlaufen kann. Nicht fällig wird die Vergütung mit dem Erlass eines Mahnbescheids, denn er enthält weder eine Kostenentscheidung, noch beendet er den Rechtszug; wohl aber durch Herausgabe des Vollstreckungsbescheids, weil er eine Kostenentscheidung enthält (vgl. Rn. 9). Die Beschwerdeentscheidung beendet den Beschwerderechtszug. Auch der gerichtliche oder der dem Gericht mitgeteilte Vergleich bewirkt die Fälligkeit der Vergütung, wenn er in dem betreffenden Verfahren prozessbeendigende Wirkung hat, was auch im Verwaltungsstreitverfahren der Fall sein kann;[9] ferner die Zurücknahme der Klage oder des Rechtsmittels oder die beiderseitige Erklärung der Hauptsache als erledigt.[10] Auch Teilurteile beendigen den Rechtszug, soweit ihre Wirkung reicht, ferner Vorbehaltsurteile nach den §§ 599, 305, 780 ZPO, nicht dagegen Vorbehaltsurteile nach § 302 ZPO, denn bei diesen bleibt der Rechtsstreit in derselben Instanz anhängig (vgl. § 302 Abs. 4 S. 1 ZPO). Zwischenurteile beendigen den Rechtszug nicht, auch nicht solche 13

---

[8] KG JW 1937, 831.
[9] OVG Münster NJW 1954, 1502; vgl. auch OLG Oldenburg JZ 1958, 279 und *Bonin* JZ 1958, 268.
[10] Vgl. KG JW 1927, 1324.

über den Grund.¹¹ Bei Grundurteilen ist noch zu beachten, dass nach einer Zurückverweisung ein neuer Gebührenrechtszug entsteht (vgl. § 21 Abs. 1); da daher die Zurückverweisung die Angelegenheit beendet (Rn. 8), werden mit der Zurückverweisung die früher bei der unteren Instanz entstandenen Gebühren fällig. Auch eine Verweisung, zB vom Landgericht an das Arbeitsgericht, beendet den Rechtszug nicht.¹² Dagegen haben die Verfahren nach § 620 ZPO eine eigene Fälligkeit.¹³

14   **5. Ruhen des Verfahrens.** Wenn das Verfahren länger als drei Monate ruht. Der Fälligkeitstatbestand gilt für alle Gebühren, die anwaltliche Tätigkeiten in gerichtlichen Verfahren entgelten. Er gilt nicht in schiedsrichterlichen Verfahren.¹⁴

15   Ruhen ist hier ein gebührenrechtlicher Begriff. Er umfasst das prozessuale Ruhen (§§ 251 ff. ZPO), beschränkt sich aber nicht auf dieses. Das Verfahren ruht, solange in der Sache tatsächlich¹⁵ nichts geschieht,¹⁶ zB, weil das Gericht eine bevorstehende Gesetzesänderung abwarten will¹⁷ oder weil nach dem Erlass eines Grundurteils das Verfahren nicht betrieben wird.¹⁸ Unterbrechung oder Aussetzung stehen dem Ruhen nicht gleich, wohl aber der dadurch tatsächlich bewirkte Verfahrensstillstand,¹⁹ wodurch sich der dogmatische Unterschied kaum auswirkt. Die Versendung der Akten an ein ersuchtes Gericht bewirkt kein Ruhen, es sei denn, dass das Verfahren bei dem ersuchten Gericht stockt.²⁰ Anberaumung eines Termins auf über drei Monate bewirkt kein Ruhen, auch nicht eine Untätigkeit während der früheren Gerichtsferien.²¹

16   Dauert das Ruhen ununterbrochen drei Monate, so wird die Vergütung fällig. Wird das Verfahren später fortgeführt, so beeinträchtigt das die bereits eingetretene Fälligkeit nicht.²²

III. Wirkungen der Fälligkeit

17   Von der Fälligkeit der Vergütung hängen vornehmlich ab:
   1. Die Zulässigkeit des Antrags auf selbständige Wertfestsetzung (§ 33).
   2. Die Einforderbarkeit der Vergütung und die Pflicht zur Berechnung (§ 10).
   3. Das Erlöschen des Rechts auf Vorschuss (§ 9).
   4. Die Zulässigkeit des Festsetzungsverfahrens (§ 11).
   5. Die Verjährung des Anspruchs auf Vergütung.

18   Die **Verjährungsfrist** beginnt nicht schon mit dem Entstehen des Anspruchs auf Vergütung oder des Vorschussrechts und nicht erst mit der Mitteilung der Berechnung, sondern mit dem Schluss des Jahres, in dem der Vergütungsanspruch gemäß § 8

---

11 KG JR 1954, 30; OLG Düsseldorf JW 1937, 2238; OLG Hamm NJW 1953, 1477 – vgl. auch JMBl. NRW 1954, 141 –; OLG Frankfurt JurBüro 1955, 109; aA KG JW 1933, 802 und 2295; OLG Düsseldorf Rpfleger 1952, 204.
12 OLG Hamburg MDR 1964, 515.
13 OLG Düsseldorf JurBüro 1990, 860.
14 OLG Köln JurBüro 1993, 345.
15 Begr. zur BRAGO S. 237.
16 KG JW 1928, 1871; DR 1940, 468.
17 RG DR 1944, 203.
18 OLG Hamm JMBl. NRW 1954, 141.
19 OLG Düsseldorf JVBl. 1933, 14.
20 KG DR 1940, 468.
21 OLG Celle Recht 1927 Nr. 2543.
22 KG JW 1935, 1701.

fällig geworden ist (§ 199 BGB). Maßgebend ist der erste erfüllte Fälligkeitstatbestand.[23] Die Verjährungsfrist beträgt jetzt drei Jahre (§ 195 BGB). Wenn der für die Gebühren des Rechtsanwalts maßgebende Gerichtskostenwert (§ 32) erst nach der Fälligkeit des Vergütungsanspruchs richterlich festgesetzt oder heraufgesetzt wird, beginnt keine neue Verjährungsfrist. Da der Rechtsanwalt ein eigenes Antrags- und Beschwerderecht hat, liegt es in seiner Hand, die Festsetzung rechtzeitig zu betreiben. Wird der Streitwert nachträglich geändert und ergeben sich daraus höhere Gebühren, so beginnt dennoch für den Mehrbetrag keine neue Verjährung,[24] vielmehr sind die Bestimmungen der Verjährungshemmung anzuwenden. Da der Rechtsanwalt an die Wertfestsetzung des Gerichts gebunden ist, kann er – ab dieser Festsetzung – keine aus einem höheren Wert berechneten Gebühren verlangen, ist also bis zu einer neuen Wertfestsetzung an der Geltendmachung rechtlich gehindert. Die Verjährungsfrist läuft jedoch bis zur Erstfestsetzung und ab der Höherfestsetzung, so dass oft Eile für den Neuantrag geboten ist.

Ein **Neubeginn der Verjährung** (früher Unterbrechung genannt) findet nur noch in bestimmten Fällen statt, so wenn der Schuldner **anerkennt** (§ 212 BGB). Dazu kann ausreichen, dass er eine Ratenzahlung erbittet, sofern aus den Umständen ersichtlich ist, dass er keine Einwendungen gegen die Forderung selbst erheben möchte. Auch eine Vollstreckungsmaßnahme kann zum Neubeginn der Verjährung führen. 19

Zum Ausgleich der weitgehend entfallenen Unterbrechungswirkung stellt der Gesetzgeber eine Reihe von **Hemmungstatbeständen** zur Verfügung. Das bedeutet, dass die Verjährung nach Beendigung der Hemmung aber nicht mehr neu beginnt, sondern lediglich der Rest der Verjährungsfrist weiterläuft, was unter Umständen eine nur noch kürzere Zeitspanne bis zum Eintritt der Verjährung zur Folge hat. 20

In gerichtlichen Verfahren ist die Verjährung bis sechs Monate nach dem Abschluss (in der Instanz) gehemmt. Das bedeutet, dass wenn vorher ein Fälligkeitstatbestand eingetreten war (etwa eine Kostenentscheidung erfolgt war oder das Verfahren drei Monate geruht hatte), die Verjährungsfrist gar nicht angelaufen ist. Tritt die Verjährung durch dreimonatiges Ruhen ein, so bleibt die Verjährung noch drei weitere Monate gehemmt. 21

Bedeutsam ist, dass nicht nur die Anhängigkeit des Hauptverfahrens eine Hemmung der Verjährung bewirkt, sondern auch damit zusammenhängende Festsetzungsverfahren, die ja zB wegen vorgreiflichen Wertbestimmungsverfahren recht lange dauern können, diese Wirkung haben. 22

IV. Nachgiebige Vorschrift

Sowohl Fälligkeit wie Verjährungsfrist können durch Parteivereinbarung geändert werden. Die Vorverlegung der Fälligkeit und die Verlängerung der Verjährungsfrist geben dem Anwalt mehr und bessere Rechte als das Gesetz. Daher ist hierfür die (einseitig schriftliche) Form des § 4 erforderlich. Ein Hinausschieben der Fälligkeit oder eine Verkürzung der Verjährungsfrist wäre auch formlos möglich. 23

Die praktische Bedeutung solcher Maßnahmen ist allerdings gering. Allenfalls konnte bei Zeithonoraren oder sehr langfristigen Aufträgen eine Vereinbarung zeitlich gestaffelter Fälligkeiten eine Bedeutung haben. 24

---

[23] KG OLGZ 19, 259.
[24] BGH AnwBl. 1998, 666.

§ 9 Vorschuss

Der Rechtsanwalt kann von seinem Auftraggeber für die entstandenen und die voraussichtlich entstehenden Gebühren und Auslagen einen angemessenen Vorschuss fordern.

Übersicht

	Rn.		Rn.
I. Grundsätze	1, 2	7. Honorarvereinbarung	10
1. Recht auf Vorschuss	1	8. Verzicht	11
2. Vorschüsse auf Auslagen und Gebühren	2	III. Zurückbehaltungsrecht des Rechtsanwalts	12–14
II. Das Recht auf Vorschuss	3–11	1. Hinsichtlich Auslagenvorschuss	12 a
1. Rechtsanwalt	4	2. Hinsichtlich Gebührenvorschuss	13, 14
2. Beiordnung	5	IV. Ausübung des Kündigungsrechts (§§ 626, 627 BGB)	15, 16
3. Bestellung als besonderer Vertreter	6		
4. Vorschusspflichtiger	7	V. Höhe des Vorschusses	17
5. Klagerecht	8	VI. Verrechnung des Vorschusses	18, 19
6. Verzinsung	9		

I. Grundsätze

1 **1. Recht auf Vorschuss.** Nach §§ 675, 669 BGB hat der Auftraggeber dem Rechtsanwalt für die zur Ausführung des Geschäftsbesorgungsvertrags erforderlichen Aufwendungen auf Verlangen Vorschuss zu leisten. Bereits daraus ergibt sich das Recht des Rechtsanwalts, für die erforderlichen Auslagen Vorschuss zu fordern. Nicht dagegen folgt hieraus, dass der Rechtsanwalt Vorschuss für die Gebühren verlangen kann. Denn diese sind Entgelt für die Arbeitsleistung des Rechtsanwalts. Die Arbeitskraft, die der Rechtsanwalt einzusetzen hat, ist keine Aufwendung im Sinne von § 669 BGB. § 9 geht zugunsten des Rechtsanwalts über § 669 BGB hinaus und gewährt das Recht, auch für die Gebühren Vorschuss zu fordern.

2 **2. Vorschüsse auf Auslagen und Gebühren.** Diese haben unterschiedlichen Charakter. Vorschüsse auf Auslagen sollen es dem Rechtsanwalt ersparen, Auslagen aus eigener Tasche vorzulegen. Vorschüsse auf Gebühren sind Vorauszahlung auf die noch nicht entstandene oder noch nicht fällige Forderung auf Leistungsentgelt.[1] Insoweit ist das Vorschussrecht ein Ausgleich dafür, dass die Fälligkeit der Vergütung erst mit dem in § 8 näher bezeichneten Ende der anwaltlichen Tätigkeit eintritt. Im praktischen Ergebnis bewirkt § 9, soweit die Vorschusspflicht reicht, eine Rückverlegung der durch § 8 hinausgeschobenen Fälligkeit, ohne daran – wie sonst – den Beginn der Verjährungsfrist zu knüpfen.[2] Beiden Vorschussarten ist der Sicherungszweck gemeinsam. Der Rechtsanwalt soll nicht in die Rolle eines Kreditgebers kommen müssen.[3]

II. Das Recht auf Vorschuss

3 Es entspringt dem Geschäftsbesorgungsvertrag. Der Rechtsanwalt kann daher keinen Vorschuss fordern, bevor er den Auftrag angenommen hat. Natürlich begründet

---

[1] RGZ 126, 300.
[2] Vgl. dazu auch BFH BStBl. 1954 III S. 316.
[3] BGHZ 10, 139.

auch der zunächst nur auf Beratung gerichtete Auftrag das Recht auf Vorschuss für diesen Auftrag. Macht der Rechtsanwalt die Annahme des Auftrags vom Vorschuss abhängig – was standesrechtlich zulässig ist[4] –, so ist dies Ablehnung des Antrags verbunden mit einem Gegenantrag (§ 150 Abs. 2 BGB). Macht jedoch der Rechtsanwalt seine Tätigkeit vom Vorschuss abhängig, nachdem er den Auftrag angenommen hat, so fordert er Vorschuss aufgrund des abgeschlossenen Geschäftsbesorgungsvertrags. Ob das eine oder das andere gewollt ist, muss aus den Umständen entnommen werden.

1. Rechtsanwalt. Das Recht auf Vorschuss hat jeder Rechtsanwalt, nicht nur der Prozessbevollmächtigte, sondern auch der Verkehrsanwalt, Beweisanwalt und der als Berater oder Gutachter tätige Rechtsanwalt. **4**

2. Beiordnung. Kein Recht auf **Vorschuss** begründet die gerichtliche Beiordnung als solche. Bei dem Notanwalt gemäß § 78 b ZPO folgt das Recht auf Vorschuss aus dem aufgrund des Kontrahierungszwangs geschlossenen Vertrag. Da der im Prozesskostenhilfeweg beigeordnete Anwalt einen auf vorläufig unentgeltliche Tätigkeit gerichteten Vertrag schließen muss, hat er gegen den Armen auch kein Recht auf Vorschuss, zum Ausgleich dafür jedoch nach § 47 gegen die Staatskasse. Bei nur teilweiser Bewilligung der Prozesskostenhilfe kann der Rechtsanwalt Vorschuss für die Gebühren und Auslagen fordern, die sich auf Tätigkeiten für Gegenstände beziehen, für die er nicht beigeordnet ist. Ob er von der Leistung dieses Vorschusses seine gesamte – nicht teilbare – Tätigkeit abhängig machen darf, ist fraglich.[5] Da der von Amts wegen bestellte Verteidiger in keinem Geschäftsbesorgungsverhältnis zu dem Vertretenen steht, hat er gegen diesen kein Recht auf Vorschuss (§ 52), wohl aber gegen die Staatskasse (§ 47). Wenn der Vertretene gemäß § 52 verpflichtet wird, dem Verteidiger die gesetzliche Vergütung zu bezahlen, so besteht zwar ein Anspruch auf Vergütung, aber nicht auf Vorschuss (§ 52 Abs. 1). **5**

3. Bestellung als besonderer Vertreter. Die Bestellung zum gesetzlichen oder besonderen gesetzlichen Vertreter berechtigt den Rechtsanwalt, entsprechend § 1835 Abs. 2 BGB Vergütung und Vorschuss zu verlangen. Seine Tätigkeit darf der Rechtsanwalt in diesen Fällen vom Vorschuss nur abhängig machen, wenn er zur Übernahme der Vertretung nicht verpflichtet ist. **6**

4. Vorschusspflichtiger. Der Anspruch des Rechtsanwalts auf Vorschuss richtet sich in den Fällen des § 9 **gegen den Auftraggeber**, nicht auch gegen die Personen, von denen der Auftraggeber seinerseits Prozesskostenvorschüsse verlangen kann, zB in den Fällen des § 1360 a Abs. 4 BGB nicht gegen den anderen Ehegatten. Dagegen richtet sich der Anspruch auch gegen die Personen, die dem Rechtsanwalt kraft Gesetzes mithaften (vgl. § 1 Rn. 18). Denn das Recht des Rechtsanwalts auf Vorschuss dient nicht nur der Sicherstellung seiner künftigen Forderung, sondern ist zugleich echte Vorauszahlung seiner Vergütung. Dass § 9 vom Auftraggeber spricht, besagt dagegen nichts. Das RVG regelt – abgesehen von den Fällen der gerichtlichen Anwaltsbestellung – nur das Rechtsverhältnis des Rechtsanwalts zu dem Auftraggeber. Ob eine gesetzliche Mithaftung besteht, richtet sich nach dem allgemeinen Recht. Dieses schließt aber die Inanspruchnahme des Mithaftenden wegen des Vorschusses nicht aus. **7**

---

[4] EGH 8, 140.
[5] Für das frühere Recht vgl. *Schumann/Geißinger* § 17 BRAGO Rn. 7.

8 **5. Klagerecht.** Auf Vorschuss kann geklagt werden.⁶ Einklagen des Vorschusses unter Beibehaltung des Mandats wird aber als standeswidrig angesehen.⁷

9 **6. Verzinsung.** Das Recht auf Vorschuss unterliegt den allgemeinen Regeln des Schuldrechts, soweit sich aus der Eigenart des Vergütungsvorschusses nichts Besonderes ergibt. Der Vorschuss auf Gebühren ist bei Verzug zu verzinsen (§ 288 BGB); der Vorschuss auf Auslagen dagegen nicht, solange der Rechtsanwalt keine Aufwendungen gemacht hat;⁸ denn ein solcher Vorschuss dient nur der Finanzierung von künftigen Aufwendungen im Interesse des Auftraggebers.

10 **7. Honorarvereinbarung.** Die Regel des § 9 gilt auch für das vereinbarte Honorar,⁹ wenn wegen des Vorschusses nichts Abweichendes vereinbart ist, was sich aus den Umständen ergeben kann.¹⁰

11 **8. Verzicht.** § 9 ist nachgiebiges Recht. Hat der Rechtsanwalt auf Vorschuss verzichtet, so liegt darin eine Kreditgewährung, die nach allgemeinen Grundsätzen (vgl. §§ 321, 490 BGB) gekündigt werden kann, wenn sich die Vermögensverhältnisse des Auftraggebers verschlechtern.¹¹

III. Zurückbehaltungsrecht des Rechtsanwalts

12 Wenn der Auftraggeber den verlangten Vorschuss nicht leistet, ist zu unterscheiden:

12a **1. Hinsichtlich Auslagenvorschuss.** Der Rechtsanwalt ist kraft Gesetzes nicht verpflichtet, Auslagen aus eigener Tasche vorzuschießen.¹² Die aus dem Geschäftsbesorgungsvertrag entspringende Verpflichtung, bei gegebener Sachlage im Interesse des Auftraggebers Aufwendungen zu machen, entsteht erst, wenn der geforderte Auslagenvorschuss geleistet ist. Unterlässt der Rechtsanwalt die Aufwendung, so übt er daher kein Zurückbehaltungsrecht im Sinne der §§ 273, 320 BGB aus.

13 **2. Hinsichtlich Gebührenvorschuss.** Die Verpflichtung des Rechtsanwalts, seine Arbeitskraft für den Auftraggeber zur Verfügung zu stellen, entsteht mit dem Abschluss des Geschäftsbesorgungsvertrags. Hält der Rechtsanwalt seine Arbeitsleistung zurück, weil der Auftraggeber den aufgrund des Geschäftsbesorgungsvertrags geforderten Vorschuss auf die Gebühren nicht geleistet hat, so macht er, da die Vorschusszahlung im Voraus zu erbringende Gegenleistung des Auftraggebers ist (Rn. 2), ein **Zurückbehaltungsrecht** nach § 320 BGB geltend. Da Vorschuss Vorleistung ist, gelten die Beschränkungen des § 322 Abs. 1 BGB nicht. Wohl aber kann der Auftraggeber mit Gegenforderungen aufrechnen. Das Zurückbehaltungsrecht steht in besonderem Maße unter dem Satz von Treu und Glauben.¹³ Danach darf der Rechtsanwalt seine

---

⁶ OLG Frankfurt Recht 1910 Nr. 4175.
⁷ EGH 7, 56; 13, 66; 16, 296; vgl. auch RG Warn 1926 Nr. 165; aA *Hartung/Römermann* Rn. 40.
⁸ *Gerold/Schmidt/Madert* Rn. 41.
⁹ *Gerold/Schmidt/Madert* Rn. 22; *Hartmann* § 17 BRAGO Rn. 16; *Schumann/Geißinger* § 17 BRAGO Rn. 11.
¹⁰ Vgl. OLG Hamburg OLGZ 25, 303; OLG Dresden Recht 1910 Nr. 3755.
¹¹ OLG Celle JW 1935, 306.
¹² RGZ 82, 403; RG JW 1908, 324.
¹³ RGZ 140, 162.

Leistung **nicht zur Unzeit** zurückhalten; zB eine Rechtsmittelfrist nicht verstreichen lassen, wenn dem Auftraggeber keine angemessene Zeit zur Leistung des Vorschusses verblieben ist. Will der Rechtsanwalt diesen Folgerungen entgehen, dann darf er den Auftrag ohne gleichzeitigen Vorschuss gar nicht annehmen (vgl. Rn. 3).

Ein Zurückbehaltungsrecht des Rechtsanwalts kann auch hinsichtlich des Streitgegenstandes bestehen, den der Rechtsanwalt in Händen hat, und hinsichtlich der Handakten (§ 50 Abs. 3 BRAO). Auch dieses Zurückbehaltungsrecht steht in besonderem Maße unter dem Schutz von Treu und Glauben.[14] KG RzW 1961, 237 verneint ein Zurückbehaltungsrecht hinsichtlich des Streitgegenstandes wegen Honorarforderungen aus anderen Sachen. **14**

IV. Ausübung des Kündigungsrechts (§§ 626, 627 BGB)

Der Rechtsanwalt darf nur kündigen, wenn sich der Auftraggeber die benötigten Anwaltsdienste anderweit beschaffen kann (§ 627 Abs. 2; §§ 675, 671 Abs. 2 BGB). Ein wichtiger Grund für die Kündigung zur Unzeit kann – nicht muss – darin liegen, dass der Auftraggeber den verlangten Vorschuss nicht leistet. Es kommt dabei auf alle Umstände des Einzelfalles an. Ergibt sich aus diesen, dass der Rechtsanwalt unter Berücksichtigung seines berechtigten und gesetzlich anerkannten Sicherungsbedürfnisses nicht gegen Treu und Glauben verstößt, wenn er kündigt, obwohl der Auftraggeber ohne anwaltlichen Schutz ist, so ist die Kündigung gerechtfertigt.[15] Ist sie dies nicht, so ist sie gleichwohl wirksam, der Rechtsanwalt ist aber schadenersatzpflichtig. Nach Treu und Glauben richtet sich auch danach, ob der Rechtsanwalt unaufschiebbare Geschäfte nach der Kündigung noch vorzunehmen hat. **15**

Kündigt der Rechtsanwalt, so wird sein Anspruch auf die bereits verdiente Vergütung fällig (§ 8), so dass er eines Vorschusses nicht mehr bedarf. Nach § 628 Abs. 1 S. 1 BGB kann der Rechtsanwalt den Teil der Vergütung fordern, der seinen bisherigen Leistungen entspricht. Das sind außer den Auslagen alle bisher entstandenen Gebühren. Ist jedoch im Sinne von Rn. 15 die Kündigung des Rechtsanwalts nicht gerechtfertigt, so fällt der Anspruch auf Vergütung insoweit weg, als die bisherigen Leistungen des Rechtsanwalts infolge der Kündigung für den Auftraggeber kein Interesse mehr haben (§ 628 Abs. 1 S. 2 BGB), insbesondere wenn er einem neu beauftragten Anwalt für dieselbe Tätigkeit erneut Gebühren zahlen muss. **16**

V. Höhe des Vorschusses

Sie bestimmt sich nach der **Angemessenheit**. Begrenzt ist das damit eingeräumte Ermessen nach oben und unten. Höchstens darf der Vorschuss auf die entstandenen und die voraussichtlich entstehenden Gebühren und Auslagen bemessen werden (allgemeine Meinung). Das sind, wenn der Auftrag, wie regelmäßig, für eine Instanz erteilt ist, die Gebühren, die in dieser Instanz voraussichtlich entstehen. Besteht eine hohe Wahrscheinlichkeit, dass der Gegner anerkennt oder säumig wird oder dass keine Verhandlung erforderlich wird, so ist das zu berücksichtigen. In Höhe der bereits entstandenen Gebühren und Auslagen ist der Vorschuss wohl fast immer angemessen. **17**

---

[14] RGZ 140, 162.
[15] RG LZ 1927, 338 – WarnR 1926 Nr. 165.

§ 10

Nach unten ist das Ermessen durch den Sicherungszweck begrenzt. Angemessenheitsgesichtspunkte können nicht zur Aberkennung des Vorschussrechts oder zur Bewilligung von Ratenzahlungen führen.[16] Ist der geleistete Vorschuss verbraucht, so kann Vorschuss nachgefordert werden.[17]

VI. Verrechnung des Vorschusses

18 Sie erfolgt in der Berechnung des § 10. Diese ist insoweit nur eine Abrechnung. Der **Verbrauch** des Vorschusses tritt regelmäßig schon früher ein, nämlich mit der Verauslagung der Auslagenvorschuss, mit dem Entstehen der Gebühr der Gebührenvorschuss. Soweit Vorschuss geleistet ist, erlischt der Anspruch auf Vergütung mit seinem Entstehen sofort wieder.[18] Diese Grundsätze sind auch auf die Bezahlung von Anwaltskosten in DDR-Mark vor der Währungsangleichung anzuwenden.

19 **Nicht verbrauchte Vorschüsse** sind, weil dann ihr Sicherungszweck entfallen ist, beim Fälligwerden der Vergütung (§ 8) zurückzuzahlen. Der Anspruch auf Rückzahlung ist ein vertraglicher Anspruch, kein Bereicherungsanspruch. Nach Standesrecht ist der Rechtsanwalt gehalten, nicht verbrauchte Vorschüsse auch dann zurückzuzahlen, wenn er nach § 628 Abs. 1 S. 3 BGB nur die Bereicherung herauszugeben hätte und nicht mehr bereichert ist.[19]

§ 10 Berechnung

(1) ¹**Der Rechtsanwalt kann die Vergütung nur aufgrund einer von ihm unterzeichneten und dem Auftraggeber mitgeteilten Berechnung einfordern.** ²**Der Lauf der Verjährungsfrist ist von der Mitteilung der Berechnung nicht abhängig.**

(2) ¹**In der Berechnung sind die Beträge der einzelnen Gebühren und Auslagen, Vorschüsse, eine kurze Bezeichnung des jeweiligen Gebührentatbestands, die Bezeichnung der Auslagen sowie die angewandten Nummern des Vergütungsverzeichnisses und bei Gebühren, die nach dem Gegenstandswert berechnet sind, auch dieser anzugeben.** ²**Bei Entgelten für Post- und Telekommunikationsdienstleistungen genügt die Angabe des Gesamtbetrags.**

(3) **Hat der Auftraggeber die Vergütung gezahlt, ohne die Berechnung erhalten zu haben, kann er die Mitteilung der Berechnung noch fordern, solange der Rechtsanwalt zur Aufbewahrung der Handakten verpflichtet ist.**

---

[16] BGHZ 10, 139.
[17] RGZ 5, 416.
[18] Hartmann § 17 BRAGO Rn. 22 und im Zusammenhang mit der Währungsumstellung ebenso OLG Düsseldorf NJW 1947/48, 558 und HEZ 2, 150; OLG Braunschweig HEZ 2, 233 und NdsRpfl. 1949, 124 und 156; OLG Kiel SchlHA 1949, 144 und 242; aA, weil nur auf den Sicherungszweck des Vorschusses abstellend, KG JR 1949, 122; OLG Celle NJW 1948, 157 und HEZ 2, 219; OLG Köln HEZ 2, 217; OLG Oldenburg NdsRpfl. 1949, 51.
[19] EGH II, 106.

Übersicht

	Rn.		Rn.
I. Grundsätze	1	**III. Das Recht auf Berechnung**	7–9
II. Begriff des Einforderns	2–6	1. Nach Zahlung der Vergütung	7a
1. Rechtshandlung	2a	2. Vor der Bezahlung	8
2. Materielle Natur	3	3. Schadensersatz	9
3. Erfüllung ohne Berechnung	4	**IV. Form der Berechnung**	10
4. Vorschüsse	5	**V. Inhalt der Berechnung**	11
5. Verjährungsfragen	6	**VI. Vereinbartes Honorar**	12

I. Grundsätze

Vom **Entstehen** (vgl. § 1 Rn. 10, 63) und der **Fälligkeit** der Vergütung (vgl. § 8) unterscheidet das Gesetz deren **Einforderbarkeit**. Obwohl der Vergütungsanspruch entstanden und fällig geworden ist, kann ihn der Rechtsanwalt nur aufgrund einer Berechnung einfordern. Dies schreibt das Gesetz vor. Es dient der Transparenz gegenüber dem Klienten. **1**

II. Begriff des Einforderns

Einforderung ist die außergerichtliche oder gerichtliche Geltendmachung des Anspruchs auf Vergütung. **2**

1. Rechtshandlung. Ein Einfordern liegt in jeder Rechtshandlung, die darauf abzielt, Befriedigung wegen der Vergütungsforderung von dem Schuldner (Auftraggeber, Mithaftender usw.) zu erlangen. So in der Zahlungsaufforderung, Mahnung, Aufrechnung, ferner in der Ausübung eines Zurückbehaltungsrechts wegen der Vergütung;[1] nicht dagegen in dem Antrag auf Festsetzung des Gegenstandswerts, denn damit soll erst die Grundlage für die Berechnung geschaffen werden. Abs. 1 bewirkt, dass, wenn die schriftliche Berechnung nicht mitgeteilt ist, die Einforderungshandlung unrechtmäßig ist und die bürgerlich-rechtlichen Wirkungen, die die Handlung sonst auslösen würde, nicht eintreten. Die Mahnung bewirkt also keinen Verzug, die Aufrechnung nicht das Erlöschen der gegenseitigen Forderungen, die Zurückbehaltung von Geldern des Auftraggebers ist unrechtmäßig usw. Einfordern ist auch der **Antrag** des Rechtsanwalts **auf Festsetzung der Vergütung** (§ 11) oder auf **Erlass eines Mahnbescheids**, die **Erhebung der Klage** oder Widerklage, die einredeweise Geltendmachung im Prozess, die Prozessaufrechnung usw.[2] Solchen Prozesshandlungen fehlt die materielle Begründung, wenn die Berechnung nicht mitgeteilt ist oder gleichzeitig wird. **2a**

2. Materielle Natur. Das **Einforderungsrecht** ist materieller Natur. Sein Erfordernis ist eine inhaltliche Einschränkung des bürgerlich-rechtlichen Anspruchs auf Vergütung. Im Allgemeinen ist die Einforderbarkeit einem Anspruch immanent. Hier ist sie gesondert zu prüfen. Solange die Einforderbarkeit mangelt, befindet sich der materielle Anspruch in einem ähnlichen Zustand, in dem sich eine Naturalobligation **3**

---
[1] RG JW 1890, 306.
[2] Vgl. OLG Frankfurt AnwBl. 1975, 163.

§ 10 *Abschnitt 1. Allgemeine Vorschriften*

gewöhnlich dauernd befindet. Die schriftliche Mitteilung der Berechnung ist materielle Anspruchsvoraussetzung. Ohne Mitteilung der Berechnung ist die Klage zur Zeit unbegründet.[3] Dies ist von Amts wegen, nicht erst auf Rüge oder Einrede zu berücksichtigen. Der Rechtsanwalt muss in der Klage, im Antrag auf Erlass eines Mahnbescheids oder nach § 11 die **Mitteilung der Berechnung** behaupten; bei Klage sonst kein Versäumnisurteil. Die Klage kann aber die Berechnung enthalten; mit der Zustellung der Klage ist sie dann mitgeteilt. Erkennt allerdings daraufhin der Auftraggeber sofort an, so trägt der Rechtsanwalt die Kosten (§ 93 ZPO).

4 **3. Erfüllung ohne Berechnung.** Der Vergütungsanspruch kann, auch wenn die Berechnung nicht mitgeteilt ist, erfüllt werden. Da die Berechnung nur im Interesse des Vergütungsschuldners bestimmt ist, kann dieser darauf verzichten. In der Bezahlung allein liegt noch kein solcher Verzicht. Vielmehr kann gemäß Abs. 3 noch nach Bezahlung die Berechnung gefordert werden.

5 **4. Vorschüsse.** § 10 gilt nicht für die Einforderung von Vorschüssen. Eine Berechnung vor Fälligkeit ist als Anfordern eines Vorschusses zu werten.

6 **5. Verjährungsfragen.** Die frühere Zweifelsfrage, ob der Lauf der Verjährungsfrist von der Mitteilung der Berechnung abhängig ist,[4] ist in Abs. 1 S. 2 in verneinendem Sinne entschieden. Die Verjährungsfrist läuft also von der Fälligkeit der Vergütung an (vgl. § 8). Der Rechtsanwalt kann die Verjährung nicht dadurch verzögern, dass er die Berechnung unterlässt. Die Klage oder was ihr gleich steht (§ 204 BGB, § 11 Abs. 7) bewirkt jedoch eine Hemmung der – noch nicht abgelaufenen – Verjährungsfrist, auch wenn die Berechnung nicht mitgeteilt ist.[5] Bei mangelhafter Klage (s. Rn. 3) hebt jedoch deren Zurückweisung diese Wirkung wieder auf.

III. Das Recht auf Berechnung

7 Während Abs. 1 nur das Forderungsrecht des Rechtsanwalts einschränkt, gibt Abs. 3 dem Vergütungsschuldner ein Recht auf Berechnung.

7a **1. Nach Zahlung der Vergütung.** Unmittelbar handelt Abs. 3 allerdings nur von dem Rechtsanspruch auf Berechnung nach Zahlung der Vergütung. Wer bezahlt hat, ohne die Berechnung erhalten zu haben, kann nachträglich die Berechnung fordern und auch auf Mitteilung der Berechnung klagen. Fordern kann dies jeder Auftraggeber, der – ganz oder teilweise – gezahlt hat. Ein Mithaftender, der bezahlt hat, kann die Berechnung dagegen nicht fordern. Das Recht auf Berechnung dauert so lange, wie der Rechtsanwalt zur Aufbewahrung der Handakten verpflichtet ist. Diese Pflicht erlischt mit der Rückgabe der Akten an den Auftraggeber, sechs Monate nach Aufforderung zur Empfangnahme, sonst fünf Jahre nach Beendigung des Auftrags (§ 50 Abs. 2 BRAO).

8 **2. Vor der Bezahlung.** Mittelbar bringt Abs. 3 aber auch zum Ausdruck, dass ein Recht auf Mitteilung einer schriftlichen Berechnung schon vor Bezahlung besteht

---

[3] Ebenso *Gerold/Schmidt/Madert* Rn. 4 und anscheinend *Krämer* ZZP 55, 272, 274, der die Klage als „verfrüht" ansieht; ferner *Stech* ZZP 77, 210, der eine öffentlich-rechtliche Einschränkung privatrechtlicher Beziehungen annimmt.

[4] Vgl. OLG Braunschweig JW 1916, 63.

[5] *Friedlaender* gegen KG ZZP 55, 447 und *Krämer* gegen KG ZZP 55, 272.

Berechnung § 10

("kann die Mitteilung der Berechnung noch fordern, solange"). Der Auftraggeber braucht sich also nicht – gemäß Abs. 1 – passiv damit zu begnügen, dass der Rechtsanwalt die Vergütung ohne Berechnung nicht einfordern kann, sondern er kann aktiv die Mitteilung der Berechnung fordern und darauf klagen.[6] Die aufgrund der §§ 675, 666 BGB bestehende Verpflichtung des Rechtsanwalts, nach der Ausführung des Auftrags (Beendigung der Instanz)[7] hinsichtlich der erhaltenen Vorschüsse Rechenschaft abzulegen, ist durch § 10 nicht beseitigt. Wohl aber ist sie dahin spezifiziert, dass die Rechenschaft durch eine schriftlich mitzuteilende Berechnung, die dem § 10 Abs. 2 zu entsprechen hat, abzulegen ist. Darüber hinaus ist durch Abs. 3 ein Recht auf Berechnung auch begründet, wenn Vorschüsse nicht geleistet sind.

3. Schadensersatz. Die Verpflichtung zur schriftlichen Mitteilung der Berechnung ist eine Nebenverpflichtung aus dem Geschäftsbesorgungsverhältnis. Fehlerhafte Berechnung verpflichtet bei Verschulden zum Schadensersatz.[8] 9

IV. Form der Berechnung

Es ist die schriftliche Mitteilung an den Schuldner der Vergütung vorgeschrieben. 10
Die Berechnung muss von dem Rechtsanwalt unterschrieben sein. Der von Abs. 2 geforderte Inhalt der Berechnung (Rn. 11) muss schriftlich niedergelegt und durch die Unterschrift des Rechtsanwalts gedeckt sein. Der Rechtsanwalt übernimmt mit seiner Unterschrift die strafrechtliche (§ 352 StGB), zivilrechtliche und standesrechtliche Verantwortung für die Richtigkeit der Berechnung. Da er eine eigene Leistung abrechnet, muss er auch selbst unterschreiben. Es genügt aber die Unterschrift eines von mehreren Sozien oder des allgemeinen Vertreters. Es ist nicht gerechtfertigt, die Unterschrift als einen wertlosen Formalakt aufzufassen. Ein Faksimilestempel genügt nicht,[9] auch nicht ein Handzeichen. Über die Anforderungen, die an eine Unterschrift gestellt werden müssen.[10] Doch kann die Unterschrift auf dem Begleitschreiben ausreichen, wenn der Rechtsanwalt darin auf die Berechnung Bezug nimmt, so dass man erkennen kann, dass er die Verantwortung hierfür übernehmen will.[11]

V. Inhalt der Berechnung

Außer den im Abs. 2 einzeln aufgeführten Erfordernissen ist nötig, dass die Berech- 11
nung so übersichtlich ist, dass sie ihren Zweck, dem Schuldner eine Überprüfung zu ermöglichen, erfüllen kann. Die Gebühren sind mit ihrem jeweiligen Tatbestand anzuführen. Auslagen sind einzeln aufzuführen. Post-, Telegrafen-, Fernsprech- und Fernschreibkosten brauchen nur mit dem Gesamtbetrag aufgeführt werden. Soweit der Schuldner diesen Gesamtbetrag substantiiert bestreitet, hat der Rechtsanwalt nach allgemeinen Grundsätzen die einzelnen Auslagen im Prozess zu beweisen, soweit er

---

6 *Gerold/Schmidt/Madert* Rn. 33.
7 RG JW 1930, 131.
8 RG JW 1930, 3854.
9 *Gerold/Schmidt/Madert* Rn. 10; *Schumann/Geißinger* § 18 BRAGO Rn. 13; *Hartmann* § 18 BRAGO Rn. 7–17.
10 Vgl. *Mecke*, Beurkundungsgesetz, 1970, § 13 Rn. 11, 16.
11 OLG Hamburg AnwBl. 1970, 233; vgl. auch OLG München MDR 1962, 63.

§ 11

sich nicht damit begnügt, den Pauschalbetrag anzusetzen. Seine Versicherung genügt nicht. Dies stimmt mit § 104 Abs. 2 ZPO überein; denn auch dort genügt die Versicherung nur dafür, dass der Rechtspfleger von einer Prüfung im Einzelnen absieht, bevor er den Kostenfestsetzungsbeschluss erlässt. Wird der Gesamtbetrag substantiiert bestritten, so ist, wie immer, ein Beweis nötig. Bei der Festsetzung nach § 11 gilt dies entsprechend.

VI. Vereinbartes Honorar

12 Bei vereinbartem Honorar kann § 10 sinngemäß nur gelten, wenn eine Berechnung vernünftigerweise überhaupt nötig ist, um den Vergütungsschuldner über die Höhe seiner Verpflichtung zu unterrichten. Nicht also, wenn ein festes Honorar vereinbart ist und keine Vorschüsse oder Auslagen abzurechnen sind.[12]

§ 11 Festsetzung der Vergütung

(1) ¹Soweit die gesetzliche Vergütung, eine nach § 42 festgestellte Pauschgebühr und die zu ersetzenden Aufwendungen (§ 670 des Bürgerlichen Gesetzbuchs) zu den Kosten des gerichtlichen Verfahrens gehören, werden sie auf Antrag des Rechtsanwalts oder des Auftraggebers durch das Gericht des ersten Rechtszugs festgesetzt. ²Getilgte Beträge sind abzusetzen.

(2) ¹Der Antrag ist erst zulässig, wenn die Vergütung fällig ist. ²Vor der Festsetzung sind die Beteiligten zu hören. ³Die Vorschriften der jeweiligen Verfahrensordnung über das Kostenfestsetzungsverfahren mit Ausnahme des § 104 Abs. 2 Satz 3 der Zivilprozessordnung und die Vorschriften der Zivilprozessordnung über die Zwangsvollstreckung aus Kostenfestsetzungsbeschlüssen gelten entsprechend. ⁴Das Verfahren vor dem Gericht des ersten Rechtszugs ist gebührenfrei. ⁵In den Vergütungsfestsetzungsbeschluss sind die von dem Rechtsanwalt gezahlten Auslagen für die Zustellung des Beschlusses aufzunehmen. ⁶Im Übrigen findet eine Kostenerstattung nicht statt; dies gilt auch im Verfahren über Beschwerden.

(3) ¹Im Verfahren vor den Gerichten der Verwaltungsgerichtsbarkeit, der Finanzgerichtsbarkeit und der Sozialgerichtsbarkeit wird die Vergütung vom Urkundsbeamten der Geschäftsstelle festgesetzt. ²Die für die jeweilige Gerichtsbarkeit geltenden Vorschriften über die Erinnerung im Kostenfestsetzungsverfahren gelten entsprechend.

(4) Wird der vom Rechtsanwalt angegebene Gegenstandswert von einem Beteiligten bestritten, ist das Verfahren auszusetzen, bis das Gericht hierüber entschieden hat (§§ 32, 33 und 38 Abs. 1).

(5) ¹Die Festsetzung ist abzulehnen, soweit der Antragsgegner Einwendungen oder Einreden erhebt, die nicht im Gebührenrecht ihren Grund haben. ²Hat der Auftraggeber bereits dem Rechtsanwalt gegenüber derartige Einwendungen oder Einreden erhoben, ist die Erhebung der Klage nicht von der vorherigen Einleitung des Festsetzungsverfahrens abhängig.

---

[12] *Schumann/Geißinger* § 18 BRAGO Rn. 3, der bei vereinbartem Honorar eine Berechnung nie für erforderlich hält.

(6) ¹Anträge und Erklärungen können zu Protokoll der Geschäftsstelle abgegeben oder schriftlich ohne Mitwirkung eines Rechtsanwalts eingereicht werden. ²§ 129 a der Zivilprozessordnung gilt entsprechend.

(7) Durch den Antrag auf Festsetzung der Vergütung wird die Verjährung wie durch Klageerhebung gehemmt.

(8) ¹Die Absätze 1 bis 7 gelten bei Rahmengebühren nur, wenn die Mindestgebühren geltend gemacht werden oder der Auftraggeber der Höhe der Gebühren ausdrücklich zugestimmt hat. ²Die Festsetzung auf Antrag des Rechtsanwalts ist abzulehnen, wenn er die Zustimmungserklärung des Auftraggebers nicht mit dem Antrag vorlegt.

Übersicht

	Rn.		Rn.
I. Grundgedanken	1, 2	3. Einreden und Einwendungen	27–29
1. Anwendungsbereich	1	4. Aussetzung, Unterbrechung	30–32
2. Zweck	2	a) Prüfung des Gegenstandswertes	30
II. Verfahrensvoraussetzungen	3–22	b) Notwendige Aussetzung (Abs. 2)	31
1. Antrag	3–9	c) Sonstige Fälle der Aussetzung, Unterbrechung	32
a) Antragsberechtigung	3–5	5. Beweismittel	33, 34
b) Anbringung des Antrags	6	6. Die Entscheidung	35, 36
c) Sachantrag	7–9	a) Beschluss	35
2. Fälligkeit der Vergütung	10, 11	b) Zustellung	36
3. Gesetzliche Vergütung, Rahmengebühren	12–14	7. Kosten	37–38
a) Gesetzliche Vergütung	12	a) Gerichtskosten	37 a
b) Rahmengebühren	13	b) Kostenerstattung	38
c) Tätigkeit bei Gericht	14	8. Rechtsmittel	39–44
4. Rechtliche Stellung des Rechtsanwalts	15–21	a) Erinnerung	39, 40
a) Prozessbevollmächtigter	15 a–18	b) Sofortige Beschwerde	41–44
b) Beistand	19	9. Rechtskraft	45–49
c) Verkehrsanwalt	20	a) Materielle Rechtskraft	45
d) Unterbevollmächtigter	21	b) Änderung der Wertfestsetzung	46–49
5. Entsprechende Anwendung auf Nichtrechtsanwälte nur ausnahmsweise	22	10. Zwangsvollstreckung	50–54
		a) Vollstreckbarkeit	50
		b) Vollstreckungsgegenklage	51–54
		11. Wiederaufnahme des Verfahrens	55
III. Verfahrensgang	23–55	**IV. Klage und Mahnverfahren**	56–58
1. Zuständigkeit	24, 25	1. Rechtsschutzbedürfnis	56
a) Rechtspfleger, Urkundsbeamter	24	2. Zuständigkeit	57, 58
b) Gericht des ersten Rechtszugs	25	**V. Auswirkung auf die Verjährung**	59
2. Rechtliches Gehör	26		

I. Grundgedanken

1. Anwendungsbereich. Die Vorschrift sieht ein vereinfachtes Verfahren vor, in 1
dem die Vergütung, die der Auftraggeber seinem Rechtsanwalt schuldet, gerichtlich
festgesetzt wird. Es gilt für die Vergütung für die Tätigkeit des Rechtsanwalts in allen
gerichtlichen Verfahren, und zwar ohne Rücksicht auf den Zweig der Gerichtsbarkeit.
Damit wird es ermöglicht, dass die Vergütung, die aufgrund eines bürgerlich-rechtlichen Vertrages geschuldet wird, auch von anderen als ordentlichen Gerichten festgesetzt werden kann. Rahmengebühren können nur unter bestimmten Voraussetzungen
festgesetzt werden (s. Rn. 13). Die Pauschgebühr nach § 42 ist jedoch festsetzbar. Eine
Einschränkung erfährt das vereinfachte Festsetzungsverfahren auch dadurch, dass es

§ 11

nur statthaft ist, wenn keine anderen als gebührenrechtliche Gesichtspunkte eine Rolle spielen (Rn. 27, 28, 29).

2 **2. Zweck.** Zweck der Vorschrift ist es, innerhalb der nach Rn. 1 gesteckten Grenzen, die Vergütung des Rechtsanwalts in einem **vereinfachten, billigen Verfahren** in vollstreckbarer Form festzustellen und einen ordentlichen Rechtsstreit zwischen dem Auftraggeber und dem Rechtsanwalt zu ersparen. Dies dient den Interessen beider Teile. Sowohl der Rechtsanwalt als auch sein Auftraggeber können das Verfahren beantragen. Der Rechtsanwalt kann dadurch in kurzer Zeit einen Vollstreckungstitel erlangen. Der Auftraggeber kann auf einfache und billige Weise eine gerichtliche Nachprüfung der Rechnung des Rechtsanwalts erreichen.

II. Verfahrensvoraussetzungen

3 **1. Antrag.** Das Verfahren findet nur auf Antrag statt. **a) Antragsberechtigung.** Antragsberechtigt sind nur der Rechtsanwalt und sein Auftraggeber. Wegen der Gleichstellung anderer Personen vgl. Rn. 22. Auch die Erben[1] und der Sonderrechtsnachfolger[2] des Rechtsanwalts sind antragsberechtigt. Denn das Verfahren ist nicht wegen der Person, sondern wegen der Forderung des Rechtsanwalts zur Verfügung gestellt. Dem Auftraggeber sind seine Erben,[3] jedoch nicht die Mithaftenden gleichzustellen. Die materielle Prüfung, die ein Mithaftverhältnis erfordert, eignet sich nicht für das Festsetzungsverfahren.[4] Als Erben werden behandelt, wer vom Antragsteller als Erbe bezeichnet wird; das Gericht prüft die Erbfolge nicht; wird jedoch die Rechtsnachfolge bestritten, so handelt es sich um eine nichtgebührenrechtliche Einwendung mit der Folge, dass das Verfahren nicht durchgeführt werden kann. Keine Festsetzung gegen die Gesellschafter, wenn die Offene Handelsgesellschaft Auftraggeber ist.[5]

4 Der Rechtsanwalt muss im Rahmen des § 1 tätig geworden sein. Hat er in einer Eigenschaft nach § 1 Abs. 2 gehandelt, ist das RVG insgesamt nicht anwendbar. Hat der Anwalt einen Rechtsstreit als Insolvenzverwalter geführt, kann er seine Gebühren nicht nach § 11 gegen die Masse festsetzen lassen.[6] Ein Nachlasspfleger-Rechtsanwalt kann die Gebühren aus einem Rechtsstreit gegen die unbekannten Erben nicht nach § 11 festsetzen lassen.[7] Ebenso wenig trifft § 11 für einen sonstigen Pfleger[8] oder für den Anwaltsvormund[9] zu.[10] Hat der Rechtsanwalt als Pfleger einen anderen Anwalt beauftragt, der derselben Sozietät angehört, so kann auch dessen Gebühr gegen den

---

[1] OLG Frankfurt NJW 1954, 764.
[2] Vgl. dazu BayObLGZ 1954, 5 über einen ähnlichen Fall bei der Kostenerstattung; aA *Burkhardt* JurBüro 1957, 141.
[3] OLG Köln AnwBl. 1972, 168.
[4] Ebenso *Hartmann* § 19 BRAGO Rn. 27, 28.
[5] OLG München JVBl. 1964, 104; *Schneider* JurBüro 1967, 93; aA KG NJW 1970, 1612; *Schmidt* JurBüro 1963, 250, *Schumann/Geißinger* § 19 BRAGO Rn. 18 – gegen OHG und Gesellschafter.
[6] OLG Celle NdsRpfl. 1962, 181.
[7] OLG München MDR 1965, 397; OLG Köln NJW 1967, 2408; aA *Haenecke* NJW 1965, 1814.
[8] OLG Frankfurt NJW 1966, 654; OLG München MDR 1974, 413; OLG Hamm MDR 1966, 517.
[9] LG München I JurBüro 1963, 778.
[10] AA *Schneider* MDR 1972, 155.

Festsetzung der Vergütung **§ 11**

Pflegling nicht nach § 11 festgesetzt werden.[11] – Ist der Rechtsanwalt für einen Betriebs- oder Personalrat tätig geworden, so findet das Verfahren nach § 11 nicht statt;[12] man kann nicht als Auftraggeber die Personen ansehen, die namens des Betriebs- oder Personalrats den Auftrag erteilt haben – § 164 Abs. 2, § 179 BGB –; denn das sind nicht gebührenrechtliche Fragen. Ein gegen den Betriebsrat als solchen ergangener Festsetzungsbeschluss ist nichtig.[13]

Der erstattungspflichtige Gegner ist nicht antragsberechtigt; er soll keine Möglichkeit erlangen, sich in das Verhältnis des Rechtsanwalts und seines Auftraggebers einzumischen, auch nicht in die Abwicklung dieses Verhältnisses. Die Verfahren nach § 11 RVG und nach §§ 103 ff. ZPO sind voneinander unabhängig, und zwar auch ihre Ergebnisse, Letzteres schon deshalb, weil die Beteiligten verschieden sind.

b) Anbringung des Antrags. Anzubringen ist der Antrag bei der **Geschäftsstelle des Gerichts des ersten Rechtszugs**, und zwar schriftlich oder zu Protokoll der Geschäftsstelle, Anwaltszwang besteht nicht (§ 11 Abs. 6). Gebühren eines Vollstreckungsverfahrens setzt der Rechtspfleger des Vollstreckungsgerichts fest (§ 788 Abs. 2 ZPO). Für die öffentlich-rechtlichen Gerichtszweige gilt § 788 ZPO nicht. Hier bleibt das Prozessgericht zuständig.

c) Sachantrag. Der Antrag ist ein Sachantrag. Er muss eine Sachbitte enthalten, an deren Bestimmtheit jedoch verschiedene Anforderungen zu stellen sind, je nachdem der Antrag von dem Rechtsanwalt oder von dem Auftraggeber gestellt wird. – Über den Antrag darf nicht hinausgegangen werden (§ 308 Abs. 1 ZPO).[14] Insbesondere ist die Verzinsung der Forderung auf Gebühren und Auslagen (einschließlich der Umsatzsteuer)[15] nur auszusprechen, wenn dies beantragt ist (§ 11 Abs. 2 S. 3 RVG i.V.m. § 104 Abs. 1 S. 2 ZPO). Dabei kann Verzinsung ab der Einreichung des Festsetzungsgesuchs auch dann verlangt werden, wenn der Antrag auf Zinsen erst nachträglich – etwa sogar nach der Rechtskraft des Festsetzungsbeschlusses[16] – gestellt wird.[17] Nicht ein Hinausgehen über den Antrag, sondern nur eine andere rechtliche Begründung liegt vor, wenn anstelle der verlangten Gebühr eine andere Gebühr, die nicht höher ist, zugesprochen wird.[18]

Der Rechtsanwalt hat eine **Kostenberechnung**, ihre zur Mitteilung an den Auftraggeber bestimmte Abschrift und die zur Rechtfertigung der einzelnen Ansätze dienenden Belege beizufügen (§ 11 Abs. 2 S. 3 RVG; § 103 Abs. 2 S. 2 ZPO). Die Kostenberechnung ist nicht die im § 10 vorgeschriebene Berechnung; sie braucht insbesondere von dem Rechtsanwalt nicht unterschrieben zu sein; inhaltlich muss sie die geforderte Vergütung im Einzelnen erläutern. Der Rechtsanwalt muss aber in seinem Antrag behaupten, dass er dem Auftraggeber eine dem § 10 entsprechende Berechnung mitgeteilt hat, es sei denn, dass die bei der Geschäftsstelle eingereichte Kostenberechnung inhaltlich und formell der Vorschrift des § 10 entspricht, insbesondere von dem Rechtsanwalt unterschrieben ist. Die **Folgen einer Verletzung** dieser Vorschrift sind

---

[11] LG Düsseldorf JurBüro 1986, 726.
[12] AA *Tschischgale* RdA 1960, 57; OVG Koblenz 4 B 3/84.
[13] ArbG Hamburg RdA 1962, 484.
[14] KG MDR 1955, 494.
[15] Vgl. KG JW 1926, 2704.
[16] OLG Hamm NJW 1970, 1555.
[17] OLG München NJW 1961, 465.
[18] Ebenso KG AnwBl. 1955, 231, das aber zu diesem Ergebnis in überflüssiger und daher rechtlich anfechtbarer Weise unter Heranziehung des Satzes von Treu und Glauben gelangt.

§ 11

verschieden. Fehlt die im § 103 Abs. 2 S. 2 ZPO vorgeschriebene Kostenberechnung, so ist der Antrag nicht genügend substantiiert und damit unzulässig. Fehlt die Abschrift, so ist sie auf Kosten des Rechtsanwalts von der Geschäftsstelle herzustellen (§ 28 Abs. 1 Satz 2 GKG i.V.m. Nr. 9000 Nr. 1 KostV zum GKG). Fehlen die Belege, so ist der Antrag nicht unzulässig, er kann aber unbegründet sein. Fehlt die Behauptung, dass dem Auftraggeber eine dem § 10 entsprechende Berechnung mitgeteilt worden ist, so ist der Antrag zur Zeit unbegründet (§ 10 Rn. 3).

9   Der Auftraggeber muss in seinem Antrag darlegen, welche Vergütung festgesetzt werden soll. Dabei braucht kein bestimmter Betrag genannt zu werden, noch weniger brauchen die einzelnen Ansätze aufgeführt zu werden. Der Tätigkeitsbereich des Rechtsanwalts, für den die Vergütung festgesetzt werden soll, muss aber so umschrieben sein, dass der Rechtspfleger oder Urkundsbeamte in der Lage ist – notfalls nur gestützt auf die Behauptungen des Antragstellers und auf die Gerichtsakten –, die Vergütung festzusetzen.[19]

10   **2. Fälligkeit der Vergütung.** Sie ist Voraussetzung für die Zulässigkeit des Antrags, mag er von dem Auftraggeber oder von dem Rechtsanwalt gestellt sein. Vor der Fälligkeit ist ein Festsetzungsantrag selbst mit der Begründung nicht zulässig, dass die Besorgnis besteht, der Auftraggeber werde sich der Erfüllung entziehen;[20] der Rechtsanwalt kann sich durch den Vorschuss (§ 9) sichern. Der Antrag ist zulässig, soweit die Vergütung fällig ist. Gedacht ist in erster Linie an die gesetzlichen Fälligkeitsgründe (§ 8). Hierzu und zur Verjährung s. § 8. Wird eingewandt, dass die Vergütung gestundet oder die Fälligkeit durch Vertrag oder von dem Gesetz abweichend bestimmt worden ist, so handelt es sich um Einwendungen, die nicht im Gebührenrecht ihren Grund haben und zur Ablehnung der Festsetzung führen müssen (§ 11 Abs. 5).

11   Nicht mehr zulässig ist das Verfahren nach völliger Tilgung des Vergütungsanspruchs; es fehlt dann an dem **Rechtsschutzbedürfnis**. Das Verfahren ist auch nicht gegeben für die Geltendmachung der Rückforderung zuviel gezahlter Gebühren.[21] Es kann niemals einen Vollstreckungstitel gegen den Rechtsanwalt liefern, auch nicht bei Abänderung des Festsetzungsbeschlusses durch die höhere Instanz (eine entsprechende Anwendung des § 717 Abs. 2 ZPO scheidet wegen der materiellen Fragen, die dabei geprüft werden müssen, aus).

12   **3. Gesetzliche Vergütung, Rahmengebühren. a) Gesetzliche Vergütung.** Nur diese, nicht auch die aufgrund einer Honorarvereinbarung geschuldete Vergütung kann festgesetzt werden. Wird, etwa gegenüber dem Festsetzungsantrag des Auftraggebers, eingewandt, dass nach einer Honorarvereinbarung eine andere als die gesetzliche Vergütung geschuldet ist, so handelt es sich um einen Einwand, der nicht im Gebührenrecht seinen Grund hat; die Festsetzung ist daher abzulehnen. Soweit es sich allerdings darum handelt, ob ein Vorschuss auf die gesetzlichen Gebühren zu verrechnen ist (vgl. § 11 Abs. 1 S. 2), kann die Verrechnung im Festsetzungsverfahren unterbleiben, wenn der Mandant damit einverstanden ist, dass der Vorschuss auf ein Sonderhonorar verrechnet wird.[22] Zur gesetzlichen Vergütung rechnen auch die Auslagen (vgl. § 1 Abs. 1), und zwar nicht nur die in Teil 7 des Vergütungsverzeichnisses be-

---

[19] *Hartmann* § 19 BRAGO Rn. 35.
[20] OLG Köln JMBl. NRW 1950, 232.
[21] Teilweise abweichend *Wieczorek* § 103 ZPO Rn. 15.
[22] OLG Bamberg JurBüro 1963, 538.

Festsetzung der Vergütung **§ 11**

sonders genannten, sondern auch vom Anwalt verauslagte Gerichtskostenvorschüsse[23] sowie sonstige zu den Kosten des gerichtlichen Verfahrens gehörende Auslagen.

b) Rahmengebühren. Solche sind nur dann festsetzbar, wenn entweder nur die Mindestbeträge angesetzt werden oder der Anwalt eine schriftliche Zustimmungserklärung des Auftraggebers mit einem bestimmten höheren Betrag mit dem Antrag vorlegt. 13

c) Tätigkeit bei Gericht. Die Vergütung muss nicht durch eine Tätigkeit gegenüber dem Gericht entstanden sein; dies ist zB auch bei der Gebühr des Verkehrsanwalts nicht der Fall. Daher kann auch eine Einigungsgebühr für einen außergerichtlichen Vergleich festgesetzt werden.[24] Erforderlich ist jedoch, dass ein gerichtliches Verfahren überhaupt anhängig geworden ist, sei es auch nur ein Mahnverfahren oder ein Verfahren auf Bewilligung von Prozesskostenhilfe. Nicht ausreichend ist ein schiedsrichterliches Verfahren.[25] Sonst fehlt es an einem für die Festsetzung zuständigen Rechtspfleger. Daher kann zB für den Prozessbevollmächtigten die ermäßigte Verfahrensgebühr nach Nr. 3001 VV nicht festgesetzt werden, wenn sich sein Auftrag vor Einreichung der Klage erledigt hat. Doch ist es für die Festsetzung der Einigungsgebühr für einen außergerichtlichen Vergleich unschädlich, wenn außer den anhängig gewordenen auch nicht anhängige Ansprüche einbezogen werden.[26] 14

4. Rechtliche Stellung des Rechtsanwalts. Der Rechtsanwalt, dessen Vergütung festgesetzt werden soll, muss innerhalb eines gerichtlichen Verfahrens tätig geworden sein; auf seine prozessuale Stellung kommt es nicht mehr an. 15

a) Prozessbevollmächtigter. Dessen Auftrag umfasst die gesamte Angelegenheit. Der nur für das Verfahren auf Bewilligung oder Entziehung der Prozesskostenhilfe beauftragte Rechtsanwalt,[27] schließlich der nur beratend tätige Rechtsanwalt scheiden hier aus.[28] 15 a

Außerhalb von bürgerlichen Rechtsstreitigkeiten – einschließlich der Arbeitssachen – sind den Prozessbevollmächtigten solche Rechtsanwälte **gleichzustellen**, deren Gebühren in entsprechender Anwendung der für Prozessbevollmächtigte in bürgerlichen Rechtsstreitigkeiten geltenden Vorschriften bemessen werden. Dies kommt in Betracht für Verfahrensbevollmächtigte in den in Teil 6 VV genannten Angelegenheiten der freiwilligen Gerichtsbarkeit, in dem in § 37 genannten Verfahren vor Verfassungsgerichten sowie in Verfahren vor Verwaltungsgerichten und Finanzgerichten. 16

Nicht dagegen sind den Prozessbevollmächtigten **gleichzustellen** die Bevollmächtigten für Verfahren vor Spruchkörpern, die nicht den Charakter eines Gerichts haben (Art. 92, 97 GG), und zwar selbst dann nicht, wenn die für Prozessbevollmächtigte geltenden Gebührenvorschriften entsprechend anwendbar sind. Daher scheiden aus Rechtsanwälte, die bevollmächtigt sind in schiedsrichterlichen Verfahren (§ 36). 17

Ferner scheiden aus Rechtsanwälte, die für Verfahren bevollmächtigt sind, wenn das Gesetz für die Gebühren nicht darauf abstellt, ob der Rechtsanwalt für das Verfah- 18

---

[23] OLG Bamberg JurBüro 1976, 1647; LG Köln AnwBl. 1997, 46; aA *Gerold/Schmidt/v. Eicken* Rn. 28; s. aber *Madert* AnwBl. 1988, 252; OLG Hamm AnwBl. 1987, 196; KG JurBüro 1993, 419; OLG Bremen JurBüro 1972, 690.
[24] OLG München AnwBl. 1967, 90; OLG Hamm JurBüro 1970, 771.
[25] KG AnwBl. 1999, 55.
[26] LAG Hamm JurBüro 1970, 772; OLG Hamm NJW 1970, 2220.
[27] OLG Hamm JurBüro 1967, 896; LG Tübingen NJW 1953, 751; aA LG Ansbach Rpfleger 1954, 334; *Gerold/Schmidt/v. Eicken* Rn. 10.
[28] OLG Düsseldorf MDR 1954, 625.

ren im Ganzen oder nur für einzelne Verfahrenshandlungen bestellt ist; zB bei der Zwangsvollstreckung (streitig).[29] Die gegenteilige Auffassung[30] geht unzulässigerweise von verschiedenen Begriffen des Prozessbevollmächtigten in den verschiedenen Abschnitten des RVG aus; außerdem ist die von ihr angestrebte Ausweitung des Geltungsbereichs des § 11 nicht praktisch, denn sie führt dazu, dass der Rechtsanwalt wegen seiner verschiedenen Vergütungsansprüche aus einem einheitlichen wirtschaftlichen Vorgang, zB der Zwangsvollstreckung, wegen einer und derselben Forderung vor den verschiedensten Gerichten Recht nehmen muss, und zwar oft vor Gerichten, die sowohl von dem Rechtsanwalt als auch von dem Auftraggeber räumlich weit entfernt liegen und sich in der Sache selbst nur mit Randgebieten der anwaltlichen Tätigkeit befasst haben.

19   **b) Beistand.** Der Beistand wird im § 11 dem Prozessbevollmächtigten gleichgestellt. Es ist erforderlich, dass seine Tätigkeit neben der Partei dem Umfang nach der Tätigkeit eines Prozessbevollmächtigten entspricht (Rn. 15). Dies trifft nicht zu, wenn der Rechtsanwalt auftragsgemäß nicht in dem ganzen Verfahren, sondern nur bei einzelnen Verfahrenshandlungen Beistand zu leisten hat, oder nur bei Beistandsleistungen in den in Rn. 17, 18 genannten Verfahren.

20   **c) Verkehrsanwalt.** Der Verkehrsanwalt ist begrifflich der Rechtsanwalt, der den Verkehr mit dem Prozessbevollmächtigten – oder einem diesem gleichstehenden Verfahrensbevollmächtigten (Rn. 16) – führt.

21   **d) Unterbevollmächtigter.** Auch der Unterbevollmächtigte wird dem Prozessbevollmächtigten gleichgestellt. Das Festsetzungsverfahren kommt nur in Betracht, wenn folgende **Voraussetzungen** vorliegen:
   – Die Untervollmacht muss von dem Prozessbevollmächtigten (Rn. 15) erteilt sein.
   – Das Vertragsverhältnis, aus dem der Vergütungsanspruch erwächst, muss zwischen dem Unterbevollmächtigten und der Partei bestehen.[31] Dies ist regelmäßig anzunehmen (vgl. § 1 Rn. 16), weil der Hauptbevollmächtigte im Auftrag und mit Ermächtigung des Mandanten die Untervollmacht erteilt. Hat der Unterbevollmächtigte ausnahmsweise nur einen Anspruch gegen den Prozessbevollmächtigten, so kann dieser die Vergütung des Unterbevollmächtigten als Auslagen gegen den Auftraggeber festsetzen lassen.
   – Der Auftrag des Unterbevollmächtigten muss seinem Umfang nach in etwa einem Auftrag entsprechen, wie er für einen Prozessbevollmächtigten erforderlich ist.[32] Dies ist insbesondere dann der Fall, wenn die Untervollmacht aufgrund des Auftrags erteilt wird, in der höheren Instanz im Ganzen tätig zu werden (vgl. § 81 ZPO).

22   **5. Entsprechende Anwendung auf Nichtrechtsanwälte nur ausnahmsweise.** Eine entsprechende Anwendung des § 11 auf Nichtrechtsanwälte ist nur ausnahmsweise möglich. Die BRAGO gilt nur für die Vergütung von Rechtsanwälten (§ 1 und Rn. 9 hierzu). Für Rechtsbeistände, soweit sie vor Gericht auftreten oder wie ein Verkehrsanwalt tätig geworden sind, ist nach der Neufassung des Art. IX Satz 1 des Kostenänderungsgesetzes die Festsetzung möglich, ebenso für Steuerberater in dem Rah-

---

[29] So auch *Willenbücher* S. 345.
[30] *Gerold/Schmidt/v. Eicken* Rn. 10; *Hartmann* § 19 BRAGO Rn. 18, 19; wegen des Konkursverfahrens auch LG Krefeld JurBüro 1957, 556 und *Delhaes* KonkTreuh. 1959, 57.
[31] Begr. zur BRAGO S. 238.
[32] *Hartmann* § 19 BRAGO Rn. 22.

Festsetzung der Vergütung **§ 11**

men, wie das RVG auf sie angewendet werden kann und keine Rahmengebühren in Betracht kommen, das bedeutet also im Wesentlichen nur bei den Gerichten der Finanz- und Verwaltungsgerichtsbarkeit; zur Zuständigkeit FG Berlin KostRsp. Nr. 76. Für Rahmengebühren s. die Einschränkungen in Rn. 13. Im Übrigen bleibt sie jedoch ausgeschlossen, auch für Patentanwälte.[33] Ausländische Rechtsanwälte (soweit sie nicht dem EuRAG unterfallen) sind als Nichtrechtsanwälte anzusehen; § 11 gilt für sie nicht, und zwar auch dann nicht, wenn die Anwendung deutschen Rechts vereinbart ist (§ 1 Rn. 76). Auch für die URO, die in Rückerstattungssachen vertretungsberechtigt ist, ist das Festsetzungsverfahren nicht eröffnet.[34]

III. Verfahrensgang

Das Verfahren wird, entsprechend den für das Kostenfestsetzungsverfahren geltenden Vorschriften der ZPO, von der Verhandlungsmaxime beherrscht, und zwar auch dann, wenn für das Verfahren des Gerichts, dem der Rechtspfleger oder Urkundsbeamte angehört, sonst das Offizialprinzip gilt.[35] Eine Nebenintervention ist nicht zulässig.[36] 23

1. Zuständigkeit. a) Rechtspfleger, Urkundsbeamter. Sachlich und örtlich zuständig ist das Gericht des ersten Rechtszugs. Innerhalb der ordentlichen Gerichtsbarkeit und der Arbeitsgerichtsbarkeit ist die Festsetzung nach § 21 Nr. 2 RPflG dem Rechtspfleger übertragen; bei den Gerichten der allgemeinen und besonderen Verwaltung dem Urkundsbeamten (vgl. § 11 Abs. 3). Wir sprechen nachstehend vom Rechtspfleger, meinen aber außerhalb der ordentlichen Gerichtsbarkeit den Urkundsbeamten. Über Unterschiede bei den Rechtsmitteln vgl. Rn. 39 ff. 24

b) Gericht des ersten Rechtszugs. Gericht des ersten Rechtszugs ist das erstinstanzliche Gericht des Verfahrens, in dem die Gebühren und Auslagen des Rechtsanwalts entstanden sind, und zwar bei Verweisung das Gericht, an das verwiesen worden ist; so auch bei Abgabe an das Landwirtschaftsgericht.[37] Endet der Auftrag mit der Verweisung, so bleibt der Rechtspfleger des verweisenden Gerichts so lange zuständig, als die Akten noch nicht abgegeben sind.[38] Ist das Verfahren nicht über ein Mahnverfahren hinausgelangt, so soll[39] nicht das als Mahngericht fungierende Amtsgericht zuständig sein, sondern das Gericht, das für ein streitiges Verfahren zuständig gewesen wäre. Eine denkbar unpraktikable Lösung, da dann auch die nach § 690 Abs. 1 Nr. 5 ZPO erforderliche Angabe nicht verbindlich ist und von dem angegangenen Gericht überprüft zu werden und ggf. eine Weiterverweisung zu erfolgen hätte. Gericht des ersten Rechtszugs kann auch ein Verfassungs-, Verwaltungs- oder Finanzgericht sein (Rn. 15); jedoch ein Sozialgericht nur in den Verfahren, in denen Wertgebühren entstanden sind, oder sich die Beteiligten den Einschränkungen für Rahmengebühren unterwerfen (Rn. 13). Dagegen kann ein Arbeitsgericht zuständig sein, obwohl nach 25

---

[33] AA LG Berlin NJW 1954, 1086.
[34] OLG Hamm RzW 1954, 144; OLG Hamburg RzW 1957, 8.
[35] Vgl. grundlegend *Schultzenstein* ZZP 34, 301, 471; 44, 574.
[36] OLG Nürnberg JurBüro 1963, 233.
[37] OLG Hamm RdL 1960, 103.
[38] Anders jetzt *Gerold/Schmidt/v. Eicken* Rn. 37.
[39] Nach BGH NJW 1991, 2084.

§ 12 a ArbGG die Kosten eines Prozessbevollmächtigten oder Beistandes nicht erstattet werden.[40] Auch ein ordentliches Gericht der freiwilligen Gerichtsbarkeit kann in Betracht kommen. Der Rechtspfleger des ersten Rechtszugs ist zuständig für die Festsetzung der Vergütung für alle Rechtszüge (einschließlich des Verfahrens vor dem Gemeinsamen Senat der obersten Gerichtshöfe des Bundes nach dem Gesetz vom 19. 6. 1968, BGBl. I S. 661). Dies selbst dann, wenn der Rechtsanwalt, dessen Vergütung festzusetzen ist, in dem ersten Rechtszug nicht tätig geworden ist. Der Rechtspfleger kann aus Anlass eines und desselben Prozesses mit der Festsetzung mehrmals befasst werden, zB zunächst für den ersten Rechtszug und später für die weiteren Rechtszüge oder zunächst nur für einen Rechtsanwalt und erst später für andere Rechtsanwälte.

26 **2. Rechtliches Gehör.** Der **Gegner** des Antragstellers ist stets zu hören, bevor dem Antrag auch nur teilweise entsprochen wird (§ 11 Abs. 2 S. 2). Dies gilt auch in der Rechtsmittelinstanz, wenn dem Rechtsmittel ganz oder teilweise stattgegeben werden soll.[41] Bei der Anhörung im Ausland ist öffentliche Zustellung unter den Voraussetzungen des § 185 ZPO zulässig;[42] keinesfalls darf die Anhörung im Ausland unterbleiben.[43] Jedoch kann „Einschreiben gegen Rückschein" ausreichen,[44] wird aber von dem ausländischen Staat oft als Eingriff in seine Hoheitsrechte angesehen; daher ist der für internationale Rechtshilfe vorgesehene Weg zu empfehlen. Gegner kann auch eine Nichtprozesspartei sein, wenn sie Auftraggeber war.[45]

27 **3. Einreden und Einwendungen.** Einreden und Einwendungen hat der Rechtspfleger selbst zu würdigen, soweit sie im Gebührenrecht ihren Grund haben. Haben sie dies nicht, so ist die Festsetzung als unzulässig abzulehnen (§ 11 Abs. 5). Dann ist der Weg für einen ordentlichen Rechtsstreit offen. Nach LG Bonn JurBüro 1975, 1209 soll der Rechtspfleger, falls teils gebührenrechtliche, teils außergebührenrechtliche Einwendungen bestehen, den Antrag als unbegründet zurückweisen, soweit er aus gebührenrechtlichen Gründen keinen Erfolg haben kann, ihn im Übrigen als unzulässig ablehnen; damit wird aber das Verfahren in unerwünschter Weise gespalten. Der Rechtspfleger hat jedoch auch Einwendungen gegen die Zulässigkeit des Festsetzungsverfahrens selbst zu würdigen. Denn die Zulässigkeit des Verfahrens hat er von Amts wegen zu prüfen.

28 Im Gebührenrecht haben Einwendungen oder Einreden ihren Grund, wenn mit ihnen geltend gemacht wird, dass eine Gebühr nach den Vorschriften des RVG und der diesen Vorschriften zugrunde liegenden prozessualen Lage überhaupt nicht[46] oder nicht in der geforderten Höhe entstanden ist, zB, dass statt der geforderten vollen nur eine halbe Gebühr entstanden sei oder dass eine Gebühr auf die andere anzurechnen ist,[47] oder dass die Vergütung nach § 8 nicht fällig ist, oder eine wirksame Prozesskostenhilfebewilligung entgegenstehe; ferner, wenn geltend gemacht wird, dass Auslagen nach Teil 7 des Vergütungsverzeichnisses durch die Gebühren abgegolten werden, oder dass sie nicht in der Höhe entstanden sind, bis zu der sie nach den Vorschriften gefordert werden können, oder dass sonst der Tatbestand, den die Vorschrif-

---

[40] Begr. zur BRAGO S. 238.
[41] BVerfGE 7, 95, 109.
[42] Vgl. *Schumann* MDR 1958, 296; LG Berlin NJW 1959, 1374 noch zu § 203 ZPO aF.
[43] AA LG Bielefeld NJW 1960, 1817.
[44] OLG Frankfurt MDR 1957, 687.
[45] OLG München AnwBl. 1999, 56.
[46] KG Rpfleger 1956, 86; OLG Neustadt MDR 1961, 68.
[47] OLG Celle JurBüro 1968, 888.

Festsetzung der Vergütung **§ 11**

ten für die Forderung von Auslagen vorschreiben, nicht erfüllt ist, zB auch, dass eine Geschäftsreise nicht notwendig war.

Nicht im Gebührenrecht begründet sind alle anderen Einwendungen oder Einreden. **29**
Nicht würdigen dürfen der Rechtspfleger oder das Rechtsmittelgericht[48] Einwendungen oder Einreden, die sich gegen den Grund des Anspruchs richten, zB es läge kein Auftrag vor oder der Auftrag sei überschritten worden,[49] zB es sei nur Auftrag zur Prüfung der Rechtsaussichten und nicht auch zum Abschluss eines Vergleichs erteilt,[50] die Kostenschuld sei befreiend von einem Dritten übernommen worden;[51] die Forderung sei durch Zahlung, Aufrechnung, Erlass usw. getilgt – soweit dies unbestritten ist, sind die getilgten Beträge bei der Festsetzung abzusetzen –, die Forderung sei verwirkt oder verjährt;[52] ferner Einwendungen oder Einreden, die aus einer behaupteten besonderen Gestaltung des Geschäftsbesorgungsvertrages hergeleitet werden, zB es sei eine höhere oder eine geringere als die gesetzliche Vergütung vereinbart,[53] zB ein Erfolgshonorar,[54] die Vergütung sei gestundet (Rn. 10) usw. Überhaupt alle auf das Mandatsverhältnis als solches bezogenen Einwendungen, dazu gehört auch die Behauptung, der Anwalt habe unberechtigt gekündigt[55] oder er habe über die entstehenden Kosten falsch belehrt.[56] Handgreiflich unrichtige oder offensichtlich frei aus der Luft gegriffene Behauptungen können dabei unbeachtet bleiben;[57] doch ist dabei die größte Zurückhaltung geboten.[58] Im Übrigen müssen auch nichtgebührenrechtliche Einwendungen, um beachtlich zu sein, genügend konkretisiert werden.[59] Anders als bei dem Erlass eines Mahnbescheids (§ 691 Abs. 1 ZPO) hindern nichtgebührenrechtliche Einwendungen oder Einreden die Festsetzung nur, „soweit" dadurch, ihre Richtigkeit unterstellt, der Vergütungsanspruch überhaupt oder zur Zeit unbegründet sein würde. Der – zweifelsfrei – unstreitige Teil des Vergütungsanspruchs kann durch den Rechtspfleger festgesetzt werden,[60] doch muss in dem Festsetzungsbeschluss die Ablehnung der Festsetzung im Übrigen ausdrücklich ausgesprochen werden.

4. Aussetzung, Unterbrechung. a) Prüfung des Gegenstandswertes. Gebunden **30**
ist der Rechtspfleger an eine Wertfestsetzung nach § 33 (vgl. dort Rn. 37). Eine Wertfestsetzung für die Gerichtsgebühren (§ 32) hat er darauf zu überprüfen, ob und inwieweit sie für die Gebühren des Rechtsanwalts maßgebend ist (vgl. § 32 Rn. 5 ff., 14). Im Übrigen hat der Rechtspfleger den von dem Rechtsanwalt angegebenen Gegenstandswert frei zu würdigen. Er kann im Rahmen der ihm obliegenden gebührenrechtlichen Schlüssigkeitsprüfung (Rn. 27) die Gebühren nach einem geringeren als dem angegebenen Wert festsetzen und den Festsetzungsantrag im Übrigen abweisen.

---

48 OLG Neustadt Rpfleger 1950, 575; OLG Celle Rpfleger 1969, 25.
49 OLG Stuttgart NJW 1956, 997; KG Rpfleger 1969, 100.
50 OLG Hamm JurBüro 1959, 473.
51 OLG Düsseldorf Rpfleger 1994, 82.
52 OLG Hamm MDR 1966, 771; OLG Köln JurBüro 1970, 151; OLG Frankfurt JurBüro 1981, 1517.
53 KG Rpfleger 1956, 86; OLG Hamm JurBüro 1961, 450.
54 OLG Hamm JurBüro 1963, 777.
55 OLG Köln JurBüro 1986, 1666
56 OLG Koblenz JurBüro 1986, 1661.
57 OLG Koblenz JurBüro 2004, 592.
58 OLG Hamm JurBüro 1976, 1649.
59 OLG Celle NdsRpfl. 1963, 253; LG München I AnwBl. 1969, 28.
60 OLG Frankfurt MDR 1955, 685; KG AnwBl. 1982, 375.

§ 11

31 **b) Notwendige Aussetzung (Abs. 2).** An der freien Würdigung des Gegenstandswertes (Rn. 30) ist der Rechtspfleger gehindert, wenn „ein Beteiligter" den von dem Rechtsanwalt angegebenen Wert bestreitet. Es genügt, wenn nur einer von mehreren in Anspruch genommenen Auftraggebern bestreitet. In diesem Fall hat der Rechtspfleger – im Erinnerungs- oder Beschwerdeverfahren das Gericht – das Festsetzungsverfahren auszusetzen, bis der Wert von dem Gericht in dem Verfahren nach § 32 oder § 33 festgesetzt worden ist. Voraussetzung dafür ist aber, dass die Höhe einer Gebühr von dem **streitigen Wert** abhängt. Das ist zB nicht der Fall, wenn die Gebühren aus einem Rahmen zu entnehmen sind (hier ist als unzulässig abzuweisen – vgl. Rn. 13 –) oder wenn der Tatbestand der Gebühr, für die der Gegenstandswert streitig ist, nicht erfüllt ist (hier ist als unbegründet abzuweisen). Auszusetzen ist nur, soweit die beantragte Festsetzung der Vergütung von dem streitigen Gegenstandswert abhängt. Soweit das nicht der Fall ist, wird über den Festsetzungsantrag entschieden; die Entscheidung im Übrigen wird dabei vorbehalten. Dass dem Gesetz eine nur teilweise Festsetzung nicht fremd ist, lässt sich dem § 11 Abs. 5 entnehmen („soweit" vgl. Rn. 29). Die Aussetzung steht nicht im Ermessen des Rechtspflegers (oder des Erinnerungs- oder Beschwerdegerichts); sie muss erfolgen, wenn die Voraussetzungen dafür vorliegen.[61] Gegen die Anordnung und die Ablehnung der Aussetzung ist die sofortige Beschwerde gegeben (§ 252 ZPO). Wird die Ablehnung der Aussetzung in dem Festsetzungsbeschluss selbst ausgesprochen, so kann sie nur durch Anfechtung des Festsetzungsbeschlusses (§ 104 Abs. 3 ZPO) angegriffen werden.[62] Die Anordnung der Aussetzung kann von dem Rechtspfleger nur im Einverständnis mit dem Beteiligten, der die Aussetzung beantragt hat, aufgehoben werden. § 150 ZPO trifft nicht zu, weil es sich hier um eine notwendige Aussetzung handelt. Auch § 155 ZPO ist nicht entsprechend anzuwenden; denn es steht sowohl dem Rechtsanwalt als auch dem Auftraggeber frei, die Verfahren nach den §§ 32, 33 zu betreiben. Die Wiederaufnahme des ausgesetzten Verfahrens erfolgt durch einen Beteiligten (§ 250 ZPO), also nicht von Amts wegen.

32 **c) Sonstige Fälle der Aussetzung, Unterbrechung.** Die Befugnis des Rechtspflegers, nach seinem Ermessen auszusetzen, wenn ein Wertfestsetzungsverfahren bei Gericht bereits anhängig ist (§ 148 ZPO), wird durch § 11 Abs. 2 nicht berührt. Auch die Vorschriften der §§ 239 ff. ZPO über die Unterbrechung und Aussetzung gelten in dem Festsetzungsverfahren entsprechend, und zwar ohne Rücksicht auf das Schicksal des Hauptprozesses (über die Rechtslage in dem Verfahren nach §§ 103 ff. ZPO vgl. Willenbücher S. 254).

33 **5. Beweismittel.** Erforderlich und ausreichend ist die Glaubhaftmachung (§ 104 Abs. 2 S. 1 ZPO). Danach sind alle präsenten Beweismittel, einschließlich der Versicherung an Eides statt, zugelassen (§ 294 ZPO).

34 Nach § 104 Abs. 2 S. 2 ZPO genügt die Versicherung des Rechtsanwalts, dass die geforderten Auslagen an Post-, Telegraphen- und Fernsprechgebühren entstanden sind. Diese Vorschrift beruht darauf, dass ein Kostenfestsetzungsbeschluss nach den Vorstellungen, die den §§ 103 ff. ZPO zugrunde liegen, in der Regel ohne Anhörung des Gegners ergeht, was allerdings heute nicht mehr unangefochten ist. Daher ist für alle Ansätze, ohne Rücksicht darauf, ob der Gegner bestreitet, die Glaubhaftmachung erforderlich, soweit sich der Rechtsanwalt nicht damit begnügt, den Pauschbetrag

---

[61] VG Hannover NJW 1962, 884.
[62] Vgl. RGZ 36, 403.

Festsetzung der Vergütung § 11

(Nr. 7002 VV) zu fordern. Die Glaubhaftmachung wird für die genannten Auslagen durch § 104 Abs. 2 S. 2 ZPO erleichtert. Im Verfahren nach § 11 wird der Gegner jedoch stets gehört. Daher gewinnt hier die Vorschrift des § 104 Abs. 2 S. 2 ZPO einen anderen Sinn. Mit seiner Versicherung genügt der Rechtsanwalt zwar seiner Pflicht, den Antrag substantiiert zu begründen. Gegenüber dem substantiierten Bestreiten des Gegners ist jedoch die Glaubhaftmachung nötig, für die seine bloße Versicherung – außerhalb einer verantwortlichen uneidlichen Vernehmung – nicht genügt (vgl. § 10 Rn. 11). Die Versicherung bezieht sich wesensnotwendig nur auf den Anfall der Auslagen, nicht auch auf deren Notwendigkeit; wird diese bestritten, sind andere Beweismittel erforderlich.

6. Die Entscheidung. a) Beschluss. Sie ergeht in der Form des Beschlusses (§ 11 Abs. 2 S. 4 RVG; § 104 ZPO). Dieser kann lauten auf Festsetzung eines bestimmten Betrags der Vergütung oder auf völlige oder teilweise Zurückweisung des Festsetzungsantrags als unbegründet oder als unzulässig. Letztere erfolgt auch in den Fällen des § 11 Abs. 5 (Rn. 29). 35

b) Zustellung. Der Beschluss ist zuzustellen 36
– dem Antragsteller, wenn der Antrag ganz oder teilweise zurückgewiesen wird;
– dem Antragsgegner, wenn dem Antrag ganz oder teilweise entsprochen wird; die Kostenrechnung braucht nicht beigefügt zu werden; sie ist schon bei der Anhörung des Gegners mitzuteilen.
Im Übrigen genügt die formlose Mitteilung des Beschlusses (§ 104 Abs. 1 S. 3, 4 ZPO). Hat ein Beteiligter für das Verfahren nach § 11 einen Bevollmächtigten bestellt, so ist an diesen zuzustellen.[63]

7. Kosten. Über die Kosten des Festsetzungsverfahrens ist von Amts wegen zu entscheiden (§ 308 Abs. 2 ZPO).[64] 37

a) Gerichtskosten. Das Verfahren erster Instanz ist gebührenfrei (§ 11 Abs. 2); jedoch werden Auslagen nach Teil 9 des Kostenverzeichnisses (Anlage 1 zum GKG) erhoben. Der Rechtsanwalt ist Kostenschuldner nach § 22 GKG, wenn er das Verfahren nach § 11 betreibt.[65] Für Beschwerden werden bei Erfolglosigkeit Gebühren und Auslagen nach Maßgabe des GKG erhoben.[66] 37a

b) Kostenerstattung. Eine solche findet nicht statt, und zwar in erster und zweiter Instanz. Ausgenommen sind nur die Zustellungskosten für den Beschluss, die der Anwalt zu zahlen hat und die zu seinen Gunsten bei der Festsetzung mit angesetzt werden. 38

8. Rechtsmittel. a) Erinnerung. Gegen die Entscheidung des Rechtspflegers/Urkundsbeamten ist ein befristetes Rechtsmittel nach Maßgabe der in den jeweiligen Gerichtsbarkeiten bei der Kostenfestsetzung vorgesehenen Bestimmungen gegeben. 39

Die **Rechtsmittelfrist** beträgt zwei Wochen (in der Sozialgerichtsbarkeit einen Monat, § 197 Abs. 2 SGG). Sie ist eine Notfrist und beginnt mit der Zustellung der anzufechtenden Entscheidung, gegebenenfalls für jeden Beteiligten gesondert. Einer 40

---

63 KG AnwBl. 1968, 354.
64 Vgl. LG Berlin Rpfleger 1973, 105.
65 LG Hildesheim NdsRpfl. 1966, 143 zu § 49 GKG aF.
66 Anders gegen die allgemeine Meinung (vgl. OLG Frankfurt AnwBl. 1980, 514) OLG Koblenz JurBüro 1980, 70.

Fraunholz

§ 11

Rechtsmittelbelehrung bedarf es nicht. Anwaltszwang besteht nicht. Auch ein Beschwerdewert muss nicht erreicht werden.

41 b) **Sofortige Beschwerde.** Der **Wert** spielt allerdings insofern eine Rolle, als unter der Geltung des Rechtspflegergesetzes (also in der ordentlichen und Arbeitsgerichtsbarkeit) nach § 11 RPflG je nach dem Beschwerdewert unterschiedliche Rechtsmittel stattfinden. Wird der Beschwerdewert erreicht (200 Euro gemäß § 567 Abs. 2 ZPO nF), so ist die sofortige Beschwerde an das nächsthöhere Gericht gegeben, wobei dem Rechtspfleger gemäß § 572 Abs. 1 ZPO nF eine Abhilfebefugnis zusteht.[67] Ist der Beschwerdewert nicht erreicht, so ist die befristete **Erinnerung** an den Richter desselben Gerichts gegeben. Auch hier hat der Rechtspfleger eine Abhilfebefugnis. Dies gilt ebenso, wenn die an sich statthafte Beschwerde an einen der obersten Gerichtshöfe gelangen würde. Soweit nicht der Rechtspfleger, sondern der Urkundsbeamte zu entscheiden hat, gilt ebenfalls § 572 ZPO. Eine weitere Beschwerde gibt es nicht; unter den Voraussetzungen der §§ 574 ff. ZPO nF ist eine Rechtsbeschwerde möglich.

42 Die früher (vor der ZPO-Reform 2001) streitige Frage, ob eine **Anschlussbeschwerde** statthaft ist, ist für das Verfahren nach § 11 zu bejahen (vgl. § 567 Abs. 3 ZPO nF). Das Verfahren verfolgt den Zweck, einen ordentlichen Rechtsstreit zu ersparen, und ist, weil es einen solchen ersetzt, als ein selbständiges Streitverfahren ausgebildet. Die Beschwerde gegen die Endentscheidung hat in diesem Verfahren den Charakter einer Berufung. Die sog. unselbständige Anschlussbeschwerde erfordert nicht die Wahrung der Beschwerdefrist und weder die Erreichung der Beschwerdesumme noch überhaupt eine Beschwer.

43 Mit der Beschwerde (auch mit der Anschlussbeschwerde) können neue Tatsachen und Beweise vorgebracht werden (§ 571 Abs. 2 ZPO). Auch nichtgebührenrechtliche Einwendungen können erstmals oder neu erhoben werden.[68] Der Antrag kann auch erweitert werden, jedoch, wie bei einer Berufung,[69] nur nach Maßgabe des § 264 ZPO,[70] also nur, wenn der Gegner einwilligt oder das Gericht es für sachdienlich erachtet.

44 Das Beschwerdegericht darf die Entscheidung nur insoweit überprüfen, als sie angefochten ist; das für den Antrag Gesagte gilt auch hier (Rn. 7). Eine reformatio in peius ist unzulässig, es sei denn, dass es sich um Verstöße handelt, die ohne Rücksicht auf Anträge von Amts wegen zu beachten sind.[71]

45 9. **Rechtskraft. a) Materielle Rechtskraft.** Der Festsetzungsbeschluss (Rn. 35) ist der materiellen Rechtskraft fähig, und zwar hinsichtlich der zuerkannten wie der aberkannten Posten.[72] Diese tritt ein, soweit die Festsetzungsentscheidung nicht mehr mit der Erinnerung oder sofortigen Beschwerde angefochten werden kann, sei es wegen Ablaufs der Rechtsmittelfrist, sei es wegen Verzichts auf Rechtsmittel, der entsprechend § 515 ZPO zulässig ist. Posten, die nicht Gegenstand des Verfahrens waren, können in einem neuen Verfahren geltend gemacht werden, zB kann nachträglich noch die Verzinsung des Anspruchs gefordert werden.[73]

---

[67] *Gerold/Schmidt/v. Eicken* Rn. 71.
[68] OLG Celle NdsRpfl. 1963, 253, 1969, 30; OLG München BayJMBl. 1951, 201; OLG Neustadt Rpfleger 1950, 575; OLG Hamburg JurBüro 1953, 302.
[69] RGZ 148, 131.
[70] OLG Dresden JW 1939, 648.
[71] OLG Karlsruhe, Sen. Freiburg, Justiz 1969, 66.
[72] OLG München AnwBl. 1970, 136.
[73] OLG Hamm NJW 1970, 1555.

Festsetzung der Vergütung **§ 11**

b) Änderung der Wertfestsetzung. Die Rechtskraft des Festsetzungsbeschlusses **46** steht seiner Änderung nicht entgegen, soweit der Gegenstandswert, der der Festsetzung zugrunde liegt, durch eine gerichtliche Entscheidung nach § 33 anders festgesetzt wird oder soweit nach einer gerichtlichen Entscheidung aufgrund des § 32 ein anderer als der der Festsetzung zugrunde gelegte Wert für die Gebühren des Rechtsanwalts maßgebend wird.

Die Änderung des Festsetzungsbeschlusses erfolgt nur auf Antrag. Dass bereits Verjährung eingetreten sein kann (vgl. § 8), ist nicht von Amts wegen zu beachten. Der Antrag ist innerhalb eines Monats nach Zustellung oder Verkündung des Wertfestsetzungsbeschlusses bei der Geschäftsstelle des Gerichts des ersten Rechtszugs (Rn. 25) anzubringen. Diese Frist wird nicht dadurch aufgeschoben, dass gegen die Wertfestsetzung Beschwerde eingelegt wird oder Gegenvorstellungen erhoben werden.[74] Das Verfahren bestimmt sich nach den Vorschriften über das Festsetzungsverfahren; dies gilt insbesondere für die Zuständigkeit des Rechtspflegers, das rechtliche Gehör und die Rechtsmittel. **47**

Erfolgt die Wertfestsetzung vor dem Eintritt der Rechtskraft des Festsetzungsbeschlusses, so kann die Änderung dieses Beschlusses wahlweise nach § 107 ZPO oder mit den Rechtsbehelfen betrieben werden, die gegen den Festsetzungsbeschluss gegeben sind. **48**

Über die Fortsetzung eines Verfahrens, das wegen Vorgreiflichkeit der Wertfestsetzung ausgesetzt worden ist, vgl. Rn. 31. **49**

10. Zwangsvollstreckung. a) Vollstreckbarkeit. Der Festsetzungsbeschluss ist ein **50 Vollstreckungstitel** (§ 794 Abs. 1 Nr. 2 ZPO). Vollstreckungsklausel ist stets erforderlich (§ 724 ZPO; die Vorschrift des § 795 a ZPO trifft bei einem Beschluss nach § 11 nicht zu). Die Zwangsvollstreckung ist erst vom 15. Tag nach der Zustellung (§ 798 ZPO) und, wenn dieser ein Sonntag, Sonnabend oder allgemeiner Feiertag ist, von dem darauffolgenden Werktag ab zulässig.[75] Die Rechtskraft des Festsetzungsbeschlusses braucht nicht abgewartet zu werden. Das Erinnerungsgericht und das Beschwerdegericht können jedoch die Vollstreckung aussetzen (§ 104 Abs. 3 S. 4, § 570 ZPO).

b) Vollstreckungsgegenklage. Einwendungen, die den in dem Festsetzungsbeschluss festgestellten Anspruch selbst betreffen, können nach der Rechtskraft des Festsetzungsbeschlusses im Wege der Vollstreckungsgegenklage geltend gemacht werden (§ 767 Abs. 1 ZPO). Sie sind jedoch gemäß § 767 Abs. 2 ZPO nur zulässig, soweit die Gründe, auf denen sie beruhen, nach der Beendigung des Festsetzungsverfahrens entstanden sind, und zwar, wenn Erinnerung oder Beschwerde eingelegt worden ist, nach der Beendigung des Erinnerungs- oder des Beschwerdeverfahrens. Ist der Grund der Einwendung während der Erinnerungs- oder der Beschwerdefrist entstanden, so muss die Einwendung in dem Erinnerungs- oder Beschwerdeverfahren erhoben werden, wenn überhaupt Erinnerung oder Beschwerde eingelegt worden ist. Jedoch müssen diese Rechtsbehelfe nicht etwa deshalb ergriffen werden, um eine nach dem Festsetzungsbeschluss oder der Erinnerungsentscheidung entstandene Einwendung rechtzeitig anzubringen; vielmehr kann in solchen Fällen wahlweise von diesen Rechtsbehelfen oder von der Vollstreckungsgegenklage Gebrauch gemacht werden.[76] **51**

---

[74] KG DR 1939, 1923.
[75] RGZ 83, 838.
[76] AA *Willenbücher* S. 352.

§ 11   *Abschnitt 1. Allgemeine Vorschriften*

Die Beschränkung nach § 767 Abs. 2 ZPO gilt für gebührenrechtliche und nichtgebührenrechtliche Einwendungen.[77] Denn nach dem Zweck des § 11 soll dieses Verfahren eine nicht nur vorläufige, sondern eine endgültige Entscheidung über die Vergütung des Rechtsanwalts herbeiführen. Geltend gemacht wird mit dem Antrag nach § 11 der Anspruch als solcher[78] und nicht nur die gebührenrechtliche Seite des Anspruchs. Anders als im Kostenfestsetzungsverfahren nach den §§ 103 ff. ZPO kann nämlich der Auftraggeber eine Entscheidung verhindern, indem er nichtgebührenrechtliche Einwendungen in dem Verfahren erhebt (Rn. 29). Tut er dies nicht, dann wird durch den Festsetzungsbeschluss, der feststellt, dass der Auftraggeber die festgesetzte Vergütung schuldet, inzidenter auch festgestellt, dass nichtgebührenrechtliche Einwendungen nicht bestehen.[79]

52   Nach § 767 Abs. 1 ZPO ist ausschließlich (§ 802 ZPO) zuständig, „das Prozessgericht des ersten Rechtszugs". Diese Vorschrift verfolgt den Zweck, die Einwendungen, die im Wesentlichen von materieller Bedeutung sind und mit dem vorangegangenen Rechtsstreit in engem Zusammenhang stehen, vor dasselbe Gericht zu bringen, das den früheren Prozess erstinstanzlich entschieden hat.[80] Dieser Zweck mag in dem Kostenfestsetzungsverfahren nach den §§ 103 ff. ZPO noch einigermaßen zutreffen,[81] da in diesem Verfahren über die Höhe von Erstattungsansprüchen entschieden wird, über die dem Grunde nach in dem früheren Prozess entschieden worden ist. In dem Festsetzungsverfahren nach § 11 trifft dieser Zweck jedoch nicht zu. Die Vergütungsansprüche des Rechtsanwalts sind zwar durch eine Tätigkeit in einem früheren Prozess entstanden, aber entschieden worden ist über diese Ansprüche in dem früheren Prozess nicht. Die sinngemäße Anwendung des § 767 Abs. 1 ZPO, die sowohl im § 795 ZPO als auch im § 11 Abs. 2 vorgeschrieben ist, kann daher nur an den Zweck des im § 11 geregelten Festsetzungsverfahrens anknüpfen, durch ein vereinfachtes Verfahren einen ordentlichen Rechtsstreit zu ersparen, d. h. zu ersetzen (Rn. 2). Kommt es trotzdem zu einem Rechtsstreit, zB weil nichtgebührenrechtliche Einwendungen erhoben werden (Rn. 29) oder weil eine Vollstreckungsgegenklage erhoben wird, so ist der Zweck des § 11 nicht erreicht worden und der Grund, aus dem einem Gerichtsorgan, das nicht zu der ordentlichen streitigen Gerichtsbarkeit gehört, die Entscheidung eines privatrechtlichen Anspruchs übertragen worden ist, entfallen.

53   Daher kann unter dem „Prozessgericht des ersten Rechtszugs" nur ein ordentliches Gericht verstanden werden, das – ohne die Vorschrift des § 11 – für eine in dem Streitverfahren nach der ZPO ergehende Entscheidung über den privatrechtlichen Vergütungsanspruch des Rechtsanwalts überhaupt – abstrakt – zuständig sein kann. Es scheiden daher nicht nur Verfassungs-, Verwaltungs- und Finanzgerichte, sondern auch Gerichte der freiwilligen Gerichtsbarkeit – auch der sog. streitigen – und Arbeitsgerichte[82] aus.[83]

---

[77] OLG Hamburg MDR 1957, 367; JZ 1959, 446; OLG Hamm NJW 1956, 1763; OLG München MDR 1957, 176; BayVGH BayVerwBl. 1962, 61; *Gerold/Schmidt/v. Eicken* Rn. 92; *Willenbücher* S. 351; aA OLG Celle NdsRpfl. 1952, 28; OLG Nürnberg MDR 1957, 367; *Pohlmann* NJW 1957, 107.
[78] BGHZ 21, 199.
[79] AA *Tschischgale* MDR 1962, 863.
[80] *Hahn,* Materialien, 2. Aufl., S. 437.
[81] Vgl. BGHZ 21, 18.
[82] Vgl. LG Berlin JW 1930, 211; 1931, 2528.
[83] *Gerold/Schmidt/v. Eicken* Rn. 98; aA OVG Münster NJW 1986, 2484; BayVGH BayVerwBl. 1962, 61 – bei Tätigkeit im Verwaltungsprozess sei das Verwaltungsgericht erster Instanz zuständig.

Festsetzung der Vergütung **§ 11**

Innerhalb der streitigen Zivilgerichtsbarkeit ist für die Vollstreckungsgegenklage 54
gegen den Festsetzungsbeschluss zuständig:
- sachlich und örtlich das Gericht, dessen Rechtspfleger den Festsetzungsbeschluss erlassen hat;
- wenn der Festsetzungsbeschluss nicht von einem Rechtspfleger eines Gerichts der streitigen Zivilgerichtsbarkeit erlassen worden ist, örtlich das ordentliche Zivilgericht des allgemeinen Gerichtsstands des Schuldners (§§ 13 ff. ZPO), hilfsweise des Gerichtsstands des Vermögens des Schuldners (§ 23 ZPO), und zwar entsprechend § 797 Abs. 5 ZPO.

11. Wiederaufnahme des Verfahrens. Eine sofortige Beschwerde, die noch nicht 55
eingelegt worden ist, kann auch noch nach Ablauf der Beschwerdefrist eingelegt werden, wenn die Erfordernisse einer Nichtigkeits- oder Restitutionsklage vorliegen, und zwar bis zum Ablauf der für diese Klagen nach § 586 ZPO geltenden Notfristen (§ 569 Abs. 1 S. 3 ZPO). Ist die sofortige Beschwerde innerhalb der Beschwerdefrist eingelegt und ist die Beschwerde zurückgewiesen worden, so ist die Wiederaufnahme des Verfahrens entsprechend den §§ 578 ff. ZPO zulässig.

IV. Klage und Mahnverfahren

1. Rechtsschutzbedürfnis. Da grundsätzlich ein Rechtsschutzbedürfnis fehlt, wenn 56
der Anspruch auf einem einfacheren Weg geltend gemacht werden kann, schließt die Möglichkeit, das Verfahren nach § 11 zu betreiben, sowohl einen ordentlichen Rechtsstreit über die Vergütung des Rechtsanwalts als auch ein Mahnverfahren aus; dies ergibt auch der Umkehrschluss aus § 11 Abs. 5.[84] Das Rechtsschutzbedürfnis muss aber nicht besonders dargelegt werden; daher darf ein Mahnantrag nicht schon abgelehnt werden, weil sich aus ihm nicht ergibt, dass der Schuldner andere als gebührenrechtliche Einwendungen erhebt.[85] Soweit jedoch Einwendungen oder Einreden erhoben werden, die nicht im Gebührenrecht ihren Grund haben (Rn. 29), wird ein bereits anhängiges Festsetzungsverfahren unzulässig, und der Weg für einen ordentlichen Rechtsstreit wird frei. Hat der Auftraggeber bereits dem Rechtsanwalt gegenüber derartige Einwendungen oder Einreden erhoben, so ist, soweit diese Einwendungen oder Einreden reichen, das Rechtsschutzinteresse für eine Klage oder für ein Mahnverfahren von vornherein gegeben. Es ist nicht notwendig, zunächst das Festsetzungsverfahren zu beantragen und abzuwarten, ob die Einwendungen oder Einreden auch in diesem Verfahren vorgebracht werden. Die Vorschrift des § 11 Abs. 5 S. 2, die dies bestimmt, darf nicht zu eng ausgelegt werden. Einwendungen oder Einreden sind bereits dann als „erhoben" anzusehen, wenn sie aus dem bisherigen tatsächlichen Verhalten des Auftraggebers dem Rechtsanwalt bekannt geworden sind und daraus zu erwarten ist, dass der Auftraggeber auch gegenüber dem Festsetzungsantrag nichtgebührenrechtliche Einwendungen oder Einreden vorbringen wird, so dass es überflüssig wäre, den Weg des § 11 einzuschlagen. Hat der Rechtspfleger die Festsetzung abgelehnt, weil eine nichtgebührenrechtliche Einwendung erhoben worden ist, so ist der ordentliche Rechtsweg auch dann frei, wenn die Auffassung des Rechtspflegers falsch ist; es muss nicht erst im Rechtsmittelweg versucht werden, eine Änderung des Beschlusses zu erreichen.[86]

---
[84] BGHZ 21, 199.
[85] BGH NJW 1981, 875.
[86] *Gerold/Schmidt/v. Eicken* Rn. 7; aA *Rabeneick* DVBl. 1969, 614.

§ 12 Abschnitt 1. Allgemeine Vorschriften

57 **2. Zuständigkeit.** Für die Klage und für das Mahnverfahren sind die Gerichte der ordentlichen Zivilgerichtsbarkeit zuständig. Dies gilt auch dann, wenn der Rechtsanwalt die Vergütung durch seine Tätigkeit vor anderen Gerichten verdient hat. Denn der Anspruch des Rechtsanwalts gegen den Auftraggeber ist privatrechtlicher Natur und gehört daher nach § 13 GVG mangels anderweitiger Vorschriften vor die ordentlichen Gerichte.

58 **Gerichtsstand** des Erfüllungsorts ist regelmäßig der Sitz der Anwaltskanzlei (über Auslandssachen vgl. § 1 Rn. 78). Für Klagen von Prozessbevollmächtigten wegen ihrer gesetzlichen oder vereinbarten Gebühren und Auslagen gibt § 34 ZPO einen besonderen Wahlgerichtsstand (§ 35 ZPO). Danach ist sachlich und örtlich das Gericht des Hauptprozesses zuständig. Dies ist das Gericht der ordentlichen Zivilgerichtsbarkeit, das mit dem Prozess, in dem die Vergütung des Rechtsanwalts entstanden ist, in erster Instanz befasst war, nicht notwendig dieselbe Abteilung oder Kammer des Gerichts; in Familiensachen die Zivilprozessabteilung des Amtsgerichts. Dabei ist unter Hauptprozess jedes Verfahren vor Gerichten der ordentlichen Zivilgerichtsbarkeit, zB auch ein Insolvenz- oder und ein Zwangsversteigerungsverfahren, zu verstehen. Ist der Hauptprozess ein Verfahren der freiwilligen Gerichtsbarkeit, eine Strafsache, ein Verfahren vor Arbeitsgerichten oder vor anderen als ordentlichen Gerichten, so trifft § 34 ZPO nicht zu. Der Begriff des Prozessbevollmächtigten ist im § 34 ZPO – anders als Rn. 15 – weit auszulegen. Auch der nur für einzelne Verfahrenshandlungen bevollmächtigte Rechtsanwalt gehört hierher; ferner auch der Verkehrsanwalt[87] und der Unterbevollmächtigte.

V. Auswirkung auf die Verjährung

59 Der Antrag auf Festsetzung der Vergütung führt ebenso wie die Erhebung einer Klage zu einer **Hemmung** der Verjährung (Abs. 7). Sie beginnt „durch den Antrag", d. h. durch die Anbringung des Antrags und nicht erst mit der Zustellung oder Mitteilung des Antrags an den Gegner. Durch den Antrag wird die Verjährung auch gehemmt, wenn der Auftraggeber dem Rechtsanwalt gegenüber nichtgebührenrechtliche Einwendungen oder Einreden erhoben hatte.[88] Durch solche Einwendungen oder Einreden wird zwar das Rechtsschutzinteresse für eine Klage begründet (Rn. 61). Aber das Festsetzungsverfahren wird nicht schon dadurch unzulässig, dass solche Einwendungen oder Einreden außerhalb des Verfahrens erhoben worden sind, sondern erst dann, wenn sie in dem Verfahren selbst vorgebracht werden (Rn. 29). Die Hemmung endet gemäß § 204 Abs. 2 BGB sechs Monate, nachdem der Festsetzungsbeschluss (Rn. 35) rechtskräftig geworden oder das Festsetzungsverfahren anderweitig erledigt worden ist. Zur Verjährung im Übrigen vgl. § 8 Rn. 19 und § 10 Rn. 6.

§ 12 Anwendung von Vorschriften für die Prozesskostenhilfe

¹Die Vorschriften dieses Gesetzes für im Wege der Prozesskostenhilfe beigeordnete Rechtsanwälte und für Verfahren über die Prozesskostenhilfe sind in den Fällen des § 11 a des Arbeitsgerichtsgesetzes und des § 4 a der Insolvenzordnung entsprechend anzuwenden. ²Der Bewilligung von Prozesskostenhilfe steht die Stundung nach § 4 a der Insolvenzordnung gleich.

---

[87] RGZ 58, 110. Über Einzelheiten vgl. *Wieczorek* § 34 ZPO.
[88] BGHZ 21, 199.

Abhilfe bei Verletzung des Anspruchs auf rechtliches Gehör § 12 a

Die Vorschrift dient der Einsparung von Einzelverweisungen. Sie passt aber systematisch nicht an diese Stelle. Niemand würde sie zwischen Vergütungsfestsetzung und Gebührenhöhe suchen. Die Vorschrift findet in der BRAGO keine Entsprechung. Der Text des (mehrfach geänderten) § 11 a ArbGG lautet: 1

§ 11 a ArbGG Beiordnung eines Rechtsanwalts, Prozeßkostenhilfe 2
(1) ¹Einer Partei, die außerstande ist, ohne Beeinträchtigung des für sie und ihre Familie notwendigen Unterhalts die Kosten des Prozesses zu bestreiten, und die nicht durch ein Mitglied oder einen Angestellten einer Gewerkschaft oder einer Vereinigung von Arbeitgebern vertreten werden kann, hat der Vorsitzende des Arbeitsgerichts auf ihren Antrag einen Rechtsanwalt beizuordnen, wenn die Gegenpartei durch einen Rechtsanwalt vertreten ist. ²Die Partei ist auf ihr Antragsrecht hinzuweisen.
(2) Die Beiordnung kann unterbleiben, wenn sie aus besonderen Gründen nicht erforderlich ist, oder wenn die Rechtsverfolgung offensichtlich mutwillig ist.
(2a) Die Absätze 1 und 2 gelten auch für die grenzüberschreitende Prozesskostenhilfe innerhalb der Europäischen Union nach der Richtlinie 2003/8/EG des Rates vom 27. Januar 2003 zur Verbesserung des Zugangs zum Recht bei Streitsachen mit grenzüberschreitendem Bezug durch Festlegung gemeinsamer Mindestvorschriften für die Prozeßkostenhilfe in derartigen Streitsachen (ABl. EG Nr. L 26 S. 41, ABl. EU Nr. L 32 S. 15).
(3) Die Vorschriften der Zivilprozeßordnung über die Prozeßkostenhilfe und über die grenzüberschreitende Prozeßkostenhilfe innerhalb der Europäischen Union nach der Richtlinie 2003/8/EG gelten in Verfahren vor den Gerichten für Arbeitssachen entsprechend.
(4) Das Bundesministerium für Wirtschaft und Arbeit wird ermächtigt, zur Vereinfachung und Vereinheitlichung des Verfahrens durch Rechtsverordnung mit Zustimmung des Bundesrates Vordrucke für die Erklärung der Partei über ihre persönlichen und wirtschaftlichen Verhältnisse (§ 117 Abs. 2 der Zivilprozeßordnung) einzuführen.

§ 12 a Abhilfe bei Verletzung des Anspruchs auf rechtliches Gehör

(1) **Auf die Rüge eines durch die Entscheidung nach diesem Gesetz beschwerten Beteiligten ist das Verfahren fortzuführen, wenn**
1. **ein Rechtsmittel oder ein anderer Rechtsbehelf gegen die Entscheidung nicht gegeben ist und**
2. **das Gericht den Anspruch dieses Beteiligten auf rechtliches Gehör in entscheidungserheblicher Weise verletzt hat.**
(2) ¹Die Rüge ist innerhalb von zwei Wochen nach Kenntnis von der Verletzung des rechtlichen Gehörs zu erheben; der Zeitpunkt der Kenntniserlangung ist glaubhaft zu machen. ²Nach Ablauf eines Jahres seit Bekanntmachung der angegriffenen Entscheidung kann die Rüge nicht mehr erhoben werden. ³Formlos mitgeteilte Entscheidungen gelten mit dem dritten Tage nach Aufgabe zur Post als bekannt gemacht. ⁴Die Rüge ist bei dem Gericht zu erheben, dessen Entscheidung angegriffen wird; § 33 Abs. 7 Satz 1 gilt entsprechend. ⁵Die Rüge muss die angegriffene Entscheidung bezeichnen und das Vorliegen der in Absatz 1 Nr. 2 genannten Voraussetzungen darlegen.
(3) **Den übrigen Beteiligten ist, soweit erforderlich, Gelegenheit zur Stellungnahme zu geben.**
(4) ¹Das Gericht hat von Amts wegen zu prüfen, ob die Rüge an sich statthaft und ob sie in der gesetzlichen Form und Frist erhoben ist. ²Mangelt es an einem dieser Erfordernisse, so ist die Rüge als unzulässig zu verwerfen. ³Ist die Rüge

§ 12 a

unbegründet, weist das Gericht sie zurück. ⁴Die Entscheidung ergeht durch unanfechtbaren Beschluss. ⁵Der Beschluss soll kurz begründet werden.

(5) Ist die Rüge begründet, so hilft ihr das Gericht ab, indem es das Verfahren fortführt, soweit dies aufgrund der Rüge geboten ist.

(6) Kosten werden nicht erstattet.

1 1. Entstehungsgeschichte, Normzweck. § 12 a wurde durch das Gesetz über die Rechtsbehelfe bei Verletzung des Anspruchs auf rechtliches Gehör (**Anhörungsrügengesetz**) vom 9. 12. 2004 (BGBl. I S. 3220) in das RVG eingefügt. Es trat am 1. 1. 2005 in Kraft.

2 Die Vorschrift dient der Umsetzung von Vorgaben, die das **Bundesverfassungsgericht** in seinem Beschluss vom 30. 4. 2003[1] dem Gesetzgeber auferlegt hat. Sie ergänzt § 321 a ZPO, der nunmehr nicht nur auf Urteile, sondern schlechthin auf Entscheidungen anwendbar ist, allerdings nur auf Endentscheidungen.

3 2. Anwendungsbereich. § 12 a bezieht sich nicht auf Entscheidungen innerhalb des RVG, für die ein eigener Rechtsmittelzug vorgesehen ist, also zB nicht auf die Kostenfestsetzung nach § 11.[2] Denn das dort vorgesehene Verfahren für Rechtsmittel kann auch – und muss ggf. – für Anhörungsrügen verwendet werden.

4 Die Bestimmung soll solche Verfahren und Entscheidungen abdecken, für die andernfalls keine Möglichkeit einer Korrektur bestünde. Dieser vom Bundesverfassungsgericht vorgeschriebene Zweck wird dadurch erreicht, dass in alle Verfahrensordnungen eine dem § 12 a entsprechende, meist wortgleiche Bestimmung eingefügt wird, und damit etwaige Anwendungslücken geschlossen werden. Zugleich wird die wünschenswerte Einschränkung von Verfassungsbeschwerden herbeigeführt.

5 Richtet sich das Verfahren nicht nach § 12 a, so gelten die Bestimmungen der jeweiligen Verfahrensordnungen. Dabei führen § 321 a ZPO und die parallelen Vorschriften der anderen Verfahrensordnungen inhaltlich wieder auf das RVG zurück.

6 3. Voraussetzungen. Für die Anhörungsrüge gelten **Formvorschriften und Fristen**. Erhoben werden kann sie mündlich oder zu Protokoll der Geschäftsstelle. Anwaltszwang besteht nicht.

7 Adressat ist immer das Gericht, dessen Entscheidung gerügt wird (Abs. 2 Satz 4). Auch wenn inhaltlich eine Verletzung eines Grundrechts beanstandet wird, ist nicht ein Verfassungsgericht zuständig.

8 Die **Rügefrist** beträgt gemäß Abs. 2 Satz 1 zwei Wochen. Sie beginnt mit Kenntnis vom Verstoß gegen die Anhörungspflicht; dieser Zeitpunkt ist glaubhaft zu machen. Vielfach wird er mit der Bekanntmachung zusammenfallen, weil die Partei daraus den Verfahrensfehler erkennen kann. Der Zeitpunkt kann schon früher liegen, kaum aber später.

9 Die **Frist endet** spätestens ein Jahr nach der Bekanntmachung der beanstandeten Entscheidung (Abs. 2 Satz 2). Ist die Bekanntmachung formlos erfolgt, also kein Zustellungsdatum ermittelbar, gilt sie mit dem dritten Tag nach Aufgabe zur Post als bewirkt (Abs. 2 Satz 3). Diese Fiktion ist aber nicht auf die Kenntniserlangung unbesehen anwendbar (vgl. Rn. 8).

10 Die behauptete Verletzung des rechtlichen Gehörs ist in der Rüge (Schriftsatz oder Protokoll) **darzulegen** (Abs. 2 Satz 5).

---

[1] BVerfGE 107, 395 = NJW 2003, 1924 m. Anm. *Voßkuhle* S. 2193.
[2] Begr. RegE, BR-Drucks. 663/04 S. 58.

Elektronische Akte, elektronisches Dokument § 12 b

4. Entscheidung des Gerichts. Eine formwidrige oder verfristete Rüge wird als unzulässig verworfen. Deckt die Rüge nicht die behaupteten Fehler, so wird sie als unbegründet zurückgewiesen. Beide Arten der Ablehnung sind unanfechtbar (Abs. 4). 11

Eine begründete Rüge führt zur Fortsetzung des an sich bereits abgeschlossenen Verfahrens in dem Umfang, wie die Rüge das erforderlich macht, und zu einer neuen, nicht unbedingt abweichenden Entscheidung (Abs. 5). 12

5. Kosten. Die anwendbaren Verfahrensordnungen sind auch maßgebend für die Kosten. Das isolierte Verfahren über die Anhörungsrüge (§§ 12 a RVG, 321 a ZPO, 78 a ArbGG, 178 a SGG, 152 a VwGO und weitere parallele Vorschriften) wird bei Erfolglosigkeit mit einer **Gerichtsgebühr** von zurzeit 50 Euro belegt. 13

Anwaltsgebühren entstehen für die isolierte Anhörungsrüge nur dann, wenn der Anwalt bisher nicht tätig war oder eine vorher noch nicht entstandene Einzelgebühr erstmals im Rügeverfahren anfällt. Andernfalls entstehen keine weiteren Gebühren, da sich der Instanzenzug fortsetzt und daher die bisher entstandenen Gebühren die Tätigkeit bis zum Ende der Instanz abgelten. Wird die Anhörungsrüge innerhalb eines „normalen" Verfahrens behandelt, so entstehen natürlich auch keine besonderen Gebühren. Allerdings gilt für diese § 12 a Abs. 6 nicht. 14

§ 12 b Elektronische Akte, elektronisches Dokument

(1) ¹Die Vorschriften über die elektronische Akte und das gerichtliche elektronische Dokument für das Verfahren, in dem der Rechtsanwalt die Vergütung erhält, sind anzuwenden. ²Im Fall der Beratungshilfe sind die entsprechenden Vorschriften der Zivilprozessordnung anzuwenden.

(2) ¹Soweit für Anträge und Erklärungen in dem Verfahren, in dem der Rechtsanwalt die Vergütung erhält, die Aufzeichnung als elektronisches Dokument genügt, genügt diese Form auch für Anträge und Erklärungen nach diesem Gesetz. ²Dasselbe gilt im Fall der Beratungshilfe, soweit nach den Vorschriften der Zivilprozessordnung die Aufzeichnung als elektronisches Dokument genügt. ³Die verantwortende Person soll das Dokument mit einer qualifizierten elektronischen Signatur nach dem Signaturgesetz versehen. ⁴Ist ein übermitteltes elektronisches Dokument für das Gericht zur Bearbeitung nicht geeignet, ist dies dem Absender unter Angabe der geltenden technischen Rahmenbedingungen unverzüglich mitzuteilen.

(3) **Ein elektronisches Dokument ist eingereicht, sobald die für den Empfang bestimmte Einrichtung des Gerichts es aufgezeichnet hat.**

Durch das Gesetz über die Verwendung elektronischer Kommunikationsformen in der Justiz (Justizkommunikationsgesetz – JKomG) vom 22. 3. 2005 (BGBl. I S. 837) ist ein neuer § 12 b eingefügt worden. Die Änderung trat am 1. 4. 2005 in Kraft. 1

Der Wortlaut lehnt sich an § 130 a ZPO vom 13. 7. 2001 an. Der Gesetzgeber wollte eine elektronische Übermittlung auch in Rechtsbehelfsverfahren nach den Kostengesetzen ermöglichen, jedoch nicht in größerem Umfang als für das Hauptsacheverfahren vorgesehen. Diese Einschränkung war wegen der unterschiedlichen Verordnungsermächtigungen erforderlich (Begr. RegE, BT-Drucks. 15/4067 S. 56). 2

Zur qualifizierten elektronischen Signatur s. § 2 Nr. 3 Gesetz über Rahmenbedingungen für elektronische Signaturen (Signaturgesetz) vom 16. 5. 2001 (BGBl. I S. 876). 3

Abschnitt 2. Gebührenvorschriften

§ 13 Wertgebühren

(1) ¹Wenn sich die Gebühren nach dem Gegenstandswert richten, beträgt die Gebühr bei einem Gegenstandswert bis 300 Euro 25 Euro. ²Die Gebühr erhöht sich bei einem

Gegenstandswert bis ... Euro	für jeden angefangenen Betrag von weiteren ... Euro	um ... Euro
1 500	300	20
5 000	500	28
10 000	1 000	37
25 000	3 000	40
50 000	5 000	72
200 000	15 000	77
500 000	30 000	118
über 500 000	50 000	150

³Eine Gebührentabelle für Gegenstandswerte bis 500 000 Euro ist diesem Gesetz als Anlage 2 beigefügt.

(2) Der Mindestbetrag einer Gebühr ist 10 Euro.

I. Art der Gebühren

1   Die in der Gebührenordnung vorgesehenen Gebühren können sein Festgebühren, Rahmengebühren (Satzrahmen oder Betragsrahmen) oder Wertgebühren.
2   Festgebühren gibt es bei der Beratungshilfe sowie für den Pflichtverteidiger und in vergleichbarer Weise beigeordneten Anwalt.
3   Bei der Festgebühr wird für eine bestimmte Anwaltstätigkeit ein fester Geldbetrag angesetzt unabhängig davon, welchen Umfang die Tätigkeit hat. In Straf- und Bußgeldsachen wird dies allerdings relativiert, sofern dem beigeordneten Anwalt eine Pauschvergütung nach § 42 bewilligt wird. Im Übrigen bedarf eine Festgebühr keiner besonderen Erläuterung.
4   Bei der Rahmengebühr wird nur festgelegt, was der Anwalt mindestens und höchstens verlangen kann. Dies wird entweder mit bestimmten Euro-Beträgen angegeben (Betragsrahmengebühr) oder mit Vergütungssätzen (Satzrahmengebühr). Innerhalb der so festgelegten Bandbreite ist das konkrete Honorar nach den Umständen des Einzelfalles festzulegen (hierzu § 14).
5   Die Mehrzahl der Gebühren sind Wertgebühren (hierzu nachstehende Anm.).

II. Begriff der Wertgebühr

6   **1. Regelgebühr.** Hier legt das Gesetz Wertstufen fest, denen jeweils ein bestimmter Geldbetrag zugeordnet ist. In der BRAGO war dieser Betrag als „volle Gebühr"

Wertgebühren **§ 13**

bezeichnet, der sich innerhalb derselben Wertstufe durch Bruchteilsangaben (zB $^3/_{10}$, $^{13}/_{10}$) nach oben oder unten verändern konnte. Das RVG verwendet nur den Ausdruck „die Gebühr", was zu Missverständnissen führen kann. Sachlich geändert hat sich nämlich nichts.

2. Berechnungsfaktor. Statt der Bruchteilsangaben sieht das Gesetz nunmehr einen 7 Berechnungsfaktor vor (bei obigen Beispielen 0,3 oder 1,3), der auf „die Gebühr", deren Wert 1,0 ist, anzuwenden ist. So beträgt etwa die Verfahrensgebühr im Zivilprozess bei einem Gegenstandswert von 3000 Euro 189 × 1,3, also 245,70 Euro.

3. Degression. Die Gebührentabelle ist degressiv ausgestaltet. Das heißt, dass die 8 Gebühr nicht in gleichem Maße steigt wie der Wert des Streitgegenstands, so beträgt etwa die (volle) Gebühr bei einem Gegenstandswert von 1000 Euro 85 Euro, bei 3000 Euro aber nicht 3 × 85, sondern nur noch 189 Euro. Dies trägt dem Rechnung, dass die allgemeinen Unkosten des Anwalts bei höheren Werten anteilmäßig geringer werden. Auch die Mühewaltung des Anwalts wird vielfach nicht im gleichen Umfang ansteigen wie der Gegenstandswert, nicht allerdings das Haftungsrisiko.

III. Mindestbetrag, Höchstbetrag, Aufrundung

1. Mindestbetrag. Eine einzelne Gebühr kann nicht niedriger sein als 10 Euro. 9 Es werden hierzu nicht etwa mehrere Gebühren eines Verfahrens zusammengefasst. Wird der Anwalt in der Zwangsvollstreckung tätig (Gebührensatz 0,3) so würde die Gebühr bei einem Wert von 300 Euro 25 × 0,3 = 7,50 Euro betragen. Da dies weniger als der Mindestbetrag wäre, erhält der Anwalt in diesem Falle 10 Euro. Nimmt der Anwalt im Rahmen der Zwangsvollstreckung zusätzlich an einem Termin zur Abgabe der eidesstattlichen Versicherung teil, so erhält er eine weitere Gebühr, die in diesem Falle ebenfalls auf 10 Euro angehoben wird, zusammen also 20 Euro.

Die Anhebung der konkreten Gebühr auf den Mindestbetrag von 10 Euro kann im- 10 mer vorkommen, wenn der Gebührensatz weniger als 0,4 ausmacht und der Gegenstandswert 600 Euro oder niedriger ist. Besonders festgesetzt ist der Mindestbetrag für die Hebegebühr (1 Euro nach Nr. 1009 VV).

2. Höchstbetrag. Auch einen solchen gibt es. Das folgt allerdings nicht aus § 13, 11 sondern aus § 22 Abs. 2. Danach ist für die Gebührenberechnung nicht von einem höheren Gegenstandswert als 100 Millionen Euro auszugehen; auch wenn der tatsächliche Wert höher ist. Dies gilt auch dann, wenn der Wert für die Gerichtsgebühren höher festgesetzt ist, was eigentlich nach § 32 auch für die Anwaltsgebühren maßgebend wäre. Hier bleibt es trotzdem bei der Kappung.

Eine spezielle Obergrenze ist für die Erstberatung vorgesehen (Nr. 2102 VV). 12

3. Aufrundung. Eine solche ist seit Einführung des Euro nur noch dann vorgese- 13 hen, wenn sich ein Bruchteil eines Cents ergeben würde. Dann wäre ab 0,5 Cent auf den nächsten vollen Cent aufzurunden, andernfalls abzurunden.

Fraunholz

§ 14 Rahmengebühren

(1) ¹Bei Rahmengebühren bestimmt der Rechtsanwalt die Gebühr im Einzelfall unter Berücksichtigung aller Umstände, vor allem des Umfangs und der Schwierigkeit der anwaltlichen Tätigkeit, der Bedeutung der Angelegenheit sowie der Einkommens- und Vermögensverhältnisse des Auftraggebers, nach billigem Ermessen. ²Ein besonderes Haftungsrisiko des Rechtsanwalts kann bei der Bemessung herangezogen werden. ³Bei Rahmengebühren, die sich nicht nach dem Gegenstandswert richten, ist das Haftungsrisiko zu berücksichtigen. ⁴Ist die Gebühr von einem Dritten zu ersetzen, ist die von dem Rechtsanwalt getroffene Bestimmung nicht verbindlich, wenn sie unbillig ist.

(2) ¹Im Rechtsstreit hat das Gericht ein Gutachten des Vorstands der Rechtsanwaltskammer einzuholen, soweit die Höhe der Gebühr streitig ist; dies gilt auch im Verfahren nach § 495a der Zivilprozessordnung. ²Das Gutachten ist kostenlos zu erstatten.

Übersicht

	Rn.		Rn.
I. Begriff der Rahmengebühren	1–3	b) Umfang und die Schwierigkeit der anwaltlichen Tätigkeit	8
1. Betragsrahmen	2	c) Vermögens- und Einkommensverhältnisse des Auftraggebers	9–11
2. Gebührensatzrahmen	3	3. Sog. Mittelgebühr	12, 13
II. Bestimmung der Gebühr im Einzelfall (Abs. 1)	4–13	III. Gutachten der Rechtsanwaltskammer (Abs. 2)	14, 15
1. Begriffliches	4, 5		
2. Umstände des Einzelfalles	6–11		
a) Bedeutung der Angelegenheit	7		

I. Begriff der Rahmengebühren

1 Rahmengebühren sind Gebühren, für die in dem Gesetz nur die obere und die untere Grenze bestimmt bezeichnet sind. Die für den einzelnen Fall entstandene Gebühr muss innerhalb des damit geschaffenen Rahmens nach gesetzlich vorgeschriebenen Gesichtspunkten bestimmt werden. Es gibt zwei Arten von Rahmengebühren; § 12 bezieht sich auf beide:

2 **1. Betragsrahmen.** Bei diesen ist in dem Gesetz der Mindest- und der Höchstbetrag der Gebühr bestimmt, zB die Beratungsgebühr in sozialrechtlichen Angelegenheiten nach Nr. 2101 Vergütungsverzeichnis. Innerhalb eines Betragsrahmens wird nach § 14 der im konkreten Fall geschuldete Gebührenbetrag bestimmt.

3 **2. Gebührensatzrahmen.** Bei diesen ist in dem Gesetz der Mindest- und der Höchstsatz der Gebühr bestimmt bezeichnet, wobei unter Gebührensatz der Berechnungsfaktor zu verstehen ist, zB 0,1–1,0 bei der allgemeinen Beratungsgebühr (Nr. 2100 VV). Gebührensatzrahmen gibt es nur bei Wertgebühren. Innerhalb eines Gebührensatzrahmens wird nach § 14 der im konkreten Fall geschuldete Gebührensatz bestimmt. Sodann wird der diesem Gebührensatz und dem Gegenstandswert entsprechende Gebührenbetrag in der Tabelle (§ 13) abgelesen oder nach ihr berechnet. Das Ermessen, das § 14 Abs. 1 einräumt, führt bei Gebührensatzrahmen nur mittelbar zu einem bestimmten Gebührenbetrag, weil sich auf diesen außer dem nach dem Ermessen bestimmten Gebührensatz auch die Höhe des Gegenstandswerts und die in die Gebührentabelle eingearbeitete Degression (§ 13 Rn. 8) auswirken.

II. Bestimmung der Gebühr im Einzelfall (Abs. 1)

1. Begriffliches. Seit der Novelle 1975 steht dem Rechtsanwalt zu, die Höhe der Gebühr innerhalb des Rahmens im Einzelfall zu bestimmen. Das bedeutet, er setzt sie an, und damit steht sie grundsätzlich fest. Allerdings ist die Bestimmung durch den Anwalt gegenüber einem erstattungspflichtigen Dritten nicht verbindlich, wenn sie unbillig ist. Bei der gerichtlichen Festsetzung ist aber nicht die Richtigkeit der Gebührenhöhe zu prüfen, sondern deren Billigkeit oder Unbilligkeit. Zunächst ist die **Bestimmung durch den Anwalt** als rechtlicher Tatbestand vorhanden. Wie früher manche Anwälte die absolute Zuständigkeit der Gerichte nicht einsehen wollten, laufen jetzt umgekehrt manchmal Gerichte bei der Entscheidung über die Kostenerstattung Gefahr, den Vorrang der anwaltlichen Bestimmung misszuverstehen. Sie neigen dazu, eine Gebühr so festzusetzen, wie sie sie für absolut richtig halten. Damit würde aber die gesetzliche Zuständigkeit umgedreht. Die vom Anwalt angesetzte Gebührenhöhe ist vom Gericht auch dann anzuerkennen, wenn es sie für falsch hält, sofern der Fehler nicht zur **Unbilligkeit** führt. Da die Gebührenbemessung von zahlreichen Faktoren abhängt, die dem Ermessen des Festsetzenden unterliegen, lässt sich oft gar nicht sagen, welche Höhe die absolut und einzig richtige ist. Das Gericht hat jedenfalls nicht sein Ermessen an die Stelle dessen des Anwalts zu setzen. In der Praxis hat sich die Faustregel herausgebildet, dass ein anwaltlicher Ansatz, der sich um nicht mehr als 20 % von der Vorstellung des Gerichts unterscheidet, noch nicht als unbillig anzusehen ist.[1] Wird eine solche Toleranzgrenze überschritten, so ist die anwaltliche Bestimmung unbillig und damit völlig unverbindlich. Das Gericht setzt die Gebühr nicht herab, sondern vollständig neu fest, wobei es seinen eigenen Maßstab anlegen darf und nicht etwa gezwungen ist, den höchsten gerade noch nicht unbilligen Betrag anzunehmen.

Aus der Erwähnung der Unverbindlichkeit gegenüber Dritten darf nicht geschlossen werden, dass eine unbillige Bestimmung von dem **Auftraggeber** des Anwalts hingenommen werden müsse. Diesem stehen vielmehr bereits aus seinem Rechtsverhältnis zu dem Anwalt die im bürgerlichen Recht vorgesehenen Rechte (zB § 315 BGB) zu. Die Hervorhebung der Dritten erschien deswegen angebracht, um klarzustellen, dass diese ein selbständiges Rügerecht gegenüber unbilligen Gebührenbestimmungen haben, und zwar auch dann, wenn der Auftraggeber des Anwalts selbst nichts gegen die Höhe der Gebühr einwenden will. Die Überprüfung aus der Sicht des Auftraggebers geschieht ebenfalls unter dem Gesichtspunkt der Unbilligkeit. Ist die Gebührenhöhe unbillig, wird sie vom Gericht auf das billige Maß herabgesetzt. Der dogmatische Unterschied, dass hier nur eine Herabsetzung, nicht eine Neufestsetzung erfolgt, wird aber kaum zu unterschiedlichen Ergebnissen führen können.

2. Umstände des Einzelfalles. Die Gebühr (oder der Gebührensatz) wird „unter Berücksichtigung aller persönlichen und sachlichen Umstände des Einzelfalles"[2] nach billigem Ermessen bestimmt.[3] Ist ein Gebührensatz zu bestimmen, so muss dieser

---

[1] OLG Düsseldorf AnwBl. 1982, 262.
[2] So Nr. 17 Abs. 3 des International Code of Ethics, AnwBl. 1957, 12.
[3] Dazu ausführlich *Schmidt* JurBüro 1962, 178 ff.

nicht notwendig ein Bruchteil der vollen Gebühr sein, der als solcher in RVG vorkommt, vielmehr können beliebige Bruchteile, zB 1,9 bestimmt werden. Bei den Betragsrahmen kann jeder beliebige Betrag, wegen der Aufrundungsvorschriften aber nur auf volle Cent, gewählt werden. Als **Beispiele** für solche Umstände sind im Gesetz genannt:

7 a) **Bedeutung der Angelegenheit.** Da § 14 von dem Verhältnis des Auftraggebers zu dem Rechtsanwalt handelt, kommt hier – wenigstens im Regelfall (Ausnahmen vgl. unten) – nur die Bedeutung in Betracht, die die Angelegenheit für den Auftraggeber hat; ein Interesse, das die Öffentlichkeit an der Angelegenheit nimmt, ist nicht zu berücksichtigen, soweit nicht dadurch die Bedeutung der Angelegenheit auch für den Auftraggeber erhöht wird. Bedeutung der Angelegenheit ist nicht dasselbe wie das Interesse des Auftraggebers. Beiden Begriffen ist zwar gemeinsam, dass maßgebend ist, um was es geht, und nicht, was erreicht wird. Doch ist die Bedeutung der Angelegenheit weitreichender als das Interesse des Auftraggebers. Zu berücksichtigen sind – anders als bei dem Gegenstandswert (vgl. § 23) – nicht nur das unmittelbare Ziel der anwaltlichen Tätigkeit, sondern auch die weiteren Auswirkungen auf die wirtschaftlichen Verhältnisse des Auftraggebers, seine Stellung in der Gesellschaft,[4] sein Ansehen usw.; ferner die rechtliche und tatsächliche Klärung für andere Fälle oder Verfahren, etwa dass bei einer Verurteilung im Strafverfahren hohe Schadensersatzansprüche auf den Angeklagten zukommen, die damit dem Grunde nach präjudiziert sind;[5] umgekehrt auch beim Nebenkläger.[6] Wird ein Testverfahren von Hintermännern des Auftraggebers finanziert oder besteht eine Abrede, das Verfahrensergebnis auch anderen Fällen zugrunde zu legen, so ist auch die Bedeutung für die Hintermänner zu berücksichtigen.

8 b) **Umfang und die Schwierigkeit der anwaltlichen Tätigkeit.** Maßgeblich ist dabei die Tätigkeit, die durch die Gebühr abgegolten wird. Dabei weisen der Umfang auf den zeitlichen Arbeitsaufwand, die Schwierigkeit auf die Intensität der Arbeit hin. Die Notwendigkeit des Arbeitsaufwandes ist zu würdigen;[7] Vielschreiberei begründet keine höheren Gebühren. Die Würdigung der Intensität erfordert eine fachkundige Wertung der Leistung. Die Verwertung von Fremdsprachenkenntnissen wirkt gebührenerhöhend.[8] Nicht dagegen wirken sich die Lebenshaltungs- und Bürokosten des Anwalts unmittelbar aus. Statistische Veränderungen dieser Faktoren rechtfertigen im Rahmen des § 14 keine Erhöhung oder Ermäßigung der Gebühr,[9] denn damit würden jegliche Gebührenrahmen alsbald ausgehöhlt. Notwendige Anpassungen aus diesem Grunde müssen der Gesetzgebung vorbehalten bleiben.

9 c) **Vermögens- und Einkommensverhältnisse des Auftraggebers.** Im Gegensatz zu dem für die Gerichtsgebühren geltenden Recht, das sich einer Berücksichtigung der wirtschaftlichen Verhältnisse des Gebührenschuldners zwar nicht verschließt (vgl. § 2 Abs. 2 S. 2 der Justizverwaltungskostenordnung), aber – um die Grenzen zwischen einer Gebühr und einer Steuer nicht zu verwischen – nicht besonders betont (vgl. § 34 KostO, worin nur die „Umstände" genannt werden), schreibt § 14 aus-

---

[4] LG Kaiserslautern AnwBl. 1964, 289.
[5] LG München I AnwBl. 1982, 263.
[6] LG Freiburg AnwBl. 1970, 243.
[7] LG Hagen JVBl. 1962, 279.
[8] LG Nürnberg-Fürth AnwBl. 1969, 208; AG Darmstadt AnwBl. 1970, 80.
[9] Vgl. LG Mainz Rpfleger 1974, 78.

drücklich vor, dass die wirtschaftlichen Verhältnisse des Auftraggebers zu berücksichtigen sind. Dabei ist auf den Zeitpunkt der Fälligkeit der Gebühr abzustellen.[10] Wer sich in seiner Rechtsnot an einen Rechtsanwalt wendet, dem soll geholfen werden, ohne dass er durch das Honorar ruiniert wird. Der Rechtsanwalt hat sich daher unter Umständen auch mit einem geringeren Honorar zu begnügen, als dem Wert seiner Leistung entsprechen würde, aber nicht mit einem so geringen Honorar, dass es ihm nicht mehr zugemutet werden kann; die wirtschaftlichen Verhältnisse werden nur neben den sonstigen Umständen berücksichtigt. Wer es sich leisten kann, soll dagegen den anwaltlichen Beistand nach seinem wirklichen Wert vergüten. Der Gedanke, dass begüterte Auftraggeber die geringeren Honorare, die weniger bemittelte Auftraggeber zu zahlen haben, ausgleichen müssen, hat RG Recht 1927 Nr. 603 bei Ärzten als nicht der Billigkeit entsprechend abgelehnt. Aber der vom RG ausdrücklich gebilligte Gesichtspunkt, dass, wie bei jeder vernünftigen Kalkulation, auch bei der Bemessung der Angemessenheit eines Honorars die anderweitigen Ausfälle berücksichtigt werden müssen, führt zu dem gleichen Ergebnis.[11]

10 Zu berücksichtigen ist auch, ob und inwieweit der Auftraggeber einen realisierbaren Anspruch auf Bezahlung der Gebühr gegen einen Dritten hat, zB aufgrund der Unterhaltspflicht[12] oder aufgrund einer Versicherung,[13] vor allem einer Rechtsschutzversicherung.[14] Das bedeutet aber nicht, dass bei Vorhandensein eines Erstattungspflichtigen die eigenen Verhältnisse des Auftraggebers bedeutungslos würden; der Erstattungsanspruch ist lediglich ein Umstand, der bei der Würdigung der wirtschaftlichen Verhältnisse mit zu berücksichtigen ist. In der Regel wird er eine Minderung des Gebührensatzes wegen ungünstiger Verhältnisse ausschließen, jedoch nicht zu einer Erhöhung führen. Schon gar nicht treten etwa die wirtschaftlichen Verhältnisse des Erstattungspflichtigen an die Stelle der des Auftraggebers. In diesem Zusammenhang kann auch der Erfolg der anwaltlichen Tätigkeit eine Rolle spielen, zB wenn durch die Verwirklichung von Ansprüchen, zB Unterhaltsansprüchen oder Ansprüchen gegen den Lastenausgleichsfonds, Mittel des Auftraggebers flüssig werden.[15]

11 Dagegen ist nicht zu berücksichtigen, ob der erstattungspflichtige Gegner (§ 91 Abs. 2 S. 1 ZPO, §§ 464a Abs. 2 Nr. 2, 467, 469, 471 StPO) in günstigen oder ungünstigen wirtschaftlichen Verhältnissen lebt. Die Erstattungsvorschriften liegen auf einer anderen Ebene; zu erstatten sind die Aufwendungen, die dem obsiegenden Teil ohne Rücksicht auf einen Erstattungsanspruch erwachsen sind; unbillige Ergebnisse bei der Kostenerstattung lassen sich nur bei dem Ausspruch über die Kostenverteilung vermeiden.[16] Ein Vergleich mit Versicherungen ist deswegen nicht angebracht, weil zB eine Rechtsschutzversicherung ein auf die Person des Auftraggebers bezogener Umstand ist, während sich eine Erstattungspflicht des Gegners erst nachträglich aus dem Ausgang des Verfahrens ergibt.[17]

---

10 OLG Frankfurt OLGSt zu § 12 BRAGO.
11 Wegen der Verfassungsmäßigkeit vgl. BayVerfGH VerwRspr. Bd. 19 Nr. 1.
12 LG Kleve NJW 1954, 1260; vergleichbare Beispiele aus der ärztlichen Honorarpraxis bei *Ebermayer*, Der Arzt im Recht, S. 79 ff.
13 Vgl. BGHZ 18, 149.
14 LG Kaiserslautern AnwBl. 1964, 289; aA LG Hildesheim KostRsp. zu § 12 BRAGO Nr. 15.
15 Vgl. *Kimmig* AnwBl. 1963, 98.
16 *Schumann/Geißinger* Rn. 14; aA Schmidt JurBüro 1962, 182, 183.
17 Vgl. für das frühere Recht einerseits LG Dortmund NJW 1952, 198; *Kimmig* NJW 1956, 1827; andererseits LG Essen Rpfleger 1951, 384; *Hollerbach* NJW 1956, 1019.

§ 14

12 **3. Sog. Mittelgebühr.** Der Gedanke, dass bei der Bestimmung der konkreten Gebühr innerhalb eines Rahmens von der Mitte des Rahmens auszugehen ist, ist erstmals im § 15 der früheren Kostenverfügung, und zwar als eine Anweisung an den Kostenbeamten für den Ansatz von Gerichtsgebühren, ausgesprochen worden. Von hier aus hat er sich auf das Gebiet der Kostenerstattung ausgebreitet. Dabei wird die Mittelgebühr nach der Formel

$$\frac{\text{Höchstgebühr} + \text{Mindestgebühr}}{2}$$

berechnet. Bei Gebührensatzrahmen wird entsprechend die Mitte zwischen dem unteren und oberen Satz genommen, bei der Beratungsgebühr nach Nr. 2100 VV, also 0,55. Diese soll als konkrete Gebühr bei Sachen durchschnittlicher Bedeutung maßgebend sein, die keine besonderen Schwierigkeiten mit sich bringen und bei denen der Zahlungspflichtige in durchschnittlichen wirtschaftlichen Verhältnissen lebt.[18]

13 Gegen die Mittelgebühr als Grundsatz lassen sich dogmatische Bedenken erheben, jedoch hat der BGH[19] es als unbedenklich bezeichnet, dass der Tatrichter von der Mittelgebühr ausgegangen ist. In der jetzigen Rechtspraxis ist die Mittelgebühr nicht mehr wegzudenken. Immerhin darf man an der Mittelgebühr nicht kleben, sie darf nicht zur Schablone werden, die das Nachdenken erspart. Der Rahmen muss in geeigneten Fällen, vor allem nach oben, ausgeschöpft werden. So ist die Zubilligung der Höchstgebühr nicht auf denkbar schwierigste Sachen und ganz besonders wohlhabende Parteien beschränkt,[20] sonst gäbe es den Höchstsatz praktisch nicht. Während § 105 BRAGO Bußgeldsachen und amtsgerichtliche Strafsachen im Prinzip gleichstellt, hat das RVG hierfür zwei unterschiedliche Abschnitte (Teile 4 und 5 VV) vorgesehen, in denen bei vergleichbaren Strukturen die Mehrheit der Bußgeldsachen geringer, bei sehr hohen Geldbußen aber auch höher bewertet wird. Somit unterscheiden sich auch die Mittelwerte.

III. Gutachten der Rechtsanwaltskammer (Abs. 2)

14 Wie in § 4 Abs. 4 und bei der Gutachtensgebühr nach Nr. 2103 VV wird es durch § 14 dem Gericht zur Pflicht gemacht, im Rechtsstreit ein Gutachten des Vorstandes der Rechtsanwaltskammer einzuholen. Unter Rechtsstreit ist nur der ordentliche Zivilprozess über die Höhe einer aus einem Rahmen bemessenen Gebühr zu verstehen.[21] Dazu gehören auch Verfahren nach § 495a ZPO, in denen das Gericht sonst sein Verfahren selbst bestimmen kann. Die gutachtliche Unterstützung ist dem Gesetzgeber so wichtig, dass er das Ermessen des Richters bei der Verfahrensgestaltung insoweit einengt. Ange-

---

[18] BayObLG NJW 1953, 194; OLG Koblenz AnwBl. 1957, 42; OLG Köln MDR 1962, 595 und zahlreiche veröffentlichte Entscheidungen unterer Gerichte; vgl. die Zusammenstellung von *Tschischgale* JVBl. 1965, 102; ferner *Gerold/Schmidt/Madert* Rn. 29; *Hartmann* § 12 BRAGO Rn. 13; *Schumann/Geißinger* Rn. 16–19; *Schmidt* JurBüro 1962, 178; anders anscheinend OLG Koblenz JurBüro 1959, 469 und ausdrücklich OLG Celle NdsRpfl. 1966, 174; LG Hannover NdsRpfl. 1962, 282; LG Hildesheim NdsRpfl. 1964, 120; 1965, 94.

[19] NJW 1969, 932.

[20] OLG Hamm NJW 1968, 1490.

[21] OLG Hamm JurBüro 1960, 354; OLG Oldenburg NJW 1961, 616; OLG Karlsruhe, Sen. Freiburg Justiz 1967, 170; LG Hannover NdsRpfl. 1962, 282; LG Hildesheim NdsRpfl. 1964, 120; LG Krefeld JVBl. 1962, 21.

sichts der Schwierigkeiten, die die individuelle Bemessung einer Gebühr unter Billigkeitsgesichtspunkten bereitet, soll das Prozessgericht die Auffassung der Berufsvertretung kennen lernen und sich mit dem vergleichenden Material, das der Rechtsanwaltskammer zur Verfügung steht, vertraut machen. Das Gutachten ist nur einzuholen, wenn die Höhe der Gebühr streitig ist, nicht wenn es aus anderen Gründen auf die Gebühr nicht ankommt. Dass das Gericht die angesetzte Gebühr für angemessen hält, rechtfertigt nicht ein Absehen von der Begutachtung. Die Einholung des Gutachtens ist kein Beweisverfahren.[22] Auf die mögliche Arbeit, die dem Anwalt aus der Befassung mit dem Gutachten entsteht, kommt es nicht an; es gibt auch andere Fälle, in denen für den Anwalt Arbeit anfällt, ohne dass hierfür eine besondere Gebühr entsteht. Umgekehrt muss auch die Rechtsanwaltskammer das Gutachten kostenfrei erstellen.

Kein Gutachten ist vorgeschrieben, wenn es sich nicht um einen Gebührenstreit handelt, sondern die Höhe der Gebühr lediglich Vorfrage ist, also insbesondere im Kostenfestsetzungsverfahren, aber auch in einem Rechtsstreit zwischen Gebührenschuldner und Erstattungspflichtigen;[23] auch nicht in einem Anfechtungsprozess, mit dem der Insolvenzverwalter ein von dem Gemeinschuldner vereinbart gezahltes überhöhtes Anwaltshonorar zur Masse ziehen will.[24] Grund hierfür ist, dass das Verhältnis Rechtsanwalt-Gebührenschuldner von diesem Verfahren unberührt bleibt.

15

§ 15 Abgeltungsbereich der Gebühren

(1) **Die Gebühren entgelten, soweit dieses Gesetz nichts anderes bestimmt, die gesamte Tätigkeit des Rechtsanwalts vom Auftrag bis zur Erledigung der Angelegenheit.**

(2) **¹Der Rechtsanwalt kann die Gebühren in derselben Angelegenheit nur einmal fordern. ²In gerichtlichen Verfahren kann er die Gebühren in jedem Rechtszug fordern.**

(3) **Sind für Teile des Gegenstands verschiedene Gebührensätze anzuwenden, entstehen für die Teile gesondert berechnete Gebühren, jedoch nicht mehr als die aus dem Gesamtbetrag der Wertteile nach dem höchsten Gebührensatz berechnete Gebühr.**

(4) **Auf bereits entstandene Gebühren ist es, soweit dieses Gesetz nichts anderes bestimmt, ohne Einfluss, wenn sich die Angelegenheit vorzeitig erledigt oder der Auftrag endigt, bevor die Angelegenheit erledigt ist.**

(5) **¹Wird der Rechtsanwalt, nachdem er in einer Angelegenheit tätig geworden ist, beauftragt, in derselben Angelegenheit weiter tätig zu werden, erhält er nicht mehr an Gebühren, als er erhalten würde, wenn er von vornherein hiermit beauftragt worden wäre. ²Ist der frühere Auftrag seit mehr als zwei Kalenderjahren erledigt, gilt die weitere Tätigkeit als neue Angelegenheit und in diesem Gesetz bestimmte Anrechnungen von Gebühren entfallen.**

(6) **Ist der Rechtsanwalt nur mit einzelnen Handlungen beauftragt, erhält er nicht mehr an Gebühren als der mit der gesamten Angelegenheit beauftragte Rechtsanwalt für die gleiche Tätigkeit erhalten würde.**

---

[22] AA LG Berlin MDR 1974, 763 m. Anm. *Schneider* entgegen AG Duisburg AnwBl. 1982, 318.
[23] BVerwG JurBüro 1982, 857.
[24] BGH NJW 1980, 1962.

§ 15

Abschnitt 2. Gebührenvorschriften

Übersicht

	Rn.		Rn.
I. Grundsatz des Pauschcharakters	1–4	tig, und der Gebührensatz ist für die Teile gleich	32
1. Zeitliche Abgrenzung des Abgeltungsbereichs	2	3. Der Rechtsanwalt wird in Bezug auf Teile des Gegenstandswertes tätig, und der Gebührensatz ist für die Teile verschieden	33–35
2. Inhaltliche Erweiterung des Abgeltungsbereichs	3		
3. Einmaligkeit der Gebühren	4		
II. Begriff der Angelegenheit	5–25	**IV. Vorzeitiges Ende der anwaltlichen Tätigkeit**	36–46
1. Begriff des Rechtszugs	9–15		
2. Abgrenzung verschiedener Angelegenheiten	16–25	1. Vorzeitig beendete Angelegenheit	37–39
a) Zusammenhängende Verfahren	17, 18	a) Zerlegung der Tätigkeit in selbständige Gebührenquanten	38
b) Vorbereitungshandlungen	19	b) Zerlegung der Gebühren in selbständige Tätigkeitsquanten	39
c) Abwicklungstätigkeiten	20	2. Vorzeitiges Ende des Auftrags	40, 41
d) Nebentätigkeiten	21	3. Folgen vorzeitiger Kündigung	42–46
e) Mehrere Gegeninteressenten	22	a) Kündigung des Rechtsanwalts	42, 43
f) Gesonderte Gerichts- oder Verwaltungsgebühren	23	b) Kündigung des Auftraggebers	44
g) Innerer Zusammenhang	24, 25	c) Verschulden	45, 46
III. Teile des Gegenstandes	26–35	**V. Gesamtauftrag und Einzelaufträge**	47–58
1. Im Laufe der Angelegenheit verändert sich der Gegenstandswert, aber nicht der Gebührensatz	29–31	1. Auftrag	48
2. Der Rechtsanwalt wird in Bezug auf Teile des Gegenstandswerts tä-		2. Angelegenheit	49–58

I. Grundsatz des Pauschcharakters

1 Ein Wesenszug jeder der im RVG vorgesehenen Gebühren ist ihr Pauschcharakter. Das Pauschquantum der einzelnen Gebühren ist nicht dem § 15, sondern den einzelnen Gebührenvorschriften zu entnehmen. § 15 ergänzt aber diese Vorschriften in verschiedener Hinsicht.

2 **1. Zeitliche Abgrenzung des Abgeltungsbereichs.** Der Rechtsanwalt kann nicht für jede einzelne Tätigkeit, zB für jedes Schreiben, jede mündliche Verhandlung usw., eine besondere Gebühr fordern. Vielmehr werden von dem Gesetz Tätigkeitsgruppen gebildet. Diese stellen ein Pauschquantum dar, das mit einer einzigen Gebühr, zB der Verfahrensgebühr, Terminsgebühr usw., abgegolten wird. Dieses Pauschquantum kann man den Abgeltungsbereich der Gebühr nennen. Er ergibt sich aus der Gebührenvorschrift, die den Tatbestand der Gebühr bestimmt. § 15 ergänzt diese Vorschriften, indem er den Abgeltungsbereich der Gebühren zeitlich umschreibt. Die Gebühren entgelten danach alle gleichartigen, d. h. zum Tätigkeitsquantum derselben Gebühr gehörenden Tätigkeiten, die von der Erteilung des Auftrags bis zur Erledigung der Angelegenheit entfaltet werden.

3 **2. Inhaltliche Erweiterung des Abgeltungsbereichs.** § 15 Abs. 1 bestimmt außer der zeitlichen Abgrenzung auch eine inhaltliche Erweiterung des Abgeltungsbereichs der einzelnen Gebühren. Hat der Rechtsanwalt in einer Angelegenheit nach den besonderen Gebührenvorschriften eine oder mehrere Gebühren verdient, so gelten diese nicht nur die Tätigkeiten ab, die nach dem Inhalt der Gebührenvorschriften zu dem Pauschquantum dieser Gebühren gehören, sondern alle Tätigkeiten, die in der Angelegenheit überhaupt entfaltet werden und für die nicht ausdrücklich gesonderte

Gebühren vorgesehen sind. Dies ergibt sich aus der Fassung des Abs. 1, dass die Gebühren die „gesamte" Tätigkeit des Rechtsanwalts entgelten. Ist in einer Angelegenheit auch nur eine einzige Pauschgebühr entstanden, so kann eine Gebührenlücke nicht vorliegen.

3. Einmaligkeit der Gebühren. Jede Gebühr kann in jeder Angelegenheit nur einmal gefordert werden. Es gibt also nicht mehrere Verfahrensgebühren, mehrere Terminsgebühren usw. in derselben Angelegenheit (Instanz). Damit werden die besonderen Gebührenvorschriften ergänzt, indem ihr Pauschquantum dahin umschrieben wird, dass es alle gleichartigen Tätigkeiten in derselben Angelegenheit abgilt. ZB entsteht die Gebühr für die Rechtsmittelinstanz auch dann nur einmal, wenn das Rechtsmittel, zB nach seiner Verwerfung als unzulässig, wiederholt eingelegt wird.[1] Der Grundsatz der Einmaligkeit der Gebühren gilt auch für Gebühren, die eine Ermäßigung enthalten Nr. 3105 VV.[2] Wird zB mehrmals verhandelt, so erhält der Rechtsanwalt die Terminsgebühr nur einmal. Wird einmal nichtstreitig und einmal streitig verhandelt, so erhält der Rechtsanwalt nur eine Terminsgebühr nach Nr. 3104 VV. Eine abgestufte Gebühr kann nur einmal, und zwar nach der höchsten von der Tätigkeit des Anwalts erfassten Stufe, entstehen; die Teilgebühr wird von der gleichartigen vollen Gebühr aufgesogen.[3]

II. Begriff der Angelegenheit

Unter „Angelegenheit" begreift das Gesetz die Tätigkeit des Anwalts, die als zusammengehörig angesehen wird und daher durch einmalige Gebühren abgegolten wird. Die Angelegenheit darf nicht verwechselt werden mit dem Auftrag. Dieser kann als Grundlage der Anwaltstätigkeit auf mehrere Angelegenheiten gerichtet sein.

In gerichtlichen Verfahren bildet jeder Rechtszug eine eigene Angelegenheit. Außergerichtlich können aber mehrere Gegenstände, die in einem inneren Zusammenhang stehen, eine einzige Angelegenheit bilden. Dies gilt auch dann, wenn die Gegenstände bei gerichtlicher Geltendmachung zu mehreren Angelegenheiten werden, was insbesondere bei der Beratungshilfe bedeutsam werden kann.

Die Angelegenheit ist daher auch nicht identisch mit dem Gegenstand. Zwar wird sich vielfach die Angelegenheit mit dem Gegenstand decken, jedoch kann eine Angelegenheit auch aus mehreren Gegenständen bestehen mit der Folge, dass die Gebühren insgesamt nur einmal entstehen. Dabei sind dann die Werte der verschiedenen Gegenstände zu addieren. Handelt es sich dagegen um mehrere Angelegenheiten, das heißt Gegenstände, die in keinem Zusammenhang stehen, so entstehen die Gebühren je Angelegenheit, dann allerdings nur nach den jeweiligen Gegenstandswerten.

Das Geschäft des Auftraggebers kann den Auftrag überdauern, wenn der Rechtsanwalt das Geschäft nicht zu Ende zu führen hat. Gebührenrechtlich ist aber das Geschäft nicht mehr bedeutsam, sobald der Auftrag beendet ist, denn dann kann ein Gebührenanspruch nicht mehr entstehen. Daher endet iS des Gebührenrechts die Angelegenheit mit dem Auftrag. Im Einzelnen:

---

[1] OLG Frankfurt MDR 1957, 305; OLG Hamburg MDR 1972, 877.
[2] RGZ 9, 333.
[3] OLG Düsseldorf JW 1936, 3068; *Gerold/Schmidt/Madert* Rn. 156; *Hartmann* § 13 BRAGO Rn. 21.

§ 15

9 **1. Begriff des Rechtszugs.** Die gerichtliche Verfahrenseinheit wird gebührenrechtlich Rechtszug genannt (Abs. 2 S. 2). Rechtszug ist die Angelegenheit bezogen auf das gerichtliche Verfahren. Im gerichtlichen Verfahren ist jeder Rechtszug eine besondere Gebühreneinheit. Für außergerichtliche Instanzen, zB für Beschwerden in Verwaltungsverfahren, gilt dies nicht; sie sind keine „Rechts"-züge. Verwaltungsinstanzen sind nicht so leicht abzugrenzen wie Gerichtsinstanzen. Daher hat das Gesetz im Interesse der Klarheit der Gebührenregelung darauf verzichtet, jede Verwaltungsinstanz als eine eigene Gebührenangelegenheit zu bestimmen. Das Verwaltungsverfahren ist daher nach § 17 Nr. 1 lediglich aufgespalten in das allgemeine Verfahren gleich welcher Instanz, das Abhilfeverfahren, die Verfahren im Rahmen der sofortigen Vollziehbarkeit und das etwa anschließende Gerichtsverfahren. Innerhalb dieser Verfahrensabschnitte entstehen die Gebühren jeweils nur einmal;[4] die Mehrarbeit ist innerhalb des Gebührenansatzrahmens des § 14 zu berücksichtigen.

10 Der gebührenrechtliche Begriff des Rechtszugs knüpft an den verfahrensrechtlichen Begriff des Rechtszugs an. Beide Begriffe decken sich aber nicht. Denn zum **Gebührenrechtszug** gehören einerseits Vorbereitungshandlungen, zB schon die Entgegennahme der Information, andererseits Abwicklungstätigkeiten (vgl. § 19 Abs. 1). Ferner kann eine einzige Verfahrenseinheit (prozessuale Instanz) mehrere Angelegenheiten umfassen. So, wenn das Gesetz vorschreibt, dass bestimmte Tätigkeiten eine „neue" oder eine „besondere" Angelegenheit oder ein „neuer" Rechtszug sind (vgl. zB § 17). Andererseits bestimmt das Gesetz zuweilen, dass bestimmte Tätigkeiten gebührenrechtlich zu der Verfahrenseinheit zu rechnen sind und mit dieser zusammen die Gebühren nur einmal begründen (vgl. § 16). Im Übrigen ist das gerichtliche Verfahren in jedem Rechtszug eine einzige Angelegenheit; zB auch nach einer Klageänderung,[5] auch bei Parteiwechsel auf der Gegenseite,[6] so auch, wenn ein Teil zum Zwecke des Vergleichsabschlusses dem Rechtsstreit beitritt,[7] wenn bei der Anfechtung der Ehelichkeit mehrerer Kinder ein Teilurteil ergeht.[8]

11 Für das Verbundverfahren vor dem Familiengericht bestimmt das Gesetz, dass dieses stets eine einzige Angelegenheit ist; es bleibt dies auch nach Vorabentscheidung über den Scheidungsausspruch.[9] In Ehesachen wird nicht dadurch eine zweite Angelegenheit begründet, dass – wenn beide Ehegatten unabhängig voneinander Scheidungsantrag gestellt haben – ein Ehegatte seinen Anwalt mit der Stellungnahme zum Antrag des anderen Ehepartners beauftragt; KG JurBüro 1975, 1335, da die beiden Anträge zwangsläufig dieselbe Angelegenheit betreffen und in ein einheitliches Verfahren münden.

12 Wird eine Partei nach Ausscheiden aus dieser Rolle zum Streithelfer, so bleibt dies für den Anwalt dieselbe Angelegenheit;[10] erst recht wenn ein Streithelfer sich im Laufe des Rechtsstreits entschließt, nunmehr der anderen Partei beizutreten.[11] Vgl. auch zu Verbindung und Trennung § 7 Rn. 21. Der Streit über die Wirksamkeit eines Pro-

---

[4] Begr. zur BRAGO S. 235; OVG Koblenz VerwRspr. Bd. 20 S. 1020.
[5] KG JurBüro 1968, 610.
[6] OLG Köln JurBüro 1983, 80; OLG Schleswig AnwBl. 1987, 337; Gerold/Schmidt/Madert Rn. 96; aA OLG München JurBüro 1968, 490.
[7] AA OLG Düsseldorf NJW 1960, 559; MDR 1961, 1025.
[8] OLG Hamm Rpfleger 1963, 28 – keine neuen Gebühren in dem weiteren Verfahren.
[9] OLG Düsseldorf AnwBl. 1983, 556.
[10] OLG Stuttgart JurBüro 1983, 857.
[11] KG Rpfleger 1983, 125.

zessvergleichs ist eine Fortsetzung des bisherigen Verfahrens und daher dieselbe Angelegenheit.[12]

Kein neuer Rechtszug, sondern ein Teil des Ausgangsverfahrens sind die Verfahren vor dem Gemeinsamen Senat der obersten Gerichtshöfe des Bundes (§§ 10 ff. des Gesetzes vom 19. 6. 1968, BGBl. I S. 661), vor den großen Senaten der obersten Gerichtshöfe (zB § 132 GVG) sowie **Vorlegungsverfahren** nach § 28 Abs. 2 FGG, § 29 Abs. 2 GBO, § 121 Abs. 2 GVG, § 541 ZPO). Dagegen ist das Vorlegungsverfahren vor dem Bundesverfassungsgericht (Art. 100 Abs. 1 GG, §§ 80 ff. BVerfGG) eine besondere Gebühreninstanz (vgl. § 37). Auch das Vorlegungsverfahren vor dem Gerichtshof der Europäischen Gemeinschaften (Art. 177 des Vertrags zur Gründung der Europäischen Wirtschaftsgemeinschaft) ist eine besondere Gebührenangelegenheit; vgl. § 38. 13

Wenn das RVG bestimmt, dass eine Gebühr auf andere Gebühren anzurechnen ist, handelt es sich regelmäßig um verschiedene Angelegenheiten. Die Anrechnungsvorschrift besagt, dass die Gebühren der einen Angelegenheit ganz oder teilweise in den Gebühren der anderen Angelegenheit aufgehen. Die Gebühren sind in diesen Fällen für jede der Angelegenheiten selbständig zu berechnen. Der so berechnete geringere Gebührenbetrag ist in dem größeren Gebührenbetrag enthalten, so dass der Rechtsanwalt nur den größeren Betrag und nicht – wie sonst bei verschiedenen Angelegenheiten – beide Beträge erhält. Aber der Satz, dass es sich bei Anrechnungsvorschriften um verschiedene Angelegenheiten handelt, gilt nicht ausnahmslos. Denn es gibt auch Fälle, in denen eine Gebühr auf Gebühren angerechnet wird, die in derselben Angelegenheit entstehen, so zB im Falle der Vorbem. 3 VV. 14

Das **Beschwerdeverfahren** ist nur dann ein neuer Gebührenrechtszug, wenn die Beschwerde gegen eine die Instanz beendigende Entscheidung gegeben ist und das Beschwerdegericht – ebenso wie im ordentlichen Rechtsstreit ein Berufungs- oder Revisionsgericht – zur abschließenden Entscheidung in der Sache selbst berufen ist. In Strafsachen ist eine Beschwerdegebühr für den als Verteidigung fungierenden Anwalt nicht vorgesehen. 15

2. Abgrenzung verschiedener Angelegenheiten. Diese vertikale Abgrenzung richtet sich nach folgenden Grundsätzen: 16

a) Zusammenhängende Verfahren. Kraft Gesetzes sind die im Verbund mit einer Scheidungssache behandelten Folgesachen mit dieser und untereinander eine gebührenrechtliche Einheit. Im Übrigen wird bei zusammenhängenden Verfahren im Allgemeinen eine einzige Angelegenheit vorliegen. So sind zB die Gegenvorstellung und die Beschwerde gegen eine Einziehungsverfügung im Erbscheinsverfahren ein einziger Rechtszug, wenn das Amtsgericht nicht abhilft und das Landgericht über die Beschwerde entscheidet.[13] Dies kann jedoch nicht für Dauerverfahren gelten, wenn sie keine laufende, sondern eine jeweils unterbrochene, stoßweise Tätigkeit erfordern. Stellt der Rechtsanwalt zB in derselben Vormundschaftssache zunächst Antrag auf Bestellung eines Vormundes, sodann auf Genehmigung eines Rechtsgeschäfts, schließlich auf Absetzung des Vormunds, so werden regelmäßig drei verschiedene Angelegenheiten vorliegen, und zwar selbst dann, wenn nur ein Auftrag vorliegt, der etwa lautet, die Interessen des Auftraggebers in der Vormundschaftssache in jeder Hinsicht wahrzunehmen. Doch kann auch der Antrag auf Bestellung eines Vormundes und der Antrag auf Genehmigung des Rechtsgeschäfts uU nur einzige Angelegenheit sein; zB 17

---

12 OLG Hamm AnwBl. 1980, 155.
13 OLG München Rpfleger 1952, 43.

§ 15   Abschnitt 2. Gebührenvorschriften

dann, wenn der Antrag, einen Vormund zu bestellen (die Anregung von Amts wegen tätig zu werden), nur deshalb eingerichtet worden ist, damit der Vormund das Rechtsgeschäft, das gerichtlich genehmigt werden soll, vorher seinerseits genehmigt; es handelt sich dann um eine einzige Genehmigungsangelegenheit.

18   Die Beispiele zeigen, dass es auf den **inneren Zusammenhang** der anwaltlichen Tätigkeiten ankommt (vgl. näher Rn. 22, 23). Dies gilt auch im Verwaltungsverfahren, in dem die Abgrenzung noch schwieriger ist als in den ursprünglichen Angelegenheiten der freiwilligen Gerichtsbarkeit. Dabei kommt es nicht schlechthin auf die Interessenlage des Auftraggebers an. ZB sind das Verwaltungsverfahren auf Erlass eines Verwaltungsaktes und das Verwaltungsverfahren auf Widerruf oder über den Widerruf des Verwaltungsaktes verschiedene Angelegenheiten. Zwar kann dabei die Interessenlage des Auftraggebers insofern die Gleiche sein, als er in dem ersten Verfahren den Erlass und in dem zweiten Verfahren die Aufrechterhaltung des Verwaltungsaktes anstrebt. Gleichwohl handelt es sich um verschiedene Angelegenheiten; denn in dem ersten Verfahren geht es um die Erlangung, in dem zweiten Verfahren um die Verteidigung einer Rechtsposition.

19   b) **Vorbereitungshandlungen.** Dem Gesetz ist in § 19 ein allgemeiner, nicht nur für das gerichtliche Verfahren geltender Grundsatz zu entnehmen, dass Vorbereitungshandlungen zu der Angelegenheit rechnen, soweit dafür kein besonderes Verfahren nötig ist. Hat der Rechtsanwalt eine Einwanderungserlaubnis zu erwirken, so gehören zu der Angelegenheit auch die Beschaffung der Personalpapiere (Geburtsurkunde, Staatsangehörigkeitszeugnis usw.), es sei denn, dass die Gesuchschreiben an das Standesamt, die untere Verwaltungsbehörde usw. nicht genügen, vielmehr ein besonderes Verfahren erforderlich ist, um die Papiere zu erlangen, zB eine Aufsichtsbeschwerde, ein Verwaltungsgerichtsprozess usw. Wer von einer Behörde etwas erbittet und es sogleich erhält, betreibt kein besonderes Verfahren. Kein besonderes Verfahren ist zB die zu der Vorbereitung eines Geschäfts nötige Grundbucheinsicht, es sei denn, dass sie mit der Erinnerung oder der Beschwerde erzwungen werden muss; ferner nicht die Einholung von Auskünften bei der Meldebehörde oder bei dem Finanzamt. Wird in einer isolierten Familiensache eine vorläufige Anordnung getroffen, so entstehen hierfür dem Anwalt keine besonderen Gebühren;[14] die Verfahrensgebühren der Sache selbst gelten auch die Tätigkeit für die Anordnung ab.

20   c) **Abwicklungstätigkeiten.** Dem Gesetz ist ferner der allgemeine Grundsatz zu entnehmen, dass Abwicklungstätigkeiten ebenfalls zu der Angelegenheit gehören, wiederum unter der Voraussetzung, dass kein besonderes Verfahren beschritten werden muss. Die im § 19 genannten Beispiele sind dabei zu verallgemeinern und den Verhältnissen außerhalb gerichtlicher Verfahren anzupassen. ZB ist auch die Erwirkung einer weiteren beglaubigten Abschrift des behördlichen Bescheides in der Regel eine Abwicklungstätigkeit; denn dazu ist – im Gegensatz zu der weiteren vollstreckbaren Ausfertigung (§ 733 ZPO) – im Allgemeinen kein besonderes Verfahren nötig. Keine Abwicklung ist es, wenn bei einer Unfallschadensregulierung nach einer Grundvereinbarung bestimmte Schadensposten, etwa Unterhaltsrechte, periodisch neu festzulegen sind,[15] anders die bloße Nachprüfung.

21   d) **Nebentätigkeiten.** Was für Vorbereitungs- und Abwicklungstätigkeiten gilt, ist erst recht auch für Nebentätigkeiten (Hilfstätigkeiten) anzuwenden. Beschafft zB

---

[14] OLG Celle JurBüro 1982, 222; OLG Frankfurt JurBüro 1985, 1818.
[15] LG Kleve AnwBl. 1981, 509.

der Rechtsanwalt Beweismaterial, um die Behörde oder einen Gegeninteressenten zu überzeugen, so gehört dies zu der Angelegenheit. Insbesondere gehört aber zu der Angelegenheit stets die Beratung des Auftraggebers; daher entsteht neben sonstigen Gebühren niemals eine Ratgebühr. Zum Vergleich kann auch § 35 KostO dienen, nach welcher Vorschrift die in der Kostenordnung bestimmten Gebühren die gesamte auf das Geschäft verwendete Tätigkeit des Gerichts oder des Notars „einschließlich der Nebengeschäfte" umfassen. Eine besondere Angelegenheit ist es jedoch auch hier, wenn ein besonderes Verfahren beschritten wird, um das Ziel des Auftraggebers zu erreichen.

e) **Mehrere Gegeninteressenten.** Hat der Rechtsanwalt mit mehreren Gegeninteressenten zu verhandeln, so liegt nur eine einzige Angelegenheit vor, gleichgültig ob sie, falls es zum Prozess kommt, zweckmäßigerweise gemeinsam klagen oder gemeinsam verklagt würden. Handelt es sich dabei um mehrere Ansprüche, so sind die Werte zusammenzurechnen, so auch im Hinblick auf § 60 ZPO beim Abschluss von Mieterhöhungsverträgen mit den Mietern derselben Wohnanlage.[16] Aber auch, wenn der Rechtsanwalt nacheinander mit verschiedenen Interessenten verhandelt, zB um sie als Teilhaber für ein zu gründendes Unternehmen zu gewinnen, wird regelmäßig nur eine einzige Angelegenheit vorliegen. Denn die Zahl der Personen, mit denen verhandelt wird, kann für die Abgrenzung der Angelegenheit ebenso wenig maßgebend sein wie die Zahl der Verhandlungen selbst. Die Gebührenerhöhung bei mehreren Auftraggebern tritt nicht ein bei mehreren Gegnern. 22

f) **Gesonderte Gerichts- oder Verwaltungsgebühren.** Im Allgemeinen ist es kein genügender Anhalt für die Annahme mehrerer Angelegenheiten, wenn nach den für das Verfahren der freiwilligen Gerichtsbarkeit oder das Verwaltungsverfahren geltenden Gebührengesetzen für mehrere innerlich zusammenhängende Amtsgeschäfte von den Gerichten oder Behörden gesonderte Gebühren zu erheben sind; so zB, wenn § 64 Abs. 2 KostO bestimmt, dass die Gebühr für die Eintragung der Veränderung mehrerer Rechte für jedes Recht besonders zu erheben ist, auch wenn es nur der Eintragung eines einheitlichen Vermerks in das Grundbuch bedarf. Denn solche Vorschriften pflegen mit dem Einzelaktsystem des betreffenden Gebührengesetzes zusammenzuhängen und ermöglichen daher keine Rückschlüsse auf den ganz anders gearteten Begriff der Angelegenheit iS der Anwaltsvergütung. 23

g) **Innerer Zusammenhang.** Die anwaltlichen Tätigkeiten dürfen nicht atomisiert werden. Dies würde dem Sinn des Pauschsystems widersprechen. Die Zusammenfassung der anwaltlichen Tätigkeiten zu Gebührenbemessungseinheiten (Angelegenheiten) muss nach dem Zweck der Gebührenvorschriften und unter Berücksichtigung der gebührenmäßigen Auswirkungen erfolgen. Es kommt darauf an, welche Tätigkeiten bei objektiver Betrachtung innerlich zusammengehören. Dabei ist auch der konkrete Erfolg, der nach dem Inhalt des Auftrags mit der anwaltlichen Tätigkeit erreicht werden soll, zu berücksichtigen, zB der Abschluss eines bestimmten Vertrags, die Gründung eines bestimmten Unternehmens, die Abgabe einer Steuererklärung, das Einwirken auf die Gegeninteressenten, die Erlangung eines Studienplatzes, auch wenn hierfür Anträge bei mehreren Hochschulen eingereicht werden. Nicht zu berücksichtigen sind die allgemeinen Ziele des Auftraggebers, die sich in dem Auftrag nicht konkretisiert haben, zB das Erzielen von Gewinn, die Verbesserung der Vermö- 24

---

[16] AA LG München II Rpfleger 1968, 293.

genslage. Wohl aber kann die Sanierung eines Unternehmens, d. h. die außergerichtliche Einigung mit allen oder den hauptsächlichen Gläubigern, das konkrete Ziel eines Auftrags und eine einzige Angelegenheit sein.

25 Ein innerer Zusammenhang kann auch dadurch hergestellt werden, dass in die ursprüngliche Angelegenheit nachträglich andere Angelegenheiten einbezogen werden, die dadurch zu einer einzigen Angelegenheit werden. Es ist dies der Parallelfall zu der Verbindung von Klagen. So werden auch im außergerichtlichen Bereich mehrere Angelegenheiten zu einer einzigen Angelegenheit, wenn sie in einen gemeinsamen Vergleich einbezogen und dadurch gemeinsam erledigt werden. Man kann hier von einer Vergleichsangelegenheit sprechen. Wie in gerichtlichen Verfahren entsteht dann die Einigungsgebühr nur einmal aus dem zusammengerechneten Wert aller Rechtsverhältnisse, die durch den Vergleich befriedet werden.

III. Teile des Gegenstandes

26 Abs. 3 handelt von der anwaltlichen Tätigkeit, die sich auf Teile des Gegenstandes bezieht. Wie sich aus der Fassung des Absatzes 3 ergibt, ist der Begriff des Gegenstandes nicht prozessual, sondern gebührenrechtlich (wertbestimmungsmäßig) zu verstehen. Die Vorschrift gilt nur, wenn sich die anwaltliche Tätigkeit nach Teilen des Gegenstandswertes aussondern lässt (vgl. „Gesamtbetrag der Wertteile"). Dem liegt die Vorstellung zugrunde, dass es in einer Angelegenheit regelmäßig nur einen Gegenstandswert gibt. Liegen in einer Angelegenheit mehrere Gegenstände vor, so ist nämlich gebührenrechtlich (wertbestimmungsmäßig) wie folgt zu unterscheiden:

27 Entweder ist der eine Gegenstand in dem anderen enthalten. So, wenn die Gebühren nur aus dem Wert eines der Gegenstände, und zwar nach dem höheren Wert, berechnet werden; zB, wenn mit einem nichtvermögensrechtlichen Anspruch ein aus ihm hergeleiteter vermögensrechtlicher Anspruch verbunden ist (§ 48 Abs. 4 GKG nF), im Falle der Stufenklage (§ 44 GKG nF), ferner, wenn das Gesetz vorschreibt, dass mehrere gleichartige Gegenstände als nur ein Gegenstand zu bewerten sind, so, wenn Klage und Widerklage oder wechselseitige Rechtsmittel denselben „Streitgegenstand" betreffen (§ 45 Abs. 1 S. 1 GKG nF). Wegen des Verhältnisses des Hauptanspruchs zu den Nebenforderungen vgl. § 43 GKG nF. Andernfalls werden die Werte zusammengerechnet; es wird also ein Gesamtwert gebildet.

28 Danach kommt Abs. 3 zB nicht in Betracht, wenn der Rechtsanwalt zunächst für die Klage und sodann gegen die Widerklage tätig wird und beide Klagen denselben „Streitgegenstand" betreffen; denn ein besonderer Wert für die Widerklage lässt sich nicht ausscheiden. Dies ist anders, wenn die Werte nach § 45 Abs. 1 S. 2 GKG nF zusammengerechnet werden. Abs. 3 kommt auch nicht in Betracht, wenn der Rechtsanwalt zunächst nur gegen einen und sodann auch gegen den anderen der gemeinsam verklagten Gesamtschuldner tätig wird; denn der Gegenstand ist nicht nach der Zahl der Gesamtschuldner teilbar, weil die Ansprüche gegen alle Gesamtschuldner nur einmal bewertet werden;[17] so auch für das Rechtsmittelverfahren, wenn von zwei Gesamtschuldnern einer verurteilt, die Klage gegen den anderen aber abgewiesen ist.[18] Soweit sich dagegen die Werte von Klage und Widerklage oder von wechselseitigen Rechtsmitteln nicht decken, oder soweit der Anspruch gegen einen der Gesamt-

---
[17] RGZ 116, 308; RG HRR 1940, Nr. 1304.
[18] BGH NJW 1952, 1377; aA RGZ 145, 164.

schuldner höher ist als gegen die anderen, ist ein Wertteil ausscheidbar und Abs. 3 kann Anwendung finden. Nicht ausscheidbar sind auch einzelne Mietzinsraten oder Unterhaltsraten, die in den nach dem einjährigen Mietzins oder dem Jahresbetrag des Unterhalts berechneten Gegenstandswert (§§ 41, 43 GKG nF) fallen. Ausscheidbar sind dagegen eine einzelne Zinsrate, wenn als Gegenstandswert der auf die gesamte streitige Zeit entfallende Zins maßgebend ist (§ 41 Abs. 1 GKG nF), und, soweit Unterhaltsrückstände aus der Zeit vor der Rechtshängigkeit dem Gegenstandswert zugerechnet werden (§ 42 Abs. 5 GKG nF), die Rückstände. Ausscheidbar werden Kosten und Nebenleistungen, die neben der Hauptsache nicht gesondert bewertet werden (§ 4 ZPO, § 43 GKG nF, § 18 Abs. 2 KostO), sobald sie zur Hauptforderung werden. Das ist zB auch der Fall bei Zinsen aus einem nicht oder nicht mehr im Streit stehenden Hauptanspruch, gleichviel, ob ein anderer Teil des Hauptanspruchs in derselben Instanz noch anhängig ist.[19] – Vgl. über Einzelheiten § 31 Rn. 62 ff. – Lässt sich die anwaltliche Tätigkeit nach Teilen des Gegenstandswertes aussondern, so ist wie folgt zu unterscheiden:

1. Im Laufe der Angelegenheit verändert sich der Gegenstandswert, aber nicht der Gebührensatz. Der „Gebührensatz" ist nicht mit dem Gebührenbetrag zu verwechseln. Unter Gebührensatz versteht das Gesetz den Berechnungsfaktor zur Gebühr des § 13. Bleibt der Gebührensatz der Gleiche, verändert sich aber im Laufe der Angelegenheit der Gegenstandswert, so wird die Gebühr nach dem höchsten Wert berechnet, hinsichtlich dessen der Rechtsanwalt den Gebührentatbestand erfüllt hat. Hat zB der Rechtsanwalt in der mündlichen Verhandlung zunächst einen streitigen Antrag auf 2000 Euro gestellt, diesen Antrag aber später auf 4000 Euro erhöht, so wird die Verfahrens- und Terminsgebühr aus 4000 Euro (nicht aus zweimal 2000 Euro) berechnet. Dasselbe gilt, wenn die Werterhöhung infolge einer Klagenverbindung eintritt, wobei aber zu beachten ist, dass eine vor der Verbindung bereits entstandene Gebühr sich nachträglich nicht ermäßigt. Hat der Rechtsanwalt zwei Schuldner auf Zahlung von je 2000 Euro in getrennten Prozessen verklagt, stellt er aber nach der Verbindung der Klagen erstmals den streitigen Antrag in der mündlichen Verhandlung, so wird die Terminsgebühr aus 4000 Euro berechnet, da die Werte nach der Verbindung zusammengerechnet werden (§ 5 ZPO); die vor der Verbindung bereits entstandenen Verfahrensgebühren werden aber, da die Klagen getrennt eingereicht worden sind, aus 2-mal 2000 Euro berechnet, was höher ist als eine Gebühr aus 4000 Euro. Der Mehrbetrag verbleibt dem Anwalt auch dann, wenn sich später aus anderen Gründen der Wert nochmals erhöht und dadurch eine höhere Gebühr entsteht; er wird nicht etwa von der höheren Gebühr nachträglich wieder aufgesogen.[20] Würde in dem gleichen Fall die Verbindung erst beschlossen, nachdem der Rechtsanwalt den streitigen Antrag in den getrennten Prozessen gestellt hatte, so würden ihm auch die Terminsgebühren aus den gesonderten Werten verbleiben.

Entsprechend ist der Fall zu behandeln, dass nur wegen eines Teiles des Gegenstandswertes Prozesskostenhilfe bewilligt wird. Denn der Auftraggeber kann hier nicht schlechter gestellt werden als eine alle Kosten selbst tragende Partei, deren Rechtsverfolgung zu einer nachträglichen Erhöhung des Gegenstandswertes führt.[21]

---

[19] BGHZ 26, 174.
[20] AA OLG Stuttgart JurBüro 1982, 1630 m. abl. Anm. *Mümmler*.
[21] BGHZ 13, 373; aA OLG München NJW 1969, 938 m. abl. Anm. *Schneider* JurBüro 1969, 514 und *Lappe* KostRsp. § 13 BRAGO Nr. 17.

§ 15

31 Ist zB Prozesskostenhilfe für 3500 Euro bewilligt, der Rechtsanwalt aber beauftragt, wegen 7500 Euro tätig zu werden, so berechnet sich die Verfahrensgebühr, die der Rechtsanwalt vom Auftraggeber fordern kann, wie folgt:

1,3 Prozessgebühr aus 7500 Euro	=	535,60 Euro
abz. 1,3 Prozessgebühr aus 3500 Euro	=	282,10 Euro
vom Auftraggeber zu fordern		253,30 Euro.

32 **2. Der Rechtsanwalt wird in Bezug auf Teile des Gegenstandswerts tätig, und der Gebührensatz ist für die Teile gleich.** Hier gilt, dass die Gebühr für den Wertteil oder die Summe der Wertteile zu berechnen ist, in Bezug auf die der Rechtsanwalt tätig geworden ist. Hat zB der Rechtsanwalt drei Schuldner A, B und C auf Zahlung von je voneinander unabhängigen 2000 Euro getrennt verklagt und werden die Verfahren vor dem Termin verbunden, so erhält der Rechtsanwalt die Terminsgebühr aus 6000 Euro, also 405,60 Euro, die Verfahrensgebühr aber aus 3 × 2000 Euro = 478,80 Euro.

33 **3. Der Rechtsanwalt wird in Bezug auf Teile des Gegenstandswertes tätig, und der Gebührensatz ist für die Teile verschieden.** Hier gilt nach Abs. 3, dass die Gebühr für jeden Teilwert gesondert zu berechnen ist, aber die Summe der so errechneten Gebühren die aus dem Gesamtbetrag der Wertteile nach dem höchsten Gebührensatz berechneten Gebühren nicht übersteigen darf. Hat der Anwalt einen Klageauftrag über 30000 Euro, wovon sich 10000 Euro alsbald erledigen, so dass nur noch Klage über 20000 Euro eingeklagt werden, so beträgt die Verfahrensgebühr

1,3 aus 20000	=	839,80 Euro
0,8 aus 10000	=	388,80 Euro
		1228,60 Euro

das sind mehr als 1,3 aus 30000 = 985,40, so dass sich die Gebühr auf diesen Betrag verkürzt.

34 Hat der Rechtsanwalt zunächst Auftrag, den Schuldner wegen 2000 Euro zu verklagen, reicht er aber dann eine Klage nur wegen 1000 DM ein, so ist die Verfahrensgebühr wie folgt zu berechnen:

0,8 aus 2000 Euro	=	106,40 Euro
1,3 aus 1000 Euro	=	110,50 Euro
− aus 1000 Euro = 68,− Euro		42,50 Euro
	insgesamt	148,90 Euro.

35 Ebenso ist zu rechnen, wenn infolge einer Anrechnungsvorschrift mehrere Angelegenheiten zu einer einheitlichen Angelegenheit verschmolzen werden.

IV. Vorzeitiges Ende der anwaltlichen Tätigkeit

36 Aus dem Pauschcharakter der Gebühren folgt, dass sich entstandene Gebühren nicht deshalb ermäßigen, weil die Erledigung der Angelegenheit einen geringeren Arbeitsaufwand verursacht hat, als er gewöhnlich entfaltet werden muss oder als es bei der Erteilung des Auftrags vorauszusehen war. Eine Ausnahme hiervon gilt bei Rahmengebühren, da bei der Bemessung der Gebühr im Einzelfall der konkrete Arbeitsaufwand zu berücksichtigen ist. Doch gilt der hier behandelte Grundsatz auch bei Rahmengebühren insofern, als der Mindestbetrag oder Mindestsatz des Rahmens bei einem besonders geringen Arbeitsaufwand nicht unterschritten und der Höchstbetrag

Abgeltungsbereich der Gebühren **§ 15**

oder Höchstsatz des Rahmens bei einem besonders großen Arbeitsaufwand nicht überschritten werden kann. Gemildert ist der Grundsatz, wenn sich die Gebühren nach einem Gegenstandswert bemessen, bei dessen Bestimmung der Arbeitsaufwand des Einzelfalles berücksichtigt werden kann (vgl. § 37). Der Beendigung entspricht es, wenn sich die Tätigkeit des Anwalts nachträglich beschränkt.[22]

1. Vorzeitig beendete Angelegenheit. Nach Abs. 4 sind die Gebühren in einer vorzeitig beendigten Angelegenheit grundsätzlich ebenso hoch, wie wenn die Angelegenheit gewöhnlichen Verlauf genommen hätte. Grundsätzlich ermäßigen sich die Gebühren auch nicht, wenn die Angelegenheit wider Erwarten des Rechtsanwalts und des Auftraggebers sich frühzeitig erledigt hat. Doch gibt es von diesem Grundsatz weitreichende Ausnahmen: **37**

a) Zerlegung der Tätigkeit in selbständige Gebührenquanten. Das RVG sieht in einer Angelegenheit regelmäßig mehrere Gebühren vor. Jede dieser Gebühren hat einen selbständigen Gebührentatbestand und einen selbständigen Abgeltungsbereich. Da dadurch die Angelegenheit in verschiedene Tätigkeitsquanten zerlegt wird, ist, wenn auch in grober Weise, der unterschiedliche Arbeitsaufwand berücksichtigt. Daran wird durch Abs. 4 nichts geändert. Dieser setzt vielmehr voraus, dass die Gebühren nach den einzelnen Gebührenvorschriften bereits entstanden sind. **38**

b) Zerlegung der Gebühren in selbständige Tätigkeitsquanten. In vielen Fällen ist festgelegt, dass eine bestimmte Gebühr nur zu einem Bruchteil entsteht, wenn die Angelegenheit in einem so frühen Stadium endet oder in einem so späten Stadium beginnt, dass es unbillig wäre, wenn der Rechtsanwalt die dem gewöhnlichen Verlauf der Dinge entsprechende Gebühr erhalten würde (vgl. zB Nr. 3101 VV). Derartige Vorschriften gehen als anderweitige Bestimmungen vor. **39**

2. Vorzeitiges Ende des Auftrags. Die Gebühren ermäßigen sich nicht, weil der Auftrag vorzeitig endet. Gedacht ist dabei vor allem an den Fall, dass ein Rechtsanwalt beauftragt ist, die Angelegenheit bis zu ihrem Ende zu führen, das Auftragsverhältnis aber, zB infolge einer Kündigung, früher endet. Hier ist also vorausgesetzt, dass die Angelegenheit den Auftrag überdauern kann. In einem solchen Fall sollen Gebühren, die bereits entstanden sind, nicht nachträglich wegfallen oder sich ermäßigen. Hiermit wird der allgemeine Grundsatz für einen bestimmten Einzelfall ausdrücklich ausgesprochen, dass entstandene Gebühren durch Ereignisse, die nach der Erfüllung des Gebührentatbestandes eintreten, nicht mehr beeinträchtigt werden sollen. Dies ist zB bedeutsam bei einer Verminderung des Gegenstandswertes. **40**

Nach § 628 Abs. 1 S. 1 BGB ist, wenn ein Dienstverhältnis vorzeitig endet, regelmäßig der den bisherigen Leistungen entsprechende Teil der Vergütung geschuldet. Diese Vorschrift wird durch Abs. 4 zwar nicht geändert, aber für den anwaltlichen Geschäftsbesorgungsvertrag weitgehend ihrer praktischen Bedeutung beraubt. Denn nach Abs. 4 ist die Vergütung für die bisherigen Leistungen (vorbehaltlich der oben genannten Ausnahmen) ebenso hoch wie die Vergütung für die ganze aufgetragene Leistung, wobei das Maß der bisher aufgewandten Arbeit grundsätzlich außer Betracht bleibt.[23] **41**

---

[22] LG Berlin AnwBl. 1982, 122.
[23] RGZ 121, 202; vgl. auch OLG Celle AnwBl. 1957, 262.

42 **3. Folgen vorzeitiger Kündigung. a) Kündigung des Rechtsanwalts.** Wird die Kündigung durch **vertragswidriges Verhalten des Auftraggebers** veranlasst, so ist dieser nach § 628 Abs. 2 BGB zum Ersatz des durch die Aufhebung des Dienstverhältnisses entstehenden Schadens verpflichtet. Ein solcher Schaden könnte darin bestehen, dass eine bei Vollendung des Auftrags später noch anfallende Gebühr nicht mehr entsteht. Da aber andererseits der Anwalt frei wird und seine Arbeitskraft anderweitig einsetzen kann, wird sich oft ein Schaden nicht feststellen lassen.

43 Kündigt der Rechtsanwalt, **ohne** durch vertragswidriges Verhalten des Auftraggebers dazu veranlasst worden zu sein, so steht ihm ein Anspruch auf Vergütung insoweit nicht zu, als seine bisherigen Leistungen infolge der Kündigung für den Auftraggeber kein Interesse mehr haben (§ 628 Abs. 1 S. 2 BGB) – s. hierzu Rn. 46. Der Auftraggeber und nicht etwa der Rechtsanwalt muss aber beweisen, dass der Rechtsanwalt gekündigt hat, obwohl sich der Auftraggeber nicht schuldhaft vertragswidrig verhalten hat.[24]

44 **b) Kündigung des Auftraggebers.** Wird die Kündigung durch vertragswidriges Verhalten des Rechtsanwalts veranlasst, so verliert dieser seinen Anspruch auf Vergütung insoweit, als seine bisherigen Leistungen infolge der Kündigung für den Auftraggeber kein Interesse haben (§ 628 Abs. 1 S. 2 BGB). Außerdem ist der Rechtsanwalt schadensersatzpflichtig (§ 628 Abs. 2 BGB), muss also beispielsweise die Gebühren, die bei einem anderen Rechtsanwalt nochmals entstehen, zurückzahlen bzw. kann sie nicht verlangen.

45 **c) Verschulden.** Kündigt der Rechtsanwalt, so kommt es nicht darauf an, ob in der Kündigung ein Verschulden des Rechtsanwalts zu erblicken ist.[25] Doch ist zu beachten, dass dies nur im Falle einer Kündigung gilt. Wird die Leistung des Rechtsanwalts unmöglich, ohne dass dies der Rechtsanwalt oder der Auftraggeber zu vertreten hat, so verliert der Rechtsanwalt seinen Anspruch auf Vergütung. Hat der Rechtsanwalt jedoch bereits einen Teil seiner Leistung erbracht, so mindert sich entsprechend §§ 326 Abs. 1 S. 1, 441 Abs. 3 BGB nF seine Vergütung; da aber die Gebühr für eine Teilleistung grundsätzlich ebenso hoch ist wie die Gebühr für die ganze Leistung, läuft die Regelung insoweit leer. Dies gilt insbesondere beim Tode des Rechtsanwalts oder bei einer Erkrankung, die ihn an der Ausübung seiner Berufspflichten hindert. Unmöglich wird die Leistung auch bei Zurücknahme oder Erlöschen der Zulassung. Im praktischen Ergebnis ist die Rechtslage ebenso wie beim beigeordneten Anwalt im Falle des § 54. Es kommt darauf an, ob der Rechtsanwalt seine Leistung schuldhaft nicht erbringt oder aus Umständen, die er zu vertreten hat, nicht erbringen kann. Über die Kündigung wegen Nichtzahlung des Vorschusses vgl. § 9.

46 Der Rechtsanwalt geht seines Anspruchs insoweit verlustig, als der Auftraggeber infolge des Anwaltswechsels Gebühren doppelt zahlen müsste, da insoweit die Tätigkeit des ersten Anwalts für den Mandanten wirtschaftlich wertlos ist. Erhält der zweite Rechtsanwalt sämtliche Gebühren, die in der Angelegenheit anfallen können, so verliert der erste Rechtsanwalt seinen gesamten Gebührenanspruch;[26] Abweichendes müsste besonders vereinbart sein. Erhält der zweite Rechtsanwalt zB nur noch die ermäßigte Verfahrensgebühr nach Nr. 3107 VV, so kann der erste Rechtsanwalt statt einer an sich bereits verdienten Gebühr nur noch die Differenz fordern.[27]

---

[24] *Staudinger/Neumann* § 628 BGB Rn. 29.
[25] OLG Hamm JurBüro 1958, 251; 1960, 529.
[26] OLG Hamburg MDR 1981, 767.
[27] OLG München HRR 1938 Nr. 1527. Über die Rechtslage bei Vereinbarung eines Erfolgshonorars KG RzW 1961, 45.

V. Gesamtauftrag und Einzelaufträge

Würde die Angelegenheit stets mit dem Auftrag enden (vgl. Rn. 8 aE), so würden **47** die Gebühren neu entstehen, wenn derselbe Rechtsanwalt nach der Beendigung seines Auftrags einen neuen Auftrag in derselben Sache erhält; zB wenn er nach der Niederlegung des Mandats den Auftraggeber in demselben Rechtszug erneut vertritt.[28] Dies sollen die Abs. 5 und 6 vermeiden. Im Einzelnen besagen die Vorschriften Folgendes:

1. Auftrag. Es müssen **mehrere Aufträge** vorliegen. Aufgrund eines dieser Aufträ- **48** ge muss der Rechtsanwalt die Angelegenheit nicht bis zu ihrem Ende behandelt haben. Sonst greifen die Abs. 5, 6 nicht ein. Sie sind dann überflüssig, weil der Rechtsanwalt schon nach den Abs. 1, 2 die Gebühren nur einmal erhält.

2. Angelegenheit. Die mehreren Aufträge müssen **in derselben Angelegenheit** **49** erteilt sein. Der Begriff der Angelegenheit wird daher in diesem Zusammenhang von dem – früheren – Auftrag abstrahiert. Im Abs. 5 wird vorausgesetzt, dass die Angelegenheit den früheren Auftrag überdauert, im Abs. 6 wird vorausgesetzt, dass die Angelegenheit inhaltlich weiter reicht als der frühere Auftrag.

In derselben Angelegenheit ist der zweite (und jeder weitere) Auftrag erteilt, wenn **50** das im ersten Auftrag umschriebene Gesamtgeschäft, das der Rechtsanwalt aufgrund dieses Auftrags ganz oder nur zu einem Teil zu besorgen hatte, dasselbe Gesamtgeschäft ist, auf das sich die späteren Aufträge beziehen. Anders ausgedrückt, Angelegenheit iS der Abs. 5 und 6 ist, was Angelegenheit wäre, wenn der Rechtsanwalt von vornherein so tätig geworden wäre, wie er nach dem früheren und allen späteren Aufträgen tätig geworden ist. Das besagt im Einzelnen Folgendes:

Der **frühere, vorzeitig beendete Gesamtauftrag** bestimmt die Angelegenheit auch **51** für spätere Gesamtaufträge. Wird zB der Prozessbevollmächtigte nach der Niederlegung des Mandats in derselben Instanz tätig, so erhält er die Gebühren, und zwar auch die Verfahrensgebühr, nur einmal.

Der **frühere Gesamtauftrag** bestimmt die Angelegenheit auch für spätere Einzel- **52** aufträge. Wird zB der Prozessbevollmächtigte später Verkehrsanwalt, zB infolge einer Verweisung, die die Einheit der Instanz bewahrt, so erhält er die Verkehrsgebühr, die sachlich die Prozessgebühr des Verkehrsanwalts ist, nicht neu.[29]

Der **spätere Gesamtauftrag** bestimmt die Angelegenheit auch für frühere Einzel- **53** aufträge; zB erhält der Rechtsanwalt, der zunächst aufgrund eines Einzelauftrages einen Beweistermin wahrnimmt, wenn er später Prozessbevollmächtigter wird, für weitere Termine keine Gebühr mehr, weil er diese nach Nr. 3402 VV bereits verdient hat, jedoch noch die anteilige Verfahrensgebühr. Der Verkehrsanwalt, der später Prozessbevollmächtigter wird, erhält die Verfahrensgebühr nur noch in der ihm noch nicht nach Nr. 3400 zustehenden Differenz neu.[30]

Eine **Ausnahme** von dem Ausschluss einer Doppelhonorierung ergibt sich aus **54** Abs. 5 S. 2: Wird ein gebührenrechtlich erledigter Auftrag nach Ablauf des zweiten

---

[28] *Gerold/Schmidt/Madert* Rn. 253.
[29] OLG Hamm JurBüro 1963, 775; 1964, 580; JMBl. NRW 1965, 106; OLG Köln JW 1928, 1525; OLG Naumburg JW 1936, 620; KG JW 1939, 369; OLG Karlsruhe Sen. Freiburg, Justiz 1968, 282.
[30] OLG Dresden JW 1935, 221; OLG Düsseldorf JVBl. 1967, 282; OLG München Rpfleger 1969, 140.

§ 15

Kalenderjahres nach der Erledigung erneuert, so wird der neue Auftrag als neue Angelegenheit gewertet. Rechtfertigung für diese doppelte Honorierung ist, dass der Anwalt nach Ablauf einer so langen Zeit kaum noch auf seine Kenntnisse aus dem früheren Verfahren zurückgreifen kann.

55 Sind **nur Einzelaufträge** erteilt (Abs. 6), so bestimmen alle Einzelaufträge zusammen die Angelegenheit; zB erhält der Rechtsanwalt, der zunächst nur den Auftrag hat, einen Beweistermin wahrzunehmen, und später den Auftrag erhält, einen weiteren Beweistermin wahrzunehmen, nur einmal die Terminsgebühr, weil er, wenn er von vornherein mit der Wahrnehmung aller Beweistermine beauftragt worden wäre, auch nur eine Gebühr erhalten haben würde, immer vorausgesetzt, dass sich die Beweisaufnahme auf denselben Gegenstand bezieht, sonst vgl. Rn. 32 ff.

56 Im **Abs. 6** ist auch geregelt, dass der nicht zum Prozessbevollmächtigten bestellte Rechtsanwalt nicht mehr an Gebühren erhalten darf, als der zum Prozessbevollmächtigten bestellte Rechtsanwalt für die gleiche Tätigkeit erhalten würde. Werden dem Rechtsanwalt nacheinander Aufträge erteilt, und zwar zur Anfertigung eines Schriftsatzes, zur Einreichung eines Gesuchs um Bewilligung von Prozesskostenhilfe und zur Einlegung einer Erinnerung, so erhält er zusammen nur eine volle Gebühr, weil ein Prozessbevollmächtigter für alle diese Tätigkeiten mit der vollen Prozessgebühr abgegolten sein würde.

57 Diese **Grundsätze gelten in allen Angelegenheiten**, und zwar ohne Rücksicht darauf, ob sie gerichtlich abgewickelt werden oder nicht. In Strafsachen darf die Summe der konkreten Gebühren für Einzeltätigkeiten die konkrete Gebühr aus dem Rahmen des Verteidigers nicht übersteigen.

58 Der Anwalt, der **zunächst** mit der **gütlichen Erledigung** beauftragt ist, sodann aber Prozessauftrag erhält, hat zunächst die Geschäftsgebühr der Nr. 2400 VV verdient, die aber dann anteilig auf die Verfahrensgebühr für den Prozessauftrag angerechnet wird (Vorbem. 3.3.4 VV).

Abschnitt 3. Angelegenheit

§ 16 Dieselbe Angelegenheit

Dieselbe Angelegenheit sind
1. das Verwaltungsverfahren auf Aussetzung oder Anordnung der sofortigen Vollziehung sowie über einstweilige Maßnahmen zur Sicherung der Rechte Dritter und jedes Verwaltungsverfahren auf Abänderung oder Aufhebung in den genannten Fällen,
2. das Verfahren über die Prozesskostenhilfe und das Verfahren, für das die Prozesskostenhilfe beantragt worden ist,
3. mehrere Verfahren über die Prozesskostenhilfe in demselben Rechtszug,
4. eine Scheidungssache und die Folgesachen (§ 621 Abs. 1 Nr. 1 bis 9, § 623 Abs. 1 bis 3, 5 der Zivilprozessordnung),
5. ein Verfahren über die Aufhebung der Lebenspartnerschaft und die Folgesachen (§ 661 Abs. 2, § 623 Abs. 1 und 5 der Zivilprozessordnung),
6. das Verfahren über einen Antrag auf Anordnung eines Arrests, einer einstweiligen Verfügung, auf Erlass einer einstweiligen oder vorläufigen Anordnung, auf Anordnung oder Wiederherstellung der aufschiebenden Wirkung, auf Aufhebung der Vollziehung oder Anordnung der sofortigen Vollziehung eines Verwaltungsakts und jedes Verfahren auf deren Abänderung oder Aufhebung,
7. das Verfahren nach § 3 Abs. 1 des Gesetzes zur Ausführung des Vertrages zwischen der Bundesrepublik Deutschland und der Republik Österreich vom 6. Juni 1959 über die gegenseitige Anerkennung und Vollstreckung von gerichtlichen Entscheidungen, Vergleichen und öffentlichen Urkunden in Zivil- und Handelssachen in der im Bundesgesetzblatt Teil III, Gliederungsnummer 319–12, veröffentlichten bereinigten Fassung, das zuletzt durch Artikel 23 des Gesetzes vom 27. Juli 2001 (BGBl. I S. 1887) geändert worden ist, und das Verfahren nach § 3 Abs. 2 des genannten Gesetzes,
8. das Aufgebotsverfahren und das Verfahren über den Antrag auf Anordnung der Zahlungssperre nach § 1020 der Zivilprozessordnung,
9. das Verfahren über die Zulassung der Vollziehung einer vorläufigen oder sichernden Maßnahme und das Verfahren über einen Antrag auf Aufhebung oder Änderung einer Entscheidung über die Zulassung der Vollziehung (§ 1041 der Zivilprozessordnung),
10. das schiedsrichterliche Verfahren und das gerichtliche Verfahren bei der Bestellung eines Schiedsrichters oder Ersatzschiedsrichters, über die Ablehnung eines Schiedsrichters oder über die Beendigung des Schiedsrichteramts, zur Unterstützung bei der Beweisaufnahme oder bei der Vornahme sonstiger richterlicher Handlungen,
11. das Verfahren vor dem Schiedsgericht und die gerichtlichen Verfahren über die Bestimmung einer Frist (§ 102 Abs. 3 des Arbeitsgerichtsgesetzes), die Ablehnung eines Schiedsrichters (§ 103 Abs. 3 des Arbeitsgerichtsgesetzes) oder die Vornahme einer Beweisaufnahme oder einer Vereidigung (§ 106 Abs. 2 des Arbeitsgerichtsgesetzes),
12. im Kostenfestsetzungsverfahren einerseits und im Kostenansatzverfahren andererseits jeweils mehrere Verfahren über

§ 17

a) die Erinnerung,
b) die Beschwerde in demselben Beschwerderechtszug,

13. das Rechtsmittelverfahren und das Verfahren über die Zulassung des Rechtsmittels; dies gilt nicht für das Verfahren über die Beschwerde gegen die Nichtzulassung eines Rechtsmittels; und
14. das Verfahren über die Privatklage und die Widerklage und zwar auch im Fall des § 388 Abs. 2 der Strafprozessordnung.

1 **1. Regelungsinhalt.** Aus § 15 ist zu entnehmen, dass der Rechtsanwalt in derselben Angelegenheit die Gebühren nur einmal berechnen darf. Daher können weitere Gebühren derselben Art nur dann anfallen, wenn der Rechtsanwalt in zusätzlichen Angelegenheiten tätig wird. Wann nun eine Tätigkeit noch zur selben Angelegenheit gehört, lässt sich aus § 15 nicht ablesen. Das RVG listet nun in §§ 16 bis 21 auf, was iS des Gebührenrechts zu einer Angelegenheit gehört und was nicht. Die BRAGO hatte dies nur bruchstückweise und an verschiedenen Stellen geregelt.

3 **2. Dieselbe Angelegenheit.** § 16 fasst Verfahren, die inhaltlich zusammengehören, wenn auch prozessual getrennt sind, kostenrechtlich zu einer Angelegenheit zusammen. Überwiegend entspricht dies der bisherigen Regelung, die allerdings in der BRAGO an unterschiedlichen Stellen normiert war. Die Anordnung eines Arrestes, einer einstweiligen Verfügung oder einer sonstigen einstweiligen Maßnahme ist jetzt in allen Fällen eine Einheit mit deren Änderungen. Dagegen sind diese Verfahren gegenüber den Hauptsacheverfahren gesonderte Angelegenheiten (§ 17 Nr. 4). Bei den Verfahren zur Anerkennung von Vollstreckungstiteln mit Österreich waren bisher getrennte Gebühren vorgesehen, die allerdings teilweise aufeinander anzurechnen waren. Nunmehr sind solche Verfahren immer eine Einheit, also nur einmal zu berechnen, wodurch die Anrechnungsmöglichkeit entfällt.

4 Neu geregelt ist in Nr. 12 die generelle Zusammenfassung der Rechtsmittelverfahren im Hinblick auf die dabei gegebenen Neuerungen im Rechtspflegergesetz, § 16 Nr. 12 geht insoweit dem § 18 Nr. 5 vor.

5 Selbstverständlich wirkt sich die Zusammenfassung nur aus, wenn an den beiden Verfahrensteilen derselbe Anwalt tätig wird. Sind für die Verfahrensteile unterschiedliche Anwälte bestellt, erhält jeder Anwalt die ihm zustehenden Gebühren.

§ 17 Verschiedene Angelegenheiten

Verschiedene Angelegenheiten sind

1. jeweils das Verwaltungsverfahren, das einem gerichtlichen Verfahren vorausgehende und der Nachprüfung des Verwaltungsakts dienende weitere Verwaltungsverfahren (Vorverfahren, Einspruchsverfahren, Beschwerdeverfahren, Abhilfeverfahren), das Verwaltungsverfahren auf Aussetzung oder Anordnung der sofortigen Vollziehung sowie über einstweilige Maßnahmen zur Sicherung der Rechte Dritter und ein gerichtliches Verfahren,
2. das Mahnverfahren und das streitige Verfahren,
3. das vereinfachte Verfahren über den Unterhalt Minderjähriger und das streitige Verfahren,
4. das Verfahren in der Hauptsache und ein Verfahren über einen Antrag auf
   a) Anordnung eines Arrests,

b) Erlass einer einstweiligen Verfügung, einer einstweiligen Anordnung oder einer vorläufigen Anordnung in Verfahren der freiwilligen Gerichtsbarkeit,
c) Anordnung oder Wiederherstellung der aufschiebenden Wirkung, auf Aufhebung der Vollziehung oder Anordnung der sofortigen Vollziehung eines Verwaltungsakts sowie
d) Abänderung oder Aufhebung einer in einem Verfahren nach den Buchstaben a bis c ergangenen Entscheidung,
5. der Urkunden- oder Wechselprozess und das ordentliche Verfahren, das nach Abstandnahme vom Urkunden- oder Wechselprozess oder nach einem Vorbehaltsurteil anhängig bleibt (§§ 596, 600 der Zivilprozessordnung),
6. das Schiedsverfahren und das Verfahren über die Zulassung der Vollziehung einer vorläufigen oder sichernden Maßnahme sowie das Verfahren über einen Antrag auf Aufhebung oder Änderung einer Entscheidung über die Zulassung der Vollziehung (§ 1041 der Zivilprozessordnung),
7. das gerichtliche Verfahren und ein vorausgegangenes
a) Güteverfahren vor einer durch die Landesjustizverwaltung eingerichteten oder anerkannten Gütestelle (§ 794 Abs. 1 Nr. 1 der Zivilprozessordnung) oder, wenn die Parteien den Einigungsversuch einvernehmlich unternehmen, vor einer Gütestelle, die Streitbeilegung betreibt (§ 15a Abs. 3 des Einführungsgesetzes zur Zivilprozessordnung),
b) Verfahren vor einem Ausschuss der in § 111 Abs. 2 des Arbeitsgerichtsgesetzes bezeichneten Art,
c) Verfahren vor dem Seemannsamt zur vorläufigen Entscheidung von Arbeitssachen und
d) Verfahren vor sonstigen gesetzlich eingerichteten Einigungsstellen, Gütestellen oder Schiedsstellen,
8. das Vermittlungsverfahren nach § 52a des Gesetzes über die Angelegenheiten der freiwilligen Gerichtsbarkeit und ein sich anschließendes gerichtliches Verfahren,
9. das Verfahren über ein Rechtsmittel und das Verfahren über die Beschwerde gegen die Nichtzulassung des Rechtsmittels,
10. das strafrechtliche Ermittlungsverfahren und ein nach dessen Einstellung sich anschließendes Bußgeldverfahren,
11. das Strafverfahren und das Verfahren über die im Urteil vorbehaltene Sicherungsverwahrung und
12. das Wiederaufnahmeverfahren und das wieder aufgenommene Verfahren, wenn sich die Gebühren nach Teil 4 oder 5 des Vergütungsverzeichnisses richten.

Während § 16 mehrere an sich unterschiedliche Verfahren zu einer kostenrechtlichen Einheit zusammenfasst, regelt § 17 den umgekehrten Fall. Hier werden zwei inhaltlich mehr oder weniger zusammenhängende Angelegenheiten ausdrücklich zu getrennten Verfahren erklärt, was nicht ausschließt, dass teilweise eine Anrechnung von Gebühren vorgesehen ist (vgl. Nr. 3100 Abs. 2 oder 3305 und 3307 sowie Nr. 4100 Abs. 2 VV). Überhaupt bedeutet eine Anrechnung immer, dass es sich hier um getrennte Verfahren handelt.

Auch hier folgt der Gesetzgeber überwiegend der bisherigen Rechtslage oder der allgemeinen Meinung. Abweichend sind nunmehr einstweilige Maßnahmen im FG-Verfahren als getrennte Angelegenheiten ausgewiesen.

§ 18   *Abschnitt 3. Angelegenheit*

3   Getrennte Angelegenheiten sind wie bisher das Verwaltungsverfahren und das nachfolgende gerichtliche Verfahren. Neu werden aber nach vielfacher Kritik im Schrifttum die zwischen Verwaltungsakt und Verwaltungsklage eingeschalteten Abhilfeverfahren (mit unterschiedlicher Bezeichnung) sowie die Maßnahmen im Rahmen der sofortigen Vollziehbarkeit nunmehr kostenrechtlich verselbständigt. Dies soll nach der schwer lesbaren Begründung des Gesetzentwurfs auch für das Verhältnis der Abhilfeverfahren untereinander gelten. Offen gelassen hat das Gesetz die Frage, ob bei einer Zurückverweisung durch das Gericht an die Verwaltungsbehörde das frühere Verfahren kostenrechtlich fortgesetzt oder eine neue Instanz eröffnet wird. Hier spricht mehr für ein neues Verfahren, bei dem statt der Anrechnung die Gebühr im Rahmen des § 14 geringer zu halten ist, da der Anwalt von seiner früheren Tätigkeit profitiert, aber streitig.

§ 18 Besondere Angelegenheiten

Besondere Angelegenheiten sind
1. jedes Verfahren über eine einstweilige Anordnung nach
    a) § 127a der Zivilprozessordnung,
    b) den §§ 620, 620b Abs. 1, 2 der Zivilprozessordnung, auch in Verbindung mit § 661 Abs. 2 der Zivilprozessordnung,
    c) § 621f der Zivilprozessordnung, auch in Verbindung mit § 661 Abs. 2 der Zivilprozessordnung,
    d) § 621g der Zivilprozessordnung, auch in Verbindung mit § 661 Abs. 2 der Zivilprozessordnung,
    e) § 641d der Zivilprozessordnung,
    f) § 644 der Zivilprozessordnung, auch in Verbindung mit § 661 Abs. 2 der Zivilprozessordnung,
    g) § 64b Abs. 3 des Gesetzes über die Angelegenheiten der freiwilligen Gerichtsbarkeit;
    mehrere Verfahren, die unter demselben Buchstaben genannt sind, sind jedoch eine Angelegenheit; die Gegenstandswerte sind zusammenzurechnen; dies gilt auch dann, wenn die mehreren Verfahren denselben Gegenstand betreffen;
2. nicht in Nummer 1 genannte Verfahren über eine einstweilige oder vorläufige Anordnung in Verfahren der freiwilligen Gerichtsbarkeit; mehrere Anordnungen in derselben Hauptsache sind eine Angelegenheit; die Gegenstandswerte sind zusammenzurechnen; dies gilt auch dann, wenn die mehreren Verfahren denselben Gegenstand betreffen;
3. jede Vollstreckungsmaßnahme zusammen mit den durch diese vorbereiteten weiteren Vollstreckungshandlungen bis zur Befriedigung des Gläubigers; dies gilt entsprechend im Verwaltungszwangsverfahren (Verwaltungsvollstreckungsverfahren) und für jede Maßnahme nach § 33 des Gesetzes über die Angelegenheiten der freiwilligen Gerichtsbarkeit;
4. jede Vollziehungsmaßnahme bei der Vollziehung eines Arrests oder einer einstweiligen Verfügung (§§ 928 bis 934 und 936 der Zivilprozessordnung), die sich nicht auf die Zustellung beschränkt;
5. jedes Beschwerdeverfahren und jedes Verfahren über eine Erinnerung gegen eine Entscheidung des Rechtspflegers in Angelegenheiten, in denen sich die Gebühren nach Teil 3 des Vergütungsverzeichnisses richten, soweit sich aus § 16 Nr. 12 nichts anderes ergibt;

Besondere Angelegenheiten § 18

6. das Verfahren über Einwendungen gegen die Erteilung der Vollstreckungsklausel, auf das § 732 der Zivilprozessordnung anzuwenden ist;
7. das Verfahren auf Erteilung einer weiteren vollstreckbaren Ausfertigung;
8. jedes Verfahren über Anträge nach den §§ 765 a, 813 b, 851 a oder § 851 b der Zivilprozessordnung und jedes Verfahren über Anträge auf Änderung der getroffenen Anordnungen;
9. das Verfahren auf Zulassung der Austauschpfändung (§ 811 a der Zivilprozessordnung);
10. das Verfahren über einen Antrag nach § 825 der Zivilprozessordnung;
11. die Ausführung der Zwangsvollstreckung in ein gepfändetes Vermögensrecht durch Verwaltung (§ 857 Abs. 4 der Zivilprozessordnung);
12. das Verteilungsverfahren (§ 858 Abs. 5, §§ 872 bis 877, 882 der Zivilprozessordnung);
13. das Verfahren auf Eintragung einer Zwangshypothek (§§ 867, 870 a der Zivilprozessordnung);
14. die Vollstreckung der Entscheidung, durch die der Schuldner zur Vorauszahlung der Kosten, die durch die Vornahme einer Handlung entstehen, verurteilt wird (§ 887 Abs. 2 der Zivilprozessordnung);
15. das Verfahren zur Ausführung der Zwangsvollstreckung auf Vornahme einer Handlung durch Zwangsmittel (§ 888 der Zivilprozessordnung), das Verfahren zur Ausführung einer Verfügung des Gerichts auf Vornahme, Unterlassung oder Duldung einer Handlung durch Zwangsmittel und einer besonderen Verfügung des Gerichts zur Anwendung von Gewalt (§ 33 des Gesetzes über die Angelegenheiten der freiwilligen Gerichtsbarkeit);
16. jede Verurteilung zu einem Ordnungsgeld gemäß § 890 Abs. 1 der Zivilprozessordnung;
17. die Verurteilung zur Bestellung einer Sicherheit im Falle des § 890 Abs. 3 der Zivilprozessordnung;
18. das Verfahren zur Abnahme der eidesstattlichen Versicherung (§§ 900 und 901 der Zivilprozessordnung, § 33 Abs. 2 Satz 5 und 6 des Gesetzes über die Angelegenheiten der freiwilligen Gerichtsbarkeit);
19. das Verfahren auf Löschung der Eintragung im Schuldnerverzeichnis (§ 915 a der Zivilprozessordnung);
20. das Ausüben der Veröffentlichungsbefugnis;
21. das Verfahren über Anträge auf Zulassung der Zwangsvollstreckung nach § 17 Abs. 4 der Schifffahrtsrechtlichen Verteilungsordnung und
22. das Verfahren über Anträge auf Aufhebung von Vollstreckungsmaßregeln (§ 8 Abs. 5 und § 41 der Schifffahrtsrechtlichen Verteilungsordnung).

§ 18 erfasst zunächst die Einstweiligen Anordnungen in Familiensachen sowie weiteren Angelegenheiten der freiwilligen Gerichtsbarkeit. Diese Verfahren sind jeweils eine gesonderte Kosteneinheit. Mehrere Anordnungen derselben Art werden jedoch wie bisher als ein einheitliches Verfahren behandelt, wobei jedoch die Werte der einzelnen Verfahren addiert werden, was abweichend vom früheren Rechtszustand zu einer Gebührenerhöhung führt. 1

Weiterhin umfasst § 18 Vollstreckungsmaßnahmen aller Art. 2

Grundsätzlich ist jede Vollstreckungsmaßnahme eine selbständige Gebühreneinheit. 3
Jedoch fasst das Gesetz Einzelhandlungen innerhalb einer Maßnahme bis zur Befriedi-

§ 19 {Abschnitt 3. Angelegenheit}

gung des Gläubigers zusammen. Ferner werden nach § 19 bestimmte Vorbereitungshandlungen nicht gezählt, etwa die Erteilung der Klausel oder die Zustellung von Titel und Klausel. Der Antrag an das Grundbuchamt zwecks Eintragung einer Sicherungshypothek ist eine vergütungspflichtige Vollstreckungsmaßnahme, der bloße Antrag an das Prozessgericht, dieses solle das Grundbuchamt ersuchen, jedoch nicht, weil es sich hier nicht um eine Maßnahme des Gläubigers in Bezug auf das Vollstreckungsobjekt handelt. Die Beschaffung von Eintragungsunterlagen ist eine Vorbereitungshandlung, die allerdings Kosten verursacht, die zunächst dem Gläubiger, im Endergebnis dem Schuldner zur Last fallen.

4 Richtet sich die Vollsteckung gegen mehrere Schuldner, so stehen dem Anwalt auch mehrere Vollsteckungsgebühren zu. Die Zwangsvollstreckung ist eine Individualmaßnahme, auch wenn materiellrechtlich eine Gesamtschuld besteht oder etwa mehrere Mieter auf Räumung verklagt waren.

5 Die Zwangsvollstreckung kann auch ohne Befriedigung des Gläubigers enden, wenn sie etwa endgültig erfolglos bleibt oder endgültig eingestellt ist.

§ 19 Rechtszug; Tätigkeiten, die mit dem Verfahren zusammenhängen

(1) ¹Zu dem Rechtszug oder dem Verfahren gehören auch alle Vorbereitungs-, Neben- und Abwicklungstätigkeiten und solche Verfahren, die mit dem Rechtszug oder Verfahren zusammenhängen, wenn die Tätigkeit nicht nach § 18 eine besondere Angelegenheit ist. ²Hierzu gehören insbesondere

1. die Vorbereitung der Klage, des Antrags oder der Rechtsverteidigung, soweit kein besonderes gerichtliches oder behördliches Verfahren stattfindet;
2. außergerichtliche Verhandlungen;
3. Zwischenstreite, die Bestimmung des zuständigen Gerichts, die Bestellung von Vertretern durch das in der Hauptsache zuständige Gericht, die Ablehnung von Richtern, Rechtspflegern, Urkundsbeamten der Geschäftsstelle oder Sachverständigen, die Festsetzung des Streit- oder Geschäftswerts;
4. das Verfahren vor dem beauftragten oder ersuchten Richter;
5. das Verfahren über die Erinnerung (§ 573 der Zivilprozessordnung) und die Rüge wegen Verletzung des Anspruchs auf rechtliches Gehör;
6. die Berichtigung und Ergänzung der Entscheidung oder ihres Tatbestandes;
7. Verfahren wegen Rückgabe einer Sicherheit;
8. die für die Geltendmachung im Ausland vorgesehene Vervollständigung der Entscheidung;
9. die Zustellung oder Empfangnahme von Entscheidungen oder Rechtsmittelschriften und ihre Mitteilung an den Auftraggeber, die Einwilligung zur Einlegung der Sprungrevision, der Antrag auf Entscheidung über die Verpflichtung, die Kosten zu tragen, die nachträgliche Vollstreckbarerklärung eines Urteils auf besonderen Antrag, die Erteilung des Notfrist- und des Rechtskraftzeugnisses, die Ausstellung einer Bescheinigung nach § 48 des Internationalen Familienrechtsverfahrensgesetzes oder § 56 des Anerkennungs- und Vollstreckungsausführungsgesetzes;
10. die Einlegung von Rechtsmitteln bei dem Gericht desselben Rechtszugs in Verfahren, in denen sich die Gebühren nach Teil 4, 5 oder 6 des Vergütungsverzeichnisses richten; die Einlegung des Rechtsmittels durch einen neuen Verteidiger gehört zum Rechtszug des Rechtsmittels;

11. die vorläufige Einstellung, Beschränkung oder Aufhebung der Zwangsvollstreckung, wenn nicht eine abgesonderte mündliche Verhandlung hierüber stattfindet;
12. die erstmalige Erteilung der Vollstreckungsklausel, wenn deswegen keine Klage erhoben wird;
13. die Kostenfestsetzung und die Einforderung der Vergütung;
14. die Festsetzung des für die Begründung von Rentenanwartschaften in einer gesetzlichen Rentenversicherung zu leistenden Betrags nach § 53e Abs. 2 des Gesetzes über die Angelegenheiten der freiwilligen Gerichtsbarkeit;
15. die Zustellung eines Vollstreckungstitels, der Vollstreckungsklausel und der sonstigen in § 750 der Zivilprozessordnung genannten Urkunden;
16. die Aussetzung der Vollziehung (§ 24 Abs. 2 und 3 des Gesetzes über die Angelegenheiten der freiwilligen Gerichtsbarkeit) und die Anordnung der sofortigen Wirksamkeit einer Entscheidung und
17. die Herausgabe der Handakten oder ihre Übersendung an einen anderen Rechtsanwalt.

(2) Zu den in § 18 Nr. 3 und 4 genannten Verfahren gehören ferner insbesondere
1. gerichtliche Anordnungen nach § 758a der Zivilprozessordnung,
2. die Bestimmung eines Gerichtsvollziehers (§ 827 Abs. 1 und § 854 Abs. 1 der Zivilprozessordnung) oder eines Sequesters (§§ 848 und 855 der Zivilprozessordnung),
3. die Anzeige der Absicht, die Zwangsvollstreckung gegen eine juristische Person des öffentlichen Rechts zu betreiben,
4. die einer Verurteilung vorausgehende Androhung von Ordnungsgeld und
5. die Aufhebung einer Vollstreckungsmaßnahme.

§ 19 befasst sich mit Vorbereitungs-, Neben- und Abwicklungstätigkeiten. Diese **1** werden der jeweiligen Angelegenheit zugerechnet und nicht besonders vergütet. Vielmehr umfasst die Vergütung für die Sache selbst auch die Nebentätigkeiten. Das gilt nicht, wenn die Tätigkeit ausdrücklich zur besonderen Angelegenheit erklärt ist (vgl. § 19 Abs. 2).

Der Katalog der Nebentätigkeiten, der zudem chronologisch nach dem Zeitablauf **2** eines Verfahrens gegliedert ist, ist aus sich heraus verständlich. Immer aber müssen die Nebentätigkeiten einer Hauptangelegenheit zugeordnet sein. So ist unter Nr. 2 nicht eine beliebige außergerichtliche Verhandlung zu verstehen, sondern nur eine, bei der der Anwalt einen darüber hinausgehenden Auftrag hat, für den bereits eine anderweitige Gebühr entstanden ist, so etwa wenn er nach Erhalt des Klageauftrags vor Einreichung der Klage noch mit der Gegenseite Besprechungen aufnimmt. Ist noch kein Prozessauftrag erteilt, so gehören Verhandlungen zu dem Auftrag selbst, sind also Haupttätigkeit und keine Nebentätigkeit. Sie werden nach Teil 2 des Vergütungsverzeichnisses honoriert (s. dort Nr. 2400).

Zu den Vorbereitungstätigkeiten gehört auch die Beschaffung von Information **3** und Material. Wenn dabei für die Überlassung oder Einsicht in Akten besondere Anträge gestellt werden müssen, insbesondere das rechtliche Interesse für eine Akteneinsicht dargelegt werden muss, ist dies noch kein behördliches Verfahren iS der Nr. 1.

§ 20 Verweisung, Abgabe

¹Soweit eine Sache an ein anderes Gericht verwiesen oder abgegeben wird, sind die Verfahren vor dem verweisenden oder abgebenden und vor dem übernehmenden Gericht ein Rechtszug. ²Wird eine Sache an ein Gericht eines niedrigeren Rechtszugs verwiesen oder abgegeben, ist das weitere Verfahren vor diesem Gericht ein neuer Rechtszug.

Übersicht

	Rn.		Rn.
I. Grundgedanken	1, 2	a) Verweisungen an ein Gericht eines anderen Zweiges der Gerichtsbarkeit	14
II. Begriffe der Verweisung und Zurückverweisung	3–16	b) Verweisungen an ein Gericht desselben Zweiges der Gerichtsbarkeit	15, 16
1. Verweisung	3–8	III. Einheitlichkeit des Rechtszugs	17–28
a) Örtliche Unzuständigkeit	4	1. Gebührenrechtszug bei Verweisung	17–24
b) Sachliche Unzuständigkeit	5	2. Anwaltswechsel	25, 26
c) Funktionelle Unzuständigkeit	6	3. Wirkungen einer unzulässigen Verweisung	27
d) Unzuständigkeit des Gerichtszweiges	7	4. Wirkungen einer Kostenentscheidung	28
e) Gesetzlicher Übergang	8		
2. Zurückverweisung (§ 21)	9, 10		
3. Diagonalverweisung	11–16		

I. Grundgedanken

1 Die §§ 20, 21 ergänzen den § 15 Abs. 2. Sie bestimmen den **Umfang des Rechtszuges**, wenn eine Sache von einem Gericht an ein anderes Gericht verwiesen (abgegeben) oder von einem höheren Gericht an ein Gericht einer niedrigeren prozessualen Instanz zurückverwiesen wird. Die Vorschriften besagen, ob der Rechtsanwalt, der vor den beiden Gerichten tätig wird, in solchen Fällen die Gebühren nur einmal erhält oder ob er sie mehrmals fordern kann; sie bestimmen also den Abgeltungsbereich der Gebühren.

2 Das Gesetz leitet aus der Einheitlichkeit der Justiz die **Einheitlichkeit der Gebühreninstanz** ab ohne Rücksicht darauf, ob das verweisende und das übernehmende Gericht demselben Zweig der Gerichtsbarkeit angehören. Die Vorschriften sind so allgemein gehalten, dass sie auch den im Laufe der Zeit gesetzlich erweiterten Möglichkeiten der Verweisung oder Abgabe einer Sache Rechnung tragen.

II. Begriffe der Verweisung und Zurückverweisung

Zu **unterscheiden** sind Verweisung, Zurückverweisung und Diagonalverweisung.

3 **1. Verweisung.** Darunter ist die Verweisung (Abgabe) einer Sache an ein Gericht derselben prozessualen Instanz zu verstehen. Bei der Verweisung (Abgabe) bleibt die Sache prozessual auf derselben Ebene (Horizontalverweisung). Dies kann auch der Fall sein, wenn an ein Gericht einer anderen Ordnung verwiesen wird, zB von dem Amtsgericht an das Landgericht erster Instanz oder umgekehrt. Verweisungen von Familiensachen nach § 621 Abs. 3 ZPO an das Gericht des Scheidungsverfahrens sind wie Prozessverbindungen zu behandeln. Die Verfahren vor dem verweisenden (abge-

Verweisung, Abgabe § 20

benden) und dem übernehmenden Gericht werden gebührenrechtlich als **ein einziger Rechtszug** behandelt, so dass der Rechtsanwalt die Gebühren nur einmal erhält. Hierher gehören folgende Fälle:

a) Örtliche Unzuständigkeit. Die Verweisung (Abgabe) wegen örtlicher Unzuständigkeit oder wegen eines Wechsels der örtlichen Zuständigkeit; zB von dem Landgericht A. an das Landgericht B. (§ 281 ZPO), von dem Verwaltungsgericht A. an das Verwaltungsgericht B. (§ 83 VwGO), von dem Sozialgericht A. an das Sozialgericht B. (§ 98 SGG), von dem Finanzgericht A. an das Finanzgericht B. (§ 70 FGO), Abgabe von dem Amtsgericht (Vormundschaftsgericht) A. an das Amtsgericht (Vormundschaftsgericht) B. (§ 46 FGG), von dem Jugendrichter in A. an den Jugendrichter in B. (§ 42 Abs. 3 JGG).

4

b) Sachliche Unzuständigkeit. Die Verweisung (Abgabe) wegen sachlicher Unzuständigkeit oder wegen eines Wechsels der sachlichen Zuständigkeit; zB von dem Amtsgericht an das Landgericht als erste Instanz (§§ 281, 506, 696, 700 Abs. 3 ZPO, § 112 Abs. 2 GenG, § 270 StPO); von dem Arbeitsgericht an das Amtsgericht oder Landgericht als erste Instanz (§ 17a GVG) und umgekehrt; von dem Bundesverwaltungsgericht als erste Instanz an das Verwaltungsgericht (§ 50 Abs. 2 VwGO); von dem in Staatsschutzsachen zuständigen Oberlandesgericht an das Landgericht (§ 120 Abs. 2 S. 2 GVG); Abgabe von dem Landwirtschaftsgericht erster Instanz an das Prozessgericht erster Instanz und umgekehrt (§ 12 LwVG);[1] – oder von dem Bundessozialgericht als erste Instanz (vgl. § 39 Abs. 2, § 51 SGG) an das Sozialgericht (§ 98 SGG); Eröffnung des Hauptverfahrens vor einem anderen Gericht (§ 209 StPO); Übernahme einer Sache durch die Jugendkammer (§ 40 Abs. 2, 4, 4 JGG) und Abgabe einer Jugendsache von der Strafkammer an das Jugendschöffengericht (§ 40 Abs. 1 JGG, § 209 StPO).

5

c) Funktionelle Unzuständigkeit. Die Verweisung (Abgabe) aus Gründen der Geschäftsverteilung (funktionelle Verweisung), zB die Abgabe an einen anderen Richter desselben Gerichts, oder die Verweisung an eine andere Kammer desselben Landgerichts, auch im Verhältnis zur Kammer für Handelssachen (§§ 97 ff. GVG). Die Bestimmung des zuständigen Gerichts gehört zu der Gebühreninstanz (§ 19 Nr. 3). Auch der Übergang von der von einem Amtsgericht nach § 942 ZPO erlassenen einstweiligen Verfügung in das Rechtfertigungsverfahren vor dem Gericht der Hauptsache ist wie eine Verweisung zu behandeln und bildet daher nur eine Gebühreninstanz.[2]

6

d) Unzuständigkeit des Gerichtszweiges. Die Verweisung an ein Gericht eines anderen Zweiges der Gerichtsbarkeit, wenn die Sache in derselben Ebene bleibt, also nach § 17a GVG ein erstinstanzliches Gericht an das erstinstanzliche Gericht einer anderen Gerichtsbarkeit verweist; nicht dagegen die Überweisung einer Sache von einem fremden Gericht (internationales Gericht; fremdes Militärgericht usw.) an ein deutsches Gericht.

7

e) Gesetzlicher Übergang. Gleichzustellen ist einer Verweisung der Übergang einer Sache an ein anderes Gericht derselben prozessualen Instanz, der kraft Gesetzes eintritt (vgl. zB § 215 SGG) und der Übergang von dem zunächst mit der Sache befassten Gericht an das Gericht, das von dem gemeinschaftlichen oberen Gericht als für

8

---

[1] Vgl. BGHZ 12, 254.
[2] OLG Koblenz JurBüro 1982, 1103 m. Anm. *Mümmler.*

§ 20

die Sache zuständig bestimmt wird (zB nach § 36 Nr. 1 bis 4 ZPO, §§ 13 a, 14, 15 StPO). Erfolgt jedoch die Bestimmung des zuständigen Gerichts zur Behebung eines durch rechtskräftige Entscheidungen verschiedener Gerichte entstandenen Kompetenzkonflikts (vgl. § 36 Nr. 5, 6 ZPO; § 15 Nr. 1 EGZPO), so ist das weitere Verfahren vor dem als zuständig bestimmten Gericht eine neue Angelegenheit.

9   **2. Zurückverweisung (§ 21).** Darunter ist die Zurückverweisung der Sache durch das Rechtsmittelgericht an ein im Instanzenzug untergeordnetes Gericht zu verstehen. Bei der Zurückverweisung gelangt die Sache von einer höheren in eine niedrigere Ebene; sie bleibt aber – im Gegensatz zu den unter 3. behandelten Fällen – innerhalb desselben prozessualen Instanzenzuges, in dem sie an das höhere Gericht gelangt ist (Vertikalverweisung).

10 Das weitere Verfahren vor dem Gericht, an das die Sache zurückverwiesen ist, wird gebührenrechtlich als **neuer Rechtszug** behandelt, so dass für den Rechtsanwalt die Gebühren neu entstehen. Über die Anrechnung der Verfahrensgebühr in solchen Fällen s. Vorbem. 3.1 Abs. 6 VV.

11 **3. Diagonalverweisung.** Diese liegt vor, wenn ein Rechtsmittelgericht die Sache an ein Gericht einer niedrigeren prozessualen Instanz verweist und die Sache durch die Verweisung in einen anders gearteten Rechtsmittelweg gelangt. Diese Art der Verweisung enthält Elemente der Zurückverweisung im engeren Sinn (auf der niedrigeren Ebene wechselt das mit der Sache befasste Gericht); die Sache verlagert sich vom verweisenden Gericht aus gesehen in der Diagonale.

12 Das weitere Verfahren vor dem Gericht, an das die Sache verwiesen ist, wird gebührenrechtlich als ein **neuer Rechtszug** behandelt, so dass für den Rechtsanwalt die Gebühren neu entstehen.

13 § 20 S. 2 trifft vornehmlich auf Verweisungen in einen anderen Zweig der Gerichtsbarkeit zu; ausnahmsweise kann er aber auch bei Verweisungen innerhalb desselben Zweiges der Gerichtsbarkeit in Betracht kommen.

14 **a) Verweisungen an ein Gericht eines anderen Zweiges der Gerichtsbarkeit.** § 17 a Abs. 2 GVG.

15 **b) Verweisungen an ein Gericht desselben Zweiges der Gerichtsbarkeit.** § 14 S. 2 ist zB anwendbar, wenn das Oberlandesgericht als Landwirtschaftsgericht zweiter Instanz die Sache an das Landgericht als erstinstanzliches Gericht der streitigen Gerichtsbarkeit oder an das Amtsgericht der streitigen Gerichtsbarkeit abgibt (§ 12 Abs. 1 LwVG). Das letztgenannte Beispiel zeigt, dass § 20 S. 2 auch zutreffen kann, wenn das Rechtsmittelgericht an das Gericht (als organisatorische Einrichtung) verweist, gegen dessen Entscheidung sich das Rechtsmittel gerichtet hat; allerdings nur dann, wenn – was bei diesem Beispiel der Fall ist – die Sache durch die Verweisung in einen anderen Rechtsmittelweg gelangt. Entsprechend wird der umgekehrte Fall behandelt, dass das Berufungsgericht der streitigen Gerichtsbarkeit die Sache an das erstinstanzliche Gericht der Familiengerichtsbarkeit oder der freiwilligen Gerichtsbarkeit abgibt, so etwa nach § 18 der Hausratsverordnung vom 21. 10. 1944 (RGBl. I S. 25) und nach § 46 WEG. Ebenso auch, wenn das Berufungsgericht der streitigen Gerichtsbarkeit an das erstinstanzliche Arbeitsgericht oder wenn das Landesarbeitsgericht an das Landgericht als erstinstanzliches Gericht oder an das Amtsgericht verweisen.

16 Dagegen ist § 20 S. 2 nicht anwendbar, wenn die Sache infolge der Verweisung nicht in einen anderen Rechtsmittelweg gelangt; zB wenn das Landessozialgericht als

Verweisung, Abgabe § 20

Berufungsgericht das Urteil des Sozialgerichts in A. aufhebt und die Sache aus Gründen der örtlichen Zuständigkeit an das Sozialgericht in B. verweist. Eine solche Verweisung fällt unter § 20 S. 1.[3] Die Rechtslage ist für die Einheit der Gebühreninstanz nicht anders, als wenn schon das erstinstanzliche Gericht aufgrund eines Verweisungsantrages die Verweisung selbst ausgesprochen hätte. Ein neuer Rechtszug wird eröffnet, wenn das Landgericht als Berufungsgericht an sich selbst als erstinstanzliches Gericht verweist;[4] die Zulässigkeit einer solchen Verweisung ist bestritten; allerdings ist dies nicht recht einzusehen, denn wenn bereits das Amtsgericht verwiesen hätte, wäre der Rechtszug einheitlich geblieben).

III. Einheitlichkeit des Rechtszugs

1. **Gebührenrechtszug bei Verweisung.** Das Verfahren vor dem verweisenden (abgebenden) und dem übernehmenden Gericht ist in den in Rn. 2 bis 8, 16 im Einzelnen behandelten Fällen gebührenrechtlich **ein einziger Rechtszug**. Verweist die **untere Instanz**, so setzt sich der Gebührenrechtszug bei dem gleichgeordneten Gericht, an das verwiesen wird, fort. 17

Verweist das Rechtsmittelgericht anstelle des **unteren Gerichts** (Rn. 16), so **setzt sich** das – infolge der Aufhebung der angefochtenen Entscheidung nicht mehr als beendet anzusehende – Verfahren vor dem unteren Gericht bei dem diesem gleichgeordneten Gericht, an das verwiesen ist, auch gebührenrechtlich **fort**. Das Verfahren vor dem **Rechtsmittelgericht**, das die **Verweisung** ausgesprochen hat, ist dagegen ein **selbständiger** Gebührenrechtszug. Wegen des **Abgeltungsbereichs der Gebühren** ist Folgendes zu sagen: 18

Die vor dem **verweisenden Gericht** (Rn. 17) entstandenen Gebühren **entgelten** auch die in ihr Pauschquantum fallenden Tätigkeiten vor dem übernehmenden Gericht. Dies trifft auch für die Gebühr des Verkehrsanwalts zu.[5] Wird infolge der Verweisung der Prozessbevollmächtigte Verkehrsanwalt, so entsteht keine zusätzliche Gebühr; umgekehrt entsteht die Verfahrensgebühr in Höhe der Differenz zur Prozessgebühr, wenn der bisherige Verkehrsanwalt Prozessbevollmächtigter wird. 19

Erhöht sich bei dem übernehmenden Gericht der Gegenstandswert, so erhöhen sich die Gebühren. Verringert sich der Gegenstandswert, so verbleiben dem Rechtsanwalt die durch seine bisherige Tätigkeit bereits erwachsenen Gebühren. 20

Bei **Änderungen des Gebührensatzes** verbleiben dem Rechtsanwalt bei einer Verweisung die nach einem höheren Gebührensatz bereits entstandenen Gebühren.[6] 21

Gelten vor dem verweisenden und dem übernehmenden Gericht **verschiedene Betragsrahmengebühren**, so wird die konkrete Gebühr für die gesamte Tätigkeit, die in das Pauschquantum der beiden Rahmengebühren fällt, aus dem höheren Rahmen bemessen. Dabei sind nach den zu § 14 entwickelten Grundsätzen auch der Umfang und die Schwierigkeit der Tätigkeit vor dem verweisenden und dem übernehmenden Gericht vergleichend zu berücksichtigen. 22

Gelten **vor dem einen Gericht Wertgebühren und vor dem anderen Gericht Betragsrahmengebühren**, bei einer Verweisung von dem Verwaltungsgericht an das 23

---

3 AA *Gerold/Schmidt/Madert* Rn. 11.
4 *Gerold/Schmidt/Madert* Rn. 13; OLG Koblenz JurBüro 1977, 1557 m. Anm. *Mümmler*.
5 OLG Karlsruhe Rpfleger 1957, 42.
6 Begr. zur BRAGO S. 236.

Sozialgericht und umgekehrt, so werden die Gebühren, die in das Pauschquantum sowohl der Rahmengebühr als auch der Wertgebühr fallen, zum Zwecke des Vergleichs gesondert errechnet, und zwar derart, dass bei der Bemessung der Rahmengebühr auch die Tätigkeit vor dem anderen Gericht berücksichtigt wird, soweit sie in das Pauschquantum der Rahmengebühr fällt. Der Rechtsanwalt erhält sodann den höheren der beiden vergleichsweise errechneten Gebührenbeträge.[7]

24 Entsprechend den zu Rn. 21 dargelegten Grundsätzen muss verfahren werden, wenn der Gebührensatz aus einem Gebührensatzrahmen, der nur bei einem der Gerichte gilt, ermittelt werden muss.

25 **2. Anwaltswechsel.** Wechselt der Rechtsanwalt, so erhält der neue Rechtsanwalt selbstverständlich neue Gebühren nach der von ihm entfalteten Tätigkeit. Daher wird der im § 20 S. 1 enthaltene Rechtssatz bei der Verweisung von dem BayObLG, solange es dieses noch gibt, an den BGH (§ 7 Abs. 2 EGZPO) nur praktisch, wenn von vornherein ein beim BGH zugelassener Rechtsanwalt bestellt war (vgl. § 8 Abs. 1 EGZPO).

26 Ob bei einem Anwaltswechsel die Gebühren beider Rechtsanwälte erstattungsfähig sind, hängt davon ab, ob ein Wechsel in der Person des Rechtsanwalts notwendig gewesen ist (§ 91 Abs. 2 ZPO); vgl. auch § 5 Rn. 5, 6.

27 **3. Wirkungen einer unzulässigen Verweisung.** Auf die prozessuale Zulässigkeit der Verweisung kommt es für die Frage, ob der Rechtsanwalt neue Gebühren erhält oder ob sich der Gebührenrechtszug fortsetzt, nicht an.

28 **4. Wirkungen einer Kostenentscheidung.** Bei der Verweisung an ein Gericht einer niedrigeren Ordnung pflegt über die Kosten des bisherigen Verfahrens entschieden zu werden.[8] Damit werden die bisher entstandenen Gebühren des Rechtsanwaltes fällig (§ 18); der Lauf der Verjährung beginnt damit.

§ 21 Zurückverweisung

(1) **Soweit eine Sache an ein untergeordnetes Gericht zurückverwiesen wird, ist das weitere Verfahren vor diesem Gericht ein neuer Rechtszug.**

(2) **In den Fällen des § 629 b der Zivilprozessordnung, auch in Verbindung mit § 661 Abs. 2 der Zivilprozessordnung, bildet das weitere Verfahren vor dem Familiengericht mit dem früheren einen Rechtszug.**

I. Begriff der Zurückverweisung

1 Eine Zurückverweisung setzt zunächst eine Entscheidung des oberen Gerichts voraus. Es genügt nicht, wenn ein Rechtsmittel eingelegt und dann zurückgenommen oder wenn das Rechtsmittel als unzulässig verworfen wird. Der Entscheidung gleichgestellt werden kann eine vergleichsweise Regelung, die die Instanz abschließt.

2 **Das Rechtsmittelgericht muss dem untergeordneten Gericht die abschließende Entscheidung überlassen.** Dies kann sich aus dem Zusammenhang ergeben. Es ist nicht nötig, dass das Wort „zurückverweisen" gebraucht wird.[1] Zurückverweisung ist

---

[7] *Hartmann* § 14 BRAGO Rn. 17.
[8] BGHZ 11, 57; 12, 52; BVerwGE 8, 226, 230.
[1] OLG Celle NJW 1958, 1688.

auch, wenn die Berufungskammer das Verfahren (teilweise) an die erstinstanzliche Zivilkammer desselben Gerichts verweist, also mit der Zurückverweisung eine Querverweisung verbindet.[2] Eine Zurückverweisung liegt aber nur insoweit vor, als das Rechtsmittelgericht die abschließende Entscheidung bei abstrakter Betrachtungsweise selbst hätte treffen können (so nach § 540, § 565 Abs. 1 Abs. 3 ZPO); der Gegenstand muss zur Entscheidung des Rechtsmittelgerichts gestanden haben. Bei der Zurückverweisung nach der Aufhebung eines Teilurteils ist dies nicht der Fall hinsichtlich des noch bei dem untergeordneten Gericht offenen Teiles des Streitgegenstandes, auf den sich das Teilurteil nicht bezogen hatte.

Die Entscheidung muss Auswirkung auf den in erster Instanz verbliebenen Gegenstand haben. Die dem unteren Gericht verbleibende Entscheidung darf nicht durch die Rechtsmittelentscheidung bereits vorweggenommen sein. Vielmehr muss über den aus der Rechtsmittelinstanz zurückgekommenen Gegenstand weiterzuverhandeln sein. Das ist nicht der Fall, wenn gegen ein Grundurteil Berufung eingelegt und diese zurückgewiesen, das Grundurteil also bestätigt wird. Hier ist die Sache zum Grunde endgültig entschieden, das untere Gericht hat dazu nichts mehr zu sagen. Das Verfahren zur Höhe ist lediglich die Fortsetzung des in erster Instanz anhängig gebliebenen Gegenstands – und löst keine neuen Gebühren aus.[3] Auch wenn das Berufungsgericht formuliert, es „verweise wegen der Höhe zurück", ist dies keine Zurückverweisung. Ein Verfahren zur Höhe war in der Berufung gar nicht angefallen. Das zeigt sich schon daran, dass das untere Gericht nach § 304 ZPO nach Erlass eines Grundurteils ohne Rücksicht auf ein Rechtsmittel zur Höhe weiterverhandeln kann, was keine neue Instanz eröffnet. Wieso durch Erlass des zurückweisenden Berufungsurteils plötzlich eine neue Instanz entsteht, ist nicht recht verständlich. 3

Die abschließende Entscheidung muss einem Gericht überlassen werden, das dem Rechtsmittelgericht in dem prozessualen Instanzenzug untergeordnet ist. Es genügt nicht eine Verweisung oder eine Diagonalverweisung. Jedoch kann eine Zurückverweisung vorliegen, auch wenn die abschließende Entscheidung nicht gerade dem Gericht überlassen wird, gegen dessen Entscheidung sich das Rechtsmittel gerichtet hat; zB dem nächsthöheren Gericht (bei der Sprungrevision, § 566a Abs. 5 ZPO, § 144 Abs. 5 VwGO) oder einem Gericht niederer Ordnung (vgl. § 354 Abs. 3 StPO) oder einem Gericht gleicher Ordnung (vgl. § 354 Abs. 2 StPO). 4

II. Neuer Rechtszug

1. Selbständiger Rechtszug. Das weitere Verfahren vor dem Gericht, an das die Sache zurückverwiesen ist, wird als neuer Rechtszug behandelt. Das bedeutet, dass dieses Verfahren gebührenrechtlich ein selbständiger Rechtszug ist. Es ist selbständig gegenüber dem Verfahren vor dem Rechtsmittelgericht und selbständig gegenüber dem früheren Verfahren vor dem unteren Gericht. Dies gilt in allen Zweigen der Gerichtsbarkeit,[4] aber nicht in Ehesachen nach § 629b ZPO. 5

2. Neue Gebühren. Für seine Tätigkeit in dem weiteren Verfahren erhält der Rechtsanwalt mit der Einschränkung nach Rn. 7, 8 neue Gebühren, und zwar auch dann, wenn die gleichen Gebühren in dem früheren Verfahren vor dem unteren Ge- 6

---

2 OLG Oldenburg AnwBl. 1985, 261.
3 BGH Rpfleger 2004, 521; JurBüro 2004, 479; aA *Gerold/Schmidt/Madert* Rn. 7.
4 Vgl. zB für den Finanzgerichtsprozess FG Nürnberg EFG 1956, 193.

richt schon einmal angefallen waren. Die neuen Gebühren entstehen, soweit der Rechtsanwalt in dem weiteren Verfahren durch seine Tätigkeit einen Gebührentatbestand erfüllt hat. Auch der Gegenstandswert richtet sich nach dem Zeitpunkt des Entstehens der neuen Gebühren.[5]

7   **3. Die Ausnahme wegen der Verfahrensgebühr.** Für die Verfahrensgebühr gelten aber Besonderheiten. Die früher entstandene Verfahrensgebühr wird auf die der neuen Instanz angerechnet. Selbstverständlich kann eine Anrechnung nur erfolgen, wenn der Rechtsanwalt im bisherigen Verfahren bereits tätig war. Auch bei einer Änderung des Gegenstandswertes kann der Anwalt die Gebührendifferenz noch verdienen. Als neue Instanz gilt auch, wenn die Zurückverweisung an ein Gericht (nicht nur an eine andere Abteilung oder Kammer) erfolgt, das bisher nicht mit der Sache befasst war.

8   Entsprechendes gilt für die Verfahrensgebühr des Verkehrsanwaltes.[6] Verweist der Bundesgerichtshof an das Berufungsgericht zurück, so hat der Prozessbevollmächtigte erster Instanz, der als Verkehrsanwalt tätig war und die Verkehrsgebühr im ersten Berufungsverfahren verdient hatte, keinen Anspruch auf eine zweite Verkehrsgebühr.[7]

III. Zurückverweisung an die Verwaltungsbehörde

9   Die Wirkung ist streitig. Nach einer Meinung nimmt das frühere Verfahren vor der Verwaltungsbehörde, an die zurückverwiesen ist, seinen Fortgang. Die Gebühren des Rechtsanwalts entstehen nicht neu, da es sich um dieselbe Angelegenheit handelt.[8] Die Mehrarbeit des Rechtsanwalts ist innerhalb des Gebührensatzrahmens zu berücksichtigen. Nach anderer Meinung entsteht ein neues Verfahren mit neuen Gebühren ggf. unter Anrechnung wie Rn. 7. Wird nach der Zurückverweisung der Verwaltungsakt erneut gerichtlich angefochten, so entstehen in dem gerichtlichen Verfahren neue Gebühren; es handelt sich dann um einen Rechtszug, der gegenüber dem früheren gerichtlichen Verfahren selbständig ist.[9]

---

[5] OLG Köln JW 1933, 2294.
[6] OLG Hamm JurBüro 1965, 990; OLG München JurBüro 1992, 167.
[7] OLG Nürnberg JurBüro 1962, 624; OLG Hamm JurBüro 1972, 782.
[8] BFH BStBl. 1960 III S. 499 und NJW 1963, 1472.
[9] Vgl. BayVerwGHE nF Teil I Bd. 8 S. 59.

Abschnitt 4. Gegenstandswert

§ 22 Grundsatz

(1) In derselben Angelegenheit werden die Werte mehrerer Gegenstände zusammengerechnet.

(2) ¹Der Wert beträgt in derselben Angelegenheit höchstens 30 Millionen Euro, soweit durch Gesetz nichts anderes bestimmt ist. ²Sind in derselben Angelegenheit mehrere Personen Auftraggeber, beträgt der Wert für jede Person höchstens 30 Millionen Euro, insgesamt jedoch nicht mehr als 100 Millionen Euro.

Dass sich die Anwaltsgebühren grundsätzlich nach dem Wert richten, ergibt sich aus § 2 Abs. 1 und wird hier vorausgesetzt. Ebenso vorausgesetzt werden der Begriff Angelegenheit und Gegenstand. § 22 regelt, dass in den Fällen, in denen sich eine Angelegenheit aus mehreren Gegenständen zusammensetzt, die Werte addiert werden. Das bedeutet, dass sich die Gebühr nicht aus den einzelnen Gegenstandswerten berechnet und dann addiert wird, sondern die Gebühr wird aus dem Gesamtwert entnommen. Das die Gebührentabelle degressiv angelegt wird, ermäßigt sich die Anwaltsgebühr gegenüber den Beträgen, die bei Einzelberechnung der verschiedenen Gegenstände zusammenkämen. 1

2. Voraussetzungen. Voraussetzung für die Zusammenrechnung der Werte ist, dass der Rechtsanwalt in derselben Angelegenheit, in gerichtlichen Verfahren in demselben Rechtszug (§ 15 Abs. 2) hinsichtlich mehrerer Gegenstände tätig wird. Über die Abgrenzung mehrerer Angelegenheiten vgl. § 15 Rn. 5 ff. Erforderlich ist, dass die Gegenstände im Rahmen derselben Angelegenheit von dem Rechtsanwalt behandelt werden. Dies ist auch der Fall, wenn ein gerichtlich geltend gemachter und ein noch nicht anhängiger Anspruch durch einen gemeinsamen Vergleich erledigt werden. Durch die Einbeziehung in den Vergleich ist der nicht rechtshängige Anspruch auch in die Gebührenangelegenheit einbezogen worden, und zwar ohne Rücksicht darauf, ob der Vergleich gerichtlich oder außergerichtlich geschlossen worden ist. Werden durch einen Vergleich mehrere Rechtsstreitigkeiten erledigt, so werden die Werte zusammengerechnet, selbst wenn die Rechtsstreitigkeiten nicht verbunden sind.¹ Die Werte werden auch dann zusammengerechnet, wenn durch einen außergerichtlichen Vergleich Ansprüche mehrerer Personen befriedigt werden.² 2

Bezieht sich ein Rat auf einen gerichtshängigen und auf einen sonstigen Anspruch, dann wird eine und dieselbe Angelegenheit jedenfalls dann vorliegen, wenn ein sachgemäßer Rat nur unter Berücksichtigung beider Ansprüche erteilt werden kann; jedoch kommt bei der Ratgebühr eine Zusammenrechnung der Werte nur in Betracht, wenn sich die Beratungsgebühr nach Nr. 2100 Abs. 1 VV bestimmt. 3

Die Frage der Zusammenrechnung der Werte ist für jede Gebühr gesondert zu prüfen. § 22 gestattet es nicht, Gebühren auch aus dem Wert eines Gegenstandes zu berechnen, in Bezug auf den der Rechtsanwalt den Gebührentatbestand (§ 1 Rn. 63) nicht erfüllt hat. Es kann daher vorkommen, dass für einzelne Gebühren mehrere 4

---

1 KG Rpfleger 1956, 86; OLG München JVBl. 1960, 236.
2 AA *Gerold* JurBüro 1957, 206 mwN.

Werte zusammenzurechnen sind, andere Gebühren dagegen nur aus dem Wert eines der Gegenstände zu errechnen sind.

5 Soweit sich die Rechtsanwaltsgebühren nach den **in gerichtlichen Verfahren** geltenden Wertvorschriften richten, bestimmt sich nach diesen Vorschriften auch, ob die Werte mehrerer Gegenstände zusammenzurechnen sind. Dies gilt nicht nur für Gebühren, die in dem Gebührenrechtszug entstehen, sondern auch für die Gebühren für Tätigkeiten, die dem Verfahren vorausgehen.

6 In Verfahren nach der Zivilprozessordnung ist die Zusammenrechnung der Werte die Regel (§ 48 Abs. 1 GKG nF, § 5 ZPO). Die im GKG vorgesehenen Ausnahmen gelten jedoch auch für die Rechtsanwaltsgebühren, vgl. zB Stufenklage (§ 44 GKG nF), Klage und Widerklage, wechselseitige Rechtsmittel, Aufrechnung (§ 45 GKG nF), nichtvermögensrechtliche und daraus hergeleitete vermögensrechtliche Ansprüche (§ 48 Abs. 2 und Abs. 3 GKG nF).

7 In Verfahren vor Verwaltungsgerichten und im Verfahren vor Finanzgerichten ist der Wert nach § 52 GKG nF in der Regel nach der Bedeutung der Sache festzusetzen. Im Verfahren vor Verfassungsgerichten nach § 37 Abs. 2 werden die Werte gemäß § 22 zusammengerechnet.

8 Für Verfahren der freiwilligen Gerichtsbarkeit, die in der Kostenordnung oder in Sondergesetzen unter Verweisung auf die Kostenordnung geregelt sind, ist ein dem § 5 ZPO entsprechender allgemeiner Grundsatz über die Zusammenrechnung der Werte nicht aufgestellt. Es sind nur viele Einzelfälle geregelt, und zwar ist teilweise die Zusammenrechnung der Werte, teilweise die gesonderte Berechnung der Gebühren vorgeschrieben; die Frage muss daher für die Kostenordnung von Fall zu Fall entschieden werden. Für die Rechtsanwaltsgebühren ist aus der Kostenordnung wenig zu gewinnen. Denn die Vorschriften der Kostenordnung über die Zusammenrechnung der Werte oder getrennte Berechnung der Gebühren sind ganz auf das für die Gerichte auf diesem Gebiet geltende Einzelaktgebührensystem, von dem dieses Gesetz beherrscht ist, abgestimmt. Bei gerichtlichen Verfahren iS des § 23 wird auch für die Kostenordnung von dem Grundsatz der Zusammenrechnung auszugehen sein; bei sog. streitigen Angelegenheiten schon aufgrund einer analogen Anwendung des § 5 ZPO. Soweit es sich um kein „Verfahren" handelt, sondern zB um eine Beurkundung oder Beglaubigung, gelten die Wertvorschriften der Kostenordnung nicht. Daher werden in diesen Fällen gemäß § 22 die Werte auch dann zusammengerechnet, wenn für die Gerichts- und die Notargebühren die getrennte Berechnung der Gebühren vorgeschrieben ist – vorausgesetzt, dass es sich überhaupt um dieselbe Angelegenheit handelt.

9 Scheidungsanträge und ihre Folgesachen gelten kraft ausdrücklicher gesetzlicher Bestimmung (§ 16) als einheitliche Angelegenheit. Damit wird die Parallele zu den gerichtlichen Kostenvorschriften (§§ 48, 46 GKG nF) hergestellt. Die Gegenstandswerte der Ehescheidung und aller Folgesachen sind demgemäß zu addieren, für die Terminsgebühr natürlich nur, soweit diese reicht. Bei ausnahmsweiser Abtrennung einer Folgesache entfällt insoweit für die künftig entstehenden Gebühren eine Zusammenrechnung. Jedoch ist das weitere Verfahren gebührenrechtlich noch dieselbe Angelegenheit und ist daher wie ein Restverfahren nach Teilurteil zu behandeln; die Gebühren dürfen insgesamt den Betrag einer Gebühr nach dem Gesamtwert nicht übersteigen.[3] Die nur ausnahmsweise vorgesehene Auflösung des Verbunds soll nicht noch kostenrechtlich begünstigt werden. Eine echte Prozesstrennung mit den daraus

---

[3] OLG Stuttgart JurBüro 1980, 66; OLG Karlsruhe AnwBl. 1980, 294 m. Anm. *Schmidt*.

resultierenden Kostenfolgen ist nur der Fall des § 623 Abs. 1, 2 ZPO. Die einstweilige Anordnung ist dagegen eine eigene Angelegenheit, wobei mehrere Anordnungen gleicher Art (vgl. die Auflistung in § 18 Nr. 1) jeweils zu einer Einheit mit Addition der Streitwerte zusammengefasst werden.[4]

Die Gebühren des Rechtsanwalts sind der Höhe nach oben begrenzt, und zwar nicht nur bei der Prozesskostenhilfe, für die eine gesonderte Gebührentabelle besteht (§ 49), sondern auch anderweitig, wobei sich die betragsmäßige Begrenzung aus einer Obergrenze des Gegenstandswertes ergibt (§ 22 Abs. 2). Diese Begrenzung könnte nur durch eine Honorarvereinbarung umgangen werden. 10

§ 23 Allgemeine Wertvorschrift

(1) ¹Soweit sich die Gerichtsgebühren nach dem Wert richten, bestimmt sich der Gegenstandswert im gerichtlichen Verfahren nach den für die Gerichtsgebühren geltenden Wertvorschriften. ²In Verfahren, in denen im Gerichtskostengesetz Festgebühren bestimmt sind, sind die Wertvorschriften des Gerichtskostengesetzes entsprechend anzuwenden. ³Diese Wertvorschriften gelten auch entsprechend für die Tätigkeit außerhalb eines gerichtlichen Verfahrens, wenn der Gegenstand der Tätigkeit auch Gegenstand eines gerichtlichen Verfahrens sein könnte. ⁴§ 22 Abs. 2 Satz 2 bleibt unberührt.

(2) ¹In Beschwerdeverfahren, in denen Gerichtsgebühren unabhängig vom Ausgang des Verfahrens nicht erhoben werden oder sich nicht nach dem Wert richten, ist der Wert unter Berücksichtigung des Interesses des Beschwerdeführers nach Absatz 3 Satz 2 zu bestimmen, soweit sich aus diesem Gesetz nichts anderes ergibt. ²Der Gegenstandswert ist durch den Wert des zugrunde liegenden Verfahrens begrenzt. ³In Verfahren über eine Erinnerung oder eine Rüge wegen Verletzung des rechtlichen Gehörs richtet sich der Wert nach den für Beschwerdeverfahren geltenden Vorschriften.

(3) ¹Soweit sich aus diesem Gesetz nichts anderes ergibt, gelten in anderen Angelegenheiten für den Gegenstandswert § 18 Abs. 2, §§ 19 bis 23, 24 Abs. 1, 2, 4, 5 und 6, §§ 25, 39 Abs. 2 und 3 sowie § 46 Abs. 4 der Kostenordnung entsprechend. ²Soweit sich der Gegenstandswert aus diesen Vorschriften nicht ergibt und auch sonst nicht feststeht, ist er nach billigem Ermessen zu bestimmen; in Ermangelung genügender tatsächlicher Anhaltspunkte für eine Schätzung und bei nichtvermögensrechtlichen Gegenständen ist der Gegenstandswert mit 4000 Euro, nach Lage des Falles niedriger oder höher, jedoch nicht über 500 000 Euro anzunehmen.

Übersicht

	Rn.		Rn.
I. Grundsätze	1–4	a) Gericht	5, 6
1. Berechnungsmaßstab	1	b) Verfahren	7
2. Verweisungen	2–4	2. In gerichtlichen Verfahren (Abs. 1 S. 1)	8
II. Wertvorschriften für das gerichtliche Verfahren (Abs. 1)	5–17	3. Außerhalb gerichtlicher Verfahren (Abs. 1 S. 3)	9–14
1. Voraussetzungen für ein gerichtliches Verfahren	5–7	4. Anpassung an den Gegenstand der anwaltlichen Tätigkeit	15

---

[4] OLG Frankfurt JurBüro 1985, 1818; vgl. auch OLG Hamm JurBüro 1979, 1819; OLG Karlsruhe JurBüro 1980, 1660; OLG Köln JurBüro 1983, 867.

§ 23
Abschnitt 4. Gegenstandswert

	Rn.		Rn.
5. Ausnahmen	16	b) Zu den einzelnen Vorschriften	20–42
6. Fehlen gerichtlicher Wertvorschriften	17	c) Bewertungsregeln; alphabetische Übersicht	43
III. Wertvorschriften für andere Angelegenheiten (Abs. 3)	18–52	d) Hilfsvorschrift des Abs. 3 S. 2	44–52
1. Geltungsbereich des Abs. 3	18	aa) Gegenstandswert steht fest	44a
2. Wertvorschriften	19–52	bb) Gegenstandswert steht nicht fest	45–50
a) Allgemeines	19	cc) Nichtvermögensrechtliche Gegenstände	51, 52

I. Grundsätze

1 **1. Berechnungsmaßstab.** §§ 23 bis 31 regeln die Maßstäbe für die Berechnung des Gegenstandswertes (§§ 31, 32) für das gerichtliche Verfahren, in dem der Gegenstandswert festgestellt wird.

2 **2. Verweisungen.** § 23 bestimmt den Gegenstandswert durch Verweisungen auf Wertvorschriften anderer Kostengesetze. Dabei wird wie folgt **unterschieden**: Für Gebühren, die **in gerichtlichen Verfahren** entstehen, bestimmt sich der Gegenstandswert,
– wenn für die Gerichtsgebühren Wertvorschriften vorgesehen sind, so für den Streitwert im GKG und für den Geschäftswert in der KostO, nach diesen Vorschriften (§ 23 Abs. 1 S. 1);
– wenn sich die Gerichtsgebühren nicht nach einem Streitwert, Geschäftswert und dergleichen bestimmen – sondern zB als Betragsrahmen- oder Festbetragsgebühren oder bei objektiver Gebührenbefreiung gar nicht erhoben werden –, nach den im § 23 Abs. 1 S. 2 bezeichneten Vorschriften der Kostenordnung, hilfsweise nach dem im § 23 Abs. 1 S. 2 bestimmten Wertrahmen.

3 Bei anwaltlichen Tätigkeiten **außerhalb eines gerichtlichen Verfahrens** gelten die Wertvorschriften für Gebühren, die in gerichtlichen Verfahren entstehen könnten (Rn. 2); dies selbst dann, wenn es nicht zu einem gerichtlichen Verfahren kommt.

4 In **anderen Angelegenheiten** als den in Rn. 2 und 3 erörterten bestimmt sich der Gegenstandswert nach den im § 23 bezeichneten Vorschriften der KostO; hilfsweise gilt der Wertrahmen des § 23 Abs. 2 S. 2.

II. Wertvorschriften für das gerichtliche Verfahren (Abs. 1)

5 **1. Voraussetzungen für ein gerichtliches Verfahren. a) Gericht.** Dies ist ein in den staatlichen Organismus eingegliederter Spruchkörper, der mit unabhängigen und nur dem Gesetz unterworfenen Richtern (Art. 92, 97 GG) besetzt ist, oder ein mit den gleichen Garantien ausgestatteter Einzelrichter. Welches Gerichtsorgan dabei tätig wird, ist unerheblich. Nach den für die Gerichtsgebühren geltenden Wertvorschriften werden auch anwaltliche Tätigkeiten gegenüber Urkundsbeamten und Rechtspflegern bewertet. Auch Tätigkeiten gegenüber Gerichtsvollziehern im Rahmen einer Zwangsvollstreckung rechnen zum gerichtlichen Verfahren. Dagegen gehören Tätigkeiten gegenüber dem Gerichtsvollzieher außerhalb einer Zwangsvollstreckung, zB eine freiwillige Versteigerung, nicht hierher; hier gilt § 23 Abs. 2, sofern es sich um vorgerichtliche Tätigkeiten handelt.

Allgemeine Wertvorschrift § 23

Gegensätze sind Verwaltungsbehörden und Spruchkörper, die keine Gerichte sind. **6**
Doch erleidet der Grundsatz, dass § 23 auf Verfahren vor Verwaltungsbehörden und vor Spruchkörpern, die keine Gerichte sind, nicht zutrifft, Ausnahmen in den Fällen, in denen auf Gebührenvorschriften für anwaltliche Tätigkeiten in gerichtlichen Verfahren verwiesen wird, zB schiedsrichterliche Verfahren und bestimmte ehren- und berufsgerichtliche Verfahren.

b) Verfahren. Hierunter ist ein durch die Prozessgesetze geordnetes Verfahren zu **7** verstehen, in dem eine gerichtliche Entscheidung vorbereitet wird, auf die das Verfahren abzielt. Die Entscheidung muss keine Streitentscheidung sein. Auch Verfahren, die auf eine Rechtsgestaltung durch den Richter, auf Eintragung in ein gerichtlich geführtes Register, auf Erteilung eines Erbscheins[1] oder auf eine Zwangsvollstreckung gehen, gehören hierher.

2. In gerichtlichen Verfahren (Abs. 1 S. 1). Für die Anwendbarkeit der gerichtli- **8** chen Wertvorschriften entscheidet nicht, ob der Rechtsanwalt gegenüber dem Gericht tätig wird, sondern ob seine Tätigkeit in den Rahmen der Angelegenheit gehört, die Tätigkeiten gegenüber dem Gericht und andere Tätigkeiten zu einer gebührenrechtlichen Einheit zusammenschließt. Hierher gehören daher nicht nur Verfahrenshandlungen, sondern auch alle anwaltlichen Tätigkeiten, die der Vorbereitung und Abwicklung des gerichtlichen Verfahrens dienen, die während der Dauer des Rechtszugs außerhalb des Gerichts entfaltet werden, zB die Erteilung eines Rates für ein laufendes Verfahren durch einen Rechtsanwalt, der gegenüber dem Gericht nicht auftritt. Auch der Verkehrsanwalt gehört hierher, was sich auch daraus ergibt, dass seine Gebühr sich an die Verfahrensgebühr des Prozessbevollmächtigten anschließt. Für die Streitwertbemessung im verwaltungsrechtlichen Verfahren s. *Schmidt* AnwBl. 1983, 303.

3. Außerhalb gerichtlicher Verfahren (Abs. 1 S. 3). Die Vorschrift gilt für an- **9** waltliche Tätigkeiten, auch dann, wenn im konkreten Fall ein gerichtliches Verfahren nicht nachfolgt oder nicht vom Auftrag umfasst ist oder sich die Angelegenheit für den Rechtsanwalt erledigt, bevor er in dem nachfolgenden gerichtlichen Verfahren tätig werden kann. Es handelt sich danach um Tätigkeiten außerhalb eines gerichtlichen Verfahrens, bei denen ein **gerichtliches Verfahren denkbar** wäre. Die Vorschrift will erreichen, dass die Gebühren für vorgerichtliche Tätigkeiten und die Gebühren in einem anschließenden gerichtlichen Verfahren sich nach demselben Wertmaßstab richten, damit bei der Anrechnung der ersteren Gebühren auf die letzteren keine Überschneidungen vorkommen. Die Vorschrift greift aber über ihren ursprünglichen Zweck hinaus. Es genügt, dass zwischen dieser Tätigkeit und der Tätigkeit in einem nachfolgenden gerichtlichen Verfahren – wenn eine solche entfaltet werden würde – ein innerer Zusammenhang bestände.[2]

Sofern für das gerichtliche Verfahren Festgebühren vorgesehen sind, gelten die **10** Wertvorschriften entsprechend. In Beschwerdeverfahren, bei denen Gerichtsgebühren entweder gar nicht oder nicht nach dem Wert erhoben werden, ist das Interesse des Beschwerdeführers maßgebend.

---

[1] BGH NJW 1968, 2334.
[2] Begr. S. 230.

§ 23

11 Abstrakte Betrachtungsweise. Es muss sich um eine Tätigkeit von derjenigen Art handeln, der nach dem gewöhnlichen Verlauf der Dinge ein gerichtliches Verfahren nachfolgt, sei es auch nur für den Fall des Scheiterns der Bemühungen des Rechtsanwalts, einen Prozess zu vermeiden, so bei Mahnungen, Versuchen der gütlichen Einigung.[3] Es kommt nicht darauf an, ob im konkreten Fall mit einem gerichtlichen Verfahren zu rechnen ist. Denn wer kündigt, weiß in der Regel nicht von vornherein, ob es der Gegner auf einen Prozess ankommen lassen wird. Es ist daher nicht notwendig, dass der Rechtsanwalt Maßnahmen gerade im Hinblick auf einen künftigen Prozess ergreift. Vielmehr genügt es, wenn bei einer abstrakten Betrachtungsweise die Tätigkeiten des Rechtsanwalts zu den Maßnahmen rechnen, die vor einem Prozess ergriffen werden, sei es auch nur, um einen Prozess zu vermeiden. Daher gehören hierher auch außergerichtliche Sanierungsverhandlungen und ähnliche Tätigkeiten, die der Abwicklung bestehender Verpflichtungen dienen. Auch die Aussöhnung von Eheleuten rechnet hierher, was auch daraus zu entnehmen ist, dass die außergerichtliche Aussöhnung und die Aussöhnung im Prozess gebührenrechtlich gleich behandelt werden.

12 Im Gegensatz hierzu steht die Begründung von Rechten, insbesondere die Gestaltung von Verträgen. Sie gehört unter § 23 Abs. 2, es sei denn, dass es sich um Verträge handelt, durch die ein Prozess über bestehende Verpflichtungen vermieden wird, wie es zB bei Vergleichen der Fall ist.

13 Verfahren vor Verwaltungsbehörden. Nicht alle Verwaltungsverfahren gehen einem gerichtlichen Verfahren voraus. Eine derartige allgemeine Unterstellung der Verwaltungsverfahren unter § 23 Abs. 1 ist auch nicht etwa deshalb geboten, weil Verwaltungsakte grundsätzlich durch das Gericht nachgeprüft werden können (Art. 19 Abs. 4 GG). Vielmehr ist § 23 Abs. 1 Satz 3 nur anwendbar, wenn das Verwaltungsverfahren entweder eine notwendige Vorstufe für den Rechtsstreit ist – so bei dem Vorverfahren §§ 68 ff. VwGO, §§ 78 ff. SGG, § 44 FGO oder bei dem Abhilfeverfahren vor Einleitung eines Zivilprozesses gegen den Fiskus (vgl. § 4 EGZPO und die einschlägigen landesrechtlichen Bestimmungen (zB Art. 22 bayerisches AGGVG) – oder nach dem gewöhnlichen Verlauf der Dinge dem Verwaltungsverfahren ein gerichtliches Verfahren nachfolgt (Rn. 11). Letzteres ist der Fall, wenn der Rechtsanwalt für seinen Auftraggeber ein subjektives öffentliches Recht geltend macht oder zur Abwehr eines bereits erfolgten oder auch nur zur Erörterung stehenden Eingriffs der Verwaltung in die Rechtssphäre des Auftraggebers tätig wird. Vertretung bei der Befreiung von Ehehindernissen, der Zulassung zu öffentlichen Ämtern, der Bewilligung einer Konzession, der Abgabe einer Steuererklärung wird nach § 23 Abs. 2 bewertet.

14 Allerdings dürfen Tätigkeiten in einem Verwaltungsverfahren und Tätigkeiten in einem anschließenden Verwaltungsbeschwerdeverfahren nicht nach verschiedenen Maßstäben bewertet werden. Denn beide Verfahren bilden zusammen eine sachliche Einheit, für die einheitliche Wertmaßstäbe gelten. Daher kann auch der Bewertungsmaßstab nur ein einheitlicher sein. In solchen Fällen ist, wenn es zu einem Beschwerdeverfahren kommt, für die ganze Angelegenheit der Bewertungsmaßstab anzuwenden, der dem Rechtsanwalt am günstigsten ist.

15 4. Anpassung an den Gegenstand der anwaltlichen Tätigkeit. Nach den Wertvorschriften für die Gerichtsgebühren wird der Gegenstand des gerichtlichen Verfah-

---

[3] OLG München NJW 1965, 258.

Allgemeine Wertvorschrift § 23

rens bewertet. Da der Gegenstand der anwaltlichen Tätigkeit zu bewerten ist, müssen die gerichtlichen Wertvorschriften auf diesen Gegenstand bezogen werden. Dies ist in gerichtlichen Verfahren bedeutsam, wenn rechtshängige und nicht rechtshängige Gegenstände zusammentreffen. Vor gerichtlichen Verfahren umreißt der Inhalt des Auftrags den Gegenstand; er kann umfassender sein, als es ein Prozessauftrag nach Lage der Sache sein würde, zB wenn der Auftraggeber erst auf den Rat des Rechtsanwalts hin einen nur beschränkten Prozessauftrag erteilt, oder wenn einer von mehreren Gegenständen oder ein Teil des Gegenstandes wegen vorheriger Erledigung nicht rechtshängig gemacht wird.

5. Ausnahmen. Dem § 23 Abs. 1 gehen die besonderen Vorschriften vor. Diese **16** Vorschriften, die den Gegenstandswert den Besonderheiten der anwaltlichen Tätigkeit anpassen, gehen dem § 23 Abs. 1 S. 1 und S. 3 vor. Für Satz 2 ergibt sich dies daraus, dass dieser die Vorschriften, die nach Satz 1 für Tätigkeiten in gerichtlichen Verfahren gelten, auf Tätigkeiten außerhalb gerichtlicher Verfahren ausdehnt, um für beide Arten von Tätigkeiten einheitliche Wertvorschriften zu schaffen.

6. Fehlen gerichtlicher Wertvorschriften. Der Gegenstandswert bestimmt sich **17** nach § 23 Abs. 2, wenn für die Gerichtsgebühren keine Wertvorschriften vorgesehen sind. Dies ist der Fall, wenn allgemein – nicht nur im konkreten Fall, zB wegen persönlicher oder sachlicher Gebührenbefreiung – keine Gerichtsgebühren erhoben werden, oder zwar Gerichtsgebühren erhoben werden, diese Gebühren sich aber nicht nach dem Wert des Verfahrensgegenstandes bemessen, sondern zB als Festbetragsgebühren oder Betragsrahmengebühren erhoben werden. Doch gelten auch in solchen Fällen die Wertvorschriften für Tätigkeiten in oder vor gerichtlichen Verfahren nur dann, wenn für die Gebühren des Rechtsanwalts keine besonderen Wertvorschriften bestehen (vgl. Rn. 16). Für einstweilige Anordnungen in Bezug auf gemeinschaftliche Kinder in einem Scheidungsverfahren schreibt § 24 selbst den Wert vor, weil es untunlich wäre, hierfür von Fall zu Fall nach Ermessen unterschiedliche Werte festzusetzen.

III. Wertvorschriften für andere Angelegenheiten (Abs. 3)

1. Geltungsbereich des Abs. 3. Der Gegenstandswert bestimmt sich nach Abs. 3, **18** wenn der Rechtsanwalt tätig wird
– in anderen Angelegenheiten als den im Abs. 1 genannten; also nicht in gerichtlichen Verfahren (Rn. 8) und nicht in den in Rn. 9 geschilderten außergerichtlichen Verfahren;
– in gerichtlichen Verfahren und vor gerichtlichen Verfahren, in denen Wertvorschriften für die Gerichtsgebühren fehlen (Rn. 17).

2. Wertvorschriften. a) Allgemeines. Die im Abs. 3 genannten **Vorschriften der** **19** **Kostenordnung** gelten unmittelbar für den Geschäftswert in Angelegenheiten der freiwilligen Gerichtsbarkeit. Sie werden nach Abs. 3 auf den Gegenstand der anwaltlichen Tätigkeit bezogen („gelten für den Gegenstandswert"). An die Stelle dieser Vorschrift tritt § 23 Abs. 1. Die angeführten Vorschriften der KostO sind, wenn sie auf den Gegenstandswert bezogen werden, eine nähere Ausgestaltung des § 23. Auch die im § 18 Abs. 1 KostO enthaltene Vorschrift über den Zeitpunkt der Wertberechnung ist nicht anwendbar; vgl. hierüber § 2 Rn. 10, 17. Auf die Kommentare zur Kostenordnung kann verwiesen werden.

§ 23

20 **b) Zu den einzelnen Vorschriften.** Die Besonderheiten für die anwaltliche Tätigkeit werden nachstehend zu den in Abs. 2 genannten Vorschriften erörtert.

§ 18 KostO: Grundsatz
(1) ...
(2) Maßgebend ist der Hauptgegenstand des Geschäfts. Früchte, Nutzungen, Zinsen, Vertragsstrafen und Kosten werden nur berücksichtigt, wenn sie Gegenstand eines besonderen Geschäfts sind.
(3) ...

21 Nebengegenstände (Früchte, Nutzungen – § 100 BGB –, Zinsen, Vertragsstrafen, Kosten) werden wie bei Gericht nur dann bewertet, wenn sie Gegenstand einer besonderen anwaltlichen Tätigkeit sind, d. h. einer Tätigkeit, die nicht nur neben der Tätigkeit für den Hauptgegenstand erforderlich wird, oder nachdem sie zum Hauptgegenstand geworden sind. Wirkt der Rechtsanwalt bei einem Geschäft mit, das darin besteht, eine Hauptforderung mit Zinsen samt den rückständigen Zinsen in eine neue Hauptforderung zu verwandeln, so ist die neue Hauptforderung der Gegenstand der anwaltlichen Tätigkeit; die rückständigen Zinsen werden also eingerechnet. Handelt es sich um die Verwaltung oder Verteilung einer Vermögensmasse, so ist Hauptgegenstand die Masse. Forderungen auf rückständige Zinsen usw. erhöhen den Wert der Masse und werden daher zugerechnet.

22 Die Vorschrift des § 18 Abs. 3 KostO, dass Verbindlichkeiten, die auf dem Gegenstand lasten, nicht abgezogen werden, ist für die Anwaltsgebühren nicht übernommen. Die Begründung (S. 231) führt dazu aus, dass eine solche Vorschrift für die Bewertung des Gegenstandes der anwaltlichen Tätigkeit zu starr wäre; schon in der KostO selbst seien viele Ausnahmen von § 18 Abs. 3 KostO vorgesehen, daher sei in diesem Punkte für das richterliche Ermessen genügend Raum gelassen. Dabei wird von dem Grundsatz ausgegangen werden können, dass Verbindlichkeiten, die den Wert des Gegenstandes mindern, dann abgezogen werden können, wenn sich der Rechtsanwalt mit den Verbindlichkeiten überhaupt nicht zu befassen hat, sondern nur mit dem Gegenstand in seinem durch die Verbindlichkeit geminderten Wert. Bei der Feststellung des Einheitswerts werden öffentliche Lasten und ähnliche bleibende Lasten wertmindernd berücksichtigt. Soweit der Einheitswert als Gegenstandswert maßgebend ist (vgl. unten zu § 19 KostO), wirkt sich dies für den Gegenstandswert als eine Vorschrift über den Abzug von Verbindlichkeiten aus.

§ 19 KostO: Sachen
(1) Der Wert einer Sache ist der gemeine Wert. Er wird durch den Preis bestimmt, der im gewöhnlichen Geschäftsverkehr nach der Beschaffenheit der Sache unter Berücksichtigung aller den Preis beeinflussenden Umstände bei einer Veräußerung zu erzielen wäre; ungewöhnliche oder nur persönliche Verhältnisse bleiben außer Betracht.
(2) Bei der Bewertung von Grundbesitz ist der letzte Einheitswert maßgebend, der zur Zeit der Fälligkeit der Gebühr bereits festgestellt ist, sofern sich nicht aus dem Inhalt des Geschäfts, den Angaben der Beteiligten, Grundstücksbelastungen, amtlich bekannten oder aus den Grundakten ersichtlichen Tatsachen oder Vergleichswerten oder aus sonstigen ausreichenden Anhaltspunkten ein höherer Wert ergibt; jedoch soll von einer Beweisaufnahme zur Feststellung eines höheren Wertes abgesehen werden. Wird der Einheitswert nicht nachgewiesen, so ist das Finanzamt um Auskunft über die Höhe des Einheitswerts zu ersuchen; § 30 der Abgabenordnung steht der Auskunft nicht entgegen. Ist der Einheitswert noch nicht festgestellt, so ist dieser vorläufig zu schätzen; die Schätzung ist nach der ersten Feststellung des Einheitswerts zu berichtigen; die Angelegenheit ist erst mit der Feststellung des Einheitswerts endgültig erledigt (§ 15).

Allgemeine Wertvorschrift § 23

(3) Ist der Einheitswert maßgebend, weicht aber der Gegenstand des gebührenpflichtigen Geschäfts vom Gegenstand der Einheitsbewertung wesentlich ab oder hat sich der Wert infolge bestimmter Umstände, die nach dem Feststellungszeitpunkt des Einheitswerts eingetreten sind, wesentlich verändert, so ist der nach den Grundsätzen der Einheitsbewertung geschätzte Wert maßgebend.

(4) Bei einem Geschäft, das die Überlassung eines land- oder forstwirtschaftlichen Betriebes mit Hofstelle durch Übergabevertrag, Erbvertrag oder Testament, Erb- oder Gesamtgutsauseinandersetzung oder die Fortführung des Betriebes in sonstiger Weise einschließlich der Abfindung weichender Erben betrifft, ist das land- und forstwirtschaftliche Vermögen iS des Bewertungsgesetzes mit dem Vierfachen des letzten Einheitswertes, der zur Zeit der Fälligkeit der Gebühr bereits festgestellt ist, zu bewerten; Absatz 2 Satz 2 und 3 und Absatz 3 gelten entsprechend.

(5) Ist der nach Absatz 2 bis 4 festgestellte Wert höher als der gemeine Wert, so ist der gemeine Wert maßgebend.

Nach der Änderung des § 19 KostO durch das Gesetz vom 28.12.1968 (BGBl. I **23** S. 1458) ist in Abs. 1 als Grundsatz vorangestellt, dass als Wert einer Sache der gemeine Wert maßgebend ist. Nach dem neuen Abs. 2 kommt es bei Grundstücken darauf an, ohne förmliche Beweisaufnahme, aber unter Heranziehung aller greifbaren Bewertungsmittel möglichst nahe an den gemeinen Wert heranzukommen. Dabei ist von dem Einheitswert auszugehen, der sich jetzt als Mindestwert darstellt. Dieser richtet sich ab 1995 nach dem Bewertungsgesetz in der Fassung vom 1.2.1991 (BGBl. I S. 230). Die Bewertung der Finanzbehörden hinkt der tatsächlichen Wertentwicklung erheblich nach. Das Gesetz mutet den Gerichten zu, in den Fällen des Abs. 3 selbständig einen neuen Einheitswert zu ermitteln. Der Geschäftswert wird grundsätzlich höher als der Einheitswert anzunehmen sein; sofern andere Berechnungsmethoden nicht möglich oder nicht zumutbar sind, kann auch eine Multiplikation des Einheitswertes vorgenommen werden, sofern der angewendete Faktor zuverlässig erscheint, ein Sicherheitsabschlag von 10 % kann dabei jedoch angemessen sein, um Besonderheiten des Einzelfalles gerecht zu werden.[4] Bei Fehlen sonstiger Anhaltspunkte kann berücksichtigt werden, dass steuerrechtlich weitgehend 140 % des Einheitswerts als maßgeblich erklärt worden ist (vgl. § 121 a BewG). Zum Grundbesitz rechnen auch Erbbaurechte und sonstige grundstücksgleiche Rechte (§ 68 BewG) und das Wohnungseigentum – Teileigentum – (§ 61 WEG). Betriebsgrundstücke sind im Einheitswert des Betriebsvermögens enthalten; ihr Einheitswert wird aber besonders ausgewiesen; dieser Teil des Einheitswerts ist dann auf den gemeinen Wert hochzurechnen. Wegen des Schuldenabzugs vgl. oben zu § 18 KostO. Für land- und forstwirtschaftlichen Besitz bringt Abs. 4 eine unmittelbare Anknüpfung an das Vierfache des Einheitswerts, was mit der günstigen Einheitsbewertung dieser Art von Besitz zusammenhängt und eine selbständige Berechnung ausschließt. In allen Fällen bildet jedoch der gemeine Wert der Sache die Obergrenze.

Maßgebend ist der letzte Einheitswert, der in dem für die Bewertung des Gegen- **24** standes der anwaltlichen Tätigkeit maßgebenden Zeitpunkt festgestellt ist. Maßgebend ist danach das Entstehen und nicht, wie es im § 19 Abs. 2 S. 1 KostO für die Gerichtsgebühren heißt, die Fälligkeit einer Gebühr. Wird der Einheitswert nachträglich geändert und die Änderung rückwirkend vorgenommen, so wirkt sich das auch auf die Gebühren aus.[5]

---

[4] OLG Karlsruhe JurBüro 1982, 112.
[5] OLG Karlsruhe JurBüro 1982, 112.

§ 23

§ 20 KostO: Kauf, Vorkaufs- und Wiederverkaufsrecht

(1) Beim Kauf von Sachen ist der Kaufpreis maßgebend; der Wert der vorbehaltenen Nutzungen und der vom Käufer übernommenen oder ihm sonst infolge der Veräußerung obliegenden Leistungen wird hinzugerechnet. Ist der Kaufpreis niedriger als der Wert der Sache (§ 19), so ist dieser maßgebend; beim Kauf eines Grundstücks bleibt eine für Rechnung des Erwerbers vorgenommene Bebauung bei der Ermittlung des Werts außer Betracht.

(2) Als Wert eines Vorkaufs- oder Wiederkaufsrechts ist in der Regel der halbe Wert der Sache anzunehmen.

25 Die Vorschrift gilt „beim" Kauf von Sachen; d.h., wenn der Rechtsanwalt bei dem Abschluss oder dem Vollzug des Kaufvertrages mitgewirkt hat, zB bei der behördlichen Genehmigung des Kaufvertrags. Beim grundbuchamtlichen Vollzug handelt es sich um ein gerichtliches Verfahren, in dem § 20 KostO schon nach § 23 S. 1 gilt. Zu den Sachen rechnen auch grundstücksgleiche Rechte sowie das Miteigentum und das Wohnungseigentum (Teileigentum); ferner auch das Gesamthandeigentum. Entsprechend anwendbar ist die Vorschrift bei Tausch-, Gesellschafts- und Auseinandersetzungsverträgen. Die freiwillige Versteigerung ist Kauf. Bei der Zwangsversteigerung gilt § 26. Beim Kauf von Rechten gilt § 39 Abs. 2 KostO. Erfolgt der Verkauf auf Rentenbasis, so gilt nicht § 20 KostO, sondern § 24 KostO.

26 Die Vorschrift setzt voraus, dass der Kaufvertrag zustande gekommen ist; denn vorher ist kein Kaufpreis vorhanden. Kommt der Kaufvertrag nicht zustande, so wird die auf den Abschluss gerichtete anwaltliche Tätigkeit in erster Linie nach dem Kaufpreis bewertet, den der Auftraggeber anzulegen oder für den der Auftraggeber zur Veräußerung bereit war, in zweiter Linie nach dem Wert der Sache, um die es ging.[6]

27 Options- und Ankaufsrechte werden geschätzt. Die Regeln des § 20 Abs. 2 werden im Übrigen entsprechend anzuwenden sein.[7]

§ 21 KostO: Erbbaurecht, Wohnungseigentum, Wohnungserbbaurecht

(1) Bei der Bestellung eines Erbbaurechts beträgt der Wert achtzig vom Hundert des Werts des belasteten Grundstücks (§ 19 Abs. 2). Eine für Rechnung des Erbbauberechtigten erfolgte Bebauung des Grundstücks bleibt bei der Ermittlung des Grundstückswerts außer Betracht. Ist als Entgelt für die Bestellung des Erbbaurechts ein Erbbauzins vereinbart, dessen nach § 24 errechneter Wert den nach Satz 1 und 2 berechneten Wert übersteigt, so ist der Wert des Erbbauzinses maßgebend; entsprechendes gilt, wenn statt des Erbbauzinses ein fester Kapitalbetrag vereinbart ist.

(2) Bei der Begründung von Wohnungseigentum (Teileigentum) sowie bei Geschäften, die die Aufhebung oder das Erlöschen von Sondereigentum betreffen, ist als Geschäftswert die Hälfte des Werts des Grundstücks (§ 19 Abs. 2) anzunehmen.

(3) Bei Wohnungserbbaurechten (Teilerbbaurechten) gilt Absatz 2 entsprechend mit der Maßgabe, daß an die Stelle des Werts des Grundstücks der Einheitswert des Erbbaurechts oder, wenn ein solcher nicht festgestellt ist, der nach Absatz 1 zu bestimmende Wert des Erbbaurechts tritt.

28 Nach dieser Vorschrift werden anwaltliche Tätigkeiten bei der Bestellung eines Erbbaurechts oder Wohnungserbbaurechts (Teilerbbaurechts) und bei der Begründung von Wohnungseigentum (Teileigentum) sowie bei der Aufhebung oder dem Erlöschen von Sondereigentum bewertet. „Bei" der Bestellung wird der Rechtsanwalt tätig, wenn seine Tätigkeit auf Bestellung gerichtet ist, und zwar auch dann, wenn es nicht zu der Bestellung kommt, zB weil sich die Verhandlungen zerschlagen. Die Ver-

---

[6] Vgl. Rn. 41 und OLG München NJW 1965, 258.
[7] Vgl. KG JFGErg. 18, 60 und wegen des Eintrittsrechts eines Dritten in einen Pachtvertrag OLG Frankfurt DNotZ 1955, 265.

Allgemeine Wertvorschrift §23

äußerung dieser Rechte fällt unter §20 KostO,[8] die Inhaltsänderung unter §23 Abs. 3. Zu beachten ist, dass bei der Errichtung von Wohnraum im Bauherrenmodell die Begründung von Wohnungseigentum und der Gesellschaftsvertrag denselben Gegenstand betreffen, die Gesamtangelegenheit daher nur einen Wert hat, der sich nicht durch Addition ergibt, sondern dem höchsten Teilwert entspricht.[9]

§22 KostO: Grunddienstbarkeiten

Der Wert einer Grunddienstbarkeit bestimmt sich nach dem Wert, den sie für das herrschende Grundstück hat; ist der Betrag, um den sich der Wert des dienenden Grundstücks durch die Dienstbarkeit mindert, größer, so ist dieser höhere Betrag maßgebend.

Die mit §7 ZPO übereinstimmende Vorschrift gilt nur für Grunddienstbarkeiten (§§1018ff. BGB). Für persönliche Dienstbarkeiten gilt §24 KostO. **29**

Die Grunddienstbarkeit vermindert den Wert des dienenden Grundstücks und erhöht den Wert des herrschenden Grundstücks, dessen Bestandteil sie ist (§96 BGB). Die Wertminderung und die Werterhöhung sind miteinander zu vergleichen. Der höhere der beiden Beträge ist für den Gegenstandswert maßgebend. Die Wertunterschiede sind durch Schätzung zu bestimmen. **30**

§23 KostO: Pfandrechte und sonstige Sicherheiten, Rangänderungen

(1) Der Wert eines Pfandrechts oder der sonstigen Sicherstellung einer Forderung durch Bürgschaft, Sicherungsübereignung oder dgl. bestimmt sich nach dem Betrag der Forderung und, wenn der als Pfand oder zur Sicherung dienende Gegenstand einen geringeren Wert hat, nach diesem.

(2) Als Wert einer Hypothek, Schiffshypothek oder Grundschuld gilt der Nennbetrag der Schuld, als Wert einer Rentenschuld der Nennbetrag der Ablösungssumme; bei der Einbeziehung in die Mithaft und bei der Entlassung aus der Mithaft ist jedoch der Wert des Grundstücks (Schiffs, Schiffsbauwerks) maßgebend, wenn er geringer ist.

(3) Bei Einräumung des Vorrangs oder des gleichen Rangs ist der Wert des vortretenden Rechts, höchstens jedoch der Wert des zurücktretenden Rechts maßgebend. Die Vormerkung gemäß §1179 des Bürgerlichen Gesetzbuchs zugunsten eines nach- oder gleichstehenden Berechtigten steht der Vorrangseinräumung gleich. Der Ausschluss des Löschungsanspruchs nach §1179a Abs. 5 des Bürgerlichen Gesetzbuchs ist wie ein Rangrücktritt des Rechts zu behandeln, als dessen Inhalt der Ausschluss vereinbart wird.

Nach Abs. 1, 2 dieser Vorschrift bemisst sich der Wert, wenn ein Pfandrecht, Grundpfandrecht oder ein sonstiges Sicherungsrecht (Sicherungsübereignung, Sicherungszession, kumulative Schuldübernahme,[10] Vormerkung und Widerspruch, Ausbietungsgarantie)[11] Gegenstand der anwaltlichen Tätigkeit ist. Für Rangänderungen und Löschungsvormerkungen bringt Abs. 3 besondere Vorschriften. Wegen Inhaltsänderungen vgl. Rn. 48. **31**

§24 KostO: Wiederkehrende Nutzungen oder Leistungen

(1) Der Wert des Rechts auf wiederkehrende oder dauernde Nutzungen oder Leistungen wird unter Zugrundelegung des einjährigen Bezugswerts nach Maßgabe folgender Vorschriften berechnet:
a) Der Wert von Nutzungen oder Leistungen, die auf bestimmte Zeit beschränkt sind, ist die Summe der einzelnen Jahreswerte, höchstens jedoch das Fünfundzwanzigfache des Jahreswerts;

---

[8] Vgl. aber auch OLG Frankfurt Rpfleger 1960, 345; 1961, 339.
[9] BayObLG JurBüro 1982, 899.
[10] OLG München JFGErg. 18, 47.
[11] KGJ 47, 283.

§ 23   *Abschnitt 4. Gegenstandswert*

ist die Dauer des Rechts außerdem durch das Leben einer oder mehrerer Personen bedingt, so darf der nach Absatz 2 zu berechnende Wert nicht überschritten werden;

b) Bezugsrechte von unbeschränkter Dauer sind mit dem Fünfundzwanzigfachen, Nutzungen oder Leistungen von unbestimmter Dauer – vorbehaltlich der Vorschriften des Absatzes 2 – mit dem Zwölfeinhalbfachen des Jahreswerts zu bewerten.

(2) Ist die Nutzung oder Leistung auf die Lebensdauer einer Person beschränkt, so gilt als Geschäftswert bei einem Lebensalter

von	15 Jahren oder weniger	der 22 fache Betrag,
über	15 Jahren bis zu 25 Jahren	der 21 fache Betrag,
über	25 Jahren bis zu 35 Jahren	der 20 fache Betrag,
über	35 Jahren bis zu 45 Jahren	der 18 fache Betrag,
über	45 Jahren bis zu 55 Jahren	der 15 fache Betrag,
über	55 Jahren bis zu 65 Jahren	der 11 fache Betrag,
über	65 Jahren bis zu 75 Jahren	der $7\,^1/_2$ fache Betrag,
über	75 Jahren bis zu 80 Jahren	der 5 fache Betrag,
über	80 Jahren	der 3 fache Betrag

der einjährigen Nutzung oder Leistung. Hängt die Dauer der Nutzung oder Leistung von der Lebensdauer mehrerer Personen ab, so entscheidet, je nachdem ob das Recht mit dem Tode des zuerst oder des zuletzt Sterbenden erlischt, das Lebensalter des Ältesten oder des Jüngsten.

(3) ...

(4) Der Geschäftswert für Unterhaltsansprüche nach den §§ 1612a bis 1612c des Bürgerlichen Gesetzbuchs bestimmt sich nach dem Betrag des einjährigen Bezugs. Dem Wert nach Satz 1 ist der Monatsbetrag des Unterhalts nach dem Regelbetrag und der Altersstufe zugrunde zu legen, die im Zeitpunkt der Beurkundung maßgebend sind.

(5) Der einjährige Wert von Nutzungen wird zu vier vom Hundert des Werts des Gegenstandes, der die Nutzungen gewährt, angenommen, sofern nicht ein anderer Wert festgestellt werden kann.

(6) Für die Berechnung des Geschäftswerts ist der Beginn des Bezugsrechts maßgebend. Bildet das Recht später den Gegenstand eines gebührenpflichtigen Geschäfts, so ist der spätere Zeitpunkt maßgebend. Steht im Zeitpunkt des Geschäfts der Beginn des Bezugsrechts noch nicht fest oder ist das Recht in anderer Weise bedingt, so ist der Geschäftswert nach den Umständen des Falles niedriger anzusetzen.

32   Die Vorschrift handelt von der Bewertung der Rechte auf wiederkehrende Leistungen, die sie Bezugsrechte nennt. Dauernde Nutzungen (§ 100 BGB) werden wie wiederkehrende Leistungen bewertet. Hierher gehören Nießbrauchsrechte, beschränkte persönliche Dienstbarkeiten, die das Recht gewähren, das Grundstück in einzelnen Beziehungen zu benutzen (vgl. § 1090 Abs. 1 BGB), zB Wohnrechte (§ 1093 BGB), Tankstellendienstbarkeiten[12] – andere persönliche Dienstbarkeiten, zB auf Unterlassungen, werden nach § 23, Grunddienstbarkeiten nach § 22 KostO bewertet – Reallasten (§ 1105 BGB), Dauerwohnrechte und Dauernutzungsrechte (§ 31 WEG),[13] gesetzliche und vertragliche Rentenansprüche, zB Leibrenten, Notwegrenten, Zinsansprüche, sofern sie nicht Nebengegenstände sind (vgl. Rn. 21). Nicht hierher gehören Rentenschulden (vgl. § 23 Abs. 2 KostO) und Erbbaurechte (vgl. § 21 KostO), Miet-, Pacht- und Dienstrechte (vgl. § 25 KostO). Etwa vereinbarte Wertsicherungsklauseln ändern den Geschäftswert nicht.[14]

33   Bei gesetzlichen Unterhaltsansprüchen wird die Vorschrift fast nie zur Anwendung kommen können, da es sich dabei fast immer um vorgerichtliche Tätigkeiten

---

[12] Vgl. über die reiche Rechtsprechung *Schwarz* in: *Korintenberg/Lappe/Bengel/Reimann* § 22 KostO Rn. 6–10.

[13] OLG Frankfurt NJW 1954, 1613.

[14] OLG Düsseldorf JurBüro 1982, 1392.

Allgemeine Wertvorschrift **§ 23**

des Rechtsanwalts handeln wird, die nach § 42 Abs. 1 GKG nF bewertet werden (vgl. Rn. 10 ff.). Maßgebend ist hier wie dort der einjährige Bezug und, wenn dieser in den einzelnen Jahren verschieden ist, der höchste einjährige Bezug; die auf die Beurkundung abgestellte Berechnung passt für den Anwalt nur dann, wenn er speziell im Zusammenhang mit dieser Beurkundung tätig wird. Sind auch Rückstände Gegenstand der anwaltlichen Tätigkeit, so werden diese mit ihrem Gesamtbetrag dem einjährigen Bezug hinzugerechnet;[15] zur Abgrenzung von Rückständen und laufenden Unterhaltsleistungen vgl. § 42 GKG nF. Wird gleichzeitig auch die eheliche oder nichteheliche Vaterschaft anerkannt, so wird dies als nichtvermögensrechtlicher Gegenstand bewertet, jedoch wird der Gebührenberechnung nur einer der Werte, und zwar der höhere, zugrunde gelegt (§ 48 Abs. 4 GKG nF). Streitigkeiten über den Bezug von Ausbildungsförderungsleistungen wurden vom VGH Mannheim[16] mit dem einjährigen Betrag bewertet, wovon ein Abschlag um $^1/_3$ zu machen ist, wenn nicht der Bezug selbst, sondern nur die Art (Darlehen oder Zuschuss) im Streit ist.

Die Vergünstigungen des Abs. 3 für gewisse Verwandtengeschäfte gelten nicht für die Gebühren des Rechtsanwalts. **34**

§ 25 KostO: Miet- und Pachtrechte, Dienstverträge
(1) Der Wert eines Miet- oder Pachtrechts bemißt sich nach dem Wert aller Leistungen des Mieters oder Pächters während der ganzen Vertragszeit. Bei Miet- oder Pachtrechten von unbestimmter Vertragsdauer ist der Wert dreier Jahre maßgebend; ist jedoch die Auflösung des Vertrags erst nach einem längeren Zeitraum zulässig, so ist dieser maßgebend. In keinem Fall darf der Wert den fünfundzwanzigfachen Betrag der einjährigen Leistung übersteigen.
(2) Der Wert eines Dienstvertrags bemißt sich nach dem Wert aller Bezüge des zur Dienstleistung Verpflichteten während der ganzen Vertragszeit, höchstens jedoch nach dem dreifachen Jahresbetrag der Bezüge.

Abs. 1 regelt den Wert von Miet- und Pachtrechten jeder Art; Miete und Pacht von Grundstücken, beweglichen Sachen, Rechten, auch Jagdpachtverträge und Landpachtverträge. Er betrifft die Begründung, Aufhebung und Verlängerung von Miet- und Pachtrechten, auch die nachträgliche Änderung des Miet- und Pachtzinses. Sonstige Änderungen eines Miet- oder Pachtvertrages werden jedoch nach § 23 Abs. 2 bewertet. **35**

Die gerichtliche oder außergerichtliche Geltendmachung oder die Abwehr von Rechten aus einem Miet- oder Pachtvertrag richtet sich nach § 41 GKG nF. Die Anzeige eines Landpachtvertrags (§ 2 des Landpachtverkehrsgesetzes vom 8. 11. 1985, BGBl. I S. 2075) wird nicht besonders bewertet; im Beanstandungsverfahren (§ 4 Landpachtverkehrsgesetz) richtet sich der Wert nach § 35 LwVG. **36**

Auf Leihverträge finden die Vorschriften für Mietverträge entsprechende Anwendung.[17] Hier ist zu schätzen, welcher Mietzins bei entgeltlicher Überlassung angemessen wäre. **37**

Dienstverträge werden nach dem Gesamtbetrag der Bezüge des Dienstverpflichteten während der ganzen Vertragszeit, höchstens nach dem dreijährigen Bezug bewertet. Die Vertragsdauer ist nach den Umständen, insbesondere nach dem Zweck des Vertrags, zu bestimmen. Lässt sich die Dauer nicht übersehen, so ist der dreijährige **38**

---

15 *Schwarz* in: *Korintenberg/Lappe/Bengel/Reimann* § 24 KostO Rn. 11.
16 AnwBl. 1982, 158.
17 *Schwarz* in: *Korintenberg/Lappe/Bengel/Reimann* § 25 KostO Rn. 11, will allerdings § 30 KostO anwenden.

Bezug maßgebend, auch wenn eine frühere Kündigung zulässig ist.[18] Naturalbezüge sind zuzurechnen.

39 Wie Dienstverträge werden Agenturverträge, Kommissionsverträge[19] und Werkverträge, die zu wiederkehrenden Leistungen verpflichten, bewertet.[20] Notfalls sind die Bezüge zu schätzen.

§ 39 KostO: Geschäftswert
(1)...
(2) Bei Verträgen, die den Austausch von Leistungen zum Gegenstand haben, ist nur der Wert der Leistungen des einen Teils und, wenn der Wert der Leistungen verschieden ist, der höhere maßgebend.
(3)...
(4)...

40 Von dem § 39 KostO, der von dem Geschäftswert bei notariellen Beurkundungen handelt, hat RVG nur den § 39 Abs. 2 übernommen, der Austauschverträge betrifft. Unter Verträgen, die den Austausch von Leistungen zum Gegenstand haben, sind alle Verträge zu verstehen, in denen beide Vertragsteile sich einander Zuwendungen machen. Darunter fallen nicht nur die gegenseitigen Verträge (§§ 320 ff. BGB), sondern zB auch ein Vertrag, durch den A den B beschenkt, B dagegen eine Unterhaltsverpflichtung eingeht, oder A ein Darlehen gewährt und B eine Verpflichtung zur Überlassung einer Wohnung eingeht. Austauschverträge sind auch die entgeltliche Veräußerung von Rechten, zB von GmbH-Anteilen,[21] entgeltliche Verträge über die Befreiung von einer Bürgschaft,[22] Verträge über die Errichtung von Werkwohnungen.[23] Keine Austauschverträge sind Gesellschaftsverträge sowie Eheverträge und Erbverträge.

41 Der Anwendungsbereich des § 39 Abs. 2 KostO ist viel weiter als sonst. Nicht nur die Mitwirkung des Rechtsanwalts bei der notariellen Beurkundung wird nach § 39 Abs. 2 KostO bewertet, sondern auch jede sonstige auf den Abschluss eines Austauschvertrags gerichtete anwaltliche Tätigkeit, zB der Beistand bei den Vertragsverhandlungen, der Entwurf der Vertragsurkunde, die Fertigung eines Schreibens, das ein Vertragsangebot enthält. Es kommt nicht darauf an, ob der Vertrag zustande kommt und, wenn er zustande kommt, ob er notariell beurkundet wird. Kommt der Austauschvertrag nicht zustande, so bemisst sich der Wert nach den Leistungen, zu denen der Auftraggeber zum Abschluss bereit war (vgl. Rn. 26).

42 Bewertet werden nur die Leistungen eines Vertragsteils, und zwar desjenigen Teils, dessen Leistungen den höheren Wert haben. Dabei sind auf jeder Seite alle Leistungen zu berücksichtigen, auch Dienstleistungen, wiederkehrende Leistungen und die Gewährung von Nutzungen. Soweit die Leistungen nicht in Euro bestehen, sind sie zu schätzen. Zu beachten sind dabei die besonderen Bewertungsregeln für bestimmte Leistungen, vor allem für Sachen (§ 19 KostO), Grunddienstbarkeiten (§ 22 KostO), wiederkehrende Nutzungen oder Leistungen (§ 24 KostO), Miet- und Pachtrechte (§ 25 KostO).

---

[18] KG JFGErg. 20, 58.
[19] KG JFGErg. 3, 223.
[20] LG Wuppertal AnwBl. 1975, 241 für den Entwurf eines Handelsvertretervertrags.
[21] KG Rpfleger 1944, 22.
[22] KG JFGErg. 18, 69.
[23] KG JFGErg. 20, 68.

c) Bewertungsregeln; alphabetische Übersicht.   43
- **Änderung von Rechten:** Rn. 48.
- **Agenturverträge:** Rn. 39.
- **Anerkennung der Vaterschaft:** Rn. 33 und Rn. 52.
- **Auseinandersetzungsverträge:**[24]
- Soweit es sich nicht um Austauschverträge handelt (vgl. § 39 Abs. 2 KostO), wie zB bei der entgeltlichen Übertragung des Erbteils an andere Miterben, bestimmt sich der Gegenstandswert nach dem Wert der Gegenstände, auf die sich die Auseinandersetzung bezieht. Schulden werden in der Regel nicht abgezogen (vgl. Rn. 22). Scheidet ein Gemeinschafter aus, während die Übrigen die Gemeinschaft fortsetzen, so bestimmt sich der Wert nur nach dem Anteil des ausscheidenden Gemeinschafters oder der ihm gewährten Abfindung, wenn diese höher ist; es sei denn, dass der Rechtsanwalt auftragsgemäß auch zum Zwecke der gesamten Auseinandersetzung tätig geworden ist.
- **Darlehensverträge:** vgl. Rn. 44.
- **Dienstbarkeiten:** vgl. §§ 22, 24 KostO.
- **Dienstverträge:** vgl. § 25 Abs. 2 KostO, Rn. 38.
- **Ehehindernisse – Befreiung von:** Rn. 13.
- **Eheverträge:** § 39 Abs. 3 KostO gilt nicht für die Gebühren des Rechtsanwalts. Aus dem Begriff des Gegenstandswerts ergibt sich Folgendes: Bei der Gütergemeinschaft ist der Wert der Vermögensgegenstände maßgebend, auf die sich der Ehevertrag bezieht, also der Wert des zusammengerechneten Vermögens beider Ehegatten, ausgenommen das Sondergut und bei der Aufhebung der Gütergemeinschaft auch das Vorbehaltsgut. Schulden werden – im Gegensatz zu § 39 Abs. 3 KostO – regelmäßig nicht abzuziehen sein, weil sich die Beratung des Rechtsanwalts auch auf die Schuldenhaftung erstrecken wird (vgl. Rn. 22). Schließen Eheleute, die im gesetzlichen Güterstand leben, diesen Güterstand aus, so richtet sich ihr Interesse darauf, den Ausgleich des Zugewinns auszuschließen (vgl. § 1414, § 1363 Abs. 2 S. 2 BGB). Der Wert des Vertrages, durch den sie Gütertrennung vereinbaren, ist in solchem Falle zu schätzen. Hat sich jedoch die Beratung des Rechtsanwalts auch auf die Auswahl unter mehreren Güterständen erstreckt, so ist der Wert aller Vermögensgegenstände maßgebend, die von einem dieser Güterstände betroffen worden wären.
- **Ehe- und Erbverträge** (§ 2276 Abs. 2 BGB): Dabei handelt es sich um denselben Gegenstand (vgl. die Klarstellung im § 46 Abs. 3 KostO); daher wird das Vermögen nur einmal bewertet, und zwar nach dem Vertrag, der die höchsten Vermögenswerte betrifft.
- **Erbbaurecht:** Über die Begründung vgl. § 21 KostO, über die Veräußerung vgl. unter Kauf.
- **Erbverträge:** Der Gegenstandswert bestimmt sich nach dem gegenwärtigen Wert des Vermögens, über das von Todes wegen verfügt wird. Wird beiderseits über Vermögen verfügt, so sind die Werte der beiden Vermögen zusammenzurechnen; in der Regel werden Vermächtnisse, Pflichtteilsrechte und Auflagen nicht abgezogen, da sich die Beratung des Rechtsanwalts auch auf diese beziehen wird; aus diesem Grunde werden – im Gegensatz zu dem für die Gebühren des Rechtsanwalts nicht anwendbaren § 46 Abs. 4 KostO – in der Regel auch die Verbindlichkeiten nicht abgezogen.[25]

---
[24] Vgl. *Hornig* JVBl. 194, 113.
[25] Vgl. Rn. 22; aA *Schumann/Geißinger* Rn. 475 Nr. 13.

§ 23   Abschnitt 4. Gegenstandswert

- Für die **Aufhebung** von Erbverträgen und gemeinschaftlichen Testamenten (vgl. unten Testament), den Widerruf von Testamenten und den Rücktritt von Erbverträgen in den Fällen der §§ 2293, 2295 BGB und gemeinschaftlichen Testamenten werden die gleichen Grundsätze wie für die Errichtung gelten. Besonderer Prüfung im Einzelfall wird es bedürfen, ob sich der Rechtsanwalt auftragsgemäß auch mit den Verbindlichkeiten zu befassen hatte; sonst werden diese abgezogen (vgl. Rn. 22). Bei der **Anfechtung** eines Erbvertrags und bei dem Rücktritt gemäß § 2294 BGB steht ein Prozess im Hintergrund; der Wert bemisst sich daher nach § 3 ZPO und nicht etwa nach § 46 Abs. 2, § 38 Abs. 2, § 111 Abs. 2 KostO.
- **Erbverzicht:** vgl. Rn. 45.
- **Gerichtsvollzieher** - Verfahren des: Rn. 5.
- **Gesellschaftsverträge:** Sie werden nach dem zusammengerechneten Wert aller Einlagen bewertet. Eine vorbehaltene Einlagenerhöhung[26] und die Verpflichtung eines Gesellschafters, Darlehen zu beschaffen,[27] sind zuzurechnen. Bei **Umwandlungsverträgen** entscheidet das Vermögen der neuen Gesellschaft.[28] Sonstige Änderungen bereits bestehender Gesellschaftsverträge werden nach § 23 Abs. 3 S. 2 bewertet. **Schulden** werden in der Regel nicht abzuziehen sein, da sich der Rechtsanwalt gerade auch mit der Schuldenhaftung wird befassen müssen (vgl. Rn. 22). Grundstücke werden mit dem Einheitswert bewertet, jedoch wird die Bilanz wohl stets genügend Anhaltspunkte für einen höheren Wert ergeben (§ 19 KostO; vgl. Rn. 23). Bei **Satzungen** entscheidet das Aktivvermögen. Bei der Änderung von Satzungen gilt § 23 Abs. 3 S. 2. Der im § 39 Abs. 4 KostO bestimmte Höchstwert gilt nicht für die Gebühren des Rechtsanwalts. Bei der **Verschmelzung** durch Neubildung entscheidet das Aktivvermögen aller zu verschmelzenden Gesellschaften, bei der Verschmelzung durch Aufnahme das Aktivvermögen der aufzunehmenden Gesellschaft. Bei Gesellschaftsverträgen ist der Einheitswert des Betriebsvermögens nur bindend, soweit die §§ 26 ff. KostO für die Gebühren des Rechtsanwalts maßgebend sind, d. h. soweit der Rechtsanwalt gegenüber dem Registergericht tätig wird (Rn. 7).
- **Kaufverträge:** vgl. § 20 KostO; hierunter fällt auch die entgeltliche Veräußerung von Erbbau- und Wohnungseigentumsrechten.
- **Konzession** - Bewilligung einer: Rn. 13.
- **Kommissionsverträge:** vgl. Rn. 39.
- **Leihverträge:** vgl. Rn. 37.
- **Lizenzverträge:** Sie sind je nach ihrem Inhalt als Mietverträge oder nach § 39 Abs. 2 KostO zu bewerten.[29]
- **Mietverträge und Pachtverträge:** vgl. § 25 Abs. 1 KostO.
- **Nachlassteilung:** Voller Wert des gesamten Nachlasses, auch wenn nur ein Miterbe beraten wird; Nachlassverbindlichkeiten werden in der Regel nicht abgezogen (vgl. Rn. 22), es sei denn, die Verbindlichkeiten stehen fest und spielen für die Teilung keine Rolle;[30]
- **Rechtspfleger** - Verfahren vor: Rn. 5.
- **Schenkung:** vgl. Rn. 44.
- **Steuererklärung:** Rn. 13 und Rn. 44.

---

[26] KG JFGErg. 20, 75.
[27] KG DRM 1941 Nr. 154.
[28] Vgl. KG DRM 1941 Nr. 72.
[29] Vgl. KG JW 1937, 2703.
[30] Anders OLG Hamburg AnwBl. 1970, 233, das die Nachlassverbindlichkeiten stets abzieht.

Allgemeine Wertvorschrift § 23

- **Tauschverträge:** vgl. Rn. 25.
- **Testament:** Der Gegenstandswert bestimmt sich nach dem gegenwärtigen Wert des Vermögens, über das von Todes wegen verfügt wird. Wird bei einem **gemeinschaftlichen Testament** beiderseits über Vermögen verfügt, so sind die Werte zusammenzurechnen. Vgl. im Übrigen unter Erbvertrag.
- **Vaterschaft** - Anerkennung der: Rn. 33 und Rn. 52.
- **Vergleich:** Vergleiche sind Verträge eigener Art. Sie werden nach den Wertvorschriften für Gerichtskosten bewertet und nur, wenn solche Wertvorschriften fehlen. Die zutreffend zur Beurkundung vertretene Auffassung, dass Vergleiche nach § 39 Abs. 2 KostO als Austauschverträge zu bewerten sind,[31] trifft für die Gebühren des Rechtsanwalts, der sich nicht nur mit der Beurkundung des Vergleichs, sondern auch mit der Beseitigung des Streits oder der Ungewissheit (§ 779 BGB) zu befassen hat, nicht zu.
- **Vermögensübertragung:** Soweit es sich nicht, wie bei dem Erbschaftskauf, um einen Austauschvertrag handelt, entscheidet der Wert des zu übertragenden Vermögens, und zwar in der Regel ohne Abzug der Schulden (vgl. Rn. 22).
- **Verwaltungsverfahren:** Rn. 13. Für bestimmte typische Verwaltungsverfahren hat die Rechtsprechung feste Wertansätze entwickelt (zB für die Baugenehmigung eines Einfamilienhauses 10 000 DM, nicht etwa den Grundstücks- oder gar Bauwert.[32]
- **Vorverträge:** Sie haben denselben Wert wie die in Aussicht genommenen endgültigen Verträge.
- **Werkverträge:** Soweit sie zu wiederkehrenden Leistungen verpflichten, fallen sie unter § 25 Abs. 2 KostO (vgl. Rn. 39), im Übrigen unter § 39 Abs. 2 KostO.
- **Wohnungseigentum:** Über die Begründung vgl. § 21 KostO, über die Veräußerung vgl. unter Kauf.

d) Hilfsvorschrift des Abs. 3 S. 2. Sie ist dem § 30 KostO nachgebildet. Folgende **44** Fälle sind zu unterscheiden:

aa) Gegenstandswert steht fest. Dies trifft zu, wenn für den konkreten Fall zwar **44a** keine besonderen Wertvorschriften bestehen, der Gegenstandswert sich aber ohne weiteres aus seinem Begriff ableiten lässt. *Beispiele:* Beim Darlehensvertrag über Geld ist Gegenstandswert der Betrag des Darlehens, bei der Schenkung von Geld oder bei dem Schenkungsversprechen über Geld der geschenkte oder versprochene Geldbetrag, bei der Abgabe einer Steuererklärung der Betrag an Steuern, der aufgrund der Angaben in der Erklärung zu zahlen wäre, nicht etwa ein Erstattungs- oder Nachzahlungsbetrag, der sich ja auf Null belaufen könnte (bei der Abgabe der Einkommensteuererklärung ohne Zurechnung der Kirchensteuer[33]).

bb) Gegenstandswert steht nicht fest. Die im § 23 Abs. 3 genannten Wertvor- **45** schriften (Rn. 21 bis 42) ergeben den Wert nicht, und der Wert steht auch sonst nicht fest (Rn. 44). Dies trifft nicht nur zu, wenn es an einer maßgeblichen Bewertungsvorschrift überhaupt fehlt, so, wenn der Anwalt im Ausland tätig geworden ist,[34] sondern auch dann, wenn die maßgebliche Bewertungsvorschrift keinen Geldwert in Deutscher Währung ergibt, zB wenn die Leistungen des Mieters (vgl. § 25 Abs. 1 KostO) nicht in Geld ausgedrückt sind. In solchen Fällen wird die in erster Linie maßgebende

---

[31] *Bengel/Tiedtke* in: *Korintenberg/Lappe/Bengel/Reimann* § 39 KostO Rn. 29.
[32] OVG Lüneburg AnwBl. 1983, 280.
[33] Vgl. BFH BB 1955, 855; BFH BStBl. 1958 III S. 122.
[34] BGH NJW 1970, 1508.

Bewertungsvorschrift durch § 23 Abs. 3 S. 2 ergänzt. Ferner trifft dies auch zu, wenn, wie bei Austauschverträgen (§ 39 Abs. 2 KostO), beiderseitige Leistungen vergleichsweise zu bewerten sind und eine der Leistungen nicht auf Geld geht, zB bei einem entgeltlichen Erbverzicht.[35] Hierbei **sind zwei Fälle** zu unterscheiden:

46 (1.) Es bestehen genügende tatsächliche Anhaltspunkte für eine Schätzung.[36] Dann ist der Wert aufgrund dieser Anhaltspunkte nach billigem Ermessen zu bestimmen. Zu bestimmen ist nach billigem Ermessen nicht der Gegenstand, sondern sein Wert, und zwar sein Geldwert in Euro. Von welchem Gegenstand der Wert zu bestimmen ist, ergeben § 22 und die nach § 23 anwendbaren Vorschriften der KostO. Das billige Ermessen setzt also erst ein, wenn der Gegenstand feststeht. Auch bei der Wertschätzung ist die Richtung des billigen Ermessens durch die anwendbaren Vorschriften der KostO festgelegt. Zu schätzen ist danach der objektive Wert, so wie er sich für jedermann darstellt. Die persönlichen Verhältnisse der Beteiligten oder ihre subjektive Wertschätzung bleiben außer Betracht.[37] Über den Zeitpunkt der Wertbestimmung vgl. § 2 Rn. 10 ff.

Anwendungsfälle:

47 Der Geldwert ist durch Schätzung zu bestimmen, wenn das Recht oder das Rechtsverhältnis, das Gegenstand der anwaltlichen Tätigkeit ist, nicht auf Geld geht. So sind in Geld zu schätzen Sachwerte, und zwar nach dem gemeinen Wert (§ 19 Abs. 2 KostO), soweit nicht der Einheitswert maßgebend ist (§§ 19 Abs. 1 und 4, 21 KostO); ferner Rechte, die nicht auf eine Geldleistung gehen, zB Grunddienstbarkeiten (§ 22 KostO) und Naturalrenten (§ 24 KostO); Devisen werden nach dem Kurswert auf Euro umgerechnet. Auch bei Verträgen über die Ausnützung von Chancen und bei Unterlassungsverpflichtungen, zB Wohnungen nicht an andere Personen zu vermieten,[38] ist der Geldwert zu schätzen.

48 Änderungen von Rechten – im Gegensatz zu der Begründung, Aufhebung, Belastung (vgl. § 23 KostO) und Veräußerungen (vgl. § 39 Abs. 2 KostO) – werden, da Gegenstand der anwaltlichen Tätigkeit nicht das Recht im Ganzen, sondern nur seine Veränderung ist, regelmäßig geringer als auf den Wert des ganzen Rechts zu bestimmen sein. So die Veränderung der Zins- und Zahlungsbedingungen, die Änderung des Ranges dinglicher Rechte (vgl. § 23 Abs. 3 KostO), die Umwandlung eines Briefrechtes in ein Buchrecht und umgekehrt, einer Hypothek in eine Grundschuld, einer Verkehrshypothek in eine Sicherungshypothek[39] und umgekehrt.[40] Es gibt jedoch Rechtsänderungen, die so bedeutend sind, dass es sich rechtfertigt, den Wert des ganzen Rechts zugrunde zu legen, zB bei der Forderungsauswechslung (§ 1180 BGB);[41] der Umwandlung einer Grundschuld in eine Hypothek – weil hier rechtlich erstmals eine Forderung zugrunde gelegt wird[42] –, einer Höchstbetragshypothek in eine gewöhnliche Hypothek oder Grundschuld – weil dabei die Schuld festgestellt werden muss –. Die Werte mehrerer Rechtsänderungen sind zusammenzurechnen. Der Wert des ganzen Rechts kann nicht überschritten werden, und zwar auch dann nicht, wenn

---

35 OLG München JFGErg. 20, 61; OLG Celle RdL 1955, 282.
36 OLG Bamberg Rpfleger 1951, 573; OLG München Rpfleger 1954, 656.
37 OLG München JFGErg. 20, 61.
38 KG JFGErg. 20, 68.
39 OLG Bamberg Rpfleger 1951, 573.
40 Wegen sonstiger zahlreicher Beispiele aus der Rechtsprechung zur KostO ist zu verweisen auf *Reimann* in: *Korintenberg/Lappe/Bengel/Reimann* § 30 KostO Rn. 92–107.
41 KG JW 1934, 434.
42 KG JFGErg. 17, 105.

Allgemeine Wertvorschrift § 23

außer den Änderungen in derselben Angelegenheit auch eine Belastung oder Veräußerung des Rechts erfolgt; denn mehr als das ganze Recht kann dies alles nicht wert sein.

(2.) Es fehlen genügende tatsächliche Anhaltspunkte für eine Schätzung. Dann ist **49** der Wert auf 4000 Euro, nach Lage des Falles niedriger oder höher, jedoch nicht über 500 000 Euro anzunehmen. Um der Rechtsprechung die Möglichkeit zu geben, zu einer mehr auf den Einzelfall abgestellten Bewertung zu kommen, wurde anstelle der Vorschrift, dass von dem regelmäßig anzunehmenden Wert abgewichen werden kann, bestimmt, dass der Wert „nach Lage des Falles" niedriger oder höher anzunehmen ist.[43] § 23 weicht aber von seinem Vorgänger in bedeutsamer Weise ab, indem die Vorschrift fehlt, dass der Wert von 4000 Euro „regelmäßig" anzunehmen ist. Damit ist es der Rechtsprechung noch mehr erleichtert, nach oben oder unten abzuweichen. Dieser Wert ist kein Regelwert, von dem nur unter besonderen Umständen abgewichen werden kann, sondern er ist ein Hilfswert, auf den man sich zurückziehen wird, wenn eine individuelle Bewertung nicht möglich ist.

Bevor auf den Hilfswert zurückgegriffen werden darf, sind alle Möglichkeiten aus- **50** zuschöpfen, um einen Wert zu finden, der für den Rechtsanwalt angemessene und für den Auftraggeber tragbare Gebühren ergibt. Dabei sind, ähnlich wie bei der Bemessung von Rahmengebühren (§ 14), alle Umstände des Einzelfalles zu berücksichtigen, insbesondere die Bedeutung der Sache, der Arbeitsaufwand des Rechtsanwalts und die Leistungsfähigkeit des Auftraggebers.

cc) Nichtvermögensrechtliche Gegenstände. (1) Begriff. Nichtvermögens- **51** rechtliche Gegenstände sind solche, die überwiegend nicht das Vermögen oder Einkommen der Beteiligten,[44] sondern Rechtsgüter berühren, die für die Beteiligten ideelle Werte darstellen, zB ihre Persönlichkeit betreffen, zB Geltendmachung von Grundrechten, Adoptionen, Personenstandsanerkennungen.

(2) Bewertung. Sie werden nach den in Rn. 44 entwickelten Grundsätzen bewer- **52** tet. Treffen in einer Angelegenheit vermögensrechtliche und nichtvermögensrechtliche Gegenstände zusammen, so werden die Werte gesondert bestimmt und sodann zusammengerechnet. Dabei wird aber vorausgesetzt, dass es sich um verschiedene Gegenstände handelt. Dies ist nicht der Fall, wenn ein und derselbe Gegenstand, also dasselbe Recht oder Rechtsverhältnis (§ 22 Rn. 2), sowohl vermögensrechtlicher als auch nichtvermögensrechtlicher Natur ist. Hier wird der Gegenstand nur einmal bewertet, und zwar entweder als vermögensrechtlicher oder als nichtvermögensrechtlicher Gegenstand, je nachdem, welche der beiden Eigenschaften des Gegenstandes überwiegt. Handelt es sich um einen nichtvermögensrechtlichen Anspruch und einen aus diesem abgeleiteten vermögensrechtlichen Anspruch, so wird entsprechend § 48 Abs. 4 GKG nF nur ein Anspruch bewertet, und zwar der, welcher den höheren Wert ergibt; so vor allem bei Anerkennung der Vaterschaft und Regelung des Unterhalts. Für die Sorgerechtsregelung selbst geht die Rechtsprechung nach § 30 Abs. 2 KostO von 3000 Euro aus und macht Zuschläge bei mehreren Kindern;[45] falls durch die Mehrzahl von Kindern jedoch keine besondere Mehrarbeit entsteht, weil problemlos einheitlich entschieden werden kann, wird die Werterhöhung versagt.[46]

---

[43] Vgl. dazu BayOLGZ 1959, 281.
[44] RGZ 144, 159.
[45] OLG Düsseldorf JurBüro 1985, 1187; OLG Zweibrücken JurBüro 1980, 1719.
[46] OLG München JurBüro 1979, 1543; OLG Koblenz JurBüro 1979, 404.

§ 24 Gegenstandswert für bestimmte einstweilige Anordnungen

¹Im Verfahren über eine einstweilige Anordnung der in § 620 Nr. 1, 2, 3 oder § 621 g der Zivilprozessordnung, jeweils auch in Verbindung mit § 661 Abs. 2 der Zivilprozessordnung, bezeichneten Art ist von einem Wert von 500 Euro auszugehen. ²Wenn die einstweilige Anordnung nach § 621 g der Zivilprozessordnung eine Familiensache nach § 621 Abs. 1 Nr. 7 der Zivilprozessordnung, auch in Verbindung mit § 661 Abs. 2 der Zivilprozessordnung, betrifft, ist jedoch § 53 Abs. 2 Satz 2 des Gerichtskostengesetzes entsprechend anzuwenden. ³Betrifft die Tätigkeit eine einstweilige Anordnung nach § 64 b des Gesetzes über die Angelegenheiten der freiwilligen Gerichtsbarkeit, gelten die Sätze 1 und 2 entsprechend.

Übersicht

	Rn.		Rn.
I. Grundgedanken	1	c) Anwendungsbereich des Satzes 3	5
II. Inhalt der gesetzlichen Regelung	2-9	2. Der Wert nichtvermögensrechtlicher Gegenstände	6
1. Anwendungsbereich der Sätze 1 und 2	2–5	3. Mehrere Verfahren der einstweiligen Anordnung	7
a) Verfahren nach § 620 Nr. 1, 2 und 3 ZPO	3	4. Mehrere Maßnahmen nach § 1 GewSchG	8
b) Verfahren nach § 621 Abs. 1 Nr. 1, 2 und 3 ZPO	4	5. Gegenstandswert nach § 53 Abs. 2 Satz 2 GKG	9

I. Grundgedanken

1 § 24 regelt den Gegenstandswert in Verfahren über einstweilige Anordnungen, für die keine Gerichtsgebühren erhoben werden. Die Vorschrift entspricht weitgehend § 8 Abs. 3 BRAGO idF des GewSchG vom 11. 12. 2001. § 24 knüpft an § 23 Abs. 3 S. 2 an, indem der Regelwert für nichtvermögensrechtliche Gegenstände in den hier genannten Verfahren auf einstweilige Anordnung von 4000 Euro auf 500 Euro ermäßigt wird. In Satz 2 werden die Verfahren, die eine Familiensache nach § 621 Abs. 1 Nr. 7 ZPO, d. h. einstweilige Anordnungen über die Benutzung einer gemeinsamen Wohnung und des Hausrats, zum Gegenstand haben, von dem Regelwert von 500 Euro ausgenommen und § 53 Abs. 2 S. 2 GKG für anwendbar erklärt. Nach Satz 3 gelten diese Vorschriften entsprechend für einstweilige Anordnungen nach § 64 b FGG, d. h. in Verfahren nach §§ 1 und 2 GewSchG.

II. Inhalt der gesetzlichen Regelung

2 **1. Anwendungsbereich der Sätze 1 und 2.** Für die anwaltliche Tätigkeit ist in folgenden Verfahren der einstweiligen Anordnung von einem Wert von 500 Euro auszugehen:

3 **a) Verfahren nach § 620 Nr. 1, 2 und 3 ZPO.** Bei Anhängigkeit einer der in § 606 Abs. 1 S. 1 ZPO definierten Ehesachen können nach § 620 ZPO die dort aufgezählten Sachbereiche auf Antrag im Wege der einstweiligen Anordnung vorläufig geregelt werden. § 620 Nr. 1 betrifft die elterliche Sorge für ein gemeinschaftliches Kind, Nr. 2 den Umgang eines Elternteiles mit einem Kind und Nr. 3 die Herausgabe des Kindes an den anderen Elternteil. Das Gleiche gilt nach § 661 Abs. 2 ZPO in Verfahren über die Aufhebung einer Lebenspartnerschaft (§ 661 Abs. 1 Nr. 1 ZPO) oder

über die Feststellung des Nichtbestehens einer Lebenspartnerschaft (§ 661 Abs. 1 Nr. 2 ZPO), wenn die Lebenspartner ein gemeinschaftliches Kind haben. Die einstweilige Anordnung kann aber auch mehrere Kinder betreffen. Bei dem Verfahren nach § 620 Nr. 5 ZPO (Getrenntleben der Ehegatten) ist analog S. 1 ebenfalls von einem Wert von 500 Euro auszugehen.¹

b) Verfahren nach § 621 Abs. 1 Nr. 1, 2 und 3 ZPO. § 621 Abs. 1 ZPO benennt 4 die Familiensachen, die keine Ehesachen sind. Nach § 621 g ZPO können in den Verfahren nach § 621 Abs. 1 Nr. 1, 2, 3 und 7 ZPO, wenn das Verfahren anhängig oder Prozesskostenhilfe beantragt ist, über den Gegenstand des Verfahrens auf Antrag einstweilige Anordnungen getroffen werden. Nr. 1 betrifft die elterliche Sorge für ein Kind, Nr. 2 die Regelung des Umgangs mit einem Kind, Nr. 3 die Herausgabe eines Kindes und Nr. 7 Regelungen über die Ehewohnung und den Hausrat. Von dem Wert von 500 Euro ist jedoch nur für einstweilige Anordnungen in den Verfahren nach § 621 Abs. 1 Nr. 1, 2, und 3 ZPO auszugehen, während in Verfahren nach § 621 Abs. 1 Nr. 7 ZPO sich der Gegenstandswert nach § 53 Abs. 2 S. 2 GKG bestimmt.

c) Anwendungsbereich des Satzes 3. Nach Satz 3 ist für einstweilige Anord- 5 nungen nach § 64 b FGG von einem Wert von 500 Euro auszugehen oder der Gegenstandswert bestimmt sich in entsprechender Anwendung von § 53 Abs. 2 S. 2 GKG. § 64 b FGG betrifft Verfahren nach §§ 1 und 2 GewSchG, die gemäß § 621 Abs. 1 Nr. 13 ZPO den Familiengerichten zugewiesen sind, d. h. wenn die Beteiligten einen auf Dauer angelegten gemeinsamen Haushalt führen oder innerhalb von sechs Monaten vor Antragstellung geführt haben. § 1 GewSchG sieht die Anordnung gerichtlicher Maßnahmen zum Schutz einer Person vor, deren Körper, Gesundheit oder Freiheit von einer anderen Person widerrechtlich verletzt oder die entsprechend bedroht wurde. Unter den gleichen Voraussetzungen kann nach § 2 GewSchG die verletzte oder bedrohte Person, die zum Zeitpunkt der Verletzung oder Bedrohung mit dem Täter einen auf Dauer angelegten gemeinsamen Haushalt geführt hat, von diesem die Überlassung der gemeinsamen Wohnung zur alleinigen Nutzung verlangen. Sobald ein Verfahren nach §§ 1 oder 2 GewSchG beim Familiengericht anhängig oder Prozesskostenhilfe hierfür beantragt ist, können nach § 64 b Abs. 3 FGG auf Antrag im Wege der einstweiligen Anordnung vorläufige Regelungen erlassen werden. Im Gegensatz zu den entsprechenden einstweiligen Anordnungen nach § 620 Nr. 9 ZPO werden für die einstweiligen Anordnungen nach § 64 b Abs. 3 FGG keine Gerichtsgebühren erhoben.² Für die anwaltliche Tätigkeit im Verfahren der einstweiligen Anordnung ist daher bestimmt, dass in entsprechender Anwendung des § 53 Abs. 2 S. 2 GKG der Gegenstandswert 2000 Euro beträgt, soweit die Benutzung der Wohnung zu regeln ist. Hierbei handelt es sich um Verfahren nach § 2 GewSchG. Hingegen ist für einstweilige Anordnungen, die Maßnahmen nach § 1 GewSchG zum Gegenstand haben, von einem Wert von 500 Euro auszugehen, da es sich insoweit um nichtvermögensrechtliche Gegenstände handelt.³

2. Der Wert nichtvermögensrechtlicher Gegenstände. Die Verfahren über einst- 6 weilige Anordnungen nach § 620 Nr. 1, 2 und 3 ZPO, nach § 621 g iVm. § 621 Abs. 1 Nr. 1, 2 und 3 ZPO und nach § 64 b Abs. 3 FGG iVm. § 1 GewSchG betreffen nichtvermögensrechtliche Gegenstände. Der Gegenstandswert ist daher gemäß § 23 Abs. 3

---
¹ OLG Köln Rpfleger 1995, 110 zu § 8 Abs. 2 S. 3 BRAGO aF.
² GKG KV Teil 1 VII, insbesondere Nr. 1701.
³ OLG Dresden JurBüro 2003, 472; *Keidel/Weber* Vor § 64 b FGG Rn. 11.

§ 24   *Abschnitt 4. Gegenstandswert*

S. 2 nach billigem Ermessen zu bestimmen. Davon abweichend bestimmt § 24 für die hier genannten Anordnungsverfahren einen Wert von 500 Euro (statt 4000 Euro), der jedoch, wie in § 23 Abs. 3 S. 2, nach Lage des Falles niedriger oder höher, jedoch nicht über 500 000 Euro angenommen werden kann. In Analogie zu § 14 Abs. 1 S. 1 RVG und § 48 Abs. 2 S. 1 GKG ist im Einzelfall der Gegenstandswert unter Berücksichtigung der Bedeutung der Angelegenheit, des Umfangs und der Schwierigkeit der anwaltlichen Tätigkeit, sowie der Einkommens- und Vermögensverhältnisse der Parteien zu bestimmen. Der Regelwert kann zB unterschritten werden, wenn nur Teilbereiche der in § 620 Nr. 1 und 2 ZPO bezeichneten Gegenstände geregelt werden, etwa Modalitäten des grundsätzlich unbestrittenen Umgangs eines Elternteiles mit dem Kinde. Auch wenn die Personensorge für mehrere Kinder geregelt wird, liegt nur ein Gegenstand vor, wie sich aus § 46 Abs. 1 S. 2 GKG ergibt, der hier entsprechend anzuwenden ist. Die Zahl der Kinder kann jedoch bei der Bemessung des Gegenstandswertes eine Rolle spielen.[4]

7   **3. Mehrere Verfahren der einstweiligen Anordnung.** In jedem Prozess, in dem Verfahren wegen einstweiliger Anordnung möglich sind, kann es im Verlauf des Rechtszuges zu mehreren Verfahren dieser Art kommen, indem
– zurückgenommene oder zurückgewiesene Anträge erneut gestellt werden,
– die Abänderung oder Aufhebung erlassener Anordnungen beantragt wird (§ 620 b ZPO),
– verschiedene Ansprüche nebeneinander, gleichzeitig oder nacheinander, geltend gemacht werden.

Gebührenrechtlich handelt es sich dabei gegenüber dem Hauptverfahren um besondere Angelegenheiten, untereinander jedoch um dieselbe Angelegenheit (§ 18 Nr. 1 Hs. 2), so dass der Rechtsanwalt innerhalb desselben Rechtszuges auch für eine Mehrzahl von einstweiligen Anordnungen die Gebühren nur einmal erhält. Die einstweiligen Anordnungen nach § 620 Nr. 1, 2 und 3 ZPO betreffen jeweils verschiedene Gegenstände. Treffen in einem Scheidungsverfahren mehrere Anordnungsverfahren mit verschiedenen Gegenständen zusammen, so sind die Werte zusammenzurechnen (§ 22 Abs. 1). Nach § 18 Nr. 1 Hs. 4 werden jetzt auch die Gegenstandswerte mehrerer Verfahren, die denselben Gegenstand betreffen, zusammengerechnet. Wird zB in einem Verfahren nach § 621 Abs. 1 Nr. 2 ZPO (Regelung des Umgangs mit einem Kind) zunächst ein Antrag auf einstweilige Anordnung gestellt und wieder zurückgenommen, sodann erneut gestellt und schließlich die Abänderung der erlassenen Anordnung beantragt und wird der einheitliche Gegenstand der drei Verfahren mit 500 Euro bewertet, so steht dem Rechtsanwalt, der in allen drei Verfahren tätig war, eine Verfahrensgebühr aus 3 × 500 Euro (= 1500 Euro) zu; hat er jedoch die Terminsgebühr nur in einem der drei Anordnungsverfahren verdient, so erhält er diese Gebühr aus einem Gegenstandswert von 500 Euro.

8   **4. Mehrere Maßnahmen nach § 1 GewSchG.** Auch für einstweilige Anordnungen nach § 64 b Abs. 3 FGG in Verfahren nach § 1 GewSchG (Maßnahmen zum Schutze einem Person) ist von einem Wert von 500 Euro auszugehen. Ein einheitlicher Gegenstandswert ist auch dann festzusetzen, wenn mehrere Maßnahmen nach § 1 GewSchG beantragt werden.[5] Die Mehrzahl der beantragten Maßnahmen kann jedoch zur Festsetzung eines höheren Wertes als 500 Euro führen.

---
[4] OLG Zweibrücken JurBüro 1980, 1719; OLG Düsseldorf JurBüro 1985, 1187; OLG Rostock JurBüro 1998, 543; vgl. auch OLG Zweibrücken FamRZ 1998, 1031.
[5] Vgl. OLG Köln FamRZ 2003, 241 zum Wert der Hauptsache.

Gegenstandswert in der Zwangsvollstreckung **§ 25**

5. Gegenstandswert nach § 53 Abs. 2 Satz 2 GKG. Für einstweilige Anordnungen (§ 621 g ZPO) in Familiensachen nach § 621 Abs. 1 Nr. 7 ZPO (Regelungen über die Ehewohnung und den Hausrat) bestimmt sich der Geschäftswert nach § 53 Abs. 2 S. 2 GKG. Dasselbe gilt für einstweilige Anordnungen in Lebenspartnerschaftssachen nach § 661 Abs. 1 Nr. 5 ZPO[6] und in familiengerichtlichen Verfahren nach § 2 GewSchG.[7] Danach beträgt der Wert, wenn das Verfahren der einstweiligen Anordnung die Benutzung der Wohnung zum Gegenstand hat, 2000 Euro, wenn es die Benutzung des Hausrats betrifft, 1200 Euro. Dies sind feste Werte, die, im Unterschied zur bisherigen Regelung (§ 20 Abs. 2 S. 2 GKG aF), unabhängig vom Mietwert der Wohnung, vom Wert des Hausrates oder vom speziellen Interesse des Antragstellers sind. Da § 2 GewSchG keine Regelung der Hausratsbenutzung, sondern nur die Überlassung der gemeinsamen Wohnung zur alleinigen Benutzung vorsieht, beträgt der Geschäftswert in Verfahren nach § 64 b Abs. 3 FGG, § 2 GewSchG immer 2000 Euro.

9

§ 25 Gegenstandswert in der Zwangsvollstreckung

(1) In der Zwangsvollstreckung bestimmt sich der Gegenstandswert
1. nach dem Betrag der zu vollstreckenden Geldforderung einschließlich der Nebenforderungen; soll ein bestimmter Gegenstand gepfändet werden und hat dieser einen geringeren Wert, ist der geringere Wert maßgebend; wird künftig fällig werdendes Arbeitseinkommen nach § 850 d Abs. 3 der Zivilprozessordnung gepfändet, sind die noch nicht fälligen Ansprüche nach § 42 Abs. 1 und 2 des Gerichtskostengesetzes zu bewerten; im Verteilungsverfahren (§ 858 Abs. 5, §§ 872 bis 877 und 882 der Zivilprozessordnung) ist höchstens der zu verteilende Geldbetrag maßgebend;
2. nach dem Wert der herauszugebenden oder zu leistenden Sachen; der Gegenstandswert darf jedoch den Wert nicht übersteigen, mit dem der Herausgabe- oder Räumungsanspruch nach den für die Berechnung von Gerichtskosten maßgeblichen Vorschriften zu bewerten ist;
3. nach dem Wert, den die zu erwirkende Handlung, Duldung oder Unterlassung für den Gläubiger hat, und
4. in Verfahren über den Antrag auf Abnahme der eidesstattlichen Versicherung nach § 807 der Zivilprozessordnung nach dem Betrag, der einschließlich der Nebenforderungen aus dem Vollstreckungstitel noch geschuldet wird; der Wert beträgt jedoch höchstens 1500 Euro.

(2) In Verfahren über Anträge des Schuldners ist der Wert nach dem Interesse des Antragstellers nach billigem Ermessen zu bestimmen.

Übersicht

	Rn.		Rn.
I. Grundgedanken	1	3. Vollstreckung zur Erwirkung einer Handlung, Duldung oder Unterlassung. Vollziehung eines Arrestes oder einer einstweiligen Verfügung	6
II. Anwendungsbereich	2, 3		
III. Gegenstandswert	4–8		
1. Vollstreckung einer Geldforderung	4	4. Antrag auf Abnahme der eidesstattlichen Versicherung	7
2. Vollstreckung der Herausgabe oder Leistung einer Sache	5	5. Anträge des Schuldners	8

---
[6] §§ 661 Abs. 2 Nr. 5, 621 g, 621 Abs. 1 Nr. 7 ZPO.
[7] §§ 621 Abs. 1 Nr. 13 ZPO, 64 b Abs. 3 FGG.

§ 25

I. Grundgedanken

1 § 25 trifft für die Gebühren des Rechtsanwalts eine eigenständige Regelung des Gegenstandswertes in der Zwangsvollstreckung, weil die Gerichtsgebühren in Angelegenheiten der Zwangsvollstreckung streitwertunabhängige Festgebühren sind. Die Vorschrift stimmt inhaltlich mit § 57 Abs. 2 und 3 BRAGO überein; jedoch sind im Unterschied zu § 57 Abs. 3 BRAGO in § 25 Abs. 2 die Rechtsbehelfe und Beschwerden nicht mehr genannt, weil der Gegenstandswert für Erinnerungs- und Beschwerdeverfahren in § 23 Abs. 2 geregelt ist.

II. Anwendungsbereich

2 § 25 bestimmt den Gegenstandswert für die Gebühren VV Teil 3, Abschnitt 3, Unterabschnitt 3 (Nr. 3309, 3310). Diese gelten einmal, wenn der Zwangsvollstreckung ein Vollstreckungstitel aus einem bürgerlichen Rechtsstreit oder einem ähnlichen Verfahren zugrunde liegt. Dabei genügt es, wenn sich die Zwangsvollstreckungsmaßnahme auf die ZPO gründet, mag das Vollstreckungsverfahren im Einzelnen sich auch nach Vorschriften außerhalb der ZPO richten. Diese Bestimmungen gelten auch, wenn der Zwangsvollstreckung andere Vollstreckungstitel zugrunde liegen, sich diese aber nach den für die Zwangsvollstreckung aus Urteilen in bürgerlichen Rechtsstreitigkeiten geltenden Vorschriften richtet, so nach §§ 201 Abs. 2, 215 Abs. 2 S. 2, 257 Abs. 1 und 2 InsO; §§ 98, 99, 158 Abs. 2 FGG; § 45 Abs. 3 WEG; § 109 Abs. 2 GenG; § 52 VersAufsG; §§ 198 ff. SGG; §§ 93, 132, 162 ZVG; §§ 155, 157 Abs. 2 KostO; §§ 406 b, 464 b StPO; sei es auch nach Landesrecht (vgl. zB § 801 ZPO, § 50 Abs. 1 S. 2 JWG).

3 Ferner gelten VV Nr. 3309, 3310 für die Vollziehung eines Arrestes oder einer einstweiligen Verfügung, für Verfahren nach § 33 FGG (Vorbem. 3.3.3 VV) und im Verwaltungszwangsverfahren (Vorbem. 2.5 Abs. 1 VV). In all diesen Verfahren, in denen der Rechtsanwalt die Gebühren nach VV Nr. 3309 und 3310 verdient, bestimmt sich der Gegenstandswert nach § 25.

III. Gegenstandswert

4 **1. Vollstreckung einer Geldforderung.** Bei der Vollstreckung einer Geldforderung ist der zu vollstreckende Betrag maßgebend. In die Geldforderung werden die einzuziehenden Zinsen eingerechnet, das sind alle Zinsen, die neben dem Kapital eingezogen werden sollen, also auch die bis zur Einziehung laufenden Zinsen; ferner die Kosten des der Vollstreckung vorausgegangenen Prozesses und die Kosten früherer notwendiger Vollstreckungsaufträge (Abs. 1 Nr. 1 Hs. 1). Dagegen sind die Kosten der laufenden Vollstreckung nicht mitzurechnen.[1] Wird die Vollstreckung nur wegen eines Teilbetrages betrieben, so ist dieser, nicht der Gesamtbetrag der Forderung, maßgebend.[2] Wenn die Vollstreckung auf einen bestimmten Gegenstand beschränkt wird,

---

1 *Gerold/Schmidt/Müller-Rabe* Rn. 6.
2 OLG München NJW 1958, 1687.

ist dessen Wert maßgeblich, wenn er der geringere ist (Nr. 1 Hs. 2). Bei der Pfändung künftigen Arbeitseinkommens nach § 850 d Abs. 3 ZPO ist der Wert der noch nicht fälligen Ansprüche nach § 42 Abs. 1 und 2 GKG zu bestimmen (Nr. 1 Hs. 3). Gemeint ist die sog. Vorratspfändung, nicht die Pfändung nach § 832 ZPO.[3] Im Verteilungsverfahren ist der Gegenstandswert durch den hinterlegten Geldbetrag nach oben begrenzt (Nr. 1 Hs. 4).

2. Vollstreckung der Herausgabe oder Leistung einer Sache. Wird die Herausgabe oder Leistung einer Sache vollstreckt (§ 883 Abs. 1 ZPO), so bestimmt sich der Gegenstandswert nach dem Wert der Sache (Nr. 2 Hs. 1). Maßgebend ist der Wert der Sache in dem Zeitpunkt, in dem der Rechtsanwalt einen Gebührentatbestand erfüllt. Mit dem Hs. 2 ist klargestellt, dass bei Räumungsvollstreckungen wegen Beendigung eines Miet-, Pacht- oder ähnlichen Nutzungsverhältnisses der Gegenstandswert durch § 41 Abs. 2 GKG nach oben begrenzt ist. Auch in Räumungsschutzverfahren nach § 765a ZPO richtet sich der Gegenstandswert nach dem Nutzungsentgelt für die Dauer der begehrten Vollstreckungseinstellung und ist durch den Jahresmietwert nach oben begrenzt.[4]

3. Vollstreckung zur Erwirkung einer Handlung, Duldung oder Unterlassung. Vollziehung eines Arrestes oder einer einstweiligen Verfügung. Bei der Zwangsvollstreckung zur Erwirkung einer Handlung, Duldung oder Unterlassung (§§ 887, 888, 889, 890 ZPO) ist der Wert maßgebend, den die Handlung, Duldung oder Unterlassung für den Gläubiger hat (Nr. 3). Dies gilt auch bei der Vollziehung eines Arrestes oder einer einstweiligen Verfügung, jedoch kann der Gegenstandswert für die Vollziehung einer Entscheidung des einstweiligen Rechtsschutzes nicht höher sein als der ihrer Erwirkung.[5] In Verfahren nach § 33 FGG richtet sich der Wert nach dem Interesse, welches die zu erzwingende Handlung, Duldung oder Unterlassung, die Herausgabe der Person oder der Sache für die antragstellende oder durch die Zwangsmaßnahme begünstigte Person hat.

4. Antrag auf Abnahme der eidesstattlichen Versicherung. Im Verfahren über den Antrag auf Abnahme der eidesstattlichen Versicherung (§ 807 ZPO) bestimmt sich der Gegenstandswert in erster Linie nach dem Wert des Anspruchs (Rn. 4, 5), bei Geldforderungen nach dem Betrag, der aus dem Vollstreckungstitel noch geschuldet wird; der Gegenstandswert beträgt jedoch höchstens 1500 Euro (Nr. 4).

5. Anträge des Schuldners. Im Verfahren über Anträge des Schuldners ist der Gegenstandswert nach dem Interesse des Antragstellers, nach billigem Ermessen zu bestimmen (Abs. 2). Er kann geringer, jedoch nicht höher sein als der Wert des zu vollstreckenden Anspruchs.

---

3 *Gerold/Schmidt/Müller-Rabe* Rn. 10.
4 LG Görlitz AGS 2003, 48.
5 OLG Karlsruhe Rpfleger 1999, 509.

§ 26 Gegenstandswert in der Zwangsversteigerung

In der Zwangsversteigerung bestimmt sich der Gegenstandswert
1. bei der Vertretung des Gläubigers oder eines anderen nach § 9 Nr. 1 und 2 des Gesetzes über die Zwangsversteigerung und die Zwangsverwaltung Beteiligten nach dem Wert des dem Gläubiger oder dem Beteiligten zustehenden Rechts; wird das Verfahren wegen einer Teilforderung betrieben, so ist der Teilbetrag nur maßgebend, wenn es sich um einen nach § 10 Abs. 1 Nr. 5 des Gesetzes über die Zwangsversteigerung und die Zwangsverwaltung zu befriedigenden Anspruch handelt; Nebenforderungen sind mitzurechnen; der Wert des Gegenstands der Zwangsversteigerung (§ 66 Abs. 1, § 74a Abs. 5 des Gesetzes über die Zwangsversteigerung und die Zwangsverwaltung), im Verteilungsverfahren der zur Verteilung kommende Erlös, sind maßgebend, wenn sie geringer sind;
2. bei der Vertretung eines anderen Beteiligten, insbesondere des Schuldners, nach dem Wert des Gegenstands der Zwangsversteigerung, im Verteilungsverfahren nach dem zur Verteilung kommenden Erlös; bei Miteigentümern oder sonstigen Mitberechtigten ist der Anteil maßgebend;
3. bei der Vertretung eines Bieters, der nicht Beteiligter ist, nach dem Betrag des höchsten für den Auftraggeber abgegebenen Gebots, wenn ein solches Gebot nicht abgegeben ist, nach dem Wert des Gegenstands der Zwangsversteigerung.

Übersicht

	Rn.		Rn.
I. Grundsätze	1	a) Das dem Gläubiger oder einem anderen Berechtigten zustehende Recht	11–14
II. Anwendungsbereich	2–4		
1. Zwangsversteigerung nach dem ZVG	2, 3	aa) Bewertung eines Rechtes	11
2. Gegenstand der Versteigerung	4	bb) Teilforderung	12
III. Gegenstandswert	5–25	cc) Nebenforderungen	13, 14
1. Allgemeines	5–7	b) Wert des Versteigerungsgegenstandes	15–17
2. Vertretung eines Gläubigers oder eines anderen Berechtigten (Nr. 1)	8	c) Der zu verteilende Erlös	18, 19
3. Vertretung des Schuldners oder sonstigen Beteiligten (Nr. 2)	9	d) Das höchste abgegebene Gebot	20
		e) Vertretung mehrfach Beteiligter	21–23
4. Vertretung des unbeteiligten Bieters (Nr. 3)	10	f) Vertretung eines Beteiligten als Bieter	24
5. Die einzelnen Werte	11–25	g) Vertretung mehrerer Beteiligter	25

I. Grundsätze

1 § 26 regelt den Gegenstandswert für die Gebühren des Rechtsanwalts im Zwangsversteigerungsverfahren[1] abweichend von den für die Gerichtsgebühren geltenden Bestimmungen (§§ 43 Abs. 1, 54 GKG). Die Werte sind verschieden, je nachdem, ob der Rechtsanwalt einen Gläubiger oder sonstigen Beteiligten nach § 9 Nrn. 1 und 2 ZVG (Nr. 1), den Schuldner oder einen sonstigen Beteiligten (Nr. 2) oder einen nichtbeteiligten Bieter (Nr. 3) vertritt. Die Vorschrift entspricht § 68 Abs. 3 BRAGO. Für die Gebühr VV Nr. 3311 Anm. Nr. 6 (Anträge auf einstweilige Einstellung und Beschränkung der Zwangsvollstreckung, einstweilige Einstellung des Verfahrens und

---
[1] VV Nr. 3311 Anm. Nrn. 1 und 2, Nr. 3312.

Gegenstandswert in der Zwangsversteigerung **§ 26**

Verhandlungen mit dem Ziel der Aufhebung des Verfahrens) bestimmt sich der Gegenstandswert nach § 25 Abs. 2 (§ 25 Rn. 8).

II. Anwendungsbereich

1. Zwangsversteigerung nach dem ZVG. § 26 gilt nur bei Zwangsversteigerungen nach dem ZVG. Hierher gehören nicht nur die Zwangsversteigerung im Weg der Zwangsvollstreckung (§§ 1 bis 171 ZVG), sondern auch die Zwangsversteigerung auf Antrag des Insolvenzverwalters (§§ 172 ff. ZVG), die Zwangsversteigerung auf Antrag der Erben (§§ 175 ff. ZVG) und die Zwangsversteigerung zum Zweck der Aufhebung der Gemeinschaft (§§ 180 ff. ZVG). Soweit andere Gesetze auf das ZVG verweisen (zB § 24 Kabelpfandgesetz), greift die Regelung ebenfalls Platz. 2

Regelt das **Landesrecht** die Zwangsvollstreckung aber grundlegend anders als das ZVG,[2] so gilt der Abschnitt nicht. Dies trifft zB auf die **Zwangsliquidation einer Bahneinheit** zu.[3] Keine Zwangsversteigerung nach dem ZVG ist die den Notaren übertragene **freiwillige Versteigerung** (vgl. § 20 Abs. 3 BNotO, § 61 Abs. 1 Nr. 1 BeurkG, § 53 KostO). Die Vergütung des Rechtsanwalts bemisst sich in diesen Fällen nach VV Nr. 2400, der Gegenstandswert nach § 23 Abs. 3 i.V.m. §§ 19, 20 KostO. 3

2. Gegenstand der Versteigerung. Gegenstände der Versteigerung können sein:[4] Grundstücke oder Bruchteile davon, einschließlich Wohnungseigentum, grundstücksgleiche Rechte (zB Erbbaurechte, Realgewerbeberechtigungen, Jagd- und Fischereirechte, Bergwerkseigentum, Kuxe), im Schiffsregister eingetragene Schiffe und Schiffsbauwerke, in der Luftfahrzeugrolle oder im Register für Pfandrechte (§ 171 a ZVG) eingetragene Luftfahrzeuge und ausländische Luftfahrzeuge (§ 171 h ZVG), Hochseekabel. 4

III. Gegenstandswert

1. Allgemeines. § 26 bringt für die Berechnung des Gegenstandswertes der Zwangsversteigerungsgebühren eine Sonderregelung, die von den Wertvorschriften für die Gerichtsgebühren (§§ 43 Abs. 1, 54 GKG) erheblich abweicht. § 23 Abs. 1 S. 1–3 ist damit fast ganz ausgeschaltet. Beide Regelungen stimmen nur in einem Punkt überein: Sie benutzen gemeinsam den nach § 74 a Abs. 5 ZVG festgesetzten Grundstückswert. Für die Frage, wann der Teilbetrag der Forderung maßgebend ist, wenn nur seinetwegen die Zwangsversteigerung betrieben wird, gelten nur formell die gleichen Voraussetzungen. 5

Der Gegenstandswert, nach dem sich die Gebühren richten, ist verschieden je nach der **Person**, die der Rechtsanwalt vertritt (Rn. 8 bis 10). Die Regelung unterscheidet fünf Gegenstandswerte: den Wert des dem Berechtigten zustehenden Rechts, die Teilforderung des betreibenden Gläubigers, den Wert des Gegenstandes der Zwangsversteigerung (unter Umständen der Anteil des Vertretenen daran), der zu verteilende Erlös und das höchste abgegebene Gebot. Der Gegenstandswert kann den Wert des 6

---

[2] Vgl. wegen der Vorbehalte Art. 112 EGBGB, § 2 EGZVG.
[3] Pr. Gesetz über Bahneinheiten vom 19. 8. 1895 (PrGSNW S. 266); vgl. auch § 32 GKG.
[4] §§ 864, 870 ZPO, § 99 des Gesetzes über Rechte an Luftfahrzeugen.

Gegenstandes der Zwangsversteigerung nur übersteigen bei der Vertretung eines anderen Beteiligten als des Gläubigers im Verteilungsverfahren (§ 26 Nr. 2) oder bei der Vertretung eines Bieters (§ 26 Nr. 3); sonst ist der Wert des Versteigerungsgegenstandes zugleich Höchstwert.

7 Auch im Zwangsversteigerungsverfahren richtet sich der Gegenstandswert nach dem Gegenstand der anwaltlichen Tätigkeit, der sich aus dem Auftrag ergibt (§ 2 Abs. 1). Dieser Grundsatz erlangt zB Bedeutung, wenn der Rechtsanwalt für einen dinglich und persönlich Berechtigten die Zwangsversteigerung nur wegen einer persönlichen Teilforderung betreibt, aber mit der Wahrnehmung der Interessen des Gläubigers hinsichtlich des ganzen Rechts beauftragt ist (Rn. 12), bei der Versteigerung mehrerer Grundstücke, wenn sich der Auftrag auf eines beschränkt (Rn. 17) oder wenn der Rechtsanwalt einen Beteiligten in einer „Doppelrolle" vertritt (Rn. 21 bis 24).

8 **2. Vertretung eines Gläubigers oder eines anderen Berechtigten (Nr. 1).** Bei der Vertretung des betreibenden oder beitretenden Gläubigers, eines dinglich Berechtigten (§ 9 Nr. 1 ZVG) oder eines Widerspruchsberechtigten (§ 9 Nr. 2 ZVG) – hierunter fällt auch der neu eingetretene Eigentümer, der sein der Zwangsvollstreckung entgegenstehendes Recht angemeldet hat – ist der Wert des dem Gläubiger oder dem Berechtigten zustehenden Rechts mit „Nebenforderungen" maßgebend; über die Berechnung und darüber, wann die Teilforderung maßgebend ist, vgl. Rn. 11 ff. Ist der Wert des Gegenstandes der Zwangsversteigerung (Rn. 15) oder – im Verteilungsverfahren – der zur Verteilung kommende Gesamterlös[5] geringer, so sind diese maßgebend. Mehrere Rechte desselben Gläubigers oder Berechtigten sind vorher zusammenzurechnen, dagegen mehrere Rechte verschiedener Berechtigter getrennt zu vergleichen.[6]

9 **3. Vertretung des Schuldners oder sonstiger Beteiligter (Nr. 2).** Vertritt der Rechtsanwalt andere Beteiligte (zB den Schuldner, Insolvenzverwalter, Testamentsvollstrecker, Nachlassverwalter, Miterben, Miteigentümer, Gesamthandsberechtigten, einen die Auseinandersetzung betreibenden Gläubiger), so ist für die Verfahrens- und die Terminsgebühr allein der volle oder – bei Miterben, Miteigentümern und sonstigen Mitberechtigten – der anteilige Wert des Gegenstands der Zwangsversteigerung (Rn. 15 ff.), für die Verteilungsgebühr der ganze oder – bei Mitberechtigten – der Anteil an dem zur Verteilung kommenden Erlös[7] maßgebend.

10 **4. Vertretung eines unbeteiligten Bieters (Nr. 3).** Bei Vertretung eines Bieters, der nicht Beteiligter ist, bestimmt sich der Gegenstandswert nach dem Betrag des höchsten für den Auftraggeber abgegebenen Gebots,[8] bei Einzel- oder Gruppenausgeboten (§ 63 ZVG) nach der Summe der einzelnen abgegebenen Höchstgebote und, wenn kein Gebot abgegeben worden ist, nach dem Wert des Gegenstands der Zwangsversteigerung (Rn. 15 ff.). Enthält jedoch die Bietervollmacht Beschränkungen nach der Höhe des Gebots, so schränken diese auch den Gegenstand der anwaltlichen Tätigkeit ein. Das höchste abgegebene Gebot bestimmt auch dann den Gegenstandswert, wenn es den Wert des Zwangsversteigerungsgegenstandes übersteigt.

---

[5] Zur Berechnung vgl. Rn. 18, 19.
[6] *Stöber* JVBl. 1960, 227; OLG Frankfurt JurBüro 1973, 152.
[7] Über die Berechnung vgl. Rn. 18, 19.
[8] Über die Berechnung vgl. Rn. 20.

5. Die einzelnen Werte. a) Das dem Gläubiger oder einem anderen Berech- 11
tigten zustehende Recht. aa) Bewertung eines Rechtes. Bei der Vertretung des
Gläubigers oder eines Berechtigten nach § 9 ZVG ist der Wert des ganzen dem Gläubiger oder dem Beteiligten zustehenden Rechts maßgebend. Wie die Berechnung desselben zu erfolgen hat, ist hier nicht ausdrücklich gesagt. Sie ergibt sich auch nicht aus
§ 54 GKG. *Mümmler*[9] will die Gesetzeslücke durch die allgemeinen Wertvorschriften
für bürgerliche Rechtsstreitigkeiten ausfüllen, was auf die Anwendung der §§ 41, 42,
48 GKG, §§ 3 bis 9 ZPO hinausliefe; insbesondere beschränkte persönliche Dienstbarkeiten, Reallasten und Altenteilsrechte würden ohne Rücksicht auf das Alter des Berechtigten nach § 9 ZPO mit dem $3^{1}/_{2}$fachen Jahresbezugswert bewertet. Bei dem
Parallelproblem der Bewertung bestehen bleibender Rechte nach § 54 Abs. 2 S. 1 und
3 S. 1 GKG[10] wird allgemein der nach § 46 ZVG festgesetzte Wert übernommen oder,
wenn er nicht festgesetzt ist, bei Rechten, die auf Lebenszeit bestellt sind, nach der
statistischen Lebenserwartung, sonst nach § 3 ZPO geschätzt.[11] Nach diesen Grundsätzen sind auch die Rechte des Gläubigers oder eines Berechtigten hier zu bestimmen.[12] Wegen der Zinsen s. Rn. 13, 14.

bb) Teilforderung. Betreibt ein Gläubiger wegen einer Teilforderung, d. h. wegen 12
eines Teilbetrages einer vollstreckbaren, fälligen Forderung,[13] so ist der Teilbetrag nur
maßgebend, wenn es sich um einen nach § 10 Abs. 1 Nr. 5 ZVG zu befriedigenden
Anspruch, d. h. um eine persönliche titulierte Forderung handelt. Die Anwendbarkeit
der Ausnahmevorschrift setzt weiter voraus, dass sich auch der Gegenstand der anwaltlichen Tätigkeit auf die Teilforderung beschränkt (Rn. 7); der hinsichtlich des
ganzen Rechts(Anspruchs) beauftragte Rechtsanwalt kann die Gebühr aus dem vollen
Wert des Rechts berechnen.

cc) Nebenforderungen. Nebenforderungen sind im Gegensatz zu den Gerichts- 13
gebühren (§ 43 GKG) nach ausdrücklicher Vorschrift mitzurechnen. Das gilt nicht
nur für die beizutreibende Forderung, sondern auch für die sonstigen Ansprüche, die
ein Recht auf Befriedigung aus dem Grundstück geben. Der Begriff Nebenforderung
hat jedoch in beiden Fällen eine verschiedene Bedeutung. Im Zusammenhang mit
dem **Befriedigungsrecht** (§ 12 Nr. 3 ZVG = Hauptanspruch) ist er umfassender und
bedeutet dasselbe wie in § 12 Nr. 1 und 2 ZVG (Nebenansprüche), also einmal laufende und rückständige wiederkehrende Leistungen und andere vom Recht abhängige
Nebenleistungen, dann die Kosten der Rechtsverfolgung im Sinne von § 10 Abs. 2
ZVG. Die Kosten der Rechtsverfolgung, mit der Befriedigung aus dem Grundstück
bezweckt wird, sind im Range des Anspruchs, dessen Befriedigung erstrebt wird, zu
berücksichtigen (§ 10 Abs. 2 ZVG) und gehen dem Hauptanspruch und den Nebenleistungen vor (§ 12 Nr. 1 ZVG). Zu diesen Kosten gehören auch die Gebühren und
Auslagen des Rechtsanwalts. Nebenforderungen der **beizutreibenden Forderung**
sind die Zinsen. Wegen der laufenden Zinsen und der Kosten der Rechtsverfolgung,
d. h. der Kosten der Zwangsvollstreckung im Sinne des § 788 Abs. 1 ZPO, wird zwar
die Versteigerung nicht betrieben; wenn angemeldet, sind sie aber ein Nebenanspruch

---

[9] JurBüro 1972, 751.
[10] = § 29 Abs. 2 S. 1 und Abs. 3 S. 1 GKG aF.
[11] *Oestrich/Winter/Hellstab* § 29 GKG Rn. 20.
[12] *Gebauer/Schneider* Rn. 28.
[13] Wegen einer Restforderung vgl. LG Lübeck JurBüro 1965, 59; LG Berlin Rpfleger 1966, 279.

des zu befriedigenden Rechts aus Rangklasse 5. Die Gegenansicht führt zu einer Ungleichbehandlung betreibender Gläubiger gegenüber anderen Berechtigten.

14 Laufende Beträge wiederkehrender Leistungen (§ 13 ZVG), also zB **Zinsen** ab Beschlagnahme, sind, wenn das Recht bestehen bleibt, bis zum Zuschlag, sonst bis zur Verteilung zu berücksichtigen, und zwar ohne Rücksicht darauf, ob es sich um Zinsen der beizutreibenden Forderung oder eines sonstigen Rechts handelt; eine unterschiedliche Behandlung ist ebenso wenig gerechtfertigt wie eine Berechnung der Zinsen nach § 24 Abs. 1 lit. b KostO mit dem $12^{1}/_{2}$fachen Jahreswert. Die **Kosten** der Rechtsverfolgung schließen auch die Kosten des Versteigerungsverfahrens ein, vorausgesetzt, sie werden angemeldet.[14] Kosten einer persönlichen Klage und früherer Mobiliarvollstreckungsversuche kommen nur in Betracht, wenn ihretwegen die Zwangsversteigerung betrieben wird.

15 b) **Wert des Versteigerungsgegenstandes.** Ist der Grundstückswert (einschließlich Zubehör) vom Vollstreckungsgericht **festgesetzt** (§§ 66, 74a Abs. 5 ZVG), so ist diese Festsetzung auch für die Berechnung der Anwaltsgebühren maßgebend. Der Rechtsanwalt hat, ähnlich wie bei § 62 GKG, gegen die Festsetzung kein selbständiges Beschwerderecht; § 32 Abs. 2 ist unanwendbar, da es sich nicht um eine Festsetzung für die Gerichtsgebühren handelt.

16 Liegt **keine Festsetzung** nach § 74a Abs. 5 ZVG vor, so ist, anders als für die Gerichtsgebühren (vgl. § 54 Abs. 1 S. 2 GKG), nicht ersatzweise etwa der Einheitswert zugrunde zu legen, sondern es bleibt der **Verkehrswert** maßgeblich. Grundstückslasten sind nicht abzusetzen.[15]

17 Bei Versteigerung **mehrerer** Grundstücke in einem Verfahren wird der Grundstückswert für jedes Grundstück festgesetzt. Betrifft die anwaltliche Tätigkeit mehrere Grundstücke, so sind die Werte zusammenzurechnen (§ 22 Abs. 1). Ist jedoch der Rechtsanwalt zB als Vertreter eines unbeteiligten Bieters nur zur Ersteigerung eines von mehreren Grundstücken beauftragt und gibt er kein Gebot ab, so ist nur der Wert dieses Grundstückes maßgebend.

18 c) **Der zu verteilende Erlös.** Im Verteilungstermin wird vor der Entnahme der Gerichtskosten die Höhe der zu verteilenden Masse festgestellt (§ 107 Abs. 1 ZVG). Dieser Betrag, der im Verteilungsverfahren an die Stelle des Versteigerungsgegenstandes tritt,[16] ist der zur Verteilung kommende Erlös im Sinne der Nr. 1, 2. Er setzt sich insbesondere zusammen aus dem Bargebot (geringstes Gebot plus Mehrgebot) und den Zinsen hieraus (§ 49 Abs. 2 ZVG) sowie aus dem Reinerlös verwerteter Gegenstände (§ 65 ZVG); die Kosten des Gerichtsvollziehers sind hier bereits abgezogen. Die gemäß § 109 Abs. 1 ZVG vorweg zu entnehmenden Kosten des Verfahrens sind nicht abzuziehen (vgl. VV Teil 3 Abschnitt 3 Rn. 186), die bestehen bleibenden Rechte nicht hinzuzurechnen.[17] Der Gesamterlös ist grundsätzlich der Höchstwert für die Verteilungsgebühr.

19 Bei Vertretung eines **Mitberechtigten in der Nachlass- und in der Teilungsversteigerung** ist jedoch nicht der ganze zur Verteilung kommende Erlös Höchstwert, sondern der Anteil des Vertretenen. Gemeint ist damit der dem Anteil an der Gemein-

---

[14] *Gerold/Schmidt/Madert* Rn. 9.
[15] Vgl. *Drischler* JVBl. 1960, 100; *Stöber* JVBl. 1960, 277.
[16] *Gerold/Schmidt/Madert* Rn. 15; aA – der auf den einzelnen Gläubiger oder anderen Beteiligten entfallende Anteil – *Schumann/Geisinger* § 68 BRAGO Rn. 34.
[17] *Göttlich/Mümmler/Rehberg/Xanke* unter „Zwangsversteigerung" 4.1.

schaft entsprechende Anteil am Erlösüberschuss, an dem sich die Gemeinschaft fortsetzt und über den sich die Mitberechtigten außerhalb des Versteigerungsverfahrens auseinander zu setzen haben. Vom zur Verteilung kommenden Gesamterlös sind hier die Verfahrenskosten bereits entnommen und die Ansprüche der Rangklasse 1 bis 4 befriedigt.[18]

d) Das höchste abgegebene Gebot. Unter „Gebot" ist hier nicht etwa nur das Bargebot (§ 49 ZVG) zu verstehen. Vielmehr ist der Wert der nach den Versteigerungsbedingungen bestehen bleibenden Rechte hinzuzurechnen.[19]   20

e) Vertretung mehrfach Beteiligter. Vertritt der Rechtsanwalt einen Beteiligten, der einerseits Gläubiger oder Realberechtigter, andererseits zugleich Schuldner oder ein an der Gemeinschaft beteiligter Mitberechtigter ist, oder bietet der Rechtsanwalt für einen Beteiligten, Fälle also, auf die gleichzeitig mehrere Nummern des § 26 zutreffen, so handelt es sich zwar immer um mehrere Gegenstände im Sinne des § 22 Abs. 1; nach dem Sinn und Zweck der alternativen Höchstwertbestimmungen in Nr. 1 kann jedoch derselbe Höchstwert für die Berechnung der einmaligen Gebühr nicht verdoppelt werden. Es gilt Folgendes: 21

Handelt es sich um den **Schuldner**, für den zB ein Eigentümerpfandrecht besteht, so berechnen sich die Verfahrensgebühr (VV Nr. 3311 Anm. Nr. 1) und die Terminsgebühr (VV Nr. 3312) nach dem Wert des Gegenstandes der Zwangsversteigerung, die Verteilungsgebühr (VV Nr. 3311 Anm. Nr. 2) nach dem zur Verteilung kommenden Erlös.   22

Ist der Auftraggeber ein Miterbe, Miteigentümer oder ein sonstiger an der Gemeinschaft **Mitberechtigter**, der zugleich Realberechtigter ist, so berechnen sich die Verfahrens- und die Terminsgebühr jeweils nach der Summe des Werts des Anteils am Gegenstand der Versteigerung und des Werts des ihm zustehenden Rechts, höchstens jedoch nach dem Wert des ganzen Gegenstandes der Versteigerung, die Verteilungsgebühr nach der Summe des Anteils am Erlösüberschuss und des Werts des ihm zustehenden Rechts, höchstens jedoch nach dem Betrag des gesamten zur Verteilung kommenden Erlöses.   23

f) Vertretung eines Beteiligten als Bieter. Bietet der Rechtsanwalt für einen Beteiligten, so wird mit der Terminsgebühr (VV Nr. 3312) auch seine Tätigkeit als Bieter abgegolten.[20] Die Terminsgebühr errechnet sich in diesem Fall aus der Wertsumme, die sich aus dem Recht des von ihm vertretenen Beteiligten und dem höchsten für den Auftraggeber abgegebenen Gebot ergibt, höchstens jedoch aus dem Wert des Gegenstandes der Zwangsversteigerung oder aus dem abgegebenen Gebot, wenn dieses höher ist. Hinzu kommt noch eine Verfahrensgebühr (VV Nr. 3311 Anm. Nr. 1), und eine Verteilungsgebühr (VV Nr. 3311 Anm. Nr. 2) aus dem Wert des Rechtes, höchstens dem zur Verteilung kommenden Erlös.   24

g) Vertretung mehrerer Beteiligter. Vertritt der Rechtsanwalt **mehrere** Beteiligte in Fällen der in Rn. 21 bis 23 genannten Art aufgrund eines Gesamt-Geschäftsbesorgungsvertrags, so sind die Werte der Gegenstände stets zusammenzurechnen; denn es handelt sich um eine Angelegenheit mit verschiedenen Gegenständen, so dass   25

---

[18] Vgl. *Mümmler* JurBüro 1977, 176, 178.
[19] Vgl. § 54 Abs. 2 S. 1 GKG; ebenso *Mohrbutter/Drischler* S. 748, *Gerold/Schmidt/Madert* Rn. 20, *Schumann/Geißinger* § 68 BRAGO Rn. 47.
[20] Vgl. BT-Drucks. 15/1971 S. 216.

die Gesamtvergütung aus der Summe der einzelnen Werte berechnet wird (§§ 7 Abs. 1, 22 Abs. 1). Wenn der Rechtsanwalt mehrere Gläubiger oder andere Berechtigte gemeinsam vertritt, wird der Wert jedes einzelnen Rechts durch den Wert des Versteigerungsgegenstandes oder des zur Verteilung kommenden Erlöses begrenzt, nicht jedoch die Summe der verschiedenen Beteiligten zustehenden Werte (Rn. 8).

§ 27 Gegenstandswert in der Zwangsverwaltung

¹In der Zwangsverwaltung bestimmt sich der Gegenstandswert bei der Vertretung des Antragstellers nach dem Anspruch, wegen dessen das Verfahren beantragt ist; Nebenforderungen sind mitzurechnen; bei Ansprüchen auf wiederkehrende Leistungen ist der Wert der Leistungen eines Jahres maßgebend. ²Bei der Vertretung des Schuldners bestimmt sich der Gegenstandswert nach dem zusammengerechneten Wert aller Ansprüche, wegen deren das Verfahren beantragt ist, bei der Vertretung eines sonstigen Beteiligten nach § 23 Abs. 3 Satz 2.

Übersicht

	Rn.		Rn.
I. Grundsätze	1	2. Anspruch des Gläubigers	5–8
II. Anwendungsbereich	2, 3	a) Vertretung des antragstellenden Gläubigers	5–7
1. Zwangsverwaltung nach dem ZVG	2	b) Vertretung des antragstellenden Insolvenzverwalters	8
2. Keine Zwangsverwaltung	3		
III. Der Gegenstandswert	4–11	3. Vertretung des Schuldners	9
1. Allgemeines	4	4. In sonstigen Fällen	10, 11

I. Grundsätze

1 § 27 regelt den Gegenstandswert für die Gebühren des Rechtsanwalts im Zwangsverwaltungsverfahren einschließlich des Verteilungsverfahrens nach dem ZVG (VV Nr. 3311 Anm. Nrn. 3, 4 und 5) abweichend von den für die Gerichtsgebühren geltenden Bestimmungen (§§ 43 Abs. 1, 54 GKG). Die Werte sind verschieden, je nachdem, ob der Rechtsanwalt den Antragsteller, den Schuldner oder einen sonstigen Beteiligten vertritt. Die Vorschrift entspricht § 69 Abs. 2 BRAGO. Für die Gebühr VV Nr. 3311 Anm. Nr. 6 (Anträge auf einstweilige Einstellung und Beschränkung der Zwangsvollstreckung, einstweilige Einstellung des Verfahrens und Verhandlungen mit dem Ziel der Aufhebung des Verfahrens) bestimmt sich der Gegenstandswert nach § 25 Abs. 2.

II. Anwendungsbereich

2 **1. Zwangsverwaltung nach dem ZVG.** Der Zwangsverwaltung nach dem ZVG (§§ 146 bis 161, 172 ZVG) **unterliegen** Grundstücke, Grundstücksbruchteile einschließlich Wohnungseigentum, grundstücksgleiche Rechte, Hochseekabel (vgl. § 26 Rn. 4), **nicht** jedoch Schiffe und Schiffsbauwerke (§ 870a ZPO) sowie Luftfahrzeuge (§ 99 des Gesetzes über Rechte an Luftfahrzeugen).

3 **2. Keine Zwangsverwaltung.** Keine Zwangsverwaltung nach dem ZVG ist die gerichtliche Verwaltung zur Sicherung des Anspruchs aus dem Bargebot (§ 94 ZVG),

ferner eine als Sicherungsmaßregel angeordnete Sequestration des Grundstücks (§ 25 ZVG), oder die angeordnete Bewachung und Verwahrung des Schiffes (§ 165 ZVG) oder des Luftfahrzeuges (§ 171 c Abs. 2 ZVG), die Sequestration nach §§ 848, 855, 857 Abs. 4, 938 Abs. 2 ZPO, die von landschaftlichen Kreditanstalten nach dem pr. Gesetz vom 3. 8. 1897 selbst durchgeführte Zwangsverwaltung und die auf außergerichtlicher privatrechtlicher Einigung der Beteiligten beruhende sog. treuhänderische Zwangsverwaltung sowie Sicherungsmaßnahmen nach InsO.

III. Der Gegenstandswert

1. Allgemeines. § 27 kennt drei Gegenstandswerte: den Wert des Anspruchs, wegen dessen ein Antragsteller (Beitretender) die Zwangsverwaltung beantragt hat, die Summe der Ansprüche, wegen derer die Zwangsverwaltung beantragt ist (bei Vertretung des Schuldners), und den nach § 23 Abs. 3 S. 2 zu bestimmenden Wert (bei Vertretung eines sonstigen Beteiligten). 4

2. Anspruch des Gläubigers. a) Vertretung des antragstellenden Gläubigers. Bei Vertretung des antragstellenden oder beitretenden Gläubigers bestimmt sich der Gegenstandswert für beide Gebühren (VV Nr. 3311 Anm. Nr. 3 und 4) nach dem **Betrag der Forderung**, deretwegen das Verfahren oder der Beitritt beantragt ist. Wird die Zwangsverwaltung nur wegen eines Teilbetrages der Forderung beantragt, so ist dieser maßgebend.[1] Der Teilbetrag ist jedoch für die Betriebsgebühr nur maßgebend, wenn auch der Gegenstand der anwaltlichen Tätigkeit hierauf beschränkt bleibt (vgl. § 26 Rn. 7, 12). Ist der Rechtsanwalt im weiteren Verfahren mit der Wahrnehmung der Rechte des dinglich berechtigten Gläubigers hinsichtlich des ganzen Rechts oder der laufenden wiederkehrenden Leistungen aus demselben beauftragt, so erhöht sich der Gegenstandswert entsprechend. Mehrere Ansprüche werden zusammengerechnet (§ 22 Abs. 1). 5

Nebenforderungen sind im Gegensatz zu § 43 Abs. 1 GKG weiterhin mitzurechnen. Gemeint sind nur die fälligen Nebenkosten; denn für zukünftig fällig werdende Nebenkosten gilt der folgende Halbsatz. Wegen der **Kosten** der Rechtsverfolgung gilt das zu § 26 Rn. 13, 14 Ausgeführte: Werden sie angemeldet, sind sie als Nebenanspruch bei der Wertberechnung für die Betriebsgebühr (VV Nr. 3311 Anm. Nr. 4), nicht auch für die Antragsgebühr (VV Nr. 3311 Anm. Nr. 3), mitzurechnen. 6

Bei Ansprüchen des Antragstellers auf **wiederkehrende Leistungen** ist der Wert der Leistungen eines Jahres maßgebend. Dabei ist es gleichgültig, ob es sich um Ansprüche aus dem Stammrecht (zB Renten) oder um Nebenleistungen (zB Zinsen) handelt. Der Betrag der rückständigen und bis zur Beschlagnahme (§ 13 ZVG) fällig werdenden Leistungen und Zinsen, deretwegen der Antragsteller die Zwangsverwaltung beantragt, sind voll in den Geschäftswert einzurechnen, die später fällig werdenden Leistungen und Zinsen sind mit dem Jahreswert hinzuzurechnen. Steht von vornherein fest, dass die zukünftigen wiederkehrenden Leistungen niedriger als der Jahreswert sind, so ist der geringere Gesamtbetrag maßgebend.[2] Dies gilt aber nicht für wiederkehrende Leistungen unbestimmter Dauer, wenn infolge eines nach der Beschlagnahme eintretenden Ereignisses der Bezug die Dauer eines Jahres nicht erreicht. 7

---
1 *Gerold/Schmidt/Madert* Rn. 2; *Hartmann* Rn. 5.
2 *Gerold/Schmidt/Madert* Rn. 3; aA *Hartmann* Rn. 6.

8 b) Vertretung des antragstellenden Insolvenzverwalters. Vertritt der Rechtsanwalt den antragstellenden Insolvenzverwalter (§ 172 ZVG), ist § 27 S. 1 nicht anwendbar, da das Verfahren nicht wegen eines Anspruchs betrieben wird. Daher bestimmen sich die Werte für die beiden Gebühren gemäß S. 2 letzter Hs. nach § 23 Abs. 3; zu schätzen sind die Vorteile für die Insolvenzmasse, d. h. der zur Insolvenzmasse fließende Erlösüberschuss. Der antragstellende Rechtsanwalt-Insolvenzverwalter kann für seine Mitwirkung bei der Zwangsverwaltung keine Vergütung nach VV Nr. 3311 beanspruchen, weil diese Tätigkeit zur Geschäftsführung nach § 63 InsO rechnet.[3]

9 3. Vertretung des Schuldners. Vertritt der Rechtsanwalt den Schuldner, so ist die Summe der Ansprüche der antragstellenden Gläubiger einschließlich ihrer Nebenforderungen maßgebend; es sind also die für die einzelnen Antragsgebühren maßgebenden Werte zusammenzurechnen.

10 4. In sonstigen Fällen. Vertritt der Rechtsanwalt einen anderen Beteiligten als den Gläubiger oder Schuldner, also insbesondere einen **dinglich Berechtigten** im Verteilungsverfahren, so ist der Gegenstandswert nach § 23 Abs. 3 zu bestimmen. Damit soll erreicht werden, den Wert entsprechend dem Interesse des Vertretenen zu bestimmen. § 23 Abs. 3 S. 2 kennt mehrere Wertbestimmungsarten, nicht nur eine solche nach freiem Ermessen; zu schätzen ist grundsätzlich der objektive Wert. Von Bedeutung ist, wie diese Vorschrift insbesondere bei Vertretung dinglich Berechtigter anzuwenden ist. Da diese nur wegen der laufenden wiederkehrenden Leistungen bei der Überschussverteilung berücksichtigt werden (§ 155 Abs. 2 S. 2 ZVG), der Jahresbetrag derselben auch feststeht, ergibt sich aus der mittelbaren Verweisung auf § 24 KostO, dass hier nicht etwa entsprechend dem für den antragstellenden Gläubiger geltenden Rechtssatz (Rn. 7) nur der Ein-Jahres-Betrag maßgeblich ist, sondern ein der voraussichtlichen Dauer der Zwangsverwaltung entsprechendes Vielfache desselben.

11 Vertritt der Rechtsanwalt mehrere Berechtigte, so gilt das zu § 26 Rn. 25 Ausgeführte entsprechend.

§ 28 Gegenstandswert im Insolvenzverfahren

(1) [1]Die Gebühren der Nummern 3313, 3317 sowie im Falle der Beschwerde gegen den Beschluss über die Eröffnung des Insolvenzverfahrens der Nummern 3500 und 3513 des Vergütungsverzeichnisses werden, wenn der Auftrag vom Schuldner erteilt ist, nach dem Wert der Insolvenzmasse (§ 58 des Gerichtskostengesetzes) berechnet. [2]Im Fall der Nummer 3313 des Vergütungsverzeichnisses beträgt der Gegenstandswert jedoch mindestens 4000 Euro.

(2) [1]Ist der Auftrag von einem Insolvenzgläubiger erteilt, werden die in Absatz 1 genannten Gebühren und die Gebühr nach Nummer 3314 nach dem Nennwert der Forderung berechnet. [2]Nebenforderungen sind mitzurechnen.

(3) Im Übrigen ist der Gegenstandswert im Insolvenzverfahren unter Berücksichtigung des wirtschaftlichen Interesses, das der Auftraggeber im Verfahren verfolgt, nach § 23 Abs. 3 Satz 2 zu bestimmen.

---

[3] *Zeller/Stöber* § 172 ZVG Anm. 5.9; aA *Gerold/Schmidt/Madert* VV Nr. 3313–3323 Rn. 23.

Gegenstandswert im Insolvenzverfahren § 28

Übersicht

	Rn.		Rn.
I. Grundgedanken	1	III. Vertretung eines Insolvenzgläubigers	7–10
II. Vertretung eines Schuldners	2–6	1. Nennwert der Forderung	7–9
1. Insolvenzmasse	2–5	2. Gegenstandswert nach Abs. 3	10
a) Die Fälle	2, 3	IV. Die Wertfestsetzung	11
b) Berechnung der Insolvenzmasse	4, 5		
2. Gegenstandswert nach Abs. 3	6		

I. Grundgedanken

Die Vorschrift regelt die Berechnung des Gegenstandswertes im Insolvenzverfahren. **1**
Inhaltlich entspricht sie § 77 BRAGO. Bei Vertretung des Schuldners wird für die Gebühren VV Nr. 3313, 3317 und Nr. 3500, 3513, wenn die Beschwerde die Eröffnung des Insolvenzverfahrens betrifft, der Gegenstandswert nach dem Wert der Insolvenzmasse bestimmt, für die Gebühr VV Nr. 3313 jedoch auf mindestens 4000 Euro, was für das Verfahren über den Schuldenbereinigungsplan (VV Nr. 3315) von erheblicher praktischer Bedeutung ist (Abs. 1). Bei Vertretung eines Gläubigers wird für die Gebühren VV Nr. 3314, 3317 und Nr. 3500, 3513, wenn die Beschwerde die Eröffnung des Insolvenzverfahrens betrifft, der Gegenstandswert nach dem Nennbetrag der Forderung einschließlich der Nebenforderungen berechnet (Abs. 2). Im Übrigen, d. h. im Verfahren über einen Insolvenzplan (VV Nr. 3318) oder über einen Antrag auf Versagung oder Widerruf der Restschuldbefreiung (VV Nr. 3321) oder in einem Beschwerdeverfahren (VV Nr. 3500, 3513), das nicht die Eröffnung des Insolvenzverfahrens betrifft, ist der Gegenstandswert nach billigem Ermessen unter Berücksichtigung des wirtschaftlichen Interesses des Auftraggebers, soweit genügende Anhaltspunkte fehlen, auf 4000 Euro (§ 23 Abs. 3 S. 2), zu bestimmen (Abs. 3). Für die Tätigkeit im Verfahren über einen Antrag auf Restschuldbefreiung, die nach der BRAGO ebenfalls nach billigem Ermessen zu bewerten war (§§ 74, 77 Abs. 3, 8 Abs. 2 S. 2 BRAGO), entsteht nach neuem Recht keine Gebühr.[1]

II. Vertretung eines Schuldners

1. Insolvenzmasse. a) Die Fälle. Bei der Vertretung des Schuldners ist die Insol- **2**
venzmasse maßgebend, wenn der Rechtsanwalt tätig wird
- im Eröffnungsverfahren einschließlich dem Schuldenbereinigungsplan (VV **3**
Nr. 3313, 3315) und im Insolvenzverfahren im Ganzen (VV Nr. 3317);
- bei **Beschwerden** gegen den Beschluss über die Eröffnung des Insolvenzverfahrens – und zwar auch dann, wenn der Gläubiger die Beschwerde eingelegt hat.[2] § 28 Abs. 1 ist auch anwendbar bei Beschwerden des Schuldners gegen die Verfahrenseinstellung mangels Masse nach §§ 26, 34 Abs. 1 InsO.[3]

b) Berechnung der Insolvenzmasse. Der Wert der Insolvenzmasse richtet sich **4**
nach § 58 GKG. Dieses ist das gesamte einer Zwangsvollstreckung unterliegende Vermögen des Schuldners, das ihm zur Zeit der Eröffnung des Verfahrens gehört und das

---
[1] BT-Drucks. 15/1971 S. 216.
[2] *Gerold/Schmidt//Madert* Rn. 3; aA OLG Dresden MDR 1994, 1253.
[3] OLG Köln JurBüro 1994, 100.

§ 28

er während des Verfahrens erwirbt (§ 35 InsO) einschließlich der Früchte, Nutzungen und Zinsen[4] **zur Zeit der Beendigung des Verfahrens** (§ 58 Abs. 1 GKG); diese tritt ein mit Wirksamwerden des Einstellungs- oder Aufhebungsbeschlusses. Endet der Auftrag des Rechtsanwalts vorzeitig, so ist für die Berechnung des Gegenstandswertes der Zeitpunkt der Beendigung der anwaltlichen Tätigkeit maßgebend.[5] Die der Aussonderung unterliegenden Gegenstände (§§ 47, 48 InsO) und Gegenstände, die nicht der Zwangsvollstreckung unterliegen (§ 36 InsO), gehören nicht zu der Insolvenzmasse. Gegenstände, die zur abgesonderten Befriedigung dienen (§§ 49 ff. InsO), werden nur in Höhe des für diese nicht erforderlichen Betrags angesetzt (§ 58 Abs. 1 S. 2 GKG). Grundstücke werden unter Abzug der Verbindlichkeiten angesetzt. Masseverbindlichkeiten (§§ 53, 54, 55 InsO) werden nicht abgezogen. Die Verweisung auf § 58 Abs. 2 GKG bestimmt jedoch nur den Begriff der Insolvenzmasse. Sie bedeutet nicht, dass sich, wenn ein Gläubiger den Insolvenzantrag gestellt hat, auch die Gebühr des Vertreters des Schuldners gemäß § 58 GKG nach der Forderung des Gläubigers bemisst.[6]

5 Für das Eröffnungsverfahren (VV Nr. 3313) bestimmt § 28 Abs. 1 S. 2, dass der Gegenstandswert für den Rechtsanwalt des Schuldners mindestens 4000 Euro beträgt. Damit ist sichergestellt, dass in Fällen, in denen der Antrag auf Eröffnung des Insolvenzverfahrens mangels Masse abgewiesen wird (§ 26 InsO), und insbesondere in Verbraucherinsolvenzverfahren, in denen oft eine Insolvenzmasse kaum vorhanden ist, und in dem damit verbundenen Verfahren über den Schuldenbereinigungsplan, der Gegenstandswert dem tatsächlichen Interesse des Schuldners angenähert ist.

6 **2. Gegenstandswert nach Abs. 3.** Für die Gebühren VV Nr. 3318 (Verfahren über einen Insolvenzplan) und 3321 (Verfahren über einen Antrag auf Versagung oder Widerruf der Restschuldbefreiung) sowie für die Gebühren VV Nr. 3500 (Beschwerdeverfahrensgebühr) und 3513 (Beschwerdeterminsgebühr) in Insolvenzbeschwerdeverfahren, die nicht die Eröffnung des Insolvenzverfahrens betreffen und damit unter Abs. 1 S. 1 fallen, ist der Gegenstandswert gemäß Abs. 3 nach billigem Ermessen unter Berücksichtigung des wirtschaftlichen Interesses des Schuldners zu bestimmen (§ 23 Abs. 3 S. 2). Soweit genügende tatsächliche Anhaltspunkte für eine Schätzung des Schuldnerinteresses fehlen, ist der Gegenstandswert auf 4000 Euro, nach Lage des Falles auch niedriger oder höher, anzunehmen.[7] Eine gerichtliche Streitwertfestsetzung ist für die Anwaltsgebühren nicht gemäß § 32 Abs. 1 bindend, da die Regelung in § 28 Abs. 3 nicht mit § 58 GKG übereinstimmt.[8]

III. Vertretung eines Insolvenzgläubigers

7 **1. Nennwert der Forderung.** Der Nennwert der Forderung ist bei der Vertretung eines Insolvenzgläubigers maßgebend im Eröffnungsverfahren (VV Nr. 3314), im Insolvenzverfahren im Ganzen (VV Nr. 3317), bei der Anmeldung einer Insolvenzforderung (VV Nr. 3320, 3317) und bei der Beschwerde gegen den Beschluss über die

---

[4] *Hartmann* § 37 GKG Rn. 2.
[5] *Gerold/Schmidt/Madert* Rn. 7; *Hartmann* Rn. 6.
[6] So aber OLG Dresden MDR 1994, 1253.
[7] Vgl. OLG Celle NdsRpfl. 2002, 59.
[8] BGH JurBüro 2003, 253.

Eröffnung des Insolvenzverfahrens (§ 34 Abs. 1 und 2 InsO; VV Nr. 3500 und 3513), und zwar auch dann, wenn die Beschwerde von dem Schuldner erhoben worden ist.

Die für die Eröffnungsgebühr maßgebende **Höhe** der Forderung ergibt sich aus dem im Antrag des Insolvenzgläubigers angegebenen und glaubhaft gemachten Betrag der Forderung (§ 14 InsO). Der Gläubiger kann nicht „wegen" einer (Teil-)Forderung Insolvenzeröffnung beantragen, sondern „weil" ihm eine Forderung zusteht. Eine Angabe, dass der Antrag nur „wegen" eines Teils der angegebenen und glaubhaft gemachten Forderung gestellt werde, ist daher bedeutungslos.[9] In den übrigen Fällen entscheidet der angemeldete Betrag der Forderung (§ 174 InsO). Mitangemeldete Nebenansprüche und Nebenforderungen sind mitzurechnen (Abs. 2 S. 2); Kosten jedoch nur so weit, als sie vor der Insolvenzeröffnung erwachsen sind, und Zinsen nur bis zur Insolvenzeröffnung – den Tag nicht eingerechnet – (Umkehrschluss aus § 39 Abs. 1 Nr. 1 und 2 InsO). 8

Hat ein absonderungsberechtigter Gläubiger die ganze persönliche Forderung im Insolvenzverfahren geltend gemacht, so nimmt er mit ihr, auch wenn er sie nur als Ausfallforderung angemeldet hat, in voller Höhe am Verfahren teil; daher wird die ganze Forderung geprüft und festgestellt.[10] 9

2. Gegenstandswert nach Abs. 3. Für die Gebühren VV Nr. 3318 (Verfahren über einen Insolvenzplan) und 3321 (Verfahren über einen Antrag auf Versagung oder Widerruf der Restschuldbefreiung) sowie für die Gebühren VV Nr. 3500 (Verfahrensgebühr für Beschwerde und Erinnerung) und 3513 (Termingebühr für Beschwerde und Erinnerung) in Insolvenzbeschwerdeverfahren, die nicht die Eröffnung des Insolvenzverfahrens betreffen, ist der Gegenstandswert nach Abs. 3 iVm. § 23 Abs. 3 S. 2 zu bestimmen nach billigem Ermessen unter Berücksichtigung des wirtschaftlichen Interesses des Gläubigers im Verfahren über die Restschuldbefreiung und den Insolvenzplan bzw. an dem von ihm im Beschwerdeverfahren verfolgten Ziel. Im Übrigen gilt das in Rn. 6 Ausgeführte auch hier. 10

IV. Die Wertfestsetzung

Soweit sich der Gegenstandswert nach Abs. 2 oder 3 richtet, wird er in dem selbständigen Wertfestsetzungsverfahren nach § 33 festgesetzt. Soweit aber für die Gebühren des Rechtsanwalts der Gegenstandswert sich nach denselben Grundsätzen bestimmt wie für die Gerichtsgebühren, ist die gerichtliche Wertfestsetzung auch für die Berechnung der Anwaltsgebühren maßgebend und der Rechtsanwalt zur Beschwerdeführung in eigenem Namen gegenüber dem gerichtlichen Beschlusse berechtigt (§ 32). 11

---

[9] OLG Dresden MDR 1994, 1253; *Hartmann* Rn. 13; aA *Gerold/Schmidt/Madert* Rn. 12.
[10] BGH KTS 55, 139; *Kilger/Karsten Schmidt* § 64 KO Anm. 3; *Nerlich/Römermann* § 38 InsO Rn. 3; *Uhlenbruck* § 38 InsO Rn. 20; *Gerold/Schmidt/Madert* Rn. 15.

§ 29 Gegenstandswert im Verteilungsverfahren nach der Schifffahrtsrechtlichen Verteilungsordnung

Im Verfahren nach der Schifffahrtsrechtlichen Verteilungsordnung gilt § 28 entsprechend mit der Maßgabe, dass an die Stelle des Werts der Insolvenzmasse die festgesetzte Haftungssumme tritt.

I. Entstehungsgeschichte

1 Entsprechend dem internationalen Übereinkommen vom 10.10.1957 über die Beschränkung der Haftung der Eigentümer von Seeschiffen sehen §§ 486 ff. HGB idF des Seerechtsänderungsgesetzes vor, dass die Haftung des Reeders und der ihm gleichgestellten Personen für bestimmte Ansprüche durch ein gerichtliches Verteilungsverfahren beschränkt werden kann. Das Verfahren, nach dem der Haftungsfonds errichtet und verteilt wird, ist in der schiffahrtsrechtlichen Verteilungsordnung (SVertO) festgelegt. Jeder Schuldner, der nach materiellem Recht beschränkbar haftet, hat die Möglichkeit, bei dem Verteilungsgericht die Festsetzung der Haftungssumme zu beantragen, nach deren Einzahlung bzw. Sicherstellung das Gericht das Verteilungsverfahren eröffnet. Die Eröffnung beschränkt die Haftung aller Schuldner, die aus dem gleichen Ereignis beschränkbar haften. Die Gläubiger werden in einem insolvenzähnlichen Verfahren befriedigt. Es findet ein Aufgebot der Gläubiger und der nichtantragstellenden Schuldner statt. Die angemeldeten Ansprüche werden in einem Prüfungstermin erörtert. Soweit ihrer Teilnahmeberechtigung widersprochen wird, ist der Streit über die Beschränkung der Haftung im Erkenntnisverfahren auszutragen. Die Länder haben die Zuständigkeit des AG Hamburg vereinbart. Wegen der dem Rechtspfleger übertragenen Geschäfte s. § 3 Nr. 2 lit. h, § 19 b RPflG.

II. Grundgedanken

2 § 29 regelt die Berechnung des Gegenstandswertes im schifffahrtsrechtlichen Verteilungsverfahren. Die Berechnung ist durch Verweisung auf § 28 entsprechend dem Insolvenzrecht geregelt. Die Vorschrift entspricht inhaltlich § 81 Abs. 1 S. 1 BRAGO. Sie regelt den Gegenstandswert für die Gebühren VV Nr. 3313, 3314, 3317, 3320, 3322, 3323 sowie Nr. 3500 und 3513 bei Beschwerden im schifffahrtsrechtlichen Verteilungsverfahren.

III. Der Gegenstandswert

3 **1. Die Haftungssumme.** An die Stelle der Insolvenzmasse im Insolvenzverfahren (§ 28 Abs. 1) tritt im schifffahrtsrechtlichen Verteilungsverfahren die nach § 5 SVertO festgesetzte, ggf. die gemäß § 30 Abs. 2 SVertO erhöhte Haftungssumme. Diese bestimmt den Gegenstandswert nur bei den Gebühren, für die im Insolvenzverfahren die Aktivmasse maßgeblich ist.[1] Die Gebühren für die Vertretung des **Schuldners** im

---

[1] Gerold/Schmidt/Madert Rn. 9; aA Schumann/Geißinger § 81 BRAGO Rn. 7.

Eröffnungsverfahren (VV Nr. 3313), im Verteilungsverfahren (VV Nr. 3317) und im Beschwerdeverfahren gegen den Beschluss über die Eröffnung oder Nichteröffnung des Verteilungsverfahrens (VV Nr. 3500 und 3513) werden daher nach der Haftungssumme bestimmt; es gilt das zu § 28 Rn. 2 und 3 Ausgeführte.

2. Nennwert der Forderung. Bei der Vertretung des Gläubigers im Eröffnungsverfahren (VV Nr. 3314), im Verteilungsverfahren (VV Nr. 3317), bei der Anmeldung eines Anspruchs (VV Nr. 3320) und im Beschwerdeverfahren gegen den Beschluss über Eröffnung oder Nichteröffnung des Verteilungsverfahrens (VV Nr. 3500 und 3513) berechnen sich die Gebühren gemäß § 29 iVm. § 28 Abs. 2 nach dem Nennwert der Forderung. Es gilt das zu § 28 Rn. 7–9 Ausgeführte. 4

3. Gegenstandswert nach § 28 Abs. 3. Im Verfahren über Anträge auf Zulassung der Zwangsvollstreckung nach § 17 Abs. 4 SVertO (VV Nr. 3322) und über Anträge auf Aufhebung von Vollstreckungsmaßregeln nach §§ 8 Abs. 5 und 41 SVertO (VV Nr. 3323) sowie in Beschwerdeverfahren, die nicht die Eröffnung des Teilungsverfahrens betreffen (VV Nr. 3500 und 3513), ist der Gegenstandswert nach §§ 28 Abs. 3, 23 Abs. 3 S. 2 zu bestimmen. Es gilt das zu § 28 Rn. 6, 10 und 11 Ausgeführte. 5

§ 30 Gegenstandswert in gerichtlichen Verfahren nach dem Asylverfahrensgesetz

¹In Streitigkeiten nach dem Asylverfahrensgesetz beträgt der Gegenstandswert in Klageverfahren, die die Asylanerkennung einschließlich der Feststellung der Voraussetzungen nach § 51 Abs. 1 des Ausländergesetzes und die Feststellung von Abschiebungshindernissen betreffen, 3000 Euro, in sonstigen Klageverfahren 1500 Euro. ²In Verfahren des vorläufigen Rechtsschutzes wegen aufenthaltsbeendender Maßnahmen nach dem Asylverfahrensgesetz beträgt der Gegenstandswert 1500 Euro, im Übrigen die Hälfte des Werts der Hauptsache. ³Sind mehrere natürliche Personen an demselben Verfahren beteiligt, erhöht sich der Wert für jede weitere Person in Klageverfahren um 900 Euro und in Verfahren des vorläufigen Rechtsschutzes um 600 Euro.

Übersicht

	Rn.		Rn.
I. Grundsätze	1	3. Verfahren des vorläufigen Rechtsschutzes	4, 5
II. Gegenstandswert	2–7	a) Aufenthaltsbeendende Maßnahmen	4
1. Klage wegen Asylanerkennung und Feststellung von Abschiebungshindernissen	2	b) Alle übrigen Verfahren	5
2. Sonstige Klageverfahren	3	4. Beteiligung mehrerer Personen	6, 7
		a) Anwendungsbereich	6
		b) Erhöhung des Gegenstandswertes	7

I. Grundsätze

§ 30 übernimmt inhaltlich unverändert § 83b Abs. 2 AsylVfG. Die Vorschrift regelt den Gegenstandswert für die Gebühren des Rechtsanwalts in verwaltungsgerichtlichen Verfahren nach dem Asylverfahrensgesetz, für das keine Gerichtsgebühren erhoben werden (§ 83b AsylVfG). Sie wurde durch das AsylVfÄndG 1993 eingeführt, um 1

§ 30

von der bis dahin sehr uneinheitlichen Streitwertrechtsprechung zu einer „übersichtlichen und weitgehend einheitlichen Handhabung zu gelangen".[1] Die Regelung sieht ohne Berücksichtigung des Einzelfalles für das Klageverfahren zwei feste Werte vor, nämlich 3000 Euro, wenn Klagegegenstand die Asylanerkennung und die Feststellung von Abschiebungshindernissen ist, und 1500 Euro für alle anderen Klagegegenstände (Satz 1). Für die Verfahren des vorläufigen Rechtsschutzes sind zwei feste Werte vorgesehen, nämlich 1500 Euro, wenn das Verfahren aufenthaltsbeendende Maßnahmen betrifft, in allen anderen Fällen die Hälfte des Wertes der Hauptsache (Satz 2). Bei der Beteiligung mehrerer Personen ist für jede weitere Person eine Erhöhung des Wertes um 900 Euro im Klageverfahren und um 600 Euro im Verfahren des vorläufigen Rechtsschutzes vorgesehen.

II. Gegenstandswert

2 1. Klage wegen Asylanerkennung und Feststellung von Abschiebehindernissen. Der Gegenstandswert beträgt 3000 Euro in Klageverfahren, die die Asylanerkennung einschließlich der Feststellung der Voraussetzungen nach § 51 Abs. 1 AuslG und die Feststellung von Abschiebehindernissen betreffen. Der Antrag auf Feststellung der Voraussetzungen des § 51 Abs. 1 AuslG ist mit dem Antrag auf Asylanerkennung zwingend verbunden (§ 13 Abs. 2 AsylVfG). Nach Stellung eines Asylantrages hat das Bundesamt für die Anerkennung ausländischer Flüchtlinge (BAFl) auch darüber zu entscheiden, ob Abschiebehindernisse nach § 53 AuslG vorliegen (§ 24 Abs. 2 AsylVfG). Nach § 31 AsylVfG kann das BAFl von der Feststellung, ob Abschiebehindernisse nach §§ 51 Abs. 1 oder 53 AuslG vorliegen, ausnahmsweise absehen. Der Gegenstandswert von 3000 Euro ist jedoch nur gegeben, wenn Gegenstand des Klageverfahrens sowohl die Asylanerkennung, als auch die Feststellung von Abschiebungshindernissen sind;[2] denn das „und" im Relativsatz von § 30 S. 1 Hs. 1 ist kumulativ und nicht alternativ zu verstehen. Die Feststellung der Voraussetzungen nach § 51 Abs. 1 AuslG ist regelmäßig, aber nicht immer Gegenstand eines Klageverfahrens über Asylanerkenntnis. Sie führt zu keiner Erhöhung des Gegenstandswertes, wie sich aus der Anknüpfung „einschließlich" ergibt. Ist sie ausnahmsweise nicht Gegenstand des Klageverfahrens, so führt ihr Fehlen auch nicht zu einer Ermäßigung des Gegenstandswertes, wenn die Klage die Feststellung von Abschiebehindernissen, eventuell nach § 53 AuslG, enthält; denn „einschließlich" bezieht sich nicht auf „die Feststellung von Abschiebungshindernissen". Auch weitere Streitgegenstände, zB Abschiebungsandrohung oder -anordnung, führen zu keiner Erhöhung des Gegenstandswertes.

3 2. Sonstige Klageverfahren. Für sonstige Klageverfahren, d. h. für alle Klageverfahren, deren Gegenstandswert nicht 3000 Euro beträgt (Rn. 2), sieht das Gesetz einen Gegenstandswert von 1500 Euro vor. Dies gilt für (ausnahmsweise) isolierte Asylanerkennungsklagen[3] und isolierte Klagen auf Feststellung von Abschiebungshindernissen oder auf Abschiebungsschutz nach § 51 Abs. 1 und/oder § 53 AuslG.[4] Im Übrigen

---

[1] BT-Drucks. 12/4450 S. 29.
[2] *Renner* § 83 b AsylVfG Rn. 7; aA GK-AsylVfG § 83 b Rn. 25.
[3] *Renner* § 83 b AsylVfG Rn. 7; aA GK-AsylVfG § 83 b Rn. 25.
[4] BVerwG DÖV 1994, 386; GK-AsylVfG § 83 b Rn. 30, 31.

sind „sonstige Klageverfahren" mit einem Gegenstandswert von 1500 Euro alle denkbaren Klagen, die im Asylverfahren vorkommen können, zB Klageverfahren wegen Abschiebungsandrohung (§ 34 AsylVfG) und -anordnung (§ 34a AsylVfG), Aufenthaltsgestaltung (§ 55 AsylVfG), Beschränkung des Aufenthaltes (§ 47 AsylVfG), Verteilung (§§ 50 Abs. 4, 51 Abs. 2 AsylVfG), Passherausgabe (§ 65 AsylVfG), Genehmigung, den zugewiesenen Aufenthaltsbereich zu verlassen (§ 58 Abs. 1 und 5 AsylVfG). 1500 Euro ist der Gegenstandswert des gesamten Verfahrens. Eine Mehrzahl von Gegenständen führt zu keiner Erhöhung des Gegenstandswertes.

3. Verfahren des vorläufigen Rechtsschutzes. a) Aufenthaltsbeendende Maßnahmen. Im Verfahren des vorläufigen Rechtsschutzes wegen aufenthaltsbeendender Maßnahmen beträgt der Gegenstandswert 1500 Euro. Verfahren des vorläufigen Rechtsschutzes sind die Verfahren über Anträge auf Erlass einer einstweiligen Anordnung (§ 123 VwGO) und auf Aussetzung oder Aufhebung der Vollziehung des Verwaltungsaktes oder Wiederherstellung der aufschiebenden Wirkung der Klage (§ 80 VwGO). Aufnahmebeendende Maßnahmen sind Zurückschiebung (§§ 18 Abs. 3, 19 Abs. 3 AsylVfG), Abschiebungsandrohung (§§ 18a Abs. 2, 34 Abs. 1, 34a Abs. 1, 36 Abs. 3, 39 Abs. 1, 71 Abs. 4 und Abs. 5 AsylVfG), Einreiseverweigerung (§ 18a Abs. 3 AsylVfG). 4

b) Alle übrigen Verfahren. In allen übrigen Verfahren des vorläufigen Rechtsschutzes nach dem Asylverfahrensgesetz beträgt der Gegenstandswert die Hälfte des Wertes der Hauptsache. Da in Angelegenheiten der Asylanerkennung und Feststellung von Abschiebungshindernissen Verfahren des vorläufigen Rechtsschutzes, die keine aufenthaltsbeendende Maßnahmen zum Gegenstand haben, kaum denkbar sind, bedeutet dies, dass Verfahren des vorläufigen Rechtsschutzes, die keine aufenthaltsbeendende Maßnahmen betreffen, praktisch immer einen Gegenstandswert von 750 Euro haben. 5

4. Beteiligung mehrerer Personen. a) Anwendungsbereich. Wenn mehrere natürliche Personen an demselben Verfahren beteiligt sind, erhöht sich der für eine Person maßgebliche Ausgangswert, wie er in Satz 1 und 2 geregelt ist, für jede weitere Person um 900 Euro in Klageverfahren und um 600 Euro in Verfahren des vorläufigen Rechtsschutzes (Satz 3). Diese reduzierte Erhöhung des Gegenstandswertes bei der Beteiligung mehrerer Personen setzt voraus, dass diese von demselben Rechtsanwalt vertreten werden.[5] Dies ergibt sich jetzt zweifelsfrei aus dem Regelungszusammenhang; denn der Abschnitt 4 des RVG regelt den Wert der anwaltlichen Tätigkeit (§ 2 Abs. 1), womit die Tätigkeit eines Rechtsanwalts gemeint ist; der Umstand, dass neben der vom Rechtsanwalt vertretenen Partei andere Personen am Verfahren beteiligt sind, die von anderen Rechtsanwälten oder anwaltlich nicht vertreten werden, ist auf den anwaltlichen Gegenstandswert ohne Einfluss. Der Hauptanwendungsfall der Beteiligung mehrerer Personen in demselben Verfahren ist sicher die Vertretung mehrerer Angehöriger bei der Erstreitung von Familienasyl (§ 26 AsylVfG). Jedoch kommt es darauf nicht an; Satz 3 gilt immer, wenn der Anwalt mehrere Personen in demselben Verfahren vertritt, auch wenn es keine Familienangehörigen sind. Auch ist ohne Bedeutung, ob es sich von Anfang an um ein einheitliches Verfahren handelt, etwa dadurch, dass mehrere Personen gemeinsam Klage erheben, oder ob ursprünglich selbständige Verfahren später nach § 93 VwGO verbunden werden. Allerdings genügt 6

---

[5] AA GK-AsylVfG § 83b Rn. 45.

§ 31

eine Verbindung lediglich zur gemeinsamen Verhandlung nicht; denn § 30 S. 3 setzt die Beteiligung mehrerer Personen an **demselben** Verfahren voraus. Unerheblich ist es auch, ob der Rechtsanwalt im selben Verfahren mehrere Kläger oder Antragsteller vertritt oder ob er bei einer Klage des Bundesbeauftragten (§ 6 AsylVfG) mehrere Beigeladene vertritt.

7   b) **Erhöhung des Gegenstandswertes.** Im Klageverfahren erhöht sich der Gegenstandswert für jede weitere Person um 900 Euro. Das bedeutet, dass nur für die erste Person unterschieden wird, ob es sich um die Asylanerkennung und Feststellung von Abschiebungshindernissen (3000 Euro) oder ein sonstiges Klageverfahren (1500 Euro) handelt. Für jede weitere am Verfahren beteiligte Person werden dem Gegenstandswert weitere 900 Euro zugeschlagen, gleichgültig ob Gegenstand der Klage Asylanerkennung und Feststellung von Abschiebungshindernissen ist oder nicht. Ebenso kommt es im Verfahren des vorläufigen Rechtsschutzes für die weiteren Personen nicht darauf an, ob das Verfahren aufenthaltsbeendende Maßnahmen zum Gegenstand hat. Vielmehr wird der Gegenstandswert im Verfahren des vorläufigen Rechtsschutzes für jede weitere Person um 600 Euro erhöht.

§ 31 Gegenstandswert in gerichtlichen Verfahren nach dem Spruchverfahrensgesetz

(1) [1]Vertritt der Rechtsanwalt im Verfahren nach dem Spruchverfahrensgesetz einen von mehreren Antragstellern, bestimmt sich der Gegenstandswert nach dem Bruchteil des für die Gerichtsgebühren geltenden Geschäftswerts, der sich aus dem Verhältnis der Anzahl der Anteile des Auftraggebers zu der Gesamtzahl der Anteile aller Antragsteller ergibt. [2]Maßgeblicher Zeitpunkt für die Bestimmung der auf die einzelnen Antragsteller entfallenden Anzahl der Anteile ist der jeweilige Zeitpunkt der Antragstellung. [3]Ist die Anzahl der auf einen Antragsteller entfallenden Anteile nicht gerichtsbekannt, wird vermutet, dass er lediglich einen Anteil hält. [4]Der Wert beträgt mindestens 5000 Euro.

(2) Wird der Rechtsanwalt von mehreren Antragstellern beauftragt, sind die auf die einzelnen Antragsteller entfallenden Werte zusammenzurechnen; Nummer 1008 des Vergütungsverzeichnisses ist insoweit nicht anzuwenden.

Übersicht

	Rn.		Rn.
I. Grundgedanken	1	III. Gegenstandswert	5–8
II. Allgemeines	2–4	1. Vertretung eines Antragstellers	5–7
1. Verfahren nach dem Spruchverfahrensgesetz (§ 1 SpruchG)	2, 3	a) Einen von mehreren Antragstellern	5, 6
		b) Den einzigen Antragsteller	7
2. Anwendungsbereich	4	2. Vertretung mehrerer Antragsteller	8

I. Grundgedanken

1   § 31 entspricht § 8 Abs. 1a BRAGO in der Fassung des Spruchverfahrensordnungsgesetzes vom 12. 6. 2003. Die Vorschrift bestimmt den Gegenstandswert für die Gebühren des Rechtsanwalts bei Vertretung eines oder mehrerer Antragsteller in den Verfahren nach § 1 SpruchG. Da es sich nach § 17 Abs. 1 SpruchG um ein Verfahren

der freiwilligen Gerichtsbarkeit handelt, erhält der Rechtsanwalt die Gebühren VV Teil 3 (Nr. 3100 ff.). Der Gegenstandswert bestimmt sich bei Vertretung eines Antragstellers (Abs. 1) aus dem Bruchteil des für die Gerichtsgebühren geltenden Geschäftswertes, der dem Verhältnis der Anteile des Auftraggebers zu den Anteilen aller Antragsteller entspricht. Bei der Vertretung mehrerer Antragsteller werden die auf diese entfallenden Werte zusammengerechnet (Abs. 2). Der Geschäftswert für die Gerichtskosten ist nach § 15 Abs. 1 S. 2 SpruchG zu bestimmen.

II. Allgemeines

1. Verfahren nach dem Spruchverfahrensgesetz (§ 1 SpruchG). Ein Unternehmensvertrag (Beherrschungs- oder Gewinnabführungsvertrag: § 291 Abs. 1 AktG) muss für die außenstehenden Aktionäre einen angemessenen Ausgleich (wiederkehrende Ausgleichszahlungen oder jährlichen Gewinnanteil) vorsehen (§ 304 AktG) sowie das Recht, vom anderen Vertragsteil den Erwerb ihrer Aktien gegen eine angemessene Abfindung zu verlangen (§ 305 AktG). Bei der Eingliederung einer Aktiengesellschaft in eine andere durch Mehrheitsbeschluss (§ 320 AktG) gehen alle Aktien, die nicht der Hauptgesellschaft gehören, auf diese über (§ 320 a AktG); die ausgeschiedenen Aktionäre haben Anspruch auf angemessene Entschädigung (§ 320 b AktG).

Die Hauptversammlung einer Aktiengesellschaft kann auf Verlangen eines Hauptaktionärs, dem 95 % des Gesamtkapitals gehören, die Übertragung der Aktien der Minderheitsaktionäre gegen eine angemessene Barabfindung beschließen (§ 327 a AktG). Bei der Verschmelzung von Rechtsträgern durch Aufnahme gegen Gewährung von Anteilen oder Mitgliedschaften des übernehmenden Rechtsträgers an die Anteilsinhaber des übertragenden Rechtsträgers (§ 2 Nr. 1 UmwG) ist ein angemessenes Umtauschverhältnis festzusetzen; unter Umständen kann der Anteilsinhaber einen Ausgleich durch bare Zuzahlung verlangen (§ 15 Abs. 1 UmwG). Entsprechendes gilt bei einem Wechsel der Rechtsform (§ 196 UmwG). Hat bei einer Verschmelzung der übernehmende Rechtsträger eine andere Rechtsform als der übertragende Rechtsträger, so ist jedem Anteilsinhaber, der dem Verschmelzungsbeschluss widerspricht, eine angemessene Barabfindung anzubieten (§ 29 UmwG). Dies gilt entsprechend bei Vermögensübertragungen (§§ 174, 176, 178, 179, 180, 181 UmwG). In all diesen Fällen kann wegen der Angemessenheit des Ausgleichs, der Abfindung, der Entschädigung oder des Umtauschverhältnisses das Gericht im gesellschaftsrechtlichen Spruchverfahren angerufen werden (§ 1 SpruchG). Zuständig ist das Landgericht, ggf. die Kammer für Handelssachen (§ 2 SpruchG). Antragsberechtigt sind die außenstehenden oder ausgeschiednen Aktionäre oder die jeweiligen Anteilsinhaber (§ 3 SpruchG). Das Verfahren richtet sich nach dem Spruchverfahrensgesetz und dem FGG.

2. Anwendungsbereich. § 31 regelt den Geschäftswert für die Gebühren VV Nr. 3100 und 3104 im ersten Rechtszug und VV Nr. 3500 und 3513 im Beschwerdeverfahren (§ 12 SpruchG) des Rechtsanwalts, der einen (Abs. 1) oder mehrere (Abs. 2) Antragsteller vertritt. Vertritt der Rechtsanwalt den Antragsgegner (§ 5 SpruchG), so richten sich die Gebühren nach dem für die Gerichtskosten festgesetzten Geschäftswert (§ 15 Abs. 1 S. 2 bis 4 SpruchG). Auch für den vom Gericht bestellten Vertreter der Antragsberechtigten, die nicht selbst Antragsteller sind (§ 6 Abs. 1 SpruchG), ist der für die Gerichtsgebühren festgesetzte Gegenstandswert maßgeblich (§ 6 Abs. 2 S. 3 SpruchG).

III. Gegenstandswert

5   **1. Vertretung eines Antragstellers. a) Einen von mehreren Antragstellern.** Vertritt der Rechtsanwalt einen von mehreren Antragstellern, so bestimmt sich der Gegenstandswert nach einem Bruchteil des für die Gerichtsgebühren geltenden Geschäftswertes. Dieser Geschäftswert, der von Amts wegen festzusetzen ist (§ 15 Abs. 1 S. 4 SpruchG), richtet sich nicht nach dem Begehren der Antragsteller, sondern nach dem Betrag, den alle Antragsberechtigten nach der Entscheidung des Gerichts zusätzlich zu dem ursprünglich angebotenen Betrag insgesamt fordern können (§ 15 Abs. 1 S. 2 SpruchG). Die rechtskräftige Entscheidung wirkt nämlich auch für und gegen die antragsberechtigten Anteilsinhaber, die keinen Antrag auf gerichtliche Entscheidung gestellt haben, selbst wenn sie bei Eintritt der Rechtskraft bereits aus dem betroffenen Rechtsträger ausgeschieden sind (§ 13 SpruchG). Der gerichtliche Geschäftswert beträgt jedoch mindestens 200 000 Euro und höchstens 7,5 Millionen Euro. Bleibt der Antrag auf gerichtliche Entscheidung erfolglos, so beträgt der gerichtliche Geschäftswert 200 000 Euro.

6   Der Bruchteil, der den für die Anwaltsgebühren maßgeblichen Geschäftswert ergibt, errechnet sich aus dem Verhältnis der Anteile, die dem Auftraggeber zum Zeitpunkt der Antragstellung bei Gericht gehören, zur Summe der Anteile aller Antragsteller. Auch hierbei kommt es auf die Zahl der Anteile an, die den jeweiligen Antragstellern zum Zeitpunkt ihrer Antragstellung, die mit dem der Antragstellung des Auftraggebers nicht identisch zu sein braucht, zustehen. Erwerbungen und Veräußerungen von Anteilen in der Zeit zwischen der Antragstellung und der Rechtskraft der Gerichtsentscheidung bleiben daher für die Errechnung des maßgeblichen Bruchteils außer Betracht. Im Zweifel ist nur von einem Anteil des Antragstellers auszugehen. Auch die Anteile der antragsberechtigten Anteilsinhaber, die keinen Antrag auf gerichtliche Entscheidung gestellt haben, bleiben bei der Errechnung des Bruchteils unberücksichtigt, obwohl sie beim gerichtlichen Geschäftswert mitzählen. Der Gegenstandswert beträgt mindestens 5000 Euro.

7   **b) Den einzigen Antragsteller.** Vertritt der Rechtsanwalt den einzigen Antragsteller, sei es, weil dieser allein antragsberechtigt ist, oder dass unter mehreren antragsberechtigten Personen er allein den Antrag auf gerichtliche Entscheidung im Spruchverfahren gestellt hat, so ist unabhängig von der Zahl der dem Antragsteller zustehenden Anteile und dem Verhältnis dieser Anteile zu den den Antragsberechtigten insgesamt zustehenden Anteilen immer der gesamte gerichtliche Geschäftswert auch für die Anwaltsgebühren maßgeblich; denn wenn es nur einen Antragsteller gibt, ist die Zahl der Anteile dieses Antragstellers gleich der Zahl aller Antragstelleranteile und ihr Verhältnis ergibt keinen Bruchteil.

8   **2. Vertretung mehrerer Antragsteller.** Vertritt der Rechtsanwalt mehrere Antragsteller im Spruchverfahren, so handelt es sich um eine Angelegenheit. Der Rechtsanwalt erhält daher die anfallenden Gebühren nach § 7 Abs. 1 nur einmal. Unabhängig von der Frage, ob es sich bei der Vertretung mehrerer Antragsteller im selben Spruchverfahren gemäß § 22 Abs. 1 um mehrere Gegenstände handelt, stellt § 31 Abs. 2 klar, dass die nach Abs. 1 für die einzelnen Auftraggeber errechneten Werte zusammenzurechnen sind (Satz 1) und dass die Geschäftsgebühr nicht nach VV Nr. 1008 erhöht

wird (Satz 2). Nach § 7 Abs. 2 schuldet jeder Auftraggeber die Gebühren, die anfielen, wenn der Rechtsanwalt nur für ihn tätig geworden wäre; der Rechtsanwalt kann aber insgesamt nicht mehr fordern als die Gebühren aus den zusammengerechneten Werten. Untereinander sind die Auftraggeber im Verhältnis der auf sie entfallenden Werte verpflichtet.

Beispiel: Die Antragsteller A und B beauftragen im Spruchverfahren denselben Rechtsanwalt R. Der Geschäftswert errechnet sich nach Abs. 1 für A auf 10 000 Euro, für B auf 20 000 Euro. Es entsteht eine 1,3 Verfahrensgebühr nach VV Nr. 3100 und eine 1,2 Terminsgebühr nach VV Nr. 3104. R hat Anspruch auf Gebühren aus einem Wert von 30 000 Euro (10 000 Euro + 20 000 Euro) in Höhe von 1895 Euro (985,40 Euro + 909,60 Euro). A schuldet die Gebühren aus einem Wert von 10 000 Euro in Höhe von 1215 Euro (631,80 Euro + 583,20 Euro), B aus einem Wert von 20 000 Euro in Höhe von 1615 Euro (839,80 Euro + 775,20 Euro); in Höhe von 1215 Euro besteht ein Gesamtschuldverhältnis. Im Innenverhältnis entfallen auf A 631,67 Euro (1895 Euro × $^1/_3$), auf B 1263,33 Euro (1895 Euro × $^2/_3$).

§ 32 Wertfestsetzung für die Gerichtsgebühren

(1) Wird der für die Gerichtsgebühren maßgebende Wert gerichtlich festgesetzt, ist die Festsetzung auch für die Gebühren des Rechtsanwalts maßgebend.

(2) ¹Der Rechtsanwalt kann aus eigenem Recht die Festsetzung des Werts beantragen und Rechtsmittel gegen die Festsetzung einlegen. ²Rechtsbehelfe, die gegeben sind, wenn die Wertfestsetzung unterblieben ist, kann er aus eigenem Recht einlegen.

Übersicht

	Rn.		Rn.
I. Grundsätze	1, 2	cc) Persönliche Grenzen der Reflexwirkung	17
1. Im gerichtlichen Verfahren	1	dd) Bindung der Gerichte an die Reflexwirkung	18, 19
2. Außerhalb gerichtlicher Verfahren	2	**III. Wertfestsetzungsverfahren (Abs. 2)**	20–31
II. Wertfestsetzung für die Gerichtsgebühren (Abs. 1)	3–19	1. Verfahrensvorschriften im Allgemeinen (Grundzüge)	20–23
1. Grundgedanke	3, 4	a) Wertfestsetzung für andere Zwecke als für die Berechnung der Gerichtsgebühren	21, 22
2. Voraussetzungen	5–12	b) Wertfestsetzung für die Berechnung der Gerichtsgebühren	23
a) Festsetzungsverfahren	6, 7	2. Beteiligung des Rechtsanwalts aus eigenem Recht	24–31
b) Anhängigkeit	8	a) Erstreckung prozessualer Rechte auf den Rechtsanwalt	25
c) Entstehung von Anwaltsgebühren	9	b) Wesen des Beteiligungsrechts	26–31
d) Identität des Gegenstands	10		
e) Parallelität der Wertvorschriften	11		
f) Unabhängigkeit von Prozessstellung	12		
3. Reflexwirkung	13–19		
a) Grundlage	13		
b) Auswirkungen	14–19		
aa) Dauer der Reflexwirkung	15		
bb) Sachliche Grenzen der Reflexwirkung	16		

§ 32

I. Grundsätze

1   **1. Im gerichtlichen Verfahren.** Eine gerichtliche Festsetzung des Wertes, die für die Gerichtsgebühren erfolgt, äußert die Reflexwirkung, dass der festgesetzte Wert auch für die Gebühren des Rechtsanwalts maßgebend ist. Der Rechtsanwalt kann die Wertfestsetzung für die Gerichtsgebühren aus eigenem Recht betreiben. Unabhängig von einer Wertfestsetzung für die Gerichtsgebühren, erfolgt auf Antrag die gerichtliche Festsetzung des Gegenstandswerts (§ 33 Abs. 1) für die Rechtsanwaltsgebühren,
– wenn es an einem für die Gerichtsgebühren maßgebenden Wert überhaupt fehlt, zB weil sich die Gerichtsgebühren nicht nach einem Streitwert, Geschäftswert und dergleichen bemessen oder weil das gerichtliche Verfahren sachlich gebührenfrei ist;
– wenn sich die Gebühren des Rechtsanwalts nicht nach dem für die Gerichtsgebühren maßgebenden Wert berechnen, zB weil für die Rechtsanwaltsgebühren besondere Wertvorschriften bestehen oder der Gegenstand der gerichtlichen Tätigkeit von dem Gegenstand der anwaltlichen Tätigkeit verschieden ist,

2   **2. Außerhalb gerichtlicher Verfahren.** Gebühren für die anwaltliche Tätigkeit außerhalb eines gerichtlichen Verfahrens. Hier ist über den Gegenstandswert im ordentlichen Rechtsstreit über die Honorarforderung als Vorfrage zu entscheiden.

II. Wertfestsetzung für die Gerichtsgebühren (Abs. 1)

3   **1. Grundgedanke.** Da sich in gerichtlichen Verfahren der Gegenstandswert nach den für die Gerichtsgebühren geltenden Wertvorschriften bestimmt, müssen – jedenfalls soweit diese Vorschrift reicht – der für die Gerichtsgebühren maßgebliche Wert und der Gegenstandswert übereinstimmen. Daher wird eine gerichtliche Festsetzung des Wertes, die für die Gerichtsgebühren erfolgt, für den Gegenstandswert in der Weise nutzbar gemacht, dass der festgesetzte Wert kraft Gesetzes zugleich auch für die Rechtsanwaltsgebühren maßgebend ist. Insoweit ist es daher als entbehrlich ausgeschlossen, den Gegenstandswert in dem besonderen gerichtlichen Verfahren nach § 33 festzusetzen.

4   Die nach § 32 maßgebende Wertfestsetzung bildet eine viel unbeständigere Grundlage für den Gebührenanspruch des Rechtsanwalts (vgl. Rn. 14) als eine Festsetzung des Gegenstandswerts nach § 33, die in materielle Rechtskraft erwächst. Schon aus diesem Grunde ist es nicht zweckmäßig, den Anwendungsbereich des § 32 über seinen Wortlaut hinaus auszudehnen.

5   **2. Voraussetzungen.** § 32 Abs. 1 regelt nur eine Folge der richterlichen Festsetzung des Wertes für die Gerichtsgebühren und nicht die Voraussetzungen, unter denen diese Festsetzung auch für die Gebühren des Rechtsanwalts maßgebend ist.

6   **a) Festsetzungsverfahren.** Ein gerichtliches Verfahren, in dem ein für die Gerichtsgebühren maßgebender Wert festgesetzt werden kann, muss gesetzlich vorgeschrieben sein. Solche Verfahren sind die in dem Kostengesetz geregelten Wertfestsetzungsverfahren (zB § 25 GKG nF, § 31 KostO); ferner die in den Prozessgesetzen geregelten Wertfestsetzungsverfahren, wenn eine Festsetzung des Streitwerts, die für die Zuständigkeit des Gerichts oder die Zulässigkeit eines Rechtsmittels erfolgt, auch

Wertfestsetzung für die Gerichtsgebühren § 32

für die Berechnung der Gerichtsgebühren maßgebend ist (vgl. § 24 GKG nF). Gleichgültig ist, ob die Festsetzung durch Beschluss (zB nach § 3 ZPO, § 25 GKG nF, § 31 KostO) oder durch Urteil (zB nach § 61 Abs. 1 ArbGG) zu erfolgen hat, ob die Wertfestsetzung mit der Entscheidung über die Hauptsache zu verbinden ist (zB nach § 25 Abs. 1 ArbGG), ob die Festsetzung von Amts wegen erfolgt (zB nach § 34 Abs. 2 LwVG), ob sie selbständig anfechtbar ist oder nicht. Auch die Wertfestsetzung aufgrund § 144 des PatentG, § 23 UWG, § 142 MarkenG, § 26 GebrMG gehört hierher.

Eine Wertfestsetzung für die Gerichtsgebühren kommt nicht in Betracht, wenn 7 die Gerichtsgebühren nicht nach einem Streitwert, Geschäftswert und dergleichen erhoben werden, oder wenn das gerichtliche Verfahren, in dem der Rechtsanwalt tätig geworden ist, sachlich von Gerichtsgebühren frei ist, wie zB das Verfahren vor Verfassungsgerichten. Für solche Fälle trifft nur § 33 zu. Jedoch findet § 32 Anwendung, wenn persönliche Gebührenfreiheit (vgl. zB § 2 GKG) besteht[1] oder aus sonstigen Gründen weder das Gericht noch die Parteien an einer Wertfestsetzung für die Gebühren, die für das gerichtliche Verfahren vorgesehen sind, ein Interesse haben, zB bei Prozesskostenhilfe ohne Ratenbestimmung. Insbesondere für diese Fälle ist dem Rechtsanwalt durch § 32 ein eigenes Antragsrecht zugebilligt worden.

b) Anhängigkeit. Der Gegenstand der anwaltlichen Tätigkeit muss bei Gericht 8 anhängig geworden sein. Sonst ist ein gerichtliches Wertfestsetzungsverfahren für Gerichtsgebühren nicht möglich. Dagegen ist Rechtshängigkeit (§ 261 Abs. 1, § 253 Abs. 1 ZPO) nicht erforderlich. Gerichtsgebühren, für die eine Wertfestsetzung erfolgen kann, können schon vor der Rechtshängigkeit entstehen, wobei – wie bei den Rechtsanwaltsgebühren – das Entstehen und die Fälligkeit der Gebühr nicht verwechselt werden dürfen. Ist der Gegenstand bei Gericht nicht anhängig geworden, so ist ein gerichtliches Wertfestsetzungsverfahren weder nach § 32 noch nach § 33 möglich, und zwar auch dann nicht, wenn die Tätigkeit des Rechtsanwalts bereits zum Gebührenrechtszug rechnet, wie zB die Vorbereitung einer Klage, die nicht eingereicht worden ist. Dasselbe wird gelten müssen, wenn der Gegenstand des Auftrags nur zum Teil anhängig geworden ist, soweit ein und dieselbe Gebühr, zB die Verfahrensgebühr, wenn auch in verschiedenen Abstufungen, beide Teile des Gegenstandes umfasst; eine gegenteilige Auffassung würde hier dazu führen, dass die Feststellung der Teilwerte in verschiedenen Verfahren zu erfolgen hätte, was besonders bei nichtvermögensrechtlichen Gegenständen zu unliebsamen Überschneidungen führen könnte.

c) Entstehung von Anwaltsgebühren. Die Gebühren des Rechtsanwalts müssen 9 in dem gerichtlichen Verfahren entstanden sein, und zwar in der Instanz, für die die Festsetzung des Wertes für die Gerichtsgebühren erfolgt. Dazu rechnen, wenn der Gegenstand bei Gericht anhängig geworden ist (Rn. 8), auch Gebühren, die vor dem Beginn oder nach der Beendigung des gerichtlichen Verfahrens entstanden sind, aber zum Gebührenrechtszug gehören; ferner Gebühren, die durch eine Tätigkeit während des Prozesses, aber außerhalb des Gerichts entstehen, so beim außergerichtlichen Vergleich[2] und beim Verkehrsanwalt.

d) Identität des Gegenstands. Die anwaltliche und die gerichtliche Tätigkeit 10 müssen sich auf denselben Gegenstand beziehen. Dies trifft nicht zu, wenn bei einem außergerichtlichen Vergleich der Prozessgegenstand und der Vergleichsgegenstand

---

[1] BayObLGZ 1964, 64.
[2] RG HRR 1937 Nr. 1269.

nicht übereinstimmen;³ ferner nicht, wenn der Rechtsanwalt nur wegen eines Teiles des für die Gerichtsgebühren maßgebenden Gegenstandes tätig geworden ist, zB nur für einen der nach § 60 ZPO gemeinschaftlich klagenden oder verklagten Streitgenossen⁴ oder wenn der Gebührenrechtszug, zB wegen Kündigung des Auftrags, für den Rechtsanwalt früher endigt als der gerichtliche Rechtszug und deshalb eine nachträgliche Erweiterung der Klage für die Rechtsanwaltsgebühren außer Betracht bleibt.⁵ In diesen Fällen ist eine Wertfestsetzung mit Wirkung auf die Anwaltsgebühren nur nach § 33 möglich. Doch ist auch in diesen Fällen § 32 anwendbar, wenn der für die Rechtsanwaltsgebühren zutreffende Wert auch für irgendwelche Gerichtsgebühren Bedeutung hat.

11   e) **Parallelität der Wertvorschriften.** Die für die Gerichtsgebühren maßgebende Wertvorschrift muss auch für die Gebühren des Rechtsanwalts maßgebend sein. Denn die Wertfestsetzung für die Gerichtsgebühren kann für die Rechtsanwaltsgebühren nur maßgebend sein, wenn die Festsetzungsgrundlagen die gleichen sind, also insbesondere, wenn besondere Vorschriften über die Bemessung des Gegenstandswertes getroffen sind.

12   f) **Unabhängigkeit von Prozessstellung.** Auf die prozessuale Stellung, die der Rechtsanwalt in dem gerichtlichen Verfahren hat, in dem seine Gebühren entstanden sind, kommt es nicht an; auch nicht darauf, ob der Rechtsanwalt gegenüber dem Gericht tätig geworden ist. Die Vorschrift gilt nicht nur für den Prozessbevollmächtigten, sondern auch für den Beistand, Terminsvertreter, Unterbevollmächtigten, Beweisanwalt, Verkehrsanwalt und den während des Rechtsstreits nur beratend tätigen Rechtsanwalt. Es kommt auch nicht darauf an, ob die Vollmacht des Rechtsanwalts im Zeitpunkt der Wertfestsetzung noch besteht.

13   **3. Reflexwirkung. a) Grundlage.** Das Ziel der Wertfestsetzung, an die § 32 anknüpft, ist die Gewinnung einer Berechnungsgrundlage für die Gerichtsgebühren. Daher wird in dem gerichtlichen Wertfestsetzungsverfahren nur über den Wert entschieden, der für die Gerichtsgebühren maßgebend ist, und zwar nach den Wertvorschriften, die für die Gerichtsgebühren bestehen. Zwar ist die Beteiligung des Rechtsanwalts an diesem Verfahren wegen der Wirkungen vorgesehen, die die Wertfestsetzung auf seine eigenen Gebühren äußert. Dadurch wird das Verfahren aber nicht seinem Zweck entfremdet. Denn der Rechtsanwalt kann in diesem Verfahren nur Einfluss auf die Höhe des Wertes für die Gerichtsgebühren nehmen; denn nur über diesen wird entschieden. Allerdings entspricht es dem Zweck des § 32, dass der Wert für die Gerichtsgebühren so genau festgestellt wird, dass sich aus einer Verschiedenheit der Sprünge der Gebührentabellen für die Gerichts- und Rechtsanwaltsgebühren keine Unklarheiten über den Wert ergeben, der auch für die Rechtsanwaltsgebühren maßgebend ist,⁶ also Festsetzung eines Betrags und nicht einer Wertstufe.

14   b) **Auswirkungen.** Die Wirkung dieser Wertfestsetzung (Rn. 13) reicht aber weiter. Denn die gerichtliche Entscheidung über den für die Gerichtsgebühren maß-

---

3 OLG München MDR 1961, 780; OLG Hamburg MDR 1961, 158; anders beim gerichtlichen Vergleich wegen Gebührentatbestand Nr. 1660 der Anlage 1 zum GKG – OLG Neustadt NJW 1962, 1163; *Gerold/Schmidt/Madert* Rn. 7.
4 OLG Frankfurt NJW 1970, 2119.
5 RG JW 1927, 1312.
6 OVG Münster AS Bd. 7 S. 244.

gebenden Wert wird kraft Gesetzes auf die Rechtsanwaltsgebühren erstreckt. Es handelt sich dabei um die Reflexwirkung einer über einen anderen Gegenstand ergehenden Entscheidung. Diese Wirkung ist eine materielle. Die Wertfestsetzung für die Gerichtsgebühren schafft eine materielle Berechnungsgrundlage für die Höhe der Gebühren des Rechtsanwalts. Die richterliche Wertfestsetzung, die für andere Zwecke erfolgt, wird damit vom Gesetz zu Recht erhoben, das zwischen dem Rechtsanwalt und seinem Auftraggeber gilt.

aa) Dauer der Reflexwirkung. Diese Wirkung dauert so lange, als die gerichtliche 15 Wertfestsetzung für die Gerichtskosten wirkt. Wird die Wertfestsetzung geändert (zB nach § 25 GKG nF), dann ändert sich auch der für die Berechnung der Rechtsanwaltsgebühren maßgebende Wert, so dass diese Gebühren neu berechnet werden müssen. Sind die Gebühren bereits nach § 11 festgesetzt, so ist die Festsetzung auf Antrag zu ändern (§ 107 ZPO). Eine Nachforderung zu wenig verlangter oder eine Zurückforderung zu viel gezahlter Gebühren erfährt eine Schranke durch die Verjährung.

bb) Sachliche Grenzen der Reflexwirkung. Die Wirkung der Wertfestsetzung 16 reicht nicht weiter als der Anwendungsbereich des § 32 (Rn. 5 ff.). Sie wirkt zB nicht auf Rechtsanwaltsgebühren, die sich nach anderen als den für die Gerichtsgebühren maßgebenden Wertvorschriften richten, und nicht auf Rechtsanwaltsgebühren für einen Gegenstand, der mit dem Gegenstand der gerichtlichen Tätigkeit nicht übereinstimmt. Die Wertfestsetzung für die untere Instanz wirkt nicht für die Gebühren des Rechtsanwalts, die in der höheren Instanz entstehen.

cc) Persönliche Grenzen der Reflexwirkung. Die Wirkung der Wertfestsetzung 17 erstreckt sich auf den Auftraggeber, die Mithaftenden (§ 1 Rn. 18), auf alle Rechtsanwälte, für die § 32 anwendbar ist (Rn. 12), auf die Rechtsnachfolger dieser Personen (Sonderrechtsnachfolger und Erben) sowie bei der Prozesskostenhilfe auf die Staatskasse.

dd) Bindung der Gerichte an die Reflexwirkung. Die Wirkung der Wertfest- 18 setzung bindet die Gerichte im Vergütungsfestsetzungsverfahren (§ 11), bei der Festsetzung der Vergütung des im Prozesskostenhilfeweg beigeordneten Rechtsanwalts (§ 45) und im ordentlichen Rechtsstreit über die Höhe der Vergütung des Rechtsanwalts.[7] Dies folgt daraus, dass die Wertfestsetzung die materiell maßgebende Berechnungsgrundlage für die Gebühren des Rechtsanwalts liefert (Rn. 14). Auch im Kostenfestsetzungsverfahren nach den §§ 103 ff. ZPO bindet die Wertfestsetzung.

Ist eine Wertfestsetzung, die nach § 32 maßgebend ist, zwar noch nicht erfolgt, ist 19 sie aber zulässig, so ist das Vergütungsfestsetzungsverfahren (§ 11) auszusetzen, wenn über den Gegenstandswert Streit besteht; den Beteiligten bleibt es dann überlassen, die Wertfestsetzung herbeizuführen. Ein ordentlicher Rechtsstreit über die Höhe der Vergütung kann – aber muss nicht – ausgesetzt werden, wenn das Wertfestsetzungsverfahren, das den maßgebenden Wert liefern wird, bereits anhängig ist (§ 148 ZPO); sonst wird im ordentlichen Rechtsstreit als Vorfrage auch über den Gegenstandswert entschieden.

---

[7] RG HRR 1927 Nr. 426.

III. Wertfestsetzungsverfahren (Abs. 2)

20 **1. Verfahrensvorschriften im Allgemeinen (Grundzüge).** Maßgebend sind die Verfahrensvorschriften für das gerichtliche Verfahren, in dem die Wertfestsetzung, die die Reflexwirkung äußert, zu erfolgen hat. Diese Verfahren lassen sich in folgende Gruppen einteilen:

21 **a) Wertfestsetzung für andere Zwecke als für die Berechnung der Gerichtsgebühren.** Hierher gehören **folgende Verfahren**: Die Wertfestsetzung zum Zwecke der Entscheidung über die Zuständigkeit des Prozessgerichts oder die Zulässigkeit des Rechtsmittels (§ 24 GKG nF). Das Verfahren richtet sich nach den für die Hauptsache geltenden Verfahrensvorschriften. Soweit die im § 25 S. 2 GKG nF vorgesehenen Ausnahmen Platz greifen, ist die Wertfestsetzung für die Gerichts- und die Rechtsanwaltsgebühren nicht maßgebend; in diesen Fällen ist eine Wertfestsetzung nach § 25 GKG nF möglich. Soweit aber § 24 GKG nF anwendbar ist, ist die mit der Entscheidung über die Zulässigkeit des Rechtsmittels oder die Zuständigkeit des Prozessgerichts verbundene Wertfestsetzung – ein Beschluss, der auf die sachliche Unzuständigkeit aufmerksam macht, genügt nicht[8] – für die Berechnung der Gerichtsgebühren und auch für die Berechnung der Gebühren des Rechtsanwalts maßgebend; erforderlich ist jedoch, dass als Wert ein bestimmter Betrag festgesetzt worden ist, es genügt nicht die Feststellung, dass ein bestimmter Wert überschritten oder nicht erreicht worden ist.[9] Soweit § 24 GKG nF anwendbar ist, ist eine Festsetzung des Wertes nach § 25 GKG nF ausgeschlossen.[10] Eine Wertfestsetzung für die Rechtsanwaltsgebühren nach § 33 ist jedoch möglich, wenn die Reflexwirkung nach § 32 ausnahmsweise nicht eintritt (Rn. 14 ff.). Die im § 62 GKG nF genannte Wertfestsetzung ist nur zusammen mit der Entscheidung, mit der sie verbunden ist, anfechtbar; also unanfechtbar, wenn ein Rechtsmittel gegen diese Entscheidung nicht gegeben ist.[11]

22 Die Wertfestsetzung im **arbeitsgerichtlichen Verfahren** erfolgt im **Urteil**. Es handelt sich daher um einen Anwendungsfall von Rn. 21. Die Wertfestsetzung ist nicht selbständig anfechtbar. Bei Vorliegen der Voraussetzungen der §§ 319, 321 ZPO ist jedoch die Berichtigung und Ergänzung des Urteils, auch soweit die Wertfestsetzung betroffen wird, möglich. Dies hilft freilich nicht gegen eine sachlich fehlerhafte Wertfestsetzung.[12] Ist die Wertfestsetzung nicht eindeutig, so kann sie aus den Urteilsgründen ausgelegt werden.[13] Wird der sonstige Inhalt des Urteils angefochten, so kann das Rechtsmittelgericht den Streitwert für die Kostenberechnung anderweitig festsetzen.[14] Die Wertfestsetzung erfolgt gemäß § 25 GKG nF durch Beschluss, wenn kein Urteil ergeht, und in den im § 24 GKG nF bestimmten Ausnahmefällen. Weicht der Gegenstand der im Urteil erfolgten Wertfestsetzung, die auf den Zeitpunkt des Urteils abgestellt ist, von dem Gegenstand der anwaltlichen Tätigkeit ab, oder ist ein anderer

---

[8] KG MDR 1959, 136.
[9] Etwas anders OLG Celle NJW 1957, 1640; OLG Nürnberg JurBüro 1960, 168, die annehmen, dass die Festsetzung insoweit bindend sei, als die Erreichung der Zuständigkeitsgrenze bejaht oder verneint worden ist.
[10] OLG Nürnberg JVBl. 1959, 84.
[11] OLG München MDR 1956, 623.
[12] BAGE 1, 8; 8, 52.
[13] BAG NJW 1955, 608.
[14] BAG NJW 1955, 1128; BAGE 8, 350.

Wertfestsetzung für die Gerichtsgebühren **§ 32**

Zeitpunkt für die Bewertung der anwaltlichen Tätigkeit maßgebend, so wirkt die Wertfestsetzung nicht für die Rechtsanwaltsgebühren; hier kommt eine Wertfestsetzung nach § 33 in Betracht. Im arbeitsgerichtlichen Beschlussverfahren (§ 80 ArbGG) kann ein Wert für Gerichtsgebühren nicht festgesetzt werden, weil das Verfahren sachlich gebührenfrei ist (§ 12 Abs. 5 ArbGG). Die Festsetzung des für die Rechtsanwaltsgebühren maßgebenden Wertes erfolgt daher nach § 33.[15]

b) Wertfestsetzung für die Berechnung der Gerichtsgebühren. Hierher gehören vornehmlich Verfahren nach § 25 GKG nF, § 31 KostO und nach Vorschriften, die hierauf verweisen. Nach einigen dieser Vorschriften kann (so § 25 GKG nF, § 31 KostO), nach anderen muss (so § 48 Abs. 2 WEG, § 34 Abs. 2 LwVG) die Wertfestsetzung durch das Gericht der Hauptsache von Amts wegen erfolgen. Den Parteien (Beteiligten) des Hauptsacheverfahrens und der Staatskasse ist in einigen Verfahren ein Antragsrecht ausdrücklich zuerkannt (so § 25 GKG nF; § 31 KostO), in den anderen Verfahren, für die eine solche ausdrückliche Vorschrift fehlt, wird ihnen das Recht, einen Verfahrensantrag zu stellen, durch den das Einschreiten von Amts wegen ausgelöst wird, nicht abgesprochen werden können. Es besteht kein Anwaltszwang (§ 25, § 66 Abs. 3 GKG nF, § 31 Abs. 1 S. 2, § 14 Abs. 4 KostO).[16] Die Wertfestsetzung kann von Amts wegen geändert werden, und zwar auch von einem Rechtsmittelgericht, das mit der Hauptsache, dem Streitwert, dem Kostenansatz oder der Kostenfestsetzung befasst ist (§ 25 Abs. 3 GKG nF, § 31 Abs. 1 S. 2 KostO). Die Änderungsbefugnis ist nach § 25 Abs. 1 GKG nF befristet. Die Änderung kann durch Gegenvorstellungen angeregt werden, bei Wertfestsetzungen durch eine höhere Instanz aber nur bei dieser.[17] Gegen die Wertfestsetzung ist die Beschwerde nur zulässig, wenn der Beschwerdegegenstand 200 Euro übersteigt (§ 25 Abs. 3 S. 1 GKG nF). Die Beschwerde ist nach § 25 Abs. 3 GKG nF ausgeschlossen, wenn ein Rechtsmittelgericht der Hauptsache den Wert festgesetzt hat, und zwar auch dann, wenn es den Wert für die untere Instanz festgesetzt hat.[18] Außerdem ist die Beschwerde durch § 25 Abs. 3 GKG nF entsprechend der Änderungsbefugnis des Gerichts befristet. Eine Verwirkung des Beschwerderechts erscheint bei der jetzt recht kurzen Befristung nicht mehr erwägenswert. Ist der Wert von dem Rechtspfleger festgesetzt, so ist die Anfechtung nach Maßgabe des § 11 RPflG gegeben. Soweit eine gerichtliche Wertfestsetzung von Amts wegen geändert werden kann, ist auch im Beschwerdeverfahren eine reformatio in peius – nach rechtlichem Gehör! – zulässig.[19] Eine weitere Beschwerde ist ausgeschlossen, insbesondere auch nach § 25 Abs. 2 GKG nF;[20] Ausnahme weitere Zulassungsbeschwerde nach § 14 Abs. 3, § 31 Abs. 3 KostO.

2. Beteiligung des Rechtsanwalts aus eigenem Recht. Abs. 2 erkennt dem Rechtsanwalt drei Verfahrensrechte zu, die er aus eigenem Recht ergreifen kann, nämlich das Recht, die Wertfestsetzung zu beantragen, das Recht, gegen die Wertfestsetzung Rechtsmittel einzulegen, und das Recht, Rechtsbehelfe zu ergreifen, die gegeben sind, wenn die Wertfestsetzung unterblieben ist. Zu den letzteren Rechtsbehelfen rechnen insbesondere die Anträge auf Berichtigung und Ergänzung von Ent-

---

[15] BAGE 4, 274.
[16] OLG Stuttgart AnwBl. 1954, 163.
[17] OLG Stuttgart AnwBl. 1954, 216.
[18] OLG Köln NJW 1959, 2074.
[19] OLG München BayJMBl. 1954, 223.
[20] KG MDR 1958, 700; OLG Köln JMBl. NRW 1958, 224; aA *Lappe* Rpfleger 1957, 334.

§ 32 Abschnitt 4. Gegenstandswert

scheidungen (§§ 319, 321 ZPO), die für die Wertfestsetzung, insbesondere im arbeitsgerichtlichen Verfahren, eine gewisse Bedeutung erlangen können (Rn. 22; vgl. Begr. zur BRAGO S. 232).

25   **a) Erstreckung prozessualer Rechte auf den Rechtsanwalt.** Der Rechtsanwalt kann aus eigenem Recht die genannten Verfahrensrechte ausüben, soweit diese Rechte den Beteiligten – das sind zB nach § 25 GKG nF die Parteien und die Staatskasse – nach dem Prozessrecht, das für die gerichtliche Festsetzung des Wertes für die Gerichtsgebühren gilt, gegeben sind. Es wird also nicht eine Antrags-, Beschwerdemöglichkeit usw. als solche neu eröffnet. Wenn keine Beschwerde gegeben ist, wie zB gegen Streitwertbeschlüsse des Berufungsgerichts (§ 25 Abs. 3 S. 2 GKG nF), dann kann auch der Rechtsanwalt keine Beschwerde ergreifen.[21] Ist eine Wertfestsetzung, die mit einer anderen Entscheidung verbunden ist, nicht selbständig anfechtbar (Rn. 21, 22), dann ist sie für den Rechtsanwalt unanfechtbar. Ist aber ein Rechtsmittel gegen die Wertfestsetzung als solche gegeben, dann steht kraft § 32 das Rechtsmittel auch dem Rechtsanwalt zu, obwohl dies in den Verfahrensvorschriften für die gerichtliche Wertfestsetzung nicht vorgesehen ist. § 32 ist insofern eine Ergänzung dieser Vorschriften. Dies gilt für alle Zweige der Gerichtsbarkeit, soweit in den Verfahrensordnungen ein gerichtliches Wertfestsetzungsverfahren für die Gerichtsgebühren überhaupt vorgesehen ist. Steuerberater haben die gleichen Rechte im Rahmen des § 45 der Steuerberatergebührenverordnung. Patentanwälte[22] oder Erlaubnisscheininhaber[23] haben kein Beteiligungsrecht; ferner nicht ausländische Anwälte außerhalb der Wirkung des EuRAG, da sie iS des RVG als Nichtanwälte anzusehen sind.

26   **b) Wesen des Beteiligungsrechts.** Diese Rechte (Rn. 25) hat der Rechtsanwalt aus eigenem Recht. Er kann sie nicht nur in Vollmacht der unmittelbar Beteiligten ausüben. Seine Rechte treten vielmehr neben die Rechte der Beteiligten. Sie sind dem Rechtsanwalt zur Wahrnehmung seiner eigenen Interessen gegeben. Er soll eine Wertfestsetzung für die Gerichtsgebühren selbständig herbeiführen können, um die Reflexwirkung auf seine eigenen Gebühren auszulösen (Rn. 3, 4, 5), und er soll wegen dieser Wirkung durch Beteiligung an einem bereits laufenden Verfahren die Höhe der Wertfestsetzung selbständig beeinflussen können.

27   Der Rechtsanwalt hat das **Recht**, sich an dem Wertfestsetzungsverfahren **zu beteiligen**. Dieses Recht übt er aus, indem er ein Wertfestsetzungsverfahren durch seinen Antrag in Lauf setzt oder indem er sich in ein laufendes Wertfestsetzungsverfahren durch Anträge, Beschwerden usw. einschaltet. Erst wenn er dieses Recht ausgeübt hat, ist er Beteiligter. Von diesem Zeitpunkt ab muss ihm das Gericht rechtliches Gehör gewähren (Art. 103 Abs. 1 GG), ihm die Entscheidungen bekannt machen usw. Vorher wäre dies dem Gericht oft gar nicht möglich, weil es nicht wissen kann, welche Rechtsanwälte von der Wertfestsetzung betroffen werden, zB bei Rechtsanwälten, die gegenüber dem Gericht nicht aufgetreten sind (Rn. 12). Umgekehrt ist aber von da ab der von dem Anwalt vertretenen Partei unmittelbar rechtliches Gehör zu geben, da insoweit zwischen Anwalt und Mandant gegensätzliche Interessen gegeben sein können. Mit der Ausübung seines Rechtes auf Beteiligung tritt der Rechtsanwalt in das Verfahren ein, und zwar wirkt für und gegen ihn die Lage, in der sich das Verfahren

---

[21] OLG Celle JurBüro 1970, 150.
[22] AA OLG Braunschweig Rpfleger 1964, 65 (LS).
[23] Hier gleicher Ansicht OLG Braunschweig Rpfleger 1964, 65 (LS).

Wertfestsetzung für die Gerichtsgebühren **§ 32**

in diesem Zeitpunkt befindet. Hat zB das Beschwerdegericht über die Wertfestsetzung der unteren Instanz bereits entschieden, so bleibt auch dem Rechtsanwalt nur das Recht, die Änderung der Festsetzung bei dem Beschwerdegericht zu beantragen (Rn. 23). Ist das gegen die Wertfestsetzung gegebene Rechtsmittel befristet (Rn. 23), so ist ein von dem Rechtsanwalt aus eigenem Recht eingelegtes Rechtsmittel fristgerecht, wenn die Rechtsmittelfrist für irgendeinen der unmittelbar Beteiligten noch nicht abgelaufen ist. Solange über ein von einem unmittelbar Beteiligten eingelegtes Rechtsmittel noch nicht entschieden ist, kann der Rechtsanwalt auch nach dem Ablauf der Rechtsmittelfrist ein unselbständiges Anschlussrechtsmittel einlegen, selbst wenn ein solches in der maßgeblichen Verfahrensordnung nicht vorgesehen ist.[24] Bei Honorarvereinbarung, die nicht auf einen Wert abstellt, fehlt oft das Rechtsschutzbedürfnis; es kann aber in bestimmten Fällen gegeben sein, wenn mit der Wertfestsetzung einem Herabsetzungsantrag nach § 4 Abs. 4 vorgebeugt werden soll.[25] Die Partei kann aber selbst bzw. der Anwalt namens seiner Partei Beschwerde mit dem Ziel der Erhöhung des Wertes einlegen, wenn nach der Wertfeststellung der unteren Instanz nicht die vollen vereinbarten Gebühren zu erstatten wären.[26]

Ist es für die Zulässigkeit einer Beschwerde erforderlich, dass der Beschwerdegegenstand einen bestimmten **Geldbetrag** übersteigt – wie zB nach § 68 Abs. 1 GKG nF, § 31 Abs. 2, § 14 KostO, § 567 ZPO, § 34 Abs. 2 LwVG –, so ist bei der aus eigenem Recht eingelegten Beschwerde auf die Gebühren des Rechtsanwalts abzustellen. Danach ist eine solche Beschwerde nur zulässig, wenn infolge der von dem Rechtsanwalt mit der Beschwerde verlangten Änderung sich seine Gebühren um einen Betrag erhöhen würden,[27] der 200 Euro übersteigt (vgl. die Legaldefinition in § 34 Abs. 2 LwVG). Dabei sind die bereits entstandenen und die nach Lage der Sache in der gleichen Instanz voraussichtlich noch entstehenden Gebühren zu berücksichtigen, und zwar auch bei dem im Wege der Prozesskostenhilfe beigeordneten Anwalt wegen der möglichen Differenzgebühr nach § 50 die vollen Gebühren und nicht nur die Gebühren, die nach § 49 aus der Staatskasse zu zahlen sind.[28] Die Gerichtsgebühren und die Gebühren anderer Rechtsanwälte, die ebenfalls von der Wertfestsetzung betroffen werden, bleiben außer Betracht, zB die Gebühren des Rechtsanwalts des Gegners oder des Verkehrsanwalts.[29] Mitzurechnen sind auch Auslagen auf Umsatzsteuer.[30] Streitig war früher, ob die Steuer mit anzusetzen ist, da sie äußerlich gesehen nur einen durchlaufenden Rechnungsposten darzustellen scheint. Die Frage ist zu bejahen, da die Steuer für den Anwalt ein Einnahmeposten ist, auch wenn er sie ganz oder unter Berücksichtigung von Freibeträgen an das Finanzamt abführen muss.[31] Wenn es zweifelhaft ist, ob die Beschwerde von dem Rechtsanwalt aus eigenem Recht oder in Vollmacht für seinen Auftraggeber eingelegt worden ist, so ist Letzteres anzunehmen, wenn mit der Beschwerde eine Herabsetzung des Wertes angestrebt wird, wogegen die Erhöhungsbeschwerde dem Rechtsanwalt selbst zuzurechnen ist.[32] Ist die Beschwerde jedoch eindeutig namens der Partei eingelegt, so bedarf es keiner Rückfrage, ob sie auch im

28

---

24 *Hartmann* § 9 BRAGO Rn. 19.
25 BFH NJW 1976, 268.
26 BFH BStBl. 1968 II S. 669; vgl. 1970 II S. 324.
27 RGZ 22, 425.
28 OLG München NJW 1955, 675.
29 OLG Nürnberg BayJMBl. 1952, 96.
30 OVG Hamburg AnwBl. 1981, 501.
31 Vgl. hierzu auch *Gerold/Schmidt/Madert* Rn. 265.
32 OLG Köln MDR 1968, 852.

eigenen Namen als eingelegt angesehen werden soll.[33] Ist der Rechtsanwalt selbst Partei, so kann er natürlich mit der Beschwerde auch die Herabsetzung des Werts betreiben.

29   Ist das Rechtsmittelgericht nur mit einer Beschwerde gegen die Wertfestsetzung befasst, die unzulässig ist, zB weil der Beschwerdewert nicht erreicht ist, so kann es die Wertfestsetzung nach § 25 Abs. 1 S. 3 GKG nF, § 31 Abs. 1, 3, § 14 Abs. 2 S. 4 KostO nicht von Amts wegen ändern.[34] Sonst würde der Zweck der Vorschriften, die die Zulässigkeit der Beschwerde einschränken, vereitelt. Die Vorschrift, dass die Wertfestsetzung von dem Rechtsmittelgericht von Amts wegen geändert werden kann, wenn das Verfahren „wegen der Entscheidung über den Streitwert (Geschäftswert) in der Rechtsmittelinstanz schwebt", trifft hier nicht zu. Denn wenn das Rechtsmittelgericht mit einer unzulässigen Beschwerde gegen die Wertfestsetzung einer unteren Instanz angegangen wird, ist das Rechtsmittelgericht mit der sachlichen Entscheidung über die Streitwertfestsetzung nicht befasst. Die Vorschrift trifft jedoch zu, wenn das Rechtsmittelgericht den Wert für die Rechtsmittelinstanz festzusetzen hat und einen Anlass sieht, dabei den Wert auch für die unteren Instanzen entsprechend festzusetzen, um einander widersprechende Wertfestsetzungen in derselben Sache zu verhindern.

30   Hat sich der Rechtsanwalt **aus eigenem Recht** in das Wertfestsetzungsverfahren eingeschaltet, so ist er auch an einem Verfahren auf Änderung der Wertfestsetzung beteiligt, und zwar ohne Rücksicht darauf, ob dieses Verfahren von Amts wegen eingeleitet oder ob das Einschreiten von Amts wegen durch einen Antrag ausgelöst worden ist. Der Rechtsanwalt ist in solchen Fällen vor einer Änderung der Wertfestsetzung, die ihm nachteilig ist, zu hören (Art. 103 Abs. 1 GG), und die Entscheidung ist ihm bekannt zu machen. Dies gilt auch für einen Rechtsanwalt, der nur in der unteren Instanz tätig war, wenn die Wertfestsetzung der unteren Instanz durch ein höheres Gericht geändert wird.

31   Das Beschwerdeverfahren nach § 25 GKG nF ist **gebührenfrei**. Eine Kostenerstattung ist nach § 25 Abs. 4 S. 2 GKG nF ausgeschlossen, womit eine alte Streitfrage ausgeräumt ist. Lediglich die bei Gericht entstandenen Unkosten einer Wertschätzung sind zu verteilen, wobei primär eine Kostentragungspflicht der Staatskasse besteht, die sonstigen Beteiligten aber angemessen belastet werden sollen, wenn ihr Verhalten – auf Verschulden kommt es nicht an – das Entstehen der Kosten verursacht hat.

§ 33 Wertfestsetzung für die Rechtsanwaltsgebühren

(1) Berechnen sich die Gebühren in einem gerichtlichen Verfahren nicht nach dem für die Gerichtsgebühren maßgebenden Wert oder fehlt es an einem solchen Wert, setzt das Gericht des Rechtszugs den Wert des Gegenstands der anwaltlichen Tätigkeit auf Antrag durch Beschluss selbstständig fest.

(2) [1]Der Antrag ist erst zulässig, wenn die Vergütung fällig ist. [2]Antragsberechtigt sind der Rechtsanwalt, der Auftraggeber, ein erstattungspflichtiger Gegner und in den Fällen des § 45 die Staatskasse.

(3) [1]Gegen den Beschluss nach Absatz 1 können die Antragsberechtigten Beschwerde einlegen, wenn der Wert des Beschwerdegegenstands 200 Euro über-

---

[33] OLG Nürnberg JurBüro 1963, 476.
[34] BayObLGZ 1959, 284.

steigt. ²Die Beschwerde ist auch zulässig, wenn sie das Gericht, das die angefochtene Entscheidung erlassen hat, wegen der grundsätzlichen Bedeutung der zur Entscheidung stehenden Frage in dem Beschluss zulässt. ³Die Beschwerde ist nur zulässig, wenn sie innerhalb von zwei Wochen nach Zustellung der Entscheidung eingelegt wird.

(4) ¹Soweit das Gericht die Beschwerde für zulässig und begründet hält, hat es ihr abzuhelfen; im Übrigen ist die Beschwerde unverzüglich dem Beschwerdegericht vorzulegen. ²Beschwerdegericht ist das nächsthöhere Gericht, in bürgerlichen Rechtsstreitigkeiten der in § 119 Abs. 1 Nr. 1, Abs. 2 und 3 des Gerichtsverfassungsgesetzes bezeichneten Art jedoch das Oberlandesgericht. ³Eine Beschwerde an einen obersten Gerichtshof des Bundes findet nicht statt. ⁴Das Beschwerdegericht ist an die Zulassung der Beschwerde gebunden; die Nichtzulassung ist unanfechtbar.

(5) ¹War der Beschwerdeführer ohne sein Verschulden verhindert, die Frist einzuhalten, ist ihm auf Antrag von dem Gericht, das über die Beschwerde zu entscheiden hat, Wiedereinsetzung in den vorigen Stand zu gewähren, wenn er die Beschwerde binnen zwei Wochen nach der Beseitigung des Hindernisses einlegt und die Tatsachen, welche die Wiedereinsetzung begründen, glaubhaft macht. ²Nach Ablauf eines Jahres, von dem Ende der versäumten Frist an gerechnet, kann die Wiedereinsetzung nicht mehr beantragt werden. ³Gegen die Ablehnung der Wiedereinsetzung findet die Beschwerde statt. ⁴Sie ist nur zulässig, wenn sie innerhalb von zwei Wochen eingelegt wird. ⁵Die Frist beginnt mit der Zustellung der Entscheidung. ⁶Absatz 4 Satz 1 bis 3 gilt entsprechend.

(6) ¹Die weitere Beschwerde ist nur zulässig, wenn das Landgericht als Beschwerdegericht entschieden und sie wegen der grundsätzlichen Bedeutung der zur Entscheidung stehenden Frage in dem Beschluss zugelassen hat. ²Sie kann nur darauf gestützt werden, dass die Entscheidung auf einer Verletzung des Rechts beruht; die §§ 546 und 547 der Zivilprozessordnung gelten entsprechend. ³Über die weitere Beschwerde entscheidet das Oberlandesgericht. ⁴Absatz 3 Satz 3, Absatz 4 Satz 1 und 4 und Absatz 5 gelten entsprechend.

(7) ¹Anträge und Erklärungen können zu Protokoll der Geschäftsstelle gegeben oder schriftlich eingereicht werden; § 129a der Zivilprozessordnung gilt entsprechend. ²Die Beschwerde ist bei dem Gericht einzulegen, dessen Entscheidung angefochten wird.

(8) ¹Das Gericht entscheidet über den Antrag durch eines seiner Mitglieder als Einzelrichter; dies gilt auch für die Beschwerde, wenn die angefochtene Entscheidung von einem Einzelrichter oder einem Rechtspfleger erlassen wurde. ²Der Einzelrichter überträgt das Verfahren der Kammer oder dem Senat, wenn die Sache besondere Schwierigkeiten tatsächlicher oder rechtlicher Art aufweist oder die Rechtssache grundsätzliche Bedeutung hat. ³Das Gericht entscheidet jedoch immer ohne Mitwirkung ehrenamtlicher Richter. ⁴Auf eine erfolgte oder unterlassene Übertragung kann ein Rechtsmittel nicht gestützt werden.

(9) ¹Das Verfahren über den Antrag ist gebührenfrei. ²Kosten werden nicht erstattet; dies gilt auch im Verfahren über die Beschwerde.

§ 33

Abschnitt 4. *Gegenstandswert*

Übersicht

	Rn.		Rn.
I. Anwendungsbereich (Abs. 1) . . .	1–5	6. Bekanntmachung der Entscheidung	19
1. Allgemeines	1	7. Rechtsmittel	20–33
2. Voraussetzungen	2–5	a) Beschwerdefrist	20, 21
a) Gerichtliches Verfahren	2	b) Wert des Beschwerdegegenstandes	22
b) Subsidiarität zu § 32	3–5	c) Einlegung der Beschwerde	23
II. Wertfestsetzungsverfahren	6–36	d) Beschwerdegericht	24
1. Zuständigkeit	7	e) Sachbeschwerde	25
2. Antrag	8–15	f) Kein Anwaltszwang	26
a) Antragsverfahren	8, 9	g) Freigestellte mündliche Verhandlung	27
b) Antragsberechtigung (Abs. 2 S. 2) .	10–13		
c) Zulässigkeit	14, 15	k) Weitere Beschwerde	28–33
3. Beteiligte	16	8. Rechtskraft	34
4. Kein Anwaltszwang	17	9. Ergänzende Verfahrensvorschriften .	35
5. Form der Entscheidung	18	10. Kosten des Verfahrens	36

I. Anwendungsbereich (Abs. 1)

1   **1. Allgemeines.** Die Vorschrift füllt Lücken, die § 32 lässt. Sie schafft ein Verfahren, in dem der Wert des Gegenstandes einer in gerichtlichen Verfahren entfalteten Tätigkeit des Rechtsanwalts festgesetzt wird, wenn der für die Gerichtsgebühren festgesetzte Wert für die Rechtsanwaltsgebühren nicht maßgebend ist oder wenn es an einem Wert für die Gerichtsgebühren überhaupt fehlt.

2   **2. Voraussetzungen. a) Gerichtliches Verfahren.** Der Rechtsanwalt muss in einem gerichtlichen Verfahren tätig geworden sein. Darüber, wann dies der Fall ist, vgl. § 32 Rn. 8, 9. Auf die prozessuale Stellung, die der Rechtsanwalt in dem Verfahren einnimmt, kommt es nicht an; ebenso wenig darauf, ob er gegenüber dem Gericht tätig wird (vgl. § 32 Rn. 12). Der zu bewertende Gegenstand muss aber bei Gericht anhängig geworden sein. Wird im Scheidungsstreit ein Vergleich über Unterhalt und dgl. protokolliert, obwohl eine Partei nicht durch einen Rechtsanwalt vertreten ist, so wird der Gegenstand des Vergleichs bei Gericht nicht anhängig; daher Wertfestsetzung weder nach § 32 noch nach § 33.[1]

3   **b) Subsidiarität zu § 32.** Das Verfahren nach § 33 ist nur eröffnet, wenn sich durch § 32 keine Wertfestsetzung erreichen lässt, die für die Gebühren des Rechtsanwalts maßgebend ist. Die Verfahren stehen nicht etwa wahlweise zur Verfügung.[2] Ist auf dem durch § 32 eröffneten Weg, insbesondere mit Hilfe des dem Rechtsanwalt gewährten Antragsrechts, eine Wertfestsetzung zulässig, die für die Rechtsanwaltsgebühren maßgebend ist, so ist das Verfahren nach § 33 unzulässig. Ob eine Wertfestsetzung mit Rücksicht auf eine Honorarvereinbarung entbehrlich ist, soll nach BVerfGE 21, 190 nicht schon im Verfahren nach § 33, sondern erst im Verfahren nach § 11 geprüft werden; ein wohl zu allgemeiner Standpunkt; es gibt glatte Fälle, in denen das Rechtsschutzbedürfnis sofort verneint werden kann. Danach kommt das Verfahren nach § 33 **in folgenden Fällen** in Betracht:

4   Wenn sich die Gerichtsgebühren nicht nach einem Streitwert, Geschäftswert und dergleichen berechnen oder wenn das gerichtliche Verfahren sachlich von Gerichts-

---

[1] OLG München NJW 1962, 351.
[2] OLG Celle NdsRpfl. 1959, 269.

gebühren frei ist; so das Verfahren des Vormundschaftsgerichts nach § 91 KostO, das Verfahren erster Instanz auf Bewilligung der Prozesskostenhilfe[3] und nach § 225 Abs. 1 BEG regelmäßig das Verfahren in Entschädigungssachen,[4] sowie bestimmte Verfahren des Vollstreckungsgerichts. Denn in solchen Fällen kommt eine Wertfestsetzung für Gerichtsgebühren nicht in Betracht. Vgl. dazu § 32 Rn. 7.

Wenn eine Wertfestsetzung für die Gerichtsgebühren zwar erfolgen kann, die Festsetzung aber für die Rechtsanwaltsgebühren nicht maßgebend wäre. Dies trifft zu, wenn für die Gebühren des Rechtsanwalts besondere Wertvorschriften bestehen – oder wenn sich die anwaltliche und die gerichtliche Tätigkeit nicht auf denselben Gegenstand beziehen. Letzteres ist der Fall, wenn der Anwalt einen Miterben im Verfahren auf Erteilung eines gemeinschaftlichen Erbscheins vertritt. Hier gilt für das gerichtliche Verfahren der Wert des Nachlasses für den Rechtsanwalt nur Wert des vom Vertretenen beanspruchten Erbteils.[5] Wird über einen gegenüber dem Hauptantrag höherwertigen Hilfsantrag nicht befunden, so bemisst sich der Wert für die Gerichtsgebühren nach dem Hauptantrag, der Wert für die Anwaltsgebühren nach dem Hilfsantrag. In einer zwar ausdehnenden, aber wohl noch zu billigenden Auslegung eröffnen OLG Hamburg MDR 1961, 158; OLG München MDR 1961, 780; KG JurBüro 1970, 853 das selbständige Wertfestsetzungsverfahren auch dann, wenn ein außergerichtlicher Vergleich, der den Prozess beendet, auch einen nicht rechtshängig gewordenen Gegenstand umfasst,[6] insbesondere, wenn mit dem außergerichtlichen Vergleich über den ganzen Anspruch auch der Gegenstand einer Teilklage erledigt wird.[7] Vgl. ferner LAG Frankfurt NJW 1964, 371, wonach der vorzeitig ausscheidende Anwalt Festsetzung nach § 33 verlangen kann, obwohl in dem noch ausstehenden Urteil der auch für die Anwaltsgebühren maßgebende Wert nach § 61 Abs. 2 ArbGG festgesetzt werden würde. Die Pauschalierung der Gerichtsgebühren führt leider zu einer Ausweitung des § 33, weil abweichende Werte bei Verhandlungen nicht mehr nach § 32 festzusetzen sind.

II. Wertfestsetzungsverfahren

Die Verfahrensvorschriften sind für alle Gerichte einheitlich, und zwar ohne Rücksicht darauf, welchem Zweig der Gerichtsbarkeit das zuständige Gericht angehört.[8] Wegen der Vorschriften, auf die zur Ergänzung der vorgesehenen Vorschriften zurückgegriffen werden muss, vgl. Rn. 38.

1. Zuständigkeit. Sachlich und örtlich ist das Gericht des Rechtszugs zuständig. Dies ist das Gericht, bei dem die Hauptsache in der Instanz, in der der Rechtsanwalt tätig geworden ist, anhängig ist oder zuletzt anhängig war. War der Rechtspfleger zur Entscheidung der Hauptsache berufen, so ist er auch für das Wertfestsetzungsverfahren zuständig (§ 4 Abs. 1 RPflG). Da das Gericht des Rechtszugs als zuständig bestimmt ist, ergibt sich zugleich, dass die Wertfestsetzung nur für einen Rechtszug erfolgt. Ist der Rechtsanwalt in mehreren Rechtszügen tätig geworden, so erfolgt die

---
[3] OLG Bamberg JurBüro 1959, 164.
[4] KG RzW 1959, 431.
[5] BGH NJW 1968, 2334. Vgl. ferner auch LG Hamburg MDR 1966, 853.
[6] AA OLG Düsseldorf JurBüro 1963, 154 m. abl. Anm. *Schmidt*.
[7] OLG Schleswig AnwBl. 1963, 199.
[8] Begr. S. 232.

Festsetzung für jeden Rechtszug gesondert. Im Gegensatz zu den im § 32 genannten Verfahren kann ein höheres Gericht nicht den Wert zugleich für die unteren Instanzen festsetzen; es kann auch nicht die Wertfestsetzung einer unteren Instanz von Amts wegen ändern.

8   **2. Antrag. a) Antragsverfahren.** Das Wertfestsetzungsverfahren wird nur **auf Antrag** eingeleitet (Abs. 1). Das Verfahren findet – anders als das Wertfestsetzungsverfahren für die Gerichtsgebühren, überwiegend nicht im öffentlichen Interesse statt, sondern im Interesse der Beteiligten. Es wird über eine Vorfrage für die Höhe der regelmäßig privatrechtlichen Vergütung des Rechtsanwalts (vgl. § 1 Rn. 2, 3) vorab entschieden. Daher ist der Antrag nicht als reiner Verfahrensantrag aufzufassen, durch den ein Einschreiten von Amts wegen ausgelöst wird. Es gilt vielmehr in dem Verfahren der Beibringungsgrundsatz, wie er von den im Abs. 3 genannten Vorschriften der ZPO vorausgesetzt wird. Der Antrag muss eine Sachbitte und die zur Begründung der Zulässigkeit des Verfahrens und der sachlichen Berechtigung der verlangten Wertfestsetzung erforderlichen tatsächlichen Behauptungen enthalten. Ohne dies wäre es dem Gericht oft gar nicht möglich, den Wert festzusetzen; zB kann das Gericht bei einem Rechtsanwalt, der gegenüber dem Gericht nicht aufgetreten ist (vgl. Rn. 2), aus den Akten nicht ersehen, für welchen Gegenstand der Rechtsanwalt tätig geworden ist.

9   Ein ziffernmäßig bestimmter Antrag ist regelmäßig nicht zu fordern. Soweit die Höhe des Gegenstandswerts nicht von vornherein feststeht, sondern durch eine Schätzung oder durch richterliches Ermessen bestimmt werden muss, genügt es, dass dem Gericht die Unterlagen unterbreitet werden, die es in den Stand setzen, eine Schätzung zu veranlassen oder sein Ermessen walten zu lassen.

10 **b) Antragsberechtigung (Abs. 2 S. 2).** Antragsberechtigt sind:
– der Rechtsanwalt, für dessen Gebühren der Wert festgesetzt werden soll. Ist ein Verfahren nach § 33 für mehrere Rechtsanwälte eröffnet, zB für den Prozessbevollmächtigten und den Verkehrsanwalt (vgl. Rn. 2; § 32 Rn. 12), so kann jeder Rechtsanwalt ein Verfahren wegen seiner Gebühren beantragen (Rn. 16);

11 – der Auftraggeber des Rechtsanwalts, für dessen Gebühren der Wert festgesetzt werden soll. Auftraggeber kann auch ein Rechtsanwalt sein, zB der Prozessbevollmächtigte, der in eigenem Namen mit dem Unterbevollmächtigten den anwaltlichen Geschäftsbesorgungsvertrag geschlossen hat (vgl. § 1 Rn. 16);

12 – ein erstattungspflichtiger Gegner. Dies ist ein Gegner, gegen den der Auftraggeber einen Anspruch auf Erstattung der Rechtsanwaltsgebühren, für die der Wert festgesetzt werden soll, aufgrund eines zur Zwangsvollstreckung geeigneten Titels geltend machen kann (vgl. § 103 Abs. 1 ZPO);

13 – die Bundes- oder Landeskasse, die bei Prozesskostenhilfe die Rechtsanwaltsgebühren, für die der Wert festgesetzt werden soll, zu zahlen hat.

14 **c) Zulässigkeit.** Der Antrag ist erst zulässig, wenn die Vergütung fällig ist (Abs. 2 S. 1). Dabei ist auf die Fälligkeit der in der Vergütung enthaltenen Gebühren abzustellen, für die der Wert festgesetzt werden soll. Es genügt nicht, dass diese Gebühren entstanden sind, sie müssen fällig sein. Über die Fälligkeit vgl. § 8. Das Verfahren ist nicht zulässig, um eine Berechnungsgrundlage nur für den Vorschuss (§ 9) zu erlangen.[9]

---

[9] *Hartmann* § 10 BRAGO Rn. 13.

Wertfestsetzung für die Rechtsanwaltsgebühren § 33

Nachdem die Vergütung fällig geworden ist, kann der Antrag so lange gestellt werden, als ein Rechtsschutzbedürfnis für die Wertfestsetzung besteht. Dies kann auch noch nach der Bezahlung oder Erstattung der Gebühren der Fall sein,[10] zB wenn der Auftraggeber oder die Staatskasse nachträglich die Höhe der bereits bezahlten Gebühren wegen fehlerhafter Annahme des Wertes bestreiten und die vermeintlich zu viel gezahlten Gebühren zurückfordern wollen, oder wenn der Gegner die gerichtliche Wertfestsetzung einem Antrag auf Änderung des Kostenfestsetzungsbeschlusses (§ 107 ZPO) zugrunde legen will. 15

3. Beteiligte. An dem Verfahren sind außer dem Antragsteller auch alle anderen Antragsberechtigten formell und materiell beteiligt. Sie sind zu hören (Abs. 2 S. 3). Die ergehende Entscheidung ist ihnen bekannt zu machen. Sie erwächst ihnen gegenüber in Rechtskraft (Rn. 37). Dies alles gilt jedoch nur für die Antragsberechtigten des konkreten Verfahrens. Dieses ist gegenüber anderen Verfahren durch seinen Gegenstand abzugrenzen. Zu entscheiden ist über den Gegenstandswert für die Gebühren desjenigen Rechtsanwalts, der das Verfahren beantragt hat, oder wegen dessen Gebühren das Verfahren von seinem Auftraggeber, dem erstattungspflichtigen Gegner oder der Bundes- oder Landeskasse beantragt worden ist. Im Gegensatz zu § 32 (vgl. Rn. 17) ist im § 33 nicht bestimmt, dass die Wertfestsetzung auch für andere Rechtsanwälte maßgebend ist. Dies würde zu Schwierigkeiten führen, weil das Gericht aus den Akten nicht ersehen könnte, welche Rechtsanwälte als von einer solchen Festsetzung betroffen Beteiligte wären, also nicht nur das Recht hätten, sich zu beteiligen. Daher ist der Rechtsanwalt des erstattungspflichtigen Gegners an dem Verfahren nicht beteiligt; ebenso wenig der Verkehrsanwalt, wenn der Prozessbevollmächtigte den Antrag gestellt hat. Es steht natürlich nichts entgegen und empfiehlt sich auch, mehrere zusammenhängende Verfahren gemeinsam zu behandeln, zB die auf Antrag der beiden gegnerischen Rechtsanwälte eingeleiteten Verfahren. Aber für die Fragen der Beteiligung, Beschwerdeberechtigung, Rechtskraftwirkung usw. müssen die verschiedenen Verfahren auseinander gehalten werden. 16

4. Kein Anwaltszwang. Es besteht kein Anwaltszwang (Abs. 7), und zwar auch nicht in der Beschwerdeinstanz. 17

5. Form der Entscheidung. Die Entscheidung ergeht durch Beschluss, für den eine mündliche Verhandlung nicht vorgesehen ist. Es entscheidet das Gericht des Rechtszugs, in dem die Gebühren entstanden sind. Im Regelfall durch den Einzelrichter, der jedoch bei besonderer Bedeutung oder Schwierigkeit an den Spruchkörper abgeben kann, die erfolgte oder unterlassene Abgabe ist nicht anfechtbar. Ehrenamtliche Richter wirken in keinem Falle mit. 18

6. Bekanntmachung der Entscheidung. Der Beschluss ist zuzustellen, weil er eine Rechtsmittelfrist in Lauf setzt. 19

7. Rechtsmittel. a) Beschwerdefrist. Gegen die Entscheidung ist die befristete Beschwerde zulässig, wenn der Beschwerdewert 200 Euro übersteigt oder das Gericht die Beschwerde zugelassen hat. 20

Die Rechtsmittelfrist beträgt zwei Wochen. 21

b) Wert des Beschwerdegegenstandes. Der Wert des Beschwerdegegenstandes muss 200 Euro übersteigen. Dabei ist auf die Gebühren des Rechtsanwalts abzustel- 22

---

[10] *Gerold/Schmidt/Madert* Rn. 26.

§ 33

len, die sich durch die mit der Beschwerde begehrte Änderung des Wertes erhöhen oder ermäßigen würden. Der Rechtsanwalt ist nur beschwert, wenn er eine Heraufsetzung des Wertes fordert, der Auftraggeber, der erstattungspflichtige Gegner und die Bundes- oder Landeskasse sind nur beschwert, wenn sie eine Herabsetzung des Wertes begehren. Über die Berechnung des Beschwerdegegenstandes vgl. im Übrigen § 32 Rn. 28. Maßgebend ist der Wert zum Zeitpunkt der Einlegung der Beschwerde. Eine Beschwerdesumme ist nicht einzuhalten, wenn die Wertfestsetzung aus verfahrensrechtlichen Gründen abgelehnt worden ist (KG NJW 1966, 1369), oder wenn das Gericht die Beschwerde wegen grundsätzlicher Bedeutung im Beschluss zugelassen hat.

23 **c) Einlegung der Beschwerde.** Einzulegen ist die Beschwerde bei dem Gericht, dessen Entscheidung mit der Beschwerde angegriffen wird, sie kann in Zivilsachen auch bei dem Beschwerdegericht eingelegt werden.

24 **d) Beschwerdegericht.** Beschwerdegericht ist das im Instanzenzug zunächst höhere Gericht, das ergibt sich aus der Anwendung der jeweiligen Verfahrensvorschriften. Beim Amtsgericht, das als Familiengericht oder als Landwirtschaftsgericht tätig wird, demnach nicht das Landgericht, sondern das Oberlandesgericht. Wäre das übergeordnete Gericht jedoch ein oberster Gerichtshof des Bundes, wie zB stets im Finanzgerichtsverfahren, so ist die Beschwerde nicht gegeben (Abs. 4 Satz 3). Es entscheidet der Einzelrichter, der aber unter bestimmten Bedingungen an die Kammer bzw. Senat abgeben kann.

25 **e) Sachbeschwerde.** Die Beschwerde ist eine Sachbeschwerde. Es können neue Tatsachen und Beweise vorgebracht werden (§ 571 Abs. 2 ZPO).

26 **f) Kein Anwaltszwang.** Anwaltszwang besteht nicht (Abs. 7).

27 **g) Freigestellte mündliche Verhandlung.** Mündliche Verhandlung über die Beschwerde ist nicht erforderlich, aber nach dem Ermessen des Gerichts freigestellt.

28 **k) Weitere Beschwerde.** Gegen die Entscheidung des Beschwerdegerichts ist die weitere Beschwerde zulässig, wenn sie das Beschwerdegericht wegen der grundsätzlichen Bedeutung der zur Entscheidung stehenden Frage zugelassen hat. Auch hier kommt jedoch eine weitere Beschwerde zu einem obersten Gerichtshof des Bundes nicht in Betracht.

29 Die Zulassung der weiteren Beschwerde erfolgt in der Entscheidung über die Beschwerde. Sie kann, abgesehen von dem Fall des § 319 ZPO (Berichtigung), nicht nachgeholt werden (so die ständige Rechtsprechung zu § 14 KostO; vgl. die Nachweise bei *Korintenberg/Lappe* § 14 Rn. 170). Die Nichtzulassung ist unanfechtbar. Das Gericht der weiteren Beschwerde ist an die Zulassung gebunden. Es ist jedoch in seiner Nachprüfung nicht auf die Fragen beschränkt, die das Beschwerdegericht als im öffentlichen Interesse der Klärung bedürftig bezeichnet hat.

30 Eine Beschwerdesumme braucht für die weitere Beschwerde nicht erreicht zu sein.

31 Die weitere Beschwerde ist ebenso wie die erste Beschwerde befristet.

32 Sie ist eine **Rechtsbeschwerde**. Sie kann nur darauf gestützt werden, dass das Beschwerdegericht eine Rechtsnorm nicht oder nicht richtig angewendet hat (§ 546 ZPO) und dass der Beschluss auf dieser unrichtigen Anwendung beruht. An die tatsächliche Würdigung des Beschwerdegerichts ist das Oberlandesgericht gebunden. Neue Tatsachen können nicht vorgebracht werden. Ist die rechtliche Begründung fehlerhaft, erweist sich der Beschluss aber aus anderen Gründen im Ergebnis als zutref-

fend, so ist die weitere Beschwerde unbegründet. Doch ist der Beschluss stets als auf einer Verletzung des Gesetzes beruhend anzusehen, wenn ein Verstoß der im § 547 ZPO bezeichneten Art festgestellt wird. Ein Zwang zur Begründung der weiteren Beschwerde besteht nicht; der Beschwerdeführer kann allgemein um Nachprüfung der angefochtenen Entscheidung bitten.[11]

Über die **weitere Beschwerde** entscheidet das Oberlandesgericht. Rechtsbeschwerdegericht ist das Oberlandesgericht jedoch nur, wenn es mit der weiteren Beschwerde angegangen wird, was nur in Betracht kommen kann, wenn in erster Instanz das Amtsgericht entschieden hat. Hat in erster Instanz das Landgericht entschieden, so wird das Oberlandesgericht mit der ersten Beschwerde angegangen; es ist dann auch zur tatsächlichen Würdigung berufen. Die Länder können die Entscheidung über die **weitere Beschwerde** – nicht auch die Entscheidung über die erste Beschwerde – einem von mehreren Oberlandesgerichten oder anstelle des Oberlandesgerichts einem Obersten Landesgericht übertragen. Zum Bundesgerichtshof ist weder die Beschwerde noch die weitere Beschwerde gegeben. Eine Vorlage an den Bundesgerichtshof (wegen Abweichung von der Entscheidung eines anderen Oberlandesgerichts) ist auch dann nicht zulässig, wenn es sich um die Festsetzung des Wertes für eine Angelegenheit der freiwilligen Gerichtsbarkeit handelt.[12] Außerhalb der ordentlichen Gerichtsbarkeit kommt die weitere Beschwerde nicht in Betracht, weil ein oberster Gerichtshof des Bundes mit der weiteren Beschwerde nicht angegangen werden kann und in den Ländern nur die ordentliche Gerichtsbarkeit über mehr als zwei Rechtszüge verfügt. 33

8. Rechtskraft. Aus der Zulässigkeit einer befristeten Beschwerde und aus dem Zweck des Verfahrens, eine beständige Grundlage für die Berechnung der Rechtsanwaltsgebühren zu schaffen, ergibt sich, dass die nicht mehr anfechtbare Wertfestsetzung materiell rechtskräftig ist. Daher kann die Entscheidung nicht auf Gegenvorstellungen geändert werden. Die Rechtskraft wirkt für und gegen die Beteiligten (Rn. 16). Die rechtskräftige Wertfestsetzung ist im Vergütungsfestsetzungsverfahren (§ 11), bei der Festsetzung der Vergütung des beigeordneten Anwalts (§ 55) und im Kostenfestsetzungsverfahren (arg. § 107 ZPO) zugrunde zu legen; wegen der beiden letztgenannten Verfahren ist die Beteiligung der Bundes- oder Landeskasse und des erstattungspflichtigen Gegners an dem Verfahren nach § 33 vorgeschrieben. Auch im ordentlichen Rechtsstreit ist die rechtskräftige Vorabentscheidung über die Höhe des Gegenstandswertes für das Prozessgericht bindend. Für die Aussetzung dieser Verfahren bis zur Wertfeststellung nach § 33 gilt das zu § 32 Rn. 19 Gesagte. 34

9. Ergänzende Verfahrensvorschriften. Die im § 33 gegebenen Verfahrensvorschriften sind nicht vollständig. Sie bedürfen der Ergänzung durch andere Vorschriften. § 33 verweist insoweit auf die in der Hauptsache für das Verfahren geltenden Vorschriften. Diese gelten, soweit sich nicht aus dem Wesen des Wertfestsetzungsverfahrens etwas anderes ergibt. Letzteres trifft zB für den Beibringungsgrundsatz (Rn. 8, 9) zu, der auch gelten muss, wenn das Verfahren in der Hauptsache von dem Grundsatz der Amtsermittlung beherrscht ist. Unmittelbar anwendbar sind jedoch die für das Hauptsacheverfahren geltenden Vorschriften über die Prozessfähigkeit, die Richterablehnung, die Bekanntgabe von Entscheidungen, die Voraussetzungen für 35

---

[11] KG JVBl. 1937, 323.
[12] Vgl. BGHZ 7, 128.

§ 33

die Wiedereinsetzung in den vorigen Stand, die Zulässigkeit einer Anschlussbeschwerde[13] usw.

36 **10. Kosten des Verfahrens.** Gerichtsgebühren werden nicht erhoben. Die Vorschrift, dass der Rechtsanwalt in dem Verfahren keine Gebühren erhält, ist streng genommen überflüssig, weil sich der Auftrag des Rechtsanwalts nicht darauf erstreckt, ein Wertfestsetzungsverfahren gegen den Auftraggeber zu betreiben. Die Vorschrift bezieht sich im Übrigen nicht auf den Rechtsanwalt, der gerade für das Wertfestsetzungsverfahren beauftragt wird, zB um dem Rechtsanwalt, der das Verfahren beantragt hat, entgegenzutreten; für solche Fälle gelten die Kostenbestimmungen des Abschnitts des Vergütungsverzeichnisses, unter den die Hauptsache einzuordnen wäre.[14]

---

[13] Hier aA *Tschischgale* MDR 1958, 293.
[14] *Hartmann* § 10 BRAGO Rn. 19.

Abschnitt 5. Mediation und außergerichtliche Tätigkeit

Vorbemerkung

Abschnitt 5 enthält Regelungen über außergerichtliche Tätigkeiten des Rechtsanwalts: Die Vorschrift des § 34 betrifft die Tätigkeit des Rechtsanwalts als **Mediator**, die in der BRAGO nicht erwähnt ist. Neu ist auch die Regelung des § 35 über die Hilfeleistung in **Steuersachen**; durch die Verweisung auf die einschlägigen Vorschriften der Steuerberatergebührenverordnung wird für entsprechende Tätigkeiten des Rechtsanwalts eine klare Rechtsgrundlage geschaffen, die eine angemessene Vergütung ermöglicht. Die Vorschrift des § 36 über **schiedsrichterliche Verfahren** übernimmt im Wesentlichen die Regelung des § 67 BRAGO.

Die **Hervorhebung der Mediation** in der Überschrift des Abschnitts 5 ist aus systematischer Sicht nicht gerechtfertigt, da es sich bei der Mediation ebenso wie in den Fällen der §§ 35 und 36 um eine außergerichtliche Tätigkeit handelt. Folgerichtig erwähnt die amtliche Begründung zu der Überschrift des Abschnitts 5 neben der außergerichtlichen Tätigkeit auch nicht ausdrücklich die Mediation.[1]

Die Überschrift des Abschnitts 5 und die Begründung hierzu vermitteln darüber hinaus den Eindruck, Abschnitt 5 regele die außergerichtliche Tätigkeit des Rechtsanwalts abschließend.[2] Dass Abschnitt 5 sich indes nur auf einen Teil dieser Tätigkeit bezieht, erschließt sich erst aus Abs. 1 der Vorbem. 2, wonach die Vorschriften des Teils 2 über „Außergerichtliche Tätigkeiten einschließlich der Vertretung im Verwaltungsverfahren" nur anzuwenden sind, „soweit nicht die §§ 34 bis 36 RVG etwas anderes bestimmen". Die **gesamte außergerichtliche Tätigkeit** des Rechtsanwalts regelt das RVG somit in Abschnitt 5 und in Teil 2. Im Interesse einer Verbesserung der Übersichtlichkeit dieses Regelungsbereichs wäre indes einer Zusammenfassung aller außergerichtlichen Tätigkeiten im Vergütungsverzeichnis der Vorzug zu geben. Zwingende Gründe stehen dem nicht entgegen.

1

2

3

---

[1] BT-Drucks. 15/1971 S. 243.
[2] Vgl. BT-Drucks. 15/1971 S. 243: „In diesem Abschnitt sollen die Regelungen zusammengefasst werden, die ausschließlich für die außergerichtlichen Tätigkeiten des Rechtsanwalts gelten."

§ 34 Mediation

¹Für die Tätigkeit als Mediator soll der Rechtsanwalt auf eine Gebührenvereinbarung hinwirken. ²Wenn keine Vereinbarung getroffen worden ist, bestimmt sich die Gebühr nach den Vorschriften des bürgerlichen Rechts.

Übersicht

	Rn.		Rn.
I. Mediation	1–5	IV. Gebührenvereinbarung	16–24
1. Gegenstand	1–4	1. Zweck	16
2. Mediator	5	2. Voraussetzungen	17–21
II. Regelungszweck	6, 7	3. Inhalt	22–24
III. Anwendungsbereich	8–15	V. Keine Gebührenvereinbarung	25
1. Sachlich	8, 9	VI. Ab 1. Juli 2006 geltende Fassung des § 34	26–28
2. Persönlich	10–12		
3. Interessenwiderstreit	13–15		

I. Mediation

1 1. **Gegenstand.** Die Mediation ist eine **Methode zur Konfliktlösung** ohne Richterspruch. Sie beschreibt eine Tätigkeit.¹ Der Begriff stammt aus dem angloamerikanischen Rechtskreis und bedeutet „Vermittlung", „Schlichtung", „gütliche Einigung". In den USA hat die Mediation in den vergangenen etwa 25 Jahren große Bedeutung erlangt.

2 In Deutschland wird Mediation als alternatives Konfliktlösungsverfahren seit etwa 20 Jahren angewandt. Als besondere Form der außergerichtlichen Streitschlichtung setzt Mediation auf Gesprächs- und Verhandlungsbereitschaft. Sie zielt in erster Linie nicht auf die Klärung von Rechtsansprüchen; vielmehr sollen unter Beachtung der gegenseitigen Interessen der Parteien wechselseitige Rechte und Pflichten für die Zukunft neu begründet und neu formuliert werden. Mediation ist inzwischen in das Ausbildungsangebot von Hochschulen aufgenommen.² Seit 1. 7. 2003 ist die Mediation gemäß § 5a DRiG auch Ausbildungsinhalt des juristischen Studiums.

3 Typisch für die Mediation ist, dass die Parteien **freiwillig** unter der Leitung eines neutralen und allparteilichen Dritten – dem Mediator – Lösungen für einen Konflikt ausarbeiten. Dabei hat der Mediator die Verantwortung für den Ablauf der Verhandlungen; die Entscheidung über die Lösung oder Teillösung haben aber allein die Parteien **eigenverantwortlich** zu treffen. Ergebnis einer Mediation ist eine verbindliche Vereinbarung, mit der beide Seiten ihr Gesicht wahren, weil es keine Gewinner und **keine Verlierer** gibt.³ Solche interessengerechten Lösungen sind der Rechtsprechung nicht erlaubt, weil diese lediglich die Aufgabe hat, nach den Gesetzen zu prüfen, ob

---
1 BGH NJW 2002, 2948.
2 Vgl. *Huneke* FAZ vom 3. 1. 2004 S. 47.
3 § 1 Abs. 1 des am 1. 5. 2004 in Kraft getretenen österreichischen Zivilrechts-Mediationsgesetzes (Bundesgesetzblatt für die Republik Österreich vom 6. 6. 2003, Teil I, S. 123) definiert Mediation wie folgt: „Mediation ist eine auf Freiwilligkeit der Parteien beruhende Tätigkeit, bei der ein fachlich ausgebildeter, neutraler Vermittler (Mediator) mit anerkannten Methoden die Kommunikation zwischen den Parteien systematisch mit dem Ziel fördert, eine von den Parteien selbst verantwortete Lösung ihres Konfliktes zu ermöglichen."

Mediation § 34

der geltend gemachte Anspruch besteht oder nicht besteht. Mediation kann daher besser als eine gerichtliche Entscheidung dazu beitragen, dass die durch den Konflikt belasteten Beziehungen der Parteien nicht endgültig zerbrechen.[4]

Die Mediation ist insbesondere **geeignet**[5] für Lösungen bei Streitigkeiten aus den Bereichen des Familienrechts (Scheidung und Scheidungsfolgen),[6] des Erbrechts und des Strafrechts (Täter-Opfer-Ausgleich). An Bedeutung gewinnt sie aber auch auf dem Gebiet des Verwaltungshandelns. Die sehr komplexe Materie vieler Verwaltungsentscheidungen bietet ein sinnvolles Anwendungsfeld, da Mediation die Berücksichtigung vieler Einflussfaktoren und mehrdimensionaler Aspekte ermöglicht. Das gilt vor allem dort, wo kollektive Interessen berührt sind, wie zB im Umweltrecht und bei Raumordnungs-, Planfeststellungs- und Genehmigungsverfahren. Als weitere Anwendungsbereiche für Mediation kommen Arbeits-, Arzt/Patienten-, Nachbarschafts-, Miet-, Verbraucher- und Schulkonflikte in Betracht. 4

2. Mediator. Die Tätigkeit des Mediators ist berufsrechtlich **nicht geschützt**;[7] die Bezeichnung „Mediator" kann daher grundsätzlich anstandslos geführt werden.[8] Mehrere Institutionen und Verbände[9] haben sich aber die Qualitätssicherung und Strukturierung der Mediation zum Ziel gesetzt und entsprechende **Standards** aufgestellt. Der Erwerb der mediationsrelevanten Kenntnisse und Fähigkeiten wird durch eine interdisziplinäre Ausbildung sichergestellt. 5

---

4 Im Hinblick hierauf erproben einige Landesjustizverwaltungen Mediationsprojekte. *Niedersachsen* beabsichtigt, eine gerichtsnahe Mediation als Verfahrensangebot zu installieren. Mit dem auf drei Jahre angelegten Modellprojekt wird seit dem 1. 3. 2002 erkundet, ob und unter welchen Voraussetzungen es sinnvoll ist, die konsensuale und eigenverantwortliche Streitbeilegung durch Mediation als Alternative zum gerichtlichen Verfahren in das Angebot der Justiz aufzunehmen und wie eine solche Erweiterung des Angebots der Justiz effektiv organisiert werden kann. *Berlin* bietet seit dem 1. 10. 2003 im Rahmen eines Modellprojekts am dortigen Verwaltungsgericht ein gerichtliches Mediationsverfahren an (hierzu: *Schubert* NJW-Editorial 2004, Heft 12). In *Rheinland-Pfalz* hat im Frühjahr 2004 das Justizprojekt „Integrierte Mediation in Familiensachen" begonnen. Das bis zum Jahre 2006 laufende Projekt wird von Juristen und Psychologen wissenschaftlich begleitet. Neben den Fragen, welchen Nutzen die Integrierte Mediation den Parteien und den sonst am Verfahren Beteiligten bringt, und wie die Rahmenbedingungen für eine Implementierung der Mediation in das Gerichtsverfahren geschaffen werden können, soll vor allem geklärt werden, mit welchem Personal-, Zeit- und Kostenaufwand ein solches Verfahren im Vergleich zu einem nach den Prozessordnungen üblicherweise betriebenen Gerichtsverfahren beendet wird und ob Folgeprozesse vermieden werden können.
5 Kritisch zur Effizienz der Mediation: *Görk* NJW-Editorial 2003, Heft 40; zur Mediation als effizientes Konfliktlösungsinstrument in Deutschland vgl. *Neuenhahn* NJW 2004, 663.
6 Das Ministerkommitee des Europarats hat bereits im Jahre 1998 allen Mitgliedstaaten empfohlen, Familienmediation nach einheitlichen Grundsätzen einzuführen (Empfehlung Nr. R/98 vom 21. 1. 1998).
7 BGH NJW 2002, 2948.
8 Zur Führung der Bezeichnung durch einen Rechtsanwalt vgl. Rn. 10, 11.
9 ZB: Bundesverband Mediation e.V. (BM), Bundesarbeitsgemeinschaft für Familienmediation (BAFM), Bundesverband Mediation in Wirtschaft und Arbeitswelt (BMWA), Deutsche Gesellschaft für Mediation in der Wirtschaft e.V. (DGMW), Gesellschaft für Wirtschaftsmediation und Konfliktmanagement e.V. (gwmk), Integrierte Mediation e.V. In Österreich richtet sich die die Ausbildung zum eingetragenen Mediator nach der am 1. 5. 2004 in Kraft getretenen Zivilrechts-Mediations-Ausbildungsverordnung (Bundesgesetzblatt für die Republik Österreich vom 22. 1. 2004, Teil II).

II. Regelungszweck

6 Die Vorschrift des § 34 enthält kein Vorbild in der BRAGO. Die Vergütung für die Tätigkeit des Rechtsanwalts als Mediator wird **erstmals** im RVG ausdrücklich erwähnt. Damit wird zugleich klargestellt, dass eine solche außergerichtliche Tätigkeit[10] des Rechtsanwalts als **anwaltliche Berufstätigkeit** vom RVG erfasst wird[11] und nicht iS des § 1 Abs. 2 als „ähnliche Tätigkeit" vom Geltungsbereich ausgeschlossen ist.[12]

7 Die Schaffung des § 34 ist Teil der vom RVG im Interesse der Gerichtsentlastung unter anderem bezweckten weiteren Förderung der außergerichtlichen streitvermeidenden oder streitbeendenden Tätigkeit des Rechtsanwalts, die inzwischen den Schwerpunkt der anwaltlichen Arbeit bildet.[13]

III. Anwendungsbereich

8 **1. Sachlich.** Die Vorschrift des § 34 betrifft allein die mediative Tätigkeit des Rechtsanwalts nach § 18 BORA. Hierfür gelten ebenfalls die Pflicht zur Verschwiegenheit und das Verbot der Wahrnehmung widerstreitender Interessen nach § 43a Abs. 2 und 4 BRAO.[14]

9 Die anwaltliche mediative Tätigkeit ist **zu unterscheiden** von der – werbenden – Selbstbezeichnung des Rechtsanwalts als Mediator iS des § 7a BORA. Diese Bezeichnung ist nur zulässig, wenn der Rechtsanwalt die Beherrschung der Grundsätze des Mediationsverfahrens durch eine geeignete Ausbildung nachweisen kann. Die Inhalte einer solchen Ausbildung ergeben sich aus den „Empfehlungen der BRAK-Arbeitsgruppe Mediation";[15] danach umfasst die Ausbildung zum Mediator grundsätzlich 200 Seminarstunden.[16]

10 **2. Persönlich.** Die Vorschrift des § 34 setzt voraus, dass als Mediator ein Rechtsanwalt tätig wird. Demgemäß ist sie nicht anwendbar, wenn Angehörige anderer Berufsgruppen, zB Psychologen oder Therapeuten, entsprechende Tätigkeiten ausüben.

11 Die mediative Tätigkeit des Rechtsanwalts ist nicht an eine bestimmte **Qualifikation** geknüpft. Vielmehr kann nach § 18 BORA **jeder Rechtsanwalt** Mediator sein; denn Mediation gehört neben dem Schlichten und Vermitteln zum klassischen anwaltlichen Aufgabenbereich.[17] Nach den Empfehlungen des Ausschusses Mediation der Bundesrechtsanwaltskammer[18] sollte gleichwohl jeder Rechtsanwalt über

---

[10] Vgl. Vorbem. Abschnitt 5 Rn. 2.
[11] BGH NJW 2002, 2948 mwN.
[12] Zu der Frage der Anwendbarkeit der BRAGO bei anwaltlicher Mediation vgl. *Gerold/Schmid/von Eicken* § 23 BRAGO Rn. 2a.
[13] BT-Drucks. 15/1971 S. 166.
[14] *Feuerich/Weyland*, BRAO, 6. Aufl., § 18 BORA Rn. 3 und 4; zu Einzelfragen s. § 43a Abs. 4 BRAO Rn. 12.
[15] BRAK-Mitteilungen 1999, 25.
[16] *Feuerich/Weyland* § 7a BORA Rn. 4.
[17] BGH NJW 2002, 2948; *Feuerich/Weyland* § 7a BORA Rn. 3.
[18] BRAK-Mitteilungen 1999, 25.

Mediation § 34

Grundkenntnisse der Mediation verfügen, die sich auf folgende Bereiche beziehen:
- Möglichkeiten und Grenzen der Mediation, ihre prozedurale Kompetenz im Unterschied zu traditionellen Verfahrensformen;
- die Rollenklarheit als Mediator;
- Grundkenntnisse über die Mediation und ihre Ablaufstruktur;
- die Rolle des Rechts und die rechtlichen Rahmenbedingungen;
- die standesrechtlichen Pflichten und Rechte.

Entsprechende Kenntnisse empfiehlt die BRAK zu Recht, weil sich Streitparteien **12** für die Teilnahme an einem Mediationsverfahren nur dann freiwillig und eigenverantwortlich entscheiden können, wenn sie zuvor professionell darüber aufgeklärt worden sind, durch welche Vor- und Nachteile Mediation sich von anderen Verfahrensalternativen unterscheidet.

3. Interessenwiderstreit. Im Hinblick auf § 43 Abs. 4 BRAO, wonach der Rechtsan- **13** walt keine widerstreitenden Interessen vertreten darf, ist bei Mediation zu unterscheiden:

Die **ausschließliche** Tätigkeit des Rechtsanwalts als Mediator im Einverständnis **14** der Parteien mit dem Ziel der Vermittlung und Schlichtung ist **zulässig**; dies gilt auch bei divergierenden Interessen der Parteien.[19] § 43a Abs. 4 BRAO ist ebenfalls nicht tangiert, wenn die Parteien bereits gerichtlich streiten und nicht durch den Anwaltsmediator vertreten werden.

Ein **Verstoß** gegen § 43a Abs. 4 BRAO liegt hingegen vor, wenn zwischen den Par- **15** teien bereits ein gerichtliches Verfahren anhängig ist und der Anwaltsmediator dort eine der Parteien vertritt.[20] In diesem Fall ist der die Mediation betreffende Anwaltsvertrag gemäß § 134 BGB nichtig.[21] Auch nach Beendigung der Mediation ist jede Tätigkeit des Rechtsanwalts in der Rechtssache, die Gegenstand der Mediation war, gemäß § 43a Abs. 4 BRAO ausgeschlossen.[22]

IV. Gebührenvereinbarung

1. Zweck. Für die Tätigkeit als Mediator sieht das RVG – anders als für die mit **16** ihr vergleichbare Beratung nach den Gebühren Nr. 2100 ff.[23] – keine konkret bestimmten Gebühren vor. Stattdessen bestimmt § 34 S. 1, dass der Rechtsanwalt in diesen Fällen auf eine **Gebührenvereinbarung** hinwirken soll. Die Regelung ist ein **Appell** an den Rechtsanwalt, der dazu führen soll, dass Gebührenvereinbarungen in diesem Bereich zur Regel werden. Zugleich ist sie Ausdruck des gesetzgeberischen Willens, nicht mehr zu regulieren, als im Hinblick auf die Prozesskostenerstattung und zur Sicherstellung einer ordnungsgemäß funktionierenden Rechtspflege erforderlich ist. Darüber hinaus soll für den Auftraggeber **transparent** sein, welche Gebühr er dem Rechtsanwalt für dessen Tätigkeit schuldet. Die Vereinbarung der Gebühren ermöglicht schließlich eine auf den **Einzelfall** zugeschnittene Gestaltung der Gebüh-

---

[19] OLG Karlsruhe NJW 2001, 3197, 3198; *Feuerich/Weyland* § 43a BRAO Rn. 65; *Kleine-Cosack*, BRAO, 4. Aufl. 2003, § 43a Rn. 91.
[20] *Gerold/Schmid/von Eicken* § 23 BRAGO Rn. 2a.
[21] OLG Karlsruhe NJW 2001, 3197, 3199.
[22] OLG Karlsruhe NJW 2001, 3197, 3198; *Kleine-Cosack* § 43a BRAO Rn. 91.
[23] Zur Rechtslage ab 1.7.2006 s. Rn. 25 bis 27.

ren und wirkt **gerichtsentlastend**, weil sie dazu geeignet ist, späteren Streit über die Gebührenhöhe zu vermeiden.[24]

17   **2. Voraussetzungen.** Die Gebührenvereinbarung setzt nach § 34 **keine** bestimmte **Form** voraus. § 4 Abs. 2 S. 1, 4 ist nicht einschlägig, da es bei der Vereinbarung einer Gebühr für die Mediation zwar auch um eine außergerichtliche Angelegenheit, nicht aber – wie in Satz 1 vorausgesetzt – um die Frage einer niedrigeren als der gesetzlichen Gebühr geht. Denn deren Höhe ist, da nach § 34 eine Gebührenvereinbarung oder die „übliche" Vergütung (Rn. 25) maßgeblich ist, nicht zuverlässig zu bestimmen. Gleichwohl **empfiehlt es sich**, die Gebührenvereinbarung im Hinblick auf etwaige spätere Auseinandersetzungen in schriftlicher Form abzuschließen.

18   Schließt der Rechtsanwalt die Gebührenvereinbarung mit mehreren Parteien ab, haften ihm diese als **Gesamtschuldner** gemäß § 421 BGB in Höhe des Betrages, den der Rechtsanwalt gleichmäßig von jedem einzelnen Auftraggeber fordern kann. Hat der Rechtsanwalt mit den Auftraggebern im Hinblick auf deren wirtschaftlichen Verhältnisse unterschiedlich hohe Vergütungen vereinbart, haftet für den überschießenden Betrag allein der Auftraggeber, der die entsprechende Verpflichtung eingegangen ist.[25] Im Fall unterschiedlich hoher Gebührenvereinbarungen mit den Parteien ein und derselben Mediationsangelegenheit stellt sich allerdings die Frage, ob der Mediator aus der Sicht der Partei, die aufgrund ihrer wirtschaftlichen Verhältnisse weniger leistungsfähig ist als die andere Partei, noch über die gebotene Neutralität verfügen kann.

19   Die Höhe der vereinbarten **Gebühr** muss im Hinblick auf die angestrebte Transparenz (Rn. 16) bestimmt, **zumindest** aber **bestimmbar** sein. Nicht wirksam ist daher insbesondere eine Vereinbarung, wonach eine „angemessene" Vergütung oder eine Vergütung aus einem „angemessenen" Streitwert geschuldet wird. Ansonsten findet die Vereinbarung ihre Begrenzung in dem für alle Verträge zu beachtenden Geltungsbereich des **§ 138 Abs. 1 BGB**. Die Nichtigkeit einer Gebührenvereinbarung ist danach anzunehmen, wenn zwischen der Leistung des Rechtsanwalts und der Vergütung ein auffälliges Missverhältnis besteht und der Rechtsanwalt die Unterlegenheit der Parteien bewusst zu seinem Vorteil ausgenutzt hat.[26]

20   Auf die Wirksamkeit der Gebührenvereinbarung hat es keinen Einfluss, wenn der Rechtsanwalt über **Kenntnisse der Mediation** nicht oder nicht in ausreichendem Maß verfügt. § 34 S. 1 stellt allein auf die Tätigkeit und damit die Funktion des Rechtsanwalts als Mediator ab. Eine entsprechende Qualifikation wird von Gesetzes wegen nicht vorausgesetzt. Der diesbezüglichen Empfehlung der BRAK (vgl. Rn. 11) kann aber indizielle Bedeutung zukommen, wenn wegen einer mit Mängeln behafteten Leistung des Rechtsanwalts Schadensersatzansprüche des Auftraggebers wegen positiver Vertragsverletzung in Betracht kommen.[27]

21   Die Gebührenvereinbarung ist auch dann wirksam, wenn sich der Rechtsanwalt unter **Verstoß gegen § 7 a BORA** (Rn. 9) die Bezeichnung Mediator zugelegt hat. Die BORA ist kein Verbotsgesetz iS des § 134 BGB;[28] der Verstoß gegen die berufsrechtliche Vorschrift des § 7 a BORA kann aber im Blick auf § 1 UWG relevant sein.[29]

---

[24] BT-Drucks. 15/1971 S. 171.
[25] Vgl. § 7 Rn. 49.
[26] *Feuerich/Weyland* § 49 b BRAO Rn. 27 mwN.
[27] *Gerold/Schmid/Madert* § 1 Rn. 284.
[28] *Kleine-Cosack* § 59 b BRAO Rn. 31.
[29] *Feuerich/Weyland* § 1 BORA Rn. 6.

Mediation § 34

3. Inhalt. Die Vergütung kann als **Pauschalvergütung** vereinbart werden. Zulässig 22
ist auch die Vereinbarung einer **Zeitvergütung**; insoweit wird insbesondere ein Stundenhonorar in Betracht kommen. **Kriterien** für die Höhe dieser Vergütungen sind in Anlehnung an § 14 insbesondere die Bedeutung der Sache für den Auftraggeber sowie dessen Vermögens- und Einkommensverhältnisse. Bei der Pauschalvergütung sind außerdem Umfang und Schwierigkeit der anwaltlichen Tätigkeit – diese Umstände werden von der Zeitvergütung zwangsläufig erfasst – zu berücksichtigen.

Die Gebührenvereinbarung sollte wegen möglicher späterer Auseinandersetzungen 23
die Gegenstände der einzelnen Stufen des Mediationsverfahrens[30] beschreiben und auch Regelungen über die Erstattung von **Auslagen** und **Umsatzsteuer** enthalten. Darüber hinaus sollte klargestellt werden, ob die vereinbarte Vergütung im Falle des Erfolges der Mediation die **Einigungsgebühr** nach Nr. 1000 VV – sofern deren Voraussetzungen vorliegen – umfasst oder ob die Einigungsgebühr zusätzlich anfallen soll.[31]

Eine Übernahme der Vergütung des Rechtsanwalts durch die **Landeskasse** bei Per- 24
sonen, die aus finanziellen Gründen Mediation bei einem Rechtsanwalt nicht in Anspruch nehmen können,[32] ist gesetzlich nicht vorgesehen. Dieser Personenkreis muss sogleich gerichtliche Hilfe in Anspruch nehmen, weil dort Prozesskostenhilfe gewährt werden kann. Ob der Staat Mediation künftig finanziell unterstützen kann, wird insbesondere davon abhängen, ob über Mediationsverfahren Prozesse in nennenswerter Zahl tatsächlich vermieden und Gerichte entsprechend entlastet werden.

V. Keine Gebührenvereinbarung

Für den Fall, dass eine Gebührenvereinbarung nicht oder nicht wirksam getroffen 25
worden ist, stellt § 34 S. 2 klar, dass sich die Gebühr für die Mediation nach den Vorschriften des bürgerlichen Rechts bestimmt. Insoweit ist § 612 Abs. 2 BGB anwendbar, so dass die „übliche" Vergütung als vereinbart anzusehen ist. Eine Vergütung ist „üblich", wenn sie für gleiche oder ähnliche Dienstleistungen an dem betreffenden Ort mit Rücksicht auf die persönlichen Verhältnisse gewöhnlich gewährt wird.[33]

VI. Ab 1. Juli 2006 geltende Fassung des § 34

Am 1. Juli 2006 tritt § 34 in folgender Fassung in Kraft:[34] 26

§ 34 Beratung, Gutachten und Mediation
(1) Für einen mündlichen oder schriftlichen Rat oder eine Auskunft (Beratung), die nicht mit einer anderen gebührenpflichtigen Tätigkeit zusammenhängen, für die Ausarbeitung eines schriftlichen Gutachtens und für die Tätigkeit als Mediator soll der Rechtsanwalt auf eine Ge-

---

30 Mediation verläuft in der Regel in folgenden Schritten: 1. Vorgespräch (kurze Erläuterung des Konflikts; Prüfung der Zweckmäßigkeit einer Mediation; Skizzierung der Vorgehensweise), 2. Vereinbarung über Vorgehensweise und Kosten, 3. Erörterung der Konfliktlage, 4. Suchen nach möglichen Konfliktregelungen, Überprüfung der tatsächlichen Möglichkeit der Umsetzung, 5. Einigung auf ein Ergebnis, 6. Rechtliche Gestaltung der gefundenen Konfliktregelung.
31 *Gerold/Schmid/von Eicken* § 23 BRAGO Rn. 2 a.
32 Stichwort: Mediationskostenhilfe.
33 *Palandt/Putzo*, BGB, 62. Aufl., § 612 Rn. 8.
34 Vgl. Art. 5 Nr. 3 i.V.m. Art. 8 S. 2 KostRMoG.

§ 35 *Abschnitt 5. Mediation und außergerichtliche Tätigkeit*

bührenvereinbarung hinwirken, soweit in Teil 2 Abschnitt 1 des Vergütungsverzeichnisses keine Gebühren bestimmt sind. Wenn keine Vereinbarung getroffen worden ist, erhält der Rechtsanwalt Gebühren nach den Vorschriften des bürgerlichen Rechts. Wenn der Auftraggeber Verbraucher ist, beträgt die Gebühr für die Beratung oder für die Ausarbeitung eines schriftlichen Gutachtens jedoch jeweils höchstens 250 Euro, § 14 Abs. 1 gilt entsprechend; für ein erstes Beratungsgespräch beträgt die Gebühr jedoch höchstens 190 Euro.

(2) Wenn nichts anderes vereinbart ist, ist die Gebühr für die Beratung auf eine Gebühr für eine sonstige Tätigkeit, die mit der Beratung zusammenhängt, anzurechnen.

27 Die **Neufassung** regelt neben der Mediation **auch** die **Beratung** und die **Erstattung von Rechtsgutachten**. Für diese Tätigkeiten ist dann nicht mehr eine konkret bestimmte Gebühr[35] maßgebend. Der Rechtsanwalt soll vielmehr auch in diesen Fällen – ebenso wie bisher schon bei der Mediation – auf eine **Gebührenvereinbarung** (vgl. Rn. 16 ff.) hinwirken. Wenn keine Gebührenvereinbarung getroffen worden ist, richtet sich die Gebühr nach den Vorschriften des bürgerlichen Rechts (vgl. Rn. 25). Die **Erstberatungsgebühr** für Verbraucher wird beibehalten.[36] Im Übrigen ist für die Beratungstätigkeit oder für die Erstattung von Rechtsgutachten jeweils eine **Höchstgebühr** von 250 Euro vorgesehen, wenn der Auftraggeber Verbraucher ist. Die Anrechnungsregelung in Abs. 2 entspricht Abs. 2 der Anm. zu Nr. 2100 VV in der bis zum 30. Juni 2006 geltenden Fassung.

28 Die Regelung über das Inkrafttreten soll den Rechtsanwälten und den Rechtsschutzversicherern ausreichend Zeit gewähren, sich auf die Änderungen – auch organisatorisch – einzustellen.

§ 35 Hilfeleistung in Steuersachen

Für die Hilfeleistung bei der Erfüllung allgemeiner Steuerpflichten und bei der Erfüllung steuerlicher Buchführungs- und Aufzeichnungspflichten gelten die §§ 23 bis 39 der Steuerberatergebührenverordnung in Verbindung mit den §§ 10 und 13 der Steuerberatergebührenverordnung entsprechend.

Übersicht

	Rn.		Rn.
I. Regelungszweck	1, 2	4. Ermittlung des Gewinns aus Land- und Forstwirtschaft nach Durchschnittssätzen (§ 26 StBGebV)	30–32
II. Anwendungsbereich	3–7		
1. Sachlich	3, 4	5. Ermittlung des Überschusses der Einnahmen über die Werbungskosten (§ 27 StBGebV)	33–35
2. Persönlich	5–7		
III. Gebührenarten	8–19		
1. Wertgebühren (§ 10 StBGebV)	8–13	6. Prüfung von Steuerbescheiden (§ 28 StBGebV)	36, 37
2. Zeitgebühr (§ 13 StBGebV)	14–16		
3. Bestimmung des Rahmenwertes	17, 18	7. Teilnahme an Prüfungen (§ 29 StBGebV)	38–40
4. Gebührenvereinbarung	19		
IV. Die Einzelfälle der StBGebV	20–62	8. Selbstanzeige (§ 30 StBGebV)	41–43
1. Sonstige Einzeltätigkeiten (§ 23 StBGebV)	20–22	9. Besprechungen (§ 31 StBGebV)	44, 45
		10. Einrichtung einer Buchführung (§ 32 StBGebV)	46, 47
2. Steuererklärungen (§ 24 StBGebV)	23–25	11. Buchführung (§ 33 StBGebV)	48, 49
3. Ermittlung des Überschusses der Betriebseinnahmen über die Betriebsausgaben (§ 25 StBGebV)	26–29	12. Lohnbuchführung (§ 34 StBGebV)	50, 51
		13. Abschlussarbeiten (§ 35 StBGebV)	52, 53

---

[35] Gebühren Nr. 2100 ff. in der bis zum 30. 6. 2006 geltenden Fassung.
[36] Vgl. Gebühr Nr. 2102 in der bis zum 30. 6. 2006 geltenden Fassung.

Hilfeleistung in Steuersachen **§ 35**

	Rn.		Rn.
14. Steuerliches Revisionswesen (§ 36 StBGebV)	54–56	**V. Anhang zu § 35**	63–68
		Tabelle A	63
15. Vermögensstatus, Finanzstatus für steuerliche Zwecke (§ 37 StBGebV)	57, 58	Tabelle B	64
		Tabelle C	65
16. Erteilung von Bescheinigungen (§ 38 StBGebV)	59, 60	Tabelle D – Teil a	66
		Tabelle D – Teil b	67
17. Buchführungs- und Abschlussarbeiten für land- und forstwirtschaftliche Betriebe (§ 39 StBGebV)	61, 62	Tabelle E	68

I. Regelungszweck

Gemäß § 3 Nr. 1 des Steuerberatungsgesetzes (StBerG) sind auch die Rechtsanwälte **1** zur unbeschränkten geschäftsmäßigen **Hilfeleistung in Steuersachen** befugt. Viele Rechtsanwälte – nicht nur die Fachanwälte für Steuerrecht – sind daher steuerberatend tätig. Bislang **war** aber die anwaltliche außergerichtliche Hilfeleistung in Steuersachen **gebührenrechtlich nicht ausdrücklich geregelt**. Anzuwenden war insoweit die BRAGO als für den Rechtsanwalt allein maßgebende Gebührengrundlage; eine unmittelbare oder auch nur entsprechende Anwendung der den Gesamtbereich der Steuerberatung abdeckenden „maßgeschneiderten" Steuerberatergebührenverordnung (StBGebV)[1] kam nicht in Betracht, weil diese nach ihrem § 1 Abs. 1 nur für Steuerberater gilt.[2]

Der für die nichtstreitige Steuerberatung einschlägige **§ 118 BRAGO passte** indes **2** für die anwaltliche außergerichtliche Hilfeleistung in Steuersachen **nur selten**.[3] Die Schwierigkeiten ergaben sich insbesondere daraus, dass sich zB für die Erstellung von Steuererklärungen oder für die Hilfeleistung bei der Erfüllung steuerlicher Buchführungs- und Aufzeichnungspflichten ein jeweils angemessener Gegenstandswert nicht hinreichend zuverlässig bestimmen ließ.[4] Häufig wurde deshalb in Gebührenvereinbarungen nach § 3 BRAGO der Ausweg gesucht. Mit dem auf die entsprechenden Vorschriften der StBGebV verweisenden § 35 hat der Gesetzgeber **nunmehr** – unter Übernahme eines von *Schall*[5] bereits im Jahre 1988 unterbreiteten Vorschlags – eine Rechtsgrundlage geschaffen, die eine **angemessene Vergütung** der Rechtsanwälte auch bei Hilfeleistungen in Steuersachen ermöglicht.

II. Anwendungsbereich

1. Sachlich. Die Vorschrift des § 35 betrifft die Hilfeleistung bei der Erfüllung all- **3** gemeiner Steuerpflichten und die Hilfeleistung bei der Erfüllung steuerlicher Buchführungs- und Aufzeichnungspflichten, also **außergerichtliche** Tätigkeiten des Rechtsanwalts.[6] Bei **gerichtlichen** Tätigkeiten richtet sich die Vergütung nach Teil 3 des Vergütungsverzeichnisses.

---

[1] Die auf § 64 Abs. 1 S. 3 des Steuerberatungsgesetzes (StBerG) als Ermächtigungsgrundlage beruhende StBGebV vom 17.12.1981 (BGBl. Abs. 1 S. 1442) ist am 1.4.1982 in Kraft getreten.
[2] Vgl. *Schall*, Die Gebühren der Rechtsanwälte in der nichtstreitigen Steuerberatung, BB 1988, 1363; *Gerold/Schmidt/Madert* § 1 BRAGO Rn. 4.
[3] *Schumann/Geißinger*, 2. Aufl., § 118 BRAGO Rn. 177.
[4] *Schall* BB 1988, 1363, 1368; *Schumann/Geißinger*, 2. Aufl., § 118 BRAGO Rn. 183.
[5] BB 1988, 1363 ff.
[6] Vgl. Vorbem. Abschnitt 5 Rn. 2.

§ 35

4 Für die Hilfeleistung bei der Erfüllung allgemeiner Steuerpflichten erklärt § 35 die Vorschriften der §§ 23 bis 31 StBGebV und für die Hilfeleistung bei der Erfüllung steuerlicher Buchführungs- und Aufzeichnungspflichten die §§ 32 bis 39 StBGebV für **entsprechend anwendbar**. Da nach diesen Vorschriften entweder Wertgebühren oder Zeitgebühren entstehen, verweist § 35 folgerichtig auch auf die für diese Gebührenarten maßgebenden Vorschriften der §§ 10 und 13 StBGebV. Die in § 35 getroffene Regelung stellt somit sicher, dass die dort erfasste nichtstreitige Steuerberatung – anders als nach bisherigem Recht – unabhängig davon, ob sie ein Steuerberater oder ein Rechtsanwalt erbringt, nach denselben Maßstäben und damit **einheitlich angemessen vergütet** wird (Rn. 1, 2).

5 **2. Persönlich.** Die Vorschrift des § 35 setzt eine steuerberatende Tätigkeit durch einen **Rechtsanwalt**[7] voraus. Verfügt ein Rechtsanwalt über eine **Mehrfachqualifikation** – ist er zB zugleich als Steuerberater, Wirtschaftsprüfer und/oder vereidigter Buchprüfer zur unbeschränkten Hilfeleistung in Steuersachen befugt –, ist § 35 nur einschlägig, wenn er den Auftrag als Rechtsanwalt angenommen und somit *anwaltliche* Hilfeleistung in Steuersachen erbracht hat. Ein Gebührenwahlrecht besteht mangels einer entsprechenden gesetzlichen Regelung nicht.[8] Klärt der Rechtsanwalt den Auftraggeber nicht darüber auf, dass er in verschiedenen beruflichen Eigenschaften tätig werden kann, verletzt er eine vorvertragliche Sorgfaltspflicht mit der Folge, dass er bei **konkurrierenden Gebührenordnungen** gegebenenfalls nur die geringere der nach diesen Gebührenordnungen in Betracht kommenden Vergütungen beanspruchen kann.[9]

6 Die Frage konkurrierender Gebührenordnungen stellt sich für den Rechtsanwalt, der **zugleich** Steuerberater ist, indes in der Regel nicht mehr, weil sich die Vergütung infolge der Verweisung in § 35 nunmehr nach ein und denselben – analog oder unmittelbar anzuwendenden – Vorschriften der StBGebV richtet. Zu einer Konkurrenz von Gebührenordnungen mit der Folge von im Einzelfall „völlig unterschiedlichen Honoraransprüchen" kann es daher bei einer solchen Doppelqualifikation in der Regel nicht mehr kommen.[10] Zu bedenken ist allerdings, dass eine **Einigungsgebühr** nach Nr. 1000 VV – mangels einer vergleichbaren Vorschrift in der StBGebV – nur bei *anwaltlicher* Hilfeleistung anfallen kann.

7 Ist bei der Auftragserteilung **keine Festlegung** erfolgt, ist die Frage, in welcher beruflichen Eigenschaft die Hilfe geleistet wurde, anhand der Umstände des jeweiligen Einzelfalles zu beantworten.[11]

---

[7] Zur Geltung für sonstige Personen vgl. § 1 Rn. 19.

[8] Vgl. *Dornbach*, Das Gebührenwahlrecht zwischen der BRAGO und der StBGebV, DB 1983, 418 ff.

[9] Vgl. hierzu *Gerold/Schmidt/Madert* § 1 Rn. 14; *Eckert/Winkler*, StBGebV, 4. Aufl., § 1 StBGebV Rn. 2 (2.2).

[10] *Dornbach*, Die Steuerberatergebührenverordnung und ihre Bedeutung für Berufsangehörige mit Doppel- bzw. Mehrfachqualifikation, BB 1982, 1313, 1318, 1319.

[11] *Dornbach*, Die Steuerberatergebührenverordnung und ihre Bedeutung für Berufsangehörige mit Doppel- bzw. Mehrfachqualifikation, BB 1982, 1313, 1315.

III. Gebührenarten

1. Wertgebühren (§ 10 StBGebV). Für den weitaus überwiegenden Teil der in 8
den §§ 23 bis 39 StBGebV erfassten beruflichen Tätigkeiten sind Wertgebühren iS des
§ 10 StBGebV zu erheben. Diese Vorschrift lautet:

§ 10 Wertgebühren
(1) Die Wertgebühren bestimmen sich nach den der Verordnung als Anlage beigefügten Tabellen A bis E. Sie werden nach dem Wert berechnet, den der Gegenstand der beruflichen Tätigkeit hat. Maßgebend ist, soweit diese Verordnung nichts anderes bestimmt, der Wert des Interesses.
(2) In derselben Angelegenheit werden die Werte mehrerer Gegenstände zusammengerechnet; dies gilt nicht für die in den §§ 24 bis 27, 30, 35 und 37 bezeichneten Tätigkeiten.

Die Wertgebühr wird unter Zugrundelegung eines Gegenstandswertes berechnet. 9
Gegenstandswert ist nach § 10 Abs. 1 S. 2 StBGebV der Wert des Gegenstandes der beruflichen Tätigkeit. Die Grundlage hierfür bildet nach § 10 Abs. 1 S. 3 StBGebV der Wert des Interesses. Dieser Wert ist zu schätzen, wenn entsprechende zuverlässige Anhaltspunkte fehlen.[12]

Für die Mehrzahl der von § 35 für entsprechend anwendbar erklärten Gebührentat- 10
bestände der §§ 23 bis 39 StBGebV bedarf es allerdings keiner aufwändigen Ermittlungen des Gegenstandswertes gemäß § 10 Abs. 1 S. 3 StBGebV, da diese Werte dort bereits hinreichend konkret bestimmt sind.[13]

Die **Höhe** der Wertgebühr ergibt sich aus den der StBGebV als Anlagen A bis E bei- 11
gefügten Tabellen, und zwar der Beratungstabelle A, der Abschlusstabelle B, der Buchführungstabelle C, der Tabelle für landwirtschaftliche Buchführung D und der Rechtsbehelfstabelle E.[14] Bei den den dortigen Gegenstandswerten zugeordneten Gebührenbeträgen handelt es sich jeweils um die sog. **volle Gebühr**, das heißt um eine $^{10}/_{10}$-Gebühr. Sieht der anzuwendende Gebührentatbestand als Honorar den **Bruchteil** eines Gebührensatzes vor, ist der entsprechende Betrag unter Zugrundelegung der einschlägigen vollen Gebühr zu errechnen. Bei **Gebührensatzrahmen** richtet sich der konkrete Gebührensatz nach den Umständen des Einzelfalls (Rn. 17).

Die Vorschrift des § 10 Abs. 2 Hs. 1 StBGebV legt fest, dass ein Rechtsanwalt, der 12
in derselben Angelegenheit hinsichtlich mehrerer Gegenstände tätig wird, als Gebühr nicht die Summe der aus den einzelnen Werten selbständig errechneten Gebühren erhält, sondern dass die **Summe der** Gegenstandswerte zu ermitteln und die sich hieraus ergebende Gebühr anzusetzen ist.

Die Verpflichtung, die Werte mehrerer Gegenstände zu summieren, gilt jedoch 13
gemäß § 10 Abs. 2 Hs. 2 StBGebV **nicht** für die Hilfeleistung bei der Abgabe von Steuererklärungen (§ 24 StBGebV), für die Anfertigung von Überschussrechnungen (§§ 25 bis 27 StBGebV), für die Hilfeleistung bei der Selbstanzeige (§ 30 StBGebV), für die Abschlussarbeiten (§ 35 StBGebV) und für die Aufstellung eines Vermögens- oder Finanzstatuts für steuerliche Zwecke (§ 37 StBGebV).[15]

---

[12] *Eckert/Crusen* § 10 StBGebV Rn. 3.
[13] Vgl. zB § 24 Abs. 1 Nr. 1, § 25 Abs. 1 S. 2, § 33 Abs. 6, § 35 Abs. 2, § 39 Abs. 5.
[14] Die Tabellen A bis E sind in Rn. 63 bis 68 abgedruckt.
[15] Zur Frage der praktischen Bedeutung des § 10 Abs. 2 StBGebV vgl. *Eckert/Crusen* § 10 StBGebV Rn. 3.

14 **2. Zeitgebühr (§ 13 StBGebV).** Für einige der in den §§ 23 bis 39 StBGebV erfassten beruflichen Tätigkeiten sind Zeitgebühren gemäß § 13 StBGebV zu berechnen. Diese Vorschrift lautet:

> § 13 Zeitgebühr
> Die Zeitgebühr ist zu berechnen
> 1. in den Fällen, in denen diese Verordnung dies vorsieht,
> 2. wenn keine genügenden Anhaltspunkte für eine Schätzung des Gegenstandswerts vorliegen; dies gilt nicht für Tätigkeiten nach § 23 sowie für die Vertretung im außergerichtlichen Rechtsbehelfsverfahren (§§ 40 bis 43), im Verwaltungsvollstreckungsverfahren (§ 44) und in gerichtlichen und anderen Verfahren (§§ 45, 46).
> Sie beträgt 19 bis 46 Euro je angefangene halbe Stunde.

Bei der Zeitgebühr bestimmt sich die Gebühr nach dem **Zeitaufwand**. Die Zeitgebühr darf **nur** in den Fällen angewendet werden, in denen die StBGebV dies ausdrücklich vorsieht (§ 13 S. 1 Nr. 1 StBGebV) oder wenn keine genügenden Anhaltspunkte für eine Schätzung des Gegenstandswerts vorliegen (§ 13 S. 1 Nr. 2 Hs. 1 StBGebV). Letzteres gilt jedoch nicht für Tätigkeiten nach § 23 StBGebV, für das außergerichtliche Rechtsbehelfsverfahren (§§ 40 bis 43 StBGebV), für das Verwaltungsvollstreckungsverfahren (§ 44 StBGebV) und für Verfahren, auf die nach §§ 45, 46 StBGebV das RVG anzuwenden ist.

15 Die **Anwendung** der Zeitgebühr iS des § 13 StBGebV ist auf eine vergleichsweise geringe Anzahl von Gebührentatbeständen beschränkt. Dabei handelt es sich um die Fälle, in denen im Allgemeinen ein Gegenstandswert entweder nicht bestimmt werden kann oder in denen der Zeitaufwand für die betreffende Tätigkeit so unterschiedlich ist, dass eine Gebührenberechnung unter Zugrundelegung des Gegenstandswertes selbst bei einem weit gespannten Gebührenrahmen in vielen Fällen nicht zu einem wirtschaftlich vernünftigen Ergebnis führen würde.[16] Soweit in den **§§ 23 bis 39 StBGebV** die Zeitgebühr Anwendung findet, betrifft dies **Tätigkeiten nach**
– § 24 Abs. 4 StBGebV (insbesondere Anfertigung einer Erklärung zur Hauptfeststellung, Fortschreibung oder Nachfeststellung der Einheitswerte für Grundbesitz, Arbeiten zur Feststellung des verrechenbaren Verlusts gemäß § 15 a EStG),
– § 25 Abs. 2 StBGebV (Vorarbeiten zur Ermittlung des Überschusses der Betriebseinnahmen über die Betriebsausgaben, die über das übliche Maß erheblich hinausgehen),
– § 28 StBGebV (Prüfung eines Steuerbescheids),
– § 29 Nr. 1 StBGebV (Teilnahme an einer Prüfung),
– § 32 StBGebV (Hilfeleistung bei der Einrichtung einer Buchführung),
– § 33 Abs. 7 StBGebV (Hilfeleistungen bei sonstigen Tätigkeiten im Zusammenhang mit der Buchführung),
– § 34 Abs. 5 StBGebV (Hilfeleistung bei sonstigen Tätigkeiten im Zusammenhang mit dem Lohnsteuerabzug und der Lohnbuchführung),
– § 35 Abs. 3 StBGebV (Anfertigung oder Berichtigung von Inventurunterlagen und sonstige Abschlussvorarbeiten bis zur abgestimmten Saldenbilanz),
– § 36 Abs. 1 und Abs. 2 Nr. 2 StBGebV (Prüfung einer Buchführung, einzelner Konten oder einer Überschussrechnung für steuerliche Zwecke und Berichterstattung hierüber sowie Berichterstattung über die Prüfung einer Bilanz, einer Gewinn- und

---

[16] *Dornbach*, Die Steuerberatergebührenverordnung und ihre Bedeutung für Berufsangehörige mit Doppel- bzw. Mehrfachqualifikation, BB 1982, 1313, 1314.

Hilfeleistung in Steuersachen **§ 35**

Verlustrechnung, eines Anhangs, eines Lageberichts oder einer sonstigen Vermögensrechnung für steuerliche Zwecke) sowie
- § 38 Abs. 2 StBGebV (Mitwirkung an der Erteilung von Steuerbescheinigungen).

Die Zeitgebühr beträgt gemäß § 13 S. 2 StBGebV **19 bis 46 Euro** je angefangene **16** halbe Stunde. Dies ist die maßgebende **Berechnungseinheit.** Demnach kommt eine Berechnung der Zeitgebühr zB nach angefangenen Viertelstunden oder – bei einer sehr kurzen Inanspruchnahme der Dienste des Rechtsanwalts – nach Minuten im Rahmen des § 13 StBGebV nicht in Betracht. Auch im letztgenannten Fall ist der Halbstunden-Zeitgebührenrahmen mit leistungsbezogener Wahl des Rahmenwertes und nicht etwa die Mindestrahmengebühr[17] maßgebend.

3. Bestimmung des Rahmenwertes. Fraglich ist, ob bei Wertgebühren mit ei- **17** nem Gebührensatzrahmen und bei Zeitgebühren der konkrete Rahmenwert nach den **Kriterien** des § 11 StBGebV[18] oder des § 14 zu bestimmen ist. Beide Vorschriften setzen nicht die gleichen Schwerpunkte, so dass deren Anwendung zu unterschiedlichen Ergebnissen führen kann. Einschlägig dürfte § 14 sein.

Für eine Anwendung des § 11 StBGebV spricht zwar das Bestreben des § 35, steuer- **18** beratende Tätigkeit möglichst gleich zu honorieren, und zwar unabhängig davon, ob die Leistung von einem Steuerberater oder von einem Rechtsanwalt erbracht wird (Rn. 2, 4). Auch kann angeführt werden, dass eine Vollziehung der §§ 10 und 13 S. 2 StBGebV der Regelung des § 11 StBGebV bedarf, so dass dessen ausdrückliche Nennung in § 35 nicht zwingend geboten war. Dabei bleibt aber unberücksichtigt, dass nach § 35 nur diejenigen Vorschriften der Steuerberatergebührenverordnung anwendbar sein sollen, zu denen es im RVG keine Parallelregelung gibt.[19] Nach dem Willen des Gesetzes hat somit für die Berufstätigkeit der Rechtsanwälte die Anwendung der Vorschriften des **RVG Vorrang.** Da das RVG in § 14 die bei Rahmengebühren zu beachtenden Umstände regelt, ist die Höhe des konkreten Gebührensatzes oder der konkreten Zeitgebühr jeweils nach den Grundsätzen dieser Vorschrift zu bestimmen.

4. Gebührenvereinbarung. Führt der unter Berücksichtigung der maßgebenden **19** Umstände sich ergebende Höchstsatz der Wertgebühr oder der Höchstbetrag der Zeitgebühr nicht zu einer angemessenen Honorierung der Berufsleistung des Rechtsanwalts, kann dem durch Abschluss einer Gebührenvereinbarung **nach § 4** Rechnung getragen werden. Nicht anzuwenden ist insoweit die Parallelregelung des § 4 StBGebV (Rn. 18).

---

[17] *Eckert/Crusen* § 13 StBGebV Rn. 3.
[18] § 11 StBGebV lautet: Ist für die Gebühren ein Rahmen vorgesehen, so bestimmt der Steuerberater die Gebühr im Einzelfall unter Berücksichtigung aller Umstände, insbesondere der Bedeutung der Angelegenheit, des Umfanges und der Schwierigkeit der beruflichen Tätigkeit nach billigem Ermessen.
[19] Vgl. BT-Drucks. 15/1971 S. 243.

Schmahl

IV. Die Einzelfälle der StBGebV

20 **1. Sonstige Einzeltätigkeiten (§ 23 StBGebV).** § 23 StBGebV lautet:

§ 23 Sonstige Einzeltätigkeiten
Die Gebühr beträgt für
1. die Berichtigung einer Erklärung (§ 153 der Abgabenordnung)   2/10 bis 10/10
2. einen Antrag auf Stundung   2/10 bis 8/10
3. einen Antrag auf Anpassung der Vorauszahlungen   2/10 bis 8/10
4. einen Antrag auf abweichende Steuerfestsetzung aus Billigkeitsgründen   2/10 bis 8/10
5. einen Antrag auf Erlass von Ansprüchen aus dem Steuerschuldverhältnis   2/10 bis 8/10
6. einen Antrag auf Erstattung (§ 37 Abs. 2 der Abgabenordnung)   2/10 bis 8/10
7. einen Antrag auf Aufhebung oder Änderung eines Steuerbescheides oder auf Aufhebung einer Steueranmeldung   2/10 bis 10/10
8. einen Antrag auf volle oder teilweise Rücknahme oder auf vollen oder teilweisen Widerruf eines Verwaltungsaktes   4/10 bis 10/10
9. einen Antrag auf Wiedereinsetzung in den vorigen Stand außerhalb eines Rechtsbehelfsverfahrens   4/10 bis 10/10
10. sonstige Anträge, soweit sie nicht in Steuererklärungen gestellt werden   2/10 bis 10/10

einer vollen Gebühr nach Tabelle A (Anlage 1). Soweit Tätigkeiten nach den Nummern 1 bis 10 denselben Gegenstand betreffen, ist nur eine Tätigkeit maßgebend, und zwar die mit dem höchsten oberen Gebührenrahmen.

Die Vorschrift des § 23 StBGebV gehört zum Vierten Abschnitt der StBGebV, der die §§ 21 bis 31 umfasst. Da sie „*Sonstige* Tätigkeiten" hinsichtlich der Hilfeleistung bei der Erfüllung allgemeiner Steuerpflichten regelt, wäre aus systematischer Sicht ihr richtiger **Standort** am Ende des Abschnitts.[20]

21 Die Vorschrift enthält in S. 1 eine Aufstellung der wichtigsten Einzeltätigkeiten und der für deren Ausführung vorgesehenen Gebühren. Bei den Tätigkeiten, die jeweils nach **Gebührensatzrahmen** unter Anwendung der **Tabelle A** vergütet werden, handelt es sich zB um Stundungsanträge, Erlassanträge, Erstattungsanträge und die Berichtigung von Erklärungen. Da § 23 StBGebV keine Gegenstandswerte nennt, ist nach § 10 Abs. 1 S. 2 StBGebV der **Wert des Interesses** (Rn. 9) maßgebend.

22 § 23 S. 2 StBGebV bestimmt, dass im Falle **mehrerer** denselben Gegenstand betreffenden **Tätigkeiten** nach S. 1 Nr. 1 bis 10 die Tätigkeit mit dem höchsten oberen Gebührenrahmen maßgebend ist. Demgemäß fällt zB bei denselben Gegenstand betreffenden Einzeltätigkeiten nach § 23 S. 1 Nr. 2 und 7 StBGebV nur eine Gebühr von höchstens 10/10 an.

23 **2. Steuererklärungen (§ 24 StBGebV).** § 24 StBGebV lautet:

§ 24 Steuererklärungen
(1) Der Steuerberater erhält für die Anfertigung
1. der Einkommensteuererklärung ohne Ermittlung der einzelnen Einkünfte   1/10 bis 6/10
einer vollen Gebühr nach Tabelle A (Anlage 1); Gegenstandswert ist die Summe der positiven Einkünfte, jedoch mindestens 6000 Euro;

---

[20] Vgl. *Eckert/Crusen* § 23 StBGebV Rn. 1.

Hilfeleistung in Steuersachen § 35

2. der Erklärung zur gesonderten Feststellung der Einkünfte ohne Ermittlung der Einkünfte 1/10 bis 5/10
einer vollen Gebühr nach Tabelle A (Anlage 1); Gegenstandswert ist die Summe der positiven Einkünfte, jedoch mindestens 6000 Euro;
3. der Körperschaftsteuererklärung ohne Entwicklung des nach § 30 des Körperschaftsteuergesetzes zu gliedernden verwendbaren Eigenkapitals 2/10 bis 8/10
einer vollen Gebühr nach Tabelle A (Anlage 1); Gegenstandswert ist das Einkommen vor Berücksichtigung eines Verlustabzugs, jedoch mindestens 12 500 Euro;
4. der Erklärung über die Entwicklung des nach § 30 des Körperschaftsteuergesetzes zu gliedernden verwendbaren Eigenkapitals 1/10 bis 6/10
einer vollen Gebühr nach Tabelle A (Anlage 1); Gegenstandswert ist das verwendbare Eigenkapital, jedoch mindestens 12 500 Euro;
5. a) nach dem Gewerbeertrag 1/10 bis 6/10
einer vollen Gebühr nach Tabelle A (Anlage 1); Gegenstandswert ist der Gewerbeertrag vor Berücksichtigung des Freibetrages und eines Gewerbeverlustes, jedoch mindestens 6000 Euro
b) nach dem Gewerbekapital 1/20 bis 12/20
einer vollen Gebühr nach Tabelle A (Anlage 1); Gegenstandswert ist das Gewerbekapital vor Berücksichtigung der Freibeträge, jedoch mindestens 9000 Euro;
6. der Gewerbesteuerzerlegungserklärung 1/10 bis 6/10
einer vollen Gebühr nach Tabelle A (Anlage 1); Gegenstandswert sind 10 vom Hundert der als Zerlegungsmaßstab erklärten Arbeitslöhne und Betriebseinnahmen, jedoch mindestens 4000 Euro;
7. der Umsatzsteuervoranmeldung 1/10 bis 6/10
einer vollen Gebühr nach Tabelle A (Anlage 1); Gegenstandswert sind 10 vom Hundert des Gesamtbetrags der Entgelte zuzüglich des Eigenverbrauchs, jedoch mindestens 500 Euro;
8. der Umsatzsteuerjahreserklärung einschließlich ergänzender Anträge und Meldungen 1/10 bis 8/10
einer vollen Gebühr nach Tabelle A (Anlage 1); Gegenstandswert sind 10 vom Hundert des Gesamtbetrags der Entgelte zuzüglich des Eigenverbrauchs, jedoch mindestens 6000 Euro;
9. der Vermögensaufstellung zur Ermittlung des Einheitswerts des Betriebsvermögens 1/20 bis 14/20
einer vollen Gebühr nach Tabelle A (Anlage 1); Gegenstandswert ist das Rohbetriebsvermögen, jedoch mindestens 12 500 Euro;
10. der Vermögensteuererklärung oder der Erklärung zur gesonderten Feststellung des Vermögens von Gemeinschaften 1/20 bis 18/20
einer vollen Gebühr nach Tabelle A (Anlage 1); Gegenstandswert ist das Rohvermögen, jedoch bei natürlichen Personen mindestens 12 500 Euro und bei Körperschaften, Personenvereinigungen und Vermögensmassen mindestens 25 000 Euro;
11. der Erklärung zur gesonderten Feststellung des gemeinen Wertes nicht notierter Anteile an Kapitalgesellschaften 1/20 bis 18/20
einer vollen Gebühr nach Tabelle A (Anlage 1); Gegenstandswert ist die Summe der Anteilswerte, jedoch mindestens 25 000 Euro;
12. der Erbschaftsteuererklärung ohne Ermittlung der Zugewinnausgleichsforderung nach § 5 des Erbschaftsteuergesetzes 2/10 bis 10/10
einer vollen Gebühr nach Tabelle A (Anlage 1); Gegenstandswert ist der Wert des Erwerbs von Todes wegen vor Abzug der Schulden und Lasten, jedoch mindestens 12 500 Euro;

Schmahl

§ 35 Abschnitt 5. Mediation und außergerichtliche Tätigkeit

13. der Schenkungsteuererklärung 2/10 bis 10/10
    einer vollen Gebühr nach Tabelle A (Anlage 1); Gegenstandswert ist der Rohwert der Schenkung, jedoch mindestens 12 500 Euro;
14. der Kapitalertragsteuererklärung 1/20 bis 6/20
    einer vollen Gebühr nach Tabelle A (Anlage 1); Gegenstandswert ist die Summe der kapitalertragsteuerpflichtigen Erträge, jedoch mindestens 3000 Euro;
15. der Lohnsteueranmeldung 1/20 bis 6/20
    einer vollen Gebühr nach Tabelle A (Anlage 1); Gegenstandswert sind 20 vom Hundert der Arbeitslöhne einschließlich der sonstigen Bezüge, jedoch mindestens 1000 Euro;
16. von Steuererklärungen auf dem Gebiet der Zölle und der Verbrauchsteuern, die als Einfuhrabgaben erhoben werden, 1/10 bis 3/10
    einer vollen Gebühr nach Tabelle A (Anlage 1); Gegenstandswert ist der Betrag, der sich bei Anwendung der höchsten in Betracht kommenden Abgabensätze auf die den Gegenstand der Erklärung bildenden Waren ergibt, jedoch mindestens 1000 Euro;
17. von Anmeldungen oder Erklärungen auf dem Gebiete der Verbrauchsteuern, die nicht als Einfuhrabgaben erhoben werden, 1/10 bis 3/10
    einer vollen Gebühr nach Tabelle A (Anlage 1); Gegenstandswert ist für eine Steueranmeldung der angemeldete Betrag und für eine Steuererklärung der festgesetzte Betrag, jedoch mindestens 1000 Euro;
18. von Anträgen auf Gewährung einer Verbrauchsteuervergütung oder einer einzelgesetzlich geregelten Verbrauchsteuererstattung, sofern letztere nicht in der monatlichen Steuererklärung oder Steueranmeldung geltend zu machen ist, 1/10 bis 3/10
    einer vollen Gebühr nach Tabelle A (Anlage 1); Gegenstandswert ist die beantragte Vergütung oder Erstattung, jedoch mindestens 1000 Euro;
19. von Anträgen auf Gewährung einer Investitionszulage 1/10 bis 6/10
    einer vollen Gebühr nach Tabelle A (Anlage 1); Gegenstandswert ist die Bemessungsgrundlage;
20. (aufgehoben)
21. von Anträgen auf Vergütung der abziehbaren Vorsteuerbeträge an im Ausland ansässige Unternehmer 1/10 bis 6/10
    einer vollen Gebühr nach Tabelle A (Anlage 1); Gegenstandswert ist die beantragte Vergütung, jedoch mindestens 1000 Euro;
22. von Anträgen auf Erstattung von Kapitalertragsteuer und Vergütung der anrechenbaren Körperschaftsteuer 1/10 bis 6/10
    einer vollen Gebühr nach Tabelle A (Anlage 1); Gegenstandswert ist die beantragte Erstattung, jedoch mindestens 1000 Euro;
23. von Anträgen nach Abschnitt X des Einkommensteuergesetzes 2/10 bis 10/10
    einer vollen Gebühr nach Tabelle A (Anlage 1); Gegenstandswert ist das beantragte Jahreskindergeld;
24. von Anträgen nach dem Eigenheimzulagengesetz 2/10 bis 10/10
    einer vollen Gebühr nach Tabelle A (Anlage 1); Gegenstandswert ist die beantragte Eigenheimzulage.

(2) Für die Ermittlung der Zugewinnausgleichsforderung nach § 5 des Erbschaftsteuergesetzes erhält der Steuerberater 5 Zehntel bis 15 Zehntel einer vollen Gebühr nach Tabelle A (Anlage 1); Gegenstandswert ist der ermittelte Betrag, jedoch mindestens 12 500 Euro.

(3) Für einen Antrag auf Lohnsteuerermäßigung (Antrag auf Eintragung von Freibeträgen) erhält der Steuerberater 1/20 bis 4/20 einer vollen Gebühr nach Tabelle A (Anlage 1); Gegenstandswert ist der voraussichtliche Jahresarbeitslohn; er beträgt mindestens 4500 Euro.

(4) Der Steuerberater erhält die Zeitgebühr

Hilfeleistung in Steuersachen § 35

1. für die Anfertigung einer Erklärung zur Hauptfeststellung, Fortschreibung oder Nachfeststellung der Einheitswerte für Grundbesitz;
2. für Arbeiten zur Feststellung des verrechenbaren Verlustes gemäß § 15a des Einkommensteuergesetzes;
3. für die Anfertigung einer Meldung über die Beteiligung an ausländischen Körperschaften, Vermögensmassen und Personenvereinigungen und an ausländischen Personengesellschaften;
4. für die Anfertigung eines Erstattungsantrages nach § 50 Abs. 5 Satz 4 Nr. 3 des Einkommensteuergesetzes;
5. für die Anfertigung einer Anmeldung nach § 50a Abs. 5 des Einkommensteuergesetzes, § 73e der Einkommensteuer-Durchführungsverordnung.

Die umfassende Vorschrift des § 24 StBGebV betrifft die wichtigsten nach den verschiedenen Einzelsteuergesetzen vorgesehenen Steuererklärungen. Sie enthält in den **Abs. 1 bis 3** die **Gebührensatzrahmen** und die der Bedeutung der jeweiligen Steuererklärung angepassten Gegenstandswerte. Die Gegenstandswerte sind durch Mindestwerte ergänzt. Die Mindestwerte stellen sicher, dass sich in Fällen, in denen zB negative Einkünfte vorliegen oder positive und negative Teilbeträge zusammentreffen, kein unangemessener Gesamtwert ergibt. Grundlage für die Gebührenbemessung bildet die **Tabelle A**. 24

Für die in **§ 24 Abs. 4 StBGebV** genannten Tätigkeiten, wie zB die Anfertigung einer Erklärung zur Hauptfeststellung, Fortschreibung oder Nachfeststellung der Einheitswerte für Grundbesitz, Arbeiten zur Feststellung des verrechenbaren Verlusts gemäß § 15a EStG erhält der Rechtsanwalt die **Zeitgebühr** (Rn. 14 ff.). 25

3. Ermittlung des Überschusses der Betriebseinnahmen über die Betriebsausgaben (§ 25 StBGebV). § 25 StBGebV lautet: 26

§ 25 Ermittlung des Überschusses der Betriebseinnahmen über die Betriebsausgaben
(1) Die Gebühr für die Ermittlung des Überschusses der Betriebseinnahmen über die Betriebsausgaben bei den Einkünften aus Land- und Forstwirtschaft, Gewerbebetrieb oder selbständiger Arbeit beträgt 5 Zehntel bis 20 Zehntel einer vollen Gebühr nach Tabelle B (Anlage 2). Gegenstandswert ist der jeweils höhere Betrag, der sich aus der Summe der Betriebseinnahmen oder der Summe der Betriebsausgaben ergibt, jedoch mindestens 12500 Euro.
(2) Für Vorarbeiten, die über das übliche Maß erheblich hinausgehen, erhält der Steuerberater die Zeitgebühr.
(3) Sind bei mehreren Einkünften aus derselben Einkunftsart die Überschüsse getrennt zu ermitteln, so erhält der Steuerberater die Gebühr nach Abs. 1 für jede Überschussrechnung.

Die Vorschrift des **§ 25 StBGebV** regelt den Gebührenanspruch für die Ermittlung des Betriebsergebnisses durch Gegenüberstellung der Betriebseinnahmen und der Betriebsausgaben (sog. Gewinneinkünfte) bei den Einkünften aus Land- und Forstwirtschaft, Gewerbebetrieb oder selbständiger Arbeit. Nach § 25 Abs. 1 StBGebV ist Gegenstandswert der jeweils höhere Betrag, der sich aus der Summe der Betriebseinnahmen oder der Summe der Betriebsausgaben ergibt. Maßgeblich ist die **Tabelle B**. 27

Gehen die für die Anfertigung der Überschussrechnung notwendigen Vorarbeiten über den sonst üblichen Umfang *erheblich* hinaus, so kann der Rechtsanwalt gemäß § 25 Abs. 2 StBGebV für die hierfür aufgewendete Zeit die **Zeitgebühr** (Rn. 14 ff.) gesondert in Rechnung stellen. 28

Die Gebühr nach § 25 Abs. 1 StBGebV fällt gemäß § 25 Abs. 3 StBGebV für jede Überschussrechnung an, wenn bei mehreren Einkünften aus derselben Einkunftsart die Überschüsse getrennt zu ermitteln sind. 29

§ 35 Abschnitt 5. Mediation und außergerichtliche Tätigkeit

30 4. Ermittlung des Gewinns aus Land- und Forstwirtschaft nach Durchschnittssätzen (§ 26 StBGebV). § 26 StBGebV lautet:

§ 26 Ermittlung des Gewinns aus Land- und Forstwirtschaft nach Durchschnittssätzen
(1) Die Gebühr für die Ermittlung des Gewinns nach Durchschnittssätzen beträgt 5 Zehntel bis 20 Zehntel einer vollen Gebühr nach Tabelle B (Anlage 2). Gegenstandswert ist der Ausgangswert nach § 13 a Abs. 4 einschließlich der Summe der Sondergewinne nach § 13 a Abs. 8 des Einkommensteuergesetzes.
(2) Sind für mehrere land- und forstwirtschaftliche Betriebe desselben Auftraggebers die Gewinne nach Durchschnittssätzen getrennt zu ermitteln, so erhält der Steuerberater die Gebühr nach Abs. 1 für jede Gewinnermittlung.

31 Die Vorschrift des § 26 Abs. 1 StBGebV regelt den nach **Tabelle B** zu ermittelnden Gebührenanspruch in den Fällen, in denen der Gewinn aus Land- und Forstwirtschaft gemäß § 13 a EStG nach Durchschnittssätzen ermittelt wird. § 26 StBGebV berücksichtigt allerdings noch nicht die **Neufassung des § 13 a EStG**. Danach ist § 26 Abs. 1 S. 2 StBGebV auf nach dem 31. 12. 1999 endende Wirtschaftsjahre nicht mehr anwendbar, weil es einen „Ausgangswert nach § 13 a Abs. 4" nicht mehr gibt.[21]

32 Die Gebühr nach § 26 Abs. 1 StBGebV fällt gemäß **§ 25 Abs. 2** StBGebV für jede Gewinnermittlung an, wenn für mehrere land- und forstwirtschaftlichen Betriebe desselben Auftraggebers die Gewinne nach Durchschnittssätzen zu ermitteln sind.

33 5. Ermittlung des Überschusses der Einnahmen über die Werbungskosten (§ 27 StBGebV). § 27 StBGebV lautet:

§ 27 Ermittlung des Überschusses der Einnahmen über die Werbungskosten
(1) Die Gebühr für die Ermittlung des Überschusses der Einnahmen über die Werbungskosten bei den Einkünften aus nichtselbständiger Arbeit, Kapitalvermögen, Vermietung und Verpachtung oder sonstigen Einkünften beträgt 1 Zwanzigstel bis 12 Zwanzigstel einer vollen Gebühr nach Tabelle A (Anlage 1). Gegenstandswert ist der jeweils höhere Betrag, der sich aus der Summe der Einnahmen oder der Summe der Werbungskosten ergibt, jedoch mindestens 6000 Euro
(2) Beziehen sich die Einkünfte aus Vermietung und Verpachtung auf mehrere Grundstücke oder sonstige Wirtschaftsgüter und ist der Überschuss der Einnahmen über die Werbungskosten jeweils getrennt zu ermitteln, so erhält der Steuerberater die Gebühr nach Abs. 1 für jede Überschussrechnung.
(3) (aufgehoben)

34 Die Vorschrift des § 27 Abs. 1 StBGebV regelt den nach **Tabelle A** zu ermittelnden Gebührenanspruch für die Einkunftsermittlung durch Gegenüberstellung der Einnahmen und Werbungskosten (sog. Überschusseinkünfte). Gegenstandswert ist die Summe der Einnahmen oder – wenn sie höher ist – die Summe der Werbungskosten. Anders als bei § 25 StBGebV ist die Berechnung einer zusätzlichen Vergütung für über das übliche Maß hinausgehende Vorarbeiten nicht vorgesehen.

35 Die Gebühr nach Abs. 1 fällt gemäß § 27 Abs. 2 für jede Überschussrechnung an, wenn sich die Einkünfte aus Vermietung und Verpachtung auf mehrere Grundstücke oder sonstige Wirtschaftsgüter beziehen und der Überschuss der Einnahmen über die Werbungskosten jeweils getrennt zu ermitteln ist.

36 6. Prüfung von Steuerbescheiden (§ 28 StBGebV). § 28 StBGebV lautet:

§ 28 Prüfung von Steuerbescheiden
Für die Prüfung eines Steuerbescheides erhält der Steuerberater die Zeitgebühr.

---

[21] Zum Verfahren in diesen Fällen bis zu einer Änderung der StBGebV vgl. *Eckert/Crusen* § 26 StBGebV Rn. 1.

Die Vorschrift des § 28 StBGebV sieht für die Prüfung eines Steuerbescheides die **Zeitgebühr** (Rn. 14 ff.) vor. Der Rechtsanwalt erhält die Zeitgebühr unabhängig davon, ob er die Steuererklärung, die dem zu prüfenden Steuerbescheid zugrunde liegt, selbst angefertigt hat oder nicht. Der Ansatz einer gesonderten Gebühr auch in den Fällen, in denen der Rechtsanwalt die Steuererklärung selbst vorbereitet hat, ist gerechtfertigt, weil der für die Prüfung des Bescheides erforderliche Aufwand durch die Gebühr für die Anfertigung der Steuererklärung nicht ausreichend abgegolten wird.[22]

37

7. Teilnahme an Prüfungen (§ 29 StBGebV). § 29 StBGebV lautet:

38

§ 29 Teilnahme an Prüfungen
Der Steuerberater erhält
1. für die Teilnahme an einer Prüfung, insbesondere an einer Außenprüfung (§ 193 der Abgabenordnung) einschließlich der Schlussbesprechung und der Prüfung des Prüfungsberichts, an einer Ermittlung der Besteuerungsgrundlagen (§ 208 der Abgabenordnung) oder an einer Maßnahme der Steueraufsicht (§§ 209 bis 217 der Abgabenordnung) die Zeitgebühr
2. für schriftliche Einwendungen gegen den Prüfungsbericht 5 Zehntel bis 10 Zehntel einer vollen Gebühr nach Tabelle A (Anlage 1).

Die Vorschrift des § 29 Nr. 1 StBGebV betrifft die Tätigkeiten im Rahmen einer Außenprüfung (§ 193 AO), einer Prüfung zur Ermittlung der Besteuerungsgrundlagen (§ 208 AO) oder einer Maßnahme der Steueraufsicht (§ 209 bis 217 AO). Der Anwendungsbereich umfasst nicht nur die Zeit der Anwesenheit bei der Prüfung, sondern – wie sich aus dem Wort „Teilnahme" schließen lässt – auch den Zeitaufwand für die Vorbereitung auf die Prüfungsteilnahme. Maßgebliche Gebührenart ist die **Zeitgebühr** (Rn. 14 ff.).

39

Erhebt der Rechtsanwalt schriftliche Einwendungen gegen den Prüfungsbericht, so erhält er hierfür gemäß § 29 Nr. 2 StBGebV eine gesonderte Vergütung, die nach der **Tabelle A** zu berechnen ist. Da § 29 StBGebV keinen Gegenstandswert nennt, ist nach § 10 Abs. 1 S. 2 StBGebV der **Wert des Interesses** (Rn. 9) maßgebend.

40

8. Selbstanzeige (§ 30 StBGebV). § 30 StBGebV lautet:

41

§ 30 Selbstanzeige
Für die Tätigkeit im Verfahren der Selbstanzeige (§§ 371 bis 378 Abs. 3 der Abgabenordnung) einschließlich der Ermittlungen zur Berichtigung, Ergänzung oder Nachholung der Angaben erhält der Steuerberater 10 Zehntel bis 30 Zehntel einer vollen Gebühr nach Tabelle A (Anlage 1).

Die Vorschrift des § 30 StBGebV regelt den Gebührenanspruch des Rechtsanwalts in Fällen der Hilfeleistung bei Selbstanzeigen nach **§§ 371, 378 AO**. Nach diesen Vorschriften kann ein Steuerpflichtiger zur Vermeidung eines Steuerstrafverfahrens oder eines Bußgeldverfahrens wegen einer Steuerordnungswidrigkeit unter bestimmten Voraussetzungen die der Besteuerung dienenden Angaben berichtigen oder ergänzen. Maßgebend ist – bei Anwendung der **Tabelle A** – ein Gebührensatzrahmen von $^{10}/_{10}$ bis $^{30}/_{10}$. Dieser umfasst die Tätigkeiten, die zur Berichtigung, Ergänzung oder Nachholung der steuerlich relevanten Angaben notwendig sind. Da § 30 StBGebV keinen Gegenstandswert nennt, ist nach § 10 Abs. 1 S. 2 StBGebV der **Wert des Interesses** (Rn. 9) maßgebend.

42

Bedarf es zur Erstattung einer Selbstanzeige zB der Anfertigung einer Buchführung, eines Jahresabschlusses, einer Überschussrechnung, einer Steuererklärung oder

43

---

[22] Eckert/Crusen § 28 StBGebV Rn. 1.

§ 35　　　　　　　　　　　　　　　Abschnitt 5. Mediation und außergerichtliche Tätigkeit

einer vergleichbaren Leistung, so erhält der Rechtsanwalt zusätzlich die jeweils hierfür vorgesehene Gebühr.[23]

44　**9. Besprechungen (§ 31 StBGebV).** § 31 StBGebV lautet:

> § 31 Besprechungen
> Für Besprechungen mit Behörden oder mit Dritten in abgabenrechtlichen Sachen erhält der Steuerberater 5 Zehntel bis 10 Zehntel einer vollen Gebühr nach Tabelle A (Anlage 1). § 42 Abs. 2 gilt entsprechend.

45　Die Vorschrift des § 31 S. 1 StBGebV regelt den Vergütungsanspruch für Besprechungen. Die Besprechung muss der Rechtsanwalt in einer abgabenrechtlichen Sache für seinen Auftraggeber mit einer Behörde oder mit einem Dritten führen. Darüber hinaus muss die Besprechung, wie sich aus § 31 S. 2 iVm. § 42 Abs. 2 S. 1 StBGebV[24] ergibt, von der Behörde angeordnet sein oder im Einverständnis mit dem Auftraggeber mit der Behörde oder einem Dritten geführt werden. Dass Gegenstand der Besprechung tatsächliche oder rechtliche Fragen sein müssen, folgt aus dem Tatbestandsmerkmal „abgabenrechtlichen Sachen" des § 31 S. 1 StBGebV; insoweit bedarf es entgegen der Auffassung von *Eckert/Crusen*[25] keines Rückgriffs auf § 42 Abs. 2 S. 1 StBGebV. Die entsprechende Anwendung des § 42 Abs. 2 S. 2 StBGebV stellt klar, dass mündliche oder fernmündliche Nachfragen des Rechtsanwalts bei einer Behörde oder einem Dritten keine „Besprechungen" iS des § 31 StBGebV sind und deshalb die dortige nach der **Tabelle A** zu berechnende Wertgebühr nicht auslösen. Da § 31 StBGebV keinen Gegenstandswert nennt, ist nach § 10 Abs. 1 S. 2 StBGebV der **Wert des Interesses** (Rn. 9) maßgebend.

46　**10. Einrichtung einer Buchführung (§ 32 StBGebV).** § 32 StBGebV lautet:

> § 32 Einrichtung einer Buchführung.
> Für die Hilfeleistung bei der Einrichtung einer Buchführung erhält der Steuerberater die Zeitgebühr.

47　Die Vorschrift des § 32 StBGebV gehört zum Fünften Abschnitt der StBGebV, der die §§ 31 bis 39 umfasst. Das Honorar für die Einrichtung einer Buchführung ist nach der **Zeitgebühr** (Rn. 14 ff.) zu berechnen.

48　**11. Buchführung (§ 33 StBGebV).** § 33 StBGebV lautet:

> § 33 Buchführung
> (1) Für die Buchführung einschließlich des Kontierens der Belege beträgt
> die Monatsgebühr　　　　　　　　　　　　　　　　　　　　　　　　2/10 bis 12/10
> einer vollen Gebühr nach Tabelle C (Anlage 3).
> (2) Für das Kontieren der Belege beträgt die Monatsgebühr　　　　　1/10 bis 6/10
> einer vollen Gebühr nach Tabelle C (Anlage 3).
> (3) Für die Buchführung nach vom Auftraggeber kontierten Belegen
> oder erstellten Kontierungsunterlagen beträgt die Monatsgebühr　　　1/10 bis 6/10
> einer vollen Gebühr nach Tabelle C (Anlage 3).

---

[23] *Eckert/Crusen* § 30 StBGebV Rn. 5.
[24] § 42 Abs. 2 StBGebV lautet: (2) Die Besprechungsgebühr entsteht, wenn der Steuerberater an einer Besprechung über tatsächliche oder rechtliche Fragen mitwirkt, die von der Behörde angeordnet worden ist oder im Einverständnis mit dem Auftraggeber mit der Behörde oder einem Dritten geführt wird. Der Steuerberater erhält diese Gebühr nicht für eine mündliche oder fernmündliche Nachfrage.
[25] § 31 StBGebV Rn. 2.

Hilfeleistung in Steuersachen **§ 35**

(4) Für die Buchführung nach vom Auftraggeber erstellten Eingaben für die Datenverarbeitung und mit beim Auftraggeber eingesetzten Datenverarbeitungsprogrammen des Steuerberaters erhält der Steuerberater neben der Vergütung für die Datenverarbeitung und für den Einsatz der Datenverarbeitungsprogramme eine Monatsgebühr von 1/20 bis 10/20 einer vollen Gebühr nach Tabelle C (Anlage 3).

(5) Für die laufende Überwachung der Buchführung des Auftraggebers beträgt die Monatsgebühr 1/10 bis 6/10 einer vollen Gebühr nach Tabelle C (Anlage 3).

(6) Gegenstandswert ist der jeweils höchste Betrag, der sich aus dem Jahresumsatz oder aus der Summe des Aufwandes ergibt.

(7) Für die Hilfeleistung bei sonstigen Tätigkeiten im Zusammenhang mit der Buchführung erhält der Steuerberater die Zeitgebühr.

(8) Mit der Gebühr nach den Absätzen 1, 3, und 4 sind die Gebühren für die Umsatzsteuervoranmeldung (§ 24 Abs. 1 Nr. 7) abgegolten.

Die Vorschrift des § 33 StBGebV regelt die Gebühren für Buchführungsarbeiten. **49** Anwendung findet dabei die **Tabelle C**. Abs. 6 bestimmt zum Gegenstandswert den jeweils höchsten Betrag, der sich aus dem Jahresumsatz oder aus der Summe des Aufwandes ergibt. Eine Abrechnung mit der **Zeitgebühr** (Rn. 14 ff.) ermöglicht Abs. 7, wenn der Rechtsanwalt bei sonstigen Tätigkeiten[26] im Zusammenhang mit der Buchführung Hilfe leistet. Der Aufwand für die Fertigung einer Umsatzsteuervoranmeldung ist gemäß Abs. 8 mit der Buchführungsgebühr der Abs. 1, 3 und 4 abgegolten.

12. Lohnbuchführung (§ 34 StBGebV). § 34 StBGebV lautet: **50**

§ 34 Lohnbuchführung
(1) Für die erstmalige Einrichtung von Lohnkonten und die Aufnahme von Stammdaten erhält der Steuerberater eine Gebühr von 2,60 Euro bis 9,00 Euro je Arbeitnehmer.
(2) Für die Führung von Lohnkonten und die Anfertigung der Lohnabrechnung erhält der Steuerberater eine Gebühr von 2,60 Euro bis 15,00 Euro je Arbeitnehmer und Abrechnungszeitraum.
(3) Für die Führung von Lohnkonten und die Anfertigung der Lohnabrechnung nach vom Auftraggeber erstellten Buchungsunterlagen erhält der Steuerberater eine Gebühr von 1,00 Euro bis 5,00 Euro je Arbeitnehmer und Abrechnungszeitraum.
(4) Für die Führung von Lohnkonten und die Anfertigung der Lohnabrechnung nach vom Auftraggeber erstellten Eingaben für die Datenverarbeitung und mit beim Auftraggeber eingesetzten Datenverarbeitungsprogrammen des Steuerberaters erhält der Steuerberater neben der Vergütung für die Datenverarbeitung und für den Einsatz der Datenverarbeitungsprogramme eine Gebühr von 0,50 Euro bis 2,60 Euro je Arbeitnehmer und Abrechnungszeitraum.
(5) Für die Hilfeleistung bei sonstigen Tätigkeiten im Zusammenhang mit dem Lohnsteuerabzug und der Lohnbuchführung erhält der Steuerberater die Zeitgebühr.
(6) Mit der Gebühr nach den Absätzen 2 bis 4 sind die Gebühren für die Lohnsteueranmeldung (§ 24 Abs. 1 Nr. 15) abgegolten.

Die Vorschrift des § 34 StBGebV betrifft die Lohnbuchführung, für die **Betragsrah-** **51** **mengebühren** gelten und deshalb eine Gebührentabelle nicht anzuwenden ist. Eine Abrechnung mit der **Zeitgebühr** (Rn. 14 ff.) ermöglicht Abs. 5, wenn der Rechtsanwalt bei sonstigen Tätigkeiten[27] im Zusammenhang mit dem Lohnsteuerabzug und der Lohnbuchführung Hilfe leistet. Der Aufwand für die Fertigung einer Lohnsteueranmeldung ist gemäß Abs. 6 mit der Lohnbuchführungsgebühr der Abs. 2 bis 4 abgegolten.

---

[26] Zu einschlägigen Tätigkeiten vgl. *Eckert/Crusen* § 33 StBGebV Rn. 5.
[27] Zu einschlägigen Tätigkeiten vgl. *Eckert/Crusen* § 34 StBGebV Rn. 3.

§ 35

52 **13. Abschlussarbeiten (§ 35 StBGebV).** § 35 StBGebV lautet:

§ 35 Abschlussarbeiten
(1) Die Gebühr beträgt für
1. a) die Aufstellung eines Jahresabschlusses (Bilanz und Gewinn- und Verlustrechnung) — 10/10 bis 40/10
   b) die Erstellung eines Anhangs — 2/10 bis 12/10
   c) die Erstellung eines Lageberichts — 2/10 bis 12/10
2. die Aufstellung eines Zwischenabschlusses oder eines vorläufigen Abschlusses (Bilanz und Gewinn- und Verlustrechnung) — 5/10 bis 12/10
3. die Entwicklung einer Steuerbilanz aus der Handelsbilanz oder die Ableitung des steuerlichen Ergebnisses vom Handelsbilanzergebnis — 5/10 bis 12/10
4. die Aufstellung einer Eröffnungsbilanz — 5/10 bis 12/10
5. die Aufstellung einer Auseinandersetzungsbilanz — 5/10 bis 20/10
6. den schriftlichen Erläuterungsbericht zu Tätigkeiten nach den Nummern 1 bis 5 — 2/10 bis 12/10
7. a) die beratende Mitwirkung bei der Aufstellung eines Jahresabschlusses (Bilanz und Gewinn- und Verlustrechnung) — 2/10 bis 10/10
   b) die beratende Mitwirkung bei der Erstellung eines Anhangs — 2/10 bis 4/10
   c) die beratende Mitwirkung bei der Erstellung eines Lageberichts — 2/10 bis 4/10
8. die Zusammenstellung eines Jahresabschlusses (Bilanz und Gewinn- und Verlustrechnung) aus übergebenen Endzahlen (ohne Vornahme von Prüfungsarbeiten) — 2/10 bis 6/10

einer vollen Gebühr nach Tabelle B (Anlage 2).
(2) Gegenstandswert ist
1. in den Fällen des Absatzes 1 Nr. 1 bis 3, 7 und 8 das Mittel zwischen der berichtigten Bilanzsumme und der betrieblichen Jahresleistung;
2. in den Fällen des Absatzes 1 Nr. 4 und 5 die berichtigte Bilanzsumme;
3. in den Fällen des Absatzes 1 Nr. 6 der Gegenstandswert, der für die dem Erläuterungsbericht zugrunde liegenden Abschlussarbeiten maßgeblich ist.

Die berichtigte Bilanzsumme ergibt sich aus der Summe der Posten der Aktivseite der Bilanz zuzüglich Privatentnahmen und offener Ausschüttungen, abzüglich Privateinlagen, Kapitalerhöhungen durch Einlagen und Wertberichtigungen. Die betriebliche Jahresleistung umfasst Umsatzerlöse, sonstige betriebliche Erträge, Erträge aus Beteiligungen, Erträge aus anderen Wertpapieren und Ausleihungen des Finanzanlagevermögens, sonstige Zinsen und ähnliche Erträge, Veränderungen des Bestands an fertigen und unfertigen Erzeugnissen, andere aktivierte Eigenleistungen sowie außerordentliche Erträge. Ist der betriebliche Jahresaufwand höher als die betriebliche Jahresleistung, so ist dieser der Berechnung des Gegenstandswerts zugrunde zu legen. Betrieblicher Jahresaufwand ist die Summe der Betriebsausgaben einschließlich der Abschreibungen. Bei der Berechnung des Gegenstandswerts ist eine negative berichtigte Bilanzsumme als positiver Wert anzusehen. Übersteigen die betriebliche Jahresleistung oder der höhere betriebliche Jahresaufwand das 5fache der berichtigten Bilanzsumme, so bleibt der übersteigende Betrag bei der Ermittlung des Gegenstandswerts außer Ansatz. Der Gegenstandswert besteht nur aus der berichtigten Bilanzsumme, wenn die betriebliche Jahresleistung geringer als 3000 Euro ist. Der Gegenstandswert besteht nur aus der betrieblichen Jahresleistung, wenn die berichtigte Bilanzsumme geringer als 3000 Euro ist.

(3) Für die Anfertigung oder Berichtigung von Inventurunterlagen und für sonstige Abschlussvorarbeiten bis zur abgestimmten Saldenbilanz erhält der Steuerberater die Zeitgebühr.

53 Die Vorschrift des § 35 StBGebV enthält in Abs. 1 für Abschlussarbeiten acht Gebührentatbestände mit – im Hinblick auf den jeweiligen Umfang und den Schwierigkeitsgrad dieser Arbeiten – weiten unterschiedlichen Gebührensatzrahmen; maßgebend ist die **Tabelle B**. Abs. 2 regelt den Gegenstandswert. Die **Zeitgebühr** (Rn. 14 ff.) erhält der Rechtsanwalt nach Abs. 3 für die Anfertigung oder Berichtigung von

Hilfeleistung in Steuersachen § 35

Inventurunterlagen[28] und für sonstige Abschlussvorarbeiten bis zur abgestimmten Saldenbilanz.

14. Steuerliches Revisionswesen (§ 36 StBGebV). § 36 StBGebV lautet: 54

§ 36 Steuerliches Revisionswesen
(1) Der Steuerberater erhält für die Prüfung einer Buchführung, einzelner Konten oder einer Überschussrechnung für steuerliche Zwecke und für die Berichterstattung hierüber die Zeitgebühr.
(2) Der Steuerberater erhält
1. für die Prüfung einer Bilanz, einer Gewinn- und Verlustrechnung, eines Anhangs, eines Lageberichts oder einer sonstigen Vermögensrechnung für steuerliche Zwecke 2/10 bis 10/10 einer vollen Gebühr nach Tabelle B (Anlage 2) sowie die Zeitgebühr;
2. für die Berichterstattung über eine Tätigkeit nach Nummer 1 die Zeitgebühr. Der Gegenstandswert bemisst sich nach § 35 Abs. 2.

Ist der Rechtsanwalt beauftragt, eine Buchführung, einzelne Konten oder eine 55 Überschussrechnung für steuerliche Zwecke zu prüfen, so erhält er nach § 36 Abs. 1 StBGebV hierfür und für die Berichterstattung über die Prüfung ausschließlich die **Zeitgebühr** (Rn. 14 ff.).

Nach § 36 Abs. 2 S. 1 Nr. 1 StBGebV fällt für die Prüfung einer Bilanz, einer Ge- 56 winn- und Verlustrechnung, eines Anhangs, eines Lageberichts oder einer sonstigen Vermögensrechnung für steuerliche Zwecke neben der Zeitgebühr auch eine Wertgebühr von $^2/_{10}$ bis $^{10}/_{10}$ einer vollen Gebühr nach **Tabelle B** an. Deren Gegenstandswert richtet sich gemäß Abs. 2 S. 2 nach § 35 Abs. 2 StBGebV (Rn. 52). Für die Berichterstattung über eine Tätigkeit nach § 36 Abs. 2 S. 1 Nr. 1 StBGebV kommt gemäß Abs. 2 S. 1 Nr. 2 nur die **Zeitgebühr** zum Ansatz.

15. Vermögensstatus, Finanzstatus für steuerliche Zwecke (§ 37 StBGebV). 57
§ 37 StBGebV lautet:

§ 37 Vermögensstatus, Finanzstatus für steuerliche Zwecke
(1) Die Gebühr beträgt für
1. die Erstellung eines Vermögensstatus oder Finanzstatus   5/10 bis 15/10
2. die Erstellung eines Vermögensstatus oder Finanzstatus aus übergebenen
   Endzahlen (ohne Vornahme von Prüfungsarbeiten)   2/10 bis 6/10
3. den schriftlichen Erläuterungsbericht zu den Tätigkeiten nach Nummer 1 1/10 bis 6/10
einer vollen Gebühr nach Tabelle B (Anlage 2). Gegenstandswert ist für die Erstellung eines Vermögensstatus die Summe der Vermögenswerte, für die Erstellung eines Finanzstatus die Summe der Finanzwerte.

Die Vorschrift des § 37 StBGebV regelt die Gebühr, die für die Erstellung eines 58 Vermögensstatus oder Finanzstatus zu erheben ist. Von der Vorlage eines Vermögensstatus oder Finanzstatus können zB in Fällen von Steuernachzahlungen Stundungen oder Teilzahlungsbewilligungen **abhängig** gemacht werden. Stellt ein Rechtsanwalt einen solchen Vermögensstatus oder Finanzstatus auf, so erhält er dafür Gebühren nach Maßgabe dieser Vorschrift. Die Gebührenberechnung richtet sich nach der **Tabelle B**.

16. Erteilung von Bescheinigungen (§ 38 StBGebV). § 38 StBGebV lautet: 59

§ 38 Erteilung von Bescheinigungen
(1) Der Steuerberater erhält für die Erteilung einer Bescheinigung über die Beachtung steuerrechtlicher Vorschriften in Vermögensübersichten und Erfolgsrechnungen 1 Zehntel bis 6 Zehntel

---

[28] Zu diesem Begriff vgl. *Eckert/Crusen* § 35 StBGebV Rn. 5 Buchst. d.

§ 35   *Abschnitt 5. Mediation und außergerichtliche Tätigkeit*

einer vollen Gebühr nach Tabelle B (Anlage 2). Der Gegenstandswert bemisst sich nach § 35 Abs. 2.

(2) Der Steuerberater erhält für die Mitwirkung an der Erteilung von Steuerbescheinigungen die Zeitgebühr.

60   Die Vorschrift des § 38 StBGebV gewährt in Abs. 1 S. 1 für die Erteilung von Bescheinigungen über bestimmte steuerliche Sachverhalte eine **Wertgebühr**, auf die die **Tabelle B** Anwendung findet. Der Gegenstandswert richtet sich gemäß Abs. 1 S. 2 nach § 35 Abs. 2 StBGebV. Für die in Abs. 2 geregelte Mitwirkung des Rechtsanwalts an der Erteilung von Steuerbescheinigungen ist die **Zeitgebühr** (Rn. 14 ff.) vorgesehen.

61   **17. Buchführungs- und Abschlussarbeiten für land- und forstwirtschaftliche Betriebe (§ 39 StBGebV).** § 39 StBGebV lautet:

§ 39 Buchführungs- und Abschlussarbeiten für land- und forstwirtschaftliche Betriebe

(1) Für Angelegenheiten, die sich auf land- und forstwirtschaftliche Betriebe beziehen, gelten abweichend von den §§ 32, 33, 35 und 36 die Absätze 2 bis 7.

(2) Die Gebühr beträgt für

1. laufende Buchführungsarbeiten einschließlich Kontieren der Belege jährlich	3/10 bis 20/10
2. die Buchführung nach vom Auftraggeber kontierten Belegen oder erstellten Kontierungsunterlagen jährlich	3/20 bis 20/20
3. die Buchführung nach vom Auftraggeber erstellten Datenträgern oder anderen Eingabemitteln für die Datenverarbeitung neben der Vergütung für die Datenverarbeitung und für den Einsatz der Datenverarbeitungsprogramme jährlich	1/20 bis 16/20
4. die laufende Überwachung der Buchführung jährlich	1/10 bis 6/10

einer vollen Gebühr nach Tabelle D (Anlage 4). Die volle Gebühr ist die Summe der Gebühren nach Tabelle D Teil a und Tabelle D Teil b.

(3) Die Gebühr beträgt für

1. die Abschlussvorarbeiten	1/10 bis 5/10
2. die Aufstellung eines Abschlusses	3/10 bis 10/10
3. die Entwicklung eines steuerlichen Abschlusses aus dem betriebswirtschaftlichen Abschluss oder aus der Handelsbilanz oder die Ableitung des steuerlichen Ergebnisses vom Ergebnis des betriebswirtschaftlichen Abschlusses oder der Handelsbilanz	3/20 bis 10/20
4. die beratende Mitwirkung bei der Erstellung eines Abschlusses	1/20 bis 10/20
5. die Prüfung eines Abschlusses für steuerliche Zwecke	1/10 bis 8/10
6. den schriftlichen Erläuterungsbericht zum Abschluss	1/10 bis 8/10

einer vollen Gebühr nach Tabelle D (Anlage 4). Die volle Gebühr ist die Summe der Gebühren nach Tabelle D Teil a und Tabelle D Teil b.

(4) Die Gebühr beträgt für

1. die Hilfeleistung bei der Einrichtung einer Buchführung	1/10 bis 6/10
2. die Erfassung der Anfangswerte bei Buchführungsbeginn	3/10 bis 15/10

einer vollen Gebühr nach Tabelle D Teil a (Anlage 4).

(5) Gegenstandswert ist für die Anwendung der Tabelle D Teil a die Betriebsfläche. Gegenstandswert für die Anwendung der Tabelle D Teil b ist der Jahresumsatz zuzüglich der Privateinlagen, mindestens jedoch die Höhe der Aufwendungen zuzüglich der Privatentnahmen. Im Falle des Absatzes 3 vermindert sich der 100 000 Euro übersteigende Betrag auf die Hälfte.

(6) Bei der Errechnung der Betriebsfläche (Absatz 5) ist

1. bei einem Jahresumsatz von bis zu 1000 Euro je Hektar	das Einfache,
2. bei einem Jahresumsatz über 1000 Euro je Hektar das sich aus dem durch 1000 geteilten Betrag des Jahresumsatzes je Hektar ergibt,	das Vielfache,

Hilfeleistung in Steuersachen § 35

3. bei forstwirtschaftlich genutzten Flächen die Hälfte,
4. bei Flächen mit bewirtschafteten Teichen die Hälfte,
5. bei durch Verpachtung genutzten Flächen ein Viertel

der tatsächlich genutzten Flächen anzusetzen.

(7) Mit der Gebühr nach Absatz 2 Nr. 1, 2 und 3 ist die Gebühr für die Umsatzsteuervoranmeldungen (§ 24 Abs. 1 Nr. 7) abgegolten.

Die Vorschrift des § 39 StBGebV trägt den **Besonderheiten** der Buchführungs- und Abschlussarbeiten für land- und forstwirtschaftliche Betriebe Rechnung. Die entsprechenden Bestimmungen sind in den Abs. 2 bis 7 zusammengefasst. Für die Wertgebühren ist die **Tabelle D** maßgebend. Deren **Teil a** bezieht sich auf die Betriebsfläche und deren **Teil b** auf den Jahresumsatz. Die Sondervorschriften beschränken sich auf die Buchführung und die Abschlussarbeiten. Für alle sonstigen Leistungen gelten auch bei Land- und Forstwirten die allgemeinen Gebührenvorschriften. 62

V. Anhang zu § 35

Tabelle A (Beratungstabelle) 63

Gegenstandswert in Euro bis	Volle Gebühr (10/10) in Euro	Gegenstandswert in Euro bis	Volle Gebühr (10/10) in Euro
300	25	25 000	686
600	45	30 000	758
900	65	35 000	830
1 200	85	40 000	902
1 500	105	45 000	974
2 000	133	50 000	1 046
2 500	161	65 000	1 123
3 000	189	80 000	1 200
3 500	217	95 000	1 277
4 000	245	110 000	1 354
4 500	273	125 000	1 431
5 000	301	140 000	1 508
6 000	338	155 000	1 585
7 000	375	170 000	1 662
8 000	412	185 000	1 739
9 000	449	200 000	1 816
10 000	486	230 000	1 934
13 000	526	260 000	2 052
16 000	566	290 000	2 170
19 000	606	320 000	2 293
22 000	646	350 000	2 347

§ 35

Gegenstandswert in Euro bis	Volle Gebühr (10/10) in Euro	Gegenstandswert in Euro bis	Volle Gebühr (10/10) in Euro
380 000	2 399	500 000	2 594
410 000	2 450	550 000	2 663
440 000	2 499	600 000	2 730
470 000	2 547	650 000	2 850
		vom Mehrbetrag bis 5 000 000 Euro je angefangene 50 000 Euro	120
		vom Mehrbetrag über 5 000 000 Euro bis 25 000 000 Euro je angefangene 50 000 Euro	90
		vom Mehrbetrag über 25 000 000 Euro je angefangene 50 000 Euro	70

64 **Tabelle B (Abschlusstabelle)**

Gegenstandswert in Euro bis	Volle Gebühr (10/10) in Euro	Gegenstandswert in Euro bis	Volle Gebühr (10/10) in Euro
3 000	39	100 000	296
3 500	46	125 000	339
4 000	54	150 000	377
4 500	61	175 000	410
5 000	69	200 000	440
6 000	77	225 000	467
7 000	84	250 000	491
8 000	92	300 000	514
9 000	97	350 000	559
10 000	103	400 000	599
12 500	108	450 000	634
15 000	121	500 000	668
17 500	133	625 000	699
20 000	143	750 000	776
22 500	153	875 000	843
25 000	162	1 000 000	903
37 500	172	1 250 000	957

Gegenstandswert in Euro bis	Volle Gebühr (10/10) in Euro	Gegenstandswert in Euro bis	Volle Gebühr (10/10) in Euro
50 000	210	1 500 000	1 062
62 500	243	1 750 000	1 154
75 000	271	2 000 000	1 237
87 500	283	2 250 000	1 311
2 500 000	1 378	15 000 000	3 064
3 000 000	1 441	17 500 000	3 268
3 500 000	1 566	20 000 000	3 444
4 000 000	1 676	22 500 000	3 669
4 500 000	1 776	25 000 000	3 876
5 000 000	1 868	30 000 000	4 264
7 500 000	2 182	35 000 000	4 620
10 000 000	2 536	40 000 000	4 951
12 500 000	2 824	45 000 000	5 261
		50 000 000	5 554
		vom Mehrbetrag bis 125 000 000 Euro je angefangene 5 000 000 Euro	219
		vom Mehrbetrag über 125 000 000 Euro bis 250 000 000 Euro je angefangene 12 500 000 Euro	383
		vom Mehrbetrag über 250 000 000 Euro je angefangene 25 000 000 Euro	546

Tabelle C (Buchführungstabelle)

Gegenstandswert in Euro bis	Volle Gebühr (10/10) in Euro	Gegenstandswert in Euro bis	Volle Gebühr (10/10) in Euro
15 000	58	75 000	127
17 500	64	87 500	139
20 000	70	100 000	150
22 500	75	125 000	168
25 000	81	150 000	185
30 000	87	200 000	220
35 000	93	250 000	254

Gegenstandswert in Euro bis	Volle Gebühr (10/10) in Euro	Gegenstandswert in Euro bis	Volle Gebühr (10/10) in Euro
40 000	98	300 000	289
45 000	104	350 000	324
50 000	110	400 000	353
62 500	116	450 000	381
		500 000	410
		vom Mehrbetrag über 500 000 Euro je angefangene 50 000 Euro	29

66 **Tabelle D – Teil a (Landwirtschaftliche Tabelle – Betriebsfläche)**

Gegenstandswert in Euro bis	Volle Gebühr (10/10) in Euro	Gegenstandswert in Euro bis	Volle Gebühr (10/10) in Euro
40	296	360	935
45	317	380	961
50	337	400	987
55	356	420	1 012
60	375	440	1 037
65	392	460	1 061
70	408	480	1 084
75	423	500	1 107
80	437	520	1 130
85	450	540	1 152
90	462	560	1 173
95	472	580	1 194
100	482	600	1 215
110	506	620	1 235
120	529	640	1 254
130	551	660	1 273
140	573	680	1 291
150	595	700	1 309
160	616	750	1 349
170	636	800	1 385
180	656	850	1 415
190	675	900	1 441
200	694	950	1 462

Gegenstandswert in Euro bis	Volle Gebühr (10/10) in Euro	Gegenstandswert in Euro bis	Volle Gebühr (10/10) in Euro
210	712	1 000	1 478
220	730	bis 2 000	je ha 1,35 mehr
230	748	bis 3 000	je ha 1,23 mehr
240	764	bis 4 000	je ha 1,10 mehr
250	780	bis 5 000	je ha 0,98 mehr
260	796	bis 6 000	je ha 0,86 mehr
270	811	bis 7 000	je ha 0,74 mehr
280	825	bis 8 000	je ha 0,61 mehr
290	839	bis 9 000	je ha 0,49 mehr
300	852	bis 10 000	je ha 0,36 mehr
320	880	bis 11 000	je ha 0,24 mehr
340	908	bis 12 000	je ha 0,12 mehr
		ab 12 000	je ha 0,12 mehr

Tabelle D – Teil b (Landwirtschaftliche Tabelle – Jahresumsatz) 67

Gegenstandswert in Euro bis	Volle Gebühr (10/10) in Euro	Gegenstandswert in Euro bis	Volle Gebühr (10/10) in Euro
40 000	308	135 000	841
42 500	323	140 000	868
45 000	338	145 000	893
47 500	354	150 000	919
50 000	369	155 000	945
55 000	399	160 000	970
60 000	428	165 000	996
65 000	458	170 000	1 021
70 000	486	175 000	1 046
75 000	515	180 000	1 071
80 000	544	185 000	1 096
85 000	572	190 000	1 121
90 000	600	195 000	1 146
95 000	628	200 000	1 170
100 000	655	205 000	1 195
105 000	682	210 000	1 219
110 000	709	215 000	1 243
115 000	736	220 000	1 268

§ 35 Abschnitt 5. Mediation und außergerichtliche Tätigkeit

Gegenstandswert in Euro bis	Volle Gebühr (10/10) in Euro	Gegenstandswert in Euro bis	Volle Gebühr (10/10) in Euro
120 000	763	225 000	1 292
125 000	789	230 000	1 315
130 000	815	235 000	1 339
240 000	1 363	345 000	1 810
245 000	1 386	350 000	1 828
250 000	1 409	355 000	1 847
255 000	1 432	360 000	1 865
260 000	1 456	365 000	1 882
265 000	1 478	370 000	1 900
270 000	1 501	375 000	1 917
275 000	1 523	380 000	1 929
280 000	1 545	385 000	1 951
285 000	1 567	390 000	1 967
290 000	1 589	395 000	1 983
295 000	1 610	400 000	1 999
300 000	1 631	410 000	2 030
305 000	1 652	420 000	2 061
310 000	1 673	430 000	2 092
315 000	1 693	440 000	2 122
320 000	1 713	450 000	2 151
325 000	1 733	460 000	2 180
330 000	1 753	470 000	2 208
335 000	1 772	480 000	2 235
340 000	1 791	490 000	2 260
		500 000	2 285
		vom Mehrbetrag über 500 000 Euro je angefangene 50 000 Euro	132

68 Tabelle E (Rechtsbehelfstabelle)

Gegenstandswert in Euro bis	Volle Gebühr (10/10) in Euro	Gegenstandswert in Euro bis	Volle Gebühr (10/10) in Euro
300	25	22 000	646
600	45	25 000	686
900	65	30 000	758

Gegenstandswert in Euro bis	Volle Gebühr (10/10) in Euro	Gegenstandswert in Euro bis	Volle Gebühr (10/10) in Euro
1 200	85	35 000	830
1 500	105	40 000	902
2 000	133	45 000	974
2 500	161	50 000	1 046
3 000	189	65 000	1 123
3 500	217	80 000	1 200
4 000	245	95 000	1 277
4 500	273	110 000	1 354
5 000	301	125 000	1 431
6 000	338	140 000	1 508
7 000	375	155 000	1 585
8 000	412	170 000	1 662
9 000	449	185 000	1 739
10 000	486	200 000	1 816
13 000	526	230 000	1 934
16 000	566	260 000	2 052
19 000	606	290 000	2 170
320 000	2 288	440 000	2 760
350 000	2 406	470 000	2 878
380 000	2 524	500 000	2 996
410 000	2 642	550 000	3 146
		vom Mehrbetrag über 500 000 Euro je angefangene 50 000 Euro	150

§ 36 Schiedsrichterliche Verfahren und Verfahren vor dem Schiedsgericht

(1) Teil 3 Abschnitt 1 und 2 des Vergütungsverzeichnisses ist auf die folgenden außergerichtlichen Verfahren entsprechend anzuwenden:
1. schiedsrichterliche Verfahren nach dem Zehnten Buch der Zivilprozessordnung und
2. Verfahren vor dem Schiedsgericht (§ 104 des Arbeitsgerichtsgesetzes).

(2) Im Verfahren nach Absatz 1 Nr. 1 erhält der Rechtsanwalt die Terminsgebühr auch, wenn der Schiedsspruch ohne mündliche Verhandlung erlassen wird.

§ 36 Abschnitt 5. Mediation und außergerichtliche Tätigkeit

Übersicht

	Rn.		Rn.
I. Regelungszweck	1	a) Allgemeines	8
II. Anwendungsbereich	2–7	b) Gebühren des Verfahrensbevollmächtigten	9–12
1. Schiedsrichterliches Verfahren	2–6	2. Abgeltungsbereich	13–15
2. Verfahren vor dem Schiedsgericht (§ 104 ArbGG)	7	a) Umfang des Gebührenrechtszugs	13, 14
		b) Mehrere Rechtszüge	15
III. Die Gebühren	8–16	3. Festsetzung des Gegenstandswerts	16
1. Entsprechende Anwendung	8–12		

I. Regelungszweck

1 Die Vorschrift des § 36 regelt die Vergütung bei schiedsrichterlichen Verfahren gemäß §§ 1025 ff. ZPO und bei Verfahren vor dem Schiedsgericht nach § 104 des Arbeitsgerichtsgesetzes (ArbGG). Sie betrifft somit – ebenso wie die §§ 34 und 35 – **außergerichtliche** Tätigkeiten des Rechtsanwalts.[1] § 36 entspricht weitgehend dem § 67 und dem § 62 Abs. 1 BRAGO. In den in § 36 geregelten Verfahren ist Teil 3 Abschnitt 1 und 2 entsprechend anzuwenden. Der Rechtsanwalt erhält also die gleichen Gebühren wie in einem gerichtlichen Verfahren.

II. Anwendungsbereich

2 **1. Schiedsrichterliches Verfahren.** In Betracht kommen in erster Linie die Verfahren vor privatrechtlichen Schiedsgerichten, die bürgerliche Rechtsstreitigkeiten betreffen und auf **Rechtsgeschäft** beruhen, sei es eine Schiedsvereinbarung (Schiedsabrede oder Schiedsklausel – § 1029 Abs. 2 ZPO), eine letztwillige Verfügung oder satzungsgemäße Regelung (§ 1066 ZPO). Ihr Verfahren ist in seinen Grundzügen in den §§ 1034 ff. ZPO geregelt.

3 § 36 gilt aber auch für Verfahren vor Schiedsgerichten, die durch das **Gesetz**[2] eingerichtet sind, sofern auf solche Schiedsgerichte die Vorschriften des 10. Buchs der ZPO Anwendung finden. Auch bei **internationalen** Schiedsgerichten kann eine entsprechende Anwendung des § 36 in Betracht kommen.[3]

4 Von der Schiedsvereinbarung abzugrenzen ist der **Schiedsgutachtenvertrag**. Bei diesem wird durch ein Schiedsgutachten eine geschuldete Leistung gemäß §§ 317 ff. BGB bestimmt oder es werden Tatsachen, von denen die Entscheidung einer Streitigkeit abhängt, festgestellt.[4] Die Einholung eines Schiedsgutachtens dient in der Regel der zügigen Feststellung von Tatsachen, die für die Entscheidung eines Rechtsstreits von Bedeutung sind.[5] Auf eine Vertretung im Schiedsgutachterverfahren ist **§ 36 nicht** anwendbar, weil der Gutachter nicht die einem Schiedsrichter vergleichbare Entscheidungskompetenz hat.[6] Die Vergütung des Rechtsanwalts im Schiedsgutachterverfahren richtet sich deshalb nach Teil 2 Abschnitt 4 (Gebühr Nr. 2400 ff.).

---

[1] Vgl. Vorbem. Abschnitt 5 Rn. 2.
[2] Vgl. zB § 8 des Gesetzes über die Verbände der gesetzlichen Krankenkassen und Ersatzkassen vom 17.8.1955 (BGBl. I S. 524).
[3] Vgl. § 1 Rn. 66 bis 69.
[4] *Thomas/Putzo/Reichold*, ZPO, 25. Aufl. 2003, § 1029 Rn. 4.
[5] GK-ArbGG/*Ascheid* § 101 Rn. 3.
[6] GK-ArbGG/*Ascheid* § 101 Rn. 3; nach *Stein/Jonas/Schlosser*, ZPO, 22. Aufl. 2002, Vor § 1025 Rn. 28 ff. handelt es sich in Fällen der Feststellung streitentscheidender Tatsachen allerdings um

Schiedsrichterliche Verfahren und Verfahren vor dem Schiedsgericht § 36

Von der Vertretung einer Partei im schiedsrichterlichen Verfahren zu **unterscheiden** 5
ist die Tätigkeit des Rechtsanwalts als Schiedsrichter. Die Vergütung richtet sich in
diesem Fall nicht nach dem RVG, weil der Rechtsanwalt nicht als Parteivertreter, sondern als Mitglied des zuständigen Spruchkörpers tätig wird. Für seine Vergütung ist
allein der Schiedsrichtervertrag maßgebend.

§ 36 gilt auch nicht für die im Zusammenhang mit einem Schiedsverfahren stehenden Tätigkeiten des Rechtsanwalts vor einem **staatlichen Gericht**, zB hinsichtlich der 6
Bestellung (§§ 1034 Abs. 2, 1035 Abs. 3, Abs. 4, 1039 ZPO) oder Ablehnung (§ 1037
ZPO) eines Schiedsrichters, der Beendigung des Schiedsrichteramts (§ 1038 Abs. 1
S. 2 ZPO) oder der Vornahme sonstiger richterlicher Handlungen § 1050 ZPO). Ist
die Tätigkeit des Rechtsanwalts auf diese Verfahren beschränkt, so erhält er die Gebühr
Nr. 3327;[7] ist der Rechtsanwalt zugleich Verfahrensbevollmächtigter im schiedsrichterlichen Verfahren ist § 16 Nr. 10 anzuwenden (Rn. 14).

2. Verfahren vor dem Schiedsgericht (§ 104 ArbGG). Gemäß § 101 Abs. 3 7
ArbGG finden auf Schiedsverträge in Arbeitsstreitigkeiten – diese können nur zwischen Tarifvertragsparteien geschlossen werden – die Vorschriften des Zehnten Buchs
der ZPO keine Anwendung. Das Verfahren vor dem Schiedsgericht regelt sich gemäß
§ 104 ArbGG vielmehr nach den §§ 105 bis 110 ArbGG und dem Schiedsvertrag, im
Übrigen nach dem freien Ermessen des Schiedsgerichts.

III. Die Gebühren

1. Entsprechende Anwendung. a) Allgemeines. Die Gebühren für die anwalt- 8
liche Tätigkeit im schiedsrichterlichen Verfahren nach dem Zehnten Buch der ZPO
(§ 36 Abs. 1 Nr. 1) und in Verfahren vor dem Schiedsgericht nach § 104 des ArbGG
(§ 36 Abs. 1 Nr. 2) bestimmen sich in entsprechender Anwendung der Vorschriften des
Teils 3 Abschnitt 1 und 2. Damit erhält der Rechtsanwalt in den Fällen des § 36 die
Gebühren, die bei jeweils entsprechender Tätigkeit im ersten Rechtszug und in
Rechtsmittelzügen u. a. in bürgerlichen Rechtsstreitigkeiten entstehen.

b) Gebühren des Verfahrensbevollmächtigten. Die **Verfahrensgebühr** Nr. 3100 9
entsteht – wie beim Prozessbevollmächtigten –, sobald der Rechtsanwalt in Ausführung des Auftrags tätig wird.[8] Bei einer vorzeitigen Auftragsbeendigung entsteht die
Gebühr Nr. 3101.

Die **Termingebühr** Nr. 3104 entsteht in allen Fällen des § 36 Abs. 1, wenn der 10
Rechtsanwalt einen Termin wahrnimmt. Hierbei kann es sich um eine mündliche Verhandlung oder um eine auf die Erledigung des Verfahrens gerichtete Besprechung
ohne Beteiligung des Schiedsgerichts handeln.[9]

Zu **beachten** ist allerdings, dass bei schiedsrichterlichen Verfahren nach dem Zehn- 11
ten Buch der ZPO die Termingebühr bei Erlass eines Schiedsspruchs stets anfällt. Für
den Fall, dass die Schiedsrichter – mit oder ohne Einverständnis der Parteien – im

---

Prozessverträge, für die weitgehend die Vorschriften für das Schiedsverfahren gelten; vgl. auch
Zöller/Geimer, ZPO, 24. Aufl. 2004, § 1029 Rn. 5.

[7] Der Sinngehalt des Gebührentatbestandes Nr. 3327 ist iÜ unklar (vgl. *Hartung/Römermann*
Rn. 17, 18).
[8] Vgl. Abs. 2 der Vorbem. 3; VV Teil 3 Rn. 26.
[9] Vgl. Abs. 3 der Vorbem. 3.

schriftlichen Verfahren entscheiden, bestimmt nämlich § 36 Abs. 2, dass der Rechtsanwalt die Terminsgebühr ebenso erhält, wie wenn eine mündliche Verhandlung stattgefunden hätte. Für das Verfahren vor dem Schiedsgericht nach § 104 ArbGG bedarf es keiner entsprechenden Regelung, da dort gemäß § 105 Abs. 1 und Abs. 2 ArbGG immer eine mündliche Anhörung erforderlich ist.

12   Die **Einigungsgebühr** entsteht unter den Voraussetzungen der Gebühr Nr. 1000. Dies gilt auch, wenn der Vertrag über den vor dem Schiedsgericht anhängigen Gegenstand des Verfahrens nicht vor dem Schiedsgericht geschlossen wird. Ein schiedsrichterliches Verfahren ist kein (staatliches) gerichtliches Verfahren, so dass eine außer*schieds*gerichtliche Einigung nicht zu einer Ermäßigung entsprechend der Gebühr Nr. 1003 führt.

13   **2. Abgeltungsbereich. a) Umfang des Gebührenrechtszugs.** Der Gebührenrechtszug beginnt auch im schiedsrichterlichen Verfahren mit der Erteilung des Auftrags. Das Verfahren endet mit dem Erlass des endgültigen Schiedsspruchs oder des Beschlusses, mit dem das Schiedsgericht die Beendigung des schiedsrichterlichen Verfahrens feststellt (§ 1056 ZPO). Im Übrigen gilt der Rechtszugbegriff des § 19 auch für das schiedsrichterliche Verfahren.

14   Die dem Verfahrensbevollmächtigten im schiedsrichterlichen Verfahren entstehenden Gebühren (Rn. 9 bis 12) entgelten auch die in Rn. 6 genannten Tätigkeiten vor dem staatlichen Gericht, da das schiedsrichterliche Verfahren und das gerichtliche Verfahren gemäß § 16 Nr. 10 „dieselbe Angelegenheit" sind.

15   **b) Mehrere Rechtszüge.** Haben die Parteien mehrere schiedsrichterliche Rechtszüge vereinbart, so erhält der Rechtsanwalt in den Rechtsmittelverfahren die erhöhten Gebühren Nr. 3200 ff. bzw. 3206 ff.

16   **3. Festsetzung des Gegenstandswerts.** Die Schiedsrichter können weder über den eigenen Honoraranspruch noch über die Ansprüche der Parteivertreter entscheiden; sie können nur etwas festsetzen, was die Parteien unter sich vereinbaren könnten. Da die Parteien nicht mit Wirkung für die Rechtsanwälte vereinbaren können, nach welchem Wert und welche Gebühren diese zu berechnen haben, sind die Schiedsrichter nicht befugt, den Gegenstandswert für die Rechtsanwaltsgebühren festzusetzen.[10]

---

[10] KG OLGZ 13, 243, 244.

Abschnitt 6. Gerichtliche Verfahren

§ 37 Verfahren vor den Verfassungsgerichten

(1) Die Vorschriften für die Revision in Teil 4 Abschnitt 1 Unterabschnitt 3 des Vergütungsverzeichnisses gelten entsprechend in folgenden Verfahren vor dem Bundesverfassungsgericht oder dem Verfassungsgericht (Verfassungsgerichtshof, Staatsgerichtshof) eines Landes:
1. Verfahren über die Verwirkung von Grundrechten, den Verlust des Stimmrechts, den Ausschluss von Wahlen und Abstimmungen,
2. Verfahren über die Verfassungswidrigkeit von Parteien,
3. Verfahren über Anklagen gegen den Bundespräsidenten, gegen ein Regierungsmitglied eines Landes oder gegen einen Abgeordneten oder Richter und
4. Verfahren über sonstige Gegenstände, die in einem dem Strafprozess ähnlichen Verfahren behandelt werden.

(2) ¹In sonstigen Verfahren vor dem Bundesverfassungsgericht oder dem Verfassungsgericht eines Landes gelten die Vorschriften in Teil 3 Abschnitt 2 Unterabschnitt 2 des Vergütungsverzeichnisses entsprechend. ²Der Gegenstandswert ist unter Berücksichtigung der in § 14 Abs. 1 genannten Umstände nach billigem Ermessen zu bestimmen; er beträgt mindestens 4000 Euro.

Übersicht

	Rn.		Rn.
I. Geltungsbereich	1	1. Gebührenvorschriften für Revisionsverfahren in Strafsachen (Abs. 1)	8
II. Veränderungen im Vergleich zur BRAGO	2, 3	2. Gebührenvorschriften für Revisionsverfahren in bürgerlichen Rechtsstreitigkeiten (Abs. 2)	9–12
III. Verfahrensarten	4–6	a) Verfahrensgebühr	10
1. Strafprozessähnliche Verfahren (Abs. 1)	5	b) Terminsgebühr	11, 12
2. Verwaltungsprozessähnliche Verfahren (Abs. 2)	6	VI. Gegenstandswert	13, 14
IV. Gebührenangelegenheit	7	VII. Kostenerstattung	15–17
V. Anwendbare Gebührenvorschriften	8–12	VIII. Prozesskostenhilfe	18

I. Geltungsbereich

Nach § 37 richten sich die Gebühren für anwaltliche Tätigkeiten im Verfahren vor **1** **Verfassungsgerichten** des Bundes und der Länder, und zwar in jeder Art von Verfahren und für jede anwaltliche Tätigkeit.

II. Veränderungen im Vergleich zur BRAGO

Abs. 1 entspricht für bestimmte Verfahren vor dem Bundesverfassungsgericht und **2** den Verfassungsgerichten eines Landes § 113 Abs. 1 BRAGO, jedoch richten sich die Gebühren wegen der besonderen Bedeutung dieser Verfahren jetzt nach den für die

§ 37

Revision in Strafsachen vorgesehenen Vorschriften (Nr. 4130 bis 4135 VV).[1] Bisher erhielt der Rechtsanwalt die Gebühren wie in erstinstanzlichen Strafsachen vor dem Oberlandesgericht.

3   Abs. 2 übernimmt die Regelung des § 113 Abs. 2 BRAGO. In sonstigen Verfahren vor den Verfassungsgerichten entstehen daher, wie bisher auch, die für Rechtsmittelverfahren in bürgerlichen Rechtsstreitigkeiten vorgesehenen Gebühren.

III. Verfahrensarten

4   Für das Bundesverfassungsgericht richtet sich das Verfahren nach dem Gesetz über das BVerfG vom 12. 3. 1951 (BVerfGG, BGBl. I S. 243) idF der Bekanntmachung vom 11. 8. 1993 (BGBl. I S. 14173). Für die Staatsgerichtshöfe bzw. Verfassungsgerichtshöfe der Länder – soweit solche errichtet sind – gelten die einschlägigen landesgesetzlichen Vorschriften. § 37 unterscheidet für die Gebühren **zwei** Gruppen von Verfassungsangelegenheiten:

5   **1. Strafprozessähnliche Verfahren (Abs. 1).** Dies sind Verfahren, in denen allgemein oder für einzelne Verfahrensabschnitte, zB für die Vernehmung von Zeugen und Sachverständigen, Vorschriften der Strafprozessordnung anzuwenden sind,[2] und die dem Verfahrensgegenstand nach einem Strafprozess auch insofern ähnlich sind, als von dem Gericht zu prüfen ist, ob über die angeklagte Person oder Personengruppe wegen verfassungswidrigen Verhaltens Rechtsnachteile zu verhängen sind. Beim Bundesverfassungsgericht handelt es sich um die **Verfahren nach § 13 Nr. 1, 2, 4 und 9 BVerfGG**. Die im Abs. 1 enthaltene Aufzählung dieser Verfahren ist zwar ziemlich vollständig, aber **nicht abschließend**. Das Gesetz hat eine abschließende Aufzählung vermieden, um die Möglichkeit zu eröffnen, die Gebühren in ähnlichen Verfahren, die etwa durch Landesrecht noch geschaffen werden könnten, ohne Änderung des RVG in gleicher Weise zu behandeln. Als ähnliches Verfahren kommt das Verfahren auf Erzwingung der Strafverfolgung wegen eines Verfassungsbruchs oder eines auf Verfassungsbruch gerichteten Unternehmens in Betracht.[3]

6   **2. Verwaltungsprozessähnliche Verfahren (Abs. 2).** Dies sind alle Verfahren vor Verfassungsgerichten, die nicht zu Rn. 5 rechnen. Dabei handelt es sich um Verfahren, die ihrem Gegenstand nach sich nicht wesentlich von Verfahren unterscheiden, die vor die Verwaltungsgerichte gehören, und in der Regel auch prozessual ähnlich wie ein Verwaltungsgerichtsprozess abzulaufen pflegen. Hierher gehören insbesondere Verfassungsstreitigkeiten, die Normenkontrolle, öffentlich-rechtliche Streitigkeiten zwischen Bund und Ländern, zwischen Ländern, sowie innerhalb eines Landes, und Verfassungsbeschwerden nach §§ 90 ff. BVerfGG.

IV. Gebührenangelegenheit

7   Jedes Verfahren vor dem Verfassungsgericht ist eine **selbständige Gebührenangelegenheit** im Sinne des § 15 Abs. 2 S. 1. Dies gilt auch dann, wenn – wie bei der Vor-

---

[1] So im Wortlaut BT-Drucks. 15/1971 S. 197 zu § 37.
[2] S. zB § 28 BVerfGG.
[3] Vgl. § 38 des hess. Gesetzes über den Staatsgerichtshof vom 12. 12. 1947, GVBl. 1948, 3; über Richteranklagen und Disziplinarangelegenheiten der Bundesverfassungsrichter vgl. Teil 6 Rn. 19.

Verfahren vor den Verfassungsgerichten **§ 37**

lage zur **konkreten Normenkontrolle** – das Verfahren vor dem Verfassungsgericht der Erledigung eines anderweitig anhängigen Rechtsstreits dient. Die Auffassung des BVerfG, dass das Normenkontrollverfahren auf Antrag des Gerichts nach Art. 100 Abs. 1 GG kostenrechtlich als Abschnitt des Ausgangsverfahrens gesehen werden muss,[4] war schon für das frühere Recht bedenklich[5] und trifft für das neue Recht nicht mehr zu.[6] Da § 37 auch für dieses Verfahren Rechtsanwaltsgebühren bestimmt, kennzeichnet er dadurch das Verfahren vor dem Verfassungsgericht als ein gebührenrechtlich selbständiges Verfahren, in dem eigene Gebühren nach § 37 Abs. 2 S. 1, 2 aus dem vom Verfassungsgericht selbständig (§ 33) festzusetzenden Gegenstandswert entstehen. Dabei macht es keinen Unterschied, ob das Normenkontrollverfahren aus einem Zivilprozess, Verwaltungsprozess oder aus einer Strafsache hervorgegangen ist.

V. Anwendbare Gebührenvorschriften

1. Gebührenvorschriften für Revisionsverfahren in Strafsachen (Abs. 1). 8
Abs. 1 verweist für die Gebühren in strafprozessähnlichen Verfahren (Rn. 5) auf die Vorschriften für die Revision in Teil 4 Abschnitt 1 Unterabschnitt 3 VV (Nr. 4130 bis 4135 VV). Die Vorschriften gelten jetzt entsprechend für die Tätigkeit als Beistand oder Vertreter eines Beteiligten, eines Verletzten, eines Zeugen oder Sachverständigen (Teil 4 Vorbem. 4 Abs. 1 VV). Es entsteht eine **Verfahrensgebühr** in dem Gebührenrahmen der **Nr. 4130 VV**. Die Verfahrensgebühr entsteht für das Betreiben des Geschäfts einschließlich der Informationsbeschaffung (Teil 4 Vorbem. 4 Abs. 2 VV), somit also insbesondere für das Verfassen des Schriftsatzes, der das Verfahren und den Verfahrensgegenstand begründet. Befindet sich der Mandant nicht auf freiem Fuß, entsteht diese Gebühr mit Zuschlag (Teil 4 Vorbem. 4 Abs. 4 VV) in dem Rahmen der Nr. 4131 VV. Pro Verhandlungstag entsteht eine **Terminsgebühr** im Rahmen der **Nr. 4132 VV**. Die Terminsgebühr entsteht für die Teilnahme an gerichtlichen Terminen (Teil 4 Vorbem. 4 Abs. 3 VV). Der gerichtlich bestellte oder beigeordnete Rechtsanwalt erhält die entsprechenden Gebühren,[7] und wenn er fünf bis acht Stunden an der Verhandlung teilnimmt, zusätzlich eine Gebühr nach Nr. 4134 VV. Nimmt er mehr als acht Stunden an der Verhandlung teil, erhält er statt der Gebühr nach Nr. 4134 VV eine Gebühr nach Nr. 4135 VV.

2. Gebührenvorschriften für Revisionsverfahren in bürgerlichen Rechts- 9
streitigkeiten (Abs. 2). Sie sind in den in Rn. 6 genannten Angelegenheiten anzuwenden. Für die sinngemäße Anwendung kann weitgehend auf das zu den Vorschriften in Teil 3 Abschnitt 2 Unterabschnitt 2 VV Gesagte verwiesen werden.

a) Verfahrensgebühr. Es entsteht eine Verfahrensgebühr nach **Nr. 3206 VV** mit 10
einem **Gebührensatz von 1,6 oder 2,3 (Nr. 3208 VV)**. Die letztere entsteht nach dem Gesetzeswortlaut zwar nur, wenn sich die Parteien nur durch einen beim Bundesgerichtshof zugelassenen Rechtsanwalt vertreten lassen können, was bei dem Verfah-

---

[4] BVerfGE 7, 87.
[5] Vgl. wegen der Kostenerstattung Rn. 15 ff.
[6] So auch BVerfGE 53, 332 = NJW 1980, 1566; *Gerold/Schmidt/v. Eicken/Madert* § 113 BRAGO Rn. 8; *Hartmann* § 113 BRAGO Rn. 1.
[7] So auch *Gerold/Schmidt/v. Eicken/Madert/Müller-Rabe* Rn. 8; *Hartmann* § 113 BRAGO Rn. 4. AA *Hartung/Römermann* Rn. 8.

ren vor dem Bundesverfassungsgericht oder den Verfassungsgerichten der Länder nicht der Fall ist. In Anbetracht der besonderen Bedeutung verfassungsgerichtlicher Verfahren, insbesondere in Anbetracht der Strahlungswirkung der Entscheidungen in solchen Verfahren erscheint dies jedoch nicht angemessen.[8] Welche von beiden Gebühren nach dem Willen des Gesetzgebers entstehen sollte, ergibt sich auch nicht aus der amtlichen Begründung, in der es zu § 37 lediglich heißt, dass Abs. 2 die Regelungen des bisherigen § 113 Abs. 2 übernehme und dass in den sonstigen Verfahren vor den Verfassungsgerichten die für Rechtsmittelverfahren in bürgerlichen Rechtsstreitigkeiten anfallenden Gebühren entstehen sollen.[9]

11 b) **Terminsgebühr.** Daneben entsteht eine Terminsgebühr gemäß **Nr. 3210 VV** mit einem Satz von 1,5. Bei der Terminsgebühr ist zu berücksichtigen, dass das BVerfG nach § 25 Abs. 1 BVerfGG grundsätzlich – soweit nichts anderes bestimmt – aufgrund mündlicher Verhandlung entscheidet, es sei denn, dass die Beteiligten ausdrücklich auf sie verzichten. Insoweit ist gemäß Nr. 3210 VV auch Nr. 3104 VV entsprechend anzuwenden.[10] Anderes gilt für das Verfahren über die Verfassungsbeschwerde (§§ 93 a, 93 b BVerfGG). In diesen Verfahren ist keine obligatorische mündliche Verhandlung vorgesehen, so dass ein Verzicht des Verhandlungsführers auf die mündliche Verhandlung unerheblich ist.[11]

12 Die **Höhe** der Gebühr richtet sich nach dem Wert des Verfahrensgegenstandes.

VI. Gegenstandswert

13 Der Gegenstandswert ist vom Bundesverfassungsgericht im Streitfall unter Berücksichtigung der in § 14 Abs. 1 genannten Umstände im Verfahren nach § 33 **festzusetzen**, da wegen der Gebührenfreiheit der verfassungsrechtlichen Verfahren nach § 34 Abs. 1 BVerfGG in der Regel keine Wertfestsetzung erfolgt. BVerfGE 3, 352, wonach keine Festsetzung des Streitwerts für die Berechnung der Anwaltsgebühren erfolgt, war bereits seit dem Inkrafttreten der BRAGO überholt.[12] Für die Festsetzung der Vergütung des Rechtsanwalts ist entgegen dem Wortlaut des § 11 Abs. 4 der Rechtspfleger des Verfassungsgerichts zuständig (§ 21 Nr. 2 RPflG); für die Erinnerung das Verfassungsgericht selber, wenn der Rechtspfleger ihr nicht abhilft (§ 11 Abs. 2 RPflG).

14 Für den **Gegenstandswert** gilt die besondere Wertvorschrift des § 37 Abs. 2 S. 2. Danach ist der Gegenstandswert nach billigem Ermessen zu bestimmen, mindestens jedoch auf 4000,– Euro. Für die Bemessung sind die gleichen Umstände zu berücksichtigen wie bei § 14, so dass auf die dortigen Anmerkungen verwiesen werden kann. Neben dem subjektiven Wert, den die Entscheidung über die Verfassungsbeschwerde für den Beschwerdeführer hat, ist aber auch deren objektive Bedeutung zu berücksichtigen.[13] Sie ist über den jeweiligen Fall hinaus für die Verfassungsorgane des Bundes und der Länder sowie alle Gerichte und Behörden bindend (§ 31 Abs. 1 BVerfGG) und entfaltet nach § 31 Abs. 2 BVerfGG möglicherweise Gesetzeskraft. Hat die objektive Seite im Verhältnis zum subjektiven Interesse eigenständiges Gewicht, dann führt das regel-

---

[8] Ebenso *Hartung/Römermann* Rn. 11 ff.
[9] BT-Drucks. 15/1971 S. 197 zu § 37.
[10] *Gerold/Schmidt/Madert* Rn. 16.
[11] BVerfGE 35, 34; 41, 228.
[12] BVerfG NJW 1980, 1566.
[13] BVerfG NJW 2000, 1399.

mäßig zu einer Erhöhung des Ausgangswertes, und zwar – je nach Wichtigkeit – bis zu einer Vervielfachung.[14] Im vom BVerfG NJW 1989, 2047, 2048 entschiedenen Fall hat der Senat in Übereinstimmung mit dem BVerfG das subjektive Interesse des Beschwerdeführers mit 90 999 DM (46 527 Euro), den Gegenstandswert der anwaltlichen Tätigkeit in der Verfassungsbeschwerde dagegen mit 1 400 000 DM (715 809 Euro) bewertet.

VII. Kostenerstattung

Das Verfahren vor dem Bundesverfassungsgericht ist auch bei einer Vorlage nach Art. 100 GG oder einer Verfassungsbeschwerde gegen eine Gerichtsentscheidung kostenrechtlich **selbständig**. Die entgegenstehende Auffassung[15] hat bereits das BVerfG NJW 1980, 1566 als durch die BRAGO überholt aufgegeben. Die Kostenentscheidung im Ausgangsverfahren betrifft daher nicht die Kosten des Verfahrens vor dem BVerfG.[16]

Stets zu erstatten sind die notwendigen Auslagen des Antragsgegners oder Angeklagten in den **Verfahren nach § 13 Nr. 1, 4 und 9 BVerfGG**, wenn sich der Antrag auf Verwirkung der Grundrechte oder die Anklage als unbegründet erweist (§ 34a Abs. 1 BVerfGG). Im Verfahren über eine **Verfassungsbeschwerde** sind die notwendigen Auslagen des Beschwerdeführers stets insoweit zu erstatten, als die Verfassungsbeschwerde begründet ist (§ 34a Abs. 2 BVerfGG).[17] Die Kosten eines Rechtsanwalts sind als notwendig anzusehen. Auch wenn eine Verfassungsbeschwerde nach § 93b Abs. 1 BVerfGG nicht zur Entscheidung angenommen wird oder aus einem sonstigen Grund nicht zum Erfolg führt, kann es aus Billigkeitsgründen angebracht sein, die Auslagenerstattung nach § 34a Abs. 3 BVerfGG anzuordnen, insbesondere wenn ein Verfassungsverstoß vorliegt.[18]

Auch in den übrigen Fällen **kann** das BVerfG volle oder teilweise Erstattung der Auslagen anordnen (§ 34a Abs. 3 BVerfGG). Es handelt sich um eine Ausnahmevorschrift. Das BVerfG ordnet eine Erstattung nur an, wenn besondere Billigkeitsgründe vorliegen.[19] Im **Normenkontrollverfahren** nach Art. 100 GG hat das BVerfG eine Entscheidung über die Erstattung von Auslagen einer Partei des Ausgangsverfahrens bisher abgelehnt, weil diese nicht Beteiligte des Normenkontrollverfahrens sei.[20] Durch die Änderungen der Allgemeinen Verfahrensvorschriften des BVerfGG durch Gesetz vom 12. 12. 1985 (BGBl. I S. 2226) hat sich insoweit an der Gesetzeslage nichts geändert, der frühere § 34 Abs. 3 wurde als § 34a Abs. 3 unverändert übernommen. Wie sich aus den Gesetzesentwürfen ergibt, bezweckte der Gesetzgeber damit, dem BVerfG die Fortsetzung seiner bisherigen Rechtsprechung in dieser Frage zu ermögli-

---

14 BVerfGE 79, 365 = AnwBl. 1989, 623 = NJW 1989, 2047.
15 BVerfGE 7, 87.
16 OLG Koblenz NJW 1954, 1490; OLG Hamm NJW 1966, 2073; OLG München VersR 1979, 90; BFH BStBl. 1965 III S. 519; *Eyermann* § 154 Rn. 5; *Redeker/v. Oertzen* § 154 Rn. 3; *Hartmann* Einf. § 113 BRAGO Rn. 6; aA LG München AnwBl. 1964, 51 im Fall einer Verfassungsbeschwerde in einer Strafsache.
17 Vgl. *Rupprecht* NJW 1971, 169, 172.
18 BVerfGE 36, 89 und 146, 173; 37, 305, 312; 38, 258, 280; 39, 169, 196.
19 Vgl. einerseits BVerfGE 14, 121, 140; 18, 133; 20, 119, 133; 22, 180, 220; andererseits BVerfGE 12, 9; BVerfG NJW 1977, 751, 755.
20 BVerfGE 20, 350; 36, 101 – sehr eng.

chen. Schon nach LG München[21] konnten im Falle eines Strafverfahrens als Ausgangsverfahren die im Normenkontrollverfahren angefallenen Anwaltskosten als „notwendige Auslagen" des Strafverfahrens festgesetzt und erstattet werden. Der Gegenstandswert des Normenkontrollverfahrens wird vom BVerfG festgesetzt.[22]

VIII. Prozesskostenhilfe

18 Im Verfahren über die Verfassungsbeschwerde ist auch eine Bewilligung der Prozesskostenhilfe **möglich**, trotz der Gebührenfreiheit des Verfahrens.[23] Dies gilt auch für das schriftliche Verfahren, nicht nur für die unter den Anwaltszwang fallende mündliche Verhandlung.[24] Die Vorschriften der §§ 45 ff. gelten entsprechend.

§ 38 Verfahren vor dem Gerichtshof der Europäischen Gemeinschaften

(1) ¹In Vorabentscheidungsverfahren vor dem Gerichtshof der Europäischen Gemeinschaften gelten die Vorschriften in Teil 3 Abschnitt 2 des Vergütungsverzeichnisses entsprechend. ²Der Gegenstandswert bestimmt sich nach den Wertvorschriften, die für die Gerichtsgebühren des Verfahrens gelten, in dem vorgelegt wird. ³Das vorlegende Gericht setzt den Gegenstandswert auf Antrag durch Beschluss fest. ⁴§ 33 Abs. 2 bis 9 gilt entsprechend.

(2) Ist in einem Verfahren, in dem sich die Gebühren nach Teil 4, 5 oder 6 des Vergütungsverzeichnisses richten, vorgelegt worden, sind in dem Vorabentscheidungsverfahren die Nummern 4130 und 4132 des Vergütungsverzeichnisses entsprechend anzuwenden.

(3) Die Verfahrensgebühr des Verfahrens, in dem vorgelegt worden ist, wird auf die Verfahrensgebühr des Verfahrens vor dem Gerichtshof der Europäischen Gemeinschaften angerechnet, wenn nicht eine im Verfahrensrecht vorgesehene schriftliche Stellungnahme gegenüber dem Gerichtshof der Europäischen Gemeinschaften abgegeben wird.

Übersicht

	Rn.		Rn.
I. Inhalt und Grundgedanke	1–6	2. Gebühren	8–13
1. Vorabentscheidungen des Gerichtshofs der Europäischen Gemeinschaften	1, 2	a) Verfahrensgebühr	9, 10
		b) Terminsgebühr	11–13
		3. Gegenstandswert	14
2. Inhalt der Gebührenregelung/Änderungen im Vergleich zur BRAGO	3–6	III. Betragsrahmengebühren (Abs. 2)	15, 16
a) Abs. 1	4	1. Anwendungsbereich	15
b) Abs. 2	5	2. Gebühren nach den Nr. 4130 und 4132 VV	16
c) Abs. 3	6	IV. Anrechnung der Verfahrensgebühr (Abs. 3)	17
II. Gebühren nach den Vorschriften in Teil 3 Abschnitt 2 VV (Abs. 1)	7–14	V. Kostenerstattung	18
1. Anwendungsbereich	7		

---

[21] LG München I AnwBl. 1966, 329 zu § 113 Abs. 2 BRAGO.
[22] BVerfG NJW 1980, 1566.
[23] BVerfGE 1, 109 = NJW 1952, 457.
[24] Vgl. *Engler* NJW 1965, 996, 1001.

I. Inhalt und Grundgedanke

1. Vorabentscheidungen des Gerichtshofs der Europäischen Gemeinschaften. 1
Nach Art. 234 EG-Vertrag (früher Art. 177 EWG-Vertrag[1]) haben die nationalen Gerichte der Mitgliedstaaten, wenn für eine Entscheidung die Auslegung des EWG-Vertrages, die Gültigkeit oder Auslegung der Handlungen der Gemeinschaftsorgane oder die Auslegung der Satzung einer durch den Rat geschaffenen Einrichtung erforderlich ist, die Pflicht, die Frage dem Gerichtshof der Europäischen Gemeinschaften (EuGH) zur Vorabentscheidung vorzulegen. Entsprechende Bestimmungen finden sich in Art. 41 des Vertrages über die Gründung der Europäischen Gemeinschaften für Kohle und Stahl,[2] in Art. 2 des Protokolls betreffend die Auslegung des Übereinkommens vom 26. 2. 1968 über die gegenseitige Anerkennung von Gesellschaften und juristischen Personen durch den Gerichtshof[3] und in Art. 2 und 3 des Protokolls betreffend die Auslegung des Übereinkommens vom 27. 9. 1968 über die gerichtliche Zuständigkeit und die Vollstreckung gerichtlicher Entscheidungen in Zivil- und Handelssachen durch den Gerichtshof.[4]

Obwohl das **Vorabentscheidungsverfahren** vor dem EuGH, da es nicht zu einer 2 Entscheidung der anhängigen Sache selbst führt, für die Parteien des Ausgangsverfahrens den Charakter eines Zwischenverfahrens hat, ist es doch weitgehend wie das Verfahren einer selbständigen Instanz ausgestaltet. Die Parteien erhalten Gelegenheit zur schriftlichen Stellungnahme (Art. 23 Abs. 2 des Protokolls über die Satzung des Gerichtshofs der Europäischen Gemeinschaften[5]), der Gerichtshof kann von den Parteien die Vorlage von Urkunden und die Erteilung von Auskünften verlangen (Art. 24), er kann Gutachten einholen (Art. 25) und Zeugen vernehmen (Art. 26 und 28), es findet eine mündliche Verhandlung statt (Art. 20 und 31, 32), und es ergeht ein Urteil (Art. 37). Für den Anwalt erfordert dieses Verfahren eine umfangreiche Tätigkeit, die sich schon der äußeren Form nach erheblich von dem Verfahren vor dem deutschen Gericht unterscheidet. Sie kann daher nicht durch die Gebühren des Ausgangsverfahrens abgegolten werden.[6] Nach der Regelung des § 38 ist das Vorabentscheidungsverfahren vor dem EuGH eine **selbständige** Gebührenangelegenheit im Sinne des § 15 Abs. 2 S 1.

2. Inhalt der Gebührenregelung/Änderungen im Vergleich zur BRAGO. 3
§ 38 regelt die Gebühren des Rechtsanwalts im Vorabentscheidungsverfahren unterschiedlich je nach dem **Ausgangsverfahren**.

a) Abs. 1. Entsprechend der Regelung in § 113 a Abs. 1 BRAGO betrifft Abs. 1 im 4 Wesentlichen die Ausgangsverfahren, für die die Vorschriften in Teil 3 Abschnitt 2 des Vergütungsverzeichnisses unmittelbar oder sinngemäß gelten, wie die Vorschriften für Rechtsmittelverfahren in **bürgerlichen** Rechtsstreitigkeiten und die Verfahren vor den Gerichten der **Verwaltungs-, Finanz- und Sozialgerichtsbarkeit** in Verfahren

---

[1] BGBl. 1957 II S. 753.
[2] BGBl. 1952 II S. 445.
[3] BGBl. 1972 II S. 857.
[4] BGBl. 1972 II S. 845.
[5] ABl. EG 2002 Nr. C 325 S. 167 ff.
[6] BT-Drucks. 15/1971 S. 197 zu § 38 sowie BT-Drucks. 7/2016 S. 105 zu Nr. 40 (§ 113 a BRAGO).

§ 38   *Abschnitt 6. Gerichtliche Verfahren*

nach § 3 Abs. 1 S. 2. In diesen Verfahren erhält der Rechtsanwalt für seine Tätigkeit vor dem EuGH seine Vergütung auch nach den Bestimmungen in Teil 3 Abschnitt 2 des Vergütungsverzeichnisses. Die Gebühren richten sich nach dem Gegenstandswert des Verfahrens. Die in § 113a Abs. 1 BRAGO enthaltene Anrechnung der Prozessgebühr des Verfahrens, in dem vorgelegt worden ist, auf die vor dem Gerichtshof entstehende Prozessgebühr ist durch die Anrechnung der Verfahrensgebühr nach Abs. 3 ersetzt worden.

5   **b) Abs. 2.** Abs. 2 betrifft die Ausgangsverfahren, bei denen sich die Gebühren nach Teil 4, 5 oder 6 des Vergütungsverzeichnisses richten, wie **Strafverfahren, Bußgeldverfahren** und Verfahren vor den Gerichten der **Sozialgerichtsbarkeit** nach § 3 Abs. 1 S. 1. Für diese Verfahren erhält der Rechtsanwalt Gebühren wie in strafrechtlichen Revisionsverfahren. Die Einschränkung des § 113a Abs. 2 BRAGO, dass der Rechtsanwalt in dem Verfahren vor dem Gericht, das vorgelegt hat, als Verteidiger, Prozessbevollmächtigter, Beistand oder Vertreter eine Gebühr in dem Vorabentscheidungsverfahren nur erhält, wenn er vor dem EuGH mündlich verhandelt, ist dadurch ersetzt worden, dass die von ihm im Ausgangsverfahren verdiente Verfahrensgebühr nach Abs. 3 auf die Verfahrensgebühr angerechnet wird.[7]

6   **c) Abs. 3.** Ist oder war der Rechtsanwalt auch im Ausgangsverfahren tätig, dann ist die in jenem Verfahren verdiente **Verfahrensgebühr** nach Abs. 3 auf die Verfahrensgebühr des Vorabentscheidungsverfahrens **anzurechnen**, wenn gegenüber dem EuGH nicht nach Art. 23 Abs. 2, 24 des Protokolls über die Satzung des EuGH schriftlich Stellung genommen wird. Damit wird dem Umstand Rechnung getragen, dass sich der Prozessbevollmächtigte schon im Ausgangsverfahren mit der dem EuGH vorgelegten Rechtsfrage befassen musste.

II. Gebühren nach den Vorschriften in Teil 3 Abschnitt 2 VV (Abs. 1)

7   **1. Anwendungsbereich.** Abs. 1 gilt für alle Vorabentscheidungsverfahren, auf die nicht Abs. 2 anzuwenden ist. In Betracht kommen jedoch im Wesentlichen nur die Verfahren, deren Ausgangsverfahren der Gebührenregelung in Teil 3 Abschnitt 2 des Vergütungsverzeichnisses unmittelbar oder sinngemäß unterstellt sind, namentlich also die Vorlagen der ordentlichen Gerichte in bürgerlichen Rechtsstreitigkeiten und der Gerichte der Verwaltungs- und Finanzgerichtsbarkeit. § 38 gilt nicht für die Tätigkeit eines Rechtsanwalts in einem unmittelbaren Klageverfahren vor dem EuGH, wie zB nach Art. 226 ff. EG-Vertrag (früher: Art. 169 bis 175 EWG-Vertrag).

8   **2. Gebühren.** Es können sämtliche Gebühren aus Teil 3 Abschnitt 2 des Vergütungsverzeichnisses (Nr. 3200 ff. VV) entstehen.

9   **a) Verfahrensgebühr.** Der Abgeltungsbereich der Verfahrensgebühr entspricht dem der früheren Prozessgebühr nach § 31 Abs. 1 Nr. 1 BRAGO. Die Verfahrensgebühr entsteht für jede Tätigkeit nach Erteilung des Auftrages, die Partei in einem Vorabentscheidungsverfahren vor dem EuGH zu vertreten. Nach dem Vergütungsverzeichnis beträgt die Gebühr entweder 1,6 (Nr. 3206 VV) oder 2,3 (Nr. 3208 VV).[8] Die Letztere

---
[7] So wörtlich BT-Drucks. 15/1971 S. 197 f. zu § 38.
[8] Zu entsprechender Problematik s. § 37 Rn. 10.

entsteht nach dem Gesetzeswortlaut zwar nur, wenn sich die Parteien nur durch einen beim Bundesgerichtshof zugelassenen Rechtsanwalt vertreten lassen können, was bei dem Verfahren vor dem EuGH nicht der Fall ist. In Anbetracht der besonderen Bedeutung der Verfahren vor dem EuGH, insbesondere in Anbetracht der Strahlungswirkung der Entscheidungen in solchen Verfahren erscheint dies jedoch nicht angemessen.[9]

Da auch Nr. 3207 VV anwendbar ist,[10] erhält der Rechtsanwalt nur eine Gebühr von 1,1, wenn der **Auftrag vorzeitig beendet** wird, wenn also beispielsweise der Anwalt weder einen Termin wahrgenommen noch einen Schriftsatz eingereicht hat. Für die Entstehung der vollen Verfahrensgebühr wird jedoch jeder Schriftsatz genügen müssen, der sich mit der dem EuGH unterbreiteten Rechtsfrage befasst; denn ein sog. bestimmender Schriftsatz[11] ist im Vorabentscheidungsverfahren keinesfalls veranlasst. Andererseits hatte der Gesetzgeber der schriftlichen Stellungnahme gegenüber dem EuGH schon für die Entstehung der Prozessgebühr nach alter Rechtslage besondere Bedeutung beigemessen.[12] 10

b) Terminsgebühr. Die Terminsgebühr von 1,5 (Nr. 3210 VV) entsteht nach Abs. 3 der Vorbem. 3 VV für die Vertretung in einem Verhandlungs-, Erörterungs- oder Beweisaufnahmetermin oder die Wahrnehmung eines von einem gerichtlich bestellten Sachverständigen anberaumten Termins oder die Mitwirkung an auf die Vermeidung oder Erledigung des Verfahrens gerichteten Besprechungen ohne Beteiligung des Gerichts. 11

Nach neuer Rechtslage kommt es nach dem Willen des Gesetzgebers nicht mehr darauf an, ob in dem Termin Anträge gestellt werden oder ob die Sache erörtert wird. Für das Entstehen der Gebühr genügt dagegen, dass der Rechtsanwalt den Termin wahrnimmt. Das wiederum setzt voraus, dass der Rechtsanwalt an der **mündlichen Verhandlung** gemäß Art. 20, 31 des Protokolls zur Satzung des EuGH teilnimmt. 12

Die Terminsgebühr entsteht im Falle der Anmerkung zu Nr. 3104 VV,[13] die nach der Anmerkung zu Nr. 3210 VV entsprechend gilt, sogar **ohne mündliche Verhandlung**, zB wenn im Einverständnis mit den Parteien ohne mündliche Verhandlung entschieden wird. 13

3. Gegenstandswert. Der Gegenstandswert bestimmt sich nach den Wertvorschriften, die für die Gerichtsgebühren des Ausgangsverfahrens gelten (§ 38 Abs. 1 S. 2). Er wird auf Antrag vom vorlegenden Gericht festgesetzt (§ 38 Abs. 1 S. 3). Im Allgemeinen wird der Gegenstandswert des Vorabentscheidungsverfahrens mit dem Wert des Ausgangsverfahrens übereinstimmen. Er kann jedoch auch geringer sein, wenn nur wegen eines Teiles des Streitgegenstandes der EuGH angerufen wird. Die über den Einzelfall hinausgehende Bedeutung der Entscheidung des EuGH kann bei der Festsetzung des Gegenstandswertes nicht berücksichtigt werden.[14] 14

---

9 Ebenso *Hartung/Römermann* Rn. 6 f.
10 Vgl. schon zu § 32 Abs. 1 BRAGO: BT-Drucks. 7/2016 S. 106; *Gerold/Schmidt/Madert* Rn. 14.
11 Vgl. Nr. 3201 VV; Teil 3 Abschnitt 2 VV Rn. 34 ff.
12 Vgl. auch BT-Drucks. 7/3243 S. 11 zu Art. 3 Nr. 40 (§ 113 BRAGO).
13 Vgl. Anm. zu Nr. 3104 VV; Teil 3 Abschnitt 1 VV Rn. 44 ff.
14 BT-Drucks. 7/2016 S. 106; *Gerold/Schmidt/Madert* Rn. 16.

III. Betragsrahmengebühren (Abs. 2)

15 **1. Anwendungsbereich.** Abs. 2 gilt für Vorabentscheidungsverfahren, wenn die Vorlage in einem Verfahren erfolgt, für das Betragsrahmengebühren vorgesehen sind, wenn ein Verfahren vorgelegt worden ist, in dem sich die Gebühren nach Teil 4, 5 oder 6 des Vergütungsverzeichnisses richten. Darunter fallen insbesondere Straf- und Bußgeldverfahren. Die in Teil 6 Abschnitt 1 und 2 genannten Verfahren, kommen für Vorlagen an den EuGH kaum in Betracht.

16 **2. Gebühren nach den Nr. 4130 und 4132 VV.** In Betracht kommen Verfahrens- und Terminsgebühren.[15]

IV. Anrechnung der Verfahrensgebühr (Abs. 3)

17 Ist oder war der Rechtsanwalt auch im Ausgangsverfahren tätig, dann ist die in jenem Verfahren verdiente **Verfahrensgebühr** nach **Abs. 3** auf die Verfahrensgebühr des Vorabentscheidungsverfahrens **anzurechnen**. Wird auf die Verfahrensgebühr für das Vorabentscheidungsverfahren die Verfahrensgebühr nach Abs. 3 angerechnet und ist diese Gebühr bereits im Ausgangsverfahren als Verfahrensgebühr entstanden, so erhält derselbe Anwalt für das Vorabentscheidungsverfahren überhaupt keine Verfahrensgebühr mehr. Ist im Ausgangsverfahren eine geringere Verfahrensgebühr entstanden, so verbleibt ihm von der Verfahrensgebühr des Vorabentscheidungsverfahrens die Differenz. Die Anrechenbarkeit der Verfahrensgebühr erleidet jedoch eine wesentliche Ausnahme für den Fall, dass der Prozessbevollmächtigte eine im Verfahrensrecht[16] vorgesehene schriftliche Stellungnahme gegenüber dem EuGH abgibt. In diesem Fall entsteht die volle Verfahrensgebühr ohne Anrechnung auf die Verfahrensgebühr des Ausgangsverfahrens.

V. Kostenerstattung

18 Der EuGH trifft über die Kosten des Vorabentscheidungsverfahrens keine Entscheidung. Er pflegt vielmehr auszusprechen, dass das Verfahren vor ihm für die Parteien des Ausgangsverfahrens ein Zwischenstreit in dem vor dem nationalen Gericht anhängigen Rechtsstreit sei und die Kostenentscheidung diesem Gericht obliege. Die Kosten des Vorabentscheidungsverfahren sind somit zu den Kosten des Ausgangsverfahrens zu rechnen; die Kostenentscheidung im Ausgangsverfahren erstreckt sich auch auf die Kosten des Vorabentscheidungsverfahrens. Für den Umfang der Kostenerstattung gelten die einschlägigen Bestimmungen der für das Ausgangsverfahren maßgeblichen Verfahrensordnung.[17] Die Kosten eines Rechtsanwalts sind grundsätzlich zu erstatten, jedoch wird mit Rücksicht auf Abs. 3 ggf. gesondert zu prüfen sein, ob die Zuziehung eines anderen Anwalts als des Prozessbevollmächtigten des Ausgangsverfahrens aus

---

[15] Vgl. Teil 4 Abschnitt 1 Rn. 92 ff.
[16] Vgl. Art. 23 Abs. 2 und 3 des Protokolls zur Satzung des EuGH.
[17] §§ 91 ZPO, 162 ff. VwGO, 139 ff. FGO, 61 Abs. 1 S. 2 ArbGG, 193 SGG, 464a Abs. 2, 467 StPO.

Sicht des Auftraggebers zur zweckentsprechenden Rechtsverfolgung erforderlich war. Einzelne Prozesshandlungen des Anwalts im Vorabentscheidungsverfahren, wie zB die Abgabe einer im Verfahrensrecht vorgesehenen schriftlichen Stellungnahme, können nicht vom Gericht des Ausgangsverfahrens auf ihre Zweckmäßigkeit nachgeprüft werden.

§ 39 In Scheidungs- und Lebenspartnerschaftssachen beigeordneter Rechtsanwalt

¹Der Rechtsanwalt, der nach § 625 der Zivilprozessordnung dem Antragsgegner beigeordnet ist, kann von diesem die Vergütung eines zum Prozessbevollmächtigten bestellten Rechtsanwalts und einen Vorschuss verlangen. ²Die für einen in einer Scheidungssache beigeordneten Rechtsanwalt geltenden Vorschriften sind für einen in einer Lebenspartnerschaftssache beigeordneten Rechtsanwalt entsprechend anzuwenden.

I. Inhalt und Grundgedanke/Veränderungen im Vergleich zur BRAGO

In Ehe- und Scheidungsverfahren besteht **Anwaltszwang** (§ 78 Abs. 2 S. 1). Während der Kläger oder Antragsteller einen Rechtsanwalt benötigt, um das Verfahren in Gang zu bringen und zu betreiben, braucht der Beklagte oder Antragsgegner nicht anwaltlich vertreten zu sein. Ein Versäumnisurteil gegen ihn kann nicht ergehen (§ 612 Abs. 4 ZPO), jedoch kann er ohne Anwalt das Verfahren nicht durch Anträge und eigenen Sachvortrag beeinflussen. In Scheidungssachen kann das Gericht nach § 625 ZPO dem unvertretenen Antragsgegner für die Scheidungssache selbst und für die Regelung der elterlichen Sorge für die gemeinschaftlichen Kinder einen Rechtsanwalt **beiordnen**, der die Stellung eines Beistandes hat. Die Vergütung dieses beigeordneten Rechtsanwalts regelt § 39. Der Rechtsanwalt hat kraft Gesetzes gegen die Partei einen Anspruch auf die Gebühren und Auslagen eines Prozessbevollmächtigten. 1

Neu ist mit Einführung des RVG, dass der beigeordnete Rechtsanwalt nach § 39 S. 1 einen **Vorschuss fordern kann.** Daneben hat er einen Ersatzanspruch gegen die Landeskasse in Höhe der Vergütung, der in jetzt in §§ 45 Abs. 2, 47 Abs. 1 geregelt ist.[1] Das Vorschussrecht gegenüber der Staatskasse besteht jedoch nur, wenn der zur Zahlung Verpflichtete mit der Zahlung des Vorschusses in Verzug ist (§§ 45 Abs. 2, 47 Abs. 1). Dies hat zur Folge, dass Rechtsanwälte immer darauf zu achten haben, dass sie gegenüber der Staatskasse den Verzugseintritt nachweisen können. Dies kann zB durch eine eindeutige, vom Mandanten schriftlich unterzeichnete Erklärung, in der der Verzugseintritt geregelt ist, geschehen. 2

II. Ansprüche gegen die Partei

1. Vergütung. Durch die Beiordnung entsteht zwischen dem beigeordneten Rechtsanwalt und dem Antragsgegner ein gesetzliches Schuldverhältnis, kraft des- 3

---
[1] Zu dem Anspruch gegen die Landeskasse s. § 45 Rn. 50 ff.

sen der Rechtsanwalt verpflichtet ist, in der Scheidungssache und gegebenenfalls in dem mit der Scheidungssache verbundenen Verfahren zur Regelung der elterlichen Sorge – nicht in anderen Scheidungssachen – den Antragsgegner zu beraten und seine Sache vor Gericht zu führen. Der Antragsgegner ist verpflichtet, dem Rechtsanwalt die Vergütung eines Prozessbevollmächtigten zu zahlen. Es können alle Gebühren entstehen, wie für einen zum Prozessbevollmächtigten bestellten Rechtsanwalt, falls der Anwalt eine entsprechende Tätigkeit ausübt. Eine Einigungsgebühr gemäß Nr. 1000 ff. VV kommt nicht in Betracht, da sowohl der Gegenstand der Scheidungssache als auch die Regelung der elterlichen Sorge der Parteidisposition entzogen sind,[2] in weiterem Umfange aber eine Beiordnung nicht erfolgen kann. Außerdem hat der Rechtsanwalt Anspruch auf Ersatz seiner Auslagen nach Teil 7 des Vergütungsverzeichnisses.

4 **2. Fälligkeit.** Der beigeordnete Anwalt darf nach neuer Rechtslage im Gegensatz zum bisherigen Recht von seinem Mandanten einen **Vorschuss** fordern. Das Vorschussrecht gegenüber der Staatskasse[3] besteht jedoch nach § 47 Abs. 1 nur, wenn der zur Zahlung Verpflichtete mit der Zahlung des Vorschusses in Verzug ist.

5 **3. Bevollmächtigung des beigeordneten Rechtsanwalts.** Die Partei kann ihrem beigeordneten Anwalt Prozessvollmacht erteilen. Der Prozessauftrag kann über den Umfang der Beiordnung hinausgehen und zB andere Scheidungsfolgesachen als die Regelung der elterlichen Sorge mit umfassen. Aufgrund des dadurch entstandenen Auftragsverhältnisses steht dem Rechtsanwalt die Vergütung unmittelbar zu. Die Beiordnung behält jedoch ihre Wirkung. Das gilt für den Anspruch gegen die Landeskasse jedoch nur in dem Umfange der Beiordnung. Geht der Prozessauftrag über den Umfang der Beiordnung hinaus, so steht dem Anwalt für den überschießenden Teil des Auftrages kein Anspruch gegen die Landeskasse zu.

6 **4. Kostenerstattung.** Nach § 93a Abs. 1 S. 1 ZPO sind die Kosten der Scheidungssache grundsätzlich gegeneinander aufzuheben, sofern die Ehe geschieden wird. Nach § 93a Abs. 1 S. 2 ZPO können jedoch die Kosten aus Billigkeitsgründen auch anders verteilt werden. Ferner trägt der Antragsteller die Kosten, wenn der Scheidungsantrag abgewiesen wird. Werden dem Antragsteller danach Kosten des Antragsgegners auferlegt, so hat er die Vergütung des beigeordneten Anwalts zu erstatten.

III. Entsprechende Anwendung bei Lebenspartnerschaftssachen

7 Nach Satz 2 sind die für einen in einer Scheidungssache beigeordneten Anwalt geltenden Vorschriften für einen in einer Lebenspartnerschaftssache beigeordneten Rechtsanwalt entsprechend anzuwenden.

---

[2] Vgl. Teil 1 VV Rn. 5.
[3] Vgl. § 47 Rn. 11f.

§ 40 Als gemeinsamer Vertreter bestellter Rechtsanwalt

Der Rechtsanwalt kann von den Personen, für die er nach § 67a Abs. 1 Satz 2 der Verwaltungsgerichtsordnung bestellt ist, die Vergütung eines von mehreren Auftraggebern zum Prozessbevollmächtigten bestellten Rechtsanwalts und einen Vorschuss verlangen.

1. Allgemeines. Nach § 67a Abs. 1 S. 1 VwGO kann das Gericht, wenn an einem Rechtsstreit mehr als 20 Personen im gleichen Interesse beteiligt sind, ohne durch einen Prozessbevollmächtigten vertreten zu sein, den Beteiligten durch Beschluss aufgeben, innerhalb einer angemessenen Frist einen gemeinsamen Bevollmächtigten zu bestellen, wenn sonst die ordnungsgemäße Durchführung des Rechtsstreits beeinträchtigt wäre. Wenn sie dieser Anordnung nicht innerhalb der gesetzten Frist nachkommen, kann das Gericht gemäß § 67a Abs. 1 S. 2 VwGO durch Beschluss einen Rechtsanwalt als gemeinsamen Vertreter bestellen. Die Beteiligten können dann Verfahrenshandlungen nur noch durch den bestellten gemeinsamen Vertreter vornehmen (§ 67a Abs. 1 S. 3 VwGO). Die Vertretungsmacht erlischt, sobald der Vertreter oder ein Vertretener für alle Vertretenen dies dem Gericht schriftlich oder zur Niederschrift der Geschäftsstelle erklärt. Im letzteren Falle erlischt die Vertretungsmacht aber nur, wenn zugleich die Bestellung eines anderen Bevollmächtigten angezeigt wird (§ 67a Abs. 2 S. 2 VwGO). 1

2. Gebührenanspruch/Vorschussrecht. Durch die Bestellung erlangt der Rechtsanwalt gegen die Beteiligten gebührenrechtlich die gleichen Rechte wie ein von ihnen bestellter Vertreter, auch wenn sie mit seiner Bestellung nicht einverstanden sind und ihm keine Vollmacht erteilt haben. Ihm können alle Gebühre wie von einem von ihnen beauftragten und bevollmächtigten Anwalt entstehen. Insbesondere ist auf seine Gebühren auch § 7 (§ 6 BRAGO) anzuwenden. Neu ist seit Einführung des RVG, dass der Anwalt nun vorschussberechtigt ist. 2

3. Vergütung aus der Landeskasse. Der Rechtsanwalt kann seine Vergütung aus der Landeskasse verlangen, sobald die Personen, für die er zum Prozessbevollmächtigten bestellt ist, mit der Zahlung seiner Vergütung im Verzug sind (§§ 45 Abs. 2, 47 Abs. 1).[1] 3

§ 41 Prozesspfleger

¹Der Rechtsanwalt, der nach § 57 oder § 58 der Zivilprozessordnung dem Beklagten als Vertreter bestellt ist, kann von diesem die Vergütung eines zum Prozessbevollmächtigten bestellten Rechtsanwalts verlangen. ²Er kann von diesem keinen Vorschuss fordern. ³§ 126 der Zivilprozessordnung ist entsprechend anzuwenden.

I. Inhalt und Grundgedanke

§ 41 ist eine Neuschöpfung des RVG. Die Vorschrift regelt die Vergütung des gemäß §§ 57, 58 ZPO bestellten Prozesspflegers im Verhältnis zu der prozessunfähigen Partei. 1

---

[1] Zu dem Anspruch gegen die Landeskasse und seinen Voraussetzungen s. § 45 Rn. 50ff., § 47 Rn. 11f.

Da eine entsprechende Regelung bisher nicht existierte, war ein solcher Vergütungsanspruch umstritten.[1] Daher stellt auch § 1 Abs. 1 S. 2 für das neue Recht zusätzlich noch einmal klar, dass sich auch die Vergütung für den nach den §§ 57, 58 ZPO bestellten Prozesspfleger nach dem RVG bemisst. Der Gesetzgeber wollte für einen so vom Gericht bestellten Prozesspfleger einen direkten gesetzlichen Vergütungsanspruch vergleichbar den Regelungen in den §§ 39, 40 gegen den von ihm vertretenen Beklagten begründen.[2]

II. Allgemeines

2   Nach **§ 57 Abs. 1 ZPO** hat der Vorsitzende des Prozessgerichts, wenn eine nicht prozessfähige Partei verklagt werden soll, die ohne gesetzlichen Vertreter ist, auf Antrag bis zum Eintritt des gesetzlichen Vertreters einen besonderen Vertreter zu bestellen, wenn mit dem Verzug Gefahr verbunden ist.

3   Gemäß **§ 57 Abs. 2 ZPO** kann der Vorsitzende einen solchen Vertreter auch bestellen, wenn in den Fällen des § 20 ZPO eine nicht prozessfähige Person bei dem Gericht ihres Aufenthaltsortes verklagt werden soll. Gemäß § 20 ZPO ist das Gericht des Aufenthaltsortes für alle Klagen zuständig, die gegen Personen wegen vermögensrechtlicher Ansprüche erhoben werden, wenn sich diese Personen an einem Ort unter Verhältnissen, die in ihrer Natur nach auf einen Aufenthalt von längerer Dauer hinweisen, insbesondere als Hausgehilfen, Arbeiter, Gewerbegehilfen, Studierende, Schüler oder Lehrlinge aufhalten.

4   Nach **§ 58 ZPO** hat der Vorsitzende des Prozessgerichts auf Antrag einen Vertreter zu bestellen, dem bis zur Eintragung eines neuen Eigentümers die Wahrnehmungen der sich aus dem Eigentum ergebenden Rechte und Verpflichtungen im Rechtsstreit obliegt, wenn ein Recht an einem Grundstück, das von dem bisherigen Eigentümer nach § 928 BGB aufgegeben und von dem Aneignungsberechtigten noch nicht erworben worden ist, im Wege der Klage geltend gemacht werden soll. Nach § 58 Abs. 2 gilt dies entsprechend, wenn ein Recht an einem herrenlosen Schiff oder Schiffsbauwerk geltend gemacht werden soll.

III. Gebührenanspruch

5   Durch die Bestellung erlangt der als Prozesspfleger bestellte Rechtsanwalt gegen die prozessunfähige Partei gebührenrechtlich die gleichen Rechte wie ein von ihr bestellter Vertreter, auch wenn sie mit seiner Bestellung nicht einverstanden war und ihm keine Vollmacht erteilt hat, mit Ausnahme der Vorschussberechtigung. Ihm können alle Gebühren wie einem von der Partei beauftragten und bevollmächtigten Anwalt entstehen. Insbesondere ist auf seine Gebühren auch § 7 anzuwenden.

---

[1] Zu dem Streitstand vgl. *Zöller/Vollkommer* § 57 ZPO Rn. 8; OLG München Rpfleger 1971, 441; 74, 205; aA *Schneider* MDR 1972, 155; kein Anspruch gegen Staatskasse: *Gerold/Schmidt/v. Eicken/Madert* Vor § 121 BRAGO Rn. 15.

[2] BT-Drucks. 15/1971 S. 198.

IV. Keine Vorschussberechtigung (Satz 2)

Obwohl nach dem Willen des Gesetzgebers der Vergütungsanspruch nach dieser Vorschrift vergleichbar mit denen der §§ 39 und 40 sein soll,[3] bestimmt § 41 Satz 2 im Gegensatz zu §§ 39, 40, dass der Rechtsanwalt von dem Vertretenen keinen Vorschuss fordern kann. Ein Grund für diese unterschiedliche Behandlung ist nicht ersichtlich.[4] **6**

V. Entsprechende Anwendung des § 126 ZPO (Satz 3)

Nach § 126 Abs. 1 ZPO sind die für eine Partei bestellten Rechtsanwälte berechtigt, ihre Gebühren und Auslagen von dem in die Prozesskosten verurteilten Gegner im eigenen Namen beizutreiben. Geht der Rechtsanwalt diesen Weg, so mindern die von dem in die Prozesskosten verurteilten Gegner geleisteten Zahlungen jedoch sowohl den Vergütungsanspruch gegen die vertretene Prozesspartei als auch gegen die Staatskasse. Für die Kostenfestsetzung des Anwalts gelten die §§ 103 ff. ZPO. Nach § 126 Abs. 2 ZPO ist eine Einrede aus der Person der Partei nicht zulässig. Der Gegner kann jedoch mit Kosten aufrechnen, die nach der in demselben Rechtsstreit über die Kosten erlassenen Entscheidung von der Partei zu erstatten sind. **7**

VI. Vergütung aus der Staatskasse

Nach § 45 Abs. 1 2. Alt. hat der nach §§ 57 oder 58 ZPO beigeordnete Rechtsanwalt neben dem unmittelbaren Anspruch gegen die vertretene Partei auch einen Anspruch gegen die Staatskasse. Dies gilt auch dann, wenn er nicht im Wege der Prozesskostenhilfe beigeordnet worden ist, oder der Vertretene Vollmacht erteilt hat. Zu den Voraussetzungen und zur Höhe der Vergütung aus der Staatskasse wird auf die Ausführungen in §§ 45, 49 verwiesen.[5] **8**

---

[3] BT-Drucks. 15/1971 S. 198.
[4] Ebenso *Hartung/Römermann* Rn. 7 f.
[5] Vgl. § 45 Rn. 3 f. und § 49 Rn. 3 f.

Abschnitt 7. Straf- und Bußgeldsachen

§ 42 Feststellung einer Pauschgebühr

(1) ¹In Strafsachen, gerichtlichen Bußgeldsachen, Verfahren nach dem Gesetz über die internationale Rechtshilfe in Strafsachen und in Verfahren nach dem IStGH-Gesetz stellt das Oberlandesgericht, zu dessen Bezirk das Gericht des ersten Rechtszugs gehört, auf Antrag des Rechtsanwalts eine Pauschgebühr für das ganze Verfahren oder für einzelne Verfahrensabschnitte durch unanfechtbaren Beschluss fest, wenn die in den Teilen 4 bis 6 des Vergütungsverzeichnisses bestimmten Gebühren eines Wahlanwalts wegen des besonderen Umfangs oder der besonderen Schwierigkeit nicht zumutbar sind. ²Dies gilt nicht, soweit Wertgebühren entstehen. ³Beschränkt sich die Feststellung auf einzelne Verfahrensabschnitte, sind die Gebühren nach dem Vergütungsverzeichnis, an deren Stelle die Pauschgebühr treten soll, zu bezeichnen. ⁴Die Pauschgebühr darf das Doppelte der für die Gebühren eines Wahlanwalts geltenden Höchstbeträge nach den Teilen 4 bis 6 des Vergütungsverzeichnisses nicht übersteigen. ⁵Für den Rechtszug, in dem der Bundesgerichtshof für das Verfahren zuständig ist, ist er auch für die Entscheidung über den Antrag zuständig.

(2) ¹Der Antrag ist zulässig, wenn die Entscheidung über die Kosten des Verfahrens rechtskräftig ist. ²Der gerichtlich bestellte oder beigeordnete Rechtsanwalt kann den Antrag nur unter den Voraussetzungen des § 52 Abs. 1 Satz 1, Abs. 2, auch in Verbindung mit § 53 Abs. 1, stellen. ³Der Auftraggeber, in den Fällen des § 52 Abs. 1 Satz 1 der Beschuldigte, ferner die Staatskasse und andere Beteiligte, wenn ihnen die Kosten des Verfahrens ganz oder zum Teil auferlegt worden sind, sind zu hören.

(3) ¹Der Strafsenat des Oberlandesgerichts ist mit einem Richter besetzt. ²Der Richter überträgt die Sache dem Senat in der Besetzung mit drei Richtern, wenn es zur Sicherung einer einheitlichen Rechtsprechung geboten ist.

(4) Die Feststellung ist für das Kostenfestsetzungsverfahren, das Vergütungsfestsetzungsverfahren (§ 11) und für einen Rechtsstreit des Rechtsanwalts auf Zahlung der Vergütung bindend.

(5) ¹Die Absätze 1 bis 4 gelten im Bußgeldverfahren vor der Verwaltungsbehörde entsprechend. ²Über den Antrag entscheidet die Verwaltungsbehörde. ³Gegen die Entscheidung kann gerichtliche Entscheidung beantragt werden. ⁴Für das Verfahren gilt § 62 des Gesetzes über Ordnungswidrigkeiten.

Übersicht

	Rn.		Rn.
I. Regelungszweck	1	1. Zulässigkeit	9–11
II. Anwendungsbereich	2–8	2. Inhalt	12
1. Voraussetzungen	2	**IV. Entscheidung des Gerichts**	13–23
2. Allgemeines	3	1. Entscheidungszuständigkeit	13
3. Besonderer Umfang oder besondere Schwierigkeit	4–6	2. Rechtliches Gehör	14
		3. Entscheidung	15–22
4. Zumutbarkeit	7	4. Bindungswirkung	23
5. Betragsrahmengebühren	8	**V. Bußgeldverfahren vor der Verwaltungsbehörde**	24
III. Antrag	9–12		

Feststellung einer Pauschgebühr § 42

I. Regelungszweck

Die zu Abschnitt 7 „Straf- und Bußgeldsachen" gehörende Vorschrift des § 42 regelt 1
die Voraussetzungen und das Verfahren für die Feststellung einer Pauschgebühr in
Strafsachen, gerichtlichen Bußgeldsachen, Verfahren nach dem Gesetz über die internationale Rechtshilfe in Strafsachen und in Verfahren nach dem IStGH-Gesetz zugunsten des Wahlanwalts. Sie hat kein Vorbild in der BRAGO. Der Gesetzgeber hält es für sachgerecht, die Bewilligung einer Pauschgebühr nicht mehr nur für den gerichtlich bestellten Rechtsanwalt (§ 51), sondern nunmehr auch für den Wahlverteidiger vorzusehen. § 42 ermöglicht daher in besonderen Verfahren die angemessene Berücksichtigung eines erhöhten Arbeitsaufwands des Wahlverteidigers. Die Regelung führt außerdem dazu, dass die **Erstattung** vereinbarter Honorare, die höher als die gesetzlichen Gebühren sind, teilweise möglich ist.[1]

II. Anwendungsbereich

1. Voraussetzungen. Die Feststellung einer Pauschgebühr ist gemäß § 42 Abs. 1 2
S. 1 und 2 an folgende Voraussetzungen geknüpft:
– Vorliegen muss eine Strafsache, eine gerichtliche Bußgeldsache, ein Verfahren nach dem Gesetz über die internationale Rechtshilfe in Strafsachen oder ein Verfahren nach dem IStGH-Gesetz;
– das ganze Verfahren oder ein einzelner Verfahrensabschnitt muss einen besonderen Umfang oder eine besondere Schwierigkeit aufweisen;
– die für das ganze Verfahren oder den jeweiligen Verfahrensabschnitt in den Teilen 4 bis 6 bestimmten Gebühren sind angesichts des besonderen Umfangs oder der besonderen Schwierigkeit dem Rechtsanwalt nicht zumutbar;
– die einschlägigen Bestimmungen der Teile 4 bis 6 sehen Betragsrahmengebühren und keine Wertgebühren vor.

2. Allgemeines. Grundsätzlich wird durch die Beträge, die der Wahlverteidiger 3
nach den Teilen 4 bis 6 erhält, die anwaltliche Tätigkeit auch in Sachen abgegolten, die überdurchschnittlich umfangreich oder überdurchschnittlich schwierig sind. Nur wenn es sich um eine besonders umfangreiche oder eine besonders schwierige Sache handelt und im Hinblick hierauf die sonst vorgesehenen Gebühren dem Anwalt nicht zuzumuten sind, trifft § 42 Abs. 1 S. 1, der insoweit die **gleiche Terminologie** wie § 51 Abs. 1 S. 1 für den gerichtlich bestellten oder beigeordneten Rechtsanwalt verwendet, zu. Dabei ist erforderlich, dass die anwaltliche Tätigkeit, die durch die Pauschgebühr honoriert werden soll, in besonderer Weise sich von sonstigen, auch überdurchschnittlichen Sachen **abhebt** und dass eine solche Tätigkeit durch den Umfang der Sache oder ihre Schwierigkeit notwendig geworden ist. Unerheblich ist, ob die Schwierigkeit in der tatsächlichen oder in der rechtlichen Seite der Angelegenheit liegt. Nicht gedacht ist die Pauschgebühr für Tätigkeiten, die nach dem Gesetz nicht besonders vergütungspflichtig sind.

3. Besonderer Umfang oder besondere Schwierigkeit. Unter welchen Voraus- 4
setzungen ein besonderer Umfang oder eine besondere Schwierigkeit anzunehmen

---
[1] BT-Drucks. 15/1971 S. 245.

ist, hängt von den Gesamtumständen des **Einzelfalls** ab. Beide Alternativen stehen gleichwertig nebeneinander, so dass es genügt, wenn eine der beiden Voraussetzungen erfüllt ist.

5   Auf das Ergebnis des Verfahrens kommt es nicht an. Eine Pauschgebühr kann zB auch im Falle einer **Einstellung des Verfahrens** in Betracht kommen. Hingegen reicht es im Hinblick auf den eindeutigen Wortlaut des § 42 Abs. 1 S. 1 nicht aus, wenn lediglich eine Gesamtschau von Umfang *und* Schwierigkeit eine besondere Inanspruchnahme und Mühewaltung des Wahlanwalts bedingen sollte.[2]

6   Die Bedeutung der Sache für die Allgemeinheit ist kein Grund iS des § 42 Abs. 1 S. 1. Ebenso wenig ist eine allgemeine Kostensteigerung Grund für die Feststellung einer Pauschgebühr. Eine aus diesem Anlass erforderliche Anpassung muss dem Gesetzgeber in Form einer allgemeinen Gebührenerhöhung vorbehalten bleiben.

7   **4. Zumutbarkeit.** Die Feststellung einer Pauschgebühr setzt weiterhin voraus, dass die in den Teilen 4 bis 6 vorgesehenen Gebühren wegen des besonderen Umfangs oder der besonderen Schwierigkeit der Angelegenheit nicht zumutbar sind. Daraus folgt, dass allein die Feststellung eines besonderen Umfangs oder einer besonderen Schwierigkeit den Anspruch nicht entstehen lässt. Dies ist nur der Fall, wenn ein Verweisen des Wahlanwalts auf die einschlägigen gesetzlichen (Höchst-)Gebühren augenscheinlich zu einem unbilligen Ergebnis führen würde.

8   **5. Betragsrahmengebühren.** § 42 Abs. 1 S. 2 stellt klar, dass die Pauschgebühr nur die Tätigkeitsbereiche erfasst, in denen der Rechtsanwalt Betragsrahmengebühren erhält. Soweit Wertgebühren entstehen, ist § 42 nicht anwendbar. Demnach kann die Pauschgebühr insbesondere nicht an die Stelle der Gebühren Nr. 4142 bis 4145 treten.

III. Antrag

9   **1. Zulässigkeit.** Die Feststellung einer Pauschgebühr kommt gemäß § 42 Abs. 1 S. 1 in Strafsachen, gerichtlichen Bußgeldsachen, in Verfahren nach dem Gesetz über die internationale Rechtshilfe in Strafsachen und in Verfahren nach dem IStGH-Gesetz in Betracht. Sie setzt einen Antrag des Wahlanwalts voraus. Der Antrag sollte zweckmäßig schriftlich angebracht werden.

10 Der Antrag ist gemäß § 42 Abs. 2 S. 1 erst **nach** Eintritt der **Rechtskraft** der Entscheidung über die Kosten des Verfahrens zulässig. Denn erst zu diesem Zeitpunkt steht fest, welche Personen, denen gemäß § 42 Abs. 2 S. 3 rechtliches Gehör zu gewähren ist, von der Feststellung der Pauschgebühr betroffen sein können.

11 Ist der **Rechtsanwalt gerichtlich bestellt** oder beigeordnet, setzt die Zulässigkeit des Antrags darüber hinaus gemäß § 42 Abs. 2 S. 2 voraus, dass der Rechtsanwalt unter den Voraussetzungen der §§ 52 Abs. 1 und 53 Abs. 1 von dem Beschuldigten bzw. dem Auftraggeber die Zahlung der Gebühren eines gewählten Verteidigers verlangen kann. Diesen Personen muss also entweder ein Erstattungsanspruch gegen die Staatskasse zustehen oder sie müssen ohne Beeinträchtigung des für sie und ihre Familie notwendigen Unterhalts zur Zahlung oder zur Leistung von Raten in der Lage sein (§ 52 Abs. 2).

---

[2] Hinsichtlich der dem gerichtlich bestellten Rechtsanwalt nach § 99 BRAGO zu bewilligenden Pauschvergütung aA *Gerold/Schmidt/Madert* § 51 Rn. 10.

Feststellung einer Pauschgebühr § 42

2. Inhalt. Aus dem Antrag muss sich ergeben, ob die Feststellung der Pauschgebühr für das ganze **Verfahren** oder für einzelne Verfahrensabschnitte begehrt und in welcher Höhe die Pauschgebühr geltend gemacht wird. Dabei ist unter **Verfahrensabschnitt** im Hinblick auf § 42 Abs. 1 S. 3 jeder Teil des Verfahrens zu verstehen, für den im Vergütungsverzeichnis besondere Gebühren bestimmt sind. Die **Umstände**, die das Antragsbegehren rechtfertigen, also der besondere Umfang oder die besondere Schwierigkeit des ganzen Verfahrens bzw. eines oder mehrerer Verfahrensabschnitte, sind umfassend **substantiiert** darzulegen und gegebenenfalls glaubhaft zu machen. Im Übrigen ist darzulegen, aus welchem Grund auch die Gewährung des Höchstbetrages nach der einschlägigen gesetzlichen Betragsrahmengebühr für den Antragsteller im konkreten Fall nicht zumutbar ist. 12

IV. Entscheidung des Gerichts

1. Entscheidungszuständigkeit. Über den Antrag entscheidet gemäß § 42 Abs. 1 S. 1 das Oberlandesgericht, zu dessen Bezirk das Gericht des ersten Rechtszuges gehört, durch **Beschluss**. Für den Rechtszug, in dem der Bundesgerichtshof für das Verfahren zuständig ist, ist er auch für die Entscheidung über den Antrag zuständig (§ 42 Abs. 1 S. 5). Die Entscheidungszuständigkeit ist damit ebenso geregelt wie bei der Pauschgebühr des gerichtlich bestellten Rechtsanwalts nach § 51 Abs. 2.[3] Demgemäß ist sichergestellt, dass für ein und dasselbe Verfahren die Frage, ob die Voraussetzungen einer Pauschgebühr vorliegen, in Bezug auf Wahlverteidiger und gerichtlich bestellten Rechtsanwalt **einheitlich** entschieden wird. 13

2. Rechtliches Gehör. Das Gericht hat gemäß § 42 Abs. 2 S. 3 rechtliches Gehör zu gewähren. Anzuhören sind der Auftraggeber des Wahlanwalts, die Staatskasse und andere Beteiligte, wenn ihnen die Kosten des Verfahrens ganz oder zum Teil auferlegt worden sind. Ist der Rechtsanwalt gerichtlich bestellt und kann er gemäß § 52 Abs. 1 S. 1 von dem Beschuldigten die Zahlung der Gebühren eines gewählten Verteidigers verlangen, tritt an die Stelle des Auftraggebers der Beschuldigte. Die weitgehende Anhörungspflicht ist erforderlich, weil die Feststellung der Pauschgebühr gemäß § 42 Abs. 4 Bindungswirkung für Gebührenstreitigkeiten hat. 14

3. Entscheidung. Wenn die gesetzlichen Voraussetzungen gegeben sind, besteht auf Feststellung der Pauschgebühr ein Rechtsanspruch. Die Höhe der Pauschgebühr liegt im **Ermessen** des Gerichts, das sich nach dem besonderen Umfang oder der besonderen Schwierigkeit des ganzen Verfahrens oder der betreffenden Verfahrensabschnitte zu richten hat. 15

Die Pauschgebühr muss höher sein als die Gebühren, die ein Wahlanwalt für das Verfahren oder die entsprechenden Verfahrensabschnitte nach den Teilen 4 bis 6 zu beanspruchen hat. Sie darf aber gemäß § 42 Abs. 1 S. 4 das **Doppelte** der für die einschlägigen Gebühren geltenden Höchstbeträge nicht übersteigen. Darüber hinausgehende Vergütungen muss der Rechtsanwalt mit seinem Auftraggeber gegebenenfalls vereinbaren. 16

Wird nur für einen Verfahrensabschnitt oder mehrere Abschnitte eine Pauschgebühr festgestellt, sind gemäß § 42 Abs. 1 S. 3 die Gebühren nach dem Vergütungsverzeichnis, an deren Stelle die Pauschgebühr treten soll, zu **bezeichnen**. 17

---
[3] So die BT-Drucks. 15/1971 S. 245.

18 Das Verfahren nach § 42 ist – anders als es § 51 für die Pauschgebühr des gerichtlich bestellten Rechtsanwalt vorsieht – beschränkt auf die **Feststellung** der Höhe der Gebühr. **Einwendungen**, die zB den Grund der Vergütungsforderung betreffen, werden in diesem Verfahren nicht geprüft. Damit wird verhindert, dass solche Rechtsfragen für die Pauschgebühr anders beurteilt werden als in einem Vergütungsprozess wegen der noch offenen Gebühren.

19 Die **Festsetzung** der Pauschgebühr erfolgt nach den allgemeinen Vorschriften in den darin vorgesehenen Verfahren. Hierfür kommen sowohl ein Vergütungsfestsetzungsverfahren nach § 11, ein Kostenfestsetzungsverfahren oder ein Vergütungsprozess in Betracht.

20 Das Oberlandesgericht entscheidet gemäß § 42 Abs. 3 S. 1 durch den **Strafsenat**, der in der Regel mit einem Richter besetzt ist. Wenn es zur Sicherung einer einheitlichen Rechtsprechung geboten ist, hat der Richter gemäß § 42 Abs. 3 S. 2 die Sache dem Senat in der Besetzung mit drei Richtern zu übertragen.

21 Mangels einer entsprechenden Regelung ist fraglich, in welcher Besetzung der **Bundesgerichtshof** im Falle des § 42 Abs. 1 S. 5 entscheidet. Da der Gesetzgeber indes in der mit § 42 vergleichbaren Vorschrift des § 51 Oberlandesgericht und Bundesgerichtshof hinsichtlich der Besetzung der Spruchkörper gleichbehandelt,[4] ist von einer Gesetzeslücke auszugehen, die die analoge Anwendung des § 42 Abs. 3 S. 1 und 2 auf die Besetzung des Strafsenats des Bundesgerichtshofs gebietet. Im Übrigen wäre auch nicht ersichtlich, warum der Spruchkörper des Bundesgerichtshofs in den Fällen des § 42 mit mehr Richtern besetzt sein soll (vgl. § 139 GVG) als der Strafsenat eines Oberlandesgerichts.

22 Der Beschluss des Oberlandesgerichts ist gemäß § 42 Abs. 1 S. 1 **unanfechtbar**. Diese Bestimmung entspricht der Regelung für die Pauschgebühr des gerichtlich bestellten Rechtsanwalts in § 51 Abs. 2 S. 1 und der bisher geltenden Regelung in § 99 BRAGO. Sie dient der Verfahrensvereinfachung und -beschleunigung.[5]

23 **4. Bindungswirkung.** Die Feststellung der Pauschgebühr ist gemäß § 42 Abs. 4 für das Kostenfestsetzungsverfahren, für das Vergütungsfestsetzungsverfahren und für einen Rechtsstreit des Anwalts auf Zahlung der Vergütung **bindend**. Da die mit diesen Entscheidungen befassten Stellen nicht mehr die Frage des „besonderen Umfangs" oder der „besonderen Schwierigkeit" des Verfahrens oder Verfahrensabschnitts zu entscheiden haben, sondern ihrer Entscheidung die Feststellung des Oberlandesgerichts zugrunde legen können, ist mit der Regelung eine Vereinfachung und Beschleunigung des Verfahrens verbunden.

V. Bußgeldverfahren vor der Verwaltungsbehörde

24 Die Vorschrift des § 42 Abs. 5 betrifft die Tätigkeit des Rechtsanwalts im Bußgeldverfahren **vor** der **Verwaltungsbehörde**. In diesen Fällen ist § 42 Abs. 1 bis Abs. 4 entsprechend anwendbar. Über den Antrag auf Feststellung einer Pauschgebühr entscheidet allerdings die Verwaltungsbehörde. Gegen deren Entscheidung kann gerichtliche Entscheidung gemäß dem Verfahren nach § 62 OWiG beantragt werden.

---

[4] Vgl. § 51 Rn. 25, 26.
[5] BT-Drucks. 15/1971 S. 246.

§ 43 Abtretung des Kostenerstattungsanspruchs

¹Tritt der Beschuldigte oder der Betroffene den Anspruch gegen die Staatskasse auf Erstattung von Anwaltskosten als notwendige Auslagen an den Rechtsanwalt ab, ist eine von der Staatskasse gegenüber dem Beschuldigten oder dem Betroffenen erklärte Aufrechnung insoweit unwirksam, als sie den Anspruch des Rechtsanwalts vereiteln oder beeinträchtigen würde. ²Dies gilt jedoch nur, wenn zum Zeitpunkt der Aufrechnung eine Urkunde über die Abtretung oder eine Anzeige des Beschuldigten oder des Betroffenen über die Abtretung in den Akten vorliegt.

Übersicht

	Rn.		Rn.
I. Allgemeines	1–4	IV. Abtretungsurkunde, Abtretungsanzeige	13–16
II. Voraussetzungen	5–11	V. Gerichtliche Überprüfung	17, 18
III. Wirkungen	12	VI. Bußgeldverfahren	19

I. Allgemeines

Die Vorschrift des § 43 S. 1 übernimmt nahezu wortgleich die Regelung des im Jahr 1975 in die BRAGO eingefügten § 96a für das Strafverfahren. Die Regelung verdankt ihre **Entstehung** der Schuldnerfreundlichkeit des Bürgerlichen Gesetzbuchs. Danach wird ein Schuldner nämlich in mehrfacher Weise geschützt, wenn sein Gläubiger die Forderung abtritt. Einmal muss der Neugläubiger alle Einwendungen gelten lassen, die gegenüber dem Altgläubiger bestanden haben. Darüber hinaus kann der Schuldner unter bestimmten, Recht weit gehenden Voraussetzungen auch nach der Abtretung noch aufrechnen, wenn die Aufrechnungslage bereits vorher bestanden hat, sogar wenn nur die Aussicht auf Tilgung durch Aufrechnung bestanden hat, sofern die Gegenrechte des Schuldners nicht später entstanden sind als der Anspruch des Gläubigers (vgl. §§ 404, 406 BGB). 1

Die Ausdehnung der Kostenerstattungspflicht in Strafsachen hat dazu geführt, dass häufig Beschuldigte Ansprüche gegen die Staatskasse erlangten, umgekehrt aber auch die Staatskasse gegen diese Beschuldigten Ansprüche auf Zahlung von Kosten hatte. Typisches **Beispiel** ist der Beschuldigte, dessen auf bestimmte Punkte beschränktes Rechtsmittel insoweit Erfolg hatte (§ 473 Abs. 3 StPO, zB Wegfall der Entziehung der Fahrerlaubnis oder Kürzung der Sperrfrist, jetzt allerdings mit der Einschränkung des § 473 Abs. 5 StPO). Da die Verurteilung im Übrigen erhalten bleibt, schuldet der Beschuldigte (Rest-)Strafe und Kosten, hat jedoch Anspruch auf Ersatz der notwendigen Auslagen der Rechtsmittelinstanz. Da die beiderseitigen Ansprüche zeitlich von der Rechtskraft abhängen, entstehen sie gleichzeitig, so dass eine Aufrechnungslage besteht. Eine gleichartige Lage ergibt sich bei Teilfreisprüchen. 2

Die Staatskasse tilgt in solchen Fällen ihre Verpflichtung zur Kostenerstattung durch Aufrechnung. Der Rechtsanwalt, der nicht vorausbezahlt worden ist, hat dann die Mühe, sein Honorar von dem Mandanten einzufordern, und das Risiko der Uneinbringlichkeit. Der Versuch, diesem Ergebnis dadurch zu entgehen, dass der Rechtsanwalt sich den Kostenerstattungsanspruch von seinem Mandanten abtreten ließ, blieb nach den Vorschriften des BGB meist erfolglos, weil die Aufrechnung auch gegenüber dem Zessionar wirksam war. 3

§ 43

4 Die Vorschrift des § 43 soll die Rechtslage des Rechtsanwalts als Verteidiger verbessern. Sie verlagert das Risiko der **Nichteinbringlichkeit** von dem Rechtsanwalt auf die Staatskasse. Sie soll über ihren Wortlaut hinaus nicht nur die Fälle erfassen, in denen die Staatskasse in Unkenntnis der Abtretung gegenüber dem Beschuldigten aufrechnet, was nach § 407 BGB sonst gegen den Rechtsanwalt wirken würde, sondern auch die Fälle, in denen nach Kenntnis der Abtretung unter den Voraussetzungen des § 406 BGB gegenüber dem Neugläubiger aufgerechnet werden soll.

II. Voraussetzungen

5 Begünstigt durch die Vorschrift wird nur ein Rechtsanwalt, nicht auch ein sonstiger Verteidiger wie zB ein Rechtslehrer an einer deutschen Hochschule oder ein Steuerberater.

6 Geschützt werden nur die Rechtsanwaltskosten, auf deren Erstattung als notwendige Auslagen der Beschuldigte gegenüber der Staatskasse einen Anspruch hat. Sonstige Unkosten, die dem Beschuldigten entstanden sind und als notwendige Auslagen von der Staatskasse zu erstatten sind (zB eigene Reisekosten des Beschuldigten), unterliegen der Möglichkeit einer Aufrechnung. Auch wenn sie insgesamt dem Rechtsanwalt abgetreten sind, schließt das insoweit die Aufrechnung nicht aus; hier gelten unverändert die Grundsätze wie in Rn. 1 angeführt.

7 Der Schutz tritt nur ein, wenn der Kostenerstattungsanspruch dem als Verteidiger aufgetretenen Rechtsanwalt abgetreten ist. Solange er noch dem Beschuldigten selbst zusteht, unterliegt er der Aufrechnung. Auch dass der Rechtsanwalt im Auftrag seines Mandanten die Festsetzung betreibt und dass er Geldempfangsvollmacht hat, hindert eine Aufrechnung nicht.[1]

8 Die Abtretung kann schon vor Rechtskraft des Verfahrens und damit vor Fälligkeit des Kostenerstattungsanspruchs erfolgen. Sie muss allerdings vor dem Zugang der Aufrechnungserklärung wirksam geworden sein.[2]

9 Entgegen dem Wortlaut des § 43 S. 1 wird nicht nur eine Aufrechnung „gegenüber dem Beschuldigten" verhindert. Erfasst wird vom Gesetzeszweck auch eine nach der Abtretung gegenüber dem Verteidiger vorgenommene Aufrechnung, die ansonsten nach den Vorschriften des BGB regelmäßig wirksam wäre (Rn. 4).

10 Die Aufrechnung müsste den Anspruch des Rechtsanwalts vereiteln oder **beeinträchtigen**. Gemeint ist der Honoraranspruch des Rechtsanwalts als Verteidiger in dieser Sache, nicht der abgetretene Anspruch auf Erstattung der notwendigen Auslagen des Beschuldigten; dieser wäre durch eine Aufrechnung immer beeinträchtigt. Als Beeinträchtigung ist jede nicht nur unerhebliche Erschwerung für den Anwalt bei der Einziehung seines Honorars anzusehen. Unzumutbarkeit braucht nicht vorzuliegen. Dem Verteidiger soll sowohl eine Verzögerung wie eine besondere Mühe abgenommen werden. Der Mandant braucht auch nicht zahlungsunfähig zu sein. Der Rechtsanwalt braucht sich nicht auf Ratenzahlung verweisen zu lassen. Ist allerdings der Mandant willens und in der Lage, das geschuldete Honorar sofort und vollständig

---

[1] KG Rpfleger 1980, 402; eine Einziehungs- und Verfügungsermächtigung reicht nicht, KG AnwBl. 1980, 379.

[2] OLG Düsseldorf AnwBl. 1980, 207; OLG Hamm JurBüro 1986, 730; OLG Bamberg JurBüro 1980, 89; OLG Hamburg AnwBl. 1986, 42; LG Mannheim AnwBl. 1982, 164; LG Berlin JurBüro 1977, 1412; AG Mainz Rpfleger 1980, 402; OLG Stuttgart JurBüro 1990, 1463; OLG Koblenz KostRspr. Nr. 38; SchlH OLG JurBüro 1997, 313.

zu zahlen, so besteht kein Bedürfnis für eine Privilegierung des Anwalts; er soll nicht einfach eine problemlose Einziehung seiner Forderung auf die Staatskasse abschieben. Zahlt der Mandant jedoch nicht, so ist es ohne Belang, aus welchen Gründen.

Eine weitere Voraussetzung, die von antragstellenden Anwälten immer wieder übersehen wird, ist die Höhe der Beeinträchtigung. Es muss also eine Kongruenz bestehen zwischen dem Betrag, um den der Verteidiger in seiner Honorarforderung beeinträchtigt ist, und dem Betrag der zu erstattenden Auslagen, hinsichtlich dessen die Aufrechnung unwirksam bleiben soll. Auch diese Voraussetzung hat der Rechtsanwalt darzulegen und glaubhaft zu machen. Insbesondere muss er klarstellen, dass und in welcher Höhe er aus dem konkreten Strafverfahren, gegebenenfalls der konkreten Instanz, noch offene Honoraransprüche hat. Hierzu hat er vor allem auch anzugeben, ob und welche Vorschüsse er erhalten hat. Da Vorschusserhebung auch in Strafsachen weitgehend üblich ist, wird man hierzu eine nähere Darlegung erwarten dürfen, wenn im Einzelfall kein Vorschuss bezahlt war.[3] Ebenso muss klargestellt sein, dass ausschließlich die Honoraransprüche, wegen derer eine Erstattungspflicht der Staatskasse besteht, bei der Berechnung der offenen Beträge zugrunde gelegt und nicht etwa Honorare anderer Instanzen oder gar eines anderen Verfahrens einbezogen werden. **11**

III. Wirkungen

Liegen alle Voraussetzungen vor, so ist die Aufrechnungserklärung der Staatskasse dem Rechtsanwalt gegenüber ohne Wirkung, soweit er andernfalls benachteiligt wäre; das bedeutet in Höhe der nach Rn. 11 berechneten privilegierten Beträge. Ist der Aufrechnungsbetrag höher, so bleibt in diesem Umfang die Aufrechnung zu Lasten des Beschuldigten wirksam. Hat beispielsweise der Beschuldigte einen Anspruch auf Erstattung notwendiger Auslagen in Höhe von 800 Euro, der Rechtsanwalt aber nur noch eine Resthonorarforderung von 200 Euro, so kann die Staatskasse in Höhe von 600 Euro wirksam aufrechnen, lediglich die 200 Euro muss sie aufgrund der Abtretung ohne Aufrechnungsmöglichkeit an den Rechtsanwalt auszahlen. Daran ändert sich auch nichts, wenn der Beschuldigte seinen Erstattungsanspruch in voller Höhe an den Rechtsanwalt abgetreten hatte. Nicht der Beschuldigte soll sich durch eine Abtretung vor der Aufrechnung schützen können, sondern dem Rechtsanwalt soll das Zufließen des vollen Verteidigerhonorars gesichert werden. Natürlich kann er Vorschüsse innerhalb der Instanz in erster Linie auf Honorarteile verrechnen, für die keine Erstattungspflicht der Staatskasse besteht, wenn etwa bei Teilfreispruch nur anteilige Verteidigergebühren der Staatskasse auferlegt worden waren. Geschützt werden allerdings durch § 43 nur die gesetzlichen Gebühren, nicht ein höheres vereinbartes Honorar; hierfür dem Anwalt das Risiko der Einziehung abzunehmen, besteht kein Anlass. **12**

IV. Abtretungsurkunde, Abtretungsanzeige

Nach § 43 S. 2 ist die Aufrechnung aber nur dann unwirksam, wenn zum Zeitpunkt der Aufrechnung eine Urkunde über die Abtretung oder eine Anzeige des Beschuldigten über die Abtretung in den Akten vorliegt. Genügend ist danach nicht allein der **13**

---

[3] AA *Gerold/Schmidt/Madert* Rn. 10; aber es muss im Interesse der Steuerzahler gesichert sein, dass nicht der Mandant Vorteile aus der nur für den Rechtsanwalt getroffenen Privilegierung zieht.

Eingang der Abtretungsurkunde oder der schriftlichen Abtretungsanzeige des *Beschuldigten* bei der die Aufrechnung erklärenden Stelle. Der entsprechende Nachweis muss vielmehr schon in die einschlägigen Akten gelangt sein. Nur so kann der Zweck des § 43 S. 2, Zweifel an der Wirksamkeit einer Aufrechnungserklärung auszuschließen, erreicht werden.

14 Nicht ausreichend ist eine schriftliche Abtretungsanzeige des *Rechtsanwalts*. Auch eine mündliche Mitteilung des *Beschuldigten* über die Abtretung oder ein von der aufrechnenden Stelle über eine solche Mitteilung gefertigter Aktenvermerk genügt angesichts des eindeutigen Wortlauts des § 43 S. 2 nicht.

15 Aus der Bestimmung des § 43 S. 2 folgt die Unwirksamkeit der Abtretung eines durch Aufrechnung erloschenen Erstattungsanspruchs. Diese bei der Anwendung des § 96a BRAGO umstrittene Frage hat der Gesetzgeber somit im Sinne der bisher in diesem Kommentar vertretenen Auffassung[4] entschieden. Auch in den Fällen der Abtretung eines Kostenerstattungsanspruchs verbleibt es demnach bei der Systematik des bürgerlichen Rechts, nach der ein einmal erloschener Anspruch nicht gültig abgetreten werden kann.

16 Schutzwürdige Belange des Verteidigers erfordern es auch nicht, dass im Falle einer nachträglichen Abtretung die durch Aufrechnung bereits erloschene Forderung wieder auflebt. Der Verteidiger hat genügend Zeit, die Schutzwirkung des § 43 herbeizuführen. Umgekehrt kann es aber bei einem Wiederaufleben, besonders wenn die Staatskasse auch Geldstrafen im Aufrechnungsweg eingezogen hat, zu Schwierigkeiten kommen. Für die nachträgliche Abtretung ließe sich nämlich keine feste zeitliche Grenze mehr finden, so dass unter Umständen noch nach langer Zeit eine bereits als vollstreckt angesehene Strafe oder eine verjährte Kostenforderung wieder aufleben würde.

V. Gerichtliche Überprüfung

17 Die gerichtliche Überprüfung der Wirksamkeit oder Unwirksamkeit einer Aufrechnung ist durch Antrag auf gerichtliche Entscheidung nach Art. XI § 1 des Kostenänderungsgesetzes vom 26. 7. 1957 (KostÄndG, BGBl. I S. 861) herbeizuführen.[5] Dieses Verfahren ist Zivilsache, keine Strafsache.[6] Dies muss auch gelten, wenn mit der Kostenforderung gleichzeitig eine Geldstrafe eingezogen werden soll. Daher gilt insoweit nicht der für die Strafvollstreckung bestehende Rechtsmittelzug.[7] Zuständig ist gemäß Art. XI § 1 Abs. 2 KostÄndG das Amtsgericht, in dessen Bezirk die zur Einziehung der aufgerechneten Forderung der Staatskasse berufene Gerichtskasse ihren Sitz hat. Ob die Gerichtskasse selbst oder eine andere Behörde, zB die Vollstreckungsbehörde, die Aufrechnungserklärung abgegeben hat, spielt keine Rolle. Es ist daher in keinem Falle die Staatsanwaltschaft zur Entscheidung berufen, auch wenn ihr Vollstreckungsrechtspfleger aufgerechnet hat, und auch nicht das Gericht erster Instanz. Maßgebend ist auch nicht der Sitz der Stelle, die aufgerechnet hat, sondern allein der

---

[4] Vgl. 8. Aufl. § 96a BRAGO Rn. 8.

[5] Inzwischen überwiegende Meinung; die Auffassung des Strafsenats des OLG Bamberg JurBüro 1990, 1172, diese Bestimmung sei nicht anwendbar, weil die Abtretung kein Verwaltungsakt sei, ist vereinzelt geblieben; die als Ersatz angebotene Analogie zu § 5 GKG passt noch weniger.

[6] OLG Frankfurt JurBüro 1982, 89.

[7] AA BGH Rpfleger 1998, 304.

Abtretung des Kostenerstattungsanspruchs § 43

Sitz der für eine Kosteneinziehung zuständigen Kasse. Die Organisation der Kassen ist von den Ländern unterschiedlich geregelt. Im Allgemeinen sind die Kassen mehr oder weniger zentralisiert worden, so dass meist innerhalb eines Oberlandesgerichtsbezirks (zB in Bayern) oder sogar eines ganzen Landes (zB in Rheinland-Pfalz) nur ein einziges Amtsgericht zur Entscheidung berufen ist.

Das Überprüfungsverfahren erfordert keine mündliche Verhandlung, eine Beweisaufnahme ist möglich. Die Entscheidung ergeht durch Beschluss. Dieser ist gemäß § 14 Abs. 3 KostO i.V.m. Art. XI § 1 Abs. 2 S. 3 KostÄndG mit der Beschwerde anfechtbar, wenn der Wert des Beschwerdegegenstands 200 Euro übersteigt oder wenn das Gericht, das die angefochtene Entscheidung erlassen hat, die Beschwerde wegen der grundsätzlichen Bedeutung der zur Entscheidung stehenden Frage in dem Beschluss zulässt. Weitere Beschwerde ist als Rechtsbeschwerde möglich, wenn das Landgericht sie zugelassen hat (§ 14 Abs. 5 KostO). Die Verfahren sind gebührenfrei, eine Kostenerstattung findet nicht statt (§ 14 Abs. 9 KostO). **18**

VI. Bußgeldverfahren

Die Vorschrift des § 43 gilt auch, wenn im Bußgeldverfahren der Betroffene den Kostenerstattungsanspruch abtritt. Insoweit wird die Regelung des § 105 Abs. 1 BRAGO i.V.m. § 96 a BRAGO übernommen. **19**

Abschnitt 8. Beigeordneter oder bestellter Rechtsanwalt, Beratungshilfe

Vorbemerkung zu § 44
Vergütungsanspruch bei Beratungshilfe

Übersicht

	Rn.		Rn.
I. Allgemeines	1–6	1. Schutzgebühr/Beratungshilfegebühr.	15
II. Verfahren	7–14	2. Entschädigungsanspruch des Rechtsanwalts gegen die Landeskasse	16, 17
III. Vergütung des Rechtsanwalts	15–23	3. Anspruch gegen den Gegner	18–23

I. Allgemeines

1   In Abschnitt 8 des RVG sind die Vergütungsansprüche bei Beratungshilfe sowie die des beigeordneten oder bestellten Rechtsanwalts, die in der BRAGO im 13. und 14. Abschnitt geregelt waren, nun zusammengefasst. Die Vergütung für die Beratungshilfe war zuvor im 14. Abschnitt der BRAGO (§§ 131 bis 133 BRAGO) geregelt. Der 14. Abschnitt war (als „Dreizehnter Abschnitt") der BRAGO durch das Gesetz über Rechtsberatung und Vertretung für Bürger mit geringem Einkommen (BerHG) vom 18.6.1980 (BGBl. I S. 689) angefügt worden. Er erhielt die Bezeichnung, nachdem durch das 5. BRAGOÄndG vom selben Tage nach Einfügen eines neuen Achten Abschnitts dieser und alle folgenden Abschnitte um eine Nummer heraufgesetzt worden sind. Der 14. Abschnitt der BRAGO ist mit Einführung des RVG durch § 44 sowie Nr. 2600 bis 2608 des Vergütungsverzeichnisses abgelöst worden. § 44 sowie Nr. 2600 bis 2608 VV regeln jetzt die Vergütung des Rechtsanwalts für die Rechtsberatung und Vertretung von Bürgern mit geringem Einkommen außerhalb eines Prozesses.[1] Nach Modellversuchen in den Ländern hat der Gesetzgeber sich schließlich grundsätzlich für die „Anwaltslösung" entschieden (§ 3 BerHG), es jedoch in Hamburg und Bremen bei der „Behördenlösung" (in Hamburg durch die der Sozialbehörde unterstehende „Öffentliche Rechtsauskunftstelle"; in Bremen durch die Arbeitnehmer-Kammern als Körperschaften des öffentlichen Rechts, § 14 Abs. 1 BerHG) belassen. In Berlin hat der Rechtsuchende die Wahl zwischen der Inanspruchnahme der dort eingeführten öffentlichen Rechtsberatung und anwaltlicher Beratungshilfe (§ 14 Abs. 2 BerHG). Macht er von Letzterer – was in steigendem Maße der Fall ist – Gebrauch, dann richtet sich die Vergütung des in Anspruch genommenen Anwalts nach diesem Abschnitt.

2   Von der Beratungshilfe waren bis zum 22.9.1994 die Beratung und Vertretung auf den Gebieten des **Steuerrechts** sowie des **Arbeitsrechts** und des **Sozialrechts** ausgenommen. In Angelegenheiten des **Strafrechts** und des **Ordnungswidrigkeitsrechts**

---

[1] Zur Geschichte des Beratungshilfegesetzes s. die Einführung in das Gesetz in den Kommentaren zum BerHG von *Klinge*, Luchterhand-Verlag 1980, und von *Greißinger*, Luchterhand-Verlag 1990.

Vorbemerkung **Vor § 44**

wird nur Beratung gewährt (§ 2 Abs. 2 S. 2 BerHG). Ausgenommen ist auch die Beratungshilfe in **auslandsrechtlichen Angelegenheiten**, sofern der Sachverhalt keine Beziehung zum Inland aufweist (§ 2 Abs. 3 BerHG). Die Ausnahme des Arbeitsrechts und des Sozialrechts war eine Konzession an die verbandspolitischen Interessen der Gewerkschaften, die die Konkurrenz der Rechtsanwälte bei der Beratung ihrer Mitglieder auf diesen Rechtsgebieten ebenso fürchteten, wie sie sich damit ihr Druckmittel gegenüber Nichtmitgliedern bewahren wollten, einer Gewerkschaft beitreten zu müssen, um „kostenlos" außergerichtlichen Rechtsrat auf diesen Gebieten zu erhalten. Die von *Klinge*,[2] *Grunsky*,[3] *Plagemann*[4] und *Trenk-Hinterberger*[5] zu dieser Ausnahme von der Beratungshilfe geäußerten verfassungsrechtlichen Bedenken (Verstoß gegen Art. 3 Abs. 1, Art. 19 Abs. 4, Art. 9 Abs. 1 in Verbindung mit Art. 2 Abs. 1, Art. 103 Abs. 1 GG) sind nicht von der Hand zu weisen. Nach dem Beschluss des BVerfG vom 2. 12. 1992[6] war § 2 Abs. 2 Satz 1 Nr. 1 aF BerHG insoweit mit Art. 3 Abs. 1 GG unvereinbar, als Beratungshilfe nicht in Angelegenheiten gewährt wurde, für deren Entscheidung die Gerichte für Arbeitssachen ausschließlich zuständig sind. Für das Gebiet der neuen Bundesländer wird Beratungshilfe auch im Arbeitsrecht und im Sozialrecht gewährt.[7]

Nach dem Beschluss des früheren Dreierausschusses des Bundesverfassungsgerichts[8] war der Ausschluss des **Sozialversicherungsrechts** von der Beratungshilfe in § 2 Abs. 2 S. 1 BerHG mit dem Grundgesetz vereinbar, da in diesem Bereich hinreichende anderweitige kostenlose Beratungs- und Auskunftsmöglichkeiten bestanden. Diese Fälle fielen aber schon nach § 1 Abs. 1 Nr. 2 BerHG nicht unter die Beratungshilfe, sie waren daher von dem Ausschluss nach § 2 Abs. 2 S. 1 BerHG nicht betroffen. Die verfassungsrechtliche Frage stellte sich daher nur in den Fällen, in denen ohne deren Ausschluss durch § 2 Abs. 2 S. 1 BerHG Beratungshilfe zu gewähren gewesen wäre, etwa weil dem Berechtigten eine Beratung durch den Leistungsträger, dem gegenüber das Recht geltend zu machen war (§ 14 SGB I), nicht zuzumuten war.[9] 3

Nicht zuletzt diese Ausnahmen nahmen dem Gesetz aber seinen kodifikatorischen Charakter und ließen daher den **Ländern** die **Gesetzgebungskompetenz** für eine Ausfüllung der vom Bundesgesetzgeber gelassenen Lücken (Art. 72 Abs. 1 GG). Auf diese Möglichkeit wurde schon während der parlamentarischen Behandlung des Gesetzes im Bundestag und Bundesrat hingewiesen, insbesondere auch nachdem die Einbeziehung des Arbeitsrechts und des Sozialrechts im Vermittlungsausschuss gescheitert war.[10] So hatten auch schon einige Länder die bundesgesetzliche Regelung landesrechtlich durch Einbeziehung des Arbeitsrechts und des Sozialrechts in die Beratungshilfe ergänzt.[11] Die Frage ist dadurch bereinigt worden, dass der Gesetzgeber in Art. 1 Nr. 1 des BerHÄndG vom 14. 9. 1994 (BGBl. I S. 2323) den § 2 Abs. 2 Satz 1 4

---

2 *Klinge* aaO Rn. 2.
3 *Grunsky* NJW 1980, 2041, 2047.
4 *Plagemann* AnwBl. 1981, 170.
5 *Trenk-Hinterberger* in der Anm. zu AG Siegen AnwBl. 1983, 474.
6 BVerfG NJW 1993, 2093; BGBl. 1993 I S. 303.
7 Einigungsvertrag vom 31. 8. 1990, BGBl. II S. 889, 932.
8 BVerfG AnwBl. 1986, 164.
9 AG Mönchengladbach AnwBl. 1985, 333.
10 Nachweise bei *Klinge* § 2 BerHG Rn. 3.
11 Bayern durch Bekanntmachung des BayStMJ vom 15. 12. 1980 – BayJMBl. 1981, 9; Niedersachsen durch AV des MJ vom 5. 1. 1983 – AnwBl. 1983, 118; vom 28. 12. 1983 (3006–202.27); Rheinland-Pfalz durch VwV des JM vom 22. 12. 1982 (3006–1 23/80) – JMBl. Rhld.Pf. 1981, 13.

Schneider

Vor § 44 *Abschnitt 8. Beigeordneter oder bestellter Rechtsanwalt, Beratungshilfe*

BerHG die Beratungshilfe in Nr. 1 Buchst. a auf alle Zivilsachen einschließlich der Arbeitssachen und in Nr. 4 auf das Sozialrecht erstreckt hat.

5   Ein besonderes Problem bietet die Streitfrage „Prozesskostenhilfe oder Beratungshilfe für das **Prozesskostenhilfe-Prüfungsverfahren?**". Das finanzgerichtliche (§ 142 FGG), arbeitsgerichtliche (§ 11a ArbGG) und sozialgerichtliche (§ 73a SGG) Verfahren sehen die Gewährung von Prozesskostenhilfe entsprechend den §§ 114, 115 ZPO vor. Soweit noch diese Rechtsgebiete von der Beratungshilfe ausgenommen waren, konnte der Beschluss des BGH,[12] nach dem das PKH-Prüfungsverfahren kein „gerichtliches Verfahren" im Sinne des § 1 Abs. 1 BerHG sei, so dass dafür (unter den gleichen persönlichen und wirtschaftlichen Voraussetzungen, § 1 Abs. 2 BerHG) Beratungshilfe statt Prozesskostenhilfe zu gewähren sei, das Problem nicht lösen, da Beratungshilfe in diesen Fällen auf diesen Rechtsgebieten eben gesetzlich ausgeschlossen war. Diese Bedenken gegen die restriktive Auslegung des Begriffs der „Prozessführung" in § 114 ZPO sind jetzt entfallen, die weiteren – insbesondere von *Finger*[13] und *Trenk-Hinterberger*[14] – geäußerten Bedenken behalten aber ihr Gewicht.

6   Das BerHG hat aber auch jetzt noch insoweit keinen kodifikatorischen Charakter, als es **kein Verbot öffentlicher Rechtsauskunfts-** und **Beratungsstellen** der Länder und Gemeinden enthält. Diese Stellen können weitergeführt werden. Die Vergütung der vor ihnen tätig werdenden Rechtsanwälte richtet sich aber nicht nach den Vorschriften des 8. Abschnitts des RVG, sondern – je nach den Umständen des Falles – zB nach Nr. 2100 (früher § 20 BRAGO), Nr. 2400 (früher § 118 BRAGO) oder Nr. 2402 VV (früher § 120 BRAGO)[15] oder nach der jeweiligen Vereinbarung der Beratungsstelle mit der Landesjustizverwaltung (§ 3 Abs. 1 BerHG).

II. Verfahren

7   Nach § 4 Abs. 2 BerHG kann der **Antrag** auf Beratungshilfe mündlich oder schriftlich gestellt werden. In diesem Antrag ist der Sachverhalt, für den Beratungshilfe beantragt wird, anzugeben. Die persönlichen und wirtschaftlichen Verhältnisse des Rechtsuchenden sind glaubhaft zu machen. Zuständig für die Bewilligung der Beratungshilfe ist das Amtsgericht, „in dessen Bezirk der Rechtsuchende seinen allgemeinen Gerichtsstand hat", ansonsten „in dessen Bezirk ein Bedürfnis für Beratungshilfe auftritt" (§ 4 Abs. 1 BerHG). Die Voraussetzungen für die Gewährung von Beratungshilfe sind die gleichen wie die für die Gewährung von Prozesskostenhilfe ohne eigenen Beitrag zu den Kosten (§ 1 Abs. 2 BerHG). Hinzu tritt das Prinzip der **Subsidiarität**: Der Rechtsuchende darf keine andere zumutbare Möglichkeit haben, Rechtshilfe zu erlangen (§ 1 Abs. 1 Nr. 2 BerHG).

8   Dieses Verfahren mag für Rechtsuchende am Sitz eines Amtsgerichts praktikabel sein, jedoch sind im Zuge der Gerichtsreformen der Länder nach dem 2. Weltkrieg zahlreiche kleine Amtsgerichte aufgehoben und dadurch auch diese Gerichte immer bürgerferner geworden. Andererseits hat das explosionsartige Anwachsen der Zahl der Rechtsanwälte in den letzten Jahren dazu geführt, dass immer mehr Anwälte sich an anderen Orten als Gerichtsorten niederlassen, die dann den Rechtsuchenden an diesen

---

[12] BGHZ 91, 311 = NJW 1984, 2106 = AnwBl. 1985, 216.
[13] *Finger* AnwBl. 1983, 17.
[14] *Trenk-Hinterberger* in der Anm. zu BGH AnwBl. 1985, 216.
[15] *Hartmann* Einf. § 131 BRAGO Rn. 4.

Vorbemerkung **Vor § 44**

Orten oder in deren Umgebung näher stehen als die an dem häufig weit entfernten Amtsgerichtsort.

Der Gesetzgeber hat daher gut daran getan, den Rechtsuchenden auch die Möglich- **9** keit zu eröffnen, sich **unmittelbar an einen Rechtsanwalt** zu wenden, diesem gegenüber seine persönlichen und wirtschaftlichen Verhältnisse glaubhaft zu machen und ihm zu versichern, dass ihm – dem Rechtsuchenden – in derselben Angelegenheit bislang Beratungshilfe weder gewährt noch durch das Amtsgericht versagt worden ist (§ 7 BerHG). Der Rechtsanwalt kann dann dem Ratsuchenden die Beratungshilfe sofort gewähren und dessen Beratungshilfeantrag nachträglich dem Gericht zur Bewilligung vorlegen (§ 4 Abs. 2 S. 4 BerHG). Für diese nachträgliche Gewährung von Beratungshilfe ist jetzt – nach der Änderung des § 4 Abs. 1 BerHG durch das BerHÄndG vom 14. 9. 1994 (BGBl. I S. 2323) – nur noch das Amtsgericht zuständig, in dessen Bezirk der Rechtsuchende seinen allgemeinen Gerichtsstand hat, in Ermangelung eines solchen, das Amtsgericht, in dessen Bezirk ein Bedürfnis für Beratungshilfe auftritt. Dieses Verfahren, bei dem der Rechtsanwalt das Risiko übernimmt, ob dem Rechtsuchenden die erbetene (oder bereits gewährte) Beratungshilfe schließlich bewilligt wird, dürfte auf dem Lande die Regel sein und in Gerichtsorten ebenfalls immer dann, wenn der Ratsuchende schon einen positiven Kontakt mit einem Rechtsanwalt gehabt hat.

In diesen Fällen entfällt von vornherein die Beratungshilfe „**durch das Amtsge-** **10** **richt**", die § 3 Abs. 2 BerHG vorsieht, „soweit dem Anliegen durch eine sofortige Auskunft, einen Hinweis auf andere Möglichkeiten für Hilfe oder die Aufnahme eines Antrags oder einer Erklärung entsprochen werden kann". Sowohl die dem Amtsgericht nach § 3 Abs. 2 BerHG zugewiesenen Geschäfte als auch die Entscheidung über Anträge auf Gewährung von Beratungshilfe sind dem Rechtspfleger übertragen (§ 24a RPflG). Diese verstehen die ihnen durch § 12 BerHG übertragene weitere Funktion zuweilen so, dass sie in erster Linie zur Erteilung von Beratungshilfe befugt seien, und nur wenn sie – aus welchen Gründen auch immer – davon absehen, sei ein Berechtigungsschein für Beratungshilfe durch einen Rechtsanwalt auszustellen.

Diese Ansicht ist rechtsirrig. Aus § 1 Abs. 1 Nr. 2 BerHG lässt sie sich nicht ableiten, **11** da das hier normierte Subsidiaritätsprinzip nur für die Frage gilt, ob Beratungshilfe zu gewähren ist, nicht dagegen für die Frage, in welcher Form sie zu gewähren ist. Aus § 6 Abs. 1 BerHG ließe sich dies nur ableiten, wenn die Beratungshilfe durch den Rechtsanwalt und durch den Rechtspfleger gleichwertig nebeneinander stände. Dass das nicht der Fall ist, ergibt sich aus § 3 BerHG. Nach Abs. 1 dieser Vorschrift wird „die Beratungshilfe" **grundsätzlich**, allgemein und uneingeschränkt **durch Rechtsanwälte** gewährt, und zwar nicht nur in deren Kanzleien, sondern „auch in Beratungsstellen, die aufgrund einer Vereinbarung mit der Landesjustizverwaltung eingerichtet sind". Damit hat der Gesetzgeber unzweideutig zum Ausdruck gebracht, dass die Beratungshilfe der Anwaltschaft übertragen ist, auch soweit sie in einer Beratungsstelle auf dem Gericht erteilt wird. Die Beratungshilfe, die nach Abs. 2 dieser Vorschrift „auch durch das Amtsgericht" (d. h. den Rechtspfleger) gewährt werden kann, ist dagegen qualitativ etwas anderes. In § 6 Abs. 1 des Regierungsentwurfs war die Beratungsfunktion des Rechtspflegers dahin definiert, dass damit die „sofortige mündliche Auskunft, insbesondere durch einen Hinweis auf Rechtsvorschriften und die Belehrung über Rechtsbehelfe" gemeint war. Im Rechtsausschuss des Deutschen Bundestages ist die Beschreibung der Aufgaben des Rechtspflegers dann dahin vorgenommen worden, dass die Beratungshilfe durch das Amtsgericht gewährt werden kann, „soweit dem Anliegen durch eine sofortige Auskunft, einen Hinweis auf andere Möglichkeiten für Hilfe oder die Aufnahme eines Antrags oder einer Erklärung entsprochen werden kann". Diese die Beratungshilfebefugnisse des Rechtspflegers weiter eingrenzende Formulierung bringt deutlich zum Ausdruck, dass hier keine Alternative zur Beratungshilfe durch Rechtsanwälte gemeint ist. Wie der hier erwähnte „Hinweis auf andere Möglichkeiten für Hilfe" zeigt, handelt es sich in Wahrheit um Tätigkeiten des Rechtspflegers **im Beratungshilfe-Bewilligungsverfahren**. Denn diese Frage ist bereits in diesem Verfahren zu prüfen und gegebenenfalls die Beratungshilfe zu verweigern (§ 1 Abs. 1 Nr. 2 BerHG).[16]

12   Auch die weiteren Umschreibungen der Funktionen des Rechtspflegers in dieser Vorschrift deuten mehr auf eine Tätigkeit hin, die **der Beratungshilfe durch Rechtsanwälte vorgeschaltet** ist, um deren Inanspruchnahme durch einfache und mehr formale Tätigkeiten zu vermeiden, als auf eine gleichberechtigte Alternative zur Beratungshilfe durch Rechtsanwälte: Die Befriedigung des Anliegens des Rechtsuchenden durch eine *sofortige* Auskunft, durch die Aufnahme eines Antrags oder einer Erklärung.

13   Gibt der Rechtsuchende sich damit zufrieden, dann braucht kein Berechtigungsschein mehr ausgestellt zu werden. Besteht er aber auf Beratungshilfe durch einen Rechtsanwalt, dann darf der Rechtspfleger – außer im Falle des § 1 Abs. 1 Nr. 2 BerHG – **den Berechtigungsschein nicht verweigern.**[17] Hierin sowie in der Möglichkeit, einen Rechtsanwalt zunächst in Anspruch zu nehmen und dann nachträglich den Antrag auf Bewilligung von Beratungshilfe zu stellen (§ 4 Abs. 2, § 7 BerHG) zeigt sich, dass die eigentliche Beratungshilfe durch den Rechtsanwalt erteilt wird und die „Beratungshilfe" durch den Rechtspfleger nach § 3 Abs. 2 BerHG in Wahrheit nur ein in den Fällen, in denen der Rechtsuchende eine Beratungsstelle aufsucht, der Beratungshilfe vorgeschaltetes Verfahren ist, in welchem der Rechtspfleger grundsätzlich nur „Wegweiserfunktion"[18] auszuüben hat, in einfach gelagerten Fällen aber auch den Rechtsuchenden schon beraten kann, sofern dieser sich damit zufrieden gibt.

14   Der Rechtspfleger ist nicht berechtigt, **einen bestimmten Rechtsanwalt „beizuordnen".** Sind die Voraussetzungen für die Gewährung von Beratungshilfe gegeben und hat sich die Angelegenheit nicht im Bewilligungsverfahren erledigen lassen, dann stellt der Rechtspfleger dem Rechtsuchenden unter genauer Bezeichnung der Angelegenheit einen Berechtigungsschein für Beratungshilfe durch einen Rechtsanwalt seiner Wahl aus (§ 6 Abs. 1 BerHG). Der vom Rechtsuchenden ausgewählte Rechtsanwalt ist verpflichtet, in der im Berechtigungsschein bezeichneten Angelegenheit Beratungshilfe zu gewähren. Lediglich aus wichtigem Grund kann er dies im Einzelfall ablehnen (§ 49a BRAO).

III. Vergütung des Rechtsanwalts

15   **1. Schutzgebühr/Beratungshilfegebühr.** Gemäß Nr. 2600 VV kann der Rechtsanwalt vom Rechtsuchenden, dem er Beratungshilfe gewährt, eine Gebühr von 10 Euro fordern (zu den weiteren Einzelheiten hinsichtlich dieser Gebühr s. die Kommentierungen dort). § 44 Satz 2 stellt in Anlehnung an § 8 Abs. 1 BerHG aF klar, dass

---

[16] Ausführlicher dazu Lindemann/Trenk-Hinterberger § 3 BerHG Rn. 18 bis 20; *Greißinger* § 3 BerHG Rn. 49.
[17] § 6 Abs. 1 BerHG; *Klinge* § 3 BerHG Rn. 2; *Forstmann* AnwBl. 1982, 183; *Lindemann/Trenk-Hinterberger* § 3 BerHG Rn. 21; aA *Mümmler* JurBüro 1984, 1129.
[18] So auch *Lindemann/Trenk-Hinterberger* § 3 BerHG Rn. 17.

Vorbemerkung **Vor § 44**

nur der Rechtsuchende die Beratungshilfegebühr schuldet. Diese Klarstellung war erforderlich, weil die nach alter Rechtslage in § 8 Abs. 1 BerHG bestimmte und von dem Rechtsuchenden geschuldete Gebühr jetzt im Vergütungsverzeichnis geregelt ist und § 8 Abs. 1 BerHG aF aufgehoben wurde. § 4 ist auf diesen Gebührenanspruch nicht anzuwenden, eine darüber getroffene Honorarvereinbarung wäre nichtig (§ 8 BerHG). Der Rechtsanwalt kann dem Rechtsuchenden aber diese Gebühr ganz oder teilweise erlassen (Nr. 2600 VV).

2. Entschädigungsanspruch des Rechtsanwalts gegen die Landeskasse. § 44 16 regelt – entsprechend § 45 hinsichtlich der Prozesskostenhilfe – den Entschädigungsanspruch des Rechtsanwalts gegen die Landeskasse. Ebenso wie dort handelt es sich hier um einen Aufopferungsanspruch. Zwar wird für die Beratungshilfe kein bestimmter Rechtsanwalt „beigeordnet". Aber der Rechtsuchende erhält einen Berechtigungsschein für Beratungshilfe durch einen Rechtsanwalt seiner Wahl (§ 6 BerHG) und jeder Rechtsanwalt, an den er sich wendet, steht aufgrund dieses Scheines unter Kontrahierungszwang, von dem er sich nur aus wichtigem Grund befreien kann (§ 49 a BRAO).

Anders als der Anspruch auf die Schutzgebühr gemäß Nr. 2600 VV ist der Entschä- 17 digungsanspruch gegen die Landeskasse aus den Nr. 2601 bis 2608 VV abhängig von der Erteilung eines **Berechtigungsscheins**. Die Entschädigungstatbestände, sowie die Höhe dieser Entschädigung sind jetzt ausschließlich in Teil 2 Abschnitt 6 des Vergütungsverzeichnisses normiert. Diese Entschädigung besteht aus bestimmten, in Nr. 2601 bis 2608 VV geregelten Festgebühren, unabhängig vom Geschäftswert der Sache (Näheres s. die Kommentierung dort). Zu den aus der Landeskasse zu ersetzenden Auslagen des Rechtsanwalts gehören auch Dolmetscherkosten, die erforderlich wurden, damit er sich mit dem Rechtsuchenden verständigen konnte.[19]

3. Anspruch gegen den Gegner. § 9 BerHG gibt dem in Beratungshilfe tätig ge- 18 wordenen Rechtsanwalt einen Anspruch auf seine **Regelgebühren** gegen den Gegner, wenn dem Rechtsuchenden gegen den Gegner ein Anspruch auf Ersatz seiner Kosten (etwa aus Verzug, positiver Vertragsverletzung, unerlaubter Handlung) zusteht. In diesem Fall bemisst sich der Schadensersatzanspruch des Rechtsuchenden in Höhe der „gesetzlichen Vergütung" des Rechtsanwalts, womit seine Regelgebühren im Sinne des § 50 gemeint sind.[20] Das ist umso erstaunlicher, als alle genannten Autoren sich darin einig sind, dass dem Rechtsanwalt gegen den Rechtsuchenden, sofern dieser ihn in Beratungshilfe in Anspruch genommen hat, über die Gebühr der Nr. 2600 VV hinaus kein Gebührenanspruch zusteht, insbesondere kein Anspruch auf seine Regelgebühren,[21] es sei denn, dass dem Rechtsuchenden nach vorhergehender Inanspruchnahme des Rechtsanwalts keine Beratungshilfe bewilligt wird. Andernfalls ist der Rechtsuchende seinem Anwalt nur zur Zahlung von 10 Euro verpflichtet, (die der Anwalt erlassen kann,) hat aber nach dem Willen des Gesetzgebers gegen seinen ersatzpflichtigen Gegner Anspruch auf „Vergütung" der Regelgebühren seines Anwalts, also einer Schuld, die der Mandant selbst nicht schuldet. Ein erstaunlicher Vorgang, der aber vom Gesetzgeber so gewollt war, um die soziale Wohltat der Beratungshilfe nicht dem Gegner des Rechtsuchenden zugute kommen zu lassen. Der so geschaffene

---

[19] AG Bochum AnwBl. 1983, 477.
[20] *Gerold/Schmidt/v. Eicken/Madert* Vor § 131 BRAGO Rn. 14; *Schaich* AnwBl. 1981, 2, 4 (unter Nr. 4. d); *Grunsky* NJW 1980, 2041, 2048 (unter III. 2.).
[21] *Gerold/Schmidt/v. Eicken/Madert* Vor § 131 BRAGO Rn. 14.

Erstattungsanspruch des Rechtsuchenden geht kraft Gesetzes auf den Rechtsanwalt über (§ 9 S. 2 BerHG).

19 Diese Regelung unterscheidet sich von der des § 126 ZPO in zweifacher Hinsicht. Einmal entstehen dem in Prozesskostenhilfe beigeordneten Rechtsanwalt seine Regelgebühren gegen seinen Mandanten, sie sind lediglich im Verhältnis zum Mandanten gestundet, werden aber gegebenenfalls von der Staatskasse in der Form von Ratenzahlungen eingezogen und nach § 50 an den Rechtsanwalt ausgezahlt, während der in Beratungshilfe tätig werdende Rechtsanwalt **gegen den Rechtsuchenden** nur Anspruch auf die **Schutzgebühr** von 10 Euro nach Nr. 2600 VV hat. Zum anderen bleibt im Falle des § 126 ZPO der Mandant Forderungsinhaber; dem in Prozesskostenhilfe beigeordneten Rechtsanwalt erwächst lediglich ein selbständiges Beitreibungsrecht seiner Regelgebühren und Auslagen im eigenen Namen gegen den Gegner, während der Beratungshilfeanwalt durch cessio legis Forderungsinhaber im Verhältnis zum Gegner des Rechtsuchenden wird.

20 Streit besteht darüber, ob und wie die vom Rechtsuchenden **gezahlte Schutzgebühr** von 10 Euro **bei** der **Geltendmachung des** auf den Rechtsanwalt übergegangenen **Anspruchs auf** seine **Regelgebühren zu berücksichtigen** ist. *Schaich*,[22] *Klinge*,[23] und *Greißinger*[24] sind der Meinung, dass eine bereits geleistete Schutzgebühr vom Anspruch auf die Regelvergütung gegen den Gegner abzuziehen ist; *Schoreit/Dehn*[25] sind der Ansicht, dass der Rechtsanwalt in diesem Fall seine vollen Regelgebühren vom Gegner einzuziehen und dem Rechtsuchenden die gezahlte Schutzgebühr von 10 Euro zu erstatten hat.

21 Das Gesetz sagt darüber nichts. Es bestimmt lediglich in § 9 S. 2 BerHG, dass der Anspruch des Rechtsuchenden auf die gesetzliche Vergütung für die Tätigkeit des Rechtsanwalts gegen den Gegner auf den Rechtsanwalt übergeht. Diesen auf ihn übergegangenen Anspruch macht der Rechtsanwalt gegen den Gegner geltend. Die vom Rechtsuchenden gezahlte **Schutzgebühr** ist **keine Teilzahlung** auf die gesetzliche Vergütung des Rechtsanwalts, sondern eine eigenständige Gebühr nach Nr. 2600 VV. Eine Anrechnung auf die dem Anwalt gegen den Gegner zustehenden Regelgebühren ist im Gesetz nicht vorgesehen. Die gezahlte Schutzgebühr steht daher der Geltendmachung des vollen auf den Rechtsanwalt übergegangenen Anspruchs auf seine Regelgebühren gegen den Gegner des Rechtsuchenden nicht entgegen.

22 Für eine spätere **Rückzahlung** der Schutzgebühr an den Mandanten nach Realisierung des auf den Anwalt nach § 9 Satz 2 BerHG übergegangenen vollen Gebührenanspruchs gegen den Gegner ist kein Rechtsgrund ersichtlich.[26] Die Schutzgebühr verbleibt daher in diesen Fällen dem Anwalt als zusätzliches Entgelt.[27]

23 Ob der Rechtsuchende die Schutzgebühr zusätzlich zur gesetzlichen Vergütung als **Auslage** von dem ersatzpflichtigen Gegner ersetzt verlangen kann, wie *Trenk-Hinterberger*[28] und *Gerold/Schmidt/v. Eicken/Madert*[29] meinen, ist eine Frage des materiellen Rechts, nicht des BerHG oder Gebührenrechts.

---

[22] *Scheich* AnwBl. 1981, 2, 4 (unter Nr. 4 d).
[23] *Klinge* § 9 BerHG Rn. 1.
[24] *Scheich* AnwBl. 1981, 1, 4 und *Greißlinger* § 9 BerHG Rn. 7, 8.
[25] *Schoreit/Dehn*, BerHG/PKHG, § 9 BerHG Rn. 4.
[26] So auch *Gerold/Schmidt/v. Eicken/Madert* Vor § 131 BRAGO Rn. 14 entgegen *Schoreit/Dehn* § 9 BerHG Rn. 3.
[27] *Lindemann/Trenk-Hinterberger* § 9 BerHG Rn. 5 entgegen *Schoreit/Dehn*, BerHG/PKHG, § 9 Rn. 3 und 8. Aufl. dieses Kommentars.
[28] *Hinterberger* § 9 BerHG Rn. 6.
[29] *Gerold/Schmidt/v. Eicken/Madert* Vor § 131 BRAGO Rn. 14.

§ 44 Vergütungsanspruch bei Beratungshilfe

¹Für die Tätigkeit im Rahmen der Beratungshilfe erhält der Rechtsanwalt eine Vergütung nach diesem Gesetz aus der Landeskasse, soweit nicht für die Tätigkeit in Beratungsstellen nach § 3 Abs. 1 des Beratungshilfegesetzes besondere Vereinbarungen getroffen sind. ²Die Beratungshilfegebühr (Nummer 2600 des Vergütungsverzeichnisses) schuldet nur der Rechtsuchende.

I. Geltungsbereich, Allgemeines

Die Regelung des § 44 entspricht der des § 131 BRAGO. Die Vorschrift ist durch § 10 BerHG der BRAGO angefügt worden und am 1.1.1981 in Kraft getreten (§ 16 BerHG) **außer in** den Ländern **Bremen** und **Hamburg** (§ 14 Abs. 1 BerHG). In diesen beiden Ländern kann das BerHG durch Landesrecht eingeführt werden. Solange das nicht geschehen ist, gelten in diesen Stadtstaaten für den Vergütungsanspruch des Rechtsanwalts gegen den Rechtsuchenden die übrigen Regelungen des RVG mit Ausnahme des § 44 sowie der Nr. 2600 bis 2608 VV, während für einen Entschädigungsanspruch gegen die Landeskasse mangels einer öffentlich-rechtlichen Verpflichtung des Rechtsanwalts zum Tätigwerden in einem Beratungshilfeverfahren mit Kontrahierungszwang kein Raum ist. 1

II. Gesetzgebungszuständigkeit

Die Ermächtigungsvorschrift in § 14 Abs. 1 BerHG ist auch nicht so zu verstehen, dass der Landesgesetzgeber in beiden genannten Stadtstaaten nur ermächtigt ist, die Vorschriften des BerHG ganz oder teilweise („soweit") einzuführen. Vielmehr handelt es sich um eine Materie, die in die konkurrierende Gesetzgebungskompetenz des Bundesgesetzgebers fällt (Art. 74 Nr. 1 GG). Zwar hat der Bundesgesetzgeber das Anwaltsgebührenrecht kodifikatorisch geregelt (§ 1) und damit die Gesetzgebungskompetenz auf diesem Gebiet an sich gezogen. Das schließt aber nicht aus, dass die Zuständigkeit des Landesgesetzgebers (hier in den Ländern Bremen und Hamburg) wieder auflebt, soweit der Bundesgesetzgeber (in § 14 Abs. 1 BerHG) auf seine Zuständigkeit verzichtet oder hinsichtlich neu zu regelnder Sachverhalte (in Abschnitt 8 des RVG in Verbindung mit § 14 Abs. 1 BerHG) davon keinen Gebrauch macht.¹ Das gilt aber nur für die genannten beiden Stadtstaaten und nur hinsichtlich der Beratungshilfe einschließlich der dafür zu zahlenden Anwaltsvergütung. Soweit in diesen und in allen anderen Ländern Bundesrecht gilt, geht es dem Landesrecht vor (Art. 31 GG). 2

III. Entschädigungsanspruch des Beratungshilfeanwalts

§ 44 sowie die Nr. 2600 bis 2608 VV regeln ausschließlich, aber nicht abschließend den Entschädigungsanspruch des Rechtsanwalts, der nach dem Beratungshilfegesetz tätig geworden ist, gegen die Landeskasse. Sie gelten in jedem Fall, in welchem der Rechtsanwalt die Beratungshilfe **in seiner Kanzlei** geleistet hat. Wurde er dagegen **in** 3

---
1 *Maunz/Dürig/Herzog* Art. 73 GG Rn. 11 und Art. 74 GG Rn. 6.

einer Beratungsstelle tätig, die aufgrund einer Vereinbarung mit der Landesjustizverwaltung eingerichtet worden ist (§ 3 Abs. 1 BerHG), dann kann sein Entschädigungsanspruch gegen die Landeskasse durch „besondere Vereinbarungen" geregelt werden. Diese „besonderen Vereinbarungen" gehen der in den Nr. 2601 bis 2608 VV getroffenen Regelung vor.

4 Streitig ist, ob der Entschädigungsanspruch gegen die Landeskasse **durch die bloße Tätigkeit** des Rechtsanwalts ausgelöst wird.[2] In diesem Fall wird für erforderlich gehalten, dass der Rechtsuchende sich von vornherein an den Rechtsanwalt mit der Bitte um Beratungshilfe gewandt hat, anderenfalls komme kein Entschädigungsanspruch gegen die Landeskasse und kein Anspruch auf die Schutzgebühr nach Nr. 2600 VV in Betracht, sondern lediglich ein Vergütungsanspruch gegen den Rechtsuchenden nach den übrigen Paragrafen des RVG.[3]

5 Dieser Ansicht kann nicht gefolgt werden. Sie lässt keinen Raum für die **anwaltliche** Aufklärungs- und **Belehrungspflicht**, den Mandanten auf die Möglichkeit der Inanspruchnahme von Beratungshilfe in den Fällen hinzuweisen, in denen für den Rechtsanwalt erkennbar wird, dass die Voraussetzungen für eine Beratungshilfe nach § 1 BerHG gegeben sind.[4] Ergibt sich diese Möglichkeit erst im Laufe der Beratung durch den Rechtsanwalt und erklärt der Rechtsuchende nach Belehrung durch ihn, dass er davon Gebrauch machen möchte, dann hat der Rechtsanwalt gegen ihn nur den Anspruch auf die **Schutzgebühr** nach Nr. 2600 VV. Der Anspruch gegen die Landeskasse auf Entschädigung nach den § 44 in Verbindung mit den Nr. 2601 bis 2608 VV setzt dagegen einen Staatshoheitsakt voraus, der den Kontrahierungszwang des § 49a BRAO auslöst. Dieser Staatshoheitsakt, der auch nachträglich erwirkt werden kann, ist der Berechtigungsschein.

IV. Berechtigungsschein

6 Will der Rechtsanwalt seinen Entschädigungsanspruch gegen die Landeskasse geltend machen, so muss er den **Berechtigungsschein** vorlegen. *Gerold/Schmidt/Madert*[5] empfiehlt daher dem Anwalt, in Zweifelsfällen – wenn die Sache nicht eilig ist – den Rechtsuchenden erst an das Amtsgericht mit dem Hinweis zu verweisen, er solle einen Berechtigungsschein besorgen. Unterbleibt dies – aus welchem Grunde auch immer –, dann kann der Rechtsanwalt nicht allein deswegen vom Rechtsuchenden seine Regelvergütung fordern. Hat der Rechtsuchende – wenn auch erst nach Belehrung durch den Rechtsanwalt – erklärt, dass er Beratungshilfe in Anspruch nehmen will, und ist der Rechtsanwalt – in der Annahme, dass die Voraussetzungen dafür gegeben sind – darauf eingegangen, dann ist er nach Treu und Glauben daran gebunden, es sei denn, dass der Rechtsuchende ihn über die Voraussetzungen der Beratungshilfe getäuscht hat. Leistet der Rechtsanwalt Beratungshilfe, ohne dass ein Berechtigungsschein vorliegt, dann läuft er das Risiko, ob ein Fall der Beratungshilfe gegeben ist – abgesehen vom Fall der Täuschung über die Voraussetzungen der Beratungshilfe durch den Rechtsuchenden.

7 Die Erteilung eines Berechtigungsscheins für Beratungshilfe ist **unanfechtbar**, eine einem Rechtsanwalt aufgrund eines Berechtigungsscheins aus der Landeskasse ge-

---

[2] So *Grunsky* NJW 1980, 2041, 2048.
[3] *Hartmann* § 131 BRAGO Rn. 2.
[4] *Greißinger* AnwBl. 1982, 288.
[5] *Gerold/Schmidt/Madert* Rn. 4.

zahlte Entschädigung kann auch dann nicht zurückgefordert werden, wenn der Berechtigungsschein irrtümlich ausgestellt worden ist.[6] Ist daher ein Berechtigungsschein erteilt, dann kann die Landeskasse gegen den Entschädigungsanspruch des Rechtsanwalts nicht mehr einwenden, die Voraussetzungen der Beratungshilfe hätten nicht vorgelegen. Diese Voraussetzungen sind **vor Erteilung** des Berechtigungsscheins vom Rechtspfleger zu prüfen (§ 6 Abs. 1 BerHG).

Gegen den Beschluss, durch den der Antrag auf Erteilung eines Berechtigungsscheins zurückgewiesen wird, ist nur die **Erinnerung** gegeben (§ 6 Abs. 2 BerHG), die Beschwerde nach § 19 FGG ist daher ausgeschlossen.

V. Weitere Voraussetzungen

Weitere Voraussetzung für einen Entschädigungsanspruch des Rechtsanwalts gegen die Landeskasse ist die Erfüllung eines der **Entschädigungstatbestände** der Nr. 2601 bis 2608 VV.

Vorbemerkung zu § 45

Vergütungsanspruch des beigeordneten oder bestellten Rechtsanwalts

Übersicht

	Rn.		Rn.
I. Allgemeines	1–4	IV. Grundsätzliches zum Vergütungsanspruch	19–43
1. Entstehungsgeschichte	1–3		
2. Einführung des RVG	4	1. Die Rechtsbeziehungen des in Prozesskostenhilfe beigeordneten Rechtsanwalts zu der durch die Gewährung von Prozesskostenhilfe begünstigten Partei	19–30
II. Sachlicher Anwendungsbereich	5–12		
1. Verfahren mit Prozesskostenhilfe	5		
2. Rechtsmittel	6		
3. Prozesskostenhilfe-Bewilligungsverfahren	7	a) Begründung	19–24
4. Zwangsvollstreckungsverfahren	8	b) Beendigung	25
5. Straf- und Privatklageverfahren, Verfahren vor dem Oberseeamt, Freiheitsentziehungsverfahren	9	c) Fürsorge-, Belehrungs- und Betreuungspflichten	26–29
6. Verfahren vor dem EuGH	10	d) Öffentlich-rechtliche oder privatrechtliche Natur	30
7. Verfahren vor dem Patentamt und dem Patentgericht, im Gebrauchsmuster- und Sortenschutzverfahren	11, 12	2. Zweck der Entschädigung aus der Staatskasse	31, 32
		3. Rechtsnatur des Anspruchs	33
III. Personeller Anwendungsbereich	13–18	4. Konkurrenz mit anderen Ansprüchen	34–43
		a) Anspruchsübergang	38, 39
1. Rechtsanwälte	13	b) Anrechnung	40
2. Patentanwälte, Erlaubnisscheininhaber	14	c) Einreden des Gegners	41, 42
		d) Verhältnis der Ansprüche	43
3. Steuerberater	15	V. Verhältnis zum Ersatzanspruch aus § 1835 Abs. 3 BGB	44, 45
4. Rechtsbeistände, Prozessagenten	16		
5. Notare	17		
6. Rechtslehrer an deutschen Hochschulen	18	VI. Berufspflichten des beigeordneten Anwalts	46

---

[6] LG Bochum AnwBl. 1984, 105.

Vor § 45 *Abschnitt 8. Beigeordneter oder bestellter Rechtsanwalt, Beratungshilfe*

I. Allgemeines

1 **1. Entstehungsgeschichte.** Durch das **Gesetz über die Prozesskostenhilfe** vom 13. 6. 1980 (BGBl. I S. 677) wurden in der Zivilprozessordnung die Vorschriften über das Armenrecht durch die über die Prozesskostenhilfe ersetzt. Dementsprechend erhielt der 12. Abschnitt der BRAGO, der bis dahin die Vergütung in Armensachen regelte, die Überschrift „Vergütung bei Prozesskostenhilfe", und die §§ 121 bis 124, 126 bis 129 BRAGO wurden geändert bzw. neu gefasst. Das PKHÄndG vom 10. 10. 1994 (BGBl. I S. 2954) hat die Vorschriften über das von ihnen einzusetzende Einkommen und Vermögen und die bis dahin in der Anlage 1 zu § 114 ZPO enthaltene Tabelle für die Bewilligung der Prozesskostenhilfe in § 115 ZPO zusammengefasst.

2 Das Prozesskostenhilfegesetz hat das bis dahin geltende Armenrecht nicht nur erweitert, sondern auf eine neue Grundlage gestellt. Während das frühere Armenrecht nur die ganze oder teilweise vorläufige Befreiung von der Vorauszahlung der Gerichts- und Anwaltskosten kannte und erst die Rechtsprechung eine Koppelung des Armenrechtsbeschlusses mit einer Nachzahlungsanordnung zur **ratenweisen Nachzahlung** derjenigen Beträge entwickelt hatte, von deren Berichtigung die Partei durch die Bewilligung des Armenrechts einstweilen befreit war, ist dies nunmehr der Regelfall.

3 Damit ist zugleich das frühere „**Armutszeugnis**" entfallen. Entfallen ist aber auch die Möglichkeit des Nachzahlungsbeschlusses für den Fall, dass die Partei nach Abschluss des Verfahrens oder Zahlung der 48 Monatsraten zu Vermögen kommt und deshalb in der Lage wäre, die Gerichts- und Anwaltskosten voll zu zahlen.[1]

4 **2. Einführung des RVG.** Die Einführung des RVG hat keine wesentlichen Änderungen mit sich gebracht. § 45 fasst mehrere Vorschriften, die in der BRAGO an verschiedenen Stellen geregelt waren, zusammen. **Abs. 1** entspricht § 121 BRAGO, jedoch wird der nach § 11 a ArbGG beigeordnete Rechtsanwalt nicht mehr besonders genannt, weil dieser nach § 12 RVG dem im Wege der Prozesskostenhilfe beigeordneten Rechtsanwalt gleichgestellt wird.[2] Zusätzlich ist der Prozesspfleger nach den §§ 57 und 58 ZPO aufgenommen worden. Die Regelung stellt nicht auf den Verzug ab, weil entweder kein gesetzlicher Vertreter vorhanden oder der Vertretene noch nicht als Eigentümer im Grundbuch eingetragen ist. Die aus der Staatskasse zu zahlende Vergütung gehört zu den Auslagen des Verfahrens (Nr. 9007 KV zum GKG).[3] Nach § 17 GKG hat der Kläger insoweit einen ausreichenden Vorschuss zu leisten. **Abs. 2** führt die Regelungen aus § 36 a Abs. 2 Satz 1 BRAGO betreffend den in einer Scheidungssache nach § 625 ZPO beigeordneten Rechtsanwalt und aus § 115 BRAGO betreffend den vom Gericht gemäß § 67 a Abs. 1 Satz 2 VwGO bestellten gemeinsamen Bevollmächtigten zusammen. Inhaltliche Änderungen sind damit nicht verbunden. **Abs. 3** Satz 1 tritt an die Stelle von § 103 Abs. 1 BRAGO und Satz 2 übernimmt den Regelungsinhalt des § 103 Abs. 2 BRAGO. **Abs. 4** entspricht ebenfalls dem bisherigen Recht (§ 90 Abs. 1 Satz 2, § 97 Abs. 1 Satz 2, auch i.V.m. § 105 Abs. 1 BRAGO) **Abs. 5** erstreckt Abs. 3 auf das Bußgeldverfahren vor der Verwaltungsbehörde. Auch dies entspricht der bisherigen Rechtslage (§§ 105 Abs. 1, § 103 Abs. 2

---

[1] Vgl. dazu 8. Aufl. Vor § 121 BRAGO Rn. 3.
[2] So BT-Drucks. 15/1971 S. 199 f. zu § 45.
[3] So im Wortlaut BT-Drucks. 15/1971 S. 199 f. zu § 45.

BRAGO). Jetzt ist ausdrücklich geregelt, dass in Bußgeldverfahren vor der Verwaltungsbehörde diese an die Stelle des Gerichts tritt.[4]

II. Sachlicher Anwendungsbereich

1. Verfahren mit Prozesskostenhilfe. Die Vorschriften dieses Abschnitts sind grundsätzlich anwendbar in allen gerichtlichen Verfahren, in denen einer der Parteien, einem Beteiligten oder Betroffenen vom Gericht im Wege der Prozesskostenhilfe, nach § 11a ArbGG, nach §§ 57, 58 ZPO, nach § 625 ZPO oder nach § 67a Abs. 1 Satz 2 VwGO ein Rechtsanwalt oder eine andere Person zur Wahrung ihrer Rechte **beigeordnet** worden ist, soweit die Vorschriften des 7. Titels der ZPO darauf anzuwenden sind (Ausnahmen von diesem Grundsatz s. für Rechtsanwälte Rn. 14, 15, für Patentanwälte und Erlaubnisscheininhaber Rn. 16). Es sind dies im Wesentlichen folgende Verfahren:
– Das streitige Verfahren vor den Gerichten der **Zivilgerichtsbarkeit** (§§ 114 ff. ZPO, § 209 Abs. 1 BEG),
– die Verfahren der freiwilligen Gerichtsbarkeit (§ 14 FGG, § 29 Abs. 3 EGGVG),
– das arbeitsgerichtliche Verfahren (§ 11a ArbGG),
– das verwaltungsgerichtliche Verfahren (§ 166 VwGO),
– das sozialgerichtliche Verfahren (§ 73a SGG),
– das finanzgerichtliche Verfahren (§ 142 FGG),
– das patentgerichtliche Verfahren (§§ 129 ff. PatG, § 12 Abs. 2 GebrMG).

2. Rechtsmittel. Gegen die Versagung der Prozesskostenhilfe oder eine willkürliche Verzögerung der Entscheidung über den Antrag ist **dem Antragsteller** die sofortige **Beschwerde** gegeben (§ 127 Abs. 2 Satz 2 ZPO). Maßgeblich für die Entscheidung ist die Sach- und Rechtslage im Zeitpunkt der Antragstellung.[5] Gegenstandswert der Beschwerde ist der Wert der Hauptsache.[6] Der **Staatskasse** steht gegen die Bewilligung der Prozesskostenhilfe ohne Anordnung von Ratenzahlungen binnen dreier Monate seit Verkündung der Entscheidung die sofortige **Beschwerde** mit dem Ziel der Auferlegung solcher Zahlungen zu (§ 127 Abs. 3 ZPO). Damit wurde eine Streitfrage[7] vom Gesetzgeber geklärt. Im Übrigen ist die Bewilligung von Prozesskostenhilfe unanfechtbar (§ 127 Abs. 2 Satz 1 ZPO).

3. Prozesskostenhilfe-Bewilligungsverfahren. Ob es eine Prozesskostenhilfe für das Prozesskostenhilfe-Bewilligungsverfahren gibt, ist streitig.[8] Der VIII. ZS des BGH hat entschieden,[9] dass die Beratung über die Erfolgsaussichten eines Prozesskostenhilfeantrags unter das BerHG falle, da es sich beim Prozesskostenhilfe-Bewilligungsverfahren nicht um „Prozessführung" iS des § 114 ZPO handle. Für dieses Verfahren sei daher Prozesskostenhilfe ausgeschlossen. *Trenk-Hinterberger*[10] hat in einer

---
[4] Wiedergegeben aus BT-Drucks. 15/1971 S. 200 zu § 45.
[5] OLG Koblenz AGS 1994, 14.
[6] LG Hannover MDR 1993, 391.
[7] S. OLG Düsseldorf AnwBl. 1983, 32.
[8] Bejahend OLG Hamm NJW 1982, 287; aA OLG Nürnberg NJW 1982, 288 = AnwBl. 1982, 76; AnwBl. 1982, 113; OLG Karlsruhe AnwBl. 1982, 491; erst wenn sich ein Vergleich in der Hauptsache im Prozesskostenhilfe-Bewilligungsverfahren abzeichnet: *Pentz* NJW 1982, 1269; OLG Hamm AnwBl. 1985, 654.
[9] BGH AnwBl. 1985, 216.
[10] *Trenk-Hinterberger* AnwBl. 1985, 217.

Vor § 45 *Abschnitt 8. Beigeordneter oder bestellter Rechtsanwalt, Beratungshilfe*

Anmerkung zu der Entscheidung auf Bedenken hingewiesen, die wegen des Ausschlusses von Arbeits-, Sozial- und Finanzgerichtssachen aus der Beratungshilfe in § 2 Abs. 2 BerHG gegen eine solche Auslegung bestehen, die mittellose Kläger im Prozesskostenhilfe-Bewilligungsverfahren vor einem dieser Gerichte schutzlos stellt.[11] Grundsätzlich kommt die Prozesskostenhilfe nicht schon für das Bewilligungsverfahren in Betracht. Eine Ausnahme besteht dann, wenn sich das Verfahren, für das die Prozesskostenhilfe beantragt war, durch Protokollierung einer Einigung (§ 118 Abs. 1 S. 3 ZPO) endgültig erledigt.[12]

8 **4. Zwangsvollstreckungsverfahren.** Wie sich schon aus der Begründung des Vorschlags des Rechtsausschusses des Deutschen Bundestages zur Fassung des § 119 ZPO ergibt, erstreckt sich die Bewilligung von Prozesskostenhilfe nicht auf die Zwangsvollstreckungsinstanz. Für diese muss bei Vorliegen der Voraussetzungen des § 114 ZPO gesondert Prozesskostenhilfe beantragt werden.[13] Liegen diese aber vor und wird der Antrag gestellt, dann ist die Prozesskostenhilfe für das gesamte Zwangsvollstreckungsverfahren, nicht beschränkt auf einzelne Zwangsvollstreckungsmaßnahmen, zu gewähren.[14]

9 **5. Straf- und Privatklageverfahren, Verfahren vor dem Oberseeamt, Freiheitsentziehungsverfahren.** Auch in Straf- und Privatklagesachen (§ 172 Abs. 3 Satz 2, § 379 Abs. 3 StPO, § 120 Abs. 2 StVollzG), in Verfahren vor dem Oberseeamt (§ 36 Abs. 3 des Gesetzes über die Untersuchung von Seeunfällen) sowie in gerichtlichen Verfahren bei Freiheitsentziehungen (einschließlich der Genehmigung einer Unterbringung nach § 1631 b BGB) kann Prozesskostenhilfe gewährt und ein Rechtsanwalt beigeordnet werden. Diese Beiordnungen fallen aber nicht unter diesen Abschnitt.[15]

10 **6. Verfahren vor dem EuGH.** Wegen der Beiordnung eines Anwalts durch den Gerichtshof der Europäischen Gemeinschaften s. dessen „zusätzliche Verfahrensordnung" vom 9. 3. 1962 (BGBl. II S. 770).

11 **7. Verfahren vor dem Patentamt und dem Patentgericht, im Gebrauchsmuster- und Sortenschutzverfahren.** In Patent- und Gebrauchsmustersachen kann ein Rechtsanwalt nicht nur für das patentgerichtliche Verfahren beigeordnet werden, sondern auch für das Verwaltungsverfahren vor dem Patentamt („Verfahrenskostenhilfe", §§ 129 bis 138 PatG).

12 Die einem für dieses Verwaltungsverfahren beigeordneten Anwalt aus der Staatskasse zu zahlende Vergütung ergibt sich weder aus den Vorschriften des PatG vom 16. 12. 1980 (BGBl. 1981 I S. 2) über die Verfahrenskostenhilfe (§§ 129 ff. PatG) noch aus dem 8. Abschnitt des RVG, sondern aus dem Gesetz über die Erstattung von Gebühren des beigeordneten Vertreters in Patent- und Gebrauchsmustersachen vom 18. 7. 1953 (BGBl. I S. 654), geändert durch das Gesetz über die Prozesskostenhilfe vom 13. 6. 1980 (BGBl. I S. 677). An der Geltung dieses Gesetzes auch für Rechtsanwälte, die im Verwaltungsverfahren vor dem Patentamt beigeordnet worden sind, hat sich durch die Kodifikation des Anwaltsgebührenrechts in der BRAGO, sowie jetzt

---

[11] Zur verfassungsrechtlichen Bedenklichkeit dieser Regelung des BerHG s. *dens.* in Anm. zu AG Siegen AnwBl. 1983, 474.

[12] Vgl. auch zu den Ausnahmen *Baumbach/Hartmann* § 114 ZPO Rn. 35; BGH NJW 2004, 2595; *Gerold/Schmidt/v. Eicken* Rn. 26 ff.

[13] Vgl. BT-Drucks. 8/3694.

[14] LG Detmold AnwBl. 1983, 34; aA *Behr/Hantke* Rpfleger 1981, 265, 267.

[15] § 52, Nr. 6300 ff. VV (§§ 102, 111, 112 BRAGO, s. auch Vor § 97 BRAGO Rn. 3, 4).

im RVG nichts geändert. Für die Tätigkeiten vor dem Patentamt bestimmt § 2 des Gesetzes für Patentsachen, § 3 für Gebrauchsmustersachen vom Gegenstandswert unabhängige Festgebühren. Auf die Erstattung der Gebühren und Auslagen eines beigeordneten Rechtsanwalts sind im Übrigen die Vorschriften des RVG über Prozesskostenhilfe entsprechend anzuwenden mit der Maßgabe, dass er im Prüfungsverfahren anstelle der Prozessgebühr die halbe Verfahrensgebühr, im Übrigen die volle Verfahrensgebühr erhält (§§ 2, 7 Nr. 1 des Gesetzes). Gleiches gilt für einen in einer **Gebrauchsmustersache** (§ 3 des Gesetzes) oder einer **Sortenschutzsache** (§ 3a des Gesetzes) beigeordneten Rechtsanwalt. Erst für die Nichtigkeits- oder Zurücknahmeklage und die Klage auf Erteilung einer Zwangslizenz (§§ 81 ff. PatG) gelten die §§ 45 ff. i.V.m. Vorbem. 3.2.1 Abs. 1 Nr. 6 VV i.V.m. Nr. 3500, 3506, 3508, 3510 VV (§ 66 BRAGO) (§ 8 Satz 1 des Gesetzes) uneingeschränkt.

III. Personeller Anwendungsbereich

1. Rechtsanwälte. §§ 45 ff. regeln die Entschädigung der nach den Vorschriften 13 der Bundesrechtsanwaltsordnung zugelassenen und in Prozesskostenhilfe beigeordneten Rechtsanwälte, wenn und soweit sich die Vergütung für deren Berufstätigkeit nach dem RVG richtet.[16]

2. Patentanwälte, Erlaubnisscheininhaber. Patentanwälte und Erlaubnisschein- 14 inhaber können in Patent- und Gebrauchsmustersachen von dem Patentamt, dem BPatG oder dem BGH ebenso wie Rechtsanwälte in Verfahrenskostenhilfe beigeordnet werden, wenn die Vertretung zur sachdienlichen Erledigung des Verfahrens erforderlich erscheint oder ein Beteiligter mit entgegengesetzten Interessen durch einen Patentanwalt, einen Rechtsanwalt oder einen Erlaubnisscheininhaber vertreten ist (§ 121 Abs. 3 und 4 ZPO ist entsprechend anzuwenden). Daneben, aber als älteres Gesetz subsidiär gilt noch das Gesetz über die Beiordnung von Patentanwälten bei Prozesskostenhilfe vom 5.2.1938 idF des Gesetzes vom 7.9.1966 (BGBl. I S. 557) und vom 13.6.1980 (BGBl. I S. 677), zuletzt geändert durch Gesetz vom 5.5.2004 (BGBl. I S. 718), dessen § 2 wie folgt geändert wurde:

§ 1. (1) Wird in einem Rechtsstreit, in dem ein Anspruch aus einem der im Patentgesetz, im Gebrauchsmustergesetz, im Halbleiterschutzgesetz, im Markengesetz, im Gesetz über Arbeitnehmererfindungen, im Geschmacksmustergesetz oder im Sortenschutzgesetz geregelten Rechtsverhältnisse geltend gemacht wird, einer Partei Prozeßkosten bewilligt, so kann ihr auf Antrag zu ihrer Beratung und zur Unterstützung des Rechtsanwalts ein Patentanwalt beigeordnet werden, wenn und soweit es zur sachgemäßen Rechtsverfolgung oder Rechtsverteidigung erforderlich erscheint.

(2) Das gleiche gilt für sonstige Rechtsstreitigkeiten, soweit für die Entscheidung eine Frage von Bedeutung ist, die ein Patent, ein Gebrauchsmuster, des Schutz einer Topographie, eine Marke oder ein sonstiges nach dem Markengesetz geschütztes Kennzeichen, ein Geschmacksmuster, eine nicht geschützte Erfindung oder sonstige die Technik bereichernde Leistung, einen Sortenschutz oder eine nicht geschützte, den Pflanzenbau bereichernde Leistung auf dem Gebiet der Pflanzenzüchtung betrifft, oder soweit für die Entscheidung eine mit einer solchen Frage unmittelbar zusammenhängende Rechtsfrage von Bedeutung ist.

(3) Die Vorschriften des § 117 Abs. 1, des § 119 Abs. 1 Satz 1, des § 121 Abs. 2 und 3, des § 122 Abs. 1 Nr. 1 Buchstabe b und Nr. 3 und der §§ 124, 126 und 127 der Zivilprozeßordnung gelten entsprechend.

---

[16] Vgl. § 1 Rn. 1 ff.

Vor § 45 *Abschnitt 8. Beigeordneter oder bestellter Rechtsanwalt, Beratungshilfe*

§ 2. Auf die Erstattung der Gebühren und Auslagen des beigeordneten Patentanwalts sind die Vorschriften des Rechtsanwaltsvergütungsgesetzes, die für die Vergütung bei Prozesskostenhilfe gelten, sinngemäß mit folgenden Maßgaben anzuwenden:
1. Der Patentanwalt erhält eine Gebühr mit einem Gebührensatz von 1,0 und, wenn er eine mündliche Verhandlung oder einen Beweistermin wahrgenommen hat, eine Gebühr mit einem Gebührensatz von 2,0 nach § 49 des Rechtsanwaltsvergütungsgesetzes.
2. Reisekosten für die Wahrnehmung einer mündlichen Verhandlung oder eines Beweistermins werden nur ersetzt, wenn das Prozessgericht vor dem Termin die Teilnahme des Patentanwalts für geboten erklärt hat.

15 **3. Steuerberater.** Im finanzgerichtlichen Verfahren gelten die Vorschriften der ZPO über die Prozesskostenhilfe sinngemäß (§ 142 Abs. 1 FGO). Einem Beteiligten, dem Prozesskostenhilfe bewilligt worden ist, kann ein Steuerberater beigeordnet werden (§ 142 Abs. 2 FGO), der – wie ein Rechtsanwalt nach § 48 BRAO – verpflichtet ist, die Vertretung des Beteiligten zu übernehmen; lediglich aus wichtigem Grund kann er beantragen, die Beiordnung aufzuheben (§ 65 StBerG). Für die Entschädigung eines im Wege der Prozesskostenhilfe beigeordneten Steuerberaters gelten die Vorschriften des 8. Abschnitts des RVG sinngemäß (§ 46 der Steuerberatergebührenverordnung idF der Bekanntmachung vom 17. 12. 1981 (BGBl. I S. 1442).

16 **4. Rechtsbeistände, Prozessagenten.** Für Rechtsbeistände und andere Personen, denen die Erlaubnis zur geschäftsmäßigen Besorgung fremder Rechtsangelegenheiten nach dem Rechtsberatungsgesetz erteilt worden ist (so genannte **„Teil-Rechtsbeistände"**) – mit Ausnahme der Frachtprüfer und Inkassobüros –, gelten zwar seit dem 1. 1. 1980[17] die Vorschriften des RVG sinngemäß,[18] sie können aber nicht in Prozesskostenhilfe beigeordnet werden. Wird ein Rechtsbeistand oder Prozessagent zu Unrecht in Prozesskostenhilfe beigeordnet, dann geht der Staatshoheitsakt ins Leere, da er wegen des fehlenden gesetzlichen Kontrahierungszwangs keine Gestaltungswirkung entfalten kann. Im Festsetzungsverfahren sind der Urkundsbeamte der Geschäftsstelle und das nachprüfende Gericht nicht zur Festsetzung einer Entschädigung analog §§ 45 ff. oder Gewährung von Schadensersatz wegen Amtspflichtverletzung ermächtigt.[19] Der von *Mümmler*[20] und von *Zöller/Philippi*[21] vertretenen Ansicht, dass ein Rechtsbeistand auf die Rechtmäßigkeit der Beiordnungen vertrauen und der Urkundsbeamte die Zulässigkeit der Beiordnung nicht nachprüfen dürfe, kann nicht zugestimmt werden. Selbst wenn dem Rechtsbeistand materiell ein Entschädigungsanspruch zustehen sollte, wäre dafür nicht die Zuständigkeit des Urkundsbeamten in Verfahren nach § 55 gegeben (Verstoß gegen Art. 101 Abs. 1 S. 2 GG). Vielmehr muss es dem betreffenden Rechtsbeistand überlassen bleiben, vor dem dafür zuständigen ordentlichen Gericht wegen eines rechtswidrigen hoheitlichen Eingriffs einen Aufopferungsanspruch oder einen Anspruch aus enteignungsgleichem Eingriff geltend zu machen. In einem solchen Klageverfahren wird dann auch zu prüfen sein, ob das von dem Rechtsbeistand gebrachte Sonderopfer unabwendbar war (es wird kaum einen Rechtsbeistand geben, der nicht wüsste, dass für ihn bei seiner (rechtswidrigen) Beiordnung kein Kontrahierungszwang bestand). Die Verweisung des Geschädigten wegen etwaiger Ansprüche gegen den Staat auf den Klageweg ist daher sachgerecht

---

[17] Art. 5 Abs. 1 des 5. BRAGOÄndG vom 18. 8. 1980 (BGBl. I S. 1503).
[18] So für die BRAGO schon: Art. IX des KostRÄndG vom 26. 7. 1957 (BGBl. I S. 861) idF des Art. 2 des 5. BRAGOÄndG.
[19] OLG Köln HRR 1938, 1261.
[20] *Mümmler* JurBüro 1975, 944; 1976, 862.
[21] *Zöller/Philippi*, 23. Aufl., § 121 ZPO Rn. 32; OLG Düsseldorf JurBüro 1983, 715.

und ermöglicht es dem Staat leichter, gegen den pflichtwidrig handelnden Urkundsbeamten oder Richter im Regresswege vorzugehen.

5. Notare. Für die Berufstätigkeit der Notare gilt weder das RVG noch kann ein Notar beigeordnet werden. Vielmehr hat er einem unbemittelten Beteiligten, dem nach den Vorschriften der Zivilprozessordnung Prozesskostenhilfe zu bewilligen wäre, seine Urkundstätigkeit (§§ 20 bis 22a BNotO) vorläufig gebührenfrei zu gewähren (§ 17 Abs. 2 BNotO).

6. Rechtslehrer an deutschen Hochschulen. Im Verfahren vor dem Bundesverwaltungsgericht kann sich zwar ein Beteiligter durch einen Rechtslehrer an einer deutschen Hochschule vertreten lassen (§ 67 Abs. 1 VwGO), sofern dieser die Prozessvertretung nicht geschäftsmäßig ausübt.[22] Ein Rechtslehrer kann aber weder in Prozesskostenhilfe beigeordnet werden noch wäre er im Falle einer Beiordnung zur Übernahme der Prozessvertretung verpflichtet. Für einen Hochschullehrer, der trotzdem von einem Gericht in Prozesskostenhilfe beigeordnet würde, gälte das Gleiche wie unter Rn. 16 für den Fall der (rechtswidrigen) Beiordnung eines Rechtsbeistands ausgeführt.

IV. Grundsätzliches zum Vergütungsanspruch

1. Die Rechtsbeziehungen des in Prozesskostenhilfe beigeordneten Rechtsanwalts zu der durch die Gewährung von Prozesskostenhilfe begünstigten Partei. a) Begründung. Der beigeordnete Armenanwalt unterlag einem Abschluss- oder Kontrahierungszwang: Durch die Beiordnung wurde ihm die öffentlich-rechtliche Verpflichtung auferlegt, sich der armen Partei zum Abschluss eines Geschäftsbesorgungsvertrags unter Stundung seiner Vergütungsforderung zur Verfügung zu stellen und ihr Vertragsangebot anzunehmen. Ob dies auch noch für den in Prozesskostenhilfe beigeordneten Rechtsanwalt gilt, ist streitig, nachdem § 121 Abs. 1 bis 3 ZPO die Beiordnung eines Rechtsanwalts an die Voraussetzung knüpft, dass dieser „zur Vertretung bereit" ist.

Zöller/Philippi[23] und *Brangsch*[24] vertreten die Ansicht, dass den Anwalt jedenfalls in den in diesen Absätzen geregelten Fällen (im Gegensatz zum Fall des § 121 Abs. 4 ZPO) kein Kontrahierungszwang mehr treffe. Dem ersten Anschein nach könnte das richtig sein, wenn nur die Abs. 1 bis 3 des § 121 ZPO in Betracht gezogen werden. Genau genommen gilt das aber auch in diesen Fällen nicht. Die **Bereitschaft des Anwalts** ist insoweit eine Voraussetzung des Beiordnungsbeschlusses, der aber unter den Voraussetzungen des Abs. 4 auch ohne Zustimmung des Rechtsanwalts, ja gegen seinen Willen ergehen kann. Ist der Beiordnungsbeschluss aber – unter welchen Voraussetzungen auch immer – ergangen, dann ist der beigeordnete Rechtsanwalt gegenüber der durch den Beschluss begünstigten Partei verpflichtet, deren Vertragsangebot auf Abschluss eines Rechtsbesorgungsvertrages anzunehmen (§ 48 Abs. 1 Nr. 1 BRAO).

Der Beiordnungsbeschluss verpflichtet den beigeordneten Anwalt aber nicht nur zum Abschluss, sondern auch zur **Aufrechterhaltung** des Mandatsverhältnisses für die

---

[22] *Rennen/Caliebe*, RBeratG, 2. Aufl., Art. 1 § 1 Rn. 45, 46; *Eyermann/Fröhler*, VwGO, 9. Aufl., § 67 Rn. 28; *Redeker/v. Oertzen*, VwGO, 12. Aufl., § 67 Rn. 20; *Bornemann* MDR 1985, 192; BVerwGE 19, 339; aA VGH München NJW 1987, 460; *Willms* NJW 1987, 1302; dagegen *Ostler* AnwBl. 1987, 263 f.; *Chemnitz* NJW 1987, 2421.
[23] *Zöller/Philippi*, 23. Aufl., § 121 ZPO Rn. 28.
[24] *Brangsch* AnwBl. 1982, 99.

Vor § 45 *Abschnitt 8. Beigeordneter oder bestellter Rechtsanwalt, Beratungshilfe*

Dauer der Beiordnung. Er kann also nicht – wie im Falle eines ohne Kontrahierungszwang eingegangenen Mandatsverhältnisses – den Anwaltsvertrag jederzeit kündigen. Vielmehr muss dazu zunächst die Beiordnung aufgehoben werden. Dies kann er nur beantragen, wenn hierfür wichtige Gründe vorliegen (§ 48 Abs. 2 BRAO).

22 Die Beiordnung eines Rechtsanwalts in Prozesskostenhilfe begründet nur eine **einseitige Verpflichtung** auf Seiten **des Anwalts**. Die durch den Beschluss begünstigte Partei ist ihrerseits nicht verpflichtet, dem ihr beigeordneten Anwalt ein Vertragsangebot zu unterbreiten. Dies könnte vor allem im Falle des § 121 Abs. 4 ZPO von Bedeutung werden, in dem der Partei ein Rechtsanwalt beigeordnet wurde, nachdem sie keinen zu ihrer Vertretung bereiten Anwalt finden konnte. Aber auch in den Fällen der Abs. 1 bis 3 kann es vorkommen, dass die Partei das Vertrauen zu dem von ihr benannten Rechtsanwalt verloren hat und deshalb die Beiordnung eines anderen Rechtsanwalts wünscht.

23 Einem Rechtsanwalt, der **lediglich** einer Partei **beigeordnet** wurde, aber zu dieser in keinem rechtswirksamen Vertragsverhältnis steht, steht grundsätzlich weder gegen diese noch gegen die Staatskasse ein Entschädigungsanspruch zu.[25]

24 Der beigeordnete Rechtsanwalt wird durch die Beiordnung weder Vertreter der Partei (er wird es erst, wenn er den ihm erteilten Prozessauftrag kennt und angenommen hat) noch deren Prozessbevollmächtigter iS des § 176 ZPO.[26] Außerhalb des Auftrags der Partei kann er für sie nach außen nur als Vertreter ohne Vertretungsmacht handeln und vor Gericht nur nach **einstweiliger Zulassung** mit Kostenrisiko (§ 89 ZPO). Trotzdem folgerte das RG bereits 1926[27] aus dem Zweck der Beiordnung als Armenanwalt (= vorläufig unentgeltliche Wahrnehmung der Rechte der armen Partei), dass in besonderen Fällen, wenn der Ablauf einer Frist droht, für den Armenanwalt die Rechtspflicht bestehe, auch ohne darauf gerichteten Auftrag dringliche Prozesshandlungen vorzunehmen. Wurde in einem solchen Fall der beigeordnete Rechtsanwalt tätig, dann wurde eine Haftung der Partei (und damit der Staatskasse) aus **Geschäftsführung ohne Auftrag** angenommen.[28] Die Pflicht zur Vornahme unaufschiebbarer Handlungen wurde aber sehr eng ausgelegt.[29] Das muss auch nach einer Beiordnung in Prozesskostenhilfe gelten.

25 **b) Beendigung.** Die staatliche Fürsorgetätigkeit für die durch die Prozesskostenhilfe begünstigte Partei ist mit der Beiordnung beendet. Keinesfalls kann daraus noch mit dem KG[30] und ihm folgend OLG Düsseldorf[31] ein Recht oder sogar eine Pflicht des beiordnenden Gerichts zur weiteren fürsorglichen **Überwachung der Prozessführung** der begünstigten Partei und gegebenenfalls Einflussnahme auf einen vor dem Gericht zu schließenden Prozessvergleich abgeleitet werden. Sinn und Zweck der Prozesskostenhilfe und der Beiordnung eines Rechtsanwalts ist es gerade, die dadurch begünstigte Partei ihrem Gegner gleichzustellen. Das schließt jegliche Einflussnahme des Gerichts nach der Gewährung der Prozesskostenhilfe auf das prozessuale Verhalten der begünstigten Partei aus, die über die prozessuale Fürsorgepflicht des Vorsitzenden gemäß § 139 ZPO gegenüber jeder Prozesspartei hinausgeht.[32]

---

[25] *Gerold/Schmidt/v. Eicken/Madert* § 121 BRAGO Rn. 9.
[26] RGZ 89, 42.
[27] RGZ 115, 60.
[28] Vgl. RGZ 115, 60; OLG Köln JMBlNW 1965, 191.
[29] Vgl. OLG Kiel SchlHA 1946, 481.
[30] KG Rpfleger 1980, 301.
[31] OLG Düsseldorf AnwBl. 1983, 320.
[32] *Chemnitz* in Anm. zu OLG Düsseldorf AnwBl. 1983, 320.

c) **Fürsorge-, Belehrungs- und Betreuungspflichten.** Als Ausgleich dafür ist 26 heute weitgehend anerkannt,[33] dass die Beiordnung dem Anwalt schon vor Eintritt in Vertragsverhandlungen gewisse Fürsorge-, Belehrungs- und Betreuungspflichten auferlegt, um zu verhindern, dass die Partei aus Rechtsunkenntnis Schaden erleidet: Der beigeordnete Rechtsanwalt darf nicht untätig bleiben und abwarten, bis er beauftragt wird; er hat die rechtsunkundige Partei zum Vertragsschluss zu veranlassen und sich über den Stand des Prozesses zu informieren; er muss die Handakten des Prozessbevollmächtigten der Vorinstanz anfordern[34] und die ihm vom Gericht übersandten Gerichtsakten sorgfältig durchsehen, insbesondere feststellen, ob und wann Fristen ablaufen.[35] Bei drohendem Fristablauf hat er alles so weit vorzubereiten, dass er, nachdem er beauftragt worden ist, sofort ein Rechtsmittel einlegen oder Wiedereinsetzung beantragen kann. Vor einem Tätigwerden, das von der Beiordnung nicht umfasst ist, hat er die arme Partei über die entstehende Vergütung zu belehren.

Zu diesen vorvertraglichen Pflichten des Anwalts gehört es auch, den Rechtsuchen- 27 den auf die Möglichkeiten hinzuweisen, Prozesskostenhilfe zu beantragen, wenn die Umstände des Falles, insbesondere die ihm erkennbar gewordene wirtschaftliche Lage des Rechtsuchenden dies nahe legen.[36]

Ob er darüber hinaus verpflichtet ist, ohne Auftrag Prozesskostenhilfe für die Partei 28 zu beantragen, wie noch die 4. Aufl. unter Bezugnahme auf LAG Düsseldorf und LG Hildesheim[37] meinte, erscheint zweifelhaft. In dem vom LG Hildesheim entschiedenen Fall handelte es sich um keine vorvertragliche, sondern um eine vertragliche Nebenpflicht des Anwalts aus einem bestehenden Anwaltsvertrag (Pflicht des Armenanwalts, auf eine rechtzeitige Erstreckung des Armenrechts und seine Beiordnung auf im Prozess mitzuvergleichende Ansprüche im Interesse und wirklichen oder mutmaßlichen Willen des Mandanten rechtzeitig hinzuwirken), er betraf daher nicht die hier behandelte Frage. Die eindeutige und eindringliche **Belehrung** des Ratsuchenden über die Möglichkeit, Voraussetzungen und Kostenfolgen, wenn der Rechtsanwalt mit der Erwirkung der Prozesskostenhilfe beauftragt wird (Nr. 3335 VV), wird der vorvertraglichen anwaltlichen Belehrungspflicht genügen. Entschließt sich die Partei dann nicht, den Anwalt mit der Beantragung von Prozesskostenhilfe zu beauftragen, dann ergibt sich daraus, dass sie dies nicht will. Der Anwalt ist dann nicht dazu berechtigt, den Antrag auf Gewährung von Prozesskostenhilfe für den Rechtsuchenden zu stellen; er würde sich vielmehr dadurch ihm gegenüber schadensersatzpflichtig machen (§ 678 BGB; dass von der Stellung des Prozesskostenhilfeantrags die Erfüllung einer im öffentlichen Interesse liegenden Pflicht oder einer gesetzlichen Unterhaltspflicht des Rechtsuchenden abhängen (§ 679 BGB), wird kaum jemals in Betracht kommen). Ein Antrag des Anwalts auf Gewährung von Prozesskostenhilfe nach einer Belehrung des Rechtsuchenden über diese Möglichkeit, ohne von ihm damit beauftragt zu sein, wäre daher nicht als Geschäftsführung ohne Auftrag gerechtfertigt. Daher kann daraus auch keine Pflicht zu einem solchen Handeln hergeleitet werden.

Eine Verletzung der vorvertraglichen anwaltlichen Aufklärungs- und Beratungs- 29 pflicht verpflichtet den Anwalt zum **Schadensersatz** aus Verschulden bei Anbahnung

---

[33] Vgl. BGHZ 30, 226.
[34] Vgl. RG Recht 1919 Nr. 1147.
[35] Einschränkend noch KG JW 1934, 2844.
[36] *Greißinger* AnwBl. 1982, 288; OLG Düsseldorf AnwBl. 1984, 444; 1987, 147.
[37] LG Hildesheim NJW 1955, 1518.

von Vertragsverhandlungen (§ 311 Abs. 2 BGB). Unstreitig greift diese Haftungsgrundlage auch dann, wenn es zu keinem Vertragsschluss kommt.[38]

30 **d) Öffentlich-rechtliche oder privatrechtliche Natur.** Streitig ist, ob das auch aus dem Beiordnungsbeschluss für den Anwalt folgende Rechtsverhältnis öffentlich-rechtlicher oder privatrechtlicher Natur ist. Während *Zöller/Philippi*[39] jedenfalls für den nach § 121 Abs. 2 Satz 1 ZPO beigeordneten Rechtsanwalt unter Ablehnung eines Kontrahierungszwangs (Rn. 21) von einem privatrechtlichen Rechtsverhältnis ausgehen, ist richtigerweise zwischen dem Verhältnis gegenüber dem beiordnenden Gericht und der Partei zu unterscheiden: Aus der **Beiordnung** allein folgt noch kein privatrechtliches Vertragsverhältnis zwischen dem Anwalt und der Partei, sondern nur in Verbindung mit § 48 Abs. 1 Nr. 1 BRAO eine **öffentlich-rechtliche** Verpflichtung für den Anwalt, einen Antrag der Partei auf Abschluss eines Anwaltsvertrages nach Maßgabe des Bewilligungs- und Beiordnungsbeschlusses anzunehmen. Die dadurch ausgelösten vorvertraglichen **Fürsorge- und Beratungspflichten** des Anwalts gegenüber der Partei sind ebenso **privatrechtlichen** Inhalts wie die Pflichten, die aus einem aufgrund der Beiordnung mit der Partei geschlossenen Anwaltsvertrag resultieren. Wenn *Stein/Jonas/Leipold*[40] die Schadenshaftung des Armenanwalts mit der des Vormunds nach § 1833 BGB verglichen haben und damit von einem gesetzlichen Schuldverhältnis ausgegangen sind, dann kann dem weder für das frühere noch für das geltende Recht gefolgt werden. Die Beiordnung als solche begründet noch kein privatrechtliches Schuldverhältnis mit einem bestimmten materiell-rechtlichen Inhalt nach Maßgabe des Beiordnungsbeschlusses, sondern nur die öffentlich-rechtliche Verpflichtung des Anwalts zur Annahme eines Vertragsantrags der Partei auf Abschluss eines solchen Anwaltsvertrages. Privatrechtliche Fürsorge- und Beratungspflichten des Anwalts (s. o.) ergeben sich nicht aus dem Beiordnungsbeschluss, sondern als Vorwirkungen aus der Anbahnung eines künftigen privatrechtlichen Anwaltsvertrages, wie sich schon daraus ergibt, dass sie für jeden Anwalt gelten, der – auch ohne einen Beiordnungsbeschluss – zu einem künftigen Mandanten in ein Vertragsanbahnungsverhältnis tritt. Wesentlich für die Rechtsnatur des Rechtsverhältnisses des Anwalts zu dem Rechtsuchenden ist, dass der beigeordnete Rechtsanwalt zu keiner Zeit zu der Partei in einem hoheitlichen Gewaltverhältnis steht.

31 **2. Zweck der Entschädigung aus der Staatskasse.** Wie oben schon ausgeführt wurde, entstehen dem beigeordneten Anwalt, wenn er von dem durch die Beiordnung begünstigten Rechtsuchenden beauftragt wird, zwei Ansprüche nebeneinander: a) ein öffentlich-rechtlicher Anspruch gegen die Staatskasse, b) ein privatrechtlicher Anspruch gegen den Mandanten.

32 Im 8. Abschnitt des RVG ist **nur der öffentlich-rechtliche Anspruch** gegen die Staatskasse geregelt. Er ist im Gesetz als „gesetzliche Vergütung" bezeichnet (§ 45), wobei sich diese aus „Gebühren" (§§ 47, 48, 49) und „Auslagen" (§§ 46, 47) zusammensetzt. Terminologisch ist damit der Anspruch gegen die Staatskasse dem gegen den Mandanten (§ 1 Abs. 1) gleichgestellt, was zur begrifflichen Klärung des öffentlich-rechtlichen Anspruchs nicht gerade beiträgt. Der Zweck einer Zahlung des Entgelts im Rahmen eines privatrechtlichen gegenseitigen Vertrages, wie es der Anwaltsvertrag ist, bezweckt einen Leistungsaustausch zwischen den Parteien: Die nach § 1

---

[38] *Palandt/Heinrichs* § 311 Abs. 2 BGB Rn. 18.
[39] *Zöller/Philippi*, ZPO, 23. Aufl., § 121 Rn. 27 f.
[40] *Stein/Jonas/Leipold* ZPO, 20. Aufl. 1978, § 115 ZPO aF Rn. 15.

Vergütungsanspruch des beigeordneten Rechtsanwalts   **Vor § 45**

Abs. 1 dem Anwalt zustehende Vergütung ist das Äquivalent für die von ihm dem Vertragsgegner (Mandanten) erbrachte Anwaltsleistung. Diesen Zweck kann die dem beigeordneten Anwalt aus der Staatskasse zu zahlende Vergütung nicht haben, da der Anwalt durch seine Beiordnung in kein Vertragsverhältnis – weder ein privatrechtliches noch ein öffentlich-rechtliches – zum Gericht oder einem Dritten tritt. Vielmehr wird dem Anwalt lediglich durch Staatshoheitsakt die öffentlich-rechtliche Verpflichtung auferlegt, mit einem bestimmten Rechtsuchenden nach Maßgabe des Bewilligungs- und des Beiordnungsbeschlusses auf dessen Antrag hin einen Anwaltsvertrag abzuschließen und diesen Vertrag auszuführen, solange die Beiordnung besteht. Der Zweck dieses öffentlich-rechtlichen Anspruchs gegen die Staatskasse kann daher nur darin gesehen werden, dem Anwalt einen billigen Ausgleich in Geld dafür zu zahlen, dass er der durch seine Beiordnung begründeten öffentlich-rechtlichen Verpflichtung nachgekommen ist und – aufgrund eines Anwaltsvertrages oder auch in Geschäftsführung ohne Auftrag – berufliche Leistungen erbracht und gegebenenfalls dafür Auslagen aufgewandt hat.

3. Rechtsnatur des Anspruchs. Es ist heute wohl allgemeine Meinung, dass es 33 sich bei dem „Vergütungsanspruch" des beigeordneten Anwalts gegen die Staatskasse seiner Natur nach um einen Aufopferungsanspruch handelt,[41] dessen Voraussetzungen und Bemessung jetzt in §§ 45 ff. i.V.m. VV (früher im 13. Abschnitt der BRAGO geregelt) normiert und damit zugleich begrenzt worden sind. Als solcher ist er unabhängig von dem privatrechtlichen Vergütungsanspruch gegen den durch die Beiordnung begünstigten Mandanten. Aus diesem Grunde war es erforderlich, das Ausmaß des Anspruchs und die Modalitäten der Zahlung (§§ 46, 49, 50), das Rangverhältnis des öffentlich-rechtlichen Anspruchs gegen die Staatskasse zu dem privatrechtlichen gegen den Mandanten (§ 59) und das Erlöschen des Anspruchs (§ 54) im 8. Abschnitt ausdrücklich zu regeln.

4. Konkurrenz mit anderen Ansprüchen. Wie unter Rn. 33 schon ausgeführt, 34 konkurriert der öffentlich-rechtliche Anspruch des beigeordneten Rechtsanwalts gegen die Staatskasse, wenn er von der durch die Beiordnung begünstigten Partei beauftragt wird, mit einem privatrechtlichen Anspruch gegen den Mandanten aus dem Anwaltsvertrag. Die Bewilligung der Prozesskostenhilfe hat aber die Wirkung, dass der Anwalt diesen privatrechtlichen Anspruch gegen die eigene Partei nicht geltend machen kann (§ 122 Abs. 1 Nr. 3 ZPO). Der Anspruch ist also gegenüber der eigenen Partei – aber nur dieser gegenüber – gestundet. Dass es sich insoweit nur um eine **Stundung** zugunsten der durch die Gewährung von Prozesskostenhilfe begünstigten Partei handelt, zeigt sich, wenn diese an die Staatskasse höhere Beträge entrichtet hat, als zur Deckung der Gerichtskosten und Gerichtsvollzieherkosten erforderlich waren. Dann zahlt die Gerichtskasse diese überschießenden Beträge an den beigeordneten Rechtsanwalt bis zu Höhe seiner Regelgebühren (§ 50 Abs. 1 Satz 1).

Die Stundungswirkung lediglich zugunsten der durch die Gewährung von Prozess- 35 kostenhilfe begünstigten Partei zeigt sich weiter, wenn der Prozessgegner in die Kosten des Verfahrens verurteilt worden ist. Dann kann der beigeordnete Anwalt seine Regelgebühren und Auslagen, soweit sein Anspruch nicht durch Zahlungen der Staatskasse auf diese übergegangen ist (§ 59 Abs. 1 Satz 1), **gegen den Gegner im eigenen Namen** geltend machen (§ 126 Abs. 1 ZPO).

---

[41] AA *Gerold/Schmidt/v. Eicken* Rn. 5.

36 Dieser Anspruch ist, auch wenn der Anwalt ihn im eigenen Namen geltend macht, weder sein privatrechtlicher Gebührenanspruch gegen die eigene Partei[42] noch sein öffentlich-rechtlicher Anspruch gegen die Staatskasse, sondern der **Erstattungsanspruch seiner Partei** gegen den verurteilten Gegner. Dieser Anspruch ist auch nicht – etwa im Wege einer cessio legis – auf ihn übergegangen, sondern ihm ist lediglich das Recht gegeben worden, den Anspruch seiner Partei, soweit er noch nicht wegen seiner Regelgebühren und Auslagen befriedigt ist, von dem in die Prozesskosten verurteilten Gegner im eigenen Namen beizutreiben, wobei Einreden aus der Person der Partei ausgeschlossen sind (§ 126 Abs. 2 Satz 1 ZPO). Es ist daher ein dritter – prozessualer – Anspruch, der in Konkurrenz zu den beiden anderen oben genannten Ansprüchen des Anwalts tritt.

37 Diese drei Ansprüche des Anwalts entstehen zwar unabhängig voneinander, sind aber letztlich auf dasselbe Ziel – die Vergütung des Anwalts – gerichtet, so dass die Erfüllung eines Anspruchs **Rückwirkungen auf** jeweils **die anderen Ansprüche** hat:

38 a) **Anspruchsübergang.** Die (ganze oder teilweise) Erfüllung des öffentlich-rechtlichen Anspruchs des Anwalts auf Entschädigung für seine Tätigkeit gegen die Staatskasse bewirkt, dass insoweit sein privatrechtlicher Anspruch gegen seinen Mandanten und dessen Anspruch gegen einen ersatzpflichtigen Gegner – damit auch der Beitreibungsanspruch des Anwalts – **auf die Staatskasse übergehen** (§ 59 Abs. 1 Satz 1). Insoweit stehen daher nach Zahlung der Staatskasse dem Anwalt beide Ansprüche nicht mehr zu.

39 Die weitere Bestimmung, dass der Übergang **nicht zum Nachteil des Rechtsanwalts** geltend gemacht werden kann (§ 59 Abs. 1 Satz 2), gilt nur im Verhältnis zur Staatskasse. Diese kann sich nicht auf Zahlungen des Mandanten (nach Aufhebung der Bewilligung gemäß § 124 ZPO) oder die Beitreibung der Anwaltskosten vom in die Prozesskosten verurteilten Gegner gemäß § 126 Abs. 1 ZPO berufen, solange und soweit der Anwalt nicht wegen seiner Regelgebühren und Auslagen befriedigt ist.[43] Dagegen können sich sowohl der Mandant als auch der in die Kosten verurteilte Gegner darauf berufen, dass der privatrechtliche Anspruch des Anwalts gegen den Mandanten insoweit befriedigt ist, als er Zahlungen aus der Staatskasse erhalten hat, da beide anderenfalls Gefahr liefen, wegen derselben Kostenschuld zweimal in Anspruch genommen zu werden, zunächst vom beigeordneten Anwalt und dann nochmals von der Staatskasse.

40 b) **Anrechnung. Vorschüsse** und Zahlungen, die der beigeordnete Rechtsanwalt von seinem Auftraggeber auf seinen Vergütungsanspruch gegen diesen erhält, sind zunächst auf die Vergütungen anzurechnen, für die kein Anspruch gegen die Staatskasse oder nur unter den Voraussetzungen des § 50 besteht (§ 58 Abs. 2). Das gilt auch für Zahlungen von dritter Seite. Die **Zahlungspflicht der Staatskasse** wird daher erst berührt, wenn der Anwalt wegen dieses Teils seiner Vergütungsforderung vom Mandanten oder einem Dritten befriedigt ist. Übersteigt die Zahlung des Mandanten oder eines Dritten auf die Forderung des Anwalts gegen den Mandanten diesen Betrag, dann kann die Staatskasse den überschießenden Betrag auf die öffentlich-rechtliche Vergütungsforderung des Anwalts gegen die Staatskasse anrechnen.

---

[42] S. die Begr. zum Entwurf des Gesetzes über die Prozesskostenhilfe, BT-Drucks. 8/3068 S. 32 (zu § 125, Abs. 2).
[43] *Hartmann* § 130 BRAGO Rn. 17.

Vergütungsanspruch des beigeordneten Rechtsanwalts **Vor § 45**

c) Einreden des Gegners. Der in die Kosten des Verfahrens verurteilte Gegner 41
des Mandanten des Anwalts kann dem Beitreibungsanspruch des Anwalts (§ 126
Abs. 1 ZPO) alle Einreden entgegenhalten mit Ausnahme der Einreden „aus der Person der Partei" (§ 126 Abs. 2 Satz 1 ZPO). Solche durch diese Vorschrift ausgeschlossenen Einreden sind aber nicht die Einwendungen, die im Verhältnis der erstattungsberechtigten Partei zu dem ihr beigeordneten Anwalt begründet sind, insbesondere
nicht der Einwand, dass die Partei schon befreiend an diesen gezahlt hat.[44]

Ebenso kann der erstattungspflichtige Gegner das Erlöschen des Vergütungsanspruchs des beigeordneten Anwalts gegen seine Partei in Höhe der an ihn geleisteten 42
Zahlungen der Staatskasse und damit des vom Anwalt im eigenen Namen geltend
gemachten Erstattungsanspruchs seiner Partei geltend machen, da insoweit auch der
Beitreibungsanspruch des Anwalts auf die Staatskasse übergegangen ist.

d) Verhältnis der Ansprüche. Die mehreren (ganz oder teilweise auf das gleiche 43
Ziel gerichteten) Ansprüche stehen zwar selbständig nebeneinander, der beigeordnete
Anwalt kann sich an den einen oder anderen Schuldner oder an alle halten, er kann
die Leistung aber nur einmal fordern. Da es sich aber um nach ihrem Rechtsgrund
und Charakter völlig unterschiedliche Forderungen handelt, sind die Staatskasse und
die anderen Schuldner keine Gesamtschuldner, § 426 BGB ist nicht anzuwenden.
Stattdessen regeln die §§ 58 Abs. 2, 59 das Verhältnis der verschiedenen Ansprüche des
beigeordneten Anwalts zueinander und zu den dem Schuldner dagegen gegebenen
Einwendungen, wobei dem Vergütungsanspruch des beigeordneten Anwalts deutlich
der **Vorrang** gegenüber dem der Staatskasse eingeräumt ist.

V. Verhältnis zum Ersatzanspruch aus § 1835 Abs. 3 BGB

Nach § 1835 Abs. 4 iVm. Abs. 3 und §§ 1915, 1716 BGB erhält der **Rechtsanwalt** 44
als Vormund, Pfleger oder Beistand eines mittellosen Mündels seit dem 1. 7. 1970 insbesondere für die Prozessführung (nicht aber für jede sonst nach dem RVG gebührenpflichtige Tätigkeit oder Aufwendung) die volle gesetzliche Vergütung (einschließlich
der Postgebührenpauschale[45]) vom Vormundschaftsgericht aus der Staatskasse ersetzt.[46]
Ein gesetzlicher Anspruchsübergang wie zB in § 59 ist nicht vorgesehen, ob eine Forderungsüberleitung entsprechend des am 1. 1. 2005 in Kraft getretenen § 93 SGB XII
(früher: § 90 BSHG) möglich ist, erscheint zweifelhaft. Der Vormund-Rechtsanwalt
kann auch Vorschuss aus der Staatskasse fordern. Zur Prozessführung rechnet auch die
Vertretung im (mit dem BtG aufgehobenen früheren) Entmündigungsverfahren und
in der Zwangsvollstreckung.[47]

Da ein Vormund die Aufwendungen im Interesse seines Mündels möglichst niedrig 45
zu halten hat, muss ein Vormund-Rechtsanwalt bei entsprechendem Einkommen des
Mündels zunächst die Bewilligung von Prozesskostenhilfe und seine **Beiordnung**
versuchen, ehe er die Rechtsverfolgung oder Rechtsverteidigung für sein Mündel in
einem gerichtlichen Verfahren übernimmt.[48] Im Falle seiner Beiordnung kann er nur

---

[44] *Zöller/Philippi*, 20. Aufl., § 126 ZPO Rn. 20.
[45] LG Berlin NJW 1970, 246.
[46] *Gerold/Schmidt/Madert* § 1 Rn. 116; auch *Hartmann* § 1 BRAGO Rn. 51; *Schumann/Geißinger*
Anh. zu § 1 II.
[47] LG Hamburg AnwBl. 1971, 360.
[48] *Gerold/Schmidt/Madert* § 1 Rn. 117 ff. zu weiteren Einzelfällen; aA OVG Bremen AnwBl.

noch die Differenz seiner Regelvergütung zu der ihm aus der Staatskasse gezahlten Vergütung vom Vormundschaftsgericht gemäß § 1835 Abs. 4 BGB ersetzt verlangen,[49] da § 122 Abs. 1 Nr. 3 ZPO nur eine entsprechende Schutzvorschrift zugunsten der Partei, aber nicht der Staatskasse enthält.[50]

VI. Berufspflichten des beigeordneten Anwalts

46 Seit das BVerfG in seinem Beschluss vom 14. 7. 1987[51] die bis dahin von ihm gebilligte Ansicht aufgegeben hat, dass die von der Bundesrechtsanwaltskammer nach § 177 Abs. 2 Nr. 2 BRAO festgestellten Richtlinien über Fragen der Ausübung des Anwaltsberufs zwar nicht als Rechtsnormen im Sinne des Art. 12 Abs. 1 Satz 2 GG, aber doch als wesentliche Erkenntnisquellen für die Anwendung der Generalklausel des § 43 BRAO im konkreten Einzelfall anzusehen seien, ergibt sich die normative Einschränkung der dem Anwalt in Art. 12 Abs. 1 Satz 2 GG gewährleisteten Freiheit seiner Berufsausübung nur noch aus den §§ 1 bis 3, 43 bis 59 BRAO, §§ 203, 352, 353 d, 356 StGB.[52] Für den zur vorläufig unentgeltlichen Wahrnehmung der Rechte einer Partei als deren Prozessvertreter oder Beistand beigeordneten Anwalt gilt insbesondere § 48 BRAO. Außerdem ergibt sich aus seiner allgemeinen Fürsorge-, Belehrungs- und Betreuungspflicht (Rn. 26–29) und der Pflicht, seinen Beruf gewissenhaft auszuüben (§ 43 BRAO), dass er von der Partei, der er beigeordnet ist, keine Zahlungen oder Leistungen sonstiger Art fordern darf, die ihm nach § 122 Abs. 1 Nr. 3 ZPO nicht zustehen, noch seine Dienste von Leistungen Dritter abhängig machen darf, solange die Bewilligung der Prozesskostenhilfe nicht aufgehoben (§ 124 ZPO) ist.

§ 45 Vergütungsanspruch des beigeordneten oder bestellten Rechtsanwalts

(1) Der im Wege der Prozesskostenhilfe beigeordnete oder nach § 57 oder § 58 der Zivilprozessordnung zum Prozesspfleger bestellte Rechtsanwalt erhält, soweit in diesem Abschnitt nichts anderes bestimmt ist, die gesetzliche Vergütung im Verfahren vor Gerichten des Bundes aus der Bundeskasse, in Verfahren vor Gerichten eines Landes aus der Landeskasse.

(2) Der Rechtsanwalt, der nach § 625 der Zivilprozessordnung beigeordnet oder nach § 67a Abs. 1 Satz 2 der Verwaltungsgerichtsordnung bestellt ist, kann eine Vergütung aus der Landeskasse verlangen, wenn der zur Zahlung Verpflichtete (§ 39 oder § 40) mit der Zahlung der Vergütung im Verzug ist.

(3) ¹Ist der Rechtsanwalt sonst gerichtlich bestellt oder beigeordnet worden, erhält er die Vergütung aus der Landeskasse, wenn ein Gericht des Landes den Rechtsanwalt bestellt oder beigeordnet hat, im Übrigen aus der Bundeskasse. ²Hat

---

1985, 541 wenn die Prozessvertretung in den Pflichtenkreis des Pfleger-Rechtsanwalts fällt, da die mittellose Partei dann in dem Prozess durch einen Anwalt gesetzlich vertreten ist.
[49] LG Hamburg AnwBl. 1971, 360.
[50] Nach OVG Bremen AnwBl. 1985, 541 ist diese Rechtsprechung durch § 1835 Abs. 3 BGB überholt, ob das nur für Verfahren auf den Sachgebieten der Sozialhilfe, Jugendhilfe, Kriegsopferfürsorge, Schwerbehindertenfürsorge sowie Ausbildungsförderung, in denen keine Gerichtskosten erhoben werden (§ 188 S. 2 VwGO), gelten soll, ist der Entscheidung nicht zu entnehmen.
[51] BVerfGE 76, 171 = AnwBl. 1987, 598 = NJW 1988, 191.
[52] *Prütting* AnwBl. 1994, 315.

Vergütungsanspruch des beigeordneten oder bestellten Rechtsanwalts **§ 45**

zuerst ein Gericht des Bundes und sodann ein Gericht des Landes den Rechtsanwalt bestellt oder beigeordnet, zahlt die Bundeskasse die Vergütung, die der Rechtsanwalt während der Dauer der Bestellung oder Beiordnung durch das Gericht des Bundes verdient hat, die Landeskasse die dem Rechtsanwalt darüber hinaus zustehende Vergütung. ³Dies gilt entsprechend, wenn zuerst ein Gericht des Landes und sodann ein Gericht des Bundes den Rechtsanwalt bestellt oder beigeordnet hat.

(4) ¹Wenn der Verteidiger von Erstellung eines Wiederaufnahmeantrags abrät, hat er einen Anspruch gegen die Staatskasse nur dann, wenn er nach § 364b Abs. 1 Satz 1 der Strafprozessordnung bestellt worden ist oder das Gericht die Feststellungen nach § 364b Abs. 1 Satz 2 der Strafprozessordnung getroffen hat. ²Dies gilt auch im gerichtlichen Bußgeldverfahren (§ 85 Abs. 1 des Gesetzes über Ordnungswidrigkeiten).

(5) ¹Absatz 3 ist im Bußgeldverfahren vor der Verwaltungsbehörde entsprechend anzuwenden. ²An die Stelle des Gerichts tritt die Verwaltungsbehörde.

Übersicht

	Rn.
A. Abs. 1	1–48
I. Grundsatz	1, 2
II. Grundlagen des Entschädigungsanspruchs	3–30
1. Beiordnung	10–22
a) Allgemeines	10, 11
b) Beweis- und Verkehrsanwalt	12–15
c) Wirksamwerden der Beiordnung	16–18
d) Die fehlerhafte Beiordnung	19–22
2. Tätigwerden des in Prozesskostenhilfe beigeordneten Anwalts	23–30
a) Allgemeines	23–25
b) Tätigwerden von Vertretern	26–30
III. Entschädigungsanspruch	31–48
1. „Gesetzliche Vergütung"	31, 32
2. Schuldner des Entschädigungsanspruchs	33
3. Fälligkeit	34
4. Einwendungen der Staatskasse	35–37
5. Verjährung	38–40
6. Abtretung und Pfändung des Anspruchs	41, 42
7. Konkurrenz mehrerer Ansprüche aus Tätigkeiten als Wahlanwalt und als in Prozesskostenhilfe beigeordneter Anwalt	43, 44
8. Entschädigungsanspruch bei Vertretung von Streitgenossen	45, 46
9. Zurückzahlung	47, 48
B. Abs. 2	49–60
I. Änderungen im Vergleich zur BRAGO	49
II. Inhalt und Grundgedanke	50–52
1. Beiordnung nach § 625 ZPO	50, 51
2. Beiordnung nach § 67a Abs. 1 S. 1 VwGO	52

	Rn.
III. Vergütungsansprüche	53–60
1. Voraussetzungen	53
2. Vorschussrecht gegenüber der Staatskasse	54
3. Höhe der Vergütung	55–57
a) Vergütungsanspruch des nach § 625 ZPO beigeordneten Rechtsanwalts	56
b) Vergütungsanspruch des nach § 67a VwGO bestellten Rechtsanwalts	57
4. Bevollmächtigung des beigeordneten Rechtsanwalts	58
5. Zahlung durch die Partei	59
6. Zahlung durch die Landeskasse	60
C. Abs. 3	61–83
I. Grundsätze	61
II. Grundlage des Anspruchs gegen die Staatskasse	62–73
1. Gerichtliche Bestellung	64
2. Reichweite der Bestellung	65–67
a) Unbeschränkte Bestellung	65
b) Beschränkte Bestellung	66
c) Vollverteidigergebühren	67
3. Beigeordneter Rechtsanwalt	68–71
4. Adhäsionsverfahren	72
5. Verteidigung mehrerer Beschuldigter	73
III. Anspruch gegen den Beschuldigten oder Vertretenen	74–76
IV. Grundregel	77
V. Sonderfälle (§ 45 Abs. 3 S. 2)	78, 79
VI. Tätigkeit von Vertretern des bestellten Verteidigers	80
VII. Anspruch auf Auslagen	81–83
1. Auslagen im Allgemeinen	81

Schneider 333

§ 45 Abschnitt 8. Beigeordneter oder bestellter Rechtsanwalt, Beratungshilfe

	Rn.		Rn.
2. Reisekosten	82	II. Höhe der Gebühr	86
3. Vorschuss	83	III. Entsprechende Anwendbarkeit im gerichtlichen Bußgeldverfahren	87
D. Abs. 4	84–87		
I. Anspruchstatbestand und Abgeltungsbereich	84, 85	E. Abs. 5	88–90
		I. Inhalt	88
1. Vergleich zum bisherigen Recht	84	II. Verfahrensgegenstand	89
2. Abgeltungsbereich	85	III. Gebührentatbestände	90

A. Abs. 1

I. Grundsatz

1 § 45 Abs. 1 entspricht § 121 BRAGO, ergänzt um den Prozesspfleger nach §§ 57, 58 ZPO. Schon § 121 BRAGO ist nahezu unverändert aus dem früheren Recht übernommen worden. Lediglich die Worte „im Armenrecht" sind durch die Worte „im Wege der Prozesskostenhilfe" ersetzt worden.[1]

2 Die Vorschrift geht als selbstverständlich davon aus, dass der im Wege der Prozesskostenhilfe beigeordnete Rechtsanwalt „die gesetzliche Vergütung" erhält und regelt nur, wer zur Zahlung dieser „gesetzlichen Vergütung" verpflichtet ist, nämlich in Verfahren vor Gerichten des Bundes die Bundeskasse, in Verfahren vor Gerichten eines Landes die Landeskasse. Dieser grundsätzliche Anspruch des Rechtsanwalts auf „die gesetzliche Vergütung" ist allerdings eingeschränkt durch die Klausel „soweit in diesem Abschnitt nichts anderes bestimmt ist". Dieses „andere" ergibt sich dann aus den folgenden Bestimmungen, insbesondere aus § 49 für Streitigkeiten mit einem Gegenstandswert von mehr als 3000 Euro. In Verfahren bis zu diesem Gegenstandswert, in Verfahren vor den Gerichten der Sozialgerichtsbarkeit und in Verfahren der freiwilligen Gerichtsbarkeit, soweit die Gebühren im achten Abschnitt geregelt sind, erhält der Rechtsanwalt die Entschädigung in Höhe der vollen gesetzlichen Gebühren aus der Staatskasse.

II. Grundlagen des Entschädigungsanspruchs

3 Vorstehend wurde schon in der Vorbemerkung zu § 45 ausgeführt, dass es sich bei dem „Vergütungsanspruch" des beigeordneten Rechtsanwalts gegen die Staatskasse um einen öffentlich-rechtlichen **„Aufopferungsanspruch"** handelt. Voraussetzung dieses öffentlich-rechtlichen Anspruchs ist ein Verwaltungsakt, nämlich die **Beiordnung** des Rechtsanwalts im Wege der Prozesskostenhilfe nach Maßgabe des Beiordnungsbeschlusses.

4 Dieser Verwaltungsakt allein löst aber – anders als im Falle eines gerichtlich bestellten Verteidigers – noch keinen Entschädigungsanspruch des beigeordneten Rechtsanwalts gegen die Staatskasse aus, da er seinem Inhalt nach auf das an den Anwalt gerichtete Gebot beschränkt ist, einen Antrag der durch ihn begünstigten Partei auf Abschluss eines Geschäftsbesorgungsvertrages entsprechend dem Beiordnungsbeschluss anzunehmen. Dieser privatrechtliche **Anwaltsvertrag** braucht nicht ausdrücklich, sondern kann – und wird häufig – **durch schlüssiges Verhalten** geschlossen werden, nämlich dadurch, dass die Partei den Anwalt instruiert und dieser in ihrer

---

[1] BT-Drucks. 8/3068 Art. 2 Nr. 4 lit. f.

Kenntnis als ihr Bevollmächtigter für sie tätig wird. Weigert sich die Partei aber, dem beigeordneten Rechtsanwalt Auftrag (und Vollmacht) zu erteilen oder verstirbt sie, bevor ihr dies möglich war, dann ist dem beigeordneten Rechtsanwalt kein Entschädigungsanspruch gegen die Staatskasse entstanden – es sei denn, er ist nach seiner Beiordnung und aufgrund des Beiordnungsbeschlusses wirksam in **Geschäftsführung ohne Auftrag** für die Partei tätig geworden. Einen solchen „Quasi-Kontrakt", der die Partei zum Ersatz der Aufwendungen des Geschäftsführers verpflichten würde (§ 683 BGB), verpflichtet auch die Staatskasse trotz fehlenden Geschäftsbesorgungsvertrages zur Zahlung der im Gesetz bestimmten Entschädigung des in Prozesskostenhilfe beigeordneten Rechtsanwalts.[2]

Damit ist der Entschädigungsanspruch des in Prozesskostenhilfe beigeordneten 5 Rechtsanwalts gegen die Staatskasse dem Grunde nach gegeben. Seine Höhe richtet sich nach der „gesetzlichen Vergütung" des Rechtsanwalts „soweit in diesem Abschnitt nichts anderes bestimmt ist", und ergibt sich damit aus dem Rechtsanwaltsvergütungsgesetz in Verbindung mit dem Vergütungsverzeichnis, in denen geregelt ist, nach Maßgabe welches Gebührentatbestands und in welcher Höhe im konkreten Fall „die übliche Vergütung" im Sinne des § 612 Abs. 2 BGB dem Rechtsanwalt entstanden ist.[3] Erst durch die Regelung der Höhe der Anwaltsvergütung im RVG i.V.m. dem VV wird aus der rechtsgeschäftlichen Vergütung des Rechtsanwalts die „gesetzliche Vergütung", die ihrerseits wieder – abgesehen von § 49 – dafür maßgeblich ist, in welcher Höhe dem im Wege der Prozesskostenhilfe beigeordneten Rechtsanwalt Entschädigung nach § 45 Abs. 1 aus der Staatskasse geschuldet wird. Das bedeutet, dass zu Beiordnungsbeschluss und Auftragsverhältnis als Drittes die **Erfüllung eines Gebührentatbestands** des RVG i.V.m. VV hinzutreten muss, um den Entschädigungsanspruch des in Prozesskostenhilfe beigeordneten Rechtsanwalts gegen die Staatskasse zwar nicht zu begründen, aber der Höhe nach zu bestimmen und damit einforderbar und festsetzbar zu machen.

Streitig ist, ob außerdem ein wirksamer **Prozesskostenhilfe-Bewilligungsbe-** 6 **schluss** vorliegen muss. § 45 Abs. 1 erwähnt dies nicht als ein Erfordernis für den Anspruch des beigeordneten Rechtsanwalts gegen die Staatskasse, doch könnte sich dieses Erfordernis implicite aus den Worten „im Wege der Prozesskostenhilfe" entnehmen lassen. Jedoch ist der Prozesskostenhilfe-Bewilligungsbeschluss nicht an den Rechtsanwalt, sondern an die Partei gerichtet. Weder ist mit jedem Bewilligungsbeschluss notwendig ein Beiordnungsbeschluss verbunden (sondern nur unter den Voraussetzungen des § 121 ZPO) noch mit jedem Beiordnungsbeschluss notwendig ein Prozesskostenhilfe-Bewilligungsbeschluss.

Auch wenn der Bewilligungsbeschluss und der Beiordnungsbeschluss uno actu er- 7 gehen, handelt es sich doch um zwei selbständige, voneinander **unabhängige** Beschlüsse. Der Entschädigungsanspruch des Rechtsanwalts gegen die Staatskasse ist deshalb – nicht nur unter dem Gesichtspunkt des Vertrauensschutzes – als ausschließlich von dem Beiordnungsbeschluss, nicht von dem Prozesskostenhilfe-Bewilligungsbeschluss abhängig anzusehen.

Auch wenn sich der Bewilligungsbeschluss als unwirksam herausstellen sollte, 8 bleibt der **Entschädigungsanspruch** des wirksam beigeordneten Rechtsanwalts dadurch nicht nur **unberührt**, er kann sich durch die Verwirklichung weiterer Gebührentatbestände auch noch erhöhen, solange die Beiordnung nicht aufgehoben ist (zB

---

[2] KG AnwBl. 1985, 218.
[3] *Chemnitz*, FS Herbert Schmidt, 1981, S. 5 f. zu § 121 BRAGO.

nach § 48 Abs. 2 BRAO) oder durch Beendigung der Instanz ihr Ende gefunden hat.

9 Die **Aufhebung** der Prozesskostenhilfe-Bewilligung nach § 124 ZPO, die gegenüber der durch die Bewilligung begünstigten Partei zu erklären ist, beendet nicht automatisch die Beiordnung des Rechtsanwalts, jedoch wird regelmäßig auch seine Beiordnung – durch Erklärung gegenüber dem Rechtsanwalt – aufzuheben sein. Auch ohne Aufhebung der Beiordnung endet aber mit der Aufhebung der Prozesskostenhilfe die Sperrwirkung des § 122 Abs. 1 Nr. 3 ZPO, der beigeordnete Rechtsanwalt kann nunmehr seine gesetzliche Vergütung gegen den Mandanten geltend machen und nach § 11 (früher: § 19 BRAGO) festsetzen lassen.[4]

10 **1. Beiordnung. a) Allgemeines.** Nur der im Wege der Prozesskostenhilfe oder nach §§ 57, 58 ZPO oder nach § 11a ArbGG (s. § 12) beigeordnete Rechtsanwalt erhält nach § 45 eine Entschädigung, grundsätzlich in Höhe seiner gesetzlichen Vergütung, aus der Staatskasse. Keine Bedingung für den Vergütungsanspruch ist die gleichzeitige oder vorherige Bewilligung der Prozesskostenhilfe, wie sich aus der Entstehungsgeschichte der Vorschrift ergibt: Nach § 1 Abs. 1 des Gesetzes betreffend die Erstattung von Rechtsanwaltsgebühren in Armensachen vom 20. 12. 1928 (RGBl. I S. 411) wurden in bürgerlichen Rechtsstreitigkeiten „im Falle der Bewilligung des Armenrechts" dem für die arme Partei bestellten Rechtsanwalt die Gebühren und Auslagen nach Maßnahme der RAGebO mit den im Folgenden aufgeführten Beschränkungen ersetzt. Da die Rechtsprechung daraus entnahm, dass die Bewilligung des Armenrechts tatbestandsmäßige Voraussetzung des Entschädigungsanspruchs sei, wurde diese Fassung schon nicht in den § 121 BRAGebO und somit auch nicht in § 45 RVG übernommen. Damit war klargestellt, dass es für den Entschädigungsanspruch des im Wege der Prozesskostenhilfe beigeordneten Rechtsanwalts insoweit nur noch auf den Beiordnungsbeschluss, nicht mehr auf den Bewilligungsbeschluss ankommt. Zwar mag die Beiordnung eines Rechtsanwalts ohne vorherige oder gleichzeitige Bewilligung der Prozesskostenhilfe unzulässig sein, sie wird dadurch aber nicht unwirksam.[5]

11 Die Beiordnung muss grundsätzlich durch ausdrücklichen Gerichtsbeschluss erfolgen,[6] der dem Rechtsanwalt bekannt zu geben ist, **formlose Mitteilung genügt** (Rn. 16 bis 18), jedoch ist nicht ausreichend, dass der Rechtsanwalt von einem noch nicht an die Geschäftsstelle herausgegebenen Beschluss des Gerichts Kenntnis erlangt. Eine stillschweigende Beiordnung **durch schlüssiges Verhalten** des Gerichts ist von der Rechtsprechung in den Fällen angenommen worden, in denen unter Mitwirkung des beigeordneten Rechtsanwalts ein Vergleich geschlossen wurde, der über den Gegenstand der Beiordnung hinausging, wenn das Gericht selbst den Vergleichsvorschlag gemacht hatte (s. § 48 Rn. 22).

12 **b) Beweis- und Verkehrsanwalt.** Nach § 121 Abs. 3 ZPO kann eine Partei, der Prozesskostenhilfe bewilligt ist, auf deren Antrag ein zur Vertretung bereiter Rechtsanwalt ihrer Wahl zur Wahrnehmung eines Termins zur Beweisaufnahme vor dem ersuchten Richter oder zur Vermittlung des Verkehrs mit dem Prozessbevollmächtigten beigeordnet werden, wenn besondere Umstände dies erfordern. Die Beiordnung eines **Beweisanwalts** wird insbesondere dann in Betracht kommen, wenn es geboten

---

[4] Zöller/Philippi § 124 ZPO Rn. 24.
[5] AA Schumann/Geißinger § 121 BRAGO Rn. 10.
[6] Gerold/Schmidt/v. Eicken Vor § 45 Rn. 42.

ist, dass der Prozessbevollmächtigte der Partei den Termin zur Beweisaufnahme vor dem ersuchten Richter wahrnimmt, dies ihm aber aus sachlichen Gründen nicht möglich oder nicht zumutbar ist oder aber wenn die Wahrnehmung des Beweistermins durch den Prozessbevollmächtigten der Staatskasse höhere Kosten verursachen würde als die Beiordnung eines Beweisanwalts, aber auch, wenn es an sich geboten ist, dass die Partei den Beweistermin selbst wahrnimmt, dies aber weder ihr noch ihrem Prozessbevollmächtigten objektiv möglich oder zumutbar ist.

Die Beiordnung eines **Verkehrsanwalts** ist zB dann angezeigt, wenn wegen der Schwierigkeit des Streitstoffs auch außerhalb der Prozesskostenhilfe die Kosten eines Verkehrsanwalts erstattbar wären, d. h. schon dann, wenn der Wohnort oder Sitz der Partei mehr als 40 km vom Prozessgericht entfernt liegt[7] oder wenn die Verkehrsanwaltskosten anderenfalls aufzuwendende Informationsreisekosten der Partei nicht oder nur unwesentlich übersteigen.[8] Die Beiordnung eines Verkehrsanwalts im Rahmen der Prozesskostenhilfebewilligung gem. § 121 Abs. 3 ZPO kann nicht als solche von der Staatskasse mit der Beschwerde angefochten werden.[9]

Durch die Beiordnung und den Anwaltsauftrag erlangen der Verkehrsanwalt und der Beweisanwalt einen **eigenen Anspruch** gegen die Staatskasse, der mit der Beendigung der Beiordnung fällig wird, beim Beweisanwalt also mit der Erledigung des Rechtshilfeersuchens.[10] Der Anspruch ist bei dem Urkundsbeamten des beiordnenden Prozessgerichts geltend zu machen (§ 55).[11] Anders als beim Verkehrsanwalt umfasst beim Beweisanwalt die Beiordnung nicht die Tätigkeit beim Vergleichsabschluss, der beigeordnete Beweisanwalt muss sich daher zusätzlich für den **Vergleich** beiordnen lassen, wenn er diese Tätigkeit aus der Staatskasse vergütet erhalten will. Ebenso enthält die Beiordnung als Verkehrsanwalt nicht gleichzeitig die Beiordnung als Beweisanwalt. Auch insoweit ist eine zusätzliche Beiordnung erforderlich, wenn die Staatskasse Beweisanwaltskosten des beigeordneten Verkehrsanwalts tragen soll. Dagegen umfasst die Beiordnung als Verkehrsanwalt die Beiordnung zur Mitwirkung bei einer vergleichsweisen Erledigung des Rechtsstreits.[12]

Ist einer Partei im Rahmen der Prozesskostenhilfe ein Verkehrsanwalt beigeordnet worden, dann sind dessen Kosten aus der Staatskasse zu vergüten, auch wenn die Voraussetzungen, unter denen die Kosten eines Verkehrsanwalts als notwendige Kosten der Rechtsverfolgung oder Rechtsverteidigung zu erstatten sind, nicht vorliegen. Die **Begründetheit** des Beiordnungsbeschlusses **kann im Kostenfestsetzungsverfahren nicht mehr nachgeprüft** werden.[13]

13

14

15

---

[7] St. Rspr. des OLG Frankfurt/M, erneut bestätigt AnwBl. 1983, 185 und 186; 1984, 101; 1985, 268 und 650.
[8] OLG Köln AnwBl. 1983, 189.
[9] KG JurBüro 1989, 421 m. Anm. *Mümmler* gegen OLG Düsseldorf JurBüro 1987, 1830.
[10] OLG Köln JW 1935, 1726.
[11] Vgl. KG JW 1935, 799.
[12] AA OLG Düsseldorf AnwBl. 1983, 187; zur Entstehung der Vergleichsgebühr des Verkehrsanwalts s. aber die Anm. *Chemnitz* zu dieser Entscheidung; KG Berlin JurBüro 1995, 420.
[13] AA OLG Frankfurt/M AnwBl. 1982, 381, das auch in diesem Fall Verkehrsanwaltskosten nur in Höhe ersparter Informationsreisekosten der Partei als erstattbar anerkennen will; das Gericht verkennt hier, dass – anders als im Falle der Bestellung eines Verkehrsanwalts durch die Partei selbst – der Urkundsbeamte an den Beiordnungsbeschluss des Prozessgerichts gebunden ist. Ob dies allerdings auch für die im Gesetz nicht vorgesehene Beiordnung eines Rechtsbeistands gilt, wie *Zöller/Philippi* § 121 ZPO Rn. 32 unter Berufen auf LG Frankfurt/M Rpfleger 1951, 96 und LG Düsseldorf Rpfleger 1960, 130 – das Erstere unter dem Gesichtspunkt des Vertrauens-

16 **c) Wirksamwerden der Beiordnung.** Für den beigeordneten Rechtsanwalt wird die Beiordnung wirksam im Zeitpunkt des Zugehens der Mitteilung des Beiordnungsbeschlusses an den Anwalt, sofern in dem Beschluss selbst nicht etwas anderes bestimmt ist. Formlose Mitteilung genügt (§ 329 Abs. 2 S. 1 ZPO), d.h. auch eine mündliche oder fernmündliche Bekanntgabe.[14] Daher reicht es aus, wenn die Geschäftsstelle als hierzu Berufene dem Rechtsanwalt die Beiordnung mündlich eröffnet;[15] hierbei ist nicht „im Zweifel" anzunehmen, dass der Geschäftsstellenbeamte damit nur beabsichtigt, eine bloße Auskunft über einen als Internum vorhandenen Beschluss zu geben;[16] aA OLG Hamm,[17] das meint, bei der gebotenen objektiven Betrachtungsweise habe der Rechtsanwalt nicht der Auffassung sein können, ihm werde der Armenrechtsbeschluss formlos gemäß § 329 ZPO mitgeteilt. Wenn er die Mitteilung so aufgefasst habe, liege ein Missverständnis vor, das zu seinen Lasten gehe. Das OLG verkennt dabei, dass die Geschäftsstelle über Interna, wenn und solange diese Vorgänge des inneren Geschäftsbetriebs des Gerichts bleiben sollen, keine Auskünfte erteilen darf. Der Rechtsanwalt konnte und brauchte aber von keinem pflichtwidrigen Handeln des Geschäftsstellenbeamten auszugehen.

17 Ausreichend für die Wirksamkeit der Beiordnung ist es auch, wenn das Gericht, der Einzelrichter oder der Berichterstatter dem Rechtsanwalt eine **nicht verkündete Beiordnungsverfügung** bekannt gibt.[18]

18 Die **„Mitteilung"** der Beiordnung kann schriftlich oder mündlich, aber auch durch Handlungen erfolgen, die auf die gewollte Mitteilung gerichtet sind (zB die Geschäftsstelle gibt den Beiordnungsbeschluss dem Rechtsanwalt zum Lesen). Letzteres ist auch anzunehmen, wenn dem beigeordneten Rechtsanwalt durch den Richter oder die Geschäftsstelle zwecks Einsicht die Akte überlassen wird und er hierdurch von dem Vorliegen des unterzeichneten Beiordnungsbeschlusses Kenntnis erlangt, da mit der Überlassung der Akte die Mitteilung des gesamten Akteninhalts bezweckt wird. Dagegen kann in der Mitteilung einer Terminansetzung, die nicht von der Vorauszahlung der Prozessgebühr abhängig gemacht worden ist, auch im Anwaltsprozess keine Mitteilung der Beiordnung erblickt werden.[19]

19 **d) Die fehlerhafte Beiordnung.** Leidet die Beiordnung an einem besonders schwerwiegenden, offenkundigen Fehler und rechtfertigen auch die Grundsätze der Staatsautorität und Rechtssicherheit es nicht, der Beiordnung irgendeine Wirksamkeit zuzuerkennen, so ist sie unwirksam (nichtig). So liegt zB Nichtigkeit vor, wenn ein Gericht für ein Verwaltungsverfahren bei einer anderen Behörde einen Rechtsanwalt in Prozesskostenhilfe beiordnet[20] oder wenn die Beiordnung oder eine in ihr enthaltene Bedingung gegen die guten Sitten verstößt oder vom Rechtsanwalt die Begehung einer rechtswidrigen Handlung verlangt, die ihn ehrengerichtlicher Bestrafung aussetzen würde.

20 Die Beiordnung einer Person, für die keine gesetzliche öffentlich-rechtliche Berufspflicht zur Vertretungsübernahme besteht, kann keine Verpflichtung derselben hierzu

---

schutzes – meinen, erscheint doch als zweifelhaft, nachdem die Fehlerhaftigkeit eines solchen Verwaltungsaktes auch für einen Rechtsbeistand offensichtlich ist.

[14] BGHZ 14, 152 = NJW 1954, 1684.
[15] OLG Köln Rpfleger 1933, 135.
[16] *Stein/Jonas/Schumann/Leipold* § 329 ZPO Fn. 27.
[17] OLG Hamm MDR 1968, 156.
[18] Vgl. OLG Naumburg DR 1939, 1186; OLG Zweibrücken JurBüro 1980, 1204.
[19] AA OLG Breslau JW 1932, 2914; KG JW 1938, 697.
[20] Vgl. OLGe Celle, Kiel, Köln JVBl. 1935, 178.

auslösen und auch nicht begründen.[21] Sie ist zwar nicht nichtig, aber rechtlich wirkungslos. Das Gleiche gälte für die Beiordnung eines Rechtsanwalts für eine verstorbene Partei. Eine solche Beiordnung kann aber **tatsächliche Wirkungen** haben, wenn durch sie der Rechtsanwalt in Unkenntnis des Todes der Partei zu einer Berufstätigkeit veranlasst wird. Dem Anwalt ist dann aus dem Gesichtspunkt eines aufopferungsgleichen Eingriffs die gesetzliche Vergütung zu gewähren; der Anspruch kann aber nicht im Verfahren nach § 55 geltend gemacht werden (Art. 101 Abs. 1 S. 2 GG). Ähnlich ist die Rechtslage bei einer Beiordnung für einen Rechtsstreit **gegen** eine verstorbene Partei.[22] Schließlich können unklare Einschränkungen eine Beiordnung unbestimmt und damit deren Befolgung unausführbar machen.

Rechtsfehler bei der Beiordnung, die den **Beiordnungsakt weder nichtig noch wirkungslos** machen, lassen dagegen den Entschädigungsanspruch entstehen. Das gilt insbesondere für eine Beiordnung ohne vorherige Prozesskostenhilfebewilligung (Rn. 6 bis 8). Beiordnungen unter einer **aufschiebenden Bedingung** werden erst mit dem Eintritt der Bedingung wirksam, eine Beiordnung unter einer **auflösenden Bedingung** ist wirksam, jedoch ist die Bedingung unbeachtlich, da die Bewilligung und Beiordnung nur durch Beschluss des Gerichts aus den im Gesetz genannten Gründen aufgehoben werden können (§ 124 ZPO); aA *Schumann/Geißinger*,[23] die eine bedingte (Armenrechts-)Bewilligung und damit wohl auch Beiordnung schlechthin für unzulässig halten, und *Gerold/Schmidt/v. Eicken/Madert*,[24] der meint, eine auflösend bedingte Beiordnung „verpflichte überhaupt nicht"; jedoch sind weder die Voraussetzungen eines nichtigen Verwaltungsakts gegeben (s. o.) noch wäre eine solche Beiordnung auf eine unmögliche Leistung gerichtet, lediglich die in ihm vorgesehene Beendigung seiner Rechtswirksamkeit ist gesetzwidrig; da Staatshoheitsakte nach Möglichkeit aufrechtzuerhalten sind, genügt es, dem Beiordnungsbeschluss insoweit die Rechtswirkung zu versagen. **21**

Eine einschränkende „Bedingung" dahin, dass der Rechtsanwalt **auf die Vergütung von Reisekosten verzichtet**, ist weder eine Bedingung noch eine Einschränkung des Umfangs der Beiordnung dahin, dass der Prozessbevollmächtigte keine Reisen zum Prozessgericht vornehmen darf (eine solche Einschränkung wäre unsinnig, da sie dem Sinn und Zweck der Beiordnung zuwiderlaufen würde), sondern eine unzulässige Einschränkung des gesetzlichen Anspruchs des Rechtsanwalts auf den Ersatz seiner Auslagen.[25] An einen Verzicht des Rechtsanwalts auf den Ersatz seiner Auslagen ist der Rechtsanwalt nicht gebunden, er kann ihn jederzeit widerrufen.[26] **22**

2. Tätigwerden des in Prozesskostenhilfe beigeordneten Anwalts. a) Allgemeines. Wie bereits ausgeführt, begründet die Beiordnung des Anwalts zunächst nur dessen Verpflichtung, einen Mandatsantrag des durch die Prozesskostenhilfe Begünstigten anzunehmen und das Mandat zu führen. Außerdem begründet die Beiordnung eine Nebenpflicht des Anwalts, gegebenenfalls in Geschäftsführung ohne Auftrag schon vor seiner Beauftragung zur Wahrung der Rechte des durch die Prozesskostenhilfe Begünstigten als Anwalt tätig zu werden. Die Beiordnung und Beauftragung begründet den öffentlich-rechtlichen Entschädigungsanspruch gegen die Staatskasse erst dem **23**

---

21 S. Vor § 45 Rn. 13, 16 bis 18.
22 KG JurBüro 1969, 243.
23 *Schumann/Geißinger* § 121 BRAGO Rn. 14.
24 *Gerold/Schmidt/v. Eicken* Vor § 45 Rn. 51.
25 OLG Stuttgart Rpfleger 1957, 66; LG Berlin JurBüro 1996, 434 ff.
26 So OLG Hamm AnwBl. 1980, 39 hinsichtlich der Bestellung eines auswärtigen Pflichtverteidigers unter Verzicht auf die dadurch entstehenden Reisekosten.

§ 45 *Abschnitt 8. Beigeordneter oder bestellter Rechtsanwalt, Beratungshilfe*

Grunde, aber noch nicht der Höhe nach. Die Höhe dieses Anspruchs ergibt sich erst aus einer Anwendung der Gebührentatbestände des RVG iVm. dem Vergütungsverzeichnis auf die im Rahmen der Beiordnung entfaltete Tätigkeit des beigeordneten Anwalts.

24 Eine solche **Tätigkeit** erfordern sowohl die Gebührentatbestände der „Tätigkeitsgebühren" als auch die der wenigen Erfolgsgebühren (zB Nr. 1000, 1001, 1002, 2608 VV), bei denen die in ihnen normierte Gebühr nicht schon durch die Tätigkeit des Anwalts, die zu diesem Erfolg geführt hat, ausgelöst wird, sondern erst durch den Eintritt des Erfolges.[27]

25 Wie sich aus den betreffenden Gebührentatbeständen und dem System des Anwaltsgebührenrechts ergibt, kommt es in bürgerlichen Rechtsstreitigkeiten für die Höhe der dem Anwalt sowohl gegen seinen Mandanten als auch gegen die Staatskasse zustehenden Vergütung nicht auf den **Umfang** seiner Tätigkeit an. Sie kann minimal oder sehr umfangreich sein, der Anwalt erhält stets nur – und zwar grundsätzlich nur einmal, § 15 Abs. 2 – die für die betreffende Gruppe von Tätigkeiten im Gesetz bestimmte Gebühr. So erhält der einem Revisionsbeklagten in Prozesskostenhilfe beigeordnete Rechtsanwalt – auch wenn gleichzeitig mit der Bewilligung und Beiordnung die Revision zurückgewiesen wird[28] – bei Stellen eines Sachantrags vor oder bei Einreichen des Prozesskostenhilfeantrags eine volle Verhandlungsgebühr.[29] Prozesskostenhilfe ist auch nach dem Tode der bedürftigen Partei zu bewilligen und der Anwalt ist beizuordnen, wenn die Voraussetzungen dafür im Zeitpunkt ihrer Beantragung vorgelegen haben und der Anwalt im Vertrauen auf die Bewilligung und Beiordnung gebührenauslösende Handlungen vorgenommen hat.[30] Aber nur im Verhältnis zum Mandanten handelt es sich um „die übliche Vergütung" des § 612 Abs. 2 BGB als Äquivalent für die Tätigkeit des Anwalts aus einem Dienstvertrag als Austauschvertrag. Der Anspruch gegen die Staatskasse wird zwar durch die Tätigkeiten des Anwalts der Höhe nach bestimmt, wird dadurch aber kein rechtsgeschäftliches Entgelt, sondern bleibt ein öffentlich-rechtlicher Entschädigungsanspruch für die Inanspruchnahme des Anwalts durch den Staat (Aufopferungsanspruch).

26 **b) Tätigwerden von Vertretern.** Die Beiordnung eines Rechtsanwalts verpflichtet diesen persönlich zum Abschluss eines Anwaltsvertrages. Sie hat hoheitlich Zwangscharakter, zielt aber auf ein Privatrechtsverhältnis, für das, wenn es begründet ist, die dafür geltenden privatrechtlichen Vorschriften maßgebend sind. Insbesondere bestimmt sich die Frage, ob der Anwalt sich bei der Ausübung seiner Dienste vertreten lassen darf, nach den für den Anwaltsvertrag geltenden Regeln.

27 Für den Vergütungsanspruch des Rechtsanwalts gegen seinen Mandanten bestimmt § 5, dass der Rechtsanwalt auch Anspruch auf seine Vergütung nach dem Rechtsanwaltsvergütungsgesetz hat, wenn er sich bei der Ausübung einer Tätigkeit durch einen Rechtsanwalt, den **allgemeinen Vertreter** oder einen zur Ausbildung zugewiesenen **Referendar** vertreten lässt. Da die Beiordnung auf eine Anwaltstätigkeit im Rahmen eines privatrechtlichen Anwaltsvertrages abzielt, muss auch die Staatskasse die vertragsgemäße Erfüllung seiner Pflichten durch einen solchen Vertreter gegen sich gelten lassen. Der Anspruch gegen die Staatskasse entsteht auch in diesem Fall dem beigeordneten Anwalt und nicht etwa seinem Vertreter.[31]

---

[27] S. dazu *Chemnitz,* Anwaltsgebühren als Pauschgebühren, FS Herbert Schmidt, S. 6.
[28] BGH NJW 1992, 840.
[29] BGH NJW 1992, 839.
[30] *V. Eicken* Anm. zu OLG Celle AGS 1992, 6.
[31] *Gerold/Schmidt/v. Eicken* § 121 BRAGO Rn. 13; *Hartmann* § 121 BRAGO Rn. 3.

Mit Einwilligung des Mandanten kann sich der Anwalt auch durch eine **andere** 28 als der in § 5 genannten **Personen** vertreten lassen. Fraglich ist nur, ob ihm in diesem Fall der (volle) Gebührenanspruch nach der Gebührenordnung gegen den Mandanten und der Entschädigungsanspruch gegen die Staatskasse zustehen. Hinsichtlich des Vergütungsanspruchs gegen den Mandanten besagt § 5, dass sich dieser Vergütungsanspruch nicht der Höhe nach aus dem Rechtsanwaltsvergütungsgesetz bestimmt, „die übliche Vergütung" ist in diesen Fällen außerhalb des Rechtsanwaltsvergütungsgesetzes zu ermitteln.[32]

Die in dieser Rechtsprechung zum Teil vertretene Zubilligung von Bruchteilen der 29 gesetzlichen Gebühren bei Einsatz eines solchen Vertreters ist auf den Entschädigungsanspruch gegen die Staatskasse nicht übertragbar, da der öffentlich-rechtliche Aufopferungsanspruch keine Differenzierung nach der Qualität der Leistung wie der rechtsgeschäftliche Entgeltsanspruch zulässt. Hier ist die Frage, ob die Leistung des Vertreters dem beigeordneten Rechtsanwalt zugerechnet werden kann oder nicht. Dabei wird der Zweck der Beiordnung eines Anwalts in Prozesskostenhilfe zu berücksichtigen sein, nämlich dem durch die Prozesskostenhilfe Begünstigten eine dem Wahlanwalt gleiche Prozessvertretung zu gewährleisten. Mit Recht hat daher das OLG Düsseldorf[33] einem beigeordneten Rechtsanwalt, der sich von einem bei ihm **angestellten**, unmittelbar vor der Zulassung zur Anwaltschaft stehenden **Assessor** vertreten lassen hatte, die volle Anwaltsentschädigung aus der Staatskasse zuerkannt.[34]

Ob die gleiche Differenzierung im Falle einer **Pflichtverteidigung** getroffen wer- 30 den kann, sei hier dahingestellt. Aus der Entscheidung des OLG Hamm[35] ergibt sich nicht, ob zwischen Pflichtverteidiger und Angeklagtem ein Mandatsvertrag bestand und der Angeklagte der Verteidigung durch den angestellten Assessor zugestimmt hatte. Bei vollwertiger Vertretung und Zustimmung des Mandanten sollte die volle Entschädigung dem Anwalt, der seinerseits seinen Vertreter bezahlen muss, nicht von der Staatskasse aus fiskalischen Gründen mit einer formalistischen Begründung vorenthalten werden.

III. Entschädigungsanspruch

1. „Gesetzliche Vergütung": § 45 bestimmt den Inhalt des Entschädigungsan- 31 spruchs dahin, dass der im Wege der Prozesskostenhilfe oder nach §§ 57, 58 ZPO beigeordnete Rechtsanwalt grundsätzlich eine Entschädigung in Höhe der gesetzlichen Vergütung erhält, d.h. außer Ersatz der Auslagen in voller Höhe oder in Höhe bestimmter Pauschalbeträge (Nr. 7001 ff., früher §§ 26, 28 BRAGO) die in den Abschnitten für die anwaltlichen Dienstleistungen der Höhe nach bemessenen einzelnen Gebühren. Der Begriff „gesetzliche Vergütung" anstelle der früheren Worte „nach Maßgabe der Gebührenordnung" war schon in der BRAGO nicht definiert, er entspricht dem Begriff „gesetzliche Gebühren und Auslagen" in § 91 Abs. 2 S. 1 ZPO, beschränkt die Entschädigung also nicht auf die in Vorbem. 7 Abs. 1 Satz 1 und 2 sowie

---

[32] Zur Rspr. s. § 5 Rn. 9; *Gerold/Schmidt/v. Eicken/Madert/Müller-Rabe* § 5 Rn. 12ff.
[33] OLG Düsseldorf AnwBl. 1978, 426; VG Freiburg AnwBl. 1984, 325.
[34] Vgl. allerdings jetzt den erweiterten § 5; früher aA LG Mainz MDR 1997, 406f.; LAG Sachsen-Anhalt AnwBl. 1995, 561; OLG Stuttgart Rpfleger 1996, 83f. (Nichtstationsreferendar); LAG Sachsen-Anhalt AnwBl. 1995, 562 (Diplomjurist).
[35] OLG Hamm AnwBl. 1969, 65.

Nr. 7008 VV (§ 25 BRAGO) genannten Auslagen. Jedoch bestimmt § 49 (§ 123 BRAGO) Abweichendes für Gebühren ab einem Geschäftswert von mehr als 3000 Euro. Der Entschädigungsanspruch gegen die Staatskasse bleibt ab diesem Gegenstandswert mehr und mehr hinter dem Vergütungsanspruch des Rechtsanwalts gegen seinen Mandanten zurück, so dass er bei einem Gegenstandswert von 10 000 Euro nicht einmal mehr die Hälfte der gesetzlichen Gebühren erreicht und bei Gegenstandswerten über 30 000 Euro bei einem Betrag von 391 Euro (anstelle der vollen Gebühr von 758 Euro) stehen bleibt, d. h. sich bei höheren Gegenstandswerten nicht weiter erhöht, während die gesetzlichen Gebühren mit den Gegenstandswerten weiter ansteigen.

32 Die Entschädigung des im Wege der Prozesskostenhilfe beigeordneten Rechtsanwalts bleibt in § 49 (§ 123 BRAGO) nicht nur der Höhe nach hinter dem gesetzlichen Vergütungsanspruch des Rechtsanwalts gegen seine Partei zurück, er kann außerdem noch begrenzt sein durch einen **eingeschränkten Umfang** seiner Beiordnung (§ 48, früher § 122 BRAGO), wenn und soweit sich der Auftrag des Mandanten und der Beiordnungsbeschluss ihrem Umfang nach nicht decken. Dagegen kann der Entschädigungsanspruch gegen die Staatskasse niemals über den Anspruch des Anwalts auf seine gesetzliche Vergütung gegen den Mandanten hinausgehen.

33 **2. Schuldner des Entschädigungsanspruchs.** § 45 (§ 121 BRAGO) bestimmt in erster Linie, welche „Staatskasse" dem beigeordneten Rechtsanwalt zur Zahlung des Entschädigungsanspruchs verpflichtet ist, nämlich in Verfahren vor Gerichten des Bundes die Bundeskasse, in Verfahren vor Gerichten eines Landes die Landeskasse. Für die Festsetzung der dem Rechtsanwalt zustehenden Entschädigung ist der Urkundsbeamte des Gerichts zuständig, das die Beiordnung ausgesprochen hat. Bei Verweisung oder Abgabe an ein Gericht eines anderen Landes zahlt im Geltungsbereich der KostVfG vom 1. 3. 1976 die Kasse des Landes, an dessen Gericht das Verfahren verwiesen worden ist, es sei denn, die Beiordnung endet und der Festsetzungsantrag ist vor der Aktenversendung eingegangen.[36]

34 **3. Fälligkeit.** Der Entschädigungsanspruch wird mit der Beendigung der Beiordnung fällig. Die Beiordnung endet ohne weiteres mit der Erledigung des Auftrags oder Beendigung der Angelegenheit, zu deren Besorgung der Rechtsanwalt bestellt worden war. Insoweit entspricht die Fälligkeit des Entschädigungsanspruchs der Regelung des § 8 Abs. 1 für den bürgerlich-rechtlichen Vergütungsanspruch des Rechtsanwalts gegen seine Partei. Darüber hinaus wird der Entschädigungsanspruch aber auch fällig mit der Aufhebung der Beiordnung durch das Gericht (§ 48 Abs. 2 BRAO) sowie der Aufhebung der Bewilligung (§ 124 ZPO) oder dem Tod der begünstigten Partei.[37] Jedoch erhält der beigeordnete Rechtsanwalt entsprechend § 674 BGB noch die Entschädigung für solche Tätigkeiten, bei deren Vornahme er vom Tod der Partei weder etwas wusste noch wissen musste.[38] Außerdem wird die Entschädigung fällig bei Verweisung des Rechtsstreits an ein anderes Gericht, bei dem der beigeordnete Rechtsanwalt nicht zugelassen ist.

35 **4. Einwendungen der Staatskasse.** Da es sich bei dem Entschädigungsanspruch gegen die Staatskasse um einen selbständigen, öffentlich-rechtlichen Anspruch des Anwalts handelt, kann diese gegen den Anspruch keine Einwendungen aus dem

---

[36] Vgl. *Hartmann*, VII. DVKostG, Anlage 2 zu § 6 Abs. 2 KostVfg.

[37] Dies war nach früherem Recht in § 122 ZPO ausdrücklich bestimmt, konnte aber bei der Regelung der Prozesskostenhilfe als selbstverständlich gestrichen werden.

[38] *Hartmann* § 121 BRAGO Rn. 28.

Rechtsverhältnis der Partei zum beigeordneten Rechtsanwalt herleiten. Sie kann daher weder mit Schadensersatzansprüchen der durch die Prozesskostenhilfe begünstigten Partei aus Vertragsverletzung aufrechnen noch mit Wirkung für ihre Zahlungsverpflichtung das Entstehen oder Weiterbestehen des privatrechtlichen Anspruchs gegen die begünstigte Partei bestreiten. Dagegen kann sie einwenden, dass der mit dieser Partei geschlossene **Anwaltsvertrag unwirksam** sei, da der Beiordnungsbeschluss die Verpflichtung enthält, den Antrag des Begünstigten auf Abschluss eines solchen Vertrages anzunehmen; ohne Anwaltsvertrag – abgesehen von den Fällen des Tätigwerdens des beigeordneten Rechtsanwalts in Geschäftsführung ohne Auftrag – kein Entschädigungsanspruch gegen die Staatskasse. Der öffentlich-rechtliche Entschädigungsanspruch des beigeordneten Rechtsanwalts gegen die Staatskasse erlischt nicht durch dessen Verzicht auf den privatrechtlichen Vergütungsanspruch gegen seine Partei. Schließlich lässt die uneingeschränkte Aufhebung der Prozesskostenhilfe die zuvor gegenüber der Landeskasse begründeten Vergütungsansprüche des beigeordneten Rechtsanwaltes unberührt.[39]

Die Staatskasse kann alle Einwendungen gegen den öffentlich-rechtlichen Entschädigungsanspruch aus dem eigenen Rechtsverhältnis zum beigeordneten Rechtsanwalt erheben. So kann sie das **Nichtentstehen** des Anspruchs wegen Fehlens der Voraussetzungen, das **Erlöschen** des Anspruchs durch Zahlungen des Auftraggebers oder eines Dritten (§ 58 Abs. 2), den **Wegfall** des Anspruchs wegen schuldhafter Veranlassung der Beiordnung eines anderen Rechtsanwalts (§ 54) oder **Verjährung** (s. dazu Rn. 38 bis 40) einwenden sowie die **Fälligkeit** bestreiten. Außerdem kann sie bei unzulässiger Rechtsausübung und Rechtsmissbrauch die **Arglisteinrede** erheben, so zB wenn der Anspruch durch völlig überflüssige, prozessual bedeutungslose oder offensichtlich unsachgemäße Handlungen erlangt ist (Einrede des unredlichen Rechtserwerbs), oder wenn der beigeordnete Rechtsanwalt den Forderungsübergang auf die Staatskasse dadurch vereitelt, dass er durch die Erwirkung eines Kostenfestsetzungsbeschlusses zugunsten der (hilfsbedürftigen) Partei die Aufrechnung durch den Gegner ermöglicht, ohne von der Möglichkeit der Kostenfestsetzung im eigenen Namen (§ 126 ZPO), bei der die Aufrechnung ausgeschlossen ist, Gebrauch zu machen.[40] Dagegen kann die Staatskasse nicht von dem beigeordneten Anwalt fordern, zunächst die **Beitreibung** seiner Gebühren und Auslagen von dem in die Prozesskosten verurteilten Gegner zu betreiben – weder im eigenen Namen (§ 126 ZPO) noch als Vertreter der Partei –, da der öffentlich-rechtliche Entschädigungsanspruch des beigeordneten Rechtsanwalts gegen die Staatskasse weder subsidiär zu dem privatrechtlichen Vergütungsanspruch gegen den Mandanten noch zu dessen Erstattungsanspruch gegen den in die Kosten verurteilten Gegner ausgestaltet ist. Vielmehr ergibt sich aus den §§ 58 Abs. 2, 59, dass die Befriedigung des privatrechtlichen Vergütungsanspruchs des Rechtsanwalts im Verhältnis zur Staatskasse dem Anspruch der Staatskasse vorgeht. Der Erstattungsanspruch gegen den in die Kosten verurteilten Gegner beruht aber – auch soweit dem Anwalt ein selbständiges Beitreibungsrecht eingeräumt ist (§ 126 ZPO) –, nur auf dem privatrechtlichen Vergütungsanspruch des Rechtsanwalts gegen seine Partei, berührt daher nicht den öffentlich-rechtlichen Erstattungsanspruch des beigeordneten Rechtsanwalts aus der Beiordnung gegen die Staatskasse. Eine **Anrechnung** findet nach Maßgabe des § 58 Abs. 2 erst statt, wenn und soweit die privatrechtlichen Ansprüche des Rechtsanwalts gegen seinen Auftraggeber befriedigt sind.

---

[39] OLG Koblenz AnwBl. 1997, 240.
[40] OLG München NJW-RR 1997, 1356.

§ 45 *Abschnitt 8. Beigeordneter oder bestellter Rechtsanwalt, Beratungshilfe*

37 Bei **Auslagen** kann dagegen in beschränktem Umfang eingewandt werden, dass sie nicht erforderlich waren; die Beweislast trifft jedoch die Staatskasse (s. § 46).

38 **5. Verjährung.** Wie schon in Vor § 45 Rn. 35 und § 45 Rn. 3 ausgeführt, handelt es sich bei dem Entschädigungsanspruch gegen die Staatskasse um einen **Aufopferungsanspruch**, der in den §§ 74, 75 EinlPrALR wie folgt normiert ist:

„Einzelne Rechte und Vorteile der Mitglieder des Staates müssen den Rechten und Pflichten zur Beförderung des gemeinschaftlichen Wohles, wenn zwischen beiden ein wirklicher Widerspruch (Collision) eintritt, nachstehen."

„Dagegen ist der Staat demjenigen, welcher seine besonderen Rechte und Vorteile dem Wohle des gemeinen Wesens aufzuopfern genötigt wird, zu entschädigen gehalten."

Die gewohnheitsrechtliche Geltung dieser Rechtssätze über den Geltungsbereich des PrALR hinaus ist heute unbestritten.

39 Für einen solchen Aufopferungsanspruch gilt grundsätzlich die **30-jährige Verjährungsfrist**.[41] Für den Anspruch des beigeordneten Rechtsanwalts gegen die Staatskasse ist nichts anderes bestimmt. Trotzdem nehmen *Schumann/Geißinger*[42] unter Bezugnahme auf die obergerichtliche Rechtsprechung und ihnen folgend *Gerold/Schmidt/ v. Eicken*[43] an, dass auf die Verjährung dieses Anspruchs jetzt § 195 BGB sinngemäß anzuwenden sei, ebenso *Tschischgale*.[44] Auch das LAG München[45] nimmt „einen besonderen gesetzlichen Vergütungsanspruch öffentlich-rechtlicher Natur" an, der als solcher anscheinend einen Aufopferungsanspruch als Rechtsgrund ausschließen soll.

40 Wenn dies auch die herrschende Meinung zu sein scheint, so kann ihr doch nicht gefolgt werden. Für eine so kurze Verjährungsfrist besteht auf Seiten der Staatskasse kein anzuerkennendes Bedürfnis und **keine Veranlassung**. Die Entschädigung, die dem Anwalt gegen die Staatskasse zusteht, ist im Wesentlichen im Gesetz bestimmt, Auslagenbeträge, die hinzutreten könnten, können nicht so erheblich sein, dass durch ihre spätere Geltendmachung der Justizhaushalt gefährdet werden könnte. Zumal es äußerst selten vorkommen wird, dass ein Rechtsanwalt mehr als zwei Jahre mit der Abrechnung einer solchen Angelegenheit wartet. Als selbständige Unternehmer sind Anwälte darauf angewiesen, möglichst bald ihre Forderungen einzuziehen, um damit ihre Personal- und Sachkosten zu bezahlen. Wenn tatsächlich einmal die Abrechnung einer solchen Sache unterbleibt, dann allenfalls aufgrund eines Büroversehens. In einem solchen Falle stünde es der Staatskasse gut an, den Anwalt an die Abrechnung der Sache zu erinnern, nachdem der Staat sich seiner Hilfe für Zwecke der Allgemeinheit bedient hat. Sollte ein Anwalt trotz mehrfacher Erinnerung an die Abrechnung nicht reagieren, ohne dass dafür ein verständlicher Grund erkennbar ist, dann kann die Staatskasse daraus möglicherweise den Schluss ziehen, dass sie jetzt nicht mehr mit ihrer Inanspruchnahme zu rechnen braucht (Fall der Anspruchsverwirkung). Eine kurze Verjährungsfrist von zwei Jahren entspricht dagegen nicht dem Verhältnis des Bürgers zu einem Staat, der ihm in Ausübung hoheitlicher Gewalt gegenübertritt. Im Übrigen kann der Urkundsbeamte der Geschäftsstelle den beigeordneten Anwalt,

---

[41] BGHZ 9, 209; 13, 88, 98; 45, 48, 77; OLG Düsseldorf NJW 1957, 912; LG Wiesbaden AnwBl. 1983, 469 zum Kostenerstattungsanspruch eines Freigesprochenen gegen die Staatskasse m. zust. Anm. *Chemnitz*; *Schäfer/Bonk* Staatshaftungsgesetz § 13 Rn. 12.
[42] *Schumann/Geißinger* § 121 BRAGO Rn. 37.
[43] *Hartmann* § 121 BRAGO Rn. 29; *Gerold/Schmidt/v. Eicken* Rn. 10.
[44] Verjährung und Verwirkung im Anwaltskostenrecht, AnwBl. 1958, 181, 183.
[45] LAG München AnwBl. 1994, 424.

Vergütungsanspruch des beigeordneten oder bestellten Rechtsanwalts § 45

sobald er die Festsetzung der ihm nach § 50 zu zahlenden weiteren Vergütung beantragt hat, auffordern, binnen eines Monats aufgelistet die Zahlung aller ihm gegen die Bundes- oder Landeskasse noch zustehenden Entschädigungsansprüche zu beantragen. Kommt er der Aufforderung nicht nach, dann erlöschen seine Ansprüche (§ 50 Abs. 2).

6. Abtretung und Pfändung des Anspruchs. Der Aufopferungsanspruch ist 41 nach seinem Entstehungsgrund ein öffentlich-rechtlicher Entschädigungsanspruch. Ist er aber einmal entstanden, dann richtet er sich gegen den Fiskus und ist als solcher pfändbar, verpfändbar und abtretbar, wie sich auch aus § 411 BGB hinsichtlich des übertragbaren Teils des Diensteinkommens, Wartegeldes oder Ruhegehalts von Beamten ergibt. Daraus ergibt sich aber zugleich, dass der Rechtsanwalt schon beigeordnet worden und tätig geworden sein muss, da vorher der Entschädigungsanspruch gegen den Fiskus nicht entstanden ist. Eine Pfändung künftiger Entschädigungsansprüche vor der Beiordnung ist unwirksam. *Gerold/Schmidt/v. Eicken/Madert*,[46] auch *Hartmann*[47] und *Schumann/Geißinger*[48] lassen die Pfändung und Abtretung künftiger Entschädigungsansprüche gegen die Staatskasse erst zu, nachdem der Rechtsanwalt wirksam beigeordnet ist. Dass dabei der gepfändete, verpfändete oder abgetretene Anspruch so genau bezeichnet werden muss, dass er identifiziert werden kann, ist selbstverständlich.[49] Wird der Drittschuldner nicht durch die Behörde vertreten, die die Leistung durch Anordnung der Auszahlung zu bewirken hat, sondern – wie in Bayern nach § 5 der VertretungsVO – durch den Leiter der Kasse, der die Auszahlung obliegt, dann ist auch die Behörde zu bezeichnen, die die Auszahlung anordnet.

Ein Rechtsnachfolger, insbesondere ein **Pfändungsgläubiger** kann Zahlung aus 42 der Staatskasse auf dem Wege des § 55 verlangen.[50] Die Pfändungsgläubiger können die erforderlichen Erklärungen des Rechtsanwalts, zB über die Höhe der Auslagen (§ 46) oder über die empfangenen Vorschüsse (§ 58 Abs. 2) nach § 836 Abs. 3 ZPO erzwingen.

7. Konkurrenz mehrerer Ansprüche aus Tätigkeiten als Wahlanwalt und als 43 **in Prozesskostenhilfe beigeordneter Anwalt.** Sobald der Rechtsanwalt seiner Partei in Prozesskostenhilfe beigeordnet und von dieser beauftragt ist, entstehen ihm durch seine Tätigkeit für seine Partei zugleich der privatrechtliche Vergütungsanspruch gegen diese und der öffentlich-rechtliche Entschädigungsanspruch gegen die Staatskasse, von denen der privatrechtliche Vergütungsanspruch zunächst gestundet ist (§ 122 Abs. 1 Nr. 3 ZPO). War der Rechtsanwalt bereits **vor** der Beiordnung als **Wahlanwalt** tätig, dann werden die bis dahin entstandenen Vergütungsansprüche gegen den Mandanten von der Stundungswirkung der Bewilligung von Prozesskostenhilfe nicht erfasst.[51] Auch diese Vergütungsansprüche des Rechtsanwalts werden aber erst fällig mit der Erledigung des Auftrags oder Beendigung der Angelegenheit (§ 8 Abs. 1), und auch dann verbieten seine in der Bundesrechtsanwaltsordnung normierten Berufspflichten (Vor § 45 Rn. 48) dem Rechtsanwalt, solange er beigeordnet ist, wegen dieser Gebühren und Auslagen gegen seinen Auftraggeber gerichtlich vorzu-

---

46 *Gerold/Schmidt/v. Eicken/Madert* § 121 BRAGO Rn. 30.
47 *Hartmann* § 121 BRAGO Rn. 16.
48 *Schumann/Geißinger* § 121 BRAGO Rn. 36.
49 Zur Pfändung einer Geldforderung s. insoweit *Zöller/Stöber* § 829 ZPO Rn. 2.
50 *Gerold/Schmidt/v. Eicken* Rn. 43.
51 AA OLG Stuttgart JurBüro 1997, 649; *Gerold/Schmidt/v. Eicken* Rn. 29.

§ 45 *Abschnitt 8. Beigeordneter oder bestellter Rechtsanwalt, Beratungshilfe*

gehen oder seine weitere Tätigkeit von der Begleichung dieser Kosten abhängig zu machen. Erst danach steht es ihm frei, ob er diesen Vergütungsanspruch unmittelbar gegen die Partei geltend machen will. Außerdem hat er den Anspruch gegen die Staatskasse auf Zahlung einer **„weiteren Vergütung"** bis zur Höhe seiner Regelgebühren nach § 50, sobald das Verfahren beendet ist und die von der Partei zu zahlenden Raten beglichen sind (§ 50 Abs. 1). Soweit er aus der Staatskasse befriedigt wird, geht sein Anspruch gegen die Partei (oder einen ersatzpflichtigen Gegner) auf die Bundes- oder Landeskasse über (§ 59 Abs. 1).

44 Der Rechtsanwalt kann aber gegenüber seinem Mandanten auf die Geltendmachung der ihm vor seiner Beiordnung entstandenen Wahlanwaltskosten **verzichtet** haben. Das ist zB dann anzunehmen, wenn der Rechtsanwalt rückwirkend beigeordnet wird. Eine solche **rückwirkende Beiordnung** ist nicht gegen seinen Willen möglich. Ist er aber damit einverstanden und macht er die vor seiner Beiordnung entstandenen und von der Rückwirkung erfassten Gebühren als Entschädigungsanspruch gemäß § 45 geltend, dann unterwirft er auch diesen Vergütungsanspruch der Stundungswirkung des § 122 Abs. 1 Nr. 3 ZPO.[52] Hatte der Rechtsanwalt in Angelegenheiten, in denen sich die Gebühren nach Teil 3 des Vergütungsverzeichnisses bestimmen, von seiner Partei nach dem Rückwirkungszeitpunkt, aber vor der Bewilligung der Prozesskostenhilfe Zahlungen oder Sachleistungen irgendwelcher Art erhalten, dann sind diese nach § 58 Abs. 2 zunächst auf die Vergütungen **anzurechnen**, für die ein Anspruch gegen die Staatskasse nicht oder nur unter den Voraussetzungen des § 50 (§ 124 BRAGO) besteht. Darüber hinausgehende Beträge sind im Falle einer rückwirkenden Beiordnung an die Partei **zurückzuzahlen**, wenn der Rechtsanwalt den Entschädigungsanspruch gegen die Staatskasse geltend machen will. Hat der Rechtsanwalt sich mit seiner rückwirkenden Beiordnung einverstanden erklärt, dann muss er auch seine Partei so stellen, wie sie stehen würde, wenn er schon im Rückwirkungszeitpunkt beigeordnet worden wäre.[53]

45 **8. Entschädigungsanspruch bei Vertretung von Streitgenossen.** Der Entschädigungsanspruch eines in Prozesskostenhilfe beigeordneten Rechtsanwalts gegen die Staatskasse verringert sich nicht dadurch, dass er auch einen Streitgenossen seines Mandanten **als Wahlanwalt** vertritt.[54] Der Ansicht des BGH ist aber entgegenzuhalten, dass dies dem Sinn und Zweck des Prozesskostenhilferechts nicht gerecht wird, da der nicht bedürftige Streitgenosse im Innenverhältnis einen Ausgleichsanspruch gem. § 426 Abs. 1 BGB gegen den bedürftigen Streitgenossen geltend machen kann oder, um dies zu vermeiden, dem nicht bedürftigen Streitgenossen ein solcher zu versagen ist, womit er schlechter gestellt werden würde, als wenn ihm kein bedürftiger Streitgenosse zur Seite stünde. Daher wird teilweise vertreten, dem im Wege der Prozesskostenhilfe beigeordneten Rechtsanwalt aus der Staatskasse die vollen Prozesskostenhilfegebühren für die im Rahmen der Beiordnung erbrachten Leistungen jedoch höchstens denjenigen Anteil der Wahlanwaltsvergütung – einschließlich Mehrvertretungszuschlag und Vergütung für die über die Beiordnung hinausgehende Tätigkeit –, der im Innenverhältnis seiner Auftraggeber auf die bedürftige Partei entfällt, zuzusprechen.[55] Wird ein Rechtsanwalt, der einen Streitgenossen als Wahlanwalt

---

[52] OLG München NJW 1960, 1018 = AnwBl. 1960, 117.
[53] Vgl. BGH MDR 1963, 827.
[54] So auch OLG Düsseldorf MDR 1997, 1071; LG Frankenthal MDR 1997, 208; aA BGH NJW 1993 1715: Anspruch gegen die Staatskasse lediglich auf die erhöhte $^{3}/_{10}$-Gebühr.
[55] LG Berlin NJW-RR 1997, 382 f.

vertritt, **dem anderen Streitgenossen** in Prozesskostenhilfe **beigeordnet**, so steht ihm zwar die gemäß Nr. 1008 VV erhöhte Prozessgebühr gegen den anderen Mandanten zu, sein Anspruch gegen die Staatskasse erhöht sich dadurch aber nicht.

Anders verhält es sich dagegen, wenn der Rechtsanwalt gleichzeitig oder nacheinander **mehreren Streitgenossen** in Prozesskostenhilfe **beigeordnet** wird. Seine Entschädigung aus der Staatskasse erhöht sich dann nach Maßgabe der Nr. 1008 VV. 46

9. Zurückzahlung. Einen aus der Staatskasse zu viel erhaltenen Betrag hat der beigeordnete Rechtsanwalt an die Staatskasse zurückzuzahlen. Auch der Zurückzahlungsanspruch ist ein öffentlich-rechtlicher Anspruch,[56] der in § 1 Nr. 8 JustBeitrO geregelt ist. Forderungsberechtigt ist die Staatskasse, die die Zahlung geleistet hatte. **Bereicherungsrechtliche Einwendungen** sind gegen die Zurückforderung **ausgeschlossen**.[57] 47

Der Rechtsanwalt hat aber den Einwand, er habe darauf **vertrauen** können, den erhaltenen Betrag behalten zu dürfen.[58] 48

B. Abs. 2

I. Änderungen im Vergleich zur BRAGO

§ 45 Abs. 2 **führt die Regelungen** aus § 36a Abs. 2 Satz 1 BRAGO betreffend den in einer Scheidungssache nach § 625 ZPO beigeordneten Rechtsanwalt und aus § 115 BRAGO betreffend den vom Gericht gemäß § 67a Abs. 1 Satz 2 VwGO bestellten gemeinsamen Bevollmächtigten **zusammen** und regelt somit den Vergütungsanspruch des Rechtsanwalts, der entweder dem Antragsgegner in Scheidungs- und Lebenspartnerschaftssachen beigeordnet worden ist, oder als gemeinsamer Vertreter für mehrere Personen vom Verwaltungsgericht bestellt wurde, gegen die Staatskasse. Inhaltliche Änderungen wollte der Gesetzgeber mit Einführung des RVG (mit Ausnahme des Vorschussforderungsrechtes nach § 47 Abs. 1 S. 2) nicht vornehmen.[59] 49

II. Inhalt und Grundgedanke

1. Beiordnung nach § 625 ZPO. In Scheidungssachen kann das Gericht nach § 625 ZPO dem unvertretenen Antragsgegner für die Scheidungssache selbst und für die Regelung der elterlichen Sorge für die gemeinschaftlichen Kinder einen Rechtsanwalt beiordnen, der die Stellung eines Beistandes hat. Die Vergütung dieses beigeordneten Rechtsanwalts regeln §§ 39, 45 Abs. 2, 47 Abs. 1 S. 2. Der Rechtsanwalt hat kraft Gesetzes gegen die Partei einen Anspruch auf die Gebühren und Auslagen eines Prozessbevollmächtigten gemäß § 39.[60] Danach kann er nach neuer Rechtslage von der Partei auch einen Vorschuss fordern. Daneben hat er einen Ersatzanspruch gegen 50

---

[56] LG Ulm AnwBl. 1978, 263; *Krämer* AnwBl. 1979, 168 mwN; *Hartmann* § 121 BRAGO Rn. 30.
[57] OLG München Rpfleger 1972, 114.
[58] LG Bochum AnwBl. 1984, 106; s. dazu auch LG Ulm AnwBl. 1978, 263.
[59] BT-Drucks. 15/1971 S. 200 zu § 45 Abs. 2.
[60] Zu diesem Anspruch s. die Kommentierung zu § 39.

§ 45 *Abschnitt 8. Beigeordneter oder bestellter Rechtsanwalt, Beratungshilfe*

die Landeskasse in Höhe der Vergütung eines im Wege der Prozesskostenhilfe beigeordneten Rechtsanwalts (§ 48). Darin liegt ein Ausgleich dafür, dass der Rechtsanwalt das Mandat nicht zurückweisen kann.

51   Nach § 93 Abs. 1 S. 1 ZPO sind die **Kosten der Scheidungssache** grundsätzlich gegeneinander aufzuheben, sofern die Ehe geschieden wird. Nach § 93a Abs. 1 S. 2 ZPO können jedoch die Kosten aus Billigkeitsgründen auch anders verteilt werden. Ferner trägt der Antragsteller die Kosten, wenn der Scheidungsantrag abgewiesen wird. Werden dem Antragsteller danach Kosten des Antragsgegners auferlegt, so hat er die Vergütung des beigeordneten Anwalts zu erstatten.

52   **2. Beiordnung nach § 67a Abs. 1 S. 1 VwGO.** Nach § 67a Abs. 1 S. 1 kann das Gericht, wenn an einem Rechtsstreit mehr als 50 Personen im gleichen Interesse beteiligt sind, ohne durch einen Prozessbevollmächtigten vertreten zu sein, den Beteiligten durch Beschluss aufgeben, innerhalb einer angemessenen Frist einen gemeinsamen Bevollmächtigten zu bestellen, wenn sonst die ordnungsgemäße Durchführung des Rechtsstreits beeinträchtigt wäre.[61] Durch die Bestellung erlangt der Rechtsanwalt für den Fall, dass die Personen, für die er bestellt ist mit der Zahlung der Vergütung in Verzug sind, einen Anspruch gegen die Landeskasse ebenso wie oben in Höhe der Vergütung eines im Wege der Prozesskostenhilfe beigeordneten Rechtsanwalts (§ 48).

III. Vergütungsansprüche

53   **1. Voraussetzungen.** Nach Abs. 2 kann der beigeordnete Rechtsanwalt von der Landeskasse eine Vergütung verlangen. Sie tritt als Gebührenschuldnerin neben die Partei, der der Anwalt nach §§ 39, 40 beigeordnet ist.[62] Voraussetzung des Anspruchs gegen die Landeskasse ist, dass die Partei mit der Zahlung der Vergütung im **Verzug** ist (§ 45 Abs. 2). Voraussetzungen sind daher
a)   die Fälligkeit seiner Vergütungsforderung (§ 8 Abs. 1),
b)   die Forderung seiner Vergütung unter Übersendung einer Berechnung nach § 10 und zweckmäßiges Setzen einer angemessenen Zahlungsfrist,
c)   die Nichtzahlung innerhalb dieser Frist.

54   **2. Vorschussrecht gegenüber der Staatskasse.** Nach § 47 Abs. 1 S. 2 kann der nach § 625 ZPO oder nach § 67a Abs. 1 S. 2 VwGO bestellte Rechtsanwalt auch einen Vorschuss von der Staatskasse verlangen, wenn der zur Zahlung Verpflichtete in Verzug ist.[63] Der Verzug ist vom Rechtsanwalt nachzuweisen.

55   **3. Höhe der Vergütung.** Der Vergütungsanspruch gegen die Landeskasse geht aber nicht auf die volle Vergütung eines Wahlanwalts, sondern, wie bisher auch, nur auf die **eines in Prozesskostenhilfe beigeordneten Anwalts**.

56   **a) Vergütungsanspruch des nach § 625 ZPO beigeordneten Rechtsanwalts.** Es können auf der Grundlage der Gebührentabelle des § 49 alle Gebühren, die in Teil 3 Abschnitt 1 VV geregelt sind, entstehen, also die **Verfahrensgebühr** nach Nr. 2100 VV und die **Terminsgebühr** nach Nr. 3104 VV. Die **Einigungsgebühr** nach

---

[61] Zu dem Anspruch gegen die Partei vgl. § 40 Rn. 1 ff.
[62] Zum Vergütungsanspruch gegen die jeweiligen Parteien s. die Kommentierung zu §§ 39, 40.
[63] Im Einzelnen dazu s. die Kommentierung an dieser Stelle.

den Nr. 1000, 1003 und 1004 (früher: Vergleichsgebühr nach § 23 BRAGO) kommt nicht in Betracht, da sowohl der Gegenstand der Scheidungssache als auch die Regelung der elterlichen Sorge der Parteiposition entzogen sind,[64] in weiterem Umfange aber eine Beiordnung nicht erfolgen kann. Außerdem hat der Rechtsanwalt Anspruch auf Ersatz seiner Auslagen nach Teil 7 des Vergütungsverzeichnisses.

b) Vergütungsanspruch des nach § 67a VwGO bestellten Rechtsanwalts. Es kann eine **Verfahrensgebühr** nach Nr. 3100 VV entstehen, die sich nach Nr. 1008 erhöht, da der Rechtsanwalt für mehrere Auftraggeber tätig ist. Nach Nr. 1008 Abs. 3 VV kann die Verfahrensgebühr jedoch höchstens insgesamt dreifach entstehen. Zudem können eine Terminsgebühr nach Nr. 3104 VV, eine Einigungsgebühr gemäß Nr. 1000, 1003 und 1004 VV, sowie eine Erledigungsgebühr nach Nr. 1002 bis 1004 entstehen, die sich jeweils im Einzelnen nach der Tabelle des § 49 richten. Weiterhin besteht wie oben eine Anspruch auf Auslagen, insbesondere auf die erhöhte Dokumentenpauschale nach Nr. 7000 VV. **57**

4. Bevollmächtigung des beigeordneten Rechtsanwalts. Die Partei kann ihrem beigeordneten Anwalt Prozessvollmacht erteilen. Der Prozessauftrag kann über den Umfang der Beiordnung hinausgehen und zB andere Scheidungsfolgesachen als die Regelung der elterlichen Sorge mit umfassen. Aufgrund des dadurch entstehenden Auftragsverhältnisses steht dem Rechtsanwalt die Vergütung unmittelbar aus §§ 39, 40 zu. Die Beiordnung behält jedoch ihre Wirkung. Der Anspruch gegen die Landeskasse wird nicht dadurch berührt, dass die Partei dem beigeordneten Rechtsanwalt Prozessvollmacht erteilt; denn der Anspruch gegen die Landeskasse beruht auf der Beiordnung, die nicht dadurch aufgehoben oder rückgängig gemacht wird, dass der Antragsgegner den beigeordneten Anwalt bevollmächtigt und ihm Prozessauftrag erteilt. Allerdings erhöht sich der Anspruch gegen die Landeskasse auch nicht dadurch, dass der Anwalt im Auftrag der Partei in Folgesachen tätig wird, für die er nicht beigeordnet ist. **58**

5. Zahlung durch die Partei. Zahlt die Partei, so erlischt insoweit auch der Vergütungsanspruch gegen die Landeskasse. Kann der Anwalt jedoch von der Partei eine höhere Vergütung fordern als von der Landeskasse und zahlt die Partei nur einen Teil der Vergütung, so wird der Anwalt für den Rest die Landeskasse in Anspruch nehmen können, soweit er nicht den Vergütungsanspruch gegen die Landeskasse übersteigt. **59**

6. Zahlung durch die Landeskasse. Nach Zahlung der Vergütung aus der Landeskasse kann der Anwalt die Differenz zur Wahlanwaltsvergütung von den Vertretenen verlangen. Wenn die Vertretenen das verhindern wollen, müssen sie – soweit die Voraussetzungen dafür gegeben sind – die Bewilligung von Prozesskostenhilfe und die Beiordnung des Anwalts in Prozesskostenhilfe, wenn dies nach § 166 VwGO, § 121 Abs. 2 S. 1 ZPO trotz der Bestellung eines Anwalts nach § 625 ZPO oder nach § 67a VwGO „erforderlich" sein sollte, beantragen. **60**

---

[64] Vgl. Teil 1 VV Rn. 5.

C. Abs. 3

I. Grundsätze

61 § 45 Abs. 3 S. 1 tritt an die Stelle von § 103 Abs. 1 BRAGO und Satz 2 übernimmt den Regelungsinhalt des § 103 Abs. 2 BRAGO.[65] Diese Vorschrift gehörte in den Sechsten Abschnitt der BRAGO, der die Gebühren des gerichtlich bestellten und des beigeordneten Rechtsanwalts in Strafsachen regelte. Somit bestimmt Abs. 3 den Schuldner des öffentlich-rechtlichen Entschädigungsanspruchs des bestellten Verteidigers und des beigeordneten Rechtsanwalts (vgl. § 52). Gleichzeitig bestimmt er den Gläubiger des Rückforderungsanspruchs im Falle des § 58 Abs. 3 S. 2 und den Empfänger der Anzeige, die der Rechtsanwalt nach § 55 Abs. 5 S. 2 Hs. 2 zu erstatten hat. Die Landesjustizverwaltungen haben untereinander auf eine Erstattung der Kosten, und zwar auch zugunsten des Bundes, weitgehend verzichtet.

II. Grundlage des Anspruchs gegen die Staatskasse

62 Gebühren des **sonst gerichtlich bestellten** Rechtsanwalts. Hierunter ist jeder vom Gericht bestellte Verteidiger zu verstehen, gleichgültig, ob die Bestellung von Amts wegen oder auf Antrag erfolgt ist (vgl. § 140 Abs. 2, 3, § 141, § 350 Abs. 3 StPO, ob sie eine notwendige Verteidigung (§ 140 Abs. 1, § 118a Abs. 2 S. 3 StPO, § 68 JGG) betrifft oder nicht. In Straf- und Bußgeldsachen ist dies der Pflichtverteidiger, gleichgültig, ob die Bestellung von Amts wegen oder auf Antrag erfolgt. Die Gebühren ergeben sich grundsätzlich aus Teil 4 des Vergütungsverzeichnisses, mit Ausnahme der in Vorbem. 4 zu Teil 4 Abs. 5 VV geregelten Fälle. Es handelt sich, wie bisher auch, um Festgebühren, die auf den Wahlanwaltsgebühren basieren. Anders als bisher in § 97 BRAGO ist aber nicht mehr das Vierfache bzw. Fünffache der Mindestgebühr zugrunde gelegt. Vielmehr ist Grundlage der Gebühren die Mittelgebühr eines Wahlanwalts. Davon erhält der gerichtlich bestellte Rechtsanwalt 80 %.[66] Teil 4 VV weist für jeden Gebührentatbestand eine Festgebühr aus. Im Einzelnen dazu s. die Kommentierungen dort. Dabei greift das RVG über seinen Geltungsbereich, wie er im § 1 umschrieben ist, hinaus. Es regelt hier nicht nur, wie es § 1 Abs. 1 sagt, das Maß, nämlich die Höhe, sondern auch den rechtlichen Grund der Vergütung. Der Anspruch wurzelt im öffentlichen Recht und gründet sich auf die gerichtliche Bestellung.

63 Der **beigeordnete** Rechtsanwalt ist hinsichtlich seiner Ansprüche gegen die Staatskasse einem bestellten Verteidiger gleichgestellt. Jedoch besteht ein wesentlicher Unterschied. Da seine Tätigkeit von der Vollmacht des Vertretenen abhängig ist, kann der beigeordnete Rechtsanwalt Ansprüche gegen die Staatskasse nur erlangen, soweit er dem Vertretenen gegenüber verpflichtet ist, vorläufig unentgeltlich tätig zu werden. Damit beginnt die Zahlungspflicht der Staatskasse nicht schon mit der Beiordnung, und sie endet nicht erst mit der Aufhebung der Beiordnung, sondern sie beginnt erst, wenn die arme Partei einen bürgerlich-rechtlichen Verpflichtungsgrund durch Abschluss eines Geschäftsbesorgungsvertrages (der in der Vollmachterteilung liegt)

---

[65] So BT-Drucks. 15/1971 S. 200 zu § 45 Abs. 3.
[66] BT-Drucks. 15/1971 S. 220.

schafft (oder ein gleichwertiger Tatbestand vorliegt[67]), und sie endet schon mit der Kündigung des Geschäftsbesorgungsvertrags durch die arme Partei.

1. Gerichtliche Bestellung. Der Anspruch gegen die Staatskasse gründet sich auf die gerichtliche Bestellung als Verteidiger. Er ist ein gesetzlicher Anspruch, der im öffentlichen Recht wurzelt. Der Anspruch setzt eine wirksame Bestellung voraus, jedoch nicht, dass die Bestellung auch zulässig und zweckmäßig gewesen ist. Ob die Bestellung auch stillschweigend oder durch schlüssiges Verhalten des Vorsitzenden erfolgen kann, ist fraglich.[68] Für den Fall der versehentlichen Zustellung einer nicht erfolgten Bestellung s. OLG Hamm.[69] Der Anspruch gegen die Staatskasse besteht unabhängig davon, ob der Beschuldigte zahlungsfähig ist oder nicht. Der bestellte Verteidiger kann sich zunächst an die Staatskasse halten und braucht seinen Anspruch gegen den Beschuldigten (§ 52) nicht vorher geltend zu machen. Jedoch muss er sich Zahlungen des Beschuldigten auf seinen Anspruch gegen die Staatskasse anrechnen lassen (vgl. § 58 Abs. 3). 64

2. Reichweite der Bestellung. a) Unbeschränkte Bestellung. Der Anspruch gegen die Staatskasse richtet sich nach der Reichweite der gerichtlichen Bestellung. Wird der Rechtsanwalt zum Verteidiger bestellt, ohne dass die Bestellung eingeschränkt wird (darüber Rn. 65), so reicht die Bestellung über die Instanz, in der der Verteidiger bestellt worden ist, hinaus. Sie umfasst dann nicht nur die Verteidigertätigkeit in der laufenden Instanz, sondern auch das Berufungsverfahren – außerhalb und innerhalb der Berufungshauptverhandlung – sowie die Einlegung der Revision, das Stellen der Revisionsanträge und ihre Begründung (vgl. § 344 StPO) sowie die Gegenerklärung auf die Revisionsschrift der Staatsanwaltschaft[70] oder des Privat- oder Nebenklägers; jedoch nicht die Wahrnehmung der Hauptverhandlung vor dem Revisionsgericht; das ergibt sich heute aus der Systematik des § 350 StPO. Sie umfasst auch das Verfahren zur Wiederaufnahme des Verfahrens bis zur Entscheidung über den Wiederaufnahmeantrag;[71] jedoch nicht einen Antrag auf bedingte Entlassung[72] oder Gnadengesuche (Nr. 4303 VV). 65

b) Beschränkte Bestellung. Denkbar ist auch die Bestellung eines Verteidigers für einen Verfahrensabschnitt, zB für eine Instanz, für das Wiederaufnahmeverfahren bis zur Entscheidung über den Wiederaufnahmeantrag, für die Hauptverhandlung in der Revisionsinstanz (vgl. § 350 Abs. 3 StPO) oder für die Revisionsbegründung.[73] Dann besteht ein Anspruch gegen die Staatskasse nur für anwaltliche Tätigkeiten, die in den beschränkten Bereich der Bestellung fallen. Eine Beschränkung, die sich auf die Vergütung bezieht, etwa der Ausschluss von Reisekosten eines auswärtigen Anwalts (Beiordnung zu den Bedingungen eines ortsansässigen Anwalts), wird weitgehend als unzulässig angesehen.[74] Jedoch besteht ein Bedürfnis zur Eindämmung 66

---

[67] Vgl. § 1 Rn. 10.
[68] Vgl. hierzu OLG Hamm JurBüro 1966, 133 und OLG Hamburg Rpfleger 1966, 29.
[69] OLG Hamm AnwBl. 1968, 119.
[70] BayObLGZ 1952, 85 = NJW 1952, 716; RG JR 1953, 385.
[71] RGSt 22, 97; 29, 278.
[72] BayObLG NJW 1962, 358.
[73] Vgl. dazu im Einzelnen *Schmidt* Lehrkomm. § 140 StPO Rn. 12; *Löwe/Rosenberg/Lüderssen* § 141 StPO Rn. 31.
[74] ZB OLG Hamm AnwBl. 1982, 214; OLG Celle AnwBl. 1981, 196; OLG Schleswig JurBüro 1981, 584; OLG Braunschweig AnwBl. 1983, 570.

der Kosten, wenn dem Angeklagten abweichend vom Grundsatz des § 142 Abs. 1 StPO ein nicht im eigenen Bezirk zugelassener Rechtsanwalt beigeordnet wird; das vom Bundesverfassungsgericht[75] anerkannte Bedürfnis, einen Anwalt des besonderen Vertrauens zugeteilt zu erhalten, muss nicht nur auf Kosten der Allgemeinheit gehen. Verschiedentlich behilft man sich damit, dass man Verzichte des bestellten Verteidigers auf Reisekosten zulässt und annimmt;[76] die bloße stillschweigende Entgegennahme der Bestellung ist aber noch nicht als Verzicht auszulegen.[77] Eine weitere Möglichkeit der Einschränkung der Erstattbarkeit von Reisekosten sucht OLG Düsseldorf[78] in der Auslegung des Maßstabs der Notwendigkeit der Heranziehung eines auswärtigen Anwalts. Näheres hierzu § 46 Rn. 17 ff.

67 c) **Vollverteidigergebühren.** Durch die Fassung des Gesetzes ist der bestellte Verteidiger hinsichtlich des Grundes seiner Gebührenansprüche völlig dem gewählten Verteidiger gleichgestellt. Lediglich der Höhe nach erhält er statt der gesetzlichen Rahmengebühr einen pauschalierten Betrag. Seine Vergütung kann – und wird in der Regel – damit niedriger sein als die des gewählten Verteidigers, sie kann im Einzelfall aber auch höher sein, wenn etwa die Tätigkeit alsbald endet, so dass ein gewählter Verteidiger nur eine Gebühr an der unteren Grenze des Gebührenrahmens verdient hätte. Wenn der bestellte Rechtsanwalt überhaupt tätig geworden ist – vorher erhält er trotz Beiordnung nichts –, so steht ihm stets die Festgebühr zu. Lediglich ganz offensichtlich wertlose Handlungen sind der Untätigkeit gleich zu achten.[79] Nicht erforderlich ist, dass die Tätigkeit dem Gericht gegenüber in Erscheinung getreten ist, schon die bloße Beratung des Beschuldigten ist eine in den Rahmen der Beiordnung fallende Tätigkeit.

68 **3. Beigeordneter Rechtsanwalt.** In Straf- und Bußgeldsachen kann ein Rechtsanwalt im Wege der Prozesskostenhilfe beigeordnet werden, wie zum Beispiel für die Tätigkeit als Beistand oder Vertreter eines Privatklägers, eines Nebenklägers, eines Einziehungs- oder Nebenbeteiligten, eines Verletzten, eines Zeugen oder Sachverständigen und im Verfahren nach dem strafrechtlichen Rehabilitationsgesetzes.[80] Einem Privatkläger (§ 379 Abs. 3 StPO), Nebenkläger (§ 397 a StPO) oder Antragsteller im Klageerzwingungsverfahren (§ 172 Abs. 3 S. 2 StPO) sowie einem nebenklageberechtigten Verletzten (§ 406 g StPO) kann Prozesskostenhilfe nach den für bürgerliche Rechtsstreitigkeiten geltenden Vorschriften bewilligt werden. Danach ist auch die Beiordnung eines Rechtsanwalts zulässig (§ 121 ZPO), in den Fällen des § 172 Abs. 2 S. 2, § 390 Abs. 2 StPO sogar geboten. Dieser Rechtsanwalt ist beigeordneter Anwalt. Es ist außer der Beiordnung der Abschluss eines anwaltlichen Geschäftsbesorgungsvertrages[81] zur Begründung eines Anspruchs auf Vergütung notwendig. Es besteht jedoch für den beigeordneten Rechtsanwalt ein Kontrahierungszwang für einen Vertrag, nach dem er vorläufig unentgeltlich tätig zu werden hat. Doch gelten für den beigeordneten Rechtsanwalt nicht die Vorschriften des Teils 3 des Vergütungsverzeichnisses, mit Ausnahme der in Vorbem. 4 Abs. 5 VV aufgeführten Verfahren, son-

---

[75] NStZ 1984, 561.
[76] So jetzt OLG Hamm AnwBl. 1980, 39.
[77] LG Hannover AnwBl. 1985, 593.
[78] OLG Düsseldorf AnwBl. 1985, 592.
[79] OLG Hamm Rpfleger 1964, 26.
[80] Vgl. Vorbem. 4, 5 und 6 jeweils Abs. 1 VV.
[81] Oder ein gleichwertiger Tatbestand; vgl. § 1 Rn. 10.

Vergütungsanspruch des beigeordneten oder bestellten Rechtsanwalts **§ 45**

dern die Gebührentatbestände des 4. bis 6. Teils des Vergütungsverzeichnisses, wie sich aus den jeweiligen Vorbemerkungen ergibt. Durch § 52 wird der Nachzahlungsanspruch des beigeordneten Anwalts besonders geregelt. Dagegen gilt für den Anspruch des beigeordneten Rechtsanwalts gegen den in die Prozesskosten verurteilten Gegner § 126 ZPO.[82]

Die Grundsätze gelten auch, wenn in Strafsachen ein Rechtsanwalt „sonst" beigeordnet worden ist. Diese Ausdrucksweise des 3. Absatzes ist so zu verstehen, dass es sich um die Beiordnung eines Rechtsanwalts handeln muss, wie es bei dem Privat- oder Nebenkläger, die Vorbem. 4 Abs. 1 VV ausdrücklich erwähnt, der Fall ist. Auch einem Zeugen kann nach § 68b StPO ein Anwalt beigeordnet werden. **69**

Auch außerhalb der Prozesskostenhilfe kann es vorkommen, dass ein Rechtsanwalt beigeordnet wird, zB entsprechend § 78b ZPO, wenn der Privatkläger oder Antragsteller im Klageerzwingungsverfahren Anträge nur mittels einer von einem Rechtsanwalt unterzeichneten Schrift anbringen kann.[83] Dabei kann die Frage auf sich beruhen, ob eine entsprechende Anwendung des § 78b ZPO im Strafverfahren zulässig ist – dagegen *Löwe/Rosenberg/Rieß*.[84] Denn für das Gebührenrecht kommt es nur auf die Tatsache der Beiordnung und nicht auch darauf an, ob sie im Einzelfall auch hätte erfolgen dürfen, jedoch ist in solchen Fällen § 45 Abs. 2 nicht anwendbar. Der Notanwalt ist lediglich verpflichtet, einen Antrag der Partei auf Abschluss eines Geschäftsbesorgungsvertrages zu den gesetzlichen Bedingungen anzunehmen. Ansprüche gegen die Staatskasse hat er nicht; § 45 Abs. 3 gilt für ihn nicht. **70**

Die Tätigkeit des Rechtsanwalts muss sich **sachlich und zeitlich im Rahmen der Beiordnung** halten. Ist er nur für eine Instanz bestellt worden, so erhält er nur die Gebühren dieser Instanz, womit auch die Einlegung von Rechtsmitteln noch abgegolten ist. Zu beachten ist, dass eine Beiordnung durch die untere Instanz sich nicht auf die Hauptverhandlung vor dem Revisionsgericht erstreckt, ein solcher Verteidiger also die Gebühr, wie sie unter Einschluss der Teilnahme an der Hauptverhandlung entsteht (Nr. 4132 VV), aus der Staatskasse nur erhält, wenn er durch das Revisionsgericht hierfür besonders beigeordnet worden ist; andernfalls erhält er nur die Gebühr nach Nr. 4130 VV. Zeitlich wird der Rechtsanwalt aus der Staatskasse nur vergütet für Tätigkeiten, die nach seiner Beiordnung ausgeübt werden. **71**

4. Adhäsionsverfahren. Für das Adhäsionsverfahren kann der Verteidiger im Wege der Prozesskostenhilfe zusätzlich beigeordnet sein (§ 404 Abs. 5 StPO). In diesem Falle erhält er die entsprechende Gebühr aus der Staatskasse, für den Gebührensatz gilt die auch sonst bei Prozesskostenhilfe anwendbare ermäßigte Tabelle des § 49. Über die hierfür festzusetzenden Gebühren s. LG Hamburg.[85] **72**

5. Verteidigung mehrerer Beschuldigter. Der Rechtsanwalt, der für mehrere Personen gerichtlich bestellt ist (vgl. aber das in § 146 StPO enthaltene Verbot), erhält die nach Nr. 1008 VV erhöhten Gebühren aus der Staatskasse. Ist ein Rechtsanwalt in mehreren Strafsachen gegen einen Angeklagten bestellt, so erhält er die Verfahrensgebühren für jedes Verfahren besonders, wenn die Verfahren erst nach Beginn der **73**

---

[82] So schon RGSt 25, 360; ebenso *Hartmann* § 102 BRAGO Rn. 4; aA LG Stade JurBüro 1957, 35.
[83] Vgl. § 172 Abs. 3 S. 2, § 390 Abs. 2 StPO.
[84] *Löwe/Rosenberg/Rieß* § 172 StPO Rn. 156 ff.; OLG Hamm JMBl. NRW 1955, 251.
[85] LG Hamburg AnwBl. 1966, 29.

§ 45 *Abschnitt 8. Beigeordneter oder bestellter Rechtsanwalt, Beratungshilfe*

Hauptverhandlung miteinander verbunden worden sind.[86] Sind die Verfahren vor der Beiordnung verbunden worden, so entsteht die Verfahrensgebühr nur einmal; wenn jedoch die Ermittlungsverfahren noch getrennt liefen und der Verteidiger darin tätig war, erhält er die Gebühr nach Nr. 4100 VV mehrfach,[87] jedoch ist eine wegen der selben Tat oder Handlung bereits nach Nr. 5100 entstandene Gebühr anzurechnen (Nr. 4100 VV).

III. Anspruch gegen den Beschuldigten oder Vertretenen

74   Nach früherem Recht hatte der bestellte Verteidiger keinerlei Ansprüche gegen den Beschuldigten. Er war ausschließlich auf seine Ansprüche gegen die Staatskasse angewiesen, und zwar selbst dann, wenn der Beschuldigte zur Zahlung der Gebühren eines Wahlverteidigers in der Lage war. Der Beschuldigte, dem ein Verteidiger bestellt war, hatte lediglich im Falle seiner Verurteilung der Staatskasse die von dieser gezahlten Verteidigerkosten als Auslagen des gerichtlichen Verfahrens zu ersetzen, und zwar, wie dies auch jetzt noch der Fall ist (§ 54 Nr. 1 GKG i.V.m. Nr. 9007 des Kostenverzeichnisses) ohne Rücksicht auf seine Zahlungsfähigkeit.

75   Nach § 52 kann der bestellte Verteidiger von dem Beschuldigten die Zahlung der Gebühren eines gewählten Verteidigers verlangen. Dieser Anspruch entfällt insoweit, als die Staatskasse dem bestellten Verteidiger Gebühren gezahlt hat. Der Anspruch gegen den Beschuldigten entspringt, anders als der Anspruch des beigeordneten Anwalts, nicht einem mit dem Beschuldigten geschlossenen Geschäftsbesorgungsvertrag, sondern entsteht kraft Gesetzes. Er besteht selbst dann, wenn der Beschuldigte mit der Bestellung des Verteidigers nicht einverstanden ist. Der Anspruch kann jedoch im Allgemeinen (s. bei § 52 Abs. 2) nur dann und nur insoweit geltend gemacht werden, als das Gericht des ersten Rechtszugs feststellt, dass der Beschuldigte ohne Beeinträchtigung des für ihn und seine Familie notwendigen Unterhalts zur Zahlung in der Lage ist.

76   Der bestellte Verteidiger kann von dem Beschuldigten keinen Vorschuss fordern (§ 52 Abs. 1 Hs. 2), denn im Interesse eines rechtsstaatlichen Verfahrens muss in den Fällen, in denen ein Verteidiger bestellt wird, unabhängig von gebührenrechtlichen Erwägungen die Gewähr einer sachgemäßen Verteidigung gegeben sein. Daher darf der bestellte Verteidiger nur rein freiwillige Zuwendungen als Vorschuss annehmen, d. h. als Vorschuss auf seinen durch § 52 Abs. 1 begründeten Anspruch auf die Gebühren eines gewählten Verteidigers.[88] Inzwischen hat sich der BGH[89] der Meinung angeschlossen, dass auch der Pflichtverteidiger mit seinem Mandanten eine Honorarvereinbarung schließen könne, sofern der Mandant freiwillig hierzu bereit ist. Dieses Honorar soll dann auch ohne Beschluss nach § 52 Abs. 2 geltend gemacht werden dürfen. Damit wird für diesen Pflichtverteidiger eine eigenartige Zwitterstellung geschaffen. Er ist einerseits bestellter Verteidiger, gleichzeitig aber auch Wahlverteidiger, denn die Honorarvereinbarung bezieht sich auf eine Leistung, die von ihm vereinbarlich erbracht wird. Richtiger wäre in solchem Falle wohl, die Bestellung als Pflichtverteidiger nach § 143 StPO wieder zurückzunehmen.

---

[86] OLG Hamm Rpfleger 1961, 411; OLG Düsseldorf AnwBl. 1971, 24.
[87] OLG Düsseldorf JurBüro 1985, 413.
[88] Vgl. hierzu auch die Regeln des Standesrechts.
[89] BGH NJW 1980, 1394 zu § 100 BRAGO.

IV. Grundregel

Es kommt darauf an, welcher Gebietskörperschaft das Gericht, das den Rechtsanwalt bestellt oder beigeordnet hat, angehört. Maßgebend ist danach der Bestellungs- oder Beiordnungsakt, auf dem die öffentlich-rechtliche Pflicht des Rechtsanwalts, als Verteidiger oder als beigeordneter Rechtsanwalt tätig zu werden, beruht. Dagegen kommt es nicht darauf an, vor welchen Gerichten der Rechtsanwalt aufgrund der Bestellung oder Beiordnung tätig geworden ist. Soweit die gerichtliche Bestellung durch eine untere Instanz auch Tätigkeiten vor dem Bundesgerichtshof umfasst, ist die Landeskasse auch Schuldner der Gebühren und Auslagen für diese Tätigkeiten. Obwohl § 103 nur die Abgrenzung zwischen der Bundeskasse einerseits und einer Landeskasse andererseits im Auge hat, gilt Entsprechendes bei der Verweisung von dem Gericht eines Landes an das Gericht eines anderen Landes, wenn dabei die gerichtliche Bestellung nicht widerrufen und durch das Gericht, an das verwiesen ist, eine neue Bestellung ausgesprochen wird. Hierzu besteht aber eine Ländervereinbarung, wonach die bei Abgabe der Sache noch nicht fälligen Gebühren einheitlich bei dem Gericht festgesetzt werden, an das abgegeben wurde.

77

V. Sonderfälle (§ 45 Abs. 3 S. 2)

Für die Aufspaltung nach Satz 2 kommt es darauf an, welche Gebühren und Auslagen der Rechtsanwalt während der Dauer seiner Bestellung durch das erste Gericht bereits „verdient" hat. Maßgebend ist danach – der Regel des Abs. 1 entsprechend – nicht, vor welchem Gericht der Rechtsanwalt tätig geworden ist, sondern welche Tätigkeiten durch die Bestellung des ersten Gerichts noch gedeckt sind. Die Gebühren für diese Tätigkeiten trägt die Kasse des ersten Gerichts, die später entstandenen Gebühren die Kasse des zweiten Gerichts. Bei den Auslagen kommt es auf den Zeitpunkt der Verauslagung an. Bei den Verfahrenspauschgebühren, wie sie die Vollverteidiger erhalten, kann es vorkommen, dass eine bereits beim ersten Gericht entstandene Gebühr auch Tätigkeiten vor dem zweiten Gericht mit umfasst. Gleichwohl besteht in solchen Fällen wegen dieser Gebühren nur ein Anspruch gegen die Kasse des ersten Gerichts; denn diese Gebühren sind durch eine Tätigkeit während der Bestellung durch das erste Gericht „verdient", d. h. entstanden. Soweit sich jedoch nach der zweiten Bestellung der Gebührenrahmen erhöht, trägt die Kasse des zweiten Gerichts die sich aus der Erhöhung des Mindestbetrags ergebende Gebührenerhöhung. Wenn eine besondere Pauschvergütung nach § 51 bewilligt wird, entscheidet die Tätigkeit, die während der Dauer der ersten oder zweiten Bestellung entfaltet wird; nach dem Maße dieser Tätigkeit ist die Pauschvergütung auf die beiden Kassen zu verteilen.

78

Hinweise: Wegen der Ausscheidung der einzelnen Beträge bei der Festsetzung der Vergütung vgl. § 55 Rn. 9. Wegen der Verteilung bei der Anrechnung von Zahlungen des Beschuldigten oder Dritten vgl. § 58.

79

VI. Tätigkeit von Vertretern des bestellten Verteidigers

80 Die allgemeine Vorschrift des § 5 gilt auch für Strafsachen und insbesondere auch für den Anspruch des bestellten Verteidigers gegen die Staatskasse. Danach kann der zum Verteidiger bestellte Rechtsanwalt aus der Staatskasse die im RVG bestimmte Vergütung auch dann verlangen, wenn er durch eine der im § 5 genannten Personen vertreten wird. Doch gilt dies nur hinsichtlich der Höhe seiner Ansprüche. Unberührt bleibt von § 5 die Frage, ob die Tätigkeit von Vertretern des Rechtsanwalts durch die gerichtliche Bestellung gedeckt ist. Nur wenn dies der Fall ist, besteht dem Grunde nach ein Anspruch gegen die Staatskasse. Es kommt daher darauf an, inwieweit sich der bestellte Verteidiger nach dem Prozessrecht vertreten lassen darf. Die Bestellung umfasst stillschweigend stets auch Tätigkeiten des allgemeinen Vertreters.[90] Sie schließt auch die Möglichkeit ein, für einzelne Verfahrenshandlungen Untervollmacht zu erteilen.[91] Im Übrigen kann jedoch der bestellte Verteidiger seine Rolle und Pflichten nur mit Genehmigung des zur Bestellung zuständigen Gerichtsvorsitzenden übertragen; wird diese Genehmigung erteilt, so liegt darin die Bestellung eines anderen Verteidigers für das ganze Verfahren oder den betreffenden Verfahrensabschnitt und zugleich in entsprechendem Umfang die Zurücknahme der Bestellung des bisherigen Verteidigers. Danach kann der zum Verteidiger bestellte Rechtsanwalt einen Anspruch gegen die Staatskasse durch einzelne Vertretungshandlungen des Stationsreferendars begründen, nicht dagegen durch Überlassen der ganzen Verteidigung, insbesondere in der Hauptverhandlung.[92] Wird die Verteidigung mit Genehmigung des Gerichtsvorsitzenden übertragen, so entfällt für die Zukunft der Anspruch des bisherigen Verteidigers; ist der Verteidiger, an den die Verteidigung übertragen ist, Rechtsanwalt, so entsteht für diesen ein Anspruch gegen die Staatskasse. Bei dieser Konstruktion entstehen die Gebühren unter Umständen mehrfach, wobei streitig sein kann, wer sie gegenüber der Staatskasse geltend machen kann.[93] Doch kann der Vorsitzende dem bestellten Verteidiger erlauben, seinen Stationsreferendar unter seiner Aufsicht die Verteidigung ausführen zu lassen;[94] dann fließen die Gebühren für die Tätigkeit des Referendars dem Rechtsanwalt zu.

VII. Anspruch auf Auslagen

81 **1. Auslagen im Allgemeinen.** Ihr Ersatz aus der Staatskasse richtet sich nach § 46 Abs. 1 S. 1. Sie werden nicht vergütet, soweit sie zur sachgemäßen Durchführung der Angelegenheit nicht erforderlich waren. Die negative Fassung dieser Vorschrift bringt zum Ausdruck, dass in der Regel anzunehmen ist, dass Auslagen, die der bestellte Verteidiger aufgewandt hat, zur sachgemäßen Verteidigung notwendig waren. Die Rechte des Verteidigers sollen nicht durch eine kleinliche Handhabung der Er-

---

[90] *Schmidt* Lehrkomm. § 150 StPO Rn. 2; *Löwe/Rosenberg/Lüderssen* § 142 StPO Rn. 37.
[91] *Löwe/Rosenberg/Lüderssen* § 142 StPO Rn. 35, 36.
[92] So schon für das bisherige Recht OLG Hamm JZ 1951, 569; OLG Köln NJW 1954, 124; aA OLG Stuttgart NJW 1955, 1291 und OLG Hamm JMBl. NRW 1959, 43.
[93] OLG Hamm JurBüro 1966, 984; aA *Gerold/Schmidt/Madert* § 5 Rn. 5 ff.; *Hartmann* § 97 BRAGO Rn. 14, der Gebührenanspruch entstehe für den bisherigen Verteidiger, weil der andere Rechtsanwalt in seiner Vollmacht tätig werde.
[94] BGH AnwBl. 1958, 221.

satzfrage beeinträchtigt werden. Es müssen gewichtige und auf Tatsachen gegründete Anhaltspunkte dafür bestehen, dass der Verteidiger unnötige Auslagen verursacht hat, bevor von dem Verteidiger ein Nachweis der Notwendigkeit gefordert werden kann. Im Zweifel ist zugunsten des Verteidigers zu entscheiden.[95] Die Frage der Notwendigkeit kann der Anwalt im Verfahren nach § 46 Abs. 2 vorklären lassen, wobei dies nicht auf Reisekosten beschränkt ist. Für Auslagen im Wiederaufnahmeverfahren gilt die Beschränkung des § 364b StPO. Die Höhe des Auslagenersatzes richtet sich, soweit es sich um Post- und Telekommunikationskosten, Schreibgebühren und Reisekosten handelt, nach Teil 7 des Vergütungsverzeichnisses, bei sonstigen Auslagen nach der Angemessenheit. Wegen des Postgebührenpauschsatzes, den auch der Pflichtverteidiger in Rechnung stellen kann, vgl. Nr. 7002 VV Rn. 14 ff. Die Auslagen müssen während der Zeit der Beiordnung entstanden sein; es genügt aber auch, wenn sie in einem Zeitraum entstanden sind, für den der Rechtsanwalt nach § 48 Abs. 5 S. 1 ohne Rücksicht auf den Zeitpunkt seiner Bestellung vergütet wird, was im ersten Rechtszug stets der Fall ist.

2. Reisekosten. Auch diese sind zu ersetzen, wenn die Reise zur sachgemäßen 82 Durchführung der Angelegenheit erforderlich war. Dies gilt auch für Reisen des Rechtsanwalts, der am Ort des Gerichts nicht wohnt. Es ist unzulässig, einen Verteidiger mit der Einschränkung zu bestellen, dass er nur die Vergütung eines ortsansässigen Rechtsanwalts aus der Staatskasse zu beanspruchen hat,[96] jedoch kann der Rechtsanwalt auf Reisekosten verzichten.[97] Nicht zu ersetzen sind die Kosten der Reise, die zum Zwecke der Entfaltung einer von der Bestellung nicht umfassten Tätigkeit unternommen wird, zB die Kosten der Reise zu der Revisionsverhandlung durch den von der unteren Instanz bestellten Verteidiger, dagegen erstattbar die Kosten der Reise zur Besprechung mit dem in Haft sitzenden Angeklagten.[98] Die Höhe der Reisekosten richtet sich nach Nr. 7003–7006 VV. Auch die Vorschrift über Reisen zur Ausführung mehrerer Geschäfte und über die Verlegung der Kanzlei (Vorbem. 7 Abs. 3 VV) ist anzuwenden.

3. Vorschuss. Der bestellte Verteidiger hat gegen die Staatskasse einen Anspruch 83 auf Vorschuss für Gebühren und Auslagen nach Maßgabe des § 47 Abs. 1 Satz 1 (vgl. dort). Dieser ist im Rechtsweg (entsprechend § 56), nämlich durch Erinnerung und Beschwerde gegen die ablehnende Entscheidung der Urkundsbeamten (§ 55) verfolgbar. Die vor Einführung des RVG noch umstrittene Frage, ob ein Vorschuss auch für die Pauschvergütung des gerichtlich bestellten Rechtsanwalts in Strafsachen besonderen Umfangs nach § 99 BRAGO möglich war,[99] ist nun in § 51 Abs. 1 S. 5 dahin gehend geregelt, dass ein Vorschuss zu gewähren ist, wenn dem Rechtsanwalt, insbesondere wegen der langen Dauer des Verfahrens und der Höhe der zu erwartenden Pauschalgebühr, nicht zugemutet werden kann, die Festsetzung der Pauschalgebühr abzuwarten.

---

[95] Vgl. *Gaedecke* Armenanwaltskosten S. 113.
[96] OLG Hamm NJW 1954, 1541.
[97] OLG Hamm AnwBl. 1980, 39.
[98] LG Düsseldorf AnwBl. 1969, 372.
[99] Vgl. 8. Aufl. § 99 BRAGO Rn. 15 und OLG Hamm AnwBl. 1998, 613.

D. Abs. 4

I. Anspruchstatbestand und Abgeltungsbereich

84 **1. Vergleich zum bisherigen Recht.** § 45 Abs. 4 entspricht dem bisher geltenden Recht (§§ 90 Abs. 1 S. 2, 97 Abs. 1 S. 2, auch i.V.m. § 105 Abs. 1 BRAGO) und beschränkt somit den Anspruch des Pflichtverteidigers gemäß Nr. 4136 VV, der innerhalb eines Wiederaufnahmeverfahrens von der Stellung eines Wiederaufnahmeantrags abrät, auf denjenigen, der entweder nach § 364b Abs. 1 S. 1 StPO bestellt worden sind, oder das Gericht die Feststellung nach § 364 Abs. 1 S. 2 StPO getroffen hat.

85 **2. Abgeltungsbereich.** Gebührenrechtlich beginnt das Wiederaufnahmeverfahren bereits mit dem Auftrag, den Antrag zu stellen oder gegenüber dem gestellten Antrag tätig zu werden. Der Anspruch entsteht mit der ersten Tätigkeit aufgrund dieses Auftrags, und zwar im Allgemeinen schon mit der Entgegennahme der Information.[100]

II. Höhe der Gebühr

86 Die Gebühren richtet sich gemäß Nr. 4136 VV nach der Verfahrensgebühr für den ersten Rechtszug. Der Gebührenrahmen der ersten Instanz ist daher auch dann maßgebend, wenn das Berufungs- oder Revisionsgericht über den Antrag auf Wiederaufnahme des Verfahrens zu entscheiden hätte.

III. Entsprechende Anwendbarkeit im gerichtlichen Bußgeldverfahren

87 Nach Satz 2 gilt Abs. 4 Satz 1 ausdrücklich auch im gerichtlichen Bußgeldverfahren.

E. Abs. 5

I. Inhalt

88 Abs. 5 erstreckt Abs. 3 auf das Bußgeldverfahren vor der Verwaltungsbehörde. Auch dies entspricht bisherigem Recht (§§ 105 Abs. 1, 103 Abs. 2 BRAGO). Wirkt ein bestellter Verteidiger im Bußgeldverfahren vor der Verwaltungsbehörde mit, so hat er Anspruch auf die Gebühren nach § 45 Abs. 5 und 3 in Verbindung mit dem entsprechenden Gebührentatbestand aus **Teil 5 des Vergütungsverzeichnisses** gegen die Staatskasse. Auch die weiteren Vorschriften für den Pflichtverteidiger finden auf ihn Anwendung.

---

[100] Vgl. § 1 Rn. 10.

II. Verfahrensgegenstand

Es kommt nicht darauf an, ob es sich um eine Straftat oder um eine Ordnungswidrigkeit (vgl. § 1 Abs. 2, Abs. 3 OWiG) handelt oder ob die Handlungen im Strafverfahren oder im Bußgeldverfahren zu verfolgen sind. Vielmehr ist gebührenrechtlich entscheidend, in welchen Verfahren die Sache **tatsächlich behandelt** wird. Solange eine Handlung von der Staatsanwaltschaft verfolgt wird, handelt es sich um eine Strafsache, für welche die Gebühren des bestellten oder beigeordneten Rechtsanwalts nach Teil 4 VV entstehen und nach § 45 Abs. 3 entweder aus der Landes- oder Bundeskasse zu erstatten sind. Solange eine Handlung von der Verwaltungsbehörde verfolgt wird, handelt es sich um eine Bußgeldsache, für welche die Gebühren nach Teil 5 VV entstehen. Soweit der Rechtsanwalt gegenüber der Polizei tätig wird, kommt es darauf an, ob diese ihre Verhandlungen an die Staatsanwaltschaft oder an die Verwaltungsbehörde abzugeben hat (§ 163 Abs. 2 StPO; § 53 OWiG). Bei der Grundgebühr ist zu beachten, dass eine wegen derselben Tat oder Handlung bereits im Bußgeldverfahren nach Nr. 5100 VV entstandene Gebühr gemäß Nr. 4100 Abs. 2 VV anzurechnen ist, und umgekehrt, wenn eine Angelegenheit zunächst als Strafsache behandelt, später aber von der Staatsanwaltschaft an die Verwaltungsbehörde zur Bearbeitung als Ordnungswidrigkeit abgegeben wird, die Gebühr nach Nr. 5100 VV gemäß Nr. 5100 Abs. 2 nicht entsteht.

89

III. Gebührentatbestände

Seit der Neufassung des Gesetzes ist das Bußgeldverfahren gebührenrechtlich strukturell in **drei Gebührenarten** aufgegliedert. Das Gesetz unterscheidet in Teil 5 des Vergütungsverzeichnisses zwischen **Grund-, Verfahrens- und Terminsgebühr**. Zudem unterscheidet Teil 5 VV deutlich zwischen dem Bußgeldverfahren vor der Verwaltungsbehörde und dem gerichtlichen Bußgeldverfahren. Teil 5 Abschnitt 1 Unterabschnitt 2 des Vergütungsverzeichnisses (Nr. 5101 bis 5106 VV) betrifft das Verfahren vor der Verwaltungsbehörde (das schließt die Ermittlungen der Polizei ein) und das weitere Verfahren bis zum Eingang der Akten bei Gericht. Der erst mit dem Einspruch gegen den Bußgeldbescheid in das Verfahren eintretende Anwalt wird nach geltendem Recht eindeutig in diesem Verfahrensabschnitt tätig und erhält die hierfür bestimmte Gebühr. Teil 5 Abschnitt 1 Unterabschnitt 3 (Nr. 5107 bis 5112 VV) betrifft das Verfahren vor dem Amtsgericht, und Unterabschnitt 4 (Nr. 5113 und 5114 VV) das Verfahren über die Rechtsbeschwerde vor dem Oberlandesgericht. Die in den Nr. 5100 bis 5200 VV für den gerichtlich bestellten oder beigeordneten Rechtsanwalt aufgeführten Gebühren sind mit Ausnahme der in Nr. 5116 geregelten Verfahrensgebühr bei Einziehung und verwandten Maßnahmen, die eine Wertgebühr im Sinne des § 2 ist, Festgebühren. Zu den einzelnen Gebührentatbeständen s. die Kommentierung zu Teil 5 des Vergütungsverzeichnisses.

90

§ 46 Auslagen und Aufwendungen

(1) Auslagen, insbesondere Reisekosten, werden nicht vergütet, wenn sie zur sachgemäßen Durchführung der Angelegenheit nicht erforderlich waren.

(2) ¹Wenn das Gericht des Rechtszugs auf Antrag des Rechtsanwalts vor Antritt der Reise feststellt, dass eine Reise erforderlich ist, ist diese Feststellung für das Festsetzungsverfahren (§ 55) bindend. ²Im Bußgeldverfahren vor der Verwaltungsbehörde tritt an die Stelle des Gerichts die Verwaltungsbehörde. ³Für Aufwendungen (§ 670 des Bürgerlichen Gesetzbuchs) gelten Absatz 1 und die Sätze 1 und 2 entsprechend; die Höhe zu ersetzender Kosten für die Zuziehung eines Dolmetschers oder Übersetzers ist auf die nach dem Justizvergütungs- und -entschädigungsgesetz zu zahlenden Beträge beschränkt.

(3) ¹Auslagen, die durch Nachforschungen zur Vorbereitung eines Wiederaufnahmeverfahrens entstehen, für das die Vorschriften der Strafprozessordnung gelten, werden nur vergütet, wenn der Rechtsanwalt nach § 364b Abs. 1 Satz 1 der Strafprozessordnung bestellt worden ist oder wenn das Gericht die Feststellung nach § 364b Abs. 1 Satz 2 der Strafprozessordnung getroffen hat. ²Dies gilt auch im gerichtlichen Bußgeldverfahren (§ 85 Abs. 1 des Gesetzes über Ordnungswidrigkeiten).

Übersicht

	Rn.		Rn.
I. Grundsatz	1–5	III. Insbesondere Reisekosten	17–26
II. Auslagenersatz	6–16	1. Auswärtige Rechtsanwälte	17–21
1. Auslagenbegriff	6	2. Auswärtige Termine	22–26
2. Aufwendung durch den beigeordneten Rechtsanwalt	7	a) Reisekosten des Prozessbevollmächtigen	23, 24
3. Von der Beiordnung umfasste Auslagen	8–10	b) Unterbevollmächtigter des beigeordneten Anwalts	25, 26
4. Erforderliche Auslagen	11–14	IV. Vorabentscheidung (Abs. 2)	27–32
a) Erforderlichkeit	11	1. Allgemeines	27–29
b) Objektiv erforderliche Auslagen, insbesondere Schreibauslagen	12, 13	2. Antragsberechtigung	30
		3. Rechtsmittel	31
c) Einzelfälle aus der Praxis	14	4. Bußgeldverfahren	32
5. Höhe des Auslagenersatzes	15	V. Auslagen im Wiederaufnahmeverfahren (Abs. 3)	33
6. Vorschuss	16		

I. Grundsatz

1 Die Vorschrift regelt die Vergütung von Auslagen durch die Staatskasse nach dem Grundsatz, dass die Auslagen zu ersetzen sind, die zur sachgemäßen Wahrnehmung der Interessen der Partei erforderlich waren. Für Reisekosten sieht Abs. 2 eine Vorabentscheidungsmöglichkeit über die Erforderlichkeit einer Reise vor.

2 § 46 Abs. 1 entspricht § 126 Abs. 1 BRAGO auch in Verbindung mit § 97 Abs. 2 S. 2 Hs. 1 BRAGO. § 126 BRAGO ist schon seit Inkrafttreten der BRAGO nahezu unverändert geblieben, insbesondere hat das 5. BRAGebOÄndG, das wegen des Übergangs vom Armenrecht zur Prozesskostenhilfe den 13. Abschnitt der BRAGO weitgehend geändert hat, diese Vorschrift unberührt gelassen. Die negative Fassung des § 126 Abs. 1 Satz 1 BRAGO wurde auch im RVG beibehalten. Diese begründet eine Beweislast für die Staatskasse, dass Auslagen zur sachgemäßen Wahrnehmung der Interessen der Partei nicht erforderlich waren. Hieran soll festgehalten werden. Im

Auslagen und Aufwendungen § 46

Zweifel ist die Notwendigkeit der Auslagen anzuerkennen. Es ist nach dem Willen des Gesetzgebers nicht Aufgabe des Urkundsbeamten oder des auf die Erinnerung entscheidenden Gerichts, seine eigene Auffassung an die Stelle der Meinung des Rechtsanwalts zu setzen.[1] Der Rechtsanwalt hat den Rechtsstreit geführt; nur er ist für die sachgemäße Wahrnehmung der Interessen der Partei verantwortlich.

Abs. 2 Satz 1 übernimmt inhaltlich die Regelung des § 126 Abs. 2 und § 97 Abs. 2 Satz 2 Hs. 1 BRAGO. Die Vorschrift wurde jedoch redaktionell anders gefasst, um klarzustellen, dass von dieser Regelung die Möglichkeit der Festsetzung von Reisekosten im Festsetzungsverfahren nach § 55 unberührt bleibt, auch wenn kein Antrag zur Feststellung der Erforderlichkeit der Reise vor deren Antritt gestellt worden ist. 3

Abs. 2 weist diese Feststellungsbefugnis im Bußgeldverfahren der Verwaltungsbehörde zu. Satz 3, zuletzt geändert durch Gesetz vom 15.12.2004 (BGBl. I S. 3392, 3394 f.), erstreckt den Anwendungsbereich der Sätze 1 und 2 auf Aufwendungen im Sinne des § 670 BGB. Abs. 2 Satz 3 Hs. 2 beschränkt die Höhe der zu ersetzenden Kosten für die Hinzuziehung eines Dolmetschers oder Übersetzers auf die nach dem Justizvergütungs- und -entschädigungsgesetz zu zahlenden Beträge. 4

Die Regelung des § 126 Abs. 1 Satz 2 BRAGO wurde nicht übernommen, weil diese Vorschrift wegen § 121 Abs. 3 ZPO entbehrlich erscheint. Nach dieser Vorschrift kann ein bei dem Prozessgericht nicht zugelassener Rechtsanwalt nur beigeordnet werden, wenn dadurch weitere Kosten nicht entstehen. 5

II. Auslagenersatz

1. Auslagenbegriff. Nicht nur die in Teil 7 des Vergütungsverzeichnisses näher geregelten für Post- und Telekommunikationsdienstleistungen zu zahlenden Entgelte, Schreibauslagen und Reisekosten können aus der Staatskasse ersetzt werden, sondern auch die Auslagen, für die ein nicht beigeordneter Rechtsanwalt von dem Auftraggeber nach bürgerlichem Recht (§§ 670, 675 BGB) ohne besondere Vereinbarung hierüber Ersatz verlangen könnte, soweit in Teil 7 VV nichts anderes bestimmt ist (Vorbem. 7 Abs. 1 VV) und die Umsatzsteuer (Nr. 7008 VV). Das ergibt sich aus dem Begriff „gesetzliche Vergütung" (§ 45 Abs. 1 VV); mit dieser Formulierung, die der des § 121 BRAGO entspricht, hat sich der frühere, wegen der Formulierung „nach Maßgabe der Gebührenordnung" entfachte Meinungsstreit[2] erledigt. Allgemeine Geschäftskosten fallen jedoch nicht darunter. Diese werden nach Vorbem. 7 Abs. 1 S. 1 VV mit den Gebühren entgolten. Aufwendungen sind Vermögensopfer, die der Rechtsanwalt zum Zwecke der Ausführung des Mandats freiwillig oder auf Weisung des Mandanten macht, ferner solche, die sich als notwendige Folge der Ausführung ergeben.[3] 6

2. Aufwendung durch den beigeordneten Rechtsanwalt. Die Auslagen muss der beigeordnete Rechtsanwalt aufgewendet haben. Der Partei entstandene Auslagen können aus der Staatskasse grundsätzlich nur ersetzt werden, wenn das Gericht sie ihr durch Verlangen einer Handlung verursacht hat.[4] Der Partei entstandene Auslagen 7

---
[1] BT-Drucks. 15/1971 S. 200 zu § 46.
[2] Wie hier bereits KG JW 1937, 824; OLG Kiel JW 1932, 1165; aA – nur in der Gebührenordnung genannte Auslagen – zuletzt OLG Düsseldorf JVBl. 1933, 12; LG Berlin JW 1937, 1426.
[3] MwN *Palandt/Sprau* § 670 BGB Rn. 2.
[4] *Baumbach/Lauterbach* § 122 ZPO Rn. 7, 11, 13 und 15; zum Meinungsstand s. auch OVG Bremen JurBüro 1987, 1099, insbesondere im Fall der Bewilligung einer Reiseentschädigung aufgrund der bundeseinheitlichen Verwaltungsanweisungen vom 1.10.1977, abgedruckt in *Hartmann* Anhang I nach § 18 ZSEG unter Anm. I.

Schneider 361

können nicht dadurch auf die Staatskasse abgewälzt werden, dass der beigeordnete Anwalt die Kosten aus eigener Tasche vorschießt. Die Auffassung, dass der Armenanwalt solche Kosten einer Informationsreise der Partei vorschießen und dafür Ersatz von der Staatskasse verlangen könne,[5] lässt sich nicht rechtfertigen, da die Partei nach obiger Verwaltungsanweisung dafür aus der Staatskasse keine Reiseentschädigung hätte erhalten können. Das Gericht kann aber der Partei selbst für die Reisekosten Prozesskostenhilfe bewilligen.[6]

8 **3. Von der Beiordnung umfasste Auslagen.** Die Verauslagung muss von der Beiordnung umfasst sein. Sie muss der Rechtsverfolgung oder Rechtsverteidigung dienen, für die der Rechtsanwalt beigeordnet ist (§ 48). Ebenso wenig wie sich der Gebührenanspruch auf Tätigkeiten beschränkt, für die Anwaltszwang besteht, gilt diese Einschränkung für die Auslagen. Aus dem Umstand, dass die arme Partei, wenn sie den Prozess selbst führen würde, keine eigenen Aufwendungen (ausgenommen Reisekosten) aus der Staatskasse ersetzt erhält, folgt nicht, dass der beigeordnete Rechtsanwalt Auslagen, die er „anstelle der Partei" aufwendet, ebenfalls nicht aus der Staatskasse ersetzt erhält; denn dann könnte er als „Vertreter" der Partei überhaupt keinen Auslagenersatz erhalten. Allein entscheidend ist vielmehr, ob die Aufwendungen zur **sachgemäßen Durchführung der Angelegenheit**, also zur Wahrnehmung der Interessen seiner Partei erforderlich waren.[7]

9 Soweit die Beiordnung zurückwirkt, umfasst sie auch diese Auslagen.[8] Auslagen, die vorher aufgewendet worden sind, werden von der Staatskasse nicht ersetzt.[9]

10 Eine **Ausdehnung der Prozesskostenhilfe** über ihren gesetzlichen Inhalt hinaus ist heute vielfach üblich. Dann ist die Staatskasse unmittelbar Schuldner. Stellt das Gericht auf Antrag des Rechtsanwalts in ausdehnender Anwendung des Abs. 2[10] fest, dass eine Aufwendung (zB für die Zuziehung eines Dolmetschers) erforderlich ist, so ist dies für das Festsetzungsverfahren bindend.[11]

11 **4. Erforderliche Auslagen. a) Erforderlichkeit.** Zu den Erfordernissen, dass die Auslage dem beigeordneten Rechtsanwalt entstanden und von der Beiordnung umfasst ist (Rn. 8 bis 10), tritt ein weiteres: Die Verauslagung muss zur sachgemäßen Wahrnehmung der Rechte der Partei erforderlich gewesen sein. Das bedeutet ein Zweifaches. Einmal, sie muss zur zweckentsprechenden Rechtsverfolgung oder Rechtsverteidigung notwendig gewesen sein. Insofern besteht kein Unterschied gegenüber der Erstattbarkeit durch den Gegner (§ 91 ZPO), denn die Begriffe „erforderlich" und „notwendig" sind sinnverwandt. Ferner muss es zur Wahrnehmung der Parteirechte sachgemäß gewesen sein, dass gerade der beigeordnete Rechtsanwalt – und nicht die Partei – die Auslage gemacht hat. Die negative Fassung des § 46 Abs. 1, dass Auslagen nicht vergütet werden, wenn sie nicht erforderlich waren, bringt zum Ausdruck, dass davon auszugehen ist, dass Auslagen, die ein beigeordneter

---

[5] OLG Düsseldorf JMBl. NW 1956, 138; OLG Hamm JurBüro 1955, 299; vgl. auch JurBüro 1969, 279.
[6] Vgl. BGHZ 64, 144.
[7] *Gerold/Schmidt/v. Eicken* Rn. 2; *Hartmann* § 126 BRAGO Rn. 9 mit Rechtsprechungsnachweisen; aA LG Bielefeld AnwBl. 1979, 185 hinsichtlich Ablichtungen aus Strafakten; LAG Hamm AnwBl. 1985, 275 hinsichtlich Dolmetscherkosten de Partei zur Verständigung mit ihrem Anwalt.
[8] KG JW 1937, 250; *Gerold/Schmidt/v. Eicken* Rn. 5; *Hartmann* § 126 BRAGO Rn. 12.
[9] OLG Kassel BBl. 1932, 154.
[10] S. Rn. 27.
[11] OLG Frankfurt/M NJW 1974, 2095; LAG Hamm AnwBl. 1985, 275.

Auslagen und Aufwendungen **§ 46**

Rechtsanwalt aufgewandt hat, zur sachgemäßen Wahrnehmung der Rechte der von ihm vertretenen Partei erforderlich waren. Die unabhängige Stellung des beigeordneten Rechtsanwalts soll nicht durch eine kleinliche Handhabung der Ersatzfrage beeinträchtigt werden. Es müssen gewichtige und auf Tatsachen gegründete Anhaltspunkte dafür bestehen, dass der Rechtsanwalt unnötige Auslagen verursacht hat, bevor von dem Rechtsanwalt die Darlegung der Notwendigkeit der Aufwendung gefordert werden kann.[12] Im Zweifel ist daher zugunsten des Rechtsanwalts zu entscheiden.[13]

b) Objektiv erforderliche Auslagen, insbesondere Schreibauslagen. Wie bei der Kostenerstattung nach § 91 ZPO[14] kommt es auch für den Ersatz aus der Staatskasse darauf an, ob im Einzelfall die Auslage im Zeitpunkt ihrer Aufwendung nach den allgemeinen Verkehrsanschauungen und namentlich denen des prozessualen Rechtsverkehrs objektiv aufzuwenden war.[15] 12

Bei Schreibauslagen kommt es – anders als nach Nr. 7000 VV – nicht auf das Einverständnis des Auftraggebers an; ein solches ersetzt weder die (fehlende) Erforderlichkeit, noch wird es neben der Erforderlichkeit verlangt.[16] Doch muss es sich um zusätzlich gefertigte Abschriften oder Ablichtungen handeln,[17] die zur sachgemäßen Wahrnehmung der Parteiinteressen erforderlich sind; diese beiden Voraussetzungen schließen einander keineswegs aus. 13

c) Einzelfälle aus der Praxis. Erforderlichkeit bejaht: Auslagen für die Beschaffung von Zeugenanschriften, wenn dem Armenanwalt eine Frist gesetzt und der Ausschluss des Beweismittels zu besorgen ist;[18] Aufwendungen für einen Dolmetscher, wenn die Information des Auftraggebers sonst nicht zu verstehen ist;[19] Auslagen für die Übersetzung des Scheidungsurteils einer im Ausland lebenden ausländischen Partei;[20] OLG Brandenburg[21] für die Kosten des Pflichtverteidigers für die Hinzuziehung einer besonders qualifizierten Hilfskraft in einem umfangreichen Strafverfahren; OLG Hamm[22] zu Reisen zur Beschaffung von Informationen in dringenden Fällen; für die Teilnahme an einer informatorischen Besichtigung durch den Sachverständigen OLG Naumburg;[23] zum Ort von Vergleichsverhandlungen s. die 14

---

12 *Gerold/Schmidt/v. Eicken* Rn. 3.
13 *Hartmann* § 126 BRAGO Rn. 9 mit Rechtsprechungsnachweisen.
14 Vgl. *Stein/Jonas/Bork* § 91 ZPO Rn. 17; *Willenbücher* S. 193 ff.
15 *Gerold/Schmidt/v. Eicken* Rn. 3 und 8.
16 Vgl. KG DR 1943, 415; *Gerold/Schmidt/v. Eicken* Rn. 12 f.
17 Vgl. Teil 7 VV Rn. 8 ff.
18 OLG Celle NJW 1962, 1922; LG Hildesheim NdsRpfl. 1964, 201; OLG Köln DRiZ 1931 Nr. 182; auch sonst: OLG Bamberg BayZ 1931, 96; aA OLG Breslau BBl. 1932, 213.
19 OLG Hamburg AnwBl. 1972, 237 = MDR 1972, 710 = Rpfleger 1972, 329 = OLGSt § 126 BRAGebO; OLG Köln NJW 1954, 1693; AG Celle MDR 1983, 143; AG Bochum AnwBl. 1983, 477; *Gerold/Schmidt/v. Eicken* Rn. 14; *Hartmann* § 126 BRAGO Rn. 2; aA KG JW 1935, 792.
20 OLG Nürnberg JurBüro 1963, 288; s. auch OLG Kiel JW 1932, 1165; wegen Hinzuziehung eines eigenen Dolmetschers für den einzelnen Angeklagten für erforderliche Gespräche mit seinem Pflichtverteidiger an den Sitzungstagen in der Hauptverhandlung s. OLG Frankfurt/M StV 1996, 166.
21 OLG Brandenburg NStZ-RR 1997, 64.
22 OLG Hamm JMBlNW 1952, 170; s. auch Rpfleger 1955, 255; OLG Naumburg JW 1936, 1303; OLG Stuttgart JW 1930, 191; OLG Köln JMBlNW 1973, 225; aA KG JW 1930, 3352, zur Besichtigung der Unfallstelle KG JW 1936, 3588; 1938, 1195; OLG Naumburg JW 1936, 2145; aA OLG Dresden HRR 1938, 123; OLG München HRR 1937, 44; OLG Düsseldorf BBl. 1932, 218.
23 OLG Naumburg JW 1938, 700; aA OLG Königsberg JVBl. 1935, 131.

Entscheidung des KG;[24] Schreibauslagen für die zusätzlich – § 23 Abs. 3 BVerfGG – gefertigten Abschriften,[25] für eine den Prozess fördernde Anfertigung von Fotokopien LG Hamburg,[26] für Abschriften von Schriftsätzen für Streitgenossen und deren Prozessbevollmächtigte, wenn ihre Höhe die Prozessgebühr des beigeordneten Anwalts übersteigt, OLG Düsseldorf;[27] vom Rechtsanwalt aufgewandte Übersetzungskosten des beigeordneten Rechtsanwalts zur Verständigung mit einer ausländischen Partei, sofern diese die deutsche Sprache nicht beherrscht, OLG Frankfurt/M;[28] vom Staat zu Unrecht erhobene Gerichtsvollzieherkosten (der Staatskasse ist es verwehrt, einzuwenden, dass die Aufwendungen nicht erforderlich gewesen wären – widersprüchliches Verhalten; anders die herrschende Praxis). **Erforderlichkeit verneint:** Schreibauslagen für Unterrichtung der Partei über Beweisaufnahmen durch Überlassung einer Beweisniederschrift;[29] OLG Hamm,[30] für Ablichtungen einer von der Partei hergestellten Aufmaßberechnung für die Beteiligten.[31] Wegen Reisekosten zu auswärtigen Beweisterminen vgl. Rn. 22.

15   5. Höhe des Auslagenersatzes. Die Höhe des Auslagenersatzes bestimmt sich, soweit es sich um für Post- und Telekommunikationsdienstleistungen zu zahlende Entgelte, Schreibauslagen und Reisekosten handelt, nach Teil 7 VV, bei sonstigen Auslagen nach der Angemessenheit. Für die Ersteren kann auch der beigeordnete Rechtsanwalt den Pauschsatz nach Nr. 7002 VV aus der Staatskasse fordern.[32] Die Höhe der zu ersetzenden Kosten für die Hinzuziehung eines Dolmetschers oder Übersetzers wird durch Absatz 2 Satz 3 Hs. 2 auf die nach dem Justizvergütungs- und -entschädigungsgesetz zu zahlenden Beträge beschränkt.

16   6. Vorschuss. Der bestellte Verteidiger hat gegen die Staatskasse einen Anspruch auf Vorschuss für Gebühren und Auslagen nach Maßgabe des § 47 Abs. 1 Satz 1 (vgl. dort). Dieser ist im Rechtsweg (entsprechend § 56), nämlich durch Erinnerung und Beschwerde gegen die ablehnende Entscheidung der Urkundsbeamten (§ 55) verfolgbar. Die vor Einführung des RVG noch umstrittene Frage, ob ein Vorschuss auch für die Pauschvergütung des gerichtlich bestellten Rechtsanwalts in Strafsachen besonderen Umfangs nach § 99 BRAGO möglich war,[33] ist nun in § 51 Abs. 1 S. 5 dahin gehend geregelt, dass ein Vorschuss zu gewähren ist, wenn dem Rechtsanwalt, insbesondere wegen der langen Dauer des Verfahrens und der Höhe der zu erwartenden Pauschalgebühr, nicht zugemutet werden kann, die Festsetzung der Pauschalgebühr abzuwarten.

---

[24] KG JW 1937, 558; OLG Köln HRR 1937, 42.
[25] BVerfG AnwBl. 1961, 21.
[26] LG Hamburg AnwBl. 1963, 311.
[27] OLG Düsseldorf JVBl. 1965, 161.
[28] OLG Frankfurt/M NJW 1974, 2095, OLG Oldenburg JurBüro 1966, 225, auch bei eigener Übersetzertätigkeit OLG Stuttgart JurBüro 1973, 751; LG Stuttgart MDR 1973, 594; aA OLG Hamburg JurBüro 1969, 748.
[29] OLG Nürnberg JurBüro 1962, 282.
[30] OLG Hamm JurBüro 1964, 733.
[31] OLG Düsseldorf JVBl. 1964, 44, für Abschriften aus vom Gericht beigezogenen Akten, weil sie vom Gericht gebührenfrei zu erteilen sind, OLG Nürnberg Rpfleger 1963, 139, für Abschriften von Urkunden der eigenen Partei OLG Nürnberg Rpfleger 1963, 139.
[32] Vgl. Teil 7 VV Rn. 14 ff.
[33] Vgl. 8. Aufl. § 99 BRAGO Rn. 15 und OLG Hamm AnwBl. 1998, 613.

Auslagen und Aufwendungen § 46

III. Insbesondere Reisekosten

1. Auswärtige Rechtsanwälte. § 121 Abs. 3 ZPO, wonach ein bei dem Prozessgericht nicht zugelassener Rechtsanwalt nur beigeordnet werden kann, wenn dadurch weitere Kosten nicht entstehen, schränkt den Grundsatz des § 46 Abs. 1 ein: Dem Rechtsanwalt, der beim Prozessgericht oder bei einem Gericht an demselben Ort zugelassen ist, werden Mehrkosten nicht ersetzt, die dadurch entstehen, dass er am Ort des Prozessgerichts oder einer auswärtigen Abteilung dieses Gerichts weder wohnt noch dort seine Kanzlei hat. Einer auswärtigen Abteilung steht eine Zweigstelle des Prozessgerichts gleich. Dies ist der Fall, wenn der Rechtsanwalt gleichzeitig bei mehreren Gerichten zugelassen (§§ 23, 226 BRAO) oder wenn er von der Residenzpflicht befreit ist (§ 29 BRAO); betroffen ist aber auch der simultan zugelassene Amtsgerichtsanwalt, der zB vom Verwaltungsgericht am Ort des Landgerichts beigeordnet wird. Die Einschränkung gilt nicht für Reisen vom Ort des Prozessgerichts, an dem der Rechtsanwalt wohnt, zum Ort der auswärtigen Abteilung dieses Gerichts und umgekehrt.[34] Dieser Rechtsanwalt wohnt nicht auswärts. In der Amtlichen Begründung[35] zu § 91 Abs. 2 ZPO wird hierzu gesagt: „Um Mehrkosten in diesem Sinne handelt es sich nicht, wenn eine Abteilung eines Gerichts außerhalb des Gerichts gebildet ist und ein Rechtsanwalt, der bei dem Gericht zugelassen ist, seinen Wohnsitz am Ort der auswärtigen Abteilung hat. Denn die auswärtige Abteilung und das Gericht bilden organisatorisch eine Einheit." 17

Streitig ist, wie der Begriff „Mehrkosten" auszulegen ist. Sind den Auslagen, die dem auswärtigen Rechtsanwalt entstanden sind, die außergerichtlichen Kosten der Partei oder nur die Kosten der Staatskasse gegenüberzustellen, die jeweils entstanden wären, wenn ein am Ort des Prozessgerichts wohnender Rechtsanwalt beigeordnet worden wäre? 18

Je nach der einen oder anderen Auslegung des Begriffs „Mehrkosten" entscheidet sich, ob den Reisekosten des Rechtsanwalts auch ersparte Informationskosten der armen Partei gegenübergestellt werden können. Erstere Auslegung wurde bis zur Entscheidung des OLG Jena[36] allgemein vertreten[37] und vertritt zum neuen Recht OLG Frankfurt/M.[38] Die gegenteilige Auslegung ist aber heute herrschend.[39] Die Entstehungsgeschichte spricht für erstere Ansicht, so der Wortlaut der VO vom 30.4.1936 (RGBl. I S. 406) und des § 23 RAO BrZ (die von der Gegenpartei nicht zu erstattenden Mehrkosten werden auch aus der Staatskasse nicht ersetzt), ferner die Begr. in der RegVorl. zur BRAO,[40] wenn gesagt wird, der Inhalt der VO vom 30.4.1936 werde in das Gesetz übernommen, inhaltlich entspreche die Ergänzung dem § 91 Abs. 2 S. 2 ZPO, für beide Vorschriften seien die gleichen Erwägungen maßgebend. Die Gegenmeinung übersieht häufig, dass bei Berücksichtigung ersparter Parteikosten in der 19

---

[34] OLG Neustadt JurBüro 1954, 297 ist überholt.
[35] BT-Drucks. 11/1014 S. 133 zu § 91 Abs. 2 ZPO.
[36] OLG Jena DR 1940, 551.
[37] Vgl. OLG Naumburg JW 1939, 308; OLG Hamm MittRRAK 1941, 79; s. auch *Rittmann/Wenz* § 81 BRAGO Rn. 12, je mwN.
[38] OLG Frankfurt/M NJW 1966, 2417.
[39] Vgl. OLG Bamberg JurBüro 1974, 1011; OLG Bremen KostRsp. Nr. 62 und 67; OLG Hamm AnwBl. 1969, 406; OLG Nürnberg Rpfleger 1972, 462; OLG Schleswig JurBüro 1975, 1346; LAG Nürnberg JurBüro 1996, 29f.
[40] BT-Drucks. 2/1014 S. 134.

Vergleichsberechnung die Vorschrift nicht über ihren Wortlaut hinaus ausgelegt werden würde und der Rechtsanwalt auch dann nur eigene, ihm tatsächlich entstandene Auslagen geltend macht und ersetzt erhält. Sinn und Zweck des § 91 Abs. 2 S. 2 ZPO ist, dass die Simultanzulassung oder die Befreiung von der Residenzpflicht deshalb zu keiner Erhöhung der Kostenlast der Gegenpartei führen darf, weil sie auf diese Besonderheiten keinen Einfluss nehmen kann. Es ist im Interesse der Rechtspflege erwünscht, dass es ländliche Anwaltspraxen gibt und minderbemittelte Personen Reisekosten sparen können. Die Befreiung von der Residenzpflicht erfolgt vor allem aus diesem Grunde und nicht zum Vorteil des Rechtsanwalts. Der beigeordnete Rechtsanwalt wird auf Antrag der Partei (nicht auf seinen eigenen) oder vom Gericht ausgewählt. Etwaigen fiskalischen Interessen ist vollauf genügt, wenn die Staatskasse nicht schlechter gestellt wird als der erstattungspflichtige Gegner.

20 Die Einschränkung des § 121 Abs. 3 ZPO kann vom Gericht nicht erweitert werden: Eine Beiordnung zu den Bedingungen eines ortsansässigen Rechtsanwalts wäre nichtig.[41] Eine Einschränkung ist zulässig, wenn sich der Rechtsanwalt damit einverstanden erklärt und auf Erstattung von Reisekosten verzichtet – ein möglicher Widerruf des Verzichts hat nur Wirkung für die Zukunft.[42]

21 Eine Ausnahme betrifft den Fall, dass ein Rechtsanwalt beigeordnet wird, der bei dem Prozessgericht nicht zugelassen ist – was hauptsächlich außerhalb der ordentlichen Gerichtsbarkeit vorkommt – und am Ort des Prozessgerichts auch nicht wohnt. In einem solchen Fall liegen die Gründe für die Notwendigkeit einer Reise zum Prozessgericht und für die Mehrkosten bei sonstigen Reisen nicht in der Person des Rechtsanwalts – denn er hat keine Veranlassung, nur an einem Ort zu wohnen, an dem sich ein Gericht befindet, bei dem er zugelassen ist –, sondern in der Auswahl eines auswärtigen Rechtsanwalts durch das Gericht. Daher besteht für die Vergütung seiner Reisekosten aus der Staatskasse nur die allgemeine Voraussetzung des § 46 Abs. 1, dass die Reise zur sachgemäßen Durchführung der Angelegenheit erforderlich war. Wenn ein auswärtiger Rechtsanwalt vom Gericht beigeordnet wird, dann kommt in dem Beschluss zum Ausdruck, dass das Gericht die Beiordnung gerade dieses Rechtsanwalts für sachdienlich und deshalb für notwendig hält; Reisen zum Prozessgericht können dann nicht als überflüssig bezeichnet werden,[43] auch wenn der Gegner die dadurch entstehenden Mehrkosten möglicherweise nicht zu erstatten braucht.

22 **2. Auswärtige Termine.** Einen auswärtigen Termin zum Beispiel vor dem ersuchten Richter kann der in Prozesskostenhilfe beigeordnete Anwalt entweder selbst (oder durch seinen Sozius) wahrnehmen (Rn. 17 ff.), für die Partei die Beiordnung eines besonderen Beweisarmenanwalts (§ 121 Abs. 3 ZPO) beantragen[44] oder einen auswärtigen Untervertreter mit der Terminswahrnehmung beauftragen. Im letzteren Fall wird der beigeordnete Rechtsanwalt – entgegen der Regel, vgl. § 1 Rn. 16 – gegenüber dem Untervertreter selbst verpflichtet (seine Pflicht zur vorläufig unentgeltlichen Tätigkeit kann der beigeordnete Rechtsanwalt nicht aufgrund der Prozessvollmacht ohne weiteres dadurch einschränken, dass er seine Partei durch ei-

---

[41] OLG Schleswig JurBüro 1980, 1725; 1981, 584 m. zust. Anm. *Mümmler*; OLG Celle NdsRpfl. 1981, 59 = AnwBl. 1981, 196; OLG Braunschweig AnwBl. 1983, 570; OLG Zweibrücken JurBüro 1997, 529 f.
[42] AA OLG Celle NdsRpfl. 1983, 95.
[43] BAG DB 1962, 808.
[44] Vgl. § 45 Rn. 12 ff.

Auslagen und Aufwendungen § 46

nen entgeltlichen Geschäftsbesorgungsvertrag verpflichtet), so dass ihm eigene Auslagen entstehen.[45] Einen auswärtigen Termin vor dem ersuchten Richter braucht der Rechtsanwalt nur dann selbst wahrzunehmen, wenn die Reise ihm zumutbar ist. Er muss nicht unbedingt die billigste Maßnahme ergreifen.[46] Wegen der Nichtanrechnung von Vorschüssen, die an den von der Partei selbst beauftragten Beweisanwalt gezahlt sind, vgl. § 58 Abs. 2 Rn. 13.

a) Reisekosten des Prozessbevollmächtigten. Seit dem Plenarbeschluss,[47] nach 23 dem die Vergütung eines für die Vertretung einer Partei in einem auswärtigen Beweisaufnahmetermin unterbevollmächtigten Rechtsanwalts in jedem Fall, gleichviel ob die Beweisaufnahme einfach oder schwierig ist, insoweit vom unterlegenen Gegner zu erstatten ist, als sie die Reisekosten des Prozessbevollmächtigten nicht übersteigt, ist es hM, dass die durch die Wahrnehmung auswärtiger Beweistermine entstehenden Kosten grundsätzlich zur zweckentsprechenden Rechtsverfolgung im Sinne des § 91 ZPO notwendig sind. Unterschiedlich dagegen ist die Rspr. zur Frage, wann die Wahrnehmung auswärtiger Beweistermine durch den beigeordneten Rechtsanwalt selbst zur sachgemäßen Wahrnehmung der Interessen der Partei im Sinne des § 121 Abs. 3 ZPO erforderlich ist. Teils wurden mehr oder minder große Einschränkungen gemacht, die bis zur Beschränkung auf Ausnahmefälle gingen;[48] teils wurde aus den Gründen der obigen Entscheidung des RG gefolgert, dass dies grundsätzlich und in der Regel der Fall sei.[49] Es ist davon auszugehen, dass auch die arme Partei grundsätzlich das Recht hat, in der Beweisaufnahme (deren Erheblichkeit und Notwendigkeit durch die Beweisanordnung für die Partei feststeht, so schon das RG[50] und OLG Nürnberg[51]) durch einen Rechtsanwalt vertreten zu sein. Die Wahrnehmung eines auswärtigen Beweistermins durch einen Rechtsanwalt kann nicht gleichzeitig zu einer zweckentsprechenden Rechtsverfolgung notwendig (gegenüber dem Gegner) und zur sachgemäßen Wahrnehmung der Interessen der Partei nicht erforderlich sein (gegenüber der Partei und der Staatskasse). Fälle, in denen die durch die Reise erwachsenden Kosten gegenüber dem Streitgegenstand unverhältnismäßig hoch sind oder in denen die Wahrnehmung des Termins durch die Partei selbst zur sachgemäßen Wahrnehmung ihrer Interessen ausreicht,[52] sind selten; Fälle, in denen es schon vor Durchführung der Beweisaufnahme ersichtlich ist, dass die Wahrnehmung des Termins überflüssig und unnötig sein wird, sind kaum denkbar. Erwägungen, ob eine nicht arme Partei den Termin durch einen Rechtsanwalt hätte wahrnehmen lassen, insbesondere ob sie dies nicht wegen der geringen Aussicht, die Kosten auf die Gegenpartei mit

---

[45] *Gerold/Schmidt/v. Eicken/Madert* § 126 BRAGO Rn. 19; verkannt von *Jonas* JW 1937, 201; s. Rn. 21.
[46] KG JW 1936, 3588.
[47] RGZ 51, 11.
[48] Vgl. OLG Darmstadt HRR 1940, 1267; OLG Frankfurt/M MittRRAK 1941, 10; OLG Karlsruhe JurBüro 1955, 111; OLG Köln HRR 1932, 894; 1937, 480; OLG München Rpfleger 1956, 28.
[49] So KG JW 1935, 1512; 1936, 3588; 1937, 824; OLG Bamberg AnwBl. 1957, 101; OLG Braunschweig JW 1931, 1127; AnwBl. 1960, 121; OLG Celle Recht 1930 Nr. 1807; OLG Düsseldorf JW 1935, 550; MittRRAK 1939, 68, 135; MDR 1957, 495; 1962, 416; OLG Kiel JW 1934, 3076; OLG Nürnberg BayJMBl. 1953, 205; OLG Rostock Recht 1931 Nr. 852; *Tschischgale* NJW 1963, 1760; *Krille* MittRRAK 1937, 227; *Friese* NJW 1955, 1500.
[50] RG JW 1894, 431.
[51] OLG Nürnberg BayZ 1905, 327.
[52] Vgl. OLG Dresden SächsA 1937, 120; OLG Köln HRR 1937, 480.

Erfolg abwälzen zu können, unterlassen hätte, sind subjektive Gesichtspunkte, die für die objektive Frage, ob die Terminswahrnehmung sachdienlich ist, keinen brauchbaren Maßstab abgeben können.

24 Die Reisekosten können nicht deshalb gekürzt werden, weil sie höher sind als die Kosten, die durch die Bestellung eines Beweisanwalts entstanden wären; denn zur „erforderlichen" Wahrnehmung auswärtiger Termine ist in erster Linie der Prozessbevollmächtigte befugt (wenn auch oft nicht verpflichtet); seine Aufgabe darf nicht aus fiskalischen Erwägungen eingeschränkt werden.[53]

25 **b) Unterbevollmächtigter des beigeordneten Anwalts.** Die Praxis, die dem beigeordneten Prozessbevollmächtigten gestattet, nach seinem pflichtgemäßen Ermessen den auswärtigen Termin selbst wahrzunehmen oder auf seine Kosten (Rn. 17) einen Beweisvertreter zu beauftragen und dessen Vergütung als eigene Auslage von der Staatskasse zu fordern, ist entstanden, als die Beiordnung eines besonderen Beweisvertreters im Armenrecht (§ 121 Abs. 3 ZPO) noch nicht zulässig war.[54] Die Praxis wurde jedoch fortgeführt, nachdem diese Lücke durch die Gesetzgebung geschlossen war.[55]

26 Danach kann der Prozessbevollmächtigte, wenn die Wahrnehmung des Termins durch einen Rechtsanwalt erforderlich ist, die seinem Erfüllungsgehilfen geschuldete Vergütung von der Staatskasse als Auslage insoweit fordern, als sie seine Kosten, die durch eine Reise entstanden wären, nicht übersteigt,[56] entstandene höhere Gebühren eines Wahlanwalts jedoch dann, wenn ein Beiordnungsantrag nach § 121 Abs. 3 ZPO erfolglos blieb und dem Prozesskostenhilfeanwalt die Reise nicht zuzumuten war,[57] die Terminswahrnehmung durch einen Anwalt aber objektiv geboten war.[58]

IV. Vorabentscheidung (Abs. 2)

27 **1. Allgemeines.** Das Prozessgericht hat auf Antrag festzustellen, ob es eine Reise des Prozessbevollmächtigten oder eines von ihm benannten Vertreters für erforderlich im Sinne des § 46 Abs. 1 hält. Dadurch soll einmal dem beigeordneten Rechtsanwalt die Entscheidung erleichtert werden, ob die in Betracht gezogene Reise zur sachgemäßen Wahrnehmung der Interessen der Partei objektiv für erforderlich gehalten wird, und ihm damit insbesondere das Risiko abgenommen werden, die Kosten einer für notwendig gehaltenen Reise aus der Staatskasse nicht ersetzt zu erhalten. Zum anderen soll dadurch die arme Partei Klarheit erhalten, um uU auf ihre Kosten für die Terminswahrnehmung zu sorgen. Die Vorschrift gilt für Reisen jeder Art und ist nicht beschränkt auf Reisen zu auswärtigen Beweisterminen. Die Feststellung äußert Wir-

---

[53] KG JW 1937, 2247; OLG Dresden HRR 1938, 122; OLG Frankfurt/M MittRRAK 1939, 20; MDR 1958, 249; 1959, 63; OLG Nürnberg JurBüro 1964, 583; *Gerold/Schmidt/v. Eicken* Rn. 24 ff.

[54] KG JW 1933, 1604; OLG Kassel JVBl. 1934, 232; OLG Kiel JW 1935, 2301; OLG Köln HRR 1935, 971; *Gaedeke* JW 1934, 1928.

[55] KG JW 1936, 3588; DR 1941, 659; OLG Stuttgart MittRRAK 1938, 189; OLG Düsseldorf NJW 1957, 495.

[56] Vgl. auch OLG Brandenburg JurBüro 1997, 591 f. m. Anm. *Hansens*.

[57] Vgl. KG JW 1933, 1604; OLG Celle Rpfleger 1964, 199; OLG Dresden DR 1941, 661; OLG Düsseldorf Rpfleger 1963, 60; OLG Hamburg AnwBl. 1964, 54; OLG Kiel HRR 1940, 753; OLG Koblenz JVBl. 1959, 39; OLG Köln vom 22. 10. 1962 KostRsp. Nr. 11; OLG Nürnberg JurBüro 1964, 583; OLG Stuttgart MittRRAK 1938, 189 sowie *Tschischgale* NJW 1963, 1760.

[58] OLG Düsseldorf JVBl. 1966, 160.

kungen nur für das Verhältnis des beigeordneten Rechtsanwalts zur Staatskasse und auch dann nur, wenn das Gericht die Erforderlichkeit der Reise bejaht. Das Verhältnis des beigeordneten Rechtsanwalts zu seiner Partei wird durch die Feststellung nicht betroffen, die Feststellung bindet weder für ein späteres Verfahren nach § 11 noch für die Kostenfestsetzung (§§ 103 ff. ZPO). Sie hat auch keine prozessualen Wirkungen.

Verneint das Prozessgericht die Notwendigkeit der Reise, so ist diese Feststellung ohne rechtliche Wirkungen; sie enthält insbesondere keine teilweise Entziehung der Prozesskostenhilfe, wozu das Prozessgericht auch nur unter den Voraussetzungen des § 124 ZPO befugt wäre. Ebenso wie in dem Fall, dass keine Feststellung beantragt war (sie ist nicht Voraussetzung für die Erstattung, ausgenommen im Fall der Beiordnung eines Patentanwalts[59]), ist dann über die Erforderlichkeit im Festsetzungsverfahren (§ 55) zu entscheiden. Dabei kann die Erforderlichkeit der Reise bejaht werden, obwohl das Prozessgericht die Reise für nicht erforderlich gehalten hat.[60] Zu Unrecht will jedoch das BVerwG[61] dann die Erforderlichkeit aus der Sicht des Gerichts nach Abschluss der mündlichen Verhandlung beurteilen. 28

Streitig war bisher, ob Abs. 2 auf andere Auslagen als Reisekosten entsprechend anzuwenden ist; OLG Frankfurt/M[62] hat dies bejaht. Der Gesetzgeber hat dies für Aufwendungen im Sinne des § 670 BGB nun durch Gesetz vom 15. 12. 2004 (BGBl. I S. 3392, 3394 f.) ausdrücklich bestimmt, vgl. Abs. 2 Satz 3. 29

2. Antragsberechtigung. Antragsberechtigt ist nach dem Gesetz der Rechtsanwalt. Dies war bisher in § 126 BRAGO nicht ausdrücklich geregelt. Da es aber weder Aufgabe rechtsprechender Tätigkeit, theoretische Feststellungen für den fiktiven oder hypothetischen Fall zu treffen, „was wäre, wenn der Rechtsanwalt reisen würde", noch anlässlich der Beiordnung oder im Festsetzungsverfahren angeordnet oder festgestellt werden kann, dass der Rechtsanwalt einen auswärtigen Termin wahrnehmen muss, setzte der Antrag auch bisher schon voraus, dass der Rechtsanwalt oder ein von ihm beauftragter Vertreter reisen will. Antragsberechtigt ist daher weiterhin nur der beigeordnete Rechtsanwalt; der Staatskasse fehlt für eine hypothetische Entscheidung das Rechtsschutzbedürfnis;[63] sie ist jedoch zu hören.[64] Der Antrag muss vor Antritt der Reise gestellt werden. Die Parteien brauchen nicht gehört zu werden. Es kann sich für den Armenanwalt empfehlen, mit dem Antrag nach Abs. 2 hilfsweise einen Beiordnungsantrag nach § 121 Abs. 3 ZPO zu verbinden. 30

3. Rechtsmittel. Die Ablehnung der Feststellung, dass die Reise erforderlich ist, sollte nach der Absicht des Gesetzgebers weder verbindlich noch anfechtbar sein und ist daher nach § 46 Abs. 2 S. 1 für das Festsetzungsverfahren gemäß § 55 bindend. Will man heute wegen des erweiterten Vorschussforderungsrechts (§ 47) und der Ausdehnung der Vorabentscheidung auf Aufwendungen aller Art ein Beschwerderecht nach § 56 Abs. 2 S. 1 des Rechtsanwalts entsprechend § 33 Abs. 3 bis 8 bejahen,[65] muss die Beschwer 200 Euro übersteigen. 31

---

[59] Vgl. § 2 Nr. 3 des Gesetzes vom 5. 2. 1938/1. 1. 1967, Text s. Vor § 45 Rn. 16.
[60] OLG Braunschweig AnwBl. 1960, 121; OLG Koblenz MDR 1959, 224.
[61] BVerwG KostRsp. Nr. 44.
[62] OLG Frankfurt/M NJW 1974, 2095.
[63] AA *Hartmann* § 126 BRAGO Rn. 43.
[64] Ebenso OLG Nürnberg JurBüro 1960, 393; 1965, 386, m. zust. Anm. *Tschischgale*; *Gerold/Schmidt/v. Eicken* § 126 BRAGO Rn. 26; aA, Antragsrecht der Partei, OLG Hamburg AnwBl. 1964, 182.
[65] So das OLG Frankfurt/M NJW 1974, 2095 zu dem entsprechenden § 128 BRAGO.

§ 47   Abschnitt 8. Beigeordneter oder bestellter Rechtsanwalt, Beratungshilfe

32   **4. Bußgeldverfahren.** Nach Abs. 2 Satz 2 tritt die Verwaltungsbehörde im Bußgeldverfahren an die Stelle des Gerichts. Sie hat also dort die Feststellungsbefugnis.

V. Auslagen im Wiederaufnahmeverfahren (Abs. 3)

33   Abs. 3 entspricht der bisherigen Regelung des § 97 Abs. 2 S. 3 BRAGO. Grundsätzlich erhält der Rechtsanwalt, der in Angelegenheiten nach den Teilen 4 bis 6 des Vergütungsverzeichnisses im ersten Rechtszug bestellt oder beigeordnet ist, nach § 48 Abs. 5 die Vergütung auch für seine Tätigkeit vor dem Zeitpunkt seiner Bestellung, in Straf- und Bußgeldsachen. Abs. 3 schränkt diese Rückwirkung für das **Wiederaufnahmeverfahren** dahingehend ein, dass Auslagen, die im Zusammenhang mit der Vorbereitung eines Wiederaufnahmeantrags entstehen, nur vergütet werden, wenn das Gericht den Rechtsanwalt schon vor Entstehung der Auslagen nach § 364 b Abs. 1 S. 1 StPO bestellt oder eine Feststellung gemäß § 364 b Abs. 1 S. 2 StPO getroffen hat.

§ 47 Vorschuss

(1) ¹Wenn dem Rechtsanwalt wegen seiner Vergütung ein Anspruch gegen die Staatskasse zusteht, kann er für die entstandenen Gebühren und die entstandenen und voraussichtlich entstehenden Auslagen aus der Staatskasse einen angemessenen Vorschuss fordern. ²Der Rechtsanwalt, der nach § 625 der Zivilprozessordnung beigeordnet oder nach § 67 a Abs. 1 Satz 2 der Verwaltungsgerichtsordnung bestellt ist, kann einen Vorschuss nur verlangen, wenn der zur Zahlung Verpflichtete (§ 39 oder § 40) mit der Zahlung des Vorschusses im Verzug ist.

(2) Bei Beratungshilfe kann der Rechtsanwalt keinen Vorschuss fordern.

Übersicht

	Rn.		Rn.
I. Grundsätze	1, 2	3. Angemessenheit	10
II. Das Recht auf Gebühren- und Auslagenvorschuss	3–10	III. Beiordnung nach § 625 ZPO und § 67 a Abs. 1 S. 2 VwGO (Abs. 1 S. 2)	11, 12
1. Gebührenvorschuss	5–8		
a) Prozesspfleger	6	1. Entstehung des Anspruchs	11
b) Höhe des Vorschusses	7	2. Verzug der vertretenen Partei	12
c) Pauschgebühr in Straf- und Bußgeldsachen nach § 51 Abs. 1	8	IV. Beratungshilfe (Abs. 2)	13
2. Auslagenvorschuss	9	V. Rechtsweg	14

I. Grundsätze

1   § 47 regelt das Vorschussrecht des gerichtlich beigeordneten oder bestellten Rechtsanwalts gegenüber der Staatskasse. Die Vorschrift ist mit § 9, der das Vorschussrecht des Wahlanwalts regelt, vergleichbar. **Abs. 1** Satz 1 entspricht § 127 Satz 1 BRAGO, soweit der Rechtsanwalt Wertgebühren erhält, und § 97 Abs. 4 BRAGO, soweit der Rechtsanwalt Betragsrahmengebühren erhält. Satz 2 übernimmt die Regelung des § 36 a Abs. 2 BRAGO betreffend den in einer Scheidungssache nach § 625 ZPO beigeordneten Rechtsanwalt und des § 115 BRAGO betreffend den vom Gericht gemäß

Vorschuss § 47

§ 67 a Abs. 1 Satz 2 VwGO bestellten gemeinsamen Bevollmächtigten jeweils in Verbindung mit § 127 BRAGO.[1]

Gemäß **Abs. 2** kann der Rechtsanwalt keinen Vorschuss bei Beratungshilfe verlangen. Dies entspricht ebenfalls bisherigem Recht und ergab sich aus der fehlenden Verweisung auf § 127 BRAGO in § 133 Satz 1 BRAGO.[2] 2

II. Das Recht auf Gebühren- und Auslagenvorschuss

Der beigeordnete Rechtsanwalt kann aus der Staatskasse einen Vorschuss „fordern"; 3
er hat also einen **Anspruch auf Vorschuss**. Der Anspruch ist auf einen angemessenen Vorschuss für die entstandenen Gebühren und die entstandenen und voraussichtlich noch entstehenden Auslagen gerichtet, nicht nur einen Bruchteil der entstandenen Vergütung,[3] wie das AG Alzey zum entsprechenden § 127 Abs. 1 S. 1 BRAGO meinte. Um einen Vorschuss handelt es sich, solange die Vergütung nicht nach § 8 fällig ist.

Der Vorschuss hat nicht den **Zweck**, den beigeordneten Rechtsanwalt wegen seiner 4
Forderung gegen die Staatskasse zu sichern, sondern soll es ihm ersparen, Auslagen aus eigener Tasche vorschießen und auf seine Gebühren längere Zeit warten zu müssen. Das Vorschussrecht gegenüber der Staatskasse ändert nichts an der Pflicht des beigeordneten Rechtsanwalts, für seine Partei vorläufig unentgeltlich tätig zu werden; er darf daher mit einer erforderlichen Aufwendung nicht zurückhalten, weil die Staatskasse die Auslagen nicht vorgeschossen hat.

1. Gebührenvorschuss. Der Anspruch des Rechtsanwalts auf einen Vorschuss sei- 5
ner Vergütung gemäß § 47 gegen die Staatskasse umfasst nur die Gebühren die bereits entstanden sind, nicht hingegen die voraussichtlich entstehenden Gebühren, wie dies beim Wahlanwalt gemäß § 9 der Fall ist.

a) Prozesspfleger. Auch der nach § 57 oder § 58 ZPO zum Prozesspfleger bestellte 6
Rechtsanwalt hat ein Anspruch gegen die Staatskasse gemäß § 7 Abs. 1 S. 1 auf Zahlung eines Gebührenvorschusses. Nach § 41 Satz 2 kann er zwar von der vertretenen Prozesspartei keinen Vorschuss fordern. Da § 47 aber keine dem § 41 Satz 2 entsprechende Regelungen enthält, gilt dies nicht im Verhältnis zu Staatskasse.

b) Höhe des Vorschusses. Die Höhe des Gebührenvorschusses richtet sich nach 7
den jeweiligen Vorschriften, die für die Tätigkeit des Rechtsanwalts einschlägig sind. Handelt es sich um **Wertgebühren**, so ergibt sich die Höhe der Gebühr auf der Grundlage des Gegenstands des Verfahrens aus der entsprechenden Nummer des Vergütungsverzeichnisses in Verbindung mit der Gebührentabelle des § 49. Bei **Festgebühren** bestimmt sich die Höhe des Vorschusses unmittelbar aus dem entsprechenden Gebührentatbestand des Vergütungsverzeichnisses.

c) Pauschgebühr in Straf- und Bußgeldsachen nach § 51 Abs. 1. Vor Einfüh- 8
rung des RVG war streitig, ob ein beigeordneter Verteidiger, der nach § 51 Abs. 1 (früher: § 99 Abs. 1 BRAGO) Anspruch auf eine die Entschädigung nach § 45 Abs. 3 (früher: § 97 BRAGO) übersteigende Pauschvergütung hat, auch einen Vorschuss auf

---

[1] So im Wortlaut BT-Drucks. 15/1971 S. 200 zu § 47.
[2] Vgl. BT-Drucks. 15/1971 S. 200 zu § 47.
[3] AG Alzey AnwBl. 1981, 113; dagegen *Herbert Schmidt* AnwBl. 1981, 114.

diese Pauschvergütung fordern kann.[4] Bis zum KostÄndG 1975 bestimmte § 127 BRAGO, dass der beigeordnete Rechtsanwalt keinen Gebührenvorschuss fordern kann, sondern lediglich auf die voraussichtlich erwachsenden Auslagen, soweit ihm nicht zugemutet werden kann, diese aus eigenen Mitteln vorzuschießen. Die Oberlandesgerichte behalfen sich damit, den beigeordneten Verteidigern in den entsprechenden Fällen Abschlagzahlungen auf die zu erwartende Pauschvergütung zu bewilligen.[5] Auch in der Literatur wurde dies für zulässig erachtet.[6] Diese frühere Streitfrage ist durch das RVG dahin gehend geregelt worden, dass dem Rechtsanwalt jetzt auf Antrag ein angemessener Vorschuss zu bewilligen ist, wenn ihm insbesondere wegen der langen Dauer des Verfahrens und der Höhe der zu erwartenden Pauschgebühr **nicht zugemutet werden** kann, die Festsetzung der Pauschgebühr **abzuwarten** (§ 51 Abs. 1 S. 5).

9 2. **Auslagenvorschuss.** Der Anspruch auf Auslagenvorschuss gegenüber der Staatskasse umfasst sowohl die bereits entstandenen, als auch die voraussichtlich entstehenden Gebühren, Voraussetzung ist jedoch nach § 46 Abs. 1, dass sie zur „sachgemäßen Durchführung der Angelegenheit" erforderlich waren oder sind.[7]

10 3. **Angemessenheit.** Der Rechtsanwalt kann nach § 47 Abs. 1 Satz 1 einen angemessenen Vorschuss fordern. Bei bereits entstandenen Gebühren ist ein Vorschuss in Höhe dieser Gebühren stets angemessen. Der Urkundsbeamte, der den Vorschuss gemäß § 55 Abs. 1 festzusetzen hat, hat also keinen eigenen Ermessensspielraum. Handelt es sich hingegen um einen Vorschuss auf voraussichtlich entstehenden Auslagen, hat der Urkundsbeamte der Geschäftsstelle, der den Vorschuss fest zu setzen hat, die Angemessenheit des verlangten Vorschusses prüfen. Seine Entscheidungen hierüber ist ein Ermessensentscheidungen. Dies gilt auch für die Entscheidung über die Erforderlichkeit, sofern diese nicht bereits gem. § 46 Abs. 2 gerichtlich festgestellt worden ist. Der Urkundsbeamte kann die Zahlung eines Vorschusses auf Auslagen in diesem Fall also auch mit der Begründung ablehnen, sie seien zur sachgemäßen Durchführung der Angelegenheit nicht erforderlich gewesen. Dagegen kann der Rechtsanwalt gemäß § 56 mit der Erinnerung und der Beschwerde vorgehen.

III. Beiordnung nach § 625 ZPO und § 67a Abs. 1 S. 2 VwGO (Abs. 1 S. 2)

11 1. **Entstehung des Anspruchs.** Primär hat der nach § 625 ZPO beigeordnete oder nach § 67a Abs. 1 S. 2 VwGO bestellte Rechtsanwalt nach §§ 39, 40 nur einen Anspruch auf Zahlung eines Vorschusses gegen die Verfahrensbeteiligten, für die er bestellt oder beigeordnet worden ist. Der sekundäre Anspruch gegen die Staatskasse verlangt als weitere Voraussetzung den Zahlungsverzug des Primärschuldners.

12 2. **Verzug der vertretenen Partei.** Der Rechtsanwalt, der nach § 625 ZPO beigeordnet oder nach § 67a Abs. 1 S. 2 VwGO bestellt ist, kann einen Vorschuss aus der

---

[4] S. 8. Aufl. § 99 BRAGO Rn. 15. § 97 Abs. 4 BRAGO verwies zwar für die Entschädigung des beigeordneten Verteidigers auf eine sinngemäße Anwendung des § 127 S. 1 BRAGO, in § 99 BRAGO fehlte aber ein solcher Hinweis.

[5] OLG Bremen NJW 1967, 899; OLG Hamburg AnwBl. 1967, 410 = NJW 1967, 2220; OLG Oldenburg NJW 1968, 1392; OLG Hamm NJW 1968, 1537; OLG München AnwBl. 1968, 191.

[6] *Gerold/Schmidt/v. Eicken/Madert* § 99 BRAGO Rn. 12; *Göttlich/Mümmler* S. 62.

[7] S. dazu § 46 Rn. 8 ff.

Umfang des Anspruchs und der Beiordnung § 48

Staatskasse erst verlangen, sobald die Personen, für die er zum Prozessbevollmächtigten bestellt ist, mit der Zahlung des Vorschusses im Verzug sind. Für den Eintritt des Verzugs sind die §§ 286 ff. BGB maßgebend. Voraussetzungen sind aber
a) die Fälligkeit seiner Vergütungsforderung (§ 8),
b) die Forderung seiner Vergütung unter Übersendung einer Berechnung nach § 10 und zweckmäßiges Setzen einer angemessenen Zahlungsfrist,
c) die Nichtzahlung innerhalb dieser Frist.

IV. Beratungshilfe (Abs. 2)

Nach Abs. 2 kann der Rechtsanwalt bei Beratungshilfe **keinen Vorschuss** fordern, weder für Gebühren, noch für Auslagen. Dieses Verbot gilt auch für die Beratungshilfegebühr nach Nr. 2600 VV. Um sich davor zu schützen, dass der Beratungshilfeempfänger nach erfolgter Beratung die Zahlung verweigert, darf der Rechtsanwalt die Beratung von der vorherigen Zahlung der Beratungshilfegebühr abhängig machen. 13

V. Rechtsweg

Der Anspruch ist im Festsetzungsverfahren (§ 55) geltend zu machen. Es entscheidet der Urkundsbeamte. Gegen seine Entscheidung ist die Erinnerung zulässig, über die das Gericht des Rechtszuges entscheidet (§ 56 Abs. 1 S. 1) und gegen die Erinnerungsentscheidung die Beschwerde, sofern der Beschwerdegegenstand 200 Euro übersteigt (§ 56 Abs. 2 S. 1, § 33 Abs. 3). Für die Bewilligung eines Vorschusses auf eine zu erwartende Pauschvergütung ist der nach § 51 Abs. 2 für die Bewilligung der Pauschvergütung zuständige Strafsenat zuständig. In der Vorschussgewährung liegt keine Anerkennung des Vergütungsanspruchs des Anwalts (auch nicht dem Grunde nach), insbesondere auch nicht der Notwendigkeit der vom Rechtsanwalt daraus gedeckten Auslagen. 14

§ 48 Umfang des Anspruchs und der Beiordnung

(1) **Der Vergütungsanspruch bestimmt sich nach den Beschlüssen, durch die die Prozesskostenhilfe bewilligt und der Rechtsanwalt beigeordnet oder bestellt worden ist.**

(2) ¹In Angelegenheiten, in denen sich die Gebühren nach Teil 3 des Vergütungsverzeichnisses bestimmen und die Beiordnung eine Berufung oder Revision betrifft, wird eine Vergütung aus der Staatskasse auch für die Rechtsverteidigung gegen eine Anschlussberufung oder eine Anschlussrevision und, wenn der Rechtsanwalt für die Erwirkung eines Arrests, einer einstweiligen Verfügung, einer einstweiligen oder vorläufigen Anordnung beigeordnet ist, auch für deren Vollziehung oder Vollstreckung gewährt. ²Dies gilt nicht, wenn der Beiordnungsbeschluss ausdrücklich etwas anderes bestimmt.

(3) ¹Die Beiordnung in einer Ehesache erstreckt sich auf den Abschluss eines Vertrags im Sinne der Nummer 1000 des Vergütungsverzeichnisses, der den gegen-

seitigen Unterhalt der Ehegatten, den Unterhalt gegenüber den Kindern im Verhältnis der Ehegatten zueinander, die Sorge für die Person der gemeinschaftlichen minderjährigen Kinder, die Regelung des Umgangs mit einem Kind, die Rechtsverhältnisse an der Ehewohnung und dem Hausrat und die Ansprüche aus dem ehelichen Güterrecht betrifft. ²Satz 1 gilt im Fall der Beiordnung in Lebenspartnerschaftssachen nach § 661 Abs. 1 Nr. 1 bis 3 der Zivilprozessordnung entsprechend.

(4) ¹In anderen Angelegenheiten, die mit dem Hauptverfahren nur zusammenhängen, erhält der für das Hauptverfahren beigeordnete Rechtsanwalt eine Vergütung aus der Staatskasse nur dann, wenn er ausdrücklich auch hierfür beigeordnet ist. ²Dies gilt insbesondere für
1. die Zwangsvollstreckung und den Verwaltungszwang;
2. das Verfahren über den Arrest, die einstweilige Verfügung und die einstweilige sowie die vorläufige Anordnung;
3. das selbständige Beweisverfahren;
4. das Verfahren über die Widerklage, ausgenommen die Rechtsverteidigung gegen die Widerklage in Ehesachen und in Verfahren über Lebenspartnerschaftssachen nach § 661 Abs. 1 Nr. 1 bis 3 der Zivilprozessordnung.

(5) ¹Wird der Rechtsanwalt in Angelegenheiten nach den Teilen 4 bis 6 des Vergütungsverzeichnisses im ersten Rechtszug bestellt oder beigeordnet, erhält er die Vergütung auch für seine Tätigkeit vor dem Zeitpunkt seiner Bestellung, in Strafsachen einschließlich seiner Tätigkeit vor Erhebung der öffentlichen Klage und in Bußgeldsachen einschließlich der Tätigkeit vor der Verwaltungsbehörde. ²Wird der Rechtsanwalt in einem späteren Rechtszug beigeordnet, erhält er seine Vergütung in diesem Rechtszug auch für seine Tätigkeit vor dem Zeitpunkt seiner Bestellung. ³Werden Verfahren verbunden, kann das Gericht die Wirkungen des Satzes 1 auch auf diejenigen Verfahren erstrecken, in denen vor der Verbindung keine Beiordnung oder Bestellung erfolgt war.

Übersicht

	Rn.		Rn.
I. Veränderungen im Vergleich zur BRAGO	1–5	3. „Stillschweigende Beiordnung".	22
II. Die Maßgeblichkeit der Beschlüsse.	6–10	IV. Auslegung der Beschlüsse	23–47
		1. Grundsätze	23, 24
1. Grundsätze	6, 7	2. Die Fälle des Abs. 2	25, 26
2. Abweichen der Ausfertigung von der Urschrift	8	3. Ehesachen und Scheidungsfolgesachen	27–35
3. Beiordnung mit rückwirkender Kraft	9, 10	a) Bewilligungsbeschluss	29–33
III. Umfang der Beiordnung	11–22	b) Beiordnung	34, 35
1. Beiordnung für jeden Rechtszug	12–17	4. Andere mit dem Hauptprozess zusammenhängende Angelegenheiten (Abs. 4)	36–47
a) Normativer Inhalt der Beiordnung	12–14	a) Zwangsvollstreckung und Verwaltungszwang (Nr. 1)	39–42
b) Beiordnung auch ohne Anwaltszwang	15	b) Arrest, einstweilige Verfügung, einstweilige Anordnung (Nr. 2)	43
c) Beschwerdeinstanz	16	c) Selbständiges Beweisverfahren (Nr. 3)	44
d) Zusammenhängende Angelegenheiten	17	d) Widerklage (Nr. 4)	45–47
2. Beiordnung für einen bestimmten Anspruch	18–21		

Umfang des Anspruchs und der Beiordnung § 48

I. Veränderungen im Vergleich zur BRAGO[1]

Abs. 1 übernimmt die in § 123 Abs. 1 BRAGO getroffene Regelung. Zusätzlich 1 wird der Rechtsanwalt, den das Gericht bestellt hat, genannt. Diese Formulierung betrifft den vom Gericht gem. § 67a Abs. 1 Satz 2 VwGO bestellten gemeinsamen Bevollmächtigten. Für diesen galt die Regelung bisher durch die Verweisung in § 115 Abs. 2 und § 36a Abs. 2 S 2 BRAGO.

Abs. 2 Satz 1 übernimmt die in § 121 Abs. 3 Satz 1 BRAGO getroffene Regelung 2 und bezieht darüber hinaus auch die Fälle der Beiordnung für die Erwirkung einer einstweiligen oder vorläufigen Anordnung mit ein, weil in diesen Fällen die Vollstreckung besonders eilbedürftig ist. Satz 2 ist eine redaktionelle Neufassung von § 122 Abs. 2 Satz 2 BRAGO.

Abs. 3 entspricht dem § 122 Abs. 3 Satz 1 und 2 BRAGO, jedoch wird das Um- 3 gangsrecht ausdrücklich in die Regelung aufgenommen. Dies entspricht der ganz überwiegenden Auffassung zum bisherigen Recht.[2]

Abs. 4 übernimmt die Regelung des § 97 Abs. 3 BRAGO, auch iVm. § 105 Abs. 1 4 BRAGO. Statt von dem „Hauptprozeß" wird nunmehr von dem „Hauptverfahren" gesprochen, weil die Regelung auch die einstweiligen und die vorläufigen Anordnungen im FGG-Verfahren erfassen soll. Dies ist im Hinblick auf die vorgeschlagene Regelung in § 18 Nr. 1 und 2 erforderlich.

Abs. 5 übernimmt die Regelung in § 97 Abs. 3, auch i.V.m. § 105 Abs. 1 BRAGO. 5 Satz 2 erweitert den Anwendungsbereich des geltenden Rechts auf spätere Rechtszüge. So sollte klargestellt werden, dass die Beiordnung in einem späteren Rechtszug sich nur auf die Vergütung in diesem Rechtszug bezieht, dann auch für die Tätigkeit des Rechtsanwalts vor dem Zeitpunkt seiner Bestellung. Die Erweiterung der Regelung auf spätere Rechtszüge ist nach Ansicht des Gesetzgebers schon deshalb sachgerecht, weil die Problemlage dort in gleicher Weise gegeben ist, wie bei einer erst im Laufe des Verfahrens erfolgten Bestellung während des ersten Rechtszugs. Sie soll auch Streit darüber vermeiden, ob auch in Rechtsmittelzügen die bereits vor dem Datum der Beiordnung entstandene Vergütung aus der Staatskasse zu erstatten ist. Mit Satz 3 sollte nach dem Willen des Gesetzgebers einerseits klargestellt werden, dass die Rückwirkung sich nicht automatisch auf verbundene Verfahren – nicht gemeint ist hier die Verbindung nach § 237 StPO zum Zwecke der gemeinsamen Verhandlung – erstreckt, in denen bisher kein Pflichtverteidiger bestellt war, andererseits sollte dem Gericht aber die Möglichkeit zur Erstreckung eingeräumt werden. Eine Erstreckung kommt insbesondere dann in Betracht, wenn in einem der verbundenen Verfahren eine Bestellung unmittelbar bevorgestanden hätte.

II. Die Maßgeblichkeit der Beschlüsse

1. Grundsätze. Die Staatskasse schuldet dem beigeordneten Rechtsanwalt nur in- 6 soweit eine Entschädigung nach Maßgabe des 8. Abschnitts, als er im Rahmen der Beiordnung tätig geworden ist; außerhalb der Beiordnung vorgenommene Tätigkeiten begründen keinen Anspruch gegen den Staat. Für den Umfang der Beiordnung

---
[1] Im Wortlaut übernommen aus BT-Drucks. 15/1971 S. 200f. zu § 48.
[2] Vgl. *Gerold/Schmidt/v. Eicken/Madert* § 122 BRAGO Rn. 40.

§ 48

ist in erster Linie der Beiordnungsbeschluss selbst maßgebend. Zur Auslegung desselben und zur Lückenausfüllung ist jedoch der Bewilligungsbeschluss heranzuziehen, auf dessen Grundlage der Rechtsanwalt beigeordnet worden ist. Maßgeblich ist aber der Beiordnungsbeschluss.[3] Letztlich verbleibende Unklarheiten gehen zu Lasten der Staatskasse.

7 Das Prozessgericht kann nachträglich durch **Ergänzungsbeschluss** der Beiordnung eine Rückwirkung beilegen oder den Umfang der Beiordnung erweitern. In einer späteren „Auslegung" seines Beiordnungsbeschlusses durch das Prozessgericht kann ein solcher verbindlicher Ergänzungsbeschluss liegen.

8 **2. Abweichen der Ausfertigung von der Urschrift.** Stimmt die dem beigeordneten Rechtsanwalt zugegangene Ausfertigung der Beschlüsse nicht mit der Anordnung des Gerichts überein (zB weil in der Ausfertigung die Einschränkung fehlt, dass die Prozesskostenhilfe nur für einen Teil des Klaganspruchs bewilligt worden ist), so richtet sich der Entschädigungsanspruch des Rechtsanwalts aufgrund der §§ 45 ff. nach der Ausfertigung; eine Berichtigung der Ausfertigung durch die Geschäftsstelle wirkt entschädigungsrechtlich nicht zurück. Dies ergibt sich aus dem der gesetzlichen Regelung in § 43 Abs. 1 S. 2 VwVfG, § 124 Abs. 1 S. 2 AO 1977 zugrunde liegenden Rechtsgedanken.

9 **3. Beiordnung mit rückwirkender Kraft.** Die Bewilligung von Prozesskostenhilfe und die Beiordnung eines Rechtsanwalts wirken grundsätzlich nur für die Zukunft, jedoch kann das Gericht dem **Bewilligungsbeschluss** rückwirkende Kraft – jedenfalls auf den Zeitpunkt der Antragsstellung – beilegen. Ein Rechtsanwalt, der für einen Auftraggeber Prozesskostenhilfe beantragt und im Vertrauen auf deren Bewilligung und seine Beiordnung gebührenauslösende Handlungen vorgenommen hat, ist auch dann unter rückwirkender Bewilligung der Prozesskostenhilfe beizuordnen, wenn die Partei inzwischen verstorben ist.[4]

10 Eine rückwirkende **Beiordnung** des Rechtsanwalts ist nur mit seinem Einverständnis möglich.[5] Sie begründet unter gleichzeitiger rückwirkender Stundung seines Vergütungsanspruchs gegen seine Partei einen Entschädigungsanspruch gegen die Staatskasse wegen der vor der Beiordnung, aber nach dem als Beginn der Rückwirkung festgesetzten Zeitpunkt entwickelten Tätigkeit. Der Bundesgerichtshof nimmt in bestimmten Fällen eine – stillschweigende – Rückwirkung des Bewilligungs- und Beiordnungsbeschlusses auf den Zeitpunkt an, in welchem der PKH-Antrag bei Gericht eingegangen ist, so zB wenn über den während des Verfahrens gestellten Antrag auf Bewilligung von Prozesskostenhilfe erst zusammen mit der Entscheidung über die Nichtannahme der Revision befunden wird,[6] sofern zu dem Zeitpunkt der Antragstellung sämtliche formellen und materiellen Voraussetzungen für eine Prozesskostenhilfe-Bewilligung vorlagen.[7] Über den genannten Fall hinaus kann eine – stillschweigende – Rückwirkung des Bewilligungs- und Beiordnungsbeschlusses auf den Zeitpunkt der Antragstellung des Prozesskostenhilfeantrags regelmäßig dann angenommen werden, wenn dem Antragsteller – unterstellt, es wäre zur diesem Zeitpunkt über sein Gesuch entschieden worden – Prozesskostenhilfe hätte bewilligt wer-

---

[3] *Hartmann* § 122 BRAGO Rn. 5.
[4] *v. Eicken* Anm. zu OLG Celle AGS 1992, 5.
[5] BGH MDR 1963, 827.
[6] BGH NJW 1992, 839.
[7] BGH NJW 1982, 446.

den müssen.[8] Dem beigeordneten Rechtsanwalt steht dann nach Nr. 3100 VV eine Verfahrensgebühr mit einem Gebührensatz von 1,3 zu, wenn er zugleich mit dem Antrag auf Bewilligung von Prozesskostenhilfe oder später eine der in Nr. 3101 VV aufgeführten Handlungen vorgenommen, insbesondere einen Sachantrag im Sinn dieser Vorschrift gestellt oder auf einen solchen Antrag Bezug genommen hat,[9] anderenfalls nur eine Gebühr mit einem Gebührensatz von 0,8. Ein beigeordneter Rechtsanwalt, der gegen die Staatskasse einen Entschädigungsanspruch geltend macht, der durch eine im Rückwirkungszeitraum entstandene Tätigkeit begründet ist, erklärt dadurch sein Einverständnis mit der Rückwirkung seiner Beiordnung und unterwirft seinen Vergütungsanspruch gegen seine Partei damit auch insoweit der Stundungswirkung des § 122 Abs. 1 Nr. 3 ZPO. Es bedarf dann keines besonderen Rückwirkungsausspruchs hinsichtlich der Beiordnung mehr.

III. Umfang der Beiordnung

Der Entschädigungsanspruch besteht nur, soweit die Beiordnung reicht. Dies hat verfahrensrechtliche und sachliche Bedeutung. 11

1. Beiordnung für jeden Rechtszug. a) Normativer Inhalt der Beiordnung. 12
Die Prozesskostenhilfe wird für jeden **Rechtszug** besonders bewilligt (§ 119 S. 1 ZPO). Auch die Beiordnung gilt nur für den Rechtszug, für den Prozesskostenhilfe bewilligt ist. Maßgeblich ist hier nicht der prozessuale Begriff des Rechtszugs, sondern der des Gerichtskostengesetzes und des RVG. Das bedeutet, dass die Beiordnung nicht mit der Verkündung des Urteils endet. Danach wirkt bei einer **Verweisung** an ein anderes Gericht die vorher bewilligte Prozesskostenhilfe fort,[10] ebenso die Beiordnung in Prozesskostenhilfe, falls der Rechtsanwalt bei diesem Gericht zugelassen ist (dagegen nicht die Beiordnung im Fall des § 11a ArbGG[11]). Im Falle einer **Zurückverweisung** in die untere Instanz wirkt eine frühere Beiordnung beim unteren Gericht fort; dies, obgleich § 21 Abs. 1 bestimmt, dass in diesem Fall für den Vergütungsanspruch des Rechtsanwalts das weitere Verfahren vor diesem Gericht – außer für die Verfahrensgebühr – ein neuer Rechtszug ist. Dieser Vorschrift sollte erkennbar nur gebührenrechtliche, dagegen keine prozessuale Bedeutung zukommen. Das Gleiche gilt für das **ordentliche Verfahren nach dem Urkunden- oder Wechselprozess** (§ 17 Nr. 5) und die **Vollstreckbarkeitserklärung** gemäß § 537 ZPO (8. Aufl. § 49 BRAGO Rn. 23). Dagegen bezieht sich eine vom Rechtspfleger ausgesprochene Bewilligung von Prozesskostenhilfe für das **Mahnverfahren** und die Beiordnung eines Rechtsanwalts für dieses Verfahren nur auf dieses;[12] eine ausdrückliche Erstreckung auf das nachfolgende Streitverfahren wäre wegen Zuständigkeitsüberschreitung wirkungslos (§ 8 Abs. 4 RPflG).

Auslagen, die dem beigeordneten Rechtsanwalt nach Beendigung der Beiordnung 13 infolge Weiterwirkens der Vollmacht (§ 87 ZPO) bis zur Bestellung eines neuen Prozessbevollmächtigten entstehen, sind aus der Staatskasse zu ersetzen.[13]

---
8 BGH NJW-RR 1998, 642 f.
9 BGH NJW 1985, 921.
10 So schon das OLG Frankfurt/M HRR 1930 Nr. 817.
11 LG Weiden NJW 1955, 69.
12 LG Berlin NJW 1972, 2312.
13 KG JW 1937, 2791.

§ 48 *Abschnitt 8. Beigeordneter oder bestellter Rechtsanwalt, Beratungshilfe*

14 Bei einer **Prozesstrennung** (§ 145 ZPO) bleibt der Rechtsanwalt in jedem Verfahren beigeordnet (zur Berechnung der Entschädigung s. § 7 Rn. 21 ff.. In der **Vorwegentscheidung über die elterliche Sorge** (§ 627 Abs. 1 ZPO) liegt jedoch ebenso wenig eine Prozesstrennung wie in der Vorwegentscheidung **über den Scheidungsantrag** (§ 628 Abs. 1 ZPO); diese Fälle sind vergleichbar mit dem Erlass eines Teilurteils.

15 b) **Beiordnung auch ohne Anwaltszwang.** Wie sich schon aus § 121 Abs. 2 und Abs. 3 ZPO ergibt, ist die Beiordnung eines Rechtsanwalts nicht auf die Fälle des Anwaltszwangs beschränkt. Ist sie – aus welchem Grunde auch immer – erfolgt, dann umfasst sie innerhalb des Rechtszuges alle Verfahrensabschnitte oder auch Einzelhandlungen, die nicht im Beiordnungsbeschluss ausdrücklich ausgenommen sind, insbesondere auch solche, für die kein Anwaltszwang besteht. Dem in Prozesskostenhilfe beigeordneten Rechtsanwalt erwächst daher auch ein Entschädigungsanspruch, wenn er einen Beweistermin **vor dem beauftragten oder ersuchten Richter** wahrnimmt, ohne dass es dafür einer besonderen Beiordnung bedürfte. Ein Tätigwerden wegen der **Prozesskostenhilfe** im Laufe des Rechtsstreits wird jedoch von der Beiordnung ohne Erstreckung hierauf nicht umfasst; entsteht dem Rechtsanwalt hierbei nach Nr. 3335 VV eine Verfahrensgebühr, weil er im Prozess keine gleichartige Gebühr verdient hat, dann ist diese weder vom Gegner zu erstatten noch entsteht insoweit ein Entschädigungsanspruch gegen die Staatskasse.

16 c) **Beschwerdeinstanz.** Die Beschwerdeinstanz ist in Zivilsachen ein besonderer Rechtszug, für den es ausnahmslos einer besonderen Bewilligung und Beiordnung in Prozesskostenhilfe bedarf (s. Teil 3 Abschnitt 5 Rn. 16).

17 d) **Zusammenhängende Angelegenheiten.** Schließlich gehören Angelegenheiten, die mit dem Hauptprozess nur zusammenhängen, grundsätzlich nicht zum Rechtszug (s. Rn. 36).

18 2. **Beiordnung für einen bestimmten Anspruch.** Die Bewilligung von Prozesskostenhilfe und die Beiordnung erfolgen regelmäßig (nach § 117 Abs. 1 S. 2 ZPO genügt die Darstellung des Streitverhältnisses unter Angabe der Beweismittel) zur Geltendmachung oder Abwehr eines bestimmten Anspruchs. Sofern sich aus dem Beiordnungsbeschluss nichts Abweichendes ergibt, ist dann dieser Anspruch maßgebend für den Umfang der Beiordnung.

19 Im Falle einer vollständigen oder teilweisen **Erledigung** eines solchen Anspruchs **durch Vergleich** kommt es für die dem beigeordneten Anwalt gegen die Staatskasse zustehende Einigungsgebühr nicht darauf an, ob der Vergleich vor Gericht oder außergerichtlich geschlossen wurde;[14] für Vergleich im PKH-Prüfungsverfahren nur bei Erstreckung der Bewilligung auf den Vergleich s. OLG Oldenburg;[15] nicht der Verkehrsanwalt, der neben dem Prozessbevollmächtigten am Termin teilnimmt.[16]

---

[14] OLG Hamm NJW 1967, 60; OLG Hamburg JurBüro 1980, 554 = MDR 1980, 325; JurBüro 1991, 377; BGH NJW 1988, 494 m. abl. Anm. *Egon Schneider* Rpfleger 1988, 83 für den Fall eines nicht protokollierten Vergleichs; OLG Schleswig JurBüro 1989, 1397; OLG Celle JurBüro 1989, 647; OLG Düsseldorf JR 1991, 289; MDR 1993, 186; LAG Düsseldorf Rpfleger 1991, 391; LAG Mainz NZA 1994, 144; LAG Thüringen JurBüro 1997, 588 f.; aA OLG Düsseldorf AnwBl. 1983, 320 m. abl. Anm. *Chemnitz*; OLG Nürnberg JurBüro 1990, 1170 m. Anm. *Mümmler*; OLG Köln MDR 1994, 313; OLG Koblenz Rpfleger 1996, 32.

[15] OLG Oldenburg JurBüro 1992, 168.

[16] OLG Stuttgart JurBüro 1989, 1556 m. Anm. *Mümmler*.

Umfang des Anspruchs und der Beiordnung **§ 48**

Die „Vergütung aus der Bundes- oder Landeskasse" (§ 48 Abs. 2 S. 1) des in Prozess- 20
kostenhilfe beigeordneten Rechtsanwalts bemisst sich dem Grunde nach denselben
Gebührentatbeständen wie seine ihm vom Mandanten geschuldeten Gebühren. Sie ist
lediglich durch § 49 bei Gegenstandswerten über 3000 Euro der Höhe nach modifiziert. Für die Erledigungsgebühr des Anwalts (Nr. 1000 ff. VV) kommt es aber nur
auf die **materielle Erledigung** des geltend gemachten Anspruchs durch den Vergleich
– soweit dieser reicht – an, nicht auf die formelle eines etwaigen Rechtsstreits über
den Vergleichsgegenstand. Der Vergleich muss aber noch in der Instanz geschlossen
werden, für die der Anwalt beigeordnet wurde.[17]

Im Falle einer **Klageerweiterung** oder einer **Widerklage** – ausgenommen die 21
Rechtsverteidigung gegen die Widerklage in Ehesachen (§ 48 Abs. 4 S. 2 Nr. 4) –
bedarf es hierfür einer ausdrücklichen Beiordnung (§ 48 Abs. 4). Das gilt nicht für den
Abschluss eines **Vergleichs in einer Ehesache**, der den gegenseitigen Unterhalt der
Ehegatten und den Unterhalt gegenüber den Kindern im Verhältnis der Ehegatten zueinander, die Sorge für die Person der gemeinschaftlichen minderjährigen Kinder, die
Rechtsverhältnisse an der Ehewohnung und dem Hausrat und die Ansprüche aus dem
ehelichen Güterrecht betrifft (§ 48 Abs. 3 S. 1). Die Ansicht des KG,[18] dass die gesetzliche Erstreckung der für die Scheidungssache ausgesprochenen Armenrechtsbewilligung und Anwaltsbeiordnung auf Scheidungsfolgen sich nicht auf einen außergerichtlichen Vergleich beziehe, war nach der Entscheidung des BGH[19] nicht mehr
haltbar. Das KG räumte zu § 122 Abs. 3 S. 1 BRAGO, der § 48 Abs. 3 S. 1 insoweit
entspricht, selbst ein, dass nach § 122 Abs. 3 S. 1 BRAGO speziell für die Vergleichsgebühr auch dann von einer Beiordnung auszugehen war, wenn die im Gesetz genannten einzelnen Regelungsgegenstände bisher nicht anhängig waren. Eine solche
Beiordnung kraft Gesetzes kann gebührenrechtlich keine geringere Wirkung haben
als eine Beiordnung durch Gerichtsbeschluss. Daraus ergibt sich aber zugleich, dass
dem beigeordneten Rechtsanwalt für weitere Ansprüche oder Ansprüche Dritter, die
mitverglichen werden, keine Entschädigung aus der Staatskasse in Höhe der ihm insoweit entstandenen Vergleichsgebühr zusteht, wenn die Beiordnung nicht darauf
erstreckt worden ist. Über die Möglichkeit einer solchen Erstreckung der Beiordnung
s. Rn. 22.

3. „Stillschweigende Beiordnung": Wird unter Mitwirkung des in Prozess- 22
kostenhilfe beigeordneten Rechtsanwalts ein Vergleich geschlossen, der über den Gegenstand der Prozesskostenhilfebewilligung und Beiordnung hinausgeht, dann hat
die Staatskasse die dadurch entstandene erhöhte Prozess- und Einigungsgebühr
grundsätzlich nur zu zahlen, wenn – abgesehen von den Fällen einer gesetzlichen Erstreckung der Beiordnung des Rechtsanwalts in § 48 Abs. 2, 3 und 4 – das Gericht die
Prozesskostenhilfebewilligung und die Beiordnung auf jene Ansprüche erstreckt hat.
Ist dies vergessen worden, dann ist streitig, ob in solchen Fällen von einer „stillschweigenden Beiordnung" (so die 4. Aufl. und die dort zitierte Rechtsprechung) ausgegangen werden kann. *Gerold/Schmidt/v. Eicken*[20] vertritt die Ansicht, es gäbe keine stillschweigende Beiordnung. Daran ist wohl richtig, dass die Beiordnung ein Verwaltungsakt ist, der nach außen in Erscheinung treten muss, um wirksam zu werden. Er
braucht aber nicht ausdrücklich erklärt zu werden, vielmehr genügt dazu konkluden-

---

17 OLG Hamburg AnwBl. 1983, 572.
18 KG AnwBl. 1980, 374.
19 BGH NJW 1988, 494.
20 *Gerold/Schmidt/v. Eicken* Rn. 120.

tes Verhalten (das gilt auch für eine Beiordnung „in anderen Angelegenheiten" nach § 48 Abs. 3 S. 2 und Abs. 4 S. 1. Des Weiteren weist *Gerold/Schmidt/v. Eicken* zutreffend darauf hin, dass das Gericht nicht gehindert sei, auf einen rechtzeitig – uU auch stillschweigend – gestellten Beiordnungsantrag den Rechtsanwalt nachträglich mit rückwirkender Kraft beizuordnen. Eine solche Beiordnung kann schon in der Festsetzung der Entschädigung des Rechtsanwalts für die mitverglichenen Angelegenheiten gesehen werden.

IV. Auslegung der Beschlüsse

23 **1. Grundsätze.** Maßgeblich für den Umfang der Beiordnung ist in erster Linie der Wortlaut des Beiordnungsbeschlusses. Da dieser aber in den meisten Fällen nicht viel hergibt, ist zur Auslegung des Beschlusses ergänzend der Bewilligungsbeschluss heranzuziehen, auf dem der Beiordnungsbeschluss beruht (§ 48 Abs. 1). Da aber auch dieser regelmäßig noch eine Reihe von Fragen offen lässt, gibt das Gesetz in Abs. 2, 3 und 4 einige Regeln für die Auslegung der Beschlüsse.

24 Die Grundregel enthält Abs. 4 Satz 1: Von der Beiordnung ist **nicht** umfasst, was mit dem Hauptprozess nur **zusammenhängt**, ohne selbst Gegenstand des Hauptprozesses zu sein. Was darunter zu verstehen ist, hat der Gesetzgeber in Abs. 2 und Abs. 3 für bestimmte, dort ausdrücklich geregelte Fragen geklärt, in Abs. 2 unter dem Vorbehalt einer anderweitigen Regelung im Bewilligungsbeschluss, in Abs. 3 für Ehesachen ohne eine solche Einschränkungsmöglichkeit durch das Gericht im Beiordnungsbeschluss.

25 **2. Die Fälle des Abs. 2.** Die Prozesskostenhilfe für den **Berufungs- oder Revisionskläger** erstreckt sich zugleich auf die **Verteidigung gegen ein** – selbständiges oder unselbständiges – **Anschlussrechtsmittel**. Das Gleiche gilt für eine Anschlussbeschwerde. Das Gericht kann jedoch im Beiordnungsbeschluss die Verteidigung gegen ein Anschlussrechtsmittel ausdrücklich von der Beiordnung ausnehmen. Der **Rechtsmittelbeklagte**, der ein Anschlussrechtsmittel in Prozesskostenhilfe einlegen will, bedarf dazu stets – außer in Ehesachen, s. Abs. 3 Satz 1 – einer ausdrücklichen Bewilligung von Prozesskostenbeihilfe und einer Beiordnung.

26 Der in Prozesskostenhilfe für die **Erwirkung** eines Arrestes oder einer einstweiligen Verfügung beigeordnete Rechtsanwalt ist auch für die **Vollziehung** des Arrestes oder der einstweiligen Verfügung beigeordnet; dies gilt auch dann, wenn der Arrest oder die einstweilige Verfügung im zweiten Rechtszug beantragt wird. Eine **einstweilige Anordnung** – etwa nach § 620 ZPO – ist dagegen nicht vollziehbar. Für die Zwangsvollstreckung aus einer solchen einstweiligen Anordnung (s. § 794 Abs. 1 Nr. 3a ZPO) bedarf es einer ausdrücklichen Beiordnung nach Abs. 4 S. 2 Nr. 1.

27 **3. Ehesachen und Scheidungsfolgesachen.** Die Kostennovelle 1975 hatte in den dem § 48 RVG entsprechenden § 122 BRAGO Abs. 3 unter Streichung der Nr. 5 den ersten Satz eingefügt und damit in Ehesachen die Beiordnung auf den Abschluss eines Vergleichs über die näher bezeichneten Gegenstände erstreckt, jedoch konnte das Gericht nach § 115 Abs. 2 ZPO Abweichendes anordnen. Damit sollte ein von den betroffenen Parteien wie ihren Rechtsanwälten als untragbar empfundener Zustand beseitigt werden, der sich daraus ergab, dass die Gerichte aus systematischen Gründen (Armenrecht nur für ein gerichtliches Verfahren möglich) einer bedürftigen Partei den Rechtsanwalt nur und erst für die Protokollierung eines vorher ausgehandelten Vergleichs beiordneten und sie so zwangen, wenn sie nicht rechtsschutzlos bleiben wollte,

Umfang des Anspruchs und der Beiordnung **§ 48**

die für die vorausgegangenen Vergleichsverhandlungen (insbesondere wenn diese erfolglos blieben) entstandenen Anwaltskosten selbst zu tragen. Die Neuregelung sollte es dem Rechtsanwalt ermöglichen, schon ab der Beiordnung für die Ehesache die mit dieser verbundenen Fragen in ihrer Gesamtheit zu sehen und einzubeziehen,[21] wenn auch nur mit dem Ziel, insoweit eine Regelung durch Vergleich anzustreben. Der im Bericht des Rechtsausschusses miterwähnte Umstand, dass die alte Regelung zu Misshelligkeiten geführt hatte, wenn ein Antrag auf Beiordnung vergessen wurde, den das LG Berlin[22] als alleinigen Anlass zur Neuregelung gelten lassen wollte, war demgegenüber von nebensächlicher Bedeutung.

Die ergänzende **zivilprozessuale** Regelung brachte das Erste Gesetz zur Reform des Ehe- und Familienrechts vom 14. 6. 1976 (BGBl. I S. 1421). Bis dahin kannte die ZPO eine Sonderbehandlung nur für Ehesachen, also für Verfahren, die den Bestand der Ehe zum Gegenstand hatten, nicht für sonstige Familiensachen. Erst das Erste Gesetz zur Reform des Ehe- und Familienrechts vom 14. 6. 1976 brachte eine weitgehende Neugestaltung der jetzt nicht mehr Ehe-, sondern Familienverfahrensrecht genannten Materie.[23] Durch das Gesetz über die Prozesskostenhilfe vom 13. 6. 1980 (BGBl. I S. 677) wurden lediglich die Worte „des Armenrechts" durch die Worte „der Prozesskostenhilfe" ersetzt, durch das Unterhaltsrechtsänderungsgesetz vom 20. 2. 1986 (BGBl. I S. 301) aber in § 624 Abs. 2 ZPO hinter dem Wort „Folgesachen" diese eingeschränkt auf die „nach § 621 Abs. 1 Nr. 1, 6". 28

a) Bewilligungsbeschluss. Damit erstreckt sich in Ehesachen die Prozesskostenhilfe-**Bewilligung** kraft Gesetzes nur noch auf Sorgerechts- und Versorgungsausgleichsvergleiche, also in den von Amts wegen einzuleitenden Folgesachen, dies aber auch, wenn sie erst später eingeleitet werden,[24] dagegen die **Beiordnung** des Rechtsanwalts darüber hinaus nach wie vor kraft Gesetzes (§ 48 Abs. 3 S. 1) auch auf Unterhalts-, Sorgerechts-, Ehewohnungs-, Hausrat- und Vergleiche über sonstige Ansprüche aus dem ehelichen Güterrecht. In allen diesen Fällen erübrigt sich daher ein Beiordnungsbeschluss. In **anderen Angelegenheiten**, die mit dem Hauptprozess nur zusammenhängen, bedarf es bei entsprechender Erweiterung des Bewilligungsbeschlusses außerdem einer ausdrücklichen Beiordnung des Rechtsanwalts hierfür.[25] 29

Mit diesen und weiteren Änderungen der §§ 93a, 115, 118, 120, 124 und 127 ZPO durch Art. 7 des KostÄndG vom 9. 12. 1986 (BGBl. I S. 2326) wollte der Bundesrat, auf den sie zurückgehen, die Prozesskostenhilfeausgaben in Ehesachen einschränken. So ist schon bei der parlamentarischen Beratung des Unterhaltsrechtsänderungsgesetzes der Vorschlag des Regierungsentwurfs, in § 609 ZPO die Prozesskostenhilfebewilligung in Ehesachen kraft Gesetzes auf alle Vergleiche über Folgesachen zu erstrecken, soweit ein Vergleich über sie zulässig ist,[26] auf Wunsch des Bundesrats durch die obige Regelung ersetzt worden.[27] In § 93a Abs. 1 S. 2 Nr. 1 ZPO wurde bestimmt, dass bei der Beurteilung der Frage, ob eine Kostenaufhebung nach abgetrennter Entscheidung über eine Folgesache einen der Ehegatten in seiner Lebensführung unverhältnismäßig 30

---

[21] Vgl. den Bericht des Rechtsausschusses BT-Drucks. 7/3234 S. 12.
[22] LG Berlin JurBüro 1977, 824.
[23] Zur geschichtlichen Entwicklung des Familienverfahrensrechts s. *Stein/Jonas/Schlosser* Vor § 606 ZPO.
[24] S. *Diederichsen* NJW 1986, 1462, 1467.
[25] *Diederichsen* NJW 1986, 1462, 1467.
[26] BT-Drucks. 10/2888 S. 25 f. und 28 zu Nr. 19.
[27] BT-Drucks. 10/4514 S. 10 Nr. 9 und S. 25; *Diederichsen* NJW 1986, 1462, 1467.

Schneider

beeinträchtigen würde, die Bewilligung von Prozesskostenhilfe außer Betracht bleibt, um häufiger dem anderen Ehegatten die Kosten überbürden zu können. Nach der Neufassung des § 115 ZPO ist bei der Ermittlung des Einkommens für die Festsetzung von Ratenzahlungen eine gesetzliche Unterhaltspflicht nicht mehr zu berücksichtigen; aufgrund einer solchen Verpflichtung gezahlte Geldrenten sind nur vom Einkommen abzuziehen, soweit dies angemessen ist (Abs. 3), also möglicherweise nur zum Teil. § 118 Abs. 2 S. 4 nF ZPO gibt dem Gericht einen neuen Ablehnungsgrund, wenn der Antragsteller nicht innerhalb einer vom Gericht gesetzten Frist Angaben über seine persönlichen und wirtschaftlichen Verhältnisse glaubhaft gemacht oder bestimmte Fragen (des Gerichts) nicht oder ungenügend beantwortet hat. § 120 Abs. 1 S. 2 ZPO legt dem Gericht auf, einen Wegfall von Belastungen innerhalb der nächsten vier Jahre bei der Festsetzung von Ratenzahlungen des Begünstigten zu berücksichtigen. § 124 Nr. 2 ZPO nF gibt dem Gericht bei Nichtabgabe der geforderten Erklärung nach § 120 Abs. 4 S. 2 ZPO die Sanktion an die Hand, die Bewilligung aufzuheben. § 127 Abs. 2 S. 1 und Abs. 3 ZPO gibt der Staatskasse ein zeitlich und inhaltlich beschränktes Beschwerderecht gegen die Gewährung von Prozesskostenhilfe ohne Ratenzahlungsverpflichtung.[28] Dabei ist es dann bei der Neuordnung des § 115 ZPO in Abs. 2 Nr. 2 letzter Satz der Vorschrift durch Art. 1 Nr. 2 PKHÄndG vom 10. 10. 1994 geblieben.

31 Die Erstreckung des Bewilligungsbeschlusses für die Scheidungssache auf Folgesachen kann sich als Gerichtsbeschluss aber nur auf Letztere beziehen, soweit sie gemäß § 623 Abs. 4 ZPO bis zum Schluss der mündlichen Verhandlung erster Instanz in der Scheidungssache anhängig gemacht werden; das Gleiche gilt für die Beiordnung des Rechtsanwalts. Das Gericht kann für **außergerichtliche Verhandlungen** außerhalb des gerichtlichen Verfahrens weder Prozesskostenhilfe bewilligen noch einen Rechtsanwalt beiordnen, insbesondere ihn nicht zwingen, außergerichtlich für die durch die Prozesskostenhilfe begünstigte Partei tätig zu werden. Soweit einem beigeordneten Rechtsanwalt durch eine solche außergerichtliche Tätigkeit Gebühren entstehen, folgt daher daraus kein Entschädigungsanspruch gegen die Staatskasse.

32 Ist der Rechtsanwalt aber beauftragt, eine außergerichtlich erzielte Einigung der Parteien zu Protokoll des Gerichts zu erklären, dann entsteht ihm dadurch zugleich eine Verfahrensgebühr nach Nr. 3201 Nr. 2 VV mit einem Gebührensatz von 0,8 (auf die die Geschäftsgebühr gemäß Vorbem. 3 Abs. 4 VV anzurechnen ist, höchstens jedoch mit einem Gebührensatz von 0,75). Wird der außergerichtliche Vergleich **vom Gericht protokolliert** und wirksam, dann entsteht dem Rechtsanwalt auch ein Entschädigungsanspruch für den Vergleich nach Maßgabe des § 49. Das ist allgemein anerkannt. Streitig ist lediglich, ob der Entschädigungsanspruch gegen die Staatskasse dem beigeordneten Rechtsanwalt auch entsteht, wenn die Parteien lediglich zu Protokoll des Gerichts übereinstimmend erklären, dass sie sich für den Fall der Ehescheidung über die oder bestimmte Folgesachen geeinigt haben, den Wortlaut ihrer Einigung aber **nicht** vom Gericht protokollieren lassen. Nach dem erkennbaren Willen des Gesetzgebers, solche außergerichtlichen Einigungen der Parteien über Folgesachen im Zusammenhang mit Ehescheidungen zu fördern und zu erleichtern, muss auch eine solche Erklärung, die dem Erfordernis des § 623 ZPO genügt, ausreichen, um einen Entschädigungsanspruch des beigeordneten Rechtsanwalts gegen die Staatskasse auszulösen, da anderenfalls die durch die Prozesskostenhilfe begünstigte Partei im Vergleich zu einer auf eigene Kosten prozessierenden Partei benachteiligt wäre.

---

[28] S. dazu den Bericht des BT-Rechtsausschusses, BT-Drucks. 10/6400 S. 46 ff.

Umfang des Anspruchs und der Beiordnung **§ 48**

Wenn die Parteien auf eine Protokollierung des wirksam geschlossenen Vergleichs 33
verzichten, etwa weil der Vergleich keinen vollstreckbaren Inhalt hat, so dass sie insoweit keines Vollstreckungstitels bedürfen, oder sich diesen Titel außergerichtlich durch notarielle Beurkundung verschafft haben,[29] und sich stattdessen mit der Anzeige der außergerichtlichen Einigung an das Gericht begnügen, dann genügt das dem Wortlaut des § 32 Abs. 2, der nicht ausdrücklich vorschreibt, dass die Einigung ihrem Wortlaut nach protokolliert werden muss.[30]

b) Beiordnung. Die Diskrepanz zwischen dem Wortlaut des § 624 Abs. 2 ZPO 34
und § 48 Abs. 3 S. 1 ist unproblematisch, solange die Tätigkeit des Rechtsanwalts im Rahmen des Bewilligungsbeschlusses bleibt. Welche Rechtsfolgen hat es aber, wenn der Rechtsanwalt auftragsgemäß in einer oder mehreren der in § 48 Abs. 3 S. 1 aufgeführten, aber **nicht vom Bewilligungsbeschluss gedeckten** Folgesachen in Richtung auf den Abschluss eines Vergleichs tätig wird? Dann zeigt sich, dass es für den Entschädigungsanspruch des Rechtsanwalts gegen die Staatskasse auf den Inhalt der Beiordnung, nicht des Bewilligungsbeschlusses ankommt.[31] In einer Ehesache erstreckt sich aber kraft Gesetzes die Beiordnung eines Rechtsanwalts auf den Abschluss eines Vergleichs über die dort genannten Folgesachen, und die Erstreckung dieser Beiordnung unterliegt nicht der Dispositionsbefugnis des Gerichts, so dass aus der Einschränkung des Bewilligungsbeschlusses nichts für den Umfang der Beiordnung des Rechtsanwalts folgt. Selbst wenn das Gericht die Beiordnung entsprechend einschränken wollte, wäre ihm dies doch nicht möglich gewesen. Der beigeordnete Rechtsanwalt erhält daher auch für seine Bemühungen um die vergleichsweise Regelung dieser Folgesachen eine Entschädigung aus der Staatskasse entsprechend Nr. 3101 Nr. 2 VV und im Falle einer Erledigung durch Vergleich oder auch nur Anzeige einer Einigung der Parteien zu Protokoll des Gerichts die Entschädigung entsprechend der Gebühr nach Nr. 1000 ff. VV i.V.m. § 49.

Ist eine Folgesache **im Prozess geltend gemacht** oder **von Amts wegen anhängig**, 35
dann entsteht dem beigeordneten Anwalt ein Entschädigungsanspruch entsprechend der vollen Prozessgebühr, die auch etwaige Vergleichsverhandlungen abgilt. Umstritten ist die Frage, ob ein Prozesskostenhilfeverfahren im Sinne des Nr. 1000 VV anhängig ist, wenn für einen beabsichtigten Vergleich über nicht (als Folgesachen) anhängige Gegenstände Prozesskostenhilfe beantragt und bewilligt wird oder sich die Prozesskostenhilfe auch ohne besonderen Antrag gemäß § 48 Abs. 3 in einer Ehesache auf die in der genannten Bestimmung geregelten Gegenstände erstreckt. Teilweise wird angenommen, dass es für die Begründung der Anhängigkeit genüge, einen Antrag auf Gewährung von Prozesskostenhilfe für den Abschluss eines Vergleichs zu stellen. Nach anderer – wohl vordringender Ansicht – ist eine Anhängigkeit nur dann gegeben, wenn das Gericht Prozesskostenhilfe auch für den Fall gewähren soll, dass es über die Sache selbst entscheiden muss,[32] eine Anhängigkeit ergibt sich nach dieser Meinung auch nicht durch die Vorschrift des § 48 Abs. 3.[33]

4. Andere mit dem Hauptprozess zusammenhängende Angelegenheiten 36
(Abs. 4). Auf andere Angelegenheiten als die in Abs. 3 aufgezählten Folgesachen, die mit dem Hauptprozess nur zusammenhängen, erstreckt sich die Beiordnung des

---

29 So im vom OLG Düsseldorf AnwBl. 1983, 320 entschiedenen Fall.
30 S. Anm. *Chemnitz* zu OLG Düsseldorf AnwBl. 1983, 320 zu § 32 BRAGO.
31 *Hartmann* § 122 BRAGO Rn. 5.
32 OLG Düsseldorf JurBüro 1997, 633 bis 635 m. Anm. *Enders* mwN.
33 OLG Nürnberg Rpfleger 1998, 30 f. zu § 122 Abs. 3 BRAGO.

Rechtsanwalts nicht. Diese Vorschrift betrifft nicht nur Rechtsanwälte, die in einer Ehesache beigeordnet sind, sondern alle in einem Rechtsstreit beigeordneten Rechtsanwälte, wie sich aus der Aufzählung solcher Angelegenheiten in Abs. 4 Satz 2 ergibt.

37   Für diese Angelegenheiten bedarf es einer „ausdrücklichen" Beiordnung. Das ist nicht gleichbedeutend mit einer „wörtlich" erklärten Beiordnung,[34] ein **durch schlüssige Handlung** eindeutig erklärter Wille zur Beiordnung in einer solchen Angelegenheit genügt.

38   Die Aufzählung in Abs. 4 Satz 2 ist nicht abschließend, sondern nur beispielhaft zu verstehen, wie sich aus dem Gesetzeswortlaut („insbesondere") ergibt. Andere als die dort genannten Angelegenheiten sind insbesondere solche, in denen Geschäftsgebühren nach Nr. 2400 VV entstehen, zB die Erwirkung einer **vormundschaftsgerichtlichen Genehmigung**,[35] das **Erinnerungsverfahren** gegen den Kostenansatz nach § 5 GKG,[36] das Verfahren vor der **Hinterlegungsstelle** und die **Zulassung der Zwangsvollstreckung** gegen eine Gemeinde durch die Aufsichtsbehörde,[37] aber auch die Beiordnung des Rechtsanwalts in Prozesskostenhilfe als Beistand in einem Strafverfahren Zu den im Gesetz besonders aufgeführten Angelegenheiten:

39   a) **Zwangsvollstreckung und Verwaltungszwang (Nr. 1).** Die Bewilligung der Prozesskostenhilfe erfolgt für jeden Rechtszug besonders (§ 119 S. 1 ZPO). Die frühere Vorschrift, wonach das Armenrecht für den ersten Rechtszug „einschließlich der Zwangsvollstreckung" bewilligt wurde, ist damit nicht übernommen worden. Damit ist zugleich klargestellt, dass die Zwangsvollstreckung prozessual ein neues Verfahren ist, das nicht zum Erkenntnisverfahren und damit auch nicht zu dem betreffenden Rechtszug des Erkenntnisverfahrens gehört. Vielmehr muss für die Zwangsvollstreckung bzw. das Verwaltungszwangsverfahren unter den Voraussetzungen der §§ 114 ff. ZPO gesondert Prozesskostenhilfe beantragt werden.[38]

40   Für die Beiordnung des Rechtsanwalts gilt der kostenrechtliche Begriff des Rechtszugs. Danach begründet die Zwangsvollstreckung einen **neuen Rechtszug**, der die Gebühren des Achten Abschnitts erneut entstehen lässt (§ 15, Nr. 3309 VV, Vorbem. 2.4 Abs. 1 VV). Zuständig für die Beiordnung für das Erkenntnisverfahren ist das Prozessgericht, für die Zwangsvollstreckung das Vollstreckungsgericht. Das Streitgericht kann nur noch in den Fällen Prozesskostenhilfe bewilligen und einen Rechtsanwalt beiordnen, in dem es zugleich später Vollstreckungsgericht ist (zB in den Fällen der §§ 887, 888, 890 ZPO). Zu Beginn oder auch während des Erkenntnisverfahrens wird sich aber nur selten voraussehen lassen, welche Vollstreckungsmaßnahmen einmal erforderlich sein werden, um aus einem Vollstreckungstitel zu vollstrecken. Regelmäßig wird daher die Bewilligung der Prozesskostenhilfe für das Zwangsvollstreckungsverfahren und die Beiordnung eines Rechtsanwalts für die Zwangsvollstreckung erst nach Vorliegen des Vollstreckungstitels in Betracht kommen. Zuständig ist dann das **Vollstreckungsgericht**, soweit nicht andere Gerichte dessen Funktionen wahrnehmen.[39]

41   Vereinzelt wird die Ansicht vertreten, dass die Prozesskostenhilfe in der Zwangsvollstreckungsinstanz für **jede beabsichtigte Vollstreckungsmaßnahme einzeln** be-

---

[34] S. dazu § 164 Abs. 1 BGB, § 22 Abs. 1, § 48 HGB.
[35] OLG Düsseldorf JMBlNW 1953, 128 zu § 118 BRAGO.
[36] OLG Nürnberg JW 1932, 123 zu § 118 BRAGO.
[37] AA OLG Frankfurt/M JurBüro 1974, 1551 zu § 118 BRAGO.
[38] *Hartmann* § 122 BRAGO Rn. 82; *Gerold/Schmidt/v. Eicken* Rn. 77 f.
[39] *Zöller/Philippi* § 119 ZPO Rn. 33 f.

antragt und bewilligt werden müsse, da nur hinsichtlich jeder einzelnen Maßnahme geprüft werden könne, ob sie Aussicht auf Erfolg habe und nicht mutwillig sei.[40] Dieser Ansicht kann nicht gefolgt werden. Der Gesetzgeber hat das Zwangsvollstreckungsverfahren als „ein neues Verfahren" angesehen, „für das unter den Voraussetzungen des § 114 ZPO gesondert PKH beantragt werden kann".[41] Eine solche Regelung wäre auch so bürokratisch und praxisfremd, dass dadurch dem auf Prozesskostenhilfe angewiesenen Gläubiger die Zwangsvollstreckung praktisch aus der Hand geschlagen würde. Dort kommt es in aller Regel auf den schnellen Zugriff – oftmals auf Stunden – an, wenn dem Schuldner verwehrt werden soll, Vermögensgegenstände, in die vollstreckt werden kann, beiseite zu schaffen. Wird hier erst ein bürokratisches Prüfungs-, Bewilligungs- und Beiordnungsverfahren vorgeschaltet, dann ist es für die Vollstreckungsmaßnahme in aller Regel zu spät. Unter den Voraussetzungen des § 114 ZPO ist daher einem Gläubiger **für das gesamte Zwangsvollstreckungsverfahren** Prozesskostenhilfe zu gewähren und einem rechtsunkundigem Gläubiger zur Bewältigung von Schwierigkeiten, mit deren Auftreten in der Vollstreckungsinstanz fast stets zu rechnen ist, ein Rechtsanwalt beizuordnen.[42] Etwas anderes gilt für die **Beschwerdeinstanz**. Diese hat nur eine bestimmte Vollstreckungshandlung zum Gegenstand. Wird für ein solches Verfahren Prozesskostenhilfe bewilligt und ein Rechtsanwalt beigeordnet, dann beziehen sich Bewilligung und Beiordnung nur auf diese Vollstreckungshandlung.[43]

Die Bewilligung der Prozesskostenhilfe für die Zwangsvollstreckungsinstanz und die Beiordnung eines Rechtsanwalts umfassen nicht Rechtsstreitigkeiten, die sich aus der Zwangsvollstreckung ergeben, etwa eine **Widerspruchsklage** (§§ 771 ff. ZPO). Für ein solches Verfahren sind stets eine besondere Bewilligung und Beiordnung erforderlich.[44]

b) Arrest, einstweilige Verfügung, einstweilige Anordnung (Nr. 2). Verfahren über den Arrest, die einstweilige Verfügung und die einstweilige Anordnung (in Ehesachen, Kindschaftssachen und im Verwaltungsrechtsstreit) erfordern je eine besondere ausdrückliche Prozesskostenhilfebewilligung und Beiordnung. Die Verfahren auf Abänderung oder Aufhebung eines Arrests oder einer einstweiligen Verfügung (§ 927 ZPO) sind, obgleich sie für die Gebühren des Rechtsanwalts als eine Angelegenheit gelten (§ 16 Nr. 6), zwei verschiedene Rechtszüge im Sinne des § 119 Abs. 1 S. 1 ZPO (arg. GKG KV Nr. 1051); daher sind für das Aufhebungsverfahren eine besondere Prozesskostenhilfebewilligung und Beiordnung erforderlich.[45]

c) Selbständiges Beweisverfahren (Nr. 3). Das selbständige Beweisverfahren ist prozessual ein selbständiges Verfahren, und dies nicht nur, wenn es vor anhängiger Hauptsache betrieben wird (§ 486 ZPO). Die Bewilligung der Prozesskostenhilfe für den Hauptprozess erstreckt sich daher nicht auf ein selbständiges Beweisverfahren, es bedarf vielmehr eines besonderen Bewilligungs- und Beiordnungsbeschlusses.[46] Die im selbständigen Beweisverfahren entstandene Verfahrensgebühr wird jedoch auf die Verfahrensgebühr des Rechtszugs angerechnet, soweit der Gegenstand des selbständi-

---

[40] So zB *Behr/Hantke* Rpfleger 1981, 265, 267.
[41] BT-Drucks. 8/3694.
[42] LG Detmold AnwBl. 1983, 34.
[43] *Gerold/Schmidt/v. Eicken* Rn. 86.
[44] *Gerold/Schmidt/v. Eicken* Rn. 87; *Hartmann* § 122 BRAGO Rn. 83.
[45] *Hartmann* § 122 BRAGO Rn. 74; aA *Gerold/Schmidt/v. Eicken* Rn. 88 ff.
[46] AA für das selbständige Beweisverfahren bei anhängiger Hauptsache *Gerold/Schmidt/ v. Eicken* § 122 BRAGO Rn. 63.

gen Beweisverfahrens auch Gegenstand des Rechtsstreits ist oder wird (Teil 3 Vorbem. 3 Abs. 5 VV).

45   d) **Widerklage (Nr. 4).** Der Beklagte, dem für die Verteidigung gegen die Klage Prozesskostenhilfe bewilligt und ein Rechtsanwalt beigeordnet ist, bedarf für die Verfolgung eines Anspruchs im Wege der Widerklage einer besonderen Prozesskostenhilfebewilligung und Erstreckung der Beiordnung. Das gilt auch in Ehesachen. Ebenso bedarf der Kläger, dem für seine Klage Prozesskostenhilfe bewilligt und ein Rechtsanwalt beigeordnet ist, zur Verteidigung gegen die vom Beklagten erhobene Widerklage einer ausdrücklichen Prozesskostenhilfebewilligung und Beiordnung seines Rechtsanwalts. Eine Ausnahme besteht insoweit nur für Ehesachen. Der dem Kläger beigeordnete Rechtsanwalt ist ihm kraft Gesetzes auch für seine Rechtsverteidigung gegen eine Widerklage beigeordnet (§ 48 Abs. 4 S. 2 Nr. 4). Für die Bewilligung der Prozesskostenhilfe fehlt es an einer entsprechenden Vorschrift (§ 624 ZPO regelt nur die Erstreckung der Prozesskostenhilfe für Scheidungssachen auf bestimmte Folgesachen). Der Kläger, der in einer Ehesache mit einer Widerklage überzogen wird, bedarf daher für die Rechtsverteidigung gegen die Widerklage einer Prozesskostenhilfebewilligung, die aber auch hier durch konkludentes Verhalten des Gerichts erklärt werden kann. Für den Entschädigungsanspruch des beigeordneten Rechtsanwalts aus der Staatskasse ist dies ohne Belang, dafür kommt es letztlich nur auf die Beiordnung an, die in diesem Fall kraft Gesetzes gegeben ist.

46   Die **Klagerücknahme** beendet nicht von selbst die Beiordnung, da der mit der Widerklage erhobene Anspruch anhängig bleibt.[47]

47   Entsprechendes gilt für die **Wider-Widerklage**.[48]

§ 49 Wertgebühren aus der Staatskasse

Bestimmen sich die Gebühren nach dem Gegenstandswert, werden bei einem Gegenstandswert von mehr als 3000 Euro anstelle der Gebühr nach § 13 Abs. 1 folgende Gebühren vergütet:

Gegenstandswert bis ... Euro	Gebühr Euro	Gegenstandswert bis ... Euro	Gebühr Euro
3 500	195	13 000	246
4 000	204	16 000	257
4 500	212	19 000	272
5 000	219	22 000	293
6 000	225	25 000	318
7 000	230	30 000	354
8 000	234	über	
9 000	238	30 000	391
10 000	242		

---

[47] OLG Nürnberg NJW 1970, 2301; *Gerold/Schmidt/v. Eicken* § 122 BRAGO Rn. 64; aA OLG Frankfurt/M NJW 1963, 1786; 1964, 1532; OLG München NJW 1966, 113; *Hartmann* § 122 BRAGO Rn. 86.

[48] *Gerold/Schmidt/v. Eicken* § 122 BRAGO Rn. 64.

I. Allgemeines

§ 49 entspricht inhaltlich § 123 BRAGO.[1] Die Fassung der Vorschrift geht auf den Regierungsentwurf des Gesetzes[2] zurück, der aber im BT-Rechtsausschuss zum Nachteil der Anwaltschaft geändert werden musste, um das Gesetz nicht im Bundesrat scheitern zu lassen. Dieser hatte wegen der angespannten Haushaltslage der Länder und der im Vergleich zum früheren Armenrecht großzügigeren Regelung der Prozesskostenhilfe, die zu einem sprunghaften Anstieg der Aufwendungen der Länder für diese sozial- und rechtsstaatlichen Leistungen geführt hatte, eine drastische Senkung des Einkommens der Anwälte im Bereich der Ehesachen gefordert. Der Rechtsausschuss hatte dies abgelehnt, dafür aber die niedrigere Entschädigung des beigeordneten Anwalts aus der Staatskasse schon ab einem Gegenstandswert von 5000 DM statt wie zuvor ab einem Gegenstandswert von 5600 DM beginnen lassen und die Entschädigungsbeträge – abgesehen von einer Fortführung der Tabelle bis 50 000 DM – nicht erhöht.[3] Die **Tabelle zu § 49** ist in ihren Geschäftswertsprüngen dreistufig aufgebaut und an die der Anlage zu § 13 angepasst (s. Rn. 3 ff.). Die Vorschrift betrifft Wertgebühren, die sich nach dem Gegenstandswert berechnen.

Auch die **Eingangsworte** der Vorschrift sind in der klareren Fassung des § 123 BRAGO übernommen worden. Der flüchtige Leser konnte die Vorschrift früher so verstehen, dass hier die Tabelle zu § 13 Abs. 1 S. 1 durch die hier normierte Tabelle verdrängt wird. Das war aber nicht gemeint. Jetzt ergibt sich eindeutig aus dem Eingangssatz der Vorschrift, dass die Tabelle zu § 13 Abs. 1 S. 1 im Verhältnis des beigeordneten Rechtsanwalts zu seinem Mandanten unberührt bleibt, wenngleich die Vorschrift noch irreführend von „Gebühren" statt „Entschädigung" oder „Vergütung" spricht. § 49 regelt ausschließlich den Entschädigungsanspruch des beigeordneten Rechtsanwalts gemäß § 45 gegen die Staatskasse. Beide Ansprüche, der privatrechtliche Vergütungsanspruch gegen den Mandanten aus dem Anwaltsvertrag und der öffentlich-rechtliche Anspruch gegen die Staatskasse aus der Beiordnung stehen nach Art und Entstehungsgrund unabhängig nebeneinander. ihre Konkurrenz ist in den §§ 50, 46, 55, 56, 58, und 59 geregelt.

II. Die Entschädigungsregelung

Die Vorschrift betrifft die Wertgebühren, die sich nach einem Gegenstandswert richten, dagegen nicht Betragsrahmengebühren, wie sie beispielsweise in Strafsachen oder in der Sozialgerichtsbarkeit vorkommen. § 49 bestimmt zunächst in Anlehnung an die Gebührenstaffel zu § 13 Abs. 1, dass der **Entschädigungsanspruch** des Rechtsanwalts gegen die Staatskasse bis zu einem Gegenstandswert von 3000 Euro den in dieser Gebührentabelle geregelten Anwaltsgebühren entspricht. Der beigeordnete Rechtsanwalt erhält also bis zu einem Gegenstandswert von 3000 Euro aus der Staatskasse die gleiche Entschädigung, die er von seinem Mandanten als privatrechtliches Entgelt zu fordern hat – mit anderen Worten, er erhält bis zu diesem Gegenstandswert aus der Staatskasse insoweit eine volle Entschädigung in Geld. Bei Gegenstandswerten ab 3000 Euro aufwärts bleibt die Entschädigung dann zunehmend hinter seinem Vergütungsanspruch

---

[1] BT-Drucks. 15/1971 S. 201 zu § 49.
[2] BT-Drucks. 10/5113 Art. 3 Abs. 1 Nr. 30.
[3] S. den Bericht des BT-Rechtsausschusses BT-Drucks. 10/6400 S. 40 und 45.

gegen den Mandanten zurück, so dass sie bei einem Streitwert von 30 000 Euro nur noch knapp die Hälfte seines Gebührenanspruchs nach § 13 Abs. 1 beträgt und bei höheren Streitwerten mit einem festen Betrag von 391 Euro endet. Bei darüber hinausgehenden Gegenstandswerten erhöht sich nur noch sein Gebührenanspruch gegen den Mandanten, dagegen nicht mehr sein Entschädigungsanspruch gegen die Staatskasse.

4   1. „Volle Gebühr": Für die Berechnung des Entschädigungsanspruchs gegen die Staatskasse treten die in §49 genannten Beträge an die Stelle der „vollen Gebühren" in der Tabelle zu § 13 Abs. 1. Die „volle Gebühr" ist die Gebühr, die bisher als $^{10}/_{10}$-Gebühr bezeichnet wurde und jetzt mit einem Gebührensatz von 1,0 bezeichnet wird. Das bedeutet:

5   (1) Die Entschädigung des in Prozesskostenhilfe beigeordneten oder bestellten Rechtsanwalts aus der Staatskasse bemisst sich nach den Beträgen des § 49.

6   (2) Aus ihnen sind, auch wenn sich **Abweichungen von der vollen Gebühr** ergeben sollten, – wie sonst für den Vergütungsanspruch des Rechtsanwalts gegen den Mandanten aus den Beträgen der Tabelle zu § 13 Abs. 1 – die Endbeträge anhand der jeweiligen Dezimalzahlen zu berechnen. Diese bestimmen sich jeweils nach dem einschlägigen Gebührentatbestand des Vergütungsverzeichnisses.

7   (3) Erhöht sich die Verfahrensgebühr beispielsweise für das Berufungsverfahren nach Nr. 3200 VV um 1,6, so ist die für den jeweiligen Gegenstandswert in der Tabelle ausgewiesene volle Gebühr mit dem Gebührensatz von 1,6 zu multiplizieren. Ob ein Berufungs- oder Revisionsverfahren vorliegt, ist eine prozessuale, keine gebührenrechtliche Frage.

8   (4) Ebenso erhöht sich der Entschädigungsanspruch des beigeordneten Rechtsanwalts gegen die Staatskasse bei **mehreren Auftraggebern**, denen er beigeordnet ist, für jeden weiteren Auftraggeber nach Maßgabe der Nr. 1008 VV auch über den Höchstbetrag der Tabelle des § 49 hinaus[4] um 0,3, soweit der Gegenstand der anwaltlichen Tätigkeit derselbe ist. Anders als bisher werden die drei Zehntel jedoch nicht auf die Höhe der zugrunde liegenden Gebühr, sondern auf den Gebührensatz bezogen, so dass beispielsweise eine Gebühr von 0,5, um 0,3 erhöht, eine Gebühr von 0,8 ergibt. Jedoch dürfen mehrere Erhöhungen höchstens zu einer Erhöhung von insgesamt 2,0 führen, wobei es nicht mehr auf die Zahl der Auftraggeber, sondern auf die Zahl der Personen ankommt, die Auftraggeber sind.

9   **2. Der Höchstbetrag.** Bei Gegenstandswerten über 30 000 Euro erhält der in Prozesskostenhilfe beigeordnete Rechtsanwalt aus der Staatskasse nur noch einen Höchstbetrag, der im Falle einer vollen Gebühr (Gebührensatz 1,0) 391 Euro, bei einem Gebührensatz von 1,35 08,30 Euro und bei einem Satz von 2,0 (Nr. 1008 Abs. 3 VV) 782 Euro beträgt. Dieser Höchstbetrag kann in derselben Angelegenheit (Rechtszug) gemäß § 15 Abs. 3 auch dann nicht überschritten werden, wenn für Teile des Gegenstandes gesonderte Gebühren berechnet werden dürfen, aber bereits eine der Teilgebühren den Höchstbetrag erreicht; so zB die Einigungsgebühren bei mehreren Teilvergleichen. Das Gleiche gilt, wenn verschiedene Angelegenheiten durch einen Vergleich gemeinsam beendet werden; der in allen Verfahren beigeordnete Rechtsanwalt erhält dann als Entschädigung entsprechend der Einigungsgebühr aus der Staatskasse nur einen Betrag von höchstens 391 Euro.

---

[4] OLG Hamm MDR 1980, 152; *Hartmann* § 123 BRAGO Rn. 2 und 7.

Weitere Vergütung bei Prozesskostenhilfe **§ 50**

Dagegen sind die Vorschriften des § 7, sowie die entsprechenden Nummern des 10
Vergütungsverzeichnisses (zB Nr. 1008 VV) auch auf die Entschädigungstabelle des
§ 49 anzuwenden mit der Folge, dass sich die dort genannten Beträge bei **mehreren
Auftraggebern**, denen der Rechtsanwalt beigeordnet ist, soweit sie der Geschäftsgebühr und der Verfahrensgebühr entsprechen, sich durch jeden weiteren Auftraggeber um einen Gebührensatz von 0,3 des Ausgangsbetrages erhöhen, höchstens jedoch um zwei „volle" Ausgangsbeträge.[5] Das gilt auch für den Höchstbetrag.

§ 50 Weitere Vergütung bei Prozesskostenhilfe

(1) [1]Nach Deckung der in § 122 Abs. 1 Nr. 1 der Zivilprozessordnung bezeichneten Kosten und Ansprüche hat die Staatskasse über die Gebühren des § 49 hinaus weitere Beträge bis zur Höhe der Gebühren nach § 13 einzuziehen, wenn dies nach den Vorschriften der Zivilprozessordnung und nach den Bestimmungen, die das Gericht getroffen hat, zulässig ist. [2]Die weitere Vergütung ist festzusetzen, wenn das Verfahren durch rechtskräftige Entscheidung oder in sonstiger Weise beendet ist und die von der Partei zu zahlenden Beträge beglichen sind oder wegen dieser Beträge eine Zwangsvollstreckung in das bewegliche Vermögen der Partei erfolglos geblieben ist oder aussichtslos erscheint.

(2) Der beigeordnete Rechtsanwalt soll eine Berechnung seiner Regelvergütung unverzüglich zu den Prozessakten mitteilen.

(3) Waren mehrere Rechtsanwälte beigeordnet, bemessen sich die auf die einzelnen Rechtsanwälte entfallenden Beträge nach dem Verhältnis der jeweiligen Unterschiedsbeträge zwischen den Gebühren nach § 49 und den Regelgebühren; dabei sind Zahlungen, die nach § 58 auf den Unterschiedsbetrag anzurechnen sind, von diesem abzuziehen.

Übersicht

	Rn.		Rn.
I. Allgemeines	1–4	IV. Festsetzung der „weiteren Vergütung"	13–16
II. Weitere Vergütung	5–9	V. Verteilung der „weiteren Vergütung" bei Beiordnung mehrerer Rechtsanwälte	17–19
III. Vorlage einer Kostenrechnung des Rechtsanwalts	10–12		

I. Allgemeines

Die **Neuregelung** geht mit der überwiegenden Rechtsprechung zu § 124 BRAGO 1
davon aus, dass die Staatskasse verpflichtet ist, die bei der Bewilligung der Prozesskostenhilfe oder nachträglich festgelegten Beträge und Raten – nach § 115 Abs. 1 Satz 4 ZPO höchstens 48 Monatsraten – einzuziehen, bis nicht nur die in § 122 Abs. 1 Nr. 1 ZPO bezeichneten Kosten und Ansprüche gedeckt sind, sondern auch die Regelvergütung des Rechtsanwalts. Durch die Formulierung in Abs. 1 Satz 1 sollte gegenüber der bisherigen Regelung in § 124 Abs. 1 Satz 1 BRAGO klargestellt werden, dass die Staatskasse über die Deckung der von ihr zu tragenden Kosten und befriedigenden Ansprüche hinaus auch zugunsten des beigeordnete Rechtsanwalt die

---

[5] S. dazu *Gerold/Schmidt/v. Eicken* Rn. 37 f.

§ 50 *Abschnitt 8. Beigeordneter oder bestellter Rechtsanwalt, Beratungshilfe*

Zahlung der vom Gericht festgelegten Beträge im Rahmen der zivilprozessualen Regelungen überwachen und nötigenfalls auch durchsetzen muss.[1]

2   **Abs. 1 Satz 2** regelt die Voraussetzungen für die Festsetzung der eingezogenen Beträge. Diese entsprechen denjenigen in § 124 Abs. 3 BRAGO. Die Regelung wurde jedoch redaktionell erweitert, damit sich den Anwendern auf Anhieb erschließt, dass die Zwangsvollstreckung wegen der „von der Partei zu zahlenden Beträge" erfolglos geblieben sein muss. Die Besonderheiten bei der Festsetzung werden jetzt in § 55 Abs. 6 geregelt. **Abs. 2** entspricht dem § 124 Abs. 2 BRAGO und **Abs. 3** übernimmt die Regelung aus § 124 Abs. 4 BRAGO.[2]

3   § 124 BRAGO war durch das Gesetz über die Prozesskostenhilfe eingefügt worden. Die Abs. 1 und 4 entsprachen dem Regierungsentwurf,[3] Abs. 2 war auf Empfehlung des Rechtsausschusses[4] eingefügt worden. Diese Vorschrift war an die Stelle des früheren § 124 BRAGO getreten, der den Vergütungsanspruch des Rechtsanwalts im Falle der teilweisen Bewilligung des Armenrechts regelte. Das bis dahin geltende **„Bruchteilsarmenrecht"** ist nunmehr nach §§ 114, 115, 120 ZPO die grundsätzliche Regelung der Prozesskostenhilfe, die lediglich dann nicht eingreift, wenn das Nettoeinkommen des Antragstellers die in der Tabelle des § 115 Abs. 1 S. 4 ZPO genannten Mindestbeträge unterschreitet.

4   Ratenzahlungen der Partei oder Beiträge aus ihrem Vermögen (§ 115 Abs. 2 ZPO) fließen an die **Staatskasse**. Diese hat die eingegangenen Beträge zunächst zur Deckung der in § 122 Abs. 1 Nr. 1 ZPO bezeichneten Kosten zu verwenden; die in lit. b genannten Ansprüche der beigeordneten Rechtsanwälte gegen die Partei sind deren nach § 59 durch Zahlung einer Entschädigung aus der Bundes- oder Landeskasse auf diese in Höhe der Zahlung übergegangenen Ansprüche.

II. Weitere Vergütung

5   Was in Abs. 1 Satz 2 als „die weitere Vergütung" bezeichnet ist, bedarf einer näheren Betrachtung. Wenn die in § 49 normierten Beträge die dem beigeordneten Rechtsanwalt aus der Staatskasse zustehende „billige Entschädigung in Geld" für seine Inanspruchnahme durch den Staat (Beiordnung) sind, dann können die nach § 50 darüber hinaus zu zahlenden Beträge kein Teil dieser öffentlich-rechtlichen Entschädigungsforderung sein. Tatsächlich werden diese Beträge auch nicht aus Haushaltsmitteln gezahlt, sondern aus den von der Staatskasse zu diesem Zweck und zur Abdeckung der in § 122 Abs. 1 Nr. 1 ZPO bezeichneten Kosten dem durch die Prozesskostenhilfe Begünstigten nach § 120 Abs. 1 ZPO auferlegten Ratenzahlungen. Bei diesen Raten handelt es sich weder um Abgaben zur Haushaltsdeckung noch um Gebühren für eine besondere Inanspruchnahme der Justiz, sondern – wie sich aus § 120 Abs. 3 ZPO ergibt – um Umlagebeträge, die der Justizfiskus zur Deckung seiner eigenen Kosten und Auslagen ebenso wie im Interesse des beigeordneten Rechtsanwalts oder der beigeordneten Rechtsanwälte einzieht. Deshalb sind diese Ratenzahlungen durch Kosten und Auslagen der Staatskasse für den konkreten Fall sowie die Differenzkosten des beigeordneten Rechtsanwalts oder der beigeordneten Rechtsanwälte begrenzt, darüber hinaus eingezogene

---

[1] So im Wortlaut BT-Drucks. 15/1971 S. 201 zu § 50.
[2] Entnommen aus BT-Drucks. 15/1971 S. 201 zu § 50.
[3] BT-Drucks. 8/3068 Art. 2 Nr. 4 lit. i.
[4] BT-Drucks. 8/3694.

Beträge sind zurückzuzahlen, auch wenn sie nicht irrtümlich, sondern entsprechend dem Gerichtsbeschluss nach § 120 Abs. 1 ZPO gezahlt worden sind. Solche Differenzen können und müssen sich fast zwangsläufig ergeben, weil die Höhe der festzusetzenden Monatsraten sich nach der Tabelle zu § 114 ZPO richtet, mithin vom Nettoeinkommen und den Unterhaltszahlungen des Schuldners abhängt, dagegen nicht von der voraussichtlichen Höhe der daraus zu deckenden Gerichts- und Anwaltskosten. Eine Korrektur ist in den Fällen des § 120 Abs. 3 ZPO zugunsten des Schuldners vorgesehen, wenn abzusehen ist, dass die Zahlungen der Partei die Kosten decken oder wenn die Partei, ein ihr beigeordneter Rechtsanwalt oder die Bundes- oder Landeskasse die Kosten gegen einen anderen am Verfahren Beteiligten geltend machen kann, und nach § 120 Abs. 4 ZPO bis zu vier Jahre nach Beendigung des Verfahrens, aber nicht zu ihren Lasten, wenn sich die für die Prozesskostenhilfe maßgebenden persönlichen oder wirtschaftlichen Verhältnisse wesentlich geändert haben. Diese Lösung der Ratenzahlungen von der Höhe der durch den Prozess voraussichtlich entstehenden oder entstandenen Kosten schließt schon aus, sie als Gebührenzahlung aufzufassen. Zwar sollen aus den gezahlten Raten später auch die Gerichtsgebühren und Auslagen der Justizkasse beglichen werden. Diese entstehen aber erst im Laufe des Verfahrens und werden jeweils mit der Antragstellung oder gerichtlichen Handlung fällig (§ 61 GKG). Außerdem werden aus diesen Ratenzahlungen nicht nur die Kosten und Auslagen der Staatskasse, sondern auch die Differenzkosten des beigeordneten Rechtsanwalts oder der beigeordneten Rechtsanwälte gedeckt, die erst nach Beendigung des Rechtszugs oder länger als dreimonatigem Ruhen des Verfahrens fällig werden (§ 8 Abs. 1 S. 2). Diese Gebühren und Auslagen der Gerichtskasse ebenso wie die rechtsgeschäftliche Vergütung („Gebühren") des Rechtsanwalts oder der Rechtsanwälte sind nach Grund und Höhe im GKG bzw. im RVG geregelt und richten sich nach ganz anderen Kriterien als die vom Gericht festzusetzenden Ratenzahlungen nach § 120 Abs. 1 oder 4 ZPO. Das schließt es aus, in diesen vom Gericht festzusetzenden Raten „Gebühren" zu sehen.

Ebenso wenig handelt es sich um eine Vorschusszahlung auf diese Kosten. Das ist **6** schon dadurch ausgeschlossen, dass die Bewilligung der Prozesskostenhilfe u. a. bewirkt, dass die Partei von der Verpflichtung zur Sicherheitsleistung für die Prozesskosten befreit ist (§ 122 Abs. 1 Nr. 2 ZPO) und auch die beigeordneten Rechtsanwälte keine Ansprüche auf Vergütung gegen die Partei – mithin auch nicht auf Prozesskostenvorschüsse – geltend machen können (§ 122 Abs. 1 Nr. 3 ZPO).

Die Verpflichtung der durch die Bewilligung von Prozesskostenhilfe begünstigten **7** Partei zu Ratenzahlungen nach § 120 Abs. 1 ZPO ist nach oben begrenzt durch
a) ihre wirtschaftliche Leistungsfähigkeit (der Bezug von Sozialhilfe führt dazu, dass Prozesskostenhilfe ohne Ratenzahlungen zu gewähren ist,[5]
b) die Zahl der Raten (nach § 115 Abs. 1 S. 4 ZPO höchstens 48 Monatsraten),
c) die ihr bereits erwachsenen oder künftig durch den Rechtsstreit erwachsenden Verbindlichkeiten gegenüber der Staatskasse und ihren Anwälten.

Die Ratenzahlungen dienen dazu, in der Hand der Staatskasse einen **Deckungsstock** ausschließlich für das konkrete Verfahren zu bilden, aus dem diese Aufwendungen gedeckt werden können, zunächst die rückständigen und die entstehenden Gerichtskosten und Gerichtsvollzieherkosten sowie die auf die Bundes- oder Landeskasse übergegangenen Ansprüche der beigeordneten Rechtsanwälte gegen die Partei, dann die Differenzkosten der beigeordneten Rechtsanwälte (§ 124 Abs. 1 BRAGO, § 50

---
[5] OLG Karlsruhe FamRZ 1994, 714.

Abs. 1). Es handelte sich schon bei § 124 Abs. 1 BRAGO um eine öffentlich-rechtliche Zahlungsverpflichtung sui generis, die ihre Herkunft aus dem schwedischen Sozialstaatsmodell nicht verleugnen kann.

8   Im Gegensatz zu der hier vertretenen Ansicht und entgegen *Grunsky*[6] vertreten *Zöller/Philippi*[7] die Ansicht, dass die Ratenzahlungen schon dann vorläufig nach § 120 Abs. 3 Nr. 1 ZPO einzustellen sind, wenn die Kostendeckung für die dem Rechtsanwalt nach § 49 zu zahlende Entschädigung abzusehen ist;[8] *Philippi* hält diese Auffassung inzwischen nicht mehr aufrecht;[9] hinsichtlich der Differenzkosten habe § 124 Abs. 1 BRAGO nur die Bedeutung, dass dem Mandanten überzahlte Beträge bis zur Deckung der Differenzkosten nicht zurückzuzahlen, sondern an den beigeordneten Rechtsanwalt auszukehren seien. Dem kann nicht gefolgt werden. Mit den aus den Zahlungen der Partei zu deckenden „Kosten" in § 120 Abs. 3 Nr. 1 ZPO sind offenbar die „Kosten der Prozessführung" in § 115 Abs. 3 ZPO gemeint. Darunter sind nach dem Sinn und Zweck der Vorschrift (lediglich die Vermeidung einer erheblichen Beeinträchtigung eines angemessenen Lebensunterhalts durch die Belastung mit den Kosten der Prozessführung) nicht nur die Gerichtskosten, Gerichtsvollzieherkosten und auf die Staatskasse durch Zahlung der Entschädigung nach § 49 übergehenden Ansprüche auf die Anwaltsvergütung gemeint, sondern die gesamte Belastung des Mandanten mit den vollen Anwaltskosten, die er zu zahlen hätte, wenn ihm keine Prozesskostenhilfe bewilligt und der Rechtsanwalt nicht beigeordnet worden wäre.[10]

9   Im Übrigen ändert der Übergang der Vergütungsforderung des Rechtsanwalts auf die Staatskasse in Höhe der ihm gezahlten Entschädigung nichts daran, dass es sich bei dem übergegangenen Betrag um den zivilrechtlichen Vergütungsanspruch des Rechtsanwalts gegen den Mandanten handelt.

III. Vorlage einer Kostenrechnung des Rechtsanwalts

10 Abs. 2 entspricht § 124 Abs. 2 BRAGO, der erst im Rechtsausschuss eingefügt worden war. Als bloße Sollvorschrift ist sie eine lex imperfecta. Ein Verstoß dagegen zieht keine Rechtsfolgen nach sich. Bedeutung erlangt die Vorschrift erst, wenn der Urkundsbeamte den Rechtsanwalt nach § 55 Abs. 6 S. 1 auffordert, innerhalb einer Frist von einem Monat bei der Geschäftsstelle des Gerichts Anträge auf Festsetzung der Vergütung einzureichen, für die ihm noch Ansprüche gegen die Staatskasse zustehen, oder sich zu den empfangenen Zahlungen zu erklären (§ 55 Abs. 6). Voraussetzung dafür ist aber ein Festsetzungsantrag des Rechtsanwalts (§ 55 Abs. 1).

11 Wenn der Antrag auch nur auf die Zahlung der dem Anwalt gegen die Staatskasse zustehenden Entschädigung und „weiteren Vergütung" lauten kann, hat der Rechtsanwalt darüber hinaus der Geschäftsstelle eine Kostenrechnung vorzulegen, wie er sie nach § 10 seinem Auftraggeber „mitzuteilen" hat, wenn er von diesem die Bezahlung

---

[6] *Grunsky* NJW 1980, 2045.
[7] *Zöller/Philippi*, 18. Aufl., § 120 ZPO Rn. 22.
[8] Ebenso ArbG Flensburg JurBüro 1995, 421 f. m. abl. Anm. *Mümmler*.
[9] *Zöller/Philippi* § 120 ZPO Rn. 22.
[10] So mit eingehender Begründung OLG Köln AnwBl. 1984, 103; s. auch OLG Frankfurt JurBüro 1985, 1728; OLG Stuttgart JurBüro 1985, 1724; OLG Nürnberg FamRZ 1989, 301; OLG Saarbrücken FamRZ 1989, 303; LAG Köln MDR 1997, 108; LAG Thüringen MDR 1997, 1166; LAG Hamm Rpfleger 1997, 365 f.

seiner Vergütung verlangen will. Die Staatskasse kann dann prüfen, ob und in welcher Höhe sein Vergütungsanspruch nach § 59 auf die Staatskasse übergegangen ist und in welcher Höhe ihm noch ein Zahlungsanspruch gegen den Mandanten zusteht, der aus den an die Staatskasse gezahlten Raten zu begleichen ist.

Nicht erforderlich ist, dass der Rechtsanwalt zuvor seine Kostenrechnung dem Mandanten mitgeteilt hat. Dies ist nur ein Erfordernis, um die Vergütung gegenüber dem Mandanten fällig zu stellen (§ 10 Abs. 1). Um im Verfahren nach § 50 „die weitere Vergütung" festzusetzen, ist keine Fälligkeit der Anwaltsvergütung erforderlich (im Verhältnis zum Mandanten ist sie regelmäßig noch nach § 122 Abs. 1 Nr. 3 ZPO gestundet), es genügt, dass die Anwaltskosten entstanden sind. **12**

IV. Festsetzung der „weiteren Vergütung"

Abs. 1 S. 2 macht die Festsetzung der „weiteren Vergütung" davon abhängig, dass a) das Verfahren rechtskräftig abgeschlossen oder in sonstiger Weise beendet ist, b) die von der Partei zu zahlenden Beträge beglichen sind oder eine Zwangsvollstreckung in das bewegliche Vermögen der Partei erfolglos geblieben ist oder aussichtslos erscheint. **13**

Die Vorschrift regelt nur einige der Voraussetzungen für das Festsetzungsverfahren, nicht die materiell-rechtliche Fälligkeit der Forderung auf Auszahlung der „weiteren Vergütung" gegen die Staatskasse. Die Vorschrift des § 8, nach der die Vergütung des Rechtsanwalts durch die Erledigung des Auftrags oder Beendigung der Angelegenheit in gerichtlichen Verfahren des Rechtszugs fällig wird, gilt nicht für den Anspruch auf Auskehrung der „weiteren Vergütung" des beigeordneten Rechtsanwalts gegen die Staatskasse. Dieser Anspruch wird mit Rechtskraft des Festsetzungsbeschlusses (§ 55) fällig. **14**

Das Erfordernis der rechtskräftigen Entscheidung oder sonstigen Beendigung des Verfahrens wird kaum Schwierigkeiten bereiten. Mit den „von der Partei zu zahlenden Beträgen" sind die der Partei auferlegten Ratenzahlungen gemeint, bei deren Ausbleiben die Staatskasse aus einem Beschluss nach § 120 ZPO gegen die begünstigte Partei vollstrecken kann. Nicht beitreibbare Raten hindern nicht die Festsetzung der „weiteren Vergütung", jedoch kann an den Rechtsanwalt nicht mehr ausgekehrt werden, als der Staatskasse über die in § 122 Abs. 1 Nr. 1 ZPO bezeichneten Kosten und Ansprüche hinaus zugeflossen ist.[11] Hat der Kostenbeamte des ersten Rechtszuges allerdings voreilig vor Deckung der „weiteren Vergütung" des beigeordneten Rechtsanwalts die Einstellung der Ratenzahlungen angeordnet und nach Deckung der in § 122 Abs. 1 Nr. 1 ZPO bezeichneten Kosten und Ansprüche die Rückzahlung des überschießenden Betrages verfügt, dann steht das der Forderung des beigeordneten Rechtsanwalts an die Staatskasse auf Zahlung seiner „weiteren Vergütung" nicht entgegen.[12] Im Fall einer vorläufigen Einstellung der Zahlung ist deren Wiederaufnahme anzuordnen.[13] **15**

Zur Verjährung der vom Urkundsbeamten festgesetzten „weiteren Vergütung" des beigeordneten Rechtsanwalts s. § 55 Rn. 4. **16**

---

[11] *Gerold/Schmidt/v. Eicken* Rn. 11.
[12] OLG München AnwBl. 1984, 105.
[13] Durchführungsbestimmungen zum Prozesskostenhilfegesetz Tz. 8.2; OLG Köln AnwBl. 1984, 103.

§ 51 *Abschnitt 8. Beigeordneter oder bestellter Rechtsanwalt, Beratungshilfe*

V. Verteilung der „weiteren Vergütung" bei Beiordnung mehrerer Rechtsanwälte

17 Abs. 3 regelt die Verteilung der von der Staatskasse eingezogenen, für die Auskehrung als „weitere Vergütung" zur Verfügung stehenden Beträge im Falle der Beiordnung mehrerer Rechtsanwälte. Dieser Fall tritt ein, wenn ein Prozess durch mehrere Instanzen geht und für jede Instanz ein anderer Anwalt beigeordnet worden ist, aber auch in einem Rechtszug, wenn der zunächst beigeordnete Rechtsanwalt verstirbt oder sich nach § 48 Abs. 2 BRAO entpflichten lässt. Ferner kommt es vor, dass einer Partei außer dem prozessbevollmächtigten Rechtsanwalt ein Verkehrsanwalt oder ein Beweisanwalt beigeordnet wird.

18 Reicht in diesen Fällen die zur Verteilung an die beigeordneten Rechtsanwälte zur Verfügung stehende Masse nach Anrechnung von Vorschüssen und Zahlungen gemäß § 58 Abs. 2 und unter Berücksichtigung des § 54 aus, um die ihnen noch zustehenden Ansprüche auf ihre Regelgebühren und Auslagen voll zu befriedigen, dann kommt es auf die in Abs. 3 getroffene Regelung nicht an. Erst wenn das nicht der Fall ist, kommt es zu einer Art par conditio creditorum nach dieser Vorschrift: Für jeden beigeordneten Rechtsanwalt ist zunächst der Unterschiedsbetrag zwischen seiner Forderung gegen den Mandanten (seinen „Regelgebühren") und der ihm nach § 49 zustehenden Entschädigung aus der Staatskasse festzustellen. Von diesem Unterschiedsbetrag sind Zahlungen nach § 58 Abs. 2 und Gebühren (und Auslagen), die für einen Rechtsanwalt entstanden sind, dessen Beiordnung der betreffende Rechtsanwalt schuldhaft veranlasst hat (§ 54), abzuziehen. Die dann verbleibenden Beträge sind zueinander in Beziehung zu setzen und verhältnismäßig aus dem der Staatskasse dafür zur Verfügung stehenden Betrag zu befriedigen.

19 Die **Beweislast** für die den Rechtsanwälten noch zustehenden Ansprüche auf ihre „Regelvergütung" liegt bei jedem beigeordneten Anwalt für seinen Anspruch, die für das Erlöschen eines solchen Anspruchs nach § 55 Abs. 6 S. 2 bei der Staatskasse.[14]

§ 51 Festsetzung einer Pauschgebühr in Straf- und Bußgeldsachen

(1) ¹In Straf- und Bußgeldsachen, Verfahren nach dem Gesetz über die internationale Rechtshilfe in Strafsachen und in Verfahren nach dem IStGH-Gesetz ist dem gerichtlich bestellten oder beigeordneten Rechtsanwalt für das ganze Verfahren oder für einzelne Verfahrensabschnitte auf Antrag eine Pauschgebühr zu bewilligen, die über die Gebühren nach dem Vergütungsverzeichnis hinausgeht, wenn die in den Teilen 4 bis 6 des Vergütungsverzeichnisses bestimmten Gebühren wegen des besonderen Umfangs oder der besonderen Schwierigkeit nicht zumutbar sind. ²Dies gilt nicht, soweit Wertgebühren entstehen. ³Beschränkt sich die Bewilligung auf einzelne Verfahrensabschnitte, sind die Gebühren nach dem Vergütungsverzeichnis, an deren Stelle die Pauschgebühr treten soll, zu bezeichnen. ⁴Eine Pauschgebühr kann auch für solche Tätigkeiten gewährt werden, für die ein Anspruch nach § 48 Abs. 5 besteht. ⁵Auf Antrag ist dem Rechtsanwalt ein angemessener Vorschuss zu bewilligen, wenn ihm insbesondere wegen der langen Dauer des Verfahrens und der Höhe der zu erwartenden Pauschgebühr nicht zugemutet werden kann, die Festsetzung der Pauschgebühr abzuwarten.

---

[14] *Hartmann* § 124 BRAGO Rn. 19.

Festsetzung einer Pauschgebühr in Straf- und Bußgeldsachen **§ 51**

(2) ¹Über die Anträge entscheidet das Oberlandesgericht, zu dessen Bezirk das Gericht des ersten Rechtszugs gehört, und im Fall der Beiordnung einer Kontaktperson (§ 34a des Einführungsgesetzes zum Gerichtsverfassungsgesetz) das Oberlandesgericht, in dessen Bezirk die Justizvollzugsanstalt liegt, durch unanfechtbaren Beschluss. ²Der Bundesgerichtshof ist für die Entscheidung zuständig, soweit er den Rechtsanwalt bestellt hat. ³In dem Verfahren ist die Staatskasse zu hören. ⁴§ 42 Abs. 3 ist entsprechend anzuwenden.

(3) ¹Absatz 1 gilt im Bußgeldverfahren vor der Verwaltungsbehörde entsprechend. ²Über den Antrag nach Absatz 1 Satz 1 bis 3 entscheidet die Verwaltungsbehörde gleichzeitig mit der Festsetzung der Vergütung.

Übersicht

	Rn.		Rn.
I. Regelungszweck	1, 2	1. Zulässigkeit	14, 15
II. Anwendungsbereich	3–13	2. Inhalt	16
		IV. Entscheidung des Gerichts	17–30
1. Voraussetzungen	3	1. Entscheidungszuständigkeit	17–19
2. Allgemeines	4	2. Rechtliches Gehör	20
3. Besonderer Umfang oder besondere Schwierigkeit	5–7	3. Entscheidung	21–27
4. Zumutbarkeit	8	4. Tätigkeit vor dem Zeitpunkt der Bestellung	28
5. Festgebühren	9	5. Vorschuss	29, 30
6. Praktische Bedeutung	10–13	V. Bußgeldverfahren vor der Verwaltungsbehörde	31
III. Antrag	14–16		

I. Regelungszweck

Gerichtlich bestellter oder beigeordneter Rechtsanwalt. Der Rechtsanwalt, der gerichtlich bestellt oder beigeordnet ist,¹ erhält gemäß den Teilen 4 bis 6 des Vergütungsverzeichnisses in der Regel eine geringere Vergütung als der Wahlanwalt. Während dem Wahlanwalt Rahmengebühren zustehen, erhält der gerichtlich bestellte oder beigeordnete Rechtsanwalt Festgebühren. Deren Höhe beträgt jeweils 80 % der Mittelgebühr des Wahlanwalts. Diese Anbindung an die Mittelgebühr führt zwar zu einer höheren gesetzlichen Vergütung als die bisherige Regelung des § 99 BRAGO,² wonach dem bestellten Verteidiger das Vier- oder Fünffache der Mindestbeträge der jeweiligen Gebührenrahmen, jedoch nicht mehr als die Hälfte des Höchstbetrages, zustand. Dennoch kann die Vergütung des gerichtlich bestellten oder beigeordneten Rechtsanwalts im Verhältnis zum erforderlichen Aufwand in Einzelfällen unzureichend sein und für ihn ein Opfer jedenfalls in den Fällen darstellen,³ in denen er seinen Anspruch gegen den Beschuldigten auf Zahlung der Gebühren eines Wahlverteidigers (§ 52) nicht verwirklichen kann. Dieses Opfer wird dadurch gemildert, dass § 51 dem Rechtsanwalt, der in besonders umfangreichen oder besonders schwierigen Strafsachen gerichtlich bestellt oder beigeordnet worden ist, einen Rechtsanspruch auf Zahlung höherer Gebühren gegen die Staatskasse zubilligt. 1

---

¹ Vgl. § 45 Rn. 62, 63.
² Vgl. RVG-Letter 2004, S. 7 (8), Anm. zu OLG Hamm, Beschluss vom 11.11.2003, 2 (s) Sbd. VII-201/03.
³ Zur Zumutbarkeit von Opfern vgl. BVerfG NJW 1978, 1473 und 1980, 2179 für ähnlich gelagerte Fälle.

2 Wahlverteidiger. Für den Wahlverteidiger gilt nicht § 51, sondern § 42. Wird zB ein Beschuldigter im selben Verfahren sowohl von einem Wahlverteidiger als auch von einem Pflichtverteidiger vertreten, kann demnach – anders als nach der BRAGO – für beide Verteidiger eine Pauschgebühr in Betracht kommen.

II. Anwendungsbereich

3 1. Voraussetzungen. Die Bewilligung einer Pauschgebühr ist gemäß § 51 Abs. 1 S. 1 an folgende Voraussetzungen geknüpft:
– Vorliegen muss eine Strafsache, eine Bußgeldsache, ein Verfahren nach dem Gesetz über die internationale Rechtshilfe in Strafsachen oder ein Verfahren nach dem IStGH-Gesetz;
– das ganze Verfahren oder ein einzelner Verfahrensabschnitt muss einen besonderen Umfang oder eine besondere Schwierigkeit aufweisen;
– die für das ganze Verfahren oder den jeweiligen Verfahrensabschnitt in den Teilen 4 bis 6 bestimmten Gebühren sind angesichts des besonderen Umfangs oder der besonderen Schwierigkeit dem gerichtlich bestellten oder beigeordneten Rechtsanwalt nicht zumutbar;
– die einschlägigen Bestimmungen der Teile 4 bis 6 sehen Festgebühren und keine Wertgebühren vor.

4 2. Allgemeines. Grundsätzlich wird durch die Beträge, die der gerichtlich bestellte oder beigeordnete Rechtsanwalt nach den Teilen 4 bis 6 erhält, die anwaltliche Tätigkeit auch in Sachen abgegolten, die überdurchschnittlich umfangreich oder überdurchschnittlich schwierig sind. Nur wenn es sich um eine besonders umfangreiche oder eine besonders schwierige Sache handelt und im Hinblick hierauf die sonst vorgesehenen Gebühren dem Anwalt nicht zuzumuten sind, trifft § 51 Abs. 1 S. 1, der insoweit die **gleiche Terminologie** wie § 42 Abs. 1 S. 1 für den Wahlanwalt verwendet, zu. Dabei ist erforderlich, dass die anwaltliche Tätigkeit, die durch die Pauschgebühr honoriert werden soll, in besonderer Weise sich von sonstigen, auch überdurchschnittlichen Sachen **abhebt** und dass eine solche Tätigkeit durch den Umfang der Sache oder ihre Schwierigkeit notwendig geworden ist. Unerheblich ist, ob die Schwierigkeit in der tatsächlichen oder in der rechtlichen Seite der Angelegenheit liegt. Nicht gedacht ist die Pauschgebühr für Tätigkeiten, die nach dem Gesetz nicht besonders vergütungspflichtig sind.

5 3. Besonderer Umfang oder besondere Schwierigkeit. Unter welchen Voraussetzungen ein besonderer Umfang oder eine besondere Schwierigkeit anzunehmen ist, hängt von den Gesamtumständen des **Einzelfalls** ab. Beide Alternativen stehen gleichwertig nebeneinander, so dass es genügt, wenn eine der beiden Voraussetzungen erfüllt ist.

6 Auf das Ergebnis des Verfahrens kommt es nicht an. Eine Pauschgebühr kann zB auch im Falle einer **Einstellung des Verfahrens** in Betracht kommen. Hingegen reicht es im Hinblick auf den eindeutigen Wortlaut des § 51 Abs. 1 S. 1 nicht aus, wenn lediglich eine Gesamtschau von Umfang und Schwierigkeit eine besondere Inanspruchnahme und Mühewaltung des gerichtlich bestellten oder beigeordneten Rechtsanwalts bedingen sollte.[4]

---

[4] AA *Gerold/Schmidt/Madert* Rn. 10.

Die Bedeutung der Sache für die Allgemeinheit ist kein Grund iS des § 51 Abs. 1 **7**
S. 1. Ebenso wenig ist eine allgemeine Kostensteigerung Grund für die Festsetzung einer Pauschgebühr. Eine aus diesem Anlass erforderliche Anpassung muss dem Gesetzgeber in Form einer allgemeinen Gebührenerhöhung vorbehalten bleiben.

4. Zumutbarkeit. Die Festsetzung einer Pauschgebühr setzt weiterhin voraus, dass **8**
die in den Teilen 4 bis 6 vorgesehenen Gebühren wegen des besonderen Umfangs oder der besonderen Schwierigkeit der Angelegenheit nicht zumutbar sind. Daraus folgt, dass allein die Feststellung eines besonderen Umfangs oder einer besonderen Schwierigkeit den Anspruch nicht entstehen lässt. Dies ist nur der Fall, wenn ein Verweisen des gerichtlich bestellten oder beigeordneten Rechtsanwalts auf die einschlägigen gesetzlichen (Fest-)Gebühren augenscheinlich zu einem unbilligen Ergebnis führen würde.

5. Festgebühren. § 51 Abs. 1 S. 2 stellt klar, dass die Pauschgebühr nur die Tätig- **9**
keitsbereiche erfasst, in denen der Rechtsanwalt Festgebühren erhält. Soweit Wertgebühren entstehen, ist § 51 nicht anwendbar. Demgemäß kann die Pauschgebühr insbesondere nicht an die Stelle der Gebühren Nr. 4142 bis 4145 treten.

6. Praktische Bedeutung. Der praktische Anwendungsbereich des § 51 ist gegen- **10**
über demjenigen des § 99 BRAGO eingeschränkt. Das Vergütungsverzeichnis enthält nunmehr Gebührentatbestände für Tätigkeiten des gerichtlich bestellten oder beigeordneten Rechtsanwalts, die von Oberlandesgerichten in der Vergangenheit häufig bei der Bewilligung einer Pauschgebühr berücksichtigt worden sind. Das gilt zB für die in den Gebühren Nr. 4102 Nr. 1 und 3 vorgesehenen Gebühren für die Teilnahme an Vernehmungen im Ermittlungsverfahren oder für die Teilnahme an Haftprüfungsterminen. Da für diese Tätigkeiten dem gerichtlich bestellten oder beigeordneten Rechtsanwalt in Zukunft ein gesetzlicher Gebührenanspruch zusteht, können sie nur noch in besonderen **Ausnahmefällen** (auch) bei der Bewilligung einer Pauschgebühr berücksichtigt werden. In Betracht kommen zB außergewöhnlich lange **Vernehmungen** im Ermittlungserfahren.

Auch bei **Hauptverhandlungen** kann auf das Zeitmoment, das die Oberlandes- **11**
gerichte bisher für die Bewilligung einer Pauschgebühr als wesentlich angesehen haben, nur noch in Ausnahmefällen abgestellt werden. Das Vergütungsverzeichnis trägt diesem Kriterium nunmehr Rechnung, indem es zB in den Gebühren Nr. 4110 und 4111 Zuschläge zu den Hauptverhandlungsgebühren für mehr als fünf und bis acht Stunden bzw. mehr als acht Stunden dauernde Termine vorsieht.

Trotz des eingeschränkten praktischen Anwendungsbereichs ist die Regelung des **12**
§ 51 erforderlich, weil sich nicht alle bei der Gewährung einer Pauschgebühr bislang herangezogenen Umstände durch entsprechende gesetzliche Regelungen berücksichtigen lassen. Dies gilt insbesondere für die Fälle, in denen der Pflichtverteidiger im **Ermittlungsverfahren** in weit überdurchschnittlichem Ausmaß tätig geworden ist, etwa beim Studium besonders umfangreicher Akten und Beiakten oder bei umfangreichen sonstigen Tätigkeiten.

Einer Pauschgebührenregelung bedarf es auch im Hinblick auf die Rechtsprechung **13**
des Bundesverfassungsgerichts. Danach darf die Inanspruchnahme des Pflichtverteidigers, der geringere Gebühren als der Wahlverteidiger erhält, nicht zu einem Sonderopfer führen.[5]

---

[5] BVerfGE 68, 237 = NJW 1985, 727.

III. Antrag

14 **1. Zulässigkeit.** Die Bewilligung einer Pauschgebühr kommt gemäß § 51 Abs. 1 S. 1 in Strafsachen, in Bußgeldsachen, in Verfahren nach dem Gesetz über die internationale Rechtshilfe in Strafsachen und in Verfahren nach dem IStGH-Gesetz in Betracht. Sie setzt einen Antrag des gerichtlich bestellten oder beigeordneten Rechtsanwalts voraus. Der Antrag sollte zweckmäßig schriftlich angebracht werden. Der Antrag ist zulässig, sobald die gesetzlichen Gebühren des Rechtsanwalts gemäß § 8 **fällig** sind, nicht mehr nach Eintritt der Verjährung.[6]

15 Dem Antrag steht nicht entgegen, dass bereits die gesetzlichen Gebühren beantragt und bezahlt worden sind.[7] Daher kann die Vorschrift auch dazu benutzt werden, eine gerechte Vergütung zu bewilligen, wenn dem Rechtsanwalt unanfechtbar eine zu geringe Vergütung bewilligt worden ist.[8]

16 **2. Inhalt.** Aus dem Antrag muss sich ergeben, ob die Festsetzung einer Pauschgebühr für das ganze Verfahren oder für einzelne Verfahrensabschnitte begehrt und in welcher Höhe die Pauschgebühr geltend gemacht wird. Dabei ist unter **Verfahrensabschnitt** im Hinblick auf § 51 Abs. 1 S. 3 jeder Teil des Verfahrens zu verstehen, für den im VV besondere Gebühren bestimmt sind. Die **Umstände**, die das Antragsbegehren rechtfertigen, also der besondere Umfang oder die besondere Schwierigkeit des ganzen Verfahrens bzw. eines oder mehrerer Verfahrensabschnitte, sind umfassend **substantiiert** darzulegen und gegebenenfalls glaubhaft zu machen. In der Regel wird sich aus diesen Darlegungen auch schließen lassen, dass die einschlägige Festgebühr für den Antragsteller im konkreten Fall nicht zumutbar ist.

IV. Entscheidung des Gerichts

17 **1. Entscheidungszuständigkeit.** Über den Antrag entscheidet gemäß § 51 Abs. 2 S. 1 das Oberlandesgericht, zu dessen Bezirk das Gericht des ersten Rechtszuges gehört, durch **Beschluss**; im Falle der Beiordnung einer Kontaktperson gemäß § 34a EGGVG[9] hat das Oberlandesgericht, in dessen Bezirk die Justizvollzugsanstalt liegt, die Entscheidung zu treffen.

18 Der **Bundesgerichtshof** ist gemäß § 51 Abs. 2 S. 2 zuständig, soweit er selbst den Rechtsanwalt bestellt hat. Dies trifft vor allem in Fällen einer Beiordnung nach § 350 Abs. 3 StPO zu. Hierbei entscheidet der Bundesgerichtshof jedoch nur über die Vergütung für die Vorbereitung und Wahrnehmung der Revisionsverhandlung,[10] während im Übrigen die Zuständigkeit des Oberlandesgerichts erhalten bleibt. Umgekehrt ist jedoch das Oberlandesgericht, bei dem ein Verfahren nach § 120 GVG im ersten Rechtszug durchgeführt wird, für die Bewilligung einer Pauschvergütung bezüglich des ganzen Verfahrens zuständig, auch wenn im Vorverfahren der Bundesgerichtshof den Verteidiger bestellt hatte.[11]

---

[6] KG JurBüro 1999, 26.
[7] Vgl. OLG Braunschweig NJW 1961, 619.
[8] Vgl. OLG Hamm Rpfleger 1961, 412.
[9] Vgl. Teil 4 Abschnitt 3 Rn. 34 bis 38.
[10] BGH NJW 1970, 2223 gegen die aufgegebene Ansicht in NJW 1968, 1684.
[11] BGH MDR 1971, 676.

Für den im ehrengerichtlichen Verfahren nach § 116 BRAO bestellten Anwalt ist 19
der **Ehrengerichtshof** und nicht der Strafsenat zuständig;[12] für den Pflichtverteidiger,
der im ersten Rechtszug von dem **Truppendienstgericht** bestellt worden ist, ist dieses
und nicht der Bundesdisziplinarhof zuständig; keine Beschwerde zum Bundesdisziplinarhof.[13]

2. **Rechtliches Gehör.** In dem Verfahren ist die Staatskasse zu hören, und zwar 20
die Kasse, die die Pauschvergütung zu zahlen hat. Zu der Äußerung der Staatskasse
muss wieder der Rechtsanwalt gehört werden.[14]

3. **Entscheidung.** Wenn die gesetzlichen Voraussetzungen gegeben sind, besteht 21
auf die Bewilligung der Pauschgebühr ein Rechtsanspruch. Die Höhe der Pauschgebühr liegt im **Ermessen** des Gerichts, das sich nach dem besonderen Umfang oder der
besonderen Schwierigkeit des ganzen Verfahrens oder der betreffenden Verfahrensabschnitte zu richten hat.

Die Pauschgebühr muss höher sein als die Festgebühren, die der gerichtlich bestellte 22
oder beigeordnete Rechtsanwalts für das Verfahren oder die entsprechenden Verfahrensabschnitte nach den Teilen 4 bis 6 zu beanspruchen hat. Nach oben ist das richterliche Ermessen nach dem Wortlaut des § 51 nicht beschränkt. Das bedeutet, dass die
Pauschgebühr auch höher sein kann als der Höchstbetrag des für den Wahlanwalt
maßgebenden Gebührenrahmens.

Die Pauschgebühr darf allerdings die höchste für den Wahlanwalt gemäß § 42 23
Abs. 1 S. 4 mögliche Pauschgebühr nicht übersteigen, da andernfalls der gerichtlich
bestellte oder beigeordnete Rechtsanwalt ohne rechtfertigenden Grund vergütungsmäßig besser gestellt wäre als der Wahlanwalt. Dem gerichtlich bestellten oder beigeordneten Rechtsanwalt kann daher **höchstens** eine Pauschgebühr bewilligt werden,
die das Doppelte der für die Gebühren eines Wahlanwalts geltenden Höchstbeträge
nach den Teilen 4 bis 6 nicht übersteigt.

Wird nur für einen Verfahrensabschnitt oder mehrere Abschnitte eine Pauschgebühr 24
bewilligt, sind gemäß § 51 Abs. 1 S. 3 die Gebühren nach dem Vergütungsverzeichnis,
an deren Stelle die Pauschgebühr treten soll, zu **bezeichnen**. Diese Regelung soll den in
Rechtsprechung und Literatur zu § 99 BRAGO bestehenden Streit beseitigen, ob und
inwieweit eine Pauschgebühr für einzelne Verfahrensteile festgesetzt werden kann.

Das Oberlandesgericht entscheidet gemäß § 51 Abs. 2 S. 4 i.V.m. § 42 Abs. 3 S. 1 25
durch den **Strafsenat**, der in der Regel mit einem Richter besetzt ist. Wenn es zur
Sicherung einer einheitlichen Rechtsprechung geboten ist, hat der Richter entsprechend § 42 Abs. 3 S. 2 die Sache dem Senat in der Besetzung mit drei Richtern zu
übertragen.

Entsprechendes gilt für die Besetzung des **Bundesgerichtshofs**. Denn die Verwei- 26
sung in § 51 Abs. 2 S. 4 auf § 42 Abs. 3 gilt im Hinblick auf ihre systematische Stellung
sowohl für eine Entscheidung des Oberlandesgerichts nach § 51 Abs. 2 S. 1 als auch
für eine Entscheidung des Bundesgerichtshofs nach § 51 Abs. 2 S. 2.

Der Beschluss des Oberlandesgerichts ist gemäß § 51 Abs. 2 S. 1 **unanfechtbar**. 27
Damit besteht ein Gleichklang mit der Regelung über die Pauschgebühr des Wahlanwalts in § 42 Abs. 1 S. 1.

---

[12] OLG Hamm JMBl. NRW 1964, 624.
[13] BGH NJW 1960, 1218.
[14] BVerfGE 18, 49.

28 **4. Tätigkeit vor dem Zeitpunkt der Bestellung.** Nach § 51 Abs. 1 S. 4 kann eine Pauschgebühr auch für solche Tätigkeiten gewährt werden, für die ein Anspruch nach § 48 Abs. 5 besteht. Damit wird klargestellt, dass bei der Bewilligung einer Pauschgebühr auch die Tätigkeiten des Pflichtverteidigers, die er vor seiner Bestellung zunächst als Wahlanwalt erbracht hat, zu berücksichtigen sind.

29 **5. Vorschuss.** In § 51 Abs. 1 S. 5 wird erstmals der Anspruch des bestellten oder beigeordneten Rechtsanwalt auf Bewilligung eines angemessenen Vorschusses auf die Pauschgebühr gesetzlich normiert. Damit ist die in der Rechtsprechung zur BRAGO umstrittene Frage, ob und gegebenenfalls unter welchen Voraussetzungen ein Vorschuss gewährt werden darf, entschieden.

30 Die Bewilligung eines Vorschusses setzt einen **Antrag** des Rechtsanwalts voraus. Dem Antrag ist stattzugeben, wenn es augenscheinlich unbillig wäre, den Rechtsanwalt auf die Festsetzung der Pauschgebühr zu verweisen. Das kann zB bei sehr lange dauernden Verfahren der Fall sein, sofern die zu erwartende Pauschgebühr deutlich über der üblichen Gebühr liegt.

V. Bußgeldverfahren vor der Verwaltungsbehörde

31 Gemäß § 51 Abs. 3 S. 1 gilt für die Bewilligung einer Pauschgebühr im Bußgeldverfahren vor der Verwaltungsbehörde § 51 Abs. 1 entsprechend. Die Verwaltungsbehörde entscheidet über den Antrag nach § 51 Abs. 1 S. 1 bis 3 gleichzeitig mit der Festsetzung der Vergütung.

§ 52 Anspruch gegen den Beschuldigten oder den Betroffenen

(1) ¹Der gerichtlich bestellte Rechtsanwalt kann von dem Beschuldigten die Zahlung der Gebühren eines gewählten Verteidigers verlangen; er kann jedoch keinen Vorschuss fordern. ²Der Anspruch gegen den Beschuldigten entfällt insoweit, als die Staatskasse Gebühren gezahlt hat.

(2) ¹Der Anspruch kann nur insoweit geltend gemacht werden, als dem Beschuldigten ein Erstattungsanspruch gegen die Staatskasse zusteht oder das Gericht des ersten Rechtszugs auf Antrag des Verteidigers feststellt, dass der Beschuldigte ohne Beeinträchtigung des für ihn und seine Familie notwendigen Unterhalts zur Zahlung oder zur Leistung von Raten in der Lage ist. ²Ist das Verfahren nicht gerichtlich anhängig geworden, entscheidet das Gericht, das den Verteidiger bestellt hat.

(3) ¹Wird ein Antrag nach Absatz 2 Satz 1 gestellt, setzt das Gericht dem Beschuldigten eine Frist zur Darlegung seiner persönlichen und wirtschaftlichen Verhältnisse; § 117 Abs. 2 bis 4 der Zivilprozessordnung gilt entsprechend. ²Gibt der Beschuldigte innerhalb der Frist keine Erklärung ab, wird vermutet, dass er leistungsfähig im Sinne des Absatzes 2 Satz 1 ist.

(4) Gegen den Beschluss nach Absatz 2 ist die sofortige Beschwerde nach den Vorschriften der §§ 304 bis 311 a der Strafprozessordnung zulässig.

(5) ¹Der für den Beginn der Verjährung maßgebende Zeitpunkt tritt mit der Rechtskraft der das Verfahren abschließenden gerichtlichen Entscheidung, in Ermangelung einer solchen mit der Beendigung des Verfahrens ein. ²Ein Antrag

des Verteidigers hemmt den Lauf der Verjährungsfrist. ³Die Hemmung endet sechs Monate nach der Rechtskraft der Entscheidung des Gerichts über den Antrag.

(6) ¹Die Absätze 1 bis 3 und 5 gelten im Bußgeldverfahren entsprechend. ²Im Bußgeldverfahren vor der Verwaltungsbehörde tritt an die Stelle des Gerichts die Verwaltungsbehörde.

Übersicht

	Rn.		Rn.
I. Grundgedanken	1–6	a) Entstehen und Fälligkeit des Anspruchs	13
II. Der Anspruch gegen den Beschuldigten	7–28	b) Feststellung der Leistungsfähigkeit des Beschuldigten	14–17
1. Rechtliche Natur	7–9	c) Das Feststellungsverfahren	18–28
2. Die Höhe des Anspruchs	10–12		
3. Die Geltendmachung des Anspruchs	13–28	III. Bußgeldverfahren	29

I. Grundgedanken

Die dem § 100 BRAGO im Wesentlichen entsprechende Vorschrift des § 52 gibt 1 dem bestellten Verteidiger einen Anspruch gegen den Beschuldigten auf Zahlung der Gebühren eines gewählten Verteidigers.¹ Das Gesetz findet dabei eine Lösung, die einerseits das Wesen der Pflichtverteidigung nicht beeinträchtigt, andererseits aber auch den Interessen der Anwaltschaft und der Staatskasse Rechnung trägt. Sie beruht auf folgenden **Grundvorstellungen**:

Der bestellte Verteidiger darf von dem Beschuldigten **keinen Vorschuss** fordern, 2 weil dies zu Störungen des Verhältnisses zwischen dem Beschuldigten und dem Verteidiger führen könnte, die mit dem Wesen der Pflichtverteidigung nicht vereinbar wären. Im Interesse eines rechtsstaatlichen Verfahrens muss in den Fällen, in denen ein Verteidiger bestellt wird, unabhängig von gebührenrechtlichen Erwägungen die Gewähr einer sachgemäßen Verteidigung gegeben sein. Nur rein **freiwillige Zuwendungen** des Beschuldigten darf der bestellte Verteidiger als Vorschuss auf seinen gegen den Beschuldigten bestehenden Gebührenanspruch annehmen.

Der Beschuldigte soll für seine Verteidigung **nicht mehr als die Gebühren eines** 3 **gewählten Verteidigers** bezahlen müssen. Daher entfällt der Anspruch des Rechtsanwalts gegen den Beschuldigten insoweit, als der Rechtsanwalt von der Staatskasse bereits die ihm zustehenden Gebühren erhalten hat (die ja dem Verurteilten als Gerichtsauslagen wieder in Rechnung gestellt werden).

Voraussetzung der Geltendmachung des Anspruchs ist die **Leistungsfähigkeit des** 4 **Beschuldigten**, die von dem Gericht im Beschlussverfahren nach der StPO festzustellen ist. Vor Abschluss dieses Verfahrens darf der Anwalt keine Ansprüche geltend machen. Erhebt er dennoch Anspruch, handelt er standeswidrig.² Hat aber der Beschuldigte in voller Freiwilligkeit eine Honorarvereinbarung getroffen, so kann der Rechtsanwalt die daraus entstehenden Rechte auch ohne das Beschlussverfahren nach § 52 geltend machen.³ Dabei ist es gleichgültig, ob die Honorarvereinbarung vor oder nach der gerichtlichen Bestellung getroffen worden ist.⁴

Zum Ausgleich für die gegenüber dem früheren Recht erhebliche Besserstellung 5 des Rechtsanwalts hat sich dieser grundsätzlich die **Vorschüsse und Zahlungen**, die er

---

[1] Vgl. § 45 Rn. 74.
[2] EGH Schleswig AnwBl. 1968, 198.
[3] BGH AnwBl. 1980, 465.
[4] BGH Rpfleger 1983, 293.

für seine Tätigkeit von dem Beschuldigten oder einem Dritten erhalten hat, auf die von der Staatskasse zu zahlenden Gebühren **anrechnen** zu lassen (§ 58 Abs. 3).

6 Der Anspruch des bestellten Verteidigers gegen den Beschuldigten besteht auch dann, wenn dieser in dem Strafverfahren freigesprochen wird. Zwar kann dies hart sein, besonders, wenn der Verteidiger gegen den Willen des Beschuldigten bestellt worden ist, weil die Verteidigung eine notwendige war. Es wäre aber unbillig, dem Rechtsanwalt, dessen Verteidigung zu einem **Freispruch** geführt hat, einen geringeren Gebührenanspruch zu gewähren als im Falle der Verurteilung des Beschuldigten. In der Regel wird der freigesprochene Beschuldigte aber gemäß § 467 Abs. 1 StPO einen Anspruch auf Kostenerstattung gegen die Staatskasse haben.

II. Der Anspruch gegen den Beschuldigten

7 **1. Rechtliche Natur.** Der Anspruch des Rechtsanwalts gegen den Beschuldigten gründet sich unmittelbar auf das Gesetz. Anders als bei dem Armenanwalt entspringt er nicht einem Geschäftsbesorgungsvertrag. Denn die Pflichtverteidigung erfordert nicht den Abschluss eines solchen Vertrags. Der Verteidiger kann sogar gegen den Willen des Beschuldigten bestellt werden, wenn die Verteidigung eine notwendige ist. Mit der Bestellung zum Verteidiger entsteht kraft des § 52 ein gesetzliches Schuldverhältnis zwischen dem Verteidiger und dem Beschuldigten, das diesen zur Zahlung der gesetzlichen Gebühren eines gewählten Verteidigers unter den im § 52 näher geregelten Voraussetzungen verpflichtet.

8 Der gesetzliche Anspruch des bestellten Verteidigers gegen den Beschuldigten wurzelt im öffentlichen Recht, weil er sich auf die gerichtliche Bestellung gründet, die dem öffentlichen Recht angehört. Er wird aber wie der privatrechtliche Gebührenanspruch eines gewählten Verteidigers behandelt, und zwar nicht nur hinsichtlich der Höhe der Gebühren, sondern auch hinsichtlich des rechtlichen Grundes des Vergütungsanspruchs. Dabei ist allerdings zu berücksichtigen, dass der bestellte Verteidiger nicht der Beauftragte des Beschuldigten ist, sondern dass er seine Aufgabe als Verteidiger unter Umständen sogar gegen den ausdrücklichen Willen des Beschuldigten erfüllen muss. Anders als bei dem Vergütungsanspruch eines gewählten Verteidigers muss daher die anwaltliche Tätigkeit nicht von dem Auftrag umfasst sein.[5] An die Stelle des Auftrags tritt die gerichtliche Bestellung. Der Anspruch des Pflichtverteidigers besteht dem Grunde nach, soweit seine Tätigkeit von der gerichtlichen Bestellung umfasst ist. Dies gilt auch für das Jugendgerichtsverfahren.[6] Ferner können Einreden des Beschuldigten gegen den Anspruch des bestellten Verteidigers nicht ohne Weiteres daraus hergeleitet werden, dass der Verteidiger den Weisungen des Beschuldigten nicht Folge geleistet hat. Vielmehr ist darauf abzustellen, ob der Rechtsanwalt die ihm nach dem Gesetz obliegenden Verteidigerpflichten verletzt hat.[7] Von diesen Unterschieden abgesehen, richtet sich jedoch der Anspruch des bestellten Verteidigers nach den Vorschriften, die für den Anspruch eines gewählten Verteidigers gelten; insbesondere ist der Anspruch, wenn er nach § 52 Abs. 2 geltend gemacht werden kann, im ordentlichen Rechtsweg zu verfolgen, und nach dem BGB richten sich die Rechtsfolgen des Verzugs, die Zulässigkeit einer Aufrechnung usw.

---

[5] Vgl. § 1 Rn. 63a.
[6] OLG Hamm NJW 1961, 1640.
[7] Vgl. § 1 Rn. 63a.

Erklärt der zum Pflichtverteidiger bestellte Rechtsanwalt dem Beschuldigten, diesem würden durch die Beauftragung keinerlei Kosten entstehen, die Gebühren als Pflichtverteidiger würden von der Staatskasse getragen, so liegt darin ein Verzicht auf einen Anspruch nach § 52.[8]

2. Die Höhe des Anspruchs. Sie richtet sich nach der anwaltlichen Tätigkeit, die innerhalb der Reichweite der gerichtlichen Bestellung[9] entfaltet wird. Damit ist nicht gesagt, dass der Rechtsanwalt für Tätigkeiten, die von der Bestellung nicht umfasst sind, von dem Beschuldigten keine Vergütung fordern kann. Jedoch kann sich dann sein Anspruch nicht auf § 52 stützen, sondern es ist ein anderer rechtlicher Grund für einen Vergütungsanspruch erforderlich, zB ein Geschäftsbesorgungsvertrag oder ein gleichwertiger Tatbestand.[10] Gebühren, die von der Erstattung aus der Staatskasse ausgeschlossen sind, kann der bestellte Verteidiger aufgrund des § 52 auch nicht von dem Beschuldigten fordern.

Soweit der bestellte Verteidiger innerhalb der Reichweite der gerichtlichen Bestellung einen Gebührentatbestand erfüllt, erwächst ihm gegen den Beschuldigten eine Gebühr in der gleichen **Höhe wie einem Wahlverteidiger**, nämlich eine Gebühr, die innerhalb des Gebührenrahmens nach § 14 zu bemessen ist.

Einen Anspruch auf **Auslagen** hat der bestellte Verteidiger gegen den Beschuldigten nicht.[11] Dies erübrigt sich deswegen, weil der Anwalt die Auslagen von der Staatskasse ersetzt bekommt. Abweichend darf der Anwalt vom Beschuldigten die Mehrwertsteuer, obwohl sie nach dem System des Kostenrechts unter Auslagen eingeordnet wird, zuzüglich zu der Gebühr insoweit fordern, als sie von der Staatskasse nicht getragen wird, also für die Differenz zwischen Pflichtverteidigungsgebühr und Wahlverteidigungsgebühr; andernfalls wäre eine sinnvolle Bemessung der Wahlverteidigungsgebühr nicht ohne Benachteiligung des Anwalts möglich.

3. Die Geltendmachung des Anspruchs. a) Entstehen und Fälligkeit des Anspruchs. Der Anspruch entsteht mit der Erfüllung des Gebührentatbestandes.[12] Die **Fälligkeit** des Anspruchs kann nicht eintreten, bevor der Rechtsanwalt den Anspruch aufgrund des § 52 Abs. 2 geltend machen kann, zB kann der Schuldner vorher nicht in Verzug geraten. Für den Beginn der dreijährigen **Verjährungsfrist** (§ 195 BGB) ist gemäß § 52 Abs. 5 S. 1 abweichend von § 8 Abs. 1 stets auf den Zeitpunkt der das Strafverfahren abschließenden gerichtlichen Entscheidung oder der anderweitigen Beendigung des Verfahrens abzustellen. § 52 Abs. 5 S. 2 und 3 bestimmt, dass ein Antrag des Verteidigers nach § 52 Abs. 2 S. 1 den Lauf der Verjährungsfrist hemmt und die Hemmung erst sechs Monate nach Rechtskraft der Entscheidung endet.

b) Feststellung der Leistungsfähigkeit des Beschuldigten. Der Rechtsanwalt kann den Anspruch, von einer allerdings bedeutsamen Ausnahme (Rn. 23) abgesehen, nur insoweit geltend machen, als das Gericht des ersten Rechtszugs feststellt, dass der Beschuldigte ohne Beeinträchtigung des für ihn und seine Familie notwendigen Unterhalts zur Zahlung in der Lage ist (§ 52 Abs. 2 S. 1). Unter „geltend machen" ist nicht nur die gerichtliche **Geltendmachung** des Anspruchs durch Klage, Antrag auf Erlass eines Mahnbescheides, Prozessaufrechnung usw. zu verstehen, sondern auch jede

---

[8] OLG Hamm AnwBl. 1962, 73 m. Anm. *Chemnitz* – standesrechtlich bedenklich –.
[9] § 45 Rn. 65, 66.
[10] Vgl. § 1 Rn. 2 ff.
[11] OLG Bremen JVBl. 1961, 115, 116; *Hartmann* Rn. 14; *Gerold/Schmidt/Madert* Rn. 7.
[12] § 1 Rn. 10, 63; § 8 Rn. 1.

außergerichtliche Rechtshandlung, die auf die Befriedigung, Anerkennung, Sicherstellung des Anspruchs abzielt; ferner die Ausübung eines Zurückbehaltungsrechts. Der Begriff des Geltendmachens hat daher eine gewisse Ähnlichkeit mit dem Begriff des Einforderns, wie er im § 10 Abs. 1 verwandt wird.[13] Aber er ist noch weiter als dieser. Der Rechtsanwalt kann sich zu seinen Gunsten auch auf keine Rechtshandlungen des Schuldners hinsichtlich des Anspruchs berufen, die vorgenommen worden sind, bevor die Leistungsfähigkeit des Beschuldigten gerichtlich festgestellt worden ist. Auch ein Anerkenntnis oder Schuldversprechen des Beschuldigten ist vorher wirkungslos, selbst dann, wenn es nur für den Fall der Feststellung der Leistungsfähigkeit des Beschuldigten gelten soll.

15 Der Rechtsanwalt ist danach auf den gesetzlichen Anspruch gegen den Beschuldigten verwiesen, so wie er im § 52 geregelt ist. Dieser kann nicht zum Nachteil des Schuldners geändert oder erweitert werden. Eine Honorarvereinbarung gemäß § 4 ist unter ganz engen Voraussetzungen zugelassen, insbesondere nur bei absoluter Freiwilligkeit;[14] an sich sollte das Verhältnis, das zwischen dem Pflichtverteidiger und dem Schuldner besteht, mit gebührenmäßigen Erwägungen in keiner Weise belastet werden.

16 Hiervon gibt es eine Ausnahme: Der Beschuldigte oder für ihn ein Dritter kann vorschussweise Leistungen auf den Anspruch erbringen und diesen, sobald er ohne die Beschränkung des § 52 fällig wäre (Rn. 13), auch endgültig erfüllen. Jedoch müssen diese Leistungen vollkommen aus freien Stücken angeboten werden. Sonst darf sie der Rechtsanwalt nicht annehmen, und sie können als ungerechtfertigte Bereicherung zurückgefordert werden, gegen welche Forderung sich der Rechtsanwalt nicht auf seinen gesetzlichen Gebührenanspruch berufen kann, solange die Leistungsfähigkeit des Beschuldigten nicht gerichtlich festgestellt ist.

17 Einen Anspruch aus einer Honorarvereinbarung gemäß § 4 kann der Rechtsanwalt gegen den Beschuldigten geltend machen, auch ohne dass dessen Leistungsfähigkeit gerichtlich festgestellt ist; jedoch gilt dies nicht für Gebühren, die nach der gerichtlichen Bestellung entstehen. Wegen dieser Gebühren ist der Rechtsanwalt ausschließlich auf den im § 52 angegebenen Weg verwiesen.[15] Er kann diese Gebühren – trotz der Honorarvereinbarung – nur nach einer gerichtlichen Feststellung der Leistungsfähigkeit und nur in der gesetzlichen Höhe der Wahlverteidigergebühren geltend machen. Soweit er von dem Beschuldigten oder für ihn von einem Dritten Zahlungen erhalten hat, die diese Gebühren übersteigen, hat er den überschießenden Betrag zurückzuzahlen.[16]

18 c) **Das Feststellungsverfahren.** Zuständig ist das Gericht des ersten Rechtszugs. Dieses entscheidet über die Feststellung hinsichtlich des Gebührenanspruchs auch, wenn dieser in höheren Instanzen entstanden ist, und zwar selbst dann, wenn der Verteidiger von der höheren Instanz bestellt worden ist. **Zuständig** ist das Gericht, das mit der erstinstanzlichen Behandlung der Strafsache zuletzt befasst war, also im Falle der Abgabe oder Verweisung das Gericht, an das abgegeben oder verwiesen worden ist.[17] Ist die Strafsache nicht gerichtlich anhängig geworden, zB im Falle des § 81 Abs. 2 StPO, so ist das Gericht zuständig, das den Verteidiger bestellt hat.

---

[13] Vgl. § 10 Rn. 2, 2 a.
[14] BGH Rpfleger 1979, 412.
[15] AA *Gerold/Schmidt/Madert* Rn. 48; vgl. oben Rn. 4.
[16] Vgl. über die ähnliche Rechtslage bei dem im Prozesskostenhilfeweg beigeordneten Anwalt § 4 Rn. 12.
[17] Vgl. auch § 11 Rn. 25.

Anspruch gegen den Beschuldigten oder den Betroffenen § 52

Das Verfahren wird durch einen **Antrag** des Rechtsanwalts eingeleitet. Der Antrag 19
ist zu substantiieren, der geforderte Betrag ist zu nennen.[18] Der Antrag ist nur zulässig, wenn die Gebühren iS des § 8 fällig sind (Rn. 13). Denn vorher könnte nur ein Vorschuss (§ 9) in Betracht kommen; einen solchen kann der Rechtsanwalt aber nicht fordern (§ 52 Abs. 1 S. 1 Hs. 2). Dagegen ist das Feststellungsverfahren nicht davon abhängig, dass der Rechtsanwalt seinen Anspruch gegen die Staatskasse bereits geltend gemacht hat. Er kann vielmehr die Verfahren nach § 55 und nach § 52 Abs. 2 nebeneinander betreiben. Soweit allerdings die Staatskasse gezahlt hat, ist damit auch sein Anspruch gegen den Beschuldigten entfallen (§ 52 Abs. 1 S. 2).

Hat der Rechtsanwalt einen Antrag nach § 52 Abs. 2 S. 1 gestellt, hat das Gericht 20
im Beschlussverfahren nach den Vorschriften der StPO die **Verhältnisse** von Amts wegen zu **ermitteln**. Doch ist eine Ausschreibung im Fahndungsbuch nicht zulässig.[19] Maßgebend sind die Verhältnisse zur Zeit der Entscheidung;[20] nicht die Verhältnisse zur Zeit des Strafverfahrens.[21] Es muss daher auch möglich sein, die Feststellung noch nach dem Tode des Beschuldigten zu treffen, falls ein Nachlass vorhanden ist und dieser nicht für den Unterhalt der Erben benötigt wird.[22]

Den Beschuldigten trifft hinsichtlich der Klärung seiner Leistungsfähigkeit eine 21
Mitwirkungspflicht. Nach § 52 Abs. 3 S. 1 hat er gegenüber dem Gericht seine Einkommens- und Vermögensverhältnisse wie bei einem Antrag auf Bewilligung von Prozesskostenhilfe gemäß § 117 Abs. 2 bis 4 darzulegen. Er muss also unter Verwendung einschlägiger Vordrucke seine persönlichen und wirtschaftlichen Verhältnisse (Familienverhältnisse, Beruf, Vermögen, Einkommen und Lasten) erklären und entsprechende Belege beifügen. Kommt er dieser Aufforderung nicht innerhalb einer vom Gericht festgesetzten Frist nach, wird gemäß § 52 Abs. 3 S. 2 seine Leistungsfähigkeit vermutet. Eine nicht ordnungsgemäße Mitwirkung des Beschuldigten geht demnach nicht zu Lasten des Rechtsanwalts.

Der Beschluss nach § 52 Abs. 2 kann lauten auf Zurückweisung des Antrags oder 22
auf die Feststellung, dass der Beschuldigte in der Lage ist, den Gebührenanspruch des Rechtsanwalts ganz oder zu einem Teil zu befriedigen, ohne den für den Beschuldigten und seine Familie notwendigen Unterhalt zu gefährden. Die Feststellung kann auch lauten, dass der Beschuldigte in der Lage ist, den Anspruch durch **Ratenzahlungen** zu befriedigen,[23] oder sonst eine künftige Leistung möglich ist, wenn sich die Verhältnisse für die Zukunft konkret umreißen lassen.[24] Ein etwaiger Teilbetrag, Raten und Zahlungstermine müssen in dem Beschluss bestimmt bezeichnet werden.

Die Bedeutung eines dem Beschuldigten zustehenden **Erstattungsanspruchs gegen** 23
die Staatskasse war lange Zeit umstritten. In der ursprünglichen Fassung der BRAGO war bestimmt, dass ein solcher Erstattungsanspruch bei der Beurteilung der Leistungsfähigkeit außer Betracht zu bleiben habe. Diese Bestimmung ist 1975 ersatzlos gestrichen worden. Seit 1987 ist gesetzlich bestimmt, dass der Beschuldigte stets

---

[18] OLG Bremen JVBl. 1961, 115; aA *Gerold/Schmidt/Madert* Rn. 25; *Hartmann* Rn. 20; aber die Feststellung des Gerichts muss sich doch an dem Betrag orientieren, den der Beschuldigte zahlen soll.
[19] OLG Oldenburg NdsRpfl. 1962, 216.
[20] OLG Düsseldorf NJW 1974, 961; OLG Hamm JMBl. NRW 1972, 121; LG Krefeld AnwBl. 1972, 195.
[21] Deswegen unrichtig KG JR 1968, 309; OLG Saarbrücken NJW 1973, 2313; aA *Hartmann* Rn. 26.
[22] Vgl. OLG Zweibrücken MDR 1974, 66.
[23] OLG Köln JMBl. NRW 1963, 219, dazu *Schueler* AnwBl. 1960, 87.
[24] OLG Saarbrücken Rpfleger 1961, 317.

insoweit als leistungsfähig anzusehen ist, als ihm ein Erstattungsanspruch gegen die Staatskasse zusteht, und dass es hierzu eines Feststellungsverfahrens entsprechend § 52 Abs. 2 nicht bedarf. Das heißt, dass mit der Wirksamkeit des Ausspruchs über die Erstattungspflicht der Staatskasse dem Verteidiger ein unmittelbarer Anspruch gegen den Beschuldigten in der Höhe entsteht, wie sich Wahlverteidigergebühr und Erstattungsanspruch decken. Natürlich muss er sich etwa erhaltene Pflichtverteidigergebühren anrechnen lassen, insoweit würde aber auch kein Erstattungsanspruch des Beschuldigten gegen die Staatskasse bestehen. Die automatische Berücksichtigung des Erstattungsanspruchs kann nur gelten, solange ein solcher Anspruch besteht. Dem Verteidiger ist daher anzuraten, sich diesen baldmöglichst abtreten zu lassen, damit er gegen Aufrechnungen der Staatskasse geschützt ist. Nur während des Bestehens des Erstattungsanspruchs und in dieser Höhe ist auch das Feststellungsverfahren entbehrlich. Für weitergehende Ansprüche des Verteidigers bleibt dieses nach wie vor notwendig, etwa wenn der Staatskasse die notwendigen Auslagen des Angeklagten nur teilweise auferlegt sind.

24 Das Gericht hat ferner auch einen Erstattungsanspruch gegen dritte Personen, zB die im Privatklageverfahren unterlegene Gegenpartei, zu berücksichtigen; eine Rechtsschutzversicherung und dergleichen.[25] Es hat sich im Übrigen auf die Feststellung der Leistungsfähigkeit zu beschränken. Auf eine Verurteilung zur Zahlung an den Rechtsanwalt darf der Beschluss nicht lauten. Denn er hat nur die **Grundlage für die Geltendmachung** des Anspruchs zu schaffen. Über den Anspruch selbst hat der Strafrichter nicht zu entscheiden. Dies bleibt dem bürgerlichen Rechtsstreit (ggf. auch Mahnverfahren) überlassen.[26] Der Feststellungsbeschluss kann aber eine Obergrenze setzen,[27] falls nur eine beschränkte Leistungsfähigkeit besteht. Der Umstand, dass ein Erstattungsanspruch gegen die Staatskasse besteht, ist im Rahmen der Bemessung nach § 14 ohne Bedeutung; nicht die Verhältnisse der Staatskasse, etwa ein hohes Haushaltsdefizit, sondern die des Beschuldigten sind für die Höhe einer Rahmengebühr[28] mitbestimmend.

25 Gegen den Beschluss ist gemäß § 52 Abs. 4 die **sofortige Beschwerde** nach den §§ 304 bis 311a StPO gegeben. Sie ist gemäß §§ 311 Abs. 2, 35 Abs. 2 S. 1 StPO binnen einer Woche nach der Zustellung des Beschlusses einzulegen. Die sofortige Beschwerde ist nur zulässig, wenn der Wert des Beschwerdegegenstandes 200 Euro übersteigt (§ 304 Abs. 3 StPO). Gegen Beschlüsse des Oberlandesgerichts und des Bundesgerichtshofs ist keine Beschwerde zulässig (§ 304 Abs. 4 StPO). Eine weitere Beschwerde ist nicht gegeben (§ 310 StPO). Die Einlegung der Beschwerde gegen einen Feststellungsbeschluss hemmt die Geltendmachung des Anspruchs nicht; jedoch kann das Beschwerdegericht die Vollziehung der angefochtenen Entscheidung aussetzen (§ 307 StPO).

26 **Beschwerdeberechtigt** sind der Rechtsanwalt, soweit dem Antrag nicht entsprochen, und der Beschuldigte, soweit dem Antrag stattgegeben worden ist. Die Staatskasse ist auch dann nicht beschwerdeberechtigt, wenn die notwendigen Auslagen gemäß § 467 Abs. 1 StPO der Staatskasse auferlegt worden sind.[29]

---

[25] Gerold/Schmidt/Madert Rn. 31.
[26] OLG Bremen JVBl. 1961, 115.
[27] LG Lüneburg JurBüro 1968, 895.
[28] LG Krefeld AnwBl. 1980, 38.
[29] OLG Hamm Rpfleger 1962, 187 m. krit. Anm. *Tschischgale*; LG Wuppertal AnwBl. 1974, 89; aA OLG Köln NJW 1961, 1639.

Ein zurückgewiesener Feststellungsantrag kann wiederholt gestellt werden, wenn 27
sich die Verhältnisse geändert haben.[30] Die rechtskräftige Feststellung der Leistungsfähigkeit des Beschuldigten kann jedoch nicht wegen einer späteren **Änderung in den Verhältnissen** aufgehoben werden. Ob dies auch dann zutrifft, wenn das Gericht festgestellt hat, dass der Beschuldigte die Forderung in Raten abzutragen in der Lage ist, erscheint zweifelhaft. Der allgemeine Rechtsgedanke, der im § 323 ZPO zum Ausdruck kommt, spricht dafür, in diesen Fällen eine Änderung der Feststellung zuzulassen.[31] Auch wenn die Verjährung inzwischen eingetreten ist (Rn. 13), kann der Antrag noch gestellt werden, denn der Beschuldigte braucht die Verjährungseinrede nicht zu erheben.[32]

Das Feststellungsverfahren ist gebührenfrei, da hierfür Gebühren im GKG nicht bestimmt sind. Für die Zurückweisung der Beschwerde wird die Gebühr Nr. 3601 des Kostenverzeichnisses zum GKG erhoben. Kosten der Beteiligten werden nicht erstattet. 28

III. Bußgeldverfahren

Die Vorschrift des § 52 Abs. 6 erstreckt den Anwendungsbereich der Abs. 1 bis 3 29
und 5 auf das Bußgeldverfahren und bestimmt, dass im Bußgeldverfahren vor der Verwaltungsbehörde über die Leistungsfähigkeit des Betroffenen nicht das Gericht, sondern die Verwaltungsbehörde selbst entscheidet. Gegen deren Entscheidung kann gerichtliche Entscheidung gemäß dem Verfahren nach § 62 OWiG beantragt werden.

§ 53 Anspruch gegen den Auftraggeber, Anspruch des zum Beistand bestellten Rechtsanwalts gegen den Verurteilten

(1) **Für den Anspruch des dem Privatkläger, dem Nebenkläger, dem Antragsteller im Klageerzwingungsverfahren oder des sonst in Angelegenheiten, in denen sich die Gebühren nach Teil 4, 5 oder 6 des Vergütungsverzeichnisses bestimmen, beigeordneten Rechtsanwalts gegen seinen Auftraggeber gilt § 52 entsprechend.**

(2) **¹Der dem Nebenkläger oder dem nebenklageberechtigten Verletzten als Beistand bestellte Rechtsanwalt kann die Gebühren eines gewählten Beistands nur von dem Verurteilten verlangen. ²Der Anspruch entfällt insoweit, als die Staatskasse die Gebühren bezahlt hat.**

I. Regelungszweck

Die Vorschrift des § 53 übernimmt Regelungen des § 102 BRAGO. Sie stellt sicher, 1
dass beigeordnete und als Beistand tätige Rechtsanwälte gebührenrechtlich dem Pflichtverteidiger gleichgestellt werden.

---

[30] *Gerold/Schmidt/Madert* Rn. 40; aA *Hartmann* Rn. 49.
[31] AA *Hartmann* Rn. 49.
[32] Vgl. für den Fall der Kostenerstattung OLG Hamm JVBl. 1968, 165.

II. Beigeordneter Rechtsanwalt

2   Der dem Privatkläger (vgl. § 379 Abs. 3 StPO), dem Nebenkläger (vgl. § 397a StPO), dem Antragsteller im Klageerzwingungsverfahren (vgl. § 172 Abs. 3 S. 2 StPO) oder der sonst in Angelegenheiten, in denen sich die Gebühren nach Teil 4, 5 oder 6 des Vergütungsverzeichnisses bestimmen (vgl. zB §§ 404 Abs. 5, 434 Abs. 2 StPO), beigeordnete Rechtsanwalt wird nach den Bestimmungen der Prozesskostenhilfe beigeordnet.[1] Ein Gebührenanspruch gegen die Staatskasse besteht aber nur, wenn die anwaltliche Tätigkeit nicht nur von der Beiordnung, sondern auch von einem mit dem Vertretenen geschlossenen Geschäftsbesorgungsvertrag, der auf eine vorläufig unentgeltliche Tätigkeit geht, umfasst ist.[2] Einem Geschäftsbesorgungsvertrag steht ein gleichwertiger Tatbestand (auftraglose Geschäftsführung, ungerechtfertigte Bereicherung) gleich.[3] Dabei ist zu beachten, dass die Bewilligung von Prozesskostenhilfe und damit auch die Beiordnung gemäß § 119 ZPO nur die laufende Instanz umfasst.

3   Der beigeordnete Rechtsanwalt erhält gemäß den Teilen 4 bis 6 des Vergütungsverzeichnisses Gebühren, die – ebenso wie die Gebühren des Pflichtverteidigers – grundsätzlich geringer sind als die einem Wahlanwalt zustehende Vergütung.[4] Die Vorschrift des § 53 Abs. 1 stellt dadurch, dass sie § 52 für entsprechend anwendbar erklärt, sicher, dass der beigeordnete Rechtsanwalt von seinem Auftraggeber die Zahlung der Gebühren eines Wahlanwalts verlangen kann, sofern die Voraussetzungen des § 52 erfüllt sind. Dies ist gemäß § 52 Abs. 2 der Fall, wenn dem Auftraggeber ein Erstattungsanspruch gegen die Staatskasse zusteht oder das Gericht des ersten Rechtszugs auf Antrag des beigeordneten Rechtsanwalts feststellt, dass der Auftraggeber ohne Beeinträchtigung des für ihn und seine Familie notwendigen Unterhalts zur Zahlung oder zur Leistung von Raten in der Lage ist.[5]

4   Ist der Beschuldigte rechtskräftig zur Erstattung der Kosten des Nebenklägers oder Privatklägers verurteilt, so kann der beigeordnete Anwalt die Kosten in entsprechender Anwendung von § 126 ZPO unmittelbar gegen den kostenpflichtigen Beschuldigten geltend machen, soweit sie über die ihm zustehenden Pflichtanwaltskosten hinausgehen.[6] Die Festsetzung erfolgt nach § 464b StPO.

III. Zum Beistand bestellter Rechtsanwalt

5   Ist der Rechtsanwalt dem Nebenkläger oder dem nebenklageberechtigten Verletzten als Beistand bestellt (vgl. §§ 397a Abs. 1, 406g Abs. 3 Nr. 1 StPO) kann er gemäß § 53 Abs. 2 S. 1 die Gebühren eines gewählten Beistands nur von dem Verurteilten, nicht von dem Nebenkläger oder von dem Verletzten verlangen. Der Anspruch ermäßigt sich gemäß § 53 Abs. 2 S. 2 um die von der Staatskasse an den Beistand gezahlten Gebühren.

---

[1] Vgl. § 45 Rn. 62, 63.
[2] *Gerold/Schmidt/Madert* Rn. 8.
[3] Vgl. § 1 Rn. 14, 15.
[4] Vgl. § 51 Rn. 1.
[5] Vgl. hierzu § 52 Rn. 13 bis 28.
[6] OLG Hamburg AnwBl. 1975, 404.

§ 54 Verschulden eines beigeordneten oder bestellten Rechtsanwalts

Hat der beigeordnete oder bestellte Rechtsanwalt durch schuldhaftes Verhalten die Beiordnung oder Bestellung eines anderen Rechtsanwalts veranlasst, kann er Gebühren, die auch für den anderen Rechtsanwalt entstehen, nicht fordern.

Übersicht

	Rn.		Rn.
I. Allgemeines	1, 2	a) Verschulden anlässlich der Beiordnung oder Bestellung	5, 6
II. Minderung des Entschädigungsanspruchs	3–11	b) Nachträgliches schuldhaftes Verhalten	7
1. Allgemeines	3	3. Nicht verschuldeter Anwaltswechsel	8
2. Verschuldeter Anwaltswechsel	4–7	4. Der Wegfall des Entschädigungsanspruchs	9–11

I. Allgemeines

Die Vorschrift des § 54 übernimmt das geltende Recht aus § 125 BRAGO. Der bestellte Rechtsanwalt wird nunmehr ausdrücklich erwähnt, weil Abschnitt 8 RVG unmittelbar für jeden beigeordneten oder bestellten Rechtsanwalt gilt, während der 13. Abschnitt der BRAGO unmittelbar nur für den im Wege der Prozesskostenhilfe oder nach § 11a ArbGG beigeordneten Rechtsanwalt gegolten hat. So ist § 125 BRAGO auf den nach § 67a Abs. 1 S. 2 VwGO bestellten Rechtsanwalt nur aufgrund einer Verweisung anwendbar gewesen. 1

§ 54 soll verhindern, dass die Bundes- oder Landeskasse dieselben Gebühren an zwei verschiedene Rechtsanwälte, also doppelt bezahlen muss, wenn die Beiordnung oder Bestellung des zweiten Rechtsanwalts wegen eines schuldhaften Verhaltens des zuerst beigeordneten oder bestellten Rechtsanwalts erforderlich geworden ist. Der Rechtsanwalt kann sich bereits anlässlich der Beiordnung oder Bestellung schuldhaft verhalten, zB wenn er nicht rechtzeitig auf Umstände hinweist, die ihn voraussichtlich hindern werden, die Angelegenheit zu Ende zu führen. Er kann auch durch späteres schuldhaftes Verhalten die Beiordnung oder Bestellung eines anderen Rechtsanwalts veranlassen, zB wenn er das Vertrauensverhältnis zu der Partei stört. Die Rechtsprechung hatte diese Regelung früher aus dem Rechtsverhältnis des Armenanwalts zu seiner Partei[1] hergeleitet.[2] Diese Rechtsprechung war unhaltbar, weil es sich bei den hier in Frage stehenden Ansprüchen zweier beigeordneter Rechtsanwälte gegen die Staatskasse nicht um den privatrechtlichen Vergütungsanspruch gegen den Mandanten, sondern um zwei selbständige öffentlich-rechtliche Entschädigungsansprüche aus je einer Beiordnung oder Bestellung gegen die Staatskasse handelt. Jeder beigeordnete oder bestellte Rechtsanwalt kann deshalb an sich den durch seine Tätigkeit entstandenen Entschädigungsanspruch unabhängig von dem des anderen geltend machen. Ordnet das Gericht ohne ausreichenden Grund einen anderen Rechtsanwalt bei oder bestellt es ohne ausreichenden Grund einen anderen Rechtsanwalt, dann kann es diesem die Entschädigung nicht versagen, weil sie bereits an den ersten Rechtsanwalt bezahlt worden ist. Ebenso wenig kann es bei der Beiordnung oder Be- 2

---
[1] § 628 Abs. 1 S. 2 BGB iVm. § 50 RAGebO.
[2] Vgl. OLG Düsseldorf AnwBl. 1951, 133; OLG Hamm JurBüro 1954, 286; 1955, 192; 1960, 529.

stellung des zweiten Rechtsanwalts dessen Vergütungsanspruch auf die nicht bereits für den ersten Rechtsanwalt entstandenen Gebühren beschränken.[3] Die vom Gesetzgeber getroffene Regelung entspricht dem Grundgedanken des Aufopferungsanspruchs, nach dem kein Anspruch auf eine volle Entschädigung, sondern lediglich auf eine „billige" Entschädigung in Geld besteht. Es könnte der Billigkeit entsprechen, dass ein Rechtsanwalt, der schuldhaft die Beiordnung oder Bestellung eines anderen Rechtsanwalts veranlasst, wegen der dadurch verursachten Mehrbelastung der Staatskasse eine entsprechend geringere Entschädigung erhält. Die Kürzung kann dann aber nur zu Lasten des ersten, nicht des zweiten Anwalts gehen.

II. Minderung des Entschädigungsanspruchs

3   1. **Allgemeines.** § 54 ist nicht als Ausnahme zu § 15 Abs. 4 anzusehen,[4] da diese Vorschrift nur den privatrechtlichen Vergütungsanspruch gegen den Mandanten regelt. Sie war erforderlich, wenn nicht die Entschädigungsansprüche beider Rechtsanwälte unabhängig nebeneinander bestehen bleiben sollten. Sie bestimmt lediglich eine Minderung des Anspruchs nach § 49, dagegen nicht des Auslagenerstattungsanspruchs nach § 46. Erforderlich ist dafür, dass ein anderer Rechtsanwalt beigeordnet oder bestellt wird, anderenfalls greift § 54 nicht ein. Vor Aufhebung der Beiordnung oder Bestellung des ersten Rechtsanwalts ist dieser zu hören. Das ergibt sich unmittelbar aus Art. 103 Abs. 1 GG, da der Aufhebungsbeschluss in die Rechte des beigeordneten oder bestellten Rechtsanwalts eingreift.[5]

4   2. **Verschuldeter Anwaltswechsel.** Für die Minderung des Entschädigungsanspruchs genügt es nicht, dass die Beiordnung oder Bestellung frühzeitig aufgehoben und ein anderer Rechtsanwalt beigeordnet oder bestellt wird. Die Vorschrift kommt nur insoweit zum Zuge, als dem neu beigeordneten oder bestellten Rechtsanwalt die gleichen Gebühren wie dem zunächst beigeordneten oder bestellten entstehen. Ferner muss Letzterer die Aufhebung seiner Beiordnung oder Bestellung und die des neuen Rechtsanwalts schuldhaft verursacht haben, Mitverursachung genügt nicht. Andererseits ist aber auch kein grobes Verschulden erforderlich. Entsprechend § 278 BGB genügt Verschulden von Erfüllungsgehilfen. Es ist nicht Sache des ausgeschiedenen Rechtsanwalts, nachzuweisen, dass ihn kein Verschulden trifft. Beantragt er aber seine Entpflichtung, dann muss er die Tatsachen darlegen, die ihn dazu veranlassen.

5   a) **Verschulden anlässlich der Beiordnung oder Bestellung.** Der Rechtsanwalt hat die Notwendigkeit, dass ein anderer Rechtsanwalt beigeordnet oder bestellt wird, verschuldet, wenn er nicht – wenn dies nach Lage der Sache möglich ist – schon vor seiner Beiordnung oder Bestellung auf die Umstände hinweist, die ihn daran hindern, ein Mandat in der betreffenden Sache zu übernehmen oder die ihn voraussichtlich daran hindern werden, die Sache im laufenden Rechtszug bis zum Ende zu führen. Ein Hinderungsgrund, das Mandat zu übernehmen, besteht zB dann, wenn der Rechtsanwalt in derselben Rechtssache – sei es auch vor Jahren – außerhalb seiner Anwaltstätigkeit bereits beruflich tätig war[6] oder gar durch die Übernahme des Man-

---

3 AA *Gerold/Schmidt/von Eicken* Rn. 6.
4 Anders noch die 4. Aufl. zu dem Verhältnis der §§ 125, 13 Abs. 4 BRAGO.
5 LG Aachen AnwBl. 1983, 327 für die Aufhebung einer PKH-Bewilligung.
6 Vgl. § 45 Abs. 1 Nr. 4, Abs. 2 Nr. 2 BRAO.

dats Parteiverrat gemäß § 356 StGB begehen oder auch nur den Anschein des Parteiverrats erwecken würde. Bestehen solche Hinderungsgründe noch nicht im Zeitpunkt der Beiordnung oder Bestellung, zeichnet sich aber bereits die Möglichkeit ab, dass sie – zB ein Ausscheiden aus der Anwaltschaft – im Laufe des Rechtszuges eintreten werden, dann muss der Rechtsanwalt gleichfalls schon vor seiner Beiordnung oder Bestellung darauf hinweisen. Eine Pflicht zu einem solchen Hinweis besteht jedoch nur hinsichtlich solcher Umstände, die nach dem gewöhnlichen Verlauf der Dinge mit hoher Wahrscheinlichkeit zu einem vorzeitigen Ende der Tätigkeit des Rechtsanwalts führen werden. Das ist zB dann der Fall, wenn der Rechtsanwalt bereits zu einem in naher Zukunft liegenden Zeitpunkt in den Staatsdienst einberufen ist, nicht jedoch schon dann, wenn er sich lediglich darum beworben hat.

Umstritten ist, ob ein Verschulden vorliegt, wenn der für eine Klage beigeordnete **6** Rechtsanwalt bei dem zuständigen Gericht nicht zugelassen ist. Hat er das erkannt oder erkennen können, dann hätte er das Gericht darauf hinweisen müssen. War die Sache dagegen bereits beim (unzuständigen) Gericht seiner Zulassung anhängig, dann musste auf jeden Fall ein anderer Rechtsanwalt beigeordnet werden, er hat dessen Beiordnung dann weder verursacht noch verschuldet.

b) Nachträgliches schuldhaftes Verhalten. Es kann darin liegen, dass der Rechts- **7** anwalt der Partei berechtigten Anlass gibt, ihm das Mandat zu entziehen und die Beiordnung oder Bestellung eines anderen Rechtsanwalts zu beantragen, so, wenn er schuldhaft das Vertrauensverhältnis stört. Es liegt aber auch dann vor, wenn der beigeordnete oder bestellte Rechtsanwalt durch eine schuldhafte Handlung seine Zulassung als Rechtsanwalt verliert oder wenn er sich löschen lässt, um einer ehrengerichtlichen Maßregelung wegen begangener Pflichtwidrigkeiten zu entgehen,[7] desgleichen bei grundloser Niederlegung des Mandats.[8] Dagegen liegt kein Fall des § 54 vor, wenn der Rechtsanwalt sich bei einem anderen Gericht zulassen lässt oder wegen Krankheit oder hohen Alters die Zulassung aufgibt,[9] Selbstmord begeht[10] oder – wenn auch schuldhaft – tödlich verunglückt.[11] Weder kann angenommen werden, dass ein Rechtsanwalt mit der Übernahme eines Mandats auch die Verpflichtung übernehmen will, seine Zulassung bei dem betreffenden Gericht bis zur völligen Erledigung der Angelegenheit beizubehalten,[12] noch erwachsen ihm aus Beiordnung und Annahme des Mandats oder aus der Bestellung besondere Pflichten gegenüber der Staatskasse oder seiner Partei, sich straffrei zu halten, die über die Pflichten eines jeden Bürgers hinausgehen. Die Rechtsfolge des § 54 kann nur eintreten, wenn der Rechtsanwalt durch sein schuldhaftes Verhalten gegen die Anwaltspflichten verstoßen hat, die ihm gegenüber seiner Partei aus dem Anwaltsvertrag erwachsen. Wird es dem Rechtsanwalt unmöglich, das Mandat zu Ende zu führen, weil er zum Richter oder Beamten – wenn auch nicht auf Lebenszeit – ernannt oder vorübergehend als Angestellter im öffentlichen Dienst tätig wird, dann wird er alles ihm Zumutbare tun müssen, um zu erreichen, dass ihm ein Vertreter bestellt oder gestattet wird, das Mandat noch zu Ende zu führen (§ 47 Abs. 1 BRAO).

---

7 *Gerold/Schmidt/von Eicken* Rn. 18.
8 OLG Düsseldorf AnwBl. 1951, 133.
9 *Gerold/Schmidt/von Eicken* Rn. 15.
10 *Gerold/Schmidt/von Eicken* Rn. 19.
11 AA *Gerold/Schmidt/von Eicken* Rn. 19 für den Fall, dass es sich um einen Verkehrsunfall handelt, der auf Trunkenheit am Steuer zurückzuführen ist.
12 BGH NJW 1957, 1152.

8 3. Nicht verschuldeter Anwaltswechsel. Bei einem Anwaltswechsel, den der zuerst beigeordnete oder bestellte Rechtsanwalt nicht verschuldet hat, erhält jeder Rechtsanwalt für seine Tätigkeit die volle Entschädigung aus der Staatskasse. Dies trifft insbesondere auch zu, wenn dem Rechtsanwalt während des Prozesses von der Partei das Mandat entzogen wird, ohne dass er ihr hierzu durch ein vertragswidriges Verhalten Anlass gegeben hätte,[13] oder wenn er gegen Weisungen seiner Partei handelt, weil er diese für die Interessen seiner Partei schädlich hält.[14] Ebenso behält der Rechtsanwalt seinen Anspruch gegen die Staatskasse, wenn er aus wichtigem Grunde seine Entpflichtung gemäß § 48 Abs. 2 BRAO beantragt, so mangels Vertrauens des Auftraggebers, ohne dass der Rechtsanwalt dies verschuldet hätte, zB bei grundloser scharfer Kritik.[15]

9 4. Der Wegfall des Entschädigungsanspruchs. Im Falle des § 54 entfällt der Entschädigungsanspruch in Höhe der „Gebühren" (Entschädigung), die auch für den neu beigeordneten oder bestellten Rechtsanwalt entstehen, in deren Umfang. Hat zB der im Verfahren vor dem Amtsgericht bestellte Pflichtverteidiger durch sein Verhalten im Hauptverhandlungstermin die nachfolgende Bestellung eines anderen Pflichtverteidigers verschuldet, entstehen auch für diesen die Grundgebühr Nr. 4100 und die Verfahrensgebühr Nr. 4106. Soweit sich diese Gebühren decken,[16] kann der zunächst bestellte Rechtsanwalt die Grundgebühr und die Verfahrensgebühr nicht fordern. Andererseits steht ihm die Terminsgebühr Nr. 4108 für die Teilnahme an der Hauptverhandlung zu, weil der nachträglich bestellte Verteidiger an diesem Termin nicht teilgenommen hat und er hierfür somit keine Terminsgebühr beanspruchen kann; Entsprechendes gilt für eine im vorbereitenden Verfahren angefallene Verfahrensgebühr Nr. 4104.

10 Ein Verlust des Anspruchs auch auf Auslagenerstattung kommt nach dem eindeutigen Wortlaut des § 54 nicht in Betracht.[17]

11 Das Gericht darf bei unverschuldetem Anwaltswechsel die Vorschrift des § 54 nicht dadurch umgehen, dass es den anderen Rechtsanwalt nur für Gebühren bestellt, die dem ersten Rechtsanwalt entstanden sind oder wären; eine solche Einschränkung der Beiordnung ist unzulässig.[18] Solange sich noch nicht übersehen lässt, welche Entschädigung für den zweiten Rechtsanwalt entstehen wird, kann die Festsetzung der Entschädigung des ersten Rechtsanwalts abgelehnt oder ausgesetzt werden.[19]

---

§ 55 Festsetzung der aus der Staatskasse zu zahlenden Vergütungen und Vorschüsse

(1) ¹Die aus der Staatskasse zu gewährende Vergütung und der Vorschuss hierauf werden auf Antrag des Rechtsanwalts von dem Urkundsbeamten der Geschäftsstelle des Gerichts des ersten Rechtszugs festgesetzt. ²Ist das Verfahren nicht gerichtlich anhängig geworden, erfolgt die Festsetzung durch den Urkundsbeamten der Geschäftsstelle des Gerichts, das den Verteidiger bestellt hat.

---

[13] OLG Hamm JurBüro 1956, 385.
[14] KG DR 1943, 1112; hinsichtlich des Vergütungsanspruchs gegen den Auftraggeber s. LG Hamburg AnwBl. 1985, 261.
[15] OLG Celle AnwBl. 1957, 262.
[16] Im Einzelfall können sich unterschiedlich hohe Gebühren im Hinblick auf § 14 ergeben.
[17] Vgl. die Legaldefinition in § 1 Abs. 1 S. 1.
[18] OLG Celle AnwBl. 1981, 196 mwH; *Hartmann* Rn. 12.
[19] OLG Frankfurt/M JurBüro 1975, 1612.

Festsetzung der aus der Staatskasse zu zahlenden Vergütungen und Vorschüsse § 55

(2) In Angelegenheiten, in denen sich die Gebühren nach Teil 3 des Vergütungsverzeichnisses bestimmen, erfolgt die Festsetzung durch den Urkundsbeamten des Gerichts des Rechtszugs, solange das Verfahren nicht durch rechtskräftige Entscheidung oder in sonstiger Weise beendet ist.

(3) Im Fall der Beiordnung einer Kontaktperson (§ 34a des Einführungsgesetzes zum Gerichtsverfassungsgesetz) erfolgt die Festsetzung durch den Urkundsbeamten der Geschäftsstelle des Landgerichts, in dessen Bezirk die Justizvollzugsanstalt liegt.

(4) Im Fall der Beratungshilfe wird die Vergütung von dem Urkundsbeamten der Geschäftsstelle des in § 4 Abs. 1 des Beratungshilfegesetzes bestimmten Gerichts festgesetzt.

(5) [1]§ 104 Abs. 2 der Zivilprozessordnung gilt entsprechend. [2]Der Antrag hat die Erklärung zu enthalten, ob und welche Zahlungen der Rechtsanwalt bis zum Tag der Antragstellung erhalten hat; Zahlungen, die er nach diesem Zeitpunkt erhalten hat, hat er unverzüglich anzuzeigen.

(6) [1]Der Urkundsbeamte kann vor einer Festsetzung der weiteren Vergütung (§ 50) den Rechtsanwalt auffordern, innerhalb einer Frist von einem Monat bei der Geschäftsstelle des Gerichts, dem der Urkundsbeamte angehört, Anträge auf Festsetzung der Vergütungen, für die ihm noch Ansprüche gegen die Staatskasse zustehen, einzureichen oder sich zu den empfangenen Zahlungen (Absatz 5 Satz 2) zu erklären. [2]Kommt der Rechtsanwalt der Aufforderung nicht nach, erlöschen seine Ansprüche gegen die Staatskasse.

(7) [1]Die Absätze 1 und 5 gelten im Bußgeldverfahren vor der Verwaltungsbehörde entsprechend. [2]An die Stelle des Urkundsbeamten der Geschäftsstelle tritt die Verwaltungsbehörde.

Übersicht

	Rn.		Rn.
I. Grundsätze	1–4	4. Nachforderung	23–26
1. Allgemeines	1, 2	5. Die „Weitere Vergütung"	27–33
2. Wesentlicher Inhalt der Vorschrift	3	6. Das Verfahren	34–40
3. Verjährung des Entschädigungsanspruchs	4	a) Rechtsquellen	34, 35
		b) Amtsermittlung	36–38
II. Der Urkundsbeamte der Geschäftsstelle	5–15	c) Einwendungen, Einreden	39, 40
		7. Die Festsetzungsverfügung	41, 42
1. Die Stellung des Urkundsbeamten	5–7	8. Die Auszahlungsanordnung	43
2. Zuständigkeit nach Abs. 1	8, 9	9. Änderungsbefugnis	44
3. Zuständigkeit nach Abs. 2	10, 11	10. Vorausgegangene Kostenfestsetzung	45
4. Zuständigkeit nach Abs. 3	12, 13	11. Vollstreckung	46, 47
5. Zuständigkeit nach Abs. 4	14, 15	IV. Rückforderung zu viel gezahlter Vergütung	48–51
III. Das Festsetzungsverfahren	16–47	V. Bußgeldverfahren	52
1. Der Antrag	16–18		
2. Antragsberechtigung	19, 20	VI. Besonderheiten für das Patentgerichtsverfahren und das Verwaltungsverfahren beim Patentamt	53–57
3. Unterschied zur Kostenfestsetzung nach § 104 ZPO	21, 22		

I. Grundsätze

1. Allgemeines. § 55 regelt das Verfahren über die Festsetzung der **Vergütung**, 1 die ein Rechtsanwalt gegen die Staatskasse beanspruchen kann; sie fasst systematisch die Regelungen über die Festsetzung der aus der Staatskasse zu zahlenden Vergütung

§ 55   Abschnitt 8. Beigeordneter oder bestellter Rechtsanwalt, Beratungshilfe

zusammen, die in der BRAGO über mehrere Vorschriften verteilt sind.[1] **Abs. 1 bis 6** betreffen somit die Geltendmachung des Entschädigungsanspruchs
- des gerichtlich zum Verteidiger bestellten oder im Strafverfahren oder gerichtlichen Bußgeldverfahren beigeordneten Rechtsanwalts,
- des nach dem Gesetz über die internationale Rechtshilfe in Strafsachen bestellten Rechtsanwalts,
- des nach § 67a Abs. 1 S. 2 VwGO oder nach § 57 oder § 58 ZPO bestellten Rechtsanwalts,
- des im gerichtlichen Verfahren bei Freiheitsentziehungen beigeordneten Rechtsanwalts,
- des als Kontaktperson beigeordneten Rechtsanwalts,
- des nach § 625 ZPO beigeordneten Rechtsanwalts,
- des im Wege der Prozesskostenhilfe beigeordneten Rechtsanwalts,
- des in den Fällen des § 11a ArbGG und des § 4a InsO (vgl. § 12) beigeordneten Rechtsanwalts.

2   § 55 regelt zugleich auch das Verfahren der Geltendmachung eines auf die Vergütung zu gewährenden Anspruchs auf **Vorschuss** gegen die Staatskasse. Die Voraussetzungen für eine Vorschussgewährung richten sich nach § 47.

3   **2. Wesentlicher Inhalt der Vorschrift.** Die aus der Staatskasse zu gewährende Vergütung wird von dem Urkundsbeamten der Geschäftsstelle festgesetzt. Seine jeweilige Zuständigkeit ergibt sich aus den Abs. 1 bis 4. Nach Abs. 6 kann der Urkundsbeamten der Geschäftsstelle den Rechtsanwalt zur Stellung eines Festsetzungsantrags auffordern. Die Einzelheiten des vom Rechtsanwalt zu stellenden Festsetzungsantrags sind in Abs. 5 geregelt. **Abs. 7** erstreckt den Anwendungsbereich der Abs. 1 und 5 auch auf das Bußgeldverfahren vor der Verwaltungsbehörde.

4   **3. Verjährung des Entschädigungsanspruchs.** Entschädigungsansprüche des bestellten oder beigeordneten Rechtsanwalts verjähren gemäß § 195 BGB in drei Jahren. Die Frist beginnt gemäß § 199 Abs. 1 BGB mit dem Schluss des Jahres, in dem der Anspruch entstanden ist und der Gläubiger von den den Anspruch begründenden Umständen und der Person des Schuldners Kenntnis erlangt oder ohne grobe Fahrlässigkeit erlangen müsste. Die Hemmung der Verjährung richtet sich nach §§ 203 ff. BGB.

II. Der Urkundsbeamte der Geschäftsstelle

5   **1. Die Stellung des Urkundsbeamten.** Die Aufgabe der Verwaltung, festzustellen, ob und in welcher Höhe der geltend gemachte Entschädigungsanspruch besteht, ist seit 1923 dem Urkundsbeamten des Gerichts zugewiesen. Darin liegt jedoch keine Übertragung dieser Aufgabe auf die Gerichte als Träger der rechtsprechenden Gewalt. Der Urkundsbeamte entscheidet weder in einem gerichtlichen Verfahren, noch ist sein Verfahren justizförmig ausgestaltet (Rn. 22). Er hat lediglich über einen von einer Partei vorgebrachten Antrag (Rn. 16) zu befinden. Der Urkundsbeamte handelt daher nicht an Stelle des Richters. Seine rechtsfeststellende Entscheidung ist **Verwaltungshandeln**.[2]

---

[1] Vgl. § 97a Abs. 2; § 98 Abs. 1; § 101 Abs. 3; § 128 Abs. 1, Abs. 2; § 133 S. 3 BRAGO.
[2] Ebenso OVG Lüneburg JurBüro 1988, 1501 m. abl. Fn. *Mümmler*, der zwar zugibt, dass „an sich" ein Verwaltungsverfahren vorliegt, das aber erstinstanzlich als Parteiverfahren ausgestaltet

Als Beamter trägt der Urkundsbeamte für die Rechtmäßigkeit seines Handelns **6** selbst die Verantwortung (§ 38 Abs. 1 BRRG). Ob darüber hinaus die Zuweisung der Festsetzung durch das Gesetz bedeutet, dass ihm diese Aufgabe als einem unabhängigen, nichtrichterlichen Rechtspflegeorgan übertragen ist, dass seine Dienstvorgesetzten ihm als für die zu treffende Entscheidung zuständig keine Weisung erteilen können,³ ist heute zweifelhaft. Dagegen spricht, dass die gesetzliche Zuweisung⁴ organisationsrechtlich zu verstehen ist;⁵ zu dem Kreis der Aufgaben des Urkundsbeamten der Geschäftsstelle (als Amtsstelle) gehört auch diese Tätigkeit; weiter, dass der Urkundsbeamte nicht allgemein ein unabhängiges Rechtspflegeorgan, wie zB der Rechtspfleger, ist, sondern ihm eine **Unabhängigkeit nur für bestimmte Aufgaben**, bei denen sie aus dem Charakter der zugewiesenen Tätigkeit zwingend folgt, zuzuerkennen ist, und schließlich, dass der Bundesgesetzgeber bei der Neufassung des RpflG es abgelehnt hat, diese Aufgabe⁶ auf den Rechtspfleger zu übertragen.⁷

Die **Justizverwaltungen** können daher durch allgemeine Verwaltungsvorschriften **7** die Auslegung und Anwendung unbestimmter Gesetzesbegriffe sowie die Ermessensausübung steuern oder im Einzelfall eine Vergütung im Verwaltungswege gewähren.⁸ Die hierbei ergehende Auszahlungsanordnung beinhaltet aber nicht „eine gerichtliche Festsetzung" durch den dafür zuständigen „Kostenbeamten".⁹

2. Zuständigkeit nach Abs. 1. § 55 Abs. 1 bezieht sich auf die Festsetzung von **8** aus der Staatskasse an bestellte und beigeordnete Rechtsanwälte zu zahlende Vergütungen und Vorschüsse, es sei denn deren Gebührenanspruch
– bestimmt sich nach Teil 3 VV (Bürgerliche Rechtsstreitigkeiten, Verfahren der freiwilligen Gerichtsbarkeit, der öffentlich-rechtlichen Gerichtsbarkeiten, Verfahren nach dem Strafvollzugsgesetz und ähnliche Verfahren) und das entsprechende Verfahren ist noch nicht durch rechtskräftige Entscheidung oder in sonstiger Weise beendet (vgl. § 55 Abs. 2),
– betrifft den Fall der Beiordnung einer Kontaktperson oder den Fall der Beratungshilfe (vgl. § 55 Abs. 3, Abs. 4).

§ 55 Abs. 1 umfasst demnach alle Verfahren der Teile 3 bis 6 VV, die durch rechtskräftige Entscheidung oder in sonstiger Weise beendet sind.

Zuständig ist in diesen Fällen der Urkundsbeamte des Gerichts des ersten Rechts- **9** zugs. Dieser setzt auch die Vergütung für höhere Rechtszüge fest, und zwar auch

---

sei; AG Lübeck Rpfleger 1984, 75 m. abl. Anm. *Lappe*, der zwar zugeben muss, dass Kostenansatz und Festsetzung der Anwaltsvergütung „in unserem heutigen Begriffssystem" materiell Verwaltungsakte sind, trotzdem aber daran festhalten will, der KdG werde in diesen Fällen „als Urkundsbeamter" tätig; *Lindemann/Trenk-Hinterberger* § 10 BerHG Rn. 8 meinen dagegen, unter irriger (s. o.) Bezugnahme auf *Lappe* aaO, die Vergütungsfestsetzung nach §§ 133, 128 BRAGO sei kein begünstigender Verwaltungsakt.

3 So *Gerold/Schmidt/von Eicken* Rn. 11.
4 Ebenso wie früher zB bei § 2 HinterlO.
5 Vgl. AV RJM vom 24. 6. 1944, DJ S. 202 und hierzu OLG Düsseldorf Rpfleger 1952, 93; OLG Oldenburg NdsRpfl. 1954, 96.
6 Im Gegensatz zur Kostenfestsetzung nach §§ 103 ff. ZPO und zur Vergütungsfestsetzung nach § 19 BRAGO.
7 Vgl. OLG Düsseldorf NJW 1971, 251; OLG Hamm JurBüro 1970, 1078; OLG Koblenz Jur-Büro 1975, 205.
8 Zur Problematik vgl. einerseits OLG Bremen NJW 1967, 899; OLG Hamburg NJW 1967, 2220; OLG München JurBüro 1968, 548; *Selb* NJW 1969, 222; andererseits OLG Celle JurBüro 1968, 390; einschränkend OLG Oldenburg NJW 1968, 1392; OLG Hamm NJW 1968, 1537.
9 AA, aber im Ergebnis richtig, OLG Celle JVBl. 1958, 256.

§ 55   *Abschnitt 8. Beigeordneter oder bestellter Rechtsanwalt, Beratungshilfe*

dann, wenn der Rechtsanwalt erst in dem höheren Rechtszug zum Verteidiger bestellt worden ist. Dies gilt auch für die Vergütung im Revisionsverfahren vor dem Bundesgerichtshof, wenn dieser den Verteidiger bestellt hat. Dann sind die Beträge, welche die einzelnen zahlungspflichtigen Kassen gemäß § 45 Abs. 3 zu tragen haben, in der Festsetzung auszuscheiden. Ist die Strafsache nicht gerichtlich anhängig geworden, zB im Falle des § 81 Abs. 2 StPO, so ist gemäß § 55 Abs. 1 S. 2 der Urkundsbeamte der Geschäftsstelle des Gerichts zuständig, das den Verteidiger bestellt hat.

10 **3. Zuständigkeit nach Abs. 2.** § 55 Abs. 2 bezieht sich auf die Festsetzung der Vergütung und eines Vorschusses in Angelegenheiten, in denen sich die Gebühren nach Teil 3 VV bestimmen, solange diese Verfahren nicht durch rechtskräftige Entscheidung oder in sonstiger Weise beendet sind. Erfasst sind demgemäß bürgerliche Rechtsstreitigkeiten, Verfahren der freiwilligen Gerichtsbarkeit, Verfahren vor Gerichten der öffentlich-rechtlichen Gerichtsbarkeit und ähnliche Verfahren vor dem rechtskräftigen Abschluss oder ihrer sonstigen Beendigung.

11 Zuständig für die Festsetzung ist der Urkundsbeamte des Gerichts des „Rechtszugs" d. h. des Rechtszugs, für den der Rechtsanwalt zB beigeordnet ist (§§ 119, 121 Abs. 1 ZPO). Zuständig ist also im Prozessverfahren der Urkundsbeamte des Gerichts derjenigen Instanz, das den Rechtsanwalt beigeordnet hat. Nach rechtskräftigem Abschluss des Verfahrens ist allerdings für alle noch bestehenden Ansprüche der beigeordneten Rechtsanwälte allein der Urkundsbeamte des aktenführenden Gerichts des ersten Rechtszugs zuständig. Das ist sachgerecht, weil die Abwicklung der Ansprüche auf weitere Vergütung nach § 50 in einer Hand liegen muss, andererseits ergibt sich aber daraus auch eine praktische Erleichterung, da die Prozessakten für eine nachträgliche Festsetzung der Vergütung des Berufungsanwalts nicht an das Berufungsgericht übersandt werden müssen.

12 **4. Zuständigkeit nach Abs. 3.** § 55 Abs. 3 bezieht sich auf die Festsetzung der Vergütung und eines Vorschusses im Falle der Beiordnung einer Kontaktperson. Eine Kontaktperson[10] kann gemäß § 34a EGGVG dem von einer Kontaktsperre nach § 31 EGGVG betroffenen Beschuldigten in Person eines Rechtsanwalts beigeordnet werden, der nicht mit dem Verteidiger identisch sein darf. Die Kontaktperson hat den Beschuldigten soweit erforderlich rechtlich zu betreuen und kann für ihn Anträge stellen.

13 Für die Festsetzung der Vergütung und eines Vorschusses der Kontaktperson ist der Urkundsbeamte der Geschäftsstelle des Landgerichts, in dessen Bezirk die Justizvollzugsanstalt liegt, zuständig. Bei Verlegung des Beschuldigten wird man das Landgericht als zuständig ansehen müssen, in dessen Bezirk sich der Beschuldigte im Zeitpunkt der Fälligkeit der Vergütung aufhält, bei Vorschüssen im Zeitpunkt der Antragstellung.

14 **5. Zuständigkeit nach Abs. 4.** § 55 Abs. 4 bezieht sich auf die Festsetzung der Vergütung und eines Vorschusses im Falle der Beratungshilfe. Zuständig ist danach der Urkundsbeamte der Geschäftsstelle des in § 4 Abs. 1 BerHG bestimmten Gerichts, also des Amtsgerichts, das den Berechtigungsschein ausgestellt hat.

15 Auch wenn der Rechtsuchende den Beratungshilfeanwalt unmittelbar aufgesucht hat, bevor er einen Berechtigungsschein beantragt hatte, ist für die Festsetzung der Vergütung und eines Vorschusses der Urkundsbeamte des Amtsgerichts zuständig, in dessen Bezirk der Rechtsuchende seinen allgemeinen Gerichtsstand hat. Hat der Rechtsuchende im Inland keinen allgemeinen Gerichtsstand, ist gemäß § 4 Abs. 1 S. 2

---

[10] Zur Vergütung des als Kontaktperson beigeordneten Rechtsanwalts s. Teil 4 Abschnitt 3 Rn. 34 bis 38.

BerHG das Amtsgericht zuständig, in dessen Bezirk ein Bedürfnis für die Beratungshilfe auftritt.

III. Das Festsetzungsverfahren

1. Der Antrag. Erforderlich ist in den Fällen des § 55 Abs. 1 bis Abs. 4 ein Antrag, 16
der das Verlangen auf Festsetzung der Vergütung oder eines Vorschusses enthalten und inhaltlich einer Berechnung gemäß § 10 entsprechen muss, wenn diese nicht gesondert beigefügt wird. Die Justizverwaltungen hatten für die Festsetzungsanträge nach den §§ 98 und 128 BRAGO aus Gründen der Geschäftserleichterung **Vordrucke** entwickelt, die von den Geschäftsstellen der Gerichte unentgeltlich abgegeben wurden. Es ist anzunehmen, dass diese Vordrucke an die Vorgaben des § 55 angepasst werden. Die Rechtsanwälte sind aber zu deren Verwendung nicht verpflichtet[11] und der Urkundsbeamte darf die Festsetzung nicht von der Verwendung oder auch nur einer bestimmten Berechnung der Vergütung[12] abhängig machen.

Die Ansätze sind, wenn ihre Berechtigung nicht offenkundig ist, glaubhaft zu 17
machen. **Glaubhaftmachung** ist auch für das Erinnerungs- und Beschwerdeverfahren ausreichend. Bei Post- und Telekommunikationsdienstleistungen genügt, wenn sich der Rechtsanwalt nicht mit der Pauschale nach dem Auslagentatbestand Nr. 7002 VV begnügt, seine Versicherung, dass diese Auslagen in der verlangten Höhe entstanden sind (§ 55 Abs. 5 S. 1 i.V.m. § 104 Abs. 2 ZPO); zur Glaubhaftmachung der Notwendigkeit solcher Auslagen reicht die Versicherung des Rechtsanwalts aber nicht aus.[13] Die Vergütung muss nach § 8 fällig sein. Sie wird nicht verzinst; § 104 Abs. 1 ZPO ist in § 55 Abs. 5 S. 1 nicht für anwendbar erklärt.[14] Der Antrag ist beim zuständigen Urkundsbeamten als der Amtsstelle, die über ihn zu befinden hat (vgl. Rn. 8 bis 15), anzubringen.

Nach § 55 Abs. 5 S. 2 hat der Antrag die Erklärung zu enthalten, ob und welche 18
Zahlungen der Rechtsanwalt – von der Partei oder von Dritten – bis zum Tag der Antragstellung erhalten hat; Zahlungen, die er nach diesem Zeitpunkt erhalten hat, hat er unverzüglich **anzuzeigen**.

2. Antragsberechtigung. Antragsberechtigt ist der bestellte oder der beigeordnete 19
Rechtsanwalt, auch wenn dieser nicht als Prozessbevollmächtigter, sondern als Beweisanwalt oder Verkehrsanwalt beigeordnet worden ist.[15] Die Berechtigung bleibt bestehen, auch wenn der Rechtsanwalt aus dem Anwaltsberuf ausscheidet.[16] Nach dem Tod des beigeordneten Rechtsanwalts sind seine Erben und sein Sozius antragsberechtigt.[17] Antragsberechtigt ist der Kanzleiabwickler des § 55 BRAO, der auch die ihm persönlich zustehende Vergütung von der Staatskasse verlangen kann, ohne dass er selbst der Partei ausdrücklich beigeordnet worden sein muss.[18] Antragsberechtigt sind schließlich Abtretungs- und Pfändungspfandgläubiger.[19]

---

[11] OLG Hamm AnwBl. 1975, 95. Anderes gilt hinsichtlich des Vordrucks für den Antrag auf Gewährung von Beratungshilfe und auf Zahlung der Vergütung des Rechtsanwalts nach der aufgrund des § 13 BerHG erlassenen BeratungshilfevordruckVO vom 17. 12. 1994 (BGBl. I S. 3574).
[12] LAG Hamm AnwBl. 1985, 106.
[13] OLG Frankfurt/M AnwBl. 82, 202.
[14] OLG Frankfurt Rpfleger 1974, 126.
[15] *Gerold/Schmidt/von Eicken* Rn. 2 und § 128 BRAGO Rn. 2.
[16] KG JW 1937, 559.
[17] *Hartmann* Rn. 5.
[18] OLG Düsseldorf MDR 1964, 66.
[19] *Hartmann* Rn. 5; *Gerold/Schmidt/von Eicken* § 128 BRAGO Rn. 2; *Schumann/Geißinger* § 128 BRAGO Rn. 2.

§ 55 *Abschnitt 8. Beigeordneter oder bestellter Rechtsanwalt, Beratungshilfe*

20   **Nicht antragsberechtigt** sind die Partei und der Prozessgegner. Obwohl sie wegen des Rückgriffsanspruchs der Staatskasse des § 59 durch die Festsetzung unmittelbar in ihren Rechten berührt werden, können sie zu der Vergütung des beigeordneten Rechtsanwalts erst Stellung nehmen, wenn sie nach Übergang des Anspruchs auf die Bundes- oder Landeskasse **auf Zahlung in Anspruch genommen** werden. Sie können dann als Kostenschuldner dagegen schriftlich oder zu Protokoll der Geschäftsstelle Erinnerung und gegen die Entscheidung über die Erinnerung – wenn der Wert des Beschwerdegegenstandes 200 Euro übersteigt – gemäß § 66 GKG Beschwerde einlegen.[20]

21   **3. Unterschied zur Kostenfestsetzung nach § 104 ZPO.** Nach wohl hM soll nicht nur für die Erinnerungen und Beschwerden, sondern auch schon für den Antrag auf Festsetzung der aus der Staatskasse zu gewährenden Vergütung der für Prozessanträge geltende Grundsatz des § 308 Abs. 1 S. 1 ZPO entsprechend gelten, dass keiner Partei etwas zugesprochen werden darf, was sie nicht beantragt hat, und zwar selbst dann nicht, wenn eine höhere „Vergütung" des Rechtsanwalts sich aus der Gerichtsakte ergibt.[21] Diese Anlehnung an die Praxis und Rechtsprechung zum Kostenfestsetzungsverfahren nach §§ 103 ff. ZPO ist nicht gerechtfertigt. Sie ergibt sich auch nicht aus der Verweisung auf § 104 Abs. 2 ZPO in § 55 Abs. 5 S. 1 und trägt den Unterschieden zwischen den beiden Festsetzungsverfahren – hier: einseitiges Verwaltungsverfahren mit Amtsermittlungsgrundsatz, dort prozessähnliches Verfahren mit Verhandlungsgrundsatz – nicht Rechnung.

22   Wenn auch die Praxis den Grundsatz des § 308 Abs. 1 S. 1. ZPO wie im Kostenfestsetzungsverfahren auf den Gesamtbetrag der verlangten Vergütung beschränkt und es für zulässig erklärt, dass anstelle eines unbegründeten Ansatzes von Amts wegen ein anderer gesetzt wird, der an sich begründet, aber nicht gefordert ist[22] und die starre Anwendung des Grundsatzes weiter dadurch mildert, dass der Urkundsbeamte den beigeordneten Anwalt auf die Berechtigung zur Geltendmachung bisher fehlender Ansätze oder zur Berechnung nach dem höheren Gegenstandswert hinzuweisen hat, so verdient doch der in der **leistungsgewährenden Verwaltung** bestehende entgegengesetzte allgemeine Grundsatz den Vorzug, dass der Antrag nicht die Bedeutung hat, zugleich Anstoß und Grenze für das Tätigwerden der Behörde zu sein, sondern dass die Behörde verpflichtet ist, Tatsachen, die ihr vor Erlass ihrer Entscheidung bekannt werden, in diese einzubeziehen.[23] Ein Beamter hat „jeden Gesuchsteller so zu behandeln, dass dieser das erreichen kann, was ihm das Gesetz zubilligt".[24]

23   **4. Nachforderung.** Die Folge der Anerkennung einer möglichen „Teilfestsetzung" (Rn. 21) ist, dass der beigeordnete Rechtsanwalt eine früher – irrtümlich oder mit Rücksicht auf eine ablehnende Rechtsprechung – nicht angesetzte Vergütung[25] jederzeit nachfordern kann; bei rechtlichen Zweifeln darf ein Berechtigter die Klärung durch die Rechtsentwicklung abwarten.[26]

---

[20] Zum Verfahren s. § 59 Rn. 59.
[21] ZB infolge eines zu niedrig angenommenen Streitwerts, LG Hamburg JVBl. 1941, 107.
[22] KG AnwBl. 1977, 510; *Stein/Jonas/Schumann/Leipold* § 308 ZPO Fn. 2.
[23] Vgl. BVerwG DVBl. 1965, 485.
[24] BGH JZ 1953, 642 = VerwRspr 5, 689 = LM BGB § 839 C Nr. 5.
[25] OLG Kiel JVBl. 1935, 146; JW 1936, 617; OLG Naumburg JW 1936, 3068; aA KG JW 1931, 3574; OLG Hamm AnwBl. 1967, 204: nur bis zum „endgültigen Abschluss des Kostenerstattungsverfahrens", worunter das Gericht „eine Frist von einigen Monaten" ab Entscheidung des Urkundsbeamten versteht – s. dazu OLG Koblenz AnwBl. 1983, 323.
[26] BGHZ 1, 8; BVerwGE 5, 140; aA LG Berlin JurBüro 1971, 939: nur bis zum Ende des Kalenderjahres, das auf den rechtskräftigen Abschluss der Sache oder die Anweisung der Armenan-

Soweit für einen kurzfristigen Ausschluss der Nachliquidation von Entschädigungsleistungen an einen beigeordneten Rechtsanwalt Gründe des **Haushaltsvollzugs** und der Rechnungsprüfung angeführt werden, reicht dies nicht aus, um eine Ablehnung zu begründen, da dies in gleicher Weise für alle Forderungen von Bürgern gegen eine Staatskasse gelten würde. Auch handelt es sich hierbei nicht um Beträge, durch die der Haushalt des Bundes oder eines Landes ernsthaft gefährdet werden könnte. 24

Auch der Gedanke der **Gleichbehandlung des Bürgers und der Staatskasse** greift nicht durch, da das Vertrauen des Bürgers in die Bestandskraft eines Staatshoheitsaktes qualitativ etwas anderes ist als das „Vertrauen" der Staatskasse darauf, Bürger hätten gegen sie keine Ansprüche mehr. Mit solchen zunächst noch unbekannten Verbindlichkeiten muss der Staat immer rechnen und sie im Haushalt berücksichtigen. Für die **Verwirkung** eines solchen Anspruchs bedarf es mehr als eines – uU nur teilweise – unterbliebenen Ansatzes in einem Entschädigungsantrag, der prima vista auf die volle dem Bürger zustehende Vergütung gerichtet war. 25

Die Rechtsprechung, die dem Antrag des beigeordneten Rechtsanwalts auf Festsetzung der ihm zustehenden Vergütung aus der Staatskasse – anders als seiner „weiteren Vergütung" nach § 50 – eine seinen Anspruch begrenzende Bedeutung beimisst, ist daher abzulehnen. Der Urkundsbeamte hat aufgrund des Antrags die sich aus der Akte ergebende, dem Rechtsanwalt zustehende **richtige Vergütung** festzusetzen, zumindest aber den Anwalt darauf hinzuweisen, dass ihm eine höhere Vergütung als von ihm beantragt zusteht.[27] 26

5. Die „Weitere Vergütung": Bei der Festsetzung der „weiteren Vergütung" des Rechtsanwalts nach § 50 handelt es sich um keine öffentlich-rechtliche, sondern um die privatrechtliche Vergütung des Anwalts. Daran ändert sich auch dadurch nichts, dass das Gericht der Partei gemäß § 120 ZPO auferlegt hat, die Kosten der Prozesskostenhilfe in monatlichen Raten an die Landes- oder Bundeskasse abzuzahlen und dass sie die eingezogenen Beträge an den Rechtsanwalt zum Ausgleich seiner Differenzkosten auskehrt, soweit sie nicht erforderlich sind, um die Gerichts- und Gerichtsvollzieherkosten sowie die Vergütung des beigeordneten Rechtsanwalts zu decken. Diese Differenzkosten hat der Rechtsanwalt in der Form des § 10 geltend zu machen (§ 50 Abs. 2, § 55 Abs. 5 S. 2). 27

Der Urkundsbeamte „kann" ihn dazu gemäß § 55 Abs. 6 S. 1 unter Setzung einer Frist von einem Monat auffordern. Das kommt selbstverständlich nur in Betracht, wenn der Rechtsanwalt nicht bereits gemäß § 50 Abs. 2 seine Kostenrechnung eingereicht hat. Diese Möglichkeit wird dem Urkundsbeamten vom Gesetzgeber eingeräumt, um es ihm zu ermöglichen, die Schlusskostenrechnung über die Gerichtskosten aufzustellen, in die auch die nach § 59 auf die Staatskasse übergegangenen Ansprüche einzusetzen sind. Das ist ihm erst möglich, nachdem etwa noch laufende Monatsraten beglichen und die vom Gegner einzuziehenden Beträge eingegangen sind. Sodann muss sich der Kostenbeamte davon Kenntnis verschaffen können, welche Zahlungen die beigeordneten Rechtsanwälte bereits vor ihrer Beiordnung von ihren Mandaten erhalten haben und welche Differenzkosten ihnen noch zustehen, damit er 28

---

waltskosten folgt. Das LG sieht darin ein „Gebot der Gerechtigkeit", dass Änderungsforderungen beider Seiten – Rückforderungen der Landeskasse und Nachforderungen des beigeordneten Rechtsanwalts – gleichbehandelt werden, hebt aber hervor, dass diese Grenzen dann nicht unbedingt gelten müssen, wenn ein Kostenerstattungsgesuch von Anfang an infolge Rechts- oder Tatsachenirrtums des Anwalts zu niedrig war.

27 *Gerold/Schmidt/von Eicken* Rn. 27.

diese auszahlen lassen, bei mehreren beigeordneten Rechtsanwälten den noch in der Staatskasse befindlichen Betrag im Verhältnis ihrer Ansprüche auf sie verteilen kann. Die Aufforderung nach § 55 Abs. 6 S. 1 ist daher ein Mittel, das dem Urkundsbeamten an die Hand gegeben worden ist, damit er sich die für die Schlusskostenrechnung erforderlichen Angaben von den beigeordneten Rechtsanwälten verschaffen kann.

29 Es handelt sich daher um eine **Kompetenznorm**, ob der Urkundsbeamte davon Gebrauch machen will, steht in seinem pflichtgemäßen Ermessen.[28] Allerdings wird er regelmäßig die an einen beigeordneten Rechtsanwalt gerichtete Aufforderung, Anträge auf Festsetzung seiner „weiteren Vergütung" einzureichen, mit der Fristsetzung versehen, um der Staatskasse endgültige Klarheit über diese ihre Verbindlichkeit zu verschaffen, da nur mit einer Aufforderung unter Fristsetzung das Erlöschen der Ansprüche gemäß § 55 Abs. 6 S. 2 verbunden ist, falls die Frist fruchtlos verstreicht.

30 Das in § 55 Abs. 6 S. 2 als Rechtsfolge normierte **Erlöschen** der Ansprüche des Rechtsanwalts deutet auf mehr hin als ein bloßes Recht der Staatskasse, die Leistung zu verweigern, etwa wie im Falle einer Verjährungseinrede. Vielmehr dürfte hier eine materiell-rechtliche Vernichtung des Anspruchs selbst (ein Einwand) gemeint sein, um die Staatskasse materiell und ohne dass es auf die einredeweise Geltendmachung dieses Umstands ankommt, von diesen Verbindlichkeiten zu entlasten.

31 Aus diesem **Zweck** folgt aber, dass diese Rechtsfolge nur den Anspruch des beigeordneten Rechtsanwalts auf Auskehrung seiner „weiteren Vergütung" gegen die Staatskasse ergreifen sollte, dagegen nicht den ihm zugrunde liegenden Differenzkostenanspruch gegen die Partei, da das über den mit § 55 Abs. 6 S. 2 verfolgten Zweck weit hinausgehen und die Partei und mehr noch den erstattungspflichtigen Gegner entlasten würde. Der beigeordnete Rechtsanwalt wäre dann gezwungen, nach einer Aufforderung unter Fristsetzung der Staatskasse stets seine Kostenrechnung einzureichen. Das ist aber nicht damit bezweckt. Wenn er glaubt, seine Kosten voll vom Gegner seines Mandanten erstattet erhalten zu können, dann soll es ihm unbenommen bleiben, diesen anstelle der Staatskasse – sei es ganz, sei es auch nur wegen seiner Differenzkosten – in Anspruch zu nehmen. Falls er in einem solchen Fall dem Urkundsbeamten nicht – rechtzeitig – mitteilt, dass er keine Ansprüche auf eine „weitere Vergütung" gegen die Staatskasse erhebt, würde es weit über das vertretbare Maß hinausgehen, deswegen seinen Differenzkostenanspruch gegen den Mandanten erlöschen zu lassen. Mit dem Wort „Ansprüche" in § 55 Abs. 6 S. 2 können daher nur die Ansprüche des beigeordneten Rechtsanwalts gegen die Staatskasse auf Festsetzung seiner „weiteren Vergütung" nach § 50 gemeint sein.

32 Die vom Urkundsbeamten dem Rechtsanwalt gesetzte Frist ist keine Notfrist. Das Gesetz schreibt eine Frist von **einem Monat** vor. Es dürfte daher nicht möglich sein, sie als eine „Mindestfrist" zu verstehen und dem Urkundsbeamten die Befugnis einzuräumen, erforderlichenfalls eine längere Frist zu setzen.[29]

33 Die Aufforderung an den Rechtsanwalt unter Fristsetzung sollte einen Hinweis auf die Rechtsfolgen eines ergebnislosen Fristablaufs enthalten. Sie ist ein belastender **Verwaltungsakt**, der durch Verfügung oder Beschluss ergehen muss und vom Urkundsbeamten mit seinem vollen Namen zu unterzeichnen ist, eine bloße Paraphe genügt nicht.[30] Er ist dem beigeordneten Rechtsanwalt förmlich zuzustellen (§ 329 Abs. 2 S. 2 Alt. 2 ZPO), Zustellung durch Empfangsbekenntnis gemäß § 174 ZPO genügt.

---

[28] AA *Hartmann* Rn. 26.
[29] So aber *Hartmann* Rn. 26.
[30] BGH NJW 1980, 1168.

6. Das Verfahren. a) Rechtsquellen. Das vom Urkundsbeamten bei der Festsetzung zu beobachtende Verfahren ist in § 55 nur bruchstückhaft geregelt. Insbesondere ist – anders als in § 11 Abs. 2 S. 3 – nicht bestimmt, dass die Vorschriften über das Kostenfestsetzungsverfahren sinngemäß gelten. Diese Vorschriften eignen sich, da nach ihnen auch über den Grund des Anspruchs zu entscheiden ist und die Untersuchungsmaxime gilt, nicht für eine sinngemäße Anwendung.[31] Es gelten vielmehr, soweit nicht die Verwaltung eine Regelung getroffen hat, die **Grundsätze des allgemeinen Verwaltungsverfahrens**, wie sie in den Verwaltungsverfahrensgesetzen des Bundes und der Länder ihren Niederschlag gefunden haben.

34

Die Justizverwaltungen des Bundes und der Länder haben sich auf Durchführungsbestimmungen zum Gesetz über die Prozesskostenhilfe – DB-PKHG – geeinigt, die in den jeweiligen Ländern veröffentlicht worden sind,[32] und eine Vereinbarung über die Festsetzung der aus der Staatskasse zu gewährenden Vergütung der Rechtsanwälte und Steuerberater vom 10. 12. 1980[33] getroffen. Bei diesen Durchführungsvorschriften handelt es sich um keine Rechtsnormen, sondern um nur den Kostenbeamten bindende Dienstanweisungen, die aber für die Praxis der **Kostenfestsetzung von erheblicher Bedeutung sind.**

35

b) Amtsermittlung. Der Urkundsbeamte hat **eigenverantwortlich von Amts wegen** das Bestehen des Anspruchs zu prüfen und dazu den Sachverhalt zu erforschen. Soweit dem beigeordneten Rechtsanwalt oder der Staatskasse die Glaubhaftmachung einer Behauptung oder Tatsache obliegt, beschränkt sich seine Ermittlungspflicht auf die Erfüllung dieser Verpflichtung. Zur Glaubhaftmachung sind gemäß § 294 Abs. 1 ZPO alle Beweismittel zugelassen einschließlich der Versicherung an Eides statt; § 294 Abs. 2 ZPO gilt nicht im Verfahren vor dem Urkundsbeamten. Seine Ermittlungs- und Prüfungspflicht beschränkt sich nicht auf gebührenrechtliche Gesichtspunkte. Vielmehr ist das Festsetzungsverfahren dazu bestimmt, den Entschädigungsanspruch in jeder Hinsicht abschließend zu beurteilen. Eine Feststellungsklage beim Verwaltungsgericht mit dem gleichen Ziel ist durch § 55 ausgeschlossen. Das bestätigt auch § 1 Abs. 1 Nr. 8, § 8 Abs. 1 JBeitrO. Wenn nach diesen Vorschriften über materielle Einwendungen gegen den Rückforderungsanspruch der Staatskasse im Festsetzungsverfahren nach § 55 zu entscheiden ist – ausgenommen über eine vom beigeordneten Rechtsanwalt erklärte und streitige Anfechtung –, so muss das Gleiche gelten, wenn der Anspruch gegen die Staatskasse festgestellt wird.[34]

36

Der Urkundsbeamte ist dabei nicht an das Vorbringen des beigeordneten Rechtsanwalts gebunden und auf den Akteninhalt beschränkt, sondern hat mit allen einer Verwaltungsbehörde zu Gebote stehenden Mitteln **die materielle Wahrheit** zu erforschen. Weisungen des Prozessgerichts binden den Urkundsbeamten im Festsetzungsverfahren nur, soweit sie sich auf den Umfang der Prozesskostenhilfe oder der Beiordnung oder auf vom Prozessgericht zu entscheidende Vorfragen beziehen; dagegen ist

37

---

31 AA OLG Bremen NJW 1965, 1027.
32 Abgedruckt mit Fundstellen bei *Hartmann* S. 1083 ff.
33 Abgedruckt mit Fundstellen bei *Hartmann* S. 1090 ff., künftig zitiert AVKostG.
34 AA OLG Bremen NJW 1965, 1027, das meint, der Urkundsbeamte würde dadurch überfordert, und sich dazu auf den Grundgedanken des § 19 Abs. 4 BRAGO (entspricht § 11 Abs. 4 RVG) beruft, dabei aber offen lässt, ob und gegebenenfalls wie lange der Urkundsbeamte im Falle einer dann erforderlichen Feststellungsklage oder der Ankündigung der Absicht ihrer Erhebung die Entscheidung über einen Festsetzungsantrag auszusetzen berechtigt ist, oder ob zunächst Festsetzung und Zahlung zu erfolgen hätten und die Staatskasse auf Rückforderung im gesonderten Verfahren zu verweisen sei.

das Gericht hinsichtlich des festzusetzenden Entschädigungsanspruchs nicht weisungsbefugt.[35] Er kann **Amtshilfe** in Anspruch nehmen und **amtliche Auskünfte** einholen, so zB vom Gericht darüber, ob eine Beweisaufnahme stattgefunden hat,[36] ist dabei aber an die Auffassung der die Auskunft erteilenden Behörde oder des Gerichts nicht gebunden (§ 5 Abs. 1 Nr. 1 RPflG gilt für ihn nicht). Dies gilt auch gegenüber einem Kostenfestsetzungsbeschluss nach §§ 103 ff. ZPO.[37]

38 Dagegen binden den Urkundsbeamten die Entscheidungen, die in dem dem Anspruch zugrunde liegenden gerichtlichen Verfahren ergangen sind, so die Entscheidung über die Bewilligung von Prozesskostenhilfe,[38] insbesondere die **Kostenentscheidung**, die im Kostenfestsetzungsverfahren weder nachgeprüft noch durch Festsetzung nach der Kostenentscheidung zu erstattender Kosten auf null Euro unterlaufen werden darf – auch nicht, wenn sie unrichtig ist.[39] Soweit eine **gerichtliche Wertfestsetzung** nach § 32 maßgebend oder der Gegenstandswert gemäß § 33 selbstständig festgesetzt worden ist, hat der Urkundsbeamte diesen Wert zugrunde zu legen, anderenfalls kann er über den Gegenstandswert selbst inzidenter befinden. Ist ein Wertfestsetzungsverfahren bei Gericht anhängig, dann kann er nach pflichtgemäßem Ermessen das Festsetzungsverfahren so lange aussetzen; eine notwendige Aussetzung, wie sie in § 11 Abs. 4 vorgeschrieben ist, gibt es im Verfahren nach § 55 jedoch nicht.

39 **c) Einwendungen, Einreden.** Ergibt sich aus dem ermittelten Sachverhalt, dass **rechtshindernde oder rechtsvernichtende Einwendungen** vorliegen (zB Zahlungen nach § 58 Abs. 2), so hat er sie **von Amts wegen** zu berücksichtigen.[40] In Zweifelsfällen hört er den Vertreter der Staatskasse an. Einreden im materiell-rechtlichen Sinne, insbesondere die **Einrede der Verjährung**, kann er, da er nicht Vertreter der Staatskasse ist, nur berücksichtigen, wenn sie von der Staatskasse gegenüber dem beigeordneten Rechtsanwalt geltend gemacht worden sind.[41] Kann Verjährung in Betracht kommen, so hat der Urkundsbeamte vor der Entscheidung über den Festsetzungsantrag die Akten mit einem entsprechenden Hinweis dem zur Vertretung der Staatskasse zuständigen Beamten vorzulegen.[42] Soll nach dessen Auffassung die Verjährungseinrede erhoben werden, dann hat der Urkundsbeamte die Einwilligung des unmittelbar vorgesetzten Präsidenten einzuholen.[43] Er bleibt also als Beamter in die Hierarchie der Justizverwaltung eingebunden und ist so weisungsgebunden, wie die Weisungen seiner Vorgesetzten dies bestimmen. Sieht der Vertreter der Staatskasse von der Erhebung der Verjährungseinrede ab, so hat der Urkundsbeamte dies auf der Urschrift und der Durchschrift der Festsetzung zu vermerken.

40 Die Einrede der Verjährung ist nur bis zur Zahlung zulässig (§ 214 BGB). Der Grundsatz, dass das zur Befriedigung eines verjährten Anspruchs Geleistete nicht zurückgefordert werden kann, gilt daher auch hier.[44]

---

[35] KG MDR 1959, 937.
[36] KG JW 1936, 3589.
[37] KG DR 1942, 543.
[38] S. OLG Frankfurt JurBüro 1997, 480.
[39] AG Saarlouis AnwBl. 1982, 262.
[40] Vgl. Nr. 2.3.1 AVKostG (Fn. 33).
[41] Vgl. § 45 Rn. 36.
[42] Vgl. Nr. 1.2.2 AVKostG (Fn. 33).
[43] Vgl. Nr. 1.4.4 AVKostG (Fn. 33).
[44] KG JW 1932, 1262.

7. Die Festsetzungsverfügung. Die Festsetzungsverfügung soll ergehen, sobald 41
die dafür erforderlichen Voraussetzungen geklärt sind. Müssen die Sachakten wegen
der Einlegung von Rechtsmitteln oder aus sonstigen Gründen versandt werden, so ist
die Vergütung möglichst vorher festzusetzen. Sonst sind Akten, die für längere Zeit
versandt sind, kurzfristig zurückzufordern.[45] Der Urkundsbeamte ist dienstlich gehalten, dafür den amtlichen Vordruck zu verwenden, auch wenn der Rechtsanwalt ihn
für seinen Antrag nicht benutzt hat. In der Verfügung ist die dem Rechtsanwalt zustehende Vergütung – ohne Bindung der Höhe nach an den Antrag – festzusetzen, gegebenenfalls unter teilweiser Ablehnung der Festsetzung als unzulässig oder unbegründet, oder aber als unzulässig, unbegründet oder auch nur verfrüht abzulehnen,
wenn sich zB bei einem verschuldeten Anwaltswechsel die Höhe des Anspruchs noch
nicht übersehen lässt.[46] Die Verzinsungspflicht kann nicht angeordnet werden, sie ist
gemäß § 104 Abs. 1 S. 2 ZPO Teil der Kostenentscheidung.

Der Urkundsbeamte kann auch – mit der Erinnerung anfechtbare – **Zwischenbe-** 42
scheide erlassen, zB eine Auflage unter Fristsetzung, die im Antrag enthaltenen Mittel
zur Glaubhaftmachung zu ergänzen oder die Erforderlichkeit einer Aufwendung
glaubhaft zu machen. Wird dem Festsetzungsantrag voll entsprochen, dann ist keine
besondere Mitteilung erforderlich, sie liegt dann in der Auszahlung. Soweit die Festsetzungsverfügung von dem Antrag abweicht, ist ihr Inhalt dem beigeordneten
Rechtsanwalt schriftlich mitzuteilen.

8. Die Auszahlungsanordnung. Die Auszahlungsanordnung ist eine innerdienst- 43
liche Anweisung an die Kasse und **kein Verwaltungsakt**. Sie ist auf der Durchschrift
der Festsetzung zu erteilen. Zuständig ist der Urkundsbeamte, der die Vergütung festgesetzt hat oder dessen Entscheidung angefochten worden ist. Im letzten Falle ist eine
Ausfertigung der Auszahlungsanordnung der gerichtlichen Entscheidung beizufügen
und dies in der Auszahlungsanordnung zu vermerken, eine Durchschrift ist zu den
Sachakten zu nehmen.[47]

9. Änderungsbefugnis. Der Urkundsbeamte kann, wenn der beigeordnete Rechts- 44
anwalt oder die Staatskasse Erinnerung gegen seine Festsetzungsverfügung einlegt, der
Erinnerung abhelfen. Er kann auch sonst – von Amts wegen – seinen Festsetzungsbeschluss ändern, solange noch keine gerichtliche Entscheidung über die Erinnerung
ergangen ist.[48] Eine solche Änderung ist zB zulässig und geboten, wenn sich die
Rechtsgrundlagen der Festsetzung geändert haben, insbesondere die für die Höhe
der Vergütung maßgebende Festsetzung des Gegenstandswerts abgeändert worden
ist.[49] Eine Änderung der Rechtsprechung ist aber nicht einer Änderung der für die
Festsetzung maßgebenden Rechtsgrundlagen gleichzusetzen.[50] Ob dies aus einer
rechtsanalogen Anwendung von § 49 VwVfG folgt,[51] sei hier dahingestellt, jedenfalls

---

[45] Vgl. Nr. 1.2.3 AVKostG (Fn. 33).
[46] Vgl. OLG Frankfurt/M JurBüro 1975, 1612.
[47] Vgl. zu allem Nr. 1.3 AVKostG (Fn. 33).
[48] OLG Stuttgart AnwBl. 1978, 462 = JurBüro1979, 363; aA *Gerold/Schmidt/von Eicken* § 56 Rn. 15; KG AnwBl. 1962, 19 = JurBüro 1961, 619 = Rpfleger 1962, 101, das zu Unrecht in der Entscheidung des Urkundsbeamten eine richterliche Entscheidung sieht, die grundsätzlich nicht jederzeit von Amts wegen geändert werden könne.
[49] OLG Stuttgart AnwBl. 1978, 462 = JurBüro 1979, 383; nach *Gerold/Schmidt/von Eicken* § 56 Rn. 16 nur auf Antrag.
[50] *Kraemer* AnwBl. 1979, 168 gegen OLG Stuttgart AnwBl. 1978, 462.
[51] So *Kraemer* AnwBl. 1979, 168, 169.

muss zugunsten des beigeordneten Rechtsanwalts dessen Vertrauen in den Bestand einer im Zeitpunkt ihres Erlasses im Einklang mit der Rechtsprechung stehenden Verfügung geschützt werden.

45   **10. Vorausgegangene Kostenfestsetzung.** Ist der Vergütungsfestsetzung eine Kostenfestsetzung nach §§ 103 ff., 126 ZPO vorausgegangen, so besteht nach Übergang des Erstattungsanspruchs auf die Staatskasse (§ 59 Abs. 1) für diese die Gefahr, dass der Gegner in Unkenntnis des Übergangs schuldbefreiend (§ 407 BGB) an den durch den Titel ausgewiesenen Gläubiger, den beigeordneten Rechtsanwalt, zahlt. Deshalb bestimmt Nr. 2.3.2 AVKostG,[52] dass der Rechtspfleger, wenn der Rechtsanwalt seinen Entschädigungsanspruch gegen die Staatskasse erst geltend macht, nachdem die von dem Gegner seiner Partei zu erstattenden Kosten bereits nach §§ 103 bis 107 oder § 126 ZPO festgesetzt worden sind, die Ausfertigung des Kostenfestsetzungsbeschlusses von demjenigen zurückzufordern hat, zu dessen Gunsten er ergangen ist. Nach Festsetzung der aus der Staatskasse zu gewährenden Vergütung hat er auf der Ausfertigung des Kostenfestsetzungsbeschlusses zu vermerken, um welchen Betrag sich die festgesetzten Kosten mindern und welcher Restbetrag noch zu erstatten ist, erforderlichenfalls hat er eine erläuternde Berechnung beizufügen. Die gleichen Vermerke hat er auf die Urschrift des Kostenfestsetzungsbeschlusses zu setzen und dort außerdem zu bescheinigen, dass die Ausfertigung mit denselben Vermerken versehen und zurückgesandt worden ist. Wird die Vergütung festgesetzt, ohne dass die Ausfertigung des Kostenfestsetzungsbeschlusses vorgelegt worden ist, so hat der Urkundsbeamte den erstattungspflichtigen Gegner zu benachrichtigen.[53] Entsprechendes gilt bei einer Festsetzung nach § 11.[54]

46   **11. Vollstreckung.** Der **Festsetzungsbeschluss** und die ihn abändernden gerichtlichen Entscheidungen sind **keine Vollstreckungstitel** iS des § 794 ZPO gegen den Staat. Trifft der Urkundsbeamte keine Auszahlungsanordnung oder verzögert die Kasse ohne zureichenden Grund deren Ausführung, dann ist dagegen die **Leistungsklage** beim Verwaltungsgericht, Finanzgericht oder Sozialgericht gegeben. Auch wenn der Anspruch auf Auszahlung eines bestimmten, bereits festgesetzten Geldbetrages geht, ist das Rechtsverhältnis, aus dem er abgeleitet wird, nach wie vor ein öffentlich-rechtliches und bleibt dies auch dann, wenn es um die Abwicklung dieses Rechtsverhältnisses geht.

47   Das gilt auch, soweit es sich um die Auszahlung der festgesetzten „weiteren Vergütung" nach §§ 50, 55 Abs. 6 handelt. Zwar liegt diesem Anspruch materiell keine öffentlich-rechtliche Entschädigungsforderung zugrunde, sondern eine privatrechtliche Vergütungsforderung des beigeordneten Rechtsanwalts, der Anspruch auf Auskehrung folgt aber aus der Beiordnung des Rechtsanwalts, mithin einem öffentlich-rechtlichen Rechtsverhältnis. Auch insoweit wird die Bundes- oder Landeskasse nicht als Fiskus – auf Erfüllung eines fiskalischen Rechtsgeschäfts –, sondern aus hoheitlichem Handeln in Anspruch genommen. Ein Anspruch auf **Prozesszinsen** kann mit einer solchen Leistungsklage verbunden werden. Sollen dagegen **Schadensersatzansprüche** aus Amtspflichtverletzung – seien es auch nur Verzugszinsen – geltend gemacht werden, dann ist dafür der ordentliche Rechtsweg gegeben. Solche Ansprüche können nicht mit einer verwaltungsgerichtlichen Leistungsklage geltend gemacht werden.

---

[52] S. Fn. 33.
[53] Vgl. Nr. 2.3.3 AVKostG (Fn. 33).
[54] Vgl. Nr. 2.3.6 AVKostG (Fn. 33).

IV. Rückforderung zu viel gezahlter Vergütung

Ergibt sich nach einer Änderung des Festsetzungsbeschlusses, dass an den beigeordneten Rechtsanwalt zu viel gezahlt ist, so erlangt die Staatskasse einen öffentlich-rechtlichen **Erstattungsanspruch**. Seine Rechtsgrundlage ist nicht in den zivilrechtlichen Vorschriften über die ungerechtfertigte Bereicherung zu suchen, sondern in einem feststehenden Grundsatz des allgemeinen Verwaltungsrechts, dass Leistungen, die zu Unrecht bewirkt worden sind, erstattet werden müssen.[55] **48**

Der Anspruch geht auf **Rückgewähr der ohne rechtlichen Grund empfangenen Leistung** und nicht nur auf das, was im Zeitpunkt der Geltendmachung von ohne Rechtsgrund Erlangten noch da ist. Dem Anspruch kann daher nicht entgegengehalten werden, das zu Unrecht Erhaltene sei verbraucht worden,[56] jedoch kann die Rückforderung gegen Treu und Glauben verstoßen.[57] Aufgrund einer geänderten Rechtsprechung kann eine an den beigeordneten Rechtsanwalt aus der Staatskasse gezahlte Vergütung nicht mehr zurückgefordert. werden.[58] Nach Auffassung des Kammergerichts[59] kann ein einem in Prozesskostenhilfe beigeordneten Rechtsanwalt zu Unrecht gewährter Vergütungsbetrag unter dem Gesichtspunkt des Vertrauensschutzes in entsprechender Anwendung des (jetzt) § 20 GKG nur zurückgefordert werden, wenn der berichtigte Ansatz dem rückzahlungspflichtigen Rechtsanwalt vor Ablauf des nächsten Kalenderjahres ab Kenntniserlangung des beigeordneten Rechtsanwalts von der erstmaligen Festsetzung mitgeteilt worden ist. Nach Ansicht des Landgerichts Rottweil[60] ist mehr als ein Jahr nach der Festsetzung keine Rückforderung einer überzahlten Pflichtverteidigervergütung mehr zulässig. **49**

Die abändernde Festsetzung beinhaltet noch nicht die Rückzahlungspflicht des Rechtsanwalts, sondern stellt nur die Rechtsgrundlosigkeit einer höheren Entschädigung fest. Der Rechtsanwalt kann daher mit der Erinnerung und Beschwerde nicht dagegen vorbringen, die Abänderung verstoße gegen Treu und Glauben oder er sei nicht mehr bereichert.[61] Ebenso kann der beigeordnete Rechtsanwalt im Änderungsbeschluss nicht zur Zurückzahlung des überzahlten Betrages aufgefordert werden. Eine Rückzahlungspflicht entsteht erst, wenn die zuständige Kasse, der die Wiedereinforderung obliegt, dem beigeordneten Rechtsanwalt die Erstattungspflicht auferlegt. Gegen diesen **Rückforderungsbescheid** kann der beigeordnete Rechtsanwalt gemäß § 8 Abs. 1 S. 1 JBeitrO im Verfahren nach § 55 **Erinnerung** und gegebenenfalls **Beschwerde** einlegen.[62] Auch in diesen Verfahren kann er nur die rechtshindernden oder rechtsvernichtenden Einwendungen vorbringen, die im Verfahren nach § 55 zulässig sind, also nicht die des Wegfalls der Bereicherung.[63] **50**

---

55 Vgl. BVerwGE 6, 1, 10; ob in diesen Fällen die §§ 812 ff. BGB, insbesondere § 818 Abs. 3 BGB entsprechend anzuwenden sind, lässt die Entscheidung offen, im Fall BVerwGE 6, 323 wurde dies verneint.
56 Vgl. OVG Hamburg MDR 1968, 1038; OLG Hamm NJW 1973, 574.
57 OLG Frankfurt/M NJW 1975, 206; OLG München Rpfleger 1972, 114; aA OLG Koblenz MDR 1974, 1040.
58 *Kraemer* AnwBl. 1979, 168 gegen OLG Stuttgart AnwBl. 1978, 462; OLG Hamburg AnwBl. 1982, 255.
59 AnwBl. 1976, 92.
60 AnwBl. 1980, 124.
61 OLG Celle Rpfleger 1981, 497; OLG Zweibrücken JurBüro 1983, 722.
62 LG Ulm AnwBl. 1978, 263.
63 OLG Celle Rpfleger 1981, 497; OLG Zweibrücken JurBüro 1983, 722.

§ 55   *Abschnitt 8. Beigeordneter oder bestellter Rechtsanwalt, Beratungshilfe*

51   Die Anordnung der Rückzahlung wird nach § 1 Abs. 1 Nr. 5 JBeitrO durch die Gerichtskasse oder sonstige Amtskasse vollstreckt, außerhalb des Anwendungsbereichs der JBeitrO nach den für die betreffende Kasse geltenden Verwaltungszwangsverfahrensvorschriften. Die Rückzahlungsaufforderung ist nicht sofort vollstreckbar. Die **Vollstreckung** darf erst zwei Wochen nach der Aufforderung, innerhalb von zwei Wochen (§ 5 Abs. 2 JBeitrO) zurückzuzahlen, beginnen und nur dann, wenn der rückzahlungspflichtige Rechtsanwalt von den ihm gegen den Zurückzahlungsbescheid zustehenden obigen Rechtsbehelfen keinen Gebrauch gemacht hat.

V. Bußgeldverfahren

52   § 55 Abs. 7 erstreckt den Anwendungsbereich der Abs. 1 und 5 auch auf das Bußgeldverfahren vor der Verwaltungsbehörde. An die Stelle des Urkundsbeamten der Geschäftsstelle tritt die Verwaltungsbehörde.

VI. Besonderheiten für das Patentgerichtsverfahren und das Verwaltungsverfahren beim Patentamt

53   Nach § 2 des Gesetzes über die Beiordnung von Patentanwälten bei Prozesskostenhilfe in der Fassung des Art. 4 Abs. 49 des Kostenrechtsmodernisierungsgesetzes vom 5. 5. 2004 (BGBl. I S. 718) sind auf die Erstattung der Gebühren und Auslagen des im Verfahren vor dem Patentgericht beigeordneten Patentanwalts die Vorschriften des Rechtsanwaltsvergütungsgesetzes, die für die Vergütung bei Prozesskostenhilfe gelten, sinngemäß mit folgenden Maßgaben anzuwenden:
1. Der Patentanwalt erhält eine Gebühr mit einem Gebührensatz von 1,0 und, wenn er eine mündliche Verhandlung oder einen Beweistermin wahrgenommen hat, eine Gebühr mit einem Gebührensatz von 2,0 nach § 49 des Rechtsanwaltsvergütungsgesetzes.
2. Reisekosten für die Wahrnehmung einer mündlichen Verhandlung oder eines Beweistermins werden nur ersetzt, wenn das Prozessgericht vor dem Termin die Teilnahme des Patentanwalts für geboten erklärt hat.

54   Das Nähere regelt das Gesetz über die Erstattung von Gebühren des beigeordneten Vertreters in Patent-, Gebrauchsmuster-, Geschmacksmuster-, Topographieschutz- und Sortenschutzsachen vom 18. 7. 1953 (BGBl. I S. 654) in der Fassung des Art. 4 Abs. 50 des Kostenrechtsmodernisierungsgesetzes vom 5. 5. 2004 (BGBl. I S. 718). Jenes Gesetz regelt nicht nur die Entschädigung des beigeordneten Vertreters aus der Staatskasse, sondern auch die des in **Verfahrenskostenhilfe** vor dem Deutschen Patent- und Markenamt und dem Bundespatentgericht in Patent-, Gebrauchsmuster-, Geschmacksmuster-, Topographieschutz- und Sortenschutzsachen **beigeordneten Rechtsanwalts**. Ein solcher Rechtsanwalt erhält im Verfahren vor dem Deutschen Patent- und Markenamt und dem Bundespatentgericht für die Patentanmeldung oder im Verfahren nach § 42 PatG eine $^{13}/_{10}$ Gebühr, für das Prüfungsverfahren eine $^{7}/_{10}$ Gebühr, für das Einspruchsverfahren und ein Verfahren wegen Beschränkung des Patents je eine $^{10}/_{10}$ Gebühr, für das Beschwerdeverfahren nach § 73 Abs. 3 PatG eine $^{13}/_{10}$ Gebühr und in allen anderen Beschwerdeverfahren je eine $^{3}/_{10}$ Gebühr, jeweils bezogen auf einen Gebührensatz von 360 Euro.

55   In **Gebrauchsmuster-, Geschmacksmuster-** und **Topographieschutzsachen** erhält der Rechtsanwalt jeweils im Eintragungsverfahren eine $^{10}/_{10}$ Gebühr, in Beschwerde-

verfahren gegen die Versagung der Eintragung eine $^{13}/_{10}$ Gebühr, im Löschungsverfahren eine $^{15}/_{10}$ Gebühr, im Beschwerdeverfahren gegen eine Entscheidung über den Löschungsantrag eine $^{20}/_{10}$ Gebühr und in anderen Beschwerdeverfahren eine $^{3}/_{10}$ Gebühr, jeweils bezogen auf den Gebührensatz von 360 Euro. In **Sortenschutzsachen** erhält der Rechtsanwalt im Beschwerdeverfahren eine $^{13}/_{10}$ Gebühr, bezogen auf den Gebührensatz von 360 Euro.

Bei diesen Gebühren handelt es sich um **Pauschgebühren,** die die gesamte Tätigkeit **56** des Rechtsanwalts von der Beiordnung bis zur Beendigung des Rechtszuges abgelten. Jede der Gebühren kann er gemäß § 6 des Gesetzes in jedem Rechtszug nur einmal beanspruchen. Im Übrigen sind gemäß § 7 des Gesetzes auf die Erstattung der Gebühren und Auslagen des Vertreters die Vorschriften des RVG, die für die Vergütung bei Prozesskostenhilfe gelten, sinngemäß mit folgenden Maßgaben anzuwenden:
1. Im **Prüfungsverfahren** entsteht eine Verfahrensgebühr mit einem Gebührensatz von 0,5, im Übrigen mit einem Gebührensatz von 1,0;
2. im Verfahren vor dem Deutschen Patent- und Markenamt sind an Stelle der §§ 55 und 56 der § 62 Abs. 2 S. 2, 4 des Patentgesetzes sowie § 104 Abs. 2 ZPO entsprechend anzuwenden.

Im Verfahren wegen Erklärung der **Nichtigkeit** oder **Zurücknahme** des Patents **57** oder wegen Erteilung einer **Zwangslizenz** sind gemäß § 8 S. 1 des Gesetzes die Vorschriften des RVG, die für die Vergütung bei Prozesskostenhilfe gelten, entsprechend anzuwenden; dies gilt gemäß § 9 des Gesetzes auch für Verfahren vor dem **Bundesgerichtshof** in Patentsachen.

§ 56 Erinnerung und Beschwerde

(1) ¹Über Erinnerungen des Rechtsanwalts und der Staatskasse gegen die Festsetzung nach § 55 entscheidet das Gericht des Rechtszugs, bei dem die Festsetzung erfolgt ist, durch Beschluss. ²Im Fall des § 55 Abs. 3 entscheidet die Strafkammer des Landgerichts. ³Im Fall der Beratungshilfe entscheidet das nach § 4 Abs. 1 des Beratungshilfegesetzes zuständige Gericht.

(2) ¹Im Verfahren über die Erinnerung gilt § 33 Abs. 4 Satz 1, Abs. 7 und 8 und im Verfahren über die Beschwerde gegen die Entscheidung über die Erinnerung § 33 Abs. 3 bis 8 entsprechend. ²Das Verfahren über die Erinnerung und über die Beschwerde ist gebührenfrei. ³Kosten werden nicht erstattet.

Übersicht

	Rn.		Rn.
I. Grundzüge	1, 2	4. Einlegung der Beschwerden	21, 22
II. Der Rechtsweg	3–31	5. Anträge, Erklärungen	23
		6. Besetzung des Spruchkörpers	24–27
1. Erinnerung	3–10	7. Gegenvorstellungen	28
2. Beschwerde	11–17	8. Kosten	29
3. Weitere Beschwerde	18–20	9. Rechtskraft	30, 31

I. Grundzüge

§ 56 regelt die Rechtsbehelfe gegen die gemäß § 55 getroffenen Entscheidungen über **1** die Festsetzung der aus der Staatskasse zu zahlenden Vergütungen und Vorschüsse. Abs. 1 S. 1 konzentriert die Entscheidungszuständigkeit für **Erinnerungen** des Rechtsanwalts

§ 56   *Abschnitt 8. Beigeordneter oder bestellter Rechtsanwalt, Beratungshilfe*

und der Bundes- oder Landeskasse bei dem Gericht des Rechtszugs, bei dem die Vergütung oder der Vorschuss festgesetzt ist. Damit wird die bisherige Differenzierung der Zuständigkeiten bei Erinnerungen nach § 98 Abs. 2 BRAGO (Entscheidung des Vorsitzenden des Gerichts) und § 128 Abs. 3 BRAGO (Entscheidung des Gerichts) aufgegeben.

2   § 56 Abs. 2 S. 1 regelt die **Beschwerde** gegen die nach § 56 Abs. 1 erlassenen Beschlüsse, indem Vorschriften des § 33 über die Beschwerde gegen die Wertfestsetzung für die Rechtsanwaltsgebühren für entsprechend anwendbar erklärt werden. § 56 Abs. 2 S. 2, 3 enthält eine den §§ 98 Abs. 4, 128 Abs. 5 BRAGO entsprechende **Kostenbestimmung**.

II. Der Rechtsweg

3   **1. Erinnerung.** Gegen die Festsetzungsverfügung des Urkundsbeamten ist der Rechtsbehelf der Erinnerung gegeben. Befugt, Erinnerung einzulegen, sind der beigeordnete Rechtsanwalt, seine Rechtsnachfolger[1] und die Bundes- oder Landeskasse.

4   Nicht erinnerungsberechtigt ist die Partei oder der kostenpflichtige Gegner. Auch der Beschuldigte ist nicht erinnerungsberechtigt, selbst wenn ihm die festgesetzte Vergütung nach dem Auslagentatbestand Nr. 9007 des Kostenverzeichnisses zum GKG zur Last fällt. Er kann nur später gegen den ihn belastenden Kostenansatz Erinnerung nach § 66 GKG einlegen, wobei eine Bindung an die nach § 55 erfolgte Festsetzung nicht besteht.[2] Die Bundes- oder Landeskasse kann nicht zugunsten des Rechtsanwalts Erinnerung einlegen.

5   Die Erinnerung ist nicht fristgebunden[3] und kann zu Protokoll der Geschäftsstelle erklärt oder schriftlich oder in elektronischer Form eingereicht werden; es besteht kein Anwaltszwang (§ 56 Abs. 2 S. 1, § 33 Abs. 7 S. 1). Solange noch keine gerichtliche Entscheidung über die Erinnerung ergangen ist, kann der Urkundsbeamte ihr abhelfen.[4] Gegen den geänderten Festsetzungsbeschluss kann die betroffene Staatskasse Erinnerung einlegen.

6   Hilft der Urkundsbeamte der Erinnerung nicht ab, dann legt er sie dem Gericht zur Entscheidung vor. **Zuständig** ist das Gericht, **bei dem die Vergütung festgesetzt** wurde. Im Falle der Festsetzung einer Vergütung für den einer **Kontaktperson** nach § 34a EGGVG beigeordneten Rechtsanwalt entscheidet gemäß § 56 Abs. 1 S. 2 die Strafkammer des für den Ort der Verwahrung des Gefangenen zuständigen Landgerichts. Im Falle der **Beratungshilfe** ist gemäß § 56 Abs. 1 S. 3, § 4 Abs. 1 BerHG das Amtsgericht zuständig, in dessen Bezirk der Rechtsuchende seinen allgemeinen Gerichtsstand hat oder falls dies im Inland nicht der Fall ist, das Amtsgericht, in dessen Bezirk das Bedürfnis für Beratungshilfe aufgetreten ist.

7   Streitgegenstand eines Erinnerungsverfahrens ist die **gesamte Kostenfestsetzung**, nicht nur die einzelne Gebühr, gegen deren Versagung sich die Erinnerung richtet. Weder braucht mit der Erinnerung ein bestimmter Antrag gestellt zu werden, noch

---

[1] S. § 55 Rn. 19.
[2] *Gerold/Schmidt/Madert* § 98 BRAGO Rn. 5; *Gerold/Schmidt/von Eicken* Rn. 3.
[3] Ausdrücklich jetzt BT-Drucks. 15/4952 S. 78; vgl. *Hartung/Römermann* Rn. 8; der gegenteiligen Auffassung von *Gerold/Schmidt/von Eicken* (Rn. 5), die Erinnerung sei gemäß § 573 Abs. 1 ZPO binnen einer Notfrist von zwei Wochen einzulegen, ist nicht zuzustimmen, da es sich bei der Erinnerung nach § 56 um eine Entscheidung nach dem RVG und nicht gegen eine dem Recht der ZPO unterliegende Nebenentscheidung handelt.
[4] *Gerold/Schmidt/von Eicken* Rn. 15; § 35 Abs. 2 S. 1 KostVfg.

ist das Gericht an einen solchen Antrag gebunden, wohl aber an das Verbot der reformatio in peius.[5] Der von *Mümmler*[6] gezogene Schluss, dass die Rechte des Gerichts nicht geringer sein können als die Rechte der Verwaltung in dem vorausgegangenen Verwaltungsverfahren, in dem das **Verbot der reformatio in peius** nur gelte, wenn es der Gesetzgeber ausdrücklich ausgesprochen hat, verkennt die den Richtern zugewiesene Aufgabe der Rechtschutzgewährung. Deshalb wurde durch das KostÄndG vom 20. 8. 1975 (BGBl. I S. 2189) die bis dahin dem Gericht eingeräumte Möglichkeit beseitigt, seine Entscheidung von Amts wegen zu ändern, und der Gesetzesvorschlag damit begründet, dass dem Erinnerungsführer ein Anspruch auf eine endgültige gerichtliche Entscheidung gegeben und klargestellt werden solle, dass der Kostenansatz aufgrund der Erinnerung des Erinnerungsführers nicht zu dessen Nachteil geändert werden dürfe; die bisher zum Teil vertretene Rechtsansicht, dass dies möglich sei, stütze sich im Wesentlichen auf die Befugnis des Gerichts zur Änderung der Erinnerungsentscheidung von Amts wegen.[7] Auf die Erinnerung des Erinnerungsführers hin ist daher die gesamte Kostenfestsetzung zu überprüfen und zu berichtigen, sie darf nur im Gesamtbetrag nicht zum Nachteil des Erinnerungsführers abgeändert werden. Das gilt auch für eine Erinnerung der Bundes- oder Landeskasse.

Erinnerungen oder Beschwerden namens der **Staatskasse** sind gemäß Nr. 1.4.3 der Vereinbarung über die Festsetzung der aus der Staatskasse zu gewährenden Vergütung der Rechtsanwälte und Steuerberater vom 10. 12. 1980[8] nur zu erheben, wenn es sich um Fragen von grundsätzlicher Bedeutung oder um Beträge handelt, die nicht in offensichtlichem Missverhältnis zu dem durch das Erinnerungs- oder Beschwerdeverfahren entstehenden Zeit- und Arbeitsaufwand stehen. Der Urkundsbeamte ist angewiesen, alle beschwerdefähigen gerichtlichen Entscheidungen, durch die eine Festsetzung zuungunsten der Staatskasse geändert wird, vor Anweisung des Mehrbetrages dem zur Vertretung der Staatskasse zuständigen Beamten mitzuteilen.[9] **8**

Für die Einlegung der Erinnerung ist eine **Beschwer** erforderlich.[10] Da der Urkundsbeamte aber – ohne Bindung an den Inhalt eines etwaigen bezifferten Antrags – die richtige Vergütung festzusetzen hat, kann es für die Beschwer des beigeordneten Rechtsanwalts nicht auf eine Differenz zu dem von ihm gestellten Festsetzungsantrag, sondern nur auf eine Differenz zwischen dem vom Urkundsbeamten festgesetzten und dem mit der Erinnerung von ihm geforderten Betrag ankommen. **9**

Damit beantwortet sich auch die Frage, ob der Erinnerungsführer mit der Erinnerung **Forderungen „nachschieben"** darf: Er darf es, und der Urkundsbeamte hat der Erinnerung abzuhelfen, wenn er diese Forderung des beigeordneten Rechtsanwalts für begründet hält, wie er sie schon von Amts wegen hätte berücksichtigen müssen, wenn er ihre Berechtigung erkannt hätte. Allerdings ist in einem solchen Fall vorher die Staatskasse zu hören. **10**

2. Beschwerde. Soweit der Urkundsbeamte einer Erinnerung nicht abhilft, können die Antragsberechtigten gemäß § 56 Abs. 2 S. 1, § 33 Abs. 3 S. 1 gegen die Entscheidung über die Erinnerung die Beschwerde einlegen, wenn der Wert des Be- **11**

---

5 *Schumann/Geißinger* § 128 BRAGO Rn. 18; *Gerold/Schmidt/von Eicken* Rn. 21; OLG Düsseldorf AnwBl. 1980, 463.
6 JVBl. 1971, 148; vgl. auch JurBüro 1975, 1626.
7 BT-Drucks. 7/2016 S. 68 zu § 5 GKG nF.
8 Abgedruckt mit Fundstellen bei *Hartmann* S. 1090 ff., künftig zitiert AVKostG.
9 Nr. 1.4.2 AVKostG.
10 Eine Erinnerung der Staatskasse zugunsten des Rechtsanwalts ist somit nicht zulässig.

§ 56 *Abschnitt 8. Beigeordneter oder bestellter Rechtsanwalt, Beratungshilfe*

schwerdegegenstands, der nach der BRAGO 50 Euro betrug, **200 Euro übersteigt**. Beschwerdegegenstand ist die Differenz zwischen der festgesetzten und der mit der Beschwerde geforderten Vergütung. Dabei ist die auf die Vergütung entfallende Umsatzsteuer hinzuzurechnen, ungeachtet dessen, dass der Rechtsanwalt sie wieder an das Finanzamt abzuführen hat.[11]

12   Damit geht das Gesetz davon aus, dass bei einem Beschwerdewert **bis zu 200 Euro** grundsätzlich *eine* richterliche Entscheidung ausreicht. In diesen Fällen gibt aber § 56 Abs. 2 S. 1, § 33 Abs. 3 S. 2 dem Gericht, das die angefochtene Entscheidung erlassen hat, die Möglichkeit, die Beschwerde wegen der grundsätzlichen Bedeutung der zur Entscheidung stehenden Frage in dem Beschluss zuzulassen. Die **Zulassungsbeschwerde** macht damit auch solche Fragen von grundsätzlicher kostenrechtlicher Bedeutung einer Überprüfung durch das Beschwerdegericht zugänglich, über die nach bisherigem Recht bei einem Gegenstandswert bis zu 50 Euro von den Beschwerdegerichten nicht entschieden werden konnte. An die Zulassung der Beschwerde ist das Beschwerdegericht gemäß § 56 Abs. 2 S. 1, § 33 Abs. 4 S. 4 Hs. 1 **gebunden**. Ein Rechtsbehelf gegen die **Nichtzulassung** der Beschwerde ist gemäß § 56 Abs. 2 S. 1, § 33 Abs. 4 S. 4 Hs. 2 nicht gegeben.

13   Die **Beschwerdefrist** beträgt gemäß § 56 Abs. 2 S. 1, § 33 Abs. 3 S. 3 zwei Wochen. Sie beginnt mit der Zustellung des nach Abs. 1 S. 1 erlassenen Beschlusses. Im Falle nicht fristgerechter Einlegung ist die Beschwerde unzulässig. Das Gericht, dessen Entscheidung angefochten wird, hat gemäß § 56 Abs. 2 S. 1, § 33 Abs. 4 S. 1 der Beschwerde, soweit es sie für zulässig und begründet hält, **abzuhelfen**.

14   Soweit eine Änderung der angefochtenen Entscheidung danach nicht in Betracht kommt, ist die Beschwerde unverzüglich dem Beschwerdegericht vorzulegen. Daraus folgt zum einen, dass auch in den Fällen, in denen durch eine Teilabhilfe die verbleibende Restbeschwer 200 Euro nicht übersteigt, der Vorgang dem Beschwerdegericht zur Entscheidung über den restlichen Teil der Beschwerde vorzulegen ist, ohne dass es insoweit einer gesonderten Zulassung der Beschwerde bedarf. Zum anderen bringt der Gesetzgeber mit dem Wort „unverzüglich" zum Ausdruck, dass die Klärung der Frage, welche Vergütung aus der Staatskasse zu zahlen ist, in der Regel keinen Aufschub duldet. Demgemäß dürfte auch das Beschwerdegericht – jedenfalls in den Fällen, in denen es sich um vergleichsweise hohe Beschwerdewerte handelt – verpflichtet sein, die Beschwerde als eilige Angelegenheit zu behandeln.

15   **Beschwerdegericht** ist gemäß § 56 Abs. 2 S. 1, § 33 Abs. 4 S. 2 das nächsthöhere Gericht, also das Landgericht bei Entscheidungen des Amtsgerichts und das Oberlandesgericht bei Entscheidungen des Landgerichts. Das Gesetz sieht in § 56 Abs. 2 S. 1, § 33 Abs. 4 S. 2 und 3 zwei Ausnahmen vor: Ein oberster Gerichtshof des Bundes kommt als Beschwerdegericht nicht in Betracht; eine Beschwerde an diese Gerichte findet nicht statt. Über Beschwerden des Rechtsanwalts und der Staatskasse gegen die Vergütungsfestsetzung der Amtsgerichte in bürgerlichen Rechtsstreitigkeiten der in § 119 Abs. 1 Nr. 1, Abs. 2 und 3 GVG bezeichneten Art entscheidet nicht das Landgericht, sondern das Oberlandesgericht. Die Bestimmungen des § 119 GVG und des dort in Abs. 2 in Bezug genommenen § 23 b Abs. 1 und 2 GVG lauten:

---

[11] *Schumann/Geißinger* § 9 BRAGO Rn. 29; *Gerold/Schmidt/Madert* § 32 Rn. 265; *Tschischgale* JurBüro 1956, 1; *Chemnitz* AnwBl. 1962, 55; OLG Hamm JurBüro 1960, 346; Rpfleger 1969, 64; KG MDR 1958, 701 = Rpfleger 1960, 179 m. zust. Anm. *Lappe*; OLG München NJW 1963, 392 = MDR 1963, 233; OLG Düsseldorf JurBüro 1964, 280; LG Limburg AnwBl. 1972, 56; KG AnwBl. 1980, 467.

„§ 119 GVG
(1) Die Oberlandesgerichte sind in bürgerlichen Rechtsstreitigkeiten zuständig für die Verhandlung und Entscheidung über die Rechtsmittel:
1. der Berufung und der Beschwerde gegen Entscheidungen der Amtsgerichte
   a) in den von den Familiengerichten entschiedenen Sachen;
   b) in Streitigkeiten über Ansprüche, die von einer oder gegen eine Partei erhoben werden, die ihren allgemeinen Gerichtsstand im Zeitpunkt der Rechtshängigkeit in erster Instanz außerhalb des Geltungsbereiches dieses Gesetzes hatte;
   c) in denen das Amtsgericht ausländisches Recht angewendet und dies in den Entscheidungsgründen ausdrücklich festgestellt hat;
2. ...
(2) § 23 b Abs. 1 und 2 gilt entsprechend.
(3) Durch Landesgesetz kann bestimmt werden, dass die Oberlandesgerichte über Absatz 1 hinaus für alle Berufungen und Beschwerden gegen amtsgerichtliche Entscheidungen zuständig sind. Das Nähere regelt das Landesrecht; es kann von der Befugnis nach Satz 1 in beschränktem Umfang Gebrauch machen, insbesondere die Bestimmung auf die Entscheidungen einzelner Amtsgerichte oder bestimmter Sachen beschränken.
(4) bis (6) ...

§ 23 b GVG
(1) Bei den Amtsgerichten werden Abteilungen für Familiensachen (Familiengerichte) gebildet. Familiensachen sind:
1. Ehesachen;
2. Verfahren betreffend die elterliche Sorge für ein Kind, soweit nach den Vorschriften des Bürgerlichen Gesetzbuchs hierfür das Familiengericht zuständig ist;
3. Verfahren über die Regelung des Umgangs mit einem Kind, soweit nach den Vorschriften des Bürgerlichen Gesetzbuchs hierfür das Familiengericht zuständig ist;
4. Verfahren über die Herausgabe eines Kindes, für das die elterliche Sorge besteht;
5. Streitigkeiten, die die durch Verwandtschaft begründete gesetzliche Unterhaltspflicht betreffen;
6. Streitigkeiten, die die durch Ehe begründete gesetzliche Unterhaltspflicht betreffen;
7. Verfahren, die den Versorgungsausgleich betreffen;
8. Verfahren über Regelungen nach der Verordnung über die Behandlung der Ehewohnung und des Hausrats;
8 a. Verfahren nach dem Gewaltschutzgesetz, wenn die Beteiligten einen auf Dauer angelegten gemeinsamen Haushalt führen oder innerhalb von sechs Monaten vor der Antragstellung geführt haben;
9. Streitigkeiten über Ansprüche aus dem ehelichen Güterrecht, auch wenn Dritte am Verfahren beteiligt sind;
10. Verfahren nach den §§ 1382 und 1383 des Bürgerlichen Gesetzbuchs;
11. Verfahren nach den §§ 10 bis 12 sowie nach § 47 des Internationalen Familienrechtsverfahrensgesetzes vom 26. Januar 2005 (BGBl. I S. 162);
12. Kindschaftssachen;
13. Streitigkeiten über Ansprüche nach den §§ 1615 l, 1615 m des Bürgerlichen Gesetzbuchs;
14. Verfahren nach § 1303 Abs. 2 bis 4, § 1308 Abs. 2 und § 1315 Abs. 1 Satz 1 Nr. 1, Satz 3 des Bürgerlichen Gesetzbuchs;
15. Lebenspartnerschaftssachen.
(2) Sind wegen des Umfangs der Geschäfte oder wegen der Zuweisung von Vormundschafts-, Betreuungs- und Unterbringungssachen mehrere Abteilungen für Familiensachen zu bilden, so sollen alle Familiensachen, die denselben Personenkreis betreffen, derselben Abteilung zugewiesen werden. Wird eine Ehesache rechtshängig, während eine andere Familiensache nach Absatz 1 Satz 2 Nr. 6 bis 10 bei einer anderen Abteilung im ersten Rechtszug anhängig ist, so ist diese von Amts wegen an die Abteilung der Ehesache abzugeben; für andere Familiensachen nach Absatz 1 Satz 2 Nr. 2 bis 5 gilt dies nur, soweit sie betreffen

§ 56 *Abschnitt 8. Beigeordneter oder bestellter Rechtsanwalt, Beratungshilfe*

1. in den Fällen der Nummer 2 die elterliche Sorge für ein gemeinschaftliches Kind einschließlich der Übertragung der elterlichen Sorge oder eines Teils der elterlichen Sorge wegen Gefährdung des Kindeswohls auf einen Elternteil, Vormund oder Pfleger,
2. in den Fällen der Nummer 3 die Regelung des Umgangs mit einem gemeinschaftlichen Kind der Ehegatten nach den §§ 1684 und 1685 des Bürgerlichen Gesetzbuchs oder des Umgangs des Ehegatten mit einem Kind des anderen Ehegatten nach § 1685 Abs. 2 des Bürgerlichen Gesetzbuchs,
3. in den Fällen der Nummer 4 die Herausgabe eines Kindes an den anderen Elternteil,
4. in den Fällen der Nummer 5 die Unterhaltspflicht gegenüber einem gemeinschaftlichen Kind.

Wird bei einer Abteilung ein Antrag in einem Verfahren nach den §§ 10 bis 12 des Internationalen Familienrechtsverfahrensgesetzes vom 26. Januar 2005 (BGBl. I S. 162) anhängig, während eine Familiensache nach Absatz 1 Satz 2 Nr. 2 bis 4 bei einer anderen Abteilung im ersten Rechtszug anhängig ist, so ist diese von Amts wegen an die erstgenannte Abteilung abzugeben; dies gilt nicht, wenn der Antrag offensichtlich unzulässig ist. Auf übereinstimmenden Antrag beider Elternteile sind die Regelungen des Satzes 3 auch auf andere Familiensachen anzuwenden, an denen diese beteiligt sind.

(3) ...

16   Gegen die Versäumung der Beschwerdefrist kann gemäß § 56 Abs. 2 S. 1, § 33 Abs. 5 S. 1 und 2 **Wiedereinsetzung in den vorigen Stand** gewährt werden. Die Wiedereinsetzung setzt voraus:
– die substantiierte Darlegung, dass der Beschwerdeführer ohne sein Verschulden an der Fristwahrung verhindert war,
– die Glaubhaftmachung dieser Tatsachen (§ 294 ZPO),
– einen Antrag des Beschwerdeführers an das Beschwerdegericht, der innerhalb von zwei Wochen nach der Beseitigung des Hindernisses einzulegen, nach Ablauf eines Jahres, von dem Ende der versäumten Frist an gerechnet, aber nicht mehr statthaft ist.

17   Gegen die Ablehnung des Antrags auf Wiedereinsetzung in den vorigen Stand ist gemäß § 56 Abs. 2 S. 1, § 33 Abs. 5 S. 3 bis 6 der **Beschwerde** statthaft. Sie ist innerhalb von zwei Wochen einzulegen, wobei die Frist mit der Zustellung der Entscheidung beginnt. Soweit im Übrigen gemäß § 56 Abs. 2 S. 1, § 33 Abs. 5 S. 6 die Bestimmungen des § 33 Abs. 4 S. 1 bis 3 entsprechend gelten, wird auf die Ausführungen in Rn. 14 und 15 Bezug genommen.

18   **3. Weitere Beschwerde.** Abweichend vom bisherigen Recht sieht § 56 Abs. 2 S. 1, § 33 Abs. 6 die weitere Beschwerde gegen Entscheidungen des Beschwerdegerichts vor. Die weitere Beschwerde ist aber nur zulässig, wenn das **Landgericht** als Beschwerdegericht entschieden und sie wegen der grundsätzlichen Bedeutung der zur Entscheidung stehenden Frage in dem Beschluss **zugelassen** hat.

19   Die weitere Beschwerde kann nur darauf gestützt werden, dass die Entscheidung auf einer **Verletzung des Rechts** entsprechend den §§ 546 und 547 ZPO beruht. Sie ist gemäß § 56 Abs. 2 S. 1, § 33 Abs. 6 S. 4, Abs. 3 S. 3 innerhalb von **zwei Wochen** nach Zustellung der Entscheidung einzulegen.

20   Hinsichtlich der **Abhilfemöglichkeit** des Beschwerdegerichts, der **Bindung** des Gerichts der weiteren Beschwerde an deren Zulassung und der **Wiedereinsetzung** in den vorigen Stand gegen die Versäumung der Frist zur Einlegung der weiteren Beschwerde erklären § 56 Abs. 2 S. 1, § 33 Abs. 6 S. 4 die für die Beschwerde geltenden Bestimmungen des § 33 Abs. 4 S. 1, 4 und Abs. 5 für entsprechend anwendbar. Auf die diesbezüglichen Ausführungen in Rn. 13 bis 17 wird verwiesen. Die **Entscheidung** über

Erinnerung und Beschwerde **§ 56**

die weitere Beschwerde obliegt gemäß § 56 Abs. 2 S. 1, § 33 Abs. 6 S. 3 dem **Oberlandesgericht**.

4. Einlegung der Beschwerden. Die Beschwerde gegen die nach § 56 Abs. 1 erlassenen Beschlüsse, die weitere Beschwerde gegen Entscheidungen des Landgerichts als Beschwerdegericht und die Beschwerde gegen die Ablehnung der Wiedereinsetzung in den vorigen Stand sind gemäß § 56 Abs. 2 S. 1, § 33 Abs. 7 S. 2 jeweils bei dem Gericht einzulegen, dessen Entscheidung angefochten wird. **21**

Die Möglichkeit, die Beschwerde rechtswirksam auch beim Beschwerdegericht einzulegen, ist zu Recht nicht eröffnet. Das Beschwerdegericht hätte die Akten nämlich in jedem Fall sogleich dem Gericht zuzuleiten, das die mit der Beschwerde angefochtene Entscheidung erlassen hat, weil dieses im Fall der zulässigen und begründeten Beschwerde zur Abhilfe befugt und verpflichtet ist. **22**

5. Anträge, Erklärungen. Gemäß § 56 Abs. 2 S. 1, § 33 Abs. 7 S. 1 können Anträge und Erklärungen – hierunter fällt „jede wie immer geartete Äußerung", die ein Verfahrensbeteiligter abgeben will oder muss[12] – zu Protokoll der Geschäftsstelle gegeben oder schriftlich oder in elektronischer Form eingereicht werden; § 129 a und § 130 a ZPO gelten entsprechend. Es besteht kein Anwaltszwang. **23**

6. Besetzung des Spruchkörpers. § 56 Abs. 2 S. 1, § 33 Abs. 8 S. 1 bis 3 regelt, in welcher Besetzung der zuständige Spruchkörper über die angefochtene Entscheidung zu befinden hat. Die Entscheidung hat danach **grundsätzlich** der **Einzelrichter** zu treffen, und zwar auch in Beschwerdeverfahren und in Verfahren über die weitere Beschwerde. Dies erscheint sachgerecht, weil an die Entscheidungen in Kostensachen idR nicht so hohe Anforderungen gestellt werden müssen wie an die Entscheidung in der Hauptsache. **24**

Weist die Sache indes besondere Schwierigkeiten tatsächlicher oder rechtlicher Art auf oder hat die Rechtssache grundsätzliche Bedeutung, muss der Einzelrichter das Verfahren der **Kammer** oder dem **Senat** in der im GVG jeweils vorgeschriebenen Besetzung **übertragen**. Der Spruchkörper entscheidet gemäß § 56 Abs. 2 S. 1, § 33 Abs. 8 S. 3 aber immer ohne Mitwirkung ehrenamtlicher Richter. **25**

Überträgt der Einzelrichter des Landgerichts das Beschwerdeverfahren auf die Kammer, hat auf eine weitere Beschwerde gegen deren Entscheidung der Senat des Oberlandesgerichts ebenfalls in seiner Besetzung mit Berufsrichtern zu entscheiden. Dies folgt aus § 56 Abs. 2 S. 1, § 33 Abs. 8 S. 1 Hs. 2, wonach der Einzelrichter im Beschwerdeverfahren nur dann zu entscheiden hat, wenn die angefochtene Entscheidung von einem Einzelrichter erlassen wurde. Damit wird sichergestellt, dass die Entscheidung eines Kollegialgerichts auch nur durch ein anderes Kollegialgericht korrigiert werden kann. **26**

Eine in Bezug auf die Übertragung des Verfahrens auf die Kammer oder den Senat fehlerhafte Maßnahme des Einzelrichters hat keine rechtlichen Folgen. Denn nach § 56 Abs. 2 S. 1, § 33 Abs. 8 S. 4 kann auf eine erfolgte oder unterlassene Übertragung ein Rechtsmittel nicht gestützt werden. **27**

7. Gegenvorstellungen. Gegenvorstellungen können gegen Zwischenverfügungen des Urkundsbeamten ebenso wie gegen Erinnerungs- und Beschwerdeentscheidungen erhoben werden, auch wenn kein Rechtsmittel (mehr) gegeben ist.[13] **28**

---

[12] *Baumbach/Hartmann*, ZPO, 62. Aufl., § 129 a Rn. 5.
[13] *Gerold/Schmidt/von Eicken* Rn. 26.

29 **8. Kosten.** Das Erinnerungs- und das Beschwerdeverfahren sind gemäß § 56 Abs. 2 S. 2 gerichtsgebührenfrei. Da Kosten gemäß § 56 Abs. 2 S. 3 nicht erstattet werden, erhält der Rechtsanwalt für seine Tätigkeit in diesen Verfahren keine Vergütung.

30 **9. Rechtskraft.** Im Sinne des § 705 ZPO erwächst weder die Festsetzung des Urkundsbeamten noch die Entscheidung des Gerichts in Rechtskraft.[14] Das gilt auch, wenn der Rechtsweg erschöpft ist, da auch dann, zB bei Bekanntwerden neuer Umstände, die eine andere rechtliche Beurteilung rechtfertigen, eine Nachfestsetzung durch den Urkundsbeamten über den in der Beschwerdeentscheidung zuerkannten Betrag hinaus zulässig ist. Allerdings befristet § 63 Abs. 3 S. 2 GKG eine Änderung der gerichtlichen Wertfestsetzung auf sechs Monate, nachdem die Entscheidung in der Hauptsache Rechtskraft erlangt oder das Verfahren sich anderweitig erledigt hat.

31 Ob und nach welcher Zeit eine **Verwirkung** des Antrags- und Erinnerungsrechts anzunehmen ist – eine Verwirklichung des Beschwerderechts kommt im Hinblick auf die für die Einlegung der Beschwerde nunmehr vorgeschriebene Notfrist mit Wiedereinsetzungsmöglichkeit nicht in Betracht – ist streitig. Das OLG Hamm[15] knüpft insoweit an eine „endgültige Erledigung des Erstattungsverfahrens" an, nach der nach einer gewissen Frist der Einwand der „Rechtssicherheit" gegen Änderungswünsche gegeben sein soll. Die Länge dieser Frist könne nicht für alle Fälle gleich beantwortet werden, nach Absetzung beantragter Gebühren oder Auslagen durch den Urkundsbeamten werde eine Frist von einigen Monaten regelmäßig ausreichen, um eine endgültige Erledigung annehmen zu können, wenn der beigeordnete Rechtsanwalt dagegen keine Erinnerung eingelegt habe. Nach *Gerold/Schmidt/von Eicken*[16] ist eine Verwirkung des Antragsrechts dann anzunehmen, wenn die Geltendmachung so lange verzögert wird, dass die Kostenberechnung längst abgewickelt ist und sich alle Beteiligten darauf eingestellt haben, dass sich die Kostenfrage erledigt habe. Insoweit sei der die Nachforderungen der Staatskasse wegen irrigen Kostenansatzes regelnde § 20 GKG analog auf die Nachfestsetzung von Entschädigungsforderungen des beigeordneten Rechtsanwalts anzuwenden.[17] Innerhalb dieser Frist könnten die Staatskasse ebenso wie der beigeordnete Rechtsanwalt auch noch aufgrund einer Änderung der Rechtsprechung mit verfahrensrechtlich noch gegebenen Möglichkeiten nachliquidieren. Dem ist zuzustimmen.

---

[14] So auch OLG Hamm AnwBl. 1967, 204; *Holger Schmidt* Rpfleger 1974, 177, 180.
[15] AnwBl. 1967, 204.
[16] Rn. 27.
[17] So grundsätzlich auch OLG Düsseldorf JurBüro 1996, 144 f. zu § 7 GKG aF.

§ 57 Rechtsbehelf in Bußgeldsachen vor der Verwaltungsbehörde

¹Gegen Entscheidungen der Verwaltungsbehörde im Bußgeldverfahren nach den Vorschriften dieses Abschnitts kann gerichtliche Entscheidung beantragt werden. ²Für das Verfahren gilt § 62 des Gesetzes über Ordnungswidrigkeiten.

Übersicht

	Rn.		Rn.
I. Grundzüge	1, 2	3. Antragsberechtigung	7, 8
II. Antrag auf gerichtliche Entscheidung	3–9	4. Abhilfebefugnis	9
		III. Entscheidung des Gerichts	10–16
1. Anfechtbare Entscheidungen	3, 4	1. Zuständigkeit	10
2. Der Antrag	5, 6	2. Entscheidung	11–13
		3. Kosten	14–16

I. Grundzüge

§ 57 S. 1 enthält eine Regelung über die gerichtliche Überprüfung von Entscheidungen, die die Verwaltungsbehörde im Bußgeldverfahren nach den Vorschriften des Abschnitts 8 des RVG getroffen hat. Der statthafte Rechtsbehelf ist der Antrag auf gerichtliche Entscheidung. **1**

§ 57 S. 2 bestimmt, dass für das Verfahren über diesen Antrag § 62 OWiG gilt.[1] Diese Vorschrift lautet: **2**

§ 62 Rechtsbehelf gegen Maßnahmen der Verwaltungsbehörde
(1) Gegen Anordnungen, Verfügungen und sonstige Maßnahmen, die von der Verwaltungsbehörde im Bußgeldverfahren getroffen werden, können der Betroffene und andere Personen, gegen die sich die Maßnahme richtet, gerichtliche Entscheidung beantragen. Dies gilt nicht für Maßnahmen, die nur zur Vorbereitung der Entscheidung, ob ein Bußgeldbescheid erlassen oder das Verfahren eingestellt wird, getroffen werden und keine selbständige Bedeutung haben.
(2) Über den Antrag entscheidet das nach § 68 zuständige Gericht. Die §§ 297 bis 300, 302, 306 bis 309 und 311a der Strafprozessordnung sowie die Vorschriften der Strafprozessordnung über die Auferlegung der Kosten des Beschwerdeverfahrens gelten sinngemäß. Die Entscheidung des Gerichts ist nicht anfechtbar, soweit das Gesetz nichts anderes bestimmt.

Die nach § 62 Abs. 2 S. 2 OWiG sinngemäß geltenden Vorschriften der StPO lauten:

§ 297. Für den Beschuldigten kann der Verteidiger, jedoch nicht gegen dessen ausdrücklichen Willen, Rechtsmittel einlegen.

§ 298. (1) Der gesetzliche Vertreter eines Beschuldigten kann binnen der für den Beschuldigten laufenden Frist selbständig von den zulässigen Rechtsmitteln Gebrauch machen.
(2) Auf ein solches Rechtsmittel und auf das Verfahren sind die für die Rechtsmittel des Beschuldigten geltenden Vorschriften entsprechend anzuwenden.

§ 299. (1) Der nicht auf freiem Fuß befindliche Beschuldigte kann die Erklärungen, die sich auf Rechtsmittel beziehen, zu Protokoll der Geschäftsstelle des Amtsgerichts geben, in dessen Bezirk die Anstalt liegt, wo er auf behördliche Anordnung verwahrt wird.
(2) Zur Wahrung einer Frist genügt es, wenn innerhalb der Frist das Protokoll aufgenommen wird.

---

[1] Die Regelung entspricht damit dem bisherigen Recht aufgrund der Verweisung in § 105 Abs. 1 BRAGO auf § 98 Abs. 2 BRAGO (vgl. *Göhler*, OWiG, 13. Aufl., § 60 Rn. 66). Sie entspricht auch der Rechtswegzuweisung des § 108 Abs. 1 OWiG.

§ 57 *Abschnitt 8. Beigeordneter oder bestellter Rechtsanwalt, Beratungshilfe*

§ 300. Ein Irrtum in der Bezeichnung des zulässigen Rechtsmittels ist unschädlich.

§ 301. Jedes von der Staatsanwaltschaft eingelegte Rechtsmittel hat die Wirkung, dass die angefochtene Entscheidung auch zugunsten des Beschuldigten abgeändert oder aufgehoben werden kann.

§ 302. (1) Die Zurücknahme eines Rechtsmittels sowie der Verzicht auf die Einlegung eines Rechtsmittels kann auch vor Ablauf der Frist zu seiner Einlegung wirksam erfolgen. Ein von der Staatsanwaltschaft zugunsten des Beschuldigten eingelegtes Rechtsmittel kann jedoch ohne dessen Zustimmung nicht zurückgenommen werden.
(2) Der Verteidiger bedarf zur Zurücknahme einer ausdrücklichen Ermächtigung.

§ 306. (1) Die Beschwerde wird bei dem Gericht, von dem oder von dessen Vorsitzenden die angefochtene Entscheidung erlassen ist, zu Protokoll der Geschäftsstelle oder schriftlich eingelegt.
(2) Erachtet das Gericht oder der Vorsitzende, dessen Entscheidung angefochten wird, die Beschwerde für begründet, so haben sie ihr abzuhelfen; andernfalls ist die Beschwerde sofort, spätestens vor Ablauf von drei Tagen, dem Beschwerdegericht vorzulegen.
(3) Diese Vorschriften gelten auch für die Entscheidungen des Richters im Vorverfahren und des beauftragten oder ersuchten Richters.

§ 307. (1) Durch Einlegung der Beschwerde wird der Vollzug der angefochtenen Entscheidung nicht gehemmt.
(2) Jedoch kann das Gericht, der Vorsitzende oder der Richter, dessen Entscheidung angefochten wird, sowie auch das Beschwerdegericht anordnen, dass die Vollziehung der angefochtenen Entscheidung auszusetzen ist.

§ 308. (1) Das Beschwerdegericht darf die angefochtene Entscheidung nicht zum Nachteil des Gegners des Beschwerdeführers ändern, ohne dass diesem die Beschwerde zur Gegenerklärung mitgeteilt worden ist. Dies gilt nicht in den Fällen des § 33 Abs. 4 Satz 1.
(2) Das Beschwerdegericht kann Ermittlungen anordnen oder selbst vornehmen.

§ 309. (1) Die Entscheidung über die Beschwerde ergeht ohne mündliche Verhandlung, in geeigneten Fällen nach Anhörung der Staatsanwaltschaft.
(2) Wird die Beschwerde für begründet erachtet, so erlässt das Beschwerdegericht zugleich die in der Sache erforderliche Entscheidung.

§ 311 a. (1) Hat das Beschwerdegericht einer Beschwerde ohne Anhörung des Gegners des Beschwerdeführers stattgegeben und kann seine Entscheidung nicht angefochten werden, so hat es diesen, sofern der ihm dadurch entstandene Nachteil noch besteht, von Amts wegen oder auf Antrag nachträglich zu hören und auf einen Antrag zu entscheiden. Das Beschwerdegericht kann seine Entscheidung auch ohne Antrag ändern.
(2) Für das Verfahren gelten die §§ 307, 308 Abs. 2 und § 309 Abs. 2 entsprechend.

II. Antrag auf gerichtliche Entscheidung

3   **1. Anfechtbare Entscheidungen.** § 57 setzt zunächst voraus, dass die Entscheidung von der Verwaltungsbehörde im Bußgeldverfahren, also aufgrund ihrer Befugnis zur Verfolgung von Ordnungswidrigkeiten (§§ 35 ff. OWiG), erlassen worden ist. Die Vorschrift ist daher auch anwendbar, wenn es sich bei der von der Verwaltungsbehörde verfolgten Tat tatsächlich nicht um eine Ordnungswidrigkeit, sondern um eine Straftat handelt.

4   Die Entscheidung muss weiterhin im Zusammenhang mit der Festsetzung der Rechtsanwaltsvergütung gegen die Staatskasse gemäß Abschnitt 8 des Gesetzes ergangen sein. In Betracht kommen demnach Entscheidungen betreffend die Festsetzung einer Pauschgebühr (§ 51 Abs. 1, Abs. 3), die Feststellung der Leistungsfähigkeit des Betroffenen (§ 52 Abs. 2, Abs. 6) und die Festsetzung der aus der Staatskasse zu zahlenden Vergütungen und Vorschüsse (§ 55 Abs. 1, Abs. 7).

2. Der Antrag. Der Antrag auf gerichtliche Entscheidung muss gemäß § 57 S. 2, 5 § 62 Abs. 2 S. 2 OWiG, § 306 Abs. 1 StPO schriftlich oder zu Protokoll der Geschäftsstelle der Verwaltungsbehörde gestellt werden, die die angefochtene Maßnahme getroffen hat. Die **Rücknahme** des Antrags ist bis zur Gerichtsentscheidung zulässig; auch kann der Berechtigte vorweg einen **Verzicht** auf den Rechtsbehelf erklären (§ 57 S. 2, § 62 Abs. 2 S. 2 OWiG, § 302 Abs. 1 S. 1 StPO).

Der Antrag ist an keine **Frist** gebunden. Eine Begründung ist ebenfalls nicht vor- 6 geschrieben. Sie dürfte sich aber, wenn die Berechtigung des Anliegens nicht offenkundig ist, im Interesse der Schaffung einer umfassenden Entscheidungsgrundlage regelmäßig empfehlen. Eine irrtümlich unzutreffende **Bezeichnung** des Antrags – zB als Einspruch – ist gemäß § 57 S. 2, § 62 Abs. 2 S. 2 OWiG, § 300 StPO unschädlich. Es muss aber der Wille erkennbar sein, die Entscheidung der Verwaltungsbehörde überprüfen zu lassen.

3. Antragsberechtigung. Antragsberechtigt sind gemäß § 57 S. 2, § 62 Abs. 1 S. 1 7 OWiG im Falle einer Beschwer der Betroffene, der Rechtsanwalt und seine Rechtsnachfolger.[2] In den Fällen der Festsetzung einer Pauschgebühr (§ 51 Abs. 1, Abs. 3) und der Festsetzung der aus der Staatskasse zu zahlenden Vergütungen und Vorschüsse (§ 55 Abs. 1, Abs. 7) steht dem Betroffenen allerdings ein Antragsrecht nicht zu, selbst wenn ihm in diesen Fällen die festgesetzte Vergütung nach § 105 OWiG, § 464 Abs. 2 StPO, § 107 Abs. 3 Nr. 7 OWiG zur Last fällt. Der Betroffene kann nur später gegen den ihn belastenden Kostenansatz gemäß § 108 Abs. 1 S. 1 Nr. 3 OWiG Antrag auf gerichtliche Entscheidung nach § 62 OWiG stellen,[3] wobei eine Bindung an die nach § 55 erfolgte Festsetzung nicht besteht.

Nicht antragsberechtigt ist der Vertreter der **Staatskasse**, auch wenn diese durch 8 die Entscheidung der Verwaltungsbehörde beschwert ist; in § 57 S. 2, § 62 Abs. 1 S. 1 OWiG ist ein derartiges Antragsrecht nicht vorgesehen.[4]

4. Abhilfebefugnis. Die Verwaltungsbehörde, deren Entscheidung angefochten wird, 9 hat gemäß gemäß § 57 S. 2, § 62 Abs. 2 S. 2 OWiG, § 306 Abs. 2 StPO dem Antrag auf gerichtliche Entscheidung, wenn sie ihn für begründet hält, abzuhelfen. Soweit eine Änderung der angefochtenen Entscheidung danach nicht in Betracht kommt, ist der Antrag sofort, spätestens vor Ablauf von drei Tagen dem zuständigen Gericht (s. Rn. 10) vorzulegen. Daraus folgt, dass die Angelegenheiten, die den von § 57 erfassten Entscheidungen der Verwaltungsbehörde zugrunde liegen, in der Regel keinen Aufschub dulden.

III. Entscheidung des Gerichts

1. Zuständigkeit. Gemäß § 57 S. 2, § 62 Abs. 2 S. 1, § 68 Abs. 1, Abs. 2 OWiG ent- 10 scheidet über den Rechtsbehelf das Amtsgericht, in dessen Bezirk die Verwaltungsbehörde, deren Maßnahme angefochten wird, ihren Sitz hat. Richtet sich das Bußgeldverfahren gegen Jugendliche und Heranwachsende, ist der Jugendrichter zuständig.

---
[2] S. § 55 Rn. 19.
[3] Vgl. für das gerichtliche Verfahren § 56 Rn. 4.
[4] *Göhler* § 62 OWiG Rn. 8, § 108 Rn. 7 mwN.

§ 57   *Abschnitt 8. Beigeordneter oder bestellter Rechtsanwalt, Beratungshilfe*

11   **2. Entscheidung.** Einen zB wegen fehlender Antragsbefugnis oder mangels Beschwer **unzulässigen** Antrag auf gerichtliche Entscheidung hat das Gericht zu verwerfen.[5] Hält das Gericht den Antrag für zulässig und **begründet**, hebt es die angefochtene Maßnahme auf und entscheidet selbst in der Sache (§ 57 S. 2, § 62 Abs. 2 S. 2 OWiG, § 309 Abs. 2 StPO). Das Verbot der reformatio in peius gilt nicht.[6] Der Antrag ist als **unbegründet** zu verwerfen, wenn die Entscheidung der Verwaltungsbehörde in tatsächlicher und rechtlicher Hinsicht nicht zu beanstanden ist. Eine **Zurückverweisung** an die Verwaltungsbehörde kann nur bei schweren Mängeln des Verfahrens der Verwaltungsbehörde in Betracht kommen.[7]

12   Eine dem **Gegner des Antragstellers** nachteilige Entscheidung setzt gemäß § 57 S. 2, § 62 Abs. 2 S. 2 OWiG, § 308 Abs. 1 S. 1 StPO dessen vorherige **Anhörung** voraus. Wird die Anhörung unterlassen, ist sie gemäß § 57 S. 2, § 62 Abs. 2 S. 2 OWiG, § 311 a StPO nachzuholen. Gegner in diesem Sinne ist auch die Verwaltungsbehörde. Da sie sich aber zu dem Rechtsbehelf bei dessen Weiterleitung an das Amtsgericht äußern kann, dürfte eine weitere Anhörung nur bei neuem Vorbringen in Betracht kommen.[8]

13   Das Amtsgericht entscheidet gemäß § 57 S. 2, § 62 Abs. 2 S. 2 OWiG, § 309 Abs. 1 StPO im schriftlichen Verfahren durch Beschluss. Dieser ist **unanfechtbar** (§ 57 S. 2, § 62 Abs. 2 S. 3) und deshalb nur zu begründen, wenn der Antrag verworfen wird (§ 46 Abs. 1 OWiG, § 34 StPO).

14   **3. Kosten.** Im Falle der **Verwerfung** des Antrags auf gerichtliche Entscheidung oder der Zurücknahme des Antrags hat der Antragsteller gemäß § 57 S. 2, § 62 Abs. 2 S. 2 OWiG, § 473 Abs. 1 StPO die Kosten des Verfahrens zu tragen. Hierunter fallen etwaige Auslagen gemäß Nr. 9000 ff. KV-GKG und die u. a. das Verfahren nach § 62 OWiG betreffende Gebühr Nr. 4303 KV-GKG.

15   Dieser Gebührentatbestand dürfte allerdings nicht auf das Rechtsbehelfsverfahren im Fall des § 55 Abs. 1, Abs. 7 anzuwenden sein. Dies folgt aus der gebotenen analogen Anwendung des § 56 Abs. 2 S. 2, wonach das Rechtsbehelfsverfahren betreffend die Vergütung des im *gerichtlichen* Verfahren beigeordneten oder bestellten Rechtsanwalts ausdrücklich gebührenfrei gestellt ist. Mit dieser Regelung ist wegen gleicher Interessenlage nicht vereinbar eine Gebührenpflicht des die Festsetzung der Vergütung anfechtenden Rechtsanwalts, der im *Bußgeldverfahren vor der Verwaltungsbehörde* beigeordnet oder bestellt worden ist. Bei der Schaffung des Auslagentatbestandes Nr. 4303 des Kostenverzeichnisses zum GKG, der in der BRAGO kein Vorbild hat, ist dies offensichtlich übersehen worden. Die Analogie ist auch zulässig, da sie zugunsten des Antragstellers wirkt.

16   Wird dem Antrag auf gerichtliche Entscheidung in vollem Umfang **stattgegeben**, trägt die Staatskasse entsprechend § 467 StPO die Kosten des Verfahrens einschließlich der notwendigen Auslagen des Antragstellers.[9]

---

[5] *Göhler* § 62 OWiG Rn. 19 b, 25.
[6] *Göhler* § 62 OWiG Rn. 28; *Bohnert* § 62 OWiG Rn. 25.
[7] *Göhler* § 62 OWiG Rn. 28 mwN.
[8] *Göhler* § 62 OWiG Rn. 29 mwN.
[9] *Göhler* § 62 OWiG Rn. 32 a.

§ 58 Anrechnung von Vorschüssen und Zahlungen

(1) Zahlungen, die der Rechtsanwalt nach § 9 des Beratungshilfegesetzes erhalten hat, werden auf die aus der Landeskasse zu zahlende Vergütung angerechnet.

(2) In Angelegenheiten, in denen sich die Gebühren nach Teil 3 des Vergütungsverzeichnisses bestimmen, sind Vorschüsse und Zahlungen, die der Rechtsanwalt vor oder nach der Beiordnung erhalten hat, zunächst auf die Vergütungen anzurechnen, für die ein Anspruch gegen die Staatskasse nicht oder nur unter den Voraussetzungen des § 50 besteht.

(3) ¹In Angelegenheiten, in denen sich die Gebühren nach den Teilen 4 bis 6 des Vergütungsverzeichnisses bestimmen, sind Vorschüsse und Zahlungen, die der Rechtsanwalt vor oder nach der gerichtlichen Bestellung oder Beiordnung für seine Tätigkeit für bestimmte Verfahrensabschnitte erhalten hat, auf die von der Staatskasse für diese Verfahrensabschnitte zu zahlenden Gebühren anzurechnen. ²Hat der Rechtsanwalt Zahlungen empfangen, nachdem er Gebühren aus der Staatskasse erhalten hat, ist er zur Rückzahlung an die Staatskasse verpflichtet. ³Die Anrechnung oder Rückzahlung erfolgt nur, soweit der Rechtsanwalt durch die Zahlungen insgesamt mehr als den doppelten Betrag der ihm ohne Berücksichtigung des § 51 aus der Staatskasse zustehenden Gebühren erhalten würde.

Übersicht

	Rn.		Rn.
I. Grundzüge	1, 2	5. Besondere Fälle	22, 23
1. Allgemeines	1	a) Beiordnung für einen Teil des Anspruchs	22
2. Vorschüsse und Zahlungen	2	b) Einheitliche Honorarvereinbarung für mehrere Prozesse	23
II. Angelegenheiten nach Abs. 1	3, 4		
1. Grundsätze	3	IV. Angelegenheiten nach Abs. 3	24–30
2. Anrechnung	4	1. Grundsätze	24
III. Angelegenheiten nach Abs. 2	5–23	2. Anrechnung	25–27
1. Grundsätze	5, 6	3. Einschränkung der Anrechnung	28
2. Anrechnung	7–9	4. Zahlungen des Beschuldigten an die Staatskasse	29, 30
3. Abweichende Vereinbarungen	10, 11	V. Anzeigepflicht des bestellten oder beigeordneten Rechtsanwalts	31
4. Gegenstände der Anrechnung	12–21		
a) Was wird angerechnet?	12, 13		
b) Worauf wird angerechnet?	14–21		

I. Grundzüge

1. Allgemeines. § 58 steht in Zusammenhang mit den Vorschriften, nach denen 1 der Rechtsanwalt eine Vergütung nach diesem Gesetz aus der Staatskasse erhält, weil er im Rahmen der Beratungshilfe tätig wird (§ 44) oder weil er gerichtlich bestellt oder beigeordnet ist (§ 45). Erhält der Rechtsanwalt in diesen Fällen Vorschüsse oder Zahlungen, bestimmt § 58, inwieweit solche Leistungen auf den dem Rechtsanwalt gegen die Staatskasse zustehenden Entschädigungsanspruch anzurechnen sind. Dabei übernimmt Abs. 1 die Regelung aus dem bisherigen § 9 S. 4 BerHG[1] und Abs. 2 die Regelung aus § 129 BRAGO. Abs. 3 enthält in redaktionell angepasster Form die Regelungen des § 101 Abs. 1, Abs. 2 BRAGO.

---

[1] Diese Vorschrift wurde durch Art. 4 Abs. 19 Nr. 2 KostRMoG aufgehoben.

2 2. Vorschüsse und Zahlungen. Anzurechnen sind Vorschüsse und Zahlungen, die der Rechtsanwalt von dritter Seite erhält. Das kann die Partei, der Beschuldigte oder eine andere natürliche oder juristische Person sein. Dritter in diesem Sinne ist auch der Mitbeschuldigte, soweit überhaupt eine gleichzeitige Vertretung stattfindet,[2] ferner der kostenpflichtige Gegner in einer Privatklagesache.

II. Angelegenheiten nach Abs. 1

3 1. Grundsätze. Gemäß § 44 erhält der Rechtsanwalt für die Tätigkeit im Rahmen der Beratungshilfe eine Vergütung nach diesem Gesetz aus der Landeskasse. Diese Vergütung, die sich nach den Gebührentatbeständen Nr. 2601 ff. VV richtet, ist in der Regel geringer als die entsprechende gesetzliche Wahlanwaltsgebühr. Hat der Mandant des Rechtsanwalts indes gegen seinen Gegner einen Anspruch auf Ersatz der Kosten der Wahrnehmung seiner Rechte – zB weil der Gegner infolge Schuldnerverzugs schadensersatzpflichtig ist – kann der Rechtsanwalt gemäß § 9 S. 1, 2 BerHG von dem Gegner seines Mandanten die (höhere) gesetzliche Vergütung verlangen. Die soziale Wohltat der Beratungshilfe soll also dem Gegner des Rechtsuchenden nicht zugute kommen.

4 2. Anrechnung. Um zu vermeiden, dass der Rechtsanwalt in einem solchen Fall im Ergebnis aber eine höhere als die gesetzliche Vergütung erhält, bestimmt § 58 Abs. 1, dass Zahlungen, die der Rechtsanwalt auf die gesetzliche Vergütung von dem Gegner erhält, in vollem Umfang auf seine Vergütung aus der Landeskasse angerechnet werden. Die Regelung dient damit zugleich der Entlastung der Landeskasse. Eine Anrechnung kommt nach dem Wortlaut der Vorschrift aber nur in Betracht, wenn der Gegner auch tatsächlich **gezahlt** hat; das Bestehen der Zahlungsforderung des Rechtsanwalts gegen den Gegner rechtfertigt noch keine Anrechnung. Ansonsten liefe der Rechtsanwalt Gefahr, für seine Tätigkeit keine Vergütung zu erhalten.

III. Angelegenheiten nach Abs. 2

5 1. Grundsätze. § 58 Abs. 2 regelt die Anrechnung von Vorschüssen und Zahlungen auf den Entschädigungsanspruch des in Prozesskostenhilfe beigeordneten Rechtsanwalts gegen die Staatskasse in Angelegenheiten, in denen sich die **Gebühren** nach Teil 3 VV[3] bestimmen.

6 § 58 Abs. 2 berücksichtigt den sich aus der verfassungsmäßigen Ordnung ergebenden allgemeinen Rechtsgrundsatz, dass ein hoheitlicher Eingriff nicht weiter und tiefer gehen darf, als sein Zweck es erfordert („Übermaßverbot"), und regelt die Wirkungen, die Zahlungen von dritter Seite auf den Anspruch gegen den Staat haben. Solche Zahlungen sind zwar auf den Entschädigungsanspruch gegen die Staatskasse anzurechnen (**Anrechnungspflicht**), doch wird darauf Rücksicht genommen, dass der Staat den Rechtsanwalt regelmäßig nur wegen eines Teils seiner Vergütung ent-

---

[2] AA OLG Düsseldorf Rpfleger 1973, 375; *Gerold/Schmidt/Madert* Rn. 46, die die Frage ausschließlich nach Gebühr Nr. 1008 VV abrechnen wollen.

[3] Teil 3 VV betrifft die Gebühren in Bürgerlichen Rechtsstreitigkeiten, Verfahren der freiwilligen Gerichtsbarkeit, der öffentlich-rechtlichen Gerichtsbarkeiten, Verfahren nach dem Strafvollzugsgesetz und ähnliche Verfahren.

schädigt, sei es dass er geringere als die gesetzlichen Gebühren zahlt (vgl. § 49) oder Auslagen nicht ersetzt (§ 46). Daher darf der Rechtsanwalt Zahlungen von Dritten zunächst auf den Teil seiner Vergütungsforderung anrechnen, für den kein oder nur unter den Voraussetzungen des § 50 ein Anspruch gegen die Staatskasse besteht. Das bedeutet, dass sein Entschädigungsanspruch gegen die Staatskasse insoweit nicht gemindert wird (**Anrechnungsrecht**).

2. Anrechnung. Der in Prozesskostenhilfe beigeordnete Rechtsanwalt soll durch die Zahlungen, die er aus der Staatskasse erhält, nicht besser gestellt sein als ein Wahlanwalt, der zu der gesetzlichen Vergütung tätig wird. Er soll insgesamt nicht mehr erhalten, als er ohne den Entschädigungsanspruch gegen den Staat fordern könnte. Daher wird er durch § 58 Abs. 2 verpflichtet, sich Zahlungen, die er von anderer Seite erhalten hat, auf seinen Entschädigungsanspruch gegen den Staat anrechnen zu lassen. 7

Durch die Anrechnungspflicht soll aber andererseits der Anspruch des Rechtsanwalts auf seine ungekürzte Vergütung nicht geschmälert werden. § 58 Abs. 2 bestimmt deshalb die **Reihenfolge**, in der Zahlungen Dritter den Entschädigungsanspruch gegen die Staatskasse tilgen. Der beigeordnete Rechtsanwalt darf Zahlungen zunächst auf den Teil seiner Vergütung verrechnen, der geringer gesichert ist, weil ihm kein Entschädigungsanspruch gegen die Staatskasse entspricht. Andererseits wird die Zahlungspflicht der Staatskasse nur insoweit gemindert, als Zahlungen Dritter den Unterschied zwischen dem Gesamtbetrag der Vergütung und der Entschädigungsforderung gegen die Staatskasse übersteigen. 8

Anders als in dem umgekehrten Fall, in dem die Staatskasse den Rechtsanwalt entschädigt (§ 59), geht der Anspruch des Rechtsanwalts gegen die Staatskasse durch Zahlungen Dritter nicht auf den Zahlenden über. Soweit die Anrechnungspflicht reicht, **erlischt** vielmehr **der Anspruch gegen die Staatskasse**. Leistungen des Auftraggebers oder Dritter, die **nach** der Zahlung der Staatskasse erbracht werden, sind, soweit sie anzurechnen sind, an die Staatskasse herauszugeben. 9

3. Abweichende Vereinbarungen. Die **Anrechnungspflicht kann nicht** durch Vereinbarung zuungunsten der Staatskasse **eingeschränkt oder aufgehoben werden**. Es kann also nicht vereinbart werden, dass dem Rechtsanwalt Zahlungen ohne Anrechnung verbleiben sollen, um ihm über die ungekürzte Vergütung hinaus noch einen Anspruch gegen die Staatskasse zu geben. Durch eine solche Vereinbarung kann die Entschädigungspflicht der Staatskasse nicht erweitert werden. 10

Der beigeordnete Rechtsanwalt und sein Auftraggeber können jedoch **vor** der Beiordnung vereinbaren oder der Auftraggeber kann bei der Zahlung einseitig bestimmen, dass ein gezahlter Vorschuss nur auf eine Tätigkeit **als Wahlanwalt** geleistet sein soll und dass der Rechtsanwalt den Vorschuss oder den nicht verbrauchten Teil des Vorschusses zurückzuzahlen hat, wenn er in Prozesskostenhilfe beigeordnet werden sollte.[4] Nach *Gerold/Schmidt/von Eicken*[5] soll das nur gelten, wenn der Rechtsanwalt bei Beiordnung in Prozesskostenhilfe einen ihm in der betreffenden Angelegenheit nach § 51 BRAGO (jetzt Gebührentatbestand Nr. 3335 VV) und auf seine Regelvergütung gezahlten Vorschuss in voller Höhe zurückzahlt oder im Einverständnis mit dem Mandanten auf eine andere Angelegenheit verrechnet, da er damit schlüssig erkläre, dass er sich mit der Vergütung aus der Staatskasse nach § 123 BRAGO (jetzt 11

---

[4] *Hartmann* Rn. 12.
[5] BRAGO, 15. Aufl. § 129 Rn. 5; *von Eicken* AGS 1993, 70.

§ 49) zufrieden geben wolle. Eine solche Auslegung des § 58 Abs. 2, die dem Interesse des Fiskus den Vorrang vor dem des beigeordneten Anwalts an der Erlangung seiner Regelgebühren geben würde, wäre mit dem Zweck und Wortlaut der Vorschrift unvereinbar. Ein vom Anwalt ohne Rechtsgrund zurückgezahlter Vorschuss hindert nicht die Anrechenbarkeit.

12 **4. Gegenstände der Anrechnung. a) Was wird angerechnet?** Anzurechnen sind Vorschüsse und Zahlungen, die der Rechtsanwalt von seinem Auftraggeber oder einem Dritten vor oder nach der Beiordnung auf seine Gebühren- und Auslagenansprüche aus dem Verfahren, für das er beigeordnet worden ist, erhalten hat. Der Rechtsanwalt kann vor der Beiordnung als Wahlanwalt tätig gewesen sein und von seinem Auftraggeber oder Dritten, zB den Eltern seines Auftraggebers, Vorschüsse erhalten haben. Nach der Beiordnung kann die Partei oder ein Dritter dem Rechtsanwalt freiwillig ein Sonderhonorar gezahlt haben; der unterlegene Gegner kann an den Rechtsanwalt gezahlt haben. Dritter ist auch der Streitgenosse der Partei, wenn er für einen Teil der Gesamtvergütung gesamtschuldnerisch mit ihr haftet. Zahlungen durch ihn oder für ihn durch einen Dritten, die nach Erfüllung seiner eigenen, außerhalb der Gesamtschuld stehenden Verpflichtung auf die Gesamtschuld erfolgen, sind anzurechnen.

13 Anzurechnen sind aber nur Zahlungen, die dem Rechtsanwalt zugeflossen sind, die er tatsächlich erhalten hat. Ratenzahlungen der armen Partei an die Landeskasse nach § 120 Abs. 2 ZPO sind daher nicht anzurechnen, solange die Staatskasse sie nicht nach § 50 den Rechtsanwalt abgeführt hat. Nicht anzurechnen sind auch Zahlungen, die aufgrund eines zulässigen Vorbehalts zurückgefordert werden können (Rn. 11); ferner nicht durchlaufende Gelder wie zB Gerichtskosten oder Zahlungen, die für den von der Partei bestellten Beweis- oder Verkehrsanwalt bestimmt sind. Zahlungen an den beigeordneten Rechtsanwalt nach Abrechnung der Sache mit der Staatskasse sind nicht mehr nach dieser Vorschrift „anzurechnen", sondern der Staatskasse anzuzeigen und an diese abzuführen, soweit der Anspruch nach § 59 auf diese übergegangen ist.

14 **b) Worauf wird angerechnet?** Vorschüsse und Zahlungen sind zunächst auf den Vergütungsanspruch des Rechtsanwalts anzurechnen, der seinen Entschädigungsanspruch gegen die Staatskasse übersteigt. Dabei ist unter „Vergütungen" zunächst einmal die gesetzliche Vergütung eines Wahlanwalts gegen seine Partei zu verstehen.[6]

15 Es scheint allgemeine Meinung zu sein, dass nur ein so begrenzter Vergütungsanspruch des Anwalts hier gemeint ist, dass also eine in zulässiger Weise vom beigeordneten Rechtsanwalt vor seiner Beiordnung mit seiner Partei oder einem Dritten getroffene Honorarvereinbarung unbeachtlich ist, darauf geleistete Vorschüsse und Zahlungen also auf den Anspruch gegen die Bundes- oder Landeskasse anzurechnen sind, soweit sie den Anspruch des Anwalts auf seine gesetzlichen Differenzkosten gegen seine Partei übersteigen.[7]

16 Eine solche Auslegung ergibt sich aber weder aus dem **Wortlaut** noch aus dem Sinne der Vorschrift. Gemeint ist hier nicht der Entschädigungsanspruch des beigeordneten Rechtsanwalts gegen die Staatskasse, sondern sein privatrechtlicher Vergütungsanspruch gegen seinen Mandanten. Wie § 50 Abs. 2 zeigt, ist der Gesetzgeber in der Lage, sich eindeutig auszudrücken, wenn er diesen Anspruch so begrenzen will, wie

---

[6] Gerold/Schmidt/von Eicken/Madert Rn. 7; Hartmann Rn. 7.
[7] S. zB Gerold/Schmidt/von Eicken Rn. 18.

die herrschende Meinung den Ausdruck „die Vergütungen" in § 58 Abs. 2 auslegt: Er spricht dann von „Regelvergütung". Unter „Vergütungen" fällt daher auch eine nach § 4 Abs. 1 S. 1 vereinbarte „höhere als die gesetzliche Vergütung".

Auch nach dem **Zweck** der Vorschrift ist nicht ersichtlich, weshalb Vorschüsse und Zahlungen auf eine solche vereinbarte Vergütung, soweit sie die Differenzgebühren des Rechtsanwalts übersteigen, nicht dem Rechtsanwalt zukommen sollen. Die Partei und der Rechtsanwalt haben sicher ihre Gründe dafür gehabt, wenn sie eine solche Honorarvereinbarung getroffen haben. Die hM verkennt die Funktion des § 4 (bisher § 3 BRAGO) im Anwaltsgebührenrecht. Wie sich insbesondere aus § 4 Abs. 4 ergibt, soll diese Vorschrift es dem Anwalt ermöglichen, mit der Partei eine Vergütung in angemessener Höhe zu vereinbaren, wenn die gesetzliche Vergütung der Leistung des Anwalts nicht angemessen wäre; die Partei kann sie deshalb auch „auf den angemessenen Betrag bis zur Höhe der gesetzlichen Vergütung" vom Gericht herabsetzen lassen, wenn sie sich nachträglich als „unter Berücksichtigung aller Umstände unangemessen hoch" erweist.[8] 17

Ist demnach davon auszugehen, dass durch eine solche Honorarvereinbarung eine der anwaltlichen Leistung **angemessene Vergütung** vereinbart worden ist, dann kann eine Auslegung des § 58 Abs. 2 in dem Sinne, dass Vorschüsse und Zahlungen auf diese angemessene Vergütung insoweit auf den öffentlich-rechtlichen Entschädigungsanspruch des beigeordneten Rechtsanwalts anzurechnen sind, als sie seine gesetzliche Vergütung übersteigen, nur noch mit dem Interesse der Staatskasse begründet werden, an den Anwalt weniger als die ihm an sich zustehende „angemessene Entschädigung in Geld" zu zahlen. 18

Dieses fiskalische Interesse soll aber nach dem Sinn und Zweck des § 58 Abs. 2 hinter dem des Rechtsanwalts an seiner **vollen Vergütung** zurücktreten. 19

Zahlungen auf Vergütungen **für eine andere Angelegenheit** werden von § 58 Abs. 2 nicht erfasst, zB nicht eine Entschädigung für eine vor dem Prozess geleistete **Beratungshilfe** nach den Gebührentatbeständen Nr. 2601 ff. VV oder die Gebühr Nr. 2600 VV i.V.m. § 44 S. 2. Hat der beigeordnete Rechtsanwalt die Partei in mehreren Rechtszügen vertreten, so kann eine Zahlung, die auf einen bestimmten Rechtszug geleistet ist, nicht auf die Vergütung für einen anderen Rechtszug angerechnet werden.[9] 20

Ferner bleiben Zahlungen für eine Tätigkeit oder für Aufwendungen, die nicht unter die Prozesskostenhilfebewilligung und Beiordnung fallen, außer Betracht; so zB für **Reisen**, die nicht aus der Staatskasse vergütet werden, wie Reisen des Simultananwalts, Reisen zu auswärtigen Terminen, und dies auch dann, wenn hierfür vereinbarungsgemäß höhere als die gesetzlichen Reisekosten gezahlt werden. Für von der Partei oder einem Dritten ersetzte Reisekosten in vereinbarter Höhe über die Sätze der Auslagentatbestände Nr. 7003 ff. VV hinaus gilt das Gleiche wie oben hinsichtlich eines vereinbarten Honorars ausgeführt; auch in dieser Hinsicht erweist sich die Unbilligkeit einer auf die gesetzliche Vergütung des Rechtsanwalts beschränkten Auslegung des § 58 Abs. 2. Wird ein Rechtsanwalt erst nach der **Zurückverweisung** der Sache (§ 21 Abs. 1) beigeordnet, dann kann ein vor der Zurückverweisung gezahltes Honorar nicht auf den Entschädigungsanspruch des Rechtsanwalts gegen die Staatskasse angerechnet werden. 21

---

[8] BGH AnwBl. 1978, 275.
[9] *Gerold/Schmidt/Madert* Rn. 27; *Hartmann* Rn. 13.

22 **5. Besondere Fälle. a) Beiordnung für einen Teil des Anspruchs.** Ist der Rechtsanwalt nur für einen Teil des Klageanspruchs beigeordnet worden, so sind Vorschüsse und Zahlungen zunächst auf die Gebühren und Auslagen zu verrechnen, die auf den Teil des Anspruchs entfallen, für den keine Prozesskostenhilfe bewilligt worden ist. Der Anspruch des Rechtsanwalts auf Entschädigung ist in einem solchen Fall aber der Höhe nach begrenzt durch den Vergütungsanspruch, der dem Rechtsanwalt zustehen würde, wenn er der Partei nicht in Prozesskostenhilfe beigeordnet wäre; sein Vergütungsanspruch gegen seine Partei und sein Entschädigungsanspruch gegen die Staatskasse dürfen diesen Betrag nicht übersteigen.[10] Ist in einer **Ehesache** Prozesskostenhilfe nur für die Klage oder nur für die Widerklage bewilligt, so kommt eine Anrechnung von Zahlungen auf einen Teil der Sache nicht in Betracht, da wegen des einheitlichen Streitgegenstands nur einheitliche Gebühren entstehen.

23 **b) Einheitliche Honorarvereinbarung für mehrere Prozesse.** Hat der Rechtsanwalt seine Partei auch in Rechtszügen oder Prozessen vertreten, für die ihr keine Prozesskostenhilfe bewilligt worden ist, und zahlt die Partei oder ein Dritter auf mehrere dieser Rechtszüge oder Prozesse ein Honorar, das über die gesetzliche Vergütung hinausgeht, dann ist diese Zahlung nach dem Sinn und Zweck des § 58 Abs. 2 zunächst auf den den Anspruch des Rechtsanwalts gegen die Staatskasse übersteigenden Vergütungsanspruch des Rechtsanwalts gegen die Partei in allen Rechtszügen oder Prozessen zu verrechnen, wenn darüber keine nähere Bestimmung getroffen worden ist. Eine darüber hinausgehende Zahlung, die durch eine Honorarvereinbarung nach § 4 gedeckt ist, ist gleichfalls nicht anzurechnen (s. Rn. 15 bis 19). Das gilt auch, wenn die Vereinbarung des Honorars formnichtig war, der Auftraggeber aber freiwillig und ohne Vorbehalt auf die Vereinbarung gezahlt hat (§ 4 Abs. 1 S. 3, Abs. 5 S. 2). Probleme entstehen erst, wenn die Partei ohne nähere Bestimmung einen Vorschuss oder nachträgliche Zahlungen ohne Honorarvereinbarung auf die gesetzliche Vergütung geleistet hat, die die Differenzkosten des beigeordneten Rechtsanwalts übersteigen. In diesem Fall ist der übersteigende Betrag im Verhältnis der Entschädigungsansprüche des Rechtsanwalts gegen die Staatskasse zueinander auf diese Entschädigungsansprüche anzurechnen.[11]

IV. Angelegenheiten nach Abs. 3

24 **1. Grundsätze.** § 58 Abs. 3 regelt die Anrechnung von Vorschüssen und Zahlungen auf den Entschädigungsanspruch des bestellten oder beigeordneten Rechtsanwalts gegen die Staatskasse in Angelegenheiten, in denen sich die **Gebühren** nach den Teilen 4 bis 6 VV bestimmen.[12]

25 **2. Anrechnung.** Vorschüsse und Zahlungen sind danach unabhängig davon anzurechnen, ob sie vor oder nach der gerichtlichen Bestellung, ob sie aufgrund des § 9 oder auf Grund einer Honorarvereinbarung (§ 4) oder, nach der Beiordnung, aus

---

[10] OLG München JurBüro 1983, 1205.
[11] *Gerold/Schmidt/von Eicken* Rn. 26; *Hartmann* Rn. 7.
[12] Teile 4 bis 6 VV betreffen die Gebühren in Strafsachen, Bußgeldsachen und sonstigen Verfahren (Verfahren nach dem Gesetz über die internationale Rechtshilfe in Strafsachen und Verfahren nach dem IStGH-Gesetz; Disziplinarverfahren, berufsgerichtliche Verfahren wegen der Verletzung einer Berufspflicht; gerichtliche Verfahren bei Freiheitsentziehung und in Unterbringungssachen, Besondere Verfahren und Einzeltätigkeiten).

freien Stücken[13] geleistet worden sind. Anzurechnen sind auch Zahlungen, die nach der Feststellung der Leistungsfähigkeit des Beschuldigten (§ 52 Abs. 2), und sogar Zahlungen, die nach der Befriedigung des Rechtsanwalts aus der Staatskasse geleistet werden.[14] In letzterem Fall ist der Rechtsanwalt gemäß § 58 Abs. 3 S. 2 zur Rückzahlung an die Staatskasse verpflichtet. Dieses Ergebnis ist auch durch Vereinbarungen nicht zu umgehen.

Anrechenbar sind aber nur solche Vorschüsse und Zahlungen, welche Tätigkeiten betreffen, für die dem bestellten oder beigeordneten Rechtsanwalt für bestimmte Verfahrensabschnitte nach den Teilen 4 bis 6 VV eine Vergütung aus der Staatskasse zusteht. Nicht anzurechnen sind deshalb zB Zahlungen auf die Wahlverteidigergebühren für die erste Instanz, wenn der Rechtsanwalt erst für eine höhere Instanz zum Pflichtverteidiger bestellt wird, oder etwa nur für die Begründung der Revision. 26

Die Anrechnung nach Abs. 3 erfolgt **in weiterem Umfang als** bei der Beiordnung im Wege der Prozesskostenhilfe **nach Abs. 2**. Dort werden Vorschüsse und Zahlungen des Auftraggebers oder eines Dritten zunächst auf die Vergütungen angerechnet, für die ein Anspruch gegen die Staatskasse nicht besteht. Soweit solche Leistungen die sog. Differenzgebühr, d. h. den Unterschiedsbetrag zwischen der gewöhnlichen und der aus der Staatskasse zu erstattenden Gebühr, nicht übersteigen, mindern sie den Anspruch des Rechtsanwalts gegen die Staatskasse nicht (Rn. 7, 8). Bei dem bestellten Verteidiger und dem beigeordneten Rechtsanwalt ist dies anders. Die Staatskasse soll durch den Anspruch, der diesen Personen gewährt ist, nicht beeinträchtigt werden. Deshalb werden Zahlungen des Beschuldigten oder Dritten nicht zunächst auf die Differenzgebühr angerechnet, sondern sie mindern sogleich den Anspruch des Rechtsanwalts gegen die Staatskasse. 27

3. Einschränkung der Anrechnung. Da es unbillig wäre, den Grundsatz der Anrechnung ohne Einschränkung durchzuführen, sucht § 58 Abs. 3 S. 3 die Interessen des Staates und des Rechtsanwalts in einen gerechten Einklang zu bringen. Die Anrechnung oder Rückzahlung erfolgt deshalb nur, soweit der Rechtsanwalt durch die Zahlungen insgesamt mehr als das Doppelte der ihm für seine Tätigkeit aus der Staatskasse zustehenden Gebühren erhalten würde; eine nach § 51 bewilligte Pauschgebühr ist dabei nicht zu berücksichtigen. Ebenso kommt natürlich eine Anrechnung nur bis zur Höhe der Pflichtverteidigergebühren in Betracht, das heißt also, die Staatskasse erhält keinesfalls noch etwas heraus. 28

4. Zahlungen des Beschuldigten an die Staatskasse. Der Beschuldigte, dem die Kosten des Verfahrens auferlegt worden sind (vgl. § 465 StPO, § 29 Nr. 1 GKG), hat der Staatskasse die Beträge, die sie an den Rechtsanwalt gezahlt hat, zu ersetzen (vgl. Auslagentatbestand Nr. 9007 des Kostenverzeichnisses zum GKG). Soweit dies vollständig geschehen ist, besteht auch keine Verpflichtung des Rechtsanwalts mehr, Zahlungen, die er von dem Beschuldigten oder einem Dritten erhalten hat, gemäß § 58 Abs. 3 S. 2 an die Staatskasse abzuführen. 29

Auf der anderen Seite besteht keine Verpflichtung der Staatskasse, Zahlungen, die der Beschuldigte an die Staatskasse leistet, auf die an den Verteidiger zu zahlenden Gebühren ebenso anzurechnen, wie dies bei Zahlungen des Beschuldigten an den Rechtsanwalt zu geschehen hat. § 58 Abs. 3 gilt nur für Leistungen, die der Beschuldigte oder für ihn ein Dritter an den Rechtsanwalt erbringt. 30

---

[13] Vgl. § 52 Rn. 16.
[14] *Gerold/Schmidt/Madert* Rn. 31; vgl. auch *Schueler* AnwBl. 1960, 87.

V. Anzeigepflicht des bestellten oder beigeordneten Rechtsanwalts

31 Vorschüsse und Zahlungen, die der Rechtsanwalt von der Partei oder einem Dritten erhalten hat, sind von dem Rechtsanwalt der Staatskasse gemäß § 55 Abs. 5 S. 2 unverzüglich anzuzeigen. Ob und inwieweit diese Beträge auf den Entschädigungsanspruch gegen die Staatskasse anzurechnen sind oder ob an ihn bereits gezahlte Beträge zurückzuzahlen sind, unterliegt der Beurteilung des Urkundsbeamten.[15]

§ 59 Übergang von Ansprüchen auf die Staatskasse

(1) ¹Soweit dem im Wege der Prozesskostenhilfe oder nach § 625 der Zivilprozessordnung beigeordneten oder nach § 67a Abs. 1 Satz 2 der Verwaltungsgerichtsordnung bestellten Rechtsanwalt wegen seiner Vergütung ein Anspruch gegen die Partei oder einen ersatzpflichtigen Gegner zusteht, geht der Anspruch mit der Befriedigung des Rechtsanwalts durch die Staatskasse auf diese über. ²Der Übergang kann nicht zum Nachteil des Rechtsanwalts geltend gemacht werden.

(2) ¹Für die Geltendmachung des Anspruchs gelten die Vorschriften über die Einziehung der Kosten des gerichtlichen Verfahrens entsprechend. ²Ansprüche der Staatskasse werden bei dem Gericht des ersten Rechtszugs angesetzt. ³Ist das Gericht des ersten Rechtszugs ein Gericht des Landes und ist der Anspruch auf die Bundeskasse übergegangen, wird er insoweit bei dem jeweiligen obersten Gerichtshof des Bundes angesetzt. ⁴Für die Entscheidung über eine gegen den Ansatz gerichtete Erinnerung und über die Beschwerde gilt § 66 des Gerichtskostengesetzes entsprechend.

(3) Absatz 1 gilt entsprechend bei Beratungshilfe.

Übersicht

	Rn.		Rn.
I. Grundzüge	1, 2	aa) Die in Betracht kommenden Ansprüche	14
II. Die übergehenden Ansprüche des in Prozesskostenhilfe beigeordneten Rechtsanwalts	3–53	bb) Sicherungsrechte	15–18
		cc) Schuldnerschutzvorschriften	19
1. Grundgedanken	3	d) Der Anspruch gegen Streitgenossen	20–29
2. Der Anspruch gegen die Partei	4–6	5. Der Vorrang des Rechtsanwalts (Abs. 1 S. 2)	30–34
3. Der Beitreibungsanspruch des beigeordneten Rechtsanwalts gegen einen erstattungspflichtigen Gegner	7–10	6. Konkurrenzfälle	35–53
		a) Allgemeines	35–37
a) Im eigenen Namen	7	b) Kostenverteilung	38–53
b) Nur „eigene" Gebühren und Auslagen	8, 9	aa) Grundsätzliches	38–40
		bb) Ausgleichsberechnung	41
c) Regelung durch die Parteien	10	cc) Eigene Aufwendungen der Partei	42–53
4. Der Übergang auf die Staatskasse	11–29		
a) Übergang kraft Gesetzes	11, 12	III. Die übergehenden Ansprüche des nach § 625 ZPO beigeordneten und des nach § 67a Abs. 1 S. 2 VwGO bestellten Rechtsanwalts	54–56
b) Der Anspruch gegen die Partei	13		
c) Der Beitreibungsanspruch gegen den erstattungspflichtigen Gegner	14–19	1. Beiordnung nach § 625 ZPO	54

---

[15] *Gerold/Schmidt/Madert* Rn. 29.

Übergang von Ansprüchen auf die Staatskasse **§ 59**

	Rn.		Rn.
2. Bestellung nach § 67a Abs. 1 S. 2 VwGO	55	**IV. Der übergehende Anspruch bei Beratungshilfe**	57, 58
3. Vergütung aus der Landeskasse	56	**V. Das Verfahren**	59, 60

I. Grundzüge

§ 59 gibt der Staatskasse für Entschädigungsleistungen an den im Wege der Prozesskostenhilfe oder nach § 625 ZPO beigeordneten oder nach § 67a Abs. 1 S. 2 VwGO bestellten Rechtsanwalt (vgl. § 45 Abs. 1, Abs. 2) eine Art Rückgriffsanspruch gegen die Personen, die der Rechtsanwalt in diesen Fällen zur Zahlung seiner Vergütung heranziehen kann. In Betracht kommen im Fall des in Prozesskostenhilfe beigeordneten Rechtsanwalts die Partei und der ersatzpflichtige Gegner, im Falle des § 625 ZPO der Antragsgegner der Scheidungssache (vgl. § 39) und im Falle des § 67a Abs. 1 S. 2 VwGO die Personen, für die der Rechtsanwalt bestellt ist (vgl. § 40). Der Rückgriff wird dadurch erreicht, dass mit der Zahlung durch die Staatskasse Ansprüche des Rechtsanwalts gegen die genannten Personen in diesem Umfang auf die Bundes- oder Landeskasse übergehen. 1

§ 59 Abs. 1, Abs. 2 entspricht dem § 130 BRAGO und in Bezug auf § 625 ZPO und § 67a Abs. 1 S. 2 VwGO den Verweisungen in § 36a Abs. 2 S. 2 bzw. § 115 S. 2 BRAGO. § 59 Abs. 3 entspricht der Verweisung in § 133 S. 1 BRAGO auf § 130 Abs. 1 BRAGO für den Bereich der Beratungshilfe. 2

II. Die übergehenden Ansprüche des in Prozesskostenhilfe beigeordneten Rechtsanwalts

1. Grundgedanken. Die Vorschrift bringt zusammen mit § 58 die Verklammerung des privatrechtlichen Vergütungsanspruchs des Rechtsanwalts gegen seine Partei und seines prozessualen Beitreibungsanspruchs aus § 126 ZPO gegen den in die Prozesskosten verurteilten Gegner mit seinem öffentlich-rechtlichen Entschädigungsanspruch aus seiner Beiordnung gegen die Bundes- oder Landeskasse. Zwar ist der öffentlich-rechtliche Entschädigungsanspruch gegen die Staatskasse bedingt durch den Abschluss eines privatrechtlichen Anwaltsvertrages mit der Partei, der der Anwalt beigeordnet worden ist, im Übrigen würden beide Rechtsverhältnisse aber selbständig nebeneinander stehen, wenn nicht hinsichtlich der „Vergütungsansprüche" des Rechtsanwalts aus beiden Rechtsverhältnissen § 58 bestimmen würde, dass Vorschüsse und Zahlungen Dritter in erster Linie auf die Differenzkosten[1] des Rechtsanwalts **anzurechnen** sind. Daraus ergibt sich schlüssig, dass diese Differenzkosten übersteigende Vorschusszahlungen und Zahlungen eines Dritten – etwa des in die Prozesskosten verurteilten Gegners – auf den Entschädigungsanspruch des Rechtsanwalts gegen die Staatskasse anzurechnen sind. 3

2. Der Anspruch gegen die Partei. Der Anspruch gegen die Partei beruht in der Regel auf dem Anwaltsvertrag, den der Rechtsanwalt aufgrund des durch die Beiordnung bewirkten Kontrahierungszwanges mit der Partei geschlossen hat. Schon die Bewilligung der Prozesskostenhilfe bewirkt, dass der beigeordnete Rechtsanwalt seinen Anspruch auf die Anwaltsvergütung gegen die Partei nicht geltend machen kann 4

---

[1] S. dazu § 58 Rn. 14 bis 19.

(§ 122 Abs. 1 Nr. 3 ZPO), der Anspruch ist bis zur Aufhebung der Bewilligung (§ 124 ZPO) **gestundet**. Solange diese Stundung der Leistung anhält, ist deren **Verjährung gehemmt**.[2]

5   Die Pflicht des in Prozesskostenhilfe beigeordneten Rechtsanwalts, für seine Partei tätig zu werden, dauert so lange wie seine Beiordnung und sein Mandat. Das Mandat kann **die Partei jederzeit kündigen** (§ 627 Abs. 1 BGB), während der Rechtsanwalt, solange er der Partei beigeordnet ist, an der Ausübung des ihm nach § 627 Abs. 2 BGB gegebenen Kündigungsrechts gehindert ist. Um davon Gebrauch zu machen, bedarf es einer **Aufhebung der Beiordnung**. Diese kann der Rechtsanwalt beim Gericht beantragen, wenn hierfür „wichtige Gründe" vorliegen (§ 48 Abs. 2 BRAO). Auch dann darf er das Mandat aber nicht zur Unzeit kündigen, es sei denn, dass ein wichtiger Grund für die unzeitige Kündigung vorliegt (§ 627 Abs. 2 S. 1 BGB).

6   Die **Entpflichtung des Anwalts** durch das Gericht und **Kündigung des Mandats** durch den Anwalt bewirken aber nicht, dass der Rechtsanwalt nunmehr seine Regelgebühren von seiner früheren Partei fordern kann, da die Stundungswirkung an den Bewilligungsbeschluss, nicht an den Beiordnungsbeschluss, geknüpft ist (§ 122 Abs. 1 Nr. 3 ZPO). Die **Stundung bleibt** daher in diesem Fall ebenso **bestehen** wie bei Beendigung des Mandats und der Beiordnung durch Erledigung der Sache bzw. der Instanz, für die der Rechtsanwalt beigeordnet war. Eine Aufhebung ist nur möglich durch Staatshoheitsakt (**Aufhebung der Bewilligung**) in einem der in § 124 ZPO erschöpfend aufgezählten Fälle. Darüber hinaus ist weder der Verzicht der begünstigten Partei auf ihre Rechte aus der Prozesskostenhilfebewilligung ein Grund für deren Aufhebung noch die Tatsache, dass sie – sei es durch den Prozess, sei es auf andere Weise – zu Geld gekommen ist[3] – eine Regelung, deren Unbilligkeit im Verhältnis zu dem beigeordneten Rechtsanwalt ebenso wie nach Anspruchsübergang zur Staatskasse auf der Hand liegt und die daher vom Gesetzgeber überprüft werden sollte.

7   **3. Der Beitreibungsanspruch des beigeordneten Rechtsanwalts gegen einen erstattungspflichtigen Gegner. a) Im eigenen Namen.** Der in Prozesskostenhilfe beigeordnete Rechtsanwalt kann seine Gebühren und Auslagen von dem in die Prozesskosten verurteilten Gegner im eigenen Namen beitreiben (§ 126 Abs. 1 ZPO). Das Gleiche gilt, wenn der Gegner die Kosten durch Vergleich übernommen hat.[4] Dieses, dem beigeordneten Rechtsanwalt wegen seiner – im Verhältnis zum Mandanten gestundeten – Vergütung kraft Gesetzes neben dem Kostenerstattungsanspruch der Partei gewährte selbstständige Beitreibungsrecht verschafft ihm einen Anspruch gegen die Gegenpartei, der aber seinem Umfang nach von dem Kostenerstattungsanspruch der Partei bestimmt ist. Das Verhältnis der beiden Rechte zueinander hat viele Streitfragen ausgelöst, über die *Habscheid/Schlosser*[5] unter kritischer Würdigung der Entscheidung BGHZ 5, 251 einen umfassenden Überblick geben.

8   **b) Nur „eigene" Gebühren und Auslagen.** Wie sich aus der Fassung des Gesetzes ergibt, kann der beigeordnete Rechtsanwalt nur solche Gebühren und Auslagen beitreiben, die nach § 91 Abs. 1 S. 1 und 2 ZPO erstattbar sind, und diese nur insoweit, als sie von der Beiordnung umfasst sind. Außerdem betrifft das selbständige Beitrei-

---

[2] § 205 BGB – etwas anderes gilt für den Vergütungsanspruch des gerichtlich bestellten Verteidigers gegen den Beschuldigten, § 52 Abs. 5.
[3] OLG Koblenz AnwBl. 1983, 571.
[4] *Gerold/Schmidt/von Eicken* Rn. 10.
[5] ZZP 75 (1962), 302.

bungsrecht des beigeordneten Rechtsanwalts nur „seine" Gebühren und Auslagen, nicht andere erstattbare Kosten seiner Partei.[6]

Ist der Gegner nur zur Erstattung eines Teils der Kosten verurteilt (§ 92 ZPO), so kann der beigeordnete Rechtsanwalt auch nur den entsprechenden Teil seiner gesetzlichen Vergütung von ihm beitreiben, nicht etwa seine volle Vergütung bis zur Höhe der Kostenerstattungsforderung seiner Partei. Der Gegner kann dagegen nicht einwenden, dass der Anspruch des Rechtsanwalts im Verhältnis zu seiner Partei **gestundet** ist (§ 126 Abs. 2 S. 1 ZPO). Er kann aber mit Kosten dagegen **aufrechnen**, die nach der **in demselben Rechtsstreit ergangenen Kostenentscheidung** von der Partei des beigeordneten Rechtsanwalts zu erstatten sind (§ 126 Abs. 2 S. 2 ZPO). Ist die Entscheidung nur **vorläufig vollstreckbar**, dann ist der Beitreibungsanspruch **auflösend bedingt**. Ist die vorläufige Vollstreckbarkeit von einer **Sicherheitsleistung** abhängig, dann gilt das auch für den selbstständigen Beitreibungsanspruch des Rechtsanwalts. Macht die Gegenpartei von der Befugnis zur Sicherheitsleistung Gebrauch, dann kann der Rechtsanwalt seinen Beitreibungsanspruch erst geltend machen, wenn die Entscheidung rechtskräftig ist. Ein beigeordneter Rechtsanwalt, der aufgrund eines für vorläufig vollstreckbar erklärten Urteils seine Kosten festsetzen und beitreiben lässt, haftet nach § 717 Abs. 2 ZPO persönlich für den dadurch entstandenen Schaden.

c) Regelung durch die Parteien. Das Beitreibungsrecht **entsteht** – ebenso wie der Kostenerstattungsanspruch der obsiegenden Partei – mit der Kostenentscheidung im Urteil[7] oder der Kostenübernahme im Vergleich, **auflösend bedingt** bis zur Rechtskraft der Entscheidung. **Die Partei kann während des Prozesses** über ihren Rechtschutzanspruch und seine Annexe – also auch über den noch nicht endgültig entstandenen Erstattungsanspruch – selbst verfügen, zB durch Vergleich die Kostenerstattung mitregeln oder auf Kostenerstattung verzichten. Das gilt aber nur innerhalb des betreffenden Prozesses. **Außerhalb dieses Prozesses**, zB in einem Vergleich in einer anderen Rechtssache, kann sie nur mit **Zustimmung des beigeordneten Rechtsanwalts** (und gegebenenfalls der Staatskasse) über den Erstattungsanspruch des Hauptverfahrens verfügen,[8] wie sich aus § 126 Abs. 2 S. 1 ZPO ergibt: Ebenso wenig wie der Gegner dem Erstattungsanspruch des Rechtsanwalts den Verzicht der Partei auf Kostenerstattung[9] oder die Befriedigung der Partei durch Zahlung oder Aufrechnung mit einer Gegenforderung[10] entgegenhalten kann, kann sie sich rechtsvernichtend auf eine vergleichsweise Kostenregelung außerhalb des Rechtsstreits nach Erlass des Instanzurteils, aber vor seiner Rechtskraft berufen.[11] Die Einrede eines solchen außergerichtlichen Vergleichs oder ei-

---

[6] ZB deren Reisekosten oder Kosten eines nicht beigeordneten Rechtsanwalts.
[7] Bei Klagerücknahme ist ein Beschluss nach § 269 Abs. 4 notwendig (OLG Brandenburg FamRZ 1996, 683 zu § 269 Abs. 3 S. 3 ZPO aF).
[8] AA *Gerold/Schmidt/von Eicken* Rn. 27.
[9] *Zöller/Philippi*, ZPO, 23. Aufl., § 126 Rn. 16.
[10] OLG Düsseldorf AnwBl. 1979, 184.
[11] AA OLG Frankfurt/M NJW 1969, 144; die Entscheidung geht zu Recht davon aus, dass die Partei durch außergerichtlichen Vergleich mit dem kostenpflichtigen Gegner wirksam auf ihren Kostenerstattungsanspruch verzichten konnte und dass der beigeordnete Rechtsanwalt durch die Bestimmung des § 126 (damals: § 124) ZPO vor Verfügungen der Partei geschützt werden sollte, meint dann aber, dieser Schutz träte nicht ein, wenn durch die Verfügung der Partei der Kostenerstattungsanspruch „bereits an seiner Entstehung gehindert worden ist"; selbst wenn dies richtig wäre, verkennt der Beschluss, dass das selbstständige Beitreibungsrecht des beigeordneten Rechtsanwalts als auflösend bedingtes Recht bereits mit der Verkündung des vorläufig vollstreckbaren Urteils entstanden ist (*Zöllner/Philippi*, ZPO, 23. Aufl., § 126 Rn. 2).

nes Vergleichs in einer anderen Rechtssache ist nicht weniger eine unzulässige Einrede „aus der Person der Partei" wie die Einrede der Befriedigung des Erstattungsanspruchs der Partei. Solche Verfügungen der Partei außerhalb des Prozesses über den Kostenerstattungsanspruch sind **dem beigeordneten Rechtsanwalt gegenüber** unwirksam.

11 **4. Der Übergang auf die Staatskasse. a) Übergang kraft Gesetzes.** Soweit die Staatskasse den beigeordneten Rechtsanwalt befriedigt, gehen dessen Ansprüche gegen seine Partei und den erstattungspflichtigen Gegner auf die Staatskasse über. Der Übergang erfolgt nicht schon mit der Festsetzung nach § 55 Abs. 2, sondern erst mit der tatsächlichen Zahlung durch die Staatskasse. Es handelt sich um einen Rechtsübergang kraft Gesetzes, auf den § 412 BGB und die dort angeführten Vorschriften anzuwenden sind; insbesondere gelten auch hier § 406 BGB über die Aufrechnung und § 407 BGB über den Schutz des gutgläubigen Schuldners.[12]

12 Durch den gesetzlichen Übergang der Ansprüche ändert sich weder deren Inhalt noch deren Rechtsnatur. Insbesondere bleiben sie auch in der Hand der Staatskasse privatrechtliche Vergütungsansprüche aus Anwaltsvertrag bzw. Erstattungsansprüche der obsiegenden Partei auf solche Verbindlichkeiten; es handelt sich weder um Gerichtskostenforderungen noch um Forderungen der Staatskasse iS des § 120 Abs. 1 ZPO. Daher begründet auch die Übernahme der Gerichtskosten nach § 29 Nr. 2 GKG keine Haftung für den Entschädigungsanspruch des beigeordneten Rechtsanwalts gegen die Staatskasse. Die Ansprüche gehen in dem Zustand auf die Staatskasse über, in dem sie sich befinden, mit allen Nebenrechten und Belastungen (s. Rn. 15).

13 **b) Der Anspruch gegen die Partei.** Der infolge der Bewilligung von Prozesskostenhilfe nach § 122 Abs. 1 Nr. 3 gestundete Vergütungsanspruch des Rechtsanwalts gegen seine Partei bleibt auch nach dem Übergang auf die Staatskasse **gestundet**. Die Staatskasse kann ihn daher gegen die Partei, der Prozesskostenhilfe bewilligt worden ist, erst nach Aufhebung der Bewilligung gemäß § 124 ZPO geltend machen und auch dies erst, nachdem der Rechtsanwalt wegen seiner Differenzkosten befriedigt worden ist (§ 59 Abs. 1 S. 2). Streitig ist, ob auch die **Erben** der durch Bewilligung der Prozesskostenhilfe begünstigten Partei der Staatskasse die Stundung des auf diese übergegangenen Anspruchs des beigeordneten Rechtsanwalts entgegenhalten können. Das wäre dann der Fall, wenn diese Verbindlichkeit des Erblassers mit dieser Einrede behaftet auf sie übergegangen wäre. Die Prozesskostenhilfe ist aber an die Person gebunden, aufgrund deren Vermögens- und Einkommensverhältnissen und Verpflichtungen sie bewilligt worden ist. Es ist kein vernünftiger Grund ersichtlich, die Stundung der Anwaltsvergütung auch Erben zukommen zu lassen, in deren Person nicht die Voraussetzungen für eine Gewährung von Prozesskostenhilfe gegeben sind.[13] Wenn und soweit in der Person der Erben die Voraussetzungen für eine Gewährung von Prozesskostenhilfe gegeben sind, können sie die Bewilligung von Prozesskostenhilfe beantragen, wenn sie nicht die Erbschaft ausschlagen wollen. Solange den Erben einer Partei nicht selbst Prozesskostenhilfe bewilligt ist, können sie gegen den auf die Staatskasse übergegangenen Anspruch auch nicht die Einrede der Stundung erheben.

---

12 Ebenso *Gerold/Schmidt/von Eicken* Rn. 4.
13 *Schneider* NJW 1962, 1335; *Zöller/Schneider*, PKHG, § 122 ZPO Anm. III 1; OLG Stuttgart JurBüro 1974, 1606; aA *Zöller/Philippi*, ZPO, 23. Aufl., § 122 Rn. 20; OLG Nürnberg MDR 1970, 688 und die hM, die die Bewilligung und Stundung auf die Erben übergehen lassen mit der Folge, dass sie zur Nachzahlung der dem Erblasser gestundeten Beträge nur verpflichtet sind, wenn bei ihnen die Voraussetzungen des § 125 ZPO vorliegen und die Bewilligung der Prozesskostenhilfe aus einem der in § 124 ZPO genannten Gründe aufgehoben worden ist.

c) Der Beitreibungsanspruch gegen den erstattungspflichtigen Gegner. 14
aa) Die in Betracht kommenden Ansprüche. Die Staatskasse erwirbt das selbstständige Beitreibungsrecht des beigeordneten Rechtsanwalts nach § 126 ZPO in dem Zustand, in dem es sich zur Zeit des Übergangs befindet. Dieses Recht ist nicht identisch mit dem Erstattungsanspruch der Partei. Dieser Anspruch geht daher nicht aufgrund dieser Vorschrift auf die Staatskasse über, sondern eben ausschließlich der Beitreibungsanspruch des beigeordneten Rechtsanwalts und sein – gestundeter – Vergütungsanspruch gegen seine Partei. Alle drei Ansprüche sind aber miteinander verbunden. Das hat zur Folge, dass, wenn der Gegner vorher mit befreiender Wirkung an die Partei gezahlt oder sonst deren Anspruch erfüllt hat, kein Anspruch des beigeordneten Rechtsanwalts gegen den Gegner mehr besteht, der auf die Staatskasse übergehen könnte. Ist der Titel, auf den sich der Erstattungsanspruch gründet, nur **gegen Sicherheitsleistung** vollstreckbar, so muss auch die Staatskasse die Rechtskraft abwarten, bevor sie ohne Sicherheitsleistung den auf sie übergegangenen Anspruch beitreiben kann. **Entfällt der Erstattungsanspruch** der Partei, etwa weil das Urteil, auf dem er beruht hat, aufgehoben, die Klage zurückgenommen oder der Anspruch in der Rechtsmittelinstanz durch Vergleich anders geregelt wird, dann entfällt auch der Erstattungsanspruch der Staatskasse, weil kein Anspruch des beigeordneten Rechtsanwalts gegen den Gegner mehr besteht, der auf die Staatskasse übergehen konnte. Einen trotzdem vom erstattungspflichtigen Gegner eingezogenen Betrag hat sie – und nicht die durch die Gewährung der Prozesskostenhilfe begünstigte Partei – zurückzuzahlen.

bb) Sicherungsrechte. Auf die Staatskasse gehen mit der Befriedigung des Rechts- 15
anwalts auch die für seinen Kostenerstattungsanspruch bestehenden **Sicherungsrechte**[14] über; ebenso der **Verzinsungsanspruch** ohne die fälligen Zinsen (§ 104 Abs. 1 S. 2 ZPO).

Da nach § 123 ZPO die Bewilligung der Prozesskostenhilfe auf die Verpflichtung, 16
die dem Gegner entstandenen Kosten zu erstatten, keinen Einfluss hat, steht eine dem Kostenschuldner bewilligte Prozesskostenhilfe dem **Beitreibungsanspruch** des Rechtsanwalts des Kostengläubigers nicht entgegen. Das gilt zwar grundsätzlich auch für die Staatskasse, sobald der Beitreibungsanspruch des Rechtsanwalts auf diese übergegangen ist,[15] jedoch kann sie diese Ansprüche nur „nach den Bestimmungen, die das Gericht trifft" (§ 122 Abs. 1 Nr. 1 ZPO) gegen die erstattungspflichtige Partei geltend machen.[16] § 59 Abs. 1 S. 2 ist auf diese auf die Staatskasse übergegangenen Ansprüche nicht anzuwenden.[17] Da der Rechtsanwalt seine Kosten beim erstattungspflichtigen Gegner auch aus einem vorläufig vollstreckbaren Titel beitreiben kann, gilt dies hinsichtlich des auf sie übergegangenen Anspruchs an sich auch für die Staatskasse, jedoch bestimmen Nr. 3.3.2 Satz 1 DB-PKHG, dass zu Lasten des Gegners die Kosten, von deren Entrichtung die Partei befreit ist, erst anzusetzen sind, wenn der Gegner rechtskräftig in die Prozesskosten verurteilt ist oder sie durch eine vor Gericht abgegebene oder dem Gericht mitgeteilte Erklärung übernommen hat oder sonst für

---

[14] ZB ein Pfändungspfandrecht, wenn der Rechtsanwalt zur Sicherung seines Beitreibungsrechts Gegenstände des erstattungspflichtigen Gegners gepfändet hatte, oder die vom Gegner geleistete Ausländersicherheit (RGZ 126, 178).
[15] BGH JurBüro 1997, 648 f.
[16] AA: OLG Düsseldorf JurBüro 1988, 747 f. m. abl. Anm. *Mümmler*; BGH aaO: kein Anspruch „gegen die Partei" nach § 122 Abs. 1 Nr. 1b ZPO ist der Anspruch des beigeordneten Rechtsanwalts gegen den unterlegenen Prozessgegner aus § 126 ZPO.
[17] OLG Schleswig AnwBl. 1994, 304.

die Kosten haftet (§ 125 Abs. 1 ZPO, § 54 GKG aF [entspricht § 29 GKG nF]); dies gelte auch für die Geltendmachung von Ansprüchen, die nach § 130 BRAGO (entspricht § 59) auf die Bundes- oder Landeskasse übergegangen sind.[18]

17 Ist **beiden Parteien** Prozesskostenhilfe ohne Ratenzahlungsanordnung bewilligt, dann kann die Staatskasse den auf sie übergegangenen Erstattungsanspruch des der siegreichen Partei beigeordneten Rechtsanwalts gegen die unterlegene Partei erst geltend machen, wenn die ihr bewilligte Prozesskostenhilfe gemäß § 124 ZPO aufgehoben oder gemäß § 120 Abs. 4 ZPO Raten festgesetzt worden sind.[19]

18 Da der auf die Staatskasse übergegangene Beitreibungsanspruch des beigeordneten Rechtsanwalts durch den Übergang keine Gerichtskostenforderung geworden ist, berühren ihn auch nicht **Gebühren-** und **Auslagenbefreiungsvorschriften;**[20] jedoch gelten haushaltsrechtliche Bestimmungen, nach denen Zahlungen aus einer Kasse in die andere desselben Landes zu unterbleiben haben, auch hier.

19 cc) **Schuldnerschutzvorschriften.** Die Schuldnerschutzvorschriften des BGB (§§ 404, 406, 407) gelten auch hier sinngemäß (Rn. 11). Eine im Festsetzungsverfahren nach §§ 103 ff., 126 ZPO ergehende Entscheidung wirkt auch gegen die Staatskasse, und zwar auch dann, wenn das Festsetzungsverfahren erst nach Übergang des Anspruchs beantragt wurde, der Gegner jedoch keine Kenntnis von der Zahlung der Staatskasse an den beigeordneten Rechtsanwalt hatte; beweispflichtig für die Kenntnis des Gegners ist die Staatskasse (§ 407 Abs. 2 BGB).

20 **d) Der Anspruch gegen Streitgenossen.** Einem Rechtsanwalt, der in einem Rechtsstreit die Partei und deren Streitgenossen vertritt, erwächst gegen jeden seiner Auftraggeber ein Gebührenanspruch, als ob er nur in dessen Auftrag tätig geworden wäre, insgesamt jedoch nicht mehr, als wenn er nur für einen Auftraggeber tätig geworden wäre, zuzüglich der Erhöhung der Verfahrens- oder Geschäftsgebühr nach Gebührentatbestand Nr. 1008 VV. Ist er zwar der Partei, nicht aber dem oder den Streitgenossen in PKH beigeordnet, dann ist sein Gebührenanspruch gegen die Partei gestundet, während er von dem oder den Streitgenossen volle Wahlanwaltsgebühren nach Maßgabe des § 7 und dem Gebührentatbestand Nr. 1008 VV fordern kann. Es steht ihm frei, stattdessen zunächst von der Staatskasse für die Vertretung der Partei in Prozesskostenhilfe die Entschädigung nach § 49 und dem Gebührentatbestand Nr. 1008 VV zu fordern. Hält er sich zunächst an die Staatskasse, dann geht sein Anspruch auf die Wahlanwaltsvergütung gegen seine Partei insoweit auf die Staatskasse über (§ 59 Abs. 1 S. 1). Zugleich mindert sich durch die Zahlung der Staatskasse der Anspruch des Rechtsanwalts gegen den oder die Streitgenossen auf die Differenzkosten zu seinem nach Maßgabe des Gebührentatbestandes Nr. 1008 VV erhöhten Kostenanspruch, da er insoweit befriedigt ist.

21 Der Anspruch des einer Partei in Prozesskostenhilfe beigeordneten Rechtsanwalts auf Vergütung gegen Streitgenossen seiner Partei, denen er **nicht** beigeordnet ist, geht nicht bei Zahlung der Entschädigung für die Vertretung der Partei gemäß § 59 Abs. 1 auf die Staatskasse über.

22 Durch den Übergang des (gestundeten) Vergütungsanspruchs des beigeordneten Rechtsanwalts gegen seine Partei in Höhe der Entschädigungszahlung der Staatskasse auf diese spaltet sich die Gesamtschuld von Partei und Streitgenossen. Beigeordneter

---

[18] Abgedruckt in *Hartmann* S. 1083, 1085.
[19] OLG Zweibrücken Rpfleger 1989, 114 mwN; *Gerold/Schmidt/von Eicken* Rn. 8; aA OLG Düsseldorf JurBüro 1988, 747 f. mwN; s. Rn. 16.
[20] BGH NJW 1965, 538 = JurBüro 1965, 209 = MDR 1965, 287 = Rpfleger 1965, 77.

Rechtsanwalt und Staatskasse werden dadurch aber **nicht Gesamtgläubiger** (§ 428 BGB), da der Staatskasse nur der auf sie übergegangene Teil der Vergütungsforderung des Rechtsanwalts gegen die Partei, der er beigeordnet ist, zusteht (und die bis zur Aufhebung der Prozesskostenhilfe-Bewilligung gestundet ist, § 122 Abs. 1 Nr. 3 ZPO), dem Rechtsanwalt dagegen nur noch die Differenz der ihm gezahlten Entschädigung zu seinen nach Maßgabe des § 7 und des Gebührentatbestandes Nr. 1008 VV erhöhten Wahlanwaltskosten, der Höhe nach aber im Verhältnis zu jedem seiner Mandanten begrenzt durch die Vergütung, die jeder Streitgenosse ihm schulden würde, wenn er ihn allein beauftragt hätte (§ 7 Abs. 2).

Entsprechendes gilt, wenn der Rechtsanwalt der Partei und deren Streitgenossen 23 in Prozesskostenhilfe beigeordnet worden ist. Durch die Entschädigung des beiden beigeordneten Rechtsanwalts gehen dessen Vergütungsforderungen in Höhe der Entschädigungszahlung auf die Staatskasse über, nicht aber die ihm verbliebenen Forderungen gegen die Kostenschuldner.

Partei und Streitgenossen sind zwar untereinander als **Gesamtschuldner** ausgleichs- 24 pflichtig (§ 426 BGB), soweit sich aus der Kostenentscheidung nichts anderes ergibt. Aber so wenig wie die durch Prozesskostenhilfe begünstigte Partei und die Staatskasse vor Zahlung der Anwaltsentschädigung ausgleichspflichtige Gesamtschuldner sind, sind es ihr Streitgenosse oder ihre Streitgenossen und die Staatskasse. Weder haben Streitgenossen einen Ausgleichsanspruch gegen die Staatskasse, wenn sie mehr als ihren Anteil an den gemeinsamen Anwalt gezahlt haben, noch hat die Staatskasse gegen sie, wenn sie an den gemeinsamen Anwalt eine ihren Anteil übersteigende Entschädigung gezahlt hat, einen solchen Ausgleichsanspruch aus § 426 BGB. Insbesondere ist auch kein Ausgleichsanspruch der durch Prozesskostenhilfe begünstigten Partei gegen den oder die Streitgenossen auf die Staatskasse übergegangen. Der Partei stand kein solcher Anspruch zu, da nicht sie den gemeinsamen Rechtsanwalt befriedigt hatte, sondern ein Dritter, die Staatskasse.[21]

Die bundeseinheitliche, seit dem 1.1.1981 in Kraft befindliche **Vereinbarung der** 25 **Bundesländer** über die Festsetzung der aus der Staatskasse zu gewährenden Vergütung der Rechtsanwälte und Steuerberater,[22] die zwar kein Gesetz ist, aber die Behörden bindet, übergeht die Frage nach der Rechtsgrundlage. Sie bestimmt in Nr. 2.4.1, dass der UdG in jedem Fall zu prüfen und nötigenfalls zu überwachen habe, ob die aus der Staatskasse gezahlte „Vergütung" vom erstattungspflichtigen Gegner oder von der Partei (§ 130 BRAGO [entspricht § 59]) eingefordert werden könne. Das wäre hinsichtlich der durch die Prozesskostenhilfe begünstigten Partei berechtigt, soweit es sich dabei um von ihr nach § 120 Abs. 1 ZPO zu zahlende Raten handelte, doch ist daran offenbar nicht gedacht, da der UdG weiter unten darauf hingewiesen wird, dass der Anspruch gegen die Partei, solange die Bewilligung der Prozesskostenhilfe nicht aufgehoben sei, nur nach den Bestimmungen geltend gemacht werden könne, die das Gericht gemäß § 122 Abs. 1 Nr. 1 ZPO getroffen habe – das eben sind die ihr auferlegten Ratenzahlungen. Gemeint ist daher wahrscheinlich die Geltendmachung des kraft Gesetzes mit der Zahlung der Entschädigung an den beigeordneten Rechtsanwalt auf die Staatskasse übergegangenen privatrechtlichen Vergütungsanspruchs des Rechtsanwalts gegen seinen Mandanten. Hier fehlt in der Vereinbarung der Hinweis,

---

[21] AA anscheinend *Gerold/Schmidt/von Eicken* Rn. 9 und OLG Bamberg JurBüro 1971, 78, das der Landeskasse einen im Klagewege durchzusetzenden bürgerlich-rechtlichen Ausgleichsanspruch aus § 426 BGB gegen einen Streitgenossen der armen Partei zugebilligt hat.
[22] Abgedruckt in *Hartmann* S. 1090.

dass dieser Anspruch gestundet ist, solange der Bewilligungsbeschluss nicht gemäß § 124 ZPO aufgehoben ist.

26 In Nr. 2.4.2 weist die Vereinbarung den UdG an, Streitgenossen, die von dem der Partei beigeordneten Rechtsanwalt als Wahlanwalt vertreten worden sind, zur Zahlung des auf sie entfallenden Anteils an der aus der Staatskasse gezahlten Vergütung aufzufordern, soweit dies nicht zB wegen feststehender Zahlungsunfähigkeit untunlich ist. Zwar weist die Vereinbarung in Nr. 2.4.3 den UdG darauf hin, dass die Zahlungsaufforderung an die „ausgleichspflichtigen" Streitgenossen nicht auf § 130 BRAGO [entspricht § 59] gestützt werden und daher nicht in der Form einer Gerichtskostenrechnung ergehen dürfe; das Letztere gilt auch in einem Fall des § 130 BRAGO, da der auf die Staatskasse übergegangene Vergütungsanspruch des beigeordneten Rechtsanwalts ein privatrechtlicher Vergütungsanspruch bleibt und nicht zu einer Gerichtskostenforderung wird (vgl. Rn. 12). Die Vereinbarung besagt aber nichts darüber, aus welcher Rechtsnorm sich der in ihr vorausgesetzte Ausgleichsanspruch der Staatskasse gegen Streitgenossen der durch die Prozesskostenhilfe begünstigten Partei ergeben soll. § 426 BGB scheidet aus, da diese Vorschrift nur die Ausgleichungspflicht unter Gesamtschuldnern – nämlich „echten" Gesamtschuldnern – regelt. Zwar sind die Streitgenossen zusammen mit der Partei Gesamtschuldner ihres gemeinsamen Anwalts. Auf die Staatskasse geht aber durch die Entschädigung des Anwalts nicht die Verbindlichkeit der Partei, sondern (insoweit) die Forderung des Anwalts über. Der Anwalt hatte als Gläubiger keine Ausgleichsansprüche gegen die Streitgenossen der Partei, die auf die Staatskasse übergegangen sein könnten. Durch die Entschädigungszahlung der Staatskasse an den beigeordneten Rechtsanwalt geht nur dessen Vergütungsanspruch gegen die Partei, der er beigeordnet ist, insoweit auf die Staatskasse über, nicht sein Vergütungsanspruch gegen den oder die Streitgenossen der Partei.

27 Ist einem Streitgenossen Prozesskostenhilfe bewilligt, der gemeinsame Rechtsanwalt beigeordnet und eine Entschädigung gezahlt worden, die seinen Anteil nach Ausgleichung der Kosten unter den Streitgenossen übersteigt, dann könnte die Staatskasse den zu viel gezahlten Betrag unter Bereicherungsgesichtspunkten zurückverlangen. Dieser Anspruch kann nur durch Klage geltend gemacht werden.

28 Etwas anderes gilt für den selbstständigen **Beitreibungsanspruch** des beigeordneten Rechtsanwalts gegen den kostenpflichtigen Gegner, § 126 ZPO (vgl. Rn. 7 bis 10). Soweit dieser Anspruch durch Zahlung der Staatskasse auf diese gemäß § 59 Abs. 1 S. 1 übergeht (Rn. 15), steht seiner Geltendmachung keine Einrede der Stundung entgegen. Das gilt selbst dann, wenn auch dem Gegner Prozesskostenhilfe bewilligt worden ist (§ 123 ZPO).

29 Der auf die Staatskasse übergegangene Anspruch bleibt ein privatrechtlicher Vergütungsanspruch des Rechtsanwalts. Für ihn gilt daher die dreijährige Verjährungsfrist des § 195 BGB, jedoch ist die **Verjährung** bis zur Aufhebung der Bewilligung der Prozesskostenhilfe gehemmt (§ 205 BGB).

30 **5. Der Vorrang des Rechtsanwalts (Abs. 1 S. 2).** § 59 Abs. 1 S. 2, der sich auf die frühere – nicht unbestrittene – Rechtsprechung[23] gründet und an entsprechende Vorschriften des BGB[24] sowie anderer Gesetze[25] anlehnt, besagt, dass die Staatskasse den Übergang des Vergütungsanspruchs gegen die Partei oder des Beitreibungsan-

---

[23] RGZ 126, 178; RG HRR 1935 Nr. 379.
[24] § 268 Abs. 3 S. 2, § 426 Abs. 2, § 774 Abs. 1 S. 2, § 1164 Abs. 1 S. 2 BGB.
[25] ZB §§ 67, 118 VVG; § 87a S. 2 BBG; § 81a BVG; § 8 Abs. 2 BEG; § 4 Abs. 3 LFZG; § 72a ViehseuchenG.

spruchs gegen den Gegner **nicht zum Nachteil des Rechtsanwalts** geltend machen kann, solange dessen (gestundeter) Anspruch gegen die Partei auf die „Regelvergütung"[26] und Auslagen noch nicht in vollem Umfang – durch wessen Leistungen auch immer – befriedigt ist. Darin liegt zweierlei:

Die Staatskasse kann den Übergang des Anspruchs insoweit nicht geltend machen, 31
als der Rechtsanwalt den Anspruch benötigt, um sich wegen seiner durch Zahlungen der Staatskasse nicht gedeckten Vergütung zu befriedigen. In dem unten Rn. 49 ausgeführten Beispielsfall 1 kann die Staatskasse, obwohl 294,50 Euro auf sie übergegangen sind und sie an den Rechtsanwalt 487,50 Euro bezahlt hat, den Anspruch gegen den unterlegenen Gegner nur in Höhe von 239,50 Euro geltend machen.

Soweit die Staatskasse den Übergang geltend machen kann, ist sie durch das Vor- 32
recht des Rechtsanwalts nicht gehindert, Zahlungen entgegenzunehmen oder den Anspruch beizutreiben. Treffen jedoch **Vollstreckungsmaßnahmen der Staatskasse und des Rechtsanwalts** zusammen, dann kann die Staatskasse sich aus den Pfandgegenständen nur im Range nach dem Pfandrecht des Rechtsanwalts befriedigen.[27]

Der Vorrang des Rechtsanwalts besteht auch dann, wenn er seinen Anspruch gegen 33
den unterlegenen Gegner aufgrund eines **Kostenfestsetzungsbeschlusses** betreibt, der **auf den Namen der Partei** lautet.[28]

Auch der **Schuldner** kann sich gegenüber der Staatskasse auf den Vorrang des in 34
Prozesskostenhilfe beigeordneten Anwalts berufen.[29]

6. Konkurrenzfälle. a) Allgemeines. Umfasst der Kostenerstattungsanspruch ei- 35
ner Partei, der Prozesskostenhilfe bewilligt worden ist, auch noch andere Aufwendungen als die Vergütung des ihr beigeordneten Rechtsanwalts und braucht der Gegner nicht alle Kosten zu erstatten, so stellt sich die Frage nach dem „Rangverhältnis" der einzelnen Teile des Kostenerstattungsanspruchs.

Aus § 126 Abs. 2 ZPO ergibt sich insofern ein **„Vorrang"** des beigeordneten Rechts- 36
anwalts wegen seines **Beitreibungsanspruchs** gegenüber dem Erstattungsanspruch der Partei, als ihm Einreden aus der Person der Partei nicht entgegengehalten werden können und der Gegner gegen seinen Anspruch nur mit Kosten aufrechnen kann, die nach der in demselben Rechtsstreit erlassenen Kostenentscheidung von der Partei zu erstatten sind. Einwendungen aus der Person der Partei sind zB der Einwand der Zahlung an die Partei, der eines Verzichts der Partei auf die Erstattung ihrer Kosten, der eines Erlassvertrags der Partei mit dem Kostenschuldner. Im Übrigen steht dieser Beitreibungsanspruch des Rechtsanwalts aber selbstständig neben dem Kostenerstattungsanspruch der Partei. Sind in einer Instanz der Partei mehrere Rechtsanwälte beigeordnet worden, dann erwächst jedem von ihnen ein eigener Beitreibungsanspruch gegen den Gegner, ohne dass es auf den Zeitpunkt der Entstehung des Beitreibungsanspruchs ankommt. Hat allerdings einer dieser beigeordneten Rechtsanwälte schuldhaft die Beiordnung eines anderen Rechtsanwalts veranlasst, dann kann er Gebühren, die auch für den anderen Rechtsanwalt entstehen, nicht fordern (§ 54). Ist ein Rechtsanwalt der Partei und ein anderer deren Streitgenossen in Prozesskostenhilfe beigeordnet, dann gilt für das Beitreibungsrecht eines jeden von ihnen das Gleiche wie vor-

---

[26] So die Bezeichnung in § 50 Abs. 2.
[27] Wegen der Geltendmachung in Konkursverfahren vgl. RGZ 83, 401; *Hofmann*, Zum Rückgriffsanspruch eines Bürgen im Konkurs des Hauptschuldners, BB 1964, 1398.
[28] *Hartmann* Rn. 17; *Gerold/Schmidt/von Eicken* Rn. 5.
[29] *Gerold/Schmidt/von Eicken* Rn. 5.

stehend ausgeführt: Der Kostenerstattungsanspruch der Partei, der Streitgenossen und die Beitreibungsrechte der Rechtsanwälte stehen – mit der obigen Einschränkung zugunsten der Letzteren – grundsätzlich gleichberechtigt nebeneinander. Das bedeutet, dass die Staatskasse, wenn sie an einen von ihnen aufgrund eines Festsetzungstitels leistet, insoweit gegenüber den anderen Erstattungsgläubigern frei wird – gegenüber dem Beitreibungsanspruch des beigeordneten Rechtsanwalts jedoch nur, soweit dieser der Kostenfestsetzung auf seine Partei zugestimmt oder sonst wie auf sein Vorrecht aus § 126 Abs. 2 ZPO verzichtet hat.

37 Beantragt die **Partei**, der Prozesskostenhilfe bewilligt worden ist, durch den ihr beigeordneten Rechtsanwalt die **Kostenfestsetzung** gegen den unterlegenen Prozessgegner, dann müssen der beigeordnete Rechtsanwalt und damit auch die Staatskasse hinsichtlich des auf sie übergegangenen Anspruchs eine wirksame **Aufrechnung** des Prozessgegners gegen den Kostenerstattungsanspruch der Partei gegen sich gelten lassen.[30] Zugunsten einer Partei, der Prozesskostenhilfe bewilligt war, können Anwaltskosten aber erst festgesetzt werden, wenn sie nach Aufhebung der Bewilligung von der Staatskasse in Anspruch genommen worden ist und daraufhin Zahlungen geleistet hat, die über den von ihr nach der Kostenentscheidung zu tragenden Anteil an den gesamten außergerichtlichen Kosten hinausgehen. Es genügt dafür nicht, dass sie für die ihrem Rechtsanwalt aus der Staatskasse gezahlten und nach § 59 Abs. 1 auf diese übergegangenen Beträge als Erst- oder Zweitschuldnerin haftet, dass nach der Prozesskostenhilfebewilligung Monatsraten zu zahlen sind (§ 120 ZPO) oder dass die Bewilligung aufgehoben worden ist. Solange diese Voraussetzungen nicht gegeben sind, sollte im Kostenausgleichungsbeschluss klarstellend hervorgehoben werden, dass vom Gegner der Partei, der Prozesskostenhilfe bewilligt war, *derzeit* keine Kosten zu erstatten sind.[31]

38 b) **Kostenverteilung. aa) Grundsätzliches.** Die Aufrechnung gegen die Erstattungsforderung einer in Prozesskostenhilfe klagenden Partei mit einem Erstattungsanspruch des Gegners ist gegenüber dem Beitreibungsanspruch des beigeordneten Rechtsanwalts nur wirksam, wenn sie im Kostenfestsetzungsverfahren zugunsten seiner Partei erklärt wird. Mit einer Kostenforderung aus einem anderen Verfahren kann außerhalb des Kostenfestsetzungsverfahrens und zu Lasten der Partei nicht mit Wirkung gegen den Beitreibungsanspruch des beigeordneten Rechtsanwalts aufgerechnet werden.[32]

39 Sind die Kosten in der Kostenentscheidung nach **Bruchteilen** verteilt (§ 92 ZPO), dann hat die Geschäftsstelle nach Anbringung des Festsetzungsgesuchs den Gegner aufzufordern, die Berechnung seiner Kosten binnen einer Woche bei der Geschäftsstelle einzureichen (§ 106 Abs. 1 S. 1 ZPO). Dies gilt wegen § 126 Abs. 2 ZPO auch bei einer Festsetzung nach § 126 Abs. 1 ZPO, und zwar nicht nur, wenn die Kosten nach Quoten verteilt sind. Auch die Staatskasse darf den übergegangenen Anspruch gegen den Gegner nicht geltend machen, ohne ihm vorher die Möglichkeit „amtswegiger Aufrechnung" gegeben zu haben, oder sie muss vor Feststellung der Höhe des übergegangenen Anspruchs selbst eine vorläufige Kostenausgleichung entsprechend § 106 Abs. 1 ZPO vornehmen. Die dem Gegner erwachsenen Kosten hat sie in diesem

---

[30] LG Berlin JurBüro 1983, 879 m. Anm. *Mümmler* = KostRsp. BRAGO § 130 Nr. 13; OLG München JurBüro 1998, S. 89 f.
[31] KG AnwBl. 1983, 324 = JurBüro 1983, 1056 = KostRsp. BRAGO § 130 Nr. 14.
[32] LG Berlin AnwBl. 1983, 327 = JurBüro 1983, 878 m. Anm. *Mümmler* = KostRsp. BRAGO § 130 Nr. 12.

Fall von diesem zu erfragen oder notfalls anhand der Akten zu berechnen. Dem Gegner bleibt es dann überlassen, die Unrichtigkeit der Feststellung einzuwenden.

Hat jede Partei **die Kosten einer Instanz voll zu erstatten**, so ist weder eine Kostenausgleichung zwischen den Instanzen möglich noch kann eine Partei, deren beigeordnetem Prozessbevollmächtigten die volle Vergütung eines Wahlanwalts aus der Landeskasse erstattet worden ist, mit Erstattungsansprüchen aus einer Instanz gegenüber Erstattungsansprüchen der Gegenpartei aus einer anderen Instanz aufrechnen.[33] 40

bb) **Ausgleichsberechnung.** Sind Anwaltskosten bereits nach § 126 Abs. 1 ZPO festgesetzt, dann ist diese Festsetzung maßgebend. Anderenfalls ist zunächst eine fiktive Ausgleichsberechnung vorzunehmen, so als ob das Gericht keine Prozesskostenhilfe bewilligt hätte.[34] In diese Berechnung ist die volle Wahlanwaltsvergütung (nicht der geringere Entschädigungsanspruch des beigeordneten Rechtsanwalts gegen die Staatskasse) einzustellen. Die Gerichtskosten sind gesondert festzustellen und auszugleichen; wenn der Gegner mehr als den auf ihn entfallenden Anteil bezahlt hat, ist dieser Überschuss von den von ihm zu erstattenden Parteikosten abzuziehen. Ergibt sich aus der Berechnung der dem beigeordneten Rechtsanwalt zu erstattenden Kosten ein Saldo zugunsten seiner Partei, dann ist davon die Vergütung, für die der beigeordnete Rechtsanwalt von der Staatskasse befriedigt worden ist, abzuziehen und statt für die Partei oder ihren Rechtsanwalt für die Staatskasse festzusetzen, soweit dieser Saldo die Differenz zwischen dem vollen Gebührenanspruch des Rechtsanwalts und seine aus der Staatskasse gezahlte Entschädigung übersteigt. Dadurch wird nicht der Übergang auf die Staatskasse ausgeschlossen, sondern lediglich seine Berücksichtigung bis zur Befriedigung des Rechtsanwalts. Der dem beigeordneten Rechtsanwalt aus der Staatskasse zu erstattende Teil seiner Vergütung wird zunächst auf den nicht vom Gegner zu erstattenden Teil angerechnet.[35] 41

cc) **Eigene Aufwendungen der Partei.** Umfasst der Kostenerstattungsanspruch der Partei neben Vergütungsansprüchen der ihr beigeordneten Rechtsanwälte auch eigene Aufwendungen, so ist bestritten, in welcher Weise der noch offenen „Aufrechnungslage" des Gegners (§§ 106, 126 Abs. 2 ZPO) bei der fiktiven Kostenausgleichung Rechnung zu tragen ist. Der Gegner soll aufgrund § 396 Abs. 1 S. 1 BGB, wenn die Festsetzung der Kosten der durch Prozesskostenhilfe begünstigten Partei nicht einheitlich beantragt wird, wählen können, gegen welche Teile des Kostenerstattungsanspruchs er „aufrechnen" will; lässt er gemäß § 106 Abs. 2 ZPO seine Kosten nachträglich gesondert festsetzen, dann könne er gegen irgendeinen der ergangenen Teil-Festsetzungsbeschlüsse (der Partei wegen ihrer eigenen Kosten, des beigeordneten Rechtsanwalts nach § 126 Abs. 2 ZPO) oder gegen die Rechnung der Staatskasse aufrechnen. 42

Die Frage der richtigen **Technik des Kostenausgleichungsverfahrens** ist in der Kostenpraxis außerordentlich kontrovers. *Wigger*[36] hat darüber einen Überblick gegeben und versucht,[37] anhand durchgerechneter Beispiele bei unterschiedlicher Fallgestaltung eine Methode herauszufinden, die dem in § 126 ZPO, § 130 Abs. 1 BRAGO [entspricht § 59] zum Ausdruck gekommen Willen des Gesetzgebers am besten entspricht und zugleich im Ergebnis einleuchtend ist. 43

---

[33] LG Berlin JurBüro 1979, 1857 m. Anm. *Mümmler* = KostRsp. BRAGO § 130 Nr. 9.
[34] OLG München Rpfleger 1982, 119.
[35] *Gerold/Schmidt/von Eicken* Rn. 15.
[36] SchlHA 1962, 95.
[37] SchlHA 1969, 29.

§ 59 Abschnitt 8. Beigeordneter oder bestellter Rechtsanwalt, Beratungshilfe

Folgende Meinungen werden vertreten:

44   1. Das Beitreibungsrecht des beigeordneten Rechtsanwalts gegen den erstattungspflichtigen Gegner wird durch die Quotierung der Kosten nicht beeinträchtigt. Nach dem Wortlaut des § 126 Abs. 1 ZPO hat er Zugriff auf den ganzen Kostenerstattungsanspruch in Höhe seiner Regelgebühren abzüglich der aus der Staatskasse bereits erhaltenen Beträge. Eine Aufteilung des Erstattungsanspruchs in die einzelnen Rechnungsposten, aus denen er sich zusammensetzt, ist mit dem Wortlaut, Sinn und Zweck dieser Vorschrift nicht vereinbar.[38] Der Gegner kann gegen diesen Anspruch aufrechnen.

45   2. Der beigeordnete Rechtsanwalt kann im eigenen Namen nur seine von der Beiordnung erfassten und erstattbaren Kosten, nicht auch die persönlichen Auslagen seiner Partei festsetzen lassen. Der auf die Staatskasse übergegangene Anspruch erstreckt sich nicht auf die Auslagen, die die durch Prozesskostenhilfe begünstigte Partei selbst aufgewandt hat und von der unterlegenen Gegenpartei erstattet verlangen kann.[39]

46   3. Der beigeordnete Rechtsanwalt kann gegen den erstattungspflichtigen Gegner nur die Quote seiner Kosten geltend machen, die sich aus der Kostenentscheidung ergibt. Die Aufrechnung mit dem Gegenanspruch des Gegners ist zunächst gegen den Anspruch der Partei auf Erstattung ihrer eigenen Auslagen vorzunehmen. Erst wenn dieser Anspruch erschöpft ist, sind die Kosten der Gegenpartei gegen die Forderung des beigeordneten Rechtsanwalts aufzurechnen.[40]

47   4. Der beigeordnete Rechtsanwalt und die Partei können ihre Kostenquote gleichrangig gegen den erstattungspflichtigen Gegner geltend machen. Gegen diese Kostenforderungen wird die Gegenforderung des Gegners entsprechend dem Verhältnis der gegen ihn bestehenden Forderungen aufgerechnet. Dabei ist von dem Beitreibungsanspruch des Rechtsanwalts der Betrag abzusetzen, um den die Summe seines quotalen Erstattungsanspruchs und des Betrags, den er aus der Staatskasse erhalten hat, seine volle Vergütungsforderung übersteigt.[41]

48   Der zuletzt genannten Berechnungsart ist beizutreten. Das Aufrechnungsrecht des Gegners mit seinen Kosten nach § 126 Abs. 2 ZPO steht einem Minderungsrecht näher als einem Aufrechnungsrecht nach dem BGB. Es kann daher nicht im Belieben des Gegners stehen, entsprechend § 396 Abs. 1 BGB zu bestimmen, dass er allein gegenüber dem Beitreibungsanspruch des beigeordneten Rechtsanwalts aufrechnen will. Die nach Treu und Glauben gebotene Rücksichtnahme auf seine gleichberechtigten Gläubiger (beigeordneter Rechtsanwalt und seine Partei) verlangt es, dass jede der Teilforderungen nur verhältnismäßig gemindert wird.[42]

49   Beispiel 1: Der Kläger hat die Kosten zu $1/4$ zu tragen. Kosten des Klägers:
542,50 Euro Anwaltsvergütung (davon zahlt Staatskasse 487,50 Euro)
157,50 Euro eigene Aufwendungen
Kosten des Beklagten: 580,00 Euro
Die Ausgleichsberechnung ergibt, dass der Beklagte dem Kläger 380,00 Euro zu erstatten hat. Hiervon entfallen auf die Staatskasse und den beigeordneten Rechtsanwalt
542,50 × 380 : (542,50 + 157,50)   = 294,50 Euro;
der Rechtsanwalt erhält hiervon den durch die Zahlung der Staatskasse
nicht gedeckten Teil seiner gesetzlichen Vergütung mit   55,00 Euro

---

[38] OLG Dresden JW 1937, 2796; OLG Hamburg NJW 1957, 916.
[39] OLG Schleswig JurBüro 1972, 604 m. Anm. *Mümmler*.
[40] *Braun* Rpfleger 1955, 179.
[41] *Wigger* SchlHA 1962, 95.
[42] Vgl. BGHZ 46, 242 = NJW 1967, 388.

Übergang von Ansprüchen auf die Staatskasse **§ 59**

Den Rest von 239,50 Euro
kann die Staatskasse geltend machen. Die Partei erhält von ihren 157,50 Euro eigenen Aufwendungen 85,50 Euro erstattet.

Beispiel 2: Der Kläger hat die Kosten zu $^1/_5$ zu tragen. Kosten des Klägers: **50**
1315,00 Euro Anwaltsvergütung (davon zahlt Staatskasse 615,00 Euro)
1000,00 Euro eigene Aufwendungen
Kosten des Beklagten: 2315,00 Euro
Die Ausgleichsberechnung ergibt, dass der Beklagte dem Kläger 1389,00 Euro zu erstatten hat. Hiervon entfallen auf die Staatskasse und den beigeordneten Rechtsanwalt
1315 × 1389: (1315 + 1000) = 789,00 Euro;
der Rechtsanwalt erhält hiervon den durch die Zahlung der Staatskasse
nicht gedeckten Teil seiner gesetzlichen Vergütung mit 700,00 Euro
Den Rest von 89,00 Euro
kann die Staatskasse geltend machen. Die arme Partei erhält von ihren 1000,00 Euro eigenen Aufwendungen 600,00 Euro erstattet.

Beispiel 3:[43] Der Kläger hat die Kosten zu $^1/_5$ zu tragen. Kosten des Klägers: **51**
1415,00 Euro Anwaltsvergütung (davon zahlt Staatskasse 642,50 Euro)
85,00 Euro eigene Aufwendungen
Kosten des Beklagten: 1500,00 Euro
Die Ausgleichsberechnung ergibt, dass der Beklagte dem Kläger 900,00 Euro zu erstatten hat. Hiervon entfallen auf die Staatskasse und den beigeordneten Rechtsanwalt
1415 × 900: (1415 + 85) = 849,00 Euro;
der Rechtsanwalt erhält hiervon den durch die Zahlung der Staatskasse
nicht gedeckten Teil seiner gesetzlichen Vergütung von 772,50 Euro
Den Rest von 76,50 Euro
kann die Staatskasse geltend machen. Die arme Partei erhält von ihren 85,00 Euro eigenen Aufwendungen 51 Euro erstattet.

Beispiel 4: Der Kläger hat die Kosten zu 1/3 zu tragen. Kosten des Klägers: **52**
1415,00 Euro Anwaltsvergütung (davon zahlt die Staatskasse 642,50 Euro)
185,00 Euro eigene Aufwendungen
Kosten des Beklagten: 1600,00 Euro
Die Ausgleichsberechnung ergibt, dass der Beklagte dem Kläger 533,33 Euro zu erstatten hat. Hiervon entfallen auf die Staatskasse und den beigeordneten Rechtsanwalt
1415 × 533,33: (1415 + 185) = 471,66 Euro;
da der nicht gedeckte Teil der gesetzlichen Vergütung höher ist, erhält diesen Betrag der Rechtsanwalt voll, so dass die Staatskasse nichts geltend machen kann. Die Partei erhält von ihren 185,00 Euro eigenen Aufwendungen 61,67 Euro erstattet.

Beispiel 5: Der Kläger hat die Kosten zu $^1/_3$ zu tragen. Kosten des Klägers: **53**
2615 Euro Anwaltsvergütung (davon zahlt die Staatskasse 977,50 Euro)
1000 Euro eigene Aufwendungen
Kosten des Beklagten: 2700 Euro
Die Ausgleichsberechnung ergibt, dass der Beklagte dem Kläger 1510 Euro zu erstatten hat. Hiervon entfallen auf die Staatskasse und den beigeordneten Rechtsanwalt
2615 × 1510: (2615 + 1000) = 1092,30 Euro;
diesen Betrag erhält der Rechtsanwalt voll, die Staatskasse kann nichts geltend machen. Die arme Partei erhält von ihren 1000 Euro eigenen Aufwendungen 417,70 Euro erstattet.

---

[43] Vgl. das Beispiel bei *Gerold/Schmidt/von Eicken* Rn. 17.

§ 59   *Abschnitt 8. Beigeordneter oder bestellter Rechtsanwalt, Beratungshilfe*

III. Die übergehenden Ansprüche des nach § 625 ZPO beigeordneten und des nach § 67 a Abs. 1 S. 2 VwGO bestellten Rechtsanwalts

54 **1. Beiordnung nach § 625 ZPO.** In Scheidungssachen kann das Gericht nach § 625 ZPO dem unvertretenen Antragsgegner für die Scheidungssache und für die Regelung der elterlichen Sorge für die gemeinschaftlichen Kinder einen Rechtsanwalt beiordnen, der die Stellung eines Beistands hat. Dieser Rechtsanwalt kann nach § 39 von dem Antragsgegner die Vergütung eines zum Prozessbevollmächtigten bestellten Rechtsanwalts und einen Vorschuss verlangen.

55 **2. Bestellung nach § 67 a Abs. 1 S. 2 VwGO.** Nach § 67 a Abs. 1 S. 1 VwGO kann das Gericht, wenn an einem Rechtsstreit mehr als 50 Personen im gleichen Interesse beteiligt sind, ohne durch einen Prozessbevollmächtigten vertreten zu sein, den Beteiligten durch Beschluss aufgeben, innerhalb einer angemessenen Frist einen gemeinsamen Bevollmächtigten zu bestellen, wenn sonst die ordnungsgemäße Durchführung des Rechtsstreits beeinträchtigt wäre. Wird diese Anordnung nicht befolgt, kann das Gericht gemäß § 67 a Abs. 1 S. 2 VwGO durch Beschluss einen Rechtsanwalt als gemeinsamen Vertreter bestellen. Die Beteiligten können dann Verfahrenshandlungen nur noch durch den bestellten gemeinsamen Vertreter vornehmen (§ 67 a Abs. 1 S. 3 VwGO). Die Vertretungsmacht erlischt, sobald der Vertreter oder ein Vertretener für alle Vertretenen dies dem Gericht schriftlich oder zur Niederschrift des Urkundsbeamten der Geschäftsstelle erklärt. Im letzteren Falle erlischt die Vertretungsmacht aber nur, wenn zugleich die Bestellung eines anderen Bevollmächtigten angezeigt wird (§ 67 a Abs. 2 VwGO). Der als gemeinsamer Vertreter bestellte Rechtsanwalt kann nach § 40 von den Personen, für die er bestellt ist, die Vergütung eines von mehreren Auftraggebern zum Prozessbevollmächtigten bestellten Rechtsanwalts und einen Vorschuss verlangen.

56 **3. Vergütung aus der Landeskasse.** Sind die gemäß §§ 39, 40 Verpflichteten in Zahlungsverzug, kann der nach § 625 ZPO beigeordnete bzw. der nach § 67 a Abs. 1 S. 2 VwGO bestellte Rechtsanwalt eine Vergütung aus der Landeskasse verlangen (§ 45 Abs. 2). Die Landeskasse tritt damit als Gebührenschuldnerin neben die von dem Rechtsanwalt vertretenen Personen. Soweit die Landeskasse an den Rechtsanwalt leistet, geht dessen Vergütungsanspruch (§§ 39, 40) gemäß § 59 Abs. 1 S. 1 auf die Landeskasse über. Eine Differenz zur Wahlanwaltsvergütung kann der Rechtsanwalt von den Vertretenen weiterhin verlangen (§ 59 Abs. 1 S. 2).

IV. Der übergehende Anspruch bei Beratungshilfe

57 Hat ein Rechtsuchender im Zusammenhang mit der Angelegenheit, wegen der ihm Beratungshilfe gewährt worden ist, gegen den Gegner einen Anspruch auf Ersatz der Kosten für die Wahrnehmung seiner Rechte, dann ist dieser ihm zur Zahlung der gesetzlichen Vergütung für die Tätigkeit des Rechtsanwalts verpflichtet. Der Anspruch geht kraft Gesetzes auf den Rechtsanwalt über (§ 9 BerHG). Zahlungen, die der Rechtsanwalt von dem Gegner erhält, werden auf seinen Entschädigungsanspruch gegen die Landeskasse angerechnet (§ 58 Abs. 1). Zahlt die Landeskasse ihm die Entschädigung vorher, dann geht der auf den Rechtsanwalt übergegangene Anspruch des Rechtsuchenden insoweit gemäß § 59 Abs. 1 S. 1 auf die Landeskasse über. Der

Rechtsanwalt behält aber vorrangig den Anspruch auf den Unterschiedsbetrag zwischen seinem auf ihn übergegangenen Anspruch gegen den Gegner des Rechtsuchenden und der ihm aus der Landeskasse gezahlten Entschädigung (§ 59 Abs. 1 S. 2).

Unter diese Vorschrift fällt nicht der Anspruch des Rechtsanwalts auf die **Schutzgebühr** von 10 Euro gegen den Rechtsuchenden (Gebührentatbestand Nr. 2600 VV), da diese ihm neben der Entschädigung aus der Landeskasse zustehen soll.[44] 58

V. Das Verfahren

Für die Einziehung eines auf die Staatskasse übergegangenen Anspruchs gelten die Vorschriften über die Einziehung der Kosten des gerichtlichen Verfahrens sinngemäß (§ 59 Abs. 2 S. 1). Danach wäre für den Kostenansatz der Kostenbeamte der Vollstreckungsbehörde zuständig.[45] Vollstreckungsbehörde ist diejenige Behörde oder Dienststelle, die auf die Verpflichtung zur Zahlung des Geldbetrages erkannt hat (§ 2 Nr. 2 EBAO). In Zivilsachen ist der Urkundsbeamte der Geschäftsstelle des Gerichts für den Kostenansatz zuständig, bei dem das Verfahren anhängig war (§ 19 Abs. 1 GKG; § 5 Abs. 1 KostVfg). Er übersendet dem Kostenschuldner eine Zahlungsaufforderung über die in die Kostenrechnung aufgenommenen Beträge (§ 5 Abs. 1, Abs. 2 EBAO). 59

Einwendungen gegen den beizutreibenden Anspruch oder die **Haftung** für den Anspruch sind nach den Vorschriften über Erinnerungen gegen den Kostenansatz gerichtlich geltend zu machen (§ 8 Abs. 1 JustBeitrO). Für die Entscheidung über eine gegen den Ansatz gerichtete Erinnerung und über die Beschwerde gilt § 66 GKG entsprechend (§ 59 Abs. 2 S. 4). Über die Erinnerung entscheidet somit das Gericht, bei dem die Kosten angesetzt sind (§ 66 Abs. 1 GKG). Gegen die Entscheidung über die Erinnerung ist die Beschwerde gegeben, wenn der Wert des Beschwerdegegenstands 200 Euro übersteigt (§ 66 Abs. 2 S. 1 GKG) oder wenn das Gericht die Beschwerde zulässt (§ 66 Abs. 2 S. 2 GKG). Die weitere Beschwerde ist unter den Voraussetzungen des § 66 Abs. 4 S. 1 GKG zulässig. 60

---

[44] BT-Drucks. 8/3695, Bericht des Rechtsausschusses zu § 8.
[45] S. § 1 Abs. 1 Nr. 4 JustBeitrO; § 2 Nr. 2, § 4 EBAO.

Abschnitt 9. Übergangs- und Schlussvorschriften

§ 60 Übergangsvorschrift

(1) ¹Die Vergütung ist nach bisherigem Recht zu berechnen, wenn der unbedingte Auftrag zur Erledigung derselben Angelegenheit im Sinne des § 15 vor dem Inkrafttreten einer Gesetzesänderung erteilt oder der Rechtsanwalt vor diesem Zeitpunkt gerichtlich bestellt oder beigeordnet worden ist. ²Ist der Rechtsanwalt im Zeitpunkt des Inkrafttretens einer Gesetzesänderung in derselben Angelegenheit und, wenn ein gerichtliches Verfahren anhängig ist, in demselben Rechtszug bereits tätig, ist die Vergütung für das Verfahren über ein Rechtsmittel, das nach diesem Zeitpunkt eingelegt worden ist, nach neuem Recht zu berechnen. ³Die Sätze 1 und 2 gelten auch, wenn Vorschriften geändert werden, auf die dieses Gesetz verweist.

(2) Sind Gebühren nach dem zusammengerechneten Wert mehrerer Gegenstände zu bemessen, gilt für die gesamte Vergütung das bisherige Recht auch dann, wenn dies nach Absatz 1 nur für einen der Gegenstände gelten würde.

§ 61 Übergangsvorschrift aus Anlass des Inkrafttretens dieses Gesetzes

(1) ¹Die Bundesgebührenordnung für Rechtsanwälte in der im Bundesgesetzblatt Teil III, Gliederungsnummer 368-1, veröffentlichten bereinigten Fassung, zuletzt geändert durch Art. 2 Abs. 6 des Gesetzes vom 12. März 2004 (BGBl. I S. 390), und Verweisungen hierauf sind weiter anzuwenden, wenn der unbedingte Auftrag zur Erledigung derselben Angelegenheit im Sinne des § 15 vor dem 1. Juli 2004 erteilt oder der Rechtsanwalt vor diesem Zeitpunkt gerichtlich bestellt oder beigeordnet worden ist. ²Ist der Rechtsanwalt am 1. Juli 2004 in derselben Angelegenheit und, wenn ein gerichtliches Verfahren anhängig ist, in demselben Rechtszug bereits tätig, gilt für das Verfahren über ein Rechtsmittel, das nach diesem Zeitpunkt eingelegt worden ist, dieses Gesetz. ³§ 60 Abs. 2 ist entsprechend anzuwenden.

(2) Auf die Vereinbarung der Vergütung sind die Vorschriften dieses Gesetzes auch dann anzuwenden, wenn nach Absatz 1 die Vorschriften der Bundesgebührenordnung für Rechtsanwälte weiterhin anzuwenden und die Willenserklärungen beider Parteien nach dem 1. Juli 2004 abgegeben worden sind.

1 Für die Überleitung einer Gesetzesfassung in eine andere lassen sich verschiedene Möglichkeiten denken. Der Gesetzgeber hat bei den mehrfachen Änderungen der BRAGO auch verschiedene Lösungen getroffen, ist aber schließlich auf den **Grundsatz** zurückgekommen, dass ein Mandatsvertrag zu den rechtlichen und finanziellen Bedingungen abgeschlossen wird, die an dem Tag des Abschlusses gelten.

2 Hieraus hat sich die Regelung entwickelt, dass für Aufträge, die **vor** dem Stichtag (= Inkrafttreten der Gesetzesänderung) erteilt worden sind, das alte Recht gilt. Für **nach** dem Stichtag erteilte Aufträge gilt das neue Recht. Niemand soll also befürchten müssen, dass für seinen Anwaltsvertrag „hinter seinem Rücken" andere Regeln (und andere Kosten) eingeführt werden als bei Vertragsschluss gegolten haben.

Übergangsvorschrift **§§ 60, 61**

Man kann diesen Grundsatz begrüßen. Er bringt allerdings auch **Probleme** mit sich, die zu echten oder scheinbaren Ungereimtheiten führen. Das zeigt sich bei Vorhandensein **mehrerer Beteiligter**. Hat nämlich einer seinen Auftrag vor dem Stichtag erteilt, der andere nachher, so gelten für beide unterschiedliche Regeln und vor allem unterschiedliche Gebühren. Daran ändert sich auch nichts, wenn das Gesetz auf „unbedingte" Aufträge abstellt. Wenn damit bedingte Aufträge nicht mitrechnen und deshalb der maßgebende Zeitpunkt näher an den Stichtag herangeführt wird, so bleiben doch eine Reihe von Fällen, für die bei mehreren Beteiligten unterschiedliches Recht gilt. Dies führt zu Schwierigkeiten bei der Abrechnung. Eine einheitliche Regelung für die Anwendbarkeit alten oder neuen Rechts hätte aber immer entweder den einen oder den anderen Beteiligten benachteiligt. 3

Im Bestreben, den Übergangszeitraum kurz zu halten, **regelt das Gesetz den Stichtag anders,** wenn der Rechtsanwalt bei Inkrafttreten des Gesetzes bereits in der Angelegenheit – gerichtlich oder außergerichtlich – tätig war. Dann gilt das alte Recht nur noch bis zur Einlegung eines Rechtsmittels. Es muss also nicht nur der Auftrag, sondern auch die Einlegung des Rechtmittels vor dem Stichtag liegen, andernfalls gilt für die nächste Instanz bereits das neue Recht. Eine ähnliche Verschiebung ergibt sich, wenn der Anwalt bestellt oder beigeordnet wurde. Dann ist das Datum der Beiordnung maßgebend und nicht der in der Regel früher liegende Auftrag. 4

Eine **umgekehrte Verschiebung** bewirkt § 60 Abs. 2. Danach gilt bei Wertadditionen mehrerer Gegenstände das alte Recht für den gesamten Wert, auch wenn der Auftrag für nur einen Gegenstand unter der Geltung alten Rechts erteilt war. 5

Zu größeren Schwierigkeiten kommt es auch bei der **Definition des „unbedingten" Auftrags**. Hier muss genau ermittelt werden, was nur unverbindliches Gespräch war und was bereits eine endgültige Beauftragung darstellt. Immerhin dürfte die Praxis hierfür bereits Erfahrungen mitbringen, da gleich lautende Übergangsvorschriften schon seit Jahren immer wieder aufgestellt worden sind. 6

Die **§§ 60 und 61 unterscheiden sich** nur insoweit, als § 60 eine generelle Übergangsregelung trifft und daher im Text das „Inkrafttreten einer Gesetzesänderung" anspricht, während § 61 der nur für den Übergang von der BRAGO zum RVG regelt, den Übergang datumsmäßig enthält. 7

Anlage 1 (zu § 2 Abs. 2)

Vergütungsverzeichnis

Teil 1. Allgemeine Gebühren

Nr.	Gebührentatbestand	Gebühr oder Satz der Gebühr nach § 13 RVG
Vorbemerkung 1: Die Gebühren dieses Teils entstehen neben den in anderen Teilen bestimmten Gebühren.		
1000	Einigungsgebühr .... (1) Die Gebühr entsteht für die Mitwirkung beim Abschluss eines Vertrags, durch den der Streit oder die Ungewissheit der Parteien über ein Rechtsverhältnis beseitigt wird, es sei denn, der Vertrag beschränkt sich ausschließlich auf ein Anerkenntnis oder einen Verzicht. Dies gilt auch für die Mitwirkung bei einer Einigung der Parteien in einem der in § 36 RVG bezeichneten Güteverfahren. Im Privatklageverfahren ist Nummer 4146 anzuwenden. (2) Die Gebühr entsteht auch für die Mitwirkung bei Vertragsverhandlungen, es sei denn, dass diese für den Abschluss des Vertrags im Sinne des Absatzes 1 nicht ursächlich war. (3) Für die Mitwirkung bei einem unter einer aufschiebenden Bedingung oder unter dem Vorbehalt des Widerrufs geschlossenen Vertrag entsteht die Gebühr, wenn die Bedingung eingetreten ist oder der Vertrag nicht mehr widerrufen werden kann. (4) Soweit über die Ansprüche vertraglich verfügt werden kann, gelten die Absätze 1 und 2 auch bei Rechtsverhältnissen des öffentlichen Rechts. (5) Die Gebühr entsteht nicht in Ehesachen (§ 606 Abs. 1 Satz 1 ZPO) und in Lebenspartnerschaftssachen (§ 661 Abs. 1 Nr. 1 bis 3 ZPO). Wird ein Vertrag, insbesondere über den Unterhalt, im Hinblick auf die in Satz 1 genannten Verfahren geschlossen, bleibt der Wert dieser Verfahren bei der Berechnung der Gebühr außer Betracht.	1,5
1001	Aussöhnungsgebühr .... Die Gebühr entsteht für die Mitwirkung bei der Aussöhnung, wenn der ernstliche Wille eines Ehegatten, eine Scheidungssache oder ein Verfahren auf Aufhebung der Ehe anhängig zu machen, hervorgetreten ist und die Ehegatten die eheliche Lebensgemeinschaft fortsetzen oder die eheliche Lebensgemeinschaft wieder aufnehmen. Dies gilt entsprechend bei Lebenspartnerschaften.	1,5
1002	Erledigungsgebühr, soweit nicht Nummer 1005 gilt Die Gebühr entsteht, wenn sich eine Rechtssache ganz oder teilweise nach Aufhebung oder Änderung des mit einem Rechtsbehelf angefochtenen Verwaltungsakts durch die anwaltliche Mitwirkung erledigt. Das Gleiche gilt,	1,5

VV Teil 1

Vergütungsverzeichnis

Nr.	Gebührentatbestand	Gebühr oder Satz der Gebühr nach § 13 RVG
	wenn sich eine Rechtssache ganz oder teilweise durch Erlass eines bisher abgelehnten Verwaltungsakts erledigt.	
1003	Über den Gegenstand ist ein anderes gerichtliches Verfahren als ein selbstständiges Beweisverfahren anhängig:	
	Die Gebühren 1000 bis 1002 betragen	1,0
	Dies gilt auch, wenn ein Verfahren über die Prozesskostenhilfe anhängig ist, soweit nicht lediglich Prozesskostenhilfe für die gerichtliche Protokollierung des Vergleichs beantragt wird oder sich die Beiordnung auf den Abschluss eines Vertrags im Sinne der Nummer 1000 erstreckt (§ 48 Abs. 3 RVG).	
1004	Über den Gegenstand ist ein Berufungs- oder Revisionsverfahren anhängig:	
	Die Gebühren 1000 bis 1002 betragen	1,3
1005	Einigung oder Erledigung in sozialrechtlichen Angelegenheiten, in denen im gerichtlichen Verfahren Betragsrahmengebühren entstehen (§ 3 RVG):	
	Die Gebühren 1000 und 1002 betragen.............	40,00 bis 520,00 EUR
	Über den Gegenstand ist ein gerichtliches Verfahren anhängig:	
1006	Die Gebühr 1005 beträgt......................	30,00 bis 350,00 EUR
1007	Über den Gegenstand ist ein Berufungs- oder Revisionsverfahren anhängig:	
	Die Gebühr 1005 beträgt......................	40,00 bis 460,00 EUR
1008	Auftraggeber sind in derselben Angelegenheit mehrere Personen:	
	Die Verfahrens- oder Geschäftsgebühr erhöht sich für jede weitere Person um........................	0,3 oder 30 % bei Festgebühren, bei Betragsrahmengebühren erhöhen sich der Mindest- und Höchstbetrag um 30 %
	(1) Dies gilt bei Wertgebühren nur, soweit der Gegenstand der anwaltlichen Tätigkeit derselbe ist. (2) Die Erhöhung wird nach dem Betrag berechnet, an dem die Personen gemeinschaftlich beteiligt sind. (3) Mehrere Erhöhungen dürfen einen Gebührensatz von 2,0 nicht übersteigen; bei Festgebühren dürfen die Erhöhungen das Doppelte der Festgebühr und bei Betragsrahmengebühren das Doppelte des Mindest- und Höchstbetrages nicht übersteigen.	
1009	Hebegebühr	
	1. bis einschließlich 2500,00 EUR	1,0 %
	2. von dem Mehrbetrag bis einschließlich 10 000,00 EUR........................	0,5 %
	3. von dem Mehrbetrag über 10 000,00 EUR	0,25 %
	(1) Die Gebühr wird für die Auszahlung oder Rückzahlung von entgegengenommenen Geldbeträgen erhoben. (2) Unbare Zahlungen stehen baren Zahlungen gleich.	des aus- oder zurückgezahlten Betrages – mindestens 1,00 EUR

Allgemeine Gebühren **VV Teil 1**

Nr.	Gebührentatbestand	Gebühr oder Satz der Gebühr nach § 13 RVG
	Die Gebühr kann bei der Ablieferung an den Auftraggeber entnommen werden.	
	(3) Ist das Geld in mehreren Beträgen gesondert ausgezahlt oder zurückgezahlt, wird die Gebühr von jedem Betrag besonders erhoben. (4) Für die Ablieferung oder Rücklieferung von Wertpapieren und Kostbarkeiten entsteht die in den Absätzen 1 bis 3 bestimmte Gebühr nach dem Wert. (5) Die Hebegebühr entsteht nicht, soweit Kosten an ein Gericht oder eine Behörde weitergeleitet oder eingezogene Kosten an den Auftraggeber abgeführt oder eingezogene Beträge auf die Vergütung verrechnet werden.	

Übersicht

	Rn.		Rn.
I. Einigungsgebühr (Nr. 1000) . . .	1–13	III. Erledigungsgebühr (Nr. 1002) . .	16, 17
1. Tatbestand	1–8	IV. Gebühr bei mehreren Auftraggebern (Nr. 1008)	18
2. Mitwirkung des Rechtsanwalts . . .	9		
3. Höhe der Einigungsgebühr	10–13		
II. Aussöhnungsgebühr (Nr. 1001) .	14, 15	V. Hebegebühr (Nr. 1009)	19–23

I. Einigungsgebühr (Nr. 1000)

1. Tatbestand. Die Einigungsgebühr löst die bisherige Vergleichsgebühr des § 23 BRAGO ab, hat allerdings weniger strenge Voraussetzungen. **1**

Zwischen den Beteiligten muss ein Streit oder eine Ungewissheit bezüglich eines Rechtsverhältnisses bestehen, was durch eine Vereinbarung beseitigt wird. Anders als nach bisherigem Recht, das dafür einen Vergleich mit beiderseitigem Nachgeben erforderte, bedarf es nicht mehr eines Nachgebens beider Seiten. Dementsprechend ist auch das Wort „Vergleich" durch „Einigung" ersetzt worden. Natürlich löst auch ein Vergleich wie bisher die Gebühr aus, jedoch braucht das **Nachgeben nicht mehr beiderseitig** zu sein. **2**

Allerdings ist für den wohl wichtigsten Fall eines einseitigen Nachgebens, nämlich das (vollständige) Anerkenntnis und umgekehrt der (vollständige) Verzicht die Gebühr ausdrücklich **ausgeschlossen**. **3**

Streitig kann weiterhin sein, ob eine **Ratenzahlungsvereinbarung** die Gebühr entstehen lässt. Hier besteht nämlich bezüglich der Forderung überhaupt kein Streit, der beigelegt werden könnte, und die Unsicherheit bezieht sich lediglich auf die Zahlungsfähigkeit des Schuldners. Diese wird aber durch die Ratenvereinbarung nicht ausgeräumt, wie sich am besten darin zeigt, dass der Gläubiger sich eine Verfallklausel einräumen lässt. Gegenstand der Vereinbarung ist auch nicht die Forderung selbst, sondern die Abwicklung der Tilgung. **4**

Die Vereinbarung kann nur Gegenstände zum Inhalt haben, über die die Beteiligten **rechtsgeschäftlich verfügen** können. Daher ist die Einigungsgebühr in Ehe- und **5**

VV Teil 1

Partnerschaftsangelegenheiten ausgeschlossen. Für diese Fälle bietet die Aussöhnungsgebühr eine teilweise Abhilfe.

6 **Unterhaltsfragen** können aber durch Vereinbarung mit der Folge einer Einigungsgebühr geregelt werden, wobei natürlich die Ehesache selbst bei der Wertberechnung nicht mitzählt (eine Selbstverständlichkeit), die jedoch von Gesetz noch ausdrücklich erwähnt wird.

7 Ob eine **Personensorgeregelung** im Rahmen einer Scheidung als Einigung möglich ist, wird teils abgelehnt, teils über den Umweg eines vereinbarten Vorschlags an das Familiengericht, das sich in der Regel daran zu halten hat, bejaht. Über das Recht zum persönlichen Umgang mit dem Kind wird dagegen überwiegend eine Vereinbarung anerkannt.

8 Ansprüche aus Rechtsverhältnissen **öffentlichen Rechts** sind einer Vereinbarung dann zugänglich, wenn über sie vertraglich verfügt werden darf. Andernfalls bietet die Erledigungsgebühr der Nr. 1002 einen gewissen Ausgleich.

9 2. **Mitwirkung des Rechtsanwalts.** Der Anwalt muss an dem Abschluss der Vereinbarung mitwirken. Das bedeutet nicht, dass er bei der Abschlusshandlung anwesend sein muss. Es genügt auch die Beteiligung an Vertragsverhandlungen, sofern diese für den Vertragsschluss maßgebend waren. Unter diesen Voraussetzungen kann zB auch ein Korrespondenzanwalt die Einigungsgebühr verdienen. Die Nichtursächlichkeit wäre von dem Zahlungspflichtigen darzulegen und zu beweisen. Auch der Entwurf einer Vereinbarung, der dann von den Parteien im Wesentlichen übernommen wird, dürfte ausreichend sein. Nicht genügend ist die bloße Weitergabe eines Vergleichsangebots.

10 3. **Höhe der Einigungsgebühr.** Sie richtet sich nach dem **Wert** der Vereinbarung, in der Regel also nach der Summe der von ihr erfassten Ansprüche. Die Gebühr beträgt wie bisher die Vergleichsgebühr $^{15}/_{10}$ einer vollen Gebühr, nach der Diktion des RVG jetzt 1,5 Gebühren. Da die außergerichtliche Erledigung gefördert werden soll, verkürzt sich die Gebühr, wenn der Gegenstand der Vereinbarung bereits gerichtlich anhängig ist. Hierzu genügt auch ein Antrag auf Prozesskostenhilfe, falls er sich nicht nur auf die Bewilligung für einen Vergleichsabschluss bezieht oder sich in Ehesachen nach § 48 Abs. 3 auf bestimmte Folgesachen erstreckt. Auch ein selbstständiges Beweisverfahren schadet nicht.

11 Ist das gerichtliche Verfahren in erster Instanz anhängig, verkürzt sich die Einigungsgebühr auf 1,0, ist es in höherer Instanz anhängig, auf 1,3.

12 Besondere Regeln gelten für **sozialrechtliche Angelegenheiten**, für die im Prozessfall Rahmengebühren entstehen würden. Das sind die gängigen Verfahren mit Beteiligung vor allem Sozialversicherter, Kriegsopfer, Behinderter u. Ä. Dann entsteht auch die Einigungsgebühr als Rahmengebühr sowie eine verkürzte Rahmengebühr im Falle einer gerichtlichen Anhängigkeit (vgl. Nr. 1005 bis 1007).

13 Die Gebühr entsteht auch im Verfahren vor den in § 36 genannten **Gütestellen**. Im **Privatklageverfahren** richtet sich die Gebühr nach Nr. 4146. Wird dort zusätzlich eine Vereinbarung über zivilrechtliche Ansprüche getroffen, so entsteht eine zusätzliche Einigungsgebühr nach vorstehenden Bestimmungen.

Allgemeine Gebühren **VV Teil 1**

II. Aussöhnungsgebühr (Nr. 1001)

Die Aussöhnungsgebühr gilt in **Ehe- und Partnerschaftssachen**. Sie honoriert 14
den Anwalt, der auf eine Versöhnung der Ehegatten oder Lebenspartner hinwirkt,
und erreicht, dass die Ehe oder Partnerschaft wieder fortgeführt wird.

Die Aussöhnungsgebühr ist gleich hoch wie die Einigungsgebühr und unterliegt 15
auch den Kürzungen bei bereits gerichtlich anhängigen Verfahren.

III. Erledigungsgebühr (Nr. 1002)

Die Erledigungsgebühr dient der **zusätzlichen** Vergütung für den Rechtsanwalt, 16
der durch seine Mitwirkung, das sind in erster Linie Verhandlungen mit der Verwaltungsbehörde, erreicht, dass ein angefochtener belastender Verwaltungsakt aufgehoben oder zugunsten seines Mandanten geändert wird, oder aber ein zunächst abgelehnter begünstigender Verwaltungsakt schließlich doch noch erlassen wird.

Auch hier erfolgt die Gleichstellung mit der Einigungsgebühr, wobei die Regeln 17
bei gerichtlicher Anhängigkeit sowie die besonderen Rahmen bei sozialrechtlichen
Angelegenheiten ebenso gelten.

IV. Gebühr bei mehreren Auftraggebern (Nr. 1008)

Vgl. hierzu bereits die Kommentierung bei § 7. 18

V. Hebegebühr (Nr. 1009)

Die Hebegebühr entgilt die zusätzliche Mühewaltung, wenn der Rechtsanwalt auf- 19
tragsgemäß Geld (Wertpapiere, Kostbarkeiten) empfängt, verwahrt und/oder abliefert.

Hier gibt es in der Literatur unterschiedliche Auffassungen, wie zu verfahren ist, 20
wenn ein ausdrücklicher Auftrag, sei es in der einen oder anderen Richtung, nicht erteilt worden war. Nach einer Meinung umfasst der Verfahrensauftrag auch den Auftrag, Gelder, die der Gegner zahlt, entgegenzunehmen. Dann hat der Anwalt im Rahmen seines Auftrags gehandelt und die Hebegebühr verdient. Nach der entgegengesetzten Meinung muss der Anwalt ausdrücklich zur Entgegennahme bevollmächtigt sein. Ansonsten hätte er mit der Empfangnahme auftragswidrig gehandelt und kann dafür auch keine Gebühr verlangen.

Im Allgemeinen wird der Mandant **stillschweigend damit einverstanden** sein, 21
wenn Zahlungen des Gegners über den Anwalt abgewickelt werden. Dies gilt insbesondere, wenn der Einigung der Zahlungen überwacht und bei ausbleibenden Ratenzahlungen schnell reagiert werden muss.

Der Mandant wird sich allerdings häufig nicht im Klaren sein, dass hierfür eine be- 22
sondere Gebühr anfällt, sondern glauben, der Prozessauftrag und die dafür geschuldeten Gebühren decken auch diese Abwicklung mit ab, wie ja auch bestimmte Prozessabschlusshandlungen mit der Hauptgebühr abgegolten sind (vgl. § 19). Wenn der Anwalt hier Bedanken hat, so sollte er verpflichtet sein, den Mandanten aufzuklären und ihm Gelegenheit zu geben, den Geldempfang durch den Anwalt auszuschließen.

Die Hebegebühr ist **gestaffelt** und **degressiv**. Sie **entsteht** erst mit der Auszahlung. 23
Wertpapiere und Kostbarkeiten (zB Schmuck) werden mit dem allgemeinen Wert angesetzt.

VV Teil 2

Vergütungsverzeichnis

Teil 2. Außergerichtliche Tätigkeiten einschließlich der Vertretung im Verwaltungsverfahren

Nr.	Gebührentatbestand	Gebühr oder Satz der Gebühr nach § 13 RVG
\multicolumn{3}{l}{*Vorbemerkung 2:*}		

Vorbemerkung 2:
(1) Die Vorschriften dieses Teils sind nur anzuwenden, soweit nicht die §§ 34 bis 36 RVG etwas anderes bestimmen.
(2) Für die Tätigkeit als Beistand für einen Zeugen oder Sachverständigen in einem Verwaltungsverfahren, für das sich die Gebühren nach diesem Teil bestimmen, entstehen die gleichen Gebühren wie für einen Bevollmächtigten in diesem Verfahren. Für die Tätigkeit eines Zeugen oder Sachverständigen vor einem parlamentarischen Untersuchungsausschuss entstehen die gleichen Gebühren wie für die entsprechende Beistandsleistung in einem Strafverfahren des ersten Rechtszugs vor dem Oberlandesgericht.
(3) Die Vorschriften dieses Teils mit Ausnahme der Gebühren nach Abschnitt 1 und nach den Nummern 2202, 2203, 2600 und 2601 gelten nicht für die in den Teilen 4 bis 6 geregelten Angelegenheiten.

Nr.	Gebührentatbestand	Gebühr
	Abschnitt 1. Beratung und Gutachten	
2100	Beratungsgebühr, soweit in Nummer 2101 nichts anderes bestimmt ist................................. (1) Die Gebühr entsteht für einen mündlichen oder schriftlichen Rat oder eine Auskunft (Beratung), wenn die Beratung nicht mit einer anderen gebührenpflichtigen Tätigkeit zusammenhängt. (2) Die Gebühr ist auf eine Gebühr für eine sonstige Tätigkeit anzurechnen, die mit der Beratung zusammenhängt.	0,1 bis 1,0
2101	Beratungsgebühr in Angelegenheiten, in denen im gerichtlichen Verfahren Betragsrahmengebühren entstehen................................. Die Anmerkungen zu Nummer 2100 gelten entsprechend.	10,00 bis 260,00 EUR
2102	Der Auftraggeber ist Verbraucher und die Tätigkeit beschränkt sich auf ein erstes Beratungsgespräch: Die Gebühren 2100 und 2101 betragen höchstens.....	190,00 EUR
2103	Gutachtengebühr................................. (1) Die Gebühr entsteht für die Ausarbeitung eines schriftlichen Gutachtens. (2) § 14 RVG ist entsprechend anzuwenden.	angemessene Gebühr
	Abschnitt 2. Prüfung der Erfolgsaussicht eines Rechtsmittels	
2200	Gebühr für die Prüfung der Erfolgsaussicht eines Rechtsmittels, soweit in Nummer 2202 nichts anderes bestimmt ist................................. Die Gebühr ist auf eine Gebühr für das Rechtsmittelverfahren anzurechnen.	0,5 bis 1,0

Außergerichtliche Tätigkeiten **VV Teil 2**

Nr.	Gebührentatbestand	Gebühr oder Satz der Gebühr nach § 13 RVG
2201	Die Prüfung der Erfolgsaussicht eines Rechtsmittels ist mit der Ausarbeitung eines schriftlichen Gutachtens verbunden: Die Gebühr 2200 beträgt..........................	1,3
2202	Gebühr für die Prüfung der Erfolgsaussicht eines Rechtsmittels in sozialrechtlichen Angelegenheiten, in denen im gerichtlichen Verfahren Betragsrahmengebühren entstehen (§ 3 RVG), und in Angelegenheiten, die in den Teilen 4 bis 6 geregelt sind .... Die Gebühr ist auf eine Gebühr für das Rechtsmittelverfahren anzurechnen.	10,00 bis 260,00 EUR
2203	Die Prüfung der Erfolgsaussicht eines Rechtsmittels ist mit der Ausarbeitung eines schriftlichen Gutachtens verbunden: Die Gebühr 2202 beträgt..........................	40,00 bis 400,00 EUR
	Abschnitt 3. Herstellung des Einvernehmens	
2300	Geschäftsgebühr für die Herstellung des Einvernehmens nach § 28 EuRAG...............................	in Höhe der einem Bevollmächtigten oder Verteidiger zustehenden Verfahrensgebühr
2301	Das Einvernehmen wird nicht hergestellt: Die Gebühr 2300 beträgt..........................	0,1 bis 0,5 oder Mindestbetrag der einem Bevollmächtigten oder Verteidiger zustehenden Verfahrensgebühr
	Abschnitt 4. Vertretung	
	Vorbemerkung 2.4: (1) Im Verwaltungszwangsverfahren ist Teil 3 Abschnitt 3 Unterabschnitt 3 entsprechend anzuwenden. (2) Dieser Abschnitt gilt nicht für die in Abschnitt 5 genannten Angelegenheiten. (3) Die Geschäftsgebühr entsteht für das Betreiben des Geschäfts einschließlich der Information und für die Mitwirkung bei der Gestaltung eines Vertrags.	
2400	Geschäftsgebühr............................. Eine Gebühr von mehr als 1,3 kann nur gefordert werden, wenn die Tätigkeit umfangreich oder schwierig war.	0,5 bis 2,5
2401	Es ist eine Tätigkeit im Verwaltungsverfahren vorausgegangen:	

VV Teil 2

Vergütungsverzeichnis

Nr.	Gebührentatbestand	Gebühr oder Satz der Gebühr nach § 13 RVG
	Die Gebühr 2400 für das weitere, der Nachprüfung des Verwaltungsakts dienende Verwaltungsverfahren beträgt.................................... (1) Bei der Bemessung der Gebühr ist nicht zu berücksichtigen, dass der Umfang der Tätigkeit infolge der Tätigkeit im Verwaltungsverfahren geringer ist. (2) Eine Gebühr von mehr als 0,7 kann nur gefordert werden, wenn die Tätigkeit umfangreich oder schwierig war.	0,5 bis 1,3
2402	Der Auftrag beschränkt sich auf ein Schreiben einfacher Art: Die Gebühr 2400 beträgt........................ Es handelt sich um ein Schreiben einfacher Art, wenn dieses weder schwierige rechtliche Ausführungen noch größere sachliche Auseinandersetzungen enthält.	0,3
2403	Geschäftsgebühr für 1. Güteverfahren vor einer durch die Landesjustizverwaltung eingerichteten oder anerkannten Gütestelle (§ 794 Abs. 1 Nr. 1 ZPO) oder, wenn die Parteien den Einigungsversuch einvernehmlich unternehmen, vor einer Gütestelle, die Streitbeilegung betreibt (§ 15 a Abs. 3 EGZPO), 2. Verfahren vor einem Ausschuss der in § 111 Abs. 2 des Arbeitsgerichtsgesetzes bezeichneten Art, 3. Verfahren vor dem Seemannsamt zur vorläufigen Entscheidung von Arbeitssachen und 4. Verfahren vor sonstigen gesetzlich eingerichteten Einigungsstellen, Gütestellen oder Schiedsstellen.... Soweit wegen desselben Gegenstands eine Geschäftsgebühr nach Nummer 2400 entstanden ist, wird die Hälfte dieser Gebühr nach dem Wert des Gegenstands, der in das Verfahren übergegangen ist, jedoch höchstens mit einem Gebührensatz von 0,75, angerechnet.	1,5
	Abschnitt 5. Vertretung in bestimmten sozialrechtlichen Angelegenheiten	

Vorbemerkung 2.5:
(1) Im Verwaltungszwangsverfahren ist Teil 3 Abschnitt 3 Unterabschnitt 3 entsprechend anzuwenden.
(2) Vorbemerkung 2.4 Abs. 3 gilt entsprechend.

Nr.	Gebührentatbestand	Gebühr oder Satz der Gebühr nach § 13 RVG
2500	Geschäftsgebühr in sozialrechtlichen Angelegenheiten, in denen im gerichtlichen Verfahren Betragsrahmengebühren entstehen (§ 3 RVG) .... Eine Gebühr von mehr als 240,00 EUR kann nur gefordert werden, wenn die Tätigkeit umfangreich oder schwierig war.	40,00 bis 520,00 EUR
2501	Es ist eine Tätigkeit im Verwaltungsverfahren vorausgegangen:	

Nr.	Gebührentatbestand	Gebühr oder Satz der Gebühr nach § 13 RVG
	Die Gebühr 2500 für das weitere, der Nachprüfung des Verwaltungsakts dienende Verwaltungsverfahren beträgt ...	40,00 bis 260,00 EUR
	(1) Bei der Bemessung der Gebühr ist nicht zu berücksichtigen, dass der Umfang der Tätigkeit infolge der Tätigkeit im Verwaltungsverfahren geringer ist. (2) Eine Gebühr von mehr als 120,00 EUR kann nur gefordert werden, wenn die Tätigkeit umfangreich oder schwierig war.	

Abschnitt 6. Beratungshilfe

Vorbemerkung 2.6:
Im Rahmen der Beratungshilfe entstehen Gebühren ausschließlich nach diesem Abschnitt.

2600	Beratungshilfegebühr........................ Neben der Gebühr werden keine Auslagen erhoben. Die Gebühr kann erlassen werden.	10,00 EUR
2601	Beratungsgebühr........................... (1) Die Gebühr entsteht für eine Beratung, wenn die Beratung nicht mit einer anderen gebührenpflichtigen Tätigkeit zusammenhängt. (2) Die Gebühr ist auf eine Gebühr für eine sonstige Tätigkeit anzurechnen, die mit der Beratung zusammenhängt.	30,00 EUR
2602	Beratungstätigkeit mit dem Ziel einer außergerichtlichen Einigung mit den Gläubigern über die Schuldenbereinigung auf der Grundlage eines Plans (§ 305 Abs. 1 Nr. 1 InsO): Die Gebühr 2601 beträgt.......................	60,00 EUR
2603	Geschäftsgebühr........................... (1) Die Gebühr entsteht für das Betreiben des Geschäfts einschließlich der Information oder die Mitwirkung bei der Gestaltung eines Vertrags. (2) Auf die Gebühren für ein anschließendes gerichtliches oder behördliches Verfahren ist diese Gebühr zur Hälfte anzurechnen. Auf die Gebühren für ein Verfahren auf Vollstreckbarerklärung eines Vergleichs nach den §§ 796a, 796b und 796c Abs. 2 Satz 2 ZPO ist die Gebühr zu einem Viertel anzurechnen.	70,00 EUR
2604	Tätigkeit mit dem Ziel einer außergerichtlichen Einigung mit den Gläubigern über die Schuldenbereinigung auf der Grundlage eines Plans (§ 305 Abs. 1 Nr. 1 InsO): Die Gebühr 2603 beträgt bei bis zu 5 Gläubigern.......	224,00 EUR
2605	Es sind 6 bis 10 Gläubiger vorhanden: Die Gebühr 2603 beträgt........................	336,00 EUR

VV Teil 2

Vergütungsverzeichnis

Nr.	Gebührentatbestand	Gebühr oder Satz der Gebühr nach § 13 RVG
2606	Es sind 11 bis 15 Gläubiger vorhanden: Die Gebühr 2603 beträgt....................	448,00 EUR
2607	Es sind mehr als 15 Gläubiger vorhanden: Die Gebühr 2603 beträgt....................	560,00 EUR
2608	Einigungs- und Erledigungsgebühr .... (1) Die Anmerkungen zu Nummern 1000 und 1002 sind anzuwenden. (2) Die Gebühr entsteht auch für die Mitwirkung bei einer außergerichtlichen Einigung mit den Gläubigern über die Schuldenbereinigung auf der Grundlage eines Plans (§ 305 Abs. 1 Nr. 1 InsO).	125,00 EUR

Übersicht

	Rn.
A. Abschnitt 1. Beratung und Gutachten	1–12
I. Beratungsgebühr (Nr. 2100, 2101)	1–6
II. Erstberatungsgebühr (Nr. 2102)	7–10
III. Gutachtengebühr (Nr. 2103)...	11, 12
B. Abschnitt 2. Erfolgsaussichtsprüfung	13–16
C. Abschnitt 3. Einvernehmensanwalt	17–20
D. Abschnitt 4. Vertretung	21–93
I. Anwendungsbereich	21–29
1. Allgemeines	21–23
2. Entstehen der Geschäftsgebühr (Vorbem. 2.4 Abs. 3)	24–29
a) Begriff der Angelegenheit.....	26
b) Abgrenzungsschwierigkeiten ...	27
c) Mitwirkung bei Vertragsgestaltung	28, 29
II. Gebührentatbestände des Abschnitts 4	30–93
1. Geschäftsgebühr (Nr. 2400)	30–74
a) Allgemeines	30
b) Mehrere Gebühren in einer Angelegenheit	31
c) Höhe der Gebühr	32–39
aa) Gegenstandswert........	33
bb) Dieselbe Angelegenheit....	34, 35
cc) Gebührensatzrahmen	36–38
dd) Regelgebühr..........	39
d) Verwaltungsverfahren	40–44
e) Tätigkeiten für (noch) nicht rechtshängige Ansprüche/Mahngebühr	45
f) Vorsorgende Rechtsbetreuung ..	46
g) Außergerichtliche Unfallschadenregulierung	47–53
h) Stellung des Rechtsanwalts.....	54
i) Festsetzung, Ersatz, Erstattung...	55–59
aa) Gegen den erstattungspflichtigen Gegner	56–58
bb) Gegen den Auftraggeber....	59
j) Ersatz von Anwaltskosten für Verwaltungs- und Vorverfahren vor bestimmten Behörden	60–63
k) Ersatz für Anwaltskosten für Vorverfahren vor Gerichtsverfahren..	64–66
l) Ersatz von Gebühren für eine außergerichtliche Unfallschadensregulierung	67–74
aa) Berechnung nach dem RVG..	67
bb) Berechnung in Stationierungsschadenssachen und Fiskussachen nach der Rechtsprechung des III. ZS des BGH...	68, 69
cc) Berechnung bei Ersatz durch Versicherungsgesellschaften nach der Rechtsprechung des VI. ZS des BGH.	70
dd) Empfehlungen des DAV und des HUK-Verbandes für einen pauschalen Ersatz bestimmter Anwaltsgebühren.	71, 72
ee) Ersatz von Anwaltskosten der Kaskoschadensregulierung...	73, 74
2. Gebühr für das weitere Verwaltungsverfahren (Nr. 2401)	75–78
a) Allgemeines	75
b) Anmerkungen...........	76–78
3. Schreiben einfacher Art (Nr. 2402) .	79–81
a) Allgemeines	79
b) Einzelgebühr	80
c) Gebührentatbestand........	81
4. Geschäftsgebühr für bestimmte Verfahren (Nr. 2403)............	82–93

Außergerichtliche Tätigkeiten **VV Teil 2**

	Rn.		Rn.
a) Allgemeines	82, 83	III. Beratungsgebühr bei einer Beratungstätigkeit mit dem Ziel einer außergerichtlichen Einigung mit den Gläubigern (Nr. 2602)	111
b) Gebühr	84, 85		
c) Geltungsbereich	86–91		
aa) Sachlich	86–90		
bb) Persönlich	91	IV. Geschäftsgebühr (Nr. 2603)	112–115
d) Kostenerstattung	92, 93	1. Allgemeines	112
E. Abschnitt 5. Bestimmte sozialrechtliche Angelegenheiten	94–97	2. Entschädigung des Rechtsanwalts für eine außergerichtliche Rechtsbesorgung	113, 114
I. Vorbem. 2.5	94		
II. Gebührentatbestände	95–97	3. Anrechnung nach Abs. 2	115
1. Nr. 2500	95	V. Tätigkeit mit dem Ziel einer außergerichtlichen Einigung mit mehreren Gläubigern (Nr. 2604 bis 2607)	116, 117
2. Nr. 2501	96		
3. Anm. zu Nr. 2501	97		
F. Abschnitt 6. Beratungshilfe	98–120		
I. Beratungshilfegebühr (Nr. 2600)	98, 99	1. Allgemeines	116
1. Allgemeines	98	2. Gebühren	117
2. Anm. zu Nr. 2600	99	VI. Einigungs- und Erledigungsgebühr (Nr. 2608)	118–120
II. Beratungsgebühr (Nr. 2601)	100–110	1. Allgemeines	118
1. Allgemeines	100–106	2. Entstehen der Gebühren (Abs. 1)	119
2. Entschädigung des Rechtsanwalts für eine Beratung	107–110	3. Abs. 2	120

A. Abschnitt 1. Beratung und Gutachen

I. Beratungsgebühr (Nr. 2100, 2101)

Die Beratungsgebühr entsteht für einen mündlichen oder schriftlichen Rat oder 1
eine Auskunft (Nr. 2100). Die Ratgebühr war früher in § 20 BRAGO geregelt.

Rat ist die Empfehlung, **wie** in einer bestimmten Angelegenheit sinnvoll zu ver- 2
fahren ist, während die **Auskunft** eine abstrakte Darlegung rechtlicher Gegebenheiten
ist.

Wird mit dem Auftrag zur Beratung **zugleich** ein weiterer damit zusammenhän- 3
gender Auftrag erteilt, so entsteht die Beratungsgebühr gar nicht, sondern nur die Verfahrensgebühr für den weitergehenden Auftrag. Wird ein solcher Auftrag nachträglich erteilt, so wird die Beratungsgebühr auf die entstehende anderweitige Gebühr **angerechnet**.

Der Rat muss zur Berufstätigkeit des Anwalts gehören, also ein **juristischer** sein. 4

Die Beratungsgebühr ist eine **Satzrahmengebühr** mit verhältnismäßig weitem 5
Rahmen, nämlich 0,1 bis 1,0 der in § 13 geregelten Gebühr (Nr. 2100).

Wie in ähnlichen Fällen wird diese Gebühr bei **Betragsrahmengebühren**, das sind 6
in erster Linie Straf- und Bußgeldsachen, aber auch sozialgerichtliche Angelegenheiten, bei Beteiligung von Sozialversicherten, Hinterbliebenen, Behinderten an die dort bestehenden Verhältnisse angepasst und ein Betragsrahmen von 10 bis 260 Euro vorgesehen (Nr. 2101).

II. Erstberatungsgebühr (Nr. 2102)

7   Für die Erstberatung ist zur Verminderung der Hemmschwelle zur Beauftragung eines Rechtanwalts seit 1994 eine **Höchstgebühr** eingeführt. Die nach den vorstehenden Vorschriften ermittelte Gebühr wird bei 190 Euro gekappt (Nr. 2102). Es gilt also durchaus der vorgesehene Gebührenrahmen, so dass, wenn ohnehin keine höhere Gebühr als 190 Euro in Betracht käme, es bei dieser bleibt, nur steigt sie nicht über 190 Euro hinaus an.

8   Der Gesetzgeber hat inzwischen erkannt, dass Geschäftskunden keinen besonderen Anreiz zur Überwindung der Hemmschwelle benötigen. Daher ist nunmehr die Kappung auf die Erstberatungsgebühr für diese Klientel nicht mehr vorgesehen. Der durch die Obergrenze geschützte Mandant muss **Verbraucher** im Sinne des § 13 BGB sein.

9   Teilweise streitig ist noch die Frage, **wie weit** die Erstberatung reicht und ab wann eine weitere, nach den normalen Rahmengebühren berechenbare Beratung vorliegt, in deren Gebühr dann natürlich die Erstberatungsgebühr aufgeht.

10 Oft wird ein Anwalt, wenn er zuverlässige Auskunft erteilen will, diese nicht ad hoc geben können, sondern sich erst informieren wollen. Falls das nicht im Rahmen der Besprechung, etwa durch Herbeiholen eines Kommentars geschehen kann, wird der Anwalt den Mandanten zu einem weiteren Gespräch vorladen. Manche Gerichte sehen in dem **zweiten Besuch** eine neue Beratung, nunmehr zu höheren Gebühren. Dies ist aber nicht richtig. Die bei dem ersten Besuch erteilte unverbindliche Auskunft unter dem Vorbehalt der Überprüfung ist in Wahrheit noch keine Erfüllung der Erstberatung. Nur wenn der Mandant nach vollständiger Beratung weiteren Rat oder Auskunft sucht, ist der Rahmen der Erstberatung überschritten.

III. Gutachtengebühr (Nr. 2103)

11 Ist der Rechtsanwalt mit der Erstattung eines schriftlichen Gutachtens beauftragt, so hat er eine Darstellung des Sachverhalts mit **Auswertung von Literatur und Rechtsprechung** zu liefern.

12 Hierfür erhält er eine „angemessene" Gebühr gemäß Nr. 2103 (vgl. früher § 21 BRAGO). Was dies ist, sagt das Gesetz nicht, es verweist nur auf § 14, dessen Kriterien zu berücksichtigen seien. Es kommt also u. a. auf die Schwierigkeiten des Falles an, auf die Bedeutung für den Mandanten.

B. Abschnitt 2. Erfolgsaussichtsprüfung

13 Hat der Rechsanwalt die Erfolgsaussicht eines Rechtsmittels zu prüfen, so steht ihm eine Gebühr nach dem Satz von 0,5 bis 1,0 zu (Nr. 2200).

14 Sofern dazu die Ausarbeitung eines Gutachtens gewünscht war, so erhält er die Gebühr nach dem Satz von 1,3 (Nr. 2201).

15 Wie üblich wird bei strafrechtlichen Angelegenheiten und bei bestimmten sozialgerichtlichen Verfahren wegen der dort geltenden Betragsrahmen eine Gebühr von 10 bis 250 und mit Gutachten von 40 bis 400 Euro fällig (Nr. 2202 und 2203).

16 Welcher Art das Rechtsmittel ist, spielt dabei keine Rolle; auch ist es unerheblich, ob der Rechtsanwalt zur Empfehlung oder Abratung gelangt. Führt er das Rechtsmit-

tel durch, so wird die Prüfungsgebühr auf die Gebühr für das Rechtsmittelverfahren angerechnet.

C. Abschnitt 3. Einvernehmensanwalt

Ein dienstleistender **europäischer Anwalt**, der im Rahmen der §§ 25 ff. EuRAG als Vertreter oder Verteidiger tätig werden will, bedarf dazu des Einvernehmens mit einem deutschen Anwalt, dem sog. Einvernehmensanwalt (vgl. früher § 24 a BRAGO). Dieser steht nur in einem Rechtverhältnis zu dem ausländischen Anwalt, nicht zu dessen Mandanten. 17

Der Gesetzestext des § 28 EuRAG lautet: 18

„§ 28 Vertretung und Verteidigung im Bereich der Rechtspflege
(1) Der dienstleistende europäische Rechtsanwalt darf in gerichtlichen Verfahren sowie in behördlichen Verfahren wegen Straftaten, Ordnungswidrigkeiten, Dienstvergehen oder Berufspflichtverletzungen, in denen der Mandant nicht selbst den Rechtsstreit führen oder sich verteidigen kann, als Vertreter oder Verteidiger eines Mandanten nur im Einvernehmen mit einem Rechtsanwalt (Einvernehmensanwalt) handeln.
(2) Der Einvernehmensanwalt muss zur Vertretung oder Verteidigung bei dem Gericht oder der Behörde befugt sein. Ihm obliegt es, gegenüber dem dienstleistenden europäischen Rechtsanwalt darauf hinzuwirken, dass dieser bei der Vertretung oder Verteidigung die Erfordernisse einer geordneten Rechtspflege beachtet.
(3) Zwischen dem Einvernehmensanwalt und dem Mandanten kommt kein Vertragsverhältnis zustande, wenn die Beteiligten nichts anderes bestimmt haben.
(4) *§ 52 Abs. 2 der Bundesrechtsanwaltsordnung* ist auf den dienstleistenden europäischen Rechtsanwalt entsprechend anzuwenden."

Für seine Tätigkeit, die auch Aufsichtspflichten gegenüber dem ausländischen Anwalt umfasst, erhält er eine Geschäftsgebühr in gleicher Höhe wie die Verfahrensgebühr des Bevollmächtigten oder Verteidigers. Dies gilt aber nur, wenn das Einvernehmen zustande kommt. 19

Scheitert die Herstellung des Einvernehmens, so ermäßigt sich die Gebühr auf 0,1 bis 0,5 der Gebühr eines Bevollmächtigten oder Verteidigers bzw. auf den Mindestsatz eines für diesen vorgesehenen Betragsrahmens. 20

D. Abschnitt 4. Vertretung

I. Anwendungsbereich

1. Allgemeines. Dieser Abschnitt erfasst beinahe alle Fälle der außergerichtlichen Vertretung, soweit es sich nicht um die in den Teilen 4 bis 6 VV geregelten Angelegenheiten handelt (Vorbem. 2 Abs. 3 VV). Dazu zählen sämtliche bürgerlich-rechtlichen und öffentlich-rechtlichen Streitigkeiten und solche Angelegenheiten, für die im gerichtlichen Verfahren das FGG Anwendung findet.[1] 21

Gemäß Abs. 1 der Vorbem. ist im **Verwaltungszwangsverfahren** Teil 3 Abschnitt 3 Unterabschnitt 3 entsprechend anzuwenden. Danach richten sich im Verwaltungszwangsverfahren die Gebühren nach den Vorschriften, die die Gebühren für Zwangs- 22

---
[1] Vgl. BT-Drucks. 15/1971 S. 206 zu Abschnitt 4.

vollstreckung und Vollziehung einer im Wege des einstweiligen Rechtsschutzes ergangenen Entscheidung regeln (Nr. 3309 und 3310). Dieser ausdrückliche Hinweis ist erforderlich,[2] weil das Verwaltungszwangsverfahren ein außergerichtliches Verfahren ist und sich die Gebühren für außergerichtliche Tätigkeiten grundsätzlich nach Teil 2 VV richten.

23 Abs. 2 der Vorbem. schließt die Anwendbarkeit dieses Abschnitts für die in Abschnitt 5 geregelten Tätigkeitsbereiche aus. Abschnitt 5 bezieht sich auf Gebühren, die für die Vertretung in **bestimmten sozialrechtlichen Angelegenheiten** (Rn. 94 ff.) gelten, in denen der Rechtsanwalt Betragsrahmengebühren erhält. In solchen Angelegenheiten richten sich die Gebühren folglich nach den Nr. 2500, 2501.

24 **2. Entstehen der Geschäftsgebühr (Vorbem. 2.4 Abs. 3).** Ebenso wie nach alter Rechtslage (§ 118 Abs. 1 Nr. 1 BRAGO) erhält der Rechtsanwalt für seine außergerichtliche Tätigkeit eine Geschäftsgebühr (Nr. 2400). Ihre Rahmenhöhe beträgt 0,5 bis 2,5. Besprechungs- und Beweisaufnahmegebühr gibt es dagegen nicht mehr. Nach Abs. 3 entsteht die Geschäftsgebühr für das **Betreiben eines Geschäfts** einschließlich der Information und für die Mitwirkung bei der Gestaltung eines Vertrages. Der erste Teil dieser Formulierung stimmt mit dem ersten Satzteil des bisher geltenden § 118 Abs. 1 Nr. 1 BRAGO überein.

25 Die Geschäftsgebühr ist eine allgemeine Betriebsgebühr, mit einer Verfahrensgebühr vergleichbar und entsteht mit der ersten anwaltlichen Tätigkeit aufgrund des Auftrags, in der Angelegenheit tätig zu werden, also im Allgemeinen mit der Annahme des Auftrags und der Entgegennahme der zur Durchführung des Auftrags erforderlichen **Informationen** (vgl. § 1 Rn. 10). Die Geschäftsgebühr umfasst die gesamte außergerichtliche anwaltliche Tätigkeit, die in einer Angelegenheit entfaltet wird.

26 a) **Begriff der Angelegenheit.** Das RVG verwendet für die Bemessung der gesetzlichen Gebühren den Begriff der Angelegenheit (§ 15). Darunter ist die **konkrete Angelegenheit** zu verstehen, die der Rechtsanwalt für den Auftraggeber zu besorgen hat. Um festzustellen, welche Gebühren hierfür entstehen, muss das Geschäft, das der Rechtsanwalt zu besorgen hat, einer der Angelegenheitstypen des Vergütungsverzeichnisses zugeordnet werden. Es bedarf daher der Prüfung, ob es sich um eine bürgerliche Rechtsstreitigkeit, eine Strafsache, ein Verfahren einer Verwaltungsgerichtsbarkeit usw. handelt oder ob der Gegenstand der Geschäftsbesorgung als „sonstige Angelegenheit" bezeichnet werden kann. Maßgebend ist der Auftrag, denn nur hieraus kann bei den vielgestaltigen Möglichkeiten, mit denen das Interesse des Auftraggebers wahrgenommen werden könnte, der Weg bestimmt werden, den der Anwalt zu beschreiben hat.

27 b) **Abgrenzungsschwierigkeiten.** Abgrenzungsschwierigkeiten kommen dann vor, wenn mehrere, kostenrechtlich verschieden zu bewertende Maßnahmen nacheinander ergriffen werden, insbesondere, wenn der Anwalt zunächst eine gütliche Regelung außerhalb des Prozesses sucht und später Klage erhebt. Auch hier ist der konkrete Auftrag ausschlaggebend. Hat der Anwalt den Auftrag, einen Zivilprozess zu führen, so erhält er die Gebühren nach Teil 3 VV, auch wenn es zur Klageerhebung nicht mehr kommt, weil die Bemühungen zur gütlichen Regelung Erfolg gehabt haben. Wird der Anwalt dagegen nur mit außergerichtlichen Verhandlungen beauftragt oder wird ihm zwar Prozessauftrag erteilt, jedoch nur mit der Maßgabe, zunächst hiervon keinen Gebrauch zu machen, sondern vorab eine gütliche Regelung zu versuchen (be-

---

[2] So die Begr. in der BT-Drucks. 15/1971 S. 206 zu Abschnitt 4.

dingter Klageauftrag), so richten sich die Gebühren bis zum Eintritt der Bedingung nach Teil 2 VV.[3] Nach LG Mannheim[4] spricht bei Aufträgen zur Regulierung von Unfallschäden eine Vermutung für die nur bedingte Erteilung des Klageauftrags. Für die Frage der Abgrenzung zwischen der einfachen Beratung, die ebenfalls die Entgegennahme von Informationen mit sich bringt, aber nur zu einer Beratungsgebühr führt, und einer Beratung, die die Geschäftsgebühr auslöst, ist das entscheidende Abgrenzungskriterium ebenfalls der Auftrag.[5] Dagegen entsteht die Geschäftsgebühr nicht allein für einen Rat oder eine Auskunft; hierfür gelten die Nr. 2100 ff. Doch ist es nicht richtig, die Gebühr nur zu gewähren, wenn der Auftrag dahin geht, nach außen tätig zu werden;[6] es genügt, dass die auftragsgemäße Tätigkeit über einen mündlichen oder schriftlichen Rat oder eine Auskunft hinausgeht. Zur Anrechnung der Beratungsgebühr vgl. Nr. 2100 Abs. 2 und Teil 2 Rn. 4.

c) Mitwirkung bei Vertragsgestaltung. Abgegolten werden durch die Geschäftsgebühr auch Schriftsätze an Gerichte oder Behörden und Schreiben an Privatpersonen, ferner das Mitwirken bei der Gestaltung von Verträgen, das Entwerfen von Urkunden (Testamenten, Bürgschaftserklärungen, Vordrucken, Schriftsätzen, Schreiben usw.), zudem das Verfassen eines Vertragsentwurfs; es genügt aber auch jede andere Einflussnahme auf die Ausgestaltung des Vertrages, etwa im Rahmen mündlicher Vertragsverhandlungen.[7]

28

Ist der Rechtsanwalt **Notar**, so ist für die Frage, ob er für das Entwerfen von Urkunden nach Nr. 2400 oder nach § 145 Abs. 1 KostO vergütet wird, die **Abgrenzungsregel** des § 24 Abs. 2 BNotO maßgebend.[8] Danach entstehen im Zweifel die Notargebühren, wenn der Entwurf der Urkunde dazu bestimmt ist, eine Beurkundung vorzubereiten (§ 24 Abs. 1, § 20 BNotO). Dies ist aber bei Entwürfen, für die § 145 Abs. 1 KostO gilt, gerade nicht der Fall, weil die dort bestimmte Gebühr erfordert, dass der Notar „nur" den Entwurf zu fertigen hat.[9] Daher entstehen hier im Zweifel die Gebühren nach Nr. 2400. Anders ist dies jedoch in den Fällen des § 145 Abs. 2 und 3 KostO.[10] Bei Entwürfen ohne konkreten rechtsgeschäftlichen Inhalt, für die bei einem Nurnotar § 147 KostO anwendbar wäre, zB Entwürfe für Schriftsätze, Beschwerden, Verhandlungsniederschriften, Vertragsmuster usw. oder bei Entwürfen, für welche die Beteiligten keine notarielle Beurkundung in Anspruch nehmen, entstehen im Zweifel Gebühren nach Nr. 2400. Andererseits entstehen nur die Gebühren nach der Kostenordnung, wenn ein Notar, der zugleich Rechtsanwalt ist, den Vollzug einer von ihm beurkundeten oder zur Vorbereitung der Beurkundung oder Beglaubigung entworfenen Urkunde betreibt (§§ 146, 147 KostO), zB eine behördliche Genehmigung einholt,[11] eine Beschwerde gegen die Ablehnung der Eintragung oder Widerspruch gegen die Ablehnung der Genehmigung einlegt.[12]

29

---

3 BGH NJW 1961, 1469; 1968, 52 und 1968, 2334 zu §§ 118 ff. BRAGO.
4 LG Mannheim AnwBl. 1966, 30; BGH AnwBl. 1969, 15.
5 Zur Abgrenzung der Geschäftsgebühr von der Ratsgebühr s. *Chemnitz* AGS 1995, 22.
6 So OLG Frankfurt JurBüro 1960, 32 zu § 118 BRAGO.
7 *Hartung/Römermann* Rn. 51.
8 Vgl. § 1 Rn. 21; dazu *Rohs* JVBl. 1965, 49.
9 Vgl. *Tschischgale* Büro 1959, 221; OLG München JFGErg. 16, 77; KG JFGErg. 18, 197.
10 *Tschischgale* Büro 1959, 221.
11 *Herbert Schmidt* JurBüro 1962, 133.
12 BGH JurBüro 1965, 622; OLG Celle JurBüro 1968, 892; *Herbert Schmidt* JurBüro 1961, 529; aA OLG Oldenburg JurBüro 1961, 79; vgl. aber auch OLG Oldenburg NJW 1958, 2024 und NdsRpfl. 1960, 246.

II. Gebührentatbestände des Abschnitts 4

30 **1. Geschäftsgebühr (Nr. 2400). a) Allgemeines.** Nr. 2400 übernimmt die Regelung in § 118 BRAGO, soweit dieser für die außergerichtliche Vertretung anwendbar war. Der Gebührentatbestand für die außergerichtliche Rechtsbesorgung ist systematisch und seiner praktischen Bedeutung entsprechend den Vorschriften vorangestellt, die die Gebühren im gerichtlichen Verfahren regeln. Für alle in einer Angelegenheit anfallenden Tätigkeiten soll nach dem Willen des Gesetzgebers[13] nur eine Gebühr entstehen. Dies ist die Geschäftsgebühr mit einem **Gebührensatzrahmen von 0,5 bis 2,5.** Der insgesamt weitere Rahmen soll eine flexiblere Gebührengestaltung ermöglichen. Die nach neuer Rechtslage allein anfallende Gebühr deckt das Betreiben des Geschäfts einschließlich der Informationen, der Teilnahme an Besprechungen sowie das Mitwirken bei der Gestaltung eines Vertrages ab. Eine Besprechungsgebühr ist nicht mehr vorgesehen. Auch ohne Besprechungen oder Beweisaufnahmen kann bei großem Umfang und erheblicher Schwierigkeit einer Sache der obere Rahmen der Gebühr erreicht werden.[14]

31 **b) Mehrere Gebühren in einer Angelegenheit.** Die in Nr. 2400 bestimmte Gebühr erfasst die gesamte in einer Angelegenheit (Rn. 26) vorkommende Tätigkeit (§ 15 Abs. 1). Jedoch können zu dieser im Teil 1 VV normierte Gebühren hinzutreten (Vorbem. 1 VV), nämlich die Einigungsgebühr (Nr. 1000), die Aussöhnungsgebühr (Nr. 1001), die Erledigungsgebühr (Nr. 1002) und die Einigungs- oder Erledigungsgebühr in sozialrechtlichen Angelegenheiten (Nr. 1005). Die Erstattung eines Gutachtens ist stets eine besondere Gebührenangelegenheit. Da diese Gebühren aber mit jeder Verwirklichung ihres Tatbestands durch den Anwalt nach Maßgabe des für die jeweilige Tatbestandserfüllung anzunehmenden Geschäftswerts und Gebührensatzes (§ 14 Abs. 1 Satz 1) erneut entstehen, bestimmt § 15 Abs. 2, dass der Rechtsanwalt sie in jeder Angelegenheit nur einmal „**fordern**" kann – nach seiner Wahl eine der ihm entstandenen Geschäfts-, Einigungs- und Erledigungsgebühren. Regelmäßig wird er die ihm nach dem höchsten Geschäftswert und Gebührensatz entstandene Gebühr fordern. Das bedeutet aber zugleich, dass diese Gebühren, sofern das RVG nichts anderes bestimmt, unabhängig nebeneinander stehen und sich gegenseitig weder einschränken noch ausschließen.

32 **c) Höhe der Gebühr.** Die Höhe der Gebühr wird bestimmt durch den Gegenstandswert und den Gebührensatz.

33 **aa) Gegenstandswert.** Der Gegenstandswert bestimmt sich für anwaltliche Tätigkeiten, die einem gerichtlichen Verfahren vorauszugehen pflegen, nach den für die Gerichtsgebühren geltenden Wertvorschriften (§ 23 Abs. 1), hilfsweise auch nur nach dem zu schätzenden objektiven Wert, den der Gegenstand der anwaltlichen Tätigkeit (für den Mandanten) hat (§ 2 Abs. 1). In allen Fällen einer außergerichtlichen Unfallschadensregulierung bestimmt sich der Gegenstandswert für die Anwaltsgebühren nach dem Wert der Ansprüche, mit deren Durchsetzung der Anwalt von seinem Mandanten beauftragt worden ist.[15]

---

[13] Vgl. BT-Drucks. 15/1971 S. 206 f. zu Nr. 2400.
[14] BT-Drucks. 15/1971 S. 206 zu Nr. 2400.
[15] BGH AnwBl. 1969, 15 (LS 4); *Herbert Schmidt* AnwBl. 1969, 72, 75.

bb) Dieselbe Angelegenheit. In derselben Angelegenheit werden die Werte mehrerer Gegenstände zusammengerechnet (§ 22 Abs. 1). In einer Angelegenheit sind die einzelnen Gebühren (Geschäftsgebühr, Einigungsgebühr usw.) häufig nach unterschiedlichen Gegenstandswerten zu berechnen, je nach dem Wert des dem Anwalt erteilten Auftrags und der Ansprüche, über die sich die Beteiligten verglichen haben (s. dazu § 2 Rn. 9 ff.). 34

Der so ermittelte Gegenstandswert ist immer der Berechnung der Gebührenforderung des Rechtsanwalts gegen seinen Mandanten zugrunde zu legen. Für die Berechnung der dem Mandanten von einem Dritten zu ersetzenden Anwaltskosten können dagegen andere Gegenstandswerte gelten (Rn. 67). 35

cc) Gebührensatzrahmen. Innerhalb des Gebührensatzrahmens (zum Begriff § 14 Rn. 3) ist nach den Grundsätzen des § 14 der konkrete Gebührensatz im Einzelfall zu bestimmen. Die Praxis ging bisher auch in diesen Fällen von der sog. **Mittelgebühr** (nach der BRAGO mit $^{7,5}/_{10}$ der vollen Gebühr) aus.[16] 36

Die Bestimmung der Gebührenhöhe steht dem Rechtsanwalt zu (vgl. Anm. zu § 14); im Gebührenrechtsstreit ist ein Gutachten des Vorstandes der Rechtsanwaltskammer einzuholen (§ 14 Abs. 2). Dies gilt jedoch nicht für das Kostenfestsetzungsverfahren (§ 14 Rn. 14 f.). 37

Bei Tätigkeit für mehrere Auftraggeber erhöht sich der Gebührensatz für die Geschäftsgebühr nach Nr. 1008, so dass auf die dortigen Ausführungen verwiesen werden kann. 38

dd) Regelgebühr. Die Regelgebühr (vgl. Anm. zu Nr. 2400) liegt jetzt jedoch bei **1,3**. Der erweiterte Abgeltungsbereich der Geschäftsgebühr erfordert eine andere Einordnung der unterschiedlichen außergerichtlichen Vertretungsfälle in den zur Verfügung stehenden größeren Gebührenrahmen. Dies führt zwangsläufig zu einer neuen Definition des „Normalfalls". In **durchschnittlichen Angelegenheiten** ist grundsätzlich von der **Mittelgebühr (1,5)** auszugehen.[17] Ausweislich der Anm. zu Nr. 2400 kann der Rechtsanwalt eine Gebühr von mehr als 1,3 nur fordern, wenn die Tätigkeit „umfangreich oder schwierig" war, d.h. Umfang oder Schwierigkeit über dem Durchschnitt liegen. In sonstigen Fällen dürfte die Schwellengebühr von 1,3 zur Regelgebühr werden. Eine im Ergebnis – nach Abwägung der unterschiedlichen Kriterien des § 14 Abs. 1 – völlig durchschnittliche Angelegenheit rechtfertigt nur dann einen Gebührensatz von mehr als 1,3 (etwa in Höhe der Mittelgebühr 1,5), wenn die anwaltliche Tätigkeit überdurchschnittlich umfangreich oder schwierig ist, dies jedoch allein in der Gesamtschau nach § 14 Abs. 1 unberücksichtigt bleiben müsste, weil andere Merkmale vergleichsweise unterdurchschnittlich ins Gewicht fallen. Ist eine Angelegenheit demnach schwierig oder umfangreich, liegt die Ausschöpfung des Gebührenrahmens unter den Voraussetzungen des **§ 14 Abs. 1** (bis zum 2,5fachen der Gebühr) im **billigen Ermessen des Anwalts**. Maßgeblich ist jedoch die Regelgebühr, wenn eine Sache von normalem Umfang und Schwierigkeitsgrad vorliegt. Das Gesetz bezweckt mit der Neuregelung eine Vereinfachung und dadurch die Förderung der außergerichtlichen Erledigung. Unter Geltung der BRAGO kam es oft nicht zu Telefonaten mit dem gegnerischen Rechtsanwalt, da dies die frühere Besprechungsgebühr ausgelöst hätte. Die Verhinderung dieser zusätzlichen Gebühr war wegen der Häufigkeit der Schadensabwicklung vor allem für die Versicherer wichtig.[18] Nunmehr 39

---

[16] Gerold/Schmidt/v. Eicken/Madert § 118 BRAGO Rn. 18.
[17] So wörtlich BT-Drucks. 15/1971 S. 206 zu Nr. 2400.
[18] Vgl. BT-Drucks. 15/1971 S. 206 zu Nr. 2400.

entsteht durch die Besprechung kein weiterer Gebührentatbestand, sondern kann allenfalls im bestehenden Rahmen zu einer Erhöhung der angemessenen Gebühr führen. Dabei ist ein einzelnes kurzes Telefongespräch nur von unmaßgeblichem Gewicht. Die Gebühr ist darüber hinaus so flexibel gestaltet, dass Gebührenvereinbarungen im Normalfall daneben nicht mehr erforderlich sein dürften. Die Gebühr kann sehr individuell bestimmt werden, was zu mehr Gebührengerechtigkeit führen soll.[19]

40   d) **Verwaltungsverfahren.** Anwaltliche Tätigkeiten in Verfahren vor Verwaltungsbehörden jeder Art richten sich nach **Nr. 2401, 2400**. Dies gilt auch für Selbstverwaltungsbehörden, Behörden der öffentlichen Körperschaften, Anstalten oder Stiftungen, auch im Zulassungsverfahren der Rechtsanwälte, Notare, Wirtschaftsprüfer, Steuerberater usw.[20] Die Nr. 2400, 2401 gelten ferner auch für länger dauernde Verwaltungsverfahren und Verwaltungsverfahren, die sich nach einer besonderen Verfahrensordnung richten, zB Flurbereinigungs- und Enteignungsverfahren,[21] Umlegungsverfahren nach dem Baugesetzbuch,[22] Verfahren vor der Forstrechtsstelle nach dem Bayerischen Forstrechtegesetz vom 3. 4. 1958 (GVBl. S. 42) und den Finanzverwaltungsbehörden. Für die Anfertigung von Steuererklärungen für Mandanten gibt Teil 2 VV aber wenig Anhaltspunkte. Es wird standesrechtlich nicht zu beanstanden sein, wenn der Rechtsanwalt für solche Aufträge ein Honorar in Höhe der Gegenstandswerte und Sätze des § 24 der Steuerberatergebührenverordnung vom 17. 12. 1981 (BGBl. I S. 1442) vereinbart, der differenzierte Gebührentatbestände für alle Steuererklärungen enthält.[23] Schließlich gelten Nr. 2400, 2401 auch bei der Geltendmachung von Ersatzansprüchen gegenüber dem Amt für Verteidigungslasten.[24] Bei diesen Beispielen mag man es hier bewenden lassen. Es genügt die allgemeine Feststellung, dass jedes Verwaltungsverfahren mit Ausnahme der nachstehend besonders aufgeführten für den Rechtsanwalt, der dabei tätig wird, die Gebühren nach Nr. 2400 auslöst.

41   **Nicht nach Nr. 2400, 2401** richten sich Verwaltungsverfahren, für die im RVG besondere Gebührenvorschriften getroffen sind, so für Güteverfahren (Nr. 2403), Bußgeldsachen (Teil 5 Abschnitt 1 Unterabschnitte 1 und 2) und bestimmte ehren-, disziplinar- und berufsgerichtliche Verfahren (Teil 6 Abschnitt 2 Unterabschnitte 1 und 2).

42   Eine Sonderstellung nimmt auch die Tätigkeit in **bestimmten sozialrechtlichen Angelegenheiten** ein, in denen im gerichtlichen Verfahren Betragsrahmengebühren nach § 3 entstehen. Die Gebühren für solche Tätigkeiten sind in Teil 2 Abschnitt 5 VV geregelt (Rn. 94 ff.).

43   Verwaltungsverfahren, für welche die Anwaltsgebühren auf den vorbehaltenen Gebieten außerhalb des RVG besonders geregelt sind,[25] unterfallen ebenfalls nicht den Nr. 2400, 2401. Hier kommt in Betracht die VO über die Vertretung vor den Ausgleichsbehörden und Feststellungsbehörden vom 17. 9. 1957 (BGBl. I S. 1380), die auch für Rechtsanwälte gilt; diese VO ist im Verfahren nach dem Beweissicherungs- und Feststellungsgesetz vom 22. 5. 1965 (BGBl. I S. 425) anwendbar (vgl. § 32 Abs. 2 dieses Gesetzes).

---

[19] So die Begr. in BT-Drucks. 15/1971 S. 206 zu Nr. 2400.
[20] Vgl. *Schumann* NJW 1959, 1761 zu §§ 118 ff. BRAGO.
[21] Vgl. BGHZ 28, 307; VGH München AnwBl. 1981, 162.
[22] *Tschischgale* JurBüro 1961, 265.
[23] Zur sachlichen Erforderlichkeit einer solchen Honorarvereinbarung *Schall* AnwBl. 1991, 612.
[24] Zu § 118 BRAGO: BGHZ 30, 154; BGH NJW 1960, 481; 1962, 637; 1963, 640.
[25] Vgl. Art. XI § 5 Abs. 2 des Rahmengesetzes.

Außergerichtliche Tätigkeiten **VV Teil 2**

Der Ersatz von Schäden privater Verkehrsopfer aus **Unfällen**, an denen Fahrzeuge 44
der **Bundeswehr** beteiligt waren, richtet sich nach § 839 BGB, Art. 34 GG, wenn es sich – wie zumeist – um eine Dienstfahrt im Rahmen hoheitlicher Betätigung handelte. Das Verweisungsprivileg des § 839 Abs. 1 S. 2 BGB entfällt, wenn ein Soldat im Straßenverkehr bei einer den allgemeinen Verkehrsregeln unterworfenen Dienstfahrt – also außerhalb hoheitlicher Betätigung und daher der Sonderrechte des § 35 StVO – schuldhaft einen Unfall verursacht.[26] Gleiches gilt nach Art. VIII Abs. 5 NTrSt, Art. 41 ZA-NTrSt für den Ersatz von Schäden aus Unfällen, an denen Fahrzeuge einer Truppe der NATO-Stationierungsstreitkräfte, eines zivilen Gefolges oder von deren Mitgliedern beteiligt waren.[27] Ansprüche auf den Ersatz solcher Schäden sind innerhalb einer Ausschlussfrist von drei Monaten seit Kenntnis von Schaden und Schädiger beim Amt für Verteidigungslasten geltend zu machen (Art. 6 Abs. 1 AG-NTrSt). Auch in diesen Verfahren entstehen Anwaltsgebühren nach Nr. 2400 und im Falle einer Vereinbarung über die Höhe der Ersatzleistung zwischen dem Amt und dem Geschädigten grundsätzlich auch eine Einigungsgebühr nach Nr. 1000.[28]

e) Tätigkeiten für (noch) nicht rechtshängige Ansprüche/Mahngebühr. Für 45
eine Mahnung außerhalb eines Klageauftrags bzw. Mahnverfahrens entsteht dem Rechtsanwalt eine Gebühr nach Nr. 2402 (Rn. 79). Hat der Anwalt bereits Klageauftrag und mahnt er zunächst den Gegner, etwa um ihn in Verzug zu setzen oder um später die Veranlassung zur Klage dartun zu können, so wird die Mahnung durch die Verfahrensgebühr des Teils 3 (Nr. 3100), die gegebenenfalls nur mit einem Gebührensatz von 0,8 (vgl. zB Nr. 3101 Nr. 1, 2 und 3) entsteht, abgegolten.

f) Vorsorgende Rechtsbetreuung. Nach Nr. 2400 richtet sich ferner der weite an- 46
waltliche Tätigkeitsbereich außerhalb gerichtlicher oder behördlicher Verfahren, die vorsorgende Rechtsbetreuung, die **Vertragsgestaltung**, die Führung von Vertragsverhandlungen, die Mitwirkung bei **Gründungen** und vieles andere.

g) Außergerichtliche Unfallschadensregulierung. Insbesondere gilt dies aber 47
für den Bereich der außergerichtlichen Unfallschadensregulierung, die zu den wichtigsten Aufgabengebieten der Anwaltschaft gehört. Der Anteil der gerichtlichen Unfallschadensregulierungen hat sich zwar seit der Einführung des Schadensfreiheitsrabatts von (1966) 0,4 %[29] auf (1983) 1,2 % erhöht,[30] auch jetzt ist aber noch die außergerichtliche Unfallschadensregulierung die Regel, die gerichtliche die große Ausnahme.

Der Berechnung der Anwaltsgebühren ist in einem solchen Fall der Wert der An- 48
sprüche zugrunde zu legen, mit deren Durchsetzung der Anwalt von seinem Mandanten beauftragt war und deren Geltendmachung dieser im Zeitpunkt der Anwaltsbeauftragung nach Art und Höhe als vertretbar ansehen konnte.[31] Dieser Zeitpunkt ist nicht notwendig der der ersten Beauftragung. Erhöht sich im Laufe der Verhandlungen die Schadensersatzforderung des Geschädigten, etwa weil weitere Schäden erkennbar werden oder Folgeschäden eintreten, dann ist der Zeitpunkt der Auftragserweiterung maßgeblich. Das gilt – soweit ersichtlich unstreitig – stets für die vom

---

26 BGHZ 68, 217; BGH NJW 1981, 623 (Polizeibeamter).
27 BGH VersR 1979, 348.
28 BGH NJW 1963, 637 zu § 23 BRAGO.
29 *Sanden* VersR 1966, 205; *Ruhkopf* VersR 1968, 21.
30 *Chemnitz* AnwBl. 1985, 118, 119.
31 *Herbert Schmidt* AnwBl. 1969, 72, 75; *Gerold/Schmidt/Madert* VV 2400–2403 Rn. 39.

VV Teil 2 *Vergütungsverzeichnis*

Auftraggeber dem Anwalt geschuldeten Gebühren. Zur Berechnung der diesem vom Schädiger oder seinem Versicherer zu ersetzenden Anwaltsgebühren s. Rn. 67.

49 Nr. 2400 ist in diesen Fällen nicht anzuwenden, wenn dies durch eine Honorarvereinbarung mit dem Mandanten (§ 4 Abs. 1) abbedungen ist. Auf keine solche Honorarvereinbarung sind die Angebote bestimmter Kfz-Haftpflichtversicherer[32] an die Mitglieder des Deutschen Anwaltvereins gerichtet, bei ausschließlich außergerichtlichen Unfallschadensregulierungen anstelle der ihnen gegen ihre Mandanten entstandenen Gebühren einen Pauschbetrag in Höhe einer Gebühr nach dem Erledigungswert zu zahlen, da es sich dabei nicht um die vom Mandanten zu zahlende, sondern um die vom Versicherer des Schädigers zu ersetzende Anwaltsvergütung handelt. § 4 ist daher auf diese Vereinbarung zwischen dem Anwalt und dem Versicherer nicht anzuwenden.

50 Obgleich solche Vereinbarungen nicht die Gebührenforderung des Anwalts gegen seinen Mandanten betreffen, kann der Anwalt nicht nach Abrechnung der gesamten außergerichtlichen Unfallschadensregulierung nach der Vereinbarung mit dem Versicherer des Schädigers von seinem Mandanten die Differenz zu seinen nach dem RVG berechneten Gebühren fordern. Diese Vereinbarungen werden zwischen Anwälten und Versicherern zur Erleichterung der außergerichtlichen Unfallschadensregulierung zwischen ihnen geschlossen, können daher nicht zu Lasten der Geschädigten gehen. Die Rechtsanwälte hätten sich dann zu Lasten ihrer Mandanten mit den Versicherern der Schädiger arrangiert. Bei voller Übernahme der Anwaltskosten durch den Versicherer ist daher kein Raum mehr für eine Abrechnung der Sache mit dem Mandanten nach Nr. 2400.[33]

51 Andererseits hat der Mandant keinen Anspruch darauf, dass der Rechtsanwalt die Sache auch mit ihm nach dem Abkommen abrechnet. Er darf dadurch nicht schlechter, soll aber auch nicht besser gestellt werden, als er ohne die Vereinbarung mit dem Versicherer stehen würde. Hat der Versicherer den dem Geschädigten entstandenen Schaden und damit auch dessen Anwaltskosten nur zum Teil zu ersetzen, dann hat der Mandant dem Anwalt die ihm verbliebene Quote der Anwaltskosten, berechnet nach Nr. 2400 (und gegebenenfalls nach Nr. 1000), zu zahlen, die der Versicherer nicht zu ersetzen brauchte.[34]

52 Für die **Selbstregulierung** eines eigenen Unfallschadens entsteht dem Anwalt ein fiktiver Ersatzanspruch gegen den Schädiger, wenn ein anderer Geschädigter einen Anwalt in Anspruch genommen hätte.[35] Ist der Versicherer des Schädigers eine Vertragsgesellschaft und der Anwalt Mitglied des Deutschen Anwaltvereins, dann kann der Anwalt die Angelegenheit mit dem Versicherer wie die Regulierung eines Fremdschadens nach Nr. 7 der Verhaltens- und Abrechnungsgrundsätze abrechnen.

53 Zur **Umsatzsteuer** auf Gebühren und Auslagen des Anwalts s. Teil 7 Rn. 35 ff. zu Nr. 7008. Die dortigen Ausführungen gelten auch bei Ersatz der Anwaltsvergütung nach den vom Deutschen Anwaltverein und vom HUK-Verband empfohlenen „Abrechnungsgrundsätzen". Die auf die zu zahlende pauschale Vergütung entfallende Umsatzsteuer wird durch die Vergütung nicht abgegolten,[36] sie ist daher gesondert zu er-

---

[32] S. *Greißinger* ZfS 1994, 393.
[33] So auch AG Münster JurBüro 1996, 303 f. zu § 118 BRAGO m. Anm. *Enders*; für den Fall, dass sich eine Gebührendifferenz aufgrund unterschiedlicher Geschäftswerte ergibt, s. *Enders* aaO.
[34] *Chemnitz* AnwBl. 1985, 118, 119.
[35] AG Hamburg AnwBl. 1984, 276; AG München AnwBl. 1985, 332.
[36] Nr. 7 Buchst. d der Verhaltens- und Abrechnungsgrundsätze ZfS 1994, 393.

setzen. Über die Abgrenzung der verschiedenen Gebührenangelegenheiten vgl. § 15 Rn. 16 ff. Wegen der Abgrenzung vorprozessualer Tätigkeiten vgl. Rn. 21 ff. Zum Gegenstandswert vgl. § 23 Rn. 44 ff.

h) Stellung des Rechtsanwalts. Nr. 2400 gilt nicht nur für einen Rechtsanwalt, der – wie ein Prozessbevollmächtigter – mit der Erledigung der ganzen Angelegenheit beauftragt ist, sondern auch für Rechtsanwälte, die nur einzelne Handlungen in der Angelegenheit vorzunehmen haben. Dabei ist der Umfang der anwaltlichen Tätigkeit bei der Feststellung des Gebührensatzes zu berücksichtigen (Anm. zu Nr. 2400, § 14). Auch die Beschränkungen des § 15 Abs. 5 und 6 sind zu beachten. Nur für einige besonders einfache Tätigkeiten sind in Nr. 2402 Gebühren mit einem Gebührensatz von 0,3 bestimmt. 54

i) Festsetzung, Ersatz, Erstattung. Kostenfestsetzung ist betragsmäßige Ausfüllung einer Kostengrundentscheidung eines Gerichts, die nur Prozesskosten betrifft.[37] Deshalb können nur Prozesskosten zur Erstattung festgesetzt werden. 55

aa) Gegen den erstattungspflichtigen Gegner. Festsetzbar sind auch vorprozessuale Anwaltskosten für Tätigkeiten vor Erteilung des Prozessauftrags (Rn. 46) als Teil der Prozesskosten, wenn diese notwendig waren, d. h. mit der Einleitung des Rechtsstreits im Zusammenhang standen (die vorprozessualen Bemühungen eines Rechtsanwaltes, eine außergerichtliche Regelung herbeizuführen, stellen keine Prozessvorbereitung dar),[38] oder für Tätigkeiten, die nach Art und Umfang so sehr aus dem üblichen Rahmen eines Prozessauftrags herausfallen, dass sie als gesonderte Angelegenheit anzusehen sind.[39] Sie werden dann nicht durch die Verfahrensgebühr nach Nr. 3100 abgegolten, sondern sind gesondert nach Nr. 2400 zu vergüten. 56

Eine Festsetzung dieser Anwaltsgebühren erübrigt sich häufig, weil nur eine Geschäftsgebühr entstanden und auf die Verfahrensgebühr des anschließenden Gerichtsverfahrens nach Vorbem. 3 Abs. 4 VV anzurechnen ist. Wird die Geschäftsgebühr aber nicht durch die Anrechnung aufgezehrt, ist sie aus besonderem Grund nicht anzurechnen oder sind weitere, nicht nach Vorbem. 3 Abs. 4 VV anrechenbare Gebühren entstanden, dann können dem Anwalt durch vorgerichtliche Tätigkeiten Gebühren nach Nr. 2400 zustehen, die aufgrund der Kostenentscheidung des Gerichts gegen den erstattungspflichtigen Gegner festzusetzen und erstattbar sind. Das gilt auch für Gebührenansprüche für außergerichtliche Verhandlungen vor oder neben einem Prozess bei eingeschränktem „Prozessauftrag" des Anwalts nach §§ 52 bis 54, sofern der Gegenstand der außergerichtlichen Verhandlungen hinreichend prozessbezogen war. 57

Die dem Anspruchsberechtigten entstandenen Kosten eines Verfahrens vor dem Amt für Verteidigungslasten können dagegen weder isoliert noch als Prozesskosten des nachfolgenden Klageverfahrens festgesetzt werden. Sie sind als Schadensfolgekosten im Klageverfahren geltend zu machen.[40] 58

bb) Gegen den Auftraggeber. Die Festsetzung von Gebühren nach Nr. 2400 gegen den Auftraggeber ist durch § 11 Abs. 8 ausgeschlossen,[41] wenn nicht die Mindest- 59

---

[37] v. Eicken, FS Herbert Schmidt, S. 11.
[38] OLG Nürnberg JurBüro 1995, 592.
[39] v. Eicken, FS Herbert Schmidt, S. 24.
[40] OLG Hamm JMBl. NW 1967, 92; OLG Frankfurt/M AnwBl. 1977, 310.
[41] § 11 Rn. 13; Gerold/Schmidt/Madert VV 2400–2403 Rn. 148; v. Eicken, FS Herbert Schmidt, S. 23; aA VG Düsseldorf AnwBl. 1968, 366; OLG Stuttgart NJW 1971, 59; dagegen OLG Hamm NJW 1972, 2318; LG Nürnberg-Fürth AnwBl. 1975, 67.

gebühren geltend gemacht werden oder der Auftraggeber der Höhe der Gebühr nicht ausdrücklich zugestimmt hat. Das gilt entgegen OLG Hamburg[42] auch für Gebühren, die auf in einem gerichtlichen Verfahren entstandene Gebühren anzurechnen sind. Soweit die Geschäftsgebühr nicht durch die Anrechnung auf eine Verfahrensgebühr und deren Festsetzung aufgezehrt wird, muss die Differenz eingeklagt werden.

60 **j) Ersatz von Anwaltskosten für Verwaltungs- und Vorverfahren vor bestimmten Behörden.** Ausdrücklich gesetzlich geregelt ist ferner der Ersatz von Anwaltskosten in Widerspruchs-, Einspruchs- oder Beschwerdeverfahren vor bestimmten Behörden.

61 Im isolierten verwaltungsgerichtlichen Vorverfahren können die Gebühren und Auslagen eines Rechtsanwalts der Behörde auferlegt werden, wenn die Zuziehung eines Bevollmächtigten **notwendig** war (§ 80 Abs. 2 VwVfG). Die Notwendigkeit ist nicht nach objektiven Maßstäben, sondern aus der Sicht einer verständigen Partei zu beurteilen. Sie ist in der Regel zu bejahen, da der Bürger ohne rechtskundigen Rat nur in Ausnahmefällen materiell- und verfahrensrechtlich in der Lage ist, seine Rechte gegenüber der Verwaltung ausreichend zu wahren.[43] Sie sind der Behörde aufzuerlegen, soweit der **Widerspruch erfolgreich** war (§ 80 Abs. 1 S. 1 VwVfG). Die Verwaltungsverfahrensgesetze der Länder verweisen auf oder übernehmen diese Regelung.[44]

62 Eine entsprechende Regelung enthält § 63 Abs. 1 und 2 SGB X für das isolierte **sozialrechtliche** Vorverfahren. Sie gilt auch für Fälle, in denen nach § 78 SGG der Widerspruch nicht Klagevoraussetzung ist.[45]

63 Eine solche Regelung fehlt in der Abgabenordnung für das **Steuerfestsetzungsverfahren**.[46] Das ist kein Versehen, sondern im System der Steuerfestsetzung durch Massenverwaltungsakte aufgrund der Angaben der Steuerpflichtigen, regelmäßig unter dem Vorbehalt der Nachprüfung (§ 164 AO) oder vorläufig (§ 165 AO), begründet. Dieses Veranlagungsverfahren ist auf eine Mitwirkung des Steuerpflichtigen angelegt (§§ 90, 93 bis 95, 97 bis 100, 149, 153, 200, 211 AO), letztlich auch durch Einspruchserhebung (§ 348 AO) oder Beschwerde (§ 349 AO). Diese Rechtsbehelfe sind ein Teil des steuerlichen Veranlagungsverfahrens, dem alle Steuerpflichtigen mit entsprechenden Einkünften unterworfen sind. Die für sie aufgewandten Anwalts- und Steuerberaterkosten sind daher auch als Sonderausgaben bei der Einkommensbesteuerung absetzbar (§ 10 Abs. 1 Nr. 6 EStG). Die Mitwirkung an einem solchen allgemeinen Verwaltungsverfahren legt dem davon Betroffenen kein entschädigungspflichtiges unzumutbares Sonderopfer auf.

64 **k) Ersatz von Anwaltskosten für Vorverfahren vor Gerichtsverfahren.** Nach prozessualen Gesichtspunkten erstattbar werden die Anwaltskosten des **steuerlichen** Widerspruchs-, Einspruchs- oder Beschwerdeverfahrens (nicht die des diesem vorausgehenden Verwaltungsverfahrens, insbesondere auch nicht die eines Aussetzungsverfahrens nach § 69 Abs. 3 FGO[47]) nach Übergang der Sache in das Finanzgerichtsverfahren, wenn das Gericht die Zuziehung eines Bevollmächtigten oder Beistands für das Vorverfahren für notwendig erklärt (§ 139 Abs. 3 S. 3 FGO). Die Ungleichbehand-

---

[42] OLG Hamburg AnwBl. 1963, 56.
[43] VG Oldenburg AnwBl. 1981, 248.
[44] S. zB OVG Lüneburg NJW 1974, 2022.
[45] *Hartmann* § 119 BRAGO Rn. 13.
[46] *Kapp* NJW 1974, 2219; FG Köln AnwBl. 1981, 207.
[47] FG Kiel AnwBl. 1985, 540.

lung mit dem isolierten Vorverfahren wird damit gerechtfertigt, dass es für die Entscheidung des Finanzgerichts nur noch auf die Rechtswidrigkeit des angefochtenen Verwaltungsakts ankommt.[48] Wie dem auch sei, das BVerfG hat diese Regelung für verfassungsgemäß erklärt.[49] Das Finanzgericht entscheidet in der Kostenentscheidung in seinem Urteil oder im Falle einer Erledigung des Rechtsstreits in der Hauptsache in seinem Kostenbeschluss (§ 138 FGO) auch über die Kosten des Vorverfahrens (§ 139 Abs. 1 FGO).

Die Anwendung des § 119 Abs. 1 BRAGO, der der Nr. 2400 entspricht, hatte den Finanzgerichten Schwierigkeiten bereitet. Sie waren in dem Irrtum begründet, die Vorschrift bewirke, dass die Anwaltskosten im Verwaltungsverfahren und im verwaltungsgerichtlichen Vorverfahren nur einmal entstehen können, es komme daher darauf an, in welchem Abschnitt der gebührenrechtlichen Angelegenheit die Gebühren (erstmals) entstanden sind.[50] Tatsächlich entstehen die Anwaltsgebühren im Verwaltungs- wie im Vorverfahren **unaufhörlich neu**, sobald der Gebührentatbestand verwirklicht wird (vgl. auch § 17 Nr. 1). § 15 Abs. 2 S. 1 besagt nur, dass der Rechtsanwalt die Gebühren in einer Angelegenheit nur einmal fordern darf. Da im finanzgerichtlichen Verfahren nur die Kosten des Vorverfahrens erstattbar sind, kommt es für deren Festsetzung nur darauf an, welche Gebühren und Auslagen dem Rechtsanwalt in diesem Verfahren entstanden sind. Ob sich unter Einbeziehung seiner Tätigkeit im Verwaltungsverfahren höhere Gebühren oder weitere Auslagen ergeben würden, ist im Kostenfestsetzungsverfahren des Finanzgerichts unbeachtlich.[51] Der Anwalt kann die Differenz zu seinen im Veranlagungs- und im Vorverfahren zusammen entstandenen Kosten gegen seinen Mandanten geltend machen, notfalls einklagen. 65

Eine entsprechende Regelung enthält § 162 Abs. 1 und 2 VwGO für die Kosten des **verwaltungsgerichtlichen Vorverfahrens**. Sie entspricht im Ergebnis der des § 80 Abs. 2 VwVfG, jedoch handelt es sich hier um einen prozessualen Kostenerstattungs-, im Falle eines erfolgreichen Widerspruchs um einen materiell-rechtlichen Kostenersatzanspruch.[52] 66

l) Ersatz von Gebühren für eine außergerichtliche Unfallschadensregulierung. aa) Berechnung nach dem RVG. Im Verhältnis zum Auftraggeber ist der Berechnung der Anwaltsgebühren der Wert der Ansprüche zugrunde zu legen, mit deren Durchsetzung der Anwalt von seinem Mandanten beauftragt war und deren Geltendmachung dieser im Zeitpunkt der Anwaltsbeauftragung nach Art und Höhe als vertretbar ansehen konnte (s. Rn. 47). Ersetzt der Schädiger dem Geschädigten – etwa wegen Mitverschuldens des Geschädigten bei der Entstehung des Schadens, § 254 BGB – nur einen Teil (eine Quote) des Schadens, dann auch nur eine entsprechende Quote des Unfallfolgeschadens „Anwaltskosten".[53] Das gilt auch für den Ersatz von Anwaltskosten, zu deren Ersatz ein Dritter dem Geschädigten – aus welchem Rechtsgrund auch immer – verpflichtet ist. Etwas anderes gilt nur im Verhältnis zwischen dem Anwalt des Geschädigten und dem Kfz-Haftpflichtversicherer des 67

---

48 FG Köln AnwBl. 1981, 207.
49 BVerfGE 35, 283 = BStBl. 1973 II S. 720.
50 BFH BStBl. 1970 II S. 326, s. dazu Kapp NJW 1974, 2219.
51 *Gerold/Schmidt/Madert* VV 2400–2403 Rn. 71; *Chemnitz* Anm. FG Karlsruhe AnwBl. 1980, 520.
52 BVerwGE 40, 312 = NJW 1973, 261.
53 LG Amberg AGS 1993, 58 (LS 2).

VV Teil 2

Schädigers als dem Dritten, der die Anwaltskosten nach den Empfehlungen des DAV und des HUK-Verbands[54] ersetzt.[55]

68 **bb) Berechnung in Stationierungsschadenssachen und Fiskussachen nach der Rechtsprechung des III. ZS des BGH.** In Stationierungsschadenssachen hat der III. ZS des BGH[56] aber davon abweichende Grundsätze entwickelt. Mit einer weiteren Entscheidung[57] hat er diese Rechtsprechung noch ausdrücklich auf Stationierungsschadenssachen beschränkt und hinzugefügt, nur so habe erreicht werden können, dass trotz eines Vergleichs über den Stationierungsschaden der Streit nur wegen der Höhe der Anwaltskosten nicht durch alle Instanzen – da es sich um Amtshaftungsansprüche handle, regelmäßig bis zum BGH – geführt werden könne. Diese Möglichkeit war dann offenbar ausschlaggebend, NJW 1970, 1122 unter ausdrücklicher Aufgabe von NJW 1964, 1523, die Rechtsprechung in Stationierungsschadenssachen auch auf andere Fiskussachen, ja auf „Schadensersatzansprüche allgemein und deren Regulierung im Verhältnis zwischen Geschädigtem und Schädiger" auszudehnen. Er hat hier allgemein entschieden, dass, wenn der Geschädigte gegen den Schadensersatzpflichtigen einen sachlich-rechtlichen Anspruch auf den Ersatz von Anwaltskosten hat, der Berechnung dieser Kosten die begründeten, nicht etwa die von dem – einsichtigen – Geschädigten für vertretbar gehaltenen Schadensbeträge zugrunde zu legen seien. Als begründet seien die Schadensbeträge anzusehen, die der Schadensersatzpflichtige in einem Vergleich oder außerhalb eines solchen als berechtigt anerkannt habe und mit deren Zahlung sich der Geschädigte begnüge.

69 Dieses Urteil ist im Schrifttum auf einhellige Ablehnung gestoßen.[58] *Fleischmann*[59] hat in einer Anmerkung zu der Entscheidung u. a. darauf hingewiesen, dass der Senat, um seine Konstruktion halten zu können, den Parteien Willenserklärungen unterstelle, von denen jeder Praktiker wisse, dass sie ihnen vollkommen fern lägen, eine Methode, derer sich der Senat auch schon in NJW 1963, 637 bedient hatte.[60]

70 **cc) Berechnung bei Ersatz durch Versicherungsgesellschaften nach der Rechtsprechung des VI. ZS des BGH.** Schon vor dieser Erstreckung der Rechtsprechung des III. ZS in Stationierungsschadenssachen auf alle Amtshaftungsfälle und darüber hinaus auf alle Schadensersatzfälle hatte der VI. ZS des BGH[61] die vom III. ZS bis dahin nur für Stationierungsschadenssachen entwickelten Grundsätze für den Ersatz von Anwaltskosten des Geschädigten weitgehend auf Fälle übernommen, in denen ein **Versicherer** dem von seinem Versicherungsnehmer Geschädigten dessen Anwaltskosten zu ersetzen hat. Danach braucht ein Versicherer diese Kosten nur nach einem Gegenstandswert zu ersetzen, dessen „objektive Berechtigung" er dadurch anerkannt hat, dass er ihn durch Zahlung „klaglos gestellt" hat.[62] Was im Falle einer Erledigung durch Vergleich zu gelten hat, blieb in dieser Entscheidung offen. Wurde ein Teil des Schadens außergerichtlich, ein weiterer gerichtlich reguliert, dann soll den

---

[54] S. 8. Aufl. § 118 BRAGO Rn. 93.
[55] *Chemnitz* AnwBl. 1991, 88.
[56] BGH NJW 1962, 637; 1963, 637 m. abl. Anm. *Chemnitz* NJW 1963, 1303; *Werthauer* LM BGB § 779 Nr. 18; *Kreft* LM BGB § 249 (Ha) Nr. 20 a.
[57] BGH NJW 1964, 1523.
[58] *Kubisch* NJW 1970, 1456; *Roidl* DAR 1970, 236.
[59] *Fleischmann* AnwBl. 1971, 321.
[60] *Chemnitz* NJW 1963, 1303. Zu BGH NJW 1970, 1122 s. auch *Chemnitz* AGS 1994, 15.
[61] BGH NJW 1968, 2334 = AnwBl. 1969, 15.
[62] AaO unter II 2 c.

vom Versicherer zu ersetzenden außergerichtlich entstandenen Anwaltsgebühren des Geschädigten der obige Wert, den im Gerichtsverfahren entstandenen der vom Gericht festgesetzte Wert zugrunde zu legen sein. Eine Anrechnung dieser Gebühren komme nicht in Betracht. Anwaltskosten durch die Geltendmachung von Schadensteilen, die weder von Versicherer außergerichtlich reguliert noch eingeklagt werden, verbleiben zu Lasten des Geschädigten. „Insoweit hat er sich sozusagen freiwillig in die Rolle dessen begeben, der vom Gericht mit seinen Ansprüchen abgewiesen worden ist und deshalb die hierauf entfallenden Anwaltskosten allein zu tragen hat."

dd) Empfehlungen des DAV und des HUK-Verbandes für einen pauschalen Ersatz bestimmter Anwaltsgebühren. In AnwBl. 1991, 150 ff. veröffentlichen *Gebhardt* und *Greißinger* Überlegungen, wie die Arbeitsabläufe bei der Kfz-Unfallschadensregulierung mit Kfz-Haftpflichtversicherern vereinfacht und dadurch beschleunigt und kostengünstiger gestaltet werden könnten. Diese Überlegungen enthielten in Nr. 7 auch eine Neufassung der bisherigen Vereinbarung des Deutschen Anwaltvereins mit dem HUK-Verband[63] über den **Ersatz der Anwaltskosten nach ausschließlich außergerichtlicher Kfz-Unfallschadensregulierung**. Sie waren das Ergebnis von Kommissionsverhandlungen beider Verbände, die zu entsprechenden Empfehlungen beider Verbände an ihre Mitglieder[64] und zu dem Angebot von Versicherern, danach verfahren zu wollen,[65] führten. 71

Diese **Versicherer** halten sich bei der Abrechnung solcher Unfallschadensregulierungen mit Mitgliedern des Deutschen Anwaltvereins an diese Abrechnungsgrundsätze **gebunden**, außer wenn der Sachschaden durch eine Zwischenfinanzierung erhöht wurde, ohne dass dem Versicherer zuvor Gelegenheit zur Zahlung gegeben war, wenn der Rechtsanwalt „Stapelvollmachten" bei einer Reparaturwerkstatt hinterlegt, sich an einem Unfallhelferring beteiligt[66] oder – sei es auch nur in einem Einzelfall – nicht an die Abrechnungsgrundsätze gehalten hat.[67] Denn die Pauschalbeträge beruhen auf einer Mischkalkulation, die nur aufgeht, wenn sie in allen Fällen angewandt werden. Der **Deutsche Anwaltverein kann** seinen Mitgliedern **nur empfehlen**, von dieser Abrechnungsmöglichkeit Gebrauch zu machen, sie aber nicht dazu verpflichten. 72

ee) Ersatz von Anwaltskosten der Kaskoschadensregulierung. Wenn ein Geschädigter zunächst seinen **Kaskoversicherer** auf Ersatz seines Fahrzeugschadens in Anspruch nimmt und lediglich den Restschaden gegen den Kfz-Haftpflichtversicherer des Schädigers geltend macht, entstehen dem damit beauftragten Anwalt zunächst Gebühren nach Nr. 2400 nach dem Wert des geltend gemachten Kaskoschadens. Diese Anwaltskosten hat der Kaskoversicherer nach den §§ 12, 13 AKB nicht zu ersetzen. Sie sind aber adäquat verursachter Unfallfolgeschaden und als solcher vom Kfz-Haftpflichtversicherer des Schädigers zu ersetzen. Die Rechtsprechung, nach der solche Kosten nur bei Verzug des Kaskoversicherers zu ersetzen sind,[68] betrifft den Schadensersatzanspruch gegen den Kaskoversicherer. Ohne einen solchen besonderen Haftungsgrund für den Kaskoversicherer sind diese Kosten beim Kfz-Haftpflichtversicherer des Schädigers als weiterer Schadensposten geltend zu machen.[69] 73

---

63 Bekannt gemacht in AnwBl. 1981, 389.
64 AnwBl. 1991, 480.
65 S. AnwBl. 1992, 443, ergänzt um einen Buchst. b AnwBl. 1993, 474 m. Erl. *Greißinger*.
66 BRAK AnwBl. 1971, 133.
67 Nr. 7 Buchst. g der Abrechnungsgrundsätze.
68 Vgl. AG Bergheim ZfS 1987, 76.
69 AG Saarbrücken AnwBl. 1982, 38; OLG Hamm ZfS 1983, 12 = AnwBl. 1983, 141; LG Karlsruhe AnwBl. 1983, 336; OLG Karlsruhe NZV 1989, 231; *Chemnitz* AnwBl. 1983, 440.

VV Teil 2 *Vergütungsverzeichnis*

74 Werden der Kfz-Unfallschaden nach Nr. 7 der Abrechnungsgrundsätze[70] und der Kaskoschaden von demselben Rechtsanwalt außergerichtlich reguliert, dann bestimmt Nr. 7 Buchst. b: „Wird der Rechtsanwalt in einem Haftpflichtschadensfall auch mit der Abwicklung des Kaskoschadens beauftragt, dann wird der Erledigungswert angesetzt, der ohne Inanspruchnahme der Kaskoversicherung in Ansatz käme." Das ist so zu verstehen, dass als Erledigungswert der Betrag dem jeweiligen Pauschbetrag zugrunde gelegt wird, den der Kfz-Haftpflichtversicherer insgesamt zu zahlen gehabt hätte, wenn er auch den durch die Kaskoversicherung gedeckten Schaden zu ersetzen gehabt hätte.

75 **2. Gebühr für das weitere Verwaltungsverfahren (Nr. 2401). a) Allgemeines.** Für das weitere Verwaltungsverfahren, das einem gerichtlichen Verfahren vorausgeht, erhält der Rechtsanwalt nur eine Geschäftsgebühr mit dem niedrigeren Rahmen von 0,5 bis 1,3, falls er bereits in diesem Verfahren tätig geworden ist. Ist der Rechtsanwalt nicht im Verwaltungsverfahren tätig geworden, bleibt es bei dem Gebührenrahmen nach Nr. 2400. Nach § 17 Nr. 1 bilden das Verwaltungsverfahren und das einem gerichtlichen Verfahren vorausgehende und der Nachprüfung des Verwaltungsaktes dienende weitere Verwaltungsverfahren **verschiedene Angelegenheiten**. Der Gesetzgeber wollte jedoch berücksichtigen,[71] dass die Tätigkeit im vorausgehenden Verwaltungsverfahren die Tätigkeit im weiteren Verwaltungsverfahren erleichtert. Deshalb entsteht die Geschäftsgebühr für das weitere Verfahren nur in Höhe von 0,5 bis 1,3.

76 **b) Anmerkungen.** Nach Nr. 2401 **Abs. 1** ist bei der Bemessung der Gebühr nicht zu berücksichtigen, dass der Umfang der Tätigkeit infolge der Tätigkeit im Verwaltungsverfahren geringer ist. Durch diese Anmerkung sollte klargestellt werden, dass der durch die vorangegangene Tätigkeit ersparte Aufwand ausschließlich durch die Anwendung des geringeren Rahmens und nicht mehr bei der Bemessung der konkreten Gebühr berücksichtigt werden soll.[72]

77 Zur **Regelgebühr** von 0,7 nach Nr. 2401 **Abs. 2** sowie den Voraussetzungen für deren Überschreiten bei überdurchschnittlichem Umfang und Schwierigkeit s. Rn. 39.

78 Zur Anrechnung der Geschäftsgebühr auf eine später entstandene Verfahrensgebühr s. Vorbem. 3 Abs. 4 VV; Teil 3 Vorbem. 3 Rn. 62 ff.

79 **3. Schreiben einfacher Art (Nr. 2402). a) Allgemeines.** Wenn der Rechtsanwalt mit einem Schreiben einfacher Art beauftragt ist, entsteht eine Gebühr in Höhe von 0,3. Zur Abgrenzung von der Gebühr Nr. 2400 kommt es nach dem Willen des Gesetzgebers[73] allein auf den **Inhalt des erteilten Auftrages** und nicht auf die tatsächlich ausgeführte Tätigkeit an, so dass die Regelung nicht gilt, wenn auftragsgemäß einem einfachen Schreiben umfangreiche Prüfungen oder Überlegungen vorausgegangen sind. Das entspricht der Rechtsprechung des BGH zu dem früheren § 120 BRAGO, der wiederum dem Gebührentatbestand Nr. 2402 entspricht.[74] Das Gebührenvolumen wurde gegenüber der bisher geltenden Regelung um 0,1 angehoben, weil in der Systematik des RVG kein niedrigerer Gebührensatz als 0,3 vorgesehen ist.

---

[70] AnwBl. 1993, 474.
[71] BT-Drucks. 15/1971 S. 207 zu Nr. 2401.
[72] So wörtlich BT-Drucks. 15/1971 S. 207 zu Nr. 2401.
[73] BT-Drucks. 15/1971 S. 207 zu Nr. 2402.
[74] BGH NJW 1983, 2451.

Außergerichtliche Tätigkeiten **VV Teil 2**

b) Einzelgebühr. Die Vorschrift gewährt in den Angelegenheiten, die zu Teil 2 Abschnitt 4 VV gehören, nur geringere Gebühren, wenn sich die Tätigkeit des Rechtsanwalts auf einfache Schreiben beschränkt. Darin kommt zum Ausdruck, dass es sich in Nr. 2402 um Einzelgebühren handelt, die auf einen Rechtsanwalt zutreffen, der nach dem Inhalt seines Auftrags allein die Schreiben zu fertigen hat. Für den mit der Führung der ganzen Angelegenheit beauftragten Rechtsanwalt ist Nr. 2402 auch dann **nicht anzuwenden**, wenn der Rechtsanwalt nur einfache Schreiben fertigt (vgl. § 1 Rn. 56), weil er die Gesamtangelegenheit zu bearbeiten hat und damit die Gebühr der Nr. 2400 (möglicherweise an der unteren Grenze des Rahmens) verdient.[75]

80

c) Gebührentatbestand. Die Gebühr der Nr. 2402 wird zwar bereits durch ein Schreiben begründet; mit der Gebühr werden aber auch mehrere Schreiben abgegolten.[76] Nach der Anmerkung zu Nr. 2402 handelt es sich um ein Schreiben einfacher Art, wenn dieses weder schwierige rechtliche Ausführungen noch größere sachliche Auseinandersetzungen erfordert. Erforderlich ist, dass das oder eines der Schreiben auftragsgemäß rechtliche Ausführungen oder sachliche Auseinandersetzungen enthält. Erfordert die Ausführung des Auftrags schwierige rechtliche Ausführungen oder umfangreiche sachliche Auseinandersetzungen, so greift Nr. 2400 ein. Erfordert sie keinerlei derartige Ausführungen oder Auseinandersetzungen, so gilt Nr. 2402. Darin zeigt sich, dass an die Qualität der Schreiben **keine hohen Anforderungen** gestellt werden dürfen. Es genügt, dass sie mehr bieten, als die Anmerkung zu Nr. 2402 erfordert. Wegen der Mahnschreiben vgl. Rn. 45.

81

4. Geschäftsgebühr für bestimmte Verfahren (Nr. 2403). a) Allgemeines.[77] Die Regelung entspricht der Vorschrift des § 65 Abs. 1 BRAGO, die Gebühr ist jedoch von $^{10}/_{10}$ auf 1,5 angehoben worden. Diese Gebühr wird jedoch abweichend von der bisher geltenden Regelung zur Hälfte auf die Verfahrensgebühr eines nachfolgenden Rechtsstreits angerechnet (Vorbem. 3 Abs. 4). Damit soll die Regelung einem der wesentlichen Ziele des Entwurfs, die außergerichtliche Streiterledigung zu fördern, Rechnung tragen.[78] Dies gilt auch für die obligatorischen Güteverfahren nach § 15 a EGZPO i.V.m. den Landesschlichtungsgesetzen. Die bisher geltende Regelung sah in diesen Verfahren eine vollständige Anrechnung vor (§ 65 Abs. 1 S. 2 BRAGO). Der Gesetzgeber strebte mit der Einführung des obligatorischen Schlichtungsverfahren durch das Gesetz zur Förderung der außergerichtlichen Streiterledigung vom 15. 12. 1999 (BGBl. I S. 2400) die Entlastung der Justiz und darüber hinaus die raschere und kostengünstigere Bereinigung solcher Konflikte an. Die Erfahrung zeigt, dass in denjenigen Fällen, die der obligatorischen Streitschlichtung unterliegen, ein besonderer Einsatz und Aufwand des Anwalts erforderlich ist, um die Streitparteien zu einer gütlichen Einigung zu veranlassen. Bei den betroffenen Angelegenheiten sind die Streitwerte in der Regel so gering, dass nahezu jedes dieser Verfahren für den Anwalt

82

---

[75] *Gerold/Schmidt/Madert* VV 2400–2403 Rn. 105; *Schumann/Geißinger* § 120 BRAGO Rn. 2; *Tschischgale* JurBüro 1967, 773; BGH AnwBl. 1983, 512 = NJW 1983, 2451; LG Berlin Rpfleger 1981, 369; AG Bruchsal AnwBl. 1974, 58; aA OLG Frankfurt JurBüro 1982, 1531, OLG Koblenz JurBüro 1978, 549 m. abl. Anm. *Mümmler, Hartmann* § 120 BRAGO Rn. 1, die in § 120 BRAGO eine Beschränkung des § 118 BRAGO sehen, wobei es dann nur noch darauf ankäme, was der Anwalt unabhängig vom Auftrag tatsächlich getan hat. Die ergänzenden Vorschriften des § 15 Abs. 5 und 6 sind zu beachten.
[76] OLG München VersR 1974, 180 zu § 120 BRAGO.
[77] Im Wortlaut wiedergegeben aus BT-Drucks. 15/1971 S. 207 zu Nr. 2403.
[78] BT-Drucks. 15/1971 S. 207 zu Nr. 2403.

nicht zu kostendeckenden Gebühren führt. Eine vollständige Anrechnung ist daher sachlich nicht gerechtfertigt. Wegen der geringen Streitwerte wird der Anwalt im Schlichtungsverfahren ohnehin besonders engagiert sein, um ein gerichtliches Verfahren mit Beweisaufnahmen und umfangreichem Schriftverkehr zu vermeiden.[79]

83 Nr. 2403 regelt die Gebühren des Rechtsanwalts in Verfahren vor **außergerichtlichen Gütestellen** und dergleichen. Aus der Stellung der Vorschrift in Teil 2 ergibt sich, dass das Güteverfahren (Sühneverhandlung) die Beilegung von Streitigkeiten des bürgerlichen Rechts zum Ziel haben muss. Der – unter Umständen vor derselben Gütestelle abzuhaltende – Sühneversuch nach § 380 StPO fällt nicht unter Nr. 2403 (vgl. Nr. 4102 Nr. 5).

84 **b) Gebühr.** Der Rechtsanwalt erhält für die Tätigkeit im Güteverfahren eine pauschale Geschäftsgebühr mit einem Gebührensatz von **1,5**, die jedoch auf die Verfahrensgebühr eines anschließenden Rechtsstreits zur Hälfte, höchstens jedoch mit einem Gebührensatz von 0,75, **angerechnet** wird. Soweit wegen desselben Gegenstandes eine Geschäftsgebühr nach Nr. 2400 entstanden ist, wird nach der Anm. zu Nr. 2403 die Hälfte dieser Gebühr nach dem Wert des Gegenstandes, der in das Verfahren übergegangen ist, jedoch ebenfalls höchstens mit einem Gebührensatz von 0,75, auf die Geschäftsgebühr nach Nr. 2403 angerechnet.

85 Die Güteverfahren sind in der Regel nicht obligatorisch (Ausnahmen: die obligatorischen Güteverfahren nach Landesrecht – Rn. 87 –, die Verfahren vor dem Innungsausschuss – Rn. 88 –, vor der Schiedsstelle beim Patentamt und vor der gemäß § 14 Nr. 3 a PflVG bei der Verkehrsopferhilfe errichteten Schiedsstelle – Rn. 90).

86 **c) Geltungsbereich. aa) Sachlich.** Nr. 2403 betrifft
– nach Nr. 1 die Güteverfahren vor Gütestellen der in § 794 Abs. 1 Nr. 1 ZPO bezeichneten Art; das sind zB die Verfahren vor der je in Hamburg und Lübeck eingerichteten öffentlichen Rechtsauskunfts- und Vergleichsstelle;[80]

87 – die obligatorischen Güteverfahren nach § 15 a Abs. 1 EGZPO i.V.m. den Landesschlichtungsgesetzen; ferner die Verfahren vor einer Gütestelle nach § 15 a Abs. 3 EGZPO, die Streitbeilegung betreibt, wenn die Parteien den Einigungsversuch einvernehmlich unternehmen; das sind ebenfalls Gütestellen, die von der Landesjustizverwaltung eingerichtet worden oder anerkannt sind;

88 – nach Nr. 2 die Verfahren vor den Ausschüssen der Handwerksinnungen zur Beilegung von Streitigkeiten iS von § 2 Abs. 1 Nr. 2, 3 ArbGG zwischen Innungsmitgliedern und ihren Lehrlingen (§ 111 Abs. 2 ArbGG);

89 – nach Nr. 3 die Verfahren vor den Seemannsämtern zur gütlichen Beilegung und vorläufigen Entscheidung von Streitigkeiten zwischen Kapitän und Schiffsmann;[81]

90 – Verfahren vor sonstigen gesetzlich eingerichteten Einigungsstellen, Gütestellen oder Schiedsstellen; zB:
• Sühneverhandlungen in bürgerlichen Rechtsstreitigkeiten vor den aufgrund Landesrechts bestellten Schiedsmännern;[82]

---

[79] BT-Drucks. 15/1971 S. 207 zu Nr. 2403.
[80] Hamb. VO vom 4. 2. 1946 (GVBl. S. 13); AV JM SchlH vom 4. 8. 1949/17. 12. 1952 (SchlHA 1949 S. 276/1953 S. 9); vgl. *Schumacher* BB 1956, 1119. Für München, Regensburg, Traunstein, Würzburg vgl. Bek. vom 31. 7. 1984 (BayJMBl. S. 146). Für zahlreiche weitere eingerichtete Gütestellen s. *Musielak/Lackmann* § 794 ZPO Rn. 26.
[81] § 69 Seemannsgesetz vom 26. 7. 1957 (BGBl. II S. 713); § 111 Abs. 1 S. 2 ArbGG.
[82] Vgl. §§ 12 ff. preuß. Schiedsmannsordnung.

Außergerichtliche Tätigkeiten **VV Teil 2**

- Verfahren vor den bei Industrie- und Handelskammern errichteten Einigungsstellen (§ 15 UWG) zur Beilegung von Wettbewerbsstreitigkeiten;
- Verfahren vor der bei dem Patentamt errichteten Schiedsstelle zur Beilegung von Streitfällen zwischen Arbeitgeber und Arbeitnehmer nach §§ 28 ff. des Gesetzes über Arbeitnehmererfindungen vom 25. 7. 1957 (BGBl. I S. 756); das Verfahren ist regelmäßig obligatorisch;
- Verfahren vor den Schiedsstellen gemäß § 14 des Gesetzes über die Wahrnehmung von Urheberrechten und verwandten Schutzrechten (Urheberrechtswahrnehmungsgesetz);
- Verfahren vor der gemäß § 14 Nr. 3 a PflVG bei der Verkehrsopferhilfe errichteten Schiedsstelle für Ansprüche gegen den Entschädigungsfonds (§ 12 PflVG); das Verfahren ist nach § 9 der VO vom 14. 12. 1965 (BGBl. I S. 2093) obligatorisch;
- Verfahren vor der Einigungsstelle gemäß § 76 BetrVG.

bb) Persönlich. Nr. 2403 gilt sowohl für den mit der Vertretung im ganzen Verfahren beauftragten Rechtsanwalt als auch für einen Rechtsanwalt, der nur mit einzelnen Handlungen beauftragt ist. Die Verfahrensgebühr oder Einigungsgebühr erhält daher auch ein Rechtsanwalt, der als Beistand neben der Partei auftritt,[83] der nach Art eines Verkehrsanwalts (Nr. 3400) den Verkehr der Partei mit dem Verfahrensbevollmächtigten führt oder der von einem (auswärtigen) Verfahrensbevollmächtigten mit der Wahrnehmung des Gütetermins beauftragt ist.[84] **91**

d) Kostenerstattung. Die Gebühren des Rechtsanwalts für die Vertretung in einem Güteverfahren sind im Allgemeinen **nicht** zu erstatten. Für die Verfahren vor den Gütestellen der in § 794 Abs. 1 Nr. 1 ZPO bezeichneten Art ergibt sich dies aus § 91 Abs. 3 ZPO, der nur die (behördlichen) Gebühren für erstattbar erklärt, nicht aber die sonstigen durch ein derartiges Verfahren entstandenen Kosten.[85] Für die sonstigen Fälle folgt dies aus § 91 Abs. 1 S. 1 ZPO, da ein nicht obligatorisches Güteverfahren zur zweckentsprechenden Rechtsverfolgung **nicht notwendig** ist.[86] Das gilt jedoch nicht für das obligatorische Verfahren vor der Schiedsstelle bei der Verkehrsopferhilfe. **92**

Im Verfahren vor der **Einigungsstelle** nach § 76 BetrVG ist der **Betriebsrat** berechtigt, sich von einem Anwalt vertreten zu lassen; der Arbeitgeber hat nach § 40 Abs. 1 BetrVG die dem Anwalt für die Vertretung zustehenden Kosten zu tragen, wenn die Hinzuziehung erforderlich ist.[87] **93**

E. Abschnitt 5. Bestimmte sozialrechtliche Angelegenheiten

I. Vorbem. 2.5

Die Vorbem. 2.5 wiederholt Vorbem. 2.4 Abs. 1 und verweist auf Vorbem. 2.4 Abs. 3, so dass auch hier auf die dortigen Erläuterungen (vgl. Rn. 24 ff.) verwiesen werden kann. **94**

---

[83] Vgl. § 19 preuß. Schiedsmannsordnung.
[84] *Gerold/Schmidt/Madert* VV 2400–2403 Rn. 137; *Hartmann* § 65 BRAGO Rn. 9, 10.
[85] *Stein/Jonas/Bork* § 91 ZPO Rn. 43.
[86] OLG München MDR 1999, 381; *Gerold/Schmidt/Madert* VV 2400–2403 Rn. 140; *Hansen* § 65 BRAGO Rn. 7.
[87] BAG AnwBl. 1982, 203.

II. Gebührentatbestände

95 **1. Nr. 2500.** Neu im RVG ist die Regelung in Nr. 2500, nach der sich bei bestimmten sozialrechtlichen Angelegenheiten die Höhe der Geschäftsgebühr nach einem Betragsrahmen richtet. Mit dieser Vorschrift soll die Abgrenzung zwischen Verfahren vor den Gerichten der Sozialgerichtsbarkeit, in denen der Rechtsanwalt Wertgebühren erhält, und den Verfahren, in denen er Betragsrahmengebühren erhält, vereinfacht werden.[88] Die gebührenmäßige Behandlung des sozialrechtlichen Verwaltungsverfahrens ist vom Bundesgerichtshof und vom Bundessozialgericht dahin gehend entschieden worden, dass in Angelegenheiten, in denen für das gerichtliche Verfahren Betragsrahmengebühren vorgesehen sind, insoweit ebenfalls eine Rahmengebühr anfällt.[89] Teil 2 Abschnitt 5 überträgt die für gerichtliche Verfahren vorgesehene Abgrenzung zwischen Verfahren, in denen nach Wertgebühren abgerechnet werden soll, und solchen, in denen Betragsrahmengebühren anfallen, auf das Verwaltungsverfahren, um den bisher bestehenden Streit[90] über die Höhe der Rahmengebühren zu beseitigen.

96 **2. Nr. 2501.** Nach dem Gebührentatbestand Nr. 2501 erwächst dem Rechtsanwalt für das weitere Verwaltungsverfahren, das einem gerichtlichen Verfahren vorausgeht, eine Geschäftsgebühr mit einem niedrigeren Rahmen für den Fall, dass der Rechtsanwalt bereits im Verwaltungsverfahren tätig geworden ist. Bei dem Verwaltungsverfahren und dem einem gerichtlichen Verfahren vorausgehenden und der Nachprüfung des Verwaltungsaktes dienenden weiteren Verwaltungsverfahren handelt es sich gemäß § 17 Nr. 1 jetzt um verschiedene Angelegenheiten. Der Gesetzgeber wollte jedoch berücksichtigen,[91] dass die Tätigkeit im Verwaltungsverfahren die Tätigkeit im weiteren Verwaltungsverfahren erleichtert. Aus diesem Grund entsteht nur eine Geschäftsgebühr für das weitere Verfahren in Höhe von 40 bis 260 Euro.

97 **3. Anm. zu Nr. 2501.** Durch die Anmerkungen zu Nr. 2501 wird klargestellt, dass der durch die vorangegangene Tätigkeit ersparte Aufwand nach dem Willen des Gesetzgebers[92] ausschließlich durch die Anwendung des geringeren Rahmens und nicht mehr bei der Bemessung der konkreten Gebühr berücksichtigt werden soll.

F. Abschnitt 6. Beratungshilfe

I. Beratungshilfegebühr (Nr. 2600)

98 **1. Allgemeines.** Die Vorschrift entspricht § 8 Abs. 1 BerHG, der durch Art. 4 Abs. 19 Nr. 1 KostRMoG aufgehoben worden ist. Danach kann der Rechtsanwalt von dem Beratungshilfesuchenden eine Gebühr in Höhe von 10 Euro verlangen. Diese Gebühr ist die einzige Gebühr, die der Rechtsanwalt für eine allgemeine Beratung im Rahmen der Beratungshilfe **von seinem Mandanten verlangen** kann. Daneben können dem Rechtsanwalt im Rahmen der Beratungshilfe gegebenenfalls weitere Gebühren oder Auslagen entstehen, die dann von der Staatskasse zu erstatten sind.

---

[88] Im Wortlaut BT-Drucks. 15/1971 S. 208 zu Nr. 2500 und S. 187 zu § 3.
[89] Vgl. *Gerold/Schmidt/Madert* § 116 BRAGO Rn. 12; 8. Aufl. § 116 BRAGO Rn. 8.
[90] Vgl. 8. Aufl. § 116 BRAGO Rn. 6.
[91] Vgl. BT-Drucks. 15/1971 S. 208 zu Nr. 2501.
[92] BT-Drucks. 15/1971 S. 208 zu Nr. 2501.

Außergerichtliche Tätigkeiten VV Teil 2

2. Anm. zu Nr. 2600. Satz 1 der Anm. zu Nr. 2600 stellt klar, dass neben der Beratungshilfegebühr keine Auslagen von dem Mandanten erhoben werden dürfen. Nach Satz 2 der Anmerkung kann die Beratungshilfegebühr dem Mandanten erlassen werden. Der Gebührenerlass ist ohne nähere Prüfung der Bedürftigkeit zulässig.[93]   99

II. Beratungsgebühr (Nr. 2601)

1. Allgemeines. Der Inhalt der Nr. 2601 geht auf die Bestimmung in § 132 Abs. 1 BRAGO zurück. Um die Gebührenhöhe an die wirtschaftliche Entwicklung anzugleichen,[94] wurde der Betrag auf 30 Euro gegenüber früher 23 Euro erhöht.   100

Entgegen dem Wortlaut der Bezeichnung als „Gebühr" regelt diese Vorschrift weder einen Anspruch der öffentlichen Hand auf ein öffentlich-rechtliches Entgelt des Pflichtigen für deren besondere Inanspruchnahme, noch betrifft sie das in § 1 Abs. 1 gleichfalls als „Gebühren" bezeichnete rechtsgeschäftliche Entgelt des Rechtsanwalts gegen seinen Mandanten, sondern ausschließlich den öffentlich-rechtlichen **Entschädigungsanspruch** des in Beratungshilfe in Anspruch genommenen Rechtsanwalts gegen die Landeskasse. Dieser Entschädigungsanspruch, der als Aufopferungsanspruch auf eine „billige Entschädigung in Geld" geht, ist in dieser Vorschrift der Höhe nach normiert und zugleich pauschaliert. Da dem in Beratungshilfe tätig werdenden Rechtsanwalt – abgesehen von der 10 Euro Schutzgebühr der Nr. 2600 – kein Vergütungsanspruch gegen den Rechtsuchenden zusteht, tritt in diesen Fällen der öffentlich-rechtliche Entschädigungsanspruch gegen die Landeskasse **an die Stelle des** anderenfalls nach dem gleichen Tatbestand dem Anwalt gegen seinen Mandanten entstehenden **Vergütungsanspruchs**.   101

Die Schwierigkeit liegt bei § 9 BerHG i.V.m. § 58 RVG. § 9 BerHG bemisst in Satz 1 kraft Gesetzes den **Kostenersatzanspruch**, der einem Rechtsuchenden, der Beratungshilfe in Anspruch genommen hat, im Zusammenhang mit der Rechtsfrage, wegen der ihm Beratungshilfe bewilligt war, zusteht, kraft Gesetzes in Höhe der gesetzlichen Vergütung für die Tätigkeit des Rechtsanwalts (womit hier die Gebühren und Auslagen des Rechtsanwalts iS des § 1 Abs. 1 gemeint sind) und bestimmt in Satz 2, dass dieser Anspruch kraft Gesetzes **auf den Rechtsanwalt übergeht**, der Übergang aber nicht zum Nachteil des Rechtsuchenden geltend gemacht werden kann (Satz 3).[95]   102

§ 58 Abs. 1 bestimmt in Ergänzung dazu, dass Zahlungen, die der Rechtsanwalt aufgrund des auf ihn übergegangenen Anspruches erhält, **auf die Entschädigung** aus der Landeskasse **angerechnet** werden. Diese Regelung war früher im – inzwischen aufgehobenen – Satz 4 des § 9 BerHG enthalten.   103

Die **praktische Bedeutung** ist **gering**, da selten alle Voraussetzungen für eine solche Anrechnung zusammentreffen. Schon die erste Voraussetzung, dass dem Rechtsuchenden ein Anspruch auf Kostenersatz gegen einen Gegner aus dem Rechtsverhältnis zusteht, wegen dessen ihm Beratungshilfe bewilligt worden ist, ist keineswegs der Regelfall. Ist aber ein solcher Kostenersatzanspruch gegeben und auf den Rechtsanwalt übergegangen, dann muss hinzukommen, dass der Kostenschuldner zahlungsfähig ist. Denn nur **Zahlungen**, die der Rechtsanwalt von dem Kostenschuldner er-   104

---

[93] Vgl. *Hartung/Römermann* Rn. 86 f.
[94] Vgl. BT-Drucks. 15/1971 S. 208 zu Nr. 2601.
[95] Das BerHG ist auszugsweise im Anhang abgedruckt.

hält, werden auf seinen Entschädigungsanspruch angerechnet, nicht schon die auf ihn übergegangene Kostenforderung. Hatte der Rechtsuchende gegen den Kostenschuldner gleichfalls eine Forderung und kann dieser nicht diese Schuld und außerdem die dem Rechtsanwalt geschuldeten Kosten zahlen, dann geht die Forderung des Rechtsuchenden entgegen § 367 Abs. 1 BGB der Kostenforderung des Rechtsanwalts vor (§ 9 S. 3 BerHG).[96] Auch in diesen Fällen kommt es zu einer Anrechnung nach § 58 Abs. 1.

105 In den Fällen, in denen der Rechtsuchende einen Zahlungs- und Kostenersatzanspruch gegen einen solventen Gegner hat, wird der Rechtsanwalt ihm regelmäßig zur Beantragung von Prozesskostenhilfe statt Beratungshilfe raten. Leistet ein Rechtsanwalt aber zunächst Beratungshilfe und wird er dann im Rahmen der Bewilligung von Prozesskostenhilfe als Rechtsanwalt beigeordnet, dann ist die gemäß Nr. 2603 verdiente Entschädigung nach Nr. 2603 Abs. 2 zur Hälfte auf seinen Entschädigungsanspruch nach den §§ 45 ff. **anzurechnen**.[97] Zur Frage, ob Beratungshilfe bewilligt werden kann, wenn über den Beratungsstoff ein gerichtliches Verfahren anhängig ist, s. AG Montabaur.[98]

106 Die Voraussetzungen für die Entschädigungsforderung des Rechtsanwalts gegen die Staatskasse sind **glaubhaft zu machen**. Dazu reicht die eidesstattliche Versicherung des Vorliegens des schlüssig dargelegten Gebührentatbestandes der Nr. 2601 durch den antragstellenden Rechtsanwalt aus.[99] Die Vorlage von Urkunden (Schriftwechsel, Vergleich) kann von ihm nicht verlangt werden.[100]

107 **2. Entschädigung des Rechtsanwalts für eine Beratung.** Der Rechtsanwalt erhält für einen mündlichen oder schriftlichen **Rat** oder eine **Auskunft** eine Entschädigung von 30 Euro, sofern der Rat oder die Auskunft nicht mit einer anderen „gebührenpflichtigen Tätigkeit zusammenhängen" (Nr. 2601 Abs. 1). Der Gesetzgeber hat hier dieselbe Tatbestandsbeschreibung verwendet wie in Nr. 2100 Abs. 1 für die Ratsgebühr. Das zwingt zu dem Schluss, dass dieser Entschädigungsanspruch dem Rechtsanwalt schon unter den materiell-rechtlichen Voraussetzungen eines Gebührenanspruchs nach Nr. 2100 Abs. 1 entsteht. Die Ansicht von *Mümmler*,[101] *Schoreit/Dehn*,[102] *Gerold/Schmidt/Madert*,[103] nach denen sich der Rat nicht nur auf nebensächliche Punkte beziehen darf, sondern für die Beurteilung und Art und Weise ihrer Behandlung von Bedeutung sein muss, ist abzulehnen, zumal daraus eine Verpflichtung des Anwalts zu anwaltlicher Tätigkeit folgen würde, für die er keine Entschädigung erhält. So erfüllt zB die Auskunft eines Rechtsanwalts über das Aktenzeichen eines Strafverfahrens den Gebührentatbestand der Nr. 2100 Abs. 1[104] und würde daher im Rahmen der Beratungshilfe einen Entschädigungsanspruch nach Nr. 2601 auslösen. Das gilt[105] auch für sofortige (einfache) Auskünfte, zu deren Erteilung gemäß § 3

---

96 *Klinge* § 9 BerHG Rn. 2; *Schoreit/Dehn* BerHG/PKHG § 9 BerHG Rn. 5.
97 Vgl. LG Berlin AnwBl. 1983, 478 zu § 132 BRAGO.
98 AG Montabaur AnwBl. 1983, 476 m. abl. Anm. *Klinge*; AG Kiel AnwBl. 1986, 46.
99 Vgl. LG Berlin BRAK-Mitt. 1996, 266: anwaltliche Versicherung ist ausreichend.
100 AG Mannheim AnwBl. 1983, 239 m. zust. Anm. *Haß*; LG Bad Kreuznach AnwBl. 1996, 591: Die Vorlage einer Kopie des gefertigten Schreibens oder der Handakte kann nur dann verlangt werden, wenn sich Zweifel an der Erfüllung des Gebührentatbestandes ergeben.
101 *Mümmler* JurBüro 1980, 1601, 1606.
102 *Schoreit/Dehn* BerHG/PKHG § 10 BerHG Rn. 11.
103 *Gerold/Schmidt/Madert* VV 2100–2103 Rn. 2, aA bei VV 2600–2608 Rn. 69, 70.
104 Vgl. zu § 20 BRAGO AG Saarbrücken AnwBl. 1978, 192.
105 AA *Schoreit/Dehn* BerHG/PKHG § 10 BerHG Rn. 11.

Außergerichtliche Tätigkeiten VV Teil 2

Abs. 2 BerHG auch der Rechtspfleger befugt ist. Auf den **Geschäftswert** des erteilten Rats oder der Auskunft kommt es hier – im Gegensatz zu den Rahmengebühren der Nr. 2100 – nicht an. Erforderlich ist aber, dass es sich um **Anwaltstätigkeit** gehandelt hat; so ist zB die Vermittlung eines Bankkredits keine Anwaltstätigkeit.[106]

Nach dem Wortlaut der Vorschrift muss es sich um eine **Beratung** gehandelt haben. **108** Diese umfasst nach Nr. 2100 Abs. 1 einen mündlichen oder schriftlichen Rat oder eine Auskunft. Diese Worte sind hier **nicht als bestimmte Zahlworte zu verstehen**. Vielmehr kommt es auf die **Angelegenheit** an, für die dem Rechtsuchenden Beratungshilfe bewilligt worden ist. Im Rahmen dieser Angelegenheit können mehrere Ratschläge oder Auskünfte erteilt werden, der Rechtsanwalt erhält trotzdem die Entschädigung nach Nr. 2601 nur einmal, auf den Umfang seiner Tätigkeit kommt es hier nicht an. Andererseits handelt es sich um **mehrere Angelegenheiten**, wenn **mehreren Asylbewerbern** in einem Berechtigungsschein Beratungshilfe bewilligt wird, mögen diese auch **derselben Familie** angehören; der Rechtsanwalt erhält dann die Entschädigung aus der Landeskasse so oft, wie er von beratungshilfeberechtigten Personen in Anspruch genommen und für diese tätig geworden ist.[107] Aus der Tatsache, dass mehrere Auftraggeber vorhanden sind, lässt sich nicht zugleich schließen, dass auch verschiedene Angelegenheiten vorliegen; geht man davon aus, dass nur eine Angelegenheit vorliegt, stellt sich die weitere Frage, ob eine Erhöhung der Beratungsgebühr in entsprechender Anwendung der Nr. 1008 auch bei Verschiedenheit der Gegenstände in Betracht kommt.[108] Die Beratung und Vertretung einer Ehefrau und ihrer Kinder wegen ihrer **Unterhaltsansprüche** gegen den Ehemann und Vater sind so viele Angelegenheiten, wie sich aus den dem Anwalt erteilten Aufträgen und seiner Behandlung der Sachen ergibt.[109] Ebenso handelt es sich um mehrere Angelegenheiten, wenn eine Berechtigte mehrmals in der Kanzlei erscheint, um sich über jeweils andere Probleme beraten zu lassen, mögen diese auch einem einheitlichen Lebensverhältnis (hier dem Getrenntleben der Eheleute) entspringen.[110] Desgleichen sind **Scheidungssache** und die einzelnen **Scheidungsfolgesachen** selbständige Angelegenheiten.[111] Dagegen handelt es sich bei der Beratung von Eheleuten in deren **Mietsache** um nur eine Angelegenheit, die aber gemäß Nr. 1008 eine um 30 % erhöhte Entschädigung nach Nr. 2601 auslöst.[112]

Nach dem einschränkenden Nebensatz der Nr. 2601 **Abs. 1** (und ebenso der **109** Nr. 2100 Abs. 1), wonach der Rat oder die Auskunft nicht mit einer anderen gebührenpflichtigen Tätigkeit zusammenhängen dürfen, **entfällt der Entschädigungsanspruch** des Rechtsanwalts **aus Nr. 2601** gegen die Landeskasse, wenn ihm ein **Entschädigungsanspruch aus Nr. 2602 ff.** zusteht. Dagegen schadet es seinem Anspruch gegen die Landeskasse nicht, wenn er für dieselbe Tätigkeit einen Vergütungsanspruch gegen einen **weiteren Kostenschuldner** hat. Soweit es sich dabei um den Gegner des Rechtsuchenden und dessen nach § 9 Satz 2 BerHG auf den Rechtsanwalt übergegan-

---
[106] OLG Frankfurt/M AnwBl. 1981, 152.
[107] LG Berlin AnwBl. 1984, 105; AG Köln AnwBl. 1985, 335; abl. LG Berlin Rpfleger 1996, 466; LG Koblenz JurBüro 1997, 33 f.
[108] LG Kiel JurBüro 1996, 544 m. zust. Anm. *Döring*; aA LG Berlin Rpfleger 1996, 466 f.
[109] *Herbert Schmidt* in der Anm. zu LG Dortmund AnwBl. 1985, 334.
[110] AG Köln AnwBl. 1986, 414.
[111] OLG Düsseldorf AnwBl. 1986, 162; aA LG Berlin JurBüro 1984, 240; *Mümmler* JurBüro 1984, 1136.
[112] Vgl. zu § 6 Abs. 1 S. 2 BRAGO: AG Bochum AnwBl. 1986, 46; s. auch LG Berlin JurBüro 1984, 894; LG Göttingen AnwBl. 1984, 516.

genen **Kostenersatzanspruch** handelt, bestimmt § 58 Abs. 1 lediglich, dass **Zahlungen** auf diesen Anspruch auf die Entschädigung des Rechtsanwalts aus der Landeskasse **angerechnet** werden. Das setzt voraus, dass ein solcher Entschädigungsanspruch des Rechtsanwalts entstanden ist.

110   Nach Nr. 2601 **Abs. 2** ist der Entschädigungsanspruch des Rechtsanwalts gegen die Landeskasse auf eine Gebühr **anzurechnen**, die der Rechtsanwalt für eine sonstige (spätere) Tätigkeit erhält, die mit der Raterteilung oder Auskunft zusammenhängt. Dies kann eine außergerichtliche,[113] aber auch eine gerichtliche Tätigkeit sein. Eine solche mit einem Rat oder einer Auskunft zusammenhängende Tätigkeit fällt ebenfalls unter die Anrechnungsvorschrift der Nr. 2601 Abs. 2.[114] Diese Vorschrift regelt nicht abschließend die Anrechnung der Entschädigung des Rechtsanwalts gegen die Staatskasse auf alle für ein anschließendes gerichtliches Verfahren verdiente Gebühren, sondern betrifft nur den Fall eines solchen Verfahrens im Anschluss an eine der Gebührentatbestände der Nr. 2602 ff. entsprechende Beratungshilfetätigkeit des Rechtsanwalts.

III. Beratungsgebühr bei einer Beratungstätigkeit mit dem Ziel einer außergerichtlichen Einigung mit den Gläubigern (Nr. 2602)

111   Die neue Vorschrift übernimmt die Regelung des § 132 Abs. 4 S. 1 Nr. 1 BRAGO,[115] der aufgrund der seit dem 1. 1. 1999 geltenden Insolvenzordnung eingefügt wurde. Die Vergütungshöhe entspricht dem Doppelten der Gebühr nach Nr. 2601, was dem hohen Zeitaufwand und der Schwierigkeit der Angelegenheit Rechnung tragen soll.[116] Wenn der Rechtsanwalt einen Schuldner mit dem Ziel einer außergerichtlichen Einigung mit dessen Gläubigern über die Schuldenbereinigung auf der Grundlage eines Plans nach § 305 Abs. 1 Nr. 1 InsO berät, erhält er nach Nr. 2602 die Gebühr nach Nr. 2601 in Höhe von **60 Euro**.

IV. Geschäftsgebühr (Nr. 2603)

112   **1. Allgemeines.** Die Regelung geht auf den früheren § 132 Abs. 2 BRAGO zurück. Die Konkretisierung in Abs. 1 der Anmerkung entspricht der allgemeinen Ausgestaltung der Geschäftsgebühr in Nr. 2400. Nach dem Willen des Gesetzgebers[117] sollte eine maßvolle Erhöhung von 56 auf 70 Euro erfolgen, um die Gebührenhöhe an die Entwicklung der wirtschaftlichen Verhältnisse anzupassen.

113   **2. Entschädigung des Rechtsanwalts für eine außergerichtliche Rechtsbesorgung.** Für eine außergerichtliche Rechtsbesorgung, die den Gebührentatbestand der Nr. 2400 erfüllt, im Rahmen einer Beratungshilfe erhält der Rechtsanwalt aus der Landeskasse eine öffentlich-rechtliche Entschädigung (auch hier „Gebühr" genannt) von **70 Euro**. Hinsichtlich des Gebührentatbestands kann auf die Ausführungen zur Vorbem. 2.4 Abs. 3 verwiesen werden. Ist dieser Tatbestand erfüllt, so ist **nur Nr. 2603**

---

[113] *Klinge* § 10 BerHG Rn. 2.
[114] AA *Schoreit/Dehn* BerHG/PKHG § 10 BerHG Rn. 15.
[115] Vgl. BT-Drucks. 15/1971 S. 208 zu Nr. 2602.
[116] Vgl. *Hartung/Römermann* Rn. 93.
[117] BT-Drucks. 15/1971 S. 208 zu Nr. 2603.

Außergerichtliche Tätigkeiten **VV Teil 2**

anzuwenden, Nr. 2601 tritt dahinter zurück.[118] Auch diese Entschädigung ist eine pauschale Entschädigung für die gesamte Tätigkeit des Rechtsanwalts in einer Beratungshilfeangelegenheit.

Maßgebend für die Frage, ob eine Tätigkeit nach Nr. 2603 Abs. 1 vorgelegen hat, ist der dem Rechtsanwalt erteilte **Auftrag**, aufgrund dessen er tätig geworden ist.[119] Nicht erforderlich ist, dass er als Vertreter des Rechtsuchenden nach außen in Erscheinung getreten ist.[120] **114**

3. Anrechnung nach Abs. 2. Die Entschädigung des Rechtsanwalts ist im Falle der **Nr. 2603 Abs. 2 S. 1** auf die Gebühren für ein anschließendes gerichtliches oder behördliches Verfahren zur Hälfte – also in Höhe von 35 Euro – anzurechnen. Das betrifft insbesondere den Fall einer Beratung in Beratungshilfe und einer anschließenden Vertretung in Prozesskostenhilfe. Hat der Rechtsanwalt in mehreren Angelegenheiten Beratungshilfe geleistet und wird er dann nur in einer dieser Angelegenheiten in Prozesskostenhilfe tätig, dann ist nur die in dieser Angelegenheit verdiente Beratungshilfeentschädigung zur Hälfte auf die für die Prozesskostenhilfe anzurechnen.[121] Im Falle eines Antrags auf Vollstreckbarerklärung eines von den Parteien und ihren Anwälten unterschriebenen Vergleichs, in dem der Schuldner sich der sofortigen Zwangsvollstreckung unterworfen hat (§§ 796 a, 796 b, 796 c Abs. 2 ZPO), ist die Entschädigung für die in derselben Angelegenheit geleistete Beratungshilfe nach **Nr. 2603 Abs. 2 S. 2** zu einem Viertel auf die Gebühren für das Verfahren auf Vollstreckbarerklärung anzurechnen. **115**

V. Tätigkeit mit dem Ziel einer außergerichtlichen Einigung mit mehreren Gläubigern (Nr. 2604 bis 2607)

1. Allgemeines. Die Nr. 2604 bis 2607 übernehmen die Regelung des früheren § 132 Abs. 4 S. 1 Nr. 2 BRAGO. Diese Gebühren sind nicht erhöht worden, weil die in diesen Vorschriften vorgesehenen Beträge erst durch das Gesetz zur Änderung der Insolvenzordnung und anderer Gesetze vom 26. 10. 2001 (BGBl. I S. 2710, 2714) festgelegt worden sind.[122] **116**

2. Gebühren. Die Geschäftsgebühr nach Nr. 2603 beträgt für die Tätigkeit mit dem Ziel einer außergerichtlichen Einigung mit den Gläubigern über die Schuldenbereinigung auf der Grundlage eines Plans nach § 305 Abs. 1 Nr. 1 InsO bei bis zu fünf Gläubigern 224 Euro (Nr. 2604), bei sechs bis zehn Gläubigern 336 Euro (Nr. 2605), bei elf bis fünfzehn Gläubigern 448 Euro (Nr. 2606) und, wenn mehr als fünfzehn Gläubiger vorhanden sind, 560 Euro (Nr. 2607). **117**

---

[118] Unrichtig *Hartmann* § 132 BRAGO Rn. 11.
[119] So BGH AnwBl. 1983, 512 für die Frage der Abgrenzung des Gebührentatbestands des § 118 BRAGO gegen den des § 120 Abs. 1 BRAGO.
[120] *Gerold/Schmidt/Madert* VV 2600–2603 Rn. 83; *Schoreit/Dehn* BerHG/PKHG § 10 BerHG Rn. 21.
[121] OLG Düsseldorf AnwBl. 1986, 162.
[122] So die BT-Drucks. 15/1971 S. 208 zu Nr. 2604 bis 2607.

VI. Einigungs- und Erledigungsgebühr (Nr. 2608)

118   **1. Allgemeines.** Die Nr. 2608 entspricht der Vorschrift des § 132 Abs. 3 BRAGO, jedoch wollte der Gesetzgeber[123] die Differenzierung zwischen der Einigungsgebühr (der früheren Vergleichsgebühr) und der Erledigungsgebühr aufgeben. Damit fällt die Erledigungsgebühr jetzt in gleicher Höhe wie die Einigungsgebühr an, die nach Anpassung an die Entwicklung der wirtschaftlichen Verhältnisse nun 125 Euro beträgt.

119   **2. Entstehen der Gebühren (Abs. 1).** Nach Nr. 2608 Abs. 1 sind die Anmerkungen zu Nr. 1000 und 1002 entsprechend anzuwenden, so dass für die Frage, wie die Gebühren entstehen, auf die dortige Kommentierung verwiesen werden kann.

120   **3. Abs. 2.** Der Abs. 2 der Nr. 2608 stellt klar, dass die Gebühr auch für die **Mitwirkung** bei einer außergerichtlichen Einigung mit den **Gläubigern** auf der Grundlage eines Plans nach § 305 Abs. 1 Nr. 1 InsO entsteht.

---

[123] BT-Drucks. 15/1971 S. 208 zu Nr. 2608.

Teil 3. Bürgerliche Rechtsstreitigkeiten, Verfahren der freiwilligen Gerichtsbarkeit, der öffentlich-rechtlichen Gerichtsbarkeiten, Verfahren nach dem Strafvollzugsgesetz und ähnliche Verfahren

Nr.	Gebührentatbestand	Gebühr oder Satz der Gebühr nach § 13 RVG
Vorbemerkung 3: (1) Für die Tätigkeit als Beistand für einen Zeugen oder Sachverständigen in einem Verfahren, für das sich Gebühren nach diesem Teil bestimmen, entstehen die gleichen Gebühren wie für einen Verfahrensbevollmächtigten in diesem Verfahren. (2) Die Verfahrensgebühr entsteht für das Betreiben des Geschäfts einschließlich der Information. (3) Die Terminsgebühr entsteht für die Vertretung in einem Verhandlungs-, Erörterungs- oder Beweisaufnahmetermin oder die Wahrnehmung eines von einem gerichtlich bestellten Sachverständigen anberaumten Termins oder die Mitwirkung an auf die Vermeidung oder Erledigung des Verfahrens gerichteten Besprechungen ohne Beteiligung des Gerichts; dies gilt nicht für Besprechungen mit dem Auftraggeber. (4) Soweit wegen desselben Gegenstands eine Geschäftsgebühr nach den Nummern 2400 bis 2403 entstanden ist, wird diese Gebühr zur Hälfte, jedoch höchstens mit einem Gebührensatz von 0,75, auf die Verfahrensgebühr des gerichtlichen Verfahrens angerechnet. Sind mehrere Gebühren entstanden, ist für die Anrechnung die zuletzt entstandene Gebühr maßgebend. Die Anrechnung erfolgt nach dem Wert des Gegenstands, der in das gerichtliche Verfahren übergegangen ist. (5) Soweit der Gegenstand eines selbstständigen Beweisverfahrens auch Gegenstand eines Rechtsstreits ist oder wird, wird die Verfahrensgebühr des selbstständigen Beweisverfahrens auf die Verfahrensgebühr des Rechtszugs angerechnet. (6) Soweit eine Sache an ein untergeordnetes Gericht zurückverwiesen wird, das mit der Sache bereits befasst war, ist die vor diesem Gericht bereits entstandene Verfahrensgebühr auf die Verfahrensgebühr für das erneute Verfahren anzurechnen. (7) Die Vorschriften dieses Teils sind nicht anzuwenden, soweit Teil 6 besondere Vorschriften enthält.		

Übersicht

	Rn.		Rn.
A. Anwendungsbereich	1–15	a) Anwendungsbereich	9
I. Allgemeines	1	b) Begriff	10
II. Bürgerliche Rechtsstreitigkeiten	2–4	c) Bestellung zum Verfahrensbevollmächtigten	11
1. Teil 3, Abschnitt 1 und 2	2	d) Bevollmächtigung	12
2. Besondere Gebühren	3, 4	2. Keine Verfahrensbevollmächtigten	13–15
III. Verfahren der freiwilligen Gerichtsbarkeit	5	B. Vorbemerkung 3	16–86
IV. Verfahren der öffentlich-rechtlichen Gerichtsbarkeit	6–8	I. Tätigkeit als Beistand eines Zeugen oder Sachverständigen (Abs. 1)	16–21
1. Entstehungsgeschichte	6	1. Geltungsbereich	16
2. Teil 3, Abschnitt 1 und 2	7	2. Verfahrensgebühr	17
3. Erhöhte Gebühren	8	3. Terminsgebühr	18
V. Subjektive Voraussetzungen	9–15	4. Angelegenheit	19
1. Der zum Verfahrensbevollmächtigten bestellte Rechtsanwalt	9–12	5. Gebührensatz	20
		6. Gegenstandswert	21
		II. Verfahrensgebühr (Abs. 2)	22–44

VV Teil 3 Vorbem. 3 *Vergütungsverzeichnis*

	Rn.		Rn.
1. Abzugeltende Tätigkeiten	22–25	d) Mitwirkung an einer Besprechung ohne Beteiligung des Gerichts	57, 58
a) Allgemeines	22		
b) Betreiben des Geschäfts	23–25		
2. Entstehung der Verfahrensgebühr	26–30	4. Mehrmalige Erfüllung des Gebührentatbestands	59–61
3. Gegenstandswert	31–39	a) Gleiche Gebührensätze	59
a) Im ersten Rechtszug und Allgemeines	31–36	b) Verschiedene Gebührensätze zu ausscheidbaren Teilen	60
aa) Gegenstand der anwaltlichen Tätigkeit und Streitgegenstand	32	c) Verschiedene Gebührensätze zu nichtausscheidbaren Teilen	61
bb) Unterschiedliche Gegenstände der Prozessbevollmächtigten	33	**IV. Anrechnung einer Geschäftsgebühr (Abs. 4)**	62–66
cc) Klageerweiterung und Widerklage	34	1. Allgemeines	62
dd) Aufrechnungseinwand	35	2. Voraussetzungen der Anrechnung	63
ee) Prozessverbindung und -trennung	36	3. Anrechnung der Geschäftsgebühr	64–66
b) Besonderheiten im Berufungs- und Revisionsverfahren	37–39	**V. Das selbständige Beweisverfahren (Abs. 5)**	67–81
4. Kostenerstattung	40–44	1. Allgemeines	67
III. Terminsgebühr (Abs. 3)	45–61	2. Gebühren im selbständigen Beweisverfahren	68
1. Allgemeines	45	3. Gegenstandswert	69–71
2. Gebührentatbestand, Abgeltungsbereich	46–50	4. Anrechnung der Verfahrensgebühr	72–77
a) Gerichtliche Termine	46	a) Derselbe Rechtsanwalt	73
b) Termin eines Sachverständigen	47	b) Identität der Parteien	74, 75
c) Besprechungen ohne Beteiligung des Gerichts	48–50	c) Identität des Gegenstandes	76
		d) Berufungsrechtszug	77
3. Gegenstandswert	51–58	5. Kostenerstattung	78–81
a) Vertretung in einem Verhandlungs- oder Erörterungstermin	51–53	**VI. Anrechnung der Verfahrensgebühr bei Zurückverweisung (Abs. 6)**	82–85
b) Vertretung in einem Beweisaufnahmetermin	54, 55	1. Allgemeines	82
c) Wahrnehmung eines von einem Sachverständigen anberaumten Termins	56	2. Anrechnung der Verfahrensgebühr	83–85
		VII. Geltung der Vorschriften Teil 6 (Abs. 7)	86

A. Anwendungsbereich

I. Allgemeines

1   Teil 3 fasst die Rechtsanwaltsgebühren zusammen für die Tätigkeiten in gerichtlichen Verfahren, die nicht in den Teilen 4 bis 6 geregelt sind. Es sind die Gebühren in bürgerlichen Rechtsstreitigkeiten, in Verfahren der freiwilligen Gerichtsbarkeit und in Verfahren der öffentlich-rechtlichen Gerichtsbarkeit.

II. Bürgerliche Rechtsstreitigkeiten

2   **1. Teil 3, Abschnitt 1 und 2.** Die Gebühren in bürgerlichen Rechtsstreitigkeiten waren in der BRAGO im 3. Abschnitt, §§ 31 bis 67, geregelt. Nunmehr sind in Teil 3, Abschnitt 1 (erster Rechtszug) und 2 (Rechtsmittel) die Klageverfahren vor den

ordentlichen Gerichten, dem Bundespatentgericht (§ 81 PatG) und den Gerichten für Arbeitssachen geregelt. Dazu gehören oder sind ihnen gebührenrechtlich gleichgestellt die Verfahren in Familiensachen (§§ 606 bis 661 ZPO), die Klageverfahren in der Zwangsvollstreckung (§§ 731, 767, 768, 771, 785, 786, 805 ZPO), die Wiederaufnahmeverfahren (§§ 578 bis 591 ZPO), Urkunden- und Wechselprozesse (§§ 592 bis 605a ZPO), das vereinfachte Verfahren über den Unterhalt Minderjähriger (§§ 645 ff. ZPO), Arreste und einstweilige Verfügungen (§§ 916 bis 945 ZPO), einstweilige Anordnungen (§§ 127a, 620, 621 f., 621g 641d, 644 ZPO), das selbständige Beweisverfahren (§§ 485 bis 494a ZPO), die Verfahren zur Vollstreckbarerklärung des Anwaltsvergleiches (§§ 796a, 796b ZPO) und ausländischer Schuldtitel[1] und die Verfahren über gerichtliche Anträge im schiedsrichterlichen Verfahren nach § 1062 Nr. 2, 3 und 4 ZPO. Nach § 36 gelten die Gebühren VV Teil 3 auch für das schiedsrichterliche Verfahren nach dem 10. Buch der ZPO und das Verfahren vor dem Schiedsgericht nach § 104 ArbGG.

2. Besondere Gebühren. Besondere Gebühren sind jeweils vorgesehen für das Mahnverfahren (§§ 688 bis 703d ZPO) in Nr. 3305 bis 3308; das Aufgebotsverfahren (§§ 946 bis 1024 ZPO) in Nr. 3324, 3332; die Verfahren nach §§ 319 Abs. 6, 327e Abs. 2 AktG, 16 Abs. 3 UmwG in Nr. 3325, 3332; die Verfahren nach §§ 102 Abs. 3, 103 Abs. 2 und 106 Abs. 2 ArbGG in Nr. 3326, 3332; die gerichtlichen Verfahren über Anträge zur Bestellung oder Ablehnung eines Schiedsrichters, Beendigung des Schiedsrichteramtes (§ 1062 Abs. 1 Nr. 1 ZPO), zur Unterstützung bei der Beweisaufnahme oder zur Vornahme sonstiger richterlicher Handlungen (§ 1050 ZPO) in Nr. 3327, 3332; die Verfahren über die vorläufige Einstellung, Beschränkung oder Aufhebung der Zwangsvollstreckung (§§ 707, 719, 769, 771 Abs. 3, 785, 786, 924 Abs. 3 S. 2 ZPO), wenn hierüber abgesondert mündlich verhandelt wird, in Nr. 3328, 3332; das Verfahren auf Vollstreckbarerklärung der durch Rechtsmittelanträge nicht angefochtenen Teile eines Urteils (§§ 537, 558 ZPO) in Nr. 3329, 3332; das Verfahren über eine Rüge wegen Verletzung des rechtlichen Gehörs (§ 321a ZPO) in Nr. 3330, 3332; das vereinfachte Verfahren über einen Antrag auf Abänderung eines Vollstreckungstitels auf Unterhaltsleistungen (§ 655 Abs. 1 ZPO) in Nr. 3331, 3332; das Verteilungsverfahren außerhalb der Zwangsversteigerung und Zwangsverwaltung[2] in Nr. 3333; das Verfahren auf Bewilligung, Verlängerung oder Verkürzung einer Räumungsfrist (§§ 721, 794a ZPO) in Nr. 3334; das Verfahren über die Prozesskostenhilfe (§§ 114 bis 127a ZPO) in Nr. 3335.

Selbständige Gebührenregelungen innerhalb VV Teil 3 bestehen für die Zwangsvollstreckung und die Vollziehung eines Arrestes oder einer einstweiligen Verfügung (Nr. 3309, 3310), die Zwangsversteigerung und Zwangsverwaltung (Nr. 3311, 3312) sowie das Insolvenzverfahren und das schifffahrtsrechtliche Verteilungsverfahren (Nr. 3313 bis 3323).

---

[1] § 722 ZPO; EG-Übereinkommen über die gerichtliche Zuständigkeit und die Vollstreckung gerichtlicher Entscheidungen in Zivil- und Handelssachen vom 27.9.1968 mit Ausführungsgesetz vom 3.12.1972 und andere internationale Anerkennungs- und Vollstreckungsverträge.
[2] §§ 858 Abs. 5, 872 bis 877, 882 ZPO; iÜ vgl. zB § 75 Abs. 2 FlurbG, § 55 BLG, § 54 Abs. 3 Landbeschaffungsgesetz, § 119 BauGB.

III. Verfahren der freiwilligen Gerichtsbarkeit

5 In Angelegenheiten der freiwilligen Gerichtsbarkeit erhielt der Rechtsanwalt Satzrahmengebühren nach § 118 BRAGO, soweit nicht §§ 31 Abs. 3, 63, 64 und 64 b BRAGO anzuwenden waren. Jetzt gelten für die Verfahren der freiwilligen Gerichtsbarkeit insgesamt VV Teil 3. Dazu gehören auch die FGG-Verfahren in Familiensachen,[3] Wohnungseigentumssachen (§ 43 WEG), Landwirtschaftssachen (§§ 1, 3 LwVG), die Regelung der Auslandsschulden (§§ 76, 77 AG zum Londoner Schuldenabkommen), das Umstellungsverfahren (§ 22 Umstellungsergänzungsgesetz), die Verfahren nach dem Spruchverfahrensgesetz (§ 1 SpruchG; vgl. § 31 Rn. 2), einstweilige Anordnungen[4] und das Vermittlungsverfahren (§ 52 a FGG). Ferner gelten die Gebühren VV Teil 3 für Verfahren nach der Grundbuchordnung, der Schiffsregisterordnung und in sonstigen Registersachen. Erhöhte Gebühren sind vorgesehen im Verfahren vor dem Oberlandesgericht nach § 16 Abs. 4 UrhWahrnG (Nr. 3302 Anm. Nr. 1).

IV. Verfahren der öffentlich-rechtlichen Gerichtsbarkeit

6 **1. Entstehungsgeschichte.** Für die Verfahren vor den Gerichten der Verwaltungs- und Finanzgerichtsbarkeit befand sich bisher die Regelung der Rechtsanwaltsgebühren in § 114 BRAGO; diese nahm im Wesentlichen Bezug auf die Vorschriften des für bürgerliche Rechtsstreitigkeiten geltenden 3. Abschnitts (§§ 31 ff. BRAGO). Für Verfahren vor Berufsgerichten in anderen Angelegenheiten als die Verletzung von Berufspflichten verwies § 110 Abs. 2 BRAGO auf § 114 BRAGO. Öffentlich-rechtliche Verfahren vor den ordentlichen Gerichten und dem Patentgericht waren besonders geregelt in §§ 65 a, 66 und 66 a BRAGO, so das Verfahren nach dem GWB (erste Instanz OLG, §§ 63 Abs. 4, 116 Abs. 3 GWB) in § 65 a BRAGO, die Verfahren nach §§ 23, 25 EGGVG (erste Instanz OLG) und nach § 109 StVollzG (erste Instanz LG, Strafvollstreckungskammer, § 110 StVollzG) in § 66 a BRAGO und die Beschwerdeverfahren vor dem Patentgericht[5] in § 66 BRAGO. Nunmehr sind Verfahren der öffentlich-rechtlichen Gerichtsbarkeit in VV Teil 3 geregelt.

7 **2. Teil 3, Abschnitt 1 und 2.** Die Abschnitte 1 (erster Rechtszug) und 2 (höherer Rechtszug) gelten in den Verfahren vor den Gerichten der Verwaltungsgerichtsbarkeit einschließlich der Verfahren des vorläufigen Rechtsschutzes auf Erlass einer einstweiligen Anordnung (§ 123 VwGO) und auf Aussetzung oder Aufhebung oder Vollziehung des Verwaltungsaktes (§ 80 VwGO); diese sind gebührenrechtlich selbständige Angelegenheiten (§ 17 Nr. 4 lit. b und c). Das Gleiche gilt für die Verfahren vor den Gerichten der Sozialgerichtsbarkeit; zum Teil (§ 3) entstehen jedoch Betragsrahmengebühren.[6] Die Gebühren VV Teil 3 Abschnitt 1 und 2 gelten auch in Verfahren vor Dienst- und Berufsgerichten in anderen Angelegenheiten als der Verletzung von Berufspflichten,[7] und den Rechtsbeschwerdeverfahren vor dem Bundesgerichts-

---

[3] § 621 Abs. 1 Nr. 1, 2, 3, 6, 7, 9, 12 und 13, §§ 621 a Abs. 1, 661 Abs. 1 Nr. 5 und 7 und Abs. 2 ZPO.
[4] §§ 24, 50 d, 64 b, 69 f. FGG; § 620 Nr. 1, 2, 3, 5, 8, 9; §§ 621 g, 661 Abs. 2 ZPO.
[5] § 73 PatG, § 18 GebrMG, § 66 MarkenG, § 34 SortSchG, § 4 HalbleiterschG.
[6] VV Nr. 3102, 3103, 3106, 3204, 3205, 3212, 3213.
[7] Vgl. § 9 Abs. 2, 11 Abs. 2, 16 Abs. 5, 28 Abs. 3, 29 Abs. 3, 35 Abs. 2 BRAO.

hof.[8] In Beschwerdeverfahren vor dem Bundespatentgericht[9] entstehen entweder die Gebühren Nr. 3500 und 3513 oder die Gebühren Nr. 3510 und 3516.

3. Erhöhte Gebühren. Für das erstinstanzliche Verfahren vor dem Finanzgericht fallen die sonst für das Berufungsverfahren vorgesehenen erhöhten Gebühren an (Vorbem. 3.2.1 Abs. 1 Nr. 1). Das Gleiche gilt für die Beschwerdeverfahren vor dem Oberlandesgericht gegen Verfügungen der Kartellbehörden nach §§ 63 ff. GWB und der Vergabekammern nach §§ 116 ff. GWB (Vorbem. 3.2.1 Abs. 1 Nr. 4) sowie gegen Verfügungen der Bundesanstalt für Finanzdienstleistungsaufsicht nach §§ 48 ff. WpÜG (Vorbem. 3.2.1 Abs. 1 Nr. 5). Für die Anträge nach §§ 115 Abs. 2 S. 2 und 3, 118 Abs. 1 S. 3 und 121 GWB waren in § 65 a BRAGO keine eigenen Gebühren vorgesehen, sondern lediglich eine Erhöhung der Prozessgebühr im Beschwerdeverfahren gegen Entscheidungen der Vergabekammer um die Hälfte auf einen Gebührensatz von 1,95 (§ 65 a S. 2 BRAGO). Nunmehr sind für dieses Verfahren eigene Gebühren vorgesehen mit einem Gebührensatz von 2,3 bei der Verfahrensgebühr (Nr. 3300) und 1,2 bei der Terminsgebühr (Nr. 3304); die Gesetzesbegründung geht fälschlich von einer Übernahme der Regelung des § 65 a S. 2 BRAGO bei leichter Erhöhung des Gebührensatzes aus.[10] Ein erhöhter Gebührensatz ist auch vorgesehen für erstinstanzliche Verfahren vor dem Bundesverwaltungsgericht und dem Oberverwaltungsgericht bzw. Verwaltungsgerichtshof (Nr. 3302 und 3304).

8

V. Subjektive Voraussetzungen

1. Der zum Verfahrensbevollmächtigten bestellte Rechtsanwalt. a) Anwendungsbereich. Teil 3 des Vergütungsverzeichnisses regelt mit Ausnahme von Vorbemerkung 3 Abs. 1 und Abschnitt 4 die Vergütung des Verfahrensbevollmächtigten. Dies ergibt sich daraus, dass sowohl Vorbem. 3 Abs. 1, als auch die Vergütungsbestimmungen in Abschnitt 4 auf die dem „Verfahrensbevollmächtigten" zustehende Vergütung Bezug nehmen. Auch entsteht die Vergütung Nr. 3403 für die dort genannten Einzeltätigkeiten nur, „wenn der Rechtsanwalt nicht zum Prozess- oder Verfahrensbevollmächtigten bestellt ist." Daraus ergibt sich zwingend, dass die Vergütungen des Teiles 3 außer dem Abschnitt 4 und der Regelung Vorbem. 3 Abs. 1 nur dem Rechtsanwalt zustehen, der zum Verfahrensbevollmächtigten bestellt ist. Der Verfahrensbevollmächtigte ist außerhalb der Verfahren der freiwilligen Gerichtsbarkeit mit dem Prozessbevollmächtigten identisch.

9

b) Begriff. Verfahrensbevollmächtigter im gerichtlichen Verfahren ist der Rechtsanwalt, der mit der **Führung des gerichtlichen Verfahrens im Ganzen** beauftragt ist. Gegensatz: der Rechtsanwalt, der den Auftraggeber nur für einzelne, von vornherein bestimmte Prozesshandlungen oder Verfahrensabschnitte (vgl. Teil 3 Abschnitt 4) zu vertreten hat. Nicht notwendig ist, dass der Rechtsanwalt das Verfahren vollständig, d. h. von seinem Beginn bis zu seiner Erledigung, zu führen hat. Die Beauftragung kann für einzelne Rechtszüge oder auch erst im Lauf derselben für deren Rest erfolgen. Der zur Führung des Verfahrens in der Berufungs-, Beschwerde- oder

10

---

[8] § 100 PatG, § 18 Abs. 4 GebMG, § 83 MarkenG, § 46 SortSchG, § 4 Abs. 4 S. 3 HalbleiterschG, § 74 GWB.
[9] § 73 PatG, § 18 GebrMG, § 66 MarkenG, § 34 SortSchG, § 4 HalbleiterschG.
[10] BT-Drucks. 15/1971 S. 215.

VV Teil 3 Vorbem. 3

Revisionsinstanz bestellte Rechtsanwalt ist Verfahrensbevollmächtigter für diesen Rechtszug. Der Prozessbevollmächtigte muss im Anwaltsprozess (§ 78 ZPO) bei dem Gericht, vor dem der Rechtsstreit geführt wird, postulationsfähig sein.[11]

11 **c) Bestellung zum Verfahrensbevollmächtigten.** Bestellt ist der Rechtsanwalt, wenn er vertraglich zur Vertretung verpflichtet und bevollmächtigt ist. Nach außen hin gegenüber Gericht und Gegner sind ihm die Befugnisse nach § 81 ZPO zu übertragen, sei es auch mit Einschränkungen nach § 83 Abs. 1 ZPO. Gebührenrechtlich entscheidet aber der zwischen Rechtsanwalt und Auftraggeber bestehende Auftrag.[12] Das Vorliegen einer Prozessvollmachtsurkunde allein reicht nicht aus, wenn der Auftrag nicht auf Führung des Rechtsstreits im Ganzen gerichtet ist oder erst nach Erledigung des Prozesses erteilt wird.

12 **d) Bevollmächtigung.** Die Bevollmächtigung kann formlos erklärt werden (arg. § 89 Abs. 2 ZPO).[13] Sie liegt zB im Auftrag zur Vertretung.[14] Ob die Partei oder ihr gesetzlicher Vertreter den Rechtsanwalt unmittelbar oder mittelbar in ihrem Namen durch einen Dritten (zB Generalbevollmächtigten, Prokuristen) zur Führung des Rechtsstreits ermächtigt, ist gleichgültig. Die Vollmachtsurkunde kann nachträglich ausgestellt werden.[15] Die Partei kann auch das zunächst auftraglose Handeln des Rechtsanwalts nachträglich genehmigen.[16] Die unrichtige Aufführung im Sitzungsprotokoll (§ 160 Abs. 1 Nr. 4 ZPO) oder im Urteil (§ 313 ZPO) ist kein zwingender Beweis für die Bevollmächtigung.[17] Andererseits ist es für den Gebührenanspruch des Rechtsanwalts unschädlich, wenn er im Sitzungsprotokoll oder im Urteil nicht als Prozessbevollmächtigter aufgeführt ist, den Rechtsstreit jedoch tatsächlich auftragsgemäß geführt hat. Dies muss auch für die Kostenerstattung gelten; denn über das Innenverhältnis zwischen obsiegender Partei und deren Rechtsanwalt wird durch die Nichtaufführung im Rubrum nicht entschieden.

13 **2. Keine Verfahrensbevollmächtigten.** Kein Verfahrensbevollmächtigter ist der Rechtsanwalt, der
- von der Partei nur für einzelne Prozesshandlungen oder Verfahrensabschnitte beauftragt ist (Rn. 10),
- den **Verkehr** zwischen der Partei und deren Prozessbevollmächtigten führt,
- vom Prozessbevollmächtigten zu seinem Untervertreter bestellt ist;[18] zB als Terminsvertreter, Zustellungsbevollmächtigter; im Ganzen kann der Prozessbevollmächtigte die Prozessvollmacht nicht innerhalb desselben Rechtszugs übertragen.

14 Nach der **Erledigung** des Prozesses kann ein Rechtsanwalt nicht mehr mit der „Führung" des Rechtsstreits beauftragt sein. Daran ändern weder § 19 RVG noch § 81 ZPO etwas. § 19 bestimmt den Begriff des Rechtszugs nur für den Abgeltungsbereich der Gebühren (vgl. auch § 15 Abs. 1). Die Vorschrift bedeutet, dass zB die vom Prozess-

---

[11] OLG Frankfurt JurBüro 1987, 859; OLG Zweibrücken Rpfleger 1994, 228; OLG Koblenz JurBüro 1996, 307; *Hartmann* VV 3100 Rn. 6; aA OLG Hamm MDR 1981, 682; OLG Düsseldorf JurBüro 1991, 683; KG NJW-RR 1996, 53.
[12] Vgl. *Hartmann* VV 3100 Rn. 12; *Gerold/Schmidt/Müller-Rabe* Vorb. 3 Rn. 28; VV 3100 Rn. 9.
[13] Vgl. auch § 167 Abs. 2 BGB; § 80 ZPO enthält nur eine Beweisvorschrift.
[14] RGZ 95, 262; KG JW 1936, 281.
[15] OLG Koblenz Büro 1975, 1210.
[16] RGZ 161, 351.
[17] RG Gruchot 44, 1175.
[18] *Gerold/Schmidt/von Eicken/Madert* § 31 BRAGO Rn. 11.

bevollmächtigten verdiente Verfahrensgebühr auch weitere von diesem Rechtsanwalt nach Prozessbeendigung ausgeübte Tätigkeiten abgilt, nicht aber, dass jede dieser Tätigkeiten die Verfahrensgebühr auslöst (Rn. 26). § 81 ZPO ermächtigt den Prozessbevollmächtigten nur zu Handlungen über den Prozess hinaus. Wird daher ein Rechtsanwalt erst nach Prozessbeendigung mit Tätigkeiten beauftragt, die zwar nach § 19 zum Rechtszug rechnen (zB Erwirkung des Notfrist- oder Rechtskraftzeugnisses, Rückgabe der Sicherheit, Streitwert- oder Kostenfestsetzung), so erhält er nicht Gebühren, wie ein Prozessbevollmächtigter sie für einen Prozess erhalten würde,[19] sondern für einzelne oder alle Tätigkeiten zusammen eine 0,8 Gebühr nach Nr. 3403. An diesem Ergebnis würde auch eine nach Prozessbeendigung erteilte Prozessvollmacht nichts ändern. Anders ist es jedoch, wenn der Beklagte einen Rechtsanwalt in Unkenntnis der Klage- oder Rechtsmittelrücknahme mit der Führung des Rechtsstreits beauftragt (Rn. 30).

Kein Prozessbevollmächtigter ist daher auch der Rechtsanwalt, der lediglich mit der Erklärung eines **Rechtsmittelverzichtes** beauftragt ist. Er ist nicht mit der Führung des Rechtsstreits im Ganzen, sondern nur für eine einzelne Prozesshandlung beauftragt, selbst wenn er eine Prozessvollmacht erhalten hat.[20] Nach Verkündung des Urteils ist deshalb eine Bestellung zum Prozessbevollmächtigten nicht mehr möglich. Der Rechtsanwalt, der nur mit der Erklärung des Rechtsmittelverzichts beauftragt ist, hat die Partei auch lediglich über die Tragweite eines Rechtsmittelverzichts zu belehren; seine Prüfungspflicht ist geringer, als wenn er die Aussichten eines Rechtsmittels zu prüfen hat und dafür nach VV Nr. 2200 lediglich eine Gebühr aus einem Gebührenrahmen von 0,5, bis 1,0 erhält. Die Gebühr für den Rechtsmittelverzicht ist daher nach VV Nr. 3403 zu bestimmen. **15**

B. Vorbemerkung 3

I. Tätigkeit als Beistand eines Zeugen oder Sachverständigen (Abs. 1)

1. Geltungsbereich. Der Rechtsanwalt erhält als Beistand eines Zeugen oder Sachverständigen die gleichen Gebühren wie ein Verfahrensbevollmächtigter. Die Regelung ist neu; bisher war die Vergütung dieser Tätigkeit nicht gesetzlich geregelt. Die Gebühren Teil 3 gelten für den Rechtsanwalt als Beistand eines Zeugen oder Sachverständigen nur in den Verfahren, in denen auch für den Verfahrensbevollmächtigten die Gebühren in diesem Teil geregelt sind. In Strafverfahren (Vorbem. 4 Abs. 1), Bußgeldverfahren (Vorbem. 5 Abs. 1) und Disziplinarverfahren (Vorbem. 6 Abs. 1), gelten jeweils die Gebührenvorschriften der Teile 4, 5 und 6. Der Beistand eines Zeugen oder Sachverständigen kann in einem Verfahren die gleichen Gebühren verdienen wie ein Verfahrensbevollmächtigter, d.h. er kann, wenn er die Gebührentatbestände erfüllt, eine Verfahrensgebühr und eine Terminsgebühr verdienen. **16**

---

[19] Hartmann VV 3100 Rn. 5; vgl. auch Gerold/Schmidt/Müller-Rabe VV 3100 Rn. 25; aA Hansen § 31 BRAGO Rn. 2.
[20] OLG Frankfurt OLGR 1993, 290; Brandenburgisches OLG JurBüro 2002, 365; OLG München MDR 1975, 153; OLG Schleswig JurBüro 1975, 475; OLG Hamburg JurBüro 1975, 1082; KG JurBüro 1986, 1366; OLG Zweibrücken Rpfleger 1977, 112; JurBüro 1983, 226; Hansen § 56 BRAGO Rn. 2; Gerold/Schmidt/Müller-Rabe VV 3403 Rn. 20; aA OLG Karlsruhe und OLG Hamburg NJW 1973, 202 m. zust. Anm. Schmidt; Gerold/Schmidt/v. Eicken/Madert § 31 BRAGO Rn. 19; Schumann/Geißinger § 31 BRAGO Rn. 7.

17 **2. Verfahrensgebühr.** Die Verfahrensgebühr entsteht für das Betreiben des Geschäfts einschließlich der Information. Es entgilt die gesamte Tätigkeit des Rechtsanwalts innerhalb derselben Gebührenangelegenheit, die außerhalb des Abgeltungsbereichs der Terminsgebühr liegt (Rn. 18). Die Verfahrensgebühr entsteht, sobald der Rechtsanwalt aufgrund des Beistandsauftrages in irgendeiner Weise tätig wird (Rn. 26).

18 **3. Terminsgebühr.** Die Terminsgebühr entsteht, wenn der Rechtsanwalt an einem Beweisaufnahmetermin teilnimmt, zu dem der Zeuge oder Sachverständige, der den Rechtsanwalt zu seinem Beistand beauftragt hat, geladen ist. Ob es in diesem Termin zur Vernehmung des Zeugen oder Sachverständigen kommt, ist unerheblich. Ist der Rechtsanwalt mit dem Beistand eines Sachverständigen beauftragt, so kann die Terminsgebühr auch durch die Teilnahme an einem von diesem Sachverständigen anberaumten Termin entstehen. Die Teilnahme an einem gerichtlichen Verhandlungs- oder Erörterungstermin wird die Terminsgebühr nur ausnahmsweise entstehen lassen, wenn in diesem Termin Fragen erörtert werden, die die Interessen des Zeugen oder Sachverständigen berühren, zB die Frage, ob der Zeuge in öffentlicher oder nichtöffentlicher Sitzung, am Gerichtsort oder in seiner Wohnung, durch das Prozessgericht oder durch einen ersuchten oder beauftragten Richter vernommen werden soll, ob gegen den Zeugen ein Vorführungsbefehl ergeht oder ob eine Ordnungsstrafe gegen ihn verhängt wird oder wenn über die Ablehnung des Sachverständigen, zu dessen Beistand der Rechtsanwalt beauftragt ist, mündlich verhandelt wird. Wenn hingegen im Termin nur der Streitgegenstand verhandelt oder erörtert wird, ist eine Vertretung der Interessen des Zeugen oder Sachverständigen nicht denkbar und der zum Beistand des Zeugen oder Sachverständigen bestellte Rechtsanwalt verdient durch seine Teilnahme an diesem Termin nicht die Terminsgebühr.

19 **4. Angelegenheit.** Die gebührenrechtliche Selbständigkeit einer Angelegenheit gilt auch für den Rechtsanwalt, der als Beistand für einen Zeugen oder Sachverständigen tätig wird. Steht daher der Rechtsanwalt demselben Zeugen in mehreren gebührenrechtlich selbständigen Angelegenheiten bei, so erhält er in jeder die Verfahrensgebühr und ggf. die Terminsgebühr erneut. Das gilt insbesondere für den Rechtszug; d. h. der Rechtsanwalt, der bereits in erster Instanz für den Zeugen als Beistand tätig war, erhält in der Berufungsinstanz die Gebühren erneut, wenn er dort die Gebührentatbestände erfüllt.

20 **5. Gebührensatz.** Der Gebührensatz richtet sich nach dem des Verfahrensbevollmächtigten, d. h. zB in der Berufungsinstanz oder im Verfahren vor dem Finanzgericht erhält der Rechtsanwalt die dort geltenden erhöhten Gebührensätze.

21 **6. Gegenstandswert.** Die Gebühren des Rechtsanwalts als Beistand eines Zeugen oder Sachverständigen richten sich nicht nach dem Gegenstandswert des Verfahrens, in dem der Zeuge aussagt oder der Sachverständige herangezogen wird, sondern nach einem selbständigen Wert, der nach § 23 Abs. 3 S. 2 unter Berücksichtigung der Interessen des Zeugen oder Sachverständigen zu bestimmen ist.[21]

---

[21] BT-Drucks. 15/1971 S. 209.

II. Verfahrensgebühr (Abs. 2)

1. Abzugeltende Tätigkeiten. a) Allgemeines. Die Verfahrensgebühr erhält der 22 Verfahrensbevollmächtigte in jedem Rechtszug für das „**Betreiben des Geschäfts**": Unter diesem Begriff werden alle bei der Führung des Rechtsstreits vorkommenden Tätigkeiten zusammengefasst, die außerhalb des Abgeltungsbereichs der Terminsgebühr liegen; auch Tätigkeiten vor dem Beginn oder nach der Beendigung des prozessualen Rechtszugs (s. § 19 Abs. 1). Von der Abgeltung durch die Verfahrensgebühr sind Tätigkeiten ausgenommen, die zu anderen Angelegenheiten gehören (s. §§ 17, 18). Wegen der Vergleichsgebühr, der Erledigungsgebühr, der Aussöhnungsgebühr, der Einigungsgebühr und der Hebegebühr vgl. VV Teil 1. – Welche Tätigkeiten im Einzelnen zum Rechtszug gehören, ergibt sich aus § 19.

b) Betreiben des Geschäfts. Das Betreiben des Geschäfts ist verschieden, je nach- 23 dem ob der Rechtsanwalt den Kläger oder den Beklagten vertritt. Die Verfahrensgebühr umfasst die **gesamte Tätigkeit** des Rechtsanwalts außerhalb des Abgeltungsbereichs der Terminsgebühr (Rn. 44 ff.). Insbesondere entgilt sie die Information einschließlich der Beratung, den Aufwand für die Unterrichtung des Mandanten, die Anfertigung der Schriftsätze und schriftlichen Anträge, die schriftliche Angabe von Beweismitteln einschließlich der nachträglichen Angabe der Adresse eines Zeugen, das Entwerfen von eidesstattlichen Versicherungen in Sicherungsverfahren,[22] die Korrespondenz mit dem Gegner oder seinen Prozessbevollmächtigten,[23] Anfragen beim Einwohnermeldeamt zur Aufenthaltsermittlung des Gegners oder eines Zeugen,[24] eine Besprechung mit dem Gegner, seinem Prozessbevollmächtigen oder einem Dritten, die nicht auf die Vermeidung oder Erledigung des Verfahrens gerichtet ist (Rn. 48), die Einsicht von fremden Urkunden, zB von Gerichts- und Behördenakten oder auf der Geschäftsstelle niedergelegten Urkunden, den zur Prozessführung erforderlichen Verkehr mit den Parteien, Untervertretern, dem Gericht und den Gerichtsvollziehern. Die von der Verfahrensgebühr im Einzelnen abgegoltenen Tätigkeiten vor Klageerhebung, nach Urteilserlass oder mit der Prozessführung nur zusammenhängend sind bei § 19 dargestellt.

Stellt der Rechtsanwalt seine allgemeinen **Kenntnisse und Fähigkeiten auf ande-** 24 **ren Wissensgebieten** in den Dienst der Partei, verkehrt er zB mit der Partei in einer fremden Sprache, fertigt er eine Lageskizze an oder erläutert er technische Vorgänge, so kann er hierfür keine besondere Vergütung beanspruchen.[25] Jedoch hat der Rechtsanwalt einen Anspruch auf besondere Vergütung, wenn seine Übersetzertätigkeit bei der Vertretung eines ausländischen Mandanten eine über den normalen Tätigkeitsbereich erheblich hinausgehende Mühewaltung darstellt.[26] Zur Vergütung eines Rechtsanwalts, der zugleich Patentanwalt ist, s. Abschnitt 4 Rn. 63.

Die Verfahrensgebühr entgilt ferner die **allgemeinen Geschäftsunkosten** (Vorbem. 25 7 Abs. 1), so zB Fahrtkosten für Fahrten, die nicht zu den Geschäftsreisen im Sinne von Vorbem. 7 Abs. 2 gehören, und Aufwendungen, die auch das Allgemeinwissen

---

[22] *Gerold/Schmidt/Müller-Rabe* VV 3100 Rn. 39.
[23] OLG Stuttgart Justiz 1979, 104.
[24] BGH JurBüro 2004, 315; OLG Zweibrücken MDR 1998, 1183.
[25] *Gerold/Schmidt/Müller-Rabe* VV 3100 Rn. 40; OLG Stuttgart Justiz 1980, 440.
[26] OLG Hamburg AnwBl. 1971, 145; OLG Karlsruhe MDR 1978, 674; OLG Düsseldorf Rpfleger 1983, 367; weiter gehend *Schumann/Geißinger* § 31 BRAGO Rn. 4.

VV Teil 3 Vorbem. 3

des Rechtsanwalts bereichern, insbesondere Beschaffung juristischer Literatur und Entscheidungen über analoge Rechtsfälle.

26 **2. Entstehen der Verfahrensgebühr.** Die Verfahrensgebühr – wenn auch unter Umständen nur zu einem Gebührensatz von 0,8 (Nr. 3101) – entsteht, sobald der Rechtsanwalt aufgrund des Prozessführungsauftrags (Rn. 11) **irgendeine Tätigkeit** vornimmt. Der äußere Umfang und die Bedeutung der entwickelten Tätigkeit sind höchstens auf die Höhe der Verfahrensgebühr von Einfluss. So ist mit der Entgegennahme der Information, mit der Beratung oder schon mit der Anlegung der Handakten bereits eine 0,8 Verfahrensgebühr nach Nr. 3101 verdient, ohne Rücksicht darauf, ob die Klage später eingereicht wird.[27] Durch die Klageeinreichung selbst erwächst dann die volle Verfahrensgebühr Nr. 3100. Zur Klageerhebung in Verbindung mit einem Gesuch um Bewilligung der Prozesskostenhilfe vgl. Abschnitt 3 Rn. 207.

27 Es genügt aber nicht jede Tätigkeit, die von der Verfahrensgebühr abgegolten wird, sondern nur eine solche Tätigkeit, die der Rechtsanwalt als Prozessbevollmächtigter vornimmt, d. h. die auf die Führung eines – noch nicht erledigten – Rechtsstreits gerichtet ist (Rn. 14, 15). Durch jede Tätigkeit, die den Gebührentatbestand erfüllt, entsteht die Verfahrensgebühr von neuem; der Rechtsanwalt kann aber die Verfahrensgebühr in demselben Rechtszug nur einmal fordern. Die Verfahrensgebühr kann aus einzelnen Wertteilen mit verschiedenen Gebührensätzen entstehen; so, wenn sich der Auftrag teilweise vorzeitig erledigt und für einen Teil des Gegenstands Nr. 3101 gilt.[28]

28 Auch der Prozessbevollmächtigte des Beklagten kann schon vor Zustellung der Klage eine ermäßigte Verfahrensgebühr verdienen;[29] denn spätestens nach Einreichung der Klage kann der Beklagte einen Rechtsanwalt mit seiner Vertretung in dem nun sicher zu erwartenden Prozess beauftragen, auch wenn die Klage nicht ordnungsgemäß zugestellt ist.[30] Ebenso kann der **Prozessbevollmächtigte des Nebenintervenienten** eine ermäßigte Verfahrensgebühr schon vor dem Beitritt verdienen.[31]

29 Ist lediglich ein **Antrag auf Bewilligung der Prozesskostenhilfe** des Klägers anhängig und die Klage selbst noch nicht eingereicht, so hat der Anwalt des Beklagten auch dann keinen Anspruch auf die Verfahrensgebühr, wenn er seine Stellungnahme zum Antrag des Klägers auf Bewilligung der Prozesskostenkostenhilfe in die Form einer Klagebeantwortung kleidet; denn diese Tätigkeit wird mit einer Gebühr Nr. 3335 abgegolten, die jedoch, wie sich aus § 16 Nr. 2 ergibt, auf die im Rechtsstreit entstehende Verfahrensgebühr angerechnet wird.[32]

30 Ist ein Rechtsstreit anhängig geworden und beauftragt der Beklagte einen Anwalt **nach Klagerücknahme**, aber bevor ihm der die Rücknahme enthaltende Schriftsatz zugestellt worden ist, so entsteht die Verfahrensgebühr;[33] das Gleiche gilt bei der

---

[27] Vgl. OLG Schleswig SchlHA 1979, 59.
[28] Vgl. die Beispiele in Rn. 32 und Abschnitt 1 Rn. 30, 31.
[29] OLG Hamburg JurBüro 1970, 957; VG Dessau JurBüro 1999, 79; wegen der Vertretung des Beklagten im Verfahren über die Prozesskostenhilfe vgl. Rn. 29.
[30] OLG Hamburg JurBüro 1976, 193; aA für die Berufung KG JurBüro 1976, 671; für das streitige Verfahren nach Widerspruch im Mahnverfahren und Antrag auf Durchführung des streitigen Verfahrens KG AnwBl. 2003, 182.
[31] OLG Koblenz JurBüro 1982, 723.
[32] KG KostRspr. § 31 Ziff. 1 Nr. 1 und Nr. 6; OLG Hamm AnwBl. 1972, 232.
[33] OLG Bamberg JurBüro 1975, 1339; KG NJW 1975, 125; OLG Hamburg JurBüro 1976, 472; OLG Köln JurBüro 1991, 930.

Rücknahme eines Rechtsmittels.[34] Ebenfalls entsteht die Verfahrensgebühr, wenn der Anwalt des Beklagten erst nach Zustellung des die Hauptsache für erledigt erklärenden Schriftsatzes Prozessauftrag erhält und nun schriftlich der Erledigung zustimmt.[35]

3. Gegenstandswert. a) Im ersten Rechtszug und Allgemeines. Maßgebend für die Höhe der Verfahrensgebühr ist der Gegenstand, auf den sich der Auftrag bezieht, und der Wert dieses Gegenstands im Zeitpunkt der Entstehung der Gebühr (vgl. § 2 Rn. 10 ff.). Eine gerichtliche Wertfestsetzung ist nur insoweit bindend, als sich die anwaltliche Tätigkeit mit dem für die gerichtliche Tätigkeit maßgebenden Gegenstand deckt.[36] 31

aa) Gegenstand der anwaltlichen Tätigkeit und Streitgegenstand. Es kann vorkommen, dass der Gegenstand der anwaltlichen Tätigkeit **größer** ist als der Streitgegenstand des Prozesses. So zB, wenn die Information und Beratung sich auf die ganze Forderung bezog, die Klage aber nur wegen eines Teils erhoben wird. Der Prozessbevollmächtigte des Klägers erhält dann 0,8 Verfahrensgebühr nach Nr. 3101 aus der ganzen Forderung und weitere 0,5 Verfahrensgebühr aus dem rechtshängig gewordenen Forderungsteil (s. § 15 Rn. 36). Nach anderer Auffassung erhält der Rechtsanwalt eine 1,3 Verfahrensgebühr nach Nr. 3100 aus dem rechtshängigen Forderungsteil und zusätzlich eine 0,8 Verfahrensgebühr aus dem nicht rechtshängig gewordenen Forderungsteil, für den die Gebühr nach Nr. 3101 ermäßigt ist.[37] 32

bb) Unterschiedliche Gegenstände der Prozessbevollmächtigten. Der Gegenstand kann für die Prozessbevollmächtigten der Parteien verschieden sein. So zB, wenn eine eingereichte Klage vor ihrer Zustellung berichtigt oder teilweise zurückgenommen wird. Der Rechtsanwalt des Klägers erhält dann die Verfahrensgebühr nach dem Wert des ursprünglichen Gegenstands der Klage, der Rechtsanwalt des Beklagten nach dem Wert des berichtigten Antrags. Wird in diesem Fall dem Beklagten die unberichtigte Klage zugestellt, so entsteht auch für den von ihm entsprechend beauftragten Rechtsanwalt die Verfahrensgebühr aus dem Wert der Klage (vgl. Abschnitt 1 Rn. 29). Bei Erledigung der Hauptsache wird der Gegenstand erst durch die Erklärung der Parteien, nicht schon durch die tatsächliche Erledigung, auf das Kostenintersse reduziert.[38] Da die Erledigung der Hauptsache nach § 91a Abs. 1 Satz 1 ZPO sowohl in der mündlichen Verhandlung als auch schriftlich wirksam erklärt werden kann, tritt die Erledigung und damit die Reduzierung des Gegenstandes ein, sobald der Schriftsatz mit der Zustimmung zur Erledigungserklärung des Gegners bei Gericht eingeht oder die Zustimmung in der mündlichen Verhandlung erklärt wird. Ebenso ist es bei der Klagerücknahme, sofern die Einwilligung des Beklagten erforderlich ist (§ 269 ZPO). Andernfalls wird die Klagerücknahme mit ihrem Zugang bei Gericht wirksam. Beschränkt sich die Tätigkeit des Verfahrensbevollmächtigten des Beklagten auf den Antrag, dem Kläger die Kosten des Rechtsstreits aufzuerlegen, so ist für den Wert nur der Kostenbetrag maßgebend.[39] 33

---

[34] OLG Düsseldorf JurBüro 1989, 363.
[35] LG Berlin JurBüro 1963, 781; vgl. auch Rn. 33.
[36] LAG Frankfurt KostRspr. § 31 Ziff. 1 Nr. 8; vgl. auch LAG Stuttgart KostRspr. aaO Nr. 7; OLG Stuttgart NZG 2001, 522.
[37] OLG Düsseldorf JurBüro 1973, 742; *Gerold/Schmidt/Müller-Rabe* VV 3101 Rn. 70.
[38] OLG Stuttgart JurBüro 1981, 1351; OLG Frankfurt MDR 1984, 240; OLG Düsseldorf JurBüro 1991, 408.
[39] OLG Düsseldorf JurBüro 1971, 764; OLG Bamberg JurBüro 1986, 61.

34 cc) Klageerweiterung und Widerklage. Bei der Klageerweiterung oder Einreichung einer Widerklage mit einem von dem Klagegegenstand verschiedenen Gegenstand bemisst sich die Verfahrensgebühr nach der Summe der in dem Prozess geltend gemachten Ansprüche. Scheidet im Verlauf der Instanz ein Gegenstand aus **und** ein anderer Gegenstand wird eingeführt, so wird die Verfahrensgebühr nach dem zusammengerechneten Wert der Gegenstände berechnet, deretwegen der Rechtsanwalt tätig geworden ist. Für die Hilfswiderklage gilt § 45 Abs. 1 S. 2 GKG.

35 dd) Aufrechnungseinwand. Durch den Aufrechnungseinwand wird der Streitwert um den Wert der Gegenforderung erhöht, wenn der Beklagte die Aufrechnung hilfsweise geltend macht, die Gegenforderung bestritten ist und über sie eine nach § 322 Abs. 2 ZPO der Rechtskraft fähige Entscheidung ergeht (§ 45 Abs. 3 GKG). Eine Streitwerterhöhung scheidet demnach von vornherein bei der Primäraufrechnung aus, wenn also der Beklagte die Klageforderung als solche nicht bestreitet, sondern ihr primär mit dem Aufrechnungseinwand begegnet. Das gilt auch dann, wenn der Beklagte im Laufe des Rechtsstreits von der Eventual- zur Primäraufrechnung übergeht.[40] Ebenso unterbleibt eine Streitwerterhöhung, wenn der Kläger die Gegenforderung nicht bestreitet. Wird hilfsweise mit einer bestrittenen Gegenforderung aufgerechnet, so bleibt die Höhe des Streitwertes bis zur Entscheidung des Rechtsstreits in der Instanz in der Schwebe. Wird die Klage abgewiesen, weil die Klageforderung unabhängig von der Hilfsaufrechnung nicht besteht, so verbleibt es bei dem Wert der Klageforderung. Wird jedoch über die Gegenforderung eine Entscheidung getroffen, die nach § 322 Abs. 2 ZPO der Rechtskraft fähig ist, so erhöht sich insoweit der Streitwert. Über die Gegenforderung wird mit Rechtskraftwirkung entschieden, wenn die Klageforderung zugesprochen und damit das Bestehen der Gegenforderung verneint wird, jedoch nur bis zur Höhe der Klageforderung.[41] Wird mit mehreren Forderungen, die in der Summe die Klageforderung übersteigen, im Eventualverhältnis aufgerechnet, so erhöht sich der Streitwert insoweit, als über die Gegenforderungen mit Rechtskraftwirkung entschieden wird.[42] In diesem Falle kann auch bei der Primäraufrechnung eine Streitwerterhöhung eintreten.[43] Zu einer rechtskräftigen negativen Entscheidung über die Gegenforderung kommt es auch dann, wenn der Vortrag zu der Aufrechnungsforderung unzureichend substantiiert ist[44] oder das der Aufrechnungsforderung zugrunde liegende tatsächliche Vorbringen nach § 296 ZPO als verspätet zurückgewiesen wird.[45] Das Urteil bewirkt auch Rechtskraft hinsichtlich der Gegenforderung, wenn die Klage ganz oder teilweise mit Rücksicht auf die Gegenforderung abgewiesen und damit ihr Verbrauch durch Aufrechnung festgestellt wird. Ob die jeweilige Entscheidung in einer höheren Instanz Bestand hat, ist unerheblich.[46] Endet der Rechtsstreit durch Vergleich, so gilt die Regelung entsprechend (§ 45 Abs. 4 GKG). Der Streitwert erhöht sich daher nur, wenn nach Hilfsaufrechnung

---

[40] OLG Karlsruhe NJW-RR 1999, 223; OLG Hamm JurBüro 2002, 316; *Markl/Meyer* § 19 GKG Rn. 3; MünchKommZPO/*Schwerdtfeger* § 5 Rn. 9; aA OLG Dresden MDR 1999, 119; *Schneider/Herget* Rn. 401; *Thomas/Putzo* § 3 ZPO Rn. 19; *Zöller/Herget* § 3 ZPO Rn. 16.

[41] OLG Schleswig JurBüro 1984, 257.

[42] BGH MDR 1992, 307; OLG Frankfurt AnwBl. 1987, 96; OLG Köln JurBüro 1993, 164; OLG Düsseldorf NJW-RR 1994, 1279.

[43] OLG Bremen JurBüro 1986, 747; OLG Schleswig JurBüro 1987, 737; aA *Mümmler* JurBüro 1988, 9; *Göttlich/Mümmler/Rehberg/Xanke* 1.2.6 unter „Aufrechnung".

[44] OLG Koblenz JurBüro 2002, 197.

[45] OLG Frankfurt JurBüro 1984, 88.

[46] BGH JurBüro 1987, 853; KG JurBüro 1981, 1232; aA OLG Frankfurt AnwBl. 1980, 503.

im Prozess⁴⁷ die streitige Gegenforderung⁴⁸ in den Vergleich mit einbezogen wird, auch wenn der Vergleich in einem anderen Rechtsstreit geschlossen wird.⁴⁹ Zum Streitwert nach Aufrechnung in der Rechtsmittelinstanz vgl. Rn. 38.

ee) Prozessverbindung und -trennung. Werden mehrere Prozesse miteinander **36** verbunden und ist der Rechtsanwalt sowohl vor als auch nach der **Verbindung** als Prozessbevollmächtigter tätig geworden, so kann er entweder die vor der Verbindung bereits entstandenen Verfahrensgebühren aus den einzelnen Gegenstandswerten – die ihm erhalten bleiben (vgl. § 7 Rn. 21) – oder, wenn die Werte nunmehr zusammenzurechnen sind (vgl. § 22 Rn. 2), eine Verfahrensgebühr aus dem zusammengerechneten Wert fordern, je nachdem das eine oder andere für ihn günstiger ist. Entsprechendes gilt bei der **Trennung** eines Prozesses, wenn der Rechtsanwalt vor und nach der Trennung tätig wird (vgl. § 7 Rn. 28). Zu getrennt eingereichten wechselseitigen Scheidungsanträgen vgl. § 15 Rn. 11. Wird ein Verfahren, in dem der Rechtsanwalt die Verfahrensgebühr bereits verdient hat, mit einem Verfahren verbunden, in dem er vor der Verbindung nicht tätig geworden ist, und vertritt er nun die Partei in dem verbundenen Prozess, so wird die in dem Ausgangsverfahren erwachsene Verfahrensgebühr auf die später verdiente Gebühr aus dem Gesamtstreitwert voll angerechnet.⁵⁰ Nach anderer Auffassung entsteht zusätzlich zu der vor der Verbindung erwachsenen Verfahrensgebühr nach der Verbindung eine weitere Verfahrensgebühr aus dem zusammengerechneten Streitwert, die lediglich in dem Verhältnis gekürzt ist, die dem Anteil des Wertes der einen Sache, in der die Gebühr vor der Verbindung schon verdient ist, am zusammengerechneten Wert entspricht.⁵¹ Diese Auffassung entspricht jedoch nicht § 22 Abs. 1. Der Fall ist nicht anders zu beurteilen als eine nachträgliche Erhöhung des Streitwertes. Entsprechendes gilt, wenn nach Verbindung mehrerer Klagen die Klage erweitert oder eine Widerklage mit einem von den Klagegegenständen verschiedenen Gegenstand erhoben wird. Die vor der Verbindung erwachsenen Einzelgebühren bleiben dem Rechtsanwalt erhalten; er erhält jedoch insgesamt nicht mehr als die Verfahrensgebühr aus dem Gesamtstreitwert nach der Erhöhung, falls diese höher ist als die Summe der Einzelgebühren.⁵²

b) Besonderheiten im Berufungs- und Revisionsverfahren. Im Berufungs- **37** und im Revisionsverfahren berechnet sich die Verfahrensgebühr nach dem in der Rechtsmittelschrift gestellten **Antrag** (§ 47 Abs. 1 GKG) und, falls diese noch keinen Antrag enthält, nach dem mit der Rechtsmittelbegründung eingereichten Antrag.⁵³ Der Rechtsmittelantrag bleibt jedoch dann unberücksichtigt, wenn er offensichtlich nicht auf die Durchführung des Rechtsmittels gerichtet ist, sondern den Zweck verfolgt, für ein Rechtsmittel, das nicht durchgeführt werden soll, den Gegenstandswert gering zu halten;⁵⁴ so auch bei unzulässigem Berufungsantrag.⁵⁵ Es bleibt dann die

---

47 OLG München JurBüro 1981, 888.
48 OLG Hamm JurBüro 1983, 1680.
49 OLG Hamm JurBüro 1984, 256.
50 OLG Zweibrücken JurBüro 1981, 699; OLG Köln JurBüro 1987, 380.
51 OLG Düsseldorf VersR 1978, 673.
52 OLG Stuttgart JurBüro 1982, 1670; OLG München JurBüro 1986, 556; *Gerold/Schmidt/Müller-Rabe* VV 3100 Rn. 82.
53 BGH NJW 1974, 1286; BVerwG AnwBl. 1977, 506; s. auch Abschnitt 2 Rn. 35.
54 BGHZ 70, 365 mwN; NJW-RR 1998, 355; OLG München JurBüro 1992, 252; *Egon Schneider* NJW 1978, 786; aA OLG Celle VersR 1979, 919; OLG Hamm NJW 1979, 171.
55 OLG Celle NdsRpfl. 1975, 138.

VV Teil 3 Vorbem. 3 *Vergütungsverzeichnis*

volle Beschwer maßgeblich. Hatte die Partei einen uneingeschränkten Auftrag zur Anfechtung des Urteils erteilt und ihn erst später auf einen Teil beschränkt, so erhält der Rechtsanwalt, der hinsichtlich der vollen Beschwer – sei es auch nur beratend – tätig geworden ist, die Verfahrensgebühr aus dem Gegenstand, welcher der vollen Beschwer entspricht, und zwar, soweit es nicht zur Einreichung eines Antrags kommt, die 1,1 Gebühr nach Nr. 3201. Wird innerhalb der Begründungsfrist kein Antrag eingereicht, so ist auch für die Verfahrensgebühr des Rechtsanwalts die volle Beschwer maßgebend (§ 47 Abs. 1 S. 1 GKG, § 23 Abs. 1 S. 1 RVG). – Rechtsmittel gegen verschiedene Urteile in einer Sache eröffnen regelmäßig mehrere Rechtszüge.

38 Hat die Vorinstanz bei Abweisung der Klage gemäß § 322 Abs. 2 ZPO über die zur **Aufrechnung** gestellte Gegenforderung mitentschieden, so errechnet sich die Beschwer aus der Summe der Klageforderung und der zur Aufrechnung gestellten Gegenforderung. Soweit die Beschwer für die Berechnung der Verfahrensgebühr maßgeblich ist (Rn. 37), bestimmt sich in diesem Falle die Verfahrensgebühr nach dem zusammengerechneten Streitwert, auch wenn es zu einer Entscheidung des Rechtsmittelgerichts über die Gegenforderung nicht kommt; § 45 Abs. 3 GKG ist insoweit nicht anwendbar.[56]

39 Bei **wechselseitig eingelegten Rechtsmitteln** bemisst sich der Gegenstandswert nach der Summe der Werte beider Rechtsmittel, wenn die Rechtsmittel verschiedene Gegenstände betreffen (§ 45 Abs. 2 GKG), und zwar sowohl bei selbständiger, als auch bei unselbständiger Anschlussberufung bzw. -revision. Der Wert einer unselbständigen Anschlussrevision ist dem Wert der Revision auch dann hinzuzurechnen, wenn die Anschlussrevision gemäß § 554 Abs. 4 ZPO ihre Wirkung dadurch verliert, dass die Revision zurückgenommen oder als unzulässig verworfen wird.[57] Wird mit dem Anschlussrechtsmittel lediglich die Kostenentscheidung angegriffen, so hat es keinen eigenen Streitwert.[58] Für die Bemessung der Verfahrensgebühr kommt es darauf an, ob der Anwalt in Bezug auf das Rechtsmittel oder das Anschlussrechtsmittel in einer Weise tätig geworden ist, dass eine 1,6 Gebühr nach Nr. 3200/3206 oder eine 1,1 Gebühr nach Nr. 3201/3207 erwachsen ist. Ist bezüglich des Rechtsmittels eine volle und bzgl. des Anschlussrechtsmittels eine verminderte Gebühr entstanden, so gilt § 15 Abs. 3.

40 **4. Kostenerstattung.** Die Verfahrensgebühr ist in bürgerlichen Rechtsstreitigkeiten nach § 91 ZPO regelmäßig erstattbar, in arbeitsgerichtlichen Verfahren des ersten Rechtszuges ist sie nach § 12a Abs. 1 S. 1 ArbGG nicht erstattbar. Wegen der Verfahren der freiwilligen Gerichtsbarkeit s. § 13a FGG, § 47 WEG, § 20 HausratsVO und § 15 Abs. 4 SpruchG, wegen der verwaltungsgerichtlichen Verfahren s. §§ 154 ff. VwGO, wegen der finanzgerichtlichen Verfahren s. §§ 135 ff. FGO und wegen der sozialgerichtlichen Verfahren s. § 193 SGG. Auch schon vor der Zustellung einer bei Gericht eingereichten Klage wird es für den Beklagten zur zweckentsprechenden Rechtsverteidigung in der Regel notwendig sein, einen Prozessbevollmächtigten zu beauftragen.[59] Die verminderte Verfahrensgebühr Nr. 3101, die dem Prozessbevollmächtigten des Beklagten nach Widerspruch gegen den Mahnbescheid und Abgabe des Rechts-

---

[56] BGH JurBüro 1979, 41 und 358; OLG Saarbrücken MDR 1980, 411; OLG Frankfurt OLGR 1989, 121; *Diehl* NJW 1970, 2092; aA KG JurBüro 1985, 913; OLG Köln MDR 1994, 1152; OLG Düsseldorf MDR 1998, 497; *Schneider* Streitwert Rn. 469.
[57] BGHZ 72, 339 (GS); OLG Jena MDR 2002, 480.
[58] OLG Köln JurBüro 1982, 912.
[59] OLG Hamburg JurBüro 1976, 193; VG Dessau JurBüro 1999, 79; aA KG JurBüro 1976, 671.

streits gemäß § 696 ZPO erwächst, ist auch dann zu erstatten, wenn der Kläger die Klage vor der Anspruchsbegründung gemäß § 697 ZPO zurücknimmt,[60] nicht jedoch die volle Verfahrensgebühr Nr. 3100; denn der Klageabweisungsantrag ist vor Begründung der Klage zur zweckentsprechenden Rechtsverfolgung nicht notwendig.[61] Wegen der Erstattung der ermäßigten oder vollen Verfahrensgebühr des Prozessbevollmächtigten des Rechtsmittelbeklagten, der schon vor Begründung des Rechtsmittels tätig wird, vgl. Abschnitt 2 Rn. 36. Werden in missbräuchlicher Weise mehrere Ansprüche getrennt geltend gemacht statt in einer Klage, so ist dem Kläger nur die Verfahrensgebühr zu erstatten, die bei Zusammenfassung aller Ansprüche in einer Klage entstanden wären.[62]

41 Die Verurteilung in die Kosten des Rechtsstreits nach § 269 Abs. 3 S. 2 ZPO setzt voraus, dass der Prozess **rechtshängig** geworden ist.[63] Wird die Klage vor der Zustellung zurückgenommen, so darf kein Kostenbeschluss nach § 269 Abs. 3 S. 2 ZPO ergehen. Geschieht dies dennoch, so sind die dem Prozessbevollmächtigten des Beklagten erwachsenen Kosten nicht festzusetzen, da es sich mangels eines Prozessrechtsverhältnisses um keine Kosten des Rechtsstreits handelt.[64] Kommt es wegen Befriedigung des Klägers oder wegen sonstiger Erledigung der Hauptsache nicht zur Einreichung der Klage, so kann der Anspruch des Klägers auf Erstattung der Verfahrensgebühr Nr. 3101 nur durch eine besondere, aus dem materiellen Recht zu begründende Klage geltend gemacht werden.[65]

42 Erledigt sich die Hauptsache ganz oder teilweise **nach Einreichung,** aber **vor Zustellung** der Klage, so kann der Kläger die Klage nicht einseitig für erledigt erklären, wenn der Beklagte der Erledigterklärung widerspricht.[66] Wenn er die Klage zurücknimmt, so entscheidet das Gericht auf Antrag nach § 269 Abs. 3 S. 3 ZPO über die Kosten des Rechtsstreits unter Berücksichtigung des bisherigen Sach- und Streitstandes nach billigem Ermessen. Diese Kostenentscheidung ist auch dann möglich, wenn der Kläger die Klage zu einem Zeitpunkt zurücknimmt, in dem die Klage noch nicht zugestellt ist und die Zustellung auch danach nicht mehr erfolgt.[67] Das Gericht kann daher mit Rücksicht darauf, dass der Grund für die Klage vor Eintritt der Rechtshängigkeit ganz oder teilweise weggefallen ist, dem Beklagten die Kosten des Rechtsstreites ganz oder teilweise auferlegen. Dies gilt auch, wenn die Klage erst nach Wegfall ihres Anlasses, jedoch in Unkenntnis dieses Umstandes, eingereicht wurde. Da das Gericht aufgrund des bisherigen Sach- und Streitstandes entscheidet, kann der Kläger keine für ihn günstige Kostenentscheidung erwarten, wenn der Beklagte die Begründetheit der Klage oder den Wegfall des Klagegrundes substantiiert bestritten hat. Dies entspricht zwar der Regelung des § 91a ZPO, der Unterschied besteht jedoch darin, dass der Beklagte im Falle des § 269 Abs. 3 S. 3 ZPO der Erledigung nicht zugestimmt

---

[60] OLG Köln JurBüro 2000, 77; OLG Koblenz JurBüro 2002, 76; *Göttlich/Mümmler/Rehberg/Xanke* 2.2.2 unter „Mahnverfahren"; *Gerold/Schmidt/Müller-Rabe* VV 3305–3308 Rn. 112; aA KG AnwBl. 2003, 182.
[61] *Gerold/Schmidt/Müller-Rabe* VV 3305–3308 Rn. 112; aA OLG München JurBüro 1986, 877; OLG Saarbrücken JurBüro 1988, 1668; OLG Stuttgart MDR 1990, 557; OLG Düsseldorf JurBüro 1994, 431; *Gebauer/Schneider* § 43 BRAGO Rn. 17.
[62] OLG Köln JMBl. NRW 1974, 10; OLG Düsseldorf JurBüro 1976, 627.
[63] *Musielak/Foerste* § 269 ZPO Rn. 6.
[64] OLG Schleswig JurBüro 1984, 604; KG NJW 1973, 909.
[65] *Stein/Jonas/Bork* Vor § 91 ZPO Rn. 19.
[66] BGHZ 83, 12.
[67] BGH BB 2004, 688; *Musielak/Foerste* § 269 ZPO Rn. 13.

hat. Der Kläger kann daher auch die noch nicht zugestellte Klage zurückziehen und den vermeintlichen Anspruch auf Kostenersatz im Weg einer neuen Klage geltend machen oder die eingereichte, noch nicht zugestellte Klage auf die vorprozessualen Kosten – und gegebenenfalls den Rest der Hauptsache – beschränken.[68] Eine solche Berichtigung der Klage ist wegen der fehlenden Rechtshängigkeit keine prozessuale Klageänderung, sondern steht einer neuen Klage gleich.[69] In beiden Fällen ist der Kostenanspruch auf materielle Gründe zu stützen. Der Streitwert bestimmt sich dementsprechend nach dem Kosteninteresse des Klägers.[70]

43 Wird die Klage trotz der inzwischen eingetretenen Erledigung noch zugestellt, so kann der Kläger nach § 263 ZPO seinen materiellrechtlichen Kostenanspruch an die Stelle des ursprünglichen Klageantrags setzen.[71] Erklären beide Parteien die Hauptsache für erledigt, so kann über die Kosten nach § 91a ZPO entschieden werden.[72] Wegen der einseitigen Erledigungserklärung vgl. BGHZ 83, 12.

44 In **Eilverfahren** genügt es für eine Verurteilung zur Kostenerstattung, dass der Antrag bei Gericht eingegangen ist.[73] Ist dies der Fall, so können die Kosten des Verfügungsbeklagten für eine **Schutzschrift** auch dann zu erstatten sein, wenn diese vorsorglich eingereicht wurde, bevor der Antrag des Verfügungsklägers bei Gericht eingegangen ist.[74] Die Schutzschrift muss jedoch vor der Entscheidung über den Arrest- oder Verfügungsantrag bei Gericht eingehen.[75] Wegen des Gebührensatzes für die Einreichung einer Schutzschrift s. Abschnitt 1 Rn. 26.

III. Terminsgebühr (Abs. 3)

45 **1. Allgemeines.** Die Terminsgebühr tritt an die Stelle der Verhandlungs- oder Erörterungsgebühr nach § 31 Abs. 1 Nr. 2 und 4 BRAGO. Da die Beweisgebühr (§ 31 Abs. 1 Nr. 3 BRAGO) weggefallen ist, kann in einem gerichtlichen Verfahren neben der Verfahrensgebühr (Rn. 22 ff.) und ggf. der Einigungs-, Aussöhnungs- oder Erledigungsgebühr (Nr. 1000 ff.) zusätzlich nur die Terminsgebühr erwachsen. Der Gebührentatbestand ist gegenüber der Verhandlungs- oder Erörterungsgebühr der BRAGO erheblich erweitert. Der unverkürzte Gebührensatz beträgt im ersten Rechtszug (Nr. 3104) und im Berufungsrechtszug (Nr. 3202) 1,2, im Revisionsverfahren (Nr. 3210) 1,5. Die Terminsgebühr entsteht, sobald der Gebührentatbestand erfüllt ist. Da eine Gebühr in derselben Angelegenheit nach § 15 Abs. 2 nur einmal entsteht, erhält der Rechtsanwalt im selben Rechtszug die Terminsgebühr auch dann nur einmal, wenn der Gebührentatbestand mehrmals erfüllt ist.

---

[68] BGHZ 83, 12.
[69] *Gerold/Schmidt/Müller-Rabe* VV 3100 Rn. 172; *Hartmann* VV 3101 Rn. 69; *Baumbach/Lauterbach/Albers/Hartmann* Vor § 91 ZPO Rn. 46.
[70] OLG Hamm MDR 1973, 941.
[71] *Stein/Jonas/Bork* § 91a ZPO Rn. 12; *Baumbach/Lauterbach/Albers/Hartmann* Vor § 91 ZPO Rn. 45.
[72] BGHZ 21, 298; *Stein/Jonas/Bork* § 91a ZPO Rn. 10.
[73] OLG Düsseldorf WRP 1995, 499; OLG Frankfurt Rpfleger 1996, 215; OLG Koblenz WRP 1995, 246; OLG Köln JurBüro 1983, 1658; *Thomas/Putzo* § 920 ZPO Rn. 1; *Zöller/Vollkommer* § 91a ZPO Rn. 58.
[74] BGH JurBüro 2003, 369; OLG Hamburg JurBüro 1985, 401; KG WRP 1999, 547; OLG München WRP 1992, 811; OLG Düsseldorf WRP 1995, 499; OLG Bamberg OLG-Report 2000, 228; OLG Karlsruhe OLG-Report 2000, 436; OLG Frankfurt WRP 1996, 117.
[75] OLG Hamburg JurBüro 1990, 732.

2. Gebührentatbestand, Abgeltungsbereich. a) Gerichtliche Termine. Die Ter- 46
minsgebühr entsteht für die Vertretung in einem gerichtlichen Verhandlungs-, Erörterungs- oder Beweisaufnahmetermin. Es genügt, dass der Rechtsanwalt seine Partei in einem Termin vertritt, den das Gericht zur Verhandlung oder Erörterung des Streitgegenstandes oder zur Beweisaufnahme bestimmt hat. Ob es dann in diesem Termin zur Verhandlung, Erörterung oder Beweisaufnahme kommt oder ob über den Streitgegenstand oder nur zur Prozess- oder Sachleitung verhandelt wird, ist gebührenrechtlich unerheblich.[76] Auch die Teilnahme an einem Termin zur Güteverhandlung nach § 278 ZPO oder § 54 ArbGG lässt die Terminsgebühr entstehen; denn im Gütetermin soll immer auch der Sach- und Streitstand erörtert werden (§ 278 Abs. 2 S. 2 ZPO, § 54 Abs. 1 S. 2 ArbGG). Der Termin muss auch nicht vor dem Prozessgericht bestimmt sein; es genügt die Teilnahme an einem Beweistermin vor einem beauftragten oder ersuchten Richter (§ 375 ZPO) oder an einem Termin zur Güteverhandlung vor einem beauftragten oder ersuchten Richter (§ 278 Abs. 5 ZPO) oder vor dem Vorsitzenden des Arbeitsgerichtes (§ 54 Abs. 1 ArbGG). Hat das Gericht keinen Termin bestimmt, sondern treten die Prozessbevollmächtigten etwa anlässlich eines Termins in einem anderen Rechtsstreit mit Einwilligung des Gerichts freiwillig auf, so kommt es für die Entstehung der Terminsgebühr darauf an, ob in dem Termin die Streitsache verhandelt oder erörtert oder ob Beweis erhoben wird. Es genügt aber auch eine Verhandlung zur Prozess- und Sachleitung oder eine Erörterung von Verfahrensfragen. Der Gebührentatbestand kann daher auch durch die Teilnahme an einem Termin zur Verhandlung über die Ablehnung eines Richters oder Sachverständigen entstehen.

b) Termin eines Sachverständigen. Die Terminsgebühr entsteht ferner für die 47
Wahrnehmung eines von einem gerichtlich bestellten Sachverständigen anberaumten Termins. Gedacht ist dabei an die Ortsbesichtigungen, die insbesondere Bausachverständige zur Vorbereitung ihres Gutachtens vornehmen müssen. Über einen solchen Termin kann der Sachverständige die Parteien benachrichtigen und ihnen die Teilnahme gestatten. Dies kann das Gericht dem Sachverständigen auch aufgeben (§ 404a Abs. 4 ZPO). Durch die Wahrnehmung eines solchen Termins erfüllt der Rechtsanwalt den Tatbestand der Terminsgebühr. Es muss sich jedoch um den Termin eines gerichtlich bestellten Sachverständigen handeln. Der Sachverständige wird vom Gericht durch den Beweisbeschluss bestellt oder, wenn die Auswahl oder die Beauftragung des Sachverständigen zurückgestellt wird, durch einen späteren Beschluss. Die Begutachtung durch einen Sachverständigen kann nach § 358a ZPO schon vor der mündlichen Verhandlung angeordnet und ausgeführt werden. Ist der Sachverständige bestellt, so wird die Terminsgebühr durch die Teilnahme an einem Termin, den der Sachverständige anberaumt, verdient. Die Ladung eines Sachverständigen nach § 273 Abs. 2 Nr. 4 ZPO dient der Vorbereitung der mündlichen Verhandlung und beinhaltet daher noch keine Bestellung des Sachverständigen. Diese erfolgt erst in der mündlichen Verhandlung, wenn die Vernehmung des Sachverständigen angeordnet wird. Der Verfahrensbevollmächtigte verdient daher die Terminsgebühr nicht allein dadurch, dass er an einer vorbereitenden Ortsbesichtigung des nach § 273 Abs. 2 Nr. 4 ZPO geladenen, aber noch nicht bestellten Sachverständigen teilnimmt. Die Terminsgebühr entsteht auch nicht durch die Teilnahme an einer Ortsbesichtigung eines Privatgutachters, selbst wenn dessen Gutachten später im Prozess verwendet wird.

---

[76] BT-Drucks. 15/1971 S. 209.

48 **c) Besprechungen ohne Beteiligung des Gerichts.** Die Terminsgebühr entsteht schließlich durch die Mitwirkung des Rechtsanwalts an einer Besprechung ohne Beteiligung des Gerichts, die auf die Vermeidung oder Erledigung des Verfahrens gerichtet ist. Besprechungen dieser Art vor Gericht begründen ebenfalls die Terminsgebühr, wie in Rn. 46 darlegt. Durch die Einbeziehung von Besprechungen ohne Beteiligung des Gerichts soll das Bemühen des Prozessbevollmächtigten gefördert werden, schon vor Beginn oder in einer möglichst frühen Phase des Verfahrens zu einer angemessenen Lösung des Streites und damit zu einer Vermeidung oder Beendigung des gerichtlichen Verfahrens zu kommen.[77] Die Gebühr kann schon vor Einleitung des gerichtlichen Verfahrens entstehen, wenn dem Rechtsanwalt ein Prozessführungsauftrag erteilt ist (Rn. 22, 23). Die Besprechung muss auf die Vermeidung oder Erledigung des Verfahrens gerichtet sein. Ob dieses Ziel auch erreicht wird, ist für die Besprechungsgebühr unerheblich. Die Besprechung muss nicht unbedingt mit dem Prozessgegner oder dessen Vertreter geführt werden, sofern durch eine Vereinbarung mit einem Dritten eine Vermeidung oder Erledigung des Verfahrens möglich ist, so zB mit der gegnerischen Haftpflichtversicherung, mit einem nahen Angehörigen des Gegners, einem wichtigen Teilhaber der gegnerischen Gesellschaft oder einem Dritten (Streithelfer) bei einer möglichen Haftungskette. Ziel der Besprechung können Einigung, Aussöhnung oder Erledigung gemäß Nr. 1000 bis 1002 sein. Die Besprechung kann aber auch auf das vollständige Nachgeben einer Seite gerichtet sein, so etwa, wenn der Rechtsanwalt dem Gegner darlegt, dass er nur bei vollständiger Begleichung des Schadens eine Strafanzeige vermeiden könne. Keine Terminsgebühr entsteht, wenn die Besprechung nur auf eine Einigung im Verfahren gerichtet ist, zB die Abstimmung über einen Termin, über die Verlängerung der Berufungsbegründungsfrist, über den Vortrag zur Vermeidung eines kostspieligen Gutachtens, der Verzicht auf die Zwangsvollstreckung aus einem vorläufig vollstreckbaren Urteil gegen Gewährung einer Sicherheit, Beschränkung der Klage auf einen Teilbetrag der Forderung gegen Hemmung der Verjährung hinsichtlich der Restforderung.

49 Besprechung ist ein mündlicher Austausch von Erklärungen und Äußerungen. Sie kann in Gegenwart der beteiligten Personen stattfinden, aber auch telefonisch unter Abwesenden. Keine Besprechung ist die Korrespondenz zwischen zwei oder mehreren Personen, auch nicht über Fernschreiber oder E-Mails.

50 Die Terminsgebühr wird nicht verdient durch eine Besprechung des Rechtsanwalts mit seinem Auftraggeber oder dessen Vertreter (gesetzlicher Vertreter, Prokurist, Geschäftsführer, Korrespondenzanwalt), auch wenn es dabei um die Möglichkeiten der Vermeidung oder Erledigung des Verfahrens geht.

51 **3. Gegenstandswert. a) Vertretung in einem Verhandlungs- oder Erörterungstermin.** Die Terminsgebühr für einen Verhandlungs- oder Erörterungstermin bemisst sich nach dem Wert des Gegenstandes, zu dessen Verhandlung oder Erörterung der Termin bestimmt ist, sofern nicht der Wert des Gegenstandes, der verhandelt oder erörtert wird, ein höherer ist. Im Zweifel wird ein Termin zur Verhandlung und Erörterung des Gegenstandes bestimmt, der zum Zeitpunkt der Terminsbestimmung rechtshängig ist. Wird vor dem Termin die Klage ganz oder teilweise wirksam zurückgenommen oder für erledigt erklärt, so bemisst sich die Terminsgebühr nach dem verringerten Gegenstandswert, ggf. nach dem Kosteninteresse. Wird jedoch in der mündlichen Verhandlung die Klage zurückgenommen oder die Hauptsache für erledigt er-

---

[77] BT-Drucks. 15/1971 S. 209.

klärt, so tritt die Verringerung des Gegenstandswertes erst während des Termins ein; die Terminsgebühr entsteht deshalb in diesem Fall nach dem höheren Wert. Werden in dem Termin Vergleichsverhandlungen geführt unter Einbeziehung von Ansprüchen, die in diesem Verfahren nicht rechtshängig sind, so ist unabhängig davon, ob ein Vergleich zustande kommt, der Wert dieser nichtrechtshängigen Ansprüche für die Terminsgebühr dem Wert des Streitgegenstandes hinzuzurechnen. Wegen der Anrechnung des hierdurch erhöhten Teiles der Terminsgebühr auf eine Terminsgebühr in einem anderen Verfahren vgl. Nr. 3104 Abs. 2 und Abschnitt 1 Rn. 56.

Wird nur noch über einen Teilbetrag des ursprünglichen Klagegegenstandes gestritten, zB weil sich ein anderer Teil erledigt hat oder die Klage zurückgenommen worden ist, so berechnet sich eine danach entstehende Terminsgebühr nach dem Wert des verbleibenden Teiles (§ 23 Abs. 1 S. 1 i.V.m. § 36 Abs. 1 GKG); die Kosten bleiben außer Betracht.[78] Wenn nur noch über die Nebenforderungen zu verhandeln ist, ist der Wert der Nebenforderungen maßgebend, soweit er nicht den Wert der Hauptsache übersteigt; wenn nur noch über die Kosten zu verhandeln ist, ist der Wert der Kosten maßgebend (§ 23 Abs. 1 S. 1 i.V.m. § 43 Abs. 2, 3 GKG). 52

Beantragt der **Kläger, die Hauptsache für erledigt** zu erklären, während der **Beklagte** weiter **Klageabweisung** beantragt, so bleibt der vom Kläger erhobene Anspruch weiterhin Streitgegenstand.[79] Nicht folgerichtig ist die Auffassung des BGH, der Streitwert schrumpfe in diesem Falle mit der Erledigungserklärung des Klägers regelmäßig auf die Summe der bis zu diesem Zeitpunkt entstandenen Kosten zusammen.[80] Der Antrag des Beklagten ist nämlich objektiv nicht nur auf eine für ihn günstige Kostenentscheidung, sondern darüber hinaus auf eine rechtskräftige Verneinung des vom Kläger erhobenen Anspruchs gerichtet. Der Streitwert bemisst sich daher weiterhin nach der Hauptsache.[81] Nach einer dritten Auffassung ist der Streitwert wie bei einer Feststellungsklage zu beurteilen.[82] Ist der Beklagte hingegen säumig und beantragt der Kläger, durch Versäumnisurteil die Hauptsache für erledigt zu erklären, so entsteht die Terminsgebühr Nr. 3105 nur aus dem Wert der Kosten.[83] Wegen des Streitwerts bei einseitiger Erledigungserklärung vor Rechtshängigkeit vgl. Rn. 42. Wird nur ein Teil des Streitgegenstandes einseitig für erledigt erklärt, so berührt dies nach der hier vertretenen Auffassung den Streitwert nicht. Folgt man jedoch der Auffassung des BGH (aaO), dass der Wert des einseitig für erledigt erklärten Gegenstan- 53

---

[78] BGH NJW 1962, 2252; NJW-RR 1991, 509; FamRZ 1995, 1137; OLG Köln JurBüro 1992, 115; OLG Hamm NJW-RR 1996, 1279; aA OLG Koblenz JurBüro 1992, 626.
[79] BGH NJW 1961, 1210.
[80] Ebenso BGH NJW 1969, 1173; NJW-RR 1990, 3147; BGHZ 106, 359; NJW-RR 1996, 1210; OLG Karlsruhe MDR 1994, 217; KG MDR 1999, 380; 2004, 116; OLG Nürnberg OLGR 2002, 245; OLG Düsseldorf WuM 2002, 501; OLGR 2002, 296; OLG Bremen OLGR 2001, 218; OVG Bremen AnwBl. 1994, 251; OLG Dresden NJW-RR 2001, 428; OLG Naumburg FamRZ 2002, 680.
[81] OLG Frankfurt JurBüro 1982, 914; KG JurBüro 1984, 755; OLG Bamberg JurBüro 1992, 762; OLG Düsseldorf NJW-RR 1993, 510; OLG Köln MDR 1995, 103; OLG München NJW-RR 1996, 956; LG München NJW-RR 2001, 429; LG Frankfurt JurBüro 2002, 367; *Egon Schneider* Streitwert Rn. 1505 ff.; *Zöller/Herget* ZPO § 3 Rn. 16.
[82] BFH BB 1979, 1757; OLG Frankfurt OLGR 1998, 14; OLG Köln OLGR 1994, 114; OLG München MDR 1995, 642; *Thomas/Putzo* ZPO § 91a Rn. 59. Dagegen zu Recht *Egon Schneider* MDR 1973, 625.
[83] OLG Koblenz JurBüro 1979, 1840; OLG Stuttgart Justiz 1980, 271; OLG Oldenburg JurBüro 1980, 895; aA OLG Bamberg AnwBl. 1980, 460; OLG Köln MDR 1995, 103.

VV Teil 3 Vorbem. 3 *Vergütungsverzeichnis*

des auf die Summe der bis dahin entstandenen Kosten schrumpfe, so ist es folgerichtig, bei einseitiger Teilerledigungserklärung dem restlichen Betrag der Hauptsache die auf den für erledigt erklärten Teil der Hauptsache entfallenden Kosten hinzuzurechnen; denn der einseitig für erledigt erklärte Teil der Hauptsache bleibt weiterhin Streitgegenstand, nur sein Wert – so der BGH – verringert sich.[84] Zur übereinstimmenden Teilerledigungserklärung vgl. Rn. 52.

54   **b) Vertretung in einem Beweisaufnahmetermin.** Für die Vertretung in einem Beweisaufnahmetermin bemisst sich die Terminsgebühr nach dem Wert des Gegenstandes, über den Beweis erhoben werden soll. Der Wert des Gegenstands der Beweisaufnahme kann nicht höher sein als der Wert des streitigen Teils des Klagegegenstands. Er kann aber geringer sein, wenn die Beweisaufnahme nur einen wertmäßig ausscheidbaren Teil des Klagegegenstands betrifft.[85] Ebenso, wenn nur über die Klageforderung, nicht aber über die hilfsweise zur Aufrechnung gestellte und im Streitwert enthaltene (Rn. 35) Gegenforderung Beweis erhoben wird.[86] Wird bei einer Stufenklage in der ersten Stufe Beweis erhoben, so bemisst sich die Gebühr aus der Wahrnehmung eines Beweistermins nur nach dem Wert des Auskunftsanspruchs.[87]

55   Maßgebend ist der Gegenstand und dessen Wert im Zeitpunkt der anwaltlichen Tätigkeit. Eine spätere Erweiterung des Streitgegenstands bewirkt keine rückwirkende Erhöhung der Terminsgebühr, und zwar auch dann nicht, wenn das Ergebnis der Beweisaufnahme für die Begründung und Entscheidung der weiteren Ansprüche verwertet wird.[88] Klagt zB ein Rechtsanwalt einen Teilbetrag von 1000 Euro ein, wechselt der Auftraggeber nach der Beweisaufnahme seinen Prozessbevollmächtigten aus und erhöht sodann der zweite Anwalt die Klage auf 10 000 Euro, so erhält der erste Rechtsanwalt, der seine Partei im Beweisaufnahmetermin vertreten hat, die Terminsgebühr auch dann nur aus dem Wert von 1000 Euro, wenn das Gericht über die gesamte erhöhte Klage unter Würdigung des vor der Klageerhöhung erhobenen Beweises entscheidet.

56   **c) Wahrnehmung eines von einem Sachverständigen anberaumten Termins.** Es gilt im Wesentlichen das in Rn. 54, 55 Ausgeführte. Maßgeblich ist der Gegenstandswert zum Zeitpunkt der Wahrnehmung des Termins.

57   **d) Mitwirkung an einer Besprechung ohne Beteiligung des Gerichts.** Die Terminsgebühr bemisst sich nach dem Wert des Anspruchs, dessentwegen durch die Besprechung das gerichtliche Verfahren vermieden oder erledigt werden soll. Ist bereits eine Klage anhängig, so bestimmt sich die Gebühr nach dem Wert des Streitgegenstandes, wenn die Besprechung die Erledigung des gesamten Verfahrens zum Ziel hat. Sind nur Teile des Streitgegenstandes auch Gegenstand der Besprechung, zB in einem Ehescheidungsverbundverfahren die geltendgemachten Ansprüche auf ehelichen Unterhalt und Zugewinnausgleich, so bemisst sich die Terminsgebühr nach diesen Teilwerten. Ist noch keine Klage anhängig, so kommt es darauf an, welchen

---

[84] BGH MDR 1989, 58; OLG Hamburg JurBüro 1989, 847; OLG Stuttgart JurBüro 1989, 1166.

[85] Vgl. zur Beweisgebühr: OLG Frankfurt JurBüro 1983, 1822; OLG Düsseldorf JurBüro 1986, 1833; OLG München JurBüro 1991, 1087.

[86] Vgl. zur Beweisgebühr SchlH OLG JurBüro 1989, 528.

[87] OLG Hamm JurBüro 1997, 139.

[88] OLG Köln JurBüro 1992, 244; OLG Koblenz JurBüro 1994, 671; *Gerold/Schmidt/Müller-Rabe* VV 3104 Rn. 112.

Bürgerliche Rechtsstreitigkeiten, Verfahren **VV Teil 3 Vorbem. 3**

Anspruch der Anwalt im Auftrag seines Mandanten durchsetzen soll. Es kommt weder darauf an, in welcher Höhe der geltend gemachte Anspruch wirklich besteht, noch in welcher Höhe eine Einigung zustande kommt.

Manchmal werden in eine außergerichtliche Besprechung zur Vermeidung oder Erledigung eines gerichtlichen Verfahrens Ansprüche mit einbezogen, die in diesem Verfahren nicht rechtshängig sind oder vorerst nicht rechtshängig gemacht werden sollen. Der Wert dieser Ansprüche ist für die Termingebühr hinzuzurechnen. Vgl. auch Rn. 51. Wegen der Anrechnung des Teils der Termingebühr, der die Gebühr aus den rechtshängigen Ansprüchen übersteigt, auf die Termingebühr in einem anderen Verfahren vgl. Nr. 3104 Abs. 2 und Abschnitt 1 Rn. 56. 58

4. Mehrmalige Erfüllung des Gebührentatbestands. a) Gleiche Gebührensätze. Erfüllt der Rechtsanwalt in einem Rechtszug mehrmals den Tatbestand der Termingebühr hinsichtlich desselben Gegenstandes, so verdient er die Termingebühr nach § 15 Abs. 2 einmal aus dem Wert des Streitgegenstandes. 59

Beispiel: Klage über 10 000 Euro. Der Prozessbevollmächtigte des Klägers oder des Beklagten nimmt nacheinander einen Verhandlungstermin, einen Beweistermin und einen zweiten Verhandlungstermin jeweils über den vollen Streitgegenstand wahr. Es erwächst ihm eine Termingebühr nach Nr. 3104, Gebührensatz 1,2, aus dem Wert von 10 000 Euro in Höhe von 583,20 Euro.

Sind die Werte für die einzelnen Termine verschieden, so erhält der Rechtsanwalt die Termingebühr aus dem höchsten Wert.

Beispiel: Klage über 10 000 Euro. Nach Verhandlung über den vollen Streitgegenstand wird in einem weiteren Termin Beweis erhoben über einen Teilanspruch in Höhe von 8000 Euro. Danach nimmt der Kläger die Klage in Höhe von 4000 Euro zurück und verhandelt in einem weiteren Termin über den restlichen Wert von 6000 Euro. Dem Rechtsanwalt erwächst eine Termingebühr aus 10 000 Euro in Höhe von 583,20 Euro.

Sind die Gegenstände der einzelnen Termine teilweise verschieden, so erhält der Rechtsanwalt die Termingebühr aus der Summe aller Gegenstände.

Beispiel: Klage über 10 000 Euro. Nach Verhandlung über 10 000 Euro und Beweistermin über 8000 Euro erkennt der Beklagte die Klage in Höhe von 6000 Euro an. Der Kläger erhöht die Klage um weitere 3000 Euro. Sodann wird über 7000 Euro verhandelt. Der Rechtsanwalt verdient eine Termingebühr aus 10 000 Euro + 3000 Euro = 13 000 Euro in Höhe von 631,20 Euro.

b) Verschiedene Gebührensätze zu ausscheidbaren Teilen. Sind für Teile des Streitgegenstandes die Gebührensätze verschieden, so erhält der Rechtsanwalt nach § 15 Abs. 3 für die Teile gesondert berechnete Gebühren, insgesamt jedoch nicht mehr als den höchsten Gebührensatz aus dem Gesamtbetrag. 60

Beispiel: Klage über 10 000 Euro. Im ersten Termin ist der Beklagte säumig. Es ergeht Versäumnisurteil über 10 000 Euro. Hiergegen legt der Beklagte wegen eines Teilbetrages von 4000 Euro Einspruch ein. Über diesen Betrag wird in einem zweiten Termin streitig verhandelt.

Der Prozessbevollmächtigte des Klägers erhält eine 1,2 Termingebühr nach Nr. 3104 aus 4000 Euro in Höhe von 327,60 Euro und eine 0,5 Termingebühr nach Nr. 3105 aus 6000 Euro in Höhe von 169 Euro, zusammen 496,60 Euro. Das ist weniger als eine 1,2 Gebühr aus 10 000 Euro in Höhe von 583,20 Euro.

Beispiel: Wie voriges Beispiel, aber Klage über 20 000 Euro, und Einspruch wegen 17 000 Euro. Die 1,2 Gebühr aus 17 000 Euro in Höhe von 727,20 Euro und die 0,5 Gebühr aus 3000 Euro in Höhe von 94,50 Euro ergeben zusammen 812,70 Euro und damit mehr als eine 1,2 Gebühr aus 20 000 Euro in Höhe von 775,20 Euro. Dem Prozessbevollmächtigten des Klägers erwächst daher eine Termingebühr in Höhe von 775,20 Euro.

61 c) Verschiedene Gebührensätze zu nichtausscheidbaren Teilen. Finden nacheinander Termine statt mit unterschiedlichen Gebührensätzen über verschiedene Ansprüche, von denen der Gegenstandswert des späteren Termins von dem des früheren Termins nicht ausgeschieden werden kann, so trifft § 15 Abs. 3 nicht zu; ebenso, wenn ein Teil eines Anspruchs nicht ausscheidbar ist. Der Termin über den nicht ausscheidbaren, aber im Gegenstandswert enthaltenen Anspruch ist durch die aus dem Gegenstandswert mit einem geringeren Gebührensatz entstandene Terminsgebühr nur teilweise abgegolten. Diese Gebühr erhöht sich daher um den Unterschied der Gebührensätze aus dem Wert des nichtausscheidbaren Anspruchs. Rechtsprechung und Schrifttum – ergangen zu dem gleichen Problem der Verhandlungsgebühr – behandeln diese Fälle überwiegend wie eine Verhandlung über verschiedene Wertteile und billigen getrennte Terminsgebühren zu, wenn die Hauptsache vor Verhandlung über den nichtausscheidbaren Anspruch sich erledigte; eine Minderheit ist der Ansicht, dass die Terminsgebühr aus dem ganzen Gegenstandswert auch einen nachfolgenden Termin mit höherem Gebührensatz abgelte, da der Kostenforderung keine selbständige gebührenrechtliche Bedeutung zukomme. Beide Ansichten befriedigen nicht.

Beispiel: Klage über 1500 Euro. Im ersten Termin ist der Beklagte säumig. Es ergeht Versäumnisurteil. Nach Einspruch des Beklagten wird die Hauptsache außerhalb eines Termins übereinstimmend für erledigt erklärt. Im zweiten Termin wird wegen der Prozesskosten in Höhe von 400 Euro streitig verhandelt.

Es entstehen für den Prozessbevollmächtigten des Klägers eine 0,5 Terminsgebühr nach Nr. 3105 aus 1500 Euro in Höhe von 52,50 Euro und eine 0,7 Terminsgebühr (= 1,2 Gebühr nach Nr. 3104–0,5 Gebühr nach Nr. 3105) aus 400 Euro in Höhe von 31,50 Euro.

Eine volle Terminsgebühr aus 400 Euro billigen zu: OLG Bamberg KostRspr. § 33 Nr. 7; OLG Düsseldorf NJW 1970, 870; OLG Hamburg JurBüro 1974, 1006; OLG Köln JurBüro 1980, 861; OLG Karlsruhe Rpfleger 1998, 172; *Gerold/Schmidt/Madert* § 15 Rn. 160. Dagegen wurde die Ansicht, dass für die Verhandlung über die Kosten keine weitere Verhandlungsgebühr entsteht, vertreten von: *Rittmann/Wenz* § 13 BRAGO Rn. 3 Abs. 5; KG Gaedeke KostRspr. Nr. 218; OLG Karlsruhe Rpfleger 1957, 41.

IV. Anrechnung einer Geschäftsgebühr (Abs. 4)

62 1. Allgemeines. Vorbemerkung 3 Abs. 4 regelt die Anrechnung einer Geschäftsgebühr nach Nr. 2400 bis 2403 auf eine Verfahrensgebühr, die wegen desselben Gegenstandes in einem gerichtlichen Verfahren entsteht. Nach § 118 Abs. 2 BRAGO war die Geschäftsgebühr für eine Tätigkeit außerhalb eines gerichtlichen oder behördlichen Verfahrens voll auf die entsprechenden Gebühren (Prozessgebühr, Verkehrsgebühr) für ein anschließendes gerichtliches oder behördliches Verfahren anzurechnen. Ebenso war die Geschäftsgebühr für ein Vermittlungsverfahren nach § 52a FGG auf die Geschäftsgebühr für ein anschließendes FGG-Verfahren anzurechnen. Die Geschäftsgebühr für die außergerichtliche Erledigung einer Angelegenheit wurde auf die Prozessgebühr zur Vollstreckbarerklärung eines Anwaltsvergleiches (§§ 796a, 796b ZPO) nur zur Hälfte angerechnet. Die vorliegende Regelung ist einerseits weiter, indem sie für alle Geschäftsgebühren nach Nr. 2400 bis 2403 gilt. Darunter fallen insbesondere auch das dem Rechtsstreit vorausgehende Verwaltungsverfahren und das der Nachprüfung des Verwaltungsaktes dienende weitere Verwaltungsverfahren (Beschwerde-, Einspruchs-, Widerspruchs- oder Abhilfeverfahren), die nach § 17 Nr. 1 verschiedene Angelegenheiten sind. Andererseits wird die Geschäftsgebühr für die

Bürgerliche Rechtsstreitigkeiten, Verfahren **VV Teil 3 Vorbem. 3**

dem gerichtlichen Verfahren vorausgehende Tätigkeit auf die Verfahrensgebühr für das gerichtliche Verfahren nicht vollständig angerechnet, sondern nur zur Hälfte und höchstens mit einem Gebührensatz von 0,75. Zur Anrechnung der Verfahrensgebühr für ein Vermittlungsverfahren nach § 52 a FGG auf die Verfahrensgebühr für ein anschließendes FGG-Verfahren trifft Nr. 3100 Abs. 3 eine Sonderregelung. Wegen der Geschäftsgebühr in sozialrechtlichen Angelegenheiten, in denen Betragsrahmengebühren entstehen (Nr. 2500, 2501) s. Nr. 3103 und Abschnitt 1 Rn. 43.

2. Voraussetzungen der Anrechnung. Eine Geschäftsgebühr für außergerichtliche Tätigkeit kann auf die Verfahrensgebühr des gerichtlichen Verfahrens nur angerechnet werden, wenn die Tätigkeit nicht von der Verfahrensgebühr des Rechtsstreits umfasst wird; es muss sich um eine gebührenrechtlich selbständige Angelegenheit handeln. Da die Vorbereitung der Klage nach § 19 Nr. 1 gebührenrechtlich zum Rechtszug gehört, werden vorprozessuale Tätigkeiten, sobald dem Rechtsanwalt ein Prozessführungsauftrag erteilt ist, von der Verfahrensgebühr für das gerichtliche Verfahren abgegolten (Rn. 23, 26); die Frage einer Anrechnung stellt sich nicht. Tätigkeiten innerhalb eines gerichtlichen Verfahrens wie Verfahren des vorläufigen Rechtsschutzes, Streitverkündung innerhalb eines anderen Rechtsstreits, selbständige Beweisverfahren oder Antrag an das Vormundschaftsgericht zur Bestellung eines Prozesspflegers können der Vorbereitung eines anderen gerichtlichen Verfahrens dienen; sie sind auch gebührenrechtlich selbständige Angelegenheiten. Da für diese Verfahren jedoch keine Gebühren nach Nr. 2400 bis 2403 entstehen, sondern nach Nr. 3100 ff., ist auf sie Vorbem. 3 Abs. 4 nicht anwendbar.[89] Jedoch entsteht eine Geschäftsgebühr nach Nr. 2400, wenn der Rechtsanwalt mit dem Auftrag tätig wird, eine gütliche Einigung außerhalb eines Prozesses zu suchen. Das gilt auch für ein dem Rechtsstreit vorausgehendes Verwaltungsverfahren und das weitere Verwaltungsverfahren zur Nachprüfung des Verwaltungsaktes. Eine Gebühr nach Nr. 2403 entsteht in Güteverfahren vor gesetzlich eingerichteten Gütestellen, in Verfahren vor einem Ausschuss nach § 111 Abs. 2 ArbGG und vor dem Seemannsamt. In all diesen Fällen ist die Geschäftsgebühr des vorausgegangenen Verfahrens auf die Verfahrensgebühr des folgenden gerichtlichen Verfahrens gemäß Vorbem. 3 Abs. 4 anzurechnen. Sind mehrere Geschäftsgebühren entstanden, so ist nur die zuletzt entstandene Gebühr anzurechnen (Vorbem. 3 Abs. 4 S. 2). Diese Bestimmung betrifft insbesondere den Fall, dass der Rechtsanwalt im Verwaltungsverfahren und im weiteren Verwaltungsverfahren zur Nachprüfung des Verwaltungsaktes (Vorverfahren, Einspruchs-, Beschwerde- oder Abhilfeverfahren) tätig war. Beide Verfahren sind gebührenrechtlich verschiedene Angelegenheiten (§ 17 Nr. 1). Angerechnet auf die Verfahrensgebühr im verwaltungsgerichtlichen Verfahren wird nur die Geschäftsgebühr des weiteren Verwaltungsverfahrens nach Nr. 2401. War aber der Rechtsanwalt im weiteren Verwaltungsverfahren nicht tätig, so kann auch die Geschäftsgebühr aus dem ursprünglichen Verwaltungsverfahren angerechnet werden.

3. Anrechnung der Geschäftsgebühr. Angerechnet wird nur die Geschäftsgebühr nach dem Wert des Gegenstandes, der in das gerichtliche Verfahren übergegangen ist. Voraussetzung einer Anrechnung ist daher, dass die vorgerichtliche Tätigkeit zumindest teilweise denselben Gegenstand wie das gerichtliche Verfahren hatte. Ist der Gegenstand der die Geschäftsgebühr begründenden Tätigkeit derselbe wie der Gegenstand des gerichtlichen Verfahrens – das Widerspruchsverfahren richtet sich gegen

63

64

---

[89] Zum selbständigen Beweisverfahren s. Vorbem. 3 Abs. 5.

denselben Verwaltungsakt wie die spätere Anfechtungsklage – so unterliegt die gesamte Geschäftsgebühr der Anrechnung. Wird nur ein Teil des Gegenstandes, zu dem die Geschäftsgebühr entsteht, zum Gegenstand des gerichtlichen Verfahrens – von zwei Bauauflagen wird eine im Widerspruchsverfahren erledigt, während wegen der anderen Auflage Klage vor dem Verwaltungsgericht erhoben wird – so unterliegt die Geschäftsgebühr der Anrechnung, die für den Wert des Gegenstandsteiles, der in das gerichtliche Verfahren übergegangen ist, erwachsen wäre.

65 Die Geschäftsgebühr oder der Teil der Geschäftsgebühr, die danach der Anrechnung unterliegt, ist jedoch nicht ganz auf die Verfahrensgebühr des folgenden gerichtlichen Verfahrens anzurechnen, sondern nur zur Hälfte, höchstens zu einem Gebührensatz von 0,75. Die Geschäftsgebühren Nr. 2402 und 2403 haben feste Gebührensätze von 0,3 bzw. 1,5. Die Gebühr Nr. 2401 hat einen Gebührensatzrahmen von 0,5 bis 1,3. In diesen Fällen kann die Hälfte der Geschäftsgebühr nicht den Gebührensatz von 0,75 überschreiten. Nr. 2400 sieht jedoch einen Gebührensatzrahmen von 0,5 bis 2,5 vor. Überschreitet die Geschäftsgebühr im Einzelfall den Satz von 1,5, so ist sie gleichwohl nur mit einem Satz von 0,75 anzurechnen.

66 Soweit eine Geschäftsgebühr auf die Verfahrensgebühr des gerichtlichen Verfahrens angerechnet wird, ist sie auch als Teil der Kosten des Rechtsstreits erstattbar.

V. Das selbständige Beweisverfahren (Abs. 5)

67 **1. Allgemeines.** Nach § 48 BRAGO erhielt der Rechtsanwalt im selbständigen Beweisverfahren die in § 31 bestimmten Gebühren; nach § 37 Nr. 3 BRAGO gehörte das selbständige Beweisverfahren zum Rechtszug. Das hat bedeutet, dass der Rechtsanwalt einerseits im selbständigen Beweisverfahren die gleichen Gebühren verdient hat wie in dem dazugehörenden Streitverfahren, unter Umständen die erhöhten Gebühren des Berufungsrechtszuges, andererseits jede Gebühr im Streitverfahren und im selbständigen Beweisverfahren insgesamt nur einmal entstehen konnte. Nunmehr ist das selbständige Beweisverfahren in § 19 nicht genannt; nach Vorbem. 3 Abs. 5 ist jedoch die Verfahrensgebühr des Rechtszuges anzurechnen. Daraus folgt, dass das selbständige Beweisverfahren gebührenrechtlich immer eine eigene Angelegenheit bildet, in der die Gebühren nach Nr. 3100 und 3104 entstehen können,[90] dass jedoch die Verfahrensgebühr voll auf die Verfahrensgebühr des Streitverfahrens angerechnet wird.

68 **2. Gebühren im selbständigen Beweisverfahren.** Dem Rechtsanwalt erwächst im selbständigen Beweisverfahren eine Verfahrensgebühr nach Nr. 3100 oder 3101. Es kann auch eine Terminsgebühr nach Nr. 3104 entstehen, wenn der Gebührentatbestand (Rn. 46 bis 50) erfüllt ist. In Betracht kommt im selbständigen Beweisverfahren insbesondere die Wahrnehmung eines gerichtlichen Beweistermins oder eines von einem Sachverständigen anberaumten Ortstermins. Für die sofortige Beschwerde gegen die Ablehnung des Antrages auf Durchführung des Beweisverfahrens entsteht die Gebühr nach Nr. 3500. Die Gebühren nach Nr. 3200 ff. kommen nicht in Betracht, weil das selbständige Beweisverfahren keinen Instanzenzug kennt. Da das selbständige Beweisverfahren gebührenrechtlich eine eigene Angelegenheit ist, entstehen auch dann die Gebühren nicht nach Nr. 3200 ff., wenn das Hauptverfahren in der Berufungsinstanz anhängig ist.[91]

---

[90] Vgl. BT-Drucks. 15/1971 S. 193 und S. 209.
[91] Anders nach BRAGO KG JurBüro 1988, 468.

3. Gegenstandswert. Der Gegenstandswert des selbständigen Beweisverfahrens bestimmt sich nach dem **Interesse des Antragstellers**, das nach § 3 ZPO zu schätzen ist. Auszugehen ist hierbei von dem **Wert des Anspruchs**, der durch die selbständige Beweiserhebung gesichert oder abgewehrt werden soll. Das gilt auch, wenn der Anspruch zur Aufrechnung gestellt oder wenn aus ihm ein Zurückbehaltungsrecht hergeleitet werden soll.[92]

Wird das selbständige Beweisverfahren beantragt, wenn die **Hauptsache** bereits **anhängig** ist, so kann kein Zweifel bestehen, dass der volle Wert des Anspruchs zugrunde zu legen ist; denn das selbständige Beweisverfahren dient dann unmittelbar der Durchsetzung oder der Abwehr des bereits anhängigen Anspruchs. Dieser Wert gilt auch für die Gebühren des Rechtsanwalts, der eine Partei im selbständigen Beweisverfahren vertritt, ohne Prozessbevollmächtigter im Streitverfahren der Hauptsache zu sein, ebenso für den Rechtsanwalt, der einen weiteren Beteiligten des selbständigen Beweisverfahrens vertritt, der nicht Partei des Streitverfahrens ist. Das bedeutet jedoch nicht, dass der Wert des selbständigen Beweisverfahrens immer mit dem Streitwert des anhängigen Hauptverfahrens identisch ist. Der Gegenstandswert des Beweisverfahrens kann geringer sein, wenn es nur wegen eines von mehreren kumulativ geltend gemachten Ansprüchen, nur wegen des Anspruches der Widerklage oder nur wegen eines zur Aufrechnung gestellten Anspruches des Hauptverfahrens beantragt wird. Der Gegenstandswert des Beweisverfahrens kann höher sein, wenn nur eine Teilklage anhängig ist, das selbständige Beweisverfahren jedoch den gesamten Anspruch zum Gegenstand hat. Soweit jedoch die Gegenstände des anhängigen Hauptverfahrens und des selbständigen Beweisverfahrens identisch sind, sind sie auch gleich zu bewerten.

Der Wert eines außerhalb eines Rechtsstreits durchgeführten (isolierten) selbständigen Beweisverfahrens richtet sich nach dem Wert des Anspruches, der gesichert oder abgewehrt werden soll (Rn. 69), wobei es auf die Tatsachenbehauptungen des Antragstellers bei Einleitung des selbständigen Beweisverfahrens, nicht auf das Ergebnis der Beweiserhebung, ankommt.[93] Ob der volle Wert oder ein ermäßigter Wert anzusetzen ist, ist umstritten. Für einen Abschlag vom Wert des Anspruchs spricht, dass das selbständige Beweisverfahren weder auf die Schaffung eines Vollstreckungstitels, noch auf die rechtskräftige Feststellung des Bestehens oder Nichtbestehens des Anspruchs, sondern auf die Klärung einer tatsächlichen Vorfrage gerichtet ist.[94] Die inzwischen wohl überwiegende Auffassung setzt den vollen Wert des Anspruchs an.[95] Dieser Auffassung ist der Vorzug zu geben. Für sie spricht, dass das selbständige Beweisverfahren verfahrens- und kostenrechtlich als vorgezogener Teil des Hauptverfahrens ausgestaltet ist.

---

[92] OLG München BauR 1994, 408; OLG Stuttgart JurBüro 1996, 373; OLG Hamm MDR 2000, 790; OLG Koblenz NJW-RR 2003, 1152.
[93] OLG Köln JurBüro 1998, 31; OLG Celle RVG-Letter 2004, 35.
[94] Hierfür sprechen sich aus: OLG Köln OLGZ 1992, 145; OLG Karlsruhe MDR 1992, 812; OLG Bamberg JurBüro 1998, 95; OLG Celle MDR 1994, 415; SchlH OLG MDR 1994, 949; OLG Düsseldorf MDR 2001, 354; OLGR 1995, 127.
[95] OLG Köln JurBüro 1996, 30; OLG Koblenz JurBüro 1998, 420; OLG Frankfurt JurBüro 1994, 495; OLG München OLGZ 1993, 14; OLG Karlsruhe JurBüro 1997, 531; OLG Oldenburg OLGR 1995, 64; OLG Düsseldorf BauR 1995, 134; OLG Celle NdsRpfl. 1994, 367; OLG Hamburg NJW-RR 2000, 827; OLG Bamberg MDR 2003, 835; *Zöller/Schneider* ZPO § 3 Rn. 16; *Thomas/Putzo* § 3 ZPO Rn. 3; *Hartmann* Nach § 48 GKG Anhang I (§ 3 ZPO) Rn. 102; *Gerold/Schmidt/Müller-Rabe* Anhang Rn. 287.

VV Teil 3 Vorbem. 3

72   **4. Anrechnung der Verfahrensgebühr.** Nach Vorbem. 3 Abs. 5 wird die Verfahrensgebühr des selbständigen Beweisverfahrens auf die Verfahrensgebühr des Streitverfahrens angerechnet, soweit der Gegenstand des Beweisverfahrens auch Gegenstand eines Rechtsstreits ist oder wird. Dies bedeutet, dass die Verfahrensgebühr des selbständigen Beweisverfahrens in der Verfahrensgebühr des Streitverfahrens aufgeht, soweit diese entsteht. Die Anrechnung der einen Verfahrensgebühr auf die andere hängt von folgenden Voraussetzungen ab:

73   **a) Derselbe Rechtsanwalt.** Derselbe Rechtsanwalt muss für die Partei sowohl im selbständigen Beweisverfahren, als auch im Hauptverfahren tätig sein. Es genügt die Tätigkeit als Verkehrsanwalt.

74   **b) Identität der Parteien.** Die Parteien des selbständigen Beweisverfahrens und des Hauptverfahrens müssen zumindest teilweise identisch sein. Dies folgt daraus, dass die Ansprüche verschiedener Personen wie auch die Ansprüche gegen verschiedene Personen keine identischen Gegenstände sind. Im Übrigen entspricht es dem Sinn der Vorschrift, dass die Verfahrensgebühr des selbständigen Beweisverfahrens nur angerechnet wird, wenn es im Ergebnis einer Beweisaufnahme vor dem Prozessgericht gleichsteht (§ 493 Abs. 1 ZPO). Nach § 493 Abs. 2 ZPO darf das Ergebnis der selbständigen Beweiserhebung – als Beweisaufnahme vor dem Prozessgericht – nicht benutzt werden, wenn der Gegner zum Beweisaufnahmetermin weder erschienen ist noch rechtzeitig geladen worden war. Bei der schriftlichen Begutachtung – dem häufigsten Fall der selbständigen Beweiserhebung – kommt es auf die ordnungsgemäße Beteiligung des Gegners am selbständigen Beweisverfahren an.[96] Die Anrechnung der Verfahrensgebühr des selbständigen Beweisverfahrens setzt jedoch voraus, dass das Ergebnis gemäß § 493 Abs. 1 ZPO benutzt werden kann, d. h., dass es ohne weiteres einer Beweisaufnahme vor dem Prozessgericht gleichsteht, wenn sich eine Partei auf eine Tatsache beruft, über die selbständig Beweis erhoben wurde; ob das dann der Fall ist, ist unerheblich. Jedenfalls muss danach zumindest in der Regel der Gegner am selbständigen Beweisverfahren beteiligt gewesen sein. Eine Ausnahme hiervon erscheint dann berechtigt, wenn der Gegner des selbständigen Beweisverfahrens deshalb nicht mehr Partei des Hauptprozesses ist, weil er die klagegegenständliche Forderung nach Durchführung des selbständigen Beweisverfahrens abgetreten hat, weil im Prozess an die Stelle eines am selbständigen Beweisverfahren beteiligten Berechtigten ein Dritter in gewillkürter Prozessstandschaft oder an die Stelle des Gemeinschuldners der Insolvenzverwalter tritt; dies folgt aus dem Grundgedanken des § 265 ZPO. Das selbständige Beweisverfahren kann gegen mehrere Gegner beantragt werden, was besonders in Verfahren wegen Baumängeln häufig vorkommt. Wird hinterher nur gegen einen Klage erhoben, so ist dennoch für die an beiden Verfahren beteiligten Rechtsanwälte die Verfahrensgebühr des selbständigen Beweisverfahrens auf die Verfahrensgebühr des Rechtsstreits anzurechnen. Wird danach gegen einen weiteren Beteiligten des selbständigen Beweisverfahrens ein zweiter, selbständiger Prozess betrieben, so ist die Verfahrensgebühr des selbständigen Beweisverfahrens nur für einen Rechtsanwalt anrechenbar, der am Vorprozess nicht beteiligt war.

75   Wie sich schon aus § 494 ZPO ergibt, führt die **fehlende Beteiligung des Gegners** nicht zu einem absoluten Verwertungsverbot.[97] Die selbständige Beweiserhebung steht dann einer Beweiserhebung vor dem Prozessgericht nicht gleich. Das Ergebnis

---

[96] Zöller/Herget § 493 ZPO Rn. 4.
[97] Zöller/Herget § 493 ZPO Rn. 6.

der selbständigen Beweiserhebung kann jedoch auf andere Weise in den Prozess eingeführt werden, zB die Niederschrift über eine Zeugenvernehmung im Wege des Urkundenbeweises, die durch einen Sachverständigen gefertigten Lichtbilder durch Augenscheinseinnahme oder die tatsächlichen Feststellungen des Sachverständigen durch dessen Vernehmung als sachverständiger Zeuge.[98] Zu einer Gebührenanrechnung nach Vorbem. 3 Abs. 5 führt dies jedoch nicht.

c) Identität des Gegenstandes. Der Gegenstand des selbständigen Beweisverfahrens muss mit dem des Streitverfahrens zumindest teilweise identisch sein. Andernfalls sind die Verfahrensgebühren nicht aufeinander anzurechnen. Hat zB der spätere Beklagte das selbständige Beweisverfahren wegen eines Anspruchs beantragt, den er später im Prozess hilfsweise zur Aufrechnung stellt, entscheidet jedoch das Gericht nicht über diesen Anspruch, weil es bereits die Klageforderung verneint, so ist die Verfahrensgebühr des selbständigen Beweisverfahrens nicht auf die Verfahrensgebühr des Streitverfahrens anzurechnen.[99] Kommt es später nur wegen eines Teiles des Anspruchs, dessentwegen das selbständige Beweisverfahren durchgeführt wurde, zum Prozess, etwa weil der Kläger nach Durchführung der Beweiserhebung erkennt, dass sein vermeintlicher Anspruch nur teilweise begründet ist, oder weil der Beklagte vorprozessual teilweise freiwillig leistet, so bleibt dem Anwalt, der die Partei in beiden Verfahren vertreten hat, die Verfahrensgebühr aus dem höheren Streitwert erhalten, er kann jedoch die entsprechende Gebühr aus dem geringeren Wert im Streitverfahren nicht mehr neu verdienen.[100] Ist der Streitwert des selbständigen Beweisverfahrens geringer als der des Streitverfahrens, sei es, weil das selbständige Beweisverfahren nur wegen eines von mehreren Gegenständen des späteren Prozesses betrieben worden ist – das selbständige Beweisverfahren betraf nur einen von mehreren kumulativ geltend gemachten Ansprüchen oder nur die Widerklage –, sei es, weil derselbe Gegenstand im selbständigen Beweisverfahren niedriger bewertet worden ist als im Streitverfahren (Rn. 71), so ist die Verfahrensgebühr des selbständigen Beweisverfahrens voll auf die Verfahrensgebühr der Hauptsache anzurechnen. Die im selbständigen Verfahren aus dem niedrigen Streitwert verdienten Gebühren werden auch dann nicht erhöht, wenn das Ergebnis der selbständigen Beweiserhebung für das gesamte Streitverfahren verwertet wird. Der Prozessbevollmächtigte kann jedoch im Streitverfahren die Gebühren aus dem vollen Wert verdienen, wenn er den Gebührentatbestand erfüllt. Die im selbständigen Beweisverfahren verdiente Verfahrensgebühr ist dann auf die im Streitverfahren erwachsene höhere Gebühr anzurechnen. Kein Verfahren der Hauptsache ist ein Arrestverfahren oder ein Verfahren auf Erlass einer einstweiligen Verfügung.[101]

d) Berufungsrechtszug. Wenn das selbständige Beweisverfahren nach Einlegung der Berufung oder auch gleichzeitig mit der Berufungseinlegung beantragt wird, so ist die Verfahrensgebühr des selbständigen Beweisverfahrens auf die Verfahrensgebühr des Berufungsverfahrens anzurechnen, auch wenn der Antrag gemäß § 486 Abs. 3 ZPO beim Amtsgericht gestellt wird.[102] Das Gleiche gilt, wenn der Antrag gestellt wird,

---
[98] BGH MDR 1991, 236.
[99] Vgl. KG JurBüro 1982, 441; OLG Hamburg JurBüro 1989, 976.
[100] Vgl. OLG Koblenz JurBüro 1989, 203.
[101] Vgl. KG JurBüro 1984, 1243; SchlH OLG JurBüro 1987, 1223; OLG München NJW-RR 1999, 655; aA OLG Koblenz JurBüro 1995, 481.
[102] KG JurBüro 1988, 468.

VV Teil 3 Vorbem. 3 *Vergütungsverzeichnis*

während der Rechtsstreit in der Revisionsinstanz schwebt. Ist der Berufungsanwalt nicht im selbständigen Beweisverfahren tätig, so unterbleibt die Anrechnung. Es kommt dann aber eine Anrechnung auf die Verfahrensgebühr des Verkehrsanwalts nach Nr. 3400 in Betracht. Wird das selbständige Beweisverfahren jedoch während oder vor der Anhängigkeit des Streitverfahrens im ersten Rechtszug beantragt, so erfolgt die Anrechnung auf die Verfahrensgebühr des ersten Rechtszugs selbst dann, wenn sein Ergebnis erstmals in der Berufungsinstanz gewürdigt wird, etwa weil das erstinstanzliche Gericht die Tatsache, über die selbständig Beweis erhoben wurde, für unerheblich hält.

78   **5. Kostenerstattung.** Für eine Kostenentscheidung ist im selbständigen Beweisverfahren im Allgemeinen kein Raum. Dies folgt schon daraus, dass wegen der Hilfsfunktion des selbständigen Beweisverfahrens in Bezug auf dieses von einer unterliegenden oder obsiegenden Partei nicht die Rede sein kann. Nach § 494a Abs. 1 ZPO setzt jedoch das Gericht nach Beendigung eines isolierten Beweisverfahrens auf Antrag dem Antragsteller eine Frist zur Klageerhebung. Kommt der Antragsteller dieser Anordnung nicht nach, so werden ihm auf Antrag die dem Gegner entstandenen Kosten auferlegt (§ 494a Abs. 2 S. 1 ZPO). Erhebt er nur wegen eines Teils des Gegenstandes des selbständigen Beweisverfahrens Klage, so ist wegen des anderen Streitwertteiles eine Teilkostenentscheidung zu treffen.[103] Dem Antragsteller sind die Kosten des Antragsgegners auch dann aufzuerlegen, wenn es zur Fristsetzung gemäß § 494a ZPO nur deshalb nicht kommt, weil der Antragsteller seinen Verzicht auf die Erhebung der Klage erklärt.[104] Im Übrigen ist eine Kostenentscheidung möglich, wenn der Antrag als unzulässig zurückgewiesen wird oder der Antragsteller seinen Antrag zurücknimmt. Nach einer im Vordringen befindlichen Auffassung sind in diesen Fällen im selbständigen Beweisverfahren selbst dem Antragsteller die Kosten des Verfahrens aufzuerlegen.[105] Dem Antragsteller sind jedoch dann nicht die Kosten des Verfahrens aufzuerlegen, wenn er seinen Antrag zurücknimmt, weil sich die Parteien außergerichtlich geeinigt haben,[106] der Antragsgegner die Mängel, die Gegenstand des selbständigen Beweisantrags sind, anerkennt oder beseitigt, oder der Antragsgegner auf sonstige Weise die Ansprüche des Antragstellers befriedigt;[107] in diesen Fällen ist keine Kostenentscheidung zu treffen.[108]

79   Die Kosten des selbständigen Beweisverfahrens sind ohne weiteres als **Kosten eines nachfolgenden Rechtsstreits** anzusehen, wenn es zwischen denselben Parteien über denselben Gegenstand zu einem solchen kommt, ohne dass es eines ausdrücklichen Ausspruchs hierüber bedarf.[109] Die Kosten des Beweissicherungsverfahrens sind von der unterlegenen Partei nach § 91 Abs. 1 S. 1 ZPO zu erstatten, wenn sie – nach dem Zeit-

---

[103] OLG Koblenz JurBüro 1993, 552; OLG Düsseldorf NJW-RR 1998, 210; aA OLG Düsseldorf BauR 1993, 370.
[104] OLG Köln MDR 1997, 105; OLG Karlsruhe JurBüro 1996, 375.
[105] OLG Karlsruhe JurBüro 1993, 46; OLG Köln MDR 1994, 315; KG NJW-RR 1992, 1023; OLG Hamm OLGZ 1994, 234; OLG München BauR 1994, 276; OLG Nürnberg MDR 1994, 623; OLG Brandenburg JurBüro 1996, 276; OLG Frankfurt MDR 1998, 128; aA OLG Koblenz MDR 1996, 101.
[106] OLG Köln VersR 1992, 638.
[107] OLG Hamburg MDR 1998, 242; OLG München BauR 1999, 784; OLG Koblenz NJW-RR 1998, 68.
[108] BGH NJW-RR 2004, 1005.
[109] BGHZ 132, 104; OLG Nürnberg JurBüro 1994, 103; SchlH OLG JurBüro 1991, 961.

punkt ihrer Aufwendung beurteilt – zur zweckentsprechenden Rechtsverfolgung notwendig waren.[110] Hierbei kommt es nicht darauf an, ob das Ergebnis des selbständigen Beweisverfahrens im Hauptprozess verwertet worden ist[111] und ob das selbständige Beweisverfahren das vom Antragsteller erwartete Ergebnis hatte. Es kann jedoch angebracht sein, über die Kosten des Beweissicherungsverfahrens nach § 96 ZPO abweichend zu entscheiden.[112] Auch die Erstattung der vom Antragsteller verauslagten Gerichtskosten hängt davon ab, ob diese Kosten aus dessen Sicht zum Zeitpunkt ihrer Aufwendung zur zweckentsprechenden Rechtsverfolgung notwendig waren. Im Übrigen ist für sie jedoch die Regelung für die Gerichtskosten maßgeblich, was insbesondere bei Kostenaufhebung wesentlich ist.[113] Betrifft die selbständige Beweiserhebung einen im Prozess zur Aufrechnung gestellten Anspruch, so sind die Kosten des selbständigen Beweisverfahrens nur erstattbar, wenn über den Aufrechnungsanspruch rechtskräftig entschieden wird.[114] Diesen Gedanken wendet das OLG Koblenz (NJW-RR 1994, 1277) auch auf hilfsweise geltend gemachte Einreden oder Einwendungen an (bedenklich). Geht der Gegenstand des selbständigen Beweisverfahrens über den Streitgegenstand des nachfolgenden Prozesses hinaus, so kann nur der dem gemeinsamen Gegenstand entsprechende Teil der Kosten des selbständigen Beweisverfahrens zu den Kosten des Rechtsstreits gerechnet werden.[115] Dies gilt nicht, wenn derselbe Gegenstand im nachfolgenden Rechtsstreit niedriger bewertet wird.[116] Wird die Partei im selbständigen Beweisverfahren von einem anderen Rechtsanwalt vertreten als vom Prozessbevollmächtigten der Hauptsache, so gilt für die Kostenerstattung § 91 Abs. 2 S. 3 ZPO;[117] anders bei unterschiedlicher Kostenregelung für selbständiges Beweisverfahren und Hauptverfahren im Vergleich.[118]

Erstattung der Kosten des selbständigen Beweisverfahrens aufgrund der Kostenentscheidung der Hauptsache ist ausgeschlossen, wenn die Klage als unzulässig abgewiesen wird.[119] Das Gleiche gilt für den Kostenausspruch nach Rücknahme der Klage.[120] Der Grund liegt in beiden Fällen darin, dass es über den Streitgegenstand zu keiner rechtskraftfähigen Entscheidung kommt, weshalb beide Parteien ihn erneut zur gerichtlichen Entscheidung stellen und sich hierbei auf das Ergebnis des Beweissiche- **80**

---

[110] OLG Koblenz OLGR 94, 46; SchlHOLG AnwBl. 1997, 569; *Baumbach/Lauterbach/Albers/Hartmann* § 91 ZPO Rn. 203; *Gerold/Schmidt/Müller-Rabe* Anhang Rn. 342; aA – keine Prüfung ihrer Notwendigkeit – OLG München Rpfleger 1981, 203; OLG Hamm JurBüro 1996, 376.
[111] SchlH OLG JurBüro 1997, 586; OLG Koblenz JurBüro 1996, 34.
[112] Vgl. OLG Düsseldorf NJW 1972, 295; OLG Köln VersR 1973, 91; OLG München Rpfleger 1973, 446; KG AnwBl. 1974, 184.
[113] BGH NJW 2003, 1323; OLG München MDR 1999, 637; OLG Nürnberg MDR 1998, 861; OLG Koblenz NJW-RR 2003, 1152; OLG Karlsruhe Rpfleger 1996, 375; JurBüro 1997, 533; OLG Zweibrücken JurBüro 1997, 534; aA OLG Frankfurt JurBüro 1992, 173; OLG München MDR 1999, 893; OLG Hamm JurBüro 2000, 257.
[114] KG JurBüro 1982, 408; OLG München Rpfleger 1982, 196; SchlH OLG JurBüro 1988, 1524.
[115] OLG München JurBüro 1993, 543; OLG Hamburg JurBüro 1994, 105; OLG Karlsruhe JurBüro 1996, 36; OLG Celle Rpfleger 1997, 452; OLG Koblenz NJW-RR 2000, 1239.
[116] OLG Schleswig JurBüro 1985, 216; OLG München JurBüro 1996, 36.
[117] Vgl. OLG Düsseldorf MDR 1997, 789; OLG München MDR 1999, 893.
[118] OLG Koblenz JurBüro 1999, 33.
[119] OLG Hamburg MDR 1971, 852; OLG Hamm JurBüro 1996, 376; *Gerold/Schmidt/Müller-Rabe* Anhang Rn. 306.
[120] OLG Köln BauR 1994, 411; SchlH OLG JurBüro 1995, 36; OLG München MDR 1998, 307.

rungsverfahrens berufen können. Aus der gleichen Überlegung können die Kosten des selbständigen Beweisverfahrens nicht aufgrund der Kostenentscheidung in einem Arrestverfahren oder einem Verfahren auf Erlass einer einstweiligen Verfügung festgesetzt werden.[121] Betrifft die selbständige Beweiserhebung den eigentlichen Grund des Anspruchs, wird die Klage aber wegen fehlender Passivlegitimation abgewiesen, so erfasst die Entscheidung über die Kosten des Rechtsstreits nur die dem Beklagten erwachsenen Kosten des selbständigen Beweisverfahrens, während über die übrigen Kosten der Beweissicherung erst im Rechtsstreit gegen den wirklichen Schuldner entschieden wird;[122] ebenso bei fehlender Prozessführungsbefugnis des Beklagten.[123] Bei fehlender Aktivlegitimation sind die Kosten des selbständigen Beweisverfahrens ohne Einschränkung erstattbar.[124]

81 Schließlich müssen in der Regel die Parteien des Beweissicherungsverfahrens mit denen der Hauptsache identisch sein.[125] Von diesem Grundsatz gibt es jedoch Ausnahmen. So können, wenn eine Forderung nach Durchführung des selbständigen Beweisverfahrens abgetreten wurde, die Kosten dieses Verfahrens zwischen dem Zedenten und dem Schuldner im Rechtsstreit des Zessionars gegen den Schuldner festgesetzt werden,[126] nicht jedoch, wenn der Schuldner das selbständige Beweisverfahren gegen den Zedenten erst nach Rechtshängigkeit der Klage des Zessionars beantragt.[127] Die Kosten des selbständigen Beweisverfahrens sind auch festzusetzen, wenn an Stelle des beteiligten Berechtigten ein Dritter in gewillkürter Prozessstandschaft[128] oder an Stelle des späteren Gemeinschuldners der Insolvenzverwalter[129] Klage erhebt. Schließlich können die Kosten des selbständigen Beweisverfahrens aufgrund der im Rechtsstreit ergangenen Kostenentscheidung festgesetzt werden, wenn die selbständige Beweiserhebung den Zustand einer Sache oder eine von ihr ausgehende Störung betraf und gegen den damaligen Eigentümer durchgeführt wurde, der Rechtsstreit jedoch nach Eintritt der Rechtsänderung gegen den Rechtsnachfolger geführt wurde, jedenfalls, wenn der Rechtsnachfolger vom selbständigen Beweisverfahren Kenntnis hatte und dessen Ergebnis im Rechtsstreit verwertet worden ist.[130] Hat sich das selbständige Beweisverfahren gegen mehrere Antragsgegner gerichtet, werden danach aber nicht alle verklagt, so können die Kosten des selbständigen Beweisverfahrens nur anteilig in die Kosten des Hauptverfahrens einbezogen werden.[131]

---

[121] OLG München NJW-RR 1999, 655; aA OLG Koblenz JurBüro 1995, 481.
[122] BGHZ 20, 4; *Schumann/Geißinger* § 48 BRAGO Rn. 14.
[123] KG JurBüro 1997, 319.
[124] OLG München JurBüro 1986, 230.
[125] BGH NJW 2003, 1323; OLG Koblenz NJW-RR 1994, 574; OLG Hamburg MDR 1999, 765; OLG Köln Rpfleger 1999, 508.
[126] KG JurBüro 1981, 1391; OLG Düsseldorf MDR 1985, 1032; aA OLG Hamburg MDR 1999, 765.
[127] OLG Köln JurBüro 1993, 684.
[128] OLG Karlsruhe JurBüro 1986, 1087.
[129] OLG Köln JurBüro 1987, 433.
[130] OLG Frankfurt MDR 1984, 238.
[131] OLG München JurBüro 1989, 1121; OLG Koblenz JurBüro 1990, 1009; OLG Hamburg JurBüro 1994, 105; aA SchlH OLG JurBüro 1990, 57.

VI. Anrechnung der Verfahrensgebühr bei Zurückverweisung (Abs. 6)

1. Allgemeines. Nach Vorbem. 3 Abs. 6 wird bei Zurückverweisung einer Sache an ein untergeordnetes Gericht, das mit der Sache bereits befasst war, die vor diesem Gericht bereits entstandene Verfahrensgebühr auf die Verfahrensgebühr für das erneute Verfahren angerechnet. Diese Vorschrift ergänzt die Bestimmung des § 21 Abs. 1, wonach bei Zurückverweisung einer Sache das weitere Verfahren vor dem untergeordneten Gericht gebührenrechtlich ein neuer Rechtszug ist. Vorbem. 3 Abs. 6 entspricht § 15 Abs. 1 S. 2 BRAGO. Wegen des weiten Anwendungsbereiches von VV Teil 3 gilt die Anrechnungsvorschrift bei Zurückverweisung auch für die Verfahrensgebühr in Verfahren der freiwilligen Gerichtsbarkeit, was für die Geschäftsgebühr nach § 118 Abs. 1 Nr. 1 BRAGO zumindest zweifelhaft war. Auch in der wirtschaftlichen Auswirkung geht die neue Vorschrift weiter, weil die Beweisgebühr, die nach § 15 Abs. 1 BRAGO neu entstehen konnte, weggefallen ist, während die zum Ausgleich auf den Gebührensatz von 1,3 in erster Instanz und 1,6 in der Berufungsinstanz angehobene Verfahrensgebühr voll der Anrechnung unterliegt. **82**

2. Anrechnung der Verfahrensgebühr. Soweit eine Sache an ein untergeordnetes Gericht zurückverwiesen wird, ist das weitere Verfahren vor diesem Gericht ein neuer Rechtszug (§ 21 Abs. 1). Das bedeutet nach § 15 Abs. 2 S. 2, dass die Gebühren des Rechtsanwalts neu entstehen. Von dieser Regel macht Vorbem. 3 Abs. 6 für die Verfahrensgebühr eine Ausnahme. Die Verfahrensgebühr erhält der Rechtsanwalt in dem weiteren Verfahren vor dem unteren Gericht regelmäßig **nicht neu**. Vielmehr werden durch die Verfahrensgebühr, die in dem früheren Verfahren vor dem unteren Gericht entstanden ist, auch die Tätigkeiten des Rechtsanwalts in dem weiteren Verfahren abgegolten, soweit sie in das Pauschquantum dieser Gebühr fallen. Das bedeutet, dass die beiden Verfahren für die Verfahrensgebühr als eine einzige Gebührenangelegenheit behandelt werden. **83**

Von dieser Ausnahme besteht wiederum eine Ausnahme, die es auch für die Verfahrensgebühr bei der Regel belässt, dass das weitere Verfahren vor dem unteren Gericht ein neuer Gebührenrechtszug ist. Dies ist dann der Fall, wenn das untergeordnete Gericht, an das zurückverwiesen worden ist, ein anderes Gericht ist als das, gegen dessen Entscheidung das Rechtsmittel, das zu der Zurückverweisung geführt hat, gerichtet war, nicht nur ein anderer Spruchkörper desselben Gerichts. In Betracht kommt die Zurückverweisung aus Sprungrevision an das Oberverwaltungsgericht (§ 144 Abs. 5 VwGO) oder das Landessozialgericht (§ 170 Abs. 3 SGG). Die Zurückverweisung an einen anderen Senat des Berufungsgerichts (§ 563 Abs. 1 S. 2 ZPO) rechnet nicht hierher; dieser Senat gehört zu dem Gericht, gegen dessen Entscheidung sich das Rechtsmittel gerichtet hat. **84**

Die Anrechnungsvorschrift gilt wie für die Verfahrensgebühr des Prozessbevollmächtigten ebenso für die Verfahrensgebühr des Korrespondenzanwalts nach Nr. 3400.[132] Verweist der Bundesgerichtshof an das Berufungsgericht zurück, so hat der Prozessbevollmächtigte erster Instanz, der im Berufungsrechtszug als Korrespondenzanwalt tätig war und nach Zurückverweisung der Sache an das Berufungsgericht wieder tätig ist, keinen Anspruch auf eine zweite Verfahrensgebühr nach Nr. 3400. Vorbem. 3 Abs. 6 gilt auch in FGG-Verfahren. Verweist in einer FGG-Sache das Be- **85**

---

[132] Vgl. OLG München JurBüro 1992, 167.

VV Teil 3 Abschnitt 1 *Vergütungsverzeichnis*

schwerdegericht oder das Gericht der weiteren Beschwerde die Sache an das untergeordnete Gericht zurück, so erwächst dem Verfahrensbevollmächtigten der Instanz, an die zurückverwiesen wird, keine zweite Verfahrensgebühr. Die Streitfrage zu § 15 Abs. 1 S. 2 BRAGO ist durch das RVG hinfällig geworden.

VII. Geltung der Vorschriften Teil 6 (Abs. 7)

86   Die Gebühren VV Teil 3 gelten für bürgerliche Rechtsstreitigkeiten und alle Verfahren der freiwilligen Gerichtsbarkeit, der öffentlich-rechtlichen Gerichtsbarkeit und nach dem Strafvollzugsgesetz (Rn. 2 bis 8), soweit die Gebühren nicht in Teil 6 geregelt sind. Diese Ausnahme gilt bei der öffentlich-rechtlichen Gerichtsbarkeit für die Disziplinarverfahren und berufsgerichtlichen Verfahren wegen Verletzung einer Berufspflicht (Nr. 6200 bis 6216) und die gerichtlichen Verfahren nach der WBO (Nr. 6400 bis 6403), sowie bei der freiwilligen Gerichtsbarkeit für die gerichtlichen Verfahren bei Freiheitsentziehung und in Unterbringungssachen (Nr. 6300 bis 6303).

Abschnitt 1. Erster Rechtszug

Nr.	Gebührentatbestand	Gebühr oder Satz der Gebühr nach § 13 RVG
Vorbemerkung 3.1:		
(1) Die Gebühren dieses Abschnitts entstehen in allen Verfahren, für die in den folgenden Abschnitten dieses Teils keine Gebühren bestimmt sind.		
(2) Dieser Abschnitt ist auch für das Rechtsbeschwerdeverfahren nach § 1065 ZPO anzuwenden.		
3100	Verfahrensgebühr, soweit in Nummer 3102 nichts anderes bestimmt ist.	1,3
	(1) Die Verfahrensgebühr für ein vereinfachtes Verfahren über den Unterhalt Minderjähriger wird auf die Verfahrensgebühr angerechnet, die in dem nachfolgenden Rechtsstreit entsteht (§§ 651 und 656 ZPO).	
	(2) Die Verfahrensgebühr für einen Urkunden- oder Wechselprozess wird auf die Verfahrensgebühr für das ordentliche Verfahren angerechnet, wenn dieses nach Abstandnahme vom Urkunden- oder Wechselprozess oder nach einem Vorbehaltsurteil anhängig bleibt (§§ 596, 600 ZPO).	
	(3) Die Verfahrensgebühr für ein Vermittlungsverfahren nach § 52 a FGG wird auf die Verfahrensgebühr für ein sich anschließendes Verfahren angerechnet.	
3101	1. Endigt der Auftrag, bevor der Rechtsanwalt die Klage, den ein Verfahren einleitenden Antrag oder einen Schriftsatz, der Sachanträge, Sachvortrag, die Zurücknahme der Klage oder die Zurücknahme des Antrags enthält, eingereicht oder bevor er für seine Partei einen gerichtlichen Termin wahrgenommen hat,	

Bürgerliche Rechtsstreitigkeiten, Verfahren   VV Teil 3 Abschnitt 1

Nr.	Gebührentatbestand	Gebühr oder Satz der Gebühr nach § 13 RVG
	2. soweit lediglich beantragt ist, eine Einigung der Parteien oder mit Dritten über in diesem Verfahren nicht rechtshängige Ansprüche zu Protokoll zu nehmen oder festzustellen (§ 278 Abs. 6 ZPO) oder soweit lediglich Verhandlungen vor Gericht zur Einigung über solche Ansprüche geführt werden oder 3. soweit in einem Verfahren der freiwilligen Gerichtsbarkeit lediglich ein Antrag gestellt und eine Entscheidung entgegengenommen wird, beträgt die Gebühr 3100	0,8
	(1) Soweit in den Fällen der Nummer 2 der sich nach § 15 Abs. 3 RVG ergebende Gesamtbetrag der Verfahrensgebühren die Gebühr 3100 übersteigt, wird der übersteigende Betrag auf eine Verfahrensgebühr angerechnet, die wegen desselben Gegenstands in einer anderen Angelegenheit entsteht. (2) Nummer 3 ist in streitigen Verfahren der freiwilligen Gerichtsbarkeit, insbesondere in Familiensachen, in Verfahren nach § 43 des Wohnungseigentumsgesetzes und in Verfahren nach dem Gesetz über das gerichtliche Verfahren in Landwirtschaftssachen, nicht anzuwenden.	
3102	Verfahrensgebühr für Verfahren vor den Sozialgerichten, in denen Betragsrahmengebühren entstehen (§ 3 RVG)	40,00 bis 460,00 EUR
3103	Es ist eine Tätigkeit im Verwaltungsverfahren oder im weiteren, der Nachprüfung des Verwaltungsakts dienenden Verwaltungsverfahren vorausgegangen: Die Gebühr 3102 beträgt.....................	20,00 bis 320,00 EUR
	Bei der Bemessung der Gebühr ist nicht zu berücksichtigen, dass der Umfang der Tätigkeit infolge der Tätigkeit im Verwaltungsverfahren oder im weiteren, der Nachprüfung des Verwaltungsakts dienenden Verwaltungsverfahren geringer ist.	
3104	Terminsgebühr, soweit in Nummer 3106 nichts anderes bestimmt ist	1,2
	(1) Die Gebühr entsteht auch, wenn 1. in einem Verfahren, für das mündliche Verhandlung vorgeschrieben ist, im Einverständnis mit den Parteien oder gemäß § 307 Abs. 2 oder § 495 a ZPO ohne mündliche Verhandlung entschieden oder in einem solchen Verfahren ein schriftlicher Vergleich geschlossen wird, 2. nach § 84 Abs. 1 Satz 1, § 130 a VwGO oder § 105 Abs. 1 SGG ohne mündliche Verhandlung durch Gerichtsbescheid entschieden wird oder 3. das Verfahren vor dem Sozialgericht nach angenommenem Anerkenntnis ohne mündliche Verhandlung endet.	

VV Teil 3 Abschnitt 1 *Vergütungsverzeichnis*

Nr.	Gebührentatbestand	Gebühr oder Satz der Gebühr nach § 13 RVG
	(2) Sind in dem Termin auch Verhandlungen zur Einigung über in diesem Verfahren nicht rechtshängige Ansprüche geführt worden, wird die Terminsgebühr, soweit sie den sich ohne Berücksichtigung der nicht rechtshängigen Ansprüche ergebenden Gebührenbetrag übersteigt, auf eine Terminsgebühr angerechnet, die wegen desselben Gegenstands in einer anderen Angelegenheit entsteht. (3) Die Gebühr entsteht nicht, soweit lediglich beantragt ist, eine Einigung der Parteien oder mit Dritten über nicht rechtshängige Ansprüche zu Protokoll zu nehmen.	
3105	Wahrnehmung nur eines Termins, in dem eine Partei nicht erschienen oder nicht ordnungsgemäß vertreten ist und lediglich ein Antrag auf Versäumnisurteil oder zur Prozess- oder Sachleitung gestellt wird: Die Gebühr 3104 beträgt....................	0,5
	(1) Die Gebühr entsteht auch, wenn 1. das Gericht bei Säumnis lediglich Entscheidungen zur Prozess- oder Sachleitung von Amts wegen trifft oder 2. eine Entscheidung gemäß § 331 Abs. 3 ZPO ergeht. (2) Absatz 1 der Anmerkung zu Nummer 3104 gilt entsprechend. (3) § 333 ZPO ist nicht entsprechend anzuwenden.	
3106	Terminsgebühr in Verfahren vor den Sozialgerichten, in denen Betragsrahmengebühren entstehen (§ 3 RVG).............................	20,00 bis 380,00 EUR
	Die Gebühr entsteht auch, wenn 1. in einem Verfahren, für das mündliche Verhandlung vorgeschrieben ist, im Einverständnis mit den Parteien ohne mündliche Verhandlung entschieden wird, 2. nach § 105 Abs. 1 SGG ohne mündliche Verhandlung durch Gerichtsbescheid entschieden wird oder 3. das Verfahren nach angenommenem Anerkenntnis ohne mündliche Verhandlung endet.	

Übersicht

	Rn.		Rn.
A. Grundsätze	1–7	2. Besondere Gebühren außerhalb des Abschnitts 1..............	5
I. Allgemeines	1–3	3. Andere Verfahren...........	6, 7
II. Anwendungsbereich........	4–7	**B. Gebühren des Abschnitts 1**.....	8–67
1. Gebühren für Verfahren des 1. Rechtszuges nach Abschnitt 1	4	**I. Volle Verfahrensgebühr (Nr. 3100)** .	8–18

Bürgerliche Rechtsstreitigkeiten, Verfahren **VV Teil 3 Abschnitt 1**

	Rn.
1. Allgemeines	8
2. Das vereinfachte Verfahren über den Unterhalt Minderjähriger (Abs. 1)	9–12
a) Voraussetzungen des Verfahrens	9, 10
b) Verfahren nach § 645 ZPO	11
c) Verfahren nach § 655 ZPO	12
3. Der Urkunden- oder Wechselprozess und das ordentliche Verfahren (Abs. 2)	13–15
a) Verschiedene Angelegenheiten	13
b) Anrechnung der Verfahrensgebühr	14
c) Gegenstandswert	15
4. Vermittlungsverfahren nach § 52a FGG (Abs. 3)	16–18
II. Verminderte Verfahrensgebühr (Nr. 3101)	19–39
1. Grundsätze	19
2. Beendigung des Auftrages (Nr. 1)	20–33
a) Allgemeines	20
b) Einreichung eines Schriftsatzes	21–29
aa) Art des Schriftsatzes	21–27
bb) Einreichung des Schriftsatzes	28
cc) Zeitpunkt	29
c) Wahrnehmung eines Termins	30
d) Teilweise Beendigung des Auftrags	31, 32
aa) Ausscheidbarer Teil des Gegenstandswertes	31
bb) Nicht ausscheidbarer Teil des Gegenstandswertes	32
e) Kostenerstattung	33
3. Einigung über nichtrechtshängige Ansprüche (Nr. 2)	34–38
a) Allgemeines	34
b) Gebührenregelung	35–37
c) Verhältnis zu Nr. 2400	38
4. Einfache Verfahren der freiwilligen Gerichtsbarkeit (Nr. 3)	39
III. Verfahrensgebühr in Verfahren vor dem Sozialgericht als Betragsrahmengebühr (Nr. 3102)	40–42
1. Anwendungsbereich	40
2. Entstehung und Höhe	41
3. Kostenerstattung	42

	Rn.
IV. Verfahrensgebühr nach vorausgegangener Tätigkeit im Verwaltungsverfahren (Nr. 3103)	43
V. Volle Terminsgebühr (Nr. 3104)	44–57
1. Allgemeines	44
2. Terminsgebühr ohne Termin (Abs. 1)	45–53
a) Grundgedanke	45, 46
b) Entscheidung ohne mündliche Verhandlung (Nr. 1)	47–51
aa) Einverständnis der Parteien	47
bb) Entscheidung nach § 307 Abs. 2 oder § 495 a ZPO	48, 49
cc) Gerichtliche Entscheidung	50
dd) Schriftlicher Vergleich	51
c) Entscheidung durch Gerichtsbescheid (Nr. 2)	52
d) Anerkenntnis ohne mündliche Verhandlung vor dem Sozialgericht (Nr. 3)	53
3. Terminsgebühr bei Verhandlung über nicht rechtshängige Ansprüche	54–57
a) Gegenstandswert	54
b) Terminsgebühr bei Besprechung ohne Beteiligung des Gerichts	55
c) Anrechnung auf die Terminsgebühr in anderen Angelegenheiten	56
d) Protokollierung einer Einigung über nicht rechtshängige Ansprüche (Abs. 3)	57
VI. Verminderte Terminsgebühr (Nr. 3105)	58–65
1. Allgemeines	58
2. Termin, in dem eine Partei nicht erschienen oder nicht vertreten ist	59–61
3. Antrag des Rechtsanwalts	62
4. Entscheidung des Gerichts (Abs. 1 Nr. 1)	63
5. Entscheidung nach § 331 Abs. 3 ZPO (Abs. 1 Nr. 2)	64
6. Verwaltungs- und sozialgerichtliche Verfahren	65
VII. Terminsgebühr in Verfahren vor dem Sozialgericht als Betragsrahmengebühr (Nr. 3106)	66, 67

A. Grundsätze

I. Allgemeines

Abschnitt 1 regelt die Rechtsanwaltsgebühren in gerichtlichen Verfahren des ersten **1** Rechtszuges, soweit keine Sonderregelungen bestehen (vgl. Vorbem. 3 Rn. 2 bis 8). Die Vorschriften dieses Abschnitts treten somit hinsichtlich des ersten Rechtszuges an die Stelle der §§ 31 bis 35 BRAGO, der auf §§ 31 ff. BRAGO verweisenden Vorschriften in §§ 42, 46, 47, 48, 62, 63, 65, 66, 66 a, 67, 110 Abs. 2, 114 BRAGO und des § 116 BRAGO. Der Anwendungsbereich des Abschnitts 1 ist teils weiter, teils

VV Teil 3 Abschnitt 1

enger als die entsprechenden Vorschriften der BRAGO. So sind in Abschnitt 1 insbesondere die Gebühren für Verfahren der freiwilligen Gerichtsbarkeit im ersten Rechtszug geregelt, für die bisher Satzrahmengebühren nach § 118 BRAGO vorgesehen waren. Andererseits erhält der Rechtsanwalt in Verfahren vor dem Finanzgericht die Gebühren nach dem sonst für Rechtsmittelverfahren geltenden Abschnitt 2, Unterabschnitt 1, während nach § 114 Abs. 1 und Abs. 2 BRAGO in solchen Verfahren die gleichen Gebühren entstanden wie in einem erstinstanzlichen Zivil-, Arbeitsgerichts- oder Verwaltungsgerichtsprozess.

2   An die Stelle der drei Gebühren des § 31 BRAGO (Prozessgebühr, Verhandlungs-/Erörterungsgebühr, Beweisgebühr) sind die Verfahrensgebühr (Vorbem. 3 Abs. 2) und die Terminsgebühr (Vorbem. 3 Abs. 3) getreten. Die Verfahrensgebühr entspricht der Prozessgebühr nach § 31 Abs. 1 Nr. 1 BRAGO (vgl. Vorbem. 3 Rn. 22 bis 44). Die Terminsgebühr hat gewisse Übereinstimmungen mit der Verhandlungs- und Erörterungsgebühr nach § 31 Abs. 1 Nr. 2 und Nr. 4 BRAGO, jedoch einen wesentlich weiteren Gebührentatbestand (vgl. Vorbem. 3 Rn. 46 bis 50). Die Beweisgebühr (§ 31 Abs. 1 Nr. 3 BRAGO) ist weggefallen. Zum Ausgleich wurde der Gebührensatz für die Verfahrensgebühr auf 1,3 und für die Termingebühr auf 1,2 erhöht. Abgesehen von einer möglichen Vergleichsgebühr konnten nach der BRAGO dem Rechtsanwalt in einem erstinstanzlichen Verfahren aus dem vollen Streitwert höchstens $^{30}/_{10}$ Gebühren, nach dem RVG können höchstens $^{25}/_{10}$ Gebühren erwachsen. Mit dem Wegfall der Beweisgebühr soll das anwaltliche Gebührenrecht wesentlich vereinfacht werden (BT-Drucks. 15/1971 S. 210, Abs. 2). Dieses Ziel wurde zweifellos erreicht. Im Übrigen wird in der Begründung des Gesetzentwurfs (BT-Drucks. 15/1971 S. 210, Abs. 3) die Erwartung ausgedrückt, durch die Abschaffung der Beweisgebühr in Verbindung mit der Erhöhung der Verfahrensgebühr und der Terminsgebühr (gegenüber der Prozess- und der Verhandlungsgebühr) werde das Interesse des Anwalts an einer gerichtlichen Beweisaufnahme verringert und die Vergleichsbereitschaft vor einer Beweisaufnahme erhöht. Diese Erwartung wirkt peinlich, weil damit dem Rechtsanwalt unterstellt wird, für sein Prozessverhalten seien Gebührenerwägungen maßgeblich. Ob sich die Erwartung erfüllen wird, bleibt abzuwarten.

3   Für die Verfahren vor den Sozialgerichten sieht das RVG ebenso wie die BRAGO teils Wertgebühren, teils Betragsrahmengebühren vor. Die Geltung der Wertgebühren ist von der Geltung der Betragsrahmengebühren abgegrenzt in § 3 (früher § 116 Abs. 2 BRAGO; vgl. auch Rn. 40). Soweit die sozialgerichtliche Tätigkeit des Rechtsanwalts durch Betragsrahmengebühren zu vergüten war, sah § 116 Abs. 1 BRAGO für das gesamte Verfahren in einem Rechtszug eine einzige Gebühr vor, die für das Verfahren vor dem Sozialgericht (erste Instanz) einen Rahmen von 50 bis 600 Euro hatte. Demgegenüber sieht das RVG eine Verfahrensgebühr mit einem Rahmen von 40 bis 460 Euro (Nr. 3102) und eine Terminsgebühr mit einem Rahmen von 20 bis 380 Euro (Nr. 3106) vor.

II. Anwendungsbereich

4   **1. Gebühren für Verfahren des 1. Rechtszuges nach Abschnitt 1.** Die Gebühren Teil 3 Abschnitt 1 entstehen in allen Verfahren des ersten Rechtszuges in bürgerlichen Rechtsstreitigkeiten, der freiwilligen Gerichtsbarkeit, der öffentlich-rechtlichen Gerichtsbarkeit und nach dem Strafvollzugsgesetz, soweit nicht in den Abschnitten 2 und 3 besondere Gebühren bestimmt sind (Vorbem. 3.1 Abs. 1). Zu den Verfahren des ersten Rechtszuges, für die die Gebühren in Abschnitt 1 geregelt sind, gehören auch

Bürgerliche Rechtsstreitigkeiten, Verfahren **VV Teil 3 Abschnitt 1**

die Verfahren des vorläufigen Rechtsschutzes (Arrest, einstweilige Verfügung, einstweilige Anordnung, Aussetzung oder Aufhebung der Vollziehung des Verwaltungsaktes, Anordnung oder Wiederherstellung der aufschiebenden Wirkung der Klage), selbst wenn das Berufungsgericht der Hauptsache erstinstanzlich zuständig ist (Vorbem. 3.2 Abs. 2.)

2. Besondere Gebühren außerhalb des Abschnitts 1. Für folgende erstinstanzliche Verfahren sind besondere Gebühren außerhalb des Abschnitts 1 vorgesehen: 5
a) Verfahren vor den Finanzgerichten (Vorbem. 3.2.1 Abs. 1 Nr. 1);
b) Beschwerdeverfahren gegen Verfügungen der Kartellbehörde (§§ 63 ff. GWB) und der Vergabekammern (§§ 116 ff. GWB) (Vorbem. 3.2.1 Abs. 1 Nr. 4);
c) Beschwerdeverfahren gegen Verfügungen der Bundesanstalt für Finanzdienstleistungsaufsicht nach §§ 48 ff. WpÜG (Vorbem. 3.2.1 Abs. 1 Nr. 5);
d) Beschwerdeverfahren gegen Verfügungen der Bundesanstalt für Finanzdienstleistungsaufsicht nach § 37 u WpHG (Vorbem. 3.2.1 Abs. 1 Nr. 6);
e) Verfahren über einen Antrag nach §§ 115 Abs. 2 S. 2 und 3, 118 Abs. 1 S. 3, 121 GWB (Nr. 3300 und 3304);
f) Verfahren gegen Entscheidungen der Schiedsstelle nach § 16 Abs. 4 UrhWG (Nr. 3302 Nr. 1 und 3304);
g) Erstinstanzliche Verfahren vor dem BVerwG und dem OVG oder VGH (Nr. 3302 Nr. 2 und 3304);
h) Mahnverfahren (Abschnitt 3, Unterabschnitt 2, Nr. 3305 bis 3308);
i) Zwangsvollstreckung und Vollziehung einer Entscheidung des einstweiligen Rechtsschutzes (Abschnitt 3, Unterabschnitt 3, Nr. 3309 und 3310);
j) Zwangsversteigerung und Zwangsverwaltung (Abschnitt 3, Unterabschnitt 4, Nr. 3311 und 3312);
k) Insolvenz- und schifffahrtsrechtliches Verteilungsverfahren (Abschnitt 3, Unterabschnitt 5, Nr. 3313 bis 3323);
l) Aufgebotsverfahren (§§ 946 ff. ZPO) (Nr. 3324 und 3332);
m) Verfahren nach §§ 319 Abs. 6, 327e Abs. 2 AktG, § 16 Abs. 3 UmwG (Nr. 3325 und 3332);
n) Verfahren nach §§ 102 Abs. 3, 103 Abs. 3, 106 Abs. 2 ArbGG (Nr. 3326 und 3332);
o) gerichtliche Verfahren über Anträge zur Bestellung oder Ablehnung eines Schiedsrichters, Beendigung des Schiedsrichteramtes (§ 1062 Abs. 1 Nr. 1 ZPO), Unterstützung bei der Beweisaufnahme oder sonstige richterliche Handlungen (§ 1050 ZPO) (Nr. 3327 und 3332); im Verfahren über Anträge nach § 1062 Abs. 1 Nr. 2, 3 und 4 ZPO entstehen die Gebühren nach dem Abschnitt 1;
p) Verfahren über die vorläufige Einstellung, Beschränkung oder Aufhebung der Zwangsvollstreckung (§§ 707, 719, 769, 771 Abs. 3, 785, 924 ZPO), wenn hierüber abgesondert mündlich verhandelt wird (Nr. 3328, 3332);
q) Verfahren auf Vollstreckbarerklärung der durch Rechtsmittelanträge nicht angefochtenen Teile eines Urteils (§§ 537, 558 ZPO) (Nr. 3329, 3332);
r) Verfahren über eine Rüge wegen Verletzung des rechtlichen Gehörs (§ 321 a ZPO) (Nr. 3330, 3332);
s) das vereinfachte Verfahren über einen Antrag auf Abänderung eines Vollstreckungstitels auf Unterhaltsleistungen (§ 655 ZPO) (Nr. 3331, 3332); im Übrigen gilt für das vereinfachte Verfahren über den Unterhalt Minderjähriger nach §§ 645 ff. ZPO der Abschnitt 1;

VV Teil 3 Abschnitt 1 *Vergütungsverzeichnis*

t) das Verteilungsverfahren außerhalb der Zwangsversteigerung und der Zwangsverwaltung (§§ 858 Abs. 5, 872 bis 887 ZPO; im Übrigen vgl. zB § 75 FlurbG, § 55 BLG, § 54 Abs. 3 Landesbeschaffungsgesetz, § 119 BauGB) (Nr. 3333);
u) Verfahren auf Bewilligung, Verlängerung oder Verkürzung einer Räumungsfrist (§§ 721, 794 a ZPO) (Nr. 3334);
v) Verfahren über die Prozesskostenhilfe (§§ 114 bis 127 a ZPO) (Nr. 3335 und 3336).

6   **3. Andere Verfahren.** Außer in erstinstanzlichen Verfahren entstehen die Gebühren des Abschnitts 1 in Rechtsbeschwerdeverfahren nach § 1065 ZPO (Vorbem. 3.1 Abs. 2). Danach findet gegen die Entscheidung des Oberlandesgerichts über die Feststellung der Zulässigkeit oder Unzulässigkeit eines schiedsrichterlichen Verfahrens und über die Aufhebung oder Vollstreckbarerklärung des Schiedsspruches (§ 1062 Abs. 1 Nr. 2 und 4 ZPO) die Rechtsbeschwerde zum BGH statt, die nur auf die Verletzung eines Staatsvertrages gestützt werden kann. Für die Tätigkeit im Rechtsbeschwerdeverfahren verdient der Rechtsanwalt die Gebühren des Abschnitts 1, nicht die Gebühren des Abschnitts 2, auch nicht die zusätzlich erhöhte Gebühr Nr. 3208, obwohl sich die Parteien nur durch einen beim BGH zugelassenen Rechtsanwalt vertreten lassen können.

7   Nach § 36 Abs. 1 entstehen die Gebühren des Abschnitts 1 auch in schiedsrichterlichen Verfahren (§§ 1025 ff. ZPO) und in Verfahren vor dem Schiedsgericht nach § 104 ArbGG, wenn es sich dabei nicht um Verfahren des höheren Rechtszuges handelt.

B. Gebühren des Abschnitts 1

I. Volle Verfahrensgebühr (Nr. 3100)

8   **1. Allgemeines.** Die volle Verfahrensgebühr hat im ersten Rechtszug einen Gebührensatz vom 1,3. Sie entspricht der Prozessgebühr nach § 31 Abs. 1 Nr. 1 BRAGO. Zur Tätigkeit des Rechtsanwalts, die durch die Verfahrensgebühr abgegolten wird, s. Vorbem. 3 Rn. 22 bis 25; zur Entstehung der Verfahrensgebühr s. Vorbem. 3 Rn. 26 bis 30; zum Gegenstandswert der Verfahrensgebühr s. Vorbem. 3 Rn. 31 bis 36; zu Fragen der Kostenerstattung s. Vorbem. 3 Rn. 40 bis 44.

9   **2. Das vereinfachte Verfahren über den Unterhalt Minderjähriger (Abs. 1). a) Voraussetzungen des Verfahrens.** Nach § 1612 a Abs. 1 BGB kann ein minderjähriges – eheliches oder nichteheliches – Kind von einem Elternteil – Vater oder Mutter –, mit dem es nicht in einem Haushalt lebt, den Unterhalt als Prozentsatz des Regelbetrages verlangen. Die Regelbeträge werden in der RegelbetragsVO vom 6. 4. 1998 (BGBl. I S. 666, 668, zuletzt geändert durch VO vom 24. 4. 2003, BGBl. I S. 546) für drei Altersstufen getrennt festgesetzt (§ 1612 a Abs. 3 BGB). Sie wurden erstmals zum 1. 7. 1999 und danach zum 1. 7. jeden zweiten Jahres neu festgesetzt (§ 1612 a Abs. 4 BGB). Der sich danach ergebende Unterhalt des Kindes ist nach Maßgabe der §§ 1612 b und 1612 c BGB um das auf das Kind entfallende Kindergeld oder sonstige regelmäßig wiederkehrende kindbezogene Leistungen zu berichtigen. Der Unterhalt des Kindes kann bis zu 150 % des Regelbetrages in einem vereinfachten Verfahren, für das der Rechtspfleger beim Amtsgericht zuständig ist (§ 20 Nr. 10 RPflG), geltend gemacht werden (§§ 645 bis 650 ZPO). In diesem Verfahren kann der

Bürgerliche Rechtsstreitigkeiten, Verfahren **VV Teil 3 Abschnitt 1**

Antragsgegner Einwendungen zur Höhe des Unterhaltes nur in beschränktem Umfange erheben (§ 648 Abs. 1 Nr. 3, Abs. 2 ZPO). Werden keine oder nur unzulässige oder im vereinfachten Verfahren unbeachtliche Einwendungen erhoben, so setzt der Rechtspfleger den beantragten Unterhalt fest. Werden zulässige und beachtliche Einwendungen erhoben, so wird auf Antrag einer Partei das streitige Verfahren durchgeführt (§ 651 ZPO).

Unterhaltstitel, in denen Kindergeld oder kindbezogene Leistungen (§§ 1612b, 1612c BGB) berücksichtigt sind, können im vereinfachten Verfahren abgeändert werden, wenn sich ein für die Berechnung maßgebender Umstand ändert (§ 655 ZPO). Auch für dieses Verfahren ist der Rechtspfleger zuständig (§ 20 Nr. 10 RPflG). Diesem Verfahren kann sich eine Anpassungskorrekturklage anschließen, mit der der Kläger – das Kind oder der Unterhaltsschuldner – geltend macht, die Abänderung des Schuldtitels nach § 655 ZPO habe zu einem Unterhaltsbetrag geführt, der wesentlich von dem Betrag abweiche, der der Entwicklung der besonderen Verhältnisse der Parteien Rechnung trage. **10**

b) Verfahren nach § 645 ZPO. Die Vergütung des Rechtsanwalts für seine Tätigkeit im vereinfachten Verfahren auf Festsetzung des Unterhaltes eines minderjährigen Kindes gegen einen Elternteil, mit dem es nicht in einem Haushalt lebt, ist in Abschnitt 1 geregelt (vgl. Rn. 5 unter s). Dies gilt sowohl für den Rechtsanwalt des Kindes oder des Elternteiles, der den Kindesunterhalt geltend machen kann (§ 1629 Abs. 2 S. 2 BGB), als auch für den Rechtsanwalt des Elternteiles, gegen den das Unterhaltsbegehren gerichtet ist. Sie entgilt nur die Tätigkeit im vereinfachten Verfahren, nicht für das streitige Verfahren, in das das vereinfachte Verfahren auf Antrag einer Partei übergeleitet werden kann (§ 651 ZPO). Das streitige Verfahren ist eine eigene gebührenrechtliche Angelegenheit, jedoch wird die Verfahrensgebühr des vereinfachten Verfahrens auf die Verfahrensgebühr, die im streitigen Verfahren entsteht, angerechnet. Eine Terminsgebühr, falls sie im vereinfachten Verfahren entstanden ist, wird nicht angerechnet. Die Abänderungsklage nach § 654 ZPO ist eine selbständige gebührenrechtliche Angelegenheit; die Anrechnungsvorschrift Nr. 3100 Abs. 1 gilt für diese Klage nicht. Im Beschwerdeverfahren (§ 652 ZPO) entstehen die Gebühren nach Nr. 3500 und 3513. **11**

c) Verfahren nach § 655 ZPO. Die Vergütung des Rechtsanwalts für seine Tätigkeit im vereinfachten Verfahren auf Abänderung eines Unterhaltstitels bestimmt sich nach Nr. 3331 und 3332. Gegenstand dieses Verfahrens können Vollstreckungstitel jeder Art über wiederkehrende Unterhaltsleistungen gegenüber einem minderjährigen Kind sein, nämlich Urteile, gerichtliche Vergleiche, einstweilige Anordnungen, Beschlüsse im vereinfachten Verfahren und vollstreckbare Urkunden. Es können nur Änderungen maßgeblicher Umstände für die Berechnung der nach §§ 1612b, 1612c BGB maßgeblichen Leistungen geltend gemacht werden. Der Antragsgegner kann nur die in § 655 Abs. 3 ZPO genannten Einwendungen geltend machen. Im Rechtsstreit über die Anpassungskorrekturklage (§ 656 ZPO) entstehen die Gebühren nach Abschnitt 1, jedoch wird die Gebühr nach Nr. 3331 auf die Verfahrensgebühr angerechnet. **12**

3. Der Urkunden- oder Wechselprozess und das ordentliche Verfahren (Abs. 2). a) Verschiedene Angelegenheiten. Das ordentliche Verfahren, das nach der Abstandnahme vom Urkunden- oder Wechselprozess oder nach Erlass des Vorbehaltsurteils anhängig bleibt, bildet prozessual mit dem Urkunden- oder Wechselpro- **13**

VV Teil 3 Abschnitt 1

zess eine Einheit. § 17 Nr. 5 bestimmt nun, dass der Urkunden- oder Wechselprozess und das nachfolgende ordentliche Verfahren gebührenrechtlich verschiedene Angelegenheiten sind. In beiden Verfahrensteilen entstehen gesondert die Gebühren des Abschnittes 1. Nr. 3100 Abs. 2 bestimmt jedoch, dass die Verfahrensgebühr des Urkunden- oder Wechselprozesses auf die gleiche Gebühr des ordentlichen Verfahrens angerechnet wird. Dies gilt auch für den Scheckprozess, der eine Abart des Urkundenprozesses ist (§ 605 a ZPO). Die Regelung entspricht insgesamt § 39 BRAGO.

14 **b) Anrechnung der Verfahrensgebühr.** Der Rechtsanwalt muss die im Urkundenprozess entstandene Verfahrensgebühr auf die gleiche Gebühr des ordentlichen Verfahrens anrechnen. Diese Anrechnung lässt die Verfahrensgebühr des Urkundenprozesses unberührt; die Verfahrensgebühr im ordentlichen Verfahren mindert sich jedoch um den Betrag der früher entstandenen Verfahrensgebühr. Das hat bei gleich bleibendem Wert zur Folge, dass für das ordentliche Verfahren keine Verfahrensgebühr übrig bleibt (vgl. Rn. 15). – Auch der **Verkehrsanwalt** verdient nach Nr. 3400 eine Verfahrensgebühr. Auch sie fällt unter die Anrechnungsvorschrift, so, wenn derselbe Rechtsanwalt Verkehrsanwalt des Urkundenprozesses und des ordentlichen Verfahrens ist oder wenn er in dem einen Verfahren Prozessbevollmächtigter, im anderen Verfahren Verkehrsanwalt ist.

15 **c) Gegenstandswert.** Gegenstand des Nachverfahrens ist der Gegenstand, dessentwegen dem Beklagten die Ausführung seiner Rechte vorbehalten worden ist.[1] Der Wert kann sich im ordentlichen Verfahren gegenüber dem Urkundenprozess erhöhen (zB durch Klageerweiterung, Widerklage) oder mindern (zB durch teilweise Klagerücknahme, Teilerledigung). Der Wert mindert sich jedoch nicht dadurch, dass der Beklagte im Nachverfahren nur wegen eines Teilbetrags die Klageabweisung beantragt;[2] denn auch in einem solchen Fall muss über die ganze Forderung, wegen derer die Ausführung der Rechte vorbehalten ist, und sei es auch nur durch Bestätigung des Vorbehaltsurteils, entschieden werden. Sind die Werte gleich oder ist der Wert im ordentlichen Verfahren niedriger, so bleibt es bei der Verfahrensgebühr des Urkundenprozesses. Ist er höher, so steigt die Verfahrensgebühr auf den sich aus dem neuen Wert ergebenden Betrag. Verlangt der Beklagte im Nachverfahren neben der Aufhebung des Vorbehaltsurteils und der Klageabweisung auch die Erstattung der Kosten des Urkundenprozesses oder die Rückzahlung des aufgrund des Vorbehaltsurteils Geleisteten, so bleiben diese Nebenanträge für die Berechnung des Gegenstandswertes außer Betracht.[3] Wird das Verfahren für zwei im Urkundenprozess geltend gemachte Ansprüche getrennt und wird dann der eine Anspruch im Urkundenprozess weiterverfolgt, der andere in das ordentliche Verfahren übergeleitet, so fallen zwei gesonderte Verfahrensgebühren an, die sich aus dem Gegenstandswert der einzelnen Ansprüche berechnen. Soweit danach der Rechtsanwalt infolge der Zusammenrechnung der Werte vor der Trennung für den in das ordentliche Verfahren übergeleiteten Anspruch die Verfahrensgebühr im Urkundenprozess noch nicht erhalten hat, kommt eine Anrechnung nicht in Betracht.[4] Wird gegen das Vorbehaltsurteil **Berufung** eingelegt, so wird auf die Verfahrensgebühr für das Berufungsverfahren selbst dann nichts ange-

---

[1] RGZ 23, 351.
[2] OLG München MDR 1987, 766; *Hillach/Rohs* § 86 III a; *Schneider* Streitwert Rn. 4533.
[3] BGHZ 38, 237; *Hillach/Rohs* § 15 B III b aa Nr. 6; aA RGZ 145, 298; *Schneider* Streitwert Rn. 4534.
[4] LG Berlin KostRsp. § 39 Nr. 1; *Gerold/Schmidt/Müller-Rabe* VV 3100 Rn. 253.

Bürgerliche Rechtsstreitigkeiten, Verfahren **VV Teil 3 Abschnitt 1**

rechnet, wenn vor Erlass des Berufungsurteils auch gegen das im ordentlichen Verfahren ergangene Urteil Berufung eingelegt wird, denn es liegen mehrere Rechtszüge vor (§ 15 Abs. 2 S. 2).

4. Vermittlungsverfahren nach § 52a FGG (Abs. 3). Macht ein Elternteil geltend, dass der andere Elternteil den gerichtlich geregelten Umgang mit dem gemeinschaftlichen Kind vereitelt oder erschwert, so sieht § 52a FGG ein Vermittlungsverfahren des Familiengerichts vor. Bleibt das Vermittlungsverfahren erfolglos, so stellt dies das Familiengericht durch Beschluss fest. Danach kann es von Amts wegen oder aufgrund des Antrags eines Elternteils, der binnen eines Monats gestellt werden muss, zu einem Verfahren über Zwangsmittel, Änderungen der Umgangsregelung oder Maßnahmen in Bezug auf das Sorgerecht kommen (§ 52a Abs. 5 FGG). Das Vermittlungsverfahren und das anschließende gerichtliche Verfahren sind nach § 17 Nr. 8 gebührenrechtlich verschiedene Angelegenheiten. Im Vermittlungsverfahren entstehen Gebühren nach Abschnitt 1. Im anschließenden gerichtlichen Verfahren erwachsen Gebühren nach Nr. 3309, 3310, soweit Gegenstand des Verfahrens Zwangsmittel nach § 33 FGG sind (Vorbem. 3.3.3), sonst Gebühren nach Abschnitt 1. Abs. 3 bestimmt, dass die Verfahrensgebühr des Vermittlungsverfahrens auf die Verfahrensgebühr für das anschließende Verfahren angerechnet wird. Diese Regelung entspricht § 118 Abs. 2 S. 2 BRAGO. 16

Die Anrechnungsvorschrift führt dazu, dass in dem Anschlussverfahren die Verfahrensgebühr nicht entsteht, wenn nicht die Voraussetzungen für eine höhere Verfahrensgebühr als die des Vermittlungsverfahrens gegeben sind; dies ist nur denkbar, wenn der Gegenstand des Anschlussverfahren höher bewertet wird als der des Vermittlungsverfahrens. 17

Die Anrechnung der Verfahrensgebühr setzt voraus, dass das Anschlussverfahren in einem zeitlichen und sachlichen Zusammenhang mit dem Scheitern des Vermittlungsverfahrens steht. Kommt das Anschlussverfahren auf Antrag eines Elternteils zustande, so muss der Antrag innerhalb eines Monats nach der Feststellung gestellt werden, dass die Vermittlung erfolglos geblieben ist. Auch wenn das Verfahren von Amts wegen eingeleitet wird, ist die Verfahrensgebühr des Vermittlungsverfahrens auf die Gebühr des folgenden Verfahrens nur anzurechnen, wenn dieses wegen des gescheiterten Vermittlungsverfahrens und in einer dementsprechenden Frist, die normalerweise sicher nicht drei Monate übersteigen darf, eingeleitet wird. Wird später wegen neu aufgetretener Probleme, die nicht Gegenstand des Vermittlungsverfahrens waren, ein Verfahren eingeleitet, so ist die Verfahrensgebühr nicht anzurechnen. 18

II. Verminderte Verfahrensgebühr (Nr. 3101)

1. Grundsätze. Nr. 3101 sieht eine verminderte Verfahrensgebühr vor für die Fälle, dass der Auftrag vorzeitig endet (Nr. 1), dass der Auftrag sich darauf beschränkt, eine Einigung herbeizuführen und zu Protokoll des Prozessgerichtes zu bringen (Nr. 2) oder dass in einem Verfahren der freiwilligen Gerichtsbarkeit lediglich ein Antrag gestellt und eine Entscheidung entgegengenommen wird (Nr. 3). Die Regelung entspricht weitgehend § 32 BRAGO. Jedoch sieht Nr. 3101 nicht, wie § 32 BRAGO, eine halbe Prozessgebühr, sondern einen verminderten Gebührensatz von 0,8 vor. Außerdem genügt für den vollen Gebührensatz nach Nr. 3100 ein Schriftsatz, der Sachvortrag enthält (Nr. 3101 Nr. 1). Da die Vorschriften des Abschnitts 1, anders als 19

VV Teil 3 Abschnitt 1 *Vergütungsverzeichnis*

§§ 31 ff. BRAGO, auch auf FGG-Verfahren anwendbar sind, ist auch die Vorschrift neu, dass in nicht streitigen Verfahren der freiwilligen Gerichtsbarkeit nur die verminderte Verfahrensgebühr entsteht, wenn nur ein Antrag gestellt und eine Entscheidung entgegengenommen wird.

20 **2. Beendigung des Auftrages (Nr. 1). a) Allgemeines.** Aus der Regelung der Nr. 1 ergibt sich, dass die Verfahrensgebühr zunächst in Höhe eines Gebührensatzes von 0,8 erwächst und der weitere Teil bis zum vollen Gebührensatz von 1,3 erst entsteht, wenn eine der in Nr. 1 bestimmten Voraussetzungen eingetreten ist. Um die volle Verfahrensgebühr nach Nr. 3100 zu erhalten, muss der Verfahrensbevollmächtigte während der Dauer seines Auftrags entweder einen näher bestimmten Schriftsatz einreichen oder für seine Partei einen Termin wahrnehmen; anderenfalls erhält er nur die verminderte Verfahrensgebühr nach Nr. 3101.

21 **b) Einreichung eines Schriftsatzes. aa) Art des Schriftsatzes.** Der Prozessbevollmächtigte erhält nur eine verminderte Verfahrensgebühr, solange er nicht einen von ihm unterschriebenen[5] Schriftsatz der **folgenden Art** eingereicht hat:

22 **(1)** die **Klage** (Widerklage) oder in Verfahren, die nicht durch eine Klage eingeleitet werden, den das Verfahren einleitenden und den Antrag enthaltenden Schriftsatz, zB das Arrestgesuch, den Antrag auf Erlass einer einstweiligen Verfügung oder einer einstweiligen Anordnung, den Scheidungsantrag;

23 **(2)** einen (sonstigen) **Schriftsatz**, der **Sachanträge** enthält. Es muss im Klageverfahren ein Schriftsatz sein, der nach § 270 Abs. 2 ZPO zuzustellen ist, in Sicherungsverfahren ein Schriftsatz von entsprechender Bedeutung;[6] Sachanträge beziehen sich auf den Inhalt, den Gegenstand und die Wirkung der erbetenen Endentscheidung. Sie können schon zu Beginn oder erst im Verlauf des Verfahrens gestellt oder wiederholt werden.

24 **Sachanträge** sind **beispielsweise** die Klageerweiterung oder -beschränkung, Zwischenklageanträge, Rechtsmittelanträge oder Anschließungsanträge, Anträge auf Ergänzung der Entscheidung oder Berichtigung des Tatbestands, Verweisungsanträge, Anträge auf Durchführung des streitigen Verfahrens nach § 696 Abs. 1 ZPO,[7] die Erklärung der Erledigung der Hauptsache[8] oder der Aussöhnung der Parteien des Ehestreits, die Zustimmung zur Scheidung,[9] Kostenanträge gemäß § 269 Abs. 3 S. 3, § 515 Abs. 3 S. 2 ZPO,[10] Anträge zur Vollstreckbarkeit;[11] auch Anträge auf Abweisung der Klage oder des Rechtsmittels als unbegründet oder als unzulässig sind Sachanträge;[12] dabei sind förmliche Sachanträge nicht unbedingt erforderlich; es genügt, wenn sich das Begehren des Beklagten zweifelsfrei erkennen lässt,[13] so bei der Rüge der örtlichen Unzuständigkeit.[14] Dies gilt auch für den Prozessbevollmächtigten des Nebenintervenienten.[15]

---

[5] OLG München MDR 1982, 118.
[6] OLG Hamburg JurBüro 1983, 1819.
[7] OLG Hamburg JurBüro 1994, 608; OLG Bamberg JurBüro 1983, 82; OLG Schleswig SchlHA 1984, 62; vgl. auch Abschnitt 3 Rn. 17
[8] OLG Celle NdsRpfl. 1964, 12.
[9] OLG Frankfurt JurBüro 1981, 1527; KG JurBüro 1984, 880.
[10] OLG Düsseldorf MDR 1983, 764; OLG Frankfurt JurBüro 1985, 1831; OLG Köln JurBüro 1989, 491.
[11] Vgl. *Baumbach/Lauterbach/Albers/Hartmann* § 297 ZPO Rn. 9.
[12] BGHZ 52, 385; OLG Bremen AnwBl. 1971, 88; aA OLG Bremen JurBüro 1973, 130.
[13] BGH NJW 1970, 1162; OLG München JurBüro 1991, 227.
[14] SchlH OLG JurBüro 1997, 87.
[15] OLG Nürnberg JurBüro 1994, 671.

Bürgerliche Rechtsstreitigkeiten, Verfahren **VV Teil 3 Abschnitt 1**

Keine Sachanträge: Aussetzungsantrag,[16] die Aufnahme eines unterbrochenen oder ausgesetzten Verfahrens gemäß § 250 ZPO[17] und der Antrag auf Terminsbestimmung,[18] auch nicht der Antrag auf Terminsbestimmung gemäß § 697 Abs. 3 ZPO,[19] die Anzeige der Verteidigungsabsicht nach § 276 Abs. 1 S. 1 ZPO,[20] die Erklärung des Beklagten, mit dem Verweisungsantrag des Klägers einverstanden zu sein,[21] überhaupt reine Verfahrensanträge;

(3) einen **Schriftsatz**, der **Sachvortrag** enthält. Dies ist eine Erweiterung gegenüber der Regelung in § 32 BRAGO, die insbesondere von Bedeutung ist in Verfahren, die, wie die Verfahren in Angelegenheiten der freiwilligen Gerichtsbarkeit, nicht der Parteimaxime unterliegen, auf die jedoch die Gebührenvorschriften des Abschnittes 1 anzuwenden sind.[22] Der Schriftsatz muss Sachvortrag enthalten. Dazu gehören der Vortrag von Angriffs- und Verteidigungsmitteln mit dem Vortrag von Tatsachen, Bestreiten, dem Erheben von Einwendungen, Einreden, der Erklärung einer Aufrechnung, der Benennung von Beweismitteln, aber auch Rechtsausführungen. Kein Sachvortrag sind nur den Verfahrensgang betreffende Ausführungen, so die Bestellung des Rechtsanwalts als Verfahrensbevollmächtigten, der Antrag auf Terminsverlegung, auch wenn dieser mit Ausführungen zur Verhinderung der Partei oder des Verfahrensbevollmächtigten verbunden ist, die Einzahlung von Gerichtsgebühren und Auslagenvorschüssen, der Antrag auf Aussetzung oder Ruhen des Verfahrens, die Mitteilung, dass eine Partei verstorben oder über ihr Vermögen das Insolvenzverfahren eröffnet worden sei.

Schriftsätze, die Sachanträge oder Sachvortrag enthalten, lassen die volle Verfahrensgebühr nur erwachsen, wenn die Klage oder der sonstige, das Verfahren einleitende Schriftsatz von anderer Seite bereits eingereicht worden ist;[23] Zustellung ist nicht erforderlich.[24] Dieser Grundsatz wird vor allem praktisch bei der in Eilverfahren zuweilen vor Einreichung des das Verfahren einleitenden Antrags vorsorglich eingereichten **Schutzschrift**. Wird die Schutzschrift vor dem Antrag auf Erlass einer einstweiligen Verfügung eingereicht, so begründet sie auch dann keine volle Verfahrensgebühr, wenn sie einen vorsorglichen Antrag auf Zurückweisung der einstweiligen Verfügung enthält, sondern es bleibt bei der verminderten Verfahrensgebühr.[25] Zur Frage der Kostenerstattung vgl. Vorbem. 3 Rn. 44;

(4) einen Schriftsatz, der die **Zurückziehung der Klage** (Widerklage) oder des Antrags enthält; hierunter fällt auch die Rücknahme des Widerspruchs gegen einen Mahnbescheid.[26] Eine Klagerücknahme in diesem Sinn ist auch die schriftsätzliche Zurückziehung einer noch nicht zugestellten Klage.[27]

---

16 *Gerold/Schmidt/Müller-Rabe* VV 3101 Rn. 37.
17 OLG Karlsruhe JurBüro 1997, 138.
18 *Gerold/Schmidt/Müller-Rabe* VV 3101 Rn. 37; aA *Schumann/Geißinger* § 32 BRAGO Rn. 14.
19 OLG Karlsruhe JurBüro 1994, 431.
20 OLG Koblenz MDR 1981, 507; OLG Düsseldorf MDR 1983, 76.
21 OLG Köln JurBüro 1986, 1041.
22 Vgl. BT-Drucks. 15/1971 S. 211.
23 OLG Hamburg MDR 1979, 151.
24 OLG Karlsruhe MDR 1997, 107.
25 BGH JurBüro 2003, 369; OLG Bremen JurBüro 1991, 940; OLG Braunschweig JurBüro 1993, 218; KG WRP 1999, 547; OLG Hamburg MDR 2002, 1153; aA OLG Koblenz JurBüro 1990, 1160; OLG Düsseldorf JurBüro 1991, 912.
26 OLG München JurBüro 1985, 402.
27 *Gerold/Schmidt/Müller-Rabe* VV 3101 Rn. 54.

VV Teil 3 Abschnitt 1

28 **bb) Einreichung des Schriftsatzes.** Der Schriftsatz muss eingereicht sein. Maßgeblich ist der Zeitpunkt des Eingangs bei Gericht.[28] Es ist aber nicht erforderlich, dass das Gericht darauf irgendetwas veranlasst hat, zB die Akten angelegt, eine Eintragung in das Register vorgenommen oder den Terminstempel auf die Klageschrift gesetzt hat. Wird einem Prozesskostenhilfeantrag ein Klageentwurf beigefügt oder die Klage nur für den Fall der Prozesskostenhilfebewilligung erhoben, so entsteht zunächst nur die Verfahrensgebühr nach Nr. 3335.

29 **cc) Zeitpunkt.** Im Zeitpunkt der Einreichung darf der Auftrag noch nicht beendet sein. Daher kann der Verfahrensbevollmächtigte des Beklagten die volle Verfahrensgebühr nicht mehr verdienen, wenn er erst nach **Kenntnis** von der Klagerücknahme einen Schriftsatz mit dem Antrag auf Klageabweisung einreicht.[29] Reicht er jedoch in Unkenntnis der vom Kläger zurückgenommenen Klage einen Schriftsatz ein, so steht ihm die volle Verfahrensgebühr zu.[30] Nach heute fast einhelliger Auffassung erwächst die volle Gebühr aus dem Streitwert der Hauptsache.[31]

30 **c) Wahrnehmung eines Termins.** Der Verfahrensbevollmächtigte muss für seine Partei einen gerichtlich bestimmten Termin in der betreffenden Sache wahrnehmen, jedoch genügt auch ein Sühnetermin oder ein Beweistermin vor dem ersuchten oder beauftragten Richter. Der Verfahrensbevollmächtigte muss in dem Termin nach Aufruf der Sache anwesend sein und auftreten.[32] Es genügt daher nicht, wenn der anwesende Verfahrensbevollmächtigte lediglich erklärt, er trete nicht auf.[33] Es ist jedoch nicht erforderlich, dass er verhandelt. Es entsteht deshalb auch die volle Verfahrensgebühr bezüglich des gesamten Streitwertes, wenn der Verfahrensbevollmächtigte des Beklagten diesem im Termin rät, den Kläger bezüglich eines Teiles des Streitwertes klaglos zu stellen, und im Termin insoweit nicht verhandelt.[34]

31 **d) Teilweise Beendigung des Auftrags. aa) Ausscheidbarer Teil des Gegenstandswertes.** Ist Nr. 3101 Nr. 1 nur auf einen vom Gegenstandswert betragsmäßig ausscheidbaren Teil anzuwenden, weil der Auftrag vor Einreichung der Klage usw. oder vor der Wahrnehmung eines Termins teilweise endet, so erhält der Rechtsanwalt eine 0,8 Verfahrensgebühr aus dem ganzen Wert und eine weitere 0,5 Verfahrensgebühr aus dem Teil des Wertes, für den Nr. 3100 erfüllt ist (§ 15 Abs. 3).[35]

32 **bb) Nicht ausscheidbarer Teil des Gegenstandswertes.** Entsteht die Verfahrensgebühr nur für einzelne Ansprüche als volle Gebühr und können diese aus dem Gegenstandswert nicht betragsmäßig ausgeschieden werden (vgl. § 15 Rn. 27ff.), so ist jedoch der Rechtsanwalt für seine Tätigkeit durch die aus dem gesamten Gegenstandswert entstandene 0,8 Verfahrensgebühr nicht in einer den Nr. 3100, 3101 entsprechen-

---

[28] KG JurBüro 1985, 1030; *Gerold/Schmidt/Müller-Rabe* VV 3101 Rn. 19.
[29] OLG Hamburg JurBüro 1975, 1607.
[30] Wohl hM, vgl. *Hartmann* VV 3101 Rn. 34; *Gerold/Schmidt/Müller-Rabe* VV 3100 Rn. 14; OLG Naumburg JurBüro 2003, 419; OLG Hamburg JurBüro 1998, 303; OLG Zweibrücken JurBüro 1989, 495; OLG Oldenburg JurBüro 1992, 682; OLG Bamberg JurBüro 1975, 1340.
[31] *Schumann/Geißinger* § 32 BRAGO Rn. 7; *Gerold/Schmidt/Müller-Rabe* VV 3100 Rn. 135; OLG Naumburg JurBüro 2003, 419; OLG Hamm JurBüro 1972, 989; KG NJW 1975, 125; aA OLG Hamm JurBüro 1965, 136.
[32] OLG Hamm MDR 1978, 151.
[33] OLG München JurBüro 1994, 542.
[34] KG JurBüro 1977, 1379.
[35] Vgl. Vorbem. 3 Rn. 32; aA *Gerold/Schmidt/Müller-Rabe* VV 3101 Rn. 70.

Bürgerliche Rechtsstreitigkeiten, Verfahren **VV Teil 3 Abschnitt 1**

den Weise abgegolten; er erhält noch eine 0,5 Verfahrensgebühr aus dem Wert des wertmäßig an sich nicht ausscheidbaren Anspruchs (vgl. auch Vorbem. 3 Rn. 61). Zu einem ähnlichen Ergebnis kommen LG Berlin und OLG Stuttgart, die eine volle Gebühr aus dem Wert des nicht ausscheidbaren Anspruchs und eine verminderte Gebühr aus der Differenz zwischen dem ursprünglichen Streitwert und dem nicht ausscheidbaren Wert zubilligen.[36] Die hM wendet auf diese Fallgestaltung § 15 Abs. 3 an und billigt dem Rechtsanwalt neben einer 0,8 Verfahrensgebühr aus dem Gesamtstreitwert eine 1,3 Verfahrensgebühr aus dem Wert des wertmäßig nicht ausscheidbaren Anspruchs zu.[37] Diese Meinung übersieht jedoch, dass der Anspruch, für den die volle Verfahrensgebühr erwachsen ist, wertmäßig im Gesamtstreitwert enthalten ist und deshalb die volle Gebühr aus dem nicht ausscheidbaren Teilwert nicht ohne Berücksichtigung der verminderten Gebühr aus dem Gesamtstreitwert zugebilligt werden kann. Eine Mindermeinung[38] verneint die Entstehung einer weiteren Verfahrensgebühr aus dem Teilstreitwert.

Beispiel: Klage auf Zahlung einer monatlichen Rente von 100 Euro für neun Jahre; Streitwert 6000 Euro (§ 42 Abs. 2 GKG). Nachdem der Beklagte 6000 Euro bezahlt hat, wird die Klage vor der mündlichen Verhandlung auf 4800 Euro ermäßigt. Der Rechtsanwalt des Beklagten, der vor der Ermäßigung zwar bestellt war, jedoch die Voraussetzungen der vollen Gebühr nach Nr. 3100 erst später erfüllt, erhält
0,8 Verfahrensgebühr aus 6000 Euro = 270,40 Euro,
0,5 Verfahrensgebühr aus 4800 Euro = 150,50 Euro.

Beispiel: Klage über 1000 Euro nebst Zinsen (vgl. § 42 GKG). Nachdem Beklagter die Hauptsache bezahlt hat, wird die Klage vor der mündlichen Verhandlung auf die Zinsen zu 100 Euro beschränkt. Der Rechtsanwalt des Beklagten, der vor der Ermäßigung zwar bestellt war, jedoch die Voraussetzungen der vollen Gebühr nach Nr. 3100 erst später erfüllt, erhält
0,8 Verfahrensgebühr aus 1000 Euro = 68,00 Euro,
0,5 Verfahrensgebühr aus 100 Euro = 12,50 Euro.

Beispiel: Klage über 2000 Euro. Nachdem Beklagter die Hauptsache bezahlt hat, wird die Klage vor der mündlichen Verhandlung auf die Kosten des Prozesses zu 300 Euro beschränkt. Der Rechtsanwalt des Beklagten, der zwar vor der Bezahlung der Hauptsache schon bestellt war, jedoch die Voraussetzungen der vollen Gebühr nach Nr. 3100 erst später erfüllt, erhält
0,8 Verfahrensgebühr aus 2000 Euro = 106,40 Euro,
0,5 Verfahrensgebühr aus 300 Euro = 12,50 Euro.

Ebenso, wenn der Verfahrensbevollmächtigte des Beklagten zunächst lediglich die Verteidigungsabsicht anzeigt und nach Klagerücknahme Kostenantrag nach § 269 Abs. 3 S. 3 ZPO stellt.

e) Kostenerstattung. Ist die volle Verfahrensgebühr entstanden, so ist sie nach 33 § 91 ZPO regelmäßig auch erstattbar. Das ist dann zweifelhaft, wenn der Prozessbevollmächtigte des Beklagten nach Rechtshängigkeit, aber **vor Begründung der Klage** einen Schriftsatz einreicht mit dem Antrag, die Klage zurückzuweisen. Dieses Problem stellt sich vor allem in der Rechtsmittelinstanz (vgl. Abschnitt 2 Rn. 36), wenn der Prozessbevollmächtigte des Rechtsmittelbeklagten Zurückweisung des Rechtsmittels beantragt, ehe dieses begründet ist. Ein entsprechendes Problem tritt im ersten

---
36 LG Berlin Rpfleger 1997, 129; OLG Stuttgart Rpfleger 1998, 261.
37 OLG Düsseldorf MDR 1983, 764; KG AnwBl. 1985, 530; OLG Frankfurt JurBüro 1985, 1831; OLG Köln JurBüro 1989, 491; OLG Nürnberg JurBüro 1993, 215; OLG Erfurt FamRZ 2004, 47; *Gerold/Schmidt/Müller-Rabe* VV 3101 Rn. 71 ff.
38 OLG Stuttgart JurBüro 1975, 194.

Rechtszug auf, wenn nach Widerspruch im Mahnverfahren, Antrag auf Durchführung des streitigen Verfahrens und Abgabe des Rechtsstreits an das Prozessgericht, der Prozessbevollmächtigte des Beklagten Abweisung der Klage beantragt, bevor der Kläger die Klage begründet hat. Der BGH vertritt für das Berufungsverfahren[39] und das Revisionsverfahren[40] die Auffassung, dass dem Rechtsmittelbeklagten, der vor Begründung des Rechtsmittels einen Prozessbevollmächtigten bestellt, die verminderte Prozessgebühr (§ 32 Abs. 1 BRAGO, jetzt Nr. 3101) zu erstatten sei, nicht jedoch die volle Prozessgebühr, wenn der Prozessbevollmächtigte Zurückweisung des Rechtsmittels beantrage, der Rechtsmittelkläger sodann aber das Rechtsmittel zurücknehme, ohne es vorher zu begründen. Dieser Auffassung ist auch für das erstinstanzliche Verfahren zu folgen, wenn nach Abschluss des Mahnverfahrens der Verfahrensbevollmächtigte des Beklagten Klageabweisung beantragt, obwohl die Klage noch nicht begründet ist. Die verminderte Gebühr nach Nr. 3101 ist auf jeden Fall zu erstatten, weil dem Beklagten nicht zugemutet werden kann, mit der Bestellung eines Verfahrensbevollmächtigten bis zum Zugang der Klagebegründung zu warten;[41] dies entspricht auch dem Gedanken des § 91 Abs. 2 S. 1 ZPO.[42] Jedoch ist nicht die volle Verfahrensgebühr zu erstatten; denn die Stellung eines Klageabweisungsantrages oder ein Schriftsatz mit Sachvortrag kann vor Begründung der Klage nicht als notwendig zur Rechtsverteidigung anerkannt werden.[43] Zur Erstattung der durch die Einreichung einer Schutzschrift dem Rechtsanwalt erwachsenen Gebühr vgl. Vorbem. 3 Rn. 44. Die volle dem Anwalt des Beklagten erwachsene Verfahrensgebühr ist zu erstatten, wenn der Anwalt einen Schriftsatz mit Klageabweisungsantrag in unverschuldeter **Unkenntnis** der Klagerücknahme eingereicht hat.[44] Nur die verminderte Verfahrensgebühr (Nr. 3101) ist jedoch zu erstatten, wenn die Unkenntnis des Anwalts auf Verschulden seiner Partei beruht.[45]

34 **3. Einigung über nichtrechtshängige Ansprüche (Nr. 2). a) Allgemeines.** Während Nr. 1 einen Auftrag zur gerichtlichen Durchsetzung oder Abwehr eines Anspruchs voraussetzt, genügt nach Nr. 2 der **Auftrag**, eine Einigung mit dem Gegner oder einem Dritten herbeizuführen und diese zu Protokoll des Prozessgerichts zu bringen[46] oder gemäß § 278 Abs. 6 ZPO feststellen zu lassen. Einigung geht weiter als Vergleich und erfordert insbesondere kein gegenseitiges Nachgeben;[47] sie ist der Oberbegriff.[48] In Betracht kommen die Fälle, in denen nichtrechtshängige Ansprüche in einen Prozessvergleich (§ 794 Abs. 1 Nr. 1 ZPO) einbezogen werden, der Vergleich

---

[39] BGH NJW 2003, 756; MDR 2003, 1140.
[40] BGH NJW 2003, 1324.
[41] OLG Koblenz NJW-RR 2002, 1223; OLG Köln JurBüro 1995, 81; 2000, 77; aA KG AnwBl. 2003, 182; JurBüro 2001, 138.
[42] *Hauss* NJW 1984, 963.
[43] OLG Koblenz NJW-RR 2002, 1223; OLG Köln JurBüro 1995, 81; 2000, 77; OLG Saarbrücken JurBüro 1988, 1668; OLG Stuttgart MDR 1990, 557; OLG Düsseldorf JurBüro 1994, 431. Soweit in der 8. Aufl. § 32 BRAGO Rn. 20 eine abweichende Meinung vertreten wurde, wird diese nicht aufrecht erhalten.
[44] Vgl. OLG Köln JurBüro 1986, 1197; OLG Saarbrücken JurBüro 1988, 595; OLG Karlsruhe JurBüro 1996, 420; zur Entstehung der Gebühr vgl. Rn. 29.
[45] OLG Hamburg JurBüro 1998, 303; vgl. auch OLG Stuttgart Justiz 1980, 21; *Gerold/ Schmidt/Müller-Rabe* VV 3100 Rn. 181.
[46] BGHZ 48, 334; vgl. auch OLG Köln JurBüro 1981, 1187.
[47] Ebenso *Hartmann* VV 3101 Rn. 60.
[48] *Gerold/Schmidt/Müller-Rabe* VV 3101 Rn. 92.

Bürgerliche Rechtsstreitigkeiten, Verfahren   **VV Teil 3 Abschnitt 1**

über nichtanhängige Scheidungsfolgesachen, der Gesamtvergleich, wenn der Rechtsstreit nach Teilurteil teils in der ersten Instanz, teils in der Berufungsinstanz schwebt (vgl. Rn. 36) sowie der Vergleich unter Einbeziehung Dritter, zB Streithelfer. Eine Einigung ist nicht erforderlich. Die verminderte Verfahrensgebühr erwächst auch dann, wenn die Bemühungen des Rechtsanwalts, eine Einigung zu erzielen und zu Protokoll des Prozessgerichtes zu bringen, scheitern, wie durch den Zusatz „soweit lediglich Verhandlungen vor Gericht zur Einigung über solche Ansprüche geführt werden" klargestellt ist. Auch ist es für die Gebühr nach Nr. 3101 unschädlich, wenn ein Scheidungsfolgenvergleich nicht rechtswirksam wird, weil es nicht zur Ehescheidung kommt.[49]

b) Gebührenregelung. Der Rechtsanwalt, der **nur** in der in Rn. 34 bezeichneten Weise tätig wird, erhält für das Betreiben des Geschäfts nur eine Verfahrensgebühr mit dem Gebührensatz von 0,8. Zu dieser kann die Einigungsgebühr hinzutreten, falls die Voraussetzungen (Nr. 1000) erfüllt sind. Wird ein rechtshängiger mit einem nichtrechtshängigen Anspruch zusammen verglichen, so erhält der Rechtsanwalt 0,8 Verfahrensgebühr für den nichtrechtshängigen Anspruch neben der vollen Gebühr für den rechtshängigen. Jedoch darf die Summe beider nicht die volle Verfahrensgebühr nach dem Gesamtbetrag beider Wertteile übersteigen (§ 15 Abs. 3). Für eine Gebühr nach Nr. 3101 Nr. 2 ist es unerheblich, ob die Einigung außergerichtlich herbeigeführt und nur gerichtlich protokolliert wird oder ob die Einigungsverhandlungen vor Gericht geführt werden und ob die Verhandlungen vor Gericht Erfolg haben oder nicht. **35**

Werden Ansprüche, die in anderen Verfahren bei demselben Gericht oder bei anderen Gerichten oder in einer anderen Instanz anhängig sind, in dem Vergleich miterledigt oder in den Vergleichsverhandlungen mitbehandelt, so war unter der Geltung der BRAGO umstritten, ob der Rechtsanwalt, der die Partei auch in den anderen Verfahren als Prozessbevollmächtigter oder Korrespondenzanwalt vertritt, eine Gebühr nach § 32 Abs. 2 BRAGO erhält, und ob sich die Gebühr, wenn der Rechtsanwalt die Partei in den anderen Verfahren nicht vertritt, nach dem Gebührensatz der Instanz richtet, in der der Vergleich protokolliert oder die Vergleichsverhandlungen geführt werden, oder nach der Instanz, in der die Ansprüche anhängig sind.[50] Aus der jetzt geltenden Gesetzesfassung ergibt sich unzweifelhaft, dass die Gebühr nach Nr. 3101 nur entsteht, wenn die Einigung bei einem Gericht des ersten Rechtszuges protokolliert werden soll bzw. hierüber vor einem Gericht des ersten Rechtszuges verhandelt wird. Sie entsteht unter dieser Voraussetzung immer unabhängig davon, ob die miterledigten oder die mitverhandelten Ansprüche in einem anderen Verfahren desselben Rechtszuges oder eines höheren Rechtszuges anhängig sind. Soll die Einigung vor einem Gericht der Berufungsinstanz protokolliert werden, entsteht die Gebühr Nr. 3201, vor einem Gericht der Revisionsinstanz die Gebühr Nr. 3207 oder 3209. **36**

Die Gebühr Nr. 3101 entsteht auch, wenn der Rechtsanwalt die Partei wegen desselben Anspruchs in einem anderen Verfahren vertritt. Nach Abs. 1 wird jedoch der Teil der Gesamtverfahrensgebühr, der die Gebühr Nr. 3100 übersteigt, auf die Verfahrensgebühr des anderen Verfahrens angerechnet. **37**

Beispiel: Dieselben Parteien, vertreten durch dieselben Rechtsanwälte, führen einen Rechtsstreit über 8000 Euro beim Landgericht und einen Rechtsstreit über 2000 Euro beim Amtsgericht. Sie schließen beim Landgericht einen Vergleich unter Einbeziehung des beim Amtsgericht anhän-

---

[49] OLG Hamm Rpfleger 1980, 445.
[50] Vgl. 8. Aufl. § 32 BRAGO Rn. 23 und 24.

VV Teil 3 Abschnitt 1 *Vergütungsverzeichnis*

gigen Anspruchs. Der Rechtsanwalt des Klägers (oder des Beklagten) erhält im landgerichtlichen Verfahren eine volle (1,3) Verfahrensgebühr aus 8000 Euro und eine 0,8 Verfahrensgebühr Nr. 3101 aus 2000 Euro, nach § 15 Abs. 2 aber insgesamt nicht mehr als den vollen Gebührensatz aus 10000 Euro. Da die Summe der Teilgebühren in Höhe von 535,60 Euro und 106,40 Euro (= 642 Euro) höher ist als eine volle Gebühr aus 10000 Euro (631,80 Euro), erhält der Rechtsanwalt hier eine Gesamtverfahrensgebühr in Höhe von 631,80 Euro. Diese übersteigt die Verfahrensgebühr aus 8000 Euro (Gebühr Nr. 3100) um 96,20 Euro. Dieser Betrag ist auf die Verfahrensgebühr im amtsgerichtlichen Verfahren anzurechnen, so dass der Rechtsanwalt im Ergebnis nur eine volle Verfahrensgebühr aus 8000 Euro und eine volle Verfahrensgebühr aus 2000 Euro erhält. Die gleiche Gebührenrechtslage besteht, wenn in einem Verfahren auf Erlass einer einstweiligen Verfügung die rechtshängige Hauptsache mitverglichen wird und umgekehrt.

38   **c) Verhältnis zu Nr. 2400.** Wird der Rechtsanwalt damit beauftragt, über einen Anspruch, der nicht beim Gericht anhängig ist, eine Einigung herbeizuführen, so wird die gesamte Tätigkeit des Rechtsanwalts, soweit sie nicht eine Terminsgebühr begründet (vgl. hierzu Rn. 54, 55), durch die Verfahrensgebühr nach Nr. 3101 Nr. 2 abgegolten, wenn von vornherein beabsichtigt ist, die erzielte Einigung gerichtlich protokollieren zu lassen. Dabei kommt es nicht darauf an, ob die Einigungsverhandlungen im Gerichtstermin oder außergerichtlich geführt werden; denn außergerichtliche Verhandlungen gehören nach § 19 Abs. 1 Nr. 2 zum Rechtszug, die Vergütung ist in Nr. 3101 Nr. 2 speziell geregelt. Ebenso ist es unerheblich, ob die Einigung über den nichtrechtshängigen Anspruch eine Voraussetzung ist für eine Einigung über den rechtshängigen Anspruch (Gesamtvergleich), oder ob dieser Zusammenhang nicht besteht. Dieser Fall tritt besonders in Scheidungsverfahren auf, wo häufig versucht wird, den Unterhalt und die vermögensrechtliche Auseinandersetzung außergerichtlich zu regeln, und die Einigung, sofern sie gelingt, sodann gerichtlich protokollieren zu lassen. Wenn, wie in diesem Fall, die gerichtliche Protokollierung allgemein üblich ist, wird die Protokollierungsabsicht zuweilen auch stillschweigend vereinbart werden. In allen diesen Fällen wird die Tätigkeit des Rechtsanwalts durch die Gebühr Nr. 3101 Nr. 2 abgegolten. Eine Gebühr Nr. 2400 entsteht nicht. Wenn jedoch zunächst an eine gerichtliche Protokollierung nicht gedacht ist, etwa weil ursprünglich eine außergerichtliche Einigung erstrebt wurde, die nicht protokolliert oder notariell beurkundet werden sollte, so entsteht die Gebühr Nr. 2400, die auch dann erhalten bleibt, wenn die Einigung dann später doch in einen gerichtlichen Vergleich einbezogen wird. Sie wird jedoch nach Vorbem. 3 Nr. 4 auf die Gebühr Nr. 3101 Nr. 2 angerechnet (vgl. Vorbem. 3 Rn. 64, 65).

39   **4. Einfache Verfahren der freiwilligen Gerichtsbarkeit (Nr. 3).** Nr. 3 bestimmt, das die Verfahrensgebühr in FGG-Verfahren gemäß Nr. 3101 auf den Gebührensatz von 0,8 vermindert ist, wenn lediglich ein Antrag gestellt und eine Entscheidung entgegengenommen wird. Dies gilt jedoch nach Abs. 2 nicht in streitigen FGG-Verfahren, insbesondere in Familiensachen, Verfahren nach § 43 WEG und Verfahren nach LwVG. Die verminderte Gebühr setzt demnach voraus, dass es sich nicht um ein streitiges FGG-Verfahren handelt und dass sich die Tätigkeit auf die Stellung des Antrags und die Entgegennahme der Entscheidung, die das Gericht auf den Antrag getroffen hat, beschränkt. Nicht die verminderte, sondern die volle Verfahrensgebühr entsteht daher, wenn der Rechtsanwalt außerdem an der Anhörung eines anderen Beteiligten teilnimmt oder wenn er sich mit der Stellungnahme eines anderen Beteiligten oder eines vom Gericht bestellten Sachverständigen auseinander setzt; hierbei ist es nicht erforderlich, dass der Rechtsanwalt sich selbst äußert.

Bürgerliche Rechtsstreitigkeiten, Verfahren VV Teil 3 Abschnitt 1

III. Verfahrensgebühr in Verfahren vor dem Sozialgericht als Betragsrahmengebühr (Nr. 3102)

1. Anwendungsbereich. Nr. 3102 bestimmt für Verfahren vor den Sozialgerichten, in denen Betragsrahmengebühren entstehen, für die Verfahrensgebühr einen Rahmen von 40 bis 460 Euro. Betragsrahmengebühren entstehen nach § 3 Abs. 1 S. 1 in den Sozialgerichtsverfahren, in denen das Gerichtskostengesetz nicht anzuwenden ist. Das sind die Verfahren, an denen Versicherte, Leistungsempfänger einschließlich Hinterbliebenenleistungsempfänger, Behinderte oder deren Sonderrechtsnachfolger sowie Personen, die im Falle ihres Obsiegens zu diesem Personenkreis gehören würden, als Kläger oder Beklagte beteiligt sind (§ 183 SGG; vgl. auch § 197a SGG). Unterliegt das Verfahren demnach nicht dem Gerichtskostengesetz, so entstehen dem Verfahrensbevollmächtigten Betragsrahmengebühren, auch wenn die Partei, die er vertritt, nicht zu den in § 183 SGG genannten Personen gehört, sondern nach § 184 SGG gebührenpflichtig ist. 40

2. Entstehung und Höhe. Die Verfahrensgebühr entsteht auch im Sozialgerichtsverfahren gemäß Vorbem. 3 Abs. 2 für das Betreiben des Geschäfts (vgl. Vorbem. 3 Rn. 22 ff.). Die Höhe der Gebühr innerhalb des Rahmens bestimmt der Rechtsanwalt nach § 14 Abs. 1. Die gerichtliche Festsetzung der Vergütung nach § 11 ist nur zulässig, wenn der Rechtsanwalt die Mindestgebühr (hier 40 Euro) geltend macht oder der Auftraggeber der Höhe der Gebühr ausdrücklich zustimmt. Im Streitfall ist über die Gebühr, die der Rechtsanwalt von seinem Auftraggeber fordern kann, im ordentlichen Rechtsstreit zu entscheiden. 41

3. Kostenerstattung. Nach § 193 SGG entscheidet das Gericht im Urteil, ob und in welchem Umfange die Beteiligten einander Kosten zu erstatten haben. Die gesetzlichen Gebühren eines Rechtsanwalts sind stets erstattungsfähig (§ 193 Abs. 3 SGG). Die zu erstattenden Kosten sind nach § 197 SGG auf Antrag festzusetzen. Hier hat der Urkundsbeamte des Sozialgerichts und auf Erinnerung (§ 197 SGG) das Sozialgericht selbst zu prüfen, ob die von dem Rechtsanwalt bestimmte Gebühr, die ein Beteiligter von einem anderen Beteiligten zu erstatten verlangt, unbillig ist (§ 14 Abs. 1 S. 4). 42

IV. Verfahrensgebühr nach vorausgegangener Tätigkeit im Verwaltungsverfahren (Nr. 3103)

Für die Tätigkeit im Verwaltungsverfahren und im Vorverfahren zur Nachprüfung des Verwaltungsaktes (§§ 78 ff. SGG) entstanden dem Rechtsanwalt nach bisherigem Recht Gebühren nach § 118 Abs. 1 BRAGO; die Geschäftsgebühr war nach § 118 Abs. 2 S. 1 auf die Gebühr im gerichtlichen Verfahren (§ 116 BRAGO) anzurechnen. Jetzt entsteht im Verwaltungsverfahren und Verwaltungsvorverfahren die Geschäftsgebühr Nr. 2500 oder 2501. Die Anrechnungsvorschrift Vorbem. 3 Abs. 4 gilt für die Gebühren Nr. 2500 und 2501 nicht. Zum Ausgleich ist in Nr. 3103 ein niedrigerer Gebührenrahmen für den Fall vorgesehen, dass eine Tätigkeit des Rechtsanwalts im Verwaltungsverfahren oder in dem der Nachprüfung des Verwaltungsaktes dienenden weiteren Verwaltungsverfahren (Vorverfahren) vorausgegangen ist. Der Gebührenrahmen geht von 20 Euro bis 320 Euro. Die Mittelgebühr ist mit 170 Euro um 80 Euro niedriger als die Mittelgebühr, die sich aus dem Gebührenrahmen Nr. 3102 ergibt. 43

VV Teil 3 Abschnitt 1 *Vergütungsverzeichnis*

Damit wird dem Umstand Rechnung getragen, dass der Rechtsanwalt durch seine Tätigkeit im Verwaltungsverfahren oder im Vorverfahren mit der Materie bereits vertraut ist und deshalb die Vorbereitung des Sozialgerichtsverfahrens für ihn weniger arbeitsaufwendig ist als für einen Rechtsanwalt, der erstmals mit der Materie befasst wird. Da dieser Umstand bereits zu dem niedrigeren Gebührenrahmen Nr. 3103 führt, ist er bei der Bestimmung der angemessenen Gebühr innerhalb des Gebührenrahmens nach § 14 Abs. 1 nicht nochmals gebührenermäßigend zu berücksichtigen. Dies ist in der Anmerkung zu Nr. 3103 klargestellt.

V. Volle Terminsgebühr (Nr. 3104)

44 **1. Allgemeines.** Die volle Terminsgebühr hat im ersten Rechtszug einen Gebührensatz von 1,2. Sie tritt an die Stelle der Verhandlungs- oder Erörterungsgebühr nach § 31 Abs. 1 Nr. 2 und 4 BRAGO. Zum Gebührentatbestand und Abgeltungsbereich der Terminsgebühr s. Vorbem. 3 Rn. 45 bis 50; zum Gegenstandwert der Terminsgebühr s. Vorbem. 3 Rn. 51 bis 58.

45 **2. Terminsgebühr ohne Termin (Abs. 1). a) Grundgedanke.** Die Vorschrift Abs. 1 Nr. 1 entspricht weitgehend § 35 BRAGO, jedoch ist § 331 Abs. 3 ZPO nicht mehr genannt. Nr. 2 entspricht § 114 Abs. 3 und § 116 Abs. 2 S. 3 BRAGO, jedoch ist § 153 Abs. 4 SGG entfallen; auch erhält der Rechtsanwalt in den genannten Fällen eine volle Termingebühr, während § 114 Abs. 3 und § 116 Abs. 2 S. 3 BRAGO nur eine halbe Verhandlungsgebühr vorsahen. Der Grund der Regelung (Terminsgebühr, obwohl die Entscheidung ohne mündliche Verhandlung und damit auch ohne Termin ergeht) liegt darin, dass der Rechtsanwalt keinen Gebührennachteil erleiden soll, wenn er in gerichtlichen Verfahren, in denen die mündliche Verhandlung grundsätzlich obligatorisch ist oder auf Verlangen einer Partei stattfinden muss, die Sache schriftsätzlich so gründlich vorbereitet hat, dass eine mündliche Verhandlung nicht stattzufinden braucht. Die Terminsgebühr, die der Rechtsanwalt in den genannten gerichtlichen Verfahren erhält, ist daher ein zusätzliches Entgelt für die schriftsätzliche Vorbereitung der Entscheidung, also für eine Tätigkeit, die sonst allein durch die Verfahrensgebühr abgegolten wird.

46 Die Entstehung der Terminsgebühr setzt subjektiv voraus, dass der Rechtsanwalt den Rechtsstreit schriftsätzlich in irgendeiner Weise gefördert hat.[51] Dies kann durch die schriftliche Stellung von Anträgen ebenso geschehen wie durch Sachvortrag oder Rechtsausführungen in Schriftsätzen. Die Vertretungsanzeige und die Vorlage der Prozessvollmacht genügen nicht. Für die Terminsgebühr sind alle schriftsätzlichen Erklärungen zu berücksichtigen, die auch für die Entscheidung zu berücksichtigen sind. Bei Erklärungen, die vor der Einverständniserklärung der Parteien abgegeben worden sind, genügt es, dass sie aufrechterhalten werden. Die Gebühr entsteht für den Rechtsanwalt, der solche Erklärungen abgegeben hat, mit dem Erlass der Entscheidung, und zwar, da die Gebühr eine früher entfaltete Tätigkeit abgilt, auch dann, wenn der Rechtsanwalt beim Erlass der Entscheidung nicht mehr Prozessbevollmächtigter ist. Da die Gebühr wie eine Terminsgebühr zu behandeln ist, entsteht sie nicht, soweit der Rechtsanwalt eine Terminsgebühr in demselben Rechtszug bereits verdient hat (§ 15 Abs. 2 S. 1; vgl. auch Vorbem. 3 Rn. 45).

---

[51] LG Tübingen JurBüro 1986, 276; *Gerold/Schmidt/Müller-Rabe* VV 3104 Rn. 46.

Bürgerliche Rechtsstreitigkeiten, Verfahren **VV Teil 3 Abschnitt 1**

b) Entscheidung ohne mündliche Verhandlung (Nr. 1). aa) Einverständnis 47
der Parteien. Die volle Terminsgebühr entsteht, wenn in einem Verfahren, für das mündliche Verhandlung vorgeschrieben ist, im Einverständnis mit den Parteien ohne mündliche Verhandlung entschieden wird. Damit ist für den Zivilprozess § 128 Abs. 2 ZPO angesprochen, für den Verwaltungsgerichtsprozess § 101 Abs. 2 VwGO und für den Sozialgerichtsprozess, soweit die Gebühren nach dem Gegenstandswert bestimmt werden (s. § 3), § 124 Abs. 2 SGG. Fehlt das Einverständnis oder ist es unwirksam und trifft das Gericht unzulässiger Weise seine Entscheidung ohne mündliche Verhandlung, so wird man Abs. 1 Nr. 1 anwenden können, wenn die Parteien den Mangel nicht rügen.[52]

bb) Entscheidung nach § 307 Abs. 2 oder § 495a ZPO. Der Entscheidung ohne 48
mündliche Verhandlung im Einverständnis der Parteien sind die Entscheidungen ohne mündliche Verhandlung nach § 307 Abs. 2 und nach § 495a ZPO gebührenrechtlich gleich gestellt. Gibt der Beklagte auf die Aufforderung des Gerichts, seine Verteidigungsabsicht anzuzeigen (§ 276 Abs. 1 S. 1 ZPO), schriftlich ein Anerkenntnis (Teilanerkenntnis) ab, so ergeht nach § 307 Abs. 2 ZPO ohne mündliche Verhandlung Anerkenntnisurteil. Auch in diesem Fall entsteht den Prozessbevollmächtigten des Klägers und des Beklagten eine Terminsgebühr nach dem Wert des Anerkenntnisurteils, obwohl sie keinen Termin wahrgenommen haben. Die Regelung entspricht § 35 BRAGO; allerdings sind gemäß § 33 Abs. 1 S. 1 BRAGO nur halbe Verhandlungsgebühren erwachsen, während nach Nr. 3104 Abs. 1 Nr. 1 die volle Terminsgebühr entsteht, da das Anerkenntnis, auch in der mündlichen Verhandlung, zu keiner Gebührenermäßigung mehr führt.

Nach § 495a ZPO kann das Amtsgericht, wenn der Streitwert 600 Euro nicht über- 49
steigt, sein Verfahren nach billigem Ermessen bestimmen. Wie sich insbesondere aus § 495a S. 2 ZPO ergibt, kann das Gericht im Rahmen dieses Verfahrens auch ohne mündliche Verhandlung entscheiden. Zwar ist hierfür das ausdrückliche Einverständnis der Parteien nicht erforderlich, auf Antrag einer Partei muss jedoch mündlich verhandelt werden. Die Entscheidung ohne mündliche Verhandlung setzt daher auch nach § 495a ZPO im Ergebnis ein zumindest stillschweigendes Einverständnis voraus. Die Motive für die Gewährung der Terminsgebühr ohne Termin (vgl. Rn. 45) liegen daher auch hier vor.

cc) Gerichtliche Entscheidung. Es muss eine Entscheidung ergehen, die sonst, 50
d. h. außerhalb der genannten Ausnahmetatbestände, nur aufgrund mündlicher Verhandlung ergehen darf. Dies trifft hauptsächlich auf Urteile zu. Die Vorschrift ist unanwendbar für Verfahren mit freigestellter mündlicher Verhandlung wie zB die Entscheidung über das Gesuch auf Erlass eines Arrestes (§ 922 Abs. 1 S. 1 ZPO), einer einstweiligen Verfügung (§§ 936, 922 Abs. 1 S. 1 ZPO) oder einer einstweiligen Anordnung (§§ 127a Abs. 2 S. 2, 620a Abs. 1, 621 f. Abs. 2, 621 g S. 2, 644 S. 2 ZPO). Das Gleiche gilt für die Entscheidung in Verfahren nach § 80 und § 123 VwGO. Ebenso ist die mündliche Verhandlung freigestellt für die Entscheidung über die Folgen der Zurücknahme der Klage (§§ 269 Abs. 4, 128 Abs. 4 ZPO) oder des Einspruchs (§§ 346, 516 Abs. 3 ZPO), für die Kostenentscheidung nach übereinstimmender Erledigungserklärung (§§ 91a Abs. 1, 128 Abs. 4 ZPO), für die Verweisung des Rechtsstreits an das zuständige Gericht (§§ 281 Abs. 1 S. 1, 128 Abs. 4 ZPO), für die Verweisung von

---

[52] Vgl. OLG Frankfurt JurBüro 1986, 1362; MDR 1988, 1068; OLG Schleswig SchlHA 1986, 76; OLG Zweibrücken AnwBl. 1981, 240; *Hartmann* VV 3104 Rn. 24.

VV Teil 3 Abschnitt 1

der Zivilkammer an die Kammer für Handelssachen und umgekehrt (§ 101 Abs. 2 S. 2 GVG), für die Rechtswegverweisung und die Vorabentscheidung über die Zulässigkeit des Rechtsweges (§ 17a Abs. 4 S. 1 GVG), für die Übertragung des Rechtsstreits vom Einzelrichter auf die Kammer und umgekehrt (§ 348 Abs. 2, Abs. 3 S. 3, § 348a Abs. 1 S. 3, § 128 Abs. 4 ZPO), für die Aussetzung des Verfahrens (§ 248 Abs. 2 ZPO); auch ein Beweisbeschluss kann vor der mündlichen Verhandlung ergehen (§ 358a ZPO), ebenso ein Aufklärungsbeschluss (vgl. § 275 Abs. 4 ZPO).

51 **dd) Schriftlicher Vergleich.** Die volle Terminsgebühr entsteht auch, wenn in einem Verfahren, für das mündliche Verhandlung vorgeschrieben ist, ein schriftlicher Vergleich geschlossen wird. Wird ein Vergleich zu Protokoll des Gerichts erklärt, so entsteht immer auch die Terminsgebühr, da ein Verhandeln oder Erörtern der Gegenstände nicht erforderlich ist. Wird der Vergleich schriftlich geschlossen, ist der Aufwand und die Verantwortung des Anwalts, die mit der vergleichsweisen Erledigung eines Rechtsstreits regelmäßig verbunden sind, nicht geringer. Durch die Regelung, dass auch in diesem Falle die Terminsgebühr entsteht, wird eine Schlechterstellung des Anwalts durch die Schriftform, in der der Vergleichsabschluss erfolgt, vermieden. Voraussetzung ist jedoch, dass der Vergleich in einem Verfahren geschlossen wird, für das mündliche Verhandlung vorgeschrieben ist. Arrestverfahren, Verfahren der einstweiligen Verfügung oder der einstweiligen Anordnung und Verfahren nach § 80 und § 123 VwGO scheiden daher aus. Im Zivilprozess kann ein gerichtlicher Vergleich nach § 278 Abs. 6 S. 1 ZPO dadurch geschlossen werden, dass die Parteien einen schriftlichen Vergleichsvorschlag des Gerichts durch Schriftsatz gegenüber dem Gericht annehmen. Auch im verwaltungsgerichtlichen Verfahren kann ein Vergleich durch schriftliche Annahme eines gerichtlichen Vergleichsvorschlages geschlossen werden (§ 106 S. 2 VwGO). In allen diesen Fällen entsteht mit dem Vergleichsabschluss die Terminsgebühr, sofern sie nicht vorher oder nachher ohnehin entsteht.

52 **c) Entscheidung durch Gerichtsbescheid (Nr. 2).** Im Verwaltungsgerichtsprozess kann das Gericht ohne mündliche Verhandlung durch Gerichtsbescheid entscheiden, wenn die Sache keine besondere Schwierigkeit tatsächlicher oder rechtlicher Art aufweist und der Sachverhalt geklärt ist (§ 84 Abs. 1 VwGO). Der Gerichtsbescheid wirkt als Urteil. Innerhalb der Rechtsmittelfrist kann mündliche Verhandlung beantragt werden; der Gerichtsbescheid gilt dann als nicht ergangen (§ 84 Abs. 2 und 3 VwGO). Für das Sozialgerichtsverfahren findet sich eine entsprechende Regelung in § 105 SGG. Nach Abs. 1 Nr. 2 entsteht die volle Terminsgebühr, wenn im Verwaltungsgerichtsverfahren oder im Sozialgerichtsverfahren durch Gerichtsbescheid entschieden wird. Dies ist nicht der Fall, wenn der Gerichtsbescheid nach § 84 Abs. 3 Hs. 2 VwGO oder nach § 105 Abs. 3 Hs. 2 SGG als nicht ergangen gilt. Die Terminsgebühr entsteht daher nur, wenn der Gerichtsbescheid ergeht und von den Verfahrensbeteiligten nicht wirksam mündliche Verhandlung beantragt wird. Die ebenfalls in Abs. 1 Nr. 2 genannte Entscheidung nach § 130a VwGO ergeht nur im Berufungsverfahren. Eine Terminsgebühr Nr. 3104 kann in diesem Verfahren nicht entstehen, sondern nur eine Terminsgebühr Nr. 3202 (vgl. Abschnitt 2 Rn. 39).

53 **d) Anerkenntnis ohne mündliche Verhandlung vor dem Sozialgericht (Nr. 3).** Das Verfahren vor dem Sozialgericht wird nach § 101 Abs. 2 SGG dadurch in der Hauptsache erledigt, dass der Beklagte den mit der Klage geltend gemachten Anspruch anerkennt und der Kläger das Anerkenntnis annimmt. Sowohl das Anerkenntnis als auch die Annahme des Anerkenntnisses ist einseitige Prozesshandlung und ge-

Bürgerliche Rechtsstreitigkeiten, Verfahren **VV Teil 3 Abschnitt 1**

genüber dem Gericht abzugeben. Anerkenntnis und Annahme können in der mündlichen Verhandlung zu Protokoll, schriftsätzlich oder zu Protokoll des Urkundsbeamten der Geschäftsstelle außerhalb der mündlichen Verhandlung erklärt werden. Werden Anerkenntnis und Annahme in der mündlichen Verhandlung erklärt, so entsteht für einen beteiligten Rechtsanwalt bereits nach Vorbem. 3 Abs. 3 die Terminsgebühr. Abs. 1 Nr. 3 bestimmt, dass die Terminsgebühr dem Verfahrensbevollmächtigten auch dann erwächst, wenn der Rechtsstreit dadurch ohne mündliche Verhandlung endet, dass Anerkenntnis und Annahme des Anerkenntnisses durch Schriftsätze oder zur Niederschrift des Urkundsbeamten der Geschäftsstelle erklärt werden. Für die Terminsgebühr ist es nicht erforderlich, dass der Rechtsanwalt das Anerkenntnis oder die Annahme selbst abgegeben hat. Die Gebühr entsteht, sobald das Verfahren infolge des angenommenen Anerkenntnisses erledigt ist. Bei einem Teilanerkenntnis entsteht die Terminsgebühr nach dem Wert des erledigten Teils.

3. Terminsgebühr bei Verhandlung über nicht rechtshängige Ansprüche. 54
a) Gegenstandswert. Werden in einem gerichtlichen Termin Vergleichsverhandlungen geführt und werden in die Verhandlungen Ansprüche mit einbezogen, die in diesem Verfahren nicht rechtshängig sind, so ist der Wert der nicht rechtshängigen Ansprüche dem Wert des Streitgegenstandes hinzuzurechnen (Vorbem. 3 Rn. 51). Die Terminsgebühr erwächst dem Rechtsanwalt aus dem Gesamtwert unabhängig davon, ob ein Gesamtvergleich zustande kommt, ob die Ansprüche, die in dem Verfahren, in dem der Termin stattfindet, nicht rechtshängig sind, anderweitig in der gleichen Instanz oder in einer anderen Instanz gerichtlich anhängig sind und ob der Rechtsanwalt in einem anderen Verfahren mit diesen Ansprüchen als Prozessbevollmächtigter oder Korrespondenzanwalt befasst ist.

b) Terminsgebühr bei Besprechung ohne Beteiligung des Gerichts. Grund- 55
sätzlich gilt dies auch für eine Besprechung ohne Beteiligung des Gerichts (vgl. Vorbem. 3 Rn. 58). Jedoch ergeben sich hier Besonderheiten. Für eine Besprechung ohne Beteiligung des Gerichts entsteht die Terminsgebühr nur, wenn die Besprechung auf die Vermeidung oder Erledigung des Verfahrens gerichtet ist. Wird zB anlässlich eines Scheidungsverfahrens eine außergerichtliche Besprechung nur über nicht rechtshängige Unterhaltsansprüche geführt, so entsteht dadurch im Scheidungsverfahren keine Terminsgebühr. Ist beim Landgericht ein Rechtsstreit anhängig und führt der Rechtsanwalt über den dort anhängigen Anspruch außergerichtliche Vergleichsverhandlungen, in die Ansprüche mit einbezogen werden, die der Rechtsanwalt beim Amtsgericht eingeklagt hat oder die dort einzuklagen er beauftragt ist, so ist die Besprechung auf die Vermeidung oder Erledigung des amtsgerichtlichen und des landgerichtlichen Verfahrens gerichtet. Er erhält eine Terminsgebühr aus dem Gesamtstreitwert, wobei die Frage, ob die Terminsgebühr dem amtsgerichtlichen oder dem landgerichtlichen Verfahren zuzurechnen ist, wegen der Anrechnungsvorschrift Abs. 2 (vgl. Rn. 56) theoretisch ist. Anders ist es jedoch, wenn die Verfahren unterschiedlichen Rechtszügen zuzurechnen sind. Wenn zB der Rechtsanwalt, der die Partei in erster Instanz vertritt, nach einem Teilurteil mit der Berufung gegen das Teilurteil beauftragt ist und sodann außergerichtliche Vergleichsverhandlungen führt mit dem Ziel, über den gesamten Streitgegenstand eine Einigung zu erreichen, so ist die Besprechung auf die Vermeidung des Berufungsverfahrens und die Erledigung des noch in erster Instanz anhängigen Rechtsstreits gerichtet. Gebührenrechtlich kann die Besprechung jedoch nur einer Instanz zugerechnet werden, und zwar der höheren. Da die Gebührensätze Nr. 3104 und Nr. 3202 mit 1,2 für beide Instanzen gleich sind, ist die Frage, welcher

Keller

Instanz die außergerichtliche Besprechung zuzuordnen ist, auch hier mit Rücksicht auf die Anrechnungsvorschrift Abs. 2 ohne praktische Bedeutung. Anders ist es jedoch, wenn ein Anspruch in der Besprechung mitbehandelt wird, der in der Revisionsinstanz anhängig ist oder anhängig gemacht werden soll. In diesem Fall entsteht aus dem Wert aller behandelten Ansprüche die Terminsgebühr nach dem höheren Gebührensatz Nr. 3210.

56 **c) Anrechnung auf die Terminsgebühr in anderen Angelegenheiten.** Werden in einem Termin Vergleichsverhandlungen geführt über Ansprüche, die in verschiedenen Verfahren anhängig sind oder anhängig gemacht werden sollen, so entsteht die Terminsgebühr nur in einem Verfahren (s. Rn. 54 und 55). Die Terminsgebühr ist jedoch nach Abs. 2 auf eine in dem anderen Verfahren entstehende Terminsgebühr anzurechnen, soweit sie die Gebühr, die sich aus dem rechtshängigen Anspruch ergibt, übersteigt. Dabei ist es gleichgültig, ob die Terminsgebühr in dem anderen Verfahren vorher oder nachher entsteht. Die Anrechnung setzt voraus, dass derselbe Rechtsanwalt die Terminsgebühr in beiden Verfahren verdient. Doch ist es gleichgültig, ob er sie in einem oder in beiden Verfahren als Verfahrensbevollmächtigter oder Terminsanwalt verdient hat.

57 **d) Protokollierung einer Einigung über nicht rechtshängige Ansprüche (Abs. 3).** Nach Abs. 3 wird die Entstehung der Terminsgebühr ausgeschlossen, wenn lediglich beantragt wird, eine Einigung der Parteien oder mit Dritten über nicht rechtshängige Ansprüche zu Protokoll zu nehmen. Das ist nur dann der Fall, wenn die nicht rechtshängigen Ansprüche in dem Termin nicht erörtert werden, sondern lediglich eine zuvor schon erzielte Einigung protokolliert wird. Wird hinsichtlich des Streitgegenstandes der Tatbestand der Terminsgebühr erfüllt – dazu genügt, dass das Gericht den Termin zur Verhandlung oder Erörterung des Streitgegenstandes bestimmt hat (vgl. Vorbem. 3 Rn. 46) –, so bedeutet die Regelung Abs. 3 lediglich, dass die nicht rechtshängigen Ansprüche, über die die Einigung zu Protokoll genommen wird, bei der Bestimmung des Gegenstandswertes der Terminsgebühr unberücksichtigt bleibt. Im Übrigen besagt die Vorschrift nur, dass die nicht rechtshängigen Ansprüche bei der Bestimmung der Gebühr für den Gerichtstermin, in dem die Einigung über diese Ansprüche protokolliert wurden, nicht berücksichtigt werden. Das schließt nicht aus, dass in einem anderen Termin die Terminsgebühr aus diesem Wert entstanden ist. Gerade wenn die Parteien im gerichtlichen Termin die Einigung über nicht rechtshängige Ansprüche lediglich zu Protokoll geben, ist es nahe liegend, dass die Verfahrensbevollmächtigten die Einigung in einer Besprechung ohne Beteiligung des Gerichts herbeigeführt haben. Dabei kann die Terminsgebühr aus dem Wert der nicht rechtshängigen Ansprüche entstanden sein. Voraussetzung ist allerdings, dass die Besprechung zumindest auch mit dem Ziel geführt wurde, den Rechtsstreit zu vermeiden oder zu erledigen (vgl. Rn. 55).

VI. Verminderte Terminsgebühr (Nr. 3105)

58 **1. Allgemeines.** Nr. 3105 gewährt dem Rechtsanwalt eine Terminsgebühr mit einem Gebührensatz von nur 0,5 für die Wahrnehmung eines Termins, in dem eine Partei nicht erschienen oder nicht ordnungsgemäß vertreten ist und lediglich ein Antrag auf Versäumnisurteil oder zur Prozess- und Sachleitung gestellt wird. Damit soll dem geringeren Aufwand des Rechtsanwalts für die Wahrnehmung solcher Termine Rechnung getragen werden. Die Vorschrift tritt an die Stelle von § 33 Abs. 1

BRAGO, jedoch gilt der verminderte Gebührensatz im Unterschied zu § 33 Abs. 1 BRAGO nicht für den Fall, dass der Gegner zwar anwesend oder vertreten ist, aber nicht verhandelt.

2. Termin, in dem eine Partei nicht erschienen oder nicht vertreten ist. Voraussetzung für die Entstehung der niedrigeren Terminsgebühr ist die Wahrnehmung eines Termins, in dem eine Partei nicht erschienen oder nicht ordnungsgemäß vertreten ist. Gemeint ist ein zur mündlichen Verhandlung bestimmter gerichtlicher Termin; denn es muss ein Termin sein, in dem bei Säumigkeit des Gegners Versäumnisurteil beantragt werden kann. Deshalb kommt die Wahrnehmung eines von einem Sachverständigen anberaumten Termins oder eines Beweistermins vor dem beauftragten oder ersuchten Richter für die Gebühr Nr. 3105 nicht in Betracht. Zwar kann bei einer Beweisaufnahme vor dem Prozessgericht nach § 370 Abs. 1 ZPO im Anschluss an die Beweisaufnahme mündlich verhandelt und bei Säumigkeit einer Partei auch Versäumnisurteil beantragt werden. Da jedoch für die Wahrnehmung eines Beweistermins auch ohne mündliche Verhandlung die volle Terminsgebühr Nr. 3104 entsteht, wäre es widersprüchlich, die Gebühr nach Nr. 3105 zu verkürzen, weil der Anwalt im Anschluss an die Beweisaufnahme noch ein Versäumnisurteil beantragt.

Für den Gebührentatbestand Nr. 3105 ist es weiter erforderlich, dass der Gegner nicht erschienen oder nicht ordnungsgemäß vertreten ist. Die eigene Partei ist durch den Rechtsanwalt vertreten, um dessen Gebühr es geht. Die Säumigkeit eines Streitgenossen oder eines Streithelfers ergibt keinen vernünftigen Grund, die Terminsgebühr des Anwalts zu kürzen; auch kann der Rechtsanwalt in diesem Fall kein Versäumnisurteil erwirken.

Der Gegner muss nicht erschienen oder nicht ordnungsgemäß vertreten sein. Das bedeutet, dass die volle Terminsgebühr Nr. 3104 erwächst, wenn im Parteiprozess, d. h. beim Amtsgericht mit Ausnahme der Familiensachen (§ 78 ZPO), der Gegner persönlich oder ein Vertreter, der kein Rechtsanwalt zu sein braucht, für ihn auftritt; beim Landgericht muss ein bei einem Amts- oder Landgericht zugelassener Rechtsanwalt für den Gegner auftreten. Der Prozessbevollmächtigte des Gegners muss jedoch nicht verhandeln. Nach Abs. 3 ist § 333 ZPO nicht entsprechend anzuwenden. Danach ist eine Partei – oder ihr Vertreter – als nicht erschienen anzusehen, wenn sie zwar im Termin erscheint, aber nicht verhandelt. Deshalb kann gegen die zwar erschienene, aber nicht verhandelnde Partei Versäumnisurteil ergehen. Da § 333 ZPO aber gebührenrechtlich nicht entsprechend anzuwenden ist, verdient der Rechtsanwalt die volle Terminsgebühr, wenn der Gegner oder sein Vertreter zwar erscheint, aber nicht verhandelt, und der Rechtsanwalt sodann Versäumnisurteil beantragt. Der Gesetzgeber will damit der größeren Beanspruchung des Rechtsanwalts Rechnung tragen, die eintritt, wenn der Gegner erst nach umfangreicher Erörterung des Sach- und Streitstandes vom Verhandeln absieht. Allerdings kommt es für die Entstehung der Terminsgebühr nicht darauf an, ob es im Einzelfall überhaupt zu einer Erörterung gekommen ist. Die Gebühr dürfte aber gemäß Nr. 3105 vermindert sein, wenn der gegnerische Prozessbevollmächtigte zwar anwesend ist, aber von vornherein erklärt, dass er nicht auftritt;[53] die Situation ist in diesem Fall keine andere, als wenn der Gegner oder sein Vertreter nicht erschienen wäre.

3. Antrag des Rechtsanwalts. Die Terminsgebühr Nr. 3105 setzt weiter voraus, dass der Rechtsanwalt lediglich entweder einen Antrag auf Versäumnisurteil oder

---

[53] Gerold/Schmidt/Müller-Rabe VV 3105 Rn. 9.

VV Teil 3 Abschnitt 1 *Vergütungsverzeichnis*

einen Antrag zur Prozess- oder Sachleitung stellt. Auf die Entscheidung des Gerichtes kommt es in diesem Fall gebührenrechtlich nicht an. Eine volle Terminsgebühr entsteht, wenn der Rechtsanwalt nach § 331 a ZPO Entscheidung nach Lage der Akten beantragt. In Ehe- und Kindschaftssachen ist ein Versäumnisurteil gegen den Beklagten oder Antragsgegner unzulässig (§§ 612 Abs. 4, 640 Abs. 1 Halbs. 2 ZPO). Bei Säumigkeit des Beklagten oder Antragsgegners entsteht daher für den Rechtsanwalt des Klägers oder Antragstellers auch dann die volle Terminsgebühr, wenn er einseitig verhandelt. In Verfahren der freiwilligen Gerichtsbarkeit gilt dies auch bei Säumigkeit des Antragstellers für den Rechtsanwalt des Antraggegners.

63   **4. Entscheidung des Gerichts (Abs. 1 Nr. 1).** Die Terminsgebühr Nr. 3105 entsteht dem Rechtsanwalt auch dann, wenn er keinen Antrag stellt, das Gericht jedoch von Amts wegen lediglich eine Entscheidung zur Prozess- oder Sachleitung trifft, so wenn es den Rechtsstreit von Amts wegen vertagt oder das Ruhen des Verfahrens anordnet (§ 251 a Abs. 3 ZPO). Wird jedoch nach Lage der Akten entschieden (§ 251 a Abs. 1 ZPO), so erwächst die volle Terminsgebühr.

64   **5. Entscheidung nach § 331 Abs. 3 ZPO (Abs. 1 Nr. 2).** Hat der Beklagte entgegen § 276 Abs. 1 S. 1 ZPO nicht rechtzeitig angezeigt, dass er sich gegen die Klage verteidigen wolle, so erlässt das Gericht auf schriftlichen Antrag des Klägers Versäumnisurteil ohne mündliche Verhandlung nach § 331 Abs. 3 ZPO. In diesem Fall erwächst dem Prozessbevollmächtigten des Klägers nach Abs. 1 Nr. 2 die Terminsgebühr Nr. 3105 ohne Wahrnehmung eines Termins. Es entsteht hier eine Terminsgebühr im schriftlichen Verfahren ähnlich wie die Terminsgebühr nach Nr. 3104 Anm. Abs. 1, hier jedoch zum halben Gebührensatz.

65   **6. Verwaltungs- und sozialgerichtliche Verfahren.** In verwaltungs- und sozialgerichtlichen Verfahren gibt es kein Versäumnisurteil. Das Gericht kann auch dann mündlich verhandeln und streitig entscheiden, wenn die Parteien keinen Antrag stellen oder nicht erscheinen (§ 102 Abs. 2 VwGO, vgl. auch §§ 110 Abs. 1 S. 2, 126 SGG). In diesem Fall erhält der Rechtsanwalt, der an der Verhandlung teilnimmt, die volle Terminsgebühr. Die halbe Terminsgebühr Nr. 3105 kann nur entstehen, wenn der Gegner nicht erschienen und auch nicht vertreten ist und lediglich zur Prozess- oder Sachleitung verhandelt und entschieden wird.

VII. Terminsgebühr in Verfahren vor dem Sozialgericht als Betragsrahmengebühr (Nr. 3106)

66   Nr. 3106 bestimmt in Verfahren vor dem Sozialgericht, in denen Betragsrahmengebühren entstehen, für die Terminsgebühr einen Gebührenrahmen von 20 bis 380 Euro. Zum Anwendungsbereich der Betragsrahmengebühren in sozialgerichtlichen Verfahren vgl. Rn. 40. Die Höhe der Terminsgebühr innerhalb des Rahmens bestimmt der Rechtsanwalt nach § 14 (vgl. hierzu Rn. 41).

67   Ebenso wie die streitwertabhängige Terminsgebühr Nr. 3104 entsteht auch die Terminsgebühr Nr. 3106 ohne Termin, wenn im Einverständnis der Parteien über den Rechtsstreit nach § 124 Abs. 2 SGG durch Urteil entschieden wird (Rn. 47), wenn nach § 105 SGG ohne mündliche Verhandlung durch Gerichtsbescheid entschieden wird (Rn. 52) und wenn das Verfahren gemäß § 101 Abs. 2 SGG nach angenommenem Anerkenntnis ohne mündliche Verhandlung endet (Rn. 53).

Abschnitt 2. Berufung, Revision, bestimmte Beschwerden und Verfahren vor dem Finanzgericht

Nr.	Gebührentatbestand	Gebühr oder Satz der Gebühr nach § 13 RVG

Vorbemerkung 3.2:
(1) Dieser Abschnitt ist auch in Verfahren vor dem Rechtsmittelgericht über die Zulassung des Rechtsmittels anzuwenden.
(2) Wenn im Verfahren über einen Antrag auf Anordnung, Abänderung oder Aufhebung eines Arrests oder einer einstweiligen Verfügung das Berufungsgericht als Gericht der Hauptsache anzusehen ist (§ 943 ZPO), bestimmen sich die Gebühren nach Abschnitt 1. Dies gilt entsprechend im Verfahren vor den Gerichten der Verwaltungs- und Sozialgerichtsbarkeit auf Anordnung oder Wiederherstellung der aufschiebenden Wirkung, auf Aussetzung oder Aufhebung der Vollziehung oder Anordnung der sofortigen Vollziehung eines Verwaltungsakts und in Verfahren auf Erlass einer einstweiligen Anordnung.

Unterabschnitt 1.
Berufung, bestimmte Beschwerden und Verfahren vor dem Finanzgericht

Vorbemerkung 3.2.1:
(1) Dieser Unterabschnitt ist auch anzuwenden
1. in Verfahren vor dem Finanzgericht,
2. in Verfahren über Beschwerden oder Rechtsbeschwerden gegen die den Rechtszug beendenden Entscheidungen
   a) in Familiensachen,
   b) in Lebenspartnerschaftssachen,
   c) in Verfahren nach § 43 des Wohnungseigentumsgesetzes,
   d) in Verfahren nach dem Gesetz über das gerichtliche Verfahren in Landwirtschaftssachen und
   e) im Beschlussverfahren vor den Gerichten für Arbeitssachen,
3. in Beschwerde- und Rechtsbeschwerdeverfahren gegen den Rechtszug beendende Entscheidungen über Anträge auf Vollstreckbarerklärung ausländischer Titel oder auf Erteilung der Vollstreckungsklausel zu ausländischen Titeln sowie Anträge auf Aufhebung oder Abänderung der Vollstreckbarerklärung oder der Vollstreckungsklausel,
4. in Beschwerde- und Rechtsbeschwerdeverfahren nach dem GWB,
5. in Beschwerdeverfahren nach dem WpÜG,
6. in Beschwerdeverfahren nach dem WpHG,
7. in Verfahren vor dem Bundesgerichtshof über die Beschwerde oder Rechtsbeschwerde gegen Entscheidungen des Bundespatentgerichts,
8. in Verfahren über die Rechtsbeschwerde nach § 116 StVollzG.
(2) Für die in Absatz 1 genannten Verfahren ist Unterabschnitt 2 anzuwenden, wenn sich die Parteien nur durch einen beim Bundesgerichtshof zugelassenen Rechtsanwalt vertreten lassen können.

3200	Verfahrensgebühr, soweit in Nummer 3204 nichts anderes bestimmt ist	1,6
3201	Vorzeitige Beendigung des Auftrags: Die Gebühr 3200 beträgt	1,1

VV Teil 3 Abschnitt 2

Nr.	Gebührentatbestand	Gebühr oder Satz der Gebühr nach § 13 RVG
	Eine vorzeitige Beendigung liegt vor, 1. wenn der Auftrag endigt, bevor der Rechtsanwalt das Rechtsmittel eingelegt oder einen Schriftsatz, der Sachanträge, Sachvortrag, die Zurücknahme der Klage oder die Zurücknahme des Rechtsmittels enthält, eingereicht oder bevor er für seine Partei einen gerichtlichen Termin wahrgenommen hat, oder 2. soweit lediglich beantragt ist, eine Einigung der Parteien oder mit Dritten über in diesem Verfahren nicht rechtshängige Ansprüche zu Protokoll zu nehmen oder festzustellen (§ 278 Abs. 6 ZPO), oder soweit lediglich Verhandlungen zur Einigung über solche Ansprüche geführt werden. Soweit in den Fällen der Nummer 2 der sich nach § 15 Abs. 3 RVG ergebende Gesamtbetrag der Verfahrensgebühren die Gebühr 3200 übersteigt, wird der übersteigende Betrag auf eine Verfahrensgebühr angerechnet, die wegen desselben Gegenstands in einer anderen Angelegenheit entsteht.	
3202	Terminsgebühr, soweit in Nummer 3205 nichts anderes bestimmt ist.................. (1) Die Anmerkung zu Nummer 3104 gilt entsprechend. (2) Die Gebühr entsteht auch, wenn gemäß § 79a Abs. 2, § 90a oder § 94a FGO ohne mündliche Verhandlung entschieden wird.	1,2
3203	Wahrnehmung nur eines Termins, in dem eine Partei, im Berufungsverfahren der Berufungskläger, nicht erschienen oder nicht ordnungsgemäß vertreten ist und lediglich ein Antrag auf Versäumnisurteil oder zur Prozess- oder Sachleitung gestellt wird: Die Gebühr 3202 beträgt.................. Die Anmerkung zu Nummer 3105 und Absatz 2 der Anmerkung zu Nummer 3202 gelten entsprechend.	0,5
3204	Verfahrensgebühr für Verfahren vor den Landessozialgerichten, in denen Betragsrahmengebühren entstehen (§ 3 RVG)..................	50,00 bis 570,00 EUR
3205	Terminsgebühr in Verfahren vor den Landessozialgerichten, in denen Betragsrahmengebühren entstehen (§ 3 RVG).................. Die Anmerkung zu Nummer 3106 gilt entsprechend.	20,00 bis 380,00 EUR

Unterabschnitt 2. Revision

Vorbemerkung 3.2.2:
Dieser Unterabschnitt ist auch auf die in Vorbemerkung 3.2.1 Abs. 1 genannten Verfahren anzuwenden, wenn sich die Parteien nur durch einen beim Bundesgerichtshof zugelassenen Rechtsanwalt vertreten lassen können.

Bürgerliche Rechtsstreitigkeiten, Verfahren   **VV Teil 3 Abschnitt 2**

Nr.	Gebührentatbestand	Gebühr oder Satz der Gebühr nach § 13 RVG
3206	Verfahrensgebühr, soweit in Nummer 3212 nichts anderes bestimmt ist	1,6
3207	Vorzeitige Beendigung des Auftrags: Die Gebühr 3206 beträgt........................ Die Anmerkung zu Nummer 3201 gilt entsprechend.	1,1
3208	Im Verfahren können sich die Parteien nur durch einen beim Bundesgerichtshof zugelassenen Rechtsanwalt vertreten lassen: Die Gebühr 3206 beträgt........................	2,3
3209	Vorzeitige Beendigung des Auftrags, wenn sich die Parteien nur durch einen beim Bundesgerichtshof zugelassenen Rechtsanwalt vertreten lassen können: Die Gebühr 3206 beträgt........................ Die Anmerkung zu Nummer 3201 gilt entsprechend.	1,8
3210	Terminsgebühr, soweit in Nummer 3213 nichts anderes bestimmt ist................................ Die Anmerkung zu Nummer 3104 gilt entsprechend.	1,5
3211	Wahrnehmung nur eines Termins, in dem der Revisionskläger nicht ordnungsgemäß vertreten ist und lediglich ein Antrag auf Versäumnisurteil oder zur Prozess- oder Sachleitung gestellt wird: Die Gebühr 3210 beträgt........................ Die Anmerkung zu Nummer 3105 und Absatz 2 der Anmerkung zu Nummer 3202 gelten entsprechend.	0,8
3212	Verfahrensgebühr für Verfahren vor dem Bundessozialgericht, in denen Betragsrahmengebühren entstehen (§ 3 RVG)...............................	80,00 bis 800,00 EUR
3213	Terminsgebühr in Verfahren vor dem Bundessozialgericht, in denen Betragsrahmengebühren entstehen (§ 3 RVG)............................... Die Anmerkung zu Nummer 3106 gilt entsprechend.	40,00 bis 700,00 EUR

Übersicht

	Rn.		Rn.
A. Abschnitt 2	1–11	b) Entscheidung durch Urteil.....	7
I. Grundgedanken..........	1	c) Entscheidung durch Beschluss...	8–10
II. Vorbem. 3.2.............	2–11	aa) Widerspruchsverfahren	8
1. Verfahren über die Zulassung des Rechtsmittels (Abs. 1)	2–5	bb) Beschwerdeverfahren	9, 10
2. Verfahren des vorläufigen Rechtsschutzes (Abs. 2)............	6–11	d) Verfahren der Verwaltungs- und Sozialgerichtsbarkeit	11
a) Arrest und einstweilige Verfügung	6	**B. Unterabschnitt 1**..........	12–43
		I. Allgemeines..............	12

Keller

VV Teil 3 Abschnitt 2

Vergütungsverzeichnis

	Rn.		Rn.
II. Weiterer Anwendungsbereich (Vorbem. 3.2.1)	13–33	III. Verfahrensgebühren Nr. 3200 und 3201	34–37
1. Verfahren vor dem Finanzgericht (Abs. 1 Nr. 1)	13	1. Entstehung und Gebührensatz	34
2. Beschwerden und Rechtsbeschwerden in Verfahren der freiwilligen Gerichtsbarkeit und in arbeitsgerichtlichen Beschlussverfahren (Abs. 1 Nr. 2)	14–21	2. Gegenstandswert	35
		3. Kostenerstattung	36
		4. Einigung über nicht rechtshängige Ansprüche (Nr. 3201 Anm. Nr. 2)	37
		IV. Volle Terminsgebühr (Nr. 3202)	38–40
a) Familiensachen	15–17	1. Allgemeines	38
b) Lebenspartnerschaftssachen	18	2. Entscheidung ohne mündliche Verhandlung (Nr. 3104 Abs. 1 Nr. 1)	39
c) Verfahren nach § 43 WEG	19	3. Terminsgebühr bei Verhandlung über nicht rechtshängige Ansprüche	40
d) Landwirtschaftssachen	20		
e) Arbeitsgerichtliche Beschlussverfahren	21	V. Verminderte Terminsgebühr (Nr. 3203)	41, 42
3. Verfahren auf Vollstreckbarerklärung ausländischer Titel (Abs. 1 Nr. 3)	22–24	VI. Betragsrahmengebühren in Verfahren vor den Landessozialgerichten (Nr. 3204 und 3205)	43
a) Vollstreckung ausländischer Urteile	22	C. Unterabschnitt 2	44–53
b) Internationale Regelungen	23	I. Anwendungsbereich	44
c) Gebühren	24	II. Verfahrensgebühr (Nr. 3206 bis 3209)	45–47
4. Verfahren nach dem GWB (Abs. 1 Nr. 4)	25–27	III. Terminsgebühr (Nr. 3210 und 3211)	48–52
a) Verfahren vor den Kartellbehörden und den Vergabekammern	25	1. Allgemeines	48
b) Das gerichtliche Verfahren	26	2. Entscheidung ohne mündliche Verhandlung	49, 50
c) Sonstige Verfahren	27	3. Terminsgebühr bei Verhandlung über nicht rechtshängige Ansprüche	51
5. Verfahren nach dem WpÜG (Abs. 1 Nr. 5)	28, 29	4. Verminderte Terminsgebühr (Nr. 3211)	52
6. Verfahren nach dem WpHG (Abs. 1 Nr. 6)	29a		
7. Beschwerden und Rechtsbeschwerden gegen Entscheidungen, des Bundespatentgerichts (Abs. 1 Nr. 7)	30–32	IV. Betragsrahmengebühren in Verfahren vor dem Bundessozialgericht (Nr. 3212 und 3213)	53
8. Rechtsbeschwerde nach § 116 StVollzG (Abs. 1 Nr. 8)	33		

A. Abschnitt 2

I. Grundgedanken

1   Abschnitt 2 regelt die Gebühren des Rechtsanwalts im Berufungs- und Revisionsverfahren. Hinzu kommen die in der Vorbem. 3.2.1 im Einzelnen aufgeführten Beschwerdeverfahren sowie das Verfahren vor dem Finanzgericht. Im Wesentlichen sind für die gleichen Gebührentatbestände wie in Abschnitt 1 für die Rechtsmittelverfahren höhere Gebührensätze vorgesehen. Dies entspricht im Grundsatz § 11 Abs. 1 S. 4 und 5 BRAGO, jedoch werden nicht generell die Gebühren um $^{3}/_{10}$ (§ 11 Abs. 1 S. 4 BRAGO) oder $^{10}/_{10}$ (§ 11 Abs. 1 S. 5 BRAGO) erhöht, sondern es werden jeweils feste Gebührensätze vorgesehen, für die Verfahrensgebühr im Revisionsverfahren, wenn sich die Parteien nur durch einen beim Bundesgerichtshof zugelassenen Anwalt vertreten lassen können, einen Satz von 2,3, sonst im Berufungs- und Revisionsverfahren einen Satz von 1,6; für die Terminsgebühr im Berufungsverfahren wie in erster Instanz einen Satz von 1,2, im Revisionsverfahren von 1,5.

II. Vorbem. 3.2

1. Verfahren über die Zulassung des Rechtsmittels (Abs. 1). Nach Vorbem. 3.2 Abs. 1 sind die Gebühren des Abschnitts 2 auch im Verfahren vor dem Rechtsmittelgericht über die Zulassung des Rechtsmittels anzuwenden. Das entspricht § 11 Abs. 1 S. 6 BRAGO. Es sind zwei Fallgruppen zu unterscheiden:

(1) Die Zulassung des Rechtsmittels wird beim Rechtsmittelgericht beantragt, das darüber auch entscheidet. Dazu gehören der Antrag auf Zulassung der Sprungrevision (§ 566 Abs. 2 S. 1, Abs. 5 ZPO) sowie der Antrag auf Zulassung der Berufung im Verwaltungsgerichtsverfahren (§ 124a VwGO) und im gerichtlichen Asylverfahren (§ 78 Abs. 4 AsylVfG). Das Verfahren über die Zulassung des Rechtsmittels bildet mit dem Rechtsmittelverfahren gebührenrechtlich eine Einheit (§ 16 Nr. 13), so dass eine im Zulassungsverfahren verdiente Gebühr im Rechtsmittelverfahren nicht mehr neu entsteht.

(2) Über die Zulassung des Rechtsmittels entscheidet die Vorinstanz im Urteil. Gegen die Nichtzulassung des Rechtsmittels findet die Beschwerde zum Rechtsmittelgericht statt. Die Nichtzulassungsbeschwerde ist vorgesehen gegen die Nichtzulassung der Berufung gegen ein Urteil des Sozialgerichts (§ 145 SGG) sowie die Nichtzulassung der Revision gegen ein Urteil des Oberlandesgerichts (§ 544 ZPO), des Oberverwaltungsgerichts oder Verwaltungsgerichtshofs (§ 133 VwGO), des Landessozialgerichts (§ 160a SGG) und des Finanzgerichts (§ 115 Abs. 3 FGO). Die Nichtzulassungsbeschwerde und das anschließende Rechtsmittelverfahren sind gebührenrechtlich verschiedene Angelegenheiten (§ 17 Nr. 9).

Die Vorschrift Vorbem. 3.2 Abs. 1 gilt nur für die unter a) genannten Verfahren auf Zulassung des Rechtsmittels beim Rechtsmittelgericht. In diesen Fällen entsteht im Verfahren auf Zulassung des Rechtsmittels die volle Verfahrensgebühr – die Termingebühr kommt praktisch kaum in Betracht –, die auch in dem Rechtsmittelverfahren selbst entstehen würde, d. h. im Verfahren auf Zulassung der Berufung die Verfahrensgebühr Nr. 3200, im Verfahren auf Zulassung der Revision die Verfahrensgebühr Nr. 3206 oder 3208. Kommt es sodann zum Rechtsmittelverfahren, so entsteht die Verfahrensgebühr wegen der Einheitlichkeit der Angelegenheit nicht mehr neu. Für die Nichtzulassungsbeschwerde gilt Vorbem. 3.2 Abs. 1 nicht; es entsteht die Verfahrensgebühr Nr. 3504, 3506, 3508, 3511 oder 3512, die nach den Anm. zu Nr. 3504, 3506, 3511 und 3512 auf die Verfahrensgebühr des anschließenden Rechtsmittelverfahrens anzurechnen ist.

2. Verfahren des vorläufigen Rechtsschutzes (Abs. 2). a) Arrest und einstweilige Verfügung. Das Verfahren über einen Antrag auf Anordnung, Abänderung oder Aufhebung eines Arrests oder einer einstweiligen Verfügung ist gegenüber dem Verfahren der Hauptsache eine eigene Angelegenheit (§ 17 Nr. 4). Es entstehen die Gebühren Abschnitt 1. Dies gilt nach Vorbem. 3.2 Abs. 2 S. 1 auch, wenn nach § 943 Abs. 1 ZPO das Berufungsgericht als Gericht der Hauptsache anzusehen ist. Auch in diesem Falle bestimmen sich die Gebühren nach Abschnitt 1. Dies entspricht § 40 Abs. 3 BRAGO. Vorbemerkung 3.2 Abs. 2 gilt nicht für einstweilige Anordnungen nach der ZPO. Für sie entstehen jeweils die gleichen Gebühren wie im Verfahren der Hauptsache; wird die einstweilige Anordnung erstmals im Berufungsverfahren beantragt, so entstehen die Gebühren nach Abschnitt 2, Unterabschnitt 1.[1]

---

[1] *Gerold/Schmidt/Müller-Rabe*, Teil D, Anhang Rn. 62.

VV Teil 3 Abschnitt 2

7   **b) Entscheidung durch Urteil.** Entscheidet das Gericht des ersten Rechtszuges über den Antrag auf Arrest oder einstweilige Verfügung durch Urteil (§ 922 Abs. 1 ZPO), so findet gegen das Urteil die Berufung statt. Für das Berufungsverfahren entstehen eigene Gebühren (§ 15 Abs. 2 S. 2) nach Abschnitt 2, Unterabschnitt 1.

8   **c) Entscheidung durch Beschluss. aa) Widerspruchsverfahren.** Wird der Arrest oder die einstweilige Verfügung ohne mündliche Verhandlung durch Beschluss angeordnet (§ 922 Abs. 1 S. 1 ZPO), so steht dem Schuldner der Widerspruch zu (§ 924 ZPO). Das Verfahren über den Widerspruch bildet mit dem Verfahren über den Antrag auf Anordnung eines Arrests oder einer einstweiligen Verfügung eine Angelegenheit (§ 16 Nr. 6). Eine bereits entstandene Gebühr entsteht nicht mehr neu. Wird jedoch der Gebührentatbestand im Widerspruchsverfahren erstmals erfüllt, was regelmäßig für die Terminsgebühr zutreffen wird, so entsteht die entsprechende Gebühr nach Abschnitt 1. Dies gilt nach Vorbem. 3.2 Abs. 2 auch dann, wenn das Verfahren vor dem Berufungsgericht als Gericht der Hauptsache geführt wird (vgl. Rn. 6).

9   **bb) Beschwerdeverfahren.** Wird der Antrag auf Arrest oder einstweilige Verfügung vom Amtsgericht oder Landgericht durch Beschluss zurückgewiesen, so steht dem Gläubiger dagegen die sofortige Beschwerde zu (§ 567 Abs. 1 ZPO). Das Beschwerdeverfahren ist eine besondere Angelegenheit (§ 15 Abs. 2 S. 2); es entsteht die Verfahrensgebühr Nr. 3500, Gebührensatz 0,5. Das Gleiche galt bisher nach § 61 BRAGO. Für den Fall, dass das Beschwerdegericht mündliche Verhandlung anordnet, wurde unter der Geltung der BRAGO überwiegend angenommen, dass volle Gebühren nach § 31 BRAGO entstehen.[2] Dies wurde damit begründet, es leuchte nicht ein, dass nach Übergang in das Urteilsverfahren die Tätigkeit des Rechtsanwalts im Beschwerderechtszug schlechter vergütet werde als bei einer mündlichen Verhandlung in erster Instanz. Dem ist der BGH mit Beschluss vom 16. 1. 2003 entgegen getreten mit dem Argument, dass nach dem eindeutigen Wortlaut des § 61 Abs. 1 Nr. 1 BRAGO im Beschwerdeverfahren die Gebühren des § 31 BRAGO auf 0,5 reduziert seien.[3] Das gilt hinsichtlich der Verfahrensgebühr auch nach dem RVG. Es bleibt daher auch für den Fall, dass erst das Beschwerdegericht mündliche Verhandlung anordnet, bei der auf 0,5 reduzierten Verfahrensgebühr Nr. 3500. Es entsteht jedoch die Terminsgebühr Nr. 3514 mit dem Gebührensatz von 1,2.

10 Erlässt das Beschwerdegericht den Arrest oder die einstweilige Verfügung und wird dagegen Widerspruch erhoben, so ist nach jetzt fast einhelliger Auffassung die erste Instanz für das Widerspruchsverfahren zuständig.[4] Der Rechtsanwalt des Antragstellers kann dann die im Anordnungsverfahren bereits entstandene Verfahrensgebühr nicht noch einmal beanspruchen.[5]

11 **d) Verfahren der Verwaltungs- und Sozialgerichtsbarkeit.** In Verfahren vor den Gerichten der Verwaltungs- und Sozialgerichtsbarkeit auf Anordnung oder Wie-

---

[2] OLG Hamm AnwBl. 1973, 299; OLG Stuttgart NJW 1973, 1137; OLG Saarbrücken AnwBl. 1975, 362; OLG München NJW-RR 1996, 447; *Gerold/Schmidt/von Eicken* § 40 BRAGO Rn. 16; *Hartmann* § 61 BRAGO Rn. 4; ebenso 8. Aufl. § 40 BRAGO Rn. 13.

[3] BGH MDR 2003, 528; ebenso OLG Nürnberg NJW 1971, 1948; OLG Stuttgart Justiz 1972, 35; OLG Hamburg MDR 1987, 595; JurBüro 1996, 248; OLG Brandenburg 2000, 511.

[4] OLG Düsseldorf MDR 1984, 324; OLG Hamm OLGZ 1987, 493; *Zöller/Vollkommer* § 924 ZPO Rn. 6; *Baumbach/Lauterbach/Albers/Hartmann* § 924 ZPO Rn. 6; *Musielak/Huber* § 924 ZPO Rn. 6; *Stein/Jonas/Grunsky* § 924 ZPO Rn. 18.

[5] OLG Dresden JurBüro 2000, 139.

Bürgerliche Rechtsstreitigkeiten, Verfahren VV Teil 3 Abschnitt 2

derherstellung der aufschiebenden Wirkung, auf Aussetzung oder Aufhebung der Vollziehung oder Anordnung der sofortigen Vollziehung eines Verwaltungsaktes und auf Erlass einer einstweiligen Anordnung gilt das in Rn. 6 Ausgeführte. Es sind dies die Verfahren nach §§ 80, 80 a und 123 VwGO, § 86 b SGG. Es entstehen die Gebühren Abschnitt 1, auch wenn die genannten Maßnahmen erstmals beim Berufungsgericht als Gericht der Hauptsache beantragt werden (Vorbem. 3.2 Abs. 2 S. 2).

B. Unterabschnitt 1

I. Allgemeines

Unterabschnitt 1 regelt die Gebühren des Rechtsanwalts in Berufungsverfahren 12
der Zivilgerichtsbarkeit, Arbeitsgerichtsbarkeit, Verwaltungsgerichtsbarkeit und Sozialgerichtsbarkeit. Hinzu kommen die in Vorbem. 3.2.1 Abs. 1 im Einzelnen aufgeführten erstinstanzlichen Verfahren, Beschwerdeverfahren und Rechtsbeschwerdeverfahren. Die Verfahrensgebühr ist gegenüber der Verfahrensgebühr des Abschnitts 1 um 0,3 erhöht, die Terminsgebühr ist ebenso hoch wie die des Abschnitts 1. Dies entspricht nur teilweise der Regelung in § 11 Abs. 1 S. 4 BRAGO. In den Rechtsbeschwerdeverfahren vor dem Bundesgerichtshof gelten allerdings die höheren Gebühren des Unterabschnitts 2, wenn sich die Parteien nur durch einen beim Bundesgerichtshof zugelassenen Rechtsanwalt vertreten lassen können.

II. Weiterer Anwendungsbereich (Vorbem. 3.2.1)

1. Verfahren vor dem Finanzgericht (Abs. 1 Nr. 1). Im Unterschied zur BRAGO, 13
die das Verfahren vor dem Finanzgericht in § 114 Abs. 1 BRAGO gebührenrechtlich dem erstinstanzlichen Verfahren vor einem Zivilgericht oder Verwaltungsgericht gleichstellte, gelten nun für das Verfahren vor dem Finanzgericht die sonst für das Berufungsverfahren geltenden Gebühren Abschnitt 2, Unterabschnitt 1. Dies wird damit begründet, dass das Finanzgericht seiner Struktur nach ein Obergericht mit Senatsverfassung und das Verfahren vor ihm die einzige Tatsacheninstanz im finanzgerichtlichen Verfahren sei.[6] Die Gebühren Abschnitt 2, Unterabschnitt 1 gelten auch für die Verfahren des vorläufigen Rechtsschutzes nach §§ 69, 114 FGO.

**2. Beschwerden und Rechtsbeschwerden in Verfahren der freiwilligen Ge- 14
richtsbarkeit und in arbeitsgerichtlichen Beschlussverfahren (Abs. 1 Nr. 2).**
Unterabschnitt 1 ist in den Beschwerde- und Rechtsbeschwerdeverfahren gegen die den Rechtszug beendenden Entscheidungen in den unter Vorbem. 3.2.1 Nr. 2 aufgeführten Verfahren anwendbar.

a) Familiensachen. Nach § 61 a Abs. 1 Nr. 1 und Abs. 3 BRAGO galten für Be- 15
schwerde- und Rechtsbeschwerdeverfahren in Scheidungsfolgesachen die gemäß § 11 Abs. 1 S. 4 und 5 BRAGO erhöhten Gebühren. Nunmehr gelten die Gebühren Abschnitt 2 Unterabschnitt 1 in Verfahren über Beschwerden gegen die den Rechtszug beendenden Entscheidungen in Familiensachen. Das sind die Beschwerden nach §§ 621 e Abs. 1, 629 a Abs. 2 S. 1 ZPO. Sie finden statt in den Familiensachen nach

---

[6] BT-Drucks. 15/1971 S. 213.

VV Teil 3 Abschnitt 2 *Vergütungsverzeichnis*

§ 621 Abs. 1 Nr. 1, 2, 3, 6, 7, 9, 10 in Verfahren nach § 1600 e Abs. 2 BGB (Verfahren zur Feststellung oder Anfechtung der Vaterschaft, wenn die Person, gegen die die Klage zu richten wäre, verstorben ist), Nr. 12 und 13 ZPO. Für Beschwerden gegen Entscheidungen in Familiensachen, die nicht den Rechtszug beenden, gelten nicht Abschnitt 2, Unterabschnitt 1, sondern Abschnitt 5. Dies gilt besonders für Beschwerden gegen einstweilige Anordnungen.

16 Die Rechtsbeschwerde findet statt gegen die Entscheidung des Beschwerdegerichts in den Familiensachen nach § 621 Abs. 1 Nr. 1, 2, 3, 6, 10 und 12 ZPO (§ 621 e Abs. 2 S. 1 ZPO). Da die Rechtsbeschwerde beim Bundesgerichtshof einzulegen ist, müssen sich die Parteien durch einen beim Bundesgerichtshof zugelassenen Rechtsanwalt vertreten lassen. Nach Vorbem. 3.2.1 Abs. 2 gelten daher für das Verfahren der Rechtsbeschwerde nicht die Gebühren Unterabschnitt 1, sondern Unterabschnitt 2, insbesondere Nr. 3208.

17 Die Rechtsbeschwerde ist nur statthaft, wenn das Beschwerdegericht (OLG) sie in dem instanzbeendenden Beschluss oder das Rechtsbeschwerdegericht (BGH) auf die Nichtzulassungsbeschwerde zugelassen hat (§ 621 e Abs. 2 S. 1 ZPO). Die Nichtzulassungsbeschwerde ist allerdings nach § 26 Nr. 9 EGZPO ausgeschlossen für Entscheidungen des Oberlandesgerichts, die vor dem 1. 1. 2007 ergehen. Die Nichtzulassungsbeschwerde wird dann nach §§ 621 e Abs. 2 S. 1 Halbs. 2, 544 Abs. 1 S. 2 ZPO beim Bundesgerichtshof einzulegen sein. Die Parteien müssen sich daher im Nichtzulassungsbeschwerdeverfahren durch einen beim Bundesgerichtshof zugelassenen Rechtsanwalt vertreten lassen. Ebenso wie das Rechtsbeschwerdeverfahren dem Revisionsverfahren, entspricht das Verfahren über die Beschwerde gegen die Nichtzulassung der Rechtsbeschwerde dem gegen die Nichtzulassung der Revision. Für das Revisionsverfahren wie für das Rechtsbeschwerdeverfahren entstehen die Gebühren Abschnitt 2, Unterabschnitt 2. Dies spricht dafür, dass die Verfahrensgebühr Nr. 3508 samt der Anrechnungsvorschrift Anm. zu Nr. 3506 nicht nur für das Verfahren über die Beschwerde gegen die Nichtzulassung der Revision, sondern entgegen dem Wortlaut auch für das Verfahren gegen die Nichtzulassung der Rechtsbeschwerde gilt.

18 **b) Lebenspartnerschaftssachen.** In Lebenspartnerschaftssachen nach § 661 Abs. 1 Nr. 5 und 7 ZPO findet die Beschwerde statt nach §§ 661 Abs. 1 Nr. 7 und 9, 621 e Abs. 1 ZPO. Die Gebühren in diesen Beschwerdeverfahren richten sich nach Abschnitt 2, Unterabschnitt 1. Rechtsbeschwerden sind in Lebenspartnerschaftssachen, ebenso wie in Familiensachen nach § 621 Abs. 1 Nr. 7 und 9 ZPO, nicht statthaft.

19 **c) Verfahren nach § 43 WEG.** Die Verfahren in Wohnungseigentumssachen nach § 43 Abs. 1 WEG sind Verfahren der freiwilligen Gerichtsbarkeit. Gegen die den Rechtszug beendenden Entscheidungen des Amtsgerichts findet die Beschwerde zum Landgericht und gegen die Beschwerdeentscheidung des Landgerichts die weitere Beschwerde zum Oberlandesgericht statt, wenn die Beschwer 750 Euro übersteigt. Sowohl für das Beschwerdeverfahren als auch für das Verfahren der weiteren Beschwerde gelten die Gebühren Abschnitt 2, Unterabschnitt 1. Die Materie war bisher in § 63 Abs. 2 BRAGO geregelt.

20 **d) Landwirtschaftssachen.** Die Verfahren nach § 1 Nr. 1, 2, 3, 4, 5 und 6 LwVG sind Verfahren der freiwilligen Gerichtsbarkeit, die Verfahren nach § 1 Nr. 1 a LwVG sind bürgerliche Rechtsstreitigkeiten. Vorbem. 3.2.1 betrifft nur die Landwirtschaftssachen, die Angelegenheiten der freiwilligen Gerichtsbarkeit sind. In erster Instanz ist das Amtsgericht als Landwirtschaftsgericht zuständig (§ 2 Abs. 1 S. 1 LwVG). Gegen

Bürgerliche Rechtsstreitigkeiten, Verfahren **VV Teil 3 Abschnitt 2**

die in der Hauptsache, d. h. den Rechtszug beendenden Beschlüsse des Amtsgerichts findet die sofortige Beschwerde zum Oberlandesgericht statt (§ 22 Abs. 1 LwVG), gegen die in der Hauptsache erlassenen Beschlüsse des Oberlandesgerichts die Rechtsbeschwerde zum Bundesgerichtshof (§ 24 Abs. 1 S. 1 LwVG). Im Rechtsbeschwerdeverfahren müssen sich die Beteiligten durch einen Rechtsanwalt vertreten lassen, nicht jedoch durch einen beim Bundesgerichtshof zugelassenen Rechtsanwalt (§ 29 LwVG). Es gelten daher sowohl für das Beschwerdeverfahren als auch für das Rechtsbeschwerdeverfahren die Gebührenvorschriften Abschnitt 2, Unterabschnitt 1. Dies ersetzt die Regelung in § 63 Abs. 2 BRAGO.

e) Arbeitsgerichtliche Beschlussverfahren. Das Beschlussverfahren (§§ 80 ff. ArbGG) findet in den in § 2a Abs. 1 ArbGG genannten Angelegenheiten statt. Es ist ein arbeitsgerichtliches Sonderverfahren, das keine gegenüberstehenden Parteien kennt; auch fehlt ein geltend zu machender Anspruch. Der Gegenstandswert ist nach § 23 Abs. 3 S. 2 zu bestimmen. Gegen die den Rechtszug beendenden Entscheidungen des Arbeitsgerichts findet die Beschwerde zum Landesarbeitsgericht statt (§ 87 Abs. 1 ArbGG), gegen die den Rechtszug beendenden Entscheidungen edes Landesarbeitsgerichts die Rechtsbeschwerde zum Bundesarbeitsgericht. Es gelten für das Beschwerdeverfahren und für das Rechtsbeschwerdeverfahren die Gebührenvorschriften Abschnitt 2, Unterabschnitt 1. Dies ersetzt die Regelung in § 62 Abs. 2 BRAGO.   21

3. Verfahren auf Vollstreckbarerklärung ausländischer Titel (Abs. 1 Nr. 3).   22
a) Vollstreckung ausländischer Urteile. Um die Vollstreckung aus einem ausländischen Urteil herbeizuführen, sehen §§ 722, 723 ZPO ein Klageverfahren vor, das auf ein Vollstreckungsurteil gerichtet ist. Dieses Klageverfahren ist gebührenrechtlich ein normaler Zivilprozess; es gelten in erster Instanz Abschnitt 1, in den höheren Instanzen Abschnitt 2 unmittelbar. Vorbem. 3.2.1 ist insoweit nicht einschlägig.

b) Internationale Regelungen. Daneben treten in zunehmendem Maße multi- und bilaterale Übereinkommen und EG-Verordnungen. Das gerichtliche Verfahren zur Vollstreckbarerklärung ausländischer Titel ist in jeweiligen Ausführungsgesetzen oder -verordnungen geregelt. Das Gesetz zur Ausführung zwischenstaatlicher Verträge und zur Durchführung von Verordnungen der Europäischen Gemeinschaft auf dem Gebiet der Anerkennung und Vollstreckung in Zivil- und Handelssachen (AVAG) vom 19. 2. 2001 (BGBl. I S. 288) regelt das Verfahren für folgende Verträge und EG-Verordnungen: 23
– das EG-Übereinkommen vom 27. 9. 1968 (BGBl. 1972 II S. 773);
– das Übereinkommen vom 16. 9. 1988 (BGBl. 1994 II S. 2658);
– das Haager Übereinkommen vom 2. 10. 1973 (BGBl. 1986 II S. 825);
– der deutsch-norwegische Vertrag vom 17. 6. 1977 (BGBl. 1981 II S. 342);
– der deutsch-israelische Vertrag vom 20. 7. 1977 (BGBl. 1980 II S. 926);
– der deutsch-spanische Vertrag vom 14. 11. 1983 (BGBl. 1987 II S. 35);
– die EG-Verordnung Nr. 44/2001 vom 22. 12. 2000 (ABl. EG Nr. L 12 S. 1).

Über die Vollstreckbarerklärung des ausländischen Titels durch Erteilung der Vollstreckungsklausel entscheidet das Landgericht (§ 3 AVAG). Gegen die Entscheidung des Landgerichts findet die Beschwerde zum Oberlandesgericht statt. Gegen die Entscheidung des Oberlandesgerichts findet die Rechtsbeschwerde nach Maßgabe von § 574 Abs. 2 ZPO statt (§ 15 AVAG).

c) Gebühren. Für das erstinstanzliche Verfahren entstehen die Gebühren des Abschnitts 1, für das Beschwerdeverfahren nach Vorbem. 3.2.1 Abs. 1 Nr. 3 die Gebühren   24

VV Teil 3 Abschnitt 2 *Vergütungsverzeichnis*

Abschnitt 2, Unterabschnitt 1. Die Rechtsbeschwerde ist, soweit das AVAG Anwendung findet, beim Bundesgerichtshof einzulegen (§ 16 Abs. 1 AVAG). Nach § 78 Abs. 1 ZPO müssen sich die Parteien durch einen beim Bundesgerichtshof zugelassenen Rechtsanwalt vertreten lassen. Nach Vorbem. 3.2.1 Abs. 2 ist daher im Rechtsbeschwerdeverfahren Unterabschnitt 2 anzuwenden.

25 **4. Verfahren nach dem GWB (Abs. 1 Nr. 4). a) Verfahren vor den Kartellbehörden und den Vergabekammern.** Das Gesetz gegen Wettbewerbsbeschränkungen sieht ein Verfahren vor den Kartellbehörden (§§ 54 bis 62 GWB) und ein gerichtliches Verfahren (§§ 63 ff. GWB) vor. Das durch das Vergaberechtsänderungsgesetz vom 26. 8. 1998 (BGBl. I S. 2512) neu eingeführte Verfahren zur Nachprüfung der Vergabe öffentlicher Aufträge (§§ 102 ff. GWB) sieht ein Verfahren vor den Vergabekammern des Bundes und der Länder (§§ 107 ff. GWB) und ein gerichtliches Verfahren (§§ 116 ff. GWB) vor. Das Verfahren vor den Kartellbehörden und den Vergabekammern ist in Teil 3 VV nicht geregelt; die Gebühren in diesem Verfahren richten sich nach Teil 2, Abschnitt 4; wegen der Anrechnung der Geschäftsgebühr auf die Verfahrensgebühr im gerichtlichen Verfahren vgl. Vorbem. 3 Rn. 62 bis 66.

26 **b) Das gerichtliche Verfahren.** Das gerichtliche Verfahren über Beschwerden gegen Verfügungen der Kartellbehörden nach §§ 63 ff. GWB, Rechtsbeschwerden nach §§ 74 ff. GWB und Beschwerden gegen Entscheidungen der Vergabekammern nach §§ 116 ff. GWB wird für die Gebühren des Rechtsanwalts in Abschnitt 2 geregelt. Das Verfahren gegen Verfügungen der Kartellbehörden zerfällt in das Beschwerdeverfahren vor dem Oberlandesgericht (§§ 63 ff. GWB) und in das Rechtsbeschwerdeverfahren vor dem Bundesgerichtshof (§§ 74 ff. GWB). Das Verfahren gegen Entscheidungen der Vergabekammer kennt nur einen Beschwerderechtszug vor dem Oberlandesgericht (§§ 116 ff. GWB), das jedoch, wenn es von der Entscheidung eines anderen Oberlandesgerichts oder des Bundesgerichtshofes abweichen will, die Sache dem Bundesgerichtshof zur Entscheidung vorzulegen hat. Für die Gebühren des Rechtsanwalts wird das Beschwerdeverfahren wie ein Berufungsverfahren behandelt; es entstehen die Gebühren Abschnitt 2, Unterabschnitt 1. Das gilt auch für das Rechtsbeschwerdeverfahren; denn die Parteien können sich nicht nur durch einen beim BGH zugelassenen Rechtsanwalt vertreten lassen, sondern nach §§ 76 Abs. 5, 66 Abs. 5 GWB muss die Rechtsbeschwerdeschrift und die Rechtsbeschwerdebegründung durch einen bei einem deutschen Gericht zugelassenen Rechtsanwalt unterzeichnet werden. Wegen der Nichtzulassungsbeschwerde (§ 75 GWB) vgl. Rn. 4 und 5; es entstehen die Gebühren Nr. 3506 und 3516 in entsprechender Anwendung.

27 **c) Sonstige Verfahren.** Wird eine einstweilige Anordnung zur Regelung eines einstweiligen Zustandes angefochten (§§ 60, 64 Abs. 2 GWB) oder eine solche Anordnung bei dem Beschwerdegericht beantragt (§ 64 Abs. 3 GWB), so handelt es sich im Verhältnis zum Beschwerdeverfahren nach § 63 GWB um eine eigene Angelegenheit (§ 17 Nr. 4). Es entstehen die Gebühren Abschnitt 2, Unterabschnitt 1. Auch unter der Geltung der BRAGO wurden für diese Verfahren allgemein die erhöhten Gebühren des Berufungsverfahrens angenommen.[7] Für die Anträge nach §§ 115 Abs. 2 S. 2 und 3, 118 Abs. 1 S. 3 und 121 GWB gelten die besonderen Gebühren Nr. 3300 und 3304. Für Beschwerden in bürgerlichen Rechtsstreitigkeiten, für die nach §§ 87, 91 ff. GWB

---

[7] *Gerold/Schmidt/von Eicken* § 65a BRAGO Rn. 10; *Schumann/Geißinger* § 65a BRAGO Rn. 10; *Hartmann* § 65a BRAGO Rn. 13; 8. Aufl. § 65a BRAGO Rn. 8.

Bürgerliche Rechtsstreitigkeiten, Verfahren **VV Teil 3 Abschnitt 2**

der Kartellsenat zuständig ist, bestimmen sich die Anwaltsgebühren nicht nach Abschnitt 2, Unterabschnitt 1, sondern nach Nr. 3500 und 3513.

5. Verfahren nach dem WpÜG (Abs. 1 Nr. 5). Nach dem Wertpapiererwerbs- und Übernahmegesetz (WpÜG) vom 20. 12. 2001 (BGBl. I S. 3822) kann die Bundesanstalt für Finanzdienstleistungsaufsicht Anordnungen treffen, um Missstände beim Angebot zum Erwerb von Wertpapieren zu beseitigen oder zu verhindern (§ 4 WpÜG). Rechtmäßigkeit und Zweckmäßigkeit der Verfügungen der Bundesanstalt sind in einem Widerspruchsverfahren (§ 41 WpÜG) durch den Widerspruchsausschuss (§ 6 WpÜG) nachzuprüfen. Gegen Verfügungen der Bundesanstalt findet die Beschwerde zum OLG Frankfurt statt (§ 48 WpÜG). Die Beschwerde hat unter bestimmten Voraussetzungen aufschiebende Wirkung (§ 49 WpÜG). Die Bundesanstalt kann in diesen Fällen die sofortige Vollziehung der Verfügung anordnen (§ 50 Abs. 1 WpÜG). Hiergegen kann das Beschwerdegericht angerufen werden (§ 50 Abs. 3 WpÜG). 28

Nach Vorbem. 3.2.1 Abs. 1 Nr. 5 entstehen im Beschwerdeverfahren die Gebühren Abschnitt 2, Unterabschnitt 1. Dies entspricht der Regelung in § 65 c BRAGO, wonach für das Beschwerdeverfahren nach dem WpÜG die erhöhten Gebühren des Berufungsverfahrens galten. Das Verfahren nach § 50 Abs. 3 WpÜG ist im Verhältnis zum Beschwerdeverfahren gebührenrechtlich eine eigene Angelegenheit (§ 17 Nr. 4). Auch für dieses Verfahren gelten die erhöhten Gebühren Abschnitt 2, Unterabschnitt 1. Auch dies entspricht der Regelung in § 65 c BRAGO. 29

6. Verfahren nach dem WpHG (Abs. 1 Nr. 6). Nach dem Wertpapierhandelsgesetz (WpHG) vom 9. 9. 1998 (BGBl. I S. 2708) in der Fassung des Bilanzkontrollgesetzes vom 15. 12. 2004 (BGBl. I S. 3408) kann die Bundesanstalt für Finanzdienstleistungsaufsicht bei der Überwachung von Unternehmensabschlüssen Verfügungen treffen, insbesondere Fehler der Rechnungslegung feststellen und ihre Bekanntmachung anordnen (§ 37 q WpHG). Rechtmäßigkeit und Zweckmäßigkeit der Verfügungen der Bundesanstalt sind in einem Widerspruchsverfahren zu prüfen. Gegen die Verfügungen der Bundesanstalt findet die Beschwerde zum OLG Frankfurt statt (§ 37 u WpHG, § 48 Abs. 4 WpÜG). In diesem Beschwerdeverfahren entstehen nach Vorbem. 3.2.1. Abs. 1 Nr. 6 die Gebühren Abschnitt. 2 Unterabschnitt 1. 29a

7. Beschwerden und Rechtsbeschwerden gegen Entscheidungen des Bundespatentgerichts (Abs. 1 Nr. 7). Gegen Entscheidungen des Patentamtes kann Beschwerde zum Bundespatentgericht eingelegt werden nach §§ 73 PatG, 18 GebrMG, 66 MarkenG, 23 Abs. 2 GeschmMG, 34 Abs. 1 SortSchG und 4 Abs. 4 HalbleiterschG. Über die Beschwerde wird durch Beschluss entschieden (§§ 79 Abs. 1 PatG, 70 Abs. 1 MarkenG), gegen den die Rechtsbeschwerde zum BGH stattfindet nach §§ 100 PatG, 18 Abs. 4 GebrMG, 83 MarkenG, 23 Abs. 3 GeschmMG, § 35 SortSchG und 4 Abs. 4 HalbleiterschG. Im Rechtsbeschwerdeverfahren müssen sich die Beteiligten durch einen beim BGH zugelassenen Rechtsanwalt vertreten lassen (§§ 102 Abs. 5 PatG, 85 Abs. 5 MarkenG, 18 Abs. 4 S. 2 GebrMG, 23 Abs. 3 S. 2 GeschmMG). Das Nichtigkeitsverfahren und das Zwangslizenzverfahren vor dem Bundespatentgericht sind Klageverfahren (§ 81 PatG), über die durch Urteil entschieden wird (§ 84 Abs. 1 PatG). Im Zwangslizenzverfahren können einstweilige Verfügungen beantragt werden, über die das Bundespatentgericht durch Urteil entscheidet (§ 85 Abs. 3 PatG). Gegen das Urteil des Bundespatentgerichts in der Hauptsache findet nach § 110 PatG die Berufung, gegen das Urteil über den Erlass einer einstweiligen Verfügung nach § 122 PatG 30

VV Teil 3 Abschnitt 2

die Beschwerde, jeweils zum BGH, statt. Sowohl im Berufungsverfahren als auch im Beschwerdeverfahren vor dem BGH müssen sich die Parteien durch einen Rechtsanwalt oder Patentanwalt, der nicht beim BGH zugelassen zu sein braucht, vertreten lassen (§§ 111 Abs. 4, 122 Abs. 4 PatG).

31 Vorbem. 3.2.1 Abs. 1 Nr. 6 betrifft nur die Beschwerden nach § 122 PatG und die Rechtsbeschwerden nach §§ 100 PatG, 18 Abs. 4 GebrMG, 83 MarkenG, 23 Abs. 3 GeschmMG, 35 SortSchG und 4 Abs. 4 HalbleiterschG. Im Beschwerdeverfahren nach § 122 PatG gelten die Gebühren Abschnitt 2, Unterabschnitt 1, für das Rechtsbeschwerdeverfahren gelten nach Vorbem. 3.2.1 Abs. 2 die Gebühren Unterabschnitt 2, weil sich die Parteien nur durch einen beim BGH zugelassenen Rechtsanwalt vertreten lassen können.

32 Für das Klageverfahren und das Verfahren auf Erlass einer einstweiligen Verfügung beim Patentgericht gelten jeweils unmittelbar die Gebühren Abschnitt 1, für das Berufungsverfahren beim BGH gelten unmittelbar die Gebühren Abschnitt 2, Unterabschnitt 1. Für die Beschwerdeverfahren gelten Gebühren nach Abschnitt 5 (vgl. Abschnitt 5 Rn. 30). Verfahren in Patentstreitsachen sind gebührenrechtlich normale bürgerliche Rechtsstreitigkeiten, für die je nach dem Rechtszug die Gebühren Abschnitt 1 oder Abschnitt 2 gelten.

33 **8. Rechtsbeschwerde nach § 116 StVollzG (Abs. 1 Nr. 8).** Die gerichtliche Überprüfung von Maßnahmen auf dem Gebiet des Strafvollzugs ist in §§ 109 bis 121 StVollzG geregelt. Zuständig ist die beim Landgericht gebildete Strafvollstreckungskammer (§ 110 StVollzG), gegen deren Entscheidung die Rechtsbeschwerde zum Oberlandesgericht stattfindet, wenn die Nachprüfung zur Rechtsfortbildung oder zur Wahrung einer einheitlichen Rechtsprechung geboten erscheint (§§ 116, 117 StVollzG). Vorbem. 3.2.1 Abs. 1 Nr. 8 bestimmt, dass die Anwaltsgebühren im Rechtsbeschwerdeverfahren sich nach Abschnitt 2, Unterabschnitt 1 richten. Dies entspricht § 66a Abs. 2 BRAGO, wonach im Rechtsbeschwerdeverfahren die erhöhten Gebühren nach § 11 Abs. 1 S. 4 BRAGO entstanden. Im Verfahren vor der Strafvollstreckungskammer entstehen die Gebühren Abschnitt 1.

III. Verfahrensgebühren Nr. 3200 und 3201

34 **1. Entstehung und Gebührensatz.** Die volle Verfahrensgebühr hat im Berufungsrechtszug und in den Vorbem. 3.2.1 Abs. 1 genannten Verfahren einen Gebührensatz von 1,6 (Nr. 3200) und die wegen vorzeitiger Beendigung des Auftrags ermäßigte Verfahrensgebühr einen Gebührensatz von 1,1 (Nr. 3201). Zur Tätigkeit des Rechtsanwalts, die durch die Verfahrensgebühr abgegolten wird s. Vorbem. 3 Rn. 22 bis 25. Zur Entstehung der vollen oder ermäßigten Verfahrensgebühr s. Vorbem. 3 Rn. 26 bis 30 und Abschnitt 1 Rn. 20 bis 32. Dabei ist zu beachten, dass es für die Entstehung der vollen Verfahrensgebühr im Berufungsverfahren oder in einem dem Berufungsverfahren gleichgestellten Beschwerdeverfahren darauf ankommt, dass der Verfahrensbevollmächtigte des Berufungsklägers oder Beschwerdeführers die Berufungsschrift bzw. die Beschwerde- oder Rechtsbeschwerdeschrift oder einen Schriftsatz, der die Berufungsanträge, sonstige Sachanträge oder Sachvortrag zum Gegenstand der Berufung, die Rücknahmen der Klage oder Berufung bzw. der Beschwerde (Rechtsbeschwerde) enthält, bei Gericht einreicht. Der Verfahrensbevollmächtigte des Berufungsbeklagten verdient die volle Verfahrensgebühr unter anderem

dadurch, dass er einen Schriftsatz mit dem Antrag auf Zurückweisung des Rechtsmittels einreicht.

2. Gegenstandswert. Zum Gegenstandswert s. Vorbem. 3 Rn. 37 bis 39 und Abschnitt 1 Rn. 31 und 32. Wird die Berufung beschränkt, so richtet sich der Streitwert für die Verfahrensgebühr auch dann nach den Anträgen des Berufungsklägers, wenn die Berufung zunächst ohne bestimmten Antrag eingelegt worden ist und der Prozessbevollmächtigte des Berufungsbeklagten noch vor der Berufungsbeschränkung einen Schriftsatz mit dem Antrag auf Zurückweisung der Berufung eingereicht hat (vgl. Vorbem. 3 Rn. 37). 35

3. Kostenerstattung. Wenn der Berufungsbeklagte nach Einlegung, jedoch vor Begründung der Berufung einen Prozessbevollmächtigten für die Berufungsinstanz bestellt, so hat der Berufungskläger bei Rücknahme der Berufung die verminderte Verfahrensgebühr Nr. 3201 des Prozessbevollmächtigten des Berufungsbeklagten selbst dann zu erstatten, wenn er die Berufung ausdrücklich nur zur Fristwahrung eingelegt hat;[8] denn dem Berufungsbeklagten kann nicht zugemutet werden, mit der Bestellung eines Prozessbevollmächtigten bis zur Zustellung der Berufungsbegründung zu warten; dies entspricht auch dem Gedanken des § 91 Abs. 2 S. 1 ZPO.[9] Wenn der Prozessbevollmächtigte des Berufungsbeklagten jedoch Zurückweisung der Berufung beantragt, obwohl die Berufung nicht begründet ist, so ist die danach erwachsene volle Verfahrensgebühr Nr. 3200 nicht zu erstatten; denn die Stellung eines Antrags auf Zurückweisung der Berufung kann vor deren Begründung nicht als notwendig zur Rechtsverteidigung anerkannt werden.[10] 36

4. Einigung über nicht rechtshängige Ansprüche (Nr. 3202 Anm. Nr. 2). Soweit lediglich beantragt wird, eine Einigung der Parteien oder mit Dritten über Ansprüche, die in diesem Berufungsverfahren nicht anhängig sind, zu Protokoll des Berufungsgerichts zu nehmen oder soweit über solche Ansprüche Verhandlungen geführt werden mit dem Ziel, die Einigung zu Protokoll des Berufungsgerichtes zu nehmen, entsteht über den Wert dieser Ansprüche die Gebühr Nr. 3201. Soweit die Gesamtverfahrensgebühr nach § 15 Abs. 3 die Gebühr Nr. 3200 übersteigt, ist sie auf eine Verfahrensgebühr anzurechnen, die wegen desselben Anspruchs dem Rechtsanwalt in einer anderen Angelegenheit zusteht. Im Einzelnen vgl. Abschnitt 1 Rn. 34 bis 38. 37

IV. Volle Terminsgebühr (Nr. 3202)

1. Allgemeines. Die volle Terminsgebühr hat in Berufungsverfahren und in den nach Vorbem. 3.2.1 gleichgestellten Verfahren wie im ersten Rechtszug (Nr. 3104) einen Gebührensatz von 1,2. Zum Gebührentatbestand und Abgeltungsbereich der 38

---

[8] BGH NJW 2003, 756; OLG München JurBüro 1998, 34; OLG Nürnberg JurBüro 1993, 90; OLG Koblenz JurBüro 1992, 466; OLG Stuttgart Rpfleger 1998, 261; SchlH OLG MDR 1999, 381; OLG Köln Rpfleger 1998, 83; aA: OLG Bamberg JurBüro 1988, 1005; OLG Braunschweig JurBüro 1998, 35; OLG Dresden MDR 1998, 1309.

[9] *Hauss* NJW 1984, 963.

[10] BGH MDR 2003, 1140; BAG JurBüro 2004, 200; OLG Frankfurt MDR 1994, 1151; OLG Karlsruhe NJW-RR 2000, 512; OLG Koblenz MDR 1995, 968; OLG München Rpfleger 1997, 540; OLG Köln Rpfleger 1998, 83; OLG Hamburg JurBüro 1997, 141; OLG Naumburg JurBüro 1997, 484; OLG Braunschweig JurBüro 1998, 35; aA: KG JurBüro 1992, 682; SchlH OLG JurBüro 1990, 992; OLG Oldenburg JurBüro 1992, 682; OLG Nürnberg JurBüro 1993, 215; OLG Köln JurBüro 1992, 804; LAG Düsseldorf JurBüro 1994, 427; ebenso 8. Aufl. § 32 BRAGO Rn. 20.

VV Teil 3 Abschnitt 2 *Vergütungsverzeichnis*

Terminsgebühr s. Vorbem. 3 Rn. 46 bis 50; zum Gegenstandswert der Terminsgebühr s. Vorbem. 3 Rn. 51 bis 58.

39   **2. Entscheidung ohne mündliche Verhandlung (Nr. 3104 Abs. 1 Nr. 1).** Die volle Terminsgebühr entsteht auch, wenn in einem Verfahren, für das mündliche Verhandlung vorgeschrieben ist, im Einverständnis mit den Parteien ohne mündliche Verhandlung entschieden wird. Vgl. hierzu Abschnitt 1 Rn. 47 und 50. § 128 Abs. 1 und 2 ZPO gelten auch in der Berufungsinstanz. Das bedeutet, dass auch in der Berufungsinstanz die volle Terminsgebühr entsteht, wenn das Berufungsgericht im Einverständnis der Parteien ohne mündliche Verhandlung entscheidet. Das gilt jedoch nicht für die Beschlüsse nach § 522 Abs. 1 und 2 ZPO. Auch im Verwaltungsgerichtsprozess kann im Berufungsverfahren nach § 101 Abs. 2 VwGO im Einverständnis der Parteien ohne mündliche Verhandlung entschieden werden. Auch hier entsteht die Terminsgebühr ohne Termin. Nach § 130a S. 2 i.V.m. § 125 Abs. 2 S. 3 VwGO kann die Berufung als offensichtlich unbegründet ohne mündliche Verhandlung durch Beschluss zurückgewiesen werden. Nach Nr. 3104 Abs. 1 Nr. 2, auf den Nr. 3202 Abs. 1 Bezug nimmt, erhält der Rechtsanwalt auch in diesem Fall die volle Terminsgebühr. Im sozialgerichtlichen Verfahren entscheidet das Gericht aufgrund mündlicher Verhandlung, jedoch kann das Gericht mit Einverständnis der Beteiligten ohne mündliche Verhandlung durch Urteil entscheiden (§ 124 Abs. 1 und 2 SGG). Dies gilt auch für das Berufungsverfahren (§ 153 Abs. 1 SGG). Auch in diesem Falle entsteht die Terminsgebühr ohne Termin. Dies gilt nicht, wenn die Berufung nach § 153 Abs. 4 SGG durch Beschluss zurückgewiesen wird. Die Terminsgebühr entsteht aber, wenn das Verfahren gemäß § 101 Abs. 2 SGG nach angenommenem Anerkenntnis ohne mündliche Verhandlung endet (vgl. Abschnitt 1 Rn. 53). Im finanzgerichtlichen Verfahren kann im Einverständnis der Parteien nach § 90 Abs. 2 FGO ohne mündliche Verhandlung ein Urteil ergehen. Nach § 91a Abs. 1 FGO und nach § 79a Abs. 2 FGO kann unter bestimmten Voraussetzungen durch Gerichtsbescheid ohne mündliche Verhandlung entschieden werden. Dies entspricht den Regelungen § 84 VwGO und § 105 SGG (vgl. hierzu Abschnitt 1 Rn. 52). Nach § 94a FGO kann das Finanzgericht bei einem Streitwert bis zu 500 Euro das Verfahren nach billigem Ermessen bestimmen und damit auch von der mündlichen Verhandlung absehen; auf Antrag muss jedoch mündlich verhandelt werden. Nach der ausdrücklichen Regelung in Nr. 3201 Abs. 2 entsteht die volle Terminsgebühr, wenn nach §§ 79a Abs. 2, 90a oder 94a FGO ohne mündliche Verhandlung entschieden wird. Bei der Entscheidung nach § 90 Abs. 2 FGO entsteht die Terminsgebühr schon nach Abs. 1 i.V.m. Nr. 3104 Abs. 1 Nr. 1. Mündliche Verhandlung, von der im Einverständnis der Parteien abgesehen werden kann, ist auch vorgeschrieben in §§ 69 Abs. 1 und 120 Abs. 2 GWB und in § 54 Abs. 1 WpÜG. Auch in diesen Fällen entsteht die Terminsgebühr, wenn ohne mündliche Verhandlung entschieden wird.

40   **3. Terminsgebühr bei Verhandlung über nicht rechtshängige Ansprüche.** Es gilt das zu Abschnitt 1 Rn. 54 bis 57 Ausgeführte entsprechend für die Berufungsinstanz.

V. Verminderte Terminsgebühr (Nr. 3203)

41   Nach Nr. 3203 entsteht nur eine Terminsgebühr mit dem Gebührensatz von 0,5, wenn eine Partei säumig ist und lediglich ein Antrag auf Versäumnisurteil oder zur Prozess- oder Sachleitung gestellt wird. Im finanzgerichtlichen Verfahren und in den

anderen in Vorbem. 3.2.1 genannten Verfahren gibt es kein Versäumnisurteil. Die verminderte Terminsgebühr Nr. 3203 entsteht nur, wenn der Gegner nicht erschienen und nicht ordnungsgemäß vertreten ist und lediglich zur Prozess- oder Sachleitung verhandelt und entschieden wird (vgl. Abschnitt 1 Rn. 65). In zivil- und arbeitsgerichtlichen Verfahren gilt das zu Abschnitt 1 Rn. 58 bis 63 Ausgeführte mit einer wichtigen Einschränkung: Im Berufungsverfahren wird die Terminsgebühr gemäß Nr. 3203 nur reduziert, wenn der Berufungskläger nicht erschienen oder nicht ordnungsgemäß vertreten ist. Der Gesetzgeber übernimmt damit die Regelung des § 33 Abs. 1 S. 2 Nr. 2 BRAGO in das RVG. Dem Prozessbevollmächtigten des Berufungsklägers entsteht daher bei Säumigkeit des Berufungsbeklagten die volle Terminsgebühr, auch wenn er nur einen Antrag zur Prozess- oder Sachleitung stellt oder wenn er überhaupt keinen Antrag stellt, das Gericht aber von Amts wegen eine Entscheidung zur Prozess- oder Sachleitung trifft.

Dies gilt auch für den Anschlussrechtsmittelkläger. Zu beachten ist aber, dass die Vorschrift nur insoweit anwendbar ist, als der Rechtsmittelkläger in dieser Eigenschaft, d. h. als angreifender Teil, verhandelt und nicht, soweit er nur das Rechtsmittel der Gegenpartei abwehrt.[11] Hat zB der Kläger wegen 5000 Euro Berufung eingelegt und der Beklagte wegen (anderer) 3000 Euro, und beantragt sodann der Prozessbevollmächtigte des Beklagten wegen Nichterscheinens des Klägers Versäumnisurteil, so erhält er eine Terminsgebühr mit einem Gebührensatz von 1,2 aus 3000 Euro und mit einem Gebührensatz von 0,5 aus 5000 Euro (§ 15 Abs. 3). 42

VI. Betragsrahmengebühren in Verfahren vor den Landessozialgerichten (Nr. 3204 und 3205)

Für Berufungsverfahren vor den Landessozialgerichten, in denen Betragsrahmengebühren entstehen, bestimmen Nr. 3204 für die Verfahrensgebühr einen Gebührenrahmen von 50 bis 570 Euro und Nr. 3205 für die Terminsgebühr einen Gebührenrahmen von 20 bis 380 Euro. Der Gebührenrahmen der Verfahrensgebühr für das Berufungsverfahren beträgt im Durchschnitt das 1,24fache des Gebührenrahmens für das Verfahren des ersten Rechtszuges. Der Gebührenrahmen der Terminsgebühr ist für das Berufungsverfahren der gleiche wie für das Verfahren des ersten Rechtszuges. Diese Verhältnisse entsprechen denen der streitwertabhängigen Gebühren. Zum Anwendungsbereich der Betragsrahmengebühren in sozialgerichtlichen Verfahren s. Abschnitt 1 Rn. 40. Die Höhe der Gebühr innerhalb des Rahmens bestimmt der Rechtsanwalt nach § 14; s. hierzu Abschnitt 1 Rn. 41. Nach der Anm. zu Nr. 3205 iVm. der Anm. zu Nr. 3106 entsteht die Terminsgebühr auch ohne Termin, wenn das Landessozialgericht im Einverständnis der Beteiligten gemäß § 124 Abs. 2 SGG ohne mündliche Verhandlung durch Urteil entscheidet oder wenn das Verfahren gemäß § 101 Abs. 2 SGG nach angenommenem Anerkenntnis ohne mündliche Verhandlung endet (vgl. Rn. 39). Der Hinweis auf Nr. 3106 Anm. Nr. 2 ist gegenstandslos, da § 105 SGG im Berufungsverfahren nicht anwendbar ist (§ 153 Abs. 1 SGG). 43

---

[11] *Gerold/Schmidt/von Eicken* § 33 BRAGO Rn. 19.

VV Teil 3 Abschnitt 2 *Vergütungsverzeichnis*

C. Unterabschnitt 2

I. Anwendungsbereich

44 Unterabschnitt 2 gilt für die Revisionsverfahren in bürgerlichen Rechtsstreitigkeiten zum Bundesgerichtshof, in Arbeitssachen zum Bundesarbeitsgericht, in Verwaltungsgerichtsverfahren zum Bundesverwaltungsgericht, in Sozialgerichtsverfahren zum Bundessozialgericht und in Finanzgerichtsverfahren zum Bundesfinanzhof. Nach Vorbem. 3.2.2 sind die Gebührenvorschriften Unterabschnitt 2 auch anwendbar auf die Vorbem. 3.2.1 Abs. 1 genannten Verfahren, soweit sich die Parteien nur durch einen beim Bundesgerichtshof zugelassenen Rechtsanwalt vertreten lassen können. Diese Bestimmung ist eine Wiederholung von Vorbem. 3.2.1 Abs. 2. Es handelt sich dabei um folgende Verfahren:
– Rechtsbeschwerden in Familiensachen nach § 621e Abs. 2 S. 1 ZPO, auch i.V.m. § 629a Abs. 2 S. 1 ZPO (Rn. 16);
– Rechtsbeschwerden in Verfahren zur Vollstreckbarerklärung ausländischer Titel nach § 15 AVAG (Rn. 23 und 24);
– Rechtsbeschwerdeverfahren nach §§ 100 PatG, 18 Abs. 4 GebrMG, 83 MarkenG, 23 Abs. 3 GeschmMG, 35 SortSchG und 4 Abs. 4 HalbleiterschG (Rn. 30 und 31).

II. Verfahrensgebühr (Nr. 3206 bis 3209)

45 Die Verfahrensgebühren Nr. 3208 und 3209 gelten für die Verfahren, in denen sich die Parteien nur durch einen beim Bundesgerichtshof zugelassenen Rechtsanwalt vertreten lassen können. In diesen Verfahren beträgt der Gebührensatz für die volle Verfahrensgebühr (Nr. 3208) 2,3, für die verminderte Verfahrensgebühr (Nr. 3209) 1,8. Diese Gebührensätze gelten für das Revisionsverfahren in bürgerlichen Rechtsstreitigkeiten und das Rechtsbeschwerdeverfahren in Familiensachen, in Verfahren nach § 15 AVAG und gegen Entscheidungen des Bundespatentgerichtes (§ 100 PatG, § 18 Abs. 4 GebrMG, § 83 MarkenG, § 23 Abs. 3 GeschmMG, § 35 SortSchG und § 4 Abs. 4 HalbleiterschG). Demgegenüber gelten die Verfahrensgebühren Nr. 3206 und 3207 für die Revisionsverfahren in Arbeitssachen, in Verwaltungsgerichtsverfahren, in Finanzgerichtsverfahren und in Sozialgerichtsverfahren, soweit nicht nach § 3 Betragsrahmengebühren gelten. Für diese Verfahren beträgt der volle Gebührensatz (Nr. 3206) 1,6 und der ermäßigte Gebührensatz (Nr. 3207) 1,1. Diese Gebührensätze sind gleich hoch wie die Gebührensätze für das Berufungsverfahren, Unterabschnitt 1 Nr. 3200 und 3201. Dies entspricht der Regelung in § 11 Abs. 1 S. 4 und 5 BRAGO.

46 Zur Tätigkeit des Rechtsanwalts, die durch die Verfahrensgebühr abgegolten wird, s. Vorbem. 3 Rn. 22 bis 25. Zur Entstehung der vollen oder ermäßigten Verfahrensgebühr s. Vorbem. 3 Rn. 26 bis 30, Abschnitt 1 Rn. 20 bis 32 und Abschnitt 2 Rn. 34; das zum Berufungsverfahren Ausgeführte gilt für das Revisions- oder Rechtsbeschwerdeverfahren entsprechend. Zum Gegenstandswert s. Vorbem. 3 Rn. 37 bis 39, Abschnitt 1 Rn. 31 und 32 sowie Abschnitt 2 Rn. 35.

47 Wenn der Prozessbevollmächtigte des Revisionsbeklagten Zurückweisung der Revision beantragt, bevor die Revision begründet worden ist, so ist nur die ermäßigte Verfahrensgebühr Nr. 3207 oder 3209, nicht jedoch die erwachsene volle Verfahrens-

Bürgerliche Rechtsstreitigkeiten, Verfahren **VV Teil 3 Abschnitt 2**

gebühr Nr. 3206 oder 3208 zu erstatten;[12] vgl. im Übrigen Rn. 36. Zur Einigung über nicht rechtshängige Ansprüche s. Abschnitt 1 Rn. 34 bis 38 und Abschnitt 2 Rn. 37.

III. Terminsgebühr (Nr. 3210 und 3211)

1. Allgemeines. Die volle Terminsgebühr hat in Revisionsverfahren und in den nach Vorbem. 3.2.2 gleichgestellten Rechtsbeschwerdeverfahren (vgl. Rn. 44) einen Gebührensatz von 1,5, die verminderte Terminsgebühr (Nr. 3211) einen Gebührensatz von 0,8. Im Unterschied zu der Regelung in § 11 Abs. 1 S. 4 BRAGO übersteigt damit die Terminsgebühr für das Revisionsverfahren die entsprechende Gebühr für das Berufungsverfahren jeweils um 0,3. Zum Gebührentatbestand und Abgeltungsbereich der Terminsgebühr s. Vorbem. 3 Rn. 46 bis 50, zum Gegenstandswert der Terminsgebühr s. Vorbem. 3 Rn. 51 bis 58. 48

2. Entscheidung ohne mündliche Verhandlung. Für die Terminsgebühr im Revisionsverfahren gilt auch die Anm. zu Nr. 3104. Danach entsteht die volle Terminsgebühr, wenn in einem Verfahren, für das mündliche Verhandlung vorgeschrieben ist, im Einverständnis mit den Parteien ohne mündliche Verhandlung entschieden wird. Mündliche Verhandlung ist in allen Revisionsverfahren vorgeschrieben. Im Einverständnis mit den Parteien kann ohne mündliche Verhandlung entschieden werden in bürgerlichen Rechtsstreitigkeiten nach §§ 555, 128 ZPO, in Verwaltungsgerichtsverfahren nach §§ 141, 125 Abs. 1, 101 Abs. 2 VwGO, in Sozialgerichtsverfahren nach §§ 165, 153 Abs. 1, 124 Abs. 2 SGG und im Finanzgerichtsverfahren nach §§ 121, 90 Abs. 2 FGO. In diesen Fällen entsteht die volle Terminsgebühr auch ohne Termin. Dies gilt jedoch nicht, wenn die Revision durch Beschluss als unzulässig verworfen wird. 49

In den Rechtsbeschwerdeverfahren, in denen sich die Gebühren nach Abschnitt 2, Unterabschnitt 2 richten (s. Rn. 44), wird durch Beschluss entschieden. Die Entscheidung kann ohne mündliche Verhandlung ergehen; des Einverständnisses der Parteien bedarf es hierzu nicht. Dies folgt in Familiensachen aus §§ 577 Abs. 6, 128 Abs. 4 ZPO, in Verfahren zur Vollstreckbarerklärung ausländischer Titel aus § 17 Abs. 2 AVAG und in Rechtsbeschwerdeverfahren gegen Entscheidungen des Patentgerichts aus § 107 PatG und § 89 Abs. 1 MarkenG. Eine Terminsgebühr ohne Termin entsteht in diesen Fällen nicht. 50

3. Terminsgebühr bei Verhandlung über nicht rechtshängige Ansprüche. Es gilt das zu Abschnitt 1 Rn. 54 bis 57 Ausgeführte entsprechend für die Revisionsinstanz. 51

4. Verminderte Terminsgebühr (Nr. 3211). Eine Terminsgebühr mit dem Gebührensatz von 0,8 entsteht, wenn der Prozessbevollmächtigte des Revisionsbeklagten einen Termin vor dem Revisionsgericht wahrnimmt, in dem der Revisionskläger nicht ordnungsgemäß vertreten ist, und lediglich einen Antrag auf Versäumnisurteil oder zur Prozess- oder Sachleitung stellt. Das in Rn. 41 und 42 Ausgeführte gilt im Revisionsverfahren entsprechend. 52

---

[12] BGH NJW 2003, 1324.

VV Teil 3 Abschnitt 3

IV. Betragsrahmengebühren in Verfahren vor dem Bundessozialgericht (Nr. 3212 und 3213)

53 Für Revisionsverfahren vor dem Bundessozialgericht, in denen Betragsrahmengebühren entstehen, bestimmen Nr. 3212 für die Verfahrensgebühr einen Gebührenrahmen von 80 bis 800 Euro und Nr. 3213 für die Terminsgebühr einen Gebührenrahmen von 40 bis 700 Euro. Zum Anwendungsbereich der Betragsrahmengebühren in sozialgerichtlichen Verfahren s. Abschnitt 1 Rn. 40. Die Höhe der Gebühr innerhalb des Rahmens bestimmt der Rechtsanwalt nach § 14 (vgl. hierzu Abschnitt 1 Rn. 40). Nach der Anm. zu Nr. 3213 iVm. der Anm. zu Nr. 3106 entsteht die Terminsgebühr auch ohne Termin, wenn das Bundessozialgericht im Einverständnis der Beteiligten gemäß § 124 Abs. 2 SGG ohne mündliche Verhandlung durch Urteil entscheidet oder wenn das Verfahren nach angenommenem Anerkenntnis gemäß § 101 Abs. 2 SGG ohne mündliche Verhandlung endet (vgl. Abschnitt 1 Rn. 53). Der Hinweis auf Nr. 3106 Anm. Nr. 2 ist im Revisionsverfahren gegenstandslos.

Abschnitt 3. Gebühren für besondere Verfahren

Nr.	Gebührentatbestand	Gebühr oder Satz der Gebühr nach § 13 RVG
	Unterabschnitt 1. **Besondere erstinstanzliche Verfahren**	
	Vorbemerkung 3.3.1: Die Terminsgebühr bestimmt sich nach Abschnitt 1.	
3300	Verfahrensgebühr für das Verfahren über einen Antrag nach § 115 Abs. 2 Satz 2 und 3, § 118 Abs. 1 Satz 3 oder nach § 121 GWB..........................	2,3
3301	Vorzeitige Beendigung des Auftrags in den Fällen der Nummer 3300: Die Gebühr 3300 beträgt...................... Die Anmerkung zu Nummer 3201 gilt entsprechend.	1,8
3302	Verfahrensgebühr 1. für das Verfahren vor dem Oberlandesgericht nach § 16 Abs. 4 des Urheberrechtswahrnehmungsgesetzes und 2. für das erstinstanzliche Verfahren vor dem Bundesverwaltungsgericht und dem Oberverwaltungsgericht (Verwaltungsgerichtshof).....................	1,6
3303	Vorzeitige Beendigung des Auftrags in den Fällen der Nummer 3302: Die Gebühr 3302 beträgt...................... Die Anmerkung zu Nummer 3201 gilt entsprechend.	1,0

Bürgerliche Rechtsstreitigkeiten, Verfahren   VV Teil 3 Abschnitt 3

Nr.	Gebührentatbestand	Gebühr oder Satz der Gebühr nach § 13 RVG
	Unterabschnitt 2. **Mahnverfahren**	
	Vorbemerkung 3.3.2: Die Terminsgebühr bestimmt sich nach Abschnitt 1.	
3305	Verfahrensgebühr für die Vertretung des Antragstellers .... Die Gebühr wird auf die Verfahrensgebühr für einen nachfolgenden Rechtsstreit angerechnet.	1,0
3306	Beendigung des Auftrags, bevor der Rechtsanwalt den verfahrenseinleitenden Antrag eingereicht hat: Die Gebühr 3305 beträgt.....................	0,5
3307	Verfahrensgebühr für die Vertretung des Antragsgegners .... Die Gebühr wird auf die Verfahrensgebühr für einen nachfolgenden Rechtsstreit angerechnet.	0,5
3308	Verfahrensgebühr für die Vertretung des Antragstellers im Verfahren über den Antrag auf Erlass eines Vollstreckungsbescheids........................ Die Gebühr entsteht neben der Gebühr 3305 nur, wenn innerhalb der Widerspruchsfrist kein Widerspruch erhoben oder der Widerspruch gemäß § 703a Abs. 2 Nr. 4 ZPO beschränkt worden ist. Nummer 1008 ist nicht anzuwenden, wenn sich bereits die Gebühr 3305 erhöht.	0,5
	Unterabschnitt 3. **Zwangsvollstreckung und Vollziehung einer im Wege des einstweiligen Rechtsschutzes ergangenen Entscheidung**	
	Vorbemerkung 3.3.3: Dieser Unterabschnitt gilt auch für Verfahren auf Eintragung einer Zwangshypothek (§§ 867 und 870a ZPO), Verfahren nach § 33 FGG und für gerichtliche Verfahren über einen Akt der Zwangsvollstreckung (des Verwaltungszwangs).	
3309	Verfahrensgebühr...................... Die Gebühr entsteht für die Tätigkeit in der Zwangsvollstreckung, soweit nachfolgend keine besonderen Gebühren bestimmt sind.	0,3
3310	Terminsgebühr........................ Die Gebühr entsteht nur für die Teilnahme an einem gerichtlichen Termin oder einem Termin zur Abnahme der eidesstattlichen Versicherung.	0,3
	Unterabschnitt 4. **Zwangsversteigerung und Zwangsverwaltung**	
3311	Verfahrensgebühr...................... Die Gebühr entsteht jeweils gesondert	0,4

VV Teil 3 Abschnitt 3 *Vergütungsverzeichnis*

Nr.	Gebührentatbestand	Gebühr oder Satz der Gebühr nach § 13 RVG
	1. für die Tätigkeit im Zwangsversteigerungsverfahren bis zur Einleitung des Verteilungsverfahrens; 2. im Zwangsversteigerungsverfahren für die Tätigkeit im Verteilungsverfahren, und zwar auch für eine Mitwirkung an einer außergerichtlichen Verteilung; 3. im Verfahren der Zwangsverwaltung für die Vertretung des Antragstellers im Verfahren über den Antrag auf Anordnung der Zwangsverwaltung oder auf Zulassung des Beitritts; 4. im Verfahren der Zwangsverwaltung für die Vertretung des Antragstellers im weiteren Verfahren einschließlich des Verteilungsverfahrens; 5. im Verfahren der Zwangsverwaltung für die Vertretung eines sonstigen Beteiligten im ganzen Verfahren einschließlich des Verteilungsverfahrens und 6. für die Tätigkeit im Verfahren über Anträge auf einstweilige Einstellung oder Beschränkung der Zwangsvollstreckung und einstweilige Einstellung des Verfahrens sowie für Verhandlungen zwischen Gläubiger und Schuldner mit dem Ziel der Aufhebung des Verfahrens.	
3312	Terminsgebühr............................ Die Gebühr entsteht nur für die Wahrnehmung eines Versteigerungstermins für einen Beteiligten. Im Übrigen entsteht im Verfahren der Zwangsversteigerung und der Zwangsverwaltung keine Terminsgebühr.	0,4

Unterabschnitt 5.
Insolvenzverfahren, Verteilungsverfahren nach der Schifffahrtsrechtlichen Verteilungsordnung

Vorbemerkung 3.3.5:
(1) Die Gebührenvorschriften gelten für die Verteilungsverfahren nach der SVertO, soweit dies ausdrücklich angeordnet ist.
(2) Bei der Vertretung mehrerer Gläubiger, die verschiedene Forderungen geltend machen, entstehen die Gebühren jeweils besonders.
(3) Für die Vertretung des ausländischen Insolvenzverwalters im Sekundärinsolvenzverfahren entstehen die gleichen Gebühren wie für die Vertretung des Schuldners.

Nr.	Gebührentatbestand	Gebühr
3313	Verfahrensgebühr für die Vertretung des Schuldners im Eröffnungsverfahren .... Die Gebühr entsteht auch im Verteilungsverfahren nach der SVertO.	1,0
3314	Verfahrensgebühr für die Vertretung des Gläubigers im Eröffnungsverfahren .... Die Gebühr entsteht auch im Verteilungsverfahren nach der SVertO.	0,5
3315	Tätigkeit auch im Verfahren über den Schuldenbereinigungsplan: Die Verfahrensgebühr 3313 beträgt	1,5

Nr.	Gebührentatbestand	Gebühr oder Satz der Gebühr nach § 13 RVG
3316	Tätigkeit auch im Verfahren über den Schuldenbereinigungsplan: Die Verfahrensgebühr 3314 beträgt	1,0
3317	Verfahrensgebühr für das Insolvenzverfahren .... Die Gebühr entsteht auch im Verteilungsverfahren nach der SVertO.	1,0
3318	Verfahrensgebühr für das Verfahren über einen Insolvenzplan	1,0
3319	Vertretung des Schuldners, der den Plan vorgelegt hat: Die Verfahrensgebühr 3318 beträgt	3,0
3320	Die Tätigkeit beschränkt sich auf die Anmeldung einer Insolvenzforderung: Die Verfahrensgebühr 3317 beträgt .... Die Gebühr entsteht auch im Verteilungsverfahren nach der SVertO.	0,5
3321	Verfahrensgebühr für das Verfahren über einen Antrag auf Versagung oder Widerruf der Restschuldbefreiung .. (1) Das Verfahren über mehrere gleichzeitig anhängige Anträge ist eine Angelegenheit. (2) Die Gebühr entsteht auch gesondert, wenn der Antrag bereits vor Aufhebung des Insolvenzverfahrens gestellt wird.	0,5
3322	Verfahrensgebühr für das Verfahren über Anträge auf Zulassung der Zwangsvollstreckung nach § 17 Abs. 4 SVertO	0,5
3323	Verfahrensgebühr für das Verfahren über Anträge auf Aufhebung von Vollstreckungsmaßregeln (§ 8 Abs. 5 und § 41 SVertO)	0,5

Unterabschnitt 6.
Sonstige besondere Verfahren

Vorbemerkung 3.3.6:
Die Terminsgebühr bestimmt sich nach Abschnitt 1, soweit in diesem Unterabschnitt nichts anderes bestimmt ist.

Nr.	Gebührentatbestand	Gebühr oder Satz
3324	Verfahrensgebühr für das Aufgebotsverfahren	1,0
3325	Verfahrensgebühr für Verfahren nach § 319 Abs. 6 AktG, auch i.V.m. § 327e Abs. 2 AktG, oder nach § 16 Abs. 3 UmwG.................................	0,75
3326	Verfahrensgebühr für Verfahren vor den Gerichten für Arbeitssachen, wenn sich die Tätigkeit auf eine gerichtliche Entscheidung über die Bestimmung einer Frist (§ 102 Abs. 3 des Arbeitsgerichtsgesetzes), die Ablehnung eines Schiedsrichters (§ 103 Abs. 3 des Arbeitsgerichtsgesetzes) oder die Vornahme einer Beweisaufnahme oder einer Vereidigung (§ 106 Abs. 2 des Arbeitsgerichtsgesetzes) beschränkt	0,75

VV Teil 3 Abschnitt 3 *Vergütungsverzeichnis*

Nr.	Gebührentatbestand	Gebühr oder Satz der Gebühr nach § 13 RVG
3327	Verfahrensgebühr für gerichtliche Verfahren über die Bestellung eines Schiedsrichters oder Ersatzschiedsrichters, über die Ablehnung eines Schiedsrichters oder über die Beendigung des Schiedsrichteramts, zur Unterstützung bei der Beweisaufnahme oder bei der Vornahme sonstiger richterlicher Handlungen anlässlich eines schiedsrichterlichen Verfahrens	0,75
3328	Verfahrensgebühr für Verfahren über die vorläufige Einstellung, Beschränkung oder Aufhebung der Zwangsvollstreckung .... Die Gebühr entsteht nur, wenn eine abgesonderte mündliche Verhandlung hierüber stattfindet. Wird der Antrag beim Vollstreckungsgericht und beim Prozessgericht gestellt, entsteht die Gebühr nur einmal.	0,5
3329	Verfahrensgebühr für Verfahren auf Vollstreckbarerklärung der durch Rechtsmittelanträge nicht angefochtenen Teile eines Urteils (§§ 537, 558 ZPO)	0,5
3330	Verfahrensgebühr für Verfahren über eine Rüge wegen Verletzung des Anspruchs auf rechtliches Gehör	0,5
3331	Verfahrensgebühr für das Verfahren über einen Antrag auf Abänderung eines Vollstreckungstitels nach § 655 Abs. 1 ZPO. .... Der Wert bestimmt sich nach § 42 GKG.	0,5
3332	Terminsgebühr in den in Nummern 3324 bis 3331 genannten Verfahren	0,5
3333	Verfahrensgebühr für ein Verteilungsverfahren außerhalb der Zwangsversteigerung und der Zwangsverwaltung .. Der Wert bestimmt sich nach § 26 Nr. 1 und 2 RVG. Eine Terminsgebühr entsteht nicht.	0,4
3334	Verfahrensgebühr für Verfahren vor dem Prozessgericht oder dem Amtsgericht auf Bewilligung, Verlängerung oder Verkürzung einer Räumungsfrist (§§ 721, 794a ZPO), wenn das Verfahren mit dem Verfahren über die Hauptsache nicht verbunden ist	1,0
3335	Verfahrensgebühr für das Verfahren über die Prozesskostenhilfe, soweit in Nummer 3336 nichts anderes bestimmt ist. .... (1) Im Verfahren über die Bewilligung der Prozesskostenhilfe oder die Aufhebung der Bewilligung nach § 124 Nr. 1 ZPO bestimmt sich der Gegenstandswert nach dem für die Hauptsache maßgebenden Wert; im Übrigen ist er nach dem Kosteninteresse nach billigem Ermessen zu bestimmen. (2) Entsteht die Verfahrensgebühr auch für das Verfahren, für das die Prozesskostenhilfe beantragt worden ist, werden die Werte nicht zusammengerechnet.	1,0
3336	Verfahrensgebühr für das Verfahren über die Prozesskostenhilfe vor Gerichten der Sozialgerichtsbarkeit,	

Bürgerliche Rechtsstreitigkeiten, Verfahren VV Teil 3 Abschnitt 3

Nr.	Gebührentatbestand	Gebühr oder Satz der Gebühr nach § 13 RVG
	wenn in dem Verfahren, für das Prozesskostenhilfe beantragt wird, Betragsrahmengebühren entstehen (§ 3 RVG)..	30,00 bis 320,00 EUR
3337	Vorzeitige Beendigung des Auftrags im Fall der Nummern 3324 bis 3327, 3334 und 3335: Die Gebühren 3324 bis 3327, 3334 und 3335 betragen.... Eine vorzeitige Beendigung liegt vor, 1. wenn der Auftrag endigt, bevor der Rechtsanwalt den das Verfahren einleitenden Antrag oder einen Schriftsatz, der Sachanträge, Sachvortrag oder die Zurücknahme des Antrags enthält, eingereicht oder bevor er für seine Partei einen gerichtlichen Termin wahrgenommen hat, oder 2. soweit lediglich beantragt ist, eine Einigung der Parteien zu Protokoll zu nehmen.	0,5

Übersicht

	Rn.
A. Besondere erstinstanzliche Verfahren (Unterabschnitt 1)	1–10
I. Verfahrensgebühr in Eilverfahren nach dem GWB (Nr. 3300 und 3301)	1–5
1. Anwendungsbereich	1, 2
2. Entstehung der Verfahrensgebühr	3
3. Gegenstandswert	4
4. Kostenerstattung	5
II. Verfahrensgebühr für erstinstanzliche Verfahren vor dem OLG nach § 16 Abs. 4 UrhWG, vor dem BVerwG und vor dem OVG oder VGH (Nr. 3302 und 3303)	6–9
1. Anwendungsbereich	6–8
a) Verfahren nach § 16 Abs. 4 UrhWG (Nr. 3302 Nr. 1)	6
b) Erstinstanzliches Verfahren vor dem BVerwG und dem OVG oder VGH (Nr. 3302 Nr. 2)	7, 8
2. Entstehung und Gebührensatz	9
III. Terminsgebühr	10
B. Mahnverfahren (Unterabschnitt 2)	11–24
I. Allgemeines	11, 12
II. Gebühren im Mahnverfahren	13–21
1. Gebühr für die Vertretung des Antragstellers (Nr. 3305, 3306)	13–15
2. Gebühr für die Vertretung des Antragsgegners (Nr. 3307)	16, 17
3. Gebühr für den Vollstreckungsbescheid (Nr. 3308)	18–21
III. Anrechnung auf die Verfahrensgebühr des nachfolgenden Rechtsstreits	22

	Rn.
IV. Kostenerstattung	23, 24
1. Allgemeines	23
2. Erstattung der Mehrkosten für einen gerichtsfernen Anwalt	24
C. Zwangsvollstreckung und ähnliche Verfahren (Unterabschnitt 3)	25–59
I. Grundsätze	25–30
1. Allgemeines	25
2. Zwangsvollstreckung	26
3. Vollziehung einer im Wege des einstweiligen Rechtsschutzes ergangenen Entscheidung	27
4. Verfahren nach § 33 FGG	28
5. Verwaltungszwangsverfahren	29
6. Gerichtliches Verfahren über einen Akt des Verwaltungszwanges	30
II. Angelegenheiten des Unterabschnitts 3	31–48
1. Zwangsvollstreckung	31–37
a) Vorbereitende Tätigkeiten	31, 32
b) Zur Zwangsvollstreckung gehörende Tätigkeiten	33
c) Nicht zur Zwangsvollstreckung gehörende Tätigkeiten	34–37
2. Vollziehung einer Entscheidung des einstweiligen Rechtsschutzes	38–45
a) Vollziehung eines Arrests	38–40
b) Vollziehung einer einstweiligen Verfügung	41–43
c) Das Ende der Angelegenheit	44, 45
3. Verfahren nach § 33 FGG	46
4. Verwaltungszwangsverfahren	47
5. Gerichtliches Verfahren über einen Akt des Verwaltungszwanges	48
III. Die Gebühren	49–52

VV Teil 3 Abschnitt 3 *Vergütungsverzeichnis*

	Rn.
1. Art und Höhe	49–51
2. Verfahrenspauschgebühren	52
IV. Gegenstandswert	53
V. Kostenerstattung	54–59
D. Zwangsversteigerung und Zwangsverwaltung (Unterabschnitt 4)	60–95
I. Grundlagen	60–62
1. Allgemeines	60
2. Anwendungsbereich	61
3. Die Gebühren	62
II. Dieselbe Angelegenheit	63–71
1. Allgemeines	63
2. Ein Auftraggeber	64, 65
3. Mehrere Auftraggeber	66–69
4. Besondere Angelegenheiten	70, 71
III. Prozesskostenhilfe	72
IV. Geltendmachung der Kosten	73–76
1. Befriedigung aus dem Grundstück	73–75
a) Zwangsversteigerung	73
b) Zwangsverwaltung	74
c) Unechte Zwangsvollstreckung	75
2. Geltendmachung im Verfahren	76
V. Gebühren im Zwangsversteigerungsverfahren	77–87
1. Allgemeines	77
2. Verfahrensgebühr Nr. 1	78–80
3. Verfahrensgebühr Nr. 2 (Verteilungsgebühr)	81, 82
4. Verfahrensgebühr Nr. 6	83, 84
5. Terminsgebühr (Nr. 3312)	85–87
VI. Gebühren im Verfahren der Zwangsverwaltung	88–95
1. Allgemeines	88
2. Anwendungsbereich	89, 90
a) Zwangsverwaltung nach dem ZVG	89
b) Keine Zwangsverwaltung	90
3. Gebühren für die Vertretung des Antragstellers (Nr. 3 und 4)	91–93
a) Antragsteller	91
b) Gebühr Nr. 3	92
c) Gebühr Nr. 4	93
4. Gebühr für die Vertretung eines sonstigen Beteiligten (Nr. 5)	94
5. Verfahrensgebühr Nr. 6	95
E. Insolvenzverfahren und schifffahrtsrechtliches Verteilungsverfahren (Unterabschnitt 5)	96–129
I. Grundlagen	96–101
1. Allgemeines	96
2. Anwendungsbereich	97, 98
a) Anwendbarkeit	97
b) Keine Anwendbarkeit	98
3. Verfahrensgebühren und Einzeltätigkeiten	99–101
a) Abgeltungsbereiche	99
b) Vertretung im Verfahren und Einzeltätigkeiten	100
c) Vertretung mehrerer Gläubiger	101
II. Erstattungsfragen	102–108
1. Anwaltsvergütung als Insolvenzforderung	102, 103
2. Anwaltsvergütung als Massekosten	104
3. Anwaltsvergütung als Masseverbindlichkeit	105, 106
a) Erstattungsansprüche des obsiegenden Gegners	105
b) Kosten des vom Insolvenzverwalter beauftragten Rechtsanwaltes	106
4. Verteilungsverfahren	107, 108
a) Kosten der Rechtsverfolgung	107
b) Kosten des Sachwalters und aus Rechtsstreitigkeiten über angemeldete Ansprüche	108
III. Gebühren für das Eröffnungsverfahren (Nr. 3313 bis 3316)	109–116
1. Inhalt und Anwendungsbereich	109
2. Rechtsanwalt des Schuldners	110–112
a) Eröffnungsverfahren (Nr. 3313)	110
b) Schuldenbereinigungsplan (Nr. 3315)	111
c) Verfahrensgebühr	112
3. Rechtsanwalt des Insolvenzgläubigers	113–116
a) Eröffnungsverfahren (Nr. 3314)	113
b) Schuldenbereinigungsplan (Nr. 3316)	114
c) Verfahrensgebühr	115
d) Kostenerstattung	116
IV. Gebühren für das Insolvenz- und Verteilungsverfahren (Nr. 3317 und 3320)	117–124
1. Allgemeines	117
2. Gebühr Nr. 3317	118–122
a) Entstehung	118
b) Abgeltungsbereich	119, 120
c) Vertretung eines Massegläubigers oder eines Aussonderungsberechtigten	121
d) Verwertung von Massegegenständen	122
3. Gebühr Nr. 3320	123, 124
V. Gebühren für das Verfahren über einen Insolvenzplan (Nr. 3318 und 3319)	125
VI. Gebühren für das Verfahren über einen Antrag auf Versagung oder Widerruf der Restschuldbefreiung (Nr. 3321)	126, 127
1. Allgemeines	126

Bürgerliche Rechtsstreitigkeiten, Verfahren

	Rn.
2. Gebühr Nr. 3321	127
VII. Besondere Angelegenheiten im schifffahrtsrechtlichen Verteilungsverfahren (Nr. 3322 und 3323)	128
VIII. Gegenstandswert	129
F. Sonstige besondere Verfahren (Unterabschnitt 6)	130–215
I. Aufgebotsverfahren (Nr. 3324, 3332 und 3337)	130–139
1. Allgemeines	130
2. Anwendungsbereich	131, 132
3. Abgeltungsbereich	133, 134
4. Gebühren im Aufgebotsverfahren	135–137
a) Verfahrensgebühr (Nr. 3324)	135
b) Verminderte Verfahrensgebühr (Nr. 3337)	136
c) Terminsgebühr (Nr. 3332)	137
5. Gegenstandswert	138, 139
a) Gegenstand	138
b) Wert	139
II. Verfahren nach § 319 Abs. 6 AktG und § 16 Abs. 3 UmwG (Nr. 3325, 3332 und 3337)	140–144
1. Grundsätze	140
2. Allgemeines	141, 142
a) Verfahren nach §§ 319 Abs. 6, 327e Abs. 2 AktG und § 16 Abs. 3 UmwG	141
b) Anwendungsbereich	142
3. Gebührenregelung	143
4. Gegenstandswert	144
III. Verfahren vor dem Arbeitsgericht in schiedsgerichtlichen Verfahren (Nr. 3326, 3332 und 3337)	145
IV. Bestellung und Ablehnung von Schiedsrichtern, richterliche Handlungen (Nr. 3327, 3332 und 3337)	146–151
1. Allgemeines	146
2. Gebührenregelung	147–149
3. Gegenstandswert	150, 151
V. Vorläufige Einstellung, Beschränkung oder Aufhebung der Zwangsvollstreckung (Nr. 3328, 3332)	152–159
1. Grundgedanke	152
2. Allgemeines	153–155
3. Gebührenregelung	156, 157
a) Abgesonderte Verhandlung vor dem Hauptsachegericht	156
b) Antrag zum Vollstreckungsgericht (Nr. 3328 Anm. S. 2)	157
4. Gegenstandswert	158
5. Kostenerstattung	159
VI. Vollstreckbarerklärung nicht angefochtener Teile des Urteils (Nr. 3329, 3332)	160–167
1. Grundgedanke	160

VV Teil 3 Abschnitt 3

	Rn.
2. Vollstreckbarerklärung	161
3. Verfahrensgebühr (Nr. 3329)	162, 163
4. Terminsgebühr (Nr. 3332)	164
5. Spätere Erweiterung des Rechtsmittels	165
6. Gegenstandswert	166
7. Kostenerstattung	167
VII. Rüge wegen Verletzung des Anspruchs auf rechtliches Gehör (Nr. 3330 und 3332)	168–173
1. Allgemeines	168
2. Anwendungsbereich	169
3. Abgeltungsbereich	170
4. Verfahrensgebühr Nr. 3330	171
5. Terminsgebühr Nr. 3332	172
6. Kostenerstattung	173
VIII. Vereinfachtes Verfahren auf Abänderung eines Unterhaltstitels (Nr. 3331 und 3332)	174–179
1. Allgemeines	174
2. Anwendungsbereich	175
3. Verfahrensgebühr Nr. 3331	176
4. Terminsgebühr Nr. 3332	177
5. Gegenstandswert	178
6. Kostenerstattung	179
IX. Verteilungsverfahren (Nr. 3333)	180–187
1. Grundsätze	180
2. Anwendungsbereich	181, 182
a) Verteilungsverfahren nach §§ 872 ff. ZPO	181
b) Sonstige Verteilungsverfahren	182
3. Die Gebühr	183, 184
4. Gegenstandswert	185–187
a) Verfahren nach §§ 872 ff. ZPO	185, 186
b) Sonstige Verteilungsverfahren	187
X. Räumungsfrist (Nr. 3334 und 3337)	188–197
1. Grundgedanke	188
2. Bewilligung einer Räumungsfrist	189–191
a) Allgemeines	189
b) Gebühr Nr. 3334	190, 191
3. Verlängerung oder Verkürzung der Räumungsfrist	192, 193
a) Allgemeines	192
b) Gebührenregelung	193
4. Gegenstandswert	194
5. Kostenerstattung	195–197
XI. Verfahren über die Prozesskostenhilfe (Nr. 3335 und 3337)	198–214
1. Grundsätze	198
2. Anwendungsbereich	199
3. Allgemeines	200, 201
a) Verfahren über die Bewilligung der Prozesskostenhilfe	200
b) Verfahren über die Aufhebung der Bewilligung der Prozesskostenhilfe	201

VV Teil 3 Abschnitt 3

Vergütungsverzeichnis

	Rn.		Rn.
4. Gebühr Nr. 3335	202	b) Aufhebung der Bewilligung	209, 210
5. Einigungsgebühr	203	c) Beschwerdeverfahren	211
6. Höhe der Gebühr Nr. 3335	204	10. Kostenerstattung	212, 213
7. Eine Angelegenheit	205, 206	11. Prozesskostenhilfe	214
8. Anrechnung auf die Gebühren des Rechtsstreits	207	**XII. Prozesskostenhilfeverfahren in Sozialgerichtsverfahren**	215
9. Gegenstandswert	208–211		
a) Bewilligung der Prozesskostenhilfe	208		

A. Besondere erstinstanzliche Verfahren (Unterabschnitt 1)

I. Verfahrensgebühr in Eilverfahren nach dem GWB (Nr. 3300 und 3301)

1 **1. Anwendungsbereich.** Das Verfahren zur Nachprüfung der Vergabe öffentlicher Aufträge (§§ 102 ff. GWB) sieht ein Verfahren vor den Vergabekammern des Bundes und der Länder (§§ 107 ff. GWB) und ein gerichtliches Verfahren (§§ 116 ff. GWB) vor. Wegen der Rechtsanwaltsgebühren in diesen Verfahren s. Abschnitt 2 Rn. 25. Nr. 3300 und 3301 regeln die Verfahrensgebühr in den Eilverfahren nach §§ 115 Abs. 2 S. 2 und 3, 118 Abs. 1 S. 3 und nach § 121 GWB. Nach Einleitung des Nachprüfungsverfahrens darf der öffentliche Auftraggeber (§ 98 GWB) vor einer Entscheidung der Vergabekammer und Ablauf der Beschwerdefrist (§ 117 Abs. 1 GWB) den Zuschlag nicht erteilen, wenn die Vergabekammer dies nicht auf Antrag gestattet. Gegen die Gestattung des Zuschlags können die Verfahrensbeteiligten (§ 109 GWB) nach § 115 Abs. 2 S. 2 GWB das Beschwerdegericht anrufen. Wenn die Vergabekammer den Zuschlag nicht gestattet, kann dagegen der Auftraggeber nach § 115 Abs. 2 S. 3 GWB das Beschwerdegericht anrufen. Wenn die Vergabekammer den Antrag auf Nachprüfung ablehnt, kann das Beschwerdegericht nach § 118 Abs. 1 S. 3 auf Antrag die sonst befristete aufschiebende Wirkung der sofortigen Beschwerde verlängern. Nach § 121 GWB kann das Beschwerdegericht auf Antrag des Auftraggebers den weiteren Fortgang des Vergabeverfahrens und den Zuschlag gestatten.

2 Für diese gerichtlichen Verfahren, die auf eine vorläufige Regelung des Gegenstandes des Vergabeverfahrens gerichtet sind, sieht das Gesetz in Nr. 3300 eine Verfahrensgebühr mit einem Gebührensatz von 2,3 vor. Verfahrensgebühren mit diesem Gebührensatz kommen sonst nur bei Revisionen und Beschwerden gegen die Nichtzulassung der Revision vor, wenn sich die Parteien nur durch einen beim Bundesgerichtshof zugelassenen Rechtsanwalt vertreten lassen können. Für ein vorläufiges Eilverfahren vor dem Oberlandesgericht ist ein so hoher Gebührensatz erstaunlich. Die Gesetzesbegründung beschränkt sich auf den Hinweis auf § 65a S. 2 BRAGO,[1] der jedoch unzutreffend ist; denn § 65a S. 2 BRAGO sieht für die Anträge nach §§ 115 Abs. 2 S. 2 und 3, 118 Abs. 1 S. 3 und 121 GWB keine eigenen Gebühren vor, sondern lediglich eine Erhöhung der Verfahrensgebühr für das (Haupt-)Beschwerdeverfahren. Demgegenüber ergeben die Regelungen Nr. 3300, 3301 und 3304 zwingend, dass das Eilverfahren nach § 115 Abs. 2 S. 2 und 3, 118 Abs. 1 S. 3 oder 121 GWB gegenüber dem Beschwerdeverfahren gebührenrechtlich eine selbständige Angelegenheit ist, was sich aus §§ 17 und 18 nicht eindeutig ergibt. Mehrere Anträge im Zusammenhang desselben Vergabeverfahrens, etwa nach § 115 Abs. 2 GWB und sodann nach § 118 Abs. 2 S. 3 GWB dürften jedoch als eine Angelegenheit anzusehen sein.

---

[1] Vgl. BT-Drucks. 15/1971 S. 215.

Bürgerliche Rechtsstreitigkeiten, Verfahren **VV Teil 3 Abschnitt 3**

2. Entstehung der Verfahrensgebühr. Die Verfahrensgebühr kann sowohl dem Rechtsanwalt des Antragstellers als auch dem Rechtsanwalt eines sonstigen Verfahrensbeteiligten entstehen, wenn er hinsichtlich des Antrags auf vorläufige Entscheidung in irgend einer Weise tätig wird. Die Anm. zu Nr. 3301 verweist auf die Anm. zu Nr. 3201. Danach entsteht die volle Verfahrensgebühr Nr. 3300, wenn der Rechtsanwalt das Beschwerdegericht gemäß § 115 Abs. 2 S. 2 und 3 GWB anruft oder einen Antrag nach §§ 118 Abs. 1 S. 3 oder 121 GWB stellt oder wenn er in derselben Angelegenheit einen Schriftsatz einreicht, der Sachanträge, Sachvortrag oder die Zurücknahme des Antrags enthält oder in der Angelegenheit einen gerichtlichen Termin wahrnimmt. Endet der Auftrag, bevor der Rechtsanwalt in der vorgenannten Art tätig geworden ist, so erhält er eine Gebühr Nr. 3301 mit dem Gebührensatz von 1,8. Die Voraussetzungen von Nr. 3201 Anm. Nr. 2 dürften in den Eilverfahren nach §§ 115 Abs. 2 S. 2 und 3, 118 Abs. 1 S. 3 und 121 GWB kaum erfüllt sein.

3. Gegenstandswert. Der Gegenstandswert richtet sich gemäß § 23 Abs. 1 S. 1 nach dem für die Gerichtsgebühren maßgeblichen Streitwert. Er beträgt nach § 50 Abs. 2 GKG in Verfahren über die Beschwerde gegen die Entscheidung der Vergabekammer einschließlich des Verfahrens über den Antrag nach §§ 115 Abs. 2 S. 2 und 3, 118 Abs. 1 S. 3 und 121 GWB 5% der Bruttoauftragssumme.

4. Kostenerstattung. In Beschwerdeverfahren gegen Entscheidungen der Vergabekammer entscheidet das Gericht über die Kosten des Beschwerdeverfahrens entsprechend §§ 91 ff. ZPO.[2] Diese Kostenentscheidung erstreckt sich auch auf die Kosten eines etwaigen Eilverfahrens nach §§ 115 Abs. 2 S. 2 und 3, 118 Abs. 1 S. 3 oder 121 GWB. Da nach § 120 Abs. 1 GWB Anwaltszwang besteht, sind die Kosten eines Rechtsanwalts grundsätzlich erstattbar.

II. Verfahrensgebühr für erstinstanzliche Verfahren vor dem OLG nach § 16 Abs. 4 UrhWG, vor dem BVerwG und vor dem OVG oder VGH (Nr. 3302 und 3303)

1. Anwendungsbereich. a) Verfahren nach § 16 Abs. 4 UrhWG (Nr. 3302 Nr. 1). Das Gesetz über die Wahrnehmung von Urheberrechten und verwandten Schutzrechten (UrhWG) verpflichtet in seinem § 12 die Verwertungsgesellschaften zum Abschluss sog. Gesamtverträge mit Vereinigungen, deren Mitglieder geschützte Werke nutzen. Einigen sich die Beteiligten nicht, so kann gemäß § 14 UrhWG eine Schiedsstelle angerufen werden, die bei der Aufsichtsbehörde gebildet wird. Das Gleiche gilt für die Verpflichtung zum Abschluss eines Vertrages über die Kabelweitersendung. Über Ansprüche auf Abschluss eines Gesamtvertrages oder eines Vertrages über die Kabelweitersendung entscheidet das für den Sitz der Schiedsstelle zuständige Oberlandesgericht. Es gelten die Vorschriften über das Verfahren vor dem Landgericht (§§ 253 ff. ZPO). Die Nr. 3302 und 3303 gelten für das Verfahren vor dem Oberlandesgericht, nicht für das Verfahren vor der Schiedsstelle, für welches die Gebühr Nr. 2403 (Nr. 4) entsteht.

b) Erstinstanzliches Verfahren vor dem BVerwG und dem OVG oder VGH (Nr. 3302 Nr. 2). Nach § 50 VwGO entscheidet das Bundesverwaltungsgericht in

---
[2] BGH NZBau 2001, 151, 155; OLG Jena BauR 2000, 1630, 1634; aA – entsprechende Anwendung von § 78 GWB – OLG Celle NZBau 2000, 98; – entsprechende Anwendung von § 128 Abs. 3 und 4 GWB – OLG Düsseldorf BauR 2000, 1603, 1610.

VV Teil 3 Abschnitt 3 *Vergütungsverzeichnis*

erster und zugleich letzter Instanz in öffentlich-rechtlichen Streitigkeiten nichtverfassungsrechtlicher Art zwischen dem Bund und den Ländern oder zwischen verschiedenen Ländern, über Klagen gegen Vereinsverbote und Verfügungen nach § 8 Abs. 2 S. 1 Vereinsgesetz des Bundesministers des Innern und über Klagen gegen den Bund wegen dienstrechtlicher Vorgänge im Geschäftsbereich des Bundesnachrichtendienstes. Das Oberverwaltungsgericht (Verwaltungsgerichtshof) ist nach § 47 VwGO in erster Instanz zuständig für Normenkontrollverfahren über Satzungen und Rechtsverordnungen aufgrund des Baugesetzbuches und über andere im Rang unter dem Landesgesetz stehenden Rechtsvorschriften. Aus § 48 VwGO ergibt sich eine weitere erstinstanzliche Zuständigkeit des OVG (VGH), die im Wesentlichen die Errichtung und den Betrieb von Kernkraftwerken, Wärmekraftwerken, Freileitungen, Müllverbrennungs- und Abfallablagerungsanlagen und Verkehrsflughäfen, die Bearbeitung und Verwendung von Kernbrennstoffen sowie das Planfeststellungsverfahren für den Bau von Straßenbahnen, Magnetschwebebahnen, Eisenbahnen, Bundesfernstraßen und Bundeswasserstraßen betrifft. In all diesen Verfahren nach §§ 47, 48 und 50 VwGO, in denen das BVerwG oder das OVG (VGH) erstinstanzlich zuständig ist, gelten für den Rechtsanwalt die Verfahrensgebühren Nr. 3302 und 3303, die die gleichen Gebührenrahmen vorsehen wie im Berufungsverfahren.

8   Dies gilt auch für **Eilverfahren** nach §§ 80, 80a und 123 VwGO, wenn das BVerwG oder das OVG (VGH) als erstinstanzliches Gericht der Hauptsache zuständig ist. Unter der Geltung der BRAGO war umstritten, ob die für die erstinstanzlichen Verfahren vor dem BVerwG und den OVG (VGH) geltenden erhöhten Gebühren (§ 114 Abs. 2 BRAGO) auch in Eilverfahren entstanden,[3] oder ob analog §§ 114 Abs. 6 S. 1, 40 Abs. 3 BRAGO auch in den Eilverfahren, in denen das OVG (VGH) als Gericht des ersten Rechtszuges mit der Hauptsache befasst ist, die Gebühren nicht erhöht werden.[4] Das Problem ist durch das RVG gesetzgeberisch dahin geklärt, dass die erhöhten Gebühren Nr. 3302, 3303 auch für die gebührenrechtlich selbständigen Eilverfahren gelten; denn die Regelung in Vorbem. 3.2 betrifft bereits nach ihrem Wortlaut nur die Eilverfahren, in denen das Berufungsgericht als Gericht der Hauptsache anzusehen ist; zudem schließt sie nach ihrer systematischen Stellung als Vorbemerkung zu Abschnitt 2 nur die Gebühren dieses Abschnittes von der Anwendung auf erstinstanzliche Eilverfahren aus, nicht jedoch die Anwendung der Gebühren des Abschnitts 3.

9   **2. Entstehung und Gebührensatz.** Die volle Verfahrensgebühr hat in den Nr. 3302 genannten Verfahren einen Gebührensatz von 1,6. Dies ist der gleiche Gebührensatz wie die Verfahrensgebühr im Berufungsverfahren (Nr. 3200). Die gebührenrechtliche Gleichstellung mit dem Berufungsverfahren entspricht im Verfahren nach § 16 Abs. 4 UrhWG § 65 b BRAGO, in den erstinstanzlichen Verfahren vor dem BVerwG und dem OVG (VGH) § 114 Abs. 2 BRAGO. Die verminderte Gebühr Nr. 3303 ist mit dem Gebührensatz von 1,0 um 0,1 geringer als die entsprechende Gebühr Nr. 3201 im Berufungsverfahren. Zur Tätigkeit des Rechtsanwalts, die durch die Verfahrensgebühr abgegolten wird s. Vorbem. 3 Rn. 22 bis 25; zur Entstehung der vollen oder ermäßigten Verfahrensgebühr s. Vorbem. 3 Rn. 26 bis 30 und Abschnitt 1 Rn. 20 bis 30.

---

[3] VGH München NVwZ-RR 1997, 672; OVG Münster NVwZ-RR 1990, 667; OVG Lüneburg NVwZ-RR 2003, 76; VGH Mannheim NVwZ-RR 1998, 527; *Gerold/Schmidt/Madert* § 114 BRAGO Rn. 8; *Hartmann* § 114 BRAGO Rn. 26.

[4] VGH München NVwZ-RR 1990, 666; OLG Koblenz und OVG Lüneburg NVwZ-RR 1994, 42; 8. Aufl. § 114 BRAGO Rn. 7.

Bürgerliche Rechtsstreitigkeiten, Verfahren VV Teil 3 Abschnitt 3

III. Terminsgebühr

Nach Vorbem. 3.3.1 bestimmt sich in den Nr. 3300 und 3302 genannten Verfahren die Terminsgebühr nach Abschnitt 1. Die volle Terminsgebühr hat nach Nr. 3104 einen Gebührensatz von 1,2. Für Entstehung der Terminsgebühr gilt Vorbem. 3 Abs. 3. Auf Vorbem. 3 Rn. 44 bis 50 wird Bezug genommen. Eine verminderte Terminsgebühr Nr. 3105 mit dem Gebührensatz von 0,5 entsteht, wenn eine Partei weder erschienen noch ordnungsgemäß vertreten ist und lediglich zur Prozess- oder Sachleitung verhandelt und entschieden wird. In den Verfahren vor dem OLG nach § 16 Abs. 4 UrhWG kann die verminderte Terminsgebühr Nr. 3105 auch im Versäumnisverfahren entstehen; auf Abschnitt 1 Rn. 53 ff. wird insoweit Bezug genommen. In den Verfahren nach §§ 115 Abs. 2 S. 2 und 3, 118 Abs. 1 S. 3 und 121 GWB sowie in den erstinstanzlichen Verfahren vor dem BVerwG und vor dem OVG (VGH) ist ein Versäumnisurteil nicht möglich. Wird in diesen Verfahren zur Sache entschieden, so entsteht daher auch bei einseitiger Verhandlung die volle Terminsgebühr; auf Abschnitt 5 Rn. 65 wird insoweit Bezug genommen. 10

B. Mahnverfahren (Unterabschnitt 2)

I. Allgemeines

Abschnitt 3 Unterabschnitt 2 regelt die Vergütung für die anwaltliche Tätigkeit im Mahnverfahren (§§ 688 bis 703a ZPO). Die Regelung übernimmt im Wesentlichen § 43 BRAGO. Lediglich die Verfahrensgebühr für die Vertretung des Antragsgegners (Nr. 3307) ist gegenüber der Gebühr für die Erhebung des Widerspruchs (§ 43 Abs. 1 Nr. 2 BRAGO) um 0,2 auf den Gebührensatz von 0,5 erhöht. Diese Erhöhung des Gebührensatzes wird damit begründet, dass der Auftrag zur Einlegung des Widerspruchs auch die Prüfung der Rechtslage einschließlich der Prozessaussichten, Beratungsgespräche mit dem Mandanten und die Prüfung der Möglichkeit einer gütlichen Regelung umfasst.[5] Hinsichtlich der Verfahrensgebühr für die Vertretung des Antragstellers entspricht der Gebührensatz von 1,0 (Nr. 3305), wenn der Rechtsanwalt den Mahnbescheid beantragt, und von 0,5, wenn der Auftrag endet, bevor der Rechtsanwalt den Mahnbescheidsantrag einreicht (Nr. 3306), zwar voll der Regelung in § 43 Abs. 1 Nr. 1 und Abs. 3 BRAGO. Im Unterschied zur BRAGO liegt der Gebührensatz jedoch jeweils um 0,3 unter den entsprechenden Sätzen der Verfahrensgebühr Nr. 3100 und 3101 im Prozess. Dies hat seinen Grund darin, dass der erhöhte Gebührensatz der Verfahrensgebühr im Prozess teilweise den Wegfall der Beweisgebühr ausgleicht, die im Mahnverfahren nicht anfallen konnte. 11

Die Gebühren im Mahnverfahren sind Wert-Pauschgebühren. Sie entgelten die gesamte Tätigkeit des Rechtsanwalts innerhalb des Mahnverfahrens; andere Gebühren können im Mahnverfahren nicht entstehen. Insbesondere entstehen für die Entgegennahme oder Einziehung der Information, für Ratserteilungen und für den Verkehr mit der Partei oder dem Gericht keine besonderen Gebühren. Dagegen entstehen für Tätigkeiten, die außerhalb des Mahnverfahrens liegen, besondere Gebühren, so zB die Einigungsgebühr (Nr. 1000), die Beschwerdegebühr (Nr. 3500) und die Zwangsvoll- 12

---
5 BT-Drucks. 15/1971 S. 215.

Keller

streckungsgebühr (Nr. 3309). Bei der Mitwirkung an Besprechungen zur Vermeidung des bevorstehenden Rechtsstreits entsteht nach Vorbem. 3.3.2 i.V.m. Vorbem. 3 Abs. 3 die Terminsgebühr (Nr. 3104). Für den Einspruch gegen den Vollstreckungsbescheid entsteht die volle Verfahrensgebühr Nr. 3100, auf die ebenfalls die Verfahrensgebühr Nr. 3307, falls sie entstanden ist, angerechnet wird.

II. Gebühren im Mahnverfahren

13   1. **Gebühr für die Vertretung des Antragstellers (Nr. 3305, 3306).** Der Rechtsanwalt des Antragstellers erhält für seine Tätigkeit im Verfahren über den Antrag auf Erlass des Mahnbescheids eine volle Gebühr. Die Gebühr ist eine Verfahrensgebühr und entgilt das gesamte Betreiben des Verfahrens bis zur Erwirkung des Vollstreckungsbescheids, also neben dem Antrag auf Erlass des Mahnbescheids insbesondere die Mitteilung des Widerspruchs an den Auftraggeber, ferner den bereits mit dem Mahnbescheidsantrag bedingt gestellten Antrag auf Durchführung des streitigen Verfahrens. Sie entsteht auch in voller Höhe, wenn das Mahnbescheidsgesuch zurückgenommen oder zurückgewiesen wird; im letzteren Fall ist sie aber nach Anmerkung zu Nr. 3305 anzurechnen, wenn nunmehr Klage erhoben wird (vgl. Rn. 22). Erledigt sich der Auftrag, ohne dass der Rechtsanwalt das Mahnbescheidsgesuch eingereicht hat, so beträgt die Gebühr nach Nr. 3306 nur die Hälfte; dies gilt auch dann, wenn der Rechtsanwalt nur beauftragt ist, das Mahnbescheidsgesuch anzufertigen, der Auftraggeber es also selbst einreicht.

14   Auch eine Tätigkeit, die erst **nach Erlass des Mahnbescheids** einsetzt, kann die Gebühr begründen, nach Nr. 3306 jedoch nur zu dem Gebührensatz von 0,5;[6] falls der Mahnbescheid noch nicht zugestellt ist, können die Kosten im Wege der Ergänzung noch aufgenommen werden.

15   Da es sich um eine Verfahrensgebühr handelt, wird bei **mehreren Auftraggebern** die Gebühr nach Nr. 1008 erhöht, wenn der Gegenstand der anwaltlichen Tätigkeit derselbe ist.

16   2. **Gebühr für die Vertretung des Antragsgegners (Nr. 3307).** Der Rechtsanwalt des Antragsgegners erhält für die Tätigkeit im Mahnverfahren eine Verfahrensgebühr mit dem Gebührensatz von 0,5. Diese Gebühr entgilt insbesondere die Erhebung des Widerspruchs, aber auch eine etwaige **Begründung** des Widerspruchs.[7] Die Gebühr entsteht auch, wenn im Urkunden- und Wechselmahnverfahren der Widerspruch auf den Vorbehalt der Ausführung der Rechte **beschränkt** ist (§ 703a Abs. 2 Nr. 4 ZPO). Eine Ermäßigung der Gebühr entsprechend Nr. 3306 bei der Verfahrensgebühr für den Antragsteller tritt nicht ein. Dagegen erhöht sich die Gebühr, wenn der Rechtsanwalt für **mehrere** Antragsgegner, die im selben Mahnbescheid als Gesamtschuldner in Anspruch genommen sind, Widerspruch einlegt, für jeden weiteren Antragsgegner um 0,3 (Nr. 1008). Die Gebühr berechnet sich, wenn nur gegen einen **Teil des Anspruchs** Widerspruch erhoben ist, nach dem Wert dieses Teils.

17   Das Mahnverfahren wird in das ordentliche Streitverfahren übergeleitet, wenn das Mahngericht nach rechtzeitigem Widerspruch auf den Antrag einer Partei, das streitige Verfahren durchzuführen, den Rechtsstreit an das nach § 690 Abs. 1 Nr. 5 ZPO

---

[6] *Gerold/Schmidt/Müller-Rabe* VV 3305–3308 Rn. 8 f.
[7] Vgl. OLG Saarbrücken NJW 1976, 1217; OLG Koblenz JurBüro 1978, 1200.

zuständige Gericht abgibt (§ 696 Abs. 1 ZPO). Mit Eingang der Akten bei diesem Gericht gilt der Rechtsstreit als dort anhängig (§ 696 Abs. 1 S. 4 ZPO). Da somit bei Einlegung des Widerspruchs das ordentliche Streitverfahren noch nicht anhängig sein kann, verdient der Anwalt des Antragsgegners nicht schon dadurch die Verfahrensgebühr für das streitige Verfahren (Nr. 3100), dass er mit dem Widerspruch den **Antrag auf Klageabweisung** verbindet. Der mit dem Widerspruch verbundene Klageabweisungsantrag ist auch nicht als Sachantrag im Sinne der Nr. 3101 Anm. Nr. 1 anzusehen, weil der Sachantrag voraussetzt, dass das Verfahren auf andere Weise bereits anhängig geworden ist.[8] Dies gilt auch dann, wenn der Antragsteller den Antrag auf Durchführung des streitigen Verfahrens gemäß § 696 Abs. 1 S. 2 ZPO schon in den Antrag auf Erlass des Mahnbescheids aufgenommen hat. Der **Antrag auf Durchführung des streitigen Verfahrens** ist hingegen ein das ordentliche Streitverfahren einleitender Antrag und begründet deshalb die volle Verfahrensgebühr nach Nr. 3100 (Abschnitt 1 Rn. 22). Verbindet deshalb der Anwalt des Antragsgegners mit dem Widerspruch den Antrag auf Durchführung des streitigen Verfahrens, so verdient er die Verfahrensgebühr Nr. 3100,[9] in der die Widerspruchsgebühr Nr. 3307 aufgeht (vgl. Rn. 22). Endet sodann das Verfahren, ohne dass der Prozessbevollmächtigte des Beklagten den Tatbestand der Verfahrensgebühr für das streitige Verfahren noch auf andere Weise erfüllt hat, so ist diese allerdings nicht **erstattbar**, wenn der Kläger (Antragsteller) den Antrag auf Durchführung des streitigen Verfahrens schon im Mahnbescheidsantrag gestellt hat.[10] Anders, wenn der Antragsteller zwar den Antrag auf Durchführung des streitigen Verfahrens gestellt hatte, dieser jedoch nicht zu einer Überleitung des Verfahrens in das ordentliche Streitverfahren führte, weil der Antragsteller es unterließ, den restlichen Gerichtskostenvorschuss (§ 12 Abs. 3 S. 3 GKG) innerhalb eines angemessenen Zeitraums einzuzahlen.[11] Nach einer Auffassung ist die volle Prozessgebühr nur erstattbar, wenn der Kläger (Antragsteller) nicht innerhalb angemessener Frist nach Widerspruchseinlegung die Überleitung in das ordentliche Streitverfahren herbeigeführt hat (bedenklich);[12] zur Dauer einer danach „angemessenen Zeit" vgl. LG Berlin JurBüro 1998, 360.

3. Gebühr für den Vollstreckungsbescheid (Nr. 3308). Für die Tätigkeit im Verfahren auf Erlass des Vollstreckungsbescheids erhält der Rechtsanwalt des Antragstellers eine Verfahrensgebühr mit dem Gebührensatz von 0,5. Ein vor Ablauf der Widerspruchsfrist gestellter Antrag auf Erlass des Vollstreckungsbescheides ist nach § 699 Abs. 1 S. 2 ZPO unwirksam und kann deshalb die Gebühr nicht entstehen lassen. Sie entsteht frühestens mit Eingang des Antrags bei Gericht.[13] Die Gebühr entsteht jedoch **nur,** wenn innerhalb der Widerspruchsfrist kein Widerspruch erhoben worden ist. Stellt der Anwalt nach Ablauf der Widerspruchsfrist in Unkenntnis eines **fristge-** 18

---

[8] Abschnitt 1 Rn. 26; OLG Koblenz JurBüro 1986, 569; OLG Düsseldorf Rpfleger 1994, 39; OLG Köln JurBüro 1995, 81; aA OLG Düsseldorf JurBüro 1992, 470.
[9] OLG Hamburg JurBüro 1993, 35; OLG München JurBüro 1992, 604; OLG Düsseldorf JurBüro 2004, 195; OLG Saarbrücken JurBüro 1988, 193; *Gerold/Schmidt/Müller-Rabe* VV 3305–3308 Rn. 53.
[10] OLG Frankfurt JurBüro 1981, 870; OLG Bremen JurBüro 1983, 563; OLG Bamberg JurBüro 1986, 228.
[11] OLG Saarbrücken JurBüro 1988, 193; OLG Oldenburg JurBüro 1990, 1625; OLG München JurBüro 1992, 604.
[12] OLG München MDR 1992, 909; OLG Koblenz MDR 1994, 520; vgl. auch OLG Düsseldorf JurBüro 2004, 195.
[13] OLG Bamberg JurBüro 1980, 721; aA *Gerold/Schmidt/Müller-Rabe* VV 3305–3308 Rn. 19.

mäßen Widerspruchs den Antrag, so erhält er keine Gebühr. Die Gebühr für den Vollstreckungsbescheid kann jedoch entstehen, wenn der rechtzeitig erhobene Widerspruch vor Beginn der mündlichen Verhandlung zurückgenommen wird.[14] Wird der Widerspruch erst **nach Ablauf** der Widerspruchsfrist eingelegt, so erhält der Rechtsanwalt die Gebühr auch dann, wenn der von ihm in Unkenntnis des Widerspruchs beantragte Vollstreckungsbescheid nicht erlassen wird.[15] Im Urkunden- und Wechselmahnverfahren erhält der Anwalt des Antragstellers die Gebühren auch dann, wenn der Antragsgegner zwar innerhalb der Widerspruchsfrist Widerspruch einlegt, diesen jedoch gemäß § 703a Abs. 2 Nr. 4 ZPO auf den Antrag beschränkt, ihm die Ausführungen seiner Rechte im Nachverfahren vorzubehalten.

19 Die Gebühr entgilt auch die Veranlassung der **Zustellung** des Vollstreckungsbescheids (vgl. § 19 Abs. 1 Nr. 9) und die Erwirkung einer **Vollstreckungsklausel** für oder gegen den Rechtsnachfolger (§ 796 ZPO; vgl. § 19 Abs. 1 Nr. 12). Wird der Rechtsanwalt mit diesen Handlungen im Rahmen der Zwangsvollstreckung beauftragt, so erhält er dafür ebenfalls keine besondere Gebühr, vielmehr werden diese Tätigkeiten durch die Zwangsvollstreckungsgebühr (Nr. 3309) abgegolten. Für den Antrag auf Erteilung eines zweiten und **weiteren Vollstreckungsbescheids** (§ 733 ZPO) erhält der Rechtsanwalt gesondert eine Zwangsvollstreckungsgebühr (§ 18 Nr. 7).

20 Die Gebühr Nr. 3308 berechnet sich, wenn nur wegen eines **Teils** des Anspruchs der Vollstreckungsbescheid beantragt wird, nach dem Wert dieses Teils. Dies gilt auch, wenn ein schon vorher gestellter Antrag vor dem Ablauf der Widerspruchsfrist ermäßigt wird.

21 Vertritt der Rechtsanwalt mehrere Antragsteller, so ist die Gebühr Nr. 3308 nicht gemäß Nr. 1008 zu erhöhen, wenn bereits die Gebühr Nr. 3305 wegen derselben Mehrzahl von Antragstellern nach Nr. 1008 erhöht wurde. War dies nicht der Fall, etwa weil der Rechtsanwalt erst im Verfahren auf Erlass des Vollstreckungsbescheids beauftragt wurde, so ist die Gebühr Nr. 3308 gemäß Nr. 1008 für jeden weiteren Auftraggeber um 0,3 zu erhöhen; d. h. der Gebührensatz beträgt in diesem Fall bei zwei Antragstellern 0,8, bei drei Antragstellern 1,1 usw.

III. Anrechnung auf die Verfahrensgebühr des nachfolgenden Rechtsstreits

22 Die Gebühren für die Vertretung des Antragstellers (Nr. 3305) und des Antragsgegners (Nr. 3307) werden auf die Verfahrensgebühr angerechnet, die der Rechtsanwalt in dem **nachfolgenden Rechtsstreit** erhält. „Nachfolgender Rechtsstreit" in diesem Sinne ist das streitige Verfahren, in das das Mahnverfahren nach Widerspruch auf Antrag einer Partei (§ 696 Abs. 1 ZPO) oder auf Einspruch (§ 700 Abs. 3 ZPO) übergeht. Es fällt darunter aber auch eine Klage, die nach Zurückweisung des Mahnantrags alsbald erhoben wird.[16] In Betracht kommt nur der erste, nicht auch ein höherer Rechtszug. Ist der Gegenstandswert im Rechtsstreit höher als der Gegenstandswert des Mahnverfahrens, so erfolgt volle Anrechnung, ist er geringer, so sind nur die Gebühren anzurechnen, die im Mahnverfahren entstanden wären, wenn dieses sich auf den Teil des Gegenstands, der in den Rechtsstreit überführt worden ist, beschränkt hätte.

---

14 OLG Koblenz JurBüro 1989, 798.
15 OLG Karlsruhe Rpfleger 1996, 421; *Gerold/Schmidt/Müller-Rabe* VV 3305–3308 Rn. 21.
16 OLG Hamburg MDR 1992, 1091; *Hartmann* § 17 Rn. 4.

Bürgerliche Rechtsstreitigkeiten, Verfahren **VV Teil 3 Abschnitt 3**

Beispiel: Gegen einen Mahnbescheid über 5000 Euro wird wegen des ganzen Anspruchs Widerspruch eingelegt, der Termin aber nur wegen eines Teils von 1000 Euro beantragt, da der Antragsgegner 4000 Euro bezahlt hat. Von der Mahnverfahrensgebühr des Rechtsanwalts des Antragstellers zu 301 Euro (= eine volle Gebühr aus 5000 Euro) wird nur ein Betrag von 85 Euro (= 1,0-Gebühr aus 1000 Euro) angerechnet, so dass der Rechtsanwalt des Klägers im Rechtsstreit nur eine Verfahrensgebühr von 25,50 Euro (= 1,3-Gebühr aus 1000 Euro: 110,50 Euro – 85 Euro) erhält; von der Widerspruchsgebühr des Rechtsanwalts des Schuldners zu 150,50 Euro (= 0,5-Gebühr aus 5000 Euro) wird nur ein Betrag von 42,50 Euro (= 0,5-Gebühr aus 1000 Euro) auf die Verfahrensgebühr von 110,50 Euro angerechnet, so dass dieser Rechtsanwalt noch eine Verfahrensgebühr von 68 Euro erhält. Wird der Rechtsanwalt, der den Mahnbescheid erwirkt hat, oder der Rechtsanwalt, der den Widerspruch erhoben hat, im nachfolgenden Rechtsstreit als Verkehrsanwalt tätig (zB wegen Verweisung an ein anderes Gericht), so erfolgt die gleiche Anrechnung auf die Verkehrsgebühr (Nr. 3400).[17] Das Gleiche gilt für die bei der Wahrnehmung eines Beweistermins entstehende halbe Verfahrensgebühr Nr. 3401.[18]

VI. Kostenerstattung

1. Allgemeines. Die Kosten eines Rechtsanwalts sind auch im Mahnverfahren 23 nach § 91 Abs. 2 S. 1 ZPO stets zu erstatten.[19] Kommt es im Anschluss an das Mahnverfahren zum streitigen Verfahren, so gelten die Kosten des Mahnverfahrens als Teil der Kosten des Rechtsstreits (§ 696 Abs. 1 S. 5 ZPO), auch wenn der Rechtsstreit nach § 696 Abs. 5 ZPO an ein anderes Gericht verwiesen wird. Durch die Anrechnung der Verfahrensgebühr Nr. 3305 auf die Verfahrensgebühr für einen nachfolgenden Rechtsstreit führt ein Anwaltswechsel zwischen Mahnverfahren und streitigem Verfahren zu einer Kostenerhöhung auf Seiten des Antragstellers (Klägers). Das Gleiche galt nach § 43 Abs. 1 Nr. 1, Abs. 2 BRAGO. Wurde der Mahnbescheid von einem Rechtsanwalt beantragt, der bei dem Landgericht nicht zugelassen war, an das der Rechtsstreit abgegeben wurde, so musste bis zum 31.12.1999 für das streitige Verfahren ein anderer, bei dem zuständigen Landgericht zugelassener Rechtsanwalt beauftragt werden. Daraus ergab sich die Frage, ob die durch den Anwaltswechsel verursachten Mehrkosten von dem unterlegenen Gegner nach § 91 ZPO zu erstatten waren, oder ob der Antragsteller (Kläger) kostenrechtlich gehalten war, schon im Mahnverfahren einen Rechtsanwalt zu beauftragen, der bei dem für das streitige Verfahren zuständigen Landgericht zugelassen war. Mit der am 1.1.2000 in Kraft getretenen Änderung des § 78 ZPO, nach der vor dem Landgericht alle bei einem deutschen Amts- oder Landgericht zugelassenen Rechtsanwälte postulationsfähig sind, stellt sich das Problem nicht mehr in der bisherigen Form. Da der mit dem Mahnverfahren beauftragte Rechtsanwalt rechtlich die Partei immer auch im streitigen Verfahren vertreten kann, stellt sich nun die Frage, ob der Antragsteller (Kläger), der für das Mahnverfahren einen nicht am späteren Prozessgericht ansässigen Rechtsanwalt beauftragt, Erstattung der Mehrkosten verlangen kann, die sich aus den Reisekosten (Nr. 7003 bis 7006) des nun als Prozessbevollmächtigten tätigen früheren Mahnanwaltes bei der Wahrnehmung von Gerichtsterminen im streitigen Verfahren, aus der Beauftragung eines Unterbevollmächtigten für die Gerichtstermine (Nr. 3401 und 3402) oder aus der Bestellung eines neuen Prozessbevollmächtigten und der Tätigkeit des früheren Mahnanwaltes als Korrespondenzanwalt (Nr. 3400) ergeben.

---

[17] *Gerold/Schmidt/Müller-Rabe* VV 3305–3308 Rn. 69.
[18] OLG Oldenburg OLGZ 40, 462.
[19] *MünchKommZPO/Belz* § 91 Rn. 24; *Stein/Jonas/Bork* § 91 ZPO Rn. 58; *Gerold/Schmidt/von Eicken/Müller-Rabe* VV 3305–3308 Rn. 86; aA OLG Nürnberg Rpfleger 1998, 39.

VV Teil 3 Abschnitt 3

24 **2. Erstattung der Mehrkosten für einen gerichtsfernen Anwalt.** Nach der Gesetzesänderung zur Postulationsfähigkeit wurde von einem Teil der Rechtsprechung die Auffassung vertreten, dass eine vor einem auswärtigen Gericht prozessierende Partei aus kostenrechtlicher Sicht grundsätzlich gehalten sei, einen Anwalt in Gerichtsnähe zu beauftragen.[20] Aus dieser Auffassung folgt, dass Mehrkosten, die sich aus der Bestellung eines fern vom Gerichtsort ansässigen Prozessbevollmächtigten ergeben, nur in Höhe fiktiver Kosten für ersparte Informationsreisen der Partei zu erstatten sind. Das Gleiche muss dann auch für die Mehrkosten gelten, die sich aus der Bestellung eines nicht am zuständigen Streitgericht ansässigen Mahnanwaltes ergeben, sofern mit einem Widerspruch zu rechnen war. Diese Auffassung hat sich jedoch nicht durchgesetzt. Auszugehen ist von der Regel in § 91 Abs. 2 S. 1 ZPO, wonach die Reisekosten eines auswärtigen Rechtsanwaltes zu erstatten sind, wenn seine Zuziehung zur zweckentsprechenden Rechtsverfolgung oder Rechtsverteidigung notwendig war. Für eine nicht rechtskundige Partei ist es meist in diesem Sinne notwendig, zur Beratung und Information einmal oder mehrmals mit dem bestellten Rechtsanwalt ein persönliches Gespräch zu führen. Diesem Zweck entspricht es, hierzu einen Rechtsanwalt aufzusuchen, der in der Nähe des Wohn- oder Geschäftsortes der Partei ansässig ist. Die Berücksichtigung dieses Interesses steht auch in Einklang mit der Absicht des Gesetzgebers bei der Erweiterung der Postulationsfähigkeit, den Parteien die Möglichkeit zu geben, sich auch vor auswärtigen Zivilgerichten von einem Rechtsanwalt ihres Vertrauens vertreten zu lassen.[21] Auf diesen Erwägungen beruht die Rechtsprechung des BGH, die Zuziehung eines am Wohn- oder Geschäftsort der auswärtigen Partei ansässigen Rechtsanwalts regelmäßig als zur zweckentsprechenden Rechtsverfolgung oder Rechtsverteidigung notwendig im Sinne von § 91 Abs. 2 S. 1 Hs. 2 ZPO anzusehen.[22] Eine Ausnahme von diesem Grundsatz kommt in Betracht, wenn schon im Zeitpunkt der Beauftragung des Rechtsanwalts feststeht, dass ein eingehendes Mandantengespräch nicht erforderlich sein wird.[23] Eine solche Ausnahme wurde angenommen bei einem Unternehmen mit eigener Rechtsabteilung,[24] bei einem Leasingunternehmen,[25] bei einem Wettbewerbsverband,[26] bei einem Routinefall einer Bank[27] oder einer geschäftsgewandten und gerichtserfahrenen Partei,[28] bei einem rechtlich und tatsächlich einfachen Fall eines Versicherers mit eigener Rechtsabteilung.[29] Der BGH hat die Zuziehung eines Rechtsanwaltes am Geschäftsort der Partei als notwendig anerkannt bei einer Bank mit Rechtsabteilung in einem Fall, der kein Routinegeschäft war[30] und bei einem Haftpflichtversicherer, der keine Rechtsabteilung unterhält.[31] Die Kosten eines Unterbevollmächtigten (Nr. 3401, 3402) für

---

[20] OLG Hamburg NJW-RR 2001, 788; MDR 2002, 1152; OLG Koblenz AnwBl. 2003, 184; OLG Nürnberg MDR 2001, 235; OLG Zweibrücken NJW-RR 2001, 1001; OLG Karlsruhe MDR 2001, 293; OLG Hamm MDR 2001, 959; JurBüro 2002, 201; OLG München MDR 2001, 241; OLG Brandenburg MDR 2001, 1135.
[21] BT-Drucks. 12/4993 S. 43.
[22] BGH NJW 2003, 898; AnwBl. 2003, 311; NJW-RR 2004, 430.
[23] BGH aaO.
[24] OLG Karlsruhe MDR 2004, 54; OLG Köln JurBüro 2002, 425.
[25] OLG München JurBüro 2003, 478.
[26] OLG Frankfurt JurBüro 2003, 479.
[27] OLG Stuttgart Justiz 2003, 153; OLG Dresden AnwBl. 2003, 311.
[28] SchlH OLG MDR 2001, 537.
[29] OLG Koblenz JurBüro 2003, 258; NJW-RR 2004, 431.
[30] AnwBl. 2003, 311.
[31] NJW-RR 2004, 430.

die Wahrnehmung von Terminen beim Prozessgericht sind zu erstatten, soweit durch dessen Bestellung andernfalls erstattbare Reise- und Terminskosten des auswärtigen Prozessbevollmächtigten erspart werden oder die ersparten Kosten nur unwesentlich (bis zu 10 %) hinter den Kosten für den Unterbevollmächtigten zurückbleiben.[32] Die Bestellung eines am Wohn- oder Geschäftsort des Antragstellers ansässigen Rechtsanwaltes zur Beantragung eines Mahnbescheides ist ebenso zu beurteilen wie die Bestellung des Prozessbevollmächtigten. Die Mehrkosten, die sich im nachfolgenden Rechtsstreit daraus ergeben, dass der als Prozessbevollmächtigter tätige frühere Mahnanwalt nicht in der Nähe des Gerichtsorts ansässig ist, sind unter den Voraussetzungen zu erstatten, in denen die Mehrkosten eines auswärtigen Prozessbevollmächtigten zu erstatten sind.[33] Darüber hinaus sind die Mehrkosten dann zu erstatten, wenn der Antragsteller (Kläger) mit einem Widerspruch nicht zu rechnen brauchte,[34] wobei Ungewissheit zu seinen Lasten geht und er auch die Darlegungs- und Beweislast für die Umstände trägt, die die Erwartung rechtfertigen, es werde zu keinem streitigen Verfahren kommen. Die Erstattung der Mehrkosten für die Beauftragung eines gerichtsfernen Anwalts kommt jedoch dann nicht in Betracht, wenn die Partei ihren Wohn- oder Geschäftssitz im Bezirk des Prozessgerichts hat.[35]

C. Zwangsvollstreckung und ähnliche Verfahren (Unterabschnitt 3)

I. Grundsätze

1. Allgemeines. Unterabschnitt 3 regelt die Vergütung des Rechtsanwaltes für Tätigkeiten in der Zwangsvollstreckung, in der Vollziehung einer im Wege des einstweiligen Rechtsschutzes ergangenen Entscheidung, im Verfahren nach § 33 FGG (Vorbem. 3.3.3), im Verwaltungszwangsverfahren (Vorbem. 2.4 Abs. 1) und im gerichtlichen Verfahren über einen Akt des Verwaltungszwanges. 25

2. Zwangsvollstreckung. Die Gebührenregelung Nr. 3309 und 3310 entspricht § 57 Abs. 1 BRAGO. Sie gilt für die Zwangsvollstreckung mit Ausnahme des Verteilungsverfahrens nach §§ 872 bis 877, 882 ZPO (Unterabschnitt 6 Nr. 3333), der Zwangsversteigerung und Zwangsverwaltung (Unterabschnitt 4) und des Insolvenzverfahrens (Unterabschnitt 5). Unterabschnitt 3 gilt auch nicht für die Klageverfahren in der Zwangsvollstreckung, die kostenrechtlich als normale Zivilprozesse anzusehen sind (Vorbem. 3 Rn. 2). Die Zwangsvollstreckung ist gegenüber dem gerichtlichen Verfahren, in dem der Vollstreckungstitel erlangt wurde, gebührenrechtlich selbständig und kann ihrerseits wieder mehrere Angelegenheiten bilden (§ 18 Nr. 3). Die Gebühren des Unterabschnitts 3 stehen dem Rechtsanwalt ohne Rücksicht darauf zu, ob er von der Partei ausschließlich mit der Zwangsvollstreckung beauftragt ist oder ob er diese Tätigkeit in Verbindung mit der ihm übertragenen Vertretung im Prozess leistet. 26

---

[32] BGH NJW 2003, 898; NJW-RR 2004, 430; OLG Jena MDR 2002, 723; SchlHOLG MDR 2001, 537; OLG Düsseldorf NJW-RR 2001, 998; JurBüro 2002, 151; OLG Koblenz JurBüro 2003, 479; OLG Hamm MDR 2001, 959; OLG Köln JurBüro 2002, 425; OLG München JurBüro 2002, 428.

[33] OLG Hamm JurBüro 2001, 484; OLG Stuttgart MDR 2002, 176; OLG Düsseldorf AnwBl. 2001, 306; OLG Koblenz NJW-RR 2004, 431.

[34] OLG München MDR 2002, 1032; MDR 2003, 1092.

[35] BGH AnwBl. 2003, 205.

VV Teil 3 Abschnitt 3 *Vergütungsverzeichnis*

Sie stehen nicht nur dem Rechtsanwalt zu, der mit der Vollstreckung im Ganzen beauftragt ist, sondern auch einem Rechtsanwalt, der nur für einzelne Vollstreckungshandlungen beauftragt ist, soweit er den Gebührentatbestand erfüllt.

27 **3. Vollziehung einer im Wege des einstweiligen Rechtsschutzes ergangenen Entscheidung.** Darunter fällt die Vollziehung eines Arrestbefehles und einer einstweiligen Verfügung, bisher geregelt in § 59 BRAGO, und einer einstweiligen Anordnung nach § 123 VwGO oder § 114 FGO, bisher geregelt in § 114 Abs. 6 S. 2 BRAGO. Das Verfahren des einstweiligen Rechtsschutzes und die Vollziehung der in diesem Verfahren ergangenen Entscheidung sind gesonderte Angelegenheiten (§ 18 Nr. 4). Während im Verfahren des einstweiligen Rechtsschutzes der Rechtsanwalt die Gebühren des 1. Abschnitts verdient, regelt Abschnitt 3 Unterabschnitt 3 die Gebühren für den Vollzug der Entscheidung. Die Vollziehung eines Arrestes oder einer einstweiligen Verfügung endet mit dem Beginn der Zwangsvollstreckung aus dem im Prozess der Hauptsache (Urteil oder Vergleich) erwirkten Titel. Das war in § 59 Abs. 2 BRAGO ausdrücklich bestimmt, ergibt sich jedoch auch ohne ausdrückliche Bestimmung aus dem Umstand, dass die Verwertung eines durch die Arrestvollziehung erworbenen Rechtes aufgrund eines in der Hauptsache ergangenen Urteils keine Fortsetzung des Arrestvollzuges ist, sondern der Beginn der Zwangsvollstreckung aus dem Urteil. Es handelt sich daher um eine neue Zwangsvollstreckungsangelegenheit.

28 **4. Verfahren nach § 33 FGG.** Unterabschnitt 3 regelt auch die Vergütung des Rechtsanwalts in Verfahren nach § 33 FGG. Diese betreffen die Festsetzung von Zwangsgeld, die Anordnung von Zwangshaft und die Anwendung von Gewalt zur Erzwingung einer unvertretbaren Handlung, einer Unterlassung oder einer Duldung. Diese Tätigkeit wurde bisher weder unmittelbar, noch mittelbar nach § 57 BRAGO vergütet, sondern nach § 118 BRAGO. Nunmehr ist das Verfahren nach § 33 FGG gebührenrechtlich dem der Zwangsvollstreckung gleichgestellt. Diese Gleichstellung ist auch berechtigt, da das Verfahren nach § 33 FGG weitgehend der Zwangsvollstreckung nach §§ 888, 890, 892 ZPO entspricht. Das Verfahren nach § 33 FGG ist gegenüber dem zugrunde liegenden Verfahren der freiwilligen Gerichtsbarkeit gebührenrechtlich selbständig; jede Maßnahme ist eine besondere Angelegenheit (§ 18 Nr. 3). Obwohl das Verfahren nach § 33 FGG im strengen Wortsinn keine Zwangsvollstreckung ist, gilt für den Gegenstandswert (vgl. § 25 Rn. 3) § 25 Nr. 3. Betrifft der Antrag nichtvermögensrechtliche Angelegenheiten, so ist der Wert nach § 30 Abs. 2 und Abs. 3 KostO oder nach § 48 Abs. 2 und Abs. 3 GKG zu bestimmen.

29 **5. Verwaltungszwangsverfahren.** Das Verwaltungszwangsverfahren war bisher in § 119 Abs. 2 BRAGO eigenständig geregelt; jedoch entsprach die Regelung inhaltlich weitgehend der Regelung für die Zwangsvollstreckung in § 57 Abs. 1 BRAGO. Durch die Vorbem. 2.4 Abs. 1 ist das Verwaltungszwangsverfahren nunmehr gebührenrechtlich der Zwangsvollstreckung gleichgestellt. Der Verwaltungszwang ist gegenüber dem Verwaltungsverfahren gebührenrechtlich selbständig und kann seinerseits wieder mehrere Angelegenheiten bilden (§ 18 Nr. 3).

30 **6. Gerichtliches Verfahren über einen Akt des Verwaltungszwanges.** Ein Akt des Verwaltungszwanges kann mit einer Klage gerichtlich angefochten werden. Obwohl es sich dabei um ein verwaltungsgerichtliches Klageverfahren handelt, entstehen nur die Gebühren Nr. 3309 und 3310 mit dem Gebührensatz von 0,3. Dies entspricht § 114 Abs. 7 BRAGO. Der Grund für den niedrigen Gebührensatz liegt darin, dass

Bürgerliche Rechtsstreitigkeiten, Verfahren **VV Teil 3 Abschnitt 3**

die Nachprüfung des Gerichts sich auf die Zulässigkeit der Zwangsmaßnahme beschränkt, während die Rechtmäßigkeit des zugrunde liegenden Verwaltungsaktes nicht geprüft wird.

II. Angelegenheiten des Unterabschnitts 3

1. Zwangsvollstreckung. a) Vorbereitende Tätigkeiten. Der Grundsatz des § 19 Abs. 1 Nr. 1, dass Vorbereitungshandlungen zur Gebührenangelegenheit gehören, soweit kein besonderes gerichtliches oder behördliches Verfahren stattfindet, gilt auch für die Zwangsvollstreckung. Deshalb kann die Verfahrensgebühr Nr. 3309 auch anwaltliche Tätigkeiten umfassen, die die Vollstreckung nur vorbereiten, wenn der Anwalt sie nach dem Auftrag zur Vollstreckung entfaltet hat. Die **Aufforderungsschreiben** mit Vollstreckungsandrohung gehören zur Vollstreckung; sie sind auch für den Verfahrensbevollmächtigten nicht mehr Teil der Instanz.[36] Etliche Oberlandesgerichte erkennen die Vollstreckungsgebühr dann nicht zu, wenn zu der Zeit, zu der der Anwalt das Aufforderungsschreiben absendet, noch nicht sämtliche formelle Voraussetzungen der Zwangsvollstreckung vorliegen oder ein zahlungsfähiger Schuldner zu erkennen gibt, dass er freiwillig zahlen werde.[37] Indes kann diese Frage nur für die Erstattbarkeit der Gebühr von Bedeutung sein (vgl. Rn. 54). Ähnliches wie für die Aufforderungsschreiben gilt für die **Anzeige der Vollstreckungsabsicht** nach § 882a ZPO (§ 19 Abs. 2 Nr. 3), den Antrag nach § 114 GemO NRW, die Vollstreckung zuzulassen,[38] den Antrag auf Anordnungen nach § 758a ZPO (§ 19 Abs. 2 Nr. 1), die **Aufforderung,** freiwillig einer **Veröffentlichungspflicht** nachzukommen, sowie für die private **Vorpfändung** (§ 845 ZPO). Auch die Anfrage beim Einwohnermeldeamt über die Anschrift des Schuldners gehört zur Vollstreckungsangelegenheit.[39] Die Bitte, von der Vollstreckung aus einem noch nicht rechtskräftigen Titel vorerst abzusehen, kann die Vollstreckungsgebühr begründen, wenn mit der Einleitung der Zwangsvollstreckung nach den Umständen alsbald zu rechnen ist.[40] Auch die Vereinbarung von Ratenzahlungen kann als Beginn der Zwangsvollstreckung anzusehen sein und damit die Vollstreckungsgebühr begründen.[41] Wegen der Einigungsgebühr vgl. Rn. 51. **31**

Die Erteilung des Notfristzeugnisses, des Rechtskraftzeugnisses (§ 19 Abs. 1 Nr. 9) und die erstmalige Erteilung der Vollstreckungsklausel (§ 19 Abs. 1 Nr. 12) gehören für den Prozessbevollmächtigten noch zur Instanz. Für den nur mit der Zwangsvollstreckung beauftragten Rechtsanwalt ist sie bereits der **Beginn der Zwangsvollstreckung** im gebührenrechtlichen Sinn, aber keine besondere Angelegenheit. Ähnliches gilt für die Zustellung des Urteils, auch eines solchen auf Abgabe einer Willenserklärung (§ 894 ZPO), das keiner weiteren Vollstreckung bedarf. Für den Prozessbevollmächtigten werden diese Handlungen durch die Verfahrensgebühr abgegol- **32**

---

[36] OLG Düsseldorf AnwBl. 1978, 112; OLG München MDR 1978, 151; OLG Bamberg JurBüro 1979, 1520; OLG Hamburg JurBüro 1984, 1842; LAG Düsseldorf JurBüro 1992, 467; *Gerold/Schmidt/Müller-Rabe* VV 3309 Rn. 36.
[37] OLG Hamburg JurBüro 1969, 426; OLG Köln JurBüro 1972, 1003; OLG Hamm MDR 1972, 336.
[38] OLG Düsseldorf JurBüro 1986, 730; aA – zu § 64 LKO RhPf – OLG Koblenz JurBüro 1990, 998.
[39] BGH MDR 2004, 776.
[40] OLG Hamm NJW-RR 1996, 763.
[41] Vgl. einerseits OLG Köln NJW 1976, 975; andererseits OLG Bremen JurBüro 1986, 1203.

Keller 593

ten, begründen aber für den Rechtsanwalt, dessen Auftrag sich auf diese Handlungen beschränkt, die Gebühren Nr. 3309.

33   **b) Zur Zwangsvollstreckung gehörende Tätigkeiten.** Hier sind zu nennen: Das Ausüben einer Veröffentlichungsbefugnis (§ 18 Nr. 20), die Eintragung einer Zwangshypothek und deren Löschung (§§ 867, 870a ZPO – vgl. Vorbem. 3.3.3 bzw. – als Aufhebung – § 19 Abs. 2 Nr. 5), die Eintragung der Pfändung einer Hypothek (§ 830 ZPO), Schiffshypothek (§ 830a ZPO), Reallast, Grund- oder Rentenschuld (§ 857 Abs. 6 ZPO), die Eintragung der Pfändung des Anteils eines Miterben am Nachlass als Verfügungsbeschränkung (§ 859 Abs. 2 ZPO). Über ähnliche Fälle bei Vollziehung einer einstweiligen Verfügung vgl. Rn. 42.

34   **c) Nicht zur Zwangsvollstreckung gehörende Tätigkeiten.** Wird aufgrund der vollstreckbaren Ausfertigung eines rechtskräftigen Urteils auf Eintragungsbewilligung eine Eintragung in das Grundbuch oder in ein anderes Register beantragt, so handelt es sich nicht um eine Zwangsvollstreckung, sondern um eine Angelegenheit der freiwilligen Gerichtsbarkeit,[42] wofür die Gebühr Nr. 3101 Anm. Nr. 3 entsteht.

35   Ist durch ein vorläufig vollstreckbares Urteil der Schuldner zur Abgabe einer Willenserklärung verurteilt, aufgrund deren eine Eintragung in das Grundbuch oder dergleichen erfolgen soll, so gilt die **Eintragung einer Vormerkung oder eines Widerspruchs** als bewilligt (§ 895 S. 1 ZPO). Hier gilt das oben Gesagte. Wird das Urteil aufgehoben und sodann die Löschung der Vormerkung oder des Widerspruchs beantragt, so handelt es sich ebenfalls um eine Angelegenheit der freiwilligen Gerichtsbarkeit, nämlich um die Berichtigung des Grundbuchs durch Löschung des außerhalb des Grundbuchs bereits erloschenen Rechts (vgl. § 895 S. 2 ZPO, § 25 S. 2 GBO).[43] Entsprechendes gilt, wenn nach Erlass einer einstweiligen Verfügung mit Erwerbsverbot der Rechtsanwalt das Grundbuchamt von diesem Erwerbsverbot verständigt.[44] Auch der Antrag auf Löschung eines Warenzeichens oder Gebrauchsmusters nach entsprechender Verurteilung löst keine Vollstreckungsgebühr aus.[45]

36   Die **Hinterlegung einer Sicherheit** zur Herbeiführung der Vollstreckbarkeit eines Urteils oder zur Abwendung der Zwangsvollstreckung gehört zum Rechtszug.[46] Danach wird eine darauf gerichtete Tätigkeit des Prozessbevollmächtigten durch die Verfahrensgebühr des Rechtsstreits, eines nur mit der Zwangsvollstreckung beauftragten Rechtsanwalts durch die Vollstreckungsgebühr (Nr. 3309) abgegolten. Das Gleiche gilt für die Übergabe einer Bankbürgschaft, wenn dem Gläubiger oder Schuldner gestattet ist, auf diese Weise Sicherheit zu leisten.[47] Dagegen ist die Beschaffung einer Bankbürgschaft durch Verhandlung mit der Bank eine eigene Angelegenheit, für die eine Geschäftsgebühr Nr. 2400 entsteht.[48] Die Erwirkung der Berichtigung der Insolvenztabelle nach § 183 Abs. 2 InsO ist keine Tätigkeit in der Zwangsvollstreckung,

---

[42] KG MDR 1971, 1020; OLG Köln JurBüro 1987, 763; *Gerold/Schmidt/Müller-Rabe* VV 3309 Rn. 240; *Hartmann* VV 3309, 3310 Rn. 25.
[43] OLG Düsseldorf JurBüro 1993, 675.
[44] OLG Stuttgart Rpfleger 1964, 130.
[45] *Gerold/Schmidt/Müller-Rabe* VV 3309 Rn. 259; *Hartmann* VV 3309, 3310 Rn. 23.
[46] OLG Stuttgart JurBüro 1982, 561; OLG Bamberg JurBüro 1985, 1502; OLG Bremen JurBüro 1987, 547; OLG Koblenz JurBüro 1990, 995; aA OLG Düsseldorf JurBüro 1984, 596; OLG Karlsruhe Rpfleger 1997, 232; *Gerold/Schmidt/Müller-Rabe* VV 3309 Rn. 304.
[47] Vgl. OLG Köln JurBüro 1993, 624.
[48] Vgl. KG MDR 1976, 767.

sondern eine Tätigkeit im Insolvenzverfahren, für die eine Verfahrensgebühr Nr. 3320 erwächst.[49]

Die **Aufforderung an den Drittschuldner** zur Zahlung nach erfolgter Überweisung der Forderung oder nach einer in einem Prozessvergleich erfolgten Abtretung gehört nicht zur Zwangsvollstreckung; auch hierfür erhält der Rechtsanwalt die Gebühr Nr. 2400, sofern er nicht bereits den Auftrag zur Erhebung der Klage hat und deswegen die Verfahrensgebühr Nr. 3101 erwächst.[50] 37

2. Vollziehung einer Entscheidung des einstweiligen Rechtsschutzes. a) Vollziehung eines Arrests. Der Begriff der Angelegenheit ist bei der Vollziehung eines Arrests derselbe wie im Zwangsvollstreckungsverfahren. Für die Gebühren gilt – entsprechend § 18 Nr. 3 – jede Vollzugsmaßnahme zusammen mit den weiteren Vollziehungshandlungen als eine Angelegenheit. So gehört zB die Anordnung der Versteigerung einer gepfändeten Sache (§ 930 Abs. 3 ZPO) zu der Pfändungsmaßnahme. Jedoch sind mehrere Vollzugshandlungen nur dann eine einzige Angelegenheit, wenn sie sich als Fortsetzung und Durchführung der zuerst eingeleiteten Vollzugsmaßnahme darstellen. Ungleichartige Maßnahmen sind stets gesonderte Angelegenheiten. Werden zB aufgrund des Arrestbefehls mehrere Pfändungsaufträge erteilt, weil etwa der erste fruchtlos war, so eröffnet der spätere Auftrag eine neue Angelegenheit; in jeder entstehen die Gebühren des Unterabschnitts 3 neu. Auch die in § 18 Nr. 6 bis 18 aufgeführten Maßnahmen (zB das Verfahren zur Abnahme der eidesstattlichen Versicherung) bilden besondere Vollziehungsangelegenheiten. Wird die vor Zustellung erfolgte Vollzugsmaßnahme wiederholt, weil die erste nach § 929 Abs. 3 S. 2 ZPO wirkungslos geblieben ist, so liegt keine neue Angelegenheit vor. Wenn erneut gepfändet wird, nachdem in der Beschwerdeinstanz die Erinnerungsentscheidung, die die erste Pfändung für unzulässig erklärt hat, aufgehoben worden ist, liegt ebenfalls keine neue Angelegenheit vor.[51] 38

Wird der Antrag auf Forderungspfändung mit dem Arrestgesuch **verbunden,** so ist anzunehmen, dass der Antrag auf Arrestvollzug nur bedingt, nämlich für den Fall des Erlasses des Arrests, gestellt sein soll. Wird das Arrestgesuch abgelehnt, so kann die Vollziehungsgebühr nicht verlangt werden;[52] dagegen kann sie gefordert werden, wenn der Arrest erlassen, aber die Pfändung abgelehnt wird. 39

Die Vollziehung **beginnt** schon mit der Zustellung des Arrestbefehls (der einstweiligen Verfügung) an den Schuldner. Die Zustellung rechnet aber gebührenrechtlich sowohl zum Anordnungsverfahren (§ 19 Abs. 1 Nr. 9) als auch zur Vollziehung;[53] im letzteren Fall ist sie aber keine besondere Vollzugsangelegenheit (§ 19 Abs. 1 Nr. 15). 40

b) Vollziehung einer einstweiligen Verfügung. Die Vollziehung einer einstweiligen Verfügung richtet sich nach deren Inhalt. Besteht sie in einem Verbot oder Gebot der in § 890 ZPO bezeichneten Art, so gilt sie mit der auf Betreiben des Gläubigers erfolgenden Zustellung als vollzogen.[54] Der Rechtsanwalt erhält also nur dann eine Vollzugsgebühr, wenn sich seine Tätigkeit auf die Zustellung beschränkt (§ 19 Abs. 1 41

---

[49] Gerold/Schmidt/Müller-Rabe VV 3313–3323 Rn. 94; aA Hartmann VV 3309, 3310 Rn. 28.
[50] Hartmann VV 3309, 3310 Rn. 17.
[51] AA Hartmann § 18 Rn. 25.
[52] OLG Düsseldorf Rpfleger 1984, 161; Gerold/Schmidt/von Eicken § 59 BRAGO Rn. 3; Hartmann § 59 BRAGO Rn. 6; aA Gerold/Schmidt/Müller-Rabe VV 3309 Rn. 157.
[53] SchlHOLG JurBüro 1984, 110; OLG Koblenz JurBüro 1984, 887; OLG Frankfurt JurBüro 2002, 140.
[54] Vgl. OLG München NJW-RR 1989, 180; OLG Celle OLGZ 92, 355.

VV Teil 3 Abschnitt 3 *Vergütungsverzeichnis*

Nr. 9 und Nr. 15) oder wenn er in einem anschließenden Verfahren gemäß § 18 Nr. 16 oder 17 tätig geworden ist.

42 Hat aufgrund der einstweiligen Verfügung eine **Eintragung in das Grundbuch** zu erfolgen (zB eine Vormerkung, ein Widerspruch oder eine Verfügungsbeschränkung), so ist sie mit dem Eingang beim Grundbuchamt vollzogen (vgl. Rn. 33). Für die Stellung des Eintragungsantrags erhält der Rechtsanwalt die Verfahrensgebühr Nr. 3309.[55] Ersucht aber das Gericht um die Eintragung (§ 941 ZPO), so entsteht dem Rechtsanwalt auch dann keine Vollzugsgebühr, wenn er dies angeregt hat.[56] Ist die aufgrund der einstweiligen Verfügung eingetragene Vormerkung oder der Widerspruch durch Aufhebung der einstweiligen Verfügung erloschen (§ 25 S. 1 GBO), so ist die Löschung eine Berichtigung des Grundbuchs, die außerhalb der Vollziehungsangelegenheit liegt und die Gebühr Nr. 3101 Anm. Nr. 3 begründet.[57]

43 Ebenso entsteht keine Vollzugsgebühr für Anträge auf **Eintragung in das Handelsregister**, zB bei einer Entziehung der Geschäftsführung und Vertretung.[58] Für den Antrag auf **Löschung** eines Gebrauchsmusters oder Warenzeichens **beim Patentamt** wird man das Gleiche annehmen müssen (vgl. Rn. 35).

44 **b) Das Ende der Angelegenheit.** Die Vollziehungsangelegenheit endet mit der Aufhebung der Entscheidung des einstweiligen Rechtsschutzes oder dem Beginn der Zwangsvollstreckung aus dem in der Hauptsache ergangenen Urteil (Rn. 27). Erfolgt die Aufhebung des Arrestes (der einstweiligen Verfügung) im Widerspruchsverfahren (§§ 924 ff. ZPO), wegen Nichterhebung der Klage (§ 926 ZPO) oder infolge veränderter Umstände (§ 927 ZPO), so gehört die Aufhebung prozessual und gebührenrechtlich zum Verfahren des einstweiligen Rechtsschutzes. Die Aufhebung kann aber auch im Lauf der gebührenrechtlichen Vollziehungsangelegenheit erfolgen, zB wenn die Lösungssumme hinterlegt ist oder wenn die Fortdauer einer Vollziehungsmaßnahme (zB Haft) besondere Aufwendung erfordert, die der Gläubiger nicht vorschießt (§ 934 ZPO). Auch in diesen Fällen endet die Gebührenangelegenheit. Der Antrag auf Aufhebung nach § 934 ZPO gehört zur Vollziehungsangelegenheit; hat also zB der Rechtsanwalt des Schuldners die Gebühr Nr. 3309 noch nicht verdient, so entsteht sie ihm durch diesen Antrag.[59] Damit wird dann auch die Benachrichtigung des Drittschuldners von der Aufhebung der Pfändung abgegolten. Beantragt der Rechtsanwalt des Arrestschuldners, diesem statt der Hinterlegung gemäß § 923 ZPO die Beibringung einer Bankbürgschaft zu gestatten, so erwächst ihm hierfür die Gebühr Nr. 3309.[60]

45 Liegt ein vollstreckbares Urteil (Vergleich) in der Hauptsache vor, so entfällt das Bedürfnis für eine Sicherung; es kann mit der zur Befriedigung führenden Zwangsvollstreckung begonnen werden oder mit der Verwertung der durch die Arrestvollziehung erworbenen Rechte. Wird aufgrund des Urteils beim Gerichtsvollzieher die Versteigerung der in Vollziehung des Arrests gepfändeten Sachen oder beim Vollstreckungsgericht die Überweisung der gepfändeten Forderung beantragt, so leiten diese Anträge eine neue Zwangsvollstreckungsangelegenheit ein (Rn. 27).

---

[55] OLG München JurBüro 1998, 358; OLG Köln JurBüro 1998, 639; aA OLG Köln JurBüro 1987, 763.
[56] OLG Bamberg JurBüro 1976, 637; OLG Frankfurt Rpfleger 1978, 269; *Gerold/Schmidt/von Eicken* § 59 BRAGO Rn. 5; aA *Schumann/Geißinger* § 59 BRAGO Rn. 9.
[57] OLG Düsseldorf JurBüro 1993, 674; *Gerold/Schmidt/Müller-Rabe* VV 3309 Rn. 218.
[58] *Gerold/Schmidt/Müller-Rabe* VV 3309 Rn. 219.
[59] Vgl. OLG Karlsruhe JurBüro 1997, 193.
[60] OLG Düsseldorf JurBüro 1972, 648.

Bürgerliche Rechtsstreitigkeiten, Verfahren VV Teil 3 Abschnitt 3

3. Verfahren nach § 33 FGG. § 33 FGG regelt Maßnahmen zur Durchsetzung 46
von Pflichten zur Vornahme einer persönlichen Handlung, einer Unterlassung oder
der Duldung einer Handlung. Als Mittel zur Durchsetzung dieser Pflichten kann
Zwangsgeld festgesetzt und unter bestimmten Voraussetzungen Zwangshaft oder der
Gebrauch von Gewalt angeordnet werden. Das Verfahren nach § 33 FGG ist gegenüber dem zugrunde liegenden Verfahren der freiwilligen Gerichtsbarkeit gebührenrechtlich selbständig (§ 18 Nr. 3). Das gilt auch gegenüber einem Vermittlungsverfahren nach § 52a FGG (§ 17 Nr. 8), jedoch wird die Verfahrensgebühr des Vermittlungsverfahrens auf die Verfahrensgebühr Nr. 3309 im anschließenden Verfahren nach § 33
FGG angerechnet (Nr. 3100 Abs. 3). Das Verfahren beginnt auch als Gebührenangelegenheit mit dem Antrag eines Beteiligten, eine Zwangsmaßnahme zu verhängen,
oder der Einleitung der Maßnahme von Amts wegen. Zu der Angelegenheit gehört
die Androhung der Maßnahme (§ 19 Abs. 2 Nr. 4), die Verhängung der Maßnahme,
die Beitreibung eines Zwangsgeldes (§ 19 Abs. 1) und die Aufhebung einer Maßnahme (§ 19 Abs. 2 Nr. 5). Jede Maßnahme bildet eine eigene Angelegenheit (§ 18 Nr. 3).
Wird also nach der Festsetzung eines Zwangsgeldes die Anordnung der Zwangshaft
oder des Gebrauchs von Gewalt beantragt, so verdient der Rechtsanwalt, der in diesem Verfahren tätig ist, erneut die Gebühr Nr. 3309, auch wenn er sie im Verfahren auf
Anordnung des Zwangsgeldes bereits verdient hat. Auch das Verfahren zur Abnahme
der eidesstattlichen Versicherung (§ 33 Abs. 2 S. 5 FGG) ist gebührenrechtlich eine
eigene Angelegenheit (§ 18 Nr. 18).

4. Verwaltungszwangsverfahren. Das Verwaltungszwangsverfahren (Verwaltungs- 47
vollstreckung) ist gegenüber dem zugrunde liegenden Verwaltungsverfahren eine
besondere Angelegenheit (§ 18 Nr. 3), für die die Gebühren des Unterabschnitts 3 entstehen (Vorbem. 2.4 Abs. 1). Zu derselben Gebührenangelegenheit gehört die Androhung, der Erlass und der Vollzug der Vollstreckungsmaßnahme. Jede neue Vollstreckungsmaßnahme ist auch gebührenrechtlich eine neue Angelegenheit.

5. Gerichtliches Verfahren über einen Akt des Verwaltungszwanges. Das ge- 48
richtliche Verfahren ist gegenüber dem Verwaltungszwangsverfahren eine besondere
Angelegenheit (§ 17 Nr. 1). Jedes gerichtliche Verfahren ist eine eigene Angelegenheit.

III. Die Gebühren

1. Art und Höhe. Für die Tätigkeit in der Zwangsvollstreckung oder den ihr 49
gleichgestellten Verfahren (Rn. 25) erhält der Rechtsanwalt, soweit er die Gebührentatbestände erfüllt, die Verfahrensgebühr Nr. 3309 und die Terminsgebühr Nr. 3310, jeweils mit einem Gebührensatz von 0,3. Die Verfahrensgebühr entsteht, sobald der
Rechtsanwalt nach Erhalt des Auftrages irgendeine Tätigkeit ausübt. Sie ermäßigt sich
nicht, auch wenn sich der Auftrag vorzeitig erledigt. Bei der Vertretung mehrerer Auftraggeber erhöht sie sich nach Nr. 1008 für jeden weiteren Auftraggeber um 0,3 bis
zum Höchstgebührensatz von 2,0 (Nr. 1008 Abs. 3). Die Terminsgebühr entsteht abweichend von Vorbem. 3 Abs. 3 nur für die Teilnahme an einem gerichtlichen Termin
oder einem Termin zur Abnahme der eidesstattlichen Versicherung. Dies gilt auch für
ein gerichtliches Verfahren über einen Akt des Verwaltungszwanges. Gerichtlicher Termin ist ein Termin vor dem Richter. Es genügt daher nicht die Teilnahme an einem
Räumungstermin des Gerichtsvollziehers. Durch die Teilnahme am Termin zur Abgabe
der eidesstattlichen Versicherung entsteht die Terminsgebühr, obwohl die eidesstattliche
Versicherung vom Gerichtsvollzieher abgenommen wird (§ 899 Abs. 1 ZPO).

VV Teil 3 Abschnitt 3

50 Die Gebühren entstehen sowohl für den Rechtsanwalt des **Gläubigers** als auch für den Rechtsanwalt des **Schuldners**. Auch der Rechtsanwalt eines **Dritten** kann eine Zwangsvollstreckungsgebühr verdienen, zB wenn er für den Drittschuldner die Erklärung nach § 840 ZPO abgibt oder wenn er nach Durchführung einer Widerspruchsklage (§ 771 ZPO) das obsiegende Urteil dem Gerichtsvollzieher vorlegt und die Freigabe beantragt. Wenn wegen der Vollstreckung gegen mehrere Gesamtschuldner gleichzeitig Vollstreckungsauftrag gegeben wird, liegen mehrere Angelegenheiten vor; denn die Zwangsvollstreckung richtet sich stets gegen jeden einzelnen Schuldner.[61] Das gilt auch für Vollstreckungsanträge nach §§ 887, 888, 890 ZPO.[62]

51 Wird im Zwangsvollstreckungsverfahren ein **Vergleich** geschlossen, so entsteht eine Einigungsgebühr mit dem Gebührensatz von 1,0 (Nr. 1000, 1003). Die Einigung der Parteien darüber, dass zur Abwendung der Zwangsvollstreckung aus einem vorläufig vollstreckbaren Urteil der Schuldner eine Sicherheit leistet, löst jedoch keine Einigungsgebühr aus, da es sich lediglich um einen Zwischenvergleich handelt, der den Streit über das materielle Rechtsverhältnis offen lässt.[63] Eine Ratenzahlungsvereinbarung mit dem Schuldner ließ unter der Geltung der BRAGO regelmäßig keine Vergleichsgebühr entstehen, weil es an einem Nachgeben auf Seiten des Schuldners fehlte.[64] Die Einigungsgebühr Nr. 1000 verlangt nicht mehr, wie § 23 BRAGO i.V.m. § 779 BGB ein gegenseitiges Nachgeben, sondern es genügt ein Vertrag, der den Streit oder die Ungewissheit der Parteien über ein Rechtsverhältnis beseitigt und sich nicht auf ein Anerkenntnis oder Verzicht beschränkt. Da hinsichtlich des Anspruchs selbst regelmäßig kein Streit mehr zwischen den Parteien besteht, die Ungewissheit aber, ob der Schuldner freiwillig leisten und ob die Zwangsvollstreckung des Gläubigers Erfolg haben werde, durch die Ratenzahlungsvereinbarung allein nicht beseitigt wird, lässt diese regelmäßig auch die Einigungsgebühr Nr. 1000 nicht entstehen (VV Teil 1 Rn. 4).

52 **2. Verfahrenspauschgebühren.** Die Gebühren sind Verfahrenspauschgebühren. Sie entgelten den Tätigkeitsinbegriff der Vollstreckungsmaßnahme oder Vollziehungsmaßnahme (§ 18 Nr. 3 und 4). Die nähere Abgrenzung der gebührenrechtlichen Vollstreckungsangelegenheiten ergibt sich aus § 19 Abs. 1 Nr. 9, 12 und § 15 Abs. 2 Nr. 1, 2, 3, 4 und 5. Danach rechnen gebührenrechtlich zu der Vollstreckungsangelegenheit auch einige Vorgänge, die prozessual nicht zu der Zwangsvollstreckung gehören, wenn der Auftrag an einen Rechtsanwalt erteilt ist, der in dem Prozess, in dem der Titel erwirkt worden ist, nicht der Prozessbevollmächtigte war. Hingegen sind jede neue Vollstreckungs- oder Vollziehungsmaßnahme sowie die in § 18 Nr. 6 bis 11 und 13 bis 18 genannten Verfahren jeweils besondere Angelegenheiten, die die Gebühren Nr. 3309 und 3310 jeweils neu entstehen lassen.

IV. Gegenstandswert

53 Der Gegenstandswert bestimmt sich nach § 25. Das gilt für die Zwangsvollstreckung, die Vollziehung einer Entscheidung des einstweiligen Rechtsschutzes, das Ver-

---

[61] OLG Düsseldorf JurBüro 1983, 1048; OLG Koblenz JurBüro 1986, 1838; OLG Hamm AnwBl. 1988, 357; OLG Köln Rpfleger 2001, 149; *Gerold/Schmidt/Müller-Rabe* VV 3309 Rn. 261; *Hartmann* VV 3309, 3310 Rn. 31; aA SchlHOLG JurBüro 1996, 89.
[62] OLG Düsseldorf, OLG Koblenz und OLG Hamm (Fn. 61).
[63] OLG Celle JVBl. 1967, 20.
[64] Vgl. OLG Zweibrücken JurBüro 1999, 80.

fahren nach § 33 FGG, das Verwaltungszwangsverfahren und das gerichtliche Verfahren über einen Akt des Verwaltungszwangs (§ 25 Rn. 2 und 3).

V. Kostenerstattung

Diese richtet sich nach § 788 ZPO. **Notwendige** Kosten der Zwangsvollstreckung sind zu erstatten. Die Einschaltung eines Rechtsanwaltes ist für alle Einzelakte einschließlich der Vorbereitung als notwendig anzusehen.[65] Unnötige oder vermeidbare Kosten sind nicht erstattbar.[66] Demnach muss der Vollstreckungsauftrag auf einen Teilbetrag beschränkt werden, wenn vollständige Befriedigung nicht zu erwarten ist. Auch bekanntermaßen aussichtslose Vollstreckungsversuche sind unnötige Kosten. Die Kosten neuer Vollstreckungsmaßnahmen sind nicht zu erstatten, wenn eine bereits eingeleitete Maßnahme zur Befriedigung führt.[67] Die Kosten einer **Zahlungsaufforderung** mit Vollstreckungsandrohung (vgl. Rn. 31) sind vom Schuldner zu erstatten, wenn die Aufforderung zur zweckentsprechenden Rechtsverfolgung notwendig war;[68] das wird regelmäßig nur der Fall sein, wenn die formellen Voraussetzungen der Zwangsvollstreckung vorliegen.[69] Ist das noch nicht rechtskräftige Urteil nur gegen Sicherheitsleistung vorläufig vollstreckbar, so muss, trotz § 720a ZPO, auch die Sicherheit geleistet sein.[70] Doch genügt es, wenn die formellen Voraussetzungen der Zwangsvollstreckung zugleich mit der Zustellung des Aufforderungsschreibens vollständig erfüllt werden.[71] Auch aus andern Gründen kann die Einleitung der Zwangsvollstreckung, auch die Zahlungsaufforderung mit Vollstreckungsandrohung, verfrüht sein.[72] Eine verfrühte Einleitung der Zwangsvollstreckung ist jedoch für die Kostenerstattung unschädlich, wenn die weitere Entwicklung ergibt, dass die Vollstreckungsmaßnahme zu einem späteren Zeitpunkt als notwendig anzuerkennen gewesen wäre.[73] Eine Unterlassungsaufforderung ist nur dann als notwendig anzusehen, wenn der Schuldner nach Verurteilung zur Unterlassung hiergegen verstoßen oder den Willen hierzu zu erkennen gegeben hat.[74] 54

Die notwendigen Kosten des Gläubigers in einem Verfahren nach §§ 765a, 811a, 811b, 813a, 850k, 851a und 851b ZPO sind vom Schuldner auch dann zu erstatten, wenn der Schuldner erfolgreich war, sofern das Vollstreckungsgericht keine abweichende Entscheidung nach § 788 Abs. 4 ZPO trifft. Das gilt auch für ein erfolgreiches Beschwerdeverfahren.[75] Für ein erfolgloses Beschwerdeverfahren gilt jedoch allein § 97 Abs. 1 ZPO. 55

Die Kosten einer **Vorpfändung** (§ 845 ZPO) sind nur zu erstatten, wenn fristgemäß die Pfändung erfolgt; anders nur, wenn der Schuldner aufgrund der Vorpfändung 56

---

65 OLG Bamberg JurBüro 1979, 1520; *Stein/Jonas/Münzberg* § 788 ZPO Rn. 10.
66 OLG München JurBüro 1970, 249; vgl. auch OLG Frankfurt Rpfleger 1981, 161.
67 LG Bonn JurBüro 1970, 858.
68 OLG Frankfurt NJW 1970, 59; OLG Hamburg JurBüro 1979, 1721.
69 OLG München JurBüro 1989, 1117; KG JurBüro 1987, 390; LAG Frankfurt JurBüro 1986, 1205; LAG Düsseldorf JurBüro 1996, 584; aA OLG Frankfurt JurBüro 1983, 870; KG JurBüro 1983, 242; *Gerold/Schmidt/Müller-Rabe* VV 3309 Rn. 376.
70 OLG Koblenz JurBüro 1989, 91; aA OLG Düsseldorf JurBüro 1988, 1415.
71 OLG Bamberg JurBüro 1979, 1520.
72 OLG Düsseldorf JurBüro 1991, 231; OLG Koblenz JurBüro 1995, 208.
73 KG MDR 1987, 595.
74 AA OLG Düsseldorf JurBüro 1998 m. abl. Anm. *Schroeder*.
75 OLG Köln NJW-RR 1995, 1163.

VV Teil 3 Abschnitt 3

leistet oder sonst besondere Gründe vorliegen.[76] Sonst kommt es auf die Notwendigkeit der Maßnahme an.[77]

57 Die Kosten eines **Stundungsvergleiches** sind keine Kosten der Zwangsvollstreckung.[78]

58 Musste zur Zwangsvollstreckung im Ausland ein **ausländischer Anwalt** zugezogen werden, so sind dessen Kosten erstattbar. Soweit seine Kosten die Gebühren nach dem RVG übersteigen, sind sie nachzuweisen. Die Kosten eines Prozessbevollmächtigten im Arbeitsgerichtsprozess gegen den Drittschuldner wegen gepfändeten Arbeitseinkommens sind als Kosten der Zwangsvollstreckung erstattbar.[79]

59 Die Kosten der Zwangsvollstreckung können nach § 788 Abs. 1 S. 2 ZPO zugleich mit dem zur Zwangsvollstreckung stehenden Anspruch beigetrieben werden. Das jeweilige Vollstreckungsorgan (Gerichtsvollzieher, Vollstreckungsgericht, Prozessgericht oder Grundbuchamt) berechnet die Kosten, prüft ihre Notwendigkeit und setzt sie an. Der Gläubiger kann aber auch die **Kostenfestsetzung** nach §§ 103 ff. ZPO beantragen. Zuständig ist nach § 788 Abs. 2 ZPO bei einer Vollstreckung nach §§ 887, 888 und 890 ZPO das Prozessgericht des ersten Rechtszuges, sonst das Vollstreckungsgericht.

D. Zwangsversteigerung und Zwangsverwaltung (Unterabschnitt 4)

I. Grundlagen

60 **1. Allgemeines.** Unterabschnitt 4 regelt die Gebühren für die Tätigkeit des Rechtsanwalts in Verfahren der Zwangsversteigerung und der Zwangsverwaltung. Die Vorschriften des Unterabschnitts 4 sind an die Stelle von §§ 68 Abs. 1 und 2, 69 Abs. 1 BRAGO getreten. Nr. 3311 Anm. Nr. 1 entspricht § 68 Abs. 1 Nr. 1 BRAGO, ist jedoch nicht mehr auf die Vertretung eines Beteiligten beschränkt, sondern gilt für jede Tätigkeit im Zwangsversteigerungsverfahren bis zur Einleitung des Verteilungsverfahrens. Damit gilt die Vorschrift auch für die Vertretung eines Bieters, der nicht Beteiligter ist,[80] die bisher in § 68 Abs. 2 BRAGO geregelt war. Nr. 3311 Anm. Nr. 2 entspricht § 68 Abs. 1 Nr. 3 BRAGO; Nr. 4 und Nr. 5 entsprechen § 69 Abs. 1 Nr. 2 BRAGO. Der Gebührensatz ist von bisher 0,3, im Falle der Vertretung eines nicht beteiligten Bieters von bisher 0,2, in allen Fällen auf 0,4 angehoben. Nr. 3311 Anm. Nr. 6 ist neu; die dort genannten Tätigkeiten begründeten bisher eine Gebühr nach § 57 BRAGO oder wurden mit der Gebühr nach § 68 Abs. 1 Nr. 1 mit abgegolten; nunmehr entsteht hierfür eine gesonderte Verfahrensgebühr Nr. 3311. Die Terminsgebühr Nr. 3312 entspricht im Gebührentatbestand und im Gebührensatz von 0,4 § 68 Abs. 1 Nr. 2 BRAGO.

---

[76] Vgl. *Gerold/Schmidt/Müller-Rabe* VV 3309 Rn. 370.

[77] OLG München NJW 1973, 2070.

[78] *Stein/Jonas/Münzberg* § 788 ZPO Rn. 13a; *Raacke* NJW 1972, 1868; OLG Frankfurt MDR 1973, 860; OLG Köln JurBüro 1979, 1642; LG Bochum JurBüro 1982, 398; LG Stuttgart JurBüro 2000, 158; LG Nürnberg AnwBl. 2001, 312; LG Münster JurBüro 2002, 664; aA OLG Zweibrücken Rpfleger 1992, 408; LG Köln JurBüro 1983, 1038; LG Landau JurBüro 1987, 699; *Baumbach/Lauterbach/Albers/Hartmann* § 788 ZPO Rn. 46.

[79] OLG Koblenz Rpfleger 1987, 385; OLG Düsseldorf MDR 1990, 730; KG MDR 1989, 745; LAG Rheinl.-Pfalz AnwBl. 1988, 299; aA OLG München MDR 1990, 931; LAG Frankfurt AnwBl. 1979, 28; LAG Hamm MDR 1979, 347.

[80] BT-Drucks. 15/1971 S. 216.

Bürgerliche Rechtsstreitigkeiten, Verfahren   **VV Teil 3 Abschnitt 3**

2. Anwendungsbereich. Die Gebührenregelung des Unterabschnitts 4 gilt für 61
die Zwangsversteigerung und Zwangsverwaltung nach dem ZVG (s. hierzu § 26
Rn. 2 und 3 sowie § 27 Rn. 3). Zu den möglichen Gegenständen der Zwangsversteigerung s. § 26 Rn. 4, zu den Gegenständen einer Zwangsverwaltung s. § 27 Rn. 2.

3. Die Gebühren. Die Gebühren entstehen „für die Tätigkeit" in bestimmten Ver- 62
fahrensabschnitten (Nr. 3311 Anm. Nr. 1, 2 und 6), „für die Wahrnehmung eines Versteigerungstermins" (Nr. 3312) und „für die Vertretung" des Antragstellers oder eines
sonstigen Beteiligten im Zwangsverwaltungsverfahren oder einem Verfahrensabschnitt (Nr. 3311 Anm. Nr. 3, 4 und 5). Nicht erforderlich ist dabei, dass der
Rechtsanwalt nach Art eines Prozessbevollmächtigten mit der Vertretung für das
ganze Verfahren oder einen ganzen Verfahrensabschnitt beauftragt ist. Es genügt die
Beauftragung mit einer einzelnen Verfahrenshandlung, wie der Beantragung der
Zwangsversteigerung oder der Wahrnehmung eines Versteigerungstermins. Beschränkt sich die Tätigkeit auf Vorbereitungs- oder Nebengeschäfte anlässlich des Verfahrens, zB ein Schreiben für einen Beteiligten an einen anderen, so entsteht keine
Gebühr Nr. 3311, sondern eine Gebühr Nr. 3404. Der Antrag auf Bewilligung der
Prozesskostenhilfe ist aber bereits Tätigkeit in dem betreffenden Verfahren und löst
die entsprechende Gebühr Nr. 3311 aus. Die Gebühr Nr. 3335 entsteht dadurch nicht;
denn es wäre widersprüchlich, für den Prozesskostenhilfeantrag eine Verfahrensgebühr zu gewähren, deren Gebührensatz das 2,5fache der Gebühr für das gesamte
Verfahren beträgt, für das die Prozesskostenhilfe beantragt wird.

II. Dieselbe Angelegenheit

1. Allgemeines. Bei einer Zwangsversteigerung oder Zwangsverwaltung können 63
auf Gläubigerseite wie in bestimmten Fällen auf Schuldnerseite mehrere Personen stehen. Dass sich in diesen Verfahren schließlich auch eine Vielzahl von nicht betreibenden Berechtigten beteiligt, ist die Regel. Während bei mehreren Schuldnern nur dann
ein gemeinsames Verfahren möglich ist, wenn sie in Rechtsgemeinschaft stehen (§ 18
Alt. 3 ZVG), ist dies für mehrere Gläubiger oder andere Berechtigte nicht erforderlich
und auch nicht die Regel. Nach § 15 Abs. 2 kann der Rechtsanwalt in derselben Angelegenheit die Gebühren nur einmal fordern, bei der Vertretung mehrerer Personen die
nach Nr. 1008 erhöhten Gebühren.

2. Ein Auftraggeber. Umfasst der Auftrag eines Auftraggebers **mehrere Gegen-** 64
stände, so liegt, auch wenn diese verschiedenartig sind und innerlich nicht zusammengehören (vgl. die Fälle sog. Doppelvertretung, § 26 Rn. 21 bis 25), dieselbe
Angelegenheit vor. Die Einheitlichkeit des Verfahrens und der einheitliche Geschäftsbesorgungsvertrag bewirken hier, dass nur eine einzige Angelegenheit vorliegt; denn
ein Auftraggeber schließt in demselben Verfahren, auch wenn mehrere Geschäfte zu
besorgen sind, nicht eine Mehrzahl von Geschäftsbesorgungsverträgen ab, sondern
nur einen, der entweder von vornherein mehrere Gegenstände umfasst oder nachträglich entsprechend erweitert wird.

Dieselbe Angelegenheit liegt auch noch vor, wenn sich das gemeinsame Verfahren 65
gegen **mehrere Schuldner** richtet; zB ein Gläubiger vollstreckt gegen gesamtschuldnerisch haftende Eheleute, die Miteigentümer zu je $1/2$ sind.[81] Der bei der Zwangsvollstreckung wegen Geldforderungen in das bewegliche Vermögen geltende ge-

---

[81] LG Münster Rpfleger 1980, 401.

genteilige Grundsatz, dass die Vollstreckung gegen jeden einzelnen Schuldner eine besondere Angelegenheit ist, beruht darauf, dass die Zwangsvollstreckung dort nicht von vornherein auf ein bestimmtes Objekt gerichtet ist.

66 **3. Mehrere Auftraggeber.** Vertritt der Rechtsanwalt mehrere Auftraggeber, die als Gläubiger oder Berechtigte in **Rechtsgemeinschaft** stehen oder als **Gesamtschuldner** in Anspruch genommen werden, so liegt nur eine einzige Angelegenheit vor. Dies folgt daraus, dass außer der Einheit des Verfahrens auch der Gegenstand der anwaltlichen Tätigkeit derselbe ist.

67 Haben die Aufträge mehrerer Auftraggeber **unterschiedliche** Rechte oder Ansprüche zum Gegenstand, so ist streitig, ob nur eine einzige Angelegenheit gegeben ist oder ob mehrere Angelegenheiten anzunehmen sind. Während *Gerold/Schmidt/Madert*[82] und *Mümmler*[83] der Ansicht sind, dass auch hier **stets** dieselbe Angelegenheit gegeben sei, sind *Schumann/Geißinger*[84] gegenteiliger Auffassung. Die Frage wird jedoch nicht für alle Fälle gleich beantwortet werden können, da die Einheitlichkeit des Verfahrens allein nicht entscheidend ist. Die Einheit der Angelegenheit verlangt darüber hinaus noch einen aus den Inhalten der Aufträge sich ergebenden **inneren Zusammenhang** der anwaltlichen Tätigkeit (§ 15 Rn. 18). Es wird daher im Einzelfall zu fragen sein, ob die verschiedenen Aufträge eine im Wesentlichen gleich gerichtete Interessenvertretung bedingen. Meist wird dies wohl anzunehmen sein, so dass von einer einzigen Angelegenheit auszugehen ist. Unterschiedliche Angelegenheiten können zB vorliegen, wenn der Anwalt mehrere Beteiligte bei der Verteilung des Erlöses oder des jährlichen Zwangsverwaltungsüberschusses vertritt.

68 Sind die Gegenstände verschieden, wird bei einer einzigen Angelegenheit die Gesamtvergütung aus der Summe der einzelnen Werte berechnet (§ 26 Rn. 25). Ist bei mehreren Auftraggebern der Gegenstand derselbe (vgl. Rn. 66) so erhöhen sich die Verfahrensgebühren Nr. 3311 (nicht die Terminsgebühr Nr. 3312) nach Nr. 1008 für jeden weiteren Auftraggeber um 0,3; d. h. bei zwei Auftraggebern beträgt der Gebührensatz 0,7, bei drei Auftraggebern 1,0 usw. bis zum Höchstsatz von 2,0.

69 Beantragt der Rechtsanwalt die gemeinsame Zwangsversteigerung oder Zwangsverwaltung **mehrerer Grundstücke** oder Grundstücksbruchteile (§ 18 ZVG), so ist **dieselbe** Angelegenheit anzunehmen, wenn das Vollstreckungsgericht einen gemeinsamen Anordnungsbeschluss erlässt.

70 **4. Besondere Angelegenheiten.** Besondere Angelegenheiten sind:
aa) ein Zwangsversteigerungsverfahren gegenüber einem Zwangsverwaltungsverfahren, auch bei Überleitung gemäß § 77 Abs. 2 ZVG (Rn. 92);
bb) jedes der in Nr. 3311 Anm. 1 bis 6 genannten Verfahren; das gilt insbesondere auch für die in Nr. 6 genannten Verfahren;
cc) das Wiederversteigerungsverfahren gegen den Ersteher (§ 133 ZVG);
dd) jedes Beschwerdeverfahren (§ 15 Abs. 2 S. 2);
ee) das Verfahren auf Eintragung einer Zwangshypothek (§ 18 Nr. 13; vgl. Rn. 33);
ff) eine Widerspruchsklage (§ 115 ZVG);
gg) die Einholung der vormundschaftsgerichtlichen Genehmigung zur Abgabe von Erklärungen nach § 91 Abs. 2 ZVG oder ein FGG-Verfahren zwecks Ersetzung der Zustimmung des Eigentümers nach § 7 Abs. 3 ErbbauVO;

---

[82] VV 3311, 3312 Rn. 43 ff.
[83] JurBüro 1972, 753.
[84] § 68 BRAGO Rn. 5 und 27.

Bürgerliche Rechtsstreitigkeiten, Verfahren **VV Teil 3 Abschnitt 3**

hh) das Aufgebotsverfahren nach §§ 138, 140 ZVG (vgl. Nr. 3324);
ii) die Mitwirkung bei der Errichtung einer Urkunde über Erklärungen nach § 91 Abs. 2 ZVG außerhalb des Verteilungstermins, ebenso die Verhandlungen, die hierzu führen;
jj) die Zwangsvollstreckung aus dem Zuschlagsbeschluss (§ 93 ZVG);
kk) die Zwangsvollstreckung gegen den Ersteher in dessen bewegliches Vermögen (§ 132 ZVG).

Keine besonderen Angelegenheiten sind die in § 19 Abs. 1 Nr. 9, 12 und 15 genannten, die Zwangsvollstreckung **vorbereitenden Tätigkeiten**, Kündigungsschreiben, Zahlungsaufforderungen und zB auch die Einholung der Zustimmung des Grundstückseigentümers bei Versteigerung eines Erbbaurechts,[85] wenn Auftrag zum Betreiben der Zwangsversteigerung oder Zwangsverwaltung bereits erteilt ist. 71

III. Prozesskostenhilfe

Da das ZVG als Teil der ZPO zu betrachten ist (arg. § 869 ZPO), kann einem Beteiligten, nicht jedoch dem Vollstreckungsschuldner (ausgenommen Rechtsbehelfs- und Rechtsmittelverfahren) Prozesskostenhilfe nach §§ 114 ff. ZPO bewilligt und ein Rechtsanwalt beigeordnet werden. Die Prozesskostenhilfe befreit nicht von der Vorschusspflicht nach § 161 Abs. 3 ZVG.[86] 72

IV. Geltendmachung der Kosten

1. Befriedigung aus dem Grundstück. a) Zwangsversteigerung. Die Kosten der Rechtsverfolgung, mit der Befriedigung aus dem Grundstück bezweckt wird, sind im Range des Anspruchs, dessen Befriedigung erstrebt wird, zu berücksichtigen (§ 10 Abs. 2 ZVG) und gehen dem Hauptanspruch und den Nebenleistungen vor (§ 12 Nr. 1 ZVG); Kostenansprüche verschiedener Gläubiger aus demselben Recht haben unter sich gleichen Rang, es sei denn, Abweichendes ist vereinbart oder ergibt sich aus dem Gesetz (vgl. §§ 268 Abs. 3, 426 Abs. 2, 774 Abs. 1 BGB, § 59 Abs. 1 S. 2). Zu diesen Kosten gehören auch die Gebühren und Auslagen des Rechtsanwalts eines betreibenden Gläubigers oder eines sonstigen Berechtigten, der Befriedigung aus dem Grundstück erstrebt. 73

b) Zwangsverwaltung. §§ 10 Abs. 2, 12 ZVG gelten im Zwangsverwaltungsverfahren entsprechend. Soweit die Kosten die laufenden Beträge wiederkehrender Leistungen dinglicher Rechte betreffen, erhält der Gläubiger sie an dieser bevorzugten Rangstelle (§ 155 Abs. 2 ZVG), sonst an letzter Rangstelle; jeweils aber wieder in der Reihenfolge des § 12 ZVG. 74

c) Unechte Zwangsvollstreckung. § 10 Abs. 2 ZVG gilt für die dinglich Berechtigten auch in den besonderen Fällen der §§ 172 ff. ZVG. Der Gemeinschuldner, die anderen Miterben, Miteigentümer oder Gesamthandseigentümer haften aber hier nicht persönlich, ebenso wenig der Antragsteller, der seine Kosten selbst zu tragen hat. Bei der Teilungsversteigerung besteht jedoch unter den Miteigentümern oder Gesamthandseigentümern ein gegenseitiger Ausgleichsanspruch (§§ 753 Abs. 2, 756 BGB). 75

---

85 AA *Schumann/Geißinger* § 13 BRAGO Rn. 70, § 68 BRAGO Rn. 11.
86 *Mohrbutter-Drischler* Muster 169 Anm. 1.

76 **2. Geltendmachung im Verfahren.** Die Kosten müssen, soweit sie sich nicht schon aus dem Versteigerungs-(Beitritts-)antrag betragsmäßig ergeben (§ 114 Abs. 1 S. 2 ZVG), spezifiziert und rechtzeitig (§ 110 ZVG) **angemeldet** werden (§ 37 Nr. 4, §§ 45 Abs. 1, 114 Abs. 1 ZVG). Ein Kostenfestsetzungsbeschluss ist nicht erforderlich (§ 788 Abs. 1 ZPO). Auf Verlangen des Versteigerungsgerichts, das sie prüft, oder eines Beteiligten sind sie glaubhaft zu machen (§ 37 Nr. 4 ZVG); bei den Entgelten für Post- und Telekommunikationsdienstleistungen genügt die Versicherung des Rechtsanwalts, dass diese Auslagen entstanden sind (§ 104 Abs. 2 S. 2 ZPO), wenn sich der Rechtsanwalt nicht damit begnügt, den Pauschbetrag (Nr. 7001) zu fordern. Das Versteigerungsgericht hat die Kosten, wenn sie dem Anspruch des betreibenden Gläubigers vorgehen, der Anmeldung entsprechend bei Feststellung des geringsten Gebotes zu berücksichtigen (§ 45 Abs. 1 ZVG), stets aber bei Aufstellung des Teilungsplans aufzunehmen (§ 114 Abs. 1 ZVG). Den Beteiligten ist es überlassen, ob sie Widerspruch erheben wollen (§ 115 ZVG). Wegen Berücksichtigung der Kosten der Rechtsverfolgung bei der Wertberechnung vgl. § 26 Rn. 13.

V. Gebühren im Zwangsversteigerungsverfahren

77 **1. Allgemeines.** Im Zwangsversteigerungsverfahren kann je eine Verfahrensgebühr entstehen für die Tätigkeit bis zur Einleitung des Verteilungsverfahrens (Nr. 3311 Anm. Nr. 1), für die Tätigkeit im Verteilungsverfahren (Nr. 3311 Anm. Nr. 2) und für Tätigkeiten im Verfahren über Anträge auf einstweilige Einstellung der Zwangsvollstreckung oder der Zwangsversteigerung sowie Verhandlungen zur Aufhebung des Verfahrens (Nr. 3311 Anm. Nr. 6). Dazu kann noch eine Terminsgebühr für die Vertretung eines Beteiligten im Versteigerungstermin (Nr. 3312) kommen. Alle diese Gebühren haben einen Gebührensatz von 0,4. Sie können nebeneinander entstehen, jede Gebühr im selben Zwangsversteigerungsverfahren jedoch nur einmal. Der Gegenstandswert aus dem sich die Gebühren berechnen, ist in § 26 geregelt.

78 **2. Verfahrensgebühr Nr. 1.** Die Gebühr entsteht für die Tätigkeit bis zur Einleitung des Verteilungsverfahrens. Die Tätigkeit kann der Rechtsanwalt ausüben als Vertreter des Schuldners, des Gläubigers, eines sonstigen Beteiligten oder einer sonstigen Person, sofern die Tätigkeit, mit der der Rechtsanwalt beauftragt ist, mit dem Zwangsversteigerungsverfahren im Zusammenhang steht. Dazu gehört zB die Vertretung eines gemäß §§ 1000, 1001, 1003 BGB verwendungsberechtigten Besitzers oder eines Bieters im Versteigerungstermin.

79 Die Gebühr **vergütet insbesondere folgende Tätigkeiten**: Entgegennahme der Information, Kündigungsschreiben und sonstige vorbereitende Tätigkeiten, wenn Versteigerungsauftrag erteilt ist (vgl. Rn. 71), Antrag auf Bestellung eines Vollstreckungsgerichts im Fall des § 2 ZVG, Stellung des Antrags auf Anordnung der Zwangsversteigerung oder Zulassung des Beitritts einschließlich in diesem Antrag enthaltener Anmeldungen (§ 114 Abs. 1 S. 2 ZVG), Zurücknahme des Antrags (§ 29 ZVG), Anträge gemäß § 57b Abs. 1 S. 2, 4 ZVG, Antrag auf Forderungsbeschlagnahme (§ 22 Abs. 2 ZVG) oder auf Anordnung von Sicherungsmaßregeln (§ 25 ZVG), Prüfung des festgestellten geringsten Gebots, Vertretung in einem Vortermin (§ 62 ZVG) oder im Wertfestsetzungsverfahren (§ 74a Abs. 4 ZVG), Anträge nach §§ 59, 85 Abs. 1, 94 Abs. 1 ZVG, wenn sie außerhalb des Versteigerungstermins gestellt werden, Anträge nach § 65 Abs. 1 ZVG, Vorbereitung des Versteigerungstermins, Anmeldungen nach Terminsbestimmung, Vertretung bei Einstellungen nach §§ 75 ff. ZVG, Wahrneh-

mung eines besonderen Verkündungstermins (§ 87 Abs. 1, Abs. 2 ZVG), nachträgliche Äußerungen über den erteilten Zuschlag (§ 87 Abs. 3 ZVG), Antrag für den absonderungsberechtigten Gläubiger nach § 174 ZVG.

Nicht zum Abgeltungsbereich der Verfahrensgebühr Nr. 1 gehören die Tätigkeiten im Verteilungsverfahren (Verfahrensgebühr Nr. 2; s. hierzu Rn. 81, 82), die Tätigkeiten der Verfahrensgebühr Nr. 6 (s. hierzu Rn. 83) und die Wahrnehmung eines Versteigerungstermins für einen Beteiligten (Terminsgebühr Nr. 3312; s. hierzu Rn. 85 bis 87). Da die Terminsgebühr nur bei der Vertretung eines Beteiligten entsteht, entsteht die Verfahrensgebühr Nr. 1 bei der Wahrnehmung eines Versteigerungstermins in Vertretung eines Bieters, der nicht Beteiligter ist.[87] In diesem Fall werden mit der Verfahrensgebühr Nr. 1 alle Tätigkeiten auch außerhalb des Versteigerungstermins abgegolten, die der Vorbereitung der Abgabe eines Gebots dienen oder damit im Zusammenhang stehen, soweit es sich dabei nicht um eine gebührenrechtlich eigene Angelegenheit handelt (s. Rn. 70, insbes. unter cc, dd, gg, ii, jj und kk). 80

3. Verfahrensgebühr Nr. 2 (Verteilungsgebühr). Die Verteilungsgebühr entgilt die Vertretung eines Beteiligten im Verteilungsverfahren (§§ 105 bis 145 ZVG). Dieses beginnt mit der Bestimmung des Termins zur Verteilung des Versteigerungserlöses und endet mit der Erlösverteilung. Die Gebühr umfasst alle Tätigkeiten bis zum Vollzug des Teilungsplans, insbesondere die Einreichung der Berechnung der Ansprüche, Wahrnehmung der Verteilungstermine, Mitwirkung bei der Aufstellung des Verteilungsplans, Verhandlung über denselben, Widerspruchserhebung, Vereinbarungen nach § 91 Abs. 2 ZVG, wenn sie zu Protokoll erklärt werden, nachträgliche Ausführung des aufgestellten Plans, einen Antrag nach § 138 Abs. 1 ZVG, das anderweitige Verteilungsverfahren nach einem Widerspruchsprozess (§ 882 ZPO). Beschränkt sich der Auftrag auf die Vertretung im Verteilungsverfahren, so kann der Rechtsanwalt nur die Verteilungsgebühr, nicht auch daneben die allgemeine Verfahrensgebühr der Nr. 1 fordern. Für die Eintragung von **Sicherungshypotheken** (§ 128 ZVG) ist § 18 Nr. 13 nicht anwendbar;[88] denn diese sind weder Zwangshypotheken im Sinne der §§ 866, 867 ZPO, noch können sie beantragt werden. 81

Nach §§ 143 ff. ZVG kann die Verteilung des Erlöses auch **außergerichtlich** erfolgen. Für seine Mitwirkung bei der außergerichtlichen Einigung über die Erlösverteilung (§ 143 ZVG) oder bei der außergerichtlichen Befriedigung der Berechtigten (§ 144 ZVG) erhält der Rechtsanwalt ebenfalls die Verteilungsgebühr. Die Gebühr entgilt zugleich die Vertretung beim Vollstreckungsgericht. Die **Einigungsgebühr** (Nr. 1000) kann neben der Verteilungsgebühr gefordert werden, wenn die Voraussetzungen vorliegen.[89] Für die Empfangnahme, Verwahrung und Auszahlung von Geldern erhält der Rechtsanwalt die **Hebegebühr** Nr. 1009. 82

4. Verfahrensgebühr Nr. 6. Die Gebühr entsteht für die Tätigkeit des Rechtsanwalts in Verfahren über Anträge auf einstweilige Einstellung oder Beschränkung der Zwangsvollstreckung und einstweilige Einstellung des Zwangsversteigerungsverfahrens sowie für Verhandlungen zwischen Gläubiger und Schuldner mit dem Ziel der Aufhebung des Zwangsversteigerungsverfahrens. Nach § 765 a ZPO können Maßnahmen der Zwangsvollstreckung unter Anderem ganz oder teilweise einstweilen eingestellt werden. Eine Maßnahme dieser Art ist auch die Zwangsversteigerung nach 83

---

[87] BT-Drucks. 1519/71 S. 216.
[88] Vgl. *Gerold/Schmidt/Madert* VV 3311, 3312 Rn. 58.
[89] Vgl. OLG Celle OLGZ 25, 304.

dem ZVG.[90] § 765a ZPO ist entsprechend anzuwenden auf Teilungsversteigerung nach § 180 ZVG.[91] Das Verfahren über Anträge nach § 765a ZPO wurde bisher auch im Rahmen eines Zwangsversteigerungsverfahrens als eigene Vollstreckungsangelegenheit nach § 57 BRAGO behandelt. Nunmehr begründet die Tätigkeit über Anträge nach § 765a ZPO die Gebühr Nr. 3311 Nr. 6. Das Gleiche gilt für das Verfahren über Anträge auf einstweilige Einstellung der Zwangsversteigerung nach §§ 30 bis 30d, 180 Abs. 2 ZVG. Die Tätigkeit in diesen Verfahren wurde bisher mit der Gebühr nach § 68 Abs. 1 Nr. 1 BRAGO mitabgegolten. Schließlich entsteht die Gebühr Nr. 6 für Verhandlungen zwischen Gläubiger und Schuldner mit dem Ziel der Aufhebung des Verfahrens. Werden Gespräche geführt mit dem Ziel, eine Einwilligung des Gläubigers in die einstweilige Einstellung des Zwangsversteigerungsverfahrens zu erreichen, dann liegt diese Tätigkeit im Rahmen des Verfahrens zur einstweiligen Einstellung der Zwangsversteigerung und fällt damit ebenfalls unter die Gebühr Nr. 6.

84 Die Gebühr entsteht, sobald der Rechtsanwalt eine dieser Tätigkeiten vornimmt. Die Gebühr entsteht jedoch in einem Zwangsversteigerungsverfahren nur einmal (§ 15 Abs. 2). Dies gilt einmal, wenn ein Einstellungsantrag sowohl auf § 765a ZPO, als auch auf § 30a ZVG gestützt wird, aber auch wenn nacheinander Einstellungsanträge gestellt und Gespräche über die Aufhebung des Verfahrens geführt werden. Dies folgt neben § 15 Abs. 2 auch daraus, dass jede der sechs Gebühren der Nr. 3311 eine Gebühreneinheit bildet, die im selben Verfahren nur einmal anfällt. Diese Regelung geht insoweit auch § 18 Nr. 8 vor. Für den Gegenstandswert gilt § 25 Abs. 2 (vgl. § 26 Rn. 1).

85 **5. Terminsgebühr (Nr. 3312).** Für die Wahrnehmung der Versteigerungstermine erhält der Rechtsanwalt, der einen Beteiligten vertritt, die Terminsgebühr Nr. 3312. Wer Beteiligter ist, bestimmt sich nach dem Verfahrensrecht (vgl. §§ 9, 163 Abs. 3, 166, 172, 175, 180 ZVG; §§ 510 Abs. 2, 754 ff. HGB; §§ 2, 102 ff. BinnSchG; §§ 4, 5 RHeimstG, § 24 ErbbauVO). **Keine Beteiligten** sind zB der Bieter (Ersteher), der Bürge des Erstehers, der Zahlungspflichtige des § 61 ZVG, Mobiliarpfandschuldner, der gemäß §§ 1000, 1001, 1003 BGB verwendungsberechtigte Besitzer sowie der betreibende Gläubiger einer gleichzeitig bestehenden Zwangsverwaltung. Bei Vertretung dieser Personen entsteht die Terminsgebühr nicht, sondern die Tätigkeit des Rechtsanwalts wird mit der Verfahrensgebühr Nr. 3311 Anm. Nr. 1 (mit)abgegolten.

86 Die Terminsgebühr erwächst bei Wahrnehmung **eines** Versteigerungstermins, kann aber nach dem Grundsatz des § 15 Abs. 2 nicht erneut gefordert werden, wenn in dem Verfahren mehrere Versteigerungstermine abgehalten werden (zB infolge Vertagung oder Ansetzung eines neuen Versteigerungstermins nach §§ 74a Abs. 3, 85 ZVG) und der Rechtsanwalt sie wahrnimmt. Es genügt, dass der Rechtsanwalt bei oder nach dem Aufruf der Sache vor Schluss des Termins anwesend war; eine aktive Beteiligung ist nicht erforderlich.[92] Für die Wahrnehmung anderer Termine als der Versteigerungstermine (zB zur Verhandlung über einen Vollstreckungsschutzantrag, § 30b Abs. 2 S. 2 ZVG, eines Vortermins nach § 62 ZVG oder eines bloßen Verkündungstermins nach § 87 ZVG) entsteht die Gebühr nicht.

87 Die Terminsgebühr **umfasst** neben der bloßen Anwesenheit alle Tätigkeiten im Termin, soweit der Anwalt den Beteiligten in dieser Eigenschaft vertritt, also auch solche Anträge und Erklärungen, die, wenn außerhalb des Termins gestellt oder abgegeben,

---

[90] BGHZ 44, 138.
[91] OLG Köln Rpfleger 1991, 197; OLG Karlsruhe Rpfleger 1994, 223; KG NJW-RR 1999, 434.
[92] *Gerold/Schmidt/Madert* VV 3311, 3312 Rn. 23; *Hartmann* VV 3312 Rn. 1.

Bürgerliche Rechtsstreitigkeiten, Verfahren **VV Teil 3 Abschnitt 3**

nur die Verfahrensgebühr begründen würden. Auch die Abgabe eines Gebots für einen Beteiligten wird mit der Terminsgebühr abgegolten; sie kann jedoch den Gegenstandswert beeinflussen (§ 26 Rn. 24). Die Vorbereitung des Termins dagegen wird durch die Terminsgebühr nicht abgegolten, sondern, wenn sich der Vertretungsauftrag nicht nur auf die Terminswahrnehmung beschränkt, durch die Verfahrensgebühr. Aber auch dann, wenn der Rechtsanwalt nur mit der Wahrnehmung der Versteigerungstermine beauftragt ist, erhält er die Verfahrensgebühr Nr. 3311 Anm. Nr. 1.[93]

VI. Gebühren im Verfahren der Zwangsverwaltung

1. Allgemeines. Die **Gebühren** in Verfahren der Zwangsverwaltung (einschließlich des Verteilungsverfahrens) nach dem ZVG sind in Nr. 3311 Anm. 3 bis 6 geregelt. Die Regelung unterscheidet zwischen der Vertretung eines Antragstellers und der Vertretung eines sonstigen Beteiligten. In den ersteren Fällen ist je eine Gebühr für das Anordnungs- oder Beitrittsverfahren und für das weitere Verfahren bestimmt, in den letzteren Fällen eine einheitliche Gebühr für das ganze Verfahren. Dazu kann für jeden Vertreter eine Gebühr Nr. 6 treten. Der Gebührensatz ist für alle Gebühren 0,4. Für die Gebühren Nr. 3 bis 5 richtet sich der Gegenstandswert nach § 27, für die Gebühr Nr. 6 nach § 25 Abs. 2. 88

2. Anwendungsbereich. a) Zwangsverwaltung nach dem ZVG. Der Zwangsverwaltung nach dem ZVG (§§ 146 bis 161, 172) **unterliegen** Grundstücke, Grundstücksbruchteile einschließlich Wohnungseigentum, grundstücksgleiche Rechte, Hochseekabel, **nicht** jedoch Schiffe und Schiffsbauwerke (§ 870a ZPO) sowie Luftfahrzeuge (§ 99 des Gesetzes über Rechte an Luftfahrzeugen). 89

b) Keine Zwangsverwaltung. Keine Zwangsverwaltung nach dem ZVG ist die gerichtliche Verwaltung zur Sicherung des Anspruchs aus dem Bargebot (§ 94 ZVG), ferner eine als Sicherungsmaßregel angeordnete Sequestration des Grundstücks (§ 25 ZVG), oder die angeordnete Bewachung und Verwahrung des Schiffes (§ 165 ZVG) oder des Luftfahrzeuges (§ 171c Abs. 2 ZVG), die Sequestration nach §§ 848, 855, 857 Abs. 4, 938 Abs. 2 ZPO, die von landschaftlichen Kreditanstalten nach dem preuß. Gesetz vom 3.8.1897 selbst durchgeführte Zwangsverwaltung und die auf außergerichtlicher privatrechtlicher Einigung der Beteiligten beruhende sog. treuhänderische Zwangsverwaltung sowie Sicherungsmaßnahmen nach der InsO. 90

3. Gebühren für die Vertretung des Antragstellers (Nr. 3 und 4). a) Antragsteller. Antragsteller ist der betreibende oder beitretende Gläubiger oder der Insolvenzverwalter (§ 172 ZVG). 91

b) Gebühr Nr. 3. Die Gebühr Nr. 3 entsteht mit dem Auftrag zur Durchführung der Zwangsverwaltung. Unerheblich ist, ob sich der Auftrag des Rechtsanwalts auf die Vertretung im Anordnungsverfahren beschränkt oder ob er weiter tätig werden soll. Die Antragsgebühr entsteht auch, wenn der Rechtsanwalt in Vollziehung der in einer einstweiligen Verfügung „angeordneten" Zwangsverwaltung[94] diese beim Vollstreckungsgericht beantragt. Ferner, wenn er gemäß § 77 Abs. 2 ZVG nach ergebnisloser Versteigerung beantragt, das Zwangsversteigerungsverfahren als Zwangsverwaltungsverfahren fortzusetzen oder, falls bereits eine Zwangsverwaltung besteht, seinen 92

---

[93] *Gerold/Schmidt/Madert* VV 3311, 3312 Rn. 23.
[94] Vgl. *Stein/Jonas/Grunsky* § 938 ZPO Rn. 24.

Beitritt zuzulassen, da dies einen Übergang zu einer anderen Vollstreckungsmaßnahme darstellt.[95] Wird dem Rechtsanwalt die Vertretung erst nach der Anordnung der Zwangsvollstreckung oder nach der Zulassung des Beitritts übertragen, so erwächst die Antragsgebühr nicht.

93 **c) Gebühr Nr. 4.** Die Gebühr Nr. 4 umfasst alle Tätigkeiten nach der Anordnung (Zulassung des Beitritts) bis zur Aufhebung der Zwangsverwaltung einschließlich der Wahrnehmung der Termine des gerichtlichen oder außergerichtlichen Verteilungsverfahrens und von Terminen zur Leistung von Zahlungen (§§ 156, 158 ZVG).

94 **4. Gebühr für die Vertretung eines sonstigen Beteiligten (Nr. 5).** Vertritt der Rechtsanwalt einen anderen Beteiligten als den Antragsteller, insbesondere den **Schuldner**, oder einen **Berechtigten** nach § 9 ZVG, der das Verfahren nicht beantragt hat, so erhält er für die ganze Vertretung nur eine Gebühr mit dem Gebührensatz von 0,4.

95 **5. Verfahrensgebühr Nr. 6.** Einstellungsverfahren nach §§ 30 bis 30 d, 180 Abs. 2 ZVG kommen im Zwangsverwaltungsverfahren nicht vor. Es kann jedoch ein Vollstreckungsschutzantrag nach § 765 a ZPO gestellt werden. Auch Verhandlungen zwischen Gläubiger und Schuldner mit dem Ziel der Aufhebung des Zwangsverwaltungsverfahrens sind denkbar. Findet ein Verfahren nach § 765 a ZPO statt oder werden Verhandlungen mit dem genannten Ziel geführt, so erwächst dem Anwalt, der in dem Verfahren in irgend einer Weise tätig wird oder an den Verhandlungen teilnimmt, die Verfahrensgebühr Nr. 6. Es gelten die Ausführungen in Rn. 83, 84.

E. Insolvenzverfahren und schifffahrtsrechtliches Verteilungsverfahren (Unterabschnitt 5)

I. Grundlagen

96 **1. Allgemeines.** Der Unterabschnitt 5 ist an die Stelle der §§ 72 bis 76, 81 und 82 BRAGO getreten. Die Nr. 3313 bis 3316 entspricht § 72 BRAGO, jedoch ist der Gebührensatz für die Vertretung des Schuldners im Eröffnungsverfahren von 0,3 (§ 72 Abs. 1 S. 1 BRAGO) auf 1,0 (Nr. 3313), bei Tätigkeit im Verfahren über den Schuldenbereinigungsplan von 1,0 (§ 72 Abs. 1 S. 2 BRAGO) auf 1,5 (Nr. 3315) erhöht. Für die Vertretung eines Gläubigers ist der Gebührensatz Nr. 3314 dem der Gebühr des § 72 Abs. 2 S. 1 BRAGO gleich, der Gebührensatz Nr. 3316 ist um 0,2 auf 1,0 erhöht. Die Verfahrensgebühr für das Insolvenzverfahren ist von 0,5 (§ 73 BRAGO) auf 1,0 (Nr. 3317) erhöht. Die besondere Gebühr für das Verfahren über einen Antrag auf Restschuldbefreiung (§ 74 Abs. 1 S. 1 BRAGO) ist weggefallen, weil über diesen Antrag kein isoliertes Verfahren stattfindet.[96] Dagegen sind die Gebührensätze für das Verfahren über einen Insolvenzplan (§ 74 Abs. 1 BRAGO) gleich geblieben (Nr. 3318, 3319). Die Gebühr für die Anmeldung einer Insolvenzforderung, wenn sich die Tätigkeit darauf beschränkt, ist von 0,3 (§ 75 BRAGO) auf 0,5 (Nr. 3320) angehoben worden. Die Gebühren für das Verfahren auf Zulassung der Zwangsvollstreckung nach § 17 Abs. 4 SVertO und für das Verfahren über Anträge auf Aufhebung von Voll-

---

[95] *Gerold/Schmidt/Madert* VV 3311, 3312 Rn. 71; *Hartmann* VV 3311 Rn. 9; *Zeller/Stöber* ZVG Einl. Anm. 89.13.
[96] BT-Drucks. 15/1971 S. 216.

Bürgerliche Rechtsstreitigkeiten, Verfahren **VV Teil 3 Abschnitt 3**

streckungsmaßregeln nach §§ 8 Abs. 5 und 41 SVertO sind von 0,3 (§ 81 Abs. 2 Nr. 2 und 3 BRAGO) auf 0,5 (Nr. 3322 und 3323) angehoben.

2. Anwendungsbereich. a) Anwendbarkeit. Der Unterabschnitt 5 (Nr. 3313 **97** bis 3323) bestimmt die Gebühren für die Tätigkeit des Rechtsanwalts in Insolvenzverfahren und in schifffahrtsrechtlichen Verteilungsverfahren. Es werden nicht alle denkbaren Anwaltstätigkeiten in diesen Verfahren erschöpfend geregelt. Eine Regelung besteht nur, wenn der Rechtsanwalt für den **Schuldner** oder einen Gläubiger tätig wird. Dabei ist unter dem Begriff „Gläubiger" ein **Insolvenzgläubiger** im Sinne des § 38 InsO zu verstehen. Im Sekundärinsolvenzverfahren (vgl. § 356 InsO) wird der ausländische Insolvenzverwalter gebührenrechtlich dem Insolvenzschuldner gleichgestellt (Vorbem. 3.3.5 Abs. 3). Anders als bei den Konkursgläubigern gehören nach § 52 InsO zu den Insolvenzgläubigern von vornherein auch die gemäß den §§ 49, 50, 51 InsO absonderungsberechtigten Gläubiger, soweit ihnen der Schuldner auch persönlich haftet.[97] Keine Insolvenzgläubiger sind danach absonderungsberechtigte Gläubiger, soweit ihnen der Schuldner nicht persönlich haftet, nach §§ 47, 48 InsO Aussonderungsberechtigte und Massegläubiger nach §§ 53, 54, 55 InsO.[98] Machen diese ihre Rechte gegenüber dem Insolvenzverwalter geltend, so ist dies für den damit beauftragten Rechtsanwalt keine Vertretung im Insolvenzverfahren; seine Vergütung ist nicht in Unterabschnitt 5 geregelt.

b) Keine Anwendbarkeit. Für die Tätigkeit als Insolvenzverwalter (§ 56 InsO), **98** vorläufiger Insolvenzverwalter (§ 22 InsO), Sachwalter (§ 274 InsO), Treuhänder (§§ 292, 313 InsO) oder Mitglied des Gläubigerausschusses gilt das RVG überhaupt nicht (§ 1 Abs. 2). Unterabschnitt 5 ist auch nicht anwendbar, wenn der Rechtsanwalt im Auftrag des Insolvenzverwalters usw. tätig wird. In solchen Fällen richten sich seine Gebühren nach der Art des Geschäfts, das er erledigt, zB gelten für die Beratung Nr. 2100, für die Prozessführung Abschnitt 1, für den Beistand bei Zwangsvollstreckungsmaßnahmen des Insolvenzverwalters oder bei der Abnahme der eidesstattlichen Versicherung nach § 98 InsO Unterabschnitt 3.

3. Verfahrensgebühren und Einzeltätigkeiten. a) Abgeltungsbereiche. Die **99** Gebühren des Unterabschnitts 5 entgelten in ihrer Gesamtheit alle anwaltlichen Tätigkeiten, die in einem Insolvenzverfahren oder in einem schifffahrtsrechtlichen Verteilungsverfahren entfaltet werden (§ 15 Abs. 1). Die Gebühren Nr. 3313, 3314, 3317 und 3320 gelten sowohl im Insolvenzverfahren, als auch im schifffahrtsrechtlichen Verteilungsverfahren. Die Gebühren Nr. 3315, 3316, 3318, 3319 und 3321 gelten nur im Insolvenzverfahren (Vorbem. 3.3.5 Abs. 1). Die Gebühren Nr. 3322 und 3323 gelten nur im schifffahrtsrechtlichen Verteilungsverfahren. Die einzelnen Gebühren haben unterschiedliche **Abgeltungsbereiche**. Die Eröffnungsgebühren Nr. 3313, 3314 umfassen das Eröffnungsverfahren (§§ 11 ff. InsO) und im Verbraucherinsolvenzverfahren (§ 304 InsO) auch das damit verbundene Verfahren über den Schuldenbereinigungsplan (§§ 305 ff. InsO), wobei sich im letzteren Falle die Gebühr des Rechtsanwaltes nach Nr. 3315 oder Nr. 3316 jeweils erhöht. Die Gebühren der Nr. 3318, 3319 gelten die Tätigkeit des Rechtsanwalts ab im Verfahren über einen Insolvenzplan (§§ 217 ff. InsO), der an die Stelle des Vergleichs zur Abwendung des Konkurses und des Zwangsvergleichs alten Rechts getreten ist.[99] Die Gebühr Nr. 3321 umfasst das

---

[97] *Eickmann* in HK-InsO § 52 Rn. 5; *Joneleit/Imberger* in FK-InsO § 52 Rn. 1.
[98] *Eickmann* in HK-InsO § 38 Rn. 4; *Schuk* in FK-InsO § 38 Rn. 2 und 4.
[99] *Flessner* in HK-InsO Vor § 217 Rn. 2.

VV Teil 3 Abschnitt 3

Verfahren über den Antrag auf Versagung oder Widerruf der Restschuldbefreiung (§§ 296, 297, 300 und 303 InsO). Im schifffahrtsrechtlichen Verteilungsverfahren entgilt die Gebühr Nr. 3322 die Tätigkeit des Rechtsanwalts im Verfahren über Anträge auf Zulassung der Zwangsvollstreckung nach § 17 Abs. 4 SVertO und die Gebühr Nr. 3323 die Tätigkeit im Verfahren über Anträge auf Aufhebung von Vollstreckungsmaßregeln (§§ 8 Abs. 5 und 41 SVertO). Die Gebühr Nr. 3317 entgilt die gesamte Tätigkeit im Insolvenzverfahren oder schifffahrtsrechtlichen Verteilungsverfahren, soweit sie nicht von den Nr. 3313, 3314, 3315, 3316, 3318, 3319, 3321, 3322 und 3323 erfasst ist. Die Gebühr Nr. 3320 ist eine typische Einzelgebühr, die nur der Rechtsanwalt erhält, dessen Tätigkeit sich auftragsgemäß auf die Anmeldung einer Insolvenzforderung beschränkt.

100 **b) Vertretung im Verfahren und Einzeltätigkeiten.** Die Gebühren des Unterabschnitts 5 gelten nicht nur für den Rechtsanwalt, der beauftragt ist, die Vertretung in dem ganzen Verfahrensabschnitt zu führen, sondern auch für den Rechtsanwalt, der nur mit Einzeltätigkeiten innerhalb der jeweiligen Verfahrensabschnitte beauftragt ist. Die Nr. 3313, 3314 und 3319 verlangen „Vertretung" des Schuldners oder des Gläubigers. Auch hier genügt eine Einzeltätigkeit innerhalb des betreffenden Verfahrensabschnittes; es muss jedoch zumindest auch ein Auftrag zu einer Vertretung bestehen. Diese kann in der Abgabe einer schriftlichen Erklärung gegenüber dem Gericht oder in der Wahrnehmung eines gerichtlichen Termins liegen. Bei der Gebühr Nr. 3319 genügt es nicht, dass der Rechtsanwalt bei der Ausarbeitung des Insolvenzplanes beratend tätig war. Es ist aber auch nicht erforderlich, dass der Rechtsanwalt den Insolvenzplan in Vertretung des Schuldners selbst vorlegt. Vielmehr genügt es, wenn er in dem Verfahren über den vom Schuldner vorgelegten Plan als „Vertreter des Schuldners" tätig wird. Für die Gebühren Nr. 3317, 3318, 3321, 3322 und 3323 ist eine Vertretung des Schuldners oder Gläubigers nicht erforderlich. Es genügt eine Einzeltätigkeit, die auch in einer Beratung oder dem Entwurf eines Antrags bestehen kann. Beschränkt sich allerdings die Tätigkeit auf die Anmeldung einer Insolvenzforderung, so entsteht die Gebühr Nr. 3317 nur in der verminderten Höhe der Nr. 3320.

101 **c) Vertretung mehrerer Gläubiger.** Vertritt der Rechtsanwalt mehrere Gläubiger, die verschiedene Forderungen geltend machen, so entstehen die jeweiligen Gebühren (Nr. 3314, 3317) gegen jeden Gläubiger aus dem Wert seiner Forderung (§ 28 Abs. 2) gesondert (Vorbem. 3.3.5 Abs. 2). Diese Vorschrift entspricht inhaltlich § 82 BRAGO. Die Vorschrift gilt nicht, wenn der Rechtsanwalt für mehrere Personen als Gesamtgläubiger oder Gesamthandsgläubiger denselben Anspruch geltend macht. Da der Gegenstand der anwaltlichen Tätigkeit in diesem Falle derselbe ist, handelt es sich gebührenrechtlich um eine Angelegenheit; die jeweilige Verfahrensgebühr wird nach Nr. 1008 erhöht. Wenn ein Insolvenzgläubiger den Rechtsanwalt wegen mehrerer Forderungen beauftragt, so handelt es sich um eine Angelegenheit mit mehreren Gegenständen. Es entsteht eine Gebühr aus dem zusammengerechneten Wert der Forderungen (§ 22 Abs. 1).

II. Erstattungsfragen

102 **1. Anwaltsvergütung als Insolvenzforderung.** Ein vom **Insolvenzschuldner** vor Eröffnung des Insolvenzverfahrens erteilter Prozessführungsauftrag, der sich auf das zur Insolvenzmasse gehörende Vermögen bezieht, erlischt mit Eröffnung des

Bürgerliche Rechtsstreitigkeiten, Verfahren   **VV Teil 3 Abschnitt 3**

Insolvenzverfahrens (§ 116 InsO). Der Vergütungsanspruch wird fällig (§ 8 Abs. 1 S. 1) und zu einer gewöhnlichen Insolvenzforderung.

Die Kosten, die einem **Gläubiger** aus der Geltendmachung einer Insolvenzforderung vor Eröffnung des Insolvenzverfahrens erwachsen sind, können als gewöhnliche Insolvenzforderung angemeldet werden. Das gilt auch für die Gebühr nach Nr. 3314, da sie vor Verfahrenseröffnung entstanden ist.[100] Jedoch kann der Rechtsanwalt in eigener Sache die Gebühr Nr. 3314 nicht fordern, da § 91 Abs. 2 S. 4 ZPO im Insolvenzverfahren nicht gilt.[101] Die Kosten, die einzelnen Insolvenzgläubigern **nach** der Eröffnung des Insolvenzverfahrens durch ihre Teilnahme an diesem erwachsen sind (insbes. die Gebühren Nr. 3317 und 3320), sind nach § 39 Nr. 2 InsO nachrangige Forderungen. Gläubigerkosten im Zusammenhang mit dem Schuldenbereinigungsplan (Gebührenerhöhung Nr. 3316) sind nicht erstattbar (§ 310 InsO).   **103**

2. Anwaltsvergütung als Massekosten. Führt ein Rechtsanwalt-Insolvenzverwalter Prozesse für die Masse, so fällt **sein** Vergütungsanspruch unter § 54 Nr. 2 InsO.   **104**

3. Anwaltsvergütung als Masseverbindlichkeit. a) Erstattungsansprüche des obsiegenden Gegners. Erstattungsansprüche des obsiegenden Gegners aus vom Insolvenzverwalter geführten oder aufgenommenen Prozessen sind, soweit die Kosten dem Insolvenzverwalter auferlegt oder von ihm übernommen werden, Masseverbindlichkeiten (§ 55 Abs. 1 Nr. 1 InsO; vgl. aber auch § 86 Abs. 2 InsO); dabei ist es nach hM unerheblich, ob dem Gegner die Kosten vor oder nach Eröffnung des Insolvenzverfahrens erwachsen sind. Andererseits werden die Prozesskosten, zu denen der Gemeinschuldner noch vor Eröffnung des Insolvenzverfahrens verurteilt war, keine Masseschuld, sondern bleiben Insolvenzforderung.   **105**

b) Kosten des vom Insolvenzverwalter beauftragten Rechtsanwaltes. Ebenso sind Masseverbindlichkeiten nach § 55 Abs. 1 Nr. 1 InsO die Vergütungsansprüche aus den vom Insolvenzverwalter abgeschlossenen **Geschäftsbesorgungsverträgen**. Beauftragt der Insolvenzverwalter den **früheren Prozessbevollmächtigten des Gemeinschuldners** mit der Vertretung im aufgenommenen Prozess, so schließt er einen neuen Geschäftsbesorgungsvertrag; ein Eintritt in den nach § 116 InsO erloschenen Geschäftsbesorgungsvertrag und damit die Begründung einer Masseverbindlichkeit nach § 55 Abs. 1 Nr. 2 InsO ist rechtlich nicht möglich.[102] Dabei wird vielfach angenommen, dass dann ein einheitlicher Vergütungsanspruch vorliege, der einheitlich Masseverbindlichkeit nach § 55 Abs. 1 Nr. 1 InsO werde.[103] Diese Auffassung müsste den Insolvenzverwalter oft davon abhalten, den früheren Prozessbevollmächtigten zu beauftragen, um nicht mit Rücksicht auf die Belange der Gläubigergesamtheit das Kostenrisiko für die Masse zu erhöhen.[104] Es ist jedoch davon auszugehen, dass es sich für den Rechtsanwalt, der den im Auftrag des Gemeinschuldners begonnenen Prozess für den Insolvenzverwalter fortführt, um **ein und dieselbe Angelegenheit** handelt mit der sich aus § 15 Abs. 5 ergebenden Folge, dass der Rechtsanwalt die Gebühren nur einmal erhält. Daraus folgt, dass nicht nur die Gebühren, die durch die Tätigkeit   **106**

---

[100] *Kübler/Prütting/Holzer* § 39 InsO Rn. 12; aA *Hess* § 39 InsO Rn. 51; *Eickmann* in HK-InsO § 39 Rn. 8.
[101] AA *Gerold/Schmidt/Madert* VV 3313–3323 Rn. 36.
[102] AA nur *Mentzel/Kuhn* § 59 KO Rn. 10.
[103] *Kilger/Schmidt* § 59 KO Anm. 1b; *Hess* § 55 InsO Rn. 34; *Eickmann* § 55 InsO Rn. 4; *Uhlenbruck/Berscheid* § 55 InsO Rn. 18.
[104] *Herbert Schmidt* NJW 1976, 98.

VV Teil 3 Abschnitt 3

für den Insolvenzverwalter erstmals entstehen, sondern auch die Gebühren, die bereits durch die Tätigkeit im Auftrage des Gemeinschuldners entstanden sind, deren Tatbestand jedoch auch durch die Tätigkeit für den Insolvenzverwalter erfüllt wird, insoweit Masseverbindlichkeit werden, als sie nicht bereits durch Zahlungen des Gemeinschuldners erfüllt sind. In Passivprozessen ist der Streitwert freilich nach Eröffnung des Insolvenzverfahrens regelmäßig wesentlich geringer. Die durch die Tätigkeit für den Gemeinschuldner verdienten Gebühren bleiben Insolvenzforderung, jedoch wegen § 15 Abs. 5 abzüglich der Gebührenteile, die Masseverbindlichkeiten geworden sind.[105]

107 **4. Verteilungsverfahren. a) Kosten der Rechtsverfolgung.** Für Ansprüche auf Ersatz von Kosten der Rechtsverfolgung, wozu nach der Amtl. Begr. nicht nur die Kosten von Zivilprozessen rechnen, sondern auch die Kosten, die den Gläubigern durch die Teilnahme am Verteilungsverfahren entstehen, kann die Haftung nicht beschränkt werden (§ 487 c HGB). Andererseits lässt es § 14 Abs. 3 SVertO nach dem Vorbild des § 63 Nr. 2 KO nicht zu, dass diese Kosten im Verteilungsverfahren geltend gemacht werden können.

108 **b) Kosten des Sachwalters und aus Rechtsstreitigkeiten über angemeldete Ansprüche.** Im Übrigen enthalten §§ 31 bis 33 SVertO Vorschriften über das Tragen von Kosten, die aus der Bestellung des Sachwalters und aus Rechtsstreitigkeiten über angemeldete Ansprüche entstehen.

III. Gebühren für das Eröffnungsverfahren (Nr. 3313 bis 3316)

109 **1. Inhalt und Anwendungsbereich.** Die Nr. 3313 bis 3316 bestimmen die Gebühren des Rechtsanwalts im Verfahren auf Eröffnung des Insolvenzverfahrens (§§ 11 bis 34 InsO). Nr. 3313 bestimmt die Vergütung des Rechtsanwalts, der den Schuldner vertritt; der Gebührensatz ist mit 1,0 gegenüber bisher 0,3 kräftig erhöht, um der intensiven Einarbeitung in die Vermögensverhältnisse des Schuldners, die zu seiner ordentlichen Vertretung erforderlich ist, angemessen Rechnung zu tragen. Nr. 3314 bestimmt die Vergütung für die Vertretung eines Insolvenzgläubigers. Im Verbraucherinsolvenzverfahren entgelten die dann allerdings erhöhten Gebühren auch Tätigkeiten des Rechtsanwalts im Verfahren über den Schuldenbereinigungsplan, der mit dem Eröffnungsverfahren so eng zusammenhängt, dass eine gebührenrechtliche Trennung nicht sinnvoll wäre. Die Gebühren sind als Verfahrensgebühren bezeichnet, wodurch klargestellt ist, dass auf sie eine Geschäftsgebühr Nr. 2400, die zuvor durch außergerichtliche Tätigkeit des Rechtsanwalts entstanden ist, nach Maßgabe der Vorbemerkung 3 Abs. 4 anzurechnen ist. Die Nr. 3313 und 3314 gelten auch im schifffahrtsrechtlichen Verteilungsverfahren.

110 **2. Rechtsanwalt des Schuldners. a) Eröffnungsverfahren (Nr. 3313).** Für die Vertretung des Schuldners im Verfahren über einen Antrag auf Eröffnung des Insolvenzverfahrens erhält der Rechtsanwalt eine Geschäftsgebühr mit dem Gebührensatz von 1,0. Für die Entstehung der Gebühr ist es gleichgültig, ob der Insolvenzantrag vom Schuldner oder von einem Gläubiger gestellt wird (§ 13 Abs. 1 S. 2 InsO). Wird das Insolvenzverfahren über das Vermögen einer juristischen Person (§ 11 Abs. 1 InsO) oder einer Gesellschaft ohne Rechtspersönlichkeit (§ 11 Abs. 2 Nr. 1 InsO), über einen Nachlass (§§ 11 Abs. 2 Nr. 2, 315 ff.) oder über ein Gesamtgut (§§ 11 Abs. 2 Nr. 2,

---
[105] *Herbert Schmidt* NJW 1976, 98; vgl. auch *Mümmler* JurBüro 1976, 277.

318, 332, 333 InsO) beantragt, so kann der Rechtsanwalt auch ein Mitglied des Vertretungsorgans, einen persönlich haftenden Gesellschafter (§ 15 Abs. 1 InsO), einen Miterben, den Nachlassverwalter, Nachlasspfleger, Testamentsvollstrecker (§ 317 Abs. 1 InsO) oder einen Ehegatten (§ 333 InsO) vertreten. Wird die Eröffnung eines Sekundärinsolvenzverfahrens (§ 356 InsO) beantragt, so kann der Rechtsanwalt auch den ausländischen Insolvenzverwalter vertreten (Vorbem. 3.3.5 Abs. 3). Auch hier ist es gleichgültig, ob der Rechtsanwalt seinen Auftraggeber bei der Stellung des Insolvenzantrags vertritt oder ob er einen Auftraggeber, der keinen Antrag stellt, bei der nach §§ 15 Abs. 2 S. 2, 317 Abs. 2 S. 2, Abs. 3, 318 Abs. 2 S. 2, 332 Abs. 3 S. 2, 333 Abs. 2 S. 2, 357 Abs. 1 S. 2 InsO gebotenen Anhörung vertritt. Die Gebühr entsteht mit der ersten anwaltlichen Tätigkeit aufgrund des Auftrags, in dem Eröffnungsverfahren tätig zu werden; im Allgemeinen also bereits mit der Entgegennahme der Information (Vorbem. 3 Rn. 23). Die Gebühr umfasst den Antrag (§ 13 InsO), die Anhörung des Schuldners, wenn ein Gläubiger den Eröffnungsantrag gestellt hat (§ 14 Abs. 2 InsO), die Mitwirkung bei der Erteilung der Auskünfte des Schuldners (§ 20 InsO) sowie die Vertretung des Schuldners bei der Erzwingung von Auskunftspflichten (§§ 20 Abs. 1 S. 2, 22 Abs. 3 S. 3), der Anordnung von Sicherungsmaßnahmen (§ 21 InsO) und der Entscheidung über die Bestellung eines vorläufigen Insolvenzverwalters (§ 21 Abs. 2 Nr. 1 InsO) und über ein allgemeines Verfügungsverbot (§ 21 Abs. 2 Nr. 2 InsO), überhaupt die Vertretung im Eröffnungsverfahren.

b) Schuldenbereinigungsplan (Nr. 3315). Die volle Verfahrensgebühr (1,0) für **111** die Vertretung des Schuldners im Eröffnungsverfahren erhöht sich auf eine Gebühr mit dem Gebührensatz von 1,5, wenn der Rechtsanwalt auch im Verfahren über den Schuldenbereinigungsplan tätig ist. Der Schuldenbereinigungsplan kommt nur im Verbraucherinsolvenzverfahren vor, d. h. wenn der Schuldner eine natürliche Person ist, die keine oder nur eine geringfügige selbständige wirtschaftliche Tätigkeit ausübt (§ 304 InsO). Der Schuldenbereinigungsplan ist ein Vorschlag zu einer Art Vergleichsverfahren zur Abwendung des Verbraucherinsolvenzverfahrens (vgl. § 308 Abs. 1 S. 2 InsO). Wenn der Schuldner den Antrag auf Eröffnung des Insolvenzverfahrens stellt, so hat er mit dem Eröffnungsantrag oder unverzüglich danach einen Schuldenbereinigungsplan vorzulegen (§ 305 Abs. 1 Nr. 4 InsO), andernfalls der Eröffnungsantrag als zurückgenommen gilt (§ 305 Abs. 3 S. 2 InsO). Beantragt ein Gläubiger die Eröffnung des Insolvenzverfahrens, so gibt das Insolvenzgericht vor der Entscheidung über die Eröffnung, also noch im Eröffnungsverfahren dem Schuldner Gelegenheit, seinerseits einen Eröffnungsantrag zu stellen (§ 306 Abs. 3 InsO), der dann mit einem Schuldenbereinigungsplan verbunden sein muss. Das Verfahren über die Eröffnung des Verbraucherinsolvenzverfahrens ist demnach mit dem Verfahren über den Schuldenbereinigungsplan so eng verbunden, dass es untunlich wäre, für die jeweiligen Verfahren unterschiedliche Gebühren vorzusehen. Andererseits ist das Verfahren über den Schuldenbereinigungsplan, insbesondere die Aufstellung des Plans, so arbeitsaufwendig, dass die Tätigkeit des Rechtsanwaltes nicht mit der einfachen Gebühr des Eröffnungsverfahrens ausreichend abgegolten ist. Das Gesetz sieht deshalb eine Erhöhung der Verfahrensgebühr auf eine 1,5-Gebühr vor, wenn der Rechtsanwalt auch im Verfahren über den Schuldenbereinigungsplan tätig wird. Aus dem Wort „auch" ergibt sich, dass der Rechtsanwalt sowohl im Eröffnungsverfahren als auch im Verfahren über den Schuldenbereinigungsplan tätig sein muss. Wegen der engen Verknüpfung der beiden Verfahren ist allerdings eine Tätigkeit im Verfahren über den Schuldenbereinigungsplan, die nicht zugleich eine Vertretung des Schuldners im Eröffnungsverfahren darstellt, kaum denkbar. Sollte jedoch ein Auftrag so eng begrenzt sein, dass er sich lediglich auf eine Einzeltätigkeit im Verfahren über den Schuldenbereinigungsplan beschränkt, so erscheint eine Vergütung nach Nr. 3403 angebracht. Wenn jedoch der Rechtsanwalt den Schuldner im Eröffnungsverfahren vertritt, so genügt für die Erhöhung der Gebühr nach Nr. 3315 jede Einzeltätigkeit im Verfahren über den Schuldenbereinigungsplan. Andererseits gilt die Gebühr Nr. 3315 die gesamte Tätigkeit in diesem Verfahren ab. Dazu gehört die Entgegennahme der Information, die Ausarbeitung und Vorlage des Planes (§ 306 Abs. 1 Nr. 4 InsO), die Ergänzung des Planes (§ 305 Abs. 3 S. 1 InsO), die Änderung oder Ergänzung des Planes auf die Stellungnahme eines Gläubigers hin (§ 307 Abs. 3 InsO) und der Antrag auf Ersetzung der Zustimmung eines Gläubigers durch das Insolvenzgericht (§ 309 Abs. 1 InsO). Eine eigene Gebührenangelegenheit ist das Verfahren über die sofortige Beschwerde nach § 309 Abs. 2 S. 3 InsO (Nr. 3500).

112   c) **Verfahrensgebühr.** Das Gesetz bezeichnet sowohl die Gebühr Nr. 3313 als auch die erhöhte Gebühr Nr. 3315 als Verfahrensgebühr. Daraus folgt, dass auf sie eine Gebühr Nr. 2400, die dem Rechtsanwalt für eine mit dem Insolvenzantragsverfahren in einem zeitlichen und sachlichen Zusammenhang stehende Tätigkeit entstanden ist, nach Maßgabe der Vorbem. 3 Abs. 4 angerechnet wird. Hierzu gehören Bemühungen des Rechtsanwalts um eine außergerichtliche Sanierung des Schuldners, insbesondere der Versuch einer außergerichtlichen Einigung über die Schuldenbereinigung gemäß § 305 Abs. 1 Nr. 1 InsO; eine geeignete Person im Sinne dieser Bestimmung ist immer auch ein Rechtsanwalt.[106]

113   **3. Rechtsanwalt des Insolvenzgläubigers. a) Eröffnungsverfahren (Nr. 3314).** Die Gebühr Nr. 3314 (Gebührensatz 0,5) entsteht mit der ersten anwaltlichen Tätigkeit aufgrund des Auftrags, in dem Eröffnungsverfahren tätig zu werden; im Allgemeinen also bereits mit der Entgegennahme der Information (Vorbem. 3 Rn. 23). Die Gebühr umfasst den Antrag (§§ 13, 14 InsO), die Mitwirkung in dem Zulassungsverfahren und bei den Ermittlungen nach der Zulassung des Antrags, insbesondere bei der Anhörung des Schuldners oder seines Vertreters (§§ 14 Abs. 2, 10 Abs. 1 S. 2, Abs. 2 InsO) und bei der Anordnung von Sicherungsmaßnahmen (§ 21 InsO). Auch die Entgegennahme des Eröffnungsbeschlusses wird noch von der Gebühr abgegolten. Alle Tätigkeiten, die in diesem Rahmen entfaltet werden, sind durch die Gebühr abgegolten, und zwar auch die Vorbereitungs-, Neben- und Abwicklungstätigkeiten. Für das Beschwerdeverfahren entstehen jedoch besondere Gebühren (Nr. 3500, 3513).

114   **b) Schuldenbereinigungsplan (Nr. 3316).** Wie beim Vertreter des Schuldners, so erhöht sich auch für den Rechtsanwalt, der einen Gläubiger im Eröffnungsverfahren vertritt, der Gebührensatz, wenn er auch im Verfahren über den Schuldenbereinigungsplan tätig wird. Auf die Bemerkungen in Rn. 111 wird Bezug genommen. Die Erhöhung beschränkt sich allerdings auf einen Gebührensatz von 1,0, weil die Mühewaltung im Verfahren über den Schuldenbereinigungsplan für einen Gläubiger in der Regel geringer ist als für den Schuldner. Die Gebührenerhöhung wird durch jede Tätigkeit in Vertretung eines Gläubigers im Verfahren über den Schuldenbereinigungsplan ausgelöst. In Betracht kommen insbesondere die Entgegennahme des Schuldenbereinigungsplanes für den Gläubiger und seine Unterrichtung hierüber, die Stellungnahme zum Schuldenbereinigungsplan (§ 307 Abs. 1 InsO), die Stellungnahme zu dem Antrag, die Einwendungen des Gläubigers durch Zustimmung zu ersetzen

---

[106] *Hess* § 305 InsO Rn. 45.

Bürgerliche Rechtsstreitigkeiten, Verfahren **VV Teil 3 Abschnitt 3**

(§ 309 Abs. 2 S. 1 InsO), die Entgegennahme des Beschlusses über die Annahme des Schuldenbereinigungsplanes und die Unterrichtung des Gläubigers hierüber.

c) Verfahrensgebühr. Auch die Gebühren Nr. 3314, 3316 sind Verfahrensgebühren mit der Folge, dass auf sie die Geschäftsgebühr Nr. 2400 aus vorangegangener außergerichtlicher Tätigkeit nach Maßgabe der Vorbem. 3 Abs. 4 anzurechnen ist. 115

d) Kostenerstattung. Die Gebühr Nr. 3314 kann, da sie vor Eröffnung des Insolvenzverfahrens entstanden ist, als Insolvenzforderung geltend gemacht werden (vgl. Rn. 103). Dies gilt jedoch nicht für den Erhöhungsbetrag Nr. 3316; denn der Gläubiger hat gegen den Schuldner keinen Anspruch auf Erstattung der Kosten, die ihm im Zusammenhang mit dem Schuldenbereinigungsplan entstehen (§ 310 InsO). 116

IV. Gebühren für das Insolvenz- und Verteilungsverfahren (Nr. 3317 und 3320)

1. Allgemeines. Die Nr. 3317 und 3320 entsprechen §§ 73 und 75 BRAGO; die Gebührensätze sind jedoch von 0,5 auf 1,0 bzw. von 0,3 auf 0,5 angehoben worden. Sie regeln die Tätigkeit im Insolvenzverfahren und im schifffahrtsrechtlichen Verteilungsverfahren. Nr. 3317 gilt für den Rechtsanwalt, der den Schuldner oder einen Insolvenzgläubiger bzw. Gläubiger des Verteilungsverfahrens vertritt; Nr. 3320 betrifft nur den Vertreter eines Gläubigers. Die Gebühr Nr. 3317 ist eine **Verfahrenspauschgebühr**. Sie trifft nicht nur für den Rechtsanwalt zu, der mit der Vertretung für das ganze Insolvenz- oder Verteilungsverfahren beauftragt ist, sondern gilt auch bei einer eingeschränkten Tätigkeit (vgl. Rn. 100). Zu der Gebühr Nr. 3317 können die Gebühren Nr. 3313 oder 3314, 3318 oder 3319, 3321, 3322 und 3323 hinzutreten. 117

2. Gebühr Nr. 3317. a) Entstehung. Die Gebühr entsteht mit der ersten Tätigkeit aufgrund des Auftrags zur Vertretung oder Beistandsleistung im Insolvenz- oder Verteilungsverfahren; also im Allgemeinen bereits mit der Entgegennahme der Information. Die Tätigkeit darf aber nicht in den Abgeltungsbereich einer anderen Gebühr fallen, also nicht in das Eröffnungsverfahren einschließlich Schuldenbereinigungsplan (Nr. 3313 bis 3316), in das Verfahren über einen Insolvenzplan (Nr. 3318 und 3319), über einen Antrag auf Versagung oder Widerruf der Restschuldbefreiung (Nr. 3321), über Anträge auf Zulassung der Zwangsvollstreckung nach § 17 Abs. 4 SVertO (Nr. 3322) oder über Anträge auf Aufhebung von Vollstreckungsmaßregeln (Nr. 3323). 118

b) Abgeltungsbereich. Die Gebühr umfasst die gesamte anwaltliche Tätigkeit in dem Insolvenz- oder Verteilungsverfahren, soweit diese nicht durch besondere Gebühren (Rn. 118) abgegolten wird. Sie entgilt die Wahrnehmung von Terminen und die Einreichung von Schriftsätzen ebenso wie den schriftlichen und mündlichen Verkehr mit dem Auftraggeber, und zwar einschließlich der Vorbereitungs-, Neben- und Abwicklungstätigkeiten (§ 19 Abs. 1). Auch soweit der Rechtsanwalt im Verfahren zur Abgabe der **eidesstattlichen Versicherung nach § 98 InsO** den Schuldner oder einen Insolvenzgläubiger vertritt, wird seine Tätigkeit durch die Gebühr Nr. 3317 abgegolten.[107] 119

Auch die anwaltliche Tätigkeit im **Verteilungsverfahren** (§§ 187 ff. InsO) wird von der Gebühr Nr. 3317 umfasst; daneben kann die **Hebegebühr** (Nr. 1009) entstehen. Die Gebühr Nr. 3317 entgilt auch eine Nachtragsverteilung (§ 203 InsO). Da- 120

---

[107] *Gerold/Schmidt/Madert* VV 3313–3323 Rn. 77; *Hartmann* VV 3317 Rn. 4.

VV Teil 3 Abschnitt 3

gegen ist die Zwangsvollstreckung aus dem Tabellenauszug (§ 201 Abs. 2 InsO) eine besondere Gebührenangelegenheit, für die die Gebühren des Unterabschnitts 3 entstehen.

121 **c) Vertretung eines Massegläubigers oder eines Aussonderungsberechtigten.** Bei der Vertretung von Massegläubigern (§§ 53, 54, 55 InsO) und bei der Verfolgung eines Aussonderungsrechts (§§ 47, 48 InsO) gegenüber dem Insolvenzverwalter trifft Nr. 3317 **nicht** zu. Die Gebühren hierfür richten sich vielmehr nach den Vorschriften über die Verfolgung des Rechts, zB im Prozess nach Nr. 3100 ff., außerhalb des Prozesses nach Nr. 2400. Dagegen ist Nr. 3317 anwendbar auf die Vertretung eines **absonderungsberechtigten** Gläubigers, dem der Schuldner auch persönlich haftet.[108] Er ist im § 52 S. 1 InsO ausdrücklich als Insolvenzgläubiger definiert und nimmt auch, wenngleich auf bevorzugte Weise (§§ 169, 170 InsO), am Insolvenzverfahren teil (vgl. auch Rn. 97). Auch die Vertretung eines Massegläubigers gegenüber dem Insolvenzverwalter bei der Verteilung (Vorwegbefriedigung) ist keine Teilnahme am Insolvenzverfahren.

122 **d) Verwertung von Massegegenständen.** Lässt der Insolvenzverwalter Massegegenstände durch **Zwangsversteigerung** oder **Zwangsverwaltung** (§ 165 InsO) nach dem ZVG verwerten, so kann zwar ein Rechtsanwalt-Insolvenzverwalter für seine Mitwirkung keine besondere Vergütung aus dem Erlös beanspruchen, weil diese Tätigkeit zur Geschäftsführung im Sinne des § 63 InsO rechnet.[109] Wird jedoch ein Rechtsanwalt hierbei für einen anderen Beteiligten tätig, so handelt es sich auch gebührenrechtlich um besondere Angelegenheiten, für die die Gebühren nach Unterabschnitt 3 oder 4 entstehen.

123 **3. Gebühr Nr. 3320.** Wenn sich die Tätigkeit des Rechtsanwalts bei der Vertretung eines Gläubigers auf die Anmeldung einer Insolvenzforderung beschränkt, entsteht die Verfahrensgebühr Nr. 3317 nur mit dem Gebührensatz von 0,5. Dabei kommt es nur darauf an, ob im Abgeltungsbereich der Verfahrensgebühr Nr. 3317 der Rechtsanwalt in anderer Weise tätig war. Tätigkeiten im Abgeltungsbereich anderer Gebühren, wie zB im Eröffnungsverfahren, verhindern nicht die Reduzierung der Insolvenzverfahrensgebühr nach Nr. 3320.

124 Erwirkt der mit der Vertretung im Insolvenzverfahren beauftragte Rechtsanwalt die **Berichtigung der Insolvenztabelle** nach § 183 Abs. 2 InsO, so entgilt die Gebühr Nr. 3317 auch diese Tätigkeit. Nimmt sie der Prozessbevollmächtigte vor (sie ist nicht durch die Verfahrensgebühr Nr. 3100 abgegolten) oder ein anderer Rechtsanwalt, dessen Tätigkeit sich im Insolvenzverfahren hierauf beschränkt, so erhält dieser in sinngemäßer Anwendung die Gebühr Nr. 3320.[110] Wird die Berichtigung von einem Rechtsanwalt erwirkt, dessen Tätigkeit sich früher auf die Anmeldung der Forderung beschränkt hatte, so wird der Berichtigungsantrag von der vorher schon verdienten Gebühr Nr. 3320 mit abgegolten.[111]

---

[108] AA *Hartmann* VV 3317 Rn. 6.
[109] *Zeller/Stöber* ZVG § 172 Anm. 5.9; aA *Gerold/Schmidt/Madert* VV 3313–3323 Rn. 23.
[110] *Gerold/Schmidt/Madert* VV 3313–3323 Rn. 94; aA *Hartmann* VV 3309, 3310 Rn. 28.
[111] *Gerold/Schmidt/Madert* VV 3313–3323 Rn. 91; *Hartmann* VV 3320 Rn. 4; aA die 8. Aufl. § 75 BRAGO Rn. 4.

V. Gebühren für das Verfahren über einen Insolvenzplan (Nr. 3318 und 3319)

Durch den Insolvenzplan kann die Befriedigung der Insolvenzgläubiger, die Verwertung der Insolvenzmasse und die Haftung des Schuldners nach Beendigung des Insolvenzverfahrens abweichend vom Gesetz geregelt werden (§ 217 InsO). Der Insolvenzplan kann sowohl vom Insolvenzverwalter als auch vom Schuldner vorgelegt werden (§ 218 InsO). Der Insolvenzplan bedarf der Zustimmung der Mehrheit der Gläubiger nach Maßgabe der §§ 244, 245 InsO und des Schuldners (§ 247 Abs. 1 InsO), dessen Widerspruch jedoch unter bestimmten Voraussetzungen unbeachtlich ist (§ 247 Abs. 2 InsO), und der Bestätigung durch das Insolvenzgericht (§ 248 InsO). Für eine Tätigkeit in diesem Verfahren erwächst sowohl dem Rechtsanwalt eines Gläubigers, als auch dem Rechtsanwalt des Schuldners eine volle Gebühr (Nr. 3318), dem Rechtsanwalt des Schuldners, der den Plan vorgelegt hat, jedoch die erhöhte Gebühr Nr. 3319 mit dem Gebührensatz von 3,0. Das gesetzgeberische Motiv für diese Erhöhung der Gebühr ist der regelmäßig erhöhte Arbeitsaufwand bei der Vorlage und Durchsetzung des Planes. Die Gebühr Nr. 3319 setzt voraus, dass der Rechtsanwalt den Schuldner vertritt (vgl. Rn. 100). Dennoch kommt es weder bei der erhöhten Gebühr Nr. 3319, noch bei der einfachen Gebühr Nr. 3318 auf den Umfang der Tätigkeit im Einzelfall an. Die Gebühr entsteht mit der ersten Tätigkeit im Verfahren über einen Insolvenzplan und entgilt jede weitere Tätigkeit in diesem Verfahren. Der Schuldner kann den Insolvenzplan schon mit dem Antrag auf Eröffnung des Insolvenzverfahrens vorlegen. In diesem Falle kann bei entsprechender Tätigkeit des Rechtsanwaltes die Gebühr Nr. 3318 oder 3319 schon vor Eröffnung des Insolvenzverfahrens und eventuell neben der Gebühr Nr. 3313 oder 3314 entstehen. Das Verfahren über den Insolvenzplan ist beendet, wenn entweder die Bestätigung des Insolvenzplanes rechtskräftig versagt ist (§ 252 Abs. 1 InsO) oder wenn nach rechtskräftiger Bestätigung des Planes das Insolvenzverfahren aufgehoben wird. Tätigkeiten danach lassen die Gebühr nicht entstehen, sie werden aber auch durch die bereits entstandene Gebühr nicht mit abgegolten. Das gilt insbesondere für die Überwachung der Planerfüllung nach Aufhebung des Insolvenzverfahrens nach §§ 260 ff. InsO;[112] denn dabei handelt es sich nicht mehr um das Verfahren über den Insolvenzplan, sondern um seine Abwicklung. Auch die Durchführung des Zwangsvergleichs hat nicht mehr zum Zwangsvergleichsverfahren gehört.[113] Eine Vergleichsgebühr entsteht neben der Gebühr Nr. 3318 oder 3319 auch dann nicht, wenn der Insolvenzplan angenommen und bestätigt wird.

VI. Gebühren für das Verfahren über einen Antrag auf Versagung oder Widerruf der Restschuldbefreiung (Nr. 3321)

1. Allgemeines. Nach § 74 Abs. 1 S. 1 BRAGO entstand im Verfahren über einen Antrag auf Restschuldbefreiung eine besondere volle Gebühr, mit der auch Tätigkeiten über Anträge auf Versagung der Restschuldbefreiung abgegolten wurden, die der Rechtsanwalt vor der Aufhebung des Insolvenzverfahrens erbrachte. Im Verfahren über einen Antrag auf Versagung oder Widerruf der Restschuldbefreiung nach Aufhe-

---

[112] AA Gerold/Schmidt/Madert VV 3313–3323 Rn. 88.
[113] OLG Braunschweig NdsRpfl. 1968, 108.

bung des Insolvenzverfahrens entstand eine weitere halbe Gebühr (§ 74 Abs. 2 S. 1 BRAGO). Die besondere Gebühr für das Verfahren über den Antrag auf Restschuldbefreiung hat der Gesetzgeber für das RVG nicht übernommen, weil hierüber kein isoliertes Verfahren stattfinde und der Anwalt bezüglich der Restschuldbefreiung nur tätig werde, wenn diese versagt oder widerrufen werden solle.[114] Demgemäß entsteht die halbe Gebühr für Verfahren über einen Antrag auf Versagung oder Widerruf der Restschuldbefreiung (Nr. 3321), die im Übrigen § 74 Abs. 2 BRAGO entspricht, gesondert auch dann, wenn der Antrag bereits vor Aufhebung des Insolvenzverfahrens gestellt wird.

127 **2. Gebühr Nr. 3321.** Gegen den Antrag auf Restschuldbefreiung, den der Schuldner schon mit dem Insolvenzantrag oder alsbald danach gestellt hat, können Gläubiger im Schlusstermin die Versagung beantragen (§ 289 Abs. 1 InsO). Gibt das Gericht diesem Antrag nicht statt, so wird durch Beschluss die Restschuldbefreiung bei Erfüllung bestimmter Obliegenheiten (§ 295 InsO) angekündigt (§ 291 Abs. 1 InsO). Nach Eintritt der Rechtskraft dieses Beschlusses wird das Insolvenzverfahren aufgehoben (§ 289 Abs. 2 InsO). Danach kann aus verschiedenen Gründen die Versagung (§§ 296, 297, 298 InsO) oder der Widerruf (§ 303 InsO) der Restschuldbefreiung beantragt werden. Nr. 3321 bestimmt für die Tätigkeit des Rechtsanwalts sowohl des Schuldners als auch des Gläubigers in diesem Verfahren eine halbe Gebühr. Die Gebühr entsteht in Verfahren vor und nach Aufhebung des Insolvenzverfahrens. Nr. 3321 Abs. 1 stellt klar, dass das Verfahren über mehrere gleichzeitig anhängige Anträge eine Angelegenheit ist. Kommt es zu einem Verfahren nach §§ 300 Abs. 2 oder 303 Abs. 1 InsO, nachdem zuvor ein Verfahren über die Versagung der Restschuldbefreiung, auch nach § 289 Abs. 1 InsO, beendet ist, so fällt die Gebühr erneut an.

VII. Besondere Angelegenheiten im schifffahrtsrechtlichen Verteilungsverfahren (Nr. 3322 und 3323)

128 Im schifffahrtsrechtlichen Verteilungsverfahren können zusätzlich zu den Gebühren Nr. 3313/3314 und 3317/3320 in den folgenden Verfahren jeweils eine Gebühr mit dem Gebührensatz von 0,5 entstehen:
– das Verfahren über Anträge auf Zulassung der Zwangsvollstreckung nach § 17 Abs. 4 SVertO (Nr. 3322);
– das Verfahren über Anträge auf Aufhebung von Vollstreckungsmaßregeln vor dem Vollstreckungs- oder Prozessgericht gemäß §§ 8 Abs. 5 und 41 SVertO (Nr. 3323).

VIII. Gegenstandswert

129 Der Gegenstandswert bestimmt sich im Insolvenzverfahren nach § 28, im Verteilungsverfahren nach § 29. Auf die Kommentierung zu diesen Paragraphen wird Bezug genommen.

---

[114] BT Drucks. 15/1971 S. 216.

Bürgerliche Rechtsstreitigkeiten, Verfahren **VV Teil 3 Abschnitt 3**

F. Sonstige besondere Verfahren (Unterabschnitt 6)

I. Aufgebotsverfahren (Nr. 3324, 3332 und 3337)

1. Allgemeines. Die Nr. 3324 und 3332 regeln die Vergütung des Rechtsanwalts **130** im Aufgebotsverfahren. Sie treten an die Stelle von § 45 BRAGO. Anders als in § 45 BRAGO ist die gleiche Vergütung vorgesehen für die Vertretung des Antragstellers wie für die Vertretung einer anderen Person, die aus Anlass des Aufgebots (§ 947 Abs. 2 ZPO) Ansprüche oder Rechte anmeldet oder das vom Antragsteller behauptete Recht (§ 953 ZPO) bestreitet. Während § 45 BRAGO für den Vertreter des Antragstellers insgesamt vier Gebühren (Prozessgebühr, Antrag auf Erlass des Aufgebots, Antrag auf Anordnung der Zahlungssperre vor Erlass des Aufgebots, Wahrnehmung des Aufgebotstermins) und für den Vertreter einer anderen Person eine einzige Gebühr, jeweils mit dem Gebührensatz von 0,5, vorsah, können nach dem RVG für den Rechtsanwalt zwei Gebühren entstehen: die Verfahrensgebühr Nr. 3324 mit dem Gebührensatz von 1,0 und die Terminsgebühr Nr. 3332 mit dem Gebührensatz von 0,5. Der höhere Gebührensatz der Verfahrensgebühr gleicht den Wegfall von zwei Gebühren für den Vertreter des Antragstellers teilweise aus. Im Unterschied zur Prozessgebühr nach § 45 Abs. 1 Nr. 1 BRAGO wird die Verfahrensgebühr Nr. 3324 auf den Gebührensatz von 0,5 vermindert, wenn der Auftrag vorzeitig endet (Nr. 3337). Dies ist eine Folge der Erhöhung der Verfahrensgebühr und des Wegfalls der Gebühr für den Antrag auf Erlass des Aufgebots.

2. Anwendungsbereich. Die Nr. 3324 und 3332 betreffen die Aufgebotsverfahren, **131** die in den §§ 946 bis 956, 959, 977 bis 1024 ZPO geregelt sind und für die das **Amtsgericht** zuständig ist (§ 23 Nr. 2 lit. h GVG). Auch landesrechtlich zugelassene Aufgebotsfälle fallen hierunter, wenn sich das Verfahren im Wesentlichen nach diesen Vorschriften der ZPO richtet. Unerheblich ist es, wenn wegen einzelner Aufgebotsfälle geringfügige Abweichungen gelten, so zB wegen der Aufgebotsfrist oder der Art der öffentlichen Bekanntmachung (vgl. §§ 1023, 1024 ZPO, Art. 59 ScheckG, § 140 ZVG).

Nicht anwendbar sind die Gebührenvorschriften Nr. 3324 und 3332 für Aufgebote **132** und Kraftloserklärungen, die nicht von den Gerichten erlassen werden, die keine Rechtsnachteile bringen, die durch das Gesetz zu den Angelegenheiten der freiwilligen Gerichtsbarkeit gerechnet werden oder die ohne Aufgebot die Kraftloserklärung aussprechen. Es sind dies zB das Aufgebotsverfahren zwecks Todeserklärung nach dem Verschollenheitsgesetz; das Aufgebot zur Beseitigung der Doppelbuchung nach §§ 10 ff. AVO/GBO; das Aufgebot der Postsparbücher, wenn es nach § 18 Postsparkassenordnung durchgeführt wird; die private öffentliche Aufforderung der Nachlassgläubiger durch die Miterben gemäß § 2061 BGB; die Kraftloserklärung von Aktien durch die Gesellschaft nach § 73 AktG; das Aufgebot von Sparkassenbüchern, wenn es durch die Sparkasse erfolgt; Kraftloserklärungen ohne Aufgebot, zB nach §§ 176, 1507, 2361, 2368 BGB, §§ 64, 226 AktG; Aufgebote, die keine Rechtsnachteile bringen, wie zB nach §§ 1965, 2358 BGB; das Wertpapierbereinigungsverfahren.

3. Abgeltungsbereich. Die Gebühren Nr. 3324 und 3332 entgelten die gesamte **133** Tätigkeit des Rechtsanwalts **im** Aufgebotsverfahren. Das Aufgebotsverfahren endet mit dem Ausschlussurteil. Tätigkeiten des Rechtsanwalts nach Abschluss des Aufgebotsverfahrens gehören nicht mehr zum Aufgebotsverfahren und lassen neue Gebühren entstehen. So erhält der Rechtsanwalt, wenn er zB beim Grundbuchamt die Erteilung eines neuen Hypothekenbriefs beantragt, eine gesonderte Gebühr Nr. 3101 Anm. Nr. 3. Ferner können auch während des Aufgebotsverfahrens Gebühren für Tätigkeiten entstehen, die außerhalb des gerichtlichen Verfahrens liegen, so zB die Einigungsgebühr, wenn ein Vergleich zwischen den Beteiligten geschlossen wird.

134 Außerhalb des amtsgerichtlichen Aufgebotsverfahrens, für das die Gebühren Nr. 3324 und 3332 gelten, stehen das **Beschwerdeverfahren** (§ 952 Abs. 4 ZPO) und der Anfechtungsprozess (§§ 957, 958 ZPO). Die Vergütung bestimmt sich für ersteres nach Nr. 3500/3513, im letzten Fall liegt ein ordentlicher Rechtsstreit vor, und es gelten die Gebühren des Abschnitts 1.

135 **4. Gebühren im Aufgebotsverfahren. a) Verfahrensgebühr (Nr. 3324).** Die Verfahrensgebühr ist für das Betreiben des Geschäfts im Allgemeinen, einschließlich der Information, bestimmt (Vorbem. 3 Abs. 2). Das Geschäft ist hier das (amtsgerichtliche) Aufgebotsverfahren einschließlich eines etwaigen vorausgehenden Verfahrens auf Anordnung der Zahlungssperre (§ 1020 ZPO). Die Gebühr entgilt alle beim Betreiben des Aufgebotsverfahrens vorkommenden Tätigkeiten, die nicht von der Terminsgebühr (Nr. 3332) erfasst sind. Das sind außer der Entgegennahme oder Erholung der Information der Antrag auf Erlass des Aufgebots (§ 947 ZPO), die Mitwirkung bei angeordneten Ermittlungen (§§ 952 Abs. 3, 986 Abs. 3 ZPO), der schriftliche Antrag auf Erlass des Ausschlussurteils (§ 952 Abs. 2 ZPO), der Antrag auf Erlass der Zahlungssperre (§§ 1019, 1020 ZPO). Die Verfahrensgebühr entsteht auch für die Vertretung einer anderen Person als des Antragstellers. In Betracht kommen hier Personen, die aus Anlass der in dem Aufgebot enthaltenen Aufforderung ihre vermeintlichen Ansprüche und Rechte anzumelden haben. Die Gebühr entgilt die gesamte Tätigkeit in dem Aufgebotsverfahren, insbesondere die Information und die schriftliche Anmeldung (vgl. zB §§ 953, 996 ZPO). Wird der Rechtsanwalt für mehrere Auftraggeber tätig, so erhöht sich die Verfahrensgebühr durch jeden weiteren Auftraggeber um 0,3, wenn der Gegenstand für alle Auftraggeber derselbe ist (Nr. 1008).

136 **b) Verminderte Verfahrensgebühr (Nr. 3337).** Die Verfahrensgebühr ist auf den Gebührensatz von 0,5 vermindert, wenn der Auftrag endet, bevor der Rechtsanwalt den das Verfahren einleitenden Schriftsatz oder einen Schriftsatz, der einen Sachantrag, Sachvortrag oder die Zurücknahme des Antrags enthält, einreicht oder bevor er für seine Partei einen gerichtlichen Termin wahrgenommen hat (Nr. 3337 Anm. Nr. 1). Der das Verfahren einleitende Schriftsatz ist hier der Antrag auf Erlass des Aufgebots. Im Übrigen wird auf Abschnitt 1 Rn. 20 bis 30 Bezug genommen. Die Voraussetzungen von Nr. 3337 Anm. Nr. 2 sind im Aufgebotsverfahren kaum denkbar.

137 **c) Terminsgebühr (Nr. 3332).** Die Terminsgebühr entsteht durch die Wahrnehmung des Aufgebotstermins sowohl dem Vertreter des Auftraggebers, als auch dem Vertreter einer anderen Person (vgl. Rn. 130). Aufgebotstermin ist sowohl der nach § 947 Abs. 2 Nr. 4 ZPO bestimmte erste Termin als auch ein etwa wegen Ermittlungen nach § 952 Abs. 2 ZPO, infolge der Aussetzung nach § 953 ZPO oder wegen Säumnis des Antragstellers nach §§ 954, 955 ZPO bestimmter neuer Termin. Die Gebühr gilt die Wahrnehmung aller Aufgebotstermine ab. Sie entsteht mit dem Erscheinen im Termin. Erscheint der Rechtsanwalt nicht in einem der Termine, sondern stellt er lediglich schriftlich den Antrag (§ 952 Abs. 2 ZPO), so erhält er die Gebühr nicht.

5. Gegenstandswert. a) Gegenstand. Das Aufgebot richtet sich auf den Ausschluss des unbekannten Eigentümers oder sonstiger unbekannter Berechtigter, d. h. den Verlust ihres Rechts und dessen Übergang auf den Antragsteller (Rn. 139 unter aa und bb) oder die Beseitigung oder Beschränkung der Haftung für nicht angemeldete Forderungen (Rn. 139 unter cc) oder die Kraftloserklärung verloren gegangener Urkunden, um das darin verbriefte Recht ohne die Urkunde geltend machen zu können (Rn. 139 unter dd). Das Aufgebotsverfahren ist danach gerichtet auf eine allen gegenüber wirksame Feststellung des Bestehens des Rechts des Antragstellers oder seiner Freiheit von Rechten Dritter oder auf Feststellung der Nichthaftung oder der Beschränkung der Haftung einer Vermögensmasse für die nicht angemeldeten Forderungen oder auf Feststellung des Rechts aus der verloren gegangenen Urkunde für den Antragsteller.[115] Durch das Aufgebot wird das Recht selbst nicht geltend gemacht, sondern nur sein etwaiges Bestehen gesichert.[116]

138

b) Wert. Der Wert des Gegenstands ist nach dem Interesse des **Antragstellers** zu schätzen (§ 3 ZPO). Die hM hat für die einzelnen Fälle folgende Faustregeln entwickelt:

139

aa) Aufgebot zur Ausschließung eines Grundstückseigentümers oder des Eigentümers eines eingetragenen Schiffs oder Schiffsbauwerks (§§ 977 bis 981 a ZPO): Die hM nimmt an, dass sich das Interesse mit dem Grundstückswert deckt.[117]

bb) Aufgebot zur Ausschließung von Hypotheken-, Grundschuld- und Rentenschuldgläubigern, Schiffshypothekengläubigern, Vormerkungs-, Vorkaufs-, Reallastberechtigten sowie Schiffs- und Kabelpfandgläubigern (§§ 982 bis 988 ZPO): Die hM bemisst den Wert nach der auszuschließenden Forderung zuzüglich Zinsen und Kosten, wenn nicht der Wert des Grundstücks, Schiffs usw. geringer ist;[118]

cc) Aufgebot zur Ausschließung von Nachlassgläubigern, Gesamtgläubigern und Schiffsgläubigern (§§ 989 bis 1002 ZPO): Die hM bemisst das Interesse nach dem Unterschied in der Vermögensbelastung; je nachdem, ob die Haftung besteht oder nicht;[119]

dd) Aufgebot zur Kraftloserklärung von Urkunden (§§ 1003 bis 1023 ZPO): Bei Wertpapieren (§ 1004 Abs. 1 ZPO) legt die hM einen Bruchteil des Nennbetrages (10 bis 20 %) zugrunde.[120] Bei Legitimations- und Beweisurkunden (§ 1004 Abs. 2 ZPO) schätzt die hM das Interesse am Besitz des Beweismittels auf 10 bis 20 % des Nennbetrags der Forderung.[121] Bei der Vertretung einer anderen Person ist für den Gegenstandswert der Wert des angemeldeten oder dem Antragsteller entgegengesetzten Rechts zu berücksichtigen.[122]

---

[115] *Rosenberg/Schwab/Gottwald* Zivilprozessrecht § 170 I 2.
[116] *Baumbach/Lauterbach/Albers/Hartmann* § 946 ZPO Rn. 5.
[117] *Hartmann* VV 3324 Rn. 7; *Hillach/Rohs* § 81 B; *Schneider* Streitwert Rn. 297.
[118] *Hillach/Rohs* § 81 C; aA – 10 bis 20 % der Forderung: *Schneider* Streitwert Rn. 298.
[119] *Hillach/Rohs* § 81 E.
[120] *Hillach/Rohs* § 81 A I; *Schneider* Streitwert Rn. 298.
[121] LG Berlin Rpfleger 1988, 548; *Hillach/Rohs* § 81 A I.
[122] *Hillach/Rohs* § 81 F.

VV Teil 3 Abschnitt 3

II. Verfahren nach § 319 Abs. 6 AktG und § 16 Abs. 3 UmwG (Nr. 3325, 3332 und 3337)

140 **1. Grundsätze.** Die Nr. 3325, 3332 und 3337 regeln die Vergütung des Rechtsanwalts für das Verfahren zur Herbeiführung des Gerichtsbeschlusses, dass die Klage gegen die Eingliederung (§ 319 Abs. 6 AktG), die Übertragung von Minderheitsaktien oder die Verschmelzung (§ 16 Abs. 3 UmwG) deren Eintragung in ein Register nicht entgegensteht. Die Regelung entspricht § 42 BRAGO, jedoch ist die Verfahrensgebühr (Nr. 3325) gegenüber der Prozessgebühr des § 42 BRAGO im Gebührensatz von 0,5 auf 0,75 erhöht worden. Die Gebührenerhöhung soll dem erheblichen Aufwand des Rechtsanwalts in diesen Verfahren besser gerecht werden.[123]

141 **2. Allgemeines. a) Verfahren nach §§ 319 Abs. 6, 327e Abs. 2 AktG und § 16 Abs. 3 UmwG.** Nach § 13 Abs. 1 UmwG bedarf der Verschmelzungsvertrag zu seiner Wirksamkeit der Zustimmung der Anteilsinhaber der beteiligten Rechtsträger. Gegen die Wirksamkeit des Verschmelzungsbeschlusses kann binnen eines Monats Klage erhoben werden. Desgleichen können die Eingliederungsbeschlüsse der Hauptversammlungen der beteiligten Aktiengesellschaften nach § 319 Abs. 1 und Abs. 2 AktG und ein Übertragungsbeschluss der Hauptversammlung nach § 327a Abs. 1 AktG gemäß § 246 AktG durch Klage angefochten werden. Sowohl die Verschmelzung als auch die Eingliederung und Übertragung sind zum Handelsregister bzw. zum Genossenschafts-, Partnerschafts- oder Vereinsregister anzumelden. Die Verschmelzung, die Übertragung oder die Eingliederung darf jedoch nicht eingetragen werden, wenn gegen die Wirksamkeit des betreffenden Hauptversammlungsbeschlusses Klage erhoben ist (§ 16 Abs. 2 UmwG, §§ 319 Abs. 5, 327e Abs. 2 AktG). Das Gericht der Hauptsache kann jedoch nach Erhebung der Klage auf Antrag der Gesellschaft oder des sonstigen Rechtsträgers, gegen den sich die Klage richtet, beschließen, dass die Erhebung der Klage der Eintragung nicht entgegensteht. Der Beschluss darf nur unter engen Voraussetzungen ergehen. Die erforderlichen Tatsachen sind glaubhaft zu machen. Der Beschluss kann in dringenden Fällen ohne mündliche Verhandlung ergehen. Gegen den Beschluss findet die Beschwerde statt (§ 16 Abs. 3 UmwG, § 319 Abs. 6 AktG).

142 **b) Anwendungsbereich.** Die Nr. 3325, 3332 und 3337 regeln die Vergütung für die anwaltliche Tätigkeit im Verfahren zur Erwirkung des Beschlusses über die Zulässigkeit der Eintragung. Das Verfahren ist gebührenrechtlich gegenüber dem Hauptprozess eine besondere Angelegenheit. Die Gebühren entstehen daher unabhängig von den Gebühren in der Hauptsache und sind auf diese auch nicht anzurechnen. Die Regelung gilt sowohl für den Anwalt der beklagten Gesellschaft oder des sonstigen beklagten Rechtsträgers, als auch für den Anwalt des Klägers. Für das Beschwerdeverfahren (§ 16 Abs. 3 S. 5 UmwG, § 319 Abs. 6 S. 5 AktG) erhält der Rechtsanwalt die Vergütung Nr. 3500.

143 **3. Gebührenregelung.** Die Verfahrensgebühr (Nr. 3325) entsteht, sobald der Rechtsanwalt nach Erteilung des Auftrags irgendeine Tätigkeit entfaltet. Die Verfahrensgebühr ermäßigt sich auf den Gebührensatz von 0,5, wenn der Rechtsanwalt keine der in Nr. 3337 Anm. Nr. 1 genannten Tätigkeiten vornimmt. Der Tatbestand Nr. 3337

---

[123] BT-Drucks. 15/1971 S. 217.

Bürgerliche Rechtsstreitigkeiten, Verfahren **VV Teil 3 Abschnitt 3**

Anm. Nr. 2 kann im Verfahren über die Zulassung der Eintragung nicht erfüllt werden. Die Terminsgebühr (Nr. 3332) setzt voraus, dass das Gericht zur Verhandlung über den Antrag Termin zur mündlichen Verhandlung anberaumt und der Rechtsanwalt diesen Termin wahrnimmt oder dass er an einer außergerichtlichen Besprechung zur Vermeidung oder Erledigung des Verfahrens teilnimmt; Ziel der Besprechung muss die Vermeidung oder Erledigung des Streites über die Zulässigkeit der Registereintragung sein. Wird gemäß § 16 Abs. 3 S. 3 UmwG, § 319 Abs. 6 S. 3 AktG ohne mündliche Verhandlung entschieden, so entsteht keine Terminsgebühr; Nr. 3104 Abs. 1 Nr. 1 ist hier nicht anwendbar.

4. Gegenstandswert. Der Gegenstandswert ist nach § 23 Abs. 1 i.V.m. § 53 Abs. 1 Nr. 4 und 5 GKG nach § 3 ZPO zu bestimmen. Er darf ein Zehntel des Grund- oder Stammkapitals des übertragenden Rechtsträgers, oder, wenn dieser ein Grund- oder Stammkapital nicht hat, ein Zehntel des Vermögens, höchstens 500 000 Euro, nur ausnahmsweise übersteigen, wenn die Bedeutung der Sache für die Parteien höher zu bewerten ist. **144**

III. Verfahren vor dem Arbeitsgericht in schiedsgerichtlichen Verfahren (Nr. 3326, 3332 und 3337)

Im Verfahren vor dem Schiedsgericht in Arbeitsstreitigkeiten (§§ 101 ff. ArbGG) erhält der Rechtsanwalt für Tätigkeiten, die sich auf Verfahren vor dem Arbeitsgericht zur Bestimmung einer Frist bei Verzögerung des Schiedsverfahrens (§ 102 Abs. 3 ArbGG), über die Ablehnung eines Schiedsrichters (§ 103 Abs. 3 ArbGG) und über die Vornahme einer Beweisaufnahme oder einer Vereidigung (§ 106 Abs. 2 ArbGG) beschränken, die Verfahrensgebühr Nr. 3326 mit dem Gebührensatz von 0,75 und die Terminsgebühr Nr. 3332 mit dem Gebührensatz von 0,5. Die Verfahrensgebühr entsteht, sobald der Rechtsanwalt aufgrund seines Auftrages in einem dieser Verfahren tätig wird. Die gesamte Tätigkeit des Rechtsanwalts in allen genannten Verfahren, die gebührenrechtlich eine Einheit bilden, wird mit den Gebühren Nr. 3326 und 3332 abgegolten. Die Verfahrensgebühr ermäßigt sich auf den Gebührensatz von 0,5, wenn der Rechtsanwalt keine der in Nr. 3337 Anm. Nr. 1 genannten Tätigkeiten vornimmt. Dies gilt jedoch nur für den Rechtsanwalt, dessen Tätigkeit sich auf die Verfahren vor dem Arbeitsgericht beschränkt; denn die Verfahren vor dem Arbeitsgericht sind zusammen mit dem Verfahren vor dem Schiedsgericht eine Angelegenheit (§ 16 Nr. 11). Der Prozessbevollmächtigte im schiedsgerichtlichen Verfahren erhält nach § 36 Abs. 1 Nr. 2 die Gebühren des Abschnitts 1 und 2, mit denen auch die Tätigkeit in Verfahren vor dem Arbeitsgericht abgegolten werden. War jedoch im schiedsgerichtlichen Verfahren noch keine Terminsgebühr entstanden, so begründet die Wahrnehmung eines Termins beim Arbeitsgericht, zB eines Beweistermins nach § 106 Abs. 2 ArbGG, die Terminsgebühr Nr. 3104. **145**

IV. Bestellung und Ablehnung von Schiedsrichtern, richterliche Handlungen (Nr. 3327, 3332 und 3337)

1. Allgemeines. Die Nr. 3327, 3332 und 3337 gelten für die Tätigkeiten des Rechtsanwalts, welche gerichtliche Entscheidungen über die Bestellung (§§ 1034 Abs. 2, 1035 Abs. 3, 4, 1039 ZPO) oder die Ablehnung (§ 1037 Abs. 3 ZPO) eines **146**

VV Teil 3 Abschnitt 3

Schiedsrichters, gerichtliche Entscheidungen über die Beendigung des Schiedsrichteramtes (§ 1038 Abs. 1 S. 2 ZPO) und die Vornahme der von den Schiedsrichtern für erforderlich erachteten richterlichen Handlungen (§ 1050 ZPO) betreffen. Mit der Vollstreckbarerklärung von Schiedssprüchen und Anwaltsvergleichen hat die Vorschrift nichts zu tun; für sie gelten die Gebühren des Abschnitts 1 (vgl. Vorbem. 3 Rn. 2 und Abschnitt 1 Rn. 5 unter n). Insofern ist der Wortlaut der Nr. 3327 irreführend.[124]

147   **2. Gebührenregelung.** Die in Nr. 3327, 3332 bestimmten Gebühren erhält der Rechtsanwalt nur, wenn seine Tätigkeit **ausschließlich** die Rn. 146 genannten richterlichen Anordnungen betrifft. Es handelt sich daher um Gebühren für Einzeltätigkeiten, die nicht auch ein mit der Vertretung im schiedsrichterlichen Verfahren im Ganzen beauftragter Rechtsanwalt erhält. Dieser wird vielmehr mit den Gebühren, die er für das schiedsrichterliche Verfahren erhält (§ 36 Abs. 1), auch für die Mitwirkung bei den hier behandelten Hilfsverrichtungen staatlicher Gerichte abgefunden (§ 16 Nr. 10). Die Gebühren Nr. 3327 und 3332 entgelten sowohl die auf die Herbeiführung der gerichtlichen Entscheidung oder Handlung gerichtete Tätigkeit als auch die Mitwirkung bei der Handlung (zB die Wahrnehmung des Termins zur Vernehmung oder Vereidigung des Zeugen).

148   Werden in demselben schiedsrichterlichen Verfahren mehrere Anträge auf Bestellung oder Ablehnung eines Schiedsrichters oder auf Vornahme einer richterlichen Handlung gestellt, so handelt es sich um eine Angelegenheit. Das ergibt sich bereits aus der Zusammenfassung verschiedener Tätigkeiten in einem Gebührentatbestand, mittelbar aber auch aus § 16 Nr. 10. Zwar betrifft § 16 Nr. 10 die Tätigkeit eines Rechtsanwalts, der sowohl mit dem schiedsrichterlichen Verfahren, als auch mit den in Nr. 3327 genannten Tätigkeiten in gerichtlichen Verfahren beauftragt ist. Es wäre jedoch widersprüchlich, die Gesamtheit aller in Nr. 3327 genannten Tätigkeiten zusammen mit dem schiedsrichterlichen Verfahren als eine Angelegenheit zu bewerten, bei spezieller Vertretung jedoch für die Tätigkeiten nach Nr. 3327 verschiedene Angelegenheiten anzunehmen.

149   Die Verfahrensgebühr hat einen Gebührensatz von 0,75. Sie ermäßigt sich auf den Gebührensatz von 0,5, wenn der Auftrag endet, bevor der Rechtsanwalt eine der in Nr. 3337 Anm. Nr. 1 genannten Tätigkeiten vorgenommen hat.

150   **3. Gegenstandswert.** Handelt es sich um die **Ernennung oder Ablehnung von Schiedsrichtern**, so wird hierdurch nicht der in dem Schiedsverfahren geltend zu machende Anspruch selbst zum Gegenstand des gerichtlichen Verfahrens; denn dieser betrifft nur die Frage, welche Schiedsrichter bei der Entscheidung des Schiedsgerichtes mitzuwirken haben. Der Wert des Gegenstands ist nach dem Interesse des Antragstellers daran zu schätzen, dass bestimmte Personen bei dem Schiedsspruch mitwirken oder nicht; der Wert dieses Interesses ist in der Regel erheblich geringer als der Wert des Hauptanspruchs.[125] Bei der Ablehnung eines Schiedsrichters richtet sich der Gegenstandswert wie bei der Richterablehnung nach § 3 ZPO; er ist mit einem Bruchteil des Wertes der Hauptsache zu bewerten.[126]

---

[124] Vgl. *Hartung/Römermann* § 36 Rn. 17 und 18; *Gerold/Schmidt/Müller-Rabe* VV 3327 Rn. 1 und 2.

[125] *Hillach/Rohs* § 82 B und C; *Schneider* Streitwert Rn. 4004; aA *Baumbach/Lauterbach/Albers/Hartmann* nach § 12 GKG Anh. I § 3 ZPO Rn. 11.

[126] Vgl. OLG Hamburg MDR 1990, 58; OLG Koblenz JurBüro 1991, 503; OLG Frankfurt NJW-RR 1994, 957; Hess. VGH JurBüro 1993, 108; VGH Mannheim NVwZ-RR 1994, 303; aA – Wert der Hauptsache – BGH NJW 1968, 796; OLG Düsseldorf NJW-RR 1994, 1086.

Bürgerliche Rechtsstreitigkeiten, Verfahren **VV Teil 3 Abschnitt 3**

Handelt es sich dagegen um die **Anordnung richterlicher Handlungen**, so ist der 151
Streitwert des schiedsgerichtlichen Verfahrens maßgebend; bei Beweisanordnungen, die nur einen Teil des Gegenstands betreffen, dieser Teil.

V. Vorläufige Einstellung, Beschränkung oder Aufhebung der Zwangsvollstreckung (Nr. 3328, 3332)

1. Grundgedanke. Nach § 19 Abs. 1 Nr. 11 gehören die vorläufige Einstellung, 152
Beschränkung oder Aufhebung der Zwangsvollstreckung zum Rechtszug, wenn nicht eine abgesonderte mündliche Verhandlung hierüber stattfindet. Mit dieser Vorschrift sind Nr. 3328 und 3332 **abgestimmt,** nach denen eine Verfahrensgebühr und eine Terminsgebühr mit einem Gebührensatz von jeweils 0,5 entstehen, **wenn** über die vorläufige Einstellung, Beschränkung oder Aufhebung der Zwangsvollstreckung abgesondert mündlich verhandelt wird (Nr. 3328 Anm. S. 1). Die Vorschriften Nr. 3328, 3332 entsprechen § 49 Abs. 1 BRAGO, jedoch ist der Gebührensatz erhöht.

2. Allgemeines. Die Vollstreckung einer angefochtenen Entscheidung kann in 153
zahlreichen Fällen durch eine Anordnung des mit dem Rechtsmittel befassten Gerichts der Hauptsache bis zur Entscheidung über das Rechtsmittel vorläufig eingestellt werden; ferner können Beschränkungen der Vollstreckung angeordnet werden, zB, dass die Zwangsvollstreckung nur gegen Sicherheitsleistung stattfinden darf, und es kann angeordnet werden, dass Vollstreckungsmaßregeln gegen Sicherheitsleistung aufzuheben sind. Solche einstweiligen Anordnungen, die die Zwangsvollstreckung vorläufig einstellen, sie beschränken oder Vollstreckungsmaßregeln aufheben, kommen auch bei anderen Rechtsbehelfen als Rechtsmitteln vor, zB bei dem Einspruch gegen ein Versäumnisurteil oder einen Vollstreckungsbescheid, bei dem Widerspruch gegen den Arrest oder die einstweilige Verfügung, bei Vollstreckungsgegenklagen, Widerspruchsklagen, Nichtigkeitsklagen, Restitutionsklagen und bei dem Antrag auf Wiedereinsetzung in den vorigen Stand (vgl. zB §§ 707, 719, 769, 770, 771 Abs. 3, 785, 786, 805 Abs. 4, 810, 924 Abs. 2 ZPO).

Nr. 3328 betrifft **nur** Einstellungsverfahren, die in einem Prozess mit **obligatori-** 154
scher mündlicher Verhandlung von dem Gericht der Hauptsache durchgeführt werden. Daher scheiden die Fälle der §§ 732 Abs. 2 und § 1065 Abs. 2 ZPO aus. Einstellungsverfahren vor dem Vollstreckungsgericht sind Angelegenheiten der Zwangsvollstreckung; lediglich die Anmerkung Satz 2 betrifft auch solche Verfahren.

Nicht anwendbar sind die Nr. 3328, 3332 auch auf die **abgesonderte Verhandlung** 155
vor dem Berufungsgericht über die vorläufige Vollstreckbarkeit nach **§ 718 ZPO;**[127] denn diese abgesonderte Verhandlung ist ein Zwischenstreit im Berufungsverfahren, der nach § 19 Abs. 1 Nr. 3 zum Rechtszug gehört.

3. Gebührenregelung. a) Abgesonderte Verhandlung vor dem Hauptsache- 156
gericht. Das Einstellungsverfahren rechnet, wenn keine abgesonderte mündliche Verhandlung stattfindet, zum Rechtszug der **Hauptsache** (§ 19 Abs. 1 Nr. 11). Die Tätigkeit des Prozessbevollmächtigten für das Einstellungsverfahren wird daher durch die Gebühren des Abschnitts 1 oder 2 abgegolten. Findet dagegen über den Einstellungsantrag eine abgesonderte mündliche Verhandlung statt, so erhält der Rechtsanwalt eine Verfahrensgebühr und eine Terminsgebühr, jeweils mit dem Gebührensatz

---

[127] OLG Hamm Rpfleger 1975, 70

VV Teil 3 Abschnitt 3 *Vergütungsverzeichnis*

von 0,5. Diese Gebühren entstehen also neben den sonstigen Gebühren für den Prozessbevollmächtigten nur unter zwei Voraussetzungen:

aa) Über den Antrag auf Einstellung der Zwangsvollstreckung muss **mündlich** verhandelt werden.

bb) Die mündliche Verhandlung über die Einstellungsfrage muss von der mündlichen Verhandlung über die Hauptsache **abgesondert** sein.

Da es im Ermessen des Prozessgerichts steht, ob es die Anordnung aufgrund einer mündlichen Verhandlung oder im schriftlichen Verfahren erlässt und ob es eine mündliche Verhandlung zusammen mit der Verhandlung über die Hauptsache oder abgesondert abhält, bedarf es einer **Anordnung des Gerichts**, dass abgesondert, d. h. getrennt von der Verhandlung über die Hauptsache, über die Einstellungsfrage mündlich zu verhandeln ist, wobei die Anordnung in der Bereitschaft des Gerichts zu dieser Verhandlung liegen kann. Jedoch begründet die Anordnung des Gerichts noch keine Gebühr. Vielmehr ist erforderlich, dass die Verhandlung, und zwar abgesondert, auch **stattfindet**. Findet eine solche abgesonderte mündliche Verhandlung über die Einstellungsfrage statt, so entstehen für den Rechtsanwalt des Antragstellers und den Rechtsanwalt des Antragsgegners mit ihrer ersten Tätigkeit nach dem Beginn dieser Verhandlung die Verfahrensgebühr Nr. 3328 und zugleich die Terminsgebühr Nr. 3332. Für die Gebühren ist es **unerheblich,** ob streitig oder nichtstreitig oder nur zur Prozess- und Sachleitung verhandelt wird. Die nach Nr. 3337 verminderte Verfahrensgebühr kann nicht entstehen.

157 **b) Antrag zum Vollstreckungsgericht (Nr. 3328 Anm. S. 2)**. Wird der Antrag bei dem Vollstreckungsgericht gestellt (vgl. § 769 Abs. 2 ZPO), so trifft weder Nr. 3328 noch § 19 Abs. 1 Nr. 11 zu. Denn diese Vorschriften setzen voraus, dass die Einstellung bei dem Gericht der Hauptsache beantragt wird; nur vor diesem kann eine „abgesonderte" mündliche Verhandlung über die Einstellungsfrage stattfinden. Vielmehr handelt es sich in dem Verfahren vor dem Vollstreckungsgericht um eine Angelegenheit der Zwangsvollstreckung, für die die Gebühren Nr. 3309, 3310 entstehen können. Dabei bildet die Einstellung zusammen mit allen bereits laufenden Vollstreckungsmaßnahmen eine einzige Gebührenangelegenheit (§§ 18 Nr. 3, 19 Abs. 2 Nr. 5). Jedoch erhält der Rechtsanwalt, der auch vor dem Prozessgericht im Einstellungsverfahren tätig wird, die Verfahrensgebühr nur einmal (Nr. 3328 Anm. S. 2). Das kann nur bedeuten, dass bei abgesonderter mündlicher Verhandlung neben der Verfahrensgebühr Nr. 3328 die im Gebührensatz niedrigere Verfahrensgebühr Nr. 3309 nicht entsteht oder nachträglich entfällt.

158 **4. Gegenstandswert.** Die Entscheidung über Anträge auf vorläufige Einstellung, Beschränkung oder Aufhebung der Zwangsvollstreckung ist, wenn sie von dem Prozessgericht erlassen wird, kein Akt der Zwangsvollstreckung. Nach der früher herrschenden Auffassung entspricht der Gegenstandswert dem Wert der Hauptsache insoweit, als wegen dieser die Einstellung, Beschränkung oder Aufhebung der Zwangsvollstreckung beantragt ist.[128] Nach inzwischen herrschend gewordener Auffassung ist der Gegenstandswert nach § 3 ZPO auf einen Bruchteil – meist $1/5$ – des Hauptsachenwertes zu bestimmen.[129] Dieser Auffassung ist der Vorzug zu geben, da das Verfahren nur die vorläufige Vollstreckbarkeit des Titels zum Gegenstand hat.

---

[128] BGHZ 10, 249.
[129] BGH KostRspr. ZPO § 3 Nr. 642; NJW 1991, 2280; OLG Koblenz JurBüro 1991, 109; *Schneider* Streitwert Rn. 1309 f.; *Hillach-Rohs* § 70 C I; *Gerold/Schmidt/Müller-Rabe* VV 3328 Rn. 24.

Bürgerliche Rechtsstreitigkeiten, Verfahren **VV Teil 3 Abschnitt 3**

5. Kostenerstattung. Die vorläufige Anordnung und der Prozess stehen in nahen 159
Beziehungen zueinander; die Einstellung ist zur zweckentsprechenden Rechtsverfolgung notwendig. Die Kosten sind daher Teil der Prozesskosten.[130] Dies gilt auch für Anordnungen des Vollstreckungsgerichts jedenfalls dann, wenn das Prozessgericht bei der Entscheidung über die Kosten von dem Einstellungsverfahren Kenntnis hatte. Ob für die Kosten auch nach § 717 Abs. 2 ZPO Ersatz verlangt werden kann, ist für ihre Festsetzung belanglos, solange die Kosten nicht durch das Urteil aufgrund § 717 Abs. 2 S. 2 ZPO zugesprochen worden sind. Ist dies allerdings geschehen, so muss die Entscheidung über die Kosten des Rechtsstreits dahin ausgelegt werden, dass sie die Einstellungskosten nicht erfasst.

VI. Vollstreckbarerklärung nicht angefochtener Teile des Urteils (Nr. 3329, 3332)

1. Grundgedanke. Das Verfahren vor dem Berufungs- oder Revisionsgericht auf 160
Vollstreckbarerklärung der durch Rechtsmittelanträge nicht angefochtenen Teile eines Urteils (§§ 537, 558 ZPO) rechnet zwar zum Rechtsmittelrechtszug (§ 19 Abs. 1 Nr. 9); der Gegenstand dieses Verfahrens und der Prozessgegenstand der Hauptsache sind aber verschieden, solange nicht das Rechtsmittel auf den bisher noch nicht angefochtenen Teil des Urteils ausgedehnt wird. Da es sich weder rechtfertigt, dem Prozessbevollmächtigten der Rechtsmittelinstanz auch für den nicht angefochtenen Teil die vollen Gebühren zuzubilligen, noch eine Vergütung für diesen Teilgegenstand zu versagen, bestimmen die Nr. 3329 und 3332, dass der Rechtsanwalt für die Vollstreckbarerklärung die Gebühren mit dem Gebührensatz von 0,5 erhält. Nr. 3329 entspricht § 49 Abs. 2 BRAGO, jedoch ist der Gebührensatz von 0,39 auf 0,5 erhöht. Die Terminsgebühr Nr. 3332 ist neu.

2. Vollstreckbarerklärung. Die rechtzeitige Einlegung einer Berufung oder Revi- 161
sion hemmt den Eintritt der Rechtskraft (§ 705 ZPO), und zwar auch insoweit, als das Urteil mit diesen Rechtsmitteln nicht angegriffen wird, solange eine Partei auch diesen Teil durch Erweiterung des Rechtsmittels oder durch Anschließung an das Rechtsmittel der Nachprüfung durch das Rechtsmittelgericht unterwerfen kann. Daher sehen §§ 537, 558 ZPO vor, dass das Rechtsmittelgericht auf Antrag ein nicht oder nicht unbedingt für vollstreckbar erklärtes Urteil, soweit es durch die Rechtsmittelanträge nicht angefochten ist, durch Beschluss für vorläufig vollstreckbar erklärt.

3. Verfahrensgebühr (Nr. 3329). Da der Prozessbevollmächtigte der Rechtsmit- 162
telinstanz die Gebühren des Abschnitts 2 nur von dem **Wert des Beschwerdegegenstands**, also von dem mit den Rechtsmittelanträgen angefochtenen Teil des Urteilsgegenstands, erhält, der **Wert des nicht angefochtenen Teils** bei der Berechnung dieser Gebühren also unberücksichtigt bleibt, gewährt ihm Nr. 3329 zusätzlich eine halbe Verfahrensgebühr für die Tätigkeit, die die vorläufige Vollstreckbarkeit der nicht angefochtenen Teile des Urteilsgegenstands betrifft.

Doch erwächst diese zusätzliche Gebühr **nur** in den Fällen der §§ 537, 558 ZPO. 163
Sonstige Verfahren, in denen von dem Rechtsmittelgericht das angefochtene Urteil für vorläufig vollstreckbar erklärt wird, werden von den Gebühren des Abschnitts 2 mitumfasst, da diese Verfahren auch gebührenmäßig zum Rechtsmittelrechtszug ge-

---

[130] RGZ 50, 356.

VV Teil 3 Abschnitt 3 *Vergütungsverzeichnis*

hören (vgl. § 19 Abs. 1 Nr. 9) und besondere Gebühren dafür nicht bestimmt sind (§ 15 Abs. 1).

164   **4. Terminsgebühr (Nr. 3332).** Nr. 3332 sieht für das Verfahren auf Vollstreckbarerklärung des nicht angefochtenen Teiles des Urteils eine Terminsgebühr vor. Nach Vorbem. 3 Abs. 3 ist Voraussetzung für die Entstehung der Terminsgebühr die Vertretung in einem Verhandlungs- oder Erörterungstermin – die anderen Varianten der Vorbem. 3 Abs. 3 kommen bei dem Verfahren auf Vollstreckbarerklärung nicht in Betracht. Zwar genügt für die Entstehung der Terminsgebühr die Wahrnehmung eines Termins, den das Gericht zur Verhandlung oder Erörterung des Streitgegenstandes bestimmt hat (Vorbem. 3 Rn. 46). Da jedoch über den Antrag auf Vollstreckbarerklärung durch Beschluss entschieden wird (§§ 537 Abs. 1 S. 1, 558 S. 1 ZPO), der ohne mündliche Verhandlung ergehen kann (§ 128 Abs. 4 ZPO), ist im Zweifel davon auszugehen, dass ein Termin des Rechtsmittelgerichtes nicht zur Verhandlung oder Erörterung des Antrags auf Vollstreckbarerklärung bestimmt ist. Im Ergebnis wird daher die Terminsgebühr nur entstehen, wenn der Antrag in der mündlichen Verhandlung gestellt wird. In diesem Falle erwächst sie auch dem Prozessbevollmächtigten des Gegners, auch wenn er dem Antrag nicht entgegentritt.

165   **5. Spätere Erweiterung des Rechtsmittels.** Wird das Rechtsmittel später auf die **bisher nicht angefochtenen Teile des Urteils erstreckt**, so werden die Gebühren, weil das Vollstreckbarkeitsverfahren zum laufenden Rechtszug gehört (§ 19 Abs. 1 Nr. 9, § 15 Abs. 2), auf die durch die Erstreckung des Rechtsmittels erhöhten Gebühren angerechnet.[131] Ebenso, wenn für den nicht angefochtenen Teil des erstinstanzlichen Urteils eine Verfahrensgebühr Nr. 3201 Anm. Nr. 2 oder 3207 entsteht, weil dieser in einen Vergleich vor dem Berufungsgericht miteinbezogen wird.[132]

166   **6. Gegenstandswert.** Der Wert des Gegenstands wird bestimmt durch den Inhalt des nichtangefochtenen Teils des Urteils.[133]

167   **7. Kostenerstattung.** Bei den Kosten für die Vollstreckbarerklärung handelt es sich weder um Kosten der Zwangsvollstreckung noch um Kosten des ersten Rechtszugs (unbestritten). Ob diese Kosten von der Kostenentscheidung des Rechtsmittelgerichts erfasst werden, ist umstritten. Es erscheint daher zweckmäßig, die Vollstreckbarkeitsentscheidung mit einer eigenen Kostenentscheidung zu versehen.[134]

VII. Rüge wegen Verletzung des Anspruchs auf rechtliches Gehör (Nr. 3330 und 3332)

168   **1. Allgemeines.** Im Verfahren über eine Rüge wegen Verletzung des Anspruchs auf rechtliches Gehör nach § 321a ZPO erhält der Rechtsanwalt eine Verfahrensgebühr Nr. 3330 und eine Terminsgebühr Nr. 3332, jeweils mit einem Gebührensatz von 0,5. Da das Verfahren wegen Verletzung des Anspruchs auf rechtliches Gehör nach § 19 Abs. 1 Nr. 5 zum Rechtszug gehört, wird die Tätigkeit des Prozessbevollmächtigten in

---

131 *Gerold/Schmidt/Müller-Rabe* VV 3329 Rn. 3.
132 OLG Hamburg MDR 1982, 945.
133 *Hillach/Rohs* § 70 A V; *Gerold/Schmidt/Müller-Rabe* VV 3329 Rn. 12; aA – ein Bruchteil des Wertes –: OLG Hamm FamRZ 1994, 248; OLG Frankfurt JurBüro 1996, 312.
134 OLG Hamm NJW 1972, 2314; SchlHOLG SchlHA 1980, 188; OLG München JurBüro 1993, 156; *Gerold/Schmidt/Müller-Rabe* VV 3329 Rn. 13.

Bürgerliche Rechtsstreitigkeiten, Verfahren **VV Teil 3 Abschnitt 3**

diesem Verfahren durch die Gebühren Nr. 3100 und 3104 mit abgegolten. Die Nr. 3330 und 3332 gelten daher nur für den Rechtsanwalt, der weder vorher noch nachher in demselben Rechtsstreit Prozessbevollmächtigter ist. Nr. 3330 entspricht § 55 BRAGO, soweit diese Vorschrift das Verfahren nach § 321 a ZPO betraf; jedoch ist der Gebührensatz von 0,3 auf 0,5 angehoben. Die Terminsgebühr Nr. 3332 ist neu.

2. Anwendungsbereich. Wenn gegen eine Endentscheidung ein Rechtsmittel **169** nicht gegeben ist, kann nach § 321 a ZPO die Rüge erhoben werden, das Urteil beruhe auf Verletzung des Anspruchs auf rechtliches Gehör. Die Rüge ist entweder durch Beschluss als unstatthaft oder unzulässig zu verwerfen oder als unbegründet zurückzuweisen (§ 321 a Abs. 4 ZPO) oder es ist ihr abzuhelfen durch Fortführung des Prozesses. Entsprechende Regelungen finden sich in § 29 a FGG, § 78 a ArbGG, § 152 a VwGO, § 178 SGG, § 133 a FGO, § 71 a GWB, § 69 a GKG, § 157 a KO, § 4 a JVEG und § 12 a RVG. Die Gebühren Nr. 3330 und 3332 entstehen im Verfahren über eine Rüge wegen Verletzung des Anspruchs auf rechtliches Gehör. Die Entstehung der Gebühren setzt nicht die Statthaftigkeit und Zulässigkeit der Rüge voraus. Die Gebühr Nr. 3330 entsteht daher grundsätzlich auch, wenn die Rüge unstatthaft ist, weil sie sich gegen eine Entscheidung richtet, gegen die ein Rechtsmittel gegeben ist, oder unzulässig ist, weil die Formvorschriften (§ 321 a Abs. 2 S. 4 und 5 ZPO) oder die Notfrist (§ 321 a Abs. 2 S. 1 ZPO) nicht eingehalten sind; dass der Gebührenanspruch wegen fehlerhafter Beratung oder mangelhafter Ausführung verwirkt wird, ist damit nicht ausgeschlossen.

3. Abgeltungsbereich. Die Gebühren Nr. 3330 und 3332 entgelten alle Tätigkei- **170** ten im Verfahren über eine Rüge wegen Verletzung des Anspruchs auf rechtliches Gehör. Dieses beginnt nicht vor Erlass des Urteils, gegen das sich die Rüge richtet, und endet mit der Verkündung des Beschlusses, durch den die Rüge verworfen oder zurückgewiesen wird, oder mit der Fortführung des Prozesses. Wird die Rüge von dem bisherigen Prozessbevollmächtigten erhoben oder nimmt dieser zu der Rüge des Gegners Stellung (§ 321 a Abs. 3 ZPO), so wird die Tätigkeit durch die Verfahrensgebühr (Nr. 3100) und eventuell die Terminsgebühr (Nr. 3104) des Rechtsstreits mit abgegolten (§ 19 Abs. 1 Nr. 5, § 15 Abs. 2). Wird der Rechtsanwalt, nachdem er die Partei im Rügeverfahren vertreten hat, nach erfolgreicher Rüge erstmals in dem gemäß § 321 a Abs. 5 ZPO fortgeführten Prozess tätig, so gehen die bereits entstandenen Gebühren Nr. 3330 und 3332 in den jetzt erstmals entstehenden Gebühren Nr. 3100 und 3104 (oder 3200 und 3202) nachträglich auf. Die Gebühren Nr. 3330 und 3332 erhält daher nur der Rechtsanwalt, der nicht Prozessbevollmächtigter ist. Durch die Tätigkeit als Korrespondenzanwalt (Gebühr Nr. 3400) oder Terminsanwalt (Gebühren Nr. 3401 und 3402) werden die Gebühren des Rügeverfahrens nicht ausgeschlossen. Es ist jedoch zu beachten, dass der Anwalt insgesamt nicht mehr als der Prozessbevollmächtigte erhält (§ 15 Abs. 6).

4. Verfahrensgebühr Nr. 3330. Die Gebühr entsteht mit der ersten Tätigkeit im **171** Rügeverfahren einschließlich Information und Vorbereitung des Antrags (§ 19 Abs. 1 Nr. 1). Die Gebühr wird nicht wegen vorzeitiger Beendigung des Auftrags vermindert; Nr. 3337 gilt nicht für die Verfahrensgebühr des Rügeverfahrens.

5. Terminsgebühr Nr. 3332. Die Gebühr entsteht für die Wahrnehmung eines ge- **172** richtlichen Termins im Rügeverfahren. Für die Entscheidung nach § 321 a Abs. 4 ZPO ist die mündliche Verhandlung freigestellt (§ 128 Abs. 4 ZPO). Auch vor der Abhilfe der Rüge (§ 321 a Abs. 5 ZPO) kann mündlich verhandelt werden. In beiden Fällen

Keller

VV Teil 3 Abschnitt 3 *Vergütungsverzeichnis*

entsteht die Gebühr Nr. 3332. Wird jedoch nach der Abhilfe in Fortführung des Prozesses mündlich verhandelt, so entsteht hierdurch die Verfahrensgebühr Nr. 3100 und die Terminsgebühr Nr. 3104, durch die auch die Tätigkeiten im Rügeverfahren mit abgegolten werden.

173 6. **Kostenerstattung.** Wird die Rüge verworfen oder zurückgewiesen, so ist in diesem Beschluss auch über die Kosten des Rügeverfahrens zu entscheiden. Wird der Rüge abgeholfen, indem der Prozess fortgeführt wird (§ 321 a Abs. 5 ZPO), so umfasst die Kostenentscheidung des Endurteils auch die Kosten des Rügeverfahrens.

VIII. Vereinfachtes Verfahren auf Abänderung eines Unterhaltstitels (Nr. 3331 und 3332)

174 1. **Allgemeines.** Wegen des Unterhaltsanspruches eines minderjährigen Kindes gegen den Elternteil, mit dem es nicht in einem Haushalt lebt, nach der Regelbetrags-VO und der Festsetzung des Unterhalts im vereinfachten Verfahren nach §§ 645 ff. ZPO s. Abschnitt 1 Rn. 9 und 11. Unterhaltstitel, in denen Kindergeld oder kindbezogene Leistungen (§§ 1612 b, 1612 c BGB) berücksichtigt sind, können im vereinfachten Verfahren nach § 655 ZPO abgeändert werden (vgl. hierzu Abschnitt 1 Rn. 10). Für dieses Verfahren regeln die Nr. 3331 und 3332 die Vergütung des Rechtsanwalts. Nr. 3331 entspricht § 44 Abs. 1 Nr. 2 BRAGO, jedoch ist die Verminderung der Verfahrensgebühr bei vorzeitiger Beendigung des Auftrages nicht vorgesehen. Die Verfahrensgebühr wird im Rechtsstreit über die Anpassungskorrekturklage auf die Verfahrensgebühr Nr. 3100 angerechnet (Nr. 3100 Abs. 1; vgl. auch Abschnitt 1 Rn. 12). Die Terminsgebühr Nr. 3332 ist neu.

175 2. **Anwendungsbereich.** Gegenstand des Abänderungsverfahrens nach § 655 ZPO können Unterhaltstitel jeder Art über wiederkehrende Unterhaltsleistungen gegenüber einem minderjährigen Kind sein, nämlich Urteile, gerichtliche Vergleiche, einstweilige Anordnungen, Beschlüsse im vereinfachten Verfahren und vollstreckbare Urkunden. Es können nur Änderungen der Umstände für die Berechnung der nach §§ 1612 b, 1612 c BGB maßgeblichen Leistungen geltend gemacht werden. Der Antragsgegner kann nur die in § 655 Abs. 3 ZPO genannten Einwendungen geltend machen.

176 3. **Verfahrensgebühr Nr. 3331.** Für die Tätigkeit im vereinfachten Abänderungsverfahren nach § 655 ZPO erhält der Rechtsanwalt eine Verfahrensgebühr mit dem Gebührensatz von 0,5. Die Gebühr ermäßigt sich nicht bei vorzeitiger Beendigung des Auftrags. Nr. 3337 gilt im vereinfachten Abänderungsverfahren nicht.

177 4. **Terminsgebühr Nr. 3332.** Die Terminsgebühr (Gebührensatz 0,5) erhält der Rechtsanwalt für die Wahrnehmung eines Gerichtstermins. Auch eine Besprechung ohne Beteiligung des Gerichts zur Vermeidung oder Erledigung des Verfahrens (vgl. Vorbem. 3 Rn. 48) ist denkbar.

178 5. **Gegenstandswert.** Der Gegenstandswert bestimmt sich gemäß § 23 Abs. 1 S. 2 nach § 42 Abs. 1 GKG. Danach ist der Gegenstandswert der Unterschied des beantragten Jahresbetrages zum bisherigen.

179 6. **Kostenerstattung.** Im vereinfachten Abänderungsverfahren nach § 655 ZPO entscheidet der Rechtspfleger in dem Beschluss, mit dem er den Unterhalt festsetzt

(§§ 655 Abs. 6, 649 ZPO), auch über die Kosten des Rechtsstreits und setzt sie, soweit möglich, sogleich fest (§ 649 Abs. 1 S. 3 ZPO). Die Kostenentscheidung richtet sich nach §§ 91 ff. ZPO, die Kostenerstattung nach § 91 Abs. 2 ZPO. Kommt es im Anschluss an das vereinfachte Anpassungsverfahren zur Anpassungskorrekturklage, so werden die Kosten des vereinfachten Verfahrens als Teil der Kosten des Rechtsstreits über die Änderungsklage behandelt (§ 656 Abs. 3 ZPO).

IX. Verteilungsverfahren (Nr. 3333)

1. Grundsätze. Nr. 3333 bestimmt eine Verfahrensgebühr mit dem Gebührensatz **180** von 0,4 für ein Verteilungsverfahren außerhalb der Zwangsversteigerung und Zwangsverwaltung. Die Vorschrift tritt an die Stelle der §§ 60 und 71 BRAGO. Zwar wird in der Begründung des Gesetzentwurfs[135] nur § 71 BRAGO erwähnt. In dieselbe Richtung weist auch die Anmerkung Satz 1 zu Nr. 3333, die wegen des Gegenstandswertes allein auf § 26 Nr. 1 und 2 verweist, obwohl das Verteilungsverfahren nach §§ 872 ff. ZPO ausdrücklich in § 25 Nr. 1 genannt ist. Indes kann kein Zweifel daran bestehen, dass das Verfahren nach §§ 872 ff. ZPO ein Verteilungsverfahren außerhalb der Zwangsversteigerung und der Zwangsverwaltung ist. Auch ist es gebührenrechtlich eine besondere Angelegenheit (§ 18 Nr. 12). Wäre Nr. 3333 nicht anwendbar, so würde eine Gebühr Nr. 3309 entstehen, was gegenüber § 60 BRAGO eine Herabsetzung des Gebührensatzes von 0,5 auf 0,3 bedeuten würde, während der Gebührensatz für die bisher in § 71 BRAGO geregelten Verteilungsverfahren von 0,3 auf 0,4 heraufgesetzt wurde. Demgegenüber erscheint es sinnvoll, die Verfahrensgebühr für ein Verteilungsverfahren im Zwangsversteigerungsverfahren (Nr. 3311 Anm. Nr. 2), im Zwangsverwaltungsverfahren (Nr. 3311 Anm. Nr. 4 und 5) und in allen sonstigen Verfahren (Nr. 3333) auf den Gebührensatz von 0,4 zu vereinheitlichen.

2. Anwendungsbereich. a) Verteilungsverfahren nach §§ 872 ff. ZPO.[136] **181** Nach § 872 ZPO tritt das Verteilungsverfahren ein, wenn bei der Zwangsvollstreckung in das bewegliche Vermögen ein Geldbetrag hinterlegt ist, der zur Befriedigung der beteiligten Gläubiger nicht ausreicht. In Betracht kommen die Fälle der §§ 827, 853, 854, 858 Abs. 5 ZPO. Das Verteilungsverfahren gehört zur Zwangsvollstreckung, ist jedoch eine besondere Gebührenangelegenheit (§ 18 Nr. 12), die in Nr. 3333 abweichend von Unterabschnitt 3 eigenständig geregelt ist.

b) Sonstige Verteilungsverfahren. Es handelt sich hierbei um die Verteilung von **182** Entschädigungs- und Ausgleichszahlungen an Eigentümer und sonstige Berechtigte. Verteilungsverfahren dieser Art sind zB in folgenden Bundesgesetzen vorgesehen:
aa) Art. 53 Abs. 1, 53a Abs. 2 EGBGB
bb) § 75 Abs. 2 des Flurbereinigungsgesetzes idF vom 16. 3. 1976 (BGBl. I S. 546),
cc) § 55 des Bundesleistungsgesetzes idF vom 27. 9. 1961 (BGBl. I S. 1769, 1920).
dd) § 54 Abs. 3 des Landbeschaffungsgesetzes vom 23. 2. 1957 (BGBl. I S. 134), mit Ergänzungsgesetzen,
ee) § 119 des Baugesetzbuchs idF vom 23. 9. 2004 (BGBl. I S. 2414).
Ferner sehen Verteilungsverfahren auch zahlreiche ältere Enteignungsgesetze vor (zB das preuß. Allg. Berggesetz vom 24. 5. 1865 – preuß. GS 705).

---
[135] BT-Drucks 15/1971 S. 217.
[136] Gerold/Schmidt/Müller-Rabe VV 3333 Rn. 4.

VV Teil 3 Abschnitt 3 *Vergütungsverzeichnis*

183 3. **Die Gebühr.** Der Rechtsanwalt erhält für die gesamte Vertretung im Verteilungsverfahren eine Verfahrensgebühr mit dem Gebührensatz von 0,4. Eine Terminsgebühr ist nicht vorgesehen (Nr. 3333 Anm. S. 2). Die Verfahrensgebühr wird bei vorzeitiger Beendigung des Auftrags nicht vermindert. Zu der Tätigkeit im Verteilungsverfahren gehören zB die Stellung des Antrags auf Eröffnung des Verteilungsverfahrens (vgl. Art. 53 Abs. 1 S. 2 EGBGB), die Entgegennahme der Aufforderung des Gerichts, die Berechnung einzureichen (§ 873 ZPO), die Anfertigung, Unterzeichnung und Einreichung der Berechnung, die Wahrnehmung des Termins (§ 876 ZPO) und die schriftliche Erhebung eines Widerspruchs (vgl. § 877 Abs. 1 ZPO). Die Widerspruchs- und die Bereicherungsklage (§ 878 ZPO) gehören nicht zu dem Verteilungsverfahren, sondern sind besondere Prozessangelegenheiten. Dagegen gehört die anderweitige Verteilung (§ 882 ZPO) zu dem Verteilungsverfahren und ist zusammen mit dem früheren Verteilungsverfahren eine einzige Gebührenangelegenheit.

184 Erfolgen aufgrund mehrfacher Pfändung einer Forderung auf fortlaufende Bezüge (§ 832 ZPO) Hinterlegungen nacheinander, so lässt die Praxis ein **einheitliches Verteilungsverfahren** mit einem für die künftigen Hinterlegungen im Voraus aufgestellten Teilungsplan zu.[137] Dieses Verfahren ist auch gebührenrechtlich einheitlich zu behandeln.

185 4. **Gegenstandswert. a) Verfahren nach §§ 872 ff. ZPO.** Für dieses Verteilungsverfahren wird der Gegenstandswert nach § 25 Abs. 1 Nr. 1 bestimmt. In erster Linie ist der **Betrag der Forderung** maßgebend (§ 25 Abs. 1 Nr. 1 Hs. 1). Dieser ergibt sich aus der dem Gericht einzureichenden Berechnung der Forderung (§ 873 ZPO); dabei werden, da es sich um eine Zwangsvollstreckung handelt, die Zinsen bis zum Tag des endgültigen Teilungsplans berücksichtigt; ferner die Kosten mit Ausnahme der Kosten des Verteilungsverfahrens (vgl. § 25 Rn. 4). Nach einer anderen Auffassung sind auch die Kosten des Verteilungsverfahrens einzurechnen.[138] Handelt es sich um Gesamthandgläubiger, so ist der Betrag nur einmal zugrunde zu legen.

186 Ist jedoch der zu verteilende **Geldbetrag geringer**, so ist dieser maßgebend (§ 25 Abs. 1 Nr. 1 Hs. 4). Dieser wird durch den gesamten hinterlegten Betrag – die sog. Masse – mit Zinsen bis zum Tage des endgültigen Teilungsplans, bei früherer Erledigung bis zum Tag dieser Erledigung, bestimmt. Die Vorschrift des § 874 Abs. 2 ZPO, dass die Kosten des Verfahrens von dem Bestand der Masse vorweg abzuziehen sind, hat auf die Wertberechnung keinen Einfluss; die gerichtlichen Verfahrenskosten sind daher nicht abzuziehen.[139]

187 b) **Sonstige Verteilungsverfahren.** Für die sonstigen Verteilungsverfahren (s. Rn. 182) bestimmt sich der Gegenstandswert nach § 26 Nr. 1 und 2 (vgl. Nr. 3333 Anm. S. 1).

X. Räumungsfrist (Nr. 3334 und 3337)

188 1. **Grundgedanke.** Für die Tätigkeit im Verfahren auf Bewilligung, Verlängerung oder Verkürzung einer Räumungsfrist (§§ 721, 794a ZPO) erhält der Rechtsanwalt die Verfahrensgebühr Nr. 3334, wenn das Verfahren mit dem Verfahren über die

---

137 *Gerold/Schmidt/Müller-Rabe* VV 3333 Rn. 18.
138 *Gerold/Schmidt/v. Eicken* § 60 BRAGO Rn. 8; *Hillach/Rohs* § 76 B I b.
139 *Gerold/Schmidt/v. Eicken* § 60 BRAGO Rn. 8; aA *Hartmann* § 25 Rn. 8.

Hauptsache nicht verbunden ist. Daneben kann eine Terminsgebühr Nr. 3104 entstehen (Vorbem. 3.3.6), wenn der Gebührentatbestand (vgl. Vorbem. 3 Rn. 46 ff.) erfüllt ist. Die Regelung ersetzt § 50 BRAGO.

2. Bewilligung einer Räumungsfrist. a) Allgemeines. Das Verfahren auf Bewilligung, Verlängerung oder Verkürzung einer Räumungsfrist richtet sich nach §§ 721, 794a ZPO. Ist der Antrag auf Bewilligung einer Räumungsfrist im Urteil übergangen worden, so ist dieses nach § 721 Abs. 1 S. 3 ZPO i.V.m. § 321 ZPO zu ergänzen. Beim Räumungsvergleich kann das Amtsgericht, in dessen Bezirk der Wohnraum gelegen ist, auf Antrag eine angemessene Räumungsfrist bewilligen (§ 794a ZPO). 189

b) Gebühr Nr. 3334. Nr. 3334 bestimmt, dass der Rechtsanwalt eine Verfahrensgebühr mit dem Gebührensatz von 1,0 erhält, wenn das Verfahren auf Bewilligung einer Räumungsfrist mit dem Verfahren über die Hauptsache nicht verbunden ist, mit anderen Worten, wenn das Verfahren von dem Verfahren der **Hauptsache getrennt** ist. Dies ist stets der Fall bei einem Verfahren auf Bewilligung einer Räumungsfrist gegenüber einem gerichtlichen Vergleich, weil durch den Vergleich das Verfahren über die Hauptsache beendet worden ist. Ist die Hauptsache noch anhängig, so genügt eine tatsächliche Trennung. Sie liegt noch nicht vor, wenn der Antrag auf Gewährung der Räumungsfrist in einem besonderen Schriftsatz enthalten ist oder in einem besonderen Schriftsatz der Antrag begründet oder ihm entgegengetreten wird. Eine Trennung liegt vielmehr nur dann vor, wenn das Gericht zB durch **gesonderte Verhandlung oder Beweiserhebung** den Willen zur Trennung kundgegeben hat. Insbesondere erhält der Rechtsanwalt die Gebühr Nr. 3334, wenn über die Gewährung einer Räumungsfrist streitig verhandelt wird, nachdem über den Räumungsanspruch ein Anerkenntnisurteil ergangen ist. In diesem Falle entsteht auch eine weitere **Terminsgebühr** Nr. 3104 (Vorbem. 3.3.6). Die Verfahrensgebühr ermäßigt sich auf den Gebührensatz von 0,5, wenn der Rechtsanwalt keine der in Nr. 3337 Anm. Nr. 1 genannten Tätigkeiten vornimmt. 190

Wird wegen der Räumungsfrist die Ergänzung oder Berichtigung des Urteils beantragt, so rechnet dieses Verfahren zum Rechtszug (§ 19 Abs. 1 Nr. 6). Es liegt nicht schon deshalb ein getrenntes Verfahren vor, weil über den Antrag besonders entschieden wird.[140] 191

3. Verlängerung oder Verkürzung der Räumungsfrist. a) Allgemeines. Die Räumungsfrist kann auf Antrag durch das Prozessgericht verlängert oder verkürzt werden (§ 721 Abs. 3 ZPO). Dies kann auch wiederholt geschehen, nur darf die Räumungsfrist insgesamt nicht mehr als ein Jahr betragen (§ 721 Abs. 5 ZPO). Der Antrag auf Verlängerung der Frist ist spätestens zwei Wochen vor Ablauf der Räumungsfrist zu stellen (§ 721 Abs. 3 S. 2 ZPO). Die Entscheidung ergeht nach Anhörung des Gegners und kann ohne mündliche Verhandlung erfolgen. Gegen den Beschluss findet sofortige Beschwerde statt (§ 721 Abs. 6 Nr. 2 ZPO). Für Räumungsvergleiche gilt Entsprechendes (§ 794a Abs. 2, 3, 4 ZPO). 192

b) Gebührenregelung. Der Rechtsanwalt erhält in diesem Verfahren die Verfahrensgebühr Nr. 3334 und ggf. die Terminsgebühr Nr. 3104 (Vorbem. 3.3.6). Die Einschränkung, dass das Verfahren mit dem Verfahren über die Hauptsache nicht verbunden ist, ist bei der Nachfristgewährung ohne Bedeutung, da dieses Verfahren nach der Beendigung des Hauptsacheverfahrens stattfindet. 193

---

[140] Gerold/Schmidt/Müller-Rabe VV 3334 Rn. 7.

194 **4. Gegenstandswert.** Der Gegenstandswert bemisst sich nach dem Interesse des Schuldners an der Bewilligung der Räumungsfrist. Es ist nach dem Mietzins für die begehrte Frist zu schätzen.[141] Dies gilt auch, wenn das Urteil ergänzt wird.

195 **5. Kostenerstattung.** Soweit die Räumungsfrist in dem Urteil oder in dem Beschluss bewilligt wird, der das Urteil berichtigt oder ergänzt, umfasst die Kostenentscheidung des Urteils auch die Kosten des Räumungsfristverfahrens.

196 Dagegen werden die **Kosten des Verfahrens auf Verlängerung oder Verkürzung der Räumungsfrist** von der Kostenentscheidung des vorausgegangenen Urteils nicht erfasst. Im Verlängerungs- oder Verkürzungsverfahren ist daher, auch wenn es vor dem Prozessgericht stattfindet, über die Kosten selbständig zu entscheiden nach §§ 91 ff. ZPO; § 788 ZPO ist auch nicht analog anwendbar.[142]

197 Auch Fristbewilligung, Verlängerung oder Verkürzung bei Räumungsverpflichtungen aus einem Vergleich machen eine selbständige Kostenentscheidung notwendig.

XI. Verfahren über die Prozesskostenhilfe (Nr. 3335 und 3337)

198 **1. Grundsätze.** Nr. 3335 regelt die Vergütung des Rechtsanwalts für seine Tätigkeit im Verfahren über die Prozesskostenhilfe (PKH) und tritt damit an die Stelle von § 51 Abs. 1 BRAGO. Während § 51 Abs. 1 BRAGO die in § 31 BRAGO bestimmten Gebühren mit einem Gebührensatz von jeweils 0,5 vorsah, bestimmt Nr. 3335 eine Verfahrensgebühr mit dem Gebührensatz von 1,0, der sich nach Nr. 3337 bei vorzeitiger Beendigung des Auftrags auf 0,5 ermäßigt. Daneben kann eine Terminsgebühr Nr. 3104 oder 3106 entstehen (Vorbem. 3.3.6). Damit wird dem regelmäßig erheblichen Arbeitsaufwand des Rechtsanwalts im PKH-Verfahren Rechnung getragen. Da mehrere PKH-Verfahren im selben Rechtszug eine einzige Angelegenheit sind (§ 16 Nr. 3), wird eine gerade in PKH-Verfahren unangebrachte Gebührenhäufung vermieden. Da das PKH-Verfahren zum Rechtszug des Verfahrens rechnet, für das die PKH beantragt wird (§ 16 Nr. 2), hat die Gebührenregelung Nr. 3335 im Ergebnis nur insoweit Bedeutung, als Auftrag und Tätigkeit des Rechtsanwalts sich auf das PKH-Verfahren beschränken.

199 **2. Anwendungsbereich.** Nr. 3335 gilt für Verfahren über die Prozesskostenhilfe, die die im Teil 3 geregelten Gerichtsverfahren betreffen (vgl. Vorbem. 3 Rn. 1 bis 8). Dazu gehören bürgerliche Rechtsstreitigkeiten, Verfahren der freiwilligen Gerichtsbarkeit und Verfahren der öffentlich-rechtlichen Gerichtsbarkeit mit Ausnahme der Sozialgerichtsverfahren, in denen Betragsrahmengebühren entstehen (Nr. 3336). Entsprechend anzuwenden ist Nr. 3335 in PKH-Verfahren für verfassungsgerichtliche Verfahren nach § 37 Abs. 2 und für Adhäsionsverfahren (§ 404 Abs. 5 StPO).

200 **3. Allgemeines. a) Verfahren über die Bewilligung der Prozesskostenhilfe.** Der Anspruch auf Bewilligung der Prozesskostenhilfe und gegebenenfalls auf Beiordnung eines Rechtsanwalts ist ein öffentlich-rechtlicher Anspruch, der sich gegen den Staat richtet. Über ihn entscheidet das für die Hauptsache zuständige Gericht. Das

---

[141] *Hartmann* nach § 48 GKG Anhang I (§ 3 ZPO) Rn. 93; *Gerold/Schmidt/Müller-Rabe* VV 3334 Rn. 20; aA – Nutzungsentschädigung für drei Monate –; *Hillach/Rohs* § 30 E I; vgl. auch *Schneider* Streitwert Rn. 3643.

[142] *Gerold/Schmidt/Müller-Rabe* VV 3334 Rn. 21; *Zöller/Stöber* § 721 ZPO Rn. 11; *Stein/Jonas/Münzberg* § 721 ZPO Rn. 34.

Verfahren ist als parteieinseitiges Amtsverfahren ausgestaltet; der Richter übt Sozialhilfe im Bereich der Rechtspflege und prüft dabei, ob der Staat seine Geldmittel dem Gesuchsteller zur Durchführung eines Rechtsstreits zur Verfügung zu stellen hat.[143] Der (künftige) Prozessgegner wird jedoch nicht lediglich als Auskunftsperson gehört (§ 118 Abs. 1 S. 1 ZPO), sondern ist Verfahrensbeteiligter mit Anspruch auf rechtliches Gehör, soweit es sich um die Prüfung der Erfolgsaussichten und etwaiger Mutwilligkeit der beabsichtigten Rechtsverfolgung handelt.[144] Mündliche Verhandlung ist nicht vorgesehen (§ 127 Abs. 1 ZPO). Gegen den die Prozesskostenhilfe verweigernden Beschluss ist die Beschwerde gegeben (§ 127 Abs. 2 S. 2 ZPO), ferner die Beschwerde der Staatskasse gegen die Bewilligung der Prozesskostenhilfe, wenn weder Monatsraten noch aus dem Vermögen zu zahlende Beträge festgesetzt worden sind (§ 127 Abs. 3 S. 1 ZPO). Einigen sich die Parteien über den streitigen Anspruch, so ermöglicht § 118 Abs. 1 S. 3 Hs. 2 ZPO die Aufnahme eines Vergleichs zu richterlichem Protokoll. Wegen der Kostenerstattung vgl. Rn. 212, 213.

b) Verfahren über die Aufhebung der Bewilligung der Prozesskostenhilfe. 201
Das Gericht, vor dem der Rechtsstreit schwebt, hat von Amts wegen die Bewilligung der Prozesskostenhilfe wieder aufzuheben, wenn sich ergibt, dass eine der Voraussetzungen des § 124 ZPO vorliegt. Das Verfahren, in dem eine mündliche Verhandlung nicht vorgesehen ist (§ 127 Abs. 1 ZPO), endet mit einem Beschluss, gegen den nur der hilfsbedürftigen Partei die Beschwerde zusteht (§ 127 Abs. 2 ZPO).

4. Gebühr Nr. 3335. Die Verfahrensgebühr entsteht dem Rechtsanwalt der antragstellenden Partei zB für die Einreichung des Antrags auf Bewilligung der Prozesskostenhilfe. Sie ermäßigt sich gemäß Nr. 3337, wenn sich der Auftrag vorzeitig erledigt. Die Gebühr Nr. 3335 entsteht auch dem Rechtsanwalt des (künftigen) Prozessgegners, wenn dieser sich auftragsgemäß schriftlich oder mündlich zum Prozesskostenhilfeantrag erklärt.[145] Selbst wenn der Rechtsanwalt die Stellungnahme des künftigen Prozessgegners in die Form einer Klagebeantwortung kleidet und sich eine Prozessvollmacht ausstellen lässt, erhält er, wenn die Klage noch nicht erhoben ist (§ 253 Abs. 1 ZPO), nur die Verfahrensgebühr Nr. 3335 und nicht etwa die Verfahrensgebühr Nr. 3100 (Gebührensatz 1,3).[146] Für die Wahrnehmung eines Gerichtstermins im Prozesskostenhilfeverfahren entsteht eine Terminsgebühr Nr. 3104 (Vorbem. 3.3.6). Zur Verbindung des Gesuchs um Bewilligung der Prozesskostenhilfe mit der Klage vgl. Rn. 207. 202

5. Einigungsgebühr. Kommt bei der Anhörung der Parteien unter Mitwirkung 203
des Rechtsanwalts ein **Vergleich** über die Hauptsache zustande (§ 118 Abs. 1 S. 3 ZPO), so liegt diese Tätigkeit gebührenrechtlich außerhalb des Verfahrens über die Prozesskostenhilfe. Der Rechtsanwalt erhält neben der Einigungsgebühr (Nr. 1000) eine verminderte Verfahrensgebühr Nr. 3101 (Anm. Nr. 2), die jedoch in der höheren Verfahrensgebühr für das Prozesskostenhilfeverfahren aufgeht (vgl. Rn. 207), und eine Terminsgebühr Nr. 3104. Wenn ein Vergleich im **Beschwerdeverfahren** abgeschlossen

---

[143] BVerfGE 35, 355.
[144] BGHZ 89, 65; BVerfGE 20, 282; BayVerfGH NJW 1962, 627; *Baumbach/Lauterbach/Albers/Hartmann* § 118 ZPO Rn. 6; *Thomas/Putzo* § 118 ZPO Rn. 2; aA *Stein/Jonas/Bork* § 118 ZPO Rn. 9 ff.; *Bettermann* JZ 1962, 675.
[145] *Gerold/Schmidt/Müller-Rabe* VV 3335 Rn. 39.
[146] OLG Düsseldorf JurBüro 1981, 1017; OLG Karlsruhe OLGR 1998, 228; vgl. auch Vorbem. 3 Rn. 29.

wird, so entsteht die volle Einigungsgebühr und die verminderte Verfahrensgebühr Nr. 3101, in der die Verfahrensgebühr Nr. 3500 aufgeht. Wegen der Prozesskostenhilfe hierfür vgl. Rn. 214.

204 **6. Höhe der Gebühr Nr. 3335.** Der Gebührensatz beträgt 1,0. Sind jedoch für die Angelegenheit, für die die PKH beantragt wird, Verfahrensgebühren mit geringeren Gebührensätzen bestimmt, wie zB für die Zwangsvollstreckung 0,3 (Nr. 3309), für die Zwangsversteigerung und Zwangsverwaltung 0,4 (Nr. 3311), für das Beschwerdeverfahren 0,5 (Nr. 3500), so erwachsen dem Rechtsanwalt im Verfahren über die Prozesskostenhilfe ebenfalls jeweils nur eine Verfahrensgebühr im Gebührensatz der Verfahrensgebühr des Hauptverfahrens. Dies folgt aus der Bestimmung, dass das Verfahren über die Prozesskostenhilfe und das Verfahren, für das Prozesskostenhilfe beantragt worden ist, dieselbe Angelegenheit sind (§ 16 Nr. 2) und dem Grundsatz, dass der Rechtsanwalt in einer Angelegenheit für mehrere Teilaufträge nicht mehr erhält, als für den Gesamtauftrag (§ 15 Abs. 5). Wird danach mit der geringeren Verfahrensgebühr des Hauptverfahrens das PKH-Verfahren mitabgegolten, so kann der Rechtsanwalt für das PKH-Verfahren allein keine höhere Verfahrensgebühr erhalten. Wenn das Verfahren über die Prozesskostenhilfe vor dem Berufungs- oder Revisionsgericht stattfindet, so erwächst die Gebühr Nr. 3335.

205 **7. Eine Angelegenheit.** Die Verfahren über die Bewilligung der Prozesskostenhilfe und über die Aufhebung der Bewilligung der Prozesskostenhilfe sind zusammen genommen eine **einzige** Angelegenheit (§ 16 Nr. 3). Dies gilt auch dann, wenn mehrmals um die Bewilligung der Prozesskostenhilfe nachgesucht oder die Nachzahlungsfrage mehrmals überprüft wird. Jedoch entsteht in den Rechtszügen des Prozesses die Gebühr erneut.

206 Das **Beschwerdeverfahren** ist jedoch eine besondere Angelegenheit. Die Gebühr hierfür bestimmt sich nicht nach Nr. 3335, sondern nach Nr. 3500; eine Anrechnung auf die Gebühren des Rechtsstreits erfolgt nicht.

207 **8. Anrechnung auf die Gebühren des Rechtsstreits.** Die einzelnen Verfahren über die Prozesskostenhilfe rechnen zum Gebührenrechtszug des Verfahrens, das sie betreffen (§ 16 Nr. 2). Das bedeutet, dass die im Rechtsstreit verdienten Gebühren auch die Tätigkeit im Verfahren über die Prozesskostenhilfe abgelten; ferner dass die im Verfahren über die Prozesskostenhilfe verdienten Gebühren auf die im Rechtsstreit entstehenden Gebühren angerechnet werden. Im Hinblick auf die besondere Vorschrift der Nr. 3335 bedeutet dies jedoch nicht, dass bereits eine Tätigkeit im Verfahren über die Prozesskostenhilfe für den Prozessbevollmächtigten die Gebühren des Hauptverfahrens begründet. Erhebt der Prozessbevollmächtigte Klage und beantragt zugleich für seine Partei Prozesskostenhilfe, so erhält er eine Verfahrensgebühr nach Nr. 3100, die auch den Prozesskostenhilfeantrag abgilt. Wenn hingegen die Klage dem Prozesskostenhilfegesuch als Entwurf beigefügt ist oder die Klage nur für den Fall der Prozesskostenhilfebewilligung erhoben wird, entsteht zunächst nur eine Gebühr nach Nr. 3335, die dann allerdings, falls es später zu einem Rechtsstreit kommt, auf die dann erwachsende Verfahrensgebühr Nr. 3100 anzurechnen ist. Wird eine Klage mit einem Gesuch um Bewilligung der Prozesskostenhilfe für diese Klage verbunden, so wird dies im Zweifel dahin auszulegen sein, dass die Klage erst mit Bewilligung der Prozesskostenhilfe als erhoben gelten soll.[147] Die im Prozess entstandenen Gebühren

---

[147] OLG Bamberg JurBüro 1983, 1659; KG JurBüro 1989, 1551; OLG Frankfurt JurBüro 1991, 1615.

Bürgerliche Rechtsstreitigkeiten, Verfahren

umfassen die Tätigkeit im Verfahren über die Prozesskostenhilfe ohne Rücksicht darauf, in welcher Eigenschaft der Rechtsanwalt im Rechtsstreit tätig wird. Außer den Prozessbevollmächtigten der bedürftigen Partei und ihres Gegners müssen sich auch der Verkehrsanwalt und der Terminsanwalt die Gebühr Nr. 3335 auf die im Rechtsstreit verdiente Verfahrensgebühr anrechnen lassen.[148] Die Gegenstandswerte des PKH-Verfahrens und des Hauptverfahrens werden nicht zusammengerechnet (Nr. 3335 Anm. Abs. 2).

9. Gegenstandswert. a) Bewilligung der Prozesskostenhilfe. Im Verfahren über die Bewilligung der Prozesskostenhilfe bestimmt sich der Gegenstandswert nach dem für die Hauptsache maßgebenden Wert (Nr. 3335 Anm. Abs. 1 Hs. 1). Der Wert richtet sich also nach dem Anspruch, um den es sich in dem Rechtsstreit, für den die Prozesskostenhilfe begehrt wird, handelt. Der volle Wert der Hauptsache ist auch dann maßgebend, wenn die Bewilligung der Prozesskostenhilfe unter Anordnung von Ratenzahlungen oder der Zahlung eines Teiles der Prozesskosten aus dem Vermögen (§ 120 Abs. 1 ZPO) angestrebt wird. Wird jedoch die Prozesskostenhilfe nur für einen betragsmäßig ausscheidbaren Teil der Hauptsache begehrt, so ist dieser maßgebend.

b) Aufhebung der Bewilligung. Im Verfahren über die Aufhebung der Bewilligung unterscheidet das Gesetz zwischen der Aufhebung nach § 124 Nr. 1 ZPO und der Aufhebung nach § 124 Nr. 2 bis 4 ZPO. Für das Verfahren über die Aufhebung der Bewilligung **nach § 124 Nr. 1 ZPO** ist der Wert der Hauptsache maßgeblich. Dies ist immer dann der Fall, wenn in die Prüfung, ob die Bewilligung der Prozesskostenhilfe aufzuheben ist, § 124 Nr. 1 ZPO mit einbezogen wird. Ob sich die Prüfung daneben noch auf andere, in § 124 Nr. 2 bis 4 ZPO genannte Gründe erstreckt und ob dann die Bewilligung der Prozesskostenhilfe überhaupt wegen § 124 Nr. 1 ZPO aufgehoben wird, ist für den Gegenstandswert unerheblich. Soweit sich danach der Gegenstandswert für das Verfahren über die Aufhebung der Bewilligung nach dem Wert der Hauptsache richtet, gilt im Übrigen das in Rn. 208 Ausgeführte.

Im Verfahren über die **Aufhebung der Bewilligung nach § 124 Nr. 2 bis 4 ZPO** ist der Gegenstandswert nach dem Kosteninteresse nach billigem Ermessen zu bestimmen (Nr. 3335 Anm. Abs. 1 Hs. 2). Der Grund hierfür ist, dass die Aufhebung nach § 124 Nr. 2 bis 4 ZPO nicht die Erfolgsaussichten der beabsichtigten Rechtsverfolgung oder Rechtsverteidigung und damit nicht den Anspruch der Hauptsache betrifft. Daraus ergibt sich, dass der Wert der Hauptsache immer dann den Gegenstandswert bestimmt, wenn § 124 Nr. 1 ZPO mitgeprüft wird. Soweit der Gegenstandswert nach dem Kosteninteresse zu bestimmen ist, kommt es darauf an, von welchen Kosten die Partei durch die Bewilligung der Prozesskostenhilfe freigestellt worden ist. Ist der Hauptprozess noch nicht abgeschlossen, so sind die voraussichtlich entstehenden Kosten zu schätzen.

3. Beschwerdeverfahren. Auch im Beschwerdeverfahren wird der Gegenstandswert für die Rechtsanwaltsgebühren nach Nr. 3335 Anm. Abs. 1 bestimmt. Danach ist für die Beschwerde gegen die Aufhebung der Bewilligung nach § 124 Nr. 2, 3 oder 4 ZPO das Kosteninteresse maßgeblich, während bei der Beschwerde gegen die Aufhebung der Bewilligung nach § 124 Nr. 1 ZPO und gegen die Versagung der Prozesskostenhilfe der Beschwerdewert dem Wert der Hauptsache entspricht.[149] Geht es allerdings nicht um die Bewilligung der Prozesskostenhilfe als solche, sondern allein um

---

[148] *Gerold/Schmidt/Müller-Rabe* VV 3335 Rn. 37, 38.
[149] Vgl. BFH 1987, 691; OLG Frankfurt JurBüro 1992, 98; OLG Koblenz JurBüro 1992, 423.

VV Teil 3 Abschnitt 3

die Ratenzahlung nach § 115 Abs. 1 ZPO oder ihre Höhe, so ist der Beschwerdewert richtigerweise nach dem Kosteninteresse gemäß § 3 ZPO zu bestimmen, da in diesem Falle die Erfolgsaussicht der beabsichtigten Rechtsverfolgung oder Rechtsverteidigung kein Gegenstand des Beschwerdeverfahrens ist.[150] Hierfür spricht jetzt auch Abs. 2 Hs. 2.

212 **10. Kostenerstattung.** Die dem (künftigen) Prozessgegner durch seine Anhörung im Verfahren über die Prozesskostenhilfe erwachsenen Kosten werden **nicht erstattet** (§ 118 Abs. 1 S. 4 ZPO); auch nicht die Kosten für die Mitwirkung bei Zeugenvernehmungen und dergleichen. Auch die Kosten des Beschwerdeverfahrens werden nicht erstattet (§ 127 Abs. 4 ZPO).

213 Entwickelt sich das Verfahren über die Prozesskostenhilfe zum **Rechtsstreit**, so ist streitig, ob trotz § 118 Abs. 1 S. 4 ZPO die Kosten des Verfahrens über die Prozesskostenhilfe als notwendige Kosten nach § 91 ZPO zu erstatten sind.[151]

214 **11. Prozesskostenhilfe. Prozesskostenhilfe für das Verfahren über die Prozesskostenhilfe** kommt grundsätzlich nicht in Betracht.[152] Dieser Grundsatz erfährt jedoch dort eine **Ausnahme**, wo bereits im Prozesskostenhilfeverfahren eine gütliche Erledigung des beabsichtigten Rechtsstreits erfolgen kann und nach Aktenlage davon auszugehen ist, dass die beabsichtigte Rechtsverfolgung hinreichende Erfolgsaussicht hätte.[153] Nach der neuesten Rechtsprechung des BGH ist die Prozesskostenhilfe in diesem Fall jedoch nur für den Vergleichsabschluss, nicht aber für das gesamte PKH-Verfahren zu bewilligen;[154] dem Anwalt wird aus der Staatskasse daher nur die Einigungsgebühr Nr. 1000, nicht die Verfahrensgebühr Nr. 3335 und die Terminsgebühr Nr. 3104 erstattet.

XII. Prozesskostenhilfeverfahren in Sozialgerichtsverfahren

215 Nr. 3336 regelt die Vergütung des Rechtsanwalts in Prozesskostenhilfeverfahren vor Gerichten der Sozialgerichtsbarkeit, wenn in dem Verfahren, für das Prozesskostenhilfe beantragt wird, Betragsrahmengebühren entstehen. Die Anwendung von Betragsrahmengebühren ist in § 3 Abs. 1 geregelt (vgl. auch Abschnitt 1 Rn. 40). Nr. 3338 sieht einen Rahmen von 30 bis 320 Euro vor. Es handelt sich hierbei um eine Verfahrensgebühr. Eine Verminderung bei vorzeitiger Beendigung ist nicht vorgeschrieben, kann jedoch innerhalb des sehr weiten Gebührenrahmens berücksichtigt werden. Wird der Rechtsanwalt später auch im Hauptverfahren tätig, so wird die Gebühr Nr. 3336 auf die Verfahrensgebühr des Hauptverfahrens angerechnet (vgl. Rn. 207).

---

[150] Vgl. OLG Frankfurt JurBüro 1988, 1375; OLG Koblenz JurBüro 1993, 423.

[151] Dafür: OLG Schleswig JurBüro 1980, 1731; OLG Hamm NJW 1974, 244; OLG Karlsruhe JurBüro 1979, 268; OLG Stuttgart JurBüro 1986, 936; OLG Bamberg JurBüro 1987, 900; *Tschischgale* NJW 1960, 932 in Anm. zu OVG Lüneburg aaO; *Baumbach/Lauterbach/Albers/Hartmann* § 91 ZPO Rn. 154; *Stein/Jonas/Bork* § 118 ZPO Rn. 38. Dagegen: OLG Düsseldorf MDR 1987, 941; OLG Köln NJW 1975, 1286; OLG Frankfurt JurBüro 1978, 1083; OLG Schleswig JurBüro 1980, 1733; OLG Koblenz JurBüro 1981, 772; OLG Zweibrücken VersR 1987, 493; *Schumann/Geißinger* § 51 BRAGO Rn. 11; *Zöller/Philippi* ZPO § 118 Rn. 28. An meinen Bedenken gegen die erstgenannte Rechtsprechung halte ich angesichts des klaren Gesetzeswortlautes fest.

[152] BGHZ 91, 311.

[153] OLG Frankfurt FamRZ 1982, 1255; OLG Bamberg JurBüro 1983, 454; OLG Hamburg JurBüro 1983, 287; *Zöller/Philippi* ZPO § 118 Rn. 8; *Egon Schneider* MDR 1981, 793.

[154] BGH JurBüro 2004, 601.

Abschnitt 4. Einzeltätigkeiten

Nr.	Gebührentatbestand	Gebühr oder Satz der Gebühr nach § 13 RVG

Vorbemerkung 3.4:
(1) Für in diesem Abschnitt genannte Tätigkeiten entsteht eine Terminsgebühr nur, wenn dies ausdrücklich bestimmt ist.
(2) Im Verfahren vor den Sozialgerichten, in denen Betragsrahmengebühren entstehen (§ 3 RVG), vermindern sich die in den Nummern 3400, 3401, 3405 und 3406 bestimmten Höchstbeträge auf die Hälfte, wenn eine Tätigkeit im Verwaltungsverfahren oder im weiteren, der Nachprüfung des Verwaltungsakts dienenden Verwaltungsverfahren vorausgegangen ist. Bei der Bemessung der Gebühren ist nicht zu berücksichtigen, dass der Umfang der Tätigkeit infolge der Tätigkeit im Verwaltungsverfahren oder im weiteren, der Nachprüfung des Verwaltungsakts dienenden Verwaltungsverfahren geringer ist.

3400	Der Auftrag beschränkt sich auf die Führung des Verkehrs der Partei mit dem Verfahrensbevollmächtigten: Verfahrensgebühr .... Die gleiche Gebühr entsteht auch, wenn im Einverständnis mit dem Auftraggeber mit der Übersendung der Akten an den Rechtsanwalt des höheren Rechtszugs gutachterliche Äußerungen verbunden sind.	in Höhe der dem Verfahrensbevollmächtigten zustehenden Verfahrensgebühr, höchstens 1,0, bei Betragsrahmengebühren höchstens 260,00 EUR
3401	Der Auftrag beschränkt sich auf die Vertretung in einem Termin im Sinne der Vorbemerkung 3 Abs. 3: Verfahrensgebühr	in Höhe der Hälfte der dem Verfahrensbevollmächtigten zustehenden Verfahrensgebühr
3402	Terminsgebühr in dem in Nummer 3401 genannten Fall	in Höhe der einem Verfahrensbevollmächtigten zustehenden Terminsgebühr
3403	Verfahrensgebühr für sonstige Einzeltätigkeiten, soweit in Nummer 3406 nichts anderes bestimmt ist. ... Die Gebühr entsteht für sonstige Tätigkeiten in einem gerichtlichen Verfahren, wenn der Rechtsanwalt nicht zum Prozess- oder Verfahrensbevollmächtigten bestellt ist, soweit in diesem Abschnitt nichts anderes bestimmt ist.	0,8
3404	Der Auftrag beschränkt sich auf ein Schreiben einfacher Art: Die Gebühr 3403 beträgt .... Die Gebühr entsteht insbesondere, wenn das Schreiben weder schwierige rechtliche Ausführungen noch größere sachliche Auseinandersetzungen enthält.	0,3

VV Teil 3 Abschnitt 4 *Vergütungsverzeichnis*

Nr.	Gebührentatbestand	Gebühr oder Satz der Gebühr nach § 13 RVG
3405	Endet der Auftrag 1. im Fall der Nummer 3400, bevor der Verfahrensbevollmächtigte beauftragt oder der Rechtsanwalt gegenüber dem Verfahrensbevollmächtigten tätig geworden ist, 2. im Fall der Nummer 3401, bevor der Termin begonnen hat: Die Gebühren 3400 und 3401 betragen.......... Im Fall der Nummer 3403 gilt die Vorschrift entsprechend.	höchstens 0,5, bei Betragsrahmengebühren höchstens 130,00 EUR
3406	Verfahrensgebühr für sonstige Einzeltätigkeiten in Verfahren vor Gerichten der Sozialgerichtsbarkeit, wenn Betragsrahmengebühren entstehen (§ 3 RVG)............................. Die Anmerkung zu Nummer 3403 gilt entsprechend.	10,00 bis 200,00 EUR

Übersicht

	Rn.
A. Allgemeines.............	1–5
I. Inhalt und Grundgedanke.....	1–3
II. Vorbem. 3.4	4, 5
1. Terminsgebühr (Abs. 1).......	4
2. Betragsrahmengebühren in sozialgerichtlichen Verfahren bei vorausgegangener Tätigkeit im Verwaltungsverfahren	5
B. Verkehrsanwalt (Nr. 3400 und 3405 Nr. 1)................	6–32
I. Allgemeines	6–8
1. Verkehrsanwalt	6, 7
2. Gutachtliche Äußerungen	8
II. Führung des Verkehrs	9–23
1. Verkehrsanwalt	9, 10
a) Begriff	9
b) Auftrag	10
2. Gebührentatbestand.........	11–17
a) Vorhandensein eines Verfahrensbevollmächtigten..........	12
b) Die Vermittlung des Verkehrs muss die Prozessführung betreffen...................	13–16
c) Der beschränkte Auftrag......	17
3. Gutachtliche Äußerung (Anm. zu Nr. 3400)..................	18–23
III. Verkehrsgebühr	24–29
1. Höhe der Gebühr	24, 25
2. Abgeltungsbereich	26, 27
3. Anrechnung der Gebühr	28, 29

	Rn.
IV. Vergütung anderer Tätigkeiten . .	30–32
C. Terminsanwalt (Nr. 3401, 3402, 3405 Nr. 2)	33–44
I. Allgemeines..............	33
II. Anwendungsbereich	34–39
1. Beschränkung des Auftrags......	34, 35
2. Termin im Sinne der Vorbem. 3 Abs. 3	36
3. Vertretung in einem Termin.....	37
4. Ausführung der Parteirechte	38, 39
III. Vergütung	40–44
1. Allgemeines	40
2. Verfahrensgebühr (Nr. 3401)	41
3. Terminsgebühr (Nr. 3402)	42, 43
4. Einigungsgebühr............	44
D. Sonstige Einzeltätigkeiten (Nr. 3403, 3404, 3405, 3406)	45–54
I. Allgemeines..............	45
II. Geltungsbereich	46–48
III. Gebühren	49–54
1. Rechtliche Natur............	49
2. Gebührentatbestand..........	50, 51
3. Höhe der Gebühr	52, 53
4. Sozialgerichtliche Verfahren......	54
E. Kostenerstattung...........	55–64
I. Allgemeines..............	55–57
II. Zuziehung eines beim Prozessgericht nicht zugelassenen Rechtsanwaltes.................	58–61

Bürgerliche Rechtsstreitigkeiten, Verfahren **VV Teil 3 Abschnitt 4**

	Rn.		Rn.
1. Prozessbevollmächtigter in Wohn- oder Geschäftsnähe der Partei ...	58, 59	III. Kosten eines Verkehrsanwaltes oder eines Terminsanwaltes	62–64
2. Prozessbevollmächtigter an einem vom Wohn- oder Geschäftssitz entfernten Ort	60	1. Terminsvertreter .... 2. Verkehrsanwalt	62 63
3. Ausländische Parteien	61	3. Ausführung der Parteirechte	64

A. Allgemeines

I. Inhalt und Grundgedanke

Abschnitt 4 regelt die Vergütung des Rechtsanwalts, der nicht zum Prozess- oder Verfahrensbevollmächtigten bestellt ist, in den gerichtlichen Verfahren, für die VV Teil 3 gilt (Vorbem. 3 Rn. 1 bis 8). Nr. 3400 bestimmt die Verfahrensgebühr des Rechtsanwalts, der den Verkehr der Partei mit dem Verfahrensbevollmächtigten führt (sog. Verkehrs- oder Korrespondenzanwalt) und tritt damit an die Stelle von § 52 BRAGO. Wie dieser so orientiert sich auch Nr. 3400 in der Gebührenhöhe an der Verfahrensgebühr des Verfahrensbevollmächtigten, begrenzt sie jedoch nach oben auf den Gebührensatz von 1,0. Dies wird damit begründet, dass sich der Wegfall der Beweisgebühr bei dem Verkehrsanwalt nicht auswirke.[1] Dies trifft zwar zu, gleichwohl ist die Begrenzung des Gebührensatzes auf 1,0 in den höheren Rechtszügen gegenüber der BRAGO (1,3 nach § 11 Abs. 1 S. 4 BRAGO) eine echte Gebührenverminderung. Die Anmerkung zu Nr. 3400 entspricht § 52 Abs. 2 BRAGO. Nach Nr. 3405 kann die Verkehrsanwaltsgebühr mit dem verminderten Gebührensatz von 0,5 entstehen. Dies war auch nach § 52 BRAGO möglich, hing dort jedoch von der Höhe der Prozessgebühr des Prozessbevollmächtigten ab, während es nach Nr. 3405 darauf ankommt, ob der Verkehrsanwalt vor Beendigung des Auftrages gegenüber dem Verfahrensbevollmächtigten tätig geworden ist. Nr. 3401 und 3402 entsprechen §§ 53, 54 BRAGO. Da jedoch auch für den Terminsvertreter die Beweisgebühr weggefallen ist, erhält der lediglich mit der Vertretung in einem Termin beauftragte Rechtsanwalt, gleichgültig ob es sich dabei um einen Verhandlungs-, Erörterungs- oder Beweistermin handelt, die Verfahrensgebühr Nr. 3401 in Höhe der Hälfte der dem Verfahrensbevollmächtigten zustehenden Verfahrensgebühr und die Terminsgebühr Nr. 3402 in Höhe der dem Verfahrensbevollmächtigten zustehenden Terminsgebühr. Die Verfahrensgebühr ist bei vorzeitiger Beendigung des Auftrags gemäß Nr. 3405 ermäßigt. 1

Für sonstige Einzeltätigkeiten, d. h. für Einzeltätigkeiten, die weder unter Nr. 3400 noch unter Nr. 3401 fallen, erhält der Rechtsanwalt, der nicht zum Prozess- oder Verfahrensbevollmächtigten bestellt ist, die Verfahrensgebühr Nr. 3403 mit dem Gebührensatz von 0,8, der jedoch bei Schreiben einfacher Art nach Nr. 3404 auf 0,3 ermäßigt ist. Die Gebühr Nr. 3403 wird bei vorzeitiger Beendigung des Auftrages nach Nr. 3405 auf den Gebührensatz von 0,5 ermäßigt. Die Regelung entspricht § 56 BRAGO; der Gebührensatz ist jedoch um 0,3, bei vorzeitiger Beendigung des Auftrags um 0,2 und bei Schreiben einfacher Art um 0,1 höher als nach § 56 BRAGO. § 56 BRAGO galt auch bei der Wahrnehmung von anderen als zur mündlichen Verhandlung oder zur Beweisaufnahme bestimmten Terminen. Nr. 3403 gilt für Einzeltätigkeiten, soweit in Abschnitt 4 nichts anderes bestimmt ist. Da für die Vertretung in 2

---

[1] BT-Drucks. 15/1971 S. 218.

VV Teil 3 Abschnitt 4 *Vergütungsverzeichnis*

Terminen im Sinne der Vorbem. 3 Abs. 3 die Verfahrensgebühr Nr. 3401 und die Terminsgebühr Nr. 3402 entsteht, kann die Gebühr Nr. 3403 nur bei der Wahrnehmung eines Termins entstehen, der nicht unter Vorbem. 3 Abs. 3 fällt. Da dieser Terminsbegriff sehr weit gefasst ist (vgl. Vorbem. 3 Rn. 45 bis 49), sind im Prozess kaum noch Termine denkbar, deren Wahrnehmung die Gebühr Nr. 3403 erwachsen lassen.

3   Nr. 3406 sieht für sonstige Einzeltätigkeiten im Sinne der Nr. 3403 in Verfahren vor Gerichten der Sozialgerichtsbarkeit, wenn nach § 3 Betragsrahmengebühren entstehen, einen Gebührenrahmen von 10 bis 200 Euro vor.

II. Vorbem. 3.4

4   **1. Terminsgebühr (Abs. 1).** Für die in Abschnitt 4 genannten Tätigkeiten entsteht eine Terminsgebühr nur, wenn dies ausdrücklich bestimmt ist. Ausdrücklich bestimmt ist dies in Nr. 3402 für die Vertretung in einem Termin im Sinne der Vorbem. 3 Abs. 4. Darunter fällt die Vertretung in einem gerichtlichen Verhandlungs-, Erörterungs- oder Beweisaufnahmetermin, auch wenn sich die Tätigkeit auf die Ausführung der Parteirechte beschränkt (vgl. hierzu Rn. 39), ferner die Wahrnehmung eines von einem gerichtlich bestellten Sachverständigen anberaumten Termins und die Mitwirkung an einer Besprechung ohne Beteiligung des Gerichts, die auf die Vermeidung oder Erledigung des Verfahrens gerichtet ist. Damit dürften sämtliche in einem Rechtsstreit vorkommenden Termine erfasst sein. Ausgeschlossen von einer Terminsgebühr sind danach nur Tätigkeiten des Abschnitts 4, für die Vorbem. 3 Abs. 4 nicht gilt, so für die Wahrnehmung eines Termins im Zwangsversteigerungs- oder Zwangsverwaltungsverfahren, im Insolvenzverfahren, im schifffahrtsrechtlichen Verteilungsverfahren oder in einem Verteilungsverfahren außerhalb der Zwangsversteigerung und Zwangsverwaltung.

5   **2. Betragsrahmengebühren in sozialgerichtlichen Verfahren bei vorausgegangener Tätigkeit im Verwaltungsverfahren.** Nach Vorbem. 3 Abs. 4 werden Geschäftsgebühren nach Nr. 2400 bis 2403 zur Hälfte, höchstens bis zu einem Gebührensatz von 0,75, auf eine Verfahrensgebühr angerechnet, die wegen desselben Gegenstandes in einem gerichtlichen Verfahren entsteht. Da die Gebühren Nr. 3400, 3401 und 3403 Verfahrensgebühren sind, sind auch auf sie die Gebühren Nr. 2400 bis 2403 nach Maßgabe der Vorbem. 3 Abs. 4 anzurechnen. In einem Verwaltungsverfahren und in einem der Nachprüfung eines Verwaltungsaktes dienenden weiteren Verwaltungsverfahren (Vorverfahren) entstehen die Gebühren Nr. 2400 oder Nr. 2401 (vgl. Vorbem. 3 Rn. 60), sofern es sich nicht um sozialrechtliche Angelegenheiten handelt, für die im gerichtlichen Verfahren Betragsrahmengebühren entstehen. Für die Verwaltungsverfahren und Vorverfahren in diesen sozialrechtlichen Angelegenheiten erhält der Rechtsanwalt die Betragsrahmengebühren Nr. 2500 und 2501. Für diese Gebühren gilt die Anrechnungsvorschrift Vorbem. 3 Abs. 4 nicht (vgl. Abschnitt 1 Rn. 43). Zum Ausgleich ist für den Gebührenrahmen der Gebühren Nr. 3400, 3401, 3405 und 3406 eine Verminderung des Höchstbetrages auf die Hälfte vorgesehen, wenn eine Tätigkeit des Rechtsanwalts im Verwaltungsverfahren oder im Vorverfahren vorausgegangen ist. Unter diesen Voraussetzungen ist in sozialgerichtlichen Angelegenheiten, in denen Betragsrahmengebühren entstehen, der Gebührenrahmen nach oben begrenzt in Nr. 3400 auf 130 Euro, in Nr. 3401 im ersten Rechtszug (Nr. 3102) auf 115 Euro, in der Berufungsinstanz (Nr. 3204) auf 142,50 Euro, in der Revisionsinstanz

Bürgerliche Rechtsstreitigkeiten, Verfahren   **VV Teil 3 Abschnitt 4**

(Nr. 3212) auf 200 Euro, in Nr. 3405 auf 65 Euro und in Nr. 3406 auf 100 Euro. Damit wird dem Umstand Rechnung getragen, dass die im Abschnitt 4 geregelte Tätigkeit des Rechtsanwalts weniger aufwändig ist, wenn er durch seine Tätigkeit im Verwaltungsverfahren oder im Vorverfahren mit der Materie bereits vertraut ist. Da diesem Umstand durch die Halbierung des Höchstbetrages im Gebührenrahmen bereits Rechnung getragen wird, ist er bei der Bestimmung der angemessenen Gebühr innerhalb des Gebührenrahmens nicht mehr zu berücksichtigen (vgl. Abschnitt 1 Rn. 43).

B. Verkehrsanwalt (Nr. 3400 und 3405 Nr. 1)

I. Allgemeines

1. Verkehrsanwalt. Nr. 3400 bestimmt die Gebühr des Rechtsanwalts, der den Verkehr der Partei mit dem Verfahrensbevollmächtigten führt (sog. **Verkehrsanwalt** oder Korrespondenzanwalt). Der Verkehrsanwalt ist ein Zwischenglied zwischen dem Verfahrensbevollmächtigten und dessen Partei. Seine Aufgabe ist die Aufnahme der Information der Partei (und die damit verbundene Beratung), die Verarbeitung der Information, ihre Weiterleitung an den Verfahrensbevollmächtigten und die sonstige Vermittlung der Aussprache zwischen der Partei und dem Verfahrensbevollmächtigten. Damit übernimmt der Verkehrsanwalt einen Teil der Aufgaben, die sonst dem Verfahrensbevollmächtigten selbst obliegen und im Wesentlichen zum allgemeinen Geschäftsbetrieb des Prozesses rechnen. Die angemessene Vergütung für den Verkehrsanwalt wird daher gewährt, indem ihm eine Gebühr in Höhe der dem Verfahrensbevollmächtigten zustehenden Verfahrensgebühr zugebilligt wird, die jedoch nach oben auf den Gebührensatz von 1,0, bei Betragsrahmengebühren in sozialgerichtlichen Verfahren auf 260 Euro, begrenzt ist (vgl. Rn. 1). 6

Seit die bei einem Amts- oder Landgericht zugelassenen Rechtsanwälte bei allen Landgerichten postulationsfähig sind (§ 78 Abs. 1 S. 1 ZPO in der seit 1. 1. 2000 geltenden Fassung) und die bei einem Oberlandesgericht zugelassenen Rechtsanwälte bei allen Oberlandesgerichten postulationsfähig sind (§ 78 Abs. 1 S. 2 ZPO in der seit 1. 9. 2002 geltenden Fassung), kann jede Partei für einen Rechtsstreit vor einem beliebigen Landgericht oder Oberlandesgericht einen Prozessbevollmächtigten bestellen, der in der Nähe ihres Wohn- oder Geschäftssitzes ansässig ist. Für die Verfahren vor den Amtsgerichten (einschließlich FGG-Verfahren) und vor den Gerichten der Arbeitsgerichtsbarkeit, der Verwaltungsgerichtsbarkeit und der Sozialgerichtsbarkeit galt dies schon vorher. Seitdem ist die Bedeutung des Verkehrsanwaltes geringer geworden, weil kaum noch die Notwendigkeit besteht, einen weit vom Wohn- oder Geschäftssitz der Partei ansässigen Prozessbevollmächtigten zu bestellen. Es wird allerdings zu beachten sein, dass die Bestellung eines Prozessbevollmächtigten am Ort des Prozessgerichts und eines Verkehrsanwaltes in Ortsnähe der Partei nach dem RVG unter Umständen die billigste Lösung des Problems darstellt, das sich aus einer weiten Entfernung zwischen dem zuständigen Gericht und dem Wohn- oder Geschäftssitz der Partei ergibt. 7

2. Gutachtliche Äußerungen. Nach der Anmerkung zu Nr. 3400 entsteht die Gebühr auch, wenn der Rechtsanwalt des abgeschlossenen Rechtszuges im Einverständnis mit dem Auftraggeber mit der Übersendung der Akten an den Prozessbevoll- 8

Keller   643

VV Teil 3 Abschnitt 4

mächtigten des höheren Rechtszuges gutachtliche Äußerungen verbindet. Dies entspricht § 52 Abs. 2 BRAGO. Das Erfordernis des Einverständnisses der Partei bedeutet, dass kein ausdrücklicher, besonderer Auftrag vorliegen muss, sondern dass ein konkludent zum Ausdruck gebrachtes Einverständnis ausreicht.

II. Führung des Verkehrs

9 **1. Verkehrsanwalt. a) Begriff.** Der Verkehrsanwalt ist nicht Unterbevollmächtigter (Erfüllungsgehilfe) des Prozessbevollmächtigten, sondern ein zweiter Bevollmächtigter der Partei neben dem Prozessbevollmächtigten. Seine Tätigkeit liegt nicht innerhalb des Auftrags der Partei an den Prozessbevollmächtigten. Kein Verkehrsanwalt ist daher der Rechtsanwalt, den der Prozessbevollmächtigte oder der Verkehrsanwalt heranzieht, um sich von ihm Material und dergleichen beschaffen zu lassen, oder der den Prozessbevollmächtigten aus seiner eigenen Sachkenntnis, die er in einem Parallelprozess gewonnen hat, unterrichtet.[2] Kein Verkehrsanwalt ist auch der am Wohnort der Partei ansässige Rechtsanwalt, der als Mitglied einer mit der Prozessführung im Ganzen beauftragten überörtlichen Sozietät die Information der Partei entgegennimmt und sie an das beim Prozessgericht zugelassene Mitglied der Sozietät weiterleitet; seine Tätigkeit wird durch die der Sozietät zustehende Prozessgebühr mit abgegolten.[3] Der Verkehrsanwalt braucht nicht am Wohnort der Partei oder in dessen Nähe ansässig zu sein.[4]

10 **b) Auftrag.** Der Verkehrsanwalt bedarf eines Auftrags der Partei. Dieser braucht jedoch nicht ausdrücklich erteilt zu sein; er kann sich aus dem Gesamtverhalten der Partei schlüssig ergeben; so zB, wenn die Partei die ständige schriftliche und mündliche Information des Berufungsanwalts durch den Prozessbevollmächtigten erster Instanz hinnimmt und auch ihre eigenen Erklärungen zur Sache während des Berufungsverfahrens im Wesentlichen über den Prozessbevollmächtigten erster Instanz leitet und die Partei weiß, dass diese Tätigkeit nicht mit der Verfahrensgebühr für den ersten Rechtszug abgegolten ist.[5] Wenn der Rechtsanwalt im ersten Rechtszug der Partei im Wege der Prozesskostenhilfe beigeordnet war, muss die Partei darüber hinaus wissen, dass sich die Beiordnung nicht auf die Vermittlung des Verkehrs im Berufungsverfahren erstreckt; der Rechtsanwalt ist deshalb verpflichtet, die Partei auf die Entgeltlichkeit seiner Tätigkeit ausdrücklich hinzuweisen.[6]

11 **2. Gebührentatbestand.** Die Verkehrsgebühr erwächst für die Führung des Verkehrs der Partei mit dem Prozessbevollmächtigten. Das erfordert:

12 **a) Vorhandensein eines Verfahrensbevollmächtigten.** Die Partei muss neben dem Verkehrsanwalt auch einen Verfahrensbevollmächtigten (vgl. Vorbem. 3 Rn. 10) beauftragt haben. Hiervon besteht jedoch eine Ausnahme. Nach allgemeinen Grundsätzen entsteht die Verkehrsgebühr bereits mit der ersten anwaltlichen Tätigkeit auf

---

[2] OLG Frankfurt JurBüro 1998, 305.
[3] OLG München MDR 1994, 418; JurBüro 1996, 139; OLG Karlsruhe JurBüro 1995, 31; KG JurBüro 1996, 110; Brandenb. OLG MDR 1999, 635; *Gerold/Schmidt/Müller-Rabe* VV 3400 Rn. 23; aA OLG Frankfurt NJW-RR 1994, 128; OLG Düsseldorf NJW-RR 1995, 376.
[4] *Gerold/Schmidt/Müller-Rabe* VV 3400 Rn. 24.
[5] Vgl. OLG Koblenz MDR 1993, 180.
[6] *Gerold/Schmidt/Müller-Rabe* VV 3400 Rn. 32.

Bürgerliche Rechtsstreitigkeiten, Verfahren **VV Teil 3 Abschnitt 4**

Grund des Auftrags, als Verkehrsanwalt tätig zu werden, also im Allgemeinen bereits mit der Entgegennahme der Information (vgl. Vorbem. 3 Rn. 26). Vielfach wird eine der ersten Tätigkeiten des Verkehrsanwalts aber gerade darin bestehen, an einen anderen Rechtsanwalt den Auftrag zur Prozessvertretung heranzutragen. Auch diese Tätigkeiten werden von der Verkehrsgebühr umfasst und begründen diese Gebühr, jedoch nur die gemäß Nr. 3405 verminderte Gebühr, obwohl sie zeitlich vor der Bestellung eines Prozessbevollmächtigten liegen (wegen des Prozessbevollmächtigten der unteren Instanz vgl. aber Rn. 14), selbst wenn es, etwa wegen vorheriger Erledigung des Streites oder Berufungsrücknahme, nicht mehr zur Bestellung eines Prozessbevollmächtigten kommt. Die volle Gebühr Nr. 3400 entsteht, sobald der Verfahrensbevollmächtigte beauftragt oder, falls dies schon vorher geschehen war, der Verkehrsanwalt ihm gegenüber tätig geworden ist. Die Klage oder das sonstige Verfahren braucht noch nicht anhängig, die unverminderte Verfahrensgebühr (Nr. 3100 oder 3200) vom Verfahrensbevollmächtigten noch nicht verdient zu sein.

b) Die Vermittlung des Verkehrs muss die Prozessführung betreffen. Das ist 13 auch der Fall, wenn sie ein Beschwerdeverfahren oder eine einstweilige Anordnung in Ehesachen betrifft. Ein Verkehr, der nicht sachlich die Prozessführung selbst betrifft, fällt nicht unter Nr. 3400. Daher ist zB in der Führung des Schriftwechsels wegen der Höhe der vom Prozessbevollmächtigten berechneten Gebühren, in der Übersendung des Gebührenvorschusses oder in der Beratung der Partei, ob sie eine Klage erheben soll, ein Verkehr im Sinne der Nr. 3400 noch nicht zu erblicken.

Zur Entstehung der Verkehrsgebühr **für die Rechtsmittelinstanz** genügt es nicht, 14 wenn der Prozessbevollmächtigte der unteren Instanz die anzufechtende Entscheidung mit der Partei bespricht oder sie über die zulässigen Rechtsmittel belehrt; diese Tätigkeiten gehören vielmehr gebührenmäßig zur unteren Instanz und werden durch die Verfahrensgebühr abgegolten; auch die Beratung der Partei darüber, welchen Rechtsanwalt sie in dem Rechtsmittelverfahren beauftragen soll und ob die Zuziehung eines Verkehrsanwalts erforderlich ist, begründet noch nicht den Anspruch auf die Verkehrsgebühr, sondern wird für den Prozessbevollmächtigten der unteren Instanz ebenfalls durch die Verfahrensgebühr abgegolten.

Dagegen braucht der Verkehrsanwalt **weder** die Partei rechtlich zu beraten **noch** 15 bei der Übermittlung der Information eine abschließende rechtliche Würdigung zu treffen; Übermittlung der tatsächlichen Unterlagen genügt.[7] Der Verkehr kann nicht nur schriftlich, sondern auch mündlich (fernmündlich) geführt werden.[8] Er kann auch darin bestehen, dass der Verkehrsanwalt die Information in Form unterschriftsfertiger Schriftsatzentwürfe liefert.[9]

Der Auftrag des Verkehrsanwalts muss auf die Führung des Verkehrs mit dem Pro- 16 zessbevollmächtigten für den **ganzen** Rechtszug gerichtet sein (vgl. Rn. 26). Soll er den Prozessbevollmächtigten lediglich beraten, so entsteht die Verkehrsgebühr nicht.

c) Der beschränkte Auftrag. Die Worte „der Auftrag beschränkt sich" in 17 Nr. 3400 grenzen die Tätigkeit des Verkehrsanwalts gegen die des Verfahrensbevollmächtigten ab; der Verfahrensbevollmächtigte kann nicht gleichzeitig Verkehrsanwalt sein.[10] Jedoch wird damit keineswegs gesagt, dass der Verkehrsanwalt bei einer über

---

[7] *Gerold/Schmidt/v. Eicken* § 52 BRAGO Rn. 5.
[8] OLG Celle JurBüro 1973, 135.
[9] *Gerold/Schmidt/v. Eicken* § 52 BRAGO Rn. 5.
[10] OLG Bamberg JurBüro 1994, 544.

VV Teil 3 Abschnitt 4

die Führung des Verkehrs und über den Abgeltungsbereich der Prozessgebühr hinausgehenden Mühewaltung die Gebühr Nr. 3400 nicht erhalten kann (vgl. Rn. 30).

18 **3. Gutachtliche Äußerungen (Anm. zu Nr. 3400).** Übersendet der Rechtsanwalt der unteren Instanz seine Handakten an den Rechtsanwalt der höheren Instanz, so rechnet diese Tätigkeit nach § 19 Nr. 17 zu seinem **Gebührenrechtszug** und wird durch die in diesem entstandene Verfahrensgebühr abgegolten. Werden mit der Übersendung gutachtliche Äußerungen verbunden, d. h. solche Äußerungen, die sich sachlich mit den in der Rechtsmittelinstanz auftretenden Fragen befassen, so rechnet diese Tätigkeit jedoch nicht mehr zum früheren Rechtszug. Die bloße Wiedergabe des Sachverhalts reicht als gutachtliche Äußerung nicht aus.

19 Die gutachtliche Äußerung begründet aber nur dann die Verkehrsgebühr, wenn sie im **Einverständnis** mit dem Auftraggeber erfolgt. Das Einverständnis kann ausdrücklich oder stillschweigend erteilt sein. Es liegt nicht schon deshalb vor, weil der Rechtsanwalt unterer Instanz nach § 81 ZPO aufgrund der Prozessvollmacht ermächtigt ist, den Prozessbevollmächtigten für die höhere Instanz zu bestellen.[11] Wohl liegt aber bei Mitteilung des Rechtsanwalts an den Auftraggeber, er werde – sein Einverständnis vorausgesetzt – dem Berufungsanwalt eingehende Ausführungen zur Tat- und Rechtsfrage geben, in dem Schweigen des Auftraggebers hierauf regelmäßig das Einverständnis.

20 Die gutachtliche Äußerung muss **dem Rechtsanwalt des höheren Rechtszuges gegenüber** abgegeben sein; hat der Rechtsanwalt sich lediglich der Partei gegenüber geäußert, zB über die Aussichten eines Rechtsmittels, und legt diese sodann das Rechtsmittel ein, so entsteht die Gebühr nicht dadurch, dass die gutachtliche Äußerung zur Kenntnis des Anwalts des höheren Rechtszuges gelangt.[12]

21 Höhere Instanz ist hier nicht nur die Berufungs- und Revisionsinstanz, sondern auch die Beschwerdeinstanz. Werden aber bei Anwaltswechsel im Lauf des Rechtszugs (zB wegen Verweisung) mit der Übersendung der Handakten an den neuen Prozessbevollmächtigten gutachtliche Äußerungen verbunden, so ist diese Tätigkeit durch die Verfahrensgebühr abgegolten.[13] Nr. 3400 Anm. gilt ferner nicht bei späteren Äußerungen, bei Verweisungen an ein Gericht eines niedrigeren Rechtszugs (§ 20 S. 2) und bei Zurückverweisungen (§ 21 Abs. 1).

22 Die Gebühr nach Nr. 3400 Anm. ist **nicht erstattbar**.[14]

23 Nr. 3400 Anm. geht als Sondervorschrift der Nr. 2201 vor. Arbeitet daher der Prozessbevollmächtigte des unteren Rechtszuges ein Gutachten über die Erfolgsaussicht des Rechtsmittels aus und verbindet dieses mit der Aktenübersendung an den Rechtsanwalt des höheren Rechtszuges, so entsteht lediglich die Gebühr Nr. 3400, nicht die höhere Gebühr Nr. 2201.

III. Verkehrsgebühr

24 **1. Höhe der Gebühr.** Für die Führung des Verkehrs erhält der Verkehrsanwalt eine Gebühr in Höhe der dem **Verfahrensbevollmächtigten** zustehenden **Verfahrensgebühr**, jedoch höchstens bis zum Gebührensatz von 1,0, bei Betragsrahmengebühren

---

[11] BGH MDR 1971, 798.
[12] OLG Düsseldorf NJW 1970, 1802; *Hartmann* VV 3400 Rn. 47.
[13] *Gerold/Schmidt/Müller-Rabe* VV 3400 Rn. 115; *Hartmann* VV 3400 Rn. 42.
[14] Vgl. *Gerold/Schmidt/Müller-Rabe* VV 3400 Rn. 127.

Bürgerliche Rechtsstreitigkeiten, Verfahren **VV Teil 3 Abschnitt 4**

höchstens 260 Euro. Wird daher der Rechtsanwalt zB in einem Zwangsvollstreckungsverfahren, einem Zwangsverfahren nach § 33 FGG oder einem gerichtlichen Verfahren über einen Akt des Verwaltungszwanges als Verkehrsanwalt tätig, so erhält er die Verfahrensgebühr Nr. 3400 in Höhe der dem Verfahrensbevollmächtigten nach Nr. 3309 zustehenden Verfahrensgebühr mit dem Gebührensatz von 0,3; ebenso erhält der Verkehrsanwalt in einem Beschwerdeverfahren die Verkehrgebühr mit dem Gebührensatz von 0,5 wie der Verfahrensbevollmächtigte nach Nr. 3500. Im Rechtsstreit erhält der Verkehrsanwalt jedoch die Verkehrsgebühr Nr. 3400 im ersten Rechtszug, im Berufungsrechtszug und im Revisionsrechtszug jeweils mit dem Gebührensatz von 1,0, obwohl die Verfahrensgebühr des Prozessbevollmächtigten im ersten Rechtszug (Nr. 3100) 1,3, im Berufungsrechtszug (Nr. 3200) 1,6 und im Revisionsverfahren (Nr. 3206) 1,6 oder (Nr. 3208) 2,3 beträgt. In sozialgerichtlichen Verfahren, in denen nach § 3 Betragsrahmengebühren entstehen, geht der Gebührenrahmen für den Verkehrsanwalt nach Nr. 3400 in einem Beschwerdeverfahren (Nr. 3501) von 15 bis 160 Euro, in einem Rechtsstreit vor dem Sozialgericht (Nr. 3102) von 40 bis 260 Euro, vor dem Landessozialgericht (Nr. 3204) von 50 bis 260 Euro und vor dem Bundessozialgericht (Nr. 3212) von 80 bis 260 Euro. Vertritt der Verkehrsanwalt wegen desselben Gegenstandes mehrere Parteien, so wird die Verkehrsgebühr nach Nr. 1008 erhöht, weil es sich um eine Verfahrensgebühr handelt.

Erledigt sich der Auftrag des Verkehrsanwaltes, bevor der Verfahrensbevollmächtigte beauftragt oder der Verkehrsanwalt gegenüber dem Verfahrensbevollmächtigten tätig geworden ist, so beträgt die Verkehrsgebühr nach Nr. 3405 Nr. 1 höchstens 0,5, bei Betragsrahmengebühren höchstens 130 Euro. Das bedeutet, dass in einem Zwangsvollstreckungsverfahren sich die Verkehrsgebühr durch die vorzeitige Beendigung des Auftrags nicht verringert. Das Gleiche gilt im Beschwerdeverfahren für eine Wertgebühr; bei einer Betragsrahmengebühr verringert sich der Rahmen bei vorzeitigem Ende des Auftrags auf 15 bis 130 Euro. Wenn der Gebührensatz der vollen Verkehrsgebühr über 0,5 liegt (vgl. Rn. 24), verringert sich die Verkehrsgebühr bei vorzeitiger Beendigung des Auftrags auf 0,5. Bei den Betragsrahmengebühren bleibt der Mindestbetrag des Gebührenrahmens gleich, aber der Höchstbetrag ist jeweils auf 180 Euro begrenzt. Ob der Verfahrensbevollmächtigte die volle oder wegen vorzeitiger Beendigung des Auftrags nur eine verringerte Verfahrensgebühr erhält, ist für den Verkehrsanwalt ohne Bedeutung. Kommt es nicht zur Klageerhebung, weil sich der Streit kurz nach Beauftragung des Prozessbevollmächtigten außergerichtlich erledigt, so erhält der Verkehrsanwalt eine höhere Gebühr (1,0) als der Prozessbevollmächtigte (0,8 nach Nr. 3101). 25

2. Abgeltungsbereich. Die Verkehrsgebühr ist eine Pauschgebühr und entgilt den gesamten **Verkehr** des Rechtsanwalts zwischen der Partei und dem Prozessbevollmächtigten während eines Gebührenrechtszugs. Durch die Gebühr wird insbesondere die Informationsverschaffung für den Prozessbevollmächtigten, durch Besprechungen mit der Partei, Akteneinsicht usw. abgegolten. Die Gebühr entgilt weiter auch Tätigkeiten, die zwar nicht unter die Führung des Verkehrs fallen, die aber bei einem Prozessbevollmächtigten durch die Verfahrensgebühr abgegolten werden, weil sie zum Rechtszug gehören (§ 19 Abs. 1); so zB die Beratung der Partei, die Belehrung der Partei über die gegen die Entscheidung zulässigen Rechtsmittel, die Anfertigung eidesstattlicher Versicherungen (Vorbem. 3 Rn. 23) oder das Verfahren über die Prozesskostenhilfe (§ 16 Nr. 2) und ein Schriftwechsel mit dem Gegner oder dem Gericht (vgl. Rn. 48). 26

27 Der für die Verfahrensgebühr maßgebende Begriff des **Gebührenrechtszugs** gilt auch für die Verkehrsgebühr; daher gelten auch die §§ 17 Nr. 5, 19 Abs. 1, 21. Ist der Verkehrsanwalt nach Zurückverweisung an die untere Instanz (Vorbem. 3 Abs. 6) oder nach Abstandnahme vom Urkunden- oder Wechselprozess (Nr. 3100 Abs. 2) weiter tätig, so erhält er keine neue Verkehrsgebühr (vgl. Vorbem. 3 Rn. 83 und Abschnitt 1 Rn. 14); anders, wenn an ein Gericht zurückverwiesen wird, das mit der Sache noch nicht befasst war (Vorbem. 3 Rn. 84).

28 **3. Anrechnung der Gebühr.** Da der nicht prozessbevollmächtigte Rechtsanwalt nicht **mehr** erhält als der Prozessbevollmächtigte (§ 15 Abs. 6), kann einem Rechtsanwalt in demselben Gebührenrechtszug nicht neben der Verkehrsgebühr noch die Verfahrensgebühr des Prozessbevollmächtigten zustehen oder umgekehrt.[15] In solchen Fällen ist der Verkehrsanwalt nicht „lediglich" mit der Führung des Verkehrs beauftragt, sondern er ist – auch – Prozessbevollmächtigter. Wird zB der bisherige Prozessbevollmächtigte nach der Verweisung an ein anderes Gericht Verkehrsanwalt oder umgekehrt der bisherige Verkehrsanwalt nach der Verweisung Prozessbevollmächtigter, so entsteht im gleichen Rechtszug vom selben Streitgegenstand nur die Verfahrensgebühr des Prozessbevollmächtigten, mit der die Tätigkeit als Verkehrsanwalt mit abgegolten wird; eine bereits verdiente Verkehrsgebühr wird auf die Verfahrensgebühr des Prozessbevollmächtigten angerechnet. Da die Gebühr des Verkehrsanwalts (Nr. 3400) eine Verfahrensgebühr ist, werden Gebühren, deren Anrechnung auf die Verfahrensgebühr eines nachfolgenden Rechtsstreits vorgeschrieben ist, auch auf die Verkehrsgebühr angerechnet. Das gilt sowohl für die Gebühren des Mahnverfahrens Nr. 3305 und 3307, als auch für die Verfahrensgebühr im Prozesskostenhilfeverfahren (Abschnitt 3 Rn. 207) und die Geschäftsgebühr nach Nr. 2400 bis 2403 für eine vorprozessuale Tätigkeit über denselben Gegenstand (Vorbem. 3 Abs. 4; vgl. auch Rn. 5).

29 In den Fällen, in denen der Verkehrsanwalt des Beklagten **nach Verweisung** Prozessbevollmächtigter wird, ist dem unterlegenen Beklagten **Erstattung** der Verkehrsgebühr nach § 281 Abs. 3 S. 2 ZPO auch dann nicht zuzubilligen, wenn die Bestellung eines Verkehrsanwaltes nach § 91 ZPO zur zweckentsprechenden Rechtsverfolgung notwendig war oder Kosten für Informationsreisen erspart wurden;[16] denn infolge der Ersparnis der Verfahrensgebühr für den späteren Prozessbevollmächtigten sind in der Verkehrsgebühr keine durch die Anrufung des unzuständigen Gerichts entstandenen Mehrkosten zu sehen. Umgekehrt sind in der Verfahrensgebühr des klägerischen Prozessbevollmächtigten keine Mehrkosten im Sinne des § 281 Abs. 3 S. 2 ZPO zu sehen, wenn dieser nach Verweisung Verkehrsanwalt wird und seine Zuziehung als notwendig erscheint.[17]

IV. Vergütung anderer Tätigkeiten

30 Nichts steht im Wege, dass der Verkehrsanwalt in derselben Angelegenheit noch andere Tätigkeiten entwickelt (Rn. 17); zB in der mündlichen Verhandlung vertritt oder die Parteirechte ausführt oder in der Beweisaufnahme die Partei vertritt (Nr. 3401,

---

[15] OLG Frankfurt JurBüro 1988, 1338.
[16] OLG Bremen JurBüro 1978, 1405; OLG München AnwBl. 1979, 442; OLG Frankfurt JurBüro 1987, 1072.
[17] OLG Schleswig JurBüro 1982, 1523; OLG Frankfurt JurBüro 1988, 1184; OLG Hamburg JurBüro 1988, 1185.

3402). Er kann dafür neben der Verkehrsgebühr die vorgesehene Gebühr beanspruchen, soweit sie auch der Prozessbevollmächtigte neben der Verfahrensgebühr beanspruchen könnte, also die Terminsgebühr Nr. 3402. Er erhält aber daneben nicht noch die in Nr. 3401 vorgesehene halbe Verfahrensgebühr, weil diese neben der Verkehrsgebühr nicht beansprucht werden kann.[18]

Die bloße Übermittlung von Vergleichsvorschlägen der Partei und von Äußerungen der Partei zu solchen Vorschlägen der Gegenpartei an den Prozessbevollmächtigten gehören zur Führung des Verkehrs und werden durch die Verkehrsgebühr abgegolten. Wirkt der Verkehrsanwalt darüber hinaus beim Vergleichsabschluss mit und ist diese Tätigkeit für das Zustandekommen ursächlich, so erhält er auch die **Einigungsgebühr** (Nr. 1000, 1003). So zB, wenn er der Partei zum Vergleichsabschluss zurät, Vergleichsvorschläge ausarbeitet, vom Widerruf eines widerruflich abgeschlossenen Vergleichs abrät[19] usw. Eine unmittelbare Mitwirkung beim Vergleichsabschluss ist nicht erforderlich,[20] die bloße Anwesenheit im Vergleichstermin ist nicht ausreichend. Geht der Vergleich über den Gegenstand des Prozesses hinaus, so erhält auch der Verkehrsanwalt die verminderte Verfahrensgebühr Nr. 3101 Nr. 2 oder Nr. 3201 Nr. 2.[21] 31

Die Tätigkeit des Verkehrsanwaltes bei der Beweisaufnahme oder im Termin ist nur zu vergüten, wenn der **Auftrag** entsprechend **erweitert** worden ist. Das kann allerdings auch stillschweigend, durch konkludentes Verhalten, geschehen. Ist der Rechtsanwalt im Wege der Prozesskostenhilfe als Verkehrsanwalt beigeordnet, so erhält er für eine Tätigkeit, die durch die Verkehrsgebühr nicht abgegolten ist, eine Vergütung aus der Staatskasse nur, wenn die **Beiordnung** entsprechend **erweitert** worden ist.[22] Ein lediglich als Verkehrsanwalt beigeordneter Rechtsanwalt, dessen Mitwirkung bei einem Vergleich sich nicht als Vermittlung des Verkehrs zwischen der Partei und dem Prozessbevollmächtigten darstellt, sondern auf die Teilnahme an dem Termin beschränkt, in dem der Vergleich geschlossen wurde, erhält deshalb aus der Staatskasse keine Vergleichsgebühr.[23] 32

C. Terminsanwalt (Nr. 3401, 3402, 3405 Nr. 2)

I. Allgemeines

Nr. 3401, 3402 regelt die Vergütung eines Rechtsanwalts, dessen Auftrag sich auf die Vertretung in einem Termin beschränkt. Dieser erhält die Terminsgebühr in der Höhe, in der sie auch ein Verfahrensbevollmächtigter erhalten würde (Nr. 3402), und eine Verfahrensgebühr in Höhe der Hälfte der dem Verfahrensbevollmächtigten zustehenden Verfahrensgebühr zur Abgeltung der für die Vorbereitung des Termins erforderlichen Tätigkeit. Die Verfahrensgebühr ermäßigt sich nach Nr. 3405 Nr. 2, wenn 33

---

[18] Rn. 28; OLG Frankfurt AnwBl. 1981, 450; ebenso *Gerold/Schmidt/Müller-Rabe* VV 3400 Rn. 56.
[19] OLG Frankfurt AnwBl. 1983, 186; OLG Düsseldorf MDR 1999, 119.
[20] OLG Frankfurt JurBüro 1979, 1710; OLG Hamburg JurBüro 1984, 1832; SchlHOLG JurBüro 1987, 1042; aA OLG Düsseldorf AnwBl. 1983, 187.
[21] OLG Frankfurt Rpfleger 1981, 159; OLG Bamberg JurBüro 1988, 1000.
[22] OLG Frankfurt JurBüro 1986, 1829; KG JurBüro 1995, 420; OLG Bamberg MDR 1999, 569.
[23] OLG Zweibrücken JurBüro 1986, 223.

VV Teil 3 Abschnitt 4

der Auftrag endet, bevor der Termin begonnen hat. Unabhängig davon muss der Rechtsanwalt, damit die gemäß Nr. 3405 verminderte Verfahrensgebühr überhaupt entsteht, irgendeine Tätigkeit geleistet haben (vgl. Vorbem. 3 Rn. 26).

II. Anwendungsbereich

34 1. **Beschränkung des Auftrags.** Nr. 3401, 3402 gelten für den Rechtsanwalt, dessen Tätigkeit sich auf die Vertretung in einem Termin **beschränkt** (sog. Terminsvertreter). Die Worte „sich beschränkt" bezeichnen den **Gegensatz zum Verfahrensbevollmächtigten** des Rechtszugs (vgl. Vorbem. 3 Rn. 10). Für Letzteren gilt die Vorschrift selbst dann nicht, wenn er kurz vor dem Termin bestellt und sein Auftrag unvorhergesehen unmittelbar nach dem Termin wieder endet, oder wenn der nicht am Sitz des Prozessgerichts wohnende Prozessbevollmächtigte lediglich einen an seinem Wohnsitz stattfindenden auswärtigen Termin wahrnimmt. Unanwendbar ist die Vorschrift aber nur für den Rechtsanwalt, der während der Beweisaufnahme noch Prozessbevollmächtigter des Rechtszugs ist. Der frühere – zB wegen Verweisung ausgeschiedene – Prozessbevollmächtigte kann später Terminsanwalt werden. Hat er für den Gegenstand des Termins als Prozessbevollmächtigter noch keine Terminsgebühr erhalten, so erhält er die Terminsgebühr Nr. 3402; dabei ist § 15 Abs. 3 zu beachten. Wegen der Verfahrensgebühr Nr. 3401 vgl. Rn. 41.

35 Der Terminsvertreter kann noch mit **anderen Einzelgeschäften**, zB mit sonstigen Einzeltätigkeiten (Nr. 3403) beauftragt sein; er kann auch Verkehrsanwalt (Nr. 3400) sein, erhält dann aber neben der Verkehrsgebühr Nr. 3400 nicht die Verfahrensgebühr Nr. 3401, sondern nur die Terminsgebühr Nr. 3402 (vgl. Rn. 30).

36 2. **Termin im Sinne der Vorbem. 3 Abs. 3.** Die Gebühr Nr. 3401 setzt einen Auftrag zur Vertretung in einem Termin im Sinne der Vorbem. 3 Abs. 3 voraus, die Gebühr Nr. 3402 die Vertretung in einem solchen Termin. Dabei handelt es sich um Gerichtstermine, die zur Verhandlung, Erörterung oder Beweisaufnahme bestimmt sind (vgl. Vorbem. 3 Rn. 46), um Termine, die von einem gerichtlich bestellten Sachverständigen anberaumt sind (vgl. Vorbem. 3 Rn. 47) sowie Besprechungen ohne Beteiligung des Gerichts, die auf die Vermeidung oder Erledigung des Verfahrens gerichtet sind (vgl. Vorbem. 3 Rn. 48, 49). Für die Entstehung der Terminsgebühr kommt es nicht darauf an, ob der Zweck, zu dem der Termin bestimmt ist, auch erreicht wird oder ob der Verhandlungstermin ohne Verhandlung zur Sache vertagt wird, ob ein zur Vernehmung eines Zeugen bestimmter Termin vertagt wird, weil der Zeuge nicht erschienen ist, oder ob der von einem Sachverständigen zur Besichtigung eines bestimmten Bauteils anberaumte Termin abgebrochen wird, weil der Zugang zu diesem Bauteil sich als unmöglich erweist (vgl. Vorbem. 3 Rn. 46).

37 3. **Vertretung in einem Termin.** Der Auftrag muss auf die Vertretung in einem Termin gerichtet sein. Vertretung ist hier nicht eng im Sinne von § 164 BGB zu verstehen; denn weder im reinen Erörterungstermin noch in einem reinen Beweistermin und erst recht nicht in einem von einem Sachverständigen anberaumten Termin vertritt der Rechtsanwalt seine Partei in diesem engen Sinne. Da jedoch auch in diesen Fällen nach Vorbem. 3 Abs. 3 die Terminsgebühr, auch die Terminsgebühr Nr. 3402, entsteht, ist unter Vertretung hier zu verstehen, dass der Rechtsanwalt nach seinem Auftrag im Termin die Interessen seiner Partei wahrnimmt. Hierzu ist es nicht erforderlich, dass der Rechtsanwalt das Wort ergreift; es genügt vielmehr, wenn er der Er-

örterung, der Beweisaufnahme oder der Besichtigung durch den Sachverständigen aufmerksam folgt und sich bereithält, erforderlichenfalls zur Wahrung der Interessen seiner Partei Fragen zu stellen oder Ausführungen zu machen. Keine Vertretung liegt vor, wenn der Rechtsanwalt zum Termin erscheint, um sich über seinen Verlauf zu unterrichten, jedoch von vornherein es ablehnt, für seine Partei aufzutreten.

4. Ausführung der Parteirechte. Der Prozessbevollmächtigte kann im Anwaltsprozess die Ausführung der Parteirechte einem anderen Rechtsanwalt überlassen, der bei dem Prozessgericht nicht postulationsfähig zu sein braucht. Das kann auch der Verkehrsanwalt sein. Im Parteiprozess kann auch die Partei selbst einen entsprechenden Auftrag an einen Rechtsanwalt erteilen. Dieser Rechtsanwalt, der **neben** dem Prozessbevollmächtigten oder auch – im Parteiprozess – neben der Partei auftritt, hat eine ähnliche Stellung wie der Beistand; seine Aufgabe ist es in der Regel, die Partei oder den Prozessbevollmächtigten vermöge seiner besonderen Fachkenntnisse beim Vortrag des Streitverhältnisses zu unterstützen. In Patent-, Gebrauchsmuster-, Geschmacksmuster-, Sortenschutz- und Markensachen kommt hierfür auch ein Patentanwalt in Betracht (vgl. § 9 Abs. 3 PAnwG). 38

In § 53 S. 1 BRAGO ist die Ausführung der Parteirechte neben der Vertretung in der mündlichen Verhandlung ausdrücklich erwähnt. In Nr. 3401 ist nur die Vertretung in einem Termin genannt. Da jedoch Vertretung hier in dem Sinne zu verstehen ist, dass der Rechtsanwalt die Interessen seiner Partei wahrnimmt (vgl. Rn. 37), erwachsen auch dem mit der Ausführung der Parteirechte beauftragten Rechtsanwalt die Gebühren Nr. 3401 und 3402; denn es wäre widersprüchlich, wenn ein Rechtsanwalt, der von vornherein nur mit der Vertretung in einem Erörterungstermin beauftragt ist, die Gebühren Nr. 3401 und 3402 erhält, während der, der den gleichen Auftrag für die Erörterung im Rahmen eines Verhandlungstermins hat, in dem er jedoch bei der Verhandlung die Partei nicht vertritt, die Gebühren nicht verdiente. 39

III. Vergütung

1. Allgemeines. Der Terminsvertreter erhält eine Verfahrensgebühr in Höhe der Hälfte der dem Verfahrensbevollmächtigten zustehenden Verfahrensgebühr. Daneben kann eine Terminsgebühr entstehen. Sie entspricht der Terminsgebühr, die einem Prozessbevollmächtigten für die gleiche Tätigkeit erwachsen würde. Im Berufungs- und Revisionsverfahren ist der entsprechende Gebührensatz maßgeblich. Die Verfahrensgebühr beträgt auch im Revisionsverfahren beim BGH 0,8 (1,6 : 2); Nr. 3208 ist auf die beim BGH zugelassenen Rechtsanwälte beschränkt.[24] 40

2. Verfahrensgebühr (Nr. 3401). Mit Rücksicht auf den geringeren Umfang des Geschäftsbetriebs entsteht nur die Hälfte der dem Prozessbevollmächtigten zustehenden Verfahrensgebühr. Sie entgilt insbesondere die zur Vorbereitung der Verhandlung entwickelte Tätigkeit, ferner die Mitteilung des Verhandlungsergebnisses an die Partei oder den Prozessbevollmächtigten. Dagegen wird die Fertigung vorbereitender Schriftsätze nicht abgegolten; hierfür gilt Nr. 3403, wobei allerdings die Beschränkung des § 15 Abs. 5, Abs. 6 besonders zu beachten ist. Die Gebühr Nr. 3401 ermäßigt sich auf den Gebührensatz von 0,5, wenn der Auftrag endet, bevor der Termin begonnen hat (Nr. 3405 Nr. 2). Für die Vertretung in mehreren Verhandlungen im selben 41

---

[24] Vgl. OLG Karlsruhe JurBüro 1999, 86.

VV Teil 3 Abschnitt 4

Rechtszug entsteht nur einmal die Verfahrensgebühr Nr. 3401, und zwar auch dann, wenn mehrere selbständige Aufträge zugrunde liegen (§ 15 Abs. 5). Hat der Terminsvertreter im Lauf des Rechtszugs aus anderen Gründen schon die volle Verfahrensgebühr, die ihr gleichstehende Verkehrsgebühr oder eine Gebühr verdient, die auf eine nachfolgende Verfahrensgebühr anzurechnen ist, zB weil er vorher Prozessbevollmächtigter war, das Mahnverfahren betrieb oder weil er gleichzeitig auch Verkehrsanwalt ist, so erhält er daneben nicht noch die Verfahrensgebühr Nr. 3401 (vgl. § 15 Abs. 2, Abs. 5, Abs. 6; wegen der Verkehrsgebühr vgl. auch Rn. 30).

42 **3. Terminsgebühr (Nr. 3402).** Für die Vertretung in einem Termin erhält der **Terminsvertreter** die Terminsgebühr in Höhe der dem Prozessbevollmächtigten zustehenden Terminsgebühr. Er erhält daher im ersten Rechtszug und im Berufungsrechtszug eine Terminsgebühr mit dem Gebührensatz von 1,2 entsprechend Nr. 3104 bzw. Nr. 3202 oder eine verminderte Terminsgebühr mit dem Gebührensatz von 0,5 unter den in Nr. 3105 bzw. 3203 genannten Voraussetzungen (vgl. Abschnitt 1 Rn. 58 bis 63, 65; Abschnitt 2 Rn. 41, 42). Im Revisionsverfahren erhält der Terminsvertreter die Terminsgebühr gemäß den Nr. 3210 und 3211. Für mehrere Termine im selben Rechtszug erhält er nur einmal die Terminsgebühr, und zwar auch dann, wenn mehrere selbständige Aufträge vorliegen (§ 15 Abs. 5).

43 Der Rechtsanwalt, der nur die **Parteirechte auszuführen** hat, erhält die gleiche Terminsgebühr wie der Prozessbevollmächtigte. Er erhält die Terminsgebühr in entsprechender Höhe auch dann, wenn er kein Wort gesprochen hat, sondern nur der Verhandlung aufmerksam gefolgt ist, die Partei oder den Prozessbevollmächtigten bei ihrem Verhandeln überwacht und sich bereitgehalten hat, erforderlichenfalls zur Ausführung der Rechte seiner Partei das Wort zu ergreifen.[25]

44 **4. Einigungsgebühr.** Wirkt der Rechtsanwalt beim Abschluss eines Vergleichs mit, so erhält er die Einigungsgebühr (Nr. 1000, 1003). Geht der Vergleich über den Gegenstand des Prozesses hinaus, so erhält er auch aus dem überschießenden Wert die Hälfte der verminderten Verfahrensgebühr (Nr. 3101 Nr. 2).

D. Sonstige Einzeltätigkeiten (Nr. 3403, 3404, 3405, 3406)

I. Allgemeines

45 Die Nr. 3403, 3404 und 3406 sind Hilfsvorschriften, die bei Einzeltätigkeiten in den VV Teil 3 geregelten gerichtlichen Verfahren gebührenrechtliche Lücken schließen. Die Nr. 3403, 3404 gelten für Einzeltätigkeiten in den Gerichtsverfahren, in denen die Vergütung des Rechtsanwalts durch Wertgebühren geregelt ist. Die Gebühr Nr. 3403 wird bei vorzeitigem Ende des Auftrags gemäß Nr. 3405 ermäßigt. Die Gebühr Nr. 3404 mit dem Gebührensatz von 0,3 entsteht, wenn sich der Auftrag auf ein Schreiben einfacher Art beschränkt. Nr. 3406 gilt für Einzeltätigkeiten in sozialgerichtlichen Verfahren, wenn nach § 3 Betragsrahmengebühren entstehen. In diesem Bereich gibt es für vorzeitige Beendigung des Auftrags und Schreiben einfacher Art keine Sondervorschriften, sondern diese Umstände sind innerhalb des Gebührenrahmens der Nr. 3406 gemäß § 14 Abs. 1 zu berücksichtigen.

---

[25] Ebenso *Gerold/Schmidt/Müller-Rabe* VV 3402 Rn. 5.

II. Geltungsbereich

Die Nr. 3403, 3404 und 3406 gelten für sonstige Einzeltätigkeiten in den in VV Teil 3 geregelten gerichtlichen Verfahren (Vorbem. 3 Rn. 1 bis 8). Dazu ist erforderlich, dass ein solches Verfahren bei Gericht **anhängig** ist oder anhängig gemacht werden soll. Handelt es sich nicht um ein solches Verfahren oder soll ein solches Verfahren noch nicht anhängig gemacht werden, so werden sich die Gebühren im Allgemeinen nach den Nr. 2400 bis 2501 richten; die Nr. 3403, 3404 und 3406 treffen jedenfalls nicht zu.

Die Tätigkeit des Rechtsanwalts muss in dem gerichtlichen Verfahren erfolgen. Das ist dann der Fall, wenn die Tätigkeit dem gerichtlichen Verfahren dient und bei einem Verfahrensbevollmächtigten mit der Verfahrens- oder der Terminsgebühr abgegolten wird. Dabei kann es sich um Tätigkeiten gegenüber dem Gericht handeln, wie zB das Fertigen und Einreichen eines Schriftsatzes, die Erwirkung des Rechtskraftzeugnisses (vgl. Vorbem. 3 Rn. 14) oder die Erklärung eines Rechtsmittelverzichts (vgl. Vorbem. 3 Rn. 15), die Kostenfestsetzung,[26] aber auch um Tätigkeiten gegenüber dem Gegner, wie zB schriftliche außergerichtliche Vergleichsverhandlungen, oder gegenüber dritten Stellen, zB Adressenanfragen beim Einwohnermeldeamt.[27]

Die Gebühren Nr. 3403, 3404 und 3406 betreffen nur den Rechtsanwalt, der nicht Verfahrensbevollmächtigter ist. Außerdem gelten sie aber nur, „soweit in diesem Abschnitt nichts anderes bestimmt ist". Gemeint sind damit die im Abschnitt 4 geregelten Gebühren des Verkehrsanwalts (Nr. 3400) und des Terminsanwalts (Nr. 3401 und 3402). Danach entgelten die Gebühren Nr. 3403, 3404 und 3406 hauptsächlich die Einreichung, Anfertigung oder Unterzeichnung von Schriftsätzen (ebenso § 56 Abs. 1 Nr. 1 BRAGO) oder Schreiben, wenn der Rechtsanwalt weder Verfahrensbevollmächtigter noch Verkehrsanwalt ist. Für die Wahrnehmung von Terminen kommen die Gebühren Nr. 3403 und 3406 kaum noch in Betracht, da wegen des weiten Anwendungsbereiches der Terminsgebühr nach Vorbem. 3 Abs. 3, der auch nach Nr. 3401 für den Terminsanwalt gilt, der Rechtsanwalt, der einen Termin wahrnimmt, ohne Verfahrensbevollmächtigter zu sein, die Gebühren Nr. 3401 und 3402 erhält (vgl. Rn. 36 und 37). Das gilt auch für die Teilnahme an einem Gerichtstermin zur Ausführung der Parteirechte (Rn. 39), für die Wahrnehmung eines von einem gerichtlich bestellten Sachverständigen anberaumten Termins (Vorbem. 3 Rn. 47) und für eine Besprechung ohne Beteiligung des Gerichts, die auf die Vermeidung oder Erledigung des Verfahrens gerichtet ist (Vorbem. 3 Rn. 48). Die Gebühren Nr. 3403 und 3406 kommen daher bei der Wahrnehmung eines Gerichtstermins nur ausnahmsweise in Betracht, so wenn sich die Tätigkeit des Anwalts darauf beschränkt, einen Verkündungstermin wahrzunehmen, um im Anschluss an die Urteilsverkündung den Rechtsmittelverzicht zu erklären (vgl. Vorbem. 3 Rn. 15), oder wenn er an einem Verhandlungs-/Beweistermin nur teilnimmt, um den Terminsverlauf zu beobachten, ohne selbst aufzutreten (vgl. Rn. 37). Aber auch bei der Wahrnehmung nichtgerichtlicher Termine ist die Vergütung nach Nr. 3401, 3402 die Regel, die Vergütung nach Nr. 3403, 3406 die Ausnahme, so wenn der Rechtsanwalt den vorbereitenden Ortstermin eines Privatgutachters oder eines nach § 273 Abs. 2 Nr. 4 ZPO geladenen, aber noch nicht gerichtlich bestellten Sachverständigen wahrnimmt (vgl. Vorbem. 3

---

[26] Gerold/Schmidt/Müller-Rabe VV 3403 Rn. 17.
[27] Vgl. BGH JurBüro 2004, 191 und 315.

VV Teil 3 Abschnitt 4

Rn. 47) oder wenn er eine Besprechung mit der Gegenseite führt, die nicht auf die Vermeidung oder Erledigung des Verfahrens gerichtet ist (vgl. Vorbem. 3 Rn. 48).

III. Die Gebühren

49 **1. Rechtliche Natur.** Die Gebühren Nr. 3403, 3406 sind Einzelgebühren, weil sie einen Auftrag erfordern, der nicht das ganze Verfahren umfasst. Gleichwohl sind es Verfahrensgebühren. Sie entgelten nicht einen einzelnen Schriftsatz oder einen einzelnen Termin, sondern alle Schriftsätze, die in demselben Rechtszug eingereicht, angefertigt oder unterzeichnet werden, und alle Termine, soweit die Nr. 3403 und 3406 gelten, die in demselben Rechtszug wahrgenommen werden. Dies ergibt sich aus dem Gebrauch der Mehrzahl (Tätigkeiten) in der Anmerkung zu Nr. 3403 und aus dem allgemeinen Grundsatz des § 15 Abs. 1, Abs. 2 S. 2. Dabei ist es nach § 15 Abs. 5 unerheblich, ob der Auftrag von vornherein alle Schriftsätze oder Termine umfasste oder nicht.[28]

50 **2. Gebührentatbestand.** Die Gebühr entsteht nur dann, wenn in Abschnitt 4 nichts anderes bestimmt ist (vgl. Nr. 3403 Anm. aE). Damit sind die Fälle angesprochen, in denen die Einreichung, Anfertigung oder Unterzeichnung von Schriftsätzen, auch für den nicht prozessbevollmächtigten Rechtsanwalt, durch andere Gebühren abgegolten wird. Außer durch die Verfahrensgebühr des Prozessbevollmächtigten und des Vertreters im Mahnverfahren werden Schriftsätze insbesondere durch die Verkehrsgebühr (Nr. 3400) abgegolten; ferner auch durch die Gebühr Nr. 3401, soweit es sich um Schriftsätze handelt, die der Erledigung des – beschränkten – Auftrags des Terminsanwalts dienen, zB bei Gesuchen um eine Terminsverlegung.

51 Die Gebühr Nr. 3403 oder 3406 umfasst nicht nur die Anfertigung, Einreichung und Unterzeichnung der Schriftsätze und die Wahrnehmung von Terminen, sondern auch die **gesamte sonstige** der Erledigung des – inhaltlich allerdings sehr beschränkten – Auftrags dienende Tätigkeit, insbesondere die Entgegennahme der Information und die damit zusammenhängende Beratung, ferner auch die Besprechung mit dem Auftraggeber. Wird der Auftrag im Anschluss an einen Rat erteilt, so geht die **Ratgebühr** in der Gebühr Nr. 3403 oder 3406 auf (Nr. 2100 Abs. 2).

52 **3. Höhe der Gebühr.** Die Gebühr Nr. 3403 hat den Gebührensatz von 0,8, berechnet nach dem Wert des Gegenstands, auf den sich die Tätigkeit bezieht. Wird der Rechtsanwalt für mehrere Auftraggeber tätig, so ist die Gebühr Nr. 3403 nach Nr. 1008 zu erhöhen. Die Gebühr Nr. 3403 wird in entsprechender Anwendung der Nr. 3405 auf den Gebührensatz von 0,5 ermäßigt, wenn sich der Auftrag erledigt, **bevor** der Rechtsanwalt den eigentlichen Auftrag, nicht nur vorbereitende Handlungen, ausgeführt hat. Die auf 0,5 ermäßigte Gebühr gilt also auch das Fertigen oder Unterzeichnen des Schriftsatzes ab; kommt es nicht zur Aushändigung oder Einreichung, so verbleibt es bei dieser geringeren Gebühr.

53 Für ein **Schreiben einfacher Art**, das weder schwierige rechtliche Ausführungen noch größere sachliche Auseinandersetzungen enthält, beträgt nach Nr. 3404 der Gebührensatz 0,3. Die Gebühr Nr. 3404 setzt ein einziges Schreiben voraus. Kommen in demselben Rechtszug weitere Schreiben in Betracht, so geht die geringere Gebühr Nr. 3404 in der höheren Gebühr Nr. 3403 auf.

---

[28] BGHZ 93, 16; OLG München NJW 1971, 149; vgl. auch *Gerold/Schmidt/Müller-Rabe* VV 3403 Rn. 54; *Hartmann* VV 3403 Rn. 16.

4. Sozialgerichtliche Verfahren. In sozialgerichtlichen Verfahren, in denen nach 54
§ 3 Betragsrahmengebühren entstehen, erhält der Rechtsanwalt „für sonstige Einzeltätigkeiten" die Gebühr Nr. 3406 aus dem Gebührenrahmen von 10 bis 200 Euro. Der Gebührenrahmen ist weder für Schreiben einfacher Art (Nr. 3404) noch bei vorzeitigem Ende des Auftrags (Nr. 3405) verändert, sondern diesen Umständen ist bei der Bestimmung der konkreten Gebühr nach § 14 Abs. 1 Rechnung zu tragen.

E. Kostenerstattung

I. Allgemeines

Für die Erstattbarkeit der Kosten von Einzeltätigkeiten im Sinne des Abschnitts 4 55
ist § 91 ZPO maßgeblich. Nach § 91 Abs. 2 S. 1 Hs. 1 ZPO sind die gesetzlichen Gebühren und Auslagen des Rechtsanwalts der obsiegenden Partei in allen Prozessen zu erstatten. Wird die Partei nicht von einem Prozessbevollmächtigten vertreten, so sind die geringeren Kosten eines Rechtsanwaltes, den die Partei nur mit Einzeltätigkeiten beauftragt, uneingeschränkt erstattbar. Dies gilt für die Gebühren eines Terminsvertreters ebenso wie für die Gebühr eines mit einer sonstigen Einzeltätigkeit beauftragten Rechtsanwaltes, für die Gebühr des Verkehrsanwaltes nur, wenn das Verfahren sich erledigt, bevor der Prozessbevollmächtigte beauftragt wird.

Wenn der Verkehrsanwalt oder der Terminsvertreter neben dem Prozessbevollmäch- 56
tigten tätig wird, hängt die Erstattbarkeit der hierdurch verursachten Mehrkosten davon ab, ob sie zur zweckentsprechenden Rechtsverfolgung oder Rechtsverteidigung notwendig waren (§ 91 Abs. 1 S. 1 ZPO). Soweit erstattbare Kosten der Partei oder des Prozessbevollmächtigten durch die Bestellung eines Verkehrsanwaltes oder eines Terminsvertreters erspart werden, sind auch deren Kosten zu erstatten. Entfällt daher beim Prozessbevollmächtigten die Termingebühr, weil die Gerichtstermine vom Terminsvertreter wahrgenommen werden, so ist die Termingebühr Nr. 3402 voll erstattbar.

Ersparte Reisekosten sind zu berücksichtigen, wenn die Bestellung eines Prozessbe- 57
vollmächtigten, der nicht bei dem Prozessgericht zugelassen ist und am Ort des Prozessgerichts auch nicht wohnt, zur zweckentsprechenden Rechtsverfolgung oder Rechtsverteidigung notwendig war (§ 91 Abs. 2 S. 1 Hs. 2 ZPO). Da die bei einem Amts- oder Landgericht zugelassenen Rechtsanwälte seit 1. 1. 2000 bei allen Landgerichten und die bei einem Oberlandesgericht zugelassenen Rechtsanwälte seit 1. 9. 2002 bei allen Oberlandesgerichten postulationsfähig sind (vgl. Rn. 7), können die Parteien in allen Gerichtsverfahren mit Ausnahme bestimmter Verfahren beim Bundesgerichtshof einen Prozessbevollmächtigten beauftragen, der weder beim Prozessgericht zugelassen ist noch in dessen Nähe wohnt oder seinen Kanzleisitz hat. Damit hat die Frage nach der Erstattbarkeit der Reisekosten des Prozessbevollmächtigten erheblich an Bedeutung gewonnen.

II. Zuziehung eines beim Prozessgericht nicht zugelassenen Rechtsanwaltes

1. Prozessbevollmächtigter in Wohn- oder Geschäftsnähe der Partei. Nach 58
den Gesetzesänderungen zur Postulationsfähigkeit der Rechtsanwälte (Rn. 7 und 57; vgl. auch Abschnitt 3 Rn. 24) hat sich allgemein die Auffassung durchgesetzt, dass die Zuziehung eines Rechtsanwaltes, der in der Nähe des Wohn- oder Geschäftssitzes der

VV Teil 3 Abschnitt 4 *Vergütungsverzeichnis*

Partei seine Kanzlei unterhält, regelmäßig als zur zweckentsprechenden Rechtsverfolgung oder Rechtsverteidigung notwendig anzusehen sei.[29] Die Rechtsprechung beruht auf der Erwägung, dass es für eine nicht rechtskundige Partei zur angemessenen Interessenswahrung in einem Prozess regelmäßig erforderlich ist, mit einem Rechtsanwalt ihres Vertrauens einmal oder auch mehrmals zur Information des Rechtsanwalts und zur eigenen Beratung ein persönliches Gespräch zu führen. Dieses Ziel wird am besten dadurch erreicht, dass die Partei die Möglichkeit erhält, einen in der Nähe ihres Wohn- oder Geschäftssitzes ansässigen Rechtsanwalt zum Prozessbevollmächtigten zu bestellen.[30]

59 Aus diesen Erwägungen ergeben sich die Ausnahmen von dem angegebenen Grundsatz. Die Bestellung eines in der Nähe des Wohn- oder Geschäftssitzes der Partei ansässigen Rechtsanwaltes ist dann nicht als notwendig und die damit verbundenen Mehrkosten sind dann nicht als erstattbar anzuerkennen, wenn schon zum Zeitpunkt der Beauftragung des Rechtsanwalts zu erkennen ist, dass ein eingehendes Mandantengespräch nicht notwendig sein wird, insbesondere weil der Mandant nicht beraten zu werden braucht und der Prozessbevollmächtigte schriftlich informiert werden kann. Eine solche Ausnahme wurde angenommen bei einem gewerblichen Unternehmen mit eigener Rechtsabteilung oder juristisch qualifizierten Mitarbeitern,[31] bei einer Bank, wenn es sich bei dem Rechtsstreit um ein Routinegeschäft handelt,[32] bei einem Verband zur Förderung gewerblicher Interessen seiner Mitglieder,[33] bei einem Wettbewerbsverband,[34] bei einem Versicherer mit eigener Rechtsabteilung,[35] bei einem Leasingunternehmen[36] und bei einem Inkassounternehmen, das eine Forderung aus seinem gewerblichen Geschäftsbetrieb geltend macht.[37] Die Beauftragung eines Rechtsanwalts am Geschäftssitz der Partei wurde als notwendig und die dadurch verursachten Mehrkosten wurden als erstattungsfähig anerkannt bei einer Bank mit Rechtsabteilung in einem Fall, der kein Routinegeschäft zum Gegenstand hatte,[38] und bei einem Haftpflichtversicherer ohne Rechtsabteilung, der seinen Hausanwalt beauftragt hatte.[39]

60 **2. Prozessbevollmächtigter an einem vom Wohn- oder Geschäftssitz entfernten Ort.** Beauftragt eine Partei, die im eigenen Gerichtsstand klagt oder verklagt wird, mit ihrer Vertretung einen Rechtsanwalt, der beim Prozessgericht zwar postulationsfähig, aber nicht zugelassen ist, so sind die dadurch entstehenden Mehrkosten

---

[29] BGH NJW 2003, 898; AnwBl. 2003, 311; NJW-RR 2004, 430; OLG Düsseldorf MDR 2001, 475; 2002, 116; JurBüro 2002, 485; OLG Dresden JurBüro 2002, 255; MDR 2002, 358; OLG Köln JurBüro 2002, 425; OLG Jena MDR 2002, 723; OLG Koblenz JurBüro 2003, 258; FamRZ 2003, 1400; OLG München NJW-RR 2003, 785; aA – inzwischen weitgehend aufgegeben – OLG Hamburg MDR 2002, 1152; OLG München MDR 2002, 237; OLG Koblenz AnwBl. 2003, 184; OLG Nürnberg MDR 2001, 235; OLG Zweibrücken NJW-RR 2001, 1001.

[30] Vgl. BGH NJW 2003, 898.

[31] BGH JurBüro 2003, 370; OLG Köln JurBüro 2002, 425; OLG Karlsruhe MDR 2004, 54; aA OLG Düsseldorf JurBüro 2002, 485.

[32] OLG Stuttgart Justiz 2003, 153.

[33] BGH JurBüro 2004, 322; OLG Nürnberg MDR 2002, 1091.

[34] OLG Frankfurt JurBüro 2003, 479.

[35] OLG Koblenz JurBüro 2003, 258; NJW-RR 2004, 431.

[36] OLG München JurBüro 2003, 478.

[37] LG Münster JurBüro 2002, 372.

[38] BGH AnwBl. 2003, 311; OLG Dresden AnwBl. 2003, 311; vgl. auch OLG Düsseldorf JurBüro 2002, 485.

[39] BGH NJW-RR 2004, 430.

nicht erstattbar.⁴⁰ Das gilt auch dann, wenn der zum Prozessbevollmächtigten bestellte Rechtsanwalt ständig für die Partei tätig ist (Hausanwalt) und in derselben Angelegenheit vorprozessual tätig war. Wird ein Rechtsanwalt beauftragt, dessen Kanzlei sich weder am Gerichtsort, noch in der Nähe des Wohn- oder Geschäftssitzes der Partei befindet, so sind die Reisekosten des Rechtsanwaltes nicht zu erstatten.⁴¹

3. Ausländische Parteien. Für ausländische Parteien, die im Inland keine Niederlassung oder Agentur unterhalten,⁴² gelten Besonderheiten. Sie können entweder einen ausländischen Verkehrsanwalt einschalten oder einen inländischen Vertrauensanwalt, mit dem sie in ihrer Muttersprache korrespondieren können, auch wenn er nicht am Prozessgericht zugelassen ist. Die anfallenden Mehrkosten sind grundsätzlich zu erstatten.⁴³ 61

III. Kosten eines Verkehrsanwaltes oder eines Terminsanwaltes

1. Terminsvertreter. Eine Partei, die zum Prozessbevollmächtigten einen beim Prozessgericht postulationsfähigen, aber nicht zugelassenen Rechtsanwalt bestellt hat, kann mit der Wahrnehmung der Gerichtstermine einen Terminsvertreter beauftragen. Die Kosten des Terminsvertreters, insbesondere die Gebühren Nr. 3401 und 3402 sind zur zweckentsprechenden Rechtsverfolgung oder Rechtsverteidigung notwendig (§ 91 Abs. 1 S. 1 ZPO), soweit durch die Tätigkeit des Terminsvertreters erstattbare Kosten des Prozessbevollmächtigten erspart werden.⁴⁴ Dabei sind neben der eventuell ersparten Terminsgebühr insbesondere die ersparten Reisekosten des Prozessbevollmächtigten (Nr. 7003 bis 7006) zu berücksichtigen. Die Kosten für den Terminsvertreter sind zu erstatten, soweit sie die ersparten Reisekosten des Prozessbevollmächtigten nicht wesentlich (höchstens um 10 %) übersteigen.⁴⁵ 62

2. Verkehrsanwalt. Auch durch die Einschaltung eines Verkehrsanwaltes können Reisekosten erspart werden, wenn eine Partei, statt einen Rechtsanwalt in der Nähe ihres Wohn- oder Geschäftssitzes, einen Rechtsanwalt am Sitz des Gerichts und einen Verkehrsanwalt in der Nähe ihres Wohn- oder Geschäftssitzes beauftragt. Auch die Kosten für den Verkehrsanwalt sind zu erstatten, soweit dadurch erstattbare Reisekosten eines Prozessbevollmächtigten in der Nähe der Partei erspart werden oder die ersparten Reisekosten nur unwesentlich überschritten werden.⁴⁶ Entsprechendes gilt für eine ausländische Partei, die den inländischen Vertrauensanwalt als Verkehrsanwalt beauftragt.⁴⁷ 63

---

⁴⁰ BGH AnwBl. 2003, 205; OLG Koblenz JurBüro 2002, 202; aA KG JurBüro 2002, 152.
⁴¹ OLG Köln JurBüro 2002, 425.
⁴² Vgl. OLG Nürnberg JurBüro 1998, 597; OLG Düsseldorf Rpfleger 1997, 188; OLG München Rpfleger 1997, 234.
⁴³ OLG Dresden JurBüro 1998, 144; OLG Jena JurBüro 1998, 590; OLG Köln JurBüro 2002, 425 und 591; OLG Stuttgart FamRZ 2003, 1400; OLG Düsseldorf JurBüro 2003, 427; LG Hanau JurBüro 2004, 35.
⁴⁴ BGH NJW 2003, 898; NJW-RR 2004, 430; OLG Dresden JurBüro 2002, 255; OLG Jena MDR 2002, 723; OLG Köln JurBüro 2002, 425; OLG München JurBüro 2002, 428; OLG Koblenz JurBüro 2003, 479; OLG Hamburg MDR 2004, 356.
⁴⁵ BGH NJW 2003, 898.
⁴⁶ OLG Köln JurBüro 2002, 427; OLG Dresden JurBüro 2002, 255; vgl. auch OLG Hamburg JurBüro 2002, 319.
⁴⁷ OLG Stuttgart FamRZ 2003, 1400.

VV Teil 3 Abschnitt 5 *Vergütungsverzeichnis*

64 **3. Ausführung der Parteirechte.** Werden einem Rechtsanwalt neben dem Prozessbevollmächtigten die Ausführung der Parteirechte übertragen, so sind die Gebühren Nr. 3401, 3402, die diesem Rechtsanwalt erwachsen (vgl. Rn. 38 und 39) regelmäßig nicht zu erstatten. Etwas Anderes gilt jedoch für den Patentanwalt, der in Patent-, Gebrauchsmuster-, Geschmacksmuster-, Sortenschutz- und Markensachen neben dem Prozessbevollmächtigten die Parteirechte ausführt (§ 143 Abs. 3 PatG, § 140 Abs. 3 MarkenG, § 52 Abs. 4 GeschmMG, § 27 Abs. 3 GebrMG, § 38 Abs. 4 SortenschutzG). Nach diesen weitgehend gleich lautenden Vorschriften sind in den dort näher bestimmten Rechtsstreitigkeiten die durch die Mitwirkung eines Patentanwalts entstandenen zusätzlichen Kosten einer Partei bis zur Höhe einer vollen Gebühr und der notwendigen Auslagen des Patentanwalts erstattbar. Die oben genannten Bestimmungen ergänzen in den jeweiligen Verfahren § 91 ZPO. Die Notwendigkeit der Zuziehung eines Patentanwaltes ist insoweit im Kostenfestsetzungsverfahren nicht nachzuprüfen. Ist der Prozessbevollmächtigte als Rechtsanwalt und als Patentanwalt zugelassen, so verdient er neben der Verfahrens- und der Termingebühr des Verfahrensbevollmächtigten die Patentanwaltsgebühr, die auch erstattbar ist.[48] Entsprechend anwendbar sind § 143 Abs. 3 PatG nach § 39 ArbeitnehmererfindungsG in den dort genannten Verfahren und § 27 Abs. 3 GebrMG nach § 11 Abs. 2 HalbleiterschutzG in Topographieschutzsachen. In anderen Verfahren, etwa bei einer Klage aus § 1 UWG, kann im Einzelfall die Zuziehung eines Patentanwaltes als notwendig anzuerkennen sein.[49] Eine analoge Anwendung der oben zitierten Bestimmungen auf andere Verfahren ist jedoch nicht zulässig.[50]

Abschnitt 5. Beschwerde, Nichtzulassungsbeschwerde und Erinnerung

Nr.	Gebührentatbestand	Gebühr oder Satz der Gebühr nach § 13 RVG
Vorbemerkung 3.4: Die Gebühren nach diesem Abschnitt entstehen nicht in den in Vorbemerkung 3.1 Abs. 2 und Vorbemerkung 3.2.1 genannten Beschwerdeverfahren.		
3500	Verfahrensgebühr für Verfahren über die Beschwerde und die Erinnerung, soweit in diesem Abschnitt keine besonderen Gebühren bestimmt sind	0,5
3501	Verfahrensgebühr für Verfahren vor den Gerichten der Sozialgerichtsbarkeit über die Beschwerde und die Erinnerung, wenn in den Verfahren Betragsrahmengebühren entstehen (§ 3 RVG), soweit in diesem Abschnitt keine besonderen Gebühren bestimmt sind	15,00 bis 160,00 EUR

---

[48] BGH JurBüro 2003, 428.
[49] OLG Frankfurt WRP 1980, 337; OLG Düsseldorf GRUR 1981, 923; OLG Koblenz JurBüro 1987, 1221.
[50] OLG München JurBüro 1986, 601; OLG Düsseldorf NJW-RR 1986, 861; vgl. auch OLG Frankfurt JurBüro 1987, 1218.

Nr.	Gebührentatbestand	Gebühr oder Satz der Gebühr nach § 13 RVG
3502	Verfahrensgebühr für das Verfahren über die Rechtsbeschwerde (§ 574 ZPO)	1,0
3503	Vorzeitige Beendigung des Auftrags: Die Gebühr 3502 beträgt .... Die Anmerkung zu Nummer 3201 ist entsprechend anzuwenden.	0,5
3504	Verfahrensgebühr für das Verfahren über die Beschwerde gegen die Nichtzulassung der Berufung, soweit in Nummer 3511 nichts anderes bestimmt ist...... Die Gebühr wird auf die Verfahrensgebühr für ein nachfolgendes Berufungsverfahren angerechnet.	1,6
3505	Vorzeitige Beendigung des Auftrags: Die Gebühr 3504 beträgt .... Die Anmerkung zu Nummer 3201 ist entsprechend anzuwenden.	1,0
3506	Verfahrensgebühr für das Verfahren über die Beschwerde gegen die Nichtzulassung der Revision, soweit in Nummer 3512 nichts anderes bestimmt ist .... Die Gebühr wird auf die Verfahrensgebühr für ein nachfolgendes Revisionsverfahren angerechnet.	1,6
3507	Vorzeitige Beendigung des Auftrags: Die Gebühr 3506 beträgt .... Die Anmerkung zu Nummer 3201 ist entsprechend anzuwenden.	1,1
3508	In dem Verfahren über die Beschwerde gegen die Nichtzulassung der Revision können sich die Parteien nur durch einen beim Bundesgerichtshof zugelassenen Rechtsanwalt vertreten lassen: Die Gebühr 3506 beträgt	2,3
3509	Vorzeitige Beendigung des Auftrags, wenn sich die Parteien nur durch einen beim Bundesgerichtshof zugelassenen Rechtsanwalt vertreten lassen können: Die Gebühr 3506 beträgt .... Die Anmerkung zu Nummer 3201 ist entsprechend anzuwenden.	1,8

3510	Verfahrensgebühr für Beschwerdeverfahren vor dem Bundespatentgericht
	1. nach dem Patentgesetz, wenn sich die Beschwerde gegen einen Beschluss richtet,
	  a) durch den die Vergütung bei Lizenzbereitschaftserklärung festgesetzt wird oder Zahlung der Vergütung an das Deutsche Patent- und Markenamt angeordnet wird,
	  b) durch den eine Anordnung nach § 50 Abs. 1 des PatG oder die Aufhebung dieser Anordnung erlassen wird,	

VV Teil 3 Abschnitt 5 — *Vergütungsverzeichnis*

Nr.	Gebührentatbestand	Gebühr oder Satz der Gebühr nach § 13 RVG
	c) durch den die Anmeldung zurückgewiesen oder über die Aufrechterhaltung, den Widerruf oder die Beschränkung des Patents entschieden wird,	
	2. nach dem Gebrauchsmustergesetz, wenn sich die Beschwerde gegen einen Beschluss richtet,	
	a) durch den die Anmeldung zurückgewiesen wird,	
	b) durch den über den Löschungsantrag entschieden wird,	
	3. nach dem Markengesetz, wenn sich die Beschwerde gegen einen Beschluss richtet,	
	a) durch den über die Anmeldung einer Marke, einen Widerspruch oder einen Antrag auf Löschung oder über die Erinnerung gegen einen solchen Beschluss entschieden worden ist oder	
	b) durch den ein Antrag auf Eintragung einer geographischen Angabe oder einer Ursprungsbezeichnung zurückgewiesen worden ist,	
	4. nach dem Halbleiterschutzgesetz, wenn sich die Beschwerde gegen einen Beschluss richtet,	
	a) durch den die Anmeldung zurückgewiesen wird,	
	b) durch den über den Löschungsantrag entschieden wird,	
	5. nach dem Geschmacksmustergesetz, wenn sich die Beschwerde gegen einen Beschluss richtet, durch den die Anmeldung eines Geschmacksmusters zurückgewiesen oder durch den über einen Löschungsantrag entschieden worden ist,	
	6. nach dem Sortenschutzgesetz, wenn sich die Beschwerde gegen einen Beschluss des Widerspruchsausschusses richtet	1,3
3511	Verfahrensgebühr für das Verfahren über die Beschwerde gegen die Nichtzulassung der Berufung vor dem Landessozialgericht, wenn Betragsrahmengebühren entstehen (§ 3 RVG) .... Die Gebühr wird auf die Verfahrensgebühr für ein nachfolgendes Berufungsverfahren angerechnet.	50,00 bis 570,00 EUR
3512	Verfahrensgebühr für das Verfahren über die Beschwerde gegen die Nichtzulassung der Revision vor dem Bundessozialgericht, wenn Betragsrahmengebühren entstehen (§ 3 RVG) .... Die Gebühr wird auf die Verfahrensgebühr für ein nachfolgendes Revisionsverfahren angerechnet.	80,00 bis 800,00 EUR
3513	Terminsgebühr in den in Nummer 3500 genannten Verfahren	0,5
3514	Das Beschwerdegericht entscheidet über eine Beschwerde gegen die Zurückweisung des Antrags auf Anordnung eines Arrests oder Erlass einer einstweiligen Verfügung durch Urteil: Die Gebühr 3513 beträgt	1,2

Bürgerliche Rechtsstreitigkeiten, Verfahren **VV Teil 3 Abschnitt 5**

Nr.	Gebührentatbestand	Gebühr oder Satz der Gebühr nach § 13 RVG
3515	Terminsgebühr in den in Nummer 3501 genannten Verfahren	15,00 bis 160,00 EUR
3516	Terminsgebühr in den in Nummer 3502, 3504, 3506 und 3510 genannten Verfahren	1,2
3517	Terminsgebühr in den in Nummer 3511 genannten Verfahren	12,50 bis 215,00 EUR
3518	Terminsgebühr in den in Nummer 3512 genannten Verfahren	20,00 bis 350,00 EUR

Übersicht

	Rn.		Rn.
I. Geltung des Abschnitts 5	1	1. Allgemeines und Anwendungsbereich	22, 23
II. Beschwerde und Erinnerung (Nr. 3500, 3501, 3513, 3514, 3515)	2–16	2. Die Gebühren	24
1. Allgemeines	2	V. Beschwerde gegen die Nichtzulassung der Revision, wenn sich die Parteien nicht nur durch einen beim BGH zugelassenen Rechtsanwalt vertreten lassen können (Nr. 3506, 3507, 3512, 3516, 3518)	25–27
2. Anwendungsbereich	3, 4		
a) Erinnerungen	3		
b) Beschwerden	4		
3. Die Gebühren	5–14		
a) Arten und Gebührentatbestand	5–9	1. Anwendungsbereich	25, 26
b) Gebührenhöhe	10	2. Die Gebühren	27
c) Mehrheit von Erinnerungen und Beschwerden	11–14	VI. Beschwerde gegen die Nichtzulassung der Revision, wenn sich die Parteien nur durch einen beim BGH zugelassenen Rechtsanwalt vertreten lassen können (Nr. 3508, 3509, 3516)	28, 29
4. Gegenstandswert	15		
5. Prozesskostenhilfe	16		
III. Rechtsbeschwerde (Nr. 3502, 3503, 3516)	17–21a		
1. Allgemeines	17	1. Anwendungsbereich	28
2. Anwendungsbereich	18, 19	2. Die Gebühren	29
3. Abgeltungsbereich	20	VII. Beschwerdeverfahren vor dem Bundespatentgericht (Nr. 3510 und 3516)	30–33
4. Gebührenhöhe	21		
5. Terminsgebühr	21a		
IV. Beschwerde gegen die Nichtzulassung der Berufung (Nr. 3504, 3505, 3511, 3516, 3517)	22–24	1. Allgemeines	30
		2. Anwendungsbereich	31
		3. Die Gebühren	32, 33

I. Geltung des Abschnitts 5

Abschnitt 5 regelt die Gebühren des Rechtsanwalts in Erinnerungsverfahren und **1** Beschwerdeverfahren einschließlich der Rechtsbeschwerden nach § 574 ZPO (Nr. 3502), der Beschwerden gegen Nichtzulassung eines Rechtsmittels (Nichtzulassungsbeschwerde: Nr. 3504, 3506, 3508, 3511, 3512) und der Beschwerdeverfahren vor dem Patentgericht (Nr. 3510). Der Abschnitt 5 gilt nicht für Rechtsbeschwerden

Keller

VV Teil 3 Abschnitt 5

nach § 1065 ZPO (Vorbem. 3.1 Abs. 2; vgl. Abschnitt 1 Rn. 6) und nicht für Beschwerden und Rechtsbeschwerden in den in Vorbem. 3.2.1 Nr. 2 Buchst. a bis d genannten FGG-Verfahren (vgl. Abschnitt 2 Rn. 15 bis 20), in den arbeitsgerichtlichen Beschlussverfahren (Vorbem. 3.2.1 Abs. 1 Nr. 2 Buchst. e; vgl. Abschnitt 2 Rn. 21), in den Verfahren auf Vollstreckbarerklärung ausländischer Titel (Vorbem. 3.2.1 Abs. 1 Nr. 3; vgl. Abschnitt 2 Rn. 22 bis 24), in Verfahren nach dem GWB (Vorbem. 3.2.1 Abs. 1 Nr. 4; vgl. Abschnitt 2 Rn. 25 bis 27) und in Verfahren nach dem WpÜG (Vorbem. 3.2.1 Abs. 1 Nr. 5; vgl. Abschnitt 2 Rn. 28, 29), nicht für Beschwerden und Rechtsbeschwerden zum Bundesgerichtshof gegen Entscheidungen des Bundespatentgerichts (Vorbem. 3.2.1 Abs. 1 Nr. 6; vgl. Abschnitt 2 Rn. 30 bis 32) und nicht für Rechtsbeschwerden auf dem Gebiet des Strafvollzugs (Vorbem. 3.2.1 Abs. 1 Nr. 7; vgl. Abschnitt 2 Rn. 33). In diesen Beschwerde- und Rechtsbeschwerdeverfahren entstehen nicht die Gebühren Nr. 3500, 3502 und 3512, sondern die Gebühren des Abschnitts 1 oder des Abschnitts 2 (Vorbem. 3.5).

II. Beschwerde und Erinnerung (Nr. 3500, 3501, 3513, 3514, 3515)

2   **1. Allgemeines.** Die Nr. 3500, 3501, 3513, 3514 und 3515 regeln die Vergütung des Rechtsanwalts in Beschwerdeverfahren, soweit nicht in den Abschnitten 1 und 2 (vgl. Rn. 1) und im Abschnitt 5 (s. Nr. 3502, 3504, 3506, 3510, 3511, 3512, 3516, 3517 und 3518) Sondervorschriften gelten. Die Nr. 3500 und 3513 sind an die Stelle der §§ 55 und 61 BRAGO getreten, wobei für die unter § 55 BRAGO fallenden Erinnerungen der Gebührensatz von 0,3 auf 0,5 erhöht wurde. Für die unter § 61 BRAGO fallenden Erinnerungen und Beschwerden ist der Gebührensatz mit 0,5 gleich geblieben. Die Nr. 3501 und 3515 bestimmen den Gebührenrahmen der Verfahrens- und Terminsgebühr für Erinnerungen und Beschwerden in den sozialgerichtlichen Verfahren, in denen nach § 3 Betragsrahmengebühren entstehen. Nr. 3514 trifft eine Sondervorschrift für die Terminsgebühr in Verfahren über die Beschwerde gegen die Zurückweisung eines Antrags auf Anordnung eines Arrestes oder einer einstweiligen Verfügung, wenn das Beschwerdegericht aufgrund mündlicher Verhandlung durch Urteil entscheidet.

3   **2. Anwendungsbereich. a) Erinnerungen.** Die Gebühren Nr. 3500 und 3501 vergüten die Tätigkeit des Rechtsanwalts in Verfahren der Erinnerung in bürgerlichen Rechtsstreitigkeiten, Angelegenheiten der freiwilligen Gerichtsbarkeit sowie in verwaltungs-, sozial- und finanzgerichtlichen Verfahren. Die Gebühren Nr. 3513 und 3515 entstehen, wenn der Tatbestand der Terminsgebühr (Vorbem. 3 Abs. 3; vgl. Vorbem. 3 Rn. 45 ff.) erfüllt ist, was im Erinnerungsverfahren eine seltene Ausnahme sein dürfte. Die Erinnerung nach § 573 ZPO richtet sich gegen Entscheidungen des beauftragten oder ersuchten Richters oder des Urkundsbeamten der Geschäftsstelle. Sie rechnet gebührenrechtlich zum Rechtszug (§ 19 Abs. 1 Nr. 5); die Tätigkeit des Prozessbevollmächtigten, Verkehrsanwalts oder Terminsanwalts im Erinnerungsverfahren wird deshalb durch die entsprechende Verfahrensgebühr mit abgegolten. Die Gebühr Nr. 3500 entsteht im Erinnerungsverfahren nach § 573 ZPO daher nur, wenn sich die Tätigkeit des Rechtsanwaltes nach dem Inhalt seines Auftrages auf dieses Verfahren beschränkt. Das Gleiche gilt für die Erinnerung nach § 151 VwGO und nach § 178 SGG, obwohl diese Vorschriften in § 19 Abs. 1 Nr. 5 nicht ausdrücklich genannt sind. Gegen eine Entscheidung des Rechtspflegers findet nach § 11 Abs. 2 S. 1 RPflG die

Bürgerliche Rechtsstreitigkeiten, Verfahren **VV Teil 3 Abschnitt 5**

Erinnerung nur statt, wenn ein Rechtsmittel, insbesondere eine Beschwerde, nicht gegeben ist. Bei der Kostenfestsetzung durch den Rechtspfleger (§ 21 RPflG) ist die Erinnerung daher nur gegeben, wenn der Beschwerdewert 200 Euro nicht übersteigt (§ 567 Abs. 2 ZPO). Im verwaltungsgerichtlichen, sozialgerichtlichen und finanzgerichtlichen Verfahren werden die Kosten vom Urkundsbeamten festgesetzt (§§ 164 VwGO, 197 Abs. 1 SGG, 149 Abs. 1 FGO); gegen die Kostenfestsetzung ist die Erinnerung ohne Einschränkung statthaft (§§ 165 VwGO, 197 Abs. 2 SGG, 149 Abs. 2 FGO). Während die Kostenfestsetzung zum Rechtszug gehört (§ 19 Abs. 1 Nr. 13), die Tätigkeit des Verfahrensbevollmächtigten bei der Kostenfestsetzung daher durch die Verfahrensgebühr mit abgegolten wird, bildet das Erinnerungsverfahren nach § 18 Nr. 5 eine besondere Gebührenangelegenheit. Mehrere Erinnerungen gegen die Kostenfestsetzung im selben Verfahren bilden jedoch gebührenrechtlich eine Angelegenheit (§ 16 Nr. 12); die Gebühr Nr. 3500 entsteht auch bei mehreren Erinnerungen nur einmal. Gegen den Kostenansatz ist die Erinnerung uneingeschränkt statthaft (§ 66 Abs. 1 GKG). Auch hier bilden mehrere Erinnerungen im selben Verfahren eine Angelegenheit (§ 16 Nr. 12). Auch bei einer Erinnerung gegen die Art und Weise der Zwangsvollstreckung (§ 766 ZPO) entsteht die Gebühr Nr. 3500, wie sich aus der uneingeschränkten Fassung der Vorschrift ergibt.[1]

b) Beschwerden. Nr. 3500 und 3501 gelten auch für Beschwerden in bürgerlichen Rechtsstreitigkeiten und Angelegenheiten der freiwilligen Gerichtsbarkeit, für Beschwerden zum Bundespatentgericht, soweit sie nicht unter Nr. 3510 fallen, sowie in verwaltungs-, sozial- und finanzgerichtlichen Verfahren. Für Beschwerdeverfahren sind die Nr. 3500 und 3501 jedoch Auffangtatbestände. Sie gelten nicht in den in Vorbem. 3.2 Abs. 1 und Vorbem. 3.2.1 genannten Beschwerdeverfahren (vgl. Rn. 1), ferner nicht für Rechtsbeschwerden (Nr. 3502), Nichtzulassungsbeschwerden (Nr. 3504, 3506, 3511, 3512) und die in Nr. 3510 genannten Beschwerden zum Bundespatentgericht. Andererseits gilt Nr. 3500 bei Beschwerden gegen die Kostenfestsetzung und den Kostenansatz in Strafverfahren (Vorbem. 4 Abs. 5 Nr. 1; vgl. Teil 4 Abschnitt 1 Rn. 164). Die Verfahrensgebühr Nr. 3500 entsteht auch im Verfahren über die Beschwerde gegen die Zurückweisung eines Antrags auf Arrest oder einstweilige Verfügung, selbst wenn das Beschwerdegericht aufgrund mündlicher Verhandlung durch Urteil entscheidet (vgl. Abschnitt 2 Rn. 9); für die Terminsgebühr gilt jedoch nicht Nr. 3512 (Gebührensatz 0,5), sondern Nr. 3513 (Gebührensatz 1,2). 4

3. Die Gebühren. a) Arten und Gebührentatbestand. Für die Tätigkeit im Erinnerungs- oder Beschwerdeverfahren können dem Rechtsanwalt die Verfahrensgebühr Nr. 3500 oder 3501 und die Terminsgebühr Nr. 3513 oder 3515 erwachsen; zur Terminsgebühr Nr. 3514 s. Rn. 4 aE und Rn. 7. Regelmäßig wird aber nur die Verfahrensgebühr in Frage kommen, da über Erinnerungen und Beschwerden meistens ohne Termin entschieden wird. Die Vertretung wird dann für den Beschwerdeführer nur in der Anfertigung und Einreichung der Beschwerdeschrift bestehen, für den Rechtsanwalt des Beschwerdegegners nur in der Abgabe einer etwaigen Erklärung auf die Beschwerde. 5

Wird der Rechtsanwalt des **Beschwerdegegners** am Beschwerdeverfahren nicht beteiligt, insbesondere die Beschwerde ihm nicht zugeleitet und er nicht gehört (zB weil die Beschwerde offensichtlich unzulässig oder unbegründet ist), so verdient er die Beschwerdegebühr nicht dadurch, dass er den Beschluss des Beschwerdegerichts in Emp- 6

---

[1] Vgl. BT-Drucks. 15/1971 S. 218.

VV Teil 3 Abschnitt 5

fang nimmt und ihn an seine Partei weiterleitet; vielmehr wird er für diese reine Übermittlungstätigkeit durch die Gebühren, die er in der Angelegenheit sonst erhält, abgegolten.[2] Dagegen reicht die Mitteilung der Beschwerdeschrift an den Prozessbevollmächtigten des Beschwerdegegners in der Regel zur Beteiligung am Beschwerdeverfahren aus, ebenso die Mitteilung des Nichtabhilfebeschlusses, weil im Allgemeinen davon auszugehen ist, dass der Verfahrensbevollmächtigte des Beschwerdegegners bei Kenntnis der Beschwerdeschrift pflichtgemäß prüft, ob hierzu eine Stellungnahme veranlasst sei; das genügt für die Entstehung der Verfahrensgebühr.[3] – Berät der Rechtsanwalt des Beschwerdegegners diesen über die Aussichten einer Rechtsbeschwerde, so beginnt im Allgemeinen bereits damit ein neuer Gebührenrechtszug, wenn der Rechtsanwalt im Beschwerdeverfahren nicht tätig war.[4]

7   Für eine etwaige **Terminsgebühr** (Nr. 3513, 3515) gilt Vorbem. 3 Abs. 3. Sie entsteht auch dann, wenn die Verhandlung im Rahmen der Abhilfeprüfung vor dem Gericht des ersten Rechtszuges erfolgt. Für die Besprechung ohne Beteiligung des Gerichts entsteht die Terminsgebühr, wenn die Besprechung – zumindest auch – auf die Vermeidung oder Erledigung des Beschwerdeverfahrens gerichtet ist. Die Verhandlung vor dem Beschwerdegericht im verwaltungsgerichtlichen Verfahren des vorläufigen Rechtsschutzes begründet nur eine Terminsgebühr Nr. 3513 mit dem Gebührensatz von 0,5.[5] Die Verhandlung über die Beschwerde gegen die Zurückweisung eines Antrags auf Erlass eines Arrestes oder einer einstweiligen Verfügung lässt jedoch die Terminsgebühr Nr. 3514 mit dem Gebührensatz von 1,2 entstehen (vgl. Abschnitt 2 Rn. 9).

8   Die **Einigungsgebühr** kann, wie immer, neben den Gebühren für das Beschwerdeverfahren entstehen. Sie ist nach Nr. 1003 stets eine volle Gebühr. Ob die Einigung den Prozess oder nur das Beschwerdeverfahren erledigt, ist belanglos. Geht der Vergleichsgegenstand über den Beschwerdegegenstand hinaus, so kann zu der Verfahrensgebühr Nr. 3500 für das Beschwerdeverfahren noch eine Verfahrensgebühr Nr. 3101 Nr. 2 (Gebührensatz 0,8) aus dem überschießenden Wert hinzutreten, jedoch nur, soweit die Verfahrensgebühr für eine Tätigkeit in der unteren Instanz hinsichtlich dieses Gegenstandes noch nicht entstanden ist; ist lediglich eine vorgerichtliche Tätigkeit vorausgegangen, so ist die dabei verdiente Geschäftsgebühr nach Maßgabe der Vorbem. 3 Abs. 4 anzurechnen.

9   Wird die **Aussetzung der Vollziehung** der angefochtenen Entscheidung beantragt (§ 570 Abs. 2, Abs. 3 ZPO; § 24 Abs. 2, Abs. 3 FGG), so rechnet dieses Verfahren gebührenrechtlich zum Beschwerdeverfahren (§ 19 Abs. 1 Nr. 11 und 16).

10 **b) Gebührenhöhe.** In allen Verfahren, in denen sich die Gebühren des Rechtsanwalts nach dem Gegenstandswert richten (§ 13), hat im Erinnerungs- und im Beschwerdeverfahren sowohl die Verfahrensgebühr Nr. 3500 als auch die Terminsgebühr Nr. 3513 den Gebührensatz von 0,5. Dies gilt auch für das Beschwerdeverfahren, das einen Arrest, eine einstweilige Verfügung oder eine einstweilige Anordnung in einer Ehe-, Kindschafts-, Unterhalts- oder sonstigen Familiensache (vgl. §§ 620c S. 1,

---

[2] § 19 Abs. 1 Nr. 9; *Gerold/Schmidt/v. Eicken* VV 3500–3518 Rn. 16; OLG Koblenz AnwBl. 1999, 124; LG Köln JurBüro 2000, 581.

[3] OLG Düsseldorf JurBüro 1991, 687; OLG Saarbrücken JurBüro 1992, 742; OLG Hamburg MDR 1994, 522; OLG Stuttgart JurBüro 1998, 190; aA: OLG Stuttgart JurBüro 1984, 566; VGH Baden-Württemberg JurBüro 1999, 362.

[4] Vgl. *Gerold/Schmidt/v. Eicken* VV 3500–3518 Rn. 19.

[5] Vgl. OVG NRW JurBüro 1988, 476; OVG Hamburg NVwZ-RR 1994, 300.

Bürgerliche Rechtsstreitigkeiten, Verfahren **VV Teil 3 Abschnitt 5**

621 g S. 2, 641 d Abs. 3 S. 1, 644 S. 2 ZPO) betrifft. Wenn jedoch in einem Beschwerdeverfahren gegen die Zurückweisung eines Antrags auf Anordnung eines Arrestes oder Erlass einer einstweiligen Verfügung das Beschwerdegericht auf Grund mündlicher Verhandlung durch Urteil entscheidet, so bleibt es zwar bei der Verfahrensgebühr Nr. 3500, es entsteht jedoch die Terminsgebühr Nr. 3514 mit dem Gebührensatz von 1,2. In sozialgerichtlichen Verfahren, in denen Betragsrahmengebühren entstehen, reicht in Erinnerungs- und Beschwerdeverfahren der Gebührenrahmen sowohl der Verfahrensgebühr Nr. 3501 als auch der Terminsgebühr Nr. 3515 von 15 bis 160 Euro. Ob die Beschwerde der höheren Instanz vorgelegt wird, ist unerheblich; auch wenn die untere Instanz der Beschwerde abhilft, entstehen die Beschwerdegebühren.[6] Die Verfahrensgebühr ermäßigt sich nicht, wenn sich der Auftrag vor Einreichung der Beschwerde erledigt. Bei Vertretung mehrerer Auftraggeber erhöht sie sich gemäß Nr. 1008.

c) Mehrheit von Erinnerungen und Beschwerden. Werden mehrere Beschwerden gegen **verschiedene** in demselben Rechtsstreit ergangene Entscheidungen gleichzeitig oder nacheinander eingelegt, so eröffnet jede Beschwerde ein selbständiges Verfahren, auch wenn etwa über die mehreren Beschwerden in einem Beschluss entschieden wird (zB über die Beschwerden gegen den Kostenbeschluss gemäß § 91 a ZPO und den Wertfestsetzungsbeschluss). Es kann aber auch trotz Anfechtung zweier Entscheidungen nur ein einheitliches Beschwerdeverfahren vorliegen. Das ist der Fall, wenn die beiden Entscheidungen sachlich dieselbe Frage betreffen; zB Verwerfung der Berufung nach § 519 b ZPO und Versagung der Wiedereinsetzung; beide Beschlüsse betreffen die Frage der Zulässigkeit der Berufung.[7] 11

Richten sich mehrere Beschwerden gegen **dieselbe** Entscheidung (zB gegenseitige Beschwerden gegen einen Wertfestsetzungsbeschluss), so liegt nur ein Beschwerdeverfahren vor, sofern nicht die spätere Beschwerde erst eingelegt wird, nachdem das durch die erste Beschwerde eröffnete Verfahren abgeschlossen ist. 12

Die Beschwerde des Gegners gegen die der Beschwerde **abhelfende** Entscheidung der unteren Instanz (§ 572 Abs. 1 S. 1 ZPO) eröffnet ein neues Beschwerdeverfahren. 13

Richten sich jedoch in demselben Verfahren gegen die Kostenfestsetzung oder den Kostenansatz mehrere Erinnerungen, so entstehen die Gebühren jeweils nur einmal (§ 16 Nr. 12 Buchst. a); d. h. alle Erinnerungen gegen die Kostenfestsetzung im selben Rechtsstreit bilden gebührenrechtlich eine Einheit, auch wenn sich die Erinnerungen gegen mehrere Entscheidungen richten, etwa weil die Kostenfestsetzung aufgrund der ersten Erinnerung oder wegen Änderung der Streitwertfestsetzung abgeändert wurde. Das Gleiche gilt für mehrere Erinnerungen gegen den Kostenansatz. Jedoch sind die Erinnerung gegen die Kostenfestsetzung und die Erinnerung gegen den Kostenansatz jeweils verschiedene Angelegenheiten. Wird nach Abschluss der Erinnerungsverfahren Beschwerde eingelegt, so bildet das Beschwerdeverfahren eine neue Angelegenheit. Werden jedoch im selben Rechtsstreit gegen die Kostenfestsetzung oder den Kostenansatz mehrere Beschwerden eingelegt, so bilden die Beschwerdeverfahren wiederum jeweils eine Einheit (§ 16 Nr. 12 Buchst. b). 14

4. Gegenstandswert. Der Gegenstandswert des Beschwerdeverfahrens richtet sich in der Regel (Ausnahme zB Nr. 3335 Abs. 1 Halbs. 1; vgl. Abschnitt 3 Rn. 211) unabhängig vom Streitwert des Prozesses nach dem Interesse des Beschwerdeführers. Bei 15

---

[6] OVG Bremen JurBüro 1988, 605; *Gerold/Schmidt/v. Eicken* VV 3500–3518 Rn. 13.
[7] *Hartmann* § 61 BRAGO Rn. 15.

Beschwerde gegen einen Aussetzungsbeschluss ist der Wert nach dem Interesse der Parteien an der Aussetzung zu bemessen.[8] Im Verfahren wegen Richterablehnung richtet sich der Beschwerdewert nach § 3 ZPO; er ist mit einem Bruchteil des Gegenstandswertes der Hauptsache zu bewerten.[9] Das Gleiche gilt für die Ablehnung eines Sachverständigen, wobei jedoch von dem Teil des Streitgegenstandes auszugehen ist, über den durch die Zuziehung des Sachverständigen Beweis erhoben werden soll.[10]

16   5. **Prozesskostenhilfe.** Der beigeordnete Anwalt muss für das Beschwerdeverfahren besonders beigeordnet werden.[11] Für die Beiordnung ist das Beschwerdegericht zuständig.

III. Rechtsbeschwerde (Nr. 3502, 3503, 3516)

17   1. **Allgemeines.** Die Zivilprozessordnung kannte bis zum Zivilprozessreformgesetz vom 27. 7. 2001 neben der Beschwerde die weitere Beschwerde (§ 568 Abs. 2 ZPO aF). Gebührenrechtlich wurde die weitere Beschwerde, soweit nicht die Sondervorschrift § 61a BRAGO galt, wie das Beschwerdeverfahren behandelt (§ 61 BRAGO). Dabei ist es auch nach Einführung der Rechtsbeschwerde (§ 574 ZPO) zunächst geblieben. Nunmehr bestimmt Nr. 3502 für die Tätigkeit des Rechtsanwalts im Rechtsbeschwerdeverfahren nach § 574 ZPO eine besondere Verfahrensgebühr mit dem Gebührensatz von 1,0. Diese Vorschrift ist neu; denn soweit die BRAGO Gebührenvorschriften für Rechtsbeschwerden kannte (§§ 46 Abs. 2, 61a Abs. 1 Nr. 1, Abs. 2, Abs. 3, 63, 65a, 66 BRAGO), betrafen sie Verfahren, für die nach Vorbem. 3.2.1 jetzt die Gebühren Abschnitt 2 Unterabschnitt 1 oder 2 entstehen.

18   2. **Anwendungsbereich.** Die Gebühr Nr. 3502 entsteht, wie sich aus dem Klammerverweis ergibt, in den Verfahren über die Rechtsbeschwerde nach § 574 ZPO, soweit nicht nach Vorbem. 3.1 Abs. 2 die Gebühren des Abschnitts 1 oder nach Vorbem. 3.2.1 die Gebühren des Abschnitts 2 gelten. Die Rechtsbeschwerde findet statt, wenn dies im Gesetz ausdrücklich bestimmt ist oder das Beschwerdegericht, Berufungsgericht oder Oberlandesgericht im ersten Rechtszug sie ausdrücklich zulässt (§ 574 Abs. 1 ZPO). Die Rechtsbeschwerde ist nur zulässig oder zuzulassen, wenn dies zur Rechtsfortbildung oder Sicherung einer einheitlichen Rechtsprechung erforderlich ist oder die Rechtssache grundsätzliche Bedeutung hat (§ 574 Abs. 2 und Abs. 3 ZPO). Das zuständige Rechtsbeschwerdegericht ist der BGH (§ 133 GVG). Die Rechtsbeschwerde ist beim BGH einzulegen (§ 575 Abs. 1 S. 1 ZPO) und zu begründen (§ 575 Abs. 2 ZPO) durch einen beim BGH zugelassenen Rechtsanwalt (§ 78 Abs. 1 S. 4 ZPO). Nr. 3502 gilt nicht in den in Vorbem. 3.1 Abs. 2 und Vorbem. 3.2.1 genannten Rechtsbeschwerdeverfahren, auch soweit diese unter § 574 Abs. 1 Nr. 1 ZPO fallen (so § 1065 ZPO in Vorbem. 3.1 Abs. 2; § 621e Abs. 2 ZPO in Vorbem. 3.2.1 Nr. 2 Buchst. a).

---

[8] BGHZ 22, 283; *Egon Schneider* MDR 1973, 512.
[9] OLG Hamburg MDR 1990, 58; OLG Koblenz JurBüro 1991, 503; OLG Frankfurt NJW-RR 1994, 957; BFH Rpfleger 1977, 250; HessVGH JurBüro 1993, 108; VGH Mannheim NVwZ-RR 1994, 303; *Hillach/Rohs* § 63 A; aA – § 48 Abs. 2 GKG – OLG Bamberg MDR 1982, 589; *Egon Schneider* Streitwert Rn. 80 ff.; *Markl/Meyer* GKG § 12 Anh. § 3 ZPO Rn. 7; noch aA – Gegenstandswert der Hauptsache –: BGH NJW 1968, 796; OLG Düsseldorf NJW-RR 1994, 1086.
[10] OLG Frankfurt MDR 1980, 145.
[11] *Gerold/Schmidt/v. Eicken* VV 3500–3518 Rn. 44.

Bürgerliche Rechtsstreitigkeiten, Verfahren **VV Teil 3 Abschnitt 5**

Auch die weitere Beschwerde im Verfahren der freiwilligen Gerichtsbarkeit ist eine 19
Rechtsbeschwerde (§ 27 Abs. 1 FGG). Ob auf dieses Verfahren die Gebührenvorschrift
Nr. 3502 anwendbar ist, ist zweifelhaft. Dagegen spricht, dass der Klammerzusatz nur
auf § 574 ZPO, nicht aber auf § 27 Abs. 1 FGG verweist. Indes wäre die Tätigkeit des
Rechtsanwaltes im Verfahren der (weiteren) Rechtsbeschwerde in Angelegenheiten
der freiwilligen Gerichtsbarkeit mit der Gebühr Nr. 3500 unterbewertet. Der Gesetzgeber hat das Verfahren der freiwilligen Gerichtsbarkeit durch die Gleichstellung mit
den bürgerlichen, den verwaltungsgerichtlichen und den sozialgerichtlichen Rechtsstreitigkeiten gebührenrechtlich aufgewertet. Das gilt jedoch nur für den ersten
Rechtszug (Abschnitt 1). Abschnitt 2 gilt nur für Berufungen, Revisionen und die in
Vorbem. 3.2.1 benannten Beschwerden und Rechtsbeschwerden. Dazu gehören zwar
einige sog. streitige FGG-Verfahren wie das Verfahren nach § 43 WEG (Vorbem. 3.2.1
Abs. 1 Nr. 2 Buchst. c) und das gerichtliche Verfahren in Landwirtschaftssachen (Vorbem. 3.2.1 Abs. 1 Nr. 2 Buchst. d), nicht jedoch die sonstigen FGG-Angelegenheiten.
In diesen Angelegenheiten erhält der Rechtsanwalt im Beschwerdeverfahren die Gebühren Nr. 3500 und 3513 (Rn. 4). Wenn es zB in Erbscheinsverfahren, vormundschaftsgerichtlichen Verfahren, Grundbuchverfahren oder Handelsregisterverfahren
zur (weiteren) Rechtsbeschwerde nach § 27 Abs. 1 FGG kommt, handelt es sich regelmäßig um eine schwierige und gewichtige Angelegenheit. Da im Rechtsbeschwerdeverfahren meistens keine Terminsgebühr entsteht, wäre die Tätigkeit des Rechtsanwalts mit der Gebühr Nr. 3500 (Gebührensatz 0,5) regelmäßig unzureichend vergütet.
Es erscheint daher geboten, die Gebühr Nr. 3502 auch auf das Rechtsbeschwerdeverfahren nach § 27 FGG anzuwenden.

3. Abgeltungsbereich. Die Gebühr Nr. 3502 entgilt die gesamte Tätigkeit des 20
Rechtsanwalts im Rechtsbeschwerdeverfahren einschließlich der Beratung und der
Information, aber mit Ausnahme der Wahrnehmung eines Termins. Für den Rechtsanwalt des Beschwerdeführers gehört dazu insbesondere die Anfertigung und Einreichung der Rechtsbeschwerdeschrift und die Begründung der Rechtsbeschwerde, für
den Anwalt des Beschwerdegegners die Prüfung der gegnerischen Beschwerde und
die Anfertigung und Einreichung einer Stellungnahme.

4. Gebührenhöhe. Es entsteht im Rechtsbeschwerdeverfahren die volle Verfah- 21
rensgebühr Nr. 3502 mit dem Gebührensatz von 1,0 oder die verminderte Verfahrensgebühr Nr. 3503 mit dem Gebührensatz von 0,5. Die volle Verfahrensgebühr entsteht,
sobald der Rechtsanwalt die Rechtsbeschwerde einlegt, einen Schriftsatz einreicht,
der Sachanträge, Sachvortrag oder Zurücknahme der Rechtsbeschwerde enthält, oder
einen Termin wahrnimmt (vgl. Abschnitt 1 Rn. 20 bis 29; Abschnitt 2 Rn. 36).

5. Terminsgebühr. Für die Wahrnehmung eines Termins (vgl. Vorbem. 3 Abs. 3) 21a
entsteht die Terminsgebühr Nr. 3516 mit dem Gebührensatz von 1,2.

IV. Beschwerde gegen die Nichtzulassung der Berufung
(Nr. 3504, 3505, 3511, 3516, 3517)

1. Allgemeines und Anwendungsbereich. Die Nr. 3504 und 3511 sehen Verfah- 22
rensgebühren vor für das Verfahren über die Beschwerde gegen die Nichtzulassung
der Berufung. Die Nichtzulassungsbeschwerde findet nach § 145 SGG statt gegen die
Nichtzulassung der Berufung gegen ein Urteil des Sozialgerichts. In sozialgerichtli-

Keller 667

VV Teil 3 Abschnitt 5 *Vergütungsverzeichnis*

chen Verfahren entstehen entweder Gebühren nach dem Wert des Gegenstandes (§ 2) oder Betragsrahmengebühren (§ 3 Abs. 1 S. 1; vgl. Abschnitt 1 Rn. 39). Soweit Wertgebühren entstehen, gilt im Beschwerdeverfahren über die Nichtzulassung der Berufung die Verfahrensgebühr Nr. 3504 und die Terminsgebühr Nr. 3516; soweit Betragsrahmengebühren entstehen, gilt die Verfahrensgebühr Nr. 3511 und die Terminsgebühr Nr. 3517.

23   Im zivilgerichtlichen Verfahren gibt es keine Beschwerde über die Nichtzulassung der Berufung. Die Berufung ist bei einem Beschwerdewert über 600 Euro immer statthaft (§ 511 Abs. 2 Nr. 1 ZPO). Bei einem Beschwerdewert bis zu 600 Euro kann das Gericht des ersten Rechtszuges die Berufung zulassen (§ 511 Abs. 2 Nr. 2, Abs. 4 ZPO); unterbleibt die Zulassung der Berufung, kann diese negative Entscheidung des Erstrichters nicht angegriffen werden. Auch das Verwaltungsgericht kann die Berufung zulassen (§ 124a VwGO). Unterbleibt die Zulassung der Berufung durch das Verwaltungsgericht, so kann die Zulassung beantragt werden (§ 124a Abs. 4 VwGO); über den Antrag entscheidet das Oberverwaltungsgericht (§ 124a Abs. 5 VwGO). Dies ist jedoch keine Nichtzulassungsbeschwerde. Für das Verfahren auf Zulassung der Berufung nach § 124a Abs. 4 VwGO entsteht daher nicht die Gebühr Nr. 3504; es bildet mit dem Rechtsmittelverfahren gebührenrechtlich eine Einheit (§ 16 Nr. 13) und es entstehen die Gebühren des Abschnitts 2 (Vorbem. 3.2 Abs. 1; vgl. Abschnitt 2 Rn. 3 und 5). Das gilt auch für die Zulassung der Berufung im gerichtlichen Asylverfahren (§ 78 Abs. 4 AsylVfG).

24   **2. Die Gebühren.** Wenn sich im sozialgerichtlichen Verfahren die Gebühren nach dem Gegenstandswert richten, entsteht im Nichtzulassungsbeschwerdeverfahren die Verfahrensgebühr Nr. 3504 mit dem Gebührensatz von 1,6 und, wenn der Gebührentatbestand erfüllt ist, die Terminsgebühr Nr. 3516 mit dem Gebührensatz von 1,2. Das Verfahren über die Nichtzulassungsbeschwerde ist zwar gegenüber dem Berufungsverfahren eine eigene Angelegenheit (§ 17 Nr. 9); die Gebühr Nr. 3504 ist jedoch auf die gleich hohe Verfahrensgebühr des Berufungsverfahrens (Nr. 3200) voll anzurechnen (Anm. zu Nr. 3504). Bei vorzeitiger Beendigung des Auftrags (Nr. 3201 Anm. Nr. 1; vgl. Abschnitt 2 Rn. 34) beträgt nach Nr. 3405 der Gebührensatz 1,1. Wenn nach § 3 Abs. 1 S. 1 Betragsrahmengebühren entstehen, geht der Gebührenrahmen der Verfahrensgebühr Nr. 3511 von 50 bis 570 Euro. Auch diese Verfahrensgebühr ist auf die Verfahrensgebühr des Berufungsverfahrens anzurechnen. Wenn der Tatbestand einer Terminsgebühr (Vorbem. 3 Abs. 3) erfüllt ist, entsteht zusätzlich die Terminsgebühr Nr. 3517 mit dem Gebührenrahmen von 12,50 bis 250 Euro. Sie ist auf die Terminsgebühr eines anschließenden Berufungsverfahrens nicht anzurechnen.

V. Beschwerde gegen die Nichtzulassung der Revision, wenn sich die Parteien nicht nur durch einen beim BGH zugelassenen Rechtsanwalt vertreten lassen können (Nr. 3506, 3507, 3512, 3516, 3518)

25   **1. Anwendungsbereich.** Die Verfahrensgebühr Nr. 3506 entsteht im Verfahren über die Beschwerde gegen die Nichtzulassung der Revision gegen ein Urteil des Oberverwaltungsgerichts oder Verwaltungsgerichtshofs (§ 133 VwGO), des Finanzgerichts (§ 115 Abs. 3 FGO) und des Landessozialgerichts (§ 160a SGG), wenn nicht nach § 3 Abs. 1 S. 1 Betragsrahmengebühren entstehen. In letzterem Falle entsteht die Verfahrensgebühr Nr. 3512. Im Verfahren über die Beschwerde gegen die Nichtzulas-

Bürgerliche Rechtsstreitigkeiten, Verfahren VV Teil 3 Abschnitt 5

sung der Revision gegen ein Urteil des Oberlandesgerichts (§ 544 ZPO) können sich die Parteien nur durch einen beim Bundesgerichtshof zugelassenen Rechtsanwalt vertreten lassen (§§ 544 Abs. 1 S. 2, 78 Abs. 1 ZPO); es entsteht die Verfahrensgebühr Nr. 3508.

Im Beschwerdeverfahren gegen Verfügungen der Kartellbehörden (§§ 63 ff. GWB) findet gegen Entscheidungen des Oberlandesgerichts die Rechtsbeschwerde statt, wenn sie zugelassen ist (§ 74 Abs. 1 GWB). Gegen die Nichtzulassung der Rechtsbeschwerde kann nach § 75 GWB Nichtzulassungsbeschwerde eingelegt werden; in diesem Verfahren können sich die Parteien auch von einem nicht beim Bundesgerichtshof zugelassenen Rechtsanwalt vertreten lassen (§§ 75 Abs. 4, 66 Abs. 5 GWB). Das Rechtsbeschwerdeverfahren steht verfahrensrechtlich und gebührenrechtlich dem Revisionsverfahren gleich. Ebenso entspricht die Beschwerde gegen die Nichtzulassung der Rechtsbeschwerde der Beschwerde gegen die Nichtzulassung der Revision. Die Gebührenvorschriften Nr. 3506, 3516 sind daher in erweiternder Auslegung auch auf das Beschwerdeverfahren gegen die Nichtzulassung der Rechtsbeschwerde nach § 75 GWB anzuwenden. 26

2. Die Gebühren. Die Verfahrensgebühr Nr. 3506 hat wie die Verfahrensgebühr im Revisionsverfahren (Nr. 3206) den Gebührensatz von 1,6. Bei vorzeitiger Beendigung des Auftrags (Nr. 3201 Anm. Nr. 1; vgl. Abschnitt 2 Rn. 34) beträgt der Gebührensatz 1,1. Im Beschwerdeverfahren gegen die Nichtzulassung der Revision zum Bundessozialgericht, wenn nach § 3 Abs. 1 S. 1 Betragsrahmengebühren entstehen, erwächst dem Rechtsanwalt die Verfahrensgebühr Nr. 3512 mit dem Gebührenrahmen von 80 bis 800 Euro. Der Gebührenrahmen wird bei vorzeitiger Beendigung des Auftrags nicht ermäßigt, sondern diesem Umstand ist innerhalb des Gebührenrahmens bei der Bestimmung der Gebühr Rechnung zu tragen. Die Verfahrensgebühr entgilt die gesamte Tätigkeit des Rechtsanwalts im Nichtzulassungsbeschwerdeverfahren mit Ausnahme einer Terminswahrnehmung. Das Beschwerdeverfahren gegen die Nichtzulassung der Revision ist im Verhältnis zum Revisionsverfahren eine eigene Angelegenheit (§ 17 Nr. 9), jedoch ist sowohl die Gebühr Nr. 3506 als auch die Gebühr Nr. 3512 voll auf die Verfahrensgebühr des Revisionsverfahrens (Nr. 3206 oder Nr. 3212) anzurechnen. Wird im Nichtzulassungsbeschwerdeverfahren der Tatbestand der Termingebühr erfüllt (Vorbem. 3 Abs. 3), so entsteht die Termingebühr Nr. 3516 mit dem Gebührensatz von 1,2 oder, wenn im sozialgerichtlichen Verfahren Betragsrahmengebühren entstehen, die Termingebühr Nr. 3518 mit dem Gebührenrahmen von 20 bis 350 Euro. 27

VI. Beschwerde gegen die Nichtzulassung der Revision, wenn sich die Parteien nur durch einen beim BGH zugelassenen Rechtsanwalt vertreten lassen können (Nr. 3508, 3509, 3516)

1. Anwendungsbereich. Die Verfahrensgebühr Nr. 3508 entsteht im Verfahren über die Beschwerde gegen die Nichtzulassung der Revision gegen ein Berufungsurteil des Oberlandesgerichts (§ 544 ZPO); denn die Parteien können sich in diesem Verfahren nur durch einen beim BGH zugelassenen Rechtsanwalt vertreten lassen (§§ 544 Abs. 1 S. 2, 78 Abs. 1 ZPO). Nr. 3508 ist analog anzuwenden auf die Beschwerde gegen die Nichtzulassung der Rechtsbeschwerde nach § 621 e Abs. 2 S. 1 Nr. 2 ZPO (vgl. auch Rn. 26; Abschnitt 2 Rn. 17). Allerdings ist die Nichtzulassungs- 28

Keller 669

beschwerde in Familiensachen nur statthaft, wenn die anzufechtende Entscheidung des Oberlandesgerichts nach dem 31. 12. 2006 ergangen ist (§ 26 Nr. 9 EGZPO).

29   **2. Die Gebühren.** Wenn sich die Parteien nur durch einen beim BGH zugelassenen Rechtsanwalt vertreten lassen können, entsteht im Verfahren über die Nichtzulassungsbeschwerde die Verfahrensgebühr Nr. 3508 mit dem Gebührensatz von 2,3. Bei vorzeitiger Beendigung des Auftrags (Nr. 3201 Anm. Nr. 1) beträgt der Gebührensatz 1,8 (Nr. 3509). Außerdem kann die Terminsgebühr Nr. 3516 mit dem Gebührensatz von 1,2 entstehen. Zur Selbständigkeit des Nichtzulassungsbeschwerdeverfahrens als Gebührenangelegenheit und zur Anrechnung der Verfahrensgebühr auf die Verfahrensgebühr des Revisionsverfahrens gilt das in Rn. 27 Ausgeführte entsprechend.

VII. Beschwerdeverfahren vor dem Bundespatentgericht (Nr. 3510 und 3516)

30   **1. Allgemeines.** Gegen die Beschlüsse der Prüfstellen und Patentabteilungen des Patentamtes findet die Beschwerde zum Bundespatentgericht statt (§ 79 Abs. 1 PatG). Gleiches gilt für die Beschlüsse der Gebrauchsmusterstelle und der Gebrauchsmusterabteilungen des Patentamtes (§ 18 Abs. 1 GebrMG), der Markenstellen und Markenabteilungen des Patentamtes (§ 66 Abs. 1 MarkenG), der Topographieabteilung des Patentamtes (§ 4 Abs. 4 HalbleiterschG), des Deutschen Patent- und Markenamtes bezüglich des Geschmacksmusterschutzes (§ 23 Abs. 2 GeschmMG) und der Widerspruchsausschüsse des Bundessortenamtes (§ 34 Abs. 1 SortenschG). Die Rechtsanwaltsvergütung in diesen Verfahren war in § 66 BRAGO in der Weise geregelt, dass in den in § 66 Abs. 2 BRAGO im Einzelnen aufgeführten Beschwerdeverfahren die gleichen Gebühren entstanden wie in einem Rechtsstreit in erster Instanz (volle Gebühren), in den übrigen Beschwerdeverfahren die Gebühren des § 61 BRAGO (halbe Gebühren) und in den Rechtsbeschwerdeverfahren vor dem BGH gegen Entscheidungen des Bundespatentgerichtes die gleichen Gebühren wie in Berufungs- und Revisionsverfahren ($^{13}/_{10}$ Gebühren). Die Regelung des RVG stimmt mit der der BRAGO insofern überein, als der Katalog der Beschwerden zum Bundespatentgericht in Nr. 3510 wörtlich mit dem in § 66 Abs. 2 BRAGO übereinstimmt und die für diese Verfahren in den Nr. 3510 und 3516 vorgesehenen Gebühren im Gebührentatbestand und im Gebührenrahmen mit den entsprechenden Gebühren für den Rechtsstreit im ersten Rechtszug (Abschnitt 1) übereinstimmen. Für die Beschwerden zum Bundespatentgericht, die nicht unter den Verfahrenskatalog in Nr. 3510 fallen, entstehen die Gebühren Nr. 3500 und 3513 (vgl. Rn. 4). Im Rechtsbeschwerdeverfahren gegen Entscheidungen des Bundespatentgerichts entstehen die Gebühren des Abschnitts 2 (Vorbem. 3.2.1 Abs. 1 Nr. 6; vgl. Abschnitt 2 Rn. 31).

31   **2. Anwendungsbereich.** Die Gebühren Nr. 3510 und 3516 entstehen in den folgenden Beschwerdeverfahren:
   a) Beschwerde gegen die Festsetzung einer angemessenen Vergütung bei einer Lizenzbereitschaftserklärung nach § 23 Abs. 4 PatG oder die Anordnung der Zahlung an das Deutsche Patent- und Markenamt durch die Patentabteilung (Nr. 3510 Nr. 1 Buchst. a);
   b) Beschwerde gegen die Anordnung der Prüfstelle, dass die Veröffentlichung der Erfindung, die ein Staatsgeheimnis ist, unterbleibt nach § 50 Abs. 1 PatG (Nr. 3510 Nr. 1 Buchst. b);

Bürgerliche Rechtsstreitigkeiten, Verfahren **VV Teil 3 Abschnitt 5**

c) Beschwerde gegen die Zurückweisung einer Patentanmeldung durch die Prüfstelle nach § 48 PatG oder gegen die Entscheidung der Patentabteilung über den Einspruch gegen ein Patent nach § 61 PatG (Nr. 3510 Nr. 1 Buchst. c);

d) Beschwerde gegen die Zurückweisung einer Gebrauchsmusteranmeldung durch die Gebrauchsmusterstelle und gegen die Entscheidung der Gebrauchsmusterabteilung über einen Löschungsantrag nach § 17 GebrMG (Nr. 3510 Nr. 2);

e) Beschwerde gegen die Entscheidung der Markenstelle über die Anmeldung einer Marke (§§ 36, 37, 41 MarkenG) oder über den Widerspruch gegen die Eintragung der Marke (§§ 42, 43 MarkenG) und gegen die Entscheidung der Markenabteilung über einen Antrag auf Löschung der Eintragung (§§ 49, 50 MarkenG) oder über eine Erinnerung (§ 64 MarkenG) gegen eine solche Entscheidung (Nr. 3510 Nr. 3 Buchst. a);

f) Beschwerde gegen die Zurückweisung eines Antrags einer geographischen Angabe oder einer Ursprungsbezeichnung durch die Markenabteilung nach § 130 Abs. 4 MarkenG (Nr. 3510 Nr. 3 Buchst. b);

g) Beschwerde gegen die Zurückweisung der Anmeldung einer Topographie durch die Topographiestelle und gegen die Entscheidung der Topographieabteilung über einen Löschungsantrag nach § 8 Abs. 5 HalbleiterschG i.V.m. § 17 GebrMG;

h) Beschwerde gegen die Zurückweisung der Anmeldung eines Geschmacksmusters durch das Deutsche Patent- und Markenamt nach § 16 Abs. 5 S. 3 GeschmMG und gegen die Entscheidung über einen Löschungsantrag nach § 36 Abs. 1 Nr. 3 GeschmMG;

i) Beschwerde gegen einen Beschluss des Widerspruchsausschusses in Sortenschutzsachen nach § 34 Abs. 1 SortenschG.

In anderen Beschwerdeverfahren entstehen die Gebühren Nr. 3500 und 3513.

3. Die Gebühren. Für die Tätigkeit im Beschwerdeverfahren vor dem Bundespatentgericht erhält der Rechtsanwalt die Verfahrensgebühr Nr. 3510 mit dem Gebührensatz von 1,3. Sie erwächst für den Rechtsanwalt des Beschwerdeführers bereits mit Einreichung der Beschwerdeschrift beim Patentamt oder Bundessortenamt, für den Vertreter des Beschwerdegegners damit, dass er sich mit der Beschwerde irgendwie befasst, auch wenn das Patentamt oder Bundessortenamt der Beschwerde abhilft, so dass es nicht zur Vorlage an das Patentgericht kommt. Eine Verminderung der Verfahrensgebühr bei vorzeitiger Beendigung des Auftrags ist nicht vorgesehen. 32

Die Terminsgebühr Nr. 3516 mit dem Gebührensatz von 1,2 entsteht, wenn der Gebührentatbestand erfüllt ist (Vorbem. 3 Abs. 3; vgl. Vorbem. 3 Rn. 44 ff.). Im Beschwerdeverfahren vor dem Patentgericht ist die mündliche Verhandlung nicht obligatorisch; sie findet nach § 78 PatG statt, wenn ein Beteiligter sie beantragt, wenn vor dem Patentgericht Beweis erhoben wird oder wenn das Gericht sie für sachdienlich erachtet. Eine Entstehung der Terminsgebühr ohne Termin entsprechend Nr. 3104 Abs. 1 kommt nicht in Betracht. Auch eine ermäßigte Terminsgebühr gemäß Nr. 3105 ist nicht vorgesehen. 33

Teil 4. Strafsachen

Nr.	Gebührentatbestand	Gebühr oder Satz der Gebühr nach § 13 oder § 49 RVG	
		Wahlanwalt	gerichtlich bestellter oder beigeordneter Rechtsanwalt
Vorbemerkung 4: (1) Für die Tätigkeit als Beistand oder Vertreter eines Privatklägers, eines Nebenklägers, eines Einziehungs- oder Nebenbeteiligten, eines Verletzten, eines Zeugen oder Sachverständigen und im Verfahren nach dem Strafrechtlichen Rehabilitierungsgesetz sind die Vorschriften entsprechend anzuwenden. (2) Die Verfahrensgebühr entsteht für das Betreiben des Geschäfts einschließlich der Information. (3) Die Terminsgebühr entsteht für die Teilnahme an gerichtlichen Terminen, soweit nichts anderes bestimmt ist. Der Rechtsanwalt erhält die Terminsgebühr auch, wenn er zu einem anberaumten Termin erscheint, dieser aber aus Gründen, die er nicht zu vertreten hat, nicht stattfindet. Dies gilt nicht, wenn er rechtzeitig von der Aufhebung oder Verlegung des Termins in Kenntnis gesetzt worden ist. (4) Befindet sich der Beschuldigte nicht auf freiem Fuß, entsteht die Gebühr mit Zuschlag. (5) Für folgende Tätigkeiten entstehen Gebühren nach den Vorschriften des Teils 3: 1. im Verfahren über die Erinnerung oder die Beschwerde gegen einen Kostenfestsetzungsbeschluss (§ 464 b StPO) und im Verfahren über die Erinnerung gegen den Kostenansatz und im Verfahren über die Beschwerde gegen die Entscheidung über diese Erinnerung, 2. in der Zwangsvollstreckung aus Entscheidungen, die über einen aus der Straftat erwachsenen vermögensrechtlichen Anspruch oder die Erstattung von Kosten ergangen sind (§§ 406 b, 464 b StPO), für die Mitwirkung bei der Ausübung der Veröffentlichungsbefugnis und im Beschwerdeverfahren gegen eine dieser Entscheidungen.			

Übersicht

	Rn.
I. Strafsachen	1–5
II. Stellung des Rechtsanwalts	6–10
1. Verteidiger	6–8
2. Vollverteidigung und partielle Verteidigung	9, 10
a) Übertragung der Verteidigung im Ganzen	9
b) Partielle Verteidigung	10
III. Ergänzende Vorschriften	11
IV. Rechtsweg	12, 13
V. Kostenerstattung	14–19
VI. Die wesentlichen Änderungen gegenüber der BRAGO	20–26
1. Vergütungsverzeichnis (VV)	20
2. Gerichtlich bestellter oder beigeordneter Rechtsanwalt	21
3. Beistand für einen Zeugen oder Sachverständigen	22
4. Gebührenstruktur	23–26
a) Ermittlungsverfahren	23
b) Gerichtliches Verfahren	24
c) Wiederaufnahmeverfahren	25
d) Strafvollstreckung	26

I. Strafsachen

Teil 4 regelt die Gebühren für alle Tätigkeiten des Rechtsanwalts in Strafsachen. Abschnitt 1 (Gebühren Nr. 4100 bis 4146) behandelt die Gebühren des Verteidigers, Beistandes oder Vertreters im gerichtlichen Verfahren. Abschnitt 2 (Gebühren Nr. 4200 bis 4207) enthält die Gebühren in der Strafvollstreckung. Abschnitt 3 (Gebühren Nr. 4300 bis 4304) bestimmt die Gebühren für einzelne Tätigkeiten des Rechtsanwalts, ohne dass diesem sonst die Verteidigung oder Vertretung übertragen ist. 1

Teil 4 gilt in allen Strafsachen, und zwar auch dann, wenn sie in einem besonderen, von der Strafprozessordnung abweichenden Verfahren behandelt und entschieden werden. Zu den Strafsachen gehören auch das Jugendstrafverfahren,[1] das Privatklageverfahren,[2] das Klageerzwingungsverfahren,[3] das Verfahren zur Vorbereitung der öffentlichen Klage (§§ 158 ff. StPO) vor der Staatsanwaltschaft.[4] Auch die Vertretung des Verletzten nach dem Opferschutzgesetz gehört hierzu. Eingegliedert ist ebenfalls das Verfahren nach dem Strafrechtlichen Rehabilitierungsgesetz.[5] 2

Ermittlungen durch die Polizei (§ 163 StPO) gehören zu der Strafsache auch dann, wenn sie nicht von Hilfsbeamten der Staatsanwaltschaft (§ 152 GVG) geführt werden. Doch muss es sich um Ermittlungen handeln, bei denen die Verhandlungen an die Staatsanwaltschaft abzugeben sind (vgl. § 163 Abs. 2 StPO). Sonst können polizeiliche Ermittlungen zu einem Bußgeldverfahren oder sonstigen Verwaltungsverfahren gehören. Ermittlungen des Finanzamts wegen Steuervergehen (§§ 386, 399 AbgO) gehören zu der Strafsache, auf die sie abzielen; Ermittlungen des Finanzamts wegen Steuerordnungswidrigkeiten sind Teil des Bußgeldverfahrens (§ 409 AbgO). 3

Nicht zu den „Strafsachen" zählen Bußgeldverfahren,[6] Verfahren nach dem Gesetz über die internationale Rechtshilfe in Strafsachen und Verfahren nach dem IStGH-Gesetz,[7] Disziplinarverfahren, berufsgerichtliche Verfahren wegen der Verletzung einer Berufspflicht,[8] gerichtliche Verfahren bei Freiheitsentziehung und in Unterbringungssachen[9] und Verfahren nach der Wehrbeschwerdeordnung.[10] 4

Die Gebührenvorschriften des RVG für Strafsachen können auch bei der Verteidigung vor ausländischen Gerichten und internationalen Gerichtshöfen anwendbar sein.[11] 5

II. Stellung des Rechtsanwalts

1. Verteidiger. Teil 4 regelt die Gebühren, die der Rechtsanwalt als Verteidiger erhält. Unter diesen Begriff fällt gemäß §§ 137 ff. StPO sowohl der gewählte als auch 6

---

[1] Vgl. Nr. 1 der Anm. zu Gebühr Nr. 4112.
[2] Vgl. Abs. 1 der Vorbem. 4.
[3] Vgl. Gebühr Nr. 4301 Nr. 5.
[4] Vgl. Teil 4 Abschnitt 1 Unterabschnitt 2.
[5] Vgl. Abs. 1 der Vorbem. 4.
[6] S. Teil 5.
[7] S. Teil 6 Abschnitt 1.
[8] S. Teil 6 Abschnitt 2.
[9] S. Teil 6 Abschnitt 3.
[10] S. Teil 6 Abschnitt 4.
[11] Vgl. § 1 Rn. 68, 69.

der gerichtlich bestellte Verteidiger. Der Verteidigertätigkeit sind gemäß Abs. 1 der Vorbem. 4 gebührenrechtlich gleichgestellt die Tätigkeit als Beistand oder Vertreter eines Privatklägers, eines Nebenklägers, eines Einziehungs- und Nebenbeteiligten, eines Verletzten, eines Zeugen oder Sachverständigen und im Verfahren nach dem Strafrechtlichen Rehabilitierungsgesetz.

7 Der gesetzliche Vertreter hat im Strafverfahren selbständige Befugnisse (§ 137 Abs. 2, §§ 149 Abs. 2, 298 StPO; § 67 JGG), insbesondere kann er einen Verteidiger wählen. Ist ein Rechtsanwalt Vormund oder Pfleger und nimmt er die Aufgaben des Verteidigers selbst wahr, so erhält er gemäß § 1 Abs. 2 S. 2 i.V.m. § 1835 BGB die Verteidigergebühren.[12]

8 Dagegen erhält der Rechtsanwalt, der einer Hauptverhandlung als Beobachter beiwohnt, keine Verteidigergebühren,[13] vielmehr richten sich seine Gebühren nach dem Zweck, dem die Beobachtung dient, zB bei Vorbereitung eines Zivilprozesses nach Teil 3.[14]

9 **2. Vollverteidigung und partielle Verteidigung. a) Übertragung der Verteidigung im Ganzen.** Bei dem Verteidiger und den Vertretern, die gebührenrechtlich wie ein Verteidiger behandelt werden, ist zu unterscheiden, ob der Rechtsanwalt mit der Verteidigung im Ganzen betraut worden ist oder nicht. Teil 4 Abschnitt 1 regelt die Gebühren des Rechtsanwalts, der mit der Verteidigung im Ganzen beauftragt oder für die gesamte Verteidigung gerichtlich bestellt ist. Diese Gebühren entgelten gemäß Abs. 2 der Vorbem. 4.1 die gesamte Verteidigertätigkeit und treffen daher nicht auf Verteidiger zu, deren Tätigkeit sich auftragsgemäß oder nach der Reichweite der Bestellung auf einzelne Beistandsleistungen zu beschränken hat.

10 **b) Partielle Verteidigung.** Ist der Rechtsanwalt nur für einzelne Tätigkeiten innerhalb des Strafverfahrens beauftragt oder bestellt, so gelten für seine Vergütung die besonderen Vorschriften des Teils 4 Abschnitt 3. Den maßgeblichen Gesichtspunkt für die Abgrenzung gegenüber den Gebühren für die Vollverteidigung beschreibt Abs. 1 der Vorbem. 4.3 dahin, dass sich die Tätigkeit des Rechtsanwalts auf einzelne Tätigkeiten beschränkt, „ohne dass dem Rechtsanwalt sonst die Verteidigung oder Vertretung übertragen ist" („partielle Verteidigung"). Ob der Rechtsanwalt die für die Verteidigung im Ganzen bestimmten Gebühren oder die Gebühren für einzelne Beistandsleistungen erhält, richtet sich grundsätzlich nicht nach dem Umfang seiner Tätigkeit, sondern nach dem Inhalt des erteilten Auftrags oder nach der Reichweite der gerichtlichen Bestellung. Der mit der Verteidigung im Ganzen beauftragte Rechtsanwalt erhält die Vollverteidigergebühren auch dann, wenn er nur einzelne Beistandsleistungen erbringt; denn den Tatbestand der Vollverteidigergebühr hat er bereits mit der ersten Tätigkeit und nicht erst mit der Beendigung der Verteidigeraufgabe erfüllt.[15] Der jeweilige Arbeitsaufwand ist jedoch bei der Bemessung der konkreten Gebühr aus dem für Vollverteidiger bestimmten Gebührenrahmen gemäß § 14 zu berücksichtigen. Dagegen erhält der mit einzelnen Beistandsleistungen beauftragte oder für solche bestellte Rechtsanwalt die Gebühren des partiellen Verteidigers. Diese Gebühren sind aber zu den Gebühren eines Vollverteidigers durch das Gesetz in ein bestimmtes Verhältnis gebracht: Sie dürfen die Gebühren nicht übersteigen, die ein Vollvertei-

---

[12] Vgl. § 1 Rn. 25, 42.
[13] AA *Schumann/Geißinger* § 84 Rn. 6.
[14] Vgl. auch *Tschischgale* JurBüro 1961, 287.
[15] Vgl. § 1 Rn. 64.

Strafsachen

diger für die gleiche Tätigkeit erhalten würde;[16] ferner sind sie, wenn der partielle Verteidiger später Vollverteidiger wird, auf die Vollverteidigungsgebühren anzurechnen.[17]

III. Ergänzende Vorschriften

Die Vorschriften des Teils 4 werden ergänzt durch die Vorschriften des Teils 7 sowie durch Allgemeine Vorschriften des RVG; nach diesen richten sich insbesondere: **11**
1. die Zulässigkeit von Honorarvereinbarungen (§ 4 Abs. 1, 3, 4);
2. die Vergütung für Tätigkeiten von Vertretern des Rechtsanwalts (§ 5);
3. die Vergütung mehrerer Verteidiger (§ 6);
4. die Erhöhung der Gebühren bei der Vertretung mehrerer Personen (§ 7);
5. die Bemessung der Rahmengebühren (§ 14);
6. neben Abs. 2 der Vorbem. 4.1 der Abgeltungsbereich der Gebühren, insbesondere die Zulässigkeit neuer Gebühren für jeden Rechtszug (§ 15);
7. die Fälligkeit und die Berechnung der Vergütung (§§ 8, 10);
8. der Vorschuss (§ 9).

IV. Rechtsweg

Teil 4 sieht für den Wahlanwalt überwiegend Betragsrahmengebühren vor. Diese **12** können durch den Rechtspfleger gegen den Auftraggeber nur festgesetzt werden, wenn die Mindestgebühr geltend gemacht wird oder der Auftraggeber der Höhe der Gebühren ausdrücklich zugestimmt hat (§ 11 Abs. 8 S. 1). Der Rechtsanwalt ist sonst darauf angewiesen, seinen Vergütungsanspruch für die Verteidigung (Vertretung) in Strafsachen gegenüber dem Auftraggeber im Mahnverfahren oder im Wege einer Klage geltend zu machen.[18]

Wegen der Ansprüche des bestellten Verteidigers gegen die Staatskasse und gegen **13** den Beschuldigten vgl. § 55 bzw. § 52.

V. Kostenerstattung

Grundsätzlich enthält die das Verfahren abschließende Entscheidung eine **Kostenregelung.** Hierin werden auch die **Auslagen der Beteiligten,** wozu die Kosten anwaltlicher Vertretung gehören, einem der Beteiligten auferlegt, gegebenenfalls auch zwischen mehreren Beteiligten aufgeteilt, was auch in Bruchteilen ausgedrückt werden kann (§ 464d StPO). Hat ein Beteiligter dann Auslagen, die einem anderen auferlegt sind, kommt es zur Kostenerstattung. Hauptfälle sind die Auferlegung der Auslagen des Privat- oder Nebenklägers auf den verurteilten Angeklagten oder die Auferlegung der Auslagen des freigesprochenen Angeklagten auf die Staatskasse (§§ 464, 465 StPO). Daneben gibt es einige Sonderfälle, etwa die Auferlegung von Kosten auf den Anzeiger (§ 469 StPO). Auch bei Einstellung des Verfahrens kann eine Kostenerstattung in Betracht kommen (§ 153 StPO). **14**

---

[16] Vgl. Abs. 3 S. 1, 2 der Vorbem. 4.3 iVm. § 15 Abs. 6.
[17] Vgl. Abs. 4 der Vorbem. 4.3; s. auch § 15 Rn. 55, 57.
[18] Vgl. § 11 Rn. 13.

VV Teil 4 Vorbem. 4 *Vergütungsverzeichnis*

15 Zu erstatten sind nur die **notwendigen Auslagen**, darunter die Kosten des Verteidigers (§ 464a Abs. 2 Nr. 2 StPO, § 91 Abs. 2 ZPO). Über die Notwendigkeit der geltend gemachten Auslagen wird im Kostenfestsetzungsverfahren (§ 464b StPO) entschieden. Die Kosten anwaltlicher Vertretung sind stets als notwendig anzusehen. Kosten mehrerer Anwälte sind grundsätzlich nicht notwendig. Sie können aber dennoch erstattbar sein, wenn sie durch notwendigen Anwaltswechsel verursacht waren oder wenn sie die Kosten eines einzigen Anwalts nicht übersteigen, etwa wenn ein Beschuldigter mehrere Anwälte mit je verschiedenen Einzelleistungen beauftragt hat und die zusammengerechneten Einzelhonorare nicht höher sind als das Vollverteidigerhonorar. Vgl. hierzu auch § 6 Rn. 5, 6. Über die Erstattbarkeit der verschiedenen Gebühren siehe auch dort. Die für eine Hauptverhandlung, der der Angeklagte schuldhaft fernbleibt und die deswegen abgebrochen werden muss, gebührenrechtlich angefallene Gebühr des Anwalts ist keine notwendige Auslage.[19]

16 Notwendig sind die **gesetzlichen Gebühren** (und Auslagen) des Anwalts. Ein vereinbartes Honorar ist nicht notwendig. Das folgt aus der richtigen Würdigung des § 91 Abs. 2 ZPO.[20] Damit sollte nämlich nicht gesagt werden, dass mindestens die gesetzliche Gebühr zu erstatten und die Nachprüfung der Notwendigkeit höherer Gebühren vorbehalten sei. Das führt freilich zu dem Umweg, dass sich der Verteidiger als Pflichtverteidiger beiordnen lässt, um in einem Großverfahren über § 51 zu einer den gesetzlichen Rahmen übersteigenden Pauschvergütung zu kommen. Aber auf diese Weise wird wenigstens die Entscheidung, ob eine höhere Gebühr angemessen ist, auf eine dafür besonders kompetente Stelle verlagert und nicht in dem dafür wenig geeigneten Kostenfestsetzungsverfahren des Rechtspflegers entschieden. Erstattbar ist ein vereinbartes Honorar dann, wenn es sich im Rahmen des gesetzlichen Gebührenrahmens hält und der Höhe nach in etwa dem entspricht, was bei unmittelbarer Bemessung nach § 14 nicht unbillig wäre. Das ist aber nur eine scheinbare Ausnahme, denn hier decken sich die vereinbarte und die nach § 14 zu bemessende gesetzliche Gebühr.

17 Der **Rechtsanwalt, der sich selbst** in einer Strafsache **vertritt**, hat nach § 91 Abs. 2 S. 4 ZPO Anspruch auf Erstattung der für einen Anwalt anfallenden Gebühren.[21] Dies ist allerdings nicht ganz unbestritten. Einige Gerichte verweigern in solchen Fällen eine Kostenerstattung; das Bundesverfassungsgericht[22] hat dies gebilligt. Damit ist verbindlich jedoch nach der Fallgestaltung nur entschieden, dass eine Auslegung der für die Kostenerstattung maßgebenden Vorschriften zu Lasten des selbstvertretenden Anwalts rechtlich möglich und verfassungsrechtlich nicht verboten ist, dagegen nicht, dass diese Auslegung zwingend oder gar eine gegenteilige Auslegung verfassungswidrig wäre.[23]

18 Probleme und Schwierigkeiten treten auf, wenn die Kosten eines Verfahrens nicht einheitlich einem Beteiligten auferlegt, sondern unter mehreren Beteiligten verteilt werden; Musterfall ist der **Teilfreispruch**. Hier wäre für die Kostenfestsetzung die einfachste Grundlage, wenn die Kosten nach festen Quoten verteilt würden. Dies hielt der Bundesgerichtshof allerdings nicht für zulässig;[24] danach sollen vielmehr die

---

[19] LG Krefeld Rpfleger 1986, 407.
[20] BVerfG, Beschluss vom 6.11.1984, NJW 1985, 727.
[21] Vgl. § 1 Rn. 49, 50.
[22] AnwBl. 1980, 303.
[23] Vgl. auch *Gerold/Schmidt/Madert* § 1 Rn. 392.
[24] AnwBl. 1970, 295 m. Anm. *Matzen*; NJW 1973, 665.

Kosten des mit Freispruch endenden Teils der Staatskasse und die des mit Verurteilung endenden Teils dem Angeklagten zur Last fallen. Nunmehr lässt § 464d StPO – eingefügt durch das KostRÄndG 1994 – die Quotelung ausdrücklich zu. Eine solche Aufteilung setzt allerdings eine umfassende Einzelkenntnis und Erfahrung im Gebührenrecht voraus, was den erkennenden Richtern oft nicht geläufig ist und in der Anstrengung einer Schlussberatung nach einer oft unruhigen Hauptverhandlung auch schwer beschafft werden kann. Eine unzulängliche Quotelung schafft aber neues Unrecht. Die dem BGH folgenden Gerichte fassen daher die Urteilsformel meist nur so: „Die Kosten trägt der Angeklagte, soweit er verurteilt ist; im Übrigen werden Kosten und notwendige Auslagen des Angeklagten der Staatskasse auferlegt." Zuweilen wird auch formuliert: „Die ausscheidbaren Kosten des Freispruchs trägt die Staatskasse." Damit bleibt der Kostenfestsetzung die nähere Berechnung überlassen, die oft nicht einfach ist. Während man Auslagen für einzelne Beweismittel oft einem bestimmten Delikt zuordnen kann, lässt sich die Anwaltsgebühr wegen ihres Pauschcharakters nicht auf das eine oder andere Delikt beziehen. Man könnte dies nur, wenn der Verteidigungsauftrag sich ausschließlich auf eines oder einige von mehreren Delikten beschränken würde. Ob dies aber möglich ist, bleibt sehr zweifelhaft. Bei notwendiger Verteidigung ist eine Beschränkung des Verteidigerauftrags (oder der Beiordnung) schon rechtlich unzulässig. Aber auch sonst scheint eine Trennung, jedenfalls innerhalb der Hauptverhandlung, kaum möglich.[25] Der praktische Unterschied ist allerdings gering; erkennt man eine Trennungsmöglichkeit nicht an, so ist doch der Anteil an Arbeitsaufwand des Anwalts für den „nicht vertretenen" Teil und damit auch der Gebührenanteil äußerst gering. Abgerechnet wird bei Kostenaufteilung im Allgemeinen nach der Differenztheorie. Es wird ermittelt, welche Gebühr angemessen ist für die Verteidigung insgesamt; sodann, welche Gebühr angemessen wäre, wenn der Verteidiger nur hinsichtlich des einen Delikts vertreten hätte, wegen dessen Verurteilung erfolgt ist; die Differenz ist an den teilfreigesprochenen Angeklagten zu erstatten.[26]

19 Das **Verfahren der Kostenfestsetzung** richtet sich nach der durch Verweisung in Bezug genommenen Zivilprozessordnung. Zuständig ist der Rechtspfleger, gegen dessen Entscheidung die sofortige Beschwerde, bei Nichterreichen des Beschwerdewertes die befristete Erinnerung gegeben ist. Streitig hierbei ist lediglich, ob die Zwei-Wochen-Frist der ZPO gilt oder die Ein-Wochen-Frist der StPO. Die Strafgerichte neigen fälschlich zur Anwendung der Strafprozessbestimmung. In der praktischen Auswirkung ist die Streitfrage weitgehend entschärft: Bejaht man die Anwendbarkeit der strafprozessualen Frist, so muss man folgerichtig auch die dort vorgeschriebene Rechtsmittelbelehrung verlangen. Hält sich der Betroffene an die Belehrung, kann nichts passieren; ist die Belehrung falsch oder unterblieben, so besteht ein Anspruch auf Wiedereinsetzung (vgl. §§ 35a, 44 StPO). Im Beschwerdeverfahren gilt das Verbot der reformatio in peius nicht.[27]

---

[25] LG Darmstadt Rpfleger 1976, 322; aA *Gerold/Schmidt/Madert* VV Vorbem. 4000 Rn. 58; LG Dortmund JurBüro 1977, 972.
[26] Über die Berechnung iE vgl. *Mümmler* Rpfleger 1972, 354; zu den Verteilungstheorien ferner *Chemnitz* AnwBl. 1987, 135.
[27] KG JR 1981, 391; OLG Karlsruhe Rpfleger 1986, 317.

VI. Die wesentlichen Änderungen gegenüber der BRAGO

20 **1. Vergütungsverzeichnis (VV).** Abweichend von der Regelungstechnik der BRAGO werden (auch) die Gebührentatbestände für Strafsachen nicht mehr im Gesetz selbst, verteilt auf verschiedene Paragrafen, sondern zusammengefasst in Teil 4 des dem Gesetz als Anlage beigefügten VV, abschließend geregelt. Notwendige Ergänzungsregelungen werden zum einen in **Vorbemerkungen** zu dem jeweiligen Regelungsbereich getroffen. So gelten zB die Vorbem. 4.1 für die Gebührentatbestände des Teils 4 Abschnitt 1 (Gebühren Nr. 4100 bis 4146) und die Vorbem. 4.1.2 für die Gebührentatbestände des Teils 4 Abschnitt 1 Unterabschnitt 2 (Gebühren Nr. 4104, 4105); die Vorbem. 4 hingegen ist für den gesamten Teil 4 maßgebend. Zum anderen sind **Anmerkungen** zu beachten, die einzelnen Gebührentatbeständen angefügt und nur für diese von Bedeutung sind.

21 **2. Gerichtlich bestellter oder beigeordneter Rechtsanwalt.** Die Regelung der Gebühren für die Tätigkeit des Verteidigers unterscheidet hinsichtlich des Gebührentatbestandes – anders als §§ 83ff., 97ff. BRAGO – nicht mehr zwischen den Gebühren des Wahlverteidigers und denen des gerichtlich bestellten oder beigeordneten Rechtsanwalts. Teil 4 sieht die Gebührentatbestände vielmehr in gleicher Weise für den Wahlverteidiger wie für den gerichtlich bestellten Verteidiger vor. Diese sind allerdings nach wie vor der Höhe nach unterschiedlich. Die Gebühren des gerichtlich bestellten oder beigeordneten Rechtsanwalts sind (anwenderfreundlich) in einer **gesonderten Spalte** des Teils 4 als fester Betrag ausgewiesen. Bei den Gebühren des Wahlanwalts handelt es sich weiterhin um Rahmengebühren.

22 **3. Beistand für einen Zeugen oder Sachverständigen.** Die Tätigkeit des Rechtsanwalts als Beistand für einen Zeugen oder Sachverständigen wird erstmalig im Gesetz ausdrücklich geregelt. Gemäß Abs. 1 der Vorbem. 4 erhält der Rechtsanwalt für diese Tätigkeit die **gleichen Gebühren** wie ein Verteidiger. Damit wird die für bürgerlich-rechtliche Streitigkeiten und für Streitigkeiten vor Gerichten der öffentlich-rechtlichen Gerichtsbarkeit in Abs. 1 der Vorbem. 3 zu Teil 3 vorgesehene Regelung auch für das Strafverfahren übernommen.

23 **4. Gebührenstruktur. a) Ermittlungsverfahren.** Die Honorierung der Verteidigertätigkeit im Ermittlungsverfahren, für welche die BRAGO eine nach der Zuständigkeit des Gerichts gestaffelte Rahmengebühr vorsah, wird durch Veränderungen der Gebührenstruktur verbessert.[28] Der Rechtsanwalt kann nunmehr bereits im Ermittlungsverfahren bis zu drei verschiedene Gebühren verdienen: Die Grundgebühr (Gebühr Nr. 4100) für die erstmalige Einarbeitung in den Rechtsfall, eine Verfahrensgebühr (Gebühr Nr. 4104) und eine Terminsgebühr (Gebühr Nr. 4102).

24 **b) Gerichtliches Verfahren.** Im gerichtlichen Verfahren werden Verfahrensgebühr und Terminsgebühr **getrennt**, während die nach § 83 Abs. 1 BRAGO anfallende Gebühr als Verfahrensgebühr auch den Aufwand für den ersten Hauptverhandlungstag umfasst hat. Bei der Bemessung der neuen Gebührenrahmen ist berücksichtigt, dass der Rechtsanwalt, der erstmals im gerichtlichen Verfahren beauftragt wird, die Grundgebühr besonders erhält.

---

[28] Vgl. Anm. zu OLG Hamm, Beschluss vom 11.11.2003, 2 (s) Sbd. VII-201/03, RVG-Letter 2004, S. 7, 8.

Strafsachen VV Teil 4 Abschnitt 1

c) **Wiederaufnahmeverfahren.** Die Honorierung der Verteidigertätigkeit im Wiederaufnahmeverfahren wird deutlich verbessert. Statt der Gebühr des § 90 BRAGO, mit der die gesamte Tätigkeit des Rechtsanwalts bis zur Entscheidung über den Wiederaufnahmeantrag abgegolten wurde, sind gesonderte Gebühren für die jeweiligen Abschnitte des Wiederaufnahmeverfahrens vorgesehen (Gebühren Nr. 4136 bis 4140). Auch das Beschwerdeverfahren (§ 372 StPO) löst eine gesonderte Gebühr aus. 25

d) **Strafvollstreckung.** Teil 4 Abschnitt 2 (Gebühren Nr. 4200 bis 4207) sieht erstmals Verfahrens- und Terminsgebühren des Rechtsanwalts als Verteidiger in der Strafvollstreckung vor. Sie treten an die Stelle der Gebühr nach § 91 Nr. 1 bzw. Nr. 2 BRAGO, mit der bisher die Tätigkeit des Rechtsanwalts im Strafvollstreckungsverfahren abgegolten wurde. Abschnitt 2 gilt auch im Verfahren über den **Widerruf** einer Strafaussetzung zur Bewährung oder den Widerruf der Aussetzung einer Maßregel der Besserung und Sicherung zur Bewährung. 26

Abschnitt 1. Gebühren des Verteidigers

Nr.	Gebührentatbestand	Gebühr oder Satz der Gebühr nach § 13 oder § 49 RVG	
		Wahlanwalt	gerichtlich bestellter oder beigeordneter Rechtsanwalt
Vorbemerkung 4.1: (1) Dieser Abschnitt ist auch anzuwenden auf die Tätigkeit im Verfahren über die im Urteil vorbehaltene Sicherungsverwahrung und im Verfahren über die nachträgliche Anordnung der Sicherungsverwahrung. (2) Durch die Gebühren wird die gesamte Tätigkeit als Verteidiger entgolten. Hierzu gehören auch Tätigkeiten im Rahmen des Täter-Opfer-Ausgleichs, soweit der Gegenstand nicht vermögensrechtlich ist.			
	Unterabschnitt 1. Allgemeine Gebühren		
4100	Grundgebühr.................... (1) Die Gebühr entsteht für die erstmalige Einarbeitung in den Rechtsfall nur einmal, unabhängig davon, in welchem Verfahrensabschnitt sie erfolgt. (2) Eine wegen derselben Tat oder Handlung bereits entstandene Gebühr 5100 ist anzurechnen.	30,00 bis 300,00 EUR	132,00 EUR
4101	Gebühr 4100 mit Zuschlag	30,00 bis 375,00 EUR	162,00 EUR
4102	Terminsgebühr für die Teilnahme an 1. richterlichen Vernehmungen und Augenscheinseinnahmen,		

Schmahl

VV Teil 4 Abschnitt 1

Vergütungsverzeichnis

Nr.	Gebührentatbestand	Gebühr oder Satz der Gebühr nach § 13 oder § 49 RVG	
		Wahlanwalt	gerichtlich bestellter oder beigeordneter Rechtsanwalt
	2. Vernehmungen durch die Staatsanwaltschaft oder eine andere Strafverfolgungsbehörde, 3. Terminen außerhalb der Hauptverhandlung, in denen über die Anordnung oder Fortdauer der Untersuchungshaft oder der einstweiligen Unterbringung verhandelt wird, 4. Verhandlungen im Rahmen des Täter-Opfer-Ausgleichs sowie 5. Sühneterminen nach § 380 StPO . . . . Mehrere Termine an einem Tag gelten als ein Termin. Die Gebühr entsteht im vorbereitenden Verfahren und in jedem Rechtszug für die Teilnahme an jeweils bis zu drei Terminen einmal.	30,00 bis 250,00 EUR	112,00 EUR
4103	Gebühr 4102 mit Zuschlag	30,00 bis 312,50 EUR	137,00 EUR

Unterabschnitt 2.
Vorbereitendes Verfahren

Vorbemerkung 4.1.2:
Die Vorbereitung der Privatklage steht der Tätigkeit im vorbereitenden Verfahren gleich.

4104	Verfahrensgebühr . . . . Die Gebühr entsteht für eine Tätigkeit in dem Verfahren bis zum Eingang der Anklageschrift, des Antrags auf Erlass eines Strafbefehls bei Gericht oder im beschleunigten Verfahren bis zum Vortrag der Anklage, wenn diese nur mündlich erhoben wird.	30,00 bis 250,00 EUR	112,00 EUR
4105	Gebühr 4104 mit Zuschlag	30,00 bis 312,50 EUR	137,00 EUR

Unterabschnitt 3.
Gerichtliches Verfahren

Erster Rechtszug

4106	Verfahrensgebühr für den ersten Rechtszug vor dem Amtsgericht	30,00 bis 250,00 EUR	112,00 EUR
4107	Gebühr 4106 mit Zuschlag	30,00 bis 312,50 EUR	137,00 EUR

Strafsachen   VV Teil 4 Abschnitt 1

Nr.	Gebührentatbestand	Gebühr oder Satz der Gebühr nach § 13 oder § 49 RVG	
		Wahlanwalt	gerichtlich bestellter oder beigeordneter Rechtsanwalt
4108	Terminsgebühr je Hauptverhandlungstag in den in Nummer 4106 genannten Verfahren ..	60,00 bis 400,00 EUR	184,00 EUR
4109	Gebühr 4108 mit Zuschlag	60,00 bis 500,00 EUR	224,00 EUR
4110	Der gerichtlich bestellte oder beigeordnete Rechtsanwalt nimmt mehr als 5 und bis 8 Stunden an der Hauptverhandlung teil: Zusätzliche Gebühr neben der Gebühr 4108 oder 4109		92,00 EUR
4111	Der gerichtlich bestellte oder beigeordnete Rechtsanwalt nimmt mehr als 8 Stunden an der Hauptverhandlung teil: Zusätzliche Gebühr neben der Gebühr 4108 oder 4109		184,00 EUR
4112	Verfahrensgebühr für den ersten Rechtszug vor der Strafkammer .... Die Gebühr entsteht auch für Verfahren 1. vor der Jugendkammer, soweit sich die Gebühr nicht nach Nummer 4118 bestimmt, 2. im Rehabilitierungsverfahren nach Abschnitt 2 StrRehaG.	40,00 bis 270,00 EUR	124,00 EUR
4113	Gebühr 4112 mit Zuschlag	40,00 bis 337,50 EUR	151,00 EUR
4114	Terminsgebühr je Hauptverhandlungstag in den in Nummer 4112 genannten Verfahren ..	70,00 bis 470,00 EUR	216,00 EUR
4115	Gebühr 4114 mit Zuschlag	70,00 bis 587,50 EUR	263,00 EUR
4116	Der gerichtlich bestellte oder beigeordnete Rechtsanwalt nimmt mehr als 5 und bis 8 Stunden an der Hauptverhandlung teil: Zusätzliche Gebühr neben der Gebühr 4114 oder 4115		108,00 EUR
4117	Der gerichtlich bestellte oder beigeordnete Rechtsanwalt nimmt mehr als 8 Stunden an der Hauptverhandlung teil: Zusätzliche Gebühr neben der Gebühr 4114 oder 4115		216,00 EUR
4118	Verfahrensgebühr für den ersten Rechtszug vor dem Oberlandesgericht, dem Schwurge-		

VV Teil 4 Abschnitt 1   Vergütungsverzeichnis

Nr.	Gebührentatbestand	Gebühr oder Satz der Gebühr nach § 13 oder § 49 RVG	
		Wahlanwalt	gerichtlich bestellter oder beigeordneter Rechtsanwalt
	richt oder der Strafkammer nach den §§ 74 a und 74 c GVG . . . . Die Gebühr entsteht auch für Verfahren vor der Jugendkammer, soweit diese in Sachen entscheidet, die nach den allgemeinen Vorschriften zur Zuständigkeit des Schwurgerichts gehören.	80,00 bis 580,00 EUR	264,00 EUR
4119	Gebühr 4118 mit Zuschlag	80,00 bis 725,00 EUR	322,00 EUR
4120	Terminsgebühr je Hauptverhandlungstag in den in Nummer 4118 genannten Verfahren . .	110,00 bis 780,00 EUR	356,00 EUR
4121	Gebühr 4120 mit Zuschlag	110,00 bis 975,00 EUR	434,00 EUR
4122	Der gerichtlich bestellte oder beigeordnete Rechtsanwalt nimmt mehr als 5 und bis 8 Stunden an der Hauptverhandlung teil: Zusätzliche Gebühr neben der Gebühr 4120 oder 4121		178,00 EUR
4123	Der gerichtlich bestellte oder beigeordnete Rechtsanwalt nimmt mehr als 8 Stunden an der Hauptverhandlung teil: Zusätzliche Gebühr neben der Gebühr 4120 oder 4121		356,00 EUR
	Berufung		
4124	Verfahrensgebühr für das Berufungsverfahren . . . . Die Gebühr entsteht auch für Beschwerdeverfahren nach § 13 StrRehaG.	70,00 bis 470,00 EUR	216,00 EUR
4125	Gebühr 4124 mit Zuschlag	70,00 bis 587,50 EUR	263,00 EUR
4126	Terminsgebühr je Hauptverhandlungstag im Berufungsverfahren . . . . Die Gebühr entsteht auch für Beschwerdeverfahren nach § 13 StrRehaG.	70,00 bis 470,00 EUR	216,00 EUR
4127	Gebühr 4126 mit Zuschlag	70,00 bis 587,50 EUR	263,00 EUR
4128	Der gerichtlich bestellte oder beigeordnete Rechtsanwalt nimmt mehr als 5 und bis 8 Stunden an der Hauptverhandlung teil:		

Nr.	Gebührentatbestand	Gebühr oder Satz der Gebühr nach § 13 oder § 49 RVG	
		Wahlanwalt	gerichtlich bestellter oder beigeordneter Rechtsanwalt
	Zusätzliche Gebühr neben der Gebühr 4126 oder 4127		108,00 EUR
4129	Der gerichtlich bestellte oder beigeordnete Rechtsanwalt nimmt mehr als 8 Stunden an der Hauptverhandlung teil: Zusätzliche Gebühr neben der Gebühr 4126 oder 4127		216,00 EUR
	Revision		
4130	Verfahrensgebühr für das Revisionsverfahren .	100,00 bis 930,00 EUR	412,00 EUR
4131	Gebühr 4130 mit Zuschlag	100,00 bis 1162,50 EUR	505,00 EUR
4132	Terminsgebühr je Hauptverhandlungstag im Revisionsverfahren...................	100,00 bis 470,00 EUR	228,00 EUR
4133	Gebühr 4132 mit Zuschlag	100,00 bis 587,50 EUR	275,00 EUR
4134	Der gerichtlich bestellte oder beigeordnete Rechtsanwalt nimmt mehr als 5 und bis 8 Stunden an der Hauptverhandlung teil: Zusätzliche Gebühr neben der Gebühr 4132 oder 4133		114,00 EUR
4135	Der gerichtlich bestellte oder beigeordnete Rechtsanwalt nimmt mehr als 8 Stunden an der Hauptverhandlung teil: Zusätzliche Gebühr neben der Gebühr 4132 oder 4133		228,00 EUR
	Unterabschnitt 4. Wiederaufnahmeverfahren		
Vorbemerkung 4.1.4: Eine Grundgebühr entsteht nicht.			
4136	Geschäftsgebühr für die Vorbereitung eines Antrags .... Die Gebühr entsteht auch, wenn von der Stellung eines Antrags abgeraten wird.		in Höhe der Verfahrensgebühr für den ersten Rechtszug
4137	Verfahrensgebühr für das Verfahren über die Zulässigkeit des Antrags...............		in Höhe der Verfahrensgebühr für den ersten Rechtszug

VV Teil 4 Abschnitt 1

Nr.	Gebührentatbestand	Gebühr oder Satz der Gebühr nach § 13 oder § 49 RVG	
		Wahlanwalt	gerichtlich bestellter oder beigeordneter Rechtsanwalt
4138	Verfahrensgebühr für das weitere Verfahren ..	in Höhe der Verfahrensgebühr für den ersten Rechtszug	
4139	Verfahrensgebühr für das Beschwerdeverfahren (§ 372 StPO)	in Höhe der Verfahrensgebühr für den ersten Rechtszug	
4140	Terminsgebühr für jeden Verhandlungstag ..	in Höhe der Terminsgebühr für den ersten Rechtszug	
	Unterabschnitt 5. Zusätzliche Gebühren		
4141	Durch die anwaltliche Mitwirkung wird die Hauptverhandlung entbehrlich: Zusätzliche Gebühr .... (1) Die Gebühr entsteht, wenn 1. das Verfahren nicht nur vorläufig eingestellt wird oder 2. das Gericht beschließt, das Hauptverfahren nicht zu eröffnen oder 3. sich das gerichtliche Verfahren durch Rücknahme des Einspruchs gegen den Strafbefehl, der Berufung oder der Revision des Angeklagten oder eines anderen Verfahrensbeteiligten erledigt; ist bereits ein Termin zur Hauptverhandlung bestimmt, entsteht die Gebühr nur, wenn der Einspruch, die Berufung oder die Revision früher als zwei Wochen vor Beginn des Tages, der für die Hauptverhandlung vorgesehen war, zurückgenommen wird. (2) Die Gebühr entsteht nicht, wenn eine auf die Förderung des Verfahrens gerichtete Tätigkeit nicht ersichtlich ist. (3) Die Höhe der Gebühr richtet sich nach dem Rechtszug, in dem die Hauptverhandlung vermieden wurde. Für den Wahlanwalt bemisst sich die Gebühr nach der Rahmenmitte.	in Höhe der jeweiligen Verfahrensgebühr (ohne Zuschlag)	
4142	Verfahrensgebühr bei Einziehung und verwandten Maßnahmen................ (1) Die Gebühr entsteht für eine Tätigkeit für den Beschuldigten, die sich auf die Ein-	1,0	1,0

Strafsachen

VV Teil 4 Abschnitt 1

Nr.	Gebührentatbestand	Gebühr oder Satz der Gebühr nach § 13 oder § 49 RVG	
		Wahlanwalt	gerichtlich bestellter oder beigeordneter Rechtsanwalt
	ziehung, dieser gleichstehende Rechtsfolgen (§ 442 StPO), die Abführung des Mehrerlöses oder auf eine diesen Zwecken dienende Beschlagnahme bezieht. (2) Die Gebühr entsteht nicht, wenn der Gegenstandswert niedriger als 25,00 EUR ist. (3) Die Gebühr entsteht für das Verfahren des ersten Rechtszugs einschließlich des vorbereitenden Verfahrens und für jeden weiteren Rechtszug.		
4143	Verfahrensgebühr für das erstinstanzliche Verfahren über vermögensrechtliche Ansprüche des Verletzten oder seines Erben .... (1) Die Gebühr entsteht auch, wenn der Anspruch erstmalig im Berufungsverfahren geltend gemacht wird. (2) Die Gebühr wird zu einem Drittel auf die Verfahrensgebühr, die für einen bürgerlichen Rechtsstreit wegen desselben Anspruchs entsteht, angerechnet.	2,0	2,0
4144	Verfahrensgebühr im Berufungs- und Revisionsverfahren über vermögensrechtliche Ansprüche des Verletzten oder seines Erben	2,5	2,5
4145	Verfahrensgebühr für das Verfahren über die Beschwerde gegen den Beschluss, mit dem nach § 406 Abs. 5 Satz 2 StPO von einer Entscheidung abgesehen wird	0,5	0,5
4146	Verfahrensgebühr für das Verfahren über einen Antrag auf gerichtliche Entscheidung oder über die Beschwerde gegen eine den Rechtszug beendende Entscheidung nach § 25 Abs. 1 Satz 3 bis 5, § 13 StrRehaG	1,5	1,5
4147	Einigungsgebühr im Privatklageverfahren bezüglich des Strafanspruchs und des Kostenerstattungsanspruchs: Die Gebühr Nummer 1000 beträgt: .... Für einen Vertrag über sonstige Ansprüche entsteht eine weitere Einigungsgebühr nach Teil 1.	20,00 bis 150,00 EUR	68,00 EUR

Schmahl

VV Teil 4 Abschnitt 1

Übersicht

	Rn.
A. Allgemeines zu Teil 4 Abschnitt 1	1–30
I. Anwendungsbereich	1–4
1. Wahlverteidiger	1, 2
2. Pflichtverteidiger	3
3. Beistand, Vertreter	4
II. Gebührenstruktur	5–26
1. Allgemeines	5
2. Grundgebühr	6
3. Verfahrensgebühr	7, 8
4. Terminsgebühr	9–12
a) Gerichtlicher Termin	9–11
b) Außergerichtlicher Termin	12
5. Gebühr mit Zuschlag	13–17
6. Gebühr nach der Ordnung des Gerichts	18–23
a) Grundsätzliches	18
b) Wechsel der Zuständigkeit	19
c) Die einzelnen Ordnungen	20–23
7. Gebühren nach Teil 3	24
8. Zusätzliche Gebühr	25
9. Pauschgebühren	26
III. Entstehen der Gebühren, Abgeltungsbereich	27–30
1. Entstehen der Gebühren	27, 28
2. Abgeltungsbereich	29, 30
B. Die Gebührentatbestände des Teils 4 Abschnitt 1	31–162
I. Unterabschnitt 1. Allgemeine Gebühren	31–44
1. Grundgebühren Nr. 4100, 4101	31–36
2. Terminsgebühren Nr. 4102, 4103	37–44
II. Unterabschnitt 2. Vorbereitendes Verfahren	45–48
1. Verfahrensgebühren Nr. 4104, 4105	45–47
2. Vorbereitung der Privatklage	48
III. Unterabschnitt 3. Gerichtliches Verfahren	49–98
1. Erster Rechtszug	49–79
a) Verfahrensgebühren Nr. 4106, 4107	49–51
b) Terminsgebühren Nr. 4108 bis 4111	52–66
c) Verfahrensgebühren Nr. 4112, 4113	67–70
d) Terminsgebühren Nr. 4114 bis 4117	71–73
e) Verfahrensgebühren Nr. 4118, 4119	74–76
f) Terminsgebühren Nr. 4120 bis 4123	77–79
2. Berufung	80–88
a) Verfahrensgebühren Nr. 4124, 4125	80–83
b) Terminsgebühren Nr. 4126 bis 4129	84–88

	Rn.
3. Revision	89–98
a) Allgemeines	89–91
b) Verfahrensgebühren Nr. 4130, 4131	92–94
c) Terminsgebühren Nr. 4132 bis 4135	95–98
IV. Unterabschnitt 4. Wiederaufnahmeverfahren	99–107
1. Verfahrensrechtliches	99
2. Tätigkeit des Rechtsanwalts	100
3. Geschäftsgebühr Nr. 4136	101, 102
4. Verfahrensgebühr Nr. 4137	103
5. Verfahrensgebühr Nr. 4138	104
6. Verfahrensgebühr Nr. 4139	105
7. Terminsgebühr Nr. 4140	106
8. Erneute Hauptverhandlung	107
V. Unterabschnitt 5. Zusätzliche Gebühren	108–162
1. Gebühr Nr. 4141	108–121
a) Allgemeines	108–113
b) Einzelfälle	114–121
aa) Einstellung des Verfahrens	114–117
bb) Nichteröffnung des Hauptverfahrens	118
cc) Rücknahme des Rechtsbehelfs	119–121
2. Gebühr Nr. 4142	122–130
a) Allgemeines	122–124
b) Tätigkeit des Rechtsanwalts	125, 126
c) Ermittlung der Gebühr	127–130
3. Gebühr Nr. 4143	131–145
a) Allgemeines	131, 132
b) Entstehen der Gebühr	133–137
c) Gegenstandswert	138, 139
d) Anrechnung der Gebühr	140–142
aa) Grundsätze	140
bb) Einzelheiten	141, 142
e) Zwangsvollstreckung	143
f) Wiederaufnahme des Verfahrens	144, 145
4. Gebühr Nr. 4144	146, 147
5. Gebühr Nr. 4145	148
6. Gebühr Nr. 4146	149, 150
7. Gebühr Nr. 4147	151–162
a) Grundsätzliches	151–153
b) Voraussetzungen	154–160
c) Einigung über sonstige Ansprüche	161, 162
C. Gebühren nach Teil 3	163–172
I. Kostenfestsetzung, Kostenansatz	163–168
II. Zwangsvollstreckung	169–172
D. Anwendung des Teils 4 Abschnitt 1 in den Fällen des Abs. 1 der Vorbem. 4	173–188
I. Beistand oder Vertreter des Privatklägers	173–181
1. Verteidiger	173
2. Vertreter (Beistand)	174

	Rn.		Rn.
3. Vertreter mehrerer Personen, Widerklage	175–177	1. Anwendbare Gebührenvorschriften	182–184
4. Übernahme der Verfolgung durch den Staatsanwalt	178, 179	2. Kostenerstattung	185–188
5. Kostenerstattung	180, 181	III. Beistand oder Vertreter anderer Verfahrensbeteiligter und im Verfahren nach dem StrRehaG	189
II. Beistand oder Vertreter des Nebenklägers	182–188	E. Berechnungsbeispiele	190–192

A. Allgemeines zu Teil 4 Abschnitt 1

I. Anwendungsbereich

1. Wahlverteidiger. Die Gebühren des in Strafsachen[1] mit der Verteidigung im Ganzen beauftragten Rechtsanwalts[2] sind geregelt in Teil 4 Abschnitt 1. Dieser ist gemäß Abs. 1 der Vorbem. 4.1 auch auf die Tätigkeit des Rechtsanwalts im Verfahren über die im Urteil vorbehaltene Sicherungsverwahrung (§ 275a StPO) und im Verfahren über die nachträgliche Anordnung der Sicherungsverwahrung (vgl. Art. 77 des Gesetzes zur Einführung der nachträglichen Sicherungsverwahrung vom 23. 7. 2004, BGBl. I S. 1838), anzuwenden. Diese Verfahren und das ihnen zugrunde liegende Strafverfahren bilden gemäß § 17 Nr. 11 verschiedene Angelegenheiten. 1

Abschnitt 1 ist in fünf Unterabschnitte gegliedert: Unterabschnitt 1 (Gebühren Nr. 4100 bis 4103) enthält allgemeine Gebühren, Unterabschnitt 2 (Gebühren Nr. 4104, 4105) betrifft die Gebühren für das vorbereitende Verfahren. Unterabschnitt 3 behandelt die Gebühren für den ersten Rechtszug (Gebühren Nr. 4106 bis 4123), die Berufung (Gebühren Nr. 4124 bis 4129) und die Revision (Gebühren Nr. 4130 bis 4135). Unterabschnitt 4 (Gebühren Nr. 4136 bis 4140) bestimmt die Gebühren für das Wiederaufnahmeverfahren. Bei den Gebühren der Unterabschnitte 1 bis 4 handelt es sich um *Rahmen*gebühren. Zu diesen können weitere Gebühren nach Unterabschnitt 5 (Gebühren Nr. 4141 bis 4146) – wie zB für die Abwehr vermögensrechtlicher Ansprüche, die der Verletzte oder sein Erbe im Strafverfahren geltend macht – hinzutreten. Gebühren für Einzeltätigkeiten gemäß Teil 4 Abschnitt 3 (Gebühren Nr. 4300 bis 4304) erhält der mit der Verteidigung im Ganzen beauftragte Rechtsanwalt hingegen nicht.[3] Er erhält auch keine Ratgebühr (Gebühr Nr. 2100). 2

2. Pflichtverteidiger. Teil 4 Abschnitt 1 gilt auch für den bestellten Verteidiger.[4] Allerdings erhält der Pflichtverteidiger weiterhin *Fest*gebühren; diese sind in einer besonderen Spalte des VV ausgewiesen. Abweichend von § 97 BRAGO ist aber nicht mehr das Vierfache bzw. Fünffache der Mindestgebühren des Wahlverteidigers zugrunde gelegt. Maßgebend ist vielmehr die Mittelgebühr eines Wahlverteidigers, von der der gerichtlich bestellte Rechtsanwalt 80 % erhält. Zugleich entfällt die in § 97 Abs. 1 S. 1 BRAGO enthaltene Begrenzung der Pflichtverteidigergebühren auf die Hälfte der Höchstgebühr des Wahlverteidigers. Die Neuregelung, die die bisherige Errechnung der Festgebühr entbehrlich macht, führt zu einer höheren gesetzlichen Vergütung des Pflichtverteidigers. 3

---

[1] Vgl. Vorbem. Teil 4 Rn. 1 bis 4.
[2] Vgl. Vorbem. Teil 4 Rn. 9.
[3] Vgl. Vorbem. Teil 4 Rn. 9, 10.
[4] Vgl. Vorbem. Teil 4 Rn. 9, 21.

VV Teil 4 Abschnitt 1

4 **3. Beistand, Vertreter.**[5] Teil 4 Abschnitt 1 gilt gemäß Abs. 1 der Vorbem. 4 entsprechend auch für die Gebühren, die der Rechtsanwalt als Beistand oder Vertreter eines Privatklägers, eines Nebenklägers, eines Einziehungs- oder Nebenbeteiligten, eines Verletzten, eines Zeugen oder Sachverständigen und im Verfahren nach dem Strafrechtlichen Rehabilitierungsgesetz (Rn. 68) erhält. Damit werden alle genannten Tätigkeiten[6] gebührenrechtlich gleichbehandelt; die für die Tätigkeit als Beistand oder Vertreter eines Nebenklägers durch § 95 BRAGO angeordnete Gebührenermäßigung übernimmt das Gesetz demnach nicht. Unterschiedlich hoher Arbeitsaufwand des Rechtsanwalts kann bei der Festlegung der konkreten Rahmengebühr hinreichend berücksichtigt werden.

II. Gebührenstruktur

5 **1. Allgemeines.** Teil 4 Abschnitt 1 sieht ein im Verhältnis zur BRAGO wesentlich geändertes Gebührensystem vor.[7] Während die BRAGO das Hauptgewicht auf die Verteidigung in der Hauptverhandlung legt, werden nunmehr die der Hauptverhandlung vorausgehenden Verfahrensabschnitte entsprechend ihrem Umfang und ihrer Bedeutung für das Strafverfahren stärker berücksichtigt. Damit soll dem modernen Verständnis von Verteidigung im Strafverfahren, wonach durch das vorbereitende Verfahren bereits das zukünftige Hauptverfahren entscheidend mitbestimmt wird, Rechnung getragen werden.[8]

6 **2. Grundgebühr.** Die Grundgebühr, die durch Gebühr Nr. 4100 erstmals eingeführt wird, soll jeder Rechtsanwalt, der in dem Verfahren tätig wird, nur einmal erhalten; unerheblich ist, in wie vielen Verfahrensabschnitten der Rechtsanwalt tätig wird. Die Grundgebühr dient der Abgeltung des mit der erstmaligen Einarbeitung in einen Rechtsfall verbundenen Aufwands. Zugleich soll sie für den Rechtsanwalt wirtschaftlicher Anreiz sein, bereits im vorbereitenden Verfahren zu einer Erledigung des Verfahrens beizutragen.[9] Im Wiederaufnahmeverfahren (Rn. 99 ff.) entsteht gemäß Vorbem. 4.1.4 eine Grundgebühr nicht.

7 **3. Verfahrensgebühr.** Die Verfahrensgebühr, die der Rechtsanwalt im vorbereitenden Verfahren (Gebühr Nr. 4104), im gerichtlichen Verfahren in jeder Instanz (zB Gebühren Nr. 4106, 4124, 4130), im Wiederaufnahmeverfahren (zB Gebühr Nr. 4137), als zusätzliche Gebühr (zB Gebühr Nr. 4142) und für Einzeltätigkeiten (zB Gebühr Nr. 4301) erhalten kann, honoriert gemäß Abs. 2 der Vorbem. 4 das Betreiben des Geschäfts einschließlich der Information. Eine vergleichbare Gebühr enthält die BRAGO nicht; entsprechende Tätigkeiten des Rechtsanwalts wurden bisher durch die Hauptverhandlungsgebühren der §§ 83, 85, 86 BRAGO mit erfasst. Die Gebühr ist in Anlehnung an die entsprechende Gebühr in Teil 3 VV (Gebühr Nr. 3100) als Verfahrensgebühr bezeichnet.

---

[5] Einzelheiten hierzu vgl. Rn. 173 bis 189.
[6] Die Tätigkeit des Rechtsanwalts als Beistand für einen Zeugen oder Sachverständigen ist erstmals ausdrücklich geregelt. Damit wird die für bürgerlich-rechtliche Streitigkeiten und für Streitigkeiten vor Gerichten der öffentlich-rechtlichen Gerichtsbarkeit in Abs. 1 der Vorbem. 3 (zu Teil 3) vorgesehene Regelung auch für das Strafverfahren übernommen.
[7] Vgl. Vorbem. Teil 4 Rn. 23 bis 25.
[8] Vgl. BT-Drucks. 15/1971 S. 276.
[9] Vgl. BT-Drucks. 15/1971 S. 278.

Strafsachen **VV Teil 4 Abschnitt 1**

Der Rahmen der jeweiligen Verfahrensgebühr ist gegenüber der Regelung in den **8** §§ 83, 85, 86 BRAGO gesenkt worden. Das ist Folge der von der Neuregelung vorgenommenen Aufteilung der Hauptverhandlungsgebühr der §§ 83, 85, 86 BRAGO in eine Verfahrens- und eine Terminsgebühr.[10] Die Aufteilung führt aber nicht zu Mindereinnahmen des Rechtsanwalts, da er neben der Verfahrensgebühr für seine Tätigkeit in der Hauptverhandlung auch die jeweilige Terminsgebühr erhält.

4. Terminsgebühr. a) Gerichtlicher Termin. Die Terminsgebühr entsteht gemäß **9** Abs. 3 S. 1 der Vorbem. 4 für die Teilnahme des Rechtsanwalts an **gerichtlichen Terminen**. Damit sind erfasst die Teilnahme an der Hauptverhandlung und an anschließenden Terminen außerhalb der Hauptverhandlung, wie zB kommissarischen Vernehmungen oder Haftprüfungsterminen. Die Terminsgebühr für gerichtliche Termine erfasst die bisher durch §§ 83, 85, 86 BRAGO mit abgegoltene Tätigkeit des Rechtsanwalts in der Hauptverhandlung (s. Fn. 10); sie fällt ebenfalls für jeden Tag der Hauptverhandlung an.

Für das Entstehen der Terminsgebühr wird anders als nach §§ 83, 85, 86 BRAGO **10** nicht mehr generell vorausgesetzt, dass es zu dem Termin kommt und der Verteidiger an diesem mitwirkt. Nach Abs. 3 S. 2 der Vorbem. 4 erhält der Rechtsanwalt die Terminsgebühr vielmehr **auch dann**, wenn er zu einem anberaumten Termin erscheint, dieser aber aus Gründen, die er nicht zu vertreten hat, nicht stattfindet. Hierbei handelt es sich um die Fälle, in denen zB die Hauptverhandlung ausfällt, weil der Angeklagte nicht erscheint oder der Richter erkrankt ist. In diesen Fällen ist bei der Bemessung der Terminsgebühr innerhalb des Gebührenrahmens aber zu berücksichtigen, welchen Zeitaufwand der Rechtsanwalt zur sachgerechten Vorbereitung des Termins erbracht hat.

Ist der Rechtsanwalt **allerdings** erschienen, obwohl er rechtzeitig von der Aufhebung oder Verlegung des Termins in Kenntnis gesetzt worden war, kann gemäß Abs. 3 **11** S. 3 der Vorbem. 4 eine Terminsgebühr nicht beansprucht werden.

b) Außergerichtlicher Termin. Die Terminsgebühr kann, wie sich aus der Einschränkung „soweit nichts anderes bestimmt ist" in Abs. 3 S. 1 der Vorbem. 4 ergibt, **12** auch für die Teilnahme an nicht gerichtlichen Terminen entstehen. Im Wesentlichen handelt es sich insoweit um im Vorbereitenden Verfahren stattfindende Termine, wie zB Vernehmungen des Beschuldigten oder von Zeugen (vgl. Gebühr Nr. 4102 Nr. 2). Für diese Termine gelten ebenfalls die allgemeinen Regelungen des Abs. 3 S. 2 und 3 der Vorbem. 4.

5. Gebühr mit Zuschlag. Für die Verteidigung eines Beschuldigten, der sich nicht **13** auf freiem Fuß befindet, wird die hierbei meist erforderliche zusätzliche Mühewaltung des Rechtsanwalts gemäß Abs. 4 der Vorbem. 4 durch einen Zuschlag auf die jeweilige Gebühr abgegolten. Dies wird durch eine Anhebung der Höchstgebühr des jeweiligen Gebührenrahmens um 25 % erreicht. Die Regelung gilt gleichermaßen für die Grundgebühr, die Verfahrensgebühr und die Terminsgebühr (vgl. zB Gebühren Nr. 4101, 4107, 4109, 4125, 4127, 4131, 4133). Sie unterscheidet sich von der Regelung des § 83 Abs. 3 BRAGO insbesondere dadurch, dass der Zuschlag bei Inhaftierung oder Unterbringung des Mandanten als **Muss-Vorschrift** und nicht als Kann-Vorschrift ausgestaltet ist.

Im Hinblick hierauf ist nicht (mehr) zu prüfen, ob ein gebührenrechtlich relevanter **14** Umstand iS des § 14 überhaupt gegeben ist, also die Tatsache der Inhaftierung oder

---

[10] Vgl. Vorbem. Teil 4 Rn. 24.

VV Teil 4 Abschnitt 1 — *Vergütungsverzeichnis*

Unterbringung des Beschuldigten einen Mehraufwand erfordert und wie hoch dieser gegebenenfalls ist. Für den Anfall der Gebühr mit Zuschlag ist deshalb unerheblich, ob der Beschuldigte während der anwaltlichen Tätigkeit nur zeitweise nicht auf freiem Fuß war.

15 Auf den Grund, warum sich der Beschuldigte nicht auf freiem Fuß befindet, kommt es nicht an. Er muss also nicht etwa aufgrund eines in der betreffenden Sache erlassenen Haft- oder Unterbringungsbefehls einsitzen.

16 Erhält der Anwalt zB für das vorbereitende und das gerichtliche Verfahren je getrennte Gebühren, kommt es darauf an, ob der Beschuldigte während beider Verfahrensabschnitte inhaftiert ist. Dazu genügt, wenn er zu irgendeinem Zeitpunkt innerhalb des jeweiligen Verfahrensabschnitts nicht auf freiem Fuß ist. Befindet er sich nur während eines der beiden Abschnitte in Haft, entsteht die erhöhte Gebühr nur für diesen.

17 **Nicht** übernommen ist die Regelung des § 88 S. 3 BRAGO,[11] wonach auch bei **Fahrverbot** und Entziehung der **Fahrerlaubnis** der Gebührenrahmen um bis zu 25 % überschritten werden kann, wenn er für ein angemessenes Entgelt der Tätigkeit des Rechtsanwalts nicht ausreicht. In diesen Fällen kann der Rechtsanwalt bei besonders umfangreicher Tätigkeit auf gerichtliche Feststellung einer Pauschgebühr nach § 42 antragen.

18 **6. Gebühr nach der Ordnung des Gerichts. a) Grundsätzliches.** Im gerichtlichen Verfahren richten sich die **Verfahrensgebühr** und die **Terminsgebühr** nach der Ordnung des Gerichts, bei dem die Strafsache anhängig ist (vgl. Gebühren Nr. 4106, 4112, 4118 bzw. 4108, 4114, 4120). Damit werden die Schwierigkeit und die Bedeutung des jeweiligen Verfahrens bei der Bemessung dieser Gebühren angemessen berücksichtigt. Dabei kommt es nicht darauf an, ob das Gericht sachlich oder örtlich zuständig ist. Ist die Strafsache nicht gerichtlich anhängig, so bestimmt sich die Gebühr nach den Gebührentatbeständen 4102 und 4104. Die Höhe der **Grundgebühr Nr. 4100** ist hingegen **nicht** von der Ordnung des Gerichts abhängig.

19 **b) Wechsel der Zuständigkeit.** Der Rechtsanwalt kann in demselben Rechtszug vor Gerichten verschiedener Ordnung tätig werden; so zB bei der Verweisung oder Abgabe wegen sachlicher Unzuständigkeit, der Überweisung an ein Gericht niedrigerer Ordnung, der Eröffnung des Hauptverfahrens vor einem anderen Gericht, der Übernahme einer Jugendsache durch die Jugendkammer.[12] In solchen Fällen ist das Verfahren vor dem verweisenden oder abgebenden und dem übernehmenden Gericht gebührenrechtlich ein einziger Rechtszug (§ 20 S. 1), so dass die Verteidigergebühr nur einmal entsteht (§ 15 Abs. 2).[13] Die konkrete Gebühr für die gesamte Tätigkeit des Verteidigers wird aus einem einheitlichen Gebührenrahmen bemessen, und zwar aus dem höchsten Rahmen, der für eines der Gerichte zutrifft, vor denen der Rechtsanwalt tätig geworden ist. Dabei sind nach § 14 Abs. 1 auch der Umfang und die Schwierigkeit der anwaltlichen Tätigkeit vor den verschiedenen Gerichten zu berücksichtigen.[14] Bei Zurückverweisung gilt § 21 Abs. 1.

20 **c) Die einzelnen Ordnungen.** Unterabschnitt 3 bestimmt unterschiedliche Gebührenrahmen für die einzelnen Arten von Gerichten. Für den ersten Rechtszug sind

---

[11] Nach der amtlichen Begründung „wegen der insgesamt besseren Honorierung der anwaltlichen Tätigkeit im Strafverfahren" (vgl. BT-Drucks. 15/1971 S. 278).
[12] Vgl. iE § 20 Rn. 4, 5, 8.
[13] Vgl. § 20 Rn. 17.
[14] Vgl. § 20 Rn. 22.

drei Ordnungsgruppen gebildet. Die konkrete Gebühr innerhalb des jeweiligen Rahmens ist nach § 14 zu ermitteln.

Gebühr Nr. 4118 betrifft Verfahren vor dem **Oberlandesgericht**, dem **Schwurgericht**, der **Staatsschutzkammer** (§ 74a GVG), der **Wirtschaftsstrafkammer** (§ 74c GVG) und der **Jugendkammer**, soweit diese in Sachen entscheidet, die nach den allgemeinen Vorschriften zur Zuständigkeit des Schwurgerichts gehören (vgl. § 41 Nr. 1 JGG i.V.m. § 74 Abs. 2 GVG). Das Bayerische Oberste Landesgericht steht einem Oberlandesgericht gleich (§ 9 EGGVG). Gebühr Nr. 4118 gilt bei Anklagen gegen mehrere Angeklagte für alle, auch wenn bei einzelnen die Tatmerkmale für eine Schwurgerichtssache nicht erfüllt sind,[15] sie also bei einer gesonderten Anklage vor eine gewöhnliche Strafkammer gestellt worden wären. 21

Gebühr Nr. 4112 betrifft Verfahren vor der **großen Strafkammer**, soweit sie nicht als Schwurgerichts-, Staatsschutz oder Wirtschaftsstrafkammer tätig wird. Der großen Strafkammer ist die **Jugendkammer** gleichgestellt, soweit sie nicht in Sachen entscheidet, die nach den allgemeinen Vorschriften zur Zuständigkeit des Schwurgerichts gehören (vgl. Rn. 21). Die Jugendkammer rechnet daher zu dieser Gruppe, wenn sie eine Sache nach Vorlage durch das Jugendschöffengericht übernimmt (§ 40 Abs. 2, § 41 Abs. 1 Nr. 2 JGG) oder wenn sie in Jugendschutzsachen (§ 26 Abs. 1 S. 1 GVG) neben der für allgemeine Strafsachen zuständigen Strafkammer als erkennendes Gericht des ersten Rechtszuges zuständig ist (§ 74b GVG). 22

Gebühr Nr. 4106 betrifft die Verfahren vor dem **Amtsgericht** (Strafrichter, Schöffengericht, Jugendrichter, Jugendschöffengericht). 23

7. Gebühren nach Teil 3.[16] Abs. 5 der Vorbem. 4, der dem § 96 BRAGO entspricht, bestimmt Fälle, in denen dem Rechtsanwalt Gebühren nach den Vorschriften des Teils 3 zustehen. Im Wesentlichen geht es um Tätigkeiten im kostenrechtlichen Beschwerde- und Erinnerungsverfahren, zB die Beschwerde gegen den Kostenfestsetzungsbeschluss nach § 464b StPO sowie in der Zwangsvollstreckung. Der Vorschlag entspricht dem § 96 BRAGO. 24

8. Zusätzliche Gebühr. Eine zusätzliche Gebühr fällt an in besonderen Verfahren oder für besondere Tätigkeiten des Rechtsanwalts. Abgegolten werden Tätigkeiten, die zu einer Vermeidung der Hauptverhandlung führen (Gebühr Nr. 4141), die sich auf die Einziehung und verwandte Maßnahmen (Gebühr Nr. 4142), auf Verfahren über vermögensrechtliche Ansprüche des Verletzten oder seines Erben (Gebühren Nr. 4143, 4144), auf Verfahren über einen Antrag auf gerichtliche Entscheidung oder über die Beschwerde gegen eine den Rechtszug beendende Entscheidung nach § 25 Abs. 1 S. 3 bis 5, § 13 StrRehaG (Gebühr Nr. 4145) sowie Einigungen im Privatklageverfahren (Gebühr Nr. 4146) beziehen. 25

9. Pauschgebühren. Gemäß § 42 kann der **Wahlanwalt** bei dem Oberlandesgericht, zu dessen Bezirk das Gericht des ersten Rechtszugs gehört, die Feststellung einer Pauschgebühr für das ganze Verfahren oder für einzelne Verfahrensabschnitte – das ist jeder Teil des Verfahrens, für den besondere Gebühren bestimmt sind[17] – beantragen, wenn die in Teil 4 bestimmten Gebühren wegen des besonderen Umfangs oder der besonderen Schwierigkeit nicht zumutbar sind. Der **gerichtlich bestellte oder beigeordnete Rechtsanwalt** kann in diesem Fall auf die Bewilligung einer Pauschgebühr antragen (§ 51). 26

---

[15] OLG Zweibrücken, 1 Ws 10/82.
[16] Einzelheiten hierzu in Rn. 163 bis 172.
[17] BT-Drucks. 15/1971 S. 246.

III. Entstehen der Gebühren, Abgeltungsbereich

27 **1. Entstehen der Gebühren.** Die Grundgebühr, die Verfahrensgebühr und die Terminsgebühr entstehen, wenn der Rechtsanwalt auf Grund des Auftrags zur Verteidigung jeweils mit der durch die betreffende Gebühr abzugeltenden Tätigkeit beginnt.[18] Auf den Umfang der Tätigkeit kommt es für das Entstehen der Gebühr nicht an; dieser ist nur für die Höhe der Gebühr wesentlich. Es genügt die geringste Tätigkeit, die der Verteidigung dient. Im Allgemeinen reicht bereits die Entgegennahme der Information aus.[19] Gegenüber dem Gericht braucht der Rechtsanwalt nicht tätig geworden zu sein. Die Sache braucht auch noch nicht gerichtlich anhängig zu sein (arg. Gebühr Nr. 4104). Es genügt, wenn ein Verfahren zur Vorbereitung der öffentlichen Klage (§§ 158 ff. StPO) bei dem Staatsanwalt, dem Amtsrichter (vgl. § 165 StPO), der Polizei oder dem Finanzamt[20] läuft, sei es, dass eine Anzeige erstattet worden ist (§ 158 StPO), sei es, dass die Ermittlungen von Amts wegen aufgenommen worden sind (§§ 160, 163 StPO).

28 Bei der Anwendung der Gebührentatbestände des Teils 4 Abschnitt 1 sind **Vorbemerkungen** zu den Regelungsbereichen und **Anmerkungen** zu den Gebührentatbeständen zu berücksichtigen.[21]

29 **2. Abgeltungsbereich.** Der Abgeltungsbereich der Gebühren des Teils 4 Abschnitt 1 wird durch Abs. 2 S. 1 der Vorbem. 4.1 festgelegt. Danach wird durch die Gebühren die gesamte Tätigkeit des Rechtsanwalts als Verteidiger abgegolten. Die Regelung behält damit den **Pauschgebührencharakter** des § 87 BRAGO bei. Mit abgegolten ist die Einlegung von Rechtsmitteln bei dem Gericht desselben Rechtszugs durch den Verteidiger, der in dem Rechtszug tätig war. Dagegen gehören die Verteidigung und die Begründung des Rechtsmittels zum nächsten Rechtszug. Für einen neuen Verteidiger gehört zudem auch die Einlegung eines Rechtsmittels zum Rechtzug des Rechtsmittels. Dies ergibt sich aus § 19 Abs. 1 Nr. 10.

30 Nach Abs. 2 S. 2 der Vorbem. 4.1 sind mit den Gebühren auch Tätigkeiten des Rechtsanwalts im Rahmen des **Täter-Opfer-Ausgleichs** (§§ 153a Abs. 1 S. 1 Nr. 1, 155a, 155b StPO) erfasst, soweit der Gegenstand nicht vermögensrechtlich ist. Der Täter-Opfer-Ausgleich ist ein Verfahren außergerichtlicher Konfliktlösung und Schlichtung. Durch professionelle Vermittlung eines unbeteiligten Dritten werden Opfer und Täter darin unterstützt, eine von beiden akzeptierte Wiedergutmachung des durch eine Straftat entstandenen Schadens miteinander zu vereinbaren. Der Täter-Opfer-Ausgleich bietet dem Täter einer Straftat die Chance, durch Wiedergutmachung des angerichteten Schadens den Rechtsfrieden schnell wiederherzustellen. Dem Opfer hilft eine solche Vereinbarung, das Erlebte zu verarbeiten und Ängste abzubauen.

---

[18] Vgl. § 1 Rn. 64.
[19] Vgl. § 1 Rn. 10.
[20] Vgl. Vorbem. Teil 4 Rn. 3.
[21] Vgl. Vorbem. Teil 4 Rn. 20.

B. Die Gebührentatbestände des Teils 4 Abschnitt 1

I. Unterabschnitt 1. Allgemeine Gebühren

1. Grundgebühren[22] **Nr. 4100, 4101.** Die neu geschaffene **Gebühr Nr. 4100** entsteht unabhängig vom Zeitpunkt des Tätigwerdens des Rechtsanwalts und fällt deshalb auch dann an, wenn der Rechtsanwalt nicht schon im Vorbereitenden Verfahren, sondern zB erst in einer Rechtsmittelinstanz tätig geworden ist.

Die Grundgebühr honoriert den Arbeitsaufwand, der einmalig mit der Übernahme des Mandats entsteht. Mit ihr werden zB das erste Gespräch mit dem Mandanten, die Beschaffung erforderlicher Informationen und das Aktenstudium abgegolten. Die Grundgebühr steht dem Rechtsanwalt, auch wenn er den Mandanten vom Beginn des vorbereitenden Verfahrens bis zur Revision vertritt, nur **einmal** zu.

Die Grundgebühr steht aber jedem Rechtsanwalt zu, der in dem Strafverfahren tätig wird. Wird also der Beschuldigte in der ersten Instanz und in der Berufung von verschiedenen Rechtsanwälten verteidigt, erhält jeder Verteidiger die Grundgebühr.

Die Gebühr Nr. 4100 sieht für den Wahlanwalt eine Rahmengebühr von 30,00 bis 300,00 Euro (Mittelgebühr: 165,00 Euro) und für den gerichtlich bestellten oder beigeordneten Rechtsanwalt eine Festgebühr von 132,00 Euro vor. Die Gebühren sind anders als die Verfahrensgebühr und die Terminsgebühr nicht von der Ordnung des Gerichts abhängig.

Anzurechnen auf die Gebühr Nr. 4100 ist gemäß Abs. 2 der Anm. eine wegen derselben Tat oder Handlung bereits entstandene Gebühr Nr. 5100. Das ist zB der Fall, wenn das dem Mandanten des Verteidigers zur Last gelegte Vergehen im Straßenverkehr von der Verwaltungsbehörde zunächst als Ordnungswidrigkeit verfolgt worden ist. Die nach Gebühr Nr. 5100 entstandene Grundgebühr (Mittelgebühr: 85,00 Euro) ist mit der Gebühr Nr. 4100 (Mittelgebühr: 165,00 Euro) zu verrechnen.

Die **Gebühr Nr. 4101** gewährt auf die Grundgebühr Nr. 4100 für den Fall einen Zuschlag (Rn. 13 bis 17), dass sich der Beschuldigte nicht auf freiem Fuß befindet. Danach erhalten der Wahlanwalt eine Rahmengebühr von 30,00 bis 375,00 Euro (Mittelgebühr: 202,50 Euro) und der gerichtlich bestellte oder beigeordnete Rechtsanwalt eine Festgebühr von 162,00 Euro.

2. Terminsgebühren Nr. 4102, 4103. Die **Gebühr Nr. 4102** regelt die Terminsgebühr (Rn. 9 bis 12), die dem Rechtsanwalt für die Teilnahme an außerhalb der Hauptverhandlung stattfindenden Terminen zusteht. Nach der BRAGO wurde diese Tätigkeit nicht gesondert vergütet. Honoriert wird durch die Gebühr Nr. 4102 die Teilnahme an richterlichen Vernehmungen und Augenscheinseinnahmen, an Vernehmungen durch die Staatsanwaltschaft oder eine andere Strafverfolgungsbehörde, an Terminen außerhalb der Hauptverhandlung, in denen über die Anordnung oder Fortdauer der Untersuchungshaft oder der einstweiligen Unterbringung verhandelt wird, an Verhandlungen im Rahmen des Täter-Opfer-Ausgleichs (§§ 153a Abs. 1 S. 1 Nr. 1, 155a, 155b StPO) sowie an dem im Privatklageverfahren (Rn. 150 bis 161, 172 bis 180) vorgeschriebenen Sühnetermin nach § 380 StPO. Vorgesehen sind für den Wahlanwalt eine Rahmengebühr von 30,00 bis 250,00 Euro (Mittelgebühr: 140,00 Euro)

---
[22] Vgl. Rn. 6.

und für den gerichtlich bestellten oder beigeordneten Rechtsanwalt eine Festgebühr von 112,00 Euro.

38 Die Gebühr Nr. 4102 Nr. 3 entsteht nur, wenn über die Anordnung oder Fortdauer der Untersuchungshaft verhandelt wird. Gegenstand des Termins muss demnach die fallbezogene Erörterung der Frage sein, ob die Voraussetzungen für den Erlass eines Haftbefehls vorliegen oder noch vorliegen. Ein reiner Haftbefehlsverkündungstermin löst die Terminsgebühr somit nicht aus.

39 Bei Verhandlungen im Rahmen des Täter-Opfer-Ausgleichs entsteht die Terminsgebühr nicht bei einer telefonischen Verhandlung, da dies im Sinne der Gebühr Nr. 4102 nicht als Teilnahme an einem Termin zu werten ist.[23]

40 Die Gebühr Nr. 4102 setzt nicht voraus, dass das Verfahrensrecht ein Anwesenheitsrecht des Rechtsanwalts vorsieht. Entscheidend sind vielmehr die **Gestattung der Teilnahme** durch die zuständige Stelle und die Teilnahme des Rechtsanwalts an dem Termin.

41 Die **Anm.** zu Gebühr Nr. 4102 **soll verhindern**, dass Termine nach diesem Gebührentatbestand aus Gebühreninteresse herbeigeführt werden. Satz 1 der Anm. bestimmt daher, dass mehrere Termine an *einem* Tag – zB im vorbereitenden Verfahren zwei Augenscheinseinnahmen und zwei Vernehmungen durch die Staatsanwaltschaft – als *ein* Termin gelten mit der Folge, dass die Gebühr Nr. 4102 *einmal* entsteht. Finden diese Termine hingegen an vier verschiedenen Tagen statt, entstehen nicht vier Terminsgebühren, sondern zwei, weil gemäß Satz 2 der Anm. im vorbereitenden Verfahren die Gebühr für die Teilnahme an bis zu drei Terminen einmal entsteht. Der vierte Termin löst demgemäß eine zweite Terminsgebühr aus. Entsprechendes gilt in jedem Rechtszug für die Gebühr Nr. 4102.

42 Mit der Einführung der Gebühr Nr. 4102 kommt der Frage, ob der durch die Teilnahme eines Pflichtverteidigers an anderen Terminen als der Hauptverhandlung entstandene Aufwand bei der Bewilligung einer **Pauschgebühr** (§ 51) zu berücksichtigen ist, in der Regel keine Bedeutung mehr zu.[24]

43 Die **Gebühr Nr. 4103** gewährt auf die Gebühr Nr. 4102 für den Fall einen Zuschlag (Rn. 13 bis 17), dass sich der Beschuldigte während des von dem Rechtsanwalt wahrgenommenen Termins nicht auf freiem Fuß befindet. Der Wahlanwalt erhält eine Rahmengebühr von 30,00 bis 312,50 Euro (Mittelgebühr: 171,25 Euro), dem gerichtlich bestellten oder beigeordneten Rechtsanwalt steht eine Festgebühr von 137,00 Euro zu.

44 Die Gebühr mit Zuschlag fällt auch an, wenn sie gemäß der Anm. zu Gebühr Nr. 4102 mehrere Termine abgilt, der Beschuldigte aber nicht während aller Termine, sondern zB nur an einem der Termine (zeitweise) inhaftiert gewesen ist.

II. Unterabschnitt 2. Vorbereitendes Verfahren

45 **1. Verfahrensgebühren**[25] **Nr. 4104, 4105.** Die Tätigkeit des Rechtsanwalts im vorbereitenden Verfahren wird durch die **Gebühr Nr. 4104**[26] entgolten. Diese ist eigenständig und nicht wie die Gebühr nach § 84 Abs. 1, § 83 BRAGO an die Gebühr für

---

[23] Vgl. Abs. 3 S. 2 der Vorbem. 4; BT-Drucks. 15/1971 S. 280.
[24] Vgl. § 51 Rn. 10.
[25] Vgl. Rn. 7, 8.
[26] Vgl. Rn. 5, 7; Vorbem. Teil 4 Rn. 23.

das gerichtliche Verfahren gekoppelt; auch ist sie von der Gerichtszuständigkeit unabhängig. Die Rahmengebühr des Wahlanwalts beträgt 30,00 bis 250,00 Euro (Mittelgebühr: 140,00 Euro), der gerichtlich bestellte oder beigeordnete Rechtsanwalt erhält eine Festgebühr von 112,00 Euro.

Die Gebühr Nr. 4104 steht dem Rechtsanwalt für den **Zeitraum** des vorbereitenden Verfahrens zu. Dessen Anfang liegt beim Beginn der Ermittlungen, wobei auch polizeiliche Ermittlungen genügen, sofern sie sich auf eine Straftat beziehen und nicht ausschließlich auf eine Ordnungswidrigkeit. Ausreichend ist auch eine Ermittlungstätigkeit der Zoll- oder Steuerfahndung, immer unter der Voraussetzung, dass sie sich auf eine Straftat und nicht auf eine auch im Abgabenrecht mögliche Ordnungswidrigkeit bezieht. Das vorbereitende Verfahren endet mit der Einstellung des Verfahrens durch die Staatsanwaltschaft oder der Erhebung der öffentlichen Klage. Gerichtlich anhängig wird das Strafverfahren demgemäß mit dem Eingang der Anklageschrift bzw. des Strafbefehlsantrags bei Gericht; die Prüfung, ob gegen einen Strafbefehl Einspruch eingelegt werden soll, gehört somit zur Tätigkeit im gerichtlichen Verfahren.[27] Eine entsprechende Klarstellung enthält die Anm. zu Gebühr Nr. 4104. Dort ist auch die Abgrenzung beim beschleunigten Verfahren (§§ 417 ff. StPO) aufgenommen, die in § 84 Abs. 1 BRAGO nicht geregelt ist. Der für das beschleunigte Verfahren danach maßgebende Zeitpunkt für den Abschluss des vorbereitenden Verfahrens entspricht dem des Eingangs der Anklageschrift im normalen gerichtlichen Verfahren (§ 170 Abs. 1 StPO). 46

Die **Gebühr Nr. 4105** gewährt auf die Verfahrensgebühr Nr. 4104 für den Fall einen Zuschlag (Rn. 13 bis 17), dass sich der Beschuldigte während des vorbereitenden Verfahrens (Rn. 46) nicht auf freiem Fuß befindet. Der Wahlanwalt kann eine Rahmengebühr von 30,00 bis 312,50 Euro (Mittelgebühr: 171,25 Euro), der gerichtlich bestellte oder beigeordnete Rechtsanwalt kann eine Festgebühr von 137,00 Euro beanspruchen. 47

2. Vorbereitung der Privatklage. Nach der Vorbem. 4.1.2 erhält der Rechtsanwalt für die Vorbereitung des – erst mit der Einreichung der Anklageschrift beginnenden – Privatklageverfahrens die gleichen Gebühren wie für eine Tätigkeit im vorbereitenden Verfahren. Abgegolten werden durch die Gebühr insbesondere die Sammlung des Beweisstoffs und sonstige Ermittlungen, die im Amtsverfahren von der Polizei oder der Staatsanwaltschaft angestellt werden. Auch die Stellung eines erforderlichen Strafantrags wird von der Gebühr umfasst, ebenso Bemühungen um eine außergerichtliche Bereinigung. Dies gilt ferner für einen Antrag auf Bewilligung von Prozesskostenhilfe, sofern nicht, weil sich der Auftrag des Rechtsanwalts hierauf beschränkt, die Einzelgebühr nach Gebühr Nr. 4302 Nr. 2 entsteht, gegebenenfalls mit späterer Anrechnung nach Abs. 4 der Vorbem. 4.3. 48

III. Unterabschnitt 3. Gerichtliches Verfahren

1. Erster Rechtszug. a) Verfahrensgebühren Nr. 4106, 4107. Die **Gebühr Nr. 4106** bestimmt die Verfahrensgebühr (Rn. 7, 8) vor dem Amtsgericht. Der Rahmen für den Wahlanwalt beträgt 30,00 bis 250,00 Euro (Mittelgebühr: 140,00 Euro); dem gerichtlich bestellten oder beigeordneten Rechtsanwalt steht eine Festgebühr von 112,00 Euro zu. 49

---

[27] AA AG Wiesbaden AnwBl. 1985, 651.

VV Teil 4 Abschnitt 1

50   Die Gebühr ist geringer als die Verfahrensgebühr für den ersten Rechtszug vor der Strafkammer oder zB vor dem Oberlandesgericht (Rn. 20 bis 23). Mit der Verfahrensgebühr wird anders als nach § 83 Abs. 1 BRAGO nur noch die Tätigkeit des Rechtsanwalts als Verteidiger im gerichtlichen Verfahren außerhalb der Hauptverhandlung abgegolten. Die Tätigkeit in der Hauptverhandlung wird durch die Terminsgebühren Nr. 4108, 4109 honoriert.

51   Die **Gebühr Nr. 4107** gewährt auf die Verfahrensgebühr Nr. 4106 für den Fall einen Zuschlag (Rn. 13 bis 17), dass sich der Beschuldigte nicht auf freiem Fuß befindet. Für den Wahlanwalt ist eine Rahmengebühr von 30,00 bis 312,50 Euro (Mittelgebühr: 171,25 Euro), für den gerichtlich bestellten oder beigeordneten Rechtsanwalt ist eine Festgebühr von 137,00 Euro bestimmt.

52   **b) Terminsgebühren**[28] **Nr. 4108 bis 4111.** Die **Gebühr Nr. 4108** legt die Terminsgebühr für Hauptverhandlungen vor dem Amtsgericht (Strafrichter, Schöffengericht, Jugendrichter, Jugendschöffengericht) fest. Der Gebührenrahmen für den Wahlanwalt beträgt 60,00 bis 400,00 Euro (Mittelgebühr: 230,00 Euro); der gerichtlich bestellte oder beigeordnete Rechtsanwalt erhält eine Festgebühr von 184,00 Euro. Wie in § 83 Abs. 1 BRAGO ist der Gebührenrahmen geringer als derjenige für Hauptverhandlungen im ersten Rechtszug vor der Strafkammer (Gebühr Nr. 4114) und vor dem Oberlandesgericht (Gebühr Nr. 4120).

53   Die Terminsgebühr erhält der Rechtsanwalt für jeden **Hauptverhandlungstag** an dem er als Verteidiger teilnimmt (s. aber Rn. 10, 11). Es reicht nicht aus, dass er lediglich in anderer Eigenschaft anwesend ist, selbst wenn er während dieses Zeitraums den Angeklagten berät oder sich um Beweismittel bemüht.

54   Unerheblich ist, ob es sich um den ersten Hauptverhandlungstag oder um einen **Fortsetzungstermin** handelt. Eine entsprechend § 83 Abs. 2 BRAGO höhere Vergütung des ersten Hauptverhandlungstages ist im Hinblick darauf, dass die Vorbereitung der Hauptverhandlung nunmehr durch die Verfahrensgebühr Nr. 4106 abgegolten wird, zu Recht nicht vorgesehen.

55   Die jeweilige **konkrete Rahmengebühr** ist nach § 14 zu bestimmen. Wesentliches Kriterium ist die Dauer des Termins. Diese wird bei dem gerichtlich bestellten oder beigeordneten Rechtsanwalt durch die zusätzlichen Festgebühren Nr. 4110 und 4111 berücksichtigt.

56   Die **Hauptverhandlung beginnt** mit dem Aufruf der Sache (§ 243 Abs. 1 StPO) und endet mit dem Schluss der Urteilsverkündung (§ 260 StPO), gegebenenfalls auch mit einem Einstellungs- oder Verweisungsbeschluss oder mit der Bekanntgabe einer Vertagung. Ob zur Sache selbst verhandelt wird, ist ohne Bedeutung. Eine Hauptverhandlung im Sinne des Gebührenrechts hat auch stattgefunden, wenn sie nach ihrem Aufruf alsbald beendet wird, etwa weil der Angeklagte oder ein wichtiger Zeuge nicht erschienen ist oder weil der Einspruch oder das Rechtsmittel zurückgenommen wird.

57   Die Hauptverhandlung erstreckt sich über einen Verhandlungstag hinaus, wenn
– die Hauptverhandlung um 24 Uhr noch nicht beendet ist, mag auch nur noch die Verkündung des Urteils ausstehen;
– eine begonnene Hauptverhandlung ausgesetzt oder unterbrochen worden ist und an einem anderen Tage fortgesetzt oder neu begonnen wird;[29] wird sie noch am selben Tage fortgesetzt oder neu begonnen, so zählt dieser Tag nur einmal;[30]

---

[28] Vgl. Rn. 9 bis 12.
[29] OLG Düsseldorf AnwBl. 1970, 325.
[30] OLG Hamm JMBl. NRW 1980, 116.

– die Hauptverhandlung mit der Verweisung an ein anderes Gericht endet und vor dem Gericht, an das verwiesen worden ist, eine neue Hauptverhandlung stattfindet;[31] anders bei der Zurückverweisung,[32] die eine neue Instanz eröffnet.

Keine Hauptverhandlung ist ein Termin vor dem beauftragten oder ersuchten Richter. Die Teilnahme des Rechtsanwalts an einem solchen Termin wird durch die Gebühr Nr. 4102 Nr. 1 abgegolten. 58

Findet **keine Hauptverhandlung** statt, gleich aus welchen Gründen (zB sieht das konkrete Verfahren eine solche nicht vor, Anklage oder Einspruch werden vorher zurückgenommen, die Eröffnung des Hauptverfahrens wird abgelehnt, der Angeklagte ist vor dem Termin verstorben), oder nimmt der Rechtsanwalt an der Hauptverhandlung aus in seiner Person liegenden Gründen nicht teil (zB er ist verhindert und kann sich auch nicht durch einen Vertreter iS des § 5 vertreten lassen, das Mandat ist ihm entzogen, oder er hat es niedergelegt), fällt die Terminsgebühr Nr. 4108 nicht an. 59

Die **Gebühr Nr. 4109** gewährt auf die Terminsgebühr Nr. 4108 für den Fall einen Zuschlag (Rn. 13 bis 17), dass sich der Beschuldigte während der Hauptverhandlung (Rn. 53 bis 58) nicht auf freiem Fuß befindet. Der Wahlanwalt kann eine Rahmengebühr von 60,00 bis 500,00 Euro (Mittelgebühr: 280,00 Euro), der gerichtlich bestellte oder beigeordnete Rechtsanwalt kann eine Festgebühr von 224,00 Euro beanspruchen. 60

Findet die Hauptverhandlung an mehreren Tagen statt, erhält der Rechtsanwalt für jeden Tag die Gebühr Nr. 4109, sofern der Beschuldigte jeweils inhaftiert ist. Für Hauptverhandlungstage, an denen der Beschuldigte auf freiem Fuß ist, verbleibt es bei der Gebühr Nr. 4108. 61

Die **Gebühren Nr. 4110 und 4111** sind **auf den gerichtlich bestellten oder beigeordneten Rechtsanwalt beschränkt**. Sie sehen neben der Gebühr Nr. 4108 oder 4109 jeweils eine zusätzliche Gebühr vor, wenn der Rechtsanwalt mehr als fünf und bis acht Stunden bzw. mehr als acht Stunden an der Hauptverhandlung teilnimmt. Der Zuschlag beläuft sich im Fall der Gebühr Nr. 4110 auf 92,00 Euro und damit auf 50 % der Terminsgebühr ohne Zuschlag (vgl. Gebühr Nr. 4108). Bei mehr als achtstündiger Dauer der Hauptverhandlung wird eine Zusatzgebühr von 184,00 Euro gewährt; diese entspricht der Höhe einer Terminsgebühr ohne Zuschlag (Gebühr Nr. 4108). 62

Um Streitigkeiten über die Dauer des Termins möglichst zu vermeiden, sollten im **Protokoll** (§ 272 StPO) Beginn und Ende des Termins jeweils nach Stunde und Minute festgehalten werden. Gegebenenfalls empfiehlt sich eine entsprechende Anregung durch den Rechtsanwalt. 63

Verhandlungspausen während des Hauptverhandlungstages sind bei der Fristberechnung nicht zu berücksichtigen, da die Sitzung gebührenrechtlich erst mit ihrer förmlichen Schließung endet. Eine Anrechnung von Pausen ist dem Rechtsanwalt auch unter Berücksichtigung des Zwecks der Vorschrift, wonach ein besonderer Zeitaufwand abgegolten werden soll, nicht zuzumuten. Eine andere Beurteilung kann in Betracht kommen, wenn zB ein um 8 Uhr begonnener Termin um 10 Uhr mit Einverständnis des Rechtsanwalts bis 16 Uhr unterbrochen wird. 64

Mit der Einführung der Gebühren Nr. 4110 und 4111 kommt der Frage, ob ein durch die Teilnahme des Pflichtverteidigers an einer Hauptverhandlung verursachter besonderer Zeitaufwand bei der Bewilligung einer **Pauschgebühr** (§ 51) zu berücksichtigen ist, in der Regel keine Bedeutung mehr zu.[33] 65

---

[31] AA *Schumann/Geißinger* § 83 Rn. 35; vgl. aber § 20 S. 1.
[32] Vgl. § 21 Abs. 1; vgl. OLG Hamm JurBüro 1965, 638.
[33] Vgl. § 51 Rn. 10, 11.

VV Teil 4 Abschnitt 1

66 Eine Ausdehnung der Gebührentatbestände Nr. 4110 und 4111 auf den **Wahlanwalt** ist nicht geboten. Der Wahlanwalt kann innerhalb des Rahmens der Terminsgebühr Nr. 4108 unter Berücksichtigung auch der Dauer des Hauptverhandlungstermins die jeweils angemessene Gebühr bestimmen. Im Übrigen hat der Wahlanwalt die Möglichkeit, für längere Hauptverhandlungen eine Honorarvereinbarung mit dem Beschuldigten zu treffen.

67 c) **Verfahrensgebühren**[34] **Nr. 4112, 4113.** Die **Gebühr Nr. 4112** bestimmt die Verfahrensgebühr vor der **Strafkammer** und der **Jugendkammer** soweit die dort stattfindenden Verfahren nicht durch Gebühr Nr. 4118 erfasst werden (Rn. 21, 22). Der Rahmen für den Wahlanwalt beträgt 40,00 bis 270,00 Euro (Mittelgebühr: 155,00 Euro); dem gerichtlich bestellten oder beigeordneten Rechtsanwalt steht eine Festgebühr von 124,00 Euro zu.

68 Die in Nr. 2 der Anm. angeordnete Anwendung der Gebühr Nr. 4112 auf das strafrechtliche **Rehabilitierungsverfahren** entspricht der Regelung in § 96 b Abs. 1 S. 1 BRAGO. Nach dem Strafrechtlichen Rehabilitierungsgesetz (StRehaG) vom 29. 10. 1992 können in der früheren DDR ergangene strafrechtliche Entscheidungen auf Antrag in dem in §§ 7 ff. StRehaG bestimmten gerichtlichen Verfahren durch Beschluss, gegen den gemäß § 13 StRehaG Beschwerde statthaft ist, für rechtsstaatswidrig erklärt werden. Obwohl die Rehabilitierung im Ergebnis eine Art Wiederaufnahme darstellt, ist das entsprechende Verfahren nicht dem Unterabschnitt 4, sondern dem Unterabschnitt 3 zugeordnet und dort den von Gebühr Nr. 4112 erfassten Verfahren vor der Strafkammer gleichgestellt.

69 Die Verfahrensgebühr Nr. 4112 ist geringer als die für den ersten Rechtszug zB vor dem Oberlandesgericht maßgebende Verfahrensgebühr Nr. 4118 (Rn. 20 bis 23). Mit der Verfahrensgebühr wird anders als nach § 83 Abs. 1 BRAGO nur noch die Tätigkeit des Rechtsanwalts als Verteidiger im gerichtlichen Verfahren außerhalb der Hauptverhandlung abgegolten. Die Tätigkeit in der Hauptverhandlung wird durch die Terminsgebühren Nr. 4114, 4115 honoriert.

70 Die Gebühr **Nr. 4113** gewährt auf die Verfahrensgebühr Nr. 4112 für den Fall einen Zuschlag (Rn. 13 bis 17), dass sich der Beschuldigte nicht auf freiem Fuß befindet. Für den Wahlanwalt ist eine Rahmengebühr von 40,00 bis 337,50 Euro (Mittelgebühr: 188,75 Euro), für den gerichtlich bestellten oder beigeordneten Rechtsanwalt ist eine Festgebühr von 151,00 Euro bestimmt.

71 d) **Terminsgebühren**[35] **Nr. 4114 bis 4117.** Die **Gebühr Nr. 4114** legt die Terminsgebühr für die von Gebühr Nr. 4112 erfassten Verfahren vor der großen Strafkammer fest. Der Gebührenrahmen für den Wahlanwalt beträgt 70,00 bis 470,00 Euro (Mittelgebühr: 270,00 Euro); der gerichtlich bestellte oder beigeordnete Rechtsanwalt erhält eine Festgebühr von 216,00 Euro. Wie in § 83 Abs. 1 BRAGO ist der Gebührenrahmen geringer als derjenige für Hauptverhandlungen im ersten Rechtszug vor zB dem Oberlandesgericht (Gebühr Nr. 4120). Im Übrigen wird auf die Ausführungen zu Rn. 52 bis 59 Bezug genommen.

72 Die **Gebühr Nr. 4115** gewährt auf die Terminsgebühr Nr. 4114 für den Fall einen Zuschlag (Rn. 13 bis 17), dass sich der Beschuldigte während der Hauptverhandlung (Rn. 53 bis 58) nicht auf freiem Fuß befindet. Der Wahlanwalt kann eine Rahmengebühr von 70,00 bis 587,50 Euro (Mittelgebühr: 328,75 Euro), der gerichtlich be-

---

[34] Vgl. Rn. 7, 8.
[35] Vgl. Rn. 9 bis 12.

Strafsachen VV Teil 4 Abschnitt 1

stellte oder beigeordnete Rechtsanwalt kann eine Festgebühr von 263,00 Euro beanspruchen.

Die **Gebühren Nr. 4116** und **4117** sind **auf den gerichtlich bestellten oder beigeordneten Rechtsanwalt beschränkt**. Sie sehen neben der Gebühr Nr. 4114 oder 4115 jeweils eine zusätzliche Gebühr vor, wenn der Rechtsanwalt mehr als fünf und bis acht Stunden bzw. mehr als acht Stunden an der Hauptverhandlung teilnimmt. Der Zuschlag beläuft sich im Fall der Gebühr Nr. 4116 auf 108,00 Euro und damit auf 50 % der normalen Terminsgebühr ohne Zuschlag (vgl. Gebühr Nr. 4114). Bei mehr als achtstündiger Dauer der Hauptverhandlung wird eine Zusatzgebühr von 216,00 Euro gewährt; diese entspricht der Höhe einer normalen Terminsgebühr ohne Zuschlag (Gebühr Nr. 4114). Im Übrigen wird auf die Ausführungen zu Rn. 62 bis 66 Bezug genommen. 73

e) **Verfahrensgebühren**[36] Nr. 4118, 4119. Die **Gebühr Nr. 4118** bestimmt die Verfahrensgebühr für den ersten Rechtszug vor dem Oberlandesgericht und den anderen in Rn. 21 bezeichneten Spruchkörpern. Der Rahmen für den Wahlanwalt beträgt 80,00 bis 580,00 Euro (Mittelgebühr: 330,00 Euro); dem gerichtlich bestellten oder beigeordneten Rechtsanwalt steht eine Festgebühr von 264,00 Euro zu. 74

Mit der Verfahrensgebühr wird anders als nach § 83 Abs. 1 BRAGO nur noch die Tätigkeit des Rechtsanwalts als Verteidiger im gerichtlichen Verfahren außerhalb der Hauptverhandlung abgegolten. Die Tätigkeit in der Hauptverhandlung wird durch die Terminsgebühren Nr. 4120 bis 4123 honoriert. 75

Die **Gebühr Nr. 4119** gewährt auf die Verfahrensgebühr Nr. 4118 für den Fall einen Zuschlag (Rn. 13 bis 17), dass sich der Beschuldigte nicht auf freiem Fuß befindet. Für den Wahlanwalt ist eine Rahmengebühr von 80,00 bis 725,00 Euro (Mittelgebühr: 402,50 Euro), für den gerichtlich bestellten oder beigeordneten Rechtsanwalt ist eine Festgebühr von 322,00 Euro bestimmt. 76

f) **Terminsgebühren**[37] Nr. 4120 bis 4123. Die **Gebühr Nr. 4120** legt die Terminsgebühr für die von Gebühr Nr. 4118 erfassten Verfahren vor den dort genannten Spruchkörpern fest. Der Gebührenrahmen für den Wahlanwalt beträgt 110,00 bis 780,00 Euro (Mittelgebühr: 445,00 Euro); der gerichtlich bestellte oder beigeordnete Rechtsanwalt erhält eine Festgebühr von 356,00 Euro. Im Übrigen wird auf die Ausführungen zu Rn. 52 bis 59 Bezug genommen. 77

Die **Gebühr Nr. 4121** gewährt auf die Terminsgebühr Nr. 4120 für den Fall einen Zuschlag (Rn. 13 bis 17), dass sich der Beschuldigte während der Hauptverhandlung (Rn. 53 bis 58) nicht auf freiem Fuß befindet. Der Wahlanwalt kann eine Rahmengebühr von 110,00 bis 975,00 Euro (Mittelgebühr: 542,50 Euro), der gerichtlich bestellte oder beigeordnete Rechtsanwalt kann eine Festgebühr von 434,00 Euro beanspruchen. 78

Die **Gebühren Nr. 4122** und **4123** sind **auf den gerichtlich bestellten oder beigeordneten Rechtsanwalt beschränkt**. Sie sehen neben der Gebühr Nr. 4120 oder 4121 jeweils eine zusätzliche Gebühr vor, wenn der Rechtsanwalt mehr als fünf und bis acht Stunden oder mehr als acht Stunden an der Hauptverhandlung teilnimmt. Der Zuschlag beläuft sich im Fall der Gebühr Nr. 4122 auf 178,00 Euro und damit auf 50 % der normalen Terminsgebühr ohne Zuschlag (vgl. Gebühr Nr. 4120). Bei mehr als achtstündiger Dauer der Hauptverhandlung wird eine Zusatzgebühr von 79

---

36 Vgl. Rn. 7, 8.
37 Vgl. Rn. 9 bis 12.

VV Teil 4 Abschnitt 1 *Vergütungsverzeichnis*

356,00 Euro gewährt; diese entspricht der Höhe einer normalen Terminsgebühr ohne Zuschlag (Gebühr Nr. 4120). Im Übrigen wird auf die Ausführungen Rn. 62 bis 66 Bezug genommen.

80   2. Berufung. a) Verfahrensgebühren[38] **Nr. 4124, 4125.** Die **Gebühr Nr. 4124** bestimmt die Verfahrensgebühr für das Berufungsverfahren (in Betracht kommen die Berufungen vor der kleinen Strafkammer und der Jugendkammer). Der Rahmen für den Wahlanwalt beträgt 70,00 bis 470,00 Euro (Mittelgebühr: 270,00 Euro); dem gerichtlich bestellten oder beigeordneten Rechtsanwalt steht eine Festgebühr von 216,00 Euro zu.

81   Mit der Verfahrensgebühr wird anders als nach § 85 BRAGO nur noch die Tätigkeit des Rechtsanwalts als Verteidiger außerhalb der Hauptverhandlung in der Berufungsinstanz abgegolten. Die Tätigkeit in der Hauptverhandlung wird durch die Terminsgebühren Nr. 4126 bis 4129 honoriert.

82   Die Verfahrensgebühr Nr. 4124 entsteht nach der Anm. hierzu auch für Beschwerdeverfahren nach § 13 des Strafrechtlichen Rehabilitierungsgesetzes (Rn. 68). Die Vorschrift entspricht der Regelung in § 96b BRAGO.

83   Die **Gebühr Nr. 4125** gewährt auf die Verfahrensgebühr Nr. 4124 für den Fall einen Zuschlag (Rn. 13 bis 17), dass sich der Beschuldigte nicht auf freiem Fuß befindet. Für den Wahlanwalt ist eine Rahmengebühr von 70,00 bis 587,50 Euro (Mittelgebühr: 328,75 Euro), für den gerichtlich bestellten oder beigeordneten Rechtsanwalt ist eine Festgebühr von 263,00 Euro bestimmt.

84   b) **Terminsgebühren**[39] **Nr. 4126 bis 4129.** Die **Gebühr Nr. 4126** legt die Terminsgebühr[40] für die von Gebühr Nr. 4124 erfassten Berufungsverfahren fest. Der Gebührenrahmen für den Wahlanwalt beträgt 70,00 bis 470,00 Euro (Mittelgebühr: 270,00 Euro); der gerichtlich bestellte oder beigeordnete Rechtsanwalt erhält eine Festgebühr von 216,00 Euro.

85   Der Beginn der Hauptverhandlung in der Berufungsinstanz richtet sich nach den Vorschriften für die erste Instanz (§§ 324, 243 StPO); auf die Ausführungen zu Rn. 53 bis 59 wird Bezug genommen.

86   Die Terminsgebühr Nr. 4126 entsteht nach der Anm. hierzu auch für Beschwerdeverfahren nach § 13 des Strafrechtlichen Rehabilitierungsgesetzes (Rn. 68). Die Vorschrift entspricht der Regelung in § 96b BRAGO.

87   Die **Gebühr Nr. 4127** gewährt auf die Terminsgebühr Nr. 4126 für den Fall einen Zuschlag (Rn. 13 bis 17), dass sich der Beschuldigte während der Hauptverhandlung (Rn. 53 bis 58) nicht auf freiem Fuß befindet. Der Wahlanwalt kann eine Rahmengebühr von 70,00 bis 587,50 Euro (Mittelgebühr: 328,75 Euro), der gerichtlich bestellte oder beigeordnete Rechtsanwalt kann eine Festgebühr von 263,00 Euro beanspruchen.

88   Die **Gebühren Nr. 4128** und **4129** sind **auf den gerichtlich bestellten oder beigeordneten Rechtsanwalt beschränkt**. Sie sehen neben der Gebühr Nr. 4126 oder 4127 jeweils eine zusätzliche Gebühr vor, wenn der Rechtsanwalt mehr als fünf und bis acht Stunden bzw. mehr als acht Stunden an der Hauptverhandlung teilnimmt. Der Zuschlag beläuft sich im Fall der Gebühr Nr. 4126 auf 108,00 Euro und damit auf 50 % der normalen Terminsgebühr ohne Zuschlag (vgl. Gebühr Nr. 4126). Bei mehr

---

[38] Vgl. 7, 8.
[39] Vgl. Rn. 9 bis 12.
[40] Vgl. Rn. 9 bis 11; Vorbem. Teil 4 Rn. 24.

als achtstündiger Dauer der Hauptverhandlung wird eine Zusatzgebühr von 216,00 Euro gewährt; diese entspricht der Höhe einer normalen Terminsgebühr ohne Zuschlag (Gebühr Nr. 4126). Im Übrigen wird auf die Ausführungen Rn. 62 bis 66 Bezug genommen.

3. Revision. a) Allgemeines. Die Gebühren für das Revisionsverfahren sind strukturell ebenso gegliedert wie die für das erstinstanzliche Verfahren und das Berufungsverfahren. Sie sind gegenüber den Gebührenrahmen der unteren Instanzen erhöht. Damit ist die Regelung in § 86 BRAGO im Grundsatz übernommen. **89**

Die **Terminsgebühr** ist allerdings – anders als im ersten Rechtszug und in der Berufung – **geringer** als die **Verfahrensgebühr**. Begründet wird dies mit dem Schwerpunkt der anwaltlichen Tätigkeit, die auf der Fertigung der Revisionsbegründung und nicht auf der vergleichsweise kurzen Hauptverhandlung vor dem Bundesgerichtshof liegt.[41] Entgegen der amtlichen Begründung (vgl. Fn. 41) entspricht die Terminsgebühr im Revisionsverfahren (Gebühr Nr. 4132) jedoch nicht der Terminsgebühr Nr. 4126 (Berufungsinstanz) und der Terminsgebühr Nr. 4114 (erstinstanzliches Verfahren vor der großen Strafkammer). Zwar sind die Höchstbeträge mit jeweils 470,00 Euro identisch, dies gilt aber nicht für die Mindestbeträge von 100,00 Euro bzw. 70,00 Euro. **90**

Nicht vorgesehen sind unterschiedliche Gebührenhöhen für Verfahren vor dem Bundesgerichtshof und vor dem Oberlandesgericht. Damit geht das Gesetz anders als § 86 Abs. 1 Nr. 1, 2 BRAGO davon aus, dass Revisionen generell einen **gleichen Schwierigkeitsgrad** haben. Gestützt wird diese Entscheidung insbesondere auf das Gesetz zur Entlastung der Rechtspflege vom 11. 1. 1993 (BGBl. I S. 50), das die Strafgewalt des Amtsgerichts auf bis zu vier Jahre angehoben hat,[42] so dass Revisionen, für die früher der Bundesgerichtshof zuständig war, nunmehr in die Zuständigkeit des Oberlandesgerichts fallen. **91**

b) Verfahrensgebühren[43] **Nr. 4130, 4131.** Die **Gebühr Nr. 4130** bestimmt die Verfahrensgebühr für das Revisionsverfahren. Der Rahmen für den Wahlanwalt beträgt 100,00 bis 930,00 Euro (Mittelgebühr: 515,00 Euro); dem gerichtlich bestellten oder beigeordneten Rechtsanwalt steht eine Festgebühr von 412,00 Euro zu. **92**

Mit der Verfahrensgebühr wird anders als nach § 86 BRAGO nur noch die Tätigkeit des Rechtsanwalts als Verteidiger außerhalb der Hauptverhandlung in der Revisionsinstanz abgegolten. Die Tätigkeit in der Hauptverhandlung wird durch die Terminsgebühren Nr. 4132 bis 4135 honoriert. **93**

Die **Gebühr Nr. 4131** gewährt auf die Verfahrensgebühr Nr. 4130 für den Fall einen Zuschlag (Rn. 13 bis 17), dass sich der Beschuldigte nicht auf freiem Fuß befindet. Für den Wahlanwalt ist eine Rahmengebühr von 100,00 bis 1162,50 Euro (Mittelgebühr: 631,25 Euro), für den gerichtlich bestellten oder beigeordneten Rechtsanwalt ist eine Festgebühr von 505,00 Euro bestimmt. **94**

c) Terminsgebühren[44] **Nr. 4132 bis 4135.** Die **Gebühr Nr. 4132** legt die Terminsgebühr für die von Gebühr Nr. 4130 erfassten Revisionsverfahren fest. Der Gebührenrahmen für den Wahlanwalt beträgt 100,00 bis 470,00 Euro (Mittelgebühr: 285,00 Euro); der gerichtlich bestellte oder beigeordnete Rechtsanwalt erhält eine Festgebühr von 228,00 Euro. **95**

---

[41] BT-Drucks. 15/1971 S. 285.
[42] BT-Drucks. 15/1971 S. 285.
[43] Vgl. Rn. 7, 8.
[44] Vgl. Rn. 9 bis 12.

VV Teil 4 Abschnitt 1 *Vergütungsverzeichnis*

96 In der Revisionsinstanz beginnt die Hauptverhandlung mit dem Vortrag des Berichterstatters (§ 351 Abs. 1 StPO); auf die Ausführungen zu Rn. 53 bis 60 wird Bezug genommen.

97 Die **Gebühr Nr. 4133** gewährt auf die Terminsgebühr Nr. 4132 für den Fall einen Zuschlag (Rn. 13 bis 17), dass sich der Beschuldigte während der Hauptverhandlung (Rn. 53 bis 58) nicht auf freiem Fuß befindet. Der Wahlanwalt kann eine Rahmengebühr von 100,00 bis 587,50 Euro (Mittelgebühr: 343,75 Euro), der gerichtlich bestellte oder beigeordnete Rechtsanwalt kann eine Festgebühr von 275,00 Euro beanspruchen.

98 Die **Gebühren Nr. 4134** und **4135** sind **auf den gerichtlich bestellten oder beigeordneten Rechtsanwalt beschränkt.** Sie sehen neben der Gebühr Nr. 4132 oder 4133 jeweils eine zusätzliche Gebühr vor, wenn der Rechtsanwalt mehr als fünf und bis acht Stunden bzw. mehr als acht Stunden an der Hauptverhandlung teilnimmt. Der Zuschlag beläuft sich im Fall der Gebühr Nr. 4132 auf 114,00 Euro und damit auf 50 % der normalen Terminsgebühr ohne Zuschlag (vgl. Gebühr Nr. 4132). Bei mehr als achtstündiger Dauer der Hauptverhandlung wird eine Zusatzgebühr von 228,00 Euro gewährt; diese entspricht der Höhe einer normalen Terminsgebühr ohne Zuschlag (Gebühr Nr. 4132). Im Übrigen wird auf die Ausführungen Rn. 62 bis 66 Bezug genommen.

IV. Unterabschnitt 4. Wiederaufnahmeverfahren

99 **1. Verfahrensrechtliches.** Das Wiederaufnahmeverfahren (§§ 359 ff. StPO) kann zugunsten des Verurteilten oder zuungunsten des Angeklagten betrieben werden. Es gliedert sich in mehrere Verfahrensabschnitte: Die Stellung des Antrags auf Wiederaufnahme des Verfahrens (§ 365 StPO), das Verfahren über die Zulassung des Antrags (§§ 367, 368 StPO) sowie gegebenenfalls die Aufnahme der angetretenen Beweise (§ 369 StPO) und die Entscheidung über das Begründetsein des Antrags (§ 370 StPO). Die Entscheidungen, die aus Anlass eines Antrags auf Wiederaufnahme des Verfahrens von dem Gericht im ersten Rechtszug erlassen werden, können grundsätzlich mit sofortiger Beschwerde angefochten werden (§ 372 StPO).

100 **2. Tätigkeit des Rechtsanwalts.** Die Verfahrensabschnitte des Wiederaufnahmeverfahrens erfordern vielfältige und häufig schwierige und damit zeitaufwändige Tätigkeiten des Rechtsanwalts. So kann zB insbesondere die Vorbereitung eines Wiederaufnahmeantrags besondere Schwierigkeiten bereiten, weil der Rechtsanwalt etwa eigene Ermittlungen, wie die Anhörung neuer Zeugen, durchzuführen hat oder mit Sachverständigen Gespräche führen muss. Gleichwohl hat § 90 BRAGO den Aufwand des Rechtsanwalts insgesamt nur mit *einer* Gebühr abgegolten. Unterabschnitt 4 richtet die Honorierung der Tätigkeit des Rechtsanwalts hingegen an dem jeweiligen Verfahrensabschnitt des Wiederaufnahmeverfahrens aus.

101 **3. Geschäftsgebühr Nr. 4136.** Die Geschäftsgebühr Nr. 4136 entgilt das Betreiben des Geschäfts im Wiederaufnahmeverfahren und die für die Stellung des Antrags erforderlichen vorbereitenden Tätigkeiten des Rechtsanwalts. Sie entsteht mit der ersten Tätigkeit aufgrund dieses Auftrags und zwar im Allgemeinen schon mit der Entgegennahme der Information. Eine **Grundgebühr** (Rn. 6) fällt – wie sich aus Vorbem. 4.1.4 ergibt – **nicht** an. Die Gebühr Nr. 4136 steht dem Rechtsanwalt nach der Anm. auch zu, wenn er von der Stellung eines Wiederaufnahmeantrags abrät; dies entspricht der Regelung in § 90 Abs. 1 S. 2 BRAGO.

Strafsachen **VV Teil 4 Abschnitt 1**

Die **Höhe** der Gebühr richtet sich nach der Höhe der Verfahrensgebühr der ersten **102**
Instanz. Dies entspricht der Regelung in § 90 Abs. 2 BRAGO, wonach sich der Gebührenrahmen nach der Ordnung des Gerichts, das im ersten Rechtszug entschieden hat, richtet. Der Gebührenrahmen der ersten Instanz ist daher auch dann maßgebend, wenn das Berufungs- oder Revisionsgericht über den Antrag auf Wiederaufnahme des Verfahrens zu entscheiden hat (vgl. § 367 StPO). Durch die allgemeine Verweisung auf die Verfahrensgebühr erster Instanz ist auch – wie bisher in § 90 Abs. 1 S. 1 Halbs. 2 BRAGO – bei Inhaftierung oder Unterbringung des Mandanten die Verfahrensgebühr zuzüglich **Zuschlag** (Rn. 13 bis 17) zu gewähren. In Betracht kommen demgemäß die Gebühren Nr. 4106, 4107 oder 4112, 4113 oder 4118, 4119.

4. Verfahrensgebühr[45] **Nr. 4137.** Die Verfahrensgebühr Nr. 4137 entsteht für die **103**
Fertigung und Stellung des Wiederaufnahmeantrags sowie die Tätigkeit des Rechtsanwalts bis zur gerichtlichen Entscheidung nach § 368 Abs. 1 StPO (Rn. 99). Wegen der **Höhe** der Gebühr wird auf Rn. 102 verwiesen.

5. Verfahrensgebühr[46] **Nr. 4138.** Die Verfahrensgebühr Nr. 4138 entsteht für die **104**
Tätigkeit des Rechtsanwalts in dem sich an einen zulässigen Wiederaufnahmeantrag (vgl. § 368 Abs. 2 StPO) anschließenden Verfahren einschließlich der Entscheidung über das Begründetsein des Antrags nach § 370 StPO (Rn. 99). Wegen der **Höhe** der Gebühr wird auf Rn. 102 verwiesen.

6. Verfahrensgebühr[47] **Nr. 4139.** Die Verfahrensgebühr Nr. 4139 sieht für das im **105**
Wiederaufnahmeverfahren ggf. stattfindende Beschwerdeverfahren (Rn. 99) eine eigene Gebühr vor. Begründet wird dies insbesondere mit der Bedeutung des Beschwerdeverfahrens, in dem abschließend über den Wiederaufnahmeantrag entschieden wird, mit der Folge, dass vorgebrachte Wiederaufnahmegründe für ein neues Wiederaufnahmeverfahren „verbraucht" sind.[48] Wegen der **Höhe** der Gebühr wird auf Rn. 102 verwiesen.

7. Terminsgebühr[49] **Nr. 4140.** Die Terminsgebühr Nr. 4140 entsteht für die Teilnahme **106**
an Verhandlungen oder Terminen im Wiederaufnahmeverfahren, zB die Teilnahme an einer Beweisaufnahme oder Augenscheinseinnahme (vgl. § 369 StPO). Die **Höhe** der Terminsgebühr richtet sich nach der Höhe der Terminsgebühr für die erste Instanz. Sie erhöht sich bei Inhaftierung oder Unterbringung des Mandanten durch einen **Zuschlag** (Rn. 13 bis 17). Bei langer Dauer eines Termins kann der gerichtlich bestellte Verteidiger eine Zusatzgebühr beanspruchen. Auf die Ausführungen zu Rn. 62 bis 66 wird Bezug genommen.

8. Erneute Hauptverhandlung. Wird die **Erneuerung der Hauptverhandlung 107**
angeordnet (§ 373 StPO), beginnt gemäß § 17 Nr. 12 eine **neue Gebühreninstanz**. Die Einschränkung des Unterabschnitts 4, dass für den Gebührenrahmen die Ordnung des Gerichts maßgebend ist, das im ersten Rechtszug entschieden hat, gilt dann nicht mehr; vielmehr richten sich die weiteren Gebühren nach der Ordnung des Gerichts, vor dem das wieder aufgenommene Hauptverfahren stattfindet, und nach dem Rechtszug, in dem dieses Gericht tätig wird. Weder die Gebühren des Unterab-

---

[45] Vgl. Rn. 7, 8.
[46] Vgl. Rn. 7, 8.
[47] Vgl. Rn. 7, 8.
[48] BT-Drucks. 15/1971 S. 286.
[49] Vgl. Rn. 9 bis 12.

schnitts 4 noch die Gebühren, die in dem früheren durch rechtskräftiges Urteil abgeschlossenen Verfahren entstanden sind, werden auf die Gebühren, die nach der Anordnung der Erneuerung der Hauptverhandlung entstehen, angerechnet.

V. Unterabschnitt 5. Zusätzliche Gebühren[50]

108 1. **Gebühr Nr. 4141. a) Allgemeines.** Die (zusätzliche) Gebühr Nr. 4141 dient der Abgeltung der Tätigkeit des Rechtsanwalts, die zu einer Vermeidung der Hauptverhandlung führt. Sie übernimmt den Grundgedanken der Regelung in § 84 Abs. 2 BRAGO. Diese war geschaffen worden, um intensive und zeitaufwändige Tätigkeiten des Verteidigers, die zu einer Vermeidung der Hauptverhandlung und damit beim Verteidiger zum Verlust der Hauptverhandlungsgebühr führten, gebührenrechtlich zu honorieren.[51]

109 Die Hauptverhandlung muss durch die Mitwirkung des Rechtsanwalts entbehrlich werden. Mitwirkung ist jede Tätigkeit, die **mitursächlich** ist, dass sich das Verfahren vor Beginn der Hauptverhandlung erledigt.

110 In Betracht kommt nicht nur eine Mitwirkung bei der **Klärung** des Tatvorwurfs (zB Anträge auf Erhebung bestimmter Beweise), sondern auch bei der Klärung von Rechtsfragen, wenn sie zur Vermeidung von Rechtsfehlern führt.

111 Die Mitwirkung des Rechtsanwalts muss aber gemäß Abs. 2 der Anm. zu Gebühr Nr. 4141 auf eine **Förderung** des Verfahrens gerichtet sein. Notwendig ist deshalb ein eigenständiger Beitrag, der auf den ordnungsgemäßen Fortgang des Verfahrens zielt. Die Gebühr Nr. 4141 fällt demnach zB nicht an, wenn der Mandant auf Rat des Rechtsanwalts im vorbereitenden Verfahren von seiner Aussagefreiheit (§§ 163 a, 136 StPO) Gebrauch macht mit der Folge, dass das Verfahren – weil die Tat anderweitig nicht aufklärbar ist – mangels hinreichenden Tatverdachts gemäß § 170 Abs. 2 StPO eingestellt wird.

112 Im Übrigen entsteht die Gebühr Nr. 4141 nur dann nicht, wenn eine Mitwirkung des Rechtsanwalts **nicht ersichtlich** ist. Aus dem Wort „ersichtlich" ergibt sich, dass an die Kausalität keine allzu strengen hohen Anforderungen zu stellen sind. Das Gesetz geht vielmehr aus, dass die Tätigkeit des Rechtsanwalts im Falle einer vorzeitigen Erledigung des Verfahrens in der Regel mitursächlich ist.

113 Die zusätzliche Gebühr Nr. 4141 wird in **Höhe** der jeweiligen Verfahrensgebühr gewährt, allerdings ohne Zuschlag (Rn. 13). Maßgebend ist gemäß Abs. 3 S. 1 der Anm. der Rechtszug, in dem die Hauptverhandlung vermieden wurde. Für den Wahlanwalt bemisst sich die Gebühr gemäß Abs. 3 S. 2 der Anm. nach der Rahmenmitte. Wird zB die Hauptverhandlung im ersten Rechtszug vor der Strafkammer entbehrlich, erhält der Wahlanwalt die Rahmengebühr Nr. 4112 (Mittelgebühr: 155,00 Euro); dem Pflichtverteidiger stehen 124,00 Euro zu. Nicht anwendbar ist Gebühr Nr. 4113.

114 **b) Einzelfälle. aa) Einstellung des Verfahrens.** Gemäß Abs. 1 Nr. 1 der Anm. entsteht die Gebühr Nr. 4141, wenn das Verfahren – wie nach § 84 Abs. 2 S. 1 Nr. 1 BRAGO – nicht nur vorläufig eingestellt wird.

115 Vorläufige Einstellungen stehen der endgültigen Einstellung nicht gleich, denn dabei bleibt offen, ob es nicht doch noch zu einer Hauptverhandlung kommen muss,

---
[50] Vgl. Rn. 25.
[51] Vgl. BT-Drucks. 12/6962 S. 106.

Strafsachen **VV Teil 4 Abschnitt 1**

etwa wenn der Beschuldigte den ihm gesetzten Auflagen nicht nachkommt. Ebenso wenig fallen unter die Vorschrift Einstellungen wegen Abwesenheit des Beschuldigten. Auch die zur Einstellung führende Verhandlungsunfähigkeit dürfte in der Regel kein Grund für die Erhöhung der Gebühr sein, weil der Verteidiger für die Verhandlungsunfähigkeit nicht ursächlich ist.

Die Erhöhungsmöglichkeiten bei nicht auf freiem Fuß befindlichen Beschuldigten (Rn. 113) sind ausdrücklich ausgenommen. Bei Haftsachen dürfte eine Einstellung des Verfahrens wegen der Schwere der Delikte auch eher selten sein. **116**

Wird nur wegen einzelner Delikte innerhalb eines größeren Komplexes eingestellt, so gilt die Pauschalgebühr Nr. 4141 nicht, da sich diese auf alle Einzeltaten beziehen muss. **117**

bb) Nichteröffnung des Hauptverfahrens. Gemäß Abs. 1 Nr. 2 der Anm. entsteht die Gebühr Nr. 4141, wenn das Gericht – wie nach § 84 Abs. 2 S. 1 Nr. 2 BRAGO – beschließt, das Hauptverfahren nicht zu eröffnen (§ 204 StPO). Die Gebühr entsteht mit der Bekanntgabe des Ablehnungsbeschlusses; auf dessen Unanfechtbarkeit kommt es nicht an.[52] **118**

cc) Rücknahme des Rechtsbehelfs. Gemäß Abs. 1 Nr. 3 der Anm. entsteht die Gebühr Nr. 4141, wenn das Verfahren – wie nach § 84 Abs. 2 S. 1 Nr. 3 BRAGO – durch Rücknahme des Einspruchs gegen den **Strafbefehl** erledigt und, falls schon eine Hauptverhandlung anberaumt ist, die Rücknahme früher als zwei Wochen vor deren Beginn erfolgt. Dies gilt natürlich erst recht, wenn noch gar kein Hauptverhandlungstermin bestimmt war. **119**

Nicht anwendbar ist die Vorschrift, wenn die Rücknahme verspätet war, der Termin aber anschließend verlegt wird.[53] Begünstigt werden soll die Rücknahme eben nur dann, wenn es dem Gericht noch möglich ist, die Vorbereitung der Verhandlung rechtzeitig rückgängig zu machen, insbesondere Zeugen oder Sachverständige abzuladen. Dennoch sollte sich der Rechtsanwalt, der die Frist versäumt, nicht verleiten lassen, mit der Rücknahme bis zur Hauptverhandlung zu warten, weil er damit seinem Mandanten Schaden in Form der zusätzlichen Kosten der Hauptverhandlung zufügt. **120**

Ausgedehnt ist die Vorschrift des Abs. 1 Nr. 3 der Anm. auf die Fälle, in denen das gerichtliche Verfahren durch Rücknahme der **Berufung** oder der **Revision** erledigt wird. Ist in diesen Fällen bereits Hauptverhandlung anberaumt, gilt die gleiche zeitliche Grenze wie bei der Rücknahme des Einspruchs gegen den Strafbefehl. Diese Ausdehnung des Anwendungsbereichs der Gebühr Nr. 4141 im Vergleich zur Regelung des § 84 Abs. 2 und des § 85 Abs. 4 BRAGO dürfte zu einer Entlastung der Revisionsgerichte führen. **121**

2. Gebühr Nr. 4142. a) Allgemeines. Bei der Gebühr Nr. 4142 handelt es sich um eine besondere, als **Wertgebühr** ausgestaltete Verfahrensgebühr (Rn. 7). Sie entsteht (zusätzlich) für Tätigkeiten des Rechtsanwalts bei Einziehung und verwandten Maßnahmen. Die Ermessensregelung des § 88 BRAGO, die in diesen Fällen eine Überschreitung des Gebührenrahmens der §§ 83 bis 86 BRAGO ermöglichte, wurde „im Hinblick auf die Zunahme von Verfahren mit Einziehungs- oder Verfallerklärung und im Hinblick auf die erhebliche wirtschaftliche Bedeutung, die die Anordnung dieser Maßnahmen für den Beschuldigten haben kann, aufgegeben".[54] Aufgegeben **122**

---

52 Vgl. *Hartmann* VV 4141 Rn. 5.
53 AA *Hansens* § 84 BRAGO Rn. 11.
54 Vgl. BT-Drucks. 15/1971 S. 287.

wurde auch die Beschränkung auf den Wahlanwalt; der Gebührentatbestand Nr. 4142 gilt nunmehr auch für den gerichtlich bestellten oder beigeordneten Rechtsanwalt.

123 **Erfasst werden** von der Gebühr Nr. 4142 gemäß Abs. 1 der Anm. folgende Maßnahmen:
- Die **Einziehung** (zB §§ 74 bis 76 a StGB);
- die **Vernichtung** (zB §§ 98, 110 Urheberrechtsgesetz);
- die **Verfallerklärung** (vgl. §§ 73, 73 a StGB). Doch gehört nur eine Verfallerklärung hierher, die Strafcharakter hat, also nicht der Verfall der zur Abwendung der Untersuchungshaft geleisteten Sicherheit (vgl. § 124 StPO);
- die **Abführung des Mehrerlöses** (§§ 8, 10 WStrG 1954). Jedoch ist hierher die Rückerstattung des Mehrerlöses (§ 9 WStrG 1954) nicht zu rechnen; sie wird im Adhäsionsprozess geltend gemacht (§ 9 Abs. 3 WStrG 1954) und gehört daher gebührenmäßig zu Gebühr Nr. 4143;
- eine **Beschlagnahme,** die einem der vorgenannten Zwecke dient. Es muss sich danach um eine Beschlagnahme handeln, durch die eine Einziehung und dergleichen sichergestellt werden soll. Der Rechtsanwalt wird daher durch Gebühr Nr. 4142 nicht erst begünstigt, wenn sich seine Tätigkeit auf die endgültige Maßnahme bezieht, sondern es genügt, wenn seine Tätigkeit für den Beschuldigten gegen die vorläufige Maßnahme der Beschlagnahme gerichtet ist. Hierher gehören vor allem Beschlagnahmen zur Sicherung der Einziehung (§§ 111b, 111c StPO).

124 Beschlagnahmen, die anderen Zwecken als der Einziehung, der Vernichtung, dem Verfall, der Abführung des Mehrerlöses dienen, **scheiden** dagegen **aus**; insbesondere Beschlagnahmen, die nur der Sicherstellung von Beweismitteln dienen, und Vermögensbeschlagnahmen nach §§ 94, 99, 443 StPO.

125 **b) Tätigkeit des Rechtsanwalts.** Die Tätigkeit muss sich auf die Einziehung und dergleichen „**beziehen**". Es genügt, dass es in dem Verfahren, in dem der Rechtsanwalt als Verteidiger tätig wird, auch um die Einziehung und dergleichen geht, d. h., dass eine Einziehung und dergleichen nach Lage der Sache in Betracht zu ziehen ist. Erforderlich ist nicht, dass die Einziehung und dergleichen bereits beantragt ist. Es ist auch nicht notwendig, dass der Rechtsanwalt eine **besondere** Tätigkeit hinsichtlich der Einziehungsfrage entfaltet. Vielmehr genügt es zB, dass er sich um die Abwehr einer Bestrafung überhaupt bemüht.[55]

126 Der Rechtsanwalt kann hinsichtlich der Einziehung und dergleichen gegenüber dem Gericht oder, insbesondere im vorbereitenden Verfahren, gegenüber der Staatsanwaltschaft, der Polizei oder auch gegenüber einer Verwaltungsbehörde (Finanzamt) tätig werden. Die Voraussetzungen der Gebühr Nr. 4142 können schon erfüllt werden, wenn der Rechtsanwalt vor der richterlichen Bestätigung der Beschlagnahme (vgl. § 98 Abs. 2 StPO) tätig wird; sogar dann, wenn er nur zur **Abwendung** einer Beschlagnahme durch die Staatsanwaltschaft oder Polizei tätig wird.

127 **c) Ermittlung der Gebühr.** Die Verfahrensgebühr Nr. 4142 wird mit einem **Gebührensatz** von **1,0** nach dem Gegenstandswert bestimmt. Dieser Wert muss jedoch 25,00 Euro oder mehr betragen, da nach Abs. 2 der Anm. bei einem unter 25,00 Euro liegenden Wert die Gebühr nicht entsteht. Damit greift die Regelung **nicht** im **Bagatellbereich**, insbesondere also nicht bei der Einziehung nur geringwertiger Tatwerkzeuge.

128 Der **Gegenstandswert** richtet sich nach § 2 Abs. 1. Danach ist Gegenstand der anwaltlichen Tätigkeit der Anspruch auf Einziehung und dergleichen, auf den sich die

---

[55] *Gerold/Schmidt/Madert* VV 4141–4146 Rn. 38.

Strafsachen **VV Teil 4 Abschnitt 1**

Tätigkeit des Rechtsanwalts bezieht. Gegenstandswert ist der objektive Geldwert dieses Rechts, ausgedrückt in Euro. Bei der Einziehung, der Vernichtung, Unbrauchbarmachung und Verfallerklärung ist Gegenstandswert der **objektive Geldwert** der Sachen. Dabei ist zu beachten, dass dieser gleich null sein kann; denn der subjektive Unrechtswert, den eine Sache für den Täter hat, bleibt außer Betracht.[56] Bei der Einziehung nachgemachten oder verfälschten Geldes (§ 152 StGB) entscheidet nicht der Geldbetrag, auf den das Falschgeld lautet.

Bei der **Beschlagnahme,** die nur eine **vorläufige Sicherungsmaßregel** darstellt, ist der Wert – ähnlich wie bei dem Arrest oder der einstweiligen Verfügung (vgl. § 53 GKG) – nach billigem Ermessen zu bestimmen (§ 23 Abs. 3 S. 2), und zwar **in der Regel niedriger** als auf den Wert der einzuziehenden Gegenstände. 129

Die Gebühr Nr. 4142 entsteht bei entsprechenden Tätigkeiten des Rechtsanwalts in jedem **Rechtszug**; im ersten Rechtszug umfasst sie einschlägige Tätigkeiten im vorbereitenden Verfahren (Abs. 3 der Anm.). Maßgebend für den Wahlanwalt ist die Wertgebührentabelle des § 13; die Gebühr des gerichtlich bestellten oder beigeordneten Rechtsanwalts richtet sich nach der Tabelle des § 49. 130

3. **Gebühr Nr. 4143. a) Allgemeines.** Bei der Gebühr Nr. 4143 handelt es sich um eine besondere, als **Wertgebühr** ausgerichtete Verfahrensgebühr (Rn. 7, 8). Sie entsteht (zusätzlich) für Tätigkeiten des Rechtsanwalts, die auf die Abwehr (oder Geltendmachung, Rn. 188) vermögensrechtlicher Ansprüche des Verletzten oder seiner Erben (vgl. §§ 403 ff. StPO) im erstinstanzlichen Strafverfahren gerichtet sind. Der Gebührentatbestand Nr. 4143 gilt auch für den gerichtlich bestellten oder beigeordneten Rechtsanwalt; das entspricht der Regelung der §§ 97 Abs. 1 S. 4, 89, 123 BRAGO. 131

Die Vorschrift entspricht im Wesentlichen der Regelung in § 89 BRAGO.[57] Die Gebühr wird aber nach Abs. 2 der Anm. nicht mehr zu zwei Dritteln, sondern nur noch **zu einem Drittel** auf eine Verfahrensgebühr **angerechnet** (Rn. 140 ff.), die der Rechtsanwalt wegen desselben Anspruchs im   unter Umständen trotz des Adhäsionsverfahrens noch notwendigen – bürgerlichen Rechtsstreit erhält. Die geringere Anrechnung soll insbesondere im Interesse der Opfer zu einer größeren Akzeptanz des Adhäsionsverfahrens führen. 132

b) Entstehen der Gebühr. Die Gebühr Nr. 4143 mit einem **Gebührensatz** von **2,0** entsteht – weil es sich um eine Verfahrensgebühr handelt – mit der ersten Tätigkeit des Rechtsanwalts, sofern dieser beauftragt ist, im *Strafverfahren* hinsichtlich des vermögensrechtlichen Anspruchs tätig zu werden. Es genügt also die **Entgegennahme** der **Information**; nicht erforderlich ist, dass der Anspruch im Strafverfahren bereits anhängig geworden ist. 133

Die Gebühr Nr. 4143 ist, solange keine Hauptverhandlung stattgefunden hat, höher als die Gebühr, die der Rechtsanwalt für die gleiche Tätigkeit im bürgerlichen Rechtsstreit erhalten würde; dort entstünde lediglich die 1,3 Verfahrensgebühr Nr. 3100. Wirkt der Rechtsanwalt bei der Hauptverhandlung mit, verbleibt es allerdings bei der 2,0-Gebühr, obwohl er für die gleiche Tätigkeit im bürgerlichen Rechtsstreit außer der 1,3 Verfahrensgebühr Nr. 3100 auch die 1,2 Terminsgebühr Nr. 3104 und damit insgesamt 2,5 Gebühren erhalten würde. 134

Hat der Rechtsanwalt durch seine Tätigkeit die Gebühr verdient, so verbleibt ihm diese Gebühr auch dann, wenn das Gericht von einer Entscheidung über den vermö- 135

---

56 Vgl. § 2 Rn. 9 ff.
57 Der Regelung des § 89 Abs. 3 BRAGO entspricht Abs. 2 der Vorbem. 4.3.

gensrechtlichen Anspruch gemäß § 405 StPO absieht, sei es weil der Antrag unbegründet erscheint, sei es weil der Angeklagte wegen der Straftat nicht verurteilt wird, sei es weil sich der vermögensrechtliche Anspruch für eine Entscheidung im Strafverfahren nicht eignet.

136 Wird der vermögensrechtliche Anspruch **erstmalig** in der **Berufungsinstanz** geltend gemacht, so erhöht sich die Gebühr nicht; es verbleibt gemäß Abs. 1 der Anm. bei dem Gebührensatz von 2,0. Der Adhäsionsanspruch selbst wird somit *erst*instanzlich behandelt. In einem anschließenden Revisionsverfahren entsteht aber die 2,5 Verfahrensgebühr Nr. 4144, weil nunmehr der vermögensrechtliche Anspruch im Rechtsmittelzug behandelt wird. Nach diesem erhöhten Satz entsteht die Gebühr auch dann, wenn über das Rechtsmittel durch Beschluss entschieden wird (§ 406 a Abs. 2 StPO).

137 Für die Mitwirkung bei dem Abschluss eines Vertrags über den vermögensrechtlichen Anspruch erhält der Rechtsanwalt gemäß Vorbem. 1 VV je nach Rechtszug **zusätzlich** die **Einigungsgebühr** Nr. 1003 oder 1004, und zwar ohne Rücksicht darauf, ob es sich um eine Einigung vor Gericht oder um eine außergerichtliche Einigung handelt. Die Einigungsgebühr Nr. 1004 fällt indes nur an, wenn der Adhäsionsanspruch als solcher in die Berufungs- oder Revisionsinstanz gelangt und dort verglichen worden ist.

138 **c) Gegenstandswert.** Die Gebühr Nr. 4143 wird nach dem Gegenstandswert (§ 2 Abs. 1) berechnet. Der Gegenstandswert bestimmt sich ebenso, wie wenn der Anspruch in einem bürgerlichen Rechtsstreit geltend gemacht worden wäre. Es gelten also die Wertvorschriften für die Bemessung des Streitwerts nach dem Gerichtskostengesetz (§ 23 Abs. 1 S. 1). Wegen der Wertfestsetzung vgl. § 33.

139 Die konkrete 2,0 Verfahrensgebühr ergibt sich für den Wahlanwalt aus der **Wertgebührentabelle** des § 13 und für den gerichtlich bestellten oder beigeordneten Rechtsanwalt aus der Tabelle des § 49.

140 **d) Anrechnung der Gebühr. aa) Grundsätze.** Wird der Rechtsanwalt auch als Prozessbevollmächtigter im bürgerlichen Rechtsstreit tätig, so entsteht in diesem eine Verfahrensgebühr nach Teil 3 Abschnitt 1 VV (Gebühren Nr. 3100 oder 3101). Auf diese Gebühr wird die Gebühr, die im Adhäsionsprozess entstanden ist, zu **einem Drittel** angerechnet; eine Anrechnung auf die Terminsgebühr (Gebühr Nr. 3104) ist nicht vorgesehen. Dadurch soll einerseits vermieden werden, dass der Rechtsanwalt für seine Tätigkeit hinsichtlich des vermögensrechtlichen Anspruchs im Strafverfahren keine zusätzliche Vergütung erhält. Daher scheidet eine volle Anrechnung aus. Denn sonst würde in den Fällen, in denen über den Adhäsionsanspruch im Strafverfahren nicht entschieden wird (vgl. § 405 StPO), dem Rechtsanwalt für seine Bemühungen im Strafverfahren keine zusätzliche Gebühr verbleiben. Andererseits soll vermieden werden, dass die Rechtsverfolgung hinsichtlich des vermögensrechtlichen Anspruchs durch die Beschreitung des Adhäsionsprozesses über Gebühr verteuert wird.

141 **bb) Einzelheiten.** Es muss sich im bürgerlichen Rechtsstreit um denselben Anspruch handeln, der im Adhäsionsprozess geltend gemacht worden ist. Doch wird man Ansprüche, die zwar auf verschiedenen Rechtsgründen beruhen, aber auf dasselbe Ziel gerichtet sind – wie bei der Bemessung des Gegenstandswerts[58] –, als *einen* Anspruch zu behandeln haben.[59] So, wenn dieselbe Leistung im Adhäsionsprozess

---

[58] Vgl. § 2 BRAGO Rn. 7.
[59] Hartmann VV 4143, 4144 Rn. 17.

Strafsachen **VV Teil 4 Abschnitt 1**

aufgrund unerlaubter Handlung und im bürgerlichen Rechtsstreit aufgrund Vertrags verlangt wird. Die Anrechnung erfolgt nur, soweit es sich im Adhäsionsprozess und im bürgerlichen Rechtsstreit um denselben Anspruch handelt. Sind im Adhäsionsprozess 1000 Euro geltend gemacht worden (2,0 Gebühr = 170 Euro) und wurde von der Entscheidung abgesehen, und werden dann im Zivilprozess 500 Euro geltend gemacht, so wird auf die in dem Zivilprozess entstehende Gebühr Nr. 3100 (1,3 Gebühr = 58,50 Euro) nur die Adhäsionsgebühr aus 500 Euro (2,0 Gebühr = 90 Euro) zu einem Drittel (= 30 Euro) angerechnet. Sind im Adhäsionsprozess 500 Euro geltend gemacht worden (2,0 Gebühr = 90 Euro) und werden, nachdem von der Entscheidung im Strafverfahren abgesehen worden ist, im Zivilprozess 1000 Euro geltend gemacht, so wird ein Drittel der Adhäsionsgebühr aus dem Wert von 500 Euro (= 30 Euro) auf die in dem bürgerlichen Rechtsstreit aus einem Wert von 1000 Euro entstehende Gebühr (1,3 Gebühr = 110,50 Euro) angerechnet.

Keine Anrechnung findet statt, wenn die zivilrechtliche Geltendmachung durch einen anderen Rechtsanwalt erfolgt. Ob der durch die Nichtanrechnung entstehende Mehrbetrag erstattbar ist, hängt davon ab, ob ein **Anwaltswechsel** notwendig war. **142**

e) **Zwangsvollstreckung.** Die Zwangsvollstreckung aus dem wegen des vermögensrechtlichen Anspruchs ergangenen Erkenntnis des Strafrichters richtet sich nach den Vorschriften für bürgerliche Rechtsstreitigkeiten (§ 406b S. 1 StPO). Anzuwenden sind somit die Gebühren Nr. 3309, 3310 und die Vorschrift des § 25. **143**

f) **Wiederaufnahme des Verfahrens.** Im Wiederaufnahmeverfahren (§ 406c StPO) entsteht die Adhäsionsgebühr von neuem, sofern dem Wiederaufnahmeanliegen entsprochen wird, und zwar auch dann, wenn gemäß § 406c Abs. 1 S. 2 StPO ohne Erneuerung der Hauptverhandlung durch Beschluss entschieden wird. Wird mit der Wiederaufnahme des Verfahrens nur der Strafteil des Urteils angegriffen, so entsteht die Adhäsionsgebühr, wenn in Betracht zu ziehen ist, dass die über den vermögensrechtlichen Anspruch ergangene Entscheidung ebenfalls der Aufhebung verfällt (vgl. § 406c Abs. 2, § 406a Abs. 3 StPO). Findet das Wiederaufnahmeverfahren vor dem Berufungsgericht statt (vgl. § 367 StPO), so entsteht die Adhäsionsgebühr Nr. 4144, es sei denn, dass das Berufungsgericht in dem angegriffenen Urteil als erstinstanzliches Gericht über den Adhäsionsanspruch erkannt hatte.[60] **144**

In dem Verfahren auf Anordnung der Wiederaufnahme des Verfahrens (§§ 367 bis 370 StPO) entstehen die Gebühren des Unterabschnitts 4. **145**

4. Gebühr Nr. 4144. Bei der Gebühr Nr. 4144 handelt es sich um eine besondere, als **Wertgebühr** ausgestaltete Verfahrensgebühr (Rn. 7, 8). Sie entsteht (zusätzlich) für Tätigkeiten des Rechtsanwalts, die sich auf vermögensrechtliche Ansprüche des Verletzten oder seiner Erben (vgl. §§ 403 ff. StPO) im strafgerichtlichen Berufungs- und Revisionsverfahren beziehen. Der Gebührentatbestand Nr. 4144 gilt auch für den gerichtlich bestellten oder beigeordneten Rechtsanwalt. **146**

Die Gebühr Nr. 4144 entsteht mit einem Gebührensatz von **2,5** aus dem jeweiligen Gegenstandswert. Anders als die Gebühr Nr. 4143 wird sie **nicht** auf eine Verfahrensgebühr **angerechnet**, die der Rechtsanwalt wegen desselben Anspruchs im gegebenenfalls noch notwendigen bürgerlichen Rechtsstreit erhält. Im Übrigen wird auf die Ausführungen zu Gebühr Nr. 4143 in Rn. 133, 136 bis 139, 143 bis 145 **verwiesen**. **147**

---

[60] Vgl. Rn. 136 und Abs. 1 der Anm. zu Gebühr Nr. 4143.

VV Teil 4 Abschnitt 1
Vergütungsverzeichnis

148 **5. Gebühr Nr. 4145.** Gebühr Nr. 4145 ist durch das Opferrechtsreformgesetz vom 24. 6. 2004 (BGBl. I S. 1354) mit Wirkung vom 1. 9. 2004 in das Vergütungsverzeichnis eingefügt worden. Das Opferrechtsreformgesetz verbessert u. a. durch eine Änderung der §§ 406 und 406 a StPO die Rechtsstellung des Verletzten im Adhäsionsverfahren. Diese Vorschriften lauten:

§ 406 StPO. (1) Das Gericht gibt dem Antrag in dem Urteil statt, mit dem der Angeklagte wegen einer Straftat schuldig gesprochen oder gegen ihn eine Maßregel der Besserung und Sicherung angeordnet wird, soweit der Antrag wegen dieser Straftat begründet ist. Die Entscheidung kann sich auf den Grund oder einen Teil des geltend gemachten Anspruchs beschränken; § 318 der Zivilprozessordnung gilt entsprechend. Das Gericht sieht von einer Entscheidung ab, wenn der Antrag unzulässig ist oder soweit er unbegründet erscheint. Im Übrigen kann das Gericht von einer Entscheidung nur absehen, wenn sich der Antrag auch unter Berücksichtigung der berechtigten Belange des Antragstellers zur Erledigung im Strafverfahren nicht eignet. Der Antrag ist insbesondere dann zur Erledigung im Strafverfahren nicht geeignet, wenn seine weitere Prüfung, auch soweit eine Entscheidung nur über den Grund oder einen Teil des Anspruchs in Betracht kommt, das Verfahren erheblich verzögern würde. Soweit der Antragsteller den Anspruch auf Zuerkennung eines Schmerzensgeldes (§ 253 Abs. 2 des Bürgerlichen Gesetzbuches) geltend macht, ist das Absehen von einer Entscheidung nur nach Satz 3 zulässig.

(2) Erkennt der Angeklagte den vom Antragsteller gegen ihn geltend gemachten Anspruch ganz oder teilweise an, ist er gemäß dem Anerkenntnis zu verurteilen.

(3) Die Entscheidung über den Antrag steht einem im bürgerlichen Rechtsstreit ergangenen Urteil gleich. Das Gericht erklärt die Entscheidung für vorläufig vollstreckbar; die §§ 708 bis 712 sowie die §§ 714 und 716 der Zivilprozessordnung gelten entsprechend. Soweit der Anspruch nicht zuerkannt ist, kann er anderweit geltend gemacht werden. Ist über den Grund des Anspruchs rechtskräftig entschieden, so findet die Verhandlung über den Betrag nach § 304 Abs. 2 der Zivilprozessordnung vor dem zuständigen Zivilgericht statt.

(4) Der Antragsteller erhält eine Abschrift des Urteils mit Gründen oder einen Auszug daraus.

(5) Erwägt das Gericht, von einer Entscheidung über den Antrag abzusehen, weist es die Verfahrensbeteiligten so früh wie möglich darauf hin. Sobald das Gericht nach Anhörung des Antragstellers die Voraussetzungen für eine Entscheidung über den Antrag für nicht gegeben erachtet, sieht es durch Beschluss von einer Entscheidung über den Antrag ab.

§ 406 a StPO. (1) Gegen den Beschluss, mit dem nach § 406 Abs. 5 Satz 2 von einer Entscheidung über den Antrag abgesehen wird, ist sofortige Beschwerde zulässig, wenn der Antrag vor Beginn der Hauptverhandlung gestellt worden und solange keine den Rechtszug abschließende Entscheidung ergangen ist. Im Übrigen steht dem Antragsteller ein Rechtsmittel nicht zu.

(2) Soweit das Gericht dem Antrag stattgibt, kann der Angeklagte die Entscheidung auch ohne den strafrechtlichen Teil des Urteils mit dem sonst zulässigen Rechtsmittel anfechten. In diesem Falle kann über das Rechtsmittel durch Beschluss in nichtöffentlicher Sitzung entschieden werden. Ist das zulässige Rechtsmittel die Berufung, findet auf Antrag des Angeklagten oder des Antragstellers eine mündliche Anhörung der Beteiligten statt.

(3) Die dem Antrag stattgebende Entscheidung ist aufzuheben, wenn der Angeklagte unter Aufhebung der Verurteilung wegen der Straftat, auf welche die Entscheidung über den Antrag gestützt worden ist, weder schuldig gesprochen noch gegen ihn eine Maßregel der Besserung und Sicherung angeordnet wird. Dies gilt auch, wenn das Urteil insoweit nicht angefochten ist.

Die Gebühr 4145 bestimmt die Verfahrensgebühr für das Verfahren über die gemäß § 406 a StPO zulässige Beschwerde gegen den Beschluss, durch den gemäß § 406 Abs. 5 Satz 2 StPO von einer Entscheidung über Adhäsionsantrag abgesehen wird. Danach erhalten der Wahlanwalt und der gerichtlich bestellte oder beigeordnete Rechtsanwalt jeweils eine Verfahrensgebühr mit einem Gebührensatz von 0,5. Bislang stand

Strafsachen **VV Teil 4 Abschnitt 1**

dem Antragsteller – auch soweit das Gericht von einer Entscheidung abgesehen hat – ein Rechtsmittel nicht zu (vgl. § 406a Abs. 1 StPO aF).

6. Gebühr Nr. 4146. Gebühr Nr. 4146 betrifft das in Abschnitt 3 StrRehaG geregelte Verfahren über die Gewährung sozialer **Ausgleichsleistungen** (zB Kapitalentschädigung) im Falle einer Rehabilitierung;[61] zuständig für die Gewährung solcher Leistungen sind Verwaltungsbehörden. Bei Streitigkeiten kann gemäß § 25 Abs. 1 S. 5 StrRehaG **Antrag auf gerichtliche Entscheidung** gestellt werden. Die hierauf ergehende Entscheidung ist gemäß §§ 25 Abs. 1 S. 4, 13 StrRehaG mit der **Beschwerde** anfechtbar. 149

Die Tätigkeit des Rechtsanwalts in den Fällen der Rn. 149 wird mit einer (zusätzlichen) 1,5 Verfahrensgebühr (Rn. 7, 8) abgegolten. Für den **Gegenstandswert** gelten die allgemeinen Regelungen. Maßgebend ist für den Wahlanwalt die Wertgebührentabelle des § 13 und für den gerichtlich bestellten oder beigeordneten Rechtsanwalt die Tabelle des § 49. 150

7. Gebühr Nr. 4147. a) Grundsätzliches. Die (zusätzliche) Gebühr Nr. 4147 betrifft das **Privatklageverfahren**. In diesem Verfahren erhält der Rechtsanwalt für seine **Bemühungen** um eine gütliche Beilegung keine besondere Gebühr, und zwar ohne Rücksicht darauf, ob er innerhalb oder außerhalb der Hauptverhandlung, vor oder nach Erhebung der Privatklage tätig wird; solche Bemühungen werden durch die Verfahrensgebühr (zB Gebühren Nr. 4104, 4106) mit umfasst. Auch für besondere außergerichtliche Güteverhandlungen erhält er keine besondere Gebühr. Eine Ausnahme besteht nur für die Teilnahme des Rechtsanwalts an dem Sühneversuch nach § 380 StPO, wofür er die Gebühr Nr. 4102 Nr. 5 erhält. 151

Kommt es jedoch zu einer **Einigung** bezüglich des Strafanspruchs und des Kostenerstattungsanspruchs, so erhalten der Rechtsanwalt des Privatklägers und der Rechtsanwalt des Beschuldigten die Gebühr Nr. 4147 mit einem Gebührenrahmen für den Wahlanwalt von 20,00 bis 150,00 Euro (Mittelgebühr 85,00 Euro) und einer Festgebühr für den gerichtlich bestellten oder beigeordneten Rechtsanwalt von 68,00 Euro. 152

Bei der Gebühr Nr. 4147 handelt es sich um eine **Einigungsgebühr** im Sinne der Gebühr Nr. 1000,[62] so dass sie systematisch dem Teil 1 zuzuordnen ist. Von einer Einstellung der Vorschrift in diesen Teil sieht das Gesetz gleichwohl ab, weil der Gebührentatbestand Nr. 4147 auch für den gerichtlich bestellten oder beigeordneten Rechtsanwalt erforderlich ist, eine solche Regelung aber nicht in die Tabellenstruktur des Teils 1 hineinpassen würde.[63] 153

b) Voraussetzungen. Anders als eine Einigung im Sinne der Gebühr Nr. 1000 setzt die der Gebühr Nr. 4147 zugrunde liegende Einigung nicht voraus, dass die Parteien über den materiellen Gegenstand des Streites verfügen können.[64] Aber es ist erforderlich, dass eine Partei (der Privatkläger) in der Lage ist, einen behaupteten Strafanspruch im Wege der Klage geltend zu machen oder von der Klage abzusehen oder 154

---

[61] Das in Abschnitt 2 StrRehaG geregelte Rehabilitierungsverfahren wird erfasst von den Gebühren Nr. 4112, 4124, 4126.
[62] Vgl. Abs. 1 S. 3 der Anm. zu Gebühr Nr. 1000. Die dort in Bezug genommene Nr. 4146 ist durch das Opferrechtsreformgesetz, dessen Art. 4 einen neuen Gebührentatbestand 4145 VV eingefügt hat (vgl. Rn. 148) zu Nr. 4147 geworden. Eine entsprechende Anpassung hat der Gesetzgeber versäumt.
[63] BT-Drucks. 15/1971 S. 288.
[64] Vgl. Abs. 4 der Anm. zu Gebühr Nr. 1000.

VV Teil 4 Abschnitt 1

einen anhängig gemachten Strafprozess durch Zurücknahme der Klage zu beenden. Im Gegensatz zur Einigung im Sinne der Gebühr Nr. 1000 stellt Gebühr Nr. 4147 also auf die prozessuale und nicht auf die materielle **Dispositionsberechtigung** ab. An der prozessualen Verfügungsbefugnis des Privatklägers fehlt es, wenn der Staatsanwalt die Verfolgung übernommen hat (vgl. § 377 Abs. 2 StPO). Doch ist die Zurücknahme der Privatklage zulässig und damit die prozessuale Verfügungsbefugnis gegeben (vgl. §§ 391, 392 StPO).

155 Die Einigung muss den **Strafanspruch erledigen**, das heißt ein Privatklageverfahren verhüten oder ein bereits anhängiges Privatklageverfahren beenden. Im letzteren Falle ist die Frage, ob eine Einigung im Privatklageverfahren den Prozess unmittelbar beendet oder ob es einer Einstellung des Verfahrens bedarf, gebührenrechtlich unerheblich. Für die Gebühren genügt es, dass durch den Vergleich das Privatklagerecht verbraucht und eine sachliche Entscheidung über die Privatklage erspart wird. Dabei genügt es, wenn der Vergleich nur über die Klage oder die Widerklage geschlossen wird; es ist zwar über beide Klagen gleichzeitig zu erkennen; jedoch können sie vor dem Urteil getrennt erledigt werden (vgl. § 388 Abs. 4 StPO).

156 Die Einigung muss **auch** die entstehenden **Kostenerstattungsansprüche erledigen**. Demnach liegt der Gebührentatbestand Nr. 4147 zB nicht vor, wenn der Privatkläger die Privatklage zurücknimmt und der Angeklagte der Zurücknahme zustimmt (vgl. § 391 Abs. 1 StPO), die Frage der Kostenerstattung in den Einigungsvertrag aber nicht einbezogen wird.

157 Für das Entstehen der Gebühr Nr. 4147 ist im Sinne der Anm. zu Gebühr Nr. 1000 eine **Mitwirkung** des Rechtsanwalts beim Abschluss des Einigungsvertrages erforderlich. Insoweit wird auf die Ausführungen zu Gebühr Nr. 1000 Rn. 9 verwiesen.

158 Der Einigungsvertrag kann **vor oder nach Erhebung der Klage** geschlossen werden. Ist kein Vertretungsauftrag gegeben, sondern der Auftrag erteilt, die Sache außerhalb des Sühneversuchs gütlich beizulegen, so erhält der Rechtsanwalt neben der Gebühr Nr. 4147 nicht die Gebühren nach den Unterabschnitten 1 bis 3, sondern die Gebühr Nr. 4302 Nr. 3.[65]

159 Der Einigungsvertrag kann **bis** zum Eintritt der **Rechtskraft** geschlossen werden, also auch noch in der höheren Instanz; jedoch nicht mehr, wenn die Privatklage zurückgenommen ist (vgl. § 392 StPO) oder als zurückgenommen gilt (vgl. § 391 Abs. 2 StPO), sofern nicht Wiedereinsetzung in den vorigen Stand gewährt wird (§ 391 Abs. 4 StPO) oder über die Frage der Wiedereinsetzung Streit besteht.

160 Der Einigungsvertrag muss abgeschlossen sein; d. h. die Einigung der Parteien muss zustande gekommen sein. Die Ausführungen zu Gebühr Nr. 1000 Rn. 2 ff. gelten entsprechend.

161 **c) Einigung über sonstige Ansprüche.** Einigen sich die Parteien über andere Ansprüche als den Strafanspruch und den Kostenerstattungsanspruch, entsteht gemäß der Anm. zu Gebühr Nr. 4147 eine **weitere Einigungsgebühr** nach Teil 1 (zB Gebühr Nr. 1000); das entspricht der Regelung in § 94 Abs. 3 S. 2 BRAGO. Der Rechtsanwalt des Privatklägers oder des Beschuldigten kann demnach die Einigungsgebühr Nr. 1000 oder dergleichen neben der Einigungsgebühr Nr. 4147 erhalten. Dazu müssen sämtliche Voraussetzungen der Gebühr Nr. 1000 oder dergleichen vorliegen. Der Einigungsvertrag muss einen **zusätzlichen Gegenstand betreffen**, der sich nicht auf den Gegenstand der anhängigen oder künftigen Privatklage bezieht. Die entsprechen-

---

[65] *Gerold/Schmidt/Madert* VV 4141–4146 Rn. 82.

Strafsachen **VV Teil 4 Abschnitt 1**

de Einigungsgebühr entsteht daher nicht schon deshalb, weil der Beschuldigte sich in dem die Privatklage betreffenden Einigungsvertrag zu vermögensrechtlichen Leistungen verpflichtet, zB zur Zahlung eines Bußgeldes an eine gemeinnützige Einrichtung. Vielmehr erfordert die Regelung in der Anm. zu Gebühr Nr. 4147 eine Einigung über **außerstrafrechtliche Ansprüche**, über die Streit besteht. Die weitere Einigungsgebühr kommt zB neben der Gebühr Nr. 4146 in Betracht, wenn außer dem Privatklagerecht und dem Kostenerstattungsanspruch auch Ansprüche auf Räumung einer Wohnung, auf Zahlung von Schadensersatz oder Ansprüche aus einer Vermögensauseinandersetzung verglichen werden. Im Falle des § 824 BGB kann auch eine vergleichsweise übernommene Verpflichtung zum Widerruf von Behauptungen die weitere Einigungsgebühr begründen.

Die weitere Einigungsgebühr entsteht neben den Gebühren des Verteidigers oder des Vertreters (Beistand) des Privatklägers nicht als einzige Gebühr. Vielmehr entsteht stets eine weitere Gebühr, und zwar entstehen je nachdem, ob bereits ein Auftrag für einen Zivilprozess erteilt worden ist oder nicht, die Verfahrensgebühr Nr. 3100 oder die Geschäftsgebühr Nr. 2400. **162**

C. Gebühren nach Teil 3[66]

I. Kostenfestsetzung, Kostenansatz

Gebühren nach den Vorschriften des Teils 3 entstehen gemäß Abs. 5 der Vorbem. 4 im Wesentlichen für Tätigkeiten des Rechtsanwalts im kostenrechtlichen Beschwerde- und Erinnerungsverfahren sowie in der Zwangsvollstreckung. **163**

Das Kostenfestsetzungsverfahren ist in Strafsachen in entsprechender Anwendung der Vorschriften der ZPO geregelt (§ 464b StPO). Daher gelten auch für die Gebühren des Rechtsanwalts die Vorschriften für bürgerliche Rechtsstreitigkeiten. Danach erhält der mit der Angelegenheit im Ganzen beauftragte Rechtsanwalt für eine Tätigkeit im Kostenfestsetzungsverfahren keine besondere Gebühr (§ 19 Abs. 1 Nr. 13); vielmehr umfasst die Verfahrensgebühr auch die Kostenfestsetzung. Dies gilt auch für den Verteidiger und den Vertreter (Beistand) des Privat- und Nebenklägers (vgl. Rn. 172 ff. und 181 ff.). Grundlage für die Kostenfestsetzung kann auch ein Privatklagevergleich sein.[67] **164**

Dagegen erhält der Rechtsanwalt für seine Tätigkeit im Verfahren über die Rechtsbehelfe gegen den **Kostenfestsetzungsbeschluss** (§ 464b StPO; §§ 104 Abs. 3, 107 Abs. 3 ZPO) die Gebühren Nr. 3500 und 3513. **165**

Die gleichen Gebühren erhält der Rechtsanwalt auch für Erinnerungen gegen den gerichtlichen **Kostenansatz** und für Beschwerden gegen die Entscheidung über die Erinnerung (vgl. § 66 GKG). **166**

Bei mehreren Erinnerungs- und Beschwerdeverfahren ist § 16 Nr. 12 zu beachten. **167**

Im Kostenfestsetzungsverfahren braucht bei der Festsetzung von Rahmengebühren kein Gutachten der Rechtsanwaltskammer eingeholt zu werden.[68] **168**

---

[66] Vgl. Rn. 24; Teil 3 gilt für bürgerliche Rechtsstreitigkeiten, Verfahren der freiwilligen Gerichtsbarkeit, der öffentlich-rechtlichen Gerichtsbarkeiten, Verfahren nach dem Strafvollzugsgesetz und ähnliche Verfahren.
[67] Vgl. KG JW 1937, 2789; *Schumann/Geißinger* § 96 BRAGO Rn. 8; *Willenbücher* S. 367.
[68] Vgl. § 14 Rn. 15.

II. Zwangsvollstreckung

169 Dabei handelt es sich nicht um die Strafvollstreckung,[69] sondern um die Zwangsvollstreckung, die sich nach den Vorschriften richtet, die für die Vollstreckung von Urteilen in bürgerlichen Rechtsstreitigkeiten gelten. Daher gelten auch für die Gebühren des Rechtsanwalts die für bürgerliche Rechtsstreitigkeiten getroffenen Vorschriften. In Betracht kommt die Zwangsvollstreckung aus Entscheidungen über einen aus der Straftat erwachsenen vermögensrechtlichen Anspruch (§ 406b StPO) und über die Kostenerstattung (§ 464b StPO).

170 Der Rechtsanwalt, der für oder gegen die Vollstreckung tätig ist, erhält danach die Gebühren Nr. 3309 und 3310 und im Beschwerdeverfahren die Gebühren Nr. 3500 und 3513. Auf die Anmerkungen zu diesen Vorschriften wird verwiesen.

171 Wenn aufgrund des Vollstreckungstitels der Anspruch im Wege der Zwangsversteigerung oder Zwangsverwaltung von Grundstücken und dergleichen oder im Insolvenzverfahren verfolgt wird, kommen die Gebühren Nr. 3311, 3312 bzw. 3313 in Betracht.

172 Für die Mitwirkung bei der Ausübung der **Veröffentlichungsbefugnis** entstehen gemäß § 18 Nr. 20 ebenfalls die Gebühren Nr. 3309 und 3310.

D. Anwendung des Teils 4 Abschnitt 1 in den Fällen des Abs. 1 der Vorbem. 4[70]

I. Beistand oder Vertreter des Privatklägers

173 **1. Verteidiger.** Der anwaltliche Vertreter (Beistand) des Angeklagten im Privatklageverfahren ist Verteidiger. Für diesen gelten auch im Privatklageverfahren die Vorschriften des Teils 4 Abschnitt 1 unmittelbar; ergänzt werden sie durch § 16 Nr. 14.

174 **2. Vertreter (Beistand).** Für den Vertreter oder Beistand (vgl. § 378 StPO) des Privatklägers gelten gemäß Abs. 1 der Vorbem. 4 die Gebührenvorschriften des Teils 4 Abschnitt 1 entsprechend; auf die Ausführungen in Rn. 5 ff. kann deshalb verwiesen werden. Für den gesetzlichen Vertreter des Privatklägers (vgl. § 374 Abs. 3 StPO) gelten die Ausführungen in Rn. 7 der Vorbem. zu Teil 4.

175 **3. Vertreter mehrerer Personen, Widerklage.** Wird der Rechtsanwalt im Privatklageverfahren für mehrere Personen tätig, so erhöhen sich die Gebührenrahmen nach dem Gebührentatbestand Nr. 1008. Vertritt zB der Rechtsanwalt **mehrere Klageberechtigte** (vgl. § 375 StPO), erhöhen sich für jede weitere Person bei Rahmengebühren der Mindest- und der Höchstbetrag um 30%. Der Erhöhungsbetrag darf jedoch das Doppelte des Mindest- und des Höchstbetrages nicht übersteigen (Abs. 3 der Anm. zu Nr. 1008).

176 Der Gebührentatbestand Nr. 1008 findet auch Anwendung, wenn wegen derselben Tat **mehrere Privatklagen** eingereicht waren und – rechtlich zwingend – spätestens bei Beginn der Hauptverhandlung verbunden werden.[71] Dagegen erhöht sich der

---

[69] Die Gebühren in der Strafvollstreckung sind in Teil 4 Abschnitt 2 geregelt.
[70] Vgl. Rn. 4.
[71] Vgl. LG Krefeld AnwBl. 1981, 27.

Strafsachen **VV Teil 4 Abschnitt 1**

Gebührenrahmen nicht, wenn der Rechtsanwalt einen einzigen Privatkläger gegen mehrere Beschuldigte vertritt. Mehrere Klageberechtigte sind auch der Vorgesetzte im Falle des § 194 Abs. 3 StGB (vgl. § 374 Abs. 2 StPO) und der Beleidigte; vertritt der Rechtsanwalt beide, so erhöhen sich die Gebührenrahmen nach Gebührentatbestand Nr. 1008. Vertritt jedoch der Rechtsanwalt den **minderjährigen Privatkläger** (vgl. § 77 Abs. 3 StGB) und dessen gesetzlichen Vertreter, so wird er nur im Auftrag einer einzigen Person tätig; denn der gesetzliche Vertreter (§ 374 Abs. 3 StPO) ist nur namens des Minderjährigen klageberechtigt,[72] daher erhöht sich der Gebührenrahmen nicht.

Wird der Rechtsanwalt nur für einen einzigen Auftraggeber tätig, so erhöhen sich **177** die Gebührenrahmen nicht, wenn der Angeklagte zugleich **Widerkläger** oder der Privatkläger zugleich Widerbeklagter ist. Nach der ausdrücklichen Vorschrift des § 16 Nr. 14 erhöhen sich die Gebühren selbst dann nicht, wenn die Widerklage nicht gegen den Privatkläger, sondern gemäß § 388 Abs. 2 StPO gegen den Verletzten erhoben wird. Erhebt der Angeklagte gegen den Verletzten, der nicht Privatkläger ist, eine Widerklage, so erhält der Rechtsanwalt des Angeklagten (und Widerklägers) die Gebühren aus den *nicht* erhöhten Gebührenrahmen des Teils 4 Abschnitt 1, und zwar erhält er die Gebühren, da es sich bei Klage und Widerklage um dieselbe Angelegenheit (§ 16 Nr. 14) handelt, nur einmal (§ 15 Abs. 2 S. 1; vgl. § 388 Abs. 3 StPO). Dasselbe gilt für den Rechtsanwalt, der den Privatkläger und auf die erhobene Widerklage hin auch den mit dem Privatkläger nicht identischen Verletzten vertritt.

4. Übernahme der Verfolgung durch den Staatsanwalt. Übernimmt die Staats- **178** anwaltschaft die Verfolgung nach § 377 Abs. 2 StPO, so hat der Privatkläger nicht automatisch die Stellung eines Nebenklägers, es bedarf vielmehr, falls die Voraussetzungen dafür vorliegen, eines Antrags und der Zulassung. Diese Veränderung der prozessualen Stellung des Privatklägers hat auf die Gebühren des Vertreters (Beistands) des Privatklägers und des Verteidigers keinen Einfluss. Die Gebührenangelegenheit bleibt dieselbe. Auch die Höhe der Gebühren bleibt nach Abs. 1 der Vorbem. 4 unverändert.

Wird das Privatklageverfahren eingestellt, weil die strafbare Handlung nicht im **179** Wege der Privatklage verfolgt werden kann (§ 389, § 383 Abs. 1 StPO), so eröffnet das durch den Staatsanwalt einzuleitende Offizialverfahren eine neue Gebührenangelegenheit, in der gesonderte Gebühren entstehen, auf welche die in dem Privatklageverfahren entstandenen Gebühren nicht angerechnet werden; bei schuldhaftem Verhalten des Rechtsanwalts bleiben etwaige Einreden gegen die „nutzlos" gewesenen Gebühren erhalten.[73]

5. Kostenerstattung. Die Kostenerstattung richtet sich nach § 471 StPO. Im **180** Kostenfestsetzungsverfahren ist von dem Rechtspfleger (§ 464b StPO, § 21 Abs. 1 Nr. 1 RPflG) auch zu prüfen, ob die aus einem Gebührenrahmen geforderte konkrete Gebühr der Vorschrift des § 14 Abs. 1 entspricht.[74] Die Vorschrift des § 14 Abs. 2 über die Einholung eines Gutachtens des Vorstandes der Rechtsanwaltskammer gilt nur für den „Rechtsstreit", d. h. für den Gebührenprozess des Rechtsanwalts gegen den Auftraggeber, nicht dagegen für das Kostenfestsetzungsverfahren einschließlich des Erinnerungs- und Beschwerdeverfahrens.[75]

---

[72] RGSt. 29, 140.
[73] Vgl. § 1 Rn. 63a.
[74] Über die Grundsätze für die Bemessung einer Rahmengebühr vgl. § 14 Rn. 4–14.
[75] Vgl. § 14 Rn. 14.

VV Teil 4 Abschnitt 1 *Vergütungsverzeichnis*

181 Die gesetzlichen Gebühren und die notwendigen Auslagen des Rechtsanwalts des Privatklägers und des Verteidigers sind stets zu erstatten (§ 464a Abs. 2 Nr. 2 StPO; § 91 Abs. 2 ZPO); bei Selbstverteidigung gilt § 91 Abs. 2 S. 4 ZPO.[76] Zu erstatten ist auch die etwa angefallene Gebühr für das vorbereitende Verfahren (Rn. 48). Selbstverständlich ist eine Kostenfestsetzung nur möglich, wenn eine gerichtliche Kostenentscheidung zu Lasten des Angeklagten getroffen worden ist.

II. Beistand oder Vertreter des Nebenklägers[77]

182 **1. Anwendbare Gebührenvorschriften.** Für den Beistand oder Vertreter des Nebenklägers (vgl. § 397 iVm. § 378 StPO) gelten gemäß Abs. 1 der Vorbem. 4 die Gebührenvorschriften des Teils 4 Abschnitt 1 entsprechend; auf die Ausführungen in Rn. 5 ff. kann deshalb verwiesen werden.

183 Die Gebühr Nr. 4146 gilt nicht für die Nebenklage. Für einen Einigungsvertrag zwischen dem Nebenkläger und dem Beschuldigten entsteht die Einigungsgebühr nach Teil 1 VV.[78]

184 Über die Erhöhung der Rahmengebühren bei der Vertretung mehrerer Nebenkläger gemäß Gebührentatbestand Nr. 1008 vgl. Rn. 175 bis 177. Über die Verdoppelung der Gebühren, wenn der Rechtsanwalt den Ehemann verteidigt und zugleich dessen Ehefrau als Nebenklägerin gegen einen anderen Angeklagten vertritt, vgl. § 7 Rn. 20. Über die entsprechende Anwendung des Gebührentatbestandes Nr. 1008, wenn der Auftraggeber zugleich Angeklagter und Nebenkläger ist, vgl. § 7 Rn. 18. Wegen der Überleitung der Privatklage in eine Nebenklage vgl. Rn. 177, 178.

185 **2. Kostenerstattung.** Wird der Angeklagte in die Kosten des Verfahrens verurteilt (§§ 464 Abs. 1, 465 StPO), so hat er auch dem Nebenkläger dessen notwendige Auslagen zu erstatten;[79] nicht dem Geschädigten, der nicht als Nebenkläger beigetreten ist, insoweit kann jedoch ein zivilrechtlicher Anspruch bestehen. Über die nur formularmäßige Beantwortung einer formularmäßigen Revisionsbegründung vgl. OLG Köln AnwBl. 1958, 97. Der Nebenkläger hat dem Angeklagten nur Kosten zu erstatten, wenn er ein Rechtsmittel erfolglos eingelegt hat,[80] dann aber auch, wenn außerdem der Staatsanwalt ein Rechtsmittel eingelegt hatte.[81]

186 Über den Erstattungsanspruch des Nebenklägers gegen einen Mitangeklagten vgl. OLG Stuttgart NJW 1957, 435; OLG Frankfurt AnwBl. 1958, 36; LG Hildesheim JVBl. 1963, 58; LG Bonn MDR 1971, 776; *Clauss* NJW 1957, 411. Über die Erstattung von Nebenklägerkosten bei Zurücknahme des Einspruchs gegen den Strafbefehl vgl. LG Coburg NJW 1956, 1611; *Francke* NJW 1956, 10; *Göttlich* NJW 1956, 1141. Wird der Angeklagte freigesprochen, so versagt grundsätzlich auch ein zivilrechtlicher Schadensersatzanspruch auf Ersatz der dem Nebenkläger im Strafverfahren entstandenen Aufwendungen;[82] dagegen kann der Schädiger zum Ersatz der Kosten des im Strafverfahren freigesprochenen Geschädigten im Zivilprozess ver-

---

[76] Vgl. § 1 Rn. 49.
[77] Vgl. Rn. 4.
[78] Vgl. Vorbem. 1 zu Teil 1.
[79] RGSt 31, 230; BGH NJW 1954, 1090 bei Anordnung der Unterbringung.
[80] RGSt 53, 303.
[81] OLG Hamm JMBl. NRW 1956, 92; OLG Celle NdsRpfl. 1955, 220.
[82] BGHZ 24, 263 = NJW 1957, 1593.

Strafsachen **VV Teil 4 Abschnitt 1**

urteilt werden.[83] Der Kraftfahrzeughalter haftet jedoch dem Unfallgeschädigten nicht für die Kosten der Nebenklage in dem Strafverfahren gegen den schuldigen Fahrer.[84]

Für die Erstattung der Rechtsanwaltsgebühren und für die Bemessung der Rahmengebühren gelten die Ausführungen zu Rn. 179, 180 entsprechend. Die Tätigkeit des Vertreters der Nebenklage kann im Einzelfall geringer eingeschätzt werden als die Tätigkeit des Verteidigers,[85] jedoch ist das nicht zu verallgemeinern.[86]   **187**

Für den Vertreter des Nebenklägers kann eine Gebühr Nr. 4104, 4105 für das **vorbereitende Verfahren nicht** entstehen. Anders als im Privatklageverfahren, wo der (spätere) Privatkläger die Last der Verfahrensvorbereitung selbst tragen muss, kann der (spätere) Nebenkläger die Ermittlungen völlig der Staatsanwaltschaft und Polizei überlassen. Die Vorbem. 4.1.2 stellt folgerichtig nur die Vorbereitung der Privatklage gebührenrechtlich der Tätigkeit im vorbereitenden Verfahren gleich.   **188**

III. Beistand oder Vertreter anderer Verfahrensbeteiligter und im Verfahren nach dem StrRehaG

Für die Tätigkeit als Beistand oder Vertreter eines Einziehungsbeteiligten oder Nebenbeteiligten (§§ 431, 440 Abs. 3, 442, 444 Abs. 1 StPO), eines Verletzten (§§ 406 e bis 406 g StPO), eines Zeugen oder Sachverständigen (§§ 68 b, 72 StPO) sowie im Verfahren nach dem Strafrechtlichen Rehabilitierungsgesetz (Rn. 64, 68) gelten gemäß Abs. 1 der Vorbem. 4 die Gebührenvorschriften des Teils 4 Abschnitt 1 entsprechend; auf die obigen Ausführungen in Rn. 5 ff. kann deshalb verwiesen werden.   **189**

E. Berechnungsbeispiele

Beispiel 1. *Der Rechtsanwalt hat den Beschuldigten im vorbereitenden Verfahren vertreten und ihn in der Hauptverhandlung verteidigt:* Als Wahlanwalt erhält er die Grundgebühr Nr. 4100, die Verfahrensgebühren Nr. 4104 und 4106 sowie eine Terminsgebühr Nr. 4108 als Rahmengebühren; als gerichtlich bestellter oder beigeordneter Rechtsanwalt erhält er die dort jeweils bestimmten Festgebühren.   **190**

Beispiel 2. *Der Rechtsanwalt hat den Angeklagten vor dem Amtsgericht in einer zweitägigen Hauptverhandlung (Dauer: sechs bzw. neun Stunden) und in der eintägigen Hauptverhandlung der zweiten Instanz verteidigt. In der zweiten Instanz war der Angeklagte inhaftiert:* Der Rechtsanwalt erhält als Wahlanwalt die Grundgebühr Nr. 4100, die Verfahrensgebühr Nr. 4106, zwei Terminsgebühren Nr. 4108;[87] die Verfahrensgebühr Nr. 4125 und die Terminsgebühr Nr. 4127 als Rahmengebühren; als gerichtlich bestellter oder beigeordneter Rechtsanwalt erhält er die dort jeweils bestimmten Festgebühren und außerdem je eine Terminsgebühr Nr. 4110 und 4111.   **191**

---

83 BGHZ 26, 69 = NJW 1958, 341.
84 BGH NJW 1958, 1044.
85 LG Schweinfurt NJW 1971, 2321.
86 LG Marburg AnwBl. 1966, 272.
87 Die Dauer der Hauptverhandlung ist gemäß § 14 bei der Bestimmung der konkreten Gebühr zu berücksichtigen.

VV Teil 4 Abschnitt 2 *Vergütungsverzeichnis*

192 Beispiel 3. *Der Rechtsanwalt hat den Angeklagten im vorbereitenden Verfahren vertreten (Teilnahme an einem richterlichen Vernehmungstermin und an einem Haftprüfungstermin) und vor dem Schwurgericht in einer fünftägigen Hauptverhandlung (davon drei Termine mit einer Dauer von je sechs Stunden) sowie in der Revision in einer eintägigen Hauptverhandlung verteidigt. Der Mandant wurde nach der richterlichen Vernehmung inhaftiert:* Der Rechtsanwalt erhält als Wahlanwalt die Grundgebühr Nr. 4101, die Terminsgebühr Nr. 4102 Nr. 1, die Terminsgebühr Nr. 4103 i.V.m. 4102 Nr. 3, die Verfahrensgebühren Nr. 4105, 4119, fünf Terminsgebühren Nr. 4121, die Verfahrensgebühr Nr. 4131 und die Terminsgebühr Nr. 4133; als gerichtlich bestellter oder beigeordneter Rechtsanwalt erhält er die dort jeweils bestimmten Festgebühren und außerdem drei Terminsgebühren Nr. 4122.

Abschnitt 2. Gebühren in der Strafvollstreckung

Nr.	Gebührentatbestand	Gebühr oder Satz der Gebühr nach § 13 oder § 49 RVG	
		Wahlanwalt	gerichtlich bestellter oder beigeordneter Rechtsanwalt
Vorbemerkung 4.2: Im Verfahren über die Beschwerde gegen die Entscheidung in der Hauptsache entstehen die Gebühren besonders.			

4200	Verfahrensgebühr als Verteidiger für ein Verfahren über
	1. die Erledigung oder Aussetzung der Maßregel der Unterbringung
	   a) in der Sicherungsverwahrung,
	   b) in einem psychiatrischen Krankenhaus oder
	   c) in einer Entziehungsanstalt,
	2. die Aussetzung des Restes einer zeitigen Freiheitsstrafe oder einer lebenslangen Freiheitsstrafe oder
	3. den Widerruf einer Strafaussetzung zur Bewährung oder den Widerruf der Aussetzung einer Maßregel der Besserung und Sicherung zur Bewährung . . . .
		50,00 bis 560,00 EUR	244,00 EUR

4201	Gebühr 4200 mit Zuschlag	50,00 bis 700,00 EUR	300,00 EUR
4202	Terminsgebühr in den in Nummer 4200 genannten Verfahren	50,00 bis 250,00 EUR	120,00 EUR
4203	Gebühr 4202 mit Zuschlag	50,00 bis 312,50 EUR	145,00 EUR
4204	Verfahrensgebühr für sonstige Verfahren in der Strafvollstreckung	20,00 bis 250,00 EUR	108,00 EUR

Strafsachen **VV Teil 4 Abschnitt 2**

Nr.	Gebührentatbestand	Gebühr oder Satz der Gebühr nach § 13 oder § 49 RVG	
		Wahlanwalt	gerichtlich bestellter oder beigeordneter Rechtsanwalt
4205	Gebühr 4204 mit Zuschlag	20,00 bis 312,50 EUR	133,00 EUR
4206	Terminsgebühr für sonstige Verfahren	20,00 bis 250,00 EUR	108,00 EUR
4207	Gebühr 4206 mit Zuschlag	20,00 bis 312,50 EUR	133,00 EUR

Übersicht

	Rn.		Rn.
I. Allgemeines zu Teil 4 Abschnitt 2 .	1–11	II. Die Gebührentatbestände des Teils 4 Abschnitt 2	12–22
1. Strafvollstreckung	1–7	1. Verfahrensgebühren Nr. 4200, 4201 .	12–14
a) Begriff	1–4	2. Terminsgebühren Nr. 4202, 4203. . .	15–18
b) Rechtsgrundlagen	5	3. Verfahrensgebühren Nr. 4204, 4205 .	19, 20
c) Vollstreckungsbehörde	6	4. Terminsgebühren Nr. 4206, 4207. . .	21, 22
d) Notwendige Verteidigung	7	III. Beschwerdeverfahren	23, 24
2. Strafvollzug	8		
3. Regelungszweck	9		
4. Gebührenstruktur	10, 11		

I. Allgemeines zu Teil 4 Abschnitt 2[1]

1. Strafvollstreckung. a) Begriff. Teil 4 Abschnitt 2 befasst sich mit der Vergütung der Tätigkeit des Verteidigers in der Strafvollstreckung. Bei der Anwendung des Teils 4 Abschnitt 2 sind auch die für den gesamten Teil 4 maßgebenden Vorschriften der Vorbem. 4[2] zu beachten. 1

Unter Strafvollstreckung ist das sich an den rechtskräftigen Strafausspruch anschließende Verfahren zu verstehen. Zum Vollstreckungsverfahren gehören daher alle Maßnahmen, und Anordnungen, die auf Verwirklichung, Abänderung[3] und befristete[4] oder endgültige Aufhebung[5] einer von einem Strafgericht erlassenen Entscheidung gerichtet sind.[6] 2

---

[1] Vgl. Vorbem. Teil 4 Rn. 1, 6, 26.
[2] Vgl. Teil 4 Abschnitt 1 Rn. 3, 7, 9 bis 12, 24, 162, 173, 181, 188.
[3] Vgl. § 459a StPO (Zahlungserleichterungen bei Geldstrafen).
[4] Vgl. § 455 StPO (Strafausstand wegen Vollzugsuntauglichkeit), § 455a StPO (Vollstreckungsaufschub und -unterbrechung aus Gründen der Vollzugsorganisation), § 456 StPO (vorübergehender Vollstreckungsaufschub), § 456c StPO (Aufschub und Aussetzung des Berufsverbots).
[5] Vgl. § 456a StPO (Absehen von Vollstreckung bei Auslieferung und Ausweisung), § 459d StPO (Absehen von der Vollstreckung von Geldstrafe), § 459f StPO (Unterbleiben der Vollstreckung der Ersatzfreiheitsstrafe).
[6] *Meyer-Goßner*, StPO, 46. Aufl. 2003, Vor § 449 Rn. 1.

VV Teil 4 Abschnitt 2

3 Eine Strafvollstreckung ist somit **nicht** erforderlich, wenn sich die Wirkung der vom Gericht ausgesprochenen Sanktion bereits unmittelbar aus der Rechtskraft der Entscheidung ergibt. ZB gilt dies für das Fahrverbot, da dieses gemäß § 44 Abs. 2 S. 1 StGB bereits mit der Rechtskraft des Urteils wirksam wird. Die Strafvollstreckung beschränkt sich in diesem Fall auf eine etwaige Beschlagnahme des Führerscheins nach § 463 b StPO.

4 Die Strafvollstreckung führt bei einer **Freiheitsstrafe** den Strafantritt herbei und überwacht generell die Durchführung der Strafe.[7] Auch die Maßnahmen, die sich auf den Vollzug von im Urteil ausgesprochenen **Maßregeln der Besserung und Sicherung**[8] oder auf die Durchsetzung sonstiger Anordnungen, wie zB Einziehung, Verfall, Fahrverbot, beziehen, fallen unter den Begriff der Strafvollstreckung.[9] Bei einer **Vermögensstrafe** gehört ihre gesamte Beitreibung zur Strafvollstreckung.[10]

5 b) **Rechtsgrundlagen.** Die Rechtsgrundlagen für das Verfahren der Strafvollstreckung finden sich in §§ 449 ff. StPO. Zu beachten sind ferner die Strafvollstreckungsordnung (StrVollstrO) sowie bei Geldstrafen die Justizbeitreibungsordnung (JBeitrO) und die Einforderungs- und Beitreibungsanordnung (EBAO); bei diesen Vorschriften handelt es sich allerdings um Verwaltungsanordnungen, die keinen Rechtsnormcharakter haben und deshalb die Gerichte bei der Gesetzesanwendung nicht binden.[11] Der **Rechtsschutz** gegen Vollstreckungsmaßnahmen richtet sich nach §§ 458 bis 463 StPO.

6 c) **Vollstreckungsbehörde.** Vollstreckungsbehörde ist gemäß § 451 Abs. 1 StPO die Staatsanwaltschaft. Funktionell zuständig ist der Rechtspfleger, der die Sache in besonderen Fällen dem Staatsanwalt vorlegen muss (§ 31 Abs. 2, Abs. 6 RPflG). Für die Überwachung der Lebensführung in der Bewährungszeit und während der Führungsaufsicht sind nach § 453 b StPO das Gericht bzw. nach § 463 a StPO die Aufsichtsstelle zuständig. Bei **Jugendlichen** und **Heranwachsenden**, die nach Jugendstrafrecht verurteilt sind, tritt bei der Vollstreckung von Freiheitsentziehung an die Stelle der Staatsanwaltschaft der Jugendrichter als Vollstreckungsleiter (vgl. §§ 82 Abs. 1 S. 1, 90 Abs. 2 S. 2, 110 Abs. 1 JGG).

7 d) **Notwendige Verteidigung.** Die StPO sieht für den Bereich der Strafvollstreckung eine notwendige Verteidigung iS des § 140 StPO nur zur Vorbereitung der Entscheidung über die Erledigungserklärung der Unterbringung in der Sicherungsverwahrung nach zehnjährigem Vollzug (§ 67 d Abs. 3 StPO) und – im Falle der Ablehnung der Erledigung – für die nachfolgenden Entscheidungen nach § 67 Abs. 2 StGB (Aussetzung der weiteren Vollstreckung zur Bewährung) vor. Im Übrigen ist es dennoch zulässig, in entsprechender Anwendung des § 140 Abs. 2 StPO dem Verurteilten bzw. Untergebrachten einen Pflichtverteidiger bei schwieriger Sach- und Rechtslage zu bestellen.[12]

---

[7] KK / *Pfeiffer*, 5. Aufl., Einl. Rn. 56.
[8] Maßregeln der Besserung und Sicherung sind die Unterbringung in einem psychiatrischen Krankenhaus, die Unterbringung in einer Entziehungsanstalt, die Unterbringung in der Sicherungsverwahrung, die Führungsaufsicht, die Entziehung der Fahrerlaubnis und das Berufsverbot (§ 61 StGB).
[9] *Meyer-Goßner*, StPO, 46. Aufl. 2003, Einl. Rn. 66.
[10] KK / *Pfeiffer*, 5. Aufl. Einl. Rn. 56.
[11] *Meyer-Goßner*, StPO, 46. Aufl. 2003, Vor § 449 Rn. 2 mwN.
[12] Einzelheiten bei *Meyer-Goßner*, StPO, 46. Aufl. 2003, § 140 Rn. 33, 33 a.

Strafsachen **VV Teil 4 Abschnitt 2**

2. Strafvollzug. Nicht zum Vollstreckungsverfahren gehört der Strafvollzug.[13] **8** Dieser umfasst den Abschnitt von der Aufnahme des Verurteilten in der Justizvollzugsanstalt bis zu seiner Entlassung. Anders als die Strafvollstreckung bezweckt er nicht die Herbeiführung, sondern die *Durch*führung des Vollzugs von Freiheitsstrafen sowie freiheitsentziehenden Maßregeln der Besserung und Sicherung. Geregelt ist der Strafvollzug im Strafvollzugsgesetz. Die Vergütung des Rechtsanwalts für Tätigkeiten in Verfahren nach diesem Gesetz richtet sich nach Teil 3 VV.

3. Regelungszweck. Teil 4 Abschnitt 2 bezweckt eine gegenüber § 91 Nr. 1 bzw. **9** Nr. 2 BRAGO verbesserte Vergütung der Tätigkeit des Verteidigers in der Strafvollstreckung. Das bisher geltende Recht hat diese Tätigkeit, bei der häufig Sachverständigengutachten[14] auszuwerten sind und die Teilnahme an Anhörungen des Sachverständigen oder des Mandanten[15] notwendig ist, nicht immer angemessen honoriert. Bei hohem Zeitaufwand ergab sich diese Folge insbesondere für den gerichtlich bestellten Rechtsanwalt (Rn. 7), der anders als der Wahlanwalt nicht die Möglichkeit des Abschlusses einer Honorarvereinbarung hat.[16] Abschnitt 2 (Gebühren Nr. 4200 bis 4207) sieht daher als Neuerung besondere „Gebühren in der Strafvollstreckung" vor.

4. Gebührenstruktur. Die Gebühren Nr. 4200 bis 4207 entsprechen der Struktur **10** der strafverfahrensrechtlichen Gebühren des Teils 4 Abschnitt 1.[17] Der Rechtsanwalt erhält für seine Tätigkeit in der Strafvollstreckung ebenfalls Verfahrens-[18] und Terminsgebühren.[19] Allerdings wird **keine Grundgebühr**[20] gewährt; eine dem Gebührentatbestand Nr. 4100 entsprechende Regelung ist für Teil 4 Abschnitt 2 nicht vorgesehen.

Die Gebührentatbestände Nr. 4200 bis 4207 sehen für den Wahlverteidiger *Rahmen*- **11** gebühren vor. Sie gelten auch für den gerichtlich bestellten Rechtsanwalt, der allerdings *Fest*gebühren erhält. Diese sind in einer besonderen Spalte des VV ausgewiesen. Die Festgebühr errechnet sich aus 80 % der dem Wahlverteidiger zustehenden Mittelgebühr.

II. Die Gebührentatbestände des Teils 4 Abschnitt 2

1. Verfahrensgebühren[21] **Nr. 4200, 4201.** Die **Gebühr Nr. 4200** betrifft Tätigkeiten **12** des Rechtsanwalts in Strafvollstreckungsverfahren, die für den Verurteilten besonders bedeutsam sind und für den Rechtsanwalt in der Regel einen höheren Zeitaufwand verursachen als sonstige Verfahren in der Strafvollstreckung. Der Wahlanwalt kann eine Rahmengebühr von 50,00 bis 560,00 Euro (Mittelgebühr: 305,00 Euro), der gerichtlich bestellte oder beigeordnete Rechtsanwalt kann eine Festgebühr von 244,00 Euro beanspruchen. Die Gebühr Nr. 4200 entsteht gemäß Abs. 2 der Vorbem. 4 für das Betreiben des Geschäfts einschließlich der Information.[22]

---

[13] KK/*Pfeiffer*, 5. Aufl., Einl. Rn. 56; *Kaiser/Schöch*, Strafvollzug, 5. Aufl. 2002, § 5 Rn. 36.
[14] Vgl. § 463 Abs. 3 S. 3 i.V.m. § 454 Abs. 2; § 463 Abs. 3 S. 4 StPO.
[15] Vgl. § 463 Abs. 3 S. 1 i.V.m. § 454 Abs. 1 S. 3 StPO.
[16] Vgl. BT-Drucks. 15/1971 S. 288.
[17] Vgl. Teil 4 Abschnitt 1 Rn. 5, 7 bis 17.
[18] Vgl. Abs. 2 der Vorbem. 4; Teil 4 Abschnitt 1 Rn. 7, 8.
[19] Vgl. Teil 4 Abschnitt 1 Rn. 9 bis 12.
[20] Vgl. Teil 4 Abschnitt 1 Rn. 6.
[21] Vgl. Teil 4 Abschnitt 1 Rn. 7, 8.
[22] Vgl. Teil 4 Abschnitt 1 Rn. 27.

VV Teil 4 Abschnitt 2 *Vergütungsverzeichnis*

13   **Erfasst** von der Gebühr Nr. 4200 sind Tätigkeiten des Verteidigers in Verfahren über die Erledigung oder Aussetzung der Maßregel der Unterbringung in der Sicherungsverwahrung (§ 67 d Abs. 2, Abs. 3 StGB), in einem psychiatrischen Krankenhaus (§ 67 d Abs. 2, Abs. 3 StGB) oder in einer Entziehungsanstalt, (§ 67 d Abs. 1, Abs. 4 StGB). Darüber hinaus honoriert der Gebührentatbestand Nr. 4200 die Tätigkeiten des Verteidigers in Verfahren über die Aussetzung des Restes einer zeitigen Freiheitsstrafe (§ 57 StGB) oder einer lebenslangen Freiheitsstrafe (§ 57 a StGB), über der Widerruf einer Strafaussetzung zur Bewährung (§ 56 f StGB) oder über den Widerruf der Aussetzung einer Maßregel der Besserung und Sicherung zur Bewährung (§ 67 g StGB).

14   Die **Gebühr Nr. 4201** gewährt auf die Verfahrensgebühr Nr. 4200 für den Fall einen Zuschlag,[23] dass sich der Verurteilte nicht auf freiem Fuß befindet. Für den Wahlanwalt ist eine Rahmengebühr von 50,00 bis 700,00 Euro (Mittelgebühr: 375,00 Euro), für den gerichtlich bestellten oder beigeordneten Rechtsanwalt ist eine Festgebühr von 300,00 Euro bestimmt.

15   **2. Terminsgebühren**[24] **Nr. 4202, 4203.** Die **Gebühr Nr. 4202** legt die Terminsgebühr fest, die für die Wahrnehmung eines gerichtlichen Termins in den vom Gebührentatbestand Nr. 4200 erfassten Verfahren anfällt. Der Gebührenrahmen für den Wahlanwalt beträgt 50,00 bis 250,00 Euro (Mittelgebühr: 150,00 Euro); der gerichtlich bestellte oder beigeordnete Rechtsanwalt erhält eine Festgebühr von 120,00 Euro.

16   Die **Gebühr Nr. 4203** gewährt auf die Terminsgebühr Nr. 4202 für den Fall einen Zuschlag,[25] dass sich der Verurteilte während des Termins nicht auf freiem Fuß befindet. Der Wahlanwalt kann eine Rahmengebühr von 50,00 bis 312,50 Euro (Mittelgebühr: 181,25 Euro), der gerichtlich bestellte oder beigeordnete Rechtsanwalt kann eine Festgebühr von 145,00 **Euro** beanspruchen.

17   Damit haben die Terminsgebühren Nr. 4202 und 4203 – abweichend von der **amtlichen Begründung**[26] – nicht die gleiche Höhe wie die Verfahrensgebühren Nr. 4200 und 4201. Aus diesem **Widerspruch** kann allerdings nicht gefolgert werden,[27] maßgebend für die Höhe der Terminsgebühren seien wegen eines gesetzgeberischen Versehens die – höheren – Beträge der Gebührentatbestände Nr. 4200 und 4201. Angesichts des eindeutigen Wortlauts der Vorschriften Nr. 4202 und 4203 ist für deren Auslegung und damit für ein Heranziehen der amtlichen Begründung kein Raum.

18   Die Regelung des Teils 4 Abschnitt 1, wonach der gerichtlich bestellte oder beigeordnete Rechtsanwalt eine **zusätzliche Gebühr** erhalten kann, wenn er mehr als fünf und bis acht Stunden oder mehr als acht Stunden an dem Termin teilgenommen hat (vgl. zB Gebühren Nr. 4110, 4111), ist in Teil 4 Abschnitt 2 **nicht** vorgesehen. Der bestellte Verteidiger kann demnach in diesen Fällen eine die Festgebühren Nr. 4202 und 4203 übersteigende Vergütung nicht erhalten.

19   **3. Verfahrensgebühren**[28] **Nr. 4204, 4205.** Die **Gebühr Nr. 4204** betrifft die Tätigkeiten des Rechtsanwalts in den sonstigen, nicht in dem Gebührentatbestand Nr. 4200 genannten Strafvollstreckungsverfahren (Rn. 1 bis 4). Der in der Regel geringeren

---

23 Vgl. Teil 4 Abschnitt 1 Rn. 13 bis 15.
24 Vgl. Teil 4 Abschnitt 1 Rn. 9 bis 12.
25 Vgl. Teil 4 Abschnitt 1 Rn. 13 bis 15.
26 Vgl. BT-Drucks. 15/1971 S. 289.
27 So aber *Hartung/Römermann* Teil 4 VV Rn. 199.
28 Vgl. Teil 4 Abschnitt 1 Rn. 7, 8.

Strafsachen **VV Teil 4 Abschnitt 2**

Bedeutung dieser Verfahren wird durch einen abgesenkten Gebührenrahmen Rechnung getragen.[29] Der Wahlanwalt kann eine Rahmengebühr von 20,00 bis 250,00 Euro (Mittelgebühr: 135,00 Euro), der gerichtlich bestellte oder beigeordnete Rechtsanwalt kann eine Festgebühr von 108,00 Euro beanspruchen.

Die **Gebühr Nr. 4205** gewährt auf die Verfahrensgebühr Nr. 4204 für den Fall einen Zuschlag,[30] dass sich der Verurteilte nicht auf freiem Fuß befindet. Für den Wahlanwalt ist eine Rahmengebühr von 20,00 bis 312,50 Euro (Mittelgebühr: 166,25 Euro), für den gerichtlich bestellten oder beigeordneten Rechtsanwalt ist eine Festgebühr von 133,00 Euro bestimmt. 20

4. Terminsgebühren[31] **Nr. 4206, 4207.** Die **Gebühr Nr. 4206** legt die Terminsgebühr fest, die für die Wahrnehmung eines gerichtlichen Termins in den vom Gebührentatbestand Nr. 4204 erfassten Verfahren anfällt. Der Gebührenrahmen für den Wahlanwalt beträgt 20,00 bis 250,00 Euro (Mittelgebühr: 135,00 Euro); der gerichtlich bestellte oder beigeordnete Rechtsanwalt erhält eine Festgebühr von 108,00 Euro. 21

Die **Gebühr Nr. 4207** gewährt auf die Terminsgebühr Nr. 4202 für den Fall einen Zuschlag,[32] dass sich der Verurteilte während des Termins nicht auf freiem Fuß befindet. Der Wahlanwalt kann eine Rahmengebühr von 20,00 bis 312,50 Euro (Mittelgebühr: 166,25 Euro), der gerichtlich bestellte oder beigeordnete Rechtsanwalt kann eine Festgebühr von 133,00 Euro beanspruchen. 22

III. Beschwerdeverfahren

Gesonderte Vergütung. Wird der Rechtsanwalt im Verfahren über die Beschwerde gegen die Entscheidung in der Hauptsache (§§ 462 Abs. 3, 463 StPO) tätig, erhält er gemäß Vorbem. 4.2 die jeweils einschlägigen Gebühren Nr. 4200 bis 4207 besonders. Auf die Rn. 12 bis 22 kann daher verwiesen werden. 23

Die Tätigkeit des Verteidigers im strafvollstreckungsrechtlichen Beschwerdeverfahren wird somit – anders als im strafrechtlichen Beschwerdeverfahren[33] – nicht durch die Gebühren des Ausgangsverfahrens mit abgegolten. Begründet wird dies insbesondere mit dem in der strafvollstreckungsrechtlichen Beschwerdeinstanz häufig zu erbringenden erheblichen Zeitaufwand für die Einholung weitere Sachverständigengutachten oder die Durchführung erneuter Anhörungen.[34] 24

---

[29] Vgl. BT-Drucks. 15/1971 S. 289.
[30] Vgl. Teil 4 Abschnitt 1 Rn. 13 bis 15.
[31] Vgl. Teil 4 Abschnitt 1 Rn. 9 bis 12.
[32] Vgl. Teil 4 Abschnitt 1 Rn. 13 bis 15.
[33] Vgl. Abs. 2 S. 1 der Vorbem. 4.1.
[34] Vgl. BT-Drucks. 15/1971 S. 289.

VV Teil 4 Abschnitt 3 *Vergütungsverzeichnis*

Abschnitt 3. Einzeltätigkeiten

Nr.	Gebührentatbestand	Gebühr oder Satz der Gebühr nach § 13 oder § 49 RVG	
		Wahlanwalt	gerichtlich bestellter oder beigeordneter Rechtsanwalt
	Vorbemerkung 4.3: (1) Die Gebühren entstehen für einzelne Tätigkeiten, ohne dass dem Rechtsanwalt sonst die Verteidigung oder Vertretung übertragen ist. (2) Beschränkt sich die Tätigkeit des Rechtsanwalts auf die Geltendmachung oder Abwehr eines aus der Straftat erwachsenen vermögensrechtlichen Anspruchs im Strafverfahren, so erhält er die Gebühren nach den Nummern 4143 bis 4145. (3) Die Gebühr entsteht für jede der genannten Tätigkeiten gesondert, soweit nichts anderes bestimmt ist. § 15 RVG bleibt unberührt. Das Beschwerdeverfahren gilt als besondere Angelegenheit. (4) Wird dem Rechtsanwalt die Verteidigung oder die Vertretung für das Verfahren übertragen, werden die nach diesem Abschnitt entstandenen Gebühren auf die für die Verteidigung oder Vertretung entstehenden Gebühren angerechnet.		
4300	Verfahrensgebühr für die Anfertigung oder Unterzeichnung einer Schrift 1. zur Begründung der Revision, 2. zur Erklärung auf die von dem Staatsanwalt, Privatkläger oder Nebenkläger eingelegte Revision oder 3. in Verfahren nach den §§ 57 a und 67 e StGB. Neben der Gebühr für die Begründung der Revision entsteht für die Einlegung der Revision keine besondere Gebühr.	50,00 bis 560,00 EUR	244,00 EUR
4301	Verfahrensgebühr für 1. die Anfertigung oder Unterzeichnung einer Privatklage, 2. die Anfertigung oder Unterzeichnung einer Schrift zur Rechtfertigung der Berufung oder zur Beantwortung der von dem Staatsanwalt, Privatkläger oder Nebenkläger eingelegten Berufung, 3. die Führung des Verkehrs mit dem Verteidiger, 4. die Beistandsleistung für den Beschuldigten bei einer richterlichen Vernehmung, einer Vernehmung durch die Staatsanwaltschaft oder eine andere Strafverfolgungsbehörde oder in einer Hauptverhandlung, einer mündlichen Anhörung oder bei einer Augenscheinseinnahme, 5. die Beistandsleistung im Verfahren zur gerichtlichen Erzwingung der Anklage (§ 172 Abs. 2 bis 4, § 173 StPO) oder		

Nr.	Gebührentatbestand	Gebühr oder Satz der Gebühr nach § 13 oder § 49 RVG	
		Wahlanwalt	gerichtlich bestellter oder beigeordneter Rechtsanwalt
	6. sonstige Tätigkeiten in der Strafvollstreckung................ Neben der Gebühr für die Rechtfertigung der Berufung entsteht für die Einlegung der Berufung keine besondere Gebühr.	35,00 bis 385,00 EUR	168,00 EUR
4302	Verfahrensgebühr für 1. die Einlegung eines Rechtsmittels, 2. die Anfertigung oder Unterzeichnung anderer Anträge, Gesuche oder Erklärungen oder 3. eine andere nicht in Nummer 4300 oder 4301 erwähnte Beistandsleistung......	20,00 bis 250,00 EUR	108,00 EUR
4303	Verfahrensgebühr für die Vertretung in einer Gnadensache .... Der Rechtsanwalt erhält die Gebühr auch, wenn ihm die Verteidigung übertragen war.	25,00 bis 250,00 EUR	110,00 EUR
4304	Gebühr für den als Kontaktperson beigeordneten Rechtsanwalt (§ 34a EGGVG)......		3000,00 EUR

Übersicht

	Rn.
I. Allgemeines zu Teil 4 Abschnitt 3	1–4
1. Regelungsgegenstand	1–3
2. Gebührenstruktur	4
II. Die Gebührentatbestände des Teils 4 Abschnitt 3	5–38
1. Verfahrensgebühr Nr. 4300	5–8
2. Verfahrensgebühr Nr. 4301	9–18
3. Verfahrensgebühr Nr. 4302	19–22
4. Verfahrensgebühr Nr. 4303	23–33
a) Gnadensachen	23–27
b) Abgeltungsbereich........	28–30
c) Abgrenzung der Gnadeninstanz .	31–33
5. Gebühr Nr. 4304	34–38
III. Vorbem. 4.3	39–54
1. Regelungsgegenstand	39
2. Zu Abs. 1	40–43
a) Grundsätze.............	40, 41
b) Tätigkeiten für einen Verfahrensbeteiligten.............	42
c) Tätigkeiten außerhalb des Abgeltungsbereichs der Verfahrenspauschgebühren...........	43
3. Zu Abs. 2	44, 45
4. Zu Abs. 3 und Abs. 4.	46–54
a) Grundsatz	46
b) Abgeltungsbereich	47, 48
c) Die Bedeutung des § 15	49–51
aa) Die Summe der Einzelgebühren darf die Gebühren eines Vollverteidigers nicht überschreiten (§ 15 Abs. 6)	50
bb) Mehrere Einzelaufträge gelten bei Gebühren für Handlungskomplexe als ein Gesamtauftrag (§ 15 Abs. 5)..	51
d) Die Anrechnung bei Übertragung der Verteidigung	52–54

VV Teil 4 Abschnitt 3

I. Allgemeines zu Teil 4 Abschnitt 3

1 **1. Regelungsgegenstand.** Teil 4 Abschnitt 3, bei dessen Anwendung auch die für den gesamten Teil 4 maßgebenden Vorschriften der Vorbem. 4[1] zu beachten sind, fasst die Regelungen für Einzeltätigkeiten im Strafverfahren zusammen, die von dem Rechtsanwalt, dem sonst die Verteidigung *nicht* übertragen ist, erbracht werden.[2]

2 Teil 4 Abschnitt 3 erfasst mit den Gebühren Nr. 4300 bis 4303 die Gebührentatbestände der §§ 91, 93, 94 Abs. 4 BRAGO. Die Regelungen in Abs. 3 S. 1 und 2 und Abs. 4 der Vorbem. 4.3 über die Bestimmung der Gebühr bei mehreren einzelnen Tätigkeiten und die Anrechnung im Falle einer nachfolgenden Übertragung der Verteidigung entsprechen der Vorschrift des § 92 Abs. 2 BRAGO; neu ist die Regelung in Abs. 3 S. 3, wonach Beschwerdeverfahren in den von Teil 4 Abschnitt 3 erfassten Tätigkeiten als besondere Angelegenheit gelten und für die deshalb gesonderte Gebühren entstehen. Die in § 92 Abs. 1 BRAGO enthaltene Regelung, wonach mit der Gebühr für die Rechtfertigung der Berufung oder die Begründung der Revision die Gebühr für die Einlegung des Rechtsmittels entgolten ist, ist jeweils als Anm. in die Gebührentatbestände Nr. 4300 und 4301 eingestellt.

3 Zusätzlich aufgenommen in Teil 4 Abschnitt 3 sind die Einzeltätigkeiten des Rechtsanwalts in der Strafvollstreckung.[3] Die Gebühr Nr. 4300 Nr. 3 vergütet den Aufwand des Rechtsanwalts für die Anfertigung oder Unterzeichnung einer Schrift in Verfahren nach §§ 57a und 67e StGB; seine sonstigen Tätigkeiten in der Strafvollstreckung werden durch die Gebühr Nr. 4301 Nr. 6 honoriert.

4 **2. Gebührenstruktur.** Der Rechtsanwalt erhält für die Einzeltätigkeiten des Teils 4 Abschnitts 3 eine Verfahrensgebühr. Andere Gebühren (Grundgebühr, Terminsgebühr, Gebühr mit Zuschlag) werden ihm nicht gewährt. Der Wahlanwalt erhält eine Rahmengebühr, dem gerichtlich bestellten oder beigeordneten Rechtsanwalt steht eine Festgebühr zu.

II. Die Gebührentatbestände des Teils 4 Abschnitt 3

5 **1. Verfahrensgebühr**[4] **Nr. 4300.** Die Gebühr Nr. 4300 Nrn. 1 und 2 entspricht der Regelung in § 91 Nr. 3 BRAGO. Sie gewährt dem Wahlanwalt, der eine Schrift zur Begründung der **Revision** (vgl. § 344 StPO) oder zur Erklärung auf die von dem Staatsanwalt, Privatkläger oder Nebenkläger eingelegte Revision **anfertigt** eine Rahmengebühr von 50,00 bis 560,00 Euro (Mittelgebühr: 305,00 Euro). Der gerichtlich bestellte oder beigeordnete Rechtsanwalt erhält eine Festgebühr von 244,00 Euro.

6 Das Gleiche gilt, wenn der Rechtsanwalt die – von einem Dritten stammende – Schrift **unterzeichnet**. Die gebührenrechtliche Gleichstellung von Anfertigung und Unterzeichnung einer Schrift ist gerechtfertigt, weil mit der Unterzeichnung die Verantwortung für den Inhalt des Schriftstücks übernommen wird. Deshalb kann der Rechtsanwalt, der die Schrift angefertigt *und* unterzeichnet hat, die Gebühr auch nur einmal beanspruchen.

---

[1] Vgl. Teil 4 Abschnitt 1 Rn. 3, 7, 9 bis 12, 24, 162, 173, 181, 188.
[2] Vgl. Abs. 1 der Vorbem. 4.3 und unten Rn. 40 bis 43.
[3] Vgl. Teil 4 Abschnitt 2 Rn. 1 bis 6, 8.
[4] Vgl. Teil 4 Abschnitt 1 Rn. 7, 8.

Strafsachen **VV Teil 4 Abschnitt 3**

Neben der Gebühr Nr. 4300 Nr. 1 erhält der Rechtsanwalt keine Gebühr für die Einlegung der Revision (vgl. § 341 StPO). Dies folgt aus der Anm. zu Gebühr Nr. 4300, wonach mit der Gebühr für die Begründung der Revision auch die Einlegung der Revision entgolten wird. 7

Die Gebühr Nr. 4300 fällt nach Nr. 3 auch an, wenn der Rechtsanwalt in einem Verfahren über die **Aussetzung** der Vollstreckung des Restes einer **lebenslangen Freiheitsstrafe** zur Bewährung (§ 57a StGB) die Schrift angefertigt oder unterzeichnet hat. Entsprechendes gilt für die Schrift des Rechtsanwalts in Verfahren, in denen überprüft wird, ob die weitere Vollstreckung der **Unterbringung** in einer Entziehungsanstalt, in einem psychiatrischen Krankenhaus oder in der Sicherungsverwahrung zur Bewährung auszusetzen ist (§ 67e StGB). 8

2. Verfahrensgebühr[5] Nr. 4301. Die Gebühr Nr. 4301 vergütet Einzeltätigkeiten, die bisher in § 91 Nr. 2, § 94 Abs. 4 BRAGO geregelt waren. Neu aufgenommen sind die in Nr. 6 genannten Einzeltätigkeiten. 9

Für den Wahlanwalt sieht Gebühr Nr. 4301 eine Rahmengebühr von 35,00 bis 385,00 Euro (Mittelgebühr: 210,00 Euro) und für den gerichtlich bestellten oder beigeordneten Rechtsanwalt eine Festgebühr von 168,00 Euro vor. 10

Die Gebühr Nr. 4301 Nr. 1 fällt an für die Anfertigung oder (Rn. 5 und 6) Unterzeichnung einer **Privatklage** (vgl. § 381 StPO). 11

Die Gebühr Nr. 4301 Nr. 2 betrifft die Anfertigung oder (Rn. 5 und 6) Unterzeichnung einer Schrift zur Rechtfertigung der **Berufung** (vgl. § 317 StPO) oder zur Beantwortung der von dem Staatsanwalt, Privatkläger oder Nebenkläger eingelegten Berufung. 12

Neben der Gebühr Nr. 4301 Nr. 2 erhält der Rechtsanwalt keine Gebühr für die Einlegung der Berufung (§ 314 StPO). Dies folgt aus der Anm. zu Gebühr Nr. 4301, wonach mit der Gebühr für die Rechtfertigung der Berufung auch die Einlegung der Revision entgolten wird. 13

Die Gebühr Nr. 4301 Nr. 3 entgilt die Tätigkeit als **Korrespondenzanwalt**. Abgegolten wird durch die Gebühr die gesamte Führung des Verkehrs mit dem Verteidiger[6] während einer Instanz (vgl. § 15 Abs. 1, Abs. 2 S. 2). Im Berufungs- und im Revisionsrechtszug entsteht die Gebühr erneut; der Gebührenrahmen erhöht sich in diesen Instanzen nicht. Für die Wahrnehmung von Terminen können besondere Gebühren nach Gebühr Nr. 4301 Nr. 4 entstehen.[7] 14

Die Gebühr Nr. 4301 Nr. 4 honoriert die **Beistandsleistung** des Rechtsanwalts für den Beschuldigten[8] bei Vernehmungen, in einer Hauptverhandlung, einer mündlichen Anhörung oder bei einer Augenscheinseinnahme. Hierher gehört insbesondere die Beistandsleistung in einer mündlichen Verhandlung über den Haftbefehl und im Haftprüfungsverfahren (§§ 115 ff., 118 ff., 122 Abs. 2 S. 2, §§ 128 ff. StPO), über den Unterbringungsbefehl (§ 126a StPO) sowie bei Vernehmungen von Zeugen oder Sachverständigen vor dem beauftragten oder ersuchten Richter (§ 223 StPO) oder im Er- 15

---

5 Vgl. Teil 4 Abschnitt 1 Rn. 7, 8.
6 Entsprechendes gilt gemäß Abs. 1 der Vorbem. 4 für die Führung des Verkehrs mit dem Beistand oder Vertreter eines Privatklägers, eines Nebenklägers, eines Einziehungs- oder Nebenbeteiligten, eines Verletzten, eines Zeugen oder Sachverständigen.
7 *Hartmann* VV 4301 Rn. 6, 7.
8 Die Vorschrift gilt gemäß Abs. 1 der Vorbem. 4 auch für die Beistandsleistung für einen Privatkläger, Nebenkläger, Einziehungs- oder Nebenbeteiligten, Verletzten, Zeugen oder Sachverständigen.

VV Teil 4 Abschnitt 3   *Vergütungsverzeichnis*

mittlungsverfahren durch einen Richter (§ 162 StPO) oder einen Staatsanwalt (§ 163 a StPO). Über den Augenschein außerhalb der Hauptverhandlung vgl. § 225 StPO.

16 Die Gebühr Nr. 4301 Nr. 5 betrifft die Beistandsleistung im Verfahren zur gerichtlichen **Erzwingung der Anklage**. Sie umfasst die gesamte Beistandsleistung in dem gerichtlichen Verfahren nach § 172 Abs. 2 bis 4, § 173 StPO. Die Vorschrift gilt sowohl für den Vertreter des Antragstellers (vgl. § 172 Abs. 3 S. 2 StPO) wie für den Vertreter (Beistand) des Beschuldigten (vgl. § 173 Abs. 2 StPO).

17 Jedoch wird die Beistandsleistung im Verfahren vor dem Staatsanwalt durch die Gebühr Nr. 4301 Nr. 5 nicht abgegolten. Hierfür und für die Beschwerde zu dem vorgesetzten Beamten der Staatsanwaltschaft (§ 172 Abs. 1 StPO) gilt die Gebühr Nr. 4302.

18 Die Gebühr Nr. 4301 Nr. 6 bezieht sich auf Einzeltätigkeiten in der **Strafvollstreckung**, die nicht der Regelung der Gebühr Nr. 4300 Nr. 3 unterfallen, wie zB Anträge auf Strafaussetzung zur Bewährung (§§ 56 ff. StGB, § 260 Abs. 4 S. 2, § 453 StPO, §§ 21 ff., § 88 JGG), auf Aussetzung des Strafrestes (§§ 57, 58 StGB, § 454 StPO), auf Strafaufschub (§§ 455 bis 456 ff., 458 StPO), auf Stundung, Teilzahlung (§§ 42 StGB, 459 a StPO), auf vorzeitige Aufhebung der Sperre für die Erteilung einer Fahrerlaubnis (§ 69 a Abs. 7 StGB). Ergänzend wird auf die Ausführungen zu Teil 4 Abschnitt 2 Rn. 1 bis 5 verwiesen.

19 **3. Verfahrensgebühr**[9] **Nr. 4302.** Die Gebühr Nr. 4302 entspricht der Regelung in § 91 Nr. 1 BRAGO. Sie gewährt dem Wahlanwalt eine Rahmengebühr von 20,00 bis 250,00 Euro (Mittelgebühr: 135,00 Euro). Der gerichtlich bestellte oder beigeordnete Rechtsanwalt erhält eine Festgebühr von 108,00 Euro.

20 Die Gebühr Nr. 4302 Nr. 1 entsteht für die Einlegung eines **Rechtsmittels**. Hierunter fallen Berufung, Revision und Beschwerde. Nicht hierher gehört – mangels Devolutiveffekt – der Einspruch gegen den Strafbefehl;[10] diese Tätigkeit des Rechtsanwalts unterfällt vielmehr der Gebühr Nr. 4302 Nr. 2. Auch der Wiederaufnahmeantrag ist kein Rechtsmittel; eine solche Tätigkeit wird nach Gebühr Nr. 4136 vergütet.

21 Die Gebühr Nr. 4302 Nr. 2 betrifft die Anfertigung oder (Rn. 5 und 6) Unterzeichnung „**anderer Anträge, Gesuche** oder **Erklärungen**". Hierzu zählen zB die Einlegung oder die Rücknahme des Einspruchs gegen einen Strafbefehl, die Rücknahme von Rechtsmitteln, Beweisanträge, Strafanzeigen, Strafanträge, Gesuche um Prozesskostenhilfe. Hierher rechnen auch Anträge, die von Dritten im Rahmen eines Strafverfahrens gestellt werden, zB für den Zeugen auf Aufhebung eines nach der StPO ergangenen Ordnungsbeschlusses[11] oder für den Bürgen nach § 123 Abs. 3 StPO; doch ist der Entwurf der Bürgschaftserklärung (vgl. § 116 a Abs. 1 StPO) eine sonstige Angelegenheit, die nach Gebühr Nr. 2400 vergütet wird.

22 Die Gebühr Nr. 4302 Nr. 3 erfasst die Einzeltätigkeiten, die nicht in den Nrn. 1 und 2 erwähnt sind. Durch diese **Generalklausel** werden alle Lücken geschlossen, die in Strafsachen hinsichtlich Einzeltätigkeiten entstehen können. Hierunter fallen zB mündliche Besprechungen oder Vorsprachen des Rechtsanwalts im Interesse des Beschuldigten. Der Rat gehört nicht hierher. Er richtet sich nach den Gebühren Nr. 2100 bis 2102 (die Gebühren Nr. 2200 und 2201 gelten gemäß Abs. 3 der Vorbem. 2 nicht in Strafsachen).

---

[9] Vgl. Teil 4 Abschnitt 1 Rn. 7, 8.
[10] AA *Gerold/Schmidt/Madert* VV 4300–4304 Rn. 41; *Hartmann* VV 4302 Rn. 9.
[11] Vgl. LG Wiesbaden JurBüro 1962, 98.

4. Verfahrensgebühr[12] **Nr. 4303. a) Gnadensachen.** Die Gebühr Nr. 4303 erhält 23
der Rechtsanwalt für die Vertretung des Verurteilten in einer Gnadensache; die Regelung entspricht dem § 93 BRAGO. Für den Wahlanwalt sieht Gebühr Nr. 4303 eine
Rahmengebühr von 25,00 bis 250,00 Euro (Mittelgebühr: 137,50 Euro) und für den
gerichtlich bestellten oder beigeordneten Rechtsanwalt eine Festgebühr von
110,00 Euro vor.

Der Geltungsbereich der Vorschrift beschränkt sich auf die Gnadenverfahren, die 24
in den **Gnadenordnungen** geregelt sind und bei denen es darum geht, das Gnadenrecht des Staatsoberhauptes durch dieses oder durch Stellen, denen es besonders übertragen ist, auszuüben.

Das Gnadenrecht umfasst die Befugnis, rechtskräftig erkannte Strafen zu erlassen, zu 25
ermäßigen, umzuwandeln oder auszusetzen; es wird im Einzelfall ausgeübt. In Sachen,
in denen im ersten Rechtszug in Ausübung von Gerichtsbarkeit des Bundes entschieden
worden ist, steht das Gnadenrecht dem Bund, sonst den Ländern zu (§ 452 StPO).

Keine Gnadensachen sind Verfahren in der Strafvollstreckung; die dort erbrachten 26
Einzeltätigkeiten des Rechtsanwalts werden mit den Gebühren Nr. 4300 Nr. 3 und
4301 Nr. 6 abgegolten (Rn. 8, 18).

Keine Gnadensachen sind ferner Verfahren, die sich auf ein **Straffreiheitsgesetz** 27
gründen sowie Verfahren auf Tilgung von Eintragungen im **Strafregister** oder auf
Anordnung beschränkter Auskunft (vgl. §§ 23, 47 BZRG).

b) Abgeltungsbereich. Die Gebühr umfasst die gesamte Tätigkeit, die der Rechts- 28
anwalt in der Gnadensache entfaltet. Hierzu gehören nicht nur die Entgegennahme
der Information und die Fertigung und Unterzeichnung des Gnadengesuchs, sondern
insbesondere auch die Beratung des Auftraggebers, der schriftlichen Verkehr mit diesem, mündliche Vorsprachen und schriftliche Eingaben bei den Behörden, Besuche in
der Justizvollzugsanstalt und die Befragung von Auskunftspersonen.

Wird der Rechtsanwalt für **mehrere Verurteilte** tätig, so entstehen auch mehrere 29
Gebühren Nr. 4303;[13] die Gnade wird individuell bewilligt, es handelt sich um gesonderte Angelegenheiten.

Die Gebühren für die Gnadenverfahren entstehen, wie sich aus der Anm. zu Gebühr 30
Nr. 4303 ergibt, gesondert von den Verteidigergebühren.

c) Abgrenzung der Gnadeninstanz. Die Gnadeninstanz beginnt mit dem Auf- 31
trag, in der Gnadeninstanz tätig zu werden. Sie endet mit der Entscheidung der
Gnadenbehörde über das Gesuch. Für die Beschwerde gegen eine ablehnende Entscheidung der Gnadenbehörde entsteht gemäß Abs. 3 S. 3 der Vorbem. 4.3 eine weitere
Verfahrensgebühr Nr. 4303 (Rn. 2).

Die Gebühr Nr. 4303 entsteht nur einmal, auch wenn mehrere Gnadenbehörden an- 32
gegangen werden.[14] Da es sich um kein gerichtliches Verfahren handelt, entstehen
nicht ebenso viele Gebühren, wie Gnadeninstanzen angerufen werden (§ 15 Abs. 2),
sondern die Mehrarbeit, die dadurch entsteht, dass mehrere Gnadenbehörden angerufen werden, ist innerhalb des Gebührenrahmens zu berücksichtigen (§ 14).

Die Gnadenangelegenheit wird durch den Inhalt des Gnadengesuchs abgegrenzt. 33
Erbittet der Rechtsanwalt nach der Ablehnung des Gnadengesuchs bei der höheren

---

12 Vgl. Teil 4 Abschnitt 1 Rn. 7, 8.
13 *Gerold/Schmidt/Madert* VV 4300–4304 Rn. 100.
14 Vgl. *Gerold/Schmidt/Madert* VV 4300–4304 Rn. 99; *Hartmann* VV 4303, 4304 Rn. 6; *Schumann/Geißinger* § 93 BRAGO Rn. 9.

VV Teil 4 Abschnitt 3

Gnadeninstanz eine nicht nur quantitativ verschiedene Gnadenmaßnahme, so eröffnet er eine neue Gnadenangelegenheit, die neue Gebühren begründet. Neue Gebühren erhält der Rechtsanwalt auch dann, wenn er nach Ablehnung eines Gnadengesuchs ein **neues Gnadengesuch** mit anderen Gründen einreicht. Als neuer Grund dürfte genügen, wenn geltend gemacht wird, dass der Verurteilte seit der Ablehnung des früheren Gnadengesuchs einen weiteren, nicht ganz unbeträchtlichen Teil seiner Strafe verbüßt, sich auch weiterhin ordentlich geführt und dadurch sich jetzt als gnadenwürdig erwiesen hat.

34   **5. Gebühr Nr. 4304.** Die Gebühr Nr. 4304 erhält der einem von einer Kontaktsperre nach § 31 EGGVG betroffenen Gefangenen gemäß § 34 a EGGVG als **Kontaktperson** beigeordnete Rechtsanwalt. Der beigeordnete Rechtsanwalt hat den Gefangenen – soweit erforderlich – rechtlich zu betreuen und kann für ihn Anträge stellen; mit dem Verteidiger des Gefangenen darf er nicht identisch sein.

35   Die Regelung entspricht dem § 97 a BRAGO. Sie sieht für den beigeordneten Rechtsanwalt eine **Festgebühr** von 3000,00 Euro vor. Die Gebühr ist relativ hoch angesetzt, um der Bedeutung der Sache und den Schwierigkeiten, die dem Anwalt als Kontaktperson entstehen, gerecht zu werden. In Fällen der Kontaktsperre handelt es sich durchweg um schwerwiegende Anklagepunkte (§ 129 a StGB).

36   Da die Kontaktperson stets gerichtlich bestellt ist, richtet sich der Gebührenanspruch **gegen die Staatskasse**, eine Geltendmachung gegen den Gefangenen nach § 52 kommt daher nicht in Betracht.

37   Entsprechend der für den Verteidiger nach § 51 geltenden Möglichkeit kann auch der Kontaktanwalt bei einer besonders umfangreichen oder besonders schwierigen Tätigkeit die Bewilligung einer die Festgebühr übersteigende Pauschvergütung beantragen.

38   Für die Festsetzung der Vergütung des als Kontaktperson beigeordneten Rechtsanwalts ist gemäß § 55 Abs. 3 der Urkundsbeamte der Geschäftsstelle des Landgerichts zuständig, in dessen Bezirk der Gefangene verwahrt wird.

III. Vorbem. 4.3

39   **1. Regelungsgegenstand.** Die Vorbem. 4.3 enthält allgemeine Regelungen über Einzeltätigkeiten des Rechtsanwalts. Die Vorschriften entsprechen dem Einleitungssatz des § 91 BRAGO und den §§ 89 Abs. 3, 92 Abs. 2 BRAGO.

40   **2. Zu Abs. 1. a) Grundsätze.** Der Vollverteidiger oder sonstige Verfahrensvertreter[15] wird auch für einzelne Tätigkeiten durch die Verfahrenspauschgebühren abgegolten, die er für den Gebührenrechtszug erhält. Neben diesen Gebühren stehen ihm die Gebühren Nr. 4300 bis 4302[16] nicht zu. Diese Gebühren erhält vielmehr nur der Vertreter (Beistand), dessen Tätigkeit sich auftragsgemäß auf **einzelne Tätigkeiten** beschränkt;[17] zB kann ein Rechtsanwalt, dem für seine Tätigkeit im Revisionsverfahren die Gebühr Nr. 4130 erwachsen ist, für die Anfertigung der Revisionsbegründung

---

[15] Vgl. Vorbem. Teil 4 Rn. 9.
[16] Die Gebühr Nr. 4303 kann nach der Anm. hierzu allerdings auch der Vollverteidiger erhalten. Die Gebühr Nr. 4304 kann dem Verteidiger nicht zustehen, da er mit dem beigeordneten Rechtsanwalt nicht identisch sein darf.
[17] Vgl. Vorbem. Teil 4 Rn. 10.

nicht außerdem die Gebühr Nr. 4300 Nr. 1 fordern. Erforderlich ist dabei, dass die Tätigkeit in einer Strafsache entfaltet wird.[18]

Doch betrifft Abs. 1 der Vorbem. 4.3 nicht nur partielle Verteidiger und partielle Vertreter (Beistände), die Verteidigern gleichgestellt sind.[19] Vielmehr besagt die Einschränkung „ohne dass dem Rechtsanwalt sonst die Verteidigung oder Vertretung übertragen ist" in der Vorbem. 4.3 Abs. 1 zweierlei: 41

b) Tätigkeiten für einen Verfahrensbeteiligten. Handelt es sich um Tätigkeiten für einen Verfahrensbeteiligten, die, wenn sie ein Vollvertreter ausübt, unter eine der Verfahrenspauschgebühren des Teils 4 Abschnitt 1 oder 2 fallen würden, so erhält die Einzelgebühren Nr. 4300 bis 4302 nur der Rechtsanwalt, dessen Auftrag sich auf einzelne Tätigkeiten beschränkt. In diesen Fällen liegt der Schwerpunkt der Auslegung des Abs. 1 der Vorbem. 4.3 auf dem Wort „sonst". 42

c) Tätigkeiten außerhalb des Abgeltungsbereichs der Verfahrenspauschgebühren. Darin erschöpft sich aber die Bedeutung des Abs. 1 der Vorbem. 4.3 nicht. Vielmehr trifft die Vorschrift auch zu für Tätigkeiten, die in Strafsachen außerhalb des Abgeltungsbereichs der in Teil 4 Abschnitt 1 oder 2 bestimmten Verfahrenspauschgebühren entfaltet werden. Dies ist zB der Fall bei einem Antrag auf bedingte Entlassung gemäß § 57 StGB, der nach Beendigung der Gebühreninstanz des Vollverteidigers gestellt wird[20] oder einem Antrag nach § 69a Abs. 7 StGB auf vorzeitige Aufhebung der Sperre für die Erteilung einer Fahrerlaubnis.[21] In diesen Fällen liegt der Schwerpunkt der Auslegung des Abs. 1 der Vorbem. 4.3 auf den Worten: „ohne dass ... die Verteidigung übertragen ist".[22] Die Geltendmachung von Entschädigungsansprüchen für erlittene Strafverfolgungsmaßnahmen gehört nicht zu den Tätigkeiten in Strafsachen in diesem Sinne. 43

3. Zu Abs. 2. Diese Vorschrift, die dem § 89 Abs. 3 BRAGO entspricht, betrifft den Gebührenanspruch des Rechtsanwalts, der nur im **Adhäsionsverfahren** tätig ist. Er erhält für dieses Verfahren die Gebühren Nr. 4143 und 4144 und somit die gleichen Gebühren wie ein Rechtsanwalt, der auch als Beistand bzw. Vertreter eines Verletzten oder als Verteidiger tätig ist.[23] 44

Der Rechtsanwalt muss für oder gegen den vermögensrechtlichen Anspruch tätig werden. Ist er auch für oder gegen den Strafanspruch tätig, so treten die Gebühren Nr. 4143 bis 4145 zu den Gebühren des Teils 1 Abschnitt 1 hinzu. Da die Entscheidung über den vermögensrechtlichen Anspruch nur zulässig ist, wenn wegen der Straftat verurteilt wird (§ 406 StPO), lässt sich im Allgemeinen die **Tätigkeit hinsichtlich des vermögensrechtlichen Anspruchs** von der **Tätigkeit hinsichtlich der Straffrage** nicht trennen. Doch kann Abs. 2 der Vorbem. 4.3 praktische Bedeutung erlangen, wenn die ergangene Entscheidung ohne den strafrechtlichen Teil des Urteils angefochten wird (vgl. § 406a Abs. 2 StPO). 45

4. Zu Abs. 3 und Abs. 4. a) Grundsatz. Diese Vorschriften regeln den Abgeltungsbereich der Einzelgebühren des Teils 4 Abschnitt 3 (Rn. 2). 46

---

[18] Vgl. Vorbem. Teil 4 Rn. 1 bis 4.
[19] Vgl. Abs. 1 der Vorbem. 4.
[20] OLG Oldenburg NJW 1963, 170; aA BayObLG NJW 1962, 358.
[21] *Tschischgale* NJW 1965, 572.
[22] Vgl. LG Mainz NJW 1972, 2059.
[23] Vgl. Teil 4 Abschnitt 1 Rn. 131 ff.

VV Teil 4 Abschnitt 3

47 **b) Abgeltungsbereich.** Die Einzelgebühr entsteht als Verfahrensgebühr[24] mit der ersten anwaltlichen Tätigkeit und entgilt zugleich alle weiteren Tätigkeiten. Der Umfang der Tätigkeit im Einzelfall ist nach § 14 nicht für das Entstehen und den Abgeltungsbereich, sondern nur für die Höhe der konkreten, aus dem Gebührenrahmen zu bemessenden Gebühr maßgebend.

48 Der Rechtsanwalt erhält gemäß Abs. 3 S. 1 der Vorbem. 4.3 für jede einzelne der in den Gebührentatbeständen des Teils 4 Abschnitt 3 bezeichneten Tätigkeiten eine besondere Gebühr, soweit nicht etwas anderes bestimmt ist.[25] Dies gilt nicht nur bei **verschiedenartigen Tätigkeiten**, sondern auch dann, wenn **gleichartige Tätigkeiten** nacheinander erbracht werden, zB wenn in derselben Strafsache mehrere Anträge gefertigt oder unterzeichnet oder mehrere Vernehmungen oder Verhandlungen wahrgenommen werden. Die Rechtslage ist daher anders als im Zivilprozess, in dem mehrere gleichartige Einzeltätigkeiten in derselben Angelegenheit nur mit einer einzigen Gebühr abgegolten werden (vgl. Gebühr Nr. 3402).

49 **c) Die Bedeutung des §15.** Die gesonderten Gebühren, die der Rechtsanwalt für mehrere Einzeltätigkeiten erhält, unterliegen gemäß Abs. 3 S. 2 der Vorbem. 4.3 der Beschränkung des § 15. Es handelt sich um folgende Einschränkungen:

50 **aa) Die Summe der Einzelgebühren darf die Gebühren eines Vollverteidigers nicht überschreiten (§ 15 Abs. 6).**[26] Doch kommt diese Einschränkung nur bei Gebührentatbeständen in Betracht, die von der Gebühr des Vollverteidigers oder sonstigen Vollvertreters[27] umfasst werden. Das ist zB bei den Gebühren für die Einlegung, Begründung, Beantwortung der Berufung oder Revision und bei der Gebühr für den Korrespondenzanwalt der Fall, nicht jedoch bei der Gebühr für das Klageerzwingungsverfahren oder bei Gebühren für Beistandsleistungen in der Strafvollstreckung (Rn. 43).

51 **bb) Mehrere Einzelaufträge gelten bei Gebühren für Handlungskomplexe als ein Gesamtauftrag (§ 15 Abs. 5)**, so dass der Rechtsanwalt, der zB im Klageerzwingungsverfahren zunächst nur beauftragt ist, den Antrag zu unterzeichnen, nur eine einzige Gebühr erhält, auch wenn er später beauftragt wird, noch einen Schriftsatz nachzureichen. Allerdings ist bei der Bemessung der konkreten Gebühr aus dem Rahmen der Gebühr Nr. 4301 Nr. 5 die Mehrarbeit zu berücksichtigen (§ 14).

52 **d) Die Anrechnung bei Übertragung der Verteidigung.** Bereits aus § 15 Abs. 5 ergibt sich, dass der Rechtsanwalt, der zunächst nur den Auftrag hat, in der Strafsache Einzeltätigkeiten zu verrichten, und sodann den Auftrag erhält, in derselben Strafsache als Vollverteidiger oder sonstiger Vollvertreter[28] tätig zu werden, nicht mehr an Gebühren erhält, als wenn er den letzteren Auftrag von vornherein erhalten hätte. Abs. 4 der Vorbem. 4.3 bestätigt diesen Grundsatz für die Einzelgebühren des Teils 4 Abschnitt 3. Dass Abs. 4 der Vorbem. 4.3 von der Anrechnung der Einzelgebühren auf die Vollverteidiger- oder Vollvertretergebühr spricht, besagt nichts anderes, als was nach § 15 bereits gilt. Insbesondere darf aus der Fassung des Abs. 4 der Vorbem. 4.3 nicht geschlossen werden, dass bei der Bemessung der konkreten Gebühr

---

[24] Vgl. Teil 4 Abschnitt 1 Rn. 7, 8.
[25] Vgl. die Anm. zu den Gebühren Nr. 4300 und 4301.
[26] Vgl. zunächst § 15 Rn. 47 ff.
[27] Vgl. Vorbem. Teil 4 Rn. 9, 10.
[28] Vgl. Vorbem. Teil 4 Rn. 9, 10.

Strafsachen **VV Teil 4 Abschnitt 3**

aus dem Rahmen des Vollverteidigers die vorher aufgrund von Einzelaufträgen entfaltete Tätigkeit nicht berücksichtigt werden dürfe. Die Vollverteidigergebühr entgilt rückwirkend auch diese Tätigkeiten; diese sind daher nach § 14 zu berücksichtigen. Jedoch geht die vorher dafür nach Teil 4 Abschnitt 3 entstandene Gebühr in der Vollverteidigergebühr auf.

Angerechnet werden in dieser Weise auf die Vollverteidigergebühr nur Gebühren **53** für Tätigkeiten, die in den Abgeltungsbereich der Vollverteidigergebühr fallen; nicht dagegen Einzelgebühren, die auch ein Vollverteidiger neben der Vollverteidigungsgebühr erhalten würde; zB wird nicht angerechnet die Gebühr Nr. 4102 Nr. 5 für die Teilnahme an dem Sühneversuch. Dass die Ratgebühr angerechnet wird, ergibt sich aus Abs. 2 der Anm. zu Gebühr Nr. 2100.

Angerechnet werden nur Gebühren, die im gleichen Rechtszug entstehen (vgl. **54** § 15 Abs. 2 S. 2). Ein Beschwerdeverfahren gehört mit zum Rechtszug.

VV Teil 5 — *Vergütungsverzeichnis*

Teil 5. Bußgeldsachen

Nr.	Gebührentatbestand	Gebühr oder Satz der Gebühr nach § 13 oder § 49 RVG	
		Wahlanwalt	gerichtlich bestellter oder beigeordneter Rechtsanwalt

Vorbemerkung 5:
(1) Für die Tätigkeit als Beistand oder Vertreter eines Einziehungs- oder Nebenbeteiligten, eines Zeugen oder eines Sachverständigen in einem Verfahren, für das sich die Gebühren nach diesem Teil bestimmen, entstehen die gleichen Gebühren wie für einen Verteidiger in diesem Verfahren.
(2) Die Verfahrensgebühr entsteht für das Betreiben des Geschäfts einschließlich der Information.
(3) Die Terminsgebühr entsteht für die Teilnahme an gerichtlichen Terminen, soweit nichts anderes bestimmt ist. Der Rechtsanwalt erhält die Terminsgebühr auch, wenn er zu einem anberaumten Termin erscheint, dieser aber aus Gründen, die er nicht zu vertreten hat, nicht stattfindet. Dies gilt nicht, wenn er rechtzeitig von der Aufhebung oder Verlegung des Termins in Kenntnis gesetzt worden ist.
(4) Für folgende Tätigkeiten entstehen Gebühren nach den Vorschriften des Teils 3:
1. für das Verfahren über die Erinnerung oder die Beschwerde gegen einen Kostenfestsetzungsbeschluss, für das Verfahren über die Erinnerung gegen den Kostenansatz, für das Verfahren über die Beschwerde gegen die Entscheidung über diese Erinnerung und für Verfahren über den Antrag auf gerichtliche Entscheidung gegen einen Kostenfestsetzungsbescheid und den Ansatz der Gebühren und Auslagen (§ 108 OWiG),
2. in der Zwangsvollstreckung aus Entscheidungen, die über die Erstattung von Kosten ergangen sind, und für das Beschwerdeverfahren gegen die gerichtliche Entscheidung nach Nummer 1.

Abschnitt 1.
Gebühren des Verteidigers

Vorbemerkung 5.1:
(1) Durch die Gebühren wird die gesamte Tätigkeit als Verteidiger entgolten.
(2) Hängt die Höhe der Gebühren von der Höhe der Geldbuße ab, ist die zum Zeitpunkt des Entstehens der Gebühr zuletzt festgesetzte Geldbuße maßgebend. Ist eine Geldbuße nicht festgesetzt, richtet sich die Höhe der Gebühren im Verfahren vor der Verwaltungsbehörde nach dem mittleren Betrag der in der Bußgeldvorschrift angedrohten Geldbuße. Sind in einer Rechtsvorschrift Regelsätze bestimmt, sind diese maßgebend. Mehrere Geldbußen sind zusammenzurechnen.

Unterabschnitt 1.
Allgemeine Gebühr

Nr.	Gebührentatbestand	Wahlanwalt	gerichtlich bestellter oder beigeordneter Rechtsanwalt
5100	Grundgebühr .... (1) Die Gebühr entsteht für die erstmalige Einarbeitung in den Rechtsfall nur einmal, unabhängig davon, in welchem Verfahrensabschnitt sie erfolgt.	20,00 bis 150,00 EUR	68,00 EUR

Bußgeldsachen VV Teil 5

Nr.	Gebührentatbestand	Gebühr oder Satz der Gebühr nach § 13 oder § 49 RVG	
		Wahlanwalt	gerichtlich bestellter oder beigeordneter Rechtsanwalt
	(2) Die Gebühr entsteht nicht, wenn in einem vorangegangenen Strafverfahren für dieselbe Handlung oder Tat die Gebühr 4100 entstanden ist.		

Unterabschnitt 2.
Verfahren vor der Verwaltungsbehörde

Vorbemerkung 5.1.2:
(1) Zu dem Verfahren vor der Verwaltungsbehörde gehört auch das Verwarnungsverfahren und das Zwischenverfahren (§ 69 OWiG) bis zum Eingang der Akten bei Gericht.
(2) Die Terminsgebühr entsteht auch für die Teilnahme an Vernehmungen vor der Polizei oder der Verwaltungsbehörde.

Nr.	Gebührentatbestand	Wahlanwalt	gerichtlich bestellter oder beigeordneter Rechtsanwalt
5101	Verfahrensgebühr bei einer Geldbuße von weniger als 40,00 EUR	10,00 bis 100,00 EUR	44,00 EUR
5102	Terminsgebühr für jeden Tag, an dem ein Termin in den in Nummer 5101 genannten Verfahren stattfindet....................	10,00 bis 100,00 EUR	44,00 EUR
5103	Verfahrensgebühr bei einer Geldbuße von 40,00 EUR bis 5000,00 EUR	20,00 bis 250,00 EUR	108,00 EUR
5104	Terminsgebühr für jeden Tag, an dem ein Termin in den in Nummer 5103 genannten Verfahren stattfindet....................	20,00 bis 250,00 EUR	108,00 EUR
5105	Verfahrensgebühr bei einer Geldbuße von mehr als 5000,00 EUR..................	30,00 bis 250,00 EUR	112,00 EUR
5106	Terminsgebühr für jeden Tag, an dem ein Termin in den in Nummer 5105 genannten Verfahren stattfindet....................	30,00 bis 250,00 EUR	112,00 EUR

Unterabschnitt 3.
Verfahren vor dem Amtsgericht

Vorbemerkung 5.1.3:
(1) Die Terminsgebühr entsteht auch für die Teilnahme an gerichtlichen Terminen außerhalb der Hauptverhandlung.
(2) Die Gebühren dieses Abschnitts entstehen für das Wiederaufnahmeverfahren einschließlich seiner Vorbereitung gesondert; die Verfahrensgebühr entsteht auch, wenn von der Stellung eines Wiederaufnahmeantrags abgeraten wird.

VV Teil 5

Nr.	Gebührentatbestand	Gebühr oder Satz der Gebühr nach § 13 oder § 49 RVG	
		Wahlanwalt	gerichtlich bestellter oder beigeordneter Rechtsanwalt
5107	Verfahrensgebühr bei einer Geldbuße von weniger als 40,00 EUR	10,00 bis 100,00 EUR	44,00 EUR
5108	Terminsgebühr je Hauptverhandlungstag in den in Nummer 5107 genannten Verfahren ..	20,00 bis 200,00 EUR	88,00 EUR
5109	Verfahrensgebühr bei einer Geldbuße von 40,00 EUR bis 5000,00 EUR	20,00 bis 250,00 EUR	108,00 EUR
5110	Terminsgebühr je Hauptverhandlungstag in den in Nummer 5109 genannten Verfahren ..	30,00 bis 400,00 EUR	172,00 EUR
5111	Verfahrensgebühr bei einer Geldbuße von mehr als 5000,00 EUR.................	40,00 bis 300,00 EUR	136,00 EUR
5112	Terminsgebühr je Hauptverhandlungstag in den in Nummer 5111 genannten Verfahren ..	70,00 bis 470,00 EUR	216,00 EUR
	Unterabschnitt 4. Verfahren über die Rechtsbeschwerde		
5113	Verfahrensgebühr....................	70,00 bis 470,00 EUR	216,00 EUR
5114	Terminsgebühr je Hauptverhandlungstag...	70,00 bis 470,00 EUR	216,00 EUR
	Unterabschnitt 5. Zusätzliche Gebühren		
5115	Durch die anwaltliche Mitwirkung wird das Verfahren vor der Verwaltungsbehörde erledigt oder die Hauptverhandlung entbehrlich: Zusätzliche Gebühr .... (1) Die Gebühr entsteht, wenn 1. das Verfahren nicht nur vorläufig eingestellt wird oder 2. der Einspruch gegen den Bußgeldbescheid zurückgenommen wird oder 3. der Bußgeldbescheid nach Einspruch von der Verwaltungsbehörde zurückgenommen und gegen einen neuen Bußgeldbescheid kein Einspruch eingelegt wird oder	in Höhe der jeweiligen Verfahrensgebühr	

Bußgeldsachen VV Teil 5

Nr.	Gebührentatbestand	Gebühr oder Satz der Gebühr nach § 13 oder § 49 RVG	
		Wahlanwalt	gerichtlich bestellter oder beigeordneter Rechtsanwalt
	4. sich das gerichtliche Verfahren durch Rücknahme des Einspruchs gegen den Bußgeldbescheid oder der Rechtsbeschwerde des Betroffenen oder eines anderen Verfahrensbeteiligten erledigt; ist bereits ein Termin zur Hauptverhandlung bestimmt, entsteht die Gebühr nur, wenn der Einspruch oder die Rechtsbeschwerde früher als zwei Wochen vor Beginn des Tages, der für die Hauptverhandlung vorgesehen war, zurückgenommen wird, oder 5. das Gericht nach § 72 Abs. 1 Satz 1 OWiG durch Beschluss entscheidet. (2) Die Gebühr entsteht nicht, wenn eine auf die Förderung des Verfahrens gerichtete Tätigkeit nicht ersichtlich ist. (3) Die Höhe der Gebühr richtet sich nach dem Rechtszug, in dem die Hauptverhandlung vermieden wurde. Für den Wahlanwalt bemisst sich die Gebühr nach der Rahmenmitte.		
5116	Verfahrensgebühr bei Einziehung und verwandten Maßnahmen.................. (1) Die Gebühr entsteht für eine Tätigkeit für den Betroffenen, die sich auf die Einziehung oder dieser gleichstehende Rechtsfolgen (§ 46 Abs. 1 OWiG, § 442 StPO) oder auf eine diesen Zwecken dienende Beschlagnahme bezieht. (2) Die Gebühr entsteht nicht, wenn der Gegenstandswert niedriger als 25,00 EUR ist. (3) Die Gebühr entsteht nur einmal für das Verfahren vor der Verwaltungsbehörde und dem Amtsgericht. Im Rechtsbeschwerdeverfahren entsteht die Gebühr besonders.	1,0	1,0
	Abschnitt 2. Einzeltätigkeiten		
5200	Verfahrensgebühr.................... (1) Die Gebühr entsteht für einzelne Tätigkeiten, ohne dass dem Rechtsanwalt sonst die Verteidigung übertragen ist. (2) Die Gebühr entsteht für jede Tätigkeit gesondert, soweit nichts anderes bestimmt ist. § 15 RVG bleibt unberührt.	10,00 bis 100,00 EUR	44,00 EUR

Schmahl

Nr.	Gebührentatbestand	Gebühr oder Satz der Gebühr nach § 13 oder § 49 RVG	
		Wahlanwalt	gerichtlich bestellter oder beigeordneter Rechtsanwalt
	(3) Wird dem Rechtsanwalt die Verteidigung für das Verfahren übertragen, werden die nach dieser Nummer entstandenen Gebühren auf die für die Verteidigung entstehenden Gebühren angerechnet. (4) Der Rechtsanwalt erhält die Gebühr für die Vertretung in der Vollstreckung und in einer Gnadensache auch, wenn ihm die Verteidigung übertragen war.		

Übersicht

	Rn.
A. Allgemeines zu Teil 5	1–26
I. Anwendungsbereich	1–9
1. Regelungsgegenstand	1–3
2. Bußgeldsachen	4–6
3. Verteidiger	7–9
a) Übertragung der Verteidigung im Ganzen	8
b) Partielle Verteidigung	9
II. Gebührenstruktur	10–23
1. Allgemeines	10, 11
2. Grundgebühr	12
3. Verfahrensgebühr	13
4. Terminsgebühr	14–17
a) Gerichtlicher Termin	14–16
b) Außergerichtlicher Termin	17
5. Abhängigkeit der Gebühr von der Höhe der Geldbuße	18–20a
6. Gebühren nach Teil 3	21
7. Zusätzliche Gebühr	22
8. Keine Gebühr mit Zuschlag	23
III. Entstehen der Gebühren, Abgeltungsbereich	24–26
1. Entstehen der Gebühren	24, 25
2. Abgeltungsbereich	26
B. Die Gebührentatbestände des Teils 5 Abschnitt 1	27–81
I. Unterabschnitt 1. Allgemeine Gebühr	
Grundgebühr Nr. 5100	27–32
II. Unterabschnitt 2. Verfahren vor der Verwaltungsbehörde	33–42
1. Allgemeines	33–37

	Rn.
2. Verfahrensgebühren Nr. 5101, 5103, 5105	38–41
3. Terminsgebühren Nr. 5102, 5104, 5106	42
III. Unterabschnitt 3. Verfahren vor dem Amtsgericht	43–54
1. Allgemeines	43
2. Verfahrensgebühren Nr. 5107, 5109, 5111	44–47
3. Terminsgebühren Nr. 5108, 5110, 5112	48–52
4. Wiederaufnahmeverfahren	53, 54
IV. Unterabschnitt 4. Verfahren über die Rechtsbeschwerde	55–57
1. Allgemeines	55
2. Verfahrensgebühr Nr. 5113	56
3. Terminsgebühr Nr. 5114	57
V. Unterabschnitt 5. Zusätzliche Gebühren	58–81
1. Gebühr Nr. 5115	58–71
a) Allgemeines	58–64
b) Einzelfälle	65–71
aa) Einstellung des Verfahrens	65, 66
bb) Rücknahme des Einspruchs gegen den Bußgeldbescheid	67
cc) Rücknahme des Bußgeldbescheids	68
dd) Rücknahme des Einspruchs gegen den Bußgeldbescheid im gerichtlichen Verfahren	69, 70
ee) Entscheidung nach § 72 Abs. 1 S. 1 OWiG durch Beschluss	71
2. Gebühr Nr. 5116	72–81
a) Allgemeines	72–75

Bußgeldsachen   **VV Teil 5**

	Rn.		Rn.
b) Tätigkeit des Rechtsanwalts.	76, 77	1. Regelungsgegenstand	91
c) Ermittlung der Gebühr	78–81	2. Gebührenstruktur	92
C. Gebühren nach Teil 3	82–90	II. Verfahrensgebühr Nr. 5200	93–101
		1. Allgemeiner Gebührentatbestand	93–95
I. Kostenfestsetzung, Kostenansatz	82–87	2. Voraussetzungen	96–101
II. Zwangsvollstreckung	88–90	a) Grundsatz	96
		b) Abgeltungsbereich	97, 98
D. Der Gebührentatbestand des Teils 5 Abschnitt 2	91–101	c) Bedeutung des § 15	99
		d) Anrechnung bei Übertragung der Verteidigung	100
I. Allgemeines	91, 92	e) Ausnahmen von der Anrechnung	101

A. Allgemeines zu Teil 5

I. Anwendungsbereich

1. Regelungsgegenstand. Teil 5 regelt die Gebühren für alle Tätigkeiten des Rechts- 1
anwalts in Bußgeldsachen. **Abschnitt 1** (Gebühren Nr. 5100 bis 5116) behandelt die
Gebühren des Verteidigers. Der Verteidigertätigkeit sind gemäß Abs. 1 der Vorbem. 5
gebührenrechtlich gleichgestellt die Tätigkeit als Beistand oder Vertreter eines Einzie-
hungs- und Nebenbeteiligten,[1] eines Zeugen oder eines Sachverständigen in einem
Verfahren, für das sich die Gebühren nach Teil 5 bestimmen.

Abschnitt 1 ist in **fünf Unterabschnitte** gegliedert: Unterabschnitt 1 regelt die „All- 2
gemeine Gebühr" in Form der Grundgebühr Nr. 5100. Die Unterabschnitte 2 bis 4
enthalten die Gebührenregelungen für das Verfahren vor der Verwaltungsbehörde
(Gebühren Nr. 5101 bis 5106), das Verfahren vor dem Amtsgericht (Gebühren Nr. 5107
bis 5112) bzw. das Verfahren über die Rechtsbeschwerde (Gebühren Nr. 5113, 5114);
Unterabschnitt 5 regelt das Entstehen „Zusätzlicher Gebühren" (Gebühren Nr. 5115,
5116). Für das Wiederaufnahmeverfahren einschließlich seiner Vorbereitung entstehen
die Gebühren Nr. 5107 bis 5112 gesondert (Abs. 2 der Vorbem. 5.1.3).

In **Abschnitt 2** werden die Gebühren für den Rechtsanwalt bestimmt, der in Buß- 3
geldsachen einzelne Tätigkeiten verrichtet, ohne dass ihm sonst die Verteidigung übertragen ist (Gebühr Nr. 5200).

2. Bußgeldsachen. Bußgeldsachen (Ordnungsunrecht) sind von Strafsachen (Kri- 4
minalunrecht, s. Teil 4) zu unterscheiden. Maßgebend ist, welche Sanktion das Gesetz
an eine Zuwiderhandlung knüpft. Wird als Unrechtsfolge Geldbuße angedroht, liegt
eine Ordnungswidrigkeit (§ 1 Abs. 1 OWiG) vor, im Falle der Androhung einer Strafe
handelt es sich um eine Straftat.

Gebührenrechtlich kommt es allerdings nicht darauf an, ob es sich um eine Straftat 5
oder um eine Ordnungswidrigkeit handelt oder ob die Handlungen im Strafverfahren
oder im Bußgeldverfahren zu verfolgen sind. Insoweit ist vielmehr entscheidend, in
welchem Verfahren die Sache tatsächlich behandelt wird. Solange eine Handlung von
der Staatsanwaltschaft verfolgt wird, handelt es sich um eine Strafsache, für welche
die Gebühren des Rechtsanwalts nach Teil 4 entstehen, und solange eine Handlung
von der Verwaltungsbehörde verfolgt wird, handelt es sich um eine Bußgeldsache, für

---

[1] Vgl. zum Verfahren bei Anordnung von Nebenfolgen *Göhler*, OWiG, 13. Aufl. 2002, Vor § 87 Rn. 1 ff.

Schmahl

VV Teil 5 *Vergütungsverzeichnis*

welche die Gebühren nach Teil 5 entstehen. Soweit der Rechtsanwalt gegenüber der Polizei tätig wird,[2] kommt es darauf an, ob diese ihre Verhandlungen an die Staatsanwaltschaft oder an die Verwaltungsbehörde abzugeben hat (§ 163 Abs. 2 StPO; § 53 OWiG).

6 Ist eine Handlung **gleichzeitig** Straftat und Ordnungswidrigkeit (zB fahrlässige Körperverletzung durch Nichtbeachtung der Vorfahrt), wird nach § 21 OWiG nur das Strafgesetz angewendet mit der Folge, dass sich die Vergütung des Rechtsanwalts nach Teil 4 VV (und nicht nach Teil 5 VV) richtet.

7 **3. Verteidiger.**[3] Teil 5 regelt die Gebühren, die der Rechtsanwalt als Verteidiger erhält. Unter diesen Begriff fällt sowohl der gewählte als auch der von der Verwaltungsbehörde oder von dem Gericht bestellte Verteidiger (§ 46 OWiG, §§ 137 Abs. 1, 140 Abs. 2 S. 1 StPO; § 60 OWiG).

8 **a) Übertragung der Verteidigung im Ganzen.** Bei dem Verteidiger und den Beiständen oder Vertretern, die gemäß Abs. 1 der Vorbem. 5 gebührenrechtlich wie ein Verteidiger behandelt werden, ist zu unterscheiden, ob der Rechtsanwalt mit der Verteidigung im Ganzen betraut worden ist oder nicht. Teil 5 Abschnitt 1 regelt die Gebühren des Rechtsanwalts, der mit der Verteidigung im Ganzen beauftragt oder für die gesamte Verteidigung bestellt ist. Diese Gebühren entgelten gemäß Abs. 1 der Vorbem. 5.1 die gesamte Verteidigertätigkeit und treffen daher nicht auf Verteidiger zu, deren Tätigkeit sich auftragsgemäß oder nach der Reichweite der **Bestellung** auf einzelne Beistandsleistungen zu beschränken hat.

9 **b) Partielle Verteidigung.** Ist der Rechtsanwalt nur für einzelne Tätigkeiten innerhalb des Bußgeldverfahrens beauftragt oder bestellt, so gelten für seine Vergütung die besonderen Vorschriften des Teils 5 Abschnitt 2. Den maßgeblichen Gesichtspunkt für die Abgrenzung gegenüber den Gebühren für die Vollverteidigung beschreibt Abs. 1 der Anm. zu Gebühr Nr. 5200 dahin, dass sich die Tätigkeit des Rechtsanwalts auf einzelne Tätigkeiten beschränkt, „ohne dass dem Rechtsanwalt sonst die Verteidigung oder Vertretung übertragen ist" (Rn. 93 ff.).

II. Gebührenstruktur

10 **1. Allgemeines.** Teil 5 sieht ein im Verhältnis zur BRAGO wesentlich geändertes Gebührensystem vor. Die BRAGO hat wegen der Gebühren in Bußgeldsachen auf die für das Strafverfahren geltenden Vorschriften verwiesen (§ 105 BRAGO) und bestimmt, dass für das Verfahren vor der Verwaltungsbehörde und das sich anschließende Verfahren bis zum Eingang der Akten bei Gericht § 84 BRAGO entsprechend anzuwenden ist. Teil 5 sieht hingegen für die einzelnen Abschnitte des Bußgeldverfahrens eigenständige Regelungen vor, die der Gebührenstruktur für Strafsachen nachgebildet sind.

11 Der **Wahlverteidiger** erhält *Rahmen*gebühren (§ 14); für den **Pflichtverteidiger** entstehen *Fest*gebühren (Gebühren Nr. 5100 bis 5115, 5200). Diese sind in einer besonderen Spalte des VV ausgewiesen; die Höhe der Festgebühr ist jeweils an der Mittelgebühr eines Wahlverteidigers ausgerichtet, von welcher der bestellte Rechtsanwalt 80 % erhält. Lediglich die Tätigkeit des Verteidigers bei Einziehungen und verwandten Maßnahmen (Gebühr Nr. 5116) wird mit einer *Wert*gebühr abgegolten.

---

[2] Vgl. Vorbem. Teil 4 Rn. 3.
[3] Vgl. auch Vorbem. Teil 4 Rn. 6 bis 10.

Bußgeldsachen

2. Grundgebühr. Die Grundgebühr,[4] die durch Gebühr Nr. 5100 erstmals eingeführt wird, soll jeder Rechtsanwalt, der in dem Bußgeldverfahren tätig wird, nur einmal erhalten; unerheblich ist, in wie vielen Verfahrensabschnitten der Rechtsanwalt tätig wird. Die Grundgebühr dient der Abgeltung des mit der erstmaligen Einarbeitung in einen Rechtsfall verbundenen Aufwands.

3. Verfahrensgebühr.[5] Die Verfahrensgebühr, die der Rechtsanwalt im Verfahren vor der Verwaltungsbehörde (Gebühren Nr. 5101, 5103, 5105), im Verfahren vor dem Amtsgericht (Gebühren Nr. 5107, 5109, 5111), im Verfahren über die Rechtsbeschwerde (Gebühr Nr. 5113), als Zusätzliche Gebühr (Gebühr Nr. 5116) und für Einzeltätigkeiten (Gebühr Nr. 5200) erhalten kann, honoriert gemäß Abs. 2 der Vorbem. 5 das Betreiben des Geschäfts einschließlich der Information.

4. Terminsgebühr.[6] **a) Gerichtlicher Termin.** Die Terminsgebühr entsteht gemäß Abs. 3 S. 1 der Vorbem. 5 grundsätzlich für die Teilnahme des Rechtsanwalts an **gerichtlichen Terminen**. Damit ist erfasst die Teilnahme an der Hauptverhandlung und an gerichtlichen Terminen außerhalb der Hauptverhandlung, wie zB kommissarischen Vernehmungen. Die Terminsgebühr fällt für jeden Tag der Hauptverhandlung an.

Für das Entstehen der Terminsgebühr wird anders als nach §§ 105, 83 BRAGO nicht mehr generell vorausgesetzt, dass es zu dem Termin kommt und der Verteidiger an diesem mitwirkt. Nach Abs. 3 S. 2 der Vorbem. 5 erhält der Rechtsanwalt die Terminsgebühr vielmehr **auch dann**, wenn er zu einem anberaumten Termin erscheint, dieser aber aus Gründen, die er nicht zu vertreten hat, nicht stattfindet. Hierbei handelt es sich um die Fälle, in denen zB die Hauptverhandlung ausfällt, weil der Richter erkrankt ist. In diesen Fällen ist bei der Bemessung der Terminsgebühr innerhalb des Gebührenrahmens aber zu berücksichtigen, welchen Zeitaufwand der Rechtsanwalt zur sachgerechten Vorbereitung des Termins erbracht hat.

Ist der Rechtsanwalt **allerdings** erschienen, obwohl er rechtzeitig von der Aufhebung oder Verlegung des Termins in Kenntnis gesetzt worden war, kann gemäß Abs. 3 S. 3 der Vorbem. 5 eine Terminsgebühr nicht beansprucht werden.

b) Außergerichtlicher Termin. Die Terminsgebühr kann, wie sich aus der Einschränkung „soweit nichts anderes bestimmt ist" in Abs. 3 S. 1 der Vorbem. 5 ergibt, auch für die Teilnahme an nicht gerichtlichen Terminen entstehen. Insoweit handelt es sich im Wesentlichen um im Verfahren vor der Verwaltungsbehörde stattfindende Termine (Abs. 2 der Vorbem. 5.1.2), für die ebenfalls die allgemeinen Regelungen des Abs. 3 S. 2 und 3 der Vorbem. 5 gelten.

5. Abhängigkeit der Gebühr von der Höhe der Geldbuße. Vergleichbar der Regelung in Strafsachen, wo sich die Verfahrensgebühr und die Terminsgebühr nach der Ordnung des Gerichts richten, bei dem die Strafsache anhängig ist (vgl. Gebühren 4106, 4112, 4118 bzw. 4108, 4114, 4120), sind diese Gebühren in Bußgeldsachen in Verfahren vor der Verwaltungsbehörde und in Verfahren vor dem Amtsgericht von der Höhe der Geldbuße abhängig (vgl. Gebühren Nr. 5101, 5103, 5105, 5107, 5109, 5111 bzw. 5102, 5104, 5106, 5108, 5110, 5112).

Welcher Betrag der Geldbuße für die Bestimmung des Gebührentatbestandes ausschlaggebend ist, bestimmt Abs. 2 der Vorbem. 5.1. Nach dessen Satz 1 ist grundsätzlich die zum Zeitpunkt des Entstehens der Gebühr „zuletzt festgesetzte Geldbuße"

---

[4] Zur Grundgebühr in Strafsachen vgl. Teil 4 Abschnitt 1 Rn. 6, 31 bis 36.
[5] Vgl. Teil 4 Abschnitt 1 Rn. 7, 8.
[6] Vgl. Teil 4 Abschnitt 1 Rn. 9.

maßgebend. Zugrunde zu legen ist daher nicht die endgültige, rechtskräftige Geldbuße, sondern die im jeweiligen Verfahrensstadium **zuletzt festgesetzte Geldbuße**. Für die Gebühr eines zB nach Erlass des Bußgeldbescheids mit der Verteidigung beauftragten Rechtsanwalts ist somit die in dem Bescheid festgesetzte Geldbuße maßgebend.

20 Wird der Rechtsanwalt zu einem Zeitpunkt beauftragt, in dem eine Geldbuße noch nicht festgesetzt ist (zB bei der Anhörung durch die Verwaltungsbehörde), kommt Abs. 2 S. 2, 3 der Vorbem. 5.1 zur Anwendung. Danach ist bei **Regelrahmen** der mittlere Betrag der angedrohten Geldbuße maßgebend; dieser wird durch Addition des Mindest- und des Höchstbetrages und anschließende Division durch zwei errechnet. Bei **Regelsätzen** sind diese maßgebend.

20a Abs. 2 S. 4 der Vorbem. 5.1 wurde durch Art. 17 Nr. 4h des Gesetzes über die Rechtsbehelfe bei Verletzung des Anspruchs auf rechtliches Gehör vom 9. 12. 2004 (BGBl. I S. 3220) eingefügt. Danach sind mehrere Geldbußen zusammenzurechnen. Die Regelung dient der Klarstellung.

21 **6. Gebühren nach Teil 3.**[7] Abs. 4 der Vorbem. 5 bestimmt Fälle, in denen dem Rechtsanwalt Gebühren nach den Vorschriften des Teils 3 zustehen. Im Wesentlichen geht es um Tätigkeiten im kostenrechtlichen Beschwerde- und Erinnerungsverfahren, zB die Beschwerde gegen den Kostenfestsetzungsbeschluss nach §§ 46 OWiG, 464b StPO sowie in der Zwangsvollstreckung. Die Regelung entspricht den §§ 105, 96 BRAGO.

22 **7. Zusätzliche Gebühr.** Eine zusätzliche Gebühr fällt im Bußgeldverfahren an für besondere Tätigkeiten des Rechtsanwalts. Abgegolten werden Tätigkeiten, die u. a. zu einer Vermeidung der Hauptverhandlung führen (Gebühr Nr. 5115) oder die sich auf die Einziehung und verwandte Maßnahmen (Gebühr Nr. 5116) beziehen (Rn. 58 ff.).

23 **8. Keine Gebühr mit Zuschlag.** Für die Verteidigung eines Betroffenen, der sich nicht auf freiem Fuß befindet – zwar wird ein Betroffener nicht wegen einer Ordnungswidrigkeit inhaftiert, er kann aber zB wegen des dringenden Verdachts einer Straftat nicht auf freiem Fuß sein –, sieht Teil 5 anders als Teil 4 (vgl. Abs. 4 der Vorbem. 4) eine Gebühr mit Zuschlag[8] nicht vor.

III. Entstehen der Gebühren, Abgeltungsbereich

24 **1. Entstehen der Gebühren.** Die Grundgebühr, die Verfahrensgebühr und die Terminsgebühr entstehen, wenn der Rechtsanwalt aufgrund des Auftrags zur Verteidigung jeweils mit der durch die betreffende Gebühr abzugeltenden Tätigkeit beginnt.[9] Auf den Umfang der Tätigkeit kommt es für das Entstehen der Gebühr nicht an; dieser ist nur für die Höhe der Gebühr wesentlich. Es genügt die geringste Tätigkeit, die der Verteidigung dient. Im Allgemeinen reicht bereits die Entgegennahme der Information aus.[10]

25 Bei der Anwendung der Gebührentatbestände des Teils 5 sind **Vorbemerkungen** zu den Regelungsbereichen und **Anmerkungen** zu den Gebührentatbeständen zu berücksichtigen.

---

[7] Vgl. Rn. 82 ff.
[8] Vgl. Teil 4 Abschnitt 1 Rn. 13 bis 17.
[9] Vgl. § 1 Rn. 64.
[10] Vgl. § 1 Rn. 10.

Bußgeldsachen **VV Teil 5**

2. Abgeltungsbereich. Der Abgeltungsbereich der Gebühren des Teils 5 Abschnitt 1 **26** wird durch Abs. 1 der Vorbem. 5.1 festgelegt. Danach wird durch die Gebühren die gesamte Tätigkeit des Rechtsanwalts als Verteidiger abgegolten. Die Regelung behält damit den **Pauschgebührencharakter** der §§ 105, 87 BRAGO bei. Mit abgegolten ist die Einlegung von Rechtsmitteln bei dem Gericht desselben Rechtszugs durch den Verteidiger, der in dem Rechtszug tätig war. Dagegen gehören die Verteidigung und die Begründung des Rechtsmittels zum nächsten Rechtszug. Für einen neuen Verteidiger gehört zudem auch die Einlegung eines Rechtsmittels zum Rechtzug des Rechtsmittels. Dies ergibt sich aus § 19 Abs. 1 Nr. 10.

B. Die Gebührentatbestände des Teils 5 Abschnitt 1

I. Unterabschnitt 1. Allgemeine Gebühr

Grundgebühr Nr. 5100. Die neu geschaffene Gebühr Nr. 5100 entsteht unabhängig **27** vom Zeitpunkt des Tätigwerdens des Rechtsanwalts und fällt deshalb auch dann an, wenn der Rechtsanwalt nicht schon im Verfahren vor der Verwaltungsbehörde, sondern zB erst im Verfahren vor dem Amtsgericht tätig geworden ist.

Die Grundgebühr honoriert den Arbeitsaufwand, der einmalig mit der Übernahme **28** des Mandats entsteht. Mit ihr werden zB das erste Gespräch mit dem Mandanten, die Beschaffung erforderlicher Informationen und das Aktenstudium abgegolten. Die Grundgebühr steht dem Rechtsanwalt, auch wenn er den Mandanten vom Beginn des vorbereitenden Verfahrens bis zum Verfahren über die Rechtsbeschwerde vertritt, nur **einmal** zu (Abs. 1 der Anm. zu Gebühr Nr. 5100).

Die Grundgebühr steht aber jedem Rechtsanwalt zu, der in dem Bußgeldverfahren **29** tätig wird. Wird also der Betroffene zB im Verfahren vor der Verwaltungsbehörde und im Verfahren vor dem Amtsgericht von verschiedenen Rechtsanwälten verteidigt, erhält jeder Verteidiger die Grundgebühr.

Die Gebühr Nr. 5100 sieht für den Wahlanwalt eine Rahmengebühr von 20,00 bis **30** 150,00 Euro (Mittelgebühr: 85,00 Euro) und für den gerichtlich bestellten oder beigeordneten Rechtsanwalt eine Festgebühr von 68,00 Euro vor. Die Grundgebühr ist anders als die Verfahrensgebühr und die Terminsgebühr der Unterabschnitte 2 und 3 nicht von der Höhe der Geldbuße abhängig.

Die Gebühr Nr. 5100 **entsteht nicht**, wenn in einem vorangegangenen Strafverfah- **31** ren die Grundgebühr 4100 entstanden ist (Abs. 2 der Anm. zu Gebühr Nr. 5100). Das ist der Fall, wenn zB die dem Mandanten des Verteidigers zur Last gelegte Ordnungswidrigkeit nach § 24 a StVG zunächst als Vergehen gemäß § 316 StGB verfolgt worden ist.

Hingegen können zB die Verfahrensgebühr Nr. 5103 und die Terminsgebühr **32** Nr. 5104 **zusätzlich** zu der im vorbereitenden Verfahren bereits angefallenen Verfahrensgebühr 4104 entstehen; dies folgt aus § 17 Nr. 10, wonach das strafrechtliche Ermittlungsverfahren und ein nach dessen Einstellung sich anschließendes Bußgeldverfahren „verschiedene Angelegenheiten" sind.

II. Unterabschnitt 2. Verfahren vor der Verwaltungsbehörde

33 1. **Allgemeines.** Unterabschnitt 2 erfasst das Verfahren vor der Verwaltungsbehörde. Dieses wird durch Maßnahmen eingeleitet, die darauf abzielen, gegen einen Dritten wegen des Verdachts einer Ordnungswidrigkeit bußgeldrechtlich vorzugehen, etwa durch die Anhörung des Verdächtigen oder die Übersendung eines Anhörungsbogens an ihn.[11]

34 Das Verfahren der Verwaltungsbehörde endet mit dem Erlass des Bußgeldbescheids (§§ 66, 67 OWiG) oder mit einer Einstellungsverfügung (§ 47 Abs. 1 OWiG).

35 Zu dem Verfahren der Verwaltungsbehörde gehört gemäß Abs. 1 der Vorbem. 5.1.2 das **Verwarnungsverfahren** (§ 56 OWiG). Dieses Verfahren ermöglicht bei geringfügigen Ordnungswidrigkeiten mit Einverständnis des Betroffenen eine formlose Erledigung; es macht die Durchführung des Ermittlungsverfahrens (und eines gerichtlichen Hauptverfahrens) entbehrlich.

36 Zu dem Verfahren der Verwaltungsbehörde gehört gemäß Abs. 1 der Vorbem. 5.1.2 außerdem das **Zwischenverfahren** (§ 69 OWiG) bis zum Eingang der Akten bei Gericht. In diesem Verfahren prüft die Verwaltungsbehörde, ob der Einspruch gegen den Bußgeldbescheid in zulässiger Weise eingelegt worden und falls ja, ob der Bußgeldbescheid aufrechtzuerhalten oder zurückzunehmen ist. Einen unzulässigen Einspruch hat die Verwaltungsbehörde zu verwerfen. Ist der Einspruch zulässig, aber nicht begründet, hat die Verwaltungsbehörde die Akten über die Staatsanwaltschaft an das Amtsgericht zu übersenden.

37 Der erst mit dem Einspruch gegen den Bußgeldbescheid in das Verfahren eintretende Anwalt wird somit noch im Verfahren vor der Verwaltungsbehörde tätig und erhält die hierfür bestimmte Gebühren des Unterabschnitts 2.

38 2. **Verfahrensgebühren**[12] **Nr. 5101, 5103, 5105.** Die Gebühren Nr. 5101, 5103, 5105 bestimmen die Verfahrensgebühr im Verfahren vor der Verwaltungsbehörde. Welche dieser Gebühren anfällt, hängt von der Höhe der Geldbuße ab; deren Höhe bestimmt sich nach Abs. 2 der Vorbem. 5.1 (Rn. 18 bis 20).

39 Die Gebühr Nr. 5101 entsteht bei einer Geldbuße von weniger als 40,00 Euro (Punktegrenze für Eintragungen in das Verkehrszentralregister). Der Gebührenrahmen für den Wahlanwalt beträgt 10,00 bis 100,00 Euro (Mittelgebühr: 55,00 Euro); dem gerichtlich bestellten oder beigeordneten Rechtsanwalt steht eine Festgebühr von 44,00 Euro zu.

40 Die Gebühr Nr. 5103 entsteht bei einer Geldbuße von 40,00 Euro bis 5000,00 Euro. Der Gebührenrahmen für den Wahlanwalt beträgt 20,00 bis 250,00 Euro (Mittelgebühr: 135,00 Euro); dem gerichtlich bestellten oder beigeordneten Rechtsanwalt steht eine Festgebühr von 108,00 Euro zu.

41 Die Gebühr Nr. 5105 entsteht bei einer Geldbuße von mehr als 5000,00 Euro. Der Gebührenrahmen für den Wahlanwalt beträgt 30,00 bis 250,00 Euro (Mittelgebühr: 140,00 Euro); dem gerichtlich bestellten oder beigeordneten Rechtsanwalt steht eine Festgebühr von 112,00 Euro zu.

42 3. **Terminsgebühren**[13] **Nr. 5102, 5104, 5106.** Die Gebühren Nr. 5102, 5104, 5106 legen die Terminsgebühren für die von den Gebühren Nr. 5101, 5103 bzw. 5105 er-

---

[11] *Göhler,* OWiG, 13. Aufl. 2002, Vor § 59 Rn. 27.
[12] Vgl. Rn. 13.
[13] Vgl. Rn. 14 bis 17.

Bußgeldsachen **VV Teil 5**

fassten Verfahren vor der Verwaltungsbehörde fest. Der Gebührenrahmen der Terminsgebühr ist identisch mit demjenigen der entsprechenden Verfahrensgebühr. Die Terminsgebühr entsteht für jeden Tag, an dem ein Termin in dem entsprechenden Verfahren stattfindet.

III. Unterabschnitt 3. Verfahren vor dem Amtsgericht

1. Allgemeines. Unterabschnitt 3 betrifft das gerichtliche Verfahren. Es wird dadurch anhängig, dass die Staatsanwaltschaft die Akten dem Amtsgericht zur Entscheidung über die Sache zuleitet (§ 69 Abs. 4 S. 2 OWiG). Das Gericht entscheidet nach einer Hauptverhandlung (§ 71 OWiG) oder, wenn es eine solche nicht für erforderlich hält, durch Beschluss (§ 72 OWiG). Es kann das Verfahren aber auch unter den Voraussetzungen des § 47 Abs. 2 OWiG einstellen. 43

2. Verfahrensgebühren[14] **Nr. 5107, 5109, 5111.** Die Gebühren Nr. 5107, 5109, 5111 bestimmen die Verfahrensgebühr im Verfahren vor dem Amtsgericht. Welche dieser Gebühren anfällt, hängt von der Höhe der Geldbuße ab; diese bestimmt sich nach Abs. 2 S. 1 der Vorbem. 5.1 (Rn. 18 bis 20). 44

Die Gebühr Nr. 5107 entsteht bei einer Geldbuße von weniger als 40,00 Euro (Punktegrenze für Eintragungen in das Verkehrszentralregister). Der Gebührenrahmen für den Wahlanwalt beträgt 10,00 bis 100,00 Euro (Mittelgebühr: 55,00 Euro); dem gerichtlich bestellten oder beigeordneten Rechtsanwalt steht eine Festgebühr von 44,00 Euro zu. 45

Die Gebühr Nr. 5109 entsteht bei einer Geldbuße von 40,00 Euro bis 5000,00 Euro. Der Gebührenrahmen für den Wahlanwalt beträgt 20,00 bis 250,00 Euro (Mittelgebühr: 135,00 Euro); dem gerichtlich bestellten oder beigeordneten Rechtsanwalt steht eine Festgebühr von 108,00 Euro zu. 46

Die Gebühr Nr. 5111 entsteht bei einer Geldbuße von mehr als 5000,00 Euro. Der Gebührenrahmen für den Wahlanwalt beträgt 40,00 bis 300,00 Euro (Mittelgebühr: 170,00 Euro); dem gerichtlich bestellten oder beigeordneten Rechtsanwalt steht eine Festgebühr von 136,00 Euro zu. 47

3. Terminsgebühren[15] **Nr. 5108, 5110, 5112.** Die Gebühren Nr. 5108, 5110, 5112 legen die Terminsgebühr je Hauptverhandlungstag für die von den Gebühren Nr. 5107, 5109 bzw. 5111 erfassten Verfahren vor dem Amtsgericht fest. Anders als im Verfahren vor der Verwaltungsbehörde sind die Verhandlungsgebühr und die ihr jeweils entsprechende Terminsgebühr im Verfahren vor dem Amtsgericht nicht identisch. 48

Die Gebühr Nr. 5108 sieht für den Wahlanwalt einen Gebührenrahmen von 20,00 Euro bis 200,00 Euro (Mittelgebühr: 110,00 Euro) und für den bestellten oder beigeordneten Rechtsanwalt eine Festgebühr von 88,00 Euro vor. 49

Die Gebühr Nr. 5110 sieht für den Wahlanwalt einen Gebührenrahmen von 30,00 Euro bis 400,00 Euro (Mittelgebühr: 215,00 Euro) und für den bestellten oder beigeordneten Rechtsanwalt eine Festgebühr von 172,00 Euro vor. 50

Die Gebühr Nr. 5112 sieht für den Wahlanwalt einen Gebührenrahmen von 70,00 Euro bis 470,00 Euro (Mittelgebühr: 270,00 Euro) und für den bestellten oder beigeordneten Rechtsanwalt eine Festgebühr von 216,00 Euro vor. 51

---

[14] Vgl. Rn. 13.
[15] Vgl. Rn. 14 bis 17.

VV Teil 5 *Vergütungsverzeichnis*

52 Nach Abs. 1 der Vorbem. 5.1.3 erhält der Rechtsanwalt die Terminsgebühren Nr. 5108, 5110, 5112 im Verfahren vor dem Amtsgericht auch für die Teilnahme an solchen Terminen, bei denen es sich nicht um Hauptverhandlungstermine handelt. Hierzu zählen zB richterliche Vernehmungen und Augenscheinseinnahmen.

53 **4. Wiederaufnahmeverfahren.** Die Gebühren Nr. 5107 bis 5112 entstehen gemäß Abs. 2 Hs. 1 der Vorbem. 5.1.3 **gesondert** für das Wiederaufnahmeverfahren (§ 85 OWiG) einschließlich seiner Vorbereitung. Demnach entsteht die Verfahrensgebühr Nr. 5109, wenn der Antrag auf Wiederaufnahme des Verfahrens zB eine Verurteilung zu einer Geldbuße von 200,00 Euro betrifft. Nimmt der Rechtsanwalt in diesem Verfahren an einem gerichtlichen Termin teil, fällt die Gebühr Nr. 5110 an.

54 Die Verfahrensgebühr Nr. 5109 entsteht auch dann, wenn der Rechtsanwalt dem Mandanten von der Stellung eines Wiederaufnahmeantrags abrät (Abs. 2 Hs. 2 der Vorbem. 5.1.3).

IV. Unterabschnitt 4. Verfahren über die Rechtsbeschwerde

55 **1. Allgemeines.** Gegen das Urteil des Amtsgerichts oder dessen Beschluss nach § 72 OWiG kommt als einheitliches und ausschließliches Rechtsmittel unter den Voraussetzungen des § 79 OWiG die Rechtsbeschwerde in Betracht. Gegen das Urteil ist die Rechtsbeschwerde ferner zulässig, wenn sie zugelassen ist (§ 80 OWiG). Über die Rechtsbeschwerde, für die grundsätzlich die Vorschriften der StPO und des GVG über die Revision entsprechend gelten (§ 79 Abs. 3 S. 1 OWiG), und den Zulassungsantrag entscheidet das Oberlandesgericht in der durch § 80 a OWiG vorgeschriebenen Besetzung.

56 **2. Verfahrensgebühr**[16] **Nr. 5113.** Die Gebühr Nr. 5113 bestimmt die Verfahrensgebühr im Verfahren über die Rechtsbeschwerde. Anders als die Verfahrensgebühren der Unterabschnitte 2 und 3 ist sie von der Höhe der Geldbuße nicht abhängig. Der Gebührenrahmen für den Wahlanwalt beträgt einheitlich 70,00 bis 470,00 Euro (Mittelgebühr: 270,00 Euro); dem gerichtlich bestellten oder beigeordneten Rechtsanwalt steht eine Festgebühr von 216,00 Euro zu.

57 **3. Terminsgebühr**[17] **Nr. 5114.** Die Gebühr Nr. 5114 legt die Terminsgebühr für jeden Hauptverhandlungstag im Verfahren über die Rechtsbeschwerde fest. Die für den Wahlanwalt und den gerichtlich bestellten oder beigeordneten Rechtsanwalt vorgesehenen Gebühren sind identisch mit der Verfahrensgebühr Nr. 5113.

V. Unterabschnitt 5. Zusätzliche Gebühren[18]

58 **1. Gebühr Nr. 5115. a) Allgemeines.** Die (zusätzliche) Gebühr Nr. 5115 dient der Abgeltung der Tätigkeit des Rechtsanwalts, die entweder zu einer Erledigung des Verfahrens vor der Verwaltungsbehörde oder zu einer Vermeidung der Hauptverhandlung führt.

---

[16] Vgl. Rn. 13.
[17] Vgl. Rn. 14 bis 16.
[18] Vgl. Rn. 22.

Bußgeldsachen

Notwendig ist insoweit also eine Mitwirkung des Rechtsanwalts. Mitwirkung ist 59 jede Tätigkeit, die **mitursächlich** ist, dass sich das Verfahren vor der Verwaltungsbehörde oder vor Beginn der Hauptverhandlung erledigt.

In Betracht kommt nicht nur eine Mitwirkung bei der **Klärung** des Tatvorwurfs 60 (zB Anträge auf Erhebung bestimmter Beweise), sondern auch bei der Klärung von Rechtsfragen, wenn sie zur Vermeidung von Rechtsfehlern führt.

Die Mitwirkung des Rechtsanwalts muss aber gemäß Abs. 2 der Anm. zu Gebühr 61 Nr. 5115 auf eine **Förderung** des Verfahrens gerichtet sein. Notwendig ist deshalb ein eigenständiger Beitrag, der auf den ordnungsgemäßen Fortgang des Verfahrens zielt. Die Gebühr Nr. 5115 fällt demnach zB nicht an, wenn der Mandant auf Rat des Rechtsanwalts von seiner Aussagefreiheit (§ 46 Abs. 1 OWiG, §§ 163 a, 136 StPO) Gebrauch macht mit der Folge, dass das Verfahren – weil die Tat anderweitig nicht aufklärbar ist – von der Verwaltungsbehörde mangels hinreichenden Tatverdachts gemäß § 46 Abs. 1 OWiG, § 170 Abs. 2 StPO eingestellt wird.

Im Übrigen entsteht die Gebühr Nr. 5115 nur dann nicht, wenn eine Mitwirkung 62 des Rechtsanwalts **nicht ersichtlich** ist. Aus dem Wort „ersichtlich" ergibt sich, dass an die Kausalität keine allzu strengen hohen Anforderungen zu stellen sind. Das Gesetz geht vielmehr aus, dass die Tätigkeit des Rechtsanwalts im Falle einer vorzeitigen Erledigung des Verfahrens in der Regel mitursächlich ist.

Die zusätzliche Gebühr Nr. 5115 wird in **Höhe** der jeweiligen Verfahrensgebühr ge- 63 währt. Erledigt sich durch die anwaltliche Mitwirkung das Verfahren vor der Verwaltungsbehörde, entsteht je nach der Höhe der Geldbuße (Rn. 18 bis 20) die Verfahrensgebühr Nr. 5101, 5103 oder 5105. Diese bemisst sich gemäß Abs. 3 S. 2 der Anm. für den Wahlanwalt nach der Rahmenmitte.

Wird durch die anwaltliche Mitwirkung die Hauptverhandlung entbehrlich, richtet 64 sich die Höhe der Gebühr gemäß Abs. 3 S. 1 der Anm. nach dem Rechtszug, in dem die Hauptverhandlung vermieden wurde. Wird die Hauptverhandlung im Verfahren vor dem Amtsgericht entbehrlich, erhält der Wahlanwalt die Verfahrensgebühr Nr. 5109, wenn im Bußgeldbescheid eine Geldbuße von zB 200,00 Euro festgesetzt war. Maßgebend ist auch hier wie bei Rn. 63 die Rahmenmitte, so dass dem Wahlanwalt eine Gebühr von 135,00 Euro zusteht. Der gerichtlich bestellte oder beigeordnete Rechtsanwalt erhält 108,00 Euro.

b) Einzelfälle. aa) Einstellung des Verfahrens. Gemäß Abs. 1 Nr. 1 der Anm. 65 entsteht die Gebühr Nr. 5115, wenn das Verfahren nicht nur vorläufig eingestellt wird. Vorläufige Einstellungen (zB wegen längerer Abwesenheit des Betroffenen gemäß § 46 Abs. 1 OWiG, § 205 StPO) stehen der endgültigen Einstellung nicht gleich, denn dabei bleibt offen, ob das Verfahren vor der Verwaltungsbehörde erledigt oder die Hauptverhandlung entbehrlich wird.

Wird nur wegen einzelner Ordnungswidrigkeiten innerhalb eines größeren Kom- 66 plexes eingestellt, so gilt die Pauschalgebühr Nr. 5115 nicht, da sich diese auf alle Einzeltaten beziehen muss.

bb) Rücknahme des Einspruchs gegen den Bußgeldbescheid. Gemäß Abs. 1 67 Nr. 2 der Anm. entsteht die Gebühr Nr. 5115, wenn das Verfahren durch wirksame Rücknahme des Einspruchs gegen den Bußgeldbescheid (§ 67 Abs. 1 S. 2 OWiG, § 302 Abs. 1 S. 1 StPO) erledigt wird. Die Rücknahme muss – wie sich aus Abs. 1 Nr. 4 der Anm. ergibt – erfolgen, bevor das Verfahren gerichtlich anhängig (Rn. 43) geworden ist.

68 **cc) Rücknahme des Bußgeldbescheids.** Gemäß Abs. 1 Nr. 3 der Anm. entsteht die Gebühr Nr. 5115, wenn der Bußgeldbescheid nach Einspruch von der Verwaltungsbehörde zurückgenommen und gegen einen neuen Bußgeldbescheid kein Einspruch eingelegt wird. Die Vorschrift betrifft das Zwischenverfahren (Rn. 36); sie soll die Kompromissbereitschaft bei einem Entgegenkommen der Verwaltungsbehörde fördern.[19] Der Rechtsanwalt erhält somit die Gebühr Nr. 5115, wenn die Verwaltungsbehörde den Bußgeldbescheid, in dem zB neben der Geldbuße ein Fahrverbot verhängt war, im Hinblick auf das Vorbringen in der Einspruchsschrift zurücknimmt und die Tat in dem neuen – von dem Betroffenen dann akzeptierten – Bußgeldbescheid lediglich mit einer Geldbuße ahndet.

69 **dd) Rücknahme des Einspruchs gegen den Bußgeldbescheid im gerichtlichen Verfahren.** Gemäß Abs. 1 Nr. 4 der Anm. entsteht die Gebühr Nr. 5115, wenn sich das gerichtliche Verfahren (Rn. 43) durch Rücknahme des Einspruchs gegen den Bußgeldbescheid oder der Rechtsbeschwerde (Rn. 55) des Betroffenen oder eines anderen Verfahrensbeteiligten erledigt und, falls schon eine Hauptverhandlung anberaumt ist, die Rücknahme früher als zwei Wochen vor deren Beginn erfolgt. Dies gilt natürlich erst recht, wenn noch gar kein Hauptverhandlungstermin bestimmt war.

70 **Nicht anwendbar** ist die Vorschrift, wenn die Rücknahme verspätet war, der Termin aber anschließend verlegt wird. Begünstigt werden soll die Rücknahme eben nur dann, wenn es dem Gericht noch möglich ist, die Vorbereitung der Verhandlung rechtzeitig rückgängig zu machen, insbesondere Zeugen oder Sachverständige abzuladen. Dennoch sollte sich der Rechtsanwalt, der die Frist versäumt, nicht verleiten lassen, mit der Rücknahme bis zur Hauptverhandlung zu warten, weil er damit seinem Mandanten Schaden in Form der zusätzlichen Kosten der Hauptverhandlung zufügt.

71 **ee) Entscheidung nach § 72 Abs. 1 S. 1 OWiG durch Beschluss.** Gemäß Abs. 1 Nr. 5 der Anm. entsteht die Gebühr Nr. 5115, wenn durch anwaltliche Mitwirkung das Gericht nach § 72 Abs. 1 S. 1 OWiG durch Beschluss entscheidet (Rn. 43). Diese Vorschrift setzt für eine Entscheidung ohne Hauptverhandlung voraus, dass weder die Staatsanwaltschaft noch der Betroffene widersprechen. Wenn der Anwalt daran mitwirkt, dass sein Mandant nicht widerspricht, macht er ebenfalls eine Hauptverhandlung entbehrlich. Die Regelung übernimmt den Grundgedanken aus § 105 Abs. 2 S. 2 BRAGO.

72 **2. Gebühr Nr. 5116. a) Allgemeines.** Bei der Gebühr Nr. 5116 handelt es sich um eine besondere, als **Wertgebühr** ausgerichtete Verfahrensgebühr (Rn. 13). Sie entsteht (zusätzlich) für Tätigkeiten des Rechtsanwalts bei Einziehung und verwandten Maßnahmen.

73 **Erfasst werden** von der Gebühr Nr. 5116 gemäß Abs. 1 der Anm. die **Einziehung** (vgl. §§ 22 ff., 123 Abs. 1 OWiG), der **Verfall** (vgl. § 29 a OWiG), die **Unbrauchbarmachung** (vgl. § 123 Abs. 2 S. 1 Nr. 2 OWiG), die **Vernichtung** und die **Beseitigung eines gesetzwidrigen Zustands** (vgl. § 145 Abs. 4 i.V.m. § 144 Abs. 4 MarkenG).

74 Die Gebühr Nr. 5116 entsteht gemäß Abs. 1 der Anm. auch bei einer **Beschlagnahme**, die einem der vorgenannten Zwecke dient. Es muss sich danach um eine Beschlagnahme handeln, durch die eine Einziehung und dergleichen sichergestellt werden soll. Der Rechtsanwalt wird daher durch Gebühr Nr. 5116 nicht erst begünstigt, wenn sich seine Tätigkeit auf die endgültige Maßnahme bezieht, sondern es genügt, wenn seine Tätigkeit gegen die vorläufige Maßnahme der Beschlagnahme gerichtet

---

[19] Vgl. BT-Drucks. 15/1971 S. 291.

ist. Hierher gehören vor allem Beschlagnahmen zur Sicherung der Einziehung (§ 46 Abs. 1 OWiG, §§ 111 b, 111 c StPO).

Eine Beschlagnahme, die der Sicherstellung von Beweismitteln (§ 46 Abs. 1 OWiG, 75 § 94 StPO) und damit anderen Zwecken als der Einziehung und dergleichen dient, scheidet dagegen aus.

b) Tätigkeit des Rechtsanwalts. Die Tätigkeit muss sich auf die Einziehung und 76 dergleichen „**beziehen**". Es genügt, dass es in dem Verfahren, in dem der Rechtsanwalt als Verteidiger tätig wird, auch um die Einziehung und dergleichen geht, d. h., dass eine Einziehung und dergleichen nach Lage der Sache in Betracht zu ziehen ist. Erforderlich ist nicht, dass die Einziehung und dergleichen bereits beantragt ist. Es ist auch nicht notwendig, dass der Rechtsanwalt eine **besondere** Tätigkeit hinsichtlich der Einziehungsfrage entfaltet. Vielmehr genügt es zB, dass er sich um die Abwehr einer Ahndung der Ordnungswidrigkeit überhaupt bemüht.[20]

Der Rechtsanwalt kann hinsichtlich der Einziehung und dergleichen im Verfahren 77 vor der Verwaltungsbehörde oder im Verfahren vor dem Gericht tätig werden. Die Voraussetzungen der Gebühr Nr. 5116 können schon erfüllt werden, wenn der Rechtsanwalt vor der richterlichen Bestätigung der Beschlagnahme (vgl. § 46 Abs. 1 OWiG, § 98 Abs. 2 StPO) tätig wird; sogar dann, wenn er nur zur **Abwendung** einer Beschlagnahme tätig wird.

c) Ermittlung der Gebühr. Die Verfahrensgebühr Nr. 5116 wird mit einem **Ge-** 78 **bührensatz** von **1,0** nach dem Gegenstandswert bestimmt. Dieser Wert muss jedoch 25,00 Euro oder mehr betragen, da nach Abs. 2 der Anm. bei einem unter 25,00 Euro liegenden Wert die Gebühr nicht entsteht.

Der **Gegenstandswert** richtet sich nach § 2 Abs. 1. Danach ist Gegenstand der anwalt- 79 lichen Tätigkeit der Anspruch auf Einziehung und dergleichen, auf den sich die Tätigkeit des Rechtsanwalts bezieht. Gegenstandswert ist der objektive Geldwert dieses Rechts.

Bei der **Beschlagnahme**, die nur eine **vorläufige Sicherungsmaßregel** darstellt, 80 ist der Wert – ähnlich wie bei dem Arrest oder der einstweiligen Verfügung (vgl. § 53 GKG) – nach billigem Ermessen zu bestimmen (§ 23 Abs. 3 S. 2), und zwar **in der Regel niedriger** als auf den Wert der einzuziehenden Gegenstände.

Die Gebühr Nr. 5116 entsteht bei entsprechenden Tätigkeiten des Rechtsanwalts nur 81 einmal für das Verfahren vor der Verwaltungsbehörde und dem Amtsgericht; im Rechtsbeschwerdeverfahren entsteht die Gebühr besonders (Abs. 3 der Anm.). Maßgebend für den Wahlanwalt ist die Wertgebührentabelle des § 13; die Gebühr des gerichtlich bestellten oder beigeordneten Rechtsanwalts richtet sich nach der Tabelle des § 49.

C. Gebühren nach Teil 3[21]

I. Kostenfestsetzung, Kostenansatz

In Bußgeldsachen entstehen gemäß Abs. 4 Nr. 1 der Vorbem. 5 Gebühren nach den 82 Vorschriften des Teils 3. Dabei handelt es sich um

---

[20] So für Strafsachen: *Gerold/Schmidt/Madert* VV 4141–4146 Rn. 38.
[21] Teil 3 gilt für bürgerliche Rechtsstreitigkeiten, Verfahren der freiwilligen Gerichtsbarkeit, der öffentlich-rechtlichen Gerichtsbarkeiten, Verfahren nach dem Strafvollzugsgesetz und ähnliche Verfahren.

VV Teil 5

- Verfahren über die Erinnerung oder die Beschwerde gegen einen Kostenfestsetzungsbeschluss,
- Verfahren über die Erinnerung gegen den Kostenansatz,
- Verfahren über die Beschwerde gegen die Entscheidung über diese Erinnerung,
- Verfahren über den Antrag auf gerichtliche Entscheidung gegen einen Kostenfestsetzungsbescheid der Verwaltungsbehörde und den Ansatz der Gebühren und Auslagen (§ 108 OWiG).

83 Allerdings erhält der mit der Angelegenheit im Ganzen beauftragte Rechtsanwalt für eine Tätigkeit im Kostenfestsetzungsverfahren keine besondere Gebühr (§ 19 Abs. 1 Nr. 13); vielmehr umfasst die bei der Verwaltungsbehörde oder bei dem Gericht angefallene Verfahrensgebühr auch die Kostenfestsetzung.

84 Dagegen erhält der Rechtsanwalt für seine Tätigkeit im Verfahren über die Rechtsbehelfe gegen den **Kostenfestsetzungsbeschluss** (§ 46 Abs. 1 OWiG, § 464 b StPO; §§ 104 Abs. 3, 107 Abs. 3 ZPO) die Gebühren Nr. 3500 und 3513. Die gleichen Gebühren erhält der Rechtsanwalt auch für Erinnerungen gegen den gerichtlichen **Kostenansatz** und für Beschwerden gegen die Entscheidung über die Erinnerung (vgl. § 66 GKG).

85 Im Verfahren über den Antrag auf gerichtliche Entscheidung gegen einen **Kostenfestsetzungsbescheid** der Verwaltungsbehörde (§ 108 Abs. 1 S. 1 Nr. 2 OWiG) kommen nach Abs. 1 der Vorbem. 3.1 die Gebühren Nr. 3100 und 3104 in Betracht. Im Verfahren über die Beschwerde gegen die Entscheidung des Gerichts entstehen die Gebühren Nr. 3500 und 3513 (vgl. Abs. 4 Nr. 2 i.V.m. Nr. 1 der Vorbem. 5, § 108 Abs. 1 S. 2 Hs. 2 OWiG).

86 Die Gebühren Nr. 3100 und 3104 erhält der Rechtsanwalt auch im Verfahren über den Antrag auf gerichtliche Entscheidung gegen den **Kostenansatz** der Verwaltungsbehörde (§ 108 Abs. 1 S. 1 Nr. 3 OWiG). Diese Entscheidung ist – anders als die gerichtliche Entscheidung gegen den Kostenfestsetzungsbescheid – unanfechtbar (vgl. § 62 Abs. 2 S. 3, § 108 Abs. 1 S. 2 Hs. 2 OWiG).

87 Bei mehreren Erinnerungs- und Beschwerdeverfahren ist § 16 Nr. 12 zu beachten.

II. Zwangsvollstreckung

88 In Betracht kommt gemäß Abs. 4 Nr. 2 der Vorbem. 5 die Zwangsvollstreckung aus Entscheidungen über die Kostenerstattung (§ 46 Abs. 1 OWiG, § 464 b StPO).

89 Der Rechtsanwalt, der für oder gegen die Vollstreckung tätig ist, erhält die Gebühren Nr. 3309 und 3310 und im Beschwerdeverfahren die Gebühren Nr. 3500 und 3513.

90 Wenn aufgrund des Vollstreckungstitels der Anspruch im Wege der Zwangsversteigerung oder Zwangsverwaltung von Grundstücken und dergleichen oder im Insolvenzverfahren verfolgt wird, kommen die Gebühren Nr. 3311, 3312 bzw. 3313 in Betracht.

Bußgeldsachen VV Teil 5

D. Der Gebührentatbestand des Teils 5 Abschnitt 2

I. Allgemeines

1. Regelungsgegenstand. Teil 5 Abschnitt 2, bei dessen Anwendung auch die 91
für den gesamten Teil 5 maßgebenden Vorschriften der Vorbem. 5 (vgl. Rn. 1, 9, 13 bis 17, 21, 82, 85, 88) zu beachten sind, enthält die Regelungen für Einzeltätigkeiten in Bußgeldsachen, die von dem Rechtsanwalt, dem sonst die Verteidigung *nicht* übertragen ist (Rn. 9), erbracht werden.

2. Gebührenstruktur. Der Rechtsanwalt erhält für die Einzeltätigkeiten des Teils 5 92
Abschnitt 2 eine Verfahrensgebühr. Andere Gebühren (Grundgebühr, Terminsgebühr) werden ihm nicht gewährt. Der Wahlanwalt erhält eine Rahmengebühr, dem gerichtlich bestellten oder beigeordneten Rechtsanwalt steht eine Festgebühr zu.

II. Verfahrensgebühr[22] Nr. 5200

1. Allgemeiner Gebührentatbestand. Anders als für Strafsachen in Teil 4 Ab- 93
schnitt 3 (Gebühren Nr. 4300 bis 4302) werden die Einzeltätigkeiten, für die der Rechtsanwalt in Bußgeldsachen eine Vergütung beanspruchen kann, nicht im Einzelnen aufgeführt. Festgelegt wird nur, dass die Gebühr (grundsätzlich) für jede Tätigkeit *gesondert* entsteht (Abs. 2 S. 1 der Anm. zu Gebühr Nr. 5200); die Regelung entspricht damit dem „Auffangtatbestand" der Gebühr Nr. 4302 Nr. 3.
In Bußgeldsachen kommen als Einzeltätigkeiten zB in Betracht: Einlegung der 94
Rechtsbeschwerde, Anfertigung oder Unterzeichnung anderer Anträge, Gesuche, Erklärungen (zB Einlegung oder Rücknahme des Einspruchs gegen den Bußgeldbescheid, Rücknahme des Antrags auf Zulassung der Rechtsbeschwerde, Beweisanträge), Beistandsleistung bei einer Augenscheinseinnahme, mündliche Besprechungen oder Vorsprachen des Rechtsanwalts im Interesse des Betroffenen.
Für den Wahlanwalt sieht Gebühr Nr. 5200 eine Rahmengebühr von 10,00 bis 95
100,00 Euro (Mittelgebühr: 55,00 Euro) und für den gerichtlich bestellten oder beigeordneten Rechtsanwalt eine Festgebühr von 44,00 Euro vor.

2. Voraussetzungen. a) Grundsatz. Der dem Rechtsanwalt erteilte Auftrag darf 96
sich gemäß Abs. 1 der Anm. zu Gebühr Nr. 5200 nur auf **einzelne Tätigkeiten** (Rn. 8, 9) beschränken. Der Rechtsanwalt darf nicht Vollverteidiger oder Vollvertreter sein.

b) Abgeltungsbereich. Die Gebühr Nr. 5200 entsteht als Verfahrensgebühr mit 97
der ersten anwaltlichen Tätigkeit und entgilt zugleich alle weiteren Tätigkeiten. Der Umfang der Tätigkeit im Einzelfall ist nach § 14 nicht für das Entstehen und den Abgeltungsbereich, sondern nur für die Höhe der konkreten, aus dem Gebührenrahmen zu bemessenden Gebühr maßgebend.
Der Rechtsanwalt erhält gemäß Abs. 2 S. 1 der Anm. für jede einzelne Tätigkeit eine 98
besondere Gebühr, soweit nichts anderes bestimmt ist.[23] Dies gilt nicht nur bei **verschiedenartigen Tätigkeiten**, sondern auch dann, wenn **gleichartige Tätigkeiten**

---
[22] Vgl. Rn. 13.
[23] Vgl. Abs. 2 S. 2, Abs. 3 und 4 der Anm. zu Gebühr Nr. 5200.

nacheinander erbracht werden, zB wenn in derselben Bußgeldsache mehrere Anträge gefertigt oder unterzeichnet oder mehrere Augenscheinseinnahmen wahrgenommen werden. Die Rechtslage ist daher anders als im Zivilprozess, in dem mehrere gleichartige Einzeltätigkeiten in derselben Angelegenheit nur mit einer einzigen Gebühr abgegolten werden (Gebühr Nr. 3403).

99 c) **Bedeutung des § 15.** Die gesonderten Gebühren, die der Rechtsanwalt für mehrere Einzeltätigkeiten erhält, unterliegen gemäß Abs. 2 S. 2 der Anm. der Beschränkung des § 15. Das heißt, die Summe der Einzelgebühren darf die Gebühren eines Vollverteidigers nicht überschreiten (§ 15 Abs. 6) und mehrere Einzelaufträge gelten bei Gebühren für Handlungskomplexe als ein Gesamtauftrag (§ 15 Abs. 5).[24]

100 d) **Anrechnung bei Übertragung der Verteidigung.** Wird dem Rechtsanwalt, der für Einzeltätigkeiten die Gebühr Nr. 5200 oder mehrere Gebühren Nr. 5200 zu beanspruchen hat, die Verteidigung für das Bußgeldverfahren übertragen, so sind die bereits entstandenen Gebühren auf die für die (Voll-)Verteidigung entstehenden Gebühren anzurechnen.[25]

101 e) **Ausnahmen von der Anrechnung.** Der (Voll-)Verteidiger, der für den Betroffenen auch in der Vollstreckung oder in einer Gnadensache tätig wird, erhält die hierfür angefallene(n) Gebühr(en) Nr. 5200 neben den Verteidigergebühren (Abs. 4 der Anm. zu Gebühr Nr. 5200).

---

[24] Vgl. Teil 4 Abschnitt 3 Rn. 50, 51.
[25] Vgl. Teil 4 Abschnitt 3 Rn. 52, 53.

Teil 6. Sonstige Verfahren

Nr.	Gebührentatbestand	Gebühr Wahlverteidiger oder Verfahrensbevollmächtigter	gerichtlich bestellter oder beigeordneter Rechtsanwalt
Vorbemerkung 6: (1) Für die Tätigkeit als Beistand für einen Zeugen oder Sachverständigen in einem Verfahren, für das sich die Gebühren nach diesem Teil bestimmen, entstehen die gleichen Gebühren wie für einen Verfahrensbevollmächtigten in diesem Verfahren. (2) Die Verfahrensgebühr entsteht für das Betreiben des Geschäfts einschließlich der Information. (3) Die Terminsgebühr entsteht für die Teilnahme an gerichtlichen Terminen, soweit nichts anderes bestimmt ist. Der Rechtsanwalt erhält die Terminsgebühr auch, wenn er zu einem anberaumten Termin erscheint, dieser aber aus Gründen, die er nicht zu vertreten hat, nicht stattfindet. Dies gilt nicht, wenn er rechtzeitig von der Aufhebung oder Verlegung des Termins in Kenntnis gesetzt worden ist.			
Abschnitt 1. Verfahren nach dem Gesetz über die internationale Rechtshilfe in Strafsachen und Verfahren nach dem IStGH-Gesetz			
6100	Verfahrensgebühr................	80,00 bis 580,00 EUR	264,00 EUR
6101	Terminsgebühr je Verhandlungstag.....	110,00 bis 780,00 EUR	356,00 EUR
Abschnitt 2. Disziplinarverfahren, berufsgerichtliche Verfahren wegen der Verletzung einer Berufspflicht			
Vorbemerkung 6.2: (1) Durch die Gebühren wird die gesamte Tätigkeit im Verfahren abgegolten. (2) Für die Vertretung gegenüber der Aufsichtsbehörde außerhalb eines Disziplinarverfahrens entstehen Gebühren nach Teil 2. (3) Für folgende Tätigkeiten entstehen Gebühren nach Teil 3: 1. für das Verfahren über die Erinnerung oder die Beschwerde gegen einen Kostenfestsetzungsbeschluss, für das Verfahren über die Erinnerung gegen den Kostenansatz und für das Verfahren über die Beschwerde gegen die Entscheidung über diese Erinnerung, 2. in der Zwangsvollstreckung aus einer Entscheidung, die über die Erstattung von Kosten ergangen ist, und für das Beschwerdeverfahren gegen diese Entscheidung.			
Unterabschnitt 1. Allgemeine Gebühren			
6200	Grundgebühr................... Die Gebühr entsteht für die erstmalige Einarbeitung in den Rechtsfall nur einmal, unabhängig davon, in welchem Verfahrensabschnitt sie erfolgt.	30,00 bis 300,00 EUR	132,00 EUR

VV Teil 6

Vergütungsverzeichnis

Nr.	Gebührentatbestand	Gebühr	
		Wahlverteidiger oder Verfahrensbevollmächtigter	gerichtlich bestellter oder beigeordneter Rechtsanwalt
6201	Terminsgebühr für jeden Tag, an dem ein Termin stattfindet............... Die Gebühr entsteht für die Teilnahme an außergerichtlichen Anhörungsterminen und außergerichtlichen Terminen zur Beweiserhebung.	30,00 bis 312,50 EUR	137,00 EUR
	Unterabschnitt 2. Außergerichtliches Verfahren		
6202	Verfahrensgebühr................ (1) Die Gebühr entsteht gesondert für eine Tätigkeit in einem dem gerichtlichen Verfahren vorausgehenden und der Überprüfung der Verwaltungsentscheidung dienenden weiteren außergerichtlichen Verfahren. (2) Die Gebühr entsteht für eine Tätigkeit in dem Verfahren bis zum Eingang des Antrags oder der Anschuldigungsschrift bei Gericht.	30,00 bis 250,00 EUR	112,00 EUR
	Unterabschnitt 3. Gerichtliches Verfahren **Erster Rechtszug**		
	Vorbemerkung 6.2.3: Die nachfolgenden Gebühren entstehen für das Wiederaufnahmeverfahren einschließlich seiner Vorbereitung gesondert.		
6203	Verfahrensgebühr................	40,00 bis 270,00 EUR	124,00 EUR
6204	Terminsgebühr je Verhandlungstag.....	70,00 bis 470,00 EUR	216,00 EUR
6205	Der gerichtlich bestellte Rechtsanwalt nimmt mehr als 5 und bis 8 Stunden an der Hauptverhandlung teil: Zusätzliche Gebühr neben der Gebühr 6204.......		108,00 EUR
6206	Der gerichtlich bestellte Rechtsanwalt nimmt mehr als 8 Stunden an der Hauptverhandlung teil: Zusätzliche Gebühr neben der Gebühr 6204..............		216,00 EUR
	Zweiter Rechtszug		
6207	Verfahrensgebühr................	70,00 bis 470,00 EUR	216,00 EUR
6208	Terminsgebühr je Verhandlungstag.....	70,00 bis 470,00 EUR	216,00 EUR

Sonstige Verfahren VV Teil 6

Nr.	Gebührentatbestand	Gebühr Wahlverteidiger oder Verfahrensbevollmächtigter	gerichtlich bestellter oder beigeordneter Rechtsanwalt
6209	Der gerichtlich bestellte Rechtsanwalt nimmt mehr als 5 und bis 8 Stunden an der Hauptverhandlung teil: Zusätzliche Gebühr neben der Gebühr 6208		108,00 EUR
6210	Der gerichtlich bestellte Rechtsanwalt nimmt mehr als 8 Stunden an der Hauptverhandlung teil: Zusätzliche Gebühr neben der Gebühr 6208..............		216,00 EUR
	Dritter Rechtszug		
6211	Verfahrensgebühr................	100,00 bis 930,00 EUR	412,00 EUR
6212	Terminsgebühr je Verhandlungstag.....	100,00 bis 470,00 EUR	228,00 EUR
6213	Der gerichtlich bestellte Rechtsanwalt nimmt mehr als 5 und bis 8 Stunden an der Hauptverhandlung teil: Zusätzliche Gebühr neben der Gebühr 6212		114,00 EUR
6214	Der gerichtlich bestellte Rechtsanwalt nimmt mehr als 8 Stunden an der Hauptverhandlung teil: Zusätzliche Gebühr neben der Gebühr 6212..............		228,00 EUR
6215	Verfahrensgebühr für das Verfahren über die Beschwerde gegen die Nichtzulassung der Revision................	60,00 bis 930,00 EUR	396,00 EUR
	Unterabschnitt 4. Zusatzgebühr		
6216	Durch die anwaltliche Mitwirkung wird die mündliche Verhandlung entbehrlich: Zusätzliche Gebühr......... (1) Die Gebühr entsteht, wenn eine gerichtliche Entscheidung mit Zustimmung der Beteiligten ohne mündliche Verhandlung ergeht oder einer beabsichtigten Entscheidung ohne Hauptverhandlungstermin nicht widersprochen wird. (2) Die Gebühr entsteht nicht, wenn eine auf die Förderung des Verfahrens gerichtete Tätigkeit nicht ersichtlich ist. (3) Die Höhe der Gebühr richtet sich nach dem Rechtszug, in dem die Hauptverhandlung vermieden wurde. Für den Wahlanwalt bemisst sich die Gebühr nach der Rahmenmitte.	in Höhe der jeweiligen Verfahrensgebühr	

VV Teil 6

Nr.	Gebührentatbestand	Gebühr Wahlverteidiger oder Verfahrensbevollmächtigter	gerichtlich bestellter oder beigeordneter Rechtsanwalt
	Abschnitt 3. Gerichtliche Verfahren bei Freiheitsentziehung und in Unterbringungssachen		
6300	Verfahrensgebühr bei erstmaliger Freiheitsentziehung nach dem Gesetz über das gerichtliche Verfahren bei Freiheitsentziehungen und bei Unterbringungsmaßnahmen nach § 70 Abs. 1 FGG ..... Die Gebühr entsteht für jeden Rechtszug.	30,00 bis 400,00 EUR	172,00 EUR
6301	Terminsgebühr in den Fällen der Nummer 6300........................ Die Gebühr entsteht für die Teilnahme an gerichtlichen Terminen.	30,00 bis 400,00 EUR	172,00 EUR
6302	Verfahrensgebühr in sonstigen Fällen .... Die Gebühr entsteht für jeden Rechtszug des Verfahrens über die Fortdauer der Freiheitsentziehung und über Anträge auf Aufhebung der Freiheitsentziehung sowie des Verfahrens über die Aufhebung oder Verlängerung einer Unterbringungsmaßnahme nach § 70 i FGG.	20,00 bis 250,00 EUR	108,00 EUR
6303	Terminsgebühr in den Fällen der Nummer 6302........................ Die Gebühr entsteht für die Teilnahme an gerichtlichen Terminen.	20,00 bis 250,00 EUR	108,00 EUR
	Abschnitt 4. Besondere Verfahren und Einzeltätigkeiten		
	Vorbemerkung 6.4: Die Gebühren nach diesem Abschnitt entstehen in Verfahren 1. auf gerichtliche Entscheidung nach der WBO, auch iVm. § 42 WDO, 2. auf Abänderung oder Neubewilligung eines Unterhaltsbeitrags, 3. vor dem Dienstvorgesetzten über die nachträgliche Aufhebung einer Disziplinarmaßnahme und 4. auf gerichtliche Entscheidung über die nachträgliche Aufhebung einer Disziplinarmaßnahme.		
6400	Verfahrensgebühr für das Verfahren auf gerichtliche Entscheidung nach der WBO vor dem Truppendienstgericht	70,00 bis 570,00 EUR	
6401	Terminsgebühr je Verhandlungstag in den in Nummer 6400 genannten Verfahren	70,00 bis 570,00 EUR	

Sonstige Verfahren VV Teil 6

Nr.	Gebührentatbestand	Gebühr Wahlverteidiger oder Verfahrensbevollmächtigter	Gebühr gerichtlich bestellter oder beigeordneter Rechtsanwalt
6402	Verfahrensgebühr für das Verfahren auf gerichtliche Entscheidung nach der WBO vor dem Bundesverwaltungsgericht	85,00 bis 665,00 EUR	
6403	Terminsgebühr je Verhandlungstag in den in Nummer 6402 genannten Verfahren	85,00 bis 665,00 EUR	
6404	Verfahrensgebühr für die übrigen Verfahren und für Einzeltätigkeiten .... (1) Für eine Einzeltätigkeit entsteht die Gebühr, wenn dem Rechtsanwalt nicht die Verteidigung oder Vertretung übertragen ist. (2) Die Gebühr entsteht für jede einzelne Tätigkeit gesondert, soweit nichts anderes bestimmt ist. § 15 RVG bleibt unberührt. (3) Wird dem Rechtsanwalt die Verteidigung oder Vertretung für das Verfahren übertragen, werden die nach dieser Nummer entstandenen Gebühren auf die für die Verteidigung oder Vertretung entstehenden Gebühren angerechnet.	20,00 bis 250,00 EUR	108,00 EUR

Übersicht

	Rn.
I. Allgemeines	1, 2
II. Verfahren nach dem IRG und dem IStGHG (Abschnitt 1)	3–12
1. Allgemeines	3
2. Verfahrensgegenstand	4
3. Persönlicher Geltungsbereich	5
4. Sachlicher Geltungsbereich	6, 7
5. Gebühren	8–11
a) Verfahrensgebühr (Nr. 6100) ...	9, 10
b) Terminsgebühr (Nr. 6101)	11
6. Ergänzende Vorschriften	12
III. Disziplinarverfahren und berufsgerichtliche Verfahren wegen Verletzung einer Berufspflicht (Abschnitt 2)	13–41
1. Allgemeines	13
2. Anwendungsbereich (Vorbem. 6.2) .	14–16
a) Abs. 1	14
b) Abs. 2	15

	Rn.
c) Abs. 3	16
3. Disziplinarverfahren	17–19
a) Begriff	17, 18
b) Keine Disziplinarverfahren	19
4. Verfahren wegen Verletzung der Berufspflicht	20–28
a) Allgemeines	20, 21
b) Berufsgerichte	22–28
aa) Begriff	22–25
bb) Abgrenzung	26–28
5. Gebührentatbestände	29–41
a) Allgemeine Gebühren (Unterabschnitt 1)	30, 31
aa) Grundgebühr (Nr. 6200)	30
bb) Terminsgebühr (Nr. 6201) ..	31
b) Außergerichtliches Verfahren (Unterabschnitt 2)	32–34
aa) Allgemeines	32
bb) Vertretung im Rahmen der Vorermittlungen (Verfahrensgebühr nach Nr. 6202)	33, 34

VV Teil 6

	Rn.
c) Gerichtliches Verfahren (Unterabschnitt 3)	35–38
aa) Allgemeines	35
bb) Verfahrensgebühr und Terminsgebühr	36, 37
cc) Beschwerde gegen die Nichtzulassung der Revision	38
d) Zusatzgebühr (Unterabschnitt 4)	39–41
aa) Allgemeines	39
bb) Entstehen der Gebühr (Nr. 6216 Abs. 1)	40
cc) Höhe der Gebühr (Nr. 6216 Abs. 2)	41
IV. Gerichtliche Verfahren bei Freiheitsentziehungen und in Unterbringungssachen (Abschnitt 3)	42–53
1. Allgemeines	42
2. Geltungsbereich	43–45
a) Freiheitsentziehungen aufgrund von Bundesrecht	44
b) Freiheitsentziehungen aufgrund von Landesrecht	45
3. Gebührentatbestände	46–53
a) Anordnungsverfahren	46–49
aa) Verfahrensgebühr (Nr. 6300)	48
bb) Terminsgebühr (Nr. 6301)	49
b) Verfahren über die Fortdauer der Freiheitsentziehung und über Anträge auf Aufhebung der Freiheitsentziehung (Nr. 6302 und 6303)	50–53
aa) Fortdauer	50
bb) Aufhebung	51
cc) Höhe der Gebühren	52, 53
V. Besondere Verfahren und Einzeltätigkeiten (Abschnitt 4)	54–62
1. Allgemeines	54
2. Anwendungsbereich	55
3. Gebühren	56–62
a) Verfahrens- und Terminsgebühr für das Verfahren auf gerichtliche Entscheidung nach der WBO vor dem Truppengericht (Nr. 6400 und 6401)	57
b) Verfahrens- und Terminsgebühr für das Verfahren auf gerichtliche Entscheidung nach der WBO vor dem BVerwG (Nr. 6402 und 6403)	58
c) Verfahrensgebühr für die übrigen Verfahren und für Einzeltätigkeiten (Nr. 6404)	59–62

I. Allgemeines

1 Teil 6 fasst die sonstigen Verfahren zusammen, die nach den für das Strafverfahren geltenden Gebührengrundsätzen behandelt werden sollen.[1] **Sonstige Verfahren** sind Verfahren nach dem Gesetz über die Internationale Rechtshilfe in Strafsachen, Disziplinarverfahren, berufsgerichtliche Verfahren wegen der Verletzung einer Berufspflicht, gerichtliche Verfahren bei Freiheitsentziehung und in Unterbringungssachen und besondere Verfahren nach der Wehrbeschwerdeordnung sowie Einzeltätigkeiten.

2 Der Wortlaut der **Vorbem. 6** Abs. 1 bis 3 entspricht der Vorbem. 5 Abs. 1 bis 3, so dass insoweit auf die Kommentierung dort verwiesen werden kann.

II. Verfahren nach dem IRG und dem IStGHG (Abschnitt 1)

3 **1. Allgemeines.** Der Inhalt des § 106 BRAGO über Verfahren nach dem Gesetz über die Internationale Rechtshilfe in Strafsachen findet sich nunmehr in Teil 6 Abschnitt 1 wieder. Die Regelung wurde dabei an die geänderte Gebührenstruktur in Strafsachen angepasst. Allerdings ist eine Grundgebühr nicht vorgesehen.[2]

4 **2. Verfahrensgegenstand.** Seit 1. 7. 1983 gilt das Gesetz über die Internationale Rechtshilfe in Strafsachen (**IRG**) vom 23. 12. 1982 (BGBl. I S. 2071) in der Fassung

---

[1] So die BT-Drucks. 15/1971 S. 231 zu Teil 6.
[2] BT-Drucks. 15/1971 S. 231 zu Abschnitt 1.

Sonstige Verfahren **VV Teil 6**

der Neubekanntmachung vom 27. 6. 1994 (BGBl. I S. 1538), das das bis dahin geltende Auslieferungsgesetz ablöste. Das IRG sieht verschiedene Verfahren vor, zB die Auslieferung, Durchlieferung, Vollstreckung ausländischer Erkenntnisse, Zulässigkeit der Rechtshilfe, Überstellung, Durchbeförderung, Rücklieferung, Vollstreckungsersuchen, Herausgabe von Gegenständen. – Das Gesetz über die Zusammenarbeit mit dem Internationalen Strafgerichtshof (**IStGHG**) vom 21. 6. 2002 (BGBl. I S. 2144) regelt die Rechtshilfe für den IStGH. Es wurde als Art. 1 des Gesetzes zur Ausführung des Römischen Statuts des Internationalen Strafgerichtshofs vom 17. 7. 1998 (BGBl. 2000 II S. 1393) verkündet. Gegenstand des IStHG ist u. a. die Überstellung oder Durchbeförderung von Personen, die Vollstreckung von Entscheidungen des IStGH, die Leistung sonstiger Rechtshilfe und die Duldung von Verfahrenshandlungen auf deutschem Territorium.

3. Persönlicher Geltungsbereich. Abschnitt 1 regelt nur die Vergütung von 5 Rechtsanwälten. Das Rechtshilfegesetz spricht allgemein davon, dass der Verfolgte oder Verurteilte sich eines Beistands bedienen darf. Wer Beistand sein kann, richtet sich nach § 138 StPO, auf den § 40 Abs. 3 IRG (§ 31 Abs. 3 IStGHG) verweist. Ist der Beistand kein Rechtsanwalt, gilt für ihn das RVG nicht. Der beigeordnete Beistand ist jedoch stets ein Rechtsanwalt, da das IRG eine Bestellung anderer Personen als Beistand nicht vorsieht.

4. Sachlicher Geltungsbereich. Entsprechend der differenzierten Gliederung 6 des IRG bzw. IStGHG und des früheren[3] § 106 BRAGO gilt Abschnitt 1 für mehrere Verfahrensgänge, in denen die Beistandsleistung des Anwalts mit einer Rahmengebühr abgegolten wird. Es handelt sich um das Auslieferungsverfahren (§ 40 IRG), die Durchlieferung (§ 45 IRG), die Entscheidung über die Zulässigkeit der Vollstreckung einer Auslandsstrafe (§ 53 IRG), die Zulässigkeit einer sonstigen Rechtshilfe (§ 61 IRG), die Durchbeförderung, einen Unterfall der Durchlieferung (§ 65 IRG), die Zulässigkeit eines Vollstreckungsersuchens an eine ausländische Stelle (§ 71 IRG).

Nach der Vorbem. 6 Abs. 1 VV entstehen für die Tätigkeit als Beistand für einen 7 Zeugen oder Sachverständigen jetzt die gleichen Gebühren wie für einen Verfahrensbevollmächtigten in diesem Verfahren, so dass Abschnitt 1 auch in diesem Fall anwendbar ist.

5. Gebühren. Es sind zwei Gebühren vorgesehen, die in derselben Sache nebenein- 8 ander entstehen können. Es handelt sich bei der Verfahrensgebühr (Nr. 6100) und der Terminsgebühr (Nr. 6101) nicht um Abstufungen derselben Gebühr, sondern um selbständige Gebühren.

a) Verfahrensgebühr (Nr. 6100). Die Verfahrensgebühr mit einem Betragsrahmen 9 von 80 bis 580 Euro (Mittelgebühr: 330 Euro) für den Wahlanwalt und in Höhe von 264 Euro für den gerichtlich bestellten oder beigeordneten Rechtsanwalt entsteht mit der ersten Beistandsleistung im Auslieferungs- oder sonstigen genannten Verfahren (Rn. 4), im Allgemeinen also bereits mit der Entgegennahme der Information.[4] Die Gebühr umfasst das gesamte Verfahren außerhalb einer mündlichen Verhandlung, und zwar nicht nur Tätigkeiten gegenüber dem Gericht, sondern auch gegenüber den beteiligten Behörden. Sie umfasst auch die Beistandsleistung bei der Auslieferungshaft

---

[3] Zur Änderung im Jahr 2002 s. *Hartung/Römermann* Rn. 6 f.
[4] § 1 Rn. 10; *Hartmann* § 1 BRAGO Rn. 4.

VV Teil 6

und der vorläufigen Auslieferungshaft einschließlich der Vernehmungen und der Einwendungen gegen den Haftbefehl. Sie entgilt auch den Beistand bei der Abgabe der Einverständniserklärung des Verfolgten mit der Auslieferung (§ 41 IRG) und bei der Vernehmung und Beweiserhebung durch einen beauftragten oder ersuchten Richter sowie den Beistand gegenüber dem Bundesgerichtshof (vgl. § 42 IRG). Auch Vorbereitungs-, Neben- und Abwicklungstätigkeiten werden durch die Gebühr abgegolten.

10 Die Gebühr entsteht auch für den Rechtsanwalt, der nur mit einzelnen Beistandsleistungen beauftragt ist. Das Maß der anwaltlichen Tätigkeit ist nur bei der Bemessung der konkreten Gebühr zu berücksichtigen (§ 14). Jedoch entsteht die Gebühr nicht allein für einen Rat; hier gilt Nr. 2100, 2101; andererseits entsteht die Ratgebühr nicht neben der Verfahrensgebühr (Nr. 2100 Abs. 1, die nach der Anmerkung zu Nr. 2101 entsprechend gilt).

11 **b) Terminsgebühr (Nr. 6101).** Die Terminsgebühr entgilt die Beistandsleistung in gerichtlichen Terminen zum Beispiel in einer nach §§ 30 Abs. 3, 31 IRG angeordneten mündlichen Verhandlung vor dem Oberlandesgericht (nicht auch für Vernehmungen und dergleichen vor einem beauftragten oder ersuchten Richter, dem Amtsrichter usw.).[5] Sie entsteht, wenn der Rechtsanwalt bei dem Beginn der Erörterung der Sache anwesend ist, und umfasst die gesamte anwaltliche Tätigkeit an diesem Verhandlungstag. Sie entsteht für jeden Verhandlungstag gesondert in Höhe von 110 bis 780 Euro (Mittelgebühr: 445 Euro) für den Wahlanwalt und in Höhe von 356 Euro für den gerichtlich bestellten oder beigeordneten Rechtsanwalt.

12 **6. Ergänzende Vorschriften.** Die allgemeinen Bestimmungen des Gebührenrechts gelten als ergänzende Vorschriften. Hier ist hinzuweisen auf § 4 (Honorarvereinbarung), Nr. 1008 (Beistandsleistung für mehrere Beteiligte, soweit nach den prozessualen Vorschriften zulässig). Besondere Bedeutung kommt § 14 zu. Da die einzelnen Verfahren sowohl an Umfang als auch an Bedeutung außerordentlich unterschiedlich sein können, ist den Bemessungsfaktoren für die Rahmengebühr besondere Beachtung zu schenken.[6] Die festzulegende Gebühr muss nicht nur in Bezug auf den Einzelfall, sondern auch im Verhältnis zu den sonstigen nach dem Gesetz möglichen Verfahrensgestaltungen angemessen sein. Dass dem Anwalt neben der Gebühr seine Auslagen nach Teil 7 (Nr. 7000 bis 7008) zu erstatten sind, versteht sich von selbst. Eine Pauschgebühr nach § 42 für den Wahlverteidiger bzw. nach § 51 für den gerichtlich bestellten oder beigeordneten Rechtsanwalt ist zu erwägen, wenn die Gebühren nach Teil 6 Abschnitt 1 wegen des **besonderen Umfangs und der Schwierigkeit des Verfahrens** nicht zumutbar sind.

III. Disziplinarverfahren und berufsgerichtliche Verfahren wegen Verletzung einer Berufspflicht (Abschnitt 2)

13 **1. Allgemeines.** Abschnitt 2 entspricht inhaltlich § 110 BRAGO betreffend berufsgerichtliche Verfahren und passt ihn insgesamt für das gesamte berufsrechtliche Verfahren wiederum an die geänderte Gebührenstruktur in Strafsachen an.[7] Die Ver-

---

[5] *Gerold/Schmidt/Madert* VV 6100–6101 Rn. 16; *Hartmann* § 106 BRAGO Rn. 7.
[6] *Gerold/Schmidt/Madert* VV 6100–6101 Rn. 12.
[7] BT-Drucks. 15/1971 S. 231 zu Abschnitt 2.

Sonstige Verfahren **VV Teil 6**

fahrensgebühr ist identisch zur Verfahrensgebühr für den jeweiligen Rechtszug in Strafsachen. Die Gebühren für die zweite und dritte Instanz entstehen unabhängig davon, ob es sich um eine Berufung, Revision oder Beschwerde gegen eine den Rechtszug beendende Entscheidung handelt. Die Höhe der Gebühren entspricht der für das Strafverfahren, in erster Instanz der für das Strafverfahren vor dem Amtsgericht vorgesehenen Gebührenhöhe.[8]

2. Anwendungsbereich (Vorbem. 6.2). a) Abs. 1. Nach Abs. 1 der Vorbemerkung wird durch die Gebühren die gesamte Tätigkeit des Rechtsanwalts im Verfahren abgegolten. Jedoch kann zusätzlich die für alle Verfahren denkbare **Einigungs- bzw. Erledigungsgebühr** entstehen. **14**

b) Abs. 2. Nach Abs. 2 der Vorbemerkung entstehen die Gebühren für die Vertretung gegenüber der Aufsichtsbehörde außerhalb eines Disziplinarverfahrens nach Teil 2. Für eine solche Vertretung erhält der Rechtsanwalt somit eine Geschäftsgebühr[9] nach Nr. 2400 bis 2402. **15**

c) Abs. 3. Auf die in Abs. 3 aufgezählten Tätigkeiten in Beschwerdeverfahren finden die Vorschriften des Teils 6 keine Anwendung. Für diese Tätigkeiten entstehen Gebühren nach Teil 3, so dass hier auf die dortigen Ausführungen verwiesen werden kann. **16**

3. Disziplinarverfahren. a) Begriff. Der Begriff des Disziplinarverfahrens iS des 2. Abschnitts deckt sich mit dem entsprechenden Begriff des Disziplinarrechts – oder wie er heute genannt wird: Dienstordnungsrecht – des Bundes und der Länder. Im Disziplinarverfahren werden Pflichtverletzungen verfolgt, die Beamte oder Ruhestandbeamte des Bundes, eines Landes, einer Gemeinde oder einer öffentlichen Körperschaft, Anstalt oder Stiftung (§ 1 BDG; § 77 Abs. 2 BBeamtG), Notare und Soldaten begangen haben. Quellen des Disziplinarverfahrensrechts sind **17**
– das Bundesdisziplinargesetz vom 9.7.2001 (BGBl. I S. 1510) in der durch das Bundeswehrausrichtungsgesetz vom 20.12.2001 (BGBl. I S. 4013) geänderten Fassung, die Wehrdisziplinarordnung idF vom 16.8.2001 (BGBl. I S. 2093) –, für Richter §§ 61, 62 Abs. 1 Nr. 1, Abs. 2, §§ 63, 64, 77, 78 Nr. 1, § 79 Abs. 1, Abs. 3, §§ 81, 82, 83, 84 des Deutschen Richtergesetzes, für Notare §§ 96 ff. der Bundesnotarordnung;
– die Disziplinarordnungen bzw. Dienstordnungsgesetze der Länder und deren Richtergesetze, soweit sie Verfahren entsprechend § 62 Abs. 1 Nr. 1 DRiG regeln.

Als Disziplinarverfahren ist ferner das Verfahren nach §§ 58 ff. des Gesetzes über den Zivildienst der Kriegsdienstverweigerer vom 28.9.1994 (BGBl. I S. 2811) anzusehen. **18**

b) Keine Disziplinarverfahren. Keine Disziplinarverfahren sind Verfahren zur Ahndung von Verstößen gegen eine Anstaltsdisziplin, zB durch akademische Disziplinarbehörden, sowie Verfahren, die von öffentlichen Religionsgesellschaften durchgeführt werden; letztere Verfahren beruhen nach Art. 137 Abs. 3 S. 2 der Weimarer Verfassung, der Bestandteil des Grundgesetzes ist (Art. 140 GG), nicht auf staatlichem Recht.[10] Verfahren gegen Bundesverfassungsrichter (§ 105 des Gesetzes über das Bun- **19**

---

8 So der Wortlaut in BT-Drucks. 15/1971 S. 231 zu Abschnitt 2.
9 Zur Geschäftsgebühr s. die Kommentierung zu Teil 2 Abschnitt 4 VV Rn. 4 ff.
10 Vgl. über die Problematik *Hesse*, Der Rechtsschutz durch staatliche Gerichte im kirchlichen Bereich, 1956, S. 142 ff.; *Maurer*, Zur Anfechtbarkeit kirchlicher Verwaltungsakte vor staatlichen Gerichten, ÖV 1960, 749; BGHZ 22, 383; OVG Lüneburg AS 19, 501.

desverfassungsgericht vom 11. 8. 1993, BGBl. I S. 1473) und Anklagen gegen Richter (Art. 98 Abs. 2 GG) sind ebenfalls keine Disziplinarverfahren; sie richten sich nach § 37 Abs. 1. Schließlich sind Verfahren vor Ehrengerichten oder anderen Berufsgerichten keine Disziplinarverfahren.

20 **4. Verfahren wegen Verletzung der Berufspflicht. a) Allgemeines.** Diese Verfahren pflegen – wie die Disziplinarverfahren, mit denen sie verwandt sind – ähnlich einem Strafprozess abzulaufen. Die Höhe der Gebühren des Rechtsanwalts als Verteidiger des Beschuldigten entspricht daher der für das Strafverfahren vorgesehenen Gebührenhöhe.[11] Für die Verteidigung vor dem Berufsgericht im ersten Rechtszug (zB dem Anwaltsgericht nach § 92 BRAO) erhält der Rechtsanwalt die in Nr. 6203 bis 6206 bestimmten Gebühren. Unter Hauptverhandlung ist die mündliche Verhandlung vor dem Berufsgericht, aufgrund derer der Spruch ergeht, zu verstehen. Die Verhandlung vor dem Untersuchungsführer ist keine Hauptverhandlung, und zwar auch dann nicht, wenn dieser die Beweise erhebt.

21 Im Einspruchsverfahren gegen eine Rüge (§ 74 Abs. 5 BRAO, § 63 Abs. 5 Wirtschaftsprüferordnung, § 82 Steuerberatungsgesetz) gilt Teil 2 Abschnitt 4 VV; das ehren- oder berufsgerichtliche Verfahren beginnt hier erst mit dem Antrag auf gerichtliche Voruntersuchung.[12]

22 **b) Berufsgerichte. aa) Begriff.** Indem das Gesetz von „berufsgerichtlichen Verfahren" spricht, bringt es einerseits zum Ausdruck, dass Teil 6 Abschnitt 2 VV für Berufsgerichte auch dann gilt, wenn sie die Bezeichnung Ehrengericht führen, andererseits, dass als Ehrengerichte bezeichnete Einrichtungen nur dann unter Teil 6 Abschnitt 2 fallen, wenn es sich um Berufsgerichte handelt.

23 Für die Anwendung des Teils 6 Abschnitt 2 VV ist es unerheblich, ob das Berufsgericht den Charakter eines Gerichts im Sinne des Grundgesetzes hat. Es genügt, dass die Berufsgerichte als Spruchkörper auftreten und in einem justizförmigen Verfahren entscheiden.

24 Berufsgerichte sind Spruchkörper, die im Rahmen einer berufsständischen Selbstverwaltung auf gesetzlicher Grundlage eingerichtet sind. Ihre Zuständigkeit und ihr Verfahren sind durch das Gesetz geregelt. Sie haben zu entscheiden
– in einem dem Disziplinarverfahren ähnlichen Verfahren über die Ahndung von Verstößen gegen die Berufspflichten durch Angehörige des Berufes;
– in einem dem Verwaltungsgerichtsprozess ähnlichen Verfahren über die Zulassung zu dem Beruf, die Rücknahme der Zulassung und über Angelegenheiten der berufsständischen Selbstverwaltung (Gültigkeit von Wahlen, Abstimmungen und dergleichen).

25 **Beispiele** für Berufsgerichte
– für Rechtsanwälte die Anwaltsgerichte, Anwaltsgerichtshöfe, Senat für Anwaltssachen des Bundesgerichtshofs nach §§ 92 ff., 106 ff. BRAO;
– für Steuerberater und Steuerbevollmächtigte die Kammern für Steuerberater- und Steuerbevollmächtigtensachen der Landgerichte, Senat für Steuerberater- und Steuerbevollmächtigtensachen bei den Oberlandesgerichten, Senat für Steuerberater- und Steuerbevollmächtigtensachen beim Bundesgerichtshof; – §§ 51 ff. des Steuerberatungsgesetzes vom 4. 11. 1975 (BGBl. I S. 2735);
– für Wirtschaftsprüfer und vereidigte Buchprüfer die Kammern für Wirtschaftsprüfersachen der Landgerichte, Senate für Wirtschaftsprüfersachen bei den Oberlandes-

---

[11] Vgl. BT-Drucks. 15/1971 S. 231 zu Abschnitt 2.
[12] *Schumann* NJW 1959, 1763.

Sonstige Verfahren **VV Teil 6**

gerichten, Senat für Wirtschaftsprüfersachen beim Bundesgerichtshof; §§ 72 ff., 130 der Wirtschaftsprüferordnung vom 5. 11. 1975 (BGBl. I S. 2803);
- für Ärzte, Zahnärzte, Tierärzte, Apotheker (Heilberufe) die nach Landesrecht errichteten Berufsgerichte;
- für Architekten die Gerichte, die aufgrund Landesrechts eingerichtet sind, zB die Berufsgerichte nach § 20 des Architektengesetzes für Baden-Württemberg vom 5. 10. 1999 (GBl. S. 411) und nach § 33 des Architektengesetzes für Rheinland-Pfalz vom 4. 4. 1989 (GVBl. S. 71).

bb) Abgrenzung. Die Berufsgerichte sind von sonstigen Institutionen ähnlichen Namens abzugrenzen. **26**

Für die Anwendbarkeit des Abschnitts 2 ist es erforderlich, dass die **Berufsgerichte auf gesetzlicher Grundlage** errichtet sind. Daher scheiden Ehrengerichte von studentischen Korporationen, Sportverbänden, Vereinen und dergleichen aus. Wird der Rechtsanwalt vor solchen Gremien tätig, so richten sich seine Gebühren nach Teil 2 Abschnitt 4 VV (Geschäftsgebühr nach Nr. 2400), sofern es sich nicht um Schiedsgerichte (§ 36) handelt. **27**

Andererseits gilt Abschnitt 2 VV auch dann, wenn das Berufsgericht bei einem ordentlichen Gericht gebildet oder ein ordentliches Gericht (mit besonderer Besetzung) ist, wie zB der Senat für Anwaltssachen des Bundesgerichtshofes. Als berufsgerichtlich gilt auch das Verfahren zur Ausschließung des Verteidigers nach § 138 a StPO; lässt sich der auszuschließende Anwalt durch einen anderen Anwalt in diesem Verfahren vertreten, so erhält der andere Anwalt hierfür Gebühren nach Abschnitt 2 VV.[13] **28**

5. Gebührentatbestände. Der Beschuldigte kann sich in jeder Lage des Verfahrens eines Bevollmächtigten oder eines Beistandes bedienen (§ 20 Abs. 1 BDG), gleichgültig, ob das Verfahren vor einem Gericht anhängig ist oder nicht. Dementsprechend sind auch die Gebührentatbestände gefasst. **29**

a) Allgemeine Gebühren (Unterabschnitt 1). aa) Grundgebühr (Nr. 6200). Nach der Anmerkung zu Nr. 6200 entsteht die Grundgebühren für die erstmalige Einarbeitung in Rechtsfall nur **einmal**. Der Gebührenrahmen beträgt für den Wahlanwalt **30 bis 300 Euro** (Mittelgebühr: 165 Euro) und für den gerichtlich bestellten oder beigeordneten Rechtsanwalt **132 Euro**, unabhängig davon, in welchem Verfahrenabschnitt die Einarbeitung erfolgt. **30**

bb) Terminsgebühr (Nr. 6201). Für jeden Tag, an dem ein Termin stattfindet, entsteht für den Wahlanwalt eine Terminsgebühr mit einem Betragsrahmen von **30 bis 312,50 Euro** (Mittelgebühr: 171,25 Euro) und **137 Euro** für den gerichtlich bestellten oder beigeordneten Rechtsanwalt. Diese Gebühr entgilt die Teilnahme an außergerichtlichen Anhörungsterminen und außergerichtlichen Terminen zur Beweiserhebung. **31**

b) Außergerichtliches Verfahren (Unterabschnitt 2). aa) Allgemeines. Nach Abs. 1 der Anmerkung zu Nr. 6202 erhält der Rechtsanwalt abweichend vom bisher geltenden Recht die Gebühr gesondert für eine Tätigkeit in einem dem gerichtlichen Verfahren vorausgehenden und der Überprüfung der Verwaltungsentscheidung dienenden weiteren außergerichtlichen Verfahren. Die in Abs. 3 der Vorbemerkung zu diesem Abschnitt vorgesehene Anrechnung wird jedoch für diese Verfahren nicht übernommen, weil der durch die Tätigkeit in dem früheren Verfahrensabschnitte er- **32**

---

[13] OLG Koblenz MDR 1980, 78 zu § 110 BRAGO.

VV Teil 6

sparte Aufwand bei der Bestimmung der Gebühr innerhalb des Rahmens berücksichtigt werden kann.[14]

33   **bb) Vertretung im Rahmen der Vorermittlungen (Verfahrensgebühr nach Nr. 6202).** Das Disziplinarverfahren beginnt mit den Vorermittlungen des Dienstvorgesetzten. Es wird durch eine schriftliche Verfügung der Einleitungsbehörde eingeleitet. Das berufsrechtliche außergerichtliche Verfahren beginnt im Regelfall mit der Aufforderung an den betroffenen Berufsträger, sich zu einem Vorwurf zu äußern. Nach **Abs. 1 der Anmerkung** zu Nr. 6002 erhält der Rechtsanwalt eine Verfahrensgebühr gesondert für eine Tätigkeit in solchen dem gerichtlichen Verfahren vorausgehenden und der Überprüfung der Verwaltungsentscheidung dienenden außergerichtlichen Verfahren. Der hierfür zugezogene Verteidiger erhält eine Verfahrensgebühr nach Nr. 6202 mit einem Betragsrahmen von **30 bis 250 Euro** (Wahlverteidiger) bzw. **112 Euro** (gerichtlich bestellter oder beigeordneter Rechtsanwalt). Damit ist das gesamte außergerichtliche Verfahren abgegolten, das von einem oder auch mehreren übergeordneten Dienstvorgesetzten geführt wird. Es entspricht dem Ermittlungsverfahren des Strafprozesses. Die einschlägigen Verfahrensvorschriften finden sich in §§ 17 bis 31 BDG.

34   **Abs. 2 der Anmerkung** zu Nr. 6002 stellt klar, dass eine Verfahrensgebühr nicht mehr entstehen kann, wenn ein Antrag oder eine Anschuldigungsschrift bei Gericht eingegangen ist, weil damit das außergerichtliche Verfahren endet und das gerichtliche Verfahren beginnt.

35   **c) Gerichtliches Verfahren (Unterabschnitt 3). aa) Allgemeines.** Die Gebührentatbestände dieses Unterabschnitts sind mit den in Teil 4 Abschnitt 1 Unterabschnitt 3 enthaltenen Gebührentatbeständen identisch,[15] so dass grundsätzlich auf die dortige Kommentierung verwiesen werden kann. Nach der Vorbem. 6.2.3 entstehen für das Wiederaufnahmeverfahren einschließlich seiner Vorbereitung die Gebühren gesondert.

36   **bb) Verfahrens- und Terminsgebühr.** Im **ersten Rechtszug** entsteht eine **Verfahrensgebühr** nach Nr. 6203 in Höhe von 40 bis 270 Euro und (Wahlanwalt) bzw. 124 Euro (gerichtlich bestellter oder beigeordneten Rechtsanwalt) sowie eine **Terminsgebühr** nach Nr. 6204 je Verhandlungstag in Höhe von 70 bis 470 Euro (Wahlanwalt) bzw. 216 Euro (gerichtlich bestellter oder beigeordneten Rechtsanwalt). Zusätzlich können Gebühren nach Nr. 6205 und 6206 entstehen, wenn der Rechtsanwalt mehr als fünf bzw. mehr als acht Stunden an der Hauptverhandlung teilnimmt.

37   Die Gebühren im **zweiten und dritten Rechtszug** sind der Verfahrenslage entsprechend höher.

38   **cc) Beschwerde gegen die Nichtzulassung der Revision.** Nr. 6215 entspricht der Regelung des § 109 Abs. 5 BRAGO. Für das Verfahren über die Beschwerde gegen die Nichtzulassung der Revision entsteht eine besondere Verfahrensgebühr, die niedriger als die Verfahrensgebühr für das Revisionsverfahren ist, weil nach § 17 Nr. 9 das Revisionsverfahren und das Verfahren über die Beschwerde gegen ihre Nichtzulassung verschiedene Angelegenheiten sind.[16]

---

[14] BT-Drucks. 15/1971 S. 231 zu Nr. 6202.
[15] Hinsichtlich der Begründung vgl. *Hartung/Römermann* Rn. 31.
[16] BT-Drucks. 15/1971 S. 231 zu Nr. 6215.

Sonstige Verfahren **VV Teil 6**

d) Zusatzgebühr (Unterabschnitt 4). aa) Allgemeines. Vergleichbar den Regelungen in anderen Verfahren werden die besonderen Bemühungen des Rechtsanwalts honoriert, die eine mündliche Verhandlung im gerichtlichen Verfahren entbehrlich machen.[17] Die Bestimmung greift den Grundgedanken des früheren § 84 Abs. 2 BRAGO auf und überträgt ihn auf sonstige Verfahren des Teil 6, die einem Strafverfahren ähneln.[18] Zu denken ist hierbei insbesondere an Fallgestaltungen nach § 59 BDG und nach § 102 WDO. — 39

bb) Entstehen der Gebühr (Nr. 6216 Abs. 1 und 2). Nach Abs. 1 entsteht die Gebühr, wenn eine gerichtliche Entscheidung mit ausdrücklicher Zustimmung der Beteiligten ohne mündliche Verhandlung ergeht oder einer beabsichtigten Entscheidung ohne Hauptverhandlungstermin nicht innerhalb einer vom Gericht gesetzten Frist zur Abgabe einer Erklärung widersprochen wird. Nach Abs. 2 entsteht die Gebühr jedoch nicht, wenn eine auf die Förderung des Verfahrens gerichtete Tätigkeit nicht ersichtlich ist. — 40

cc) Höhe der Gebühr (Nr. 6216 Abs. 3). Gemäß Abs. 3 bemisst sich die Höhe der Gebühr nach der jeweiligen Verfahrensgebühr des Rechtszugs, in dem die Hauptverhandlung vermieden wurde. Für den Wahlanwalt richtet sich die Gebühr nach der Mitte des Rahmens. — 41

IV. Gerichtliche Verfahren bei Freiheitsentziehungen und in Unterbringungssachen (Abschnitt 3)

1. Allgemeines. In diesem Abschnitt wurden die Regelungen aus § 112 BRAGO für Verfahren bei Freiheitsentziehungen nach dem Bundesgesetz über das gerichtliche Verfahren bei Freiheitsentziehungen vom 29. 6. 1956 (BGBl. I S. 599) und für Verfahren bei Unterbringungsmaßnahmen nach § 70 Abs. 1 FGG inhaltlich im Wesentlichen unverändert übernommen. Die Gebühren sollten nach dem Willen des Gesetzgebers[19] gegenüber dem bisherigen Recht an die wirtschaftliche Entwicklung angepasst werden. — 42

2. Geltungsbereich. Die Vorschrift gilt für die Tätigkeit des Rechtsanwalts „im gerichtlichen Verfahren bei Freiheitsentziehungen". Wörtlich genommen sind dies alle Verfahren, in denen über die Zulässigkeit und Fortdauer einer Freiheitsentziehung gemäß Art. 104 Abs. 2 S. 1 GG von dem Richter entschieden wird. In diesem weiten Sinn kann die Vorschrift aber nicht verstanden werden, denn dann würde sie u. a. auch die Vorschriften über Strafsachen weitgehend ausschalten. Anzuwenden sind die Gebührentatbestände des Abschnitts 3, wenn ein ordentliches Gericht aufgrund bundesrechtlicher oder landesrechtlicher Regelungen über Freiheitsentziehungen entscheidet.[20] Daher ist wie folgt zu unterscheiden: — 43

a) Freiheitsentziehungen aufgrund von Bundesrecht. Für Freiheitsentziehungen, die aufgrund von Bundesrecht angeordnet werden, enthält Abschnitt 3 VV besondere Vorschriften für Verfahren nach dem Gesetz über das gerichtliche Verfahren — 44

---

[17] So wörtlich BT-Drucks. 15/1971 S. 231 zu Nr. 6216.
[18] Näher zur Begründung s. *Hartung/Römermann* Rn. 33.
[19] BT-Drucks. 15/1971 S. 231 zu Abschnitt 3.
[20] MwN *Hartung/Römermann* Rn. 39.

VV Teil 6

bei Freiheitsentziehungen. Der Anwendungsbereich des Abschnitts 3 ist ebenso groß wie der Anwendungsbereich dieses Gesetzes.[21] Die Gebühren des Abschnitts 3 entgelten ebenfalls die Tätigkeit des Rechtsanwalts im gerichtlichen Verfahren über eine Abschiebehaft.[22] **Nicht anwendbar** ist Abschnitt 3 auf vormundschaftsgerichtliche Verfahren wegen Unterbringung durch Vormünder, Pfleger, Betreuer und Verfahrenspfleger, weil das RVG für diese Verfahren nicht gilt (vgl. § 1 Abs. 2).

45 **b) Freiheitsentziehungen aufgrund von Landesrecht.** Für Freiheitsentziehungen, die aufgrund Landesrechts angeordnet werden, gilt Abschnitt 3 ebenfalls, sofern das RVG für das beschrittene gerichtliche Verfahren keine besonderen Gebührenvorschriften enthält. Danach gilt Abschnitt 3 nicht, soweit über eine Freiheitsentziehung von den Verwaltungsgerichten entschieden wird,[23] wie dies meistens bei der Ersatzzwangshaft in der Verwaltungsvollstreckung der Fall ist. Denn für das verwaltungsgerichtliche Verfahren entstehen die Gebühren nach Teil 3 VV. Wird dagegen über eine Freiheitsentziehung von dem ordentlichen Gericht im Verfahren der freiwilligen Gerichtsbarkeit oder in einem daran angelehnten ähnlichen Verfahren entschieden (so in aller Regel nach den für eine Freiheitsentziehung maßgebenden, unter unterschiedlichen Bezeichnungen erlassenen Unterbringungsgesetzen der Länder), so bemessen sich die Rechtsanwaltsgebühren nach Teil 6 Abschnitt 3 VV. Die verfahrensrechtlichen Bestimmungen dieser Landesgesetze sind seit dem Betreuungsgesetz aufgehoben und einheitlich bundesrechtlich den §§ 70 ff. FGG unterstellt. Das Landesrecht regelt nur noch die materiellen Voraussetzungen einer Unterbringung von Geistes- oder Suchtkranken; auf ihre Aufzählung im Einzelnen wird daher verzichtet.[24]

46 **3. Gebührentatbestände. a) Anordnungsverfahren.** Hierbei handelt es sich um das von Amts wegen oder auf Antrag der Verwaltungsbehörde eingeleitete Verfahren, in dem darüber entschieden wird, ob einer Person gegen ihren Willen oder im Zustand der Willenlosigkeit die Freiheit durch Unterbringung in einer geschlossenen Anstalt oder dergleichen zu entziehen ist. Zum Anordnungsverfahren gehören auch das richterliche Verfahren, in dem eine Verwaltungsmaßnahme, die eine Freiheitsentziehung darstellt, nachgeprüft wird, einschließlich der Anfechtung einer solchen Verwaltungsmaßnahme, sowie die einstweilige Freiheitsentziehung.

47 Die Verfahrensgebühr, die in diesem Verfahren nach Nr. 6300 für den Rechtsanwalt als Vertreter (Beistand) der Person, der die Freiheit entzogen werden soll, oder als Vertreter der Verwaltungsbehörde vorgesehen ist, deckt die gesamte Tätigkeit des Rechtsanwalts in einem Rechtszug (§ 15 Abs. 1) ab, entsteht aber nach der Anmerkung zu Nr. 6300 für jeden Rechtszug. Zum Rechtszug gehört, soweit vorgesehen, sowohl die einstweilige (Eil-)Unterbringung wie die daran anschließende Entscheidung über die endgültige Unterbringung, so dass die Gebühren insoweit nur einmal entstehen;[25] ebenso die Entscheidung über die Abschiebehaft und deren sofortigen Vollzug.[26] Im Verfahren über die Beschwerde und im Verfahren über die weitere Beschwerde gegen die die Rechtszüge beendigenden Entscheidungen entstehen die Gebühren jedoch neu (§ 15 Abs. 2 S. 2). In einem sonstigen Beschwerdeverfahren, dazu rechnet auch die

---

21 Vgl. über diesen *Saage/Göppinger*, Freiheitsentziehung und Unterbringung, § 1 Rn. 3 sowie Einführung; *Saage* JR 1956, 282.
22 OLG Düsseldorf JurBüro 1981, 234.
23 Vgl. BVerwGE 1, 229 zu § 112 BRAGO.
24 S. den Abdruck bei *Saage/Göppinger* Anhang S. 481 ff.
25 LG Berlin Rpfleger 1986, 197.
26 LG Koblenz NJW-RR 1998, 787.

Sonstige Verfahren **VV Teil 6**

einstweilige Unterbringung im Rahmen des Verfahrens,[27] entstehen keine neuen Gebühren;[28] der Arbeitsaufwand, den solche Beschwerden verursachen, ist innerhalb des Gebührenrahmens nach § 14 zu berücksichtigen.

aa) Verfahrensgebühr (Nr. 6300). Die allgemeine Verfahrensgebühr (Nr. 6300) entgilt die anwaltliche Tätigkeit in dem Verfahren im Allgemeinen. Die Gebühr entsteht mit der ersten Tätigkeit des Rechtsanwalts aufgrund des Auftrags, in dem gerichtlichen Verfahren im Ganzen – nicht nur hinsichtlich einzelner Handlungen – tätig zu werden; im Allgemeinen also bereits mit der Entgegennahme der Information (vgl. § 1 Rn. 10) und beträgt für den Wahlanwalt **30 bis 400 Euro** (Mittelgebühr: 215 Euro) und für den gerichtlich bestellten oder beigeordneten Rechtsanwalt **172 Euro**. Der Abgeltungsbereich der Gebühr umfasst die gesamte anwaltliche Tätigkeit in dem laufenden Rechtszug, und zwar nicht nur die schriftlichen, sondern auch die mündlichen Erörterungen. 48

bb) Terminsgebühr (Nr. 6301). Die Terminsgebühr entgilt die „Teilnahme" an gerichtlichen Terminen. Nach dem Wortlaut erscheint der Anwendungsbereich dieses Gebührentatbestandes gegenüber der früheren Regelung des § 112 Abs. 1 Nr. 2 BRAGO verengt,[29] verdiente der Rechtsanwalt diese Gebühr früher für die „Mitwirkung" bei einem mündlichen Termin. Inhaltlich decken sich jedoch die frühere und die jetzige Regelung. Auch früher bestand Einvernehmen darüber, dass der Rechtsanwalt im Termin zumindest anwesend sein musste. Mehr setzt auch Nr. 6301 nicht voraus. Auch diese Gebühr entsteht in jedem Rechtszug neu. Die Höhe der Gebühr entspricht der Verfahrensgebühr nach Nr. 6300. 49

b) Verfahren über die Fortdauer der Freiheitsentziehung und über Anträge auf Aufhebung der Freiheitsentziehung (Nr. 6302 und 6303). aa) Fortdauer. Über die Fortdauer der Freiheitsentziehung wird innerhalb einer bei der Anordnung der Freiheitsentziehung bestimmten Frist von Amts wegen entschieden (§ 9 Abs. 1 des Gesetzes über das gerichtliche Verfahren bei Freiheitsentziehungen). Die Gebühren gelten die Tätigkeit im gesamten Verfahren über die Fortdauer ab, einschließlich der Tätigkeit hinsichtlich einer einstweiligen Anordnung, die in diesem Verfahren ergeht. Sie entstehen auch dann nur einmal (§ 15 Abs. 2), wenn in dem Verfahren zugleich über einen Antrag auf Aufhebung der Freiheitsentziehung zu entscheiden ist. Im Verfahren über die Beschwerde gegen die Entscheidung über die Fortdauer der Freiheitsentziehung und im Verfahren über die weitere Beschwerde[30] entstehen neue Gebühren (§ 15 Abs. 2 S. 2), auch wenn das Beschwerdeverfahren von dem Betroffenen selbst eingeleitet und der Anwalt lediglich darin tätig wird.[31] Ist die Fortdauer der Freiheitsentziehung angeordnet worden, so sind spätere Verfahren, in denen über die weitere Fortdauer der Freiheitsentziehung von Amts wegen oder auf Antrag entschieden wird, neue Angelegenheiten iS von § 15 Abs. 1.[32] 50

---

[27] LG Verden NdsRpfl. 1966, 142.
[28] *Saage* Freiheitsentziehungsverfahren § 16 Rn. 16; aA *Gerold/Schmidt/Madert* VV 6300–6303 Rn. 15, vgl. auch LG Osnabrück AnwBl. 1975, 405; LG Kiel KostRsp. Nr. 13; LG Detmold Rpfleger 1986, 154; OLG Düsseldorf JurBüro 1985, 730.
[29] Vgl. *Hartung/Römermann* Rn. 45.
[30] OLG Hamm Rpfleger 1961, 412.
[31] LG Bonn AnwBl. 1984, 326.
[32] Zu § 13 Abs. 1 BRAGO vgl. *Hartmann* Rn. 13, 14.

VV Teil 6

51   **bb) Aufhebung.** Im Verfahren über Anträge auf Aufhebung einer Freiheitsentziehung entgelten die Gebühren die gesamte anwaltliche Tätigkeit bis zu der Entscheidung über den Antrag, und zwar in dem gleichen Umfang, wie er bei Rn. 48, 49 dargestellt ist. Die Gebühr entsteht nur einmal, wenn über die Fortdauer der Freiheitsentziehung von Amts wegen und zugleich auf Antrag zu entscheiden ist. Wird im Anordnungsverfahren (Rn. 46) die Aufhebung der – einstweiligen – Freiheitsentziehung beantragt, so wird dies durch die allgemeine Verfahrensgebühr (Nr. 2600) abgegolten.

52   **cc) Höhe der Gebühren.** In sonstigen Fällen erhält der Rechtsanwalt nach Nr. 6302 eine **Verfahrensgebühr** mit einem Betragsrahmen von 20 bis 250 Euro für den Wahlanwalt bzw. 108 Euro für den gerichtlich bestellten oder beigeordneten Rechtsanwalt. Nach der Anmerkung zu Nr. 6302 entsteht die Gebühr für jeden Rechtszug des Verfahrens über die Fortdauer der Freiheitsentziehung und über Anträge auf Aufhebung der Freiheitsentziehung sowie des Verfahrens über die Aufhebung der Verlängerung einer Unterbringungsmaßnahme nach § 70i FGG.

53   Für die Teilnahme an gerichtlichen Terminen erhält der Rechtsanwalt eine **Terminsgebühr** in Höhe von 20 bis 250 Euro für den Wahlanwalt bzw. 108 Euro für den gerichtlich bestellten oder beigeordneten Rechtsanwalt.

V. Besondere Verfahren und Einzeltätigkeiten (Abschnitt 4)

54   **1. Allgemeines.** Abschnitt 4 fasst die restlichen Verfahren, in denen der Anwalt Betragsrahmengebühren erhält, zusammen. Die in Nr. 1 der Vorbemerkung genannten Verfahren nach der Wehrbeschwerdeordnung (WBO) gehen auf § 109a BRAGO zurück.[33] Die Höhe der Mindest- und der Höchstgebühr des Gebührenrahmens entspricht jeweils der Summe der entsprechenden Gebühren nach Nr. 6200 und 6203. Eine Grundgebühr ist nicht vorgesehen. Die Bestimmung von Gebühren für einen bestellten Rechtsanwalt ist entbehrlich, weil eine gerichtliche Bestellung entsprechend § 90 WDO im gerichtlichen Antragsverfahren nach der WBO nicht möglich ist.[34] Nicht anwendbar sind im Verfahren nach der WBO die Vorschriften über die Prozesskostenhilfe.[35] Gleiches gilt für Beschwerden der Soldaten gegen Disziplinarmaßnahmen und gegen Entscheidungen des Disziplinarvorgesetzten, da für diese Beschwerden nach § 42 WDO ebenso die Bestimmungen der WBO gelten. Gemäß Nr. 2 der Vorbemerkung ersetzen die Gebühren dieses Abschnitts den früheren § 109 Abs. 6 BRAGO, gemäß Nr. 3 und 4 den früheren § 109 Abs. 7 BRAGO.

55   **2. Anwendungsbereich.** Nach der Vorbem. 6.4 gelten die Gebührentatbestände des Abschnitts 4 in Verfahren nach Nr. 1 auf gerichtliche Entscheidung nach der WBO, auch i.V.m. § 42 WDO, nach Nr. 2 auf Abänderung oder Neubewilligung eines Unterhaltsbeitrags, nach Nr. 3 vor dem Dienstvorgesetzten über die nachträgliche Aufhebung einer Disziplinarmaßnahme und nach Nr. 4 im gerichtlichen Verfahren über die nachträgliche Aufhebung einer Disziplinarmaßnahme.

56   **3. Gebühren.** Nr. 6400 bis 6403 betreffen die Tätigkeit des Rechtsanwalts, dem die Verteidigung oder Vertretung in Verfahren insgesamt übertragen ist, wohingegen

---

[33] BT-Drucks. 15/1971 S. 231 zu Abschnitt 4.
[34] Dau, Wehrdisziplinarordnung, 4. Aufl. 2002, § 1 WBO Rn. 25.
[35] So die h.M., m.w.N. s. BT-Drucks. 15/1971 S. 231 zu Abschnitt 4.

Sonstige Verfahren **VV Teil 6**

Nr. 6404 anwaltliche Einzeltätigkeiten erfasst. Die Unterscheidung, ob Nr. 6400 bis 6403 oder Nr. 6404 einschlägig ist, richtet sich nach dem **Umfang der Tätigkeit** des Rechtsanwalts.[36]

a) **Verfahrens- und Terminsgebühr für das Verfahren auf gerichtliche Entscheidung nach der WBO vor dem Truppendienstgericht (Nr. 6400 und 6401).** Für ein solches Verfahren vor dem Truppendienstgericht erhält der Rechtsanwalt in jeder Instanz eine Verfahrensgebühr mit einem Betragsrahmen von **70 bis 570 Euro** (Mittelgebühr: 320 Euro). Für jeden Verhandlungstag entsteht zusätzlich eine Terminsgebühr mit demselben Gebührenrahmen. 57

b) **Verfahrens- und Terminsgebühr für das Verfahren auf gerichtliche Entscheidung nach der WBO vor dem BVerwG (Nr. 6402 und 6403).** Für ein solches Verfahren vor dem Bundesverwaltungsgericht erhält der Rechtsanwalt in jeder Instanz eine Verfahrensgebühr mit einem Betragsrahmen von **85 bis 665 Euro** (Mittelgebühr: 375 Euro). Für jeden Verhandlungstag entsteht zusätzlich eine Terminsgebühr mit demselben Gebührenrahmen. 58

c) **Verfahrensgebühr für die übrigen Verfahren und für Einzeltätigkeiten (Nr. 6404).** Nach **Abs. 1** entsteht die Gebühr, wenn dem Rechtsanwalt nicht die Verteidigung oder Vertretung übertragen ist. 59

Abs. 2 bestimmt, dass die Gebühr für jede einzelne Tätigkeit gesondert entsteht, soweit nichts anderes bestimmt ist. Hier kommt vor allem § 15 Abs. 4 bis 6[37] in Betracht, der nach Abs. 2 unberührt bleibt. 60

Die Gebühr entsteht für den Wahlanwalt mit einem **Betragsrahmen von 20 bis 250 Euro** (Mittelgebühr: 135 Euro) und für den gerichtlich bestellten oder beigeordneten Rechtsanwalt in Höhe von **108 Euro**. 61

Die nach dieser Nummer entstandenen Gebühren werden nach **Abs. 3** auf die für die Verteidigung oder Vertretung entstehenden Gebühren **angerechnet**, wenn dem Rechtsanwalt die Verteidigung oder Vertretung für das Verfahren übertragen wird. Voraussetzung ist, dass die Gebühren, die für eine Einzeltätigkeit entstanden sind, dieselbe Angelegenheit betreffen.[38] 62

---

[36] Vgl. *Hartung/Römermann* Rn. 62.
[37] S. die Kommentierung zu § 15 Abs. 1.
[38] Vgl. *Hartung/Römermann* Rn. 71.

Teil 7. Auslagen

Nr.	Auslagentatbestand	Höhe
\multicolumn{3}{l}{*Vorbemerkung 7:*}	

Vorbemerkung 7:
(1) Mit den Gebühren werden auch die allgemeinen Geschäftskosten entgolten. Soweit nachfolgend nichts anderes bestimmt ist, kann der Rechtsanwalt Ersatz der entstandenen Aufwendungen (§ 675 iVm. § 670 BGB) verlangen.
(2) Eine Geschäftsreise liegt vor, wenn das Reiseziel außerhalb der Gemeinde liegt, in der sich die Kanzlei oder die Wohnung des Rechtsanwalts befindet.
(3) Dient eine Reise mehreren Geschäften, sind die entstandenen Auslagen nach den Nummern 7003 bis 7006 nach dem Verhältnis der Kosten zu verteilen, die bei gesonderter Ausführung der einzelnen Geschäfte entstanden wären. Ein Rechtsanwalt, der seine Kanzlei an einen anderen Ort verlegt, kann bei Fortführung eines ihm vorher erteilten Auftrags Auslagen nach den Nummern 7003 bis 7006 nur insoweit verlangen, als sie auch von seiner bisherigen Kanzlei aus entstanden wären.

Nr.	Auslagentatbestand	Höhe

7000	Pauschale für die Herstellung und Überlassung von Dokumenten:
	1. für Ablichtungen und Ausdrucke
	   a) aus Behörden- und Gerichtsakten, soweit deren Herstellung zur sachgemäßen Bearbeitung der Rechtssache geboten war,
	   b) zur Zustellung oder Mitteilung an Gegner oder Beteiligte und Verfahrensbevollmächtigte auf Grund einer Rechtsvorschrift oder nach Aufforderung durch das Gericht, die Behörde oder die sonst das Verfahren führende Stelle, soweit hierfür mehr als 100 Seiten zu fertigen waren,
	   c) zur notwendigen Unterrichtung des Auftraggebers, soweit hierfür mehr als 100 Seiten zu fertigen waren,
	   d) in sonstigen Fällen nur, wenn sie im Einverständnis mit dem Auftraggeber zusätzlich, auch zur Unterrichtung Dritter, angefertigt worden sind:
	   für die ersten 50 abzurechnenden Seiten je Seite ....
	   für jede weitere Seite ....
	2. für die Überlassung von elektronisch gespeicherten Dateien anstelle der in Nummer 1 Buchstabe d genannten Ablichtungen und Ausdrucke:
	   je Datei........................
	Die Höhe der Dokumentenpauschale nach Nummer 1 ist in derselben Angelegenheit und in gerichtlichen Verfahren in demselben Rechtszug einheitlich zu berechnen.
		
		0,50 EUR
		0,15 EUR
		
		2,50 EUR

7001	Entgelte für Post- und Telekommunikationsdienstleistungen.................. Für die durch die Geltendmachung der Vergütung entstehenden Entgelte kann kein Ersatz verlangt werden.	in voller Höhe
7002	Pauschale für Entgelte für Post- und Telekommunikationsdienstleistungen.................... Die Pauschale kann in jeder Angelegenheit anstelle der tatsächlichen Auslagen nach 7001 gefordert werden.	20 % der Gebühren – höchstens 20,00 EUR

Auslagen

Nr.	Auslagentatbestand	Höhe
7003	Fahrtkosten für eine Geschäftsreise bei Benutzung eines eigenen Kraftfahrzeugs für jeden gefahrenen Kilometer.... Mit den Fahrtkosten sind die Anschaffungs-, Unterhaltungs- und Betriebskosten sowie die Abnutzung des Kraftfahrzeugs abgegolten.	0,30 EUR
7004	Fahrtkosten für eine Geschäftsreise bei Benutzung eines anderen Verkehrsmittels, soweit sie angemessen sind	in voller Höhe
7005	Tage- und Abwesenheitsgeld bei einer Geschäftsreise 1. von nicht mehr als 4 Stunden..................... 2. von mehr als 4 bis 8 Stunden...................... 3. von mehr als 8 Stunden .... Bei Auslandsreisen kann zu diesen Beträgen ein Zuschlag von 50 % berechnet werden.	 20,00 EUR 35,00 EUR 60,00 EUR
7006	Sonstige Auslagen anlässlich einer Geschäftsreise, soweit sie angemessen sind	in voller Höhe
7007	Im Einzelfall gezahlte Prämie für eine Haftpflichtversicherung für Vermögensschäden, soweit die Prämie auf Haftungsbeträge von mehr als 30 Millionen EUR entfällt ..... Soweit sich aus der Rechnung des Versicherers nichts anderes ergibt, ist von der Gesamtprämie der Betrag zu erstatten, der sich aus dem Verhältnis der 30 Millionen EUR übersteigenden Versicherungssumme zu der Gesamtversicherungssumme ergibt.	in voller Höhe
7008	Umsatzsteuer auf die Vergütung..................... Dies gilt nicht, wenn die Umsatzsteuer nach § 19 Abs. 1 UStG unerhoben bleibt.	in voller Höhe

Übersicht

	Rn.		Rn.
I. Auslagenersatz.............	1–3	3. Reisekosten (Nr. 7003 bis 7006) ...	19–33
II. Einschränkungen (Vorbem. 7 Abs. 1).................	4–7	a) Voraussetzungen.......... b) Fahrtkosten.............	19, 20 21–25
III. Auslagentatbestände	8–41	c) Tage- und Abwesenheitsgeld ...	26
1. Dokumentenpauschale (Nr. 7000) ..	8–13	d) Nebenkosten...........	27–33
2. Telekommunikationskosten (Nr. 7001, 7002).................	14–18	4. Versicherungsprämien (Nr. 7007)... 5. Umsatzsteuer (Nr. 7008)	34 35–41

I. Auslagenersatz

Der Anwaltsvertrag ist ein **Geschäftsbesorgungsvertrag**. Nach den Vorschriften 1 des bürgerlichen Rechts (§§ 670, 675 BGB) kann der Auftragnehmer, also der Anwalt, vom Auftraggeber, seinem Mandanten, Ersatz der Aufwendungen verlangen, die er zur Durchführung des Auftrags gemacht und aus seiner Sicht für erforderlich halten durfte (Vorbem. 7 Abs. 1 VV). Die Erforderlichkeit ist auf den **Zeitpunkt** der Aufwendung zu beziehen. Der Auftraggeber kann nicht aus nachträglich anderer Sicht die Notwendigkeit bestreiten. Hinterher ist man immer klüger.

VV Teil 7

2 Diese Regelung gibt im Prinzip auch für die Aufwendungen des Anwalts. Jedoch bringt das Gesetz einer Reihe von Einschränkungen, die vorrangig sind.

3 Teilweise sieht das Gesetz des Ausschluss von der Geltendmachung vor, teilweise schreibt es Pauschalierungen vor.

II. Einschränkungen (Vorbem. 7 Abs. 1)

4 Generell ausgeschlossen ist die Berechnung von **allgemeinen Geschäftskosten** (Vorbem. 7 Abs. 1 VV). Darunter sind die Kosten zu verstehen, die dem Anwalt durch das Vorhalten seines Bürobetriebs entstehen. Das sind Kosten der Büroräume, die personelle und sachliche Ausstattung des Büros. Im Allgemeinen werden solche Kosten ohnehin nicht auf die einzelnen Aufträge des Anwalts bezogen werden können, weil sie der Bearbeitung einer Vielzahl von Aufträgen dienen. Auch wenn eine bestimmte Bürokraft nur Aufträge eines bestimmten Kunden bearbeitet, sind ihre Gehälter Allgemeinunkosten. Es kommt dabei auf den Einzelauftrag an.

5 Gleiches gilt für Büromaschinen sowie deren Ersatz oder Erneuerung, die Einrichtung und Instandhaltung von **Telekommunikationseinrichtungen** und deren **Grundgebühren**. Der Bezug und das Vorhalten von **Fachliteratur** fällt ebenfalls unter die allgemeinen Geschäftskosten. Eine Ausnahme kann gelten wenn zB ein bestimmtes Buch ausschließlich für ein einziges Werk, zB ein Gutachten, benötigt und dann nicht mehr gebraucht wird.

6 Allgemein kann man sagen, dass Aufwendungen, die nur für einen bestimmten Einzelauftrag gemacht werden, als Nebenkosten zu diesem Auftrag gehören, Aufwendungen, die für eine Mehrzahl von Einzelaufträgen dienen, zu den nicht berechenbaren Geschäftskosten zählen.

7 In einer Reihe von Fällen sieht das **Gesetz** auch für die Auslagen **Pauschalbeträge** vor, so bei den Telekommunikationskosten, sofern der Anwalt die Pauschalberechnung wählt, bei den Schreibkosten, den Kilometersätzen und den Tagegeldern. Hier hat der Anwalt die Pauschalbeträge zu fordern, unabhängig davon, ob seine tatsächlichen Aufwendungen höher oder niedriger sind.

III. Auslagentatbestände

8 **1. Dokumentenpauschale (Nr. 7000).** Hierunter verbergen sich die früher als Schreibgebühren bezeichneten Aufwendungen. Die Bezeichnung hat sich geändert, da bei dem heutigen Stand der Bürotechnik Abschriften kaum noch durch Abschreiben hergestellt werden. Vervielfältigungen und Ausdrucke dürfen jedoch nicht in allen Fällen in Rechnung gestellt werden.

9 Es sind **vier Fallgruppen** zu unterscheiden. Zu berechnen sind immer solche Ablichtungen, die mit **Einverständnis** des Auftraggebers zusätzlich gefertigt worden sind, wobei das Einverständnis auch nachträglich und sogar stillschweigend erteilt sein kann.

10 Ferner können berechnet werden Ablichtungen aus **Gerichts- und Behördenakten** (Nr. 7000 Nr. 1), allerdings nur, soweit sie zur sachgemäßen Bearbeitung notwendig waren. Das gedankenlose Ablichten ganzer Akten mit allen sachlich überholten Zustellungsurkunden, internen Verfahrensleitungen oder Vermerken, wenn es nicht gerade auf diese Einzelheiten ankommt, sollte nicht honoriert werden, so bequem es auch für den Rechtsanwalt ist.

Auslagen **VV Teil 7**

Sofern innerhalb der Angelegenheit oder des Rechtszuges mehr als je 100 Ablichtungen und Ausdrucke zu fertigen waren, sind auch Exemplare für die Unterrichtung des Auftraggebers oder Exemplare zur Mitteilung an Verfahrensbeteiligte aufgrund einer Rechtsvorschrift oder Aufforderung Seitens des Gerichts oder einer anderen verfahrensführenden Stelle anzusetzen. **11**

Dabei bleiben die ersten 100 Exemplare kostenfrei, es sind also nur die Seiten ab 101 Exemplare zu berechnen, was aus der Gesetzesbegründung sowie aus der Formulierung „abzurechnende Seiten" zu entnehmen ist. **12**

Die jeweils ersten 50 abrechenbare Seiten werden mit 0,50 Euro pro Seite berechnet, die weiteren Seiten mit je 0,15 Euro. **13**

2. Telekommunikationskosten (Nr. 7001, 7002). Zu den Telekommunikationskosten zählen die Porto- und Telefonkosten sowie sonstige in diesem Sachbereich anfallenden Einzelgebühren, nicht die für die Anlage selbst geschuldeten Anschluss- oder Grundgebühren. **14**

Hier hat der Anwalt die **Wahl**, ob er diese Unkosten einzeln zusammenstellt oder eine Pauschale berechnet, die sich an der Höhe der für die Angelegenheit entstehenden Anwaltsgebühren ausrichtet, nämlich 20% der Gebühren, aber nicht mehr als 20 Euro. **15**

Entstehen nur geringe Post- und Telefonkosten, ist die Pauschale für den Anwalt günstiger, bei hohen Auslagen dagegen die Einzelberechnung. Nur ist leider der Aufwand für die Erfassung der Einzelbeträge relativ hoch, so dass viele Anwälte aus Vereinfachungsgründen die Pauschale wählen. Gemildert wird diese Berechnungsart dadurch, dass die Pauschale in jeder Angelegenheit (vgl. §§ 16 bis 18) gesondert geltend gemacht werden kann. **16**

Voraussetzung der Berechnung ist immer, dass wenigstens ein Posten dieser Auslagen entstanden sein muss. Wenn also die Tätigkeit des Anwalts sich auf eine mündliche (nicht fernmündliche) Beratung beschränkt, entsteht kein Schriftwechsel und demnach auch kein Porto. Für die Anforderung des Honorars darf der Anwalt ohnehin kein Porto berechnen. **17**

Ob der Anwalt die Pauschale oder die Einzelabrechnung wählt, liegt in seinem nicht nachprüfbaren **Ermessen**. **18**

3. Reisekosten (Nr. 7003 bis 7006). a) Voraussetzungen. Voraussetzung für die Abrechnung von Reisekosten ist das Vorliegen einer **Geschäftsreise**. Dies ist der Fall, wenn sich der Rechtsanwalt auftragsgemäß an eine Örtlichkeit außerhalb der Grenzen seines Wohn- oder Kanzleiortes begibt (Vorbem. 7 Abs. 2). Durch die recht unterschiedlichen Verwaltungs- und Gebietsreformen der vergangenen Jahre kann sich daraus ergeben, dass der Anwalt viele Kilometer reisen muss, ohne dass er damit eine Geschäftsreise ausführt, oder umgekehrt, dass ein Weg von wenigen hundert Metern bereits über die Grenze der Heimatgemeinde führt. Im ersteren Falle erhält er trotz der Entfernung keine Reisekosten, auch keine Tagegelder. **19**

Der Rechtsanwalt kann die Bezahlung der Geschäftsreise nur verlangen, wenn sie **den Umständen nach erforderlich** war. Dies beurteilt sich aus der Sicht bei Beginn der Reise. Ein bestellter oder beigeordneter Anwalt hat nach § 46 Abs. 2 das Privileg, die Erforderlichkeit vor Beginn der Reise durch Gerichtsbeschluss feststellen zu lassen. Bejaht das Gericht die Erforderlichkeit, so ist dies für die spätere Abrechnung bindend. Wird die Erforderlichkeit verneint, so hat dies keine Wirkung für später; Es kann dann aus späterer Sicht noch nachträglich bejaht werden. Der nicht beigeordnete oder bestellte Anwalt hat diese Möglichkeit nicht. Er muss sich gegebenenfalls von **20**

VV Teil 7 *Vergütungsverzeichnis*

seinem Mandanten die Bezahlung zusichern lassen, wobei zweckmäßig die Formen einer Honorarvereinbarung einzuhalten sind.

21 **b) Fahrtkosten.** Benutzt der Rechtsanwalt ein eigenes Kraftfahrzeug (gemeint ist ein Kraftwagen) so erhält er eine **Kilometerpauschale** von derzeit 0,30 Euro (Nr. 7003). Maßgebend ist die tatsächlich befahrene oder übliche Strecke. Auf ein anderes Verkehrsmittel darf der Anwalt nach heutiger Rechtslage nicht verwiesen werden. Der Mandant müsste dann schon die Angemessenheit der Reise als Ganzes (nicht des Verkehrsmittels) in Frage stellen.

22 Mit dem Kilometergeld ist Anschaffung, Unterhaltung, Betrieb und Abnutzung des Fahrzeugs abgegolten. Auf die Größe des Kraftwagens und die tatsächlichen Kosten kommt es nicht an. **Keine** Kilometergelder gibt es für Motorräder, Fahrräder und Fußwege.

23 **Nicht** von der Kilometerpauschale sind Parkgebühren, Mautkosten u.Ä. erfasst. Diese können als Nebenkosten in der tatsächlich entstandenen Höhe gesondert berechnet werden.

24 Benutzt der Rechtsanwalt ein **anderes Verkehrsmittel**, so sind ihm die tatsächlich entstandenen Fahrtkosten zu erstatten, soweit sie angemessen sind (Nr. 7004). Bei **Bahnfahrten** ist meist die 1. Wagenklasse angemessen, für Kurzstrecken kann auch die 2. Klasse in Betracht kommen. Höherwertige Züge (IC, ICE) sind im Regelfall anzuerkennen, es sei denn, es bestehen günstige Fahrplanangebote für den Regionalverkehr.

25 Für **Flugreisen** ist die 1. Klasse nicht üblich und meist nicht angemessen. Dem Rechtsanwalt ist die Businessklasse und auf kürzeren Entfernungen auch die Economyklasse zuzumuten. Ob überhaupt ein Flugzeug als angemessenes Verkehrsmittel anzuerkennen ist, hängt von der damit erzielten Zeitersparnis ab, die allerdings bei der heutigen verlängerten Check-In-Zeit immer geringer wird.

26 **c) Tage- und Abwesenheitsgeld.** Gemäß Nr. 7005 erhält der Rechtsanwalt ein Tage- und Abwesenheitsgeld. Dieses richtet sich nach der **Dauer** der Geschäftsreise. Die Dauer rechnet vom Verlassen der Kanzlei (der Wohnung) bis zum Wiedereintritt. Es beträgt 20,35 oder 60 Euro, bei Auslandsreisen 50 % mehr. Die Stundenzahl rechnet (bei mehrtägigen Reisen) täglich bis 24 Uhr. Mit dem Tagegeld sind die Unkosten am Beschäftigungsort abgegolten, nicht dagegen die Kosten für Übernachtung oder für Zu- und Abgang.

27 **d) Nebenkosten.** Gemäß Nr. 7006 erhält der Rechtanwalt sonstige „angemessene" Auslagen in voller Höhe ersetzt. Hier sind in erster Linie die **Übernachtungskosten** zu nennen. Deren Höhe muss angemessen sein, wozu auch verkehrsübliche Trinkgelder gehören. Luxushotels werden normalerweise nicht angemessen sein.

28 Die Aufwendungen für das **Frühstück** gehören nicht zur Übernachtung, sondern sind aus dem Tagegeld zu bestreiten. Hotels besserer Kategorie weisen daher das Frühstück in der Rechnung bereits getrennt aus. Ist dies nicht der Fall, muss ein Anteil des Zimmerpreises auf das Frühstück (und damit auf das Tagegeld) verrechnet werden, wobei die von den Finanzämtern geübte Praxis vgl. Nr. 22 der ESt-Richtlinien) ein Anhaltspunkt sein kann.

29 Entstehen dem Rechtsanwalt **keine Kosten** für die Übernachtung, etwa weil er bei Verwandten übernachtet, so wird hier auch nichts erstattet. Eine pauschale Vergütung wie im Beamtenreisekostenrecht gibt es nach dem RVG nicht. Immerhin können auch bei kostenloser Übernachtung **Trinkgelder** anfallen, die dann im Rahmen der Üblichkeit erstattet werden.

Auslagen **VV Teil 7**

Zu den Nebenkosten zählen auch **Unkosten** für Zugang und Abgang, Das sind 30
die Aufwendungen für die Fahrt von Bahnhof (Flugplatz) zum Hotel oder Ort der
Beschäftigung (nicht für beides) und zurück. Weitere Fahrten innerhalb des Aufenthalts fallen unter das Tagegeld.

Als Nebenkosten zur Reise zählt auch zB ein **Telefonat**, mit dem der Anwalt bei 31
Verspätung eines Verkehrsmittels die verspätete Ankunft vormeldet.

Werden auf einer Geschäftsreise **mehrere Geschäfte** erledigt, so sind die Reisekosten 32
in dem Verhältnis aufzuteilen, wie sie bei getrennter Ausführung entstanden wären.

Verlegt ein Anwalt seine Kanzlei, so kann er für vorher angenommene Aufträge 33
keine höheren Reisekosten verlangen als sie ihm ohne den Ortswechsel entstanden
wären.

4. Versicherungsprämien (Nr. 7007). Nach § 22 steigen die Gebühren bei Gegen- 34
standswerten über 30 Millionen Euro (bei mehreren Auftraggebern 100 Millionen)
nicht mehr an. Die Haftung des Anwalts wird dadurch aber nicht begrenzt. In der
Höhe der Gebühr ist die Versicherung bis 30 Millionen berücksichtigt. Befürchtet der
Anwalt eine höhere Haftung als in den Gebühren veranschlagt ist, so kann er sich für
das erhöhte Risiko zusätzlich versichern und die dafür aufgewendete Prämie als Ausgabe in Rechnung stellen. Sofern der Erhöhungsbetrag der Prämie nicht aus der Prämienrechnung ersichtlich ist, wird zugunsten des Anwalts der Betrag anerkannt, der
sich aus dem Verhältnis der 30 Millionen übersteigenden Versicherungssumme zur
Gesamtversicherungssumme ergibt.

5. Umsatzsteuer (Nr. 7008). Die Tätigkeit des Rechtsanwalts ist umsatzsteuer- 35
pflichtig. Er kann und muss daher die von ihm zu zahlende Umsatzsteuer seinem
Mandanten in Rechnung stellen.

Dies gilt nicht, wenn der Rechtsanwalt **Kleinunternehmer** im Sinne des § 19 36
UStG ist. Als solcher gilt der Unternehmer, dessen Umsätze im vorangegangenen und
im laufenden Jahr bestimmte, in den letzten Jahren mehrfach veränderte Höchstbeträge nicht übersteigen.

Der Kleinunternehmer ist umsatzsteuerfrei, er kann jedoch für die Steuerpflicht 37
optieren. Auf den ersten Blick sieht das gerade für neu zugelassene Anwälte mit noch
geringem Umsatz wie eine Vergünstigung aus, zumal auch die Rechnungen eines solchen Anwalts wegen Wegfall der Umsatzsteuer niedriger sind und damit wie ein
Wettbewerbsvorteil erscheinen. Tatsächlich lohnt sich oft die Option für eine Umsatzsteuerpflicht. Der Kleinunternehmer ist nämlich nicht zu einem Vorsteuerabzug berechtigt und seine Rechnungen können auch beim Kunden nicht für einen Vorsteuerabzug verwendet werden, womit sie für Geschäftkunden uninteressant werden.

Die **Fälligkeit** der Umsatzsteuer deckt sich mit der Fälligkeit der Anwaltsvergütung 38
(vgl. § 8). Stellt der Anwalt allerdings Zwischenrechnungen, so entstehen Teilleistungen mit je eigener Fälligkeit der Steuer.

Der **unterlegene Prozessgegner** hat neben den Gebühren auch die Umsatzsteuer 39
zu erstatten, ausgenommen der Kostengläubiger kann die ihm von seinem Anwalt in
Rechnung gestellte Steuer zum Vorsteuerabzug verwenden

Bei Tätigwerden **in eigener Sache** entsteht eine Umsatzsteuerpflicht, wenn es sich 40
um private Angelegenheiten handelt.

In **beruflichen Angelegenheiten**, zB arbeitsrechtliche Streitigkeiten mit dem 41
Personal oder Schadensersatzklagen wegen Beschädigung eines Geschäftsfahrzeugs,
besteht dagegen **Umsatzsteuerfreiheit**, so dass dem Gegner keine Steuer berechnet
werden darf.

Anhang: Gesetzestexte
(Auszug)

1. Zivilprozessordnung
in der Fassung vom 12. September 1950 (BGBl. I S. 533),
zuletzt geändert durch Gesetz vom 22. März 2005 (BGBl. I S. 837)

§ 3 Wertfestsetzung nach freiem Ermessen
Der Wert wird von dem Gericht nach freiem Ermessen festgesetzt; es kann eine beantragte Beweisaufnahme sowie von Amts wegen die Einnahme des Augenscheins und die Begutachtung durch Sachverständige anordnen.

§ 4 Wertberechnung; Nebenforderungen
(1) Für die Wertberechnung ist der Zeitpunkt der Einreichung der Klage, in der Rechtsmittelinstanz der Zeitpunkt der Einlegung des Rechtsmittels, bei der Verurteilung der Zeitpunkt des Schlusses der mündlichen Verhandlung, auf die das Urteil ergeht, entscheidend; Früchte, Nutzungen, Zinsen und Kosten bleiben unberücksichtigt, wenn sie als Nebenforderungen geltend gemacht werden.
(2) Bei Ansprüchen aus Wechseln im Sinne des Wechselgesetzes sind Zinsen, Kosten und Provision, die außer der Wechselsumme gefordert werden, als Nebenforderungen anzusehen.

§ 5 Mehrere Ansprüche
Mehrere in einer Klage geltend gemachte Ansprüche werden zusammengerechnet; dies gilt nicht für den Gegenstand der Klage und der Widerklage.

§ 6 Besitz; Sicherstellung; Pfandrecht
[1]Der Wert wird bestimmt: durch den Wert einer Sache, wenn es auf deren Besitz, und durch den Betrag einer Forderung, wenn es auf deren Sicherstellung oder ein Pfandrecht ankommt. [2]Hat der Gegenstand des Pfandrechts einen geringeren Wert, so ist dieser maßgebend.

§ 7 Grunddienstbarkeit
Der Wert einer Grunddienstbarkeit wird durch den Wert, den sie für das herrschende Grundstück hat, und wenn der Betrag, um den sich der Wert des dienenden Grundstücks durch die Dienstbarkeit mindert, größer ist, durch diesen Betrag bestimmt.

§ 8 Pacht- oder Mietverhältnis
Ist das Bestehen oder die Dauer eines Pacht- oder Mietverhältnisses streitig, so ist der Betrag der auf die gesamte streitige Zeit entfallenden Pacht oder Miete und, wenn der 25fache Betrag des einjährigen Entgelts geringer ist, dieser Betrag für die Wertberechnung entscheidend.

§ 9 Wiederkehrende Nutzungen oder Leistungen
[1]Der Wert des Rechts auf wiederkehrende Nutzungen oder Leistungen wird nach dem dreieinhalbfachen Wert des einjährigen Bezuges berechnet. [2]Bei bestimmter

Dauer des Bezugsrechts ist der Gesamtbetrag der künftigen Bezüge maßgebend, wenn er der geringere ist.

§ 91 Grundsatz und Umfang der Kostenpflicht

(1) ¹Die unterliegende Partei hat die Kosten des Rechtsstreits zu tragen, insbesondere die dem Gegner erwachsenen Kosten zu erstatten, soweit sie zur zweckentsprechenden Rechtsverfolgung oder Rechtsverteidigung notwendig waren. ²Die Kostenerstattung umfaßt auch die Entschädigung des Gegners für die durch notwendige Reisen oder durch die notwendige Wahrnehmung von Terminen entstandene Zeitversäumnis; die für die Entschädigung von Zeugen geltenden Vorschriften sind entsprechend anzuwenden.

(2) ¹Die gesetzlichen Gebühren und Auslagen des Rechtsanwalt der obsiegenden Partei sind in allen Prozessen zu erstatten, Reisekosten eines Rechtsanwalts, der nicht bei dem Prozeßgericht zugelassen ist und am Ort des Prozeßgerichts auch nicht wohnt, jedoch nur insoweit, als die Zuziehung zur zweckentsprechenden Rechtsverfolgung oder Rechtsverteidigung notwendig war. ²Die Kosten mehrerer Rechtsanwälte sind nur insoweit zu erstatten, als sie die Kosten eines Rechtsanwalts nicht übersteigen oder als in der Person des Rechtsanwalts ein Wechsel eintreten mußte. ³In eigener Sache sind dem Rechtsanwalt die Gebühren und Auslagen zu erstatten, die er als Gebühren und Auslagen eines bevollmächtigten Rechtsanwalts erstattet verlangen könnte.

(3) Zu den Kosten des Rechtsstreits im Sinne der Absätze 1, 2 gehören auch die Gebühren, die durch ein Güteverfahren vor einer durch die Landesjustizverwaltung eingerichteten oder anerkannten Gütestelle entstanden sind; dies gilt nicht, wenn zwischen der Beendigung des Güteverfahrens und der Klageerhebung mehr als ein Jahr verstrichen ist.

(4) Zu den Kosten des Rechtsstreits im Sinne von Absatz 1 gehören auch Kosten, die die obsiegende Partei der unterlegenen Partei im Verlaufe des Rechtsstreits gezahlt hat.

§ 100 Kosten bei Streitgenossen

(1) Besteht der unterliegende Teil aus mehreren Personen, so haften sie für die Kostenerstattung nach Kopfteilen.

(2) Bei einer erheblichen Verschiedenheit der Beteiligung am Rechtsstreit kann nach dem Ermessen des Gerichts die Beteiligung zum Maßstab genommen werden.

(3) Hat ein Streitgenosse ein besonderes Angriffs- oder Verteidigungsmittel geltend gemacht, so haften die übrigen Streitgenossen nicht für die dadurch veranlaßten Kosten.

(4) ¹Werden mehrere Beklagte als Gesamtschuldner verurteilt, so haften sie auch für die Kostenerstattung, unbeschadet der Vorschrift des Absatzes 3, als Gesamtschuldner. ²Die Vorschriften des bürgerlichen Rechts, nach denen sich diese Haftung auf die im Absatz 3 bezeichneten Kosten erstreckt, bleiben unberührt.

§ 281 Verweisung bei Unzuständigkeit

(1) ¹Ist auf Grund der Vorschriften über die örtliche oder sachliche Zuständigkeit der Gerichte die Unzuständigkeit des Gerichts auszusprechen, so hat das angegangene Gericht, sofern das zuständige Gericht bestimmt werden kann, auf Antrag des Klägers durch Beschluß sich für unzuständig zu erklären und den Rechtsstreit an das zuständige Gericht zu verweisen. ²Sind mehrere Gerichte zuständig, so erfolgt die Verweisung an das vom Kläger gewählte Gericht.

Gesetzestexte (Auszug) Anh. 3 FGG

(2) ¹Anträge und Erklärungen zur Zuständigkeit des Gerichts können vor dem Urkundsbeamten der Geschäftsstelle abgegeben werden. ²Der Beschluß ist unanfechtbar. ³Der Rechtsstreit wird bei dem im Beschluß bezeichneten Gericht mit Eingang der Akten anhängig. ⁴Der Beschluß ist für dieses Gericht bindend.

(3) ¹Die im Verfahren vor dem angegangenen Gericht erwachsenen Kosten werden als Teil der Kosten behandelt, die bei dem im Beschluß bezeichneten Gericht erwachsen. ²Dem Kläger sind die entstandenen Mehrkosten auch dann aufzuerlegen, wenn er in der Hauptsache obsiegt.

2. Arbeitsgerichtsgesetz
in der Fassung vom 2. Juli 1979 (BGBl. I S. 853, ber. S. 1036),
zuletzt geändert durch Gesetz vom 23. März 2005 (BGBl. I S. 931)

§ 12 a Kostentragungspflicht

(1) ¹In Urteilsverfahren des ersten Rechtszugs besteht kein Anspruch der obsiegenden Partei auf Entschädigung wegen Zeitversäumnis und auf Erstattung der Kosten für die Zuziehung eines Prozeßbevollmächtigten oder Beistandes. ²Vor Abschluß der Vereinbarung über die Vertretung ist auf den Ausschluß der Kostenerstattung nach Satz 1 hinzuweisen. ³Satz 1 gilt nicht für Kosten, die dem Beklagten dadurch entstanden sind, daß der Kläger ein Gericht der ordentlichen Gerichtsbarkeit, der allgemeinen Verwaltungsgerichtsbarkeit, der Finanz- oder Sozialgerichtsbarkeit angerufen und dieses den Rechtsstreit an das Arbeitsgericht verwiesen hat.

(2) ¹Werden im Urteilsverfahren des zweiten Rechtszugs die Kosten nach § 92 Abs. 1 der Zivilprozeßordnung verhältnismäßig geteilt und ist die eine Partei durch einen Rechtsanwalt, die andere Partei durch einen Verbandsvertreter nach § 11 Abs. 2 Satz 2, 4 und 5 vertreten, so ist diese Partei hinsichtlich der außergerichtlichen Kosten so zu stellen, als wenn sie durch einen Rechtsanwalt vertreten worden wäre. ²Ansprüche auf Erstattung stehen ihr jedoch nur insoweit zu, als ihr Kosten im Einzelfall tatsächlich erwachsen sind.

3. Gesetz über die Angelegenheiten der freiwilligen Gerichtsbarkeit
in der Fassung der Bekanntmachung vom 20. Mai 1898 (RGBl. S. 771),
zuletzt geändert durch Gesetz vom 26. Januar 2005 (BGBl. I S. 162)

§ 13 a [Kosten]

(1) ¹Sind an einer Angelegenheit mehrere Personen beteiligt, so kann das Gericht anordnen, daß die Kosten, die zur zweckentsprechenden Erledigung der Angelegenheit notwendig waren, von einem Beteiligten ganz oder teilweise zu erstatten sind, wenn dies der Billigkeit entspricht. ²Hat ein Beteiligter Kosten durch ein unbegründetes Rechtsmittel oder durch grobes Verschulden veranlaßt, so sind ihm die Kosten aufzuerlegen.

(2) ¹In Betreuungs- und Unterbringungssachen kann das Gericht die Auslagen des Betroffenen, soweit sie zur zweckentsprechenden Rechtsverfolgung notwendig waren, ganz oder teilweise der Staatskasse auferlegen, wenn eine Betreuungsmaßnahme nach den §§ 1896 bis 1908i des Bürgerlichen Gesetzbuchs oder eine Unterbringungsmaßnahme nach § 70 Abs. 1 Satz 2 Nr. 1 und 2 abgelehnt, als ungerechtfertigt aufgehoben, eingeschränkt oder das Verfahren ohne Entscheidung über eine Maßnahme be-

Anh. 4 GKG *Anhang*

endet wird. ²Wird in den Fällen des Satzes 1 die Tätigkeit des Gerichts von einem am Verfahren nicht beteiligten Dritten veranlaßt und trifft diesen ein grobes Verschulden, so können ihm die Kosten des Verfahrens ganz oder teilweise auferlegt werden. ³Wird ein Antrag auf eine Unterbringungsmaßnahme nach § 70 Abs. 1 Satz 2 Nr. 3 abgelehnt oder zurückgenommen und hat das Verfahren ergeben, daß für die zuständige Verwaltungsbehörde ein begründeter Anlaß, den Unterbringungsantrag zu stellen, nicht vorgelegen hat, so hat das Gericht die Auslagen des Betroffenen der Körperschaft, der die Verwaltungsbehörde angehört, aufzuerlegen.

(3) Die Vorschriften des § 91 Abs. 1 Satz 2 und der §§ 103 bis 107 der Zivilprozeßordnung gelten entsprechend.

(4) Unberührt bleiben bundesrechtliche Vorschriften, die die Kostenerstattung abweichend regeln.

4. Gerichtskostengesetz
vom 5. Mai 2004 (BGBl. I S. 2198),
zuletzt geändert durch Gesetz vom 22. März 2005 (BGBl. I S. 837)

Abschnitt 6. Gebührenvorschriften

§ 34 Wertgebühren

(1) ¹Wenn sich die Gebühren nach dem Streitwert richten, beträgt die Gebühr bei einem Streitwert bis 300 Euro 25 Euro. ²Die Gebühr erhöht sich bei einem

Streitwert bis ... Euro	für jeden angefangenen Betrag von weiteren ... Euro	um ... Euro
1 500	300	10
5 000	500	8
10 000	1 000	15
25 000	3 000	23
50 000	5 000	29
200 000	15 000	100
500 000	30 000	150
über 500 000	50 000	150

³Eine Gebührentabelle für Streitwerte bis 500 000 Euro ist diesem Gesetz als Anlage 2 beigefügt.

(2) Der Mindestbetrag einer Gebühr ist 10 Euro.

§ 35 Einmalige Erhebung der Gebühren

Die Gebühr für das Verfahren im Allgemeinen und die Gebühr für eine Entscheidung werden in jedem Rechtszug hinsichtlich eines jeden Teils des Streitgegenstands nur einmal erhoben.

§ 36 Teile des Streitgegenstands

(1) Für Handlungen, die einen Teil des Streitgegenstands betreffen, sind die Gebühren nur nach dem Wert dieses Teils zu berechnen.

(2) Sind von einzelnen Wertteilen in demselben Rechtszug für gleiche Handlungen Gebühren zu berechnen, darf nicht mehr erhoben werden, als wenn die Gebühr von

dem Gesamtbetrag der Wertteile zu berechnen wäre.
(3) Sind für Teile des Gegenstands verschiedene Gebührensätze anzuwenden, sind die Gebühren für die Teile gesondert zu berechnen; die aus dem Gesamtbetrag der Wertteile nach dem höchsten Gebührensatz berechnete Gebühr darf jedoch nicht überschritten werden.

§ 37 Zurückverweisung
Wird eine Sache zur anderweitigen Verhandlung an das Gericht des unteren Rechtszugs zurückverwiesen, bildet das weitere Verfahren mit dem früheren Verfahren vor diesem Gericht im Sinne des § 35 einen Rechtszug.

§ 38 Verzögerung des Rechtsstreits
[1]Wird außer im Fall des § 335 der Zivilprozessordnung durch Verschulden des Klägers, des Beklagten oder eines Vertreters die Vertagung einer mündlichen Verhandlung oder die Anberaumung eines neuen Termins zur mündlichen Verhandlung nötig oder ist die Erledigung des Rechtsstreits durch nachträgliches Vorbringen von Angriffs- oder Verteidigungsmitteln, Beweismitteln oder Beweiseinreden, die früher vorgebracht werden konnten, verzögert worden, kann das Gericht dem Kläger oder dem Beklagten von Amts wegen eine besondere Gebühr in Höhe einer Gebühr auferlegen. [2]Die Gebühr kann bis auf ein Viertel ermäßigt werden. [3]Dem Kläger, dem Beklagten oder dem Vertreter stehen gleich der Nebenintervenient, der Beigeladene, der Vertreter des Bundesinteresses beim Bundesverwaltungsgericht und der Vertreter des öffentlichen Interesses sowie ihre Vertreter.

Abschnitt 7. Wertvorschriften
Unterabschnitt 1. Allgemeine Wertvorschriften

§ 39 Grundsatz
(1) In demselben Verfahren und in demselben Rechtszug werden die Werte mehrerer Streitgegenstände zusammengerechnet, soweit nichts anderes bestimmt ist.
(2) Der Streitwert beträgt höchstens 30 Millionen Euro, soweit nichts anderes bestimmt ist.

§ 40 Zeitpunkt der Wertberechnung
Für die Wertberechnung ist der Zeitpunkt der den jeweiligen Streitgegenstand betreffenden Antragstellung maßgebend, die den Rechtszug einleitet.

§ 41 Miet-, Pacht- und ähnliche Nutzungsverhältnisse
(1) [1]Ist das Bestehen oder die Dauer eines Miet-, Pacht- oder ähnlichen Nutzungsverhältnisses streitig, ist der Betrag des auf die streitige Zeit entfallenden Entgelts und, wenn das einjährige Entgelt geringer ist, dieser Betrag für die Wertberechnung maßgebend. [2]Das Entgelt nach Satz 1 umfasst neben dem Nettogrundentgelt Nebenkosten dann, wenn diese als Pauschale vereinbart sind und nicht gesondert abgerechnet werden.
(2) [1]Wird wegen Beendigung eines Miet-, Pacht- oder ähnlichen Nutzungsverhältnisses die Räumung eines Grundstücks, Gebäudes oder Gebäudeteils verlangt, ist ohne Rücksicht darauf, ob über das Bestehen des Nutzungsverhältnisses Streit besteht, das für die Dauer eines Jahres zu zahlende Entgelt maßgebend, wenn sich nicht nach Absatz 1 ein geringerer Streitwert ergibt. [2]Wird die Räumung oder Herausgabe

auch aus einem anderen Rechtsgrund verlangt, ist der Wert der Nutzung eines Jahres maßgebend.

(3) Werden der Anspruch auf Räumung von Wohnraum und der Anspruch nach den §§ 574 bis 574 b des Bürgerlichen Gesetzbuchs auf Fortsetzung des Mietverhältnisses über diesen Wohnraum in demselben Prozess verhandelt, werden die Werte nicht zusammengerechnet.

(4) Bei Ansprüchen nach den §§ 574 bis 574 b des Bürgerlichen Gesetzbuchs ist auch für die Rechtsmittelinstanz der für den ersten Rechtszug maßgebende Wert zugrunde zu legen, sofern nicht die Beschwer geringer ist.

(5) [1]Bei Ansprüchen auf Erhöhung der Miete für Wohnraum ist der Jahresbetrag der zusätzlich geforderten Miete, bei Ansprüchen des Mieters auf Durchführung von Instandsetzungsmaßnahmen der Jahresbetrag einer angemessenen Mietminderung und bei Ansprüchen des Vermieters auf Duldung einer Durchführung von Modernisierungs- oder Erhaltungsmaßnahmen der Jahresbetrag einer möglichen Mieterhöhung, in Ermangelung dessen einer sonst möglichen Mietminderung durch den Mieter maßgebend. [2]Endet das Mietverhältnis vor Ablauf eines Jahres, ist ein entsprechend niedrigerer Betrag maßgebend.

§ 42 Wiederkehrende Leistungen

(1) [1]Bei Ansprüchen auf Erfüllung einer gesetzlichen Unterhaltspflicht ist der für die ersten zwölf Monate nach Einreichung der Klage oder des Antrags geforderte Betrag maßgeblich, höchstens jedoch der Gesamtbetrag der geforderten Leistung. [2]Bei Unterhaltsansprüchen nach den §§ 1612 a bis 1612 c des Bürgerlichen Gesetzbuchs ist dem Wert nach Satz 1 der Monatsbetrag des Unterhalts nach dem Regelbetrag und der Altersstufe zugrunde zu legen, die im Zeitpunkt der Einreichung der Klage oder des Antrags maßgebend sind.

(2) [1]Wird wegen der Tötung eines Menschen oder wegen der Verletzung des Körpers oder der Gesundheit eines Menschen Schadensersatz durch Entrichtung einer Geldrente verlangt, ist der fünffache Betrag des einjährigen Bezugs maßgebend, wenn nicht der Gesamtbetrag der geforderten Leistungen geringer ist. [2]Dies gilt nicht bei Ansprüchen aus einem Vertrag, der auf Leistung einer solchen Rente gerichtet ist.

(3) [1]Bei Ansprüchen auf wiederkehrende Leistungen aus einem öffentlich-rechtlichen Dienst- oder Amtsverhältnis, einer Dienstpflicht oder einer Tätigkeit, die anstelle einer gesetzlichen Dienstpflicht geleistet werden kann, bei Ansprüchen von Arbeitnehmern auf wiederkehrende Leistungen sowie in Verfahren vor Gerichten der Sozialgerichtsbarkeit, in denen Ansprüche auf wiederkehrende Leistungen dem Grunde oder der Höhe nach geltend gemacht oder abgewehrt werden, ist der dreifache Jahresbetrag der wiederkehrenden Leistungen maßgebend, wenn nicht der Gesamtbetrag der geforderten Leistungen geringer ist. [2]Ist im Verfahren vor den Gerichten der Verwaltungs- und Sozialgerichtsbarkeit die Höhe des Jahresbetrags nicht nach dem Antrag des Klägers bestimmt oder nach diesem Antrag mit vertretbarem Aufwand bestimmbar, ist der Streitwert nach § 52 Abs. 1 und 2 zu bestimmen.

(4) [1]Für die Wertberechnung bei Rechtsstreitigkeiten vor den Gerichten für Arbeitssachen über das Bestehen, das Nichtbestehen oder die Kündigung eines Arbeitsverhältnisses ist höchstens der Betrag des für die Dauer eines Vierteljahres zu leistenden Arbeitsentgelts maßgebend; eine Abfindung wird nicht hinzugerechnet. [2]Bei Rechtsstreitigkeiten über Eingruppierungen ist der Wert des dreijährigen Unterschiedsbetrags zur begehrten Vergütung maßgebend, sofern nicht der Gesamtbetrag der geforderten Leistungen geringer ist.

Gesetzestexte (Auszug)

(5) ¹Die bei Einreichung der Klage fälligen Beträge werden dem Streitwert hinzugerechnet; dies gilt nicht in Rechtsstreitigkeiten vor den Gerichten für Arbeitssachen. ²Der Einreichung der Klage steht die Einreichung eines Antrags auf Bewilligung der Prozesskostenhilfe gleich, wenn die Klage alsbald nach Mitteilung der Entscheidung über den Antrag oder über eine alsbald eingelegte Beschwerde eingereicht wird. ³Die Sätze 1 und 2 sind im vereinfachten Verfahren zur Festsetzung von Unterhalt Minderjähriger entsprechend anzuwenden.

§ 43 Nebenforderungen

(1) Sind außer dem Hauptanspruch auch Früchte, Nutzungen, Zinsen oder Kosten als Nebenforderungen betroffen, wird der Wert der Nebenforderungen nicht berücksichtigt.

(2) Sind Früchte, Nutzungen, Zinsen oder Kosten als Nebenforderungen ohne den Hauptanspruch betroffen, ist der Wert der Nebenforderungen maßgebend, soweit er den Wert des Hauptanspruchs nicht übersteigt.

(3) Sind die Kosten des Rechtsstreits ohne den Hauptanspruch betroffen, ist der Betrag der Kosten maßgebend, soweit er den Wert des Hauptanspruchs nicht übersteigt.

§ 44 Stufenklage

Wird mit der Klage auf Rechnungslegung oder auf Vorlegung eines Vermögensverzeichnisses oder auf Abgabe einer eidesstattlichen Versicherung die Klage auf Herausgabe desjenigen verbunden, was der Beklagte aus dem zugrunde liegenden Rechtsverhältnis schuldet, ist für die Wertberechnung nur einer der verbundenen Ansprüche, und zwar der höhere, maßgebend.

§ 45 Klage und Widerklage, Hilfsanspruch, wechselseitige Rechtsmittel, Aufrechnung

(1) ¹In einer Klage und in einer Widerklage geltend gemachte Ansprüche, die nicht in getrennten Prozessen verhandelt werden, werden zusammengerechnet. ²Ein hilfsweise geltend gemachter Anspruch wird mit dem Hauptanspruch zusammengerechnet, soweit eine Entscheidung über ihn ergeht. ³Betreffen die Ansprüche im Fall des Satzes 1 oder 2 denselben Gegenstand, ist nur der Wert des höheren Anspruchs maßgebend.

(2) Für wechselseitig eingelegte Rechtsmittel, die nicht in getrennten Prozessen verhandelt werden, ist Absatz 1 Satz 1 und 3 entsprechend anzuwenden.

(3) Macht der Beklagte hilfsweise die Aufrechnung mit einer bestrittenen Gegenforderung geltend, erhöht sich der Streitwert um den Wert der Gegenforderung, soweit eine der Rechtskraft fähige Entscheidung über sie ergeht.

(4) Bei einer Erledigung des Rechtsstreits durch Vergleich sind die Absätze 1 bis 3 entsprechend anzuwenden.

§ 46 Familiensachen und Lebenspartnerschaftssachen

(1) ¹Die Scheidungssache und die Folgesachen gelten als ein Verfahren, dessen Gebühren nach dem zusammengerechneten Wert der Gegenstände zu berechnen sind. ²Eine Scheidungsfolgesache nach § 623 Abs. 2, 3, 5, § 621 Abs. 1 Nr. 1, 2 oder 3 der Zivilprozessordnung ist auch dann als ein Gegenstand zu bewerten, wenn sie mehrere Kinder betrifft. ³§ 48 Abs. 4 ist nicht anzuwenden.

(2) Absatz 1 Satz 1 gilt entsprechend, wenn nach § 621 a Abs. 2 der Zivilprozessordnung einheitlich durch Urteil zu entscheiden ist.

Anh. 4 GKG   *Anhang*

(3) Für die Lebenspartnerschaftssache nach § 661 Abs. 1 Nr. 1 der Zivilprozessordnung und deren Folgesachen (§ 661 Abs. 2, § 623 Abs. 1 und 5 der Zivilprozessordnung) gelten Absatz 1 Satz 1 und 3 und Absatz 2 entsprechend.

(4) Die Bestellung eines Verfahrenspflegers und deren Aufhebung nach § 50 des Gesetzes über die Angelegenheiten der freiwilligen Gerichtsbarkeit sind Teil der Folgesache.

§ 47 Rechtsmittelverfahren

(1) ¹Im Rechtsmittelverfahren bestimmt sich der Streitwert nach den Anträgen des Rechtsmittelführers. ²Endet das Verfahren, ohne dass solche Anträge eingereicht werden, oder werden, wenn eine Frist für die Rechtsmittelbegründung vorgeschrieben ist, innerhalb dieser Frist Rechtsmittelanträge nicht eingereicht, ist die Beschwer maßgebend.

(2) ¹Der Streitwert ist durch den Wert des Streitgegenstands des ersten Rechtszugs begrenzt. ²Das gilt nicht, soweit der Streitgegenstand erweitert wird.

(3) Im Verfahren über den Antrag auf Zulassung des Rechtsmittels und im Verfahren über die Beschwerde gegen die Nichtzulassung des Rechtsmittels ist Streitwert der für das Rechtsmittelverfahren maßgebende Wert.

Unterabschnitt 2. Besondere Wertvorschriften

§ 48 Bürgerliche Rechtsstreitigkeiten, Familien- und Lebenspartnerschaftssachen

(1) ¹In bürgerlichen Rechtsstreitigkeiten und in den in § 1 Nr. 1 Buchstabe b und c genannten Familien- und Lebenspartnerschaftssachen richten sich die Gebühren nach den für die Zuständigkeit des Prozessgerichts oder die Zulässigkeit des Rechtsmittels geltenden Vorschriften über den Wert des Streitgegenstands, soweit nichts anderes bestimmt ist. ²In Rechtsstreitigkeiten aufgrund des Unterlassungsklagengesetzes darf der Streitwert 250 000 Euro nicht übersteigen.

(2) ¹In nichtvermögensrechtlichen Streitigkeiten ist der Streitwert unter Berücksichtigung aller Umstände des Einzelfalls, insbesondere des Umfangs und der Bedeutung der Sache und der Vermögens- und Einkommensverhältnisse der Parteien, nach Ermessen zu bestimmen. ²Der Wert darf nicht über eine Million Euro angenommen werden.

(3) ¹Handelt es sich bei der nichtvermögensrechtlichen Streitigkeit um eine Ehesache oder eine Lebenspartnerschaftssache nach § 661 Abs. 1 Nr. 1 bis 3 der Zivilprozessordnung, ist für die Einkommensverhältnisse das in drei Monaten erzielte Nettoeinkommen der Eheleute oder der Lebenspartner einzusetzen. ²Der Streitwert darf in den in Satz 1 genannten Fällen nicht unter 2000 Euro angenommen werden. ³In Kindschaftssachen beträgt der Wert 2000 Euro, in einer Scheidungsfolgesache nach § 623 Abs. 2, 3, 5, § 621 Abs. 1 Nr. 1, 2 oder 3 der Zivilprozessordnung 900 Euro.

(4) Ist mit einem nichtvermögensrechtlichen Anspruch ein aus ihm hergeleiteter vermögensrechtlicher Anspruch verbunden, ist nur ein Anspruch, und zwar der höhere, maßgebend.

§ 49 Versorgungsausgleich

Im Verfahren über den Versorgungsausgleich beträgt der Wert, wenn dem Versorgungsausgleich

Gesetzestexte (Auszug) Anh. 4 GKG

1. ausschließlich Anrechte
   a) aus einem öffentlich-rechtlichen Dienstverhältnis oder aus einem Arbeitsverhältnis mit Anspruch auf Versorgung nach beamtenrechtlichen Grundsätzen,
   b) der gesetzlichen Rentenversicherung und
   c) der Alterssicherung der Landwirte
   unterliegen, 1 000 Euro;
2. ausschließlich sonstige Anrechte unterliegen, 1000 Euro;
3. Anrechte im Sinne von Nummern 1 und 2 unterliegen, 2000 Euro.

§ 50 Beschwerdeverfahren nach dem Gesetz gegen Wettbewerbsbeschränkungen und dem Wertpapiererwerbs- und Übernahmegesetz

(1) ¹In Verfahren über Beschwerden gegen Verfügungen der Kartellbehörde, über Rechtsbeschwerden (§§ 63 und 74 des Gesetzes gegen Wettbewerbsbeschränkungen) und über Beschwerden gegen Verfügungen der Bundesanstalt für Finanzdienstleistungsaufsicht (§ 48 des Wertpapiererwerbs- und Übernahmegesetzes) bestimmt sich der Wert nach § 3 der Zivilprozessordnung. ²Im Verfahren über Beschwerden eines Beigeladenen (§ 54 Abs. 2 Nr. 3 des Gesetzes gegen Wettbewerbsbeschränkungen) ist der Streitwert nach der sich aus dem Antrag des Beigeladenen für ihn ergebenden Bedeutung der Sache nach Ermessen zu bestimmen, jedoch nicht über 250 000 Euro.

(2) Im Verfahren über die Beschwerde gegen die Entscheidung der Vergabekammer (§ 116 des Gesetzes gegen Wettbewerbsbeschränkungen) einschließlich des Verfahrens über den Antrag nach § 115 Abs. 2 Satz 2 und 3, § 118 Abs. 1 Satz 3 und nach § 121 des Gesetzes gegen Wettbewerbsbeschränkungen beträgt der Streitwert 5 Prozent der Bruttoauftragssumme.

§ 51 Streitsachen und Rechtsmittelverfahren des gewerblichen Rechtsschutzes

(1) In Verfahren nach dem Patentgesetz, dem Gebrauchsmustergesetz, dem Markengesetz, dem Geschmacksmustergesetz, dem Halbleiterschutzgesetz und dem Sortenschutzgesetz ist der Wert nach billigem Ermessen zu bestimmen.

(2) Die Vorschriften über die Anordnung der Streitwertbegünstigung (§ 144 des Patentgesetzes, § 26 des Gebrauchsmustergesetzes, § 142 des Markengesetzes, § 54 des Geschmacksmustergesetzes) sind anzuwenden.

§ 52 Verfahren vor Gerichten der Verwaltungs-, Finanz- und Sozialgerichtsbarkeit

(1) In Verfahren vor den Gerichten der Verwaltungs-, Finanz- und Sozialgerichtsbarkeit ist, soweit nichts anderes bestimmt ist, der Streitwert nach der sich aus dem Antrag des Klägers für ihn ergebenden Bedeutung der Sache nach Ermessen zu bestimmen.

(2) Bietet der Sach- und Streitstand für die Bestimmung des Streitwerts keine genügenden Anhaltspunkte, ist ein Streitwert von 5000 Euro anzunehmen.

(3) Betrifft der Antrag des Klägers eine bezifferte Geldleistung oder einen hierauf gerichteten Verwaltungsakt, ist deren Höhe maßgebend.

(4) In Verfahren vor den Gerichten der Finanzgerichtsbarkeit darf der Streitwert nicht unter 1000 Euro, in Verfahren vor den Gerichten der Sozialgerichtsbarkeit und bei Rechtsstreitigkeiten nach dem Krankenhausfinanzierungsgesetz nicht über 2 500 000 Euro und in Verfahren vor den Gerichten der Verwaltungsgerichtsbarkeit

Anh. 4 GKG

über Ansprüche nach dem Vermögensgesetz nicht über 500000 Euro angenommen werden.

(5) ¹Im Verfahren, das die Begründung, die Umwandlung, das Bestehen, das Nichtbestehen oder die Beendigung eines besoldeten öffentlich-rechtlichen Dienst- oder Amtsverhältnisses betrifft, ist Streitwert
1. der 13fache Betrag des Endgrundgehaltes zuzüglich ruhegehaltfähiger Zulagen, wenn Gegenstand des Verfahrens ein Dienst- oder Amtsverhältnis auf Lebenszeit ist;
2. in sonstigen Fällen die Hälfte des sich nach Nummer 1 ergebenden Betrags, die Hälfte des 13fachen Anwärtergrundbetrags zuzüglich eines Anwärtersonderzuschlags oder die Hälfte des vertraglich für die Dauer eines Jahres vereinbarten Gehalts.

²Betrifft das Verfahren die Verleihung eines anderen Amts oder den Zeitpunkt einer Versetzung in den Ruhestand, ist Streitwert die Hälfte des sich nach Satz 1 ergebenden Betrags.

(6) Ist mit einem in Verfahren nach Absatz 5 verfolgten Klagebegehren ein aus ihm hergeleiteter vermögensrechtlicher Anspruch verbunden, ist nur ein Klagebegehren, und zwar das wertmäßig höhere, maßgebend.

(7) Dem Kläger steht gleich, wer sonst das Verfahren des ersten Rechtszugs beantragt hat.

§ 53 Einstweiliger Rechtsschutz, Verfahren nach § 319 Abs. 6 des Aktiengesetzes oder § 16 Abs. 3 des Umwandlungsgesetzes

(1) ¹In folgenden Verfahren bestimmt sich der Wert nach § 3 der Zivilprozessordnung:
1. über einen Antrag auf Anordnung, Abänderung oder Aufhebung eines Arrests oder einer einstweiligen Verfügung,
2. über den Antrag auf Zulassung der Vollziehung einer vorläufigen oder sichernden Maßnahme des Schiedsgerichts,
3. auf Aufhebung oder Abänderung einer Entscheidung auf Zulassung der Vollziehung (§ 1041 der Zivilprozessordnung),
4. nach § 319 Abs. 6 des Aktiengesetzes, auch in Verbindung mit § 327 e Abs. 2 des Aktiengesetzes, und
5. nach § 16 Abs. 3 des Umwandlungsgesetzes.

²Er darf jedoch im Fall des Satzes 1 Nr. 4 und 5 ein Zehntel des Grundkapitals oder Stammkapitals des übertragenden oder formwechselnden Rechtsträgers oder, falls der übertragende oder formwechselnde Rechtsträger ein Grundkapital oder Stammkapital nicht hat, ein Zehntel des Vermögens dieses Rechtsträgers, höchstens jedoch 500000 Euro, nur insoweit übersteigen, als die Bedeutung der Sache für die Parteien höher zu bewerten ist.

(2) ¹Ist in einem Verfahren nach § 620 Satz 1 Nr. 4 und 6, § 641 d oder § 644 der Zivilprozessordnung die Unterhaltspflicht zu regeln, wird der Wert nach dem sechsmonatigen Bezug berechnet. ²Im Verfahren nach § 620 Nr. 7 und 9 der Zivilprozessordnung, auch in Verbindung mit § 661 Abs. 2 der Zivilprozessordnung, beträgt der Wert, soweit die Benutzung der Wohnung zu regeln ist, 2000 Euro; soweit die Benutzung des Hausrats zu regeln ist, beträgt der Wert 1200 Euro.

(3) In folgenden Verfahren bestimmt sich der Wert nach § 52 Abs. 1 und 2:
1. über einen Antrag auf Erlass, Abänderung oder Aufhebung einer einstweiligen Anordnung nach § 123 der Verwaltungsgerichtsordnung oder § 114 der Finanzgerichtsordnung,

2. nach § 47 Abs. 6, § 80 Abs. 5 bis 8, § 80 a Abs. 3 oder § 80 b Abs. 2 und 3 der Verwaltungsgerichtsordnung,
3. nach § 69 Abs. 3, 5 der Finanzgerichtsordnung,
4. nach § 86 b des Sozialgerichtsgesetzes und
5. nach § 50 Abs. 3 bis 5 des Wertpapiererwerbs- und Übernahmegesetzes.

§ 54 Zwangsversteigerung

(1) ¹Bei der Zwangsversteigerung von Grundstücken sind die Gebühren für das Verfahren im Allgemeinen und für die Abhaltung des Versteigerungstermins nach dem gemäß § 74a Abs. 5 des Gesetzes über die Zwangsversteigerung und die Zwangsverwaltung festgesetzten Wert zu berechnen. ²Ist ein solcher Wert nicht festgesetzt, ist der Einheitswert maßgebend. ³Weicht der Gegenstand des Verfahrens vom Gegenstand der Einheitsbewertung wesentlich ab oder hat sich der Wert infolge bestimmter Umstände, die nach dem Feststellungszeitpunkt des Einheitswerts eingetreten sind, wesentlich verändert oder ist ein Einheitswert noch nicht festgestellt, ist der nach den Grundsätzen der Einheitsbewertung geschätzte Wert maßgebend. ⁴Wird der Einheitswert nicht nachgewiesen, ist das Finanzamt um Auskunft über die Höhe des Einheitswerts zu ersuchen; § 30 der Abgabenordnung steht der Auskunft nicht entgegen.

(2) ¹Die Gebühr für die Erteilung des Zuschlags bestimmt sich nach dem Gebot ohne Zinsen, für das der Zuschlag erteilt ist, einschließlich des Werts der nach den Versteigerungsbedingungen bestehen bleibenden Rechte zuzüglich des Betrags, in dessen Höhe der Ersteher nach § 114a des Gesetzes über die Zwangsversteigerung und die Zwangsverwaltung als aus dem Grundstück befriedigt gilt. ²Im Fall der Zwangsversteigerung zur Aufhebung einer Gemeinschaft vermindert sich der Wert nach Satz 1 um den Anteil des Erstehers an dem Gegenstand des Verfahrens; bei Gesamthandeigentum ist jeder Mitberechtigte wie ein Eigentümer nach dem Verhältnis seines Anteils anzusehen.

(3) ¹Die Gebühr für das Verteilungsverfahren bestimmt sich nach dem Gebot ohne Zinsen, für das der Zuschlag erteilt ist, einschließlich des Werts der nach den Versteigerungsbedingungen bestehen bleibenden Rechte. ²Der Erlös aus einer gesonderten Versteigerung oder sonstigen Verwertung (§ 65 des Gesetzes über die Zwangsversteigerung und die Zwangsverwaltung) wird hinzugerechnet.

(4) Sind mehrere Gegenstände betroffen, ist der Gesamtwert maßgebend.

(5) ¹Bei Zuschlägen an verschiedene Ersteher wird die Gebühr für die Erteilung des Zuschlags von jedem Ersteher nach dem Wert der auf ihn entfallenden Gegenstände erhoben. ²Eine Bietergemeinschaft gilt als ein Ersteher.

§ 55 Zwangsverwaltung

Die Gebühr für die Durchführung des Zwangsverwaltungsverfahrens bestimmt sich nach dem Gesamtwert der Einkünfte.

§ 56 Zwangsversteigerung von Schiffen, Schiffsbauwerken, Luftfahrzeugen und grundstücksgleichen Rechten

Die §§ 54 und 55 gelten entsprechend für die Zwangsversteigerung von Schiffen, Schiffsbauwerken und Luftfahrzeugen sowie für die Zwangsversteigerung und die Zwangsverwaltung von Rechten, die den Vorschriften der Zwangsvollstreckung in das unbewegliche Vermögen unterliegen, einschließlich der unbeweglichen Kuxe.

Anh. 5 KostO

§ 57 Zwangsliquidation einer Bahneinheit
Bei der Zwangsliquidation einer Bahneinheit bestimmt sich die Gebühr für das Verfahren nach dem Gesamtwert der Bestandteile der Bahneinheit.

§ 58 Insolvenzverfahren
(1) [1]Die Gebühren für den Antrag auf Eröffnung des Insolvenzverfahrens und für die Durchführung des Insolvenzverfahrens werden nach dem Wert der Insolvenzmasse zur Zeit der Beendigung des Verfahrens erhoben. [2]Gegenstände, die zur abgesonderten Befriedigung dienen, werden nur in Höhe des für diese nicht erforderlichen Betrags angesetzt.
(2) Ist der Antrag auf Eröffnung des Insolvenzverfahrens von einem Gläubiger gestellt, wird die Gebühr für das Verfahren über den Antrag nach dem Betrag seiner Forderung, wenn jedoch der Wert der Insolvenzmasse geringer ist, nach diesem Wert erhoben.
(3) [1]Bei der Beschwerde des Schuldners oder des ausländischen Insolvenzverwalters gegen die Eröffnung des Insolvenzverfahrens oder gegen die Abweisung des Eröffnungsantrags mangels Masse gilt Absatz 1. [2]Bei der Beschwerde eines sonstigen Antragstellers gegen die Abweisung des Eröffnungsantrags gilt Absatz 2.

§ 59 Verteilungsverfahren nach der Schifffahrtsrechtlichen Verteilungsordnung
[1]Die Gebühren für den Antrag auf Eröffnung des Verteilungsverfahrens nach der Schifffahrtsrechtlichen Verteilungsordnung und für die Durchführung des Verteilungsverfahrens richten sich nach dem Betrag der festgesetzten Haftungssumme. [2]Ist diese höher als der Gesamtbetrag der Ansprüche, für deren Gläubiger das Recht auf Teilnahme an dem Verteilungsverfahren festgestellt wird, richten sich die Gebühren nach dem Gesamtbetrag der Ansprüche.

§ 60 Gerichtliche Verfahren nach dem Strafvollzugsgesetz
Für die Bestimmung des Werts in gerichtlichen Verfahren nach dem Strafvollzugsgesetz ist § 52 Abs. 1 bis 3 und im Verfahren über den Antrag auf Erlass einer Entscheidung nach § 114 Abs. 2 des Strafvollzugsgesetzes ist § 52 Abs. 1 und 2 entsprechend anzuwenden.

5. Gesetz über die Kosten in Angelegenheiten der freiwilligen Gerichtsbarkeit (Kostenordnung)

in der Fassung vom 26. Juli 1957 (BGBl. I S. 861, 960),
zuletzt geändert durch Gesetz vom 22. März 2005 (BGBl. I S. 837)

7. Geschäftswert

§ 18 Grundsatz
(1) [1]Die Gebühren werden nach dem Wert berechnet, den der Gegenstand des Geschäfts zur Zeit der Fälligkeit hat (Geschäftswert). [2]Der Geschäftswert beträgt höchstens 60 Millionen Euro, soweit nichts anderes bestimmt ist.
(2) [1]Maßgebend ist der Hauptgegenstand des Geschäfts. [2]Früchte, Nutzungen, Zinsen, Vertragsstrafen und Kosten werden nur berücksichtigt, wenn sie Gegenstand eines besonderen Geschäfts sind.

(3) Verbindlichkeiten, die auf dem Gegenstand lasten, werden bei Ermittlung des Geschäftswerts nicht abgezogen; dies gilt auch dann, wenn Gegenstand des Geschäfts ein Nachlaß oder eine sonstige Vermögensmasse ist.

§ 19 Sachen

(1) [1]Der Wert einer Sache ist der gemeine Wert. [2]Er wird durch den Preis bestimmt, der im gewöhnlichen Geschäftsverkehr nach der Beschaffenheit der Sache unter Berücksichtigung aller den Preis beeinflussenden Umstände bei einer Veräußerung zu erzielen wäre; ungewöhnliche oder nur persönliche Verhältnisse bleiben außer Betracht.

(2) [1]Bei der Bewertung von Grundbesitz ist der letzte Einheitswert maßgebend, der zur Zeit der Fälligkeit der Gebühr bereits festgestellt ist, sofern sich nicht aus dem Inhalt des Geschäfts, den Angaben der Beteiligten, Grundstücksbelastungen, amtlich bekannten oder aus den Grundakten ersichtlichen Tatsachen oder Vergleichswerten oder aus sonstigen ausreichenden Anhaltspunkten ein höherer Wert ergibt; jedoch soll von einer Beweisaufnahme zur Feststellung eines höheren Wertes abgesehen werden. [2]Wird der Einheitswert nicht nachgewiesen, so ist das Finanzamt um Auskunft über die Höhe des Einheitswerts zu ersuchen; § 30 der Abgabenordnung steht der Auskunft nicht entgegen. [3]Ist der Einheitswert noch nicht festgestellt, so ist dieser vorläufig zu schätzen; die Schätzung ist nach der ersten Feststellung des Einheitswerts zu berichtigen; die Angelegenheit ist erst mit der Feststellung des Einheitswerts endgültig erledigt (§ 15).

(3) Ist der Einheitswert maßgebend, weicht aber der Gegenstand des gebührenpflichtigen Geschäfts vom Gegenstand der Einheitsbewertung wesentlich ab oder hat sich der Wert infolge bestimmter Umstände, die nach dem Feststellungszeitpunkt des Einheitswerts eingetreten sind, wesentlich verändert, so ist der nach den Grundsätzen der Einheitsbewertung geschätzte Wert maßgebend.

(4) Bei einem Geschäft, das die Überlassung eines land- oder forstwirtschaftlichen Betriebes mit Hofstelle durch Übergabevertrag, Erbvertrag oder Testament, Erb- oder Gesamtgutsauseinandersetzung oder die Fortführung des Betriebes in sonstiger Weise einschließlich der Abfindung weichender Erben betrifft, ist das land- und forstwirtschaftliche Vermögen im Sinne des Bewertungsgesetzes mit dem Vierfachen des letzten Einheitswertes, der zur Zeit der Fälligkeit der Gebühr bereits festgestellt ist, zu bewerten; Absatz 2 Satz 2 und 3 und Absatz 3 gelten entsprechend.

(5) Ist der nach Absatz 2 bis 4 festgestellte Wert höher als der gemeine Wert, so ist der gemeine Wert maßgebend.

§ 20 Kauf, Vorkaufs- und Wiederkaufsrecht

(1) [1]Beim Kauf von Sachen ist der Kaufpreis maßgebend; der Wert der vorbehaltenen Nutzungen und der vom Käufer übernommenen oder ihm sonst infolge der Veräußerung obliegenden Leistungen wird hinzugerechnet. [2]Ist der Kaufpreis niedriger als der Wert der Sache (§ 19), so ist dieser maßgebend; beim Kauf eines Grundstücks bleibt eine für Rechnung des Erwerbers vorgenommene Bebauung bei der Ermittlung des Werts außer Betracht.

(2) Als Wert eines Vorkaufs- oder Wiederkaufsrechts ist in der Regel der halbe Wert der Sache anzunehmen.

§ 21 Erbbaurecht, Wohnungseigentum, Wohnungserbbaurecht

(1) [1]Bei der Bestellung eines Erbbaurechts beträgt der Wert achtzig vom Hundert des Werts des belasteten Grundstücks (§ 19 Abs. 2). [2]Eine für Rechnung des Erbbau-

berechtigten erfolgte Bebauung des Grundstücks bleibt bei der Ermittlung des Grundstückswerts außer Betracht. ³Ist als Entgelt für die Bestellung des Erbbaurechts ein Erbbauzins vereinbart, dessen nach § 24 errechneter Wert den nach Satz 1 und 2 berechneten Wert übersteigt, so ist der Wert des Erbbauzinses maßgebend; entsprechendes gilt, wenn statt des Erbbauzinses ein fester Kapitalbetrag vereinbart ist.

(2) Bei der Begründung von Wohnungseigentum (Teileigentum) sowie bei Geschäften, die die Aufhebung oder das Erlöschen von Sondereigentum betreffen, ist als Geschäftswert die Hälfte des Werts des Grundstücks (§ 19 Abs. 2) anzunehmen.

(3) Bei Wohnungserbbaurechten (Teilerbbaurechten) gilt Absatz 2 entsprechend mit der Maßgabe, daß an die Stelle des Werts des Grundstücks der Einheitswert des Erbbaurechts oder, wenn ein solcher nicht festgestellt ist, der nach Absatz 1 zu bestimmende Wert des Erbbaurechts tritt.

§ 22 Grunddienstbarkeiten

Der Wert einer Grunddienstbarkeit bestimmt sich nach dem Wert, den sie für das herrschende Grundstück hat; ist der Betrag, um den sich der Wert des dienenden Grundstücks durch die Dienstbarkeit mindert, größer, so ist dieser höhere Betrag maßgebend.

§ 23 Pfandrechte und sonstige Sicherheiten, Rangänderungen

(1) Der Wert eines Pfandrechts oder der sonstigen Sicherstellung einer Forderung durch Bürgschaft, Sicherungsübereignung oder dgl. bestimmt sich nach dem Betrag der Forderung und, wenn der als Pfand oder zur Sicherung dienende Gegenstand einen geringeren Wert hat, nach diesem.

(2) Als Wert einer Hypothek, Schiffshypothek oder Grundschuld gilt der Nennbetrag der Schuld, als Wert einer Rentenschuld der Nennbetrag der Ablösungssumme; bei der Einbeziehung in die Mithaft und bei der Entlassung aus der Mithaft ist jedoch der Wert des Grundstücks (Schiffs, Schiffsbauwerks) maßgebend, wenn er geringer ist.

(3) ¹Bei Einräumung des Vorrangs oder des gleichen Rangs ist der Wert des vortretenden Rechts, höchstens jedoch der Wert des zurücktretenden Rechts maßgebend. ²Die Vormerkung gemäß § 1179 des Bürgerlichen Gesetzbuchs zugunsten eines nach- oder gleichstehenden Berechtigten steht der Vorrangseinräumung gleich. ³Der Ausschluß des Löschungsanspruchs nach § 1179 a Abs. 5 des Bürgerlichen Gesetzbuchs ist wie ein Rangrücktritt des Rechts zu behandeln, als dessen Inhalt der Ausschluß vereinbart wird.

§ 24 Wiederkehrende Nutzungen oder Leistungen

(1) Der Wert des Rechts auf wiederkehrende oder dauernde Nutzungen oder Leistungen wird unter Zugrundelegung des einjährigen Bezugswerts nach Maßgabe folgender Vorschriften berechnet:
a) Der Wert von Nutzungen oder Leistungen, die auf bestimmte Zeit beschränkt sind, ist die Summe der einzelnen Jahreswerte, höchstens jedoch das Fünfundzwanzigfache des Jahreswerts; ist die Dauer des Rechts außerdem durch das Leben einer oder mehrerer Personen bedingt, so darf der nach Absatz 2 zu berechnende Wert nicht überschritten werden;
b) Bezugsrechte von unbeschränkter Dauer sind mit dem Fünfundzwanzigfachen, Nutzungen oder Leistungen von unbestimmter Dauer – vorbehaltlich der Vorschriften des Absatzes 2 – mit dem Zwölfeinhalbfachen des Jahreswerts zu bewerten.

(2) ¹Ist die Nutzung oder Leistung auf die Lebensdauer einer Person beschränkt, so gilt als Geschäftswert bei einem Lebensalter

von 15 Jahren oder weniger	der 22fache Betrag,
über 15 Jahren bis zu 25 Jahren	der 21fache Betrag,
über 25 Jahren bis zu 35 Jahren	der 20fache Betrag,
über 35 Jahren bis zu 45 Jahren	der 18fache Betrag,
über 45 Jahren bis zu 55 Jahren	der 15fache Betrag,
über 55 Jahren bis zu 65 Jahren	der 11fache Betrag,
über 65 Jahren bis zu 75 Jahren	der 7½fache Betrag,
über 75 Jahren bis zu 80 Jahren	der 5fache Betrag,
über 80 Jahren	der 3fache Betrag

der einjährigen Nutzung oder Leistung. ²Hängt die Dauer der Nutzung oder Leistung von der Lebensdauer mehrerer Personen ab, so entscheidet, je nachdem ob das Recht mit dem Tode des zuerst oder des zuletzt Sterbenden erlischt, das Lebensalter des Ältesten oder des Jüngsten.

(3) Der Geschäftswert ist höchstens das Fünffache des einjährigen Bezugs, wenn das Recht dem Ehegatten, einem früheren Ehegatten, dem Lebenspartner oder einem früheren Lebenspartner des Verpflichteten oder einer Person zusteht, die mit dem Verpflichteten in gerader Linie verwandt, verschwägert oder in der Seitenlinie bis zum dritten Grad verwandt oder bis zum zweiten Grad verschwägert ist, auch wenn die die Schwägerschaft begründende Ehe oder die Lebenspartnerschaft, aufgrund derer jemand als verschwägert gilt, nicht mehr besteht.

(4) ¹Der Geschäftswert für Unterhaltsansprüche nach den §§ 1612 a bis 1612 c des Bürgerlichen Gesetzbuchs bestimmt sich nach dem Betrag des einjährigen Bezugs. ²Dem Wert nach Satz 1 ist der Monatsbetrag des Unterhalts nach dem Regelbetrag und der Altersstufe zugrunde zu legen, die im Zeitpunkt der Beurkundung maßgebend sind.

(5) Der einjährige Wert von Nutzungen wird zu vier vom Hundert des Werts des Gegenstandes, der die Nutzungen gewährt, angenommen, sofern nicht ein anderer Wert festgestellt werden kann.

(6) ¹Für die Berechnung des Geschäftswerts ist der Beginn des Bezugsrechts maßgebend. ²Bildet das Recht später den Gegenstand eines gebührenpflichtigen Geschäfts, so ist der spätere Zeitpunkt maßgebend. ³Steht im Zeitpunkt des Geschäfts der Beginn des Bezugsrechts noch nicht fest oder ist das Recht in anderer Weise bedingt, so ist der Geschäftswert nach den Umständen des Falles niedriger anzusetzen.

§ 25 Miet- und Pachtrechte, Dienstverträge

(1) ¹Der Wert eines Miet- oder Pachtrechts bemißt sich nach dem Wert aller Leistungen des Mieters oder Pächters während der ganzen Vertragszeit. ²Bei Miet- oder Pachtrechten von unbestimmter Vertragsdauer ist der Wert dreier Jahre maßgebend; ist jedoch die Auflösung des Vertrags erst nach einem längeren Zeitraum zulässig, so ist dieser maßgebend. ³In keinem Fall darf der Wert den fünfundzwanzigfachen Betrag der einjährigen Leistung übersteigen.

(2) Der Wert eines Dienstvertrags bemißt sich nach dem Wert aller Bezüge des zur Dienstleistung Verpflichteten während der ganzen Vertragszeit, höchstens jedoch nach dem dreifachen Jahresbetrag der Bezüge.

§§ 26, 26a, 27 (aufgehoben)

Anh. 5 KostO

§ 28 Anmeldungen zum Güterrechtsregister, Eintragungen in das Güterrechtsregister, Eintragungen auf Grund von Eheverträgen

Bei Anmeldungen zum Güterrechtsregister und Eintragungen in dieses Register bestimmt sich der Wert nach § 30 Abs. 2, bei Eintragungen auf Grund von Eheverträgen nach § 39 Abs. 3.

§ 29 Sonstige Anmeldungen zu einem Register, Eintragungen in das Vereinsregister, Beurkundung von sonstigen Beschlüssen

¹Für sonstige Anmeldungen zu einem Register, für Eintragungen in das Vereinsregister und bei der Beurkundung von Beschlüssen (§ 47) bestimmt sich der Geschäftswert, wenn der Gegenstand keinen bestimmten Geldwert hat, nach § 30 Abs. 2. ²Die §§ 41 a und 41 b bleiben unberührt.

§ 30 Angelegenheiten ohne bestimmten Geschäftswert, nichtvermögensrechtliche Angelegenheiten

(1) Soweit in einer vermögensrechtlichen Angelegenheit der Wert sich aus den Vorschriften dieses Gesetzes nicht ergibt und auch sonst nicht feststeht, ist er nach freiem Ermessen zu bestimmen; insbesondere ist bei Änderungen bestehender Rechte, sofern die Änderung nicht einen bestimmten Geldwert hat, sowie bei Verfügungsbeschränkungen der Wert nach freiem Ermessen festzusetzen.

(2) ¹In Ermangelung genügender tatsächlicher Anhaltspunkte für eine Schätzung ist der Wert regelmäßig auf 3000 Euro anzunehmen. ²Er kann nach Lage des Falles niedriger oder höher, jedoch nicht über 500 000 Euro angenommen werden.

(3) ¹In nichtvermögensrechtlichen Angelegenheiten ist der Wert nach Absatz 2 zu bestimmen. ²In Angelegenheiten, die die Annahme eines Minderjährigen betreffen, beträgt der Wert stets 3000 Euro.

§ 31 Festsetzung des Geschäftswerts

(1) ¹Das Gericht setzt den Geschäftswert durch Beschluß gebührenfrei fest, wenn ein Zahlungspflichtiger oder die Staatskasse dies beantragt oder es sonst angemessen erscheint. ²Die Festsetzung kann von dem Gericht, das sie getroffen hat, und, wenn das Verfahren wegen der Hauptsache oder wegen der Entscheidung über den Geschäftswert, den Kostenansatz oder die Kostenfestsetzung in der Rechtsmittelinstanz schwebt, von dem Rechtsmittelgericht von Amts wegen geändert werden. ³Die Änderung ist nur innerhalb von sechs Monaten zulässig, nachdem die Entscheidung in der Hauptsache Rechtskraft erlangt oder das Verfahren sich anderweitig erledigt hat.

(2) ¹Das Gericht kann eine Beweisaufnahme, insbesondere die Begutachtung durch Sachverständige auf Antrag oder von Amts wegen anordnen. ²Die Kosten können ganz oder teilweise einem Beteiligten auferlegt werden, der durch Unterlassung der Wertangabe, durch unrichtige Angabe, unbegründetes Bestreiten oder unbegründete Beschwerde die Abschätzung veranlaßt hat.

(3) ¹Gegen den Beschluss nach Absatz 1 findet die Beschwerde statt, wenn der Wert des Beschwerdegegenstands 200 Euro übersteigt. ²Die Beschwerde findet auch statt, wenn sie das Gericht, das die angefochtene Entscheidung erlassen hat, wegen der grundsätzlichen Bedeutung der zur Entscheidung stehenden Frage in dem Beschluss zulässt. ³Die Beschwerde ist nur zulässig, wenn sie innerhalb der in Absatz 1 Satz 3 bestimmten Frist eingelegt wird; ist der Geschäftswert später als einen Monat vor Ablauf dieser Frist festgesetzt worden, kann sie noch innerhalb eines Monats nach Zustellung oder nach Bekanntmachung durch formlose Mitteilung des Festsetzungsbeschlusses

Gesetzestexte (Auszug) **Anh. 6 PatG**

eingelegt werden. ⁴Im Falle der formlosen Mitteilung gilt der Beschluss mit dem dritten Tage nach der Aufgabe zur Post als bekannt gemacht. ⁵§ 14 Abs. 4, 5, 6 Satz 1 und 3 und Abs. 7 ist entsprechend anzuwenden. ⁶Die weitere Beschwerde ist innerhalb eines Monats nach Zustellung der Entscheidung des Beschwerdegerichts einzulegen.

(4) ¹War der Beschwerdeführer ohne sein Verschulden verhindert, die Frist einzuhalten, ist ihm auf Antrag von dem Gericht, das über die Beschwerde zu entscheiden hat, Wiedereinsetzung in den vorigen Stand zu gewähren, wenn er die Beschwerde binnen zwei Wochen nach der Beseitigung des Hindernisses einlegt und die Tatsachen, welche die Wiedereinsetzung begründen, glaubhaft macht. ²Nach dem Ablauf eines Jahres, von dem Ende der versäumten Frist an gerechnet, kann die Wiedereinsetzung nicht mehr beantragt werden. ³Gegen die Entscheidung über den Antrag findet die Beschwerde statt. ⁴Sie ist nur zulässig, wenn sie innerhalb von zwei Wochen eingelegt wird. ⁵Die Frist beginnt mit der Zustellung der Entscheidung. ⁶§ 14 Abs. 4 Satz 1 bis 3, Abs. 6 Satz 1 und 3 und Abs. 7 ist entsprechend anzuwenden.

(5) ¹Die Verfahren sind gebührenfrei. ²Kosten werden nicht erstattet.

§ 31 a Auskunftspflicht des Notars

¹Ein Notar, der in einer Angelegenheit der freiwilligen Gerichtsbarkeit einen Antrag bei Gericht einreicht, hat Umstände und Anhaltspunkte mitzuteilen, die bei seiner Kostenberechnung zu einem Abweichen des Geschäftswerts vom Einheitswert geführt haben und für die von dem Gericht zu erhebenden Gebühren von Bedeutung sind. ²Die gleichen Auskünfte hat auf Ersuchen der Notar zu erteilen, der Erklärungen beurkundet oder beglaubigt hat, die in Angelegenheiten der freiwilligen Gerichtsbarkeit von anderer Seite beim Gericht eingereicht worden sind.

6. Patentgesetz

in der Fassung vom 16. Dezember 1980 (BGBl. 1981 I S. 1),
zuletzt geändert durch Gesetz vom 21. Januar 2005 (BGBl. I S. 146)

§ 143 [Gerichte für Patentstreitsachen]

(1) Für alle Klagen, durch die ein Anspruch aus einem der in diesem Gesetz geregelten Rechtsverhältnisse geltend gemacht wird (Patentstreitsachen), sind die Zivilkammern der Landgerichte ohne Rücksicht auf den Streitwert ausschließlich zuständig.

(2) ¹Die Landesregierungen werden ermächtigt, durch Rechtsverordnung die Patentstreitsachen für die Bezirke mehrerer Landgerichte einem von ihnen zuzuweisen. ²Die Landesregierungen können diese Ermächtigungen auf die Landesjustizverwaltungen übertragen. ³Die Länder können außerdem durch Vereinbarung den Gerichten eines Landes obliegende Aufgaben insgesamt oder teilweise dem zuständigen Gericht eines anderen Landes übertragen.

(3) Von den Kosten, die durch die Mitwirkung eines Patentanwalts in dem Rechtsstreit entstehen, sind die Gebühren nach § 13 des Rechtsanwaltsvergütungsgesetzes und außerdem die notwendigen Auslagen des Patentanwalts zu erstatten.

§ 144 [Herabsetzung des Streitwerts]

(1) ¹Macht in einer Patentstreitsache eine Partei glaubhaft, daß die Belastung mit den Prozeßkosten nach dem vollen Streitwert ihre wirtschaftliche Lage erheblich gefährden würde, so kann das Gericht auf ihren Antrag anordnen, daß die Verpflichtung

dieser Partei zur Zahlung von Gerichtskosten sich nach einem ihrer Wirtschaftslage angepaßten Teil des Streitwerts bemißt. ²Die Anordnung hat zur Folge, daß die begünstigte Partei die Gebühren ihres Rechtsanwalts ebenfalls nur nach diesem Teil des Streitwerts zu entrichten hat. ³Soweit ihr Kosten des Rechtsstreits auferlegt werden oder soweit sie diese übernimmt, hat sie die von dem Gegner entrichteten Gerichtsgebühren und die Gebühren seines Rechtsanwalts nur nach dem Teil des Streitwerts zu erstatten. ⁴Soweit die außergerichtlichen Kosten dem Gegner auferlegt oder von ihm übernommen werden, kann der Rechtsanwalt der begünstigten Partei seine Gebühren von dem Gegner nach dem für diesen geltenden Streitwert beitreiben.

(2) ¹Der Antrag nach Absatz 1 kann vor der Geschäftsstelle des Gerichts zur Niederschrift erklärt werden. ²Er ist vor der Verhandlung zur Hauptsache anzubringen. ³Danach ist er nur zulässig, wenn der angenommene oder festgesetzte Streitwert später durch das Gericht heraufgesetzt wird. ⁴Vor der Entscheidung über den Antrag ist der Gegner zu hören.

7. Gebrauchsmustergesetz

in der Fassung vom 28. August 1986 (BGBl. I S. 1455),
zuletzt geändert durch Gesetz vom 21. Januar 2005 (BGBl. I S. 146)

§ 26 [Herabsetzung des Streitwerts]

(1) ¹Macht in bürgerlichen Rechtsstreitigkeiten, in denen durch Klage ein Anspruch aus einem der in diesem Gesetz geregelten Rechtsverhältnisse geltend gemacht wird, eine Partei glaubhaft, daß die Belastung mit den Prozeßkosten nach dem vollen Streitwert ihre wirtschaftliche Lage erheblich gefährden würde, so kann das Gericht auf ihren Antrag anordnen, daß die Verpflichtung dieser Partei zur Zahlung von Gerichtskosten sich nach einem ihrer Wirtschaftslage angepaßten Teil des Streitwerts bemißt. ²Die Anordnung hat zur Folge, daß die begünstigte Partei die Gebühren ihres Rechtsanwalts ebenfalls nur nach diesem Teil des Streitwerts zu entrichten hat. ³Soweit ihr Kosten des Rechtsstreits auferlegt werden oder soweit sie diese übernimmt, hat sie die von dem Gegner entrichteten Gerichtsgebühren und die Gebühren seines Rechtsanwalts nur nach dem Teil des Streitwerts zu erstatten. ⁴Soweit die außergerichtlichen Kosten dem Gegner auferlegt oder von ihm übernommen werden, kann der Rechtsanwalt der begünstigten Partei seine Gebühren von dem Gegner nach dem für diesen geltenden Streitwert beitreiben.

(2) ¹Der Antrag nach Absatz 1 kann vor der Geschäftsstelle des Gerichts zur Niederschrift erklärt werden. ²Er ist vor der Verhandlung zur Hauptsache anzubringen. ³Danach ist er nur zulässig, wenn der angenommene oder festgesetzte Streitwert später durch das Gericht heraufgesetzt wird. ⁴Vor der Entscheidung über den Antrag ist der Gegner zu hören.

§ 27 [Gerichte für Gebrauchsmustersachen]

(1) Für alle Klagen, durch die ein Anspruch aus einem der in diesem Gesetz geregelten Rechtsverhältnisse geltend gemacht wird (Gebrauchsmusterstreitsachen), sind die Zivilkammern der Landgerichte ohne Rücksicht auf den Streitwert ausschließlich zuständig.

(2) ¹Die Landesregierungen werden ermächtigt, durch Rechtsverordnung die Gebrauchsmusterstreitsachen für die Bezirke mehrerer Landgerichte einem von ihnen

Gesetzestexte (Auszug) **Anh. 8 GeschmMG**

zuzuweisen, sofern dies der sachlichen Förderung der Verfahren dient. ²Die Landesregierungen können diese Ermächtigungen auf die Landesjustizverwaltungen übertragen. ³Die Länder können außerdem durch Vereinbarung den Gerichten eines Landes obliegende Aufgaben insgesamt oder teilweise dem zuständigen Gericht eines anderen Landes übertragen.

(3) Von den Kosten, die durch die Mitwirkung eines Patentanwalts in einer Gebrauchsmusterstreitsache entstehen, sind die Gebühren nach § 13 des Rechtsanwaltsvergütungsgesetzes und außerdem die notwendigen Auslagen des Patentanwalts zu erstatten.

8. Gesetz über den rechtlichen Schutz von Mustern und Modellen (Geschmacksmustergesetz)

vom 12. März 2004 (BGBl. I S. 390),
geändert durch Gesetz vom 9. Dezember 2004 (BGBl. I S. 3232)

§ 52 Geschmacksmusterstreitsachen

(1) Für alle Klagen, durch die ein Anspruch aus einem der in diesem Gesetz geregelten Rechtsverhältnisse geltend gemacht wird (Geschmacksmusterstreitsachen), sind die Landgerichte ohne Rücksicht auf den Streitwert ausschließlich zuständig.

(2) ¹Die Landesregierungen werden ermächtigt, durch Rechtsverordnung die Geschmacksmusterstreitsachen für die Bezirke mehrerer Landgerichte einem von ihnen zuzuweisen, sofern dies der sachlichen Förderung oder schnelleren Erledigung der Verfahren dient. ²Die Landesregierungen können diese Ermächtigungen auf die Landesjustizverwaltungen übertragen.

(3) Die Länder können durch Vereinbarung den Geschmacksmustergerichten eines Landes obliegende Aufgaben ganz oder teilweise dem zuständigen Geschmacksmustergericht eines andren Landes übertragen.

(4) Von den Kosten, die durch die Mitwirkung eines Patentanwalts in einer Geschmacksmusterstreitsache entstehen, sind die Gebühren nach § 13 des Rechtsanwaltsvergütungsgesetzes und außerdem die notwendigen Auslagen des Patentanwalts zu erstatten.

§ 53 Gerichtsstand bei Ansprüchen nach diesem Gesetz und dem Gesetz gegen den unlauteren Wettbewerb

Ansprüche, welche die in diesem Gesetz geregelten Rechtsverhältnisse betreffen und auch auf Vorschriften des Gesetzes gegen den unlauteren Wettbewerb gegründet werden, können abweichend von § 14 des Gesetzes gegen den unlauteren Wettbewerb vor dem für das Geschmacksmusterstreitverfahren zuständigen Gericht geltend gemacht werden.

§ 54 Streitwertbegünstigung

(1) Macht in bürgerlichen Rechtsstreitigkeiten, in denen durch Klage ein Anspruch aus einem der in diesem Gesetz geregelten Rechtsverhältnisse geltend gemacht wird, eine Partei glaubhaft, dass die Belastung mit den Prozesskosten nach dem vollen Streitwert ihre wirtschaftliche Lage erheblich gefährden würde, so kann das Gericht auf ihren Antrag anordnen, dass die Verpflichtung dieser Partei zur Zahlung von Gerichtskosten sich nach einem ihrer Wirtschaftslage angepassten Teil des Streitwerts bemisst.

Anh. 9 MarkenG

(2) ¹Die Anordnung nach Absatz 1 hat zur Folge, dass die begünstigte Partei die Gebühren ihres Rechtsanwalts ebenfalls nur nach diesem Teil des Streitwerts zu entrichten hat. ²Soweit ihr Kosten des Rechtsstreits auferlegt werden oder soweit sie diese übernimmt, hat sie die von dem Gegner entrichteten Gerichtsgebühren und die Gebühren seines Rechtsanwalts nur nach dem Teil des Streitwerts zu erstatten. ³Soweit die außergerichtlichen Kosten dem Gegner auferlegt oder von ihm übernommen werden, kann der Rechtsanwalt der begünstigten Partei seine Gebühren von dem Gegner nach dem für diesen geltenden Streitwert beitreiben.

(3) ¹Der Antrag nach Absatz 1 kann vor der Geschäftsstelle des Gerichts zur Niederschrift erklärt werden. ²Er ist vor der Verhandlung zur Hauptsache zu stellen. ³Danach ist er nur zulässig, wenn der angenommene oder festgesetzte Streitwert später durch das Gericht heraufgesetzt wird. ⁴Vor der Entscheidung über den Antrag ist der Gegner zu hören.

9. Gesetz über den Schutz von Marken und sonstigen Kennzeichen (Markengesetz – MarkenG)

vom 25. Oktober 1994 (BGBl. I S. 3082, ber. 1995 I S. 156),
zuletzt geändert durch Gesetz vom 9. Dezember 2004 (BGBl. I S. 3232)

§ 140 Kennzeichenstreitsachen

(1) Für alle Klagen, durch die ein Anspruch aus einem der in diesem Gesetz geregelten Rechtsverhältnisse geltend gemacht wird (Kennzeichenstreitsachen), sind die Landgerichte ohne Rücksicht auf den Streitwert ausschließlich zuständig.

(2) ¹Die Landesregierungen werden ermächtigt, durch Rechtsverordnung die Kennzeichenstreitsachen insgesamt oder teilweise für die Bezirke mehrerer Landgerichte einem von ihnen zuzuweisen, sofern dies der sachlichen Förderung oder schnelleren Erledigung der Verfahren dient. ²Die Landesregierungen können diese Ermächtigung auf die Landesjustizverwaltungen übertragen. ³Die Länder können außerdem durch Vereinbarung den Gerichten eines Landes obliegende Aufgaben insgesamt oder teilweise dem zuständigen Gericht eines anderen Landes übertragen.

(3) Von den Kosten, die durch die Mitwirkung eines Patentanwalts in einer Kennzeichenstreitsache entstehen, sind die Gebühren nach § 13 des Rechtsanwaltsvergütungsgesetzes und außerdem die notwendigen Auslagen des Patentanwalts zu erstatten.

§ 141 Gerichtsstand bei Ansprüchen nach diesem Gesetz und dem Gesetz gegen den unlauteren Wettbewerb

Ansprüche, welche die in diesem Gesetz geregelten Rechtsverhältnisse betreffen und auf Vorschriften des Gesetzes gegen den unlauteren Wettbewerb gegründet werden, brauchen nicht im Gerichtsstand des § 14 des Gesetzes gegen den unlauteren Wettbewerb geltend gemacht zu werden.

§ 142 Streitwertbegünstigung

(1) Macht in bürgerlichen Rechtsstreitigkeiten, in denen durch Klage ein Anspruch aus einem der in diesem Gesetz geregelten Rechtsverhältnisse geltend gemacht wird, eine Partei glaubhaft, daß die Belastung mit den Prozeßkosten nach dem vollen Streitwert ihre wirtschaftliche Lage erheblich gefährden würde, so kann das Gericht auf

Gesetzestexte (Auszug) **Anh. 10 UWG**

ihren Antrag anordnen, daß die Verpflichtung dieser Partei zur Zahlung von Gerichtskosten sich nach einem ihrer Wirtschaftslage angepaßten Teil des Streitwerts bemißt.

(2) ¹Die Anordnung nach Absatz 1 hat zur Folge, daß die begünstigte Partei die Gebühren ihres Rechtsanwalts ebenfalls nur nach diesem Teil des Streitwerts zu entrichten hat. ²Soweit ihr Kosten des Rechtsstreits auferlegt werden oder soweit sie diese übernimmt, hat sie die von dem Gegner entrichteten Gerichtsgebühren und die Gebühren seines Rechtsanwalts nur nach dem Teil des Streitwerts zu erstatten. ³Soweit die außergerichtlichen Kosten dem Gegner auferlegt oder von ihm übernommen werden, kann der Rechtsanwalt der begünstigten Partei seine Gebühren von dem Gegner nach dem für diesen geltenden Streitwert beitreiben.

(3) ¹Der Antrag nach Absatz 1 kann vor der Geschäftsstelle des Gerichts zur Niederschrift erklärt werden. ²Er ist vor der Verhandlung zur Hauptsache zu stellen. ³Danach ist er nur zulässig, wenn der angenommene oder festgesetzte Streitwert später durch das Gericht heraufgesetzt wird. ⁴Vor der Entscheidung über den Antrag ist der Gegner zu hören.

10. Gesetz gegen den unlauteren Wettbewerb (UWG)
vom 3. Juli 2004 (BGBl. I S. 1414)

§ 12 Anspruchsdurchsetzung, Veröffentlichungsbefugnis, Streitwertminderung

(1) ¹Die zur Geltendmachung eines Unterlassungsanspruchs Berechtigten sollen den Schuldner vor der Einleitung eines gerichtlichen Verfahrens abmahnen und ihm Gelegenheit geben, den Streit durch Abgabe einer mit einer angemessenen Vertragsstrafe bewehrten Unterlassungsverpflichtung beizulegen. ²Soweit die Abmahnung berechtigt ist, kann der Ersatz der erforderlichen Aufwendungen verlangt werden.

(2) Zur Sicherung der in diesem Gesetz bezeichneten Ansprüche auf Unterlassung können einstweilige Verfügungen auch ohne die Darlegung und Glaubhaftmachung der in den §§ 935 und 940 der Zivilprozessordnung bezeichneten Voraussetzungen erlassen werden.

(3) ¹Ist auf Grund dieses Gesetzes Klage auf Unterlassung erhoben worden, so kann das Gericht der obsiegenden Partei die Befugnis zusprechen, das Urteil auf Kosten der unterliegenden Partei öffentlich bekannt zu machen, wenn sie ein berechtigtes Interesse dartut. ²Art und Umfang der Bekanntmachung werden im Urteil bestimmt. ³Die Befugnis erlischt, wenn von ihr nicht innerhalb von drei Monaten nach Eintritt der Rechtskraft Gebrauch gemacht worden ist. ⁴Der Ausspruch nach Satz 1 ist nicht vorläufig vollstreckbar.

(4) Bei der Bemessung des Streitwerts für Ansprüche nach § 8 Abs. 1 ist es wertmindernd zu berücksichtigen, wenn die Sache nach Art und Umfang einfach gelagert ist oder wenn die Belastung einer der Parteien mit den Prozesskosten nach dem vollen Streitwert angesichts ihrer Vermögens- und Einkommensverhältnisse nicht tragbar erscheint.

§ 13 Sachliche Zuständigkeit

(1) ¹Für alle bürgerlichen Rechtsstreitigkeiten, mit denen ein Anspruch auf Grund dieses Gesetzes geltend gemacht wird, sind die Landgerichte ausschließlich zuständig. ²Es gilt § 95 Abs. 1 Nr. 5 des Gerichtsverfassungsgesetzes.

Anh. 11 BerHG

(2) ¹Die Landesregierungen werden ermächtigt, durch Rechtsverordnung für die Bezirke mehrerer Landgerichte eines von ihnen als Gericht für Wettbewerbsstreitsachen zu bestimmen, wenn dies der Rechtspflege in Wettbewerbsstreitsachen, insbesondere der Sicherung einer einheitlichen Rechtsprechung, dienlich ist. ²Die Landesregierungen können die Ermächtigung auf die Landesjustizverwaltungen übertragen.

§ 14 Örtliche Zuständigkeit

(1) ¹Für Klagen auf Grund dieses Gesetzes ist das Gericht zuständig, in dessen Bezirk der Beklagte seine gewerbliche oder selbständige berufliche Niederlassung oder in Ermangelung einer solchen seinen Wohnsitz hat. ²Hat der Beklagte auch keinen Wohnsitz, so ist sein inländischer Aufenthaltsort maßgeblich.

(2) ¹Für Klagen auf Grund dieses Gesetzes ist außerdem nur das Gericht zuständig, in dessen Bezirk die Handlung begangen ist. ²Satz 1 gilt für Klagen, die von den nach § 8 Abs. 3 Nr. 2 bis 4 zur Geltendmachung eines Unterlassungsanspruchs Berechtigten erhoben werden, nur dann, wenn der Beklagte im Inland weder eine gewerbliche oder selbständige berufliche Niederlassung noch einen Wohnsitz hat.

11. Gesetz über Rechtsberatung und Vertretung für Bürger mit geringem Einkommen (Beratungshilfegesetz)

vom 18. Juni 1980 (BGBl. I S. 689),
zuletzt geändert durch Gesetz vom 15. Dezember 2004 (BGBl. I S. 3392)

§ 1 [Voraussetzungen]

(1) Hilfe für die Wahrnehmung von Rechten außerhalb eines gerichtlichen Verfahrens und im obligatorischen Güteverfahren nach § 15 a des Gesetzes betreffend die Einführung der Zivilprozeßordnung (Beratungshilfe) wird auf Antrag gewährt, wenn

1. der Rechtsuchende die erforderlichen Mittel nach seinen persönlichen und wirtschaftlichen Verhältnissen nicht aufbringen kann,
2. nicht andere Möglichkeiten für eine Hilfe zur Verfügung stehen, deren Inanspruchnahme dem Rechtsuchenden zuzumuten ist,
3. die Wahrnehmung der Rechte nicht mutwillig ist.

(2) Die Voraussetzungen des Absatzes 1 Nr. 1 sind gegeben, wenn dem Rechtsuchenden Prozeßkostenhilfe nach den Vorschriften der Zivilprozeßordnung ohne einen eigenen Beitrag zu den Kosten zu gewähren wäre.

§ 2 [Beratung und Vertretung]

(1) Die Beratungshilfe besteht in Beratung und, soweit erforderlich, in Vertretung.
(2) ¹Beratungshilfe nach diesem Gesetz wird gewährt in Angelegenheiten
1. des Zivilrechts einschließlich der Angelegenheiten, für deren Entscheidung die Gerichte für Arbeitssachen zuständig sind,
2. des Verwaltungsrechts,
3. des Verfassungsrechts,
4. des Sozialrechts.

²In Angelegenheiten des Strafrechts und des Ordnungswidrigkeitsrechts wird nur Beratung gewährt. ³Ist es im Gesamtzusammenhang notwendig, auf andere Rechtsgebiete einzugehen, wird auch insoweit Beratungshilfe gewährt.

Gesetzestexte (Auszug) **Anh. 11 BerHG**

(3) Beratungshilfe nach diesem Gesetz wird nicht gewährt in Angelegenheiten, in denen das Recht anderer Staaten anzuwenden ist, sofern der Sachverhalt keine Beziehung zum Inland aufweist.

§ 3 [Gewährung durch Rechtsanwälte oder Amtsgericht]
(1) Die Beratungshilfe wird durch Rechtsanwälte und durch Rechtsbeistände, die Mitglied einer Rechtsanwaltskammer sind, gewährt, auch in Beratungsstellen, die auf Grund einer Vereinbarung mit der Landesjustizverwaltung eingerichtet sind.

(2) Die Beratungshilfe kann auch durch das Amtsgericht gewährt werden, soweit dem Anliegen durch eine sofortige Auskunft, einen Hinweis auf andere Möglichkeiten für Hilfe oder die Aufnahme eines Antrags oder einer Erklärung entsprochen werden kann.

§ 4 [Entscheidung über Antrag]
(1) [1]Über den Antrag auf Beratungshilfe entscheidet das Amtsgericht, in dessen Bezirk der Rechtsuchende seinen allgemeinen Gerichtsstand hat. [2]Hat der Rechtsuchende im Inland keinen allgemeinen Gerichtsstand, so ist das Amtsgericht zuständig, in dessen Bezirk ein Bedürfnis für Beratungshilfe auftritt.

(2) [1]Der Antrag kann mündlich oder schriftlich gestellt werden. [2]Der Sachverhalt, für den Beratungshilfe beantragt wird, ist anzugeben. [3]Die persönlichen und wirtschaftlichen Verhältnisse des Rechtsuchenden sind glaubhaft zu machen. [4]Wenn sich der Rechtsuchende wegen Beratungshilfe unmittelbar an einen Rechtsanwalt wendet, kann der Antrag nachträglich gestellt werden.

§ 5 [Verfahren]
Für das Verfahren gelten die Vorschriften des Gesetzes über die Angelegenheiten der freiwilligen Gerichtsbarkeit sinngemäß, soweit in diesem Gesetz nichts anderes bestimmt ist.

§ 6 [Berechtigungsschein für Beratungshilfe]
(1) Sind die Voraussetzungen für die Gewährung von Beratungshilfe gegeben und wird die Angelegenheit nicht durch das Amtsgericht erledigt, stellt das Amtsgericht dem Rechtsuchenden unter genauer Bezeichnung der Angelegenheit einen Berechtigungsschein für Beratungshilfe durch einen Rechtsanwalt seiner Wahl aus.

(2) Gegen den Beschluß, durch den der Antrag zurückgewiesen wird, ist nur die Erinnerung statthaft.

§ 7 [Pflichten des Rechtsuchenden]
Der Rechtsuchende, der unmittelbar einen Rechtsanwalt aufsucht, hat seine persönlichen und wirtschaftlichen Verhältnisse glaubhaft zu machen und zu versichern, daß ihm in derselben Angelegenheit Beratungshilfe bisher weder gewährt noch durch das Amtsgericht versagt worden ist.

§ 8 [Gebühr des Rechtsanwalts]
Vereinbarungen über eine Vergütung sind nichtig.

§ 9 [Kostenersatz durch Gegner]
[1]Ist der Gegner verpflichtet, dem Rechtsuchenden die Kosten der Wahrnehmung seiner Rechte zu ersetzen, hat er die gesetzliche Vergütung für die Tätigkeit des

Anh. 11 BerHG

Rechtsanwalts zu zahlen. ²Der Anspruch geht auf den Rechtsanwalt über. ³Der Übergang kann nicht zum Nachteil des Rechtsuchenden geltend gemacht werden.

§ 12 [Sonderregelungen für Bremen, Hamburg und Berlin]
(1) In den Ländern Bremen und Hamburg tritt die eingeführte öffentliche Rechtsberatung an die Stelle der Beratungshilfe nach diesem Gesetz, wenn und soweit das Landesrecht nichts anderes bestimmt.
(2) Im Land Berlin hat der Rechtsuchende die Wahl zwischen der Inanspruchnahme der dort eingeführten öffentlichen Rechtsberatung und anwaltlicher Beratungshilfe nach diesem Gesetz, wenn und soweit das Landesrecht nichts anderes bestimmt.
(3) Die Berater der öffentlichen Rechtsberatung, die über die Befähigung zum Richteramt verfügen, sind in gleicher Weise wie ein beauftragter Rechtsanwalt zur Verschwiegenheit verpflichtet und mit schriftlicher Zustimmung des Ratsuchenden berechtigt, Auskünfte aus Akten zu erhalten und Akteneinsicht zu nehmen.

Gebührentabellen

1. Tabelle zu den Rechtsanwaltsgebühren (§ 13)
2. Tabelle zu den Gebühren des beigeordneten oder bestellten Rechtsanwalts (§ 49)

Tabellen

Tabelle zu § 13

Wert bis:	1,0	0,3	0,5	0,8	1,2
300	25,00	7,50	12,50	20,00	30,00
600	45,00	13,50	22,50	36,00	54,00
900	65,00	19,50	32,50	52,00	78,00
1 200	85,00	25,50	42,50	68,00	102,00
1 500	105,00	31,50	52,50	84,00	126,00
2 000	133,00	39,90	66,50	106,40	159,60
2 500	161,00	48,30	80,50	128,80	193,20
3 000	189,00	56,70	94,50	151,20	226,80
3 500	217,00	65,10	108,50	173,60	260,40
4 000	245,00	73,50	122,50	196,00	294,00
4 500	273,00	81,90	136,50	218,40	327,60
5 000	301,00	90,30	150,50	240,80	361,20
6 000	338,00	101,40	169,00	270,40	405,60
7 000	375,00	112,50	187,50	300,00	450,00
8 000	412,00	123,60	206,00	329,60	494,40
9 000	449,00	134,70	224,50	359,20	538,80
10 000	486,00	145,80	243,00	388,80	583,20
13 000	526,00	157,80	263,00	420,80	631,20
16 000	566,00	169,80	283,00	452,80	679,20
19 000	606,00	181,80	303,00	484,80	727,20
22 000	646,00	193,80	323,00	516,80	775,20
25 000	686,00	205,80	343,00	548,80	823,20
30 000	758,00	227,40	379,00	606,40	909,60
35 000	830,00	249,00	415,00	664,00	996,00
40 000	902,00	270,60	451,00	721,60	1 082,40
45 000	974,00	292,20	487,00	779,20	1 168,80
50 000	1 046,00	313,80	523,00	836,80	1 255,20
65 000	1 123,00	336,90	561,50	898,40	1 347,60
80 000	1 200,00	360,00	600,00	960,00	1 440,00
95 000	1 277,00	383,10	638,50	1 021,60	1 532,40
110 000	1 354,00	406,20	677,00	1 083,20	1 624,80
125 000	1 431,00	429,30	715,50	1 144,80	1 717,20
140 000	1 508,00	452,40	754,00	1 206,40	1 809,60
155 000	1 585,00	475,50	792,50	1 268,00	1 902,00
170 000	1 662,00	498,60	831,00	1 329,60	1 994,40
185 000	1 739,00	521,70	869,50	1 391,20	2 086,80
200 000	1 816,00	544,80	908,00	1 452,80	2 179,20
230 000	1 934,00	580,20	967,00	1 547,20	2 320,80
260 000	2 052,00	615,60	1 026,00	1 641,60	2 462,40
290 000	2 170,00	651,00	1 085,00	1 736,00	2 604,00
320 000	2 288,00	686,40	1 144,00	1 830,40	2 745,60
350 000	2 406,00	721,80	1 203,00	1 924,80	2 887,20
380 000	2 524,00	757,20	1 262,00	2 019,20	3 028,80
410 000	2 642,00	792,60	1 321,00	2 113,60	3 170,40
440 000	2 760,00	828,00	1 380,00	2 208,00	3 312,00

Gebühren des Rechtsanwalts **Tabellen**

Wert bis:	1,3	1,5	1,6	2,3	2,5
300	32,50	37,50	40,00	57,50	62,50
600	58,50	67,50	72,00	103,50	112,50
900	84,50	97,50	104,00	149,50	162,50
1 200	110,50	127,50	136,00	195,50	212,50
1 500	136,50	157,50	168,00	241,50	262,50
2 000	172,90	199,50	212,80	305,90	332,50
2 500	209,30	241,50	257,60	370,30	402,50
3 000	245,70	283,50	302,40	434,70	472,50
3 500	282,10	325,50	347,20	499,10	542,50
4 000	318,50	367,50	392,00	563,50	612,50
4 500	354,90	409,50	436,80	627,90	682,50
5 000	391,30	451,50	481,60	692,30	752,50
6 000	439,40	507,00	540,80	777,40	845,00
7 000	487,50	562,50	600,00	862,50	937,50
8 000	535,60	618,00	659,20	947,60	1030,00
9 000	583,70	673,50	718,40	1 032,70	1122,50
10 000	631,80	729,00	777,60	1 117,80	1215,00
13 000	683,80	789,00	841,60	1 209,80	1315,00
16 000	735,80	849,00	905,60	1 301,80	1415,00
19 000	787,80	909,00	969,60	1 393,80	1515,00
22 000	839,80	969,00	1 033,60	1 485,80	1615,00
25 000	891,80	1 029,00	1 097,60	1 577,80	1715,00
30 000	985,40	1 137,00	1 212,80	1 743,40	1895,00
35 000	1 079,00	1 245,00	1 328,00	1 909,00	2075,00
40 000	1 172,60	1 353,00	1 443,20	2 074,60	2255,00
45 000	1 266,20	1 461,00	1 558,40	2 240,20	2435,00
50 000	1 359,80	1 569,00	1 673,60	2 405,80	2615,00
65 000	1 459,90	1 684,50	1 796,80	2 582,90	2807,50
80 000	1 560,00	1 800,00	1 920,00	2 760,00	3000,00
95 000	1 660,10	1 915,50	2 043,20	2 937,10	3192,50
110 000	1 760,20	2 031,00	2 166,40	3 114,20	3385,00
125 000	1 860,30	2 146,50	2 289,60	3 291,30	3577,50
140 000	1 960,40	2 262,00	2 412,80	3 468,40	3770,00
155 000	2 060,50	2 377,50	2 536,00	3 645,50	3962,50
170 000	2 160,60	2 493,00	2 659,20	3 822,60	4155,00
185 000	2 260,70	2 608,50	2 782,40	3 999,70	4347,50
200 000	2 360,80	2 724,00	2 905,60	4 176,80	4540,00
230 000	2 514,20	2 901,00	3 094,40	4 448,20	4835,00
260 000	2 667,60	3 078,00	3 283,20	4 719,60	5130,00
290 000	2 821,00	3 255,00	3 472,00	4 991,00	5425,00
320 000	2 974,40	3 432,00	3 660,80	5 262,40	5720,00
350 000	3 127,80	3 609,00	3 849,60	5 533,80	6015,00
380 000	3 281,20	3 786,00	4 038,40	5 805,20	6310,00
410 000	3 434,60	3 963,00	4 227,20	6 076,60	6605,00
440 000	3 588,00	4 140,00	4 416,00	6 348,00	6900,00

Tabellen

Tabelle zu § 13

Wert bis:	1,0	0,3	0,5	0,8	1,2
470 000	2 878,00	863,40	1 439,00	2 302,40	3 453,60
500 000	2 996,00	898,80	1 498,00	2 396,80	3 595,20
550 000	3 146,00	943,80	1 573,00	2 516,80	3 775,20
600 000	3 296,00	988,80	1 648,00	2 636,80	3 955,20
650 000	3 446,00	1 033,80	1 723,00	2 756,80	4 135,20
700 000	3 596,00	1 078,80	1 798,00	2 876,80	4 315,20
750 000	3 746,00	1 123,80	1 873,00	2 996,80	4 495,20
800 000	3 896,00	1 168,80	1 948,00	3 116,80	4 675,20
850 000	4 046,00	1 213,80	2 023,00	3 236,80	4 855,20
900 000	4 196,00	1 258,80	2 098,00	3 356,80	5 035,20
950 000	4 346,00	1 303,80	2 173,00	3 476,80	5 215,20
1 000 000	4 496,00	1 348,80	2 248,00	3 596,80	5 395,20
1 050 000	4 646,00	1 393,80	2 323,00	3 716,80	5 575,20
1 100 000	4 796,00	1 438,80	2 398,00	3 836,80	5 755,20
1 150 000	4 946,00	1 483,80	2 473,00	3 956,80	5 935,20
1 200 000	5 096,00	1 528,80	2 548,00	4 076,80	6 115,20
1 250 000	5 246,00	1 573,80	2 623,00	4 196,80	6 295,20
1 300 000	5 396,00	1 618,80	2 698,00	4 316,80	6 475,20
1 350 000	5 546,00	1 663,80	2 773,00	4 436,80	6 655,20
1 400 000	5 696,00	1 708,80	2 848,00	4 556,80	6 835,20
1 450 000	5 846,00	1 753,80	2 923,00	4 676,80	7 015,20
1 500 000	5 996,00	1 798,80	2 998,00	4 796,80	7 195,20
1 550 000	6 146,00	1 843,80	3 073,00	4 916,80	7 375,20
1 600 000	6 296,00	1 888,80	3 148,00	5 036,80	7 555,20
1 650 000	6 446,00	1 933,80	3 223,00	5 156,80	7 735,20
1 700 000	6 596,00	1 978,80	3 298,00	5 276,80	7 915,20
1 750 000	6 746,00	2 023,80	3 373,00	5 396,80	8 095,20
1 800 000	6 896,00	2 068,80	3 448,00	5 516,80	8 275,20
1 850 000	7 046,00	2 113,80	3 523,00	5 636,80	8 455,20
1 900 000	7 196,00	2 158,80	3 598,00	5 756,80	8 635,20
1 950 000	7 346,00	2 203,80	3 673,00	5 876,80	8 815,20
2 000 000	7 496,00	2 248,80	3 748,00	5 996,80	8 995,20
2 050 000	7 646,00	2 293,80	3 823,00	6 116,80	9 175,20
2 100 000	7 796,00	2 338,80	3 898,00	6 236,80	9 355,20
2 150 000	7 946,00	2 383,80	3 973,00	6 356,80	9 535,20
2 200 000	8 096,00	2 428,80	4 048,00	6 476,80	9 715,20
2 250 000	8 246,00	2 473,80	4 123,00	6 596,80	9 895,20
2 300 000	8 396,00	2 518,80	4 198,00	6 716,80	10 075,20
2 350 000	8 546,00	2 563,80	4 273,00	6 836,80	10 255,20
2 400 000	8 696,00	2 608,80	4 348,00	6 956,80	10 435,20
2 450 000	8 846,00	2 653,80	4 423,00	7 076,80	10 615,20
2 500 000	8 996,00	2 698,80	4 498,00	7 196,80	10 795,20
2 550 000	9 146,00	2 743,80	4 573,00	7 316,80	10 975,20
2 600 000	9 296,00	2 788,80	4 648,00	7 436,80	11 155,20
2 650 000	9 446,00	2 833,80	4 723,00	7 556,80	11 335,20

Gebühren des Rechtsanwalts **Tabellen**

Wert bis:	1,3	1,5	1,6	2,3	2,5
470 000	3 741,40	4 317,00	4 604,80	6 619,40	7 195,00
500 000	3 894,80	4 494,00	4 793,60	6 890,80	7 490,00
550 000	4 089,80	4 719,00	5 033,60	7 235,80	7 865,00
600 000	4 284,80	4 944,00	5 273,60	7 580,80	8 240,00
650 000	4 479,80	5 169,00	5 513,60	7 925,80	8 615,00
700 000	4 674,80	5 394,00	5 753,60	8 270,80	8 990,00
750 000	4 869,80	5 619,00	5 993,60	8 615,80	9 365,00
800 000	5 064,80	5 844,00	6 233,60	8 960,80	9 740,00
850 000	5 259,80	6 069,00	6 473,60	9 305,80	10 115,00
900 000	5 454,80	6 294,00	6 713,60	9 650,80	10 490,00
950 000	5 649,80	6 519,00	6 953,60	9 995,80	10 865,00
1 000 000	5 844,80	6 744,00	7 193,60	10 340,80	11 240,00
1 050 000	6 039,80	6 969,00	7 433,60	10 685,80	11 615,00
1 100 000	6 234,80	7 194,00	7 673,60	11 030,80	11 990,00
1 150 000	6 429,80	7 419,00	7 913,60	11 375,80	12 365,00
1 200 000	6 624,80	7 644,00	8 153,60	11 720,80	12 740,00
1 250 000	6 819,80	7 869,00	8 393,60	12 065,80	13 115,00
1 300 000	7 014,80	8 094,00	8 633,60	12 410,80	13 490,00
1 350 000	7 209,80	8 319,00	8 873,60	12 755,80	13 865,00
1 400 000	7 404,80	8 544,00	9 113,60	13 100,80	14 240,00
1 450 000	7 599,80	8 769,00	9 353,60	13 445,80	14 615,00
1 500 000	7 794,80	8 994,00	9 593,60	13 790,80	14 990,00
1 550 000	7 989,80	9 219,00	9 833,60	14 135,80	15 365,00
1 600 000	8 184,80	9 444,00	10 073,60	14 480,80	15 740,00
1 650 000	8 379,80	9 669,00	10 313,60	14 825,80	16 115,00
1 700 000	8 574,80	9 894,00	10 553,60	15 170,80	16 490,00
1 750 000	8 769,80	10 119,00	10 793,60	15 515,80	16 865,00
1 800 000	8 964,80	10 344,00	11 033,60	15 860,80	17 240,00
1 850 000	9 159,80	10 569,00	11 273,60	16 205,80	17 615,00
1 900 000	9 354,80	10 794,00	11 513,60	16 550,80	17 990,00
1 950 000	9 549,80	11 019,00	11 753,60	16 895,80	18 365,00
2 000 000	9 744,80	11 244,00	11 993,60	17 240,80	18 740,00
2 050 000	9 939,80	11 469,00	12 233,60	17 585,80	19 115,00
2 100 000	10 134,80	11 694,00	12 473,60	17 930,80	19 490,00
2 150 000	10 329,80	11 919,00	12 713,60	18 275,80	19 865,00
2 200 000	10 524,80	12 144,00	12 953,60	18 620,80	20 240,00
2 250 000	10 719,80	12 369,00	13 193,60	18 965,80	20 615,00
2 300 000	10 914,80	12 594,00	13 433,60	19 310,80	20 990,00
2 350 000	11 109,80	12 819,00	13 673,60	19 655,80	21 365,00
2 400 000	11 304,80	13 044,00	13 913,60	20 000,80	21 740,00
2 450 000	11 499,80	13 269,00	14 153,60	20 345,80	22 115,00
2 500 000	11 694,80	13 494,00	14 393,60	20 690,80	22 490,00
2 550 000	11 889,80	13 719,00	14 633,60	21 035,80	22 865,00
2 600 000	12 084,80	13 944,00	14 873,60	21 380,80	23 240,00
2 650 000	12 279,80	14 169,00	15 113,60	21 725,80	23 615,00

Tabellen

Tabelle zu § 13

Wert bis:	1,0	0,3	0,5	0,8	1,2
2 700 000	9 596,00	2 878,80	4 798,00	7 676,80	11 515,20
2 750 000	9 746,00	2 923,80	4 873,00	7 796,80	11 695,20
2 800 000	9 896,00	2 968,80	4 948,00	7 916,80	11 875,20
2 850 000	10 046,00	3 013,80	5 023,00	8 036,80	12 055,20
2 900 000	10 196,00	3 058,80	5 098,00	8 156,80	12 235,20
2 950 000	10 346,00	3 103,80	5 173,00	8 276,80	12 415,20
3 000 000	10 496,00	3 148,80	5 248,00	8 396,80	12 595,20
3 050 000	10 646,00	3 193,80	5 323,00	8 516,80	12 775,20
3 100 000	10 796,00	3 238,80	5 398,00	8 636,80	12 955,20
3 150 000	10 946,00	3 283,80	5 473,00	8 756,80	13 135,20
3 200 000	11 096,00	3 328,80	5 548,00	8 876,80	13 315,20
3 250 000	11 246,00	3 373,80	5 623,00	8 996,80	13 495,20
3 300 000	11 396,00	3 418,80	5 698,00	9 116,80	13 675,20
3 350 000	11 546,00	3 463,80	5 773,00	9 236,80	13 855,20
3 400 000	11 696,00	3 508,80	5 848,00	9 356,80	14 035,20
3 450 000	11 846,00	3 553,80	5 923,00	9 476,80	14 215,20
3 500 000	11 996,00	3 598,80	5 998,00	9 596,80	14 395,20
3 550 000	12 146,00	3 643,80	6 073,00	9 716,80	14 575,20
3 600 000	12 296,00	3 688,80	6 148,00	9 836,80	14 755,20
3 650 000	12 446,00	3 733,80	6 223,00	9 956,80	14 935,20
3 700 000	12 596,00	3 778,80	6 298,00	10 076,80	15 115,20
3 750 000	12 746,00	3 823,80	6 373,00	10 196,80	15 295,20
3 800 000	12 896,00	3 868,80	6 448,00	10 316,80	15 475,20
3 850 000	13 046,00	3 913,80	6 523,00	10 436,80	15 655,20
3 900 000	13 196,00	3 958,80	6 598,00	10 556,80	15 835,20
3 950 000	13 346,00	4 003,80	6 673,00	10 676,80	16 015,20
4 000 000	13 496,00	4 048,80	6 748,00	10 796,80	16 195,20
4 050 000	13 646,00	4 093,80	6 823,00	10 916,80	16 375,20
4 100 000	13 796,00	4 138,80	6 898,00	11 036,80	16 555,20
4 150 000	13 946,00	4 183,80	6 973,00	11 156,80	16 735,20
4 200 000	14 096,00	4 228,80	7 048,00	11 276,80	16 915,20
4 250 000	14 246,00	4 273,80	7 123,00	11 396,80	17 095,20
4 300 000	14 396,00	4 318,80	7 198,00	11 516,80	17 275,20
4 350 000	14 546,00	4 363,80	7 273,00	11 636,80	17 455,20
4 400 000	14 696,00	4 408,80	7 348,00	11 756,80	17 635,20
4 450 000	14 846,00	4 453,80	7 423,00	11 876,80	17 815,20
4 500 000	14 996,00	4 498,80	7 498,00	11 996,80	17 995,20
4 550 000	15 146,00	4 543,80	7 573,00	12 116,80	18 175,20
4 600 000	15 296,00	4 588,80	7 648,00	12 236,80	18 355,20
4 650 000	15 446,00	4 633,80	7 723,00	12 356,80	18 535,20
4 700 000	15 596,00	4 678,80	7 798,00	12 476,80	18 715,20
4 750 000	15 746,00	4 723,80	7 873,00	12 596,80	18 895,20
4 800 000	15 896,00	4 768,80	7 948,00	12 716,80	19 075,20
4 850 000	16 046,00	4 813,80	8 023,00	12 836,80	19 255,20
4 900 000	16 196,00	4 858,80	8 098,00	12 956,80	19 435,20

Gebühren des Rechtsanwalts **Tabellen**

Wert bis:	1,3	1,5	1,6	2,3	2,5
2 700 000	12 474,80	14 394,00	15 353,60	22 070,80	23 990,00
2 750 000	12 669,80	14 619,00	15 593,60	22 415,80	24 365,00
2 800 000	12 864,80	14 844,00	15 833,60	22 760,80	24 740,00
2 850 000	13 059,80	15 069,00	16 073,60	23 105,80	25 115,00
2 900 000	13 254,80	15 294,00	16 313,60	23 450,80	25 490,00
2 950 000	13 449,80	15 519,00	16 553,60	23 795,80	25 865,00
3 000 000	13 644,80	15 744,00	16 793,60	24 140,80	26 240,00
3 050 000	13 839,80	15 969,00	17 033,60	24 485,80	26 615,00
3 100 000	14 034,80	16 194,00	17 273,60	24 830,80	26 990,00
3 150 000	14 229,80	16 419,00	17 513,60	25 175,80	27 365,00
3 200 000	14 424,80	16 644,00	17 753,60	25 520,80	27 740,00
3 250 000	14 619,80	16 869,00	17 993,60	25 865,80	28 115,00
3 300 000	14 814,80	17 094,00	18 233,60	26 210,80	28 490,00
3 350 000	15 009,80	17 319,00	18 473,60	26 555,80	28 865,00
3 400 000	15 204,80	17 544,00	18 713,60	26 900,80	29 240,00
3 450 000	15 399,80	17 769,00	18 953,60	27 245,80	29 615,00
3 500 000	15 594,80	17 994,00	19 193,60	27 590,80	29 990,00
3 550 000	15 789,80	18 219,00	19 433,60	27 935,80	30 365,00
3 600 000	15 984,80	18 444,00	19 673,60	28 280,80	30 740,00
3 650 000	16 179,80	18 669,00	19 913,60	28 625,80	31 115,00
3 700 000	16 374,80	18 894,00	20 153,60	28 970,80	31 490,00
3 750 000	16 569,80	19 119,00	20 393,60	29 315,80	31 865,00
3 800 000	16 764,80	19 344,00	20 633,60	29 660,80	32 240,00
3 850 000	16 959,80	19 569,00	20 873,60	30 005,80	32 615,00
3 900 000	17 154,80	19 794,00	21 113,60	30 350,80	32 990,00
3 950 000	17 349,80	20 019,00	21 353,60	30 695,80	33 365,00
4 000 000	17 544,80	20 244,00	21 593,60	31 040,80	33 740,00
4 050 000	17 739,80	20 469,00	21 833,60	31 385,80	34 115,00
4 100 000	17 934,80	20 694,00	22 073,60	31 730,80	34 490,00
4 150 000	18 129,80	20 919,00	22 313,60	32 075,80	34 865,00
4 200 000	18 324,80	21 144,00	22 553,60	32 420,80	35 240,00
4 250 000	18 519,80	21 369,00	22 793,60	32 765,80	35 615,00
4 300 000	18 714,80	21 594,00	23 033,60	33 110,80	35 990,00
4 350 000	18 909,80	21 819,00	23 273,60	33 455,80	36 365,00
4 400 000	19 104,80	22 044,00	23 513,60	33 800,80	36 740,00
4 450 000	19 299,80	22 269,00	23 753,60	34 145,80	37 115,00
4 500 000	19 494,80	22 494,00	23 993,60	34 490,80	37 490,00
4 550 000	19 689,80	22 719,00	24 233,60	34 835,80	37 865,00
4 600 000	19 884,80	22 944,00	24 473,60	35 180,80	38 240,00
4 650 000	20 079,80	23 169,00	24 713,60	35 525,80	38 615,00
4 700 000	20 274,80	23 394,00	24 953,60	35 870,80	38 990,00
4 750 000	20 469,80	23 619,00	25 193,60	36 215,80	39 365,00
4 800 000	20 664,80	23 844,00	25 433,60	36 560,80	39 740,00
4 850 000	20 859,80	24 069,00	25 673,60	36 905,80	40 115,00
4 900 000	21 054,80	24 294,00	25 913,60	37 250,80	40 490,00

Tabellen

Tabelle zu § 13

Wert bis:	1,0	0,3	0,5	0,8	1,2
4 950 000	16 346,00	4903,80	8173,00	13 076,80	19 615,20
5 000 000	16 496,00	4948,80	8248,00	13 196,80	19 795,20
5 500 000	17 996,00	5398,80	8998,00	14 396,80	21 595,20
6 000 000	19 496,00	5848,80	9748,00	15 596,80	23 395,20
6 500 000	20 996,00	6298,80	10 498,00	16 796,80	25 195,20
7 000 000	22 496,00	6748,80	11 248,00	17 996,80	26 995,20
7 500 000	23 996,00	7198,80	11 998,00	19 196,80	28 795,20
8 000 000	25 496,00	7648,80	12 748,00	20 396,80	30 595,20
8 500 000	26 996,00	8098,80	13 498,00	21 596,80	32 395,20
9 000 000	28 496,00	8548,80	14 248,00	22 796,80	34 195,20
9 500 000	29 996,00	8998,80	14 998,00	23 996,80	35 995,20
10 000 000	31 496,00	9448,80	15 748,00	25 196,80	37 795,20

Gebühren des Rechtsanwalts **Tabellen**

Wert bis:	1,3	1,5	1,6	2,3	2,5
4 950 000	21 249,80	24 519,00	26 153,60	37 595,80	40 865,00
5 000 000	21 444,80	24 744,00	26 393,60	37 940,80	41 240,00
5 500 000	23 394,80	26 994,00	28 793,60	41 390,80	44 990,00
6 000 000	25 344,80	29 244,00	31 193,60	44 840,80	48 740,00
6 500 000	27 294,80	31 494,00	33 593,60	48 290,80	52 490,00
7 000 000	29 244,80	33 744,00	35 993,60	51 740,80	56 240,00
7 500 000	31 194,80	35 994,00	38 393,60	55 190,80	59 990,00
8 000 000	33 144,80	38 244,00	40 793,60	58 640,80	63 740,00
8 500 000	35 094,80	40 494,00	43 193,60	62 090,80	67 490,00
9 000 000	37 044,80	42 744,00	45 593,60	65 540,80	71 240,00
9 500 000	38 994,80	44 994,00	47 993,60	68 990,80	74 990,00
10 000 000	40 944,80	47 244,00	50 393,60	72 440,80	78 740,00

Tabellen

Tabelle zu § 49

Wert bis:	1,0	0,3	0,5	0,8	1,2
300	25,00	7,50	12,50	20,00	30,00
600	45,00	13,50	22,50	36,00	54,00
900	65,00	19,50	32,50	52,00	78,00
1 200	85,00	25,50	42,50	68,00	102,00
1 500	105,00	31,50	52,50	84,00	126,00
2 000	133,00	39,90	66,50	106,40	159,60
2 500	161,00	48,30	80,50	128,80	193,20
3 000	189,00	56,70	94,50	151,20	226,80
3 500	195,00	58,50	97,50	156,00	234,00
4 000	204,00	61,20	102,00	163,20	244,80
4 500	212,00	63,60	106,00	169,60	254,40
5 000	219,00	65,70	109,50	175,20	262,80
6 000	225,00	67,50	112,50	180,00	270,00
7 000	230,00	69,00	115,00	184,00	276,00
8 000	234,00	70,20	117,00	187,20	280,80
9 000	238,00	71,40	119,00	190,40	285,60
10 000	242,00	72,60	121,00	193,60	290,40
13 000	246,00	73,80	123,00	196,80	295,20
16 000	257,00	77,10	128,50	205,60	308,40
19 000	272,00	81,60	136,00	217,60	326,40
22 000	293,00	87,90	146,50	234,40	351,60
25 000	318,00	95,40	159,00	254,40	381,60
30 000	354,00	106,20	177,00	283,20	424,80
über 30 000	391,00	117,30	195,50	312,80	469,20

Gebühren des Rechtsanwalts **Tabellen**

Wert bis:	1,3	1,5	1,6	2,3	2,5
300	32,50	37,50	40,00	45,00	57,50
600	58,50	67,50	72,00	81,00	103,50
900	84,50	97,50	104,00	117,00	149,50
1 200	110,50	127,50	136,00	153,00	195,50
1 500	136,50	157,50	168,00	189,00	241,50
2 000	172,90	199,50	212,80	239,40	305,90
2 500	209,30	241,50	257,60	289,80	370,30
3 000	245,70	283,50	302,40	340,20	434,70
3 500	253,50	292,50	312,00	351,00	448,50
4 000	265,20	306,00	326,40	367,20	469,20
4 500	275,60	318,00	339,20	381,60	487,60
5 000	284,70	328,50	350,40	394,20	503,70
6 000	292,50	337,50	360,00	405,00	517,50
7 000	299,00	345,00	368,00	414,00	529,00
8 000	304,20	351,00	374,40	421,20	538,20
9 000	309,40	357,00	380,80	428,40	547,40
10 000	314,60	363,00	387,20	435,60	556,60
13 000	319,80	369,00	393,60	442,80	565,80
16 000	334,10	385,50	411,20	462,60	591,10
19 000	353,60	408,00	435,20	489,60	625,60
22 000	380,90	439,50	468,80	527,40	673,90
25 000	413,40	477,00	508,80	572,40	731,40
30 000	460,20	531,00	566,40	637,20	814,20
über 30 000	508,30	586,50	625,60	703,80	899,30

Sachregister

Die Zahlen bedeuten: **20** 10 = § 20 Randnummer 10;
Vor 34 4 = Vorbemerkung vor § 34 Randnummer 4;
VV T3 A3 97 = Vergütungsverzeichnis Teil 3 Abschnitt 3 Randnummer 97.

Abänderung eines Arrestes **16** 3; **VV T3 A2** 6; von Unterhaltstiteln **VV T3 A1** 10; **A3** 174–179; s. Änderung.

Abführung des Mehrerlöses **VV T4 A1** 123.

Abgabe einer Willenserklärung **VV T3 A3** 34, 35; – an ein anderes Gericht **VV T4 A1** 19; s. Verweisung.

Abgang s. Zu- und Abgang.

Abgeltungsbereich der Gebühren **15** 1 ff.; **Vor VV T3** 22 ff., 45 ff.; **VV T4 A1** 29, 30; **T5** 26; (Aufgebotsverfahren) **VV T3 A3** 133, 134; (Insolvenzverfahren) **VV T3 A3** 99, 119, 120; (Rüge wegen Verletzung des rechtlichen Gehörs) **VV T3 A3** 170; s. a. Angelegenheit, Anrechnung, Pauschcharakter, Rechtszug, Verweisung.

abgesonderte mündliche Verhandlung (über Einstellung der ZwV usw.) **VV T3 A3** 152, 156; zur -n Befriedigung dienende Gegenstände s. Insolvenzmasse.

Abhilfebefugnis 57 9.

Abhilfeverfahren (Wert) **23** 13; (bes. Angelegenheit) **18** 3; **23** 13, **VV T2** 75; **Vor T3** 62; s. Änderung.

Abkommen s. EG-, Haager-, HUK-, Londoner-, Vollstreckungs- Übereinkommen.

Ablehnung des Mandats **1** 11; **9** 3; – von Gerichtspersonen, Sachverständigen **19** Abs. 1 Nr. 3; **Vor VV T3** 18, 46 (Wert) **VV T3 A5** 15; – von Schiedsrichtern **VV T3 A3** 145, 146–150.

Ablichtungen s. Schreibauslagen.

Ablieferung von Geldern usw. s. Hebegebühr.

Abraten 1 10; – von Einlegung eines Rechtsmittels **VV T2** 16.

Abrundung s. Aufrundung.

Abschätzungskosten (bei Wertfestsetzung) **32** 31.

Abschiebehindernis 30 2, 3.

Abschiebeschutz, -androhung **30** 3.

Abschriften s. Schreibauslagen.

Absonderungsberechtigter im Insolvenzverfahren **VV T3 A3** 97, 121; – im Zwangsversteigerungsverfahren **VV T3 A3** 79; s. Ausfall.

Absonderungsrecht, Verfolgung eines -s (im Insolvenzverfahren) **VV T3 A3** 97, 121; (im Zwangsversteigerungsverfahren) **VV T3 A3** 79.

Abstandnahme vom Urkundenprozess, Verfahren nach – **VV T3 A1** 13–15.

Abtretung des Kostenerstattungsanspruchs **43** 1 ff.; -sanzeige **43** 13 ff.; -surkunde **43** 13 ff.; s. Pfändung, Prozesskostenhilfeanwalt.

Abwälzung (Überwälzung) der Umsatzsteuer s. Umsatzsteuer.

Abwehr vermögensrechtlicher Ansprüche s. Adhäsionsverfahren.

Abwesenheitsgeld VV T7 26.

Abwickler s. Kanzleiabwickler.

Abwicklungstätigkeit 15 10, 20; **19** 1.

Abzug von Verbindlichkeiten (Wert) **23** 22; **28** 4.

Adhäsionsverfahren 45 72; **VV T4 A1** 131 ff., 146, 147; **A3** 44, 45.

Agenturvertrag (Wert) **23** 39.

Aktenlage, Entscheidung nach – (Terminsgebühr) **VV T3 A1** 61.

allgemeine Geschäftsunkosten Vor VV T3 25; **T7** 4; -r Vertreter **5** 5; **45** 27.

Amnestie s. Straffreiheitsgesetz.

Amtsermittlung bei Festsetzung der Prozesskostenhilfevergütung **55** 36 ff.

Amtsverteidiger s. bestellter Verteidiger.

Analogie 24 6.

Änderung eines Arrestes oder einstweiliger Verfügung **16** 3; – einer einstweiligen Anordnung **16** 3; – einer Entscheidung des beauftragten Richters und dgl. **VV T3 A5** 3; – des Gegenstands **2** 11 ff.; – des Gegenstandswerts **2** 15; der festgesetzten Prozesskostenhilfevergütung **55** 44; einer vorläufigen oder sichernden Maßnahme **17** Nr. 6; – von Rechten (Wert) **23** 48; – des angefochtenen Verwaltungsakts **VV T1** 16 ff.; – der Wertfestsetzung **32** 15; s. Abänderung, Erinnerung, reformatio in peius; Regelunterhalt.

Sachregister

anderweitige Verteilung **VV T3 A3** 81, 183; – Verwertung **18** Nr. 10.

Androhung von Ordnungsgeld **VV T3 A3** 46; – der Zwangsvollstreckung **VV T3 A3** 31.

Anerkennung des Anspruchs (Einigungsgebühr) **VV T1** 3; (Terminsgebühr) **VV T3 A1** 47; – der Vaterschaft mit gleichzeitiger Unterhaltsverpflichtung (Wert) **23** 33.

Anfechtung der Ehelichkeit mehrerer Kinder **15** 10; – des Gerichtskostenansatzes **VV T3 A5** 3, 4; **T4 A1** 165; der Festsetzung der Vergütung des bestellten Verteidigers **56** 1 ff.; (des Prozesskostenhilfeanwalts) **56** 1 ff.; – von Justizverwaltungsakten **Vor VV T3** 6.

Anfragen beim Einwohnermeldeamt **Vor VV T3** 23.

Angelegenheit, Abgrenzung verschiedener – **15** 16–26; Beendigung **15** 8 ff.; (vorzeitige) **15** 36 ff.; Begriff **15** 5 ff.; (bei Arrestvollziehung) **VV T3 A3** 27; (bei Verfahren nach 33 FGG) **VV T3 A3** 28; (bei der Vollstreckung) **VV T3 A3** 26, 27; (in Strafsachen) **VV T4 A1** 1; mehrere Auftraggeber **7** 10 ff.; **VV T3 A3** 67; **VV T4 A1** 175–177, 184; rechtliche – **1** 39, 41; Trennung, Verbindung **7** 21 ff.; Zusammenrechnung mehrerer Gegenstandswerte **VV T3 A3** 68.

–, **besondere** (neue) **15** 9 ff.; Abhilfeverfahren **18** 3; **23** 13; **VV T2** 75; **Vor T3** 62; Arrest **16** 3; Aufgebot **VV T3 A3** 134; Beschwerde **15** 15; **VV T3 A3** 70, 206; **A5** 11–14; Erinnerung (wegen Kosten) **VV T3 A5** 3, 14; **VV T4 A1** 165, 166; (gegen Vollstreckung) **VV T3 A5** 3, gerichtliche Verfahren über Akte des Verwaltungszwanges **VV T3 A3** 30; Gnadensachen **7** 10; **VV T4 A3** 30; Nachverfahren **VV T3 A1** 13; Normenkontrolle **37** 7; nach Parteiwechsel **VV T3 A3** 106; richterliche Handlungen im schiedsrichterlichen Verfahren (keine –) **VV T3 A3** 148; selbständiges Beweisverfahren (keine –) **Vor VV T3** 65; Versagung der Restschuldbefreiung **VV T3 A3** 127; Verteilungsverfahren **VV T3 A3** 180, 181; Verwaltungsverfahren **17** 3; **VV T2** 75; Verwaltungszwangsverfahren **VV T3 A3** 29; vorbereitende Tätigkeiten **15** 10, 11, 19; **Vor VV T3** 26; Wiederaufnahmeverfahren (Strafsachen) **VV T4 A1** 99–107; Wiederversteigerungsverfahren **VV T3 A3** 70; Widerruf der Restschuldbefreiung **VV T3 A3** 96, 99, 118, 126, 127; Zwangsversteigerung

VV T3 A3 70; Zwangsvollstreckung **18** 3; **VV T3 A3** 26.

–, **dieselbe** (einheitliche) **15** 17 ff., 52 ff.; **VV T3 A3** 205; Arrest **16** 3; Beschwerde **15** 15; **VV T3 A5** 11, 12, 14; einstweilige Anordnungen **18** 1; Erinnerungen (wegen Kosten) **VV T3 A5** 14; trotz Parteiwechsel **VV T3 A3** 106; mehrere richterliche Handlungen im schiedsgerichtlichen Verfahren **VV T3 A3** 147, 148; Versagung der Restschuldbefreiung (mehrere gleichzeitig anhängige Anträge) **VV T3 A3** 127; Vollstreckbarerklärung **VV T3 A3** 160.

–, **eigene** (Selbstvertretung) s. Kostenerstattung (eigene Sache).

–, **sonstige** s. dort.

s. Anrechnung, freiwillige Gerichtsbarkeit, Rechtszug, vorbereitende Tätigkeiten.

angemessene Gebühr 1 58; **4** 10.

angemessener Vorschuss 9 17.

Anhängigkeit des Gegenstands **32** 8; **33** 2.

Anhörungsrüge 12 a; Adressat **12 a** 7, Entscheidung des Gerichts **12 a** 11, 12; Frist **12 a** 8, 9; Kosten **12 a** 13 ff.; Voraussetzungen **12 a** 6 ff.

Ankaufsrecht (Wert) **23** 27.

Anklageerzwingungsverfahren s. Klageerzwingungsverfahren.

Anmeldung im Aufgebotsverfahren **VV T3 A3** 130, 135; in Registersachen **Vor VV T3** 5; **A1** 38; – einer Insolvenzforderung **VV T3 A3** 99, 100, 123, 124; – der Kosten bei Zwangsversteigerung **VV T3 A3** 76; – im Zwangsversteigerungsverfahren **VV T3 A3** 79.

Anordnung s. einstweilige, Justizbehörden, Nachprüfung, Sicherheitsmaßregeln, Sicherungsmaßregeln, Vorbereitung, Zwangsversteigerung, Zwangsverwaltung.

Anpassungskorrekturklage VV T3 A1 10, 12; **A3** 174, 179.

Anrechnung einer Gebühr auf eine andere **15** 14, 35; **VV T2** 2, 16; **Vor VV T3** 62–66, 82–85; **VV T3 A1** 13, 14, 16–18, 36, 37, 56; **VV T3 A3** 22, 207; **T4 A1** 35; **A3** 52–54; – von Vorschüssen und Zahlungen **58** 1 ff.

Anschlussbeschwerde 11 42, 43; **33** 35.

Anschlussrechtsmittel 32 27; **48** 25; **VV T3 A2** 42.

Anspruch gegen Beschuldigten **52** 1 ff.; – gegen Betroffenen **52** 29.

Anteilsrechte, Verwaltung von – **18** Nr. 11.

Anträge, Gebühr für – in Strafsachen **VV T4 A3** 21; in Grundbuchsachen **Vor VV**

Sachregister

T3 5; **A1** 39; – auf Feststellung einer Pauschalgebühr **42** 9 ff.; – auf gerichtliche Entscheidung **57** 1 ff.; (Abhilfebefugnis) **57** 9.
Anwaltsgemeinschaft 6 2; – überörtliche **VV T3 A4** 9.
Anwaltskammer s. Rechtsanwaltskammer.
Anwaltsnotar 1 25; **VV T2** 29.
Anwaltsvergleich Vor **VV T3** 2; **A3** 146.
Anwaltsvergütung s. Vergütung.
Anwaltsvertrag 1 4a–8; **4** 1–9.
Anwaltswechsel (Verschulden) **54** 4 ff.; s. Anrechnung, Kostenerstattung.
Anwaltszwang 32 23; **33** 17, 27; **56** 5.
Anwendung, sinngemäße – von VV Nr. 3502: **VV T3 A5** 19; VV Nr. 3506: **VV T3 A2** 26; **A5** 26; VV Nr. 3508: **VV T3 A2** 17; **A5** 28.
Anwendungsbereich des RVG; (persönliche Abgrenzung) **1** 19 ff.; (sachliche Abgrenzung) **1** 24 ff.
Anzeigepflicht (bestellter Verteidiger, Prozesskostenhilfeanwalt) **58** 31.
Arbeitnehmererfindung (Schiedsstelle) **VV T2** 90.
arbeitsgerichtliches Verfahren Vor **VV T3** 2; Beschlussverfahren **VV T3 A2** 21; Güteverfahren vor Innungsausschuss **VV T2** 88; Vor **T3** 63; Güteverhandlung **Vor VV T3** 46; Kostenerstattung Vor **VV T3** 40; Reisekosten **28** 27; **62** 9, 12; schiedsrichterliches Verfahren **36** 7; Vergütungsfestsetzung **11** 25; Vergütungsklage **11** 58; Verweisung **20** 5, 7, 14; Wertfestsetzung **32** 6, 7, 22, 24.
Arbeitsrecht, Beratungshilfe auf dem Gebiet des – **Vor 44** 2, 4, 5.
Arglisteinrede (beigeordneter Anwalt) **45** 36.
Arrest VV T3 A2 6; einheitliche Angelegenheit innerhalb des Verfahrens **16** 3; Berufungsgericht als Gericht der Hauptsache **VV T3 A2** 6; Berufungsverfahren **VV T3 A2** 7; Beschwerdeverfahren **VV T3 A2** 9; **A5** 4, 10; Prozesskostenhilfeanwalt **48** 26, 43; Selbständigkeit des Verfahrens **17** Nr. 4 lit. a; **VV T3 A2** 6.
Arresthypothek s. Zwangshypothek.
Arrestvollziehung VV T3 A3 27, 38–40, 44, 45; Beiordnung **48** 26.
Art und Weise der Zwangsvollstreckung, Erinnerungen gegen – **VV T3 A5** 3.
Assessoren, Tätigkeit von – **5** 8.
Asylverfahren, Gegenstandswert **30** 1 ff.; (Asylanerkenntnis) **30** 2, 3; (aufenthaltsbeendende Maßnahmen) **30** 4; (Aufenthaltsbeschränkung) **30** 3; Zulassung der Berufung **VV T3 A2** 3; **A5** 23.
Aufforderungsschreiben VV T3 A3 31, 38.
Aufgabe der Zulassung **8** 4; **15** 45; **54** 7.
Aufgebotsverfahren VV T3 A3 130–139; s. Verschollenheitsverfahren.
Aufhebung der Beiordnung **45** 34; – einer Freiheitsentziehung **VV T6** 51; – einer vorläufigen oder sichernden Maßnahme **Vor VV T3** 2; **A1** 5; **A2** 11; – der Gemeinschaft (Zwangsversteigerung) **26** 2; – des Schiedsspruchs **Vor VV T3** 2; **A1** 5; – der Vollstreckbarerklärung **Vor VV T3** 2; **A1** 5; – der Vollziehung **Vor VV T3** 2; **A1** 5; **A2** 11; – von Pfandrechten, Sondereigentum s. Gegenstandswert.
Aufopferungsanspruch Vor **44** 16; Vor **45** 33 **45** 3; s. Entschädigung.
Aufrechnung als Einforderung der Vergütung **10** 2a; – gegen Entschädigungsanspruch **45** 35; – gegen Kostenerstattungsanspruch **43** 5 ff.; **59** 36 ff.; (Wert) **Vor VV T3** 5.
Aufrundung der Gebühren **13** 13.
Aufsichtsbeschwerde 15 19.
Aufsichtsrat, Rechtsanwalt als – **1** 33.
Auftrag an den Rechtsanwalt **1** 6; Ablehnung **1** 11; Erledigung **8** 3 ff.; **45** 34; Gesamtauftrag und Einzelaufträge **15** 47 ff.; **VV T3 A4** 34, 35, 45–48; **Vor VV T4** 9, 10; **VV T4 A3** 1 ff.; Kündigung **1** 12; **8** 3; **9** 15, 16; **15** 40–45; **54** 7; Prozesskostenhilfeanwalt **45** 4, 58, 63, 68; vorzeitiges Ende **15** 40–46; **VV T3 A1** 19 ff.; **A3** 3, 13, 136, 143, 145, 149, 190; s. bedingter –, Geschäftsbesorgung, Geschäftsführung ohne Auftrag.
Auftraggeber 1 6, 16, 17; **9** 7; **10** 7a; **33** 11; mehrere – **7** 10 ff., 20; **VV T4 A1** 175–177.
Ausarbeitung eines Gutachtens **VV T2** 11, 12, 14, 15; **T3 A4** 8, 18–22.
Ausbietungsgarantievertrag (Wert) **23** 31.
Auseinandersetzungsvertrag (Wert) **23** 25, 43.
Ausfall, Anmeldung einer absonderungsberechtigten Forderung im Insolvenzverfahren für den – (Wert) **29** 9; s. Absonderungsberechtigter.
Ausfertigung s. Abwicklungstätigkeit, Vollstreckungsklausel, weitere vollstreckbare –.
Ausführung der Parteirechte **VV T3 A4** 38, 39; Vorbehalt der – der Rechte im Urkundenprozess (Verhandlungsgebühr) Parteirechte **VV T3 A1** 15.
Ausgleich bei Gesamtschuldnern **7** 50; **59** 24.

Sachregister

Ausgleichsleistung soziale **VV T4 A1** 149, 150.
Auslagen 1 62; **9** 12a; **11** 12; **52** 12; **VV T7** 1 ff.; (Arten) **VV T7** 8 ff.; Beratungshilfe **Vor 44** 17; **VV T2** 98; (Fälligkeit) **8** 1, 10; (Haftung mehrerer Auftraggeber) **7** 51; (Nachweis) **10** 11; Erstattung der – **Vor VV T4** 15, 16; Prozesskostenhilfe **46** 6 (bestellter Verteidiger) **45** 81 ff.; **46** 6 ff.; s. Abwesenheitsgeld, Postgebühren, Reisekosten, Schreibauslagen, Umsatzsteuer.
Auslagenpauschsatz für Post- und Telekommunikationsdienstleistungsentgelte **45** 81 ff.; **46** 6; **VV T7** 14–18.
Auslagenvorschuss 9 1 ff.; **47** 3, 9.
ausländische Partei VV T3 A4 61, 63
ausländischer Rechtsanwalt **1** 67 ff.; **11** 22; **32** 25; **VV T3 A58**; (als Verkehrsanwalt) **VV T3 A4** 61; – Schuldtitel **VV T3 A2** 22–24; ausländische Verfahren **1** 67, 68; **Vor VV T4** 5; s. fremdes Recht.
Auslandsreisen VV T7 26.
Auslandssachen 1 67.
Auslandsschulden (Londoner Schuldenabkommen) **Vor VV T3** 5.
Auslieferungsverfahren VV T6 4, 6–12.
außergerichtliche Befriedigung des Berechtigten **59** 10; **VV T3 A3** 82; – Einigung **32** 9, 10; **33** 5; **48** 27 ff.; **59** 10; **VV T3 A3** 5; **T4 A1** 137; – Einigung über die Erlösverteilung **VV T3 A3** 82; – Sanierungsverhandlungen **15** 24; **23** 11; Vergleichsverhandlungen **Vor VV T3** 48, 57, 58; **A1** 55; s. Einigung, Einigungsgebühr.
außergerichtliche Tätigkeiten **23** 9, 18 ff., **Vor 34** 1 ff. (in Steuersachen) **35** 1 ff.
Aussetzung der Festsetzung **11** 31, 32; – des Strafrestes **VV T4 A3** 18; – des Verfahrens (Fälligkeit) **8** 15; – der Vollziehung **Vor VV T3** 7; **VV T3 A2** 11.
Aussichten-Gutachten VV T2 13–16.
Aussöhnung, (Anzeige) **VV T3 A1** 24; (Gebühr) **VV T1** 14, 15; (kein Werkvertrag) **1** 5; (Wert) **23** 11.
Aussonderungsberechtigter s. Absonderungsberechtigter.
Austauschpfändung 18 Nr. 9.
Austauschvertrag s. Gegenstandswert.
Ausüben der Veröffentlichungsbefugnis **VV T3 A3** 3; **VV T4 A1** 172.
auswärtige Beweisaufnahme s. Terminsanwalt, Reisekosten; – Rechtsanwalt (Kostenerstattung) **VV T3 A3** 23, 24; **A4** 56, 57.
Auszahlungsanordnung 55 43, 47.

Bahneinheit, Zwangsliquidation einer – **26** 3.
Beantwortung der Berufung in Strafsachen **VV T4 A3** 12; – der Revision in Strafsachen **VV T4 A3** 5.
beauftragter Richter (Terminsgebühr) **Vor VV T3** 46; **T4 A1** 9, 37.
Beendigung der Angelegenheit oder des Rechtszugs (Fälligkeit der Vergütung) **8** 8, 12, 13;– des Prozesses **Vor VV T3** 14, 15; – des Schiedsrichteramtes **VV T3 A3** 146.
Befriedigung aus dem Grundstück (Zwangsversteigerung) **VV T3 A3** 73 ff.; – des Klägers zwischen Einreichung und Zustellung der Klage (Kostenerstattung) **Vor VV T3** 42, 43.
Beglaubigung (Wert) **22** 8.
Begründung der Berufung in Strafsachen **VV T4 A3** 12, 13; – der Revision in Strafsachen **VV T4 A3** 5, 7.
Beibringungsgrundsatz (Wertfestsetzungsverfahren) **33** 8, 35.
beigeordneter Rechtsanwalt **45** 63, 68 ff.; (Anrechnung von Vorschüssen) **58** 1; in Klageerzwingungsverfahren **53** 2; Nebenklage **53** 1–4; Privatklage **53** 1–4; in Scheidungssachen **59** 54.
Beiordnung 45 3, 10, 11, 16 ff.; **48** 11, 12, 15, 18 ff.; s. Prozesskostenhilfeanwalt.
Beisitzer, Vertretung von –, s. ehrenamtlicher Richter.
Beistand 59 54; **Vor VV T4** 22; **A1** 4; Anspruch des – (gegen Auftraggeber) **53** 3; (gegen die Staatskasse) **53** 2; (gegen den Verurteilten) **53** 5; – des Einzel- oder Nebenbeteiligten **VV T4 A1** 184; – des Nebenklägers **53** 5; **VV T4 A1** 182 ff.; – des Privatklägers **VV T4 A1** 173–177; – des Verletzten **53** 5; – eines Zeugen oder Sachverständigen **Vor VV T3** 16–21; **Vor VV T4** 22.
Beitreibungsrecht des Prozesskostenhilfeanwalts **59** 7 ff.
Beitritt zum Zweck des Vergleichsabschlusses **15** 10; – zur Zwangsversteigerung **26** 8; **VV T3 A3** 79; – zur Zwangsverwaltung **27** 5; **VV T3 A3** 88, 94.
Belehrung der Partei **1** 7; **Vor 45** 26.
Bemessung der Rahmengebühren **14** 4 ff.; **Vor VV T4** 10; – der Vergütung **1** 2.
Benutzung des eigenen Kraftwagens **VV T7** 21–23.
Beobachter, Rechtsanwalt als – in der Hauptverhandlung **Vor VV T4** 8.

Sachregister

Beratung 1 7, 10; **VV T2** 1–10.
Beratungshilfe Vor 44 1 ff.; Anrechnung von Zahlungen auf die Vergütung aus der Landeskasse **58** 3, 4; Anspruch des Rechtsanwalts gegen den Gegner **Vor 44** 18; Antrag auf – **Vor 44** 7 ff.; auf dem Gebiet des Arbeitsrechts **Vor 44** 2, 4; außergerichtliche Rechtsbesorgung **VV T2** 111 ff.; Auskunft **VV T2** 107–110; Auslagenersatz **Vor 44** 17, 23; **VV T2** 98, 99; Berechtigungsschein **Vor 44** 13, 16, 17; **44** 6 ff.; Bewilligungsverfahren **Vor 44** 11; Einigung **VV T2** 118–120; Entschädigungsanspruch des Rechtsanwalts **vor 44** 16; **44** 3 ff.; Erinnerung **44** 8; Erledigung der Rechtssache **VV T2** 118–120; Festsetzung der Vergütung **55** 14, 15; Gebühren **VV T2** 98 ff.; Honorarvereinbarung **Vor 44** 15; Kostenersatz **Vor 44** 18; Prozesskostenhilfeprüfungsverfahren **Vor 44** 5; Rat **VV T2** 98, 100 ff.; Schutzgebühr **Vor 44** 20, 21; **59** 58; auf dem Gebiet des Sozialrechts **Vor 44** 2–4; auf dem Gebiet des Steuerrechts **Vor 44** 2; Übergang des Kostenanspruchs auf den Rechtsanwalt **Vor 44** 18, 19; (auf die Landeskasse) **59** 57; Verfahren **Vor 44** 7 ff.; Vergütung **Vor 44** 1; **44** 3 ff.; **VV T2** 98 ff.; (besondere Vereinbarung) **44** 3; kein Vorschuss **47** 13.
Berechnung 10 1 ff.; Form **10** 10; Inhalt **10** 11; **55** 21; Recht auf – **10** 7, 8.
Bereicherungsanspruch 1 15; **55** 48; **59** 27.
Berichtigung von Entscheidungen **32** 24; **VV T3 A3** Rn. 191; – der Insolvenztabelle **VV T3 A1** 36; **A3** 124.
Berufsgerichte VV T6 22 ff.
berufsgerichtliches Verfahren Vor VV T3 6; **T4** 4; **T6** 13, 20 ff.
Berufstätigkeit des Rechtsanwalts **1** 24 ff.; **VV T2** 4.
Berufung, Abraten **VV T2** 16; Antrag auf Zurückweisung der – **VV T3 A2** 36; Beantwortung **VV T4 A3** 12; Einlegung in Strafsachen **VV T4 A1** 29; **A3** 20; Gegenstandswert der – **Vor VV T3** 37–39; Patentsachen **VV T3 A2** 32; Rechtfertigung **VV T4 A3** 12; ein oder mehrere Rechtsmittelverfahren **15** 4; gegen Vorbehaltsurteil **VV T3 A1** 15; Gebühren (bürgerliche Rechtsstreitigkeiten u. a. Verfahren) **VV T3 A2** 12, 34, 38; (Strafsachen) **VV T4 A1** 80 ff.
Beschlagnahme VV T4 A1 123 ff.; **T5** 74, 80.
Beschluss, Pauschgebühr **42** 13.

Beschlussverfahren (ArbG) **VV T3 A2** 21.
Beschränkung der Zwangsvollstreckung **VV T3 A3** 152 ff.
Beschuldigter, Anspruch gegen – **52** 1 ff.; (Zahlungsunfähigkeit) **52** 14 ff. s. Auftraggeber.
Beschwerde, Angelegenheit **15** 15; **VV T3 A2** 3; **A5** 11–14; Anwaltszwang (kein) **32** 23; **33** 17; **56** 23; Arrest **VV T3 A2** 9; **A5** 2, 4, 7, 10; Aufgebotsverfahren **VV T3 A3** 134; Auslagenvorschuss des Prozesskostenhilfeanwalts und bestellten Verteidigers **47** 14; Beschlussverfahren (ArbG) **VV T3 A2** 31; bestellter Verteidiger **56** 11–17; Bußgeldverfahren **VV T5** 55–57; einstweilige Anordnung **VV T3 A2** 15; **A5** 10; gegen festgesetzte Vergütung **11** 41–44; **56** 11–17; gegen festgestellte Leistungsfähigkeit des Beschuldigten **52** 25, 26; in der freiwilligen Gerichtsbarkeit **VV T3 A2** 15–20; **A5** 4; Gebühren **56** 29; **VV T3 A5** 10–14; Gegenstandswert **32** 28; **56** 11; **VV T3 A3** 211; **A5** 15; Hausratssachen **VV T3 A2** 15; Insolvenzverfahren **28** 3, 6, 7, 10; Kartellsachen **VV T3 A2** 25–27; Kostenerstattung **32** 31; **33** 22; **56** 29; Landwirtschaftssachen **VV T3 A2** 20; mehrere – **VV T3 A5** 11–14; Nichtzulassungsbeschwerde **VV T3 A5** 22–29; **A2** 4, 5, 17; GWB **VV T3 A2** 25–27; Patentgericht **55** 54, 55; **VV T3 A5** 30–33; Prozesskostenhilfeanwalt **46** 31; **47** 14; **48** 16; **VV T3 A5** 16; Prozesskostenhilfeverfahren **VV T3 A3** 206, 211; Rechtsbeschwerde **VV T3 A1** 6; **A2** 14, 16, 17, 20, 21, 23, 26, 30, 31, 33; Strafsachen **VV T4 A1** 24, 105, 163–167; **A2** 23, 24; **A3** 20; Verwaltungsbeschwerde **18** 3; **VV T2** 75; Vollstreckbarerklärung **VV T3 A1** 6; **A2** 22–24; Vorabentscheidung bei Reisen des Prozesskostenhilfeanwalts und bestellten Verteidigers **46** 31; weitere – **56** 18–20; **VV T3 A2** 19; **A5** 19; Wohnungseigentumssachen **VV T3 A2** 19; Zwangsversteigerung, -verwaltung **VV T3 A3** 70; s. Anschlussbeschwerde, reformatio in peius.
Beschwerdesumme (-wert) **32** 28; **56** 11.
Besichtigungstermin des Sachverständigen **Vor VV T3** 18, 47, 56; **A4** 36, 48; s. Ortsbesichtigung.
bestellter Verteidiger (Pflichtverteidiger) **45** 62; **Vor VV T4** 6; Adhäsionsverfahren **45** 72; **VV T4 A1** 131; Anrechnung von Zahlungen **52** 5, 23; **58** 25 ff.; Anspruch gegen Beschuldigten **45** 74 ff.; **52** 1 ff.; Anspruch

Sachregister

gegen Staatskasse **45** 61, 64 ff.; (Wegfall) **54** 9; Anwaltswechsel **54** 4 ff.; Anzeigepflicht **58** 31; Auslagen **45** 81; **46** 1 ff.; (Vorschuss) **47** 9; **54** 10; besonderer Umfang **51** 3, 5; bedingte Entlassung **VV T4 A3** 18, 19; Bußgeldverfahren **45** 87 ff.; beschränkte Bestellung **45** 66; Beschwerde im Festsetzungsverfahren **56** 11–15; Einwendungen des Beschuldigten gegen den Gebührenanspruch **52** 8; Einzelgebühren **VV T4 A3** 4; Erinnerung gegen Festsetzung der Vergütung **56** 3 ff.; Fälligkeit der Vergütung **8** 2; Festsetzung der Vergütung **55** 1 ff.; (Pauschgebühr) **51** 1 ff.; Gnadeninstanz **VV T4 A3** 23; Honorarvereinbarung **45** 76; mehrere Beschuldigte **45** 73; Privat- und Nebenklage **53** 5; Reisekosten **45** 82; **46** 17 ff.; Vorabentscheidung bei Reisen **46** 27 ff.; Revisionsinstanz **45** 65; Schreibauslagen **46** 12, 13; unbeschränkte Bestellung **45** 65; Verschulden **54** 1 ff.; Vertreter **45** 80; Vollverteidigergebühren **45** 67; Vorschuss **45** 83; **47** 1 ff.; **55** 2; (Pauschgebühr) **47** 8; (Rechtsweg) **47** 14; kein – **45** 76; Wiederaufnahme des Verfahrens **46** 33.

Bestellung zum Verfahrensbevollmächtigten **Vor VV T3** 9 ff.; **A4** 28; – eines Schiedsrichters **VV T3 A3** 146–151.

Bestimmbarkeit der vereinbarten Vergütung **1** 42.

Betragsrahmengebühr 3 1, 3; **14** 2; **19** 4; **42** 8; **VV T3 A1** 40, 66, 67.

Betragsverfahren s. Zurückverweisung, Zwischenurteil.

Betreuer 1 42.

Betrieb eigener Angelegenheiten s. Kostenerstattung (eigene Sache).

Betriebsrat, Festsetzung der Vergütung gegen – **11** 4.

Beurkundung (Beistandsleistung) **VV T2** 28; (Wert) **22** 8; **23** 12.

Bewährung, Strafaussetzung zur – **VV T4 A2** 1 ff., 13; **A3** 8, 18 (keine Gnadensache) **VV T4 A3** 26.

Beweisanwalt s. Terminsanwalt.

Beweisaufnahmetermin Vor VV T3 46; **A4** 35, 36.

Beweisbeschluss ohne mündliche Verhandlung **VV T3 A1** 49.

Beweisgebühr VV T3 A1 2.

Beweissicherung s. selbständiges Beweisverfahren.

Beweissicherungs- und Feststellungsgesetz VV T2 43.

Beweisvertreter s. Terminsanwalt, Unterbevollmächtigter.

Bezugsrechte von wiederkehrenden oder dauernden Nutzungen oder Leistungen (Wert) **23** 32 ff.

Bieter, Vertretungsgebühr **VV T3 A3** 78, 80; Terminsgebühr **VV T3 A3** 80, 85.

Bindungswirkung (Pauschgebühr) **42** 23.

Bücheranschaffung (allgemeine Geschäftsunkosten) **Vor VV T3** 25; **T7** 5.

Bücherrevisor 1 19.

Bundeskasse s. Staatskasse.

Bürge als Vergütungsschuldner **1** 18; – des Erstehers (kein Beteiligter im Zwangsversteigerungsverfahren) **VV T3 A3** 85.

bürgerliche Rechtsstreitigkeiten Vor VV T3 2–4; **A1** 4, 5.

Bürgschaft in Strafsachen **VV T4 A3** 21.

Bürovorsteher 5 4, 9; **45** 28.

Bußgeldverfahren Vor VV T4 4; **T5** 1 ff.; (Pauschgebühr) **42** 24; **51** 31; Abtretung des Kostenerstattungsanspruchs **43** 19; Rechtsbehelf gegen Maßnahmen der Verwaltungsbehörde im – **57** 1 ff.; vor der Verwaltungsbehörde, Festsetzung der Vergütung **55** 52.

Darlehensvermittlung 1 41.

Darlehensvertrag (Wert) **23** 44.

Degression der Gebührenstaffel **13** 8.

deutsche Rechtsanwälte im Ausland **1** 66 ff.

Diagonalverweisung 20 11.

Dienstaufsichtsbeschwerde 15 19; **VV T6** 54.

Dienstbarkeit (Wert) **23** 29, 30, 32.

Dienststrafverfahren s. Disziplinarverfahren.

Dienstvertrag des Rechtsanwalts **1** 5; **Vor 45** 19 ff.; Wert **23** 38.

Dienstvorgesetzter, Verfahren vor dem – **VV T6** 33, 54 ff.

Disziplinarverfahren Vor VV T4 4; **VV T6** 17–19, 54 ff.

Dolmetscherkosten, Erstattung aus der Staatskasse **46** 10, 14.

Dritte, Anrechnung von Zahlungen durch – an Prozesskostenhilfeanwalt **58** 7–9; Einbeziehung derselben in Vergleich **48** 21; Bestimmung der Vergütung durch – **4** 9.

Drittschuldnererklärung VV T3 A3 37, 50.

Durchlieferung s. Auslieferung.

durchlaufende Gelder, (keine Anrechnung auf Prozesskostenhilfevergütung) **58** 13.

Durchsuchungsanordnung 19 Abs. 2 Nr. 1.

Sachregister

EG-Übereinkommen VV T3 A2 33.
Ehegatte als Vergütungsschuldner, Haftung des Ehegatten bei Gütergemeinschaft **1** 18.
Eheleute, Zwangsvollstreckung gegen – **VV T3 A3** 65.
Ehelichkeit, Anfechtung der –, s. Anfechtung, Kindschaftssachen.
Ehemann, Vorschusspflicht des – **9** 7.
Ehesachen, Aussöhnung in – **VV T1 A1** 14, 15; Umfang der Beiordnung **48** 27 ff.; (Widerklage) **48** 45; Einigung in – **VV T1** 5–7; Einigung (Vergleich) anlässlich einer – **VV T3 A1** 34, 38, 55; s. beigeordneter Rechtsanwalt, einstweilige Anordnungen, Scheidungssachen, Scheidungsfolgesachen.
Eheverträge, Ehe- und Erbverträge (Wert) **23** 43.
Ehewohnung, Gegenstandswert (einstweilige Anordnung) **24** 9.
Ehrenämter 1 29.
eidesstattliche Versicherung, Entwurf einer – **Vor VV T3** 23; **A4** 26; zwecks Vermögensoffenbarung **VV T3 A3** 38.
eigene Angelegenheiten s. Kostenerstattung (eigene Sache).
eigenhändige Unterschrift auf der Berechnung **10** 10.
Eigentümer, Aufgebot der –, (Wert) **VV T3 A3** 138, 139.
Einforderung der Vergütung **19** Abs. 1 Nr. 13; Voraussetzung bei – (Berechnung) **10** 1 ff.; **55** 16, 21; (Feststellung der Leistungsfähigkeit) **52** 14.
Eingliederungsbeschluss VV T3 A3 141.
Einheitswert, Maßgeblichkeit des – **23** 23; **26** 16.
Einigung, Begriff **VV T1** 1–8; – über nicht rechtshängige Ansprüche, Protokollierung der – **VV T1 A1** 34–37; Auftrag, gütliche – zu versuchen **VV T2** 27; **VV T3 A3** 8; Mitwirkung bei dem Versuch einer – im Güteverfahren **VV T2** 82–93; – im Privatklageverfahren bezüglich des Strafanspruchs **VV T4 A1** 152–160; – im Privatklageverfahren über sonstige Ansprüche **VV T4 A1** 161, 162; – bei Verteilung des Zwangsversteigerungserlöses **VV T3 A3** 82; s. außergerichtliche Sanierungsverhandlungen, Vergleichsverhandlungen.
Einigungsgebühr VV T1 1–8; Adhäsionsverfahren **VV T4 A1** 137; (Wiederaufnahmeverfahren) **VV T4 A1** 153; Begriff Einigung **VV T1** 1–8; Beratungshilfe **VV T2** 118–120; Beschwerdeverfahren **VV T3 A5** 8; Ehesachen **VV T1** 5–7; **VV T3 A1** 34; elterliche Sorge **VV T1** 7; Gegenstandswert **15** 25; **22** 2; **32** 9, 10; **VV T1** 10; Höhe **VV T1** 10; Insolvenzplan (keine –) **VV T3 A3** 125; Mitwirkung bei der Einigung **VV T1** 9; (im Güteverfahren) **VV T2** 82 ff.; Privatklage **VV T1** 13; **VV T4 A1** 152–162; Prozesskostenhilfe **VV T3 A3** 203, 214; (in Ehesachen) **48** 27 ff.; Ratenzahlungsvereinbarung **VV T1** 4; **VV T3 A3** 51; Schiedsgericht, schiedsrichterliches Verfahren **36** 12; sozialgerichtliche Angelegenheiten **VV T1** 12; Steuersachen **35** 6; subjektive öffentliche Rechte **VV T1** 8; beim Sühneversuch **VV T4 A1** 152–160; Terminsvertreter **VV T3 A4** 44; Verkehrsanwalt **VV T3 A4** 31; Vermutung für Ursächlichkeit **VV T1** 9; Verteilung des Erlöses im Zwangsversteigerungsverfahren (außergerichtlich) **VV T3 A3** 82; im Zwangsvollstreckungsverfahren **VV T3 A3** 51.
Einigungsämter, -stellen VV T2 86–90.
Einmaligkeit der Gebühren **15** 4; **Vor VV T3** 37.
Einreden s. Einwendungen.
Einsicht in Akten, Grundbuch, Register zwecks Information s. Information.
Einspruch gegen Vollstreckungsbescheid **VV T3 A3** 12.
Einstellung der Zwangsvollstreckung, vorläufige – **VV T3 A3** 152 ff.; abgesonderte Verhandlung **VV T3 A3** 156; Antrag beim Prozess- und Vollstreckungsgericht **VV T3 A3** 157; Gegenstandswert **VV T3 A3** 158; Kostenerstattung **VV T3 A3** 159; Termingebühr **VV T3 A3** 156; – durch Vollstreckungsgericht **VV T3 A3** 154, 157; (Antrag zum Vollstreckungsgericht) **VV T3 A3** 157; Zugehörigkeit zum Prozessrechtszug **VV T3 A3** 152, 156; – nach ZVG **VV T3 A3** 83, 84; – des Strafverfahrens **VV T4 A1** 114–117; s. Vollstreckungsschutz.
Einstellungsgebühr VV T4 A1 114 ff.
einstweilige Anordnungen in Ehe- u. **Vor VV T3** 2; **A1** 4; besondere Angelegenheiten (gegenüber Eheprozess) **18** 1; (mehrere Verfahren) **18** 1; einheitliche Angelegenheit **18** 1; Beschwerdeverfahren **VV T3 A2** 15; Gebührenregelung **VV T3 A1** 4; (berufungsgerichtliche Zuständigkeit) **VV T3 A2** 15; Gegenstandswert **24** 1 ff.; (Zusammenrechnung) **24** 7; Prozesskostenhilfeanwalt (Beiordnung) **48** 43; Anfechtung eines – in Kartellsachen oder Antrag auf Erlass

Sachregister

einer – durch Beschwerdegericht **VV T3 A2** 27; – im Finanz- und Verwaltungsgerichtsprozess **VV T3 A2** 11; s. Sicherheitsmaßregeln, Sicherungsmaßregeln.

einstweilige Verfügung VV T3 A2 6 ff.; s. Arrest; Vollziehung einer – **VV T3 A3** 27, 38–45; Eintragung im Grundbuch auf Grund einer – **VV T3 A3** 42; s. Arrestvollziehung.

Einverständnis der Parteien, (Geschäftsreise) **VV T7** 20; (Schreibauslagen) **VV T7** 9; (gutachtliche Äußerung) **VV T3 A4** 19.

Einwendungen 1 63; **15** 42 ff.; – gegen den Vergütungsanspruch des Rechtsanwalts **11** 27, 28; – gegen den Vergütungsanspruch des Prozesskostenhilfeanwalts **45** 35–37; **55** 39, 40; **59** 60; – gegen den Vergütungsanspruch des bestellten Rechtsanwalts **52** 8; s. Art und Weise, Verjährung.

Einzelauftrag 15 47 ff.; **VV T3 A3** 45 ff.; **Vor T4** 10; **A3** 1 ff., 39 ff.; **T5** 91 ff.; mehrere – **15** 55; **VV T3 A4** 49; **T4 A3** 51; **T5** 98.

Einzelgebühren 1 56; **VV T3 A4** 49; **Vor T4** 10; **A3** 1 ff.; **T5** 91 ff.; mehrere – **15** 55 ff.; **VV T4 A3** 48; **T5** 93, 98; s. Einzelauftrag, Einzeltätigkeit.

Einzelrichter, Antrag, eine Sache dem – oder vom – an das Kollegium zu verweisen **56** 24–27; **VV T3 A1** 50.

Einzeltätigkeit VV T3 A4 1 ff., 45 ff.; **Vor T4** 10; **A3** 1 ff.; **T5** 91 ff.

Einziehung in Strafsachen **VV T4 A1** 122; - in Bußgeldsachen **T5** 73 – des auf die Staatskasse übergegangenen Anspruchs des Prozesskostenhilfeanwalts **59** 59.

Einziehungsbeteiligter, Vertretung von –, **Vor VV T4** 6; **A1** 189; **T5** 1.

elterliche Sorge 24 3, 4, 6; **48** 29; **VV T1** 7.

Enteignungssache (Verteilungsverfahren) **VV T3 A3** 182 ff., 187.

Entnahmerecht s. Hebegebühr.

Entschädigung des beigeordneten Verteidigers **45** 61, 63, 68–72; des Beratungshilfeanwalts **Vor 44** 16, 17; **44** 3; des Prozesskostenhilfeanwalts **45** 31, 32; **45** 3; Fälligkeit **45** 34; Verjährung **45** 38–40; des Verletzten s. Adhäsionsverfahren; – von ehrenamtlichen Richtern, Sachverständigen oder Zeugen s. dort.

Entschädigungssachen, Wertfestsetzung **33** 4; s. Rückerstattung, Wiedergutmachung.

Entscheidung ohne mündliche Verhandlung **VV T3 A1** 47–54; – über Pauschgebühr **51** 17 ff.

entsprechende Anwendung s. Anwendung (sinngemäße).

Erbbaurecht, (Wert) **23** 28, 43; (Zwangsversteigerung) **26** 4.

Erbe, Antragsrecht des – des Rechtsanwalts **11** 3; **55** 19; Nachzahlungsanordnung gegen – der armen Partei **59** 13.

Erbvertrag (Wert) **23** 43.

Erbverzicht (Wert) **23** 45.

Erfolgshonorar 4 5; (internationales Recht) **1** 73–75; – des Mäklers **1** 41.

Erfüllungsgehilfe 1 16; **5** 2 ff.; **46** 26; **54** 4; s. Unterbevollmächtigter, Vertreter.

Erfüllungsort, Gerichtsstand des – **11** 58.

Ergänzung der Entscheidung s. Berichtigung.

Erhebung von Geld s. Hebegebühr.

erhöhte Gebührensätze s. Gebühren (Erhöhung).

Erinnerung gegen Art und Weise der Zwangsvollstreckung **VV T3 A5** 3; – gegen Gerichtskostenansatz **VV T3 A5** 3, 14; **T4 A1** 166; – gegen Kostenfestsetzung **VV T3 A5** 3, 14; **T4 A1** 165; – gegen Vergütungsfestsetzung **11** 39, 41; **56** 3–10; gegen Vorschussentscheidung **47** 14; s. Rechtspfleger, Urkundsbeamter.

Erkrankung des Rechtsanwalts **15** 45; **54** 7.

Erlaubnisscheininhaber 32 25.

Erledigung des Auftrags s. Auftrag, Fälligkeit; – des Bußgeldverfahrens durch Rücknahme des Einspruchs **VV T5 A1** 67; – durch Einstellung des Verfahrens **VV T4 A1** 115; **T5 A1** 65; – des Strafverfahrens durch Rücknahme des Einspruchs **VV T4 A1** 119.

Erledigungserklärung, einseitige (Wert) **Vor VV T3** 53; übereinstimmende – des Rechtsstreits **VV T3** 33.

Erledigungsgebühr VV T1 16, 17; **T2** 118–120; Prozesskostenhilfeanwalt **45** 24.

Ermessen (Pauschgebühr) **42** 15.

Ermittlungsverfahren s. Verfahren außerhalb der Hauptverhandlung.

Erörterungstermin Vor VV T3 45; **A4** 36, 39.

ersparte Reisekosten **VV T3 A3** 24; **A4** 62, 63; s. Mehrkosten.

Erstattung der Prozesskosten s. Kostenerstattung.

Erstattungsanspruch gegen die Staatskasse **52** 23.

Ersteher s. Bieter, Bürge.

ersuchter Richter s. beauftragter Richter.

Sachregister

Erteilung von Rat s. Beratung, Raterteilung.
Europäische Gemeinschaften, Gerichtshof der –, **38** 1 ff.; (Niederlassungsstatut) **1** 68, 69; Verordnung zur Vollstreckbarerklärung ausländischer Titel **VV T3 A2** 23.
Fachliteratur (allg. Geschäftsunkosten) **VV T7** 5.
Fahrtkosten s. Reisekosten.
Fälligkeit des Anspruchs gegen den Beschuldigten **52** 13; – der Vergütung **8** 1 ff.; als Voraussetzung der Festsetzung (der Vergütung) **11** 10; **45** 34; **55** 17; (des Gegenstandswerts) **33** 14; – durch Verweisung **20** 28.
fehlerhafte Beiordnung **45** 19.
Feiertag s. Sonntag.
Fernsprechgebühr 55 7; **VV T7** 14–18; (Grundgebühr) **VV T7** 5.
Festsetzung der Vergütung gegen Auftraggeber **11** 1 ff.; – gegen Staatskasse **55** 11 ff.; Antrag **11** 3; **55** 3, 16, 19, 20; Aussetzung **11** 30 ff.; Beratungshilfe **55** 14, 15; im Bußgeldverfahren vor der Verwaltungsbehörde **55** 52; Einwendungen **11** 27 ff.; **55** 39, 40; Klage **11** 56 ff.; **55** 46; Kosten des Festsetzungsverfahrens **11** 37, 38; Kosten des Erinnerungsverfahrens **56** 29; des Ordnungsgeldes **18** Nr. 15, 16; Rechtskraft **11** 45 ff.; **56** 30 ff.; Rechtsmittel **11** 39 ff.; **56** 11; Zuständigkeit **11** 24, 25; **55** 8 ff.; Tätigkeit als Kontaktperson **55** 12, 13; Zwangsvollstreckung **11** 18, 50 ff.; **55** 46, 47; – des bewilligten Vorschusses **47** 14; s. Kostenfestsetzung, Wertfestsetzung.
Feststellung der Leistungsfähigkeit des Beschuldigten **52** 14 ff., 18 ff.; – einer Pauschgebühr **42** 1 ff.
Feststellungsgesetz s. Beweissicherungsund –.
Finanzbehörde, Gegenstandswert **23** 13; Verfahren vor – **35** 39, 40; **VV T2** 40; **T4 A1** 126; Vertreter der – **VV T4 A1** 46; Zurückverweisung an die – **21** 9.
Finanzgerichtsprozess Vor VV T3 8; **A2** 13; Gegenstandswert **32** 7; Gerichtsbescheid **VV T3 A2** 39; Kostenerstattung **Vor VV T3** 40; Nichtzulassungsbeschwerde **VV T3 A5** 25; Prozesskostenhilfeverfahren **VV T3 A3** 199; Terminsgebühr **VV T3 A2** 39, 41; (Revisionsverfahren) **VV T3 A2** 49; Verfahrensgebühr **VV T3 A2** 13, 34; (Revisionsverfahren) **VV T3 A2** 45; Vorverfahren **VV T2** 64; Zurückverweisung **21** 5, 9.

Finanzierungsplan 1 40.
Fiskus, Vollstreckungsanzeige **VV T3 A3** 31; Unfallschadenregulierung in -sachen **VV T2** 44, 68; s. Staatskasse.
Flugreise VV T7 25.
Flugzeug s. Luftfahrzeug.
Flurbereinigungsverfahren VV T2 40; (Verteilungsverfahren) **VV T3 A3** 182.
Forderung s. Anmeldung, Pfändung.
Freiheitsentziehung VV T6 42–53.
freiwillige Gerichtsbarkeit Vor VV T3 5; Abgabe **20** 4, 15; Abgrenzung verschiedener Angelegenheiten **15** 17; Beschwerdeverfahren **VV T3 A2** 14–20; **A5** 4, 19; einfache Verfahren der – **VV T3 A1** 39; Eintragung in Grundbuch und Register **VV T3 A3** 34, 35; freiwillige Versteigerung nach WEG **26** 3; Gegenstandswert **22** 8; **23** 7; Kostenerstattung (keine in eigener Sache) **1** 50; Prozesskostenhilfeverfahren **VV T3 A3** 199; Vergütungsfestsetzung **11** 25; Vergütungsklage **11** 58; Zwangsverfahren nach FGG **25** 3, 6; **VV T3 A3** 25, 28, 46, 53; s. Auslandsschulden, Freiheitsentziehung, Hausratssachen, Landwirtschaftssachen, Vertragshilfe, Wohnungseigentumssachen.
freiwillige Versteigerung **26** 3; (Wert) **23** 5, 25.
freiwillig und ohne Vorbehalt, Leistung – **4** 8.
fremde Sprache **Vor VV T3** 24; s. Dolmetscherkosten; Übersetzertätigkeit; – s. Recht; – Währung **23** 47.
Fußweg VV T7 22.

Gebrauchsmustersachen s. Patentsachen.
Gebrauchsmusterstreitsachen s. Patentstreitsachen.
Gebühren, angemessene s. dort; Arten **1** 54 ff.; **VV T3 A1** 2, 3; **T4 A1** 5 ff.; Aufrundung **13** 13; Begriff **1** 53; für Beratungshilfe **VV T2** 98 ff.; Berufungsverfahren (bürgerliche u. a. Rechtsstreitigkeiten) **VV T3 A2** 1, 12, 34 ff.; (Strafsachen) **VV T4 A1** 80–88; Beschwerdeverfahren **VV T3 A2** 14–32; **A5** 2, 4–16, 32, 33; **T4 A2** 23, 24; **A3** 2, 20; Einmaligkeit **15** 4; erstinstanzliche Verfahren (bürgerliche u. a. Rechtsstreitigkeiten) **VV T3 A1** 1–4, 8 ff., 44 ff.; (Bußgeldsachen) **VV T5** 10 ff.; (vor dem Finanzgericht) **VV T3 A2** 13; vor OLG, OVG und BverwG) **VV T3 A3** 6–9; (Strafsachen) **VV T4 A1** 5 ff., 49 ff.; Mindestbetrag **13** 9, 10; Mittelwert **14** 12, 13; Nichtzulas-

Keller 821

Sachregister

sungsbeschwerde **VV T3 A5** 22–29; Pauschcharakter **1** 60, 61; **15** 1 ff.; Prozesskostenhilfeverfahren **VV T3 A3** 198–213; Rechtsbeschwerdeverfahren (bürgerliche u.a. Rechtsstreitigkeiten) **VV T3 A2** 16, 18, 20, 21, 24, 26, 30, 31, 33; **A5** 17–21; (Bußgeldsachen) **VV T5** 55–57; Revisionsverfahren (bürgerliche u. a. Rechtsstreitigkeiten) **VV T3 A2** 44 ff.; (Strafsachen) **VV T4 A1** 89–98; Rüge wegen Verletzung des rechtlichen Gehörs **VV T3 A3** 168–171, Tatbestand **1** 63 ff.; Unterbietung **4** 3; s. Auftraggeber, Einforderung, Fälligkeit, Festsetzung, Honorarvereinbarung, Prozesskostenhilfeanwalt, Schuldner, Vergütung, Verteidiger, Vorschuss.

Gebührenfreiheit, Wert bei – **32** 7; **33** 4.

Gebührensatz, Änderung **15** 33 ff.; **Vor VV T3** 60, 61; Begriff **12** 3; **15** 29; -rahmen **1** 55; **14** 3.

Gebührenvereinbarung (Mediation) **34** 16 ff.; (Steuersachen) **35** 19.

Gegenstand der anwaltlichen Tätigkeit, Änderung **2** 11; Begriff **2** 2 ff.; Einigungs- **VV T1** 5–8; Haupt- **23** 21; **Vor VV T3** 31 ff.; Neben- **23** 21; **Vor VV T3** 52; nichtvermögensrecht-rechtlicher – **23** 51, 52; **24** 6; – des selbständigen Beweisverfahrens **Vor VV T3** 70, 76; Teile des – **15** 26 ff.; **VV T3 V3** 32, 60; **VV T3 A1** 35.

Gegenstandswert, Änderung des – **2** 11–14; (ohne Änderung des Gegenstands) **2** 15, 17; (Erhöhung nach Verweisung) **20** 20; Begriff des – **2** 9; Berechnung des – **23** 1 ff.; Einheitswert **23** 23; **26** 16; gemeiner Wert **23** 23; **26** 16; **VV T1** 22; Gerichtskostengesetz **22** 6, 7; **23** 2, 5 ff.; Hilfswert **23** 49, 50; Kostenordnung **22** 8; **23** 19 ff.; Schätzung des – **23** 46–48; Abzug von Verbindlichkeiten **23** 22; Zeitpunkt der Bewertung **2** 10; Zusammenrechnung mehrerer Werte **15** 22; **18** 1; **22** 1 ff.; **23** 52; **24** 7; **26** 23, 25; **VV T1** 10; **Vor T3** 33–36, 39, 59; **A3** 68; *Einzelfälle:* Abführung des Mehrerlöses **VV T4 A1** 128; **23** 29; Abhilfeverfahren **23** 13; Adhäsionsverfahren **VV T4 A1** 138; Agenturvertrag **23** 39; Ankaufsrecht **23** 27; Asylverfahren **30** 1 ff.; (Abschiebungsandrohung) **30** 3; (Abschiebungshindernis) **30** 2, 3; (Abschiebungsschutz) **30** 3; (Asylanerkennung) **30** 2, 3; (aufenthaltsbeendende Maßnahmen) **30** 4; (Beteiligung mehrerer Personen) **30** 6, 7; (Beschränkung des Aufenthalts) **30** 3; (Passherausgabe) **30** 3; (Verteilung **30** 3; Aufge-

botsverfahren **VV T3 A3** 138, 139; Aufrechnung **Vor VV T3** 35; Auseinandersetzungsvertrag **23** 25, 43; außergerichtliche Tätigkeiten **23** 9 ff.; 18 ff.; Aussetzung des Verfahrens **VV T3 A5** 15; Aussöhnung **23** 11; Austauschvertrag **23** 40–42; Beglaubigung **22** 8; Beschlussverfahren (ArbG) **VV T3 A2** 21; Beschwerdeverfahren **32** 28; **33** 20, 22, 30; **VV T3 A3** 211; **A5** 15; Beurkundung **22** 8; Bezugsrechte auf wiederkehrende od. dauernde Nutzungen od. Leistungen **23** 32; Bietervertretungsgebühr **26** 22, 24; Bürgschaft (Befreiung) **23** 40; Darlehensvertrag **23** 44; Dauernutzungsrecht, Dauerwohnrecht **23** 32; Devisen **23** 47; Dienstbarkeit **23** 29, 32; Dienstvertrag **23** 38; Befreiung von Ehehindernissen **23** 13; Ehevertrag, Ehe- und Erbvertrag **23** 43; Einheitswert **23** 23 ff.; einstweilige Anordnungen in Ehesachen **24** 1 ff.; (Benutzung der Wohnung) **24** 5, 9; (dieselbe Angelegenheit) **18** 1; **24** 7; (Ehewohnung) **24** 9; (elterliche Sorge) **24** 3, 4; (Hausrat) **24** 9; (Herausgabe eines Kindes) **24** 3, 4; (Maßnahmen zum Schutz einer Person) **24** 5; (mehrere Verfahren) **18** 1; **27** 7; (nichtvermögensrechtlicher Gegenstand) **24** 6; Eintragung im Grundbuch oder Register **23** 7; Einziehung und verwandte Maßnahmen **VV T4 A1** 128; Erbbaurecht **23** 28, 43; Erbvertrag **23** 43; Erbverzicht **23** 45; einseitige Erledigung der Hauptsache **Vor VV T3** 53; Forderungsauswechslung **23** 48; Angelegenheiten der freiwilligen Gerichtsbarkeit **22** 8; **23** 7; **25** 2, 3, 6; im gerichtlichen Verfahren **22** 5 ff.; **23** 5 ff.; **32** 1 ff.; Gesamtschuldner **15** 28; Gesellschaftsvertrag **23** 40, 43; Veräußerung von GmbH-Anteilen **23** 40; Grundbesitz **23** 23, 24; Grunddienstbarkeiten **23** 29; Verteidigung von Grundrechten **23** 51; **37** 14; Grundschuld **23** 31; (Umwandlung in Hypothek) **23** 48; Hypothek **23** 31; Insolvenzverfahren **28** 1 ff.; (Insolvenzmasse) **28** 2–5; (Anmeldung einer Insolvenzforderung) **28** 7–9; (Anmeldung einer absonderungsberechtigten Forderung für den Ausfall) **28** 9; (Beschwerdeverfahren) **28** 1, 6, 10; Inzidentantrag (Vollstreckungsschaden) **VV T3 A1** 15; Kartellsachen **VV T3 A3** 4; Kaufvertrag **23** 25, 43; Kommissionsvertrag **23** 39; Konzessionsbewilligung **23** 13; Kündigung **23** 11; Leihvertrag **23** 37; Lizenzvertrag **23** 43; Löschungsvormerkung **23** 31; Mahnung **23** 11; mehrere Auftraggeber **7**

Sachregister

31; Mietrecht **23** 35, 36; Nachverfahren nach Urkundenprozess **VV T3 A1** 15; Naturalrenten **23** 47; Nebengegenstände, -forderungen **25** 4; **26** 13; **27** 6; **28** 4, 8; nichtvermögensrechtliche Gegenstände **22** 6; **23** 51, 52; Nießbrauch **23** 32; Öffentliche Lasten (Abzug) **23** 22; Offenbarungsversicherung **25** 7; Optionsrecht **23** 27; Pachtrecht **23** 35, 36; Pfandrecht **23** 31; Prozesskostenhilfeverfahren (Bewilligung oder Entziehung) **VV T3 A3** 208 ff.; (Beschwerdeverfahren) **VV T3 A3** 211; (Ratenzahlung) **VV T3 A3** 211; Rangänderung **23** 31; Räumungsfrist (Bewilligung) **VV T3 A3** 194; Reallast **23** 32; Änderung von Rechten **23** 48; wechselseitige Rechtsmittel **15** 28; **Vor VV T3** 39; Rentenschuld **23** 31, 32; Richterablehnung **VV T3 A5** 15; Sachen **23** 23; Satzungen s. Gesellschaftsvertrag; außer gerichtliche Sanierungsverhandlungen **23** 11; Schenkung **23** 44; Ablehnung oder Bestellung von Schiedsrichtern, Beendigung des Schiedsrichteramtes **VV T3 A3** 150; Anordnungen richterlicher Handlungen im schiedsgerichtlichen Verfahren **VV T3 A3** 151; schifffahrtsrechtliches Verteilungsverfahren **29** 1 ff.; (Haftungssumme) **29** 3; (Nennwert der Forderung) **29** 4; selbständiges Beweisverfahren **Vor VV T3** 69–71; Sicherungsübereignung, Sicherungszession **23** 31; Aufhebung von Sondereigentum **23** 28; Spruchverfahren **31** 5 ff.; (Vertretung eines Antragstellers) **30** 5, 8; Abgabe der Steuererklärung **23** 13, 44; **35** 24; Steuerrückerstattung **35** 21; Stufenklage **15** 27; **21** 3; **22** 6; Tankstellendienstbarkeit **23** 32; Tausch **23** 25; Terminsgebühr **Vor VV T3** 51–58; (Verhandlung über nicht rechtshängige Ansprüche) **VV T3 A1** 54; Testament **23** 43; Testverfahren **2** 9; Unterhaltsansprüche **23** 33; Vereinfachtes Verfahren zur Abänderung von Unterhaltstiteln **VV T3 A3** 178; Vaterschaftsanerkenntnis neben Unterhaltsverpflichtung **23** 33, 52; Verfahren vor dem Gerichtshof der Europäischen Gemeinschaften **34** 14; Verfahrensgebühr **Vor VV T3** 31–39; (Berufung) **VV T3 A2** 35; (verminderte –) **VV T3 A1** 31, 32; verfassungsgerichtliches Verfahren **37** 13, 14; Vergleich **7** 21; **22** 2; **23** 43; **32** 9, 10; Vermögensübertragung **23** 43; Verschmelzung (Gesellschaftsvertrag) **23** 43; **31** 3; freiwillige Versteigerung **23** 5, 25; Verteilungsverfahren **26** 18, 19; **VV T3 A3** 185–187; Vertragsentwurf **23** 41; Vertragsverhandlungen **23** 41; Verwaltungsbeschwerde **23** 14; Verwaltungsverfahren **15** 23; **23** 6, 13; Vollstreckbarerklärung nicht angefochtener Teile des Urteils **VV T3 A3** 116; Vollstreckungsschaden (Inzidentantrag) **VV T3 A1** 15; nach Vorbehaltsurteil (Urkundenprozess) **VV T3 A1** 15; Vorverfahren **23** 13; Vorvertrag **23** 43; Werkvertrag **23** 39; Vertrag über Errichtung von Werkwohnungen **23** 40; Widerklage **15** 28; **Vor VV T3** 34; **A1** 22, 27; wiederkehrende Nutzungen oder Leistungen **23** 32; (Rückstände) **15** 28; **23** 33; Wohnungseigentum **23** 28; Wohnungserbbaurecht **23** 28; Wohnungsrecht (persönliche Dienstbarkeit) **23** 32; Änderung der Zins- und Zahlungsbedingungen **23** 48; Zwangsversteigerung **26** 1 ff.; Zwangsverwaltung **27** 1 ff.; Zwangsvollstreckung **25** 1 ff.; Einstellung **VV T3 A1** 158.

Gegenvorstellung 15 17; **32** 23; **33** 20; Vergütungsfestsetzung **56** 28.

Geisteskranker, Geschäftsbesorgungsvertrag mit – **1** 15; Unterbringung – **VV T6** 45–53.

Gemeinsamer Senat 15 13.

gemeinschaftliche Erledigung des Auftrags **6** 2 ff.

Gemeinschuldner, Prozesskosten als Masseschuld **VV T3 A3** 105, 106; s. Insolvenzverfahren.

gerichtlich bestellter Rechtsanwalt (Pauschgebühr) **42** 11.

gerichtliche Entscheidung, Antrag auf – **57** 1 ff.; (Kosten) **57** 14–16.

Gerichtskostenansatz VV T A5 3, 4; **T4 A1** 165, 166.

Gerichtskostenvorschuss 11 12.

Gerichtsstand für Vergütungsklage **1** 78; **11** 58.

Gerichtsvollzieher 23 5; **Vor VV T3** 23; **A3** 49.

Gesamtgläubiger im Insolvenzverfahren **VV T3 A3** 101.

Gesamthandgläubiger im Insolvenzverfahren **VV T3 A3** 101; im Verteilungsverfahren Insolvenzverfahren **VV T3 A3** 185.

Gesamtschuldner, mehrere Auftraggeber **7** 42, 47 ff.; **34** 18; ein Gegenstand **15** 28; Zwangsvollstreckung gegen – **VV T3** 50.

Gesamteinigung 7 21; **VV T3 A1** 34–37.

Gesamtvergütung bei mehreren Auftraggebern **7** 4 ff.; (Insolvenzverfahren) **VV T3**

Sachregister

A3 101; (Mahnverfahren) **VV T3 A3** 16; (Zwangsversteigerung und Zwangsverwaltung) **VV T3 A3** 66–68; (Zwangsvollstreckung) **VV T3 A3** 49.
Geschäftsbesorgung 1 5; -svertrag **1** 5, 6; **45** 4, 23; **VV T3 A3** 106; Kündigung **1** 12; **9** 15, 16; **15** 42 ff.; – durch Unterbevollmächtigten **1** 16.
Geschäftsführung ohne Auftrag **1** 14; **45** 4, 23.
Geschäftsgebühr VV T2 24, 30 ff.; (außergerichtliche Gütestellen) **VV T2** 82–93; (Schreiben einfacher Art) **VV T2** 79–81; (sozialgerichtliche Angelegenheiten) **VV T2** 94–97; (weiteres Verwaltungsverfahren) **VV T2** 75 ff.; (Wiederaufnahmeverfahren) **VV T4 A1** 101, 102.
Geschäftsreise, Begriff **VV T7** 19, 20; s. Reisekosten.
Geschäftsunkosten, allgemeine – **Vor VV T3** 25; **T7** 4.
gesetzlicher Vertreter 1 42 ff.; **9** 6; **Vor VV T4** 7; **A1** 176.
gesetzliche Vergütung 4 3, 14; **5** 13; **45** 31, 32.
Glaubhaftmachung 11 33; **55** 17, 36.
Gläubiger, Vertretung mehrerer – im Insolvenz- oder schifffahrtsrechtlichen Verteilungsverfahren **VV T3 A3** 101.
Gläubigerausschussmitglied, -beirat VV T3 A3 98.
Gnadensache VV T4 A3 23 ff.
Grundbuch, Einsicht als Nebengeschäft **15** 19; -sachen **Vor VV T3** 5; **A3** 34, 35, 42 81.
Grundgebühr (Bußgeldsachen) **VV T5** 12, 24, 27–31; (Disziplinarverfahren, Verletzung der Berufspflicht) **VV T6** 30; (Strafsachen) **Vor VV T4** 23; **A1** 6, 31–36.
Grundurteil s. Zwischenurteil.
Gutachten VV T2 11, 12; – über die Aussichten eines Rechtsmittels **VV T2** 14; gutachterliche Äußerungen **VV T3 A4** 18–23;– des Vorstandes der Rechtsanwaltskammer **4** 9; **14** 14, 15.
Gütergemeinschaft, Prozesskosten als Gesamtgutsverbindlichkeiten **1** 18.
Gütestellen VV T2 83, 86, 87, 90.
Güteverfahren vor besonderen Gütestellen **VV T2** 83 ff.
Güteverhandlung Vor VV T3 46.

Haager Übereinkommen **VV T3 A2** 23.
Haft zur Abgabe der eidesstattlichen Versicherung **18** Nr. 18; Zwangs- nach § 33 FGG **VV T3 A3** 46.

Haftprüfungsverfahren, -termin **VV T4 A1** 9, 37, 38, 43; **A3** 15; (Auslieferungshaft) **VV T6** 9.
Haftung mehrerer Auftraggeber **7** 41 ff.; (im Spruchverfahren) **31** 8; – des Rechtsanwalts bei unentgeltlicher Tätigkeit **1** 8.
Handakten 9 14; **10** 7 a; **VV T3 A4** 8, 17.
Handelsregister 23 7; **Vor VV T3** 5; **A3** 34, 35, 43.
Handlung, Zwangsvollstreckung zur Erwirkung einer – **18** Nr. 15; **VV T3 A3** 28, 46; (Gegenstandswert) **25** 6; Zwangsvollstreckung zur Erzwingung der Duldung oder Unterlassung einer – **18** Nr. 16; **VV T3 A3** 41, 46.
Hauptverfahren, Eröffnung des – vor einem anderen Gericht **20** 5; Nichteröffnung des – **VV T4 A1** 118.
Hauptverhandlung in Strafsachen **VV T4 A1** 9, 10; im Berufungsverfahren **VV T4 A1** 84–88; im ersten Rechtszug (vor dem Amtsgericht) **VV T4 A1** 52–66; (vor der Straf- und Jugendkammer – teilweise) **VV T4 A1** 71—73; (vor dem OLG, Schwurgericht, Staatsschutz-, Wirtschaftsstraf- und – teilweise – Jugendkammer) **VV T4 A1** 77–79; Erneuerung nach Unterbrechung, Verweisung **VV T4 A1** 57; nach Wiederaufnahme **VV T4 A1** 107; mehrtägige – **VV T4 A1** 53, 54; – in Bußgeldsachen **VV T5** 14, 48–52, 57.
Hausratssachen 20 15; **Vor VV T3** 2; **A2** 15; Gegenstandswert (einstweilige Anordnungen in –) **24** 1, 4, 9.
Hebegebühr VV T1 18 ff.; **T3 A3** 82, 120.
Herabsetzung der vereinbarten Vergütung **4** 10.
Hinterlegungsstelle, Verfahren vor – **VV T3 A3** 36.
Hochseekabel, Zwangsversteigerung **26** 4; Zwangsverwaltung **27** 2.
Honorarvereinbarung 4 1 ff.; **Vor VV T4** 11, 16; Auslandsrecht **1** 71, 72; in Auslieferungssachen **VV T6** 12; beigeordneter Anwalt **4** 12; **45** 76; **58** 15, 23, 25; Beratungshilfe **Vor 44** 15; Berechnung vor Einforderung **10** 12; bestellter Verteidiger **45** 76; **52** 4, 15, 17; Bestimmung durch Vorstand der Rechtsanwaltskammer **4** 10; Form **4** 6 ff.; (einseitige Schriftlichkeit) **4** 7; Heilung des Formmangels **4** 8; Herabsetzung **4** 10; Kostenerstattung **4** 14; für Makler **1** 41; Prozesskostenhilfeanwalt **4** 12; **58** 15, 23, 25; für Vertretertätigkeit **5** 11; Vorschuss **9** 10; Zulässigkeit **4** 1 ff.

Sachregister

Information 1 10; **15** 10; **VV T2** 24, 25; **T3 V** 3 17, 23, 26; **A3** 12, 79, 110, 113, 135, 171; **A4** 25, 50; **T4 A1** 27, 32, 101, 133; **T5** 24.

Inhaftierter, Gebühr für Verteidigung eines –n **VV T4 A1** 13–16, 36, 43, 44, 47, 51, 60, 61, 70, 72, 76, 78, 83, 87, 94, 97, 102, 106, 116, 191, 192.

Inkasso, -büro **1** 19; -gebühr s. Hebegebühr; -tätigkeit **1** 45.

Innungsausschuss, Güteverfahren vor – **VV T2** 88.

Insolvenzplan VV T3 A3 96, 99, 100, 125.

Insolvenzverfahren, Absonderungsberechtigter **VV T3 A3** 97, 121; (Wert bei Anmeldung einer absonderungsberechtigten Forderung für den Ausfall) **28** 9; ausländischer Insolvenzverwalter (Sekundärinsolvenzverfahren) **VV T3 A3** 97; Aussonderungsberechtigter **VV T3 A3** 97, 121; Berichtigung der Insolvenztabelle **VV T3 A3** 124; Beschwerdeverfahren (Wert) **28** 3, 6, 7, 10; Einzeltätigkeiten **VV T3 A3** 100; Ende des Geschäftsbesorgungsvertrages durch – **8** 5; Eröffnungsverfahren **VV T3 A3** 96, 99, 109; Erstattungsfragen **VV T3 A3** 102 ff., 116; (die Anwaltsvergütung als Insolvenzforderung) **VV T3 A3** 102, 103, 116; (die Anwaltsvergütung als Massekosten) **VV T3 A3** 104; (als Masseverbindlichkeit) **VV T3 A3** 105, 106; Forderungsanmeldung **VV T3 A3** 96, 99; (Wert) **28** 7–9; Insolvenzmasse **28** 4; Insolvenzplan **VV T3 A3** 96, 99, 100, 125; Nennwert der Forderung **28** 7–9; Vertretung des Gemeinschuldners (Eröffnungsverfahren) **VV T3 A3** 100, 111; (Insolvenzverfahren) **VV T3 A3** 117; Gläubigerbegriff **VV T3 A3** 97; Vertretung eines Insolvenzgläubigers (Eröffnungsverfahren) **VV T3 A3** 113, 114; (Insolvenzverfahren) **VV T3 A3** 117ff., 123; Massegläubiger **VV T3 A3** 97, 121, 122; mehrere Auftraggeber (Gläubiger) **VV T3 A3** 101; (Gesamtgläubiger) **VV T3 A3** 101; mehrere Forderungen eines Insolvenzgläubigers **VV T3 A3** 101; Nebenforderungen **28** 8; Sicherungsmaßregeln **VV T3 A3** 113; Schuldenbereinigungsplan **VV T3 A3** 96, 99, 103, 111, 114; Restschuldbefreiung **VV T3 A3** 96, 126; (Versagung oder Widerruf) **VV T3 A3** 99, 126, 127; **28** 6, 10; Verbraucherinsolvenzverfahren **28** 5; **VV T3 A3** 99, 107; Verfahrensgebühr **VV T3 A3** 96, 99, 112, 115; Verteilungsverfahren **VV T3 A3** 120, 121; Wertfestsetzung **28** 11.

Insolvenzverwalter, Vergütungsanspruch **1** 30, 43, 44; **VV T3 A3** 98, 104; (keine Hebe- oder Ratgebühr) **1** 45; (keine Festsetzung gegen die Masse) **11** 4; Kostenerstattung **1** 44; Prozessaufnahme (dieselbe oder neue Angelegenheit?) **VV T3 A3** 106; Verwertung durch – **VV T3 A3** 91.

Instanz s. Angelegenheit (besondere), Rechtszug.

Interessenwiderstreit 34 13–15.

internationale Gerichtshöfe **1** 69; **20** 7; (EuGH) **38** 1; – Rechtshilfe in Strafsachen **Vor VV T4** 4; **VV T6** 3 ff.; (Pauschgebühr) **42** 1; -s Privatrecht **1** 66.

Inzidentanträge (Vollstreckungsschaden) **VV T3 A1** 15.

Jugendkammer VV T4 A1 21, 22, 67, 74, 80.

Jugendliche (Vollstreckungsbehörde) **VV T4 A2** 6.

Jugendrichter VV T4 A1 23, 52; (als Vollstreckungsleiter) **VV T4 A2** 6.

Jugendschöffengericht VV T4 A1 22, 23, 52.

Jugendschutzsachen VV T4 A1 22.

Jugendstrafverfahren Vor VV T4 2.

Juristische Person des öffentlichen Rechts (Vollstreckungsanzeige) **VV T3 A3** 31.

Justizbetreibungsordnung 55 51.

Justizverwaltungsakte, Anfechtung von – **Vor VV T3** 6; s. Gerichtskostenansatz.

Kammer für Handelssachen 20 6; **VV T3 A1** 50.

Kanzleiabwickler 6 6; **8** 4; **55** 19.

Kanzleigemeinschaft s. Anwaltsgemeinschaft.

Kanzleiverlegung VV T7 33.

Kartellbehörde, Verfahren vor – **VV T3 A2** 25.

Kartellgesetz, gerichtliche Verfahren nach dem – **VV T3 A2** 26, 27; **A3** 1 ff.

Kaskoschadenregulierung VV T2 73, 74.

Kaufvertrag (Wert) **23** 25, 43.

Kilometergeld VV T7 21–23.

Kindschaftssachen, Anfechtung der Ehelichkeit mehrer Kinder **15** 10; einseitige Verhandlung in – **VV T3 A1** 62; einstweilige Anordnung in – **Vor VV T3** 2; Festsetzung des Unterhalts nach den Regelbeträgen **VV T3 A1** 5, 9–12.

Klage wegen Vergütung **1** 77; **4** 10; **11** 56–58; **55** 46, 47; – wegen Vorschuss **9** 8; – mit

Sachregister

Prozesskostenhilfeantrag **VV T3 A1** 28; **A3** 207.
Klageerweiterung 2 12, 14; **20** 20; **Vor VV T3** 34, 36, 55, 59; **A1** 24; (Umfang der Beiordnung) **48** 21.
Klageerzwingungsverfahren 53 2; Prozesskostenhilfeanwalt **45** 68.
Klagerücknahme 2 13, 14; **8** 13; **48** 46; (Terminsgebühr) **Vor VV T3** 52; (Verfahrensgebühr) **VV T3 A1** 27, 29, 34.
Kompetenzkonflikt 20 8.
Konkurrenzen 26 21ff.; **45** 35ff., 43, 44; **59** 35ff.; **VV T3 A4** 48.
Kontrahierungszwang 45 4, 68.
Konzessionsbewilligung (Wert) **23** 13.
Kostbarkeiten (Verwahrung) **VV T1** 18.
Kosten, Antrag auf gerichtliche Entscheidung **57** 14–16.
Kostenansatz s. Gerichtskostenansatz.
Kostenentscheidung, Antrag auf − **57** 14–16; **Vor VV T3** 33, 42, 52; (Fälligkeitstatbestand) **8** 9ff.
Kostenerstattung, Abtretung **43** 1ff.; bei Anwaltswechsel **20** 26; **VV T3 A3** 23; Arbeitsgerichtsprozess **Vor VV T3** 40; Aufrechnung gegenüber − **43** 5ff.; (Bußgeldverfahren) **43** 19; Auslagen **VV T3 A3** 23, 24; **A4** 55, 58, 60; vor Berufungsbegründung **VV T3 A2** 36; eigene Sache **1** 49; **VV T3 A3** 103; bei Einstellung der Zwangsvollstreckung **VV T3 A3** 159; Verf. vor dem Gerichtshof der Europäischen Gemeinschaften **38** 18; Finanzgerichtsprozess **Vor VV T3** 40; Güteverfahren **VV T2** 92; Kartellsachen **VV T3 A3** 5; Insolvenzverfahren **VV T3 A3** 102–108; Mahnverfahren **VV T3 A3** 23, 24; mehrere Rechtsanwälte **6** 5ff.; **Vor VV T4** 15; Nebenklage **Vor VV T4** 14; **A1** 185ff.; Privatklage **VV T4 A1** 180, 181; Prozesskostenhilfeverfahren **VV T3 A3** 212, 213; Räumungsfristverlängerung **VV T3 A3** 195–197; Reisekosten **VV T3 A3** 23, 24; **A4** 55, 58, 60; Rechtsmittel **43** 18; **VV T3 A2** 36; selbständiges Beweisverfahren **Vor VV T3** 78–81; Staatskasse **52** 23; Streitgenossen **7** 52–57; Terminsanwalt **VV T4 A1** 54ff., 61; vereinbartes Honorar **4** 14; **Vor VV T4** 16; Verfahrensgebühr (Verfahrensbevollmächtigter) **Vor VV T3** 40–44; (bei Erledigung vor Rechtshängigkeit) **Vor VV T3** 41, 42; (Antrag auf Zurückweisung der Berufung vor Berufungsbegründung) **VV T3 A2** 36; Verfassungsgerichtsverfahren **37** 15–17; Vergütungsfestsetzungsverfahren **11** 38; **56** 29; Verkehrsgebühr **VV T3 A4** 55ff., 63; (gutachterliche Äußerungen) **VV T3 A4** 22; (bei Verweisung) **5** 13; **VV T3 A4** 29; für Vertretertätigkeit **5** 13; Verwaltungsgerichtsprozess **Vor VV T3** 40; Vollstreckbarerklärung **VV T3 A3** 167; bei Wertfestsetzung **32** 31; **33** 36; Zwangsvollstreckung **VV T3 A3** 54–59; s. Beitreibungsrecht; Mittelwert; Übergang.
Kostenfestsetzungsverfahren 8 12; **14** 4, 16; **55** 16ff.; **VV T2** 37; **Vor T3** 14; **A4** 47; **A5** 3, 4; **T4 A1** 164ff.
Kostenordnung s. Gegenstandswert.
Kostenrechnung s. Berechnung.
Kostenteilung 59 9; Ausgleich bei − **59** 35ff.
Kraftwagen, Benutzung des eigenen − **VV T7** 22, 23.
Krankheit s. Erkrankung.
Kreditvermittlung 1 41.
Kündigung (Auftrag) **1** 12; **9** 15, 16; **15** 40ff.; **32** 10; s. Anwaltswechsel Gegenstandswert; -sschreiben **VV T3 A3** 79; s. Aufforderungsschreiben.

Landeskasse s. Staatskasse.
Landesrecht Vor 1 3; **26** 3; **VV T3 A3** 131, 182.
Landwirtschaftssachen Vor VV T3 5; **A1** 39; **A2** 20; **A5** 19; Abgabe **20** 5, 15; Beschwerdegericht **33** 24; **VV T3 A2** 20; Rechtsbeschwerde **VV T3 A2** 20; Wertfestsetzung **32** 6, 23, 28.
Lage der Akten, Entscheidung nach − **VV T3 A1** 62, 63.
Legitimationspapiere (Aufgebot) **VV T3 A3** 139.
Leihvertrag (Wert) **23** 37.
Leistungsfähigkeit des Beschuldigten **52** 14ff., 18ff.; Mitwirkungspflicht des Beschuldigten zur Klärung seiner − **52** 21.
Leistungsklage des Prozesskostenhilfeanwalts gegen Staatskasse **55** 46, 47.
Leistung an Rechtsanwalt s. Hebegebühr.
Liquidator, Rechtsanwalt − **1** 33.
Lizenzvertrag (Wert) **23** 43.
Löschung im Schuldnerverzeichnis **18** Nr. 19
Löschungsvormerkung (Wert) **23** 31.
Lückenausfüllung 15 3.
Luftfahrzeuge, (Zwangsversteigerung) **26** 4; (Zwangsverwaltung) **27** 2, 3; (Reisen) **VV T7** 25.

Sachregister

Mahnschreiben VV T2 45; T3 A3 31; (an Drittschuldner) VV T3 A3 37; (in eigener Sache) 1 51; (Wert) 23 11; s. Aufforderungsschreiben, Kündigungsschreiben.
Mahnverfahren 8 9; 11 56, 57; 48 12; VV T3 A3 11 ff.; A4 27.
Maklertätigkeit 1 41.
Mandat s. Auftrag, Geschäftsbesorgungsvertrag.
Mantelgesetz s. Rahmengesetz.
Massekosten, Anwaltsvergütung als – VV T3 A3 104.
Masseverbindlichkeiten, Anwaltsvergütung als – VV T3 A3 105, 106.
Mediation Vor 34 2; 34 1; anwaltliche Berufstätigkeit 34 6; Einigungsgebühr 34 23; Gebührenvereinbarung 34 16 ff.; Gesamtschuldner 34 18; Interessenwiderstreit 34 13; keine Übernahme der Vergütung durch die Landeskasse 34 24; Pauschalvergütung 34 22; Qualifikation 34 11; Rechtsanwalt (als Mediator) 34 10 ff.; Rechtslage ab 1. 7. 2006 34 26–28; Täter-Opfer-Ausgleich 34 4; Vergütung nach § 612 Abs. 2 BGB; 34 25.
Mediator Vor 34 1; 34 5.
Mehrerlös, Abführung (Rückerstattung) des – VV T4 A1 123.
Mehrfachqualifikation, Rechtsanwalt, Steuerberater 35 5.
Mehrkosten VV T3 A3 24; A4 58, 59; (Ausführung der Parteirechte) VV T3 A4 63; (Anwaltswechsel nach Mahnverfahren) VV T3 A3 23; (Reisekosten) VV T3 A3 24; A4 56, 61, 62; (Terminsanwalt) VV T3 A4 61; (Verkehrsanwalt) VV T3 A4 62.
mehrtägige Hauptverhandlung VV T4 A1 9, 53, 54, 57.
Mehrwertsteuer s. Umsatzsteuer.
Mietrecht, Mietvertrag (Wert) 23 35, 36.
Mitarbeiter, juristischer – 5 6; 45 26 ff.
Mithaftende 1 18; 9 7; 32 17.
Mitschuldner 1 18.
Mitteilung der Beiordnung 45 16.
Mitteilungspflicht des Prozesskostenhilfeanwalts und des bestellten Verteidigers 58 31.
Mittellose Mündel, Erstattung der gesetzlichen Vergütung durch Vormundschaftsgericht 1 48; Vor 45 44, 45.
Mittelwert, (Betragsrahmengebühr) 14 12, 13; (Satzrahmengebühr) VV T2 36.
Mitwirkung bei Aussöhnung VV T1 14; Besprechung zur Vermeidung oder Erledigung eines Verfahrens Vor VV T3 48; Einigung VV T1 9; Erledigung VV T1 16; Feststellung der Leistungsfähigkeit des Beschuldigten 52 21; Gestaltung eines Vertrages VV T2 28; gerichtlichem Termin Vor VV T3 46; A4 35, 36, 38; T4 A1 9–11; Sachverständigentermin Vor VV T3 47; A4 36.

Nachberechnung, Nachforderung 32 15; 55 23 ff.
Nachlassgläubiger, Aufgebot zur Ausschließung von – VV T3 A3 131; (Wert) VV T3 A3 139.
Nachlassversteigerung 26 2.
Nachlassverwalter 1 30, 43 ff.
Nachprüfung von Anordnungen der Justizbehörden Vor VV T3 6; A1 1; A2 33.
Nachtragsverteilung (Insolvenzverfahren) VV T3 A3 120.
Nachverfahren nach Vorbehaltsurteil VV T3 A1 13 ff.
Nachtzeit, Zulassung einer Zwangsvollstreckung zur – 19 Abs. 2 Nr. 1.
Nachzahlungsanordnung Vor 45 2, 3.
Nebenantrag VV T3 A3 15.
Nebenbeteiligte Vor VV T4 7; A1 4.
Nebenforderung, Nebengegenstand 23 21; 25 4; 26 13, 14; 27 6; 28 4, 8; VV T3 A3 185.
Nebenintervenient 11 23; Vor VV T3 28.
Nebenklage VV T4 A1 182–184; Adhäsionsverfahren VV T4 A1 131, 189; beigeordneter Rechtsanwalt 53 1–4; Beistand 53 5; VV T4 A1 182; Kostenerstattung Vor VV T4 14; A1 185 ff.; Kostenfestsetzung VV T4 A1 146; Prozesskostenhilfe 53 2.
nichtvermögensrechtliche Gegenstände 23 51, 52; 24 1, 6.
Nichtzulassungsbeschwerde VV T3 A5 22 ff.; Anrechnung der Verfahrensgebühr VV T3 A5 24, 27, 29; – gegen die Nichtzulassung der Berufung VV T3 A5 22–24; (Sozialgerichtsverfahren) VV T3 A5 22; – gegen die Nichtzulassung der Rechtsbeschwerde (Familiensachen) VV T3 A2 17; A5 28; (Kartellverfahren) VV T3 A2 26; A5 26; – gegen die Nichtzulassung der Revision (bürgerliche Rechtsstreitigkeiten) VV T3 A5 28, 29; (Finanzgerichtsverfahren) VV T3 A5 25 ff.; (Sozialgerichtsverfahren) VV T3 A5 25; (Verwaltungsgerichtsverfahren) VV T3 A5 25 ff.
Niederlassungsstatut 1 67–69.
Nießbrauch (Wert) 23 32.
Normenkontrolle 37 6, 7; keine Kostenerstattung in – verfahren 37 17.

Sachregister

Notar 1 21; **VV T2** 29; **T6** 17.
Notfristzeugnis VV T3 A3 32.
Notwegrente (Wert) **23** 32.

Oberlandesgericht, Beschwerdeverfahren vor dem – (Familiensachen) **VV T3 A2** 15; (Landwirtschaftssachen) **VV T3 A2** 20; (Lebenspartnerschaftssachen) **VV T3 A2** 18; (nach GWB) **VV T3 A2** 26; (nach WpÜG) **VV T3 A2** 28; Feststellung einer Pauschgebühr **42** 13, 20, 22; (für den bestellten oder beigeordneten Rechtsanwalt) **51** 17, 25, 27; erstinstanzliche Strafverfahren vor dem – **VV T4 A1** 21; erstinstanzliches Verfahren nach dem UrhWG vor dem – **VV T3 A3** 6.
Oberverwaltungsgericht, Gebühren des Rechtsanwalts in erstinstanzlichen Verfahren vor dem – **VV T3 A3** 7.
Offenbarungsversicherung s. eidesstattliche Versicherung.
Öffentliche Klage, Vorbereitung der – **Vor VV T4** 23; **A1** 45–47.
Offizialverteidiger s. bestellter Verteidiger.
Offene Handelsgesellschaft 11 3.
Ordnungsgeld, -haft Vor VV T3 18.
Ordnungswidrigkeit s. Bußgeldverfahren.
Ortsbesichtigung des Sachverständigen **Vor VV T3** 18, 47; **A4** 47; (Gegenstandswert) **Vor VV T3** 56.

Pachtrecht, -vertrag 23 35, 36.
Parteiwechsel 7 16; **15** 10; **VV T3 A3** 106.
Patentamt 55 53 ff.; **VV T3 A2** 30; **A5** 30.
Patentanwalt 1 20; **11** 22; **32** 25; **55** 53; **VV T3 A4** 37, 63.
Patentgericht Vor VV T3 2, 6; **A2** 30, 32; **A5** 4, 30 ff.; Prozesskostenhilfeanwalt) **55** 53 ff.
Patentsachen Vor VV T3 2, 6; **A3** 30–32; **A4** 37, 63; **A5** 30 ff.
Patentstreitsachen VV T3 A2 32.
Pauschcharakter der Gebühren **1** 60, 61; 64, 65; **15** 1 ff.; **VV T4 A1** 29; **T5** 26.
Pauschvergütung in Strafsachen besonderen Umfangs **42** 1 ff.; – für bestellten oder beigeordneten Rechtsanwalt **51** 1 ff.; **VV T4 A1** 26; Bußgeldverfahren **42** 1 ff.; **51** 31; Feststellung **42** 1 ff.; Höhe **42** 16; rechtliches Gehör **51** 20; Verfahren nach dem IStGH-Gesetz **42** 1; Wahlanwalt **42** 1; **VV T4 A1** 26.
Personalrat 11 4.
Personensorge VV T1 7; einstweilige Anordnung (Wert) **24** 3, 4, 6.

persönliche Leistungspflicht **5** 2.
Pfandrecht, (Wert) **23** 31; (Änderung von Rechten) **23** 48.
Pfändung VV T3 A3 35; (Eintragung der – des Anteils eines Miterben am Nachlass) **VV T3 A3** 33; (Arrest-) **VV T3 A3** 38, 39; -sankündigung, -sbenachrichtigung (Vor-) **VV T3 A3** 31; (– der Prozesskostenhilfevergütung) **45** 41, 42; **55** 19.
Pfleger s. gesetzlicher Vertreter.
Pflichtverteidiger s. bestellter Verteidiger.
Polizei Vor VV T4 3; **VV T4 A1** 46, 126.
Postgebühren VV T7 14 ff.; **46** 6, 15; **55** 17.
Privatklage VV T4 A1 4, 173 ff.; Anfertigung, Unterzeichnung **VV T4 A3** 11; beigeordneter Rechtsanwalt **53** 1–4; Beistand, Vertreter **VV T4 A1** 173 ff.; Beschwerde **VV T4 A3** 20; Einigungsgebühr **VV T1** 13; **T4 A1** 151 ff.; Kostenerstattung **VV T4 A1** 180, 181; Prozesskostenhilfe **53** 2; Sühnetermin **VV T4 A1** 37, 151; Vorbereitung der – **VV T4 A1** 48.
Protokollierung einer Einigung **VV T3 A1** 34–38; **A2** 37.
Prozessagent 19 19; s. Rechtsbeistand.
Prozessbevollmächtigter Vor VV T3 9; s. Verfahrensbevollmächtigter.
Prozess- oder Sachleitung, Antrag zur – **VV T3 A1** 62, 65; **A2** 41, 42; Entscheidung zur – **VV T3 A1** 63, 65; **A2** 41, 42.
Prozesskostenhilfeanwalt 45 1 ff.; **55** 21, 22; Abtretung seines Anspruchs **45** 41; Amtsermittlung bei Festsetzung **55** 21, 22; Änderung der Festsetzung **55** 44; Anrechnung von Zahlungen **58** 7–9; Anschlussrechtsmittel (Beiordnung) **48** 25; Anspruch gegen Auftraggeber **Vor 45** 34; **59** 3 ff.; Anspruch gegen Gegner **Vor 45** 35, 36; **59** 7 ff.; Anspruch gegen Staatskasse **Vor 45** 31 ff.; **45** 31 ff., 63, 68, 72, 77, 81; **53** 2, 3; **54** 3 ff.; **55** 1 ff.; Verhältnis dieser Ansprüche zueinander und zu anderen **Vor 45** 34 ff.; **45** 43 ff.; **59** 35 ff.; Anwaltswechsel (verschuldeter) **54** 1 ff.; Anzeigepflicht **58** 31; Arglisteinrede **45** 36; Arrestverfahren (Beiordnung) **48** 43; Arrestvollziehung (Beiordnung) **48** 26; Auftrag **Vor 45** 19 ff.; **45** 4, 23, 43, 58, 63; **53** 2; Auslagenerstattung **45** 31; **46** 1 ff.; Auslagenvorschuss **47** 3–10; auswärtige Beweisaufnahme **46** 23; **48** 15; Beiordnung (fehlerhafte) **45** 19–22; (Maßgeblichkeit der Beschlüsse **48** 6 ff.; (rückwirkende) **46** 9; **48** 9, 10; (stillschweigende) **45** 11; **48** 22; (Umfang) **48** 11–22; (Wirkungen) **Vor**

Sachregister

45 19 ff.; **45** 10 ff.; (Wirksamwerden) **45** 16 ff.; Beitreibungsrecht **Vor 45** 35 ff.; **59** 7–10; Beschwerde (im Festsetzungsverfahren) **46** 31; **56** 11–17; (Beiordnung) **48** 16; **VV T3 A5** 16; Beschwerdesumme **32** 28; **VV T3 A3** 211; Beweisanwalt **45** 12–14; Ehesachen **48** 27–35; (Einigungsgebühr) **VV T1** 10; (Einigung über Unterhalt) **48** 27–35; einstweilige Anordnungen **48** 43; Einwendungen **45** 35–37; **55** 39, 40; Einziehung zu viel gezahlter Vergütung **55** 48–51; Erforderlichkeit bei Auslagen **46** 11–14; erhöhte Gebührensätze **49** 7, 8; Erinnerungen gegen Festsetzung **56** 3–10; Fälligkeit der Vergütung **8** 2; **45** 34; Festsetzung der Vergütung (gegen Staatskasse) **47** 14; **55** 16 ff.; Freiheitsentziehungsverfahren **Vor 45** 9; Fürsorgepflicht gegenüber der Partei **Vor 45** 26; Gebrauchsmustersachen **Vor 45** 11, 12; **55** 54, 55; Geltendmachung der auf die Staatskasse übergegangenen Ansprüche **59** 11, 14 ff.; gesetzliche Vergütung **45** 31; **58** 14; Honorarvereinbarung **4** 12; **58** 15; Kanzleiabwickler **55** 19; Konkurrenzen **Vor 45** 34 ff.; **45** 43, 44; **59** 35–53; Kontrahierungszwang **Vor 45** 19 ff.; **45** 4; Kostenausgleich bei Kostenteilung **59** 38 ff.; Umfang des Beitreibungsrechts bei Kostenteilung **59** 9; Leistungsklage gegen Staatskasse **55** 46; mehrere beigeordnete Anwälte **59** 36; Nachfestsetzung **59** 42; Nachforderung **55** 23–26; Nachzahlungsanordnung **Vor 45** 2, 3; (Wert) **VV T3 A3** 211–213; Nebenkläger **Vor 45** 9; **45** 68; **59** 2; Patentanwälte **Vor 45** 14; **55** 53–57; Patentsachen **Vor 45** 11, 12, 14; **55** 54 ff.; Pfändung der Vergütung **45** 41, 42; **55** 19; Postgebühren **46** 15; Privatkläger **Vor 45** 9; **53** 2, 3; Prozessagent **Vor 45** 16; Prozessgebühr für das Prozesskostenhilfe-Bewilligungsverfahren **Vor 45** 7; **48** 15; **VV T3 A3** 214; Ratenzahlung **50** 5; Rechtskraft (der Vergütungsfestsetzung) **56** 30; (der Kostenentscheidung) **59** 10; Reisekosten **46** 17 ff.; Schadensersatzpflicht **Vor 45** 29; Scheidungssachen **48** 14, 27 ff.; Schreibauslagen **46** 13, 14; Schuldnerschutz nach Anspruchsübergang **59** 59; selbständiges Beweisverfahren **48** 44; Selbstmord (kein Verschulden) **54** 7; Sozialgerichtsprozess **Vor 45** 5; **45** 2; Staatskasse (Einwendungen) **45** 35, 36; Straf- und Privatklagesachen **Vor 45** 9; **45**, 68; **53** 2; Streitgenossen der armen Partei **45** 45, 46; **59** 20 ff.; Tätigkeit von Vertretern **5** 12; **45** 26–30; **46** 25, 26; Teilbewilligung der Prozesskostenhilfe **15** 31; **58** 22, 23; Übergang von Ansprüchen auf die Staatskasse **59** 11 ff.; Unterhaltsvergleich s. Einigung über Unterhalt; Verjährung **45** 36, 38–40; **55** 4; Verkehrsanwalt **45** 13; Verschulden **54** 1 ff.; Vertretertätigkeit **5** 12; **45** 26–30; **46** 25, 26; Verwirkung **56** 31; Verzinsung **55** 47; **59** 15; volle Gebühr **49** 4; Vorabentscheidung bei Reisen **46** 27 ff.; Vorrang seines Anspruchs **59** 30 ff.; Vorschuss **9** 5; **47** 1 ff.; **58** 22; Tätigkeit als Wahlanwalt **45** 43; Wertfestsetzung **32** 7, 18; **33** 13, 37; **55** 38; Widerklage (Beiordnung) **48** 21, 45; Zulassungsaufgabe **54** 7, 8; Zwangsversteigerung, -verwaltung (Beiordnung) **VV T3 A3** 72; Zwangsvollstreckung (Beiordnung) **48** 26, 39 ff.

Prozesskostenhilfeverfahren Vor 45 7; **33** 4; **Vor VV T3** 29; **A3** 198 ff.; **A4** 26; **T4 A1** 48; **A3** 21; gleichzeitige Einreichung von Klage und Prozesskostenhilfeantrag **VV T3 A1** 28; **A3** 207.

Prozessvollmacht 1 16, **Vor VV T3** 10, 11.

Prozesstrennung, -verbindung s. Trennung, Verbindung.

Quoten, Verteilung der Kosten nach –, Kostenfestsetzung **59** 9, 35 ff.

Rahmengebühr, Arten und Begriff **1** 55 ff.; **14** 1 ff.; Bemessung **14** 4 ff.; keine Festsetzung **11** 13; **VV T3 A1** 41; **Vor T4** 12; Mittelwert **14** 12, 13; – bei Verweisung **20** 22; **VV T4 A1** 19.

Rahmenwert (Bestimmung in Steuersachen) **35** 17, 18.

Rangänderung (Wert) **23** 31.

Raterteilung 1 10; **2** 3; **VV T2** 1 ff., 107, 108; Beratungshilfe **VV T2** 107 ff.; (keine Ratsgebühr in eigener Sache) **1** 45.

Ratenzahlung der bedürftigen Partei **50** 4, 15.

Ratenzahlungsvereinbarung, Einigungsgebühr **VV T1** 4; **T3 A3** 51.

Räumungsfrist, Bewilligung, Verlängerung oder Verkürzung der – **VV T3 A3** 188 ff.; (Wert) **VV T3 A3** 194.

Reallast (Wert) **23** 32.

Rechte, Änderung von – (Wert) **23** 48.

Rechtfertigung der Berufung **VV T4 A3** 12.

rechtliche Angelegenheit 1 39 ff.

rechtliches Gehör, Pauschgebühr **42** 14; Rüge wegen Verletzung des – **VV T3 A3** 168–171.

Sachregister

Rechtsanwalt, außergerichtliche Tätigkeiten **Vor 34** 1 ff.; als Mediator **34** 10 ff.; mehrere – **6** 1 ff.; Mehrfachqualifikation **35** 5; Tod des – **8** 4; in Steuersachen (Hilfeleistung) **35** 1 ff.; Vertreter des – **5** 1 ff.; s. ausländischer –, auswärtiger –, Aufgabe der Zulassung, deutscher – im Ausland, Beiordnung, Haftung.

Rechtsanwaltskammer 4 9; **14** 14.

Rechtsbehelf, Bußgeldsachen vor der Verwaltungsbehörde **57** 1; Antragsberechtigung **57** 7, 8.

Rechtsbeistand 1 19; **11** 22; s. Prozessagent.

Rechtsbeschwerde 33 18; **VV T3 A5** 17–21.

Rechtsgrund der Vergütung **1** 4 ff.

Rechtshängigkeit 32 8; **Vor VV T3** 41.

Rechtskraft 11 50; **33** 16, 34; **56** 30; **59** 16; –zeugnis **8** 12; **VV T3 A3** 32.

Rechtsmittel 33 17, 20 ff.; (Gegenstandswert) **Vor VV T3** 37–39; **A2** 35; **A3** 211; **A5** 15; (Kostenerstattungsanspruch) **43** 18; Verzicht **Vor VV T3** 15; Zulassung des – **VV T3 A2** 2–5; **A5** 22 ff.

Rechtspfleger, Erinnerungen gegen Entscheidungen des – **11** 39 ff.; **VV T3 A5** 2, 3, 14.

Rechtsschutzversicherung 1 17.

Rechtszug, Beendigung des – **8** 12, 13; Begriff **15** 9 ff.; **Vor VV T3** 14; Einheitlichkeit des – bei Verweisung **20** 17 ff.; ein und derselbe – **19** 1 ff.; mehrere – **15** 6; **36** 15; neuer – **15** 9, 13; **21** 5; **Vor VV T3** 82–84; Umfang des – **19** 1 ff.; **36** 13; **48** 12.

Referendar 5 2, 6.

reformatio in peius 11 44; **32** 23; **56** 7.

Regelbetrag, Festsetzung **VV T3 A1** 9; (Änderung) **VV T3 A3** 174 ff.

Registersachen Vor VV T3 5; **A1** 39.

Rehabilitierungsverfahren VV T4 A1 68, 149.

Reisekosten VV T7 19 ff.; Tage- und Abwesenheitsgeld **VV T7** 26; Kostenerstattung **VV T3 A3** 23, 24; **A4** 57, 58; (Prozesskostenhilfeanwalt und bestellter Verteidiger) **46** 17 ff.; (ersparte –) **VV T3 A3** 24; **A4** 62; (Prozessbevollmächtigter) **VV T3 A3** 24; **A4** 57, 58; Kostenverteilung bei Reisen zur Ausführung mehrerer Geschäfte **VV T7** 32; Übernachtungskosten **VV T7** 27, 28; Wegeentschädigung **VV T7** 21–25; (eigener Kraftwagen) **VV T7** 21; (Fahrtkosten) **VV T7** 21, 22, 24; (Flugkosten) **VV T7** 25; s. Vorabentscheidung.

Restschuldbefreiung 28 1, 6, 10; **VV T3 A3** 96, 99, 118, 126, 127.

Revision – in bürgerlichen Rechtsstreitigkeiten u. a. Verfahren **VV T3 A2** 44–53; (Verfahrensgebühr) **VV T3 A2** 45–47; (Terminsgebühr) **VV T3 A2** 48–52; (Beschwerde gegen die Nichtzulassung des –) **VV T 8 A5** 25–29; – im sozialgerichtlichen Verfahren **VV T3 A2** 44 ff., 53; Beschwerde gegen die Nichtzulassung der –) **VV T3 A5** 27; – in Strafsachen **VV T4 A1** 89–98; (Verfahrensgebühr) **VV T4 A1** 92–94; (Terminsgebühr) **VV T4 A1** 95–97; (für gerichtlich bestellten oder beigeordneten Rechtsanwalt **VV T4 A1** 98; (Begründung oder Beantwortung des –) **VV T4 A3** 5–7.

Richter s. beauftragter –, ehrenamtlicher –, Einzel-.

richterliche Handlungen im schiedsrichterlichen Verfahren **36** 6; **VV T3 A3** 146–151.

Rückforderung von der Staatskasse zuviel gezahlter Beträge **55** 48 ff.; keine – in der Beratungshilfe **44** 7.

Rücknahme des Rechtsbehelfs, Erledigung des Strafverfahrens durch – **VV T4 A1** 119–121; – des Antrags auf gerichtliche Entscheidung **57** 5.

Rückstände wiederkehrender Leistungen **15** 28; **23** 33.

Rückverweisung im internationalen Privatrecht **1** 70.

rückwirkende Beiordnung **46** 9; **48** 9, 10.

Ruhen des Verfahrens (Fälligkeit) **8** 14–16.

Sachverständiger, Vertretung von – **Vor VV T3** 16–21; **T4 A1** 4.

Sanierungsverhandlungen, außergerichtliche – **15** 24; **VV T3 A3** 112; (Wert) **23** 11.

Scheidungsfolgesachen 22 9; **48** 27 ff.; Einigung **VV T3 A1** 34; Beschwerdeverfahren **VV T3 A2** 15.

Scheidungssache, Einigung in – **33** 2; **48** 27 ff.; **VV T3 A1** 34.

Schiedsgericht, -richter, -richterliches Verfahren 1 31, 32; **11** 17; **Vor 34** 1; **36** 1 ff.; Abgeltungsbereich der Gebühren **36** 13–15; Arbeitsstreitigkeiten **36** Festsetzung des Gegenstandswertes **36** 16; Gebühren **36** 8 ff.; Vollstreckbarerklärung einer Entscheidung des – **Vor VV T3** 2; **A1** 5.

Schiedsgutachtenvertrag über Vergütung **36** 4.

Schiedsmann, -stellen (Güteverfahren) **VV T2** 82 ff.

Sachregister

schiffahrtsrechtliches Verteilungsverfahren 29 3, 4; **VV T3 A3** 96 ff.
Schöffengericht VV T4 A1 49–66.
Schreibauslagen 1 59; **46** 12, 13; **VV T7** 8–19.
schriftliches Verfahren, Anerkenntnis-, Versäumnisurteil **VV T3 A1** 45–53; **A2** 39, 49.
schriftliche Verhandlung nach § 128 Abs. 3 ZPO **VV T3 A1** 47; **A2** 39, 49.
Schriftsatzgebühr VV T2 79–81; **T3 A4** 46–54; **T4 A3** 5–21.
Schuldbeitritt, -mitübernahme (Wert) **23** 31.
Schuldenbereinigungsplan 28 1, 3, 5; **VV T3 A3** 96; 99, 109, 111, 114, 116.
Schuldenregelung s. Sanierungsverhandlungen.
Schuldner der Vergütung **1** 16 ff.; s. Staatskasse.
Schuldnerverzeichnis, Löschung im – **18** 19.
Schutzgebühr für Beratungshilfe **59** 58.
Schwierigkeit s. Pauschgebühr.
Schwurgericht VV T4 A1 74–79.
SED-Unrecht, soziale Ausgleichsleistung für – **VV T4 A1** 149.
Seemannsamt, Verfahren vor dem – **VV T2** 89.
Sekundärinsolvenzverfahren, ausländischer Insolvenzverwalter als Schuldner – **VV T3 A3** 97, 110.
Selbständiges Beweisverfahren Vor VV T3 67–81; Anrechnung der Verfahrensgebühr auf die der Hauptsache **Vor VV T3** 72—77; Bewilligung der Prozesskostenhilfe für das – **48** 44; Gegenstandswert **Vor VV T3** 69–71; Kostenerstattung **Vor VV T3** 78–81.
Sequester, Rechtsanwalt als – **1** 33.
Sequestration VV T3 A3 90.
Sicherheit, Hinterlegung einer – **VV T3 A3** 36.
Sicherungshypothek nach ZVG **VV T3 A3** 81; s. Zwangshypothek.
Sicherungsmaßnahmen im Insolvenzverfahren **VV T3 A3** 110, 113.
Sicherungsmaßregeln nach ZVG **VV T3 A3** 79.
Sicherungsübereignung, -zession (Wert) **23** 31.
sinngemäße Anwendung s. Anwendung (sinngemäße).
Soziale Ausgleichsleistung VV T4 A1 149.

sozialgerichtliches Verfahren Vor VV T3 6; **T1** 12; Einigung oder Erledigung **VV T1** 17; keine Festsetzung der Rahmengebühr **11** 13; **VV T3 A1** 41; Kostenerstattung **Vor VV T3** 40; **A1** 42; Prozesskostenhilfe **14** 2; **45** 2; **VV T3 A3** 215; Rahmengebühr **3** 1; **14** 2; **VV T3 A1** 40; (Bemessung) **14** 4 ff., **VV T3 A1** 41; Termingebühr **VV T3 A1** 66, 67; **A2** 43, 53; **A5** 10, 22, 27; Verfahrensgebühr **VV T3 A1** 41; **A2** 43; **A4** 24; **A5** 10, 22, 27 (bei vorausgegangener Tätigkeit im Verwaltungsverfahren) **VV T3 A1** 43; **A4** 5; Verweisung **20** 4, 5, 7, 8, 14, 16; Vorverfahren **VV T2** 96–97.
Sozialrecht, Beratungshilfe auf dem Gebiet des – **Vor 44** 3–5.
Sozietät s. Anwaltsgemeinschaft.
Sparkassenbuch (Aufgebot) **VV T3 A3** 132.
Sprungrevision 21 4; **VV T3 A2** 3.
staatsbürgerliche Ehrenämter 1 29.
Staatskasse 45 4, 5, 33, 35, 62 ff.; (Übergang) **59** 3, 11, 12.
Stationierungsschäden VV T2 68, 69.
Steuerberater 1 19; **32** 25; **35** 5–7.
Steuerberatergebührenverordnung (Einzelfälle) **35** 20 ff.; (Tabellen) **35** 63 ff.
Steuererklärung, Abgabe einer – **35** 23, 24; **VV T2** 40; (Wert) **23** 13; **35** 23, 24.
Steuerfestsetzungsverfahren VV T2 63, 64.
Steuerrecht, Hilfeleistung auf dem Gebiet des – **35** 1.
Steuersachen, außergerichtliche Hilfeleistungen – **35** 1 ff.; Bestimmung des Rahmenwertes **35** 17, 18; Einigungsgebühr **35** 6; Einzelfälle des StBGebV **35** 20 ff.; Gebührenvereinbarung **35** 19; Mehrfachqualifikation **35** 5; Tabellen StGebV **35** 63 ff.; Wertgebühr **35** 8 ff.; Zeitgebühr **35** 10 ff.
Strafantrag VV T4 A1 48; **A3** 21.
Strafanzeige VV T4 A3 21.
Strafaufschub VV T4 A3 18; (keine Gnadensache) **VV T4 A3** 26.
Strafaussetzung zur Bewährung **VV T4 A3** 8, 18; (keine Gnadensache) **VV T4 A3** 26.
Strafbefehl, -verfügung **VV T4 A1** 46, 119; **A3** 21.
Straffreiheitsgesetz VV T4 A3 27.
Strafkammer, große – **VV T4 A1** 21, 22, 67 ff.; kleine – **VV T4 A1** 80 ff.
Strafsachen (Pauschgebühr) **42** 1 ff.; besonderer Umfang oder besondere Schwierigkeit **42** 2 ff.

Sachregister

Strafvollstreckung Vor VV T4 26; VV T4 A2 1 ff. A3 3, 18; (keine Gnadensache) VV T4 A3 26.
Strafvollzug Vor VV T3 6; A2 33; T4 A2 8.
Streitgegenstand 2 7; – bei einseitiger Erledigung der Hauptsache Vor VV T3 53.
Streitgehilfe s. Nebenintervenient.
Streitgenossen, Kostenerstattung bei mehreren – 7 52 ff.; 59 20 ff.; s. Auftraggeber (mehrere).
Streitwert s. Gegenstandswert.
Stufenklage 15 27; 21 3; 22 6.
Sühneverfahren bei Privatklagen VV T4 A1 37, 151.
Syndikus, Rechtsanwalt als – 1 34.

Tabelle (Steuersachen) 35 63 ff.
Tage- und Abwesenheitsgeld VV T7 26.
Tankstellendienstbarkeit (Wert) 23 32.
Tatbestand (einer Gebühr) 1 63 ff.
Täter-Opfer-Ausgleich VV T4 A1 30, 37, 39; (Mediation) 34 4.
Tätigwerden des Prozesskostenhilfeanwalts 45 23 ff.
Tätigkeiten von Vertretern 5 1 ff.; 45 26 ff.
Tauschvertrag (Wert) 23 25.
Teilbewilligung der Prozesskostenhilfe 58 22.
Teilfestsetzung 11 45; 55 22 ff.
Teil des Gegenstandes 15 26–36.
Teilungsmasse 26 18, 19; VV T3 A3 186; s. Insolvenzmasse.
Teilurteil 8 11, 13; 21 2.
Telegrafengebühren s. Postgebühren.
Telekommunikationsdienstleistungsentgelt s. Postgebühren
Terminsanwalt Nr. 32 12; VV T3 A3 207; A4 32 ff.; Beiordnung 45 12, 14; Festsetzung der Vergütung des – 11 15 a, 21; (gegen die Staatskasse) 55 19; Gegenstandswert 32 12; Kostenerstattung VV T3 A4 62; mehrere Termine VV T3 A4 42; Reisekosten zur Wahrnehmung auswärtiger Termine (Erstattung) VV T3 A4 57 ff., 62; Verkehrsanwalt als – VV T3 A4 30; vorzeitige Beendigung des Auftrags VV T3 A4 30; vorzeitige Beendigung des Auftrags VV T3 A4 41.
Terminsgebühr im Aufgebotsverfahren VV T3 A3 137; – des Beistands Vor VV T3 18; – in Beschwerdeverfahren vor dem Bundespatentgericht VV T3 A5 33; – in bürgerlichen Rechtsstreitigkeiten u. a. Verfahren

Vor VV T3 45–61; (im ersten Rechtszug) volle – VV T3 A1 44–57; – ohne Termin VV T3 A1 45–53; – bei Verhandlung über nicht rechtshängige Ansprüche VV T3 A1 54–57; Anrechnung der – auf eine – in einem anderen Verfahren VV T3 A1 56; verminderte – VV T3 A1 58–65; (im Berufungsverfahren) VV T3 A2 38–42; verminderte – VV T3 A2 41, 42; (im Revisionsverfahren) VV T3 A2 48–52; (Beschwerdeverfahren) VV T3 A5 5, 7; – bei Entscheidung über Arrest oder e.V. durch Urteil VV T3 A2 9; A5 4, 5, 7, 10; (Beschwerde gegen die Nichtzulassung der Berufung) VV T3 A5 22, 24; (Beschwerde gegen die Nichtzulassung der Revision) VV T3 A5 27, 29; (Terminsanwalt) VV T3 A4 40, 42, 43; (Verkehrsanwalt) VV T3 A4 30; – in Bußgeldsachen VV T5 14–17, 24; (Verwaltungsbehörde) VV T5 42; (Amtsgericht) VV T5 48–52; Rechtsbeschwerde) VV T5 57; (Wiederaufnahmeverfahren) VV T5 53; – in Disziplinarverfahren und berufsgerichtlichen Verfahren (außergerichtliche Termine) VV T6 31; (erster Rechtszug) VV T6 36; (zweiter und dritter Rechtszug) VV T6 37; – in Eilverfahren nach dem GWB VV T3 A3 10; – in Eilverfahren nach § 319 Abs. 6 AktG und § 16 Abs. 3 UmwG VV T3 A3 143; in erstinstanzlichen Verfahren vor dem Bundesverwaltungsgericht VV T3 A3 10; in erstinstanzlichen Verfahren vor dem OLG nach § 16 Abs. 4 UrhWG VV T3 A3 10; in erstinstanzlichen Verfahren vor dem OVG (VGH) VV T3 A3 10; – in gerichtlichen Verfahren bei Freiheitsentziehung und Unterbringung (Anordnungsverfahren) VV T6 49; (Fortdauer der Freiheitsentziehung) VV T6 53; (Aufhebung der Freiheitsentziehung) VV T6 53; – im Prozesskostenhilfeverfahren VV T3 A3 198, 202; – im Verfahren auf Bewilligung, Verlängerung oder Verkürzung einer Räumungsfrist VV T3 A3 188, 193; – im Verfahren nach dem Gesetz über die internationale Rechtshilfe in Strafsachen VV T6 11; im Verfahren über die Rüge wegen Verletzung des Anspruchs auf rechtliches Gehör VV T3 A3 172; – im schiedsrichterlichen Verfahren vor dem Arbeitsgericht VV T3 A3 145; – im schiedsrichterlichen Verfahren über Bestellung oder Ablehnung eines Schiedsrichters, Beendigung des Schiedsrichteramtes, richterli-

Sachregister

che Handlungen **VV T A3** 147, 149; – in Strafsachen **Vor VV T4** 23, 24; **VV T4 A1** 9–12, 18, 27; (außerhalb der Hauptverhandlung) **VV T4 A1** 37–44; (erster Rechtszug vor dem Amtsgericht) **VV T4 A1** 52–66; (erster Rechtszug vor der Strafkammer und Jugendkammer) **VV T4 A1** 71–73; (erster Rechtszug vor dem OLG u. bestimmten Spruchkörpern des LG) **VV T4 A1** 77–79; (Berufungsverfahren) **VV T4 A1** 84–88; (Revisionsverfahren) **VV T4 A1** 95–98; (Wiederaufnahmeverfahren) **VV T4 A1** 106, 107; – in der Strafvollstreckung **Vor VV T4** 26; **VV T4 A2** 10, 11, 15–18, 21, 22; – im Verfahren auf Abänderung eines Unterhaltstitels **VV T3 A3** 177; – im Verfahren auf Vollstreckbarerklärung nicht angefochtener Teile des Urteils **VV T3 A3** 164; – im Verfahren nach der WBO (Truppendienstgericht) **VV T6** 57; (Bundesverwaltungsgericht) **VV T6** 58; – in der Zwangsversteigerung **VV T3 A3** 83; – im Verfahren über vorläufige Einstellung, Beschränkung oder Aufhebung der Zwangsvollstreckung **VV T3 A3** 156; – in der Zwangsvollstreckung **VV T3 A3** 49.
Terminsvertreter 7 7, 9; **32** 12; s. Terminsanwalt.
Testamentsvollstrecker 1 30, 43 ff.
Testverfahren 2 9.
Tilgung, Einwand der – **11** 29; – im Strafregister (keine Gnadensache) **VV T4 A3** 27.
Tod der armen Partei **45** 34; – des Prozesskostenhilfeanwalts **55** 19; – des Wahlanwalts **8** 4; **15** 45.
Todeserklärung VV T3 A3 132.
Trennung 7 21, 26, 28–30; **22** 9; **48** 14; **Vor VV T3** 36; **A1** 15; **A3** 190.
Treuhänder, Rechtsanwalt als – **1** 31.
treuhänderische Verwaltung **27** 3; **VV T3 A3** 90.

überflüssige Handlungen des Prozesskostenhilfeanwalts s. Arglisteinrede.
Übergang der Ansprüche auf die Staatskasse **59** 11 ff., 56, 57.
Übergangsrecht 60/61 1 ff.; gerichtliche Verfahren **60/61** 4.
überhobene Prozesskostenhilfeanwaltsvergütung **55** 48 ff.
Überleitung einer Privatklage in eine Nebenklage **VV T4 A1** 178; – des Zwangsversteigerungsverfahrens in das Zwangsverwaltungsverfahren **VV T3 A3** 92.

Überschreiten der gesetzlichen Vergütung 4 4, 7 ff.
Übersendung der Handakten **VV T3 A4** 8, 18–23.
Übersetzertätigkeit 46 14; **Vor VV T3** 24.
Übertragung der mündlichen Verhandlung **VV T3 A4** 33 ff.
Überweisung s. Zwangsvollstreckung.
Umlegungsverfahren VV T2 40.
Umsatzsteuer (Beschwerdesumme) **32** 28; (Überwälzung) **VV T7** 35.
unentgeltliche Tätigkeit **1** 8, 9.
Unfallschadenregulierung, außergerichtliche **VV T2** 47–53.
ungerechtfertigte Bereicherung 1 15; **5** 2; **59** 27.
Unkenntnis vom Erlöschen des Auftrags **VV T3 A1** 29; – vom Tod der armen Partei **45** 34.
Unmöglichwerden, Wegfall des Vergütungsanspruchs bei – der Dienstleistung **15** 45.
Unterbevollmächtigter 1 16; **11** 21, 58; **32** 12; **33** 11; **45** 26 ff., 80; **46** 25, 26; **VV T3 A4** 9; s. Terminsanwalt.
Unterbieten 4 6.
Unterbringungsbefehl VV T4 A3 15.
Unterbringungsgesetze der Länder **VV T6** 45.
Unterhaltsansprüche 23 33; **VV T3 A1** 5, 9 12; **A3** 174–179.
Unterhaltseinigung 33 2; **48** 29; **VV T3 A1** 34, 38.
Unterhaltsfestsetzungsverfahren VV T3 A1 9–12; **A3** 174–179.
Unterhaltstitel VV T A1 10, 12; **A3** 174, 175; Abänderung von – **VV T3 A3** 174–179.
Unterzeichnung der Berechnung **10** 10; **11** 8.
Urkunden, Entwerfen von – **22** 8; **23** 12, 41; **VV T2** 28, 29.
Urkundenprozess, Verfahren nach – **VV T3 A1** 13–15.
Urkundsbeamter 11 24; **50** 15, 16; **55** 5 ff.

Verbands- und Vereinsvertreter 1 33.
Verbindung von Angelegenheiten, Verfahren 7 21 ff.; **15** 25, 29; **Vor VV T3** 36; **A1** 54; (Einigungsgebühr) **7** 21; **15** 25, 29; **22** 2; (Terminsgebühr) **15** 29; **VV T3 A1** 54; (Verfahrensgebühr) **7** 26; **Vor VV T3** 36.
Verbraucherinsolvenzverfahren VV T3 A3 99; 109, 111, 114.

Sachregister

Vereinbarung der Geltung des RVG (für Nichtrechtsanwälte) **1** 22, 23; **5** 11; (für nichtanwaltliche Tätigkeit) **1** 26; s. Honorarvereinbarung.

Vereinfachtes Verfahren über den Unterhalt Minderjähriger **VV T3 A1** 9–12; Abänderungsklage **VV T3 A1** 11; Abänderungsverfahren **VV T3 A1** 10, 12; **A3** 174–179; Anpassungskorrekturklage **VV T3 A1** 10, 12; Vergütung **VVT 3 A1** 11; **A3** 176, 177.

Verfahren (Pauschgebühr) **42** 12; -sabschnitt **42** 12; internationale Rechtshilfe in Strafsachen **42** 1.

Verfahrensbevollmächtigter 1 16; **11** 15 a; **32** 12; **Vor VV T3** 9–15; **A4** 1, 2, 6, 8, 9, 12, 14, 21, 25, 28, 34, 38, 48, 56, 57, 58, 60.

Verfahrensgebühr im Adhäsionsverfahren (erster Rechtszug) **VV T4 A1** 131–136; (Berufungs- und Revisionsverfahren) **VV T4 A1** 146–147; (Beschwerde nach § 406 a StPO) **VV T4 A1** 148; Anrechnung der – auf eine andere (Adhäsionsverfahren) **VV T4 A1** 140–142; (selbständiges Beweisverfahren) **Vor VV T3** 72 ff.; (Einzeltätigkeit) **VV T4 A3** 52–54; **VV T6** 62; (Mahnverfahren) **VV T3 A3** 22; (Nichtzulassungsbeschwerde) **VV T3 A5** 24, 27, 29; (Prozesskostenhilfeverfahren) **VV T3 A5** 207; (Verkehrsanwalt) **VVT3 A4** 29; (vereinfachtes Verfahren über den Unterhalt Minderjähriger) **VV T3 A1** 9–12; (Urkunden- und Wechselprozess) **VV T3 A1** 13–16; (Vermittlungsverfahren nach § 52 a FGG) **VV T3 A1** 16–18; (Zurückverweisung) **21** 7, 8; **Vor VV T3** 82–85; – im Aufgebotsverfahren **VV T3 A3** 135, 136; – des Beistands **Vor VV T3** 17; – in Beschwerdeverfahren vor dem Bundespatentgericht **VV T3 A5** 31, 32; – in bürgerlichen Rechtsstreitigkeiten u. a. Verfahren **Vor VV T3** 22 ff.; (im ersten Rechtszug) volle – **VV T3 A1** 8; verminderte – **VV T3 A1** 19 ff.; (im Berufungsverfahren) **VV T3 A2** 34; verminderte – **VV T3 A2** 37; (im Revisionsverfahren) **VV T3 A2** 45–47; (Beschwerdeverfahren) **VV T3 A5** 5, 10; (Beschwerde gegen Nichtzulassung der Berufung) **VV T3 A5** 22, 24; (Beschwerde gegen Nichtzulassung der Revision) **VV T3 A5** 25, 27, 28, 29; (Einigung über nichtrechtshängige Ansprüche) **VV T3 A1** 39; (Einzeltätigkeiten) **VV T3 A4** 45, 49–54; (Rechtsbeschwerdeverfahren) **VV T3 A5** 17, 21; (Terminsanwalt) **VV T3 A4** 41; (Verkehrsanwalt) **VV T3 A4** 24, 25; – in Bußgeldsachen **VV T5** 13, 24; (Verwaltungsbehörde) **VV T5** 38–41; (Amtsgericht) **VV T5** 44–47; (Rechtsbeschwerde) **VV T5** 56; (Einzeltätigkeit) **VV T5** 58–64; (Wiederaufnahmeverfahren) **VV T5** 53, 54; – in Disziplinarverfahren und berufsgerichtlichen Verfahren (außergerichtliche Verfahren) **VV T6** 33, 34; (erster Rechtszug) **VV T6** 35, 36; (zweiter und dritter Rechtszug) **VV T6** 35, 37; (Beschwerde gegen Nichtzulassung der Revision) **VV T6** 38; – in Eilverfahren nach dem GWB **VV T3 A3** 1–5; – in Eilverfahren nach § 319 Abs. 6 AktG und § 16 Abs. 3 UmwG **VV T3 A3** 140, 143; – bei Einziehung u. a. **VV T4 A1** 122–130; – in erstinstanzlichen Verfahren vor dem Bundesverwaltungsgericht **VV T3 A3** 7–9; – in erstinstanzlichen Verfahren vor dem OLG nach § 16 Abs. 4 UrhWG **VV T3 A3** 6, 9; – in erstinstanzlichen Verfahren vor dem OVG (VHG) **VV T3 A3** 7–9; in gerichtlichen Verfahren bei Freiheitsentziehung und Unterbringung (Anordnungsverfahren) **VV T6** 47, 48; (Fortdauer der Freiheitsentziehung) **VV T6** 50, 52; (Aufhebung der Freiheitsentziehung) **VV T6** 51, 52; – im Insolvenzverfahren **VV T3 A3** 99–101, 109–115, 117–124, 125, 126, 127; – im Mahnverfahren (Vertretung des Antragstellers) **VV T3 A3** 13–15; (Vertretung des Antragsgegners) **VV T3 A3** 16, 17; (Vollstreckungsbescheid) **VV T3 A3** 18–21; – im Prozesskostenhilfeverfahren **VV T3 A3** 202, 204; – im Verfahren auf Bewilligung, Verlängerung oder Verkürzung einer Räumungsfrist **VV T3 A3** 190, 193; – Verfahren nach dem Gesetz über die internationale Rechtshilfe in Strafsachen **VV T6** 9, 10; – im Verfahren über die Rüge wegen Verletzung des Anspruchs auf rechtliches Gehör **VV T3 A3** 171; – im Rehabilitierungsverfahren über die Gewährung von Ausgleichsleistungen **VV T4 A1** 149, 150; – im schiedsrichterlichen Verfahren vor dem Arbeitsgericht **VV T3 A3** 145; – im schiedsgerichtlichen Verfahren über Bestellung oder Ablehnung eines Schiedsrichters, Beendigung des Schiedsrichteramtes, richterliche Handlungen **VV T3 A3** 146, 149; – in Strafsachen **Vor VV T4** 23, 24; **VV T4 A1** 7, 8, 27; (vorbereitendes Verfahren) **VV T4 A1** 45–48; (erster Rechtszug vor dem Amtsgericht) **VV T4 A1** 49–51; (erster Rechtszug vor

Sachregister

der Strafkammer und Jugendkammer) **VV T4 A1** 67; (erster Rechtszug vor dem OLG u. bestimmten Spruchkörpern des Landgerichts) **VV T4 A1** 74–76; (Berufungsverfahren) **VV T4 A1** 80–83; (Revisionsverfahren) **VV T4 A1** 92–94; (Wiederaufnahmeverfahren) **VV T4 A1** 103–105; (Rehabilitationsverfahren) **VV T4 A1** 68–70; (Einzeltätigkeiten) **VV T4 A3** 5–38; – in der Strafvollstreckung **Vor VV T4** 26; **VV T4 A2** 12–14, 19, 20; – im Verfahren auf Abänderung eines Unterhaltstitels **VV T3 A3** 176; – in Verteilungsverfahren **VV T3 A3** 183; – im Verfahren auf Vollstreckbarerklärung nicht angefochtener Teile des Urteils **VV T3 A3** 162; 163; – im Verfahren nach der WBO (Truppendienstgericht) **VV T6** 57; (Bundesverwaltungsgericht) **VV T6** 58; (Einzeltätigkeiten) **VV T6** 59–62; – in der Zwangsversteigerung **VV T3 A3** 77–84; – in der Zwangsverwaltung **VV T3 A3** 91–95; im Verfahren über vorläufige Einstellung, Beschränkung oder Aufhebung der Zwangsvollstreckung **VV T3 A3** 156; – in der Zwangsvollstreckung **VV T3 A3** 31 ff., 49, 52.

Verfahrenskostenhilfe 55 54.
Verfallerklärung VV T4 A1 123–128.
verfassungsgerichtliches Verfahren 37 1 ff.; Angelegenheit **37** 7; Gegenstandswert **37** 13, 14; Kostenerstattung **37** 15–17; Prozesskostenhilfe **37** 18; Vergütungsfestsetzung **11** 25; Wertfestsetzung **32** 7, **37** 13.
Verfügung, einstweilige – s. einstweilige Verfügung.
Vergütung, Begriff **1** 52 ff.; Belehrungspflicht **1** 7; Entgelt **1** 6 ff.; Entstehen des Anspruchs **1** 10 ff.; (des beigeordneten Anwalts) **52** 7 ff.; Klagbarkeit (international) **1** 77; Rechtsgrund **1** 4 ff., 63 ff.; Rechtsweg **11** 56; weitere – **50** 5 ff.; s. Fälligkeit, Festsetzung, Gesamtvergütung, Honorarvereinbarung, Prozesskostenhilfeanwalt, Geschäftsführung ohne Auftrag, gesetzliche-, Schuldner, Tätigkeit von Vertretern, ungerechtfertigte Bereicherung, Verjährung, Verwirkung, Verzinsung.
Verjährung 8 18 ff.; **10** 6; **11** 59; **45** 36, 38 ff.; **52** 13; **55** 4; s. Verwirkung.
Verkehrsanwalt VV T3 A4 6 ff.; ausländischer – **VV T3 A4** 61; Begriff **11** 20; **VV T3 A4** 9; Beiordnung **45** 12 ff.; Einigungsgebühr **45** 14; **VV T3 A4** 31; Festsetzung der Vergütung **11** 15; (gegen die Staatskasse) **55** 19; Gegenstandswert der Verkehrsgebühr **23** 8; **32** 12; (Wertfestsetzung) **33** 10, 16; gutachtliche Äußerungen **VV T3 A4** 18–23; Höhe der Verkehrsgebühr **VV T3 A4** 24, 25; Kostenerstattung **VV T3 A4** 55 ff., 63; Prozesskostenhilfeverfahren **VV T3 A3** 207, **A4** 28, 32; – in Strafsachen **VV T4 A3** 14; Tatbestand der Verkehrsgebühr **VV T3 A4** 11 ff.; Termingebühr, Wahrnehmung eines Termins **VV T3 A4** 30, 32; **T4 A3** 14; überörtliche Sozietät **VV T3 A4** 9; Urkundenprozess **VV T3 A1** 14; **A4** 27; Verhältnis zur Verfahrensgebühr des Verfahrensbevollmächtigten **15** 52, 53; **VV T3 A4** 28; Verweisung **20** 19; Zurückverweisung **21** 8; **Vor VV T3** 85.

vermögensrechtliche Ansprüche, Verbindung – mit nichtvermögensrechtlichen Ansprüchen **15** 28; **22** 6; **23** 33; – in Strafsachen s. Adhäsionsverfahren.
Vermögensübertragung (Wert) **23** 43.
Vermögensverwaltung, Beratung **1** 5.
Vernichtung VV T4 A1 123.
Veröffentlichungsbefugnis, Ausüben der – **18** Nr. 20; **VV T3 A3** 31, 33; **T4 A1** 172.
Versäumnisurteil, verminderte Termingebühr bei – **VV T3 A1** 61, 64; im Berufungsverfahren **VV T3 A2** 41, 42.
Verschlechterungsverbot s. reformatio in peius.
Verschmelzungsvertrag VV T3 A3 140 ff.; Gegenstandswert **31** 3, 5 ff.
Verschollenheitsverfahren VV T3 A3 132.
Verschulden 15 44–46; – des Prozesskostenhilfeanwalts **54** 1 ff.
Versteigerung, freiwillige – **23** 5, 25; **26** 3.
Versicherungsgesellschaft als Vergütungsschuldner **1** 17; **VV T2** 48–51, 70 ff.
Vertagung s. Prozess- oder Sachleitung.
Verteidiger, Beobachter kein Verteidiger; **Vor VV T4** 8; keine Festsetzung der Vergütung **11** 13; **Vor VV T4** 12; – eines inhaftierten Beschuldigten **VV T4 A1** 13–16, 36, 43, 44, 47, 51, 60, 61, 70, 72, 76, 78, 83, 87, 94, 97, 102, 106; **A2** 14, 16, 20, 22; partieller – **Vor VV T4** 10; Vollverteidiger: Abgeltungsbereich der Gebühr **Vor VV T4** 9; **A1** 29, 30; Begriff **Vor VV T4** 6–8; Berufungs- **VV T4 A1** 80–88; Bußgeldverfahren **VV T5** 1 ff.; Einziehung u. dgl. **VV T4 A1** 122 ff.; erster Rechtszug (vor dem Amtsgericht) **VV T4 A1** 49–66; (vor der Straf- und Jugendkammer) **VV T4 A1** 67–73; (vor dem OLG und bestimmten Kam-

Sachregister

mern des LG) **VV T4 A1** 74–79; Geschäftsgebühr **VV T4 A1** 101, 102; Grundgebühr (Strafsachen) **VV T4 A1** 6, 31–36; (Bußgeldverfahren) **VV T5** 12, 27–32; Nebenklage **VV T4 A1** 182–188; Pauschgebühr 42 1 ff.; 51 1 ff.; **VV T4 A1** 26; Privatklage **VV T4 A1** 48, 173–181; Rechtsbeschwerdeverfahren **VV T5** 55–57; Rechtsweg **vor VV T4** 12, 13; Revisionsverfahren **VV T4 A1** 89–98; Terminsgebühr (Strafsachen) **VV T4 A1** 9–12, 37–44, 52–66, 71–73, 77–79, 84–88, 95–98; (Bußgeldverfahren) **VV T5** 14–17, 42, 48–52; Verfahrensgebühr (Strafsachen) **VV T4 A1** 7, 8, 31–36, 45–47, 49–51, 67–70, 74–76, 80–83, 92–94, 99, 103–105; (Bußgeldsachen) **VV T5** 13, 38–41, 44–47, 56; vermögensrechtliche Ansprüche 45 72; **VV T4 A1** 131 ff., 144–147; **A3** 44, 45; Wiederaufnahmeverfahren **VV T4 A1** 99–107, 144, 145; s. bestellter Verteidiger, Verfahren außerhalb der Hauptverhandlung.

Verteilung der Reisekosten auf mehrere Geschäfte 7 32.

Verteilungsverfahren, besondere – **VV T3 A3** 180–187; (Gegenstandswert) 25 4; 26 8, 9; **VV T3 A3** 185–187; (bei Zwangsversteigerung) 26 8, 9; **VV T3 A3** 81, 82; (bei Zwangsverwaltung) 27 4 ff.; **VV T3 A3** 93; im Insolvenzverfahren 28 2–4, 7, 8; **VV T3 A3** 120; schifffahrtsrechtliches – 29 3, 4; **VV T3 A3** 120.

Vertragsentwurf 1 5, 25; 22 8; 23 12, 40–42; **VV T2** 28, 29.

Vertragsfreiheit, Schranken der – 4 1 ff.

Vertreter, allgemeiner – 5 5; Vergütung für Tätigkeiten von – 5 1 ff.; 45 27, 80; Honorarvereinbarung für – 5 11.

Vervollständigung der Entscheidung zur Geltendmachung im Ausland 19 Nr. 8.

Verwaltungsbehörde, Bußgeldverfahren vor der – (Pauschgebühr) 42 24; Akt des Verwaltungszwangs (gerichtliches Verfahren) **VV T3 A3** 30, 48.

Verwaltungsgerichtsprozess Vor VV T3 6, 7; **A1** 4; Aussetzung der Vollziehung **Vor VV T3** 7; **A2** 11; Berufsgerichte **Vor VV T3** 7; **T6** 22, 23; Einigungsgebühr **VV T1** 8; einstweilige Anordnungen **Vor VV T3** 7; **A2** 11; Erledigungsgebühr **VV T1** 16, 17; Freiheitsentziehung **VV T6** 42 ff.; Nichtzulassungsbeschwerde **VV T3 A5** 23, 25–27; Prozesskostenhilfeverfahren **VV T3 A** 199; Verweisung 20 4, 5, 7, 14; Vorverfahren

VV T2 60, 61, 66; Zulassung des Rechtsmittels **VV T3 A2** 2–5; Zurückverweisung 21 4; **Vor VV T3** 82–85.

Verwaltungsverfahren 15 23; **23** 6, 13, 14; **VV T2** 40–44, 75, 76; Verwaltungsvorverfahren (weiteres Verwaltungsverfahren, Verwaltungsbeschwerde) **23** 14; **VV T2** 75; **Vor T3** 62–64; Zurückverweisung an die Verwaltungsbehörde **21** 9; s. Bußgeldverfahren, Disziplinarverfahren.

Verwaltungszwangsverfahren 55 51; **VV T2** 22, 94; **T3 A3** 29, 47; s. Justizbeitreibungsordnung.

Verweisung 20 1 ff.; an andere Gerichtsbarkeit **20** 7, 13, 14, 23; Diagonalverweisung **20** 11 ff.; wegen Unzuständigkeit **20** 4 ff.; **VV T4 A1** 19.

Verwirkung 1 63 a; **32** 23; **56** 31.

Verzug des Auftraggebers **1** 51.

Verzinsung, (Vorschuss) **9** 9; (festgesetzte Vergütung) **11** 7; **55** 47; **59** 15.

Vollmacht s. Prozessvollmacht.

vollstreckbare Ausfertigung, Erteilung einer weiteren – **18** Nr. 7; s. Vollstreckungsklausel.

Vollstreckbarerklärung von Anwaltsvergleichen **Vor VV T3** 2; **A3** 146; – Schiedssprüchen, **Vor VV T3** 2; **A1** 5; **A3** 146; – ausländischer Schuldtitel **VV T3 A2** 22–24; – des nicht angefochtenen Teils des Urteils **VV T3 A3** 160–167.

Vollstreckungsabkommen VV T3 A2 23.

Vollstreckungsanzeige 19 Abs. 2 Nr. 3; **VV T3 A3** 31.

Vollstreckungsbescheid 8 9; **VV T3 A3** 18.

Vollstreckungshandlung, Begriff **18** 3.

Vollstreckungsklausel 8 12; **18** 3; **VV T3 A3** 32.

Vollstreckungsmaßnahme 18 2, 3; **VV T3 A3** 38.

Vollstreckungsschutz VV T3 A3 83, 95.

Vollziehung eines Verwaltungsakts, Aufhebung der – **16** Nr. 1; **17** Nr. 4 lit. c; **Vor VV T3** 7; **A2** 11; Aussetzung der – **Vor VV T3** 7; **A2** 11; s. Arrestvollziehung.

Vorabentscheidung über die Erforderlichkeit von Reisen **46** 27 ff.

Vorbehalte (unberührt gebliebenes Recht) **1** 3.

Vorbehaltsurteil 8 13; **17** Nr. 5; **VV T3 A1** 13–15.

vorbereitende Tätigkeiten **15** 10, 19; **Vor VV T3** 26; **A3** 31, 32, 79.

Sachregister

vorläufige Einstellung der Zwangsvollstreckung s. Einstellung.
Vormund, Rechtsanwalt als – **1** 29, 42 ff.; s. gesetzlicher Vertreter.
Vormundschaftsgericht, Tätigkeiten vor – **15** 17; **33** 4; **48** 38; **Vor VV T3** 63; **A3** 70; **T6** 44; s. freiwillige Gerichtsbarkeit.
Vornahme vertretbarer oder nicht vertretbarer Handlungen s. Handlung.
Vorpfändung VV T3 A3 31, 56.
Vorrang des Prozesskostenhilfeanwalts **59** 30–34.
Vorschuss 9 1 ff.; **45** 54, 76; **47** 1 ff.; **51** 29; **52** 2; **55** 2; Anrechnung von – **58** 1 ff.
Vorstand juristischer Personen, Rechtsanwalt als – **1** 33; – der Rechtsanwaltskammer **4** 9; (Gutachten) **4** 10; **14** 14.
Vorverfahren 23 13, 14; **VV T2** 75; **Vor T3** 62, 64.
vorzeitiges Ende der Tätigkeit **15** 40 ff.

Wahlverteidiger (Pauschgebühr) **42** 1 ff.; s. Verteidiger.
Währung, fremde – **32** 47.
Warenzeichensachen s. Patentsachen.
Wechselprozess s. Urkundenprozess.
wechselseitige Rechtsmittel 15 28; **22** 6; **VV T3 A2** 42; **A5** 13.
Wegeentschädigung VV T7 21 ff.
Wehrdisziplinarordnung VV T6 17.
weitere Beschwerde 33 28 ff.; **56** 18–20; **VV T3 A5** 19.
weitere Vergütung des in PKH beigeordneten Anwalts **50** 5 ff.; Festsetzung **55** 27 ff.
weitere vollstreckbare Ausfertigung 18 Nr. 7.
Werkvertrag (anwaltlicher) **1** 5; (Wert) **23** 39.
Wert s. Gegenstandswert.
Wertersatz als Schadenersatz s. Adhäsionsverfahren.
Wertfestsetzung, Änderung **11** 46 ff.; **32** 15, 29, 30; für Gebühren des Prozesskostenhilfeanwalts **32** 18; **55** 38; für Gerichtsgebühren **19** Abs. 1 Nr. 3; **32** 3 ff.; für Rechtsanwaltsgebühren **33** 1 ff.; **37** 13; Kosten **32** 31; **33** 36; für Zuständigkeit oder Zulässigkeit des Rechtsmittels **32** 21.
Wertgebühren 1 54; **2** 1; in Steuersachen **35** 8 ff.
Wertpapier (Verwahrung) **VV T1** 22; (Aufgebot) **VV T3 A3** 139; -bereinigung **VV T3 A3** 132.
Wertpapiererwerbs- und Übernahmegesetz VV T3 A2 28, 29.

Wettbewerb (Einigungsstellen) **VV T2** 90.
Wettbewerbsbeschränkungen VV T2 40; **T3 A2** 25–27; **A3** 1–5.
Widerklage 15 28; **22** 6; **Vor VV T3** 34, 36; (Prozesskostenhilfe) **48** 21, 45; **58** 22; (Privatklageverfahren) **VV T4 A1** 177.
Widerspruch s. Arrest, Mahnverfahren.
Wiederaufnahme des Verfahrens **45** 65, 66; **VV T4 A1** 99–107, 144, 145; **T5** 53, 54.
Wiedereinforderung, -einziehung zu viel gezahlter Prozesskostenhilfevergütung **55** 48.
Wiedereinsetzung, im Wertfestsetzungsverfahren **33** 21; im Vergütungsfestsetzungsverfahren **56** 16.
Wiedergutmachung s. Entschädigungssachen, Rückerstattung.
Wiederherstellung der aufschiebenden Wirkung **Vor VV T3** 7; **A2** 11.
wiederkehrende Leistungen in der Zwangsverwaltung **27** 7.
Wiederversteigerung VV T3 A3 70.
Willenserklärung, Urteil auf Abgabe einer –, (Eintragung einer Vormerkung/Widerspruch) **VV T3 A3** 35; (Zustellung des Urteils) **VV T3 A3** 32.
Wirtschaftsmandate 1 40.
Wirtschaftsprüfer 1 19; **35** 5.
wissenschaftliches Gutachten s. Gutachten.
Wohnungseigentum 20 15; **23** 28; **26** 4; **27** 2; **VV T3 A2** 19.

Zahlungsaufforderung s. Aufforderungsschreiben, Mahnschreiben.
Zahlungssperre im Aufgebotsverfahren **VV T3 A3** 135.
Zeithonorar 4 3; (Steuersachen) **35** 14 ff.
Zeuge, Vertretung von – **Vor VV T3** 16–21; **Vor T4** 22; **A1** 4; **T5** 1; **T6** 5.
Zinsen s. Gegenstandswert, Nebenforderungen, Verzinsung.
Zu- und Abgang VV T7 30.
Zulassung, Aufgabe, Erlöschen, Zurücknahme der – zur Rechtsanwaltschaft **8** 6; **15** 45; **54** 7; – der Beschwerde **33** 20; **56** 12; ehrengerichtliches Verfahren wegen Versagung der – **Vor VV T3** 6, 7; – des Rechtsmittels **VV T3 A2** 2–5; – der weiteren Beschwerde **33** 28, 29; **56** 18; **VV T3 A5** 18.
Zulassungsbeschwerde s. Nichtzulassungsbeschwerde.
Zurückbehaltungsrecht 9 13, 14; **10** 2 a.
Zurücknahme des Auftrags s. Abraten.
Zurückverweisung, Anrechnung der Ver-

Sachregister

fahrensgebühr bei – **Vor VV T3** 82–85; Beendigung des Rechtszugs bei – **8** 19, **21** 5 ff.; Begriff **21** 1 ff.; neuer Rechtszug **21** 5 ff.; – an die Verwaltungsbehörde **21** 9.

zusammenhängende Tätigkeiten **15** 17, 24, 25.

Zusammenrechnung mehrerer Gegenstandswerte **22** 1 ff.

Zuschlag (Zwangsversteigerung), Vollstreckung aus -sbeschluss **VV T3 A3** 70.

Zustellungen 19 Abs. 1 Nr. 9, 15; **VV T3 A3** 32.

Zwangsgeld, -haft 18 Nr. 15.

Zwangshypothek 18 Nr. 13; **VV T3 A3** 33.

Zwangsliquidation einer Bahneinheit **26** 3.

Zwangsverfahren VV T3 A3 28, 46; (Gegenstandswert) **25** 6; **VV T3 A3** 53.

Zwangsversteigerung, besondere Angelegenheit **VV T3 A3** 70; dieselbe Angelegenheit **VV T3 A3** 63 ff.; Anteil am Erlös **26** 19; Aufgebotsverfahren **VVT A3** 70; Aufhebung der Gemeinschaft **26** 2; **VV T3 A3** 75; mehrere Auftraggeber **VV T3 A3** 66–68; Ausbietungsgarantievertrag **23** 31; außergerichtliche Befriedigung, Einigung **VV T3 A3** 82; Beitritt **VV T3 A3** 79; Beschwerdeverfahren **VV T3 A3** 70; besondere Verwertung **VV T3 A3** 79; Beteiligte **VV T3 A3** 85; Bieter **26** 10, 24; **VV T3 A3** 78, 80, 85; Bürge des Erstehers **VV T3 A3** 85; Doppelvertretung **26** 21; Einheitswert **26** 16; Einigungsgebühr **VV T3 A3** 82; Einholung der vormundschaftsgerichtliche Genehmigung **VV T3 A3** 70; Einstellungsverfahren **VV T3 A3** 70, 83, 84; Einzeltätigkeiten **VV T3 A3** 62; Erben **26** 2; Erinnerungen **VV T3 A5** 3; Erlös **26** 18; Gebot **26** 20; Gegenstandswert **26** 5 ff.; Geltendmachung der Kosten im Verfahren **VV T3 A3** 73, 75, 76; Gläubiger **VV T3 A3** 78, 79, 81, 83, 85; (Gegenstandswert bei Vertretung eines –) **26** 8; Grundstückswert **26** 15–17; Hebegebühr **VV T3 A3** 82; Hochseekabel **26** 4; Insolvenzverwalter **26** 9; **VV T3 A3** 122; Kündigungsschreiben **VV T3 A3** 79; mehrere Grundstücke **26** 17; **VV T3 A3** 69; Mitberechtigte, Miteigentümer **26** 9, 19, 23; Nebenforderungen **26** 13; Prozesskostenhilfe **VV T3 A3** 72 204; Schuldnervertretung **26** 9; Sicherungshypothek **VV T3 A3** 81; Teilforderung **27** 5; Teilungsmasse **26** 18; Terminsgebühr **VV T3 A3** 85–87; Verfahrensgebühr **VV T3 A3** 77–84; Vergütungsfestsetzung **11** 18; Verteilungsgebühr **VV T3 A3** 81, 82; Vollstreckung aus Zuschlagsbeschluss **VV T3 A3** 70; Vollstreckungsschutzverfahren **VV T3 A3** 83, 84; Widerspruchsprozess **VV T3 A3** 70; Wiederversteigerung **VV T3 A3** 70; Zahlungspflichtiger des § 61 ZVG **VV T3 A3** 85.

Zwangsverwalter, Rechtsanwalt als – **1** 30, 43; **VV T3 A3** 85.

Zwangsverwaltung, Antragsgebühr (Anordnungsverfahren) **VV T3 A3** 88, 92; Antragsteller **VV T3 A3** 88, 91; mehrere Auftraggeber **VV T3 A3** 66–69; Beitrittszulassung **VV T3 A3** 91–93; Beschwerdeverfahren **VV T3 A3** 70; Betrag der Forderung **27** 5; Betriebsgebühr s. weiteres Verfahren; Bewachung und Verwahrung eines Schiffes **27** 3; **VV T3 A3** 90; dinglich Berechtigter **VV T3 A3** 94; einstweilige Verfügung **VV T3 A3** 92; Einzeltätigkeiten **VV T3 A3** 62; Erinnerungen **VV T3 A5** 3; Erstattungsfragen **VV T3 A3** 74; Fortsetzung des Versteigerungsverfahrens als Verwaltungsverfahren **VV T3 A3** 92; Gebühren **VV T3 A3** 88, 91–95; Gegenstandswert **27** 4 ff.; gerichtliche Verwaltung nach § 94 ZVG **VV T3 A3** 90; Gläubiger **27** 5–7; **VV T3 A3** 91–93; Insolvenzverwalter **27** 8, **VV T3 A3** 91; mehrere Ansprüche **27** 4, 9; Nebenforderungen **27** 4, 9; Prozesskostenhilfe **VV T3 A3** 72, 204; Schuldnervertretung **27** 9; **VV T3 A3** 94; Sequestration **VV T3 A3** 90; Sicherungsmaßnahmen nach InsO **27** 3; **VV T3 A3** 90; sonstige Beteiligte **VV T3 A3** 94; Teilforderung **27** 5; Terminswahrnehmung **VV T3 A3** 93; treuhänderische Verwaltung **27** 3; **VV T3 A3** 90; Verfahrensgebühr **VV T3 A3** 91–95; Vergütungsfestsetzung **11** 18; Verteilungsverfahren, gerichtliches und außergerichtliches **VV T3 A3** 93; Widerspruchsprozess **VV T3 A3** 70; wiederkehrende Leistungen **27** 7.

Zwangsvollstreckung 25 1 ff.; **VV T3 A3** 31 ff.; Abgeltungsbereich der Gebühren **VV T3 A3** 31 ff.; Adhäsionsverfahren **VV T4 A1** 169, 170; Angelegenheiten der – **VV T3 A3** 31 ff., 52; (besondere) **18** Nr. 6–22; (mehrere) **18** 4; **VV T3 A3** 50 (keine besondere) **19** Abs. 2; Anzeige der Absicht, die – gegen eine juristische Person des öffentlichen Rechts zu betreiben **19** Abs. 2 Nr. 3; **VV T3 A3** 31; Auftrag **VV T3 A3** 26, 49; (neuer) **18** 3; (mehrere) **VV T3 A3** 26; ausländischer Rechtsanwalt **VV T3 A3** 58; Be-

Sachregister

griff **VV T3 A3** 31 ff.; Eintragung der Pfändung einer Hypothek **VV T3 A3** 33; Einzeltätigkeiten **VV T3 A3** 26; Ende der Vollstreckungsmaßnahme **18** 3, 5; Entschädigung des Verletzten **VV T4 A1** 169, 170; – gegen Ersteher aus Zuschlagsbeschluss **VV T3 A3** 70; Freigabeaufforderung **VV T3 A3** 50; Gebühren **VV T3 A3** 49 ff.; Grundbucheintragung **VV T3 A3** 34, 42; Hinterlegung zur Herbeiführung der Vollstreckbarkeit oder zur Abwendung der Zwangsvollstreckung **VV T3 A3** 36; Schuldnermehrheit **18** 4; – wegen Teilbetrag **25** 4; Verwaltung eines gepfändeten Vermögens **18** Nr. 11; vorbereitende Tätigkeiten **VV T3 A3** 31; s. anderweitige Verwertung, Androhung (von Ordnungsgeld oder der –), arbeitsgerichtliches Verfahren; Arrestvollziehung, Art und Weise, Aufforderungsschreiben, Aufhebung der Vollstreckungsmaßnahme, Austauschpfändung, Ausüben der Veröffentlichungsbefugnis, Berichtigung der Konkurstabelle, Beschränkung der –, Beschwerde, bestellter Verteidiger, Beweisanwalt, Drittschuldnererklärung, Einstellung, Einwendungen (gegen Zulässigkeit der Vollstreckungsklausel), Festsetzung, Gegenstandswert, Gerichtsvollzieher, Gesamtschuldner, Haft, Haftbefehl, Handlung, Heimkehrergesetz, Inzidentanträge (Vollstreckungsschaden), Justizbeitreibungsordnung, Insolvenzverwalter (Verwertung durch), Kostenerstattung, Nachtzeit, Nebenforderung, Notfristzeugnis, Offenbarungseid, Pfandfreigabe, Pfändung, Prozesskostenhilfeanwalt, Rechtskraftzeugnis, Schuldnerverzeichnis, Sicherheit, Sonntag, Verteilungsverfahren, vertretbare Handlung, Verwaltungsgerichtsprozess, Verwaltungszwangsverfahren, vollstreckbare Ausfertigung, Vollstreckungsabkommen, Vollstreckungsmaßnahme, Vollstreckungsschutz, Vorpfändung, weitere vollstreckbare Ausfertigung, Willenserklärung, Zwangsgeld, -haft, Zustellungen, Zwangshypothek.

Zwischenbescheid 55 42.
Zwischenstreit 19 Nr. 3.
Zwischenurteil 8 13; über den Grund **21** 3.
Zwischenverfügung 8 13; s. Zwischenbescheid.
Zwischenvergleich Vor VV T3 48; **A3** 51.